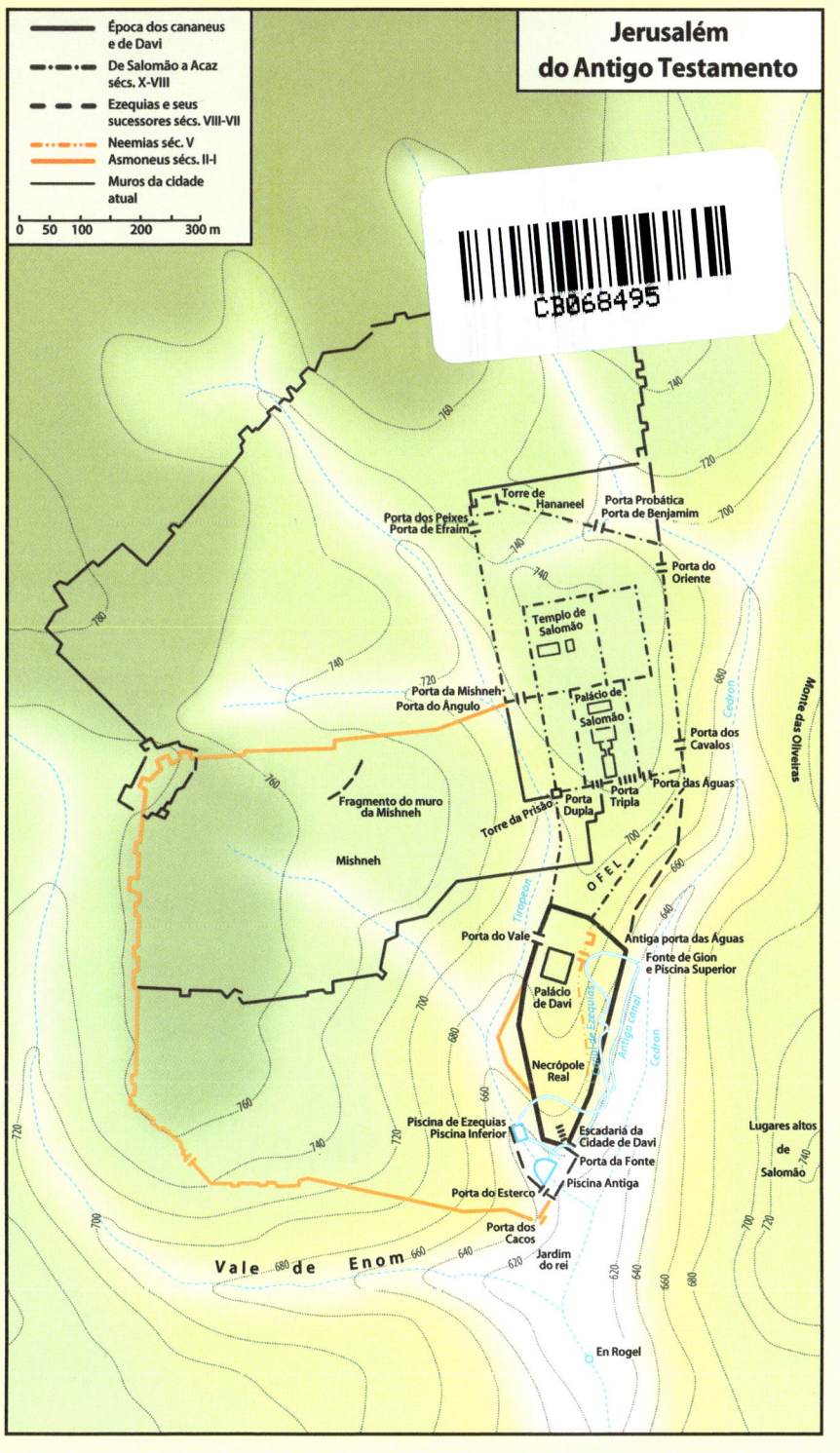

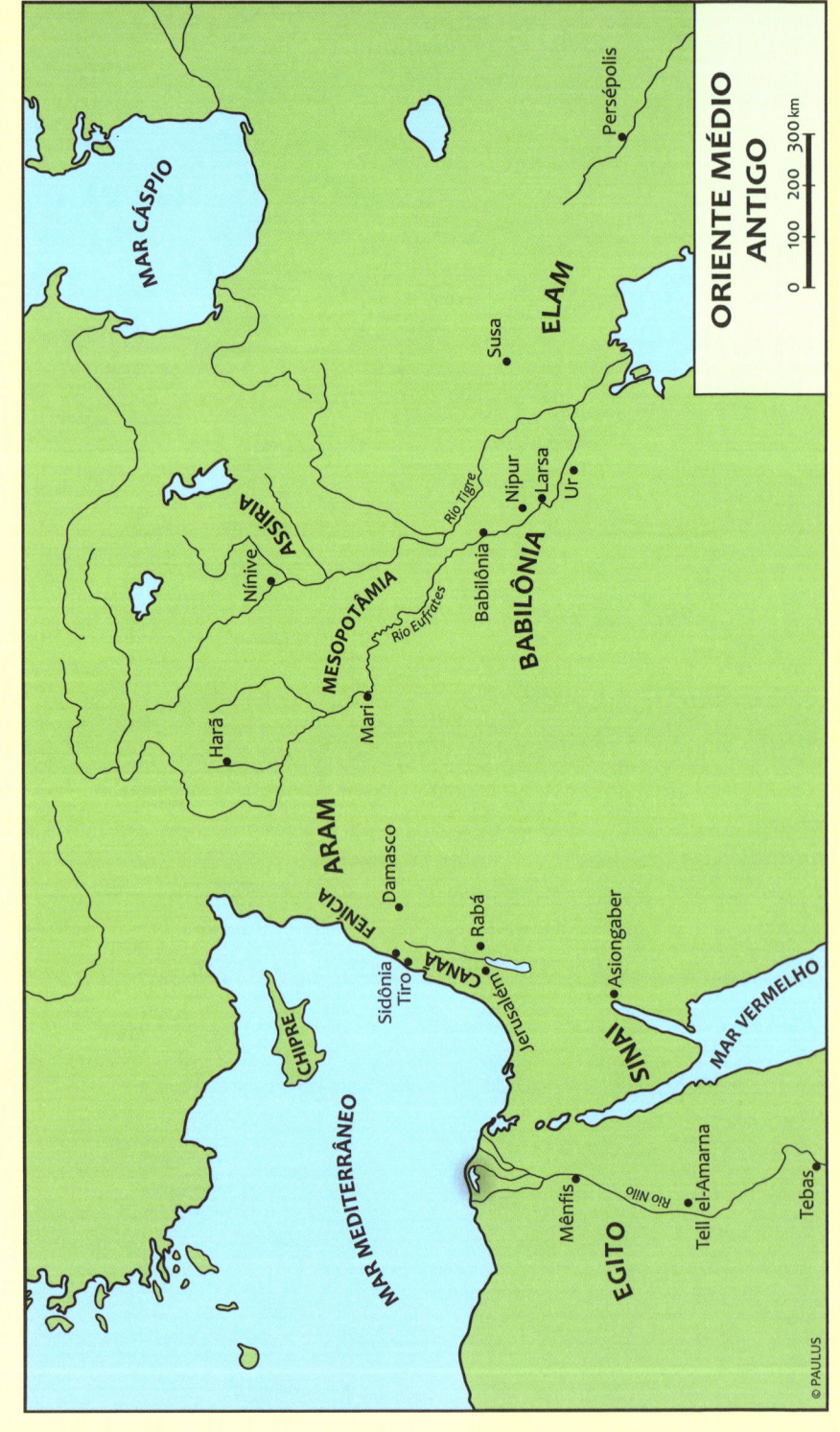

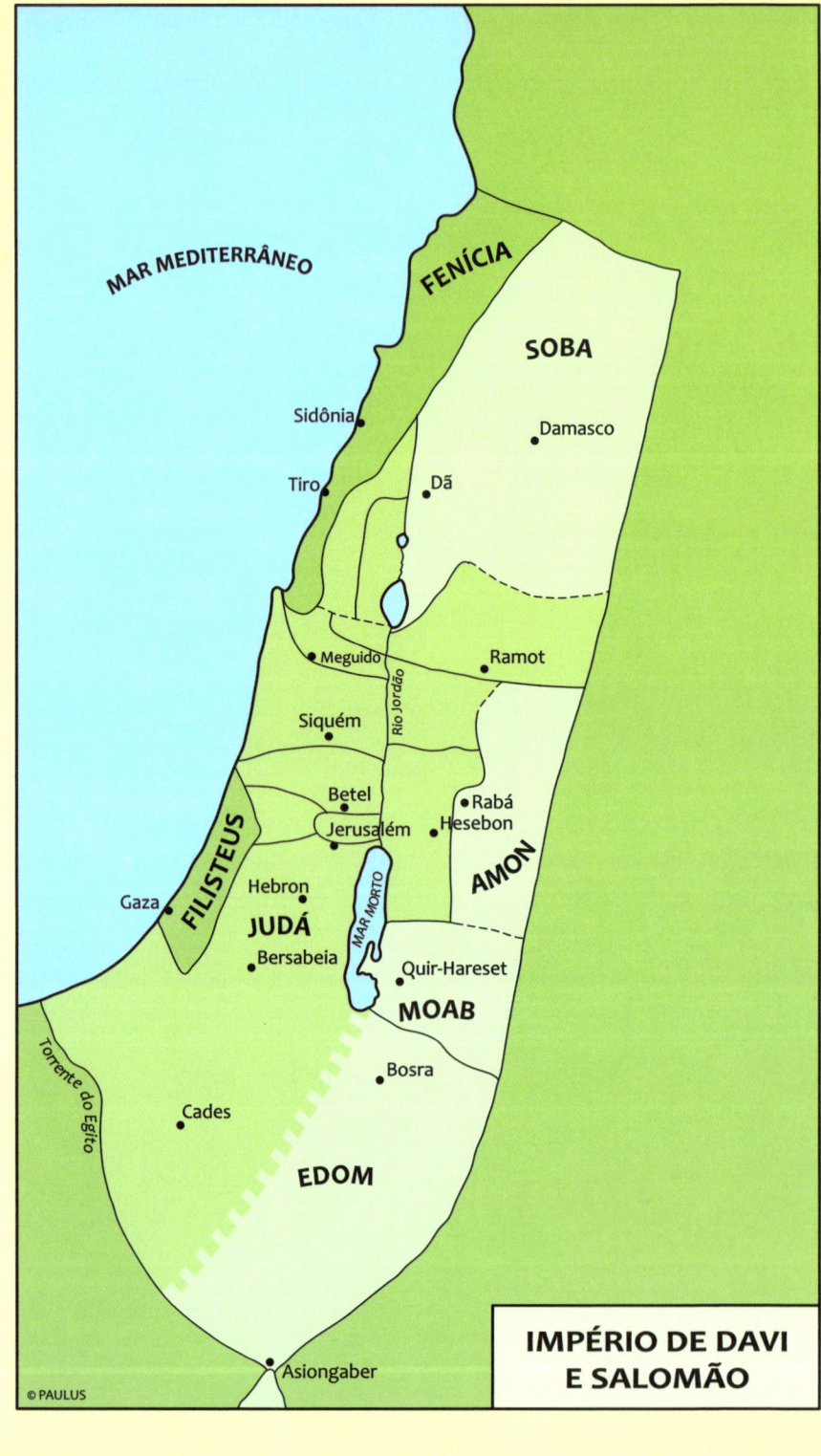

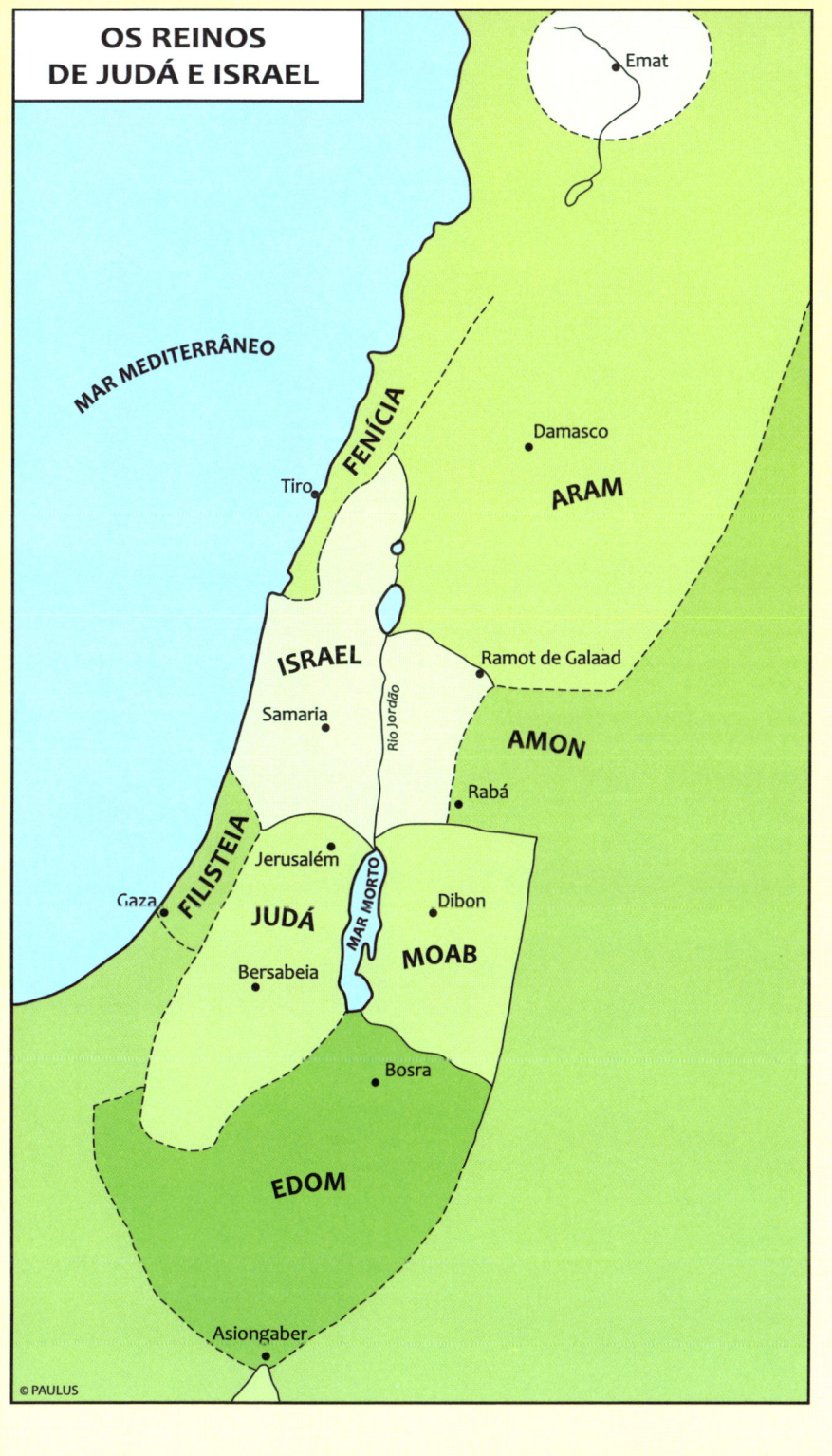

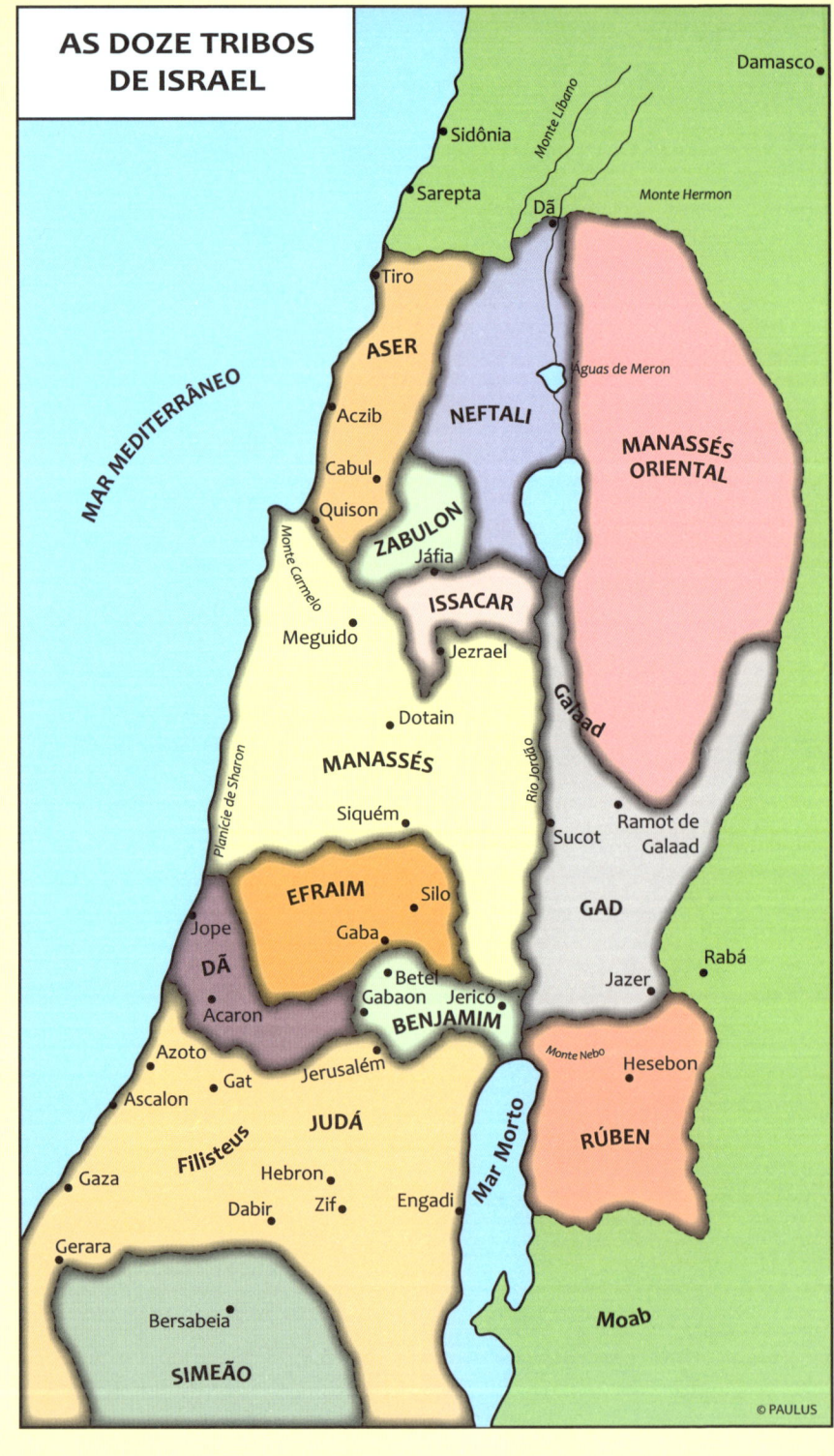

1ª impressão: fevereiro de 2014
2ª impressão: março de 2014
3ª impressão: maio de 2014
4ª impressão: agosto de 2014
5ª impressão: setembro de 2014
6ª impressão: janeiro de 2015
7ª impressão: março de 2015
8ª impressão: maio de 2015
9ª impressão: junho de 2015
10ª impressão: agosto de 2015
11ª impressão: janeiro de 2016
12ª impressão: março de 2016
13ª impressão: maio de 2016
14ª impressão: agosto de 2016
15ª impressão: janeiro de 2017
16ª impressão: abril de 2017
17ª impressão: junho de 2017
18ª impressão: agosto de 2017
19ª impressão: dezembro de 2017
20ª impressão: fevereiro de 2018
21ª impressão: maio de 2018
22ª impressão: maio de 2018
23ª impressão: setembro de 2018
24ª impressão: outubro de 2018
25ª impressão: fevereiro de 2019
26ª impressão: abril de 2019
27ª impressão: julho de 2019
28ª impressão: julho de 2019
29ª impressão: agosto de 2019
30ª impressão: janeiro de 2020
31ª impressão: maio de 2020
32ª impressão: agosto de 2020, com o título "Bíblia Pastoral"
33ª impressão: fevereiro de 2021
34ª impressão: junho de 2021
35ª impressão: junho de 2021
36ª impressão: outubro de 2021
37ª impressão: janeiro de 2022
38ª impressão: janeiro de 2022
39ª impressão: abril de 2022
40ª impressão: junho de 2022
41ª impressão: agosto de 2022
42ª impressão: abril de 2023
43ª impressão: julho de 2023
44ª impressão: agosto de 2023
45ª impressão: outubro de 2023
46ª impressão: janeiro de 2024
47ª impressão: março de 2024
48ª impressão: junho de 2024
49ª impressão: outubro de 2024
50ª impressão: dezembro de 2024
51ª impressão: julho de 2025

BÍBLIA PASTORAL

PAULUS

Direção editorial e revisão exegética
Paulo Bazaglia

Tradução
Antonio Carlos Frizzo	Js, Jz, Sl
Donizete Scardelai	Rt, Jó, Pr, Ct
José Ademar Kaefer	2Sm
Luiz Gonzaga do Prado	Gn, Ex, Lv, Nm, Dt, 1Sm, 1-2Rs, 1-2Cr, Esd, Ne, Tb, 1-2Mc, Profetas
Paulo Bazaglia	Ecl, Mt, Mc, Lc, At, Rm, 1-2Cor, Gl, Ef, Fl, Cl, 1-2Ts, 1-2Tm, Tt, Fm, Hb, Tg, 1-2Pd, Jd
Pedro Lima Vasconcellos	Jt, Est, Sb, Eclo, Jo, 1-3Jo, Ap

Introduções e notas
Antonio Carlos Frizzo	Js, Jz
Carlos Mesters	Sl
Francisco Orofino	1-2Cr, Esd, Ne, Sl, At
José Ademar Kaefer	Intr. aos Históricos, 1-2Sm, 1-2Rs, Sb, Na, Hab
Luiz José Dietrich	Intr. ao AT, Intr. ao Pentateuco, Gn, Ex, Lv, Nm, Dt
Maria Antônia Marques	Rt, Jt, Is, Os, Am
Paulo Bazaglia	Intr. ao NT, Pr, Ecl
Pedro Lima Vasconcellos	Intr. ao NT, Mt, Mc, Lc, Jo, 1-3Jo, Ap, Hb, Tg, 1-2Pd, Jd
Rafael Rodrigues da Silva	Intr. aos Sapienciais, Tb, Est, 1-2Mac, Jó, Ct, Eclo, Br, Dn
Shigeyuki Nakanose	Intr. aos Profetas, Is, Jr, Lm, Ez, Jl, Ab, Jn, Mq, Sf, Ag, Zc, Ml
Valmor da Silva	Intr. a Paulo, Rm, 1-2Cor, Gl, Ef, Fl, Cl, 1-2Ts, 1-2Tm, Tt, Fm

Revisão literária
José Dias Goulart

Ilustrações e capa
Cláudio Pastro

A tradução e notas dos livros de Gn, Ex, Lv, Nm, Dt, Js, Jz, 1-2Sm, 1-2Rs, Rt, Tb, Jt, Est, 1-2Mc, Jó, Ct, Sb, Eclo e Profetas foram revisadas conjuntamente por Luiz José Dietrich, José Ademar Kaefer, Maria Antônia Marques, Rafael Rodrigues e Shigeyuki Nakanose.

Nihil Obstat
Dom Sérgio da Rocha
Arcebispo de Brasília e Presidente da Comissão
Episcopal Pastoral para a Doutrina da Fé

Imprimatur
Dom Raymundo Card. Damasceno Assis
Presidente da Conferência Nacional dos Bispos do Brasil

Brasília, 18 de setembro de 2013

© PAULUS • 2014
Rua Francisco Cruz, 229 • 04117-091 São Paulo (Brasil)
Tel. (11) 5087-3700
www.paulus.com.br • editorial@paulus.com.br

ISBN 978-85-349-3600-2 (cristal)
ISBN 978-85-349-3601-9 (encadernada)
ISBN 978-85-349-3602-6 (zíper)
ISBN 978-85-349-4671-1 (edição especial)

Reservam-se todos os direitos de reprodução.

ABREVIATURAS

Os títulos dos livros bíblicos são abreviados da seguinte maneira:

Gênesis	Gn	Joel	Jl
Êxodo	Ex	Amós	Am
Levítico	Lv	Abdias	Ab
Números	Nm	Jonas	Jn
Deuteronômio	Dt	Miqueias	Mq
		Naum	Na
Josué	Js	Habacuc	Hab
Juízes	Jz	Sofonias	Sf
Rute	Rt	Ageu	Ag
Samuel	1Sm, 2Sm	Zacarias	Zc
Reis	1Rs, 2Rs	Malaquias	Ml
Crônicas	1Cr, 2Cr		
Esdras	Esd	Mateus	Mt
Neemias	Ne	Marcos	Mc
Tobias	Tb	Lucas	Lc
Judite	Jt	João	Jo
Ester	Est	Atos dos Apóstolos	At
Macabeus	1Mc, 2Mc	Romanos	Rm
		Coríntios	1Cor, 2Cor
Jó	Jó	Gálatas	Gl
Salmos	Sl	Efésios	Ef
Provérbios	Pr	Filipenses	Fl
Eclesiastes (Coélet)	Ecl	Colossenses	Cl
Cântico dos Cânticos	Ct	Tessalonicenses	1Ts, 2Ts
Sabedoria	Sb	Timóteo	1Tm, 2Tm
Eclesiástico (Sirácida)	Eclo	Tito	Tt
Isaías	Is	Filêmon	Fm
Jeremias	Jr	Hebreus	Hb
Lamentações	Lm	Tiago	Tg
Baruc	Br	Pedro	1Pd, 2Pd
Ezequiel	Ez	João	1Jo, 2Jo, 3Jo
Daniel	Dn	Judas	Jd
Oseias	Os	Apocalipse	Ap

Em ordem alfabética

Ab	Abdias		2Cor	2ª Coríntios
Ag	Ageu		1Cr	1º Crônicas
Am	Amós		2Cr	2º Crônicas
Ap	Apocalipse		Ct	Cântico dos Cânticos
At	Atos			
			Dn	Daniel
Br	Baruc		Dt	Deuteronômio
Cl	Colossenses		Ecl	Eclesiastes
1Cor	1ª Coríntios		Eclo	Eclesiástico

APRESENTAÇÃO

Mais de vinte anos após a publicação da *"Bíblia Sagrada – Edição Pastoral"*, a PAULUS Editora apresenta ao público uma nova edição, denominada simplesmente *"Nova Bíblia Pastoral"*. Não se trata de simples revisão da *"Bíblia Sagrada – Edição Pastoral"*. Temos aqui uma nova edição: nova tradução com novas introduções e notas, que procuram responder ao caminho percorrido pelas comunidades nas últimas décadas. De fato, sobretudo a partir do Concílio Vaticano II, a Sagrada Escritura veio recuperando sua importância e lugar na caminhada de fé, a ponto de hoje felizmente se apresentar como a animação da pastoral inteira (cf. Verbum Domini 73). Desde então, a própria compreensão do que seja uma Bíblia "pastoral" mudou. Continuamos, porém, no mesmo propósito de oferecer às comunidades uma tradução de fácil compreensão, com subtítulos, introduções e notas que auxiliem o entendimento e aplicação do texto bíblico, nos grupos de estudo, na reflexão, na catequese, na oração, na vivência pessoal e comunitária.

A **tradução**, feita a partir das línguas originais, procura ser a mais simples possível, sem no entanto descuidar de elementos importantes do texto bíblico, como termos que não são tão fáceis de entender, mas que são explicados em notas. O desafio é utilizar palavras de fácil compreensão sem esconder a riqueza do texto.

As **introduções** são de dois tipos: introduções gerais para cada parte da Bíblia, e introduções a cada livro, ambas procurando oferecer ao leitor um rápido panorama do bloco ou do livro em questão.

Os **títulos** e **subtítulos** na maioria das vezes são descritivos, sobretudo para ajudar na localização dos textos. Por vezes, porém, o leitor encontrará títulos e subtítulos interpretativos, que dão uma chave de leitura ao conjunto de versículos.

As **notas** procuram ser pastorais e oferecer informações essenciais para ajudar na compreensão e atualização do texto. Dependendo do bloco em questão, algumas notas são mais técnicas, outras mais interpretativas. O objetivo é que os leitores, sobretudo na leitura comunitária, consigam aplicar o texto na própria vida. Por isso as referências das notas a aspectos sociais, políticos e religiosos do tempo bíblico, para que seja possível compreender e relacionar as questões do mundo da Bíblia às questões do nosso tempo. Em outras palavras, as notas não são algo pronto, mas querem ajudar a refletir e entrar no texto bíblico.

As introduções e notas aqui propostas derivam de um tipo de leitura dos textos bíblicos, e querem ajudar as comunidades com uma hermenêutica que leve ao compromisso pessoal e comunitário para a transformação da mente e da sociedade. Não é a única leitura possível, e abordagens diferentes podem ser encontradas em outras edições.

Ao oferecer esta *"Nova Bíblia Pastoral"*, a PAULUS reafirma seu compromisso com a divulgação da Palavra de Deus, que é o centro de sua missão editorial. Somos conscientes dos limites deste trabalho, mas nem por isso menos confiantes nos frutos que as comunidades colherão desta nova edição.

No espírito do apóstolo Paulo, seu inspirador, comemorando cem anos de fundação, a PAULUS deseja que cada cristão e cada comunidade se deixem transformar pela Palavra do Senhor (cf. At 9,1-30). Ela é a voz que não cessa de nos interpelar pessoal e comunitariamente, para construirmos relações novas, animadas pela retidão e pela justiça, a fim de tornar o mundo mais justo e mais habitável (cf. Verbum Domini 100). A Palavra continue a ser anunciada, acolhida, celebrada e meditada nas comunidades de fé.

A Editora
São Paulo, 25 de janeiro de 2014

ABREVIATURAS

Ef	Efésios	2Mc	2º Macabeus
Esd	Esdras	Ml	Malaquias
Est	Ester	Mq	Miqueias
Ex	Êxodo	Mt	Evangelho segundo Mateus
Ez	Ezequiel		
		Na	Naum
Fl	Filipenses	Ne	Neemias
Fm	Filêmon	Nm	Números
Gl	Gálatas	Os	Oseias
Gn	Gênesis		
		1Pd	1ª Pedro
Hab	Habacuc	2Pd	2ª Pedro
Hb	Hebreus	Pr	Provérbios
Is	Isaías		
		Rm	Romanos
Jd	Judas	1Rs	1º Reis
Jl	Joel	2Rs	2º Reis
Jn	Jonas	Rt	Rute
Jó	Jó		
Jo	Evangelho segundo João	Sb	Sabedoria
1Jo	1ª João	Sf	Sofonias
2Jo	2ª João	Sl	Salmos
3Jo	3ª João	1Sm	1º Samuel
Jr	Jeremias	2Sm	2º Samuel
Js	Josué		
Jt	Judite	Tb	Tobias
Jz	Juízes	Tg	Tiago
		1Tm	1ª Timóteo
Lc	Evangelho segundo Lucas	2Tm	2ª Timóteo
Lm	Lamentações	1Ts	1ª Tessalonicenses
Lv	Levítico	2Ts	2ª Tessalonicenses
		Tt	Tito
Mc	Evangelho segundo Marcos		
1Mc	1º Macabeus	Zc	Zacarias

As citações são feitas do seguinte modo:

a *vírgula* separa capítulo de versículo. Ex.: Gn 3,1 (livro do Gênesis, cap. 3, v. 1);

o *ponto e vírgula* separa capítulos e livros. Ex.: Gn 5,1-7; 6,8; Ex 2,3 (livro do Gênesis, cap. 5, vv. de 1 a 7; cap. 6, v. 8; livro do Êxodo, cap. 2, v. 3);

o *ponto* separa versículo de versículo, quando não seguidos. Ex.: 2Mc 3,2.5.7-9 (2º livro dos Macabeus, cap. 3, vv. 2, 5 e de 7 a 9);

o *hífen* indica sequência de capítulos ou de versículos. Ex.: Jo 3-5; 2Tm 2,1-6; Mt 1,5-12,9 (Evangelho segundo João, capítulos de 3 a 5; 2ª carta a Timóteo, cap. 2, vv. de 1 a 6; Evangelho segundo Mateus, do cap. 1, v. 5 ao cap. 12, v. 9).

ANTIGO TESTAMENTO

A FORMAÇÃO DO ANTIGO TESTAMENTO

A Bíblia é um livro diferente de todos os outros livros. 1) Ela não é um livro só, mas uma coleção de pequenos livros. A palavra "Bíblia" vem do grego e significa, literalmente, "livrinhos", pois indica o plural da palavra "biblíon" que é o diminutivo de "biblos", livro. 2) Foi escrita em três línguas diferentes: a maior parte está em hebraico, outra em grego e alguns trechos em aramaico. 3) Foi redigida em muitos lugares diferentes: grande parte foi escrita na Palestina, mas outras partes foram escritas na Babilônia, no Egito, na Ásia menor, em Roma e em diversas outras localidades. 4) Começou a ser escrita mais ou menos por volta do ano 1.000 a.C. e só terminou por volta do ano 200 d.C.; ou seja, mais ou menos 1.200 anos se passaram até alcançar a forma que tem hoje. 5) Teve muitos autores e autoras: não se sabe exatamente quantos, mas foram mais de uma centena.

Mas isto não é tudo. A Bíblia é também um livro diferente de outros por ser um livro sagrado. A parte que chamamos de Antigo Testamento contém livros sagrados do judaísmo. O conjunto do Antigo com o Novo Testamento é o que chamamos de Bíblia, livro sagrado para o cristianismo. E muitos personagens que figuram neste livro são também sagrados para o islamismo. Mas dizer que é um livro sagrado não quer dizer que ele tenha uma origem fora da história ou que tenha caído do céu. Pelo contrário, a Bíblia tem esse caráter sagrado porque revela o rosto do Deus da vida, que se manifesta na história, nas lutas em favor da vida com dignidade e justiça para todos, principalmente para as pessoas empobrecidas e marginalizadas. É na defesa e na promoção da vida que a Bíblia ganha caráter sagrado e torna-se Palavra de Deus.

Casinha que se tornou casarão

A história da Bíblia pode ser comparada à história de uma casa, que começou pequenina e pobre, com poucos cômodos, mas ao longo dos anos foi passando por reformas, recebendo o acréscimo de novos cômodos, até tornar-se um casarão. Como vimos, a Bíblia é uma construção que levou mais de mil anos para ficar do jeito que a vemos hoje. Começou com pequenas histórias de libertação contadas oralmente, que depois foram registradas por escrito, celebradas, recontadas, atualizadas em novos acontecimentos e aumentadas com novas histórias, memórias, cânticos, provérbios, leis e orações, tudo passando por diversas revisões, até formar o livro que hoje temos em mãos.

Seguindo na comparação da casinha que se tornou casarão, o que se vê no final é o casarão pronto, isto é, o resultado da última reforma. Não se vê o processo nem as diferentes fases pelas quais passou até tornar-se um casarão. Assim é a Bíblia. O seu todo apresenta hoje o resultado das últimas grandes reformas pelas quais passou: o Antigo Testamento revela predominantemente as formas que recebeu no período do pós-exílio (cerca de 400 a.C. até 200 d.C.), ao longo do processo em que se constituía o judaísmo. E o Novo Testamento mostra o rosto que recebeu após a definição do cânon cristão, entre os anos 100 e 400 d.C.

O casarão pode assustar e intimidar. É que a casinha inicial era pequena e simples, acessível e acolhedora, principalmente para os mais pobres e necessitados. Mas ela ainda pode ser encontrada no coração da Bíblia, quando esta é usada para a promoção e a defesa da vida. A casinha aparece claramente na história da construção da Bíblia, e é ela que lhe dá sentido sagrado.

O começo de tudo: uma casinha pobre, a casa da defesa da vida dos pobres

Para compreender como nasceu a Bíblia, temos de voltar até 1300 a.C., mais de 3300 anos atrás, na terra de Canaã. Nessa época, nessas regiões, a grande maioria do povo vivia nas planícies férteis em torno de "centros urbanos", pequenas cidades-estado cercadas por muralhas, e estava submetida ao domínio dos reis cananeus e do faraó do Egito. Entretanto, havia também um contingente menor de pessoas habitando nas regiões montanhosas de Canaã (Hebron, Betel e Siquém) e no deserto ao sul de Judá (Bersabeia). Eram pequenas aldeias camponesas que provavelmente se originaram de assentamentos de famílias de pastores que se fixaram nessas regiões, fora do controle dos centros urbanos. Em cada uma delas venerava-se a memória de seu patriarca fundador: em Hebron veneravam-se Abraão e Sara; em Bersabeia, Isaac e Rebeca; em Betel, Israel e Raquel; e em Siquém venerava-se a memória de Jacó. O povo de Israel nascerá a partir dessas pequenas aldeias.

Os grupos urbanos e as aldeias camponesas das montanhas e do sul de Judá possuíam praticamente a mesma cultura: eram cananeus, e os seus deuses e deusas eram as divindades do panteão cananeu: El, Elohim, Aserá, Baal, Astarte, Anat, entre outros. No entanto, a vertente urbana da religião estava associada ao sistema de poder, e funcionava como religião oficial. Ensinava que as deusas e os deuses apoiavam e abençoavam o faraó e os reis, comunicando-se diretamente com eles. Estas divindades não estavam interessadas na vida das pessoas que trabalhavam, das pessoas pobres, marginalizadas ou escravizadas. Somente os reis e faraós eram considerados filhos de Deus (cf. Sl 82,6-7). As outras pessoas deviam reverenciar e obedecer ao faraó e aos reis como se eles fossem os representantes dos deuses na terra, ou os próprios deuses em pessoa. Eram cultuados em grandes celebrações nos templos oficiais, e todo o povo devia trazer-lhes tributos, oferendas, e submeter-se a trabalhar na construção de seus palácios e templos. Dentro das muralhas, na religião oficial, as divindades do panteão cananeu eram postas a serviço da legitimação do poder, da coleta de tributos e do acúmulo de riquezas e poder.

Entre as aldeias camponesas nas montanhas, o culto aos deuses e às deusas estava vinculado aos diversos aspectos fundamentais da vida, como ter filhos, fertilidade dos campos e dos animais, saúde, amor, proteção, veneração aos antepassados etc. Eram os anciãos, os pais e as mães que realizavam o culto, e as oferendas eram praticamente simbólicas e raramente alguém ficava mais rico ou mais pobre na vertente da religião camponesa. Era uma religião geralmente centrada na defesa e na promoção da vida, da identidade e das instituições que possibilitavam a vida nas condições ambientais das aldeias.

Tudo isso, no entanto, se dava no contexto de uma sociedade patriarcal. Na política e na religião as mulheres tinham alguns espaços importantes, tanto nas cidades como nas vilas camponesas. Porém quase sempre esses espaços, e as próprias mulheres, estavam subordinados ao controle dos homens.

A crise dos centros urbanos a partir de 1200 a.C., causada por vários fatores, entre os quais a invasão dos "povos do mar", e o processo de resistência ao sistema de dominação das cidades-estado, fazem com que grupos de pastores, camponeses e gente marginalizada (hapirus) de Canaã, e pessoas escravizadas no Egito, encontrem nessas aldeias a possibilidade de viver longe da dura opressão imposta a eles pelos reis cananeus e pelo faraó. Essas pessoas vão aumentar as populações de Hebron, Bersabeia, Betel e Siquém. Possivelmente a partir de Betel e Siquém formam-se as tribos de Benjamim, Efraim e Manassés, e a partir de Hebron origina-se a tribo de Judá, que mais tarde englobará a Bersabeia. Este é o núcleo inicial de Israel, que se forma nas montanhas centrais da Palestina. Nesse processo, algum povo deve ter trazido o culto a Javé para dentro das aldeias e tribos de Israel. Javé parece ser uma divindade que veio de fora de Canaa (Ex 2,16; 3,1-2; Dt 33,2; Jz 5,4; Hab 3,3). Javé será integrado ao panteão das tribos e aldeias camponesas, possivelmente como o Deus dos guerreiros e da guerra (cf. Ex 15,2-3; 14,14.24-25.27; Jz 4,14-15; 1Sm 17,47). Mas nas tribos e aldeias estes guerreiros travam apenas guerras defensivas contra saqueadores. Seu culto acontecia no momento em que os camponeses necessitavam transformar seus instrumentos de trabalho em armas (1Sm 17,40-43) e formar linhas de guerreiros para defender a vida de suas famílias, suas colheitas, suas terras e sua liberdade. As tribos de Israel, com mentes e corpos marcados pelas estruturas opressoras cananeias e egípcias, visando eliminar as grandes desigualdades sociais que haviam sofrido, vão desenvolver seus laços de solidariedade e princípios éticos, procurando constituir sociedades sem concentração de terras, de poder e de riqueza. As tribos viviam sem reis, e eram formadas por associações de famílias nas quais deveriam predominar as relações de solidariedade, ajuda mútua e justiça social, uma sociedade de defesa e promoção da vida para todos. Essas organizações sociais que buscavam viver em liberdade e solidariedade são o núcleo inicial do povo de Israel. Os arqueólogos encontraram um monumento erigido por volta de 1210 a.C. pelo faraó Mernephtah, em que aparece o nome "Israel", indicando um povo que vivia na região montanhosa de Canaã.

Nesse núcleo inicial das tribos de Israel, formadas por gente de diversas origens, as relações são estabelecidas a partir da luta pela vida contra a opressão e por liberdade, e da experiência das divindades como presença libertadora, uma força aliada nessa luta. Testemunham que conquistaram a liberdade porque um Deus lutou ao lado delas contra os opressores. O nome "Israel" une o nome do Deus El com o verbo "lutar", como pode ser visto em Gn 32,29, e de fato significa "é Deus quem luta". Porém esses diversos grupos possuíam diferentes tradições religiosas: para os pastores, este Deus é Elohim, o Deus dos pais, o Deus dos antepassados (Ex 3,6; cf. Gn 31,53), ou El Shadai, o Deus das estepes, das montanhas (Ex 6,3, cf. Gn 17,1) ou das mamas (Gn 49,25). Para os escravos, é o Deus dos hebreus (Ex 5,3; 3,18; 7,16), sendo que "hebreu" aqui não tem ainda a conotação racial de descendente de Abraão que terá no pós--exílio, mas é a forma hebraica da palavra "hapiru", que designa a condição social de gente marginalizada. E ainda, para os camponeses, este Deus é El, o Deus supremo do panteão cananeu (cf. Gn 46,3-4; Nm 23,22; 24,8; e Gn 33,20; 35,7). Essa compreensão libertadora das divindades na vertente religiosa das aldeias e tribos envolvia também o culto às deusas e deuses da fertilidade das pessoas, dos campos e dos animais.

São as histórias contadas por esses pastores, hebreus, escravos e camponeses que constituem as tradições mais antigas que darão origem à Bíblia. São elas que formam a base do livro do **Gênesis** e o cerne mais profundo do livro do **Êxodo**. Assim, por detrás da história que conhecemos como "o êxodo", na verdade existem várias experiências de libertação: o êxodo dos pastores, o êxodo dos hebreus e escravos, e o êxodo dos camponeses cananeus. O povo de Israel e o centro de sua fé brotam dessas diversas experiências de libertação. Porém hoje essas histórias aparecem na Bíblia sintetizadas na grande narrativa do Êxodo. Pois, principalmente nas tribos do norte, a história dos escravos que se libertaram da opressão do faraó tornou-se o paradigma, o modelo bíblico para falar de opressão e libertação. A história do grupo de Moisés acabou sobrepondo-se às outras, talvez pelo caráter espetacular da vitória do grupo de pessoas escravizadas que enfrentou face a face as forças do faraó e conseguiu libertar-se do coração do império opressor.

Partindo de sua experiência de gente oprimida, e de modo coerente com a vertente da religião camponesa, que cultuava as divindades na defesa da vida, importantes setores tribais defendiam a organização das tribos em torno do uso compartilhado da terra e do exercício do poder, com vistas a impedir a concentração de poder, de terras e riquezas. Em várias tribos essa organização era patrocinada por Javé (Jz 8,23 e 1Sm 8,7; 10,19; 12,12 e 19).

Por uns duzentos anos, entre 1250-1050 a.C., Israel será um conjunto de tribos autônomas e independentes entre si, nas quais as associações de famílias viviam mais ou menos solidariamente, procurando evitar o acúmulo de riqueza e a centralização do poder. É esta sociedade que forma o pano de fundo do livro dos **Juízes** e do início de **1 Samuel**.

A defesa da vida do povo oprimido é a casa simples, porém forte, que dá origem a tudo. Ela é, portanto, o fundamento, o coração e a raiz mais sagrada de toda a Bíblia. É assim que surge Israel, e é aqui também que começa a história da Bíblia. Começa com experiências vividas, celebradas em cultos e transformadas em narrativas contadas pelos avôs, avós, pais e mães para filhos e filhas, netas e netos. Os textos escritos virão somente mais tarde, já no contexto da monarquia, com a primeira das grandes reformas pelas quais a casinha passará.

Primeira grande reforma: a monarquia

Nos cem anos seguintes, entre 1050-950 a.C., o aumento da produção camponesa, propiciado pelo aumento da população, pela introdução do ferro e do boi na agricultura, levará donos de bois, líderes políticos, guerreiros e sacerdotes, seduzidos pelo comércio, a esboçarem tentativas de acumular riquezas e poder (Jz 8,24-26; 9,1-4; 10,3-4; 1Sm 2,12-16). O desenvolvimento dessas contradições internas, somado aos ataques de inimigos externos (1Sm 11,1-2; 13,19-21), enfraqueceram os fundamentos solidários da sociedade tribal israelita.

Desse modo, criam-se as condições para a transformação de algumas aldeias camponesas em núcleos urbanos e o surgimento de uma elite que concentra poder econômico, político e militar e institui a monarquia (1Sm 9,1; 11,5-7; 25,2).

Com a monarquia, configura-se uma sociedade em que uns poucos têm muito mais poder e riqueza do que a maioria da população, e o patriarcalismo e o antropocentrismo são reforçados. A monarquia constitui um grupo social dominante que controla o exército e se mantém explorando o trabalho e apropriando-se de grande parte da produção das famílias camponesas, direcionando-a para a rede do comércio internacional. As famílias camponesas, além de serem levadas a entregar parte de sua produção, também devem entregar suas filhas e filhos para trabalhar nas obras e guerras decididas pelo rei e seus aliados (cf. 1Sm 8,11-17). Surge um pequeno grupo muito rico e poderoso, e aparece na sociedade grande número de pobres, sem terra e sem casa, sem os meios necessários para uma vida digna (1Sm 22,2; 25,10). Esse processo começou timidamente com Saul (cerca de 1050 a.C.) e consolidou-se com Davi e Salomão (entre 1000 e 930 a.C.).

Essas grandes modificações na sociedade exigem uma justificação, uma legitimação. Isso será feito através da elaboração de uma religião oficial, isto é, uma teologia, uma espiritualidade e uma liturgia que favoreçam o rei e a hierarquia social. A religião oficial se concretiza com a construção de um Templo, exclusivamente a serviço da monarquia, uma vez que as aldeias e tribos possuem seus locais de culto e pequenos santuários próprios. Assim, a monarquia de Davi apropria-se do Javé das tribos e o coloca como patrocinador do rei e do seu exército (2Sm 6,1-19), e depois, na antiga cidade-estado cananeia de Jerusalém, Salomão constrói o templo, celebrado como a "casa de Javé" (1Rs 8,12-13; Sl 132,5-7.13-14; 134,1; 135,1.21). Embora em Jerusalém Javé ocupe espaço central por ser o Deus do rei e da religião oficial (Sl 2; 89), todas as outras divindades do povo de Israel, ou oriundas de alianças ou imposições políticas e econômicas, também serão cultuadas ali (2Rs 23,4-14), integradas na vertente religiosa de legitimação do poder e da riqueza. E, para compreender a Bíblia, é fundamental saber que a monarquia, apesar de ser sinal efetivo da subjugação das aldeias camponesas pelos "centros urbanos" e inspirar-se nos sistemas fenício-cananeu (1Rs 5,15-32) e egípcio (1Rs 3,1), será instituída em nome de Javé, o Deus libertador dos escravos e camponeses. E os sacerdotes e escribas da religião oficial vão apresentar a monarquia como algo desejado por Javé (1Sm 10,1-2; 16,1; 1Rs 3,7), e o rei como o filho escolhido e abençoado de Javé (Sl 2; 110; 132). E também vão assegurar uma aliança eterna entre Javé e a dinastia de Davi em Jerusalém (2Sm 7,8-16; Sl 89). Enquanto nas tribos as mediações para a realização da vontade de Javé eram as leis de solidariedade e ajuda mútua, na monarquia a vontade de Javé se realizará através do rei e do próprio sistema monárquico.

Mas houve resistência

Sobre os fundamentos sagrados da casa de defesa da vida do povo, são erguidos palácios e templos que defendem os interesses do rei e dos grupos dominantes. Mas o culto a Javé, como o Deus da defesa da vida, como sinal de contradição e de denúncia, resiste e continua vivo nas práticas e organizações solidárias das tribos e aldeias do povo camponês. Assim, daí em diante, Israel terá duas principais vertentes teológicas: uma, a mais antiga, a vertente da religião ligada à vida do povo, presente no culto a Javé que vem da libertação, da solidariedade e da partilha da terra, viva na memória, na profecia e nas práticas mantidas em diversos santuários tribais e organizações camponesas remanescentes do tribalismo; é a teologia do Javé que defende a vida dos camponeses e camponesas. Outra, a teologia difundida na vertente da religião ligada ao poder, nos cultos oficiais do Javé patrocinador da monarquia e do Templo de Jerusalém, elaborada por sacerdotes, escribas e profetas a serviço do rei. Essa ambiguidade nos desafia ao discernimento. Pois nem sempre o que o texto bíblico apresenta como palavra ou mandamento de Javé ou de Elohim estará na defesa e promoção da vida. Divindades condenadas como Baal, Aserá ou Astarte, na vertente camponesa da religião de Israel, podem estar mais ligadas à vida dos camponeses do que o Javé que as condena e promove violência contra elas e as pessoas que as seguem.

A consolidação da monarquia demorou mais ou menos 100 anos. Esse tempo indica que houve muita resistência. A resistência das aldeias camponesas, onde Javé e as outras divindades são cultuadas na defesa e na promoção da vida, esteve sempre presente. Essa resistência se manifesta fortemente já no final da vida de Salomão, quando as tribos do norte denunciam a monarquia de Salomão como um "fardo pesado" e "dura escravidão" (1Rs 12,4). Não aceitam a imposição de tributos (1Rs 4,7-19; 5,2-4.6-8) e trabalhos forçados (1Rs 5,27-28; 11,28), e por volta de 930 a.C. formam o reino de Israel, independente de Judá (1Rs 12,18). A resistência camponesa ressoará forte também na voz dos profetas, seja no reino de Judá, dirigido pelos descendentes de Davi, seja no nascente reino de Israel.

É necessário ter sempre tudo isso em mente para que, diante da magnitude e do brilho do casarão, não esqueçamos que o fundamento de tudo, o sagrado, está na pequena casa que guarda o Espírito do Deus da defesa da vida, presente nas funções e no culto prestado pelas famílias camponesas a Javé. E isso é muito importante para a compreensão da Bíblia, porque é somente na monarquia, principalmente com Davi e Salomão (por volta de 1000 a.C.), que começarão a ser escritos textos que farão parte da Bíblia. Neles, a teologia que defende a vida do povo trabalhador está entrelaçada com a teologia que defende os interesses dos poderosos, dos palácios, templos e seus rituais. Duas teologias que atravessam toda a história de Israel e chegam até Jesus, que escolherá a primeira delas e será perseguido e morto pelos representantes da outra. E, de certo modo, chegam até nós, convidando-nos também ao discernimento e à opção.

Outras reformas aconteceram

Ao ler a Bíblia hoje, podemos ter a impressão de que o povo de Israel era monoteísta desde o começo, ou que adorava somente a Javé e não possuía imagens divinas. Entretanto, as evidências de que dispomos indicam que o monoteísmo foi adotado em Judá somente no período pós-exílico, em uma das reformas mais recentes pelas quais passou a fé de Israel. Pois a arqueologia e os próprios textos bíblicos nos mostram que o povo de Israel levou muitos séculos até tornar-se monoteísta e banir de seu meio o culto e as imagens dessas diversas divindades.

Mas, como vimos, Israel nasce dentro da sociedade cananeia, com muitos elementos culturais e religiosos dessa raiz. Assim, nos primeiros tempos, as famílias camponesas e a monarquia de Israel cultuavam diversos deuses e deusas, entre eles Javé, El, Elohim, Baal, Astarte, Asherá ou Aserá (1Rs 15,13; 2Rs 21,7; 23,7.13; Jr 44,15-19), e possuíam imagens dessas divindades, tanto para uso e funções domésticas (Gn 31,19-35; 1Sm 19,13-16), quanto para funções e rituais públicos (Jz 6,25-32; 8,27; 17,1-13; 1Rs 12,26-33; 15,13; 2Rs 18,1-4; 23,4-20). Cada deus ou deusa tinha "jurisdição" sobre determinada área da vida. Havia deuses e deusas da tempestade, da chuva e da fertilidade dos campos, divindades ligadas à fertilidade dos animais, das pessoas, do amor, da guerra, dos antepassados, e de muitos outros aspectos. Essa diversidade também acontecia porque cada tribo tinha seus próprios santuários, e as vilas camponesas tinham vários locais de culto (Jz 6,24.26; 1Sm 1,3; 7,16-17), bem como os chamados "lugares altos" (1Sm 9,12-14; 10,5; 1Rs 3,2-4). Javé era o Deus da defesa da vida dos camponeses e garantidor das relações éticas de justiça e solidariedade (Ex 22,20-26, Dt 10,18-19; 24,10-22; 27,19; Sl 146,9; Is 1,17; Jr 7,6). Cada dinastia que chegava ao poder tinha seu Deus oficial. Em Judá, dominada pela dinastia de Davi, o Deus oficial será Javé. Porém, outro Javé bem diferente era adorado nas tribos. No reino do norte, Israel, governarão várias dinastias, e aí ocorrerão disputas a respeito do Deus oficial. Adotarão ora El ou Elohim, ora Baal, ora Javé (1Rs 18,21).

Segunda grande reforma: os reis Ezequias e Josias

Possivelmente entre o auge do domínio assírio na região (anos 700 a.C.) e especialmente com o final do domínio assírio (600 a.C.), deu-se um movimento que visava unir as tribos do norte com as do sul, sob o comando da dinastia de Davi instalada em Judá. Este movimento destruiu santuários, aboliu imagens, proibiu todo culto fora de Jerusalém, e também proibiu o culto a qualquer outra divindade que não fosse Javé. Fazendo de Jerusalém, capital de Judá, o único local onde se podia oferecer sacrifício, os israelitas daí em diante deveriam adorar exclusivamente a Javé. Os reis Ezequias e principalmente Josias são os expoentes desse movimento. Para alcançar esses objetivos, impor e firmar essas diretrizes, organiza-se, provavelmente no tempo de Josias, a redação principal da história de Israel, que se encontra nos livros do **Deuteronômio, Josué, Juízes, 1 e 2 Samuel,** e **1 e 2 Reis**. Os diversos deuses e deusas até então adorados normalmente em Israel, assim como a diversidade de locais de culto, não são apagados da história, mas aparecem nesses livros como desvios, como "idolatria" e culto a "outros deuses", como pecado (cf. 2Rs 23,4-25). Esses livros nos transmitem uma história em que as tribos de Israel aparecem agindo em conjunto, como se fossem um só povo, sob uma única liderança, que desde o começo as direcionava a adorar somente a Javé e a permanecerem fiéis a ele, obedientes à dinastia de Davi, que estabelecerá o culto exclusivo a Javé em Jerusalém. A instituição da monolatria (culto a um só deus, sem negar a existência de outros deuses; cf. Dt 10,17), nesse período, foi um passo na direção do monoteísmo (culto a um deus considerado o único verdadeiro, o único existente; cf. Is 44,6), que será estabelecido em Judá somente depois do exílio na Babilônia.

Ezequias e Josias, com a imposição do culto único a Javé, finalizam dois aspectos de um processo iniciado desde o estabelecimento de Javé como o Deus nacional de Judá: 1. A identificação de Javé com o Deus do êxodo. Como a história dos hebreus escravos absorve as outras, também as diversas experiências de Deus envolvidas nessas lutas por libertação vão sendo progressivamente identificadas com o Deus Javé. Ezequias e Josias apresentam o Javé de Jerusalém como o Deus que vê a dor, que ouve o clamor, que conhece o sofrimento das pessoas oprimidas e empobrecidas, e que desce para libertá-las (cf. Ex 15,2-3; 6,2-7; 3,13-15; 3,7-8a; 3,18; 7,16). Assim, hoje encontramos na Bíblia muitas confissões semelhantes a esta: "Os egípcios nos maltrataram e humilharam, impondo dura servidão sobre nós. Clamamos então a Javé, o Deus de nossos pais, e Javé ouviu nossa voz. Viu nossa aflição, nosso sofrimento e nossa opressão. E Javé nos tirou do Egito com mão forte e braço estendido" (Dt 26,6-8). 2. A identificação de Javé com Elohim, El, El Shadai, El Elion, e a transferência dos poderes e das "jurisdições" dessas divindades, e também de divindades que são proibidas por Ezequias e Josias, como Baal, Aserá e Astarte, para Javé. Assim, certamente, do mesmo modo como a história da libertação dos escravos tornou-se o paradigma, o modelo, englobando as histórias dos outros grupos, também Javé englobou as outras experiências de Deus e seus respectivos poderes.

Por ocupar parte importante e conhecida da Bíblia, a perspectiva monolátrica dessa reforma muitas vezes impede a compreensão da diversidade existente na origem de Israel e reforça atitudes fundamentalistas, condenatórias e até violentas, realizadas em nome de Deus, contra cultos não judaicos e não cristãos, e contra as pessoas que os seguem. Mas não é esse o espírito sagrado da Bíblia. A teologia dos reis, dos palácios, dos templos e do poder pode ser forte e envolvente, mas não é a única. O caráter sagrado da Bíblia vem da defesa da vida dos pobres e oprimidos, e do empenho por uma sociedade justa e solidária. Defesa e empenho que, apesar de todas as reformas, continuam presentes e podem ser encontrados nas entrelinhas ou por trás das palavras dos textos oficiais, como os do rei Josias. Pois o próprio rosto libertador de Deus, que Josias tenta usar para justificar seus projetos de dominação, é que denuncia e condena essas teologias e esse tipo de religião.

Historicamente, de fato, o projeto de Josias não foi muito longe. Em 609 a.C. Josias será morto pelo faraó (2Rs 23,29). Em 589 a.C., Judá será dominada pelo império da Babilônia, e em 587 a.C., após rebelar-se contra a Babilônia, Judá será novamente invadida, e desta vez a capital Jerusalém será saqueada e terá suas muralhas, palácios e o Templo arrasados pelo exército babilônico. Nesses dois eventos, grande parte da classe dominante será morta, e outra parte será levada para o exílio na Babilônia, restando na terra de Judá somente o povo pobre. Os latifúndios dos poderosos exilados foram divididos e entregues a esses pobres, deixados em Judá para serem vinhateiros e agricultores (Jr 39,1-10; 2Rs 23,31-25,26). Vivendo sem reis, sem o Templo e sem a infraestrutura de uma rede coletora de tributos – pois a capital, o Templo e as principais cidades eram agora somente montões de ruínas – esses camponeses pobres viveram uma experiência semelhante àquela do período anterior à monarquia. Embora existisse algum esquema para a tributação dos babilônios, experimentaram uma situação parecida com o tribalismo dos inícios de Israel e, além de reforçar suas instituições sociais, tiveram condições também de resgatar suas antigas tradições teológicas e espirituais.

Terceira grande reforma:
as palavras proféticas conquistam espaço

Tanto a invasão da Assíria (732 a.C.) e a destruição de Samaria, capital de Israel (722 a.C.), quanto a destruição de Jerusalém, capital de Judá (598-587 a.C.), respectivos centros do poder de Israel e de Judá, provocaram a desarticulação das classes dominantes e possibilitaram o afloramento de teologias marginalizadas pela teologia oficial. A teologia e a ética das aldeias camponesas, fiéis à compreensão do sagrado na defesa e na promoção da vida dos camponeses, identificado em Javé, persistiram nas aldeias camponesas, de tempos em tempos ecoavam nas cidades na voz dos profetas, mas esta teologia não recebia destaque nos textos oficiais. A teologia, a espiritualidade e a proposta de organização social defendidas pelos movimentos proféticos somente conquistarão espaço e maior importância na sociedade após a derrocada da classe dominante e de suas estruturas de dominação. É nesse momento que as palavras dos **profetas**, mantidas e atualizadas nas famílias e organizações camponesas, serão fixadas em textos e ocuparão espaço, ao lado dos textos oficiais do povo de Israel.

Por isso, encontramos na Bíblia também os livros de profetas como **Isaías, Amós, Oseias, Miqueias, Jeremias, Sofonias** e outros, que nessa época começam a ser fixados por escrito. Tais escritos proféticos não teriam chegado até nós, se dependessem dos reis e dos sacerdotes oficiais, que fizeram de tudo para tentar calar estas vozes: Amós foi ameaçado e expulso (Am 7,10-13); Oseias teve de enfrentar armadilhas e hostilidades (Os 9,8); Jeremias foi ameaçado de morte (Jr 26,7-11; 38,4) e preso (Jr 37,15-16; 38,5-6), e seus escritos foram queimados (Jr 36,1-26). As vozes do povo oprimido, que lutava e resistia diante da opressão da monarquia e da religião oficial, ganham espaço e legitimidade com a queda dos opressores e de seus sistemas de opressão política e religiosa. Essa reforma foi diferente das anteriores. Embora os livros dos profetas também tenham sofrido releituras no sentido da religião oficial, eles trazem um conjunto de textos que reflete fortemente a vertente religiosa tribal camponesa, em que brilha fortemente o rosto do Deus da vida.

Quarta grande reforma: a resistência dos exilados

Parte da elite dominante de Jerusalém levada para o exílio na Babilônia foi integrada na corte do império. Outros, porém, foram designados para trabalhar em colônias agrícolas a favor dos babilônios. Principalmente para estes colônias, a invasão babilônica e o exílio significaram enorme crise. Partidários da teologia dos reis de Judá, acreditavam que o Templo de Jerusalém era a casa de Javé (1Rs 8,12-13; Sl 132,5-7.13-14). No entanto, este Templo havia sido profanado, saqueado e destruído pelo exército babilônico. Acreditavam que Deus havia feito uma aliança eterna com a família de Davi, garantindo que sempre haveria um descendente de Davi no trono de Jerusalém (2Sm 7,16). No entanto, além de agora o trono não mais existir, e de palácios e muralhas terem sido destruídos, o próprio rei tinha sido levado em correntes para a Babilônia, depois de ver seus filhos sucessores degolados (2Rs 25,7). E além de verem os exércitos babilônicos massacrarem o exército de Judá e destruírem suas fortalezas, os judaítas viram na Babilônia construções muito maiores que as de Judá. De fato, a Babilônia era uma sociedade mais antiga, mais poderosa e desenvolvida do que Judá. E eles, os adoradores de Javé, agora trabalhavam como colonos semiescravizados para senhores babilônicos. Será que isso não era um indicativo de que os deuses da Babilônia eram mais fortes que o Deus Javé?

Como superar essa crise, manter a fé em Javé, e resistir aos atrativos do império babilônico? Como manter a identidade judaica, resistir à dominação babilônica e manter viva a esperança de voltar para Judá e Jerusalém? Buscando alcançar esses objetivos é que eles, um dia classe dominante e agora experimentando a vida de escravos, buscaram forças em suas escrituras e tradições religiosas. Como oprimidos, releram suas tradições e delas tiraram novidades libertadoras. Parte desse processo pode ser visto no livro do sacerdote profeta **Ezequiel**. Uma das instituições a ser relida será o sábado. Provavelmente o sábado já era um dia especial para alguns sacerdotes antes do exílio (Lv 19,3.30). Ou até mesmo um dia de descanso com motivação social, para não submeter ninguém a um regime semelhante à escravidão do Egito (Ex 23,10-13). Mas, a partir do exílio, o sábado passará a ser santificado como dia de descanso instituído por Deus. É possível que nessa época a narrativa da criação tenha sido colocada em moldura de seis dias, justamente para destacar o sábado como coroamento do processo da criação (Gn 1,1-2,4). E o sétimo dia de cada semana será o dia no qual os exilados não aceitarão fazer nenhum trabalho (Ex 20,8-15). Dedicarão esse dia a reuniões para resgatar suas tradições, ler seus escritos, cantar e falar em sua língua, garantindo sua identidade e cultura, reafirmando sua dignidade e seus direitos.

No espaço conquistado com o sábado, outros aspectos também serão relidos, visando reforçar a identidade judaica dos exilados e rejeitar sua absorção pela religião e cultura do império opressor. A circuncisão passará a ser obrigatória para todos os meninos judaítas, e será sinal de sua pertença à descendência de Abraão, a qual Deus elegeu para uma aliança perpétua e única (Gn 17). Os exilados cultivarão com afinco a pureza da sua árvore genealógica. Ainda reforçando a união dos exilados oprimidos e a resistência aos dominadores babilônicos, irão desenvolver a noção de puro e impuro, demarcando ainda mais claramente a identidade judaíta. Começam assim a compreender a destruição de Jerusalém e o exílio como uma espécie de provação pela qual teriam de passar (Ez 22). A vitória da Babilônia sobre Judá não significa que Javé foi vencido, mas que Javé entregou seu povo nas mãos da Babilônia para submetê-lo a um processo de purificação. Apesar de tudo, Javé ainda é o Senhor da história. Isso terá consequência também na relação com a religião do império: os deuses babilônicos e suas imagens aparentam ser deuses, mas na verdade nada são (Is 44,9-20). É o que aparece fortemente nos escritos do **Segundo Isaías (Is 40-55)**. Na luta contra a opressão imperial, ao afirmar que os deuses babilônicos, que apoiavam e legitimavam a violência, a escravidão e a opressão, não são deuses, começa a estabelecer-se também a concepção monoteísta da fé própria de Israel (Is 43,10-13; 44,6-8; 45,5-6.21; 46,9). Revela-se aqui o coração sagrado do monoteísmo: a única divindade verdadeira é a que está junto aos oprimidos, em luta contra a opressão. Os exilados contam as histórias antigas acrescentando essas releituras, e nelas encontram força para manter acesa a esperança da libertação e do retorno à terra de Judá.

Essas releituras, no entanto, irão consolidar-se nos escritos bíblicos somente após o retorno dos exilados, a partir de 530 a.C., quando o rei Ciro da Pérsia irá derrotar o império babilônico e libertar os exilados. Isso principalmente entre 515-400 a.C., quando os persas apoiarão a reconstrução do Templo, das muralhas e da cidade de Jerusalém, com o envio de **Neemias** e do sacerdote **Esdras**.

Um conflito se estabelecerá com a volta dos exilados, que encontram os latifúndios de seus antepassados ocupados há mais de 50 anos pelos camponeses remanescentes aos ataques babilônicos. Todas as instituições libertadoras criadas no exílio passarão então a ser usadas pelos exilados para menosprezar, condenar e excluir os camponeses. Os exilados irão organizar-se em torno do novo Templo e, a partir dele, começarão a impor uma nova concepção sobre Deus, o povo de Deus e o pecado. Javé será agora considerado como Deus único (Dt 4,39; 1Rs 8,60). Pertence ao povo de Deus quem é circuncidado e possui uma genealogia, confirmando ser puro descendente de Abraão. E o pecado é agora definido pelas leis de pureza e impureza, conforme o livro do Levítico. E profanar o sábado será considerado crime gravíssimo. É nesse processo, provavelmente, que receberá a forma em que se encontra hoje em nossas Bíblias o **Pentateuco** (os livros de **Gênesis, Êxodo, Levítico, Números** e **Deuteronômio**). Serão promulgados como livros sagrados pelas autoridades do segundo Templo e impostos como Lei de Deus, com o apoio dos persas (Esd 7,25-26).

Quinta grande reforma: a canonização dos livros proféticos e sapienciais

Embora a teologia oficial, com o apoio dos persas, se imponha novamente, a linha da teologia camponesa em defesa da vida seguirá manifestando-se no livro de **Jó**, nas novelas bíblicas como as de **Rute, Jonas**, e no livro do **Cântico dos Cânticos**.

Após o fim do domínio persa, com a vitória de Alexandre, o Grande, em 333 a.C., a Judeia passa ao domínio dos gregos. E na luta contra a imposição da cultura grega pelos reis Selêucidas (200-142 a.C.), no tempo da revolta dos **Macabeus**, os escritos dos **Profetas** serão colocados ao lado do Pentateuco e também considerados como sagrados. Junto com a resistência armada, começa a surgir também nesta época a **apocalíptica**, uma corrente política, teológica e espiritual de resistência à dominação imperial. A apocalíptica dará luz a uma vasta produção literária, porém a maioria de seus escritos não entrará nos cânones bíblicos. Deles temos no Antigo Testamento o livro de **Daniel**, e no Novo Testamento o Apocalipse de João.

Pouco mais tarde, o livro dos **Salmos** e os demais livros **Sapienciais (Provérbios, Lamentações, Eclesiastes, Ester)** também alcançarão o status de livros sagrados, completando-se dessa forma o cânon bíblico do Antigo Testamento.

Mesmo no processo de canonização, permanecem as duas vertentes, duas leituras possíveis, uma do ponto de vista da justificação do poder, e outra do ponto de vista da defesa e promoção da vida.

Sexta grande reforma: a tradução da Bíblia do hebraico para o grego

Por volta do ano 280 a.C., iniciou-se um processo de tradução dos livros bíblicos do hebraico para o grego. A Bíblia grega ficou conhecida como Septuaginta (ou Bíblia dos Setenta, ou LXX), porque uma lenda conta que foi feita por setenta sábios judeus. Nesse processo, incorporaram-se novos livros, sete dos quais foram incluídos na Vulgata, o cânon oficial da Bíblia católica: **Judite, Tobias, 1 e 2 Macabeus, Sabedoria, Eclesiástico** e **Baruc**. São considerados deuterocanônicos e não constam da Bíblia evangélica. Outros livros, considerados apócrifos, não se encontram na Bíblia católica nem na evangélica ou protestante, mas foram aceitos pelas Igrejas Cristãs Ortodoxas: **1 Esdras, 3 e 4 Macabeus**.

A tradução grega interfere na estrutura de compreensão da Bíblia Hebraica, reposicionando Rute após Juízes, e colocando Crônicas, Esdras e Neemias logo após Reis. Além disso, acrescenta a diversos livros novas perspectivas de leitura, por exemplo reforçando a santidade, a pureza de Davi e o messianismo davídico nos Salmos e livros históricos, e ampliando Ester e Daniel com acréscimos importantes.

Essa obra tem como sujeitos os judeus da diáspora, e como interlocutores o povo do império greco-romano. A Septuaginta será a Bíblia usada pelas comunidades cristãs primitivas fora da Palestina, e fornece um gancho importante para se compreender não só o ambiente em que o cristianismo irá desenvolver-se, mas também muitos conflitos que irá enfrentar.

Buscar a fidelidade ao Espírito e não à letra

A Bíblia é Palavra de Deus quando defende e promove a vida, quando nos faz ser mais solidários, amorosos, humanos, e quando faz o mundo ser um lugar melhor para todos. É fundamental ler e usar a Bíblia de forma a proporcionar e viver experiências de libertação e de resgate da dignidade. Experiências como as vividas pelos escravos do Egito, pelos camponeses e pastores cananeus no ambiente do êxodo, pelas tribos de Israel, e também pelas pessoas que foram acolhidas por Jesus e integradas nas comunidades cristãs primitivas. Seremos fiéis a este Espírito, que habita o núcleo mais sagrado da Bíblia, quando as pessoas empobrecidas, injustiçadas, oprimidas, ou que têm suas vidas ameaçadas e que ainda não experimentam "vida em abundância", reconhecerem, na leitura e no uso da Bíblia, uma Boa-Nova, um evangelho para elas.

PENTATEUCO

Introdução

A palavra Pentateuco deriva do grego e significa cinco (*"penta"*) estojos ou recipientes (*"teukos"*). Os livros eram escritos em rolos de pergaminho ou papiro, e guardados em estojos cilíndricos. No caso do Pentateuco, os livros mediam em média 6 a 7 metros. Com o tempo, a palavra "teukos" passou a significar também "rolos". Assim, o Pentateuco pode indicar tanto os "cinco estojos" como os "cinco rolos" neles guardados. Referem-se aos cinco livros que estão no início da Bíblia: Gênesis, Êxodo, Levítico, Números e Deuteronômio. Na Bíblia Hebraica estes livros constituem a "Torá". Torá primeiramente significa os "ensinamentos" para a vida recebidos da mãe (Pr 1,8) e do pai (Pr 4,1-2). Depois, designa a "instrução" dada ao povo pelos sacerdotes e mestres. Por último, será entendida pelo judaísmo como a "vontade de Deus fixada por escrito", abrangendo tanto as narrativas quanto as leis contidas nesses cinco livros atribuídos a Moisés (Dt 31,24-26; Esd 6,18; Ne 8,1; Lc 24,44).

Em seu conjunto, o Pentateuco narra a criação do mundo e da humanidade, a vida de Abraão, Sara e seus descendentes, que desceram ao Egito (Gênesis), onde formaram o povo de Israel, e foram oprimidos pelos egípcios e libertados por Deus (Êxodo), que através de Moisés lhes entregou suas leis e os conduziu à fronteira da terra prometida (Levítico, Números e Deuteronômio). É uma história que vai desde a criação do mundo até a morte de Moisés. Nela, porém, já estão presentes todas as principais instituições do judaísmo posterior ao exílio na Babilônia. Isso revela que esta organização das narrativas, com as grandes linhas que as costuram, corresponde mais aos interesses da elite apoiada pelo império persa que governa Judá por volta do ano 400 a.C., do que aos acontecimentos históricos reais. Mostra como possivelmente os sacerdotes do segundo Templo contavam a origem e a história do mundo, da humanidade e do povo de Israel, com suas leis e instituições.

De fato, os livros do Pentateuco não nasceram assim nem foram produzidos na ordem em que hoje se encontram na Bíblia. Cada um deles, como a maioria dos livros bíblicos, tem uma formação bastante complexa. São na verdade uma coleção de pequenas histórias e/ou pequenos blocos de narrativas e leis, que primeiro circularam independentes umas das outras, em tradições orais de famílias, grupos sociais, santuários e tribos. Posteriormente, na medida em que essas famílias, clãs, santuários e tribos estabeleciam laços entre si, ou eram integrados em unidades políticas maiores, suas tradições também recebiam releituras, cortes ou ampliações, e foram gradativamente unidas umas às outras, organizadas e escritas dentro de coleções maiores. De modo que em cada um dos livros do Pentateuco podemos encontrar, lado a lado, textos de diferentes épocas históricas: resquícios de tradições orais da época das tribos (1250-1040 a.C.), tradições dos inícios da monarquia (1040-930 a.C.), outras do reino do norte (Israel-Samaria, 930-720 a.C.) ou do sul (Judá-Jerusalém, 930-598 a.C.); outras do período do exílio (598-530 a.C.), e outras ainda do período pós-exílico, na comunidade reunida em torno do segundo Templo (530-400 a.C.).

A origem e o processo de elaboração do Pentateuco estão firmemente entrelaçados com os grupos e acontecimentos que delineiam a história de Israel. E a história de Israel, como a nossa, é marcada por conflitos em torno do poder, da riqueza, do direito à vida e à liberdade. Nesse contexto, a religião, por carregar em si a sagrada força da vida, é envolvida nas disputas entre os diferentes grupos. E seus membros, suas práticas e instituições estão sempre relacionados com um ou outro lado desses conflitos. Por isso, é necessário empenho e discernimento para encontrar nestas narrativas, como também em nossos dias, o verdadeiro rosto de Deus. Pois é também no Pentateuco que se encontram os núcleos mais antigos da experiência de Deus como o Deus libertador e como o Deus da Vida, a pequena casa do sagrado em torno da qual será construída a grande mansão bíblica (cf. "A formação do Antigo Testamento", pp. 9ss).

GÊNESIS

NARRATIVAS SOBRE AS ORIGENS

Introdução

Na Bíblia Hebraica, cada um dos cinco livros iniciais tem como nome a primeira palavra que aparece neles. Assim, o primeiro chama-se Bereshit, que significa "No princípio". Traduzido para o grego, recebeu o nome de Gênesis, que significa "origem, nascimento", pois nele se encontram narrativas sobre a origem do mundo, da vida e do povo de Israel.

Ora, para contar a história desse povo, é naturalmente necessário que ele exista. Quer dizer que o Gênesis, como também os demais livros da Bíblia, não são anotações feitas no momento em que as coisas acontecem. É um tipo especial de literatura, diferente de jornal, de história ou de ficção.

Como podemos ver em "A formação do Antigo Testamento" (pp. 9ss), a história de Israel não começa com a criação ou com o chamado de Abraão. Assim, embora o Gênesis apareça no início da Bíblia, suas narrativas foram elaboradas muito tempo depois, já na terra de Israel. E provavelmente só por volta do ano 400 a.C. é que o Gênesis alcançará a forma com a qual é hoje encontrado na Bíblia. Pois, do mesmo modo como nós contamos a história do nosso país de maneira diferente da que era contada vinte ou trinta anos atrás, também o povo de Israel, a cada nova etapa da vida, alterava a forma de contar a própria história.

Muitas narrativas do Gênesis apresentam histórias de famílias, clãs, santuários ou instituições. Ora, as tribos eram autônomas e independentes entre si, e naturalmente suas histórias também. Contudo, gradativamente, no conjunto de Israel essas pequenas histórias particulares iam sendo reelaboradas e agrupadas, tanto em tradições orais como escritas. Assim, depois de três ou quatro séculos de monarquia, após releituras na separação dos reinos (cerca de 930 a.C.) e nas tentativas de reunificação de Ezequias (por volta de 700 a.C.) e de Josias (mais ou menos 620 a.C.), essas tradições serão integradas em escritos maiores como história de um só povo. E tudo indica que o processo se finalizará com ampliações e releituras, somente quando parte do povo de Judá for levada para o exílio (598-530 a.C.), e quando descendentes dos exilados retornarem e reconstituírem Judá (cerca de 400 a.C.). Testemunhas desse processo são as duplicações e contradições que encontramos no Gênesis: duas narrativas da criação (1,1-2,4a e 2,4b-24); duas genealogias de Caim (4,17-26 c 5,12 31); duas genealogias de Sem (10,21-25 e 11,10-17); duas narrativas do dilúvio combinadas em 6,5 9,17; duas narrativas da aliança entre Deus e Abraão (caps. 15 e 17); duas da expulsão de Agar (caps. 16 e 21); três narrativas sobre os patriarcas e suas mulheres no estrangeiro (12,10-20; 20; 26,1-11); e no final do livro, caps. 37-50, possivelmente duas histórias combinadas de José. Entre as mais antigas, pode haver tradições vindas da corte de Davi e Salomão (cerca de 1000-930 a.C.). No entanto, as grandes linhas do Gênesis refletem a forma como a oficialidade do judaísmo queria que sua história fosse entendida nos anos 400 a.C. Como nessa época Judá era administrada, a partir do Templo, pelos sacerdotes estruturados em torno da Lei, da pureza ritual e racial, e do monoteísmo, serão certamente as suas perspectivas que enquadrarão a história oficial. Assim, a redação final do Gênesis destaca: a instituição do sábado como dia sagrado (2,2); a Aliança de Javé com Abraão e as promessas para Abraão e seus descendentes, com destaque para a promessa da terra, selada pela circuncisão (12,7; 17,1-27; 26,3-4; 28,13; 35,12; 48,4; 50,24); apresenta os patriarcas em sucessão consanguínea, fazendo com que todo o povo de Israel seja reconhecido como descendente de Abraão, através do culto a Javé como o Deus único (35,2-4; 48,15-16).

O Gênesis pode ser dividido em duas partes. Na primeira (1-11), estão as narrativas sobre a origem do mundo, da vida e dos diversos povos. Na segunda (12-50), encontramos as narrativas referentes aos patriarcas e matriarcas das tribos de Israel: Abraão, Sara e Agar (12,1-25,18); Isaac e Rebeca; e principalmente Jacó, com a filha e os doze filhos de Lia, Raquel, Bala e Zelfa (25,19-36,43); por fim, a história de José (37,1-50,26).

Historicamente, essas pessoas não estavam ligadas por linhas de parentesco, sendo somente personagens venerados em ciclos narrativos em tribos e regiões de Israel e em santuários vinculados a eles. Ora, estes ciclos eram independentes uns dos outros. Mas, ao longo do processo de constituição do judaísmo, se desenvolverá a ideia de que todas as tribos são descendentes de Abrão e Sara. Por isso, atualmente, o Gênesis apresenta Abrão, Isaac e Jacó unidos por uma linha de consanguinidade que culmina com a apresentação dos doze filhos de Jacó como os patriarcas das doze tribos.

Como consequência desse processo, seja nas pequenas unidades narrativas, seja em sua estrutura maior, o Gênesis apresenta numerosas mensagens diferentes. É reflexo dos diversos interesses e dos conflitos entre os sujeitos envolvidos: por um lado, a estrutura centralizadora de poder e riqueza do rei e do Templo; por outro lado, as organizações das famílias camponesas. Mas, exatamente no confronto das mensagens do livro com as situações em que nos encontramos hoje, é que somos desafiados a buscar o rosto libertador do Deus da Vida. Dessa forma, o Gênesis irá inspirar práticas de solidariedade e de resgate da dignidade humana, e será Palavra de Deus para nós e nossas comunidades.

I. ORIGENS DO MUNDO, DA VIDA E DOS POVOS

1. Narrativas da criação do mundo e das pessoas

1 **Toda pessoa é imagem e semelhança de Deus** – ¹No princípio, Deus criou o céu e a terra. ²A terra era um caos vazio, a escuridão cobria até as profundezas e um vento de Deus se agitava sobre a superfície das águas.

³E Deus disse: "Haja luz!" E houve luz. ⁴E Deus viu que a luz era boa e separou a luz da escuridão. ⁵À luz Deus chamou "dia" e à escuridão chamou "noite". Veio o entardecer e veio o amanhecer: foi o primeiro dia.

1-11: Narrativas das origens do mundo, da vida e dos diversos povos e culturas. São releituras da mitologia assírio-babilônica, provavelmente realizadas pelas redações exílicas e pós-exílicas do livro do Gênesis.

1,1-2,4a: Duas narrativas da criação, de épocas e contextos diferentes, abrem a Bíblia: 1,1-2,4a e 2,4b-25. Nelas, a "verdade" não está nos detalhes, mas na função que exercem sobre a vida dos povos que as narram.

Em 1,1-2,4a o criador é "Deus" (no hebraico, Elohim). No começo, só existe água e escuridão. Homem e mulher são criados juntos, como última obra, e não auxiliam Deus. Estruturado em sete dias, com seu ponto alto no sábado, o dia do descanso, este texto, como em tradições africanas e indígenas semelhantes, é uma *narrativa sobre a origem do mundo*, com tudo o que nele existe: céu, terra, mar, astros, plantas, aves, animais

⁶E Deus disse: "Haja um firmamento no meio das águas, a fim de separar águas e águas!" ⁷E Deus fez o firmamento, que separou as águas que estão acima do firmamento das águas que estão abaixo do firmamento. E assim foi. ⁸E ao firmamento Deus chamou "céu". Veio o entardecer e veio o amanhecer: foi o segundo dia.

⁹E Deus disse: "Que as águas debaixo do céu se ajuntem num só lugar, e apareça o chão seco". E assim foi. ¹⁰Ao chão seco Deus chamou "terra", e ao conjunto das águas chamou "mar". E Deus viu que era bom. ¹¹E Deus disse: "Que enverdeça a terra de vegetação, ervas que semeiem semente, e árvores que deem frutos sobre a terra, frutos que contenham semente por espécies". E assim foi. ¹²E a terra fez sair a vegetação, ervas que semeiam semente por espécies, e árvores que dão fruto com a semente por espécies. E Deus viu que era bom. ¹³Veio o entardecer e veio o amanhecer: foi o terceiro dia.

¹⁴E Deus disse: "Haja luzeiros no firmamento do céu, para separar o dia da noite e para marcar festas, dias e anos. ¹⁵E que sirvam de luzeiros no firmamento do céu para iluminar a terra". E assim foi. ¹⁶Deus fez os dois grandes luzeiros: o luzeiro maior para dominar o dia, o luzeiro menor para dominar a noite, e também as estrelas. ¹⁷Deus colocou-os no firmamento do céu para iluminar a terra, ¹⁸para governar o dia e a noite, e para separar a luz da escuridão. E Deus viu que era bom. ¹⁹Veio o entardecer e veio o amanhecer: foi o quarto dia.

²⁰E Deus disse: "Que fervilhem as águas um fervilhar de seres vivos. E aves revoem sobre a terra debaixo do firmamento do céu". ²¹Deus criou, então, os grandes animais do mar e os outros seres vivos que se remexem e fervilham nas águas por espécies, e as aves aladas também por espécies. E Deus viu que era bom. ²²E Deus os abençoou dizendo: "Sejam fecundos, multipliquem-se e encham as águas do mar; e as aves também se multipliquem sobre a terra". ²³Veio o entardecer e veio o amanhecer: foi o quinto dia.

²⁴E Deus disse: "Que a terra faça sair seres vivos por espécies, animais domésticos, bichinhos e feras da terra por espécies". E assim foi. ²⁵Deus fez as feras da terra por espécies, os animais domésticos por espécies e os bichinhos do solo por espécies. E Deus viu que era bom.

²⁶E Deus disse: "Façamos o ser humano à nossa imagem e semelhança. Que eles dominem os peixes do mar, as aves do céu, os animais domésticos e toda a terra e também os bichinhos que se remexem sobre a terra". ²⁷E Deus criou o ser humano à sua imagem, à imagem de Deus ele o criou, macho e fêmea os criou. ²⁸E Deus os abençoou e disse: "Sejam fecundos, multipliquem-se, encham a terra e a submetam. Dominem os peixes do mar, as aves do céu e todos os seres que se remexem sobre a terra". ²⁹E Deus disse: "Vejam! Eu lhes dou as ervas que semeiam sementes, ervas que estão sobre a terra inteira; e todas as árvores com frutos que semeiam sementes: será alimento para vocês. ³⁰E para todas as feras da terra, para todas as aves do céu e para todo bichinho da terra que tenha vida, dou a relva como alimento". E assim foi. ³¹E Deus viu tudo o que havia feito, e tudo era muito bom. Veio o entardecer e veio o amanhecer: foi o sexto dia.

---

e pessoas. A base dessa narrativa provém da Assíria ou da Babilônia, regiões que cresceram controlando as enchentes periódicas e que apresentavam a criação como resultado de uma luta entre as divindades da luz e da vida contra as divindades da escuridão e do caos. Exaltavam o rei, que era a única pessoa criada à "imagem e semelhança" das divindades vencedoras, com poderes de "submeter" e "dominar" a terra e o que nela vive. Os vv. 26 e 28, especialmente o plural no v. 26 (e 3,5.22; 11,7) são rastros destas liturgias oficiais.

Na luta contra a opressão, Israel reinterpretou estas liturgias, apresentando a criação a partir de dez palavras de Deus/Elohim: "e Deus disse". Afirma-se assim a dignidade de todas as pessoas, gêneros e etnias como imagem e semelhança de Deus.

E no exílio de 586-538 a.C., Israel aprofundou esta releitura em três sentidos: 1º. Afirmar que o único Deus verdadeiro é o Deus dos oprimidos (Is 43,10-13; 44,6-8; 45,5-6 etc.) e rejeitar as divindades que legitimavam a dominação imperial babilônica, apresentando seus símbolos como simples peças criadas pelo Deus único: luz, sol, lua, estrelas (cf. Is 40,26; 42,5; 45,12 etc.). 2º. Inserir o esquema dos sete dias, para ressaltar o sábado e reivindicar e sacralizar o direito ao descanso semanal (Ex 20,8-11; Mc 2,27). 3º. Reafirmar que todas as pessoas são imagem e semelhança de Deus (cf. 5,1-3).

O sagrado desta narrativa está na concepção de um Deus que é vida, que partilha a vida com todos os seres, e que convoca a abandonar comportamentos violentos

2 ¹Foram, assim, concluídos o céu, a terra e toda a guarnição deles. ²No sétimo dia, Deus concluiu o trabalho que havia feito, e no sétimo dia descansou de todo o trabalho que tinha feito. ³Deus abençoou e santificou o sétimo dia, pois nesse dia Deus descansou de todo o trabalho que tinha feito como criador.

⁴ªEssa é a história da criação do céu e da terra.

Homem e mulher são modelados por Javé

– ⁴ᵇNo dia em que Javé Deus fez a terra e o céu, ⁵ainda não havia na terra nenhum arbusto do campo. Nenhuma erva do campo havia brotado, pois Javé Deus não tinha feito chover sobre a terra e não havia ser humano que cultivasse o solo ⁶e fizesse subir da terra a água para irrigar a superfície do solo. ⁷Então Javé Deus modelou o homem com o pó do solo, soprou-lhe nas narinas um sopro de vida, e o homem tornou-se um ser vivente.

⁸Javé Deus plantou um jardim em Éden, no Oriente, e aí colocou o homem que havia modelado. ⁹Javé Deus fez brotar do solo todas as espécies de árvores agradáveis de ver e boas para comer, e no centro do jardim a árvore da vida e a árvore do conhecimento do bem e do mal.

¹⁰Um rio saía de Éden para irrigar o jardim, e daí se dividia em quatro braços. ¹¹O primeiro chama-se Fison. É aquele que circunda toda a terra de Hévila, onde existe ouro. ¹²O ouro dessa terra é puro, e aí também se encontram o bdélio e a pedra de ônix. ¹³O segundo rio chama-se Geon, que circunda toda a terra de Cuch. ¹⁴O terceiro rio chama-se Tigre e corre pelo Oriente da Assíria. O quarto rio é o Eufrates.

¹⁵Javé Deus colocou o homem no jardim de Éden, para que o cultivasse e o guardasse. ¹⁶E Javé Deus deu ao homem este mandamento: "Você pode comer de todas as árvores do jardim. ¹⁷Só não pode comer da árvore do conhecimento do bem e do mal, porque, a partir do dia em que dela comer, você estará caminhando para a morte".

¹⁸Javé Deus disse: "Não é bom que o homem fique sozinho. Vou fazer-lhe uma companhia que lhe seja recíproca". ¹⁹Então Javé Deus modelou do solo todas as feras do campo e todas as aves do céu, e as apresentou ao homem para ver que nome lhes daria. Cada ser vivo ficou com o nome que o homem lhe deu. ²⁰Foi o homem quem deu nome a todos os animais domésticos, às aves do céu e a todas as feras do campo. Mas, para o homem mesmo, não encontrou companhia que lhe fosse recíproca.

²¹Então Javé Deus fez cair um torpor sobre o homem, e ele dormiu. Em seguida, tirou um dos lados do homem, fechando o lugar com carne. ²²Depois, do lado que havia tirado do homem, Javé Deus formou uma mulher, e a levou para o homem. ²³O homem exclamou: "Esta sim é osso dos meus ossos e carne da minha carne! Por isso, será chamada mulher, porque foi tirada do homem". ²⁴Por isso, o homem deve deixar pai e mãe, para unir-se à sua mulher e se tornarem uma só carne.

²⁵O homem e sua mulher estavam nus, e não se envergonhavam.

---

e dominadores, a fim de que sua imagem e semelhança resplandeçam em nós.

2,4b-25: Esta narrativa, que segue em 3,1-24, é independente da anterior. Aqui a divindade é Javé Deus (no hebraico, Javé Elohim). A obra começa na terra seca (vv. 4b-6). O homem é modelado do pó, é a primeira obra e participa da criação, cultivando, cuidando do jardim e dando nome às aves e animais. A mulher é modelada só no final, de modo todo especial, completando o jardim. Não se fala dos dias nem do sábado. Embora mencione plantas e animais, é uma *narrativa sobre a origem dos seres humanos*. Apesar de ter elementos da mitologia de povos vizinhos (árvores; jardim; rios), esta narrativa deve ter sido elaborada na região semidesértica de Israel.

Javé Deus age como oleiro, modelando os seres vivos a partir do solo (vv. 7.19; cf. Is 29,16; 45,9; 64,7; Jr 18,1-9; Rm 9,20-21), e como agricultor, plantando um jardim (v. 8; cf. Sl 80,9-16; Is 5,2-7; Jr 2,21). O ser humano (*adam*) está em relação íntima com a terra cultivável (*adamah*):

'*adam* é feito de '*adamah*, cultiva a terra e cuida do jardim. No centro, a árvore da vida e a do conhecimento indicam a lógica do jardim: nele tudo está orientado para a vida e em função da vida (Pr 3,18; 11,30). Esta ordem deve ser cultivada e guardada, pois a perversão dela, o uso do conhecimento para dominar e acumular, leva para a morte. São aspectos que refletem a vida nas casas camponesas de Israel.

O ponto alto, nos vv. 18-24, quer traduzir a sensação de íntima complementaridade, e a força misteriosa do amor entre duas pessoas, celebrada no antigo hino nupcial do v. 23. No hebraico isso aparece nos nomes: homem é '*ish*, e mulher é '*ishá*. O final, com o homem e a mulher nus, sem motivos para se envergonhar, indica a plena dignidade de ambos.

Aqui Javé, com seu sopro, doa a vida aos seres. Seu nome encerra os verbos ser, existir, viver (Ex 3,14), e convoca a estabelecer relações que garantam a vida para todas as pessoas e para todos os seres e ecossistemas da natureza.

3 A serpente no jardim

1A serpente era a mais esperta das feras do campo que Javé Deus havia feito. Ela disse à mulher: "É verdade que Deus mandou que vocês não comessem de nenhuma árvore do jardim?" **2**A mulher respondeu à serpente: "É das frutas das árvores do jardim que nós comemos. **3**Só da fruta da árvore que está no centro do jardim é que Deus disse: 'Não devem comer nem tocar nela, senão vocês vão morrer'". **4**A serpente disse: "Vão morrer coisa nenhuma! **5**Deus sabe que vocês, no dia em que comerem dessa fruta, seus olhos vão se abrir e vocês se tornarão como deuses, conhecedores do bem e do mal". **6**A mulher viu que a árvore era boa para comer, atraente aos olhos, uma árvore apetitosa para dar sabedoria. Apanhou a fruta e comeu. E a ofereceu ao homem dela a seu lado, que também comeu. **7**Então os olhos de ambos se abriram, e perceberam que estavam nus. Entrelaçaram folhas de figueira e fizeram tangas.

8Depois, ouviram o ruído de Javé Deus que passeava no jardim, à brisa do dia. O homem e sua mulher se esconderam da presença de Javé Deus, entre as árvores do jardim. **9**Javé Deus chamou o homem: "Onde você está?" **10**Ele respondeu: "Ouvi teus passos no jardim e tive medo, porque estou nu, e me escondi". **11**Javé Deus continuou: "E quem lhe mostrou que você está nu? Será que comeu da árvore da qual lhe proibi comer?" **12**O homem respondeu: "A mulher que me deste por companheira, foi ela quem me deu a fruta, e eu comi". **13**Javé Deus disse à mulher: "O que foi que você fez?" A mulher respondeu: "A serpente me enganou, e eu comi".

14Javé Deus disse à serpente: "Por causa do que fez, você será o mais amaldiçoado de todos os animais domésticos e de todas as feras do campo. Terá de se arrastar sobre o ventre e de comer pó, todos os dias da vida. **15**Porei inimizade entre você e a mulher, entre seus descendentes e os descendentes dela. Eles procurarão esmagar-lhe a cabeça e você tentará morder-lhes o calcanhar". **16**E disse para a mulher: "Vou lhe aumentar muito o sofrimento da gravidez. Entre dores, você dará à luz os filhos. A paixão vai arrastá-la para o seu homem, e ele a governará". **17**E Javé Deus disse ao homem: "Já que você deu ouvidos à sua mulher e comeu da árvore de cujo fruto eu lhe havia proibido comer, por sua causa o solo será amaldiçoado. Para comer, você terá de sofrer por toda a vida. **18**Espinhos e ervas daninhas é o que vai produzir, e você comerá as ervas do campo. **19**Você vai ter de comer o pão com o suor do rosto, até voltar para o solo do qual foi tirado. Você é pó, e ao pó há de voltar".

20O homem deu à sua mulher o nome de Eva, por ser ela a mãe de todos os viventes. **21**Javé Deus fez túnicas de pele para o homem e sua mulher, e os vestiu. **22**Javé Deus disse: "O homem tornou-se como um de nós, conhecedor do bem e do mal. Que ele agora não ponha a mão também na árvore da vida para dela comer e viver para sempre". **23**Javé Deus o despachou do jardim de Éden, para cultivar o solo de onde tinha sido tirado. **24**Expulsou o homem e, ao nascente do

---

3,1-24: A harmonia acaba e aparecem as ambiguidades da vida. Ligada a 2,4b-25, esta é uma das narrativas criadas na antiguidade para explicar a origem do mal, do sofrimento e da morte. Apresenta comportamentos e instituições que auxiliam os povos a se organizarem, a fim de viverem, superando o mal e a morte.

No contexto da solidariedade do jardim, plantado ao redor da árvore da vida, as relações cotidianas, o parto e o trabalho, apesar de suas dores, dificuldades e perdas, são fontes de alegria e vida.

A serpente representa outra lógica. No Egito antigo, a serpente na tiara do faraó simbolizava o olho do deus Sol, que com seu hálito podia destruir os inimigos. Em Canaã e Israel, a serpente era símbolo de Baal, deus da fertilidade das plantas e animais. Na religião oficial, legitimava a concentração do poder nas mãos do rei. Conflitos, violência e opressão se aninham nas estruturas sociais dominadas pelo faraó e pelos reis de Israel, e na acumulação de poder e riqueza que os sustenta, interferindo duramente na vida do povo: a dignidade diminui (vv. 7-8); a solidariedade enfraquece (vv. 9-13); as relações entre pessoas e animais, o parto e o trabalho, podem incluir violência e dominação, trazendo sofrimento e morte (vv. 14-19.22).

Por trás dessa roupagem mítica, pode-se ouvir a voz das comunidades camponesas e o anúncio dos profetas que denunciam o papel da serpente nas monarquias de Israel (1Rs 9,16; 16,31-32; 2Rs 18,4; Os 2,10-15). Ainda hoje muitos seguem a lógica da serpente, gerando tantos males que atingem a nós e a todas as outras formas de vida no planeta. Mas a última palavra não é da serpente. Javé veste o homem e a mulher e os coloca novamente para cultivar o solo, de onde tinham sido tirados, dando-lhes assim a chance de religar-se com o projeto centrado na vida digna para todos.

jardim de Éden, colocou os querubins e a espada de fogo, para vigiar o caminho da árvore da vida.

4 Caim e Abel

¹O homem se uniu a Eva, sua mulher. Ela engravidou e deu à luz Caim, dizendo: "Adquiri um homem para Javé". ²Depois, deu à luz Abel, irmão de Caim. Abel tornou-se pastor de ovelhas e Caim cultivava o solo. ³Depois de algum tempo, Caim apresentou produtos do solo como oblação a Javé. ⁴Também Abel ofereceu os primogênitos e a gordura do seu rebanho. Javé olhou para Abel e sua oblação. ⁵E não olhou para Caim e sua oblação. Caim ficou muito irritado e andava de cabeça baixa. ⁶Javé disse a Caim: "Por que você anda tão irritado e de cabeça baixa. ⁷Se você agisse bem, estaria de cabeça erguida. Mas, como não age bem, o pecado está na entrada, pronto para lançar-se sobre você. É a você que ele quer, mas você pode governá-lo".

⁸Caim disse a seu irmão Abel: "Vamos sair". E quando estavam no campo, Caim levantou-se contra seu irmão Abel e o assassinou. ⁹Javé perguntou a Caim: "Onde está seu irmão Abel?" Caim respondeu: "Não sei. Sou eu por acaso o guarda do meu irmão?" ¹⁰Javé disse: "O que foi que você fez? O clamor do sangue do seu irmão grita por mim desde o solo. ¹¹Por isso, você está amaldiçoado pelo mesmo solo que abriu a boca para receber, de suas mãos, o sangue do seu irmão. ¹²Mesmo que você cultive o solo, ele nunca mais lhe dará sua força. Você ficará vagando e errando pela terra". ¹³Caim disse a Javé: "Minha culpa é grande demais para eu suportar. ¹⁴Se hoje me expulsas da face do solo, de tua face também terei de me esconder, e ficarei vagando e errante pela terra. O primeiro que me encontrar, há de me assassinar". ¹⁵Javé disse para ele: "Quem assassinar Caim, será vingado sete vezes". E Javé colocou um sinal sobre Caim, para que não fosse assassinado por quem quer que o encontrasse. ¹⁶Caim saiu da presença de Javé e foi morar na terra de Nod, a leste de Éden.

Descendência de Caim e Set

¹⁷Caim se uniu à sua mulher, que engravidou e deu à luz Henoc. Caim construiu uma cidade e deu-lhe o nome de seu filho Henoc. ¹⁸Henoc gerou Irad e Irad gerou Maviael; Maviael gerou Matusael, e Matusael gerou Lamec. ¹⁹Lamec casou-se com duas mulheres: uma chamava-se Ada, e a outra Sela. ²⁰Ada deu à luz Jabel, que foi o antepassado dos pastores nômades. ²¹Seu irmão chamava-se Jubal, que foi o antepassado dos tocadores de lira e flauta. ²²Sela, por sua vez, deu à luz Tubalcaim, que foi o antepassado dos que forjam ferramentas de bronze e ferro. A irmã de Tubalcaim era Noema.

²³Lamec disse a suas mulheres Ada e Sela: "Ouçam minha voz, mulheres de Lamec, ouçam o que eu digo: assassinei um homem por causa de um ferimento, e um menino por causa de um arranhão.

4,1-16: Esta história vem de outro contexto, pois supõe a existência de muitas pessoas (4,14-15.17.19). Nela, Deus é chamado simplesmente de Javé. Caim significa "lança" ou "ferreiro", e representa aqueles que, a partir do controle da terra e seus produtos, constroem cidades (v. 17). Abel significa "névoa", "hálito passageiro", e representa os frágeis clãs de pastores, que rejeitam o projeto concentrador das cidades, criando cabras e ovelhas à margem da sociedade, entre as terras férteis e o deserto. Em épocas de seca eram empurrados para perto das cidades, onde geralmente eram explorados e podiam ser mortos (Gn 12,10-15; 20,11; 26,7). Esta narrativa é memória de pastores, que mostram Javé ao seu lado, não por sua oferta, mas por serem fracos e injustiçados (Is 1,10-17; Am 5,21-24; Mq 6,6-8; Mc 12,41-44). Quem matasse alguém da própria família era expulso. Sem a proteção da família, tornava-se fugitivo e podia ser morto por qualquer um que o encontrasse. O "sinal de Javé" (v. 15) pode ser um sinal ou tatuagem usados pelos quenitas, supostos descendentes de Caim (Nm 24,21). Eles adoravam a Javé, mas não pertenciam a Israel (1Sm 15,6). Eram ferreiros nômades (v. 22) que, sem contar com a proteção de clãs e tribos, recorriam à proteção do "sinal de Javé". Esta narrativa é costurada com a narrativa anterior, que apresenta Caim e Abel como filhos de Eva, fazendo do assassinato de Abel um sinal da maldade que, após a negação da ordem estabelecida por Javé em 2,4b-24, irá crescer e causar o dilúvio. A palavra "pecado" aparece aqui pela primeira vez; tem a ver com a forma como nos relacionamos com o próximo (v. 9; 9,5), e também com a violência e o derramamento de sangue (v. 10).

17-26: Listas como estas (cf. 5,1-32; 10,1-32 e 11,10-32) eram o jeito antigo de explicar a diversidade dos povos, culturas, religiões, e as afinidades e conflitos entre eles. Servem para ligar narrativas independentes, como mostra a menção da mulher de Caim (v. 17; cf. nota anterior), e para colocar a história numa linha consanguínea. O canto de Lamec (vv. 23-24) foi introduzido aqui como um sinal a mais da maldade que crescia após a negação da ordem estabelecida por Javé (2,4b-24), preparando a inserção da narrativa do dilúvio.

²⁴Se a vingança de Caim valia por sete, a de Lamec valerá por setenta e sete".

²⁵Adão uniu-se de novo à sua mulher. Ela deu à luz um filho, a quem chamou com o nome de Set, dizendo: "Deus me pôs outro descendente no lugar de Abel, que Caim assassinou". ²⁶Set também teve um filho, a quem deu o nome de Enós. Este foi o primeiro a invocar o nome de Javé.

5 *As dez gerações antes do dilúvio* – ¹Esta é a lista dos descendentes de Adão. No dia em que criou Adão, Deus o fez à sua semelhança. ²Macho e fêmea ele os criou, os abençoou e lhes deu o nome de Ser Humano, no mesmo dia em que foram criados.

³E com cento e trinta anos, Adão gerou um filho à sua semelhança, conforme a sua imagem, e lhe deu o nome de Set. ⁴O tempo que Adão viveu depois de gerar Set foi de oitocentos anos, e gerou filhos e filhas. ⁵Ao todo, Adão viveu novecentos e trinta anos. Depois morreu.

⁶E com cento e cinco anos, Set gerou Enós. ⁷Depois de gerar Enós, Set viveu oitocentos e sete anos, e gerou filhos e filhas. ⁸Ao todo, Set viveu novecentos e doze anos. Depois morreu.

⁹E com noventa anos, Enós gerou Cainã. ¹⁰Depois de gerar Cainã, Enós viveu oitocentos e quinze anos, e gerou filhos e filhas. ¹¹Ao todo, Enós viveu novecentos e cinco anos. Depois morreu.

¹²E com setenta anos, Cainã gerou Malaleel. ¹³Depois de gerar Malaleel, Cainã viveu oitocentos e quarenta anos, e gerou filhos e filhas. ¹⁴Ao todo, Cainã viveu novecentos e dez anos. Depois morreu.

¹⁵E com sessenta e cinco anos, Malaleel gerou Jared. ¹⁶Depois de gerar Jared, Malaleel viveu oitocentos e trinta anos, e gerou filhos e filhas. ¹⁷Ao todo, Malaleel viveu oitocentos e noventa e cinco anos. Depois morreu.

¹⁸E com cento e sessenta e dois anos, Jared gerou Henoc. ¹⁹Depois de gerar Henoc, Jared viveu oitocentos anos, e gerou filhos e filhas. ²⁰Ao todo, Jared viveu novecentos e sessenta e dois anos. Depois morreu.

²¹E com sessenta e cinco anos, Henoc gerou Matusalém. ²²Henoc andou com Deus. Depois de gerar Matusalém, Henoc viveu trezentos anos e gerou filhos e filhas. ²³Ao todo, Henoc viveu trezentos e sessenta e cinco anos. ²⁴Henoc andou com Deus e desapareceu, porque Deus o arrebatou.

²⁵E com cento e oitenta e sete anos, Matusalém gerou Lamec. ²⁶Depois de gerar Lamec, Matusalém viveu setecentos e oitenta e dois anos, e gerou filhos e filhas. ²⁷Ao todo, Matusalém viveu novecentos e sessenta e nove anos. Depois morreu.

²⁸E com cento e oitenta e dois anos, Lamec gerou um filho. ²⁹Deu-lhe o nome de Noé, dizendo: "Este nos consolará do trabalho e do sofrimento de nossas mãos, causados pelo solo que Javé amaldiçoou". ³⁰Depois de gerar Noé, Lamec viveu quinhentos e noventa e cinco anos, e gerou filhos e filhas. ³¹Ao todo, Lamec viveu setecentos e setenta e sete anos. Depois morreu.

³²E com quinhentos anos, Noé gerou Sem, Cam e Jafé.

6 *Tempo dos gigantes* – ¹Quando os seres humanos começaram a se multiplicar sobre o solo, geraram filhas. ²Os filhos de Deus viram que as filhas dos humanos eram belas, e tomaram para si mulheres dentre todas aquelas que escolheram. ³Javé disse: "Meu sopro de vida não permanecerá para sempre no ser humano, pois ele é carne, e não viverá mais do que cento e vinte anos".

5,1-32: Na continuação de 1,1-2,4a, esta lista é uma releitura pós-exílica de 4,17-26, citando dez gerações antes do dilúvio, da criação até Noé. Do mesmo modo, 11,10-32 é uma releitura de 10,1-32, listando dez gerações depois do dilúvio, de Noé até Abraão. Atribuindo idades extraordinariamente longas a antepassados e unindo a história de Israel com a criação do mundo e com o dilúvio, os exilados imitam a mitologia histórica da Babilônia. E ao fazem para reafirmar que mesmo neles, gente escravizada e oprimida, persiste a imagem e semelhança de Deus (vv. 1-3), reforçando sua dignidade, seus direitos e sua resistência frente à dominação. Este é o coração sagrado desta narrativa.

6,1-4: Restos de lendas sobre gigantes (ver nota a Dt 2,1-25) são inseridos aqui como um sinal a mais do crescimento da maldade, ligando Gn 2,4-3,25; 4,1-26 à narrativa do dilúvio. "Filhos de Deus/Elohim" refere-se a seres mitológicos ou a reis (Sl 45,7; 82,1-8; cf. 2Sm 7,14 e Sl 2,7). A limitação da vida em 120 anos contradiz outros textos (9,29; 11,10-32; 23,1; 25,7; 35,28 etc.).

⁴Nesse tempo, havia gigantes na terra, e mesmo depois, quando os filhos de Deus se uniram com as filhas dos humanos, e geraram filhos para eles. Esses heróis eram homens famosos nos tempos antigos.

Causas do dilúvio – ⁵Javé viu que a maldade do ser humano crescia na terra e que todo projeto do coração dele era sempre mau. ⁶Javé arrependeu-se de ter feito o ser humano sobre a terra, e seu coração ficou triste. ⁷E Javé disse: "Vou eliminar da superfície do solo o ser humano que criei, desde o ser humano até os animais domésticos, até os bichinhos e até as aves do céu, porque me arrependo de tê-los feito". ⁸Noé, porém, alcançou graça diante dos olhos de Javé.

⁹Esta é a história de Noé. Noé era homem justo, íntegro entre seus contemporâneos, e andava com Deus. ¹⁰Noé gerou três filhos: Sem, Cam e Jafé. ¹¹A terra estava arruinada aos olhos de Deus, cheia de violência. ¹²E Deus viu que a terra estava arruinada, pois toda carne tinha arruinado seu comportamento sobre a terra. ¹³Deus disse então a Noé: "Para mim, chegou o fim de tudo o que é carne, pois, por causa deles, a terra está cheia de violência. Vou arruiná-los junto com a terra".

A família do justo preserva a vida – ¹⁴"Faça uma arca de madeira resinosa. Você vai dividi-la em compartimentos e calafetar com piche, por dentro e por fora. ¹⁵A arca deverá ter as seguintes dimensões: cento e cinquenta metros de comprimento, vinte e cinco de largura e quinze de altura. ¹⁶No alto da arca, faça como arremate uma claraboia de meio metro. Faça a entrada da arca pelo lado e faça a arca com três andares. ¹⁷Eu mesmo vou mandar o dilúvio sobre a terra para arruinar, embaixo do céu, toda carne em que há o sopro da vida. Tudo o que há na terra vai perecer. ¹⁸Mas com você vou estabelecer minha aliança. Você deve entrar na arca com sua mulher e seus filhos, e com as mulheres de seus filhos. ¹⁹De tudo o que vive, de tudo o que é carne, você deve fazer entrar na arca um par de cada um, isto é, um macho e uma fêmea, para que conservem a vida com você. ²⁰De cada espécie de aves, de cada espécie de animais domésticos, de cada espécie de bichinhos do solo, entrará com você um casal, para que se conservem vivos. ²¹Quanto a você, ajunte e armazene todo tipo de gêneros alimentícios. É o que servirá de alimento para você e para eles". ²²E Noé fez tudo exatamente como Deus havia mandado.

7 ¹Javé disse a Noé: "Entre na arca com toda a sua família, porque vi que você é justo diante de mim nesta geração. ²De todos os animais puros, leve com você sete pares, machos e fêmeas; e dos animais que não são puros, um par, o macho e a fêmea. ³Leve também sete pares, macho e fêmea, das aves do céu, para preservação das espécies sobre a face de toda a terra. ⁴Porque daqui a sete dias eu farei chover sobre a terra durante quarenta dias e quarenta noites, para eliminar da superfície do solo todos os viventes que fiz". ⁵E Noé fez tudo como Javé havia mandado.

A destruição pelas águas – ⁶Noé tinha seiscentos anos quando veio o dilúvio sobre a terra. ⁷Por causa das águas do dilúvio, Noé entrou na arca com os filhos, com a mulher e com as mulheres de seus

---

6,5-9,17: Enchentes destruidoras marcaram a memória de muitos povos e originaram várias narrativas de dilúvio. A narrativa bíblica refere-se às vezes a Javé, outras a Deus/Elohim, e foi montada a partir de dois ou mais relatos baseados em tradições mesopotâmicas de 1800 a.C., aproximadamente.

6,5-13: Nos vv. 5-8, Javé se arrepende de ter feito o ser humano e quer pôr fim à crescente maldade, que teve início no jardim (3,1-24), prosseguiu com Caim (4,1-16), Lamec (4,23-24) e os "filhos de Deus" (v. 2). Nos vv. 9-13, é Deus/Elohim quem age, porque a terra está "arruinada" e "cheia de violência", devido ao comportamento dos seres vivos. Assim os israelitas usam o dilúvio para combater a maldade e a violência (cf. Os 4,1-3). Nos textos mesopotâmicos, os deuses enviam o dilúvio por causa das murmurações humanas.

6,14-7,5: Em 6,17-22 Deus/Elohim diz que vai mandar o dilúvio sobre a terra, e ordena que Noé leve a família e um casal de cada ser vivo (cf. 7,9.15); Noé obedece. Em 7,2-5, Javé ordena que sejam levados sete casais de animais puros e apenas um casal dos impuros, e diz que fará chover sobre a terra; Noé obedece.

7,6-8,14: Os trechos relacionados a Deus/Elohim ligam-se a 1,1-2,4a, mostrando o dilúvio como retorno ao caos anterior à criação (1,2.6-10), com as águas das profundezas da terra juntando-se às águas que estão acima do firmamento (7,11; 8,2) e cobrindo tudo novamente (7,19-23), por cinco meses (7,11 e 8,40, cf. 7,24 e também 5,1-32 e 11,10-32) ou cento e cinquenta dias (7,24; 8,4). Porém os trechos atribuídos a Javé falam de quarenta dias e quarenta noites de chuva (7,4.12; 8,6). Outro sinal da combinação de diferentes

filhos. ⁸Dos animais puros e impuros, das aves e de tudo o que se remexe sobre o solo, ⁹entrou na arca com Noé um par de cada, um macho e uma fêmea, conforme Deus havia ordenado a Noé. ¹⁰No sétimo dia, vieram as águas do dilúvio sobre a terra. ¹¹No ano seiscentos da vida de Noé, no dia dezessete do segundo mês, as fontes das profundezas se escancararam e abriram-se as comportas do céu. ¹²A chuva caiu sobre a terra durante quarenta dias e quarenta noites.

¹³Nesse mesmo dia, entraram na arca Noé e seus filhos Sem, Cam e Jafé, com a mulher de Noé e as três mulheres de seus filhos. ¹⁴E, com eles, as feras por espécies, animais domésticos por espécies, bichinhos que se remexem sobre a terra por espécies, pássaros por espécies, as aves todas, tudo o que tem asas. ¹⁵Com Noé entrou na arca um par de cada criatura que tem sopro de vida. ¹⁶Entraram um macho e uma fêmea de cada ser vivo, conforme Deus havia ordenado. E Javé fechou a porta por fora.

¹⁷Durante quarenta dias houve o dilúvio sobre a terra. As águas subiram e ergueram a arca, que ficou acima da terra. ¹⁸As águas subiram e cresceram muito sobre a terra. E a arca ficou boiando sobre as águas. ¹⁹As águas subiam cada vez mais sobre a terra, até cobrir as montanhas mais altas que há debaixo de toda a extensão do céu. ²⁰A água superou a altura além de sete metros acima das montanhas. ²¹Morreram todos os seres vivos que se remexiam sobre a terra: aves, animais domésticos, feras, todo o fervilhar que fervilhava sobre a terra e todo ser humano. ²²Morreu, então, tudo o que tinha sopro de vida nas narinas, ou seja, tudo o que estava no chão seco. ²³Desapareceram todos os seres que estavam sobre o solo, desde o ser humano até os animais domésticos, até os bichinhos, e até as aves do céu. Todos foram extintos da terra. Ficou somente Noé e o que estava com ele na arca. ²⁴E as águas predominaram sobre a terra durante cento e cinquenta dias.

8 ¹Deus se lembrou de Noé e de todos os seres e animais domésticos que estavam com ele na arca. Deus fez soprar um vento sobre a terra, e as águas baixaram. ²As fontes das profundezas e as comportas do céu se fecharam, a chuva parou de cair, ³e as águas, pouco a pouco, se retiraram da terra. As águas se retiraram depois de cento e cinquenta dias. ⁴No décimo sétimo dia do sétimo mês, a arca encalhou sobre as montanhas de Ararat. ⁵As águas continuaram se escoando até o décimo mês, e no primeiro dia do décimo mês apareceram os picos das montanhas. ⁶No fim dos quarenta dias, Noé abriu a claraboia que tinha feito na arca ⁷e soltou o corvo, que ia e vinha, esperando que a água secasse sobre a terra. ⁸Depois soltou a pomba, para ver se a água sobre a superfície do solo tinha secado. ⁹Como não encontrou lugar para pousar, ela voltou a ele na arca, pois ainda havia água sobre toda a superfície da terra. Noé estendeu a mão, pegou a pomba e a fez entrar para junto dele na arca.

¹⁰Esperou mais sete dias, e soltou de novo a pomba para fora da arca. ¹¹Ao entardecer, a pomba voltou a Noé, trazendo no bico um ramo novo de oliveira. Desse modo, Noé ficou sabendo que as águas tinham escoado da superfície da terra. ¹²Noé esperou mais sete dias, soltou novamente a pomba, e ela não voltou mais. ¹³No ano seiscentos e um, no primeiro dia do primeiro mês, as águas secaram na superfície da terra. Noé abriu a claraboia da arca, olhou e viu que a superfície do solo estava seca. ¹⁴No vigésimo sétimo dia do segundo mês, a terra estava seca.

Um novo começo – ¹⁵Deus disse a Noé: ¹⁶"Saia da arca com seus filhos, sua mu-

---

narrativas pode ser visto na contradição entre os vv. 8,5 e 8,9.

8,15-9,17: Na Mesopotâmia ensinava-se que o povo devia trazer ofertas aos templos para evitar novo dilúvio. Mas, na resistência à dominação assíria e babilônica, os israelitas libertam-se desse medo, ao mostrar que Javé não impõe nenhuma condição e promete nunca mais realizar tamanha destruição (8,20-22). E mostram também que Deus/Elohim estabelece uma aliança com a família do justo Noé e com os seres viventes, garantindo que não haverá outro dilúvio (9,1-17). A humanidade tem a oportunidade de um novo começo. Diferentemente de Gn 1,29, agora se pode também comer animais. Mas não se deve comer a "carne com sua vida", "com seu sangue", isto é, não extinguir sua espécie (cf. Dt 12,23-25), nem derramar o sangue dos semelhantes. O arco-íris deve

lher e as mulheres de seus filhos, ¹⁷e tire para fora também todos os seres vivos que estão com você, de qualquer espécie, aves, animais domésticos e os bichinhos que se remexem sobre a terra. Que eles fervilhem na terra, sejam fecundos e se multipliquem sobre a terra". ¹⁸Noé saiu com seus filhos, sua mulher e as mulheres de seus filhos. ¹⁹E todos os animais, os bichinhos, as aves, tudo o que se remexe sobre a terra, de acordo com suas espécies, todos saíram da arca.

²⁰Noé construiu um altar para Javé, tomou animais domésticos e aves de toda espécie pura, e ofereceu holocaustos sobre o altar. ²¹Javé aspirou o perfume apaziguador, e disse consigo: "Nunca mais amaldiçoarei o solo por causa do homem, porque os projetos do coração do homem são maus desde a sua juventude. Nunca mais destruirei todos os seres vivos, como fiz. ²²Enquanto durar a terra, jamais faltarão semeadura e colheita, frio e calor, verão e inverno, dia e noite".

9 ¹Deus abençoou Noé e seus filhos, dizendo: "Sejam fecundos, multipliquem-se, encham a terra. ²Vocês serão motivo de reverência e medo para todas as feras da terra, para todas as aves do céu, para tudo o que se remexe no solo e para todos os peixes do mar. Pois todos eles foram entregues nas mãos de vocês. ³Tudo o que se remexe e é vivo poderá servir-lhes de alimento. A vocês eu entrego tudo, como já havia entregue os vegetais. ⁴Mas não comam a carne com sua vida, isto é, com seu sangue.

⁵Da mesma forma, a todo ser vivo eu pedirei contas do sangue de vocês, que é para vocês a vida. E ao ser humano e seu irmão vou pedir contas da vida do ser humano.

⁶Quem derrama o sangue do ser humano terá seu próprio sangue derramado por outro ser humano. Porque o ser humano foi feito à imagem de Deus. ⁷Quanto a vocês, sejam fecundos, multipliquem-se, fervilhem na terra e multipliquem-se nela".

⁸Deus disse a Noé e a seus filhos: ⁹"Eu estou estabelecendo minha aliança com vocês, com seus descendentes que vierem depois de vocês, ¹⁰e com todos os seres vivos que estão com vocês, com as aves, com os animais domésticos e com todas as feras da terra, com todos os que saíram da arca, com todo vivente da terra. ¹¹Estabeleço com vocês esta aliança: De tudo o que existe, nada mais será destruído pelas águas do dilúvio. Nunca mais haverá dilúvio para arruinar a terra".

¹²Deus disse: "Este é o sinal da aliança que faço entre mim e vocês, e com todos os seres vivos que estão com vocês, para todas as gerações futuras: ¹³Colocarei o meu arco nas nuvens, e ele se tornará um sinal da minha aliança com a terra. ¹⁴Quando eu reunir as nuvens sobre a terra e o arco-íris aparecer nas nuvens, ¹⁵eu me lembrarei da minha aliança com vocês e com todos os seres vivos, e o dilúvio não voltará a arruinar tudo o que é carne. ¹⁶Quando o arco-íris estiver nas nuvens, eu o verei e me lembrarei da aliança eterna, aliança de Deus com todos os seres vivos, com tudo o que vive sobre a terra". ¹⁷E Deus disse a Noé: "Este é o sinal da aliança que estabeleci com tudo o que vive sobre a terra".

Filhos de Noé – ¹⁸Os filhos de Noé, que saíram da arca, foram estes: Sem, Cam e Jafé. Cam é o antepassado de Canaã. ¹⁹Os filhos de Noé foram esses três, e a partir deles a terra inteira foi povoada.

²⁰E Noé começou a lavrar o solo, e plantou um vinhedo. ²¹Bebeu bebida forte, embriagou-se e ficou nu dentro da tenda. ²²Cam, o antepassado de Canaã, viu seu pai nu e fez seus dois irmãos que estavam fora saberem disso. ²³Sem e Jafé, porém, tomaram o manto, puseram-no sobre os próprios ombros e, andando de costas, cobriram a nudez do pai. Como estavam de costas, não viram a nudez do pai. ²⁴Quando acordou da embriaguez, Noé ficou sabendo o que seu filho menor tinha

---

lembrar que Deus é aliado de todos os seres vivos, pois que todos eles foram entregues (9,2) à proteção do ser humano, responsável por eles perante Deus.

9,18-29: Cam desonra o pai ao tornar o fato conhecido fora da tenda (Ex 20,12; Dt 27,16). Com bênçãos e maldições, explicam-se as relações entre os principais povos da região: Cam (egípcios) e Canaã (cananeus), Sem (semitas, israelitas) e Jafé (filisteus). Teologias e leituras fundamentalistas justificaram, com a maldição a Cam, a escravidão dos povos africanos.

feito. ²⁵E disse: "Maldito seja Canaã. Que seja o mais inferior dos escravos de seus irmãos". ²⁶E continuou: "Seja bendito Javé, o Deus de Sem. Que Canaã seja escravo de Sem. ²⁷Que Deus faça Jafé prosperar, e que ele more nas tendas de Sem, e Canaã seja seu escravo". ²⁸Depois do dilúvio, Noé viveu trezentos e cinquenta anos. ²⁹Ao todo, Noé viveu novecentos e cinquenta anos. Depois morreu.

10 *Descendentes de Noé* – ¹Esta é a descendência dos filhos de Noé: Sem, Cam e Jafé, que tiveram filhos depois do dilúvio. ²Filhos de Jafé: Gomer, Magog, Madai, Javã, Tubal, Mosoc e Tiras. ³Filhos de Gomer: Asquenez, Rifat e Togorma. ⁴Filhos de Javã: Elisa, Társis, Cetim e Dodanim. ⁵Entre estes se repartiram as ilhas das nações, cada qual segundo sua terra, sua língua, seus clãs e suas nações.
⁶Filhos de Cam: Cuch, Mesraim, Fut e Canaã. ⁷Filhos de Cuch: Saba, Hévila, Sabata, Regma e Sabataca. Filhos de Regma: Sabá e Dadã. ⁸Cuch gerou Nemrod, que foi o primeiro poderoso na terra. ⁹Foi um poderoso caçador diante de Javé, e é por isso que se diz: "Como Nemrod, poderoso caçador diante de Javé". ¹⁰As capitais do seu reino foram Babel, Arac e Acad, cidades que se acham todas na terra de Senaar. ¹¹Dessa terra saiu Assur, que construiu Nínive, Reobot-Ir, Cale, ¹²e Resen entre Nínive e Cale. Esta última é a maior. ¹³Mesraim gerou os de Lud, de Anam, de Laab, de Naftu, ¹⁴de Patros, de Caslu e de Cáftor; deste último surgiram os filisteus.
¹⁵Canaã gerou Sídon, seu primogênito, depois Het, ¹⁶e também o jebuseu, o amorreu, o gergeseu, ¹⁷o heveu, o araceu, o sineu, ¹⁸o arádio, o samareu e o emateu. Em seguida, os clãs dos cananeus se dispersaram. ¹⁹A fronteira dos cananeus ia de Sidônia, em direção a Gerara, até Gaza; depois, em direção a Sodoma, Gomorra, Adama e Seboim, até Lesa. ²⁰Esses foram os filhos de Cam, segundo seus clãs e línguas, em suas terras e nações.
²¹Sem, antepassado de todos os filhos de Héber e irmão mais velho de Jafé, também teve descendência. ²²Filhos de Sem: Elam, Assur, Arfaxad, Lud e Aram. ²³Filhos de Aram: Hus, Hul, Geter e Mes. ²⁴Arfaxad gerou Salé, e Salé gerou Héber. ²⁵Héber teve dois filhos: o primeiro tinha o nome de Faleg, porque em seus dias a terra foi dividida, e seu irmão chamava-se Jectã. ²⁶Jectã gerou Elmodad, Salef, Asarmot, Jaré, ²⁷Aduram, Uzal, Decla, ²⁸Ebal, Abimael, Sabá, ²⁹Ofir, Hévila e Jobab. Todos esses são filhos de Jectã. ³⁰Eles habitavam desde Mesa até Sefar, a montanha do Oriente. ³¹Foram esses os filhos de Sem, segundo seus clãs e línguas, em suas terras e nações. ³²São esses os clãs dos descendentes de Noé, por linhagens e nações. Foi a partir deles que as nações se dispersaram pela terra depois do dilúvio.

11 *A torre de Babel* – ¹Toda a terra falava a mesma língua, com as mesmas palavras. ²Os que migravam do Oriente encontraram na terra de Senaar uma planície, e aí se estabeleceram. ³Depois disseram uns aos outros: "Vamos fazer tijolos queimados na fornalha!" E passaram a usar tijolos em lugar de pedras, e piche em vez de barro. ⁴Disseram então: "Vamos construir uma cidade, com uma torre que chegue até o céu, para ficarmos famosos e não nos dispersarmos pela superfície da terra".
⁵Javé desceu para ver a cidade e a torre que estavam construindo. ⁶E Javé disse: "Eles são um povo só e falam a mesma língua. Isso é apenas o começo de seus empreendimentos. De agora em diante, nenhum projeto será irrealizável para eles. ⁷Vamos descer e confundir a língua

---

10,1-32: Esta lista quer explicar as afinidades e conflitos nas relações entre os povos na época da monarquia, pois menciona os filisteus, que somente vão surgir na região após o ano 1100 a.C. A lista é colocada aqui como sinal de quanto é eficaz a bênção de Deus para Noé (9,1.7). A noção de que todos os povos são irmãos revela o sagrado desta lista.

11,1-9: Babel é provavelmente uma referência aos zigurates, torres-palácios-santuários, que existiam na Babilônia (*Bab-ilu*, porta dos deuses). Aqui, Babel lembra o hebraico *balal* (mistura, confusão; 11,9), criando uma explicação popular para a diversidade das línguas. Apresentando a construção da torre como afronta a Javé, a narrativa liga-se a 2,4b-3,24; 4,1-16, e guarda séculos de crítica e resistência ao poder centralizado em cidades, torres e fortalezas (Am 3,9-11; Os 8,14; Is 2,15; Mq 3,10; Jr 22,13-17; Ap 18,1-10), todas construídas por camponeses submetidos a trabalhos forçados pelos poderosos. At 2,1-12 é uma releitura desta narrativa.

deles, para que um não entenda a língua do outro". ⁸Daí Javé os espalhou por toda a superfície da terra, e eles pararam de construir a cidade. ⁹Por isso, a cidade recebeu o nome de Babel, pois foi aí que Javé confundiu a língua de todos os habitantes da terra, e foi daí que ele os espalhou pela superfície da terra.

As dez gerações após o dilúvio – ¹⁰Esta é a descendência de Sem: Quando Sem completou cem anos, gerou Arfaxad, dois anos depois do dilúvio. ¹¹Depois do nascimento de Arfaxad, Sem viveu quinhentos anos, e gerou filhos e filhas. ¹²Quando Arfaxad completou trinta e cinco anos, gerou Salé. ¹³Depois do nascimento de Salé, Arfaxad viveu quatrocentos e três anos, e gerou filhos e filhas.¹⁴Quando Salé completou trinta anos, gerou Héber. ¹⁵Depois do nascimento de Héber, Salé viveu quatrocentos e três anos, e gerou filhos e filhas.¹⁶Quando Héber completou trinta e quatro anos, gerou Faleg. ¹⁷Depois do nascimento de Faleg, Héber viveu quatrocentos e trinta anos, e gerou filhos e filhas. ¹⁸Quando Faleg completou trinta anos, gerou Reu. ¹⁹Depois do nascimento de Reu, Faleg viveu duzentos e nove anos, e gerou filhos e filhas.²⁰Quando Reu completou trinta e dois anos, gerou Sarug. ²¹Depois do nascimento de Sarug, Reu viveu duzentos e sete anos, e gerou filhos e filhas.²²Quando Sarug completou trinta anos, gerou Nacor. ²³Depois do nascimento de Nacor, Sarug viveu duzentos anos, e gerou filhos e filhas.²⁴Quando Nacor completou vinte e nove anos, gerou Taré. ²⁵Depois do nascimento de Taré, Nacor viveu cento e dezenove anos, e gerou filhos e filhas. ²⁶Quando Taré completou setenta anos, gerou Abrão, Nacor e Arã.

²⁷Esta é a descendência de Taré: Taré gerou Abrão, Nacor e Arã. Arã gerou Ló. ²⁸Arã morreu em Ur dos caldeus, na terra de seus parentes, quando seu pai Taré ainda estava vivo. ²⁹Abrão e Nacor se casaram. A mulher de Abrão chamava-se Sarai e a mulher de Nacor era Melca, filha de Arã, pai de Melca e Jesca. ³⁰Sarai era estéril, não tinha filhos. ³¹Taré chamou seu filho Abrão, seu neto Ló, filho de Arã, e sua nora Sarai, mulher de Abrão, e os fez sair de Ur dos caldeus para que fossem à terra de Canaã. Mas eles, quando chegaram a Harã, aí ficaram habitando. ³²Ao todo, Taré viveu duzentos e cinco anos, e morreu em Harã.

II. PATRIARCAS E MATRIARCAS DAS TRIBOS DE ISRAEL

1. Tradições do sul
Abraão, Sara e Agar; Isaac e Ismael

12 **Javé chama Abrão** – ¹Javé disse a Abrão: "Saia da sua terra, do meio de seus parentes, da casa de seu pai, e vá para a terra que eu lhe mostrarei. ²Vou fazer de você uma grande nação e aben-

---

10-32: Releitura exílica de 10,1-32. Com a lista das dez gerações depois do dilúvio (cf. 5,1-32), completa-se a equiparação entre a história de Israel e a história da Babilônia. Esta lista situa Abraão em "Ur dos caldeus" (11,31; 15,7; Ne 9,7), lugar de onde os exilados estavam saindo (Is 48,20), e apresenta o retorno como um recomeço de Israel, atualizando para eles as promessas e bênçãos garantidas a Abrão.

12-50: Esta parte junta as tradições de Abraão e Isaac, venerados como ancestrais no sul (Neguebi: 12,9; 20,1; 24,62; Mambré/Hebron: 13,18; 14,13; 18,1; 23,2.19; 35,27; Bersabeia: 21,33; 22,19; 26,33), com as tradições de Jacó/Israel (Betel: 28,19; 35,1; Siquém: 33,18; 34,2) e José (Efraim e Manassés: Gn 48; Nm, 26,28; Js 14,4; 2Sm 19,20; 1Rs 11,28; Am 5,6; Ez 37,19), venerados como ancestrais das tribos do norte. As bênçãos e promessas foram usadas por diversos redatores para interligar estas tradições e formar a atual estrutura do Gênesis (1,28; 9,1; 13,15-16; 15,5.18-21; 17,4-8; 18,18; 22,17-18; 26,3-5.24; 28,14; 35,11-12; 48,3-4). Por terem sido redigidas no reino de Judá, as tradições de Isaac e Jacó/Israel foram subordinadas às tradições de Abraão, apresentado como patriarca de todo o povo.

12,1-25,18: O universalismo de Gn 1-11 é substituído pelo foco nas tradições referentes a Abraão, Sara, Agar, Ismael e Isaac, pastores nômades formados por ancestrais de povos que se formaram no sul da Palestina. Mas o pano de fundo destas narrativas são as relações entre as tribos, principalmente entre Judá (sul) e Israel (norte), antes, durante e depois do exílio.

12,1-9: Entre os pastores (um dos grupos que formarão o povo de Israel), os filhos são uma bênção que garante a continuidade da família e a assistência na velhice (1,28; 9,1; 17,16; 26,24; Sl 127,3-5), enquanto a esterilidade é uma maldição (30,1.23; 1Sm 1,6). Mas a narrativa é de época posterior (cf. v. 6). Dizendo que Abrão, o patriarca do sul, teria construído "um altar a Javé" (12,6-7; 13,3-4) em Siquém e Betel, principais regiões do norte (1Rs 12,29; Am 7,9), e que Javé teria prometido dar "esta terra" (v. 7) para os "descendentes" de Abrão, os redatores estão legitimando o domínio que os reis do sul (descendentes de Abrão e de Davi) terão ou desejam ter sobre esta região do norte (cf. nota a Gn 12-50). A promessa da terra será especialmente reforçada para avivar a esperança dos judeus exilados de retornarem a ela. Esperança que

coá-lo. Engrandecerei o seu nome. Seja uma bênção! ³Abençoarei quem abençoar você e amaldiçoarei aqueles que o amaldiçoarem. Em você, todos os clãs do solo serão abençoados". ⁴Abrão partiu como Javé tinha mandado. E Ló foi com ele. Abrão tinha setenta e cinco anos quando saiu de Harã. ⁵Levou consigo sua mulher Sarai, seu sobrinho Ló, todos os bens que juntaram e os seres que adquiriram em Harã. Partiram para a terra de Canaã, e aí chegaram. ⁶Abrão atravessou a terra até o lugar santo de Siquém, no Carvalho de Moré. Nesse tempo, os cananeus habitavam essa terra. ⁷Javé apareceu a Abrão e lhe disse: "Vou dar esta terra aos seus descendentes". Abrão construiu aí um altar a Javé, que lhe havia aparecido. ⁸Daí, passou para a montanha, a oriente de Betel, e armou sua tenda, ficando Betel a oeste e Hai a leste. E aí construiu para Javé um altar e invocou o nome de Javé. ⁹Depois, de acampamento em acampamento, Abrão foi para o Negueb.

Sarai é tomada pelo faraó – ¹⁰E houve uma fome na terra. Então Abrão desceu ao Egito para aí habitar como migrante, porque a fome era grande na terra. ¹¹Quando estava chegando ao Egito, Abrão disse à sua mulher Sarai: "Olhe! Eu sei que você é uma mulher muito bonita. ¹²Quando os egípcios virem você, vão dizer: 'É a mulher dele'. E me matarão, deixando você viva. ¹³Diga, por favor, que você é minha irmã, para que eles me tratem bem por sua causa e assim, em consideração a você, eu continue vivo". ¹⁴De fato, quando Abrão chegou ao Egito, os egípcios viram que a mulher dele era muito bonita. ¹⁵Os oficiais do faraó viram Sarai, a elogiaram muito diante dele, e Sarai foi tomada para o palácio do faraó. ¹⁶Este, por causa de Sarai, tratou bem a Abrão, que recebeu ovelhas, bois, jumentos, servos, servas, jumentas e camelos.

¹⁷Javé, porém, feriu o faraó e sua casa com grandes pragas, por causa de Sarai, mulher de Abrão. ¹⁸O faraó chamou Abrão e lhe disse: "O que foi que você me fez? Por que não me informou que ela era sua mulher? ¹⁹Por que me disse que era sua irmã? Eu a tomei como esposa. Pois bem, aí está sua mulher, pegue-a e vá embora". ²⁰E o faraó ordenou a seus homens que despachassem Abrão com sua mulher e tudo o que lhe pertencia.

13 **Abrão e Ló se separam** – ¹Abrão subiu do Egito para o Negueb, com sua mulher e tudo o que possuía. Ló também estava com ele. ²Abrão era muito rico em rebanhos, prata e ouro. ³Do Negueb, ele foi em sua caminhada até Betel, o mesmo lugar onde antes havia acampado, entre Betel e Hai. ⁴Tinha construído aí um altar e invocado o nome de Javé. ⁵Ló, que acompanhava Abrão, também possuía ovelhas, bois e tendas. ⁶E a terra não sustentava os dois habitantes juntos. Seus bens eram muitos, e não conseguiam habitar juntos. ⁷E houve conflito entre os pastores dos rebanhos de Abrão e os dos rebanhos de Ló. Nesse tempo, cananeus e ferezeus habitavam nessa terra.

⁸Abrão disse a Ló: "Não deve haver conflitos entre nós, ou entre nossos pastores, porque somos irmãos. ⁹A terra inteira está à sua frente. Por isso eu peço que você se separe de mim. Se você for para a esquerda, eu irei para a direita; se for para a direita, eu irei para a esquerda". ¹⁰Ló ergueu os olhos e viu que o circuito do vale do Jordão, até a entrada de Segor, era todo irrigado; isso antes que Javé arruinasse Sodoma e Gomorra. Parecia o jardim de Javé ou a terra do Egito. ¹¹Ló escolheu, então, o circuito do vale do Jordão e levantou acampamento, indo para o Oriente. E assim os dois irmãos se separaram. ¹²Abrão ficou habitando em Canaã, e Ló nas cidades do circuito do vale, tendo armado suas tendas até Sodoma. ¹³Os habitantes de Sodoma

---

ainda hoje anima milhares de famílias que buscam terra e vida abençoada.
10-20: A seca obrigava as famílias a migrar para as cidades (26,1; Ex 42,2-4). onde principalmente as mulheres ficavam sujeitas a muitas violências (cf. nota a 19,5-9; Jz 19,22-25). Com histórias como estas (cf. 20,1-17 e 26,1-11), em que uma divindade, aqui Javé,

fere aqueles que as tratam como objeto, as mulheres buscavam encorajar-se e proteger-se.
13,1-18: A vida nas estepes é muito frágil. A escassez de água e comida obriga o clã a se dividir para sobreviver (cf. 36,7). Esta narrativa que introduz a tradição de Sodoma e Gomorra (18,1-19,29) reafirma os projetos da casa davídica (vv. 3-4; cf. 12,1-9), e foi retomada no

eram maus e grandes pecadores contra Javé. ¹⁴Javé disse a Abrão, depois que Ló se separou dele: "Erga os olhos, e aí, do lugar onde você está, olhe para o Norte e para o Sul, para o Oriente e para o Ocidente. ¹⁵Toda a terra que você está vendo, eu a darei a você e à sua descendência, para sempre. ¹⁶Farei que sua descendência seja como o pó da terra. Quem puder contar os grãos de pó da terra poderá contar seus descendentes. ¹⁷Vamos! Percorra esta terra no comprimento e na largura, pois eu a darei a você". ¹⁸Abrão levantou acampamento e foi parar perto dos Carvalhos de Mambré, em Hebron, e aí construiu um altar em honra de Javé.

14 *Abrão como guerreiro libertador* – ¹Quando Amrafel era rei de Senaar, Arioc rei de Elasar, Codorlaomor rei de Elam, e Tadal rei de Goim, ²fizeram guerra contra Bara, rei de Sodoma, contra Bersa, rei de Gomorra, contra Senaab, rei de Adama, contra Semeber, rei de Seboim, e contra o rei de Bela, que é Segor. ³Estes últimos se reuniram no vale de Sidim, onde é o mar Morto. ⁴Durante doze anos tinham ficado submissos a Codorlaomor, mas no décimo terceiro ano se revoltaram. ⁵No décimo quarto ano, veio Codorlaomor com os reis seus aliados, e derrotou os rafaítas em Astarot Carnaim, os zuzim em Ham, os emim na planície de Cariataim, ⁶e os horitas nas montanhas de Seir, até El-Farã, na margem do deserto. ⁷Depois, voltaram e foram à Fonte do Julgamento, que é Cades. Conquistaram todo o campo dos amalecitas e amorreus, que habitavam Asasontamar.

⁸Então os reis de Sodoma, de Gomorra, de Adama, de Seboim e de Bela, que é Segor, saíram e se enfileiraram para a batalha contra eles, no vale de Sidim, ⁹contra Codorlaomor, rei de Elam, contra Tadal, rei de Goim, contra Amrafel, rei de Senaar, e contra Arioc, rei de Elasar. Eram quatro reis contra cinco. ¹⁰Ora, o vale de Sidim estava cheio de poços de betume. Ao fugirem, o rei de Sodoma e o rei de Gomorra caíram neles, e os outros se esconderam na montanha.

¹¹Os inimigos saquearam todos os bens de Sodoma e Gomorra, assim como os alimentos, e foram-se embora. ¹²Levaram também Ló, sobrinho de Abrão, e seus bens, e se foram, pois Ló habitava em Sodoma. ¹³Um fugitivo foi dar a notícia a Abrão, o hebreu, acampado perto dos Carvalhos do amorreu Mambré, irmão de Escol e de Aner, aliados de Abrão.

¹⁴Quando soube que seu irmão tinha sido levado prisioneiro, Abrão armou seus dependentes, nascidos em sua casa, em número de trezentos e dezoito, e perseguiu os inimigos até Dã. ¹⁵Dividiu a tropa e os atacou de noite, derrotando-os e perseguindo-os até Hoba, ao norte de Damasco. ¹⁶Recuperou todos os bens e trouxe de volta também seu irmão Ló, com seus bens, mulheres e combatentes. ¹⁷O rei de Sodoma foi encontrar-se com Abrão no vale de Save, que é o vale do rei, logo que ele voltou, depois de haver derrotado Codorlaomor e os reis que estavam com ele.

¹⁸Melquisedec, rei de Salém e sacerdote de El Elion, levou pão e vinho, ¹⁹e abençoou Abrão, dizendo: "Seja Abrão abençoado por El Elion, criador do céu e da terra, ²⁰e bendito seja El Elion, que lhe entregou nas mãos os inimigos!" E Abrão lhe deu a décima parte de tudo.

²¹O rei de Sodoma disse a Abrão: "Dê-me os seres vivos e fique com os bens". ²²Mas Abrão respondeu ao rei de Sodoma: "Juro por Javé, El Elion, criador do céu e da terra: ²³daquilo que lhe pertence, não quero nem mesmo um cordão ou correia

---

exílio, ampliando a promessa da terra (vv. 14-15.17; cf. 12,7) e da descendência (v. 16). A releitura pós-exílica, cuja teologia identifica bênção com riqueza material (Gn 24,35; Jó 42,10-15; Pr 3,9-10; Mc 10,23-26), atribuirá muita riqueza para Abraão e Ló.

14,1-24: Este capítulo, com sinais de antiguidade, liga-se à tradição de Sodoma e Gomorra (18,1-19,29). Nele Abrão é chamado "o hebreu" (= *o hapiru*, v. 13; cf. 1Sm 4,6; 13,3.19 etc.) e é mostrado entre reis como chefe guerreiro que controla territórios. Abrão é abençoado por Melquisedec em nome de El Elion, provável divindade fenícia adorada em Jerusalém como criadora do céu e da terra.

Melquisedec é rei-sacerdote de Salém/Jerusalém (Sl 76,3), a quem Abrão entrega o dízimo (vv. 18-22). O gesto se refere a uma possível aliança de Davi com a dinastia sacerdotal na conquista de Jerusalém (2Sm 5,6-10), integrando o sacerdote Sadoc e o culto cananeu de Jerusalém (2Sm 20,25; 1Rs 2,35) na história da tribo de Judá/Mambré/Hebron. Aqui se identifica El Elion com Javé (cf. v. 22, Nm 24,16; Sl 46,5; 47,3). Correntes sacerdotais do judaísmo (Sl 110) e do cristianismo (Hb 5-7) apoiam-se nesta passagem, porém a teologia nela apresentada está mais voltada para a legitimação do tributo e do poder político-religioso do que para a promoção da vida.

de sandália, para que depois você não venha a dizer que enriqueceu Abrão. ²⁴Para mim, não quero nada. Aceito apenas o que meus jovens comeram e o que cabe a Aner, Escol e Mambré, que me acompanharam. Que eles possam pegar a parte deles".

15 *Aliança e promessa* – ¹Depois desses acontecimentos, através de uma visão, a palavra de Javé veio a Abrão nestes termos: "Não tenha medo, Abrão! Eu sou um escudo para você, e sua recompensa será muito grande". ²Abrão respondeu: "Senhor Javé, o que poderás dar a mim? Pois eu continuo sem filhos, e o filho encarregado da minha casa é Eliezer de Damasco! ³Como não me deste descendência, um agregado da minha casa será meu herdeiro!" ⁴Então a palavra de Javé veio a ele, dizendo: "O seu herdeiro não será ele, mas alguém saído das entranhas de você". ⁵Em seguida, Javé conduziu Abrão para fora, e disse: "Erga os olhos ao céu e conte as estrelas, se puder". E acrescentou: "Assim será a sua descendência". ⁶Abrão acreditou em Javé, e isso lhe foi creditado como justiça.

⁷E disse a Abrão: "Eu sou Javé, que fez você sair de Ur dos caldeus, para lhe dar esta terra como herança". ⁸Abrão respondeu: "Senhor Javé, como vou ter certeza de que irei possuí-la?" ⁹Ele lhe disse: "Traga-me uma novilha de três anos, uma cabra de três anos, um cordeiro de três anos, uma rola e uma pombinha". ¹⁰Abrão levou a Javé todos esses animais, os partiu pelo meio e colocou as metades uma em frente à outra; só as aves ele não dividiu. ¹¹As aves de rapina desciam sobre os animais mortos e Abrão as enxotava. ¹²E, ao pôr do sol, um torpor e uma grande escuridão caíram sobre Abrão, e ele sentiu muito medo.

¹³E disse a Abrão: "Saiba com certeza que seus descendentes viverão como migrantes numa terra que não é a deles. Nessa terra ficarão como escravos e serão oprimidos durante quatrocentos anos. ¹⁴Mas eu vou julgar a nação à qual eles vão servir. Eles sairão de lá com muitos bens. ¹⁵Quanto a você, irá reunir-se em paz com seus pais e será sepultado após uma velhice feliz. ¹⁶É na quarta geração que eles voltarão para cá, porque até lá o crime dos amorreus terá chegado ao extremo".

¹⁷E o sol se pôs e houve trevas. E uma fogueira fumegante e uma tocha de fogo passaram entre os animais divididos. ¹⁸Nesse dia, Javé firmou uma aliança com Abrão nestes termos: "Para a sua descendência eu darei esta terra, desde o rio do Egito até o grande rio, o Eufrates, ¹⁹terra dos quenitas, cenezeus, cadmoneus, ²⁰heteus, ferezeus, rafaítas, ²¹amorreus, cananeus, gergeseus e jebuseus".

16 *Agar foge de Sarai* – ¹Sarai, mulher de Abrão, não lhe dava filhos. Ela possuía uma serva egípcia chamada Agar. ²Um dia, Sarai disse a Abrão: "Javé me impede de ter filhos. Una-se, então, à minha serva para ver se ela me dá filhos". Abrão aceitou a proposta de Sarai.

³Fazia dez anos que Abrão estava habitando na terra de Canaã, quando sua mulher Sarai tomou sua serva, a egípcia Agar, e a entregou como mulher a seu homem Abrão. ⁴Este se uniu a Agar, que ficou grávida. Vendo que estava grávida, Agar começou a desprezar sua senhora. ⁵Sarai disse a Abrão: "Você é responsável pela minha humilhação. Coloquei em seus braços minha serva, e ela, vendo-se grávida, agora me despreza. Que Javé seja o juiz entre mim e você". ⁶Abrão disse a Sarai:

15,1-21: Os reis faziam aliança passando entre as metades de um animal, em sinal de que aceitavam ser cortados ao meio, caso cuebrassem a palavra (cf. Jr 34,18-20). Esse ritual é aqui usado para reforçar as promessas de 12,7 e 13,15-16. Descendência incontável (cf. Gn 22,17; 1Rs 4,20) e a terra do Egito até o Eufrates revelam os projetos do rei Josias (Dt 11,24; 20,17; Js 1,4; 3,11; 15,4; Jz 3,5; 1Rs 5,1; Ne 9,8; Esd 9,1). Javé como "escudo" ou defesa (Sl 18,3.31.36; 59,12; 115,9.10.11), as expressões "não tenha medo" (Gn 46,3; Dt 1,21; Js 8,1; Is 7,4; 41,10; Jr 1,8) e "a palavra de Javé veio" (vv. 1.4) – usada no Pentateuco só aqui – indicam releituras que fazem de Abrão um profeta (vv. 13-16, cf. Ex 20,5;

Nm 14,18; Jr 25,11-12), cujo exemplo de fé (v. 6) anima os judeus no exílio e no retorno.

16,1-16: A promessa de descendência (15,3-5) está ligada a antigas explicações da origem dos ismaelitas e do nome de um poço no deserto do sul de Judá (cf. 21,1-21). Revelam o cotidiano tribal: a diversidade de deuses: Ismael ("o Deus El ouviu"), El-Roí ("o Deus El que me vê") e Lahai-Roí ("o Vivente que me vê"). É importante na tribo a participação feminina, por exemplo, de Agar, mulher, serva, estrangeira, grávida; fugindo da opressão, é a única pessoa que dá um nome para Deus (v. 13). Após Josias, a religião oficial identificou estes deuses e deusas com Javé, a quem transferiu as funções deles e delas

"Pois bem, a serva está em suas mãos. Trate-a como você achar melhor". Sarai maltratou de tal modo Agar, que ela fugiu de sua presença. ⁷O mensageiro de Javé encontrou Agar junto a uma fonte no deserto, a fonte que está no caminho de Sur. ⁸E disse: "Agar, serva de Sarai, de onde você vem e para onde vai?" Agar respondeu: "Estou fugindo de minha senhora Sarai". ⁹O mensageiro de Javé lhe disse: "Volte para sua senhora e seja submissa a ela". ¹⁰E o mensageiro de Javé lhe disse: "Eu darei a você uma descendência tão numerosa, que ninguém poderá contar". ¹¹E lhe disse o mensageiro de Javé: "Você está grávida. Dará à luz um filho e o chamará com o nome de Ismael, porque Javé ouviu a opressão contra você. ¹²Ele será como potro selvagem, estará contra todos e todos contra ele, e viverá separado de seus irmãos".

¹³A Javé, que lhe havia falado, Agar chamou com o nome: "Tu és El-Roí, pois eu vi Aquele que me vê". ¹⁴Por isso é que o poço tem o nome de Poço Lahai-Roí, e se encontra entre Cades e Barad. ¹⁵Agar deu à luz um filho para Abrão, e Abrão chamou com o nome de Ismael o filho que Agar lhe dera. ¹⁶Abrão tinha oitenta e seis anos quando Agar deu à luz Ismael.

17 *Aliança e circuncisão* –
¹Quando Abrão completou noventa e nove anos, Javé lhe apareceu e disse: "Eu sou El Shadai. Ande na minha presença e seja íntegro. ²Farei uma aliança entre mim e você, e vou multiplicá-lo muitíssimas vezes". ³Abrão caiu com o rosto em terra e Deus lhe falou: ⁴"Veja! A aliança que eu faço com você é esta: você será pai de muitas nações. ⁵Você não se chamará mais Abrão, e sim Abraão, pois vou torná-lo pai de muitas nações. ⁶Farei você extremamente fecundo. De você farei nações. De você nascerão reis. ⁷Vou estabelecer a aliança entre mim e você, e seus descendentes depois de você. Será uma aliança eterna, de modo que eu serei o seu Deus e o Deus de seus descendentes. ⁸Vou dar a você, e a seus descendentes depois de você, a terra onde você agora vive como migrante, a terra inteira de Canaã como propriedade eterna. E eu serei o Deus de vocês".

⁹Deus também disse a Abraão: "Você guardará a minha aliança, você e seus descendentes depois de você, de geração em geração. ¹⁰A minha aliança, que faço com você e com seus descendentes depois de você, e que deve ser guardada, é a seguinte: será circuncidado todo indivíduo do sexo masculino. ¹¹Assim, cortem em volta a pele do prepúcio. Será esse o sinal da aliança entre mim e vocês. ¹²Os filhos de vocês, ao completarem oito dias, serão circuncidados: todo macho de todas as gerações, seja os nascidos na casa, seja os comprados por dinheiro, e de todos os estrangeiros que não são de seus descendentes. ¹³Devem, sim, ser circuncidados os nascidos na sua casa e os comprados por dinheiro. Minha aliança estará na carne de vocês, uma aliança eterna. ¹⁴O incircunciso, isto é, o macho cuja carne do prepúcio não foi circuncidada, terá sua vida cortada do seu povo, porque causou a quebra da minha aliança".

¹⁵Deus disse ainda a Abraão: "A sua mulher Sarai, você já não a chamará Sarai, mas o nome dela será Sara. ¹⁶Eu a abençoarei, e dela eu darei a você um filho, a quem abençoarei. Ela vai se transformar em nações, e dela virão reis de povos". ¹⁷Abraão caiu com o rosto em terra e começou a rir, pensando: "Será que um homem de cem anos vai ter um filho, e Sara, que tem noventa anos, ainda vai dar à luz?" ¹⁸Abraão disse a Deus: "Queira Deus que Ismael continue vivo diante de ti". ¹⁹Deus, porém, respondeu: "Não! É Sara

---

(como a fertilidade das mulheres, cf. 20,18; Dt 7,12-16). Este Javé oficial, porém, é ambíguo: inclui a espiritualidade do êxodo (viu e ouviu a serva oprimida, vv. 11.13, cf. Ex 3,7), mas manda que Agar volte e seja submissa.

17,1-27: Releitura pós-exílica de 15,1-21. A circuncisão era um rito de iniciação dos meninos à puberdade e ao casamento (Gn 34,14-24; Ex 4,25); era praticado por várias tribos e povos (Jr 9,25). No exílio, foi usada para afirmar a identidade e a solidariedade dos exilados (Ez 28,10; 31,18). E no pós-exílio a circuncisão dos meninos no oitavo dia (vv. 12-13; 21,4; cf. Lv 12,3; Lc 1,59) marcava a sua pertença ao povo da Aliança. Narrando que El Shadai ("Deus da Montanha ou das Estepes", v. 1, cf. 28,3; 35,11; 43,14 etc.) estabeleceu a circuncisão vinculada a uma aliança eterna, junto com a mudança dos nomes de Abraão ("pai de muitas nações") e Sara ("princesa"), os sacerdotes do pós-exílio querem legitimar esta instituição, colocando-a no princípio da história de Israel (Ex 6,3). Isso porém pode reduzir a vivência da religião da Aliança à prática dos rituais.

quem vai lhe dar um filho, e você o chamará com o nome de Isaac. Vou estabelecer minha aliança com ele e com seus descendentes depois dele, uma aliança eterna. ²⁰Quanto a Ismael, vou atender ao pedido que você me faz. Vou abençoá-lo, torná-lo fecundo e fazê-lo multiplicar-se sem medida. Ele vai gerar doze príncipes, e dele farei uma grande nação. ²¹Mas minha aliança vou estabelecê-la com Isaac, o filho que Sara vai dar à luz no próximo ano, nesta mesma época". ²²Tendo terminado de falar com Abraão, Deus se retirou.

²³Abraão tomou seu filho Ismael e todos os nascidos na sua casa ou comprados por dinheiro, isto é, todos os machos da casa de Abraão, e circuncidou a carne do prepúcio deles nesse mesmo dia, conforme Deus lhe havia falado. ²⁴Abraão tinha noventa e nove anos quando a carne do seu prepúcio foi circuncidada. ²⁵E seu filho Ismael tinha treze anos quando foi circuncidada a carne do seu prepúcio. ²⁶No mesmo dia foram circuncidados Abraão e seu filho Ismael. ²⁷E foram circuncidados com ele todos os homens da sua casa, nascidos na casa ou comprados de estrangeiros a dinheiro.

18 Junto aos Carvalhos de Mambré –

¹Javé apareceu a Abraão junto aos Carvalhos de Mambré, quando ele estava sentado à entrada da tenda, ao calor do dia. ²Levantando os olhos, Abraão viu três homens de pé bem à sua frente. Ao vê-los, saiu da entrada da tenda, correu ao encontro deles e prostrou-se tocando a terra, ³dizendo: "Meu Senhor, se alcancei graça diante de seus olhos, por favor, não passe pelo seu servo sem uma parada. ⁴Que se traga um pouco de água para que vocês lavem os pés e depois descansem debaixo da árvore. ⁵Permitam que eu traga um pedaço de pão, a fim de que vocês recuperem as forças antes de partir. Pois foi para isso que vocês passaram junto a este seu servo". Eles responderam: "Está bem. Faça o que está dizendo". ⁶Abraão entrou correndo na tenda onde Sara estava e lhe disse: "Depressa! Pegue três medidas da melhor farinha, amasse e faça uns pães". ⁷Em seguida, Abraão correu até o rebanho, escolheu um vitelo novo e bom, e o entregou ao jovem, que se apressou em prepará-lo. ⁸Depois, levou coalhada, leite e o vitelo que havia preparado, e colocou tudo diante deles. E ficou a servi-los debaixo da árvore, enquanto eles comiam.

⁹Depois eles perguntaram: "Onde está sua mulher Sara?" Abraão respondeu: "Está na tenda". ¹⁰Ele disse: "No próximo ano eu voltarei a você e então sua mulher já terá um filho". Sara ouvia atrás da entrada da tenda. ¹¹Ora, Abraão e Sara eram velhos, de idade avançada. Para Sara já havia cessado a regra normal das mulheres. ¹²Sara riu interiormente, pensando: "Agora que sou velha, ainda vou sentir prazer, e com um marido tão velho?"

¹³Javé, porém, disse a Abraão: "Por que Sara riu, dizendo: 'Será que vou dar à luz agora que sou velha?' ¹⁴Por acaso existe alguma coisa impossível para Javé? Neste mesmo tempo, no próximo ano, eu voltarei a você, e Sara já terá um filho". ¹⁵Sara se encolheu com medo e negou: "Eu não ri". Mas ele confirmou: "Não negue, você riu".

¹⁶Os homens se levantaram e olharam na direção de Sodoma. E Abraão os acompanhou para se despedir.

Sodoma e Gomorra –

¹⁷Javé disse: "Esconderei de Abraão o que vou fazer, ¹⁸uma vez que ele será uma nação grande e poderosa, e nele serão abençoadas todas as nações da terra? ¹⁹Eu o conheci, para que ele dê ordem a seus filhos e a toda a sua família que vem depois dele, a fim de

---

18,1-16: No início de Israel, os carvalhos marcavam lugares sagrados (v. 1, cf. 12,6; 13,18; 14,13; 21,33; 35,4.8; Dt 16,21; Jz 4,11; 6,11; 9,6.37; 1Sm 10,3; Is 2,13; Os 4,13), onde deuses e deusas interagiam com as pessoas. A divindade, na forma de "três homens" (vv. 2.4-9.16) ou como um só (vv. 3.10-15), é identificada com Javé só nos vv. 1, 13 e 14. No pós-exílio, Deus será concebido como único e altíssimo. Esta explicação do nome de Isaac (= "ele riu") a partir do riso de Sara (vv. 12-15; cf. 17,7) serve para integrar e subordinar política e religiosamente as tradições das tribos de Bersabeia e do Negueb, que tinham Isaac como seu patriarca, às tradições de Abraão (cf. nota a Gn 12-50). Será que Deus aprova relações de dominação como estas?

18,17-19,29: Os pastores praticam o sagrado direito da hospitalidade (18,2-7; 19,1-8; 24,30-32; Jz 19,16-21; Jó 31,32). Inspirados pelo aspecto das rochas e da depressão do mar Morto, contavam histórias como esta contra as cidades que desrespeitavam com violência esse costume deles (19,5-9; cf. 12,10-20; Jz 19,22-25). Para seus filhos continuarem como pastores, mostravam Deus do seu lado e as cidades como lugar do

guardarem os caminhos de Javé, praticando a justiça e o direito, e assim Javé realize tudo o que prometeu a Abraão".

²⁰Javé disse: "Há contra Sodoma e Gomorra um clamor muito grande, e o pecado deles é muito grave. ²¹Vou descer, para ver e conferir se já chegou ao extremo o clamor que subiu até mim contra eles".

²²Dali os homens tomaram a direção de Sodoma. Abraão porém ficou na presença de Javé. ²³Abraão tomou a iniciativa e perguntou: "Será que vais varrer o justo com o injusto? ²⁴Talvez haja cinquenta justos na cidade. Vais varrer, e não vais poupar o lugar, por causa dos cinquenta justos que estão dentro dela? ²⁵Longe de ti fazer uma coisa dessas, matar o justo com o injusto! Senão o justo ficaria sendo igual ao injusto. Longe de ti! O juiz de toda a terra não estaria fazendo justiça!" ²⁶Javé respondeu: "Se em Sodoma eu encontrar cinquenta justos, por causa deles pouparei a cidade inteira". ²⁷Abraão respondeu: "Eu já me atrevi a falar com meu Senhor, embora eu seja pó e cinza. ²⁸Talvez faltem cinco para os cinquenta justos: por causa de cinco, arruinarás a cidade inteira?" Javé respondeu: "Não arruinarei, se eu nela encontrar quarenta e cinco justos". ²⁹Abraão insistiu: "Suponhamos que só existam quarenta!" Javé respondeu: "Nada farei, por causa dos quarenta". ³⁰Abraão continuou: "Que meu Senhor não fique irritado se eu continuo falando. E se houver trinta?" Javé respondeu: "Se houver trinta, nada farei". ³¹Abraão insistiu: "Já que eu me atrevi a falar ao meu Senhor, talvez haja vinte!" Javé respondeu: "Por causa de vinte, eu não a arruinarei". ³²Abraão continuou: "Que meu Senhor não se irrite se eu ainda pergunto pela última vez: E se houver dez?" Javé respondeu: "Por causa de dez, eu não a arruinarei". ³³Quando terminou de falar com Abraão, Javé foi embora e Abraão voltou ao seu lugar.

19 ¹Ao anoitecer, os dois mensageiros chegaram a Sodoma. Ló estava sentado junto à porta de Sodoma. Ao vê-los, levantou-se para recebê-los e prostrou-se com o rosto por terra. ²Depois disse: "Meus senhores, fiquem hospedados na casa deste seu servo. Lavem os pés, e pela manhã poderão continuar seu caminho". Mas eles responderam: "Não, obrigado! Nós passaremos a noite na praça". ³Ló insistiu tanto, que eles foram para a casa dele, e aí entraram. Ló lhes preparou uma refeição e mandou assar pães sem fermento para eles comerem.

⁴Eles ainda não se haviam deitado, quando homens da cidade rodearam a casa. Eram os homens de Sodoma, desde os jovens até os velhos, todo o povo de todos os lados. ⁵Chamaram Ló e disseram: "Onde estão os homens que vieram para sua casa esta noite? Traga-os para fora, para que tenhamos relações com eles". ⁶Ló saiu ao encontro deles na entrada e trancou a porta atrás de si. ⁷Em seguida lhes disse: "Meus irmãos, eu lhes peço: não façam uma maldade dessas. ⁸Vejam! Eu tenho duas filhas que ainda são virgens. Posso trazê-las para vocês fazerem com elas o que acharem melhor. Mas não façam nada a esses homens, porque eles entraram sob minha proteção". ⁹Responderam: "Saia da frente! Esse indivíduo chegou aqui como migrante e agora quer ser juiz! Pois bem, nós faremos mais mal a você do que a eles". E empurraram Ló, tentando arrombar a porta. ¹⁰Os homens que ele hospedava, porém, estenderam a mão e fizeram Ló entrar na casa com eles. E fecharam a porta. ¹¹Quanto aos homens que estavam na entrada da casa, eles os feriram de cegueira, do menor ao maior, de modo que já não conseguiam achar a entrada. ¹²Os homens que ele hospedava disseram a Ló: "Você ainda tem alguém aqui? Faça sair deste lugar seu genro, seus filhos e filhas, e todos os seus parentes que estão na cidade. ¹³Nós vamos arruinar este lugar, pois é grande o clamor que se ergueu contra eles diante de Javé. E Javé nos enviou para arruiná-los".

¹⁴Ló saiu para falar com seus genros, que estavam para se casar com suas filhas: "Vamos, saiam deste lugar, porque Javé vai arruinar a cidade". Mas seus genros acha-

---

mal (18,20; cf. 13,13 e nota a 22,1-19; Jr 23,14; Mt 11,23; Ap 11,8), onde não havia nenhum justo (18,23-33). Mas o patriarcalismo da sociedade pastoril coloca o dever da hospitalidade e a honra da família acima do direito das filhas e das mulheres em geral (19,8; cf. Jz 19,24-25).

vam que Ló estava brincando. ¹⁵Ao raiar da aurora, os mensageiros apressaram Ló: "Vamos! Pegue sua mulher e suas duas filhas que aqui se encontram, para que não sejam eliminadas com o castigo da cidade". ¹⁶Como Ló não se decidia, eles seguraram a mão dele, a mão de sua mulher e a mão de suas duas filhas – pois Javé tinha compaixão dele – e os fizeram sair e os deixaram fora da cidade. ¹⁷E tendo-os feito sair, um dos dois disse: "Ponha sua vida em segurança, e não olhe para trás. Não pare em lugar nenhum da planície. Fuja para a montanha para não morrer". ¹⁸Ló respondeu: "Não, meu Senhor. ¹⁹Teu servo alcançou graça diante de teus olhos, e mostraste grande solidariedade por mim, salvando-me a vida. Mas receio que eu não consiga me refugiar na montanha, antes que o mal me apanhe e eu morra. ²⁰Vê! Aqui perto há uma pequena cidade, para onde posso fugir e me refugiar. Permite que eu vá para lá. Ela é pequena mesmo. Ali eu posso manter minha vida". ²¹Ele respondeu: "Concordo com o que está dizendo, e por isso não vou destruir a cidade da qual você falou. ²²Depressa, fuja para lá, porque nada posso fazer enquanto você não chegar lá". É por isso que se deu a essa cidade o nome de Segor. ²³O sol estava nascendo, quando Ló chegou a Segor. ²⁴Então Javé fez chover do céu enxofre e fogo de Javé sobre Sodoma e Gomorra. ²⁵Destruiu essas cidades e toda a planície, com os habitantes das cidades e a vegetação do solo. ²⁶A mulher de Ló olhou para trás e se transformou numa estátua de sal.

²⁷Abraão levantou-se bem cedo e foi ao lugar onde havia estado na presença de Javé. ²⁸Olhou para Sodoma, para Gomorra e para toda a planície, e viu a fumaça subindo da terra, como fumaça de uma fornalha. ²⁹Assim, ao arruinar as cidades da planície, Deus se lembrou de Abraão, e retirou Ló do meio da catástrofe que arrasou as cidades onde Ló habitava.

As filhas de Ló – ³⁰Ló subiu de Segor e foi morar na montanha com as duas filhas, pois estava com medo de viver em Segor. Por isso, instalou-se numa caverna com as duas filhas. ³¹A mais velha disse à mais nova: "Nosso pai já está velho, e na terra não há nenhum homem para ter relação conosco, como se faz em todo lugar. ³²Vamos embriagar nosso pai para ter relação com ele, e assim daremos uma descendência ao nosso pai". ³³Nessa noite, elas embriagaram o pai, e a mais velha deitou-se com ele. E ele nada percebeu, nem quando ela se deitou, nem quando se levantou. ³⁴No dia seguinte, a mais velha disse para a mais nova: "Ontem eu dormi com meu pai. Esta noite, nós vamos embriagá-lo de novo, e você se deitará com ele, e assim poderemos dar uma descendência ao nosso pai". ³⁵Também nessa noite elas embriagaram o pai, e a mais nova deitou-se com ele. E ele nada percebeu, nem quando ela se deitou, nem quando se levantou. ³⁶E as duas filhas de Ló ficaram grávidas do próprio pai. ³⁷A mais velha deu à luz um filho, e o chamou Moab, que é o antepassado dos atuais moabitas. ³⁸Também a mais nova deu à luz um filho, e o chamou Ben-Ami, que é o antepassado dos atuais amonitas.

20 *Sara é tomada pelo rei Abimelec*

– ¹Abraão partiu daí e foi para a terra do Negueb. Foi morar entre Cades e Sur, vivendo como migrante em Gerara. ²Abraão dizia que Sara era sua irmã. Assim Abimelec, rei de Gerara, mandou buscar Sara. ³Mas Deus visitou Abimelec em sonho durante a noite, e lhe disse: "Você vai morrer, por causa da mulher que você tomou, pois ela pertence a um senhor". ⁴Abimelec, que ainda não tinha tido relações com ela, disse: "Meu Senhor, vais matar uma nação inocente? ⁵Ele próprio me disse que era irmã dele. E ela disse que ele era seu irmão. Fiz isso com integridade de coração e mãos limpas". ⁶Deus

---

19,30-38: Explicação depreciativa dos nomes e povos de Moab ("do pai") e Amon ("filhos de meu povo"), reinos vizinhos e rivais de Judá e Israel (Nm 22-24; Dt 23,4-7; 2Rs 1,1; 13,20; Is 15-16; Jr 48,1-49,6; Sf 2,8-11; Ez 25,1-13; Ne 4,1).
20,1-18: Outra narrativa sobre violência contra a mulher nas cidades (cf. 12,10-20 e 26,1-11). Apresenta Deus/Elohim protegendo Sara através de sonhos, e Abraão como profeta e poderoso intercessor (vv. 7.17, cf. Nm 11,2; 21,7; 1Sm 12,19.23), que é conduzido pelos "deuses" (v. 13, cf. Js 24,2, e ao mesmo tempo conduz o rei e o povo ao "temor de Deus" (v. 11, cf. 22,12; Ex 1,17.21; 18,21; 20,20). Javé controla a fertilidade: é acréscimo do tempo de Josias (v. 18, cf. nota a 16,1-16 e Dt 7,7-16).

lhe respondeu no sonho: "Sei que você fez isso com integridade de coração. Fui eu que impedi você de pecar contra mim, não permitindo que a tocasse. ⁷Agora, devolva a mulher desse homem, pois ele é profeta e vai orar para que você continue vivo. Se não a devolver, fique sabendo que você morrerá com todos os seus".

⁸Abimelec levantou-se bem cedo e chamou todos os servos. Contou-lhes tudo, e os homens ficaram muito assustados. ⁹Em seguida, Abimelec chamou Abraão e disse: "Que é isso que você fez conosco? Que mal eu lhe fiz para você atrair tão grande mal sobre mim e meu reino? Você fez comigo uma coisa que não se deve fazer". ¹⁰E Abimelec acrescentou: "O que você pretendia ao fazer isso?" ¹¹Abraão respondeu: "Pensei que neste lugar não havia temor de Deus e que me matariam por causa de minha mulher. ¹²Além do mais, ela é de fato minha irmã por parte de pai, mas não por parte de mãe, e se tornou minha mulher. ¹³Quando os deuses me fizeram andar errante, longe da casa de meu pai, eu pedi a ela: 'Faça-me este favor: em qualquer lugar em que chegarmos, diga que eu sou seu irmão'". ¹⁴Abimelec pegou ovelhas e bois, servos e servas, e os deu a Abraão, devolvendo também sua mulher Sara. ¹⁵Disse ainda: "Eis minha terra diante de você. Habite onde você achar melhor".

¹⁶Depois disse a Sara: "Veja, dei mil moedas de prata para seu irmão. Isso vai ser para você como um véu diante dos olhos dos seus e de todos. Você está reabilitada".

¹⁷Abraão intercedeu junto a Deus, e Deus curou Abimelec, sua mulher e seus servos, a fim de que pudessem ter filhos. ¹⁸Isso porque Javé tinha fechado totalmente os úteros da casa de Abimelec, por causa de Sara, mulher de Abraão.

21 Nascimento e circuncisão de Isaac

– ¹Javé visitou Sara, como havia anunciado, e cumpriu sua promessa. ²No tempo que Deus tinha marcado, Sara concebeu e deu à luz um filho para Abraão, que já era velho. ³Abraão deu ao filho que lhe havia nascido, gerado por Sara, o nome de Isaac. ⁴Conforme Deus lhe havia ordenado, Abraão circuncidou seu filho Isaac, quando completou oito dias. ⁵Abraão tinha cem anos quando seu filho Isaac nasceu. ⁶E Sara disse: "Deus me deu motivo de riso, e todos os que souberem disso vão rir para mim". ⁷E acrescentou: "Quem diria a Abraão que Sara iria amamentar filhos? Apesar de tudo, na sua velhice eu lhe dei um filho".

Abraão expulsa Agar com o filho Ismael

– ⁸O menino cresceu e foi desmamado. E no dia em que Isaac foi desmamado, Abraão deu uma grande festa. ⁹Ora, Sara viu que estava sorrindo o filho que Agar, a egípcia, tinha tido com Abraão. ¹⁰E disse a Abraão: "Expulse essa serva e o filho dela, para que o filho de uma serva não seja herdeiro com meu filho Isaac". ¹¹Abraão ficou muito desgostoso com isso, porque Ismael era seu filho. ¹²Mas Deus lhe disse: "Não fique sofrendo por causa do jovem e da serva. Atenda ao pedido de Sara, pois será através de Isaac que seus descendentes terão seu nome. ¹³Entretanto, também do filho da serva eu farei uma grande nação, pois ele é descendência sua".

¹⁴Abraão levantou-se de manhã, pegou pão e uma vasilha de couro com água e os deu a Agar. Colocou o menino sobre os ombros dela e a despachou. Ela saiu e foi andando errante pelo deserto de Bersabeia.

¹⁵Quando acabou a água da vasilha, ela colocou o menino debaixo de um arbusto ¹⁶e foi sentar-se na frente, à distância de um tiro de arco. Pensava: "Não quero ver o menino morrer!" E sentou-se à frente, levantou a voz e chorou. ¹⁷Deus ouviu a voz do rapaz, e o mensageiro de Deus, lá do céu, chamou Agar, dizendo: "O que é que você tem, Agar? Não tenha medo,

---

21,1-7: Associando a circuncisão de Isaac ao riso relacionado ao seu nome (v. 6, cf. 17,17; 18,12-15 e 21,9), esta narrativa pós-exílica reforça a circuncisão e a apresentação de Isaac como filho de Abraão (cf. nota Gn 17 e 18,1-16). Não se fala da circuncisão dos outros filhos de Abraão, de Isaac, ou de Jacó. Antes do exílio só é associada às tribos de Simeão e Levi (Gn 34).

8-21: Talvez aqui esteja a tradição mais antiga (cf. 16,1-16) sobre a origem dos ismaelitas (Ismael), "Deus El ouviu", v. 17) sua rivalidade com os descendentes de Isaac ("ele riu", v. 9; cf. 17,17; 18,12-14; 21,6). Ambos disputavam os poços e a escassa pastagem do sul de Judá (cf. 21,22-34). No Deus/Elohim que ouve a voz do rapaz e é solidário com a serva estrangeira e oprimida,

pois Deus ouviu a voz do rapaz desde o lugar onde está. [18]Vamos! Pegue o rapaz e mantenha a mão firme sobre ele, porque farei dele uma grande nação". [19]Deus fez que os olhos dela se abrissem, e ela viu um poço. Foi encher a vasilha com água e deu de beber ao rapaz. [20]Deus estava com o rapaz, que cresceu; habitava no deserto e tornou-se arqueiro. [21]Habitou no deserto de Farã, e sua mãe escolheu uma egípcia para esposa dele.

Abraão firma aliança em Bersabeia

[22]Naquela ocasião, Abimelec, acompanhado de Ficol, oficial do seu exército, disse a Abraão: "Deus está com você em tudo o que você faz. [23]Portanto, jure por Deus, aqui mesmo, que você não será falso comigo, nem com meus filhos e descendentes. E que você tratará a mim e a esta terra, onde você habita como migrante, com a mesma solidariedade com que eu tratei você". [24]Abraão respondeu: "Eu juro".

[25]Abraão reprovou Abimelec por causa do poço, do qual os servos de Abimelec se haviam apoderado. [26]Abimelec respondeu: "Não sei quem foi que fez isso. Também você não me informou nada. Só agora estou sabendo". [27]Abraão separou ovelhas e bois e os deu a Abimelec. E os dois firmaram uma aliança. [28]Abraão separou sete ovelhas do rebanho, [29]e Abimelec lhe perguntou: "Para que servem essas sete ovelhas que você separou?" [30]Abraão respondeu: "Estas sete ovelhas, que você recebeu de minha mão, são a prova de que eu cavei este poço". [31]Por isso, o lugar recebeu o nome de Bersabeia, porque aí os dois fizeram um juramento. [32]Depois que firmaram uma aliança em Bersabeia, Abimelec e Ficol, oficial do seu exército, voltaram para a terra dos filisteus.

[33]Abraão plantou uma tamargueira em Bersabeia e invocou aí o nome de Javé El Olam. [34]Abraão viveu muitos dias como migrante na terra dos filisteus.

22 O sacrifício de Isaac

[1]Depois desses acontecimentos, Deus pôs Abraão à prova. Disse-lhe: "Abraão!" Ele respondeu: "Eis-me aqui!" [2]Deus disse: "Tome seu filho Isaac, o seu único, o seu querido, vá à terra de Moriá e ofereça-o aí em holocausto, no alto da montanha que vou lhe mostrar".

[3]Abraão se levantou cedo, arreou o jumento, pegou dois de seus rapazes e o seu filho Isaac, rachou a lenha para o holocausto, e seguiu para o lugar que Deus lhe havia indicado. [4]No terceiro dia, erguendo os olhos, Abraão viu o lugar ao longe. [5]E Abraão disse aos seus rapazes: "Fiquem aqui com o jumento. Eu e o meu rapaz vamos até lá para adorar a Deus, e depois voltaremos". [6]Abraão pegou a lenha do holocausto e a colocou nas costas do seu filho Isaac, enquanto ele mesmo levava nas mãos o fogo e a faca. E seguiram os dois juntos. [7]Isaac falou: "Meu pai". Abraão respondeu: "Sim, meu filho!" Isaac continuou: "Aqui estão o fogo e a lenha. Mas onde está o cordeiro para o holocausto?" [8]Abraão respondeu: "Deus providenciará para si o cordeiro do holocausto, meu filho!" E continuaram caminhando juntos.

[9]Quando chegaram ao lugar que Deus lhe havia indicado, Abraão construiu o altar, colocou a lenha, depois amarrou o seu filho e o colocou sobre o altar, em cima da lenha. [10]Abraão estendeu a mão e pegou a faca para sacrificar o seu filho. [11]Nesse momento, o mensageiro de Javé o chamou do céu e disse: "Abraão, Abraão!" Ele respondeu: "Eis-me aqui!" [12]E o mensageiro disse: "Não levante a mão contra o rapaz! Não lhe faça mal nenhum! Agora sei que você teme a Deus, pois não me recusou o seu filho único".

---

aparece o fundamento sagrado mais genuíno da fé dos profetas e de Jesus.

22-34: Conhecer e controlar os poços (cf. 26,15-23.32-33) é vital para os pastores. Esta narrativa transfere para Abraão e descendentes o controle sobre esta área de Isaac e descendentes, vinculando o nome Bersabeia (beer, "poço", e shibea, "sete", v. 30, ou sheba, "juramento", v. 31, cf. 26,33) e a tamargueira que aí existia (cf. nota a 18,1-16; 1Sm 22,6; 31,13) a uma aliança que Abraão teria firmado com o rei Abimelec; e identifica a divindade cultuada neste poço, El Olam ("Deus de Eternidade"), com Javé cf. 12,1-9; 26,15-33).

22,1-19: O culto dos reis ao deus Moloc ou a outras divindades pode ter incluído sacrifícios humanos em Israel (1Rs 16,34), Judá (Lv 18,21; 20,2-5; 2Rs 16,3; 21,6; 23,10) e seus vizinhos (2Rs 3,27; 17,31). A base de Gn 22,1-19 é a rejeição desta prática pelos pastores (por temor a Deus/Elohim, v. 12) e camponeses ("na montanha Javé providenciará", v. 14). Tal compreensão libertadora de Deus ressoa nos profetas (Is 57,5; Jr 7,31; 19,5; Ez 16,20-21;

¹³Abraão ergueu os olhos e viu um cordeiro, preso pelos chifres num arbusto. Pegou o cordeiro e o ofereceu em holocausto no lugar do seu filho. ¹⁴E Abraão deu a esse lugar o nome de "Javé providenciará". Assim, até hoje se costuma dizer: "Na montanha Javé providenciará".

¹⁵Do céu, o mensageiro de Javé chamou Abraão mais uma vez ¹⁶e disse: "Juro por mim mesmo, oráculo de Javé: já que você fez isso por mim, não me recusou seu filho único, ¹⁷eu abençoarei você, eu lhe multiplicarei os descendentes como as estrelas do céu e como a areia na beira do mar. Seus descendentes conquistarão as portas das cidades dos inimigos. ¹⁸Através de seus descendentes, todas as nações da terra serão abençoadas, pois você atendeu à minha palavra".

¹⁹Abraão voltou até onde estavam seus rapazes, e juntos foram para Bersabeia. E Abraão ficou habitando em Bersabeia.

Os doze filhos de Nacor

²⁰Depois desses acontecimentos, comunicaram a Abraão que também Melca tinha dado filhos a seu irmão Nacor: ²¹Hus, o primogênito, seu irmão Buz, Camuel, que foi o pai de Aram, ²²Cased, Azau, Feldas, Jedlad e Batuel. ²³Batuel foi pai de Rebeca. São esses os oito filhos que Melca deu a Nacor, irmão de Abraão. ²⁴Nacor tinha uma concubina, chamada Roma, que também teve filhos: Tabé, Gaam, Taás e Maaca.

23 Sara é sepultada na gruta de Macpela

– ¹A vida de Sara foi de cento e vinte e sete anos. Essa foi a vida de Sara. ²E Sara morreu em Cariat Arbe, que é Hebron, na terra de Canaã. Abraão foi fazer luto e chorar por Sara.

³Depois, Abraão levantou-se diante do seu morto, e falou aos filhos de Het: ⁴"Sou migrante e peregrino entre vocês. Cedam para mim uma propriedade para sepultura, entre vocês, para eu sepultar meu morto".

⁵Os filhos de Het responderam a Abraão: ⁶"Meu senhor, ouça-nos! Para nós, você é um príncipe de Deus. Sepulte seu morto no melhor de nossos sepulcros. Ninguém de nós vai negar para seu morto uma sepultura que nos pertence!" ⁷Então Abraão se levantou, fez uma inclinação diante do povo da terra, os filhos de Het, ⁸e lhes falou assim: "Se é da vontade de vocês que eu sepulte meu morto, ouçam-me: intercedam por mim junto a Efron, filho de Seor, ⁹a fim de que ele me ceda a gruta de Macpela, que pertence a ele e está no extremo do seu campo. Que ele a entregue para mim pelo preço que vale, para que seja minha propriedade para sepultura entre vocês".

¹⁰Ora, Efron estava sentado no meio dos filhos de Het. Então Efron, o heteu, respondeu a Abraão, aos ouvidos dos filhos de Het, para todos os que adentravam a porta da sua cidade, e disse: ¹¹"Não, meu senhor, ouça-me! Eu lhe dou o campo e também a gruta que está nele. Dou-lhe isso diante dos olhos dos filhos do meu povo. Sepulte aí seu morto". ¹²Abraão inclinou-se diante do povo da terra ¹³e falou a Efron, aos ouvidos do povo da terra: "Se você concorda, ouça-me: eu pagarei o preço do campo. Aceite o pagamento, e então eu sepultarei aí meu morto". ¹⁴Efron respondeu a Abraão, ¹⁵"Meu senhor, ouça-me: o terreno vale quatro quilos de prata. O que significa isso para mim ou para você? Sepulte seu morto". ¹⁶Abraão ouviu Efron. Pesou para ele a prata de que tinha falado aos ouvidos dos filhos de Het: quatrocentos siclos de prata, como se fazia entre os mercadores. ¹⁷A partir desse momento, o campo de Efron, que está em Macpela, diante de Mambré, o campo e a gruta que aí existe, e todas as árvores que estão dentro e ao redor do campo, ¹⁸tornaram-se propriedade de Abraão, diante dos olhos dos filhos de Het e de todos os que adentravam a porta de sua cidade.

23,37.39) e em Jesus (Jo 8,37-44; 10,10; 16,2-3). Apesar de aqui ser usada para reforçar os méritos de Abraão e as promessas em favor de seus descendentes (22,15-18), a força sagrada desta narrativa está na divindade que quer a vida e não a morte (Jo 10,10).

20-24: Lista que prepara as narrativas dos casamentos de Isaac (Gn 24) e Jacó (Gn 28-29), para unir as tradições de Abraão e Isaac (do sul) com as tradições de Jacó (do norte), apresentando os três numa linha de parentesco. A atribuição de doze filhos para Nacor, Ismael (17,20; 25,13-15), Jacó (35,22-26) e Esaú (36,10-14) revela a redação tardia destas listas.

23,1-20: Junto à porta, no maior espaço aberto da cidade, faziam-se os negócios e os julgamentos. Com esta narrativa baseada na veneração do "Túmulo dos Patriarcas", em Macpela/Hebron (cf. 25,9; 35,16-29; 49,29-32), se estabelece o procedimento para os judeus da diáspora, vivendo como migrantes estrangeiros

¹⁹Em seguida, Abraão cuidou de sepultar Sara, sua mulher, na gruta do campo de Macpela, diante de Mambré, que é Hebron, na terra de Canaã. ²⁰Foi assim que o campo e a gruta passaram dos filhos de Het para Abraão, como propriedade para sepultura.

24 *Abraão manda buscar uma mulher para Isaac* – ¹Abraão estava idoso, avançado em anos, e Javé havia abençoado Abraão em tudo. ²Abraão disse ao servo mais antigo de sua casa, que governava todas as suas propriedades: "Ponha a mão debaixo da minha coxa, ³e jure por Javé, o Deus do céu e Deus da terra, que você não tomará para o meu filho uma mulher dentre as filhas dos cananeus, no meio dos quais estou morando. ⁴Mas irá à minha terra e aos meus parentes, e aí escolherá uma mulher para o meu filho Isaac". ⁵O servo perguntou: "E se a mulher não quiser vir comigo para esta terra, deverei levar o seu filho para o lugar de onde você saiu?" ⁶Abraão lhe respondeu: "De jeito nenhum, não leve o meu filho para lá. ⁷Javé, o Deus do céu, que me tirou da casa do meu pai e da terra dos meus parentes, e que jurou dar esta terra à minha descendência, ele enviará seu mensageiro adiante de você, para que você traga de lá uma mulher para o meu filho. ⁸Se a mulher não quiser vir com você, então você ficará livre deste juramento. Em todo caso, não leve o meu filho para lá". ⁹O servo colocou a mão debaixo da coxa de Abraão, seu senhor, e jurou que assim faria.

¹⁰O servo tomou dez camelos do seu senhor e, levando de tudo o que o seu senhor tinha de bom, pôs-se a caminho de Aram Naaraim, para a cidade de Nacor. ¹¹E fez os camelos ajoelharem fora da cidade, perto do poço, à tarde, na hora em que as mulheres saem para buscar água. ¹²O servo pediu: "Javé, Deus do meu senhor Abraão, concede que o dia de hoje me seja favorável, e sê solidário com o meu senhor Abraão. ¹³Eis que estou junto à fonte, e as filhas dos homens da cidade saem para buscar água. ¹⁴Direi a uma das jovens: 'Por favor, incline a jarra para que eu possa beber'. Aquela que disser: 'Beba você, que também vou dar de beber a seus camelos', será ela que designaste para o teu servo Isaac. Assim saberei que tu és solidário com o meu senhor".

¹⁵Mal acabou de falar assim, chegou Rebeca, filha de Batuel, filho de Melca, mulher de Nacor, irmão de Abraão. Ela carregava uma jarra no ombro. ¹⁶Era uma jovem muito bela e virgem; não tinha tido relação com nenhum homem. Ela desceu à fonte, encheu a jarra e subiu. ¹⁷O servo se apressou para ir ao encontro dela e disse: "Por favor, deixe-me beber um pouco da água da sua jarra". ¹⁸Ela respondeu: "Beba, meu senhor". E baixou logo a jarra sobre o braço, e deu-lhe de beber. ¹⁹Quando terminou, ela disse: "Vou dar de beber também a seus camelos, até que matem a sede". ²⁰Em seguida, esvaziou a jarra no bebedouro, e correu até o poço a fim de tirar água para todos os camelos. ²¹O servo observava em silêncio, esperando para ver se Javé ia ou não levar a bom termo a sua missão. ²²Quando os camelos acabaram de beber, o servo pegou uma argola de ouro, de peso aproximado de cinco gramas, e colocou no nariz dela, e nos braços duas pulseiras de ouro de dez gramas. ²³Depois disse: "Você é filha de quem? Diga-me: será que na casa de seu pai há um lugar para eu passar a noite?" ²⁴Ela respondeu: "Eu sou filha de Batuel, o filho que Melca gerou para Nacor". ²⁵E continuou: "Em nossa casa há muita palha e forragem, e também lugar para passar a noite".

²⁶O servo, então, prostrou-se e adorou a Javé, ²⁷dizendo: "Seja bendito Javé, o Deus do meu senhor Abraão! Ele não esqueceu sua solidariedade e sua fidelidade para com o meu senhor. Javé guiou meus passos à casa dos irmãos do meu senhor".

²⁸A jovem foi correndo para casa, a fim de contar à sua mãe o que lhe havia acontecido. ²⁹Ora, Rebeca tinha um irmão chamado Labão. E Labão correu até a fon-

---

(v. 4), que enterram seus mortos em lugares "puros" (cf. Is 53,9).

24,1-67: Normas para o casamento, o enterro (Gn 23) e a circuncisão (Gn 17) firmam o patriarcalismo e a concepção de povo eleito e puro do judaísmo pós-exílico. São desse período a expressão "o Deus dos céus" (vv. 3.7, cf. 2Cr 36,23; Esd 1,2; Ne 1,4.5; 4,4.20; Jn 1,9) e a riqueza como bênção (v. 35; cf. 13,1-18). O juramento provavelmente envolvia os órgãos genitais (vv. 2.9 e 47,29) e incluía a maldição da esterilidade para o homem que o quebrasse (v. 41).

te ao encontro do homem. ³⁰De fato, quando Labão viu a argola e as pulseiras que estavam com sua irmã, e quando ouviu o que ela contava, foi ao encontro do homem que ainda estava de pé junto aos camelos, perto da fonte. ³¹E lhe disse: "Venha, bendito de Javé! Por que você está aí fora, quando já preparei a casa para você e o lugar para os camelos?"

³²O homem entrou em casa, e Labão descarregou os camelos, deu palha e forragem para os camelos, e levou água para que o servo e seus acompanhantes lavassem os pés.

³³Quando ofereceram comida, o servo disse: "Não vou comer enquanto não tratar do meu assunto". Labão respondeu: "Pois fale". ³⁴O servo disse: "Eu sou servo de Abraão. ³⁵Javé abençoou imensamente o meu senhor e o engrandeceu: deu-lhe ovelhas e vacas, prata e ouro, servos e servas, camelos e jumentos. ³⁶Sara, a mulher do meu senhor, já velha, deu a ele um filho, que é o herdeiro de tudo. ³⁷Meu senhor me fez prestar este juramento: 'Você não tomará para o meu filho uma mulher dentre as filhas dos cananeus, em cuja terra estou morando. ³⁸Você irá à casa do meu pai e ao meu clã, e aí escolherá uma mulher para o meu filho'. ³⁹Então eu disse ao meu senhor: 'E se a mulher não quiser vir comigo?' ⁴⁰Ele me respondeu: 'Javé, em cuja presença conduzo minha vida, vai enviar seu mensageiro com você. Ele dará êxito à sua missão, e você tomará uma mulher para meu filho dentre meu clã, na casa do meu pai. ⁴¹Você ficará livre da maldição se for ao meu clã e eles não concordarem. Aí, então, você estará livre da maldição'. ⁴²Quando cheguei hoje à fonte, eu pensei: 'Javé, Deus do meu senhor Abraão, eu te peço, mostra se estás disposto a levar a bom termo a viagem que empreendi. ⁴³Aqui estou junto à fonte, e vou dizer à moça que vier buscar água que me dê de beber um pouco da água da sua jarra. ⁴⁴Se ela me disser: Beba, que também vou tirar água para seus camelos, então será essa a mulher que Javé designou para o filho do meu senhor'. ⁴⁵Eu não tinha terminado de falar isso comigo mesmo, quando chegou Rebeca com a jarra no ombro. Ela desceu à fonte e tirou água. Eu pedi a ela: 'Por favor, dê-me de beber'. ⁴⁶Ela abaixou logo a jarra e disse: 'Beba, que também vou dar de beber a seus camelos'. Eu bebi, e ela deu de beber também a meus camelos. ⁴⁷Então eu perguntei a ela: 'Você é filha de quem?' Ela respondeu: 'Sou filha de Batuel, o filho que Melca deu a Nacor'. Então eu lhe pus esta argola nas narinas e estas pulseiras nos braços. ⁴⁸Prostrei-me, adorei Javé, bendisse a Javé, o Deus do meu senhor Abraão, que me manteve no caminho da fidelidade, para levar ao filho do meu senhor a filha do irmão dele. ⁴⁹Agora, então, se querem manter solidariedade e fidelidade para com o meu senhor, digam-me. Se não, digam-me também, para que eu possa tomar meu rumo, para um lado ou para o outro".

⁵⁰Labão e Batuel disseram: "Isso vem de Javé, e nós não podemos dizer nem sim nem não. ⁵¹Aí está Rebeca, tome-a e vá, e que ela seja a mulher do filho do seu senhor, conforme disse Javé".

⁵²Quando o servo de Abraão ouviu isso, prostrou-se por terra diante de Javé. ⁵³Depois pegou joias de prata e ouro, e vestidos, e os deu a Rebeca. Também deu ricos presentes ao irmão e à mãe dela. ⁵⁴Depois comeram e beberam, ele e seus companheiros, e foram dormir. De manhã, quando se levantaram, o servo disse: "Deixem-me voltar para o meu senhor". ⁵⁵Mas o irmão e a mãe de Rebeca disseram: "Deixe a jovem ficar ainda uns dez dias conosco. Depois, ela vai". ⁵⁶Mas o servo replicou: "Não me queiram retardar, pois Javé concedeu êxito à minha viagem. Deixem-me voltar logo ao meu senhor".

⁵⁷Eles disseram: "Vamos chamar a jovem e perguntar a opinião dela". ⁵⁸Chamaram Rebeca e perguntaram: "Você quer partir com esse homem?" Ela respondeu: "Quero". ⁵⁹Então eles deixaram sua irmã Rebeca partir com sua ama, o servo de Abraão e seus homens. ⁶⁰Eles abençoaram Rebeca, dizendo: "Você é nossa irmã. Multiplique-se aos milhares, e que seus descendentes conquistem as portas das cidades dos que a rejeitam". ⁶¹Rebeca e suas jovens se levantaram, montaram nos camelos e acompanharam o homem. E foi assim que o servo de Abraão tomou Rebeca e partiu.

⁶²Isaac tinha vindo do poço de Laai-Roí e estava habitando na região do Negueb. ⁶³Ao pôr do sol, Isaac saiu para passear no campo e, erguendo os olhos, viu que chegavam camelos. ⁶⁴Rebeca, erguendo os olhos, viu Isaac. Ela apeou do camelo ⁶⁵e disse ao servo: "Quem é aquele homem lá no campo, que vem ao nosso encontro?" O servo respondeu: "É o meu senhor". Então ela pegou o véu e se cobriu. ⁶⁶O servo contou a Isaac tudo o que havia feito. ⁶⁷Em seguida, Isaac introduziu Rebeca na tenda de Sara, sua mãe. Ele a assumiu e ela se tornou sua mulher. O amor por Rebeca consolou Isaac pela morte de sua mãe.

25 Filhos de Abraão com Cetura –
¹Abraão teve outra mulher, chamada Cetura. ²Esta gerou para ele Zamrã, Jecsã, Madã, Madiã, Jesboc e Sué. ³Jecsã gerou Sabá e Dadã, e os filhos de Dadã foram os assurim, os latusim e os loomim. ⁴Os filhos de Madiã foram: Efa, Ofer, Henoc, Abida e Eldaá. Todos esses são descendentes de Cetura.

⁵Abraão deu todos os seus bens a Isaac. ⁶Quanto aos filhos de suas concubinas, Abraão lhes fez doações e, ainda em vida, os mandou para longe do seu filho Isaac, para o leste, a região oriental.

Morte de Abraão – ⁷Abraão viveu cento e setenta e cinco anos. ⁸Depois veio a falecer. Morreu numa velhice feliz, idoso, e foi reunido a seu povo. ⁹Isaac e Ismael, seus filhos, o enterraram na gruta de Macpela, no campo de Efron, filho de Seor, o heteu, que está diante de Mambré. ¹⁰É o campo que Abraão comprou dos filhos de Het. Aí foram sepultados Abraão e sua mulher Sara. ¹¹Depois da morte de Abraão, Deus abençoou seu filho Isaac. E Isaac habitou junto ao poço de Laai-Roí.

Os doze filhos de Ismael – ¹²São estes os descendentes de Ismael, filho de Abraão e Agar, a escrava egípcia de Sara. ¹³São estes os nomes dos filhos de Ismael com os nomes deles, segundo seus descendentes: o primogênito Nabaiot, depois Cedar, Adbeel, Mabsam, ¹⁴Masma, Duma, Massa, ¹⁵Hadad, Tema, Jetur, Nafis e Cedma. ¹⁶São esses os filhos de Ismael e seus nomes por vilas e acampamentos, doze príncipes de tribos. ¹⁷Ismael viveu cento e trinta e sete anos. Depois faleceu. Morreu e foi reunido a seu povo. ¹⁸Seus filhos acamparam desde Hévila até Sur, que está a leste do Egito, na direção de Assur. Ele se estabeleceu diante de todos os seus irmãos.

2. Tradições do norte
a. Jacó, Lia e Raquel

Esaú vende o direito de primogênito – ¹⁹São estes os descendentes de Isaac, filho de Abraão. Abraão gerou Isaac. ²⁰Isaac tinha quarenta anos quando tomou Rebeca, filha de Batuel, o arameu de Padã-Aram, e irmã de Labão, o arameu, para que ela fosse sua mulher.

25,1-6: Esta lista apresenta vários povos árabes: Madiã (Ex 2,15), Sabá (1Rs 10,1-10), Dadã (Is 21,13) como descendentes de Abraão. Foi criada (cf. 10,7) para confirmar a eleição e a validade das promessas a Abraão (13,16; 15,5; especialmente 17,4-5. Cf. 25,12-18).

7-11: Situando a morte de Abraão, cem anos após sair de Harã (12,4), entre duas listas de descendentes (vv. 1-6 e 12-18), os redatores pós-exílicos consolidam Abraão como "pai de muitas nações" (17,4).

12-18: Através de Ismael, os redatores sacerdotais terminam a história de Abraão apresentando os árabes do norte como descendentes de Abraão (cf. 17,20; notas 22,20-24 e 25,1-6). Por um lado, isso subordina a história dos árabes aos judeus; por outro, estabelece raízes para buscar a paz e a fraternidade.

25,19-37,1: Este bloco reúne tradições dos patriarcas e matriarcas das tribos da região montanhosa de Betel e Siquém (Benjamim, Efraim e Manassés: Israel), que eram política e economicamente mais fortes e importantes que as tribos do sul. Porém suas tradições, independentes e talvez anteriores às tradições do sul, chegaram até nós subordinadas às tradições sulistas de Abraão e Isaac e à teologia javista dav dica de Jerusalém, por meio de redações realizadas em momentos de fragilidade política do norte. Esse processo pode ter começado com Davi, Salomão ou Ezequias, mas foi marcado mais fortemente pelas perspectivas da corte de Josias e nas redações exílicas e pós-exílicas, de 620-400 a.C.

25,19-34: Relações monárquicas de dominação (v. 23; 2Rs 16,5-6) ou de aliança (Dt 23,8) entre Jacó/Israel e Edom (cf. nota a 26,34-27,45) são legitimadas com a narrativa da venda da primogenitura, montada a partir das explicações populares dos nomes de: Esaú, tido como ancestral de Edom (*admoni*, "ruivo", v. 25, e *adom*, "coisa vermelha", v. 30. cf. cf. 36,1.8.9); Seir (*sear*, "pelos", v. 25, cf. 32,4; 36,21; cf. Js 24,4); e Jacó (de *Yaqob-El*, "Que o Deus El proteja", cf. 31,13; 33,20; 35,7, aqui vinculado a *aqab*, "calcanhar", v. 26). Os edomitas ocupavam o sul do mar Morto, rico em cobre e ferro, rota de caravanas ligando Arábia, Palestina, Síria e Mesopotâmia, região várias vezes dominada por Judá (2Sm 8,14; 1Rs 22,48; 2Rs 8,20-22; 14,22; 16,6). A genealogia inicial liga as questões de Isaac às de Abraão (sul) e às de Jacó (norte) e remete ao período do pós-exílio. São fortes aqui os sinais de uma teologia a serviço do poder.

²¹Isaac implorou por sua mulher a Javé, porque ela era estéril. Javé o escutou, e Rebeca, sua mulher, engravidou. ²²As crianças, porém, apertavam-se dentro dela. Então ela disse: "Se é assim, para que viver?" E foi consultar Javé. ²³E Javé lhe disse: "Em seu ventre há duas nações, há dois povos em suas entranhas. Um povo se separará do outro e será mais forte, porém o mais numeroso servirá ao menor". ²⁴Quando chegou o dia do parto, Rebeca tinha gêmeos no ventre. ²⁵O primeiro saiu: era ruivo e todo coberto de pelos. E lhe deram o nome de Esaú. ²⁶Em seguida, saiu seu irmão, com a mão segurando o calcanhar de Esaú. E lhe deram o nome de Jacó. Isaac tinha sessenta anos quando eles nasceram. ²⁷Os rapazes cresceram. Esaú era caçador experiente, homem do campo, enquanto Jacó era homem íntegro, e morava em tendas. ²⁸Isaac apreciava a caça e preferia Esaú, enquanto Rebeca preferia Jacó.

²⁹Certa vez, Jacó estava cozinhando uma sopa, quando Esaú voltou exausto do campo. ³⁰Esaú pediu a Jacó: "Deixe-me comer dessa coisa vermelha, porque estou esgotado". É por isso que ele recebeu o nome de Edom. ³¹Jacó respondeu: "Venda-me hoje o seu direito de primogênito". ³²Esaú disse: "Eis que estou quase morrendo... De que me adianta o direito de primogênito?" ³³Jacó retomou: "Jure hoje para mim". E Esaú jurou e vendeu a Jacó o seu direito de primogênito. ³⁴Depois, Jacó lhe deu pão e a sopa de lentilhas. Esaú comeu e bebeu. Depois se levantou e foi embora. Foi assim que Esaú desprezou o direito de primogênito.

26 *Isaac em Gerara* – ¹Houve fome na terra – além daquela que tinha havido no tempo de Abraão – e Isaac foi para Gerara, onde Abimelec era rei dos filisteus. ²Javé apareceu a Isaac e disse: "Não desça para o Egito. Fique na terra que eu lhe digo. ³Fique habitando como migrante nesta terra, e eu estarei com você e o abençoarei, pois eu darei todas estas terras a você e a seus descendentes, cumprindo o juramento que fiz a seu pai Abraão. ⁴Tornarei a descendência de você numerosa como as estrelas do céu, e darei a seus descendentes todas estas terras. Por meio da sua descendência serão abençoadas todas as nações da terra, ⁵porque Abraão me obedeceu, observou os meus preceitos e mandamentos, os meus estatutos e leis".

⁶Isaac ficou, portanto, em Gerara. ⁷Os homens do lugar perguntaram a Isaac sobre Rebeca. Isaac respondeu: "É minha irmã". Ele ficou com medo de dizer "é minha mulher", pois pensava: "Os homens deste lugar me matarão por causa de Rebeca, pois ela é muito bonita". ⁸Já fazia bastante tempo que Isaac se encontrava aí, quando um dia Abimelec, rei dos filisteus, olhou pela janela e viu Isaac acariciando sua mulher Rebeca. ⁹Abimelec chamou Isaac e disse: "Ela é sua mulher, sim! Como é que você disse que ela é sua irmã?" Isaac respondeu: "Foi porque pensei que iam me matar por causa dela". ¹⁰Abimelec continuou: "Por que você fez isso? Por pouco alguém do povo dormiria com sua mulher, e você nos tornaria todos culpados!" ¹¹E Abimelec deu esta ordem a todo povo: "Quem tocar neste homem ou em sua mulher, morrerá".

¹²Isaac semeou nessa terra, e no mesmo ano colheu o cêntuplo. Javé o abençoou, ¹³e o homem ficou grande, e continuou sendo engrandecido, até ficar muito grande. ¹⁴Tinha rebanhos de bois e ovelhas, e numerosos servos. Por causa disso, os filisteus ficaram com inveja.

Isaac firma aliança em Bersabeia –¹⁵E todos os poços que os servos de seu pai haviam cavado nos dias de seu pai Abraão, os filisteus haviam entupido e enchido de terra. ¹⁶Abimelec disse a Isaac: "Vá embora daqui, porque você ficou mais poderoso do que nós". ¹⁷Isaac foi embora daí, acampou no vale de Gerara, e aí se estabeleceu. ¹⁸Cavou de novo os poços de água que haviam cavado nos dias de Abraão e

---

26,1-14: Releitura pós-exílica de 12,10-20 e 20,1-18: reforça a importância de Abraão (vv. 2-6) e identifica bênção com riqueza material (vv. 13-14, cf. 13,1-18). Aqui o rei nem chega a tomar Rebeca de Isaac, pois descobre, sem ajuda de Deus, que ela era esposa de Isaac. O decreto de proteção para o homem e a mulher revela o desejo das famílias judaicas que viviam como migrantes (v. 3), longe do núcleo familiar-comunitário.

15-33: Bersabeia, um oásis com muitas fontes, entre o deserto do Negueb e as terras férteis do sul de Judá, a 45 km de Hebron, era passagem das caravanas para Judá e Israel. Nesta região atribuía-se a Isaac a abertura

que os filisteus tinham entupido depois da morte de Abraão. E lhes deu os mesmos nomes que seu pai lhes havia dado. ¹⁹Os servos de Isaac cavaram no vale e encontraram aí um poço de águas vivas. ²⁰Mas os pastores de Gerara entraram em conflito com os pastores de Isaac, dizendo: "Essa água é nossa!" Isaac então chamou esse poço de Discussão, pois discutiram por causa dele. ²¹Cavaram outro poço, e também acabaram entrando em conflito por causa dele. A este Isaac deu o nome de Rivalidade. ²²Então ele partiu daí, cavou outro poço, e como não houve conflito por causa deste, deu-lhe o nome de Campo Livre, dizendo: "Agora Javé nos deu o campo livre para que prosperemos na terra". ²³Daí Isaac subiu para Bersabeia. ²⁴Nessa noite, Javé apareceu a ele e disse: "Eu sou o Deus do seu pai Abraão. Não tenha medo, pois estou com você. Eu o abençoarei e multiplicarei seus descendentes, em atenção ao meu servo Abraão". ²⁵Isaac levantou aí um altar e invocou o nome de Javé. Aí armou sua tenda e aí seus servos começaram a cavar um poço.

²⁶Abimelec, juntamente com Ocozat, seu amigo, e Ficol, oficial do seu exército, foi de Gerara para visitar Isaac. ²⁷E Isaac lhes disse: "O que vieram vocês fazer aqui? Vocês me rejeitaram e me mandaram embora do meio de vocês". ²⁸Eles responderam: "Vimos que Javé está com você, e dissemos: que haja um juramento entre nós e você, e que firmemos entre nós e você uma aliança. ²⁹Você não fará nenhum mal para nós, assim como nós não o ferimos, e só fizemos o bem a você, e o mandamos embora em paz. Agora, você é um abençoado de Javé". ³⁰Então ele fez para eles um banquete, e comeram e beberam. ³¹Levantaram-se de madrugada e fizeram um juramento como irmãos. Depois Isaac os despediu, e eles foram em paz.

³²Nesse dia, os servos de Isaac levaram-lhe notícias do poço que haviam cavado. E disseram: "Encontramos água". ³³Isaac deu ao poço o nome de Seba, e por isso o nome da cidade é Bersabeia, até o dia de hoje.

Rebeca e Jacó enganam Isaac – ³⁴Quando Esaú completou quarenta anos, tomou como mulheres Judite, filha de Beeri, o heteu, e Basemat, filha de Elon, o heteu. ³⁵Elas foram uma amargura de espírito para Isaac e Rebeca.

27 ¹Isaac ficou velho, e seus olhos se turvaram, a ponto de não enxergar mais nada. Então chamou Esaú, seu filho mais velho: "Meu filho!" Esaú respondeu: "Eis-me aqui". ²Isaac continuou: "Veja! Estou velho e não sei quando vou morrer. ³Agora, pegue suas armas, suas flechas e o arco, vá ao campo e traga-me alguma caça. ⁴Prepare-me um bom prato, do jeito que eu gosto, e traga-me para eu comer, a fim de que a bênção da minha vida vá para você, antes que eu morra".

⁵Rebeca ouviu tudo o que Isaac falava com o filho Esaú. E Esaú saiu para o campo a fim de caçar alguma coisa para seu pai. ⁶Rebeca disse a seu filho Jacó: "Ouvi seu pai dizer a seu irmão Esaú: ⁷'Traga-me alguma caça e faça-me um bom prato, para eu comer e abençoar você diante de Javé, antes de morrer'. ⁸Agora, escute-me e faça o que eu mando. ⁹Vá ao rebanho e traga-me dois cabritos gordos. Vou preparar para seu pai um prato do jeito que ele gosta. ¹⁰Depois, você levará o prato a seu pai, para ele comer e abençoar você antes de morrer".

¹¹Jacó disse à sua mãe Rebeca: "Mas meu irmão Esaú é peludo e minha pele é lisa! ¹²Se meu pai me tocar, a seus olhos serei como alguém que zomba dele e, ao invés de bênção, atrairei maldição sobre mim". ¹³Mas a mãe lhe respondeu: "Meu

---

dos poços (vv. 19-22.32-33), o juramento que originou o nome da cidade (vv. 31.33) e a fundação do santuário local dedicado a El Olam (v. 25; cf. 21,33). Mas a casa davídica reverteu estas tradições em favor de Abraão (cf. 21,22-34) e de Javé (vv. 24-25; cf. 21,33).

26,34-27,45: As relações entre Edom/Esaú e Jacó/Israel são retomadas (cf. 25,19-34) com um jogo de palavras: *Yaqob*, "Jacó", e *aqab*, "enganar" cf. Jr 9,3); e *bekorah*, "direito de primogênito", e *berakah*, "bênção" (27,36). A bênção do patriarca em seu leito de morte transmitia os bens e o poder e era sagrada e irrevogável (27,33). Narrativas em que o primogênito é passado para trás legitimam transmissões de poder na corte, onde disputas políticas podiam levar à coroação de um filho mais novo (21,8-21; 48,1-21; cf. 1Sm 16,1-13; 2Sm 3,2-5; 5,13-15; 1Rs 1,11-21). Talvez a narrativa visasse rebaixar a honra de Jacó e Rebeca, oriundos do norte, mas 26,34-35, na perspectiva da pureza racial pós-exílica (cf. 27,46; 28,8-9), praticamente os justificam.

filho, que a maldição dele caia sobre mim. Obedeça-me: vá e traga os cabritos". ¹⁴Jacó foi buscar os cabritos e os levou para sua mãe. Ela preparou um bom prato, do jeito que o pai gostava. ¹⁵Rebeca pegou as melhores roupas que Esaú, o filho mais velho, tinha em casa, e com elas vestiu Jacó, seu filho mais novo. ¹⁶Então lhe cobriu os braços e a parte lisa do pescoço com a pele dos cabritos. ¹⁷Depois colocou nas mãos do seu filho Jacó o pão e o prato que ela havia preparado.

¹⁸Jacó foi até seu pai e disse: "Pai!" Isaac respondeu: "Sim! Quem é você, meu filho?" ¹⁹Jacó respondeu: "Sou Esaú, seu primogênito. Fiz o que o senhor me mandou. Vamos! Sente-se e coma da minha caça, para que a bênção da sua vida venha para mim". ²⁰Isaac disse a Jacó: "Como você encontrou a caça depressa, meu filho!" Jacó respondeu: "É que Javé, o seu Deus, a colocou diante de mim".

²¹Isaac disse a Jacó: "Aproxime-se, meu filho, para que eu o toque e sinta se você é o meu filho Esaú, ou não". ²²Jacó aproximou-se de seu pai Isaac, que o apalpou e disse: "A voz é de Jacó, mas os braços são de Esaú". ²³Isaac não reconheceu Jacó, porque os braços dele estavam peludos como os de seu irmão Esaú. Então ele o abençoou. ²⁴E disse: "Você é mesmo o meu filho Esaú?" Jacó respondeu: "Sou".

²⁵Isaac continuou: "Sirva a caça, meu filho, para que eu coma e para que a bênção da minha vida vá para você". Jacó o serviu e Isaac comeu. Apresentou-lhe vinho, e ele bebeu. ²⁶O pai Isaac disse: "Meu filho, venha aqui e me beije". ²⁷Jacó se aproximou e beijou o pai, que lhe aspirou o perfume das roupas. E o abençoou, dizendo: "Sim, o perfume do meu filho é como o perfume de um campo fértil que Javé abençoou. ²⁸Que Deus dê a você o orvalho do céu e a fertilidade da terra, trigo e vinho em abundância. ²⁹Que os povos o sirvam e as nações se prostrem diante de você. Seja um senhor para seus irmãos, e os filhos de sua mãe se prostrem diante de você. Maldito seja quem amaldiçoar você e bendito seja quem o abençoar".

³⁰Logo que Isaac acabou de abençoar Jacó e este saiu de junto do pai, o irmão Esaú voltava da caça. ³¹Ele também preparou um prato saboroso, o levou a seu pai e lhe disse: "Que meu pai se levante e coma da caça do seu filho, para que a bênção da sua vida venha para mim". ³²O pai Isaac lhe perguntou: "Quem é você?" Ele respondeu: "Sou Esaú, o seu filho primogênito!" ³³Isaac estremeceu emocionado, e disse: "Então, quem foi que veio e me trouxe a caça? Eu a comi antes de você chegar e o abençoei, e abençoado ele ficará".

³⁴Quando ouviu essas palavras de seu pai, Esaú deu um forte grito e, cheio de amargura, lhe disse: "Abençoe-me também, meu pai!" ³⁵Mas Isaac respondeu: "Seu irmão veio com astúcia e tomou a bênção que cabia a você". ³⁶Esaú disse: "Com razão ele se chama Jacó: é a segunda vez que me engana! Tomou o meu direito de primogênito e agora tomou a minha bênção". E acrescentou: "O senhor não reservou uma bênção para mim?" ³⁷Isaac respondeu a Esaú: "Eu fiz de Jacó o seu senhor, dei a ele todos os irmãos como servos e lhe garanti trigo e vinho. Que posso fazer por você agora, meu filho?" ³⁸Esaú disse ao pai: "O senhor tem só uma bênção, meu pai? Abençoe também a mim, meu pai!" E Esaú chorava em voz alta.

³⁹Isaac então lhe disse: "Sua habitação será fora da terra fértil e sem o orvalho que desce do céu. ⁴⁰Você viverá da sua espada e servirá a seu irmão. Mas quando você se rebelar, sacudirá o jugo do pescoço".

⁴¹Esaú passou a odiar Jacó, por causa da bênção que seu pai havia dado a ele. E dizia em seu coração: "Quando chegar o luto por meu pai, vou matar meu irmão Jacó". ⁴²Contaram a Rebeca o que seu filho mais velho Esaú andava dizendo. Ela mandou chamar Jacó, o filho mais novo, e lhe disse: "Seu irmão Esaú se consola esperando matar você. ⁴³Portanto, meu filho, ouça-me bem: levante-se e retire-se para Harã, para junto de meu irmão Labão. ⁴⁴Habite com ele algum tempo, até que passe a raiva de seu irmão, ⁴⁵até que a cólera de seu irmão se desvie de você e ele esqueça o que você lhe fez. Depois eu mandarei buscar você. Não quero perder meus dois filhos num só dia".

Jacó parte em busca de uma mulher – ⁴⁶Rebeca disse a Isaac: "Estou desgostosa da vida por causa das filhas de Het. Se também Jacó tomar uma mulher dentre as filhas de Het como estas, das filhas desta terra, de que me adianta viver?"

28 ¹Isaac chamou Jacó, o abençoou e lhe deu esta ordem: "Não tome mulher dentre as filhas de Canaã. ²Vá até Padã-Aram, à casa de Batuel, pai de sua mãe, e tome uma mulher de lá, das filhas de Labão, irmão de sua mãe. ³Que El Shadai o abençoe e torne você fecundo e o multiplique, a fim de que você se torne uma assembleia de povos. ⁴Que ele conceda a você, e à sua descendência depois de você, a bênção de Abraão, para que você possua a terra em que vive como migrante e que Deus deu a Abraão".

⁵Isaac despediu Jacó, e este partiu para Padã-Aram, para a casa de Labão, filho do arameu Batuel e irmão de Rebeca, mãe de Jacó e Esaú. ⁶Esaú viu que Isaac tinha abençoado Jacó e o tinha mandado a Padã-Aram, para aí tomar uma mulher, e que o tinha abençoado, dando esta ordem: "Não tome como mulher nenhuma das filhas de Canaã". ⁷E Jacó obedeceu ao seu pai e à sua mãe, e partiu para Padã-Aram.

⁸Esaú percebeu que as filhas de Canaã eram perversas aos olhos de seu pai Isaac. ⁹Foi então à casa de Ismael e tomou como mulher, além das que já possuía, Maelet, filha de Ismael, filho de Abraão, e irmã de Nabaiot.

O sonho de Jacó – ¹⁰Jacó deixou Bersabeia e partiu para Harã. ¹¹Chegou a certo lugar e resolveu passar a noite aí, porque o sol já se havia posto. Jacó pegou do lugar uma pedra, colocou-a sob a cabeça, e nesse lugar dormiu. ¹²Teve então um sonho: Uma escada postada na terra e com a ponta no céu, e mensageiros de Deus subiam e desciam por ela. ¹³Javé estava de pé, no alto da escada, e disse a Jacó: "Eu, Javé, sou o Deus de seu pai Abraão e o Deus de Isaac. A terra sobre a qual você deitou, eu a entrego a você e a seus descendentes. ¹⁴Seus descendentes serão numerosos como o pó da terra. Você se estenderá ao Ocidente e ao Oriente, ao Norte e ao Sul. Por você, e também por sua descendência, serão abençoados todos os clãs do solo. ¹⁵Estou com você e o protegerei em qualquer lugar aonde você for. Depois, eu o farei voltar para este solo, pois nunca o abandonarei, até cumprir o que prometi".

¹⁶Ao despertar de seu sono, Jacó disse: "De fato, Javé está neste lugar e eu não sabia". ¹⁷E com temor disse: "Este lugar é terrível. Não é nada menos do que a Casa de Deus. Esta é a Porta do Céu". ¹⁸Jacó se levantou de manhã, pegou a pedra que lhe havia servido de travesseiro, colocou-a como coluna sagrada e derramou óleo sobre ela. ¹⁹E ao lugar deu o nome de Betel. Antigamente a cidade se chamava Luza. ²⁰Então Jacó fez este voto: "Se Deus estiver comigo e me proteger no caminho por onde eu for, se me der pão para comer e roupas para vestir, ²¹se eu voltar são e salvo para a casa do meu pai, então Javé será o meu Deus. ²²E esta pedra que ergui como coluna sagrada será uma casa de Deus, e eu te darei o dízimo de tudo o que me deres".

29 *Jacó, Lia e Zelfa, Raquel e Bala* – ¹Jacó pôs o pé na estrada e foi para a terra dos filhos do Oriente. ²Em certo campo, viu um poço e, deitados perto dele, três rebanhos de ovelhas, pois os rebanhos costumavam beber nesse poço. E havia uma grande pedra sobre a boca do poço, ³de modo que só quando

---

27,46-28,9: Narrativa de bênção que vinha na sequência de 26,34-35: Isaac não é tão velho como em 27,1-4; Jacó não foge de Esaú, mas vai a Labão para preservar a pureza da família. E uma releitura sacerdotal que apresenta os patriarcas em linha de pureza de sangue, integrando e subordinando as tradições de Isaac e Jacó às de Abraão (Judá).

28,10-22: Betel significa "casa de El", a principal divindade de Canaã. A narrativa apresenta Jacó como fundador deste antigo santuário (v. 35,7) e de sua coluna sagrada (v. 18; cf. 35,14-15), e identifica El com Elohim (vv. 17.20.22). Isso mostra que a maioria dos israelitas e sua religião originam-se de Canaã, como indica o nome Israel (cf. 32,29 e 33,20). Betel, como "Casa de Deus" e "Porta do Céu" (v. 17), será integrado ao sistema de arrecadação de tributos (v. 22) do reino do norte. Mas, depois de Josias, El e Elohim serão identificados com Javé (v. 13) e as colunas sagradas serão proibidas (Ex 23.24; 34,13; Lv 26,1; Dt 7,5; 12,3; 16,22). Cf. nota a 31,22-32,1 e 35,1-15.

29,1-30: Pastoreio aqui é tarefa de crianças (cf. 1Sm 16,11). Só todas juntas conseguiam remover a grande pedra que garantia o uso coletivo e responsável da água do poço. Esta narrativa, posterior ao tempo dos patriarcas pastores, prepara a apresentação de Jacó como patriarca das doze tribos e representante de todo o Israel.

se reuniam aí todos os rebanhos é que os pastores conseguiam rolar a pedra da boca do poço, dar de beber aos rebanhos e recolocar a pedra em seu lugar, sobre a boca do poço. ⁴Jacó perguntou aos pastores: "Meus irmãos, de onde são vocês?" Eles responderam: "Nós somos de Harã". ⁵Jacó perguntou: "Vocês conhecem Labão, filho de Nacor?" Eles responderam: "Conhecemos". ⁶Jacó perguntou: "Como é que ele vai?" Eles responderam: "Ele está bem. Veja! Raquel, filha dele, está chegando com o rebanho". ⁷Jacó disse: "Ainda é pleno dia e não é hora de recolher o rebanho. Por que vocês não dão de beber para as ovelhas e as deixam pastar?" ⁸Eles responderam: "Não somos capazes de fazer isso antes que se reúnam todos os rebanhos. Só então conseguiremos rolar a pedra da boca do poço e daremos de beber às ovelhas".

⁹Jacó ainda estava conversando com eles, quando Raquel chegou com o rebanho do seu pai, pois ela era pastora. ¹⁰Logo que viu Raquel, a filha de Labão, irmão de sua mãe, e as ovelhas de Labão, Jacó aproximou-se, rolou a pedra da boca do poço e deu de beber ao rebanho do irmão de sua mãe. ¹¹Jacó deu um beijo em Raquel e depois começou a chorar. ¹²Em seguida, contou a Raquel que era parente do pai dela, era filho de Rebeca. Ela correu e contou ao seu pai. ¹³Ao saber que se tratava de Jacó, filho de sua irmã, Labão correu ao encontro dele, o abraçou, o cobriu de beijos e o levou para sua casa. Jacó contou a Labão todas essas coisas. ¹⁴Labão lhe disse: "Certamente você é meu osso e minha carne". E Jacó habitou um mês com ele.

¹⁵Labão disse a Jacó: "O fato de ser meu irmão não é motivo para você me servir de graça. Diga-me qual deve ser o seu salário". ¹⁶Ora, Labão tinha duas filhas: a mais velha se chamava Lia e a mais nova Raquel. ¹⁷Os olhos de Lia eram meigos, porém Raquel tinha um belo porte e um lindo rosto. ¹⁸E Jacó amava Raquel. Jacó disse a Labão: "Eu o servirei durante sete anos por sua filha mais nova, Raquel". ¹⁹Labão respondeu: "É melhor entregá-la a você do que a outro qualquer. Fique comigo". ²⁰Jacó serviu sete anos por Raquel, e a amava tanto que os anos lhe pareceram dias. ²¹Por fim, Jacó disse a Labão: "Completaram-se os dias. Entregue-me minha mulher, para que eu viva com ela". ²²Labão reuniu todos os homens do lugar e lhes ofereceu um banquete. ²³À noite, pegou sua filha Lia e a fez entrar onde Jacó estava. E Jacó manteve relações com ela. ²⁴Labão deu sua serva Zelfa para servir a Lia, sua filha. ²⁵De manhã cedo, Jacó viu que era Lia, e disse a Labão: "O que foi que você fez comigo? Não foi por Raquel que eu o servi? Por que você me iludiu?" ²⁶Labão respondeu: "Em nossa região não é costume que menor se case antes da primogênita. ²⁷Complete esta semana de núpcias e depois lhe entregaremos também a outra, em troca do serviço que você me prestará durante mais sete anos". ²⁸Assim fez Jacó. Completou aquela semana, e depois Labão lhe entregou sua filha Raquel. ²⁹Labão deu sua serva Bala para servir à sua filha Raquel. ³⁰Jacó manteve relações também com Raquel, mas amava Raquel mais do que a Lia. E ficou mais sete anos servindo a Labão.

Os filhos e a filha de Jacó – ³¹Vendo que Lia era rejeitada, Javé abriu o útero dela, enquanto Raquel permanecia estéril. ³²Lia concebeu e deu à luz um filho e deu a ele o nome de Rúben, pois dizia: "Javé olhou para minha opressão e agora meu homem me amará". ³³Voltou a conceber e deu à luz um filho, e disse: "Javé ouviu que eu era rejeitada e me deu este outro". E ela o chamou Simeão. ³⁴Concebeu outra vez e deu à luz um filho, e disse: "Desta vez meu homem se sentirá ligado a mim,

---

29,31-30,24: A competição entre Lia e Raquel foi criada num ambiente de patriarcalismo e poligamia, para explicar os nomes das tribos e os conflitos entre Judá e Israel. Na parte mais antiga da narrativa (30,1-24) os filhos são atribuídos a Deus Elohim, e representam as tribos do norte, historicamente ligadas a Jacó, Lia e Raquel. Desses filhos, os mais importantes serão a "casa de José" (2Sm 19,21; 1Rs 11,28; Am 5,6) – Efraim e Manassés (cf. Gn 48; Nm 1,10; Js 14,14) – e Benjamim (cf. 35,16-18; Jz 3,15; 1Sm 9,1-2; 2Sm 16,5-11). Em 29,31-35, os quatro primeiros filhos de Lia são atribuídos a Javé (cf. nota a 16,1-16) e representam o sul, "casa de Judá" (Js 18,5; 2Sm 2,4; 1Rs 12,21; Is 37,31; Jr 3,18). Esta parte foi acrescentada pela casa davídica, que após

porque lhe dei três filhos". E ela o chamou Levi. ³⁵Concebeu outra vez e deu à luz um filho, e disse: "Desta vez louvarei a Javé". E, por isso, ela o chamou Judá. Em seguida, parou de ter filhos.

30 ¹Vendo que não dava filhos a Jacó, Raquel ficou com inveja de sua irmã. Então disse a Jacó: "Ou você me dá filhos, ou eu morro". ²Jacó ficou irritado com Raquel, e respondeu: "Por acaso eu sou Deus para lhe negar o fruto do seu ventre?" ³Raquel respondeu: "Aqui está minha serva Bala. Una-se a ela, para que ela dê à luz sobre os meus joelhos. Assim terei filhos por meio dela".

⁴Assim Raquel lhe entregou sua serva Bala como mulher, e Jacó uniu-se a Bala. ⁵Bala concebeu e deu à luz um filho para Jacó. ⁶Raquel disse: "Deus me fez justiça. Ouviu minha voz e me deu um filho". Por isso, o chamou Dã.

⁷Bala, a serva de Raquel, concebeu outra vez e gerou um segundo filho para Jacó. ⁸Raquel disse: "Com lutas de Deus tenho lutado com minha irmã, e eu venci". E ela o chamou Neftali.

⁹Lia, vendo que tinha parado de ter filhos, tomou sua serva Zelfa, e a entregou por mulher a Jacó. ¹⁰Zelfa, a serva de Lia, gerou um filho para Jacó. ¹¹Lia disse: "Que sorte!" E ela o chamou Gad. ¹²Zelfa, a serva de Lia, gerou um segundo filho para Jacó. ¹³Lia disse: "Que felicidade! Pois as jovens me felicitarão". E o chamou Aser.

¹⁴Um dia, durante a ceifa do trigo, Rúben saiu para o campo, encontrou mandrágoras, e as levou para sua mãe Lia. Raquel disse a Lia: "Dê-me algumas mandrágoras de seu filho". ¹⁵Lia lhe respondeu: "Você acha pouco ter tomado meu homem? Agora quer tomar também as mandrágoras de meu filho?" Raquel respondeu: "Pois bem! Ele pode dormir esta noite com você, em troca das mandrágoras de seu filho".

¹⁶À tarde, quando Jacó voltou do campo, Lia foi a seu encontro e disse: "Você vai ter relações comigo, pois com as mandrágoras de meu filho paguei o salário para ter você". E Jacó deitou com Lia nessa noite. ¹⁷Deus ouviu Lia: ela concebeu e gerou um quinto filho para Jacó. ¹⁸E Lia disse: "Deus pagou meu salário, por ter dado minha serva ao meu homem". E o chamou Issacar. ¹⁹Lia concebeu mais uma vez e gerou um sexto filho para Jacó. ²⁰E Lia disse: "Deus me presenteou com um belo presente! O meu homem agora me exaltará, pois lhe dei seis filhos". E o chamou Zabulon. ²¹Em seguida, Lia deu à luz uma filha, e a chamou Dina.

²²E Deus se lembrou de Raquel. Deus ouviu sua prece e lhe abriu o útero. ²³Raquel concebeu e deu à luz um filho. E disse: "Deus retirou minha vergonha". ²⁴Ela o chamou José, dizendo: "Que Javé acrescente mais um filho para mim".

Como Jacó ficou rico – ²⁵Quando Raquel deu à luz José, Jacó disse a Labão: "Deixe-me partir para meu lugar, para minha terra. ²⁶Dê-me minhas mulheres, pelas quais eu servi a você, e meus meninos, que eu quero ir embora, pois você sabe com quanto trabalho eu o servi".

²⁷Labão lhe disse: "Se alcancei graça diante de seus olhos, fique comigo. Foi-me revelado que Javé me abençoou por sua causa". ²⁸E acrescentou: "Diga agora o salário que você quer, e eu pago".

²⁹Jacó respondeu: "Você sabe quanto eu o servi e o que aconteceu com seu rebanho comigo. ³⁰O pouco que você possuía antes de mim se estendeu imensamente, porque Javé abençoou você com minhas pernas. Agora, quando é que vou trabalhar também para minha própria casa?"

³¹Labão perguntou: "O que devo dar para você?" Jacó respondeu: "Não precisa me dar nada, se fizer para mim o seguinte: voltarei a pastorear e guardar seu rebanho. ³²Hoje vou passar por todo o seu rebanho e separar dele todo animal salpicado e malhado, e todo animal escuro entre os ovinos, e o que é malhado e salpicado entre os caprinos. Esse será o meu salário. ³³Minha justiça responderá por mim no dia de amanhã. Pois, quando você chegar para ver o meu salário, tudo o que à sua frente não for salpicado e malhado entre os ca-

---

a destruição de Samaria (cerca de 720 a.C.) sonha com um grande Israel, unificando norte e sul sob seu governo. Ver nota a 35,21-29.

30,25-43: Jacó pede os animais que no Oriente são mais raros. Tanto Labão como Jacó procuram vantagens. Cena montada no pós-exílio a partir de 31,6-12 para apre-

prinos, ou não for escuro entre os ovinos, é porque foi roubado por mim". ³⁴Labão disse: "Está bem. Seja como você propõe". ³⁵Nesse dia, Labão separou os bodes listrados e malhados, todas as cabras salpicadas e malhadas, todas com alguma mancha branca, e todo animal escuro entre os ovinos, e os entregou a seus filhos. ³⁶E estabeleceu uma distância de três dias de caminhada entre ele e Jacó. E Jacó ficou apascentando o restante do rebanho de Labão.

³⁷Jacó pegou varas verdes de álamo, de amendoeira e de plátano, descascou tiras de cascas brancas delas, deixando aparecer a parte branca das varas. ³⁸Em seguida, colocou as varas assim descascadas nos canais e bebedouros diante do rebanho, onde o rebanho costumava beber água, e este ao vir beber entrava no cio. ³⁹O rebanho entrava no cio diante das varas e paria crias listradas, salpicadas e malhadas. ⁴⁰Jacó dividiu os ovinos e apresentou a face do rebanho para os listrados e os escuros do rebanho de Labão. E pôs para si uma manada à parte, e não os pôs junto ao rebanho de Labão. ⁴¹Além disso, toda vez que os animais robustos do rebanho entravam no cio, Jacó colocava as varas nos canais diante do rebanho, para que eles entrassem no cio diante das varas. ⁴²Mas, para os animais fracos do rebanho, Jacó não colocava as varas, de modo que ficava para Labão o que era fraco. E o que era robusto ficava para Jacó. ⁴³Desse modo, Jacó se estendeu muitíssimo, possuindo muitos rebanhos, servos e servas, camelos e jumentos.

31 Jacó foge de Labão

¹Jacó ouviu as palavras dos filhos de Labão, que diziam: "Jacó tomou tudo o que pertencia a nosso pai. E do que era de nosso pai ele fez todas estas posses". ²Jacó viu no rosto de Labão que ele não o tratava mais como antes. ³Javé disse a Jacó: "Volte para a terra de seus pais, para seus parentes, e eu estarei com você". ⁴Então Jacó mandou chamar Raquel e Lia para virem até ele no campo, para junto do seu rebanho.

⁵E disse a elas: "Estou vendo no rosto do pai de vocês que ele já não me trata como antes. Mas o Deus de meu pai está comigo. ⁶Vocês sabem que servi ao pai de vocês com todas as minhas forças. ⁷Mas ele me prejudicou, mudando dez vezes o meu salário. Deus, porém, não permitiu que ele me fizesse mal. ⁸Cada vez que ele dizia: 'O que for salpicado será o seu salário', aí todos os rebanhos davam crias salpicadas, e cada vez que me dizia: 'O que for listrado será o seu salário', então todos os rebanhos davam crias listradas. ⁹E assim Deus tirou dele o gado e o deu a mim. ¹⁰Aconteceu que, ao chegar o tempo em que os animais entram no cio, ergui os olhos e vi em sonho que todos os machos que cobriam o rebanho eram listrados, salpicados ou manchados. ¹¹O mensageiro de Deus me disse em sonho: 'Jacó'. E eu respondi: 'Eis-me aqui!' ¹²E ele disse: 'Levante os olhos e veja! Todos os machos que cobrem os rebanhos são listrados, salpicados ou manchados. Eu vi tudo o que Labão está fazendo com você. ¹³Eu sou o El de Betel, onde você ungiu uma coluna sagrada e me fez um voto. Agora levante-se! Saia dessa terra e volte para a terra de seus parentes' ".

¹⁴E Raquel e Lia disseram a Jacó: "Haveria ainda para nós uma parte e uma herança na casa de nosso pai? ¹⁵Ele não nos trata como se fôssemos estrangeiras para ele? Pois nos vendeu e comeu todo o nosso dinheiro! ¹⁶Sim, toda a riqueza que Deus retirou de nosso pai pertence a nós e a nossos filhos. Portanto, faça agora tudo o que Deus disse a você".

¹⁷Jacó se levantou e colocou seus filhos e suas mulheres sobre os camelos. ¹⁸E, conduzindo todo o seu gado e todos os seus bens que tinha adquirido em Padã-Aram, partiu para a casa do seu pai Isaac, na terra de Canaã. ¹⁹Labão tinha ido tosquiar o rebanho, e Raquel roubou os terafins que pertenciam a seu pai. ²⁰E Jacó tapeou o coração de Labão, o arameu, pois não o deixou perceber que ele estava fugindo. ²¹Fugiu com tudo o que era seu. Levantou-se,

---

sentar a riqueza como bênção de Deus, sem questionar como é obtida. Cf. 13,1-18.

31,1-21: A diversidade de nomes: Javé, Elohim (Deus, vv. 5-12.16), El de Betel (v. 13) e os terafins (cf. nota seguinte), indica várias camadas nesta narrativa ligada a 28,10-22. Mas estas divindades que fazem justiça ao pastor explorado, restabelecendo o dote (vv. 14-16) e protegendo as filhas e netos longe da casa paterna (v.

atravessou o rio e dirigiu-se para a montanha de Galaad.

Aliança de Jacó e Labão em Galaad – ²²Três dias depois, informaram a Labão que Jacó havia fugido. ²³Labão tomou consigo seus irmãos e perseguiu Jacó. Depois de sete dias no caminho atrás dele, alcançou-o na montanha de Galaad. ²⁴Deus veio até Labão, o arameu, em sonho à noite, e lhe disse: "Cuidado! Não fale com Jacó, nem bem nem mal!" ²⁵Labão alcançou Jacó. Jacó tinha fixado sua tenda na montanha, e Labão também fixou seus irmãos na montanha de Galaad. ²⁶Labão disse a Jacó: "O que você fez? Tapeou meu coração e fez minhas filhas saírem como se fossem prisioneiras de guerra? ²⁷Por que fugiu às escondidas, me tapeou e não me fez perceber nada? Eu teria despedido você com festas, cantos, tamborins e liras. ²⁸Você nem me deixou beijar meus filhos e minhas filhas. Você fez uma tolice! ²⁹Em minhas mãos tenho poder para fazer o mal a vocês, mas o Deus do pai de vocês me disse ontem: 'Cuidado! Não fale com Jacó, nem bem nem mal!' ³⁰Agora você resolve ir-se embora porque sentiu saudades da casa de seu pai. Então, por que roubou os meus deuses?" ³¹Jacó respondeu a Labão: "Foi só por medo, pois pensei que você iria tirar suas filhas de mim. ³²Mas a pessoa com quem você encontrar seus deuses não continuará viva. Procure, na presença de nossos irmãos, e tome para você o que for seu que estiver comigo". Pois Jacó não sabia que Raquel os havia roubado. ³³Labão entrou na tenda de Jacó, na tenda de Lia e na tenda das duas servas, e nada encontrou. E saiu da tenda de Lia e entrou na de Raquel. ³⁴Mas Raquel tinha pego os terafins e os havia colocado na sela do camelo, e estava sentada por cima. Labão apalpou toda a tenda e nada encontrou. ³⁵Raquel disse a seu pai: "Que meu senhor não fique irritado se eu não me levanto em sua presença: é que me vieram as regras das mulheres". Labão procurou e não encontrou os terafins.

³⁶Jacó ficou irritado e entrou em conflito com Labão. E respondeu dizendo a Labão: "Qual foi a minha deslealdade? Qual é o meu pecado, para você me perseguir tão furiosamente? ³⁷Você apalpou todas as minhas coisas: encontrou alguma coisa da sua casa? Coloque-a aqui, diante de meus irmãos e seus irmãos, e que eles tirem a prova entre nós dois. ³⁸Nestes vinte anos em que estive com você, suas ovelhas e cabras não ficaram sem filhotes e eu não comi os cordeiros do seu rebanho. ³⁹Nunca lhe apresentei um animal despedaçado, mas eu o compensava como erro meu. Da minha mão você exigia o que era roubado de dia e o que era roubado de noite. ⁴⁰De dia eu era devorado pelo calor, e de noite pelo frio. E o sono fugia dos meus olhos. ⁴¹Nestes vinte anos em que estive em sua casa, servi a você catorze anos por suas duas filhas, seis anos por seu rebanho, e dez vezes você mudou meu salário. ⁴²Se não estivesse comigo o Deus do meu pai, o Deus de Abraão, o Parente de Isaac, você já teria me mandado embora de mãos vazias. Mas Deus viu minha opressão e o trabalho de meus braços, e ontem à noite reprovou você".

⁴³Labão respondeu a Jacó dizendo: "As filhas são minhas filhas, os filhos são meus filhos, o rebanho é meu rebanho, e tudo o que você vê pertence a mim. Que posso fazer hoje por essas minhas filhas ou pelos filhos que elas deram à luz? ⁴⁴Agora

---

50), são aqui identificadas com o Deus que abençoa com riqueza (vv. 9.11.16), revelando a ambiguidade da religião oficial.

31,22-32,1: Galed/Galaad, "monte do testemunho", é uma região de pastagens e terras férteis na Transjordânia, ligada a Manassés, Gad e Rúben (Nm 32; Dt 3,12-17). De 900-700 a.C. foi disputada com Damasco/Síria e Assíria (2Rs 10,32-33; 15,29). Gn 31-33 guarda várias narrativas reivindicando-a para Israel. Aqui isto é feito atribuindo o nome do local e a coluna sagrada aí existente a uma aliança entre Jacó/Israel e Labão/Aram/Damasco. A diversidade de deuses reflete a religião nos inícios de Israel (cf. nota a 28,10-22), com deuses como El (31,13); deuses e deusas locais ligados a colunas sagradas (28.18; 35,14; 1Rs14,23; 2Rs 17,20; Is 19,19; Os 10,1), montes de pedras, árvores (cf. nota a 18,1-16), poços (cf. 16,1-16; 21,8-21.22-34) e montanhas (31,54; cf. 33,18-20); deuses familiares, como o Elohim de Abraão, o Elohim de Nacor e o Parente de Isaac (vv. 42.53), que podiam ter origens humanas (31,19.30-35; cf. Jz 17,5; 18,14.17-20; 1Sm 19,13-16; 2Rs 23,24; Os 3,4; Zc 10,2). O v. 49 insere Javé vinculando-o ao nome Masfa ("vigia"), ponto mais alto da região (Jz 11,29). Mas após décadas, as imagens e as deusas e deuses serão proibidos e/ou identificados com Javé, que no pós-exílio será cultuado como o Deus Único. A uniformização, muitas vezes violenta, das práticas religiosas populares, é coerente com o verdadeiro culto a Deus?

venha, vamos firmar uma aliança entre mim e você, que sirva de testemunho entre mim e você".

⁴⁵Jacó pegou uma pedra e a ergueu como coluna sagrada. ⁴⁶Depois disse a seus irmãos: "Ajuntem pedras". Eles pegaram pedras e com elas fizeram um monte, e comeram aí sobre o monte. ⁴⁷Labão chamou o monte de Jegar-Saaduta, e Jacó o chamou de Galed.

⁴⁸Labão disse: "Que este monte de pedras seja um testemunho entre mim e você". Por isso o chamou Galed ⁴⁹e Masfa, pois disse: "Javé vigiará entre mim e você, quando não pudermos ver-nos um ao outro. ⁵⁰Se você oprimir minhas filhas ou tomar outras mulheres além delas, ainda que nenhum homem esteja conosco, veja, Deus é testemunha entre mim e você".

⁵¹Labão disse a Jacó: "Olhe este monte e esta coluna sagrada que levantei entre mim e você. ⁵²Este monte seja testemunha e esta coluna sagrada seja testemunha de que não atravessarei deste monte para o seu lado, e você não atravessará deste monte e desta coluna sagrada para o meu lado, para fazer o mal. ⁵³Que o Deus de Abraão e o Deus de Nacor julguem entre nós". E Jacó jurou pelo Parente de Isaac, seu pai. ⁵⁴Em seguida, Jacó ofereceu um sacrifício na montanha e chamou seus irmãos para comerem pão. Comeram pão e passaram a noite na montanha.

32 ¹Labão levantou-se de madrugada, beijou seus filhos e suas filhas, e os abençoou. Depois, partiu e voltou para o seu lugar.

Jacó envia presentes a Esaú – ²Jacó continuou seu caminho e se encontrou com mensageiros de Deus. ³Ao vê-los, Jacó exclamou: "Este é o acampamento de Deus". Por isso, deu a esse lugar o nome de Maanaim.

⁴Jacó enviou à frente de si mensageiros a seu irmão Esaú, na terra de Seir, no campo de Edom. ⁵Deu-lhes esta ordem: "Vocês falarão assim ao meu senhor Esaú: Assim fala seu servo Jacó: Como migrante estive com Labão, e estive com ele até agora. ⁶Tenho bois e jumentos, ovelhas, servos e servas. Envio esta mensagem ao meu senhor para alcançar graça diante de seus olhos".

⁷Os mensageiros voltaram a Jacó, dizendo: "Fomos até seu irmão Esaú e ele próprio vem vindo ao seu encontro com quatrocentos homens". ⁸Jacó ficou com muito medo e preocupação. Dividiu, então, o pessoal que estava com ele, e também as ovelhas, bois e camelos, em dois acampamentos. ⁹E disse: "Se Esaú vier contra um dos acampamentos e o atacar, haverá o acampamento remanescente para escapar".

¹⁰Jacó rezou: "Deus de meu pai Abraão e Deus de meu pai Isaac, Javé, aquele que me disse: 'Volte para sua terra e seus parentes, e eu serei bom para com você'. ¹¹Eu sou bem menor do que a solidariedade e a fidelidade com que tratate seu servo. Pois quando atravessei o Jordão, eu tinha apenas um bastão, e agora possuo dois acampamentos. ¹²Livra-me da mão do meu irmão, da mão de Esaú, pois tenho medo dele. Que não venha ele matar a mim, e a mãe com os filhos. ¹³Tu me disseste: 'Eu certamente farei tudo ir bem para você, e tornarei sua descendência como a areia do mar, que não se pode contar de tão numerosa' ".

¹⁴Jacó passou a noite nesse lugar. De cada coisa que possuía, Jacó tirou um presente para seu irmão Esaú: ¹⁵duzentas cabras e vinte bodes, duzentas ovelhas e vinte cordeiros, ¹⁶trinta camelas de leite com seus filhotes, quarenta vacas e dez novilhos, vinte jumentas e dez jumentinhos. ¹⁷Ele os entregou a seus servos em rebanhos separados, e disse a eles: "Vão na minha frente e deixem espaço entre os rebanhos". ¹⁸E deu esta ordem ao primeiro: "Quando meu irmão Esaú o encontrar e lhe perguntar: 'De quem você é, e para onde vai? De quem são esses animais diante de você?' ¹⁹Então você responderá: 'É do seu servo Jacó. É um presente enviado ao meu senhor Esaú, e ele próprio vem atrás de nós' ".

32,2-22: Uma tradição sobre o nome Maanaim, "acampamentos" (vv. 2-3), foi ampliada relacionando-o aos "dois acampamentos" de Jacó, reivindicando para Israel o controle desta área de Galaad (Js 13,26.30; 2Sm 2,8.12; 17,24; 1Rs 4,14). Ver nota anterior.

²⁰Jacó deu a mesma ordem ao segundo e ao terceiro, e a todos os que iam atrás dos rebanhos, dizendo: "Falem estas palavras a Esaú, quando vocês o acharem. ²¹E dirão também: 'Eis que seu servo Jacó vem atrás de nós' ". Pois Jacó pensava: "Aplacarei sua face com os presentes que vão à minha frente. E atrás deles eu me apresentarei a ele. Talvez assim ele aceite minha face". ²²Os presentes foram na frente dele, e Jacó ficou para passar a noite no acampamento.

Jacó luta com Deus – ²³À noite, Jacó se levantou, tomou suas duas mulheres, suas duas servas e seus onze meninos, e atravessou o vau do Jaboc. ²⁴Jacó os tomou e os fez atravessarem o riacho, com tudo o que possuía. ²⁵Jacó ficou sozinho. Um homem lutou com ele até subir a luz da aurora. ²⁶Vendo que não o vencia, o homem tocou-lhe a articulação da coxa e a articulação da coxa de Jacó se deslocou, enquanto lutava. ²⁷O homem disse: "Solte-me, pois a luz da aurora já subiu". Jacó respondeu: "Não o soltarei, enquanto você não me abençoar". ²⁸O homem lhe perguntou: "Qual é seu nome?" Ele respondeu: "Jacó". ²⁹O homem continuou: "Você já não se chamará Jacó, mas Israel, porque você lutou com Deus e com homens, e venceu". ³⁰Jacó lhe perguntou: "Por favor, revele-me seu nome". Mas ele respondeu: "Por que você quer saber meu nome?" E aí mesmo o abençoou.

³¹Jacó deu a esse lugar o nome de Fanuel, dizendo: "Eu vi Deus face a face, e minha vida foi preservada". ³²E o sol brilhou para ele quando atravessou Fanuel, e ele mancava por causa da coxa. ³³Por isso, até hoje os israelitas não comem o nervo ciático, que está na coxa, porque ele tocou a coxa de Jacó no nervo ciático.

33 **Jacó encontra Esaú** – ¹Erguendo os olhos, Jacó viu que Esaú estava chegando com os quatrocentos homens. Dividiu, então, os meninos entre Lia, Raquel e as duas servas: ²na frente, colocou as servas com seus meninos, mais atrás Lia com seus meninos e, por último, Raquel com José. ³Em seguida, ele foi à frente de todos e prostrou-se por terra sete vezes antes de chegar até seu irmão. ⁴Esaú, porém, correu ao seu encontro, o abraçou e beijou, e o apertou junto ao peito. E ambos começaram a chorar. ⁵Esaú, erguendo os olhos, viu as mulheres e os meninos. E perguntou: "Quem são esses que estão com você?" Jacó respondeu: "São os meninos com que Deus presenteou seu servo".

⁶As servas se aproximaram com os meninos e se prostraram. ⁷Depois Lia se aproximou com os meninos e se prostraram. Finalmente, aproximou-se Raquel com José e se prostraram.

⁸Esaú perguntou: "O que significam todos esses rebanhos que eu vinha encontrando pelo caminho?" Jacó respondeu: "É para alcançar graça diante dos olhos de meu senhor". ⁹Esaú replicou: "Caro irmão, eu tenho o suficiente. Fique com o que é seu". ¹⁰Jacó insistiu: "De modo algum! Se alcancei graça diante de seus olhos, aceite estes presentes de minha mão, pois eu vejo sua face como se visse a face de Deus, você que me acolheu tão bem. ¹¹Aceite, então, o presente que lhe ofereço, pois Deus me favoreceu, e eu tenho tudo de que preciso". Como Jacó insistisse, Esaú aceitou.

¹²Depois Esaú disse: "Vamos continuar a viagem. Eu irei com você". ¹³Mas Jacó lhe respondeu: "Meu senhor sabe que os meninos são fracos, e penso nas ovelhas e vacas que estão amamentando. Um dia inteiro de marcha forçada, e todo o rebanho morreria. ¹⁴Que meu senhor vá à frente de seu servo. Eu irei devagar, ao passo dos meninos e do rebanho que vai na minha frente. Encontrarei meu senhor em Seir".

¹⁵Esaú disse: "Deixarei com você alguns de meus homens como escolta". Mas Jacó recusou: "Para que isso, se alcancei graça diante dos olhos de meu senhor?" ¹⁶Nesse dia, Esaú voltou para Seir. ¹⁷Jacó, porém, partiu para Sucot, onde construiu uma

---

23-33: Três explicações ampliam o tema de 35,6-10: 1. do antigo tabu sobre o nervo ciático; 2. do nome Israel: "lutou com El", ou "El é como alguém que luta"; 3. do nome Fanuel: "a face de El/Deus", nome atribuído a Jacó, reivindicando o domínio desta cidade de Galaad para Israel. A troca do nome de Jacó para Israel pode representar a fusão do grupo arameu de El, de Betel (Dt 26,5; Ez 16,3.45), com os camponeses de Jacó/Siquém, dando origem ao núcleo mais antigo de Israel (cf. 31,13; 33,20; 35,7; cf. notas a 28,10-22; 31,22-32,1 e 35,1-15).
33,1-17: A base desta narrativa é um relato que liga Sucot ("cabana de folhagens") a Jacó, incorporando a

casa e cabanas para o rebanho. É por isso que se deu ao lugar o nome de Sucot.

Dina, Simeão e Levi – ¹⁸Jacó chegou são e salvo à cidade de Siquém, na terra de Canaã, quando voltou de Padã-Aram. Acampou diante da cidade. ¹⁹A parte do campo onde ergueu sua tenda, ele a comprou dos filhos de Hemor, pai de Siquém, por cem moedas de prata. ²⁰Aí levantou um altar, que denominou "El, o Deus de Israel".

34 ¹Dina, a filha que Lia dera a Jacó, saiu para ver as filhas da terra. ²Siquém, o filho do heveu Hemor, príncipe da terra, tendo-a visto, tomou-a e deitou-se com ela, violentando-a. ³E ele apegou-se a Dina, filha de Jacó, e amou a moça e falou ao coração da moça. ⁴Depois Siquém disse a seu pai Hemor: "Toma esta menina para que ela seja minha mulher".

⁵Jacó soube que Siquém tinha tornado impura sua filha Dina, mas, como seus filhos estavam no campo com o seu rebanho, ficou calado até eles voltarem. ⁶Hemor, pai de Siquém, foi falar com Jacó. ⁷Quando chegaram do campo e souberam da notícia, os filhos de Jacó ficaram indignados e furiosos, pois era uma canalhice, coisa que não se faz, Siquém deitar com a filha de Jacó.

⁸Hemor foi falar com eles assim: "Meu filho Siquém se apaixonou pela filha de vocês. Peço, por favor, que vocês a deem para ele como mulher. ⁹Assim, nós nos tornaremos parentes: vocês nos poderão dar suas filhas e tomar as nossas para vocês, ¹⁰e continuar habitando conosco. A terra está à disposição de vocês: podem habitar nela, fazer comércio e adquirir propriedades".

¹¹Siquém disse ao pai e aos irmãos de Dina: "Que eu alcance graça diante dos olhos de vocês, e eu lhes darei o que vocês me pedirem. ¹²Vocês podem aumentar muito e pedir grande presente: eu pagarei o que vocês me pedirem, contanto que concordem que a jovem se torne minha mulher".

¹³Os filhos de Jacó responderam a Siquém e a seu pai Hemor com falsidade, porque ele tinha tornado impura a irmã deles, Dina: ¹⁴"Não podemos fazer o que pedem, entregando nossa irmã a um homem que não é circuncidado, pois isso é uma afronta para nós. ¹⁵Só vamos concordar, com uma condição: vocês devem tornar-se como nós e circuncidar todos os homens. ¹⁶Então poderemos dar a vocês nossas filhas e tomar as filhas de vocês para nós. Viveremos com vocês e seremos um só povo. ¹⁷Mas, se vocês não aceitarem a circuncisão, vamos pegar nossa filha e partir".

¹⁸As palavras deles agradaram a Hemor e a seu filho Siquém. ¹⁹O rapaz não tardou em cuidar disso, pois desejava a filha de Jacó, e era o mais considerado de toda a casa de seu pai. ²⁰Hemor e seu filho Siquém foram, então, à porta da sua cidade e falaram assim aos homens da sua cidade: ²¹"Essa gente é de paz. Que eles possam habitar em nossa terra, no meio de nós. Que aqui eles possam negociar, pois a terra é espaçosa. Poderemos tomar as filhas deles como mulheres e entregaremos as nossas filhas a eles. ²²Mas eles colocaram uma condição para habitar entre nós e formar um só povo: é que todos os homens sejam circuncidados como eles. ²³Seus rebanhos, seus bens e animais domésticos serão nossos. Vamos concordar com eles, e eles habitarão conosco".

²⁴E todos os que saíam à porta da cidade escutaram a Hemor e seu filho Siquém. E foram circuncidados todos os machos, todos os que saíam à porta de sua cidade. ²⁵No terceiro dia, quando eles estavam com dores, Simeão e Levi, filhos de Jacó e irmãos de Dina, tomaram cada um a sua espada, entraram tranquilamente na cidade e mataram todos os homens. ²⁶Passaram a fio de espada Hemor e seu filho Siquém, tomaram Dina da casa de Siquém,

---

Israel esta região com acesso ao bronze (1Rs 7,46; 2Cr 4,17) e à principal rota comercial da Transjordânia (Sl 60,8-9; 108,8-9). A tensa reconciliação entre Jacó/Israel e Esaú/Edom pode refletir a aliança anti-Assíria de 734-732 a.C., que certamente envolveu Edom (2Rs 16,5-6). Sucot, Fanuel (32,31) e Maanaim (32,2-3) encontram-se em Galaad (cf. nota a 31,22-32,1).

33,18-34,31: Relatos de conflitos e pactos de grupos que em torno de Siquém, sob o patrocínio de El, se denominavam Israel (33,18-20). Foram reelaborados no pós-exílio para explicar por que as tribos de Simeão (absorvido por Judá, cf. Js 19,1-9) e a tribo sacerdotal de Levi (cf. Dt 14,28-29; 26,12-14, espalhada em Efraim e Manassés, e em outras tribos cf. Js 14,4; 21,1-8; Nm

e partiram. ²⁷Os filhos de Jacó atacaram os feridos e pilharam a cidade, porque haviam tornado impura a sua irmã. ²⁸E deles pegaram as ovelhas, bois e jumentos, tudo o que havia na cidade e no campo. ²⁹Roubaram todos os bens deles, todas as crianças, e pilharam o que havia nas casas.

³⁰Jacó disse a Simeão e Levi: "Vocês me arruínam, tornando-me odioso para os cananeus e ferezeus que habitam a terra. Nós somos poucos. Se eles se reunirem e nos atacarem, me matarão e me farão desaparecer, eu e minha família". ³¹Mas eles responderam: "Por acaso nossa irmã pode ser tratada como prostituta?"

35 Jacó em Betel – ¹Deus disse a Jacó: "Vamos, suba até Betel e fique ali. Construa ali um altar ao El que lhe apareceu, quando você estava fugindo do seu irmão Esaú". ²Jacó disse à sua família e a todos os que estavam com ele: "Joguem fora os deuses estrangeiros que estão no meio de vocês, purifiquem-se e troquem de roupa. ³Vamos subir a Betel, onde farei um altar ao El que me ouviu no perigo e me acompanhou em minha viagem".

⁴Eles entregaram a Jacó todos os deuses estrangeiros que possuíam, e os brincos que traziam nas orelhas. E Jacó enterrou tudo debaixo do carvalho que está vizinho a Siquém.

⁵Levantaram acampamento. O terror de Deus caía sobre as cidades vizinhas, e os filhos de Jacó não foram perseguidos. ⁶Jacó chegou com toda a sua gente a Luza, que é Betel, na terra de Canaã. ⁷Aí ele construiu um altar e deu ao lugar o nome de El-Betel, porque aí os deuses revelaram a ele quando fugia do seu irmão. ⁸Nessa ocasião morreu Débora, ama de Rebeca, e foi enterrada perto de Betel, debaixo do carvalho que se chama Carvalho-dos-Prantos.

⁹Quando Jacó voltava de Padã-Aram, Deus lhe apareceu de novo e o abençoou, ¹⁰dizendo: "Seu nome é Jacó, mas você não se chamará mais Jacó: seu nome será Israel". E lhe deu o nome de Israel. ¹¹Deus acrescentou: "Eu sou El Shadai: seja fecundo e multiplique-se. De você nascerá uma nação, uma assembleia de nações, e de suas entranhas sairão reis. ¹²Entrego a você a terra que dei a Abraão e Isaac. Darei essa terra a você e a seus descendentes".

¹³Depois que Deus se retirou de junto dele, ¹⁴Jacó ergueu uma coluna sagrada no lugar em que havia falado com Deus, uma coluna sagrada de pedra. Depois fez sobre ela uma libação e ungiu-a com óleo. ¹⁵E Jacó deu o nome de Betel ao lugar onde Deus lhe havia falado.

Nascimento de Benjamim e morte de Raquel – ¹⁶Partiram de Betel. Quando faltava um bom trecho para chegarem a Éfrata, Raquel deu à luz. O parto foi difícil ¹⁷e, como desse à luz com dificuldade, a parteira lhe disse: "Não tenha medo, pois também este é um menino". ¹⁸Estando prestes a morrer, Raquel lhe deu o nome de Benôni, mas o pai o chamou Benjamim. ¹⁹Raquel morreu e foi enterrada no caminho de Éfrata, que hoje é Belém. ²⁰Jacó ergueu uma coluna sagrada sobre o túmulo dela. É a coluna sagrada do túmulo de Raquel, que existe até hoje.

Os doze filhos de Jacó e a morte de Isaac – ²¹Israel partiu e acampou no outro lado da Torre do Rebanho.

35,1-8) não receberam terras (cf. 49,5-8). A circuncisão pode provir de Simeão e Levi ou só dos levitas (cf. 17,1-27).

35,1-15: Tradições originais sobre a adesão do grupo de Jacó ao Deus El (vv. 6-7a.9-'0.14-15, cf. nota 32,23-33), nas quais foi inserida a notícia da morte de Débora, serva de Rebeca (cf. 24,59), enterrada sob um carvalho sagrado (cf. nota a 18,1-16). Mas o v. 2 sobre abandonar os "deuses estrangeiros" é posterior a Josias (cf. Js 24,14-24; 2Rs 24,4-25), como os vv. 11-13, que subordinam Jacó às tradições sulistas de Abraão (cf. notas a Gn 12-50 e a 12,1-9 e 28,10-22).

16-20: Benjamim ("filho da direita" ou "filho do sul"), Efraim e Manassés formavam o núcleo mais antigo de Israel. Na formação dos reinos, porém, Benjamim se unirá a Judá (1Rs 12,21). O nome Benôni ("filho da minha dor") pode se referir a esta separação. A tradição posterior venera o túmulo de Raquel em Éfrata de Belém (v. 19b, cf. 48,7; 1Sm 17,12), cidade de Davi, em Judá, mas historicamente ele está em outra Éfrata, nas terras de Benjamim (cf. 1Sm 10,2; Jr 31,15).

21-29: A narrativa do incesto de Rúben como a do crime de Simeão e Levi (33,18-34,31) foram criadas para justificar a primazia de Judá sobre os outros filhos/tribos (cf. 29,31-35. 49,3-10). O patriarcalismo se manifesta ao substituir Dina, a única mulher (cf. 29,31-30,24), por Benjamim, na lista dos doze patriarcas. Os vv. 27-29 reforçam a subordinação pós-exílica das tradições de Isaac e Jacó às tradições de Abraão (cf. introdução a Gn 12-50). A associação com o poder pode deturpar tanto a história quanto a teologia oficial.

²²Enquanto Israel habitava nessa região, Rúben dormiu com Bala, concubina de seu pai, e Israel ficou sabendo.

Os filhos de Jacó foram doze. ²³Filhos de Lia: Rúben, o primogênito de Jacó, depois Simeão, Levi, Judá, Issacar e Zabulon. ²⁴Filhos de Raquel: José e Benjamim. ²⁵Filhos de Bala, serva de Raquel: Dã e Neftali. ²⁶Filhos de Zelfa, serva de Lia: Gad e Aser. Estes são os filhos de Jacó que nasceram em Padã-Aram.

²⁷Jacó voltou para a casa de Isaac, seu pai, em Mambré, em Cariat-Arbe, hoje Hebron, onde Abraão e Isaac viveram como migrantes. ²⁸Isaac viveu cento e oitenta anos, ²⁹e depois faleceu. Morreu, foi reunir-se ao seu povo, já idoso, com muitos anos. Seus filhos Esaú e Jacó o sepultaram.

36 Os descendentes de Esaú

¹Estes são os descendentes de Esaú, que é Edom. ²Esaú casou-se com mulheres cananeias: Ada, filha de Elon, o heteu; Oolibama, filha de Ana, filho de Sebeon, o heveu; ³Basemat, filha de Ismael e irmã de Nabaiot. ⁴Ada gerou Elifaz para Esaú, Basemat gerou Rauel. ⁵Oolibama gerou Jeús, Jalam e Coré. São esses os filhos de Esaú, nascidos na terra de Canaã. ⁶Esaú tomou suas mulheres, filhos e filhas, todas as pessoas de sua casa, seu rebanho e todos os seus animais domésticos, e tudo o que havia adquirido na terra de Canaã e foi para a terra de Seir, longe de seu irmão Jacó. ⁷Eles tinham muitos bens e não podiam viver juntos. A terra em que viviam como migrantes não podia manter a eles e a seus rebanhos. ⁸Esaú foi morar na região montanhosa de Seir. Esaú é Edom.

⁹São estes os descendentes de Esaú, pai dos edomitas, na região montanhosa de Seir. ¹⁰Lista dos filhos de Esaú: Elifaz, filho de Ada, mulher de Esaú, e Rauel, filho de Basemat, mulher de Esaú. ¹¹Filhos de Elifaz: Temã, Omar, Sefo, Gatam e Cenez. ¹²Elifaz, filho de Esaú, tinha uma concubina chamada Tamna, que gerou para ele Amalec. São esses os filhos de Ada, mulher de Esaú.

¹³Filhos de Rauel: Naat, Zara, Sama, Meza. São esses os filhos de Basemat, mulher de Esaú. ¹⁴Filhos de Oolibama, filha de Ana, filho de Sebeon e mulher de Esaú: Jeús, Jalam e Coré. ¹⁵Chefes dentre os filhos de Esaú, filhos de Elifaz, primogênito de Esaú: os chefes de Temã, Omar, Sefo, Cenez, ¹⁶Coré, Gatam e Amalec. São esses os chefes de Elifaz na terra de Edom, são netos de Ada. ¹⁷Os seguintes são todos filhos de Rauel, filho de Esaú: os chefes de Naat, Zara, Sama e Meza. São esses os chefes de Rauel, na terra de Edom, são netos de Basemat, mulher de Esaú. ¹⁸Os seguintes são filhos de Oolibama, mulher de Esaú: os chefes Jeús, Jalam e Coré. São esses os filhos de Oolibama, mulher de Esaú e filha de Ana. ¹⁹São esses os filhos e os chefes de Esaú, que é Edom.

²⁰Filhos do horreu Seir, habitantes da terra: Lotã, Sobal, Sebeon, Ana, ²¹Dison, Eser e Disã. São esses os chefes horreus, descendentes de Seir, na terra de Edom. ²²Os filhos de Lotã foram Hori e Emam, e a irmã de Lotã era Tamna. ²³Filhos de Sobal: Alvã, Manaat, Ebal, Sefo e Onam. ²⁴Filhos de Sebeon: Aía e Ana. Foi este Ana que encontrou as águas quentes no deserto, quando apascentava os jumentos de seu pai Sebeon. ²⁵Filhos de Ana: Dison e Oolibama. ²⁶Filhos de Dison: Hamdã, Esebã, Jetrã e Carã. ²⁷Filhos de Eser: Balaã, Zavã e Acã. ²⁸Filhos de Disã: Hus e Arã. ²⁹Chefes dos horreus: os chefes Lotã, Sobal, Sebeon, Ana, ³⁰Dison, Eser e Disã. São esses os chefes dos horreus, segundo seus clãs, na terra de Seir.

³¹Reis que governaram a terra de Edom, antes que os israelitas tivessem um rei. ³²Em Edom reinou Bela, filho de Beor, e sua cidade se chamava Danaba. ³³Bela morreu e em seu lugar ficou reinando Jobab, filho de Zara, de Bosra. ³⁴Jobab morreu e, em seu lugar, ficou reinando Husam, da terra dos temanitas. ³⁵Husam morreu e, em seu lugar, ficou reinando Adad, filho de Badad, que derrotou os madianitas nos campos de Moab. Sua cidade chamava-se Avit. ³⁶Adad morreu e

---

36,1-37,1: Restos de tradições (vv. 9-14 = vv. 15-19) sobre Esaú, tido como ancestral dos edomitas. Nas tradições nortistas, como aqui, Esaú/Edom é mostrado como irmão e aliado (Nm 20,14). Nas de Judá, é visto como inimigo (cf. nota a 25,19-34).

em seu lugar ficou reinando Semla de Masreca. ³⁷Semla morreu e em seu lugar ficou reinando Saul, de Reobot Naar. ³⁸Saul morreu e em seu lugar ficou reinando Baalanã, filho de Acobor. ³⁹Baalanã, filho de Acobor, morreu e em seu lugar ficou reinando Adad. Sua cidade chamava-se Fau, e sua mulher chamava-se Meetabel, filha de Matred, de Mezaab.

⁴⁰Nomes dos chefes de Esaú por seus clãs, lugares e nomes: chefe Tamna, chefe Alva, chefe Jetet, ⁴¹chefe Oolibama, chefe Ela, chefe Finon, ⁴²chefe Cenez, chefe Temã, chefe Mabsar, ⁴³chefe Magdiel e chefe Iram. São esses os chefes de Edom, segundo as possessões onde habitavam. Esaú é o pai de Edom.

37 ¹Jacó habitou em Canaã, terra onde seu pai tinha estado como migrante.

b. História de José

Os sonhos de José – ²São estes os descendentes de Jacó.

José tinha dezessete anos e pastoreava o rebanho com seus irmãos. Ainda rapaz, ele ajudava os filhos de Bala e Zelfa, mulheres de seu pai. Certo dia, falou a seu pai da má fama que eles tinham.

³Israel amava José mais do que a todos os seus outros filhos, porque era o filho de sua velhice. Assim, mandou fazer para ele uma túnica de mangas longas. ⁴Seus irmãos notavam que o pai o amava mais do que aos outros filhos. Por isso, passaram a rejeitá-lo e não eram capazes de falar pacificamente com ele.

⁵Um dia, José teve um sonho e o contou aos irmãos, que aumentaram ainda mais a rejeição contra ele. ⁶Disse José aos irmãos: "Escutem o sonho que eu tive. ⁷Estávamos amarrando feixes no campo, e o meu feixe se levantou e ficou de pé, e os feixes de vocês o rodearam e se prostraram diante dele". ⁸Os irmãos lhe perguntaram: "Você reinará como rei sobre nós? Governará como governador sobre nós?" E aumentaram ainda mais a rejeição contra ele, por causa de seus sonhos e de suas palavras.

⁹José teve outro sonho, que contou aos irmãos: "Tive outro sonho: o sol, a lua e onze estrelas se prostravam diante de mim". ¹⁰Ele contou o sonho ao pai e aos irmãos. O pai o repreendeu, dizendo: "Que sonho é esse que você teve? Eu, sua mãe e seus irmãos vamos nos prostrar por terra diante de você?" ¹¹Assim, os irmãos foram ficando com ciúmes de José; mas seu pai guardou essa história.

José vendido ao Egito – ¹²Os irmãos de José foram apascentar o rebanho de seu pai em Siquém. ¹³Israel disse a José: "Seus irmãos devem estar com os rebanhos em Siquém. Venha cá, vou mandar você até onde eles estão". José respondeu: "Eis-me aqui!" ¹⁴O pai lhe disse: "Por favor, vá ver se seus irmãos estão bem e se o rebanho está bem, e traga-me notícias". O pai o mandou do vale de Hebron. E José chegou a Siquém.

¹⁵Um homem encontrou José, que andava errante pelo campo. E lhe perguntou: "O que é que você está procurando?" ¹⁶José respondeu: "Procuro meus irmãos. Por favor, indique-me onde eles estão apascentando os rebanhos". ¹⁷O homem disse: "Eles partiram daqui, e eu os ouvi dizer: 'Vamos para Dotain'". José foi atrás de seus irmãos e os encontrou em Dotain.

¹⁸Os irmãos, quando o viram de longe, antes que ele se aproximasse, começaram a tramar sua morte. ¹⁹Disseram uns para os outros: "Olhem quem vem chegando:

37,2-50,26: Como a "história da ascensão de Davi" (1Sm 16-2Sm 6), a "história de José" fala de um jovem pastor (37,2) que sobrevive a tramas e torna-se homem muito poderoso (41,40-44; 45,8). Versões desta história, desenvolvidas para instruir os membros das cortes e justificar a monarquia, foram combinadas e inseridas na história de Jacó (que volta nos caps. 48-50), ligando os patriarcas às narrativas do êxodo.

37,2-11: A "túnica de mangas longas", roupa de príncipes (v. 3, cf. 2Sm 13,18); os sonhos com pai, mãe e irmãos mais velhos ajoelhando-se diante de um irmão mais novo, afrontam a ordem familiar (41,40-43; 42,6; 45,8, cf. Ex 20,12; Lv 19,3) e tribal (Jz 9,8-15). Legitimam um poder monárquico, como o que as tribos de Efraim e Manassés ("casa de José", cf. 2Sm 19,21; Am 5,6) terão no norte (cf. Gn 48).

12-36: Combinação de duas narrativas: na primeira, José vive em Siquém (vv. 12.13), é salvo da morte por Rúben (v. 21), levado ao Egito por madianitas (v. 36) e seu pai é Jacó (v. 34); na segunda, vive em Hebron (v. 14, cf. 35,27), é salvo por Judá (vv. 26-27), vendido aos ismaelitas que o levam ao Egito (v. 28), e seu pai é Israel (v. 13). Refletem divergências políticas e comerciais entre

É o senhor dos sonhos! ²⁰Vamos matá-lo e jogá-lo num poço. Depois dizemos que um animal feroz o devorou. Veremos, então, o que será dos seus sonhos".

²¹Rúben, ouvindo isso, salvou José das mãos deles. E disse: "Não lhe tiremos a vida!" ²²E continuou: "Não derramem sangue. Joguem o rapaz nesse poço do deserto, mas não levantem a mão contra ele". Era para salvar José das mãos deles e devolvê-lo ao pai.

²³Quando José chegou ao lugar onde estavam os irmãos, eles arrancaram a túnica dele, a túnica de mangas longas que vestia, ²⁴e o agarraram e jogaram dentro de um poço, um poço vazio onde não havia água. ²⁵Em seguida, sentaram-se para comer.

Levantando os olhos, viram uma caravana de ismaelitas que vinha de Galaad. Seus camelos estavam carregados de especiarias, bálsamo e resina, que levavam para o Egito. ²⁶Então Judá falou a seus irmãos: "O que vamos ganhar executando nosso irmão e escondendo seu sangue? ²⁷Vamos vendê-lo aos ismaelitas, mas não levantemos a mão contra ele, pois afinal é nosso irmão, da mesma carne que nós". Os irmãos concordaram.

²⁸E ao passarem uns homens mercadores de Madiã, eles retiraram José do poço e o venderam por vinte moedas de prata aos ismaelitas, que levaram José para o Egito.

²⁹Quando voltou ao poço, Rúben viu que José não estava aí. Rasgou as vestes ³⁰e, voltando-se para os irmãos, disse: "O menino desapareceu. E eu, para onde vou agora?"

³¹Eles pegaram a túnica de José, degolaram um cabrito e molharam a túnica no sangue. ³²E despacharam a túnica de mangas longas, e a fizeram chegar ao pai deles, dizendo: "Encontramos isso; veja se é ou não é a túnica do seu filho". ³³Ele a reconheceu e disse: "É a túnica do meu filho! Uma fera o devorou: certamente José foi despedaçado!" ³⁴Jacó rasgou as vestes, vestiu-se com panos de saco e guardou luto por seu filho durante muitos dias. ³⁵Todos os seus filhos e filhas procuraram consolá-lo, mas ele recusava a consolação deles, e dizia: "De luto por meu filho descerei para a morada dos mortos". E o pai chorou muito por ele.

³⁶Mas os madianitas, no Egito, venderam José para Putifar, eunuco e chefe da guarda do faraó.

38 Judá e Tamar –
¹Naquela ocasião, Judá se separou dos irmãos e foi viver na casa de um homem de Odolam, que se chamava Hira. ²Judá viu aí a filha de um cananeu chamado Sué, pegou-a e manteve relações com ela, ³que engravidou e deu à luz um filho, a quem chamou Her. ⁴Engravidou novamente e deu à luz outro filho, a quem chamou Onã. ⁵Engravidou ainda uma vez e gerou mais um filho, a quem chamou Sela. Quando o deu à luz, estava em Casib.

⁶Judá tomou uma mulher para seu primogênito Her. Ela se chamava Tamar. ⁷No entanto, Her, primogênito de Judá, desagradou a Javé, que o fez morrer. ⁸Então Judá disse a Onã: "Vá à mulher de seu irmão, cumpra a obrigação de cunhado e dê uma descendência para seu irmão". ⁹Onã, porém, sabia que a descendência não seria sua. E, cada vez que se unia à mulher do seu irmão, arruinava o sêmen na terra, para não dar descendência ao irmão. ¹⁰O que ele fazia desagradava a Javé, que o fez morrer também. ¹¹Então Judá disse à sua nora Tamar: "Viva como viúva na casa de seu pai e espere que meu filho Sela fique grande". Dizia isso pensando: "Não convém que ele morra como seus irmãos".

Tamar, então, voltou para a casa de seu pai. ¹²Passou muito tempo e morreu a filha de Sué, mulher de Judá. Tendo passado o luto, Judá subiu para Tamna, junto com

---

tribos ou grupos representados na corte (2Sm 3,2-5; 5,13-16; 2Rs 10,6). Sobre a "morada dos mortos" (v. 35; 44,29.31), ver nota a Nm 16,1-35.
38,1-30: Tradição da origem cananeia da tribo de Judá, inserida na história de José. No patriarcalismo, o primogênito herda o poder e os bens da família. Se morrer sem filhos, a Lei (Dt 25,5-10; Rt 3,7-4,12) obriga os irmãos (cunhados) a gerarem, com a viúva, um filho que receberá a herança que cabia ao morto. Tamar garante os direitos do marido e de esposa do primogênito, fingindo ser "mulher sagrada", sacerdotisa dos cultos da fertilidade, com os quais se buscava aumentar a família, a colheita ou o rebanho, e que depois foram proibidos por Josias. Contra a expulsão das mulheres estrangeiras, o livro de Rute, no pós-exílio (Ne 13,1-3.23-30; Esd 9-10), apresenta Farés como antepassado de Davi (Rt 4,18-22). E o evangelho de Mateus apresenta Tamar e Raab, cananeias, e Rute, moabita, na genealogia de Jesus (Mt 1,3-5).

Hira, seu amigo de Odolam, para tosquiar o rebanho. ¹³Comunicaram a Tamar: "Seu sogro está subindo a Tamna para tosquiar o rebanho". ¹⁴Tamar tirou, então, o traje de viúva, cobriu-se com véu e sentou-se na entrada de Enaim, que fica no caminho para Tamna. Ela viu que Sela já era grande e que ela não tinha sido dada para ele como mulher.
¹⁵Ao vê-la, Judá pensou que fosse uma prostituta, pois ela tinha coberto o rosto. ¹⁶Aproximou-se dela no caminho e disse: "Deixe-me ir com você". Judá não sabia que era a sua nora. Ela perguntou: "O que você me dará para ir comigo?" ¹⁷Judá respondeu: "Eu mandarei para você um cabrito do rebanho". Ela replicou: "Está bem. Mas você vai deixar uma garantia comigo até mandar o cabrito". ¹⁸Judá perguntou: "Que garantia você quer?" Ela respondeu: "O anel de selo, com o cordão e o cajado que você está levando". Judá os entregou e foi com ela, deixando-a grávida.
¹⁹Ela se levantou, foi-se embora, tirou o véu e tornou a vestir o traje de viúva. ²⁰Judá mandou o cabrito por meio de seu amigo de Odolam, a fim de recuperar os objetos que havia deixado com a mulher. Mas ele não a encontrou. ²¹Então perguntou aos homens do lugar: "Onde está aquela mulher sagrada que fica no caminho de Enaim?" Eles responderam: "Aqui nunca houve nenhuma mulher sagrada!" ²²O homem então voltou a Judá e disse: "Não a encontrei, e os homens do lugar disseram que ali nunca houve nenhuma mulher sagrada". ²³Judá replicou: "Que ela fique com todas aquelas coisas, para não cairmos no ridículo, pois eu mandei o cabrito e você não a encontrou".
²⁴Três meses depois, disseram a Judá: "Sua nora Tamar se prostituiu e está grávida por causa de sua má conduta". Judá ordenou: "Tragam-na para fora e seja queimada viva". ²⁵Quando a agarraram, ela mandou dizer a seu sogro: "Estou grávida do homem a quem pertence isto: reconheça, por favor, de quem é este anel de selo, este cordão e este cajado". ²⁶Judá os reconheceu, e disse: "Ela é mais honesta do que eu, pois não lhe dei meu filho Sela". E não teve mais relações com ela.
²⁷E na hora de dar à luz, Tamar tinha gêmeos no ventre. ²⁸Durante o parto, um deles estendeu a mão, e a parteira segurou-a, amarrando nela uma fita vermelha, dizendo: "Foi este que saiu primeiro". ²⁹Mas ele recolheu a mão e foi seu irmão quem saiu. A parteira disse: "Que brecha você abriu! Que a brecha seja para você!" E o chamaram Farés. ³⁰Em seguida saiu seu irmão, que tinha a fita vermelha na mão; e o chamaram Zara.

39 *José na casa de Putifar* – ¹José foi levado para o Egito. O egípcio Putifar, eunuco e chefe da guarda do faraó, o comprou dos ismaelitas que o tinham levado. ²Javé estava com José. E se tornou uma pessoa de sucesso e ficou na casa do seu senhor egípcio. ³Vendo, pois, o seu senhor que Javé estava com José e que Javé fazia prosperar tudo o que ele empreendia, ⁴José alcançou graça diante de seus olhos e o atendia. Colocou José como supervisor de toda a sua casa, e entregou nas mãos dele tudo o que possuía. ⁵Desde que José foi colocado como supervisor da casa e de tudo o que pertencia a Putifar, Javé abençoou a casa do egípcio em consideração a José. A bênção de Javé atingiu tudo o que o egípcio possuía, em casa e no campo. ⁶Putifar entregou tudo nas mãos de José, sem se preocupar com outra coisa, a não ser com o pão que comia. José era belo de porte e tinha um rosto bonito.
⁷Passado algum tempo, a mulher do seu senhor pôs os olhos em José e lhe propunha: "Deite comigo". ⁸José recusou, e respondeu à mulher do seu senhor: "Veja: meu senhor não se ocupa com nada da casa, e entregou em minhas mãos tudo o que possui. ⁹Nesta casa, ele não tem mais poder do que eu, e nada reservou para si,

---

39,1-23: Na história de José, só aqui aparece Javé, evidenciando paralelos com Davi: ambos são "jovens" e "pastores" (37,2; 1Sm 17,15.33); enviados pelo pai (37,12-13; 1Sm 17,17-18); atacados pelos irmãos (37,4.5.8.11.20.24; 1Sm 17,28); belos (39,6; 1Sm 17,42); Javé está com eles (39,2.3.5.21.23; 1Sm 16,13.18; 17,37; 18,12 e 18,14.28; 20,13; 2Sm 5,10); tudo resulta em bênção para eles e para seu povo (39,2.3.23; 45,5-8; 1Sm 18,5.14.15.30); são fiéis a seus senhores (39,8-13; 1Sm 24,11; 26,11); tornam-se poderosos (39,6.22-23; 41,40-44; 47,20-21; 1Sm 18,5.13; 2Sm 2,4; 5,3). A concentração de poder legitimada em nome de Javé indica a corte como lugar de origem e uso dessas tradições.

a não ser você, que é mulher dele. Como posso cometer semelhante crime, pecando contra Deus?" ¹⁰Ela insistia todos os dias, mas José não consentia em deitar-se a seu lado e estar com ela.

¹¹Certo dia, José chegou à casa para cuidar do seu serviço, e nenhum dos homens da casa estava presente. ¹²A mulher o agarrou pela roupa, convidando: "Deite-se comigo". José, porém, deixou as roupas na mão dela, saiu e fugiu. ¹³Vendo que José tinha deixado as roupas em suas mãos e fugido, ¹⁴a mulher chamou os homens da casa e lhes disse: "Vejam: meu marido trouxe um hebreu para abusar de nós. Ele se aproximou, querendo deitar-se comigo, mas eu dei um grande grito. ¹⁵Vendo que eu erguia a voz e gritava, ele deixou a roupa comigo e fugiu".

¹⁶A mulher ficou com a roupa até que seu senhor chegasse em casa. ¹⁷Então ela lhe contou a mesma história: "O escravo hebreu que você trouxe aproximou-se para abusar de mim. ¹⁸Eu levantei a voz e gritei. Então ele deixou a roupa comigo e fugiu". ¹⁹Seu senhor ficou furioso quando ouviu o que sua mulher contava: "Veja como seu escravo agiu comigo". ²⁰Mandou, então, buscar José e o jogou na prisão, onde estavam os prisioneiros do rei. Assim, José foi parar na prisão.

²¹No entanto, Javé estava com José e estendeu sua solidariedade sobre ele, atraindo para ele a simpatia do chefe da prisão. ²²O chefe da prisão confiou a José todos os detidos que estavam na prisão. Era José quem organizava tudo o que aí se fazia. ²³O chefe da prisão não se preocupava com nada do que lhe tinha sido confiado, porque Javé estava com José. E Javé fazia prosperar tudo o que ele empreendia.

40 *José interpreta o sonho dos encarcerados* – ¹Passado algum tempo, o copeiro e o padeiro do rei do Egito ofenderam seu senhor, o rei do Egito. ²O faraó ficou irado contra esses dois eunucos, o chefe dos copeiros e o chefe dos padeiros, ³e mandou prendê-los na casa do chefe da guarda, na mesma prisão onde estava José. ⁴O chefe da guarda nomeou José, que passou a atendê-los. Eles ficaram na prisão durante algum tempo.

⁵Certa noite, o copeiro e o padeiro do rei do Egito, que estavam na prisão, tiveram um sonho, cada qual com seu significado. ⁶Pela manhã, José foi onde eles se encontravam e percebeu que estavam pensativos. ⁷José perguntou, então, aos dois eunucos do faraó, presos com ele na casa do seu senhor: "Por que vocês estão de cara triste?" ⁸Eles responderam: "É que tivemos um sonho e não há ninguém para interpretá-lo". José replicou: "Deus é quem interpreta. Contem-me os sonhos".

⁹O chefe dos copeiros contou seu sonho a José: "Sonhei que havia uma videira diante de mim. ¹⁰Na videira havia três ramos. Eles deram brotos, floresceram e os cachos de uva amadureceram. ¹¹Eu tinha na mão a taça do faraó. Peguei os cachos de uva, espremi-os na taça, e coloquei a taça na mão do faraó". ¹²José disse ao chefe dos copeiros: "Esta é a interpretação: os três ramos representam três dias. ¹³Daqui a três dias, o faraó fará você levantar a cabeça e lhe devolverá seu cargo. Você colocará a taça do faraó na mão dele, como antes você costumava fazer, quando era seu copeiro. ¹⁴Lembre-se de mim quando você estiver bem, e lhe peço que seja solidário comigo: mencione meu nome ao faraó, para que ele me tire desta prisão. ¹⁵Eu fui sequestrado da terra dos hebreus, e aqui não fiz nada para me jogarem nesta prisão".

¹⁶O chefe dos padeiros viu que José dera uma boa interpretação, e contou a ele: "Eu também tive um sonho. Havia três cestas de bolos sobre minha cabeça. ¹⁷Na cesta mais alta havia todos os tipos de doces que o faraó come. Mas as aves os comiam na cesta que eu levava na cabeça". ¹⁸José respondeu: "Esta é a interpretação: as três cestas representam três dias. ¹⁹Daqui a três dias, o faraó fará você levantar a cabeça. E você será pendurado numa árvore, e as aves comerão a carne do seu corpo".

40,1-23: Copeiros e padeiros provavam as bebidas e comidas na frente do rei para evitar envenenamento. Intérpretes de sonhos, vistos como formas de comunicação dos deuses com a humanidade (41,16.25.28.32, cf. 20,3; 28,12-16; 31,11-13; Jz 7,13-14; 1Rs 3,5-15), eram comuns nas cortes (cf. 1Sm 28,6; Dn 2 e 4). Cf. 41,1-57.

de sua mãe, e perguntou: "É este o irmão mais novo, de quem vocês me falaram?" E disse a Benjamim: "Que Deus lhe conceda graça, meu filho". ³⁰Em seguida, José saiu depressa, porque ficou comovido por seu irmão, e as lágrimas lhe vinham aos olhos. Entrou em seu quarto, e chorou. ³¹Depois lavou o rosto, voltou, e contendo-se ordenou: "Sirvam o almoço".

³²Serviram José à parte, os irmãos à parte, e de outro lado os egípcios que comiam com ele, pois os egípcios não podem comer com os hebreus, já que isso seria uma abominação para os egípcios. ³³Os irmãos foram colocados diante de José, cada qual em seu devido lugar, do mais velho ao mais novo. Eles se olhavam admirados. ³⁴José lhes mandava porções de sua mesa, e a porção de Benjamim era cinco vezes maior. Eles beberam bebida forte e se alegraram em companhia de José.

44 ¹José deu esta ordem ao mordomo: "Encha as sacas com toda a comida que estes homens puderem levar e ponha o dinheiro de cada um na boca das sacas. ²Na boca da saca do mais novo, junto com o dinheiro do seu cereal, coloque também a minha taça, a taça de prata". E o mordomo assim fez.

³Ao amanhecer, esses homens se despediram e partiram com seus jumentos. ⁴Logo que saíram da cidade, ainda não estavam longe, disse José ao mordomo: "Persiga esses homens e, quando os alcançar, diga a eles: 'Por que vocês pagaram o bem com o mal? ⁵Por que roubaram a taça de prata que meu senhor usa para beber e fazer adivinhações? Vocês se comportaram mal'".

⁶O mordomo os alcançou e lhes repetiu isso. ⁷Mas eles responderam: "Por que meu senhor está falando assim? Seus servos nunca fariam isso! ⁸Veja: o dinheiro que tínhamos encontrado na boca das nossas sacas, nós o trouxemos de volta da terra de Canaã. Por que iríamos roubar ouro ou prata da casa do seu senhor? ⁹Aquele dos seus servos que for encontrado com isso, que seja morto, e nós nos tornaremos escravos do seu senhor". ¹⁰E ele disse: "Que seja conforme as palavras de vocês. Aquele com quem for encontrada a taça será meu escravo, e os outros ficarão livres". ¹¹Cada um colocou depressa sua saca no chão e a abriu. ¹²O mordomo se pôs a examiná-los, começando pelo mais velho e terminando pelo mais novo, e encontrou a taça na saca de Benjamim. ¹³Então eles rasgaram as roupas, carregaram de novo os jumentos e voltaram à cidade.

¹⁴Judá e seus irmãos entraram na casa de José, que ainda estava ali, e se prostraram por terra diante dele. ¹⁵José lhes perguntou: "O que é que vocês fizeram? Vocês não sabiam que uma pessoa como eu é capaz de adivinhar?" ¹⁶Judá respondeu: "Que podemos responder ao nosso senhor? Como podemos provar nossa inocência? Deus descobriu a falta de seus servos. Aqui estamos: somos escravos do meu senhor, tanto nós como aquele nas mãos de quem foi encontrada a taça". ¹⁷José, porém, disse: "Eu nunca faria isso! Aquele que estava com a taça será meu escravo. Quanto a vocês, podem voltar em paz para a casa do seu pai".

José se revela aos irmãos – ¹⁸Judá, dirigindo-se a ele, disse: "Meu senhor, permita que seu servo diga uma palavra aos ouvidos do meu senhor, sem que sua cólera se acenda contra seu servo, pois você é como o próprio faraó. ¹⁹Meu senhor tinha perguntado a seus servos: 'Vocês têm ainda pai ou algum irmão?' ²⁰Nós respondemos ao meu senhor: 'Temos um pai já velho e um menino, nascido em sua velhice, o mais novo. O irmão deste morreu e ele ficou sendo o único filho de sua mãe. Nosso pai o ama demais'. ²¹Então foi dito a seus servos: 'Tragam-no para que eu o conheça'. ²²Nós respondemos ao meu senhor: 'O rapaz não pode deixar seu pai. Se ele se separar do pai, o pai morrerá'. ²³Mas foi dito a seus servos: 'Se o irmão mais novo de vocês não vier junto, vocês não serão recebidos por mim'. ²⁴Quando voltamos para junto do nosso pai, seu servo, nós lhe contamos tudo o que meu senhor falou. ²⁵E nosso pai nos disse: 'Voltem para comprar um pouco de comida para nós'. ²⁶E nós respondemos: 'Mas não podemos

---

44,18-45,28: Como modelo (cf. nota anterior), José legitima e consolida seu poder, apresentando-o como plano de Deus (50,20, cf. 1Sm 18,12-30), e levando sua família a usufruir desse poder (45,4-11.16-24; 47,5-12.27; 50,21).

descer, se nosso irmão mais novo não for conosco. Pois não seremos recebidos por aquele homem, se nosso irmão mais novo não for conosco'. ²⁷Então meu pai, seu servo, nos disse: 'Vocês sabem que minha mulher só me deu dois filhos. ²⁸Um se foi para longe de mim e eu disse: Foi despedaçado por uma fera! E nunca mais o vi até hoje. ²⁹Se vocês tirarem também este de junto de mim e lhe acontecer alguma desgraça, de tanta dor vocês farão este velho de cabelos brancos descer à morada dos mortos'. ³⁰Agora, pois, se eu chegar à casa de meu pai, seu servo, sem levar comigo o rapaz, como a sua vida está tão apegada com a vida dele, ³¹quando notar que o rapaz não está conosco, ele morrerá. E faremos nosso pai, seu servo, de cabelos brancos, descer à morada dos mortos, de tanta dor. ³²Este seu servo tornou-se responsável pelo rapaz junto a seu pai, nestes termos: 'Se eu não o trouxer de volta para o senhor, serei culpado diante do meu pai durante toda a minha vida'. ³³Portanto, deixe que este seu servo fique escravo de meu senhor no lugar do rapaz, e que o rapaz possa voltar com seus irmãos. ³⁴Como poderia eu voltar à casa de meu pai sem ter comigo o rapaz? Não quero ver o mal que cairia sobre meu pai".

45 ¹Nesse momento, José não pôde mais se conter na presença de todos os que serviam com ele, e ordenou: "Saiam todos". Assim, já não havia outra pessoa, quando José se deu a conhecer a seus irmãos. ²Começou a chorar tão alto que os egípcios ouviram, e a notícia chegou à casa do faraó.

³José disse aos irmãos: "Eu sou José! Meu pai ainda está vivo?" Seus irmãos, espantados, ficaram sem resposta. ⁴E José disse aos irmãos: "Cheguem mais perto de mim!" Eles se aproximaram. José continuou: "Eu sou José, o irmão de vocês, aquele que vocês venderam para o Egito. ⁵Mas agora, não fiquem tristes nem se aflijam porque me venderam para cá, pois foi para lhes preservar a vida que Deus me enviou na frente de vocês. ⁶De fato, há dois anos a fome se instalou na terra e ainda haverá cinco anos sem semeadura e sem colheita. ⁷Deus me enviou na frente de vocês, para que possam sobreviver nesta terra, salvando a vida para uma grandiosa libertação. ⁸Portanto, não foram vocês que me mandaram para cá. Foi Deus. Ele me colocou como pai do faraó, como senhor de toda sua casa e governador de todo o Egito. ⁹Subam depressa à casa do meu pai e digam a ele: 'Assim fala seu filho José: Deus me tornou senhor de toda a terra do Egito. Desça sem demora para junto de mim. ¹⁰Você habitará na região de Gessen. E você, junto com seus filhos, e os filhos de seus filhos, ovelhas, bois e tudo o que lhe pertence, estarão próximos de mim. ¹¹Aí eu lhe garantirei o sustento, cuidando que não falte mais nada a você, à sua casa e a tudo o que possui, pois a fome ainda vai durar cinco anos'. ¹²Vocês estão vendo com os próprios olhos, assim como Benjamim, meu irmão, também está vendo, que eu lhes estou falando pessoalmente. ¹³Contem a meu pai todo o poder que tenho no Egito, tudo o que vocês viram, e tragam logo meu pai para cá".

¹⁴Então José abraçou seu irmão Benjamim e chorou. Benjamim também chorou abraçado a ele. ¹⁵Em seguida, José cobriu de beijos todos os irmãos e, abraçando-os, chorava. Só então seus irmãos começaram a conversar com ele.

¹⁶A notícia de que os irmãos de José haviam chegado foi ouvida no palácio do faraó. E isso pareceu bom aos olhos do faraó e de seus servos. ¹⁷O faraó disse a José: "Diga a seus irmãos que carreguem os animais e voltem para a terra de Canaã. ¹⁸Tomem o pai e as famílias de vocês e voltem para cá. Eu lhes darei a melhor terra do Egito, e eles poderão comer os melhores produtos da terra. ¹⁹Mande que levem do Egito carros para transportar as crianças, as mulheres e seu pai, e venham para cá. ²⁰Não se preocupem com o que deixarem, pois tudo o que houver de melhor na terra do Egito pertencerá a eles".

²¹Assim fizeram os filhos de Israel. José lhes deu carros, conforme as ordens do faraó, e também provisões para a viagem. ²²Além disso, deu mudas de roupa a cada um deles, mas a Benjamim deu trezentas moedas de prata e cinco mudas de roupa. ²³Para seu pai, enviou dez jumentos carregados com os melhores produtos do Egito e dez jumentas carregadas de trigo, pão e provisões para a viagem do pai.

²⁴Quando os irmãos se despediram para partir, José lhes disse: "Não briguem no caminho". ²⁵Então eles subiram do Egito e chegaram à terra de Canaã, na casa de seu pai Jacó. ²⁶E deram a notícia ao pai: "José está vivo e é o governador de toda a terra do Egito". Mas o coração de seu pai gelou, e não acreditava neles. ²⁷Entretanto, quando eles repetiram tudo o que José lhes havia dito e quando viu os carros que José tinha mandado para buscá-lo, o espírito de Jacó, pai deles, se reanimou. ²⁸E Israel disse: "Isso basta! Meu filho José ainda está vivo! Vou lá e hei de vê-lo antes de morrer".

46 Jacó e seus familiares descem ao Egito
– ¹Israel partiu levando tudo o que possuía. Chegando a Bersabeia, ofereceu sacrifícios ao Deus de seu pai Isaac. ²Aí, numa visão noturna, Deus disse a Israel: "Jacó! Jacó!" Ele respondeu: "Eis-me aqui". ³Deus continuou: "Eu sou El, o Deus de seu pai. Não tenha medo de descer ao Egito, porque lá farei de você uma grande nação. ⁴Eu mesmo descerei com você ao Egito e eu mesmo o farei subir de lá. E José lhe fechará os olhos".

⁵Jacó partiu de Bersabeia. Os filhos de Israel fizeram seu pai Jacó, suas crianças pequenas e suas mulheres se acomodarem nos carros que o faraó tinha enviado para buscá-los. ⁶Juntaram seus rebanhos e tudo o que haviam adquirido na terra de Canaã. E Jacó, e com ele todos os seus descendentes, foram para o Egito. ⁷Ele levou consigo para o Egito seus filhos e os filhos de seus filhos, suas filhas e as filhas de seus filhos, todos os seus descendentes.

⁸Nomes dos filhos de Jacó que foram para o Egito: Rúben, o primogênito de Jacó. ⁹Filhos de Rúben: Henoc, Falu, Hesron e Carmi. ¹⁰Filhos de Simeão: Jamuel, Jamin, Aod, Jaquin, Soar e Saul, o filho da cananeia. ¹¹Filhos de Levi: Gérson, Caat e Merari. ¹²Filhos de Judá: Her, Onã, Sela, Farés e Zara; mas Her e Onã morreram na terra de Canaã. Filhos de Farés: Hesron e Hamul. ¹³Filhos de Issacar: Tola, Fua, Jasub e Semron. ¹⁴Filhos de Zabulon: Sared, Elon e Jaelel. ¹⁵Até aqui os que Lia deu a Jacó em Padã-Aram e mais sua filha Dina: ao todo trinta e três pessoas, entre filhos e filhas. ¹⁶Filhos de Gad: Safon, Hagi, Suni, Esebon, Eri, Arodi e Areli. ¹⁷Filhos de Aser: Jamne, Jesua, Jessui, Beria, e sua irmã Sara. Filhos de Beria: Héber e Melquiel. ¹⁸Esses são os filhos de Zelfa, a escrava que Labão deu à sua filha Lia. Ela gerou dezesseis pessoas para Jacó. ¹⁹Filhos de Raquel, esposa de Jacó: José e Benjamim. ²⁰Asenet, filha de Putifar, sacerdote de On, deu a José dois filhos no Egito: Manassés e Efraim. ²¹Filhos de Benjamim: Bela, Bocor, Asbel, Gera, Naamã, Equi, Ros, Mofim, Ofim e Ared. ²²São esses os filhos que Raquel deu a Jacó, ao todo catorze pessoas. ²³Filho de Dã: Husim. ²⁴Filhos de Neftali: Jasiel, Guni, Jeser e Selém. ²⁵São esses os filhos de Bala, a escrava que Labão deu à sua filha Raquel. Ela deu a Jacó sete pessoas. ²⁶Todas as pessoas que foram com Jacó para o Egito, descendentes dele, sem contar as mulheres de seus filhos, eram ao todo sessenta e seis. ²⁷Acrescentando os dois filhos de José no Egito, a família de Jacó que foi para o Egito era, no total, de setenta pessoas.

²⁸Jacó enviou Judá na frente, para que ele se encontrasse com José e preparasse um lugar em Gessen. Quando eles estavam chegando a Gessen, ²⁹José mandou preparar seu carro e foi ao encontro do seu pai Israel em Gessen. Ao vê-lo, lançou-se a seu pescoço e chorou algum tempo abraçado com ele. ³⁰Israel disse a José: "Agora posso morrer, pois vi seu rosto, e você ainda vive".

³¹José disse a seus irmãos e à casa de seu pai: "Vou subir para dar ao faraó esta notícia: 'Meus irmãos e a casa de meu pai, que viviam em Canaã, vieram para junto de mim. ³²Os homens são pastores de ovelhas, são homens de gado. Trouxeram as ovelhas, as vacas e tudo o que possuíam'. ³³Assim, quando o faraó chamar vocês e perguntar: 'Qual é a profissão de vocês?', ³⁴respondam: 'Seus servos são pastores desde a juventude até hoje, tanto nós como nossos pais'. Desse modo, vocês poderão ficar na região de Gessen, pois os pastores são uma abominação para os egípcios".

46,1-47,12: Combinação de tradições (em 47,1-6 se estabelecem na região de Gessen; mas, em 47,7-12, vão morar em Ramsés), ligando as tradições dos patriarcas ao livro do Êxodo. A expressão "Eu sou El, o Deus de seu pai" (46,3) não se aplica a Isaac, e apresenta El como o Deus do êxodo (cf. Nm 23,22; 24,8).

47 ¹José foi levar ao faraó a notícia: "Meu pai e meus irmãos chegaram da terra de Canaã com suas ovelhas, vacas e tudo o que possuem, e estão na região de Gessen". ²Ele escolheu cinco de seus irmãos para apresentá-los ao faraó, ³que lhes perguntou: "Qual é a profissão de vocês?" Eles responderam: "Seus servos são pastores de ovelhas, tanto nós quanto nossos pais". ⁴E acrescentaram: "Viemos para esta terra como migrantes, porque não há mais pastagem para os rebanhos de seus servos. A fome está assolando a terra de Canaã. Permita, então, que seus servos fiquem na terra de Gessen". ⁵O faraó disse a José: "Seu pai e seus irmãos, então, vieram procurá-lo. ⁶O Egito está à sua disposição: estabeleça seu pai e seus irmãos na melhor região. Que eles fiquem morando na região de Gessen. Se você conhece alguns deles que são homens valorosos, coloque-os como encarregados de meus próprios rebanhos".

⁷Então José fez vir seu pai Jacó, o apresentou ao faraó, e Jacó abençoou o faraó. ⁸O faraó perguntou a Jacó: "Quantos anos você tem?" ⁹Jacó respondeu ao faraó: "Cento e trinta são os meus anos de migrante pela terra. Os anos de minha vida foram poucos e infelizes, e não chegam aos anos de meus pais, em seus dias de migração". ¹⁰Jacó abençoou o faraó e despediu-se dele. ¹¹A seguir, José estabeleceu seu pai e seus irmãos. E lhes deu propriedades no Egito, na melhor região da terra, que é a de Ramsés, conforme o faraó lhe havia mandado. ¹²E José providenciou pão para seu pai, para seus irmãos e para toda a casa de seu pai, segundo o número de suas crianças.

José estabelece o tributo – ¹³Em toda a terra faltava pão, pois a fome assolava e esgotava a terra do Egito e de Canaã. ¹⁴José acumulou todo o dinheiro que havia na terra do Egito e na terra de Canaã, em troca dos cereais que eles compravam. E entregou todo o dinheiro ao palácio do faraó. ¹⁵Quando acabou o dinheiro da terra do Egito e da terra de Canaã, os egípcios foram a José, pedindo: "Dê-nos pão ou morreremos aqui mesmo, porque nosso dinheiro acabou". ¹⁶José disse: "Se o dinheiro de vocês acabou, tragam rebanhos, e eu lhes darei pão em troca de seus rebanhos". ¹⁷Então eles levaram seus rebanhos a José, e este lhes deu pão em troca de cavalos, ovelhas, bois e jumentos. E nesse ano José sustentou-os com pão em troca de seus rebanhos. ¹⁸Passado esse ano, eles voltaram a José no ano seguinte, dizendo: "Não podemos esconder isto ao senhor: nosso dinheiro, o rebanho e os animais domésticos já pertencem ao senhor. Só nos resta oferecer ao senhor nossos corpos e nossos campos. ¹⁹Por que haveríamos de morrer em sua presença, nós e nossos terrenos? Compre, portanto, a nós e nossos terrenos em troca de pão, e assim nós e nossos terrenos seremos servos do faraó. Dê-nos sementes a fim de que continuemos vivos e não morramos, e nosso terreno não fique abandonado".

²⁰Assim José comprou para o faraó todos os terrenos do Egito. Pois os egípcios, forçados pela fome, venderam seus campos. Desse modo, toda a terra tornou-se propriedade do faraó. ²¹Quanto aos homens, ele os colocou na servidão, de uma extremidade à outra do território do Egito. ²²Somente o terreno dos sacerdotes não foi comprado, pois os sacerdotes recebiam uma renda do faraó e viviam da renda que o faraó lhes dava. Por isso, não precisaram vender o próprio terreno.

²³José disse ao povo: "Hoje eu comprei vocês e seus terrenos para o faraó. Aqui estão as sementes para vocês semearem os terrenos. ²⁴Quando chegar a colheita, vocês deverão dar a quinta parte para o faraó. As outras quatro partes servirão para semear o campo e para alimentar vocês, suas casas e seus filhos". ²⁵Eles responderam: "O senhor manteve nossa vida! Alcançamos graça diante de seus olhos, meu senhor, e seremos servos do faraó". ²⁶José fez disso uma lei, que ainda hoje vale para todos os terrenos do Egito: a quinta parte da produção pertence ao faraó. Somente o terreno dos sacerdotes não se tornou propriedade do faraó.

47,13-26: A "sabedoria" da corte chega ao ápice. José concentra tudo nas mãos do faraó: dinheiro, rebanhos, pessoas e terras. E o povo agradecido submete-se à servidão e ao pagamento de um quinto de toda sua produção para sempre (cf. 1Sm 8,11-17). Certamente os sacerdotes da religião oficial ficam com seus terrenos,

Jacó não quer ser enterrado no Egito – ²⁷Israel ficou habitando na terra do Egito, na região de Gessen. Aí adquiriu propriedades, multiplicou-se e tornou-se muito numeroso. ²⁸Jacó viveu dezessete anos no Egito, e a duração da sua vida foi de cento e quarenta e sete anos. ²⁹Quando chegou para Israel a hora da morte, ele chamou seu filho José e lhe disse: "Se alcancei graça diante de seus olhos, por favor, coloque sua mão debaixo de minha coxa e prometa tratar-me com solidariedade e fidelidade. Peço-lhe que não me enterre no Egito. ³⁰Quando eu descansar com meus pais, leve-me do Egito e me enterre no túmulo deles". José respondeu: "Farei como o senhor me pede". ³¹Seu pai insistiu: "Jure-me!" E José jurou. Em seguida, Israel inclinou-se sobre a cabeceira da cama.

48 Jacó adota e abençoa Efraim e Manassés –
¹Algum tempo depois disso, disseram a José: "Seu pai está doente". José levou consigo seus dois filhos, Manassés e Efraim. ²Disseram a Jacó: "Aqui está seu filho José, que veio visitá-lo". Israel fez um esforço e sentou-se na cama. ³Jacó disse a José: "El Shadai me apareceu em Luza, na terra de Canaã. Ele me abençoou ⁴e disse: 'Eu o tornarei fecundo e o multiplicarei, até que chegue a ser uma assembleia de povos. E a seus descendentes eu darei esta terra como posse perpétua'. ⁵Agora, então, os dois filhos que lhe nasceram no Egito antes que eu viesse habitar com você serão meus filhos. Efraim e Manassés serão para mim como Rúben e Simeão. ⁶Seus parentes, os que nascerem depois deles, pertencerão a você, e receberão o nome de seus irmãos no lugar da sua herança. ⁷Quando eu voltava de Padã-Aram, Raquel morreu em viagem na terra de Canaã, a um bom trecho de Éfrata, e aí eu a enterrei, no caminho de Éfrata, que é Belém".

⁸Israel viu os dois filhos de José, e perguntou: "Quem são estes?" ⁹José respondeu: "São os filhos que Deus me deu aqui". Jacó disse: "Traga-os aqui perto para que eu os abençoe". ¹⁰Israel estava com a vista fraca pela velhice e quase não enxergava. José fez os filhos se aproximarem, e Israel os beijou e abraçou. ¹¹E Israel disse a José: "Eu não esperava mais vê-lo, mas Deus me permitiu ver você e sua descendência". ¹²José tirou, então, os filhos do colo do pai e depois se prostrou com o rosto por terra. ¹³José pegou os filhos, Efraim à direita e Manassés à esquerda, aproximou-se de Israel, para que Manassés ficasse à direita e Efraim à esquerda de Israel. ¹⁴Israel, porém, cruzou os braços, estendeu a mão direita e a colocou sobre a cabeça de Efraim, que era o mais novo, e a mão esquerda sobre a cabeça de Manassés, embora Manassés fosse o mais velho. ¹⁵E abençoou a José, dizendo: "Que o Deus diante do qual meus pais Abraão e Isaac caminharam, o Deus que foi meu pastor desde meu nascimento até hoje, ¹⁶que o Mensageiro que me salvou de todo o mal abençoe estes rapazes. Que neles sobrevivam o meu nome e o nome de meus pais Abraão e Isaac. Que eles cresçam e se multipliquem sobre a terra".

¹⁷José viu que seu pai tinha posto a mão direita sobre a cabeça de Efraim, e não gostou. Pegou a mão direita do pai para retirá-la da cabeça de Efraim e colocá-la sobre a cabeça de Manassés, ¹⁸explicando: "Não é assim, pai! O primogênito é este. Coloque a mão direita sobre a cabeça dele". ¹⁹Mas o pai se recusou, dizendo: "Eu sei, meu filho, eu sei. Ele também se tornará um povo e será grande, mas seu filho mais novo será maior do que ele, e sua descendência se tornará uma multidão de nações".

²⁰Nesse dia, Jacó os abençoou desta maneira: "Israel se servirá de vocês para abençoar, dizendo: 'Deus torne você como

---

porque justificam o fato em nome de Deus. Este é um dos perigos da religião, quando em vez de promover a vida se põe a serviço do poder e da riqueza.

27-31: A redação final repete que Jacó será enterrado no túmulo de Abraão (cf. 49,29-32; 50,13), para completar a subordinação das tradições das tribos do norte às tradições de Abraão, o patriarca do sul. Cf. notas a 23,1-20; 35,21-29 e 49,29-50,14.

48,1-22: Tradições nortistas: uma bênção a José e seu estabelecimento em Siquém (vv. 15.21-22), e uma justificativa para a subordinação política da tribo de Manassés, inicialmente mais forte (Jz 7,24-8,3), à tribo de Efraim (vv. 8-20, cf. 1Rs 11,26; 12,20). Foram retrabalhadas para explicar por que Efraim e Manassés tornaram-se nomes de tribos (v .5) e para subordinar as tradições de Jacó às tradições e perspectivas do sul (vv. 2-4).

Efraim e Manassés'". E Jacó pôs Efraim antes de Manassés. ²¹Em seguida, Israel disse a José: "Estou para morrer, mas Deus estará com vocês e os levará de novo para a terra de seus pais. ²²A você, e não a seus irmãos, eu darei Siquém, que eu tomei dos amorreus com minha espada e arco".

49 As bênçãos de Jacó –
¹Jacó chamou seus filhos e disse: "Reúnam-se, para que eu lhes anuncie o que vai acontecer a vocês no futuro. ²Reúnam-se e escutem, filhos de Jacó. Ouçam seu pai Israel: ³Rúben, é você meu primogênito, meu vigor e minha virilidade, primeiro em dignidade, primeiro em força. ⁴Impetuoso como as águas, você não manterá o primeiro lugar, porque subiu à cama de seu pai e violou meu leito.

⁵Simeão e Levi são irmãos. Suas espadas são instrumentos de violência. ⁶Não quero assistir a seus conselhos, não participarei de sua assembleia, pois em sua cólera mataram homens, e em seu capricho mutilaram touros. ⁷Maldita seja a cólera deles por seu rigor, maldito seu furor por sua dureza. Eu os dividirei em Jacó e os dispersarei em Israel.

⁸Judá, seus irmãos hão de louvá-lo. Você porá a mão na nuca de seus inimigos, e diante de você se prostrarão os filhos de seu pai. ⁹Judá é um leãozinho. Você voltou da caçada, meu filho. Ele se agacha e deita-se como leão ou leoa. Quem se atreve a desafiá-lo? ¹⁰O cetro não se afastará de Judá, nem o bastão de comando do meio de seus pés, até que o tributo lhe seja trazido e os povos lhe obedeçam. ¹¹Ele amarra seu jumentinho junto à vinha, o filhote de jumenta perto da videira. Lava sua roupa no vinho, seu manto no sangue das uvas. ¹²Seus olhos são mais escuros do que o vinho, seus dentes mais brancos do que o leite.

¹³Zabulon reside à beira-mar, é um porto para os barcos, e sua fronteira chegará até Sidônia.

¹⁴Issacar é um jumento robusto, deitado entre dois paredões. ¹⁵Ele viu que o estábulo era bom e a terra agradável, baixou o ombro para a carga, e sujeitou-se ao trabalho escravo.

¹⁶Dã julga seu povo, e também as outras tribos de Israel. ¹⁷Dã é uma serpente no caminho, uma víbora no atalho, morde o cavalo no calcanhar e o cavaleiro cai para trás.

¹⁸Em tua salvação eu espero, Javé!

¹⁹Gad, os guerrilheiros o atacarão, e ele os atacará pelas costas.

²⁰Aser, seu pão é abundante e fornece delícias de reis.

²¹Neftali é gazela solta que tem crias formosas.

²²José é potro selvagem, potro junto à fonte, burros selvagens junto ao muro. ²³Os arqueiros os irritam, desafiam e atacam. ²⁴Mas o seu arco fica intacto e seus braços se movem velozes, pelas mãos do Poderoso de Jacó, do Pastor e Pedra de Israel, ²⁵pelo Deus de seu pai que o socorre, por Shadai que o abençoa: as bênçãos que descem do céu e as bênçãos do oceano embaixo, bênçãos das mamas e do útero. ²⁶As bênçãos de seu pai são superiores às bênçãos dos montes antigos e às atrações das colinas eternas. Que elas venham sobre a cabeça de José, sobre a fronte do consagrado entre os irmãos.

²⁷Benjamim é um lobo voraz: de manhã devora a presa, e à tarde reparte os despojos".

²⁸Todos esses formam as doze tribos de Israel. E tudo isso foi o que disse o pai deles ao abençoá-los. Abençoou cada um com a bênção que convinha.

Morte e funerais de Jacó – ²⁹Depois Jacó ordenou a eles: "Quando eu me reunir com os meus, enterrem-me com meus pais na gruta do campo do heteu Efron, ³⁰na gruta do campo de Macpela, diante de Mambré, na terra de Canaã, no campo que Abraão comprou do heteu Efron, como propriedade para sepultura. ³¹Aí

49,1-28: Esta bênção vinha logo após 35,26. Não se fala do Egito. Os filhos aqui já representam tribos (v. 28). A bênção a José (vv. 22-26, cf. Dt 33,13-17) lhe confere destaque, refletindo a importância da "casa de José" (Efraim e Manassés) em Israel, em certa relação com divindades da fertilidade (v. 25); possivelmente era a bênção originalmente dirigida a José em 48,15 (cf. nota anterior). Mas aqui todos estão subordinados a Judá (vv. 8-12), legitimando períodos em que Judá domina Efraim e Manassés, talvez com Davi e Salomão ou, mais provavelmente, após Ezequias e Josias. Cf. notas a 33,18-34,31 e 35,21-29.

49,29-50,14: O início e o final deste trecho reafirmam o enterro de Jacó, por vontade dele, no túmulo de Abraão (29,29-32 e 50,12-13; cf. notas a 47,27-31). Assim os redatores sulistas consolidam a relação familiar entre eles. Porém os vv. 10-11 parecem guardar restos da memória do enterro de Jacó em Goren-Atad ("eira do espinheiro"), fato que inclusive explicaria o

foram sepultados Abraão e sua mulher Sara. Aí também foram enterrados Isaac e sua mulher Rebeca, e aí eu enterrei Lia. ³²O campo e a gruta que nele está foram comprados dos filhos de Het".

³³Quando terminou de dar instruções aos filhos, Jacó encolheu as pernas na cama, faleceu e foi reunido ao seu povo.

50 ¹José atirou-se sobre o rosto do pai, chorando e beijando-o. ²Em seguida, ordenou aos médicos que estavam a seu serviço que embalsamassem o seu pai. E os médicos embalsamaram Israel. ³Isso durou quarenta dias, que é o tempo que costuma demorar o embalsamamento. Os egípcios guardaram luto por setenta dias.

⁴Quando terminou o tempo do luto, José disse à casa do faraó: "Se alcancei graça diante dos olhos de vocês, digam pessoalmente ao faraó: ⁵'Meu pai me fez prestar este juramento: Quando eu morrer, enterre-me no túmulo que eu mandei cavar na terra de Canaã'. Portanto, deixe-me subir para enterrar meu pai; em seguida eu voltarei". ⁶O faraó respondeu: "Suba e enterre seu pai, conforme o juramento que você fez".

⁷José subiu para enterrar seu pai, e com ele foram todos os servos do faraó, os anciãos da sua casa e todos os anciãos da terra do Egito, ⁸bem como toda a casa de José, seus irmãos e a casa de seu pai. Deixaram na terra de Gessen somente suas crianças, suas ovelhas e seu gado. ⁹Com José subiram também carros e cavaleiros, um grande e imponente acampamento.

¹⁰Chegando a Goren-Atad, no outro lado do Jordão, fizeram um funeral grandioso e solene. E José guardou luto de sete dias por seu pai. ¹¹Os cananeus, que habitavam na região, viram o luto em Goren-Atad, e comentaram: "O funeral dos egípcios é grande!" Por isso, deram ao lugar o nome de Abel-Mesraim, lugar esse que está no outro lado do Jordão.

¹²Os filhos de Jacó fizeram o que ele havia ordenado: ¹³levaram-no para a terra de Canaã e o sepultaram na gruta do campo de Macpela, diante de Mambré, campo que Abraão havia comprado do heteu Efron, como propriedade para sepultura. ¹⁴Em seguida, José voltou para o Egito, com seus irmãos e todos os que o tinham acompanhado no sepultamento de seu pai.

A morte de José – ¹⁵Vendo que o pai havia morrido, os irmãos de José disseram: "E se José guardou rancor contra nós e quer nos devolver todo o mal que lhe fizemos?" ¹⁶Então mandaram dizer a José: "Antes de morrer, seu pai expressou esta vontade: ¹⁷'Digam a José: perdoe a seus irmãos o crime e o pecado que cometeram, todo o mal que fizeram a você'. Portanto, perdoe o crime dos servos do Deus de seu pai". Ao ouvir o que eles mandaram dizer, José chorou. ¹⁸Os irmãos chegaram, prostraram-se diante de José e disseram: "Aqui estamos. Somos seus escravos". ¹⁹José respondeu: "Não tenham medo. Por acaso eu estou no lugar de Deus? ²⁰Vocês planejavam o mal contra mim, mas o projeto de Deus o transformou em bem, a fim de cumprir o que se realiza hoje: salvar a vida de um povo numeroso. ²¹Portanto, não tenham medo. Eu sustentarei vocês e seus filhos". José os tranquilizou e lhes falou afetuosamente.

²²José viveu no Egito com a casa de seu pai, e chegou aos cento e dez anos. ²³Conheceu os filhos de Efraim até a terceira geração, e também os filhos de Maquir, filho de Manassés, e os carregou no colo. ²⁴Por fim, José disse aos irmãos: "Estou para morrer, mas Deus certamente cuidará de vocês e os fará subir daqui para a terra que ele jurou dar a Abraão, Isaac e Jacó". ²⁵E José fez os filhos de Israel jurarem: "Quando Deus intervier em favor de vocês, levem meus ossos daqui". ²⁶José morreu com cento e dez anos. E eles o embalsamaram e o colocaram num sarcófago, no Egito.

---

nome de Abel-Mesraim ("prado dos egípcios"), ambos localizados na Transjordânia e impensáveis como rota entre Egito e Hebron.

50,15-26: A história de José termina retomando 45,1-8. Temendo vingança (cf. 2Sm 2,5-6.8-9), os irmãos de José apelam a um pedido que Jacó teria feito em seu leito de morte, e aceitam tornar-se servos de José. Mas, em sua "sabedoria" (cf. nota a 45,1-28). José os perdoa e diz que Deus mudou o mal em bem. Fazendo suas últimas palavras serem o anúncio de que Deus os fará subir do Egito "para a terra que ele jurou dar a Abraão, Isaac e Jacó" (cf. 24,7; 26,3 e Ex 13,5), e um pedido para que seus ossos sejam levados do Egito (cf. Ex 13,19; Js 24,32), os redatores preparam a transição para o livro do Êxodo.

ÊXODO

DEUS É PRESENÇA LIBERTADORA JUNTO AOS OPRIMIDOS

Introdução

Na Bíblia Hebraica, na qual é costume nomear cada livro com uma palavra do primeiro versículo, este livro chama-se Shemôt ("Nomes"). O título Êxodo veio da tradução grega, que enfatiza a saída dos escravos do Egito. A esse "êxodo" se associa uma grandiosa imagem, em que Javé fere poderosamente o faraó com uma série de pragas, liberta da opressão as doze tribos de Israel, abre para elas um caminho no mar, celebra com elas uma aliança no monte Sinai, faz delas seu povo eleito e as guia através do deserto, em direção à terra que havia prometido ao patriarca delas, Abraão.

No entanto, uma série de variações revela que o livro do Êxodo, em sua forma atual, com a impressionante imagem aí narrada, provavelmente reflete, mais do que fatos históricos, um longo processo de releituras e reinterpretação teológica da história, que se consolidou por volta do ano 400 a.C. em Jerusalém. Exemplos de variações: ora Deus é Elohim (2,23-25; 3,4-6), ora é Javé; ora o sogro de Moisés é Raguel (2,18), ora é Jetro (3,1); ora a montanha é o Horeb (3,1), ora é o Sinai (19,1); ora refere-se ao faraó (3,10-11), ora ao rei do Egito (3,18-19). Esse processo também se pode notar na presença de leis que supõem realidades posteriores, como a vida sedentária em vilas e cidades camponesas, e a referência a instituições, a maioria criada no pós--exílio: sábado, classes sacerdotais, templo, calendário de festas, monoteísmo (19-40). Cf. Introdução ao Lv.

Na base da narrativa deve estar a experiência de opressão sofrida por um pequeno grupo que fugiu (14,5) e conseguiu a liberdade, talvez aproveitando algum fenômeno natural: eclipse? chuva de pedra? tempestade de areia? Esse grupo traz a experiência da divindade que se mostra sensível à violência e à injustiça e se faz presença libertadora junto aos oprimidos (2,23-24; 3,7-8; At 7,34), algo que está no coração do livro e da fé viva de Israel. O grupo se integrou aos pastores e camponeses que formaram Israel nas montanhas de Canaã. Pode estar na origem dos levitas, às vezes associados ao êxodo (2,1; 4,14; 6,14-27), e que atuavam como sacerdotes nas vilas camponesas de Efraim, Manassés e Benjamim (Dt 18,1; 21,5; 24,8 etc.). De fato, a memória da libertação do Egito parece ter tido maior disseminação no reino do norte (Gn 46,3-4; Ex 22,20; Dt 15,15; 16,1; 23,9; Am 2,10; 3,1; 5,25; 9,7; Os 2,17; 8,13; 9,13; 11,1.5; 12,10; 13,4). Possivelmente foi só após o implemento econômico, demográfico e cultural trazido para Judá pelos nortistas que fugiam da *invasão assíria (722 a.C.), que Jerusalém teve condições socioculturais para começar a escrever uma obra histórica de vulto.*

Certamente as tradições orais e escritas trazidas do reino do norte, como as partes mais antigas de Gn 31-33; 48,1-22; 49,22-26 e do Código da Aliança (Ex 20,22-23,19; 24,1-11; 32-34; Dt 12-26; Jz; 1 e 2 Sm; 1 e 2 Rs; Am; Os etc.), serviram de inspiração e base para o rei Josias e sua corte darem início à elaboração da grande obra histórica de Israel. Seu pano de fundo é Jerusalém confrontando-se com o Egito na disputa pelo domínio das tribos e terras férteis do norte, politicamente desmantelado desde a invasão assíria.

Até a reforma centralizadora de Josias (cerca de 620 a.C.), a fé se expressava em Israel na diversidade de deuses, deusas e tradições religiosas. E o livro do Êxodo foi sendo formado ao longo de séculos, nos quais Israel sofreu violências e opressões, tanto dos próprios reis (1Rs 12,4; Is 10,1; Am 6,1-6; Os 7,1-3; Mq 3,1-3.9-12) quanto de reis estrangeiros (2Rs 17,2-6; 24,10-17; 25,1-21). Eram situações que forneciam muitas outras memórias de opressão e libertação, que praticamente encobriram a narrativa original do êxodo.

Nesse longo processo, diversos grupos experimentaram diferentes divindades como presença libertadora aliada. Por isso, o Deus do Êxodo ora aparece como Elohim, o Deus familiar (3,6 e 1Rs 12,28); ou como o Elohim dos hebreus (5,3; 3,18; 7,16), onde cada Elohim é uma divindade diferente (cf. Gn 31,53); ora como El, o Deus supremo do panteão cananeu (cf. Gn 46,3-4; Nm 23,22; 24,8), presente no nome IsraEl, ("é El quem luta", cf. Gn 32,29). Porém, o processo que começa com o estabelecimento de Javé como Deus oficial passa pela reforma de Josias, em que Javé se torna o Deus nacional de Israel, e é finalizado no pós-exílio, quando Javé será compreendido como o único Deus que existe, e todas essas divindades foram identificadas com Javé. Daí a afirmação central do Antigo Testamento: "Eu sou Javé, o seu Deus, que tirou você da terra do Egito, da casa da escravidão" (20,2). Constituindo-se então a narrativa do Êxodo como tradição fundante de Israel, muitas dentre as principais instituições criadas ao longo da história de Israel foram legitimadas como tendo aí suas raízes. Isso determinou inclusive a estrutura atual do livro, que terá toda a sua segunda parte (19-40) formando um bloco que vai até Nm 10, ocupada por conjuntos legislativos, descrições do santuário e dos rituais sacerdotais, onde prevalecem as teologias, instituições e hierarquias do pós-exílio, ficando na primeira parte (1-18) a narrativa do êxodo propriamente dito.

O importante, porém, é não perder de vista o que foi constantemente relembrado pelos profetas populares e também anunciado e vivido por Jesus e seus primeiros seguidores. Ou seja, no cerne da fé que eles deixaram está o convite a sermos seguidores cada vez mais coerentes da divindade que é sensível às violências e injustiças e que promove a vida, fazendo-se presença libertadora junto aos oprimidos.

I. A RESISTÊNCIA

1 **Introdução** – ¹São estes os nomes dos filhos de Israel que foram para o Egito com Jacó. Cada um foi com sua casa: ²Rúben, Simeão, Levi e Judá, ³Issacar, Zabulon e Benjamim, ⁴Dã e Neftali, Gad e Aser. ⁵Os descendentes de Jacó eram ao todo setenta pessoas, considerando que José já estava no Egito.

⁶Morreu José, morreram seus irmãos e toda essa geração. ⁷Os filhos de Israel, entretanto, eram férteis, multiplicavam-se, tornavam-se cada vez mais numerosos e fortes. E a terra foi ficando repleta deles.

1,1-7,7: As diversas narrativas neste bloco revelam que o êxodo guarda experiências de opressão e libertação vividas por diferentes grupos, em diversas épocas e contextos. Redações posteriores juntaram tudo na imagem de um processo único e grandioso, vivido por um povo eleito e guardado por Deus. Ainda assim, pode-se ver um processo crescente de resistência e organização popular, aberto com a lista dos doze filhos de Jacó, porém marcado pela atuação de doze mulheres.

1,1-7: Retomando Gn 46,3-27, a redação final direciona a leitura não só do Êxodo, mas de todo o Pentateuco, para uma compreensão nacionalista e sacerdotal da

A opressão – ⁸Chegou ao poder no Egito um novo rei que não tinha conhecido José. ⁹Ele disse a seu povo: "Vejam! O povo dos filhos de Israel é mais numeroso e mais forte do que nós. ¹⁰Vamos agir com sabedoria, para que eles não se multipliquem! Senão, numa guerra, eles poderão juntar-se aos que nos rejeitam, lutar contra nós, e depois sair da terra!" ¹¹Puseram então chefes de corveia sobre o povo, a fim de oprimi-lo com trabalhos forçados. E construíram para o faraó as cidades-armazéns de Pitom e Ramsés. ¹²Entretanto, quanto mais oprimiam o povo, mais ele crescia e se multiplicava. E inquietavam-se diante dos filhos de Israel. ¹³E os egípcios, com brutalidade, os fizeram servir, ¹⁴e lhes amargaram a vida com dura servidão: preparação de argila, fabricação de tijolos, toda servidão nos campos, enfim, toda espécie de serviço a que os obrigavam com brutalidade.

As parteiras dos hebreus – ¹⁵O rei do Egito disse às parteiras dos hebreus, das quais uma se chamava Sefra e a outra Fua: ¹⁶"Quando vocês forem ajudar as mulheres dos hebreus a dar à luz, observem a criança: se for filho, façam que morra; se for filha, deixem que viva". ¹⁷As parteiras, porém, temeram a Deus e não fizeram o que o rei do Egito havia mandado, e deixaram os meninos viverem. ¹⁸O rei do Egito chamou as parteiras e disse: "Por que vocês fizeram isso, e deixaram os meninos viverem?" ¹⁹Elas responderam: "As mulheres hebreias não são como as egípcias. São cheias de vida, e dão à luz antes que as parteiras cheguem". ²⁰Por isso Deus fez bem às parteiras. E o povo se multiplicou e se fortaleceu muito. ²¹Como as parteiras temeram a Deus, ele as fez terem descendência.

Nascimento de Moisés – ²²Depois o faraó deu esta ordem a todo o seu povo: "Joguem no rio todo filho nascido, mas deixem viver todas as filhas".

2 ¹Um homem da casa de Levi foi e casou-se com uma filha de Levi. ²Ela engravidou e deu à luz um filho. Vendo que era formoso, escondeu-o por três meses. ³Quando não podia mais escondê-lo, pegou um cesto de papiro, vedou com betume e piche, colocou dentro a criança, e deixou entre os juncos, à beira do rio. ⁴A irmã da criança colocou-se a certa distância para ver o que lhe aconteceria. ⁵A filha do faraó desceu para tomar banho no rio, enquanto suas moças passeavam pela margem. Ela viu o cesto no meio dos juncos e mandou uma criada apanhá-lo. ⁶Ao abrir o cesto, viu a criança. Era um menino que chorava. Ela ficou com pena dele e comentou: "É uma criança dos hebreus!"
⁷A irmã do menino disse à filha do faraó: "Posso ir e chamar uma mulher dos hebreus que está amamentando, para que ela amamente esta criança para você?" ⁸A filha do faraó respondeu: "Vá!" E a menina foi chamar a mãe da criança.
⁹A filha do faraó lhe disse: "Leve esta criança, e a amamente para mim, que eu darei o seu salário". A mulher pegou a criança e amamentou-a. ¹⁰Quando a criança cresceu, a mulher a devolveu para a filha do faraó. E ele foi como um filho para ela. Deu-lhe o nome de Moisés, e disse: "Porque eu o tirei das águas".

Moisés foge para Madiã – ¹¹Certa vez, Moisés já adulto saiu para ver seus irmãos.

aliança e das promessas a Abraão (2,24; 6,3-5, cf. Gn 13,15-16; 15,5; 17,4-7; 28,14-15).

8-14: Corveia, trabalhos forçados, opressão, servidão pesada: são as várias experiências sofridas por diferentes grupos, ao longo da história de Israel, no campo e na cidade (vv. 11-14), dentro (1Rs 4,6; 5,27; 11,28; 12,4; Lm 1,1.3) ou fora de Israel (Is 14,3; 47,6); todas apresentadas pela redação final como oposição do faraó à promessa e ao povo eleito.

15-21: Narrativa popular, que celebra as parteiras dos hebreus e eterniza o nome de duas delas, enquanto omite o nome do homem mais poderoso da época, "o rei do Egito". O texto prepara a narrativa sobre Moisés. Provavelmente a libertação de um grupo de escravos "hebreus" (*hapirus*, pessoas marginalizadas de várias etnias; cf. 1Sm 4,6; 13,3.7.19; 14,21; 29,3; Jr 34,9.14) está na base do livro do Êxodo (cf. 2,6.11.13; 3,18; 5,3; 7,16 etc.). Eles se integrarão aos pastores e camponeses nas montanhas de Israel. Na perspectiva da resistência, é com pequenos gestos como estes, aprovados por *Elohim*, o Deus familiar dos antepassados, que se inicia o processo da libertação, o êxodo.

1,22-2,10: Unindo a lenda do rei Sargão de Akad, fundador do império assírio (retirado do rio num cesto, criado por um jardineiro real e amado por uma deusa), ao verbo "tirar" (*mashah*), busca-se dar uma origem hebraica para o nome de Moisés, que é egípcio (cf. Tut*mósis*, ou Ra*msés*, 2,19), e incluí-lo no povo eleito. O movimento de resistência segue-se com a mãe e a irmã de Moisés, e envolve a própria filha do faraó.

2,11-22: Os madianitas são nômades conhecedores de caminhos e poços do deserto ao sul e ao leste do

E os viu em trabalhos forçados. Viu um egípcio batendo em um hebreu, um de seus irmãos. ¹²Olhou para um lado e para outro, e vendo que não havia ninguém, matou o egípcio e o escondeu na areia. ¹³E saiu no dia seguinte e encontrou dois homens hebreus brigando. Disse ao agressor: "Por que você está batendo no seu companheiro?" ¹⁴Ele respondeu: "E quem foi que colocou você como homem chefe e juiz sobre nós? Você vai querer me matar, como matou o egípcio?"

Moisés ficou com medo e disse: "Certamente a coisa já é conhecida". ¹⁵O faraó ouviu sobre esse caso e procurou matar Moisés. Então Moisés fugiu da presença do faraó e foi habitar na terra de Madiã. Aí se assentou junto ao poço.

¹⁶O sacerdote de Madiã tinha sete filhas. Elas foram tirar água para encher os bebedouros e dar de beber ao rebanho de seu pai. ¹⁷Nisso chegaram uns pastores e as enxotaram. Moisés levantou-se para defendê-las e deu de beber ao rebanho delas. ¹⁸Então elas voltaram a seu pai Raguel, que lhes perguntou: "Por que hoje vocês voltaram tão depressa?" ¹⁹Elas responderam: "Um homem egípcio nos livrou da mão dos pastores, e também tirou água e deu de beber ao rebanho". ²⁰O pai perguntou: "Onde está ele? Por que vocês abandonaram esse homem? Vão chamá-lo, para que venha comer".

²¹Moisés concordou em habitar com esse homem, que deu sua filha Séfora para Moisés. ²²Ela deu à luz um filho, a quem Moisés deu o nome de Gérson, dizendo: "Sou migrante em terra estrangeira".

A sarça ardente – ²³Aconteceu, nesses muitos dias, que o rei do Egito morreu. Os filhos de Israel gemiam por causa da servidão. Eles clamaram, e da servidão seu grito de aflição subiu até Deus. ²⁴E Deus ouviu os gemidos deles e lembrou-se da sua própria aliança com Abraão, Isaac e Jacó. ²⁵Deus viu os filhos de Israel, e Deus os reconheceu.

3 ¹Moisés estava pastoreando o rebanho do seu sogro Jetro, sacerdote de Madiã. Levou o rebanho além do deserto e chegou ao Horeb, a montanha de Deus. ²Aí o mensageiro de Javé apareceu a ele numa chama de fogo do meio de uma sarça.

Moisés olhou e viu a sarça, que ardia no fogo, mas não se consumia. ³E disse: "Vou me dirigir até lá para ver essa grande visão. Por que será que a sarça não se queima?"

⁴Javé viu que Moisés se dirigia para olhar. Do meio da sarça, Deus chamou: "Moisés, Moisés!" Ele respondeu: "Eis-me aqui!" ⁵Deus disse: "Não se aproxime. Tire as sandálias dos pés, porque o lugar onde você está posicionado é solo sagrado". ⁶E continuou: "Eu sou o Deus do seu pai, o Deus de Abraão, Deus de Isaac, Deus de Jacó". Moisés cobriu o rosto, pois teve medo de olhar diretamente para Deus.

⁷Javé disse: "Estou vendo muito bem a aflição do meu povo que está no Egito. Ouvi seu clamor diante de seus opressores, pois tomei conhecimento de seus sofrimentos. ⁸Desci para libertá-lo do poder dos egípcios e fazê-lo subir dessa terra para uma terra fértil e espaçosa, terra onde correm leite e mel, o lugar dos cananeus, heteus, amorreus, ferezeus, heveus e jebuseus. ⁹O clamor dos filhos de Israel chegou até mim. Estou vendo a opressão com que os egípcios os oprimem. ¹⁰Por isso, vá! Eu estou enviando você ao faraó, para tirar do Egito o meu povo, os filhos de Israel".

¹¹Moisés disse a Deus: "Quem sou eu para ir ao faraó e tirar os filhos de Israel do Egito?" ¹²E ele disse: "Eu estarei com você! Este será o sinal de que eu o enviei: quando você tirar o povo do Egito, vocês servirão a Deus nesta montanha".

---

mar Morto (cf. Gn 37,36; Nm 10,31; 1Rs 11,18). Viagens e casamentos são artifícios redacionais para ligar tradições diferentes. A variação do nome do sogro de Moisés revela narrativas de diversas origens no Êxodo: Raguel, v. 18; Jetro, 3,1; 4,18; 18,1; Hobab, filho de Raguel, o madianita, Nm 10,29; Hobab, o quenita, Jz 1,16; 4,11. Com o engajamento de Moisés, segue-se o movimento de resistência que levará ao êxodo. Cf. notas anteriores.

2,23-3,12: No coração da fé bíblica está a experiência da divindade sensível à injustiça e à violência, que vê, ouve, conhece os sofrimentos e torna-se presença libertadora junto aos oprimidos. Às vezes esta divindade é Elohim, o Deus dos antepassados (2,23-25; 3,6), às vezes é Javé (3,7.9) e às vezes El, o Deus maior dos cananeus (cf. Gn 46,3-4; Nm 23,22; 24,8 e Intr.). Essas divindades são aqui identificadas com Javé, fazendo dele o Deus do êxodo. É a perspectiva predominante após 620 a.C., quando Josias determina o culto exclusivo a Javé e proíbe as imagens e o culto a outras divindades (2Rs 23,3.25, cf. 2Cr 34,29-33). A legitimação da tomada da

Javé revela seu nome – ¹³Moisés replicou: "Está bem! Eu vou aos filhos de Israel e digo a eles: 'O Deus dos pais de vocês me enviou a vocês'. E se eles me perguntarem: 'Qual é o nome dele?' Como vou responder?"

¹⁴Deus disse a Moisés: "Eu sou aquele que sou". E continuou: "Você dirá assim aos filhos de Israel: 'O Eu-Sou me enviou a vocês' ". ¹⁵Deus disse também a Moisés: "Você vai dizer assim aos filhos de Israel: 'Javé, o Deus dos pais de vocês, o Deus de Abraão, Deus de Isaac, Deus de Jacó, me enviou até vocês'. Esse é o meu nome para sempre, e é com esse nome que serei lembrado de geração em geração".

Moisés é enviado aos anciãos de Israel – ¹⁶"Vá, reúna os anciãos de Israel e diga-lhes: 'Javé, o Deus dos pais de vocês, o Deus de Abraão, Deus de Isaac, Deus de Jacó, apareceu a mim e disse: Eu vim de fato olhar por vocês, ver o que estão fazendo com vocês no Egito. ¹⁷E tenho dito: vou tirar vocês da opressão do Egito e levá-los para a terra dos cananeus, heteus, amorreus, ferezeus, heveus e jebuseus, uma terra onde correm leite e mel'. ¹⁸Os anciãos de Israel hão de escutá-lo, e você irá com eles até o rei do Egito para dizer-lhe: 'Javé, o Deus dos hebreus, veio ao nosso encontro. Agora, então, deixe-nos fazer uma viagem de três dias pelo deserto, a fim de oferecermos sacrifícios a Javé nosso Deus'. ¹⁹Entretanto, eu sei que o rei do Egito não os deixará partir, se não for obrigado por mão forte. ²⁰Eu então vou soltar minha mão e atingir o Egito com todas as maravilhas que hei de fazer aí. Só então ele soltará vocês. ²¹Farei com que o povo conquiste a simpatia dos egípcios, de modo que os filhos de Israel não sairão de mãos vazias quando partirem. ²²Cada mulher pedirá, da sua vizinha e da casa em que está como estrangeira, objetos de prata, objetos de ouro e roupas, com que vestirão seus filhos e filhas. É assim que vocês vão despojar os egípcios".

4 ***Moisés recebe poder de Javé*** – ¹Moisés replicou: "E se eles não acreditarem em mim, nem me derem atenção, mas disserem: 'Javé não lhe apareceu'?" ²Javé perguntou-lhe: "O que você tem aí na mão?" Moisés respondeu: "Uma vara". ³Javé disse: "Jogue-a no chão!" Moisés jogou a vara no chão e ela se transformou em serpente. Moisés, assustado, saiu correndo. ⁴Javé disse: "Leve a mão e pegue-a pela cauda". Moisés levou a mão, pegou-a pela cauda e ela se transformou em vara. ⁵Javé lhe disse: "Isso é para que eles acreditem que Javé, o Deus dos pais deles, o Deus de Abraão, Deus de Isaac, Deus de Jacó, apareceu a você".

⁶Javé disse ainda: "Coloque a mão no peito". Moisés colocou a mão no peito e, ao retirá-la, a mão estava leprosa, branca como a neve. ⁷Javé lhe disse: "Coloque de novo a mão no peito!" Moisés colocou de novo a mão no peito e, ao retirá-la, estava normal como o resto do corpo. ⁸E

---

terra dos cananeus (v. 8), porém, revela o imperialismo que se respaldava pelo nome de Javé, o Deus único que no pós-exílio expulsará os estrangeiros e condenará suas religiões e culturas (cf. nota a 32,21-29). Estas práticas igualam Javé aos ídolos, condenados por serem insensíveis e estimularem a insensibilidade diante das injustiças e violências (Sl 115,4-8; Jr 2,5; Jr 10,1-10). Os profetas e Jesus resgatam o rosto libertador e sensível da divindade, promovendo a vida de seu povo (Is 1,11-17; 58,6-12; Jr 7,3-11; Os 6,6; Am 5,21-24; Mq 3,9-12; 6,6-8; Mt 9,13; 12,7; Mc 6,34; 8,2; Lc 4,18-19; Jo 10,7-5).

3,13-15: Segue-se a identificação de Elohim, o Deus dos antepassados, com Javé, YHWH, ligando esse nome ao verbo "ser, existir, viver" (hebr. *Hyh*; cf. v. 14). Mas pouco se sabe, além de que o culto a Javé é anterior à existência de Israel (Gn 4,26) e que veio de fora (Jz 5,4; Dt 33,2; Hab 3,3). Fundamental é a noção da divindade como presença solidária junto aos oprimidos e injustiçados, presente na origem e na compreensão mais genuína da fé israelita. E certamente também na comunidade joanina, ao aplicar a Jesus o divino "Eu Sou" (Jo 6,35.48.51; 8,12.24.28.58; 10,7.9.11.14; 11,25; 13,19; 14,6; 15,1; 18,5.6).

16-22: Aqui, Javé é identificado com Elohim, o Deus dos antepassados, e com o Deus *Elohim* dos hebreus. A resistência cresce com a integração dos anciãos, chefes das famílias israelitas (cf. 4,29 e notas aos caps. 1-2), e a presença do próprio Javé (vv. 19-20). Provável releitura feita pelos exilados (cf. Jr 16,14-15), que com o apoio de Ciro voltarão da escravidão na Babilônia carregados de ouro, prata (cf. vv. 21-22; 11,2-3; 12,35-36; cf. Esd 1,1-14; 8,24-30) e roupas (Esd 2,69).

4,1-9: A vara simboliza poder e identifica seu proprietário (cf. Gn 38,18.25; Ez 19,11). Será denominada "a vara de Deus" (cf. 4,20; 17,9). Estes sinais, porém, e as pragas a seguir, supõem Javé com poder cósmico, universal, o que revela o caráter tardio destas narrativas (cf. Nm 12,9-10; 2Rs 5). Porém a teologia das pragas enfatiza demais o povo e acaba escondendo o que há de mais sagrado, que é a manifestação do rosto libertador de Deus.

Javé disse: "Se eles não acreditarem, não lhe derem atenção com o primeiro sinal, com o segundo hão de acreditar. ⁹Se não acreditarem nem lhe derem atenção com nenhum dos dois sinais, pegue água do rio Nilo e derrame-a no chão seco. A água que você pegar do rio vai se transformar em sangue no chão seco".

Moisés e Aarão – ¹⁰Moisés insistiu com Javé: "Meu Senhor, eu não tenho facilidade para falar, nem ontem, nem nunca, nem depois que falaste com teu servo. Minha boca e minha língua são pesadas". ¹¹Javé replicou: "Quem dá boca para o homem? Quem faz o mudo ou o surdo, o vidente ou o cego? Não sou eu, Javé? ¹²Agora, então, vá! Eu estarei em sua boca e lhe ensinarei o que você há de falar". ¹³Moisés, porém, insistiu: "Nao, meu Senhor! Envia quem quiseres enviar!" ¹⁴Javé ficou irritado com Moisés e disse: "Você não tem seu irmão Aarão, o levita? Sei que ele sabe falar bem. Ele está vindo ao seu encontro, e o coração dele se alegrará em vê-lo. ¹⁵Você vai falar com ele e passar para ele as mensagens. Estarei na boca de vocês dois. Eu lhes ensinarei o que deverão fazer. ¹⁶Aarão falará ao povo por você. Será ele a sua boca, e você será um deus para ele. ¹⁷Leve esta vara. É com ela que você fará os sinais".

Moisés volta ao Egito – ¹⁸Moisés foi e retornou para seu sogro Jetro, e lhe disse: "Vou voltar para o Egito, para ver se meus irmãos ainda vivem". Jetro respondeu: "Vá em paz".

¹⁹Em Madiã, Javé disse a Moisés: "Volte para o Egito, porque morreram todos os homens que perseguiam sua vida".

²⁰Moisés tomou sua mulher e seus filhos, os fez montar num jumento e voltou para a terra do Egito. Moisés levava na mão a vara de Deus.

²¹Javé disse a Moisés: "Quando você voltar ao Egito, procure fazer na presença do faraó os prodígios que lhe coloquei na mão. Mas eu vou endurecer o coração do faraó, para que ele não deixe o povo partir. ²²Então você dirá ao faraó: 'Assim diz Javé: Israel é meu filho primogênito ²³e eu tenho dito a você que deixe meu filho sair a fim de me servir. Uma vez que você se recusa a deixá-lo partir, eu lhe matarei o filho primogênito' ".

Séfora circuncida o filho – ²⁴Aconteceu que no caminho, numa hospedaria, Javé foi ao encontro dele e procurava matá-lo. ²⁵Séfora pegou uma pedra afiada, cortou o prepúcio do filho, e com ele tocou os órgãos sexuais dele. E disse: "Você é para mim um esposo de sangue". ²⁶E Javé desistiu quando ela disse "esposo de sangue", por causa da circuncisão.

Moisés e Aarão reúnem os anciãos – ²⁷Javé disse a Aarão: "Vá até o deserto para encontrar Moisés". Ele foi, encontrou-o na montanha de Deus e o beijou. ²⁸Moisés contou a Aarão tudo o que Javé lhe havia dito quando o tinha enviado, e todos os sinais que lhe havia ordenado.

²⁹Moisés e Aarão foram reunir todos os anciãos dos filhos de Israel. ³⁰Aarão dizia todas as palavras que Javé tinha dito a Moisés. E este realizava os sinais diante do povo. ³¹O povo acreditou. E, ao ficar sabendo que Javé estava olhando pelos filhos de Israel e havia visto a opressão que pesava sobre eles, todos se ajoelharam e se prostraram.

10-17: Aarão, como Moisés, é apresentado como levita (cf. 2,1; 4,14). Levitas eram sacerdotes dos "lugares altos" das vilas e dos santuários tribais (Jz 19,1; 1Sm 1,3), onde eram muito prestigiados (Jz 17,13; Nm 3,11-12). Eles podem ter sido os divulgadores da concepção da divindade como presença libertadora do êxodo. Esta narrativa remete ao pós-exílio, quando a Lei de Moisés, escrita e canonizada (Torá/Pentateuco, cf. Dt 31,24-27), ficará guardada no Templo e será "Deus" (cf. v. 16 e nota a 6,28-7,7) para os sacerdotes oficiais de Jerusalém, descendentes de Aarão, que explicarão e aplicarão a Lei (Ez 44,23-24). Aos levitas do interior ficaram os serviços subalternos no Templo (1Cr 23,27-32), embora depois eles encontrem espaços em algumas sinagogas.

18-23: Aqui, diferentemente de Ex 18,2, Moisés leva mulher e filhos para o Egito. Coração endurecido (v. 21; cf. 7,13.22; 8,15; 9,12) ou pesado (7,14; 8,11.28; 9,7.34; 10,1) são imagens usadas pela redação para ligar as tradições e engrandecer o poder de Javé. Em benefício próprio, a teologia oficial cria a imagem deste Javé que mata.

24-26: Tradição antiga (faca de pedra) e obscura (não cita Moisés) sobre a circuncisão (ver nota a Gn 17) como ritual de casamento para apaziguar a divindade. Foi inserida aqui, talvez porque o v. anterior fala da morte do primogênito do faraó.

27-31: A perspectiva da resistência chega ao ápice, envolvendo todo o povo (v. 31, cf. notas a 1,15-22; 1,22-2,10; 2,11-22; 3,16-22). Percebe-se aqui a força do sagrado que deu origem à fé israelita: a divindade sensível, que vê, que não aceita a opressão e está junto aos oprimidos.

5 Moisés e Aarão diante do faraó –

¹Depois disso, Moisés e Aarão foram dizer ao faraó: "Assim diz Javé, o Deus de Israel: Deixe meu povo partir, para que me celebre uma festa no deserto". ²O faraó respondeu: "Quem é Javé, para que eu obedeça sua voz e deixe Israel ir? Não reconheço Javé, nem vou deixar Israel ir". ³Eles disseram: "O Deus dos hebreus veio ao nosso encontro. Deixe-nos apenas fazer uma caminhada de três dias pelo deserto para oferecermos sacrifícios a Javé nosso Deus, caso contrário ele nos vai ferir com a peste ou com a espada".

⁴O rei do Egito disse: "Moisés e Aarão, por que vocês estão fazendo o povo relaxar? Voltem já para seus trabalhos forçados!" ⁵E acrescentou: "Eles já são mais numerosos do que o povo da terra, e vocês querem tirá-los de seus trabalhos forçados!"

A opressão aumenta – ⁶No mesmo dia, o faraó deu esta ordem aos feitores do povo e a seus líderes: ⁷"Não forneçam mais palha para o povo fazer tijolos, como antes. Que eles mesmos providenciem a palha. ⁸Mas exijam a mesma quantidade de tijolos que produziam antes. Não diminuam em nada, porque eles são uns preguiçosos e por isso vivem clamando: 'Queremos ir sacrificar ao nosso Deus!' ⁹Aumentem o peso da servidão sobre estes homens, para que fiquem ocupados e não deem atenção a essas palavras enganosas".

¹⁰Os feitores do povo e seus líderes, logo que saíram, falaram ao povo: "Assim disse o faraó: 'Não fornecerei mais palha para vocês. ¹¹Vão vocês mesmos pegá-la onde a puderem encontrar. Mas o serviço de vocês não será diminuído em nada'". ¹²O povo teve de se espalhar por toda a terra do Egito a fim de recolher restolho para palha. ¹³Os feitores pressionavam, dizendo: "Terminem o trabalho do dia como quando havia palha!" ¹⁴E espancaram os líderes dos filhos de Israel que os feitores do faraó haviam estabelecido sobre eles. Diziam: "Por que vocês não estão terminando, nem ontem nem hoje, a quantidade de tijolos que faziam antes?"

¹⁵Os líderes dos filhos de Israel foram então queixar-se ao faraó. Disseram: "Por que o senhor trata assim seus servos? ¹⁶Estão nos dizendo: 'Façam tijolos', mas não nos fornecem mais palha. Nós, seus servos, estamos sendo espancados, mas a culpa é do povo de vocês!"

¹⁷O faraó, porém, respondeu: "Preguiçosos! Vocês são preguiçosos! É por isso que andam dizendo: 'Queremos ir sacrificar a Javé'. ¹⁸Agora, vão e trabalhem! Vocês não receberão palha, mas terão de produzir a mesma quantidade de tijolos". ¹⁹Os líderes dos filhos de Israel viram-se em má situação quando foi dito a eles que não podiam diminuir sua produção diária de tijolos.

²⁰Ao saírem da presença do faraó, encontraram Moisés e Aarão, que estavam à frente deles. ²¹Disseram aos dois: "Que Javé os examine e julgue, pois vocês fizeram até nosso cheiro ser odioso ao faraó e a seus servos, e puseram a espada na mão deles para nos matar".

²²Então Moisés voltou-se a Javé e perguntou: "Meu Senhor, por que maltratas este povo? Por que me enviaste? ²³Desde que me apresentei ao faraó para falar em teu nome, este povo vem sendo mais maltratado, e tu não libertaste o teu povo em nada".

6
¹Javé respondeu a Moisés: "Agora você verá o que eu faço ao faraó! Pois é por mão forte que ele os deixará partir; por mão forte ele os expulsará da terra dele!"

Outra narrativa do envio de Moisés – ²Deus falou a Moisés: "Eu sou Javé. ³Apareci a Abraão, a Isaac e a Jacó como El

---

5,1-5: A festa no deserto, os sacrifícios a "Javé, o Deus de Israel", e ao "Deus dos hebreus", como um Deus nacional, supõem um povo organizado, com rituais e festas estabelecidas, como no tempo de Josias ou no pós-exílio.

5,6-6,1: Memórias de experiências de opressão, continuando 1,8-14. Sob a monarquia, as vilas deviam fornecer pessoas (1Sm 8,17; 1Rs 4,6; 9,15) para trabalhar com tijolos (ver Gn 11,1-9) ou cortar e carregar pedras e madeiras (1Rs 5,27-32). São chefiadas por alguém de seu próprio grupo (1Rs 11,28), subordinado a oficiais superiores (1Rs 4,6; 5,28.30). Na resistência à opressão, redescobre-se o rosto libertador da divindade.

6,2-13: Releitura sacerdotal do envio de Moisés (2,23-3,20), que continua em 6,28-7,7. Segundo esta tradição, enquanto Deus único, Javé se apresentara aos patriarcas como *El Shadai* (cf. Gn 17,1-27), e revelara seu nome somente a Moisés no êxodo.

Shadai, mas a eles não dei a conhecer meu nome de Javé. ⁴Também firmei com eles uma aliança, prometendo dar-lhes a terra de Canaã, a terra onde peregrinavam como migrantes. ⁵Eu ouvi os gemidos dos filhos de Israel que os egípcios escravizaram, e me lembrei da minha aliança. ⁶Portanto, diga aos filhos de Israel: 'Eu sou Javé. Tirarei vocês de sob os trabalhos forçados do Egito. Eu os libertarei da servidão, eu os resgatarei com braço estendido, e em grandes atos de justiça. ⁷Eu os tomarei para mim como meu povo e serei Deus para vocês. Assim vocês ficarão sabendo que eu sou Javé, o Deus de vocês, aquele que os faz sair de sob os trabalhos forçados do Egito. ⁸Depois, eu os farei entrar na terra que, com mão erguida, dei a Abraão, Isaac e Jacó. Eu a darei a vocês como possessão. Eu sou Javé'".

⁹Moisés comunicou isso aos filhos de Israel, mas eles não ouviram Moisés, porque estavam com o espírito deprimido, por causa da dura escravidão. ¹⁰Javé disse a Moisés: ¹¹"Vá dizer ao faraó, rei do Egito, que deixe os filhos de Israel sair da terra dele". ¹²Moisés, porém, falou diante de Javé: "Se nem os filhos de Israel me dão ouvidos, como é que o faraó vai me ouvir? Eu sou incircunciso de lábios". ¹³Javé falou a Moisés e Aarão, e lhes ordenou que fossem aos filhos de Israel e ao faraó, rei do Egito, para fazer os filhos de Israel sair da terra do Egito.

Genealogia de Moisés e Aarão – ¹⁴Estes são os cabeças da casa de seus pais: Filhos de Rúben, primogênito de Israel: Henoc, Falu, Hesron e Carmi. São esses os clãs de Rúben. ¹⁵Filhos de Simeão: Jamuel, Jamin, Aod, Jaquin, Soar e Saul, filho da cananeia. São esses os clãs de Simeão. ¹⁶Nomes dos filhos de Levi, segundo suas gerações: Gérson, Caat e Merari. Levi viveu cento e trinta e sete anos. ¹⁷Filhos de Gérson: Lobni e Semei, segundo seus clãs. ¹⁸Filhos de Caat: Amram, Isaar, Hebron e Oziel. Caat viveu cento e trinta e três anos. ¹⁹Filhos de Merari: Mooli e Musi. São esses os clãs de Levi, segundo suas gerações. ²⁰Amram tomou por mulher sua tia Jocabed, e ela lhe deu Aarão e Moisés. Amram viveu cento e trinta e sete anos. ²¹Filhos de Isaar: Coré, Nefeg e Zecri. ²²Filhos de Oziel: Misael, Elisafã e Setri. ²³Aarão tomou por mulher a Isabel, filha de Aminadab, irmã de Naasson, e ela lhe deu Nadab, Abiú, Eleazar e Itamar. ²⁴Filhos de Coré: Asir, Elcana e Abiasaf. São esses os clãs dos coreítas. ²⁵Eleazar, filho de Aarão, tomou por mulher uma das filhas de Futiel, que lhe gerou Fineias. São esses os cabeças dos pais dos levitas, segundo seus clãs. ²⁶Estes são Aarão e Moisés, a quem Javé disse: "Tirem os filhos de Israel da terra do Egito, segundo seus exércitos". ²⁷Eles, Moisés e Aarão, falaram ao faraó, rei do Egito, para fazer sair os filhos de Israel do Egito. São eles Moisés e Aarão.

Continua a primeira narrativa do envio de Moisés – ²⁸Quando falou a Moisés no Egito, ²⁹Javé lhe disse: "Eu sou Javé. Diga ao faraó, rei do Egito, tudo o que lhe estou dizendo". ³⁰Moisés respondeu a Javé: "Eu sou incircunciso de lábios. Como é que o faraó vai me ouvir?"

7 ¹Javé disse a Moisés: "Veja! Eu faço de você um deus para o faraó, e seu irmão Aarão será seu profeta. ²Você dirá tudo o que eu mandar, e seu irmão Aarão falará ao faraó, para que deixe os filhos de Israel sair da sua terra. ³Eu, porém, vou endurecer o coração do faraó, a fim de multiplicar sinais e prodígios meus na terra do Egito. ⁴O faraó não lhes dará atenção, e então eu vou pôr a mão no Egito e tirar da terra do Egito os meus exércitos, o meu povo, os filhos de Israel, num grandioso ato de justiça. ⁵Desse modo os egípcios ficarão sabendo que eu sou Javé, quando eu estender meu braço con-

---

14-27: O texto retoma Gn 46,8-10 e Nm 26, destacando Levi e a descendência de Coré, cantores do Templo pós-exílico. Usa o prestígio dos levitas (cf. Jz 17,13 e nota a 4,10-17) nas tribos de Benjamim, Efraim e Manassés, para legitimar a família sacerdotal de Sadoc e de Aarão, que serão respectivamente os sumos sacerdotes após a centralização do culto em Jerusalém e no pós-exílio. Conflitos entre sadoquitas, aaronitas e levitas também transparecem em Dt 18,6-8; Nm 16,1-18; Ez 44,10-19; 1Cr 5,27.41; 6,33 38; 16,39; 23,13.

6,28-7,7: Sequência de 6,2-13. Releitura sacerdotal de 4,10-17. "Estenderei meu braço contra" e "saberão que eu sou Javé": são expressões características de Ezequiel (cf. Ez 5,13; 6,10.14; 7,27 etc.). Aarão como profeta de Moisés, que é "um deus para o faraó" (7,1), remete às funções pós-exílicas dos sacerdotes: interpretar e

tra o Egito e fizer os filhos de Israel sair do meio deles". ⁶Moisés e Aarão fizeram o que Javé tinha mandado. ⁷Quando falaram ao faraó, Moisés tinha oitenta anos, e Aarão oitenta e três.

II. AS PRAGAS E A LIBERTAÇÃO

O cajado transformado em cobra – ⁸Javé disse a Moisés e Aarão: ⁹"Se o faraó pedir que vocês façam algum prodígio, você dirá a Aarão: 'Pegue sua vara e atire-a diante do faraó'. A vara se transformará em uma grande cobra".

¹⁰Moisés e Aarão se apresentaram ao faraó e fizeram o que Javé lhes havia mandado. Diante do faraó e seus ministros, Aarão deixou cair a vara, que se transformou em grande cobra. ¹¹O faraó, porém, mandou chamar os sábios e encantadores. E também eles, os magos do Egito, fizeram o mesmo com suas feitiçarias. ¹²Cada um deixou cair a própria vara, e elas se transformaram em grandes cobras. Mas a vara de Aarão devorou as varas deles. ¹³Apesar disso, o coração do faraó se endureceu, e ele não fez caso de Moisés e Aarão, como Javé havia dito.

1ª praga: água transformada em sangue – ¹⁴Javé disse a Moisés: "O coração do faraó está pesado. Ele se recusa a deixar o povo partir. ¹⁵Vá encontrar o faraó de manhã. Ele vai sair para as águas, e você o esperará na margem do rio. Leve na mão a vara que se transformou em serpente. ¹⁶Diga ao faraó: 'Javé, o Deus dos hebreus, me enviou para dizer-lhe: Deixe meu povo partir, para que me sirva no deserto'. Mas até agora você não deu atenção. ¹⁷Portanto, assim diz Javé: 'Com isto, você ficará sabendo que eu sou Javé. Com esta vara que tenho na mão, golpearei as águas do rio e elas se transformarão em sangue. ¹⁸Os peixes do rio morrerão, o rio ficará cheirando mal e os egípcios não poderão mais beber a água do rio'".

¹⁹Javé disse a Moisés: "Diga a Aarão: 'Pegue sua vara e estenda seu braço contra as águas do Egito, contra seus córregos, contra seus rios, contra suas lagoas, contra todos os seus reservatórios de águas, para que se transformem em sangue'. Assim, haverá sangue em toda a terra do Egito, até nas vasilhas de madeira e de pedra".

²⁰Moisés e Aarão fizeram como Javé tinha mandado. Aarão ergueu a vara e golpeou a água do rio diante do faraó e seus servos. E todas as águas do rio se transformaram em sangue. ²¹Os peixes do rio morreram, o rio ficou poluído, e os egípcios não podiam beber a água do rio. E houve sangue por toda a terra do Egito.

²²Os magos do Egito, porém, fizeram o mesmo com suas feitiçarias. O coração do faraó se endureceu e ele não obedeceu, exatamente como Javé havia dito. ²³O faraó voltou para o palácio, sem se preocupar com o caso. ²⁴Os egípcios cavaram nos arredores do rio para encontrar água potável, pois não podiam beber a água do rio.

2ª praga: rãs – ²⁵Transcorridos sete dias depois de Javé ter golpeado o Nilo, ²⁶Javé disse a Moisés: "Vá dizer ao faraó: 'Assim diz Javé: Deixe meu povo sair, para que me sirva. ²⁷Se você não o deixar sair, eu ferirei com rãs em todos os cantos. ²⁸O rio estará fervilhando de rãs, que subirão, entrarão na sua casa, no seu quarto, na sua poltrona, na sua cama. O mesmo vai acontecer nas casas de seus servos e do povo, até nos fornos e amassadeiras. ²⁹Haverá rãs saltando em cima de você, de seus servos e de todo o povo'".

---

aplicar a Lei escrita (ver nota a 4,10-17), e intermediar as relações com o império persa (cf. Esd 7,12-26).

7,8-15,21: Certamente no núcleo das antigas narrativas da libertação havia um fenômeno natural (eclipse? chuva de pedras? peste?) atribuído a uma divindade (Am 7,1; 8,8.9; 9,5). Após séculos de atualizações na festa da Páscoa e dos Pães Ázimos, na consagração dos primogênitos e nas disputas políticas com os impérios vizinhos, chegou-se à forma atual (cf. Sl 78,43-51; 105,27-36; Sb 11,14-20; 16-18), que reflete a teologia pós-exílica, ao enfatizar o poder de Javé como Deus único e universal que vence o faraó e seus deuses (12,12), e não tanto um Deus libertador dos oprimidos.

7,8-13: "Os magos do Egito fizeram o mesmo" (v. 11). Magos davam conselhos em vilas, templos e cortes (Is 3,1-3; Jr 27,9; Mq 5,11). Com a superioridade de Javé, legitima-se após Josias o combate oficial contra os magos (Lv 19,31; Dt 18,10-12; 2Rs 21,6; 23,24; Is 47,9-12).

14-24: Mescla de duas tradições baseadas nas águas vermelhas e barrentas das cheias: numa delas, só o Nilo é atingido (vv. 17-18.21-22); na outra, até a água nos vasilhames é atingida (v. 19).

7,25-8,11: O "ferimento" (cf. 7,27; 12,13.23.27) do Egito com as rãs, e a oração de Moisés para que o faraó saiba "que não há ninguém como Javé", reforçam o poder dos sacerdotes e do Templo, intermediários entre o povo e

8 ¹Javé disse a Moisés: "Diga a Aarão: 'Estenda o braço com sua vara contra os córregos, contra os rios, e contra as lagoas, e faça subir rãs por todo o território egípcio' ". ²Aarão estendeu o braço contra as águas, e subiram rãs que cobriram toda a terra do Egito. ³Os magos do Egito, porém, usaram suas feitiçarias e fizeram o mesmo: fizeram subir rãs sobre toda a terra do Egito.

⁴O faraó mandou chamar Moisés e Aarão, e lhes disse: "Rezem a Javé, para que afaste as rãs de mim e de meu povo, e então eu deixarei o povo sair para sacrificar a Javé". ⁵Moisés disse ao faraó: "Tenha glória sobre mim! Diga-me quando é que eu devo rezar por você, por seus servos e por seu povo, a fim de retirar as rãs de você e de suas casas, para que as rãs fiquem somente no rio". ⁶O faraó respondeu: "Amanhã". Moisés disse: "Será de acordo com o que está pedindo, para que você saiba que não há ninguém como Javé nosso Deus. ⁷As rãs se afastarão de você, de sua casa, de seus servos e de seu povo. Ficarão somente no rio".

⁸Moisés e Aarão deixaram o faraó. E Moisés suplicou a Javé por causa das rãs que ele havia posto contra o faraó. ⁹Javé cumpriu o que Moisés lhe pedia, e morreram as rãs nas casas, nos pátios e nos campos. ¹⁰Foram ajuntados montes e montes delas, e a terra cheirou mal. ¹¹Mas o faraó viu que havia trégua, tornou pesado o próprio coração e não obedeceu, como Javé tinha dito.

3ª praga: mosquitos – ¹²Javé disse a Moisés: "Diga a Aarão: 'Estenda sua vara e golpeie o pó do chão, e ele se transformará em moscas por toda a terra do Egito' ". ¹³Aarão estendeu o braço com a própria vara e golpeou o pó do chão, que se transformou então em mosquitos que atacavam homens e animais. E o pó do chão se transformou em mosquitos por toda a terra do Egito. ¹⁴Os magos do Egito tentaram fazer o mesmo, usando suas feitiçarias para produzir mosquitos, mas não conseguiram. Os mosquitos atacavam homens e animais. ¹⁵Os magos disseram ao faraó: "Isso é o dedo de Deus". Mas o coração do faraó se endureceu, e ele não obedeceu, como Javé tinha dito.

4ª praga: moscas – ¹⁶Javé disse a Moisés: "Levante-se de madrugada, apresente-se ao faraó quando ele sair para o rio, e diga-lhe: 'Assim diz Javé: Deixe meu povo sair, para que me sirva. ¹⁷Se você não deixar meu povo partir, eu mandarei moscas contra você, contra seus servos, seu povo e as casas que você tem. As casas dos egípcios e até mesmo o solo em que pisam ficarão cheios de moscas. ¹⁸Nesse dia, eu tratarei de maneira diferente o território de Gessen, onde reside meu povo, para que aí não haja moscas. Assim, você ficará sabendo que eu sou Javé no meio da terra. ¹⁹Farei uma separação entre meu povo e seu povo. Este sinal acontecerá amanhã' ". ²⁰Assim fez Javé: nuvens de moscas invadiram o palácio do faraó e de seus servos e toda a terra do Egito, de modo que a terra ficou arruinada na presença das moscas.

²¹O faraó mandou chamar Moisés e Aarão, e lhes disse: "Vão oferecer sacrifícios ao Deus de vocês, mas dentro de meu território". ²²Moisés respondeu: "Não é oportuno fazer isso, porque nossos sacrifícios a Javé nosso Deus são abominação para os egípcios. Se imolarmos diante deles o que abominam, certamente eles nos apedrejarão. ²³Temos de viajar três dias pelo deserto, para oferecer os sacrifícios a Javé nosso Deus, de acordo com o que ele nos mandou". ²⁴O faraó propôs: "Eu posso deixar vocês oferecerem sacrifícios a Javé, o Deus de vocês, no deserto, com a condição de que vocês não se afastem muito. Rezem por mim". ²⁵Moisés respondeu: "Logo que eu sair da sua presença, rezarei a Javé, para que amanhã mesmo ele afaste as moscas do faraó, de seus servos e de seu povo. Mas que o faraó não torne a me enganar, não permitindo que o povo saia para oferecer sacrifícios a Javé".

---

este Deus do monoteísmo exílico e pós-exílico que pode ferir o mundo (cf. Is 45,14.21.29; 46,9; Ez 5,13; 6,13.14 etc.).
8,12-15: Mostrando que o "dedo de Deus" age em Aarão, o texto reafirma o poder dos sacerdotes do Templo pós-exílico (cf. Ex 31,18; Dt 9,10).

16-28: São reflexos de teologias pós-exílicas: Javé com poder universal, israelitas separados como povo eleito (vv. 18-19, cf. 9,4.26; 10,23; 11,7; 33,16) e a expressão "você ficará sabendo que eu sou Javé no meio da terra".

²⁶Moisés saiu da presença do faraó e rezou a Javé. ²⁷E Javé fez o que Moisés pedia: afastou as moscas do faraó, de seus servos e de seu povo, até que não ficou uma só. ²⁸Mas o faraó tornou pesado o próprio coração também dessa vez, e não deixou o povo sair.

9 5ª praga: peste nos animais – ¹Javé disse a Moisés: "Vá dizer ao faraó: 'Assim diz Javé, o Deus dos hebreus: Deixe meu povo partir, para que me sirva. ²Se você não o deixar sair e continuar segurando-o à força, ³a mão de Javé vai ferir, com peste maligna, o rebanho do campo, os cavalos, jumentos, camelos, bois e ovelhas. ⁴Javé, no entanto, fará distinção entre os rebanhos de Israel e os rebanhos dos egípcios, de modo que nada se perderá do que pertence aos filhos de Israel. ⁵Javé estabeleceu um prazo: amanhã Javé fará isso na terra'".

⁶Javé cumpriu a palavra. No dia seguinte, morreram todos os animais dos egípcios, mas não morreu nenhum dos animais dos filhos de Israel. ⁷O faraó mandou averiguar e viu que do rebanho de Israel nenhum animal havia morrido. No entanto, novamente tornou-se pesado o coração do faraó, que não deixou o povo sair.

6ª praga: úlceras e tumores – ⁸Javé disse a Moisés e Aarão: "Peguem do forno um punhado de cinza, e Moisés a atire ao ar na presença do faraó. ⁹A cinza se transformará em pó por toda a terra do Egito e cairá sobre homens e animais, produzindo tumores e úlceras em toda a terra do Egito".

¹⁰Eles pegaram cinza do forno, foram ao faraó, e Moisés jogou a cinza ao ar. As pessoas e os animais ficaram cobertos de tumores e úlceras. ¹¹Os magos, por causa dos tumores, não puderam ficar de pé diante de Moisés, porque havia tumores nos magos e em todos os egípcios. ¹²Javé, porém, endureceu o coração do faraó, que não obedeceu, como Javé tinha dito a Moisés.

7ª praga: chuva de pedras – ¹³Javé disse a Moisés: "Levante-se de madrugada e vá dizer ao faraó: 'Assim diz Javé, o Deus dos hebreus: Deixe meu povo sair para me servir, ¹⁴pois desta vez mandarei todas as minhas pragas contra você, seus servos e seu povo, para que você saiba que não há ninguém como eu em toda a terra. ¹⁵De fato, se eu já tivesse soltado o meu braço para ferir você e seu povo com peste, você teria desaparecido da terra. ¹⁶Entretanto, foi exatamente para isto que eu o conservei de pé: para lhe mostrar minha força e para que meu nome seja recontado por toda a terra. ¹⁷No entanto, você continua segurando meu povo e não o deixa sair! ¹⁸Veja bem! Amanhã, a esta mesma hora, farei cair uma pesada chuva de pedras, como nunca se viu no Egito, desde o dia em que começou a existir, até hoje. ¹⁹Agora, portanto, mande recolher seus animais e tudo o que você tem no campo, porque os homens e animais que estiverem no campo e não se esconderem debaixo de um teto, vão morrer por causa da chuva de pedra'".

²⁰Os servos do faraó que ficaram com medo da palavra de Javé apressaram-se em dar refúgio a seus escravos e colocar o rebanho em estábulos. ²¹E aqueles que não deram importância à palavra de Javé deixaram os escravos e o rebanho no campo.

²²Javé disse a Moisés: "Estenda o braço para o céu, e cairá chuva de pedras em todo o território egípcio: sobre as pessoas, os animais e toda a vegetação". ²³Moisés estendeu sua vara para o céu e Javé mandou trovões e chuva de pedras, e o fogo andou sobre a terra. Javé fez cair chuva de pedras no território egípcio. ²⁴E houve uma chuva de pedras com fogo misturado no meio da chuva de pedras, muito forte, como nunca houve em toda a terra do

---

9,1-7: Na contradição entre os vv. 3 e 6, em que morrem todos os rebanhos, e os vv. 19-21, emergem o caráter não histórico destas narrativas e o complexo processo que as produziu.

8-12: Narrativa sacerdotal que ironiza o poder dos magos (v. 11) para afirmar o poder que Javé tem para ferir com úlceras (Dt 28,27.35; Jó 2,7), e dos seus sacerdotes para atestar a cura (Lv 13,18-20.23).

13-35: Fortalecendo a compreensão universalista de Javé ("não há ninguém como eu em toda a terra"; "saiba que a terra é de Javé"), redatores pós-exílicos fundiram a narrativa de uma chuva de pedras (vv. 18-22.25-35; cf.

Egito, desde que começou a ser uma nação. ²⁵A chuva de pedras destruiu tudo o que havia no território egípcio. Feriu tudo o que se encontrava fora, tanto pessoas como animais. Arrasou toda a vegetação do campo, destroçou todas as árvores. ²⁶Só não houve chuva de pedras na terra de Gessen, onde viviam os filhos de Israel. ²⁷O faraó mandou chamar Moisés e Aarão, e lhes disse: "Desta vez eu pequei. Javé é justo, eu e meu povo é que somos maus. ²⁸Rezem a Javé, porque chega de trovões e chuva de pedras! Vou deixar vocês saírem: não precisarão ficar mais aqui".

²⁹Moisés respondeu: "Quando eu sair da cidade, vou erguer a palma das mãos para Javé, os trovões vão parar e não haverá mais chuva de pedras, para que você saiba que a terra é de Javé. ³⁰Quanto a você e seus servos, porém, eu sei que vocês ainda não temem o Deus Javé".

³¹O linho e a cevada se perderam, pois a cevada já estava na espiga e o linho estava florescendo. ³²O trigo e o centeio, porém, não se perderam, porque são tardios.

³³Moisés saiu de junto do faraó e da cidade. E ergueu a palma das mãos para Javé. Os trovões e a chuva de pedras pararam, e não choveu mais sobre a terra. ³⁴Ao ver que a chuva, as pedras e os trovões tinham parado, o faraó continuou a pecar, tornou pesado o próprio coração, tanto ele como seus servos. ³⁵O coração do faraó se endureceu e ele não deixou partir os israelitas, como Javé tinha dito a Moisés.

10

8ª praga: gafanhotos – ¹Javé disse a Moisés: "Vá ao faraó, pois eu tornei pesado o coração dele e de seus servos, a fim de realizar entre eles os meus sinais, ²para que você possa contar aos filhos e aos netos como eu caçoei dos egípcios e quantos sinais realizei no meio deles. Assim, vocês ficarão sabendo que eu sou Javé".

³Moisés e Aarão foram ao faraó e disseram: "Assim diz Javé, o Deus dos hebreus: 'Até quando você vai se negar a se humilhar diante de mim? Deixe meu povo sair, para que me sirva. ⁴Se você não deixar meu povo sair, amanhã mandarei gafanhotos para seus lados. ⁵Eles cobrirão a superfície da terra, a ponto de não se poder enxergar o chão. Comerão todo o resto que sobrou, o que ficou para vocês da chuva de pedras. Comerão toda planta que brotar para vocês no campo. ⁶Suas casas, as casas de seus servos e de todos os egípcios estarão cheias de gafanhotos, coisa que seus pais e os pais de seus pais nunca viram, desde o dia em que estiveram sobre o solo até o dia de hoje' ".

Moisés virou-se e saiu da presença do faraó. ⁷Os servos disseram ao faraó: "Até quando esse homem será uma ameaça para nós? Deixe essa gente sair para servir a Javé, o Deus deles. Acaso você não sabe que o Egito está desaparecendo?" ⁸Fizeram Moisés e Aarão voltar à presença do faraó, que lhes falou: "Vão servir a Javé, o Deus de vocês. Mas digam-me: quem é que vai?"

⁹Moisés respondeu: "Temos de ir com jovens e velhos, com filhos e filhas, com os rebanhos e o gado, porque para nós é uma festa de Javé". ¹⁰O faraó replicou: "Que Javé esteja com vocês, quando eu os deixar partir, levando as crianças... Vocês estão é com más intenções! ¹¹De modo nenhum! Vão somente os homens e sirvam a Javé, se é isso o que vocês estão querendo". E os enxotaram da presença do faraó.

¹²Javé disse a Moisés: "Estenda o braço para a terra do Egito, para que venham à terra do Egito os gafanhotos. E que devorem toda a vegetação da terra e tudo o que se salvou da chuva de pedras". ¹³Moisés estendeu sua vara para a terra do Egito. E Javé fez soprar sobre a terra o vento leste, por um dia e uma noite inteira. Quando amanheceu, o vento leste já havia trazido os gafanhotos. ¹⁴Os gafanhotos invadiram toda a terra do Egito e assentaram-se em todos os cantos do Egito. Eram tão numerosos como nunca houve antes e nunca mais haverá. ¹⁵Cobriram toda a superfície da terra e escureceram a terra. Devoraram

---

Sl 78,47.48) com a narrativa de uma chuva de fogo (vv. 23-24; cf. Sl 78,49).
10,1-20: Os gafanhotos causavam devastação, fome e morte (Sl 78,46; 105,34.35; Jl 1,4). Vistos como castigo de Deus (Dt 28,38; 1Rs 8,37; 2Cr 7,13; Am 4,9; 7,1-2), eram comparados ao ataque de um exército (Jz 6,5; 7,12; Jr 46,23; 51,14.27; Jl 2,2-11; Na 2,4-11; 3,15-17; Ap 9,3.7). "Vocês ficarão sabendo que eu sou Javé": expressão

toda a vegetação da terra e todo o fruto que a chuva de pedras tinha deixado nas árvores. Nada ficou de verde nem nas árvores nem na vegetação do campo em toda a terra do Egito.

¹⁶O faraó mandou chamar às pressas Moisés e Aarão, e disse: "Pequei contra Javé, o Deus de vocês, e contra vocês. ¹⁷Perdoem meu pecado ainda esta vez, e rezem para que Javé, o Deus de vocês, afaste de mim essa morte".

¹⁸Moisés saiu de junto do faraó e rezou a Javé. ¹⁹E Javé fez soprar um forte vento do oeste, que arrastou os gafanhotos e os atirou no mar Vermelho. Não restou um só gafanhoto em todos os cantos do Egito.

²⁰Javé, porém, endureceu o coração do faraó, e este não deixou que os filhos de Israel saíssem.

9ª praga: trevas – ²¹Javé disse a Moisés: "Estenda o braço para o céu, e haverá sobre toda a terra do Egito tamanha escuridão, que se poderá apalpar". ²²Moisés estendeu o braço para o céu, e uma densa treva cobriu a terra do Egito durante três dias. ²³Uma pessoa não enxergava a outra e por três dias ninguém pôde sair do lugar em que estava. Contudo, para todos os filhos de Israel havia claridade em seus assentamentos.

²⁴O faraó mandou chamar Moisés e Aarão, e lhes disse: "Vão servir a Javé! Fiquem somente os rebanhos de cabras e ovelhas e o gado bovino de vocês. As crianças poderão ir".

²⁵Moisés respondeu: "Você nos dará em nossas mãos os sacrifícios e holocaustos, que vamos oferecer a Javé nosso Deus, ²⁶de modo que nosso gado irá conosco. Não ficará uma só unha, pois precisamos deles para servir a Javé nosso Deus. Além do mais, nós nem sabemos de que maneira vamos servir a Javé, enquanto não chegarmos lá".

²⁷Javé, porém, endureceu o coração do faraó, e ele não os quis deixar sair. ²⁸O faraó disse a Moisés: "Saia da minha presença e tome cuidado para não aparecer aqui de novo. Porque, no momento em que eu tornar a vê-lo na minha frente, você estará morto!"

²⁹Moisés respondeu: "É como você disse: não vou mais comparecer à sua presença!"

11 Anúncio da morte dos primogênitos

– ¹Javé disse a Moisés: "Farei vir mais uma praga contra o faraó, contra o Egito. Só então ele os deixará sair daqui. Melhor ainda, ele os expulsará daqui. ²Portanto, diga ao povo para cada um pedir ao seu vizinho, cada uma pedir à sua vizinha objetos de prata e de ouro". ³E Javé fez com que o povo ganhasse a simpatia dos egípcios. Moisés também era muito estimado no Egito pelos servos do faraó e pelo povo.

⁴Moisés disse: Assim diz Javé: "À meia-noite, eu passarei pelo meio do Egito, ⁵e todos os primogênitos da terra do Egito morrerão, desde o primogênito do faraó, que se senta no seu trono, até o primogênito da escrava que trabalha no moinho e também os primogênitos dos seus animais. ⁶Na terra do Egito haverá tão grande clamor, como nunca houve antes e nunca mais haverá. ⁷Mas, entre os filhos de Israel, desde os homens até os animais, não se ouvirá nem mesmo o latido de um cão, para que vocês saibam que Javé distingue entre o Egito e Israel. ⁸Todos estes servos virão a mim, e pedirão prostrados diante de mim: 'Saiam, você e o povo que o acompanha'. Eu então sairei". E, ardendo em ira, Moisés saiu de junto do faraó.

⁹Javé disse a Moisés: "O faraó não ouvirá vocês, para que meus prodígios se multipliquem no Egito". ¹⁰Moisés e Aarão fizeram todos esses prodígios diante do faraó. Javé, porém, endureceu o coração do faraó, que não deixou os filhos de Israel sair da terra dele.

---

muito usada em Ezequiel (Ez 6,7.13; 7,4.9; 11,10.12 etc.), mostrando o caráter nacionalista e discriminador da teologia oficial pós-exílica.

21-29: A experiência das tempestades de areia é usada para reforçar a teologia pós-exílica do povo escolhido por Javé entendido como único Deus, com poder cósmico e universal (cf. Jó 38-39; Sl 104; Ez 29-30).

11,1-10: Os primogênitos machos e as primícias da colheita (Ex 23,19; 34,26; Dt 18,4) deviam ser oferecidos aos deuses e deusas da fertilidade, tidos como seus proprietários (Ex 22,28-29). Os meninos deviam ser resgatados com ofertas (cf. 13,12.15; 34,19-20; Nm 18,15-17; Dt 15,19-20). Esta narrativa, que continua em 12,29-34, direciona essas ofertas para Javé, ligando-as

12 Páscoa, memorial da libertação

¹Javé disse a Moisés e Aarão na terra do Egito: ²"Este mês será para vocês o principal, o primeiro mês do ano. ³Falem assim à comunidade inteira de Israel: No dia dez deste mês, separem um cordeiro para cada família ampliada, ou um cordeiro para cada casa. ⁴Se a família for pequena para comer um cordeiro, então ela se unirá aos vizinhos mais próximos de sua casa. O cordeiro será escolhido de acordo com o número de pessoas, de acordo com o que cada família puder comer. ⁵Deve ser macho, sem defeito e de um ano. Pode ser cordeiro ou cabrito. ⁶Ele ficará preso para vocês até o dia catorze deste mês, quando toda a assembleia da comunidade de Israel o sangrará na parte da tarde. ⁷Vão colher parte do sangue e passar nos dois batentes e na travessa da porta das casas onde comerem o animal. ⁸Nessa noite, comerão a carne assada ao fogo e acompanhada de pão sem fermento e ervas amargas. ⁹Não deverão comer a carne crua nem cozida na água, mas só assada ao fogo. Comerão tudo: cabeça, pernas, vísceras. ¹⁰Não deixarão resto para o dia seguinte. Se sobrar alguma coisa, devem queimá-la ao fogo. ¹¹Vocês o comerão como se estivessem preparados para caminhar, de sandálias nos pés e cajado na mão. E comerão às pressas, porque é a páscoa de Javé. ¹²Nessa noite, eu vou passar pela terra do Egito e matar todos os primogênitos egípcios, tanto dos homens como dos animais. Vou realizar a vitória contra todos os deuses do Egito. Eu sou Javé. ¹³O sangue nas casas será um sinal de que vocês estão dentro delas. Ao ver o sangue, eu passarei adiante. E o ferimento do exterminador não os atingirá, quando eu golpear a terra do Egito. ¹⁴Esse dia será um memorial para vocês. Vocês o festejarão como festa a Javé. Festejá-lo será um estatuto perpétuo para as gerações de vocês.

Festa dos Pães Ázimos

¹⁵Durante sete dias, vocês comerão pães sem fermento. Já no primeiro dia vocês eliminarão o fermento de dentro de casa. Será excluída de Israel qualquer pessoa que, do primeiro ao sétimo dia, comer qualquer coisa fermentada. ¹⁶No primeiro dia haverá uma santa convocação e no sétimo dia haverá uma santa convocação. Nesses dias vocês não farão nenhuma obra, a não ser para preparar o necessário para as pessoas comerem: só isso.

¹⁷Vocês guardarão a festa dos Pães Sem Fermento, porque nesse dia eu fiz seus exércitos saírem da terra do Egito. Vocês observarão esse dia como ritual perpétuo pelas gerações afora. ¹⁸No dia catorze do primeiro mês, à tarde, devem comer pães sem fermento, até a tarde do dia vinte e um desse mês. ¹⁹Durante sete dias, não se pode achar fermento na casa de vocês, pois todo aquele que comer pão fermentado será cortado da comunidade de Israel, seja migrante seja nativo da terra. ²⁰Vocês não comerão pão fermentado; comerão pães sem fermento em qualquer lugar onde habitarem".

Significado do ritual da Páscoa

²¹Moisés convocou os anciãos de Israel e lhes disse: "Escolham e peguem um cordeiro por clã e sangrem-no para a Páscoa. ²²Depois, peguem ramos de hissopo, passem

---

do êxodo. Deve ser posterior a Josias (ver notas a 13,1-2.11-16).

12,1-14: Ao fixar-se em novo local, os pastores demarcavam o acampamento com o sangue de um animal sacrificado, para apaziguar as divindades do lugar e proteger-se delas (vv. 13.23). Esse ritual de origem desconhecida, chamado *pesah* (cf. v. 11), foi vinculado aos primogênitos e a Javé através do verbo hebraico *pasah* ("passar ou saltar por cima"; cf. vv. 13.23.27), e celebrado nas casas camponesas de Israel (cf. vv. 3-4 e 21-22). Mas a relação com o êxodo e a minuciosa regulamentação indicam aqui uma redação josiânica ou pós-exílica, quando o cordeiro pascal só poderá ser imolado no Templo de Jerusalém (cf. v. 14; Dt 16,5-6; 2Rs 23,21-23, ver nota a 12,21-28). Este enquadramento, porém, substitui o caráter protetor da vida da Páscoa por um Javé que mata somente para provar sua superioridade sobre os deuses egípcios (v. 12; cf. 11,1-10).

15-20: Festa de origem cananeia celebrada na colheita da cevada (Dt 16,9), e inicialmente separada da Páscoa (Ex 23,15; 34,18). Visava evitar o contato da nova colheita com a antiga, pois o fermento era cultivado numa parte da massa do pão anterior. Abria um ciclo que se fechava com a festa da colheita do trigo, ou das Tendas (Ex 23,16.19; 34,22; Dt 16,1-10). Ao serem associadas à saída do Egito e à Páscoa, as primícias, antes oferecidas às divindades da fertilidade dos campos, são agora direcionadas a Javé (cf. Dt 16,5-6; Esd 6,19-22, ver nota a 13,3-10).

21-28: A Páscoa, centralizada no Templo por Josias, é integrada à "catequese oficial" transmitida às novas gerações (10,2; 13,8.14, cf. Dt 4,9; 6,7.20-25; 11,19; Js 4,6-

no sangue que está na bacia, e com esse sangue da bacia marquem a travessa da porta e os dois batentes. Ninguém saia de casa antes do amanhecer do dia seguinte, ²³porque Javé passará para ferir os egípcios, e quando notar o sangue na travessa e nos batentes do portal, passará adiante dessa porta, não deixará que o exterminador entre em suas casas para ferir vocês.

²⁴Guardem essa palavra, como decreto permanente para vocês e seus filhos. ²⁵Quando tiverem entrado na terra que Javé lhes há de dar, como ele disse, vocês observarão esse ritual. ²⁶E quando seus filhos perguntarem: 'O que significa esse ritual?', ²⁷vocês responderão: 'É o sacrifício da Páscoa de Javé. No Egito ele passou pelas casas dos filhos de Israel, feriu os egípcios e protegeu as nossas casas' ". O povo se inclinou e prostrou-se no chão. ²⁸Os filhos de Israel foram e fizeram isso. Como Javé tinha ordenado a Moisés e Aarão, assim o fizeram.

10ª praga: morte dos primogênitos, o êxodo como expulsão – ²⁹Pela meia-noite, Javé atingiu todos os primogênitos na terra do Egito, desde o primogênito do faraó, que se assentava no trono dele, até o primogênito do prisioneiro que estava na cadeia e os primogênitos dos animais. ³⁰O faraó se levantou à noite, assim como seus servos e todos os egípcios. Houve imenso clamor em todo o Egito, pois não havia casa onde não houvesse um morto. ³¹De noite ainda, o faraó chamou Moisés e Aarão, e lhes disse: "Vamos! Saiam do meio do meu povo, vocês e os filhos de Israel. Vão celebrar Javé, como pediram. ³²Levem também seus rebanhos e seu gado, como diziam. Vão embora e me abençoem".

³³Os egípcios pressionavam o povo para que saísse depressa da terra, pois tinham medo que morressem todos. ³⁴E o povo levou nos ombros a farinha amassada antes que levedasse, as amassadeiras em trouxas atadas com seus mantos.

³⁵Os filhos de Israel fizeram também o que Moisés havia mandado: pediram aos egípcios objetos de prata e de ouro, e também roupas. ³⁶Javé fez com que ganhassem a simpatia dos egípcios, que lhes deram tudo o que estavam pedindo. E assim eles despojaram os egípcios.

Início da saída – ³⁷Os filhos de Israel partiram de Ramsés, em direção a Sucot. Eram cerca de seiscentos mil homens adultos a pé, sem contar as crianças. ³⁸Subiu também com eles grande mistura de gente, além de ovelhas, cabras e gado bovino, um rebanho imenso. ³⁹Da massa que haviam levado do Egito, assaram pães sem fermento, pois a massa ainda não estava levedada. É que, expulsos do Egito, não puderam parar nem preparar provisões para o caminho.

⁴⁰A estada dos filhos de Israel no Egito durou quatrocentos e trinta anos. ⁴¹No mesmo dia em que terminaram os quatrocentos e trinta anos, os exércitos de Javé saíram da terra do Egito. ⁴²Essa noite foi de vigília para Javé, quando ele os tirou da terra do Egito. E assim essa noite deve ser uma vigília em honra de Javé para todos os filhos de Israel, por todas as suas gerações.

Páscoa só para os circuncidados – ⁴³Javé disse a Moisés e Aarão: "Assim será o ritual da Páscoa: Nenhum estrangeiro comerá dela. ⁴⁴Os escravos que você tiver comprado por dinheiro poderão comer dela, se forem circuncidados. ⁴⁵Quem estiver de

---

9.21-24). Assim, usa-se o rosto protetor e libertador da divindade, presente nas origens deste ritual e no êxodo, para legitimar a concentração dos tributos e do poder em Jerusalém (cf. Dt 16,5-6). Esta não é uma prática ainda hoje utilizada?

29-36: Continuação de 11,1-10 (ver nota). A narrativa da morte dos primogênitos está unida à apresentação do êxodo como expulsão (cf. 11,1; 12,31-33.39). O v. 34 liga a oferta dos primogênitos à festa dos Pães Sem Fermento (cf. Dt 16,8; Ne 10,36-37, ver nota a 12,15-20). Sobre os vv. 35-36, ver nota a 3,16-22.

37-42: Ex 38,26 e Nm 1,46 falam em 603.550 homens. Gn 15,13 fala em 400 anos no Egito. São datas e números que idealizam o reino unificado de Judá e Israel sonhado por Josias (1Rs 4,20-5,1), ou imaginam o exército das doze tribos saindo do Egito (v. 41, cf. 12,17.51; Nm 1,52; 2,1-34 etc.) como povo eleito, descendente das promessas a Abraão, imagem essa construída no pós-exílio (ver notas a 1,1-7,7 e 1,1-7).

43-51: Releitura sacerdotal, exílica ou pós-exílica de 12,3-11, que restringe a Páscoa aos judeus circuncidados (cf. Esd 6,19-22), preocupação inexistente nos rituais pré-exílicos de Josias (cf. Dt 16,11). Aqui aparece toda a contradição do ritualismo: o ritual da celebração da libertação dos escravos celebrado por pessoas que possuem escravos e excluem os estrangeiros. Não é o mesmo que acontece com a celebração da partilha do pão e do vinho por pessoas e sociedades sem solidariedade, com escandalosas diferenças sociais?

Os filhos de Israel subiram bem armados da terra do Egito.

[19]Moisés carregou os ossos de José, pois este havia feito com que os filhos de Israel jurassem solenemente, quando disse: "Deus certamente cuidará de vocês, e então levem daqui com vocês os meus ossos". [20]Partiram de Sucot e acamparam em Etam, à beira do deserto. [21]Javé ia na frente deles. De dia, numa coluna de nuvem, para guiá-los. De noite, numa coluna de fogo, para iluminá-los. Desse modo, podiam caminhar durante o dia e durante a noite. [22]De dia a coluna de nuvem não se afastava do povo, nem a coluna de fogo durante a noite.

14 O êxodo como fuga

[1]Javé falou a Moisés: [2]"Fale aos filhos de Israel que voltem e acampem em Piairot, entre Magdol e o mar, diante de Baal Sefon. Aí vocês devem acampar junto ao mar. [3]O faraó vai dizer: 'Os filhos de Israel andam perdidos pela região; o deserto os bloqueou'. [4]Eu endurecerei o coração do faraó, que os perseguirá. Eu então vou mostrar o peso da minha glória no faraó e em todo o seu exército. E os egípcios ficarão sabendo que eu sou Javé". Assim fizeram os filhos de Israel.

[5]Quando comunicaram ao rei do Egito que o povo tinha fugido, o faraó e seus servos mudaram de opinião sobre o povo e disseram: "O que é que nós fizemos? Deixamos Israel sair de nosso serviço!"

[6]O faraó mandou aprontar seu carro de guerra e levou consigo seu povo: [7]seiscentos carros de guerra selecionados, todos os carros de guerra do Egito, cada um com seu capitão. [8]Javé endureceu o coração do faraó, rei do Egito, e este perseguiu os filhos de Israel, que haviam saído com o braço erguido.

[9]Os egípcios, todos os cavalos e carros de guerra do faraó com os seus ocupantes, o seu exército, saíram em perseguição aos filhos de Israel e os alcançaram acampados junto ao mar, em Piairot, diante de Baal Sefon. [10]O faraó vinha se aproximando. Os filhos de Israel, ao levantar os olhos, viram que os egípcios avançavam em perseguição a eles. Cheios de medo, clamaram a Javé. [11]Disseram a Moisés: "Será que não havia sepulturas lá no Egito? Você nos trouxe ao deserto para morrermos! Por que fez assim conosco, tirando-nos do Egito? [12]Não é isso que nós lhe dizíamos ainda no Egito: 'Deixe-nos em paz, como escravos dos egípcios'? O que é melhor para nós: ser escravos dos egípcios ou morrer no deserto?"

[13]Moisés respondeu ao povo: "Não tenham medo! Fiquem firmes, e vocês hão de ver o que Javé fará hoje para salvá-los. Vocês nunca mais hão de ver os egípcios, como hoje estão vendo. [14]Javé combaterá por vocês. Podem ficar tranquilos!"

O poder de Javé derrota os egípcios

[15]Javé disse a Moisés: "Por que você está clamando por mim? Fale aos filhos de Israel que levantem acampamento. [16]Você erga sua vara e depois estenda o braço sobre o mar, dividindo-o ao meio, para que os filhos de Israel possam atravessá-lo pisando em chão seco. [17]Eu endureci o coração dos egípcios, para que os persigam. Assim vou mostrar o peso da minha glória, derrotando o faraó e seu exército, os carros de guerra e seus ocupantes. [18]Depois que eu tiver derrotado o faraó com os carros de guerra e seus ocupantes, os egípcios ficarão sabendo que eu sou Javé".

[19]O mensageiro de Deus, que ia na frente do agrupamento de Israel, retirou-se e foi para trás. A coluna de nuvem também se retirou da frente deles e se colocou atrás, [20]ficando entre o agrupamento dos egípcios e o agrupamento de Israel. A nuvem

---

(cf. Ex 40,34-38; Lv 9,24; Nm 11,24-30; Dt 4,12-14; Ne 9,12-14; Is 4,5; 31,9).

14,1-14: Esta narrativa apresenta Javé como um Deus guerreiro e o identifica com a divindade que combate junto aos israelitas (v. 14, cf. 14,25-30; 15,1-7; Dt 1,30; 1Sm 4,3-6; 14,6; 17,47). No Êxodo, já nos vv. 5-6 persistem restos da tradição do êxodo como fuga, talvez memória mais próxima daquilo que historicamente aconteceu.

15-31: Uma tradição mais antiga fala de certo vento que baixa a maré e permite a passagem dos israelitas, mas não dos carros que são tragados pela subida das águas. Sobrepõe-se uma tradição mais nova, segundo a qual Moisés abre caminho seco entre duas muralhas de água. Não se sabe o que de fato aconteceu. Mas a vitória será usada pela teologia exílica e pós-exílica como fundamento do poder de Javé (vv. 18.31, cf. Dt 1,30; 11,4; Js 24,7, ver nota a 6,28-7,7). Todo esse poder, porém, só é de fato sagrado se estiver a serviço da libertação dos oprimidos e da construção de uma sociedade justa, solidária e fraterna.

passagem e os empregados temporários não comerão dela. ⁴⁶Cada cordeiro deverá ser comido dentro de uma casa. Nenhum pedaço de carne poderá ser levado para fora, e do cordeiro não se deverá quebrar osso nenhum. ⁴⁷Toda a comunidade de Israel fará isso. ⁴⁸Se algum migrante que mora com você quiser celebrar a Páscoa de Javé, todos os homens de sua casa deverão ser circuncidados, e então poderá celebrá-la: será como nativo da terra. Nenhum incircunciso poderá comer dela. ⁴⁹A mesma lei vale tanto para o nativo como para o migrante que mora no meio de vocês". ⁵⁰Todos os filhos de Israel fizeram o que Javé tinha ordenado a Moisés e Aarão. ⁵¹Nesse dia, Javé tirou os filhos de Israel da terra do Egito, segundo seus exércitos.

13 *Consagração dos primogênitos a Javé* – ¹Javé falou a Moisés: ²"Consagre a mim todo primogênito dos filhos de Israel, os que por primeiro saem do ventre materno. Eles serão meus, tanto os dos homens quanto os dos animais".

Os pães ázimos como memorial da libertação – ³Moisés disse ao povo: "Celebrem sempre a memória desse dia em que vocês saíram do Egito, da casa da escravidão, quando Javé os tirou daí com mão forte. Então, vocês não comerão pão fermentado. ⁴Vocês estão saindo hoje, no mês de Abib.
⁵Quando Javé o tiver introduzido na terra dos cananeus, heteus, amorreus, heveus e jebuseus, terra que ele jurou a seus pais dar a você, terra onde correm leite e mel, você comemorará este mês com a seguinte celebração: ⁶Durante sete dias você comerá pão sem fermento, e o sétimo será uma festa para Javé. ⁷Durante os sete dias, só se comerá pão sem fermento. Em todo o território, não haverá fermento nem qualquer coisa fermentada. ⁸Nesse dia, você deverá explicar a seu filho: 'Tudo isso é pelo que Javé fez por mim, quando eu saí do Egito'.
⁹Isso há de ser para você como sinal na mão, memória diante dos olhos, para que a lei de Javé, que o tirou do Egito com mão forte, esteja presente em seus lábios. ¹⁰Você observará esse ritual todos os anos, na data marcada".

Primogênitos como sinal da libertação – ¹¹"Depois que Javé o tiver introduzido na terra dos cananeus, e a tiver dado a você, como jurou a você e a seus pais, ¹²você reservará para ele todo aquele que por primeiro sai do útero materno. Todo primogênito macho, mesmo do seu gado, pertencerá a Javé. ¹³O primeiro filhote da jumenta, você poderá resgatar, substituindo-o por um cordeiro. Se não o resgatar, deve quebrar-lhe a nuca. Mas o primogênito das pessoas, seus filhos, você deverá resgatá-los sempre.
¹⁴Amanhã, quando seu filho lhe perguntar: 'O que significa isso?' você lhe responderá: 'Com mão forte, Javé nos tirou do Egito, da casa da escravidão. ¹⁵O faraó teimou e não queria deixar-nos sair. Por isso é que Javé matou todos os primogênitos na terra do Egito, primogênitos das pessoas e primogênitos dos animais. É por isso que eu sacrifico a Javé todo macho que por primeiro sai do útero dos animais, e resgato todo primogênito de meus filhos'. ¹⁶Isso há de ser para você como sinal na mão, memória diante dos olhos, de que Javé nos tirou do Egito com mão forte".

Saída do Egito – ¹⁷Quando o faraó mandou o povo embora, Deus não o guiou pelo caminho dos filisteus, o mais curto. Pois Deus pensou: Se não for assim, ao ver guerra, o povo vai desanimar e voltar para o Egito. ¹⁸Assim, Deus fez o povo dar uma volta pelo deserto do mar Vermelho.

13,1-2: Ver notas em 11,1-10; 12,29-34 e 13,11-16. Embora reis de Judá possam ter sacrificado primogênitos (Ez 20,25-26.31, cf. Ez 16,20-21; Jr 7,31; 19,5), normalmente estes eram resgatados através de ofertas ao Templo (cf. v. 13; 34,19-20; Nm 3,46-47, ver nota a Gn 22).

3-10: A festa dos Ázimos (Pães Sem Fermento; ver nota a 12,15-20) foi unida à Páscoa (a festa para Javé; v. 6) e centralizada em Jerusalém pelo rei Josias, para aumentar a coleta dos tributos (cf. Dt 16,1-8), o qual as apresenta como memorial da libertação. Ver nota a 12,21-28.

11-16: A consagração dos primogênitos é integrada à "catequese oficial" josiânica ou pós-exílica (cf. Dt 6,8; 11,18; 28,46, ver notas a 12,21-28; 13,3-10).

17-22: Tradições misturadas, contradições, locais desconhecidos (cf. 12,37; 13,17-20; 14,2 e Nm 33) e releituras posteriores, como a releitura sacerdotal pós-exílica que idealiza doze tribos saindo do Egito como "exércitos" (cf. nota 12,37-42) "bem armados" (v. 18), impedem de saber o que de fato foi o êxodo. As colunas de nuvem e de fogo representam a presença e a direção de Deus, função do Templo, da Lei e dos sacerdotes no pós-exílio

escureceu, e durante toda a noite a escuridão impediu que uns se aproximassem dos outros.

²¹Moisés estendeu o braço contra o mar, e com o forte vento oriental que soprou a noite inteira Javé fez que o mar se afastasse. Transformou o mar em lugar seco: as águas abriram caminho. ²²Os filhos de Israel entraram pelo meio do mar, em chão seco. As águas eram para eles como muralhas à direita e à esquerda. ²³Os egípcios, todos os cavalos do faraó, os carros de guerra e seus ocupantes, saíram em perseguição e entraram atrás deles até o meio do mar.

²⁴De madrugada, Javé olhou da coluna de fogo e da nuvem, viu o agrupamento dos egípcios e provocou uma confusão no agrupamento dos egípcios. ²⁵Emperrou as rodas dos carros de guerra, fazendo-as rodar com dificuldade. Os egípcios disseram: "Vamos fugir de Israel, porque Javé combate a favor deles e contra o Egito".

²⁶Javé disse a Moisés: "Estenda o braço sobre o mar, e as águas se voltarão contra os egípcios, os carros de guerra e seus ocupantes". ²⁷Moisés estendeu o braço sobre o mar, que de manhã voltou ao normal. Os egípcios, ao fugir, deram de encontro com o mar. Assim, Javé atirou o Egito no meio do mar.

²⁸As águas voltaram e cobriram os carros de guerra e seus ocupantes, todo o exército do faraó, que os haviam seguido no mar. Nem sequer um deles escapou. ²⁹Entretanto, os filhos de Israel passaram pelo meio do mar em chão seco, enquanto as águas eram, para eles, como muralhas à direita e à esquerda.

³⁰Nesse dia, Javé salvou Israel das mãos dos egípcios. Israel pôde ver os cadáveres dos egípcios na praia. ³¹Israel viu a mão forte com que Javé atuou contra o Egito. O povo passou a temer Javé e a acreditar nele e no seu servo Moisés.

15 Cânticos de Moisés e de Míriam –

¹Nessa ocasião, Moisés e os filhos de Israel entoaram este cântico a Javé:

"Vou cantar a Javé, porque grandemente se enalteceu:
ele atirou ao mar carros e cavalos.

²Javé é minha força e meu cantar.
Foi ele a minha salvação.
Ele é meu Deus, hei de louvá-lo.
É o Deus de meu pai, hei de exaltá-lo.

³Javé é homem de guerra, Javé é seu nome.
⁴Atirou ao mar os carros de guerra,
a força do faraó,
e seus melhores capitães se afogaram
no mar Vermelho.

⁵As ondas os encobriram,
como pedras desceram para o fundo.
⁶Tua direita, Javé, é gloriosa pela força;
tua direita, Javé, liquida o inimigo.
⁷Com grande majestade
derrotas teus adversários.
Quando liberas tua ira, ela os devora
como palha.

⁸Ao sopro de tuas narinas
amontoam-se as águas,
as ondas se levantam como represa,
os vagalhões se petrificam no meio
do mar.

⁹O inimigo dizia:
'Vou persegui-los, alcançá-los,
repartir os despojos
e saciar minha vontade;
vou puxar minha espada
e minha mão vai agarrá-los'.

¹⁰Teu vento soprou e o mar os encobriu;
como chumbo afundaram nas águas
profundas.

¹¹Entre os deuses, qual será como tu, Javé?
Qual, tão sublime em santidade,
com louvores tão venerado,
realizador de prodígios?

¹²Estendeste teu braço direito
e a terra os engoliu.

¹³Guiaste com amor fiel o povo
que resgataste,
conduziste-o com tua força para tua
santa moradia.

15,1-21: Até os tempos de Ezequias e Josias, Javé era visto como um Deus entre outros (v. 11; 18,11; Dt 10,17), um Deus guerreiro (cf. v. 3), cujo culto e ação se davam na defesa armada em favor das famílias camponesas e de suas colheitas (ver nota em 14,1-14). Um antigo refrão (vv. 21 e 1), atribuído à profetisa Míriam (cf. Jz 4,4; 5,1.20-21; 1Sm 2), foi reelaborado no ambiente do Templo e do povo consagrado a Javé (vv. 17-18, cf. Dt 7,6; Sl 74,2; 78,54), dando origem ao cântico de Moisés.

¹⁴Povos ouviram e tremeram,
   o terror se espalhou entre os
   governantes filisteus,
¹⁵desmaiaram os chefes de Edom,
   o temor dominou a nobreza de Moab,
   os governantes de Canaã, todos
      cambalearam.
¹⁶Sobre todos eles baixou tremor
   e temor.
   A grandeza de teu braço os deixou
      petrificados,
   até que teu povo atravessasse, ó Javé,
   até que passasse o povo que adquiriste.
¹⁷Tu vais introduzi-lo e plantá-lo
   na montanha que é tua herança,
   no lugar que preparaste para tua
      habitação, ó Javé,
   no santuário, ó meu Senhor,
      que tuas mãos estabeleceram.
¹⁸Javé é o rei para sempre e eternamente".

¹⁹Quando os cavalos do faraó entraram no mar com os carros de guerra e seus ocupantes, Javé fez voltar sobre eles as águas do mar, enquanto os filhos de Israel tinham caminhado em chão seco pelo meio do mar. ²⁰A profetisa Míriam, irmã de Aarão, pegou um tamborim, e todas as mulheres saíram atrás dela com tamborins, dançando em círculos. ²¹E Míriam entoava para elas:

   "Cantem a Javé, porque grandemente
      se enalteceu;
   ele atirou ao mar carros e cavalos".

III. NO DESERTO

As águas amargas – ²²Moisés fez que Israel partisse do mar Vermelho, e se dirigiram para o deserto de Sur. Caminharam três dias no deserto sem encontrar água. ²³Chegando ao lugar chamado Mara, não conseguiram beber da água de Mara, porque era amarga, e é por isso que tem o nome de Mara. ²⁴O povo murmurou contra Moisés, dizendo: "O que vamos beber?" ²⁵Moisés clamou por Javé e Javé mostrou-lhe um pedaço de madeira, que Moisés jogou na água, e a água se tornou doce.

Aí deu um estatuto e um direito para o povo e o colocou à prova. ²⁶E disse: "Se você obedecer à voz de Javé, o seu Deus, fazendo o que é correto aos olhos dele, se der atenção a seus mandamentos e guardar seus decretos, 'não mandarei sobre você nenhuma das doenças que mandei sobre os egípcios, pois eu sou Javé, aquele que o cura' ".

²⁷Chegaram a Elim, onde havia doze fontes de água e setenta palmeiras. E acamparam junto às águas.

16 **O maná e as codornizes** – ¹Toda a comunidade dos filhos de Israel partiu de Elim e chegou ao deserto de Sin, entre Elim e o Sinai, no dia quinze do segundo mês após a saída da terra do Egito. ²Toda a comunidade dos filhos de Israel murmurou contra Moisés e Aarão no deserto, ³dizendo: "Quem dera tivéssemos morrido pela mão de Javé na terra do Egito, onde podíamos sentar junto às panelas de carne e comer pão com fartura! Vocês nos trouxeram para o deserto a fim de fazer toda esta multidão morrer de fome!"

⁴Javé disse a Moisés: "Farei chover pão do céu para vocês. O povo sairá para recolher cada dia sua porção, para eu verificar se ele anda de acordo com minha lei ou não. ⁵No sexto dia, porém, devem calcular o que recolhem, que será o dobro do que recolherem a cada dia".

⁶Moisés e Aarão disseram aos filhos de Israel: "À tarde vocês saberão que foi Javé quem os tirou da terra do Egito, ⁷e pela manhã verão a glória de Javé, porque Javé ouviu as murmurações de vocês contra ele. Quem somos nós, para que vocês

---

15,22-18,27: Este bloco reúne tradições de diferentes épocas, grupos e locais, em torno do tema das murmurações contra Moisés e Aarão (cf. 15,24; 16,2.7.8; 17,3; Nm 10-20).

15,22-27: Um jogo de palavras (*marah*, "amargo"; *massa*, "prova"; cf. 17,7) é usado para introduzir o tema pós-exílico da obediência aos mandamentos e decretos para evitar as pragas (cf. 23,25; Dt 7,15; 28,27.60).

16,1-36: Narrativas sobre aves migratórias esgotadas que são levadas pelo vento ao deserto (Nm 11,31-35), e sobre a palavra "maná" associada ao hebraico *man hu* ("o que é isso?"; cf. vv. 15.31; Nm 11,7-8): são dois artifícios para apoiar a construção pós-exílica da história de Israel como povo numeroso que sai do Egito e, após quarenta anos no deserto, entra em Canaã. Emoldurado pelo ensino sobre o sábado (vv. 1-4 e 21-30), há no núcleo uma ética contra o acúmulo (v. 16-20), que pode ser orientado a partilha dos alimentos nas vilas camponesas. Ética semelhante aparece em Mc 6,30-44; 8,1-9; Jo 6; At 2,44-45; 4,32-35.

murmurem contra nós?" ⁸Moisés disse ainda: "Esta tarde, Javé dará carne para vocês comerem, e pela manhã pão com fartura, pois ele ouviu a murmuração de vocês contra ele. Quem somos nós? As murmurações de vocês não são contra nós, e sim contra Javé".

⁹Moisés disse a Aarão: "Diga a toda a comunidade dos filhos de Israel: 'Aproximem-se de Javé, pois ele ouviu as murmurações de vocês' ". ¹⁰Enquanto Aarão falava a toda a comunidade dos filhos de Israel, eles olharam para o deserto e viram a glória de Javé que aparecia numa nuvem. ¹¹Javé falou a Moisés: ¹²"Eu escutei as murmurações dos filhos de Israel. Diga-lhes que comerão carne à tarde e se fartarão de pão pela manhã. Assim vocês ficarão sabendo que eu sou Javé, o Deus de vocês".

¹³À tarde, um bando de codornizes cobriu todo o acampamento, e pela manhã havia uma camada de orvalho ao redor do acampamento. ¹⁴Quando a camada de orvalho se evaporou, na superfície do deserto apareceram pequenos flocos como cristais de gelo. ¹⁵Ao verem, os filhos de Israel perguntaram: "O que é isso?" Porque não sabiam o que era. ¹⁶Moisés lhes disse: "Isso é o pão que Javé lhes dá para comer. E são estas as ordens de Javé: Cada um recolha o suficiente para comer, uma medida por pessoa, de acordo com o número de pessoas que moram na sua tenda".

¹⁷Os filhos de Israel assim fizeram. E uns recolheram mais, outros menos, ¹⁸Quando mediram as quantias, não sobrava para quem havia recolhido mais, nem faltava para quem havia recolhido menos. Cada um tinha recolhido o que podia comer. ¹⁹Moisés lhes disse: "Ninguém guarde para o dia seguinte". ²⁰Mas nem todos deram ouvidos a Moisés, e alguns o guardaram para o dia seguinte. Porém, o que foi guardado apodreceu, criou vermes e cheirou mal. Por isso, Moisés ficou indignado contra eles.

²¹A cada manhã, colhiam o quanto cada um podia comer, porque o calor do sol o derretia. ²²No sexto dia, recolheram o dobro, duas medidas para cada um. Os príncipes da comunidade foram e o informaram a Moisés. ²³Ele disse: "É exatamente isso que Javé falou: amanhã é sábado, um descanso completo reservado a Javé. Cozinhem o que quiserem cozinhar e fervam o que quiserem ferver, separem o que sobrar e reservem para o dia seguinte".

²⁴Eles fizeram a reserva até o dia seguinte, de acordo com o que Moisés tinha ordenado. E desta vez não apodreceu nem criou vermes.

²⁵Moisés disse: "Comam hoje, porque hoje é o sábado de Javé. Hoje vocês não encontrarão alimento no campo. ²⁶Recolham durante seis dias, pois no sétimo, que é sábado, não o encontrarão".

²⁷No sétimo dia, alguns do povo saíram para recolher, mas nada encontraram. ²⁸Javé disse a Moisés: "Até quando vocês se negarão a observar meus mandamentos e leis? ²⁹É Javé quem lhes dá o sábado, e é por isso que ele, no sexto dia, lhes dará pão para dois dias. Cada um fique onde está. Ninguém saia do seu lugar no sétimo dia". ³⁰E no sétimo dia o povo descansou.

³¹A casa de Israel deu-lhe o nome de maná. Era branco como a semente de coentro, e seu sabor era como bolo de mel. ³²Moisés disse: "Esta é a ordem de Javé: Guardem uma medida para que as gerações futuras possam ver o pão com o qual eu os alimentei no deserto, quando os tirei da terra do Egito". ³³Assim, Moisés disse a Aarão: "Pegue uma vasilha, coloque nela dois litros de maná, e coloque-a diante de Javé, a fim de o conservar para as gerações futuras". ³⁴De acordo com o que Javé tinha ordenado a Moisés, Aarão o colocou diante do Testemunho, para que fosse conservado. ³⁵Os filhos de Israel comeram maná durante quarenta anos, até chegarem à terra habitada. Comeram maná até chegarem à fronteira de Canaã. ³⁶A medida recolhida era de dois litros, um décimo do efá.

17 A água da rocha –

¹A comunidade dos filhos de Israel partiu do deserto de Sin para as etapas seguintes, de

---

17,1-7: Várias narrativas mostram o povo no deserto clamando por água: 15,22-27; Nm 20,2-13; 21,16-18.

Aqui, a água que sai da rocha simboliza provavelmente a Lei de Moisés que emana do Templo pós-exílico (cf.

acordo com a ordem de Javé. Acamparam em Rafidim. Aí o povo não encontrou água para beber. ²O povo se pôs a debater com Moisés, dizendo assim: "Dê-nos água para beber!" Moisés respondeu: "Por que vocês brigam comigo? Por que colocam Javé à prova?" ³Mas o povo estava com sede e murmurou contra Moisés, dizendo assim: "Por que você nos tirou do Egito? Foi para nos matar de sede a nós, nossos filhos e nossos animais?"

⁴Moisés clamou a Javé, dizendo: "Que vou fazer com esse povo? Estão quase me apedrejando!" ⁵Javé respondeu a Moisés: "Passe à frente do povo e chame com você alguns anciãos de Israel, leve a vara com que você golpeou o rio Nilo, e caminhe. ⁶Eu vou esperá-lo junto à rocha de Horeb. Você golpeará a rocha, e dela sairá água para o povo beber". Moisés assim fez na presença dos anciãos de Israel, ⁷e deu a esse lugar o nome de Massa e Meriba, por causa da discussão dos filhos de Israel e porque puseram Javé à prova, quando disseram: "Javé está no meio de nós, ou não está?"

Combate contra os amalecitas – ⁸Os amalecitas vieram combater contra Israel em Rafidim. ⁹Moisés disse então a Josué: "Escolha certo número de homens e saia amanhã para combater os amalecitas. Eu ficarei no alto da colina com a vara de Deus na mão".

¹⁰Josué fez o que Moisés havia dito, e saiu para combater os amalecitas. Entretanto, Moisés, Aarão e Hur subiram ao topo da colina. ¹¹Enquanto Moisés ficava com as mãos erguidas, Israel vencia; quando abaixava as mãos, os amalecitas é que venciam. ¹²Ora, os braços de Moisés se cansaram. Então eles pegaram uma pedra e a colocaram aí, para que Moisés se assentasse. Enquanto isso, Aarão e Hur, um de cada lado, sustentavam os braços de Moisés. Desse modo, as mãos de Moisés ficaram firmes até o pôr do sol. ¹³Josué derrotou Amalec e seu exército ao fio da espada.

¹⁴Javé disse a Moisés: "Escreva isso num livro como memória e diga a Josué que eu vou apagar a memória de Amalec de sob o céu". ¹⁵Depois, Moisés construiu um altar e deu-lhe o nome de "Javé minha bandeira", ¹⁶dizendo: "Certa mão se levantou contra o trono de Javé, pois haverá guerra de Javé contra Amalec de geração em geração".

18 *Jetro aconselha Moisés* – ¹Jetro, sacerdote de Madiã e sogro de Moisés, ficou sabendo de tudo o que Javé havia feito por Moisés e pelo seu povo Israel, quando Javé tirou Israel do Egito.

²Jetro, sogro de Moisés, levou a esposa de Moisés, Séfora, que antes Moisés lhe havia enviado ³com seus dois filhos. Um deles se chamava Gérson, porque Moisés tinha dito: "Sou migrante em terra estrangeira". ⁴O outro se chamava Eliezer, porque "o Deus de meu pai é minha ajuda e me libertou da espada do faraó". ⁵Acompanhado, pois, da mulher e dos filhos de Moisés, Jetro foi encontrar-se com ele no deserto onde Moisés estava acampado. Era aí a montanha de Deus.

⁶Informaram a Moisés: "Sua mulher e seus dois filhos estão aí, juntamente com seu sogro Jetro". ⁷Moisés saiu para receber o sogro, inclinou-se diante dele e o abraçou. Os dois se cumprimentaram e entraram na tenda. ⁸Moisés contou ao sogro tudo o que Javé tinha feito ao faraó e aos egípcios, por causa dos filhos de Israel. Contou também as dificuldades que tinham enfrentado pelo caminho, das quais Javé os havia libertado.

⁹Jetro ficou contente por todos os benefícios que Javé havia feito a Israel, li-

---

Ez 47,1-12; Jl 3,18; Zc 13,1; 14,8); são imagens relidas em Jo 4,10-14 e Ap 22,1-2.

8-16: Amalecitas eram nômades que saqueavam Judá a partir do deserto, entre o sul de Bersabeia (1Sm 27,8-10; 30,1) e do mar Morto (Gn 36,12; 1Cr 1,36; Jz 6,3.33;7,12). Tidos como tradicionais inimigos de Israel (Dt 25,17-19; 1Sm 15), aqui representam os adversários do governo sacerdotal pós-exílico afirmado nas expressões: "Javé minha bandeira" e "trono de Javé" (cf. v. 16; Sl 83). Tais adversários hão de ser combatidos com a imposição da Lei (Moisés) e o apoio do Templo e dos sacerdotes (Aarão e Hur, cf. 24,13-14), mediante a força do exército ou do messias (Josué).

18,1-27: Diferentemente de 4,20, a mulher e os filhos de Moisés ficaram com Jetro. Supõe-se uma realidade posterior, com o povo vivendo em diferentes lugares (cf. vv. 23.25) e um poder centralizado e monárquico (cf. 1Sm 8,5; 2Sm 8,15; 14,4-11; 1Rs 3,16-28). A proposta de descentralizar, com a instituição de juízes, pode ter acontecido no reino do norte, ou durante a centralização promovida por Josias (Dt 16,18-20), ou ainda no pós-exílio (2Cr 19,4-11).

bertando-o da mão dos egípcios. ¹⁰E disse: "Seja bendito Javé, que os libertou do poder dos egípcios e do faraó. Ele arrancou este povo da mão dos egípcios. ¹¹Agora eu sei que Javé é o maior de todos os deuses, pois enquanto eles tratavam vocês com arrogância, Javé libertava o povo do domínio egípcio".

¹²Depois Jetro, sogro de Moisés, tomou um holocausto e outros sacrifícios para Deus. Aarão e os anciãos de Israel foram participar com ele da refeição diante de Deus.

¹³No dia seguinte, Moisés sentou-se para resolver os assuntos do povo. Ora, o povo procurava por ele desde o amanhecer até à noite. ¹⁴O sogro de Moisés observou tudo o que ele fazia pelo povo. Depois lhe disse: "O que é que você está fazendo com o povo? Por que fica sentado sozinho, enquanto todo o povo o procura de manhã cedo até à noite?"

¹⁵Moisés respondeu ao sogro: "O povo me procura para que eu consulte a Deus. ¹⁶Quando eles têm alguma questão para resolver, me procuram, para que eu resolva o que há entre um e outro, e eu lhes explico os estatutos e as leis de Deus".

¹⁷O sogro de Moisés replicou: "O que você está fazendo não está certo. ¹⁸Você está se matando, a si mesmo e ao povo que o acompanha. É uma tarefa muito pesada. Você não pode dar conta dela sozinho. ¹⁹Aceite meu conselho e que Deus esteja com você. Em favor do povo, coloque-se você diante de Deus, levando a ele os problemas do povo. ²⁰Ensine os estatutos e as leis de Deus, faça que eles conheçam o caminho a seguir e o que devem pôr em prática. ²¹Escolha no meio do povo homens capazes e que tenham temor de Deus, pessoas em quem se possa confiar e que rejeitem a corrupção. Coloque-os como chefes de mil, de cem, de cinquenta ou de dez. ²²Serão sempre eles que deverão decidir as questões do povo. Os assuntos mais graves, eles trarão a você, enquanto as questões comuns eles próprios resolverão. Desse modo, vocês repartirão a tarefa, e você poderá realizar sua parte. ²³Se fizer assim, Deus lhe dará as instruções, você poderá dar conta da tarefa, e todo esse povo poderá sempre voltar para seu lugar em paz".

²⁴Moisés aceitou o conselho do sogro e fez o que ele havia dito. ²⁵Escolheu em Israel homens capazes e os colocou como cabeças do povo: chefes de mil, de cem, de cinquenta ou de dez. ²⁶Eles decidiam as questões para o povo a cada dia. Os assuntos mais difíceis, eles passavam para Moisés; e os mais comuns, eles próprios resolviam. ²⁷Em seguida, Moisés despediu-se do sogro, que foi embora para sua terra.

IV. AS LEIS DA ALIANÇA NO SINAI

19 *Anúncio da Aliança* – ¹No terceiro mês depois da saída da terra do Egito, nesse mesmo dia os filhos de Israel chegaram ao deserto do Sinai. ²Tendo partido de Rafidim, chegaram ao deserto do Sinai e acamparam no deserto, diante da montanha. ³Moisés subiu ao encontro de Deus. Da montanha, Javé o chamou e disse: "Diga à casa de Jacó, dê a notícia aos filhos de Israel: ⁴'Vocês viram o que eu fiz aos egípcios e como carreguei vocês como em asas de águia e os trouxe até mim. ⁵Portanto, se obedecerem à minha voz, se forem fiéis à minha aliança, vocês serão minha propriedade particular entre todos os povos, porque a terra inteira me pertence, ⁶mas vocês serão para mim um reino de sacerdotes, uma nação santa'. Isso é o que você deverá dizer aos filhos de Israel".

⁷Moisés veio, convocou os anciãos do povo e expôs a eles o que Javé lhe havia mandado. ⁸O povo respondeu: "Faremos tudo o que Javé mandou". E Moisés apresentou a Javé as palavras do povo.

19,1-24,11: Este bloco apresenta leis de diferentes épocas e contextos, como aliança entre Javé e o povo de Israel, à maneira daquelas que os reis assírios e babilônios firmavam com os seus vassalos. Partes mais antigas dos "Dez mandamentos" (20,1-21) e do "Código da Aliança" (21,22-23,19) receberam introduções e conclusões que refletem a teologia dos redatores josiânicos e dos sacerdotes exílicos e pós-exílicos. Mt 5-7 faz uma releitura deste bloco.

19,1-8: A teologia sacerdotal pós-exílica apresenta Israel como reino de sacerdotes, nação santa (cf. Lv 11,44.45; 19,2; 20,7.26; Is 62,12; Dn 8,24), propriedade

Preparação para a Aliança – ⁹Javé disse a Moisés: "Vou me aproximar de você numa nuvem pesada, de tal modo que o povo vai ouvir o que eu lhe falar e vai sempre acreditar em você". Moisés havia anunciado a Javé o que o povo tinha dito. ¹⁰Javé disse a Moisés: "Volte ao povo e santifique-o hoje e amanhã. Que lavem suas roupas, ¹¹e estejam preparados para depois de amanhã, porque Javé descerá no terceiro dia sobre a montanha do Sinai, à vista de todo o povo. ¹²Você deverá traçar um limite ao redor da montanha, para dizer ao povo que não suba à montanha, nem se aproxime da encosta. Quem tocar na montanha deverá ser morto. ¹³Ninguém porá a mão nela: será morto a pedradas ou flechadas. Seja homem ou animal, não poderá continuar vivo. Só quando a corneta soar longamente, poderão subir a montanha".

¹⁴Moisés desceu da montanha até o lugar onde estava o povo, santificou-o e fez com que lavassem suas roupas. ¹⁵Depois disse: "Fiquem preparados para o terceiro dia, e não se aproximem de mulher".

Javé desce ao Sinai – ¹⁶No terceiro dia pela manhã, houve som de trovões e relâmpagos. Uma nuvem carregada desceu sobre a montanha, enquanto uma voz de trombeta soava fortemente. O povo que estava no acampamento começou a tremer. ¹⁷Moisés fez o povo sair do acampamento para ir ao encontro de Deus, e o povo se colocou ao pé da montanha. ¹⁸A montanha inteira do Sinai fumegava, porque Javé tinha descido sobre ela no fogo. Subia uma fumaça, como fumaça de fornalha. E a montanha inteira estremecia. ¹⁹A voz da trombeta aumentava cada vez mais, enquanto Moisés falava e Deus lhe respondia na voz. ²⁰Javé desceu ao topo da montanha do Sinai, chamou Moisés para o topo da montanha e Moisés subiu.

²¹Javé lhe disse: "Desça e fale novamente ao povo que não ultrapasse os limites para ver Javé. Caso contrário, muitos deles vão morrer. ²²Mesmo os sacerdotes que se aproximam de Javé devem santificar-se, para que Javé não se lance contra eles". ²³Moisés disse a Javé: "O povo não poderá subir a montanha do Sinai, porque tu mesmo nos mandaste delimitar a montanha e santificá-la". ²⁴Javé insistiu: "Vá, desça, e depois suba com Aarão. Os sacerdotes e o povo não devem ultrapassar os limites a fim de subir até Javé, para que ele não se lance contra eles". ²⁵Moisés desceu até o povo e falou com eles.

20 Os dez mandamentos – ¹Deus pronunciou todas estas palavras:

²"Eu sou Javé seu Deus, que tirou você da terra do Egito, da casa da escravidão.

³Não tenha você outros deuses diante de mim.

⁴Não faça para você imagem, qualquer representação do que existe no céu, na terra ou nas águas que estão debaixo da terra.

⁵Não se prostre diante desses deuses, não lhes sirva, porque eu, Javé seu Deus, sou El ciumento. Castigo a culpa dos pais nos filhos até a terceira e a quarta geração dos que me desprezam, ⁶mas quando me amam e guardam meus mandamentos, eu os trato com amor por mil gerações.

⁷Não ponha na mentira o nome de Javé seu Deus, porque Javé não deixa sem castigo aquele que põe o nome dele na mentira.

---

particular de Javé (cf. Dt 7,6; 14,2; 26,18; Sl 135,4; Ml 3,17), a quem pertence a terra inteira (cf. Sl 47,2; 66,1.4; 83,18; 97,5).

9-15: Exigência de pureza (Lv 15,31), morte para quem tocar ou transpuser os limites do sagrado (29,37; Nm 4,4; Js 3,4; 2Sm 6,2), e sexo como impureza (Lv 15,18.32-33) são partes da compreensão do sagrado no Templo pós-exílico, de onde vem esta introdução à Aliança.

16-25: Imagens baseadas em antigas concepções, que viam as tempestades (cf. v. 16; Jz 5,4; Jó 38,1; Sl 29; 77,18-19) e erupções vulcânicas (vv. 18-19; 24,17; Dt 4,11; 5,23; 9,15; Sl 18,8-9; Mq 1,3-4; Hab 3,6.10) como teofanias, manifestações divinas. São imagens que os sacerdotes do Primeiro e do Segundo Templo desenvolveram para mostrar Javé como Deus poderoso que distingue entre o sagrado e a vida cotidiana, punindo com a morte a desobediência ritual (cf. 19,12.21-24; 20,19; 28,43; 30,20-21; 31,14-15; 32,25-28; Nm 4,15.20; 2Sm 6,6-7). Essa deturpação do sagrado, que faz o ritual ser mais importante para a vida, será combatida por Jesus (Mt 9,13; Mc 2,27; 1Jo 4,19-21).

20,1-21: Como no jardim de Éden (cf. Gn 2,4b-25), aqui está no centro a defesa da vida: não matar, não roubar, não adulterar, honrar pai e mãe (vv. 13-15). São pilares básicos da vida nas aldeias (cf. Os 4,2; Jr 7,9), aos quais juntaram-se os outros mandamentos. O sábado, que antes visava evitar a escravidão vivida no Egito (23,12 cf. 23,9; Dt 5,12-15), nesta versão pós-exílica passa a ser justificado com o descanso de Deus na criação (v. 11; cf.

⁸Lembre-se do dia de sábado, para santificá-lo. ⁹Trabalhe durante seis dias e faça então todas as suas tarefas. ¹⁰O sétimo dia, porém, é o sábado de Javé seu Deus. Nesse dia, não faça nenhum tipo de trabalho, nem você, nem seu filho, nem sua filha, nem seu servo, nem sua serva, nem seu animal, nem o migrante que vive em suas cidades, ¹¹porque foi em seis dias que Javé fez o céu, a terra, o mar e tudo o que neles existe, mas no sétimo dia ele descansou. Assim, Javé abençoou o dia de sábado e o santificou.

¹²Honre seu pai e sua mãe. Desse modo você prolongará a vida na terra que Javé seu Deus lhe dá.

¹³Não mate.

¹⁴Não cometa adultério.

¹⁵Não roube.

¹⁶Não apresente falso testemunho contra seu próximo.

¹⁷Não cobice a casa de seu próximo, nem a mulher, nem o servo, nem a serva, nem o boi, nem o jumento, nem coisa alguma que pertença a seu próximo".

¹⁸Vendo os trovões e os relâmpagos, a voz da trombeta e o fumegar da montanha, o povo todo se apavorou e ficou longe. ¹⁹Disseram a Moisés: "Fale você conosco, e nós ouviremos. Não nos fale Javé, senão morreremos".

²⁰Moisés disse ao povo: "Não tenham medo! Deus veio para prová-los, a fim de que vocês tenham presente o temor a ele e não pequem". ²¹O povo ficou à distância, enquanto Moisés se aproximou da nuvem carregada onde Deus estava.

Leis acerca dos altares – ²²Javé disse a Moisés: Diga aos filhos de Israel: "Vocês viram que eu lhes falei lá do céu. ²³Não façam junto de mim deuses de prata, nem façam para vocês deuses de ouro. ²⁴Construam para mim um altar de terra, a fim de oferecerem sobre ele seus holocaustos ou sacrifícios de comunhão, suas ovelhas e seus bois. Em todo lugar onde eu fizer lembrar meu nome, virei a você e o abençoarei. ²⁵Se você construir um altar de pedra para mim, não o faça com pedras lavradas, pois assim você estaria profanando a pedra com a ferramenta. ²⁶Não suba por escadas até meu altar, para que sua nudez não apareça".

21 *Leis acerca dos servos hebreus*
– ¹São estas as normas que você promulgará para o povo: ²"Se você adquirir um servo hebreu, ele o servirá por seis anos; mas no sétimo ano sairá livre, sem pagar nada. ³Se veio sozinho, sozinho sairá; se era marido de uma mulher, a mulher dele sairá com ele. ⁴Se o seu senhor der a ele uma mulher, e esta tiver filhos e filhas, a mulher e os filhos pertencerão ao senhor, e o servo sairá sozinho. ⁵Se o servo considerar: 'Amo meu senhor, minha mulher e meus filhos, não quero ficar livre', ⁶o senhor o levará diante dos deuses, fará que ele se encoste na porta ou no portal, e lhe furará a orelha com uma sovela. Então ele se tornará servo seu para sempre. ⁷Se um homem vender sua filha como serva, ela não sairá como saem os servos. ⁸Se ela não agradar a seu senhor, a quem seria dada, esse deve permitir que ela seja resgatada. Não poderá vendê-la a um povo estrangeiro, sendo desleal para com ela. ⁹Se o senhor destinar a serva para seu filho, deve tratá-la de acordo com o direito das filhas. ¹⁰Se tomar outra mulher para ele, não diminuirá a comida, nem roupa, nem os direitos conjugais da primeira. ¹¹Se ele não lhe der essas três coisas, ela pode ir embora sem pagar nada.

Leis acerca de homicídios – ¹²Quem ferir uma pessoa causando-lhe a morte, deverá ser morto. ¹³Se não foi intencional, mas foi Deus quem o fez cair em suas mãos, marcarei para ele um lugar onde possa refugiar-se. ¹⁴Mas se alguém, de caso pensado, atentar contra seu próximo para

---

Gn 2,2-3; Nm 15,32-36; Ne 10,32; 13,15-22; 1Mc 2,32-38). Porém, o espírito sagrado dos mandamentos está no v. 2: devem possibilitar a experiência de Deus como presença libertadora e protetora da vida.
20,22-21,27: *Código da Aliança: 1. Relações no clã.* O Código da Aliança (20,22-23,19) teve origem no reino de Israel. A proibição das imagens de ouro e de prata do altar de pedras lavradas (cf. 20,24-25) critica o uso que as cidades fazem da religião (cf. notas a Ex 32,1-6). A possibilidade de oferecer sacrifícios em qualquer lugar atesta sua antiguidade. Esta parte, que inclui a lei do talião (21,23-24; cf. nota a Lv 24,10-23), trata das relações no clã, talvez ampliada para garantir direitos aos numerosos refugiados israelitas que

matá-lo, então você o arrancará até mesmo do meu altar, para que seja morto. ¹⁵Quem ferir seu pai ou sua mãe, deverá ser morto. ¹⁶Quem sequestrar um homem para vendê-lo ou ficar com ele, deverá ser morto. ¹⁷Quem amaldiçoar seu pai ou sua mãe, deverá ser morto.

Ferimentos entre pessoas – ¹⁸Se houver uma discussão entre dois homens, e um ferir o outro com uma pedra ou soco e ele não morrer, mas ficar de cama, ¹⁹e se ele se levantar e andar, ainda que apoiado na bengala, então aquele que feriu ficará sem castigo, pagará somente o tempo que o ferido tiver perdido e os gastos da convalescença.

²⁰Se alguém ferir seu servo ou serva a pauladas, e o ferido lhe morrer nas mãos, será castigado. ²¹Porém, se ele sobreviver um ou dois dias, não será castigado, pois era seu dinheiro.

²²Na briga entre homens, se um deles ferir uma mulher grávida e for causa de aborto sem maior dano, o culpado será obrigado a indenizar aquilo que o marido dela exigir, e pagará o que os juízes decidirem. ²³Contudo, se houver dano grave, então pagará vida por vida, ²⁴olho por olho, dente por dente, mão por mão, pé por pé, ²⁵queimadura por queimadura, ferida por ferida, golpe por golpe.

²⁶Se alguém ferir o olho de seu servo ou serva, e o arruinar, deverá dar-lhe a liberdade em troca do olho. ²⁷Se quebrar um dente do servo ou da serva, deverá dar-lhe a liberdade em troca do dente.

Ferimentos entre pessoas e bois – ²⁸Se um boi chifrar um homem ou mulher e lhe causar a morte, o boi será apedrejado, e ninguém comerá da sua carne. O dono do boi ficará sem castigo. ²⁹Se o boi chifrava antes e o dono tinha sido avisado e não o prendeu, o boi será apedrejado e seu dono será morto. ³⁰Se lhe for exigido resgate, então pagará o que exigirem dele em troca de sua vida. ³¹A mesma norma será aplicada quando o boi chifrar um filho ou uma filha. ³²Se o boi ferir um servo ou serva, serão pagos ao dono do servo ou da serva trezentos gramas de prata, e o boi será apedrejado.

³³Se alguém deixar um poço aberto ou cavar um poço e não o tapar, e nele cair um boi ou jumento, ³⁴o dono do poço pagará o valor em dinheiro ao dono do animal, e o animal morto será seu.

³⁵Se o boi de alguém ferir mortalmente o boi de seu próximo, devem vender o boi vivo, repartir o dinheiro e dividir entre si o boi morto. ³⁶Contudo, se o dono sabia que o boi já chifrava desde algum tempo e não o prendeu, pagará boi por boi, mas o boi morto será seu.

Leis acerca do roubo de animais – ³⁷Se alguém roubar um boi ou uma ovelha e os abater ou vender, devolverá cinco bois por um boi, e quatro ovelhas por uma ovelha.

22 ¹Se um ladrão, surpreendido ao roubar, for ferido e morrer, não será caso de homicídio. ²Se o sol já se tiver levantado, será homicídio. Então o ladrão restituirá, e quando não tiver com que pagar, será vendido para compensar o que roubou.

³Se o animal roubado, boi, jumento ou ovelha, for encontrado vivo em seu poder, ele deverá restituir o dobro.

Leis acerca de indenizações – ⁴Se alguém estraga uma roça ou lavoura porque levou seu rebanho a pastar na roça alheia, deverá restituir com o melhor da sua própria roça ou lavoura.

⁵Se um fogo se alastrar pelos espinheiros e queimar os feixes de trigo, a plantação ou a roça, o responsável pelo incêndio pagará todos os danos.

⁶Se alguém confiar ao seu próximo dinheiro ou objetos para guardar, e isso for roubado, o ladrão deverá restituir em dobro quando for pego. ⁷Se o ladrão não for encontrado, o dono da casa será levado diante dos deuses, para jurar que não se apossou do bem alheio.

⁸Em questões relativas a um boi, jumento, ovelha, roupa ou qualquer outro objeto perdido, do qual alguém diz: 'Isso é meu',

---

se agregaram às famílias de Judá, como servos, quando Israel foi anexada à Assíria em 722 a.C., ou no retorno do exílio, a partir de 530 a.C. (cf. Dt 15,12-18; Lv 25,35-43).

21,28–22,14: *Código da Aliança: 2. Conflitos causados por bois.* Esta parte reflete os conflitos causados com a introdução do boi em Israel, a partir dos anos 1050 a.C. Os clãs que possuem bois aumentam a produção,

a causa será levada diante dos deuses, e aquele que os deuses declararem culpado deverá pagar ao outro em dobro.

⁹Se alguém confiar a seu próximo um jumento, boi, ovelha ou qualquer outro animal, e este morrer, tiver uma quebradura ou fugir sem que ninguém veja, ¹⁰a questão se resolverá por meio de juramento a Javé, a fim de provar que um não se apossou das coisas do outro. O dono deve aceitar o juramento, e não haverá restituição. ¹¹Contudo, se o animal tiver sido roubado diante de seus olhos, ele deverá indenizar o dono. ¹²Se o animal tiver sido dilacerado por uma fera, o animal dilacerado será levado como prova, e não haverá restituição.

¹³Se alguém pedir emprestado ao seu próximo um animal, e este tem uma quebradura ou morre, não estando presente o dono, deverá pagar. ¹⁴Mas, se o dono estiver presente, não haverá restituição. Se o animal tiver sido alugado, então se pagará ao dono o preço do aluguel.

Leis acerca da violação de uma virgem – ¹⁵Se alguém seduzir uma virgem que ainda não estava comprometida e mantiver relação sexual com ela, deve dar-lhe o dote para que ela seja sua esposa. ¹⁶Se o pai dela não a quiser entregar de maneira nenhuma, o sedutor pagará em dinheiro o dote das virgens.

Leis sociais e religiosas – ¹⁷Não deixe a feiticeira viver.

¹⁸Quem tiver relação sexual com algum animal deverá ser morto.

¹⁹Quem sacrificar aos deuses, e não apenas a Javé, será exterminado.

²⁰Não explore o migrante nem o oprima, porque vocês foram migrantes no Egito. ²¹Não maltrate a viúva nem o órfão, ²²porque, se você os maltratar e eles clamarem a mim, eu escutarei o clamor deles. ²³Minha ira então se inflamará, e eu farei que vocês sejam mortos pela espada, e assim suas mulheres também ficarão viúvas, e seus filhos órfãos.

²⁴Se você emprestar dinheiro a alguém do meu povo, a um necessitado que vive a seu lado, você não se comportará como agiota: não deve cobrar juros. ²⁵Se você pegar como garantia o manto do seu próximo, deverá devolvê-lo antes do pôr do sol, ²⁶porque é a única coberta que ele tem para o próprio corpo. Como iria ele se cobrir para dormir? Caso contrário, ele vai clamar por mim e eu o atenderei, porque sou compassivo.

²⁷Não blasfeme contra Deus, nem fale mal do príncipe de seu povo.

Leis acerca de primícias e primogênitos – ²⁸Não atrase a oferta do produto da sua colheita ou do seu lagar. Entregue seu filho primogênito a mim. ²⁹Faça o mesmo com relação aos bois e às ovelhas: a cria ficará com a mãe durante sete dias, e no oitavo você deve entregá-la a mim.

³⁰Vocês devem ser homens santos para mim. Não comam carne de animal estraçalhado por uma fera no campo; joguem para os cães.

23

A justiça e a vida comunitária – ¹Não confirme falsos boatos, não dê a mão ao criminoso como testemunho em favor da injustiça. ²Não fique do lado da maioria que pratica uma injustiça. Em processo, não se pronuncie pelo grupo mais numeroso, só porque é mais numeroso. ³Nem seja parcial com o fraco em seu processo.

⁴Se alguém encontrar extraviados o boi ou jumento do seu adversário, leve-os ao dono. ⁵Se encontrar, caído debaixo da carga, o jumento daquele que rejeita você, não se desvie, mas ajude-o a erguer-se.

⁶Você não deve torcer o direito do pobre em seu processo.

⁷Fuja da acusação falsa. Não faça morrer o inocente, o justo, nem deixe sem castigo o criminoso.

⁸Não aceite propina, porque a propina cega quem tem olhos abertos e torce até as palavras dos justos.

---

concentram terras e poder, controlam o comércio e a monarquia (cf. 1Sm 11,5.7.15).
22,15-23,19: *Código da Aliança*: 3. Instituições sociais e religiosas. Leis de origem profética popular que protegem órfãos, viúvas, migrantes e necessitados em geral (22,20-26; 23,6-9.10-12; Dt 15,4-11; cf. Am 2,6-8; 4,1; 5,11-12; 8,4-6; Is 1,17.23; 10,1-2); são associadas à forte organização e centralização da coleta de tributos (22,28-29; 23,14-19), no interesse de reis e sacerdotes do pré-exílio (cf. Dt 12,5-7) e do pós-exílio (cf. Lv 17,1-9).

⁹Não oprima o migrante. Vocês conhecem a vida do migrante, porque foram migrantes no Egito.

Ano sabático e sábado – ¹⁰Durante seis anos, você semeará a terra e fará a colheita. ¹¹No sétimo ano, porém, deve deixar a terra em descanso. Não a cultive, para que os pobres do povo encontrem o que comer. E os animais do campo comerão o que sobrar. Faça o mesmo com sua vinha e com seu olival.

¹²Faça seus trabalhos durante seis dias, e no sétimo dia descanse, para que seu boi e seu jumento também descansem, e o filho de sua serva e o migrante possam respirar.

¹³Guardem tudo o que lhes tenho dito, e o nome de outros deuses nem seja lembrado, nem seja pronunciado pela boca de vocês.

Festas de Israel – ¹⁴Três vezes ao ano você me festejará. ¹⁵Guardará a festa dos Pães Sem Fermento por sete dias, de acordo com o que eu lhe ordenei. Comerá só pão sem fermento no período determinado do mês de Abib, porque foi nesse mês que você saiu do Egito. E ninguém deve aparecer de mãos vazias diante de mim. ¹⁶A segunda será a festa da Ceifa, dos primeiros frutos de seus trabalhos de semeadura nos campos. E a terceira, a da Colheita, no final do ano agrícola, quando você recolhe todo o produto de seus trabalhos no campo. ¹⁷Três vezes ao ano, toda a população masculina se apresentará diante do Senhor Javé.

¹⁸Não ofereça em minha honra o sangue do sacrifício com pão fermentado, nem deixe para o dia seguinte a gordura da minha festa.

¹⁹Leve as primícias, os primeiros frutos do seu solo, para a casa de Javé seu Deus. Não cozinhe o cabrito no leite da mãe dele.

Instruções e promessas – ²⁰Vou enviar um mensageiro à sua frente, para que cuide de você no caminho e o leve até o lugar que eu lhe preparei. ²¹Respeite-o e obedeça à voz dele. Não se revolte, porque ele leva consigo o meu nome, e não lhe perdoará as revoltas. ²²Ao contrário, se você obedecer fielmente à voz dele e fizer tudo o que eu disser, então eu serei para você inimigo de seus inimigos, adversário de seus adversários. ²³Meu mensageiro irá à sua frente e o levará aos amorreus, heteus, ferezeus, cananeus, heveus e jebuseus, e eu os farei desaparecer.

²⁴Não adore os deuses deles, nem os sirva. Não faça o que eles fazem. Mas destrua-os completamente e despedace totalmente suas colunas sagradas. ²⁵Sirvam a Javé, o Deus de vocês, e ele há de lhes abençoar o pão e a água. E eu afastarei a doença do meio de vocês. ²⁶Em sua terra não haverá mulher que aborte ou seja estéril, e eu farei você chegar ao número completo de seus dias. ²⁷Adiante de você enviarei meu terror, desbaratando qualquer povo em meio ao qual você entrar, e farei com que todos os inimigos fujam de você. ²⁸À frente de você mandarei também vespas, para fazer os heveus, os cananeus e os heteus fugirem da sua presença. ²⁹Não os farei fugir da sua presença de uma vez, num ano só, para que a terra não fique abandonada nem as feras se multipliquem contra você. ³⁰Eu os farei fugir pouco a pouco, até que você se desenvolva e herde a terra. ³¹Vou marcar os limites para você, do mar Vermelho até o mar dos filisteus, e do deserto até o rio Eufrates. Entregarei em suas mãos os habitantes da terra, para que você os faça fugir da sua presença. ³²Não firme alianças com eles, nem com seus deuses. ³³Não os deixe continuar habitando na terra que agora lhe pertence, para que eles não o façam pecar contra mim, servindo aos seus deuses, pois isso seria uma armadilha contra você."

24

Conclusão da Aliança – ¹Javé disse a Moisés: "Suba até mim, você e Aarão, Nadab, Abiú e os setenta anciãos de Israel. Vocês porém devem adorar de

---

23,20-33: Exigência do culto somente a Javé, combate e destruição de outros deuses (cf. Dt 7,5; 12,3; Js 24,14-24; 2Rs 24,4-25) e busca por alargar fronteiras: são marcas do sonho e da teologia imperialista de Josias apresentadas como conclusão da Aliança (cf. v. 31; cf. Dt 11,24; 20,17; Js 1,4; 3,11; 15,4; Jz 3,5; 1Rs 5,1).

24,1-11: Restos de uma antiga conclusão da Aliança: presença de Nadab e Abiú; famílias sacerdotais nortistas que depois serão excluídas (cf. Ex 6,23; 28,1; Lv 10,1-4; Nm 3,2-4; 26,60-61; 1Cr 24,3); colunas sagradas; sacrifícios realizados por não-sacerdotes (vv. 4-5); sangue aspergido sobre pessoas; pessoas que veem Deus (vv.

longe. ²Só Moisés deverá aproximar-se de Javé. Os outros não se aproximarão, e o povo não deve subir com ele".

³Moisés desceu e contou ao povo tudo o que Javé lhe havia dito, todas as decisões. O povo respondeu unânime: "Faremos tudo o que Javé disse". ⁴Moisés colocou por escrito todas as palavras de Javé. De manhã levantou-se, construiu um altar ao pé da montanha e doze colunas sagradas pelas doze tribos de Israel.

⁵Mandou alguns jovens filhos de Israel oferecer holocaustos e imolar novilhos a Javé como sacrifício de comunhão. ⁶Moisés pegou a metade do sangue e colocou em bacias, e a outra metade derramou sobre o altar. ⁷Pegou o livro da Aliança e o leu para o povo. Eles disseram: "Faremos e obedeceremos tudo o que Javé mandou".

⁸Em seguida, Moisés pegou aquele sangue e o aspergiu sobre o povo, dizendo: "Este é o sangue da Aliança que Javé firma com vocês, de acordo com todas essas cláusulas".

⁹Moisés, Aarão, Nadab, Abiú e os setenta anciãos subiram. ¹⁰Viram o Deus de Israel. Aos pés dele, havia uma espécie de piso de safira, tão pura como o próprio céu. ¹¹Mas Deus não levantou a mão contra estes notáveis filhos de Israel. Eles contemplaram a Deus, e depois comeram e beberam.

V. SANTUÁRIO, SACERDOTES, RITUAIS DO PÓS-EXÍLIO

Moisés sobre a montanha – ¹²Javé disse a Moisés: "Suba até junto de mim na montanha e aí permaneça, para eu lhe dar as tábuas de pedra com a Lei, o mandamento que escrevi, para que você os instrua".

¹³Moisés foi então com seu atendente Josué, e subiu à montanha de Deus. ¹⁴Ele disse aos anciãos: "Esperem aqui até que voltemos. Aarão e Hur ficam com vocês. Quem tiver alguma questão, dirija-se a eles".

¹⁵Logo que Moisés subiu, uma nuvem cobriu a montanha. ¹⁶A glória de Javé pousou sobre o monte Sinai, e a nuvem o cobriu durante seis dias. No sétimo dia, Javé chamou Moisés do meio da nuvem. ¹⁷Aos olhos dos filhos de Israel, a glória de Javé aparecia como fogo de incêndio no alto da montanha. ¹⁸Moisés entrou na nuvem para subir à montanha. E Moisés ficou na montanha quarenta dias e quarenta noites.

1. Instruções a respeito do santuário e do sacerdócio

25 *Contribuições ao santuário* – ¹Javé falou a Moisés: ²"Diga aos filhos de Israel que me tragam ofertas. Aceitem a oferta de todos os que a trouxerem de coração. ³Ofertas que vocês recolherão: ouro, prata e bronze; ⁴púrpura violeta, vermelha e escarlate; linho e lã de cabra; ⁵peles de carneiro curtidas, couro fino e madeira de acácia, ⁶azeite para a lâmpada, aromas para o óleo da unção e para o incenso aromático, ⁷pedras de ônix e outras pedras para ornar o efod e o peitoral. ⁸Faça-me um santuário para eu habitar no meio de vocês. ⁹Faça tudo de acordo com o modelo da Habitação e dos utensílios que lhe vou mostrar.

A arca, o propiciatório e os querubins – ¹⁰Faça uma arca de madeira de acácia, com um metro e vinte e cinco centímetros de comprimento, por setenta e cinco de largura e setenta e cinco de altura. ¹¹Revista

---

8-11, em contradição com 19,12.21; 33,20; Lv 26,1; Nm 4,20); junto com o livro e o banquete (v. 11, cf. Gn 26,30; 31,54). Denunciam um ambiente anterior a Josias.

24,12-40,38: Os caps. 32-34 dividem este bloco em dois outros: primeiro, instruções para a construção do santuário e a consagração dos sacerdotes (25-31); segundo, sua execução (35-40). Desenvolvido a partir de Lv 17-26 e Ez 40-48, é parte da grande obra que abrange quase todo o Levítico e Números, obra com a qual os sacerdotes do pós-exílio buscam enraizar suas instituições, leis e hierarquias nas tradições mais antigas de Israel.

24,12-18: Ocultamento de Nadab e Abiú, e colocação de Aarão e Hur como intermediários de Moisés e Josué.

A "glória de Javé" sobre o monte Sinai remete ao Templo e à estrutura sacerdotal pós-exílica (cf. nota a 17,8-16). A cena dos vv. 12-15 continua nos caps. 32-34.

25,1-9: Como um pedido de Javé, estimulam-se as contribuições para a construção do santuário, que representa o Templo do pós-exílio.

10-22: A Arca do Testemunho (*'edut*, v. 21; cf. 25,22; 26,33; 40,21) com as tábuas da lei (31,18; 32,15; 34,19) é criação pós-exílica, em substituição à arca de 1Sm 4-6. Sobre essa arca, dentro da Habitação, está o propiciatório, onde o sumo sacerdote, como único intermediário entre Javé e o povo, realiza a expiação dos pecados (cf. nota a 32,30-35) e recebe as ordens de Javé para os israelitas (v. 22; cf. Nm 7,89 e nota a 4,10-17).

a arca de ouro puro por dentro e por fora e ponha-lhe em volta um friso de ouro. ¹²Mande fundir para ela quatro braçadeiras de ouro, a fim de colocar nos quatro cantos da arca, duas de um lado e duas do outro. ¹³Faça também varais de madeira de acácia revestidos de ouro, ¹⁴e passe os varais nas braçadeiras de um lado e do outro da arca, para poderem transportá-la. ¹⁵Os varais deverão ficar nas braçadeiras da arca e nunca serão tirados. ¹⁶Dentro da Arca, coloque o Testemunho que eu darei a você. ¹⁷Mande fazer também um propiciatório de ouro puro, com um metro e vinte e cinco centímetros de comprimento, por setenta e cinco de largura. ¹⁸Nas duas extremidades do propiciatório, faça dois querubins de ouro martelado, ¹⁹um de cada lado, na extremidade do propiciatório. ²⁰Terão as asas estendidas para cima, cobrindo o propiciatório. Estarão frente a frente um do outro, com os rostos voltados para o centro do propiciatório. ²¹Feche a arca com o propiciatório, guardando dentro o Testemunho que eu darei a você. ²²É nesse lugar que vou me revelar a você, em cima do propiciatório. Colocado entre os querubins que estão sobre a Arca do Testemunho, vou falar com você a respeito das ordens que lhe dou para os filhos de Israel.

A mesa dos pães na presença de Javé – ²³Faça uma mesa de madeira de acácia com um metro de comprimento, por cinquenta centímetros de largura e setenta e cinco de altura. ²⁴Cubra de ouro puro a mesa e aplique ao redor um friso de ouro. ²⁵Faça ao redor dela uma borda de um palmo de largura e, acompanhando a borda, um friso de ouro. ²⁶Faça também quatro braçadeiras de ouro e coloque-as nos quatro cantos, correspondendo aos quatro pés. ²⁷As braçadeiras, por onde passarão os varais para carregar a mesa, ficarão junto à borda. ²⁸Faça os varais de madeira de acácia e cubra-os de ouro; com eles, a mesa poderá ser transportada. ²⁹Faça os pratos, as bandejas, as jarras e os cálices para as libações, tudo de ouro puro. ³⁰E coloque sobre a mesa os pães apresentados permanentemente diante da minha face.

O candelabro e as sete lâmpadas – ³¹Faça um candelabro de ouro puro, martelado. O pedestal, a haste, os cálices, os botões e as flores formarão com ele uma só peça. ³²Dos seus lados sairão seis braços, três de cada lado. ³³Um braço terá três cálices no formato de flor de amendoeira, com botão e flor; o outro braço terá três cálices como flor de amendoeira, com botão e flor. Assim serão os seis braços que saem do candelabro. ³⁴O próprio candelabro terá quatro cálices no formato de flor de amendoeira, com botão e flor, ³⁵um botão sob os dois primeiros braços que saem do candelabro, um botão sob os dois braços seguintes, e um botão sob os dois últimos braços. Assim se fará com os seis braços que saem do candelabro. ³⁶Os botões e os braços formarão uma só peça com o candelabro. E tudo será feito de modo a formar um só bloco de ouro batido. ³⁷Faça também sete lâmpadas, que fiquem acesas e iluminem a parte dianteira. ³⁸Seus acendedores e apagadores serão de ouro puro. ³⁹Para fazer o candelabro e seus acessórios, você usará trinta quilos de ouro. ⁴⁰Faça tudo de acordo com o modelo que lhe foi mostrado no alto da montanha.

26 *A tenda e a armação da Habitação*
– ¹Faça a Habitação com dez cortinas de linho fino retorcido, de púrpura violeta, vermelha e escarlate. E as faça com querubins bordados. ²Cada cortina terá catorze metros de comprimento por dois de altura, e todas terão a mesma medida. ³Cinco cortinas estarão unidas umas às outras; e as outras cinco também estarão unidas umas às outras. ⁴Faça laços de púrpura violeta na franja da primeira cortina que está na extremidade do conjunto, e faça o mesmo na franja da cortina que está na extremidade do outro conjunto. ⁵Faça cinquenta laçadas na primeira cortina e cinquenta laçadas na extremidade

---

23-30: Literalmente "pães da face": representam o povo diante da face de Javé (cf. Lv 24,5-9; 1Sm 21,5).

31-40: A menorá, candelabro com seis braços e a haste central, é um dos principais símbolos do judaísmo.

26,1-30: A Habitação (*mishkan*) na tenda, como santuário portátil (cf. 2Sm 7,2), cumpre a função da arca no Templo de Salomão (1Rs 8,1-8) e quer afirmar a presença de Javé no Santo dos Santos do Templo pós--exílico (Ez 37,27; Ez 43,7).

da cortina que está no outro conjunto, de modo que as laçadas se correspondam mutuamente. ⁶Faça também cinquenta colchetes de ouro e junte as cortinas uma à outra por meio de colchetes, de modo que a Habitação forme uma só unidade. ⁷Mande tecer também onze peças de lã de cabra, para que sirvam de cobertura para a Habitação. ⁸Cada peça medirá quinze metros de comprimento, por dois de altura. As onze peças terão a mesma medida. ⁹Junte cinco cortinas numa peça e seis cortinas em outra, e dobre a sexta cortina sobre a parte da frente da tenda. ¹⁰Faça cinquenta laçadas na franja da primeira cortina, na extremidade do primeiro conjunto, e outras cinquenta laçadas na franja da cortina do outro conjunto. ¹¹Faça também cinquenta colchetes de bronze e introduza os colchetes em cada laçada, para unir a tenda, que assim formará um todo. ¹²A parte que restar das cortinas da tenda, a metade da cortina que sobrar, penderá da parte posterior da Habitação. ¹³E os cinquenta centímetros, que sobram de cada lado da tenda, penderão dos dois lados da Habitação, cobrindo-os. ¹⁴Faça para a tenda uma cobertura de peles de carneiro curtidas, e uma cobertura de couro fino por cima.

¹⁵Faça para a Habitação tábuas de madeira de acácia, que serão colocadas verticalmente. ¹⁶Cada tábua terá cinco metros de comprimento por setenta e cinco centímetros de largura. ¹⁷Cada tábua terá dois encaixes travados um com o outro; faça o mesmo com todas as tábuas da Habitação. ¹⁸Coloque-as do seguinte modo: vinte tábuas para o lado do Negueb, para o sul. ¹⁹E debaixo dessas vinte tábuas faça quarenta pedestais de prata: dois pedestais debaixo de cada tábua, para seus dois encaixes. ²⁰No outro lado da Habitação, no lado norte, haverá vinte tábuas ²¹com seus quarenta pedestais de prata, dois pedestais para cada tábua. ²²Faça seis tábuas para o fundo da Habitação, o lado do mar, ²³e mais duas tábuas para os cantos do fundo da Habitação. ²⁴Ficarão unidas pela parte de baixo até a parte de cima, na altura da primeira argola, formando assim os dois ângulos. ²⁵Serão, portanto, oito tábuas com dezesseis pedestais de prata, dois para cada tábua. ²⁶Faça também cinco travessas de madeira de acácia para as tábuas de cada lado da Habitação, ²⁷e cinco para o lado do fundo da Habitação, e cinco para o lado da Habitação voltado para o mar. ²⁸A travessa central ficará na metade das tábuas, atravessando-as de uma ponta à outra. ²⁹Revista de ouro as tábuas, e faça de ouro também as braçadeiras, por onde vão passar as travessas; cubra de ouro também as travessas. ³⁰Levante a Habitação de acordo com o modelo que foi mostrado a você na montanha.

O véu – ³¹Faça também um véu de púrpura violeta, vermelha e escarlate, e de linho fino retorcido. Faça nele um bordado com figuras de querubins. ³²Coloque-o sobre quatro colunas de madeira de acácia cobertas de ouro e providas de ganchos de ouro, assentadas sobre quatro pedestais de prata. ³³Pendure o véu debaixo dos colchetes e coloque atrás do véu a Arca do Testemunho. O véu servirá de separação entre o Santo e o Santo dos Santos. ³⁴Coloque o propiciatório sobre a Arca do Testemunho, no Santo dos Santos. ³⁵Fora do véu, no lado norte, coloque a mesa; e, no lado sul, diante da mesa, ao lado da Habitação, coloque o candelabro. ³⁶Para a entrada da tenda, faça também uma cortina de púrpura violeta, vermelha e escarlate e de linho fino retorcido, artisticamente bordada. ³⁷Para essa cortina, faça cinco colunas de madeira de acácia, recobertas de ouro, com seus ganchos também de ouro, fundindo para elas cinco pedestais de bronze.

27

O altar dos holocaustos – ¹Faça o altar de madeira de acácia. Será quadrado e medirá dois metros e meio de cada lado, e um metro e meio de altura. ²Nos quatro cantos, faça chifres. Os chifres formarão uma só peça com o altar. Revista de bronze o altar. ³Faça também tachos para recolher as cinzas, e também

---

31-37: Só o sumo sacerdote, mediador entre Javé e o povo, pode ter acesso à Habitação, atrás do véu, no Santo dos Santos (Lv 16; Hb 9,6-14). Esta estrutura hierárquica do sagrado no pós-exílio (cf. 1Rs 6,16; Ez 40-42) será relida pelas comunidades judaico-cristãs (Mt 27,51).

27,1-8: As pontas curvadas ("chifres") eram as partes mais sagradas do altar, pois recebiam o sangue dos sa-

pás, bacias para aspersão, garfos e braseiros, tudo de bronze. ⁴Faça também uma grelha, semelhante a uma rede de bronze, com quatro braçadeiras de bronze nos quatro cantos. ⁵Coloque-a abaixo da borda externa do altar, de modo que fique à meia altura do altar. ⁶Faça também varais para o altar, com madeira de acácia revestida de bronze. ⁷Os varais serão passados nas braçadeiras, de modo que fiquem dos dois lados do altar, quando este for transportado. ⁸Faça o altar com tábuas e oco, de acordo com o modelo que lhe foi mostrado na montanha.

O pátio – ⁹Faça o pátio da Habitação deste modo: no lado do Negueb, lado sul do pátio, coloque cortinas de linho fino retorcido numa extensão de cinquenta metros. ¹⁰Terá de bronze vinte colunas com os respectivos pedestais. Os ganchos das colunas e as vergas serão de prata. ¹¹Faça o mesmo no lado norte, coloque cortinas na extensão de cinquenta metros com vinte colunas e pedestais de bronze, e ganchos e vergas de prata. ¹²Na largura do pátio, no lado do mar, coloque cortinas na extensão de vinte e cinco metros, com dez colunas e dez pedestais. ¹³A largura do pátio, no lado leste ou oriental, será também de vinte e cinco metros, ¹⁴com cortinas na extensão de sete metros e meio de um lado da entrada, com três colunas e três pedestais, ¹⁵e cortinas na extensão de sete metros e meio no outro lado da entrada, com três colunas e três pedestais. ¹⁶Na entrada do pátio haverá um véu artisticamente bordado, com dez metros de comprimento, feito de púrpura violeta, vermelha e escarlate, e de linho fino retorcido; terá quatro colunas e quatro pedestais. ¹⁷As colunas em torno do pátio estarão unidas por vergas de prata em ganchos de prata e pedestais de bronze. ¹⁸O pátio terá cinquenta metros de comprimento por vinte e cinco de largura, e dois e meio de altura. Todas as cortinas serão de linho fino retorcido e os pedestais de bronze. ¹⁹Serão de bronze todos os utensílios para o serviço da Habitação, como também todas as suas estacas e as estacas do pátio.

O azeite para o candelabro – ²⁰Mande que os filhos de Israel tragam azeite de oliva puro e refinado, para alimentar continuamente a luminária, para que haja uma lâmpada acesa continuamente. ²¹Aarão e seus filhos ordenarão essa lâmpada na Tenda do Encontro, do lado de fora, diante do véu que está defronte à Arca do Testemunho, para que fique ardendo diante de Javé, desde o anoitecer até o amanhecer. É uma lei perpétua para todas as gerações dos filhos de Israel.

28 Vestes do sumo sacerdote e dos sacerdotes

– ¹Dentre os filhos de Israel, separe seu irmão Aarão e seus filhos Nadab, Abiú, Eleazar e Itamar, para que sejam meus sacerdotes. ²Mande fazer as vestes sagradas para seu irmão Aarão, bem ricas e enfeitadas. ³Diga às pessoas hábeis, a quem eu concedi espírito de sabedoria, que façam as vestes para Aarão, a fim de consagrá-lo como meu sacerdote. ⁴São estas as vestes que devem fazer: um peitoral, um efod, um manto, uma túnica bordada, um turbante e um cinto. Farão as vestes sagradas para seu irmão Aarão e seus filhos, a fim de que sejam meus sacerdotes. ⁵Devem empregar ouro e púrpura violeta, vermelha, escarlate e linho fino.

O efod – ⁶O efod será feito bordado a ouro, de púrpura violeta, vermelha e escarlate e linho fino retorcido. ⁷Terá duas ombreiras unidas pelas pontas. ⁸O cinto que fica por cima para prendê-lo deve formar uma

---

crifícios (cf. 29,12; 30,10). Agarrar-se a elas e sobreviver era prova de inocência. Supunha-se que os criminosos morreriam ao tocá-las (cf. 21,14; 1Rs 1,5; 2,28; Sl 5,5-7). Esta prática antiga guarda a concepção da divindade como justa e protetora da vida.

9-19: O pátio é o terceiro espaço do Templo pós-exílico, acessível aos judeus (cf. 1Rs 6,36; Ez 40,28-31.47; 44,9; At 21,27-30).

20-21: Com a exigência de azeite (25,6), trigo (25,30), ouro (25,3.31.39), cordeiros (29,36-46) e outras oferendas (25,4-7; 28,5; 29,1-2; Lv 23,13) para os rituais, legitimavam-se os tributos ao Templo (cf. Ez 45,13-16).

28,1-43: O *efod* era uma veste usada por sacerdotes (1Sm 2,18; 22,18; 2Sm 6,14) e continha o *urim* e o *tumim* (v. 30, cf. Nm 27,21; Dt 33,8; 1Sm 14,41), um tipo de dados para consultar a Deus (Jz 8,27; 17,5; 18,14; 1Sm 2,28; 14,3; 23,6.9-13; 30,7-8). No pós-exílio, enfeitará as vestes do sumo sacerdote, realçando como representante e intermediário entre Javé e o povo, ao levar o nome das tribos nos ombros e no peitoral (v. 28). Vinculada a ouro, pedras preciosas e roupas finas, esta sacralidade oficial legitima o tributo (ver nota a 27,20-21) e a riqueza, e faz com que espaços religiosos, autoridades, rituais e vestes (Ez 42,14; 44,17-19) sejam considerados mais sagrados do que a vida (cf. vv. 35 e 43).

só peça com ele e será da mesma confecção: ouro, púrpura violeta, vermelha e escarlate e linho fino retorcido. ⁹Pegue duas pedras de ônix e faça gravar nelas os nomes dos filhos de Israel, ¹⁰seis nomes em uma e seis nomes na outra, por ordem de nascimento. ¹¹Gravarão o nome das tribos de Israel da mesma forma com que um ourives grava a pedra de um sinete, e engastarão as duas pedras em filigrana de ouro. ¹²Coloque as duas pedras nas ombreiras do efod como memória dos filhos de Israel. Aarão levará os nomes deles sobre os ombros, como lembrança para Javé. ¹³Faça também engastes de ouro, ¹⁴e duas correntes de ouro puro, trançadas como cordão, e fixe as correntes nos engastes.

O peitoral do julgamento – ¹⁵Faça o peitoral do julgamento, bordado como o efod. Será de ouro, púrpura violeta, vermelha e escarlate e linho fino retorcido. ¹⁶Será quadrado e forrado, terá um palmo de comprimento e um de largura. ¹⁷Coloque nele engastes de pedras dispostas em quatro filas: na primeira fila, uma sardônica, um topázio e uma esmeralda; ¹⁸na segunda fila, um carbúnculo, uma safira e um diamante; ¹⁹na terceira, um jacinto, uma ágata e uma ametista; ²⁰na quarta, um berilo, um ônix e um jaspe. Elas serão guarnecidas de ouro nos seus engastes. ²¹As pedras corresponderão aos doze filhos de Israel. Cada pedra será gravada, como um sinete, com o nome de cada uma das doze tribos. ²²Faça também, para o peitoral, correntes de ouro puro trançadas como cordões ²³e também duas braçadeiras de ouro para colocar nas extremidades do peitoral. ²⁴Passe as duas correntes de ouro pelas duas braçadeiras, nas extremidades do peitoral. ²⁵Fixe as duas pontas das correntes nos dois engastes e coloque-as nas ombreiras do efod, na parte da frente. ²⁶Faça duas braçadeiras de ouro e coloque-as nas duas pontas inferiores do peitoral, junto ao efod. ²⁷Faça também duas braçadeiras de ouro e coloque-as nas duas ombreiras do efod, na parte inferior dianteira, perto de sua juntura, sobre o cinto do efod. ²⁸Através de suas braçadeiras, o peitoral ficará preso às braçadeiras do efod com um cordão de púrpura violeta, para que fique por cima do cinto do efod e não se desprenda do efod.

²⁹Desse modo, quando entrar no santuário Aarão levará no peitoral do julgamento, sobre o coração, os nomes dos filhos de Israel, como memória perpétua diante de Javé. ³⁰Coloque também no peitoral das decisões o urim e o tumim, para que estejam sobre o coração de Aarão, quando ele entrar na presença de Javé. Aarão levará constantemente sobre o coração, na presença de Javé, os utensílios para o julgamento dos filhos de Israel.

O manto – ³¹Faça de púrpura violeta o manto do efod. ³²No meio do manto haverá uma abertura para a cabeça; essa abertura terá uma barra reforçada como a abertura de um colete, para que não se rasgue. ³³Ao redor da barra inferior, aplique romãs de púrpura violeta, vermelha e escarlate e de linho fino retorcido. Entre elas, em toda a volta, coloque campainhas de ouro. ³⁴Por toda a barra do manto haverá, então, campainhas de ouro e romãs. ³⁵Aarão vestirá esse manto ao atender, para que se ouça o tilintar quando ele entra e quando sai do santuário de Javé, e assim não morra.

O selo da consagração – ³⁶Faça uma flor de ouro puro, e grave nela, como um selo: 'Consagrado a Javé'. ³⁷Amarre-a com um cordão de púrpura violeta, de modo que fique sobre o turbante, na parte da frente. ³⁸Ela ficará na testa de Aarão, e assim Aarão estará carregando o pecado das coisas santas que os filhos de Israel consagraram em toda doação de coisas santas. Estará sempre na testa de Aarão para fazê-las agradáveis aos olhos de Javé. ³⁹A túnica e o turbante serão de linho fino, e o cinto será bordado.

Vestes dos sacerdotes – ⁴⁰Para os filhos de Aarão, faça túnicas, cintos e gorros ricos e enfeitados. ⁴¹Com isso, você vestirá seu irmão Aarão e os filhos dele. Depois, você os ungirá e os santificará, e lhes consagrará as mãos para que sejam meus sacerdotes. ⁴²Para eles, faça também calções de linho que vão da cintura às coxas, para cobrir a nudez. ⁴³Aarão e seus filhos os vestirão quando entrarem na Tenda do Encontro ou quando se aproximarem do altar para atender no santuário, a fim de não cometerem pecado e não morrerem. Isso é lei perpétua para Aarão e seus descendentes.

29 Consagração de Aarão e de seus filhos

– ¹Para consagrá-los no meu sacerdócio, observe o seguinte rito: Tome um novilho e dois carneiros sem defeito, ²pães sem fermento, bolos sem fermento amassados com azeite, broas sem fermento untadas com azeite. Faça-os com flor de farinha de trigo, ³coloque-os numa cesta e traga-os na cesta; traga também o novilho e os dois carneiros.

⁴Mande Aarão e seus filhos ficar junto à entrada da Tenda do Encontro e lave-os com água. ⁵Pegue as vestes e coloque em Aarão a túnica, o manto, o efod e o peitoral, e prenda o efod com o cinto. ⁶Coloque o turbante sobre a cabeça dele e, sobre o turbante, o diadema da santa consagração. ⁷Pegue o óleo da unção e unja Aarão, derramando o óleo sobre a cabeça dele. ⁸Depois, faça com que os filhos dele se aproximem, vista-os com túnicas ⁹e coloque neles o cinto e o gorro. Assim o sacerdócio pertencerá a eles, como direito perpétuo. E você preencherá as mãos de Aarão e as mãos dos filhos dele.

¹⁰Leve o novilho para a frente da Tenda do Encontro. Aí Aarão e seus filhos colocarão a mão sobre a cabeça do novilho. ¹¹Sangre o novilho diante de Javé, na entrada da Tenda do Encontro. ¹²Pegue uma parte do sangue do novilho e, com o dedo, passe-o sobre os chifres do altar, derramando o resto do sangue ao pé do altar. ¹³Tome toda a gordura que cobre as entranhas, a membrana gordurosa do fígado, os dois rins com a gordura que os envolve, e leve para queimar no altar. ¹⁴Queime fora do acampamento a carne do novilho junto com o couro e os intestinos. É um sacrifício pelo pecado.

¹⁵Pegue depois um dos carneiros, e Aarão com os filhos colocarão a mão sobre a cabeça do carneiro. ¹⁶Sangre o carneiro, pegue o sangue dele e derrame-o sobre o altar por todos os lados. ¹⁷Corte o carneiro em pedaços, lave as entranhas e as pernas e coloque tudo em cima dos pedaços e da cabeça. ¹⁸Queime assim todo o carneiro, fazendo subir do altar a fumaça dele. É um holocausto para Javé, é um perfume apaziguador, oferenda queimada para Javé.

¹⁹Pegue depois o segundo carneiro. Aarão e os filhos colocarão a mão sobre a cabeça do carneiro. ²⁰Sangre o carneiro, pegue um pouco do seu sangue e passe no lóbulo da orelha direita de Aarão e também dos seus filhos, como ainda no polegar da mão direita e do pé direito deles. Quanto ao resto do sangue, derrame-o sobre todos os lados do altar. ²¹Em seguida, pegue o sangue que está em cima do altar e o óleo da unção, e derrame sobre Aarão e suas vestes, e sobre os filhos de Aarão e suas vestes. Desse modo, ficarão consagrados Aarão com suas vestes e os filhos dele com as próprias vestes. ²²Depois, pegue do carneiro a gordura, a cauda, a gordura que cobre as entranhas, a membrana gordurosa do fígado, os dois rins com a gordura que os envolve, e a coxa direita, porque é o carneiro da consagração.

²³Pegue também um pão, um bolo untado em azeite e uma broa da cesta dos pães sem fermento que está diante de Javé. ²⁴Coloque-os nas mãos de Aarão e de seus filhos, para que os balancem para os quatro lados como oferenda na presença de Javé. ²⁵Em seguida, pegue o pão, o bolo e a broa das mãos deles e ponha a queimar no altar, em cima do holocausto, como perfume apaziguador para Javé. É uma oferta que se queima para Javé. ²⁶Pegue o peito do carneiro da consagração de Aarão e balance-o para os quatro lados como oferenda na presença de Javé. Essa será a parte que lhe cabe. ²⁷Você deve consagrar o peito que foi apresentado e a coxa que foi ofertada do carneiro da consagração de Aarão e de seus filhos. ²⁸Será a porção de Aarão e de seus filhos, norma permanente para os filhos de Israel: é o tributo dos sacrifícios de comunhão, que os filhos de Israel oferecem a Javé.

²⁹As vestes sagradas que são de Aarão serão de seus filhos depois dele, que as usarão quando forem ungidos e quando suas mãos forem consagradas. ³⁰Durante sete dias, o filho que tiver sucedido a ele no sa-

---

29,1-35: Ritual que legitimava os sacerdotes como mediadores entre Javé e o povo (cf. 29,43-46), bem como o tributo a eles (vv. 26-28). Na teocracia pós--exílica, a unção (v. 7, cf. 30,22-33; Lv 8,12; 21,10) confere ao sumo sacerdote também a função de rei (1Sm 10,1; 16,12; 2Sm 2,4; 1Rs 1,39; 2Rs 9,6; 11,12).

cerdócio as vestirá quando entrar na Tenda do Encontro, para atender no santuário. ³¹Depois, pegue o carneiro da consagração e cozinhe sua carne em lugar sagrado. ³²Aarão e seus filhos comerão da carne do carneiro e do pão que está na cesta, à entrada da Tenda do Encontro. ³³Comerão a parte com que se fez a expiação por eles, para consagrar suas mãos e para santificá-los. Nenhum estranho ao sacerdócio poderá comer disso, porque são coisas sagradas. ³⁴Se uma parte da carne do sacrifício de consagração ou dos pães ficar para o dia seguinte, será queimada; não se comerá, porque é coisa santa. ³⁵É isso que você fará com Aarão e os filhos dele, de acordo com todas as coisas que ordenei a você. Durante sete dias você consagrará as mãos deles.

Consagração do altar dos holocaustos – ³⁶Cada dia, ofereça também um novilho como sacrifício pelo pecado, para as expiações. Faça a expiação pelo altar, oferecendo sobre ele um sacrifício pelo pecado. Depois, unja o altar para santificá-lo. ³⁷Faça a expiação pelo altar durante sete dias, e desse modo você o santificará. O altar será santíssimo, e tudo o que tocar o altar será santificado.

³⁸Isto é o que você deverá oferecer sobre o altar: dois cordeiros de um ano, cada dia e para sempre. ³⁹Ofereça um dos cordeiros pela manhã e outro pela tarde. ⁴⁰Com o primeiro, ofereça quatro litros e meio de flor de farinha amassada, com um litro e meio de azeite de oliva refinado, e uma libação de um litro e meio de vinho. ⁴¹Pela tarde, ofereça o segundo cordeiro junto com uma oferta e uma libação, como aquelas da manhã, uma oferta de perfume apaziguador queimada para Javé. ⁴²É o holocausto perpétuo por todas as gerações, na presença de Javé, junto à entrada da Tenda do Encontro, onde me encontrarei com vocês para falar. ⁴³Aí eu me encontrarei com os filhos de Israel. E o lugar ficará consagrado com a minha glória. ⁴⁴Consagrarei a Tenda do Encontro e o altar. Consagrarei também Aarão e seus filhos, para que exerçam meu sacerdócio. ⁴⁵Habitarei no meio dos filhos de Israel e serei o Deus deles. ⁴⁶E eles ficarão sabendo que eu sou Javé, o Deus deles, que os tirou da terra do Egito para habitar no meio deles. Eu sou Javé, o Deus deles.

30

O altar do incenso – ¹Faça também um altar de madeira de acácia para queimar incenso. ²Será quadrado e terá cinquenta centímetros de comprimento por cinquenta de largura, com um metro e meio de altura; e seus chifres formarão uma só peça com ele. ³Revista sua parte superior, as paredes ao redor e os chifres, tudo de ouro puro, e faça-lhe ao redor um friso também de ouro. ⁴Faça ainda duas braçadeiras de ouro dos dois lados; nelas passarão os varais para o transporte do altar. ⁵Os varais serão de madeira de acácia e cobertos de ouro. ⁶Coloque o altar diante do véu que separa a Arca do Testemunho, diante do propiciatório que está sobre o Testemunho; aí eu me encontrarei com você.

⁷Sobre esse altar, Aarão queimará o incenso aromático, pela manhã, quando prepara as lâmpadas; ⁸e quando, pela tarde, Aarão acende as lâmpadas, queimará o incenso permanente diante de Javé, por todas as gerações. ⁹Sobre esse altar vocês não devem queimar nenhum incenso estranho nem holocausto nem oblação, e não façam nele nenhuma libação. ¹⁰Uma vez por ano, Aarão realizará o rito da expiação, untando os chifres do altar com o sangue da vítima expiatória. Uma vez por ano será feita a expiação, por todas as gerações. Esse altar será santíssimo para Javé".

Recenseamento e tributo – ¹¹Javé falou a Moisés: ¹²"Quando você fizer recenseamento dos filhos de Israel, cada um pagará a Javé um resgate por sua própria vida, para que não caia uma ferida sobre eles quando você fizer recenseamento. ¹³Cada qual pagará cinco gramas de prata, de acordo com o peso padrão do santuário; o tributo para Javé será de cinco gramas de prata. ¹⁴Cada um dos registrados, de

---

36-46: O Santo dos Santos era inacessível ao povo (1Rs 8,8). O altar, alto e visível (cf. nota à Ez 43,13-17), é apresentado como o lugar onde Javé se encontra com seu povo (vv. 43-46), porém os rituais aí realizados são o principal meio arrecadador de tributos da teocracia pós-exílica (cf. 30,11-16; Ez 44,29-30).

30,1-10: Altar menor diante do Santo dos Santos (1Rs 6,20), importante no ritual anual pós-exílico da expiação dos pecados (v. 10).

11-16: Recenseamentos serviam para contar guerreiros e estabelecer tributos (Nm 1,1-46; 2Sm 24,1-17; 1Cr 21,1-17; Lc 2,1). No pós-exílio criou-se o tributo in-

vinte anos para cima, pagará esse tributo a Javé. ¹⁵Nem o rico pagará mais, nem o pobre pagará menos, quando derem o tributo para Javé como expiação por suas vidas. ¹⁶Pegue o dinheiro do resgate dos filhos de Israel e entregue-o para o serviço da Tenda do Encontro. Ele será a memória dos filhos de Israel diante de Javé, para a expiação de suas vidas".

A bacia para abluções – ¹⁷Javé falou a Moisés: ¹⁸"Faça uma bacia de bronze, com o pedestal de bronze, para as abluções. Coloque-a entre a Tenda do Encontro e o altar, e a encha de água. ¹⁹Nela, Aarão e seus filhos lavarão as mãos e os pés. ²⁰Eles se lavarão nessa água quando entrarem na Tenda do Encontro, para que não morram. Farão o mesmo quando se aproximarem do altar para atender, para queimar uma oferta a Javé. ²¹Lavarão as mãos e os pés, e assim não morrerão. Essa é uma lei perpétua para Aarão e seus descendentes, por todas as gerações".

O óleo da unção e o incenso – ²²Javé falou a Moisés: ²³"Providencie bálsamo de primeira qualidade, cinco quilos de mirra granulada, e a metade, dois quilos e meio, de cinamomo, dois quilos e meio de cana aromática, ²⁴cinco quilos de cássia, de acordo com o peso padrão do santuário, e três litros e meio de azeite de oliva. ²⁵Com esses ingredientes, faça o óleo para a unção sagrada, um perfume aromático, segundo a receita de perfumista. Ele servirá para a unção sagrada. ²⁶Você deve ungir com esse óleo a Tenda do Encontro e a Arca do Testemunho, ²⁷a mesa com seus utensílios, o candelabro com seus acessórios, o altar do incenso, ²⁸o altar dos holocaustos com seus acessórios, e a bacia com seu pedestal. ²⁹Consagre essas coisas e elas ficarão santíssimas, e quem as tocar ficará santificado. ³⁰Deverá ungir também Aarão e seus filhos, consagrando-os para que exerçam o sacerdócio em minha honra.

³¹Fale aos filhos de Israel: 'Isso, para vocês e as futuras gerações, será o óleo para a unção sagrada. ³²Não será derramado sobre o corpo de nenhum homem, e vocês não copiarão sua fórmula. É coisa sagrada, e assim vocês devem tratá-la. ³³Quem fizer um óleo parecido e o colocar sobre um profano, será excluído do povo'".

³⁴Javé disse a Moisés: "Providencie essências aromáticas: resina, âmbar, bálsamo, aromas e incenso puro, em quantidades iguais. ³⁵Com elas faça um incenso perfumado, composto segundo a arte da perfumaria, salgado, puro, santo. ³⁶Reduza a pó fino uma parte dele e coloque diante da Arca do Testemunho, na Tenda do Encontro, onde me encontro com você. Será para vocês coisa santíssima. ³⁷Não façam, para uso próprio, um incenso de fórmula semelhante à desse. Vocês o considerarão como coisa santa, consagrada a Javé. ³⁸Quem copiar a fórmula, para uso próprio, será excluído do povo".

31

Os artesãos inspirados – ¹Javé falou a Moisés: ²"Escolhi pessoalmente Beseleel, filho de Uri, filho de Hur, da tribo de Judá, ³e o enchi com o espírito de Deus em sabedoria, entendimento e conhecimento em toda obra, ⁴para fazer projetos e lavrar ouro, prata e bronze, ⁵lapidar e engastar pedras, entalhar madeira e realizar todo tipo de obra. ⁶Eu dou a ele, como ajudante, Ooliab, filho de Aquisamec, da tribo de Dã. E no coração de todos os sábios de coração coloquei a sabedoria para que realizem tudo o que ordenei a você: ⁷a Tenda do Encontro, a Arca do Testemunho, o propiciatório que a cobre e toda a mobília da tenda, ⁸a mesa com seus utensílios, o candelabro de ouro com seus acessórios, o altar do incenso, ⁹o altar do holocausto com seus acessórios, a bacia com seu pedestal, ¹⁰as vestes litúrgicas e as vestes sagradas do sacerdote Aarão, e as vestes de seus filhos para o exercício do sacerdócio, ¹¹o óleo da unção e o incenso

---

dividual ao Templo (cf. Ne 10,32-40; 2Cr 24,6; Mt 17,24).

17-21: Uma das marcas do pós-exílio serão os rituais de purificação (cf. Ez 44,23; Mc 7,3-4; Mt 15,2; Jo 2,6).

22-38: Na liturgia pós-exílica, a fumaça do incenso subindo representava as orações (Sl 141,2; Ap 5,8; 8,4);

e a nuvem de fumaça simbolizava a presença de Javé no Santo dos Santos (cf. v. 36; 13,21-22; 19,9; 33,9-10; 34,5; 40,34-38; Lv 16,2.13; 1Rs 8,10; Sl 18,10; Mt 17,5). Sobre a unção, cf. nota a 29,1-35.

31,1-11: Considera-se o Templo uma obra inspirada por Deus.

para o santuário. Tudo farão de acordo com o que eu lhe ordenei".

O sábado – ¹²Javé disse a Moisés: ¹³"Fale aos filhos de Israel: 'Observem meus sábados, porque são um sinal entre mim e vocês através das gerações, para que todos saibam que eu sou Javé, aquele que santifica vocês. ¹⁴Observem, portanto, o sábado, porque é coisa santa para vocês. Quem o profanar deverá ser morto. Quem realizar nele algum trabalho será excluído do povo. ¹⁵Vocês podem trabalhar durante seis dias; o sétimo dia, porém, é para vocês o dia de descanso solene em honra de Javé. Quem trabalhar no dia de sábado deverá ser morto'. ¹⁶Os filhos de Israel observarão o sábado por todas as gerações, como aliança eterna. ¹⁷Será um sinal permanente entre mim e os filhos de Israel, porque em seis dias Javé fez o céu e a terra, mas no sétimo dia parou para descansar".

¹⁸Quando Javé terminou de falar com Moisés no monte Sinai, entregou-lhe as duas tábuas do Testemunho; eram tábuas de pedra, escritas pelo dedo de Deus.

2. O bezerro de ouro e a Aliança

32 **O bezerro de ouro** – ¹Quando o povo viu que Moisés estava demorando para descer da montanha, juntou-se em torno de Aarão e lhe disse: "Vamos! Faça para nós deuses que caminhem à nossa frente, porque não sabemos o que aconteceu com esse Moisés, o homem que nos tirou da terra do Egito". ²Aarão respondeu: "Tirem os brincos de ouro de suas mulheres, filhos e filhas, e tragam aqui". ³Todo o povo tirou os brincos de ouro que tinham nas orelhas e os levaram para Aarão. ⁴Este lhes tomou das mãos o ouro, fundiu-o num molde e fez a estátua de um bezerro. Disseram: "Israel, estes são os seus deuses, que tiraram você da terra do Egito". ⁵Ao ver isso, Aarão construiu um altar diante da estátua e anunciou: "Amanhã será festa em honra de Javé". ⁶No dia seguinte, levantaram-se bem cedo, ofereceram holocaustos e trouxeram sacrifícios de comunhão. O povo sentou-se para comer e beber, e depois se levantou para se divertir.

Moisés como intercessor – ⁷Javé disse a Moisés: "Vá! Desça, porque seu povo, que você tirou da terra do Egito, se arruinou. ⁸Desviaram-se logo do caminho que eu lhes havia ordenado. Fizeram para si um bezerro de metal fundido, e o adoraram, oferecendo a ele sacrifícios e dizendo: 'Israel, estes são os seus deuses que tiraram você da terra do Egito' ". ⁹E Javé disse a Moisés: "Vejo que esse povo é um povo de cabeça dura. ¹⁰Agora, então, deixe minha ira se inflamar contra eles, até consumi-los. De você, eu farei uma grande nação".

¹¹Moisés suplicou a Javé seu Deus, dizendo: "Javé, por que se inflama a tua ira contra teu povo, que tiraste da terra do Egito com grande poder e mão forte? ¹²Por que os egípcios haveriam de dizer: 'Ele os tirou com má intenção, para matá-los entre as montanhas e exterminá-los da face da terra'? Desiste do ardor de tua ira, revoga o castigo que pretendias aplicar a teu povo. ¹³Lembra-te dos teus servos Abraão, Isaac e Israel, aos quais juraste por ti mesmo, dizendo: 'Eu lhes multiplicarei a descendência como as estrelas do céu, e toda a terra que lhes prometi, eu a darei aos filhos de vocês, para que a herdem

---

12-18: No pós-exílio, guardar o sábado é sinal da Aliança com Javé (cf. nota a 20,1-21; Gn 1,1-2,4a). O v. 18 retoma 24,12-18 e faz ponte com os caps. 32-34.

32,1-34,35: A base destas narrativas é a condenação das imagens de metal usadas no culto nas cidades, e que pressupõem acúmulo de riqueza e poder (Os 8,4-5; 13,2). Na época de Ezequias e de Josias, esta condenação foi direcionada contra os bezerros de Dã e Betel, santuários oficiais de Israel (1Rs 12,28.32; 2Rs 10,29-31), legitimando a proibição do culto a outros deuses e às imagens (2Rs 18,1-6; 23,1-25), proibição depois reforçada pelo monoteísmo pós-exílico (Lv 19,4; 2Rs 17,15-16; Ne 9,18; 2Cr 13,8; Sl 106,19-20; Os 10,5-6).

32,1-6: Imagens de touros ou de novilhos, símbolos de força e fertilidade (Gn 49,24; Sl 132,2.5), eram pedestais ou tronos sobre os quais pousava a divindade invisível (1Sm 4,4), que podia ser El/Elohim (1Rs 12,28), Baal ou Javé (32,5). A polêmica contra as imagens de metal no culto da cidade (Os 8,4-5; 13,2), criadas e mantidas a partir de tributo, concentração de riquezas e poder (cf. 20,23; 34,17; Lv 19,4; Dt 9,12.16; 1Rs 14,9; Is 30,22), foi aplicada por Ezequias contra os bezerros do culto oficial de Israel (plural nos vv. 4 e 8, cf. nota a Ex 32-34), visando integrar os sacerdotes e o povo do reino do norte ao domínio de Jerusalém.

7-14: A intercessão de Moisés salva da destruição o povo de Javé (vv. 11.12 e 14; cf. nota a Nm 14,10-19). Releitura exílica que renova a promessa da terra, para animar os exilados (v. 13, cf. Dt 9,12-14.25-29).

para sempre' ". ¹⁴E Javé se arrependeu do castigo com o qual havia ameaçado seu povo.

Moisés quebra as tábuas do Testemunho

– ¹⁵Moisés voltou. Desceu da montanha com as duas tábuas do Testemunho na mão, tábuas escritas dos dois lados, frente e verso. ¹⁶As tábuas eram obra de Deus, e a escritura era feita por Deus, gravada nas tábuas.

¹⁷Josué ouviu o barulho do povo, que dava gritos, e disse a Moisés: "Há grito de guerra no acampamento!" ¹⁸Moisés respondeu: "Não é grito de vitória nem grito de derrota; estou ouvindo cantos alternados".

¹⁹Quando se aproximou do acampamento e viu o bezerro e as danças, Moisés ficou enfurecido, jogou as tábuas, quebrando-as no pé da montanha. ²⁰Pegou o bezerro que haviam feito, queimou-o e depois o moeu até reduzi-lo a pó. Em seguida, espalhou o pó na água e fez os filhos de Israel beberem.

A ira de Moisés e dos levitas

– ²¹Moisés perguntou a Aarão: "O que foi que este povo lhe fez, para que você fizesse vir sobre ele um pecado tão grande?"

²²Aarão respondeu: "Não fique irritado, meu senhor. Você sabe que este povo é inclinado para o mal. ²³Eles me pediram: 'Faça para nós deuses que caminhem à nossa frente, porque não sabemos o que é feito desse Moisés, o homem que nos tirou da terra do Egito'. ²⁴Eu disse então: 'Quem tiver ouro, que o retire'. Eles me trouxeram, eu o levei ao fogo, e saiu esse bezerro".

²⁵Moisés viu que o povo estava sem controle, pois Aarão os havia deixado sem controle, para que fossem expostos à vergonha. ²⁶Moisés colocou-se de pé na porta do acampamento, e gritou: "Quem for de Javé, venha comigo". E todos os filhos de Levi se reuniram em torno dele. ²⁷Moisés lhes disse: "Assim diz Javé, o Deus de Israel: 'Cada um coloque a espada na cintura. Passem e repassem o acampamento, de porta em porta, e cada qual mate seu irmão, seu companheiro e seu parente' ".

²⁸Os filhos de Levi fizeram o que Moisés havia mandado. E nesse dia morreram uns três mil homens do povo. ²⁹Moisés disse: "Consagrem hoje as mãos de vocês a Javé, pois cada um foi contra seu filho ou seu irmão, para que Javé desse hoje a bênção a vocês".

Moisés expia os pecados do povo

– ³⁰No dia seguinte, Moisés disse ao povo: "Vocês cometeram um pecado gravíssimo, e agora eu vou subir até Javé, para ver se posso fazer a expiação pelo pecado de vocês". ³¹Moisés voltou para Javé e disse: "Este povo cometeu um pecado gravíssimo, fabricando deuses de ouro. ³²Agora, porém, ou perdoas o pecado deles ou me riscas do teu livro que escreveste". ³³Javé respondeu a Moisés: "Riscarei do meu livro todo aquele que pecou contra mim. ³⁴Agora, vá e conduza o povo para onde eu lhe disse. Eis que meu mensageiro irá à frente de você. Mas, quando chegar o dia da minha visita, eu pedirei contas do pecado sobre eles". ³⁵E Javé feriu o povo por fazer o bezerro que Aarão tinha fabricado.

33 Javé não vai com o povo

– ¹Javé disse a Moisés: "Vamos! Saia daqui com o povo que você tirou da terra do Egito e vá para a terra que eu prometi dar a Abraão, Isaac e Jacó, e à descendência deles. ²À frente deles vou enviar um mensageiro, para expulsar os cananeus, amorreus, heteus, ferezeus, heveus e jebuseus. ³Suba para a terra onde correm leite e mel. Mas eu não subirei no meio de vocês, um povo de cabeça dura, porque eu os exterminaria no meio do caminho".

15-20: Esta releitura pós-exílica apresenta a idolatria como rebeldia contra Deus (cf. Dt 9,15-16). Sobre beber a água com pó do ídolo triturado, ver Nm 5,11-33; cf. 2Rs 23,4-6.10-14.

21-29: Na frouxidão de Aarão, há uma crítica aos sacerdotes que aceitaram imagens (1Rs 12,31; 2Rs 23,4-9; 2Cr 11,13-17; 13,4-12; 36,14; Ez 7,17-19; 16,17; 44,10). Na ação dos levitas, guardas do Templo pós-exílico (cf. Nm 18,3-4; Ez 40,45), transparece a violência da religião que justifica matar em nome de Deus (cf. 19,12-13; 23,23; Nm 25,1-18; Dt 13,2-19; Js 1,18; 6,21; 8,24-25; 2Rs 9,22-10,27; 23,20; Esd 6,11-12; 7,26; 9,3-7; Jo 8,40-47).

30-35: Releitura que coloca Moisés no papel de um sacerdote pós-exílico (cf. Lv 16; Ez 45,18-24; Rm 3,25 e nota a 25,10-22).

33,1-6: A teologia pós-exílica identifica as imagens e os enfeites com o pecado e a rebelião contra Javé (cf. Gn 35,2-4; Ez 11,18).

⁴Ouvindo essas palavras tão duras, o povo começou a chorar, e ninguém se enfeitou com joias. ⁵É que Javé tinha dito a Moisés: "Diga aos filhos de Israel: 'Vocês são um povo de cabeça dura. Se eu os acompanhasse por um momento, eu os exterminaria. Por isso, tirem agora as joias que vocês usam, e eu verei o que vou fazer com vocês' ". ⁶Os filhos de Israel então deixaram seus enfeites, a partir do monte Horeb.

Javé na tenda fora do acampamento – ⁷Moisés pegou a tenda e estendeu-a fora e longe do acampamento, e lhe deu o nome de Tenda do Encontro. Quem queria consultar a Javé, devia ir até a Tenda do Encontro, que estava fora do acampamento. ⁸Quando Moisés se dirigia para a tenda, todo o povo se levantava e ficava na entrada da própria tenda, seguindo Moisés com o olhar, até que ele entrasse na tenda. ⁹Quando Moisés entrava na tenda, a coluna de nuvem descia e ficava na entrada da tenda, enquanto Javé falava com Moisés. ¹⁰Quando o povo via a coluna de nuvem parada na entrada da tenda, cada um se levantava e se prostrava à entrada da própria tenda. ¹¹Javé falava com Moisés face a face, como um homem fala com seu amigo. Depois Moisés voltava para o acampamento, ao passo que seu atendente, o jovem Josué, filho de Nun, não se afastava do interior da tenda.

Diálogo de Moisés com Javé – ¹²Moisés disse a Javé: "Tu me disseste: 'Faça este povo subir'. Mas não me indicaste ninguém para me ajudar na missão. No entanto, dizes que me conheces pelo nome, e também que alcancei graça aos teus olhos. ¹³Agora, portanto, se alcancei graça aos teus olhos, ensina-me teus caminhos, e te conhecerei, para que eu continue alcançando graça aos teus olhos. Além disso, leva em conta que esta nação é teu povo". ¹⁴Javé disse: "Eu irei pessoalmente e darei descanso a você". ¹⁵Moisés replicou: "Se não vieres pessoalmente, não nos faças sair daqui. ¹⁶E como se poderá saber que alcancei graça aos teus olhos, eu e teu povo, a não ser que venhas conosco, e eu e teu povo sejamos diferentes de todos os povos que existem sobre a face da terra?"

¹⁷Javé replicou a Moisés: "Eu vou conceder também o que você está pedindo, porque você alcançou graça aos meus olhos e eu o conheço pelo nome".

¹⁸Moisés pediu a Javé: "Mostra-me tua glória". ¹⁹Javé respondeu: "Farei passar diante de você toda a minha beleza, e pronunciarei o meu nome diante de você: Javé. Serei generoso para quem eu quiser ser generoso, e terei compaixão de quem eu quiser ter compaixão". ²⁰E acrescentou: "O meu rosto você não poderá ver, porque nenhum humano pode vê-lo e continuar com vida". ²¹E Javé completou: "Aqui há um lugar perto de mim. Fique em cima da rocha. ²²Quando minha glória passar, eu colocarei você na fenda da rocha e lhe taparei os olhos com a palma da minha mão, até que eu tenha passado. ²³Depois tirarei minha mão e você poderá me ver pelas costas. Minha face, porém, ninguém poderá ver".

34 *Renovação da Aliança* – ¹Javé disse a Moisés: "Corte duas tábuas de pedra, como as primeiras, suba ao meu encontro na montanha, e eu escreverei as mesmas palavras que estavam nas primeiras tábuas que você quebrou. ²Esteja pronto de manhã. Você deve subir até a montanha do Sinai bem cedo e esperar por mim lá no alto da montanha. ³Ninguém subirá com você, ninguém deve ficar na montanha; nem ovelhas ou bois poderão pastar ao pé da montanha".

⁴Moisés cortou duas tábuas de pedra, como as primeiras, levantou-se bem cedo e subiu, como Javé tinha ordenado, até a montanha do Sinai, levando nas mãos as duas tábuas de pedra.

⁵Javé desceu na nuvem e aí ficou com ele, e Moisés invocou o nome de Javé. ⁶Javé

7-11: Releitura sobre a permanência da arca de Javé numa tenda (2Sm 6,17; 1Cr 16,1); releitura possivelmente feita pelo sacerdócio no exílio (fora do acampamento, v. 7; cf. 1Sm 4,22; Ez 11,16; 10,18-22; 11,22-25). É a referência mais antiga à Tenda do Encontro.

12-23: Releitura pós-exílica que reforça o papel de Moisés como intercessor (cf. 32,7-14), não admitindo mais que seja possível ao ser humano ver a face de Javé (ver nota a 24,1-11).

34,1-9: Nesta narrativa, os exilados, após três ou quatro gerações no exílio (v. 7; cf. 20,5; Nm 14,18; Dt 5,9), apresentam-se como povo perdoado e como herança de Javé (v. 9), e preparam a integração de suas próprias leis na Aliança (cf. nota a 24,12-40,38).

passou diante dele, e ele proclamou: "Javé, Javé! El misericordioso e cheio de graça, lento para a cólera e grande em solidariedade e fidelidade. ⁷Que guarda solidariedade para milhares, tolerando a falta, a transgressão e o pecado, mas não deixa ninguém impune, castiga a falta dos pais nos filhos, e nos filhos dos seus filhos, até a terceira e quarta geração".

⁸Moisés caiu de joelhos por terra e adorou. ⁹Depois disse: "Javé, se encontrei graça aos teus olhos, continua em nosso meio, ainda que este povo seja de cabeça dura. Perdoa nossas faltas e pecados, e toma-nos como tua herança".

As dez palavras da Aliança – ¹⁰Javé disse a Moisés: "Veja! Firmarei uma aliança. Vou realizar diante de todo o seu povo maravilhas como nunca foram feitas em nenhuma terra ou nação. E todo esse povo, no meio do qual você está, verá a obra de Javé, pois coisa tremenda é o que faço com você. ¹¹Fique atento para observar o que hoje eu ordeno. Vou expulsar da sua frente os amorreus, cananeus, heteus, ferezeus, heveus e jebuseus. ¹²Não firme aliança com os habitantes da terra onde você vai entrar, porque seria uma armadilha para você. ¹³Pelo contrário, derrubem os altares deles, quebrem suas colunas sagradas e cortem suas Aserás.

¹⁴Não se prostre diante de outro El, porque o nome de Javé é Ciumento. Ele é um El ciumento. ¹⁵Não firme aliança com os habitantes da terra, para que eles, prostituindo-se atrás de seus deuses, sacrificando a seus deuses, e chamando você, não venha você a comer dos sacrifícios deles. ¹⁶Não tome para seus filhos mulheres dentre as filhas deles, porque as filhas deles, prostituindo-se com os deuses delas, fariam que os filhos de vocês se prostituíssem com os deuses delas. ¹⁷Não faça para você deuses de metal fundido. ¹⁸Guarde a festa dos Pães Sem Fermento. Você comerá pães sem fermento durante sete dias, no período fixado do mês de Abib, como ordenei a você, porque foi no mês de Abib que você saiu do Egito.

¹⁹Todos aqueles que saírem do útero por primeiro pertencem a mim, todo macho primogênito de suas ovelhas e de seu gado. ²⁰Contudo, o jumento que sair do útero por primeiro, você o resgatará com um cordeiro; se não o resgatar, quebre a nuca dele. Você deve resgatar todos os primogênitos de seus filhos.

Não compareça de mãos vazias diante de mim.

²¹Trabalhe seis dias, mas no sétimo dia você descansará. Seja no plantio seja na colheita, você descansará.

²²Celebre a festa das Semanas no começo da colheita do trigo, e a festa da Safra no fim do ano.

²³Três vezes por ano, toda a sua população masculina se apresentará diante do Senhor Javé, o Deus de Israel. ²⁴Pois eu expulsarei as nações de sua frente e alargarei suas fronteiras, e ninguém cobiçará sua terra quando você subir três vezes ao ano para se apresentar diante de Javé seu Deus.

²⁵Você não sangrará sobre pão fermentado o sangue de meus sacrifícios. E do sacrifício da Páscoa, não ficará nada para o dia seguinte.

²⁶Leve as primícias, os primeiros frutos do seu solo, para a casa de Javé seu Deus.

Não cozinhe o cabrito no leite da mãe dele".

²⁷Javé disse ainda a Moisés: "Escreva estas palavras, porque é de acordo com estas palavras que eu firmo aliança com você e com Israel". ²⁸Moisés ficou aí com Javé durante quarenta dias e quarenta noites, sem comer pão nem beber água. E nas tábuas ele escreveu as palavras da aliança, as dez palavras.

Moisés desce da montanha – ²⁹Quando Moisés desceu da montanha do Sinai, com as duas tábuas do Testemunho nas mãos, ao descer da montanha, ele não sabia que

---

10-28: Estas podem ser as palavras de uma aliança feita no norte, nos tempos do profeta Eliseu e do rei Jeú (2Rs 10,16.26-28), ou no sul, pelo sacerdote Joiada (2Rs 11,17-18), por Ezequias ou Josias: impõem o culto unicamente a Javé, sem negar a existência de outros deuses (v. 14); proíbem imagens de metal (v. 17; cf. 20,4 e Dt 5,8); organizam o calendário das festas, direcionando os primogênitos e os tributos a Javé em Jerusalém (vv. 18-26a; cf. Dt 15,19-16,17), e proibindo ritos cananeus de fertilidade (v. 26b).

29-35: Moisés é apresentado como único representante e intérprete de Javé, a fim de exaltar o papel do

seu rosto estava resplandecente, por ter falado com Javé. ³⁰Aarão e todos os filhos de Israel viram que Moisés estava com o rosto resplandecente, e ficaram com medo de se aproximar dele. ³¹Moisés, porém, os chamou. Aarão e os príncipes da comunidade se aproximaram, e Moisés falou com eles. ³²Em seguida, todos os filhos de Israel se aproximaram, e Moisés ordenou a eles tudo o que Javé lhe havia dito no alto da montanha do Sinai. ³³Quando Moisés terminou de falar, cobriu o rosto com o véu. ³⁴Quando Moisés ia até Javé, para falar com ele, retirava o véu até o momento de sair; e depois de sair dizia aos filhos de Israel o que lhe fora ordenado. ³⁵Os filhos de Israel viam que o rosto de Moisés estava resplandecente. Em seguida, Moisés cobria o rosto com o véu, até voltar para falar de novo com Javé.

3. Execução das instruções recebidas

35 *O sábado* – ¹Moisés convocou toda a comunidade dos filhos de Israel e disse: "Aqui está o que Javé lhes manda colocar em prática: ²Vocês podem trabalhar durante seis dias. O sétimo dia, porém, será para vocês o dia de descanso solene em honra de Javé. Quem trabalhar no dia de sábado, será réu de morte. ³No dia de sábado, vocês não acenderão fogo em nenhuma de suas casas".

Contribuições para o santuário – ⁴Moisés disse a toda a comunidade dos filhos de Israel: "Este é o mandamento que Javé lhes dá: ⁵Recolham ofertas entre vocês em honra de Javé. Quem tiver coração generoso contribua com Javé em ouro, prata e bronze; ⁶tecidos de púrpura violeta, vermelha e escarlate, linho fino, lã de cabras, ⁷peles de carneiro curtidas, couro fino e madeira de acácia; ⁸azeite para a lâmpada, aromas para o óleo da unção e para o incenso aromático; ⁹pedras de ônix e pedras de engaste para o efod e o peitoral. ¹⁰Todos os que tiverem habilidade venham executar o que Javé ordenou: ¹¹a Habitação, sua tenda e cobertura, seus ganchos, tábuas, vergas, colunas e pedestais, ¹²a arca e seus varais, o propiciatório e o véu; ¹³a mesa com seus varais, todos os acessórios, e os pães oferecidos a Deus, ¹⁴o candelabro da iluminação com seus acessórios, as lâmpadas e o azeite para a iluminação, ¹⁵o altar do incenso com seus varais, o óleo da unção, as essências aromáticas e a cortina da entrada para a Habitação, ¹⁶o altar dos holocaustos com a grelha de bronze, os varais e todos os acessórios e a bacia com seu pedestal, ¹⁷as cortinas do pátio com suas colunas e pedestais, a cortina da porta do pátio, ¹⁸as estacas da Habitação e as estacas do pátio com suas cordas, ¹⁹as vestes sagradas para atender no santuário, isto é, as vestes sagradas para o sacerdote Aarão e as vestes dos filhos dele, para o exercício do sacerdócio".

²⁰Então toda a comunidade dos filhos de Israel retirou-se da presença de Moisés. ²¹Depois, todos os homens generosos, que se sentiam animados, levaram contribuições em honra de Javé, para as obras da Tenda do Encontro, para seu culto e para as vestes sagradas. ²²Homens e mulheres foram entregar generosamente fivelas, pingentes, anéis, pulseiras e todo tipo de objetos de ouro. E cada um os oferecia ritualmente diante de Javé. ²³Aqueles que possuíam, levaram púrpura violeta, vermelha ou escarlate, linho fino, lã de cabra, peles de carneiro curtidas e couro fino. ²⁴Os que desejavam levar ofertas em prata ou bronze, as levaram a Javé, e quem possuía madeira de acácia levou-a para os diversos usos. ²⁵As mulheres habilidosas levaram o que haviam fiado com as próprias mãos: púrpura violeta, vermelha e escarlate, e linho fino. ²⁶Todas as mulheres, hábeis e dispostas a ajudar, teceram a lã de cabra. ²⁷Os príncipes levaram pedras de ônix e pedras de engaste para o efod e o peitoral, ²⁸os aromas e o azeite para a iluminação, para o óleo da unção e para o incenso aromático. ²⁹Todos os homens e

---

sumo sacerdote pós-exílico (cf. 25,10-22; Lv 4,3). Mt 17,1-8 e 2Cor 3,7-4,6 trazem releituras judaico-cristãs desta narrativa.

35,1-40,38: Este bloco praticamente repete o texto dos caps. 25-31.

35,1-3: No início, somente o trabalho no campo era proibido (23,12; 34,21). Aqui o v. 3 proíbe também o trabalho em casa. E no pós-exílio qualquer trabalho será proibido, e a infração será punida com a morte (cf. nota a Nm 15,32-36).

mulheres dos filhos de Israel que sentiam generosidade para contribuir com as diversas tarefas que Javé havia mandado Moisés executar, levaram para Javé sua oferta espontânea.

Os artesãos inspirados – 30Moisés disse aos filhos de Israel: "Javé escolheu Beseleel, filho de Uri, filho de Hur, da tribo de Judá, 31e o encheu de dotes sobre-humanos, de sabedoria, destreza e habilidade em seu ofício, 32capaz de fazer projetos e lavrar ouro, prata e bronze, 33de lapidar e engastar pedras, entalhar madeira e realizar todo tipo de trabalho. 34Também lhe deu talento para ensinar outros, assim como a Ooliab, filho de Aquisamec, da tribo de Dã. 35Dotou-os de habilidade para projetar e realizar qualquer tipo de obra, bordar em púrpura violeta, vermelha ou escarlate e em linho fino, projetar e realizar todo tipo de trabalho".

36 1Beseleel, Ooliab e todos os artesãos, a quem Javé tinha dado habilidade e destreza para executar os diversos trabalhos do santuário, realizaram o que Javé havia ordenado.

Os artesãos recebem a coleta – 2Moisés convocou Beseleel, Ooliab e todos os artesãos, aos quais Javé havia dado habilidade e que estavam dispostos a colaborar na execução do projeto. 3Entregou-lhes pessoalmente todas as contribuições levadas pelos filhos de Israel, a fim de que executassem os diversos trabalhos do santuário.

Os filhos de Israel, todas as manhãs, continuaram levando ofertas espontâneas. 4Um dia, os artesãos que trabalhavam no santuário deixaram seus trabalhos e foram 5dizer a Moisés: "O povo está trazendo mais do que é necessário para realizar os diversos trabalhos que Javé ordenou". 6Moisés então mandou dizer no acampamento: "Nem homem nem mulher, que ninguém mais prepare nem leve contribuições para o santuário". E assim o povo parou de levar as coisas. 7O que haviam levado era mais do que suficiente para realizar as obras.

A tenda e a armação da Habitação – 8Os artesãos que colaboravam construíram a Habitação com as dez cortinas de linho fino retorcido, de púrpura violeta, vermelha e escarlate, com querubins bordados. 9Cada cortina tinha catorze metros de comprimento por dois de altura; todas tinham a mesma medida. 10Cinco cortinas estavam unidas uma à outra e as outras cinco também estavam unidas entre si. 11Fizeram laços de púrpura violeta na franja da primeira cortina que estava na extremidade do conjunto, e fizeram o mesmo na franja da cortina que estava na extremidade do outro conjunto. 12Fizeram cinquenta laçadas na primeira cortina e cinquenta laçadas na extremidade da cortina que estava no outro conjunto, de modo que as laçadas correspondiam entre si. 13Fizeram também cinquenta colchetes de ouro e uniram com eles as duas cortinas, de modo que a Habitação formava uma unidade.

14Fizeram também onze peças de lã de cabra, para que servissem de cobertura para a Habitação. 15Cada peça media quinze metros de comprimento por dois de altura; as onze peças tinham a mesma medida. 16Uniram cinco cortinas numa peça e seis cortinas em outra. 17Fizeram cinquenta laçadas na franja da primeira cortina, bem na extremidade do primeiro conjunto, e outras cinquenta laçadas na franja da cortina do outro conjunto. 18Fizeram também cinquenta colchetes de bronze para unir a tenda, formando assim um todo. 19Fizeram para a tenda uma cobertura de peles de carneiro curtidas, e uma cobertura de couro fino por cima.

20Fizeram para a Habitação tábuas de madeira de acácia, para colocá-las em posição vertical. 21Cada tábua tinha cinco metros de comprimento por setenta e cinco centímetros de largura. 22Cada tábua tinha dois encaixes travados um no outro; fizeram assim com todas as tábuas da Habitação. 23Colocaram as tábuas para a Habitação do seguinte modo: vinte tábuas para o lado do Negueb, no sul. 24E debaixo delas fizeram quarenta pedestais de prata: dois pedestais debaixo de cada tábua para seus dois encaixes. 25No outro lado da Habitação, no lado norte, ergueram vinte tábuas sobre quarenta pedestais de prata: 26dois pedestais para cada tábua. 27Para o fundo da Habitação, do lado oeste, ergueram seis tábuas; 28puseram também duas tábuas para os cantos do fundo da Habitação. ²⁹Ficaram unidas pela parte de baixo até a parte de cima, na altura da primeira argola: as duas tábuas formavam assim os dois ângulos do fundo. ³⁰Havia, portanto, oito tábuas com seus dezesseis pedestais de prata, dois para cada tábua. ³¹Fizeram também cinco travessas de madeira de acácia ³²para as tábuas de cada lado, e cinco para o lado do fundo, o lado do mar. ³³A travessa central ficou na metade das tábuas, atravessando-as de um extremo a outro. ³⁴Revestiram as tábuas com ouro, e fizeram de ouro também as braçadeiras, por onde passavam os varais; e cobriram de ouro também os varais.

O véu – ³⁵Fizeram ainda um véu de púrpura violeta, vermelha e escarlate, e de linho fino retorcido. Fizeram nele um bordado com figuras de querubins, ³⁶e o colocaram sobre quatro colunas de madeira de acácia cobertas de ouro e providas de ganchos de ouro, assentadas sobre quatro pedestais de prata. ³⁷Fizeram também, para a entrada da tenda, uma cortina de púrpura violeta, vermelha e escarlate, e de linho fino retorcido, ³⁸com suas cinco colunas e respectivos ganchos, e revestiram de ouro os capitéis e as cintas. Seus cinco pedestais eram de bronze.

37

A arca, o propiciatório e os querubins – ¹Beseleel fez a arca de madeira de acácia, com um metro e vinte e cinco centímetros de comprimento por setenta e cinco de largura e setenta e cinco de altura. ²Revestiu a arca de ouro puro, por dentro e por fora. Ao redor dela aplicou um friso de ouro. ³Fundiu para ela quatro braçadeiras de ouro e as colocou nos quatro cantos inferiores da arca, duas de cada lado. ⁴Fez também varais de madeira de acácia e revestiu-os de ouro, ⁵e colocou os varais nas braçadeiras em cada lado da arca, para poder transportá-la. ⁶Fez também o propiciatório de ouro puro, com um metro e vinte e cinco centímetros de comprimento por setenta e cinco de largura. ⁷Nas duas extremidades do propiciatório fez dois querubins de ouro batido; ⁸um querubim numa extremidade e outro na extremidade oposta. E os fez de tal modo que formavam um só conjunto com o propiciatório, um de cada lado, ⁹cobrindo o propiciatório com as asas estendidas por cima. Ficavam situados um de frente para o outro, o rosto voltado para o centro do propiciatório.

A mesa – ¹⁰Fez a mesa de madeira de acácia com um metro de comprimento por cinquenta centímetros de largura e setenta e cinco de altura. ¹¹Revestiu-a de ouro puro e aplicou ao redor um friso de ouro. ¹²Fez-lhe ao redor uma borda de um palmo de largura, e, acompanhando a borda, um friso de ouro. ¹³Fez também quatro braçadeiras de ouro e colocou-as nos quatro cantos, correspondendo aos quatro pés. ¹⁴As braçadeiras, por onde passavam os varais para transportar a mesa, ficavam presas à borda. ¹⁵Fez os varais de madeira de acácia e os revestiu de ouro, para transportar a mesa. ¹⁶Fez também os utensílios para a mesa, os pratos e bandejas, as jarras e copos para as libações, tudo de ouro puro.

O candelabro e as sete lâmpadas – ¹⁷Fez o candelabro de ouro puro, todo de ouro martelado. O pedestal, a haste, cálices, botões e flores formavam uma só peça. ¹⁸Dos lados saíam seis braços, três de cada lado. ¹⁹Cada braço tinha três cálices no formato de flor de amendoeira, com botão e flor; e três cálices com flor de amendoeira no outro lado, com botão e flor. Assim eram os seis braços saindo do candelabro. ²⁰O candelabro tinha quatro cálices no formato de flor de amendoeira, com botão e flor, ²¹um botão sob os dois primeiros braços que saíam do candelabro, um botão sob os dois braços seguintes, e um botão sob os dois últimos braços; assim eram feitos os seis braços que saíam do candelabro. ²²Os botões e os braços formavam uma só peça com o candelabro, e tudo formava um só bloco de ouro martelado. ²³Fez também sete lâmpadas, e seus acendedores e apagadores eram de ouro puro. ²⁴Usou trinta quilos de ouro para fazer o candelabro com seus acessórios.

O altar do incenso, o óleo da unção e o incenso – ²⁵Fez também de madeira de acácia um altar para queimar incenso. Era quadrado, tinha cinquenta centímetros de comprimento por cinquenta de largura, com um metro de altura. Os chifres formavam uma só peça com ele. ²⁶Revestiu de ouro puro sua parte superior, as paredes ao redor e os chifres, e fez ao redor um friso de ouro. ²⁷Fez também duas braçadeiras de ouro nos dois lados, e por elas passavam os varais para transportar o altar. ²⁸Os varais eram feitos de madeira e revestidos de ouro. ²⁹Preparou também o óleo para a unção sagrada e o incenso perfumado, de acordo com a receita de perfumista.

38 *O altar dos holocaustos* – ¹Fez de madeira de acácia também o altar dos holocaustos. Era quadrado, tinha dois metros e meio de cada lado e um metro e meio de altura. ²Nos seus quatro cantos fez chifres. Os chifres formavam uma só peça com o altar, e o revestiu de bronze. ³Fez também todos os acessórios do altar: os recipientes para recolher cinzas, as pás, bacias, garfos e braseiros, tudo de bronze. ⁴Fez para o altar uma grelha de bronze em forma de rede, e a colocou abaixo da borda externa do altar, de modo que a grelha alcançava o meio do altar. ⁵Fundiu quatro braçadeiras nos quatro cantos da grelha de bronze, a fim de que servissem de passagem para os varais. ⁶Fez os varais de madeira de acácia e os revestiu de bronze. ⁷Passou os varais nas braçadeiras, que estavam dos lados do altar, para poder transportá-lo. Fez de tábuas o altar oco.

A bacia feita dos espelhos das mulheres – ⁸Fez uma bacia de bronze, e sua base de bronze com os espelhos das mulheres que serviam à entrada da Tenda do Encontro.

O pátio – ⁹Fez assim o pátio. No lado do Negueb, lado sul do pátio, colocou cinquenta metros de cortinas de linho fino retorcido. ¹⁰As vinte colunas com os respectivos pedestais eram de bronze, e os ganchos das colunas e suas vergas eram de prata. ¹¹No lado norte colocou cinquenta metros de cortinas. As vinte colunas com os respectivos pedestais eram de bronze, e os ganchos das colunas e suas vergas eram de prata. ¹²No lado do mar, com dez colunas e respectivos pedestais, colocou vinte e cinco metros de cortinas. Os ganchos das colunas e suas vergas eram de prata. ¹³No lado leste, cortinas de vinte e cinco metros. ¹⁴As cortinas deste lado da entrada eram de sete metros e meio com três colunas e respectivos pedestais. ¹⁵Do outro lado da entrada do pátio, colocou sete metros e meio de cortinas em três colunas e respectivos pedestais. ¹⁶Todas as cortinas ao redor do pátio eram de linho fino retorcido. ¹⁷Os pedestais das colunas eram de bronze, e os ganchos das colunas e suas vergas eram de prata. O revestimento dos capitéis era de prata e todas as colunas do pátio tinham vergas de prata. ¹⁸A cortina da entrada do pátio era bordada e feita de púrpura violeta, vermelha e escarlate, e de linho fino retorcido. Tinha dez metros de comprimento por dois metros e meio de altura, como as cortinas do pátio. ¹⁹Suas quatro colunas e respectivos pedestais eram de bronze, e os ganchos eram de prata; o revestimento dos capitéis e vergas, também de prata. ²⁰Todas as estacas que rodeavam o pátio da Habitação eram de bronze.

Prestação de contas do metal usado – ²¹São estas as despesas da construção da Habitação do Testemunho, registradas pelos levitas, por ordem de Moisés e sob a direção de Itamar, filho do sacerdote Aarão. ²²Beseleel, filho de Uri, filho de Hur, da tribo de Judá, fez tudo o que Javé tinha ordenado a Moisés. ²³Foi ajudado por Ooliab, filho de Aquisamec, da tribo de Dã, que era artesão, desenhista e bordador em púrpura violeta, vermelha e escarlate e em linho fino. ²⁴O total de ouro empregado na construção do santuário, ouro que veio das ofertas, foi de oitocentos e setenta e oito quilos, de acordo com o peso padrão que está no santuário. ²⁵A prata recolhida dos recenseados da comunidade foi de três mil e dezoito quilos, ao peso padrão do santuário. ²⁶Foram cinco gramas de prata, ao peso padrão do santuário, por pessoa com mais de vinte anos registrada no recenseamento, isto é, seiscentos e três

---

38,8: Funções sacrais que as mulheres possuíam antes do exílio serão proibidas (1Sm 2,23 e 2Rs 23,7). E os objetos que elas usavam foram banidos ou integrados em situação inferior no templo pós-exílico (ver nota a Lv 12,1-8). Como os colonizadores fizeram com partes das religiões dos povos dominados.

38,21-31: Acréscimo que supõe a instituição dos levitas (Nm 3).

mil, quinhentos e cinquenta homens adultos. ²⁷Foram empregados três mil quilos de prata na fundição dos pedestais do santuário e do véu, à razão de trinta quilos por pedestal. ²⁸Com os dezoito quilos restantes foram feitos os ganchos e capitéis das colunas, e as vergas. ²⁹O bronze das ofertas pesou dois mil, cento e vinte e quatro quilos. ³⁰Foi tudo empregado para fazer os pedestais da entrada da Tenda do Encontro, o altar de bronze com a grelha de bronze e todos os acessórios do altar, ³¹os pedestais ao redor do pátio, os pedestais da entrada do pátio, e todas as estacas ao redor do pátio.

39 Vestes do sumo sacerdote e dos sacerdotes
– ¹Fizeram com púrpura violeta, vermelha e escarlate, e com linho fino retorcido, os ornamentos sagrados para atender no santuário. Do mesmo material fizeram as vestes sagradas para Aarão, de acordo com o que Javé tinha ordenado a Moisés.

O efod – ²Fizeram o efod de ouro, púrpura violeta, vermelha e escarlate, e linho fino retorcido. ³Martelaram o ouro em lâminas finas e as cortaram em tiras para trançá-las com a púrpura violeta, vermelha e escarlate, e com o linho fino retorcido, num trabalho artístico. ⁴Ele tinha duas ombreiras unidas pelas extremidades. ⁵O cinto, que ficava por cima para prender o efod, formava uma única peça com ele e era da mesma confecção: ouro, púrpura violeta, vermelha e escarlate, e linho fino retorcido, de acordo com o que Javé tinha ordenado a Moisés. ⁶Prepararam as pedras de ônix engastadas em ouro, e nelas gravaram, como num sinete, o nome dos filhos de Israel. ⁷E as colocaram sobre as ombreiras do efod, como memória dos filhos de Israel, de acordo com o que Javé tinha ordenado a Moisés.

O peitoral do julgamento – ⁸Fizeram artisticamente o peitoral como o efod, bordado de ouro, de púrpura violeta, vermelha e escarlate, e de linho fino retorcido. ⁹Era quadrado e forrado, tinha um palmo de comprimento por um de largura. ¹⁰Colocaram nele engastes de pedras, dispostos em quatro filas: na primeira fila, uma sardônica, um topázio e uma esmeralda; ¹¹na segunda fila, um carbúnculo, uma safira e um diamante; ¹²na terceira fila, um jacinto, uma ágata e uma ametista; ¹³na quarta, um berilo, um ônix e um jaspe. As pedras eram guarnecidas de ouro nos seus engastes. ¹⁴Elas correspondiam às doze tribos dos filhos de Israel. Cada pedra era gravada, como um sinete, com o nome de cada uma das doze tribos.

¹⁵Fizeram também, para o peitoral, correntes de ouro puro trançadas como cordões, ¹⁶e também dois engastes e duas braçadeiras de ouro; e as fixaram nas extremidades do peitoral. ¹⁷Passaram as duas correntes de ouro pelas duas braçadeiras, nas extremidades do peitoral. ¹⁸Nos dois engastes, fixaram as duas pontas das correntes, e as colocaram nas ombreiras do efod, na parte da frente. ¹⁹Fizeram duas braçadeiras de ouro e as colocaram nas duas pontas inferiores do peitoral, junto ao efod. ²⁰Fizeram também duas braçadeiras de ouro e as colocaram nas duas ombreiras do efod, na parte inferior dianteira, perto de sua juntura, sobre o cinto do efod. ²¹Juntaram o peitoral, através de suas braçadeiras, com as braçadeiras do efod com um cordão de púrpura violeta, para que ficasse por cima do cinto do efod e não se desprendesse do efod, de acordo com o que Javé tinha ordenado a Moisés.

O manto – ²²Em seguida, fizeram o manto do efod; era todo tecido de púrpura violeta. ²³Havia uma abertura no meio do manto, como abertura de um colete. A abertura tinha à sua volta uma barra para não desfiar. ²⁴Na parte inferior do manto colocaram romãs de púrpura violeta, vermelha e escarlate, e de linho fino retorcido. ²⁵Fizeram também campainhas de ouro e colocaram as campainhas entre as romãs. ²⁶Havia uma campainha entremeada com uma romã em toda a volta, na parte inferior do manto que se usava para atender, de acordo com o que Javé havia ordenado a Moisés.

Vestes dos sacerdotes – ²⁷Para Aarão e seus filhos, fizeram também túnicas tecidas de linho fino, ²⁸turbante e gorros com enfeites, e calções de linho fino retorcido. ²⁹O cinto era de linho fino retorcido, púrpura violeta, vermelha e escarlate, de acordo com o que Javé tinha ordenado a Moisés.

O diadema da consagração – ³⁰Em seguida, fizeram de ouro puro a flor, diadema da santa consagração, e nela gravaram como um selo: "Consagrado a Javé". ³¹Amarraram a flor com um cordão de púrpura violeta, de modo que ficasse sobre o turbante, na parte da frente, de acordo com o que Javé tinha ordenado a Moisés. ³²Desse modo, terminaram os trabalhos da Habitação e da Tenda do Encontro. Os filhos de Israel fizeram tudo o que Javé havia ordenado a Moisés.

Moisés recebe e abençoa as obras – ³³Apresentaram a Moisés a Habitação, a tenda e todos os seus acessórios: braçadeiras, tábuas, travessas, colunas e pedestais, ³⁴a cobertura de pele de carneiro curtida, a cobertura de couro fino e o véu de cobertura; ³⁵a Arca do Testemunho com os varais e o propiciatório, ³⁶a mesa com seus utensílios e com os pães oferecidos a Deus, ³⁷o candelabro de ouro puro com as lâmpadas em ordem, com seus acessórios e com o azeite para as lâmpadas, ³⁸o altar de ouro, o óleo da unção, o incenso aromático e o véu para a entrada da tenda, ³⁹o altar de bronze com a grelha de bronze, os varais com todos os seus acessórios; a bacia com seu pedestal, ⁴⁰as cortinas do pátio com as colunas e pedestais, o véu da entrada do pátio com as cordas e estacas e todos os utensílios para o serviço na Habitação da Tenda do Encontro, ⁴¹as vestes sagradas para atender no santuário e as vestes sagradas para o sacerdote Aarão e seus filhos exercerem o sacerdócio. ⁴²Os filhos de Israel fizeram todos os trabalhos de acordo com o que Javé tinha ordenado a Moisés. ⁴³Moisés examinou os trabalhos e viu que tinham feito tudo como Javé havia ordenado, e em seguida os abençoou.

40 *Ordem para montar e consagrar o santuário* – ¹Javé falou a Moisés: ²"No dia primeiro do primeiro mês, levante a Habitação da Tenda do Encontro. ³Coloque aí a Arca do Testemunho e a isole com o véu. ⁴Coloque a mesa e nela os pães. Coloque o candelabro e acenda as lâmpadas. ⁵Coloque o altar de ouro diante da Arca do Testemunho, e pendure a cortina da entrada da Habitação. ⁶Coloque o altar dos holocaustos diante da entrada da Habitação da Tenda do Encontro. ⁷Coloque a bacia entre a Tenda do Encontro e o altar, e depois a encha de água. ⁸Monte o pátio ao redor e a cortina na entrada do pátio. ⁹Pegue o óleo da unção e passe a ungir a Habitação e tudo o que está dentro dela. Consagre a Habitação e seus utensílios, e tudo ficará consagrado. ¹⁰Unja o altar dos holocaustos e seus utensílios, e o altar ficará santíssimo. ¹¹Unja a bacia e seu pedestal, consagrando-os.

Consagração de Aarão e seus filhos – ¹²Depois, faça com que Aarão e seus filhos se aproximem da entrada da Tenda do Encontro. Lave-os com água ¹³e depois vista Aarão com as vestes sagradas. Unja-o e consagre-o, para que exerça meu sacerdócio. ¹⁴Faça que os filhos dele se aproximem e vista-os com as túnicas. ¹⁵Unja-os, como você ungiu o pai deles, para que exerçam meu sacerdócio. A unção lhes conferirá o sacerdócio permanente por todas as suas gerações".

Execução das ordens de Javé – ¹⁶Moisés fez tudo de acordo com o que Javé tinha ordenado. ¹⁷No dia primeiro do primeiro mês do segundo ano, levantaram a Habitação. ¹⁸Moisés levantou a Habitação, colocou os pedestais, fixou as tábuas com as travessas e ergueu as colunas. ¹⁹Estendeu a tenda sobre a Habitação e colocou por cima a cobertura da tenda, de acordo com o que Javé lhe havia ordenado. ²⁰Colocou o Testemunho na arca, pôs os varais na arca e o propiciatório em cima da arca. ²¹Introduziu a arca na Habitação e colocou a cortina do véu para isolar a Arca do Testemunho, de acordo com que Javé tinha ordenado a Moisés. ²²Colocou a mesa na Tenda do Encontro, na parte norte da Habitação e do lado de fora do véu, ²³e ordenou sobre ela, em fileira, os pães diante de Javé, de acordo com o que Javé havia ordenado a Moisés. ²⁴Colocou o candelabro na Tenda do Encontro, na parte sul da Habitação, diante da mesa, ²⁵e levantou as lâmpadas na presença de Javé, de acordo com o que Javé lhe havia ordenado. ²⁶Colocou o altar de ouro na

Tenda do Encontro, diante do véu, ²⁷e em cima dele queimou o incenso aromático, de acordo com o que Javé havia ordenado a Moisés. ²⁸Depois, pendurou a cortina na entrada da Habitação. ²⁹Pôs o altar dos holocaustos na entrada da Habitação, da Tenda do Encontro, e sobre ele ofereceu o holocausto e o outro sacrifício, de acordo com o que Javé havia ordenado a Moisés. ³⁰Colocou a bacia entre a Tenda do Encontro e o altar, e encheu-a de água para as abluções, ³¹com a qual Moisés, Aarão e seus filhos lavavam as mãos e os pés. ³²Quando iam entrar na Tenda do Encontro ou quando iam se aproximar do altar, lavavam-se de acordo com o que Javé havia ordenado a Moisés. ³³Moisés levantou o pátio ao redor da Habitação e do altar, e colocou a cortina na entrada do pátio. E assim Moisés terminou os trabalhos.

A glória de Javé no santuário – ³⁴A nuvem cobriu a Tenda do Encontro e a glória de Javé encheu a Habitação. ³⁵Moisés não pôde entrar na Tenda do Encontro, porque a nuvem tinha pousado sobre ela e a glória de Javé enchia a Habitação.

A nuvem guia os filhos de Israel – ³⁶Em todas as etapas da viagem, os filhos de Israel punham-se em movimento sempre que a nuvem se elevava acima da Habitação. ³⁷Se a nuvem não se elevava, também eles não partiam, enquanto ela não se elevasse. ³⁸De dia, a nuvem de Javé pousava sobre a Habitação, e de noite havia dentro dela um fogo que era visto por todos os filhos de Israel durante todas as etapas da sua caminhada.

LEVÍTICO

LEIS DA SANTIDADE

Introdução

Na Bíblia Hebraica, este livro inicia com a palavra wayyiqrá ("ele chamou"), e é esse o seu nome. "Levítico" vem da sua tradução grega. De fato, contém a "torá", instruções (cf. 6,2.7.18; 7,1.7.11.37; 11,46; 12,7 etc.) para os sacerdotes levitas realizarem corretamente os sacrifícios e a partilha das ofertas, e para garantirem a pureza tanto dessas ofertas como de seus ofertantes. O Levítico procura impor uma ótica, a saber, que a vida do povo depende da obediência às leis do puro, do impuro e do culto. E nessas categorias enquadra todos os aspectos da vida, seja do corpo social (a comunidade com suas relações econômicas, sociais, políticas e étnicas), seja dos corpos individuais (na sua alimentação, condição física, e nas relações interpessoais no cotidiano, no trabalho, na sexualidade e na ética). Sua teologia leva a situá-lo no pós-exílio, já que desloca o pecado da área social-comunitária (injustiça, violência, opressão) para o campo cultual, vendo-o aí como impureza que se transmite (11,24-47; 15,1-33).

Embora contenha rituais e tabus antigos, o livro começou a organizar-se possivelmente após a centralização do culto em Jerusalém, realizada por Josias ao redor de 620 a.C., quando sacerdotes javistas de outros santuários foram integrados ao Templo como sacerdócio de segundo escalão (2Rs 23,8-9). No entanto, a maior parte do conteúdo atual representa a teologia e os interesses da teocracia estabelecida em Judá pelo império persa, por meio de Neemias e Esdras (450-400 a.C.). Os dois, por comissão dos persas, reconstroem as muralhas, repovoam Jerusalém e reorganizam o sistema de produção e coleta de impostos e tributos em torno do Templo. Com isso, fazem de Jerusalém uma cidade-fortaleza e depósito de alimentos, base de apoio para as tropas encarregadas de defender a fronteira sul do império persa contra o levante egípcio. O poder civil e religioso da nascente província de Judá é entregue ao alto clero de Jerusalém, aliado aos persas desde que estes patrocinaram a volta dos exilados e a reconstrução do Templo em 520-515 a.C., consolidando-se então a teocracia (ver introdução a Ez, Jl e Ml).

Como parte desse processo, os teocratas de Jerusalém coletaram, releram, reorganizaram e criaram novas tradições legais, cultuais e narrativas no vasto conjunto literário que é o atual Pentateuco (Gn, Ex, Lv, Nm, Dt), canonizado nesta época, provavelmente como "Lei de Deus e do rei" (Esd 7,26). Os sacerdotes buscaram legitimar o próprio poder, apresentando suas leis e instituições como "torá", isto é, instruções dadas diretamente por Deus, ou através de Moisés, ainda durante a caminhada mítica do povo eleito em direção a Canaã (ver Intr. a Ex). Este fato é mais visível no bloco de Ex 25 a Nm 10, que tem no centro o Levítico. Este livro é desenvolvido a partir da Lei da Santidade (17-26), na qual devem estar suas partes mais antigas. A esta Lei anexou-se outra sobre os sacrifícios e tributos (1-7), os Rituais de Consagração dos sacerdotes (8-10), a lei do puro e do impuro (11-15), e um Apêndice (27). No centro do Levítico colocou-se o ritual do grande dia da Expiação, o Yom Kippur (16).

I. LEI SOBRE SACRIFÍCIOS E TRIBUTOS

1 **Holocaustos** – ¹Javé chamou Moisés e assim falou com ele desde a Tenda do Encontro: ²"Fale aos filhos de Israel e diga-lhes: 'Quando alguém de vocês fizer para Javé alguma oferta, vocês farão suas ofertas de um animal doméstico do rebanho bovino ou do rebanho ovino.

³Se sua oferta for holocausto do rebanho bovino, deve ser macho e sem defeito. Você o fará aproximar-se da entrada da Tenda do Encontro, para que seja aceito diante de Javé. ⁴Coloque a mão sobre a cabeça do holocausto, para que seja aceito como expiação em seu favor. ⁵Em seguida, você sangrará o novilho diante de Javé. Os sacerdotes, filhos de Aarão, trarão o sangue para perto, e aspergirão o sangue em torno do altar que está na entrada da Tenda do Encontro. ⁶Depois, deve tirar o couro da vítima e esquartejá-la. ⁷E os filhos do sacerdote Aarão acenderão o fogo sobre o altar e colocarão a lenha em ordem sobre o fogo. ⁸Depois, os sacerdotes, filhos de Aarão, vão colocar em ordem os pedaços da carne, a cabeça e a gordura, sobre a lenha que está sobre o altar. ⁹Lavará as entranhas e as patas com água. Assim, o sacerdote queimará tudo em cima do altar. É um holocausto, oferta queimada, de perfume apaziguador para Javé.

¹⁰Se o holocausto for do rebanho ovino, cordeiro ou cabrito, que seja macho sem defeito. ¹¹Deve ser sangrado no lado norte do altar, na presença de Javé. Os sacerdotes, filhos de Aarão, vão borrifar o sangue da vítima em torno do altar. ¹²O sacerdote o esquartejará, e colocará as partes, em ordem, incluindo a cabeça e a gordura, em cima da lenha que está no altar. ¹³As entranhas e as patas devem primeiro ser lavadas. E o sacerdote queimará tudo sobre o altar. É um holocausto, oferta queimada, de perfume apaziguador para Javé.

¹⁴Se sua oferta a Javé for holocausto de aves, a oferta será de uma rola ou de um pombinho. ¹⁵O sacerdote a levará até o altar, arrancará a cabeça dela, deixará seu sangue escorrer sobre a parede do altar, e depois a queimará sobre o altar. ¹⁶Antes tirará também o papo e as penas, atirando-os para o leste do altar, em cima das cinzas; ¹⁷cortará a ave ao meio, uma asa de cada lado, mas sem separar as partes. Só então queimará a ave no altar, em cima da lenha que está no fogo. É um holocausto, oferta queimada, de perfume apaziguador para Javé.

2 **Oblação** – ¹Se alguém quiser fazer uma oblação a Javé, sua oferta deve ser da melhor farinha. Sobre ela derramará azeite e colocará incenso. ²A pessoa levará a oferta aos sacerdotes, filhos de Aarão, e

---

1,1-7.38: Estas instruções, colocadas entre a narrativa da montagem do santuário (Ex 40) e a consagração dos sacerdotes (Lv 8-9), foram provavelmente iniciadas a partir do estabelecimento de Jerusalém como único local em que os sacrifícios eram permitidos; devem ter alcançado a forma atual só por volta do ano 400 a.C. (cf. Ne 10,33-44; 12,44-47; 13,10-13).

1,1-17: Antigo sacrifício, cujo nome vem do verbo "subir" ('alah). Imaginava-se que a vítima, totalmente queimada, subia na fumaça até Deus (cf. Ex 29,18). Só o couro ficava com o sacerdote (v. 6, cf. 7,8). Animais eram bens preciosos, e era raro este sacrifício, para agradecer ou obter o favor da divindade (cf. 1Sm 6,15; 7,9; 13,9). Mas no culto oficial da monarquia será um dos principais meios de legitimação do rei (1Rs 9,25), e no pós-exílio, de justificação do Templo, do sumo sacerdote e do Sinédrio (6,5; cf. Ex 29,38-42; Nm 28,3-8; 28,16-30,1).

2,1-16: É a *minhah*, oferta da farinha (sêmolina, "flor de farinha", a melhor farinha) ou das primícias (vv. 12-16) do trigo e da cevada, acompanhados de azeite (vv. 1-2), sal (v. 13) e incenso (cf. 6,8). Só uma pequena parte é queimada junto com o incenso, e a maior parte é destinada aos sacerdotes (vv. 3.10; cf. nota a 6,7-16). Sobre o sal, ver nota a Nm 18,8-19.

pegará um punhado da melhor farinha e do azeite e todo o incenso, e o sacerdote o queimará sobre o altar como memorial. É uma oferta queimada, de perfume apaziguador para Javé. ³O resto da oblação ficará para Aarão e seus filhos. É parte santíssima da oblação a Javé.

⁴Quando você oferecer uma oblação assada ao forno, será de roscas sem fermento, feitas da melhor farinha amassada com azeite, ou será de bolinhos sem fermento untados com azeite. ⁵Se a oblação for de caçarola, será da melhor farinha sem fermento e amassada com azeite. ⁶Você a partirá em pedaços e por cima derramará azeite. É uma oblação.

⁷Se a oblação for de panela, a melhor farinha será preparada com azeite. ⁸Leve a oblação a Javé, e a entregue ao sacerdote, que a colocará junto do altar. ⁹O sacerdote tirará uma parte como memorial e a queimará sobre o altar. É uma oferta queimada de perfume apaziguador para Javé. ¹⁰O restante da oblação pertencerá a Aarão e seus filhos. É parte santíssima da oblação a Javé.

¹¹Nenhuma oblação que vocês fizerem a Javé será preparada com fermento, pois nada que contenha fermento ou mel pode ser oferta queimada a Javé. ¹²Vocês poderão oferecer essas coisas a Javé como primícias; neste caso, porém, não as colocarão sobre o altar como perfume apaziguador. ¹³Coloquem sal em toda oferta de oblação que oferecerem. Não deixem de colocar na oblação o sal da aliança do seu Deus. Todas as oblações serão oferecidas com sal.

¹⁴Se você fizer uma oblação de primícias para Javé, deverá ser de espigas tostadas ao fogo ou de pão assado feito de grãos moídos. ¹⁵Sobre ela você derramará azeite e colocará incenso, pois é uma oblação. ¹⁶O sacerdote queimará, como memorial, uma parte do pão com o azeite e todo o incenso. É uma oferta queimada a Javé.

3 Sacrifício de comunhão

¹Se for sacrifício de comunhão, e você oferecer a Javé um animal do rebanho bovino, macho ou fêmea, o animal deverá ser sem defeito. ²Coloque a mão sobre a cabeça da vítima e depois sangre-a na entrada da Tenda do Encontro. Em seguida, os sacerdotes, filhos de Aarão, vão borrifar o sangue ao redor do altar. ³Do sacrifício de comunhão, será oferta queimada a Javé a gordura que cobre as entranhas e toda a gordura das entranhas. ⁴Deve tirar os dois rins com a gordura que está sobre eles e também a que cobre os lombos, e a restante que cobre o fígado e os rins. ⁵Os filhos de Aarão queimarão essa parte no altar, sobre o holocausto que está em cima da lenha colocada no fogo, como oferta queimada, um perfume apaziguador para Javé.

⁶Se alguém oferecer um animal do rebanho ovino como sacrifício de comunhão para Javé, poderá oferecer um macho ou uma fêmea, mas sem defeito. ⁷Se oferecer um cordeiro, leve-o à presença de Javé. ⁸Coloque a mão sobre a cabeça da vítima, e depois sangre-a diante da Tenda do Encontro. Os sacerdotes, filhos de Aarão, vão borrifar o sangue ao redor do altar. ⁹Do sacrifício de comunhão, será oferta queimada a Javé a gordura, a cauda inteira, que será cortada rente à espinha dorsal, a gordura que cobre as entranhas e toda a gordura das entranhas. ¹⁰Deve tirar os dois rins com a gordura que está sobre eles e também a que cobre os lombos, e a restante que cobre o fígado e os rins. ¹¹O sacerdote queimará essa parte no altar como alimento, como oferta queimada para Javé.

¹²Se a oferta for um cabrito, leve-o à presença de Javé. ¹³Coloque a mão sobre a cabeça da vítima e sangre-a diante da Tenda do Encontro. Os filhos de Aarão vão borrifar o sangue dele em torno do altar. ¹⁴Da vítima, será oferta queimada

---

3,1-17: Talvez até a reforma de Josias, o "sacrifício" (*zebah*) era o mais tradicional dos sacrifícios festivos de camponeses. Os chefes de família queimavam no altar a gordura interior e parte das vísceras, enquanto a carne era consumida num banquete da comunidade em comunhão com suas divindades protetoras (cf. Gn 31,54; Ex 20,24; 2Sm 15,12). Posteriormente, como "sacrifício de comunhão" (*zebah shelamim*), foi integrado à religião oficial, no sistema de legitimação e coleta de tributos para a monarquia (1Sm 10,8; 11,14-15; 13,8-9; 2Sm 6,17; 24,25), que avançou com a centralização dos sacrifícios no Templo de Javé em Jerusalém (cf. Ex 22,19; Dt 12,4-12; 2Rs 23) e foi reforçado no pós-exílio. Ver nota a 7,11-34.

a Javé a gordura que cobre as entranhas, toda a gordura das entranhas. ¹⁵Deve tirar os dois rins com a gordura que está sobre eles e também a que cobre os lombos, e a restante que cobre o fígado e os rins. ¹⁶O sacerdote queimará no altar esses pedaços como alimento, como oferta queimada, de perfume apaziguador. Toda a gordura pertence a Javé. ¹⁷É um estatuto perpétuo para todos os descendentes de vocês, em qualquer lugar onde estiverem habitando: não comam gordura nem sangue'".

4 Sacrifícios pelo pecado – ¹Javé falou a Moisés: ²"Diga aos filhos de Israel: 'Este é o caso de alguém que transgride sem querer algum dos mandamentos de Javé, fazendo alguma coisa proibida:

a) Do sumo sacerdote – ³Se foi o sacerdote consagrado quem cometeu pecado, comprometendo assim todo o povo, deverá oferecer a Javé, pelo pecado cometido, um novilho sem defeito. ⁴Levará o novilho à presença de Javé, à entrada da Tenda do Encontro, colocará a mão sobre a cabeça do novilho e o sangrará diante de Javé.

⁵Depois, o sacerdote consagrado pegará um pouco do sangue do novilho e o levará para dentro da Tenda do Encontro. ⁶Molhará o dedo no sangue e fará sete aspersões em frente à cortina do santuário, diante de Javé. ⁷O sacerdote passará, em seguida, um pouco desse sangue nos chifres do altar do incenso que se queima na presença de Javé na Tenda do Encontro, e derramará o restante do sangue do novilho no pedestal do altar dos holocaustos que se encontra na entrada da Tenda do Encontro.

⁸O sacerdote tirará toda a gordura do novilho do sacrifício pelo pecado, a gordura que cobre as entranhas, toda a gordura das entranhas, ⁹os dois rins com a gordura que está sobre eles e também a que cobre os lombos, e a restante que cobre o fígado e os rins, ¹⁰semelhante ao que é reservado no sacrifício de comunhão. O sacerdote queimará essas partes sobre o altar dos holocaustos. ¹¹O couro do novilho e toda a sua carne, com a cabeça, patas, entranhas e excrementos, ¹²isto é, o restante do novilho inteiro, será levado para fora do acampamento, a um lugar puro, onde se jogam as cinzas, e será queimado numa fogueira. Deverá ser queimado no lugar onde se jogam as cinzas.

b) Da comunidade – ¹³Se foi a comunidade toda de Israel que, sem querer, violou alguma coisa proibida pelos mandamentos de Javé, tornando-se por isso culpada, se isso for oculto aos olhos da assembleia, ¹⁴ao se dar conta da transgressão cometida, a assembleia oferecerá, em sacrifício pelo pecado, um novilho sem defeito, que será levado diante da Tenda do Encontro, ¹⁵e na presença de Javé os anciãos da comunidade colocarão as mãos sobre a cabeça do novilho e o sangrarão na presença de Javé. ¹⁶Em seguida, o sacerdote consagrado levará um pouco do sangue do novilho para dentro da Tenda do Encontro. ¹⁷Molhará o dedo nesse sangue e fará sete aspersões na frente da cortina, na presença de Javé. ¹⁸Ungirá com o sangue os chifres do altar que se encontra na presença de Javé na Tenda do Encontro, e depois derramará o restante do sangue no pedestal do altar dos holocaustos, que fica na entrada da Tenda do Encontro. ¹⁹Depois, tirará do animal toda a gordura e a queimará no altar. ²⁰Fará com esse novilho como se faz com o novilho do sacrifício pelo pecado. Assim, o sacerdote fará a expiação pelos membros da comunidade, e eles serão perdoados. ²¹Depois, mandará levar o restante do novilho para fora do acampamento e o queimará, como o novilho anterior. Esse é o sacrifício pelo pecado da assembleia.

c) De um príncipe – ²²Se foi um príncipe que sem querer fez alguma coisa proibida pelos mandamentos de Javé seu Deus, ele se tornou responsável ²³ao se dar conta

---

4,1-5,6: Os "sacrifícios pelo pecado", criados no pós-exílio, reforçam tanto o ideal pós-exílico da comunidade ritualmente pura (cf. Lv 11,44; 19,2; 22,32; Nm 15,22-31), como a entrega de tributos ao Templo (cf. 5,13; 6,17-22). Só na expiação dos pecados do sumo sacerdote é que o sangue entra na Tenda do Encontro (cf. 16,14). Sem sangue não havia expiação, pois se acreditava que no sangue estava a vida (cf. Gn 9,4; Lv 17,11; Dt 12,23; 1Sm 14,31-35). Aspergido ou colocado nos "chifres" do altar (cf. nota a Ex 27,1-8), representa a vida oferecida como expiação pela vida de quem pecou (cf. Ex 21,23). O texto aos Hebreus traz uma releitura judaico-cristã dessa ideia.

do pecado cometido. Deve levar como oferta um bode sem defeito. ²⁴Colocará a mão sobre a cabeça do bode e o sangrará na presença de Javé, no mesmo lugar do holocausto. É um sacrifício pelo pecado. ²⁵O sacerdote molhará o dedo no sangue da vítima e ungirá os chifres do altar dos holocaustos. Depois, derramará o sangue no pedestal desse altar, ²⁶e no altar queimará toda a gordura, como se faz com a gordura do sacrifício de comunhão. O sacerdote fará assim a expiação pelo pecado do príncipe, e este lhe será perdoado.

d) De uma pessoa do povo – ²⁷Se foi uma pessoa do povo da terra quem pecou sem querer, praticando alguma coisa proibida pelos mandamentos de Javé, ela se tornou culpada ²⁸ao se dar conta do pecado cometido. Deve levar uma cabra sem defeito, como oferta pelo pecado. ²⁹Colocará a mão sobre a cabeça da vítima e a sangrará no lugar onde se sacrificam os holocaustos. ³⁰O sacerdote molhará o dedo no sangue da vítima e ungirá os chifres do altar dos holocaustos. Depois derramará o restante do sangue no pedestal do altar. ³¹Em seguida, tirará toda a gordura, como se tira a gordura no sacrifício de comunhão, e a queimará sobre o altar, como perfume apaziguador para Javé. O sacerdote fará assim a expiação pelo pecado cometido, e este ficará perdoado.

³²Se alguém oferecer uma ovelha como sacrifício pelo pecado, deverá ser sem defeito. ³³Colocará a mão sobre a cabeça da vítima e a sangrará, em sacrifício pelo pecado, no lugar onde se sangram os holocaustos. ³⁴O sacerdote molhará o dedo no sangue da vítima e ungirá os chifres do altar dos holocaustos. Depois, derramará o restante do sangue no pedestal do altar. ³⁵Em seguida, tirará toda a gordura, como se tira a gordura do cordeiro do sacrifício de comunhão, e a queimará no altar, em cima das ofertas queimadas a Javé. O sacerdote fará assim a expiação pelo pecado cometido, e este ficará perdoado.

5 ¹Se alguém pecar ao ouvir uma maldição, e não denunciar, mesmo sendo testemunha ocular ou informada, carrega a culpa. ²Se alguém, sem se dar conta, tocar em alguma coisa impura, seja cadáver de uma fera impura, seja cadáver de um animal doméstico impuro, ou de um inseto impuro, quando toma consciência torna-se impuro e responsável. ³Se alguém, sem se dar conta, tocar em pessoa impura, manchada com qualquer tipo de impureza, quando toma conhecimento torna-se responsável. ⁴Se alguém, sem se dar conta, jura irresponsavelmente seja para o mal seja para o bem, como costuma acontecer, torna-se responsável quando toma conhecimento. ⁵Quando alguém se tornar responsável por alguma dessas coisas, deverá reconhecer o pecado cometido ⁶e trazer para Javé, em reparação pelo pecado que cometeu, uma fêmea do rebanho ovino, uma ovelha ou uma cabra, para sacrifício pelo pecado. E o sacerdote fará a expiação pelo pecado dele.

O sacrifício pelo pecado dos pobres – ⁷Se a pessoa não tiver recursos para oferecer, como sacrifício pelo pecado, um animal do rebanho ovino, levará a Javé duas rolas ou dois pombinhos, um deles para o sacrifício pelo pecado e o outro para o holocausto. ⁸A pessoa deverá levá-los ao sacerdote, que oferecerá em primeiro lugar o que for destinado ao sacrifício pelo pecado. O sacerdote destroncará o pescoço da ave, sem arrancar a cabeça. ⁹Com o sangue da vítima vai borrifar a parede do altar, e depois esgotará o restante do sangue no pedestal do altar. É um sacrifício pelo pecado. ¹⁰Quanto à outra ave, fará um holocausto conforme o ritual. Assim, o sacerdote fará a expiação pelo pecado que esse homem cometeu, e seu pecado ficará perdoado.

¹¹Se a pessoa não tiver recursos para oferecer duas rolas ou dois pombinhos, levará quatro litros e meio da melhor farinha como oferta pelo pecado cometido. Não colocará nela nem azeite nem incenso, pois é um sacrifício pelo pecado.

5,7-13: Os pobres pagavam seguindo tabela alternativa (cf. 12,8; 27,8; Lc 2,24), que mesmo assim ainda estava além de suas posses (cf. 14,21-32). Sendo os pobres a maioria do povo, deles é que provinha grande parte do tributo arrecadado (cf. nota a 2,1-16). Práticas assim são atacadas em Os 4,8 (cf. 2Rs 12,17).

¹²Ele a levará ao sacerdote, que tomará um punhado como memorial, para ser queimado no altar, em cima das ofertas para Javé. É um sacrifício pelo pecado. ¹³O sacerdote fará assim a expiação pelo pecado que um homem cometeu num desses casos, e o pecado ficará perdoado. O restante, como na oblação, pertence ao sacerdote' ".

Sacrifício de reparação – ¹⁴Javé falou a Moisés: ¹⁵"Se alguém for infiel e agir com infidelidade, e cometer um pecado, pegando, mesmo sem querer, das coisas santas de Javé, oferecerá a Javé, como reparação, um cordeiro sem defeito, avaliado em vinte gramas de prata, conforme o peso padrão que está no santuário. ¹⁶E aquele que pegou a coisa consagrada deve compensar o prejuízo com o acréscimo de vinte por cento, e entregá-la ao sacerdote. Este fará por ele a expiação com o cordeiro da reparação, e o pecado ficará perdoado.

¹⁷Se alguém, sem se dar conta, praticar alguma coisa proibida pelos mandamentos de Javé, será responsável e carregará o peso de seu pecado. ¹⁸Como sacrifício de reparação, levará ao sacerdote um cordeiro sem defeito, avaliado em proporção à culpa. O sacerdote fará a expiação pelo pecado cometido sem saber, e o pecado ficará perdoado. ¹⁹É um sacrifício de reparação, e esse homem é responsável diante de Javé".

²⁰Javé falou a Moisés: ²¹"Se alguém cometer uma falta contra Javé, recusando devolver a seu próximo um depósito recebido ou um penhor a ele confiado ou alguma coisa roubada ou tirada com fraude, ²²ou se encontrar uma coisa perdida e o negar, jurando falsamente sobre alguma das coisas pelas quais o homem pode pecar, ²³se houver pecado assim, torna-se responsável e terá de devolver a coisa roubada ou tirada com fraude, ou o depósito a ele confiado, ou o objeto perdido que tenha encontrado, ²⁴ou qualquer coisa pela qual tenha jurado em falso. Fará a restituição integral, acrescentando vinte por cento, e deve devolvê-la ao proprietário no mesmo dia em que oferecer o sacrifício de reparação. ²⁵Como sacrifício de reparação em honra de Javé, levará ao sacerdote um cordeiro sem defeito, avaliado em proporção à culpa. ²⁶O sacerdote fará por ele a expiação na presença de Javé e o perdoará de qualquer falta que tenha cometido".

6 **Outros deveres e o tributo do sacerdote no holocausto** – ¹Javé falou a Moisés: ²"Dê estas ordens a Aarão e seus filhos: 'Essa é a lei do holocausto: fica sobre o queimador, sobre o altar durante a noite até a manhã seguinte, e o fogo do altar deve ser mantido aceso. ³O sacerdote vestirá sua túnica de linho e um calção de linho. Depois, retirará do altar a cinza deixada pelo fogo ao queimar o holocausto, e a deixará junto do altar. ⁴Depois, mudará as roupas, a fim de transportar essa cinza para lugar puro, fora do acampamento. ⁵O fogo do altar nunca deve ser apagado. A cada manhã o sacerdote lhe acrescentará mais lenha, colocará em ordem sobre ela o holocausto e nela queimará as gorduras do sacrifício de comunhão. ⁶É um fogo perpétuo que deverá arder sobre o altar, sem nunca se apagar.

Tributo aos sacerdotes na oblação – ⁷Essa é a lei da oblação: Os filhos de Aarão devem levar a oblação ao altar, na presença de Javé. ⁸O sacerdote pegará um punhado da melhor farinha com azeite e com todo o incenso colocado sobre a oferta, e queimará tudo no altar, como memorial de perfume apaziguador para Javé. ⁹O restante da oblação será comido por Aarão e seus filhos, e deverá ser comido sem fermento, em lugar santo, no recinto da Tenda do Encontro. ¹⁰Não devem preparar com fermento a parte que lhes dou das minhas ofertas queimadas. É coisa santíssima, como no sacrifício pelo pecado e no sacrifício de reparação. ¹¹Todos os

---

14-26: Este "sacrifício" envolve avaliação e multa em dinheiro, por fraude nos dízimos ou tributos, "coisas santas de Javé" (vv. 14-19, cf. 22,14-16; 27,1-34; Nm 5,5-10; Dt 14,22-27; Ml 2,6-12), ou por fraude contra pessoas (vv. 20-26). Casos assim, antes do exílio, eram resolvidos pelos anciãos. Mas, no pós-exílio, eram considerados como impureza ritual, e por isso integrados à jurisdição dos sacerdotes e ao sistema de arrecadação do Templo (cf. 7,1-7).

6,1-6: Complementa 1,1-17. O couro do animal sacrificado fica para o sacerdote (cf. 7,8).

7-16: Por meio da "oblação", grande parte da produção camponesa vai para o rei, ou, no pós-exílio, aos sacerdotes (6,7-11, cf. 7,9-10; 10,12-13; Ne 10,34; 13,5.9;

machos dentre os filhos de Aarão poderão comer dessa porção das ofertas queimadas a Javé. É uma prescrição perpétua para todas as gerações de vocês. Tudo o que entrar em contato com essas coisas ficará consagrado'".

[12]Javé falou a Moisés: [13]"Esta é a oblação que Aarão e seus filhos farão a Javé no dia em que forem ungidos: quatro litros e meio da melhor farinha, como oblação perpétua, metade de manhã e metade à tarde. [14]Será preparada na caçarola com azeite, e bem mexida. Será triturada em pedaços que serão oferecidos como perfume apaziguador para Javé. [15]O sacerdote consagrado que vier depois de você fará o mesmo. É uma lei perpétua. A oblação será completamente queimada para Javé. [16]Toda oblação feita por um sacerdote deve ser totalmente queimada. Ninguém pode comer dela".

Tributo aos sacerdotes no sacrifício pelo pecado – [17]Javé falou a Moisés: [18]"Diga a Aarão e seus filhos: 'Esta é a lei do sacrifício pelo pecado: a vítima pelo pecado será sangrada na presença de Javé, no mesmo lugar onde se sangra o holocausto. É coisa santíssima. [19]O sacerdote que oferecer a vítima poderá comer dela. Deverá comê-la em lugar sagrado, no recinto da Tenda do Encontro. [20]Tudo o que tocar essa carne ficará consagrado. Se o sangue respingar na roupa, a mancha será lavada em lugar sagrado. [21]A vasilha de argila em que a carne foi cozida deverá ser quebrada. E se foi cozida numa vasilha de bronze, esta será depois esfregada e bem lavada com água. [22]Qualquer homem de família sacerdotal poderá comer dela; é coisa santíssima. [23]Mas não se pode comer nenhuma das vítimas oferecidas pelo pecado e cujo sangue tenha sido levado para dentro da Tenda do Encontro para fazer a expiação no santuário. Elas deverão ser queimadas.

7 *Tributo aos sacerdotes no sacrifício de reparação* – [1]Esta é a lei do sacrifício de reparação: é coisa santíssima. [2]No lugar onde se sangra o holocausto, deverá ser sangrada a vítima do sacrifício de reparação, e o sacerdote deve aspergir o sangue dela em torno do altar. [3]Oferecerá toda a gordura: a cauda, a gordura que cobre as entranhas, [4]os dois rins com a gordura que está sobre eles e também a que cobre os lombos, e a restante que cobre o fígado e os rins. [5]O sacerdote queimará no altar essas partes, como oferta queimada para Javé. É o sacrifício de reparação. [6]Qualquer sacerdote poderá comer dele. Será comido em lugar sagrado, pois é coisa santíssima.

[7]Como foi com o sacrifício pelo pecado, assim será com o sacrifício de reparação. Uma lei igual haverá para eles: será do sacerdote que com ele fez a expiação. [8]O couro da vítima pertence ao sacerdote que oferece o holocausto. [9]Toda oblação assada ao forno ou preparada em panela ou caçarola pertence ao sacerdote celebrante. [10]E toda oblação amassada com azeite ou seca pertence indistintamente aos filhos de Aarão.

Regras e tributo no sacrifício de comunhão – [11]Esta é a lei do sacrifício de comunhão que se oferecerá a Javé: [12]Se alguém quer oferecer um sacrifício de ação de graças, deve oferecer, junto com o sacrifício de comunhão, bolos sem fermento amassados com azeite, bolinhos sem fermento untados com azeite, e a melhor farinha embebida em azeite. [13]Além disso, ao sacrifício de comunhão e de ação de graças se acrescentará pão fermentado. [14]De cada uma dessas ofertas, uma parte será oferecida em honra a Javé e pertencerá ao sacerdote que tiver borrifado o sangue da vítima do sacrifício de comunhão. [15]A carne do sacrifício de ação de graças deverá ser comida no mesmo dia em que o

---

Ez 44,29-30), tanto que muitas vezes *minhah* significa tributo (cf. 2Sm 8,2; 1Rs 5,1; 10,25 etc.). Ver nota a 2,1-16.
17-23: Toda a carne pertence aos sacerdotes (vv. 19.22). Ver nota a 4,1-5,6.
7,1-10: Toda a carne fica com o sacerdote (vv. 6-7). Ver nota a 5,14-26.
11-34: No pós-exílio, a coxa direita e o peito da vítima pertencem aos sacerdotes (vv. 30-34; cf. 6,11-15; 10,14-

15), que destinam estes e outros tributos (cf. notas aos caps. 6-7) ao comércio e ao pagamento do tributo aos persas (cf. Nm 18,8-29; Ne 10,33-44; 12,44-47; 13,10-13; Ez 42,13). Os profetas denunciaram o desvio desse ritual (ver nota a 3,1-17, cf. 1Sm 15,22; Is 1,11; Jr 6,20; Os 6,6; Am 5,22), buscando resgatar o sagrado fortalecimento da solidariedade e da comunhão, que acontece nas refeições partilhadas (Mc 2,16; Lc 14,1; 22,1-4.14-15; At 2,42.46).

sacrifício for oferecido. Não deverá sobrar nada para a manhã seguinte.

¹⁶Se a vítima for oferecida como sacrifício de promessa ou voluntário, será comida no dia em que for oferecida, ou no dia seguinte. ¹⁷Mas, no terceiro dia, o que sobrar da carne da vítima será queimado. ¹⁸Se alguém comer no terceiro dia alguma coisa da carne oferecida em sacrifício de comunhão, a oferenda não será aceita, o sacrifício não será levado em conta. É refugo, e a pessoa que o comer carregará seu pecado. ¹⁹A carne que tiver tocado qualquer coisa impura não poderá ser comida: deve ser jogada no fogo.

Quem estiver puro poderá comer a carne do sacrifício de comunhão. ²⁰Mas se alguém estiver impuro e comer a carne de um sacrifício de comunhão oferecido a Javé, será eliminado do meio do povo. ²¹Se alguém tocar em alguma coisa impura, de homem ou de animal impuro, ou qualquer outra coisa impura, e em seguida comer a carne de um sacrifício de comunhão oferecido a Javé, será eliminado do meio do povo'".

²²Javé falou a Moisés: ²³"Fale aos filhos de Israel: 'Não comam gordura de boi, de carneiro ou de cabra. ²⁴A gordura de um animal morto ou dilacerado poderá servir para qualquer outro uso, mas de modo nenhum vocês deverão comê-la. ²⁵Quem comer a gordura de animais, dos quais se trouxe oferta queimada a Javé, será eliminado do seu povo.

²⁶Onde quer que vocês habitem, não comam sangue de aves, nem de animais domésticos. ²⁷Quem comer qualquer espécie de sangue será eliminado do meio do povo'".

²⁸Javé falou a Moisés: ²⁹"Diga aos filhos de Israel: 'Quem oferecer a Javé um sacrifício de comunhão deverá levar uma parte como oferta a Javé. ³⁰Levará com as próprias mãos as ofertas a serem queimadas a Javé. Levará a gordura e o peito, com os quais fará o gesto de apresentação na presença de Javé. ³¹O sacerdote queimará a gordura no altar, e o peito pertencerá a Aarão e seus filhos. ³²Como tributo dos sacrifícios de comunhão, vocês darão ao sacerdote a coxa direita. ³³A coxa direita é a parte que caberá ao filho de Aarão que tiver oferecido o sangue e a gordura do sacrifício de comunhão, ³⁴porque, dos sacrifícios de comunhão dos filhos de Israel, eu reservei para mim o peito e a coxa do tributo, e os dou ao sacerdote Aarão e seus filhos. É uma lei perpétua para os filhos de Israel.

Conclusão dos rituais e do tributo – ³⁵Essa é a parte de Aarão e de seus filhos entre as ofertas a serem queimadas para Javé, desde o dia em que foram apresentados a Javé para serem seus sacerdotes. ³⁶Foi isso que Javé mandou os filhos de Israel darem a eles, a partir do dia em que foram ungidos. É um estatuto perpétuo para todos os seus descendentes'".

³⁷Esta é a lei para o holocausto, para a oblação, para o sacrifício pelo pecado, para o sacrifício de reparação, para a consagração e para o sacrifício de comunhão. ³⁸Foi isso que Javé ordenou a Moisés no monte Sinai, no dia em que deu ordem aos filhos de Israel, no deserto do Sinai, para que apresentassem suas ofertas a Javé.

II. A CONSAGRAÇÃO DOS SACERDOTES

8 *Consagração de Aarão e de seus filhos* – ¹Javé falou a Moisés: ²"Chame Aarão e seus filhos, pegue as vestes, o óleo da unção, o novilho do sacrifício pelo pecado, os dois cordeiros e o cesto dos pães sem fermento ³e convoque toda a comunidade para a entrada da Tenda do Encontro".

⁴Moisés fez o que Javé lhe havia ordenado. E toda a comunidade se reuniu na

---

35-38: Conclusão da inserção (cf. nota a 1,1-7,38), e retomada da sequência de Ex 35-40 (cf. Ex 29,1-30).

8,1-10,20: São textos diversos que devem conter a continuação original de Ex 35-39 sobre a consagração dos sacerdotes e a correta realização dos rituais.

8,1-36: Na sequência de Ex 29,1-35 (ver nota), esses rituais reforçam a teologia pós-exílica sobre pessoas e coisas sagradas e puras que gozam da proximidade de Deus (cf. 10,3.10), e sobre pessoas e coisas profanas e impuras que devem ser purificadas, para terem acesso a Deus, ou para serem excluídas (Lv 11-16; Nm 5,1-4). Legitimam a hierarquia sacerdotal (cf. Nm 18,1-7) e expressam um Deus mais preocupado com a pureza ritual do que com a promoção da vida do povo (v. 35; 10,1-2; Nm 16-17; cf. Os 6,6; Am 5,21-24; Mc 2,27; Mt 12,7; Jo 10,10). Ver nota a 9,1-24.

entrada da Tenda do Encontro. ⁵Moisés falou: "Eis o que Javé mandou fazer". ⁶Fez com que Aarão e seus filhos se aproximassem, e os lavou com água. ⁷Revestiu Aarão com a túnica, colocou-lhe o cinto, vestiu-o com o manto e colocou nele o efod. Depois, colocou a faixa do efod e prendeu-a em Aarão. ⁸Colocou-lhe o peitoral com os urim e os tumim. ⁹Pôs-lhe o turbante na cabeça e, na frente do turbante, a flor de ouro, o sinal da santa consagração, como Javé havia ordenado a Moisés.

¹⁰Em seguida, Moisés pegou o óleo da unção e ungiu a Habitação com o que nela havia, consagrando-os. ¹¹Sobre o altar fez sete aspersões e ungiu o altar com seus acessórios e a bacia com seu pedestal, a fim de os consagrar. ¹²Depois, derramou o óleo da unção sobre a cabeça de Aarão: ungiu-o para consagrá-lo. ¹³A seguir, mandou que os filhos de Aarão se aproximassem, revestiu-os com túnicas, colocou neles o cinto e na cabeça deles o turbante, de acordo com o que Javé havia ordenado a Moisés.

¹⁴Finalmente, Moisés mandou trazer o novilho do sacrifício pelo pecado. Aarão e seus filhos colocaram as mãos sobre a cabeça do novilho do sacrifício pelo pecado ¹⁵e Moisés o sangrou. Depois, pegou o sangue e, com o dedo, ungiu os chifres do altar, para santificar o altar. A seguir, derramou o sangue no pedestal do altar e o consagrou, fazendo por ele a expiação. ¹⁶Pegou ainda toda a gordura que envolve as entranhas, a massa gordurosa do fígado, os dois rins com sua gordura, e queimou tudo sobre o altar. ¹⁷O restante do novilho: couro, carne e intestinos, queimou-os fora do acampamento, segundo Javé havia ordenado a Moisés. ¹⁸Mandou, então, trazer o cordeiro do holocausto. Aarão e seus filhos colocaram a mão sobre a cabeça do cordeiro ¹⁹e Moisés o sangrou e, em seguida, aspergiu o sangue em torno do altar. ²⁰Depois esquartejou o cordeiro e queimou a cabeça e os pedaços com a gordura. ²¹Lavou com água as entranhas e as patas, e depois queimou o cordeiro todo no altar. Foi um holocausto de perfume apaziguador, uma oferta queimada para Javé, segundo Javé havia ordenado a Moisés.

²²Mandou então trazer o segundo cordeiro, o cordeiro da consagração. Aarão e seus filhos colocaram as mãos sobre a cabeça do cordeiro ²³e Moisés o sangrou. Depois, pegou o sangue e passou no lóbulo da orelha direita de Aarão, no polegar de sua mão direita e no polegar de seu pé direito. ²⁴Em seguida, mandou os filhos de Aarão se aproximarem e lhes passou do mesmo sangue no lóbulo da orelha direita, no polegar da mão direita e no polegar do pé direito. A seguir, Moisés derramou o sangue em volta do altar, ²⁵pegou as partes gordas, a cauda, toda a gordura das entranhas, a massa gordurosa do fígado, os dois rins com sua gordura e a coxa direita. ²⁶Depois pegou, do cesto que estava na presença de Javé, um pão sem fermento, um bolo amassado com azeite e um bolinho, e juntou tudo com as gorduras e a coxa direita. ²⁷Colocou tudo nas mãos de Aarão e de seus filhos e mandou fazer o gesto de apresentação diante de Javé. ²⁸Depois, Moisés pegou tudo das mãos deles e queimou no altar, em cima do holocausto. Foi uma consagração como perfume apaziguador, uma oferta queimada para Javé. ²⁹Moisés pegou também o peito da vítima e fez o gesto de apresentação diante de Javé. Esta era a parte do cordeiro da consagração que pertencia a Moisés, segundo Javé lhe havia determinado. ³⁰Em seguida, Moisés pegou um pouco do óleo da unção e do sangue que estava sobre o altar, e com eles aspergiu Aarão e suas vestes, e também os filhos dele com suas vestes. Desse modo Moisés consagrou Aarão e suas vestes, e também os filhos de Aarão com suas vestes.

³¹Moisés disse a Aarão e seus filhos: "Cozinhem a carne na entrada da Tenda do Encontro, depois comam a carne com o pão que está no cesto do sacrifício da consagração, conforme eu determinei: 'Aarão e seus filhos o comerão'. ³²Queimem o que sobrar da carne e do pão. ³³Durante sete dias vocês não sairão pela porta da Tenda do Encontro, até que tenha terminado o tempo da consagração, porque são necessários sete dias para a consagração de vocês. ³⁴Javé mandou fazer o que hoje se fez, a fim de realizar a expiação por vocês. ³⁵E vocês permanecerão sete

dias e sete noites na entrada da Tenda do Encontro e respeitarão as proibições de Javé, a fim de não morrerem. Essa é a ordem que recebi". ³⁶Aarão e seus filhos fizeram tudo o que Javé havia mandado por meio de Moisés.

9 *Consagração dos sacerdotes e primeiros sacrifícios* – ¹No oitavo dia, Moisés chamou Aarão, seus filhos e os anciãos de Israel ²e disse a Aarão: "Pegue um bezerro para o sacrifício pelo pecado e um cordeiro para o holocausto, ambos sem defeito, e ofereça-os na presença de Javé. ³Em seguida, fale aos filhos de Israel: 'Peguem um bode para o sacrifício pelo pecado, um bezerro e um carneiro, ambos de um ano, sem defeito, para o holocausto, ⁴um touro e um cordeiro para o sacrifício de comunhão, todos para serem sacrificados na presença de Javé, e também uma oblação amassada com azeite, porque Javé aparecerá hoje a vocês'".

⁵Levaram até diante da Tenda do Encontro o que Moisés havia mandado, e toda a comunidade veio e se apresentou diante de Javé. ⁶Moisés disse: "Cumpram tudo o que Javé lhes ordenou, e ele mostrará sua glória a vocês". ⁷Depois, disse a Aarão: "Aproxime-se do altar e ofereça seu sacrifício pelo pecado e seu holocausto, e a expiação por você e pelo povo. Apresente depois a oferta do povo e faça por ele a expiação, de acordo com o que Javé ordenou".

⁸Aarão aproximou-se do altar e sangrou o novilho do sacrifício pelo seu próprio pecado. ⁹Em seguida, os filhos de Aarão lhe apresentaram o sangue. Aarão molhou o dedo no sangue e ungiu os chifres do altar. Depois, derramou o sangue no pedestal do altar. ¹⁰Queimou sobre o altar a gordura do sacrifício pelo pecado, os rins e a massa gordurosa do fígado, conforme Javé havia determinado a Moisés. ¹¹Depois, queimou a carne e o couro fora do acampamento. ¹²Em seguida, sangrou a vítima do holocausto. Os filhos de Aarão levaram-lhe o sangue, que ele aspergiu em torno do altar. ¹³Também levaram a vítima dividida em quatro partes, e também a cabeça, e ele queimou tudo no altar. ¹⁴Lavou as entranhas e as patas e também as queimou no altar, em cima do holocausto. ¹⁵A seguir, apresentou a oferta do povo, pegou o bode do sacrifício pelo pecado do povo, o sangrou e ofereceu em sacrifício pelo pecado, da mesma forma que fez com a primeira vítima. ¹⁶Mandou buscar também a vítima do holocausto, e ofereceu o holocausto, conforme o ritual. ¹⁷Em seguida, mandou buscar a oblação, pegou dela um punhado e o queimou no altar, além do holocausto da manhã.

¹⁸Por fim, sangrou o touro e o cordeiro em sacrifício de comunhão pelo povo. Os filhos de Aarão levaram-lhe o sangue, que ele borrifou em torno do altar. ¹⁹Levaram as gorduras desse touro e desse cordeiro, a cauda, a gordura que envolve as entranhas, os rins e a massa gordurosa do fígado. ²⁰Colocou tudo sobre o peito das vítimas e queimou no altar. ²¹Aarão fez o gesto de apresentação diante de Javé com o peito e a coxa direita de cada vítima, conforme Javé havia ordenado a Moisés. ²²Aarão estendeu as mãos na direção do povo e o abençoou. Depois de oferecer o sacrifício pelo pecado, o holocausto e o sacrifício de comunhão, ele desceu ²³e entrou com Moisés na Tenda do Encontro. Em seguida, os dois saíram para abençoar o povo.

A glória de Javé apareceu a todo o povo. ²⁴Da presença de Javé saiu um fogo que consumiu o holocausto e as gorduras que estavam sobre o altar. Ao ver isso, o povo aclamou e se prostrou com o rosto por terra.

10 *Complementos para os rituais. A transgressão do ritual: Nadab e Abiú* – ¹Nadab e Abiú, filhos de Aarão, tomaram cada um o seu incensório. Puseram neles fogo e incenso, e apresentaram diante de Javé um fogo estranho, que não lhes havia sido ordenado. ²Da presença de Javé saiu um fogo que os devorou, e eles morreram na presença de Javé. ³Foi quan-

---

9,1-24: Repetições e divergências com o cap. 8, e relações com Ex 24,16.17; 1Rs 8,10 13.54-60; Ez 1,28; Ag 2,1-9. Revelam algum ritual de consagração mais antigo, porém com função idêntica. Ver nota a 8,1-36.

10,1-20: A narrativa sobre Nadab e Abiú (ver nota a Ex 24,1-11) acentua a sacralidade oficial, em que a pureza do Templo e dos rituais vale mais do que a vida. Introduz regras sobre retirada dos corpos, luto dos sacerdotes e

do Moisés disse a Aarão: "É isso que Javé quis dizer, quando falou: 'Naqueles que se aproximam de mim serei santificado, e diante de todo o povo serei glorificado' ". Aarão ficou calado.

Retirada dos corpos – ⁴Moisés chamou Misael e Elisafã, filhos de Oziel, tio de Aarão, e lhes disse: "Retirem seus irmãos do santuário e os levem para longe do acampamento". ⁵Eles foram e os levaram em suas próprias túnicas para fora do acampamento, conforme Moisés havia mandado.

Luto dos sacerdotes – ⁶Moisés disse a Aarão e seus filhos Eleazar e Itamar: "Não descubram suas cabeças nem rasguem as roupas, para não morrerem, e para que Javé não fique irritado contra toda a comunidade. Seus irmãos e toda a gente de Israel deverão chorar por causa do incêndio que Javé provocou. ⁷Não deixem a entrada da Tenda do Encontro para não morrerem, porque vocês estão ungidos com o óleo de Javé". E eles fizeram como Moisés havia mandado.

Proibição de bebida forte – ⁸Javé falou a Aarão: ⁹"Quando você vier à Tenda do Encontro, você e seus filhos, não bebam vinho nem qualquer bebida forte, para não morrerem. É um estatuto perpétuo para todos os seus descendentes. ¹⁰Isso para que vocês possam distinguir entre o sagrado e o profano, entre o impuro e o puro, ¹¹e possam ensinar aos filhos de Israel todas as leis que Javé deu a vocês por meio de Moisés".

Tributo aos sacerdotes – ¹²Moisés disse a Aarão, a Eleazar e Itamar, seus filhos que sobreviveram: "Peguem a oblação que sobrou das ofertas queimadas para Javé, e a comam sem fermento, junto do altar, porque é coisa santíssima. ¹³Vocês a comerão no lugar sagrado, pois é a parte das ofertas queimadas a Javé que fica reservada para vocês e seus filhos. Assim é que me foi ordenado. ¹⁴Em lugar puro, vocês com seus filhos e filhas comerão o peito apresentado e a coxa do tributo. É a parte reservada para você e seus filhos, reservada para você dos sacrifícios de comunhão dos filhos de Israel. ¹⁵A coxa do tributo e o peito apresentado, que acompanham as gorduras queimadas, depois de oferecidos com gesto de apresentação na presença de Javé, pertencem a você e a seus filhos, como prescrição perpétua. Assim Javé determinou".

¹⁶Moisés perguntou a respeito do bode oferecido em sacrifício pelo pecado, porém já tinha sido queimado. Por isso, Moisés irritou-se com Eleazar e Itamar, filhos sobreviventes de Aarão, e lhes perguntou: ¹⁷"Por que vocês não comeram a vítima no lugar sagrado? É coisa santíssima, e Javé a deu a vocês, para que vocês levassem a culpa da comunidade, fazendo por ela a expiação diante de Javé. ¹⁸Uma vez que o sangue da vítima não foi levado para dentro do santuário, é aí mesmo que vocês deveriam comer a carne, conforme eu ordenei". ¹⁹Aarão respondeu a Moisés: "Eles ofereceram hoje seu sacrifício pelo pecado e seu holocausto diante de Javé. Depois do que aconteceu comigo, se eu tivesse comido hoje do sacrifício pelo pecado, seria isso agradável a Javé?" ²⁰E Moisés ficou satisfeito com a resposta.

III. LEI DO PURO E DO IMPURO

11 *Animais puros e impuros.* **a)** *Animais terrestres* – ¹Javé falou a Moisés e Aarão: ²"Digam aos filhos de Israel: 'São estes os quadrúpedes que vocês

---

proibição de bebidas. Repete também normas a respeito do tributo (cf. 6,7-16; 7,11-34).

11,1-15,33: No mundo antigo, epidemias e alta mortalidade exigiam identificar e afastar as causas da morte. Por isso, a sabedoria familiar/comunitária, movida pelo sagrado espírito da promoção da vida, na sua adaptação ao ambiente, criou rituais e tabus sobre comida, saúde, sexualidade e religião. Ao incluí-los em sua lei, por volta de 400 a.C., os sacerdotes estenderam sua jurisdição sobre os corpos e suas relações sociais, ambientais, sexuais e religiosas, consolidando a teocracia sacerdotal de Jerusalém. Associados ao pecado visto como impureza que se transmite, os tabus na lei servem para legitimar hierarquias, culpabilizar, explorar e excluir pessoas, perdendo assim seu caráter promotor da vida. Jesus pertencia ao grupo dos que buscavam resgatar a promoção da solidariedade e da vida na vivência religiosa e comunitária de seu tempo (cf. Is 1,10-18; 58,1-7; Jr 7,1-11; Os 6,6; Am 5,21-24; Mq 6,5-8; Mt 3,4-9; 12,1-14; Mc 2,27; 7,1-23; Jo 10,10; 2Cor 3,6).

11,1-47: Processos milenares de adaptação ao meio ambiente definem os cardápios alimentares e a identidade dos povos. Grupos que não ingerem os nutrientes

poderão comer dentre todos os animais terrestres. ³Vocês poderão comer todo animal que tem o casco fendido, partido em duas unhas, e que rumina. ⁴Dentre os que ruminam ou têm o casco fendido, vocês não poderão comer as seguintes espécies: Considerem impuro o camelo, pois, embora seja ruminante, não tem o casco fendido. ⁵Considerem impuro o coelho, pois, embora seja ruminante, não tem o casco fendido. ⁶Considerem impura a lebre, pois, embora seja ruminante, não tem o casco fendido. ⁷Considerem impuro o porco, pois, apesar de ter o casco fendido, partido em duas unhas, não rumina. ⁸Não comam a carne desses animais, nem toquem o cadáver deles, porque são impuros.

b) Animais aquáticos – ⁹De todos os animais aquáticos, vocês poderão comer os que têm barbatanas e escamas, e vivem na água dos mares ou dos rios. ¹⁰Mas o que não tem barbatanas e escamas, e vive nos mares ou rios, tanto os animais pequenos que fervilham nas águas, como qualquer ser vivo que nelas se encontra, vocês devem considerar imundos. ¹¹São imundos; por isso, não lhes comam a carne, e considerem imundo o cadáver deles. ¹²Todo ser aquático que não tem barbatanas e escamas será imundo para vocês.

c) Aves – ¹³Dentre as aves, vocês devem considerar imundas e não podem comer as seguintes, por serem imundas: a águia, o gipaeto, o abutre, ¹⁴o milhafre e o falcão da mesma espécie, ¹⁵todas as espécies de corvo, ¹⁶o avestruz, a coruja, a gaivota, as diferentes espécies de gavião, ¹⁷o mocho, o alcatraz, o íbis, ¹⁸o grão-duque, o pelicano, o abutre branco, ¹⁹a cegonha e as diferentes espécies de garça, a poupa e o morcego.

d) Insetos com asas – ²⁰Todos os insetos com asas, que caminham sobre quatro patas, serão imundos para vocês. ²¹De todos os insetos com asas que caminham sobre quatro patas, vocês só poderão comer aqueles que, para saltar no chão, têm as patas traseiras mais compridas que as dianteiras. ²²Assim, vocês podem comer as diferentes espécies de locustídeos, gafanhotos, acridídeos e grilos. ²³Os outros insetos com asas e que têm quatro patas são imundos.

Contato com animais impuros – ²⁴Com esses animais, vocês se tornarão impuros; quem tocar o cadáver deles ficará impuro até à tarde, ²⁵e quem transportar o cadáver deles deverá lavar suas roupas e ficará impuro até à tarde.

²⁶Vocês devem considerar impuros os animais que têm casco não dividido e que não ruminam; quem os tocar ficará impuro. ²⁷Os quadrúpedes que caminham sobre as patas traseiras serão todos considerados impuros; quem tocar o cadáver deles ficará impuro até à tarde, ²⁸e quem transportar o cadáver deles deverá lavar suas roupas, e ficará impuro até à tarde. Considerem impuros esses animais.

e) Enxames que fervilham sobre a terra – ²⁹Do enxame de animais que fervilham sobre a terra, estes vocês considerarão impuros: a toupeira, o rato, as diferentes espécies de lagarto, ³⁰a lagartixa, o crocodilo da terra, o lagarto, o lagarto da areia e o camaleão. ³¹Do enxame de criaturas, são esses que vocês considerarão impuros. Quem os tocar depois de mortos ficará impuro até à tarde.

Outras regras sobre contato com animais impuros – ³²Ficará impuro todo objeto de madeira, pano, couro ou estopa, e qualquer outro utensílio sobre o qual cair um bicho desses depois de morto. O utensílio deverá ser lavado com água e ficará impuro até à tarde, depois ficará novamente puro. ³³Toda vasilha de barro, na qual cair um desses bichos, deverá ser quebrada, e seu conteúdo ficará impuro. ³⁴A comida preparada com água dessa vasilha ficará impura, como também a bebida ficará impura, seja qual for o tipo de vasilha. ³⁵Todo objeto sobre o qual cair

---

necessários não se desenvolvem social e culturalmente, e desaparecem. No entanto, a defesa e a promoção da vida começam a desaparecer quando o cardápio é vinculado a um sagrado que legitima os "puros" culpando e excluindo os "impuros" (cf. 10,11; 11,24-28.31-45; Mc 2,15-17, e nota a 11,1-16,34). Antes do exílio, os animais proibidos não são vistos como fonte de impureza (cf. Dt 12,15.22; 14,3-21) e demarcam identidade étnica.

o cadáver desses bichos, ficará impuro. Mesmo o forno e o fogão devem ser demolidos, porque ficaram impuros; vocês os considerarão impuros. ³⁶As fontes, poços e depósitos de água, no entanto, ficarão puros. Sem dúvida, quem tocar o cadáver desses bichos ficará impuro. ³⁷Se um desses cadáveres cai sobre uma semente, ela continua pura; ³⁸mas, se a semente estiver umedecida e um desses cadáveres cair sobre ela, vocês devem considerá-la impura.

³⁹Quando morrer um animal que serve de alimento, quem tocar seu cadáver ficará impuro até à tarde. ⁴⁰Quem comer a carne dele deverá lavar suas roupas e ficará impuro até à tarde. Quem transportar o cadáver dele deverá lavar suas roupas, e ficará impuro até à tarde.

⁴¹Todo enxame de criaturas que fervilha sobre a terra é imundo, e não será comido. ⁴²Tudo o que caminha sobre o ventre ou sobre quatro ou mais patas, isto é, todo enxame de criaturas que fervilha sobre a terra, nenhum deles é comestível, são imundos. ⁴³Não se tornem imundos com nenhuma dessas criaturas que fervilham em enxames. Não se tornem impuros com eles e não sejam impuros por eles. ⁴⁴Eu sou Javé, o Deus de vocês. E vocês foram santificados, tornaram-se santos, porque eu sou santo. Portanto, não se tornem impuros com nenhum desses bichinhos que se remexem sobre a terra. ⁴⁵Eu sou Javé, que os tirei do Egito, para ser o Deus de vocês. Sejam santos, porque eu sou santo.

⁴⁶Essa é a lei sobre os animais terrestres, as aves e todo animal que se remexe na água e todo animal que fervilha sobre a terra, ⁴⁷para separar o impuro do puro, os animais que se pode comer, dos que não se pode comer'".

12 *Impureza do parto* – ¹Javé falou a Moisés: ²"Diga aos filhos de Israel: 'Quando uma mulher conceber e der à luz um menino, ficará impura durante sete dias, como durante sua menstruação será impura. ³No oitavo dia, o prepúcio do menino será circuncidado. ⁴Durante trinta e três dias, ela ainda ficará purificando-se do seu sangue. Não poderá tocar nenhuma coisa consagrada, nem ir ao santuário, enquanto não terminar o tempo da sua purificação. ⁵Se der à luz uma menina, ficará impura durante duas semanas, como durante sua menstruação, e ficará mais sessenta e seis dias purificando-se do seu sangue.

⁶Quando a mulher tiver terminado o período da sua purificação, seja por menino, seja por menina, levará ao sacerdote, na entrada da Tenda do Encontro, um cordeiro de um ano para o holocausto e um pombinho ou rola para o sacrifício pelo pecado. ⁷O sacerdote os oferecerá diante de Javé, realizará por ela a expiação, e ela ficará purificada do seu fluxo de sangue. Essa é a lei sobre a mulher que dá à luz um macho ou fêmea. ⁸Se ela não tem meios para comprar um cordeiro, pegue duas rolas ou dois pombinhos, um para o holocausto e outro para o sacrifício pelo pecado. O sacerdote fará a expiação por ela, e ela ficará purificada'".

13 *Lepra nas pessoas* – ¹Javé falou a Moisés e Aarão: ²"Quando uma pessoa tiver na pele uma inflamação, um furúnculo ou qualquer mancha que

---

12,1-8: Todas as culturas resguardam a mulher que deu à luz. Em Israel antes do exílio, mesmo sob o patriarcalismo, o sagrado mistério de ter filhos era uma bênção de Deus (cf. Gn 21,6; 29,31-30,22; 49,25; Dt 28,2-4.11). No pós-exílio, o parto e a menstruação (cf. 15,19-24) são vistos como impurezas contaminantes que excluem as mulheres do poder. Com a proibição do culto às deusas como Aserá (1Rs 14,23; 15,13; 2Rs 23,4.6), Anat e Astarte (1Sm 31,10; 2Rs 23,13), nos santuários tribais e domésticos (Gn 16,13; 31,19.30.34; Jz 17,3-4; 1Sm 19,11-17; Jr 44,15-19), e com o desaparecimento da corte, onde atuavam as esposas do rei (1Rs 21,4-10s), a rainha-mãe (1Rs 15,9-13; 2Rs 11,1, cf. 1Rs 14,21.31.15,2; 2Rs 21,19), conselheiras e profetisas (Jz 4,4-5; 2Rs 22,13-20; Is 8,3; Ez 17,18), o poder político e religioso acentuou o protagonismo masculino, no Templo e nos sacerdotes, limitando a mulher ao espaço da casa, no papel de filha, esposa e mãe, dependente do pai ou do marido. A impureza imputada às mulheres, e também a culpa pelo pecado (cf. Eclo 25,24; 1Tm 2,14-15), visam a controlar seus corpos e abafar sua resistência diante da discriminação e dominação. Ver nota a 11,1-15,33.

13,1-59: Anormalidades na pele, e até nas roupas (13,47-59) e paredes (14,33-53), eram classificadas como lepra e associadas à ação das divindades (cf. 14,34; Ex 4,6-7; Nm 12,11-15; 2Rs 15,5). Ritos populares buscavam curar a pessoa atingida (2Rs 5; Mt 10,8; 11,5; Mc 1,42-44; 14,3) e proteger a comunidade (2Rs 7,3-10). No entanto, a lei pós-exílica, vendo tudo como pecado/impureza contaminante, promove mais a exclusão do que a solidariedade (vv. 45-46, cf. Nm 5,1-4). Ver notas a 11,1-15,33 e 14,1-32.

produza suspeita de lepra, será levada à presença do sacerdote Aarão ou de um dos seus filhos sacerdotes. ³O sacerdote examinará a parte atingida. Se no lugar doente o pelo se tornou branco e a doença ficou mais profunda na pele, é caso de lepra. Depois de examiná-la, o sacerdote a declara impura. ⁴Mas, se há sobre a pele alguma mancha branca, sem depressão visível da pele e o pelo não se tornou branco, o sacerdote isolará o doente durante sete dias. ⁵No sétimo dia, examinará de novo a pessoa. Se notar que a doença permanece sem se espalhar pela pele, tornará a isolá-la por mais sete dias. ⁶No sétimo dia, a examinará de novo. Se então verificar que a mancha não ficou mais branca e não se espalhou pela pele, o sacerdote declarará pura a pessoa, pois se trata de furúnculo. A pessoa lavará sua roupa e ficará pura. ⁷Mas, se o furúnculo se alastrar sobre a pele, depois que ela foi examinada pelo sacerdote e declarada pura, deverá apresentar-se de novo ao sacerdote. ⁸O sacerdote a examinará. Se notar que o furúnculo se alastrou sobre a pele, o sacerdote a declarará impura: trata-se de lepra.

⁹Quando uma pessoa tiver uma infecção de pele, será levada ao sacerdote. ¹⁰O sacerdote a examinará. Se constatar sobre a pele um tumor esbranquiçado, pelos que se tornam brancos e o aparecimento de uma úlcera, ¹¹trata-se de lepra crônica de pele. O sacerdote a declarará impura e não a isolará, pois é claro que está impura. ¹²Mas, se a lepra se alastrar sobre a pele, até cobri-la dos pés à cabeça, até onde o sacerdote possa observar, ¹³então o sacerdote a examinará. Verificando que a lepra cobre o corpo todo, declarará pura a pessoa, visto que tudo se tornou branco. ¹⁴Se aparecer nela a carne viva, ficará impura. ¹⁵O sacerdote, vendo a carne viva, a declarará impura, pois a carne viva é impura: trata-se de lepra. ¹⁶Mas, se a carne viva se torna branca de novo, a pessoa procurará o sacerdote. ¹⁷Este a examinará e, vendo que a doença se tornou branca, declarará pura a pessoa, pois ela está pura.

¹⁸Quando um corpo tiver na pele um furúnculo, do qual já esteja curado, ¹⁹c se formar no lugar do furúnculo uma inflamação esbranquiçada ou mancha vermelha clara, deverá ser apresentada ao sacerdote. ²⁰O sacerdote a examinará. Se verificar que a pele afundou e o pelo ficou branco, o sacerdote a declarará impura: é caso de lepra que se manifesta no furúnculo. ²¹Porém, se o sacerdote, ao examiná-la, notar que na mancha não há pelos brancos nem aprofundamento da pele, mas um embranquecimento, então a isolará durante sete dias. ²²Se a mancha se alastrar sobre a pele, o sacerdote declarará impura a pessoa: é caso de lepra. ²³Mas, se a mancha permanecer estacionária, sem se alastrar, é a cicatriz do furúnculo, e o sacerdote declarará pura a pessoa.

²⁴Quando um corpo tiver uma queimadura na pele, e sobre a parte queimada se formar uma mancha esbranquiçada ou vermelha clara, ²⁵o sacerdote a examinará. Se constatar que o pelo ficou branco ou que houve aprofundamento da mancha na pele, é caso de lepra que se desenvolveu na queimadura. O sacerdote declarará impura a pessoa: é caso de lepra. ²⁶Contudo, se o sacerdote, ao examinar, não constatar pelos brancos na mancha nem aprofundamento da pele e notar que a mancha se tornou esbranquiçada, o sacerdote a isolará por sete dias. ²⁷No sétimo dia, examinará de novo. Se a doença se tiver propagado na pele, declarará impura a pessoa: é caso de lepra. ²⁸Se a mancha permaneceu localizada, sem se propagar na pele, mas tornou-se pálida, trata-se de inflamação da queimadura. O sacerdote declarará pura a pessoa, pois é cicatriz da queimadura.

²⁹Se um homem ou mulher tiver uma chaga na cabeça, ou na barba, ³⁰o sacerdote examinará a chaga. Se observar que há uma depressão na pele e o pelo se tornou amarelado e fino, declarará impura a pessoa: é caso de sarna, isto é, lepra da cabeça ou da barba. ³¹Mas, examinando a sarna, se o sacerdote constatar que não há depressão na pele nem pelo amarelado, então isolará a pessoa durante sete dias. ³²No sétimo dia examinará a doença. Se constatar que a sarna não se desenvolveu e que o pelo não ficou amarelado nem houve depressão na pele, ³³a pessoa rapará os pelos, menos na parte que está com sarna,

e o sacerdote a isolará por mais sete dias. ³⁴No sétimo dia examinará a doença. Se constatar que não se alastrou sobre a pele e que não há depressão na pele, o sacerdote a declarará pura. A pessoa lavará sua roupa e ficará pura. ³⁵Contudo, se depois da purificação a sarna se desenvolveu sobre a pele, ³⁶o sacerdote a examinará de novo. Se constatar o alastramento da sarna, é porque a pessoa está impura, e não precisará verificar se o pelo está amarelado. ³⁷Porém, se a sarna estiver localizada e nela tiver crescido pelo escuro, é porque a doença está curada, a pessoa está pura e o sacerdote a deve declarar pura.

³⁸Se aparecerem manchas sobre a pele de um homem ou mulher, e as manchas forem brancas, ³⁹o sacerdote as examinará. Se verificar que as manchas na pele são de um branco embaçado, trata-se de erupção da pele: a pessoa está pura.

⁴⁰Se um homem perde os cabelos da cabeça, trata-se de calvície da cabeça, e está puro. ⁴¹Se perde cabelos na parte da frente da cabeça, trata-se de calvície da fronte, e está puro. ⁴²Mas, se na cabeça ou na parte da frente houver chagas de cor vermelha clara, trata-se de lepra que se desenvolveu na cabeça ou na fronte desse homem. ⁴³O sacerdote o examinará. Se observar na calvície ou na fronte um tumor vermelho claro, com o mesmo aspecto da lepra da pele, ⁴⁴então o homem está leproso, é impuro. O sacerdote o declarará completamente impuro, pois está com lepra na cabeça.

⁴⁵Quem for declarado leproso, deverá andar com as roupas rasgadas e despenteado, cobrindo o bigode e gritando: 'Impuro! Impuro!' ⁴⁶Ficará impuro todos os dias enquanto estiver nele a doença. É impuro, viverá separado e habitará fora do acampamento.

Lepra nas vestes – ⁴⁷Quando houver lepra numa roupa, tanto de lã como de linho, ⁴⁸num tecido ou coberta de lã, de linho, ou de couro, ou numa peça qualquer de couro, ⁴⁹e se a mancha da roupa, do couro, do tecido, da coberta, ou do objeto de couro, for esverdeada ou avermelhada, é caso de lepra e deve ser mostrada ao sacerdote. ⁵⁰O sacerdote examinará a mancha e isolará o objeto durante sete dias. ⁵¹No sétimo dia, se observar que a mancha se espalhou sobre a roupa, o tecido, a coberta, o couro ou sobre o objeto feito de couro, trata-se de lepra contagiosa: o objeto está impuro. ⁵²A roupa, o tecido, a coberta de lã ou de linho, ou o objeto de couro sobre o qual se apresentou a mancha, deverá ser queimado, pois é lepra contagiosa que deve ser destruída pelo fogo.

⁵³Contudo, se o sacerdote, examinando, verificar que a mancha não se espalhou sobre a roupa, o tecido, a coberta ou o objeto de couro, ⁵⁴então mandará lavar a parte atingida e o isolará outra vez por mais sete dias. ⁵⁵Depois da lavagem, examinará a mancha. E se verificar que não mudou de aspecto nem se desenvolveu, o objeto está impuro. O sacerdote o queimará, porque está corroído no direito e no avesso.

⁵⁶Contudo, se o sacerdote, examinando, verificar que depois da lavagem a mancha ficou embaçada, então arrancará a parte da roupa, do couro, do tecido ou da coberta. ⁵⁷Todavia, se a mancha se espalhar sobre a roupa, a coberta ou o objeto de couro, é que o mal continua vivo, e deve ser queimado no fogo aquilo que estiver atacado pela mancha. ⁵⁸A roupa, o tecido, a coberta e qualquer objeto de couro, do qual desapareceu a mancha depois da lavagem, ficará puro depois de lavado pela segunda vez".

⁵⁹Essa é a lei para o caso de lepra na roupa de lã ou de linho, no tecido, na coberta ou no objeto de couro, quando se trata de declará-los puros ou impuros.

14 Purificação após a lepra

¹Javé falou a Moisés: ²"Esta é a lei a ser aplicada ao leproso, no dia da sua purificação: ele será conduzido ao sacerdote, ³e o sacerdote sairá do acampamento. Depois

---

14,1-32: Antigos rituais, como a unção de azeite derramado na mão esquerda (cf. vv. 15-18), o uso de aves, água e madeiras para expulsar o suposto demônio causador da lepra (vv. 4-9, cf. 16,5.10.20-26; 17,7; Nm 19,1-22), visavam a mobilizar as energias naturais, espirituais, pessoais e comunitárias para a cura. Porém, no código pós-exílico, esses rituais, integrados ao ritual de reparação da culpa e do pecado (cf. vv. 10-20), culpabilizam os doentes e reforçam o poder da hierarquia sacerdotal e de suas leis. Ver nota a 13,1-46.

do exame, se verificar que o leproso está curado da lepra, ⁴mandará trazer para o leproso a ser purificado duas aves vivas e puras, madeira de cedro, púrpura escarlate e hissopo. ⁵Em seguida, mandará sangrar uma das aves num vaso de argila sobre água de fonte. ⁶Pegará a ave viva, a madeira de cedro, a púrpura escarlate, o hissopo, e mergulhará tudo, junto com a ave viva, no sangue da ave sangrada sobre água de fonte. ⁷Fará, então, sete aspersões sobre o homem que está se purificando da lepra e o declarará puro. Depois, deixará que a ave viva voe para o campo. ⁸Aquele que se purifica deve lavar as roupas, rapar todos os pelos, lavar-se com água, e então ficará puro. Depois disso, poderá entrar no acampamento, mas ficará sete dias fora da sua tenda. ⁹No sétimo dia, rapará a cabeça, a barba, as sobrancelhas, bem como todos os pelos. Depois, deve lavar suas roupas e banhar-se; então ficará puro.

¹⁰No oitavo dia, pegará dois cordeiros sem defeito, uma ovelha sem defeito, doze litros da melhor farinha amassada com azeite para a oblação, e um quarto de litro de azeite. ¹¹O sacerdote que realiza a purificação colocará o homem que está se purificando, junto com suas ofertas, na entrada da Tenda do Encontro, na presença de Javé. ¹²Depois, pegará um dos cordeiros e o oferecerá como sacrifício de reparação, juntamente com o quarto de litro de azeite, fazendo com eles o gesto de apresentação diante de Javé. ¹³Sangrará o cordeiro no lugar santo, onde se sangram as vítimas do sacrifício pelo pecado e do holocausto. Essa vítima de reparação, como o sacrifício pelo pecado, pertence ao sacerdote, é coisa santíssima. ¹⁴O sacerdote pegará sangue da vítima e passará no lóbulo da orelha direita daquele que está se purificando, sobre o polegar da mão direita e sobre o polegar do pé direito. ¹⁵Depois, pegará um pouco de azeite e o derramará na palma da mão esquerda. ¹⁶Molhará o dedo indicador da mão direita no azeite que está na palma da esquerda e fará com esse dedo sete aspersões diante de Javé. ¹⁷Em seguida, passará um pouco do azeite, que lhe resta na palma da mão, no lóbulo da orelha direita daquele que se purifica, sobre o polegar da mão direita e sobre o polegar do pé direito, em cima do sangue do sacrifício de reparação. ¹⁸Depois, derramará o restante do azeite, que tem na palma da mão, sobre a cabeça daquele que se purifica. Desse modo, terá feito a expiação pelo homem diante de Javé. ¹⁹A seguir, o sacerdote fará o sacrifício pelo pecado e realizará a expiação por aquele que está se purificando de sua impureza. Depois disso, sangrará a vítima do holocausto ²⁰e oferecerá no altar o holocausto e a oblação. Desse modo, fará a expiação por ele, e ele ficará puro.

²¹Se for um pobre que não tem recursos, pegará somente um cordeiro para o sacrifício de reparação e o oferecerá com o gesto de apresentação, a fim de se realizar a expiação por ele. Pegará apenas quatro litros da melhor farinha amassada com azeite, para a oblação, um quarto de litro de azeite, ²²duas rolas ou dois pombinhos, conforme as possibilidades, um dos quais será para o sacrifício pelo pecado e o outro para o holocausto. ²³No oitavo dia os apresentará ao sacerdote na entrada da Tenda do Encontro, na presença de Javé, para a sua purificação. ²⁴O sacerdote pegará o cordeiro do sacrifício de reparação e o quarto de litro de azeite e os oferecerá com o gesto de apresentação na presença de Javé. ²⁵Depois, sangrará o cordeiro do sacrifício de reparação, pegará sangue da vítima e passará no lóbulo da orelha direita daquele que se purifica, sobre o polegar da mão direita e sobre o polegar do pé direito. ²⁶A seguir, derramará um pouco de azeite na palma da mão esquerda, ²⁷e com o dedo indicador da mão direita fará, na presença de Javé, sete aspersões com o azeite que tem na mão esquerda. ²⁸Com o azeite que tem na mão, o sacerdote ungirá o lóbulo da orelha direita daquele que está se purificando, o polegar da mão direita e o polegar do pé direito, em cima do sangue do sacrifício de reparação. ²⁹Depois, colocará o restante do azeite, que tem na palma da mão, sobre a cabeça daquele que está se purificando, fazendo a expiação por ele, diante de Javé. ³⁰Com uma das rolas ou um dos pombinhos, segundo as possibilidades, fará ³¹um sacrifício pelo pecado e, com o outro, um holocausto acompanhado de oblação. O sacerdote

fará assim, diante de Javé, a expiação por aquele que está se purificando". ³²Essa é a lei para a purificação do leproso que não tem recursos.

Lepra nas casas – ³³Javé falou a Moisés e Aarão: ³⁴"Depois que vocês entrarem na terra de Canaã, que eu lhes vou dar como propriedade, se eu ferir de lepra uma casa da terra de vocês, ³⁵o dono da casa avisará o sacerdote: 'Parece que na minha casa há uma mancha de lepra'. ³⁶O sacerdote mandará desocupar a casa antes de ir examinar a mancha. Desse modo ninguém ficará impuro com aquilo que nela existe. Depois disso, o sacerdote irá olhar a casa; ³⁷e depois de tê-la examinado, se observar na parede da casa cavidades esverdeadas ou avermelhadas, formando depressão na parede, ³⁸sairá da casa e mandará fechá-la por sete dias. ³⁹Voltará no sétimo dia e a examinará de novo. Se observar que a mancha se espalhou pela parede, ⁴⁰o sacerdote mandará tirar as pedras manchadas e jogá-las em lugar impuro, fora da cidade. ⁴¹Depois, mandará raspar todas as paredes internas da casa e jogar o pó raspado em lugar impuro, fora da cidade. ⁴²Pegarão outras pedras para substituir as que foram tiradas e outro reboco para rebocar a casa.

⁴³Depois de tiradas as pedras e depois de raspada e rebocada a casa, se a mancha reaparecer, ⁴⁴o sacerdote irá examiná-la. Se observar que a mancha se alastrou, trata-se de lepra contagiosa na casa que está impura. ⁴⁵Mandará demolir a casa, e suas pedras, madeira e reboco serão levados para um lugar impuro, fora da cidade. ⁴⁶Quem entrar na casa, enquanto estiver fechada, ficará impuro até à tarde. ⁴⁷Quem nela dormir ou comer, deverá lavar a própria roupa. ⁴⁸Mas, se o sacerdote, quando for examinar a mancha, constatar que ela não se alastrou pela casa depois de rebocada, declarará pura a casa, pois a doença dela está curada. ⁴⁹Pegará então duas aves, madeira de cedro, púrpura escarlate e hissopo, para fazer o sacrifício pelo pecado da casa. ⁵⁰Sangrará uma das aves num vaso de argila sobre água de fonte. ⁵¹Depois, pegará a madeira de cedro, o hissopo, a púrpura escarlate e a ave viva, e os mergulhará no sangue da ave sangrada sobre água de fonte. Em seguida, aspergirá a casa sete vezes. ⁵²Depois de fazer o sacrifício pelo pecado da casa, com o sangue da ave, a água da fonte, a ave viva, a madeira de cedro, o hissopo e a púrpura escarlate, ⁵³soltará a ave viva no campo, fora da cidade. Fará, assim, a expiação pela casa, e ela ficará pura".

⁵⁴Essa é a lei sobre todos os casos de lepra e sarna, ⁵⁵lepra das roupas e das casas, ⁵⁶inflamações, furúnculos e manchas. ⁵⁷Ela estabelece o que é puro ou impuro. Essa é a lei sobre a lepra.

15 Impurezas sexuais. a) Do homem

– ¹Javé falou a Moisés e Aarão: ²"Digam aos filhos de Israel: 'Quando um homem tem corrimento, por causa desse corrimento está impuro. ³Seu corrimento será a sua impureza. Quer o corpo tenha deixado o corrimento sair ou tenha retido o corrimento, sua impureza é a mesma. ⁴A cama, na qual se deitar alguém que tenha corrimento, ficará impura, e toda coisa sobre a qual sentar ficará impura. ⁵Quem tocar a cama dele deverá lavar as roupas e tomar banho, e ficará impuro até à tarde. ⁶Quem se sentar em qualquer coisa onde alguém que tenha corrimento se sentou, deverá lavar as roupas e tomar banho, e ficará impuro até à tarde. ⁷Quem tocar no corpo de quem tem corrimento deverá lavar as roupas e tomar banho, e ficará impuro até à tarde. ⁸Se alguém que tenha corrimento cuspir numa pessoa pura, esta deverá lavar as roupas e tomar banho, e

---

33-57: Prescrevendo um "sacrifício pelo pecado da casa" (v. 49), para purificá-la de manchas de umidade e mofo classificadas como lepra, os sacerdotes pós-exílicos colocam sob sua jurisdição todos os recantos da vida. Ver notas a 13,1-59; 11,1-15,33 e 16,1-34.

15,1-33: Sangue, sêmen e sexo marcam os sagrados ciclos da vida, e em todas as culturas estão envolvidos em tabus e interditos (cf. 1Sm 21,6; 2Sm 11,11; Tb 3,14). A menstruação, relacionada aos ciclos das luas e marés, em culturas com ordenação mais integrada à natureza, confere *status* especial à mulher (cf. Gn 31,35). Aqui, porém, sob a jurisdição dos sacerdotes pós-exílicos, estes líquidos são desvinculados dos ciclos vitais e colocados dentro da dinâmica impureza-pecado-dívida-culpa-submissão, atingindo duplamente a mulher (vv. 18-19.28) e excluindo as pessoas (cf. Nm 5,1-4). Jesus rompe essa dinâmica (cf. Mc 5,25-34). Ver nota a 12,1-8.

ficará impura até à tarde. ⁹A sela sobre a qual viajar quem tiver corrimento, ficará impura. ¹⁰Todos os que tocarem qualquer objeto que tenha estado debaixo dele ficarão impuros até à tarde. Quem transportar tal objeto deverá lavar as roupas e tomar banho, e ficará impuro até à tarde. ¹¹Todos aqueles que forem tocados por quem tem corrimento, sem que ele tenha lavado as mãos, deverão lavar as roupas e tomar banho, e ficarão impuros até à tarde. ¹²Toda vasilha de barro tocada por quem tem corrimento será quebrada. Se for de madeira, deverá ser lavada. ¹³Quando alguém que tenha corrimento estiver curado do seu corrimento, contará sete dias para sua purificação. Deverá lavar as roupas e tomar banho em água corrente, e então ficará puro. ¹⁴No oitavo dia, pegará duas rolas ou dois pombinhos e se apresentará na presença de Javé, na entrada da Tenda do Encontro, e os entregará ao sacerdote. ¹⁵Com um deles fará um sacrifício pelo pecado e com o outro um holocausto. Desse modo, o sacerdote fará a expiação por ele diante de Javé, o rito de purificação de seu corrimento.

¹⁶Quando um homem tiver uma descarga de sêmen, deverá tomar banho e ficará impuro até à tarde. ¹⁷Toda roupa e toda pele atingidas pela descarga de sêmen deverão ser lavadas e ficarão impuras até à tarde. ¹⁸Quando uma mulher tiver deitado com um homem, havendo descarga de sêmen, os dois deverão tomar banho e ficarão impuros até à tarde.

b) Da mulher – ¹⁹Quando uma mulher tiver um corrimento, sendo seu corrimento sangue do seu corpo, ficará sete dias em sua menstruação. Quem a tocar ficará impuro até à tarde. ²⁰O lugar em que ela deitar ou sentar, enquanto estiver em sua menstruação, ficará impuro. ²¹Quem tocar o leito dela deverá lavar as próprias roupas e tomar banho, e ficará impuro até à tarde. ²²Quem tocar em qualquer coisa em que ela sentou, lavará as próprias roupas e tomará banho, e ficará impuro até à tarde. ²³Se o objeto tocado estiver sobre a cama ou sobre qualquer coisa em que ela sentou, ficará impuro até à tarde. ²⁴Se um homem tiver relações com a mulher menstruada, a menstruação dela virá sobre ele, e ele ficará impuro durante sete dias. E toda cama em que ele se deitar ficará impura.

²⁵Quando uma mulher tiver um corrimento por muitos dias, corrimento de sangue dela, fora do tempo de sua menstruação, ou quando o corrimento for além dos dias de seu corrimento menstrual normal, ela ficará impura como nos dias da sua menstruação. ²⁶E toda cama em que ela se deitar, durante os dias do seu corrimento, ficará impura, como a cama da sua menstruação. E toda coisa sobre a qual ela se sentar ficará impura, como na impureza da sua menstruação. ²⁷Quem tocar nesses objetos ficará impuro, deverá lavar as roupas e tomar banho, e ficará impuro até à tarde. ²⁸Quando a mulher ficar curada de seu corrimento contará sete dias, e então estará pura. ²⁹No oitavo dia, pegará duas rolas ou dois pombinhos e os apresentará ao sacerdote na entrada da Tenda do Encontro. ³⁰O sacerdote oferecerá um deles em sacrifício pelo pecado e o outro como holocausto. Desse modo, o sacerdote fará por ela, diante de Javé, a expiação por causa do corrimento de sua impureza.

³¹Previnam os filhos de Israel sobre a impureza, para que não morram por causa dela, por terem contaminado minha habitação no meio deles' ".

³²Essa é a lei sobre quem tem corrimento e quem tem descarga de sêmen, que tornam o homem impuro, ³³e sobre a mulher em sua menstruação, e sobre quem tem corrimento, seja o corrimento do macho, seja da fêmea, e para o homem que se deita com mulher impura.

IV. O GRANDE DIA DA EXPIAÇÃO

16 ¹Javé falou a Moisés depois da morte dos dois filhos de Aarão, que morreram por se aproximarem de Javé. ²Javé disse a Moisés: "Diga a seu irmão Aarão

---

16,1-34: Integrando rituais mágicos do bode enviado à terra separada e infértil sob o domínio dos demônios (vv. 5.10.20-26, cf. 14,4-9; 17,7), outra das principais instituições do judaísmo pós-exílico é o Dia da Expiação, o *Yom Kippur*. Introduzido após 398 a.C. (cf. 23,26-32; Nm 29,7-11) no centro do livro, entre a lei do puro e do impuro e a lei da santidade, reafirma a pureza ritual como centro da vida e a jurisdição sacerdotal sobre a

que nunca entre no santuário, não adentre além da cortina frente ao propiciatório que está sobre a arca. Ele poderá morrer, porque eu apareço numa nuvem sobre o propiciatório.

³Aarão entrará no santuário com um novilho para o sacrifício pelo pecado e um cordeiro para o holocausto. ⁴Vestirá uma túnica sagrada de linho e calções de linho, amarrará a cintura com cinto de linho e usará turbante de linho. São vestes sagradas, e ele as vestirá depois de tomar banho. ⁵Receberá da comunidade dos filhos de Israel dois bodes para o sacrifício pelo pecado e um cordeiro para o holocausto. ⁶Depois de oferecer o novilho como sacrifício pelo seu próprio pecado e de ter feito a expiação por si mesmo e pela sua casa, ⁷Aarão pegará os dois bodes e os apresentará na presença de Javé, na entrada da Tenda do Encontro. ⁸Tirará a sorte sobre os dois bodes: um será de Javé e o outro de Azazel. ⁹Pegará o que foi sorteado para Javé e o oferecerá como sacrifício pelo pecado. ¹⁰Quanto ao bode que foi sorteado para Azazel, será colocado vivo na presença de Javé, para fazer a expiação, e depois será mandado para Azazel no deserto. ¹¹Aarão oferecerá o novilho do sacrifício pelo seu próprio pecado. Em seguida, fará a expiação por si mesmo e por sua casa, e sangrará o novilho. ¹²Então encherá um incensório com brasas tiradas do altar na presença de Javé, e pegará dois punhados de incenso aromático em pó. Levará tudo para trás da cortina ¹³e colocará o incenso sobre o fogo, na presença de Javé. Uma nuvem de incenso deve cobrir o propiciatório que está sobre o Testemunho, e assim ele não morrerá. ¹⁴Depois, pegará sangue do novilho para aspergir, com o dedo, o lado oriental do propiciatório. Em seguida, na frente do propiciatório, fará com o dedo sete aspersões de sangue. ¹⁵A seguir, sangrará o bode do sacrifício pelo pecado do povo e levará o sangue para trás da cortina. Com esse sangue, fará o mesmo que fez com o sangue do novilho, aspergindo em cima do propiciatório e na frente do propiciatório. ¹⁶Fará desse modo o rito de expiação pelo santuário, pelas impurezas dos filhos de Israel, pelas transgressões e por todos os pecados deles. Fará o mesmo com a Tenda do Encontro, estabelecida entre eles no meio de suas impurezas. ¹⁷Ninguém deverá estar na Tenda do Encontro enquanto Aarão estiver fazendo a expiação no santuário, até que ele saia depois de ter feito a expiação por si próprio, por sua casa e por toda a assembleia de Israel. ¹⁸Depois, ele sairá, irá até o altar que está diante de Javé, e sobre ele fará a expiação. Pegará sangue do novilho e do bode e ungirá com ele os chifres do altar. ¹⁹Com o mesmo sangue fará com o dedo sete aspersões sobre o altar. Desse modo purificará o altar, separando-o das impurezas dos filhos de Israel.

²⁰Tendo acabado de fazer a expiação do santuário, da Tenda do Encontro e do altar, Aarão mandará trazer o bode vivo. ²¹Colocará as duas mãos sobre a cabeça do bode e confessará sobre ele todas as culpas, transgressões e pecados dos filhos de Israel. Depois de colocar tudo sobre a cabeça do bode, despachará o animal para o deserto, conduzido por um homem para isso preparado. ²²Assim, o bode levará sobre si todas as culpas deles para a terra da separação. Quando tiver despachado o bode para o deserto, ²³Aarão entrará na Tenda do Encontro, tirará as roupas de linho que tiver vestido para entrar no santuário, e aí as deixará. ²⁴Tomará banho no lugar santo e vestirá suas próprias roupas. Sairá novamente e oferecerá o holocausto, tanto o seu como o do povo. Fará a expiação por si próprio e pelo povo, ²⁵e deixará queimar sobre o altar a gordura do sacrifício pelo pecado.

²⁶O encarregado de levar o bode a Azazel deverá lavar as roupas e tomar banho. Só depois disso poderá entrar no acampamento. ²⁷O novilho e o bode oferecidos em sacrifício pelo pecado, e cujo sangue foi levado ao santuário para fazer a expiação, serão levados para fora do acampamento, onde se queimarão o couro, a carne e os intestinos. ²⁸Quem os

---

terra fértil (ver nota a 25,1-55), estabelecendo o chefe da teocracia pós-exílica como o único mediador entre Deus e a humanidade. Hb 9 é releitura judaico-cristã desse ritual.

queimar deverá lavar as próprias roupas e tomar banho. Só depois poderá entrar no acampamento. ²⁹Isso é um estatuto perpétuo para vocês.

No décimo dia do sétimo mês, vocês farão jejum. Nem o cidadão, nem o migrante que habita entre vocês farão trabalho algum, ³⁰pois nesse dia será feita a expiação por vocês, a fim de purificá-los. Aí então, diante de Javé, vocês ficarão puros de todos os pecados. ³¹Será para vocês o sábado mais solene, e vocês guardarão jejum. É um estatuto perpétuo.

³²O sacerdote que tiver recebido a unção e sucedido a seu pai no exercício do sacerdócio, realizará a expiação. Ele se vestirá com as vestes sagradas de linho ³³e fará a expiação pelo santuário santo, fará a expiação pela Tenda do Encontro e pelo altar; e fará a expiação pelos sacerdotes e por todo o povo da assembleia. ³⁴Será um estatuto perpétuo para vocês. Uma vez por ano será feita a expiação por todos os pecados dos filhos de Israel". E tudo se fez como Javé tinha determinado a Moisés.

V. LEI DA SANTIDADE

17 *Proibições religiosas* – ¹Javé falou a Moisés: ²"Diga a Aarão, a seus filhos e aos filhos de Israel: 'Assim determina Javé: ³Qualquer homem da casa de Israel que sangrar um boi, um cordeiro ou uma cabra no acampamento, ou sangrá-lo fora do acampamento, ⁴sem levá-los à entrada da Tenda do Encontro para aproximá-los em oferta a Javé, diante da Habitação de Javé, será réu de sangue. Derramou sangue, será eliminado do meio do seu povo. ⁵Desse modo, os filhos de Israel levarão ao sacerdote os sacrifícios que faziam no campo e os oferecerão a Javé, como sacrifício de comunhão, na entrada da Tenda do Encontro. ⁶O sacerdote derramará o sangue sobre o altar de Javé, que se encontra na entrada da Tenda do Encontro, e queimará a gordura como perfume apaziguador para Javé. ⁷Não oferecerão mais sacrifícios aos demônios que têm forma de bode, com os quais se prostituem. Esse é um estatuto perpétuo para eles e seus descendentes'.

⁸Diga-lhes também: 'Todo homem da casa de Israel, ou migrante que reside no meio de vocês, que oferecer um holocausto ou sacrifício, ⁹sem levá-los à entrada da Tenda do Encontro para oferecê-los a Javé, será excluído do povo. ¹⁰Se alguma pessoa, seja da casa de Israel, seja migrante que habita com vocês, comer qualquer espécie de sangue, eu me voltarei contra ela e a eliminarei do meio do povo. ¹¹Porque o sangue é a vida da carne, e esse sangue eu lhes dou para fazer o rito de expiação sobre o altar, pela vida de vocês, pois é o sangue que faz a expiação pela vida. ¹²É por esse motivo que eu digo aos filhos de Israel: nem vocês, nem o migrante que habita com vocês, podem comer sangue. ¹³Qualquer pessoa da casa de Israel, ou migrante que habita com vocês, que caçar um animal ou ave que é permitido comer, fará escorrer o sangue do animal ou da ave, e depois o cobrirá com terra. ¹⁴O sangue é a vida de todo ser vivo. Por isso, eu digo aos filhos de Israel: não comam o sangue de nenhuma espécie de ser vivo, pois o sangue é a vida de todo ser vivo, e quem o comer será eliminado.

¹⁵Toda pessoa, cidadão ou migrante, que comer um animal morto ou dilacerado por uma fera, deverá lavar as próprias roupas e tomar banho, e ficará impuro até à tarde. Depois ficará puro. ¹⁶Se não lavar as roupas e não tomar banho, carregará o peso de seu pecado'".

18 *Proibições sexuais* – ¹Javé falou a Moisés: ²"Diga aos filhos de Israel: 'Eu sou Javé, o Deus de vocês.

17,1-26,46: Partes de códigos sacerdotais pré-exílicos relidos e ampliados no pós-exílio. O temor (19,14.32; 25,17.36.43), como reverência à santidade de Deus (19,2; 20,26; 21,8; 22,32), é entendido pelos sacerdotes como pureza cultual e étnica (cf. Ez 20,41; 36,23-38; 37,28; 39,7) e exigido de todo o povo (cf. 11,44-45; Ex 19,6).

17,1-16: Releitura de Dt 12,1 13,1. Demoniza os cultos realizados no campo (ver notas a 14,1-32 e 16,1-34; cf. 2Cr 11,15; Is 13,21) e aplica as leis centralizadoras de Josias à pequena comunidade ao redor do Templo reconstruído em 515 a.C. Sobre o sangue, ver nota a 4,1-5,6.

18,1-30: Lista de relações sexuais que são proibidas para defender a ordem patriarcal e o javismo oficial de Jerusalém (cf. Dt 27,14-20). Atribui ao homem a iniciativa sexual, trata as mulheres como propriedade da família ou do marido (ver nota a Dt 22,13-21; cf. Jz 19, 24-25; 2Sm 16,21-22) e criminaliza práticas sexuais ligadas aos cultos da fertilidade (Gn 38,20-24; 1Rs 14,24; 2Rs

³Não façam como se faz na terra do Egito, onde vocês habitaram. Nem façam como se faz na terra de Canaã, para onde estou levando vocês. Não sigam os estatutos deles, ⁴mas pratiquem minhas normas e guardem meus estatutos, deixando-se guiar por eles. Eu sou Javé, o Deus de vocês. ⁵Guardem meus estatutos e minhas normas, que dão vida a quem os cumpre. Eu sou Javé.

⁶Ninguém de vocês se aproximará de uma pessoa de sua linhagem sanguínea para ter relação sexual com ela. Eu sou Javé. ⁷Não tenha relação sexual com seu pai. Nem com sua mãe. Ela é sua mãe, não tenha relação sexual com ela. ⁸Não tenha relação sexual com uma mulher de seu pai; seria como ter relação sexual com seu pai. ⁹Não tenha relação sexual com sua irmã, seja ela irmã por parte de pai ou de mãe, nascida em casa ou fora dela. ¹⁰Não tenha relação sexual com as filhas dos seus filhos, nem com as filhas das suas filhas, pois elas são sua própria carne. ¹¹Não tenha relações sexuais com a filha da mulher de seu pai, pois, gerada por seu pai, ela é sua irmã. ¹²Não tenha relação sexual com a irmã de seu pai, pois é o sangue de seu pai. ¹³Não tenha relações sexuais com a irmã de sua mãe, pois é sangue de sua mãe. ¹⁴Não desonre seu tio, irmão de seu pai, tendo relação sexual com a mulher dele, pois ela é sua tia. ¹⁵Não tenha relação sexual com sua nora, pois ela é a mulher de seu filho. Não tenha relação sexual com ela. ¹⁶Não tenha relação sexual com a mulher de seu irmão; seria como ter relação sexual com seu irmão. ¹⁷Não tenha relação sexual com uma mulher e com a filha dela; nem tome para relação sexual a filha do filho dela, nem a filha da filha dela. São linhagem sanguínea dela; seria uma infâmia. ¹⁸Não tome uma mulher e a irmã dela, para fazê-las rivais, ao ter relação sexual com uma enquanto a outra vive. ¹⁹Não se aproxime de uma mulher menstruada, na impureza dela, para ter relação sexual. ²⁰E não descarregue seu sêmen por uma mulher de alguém de seu povo, tornando-se impuro com isso.

²¹Não entregue um filho seu para ser sacrificado a Molec, profanando o nome do seu Deus. Eu sou Javé. ²²Não se deite com um macho, como se fosse com mulher. É abominação. ²³Não se descarregue com um animal, tornando-se impuro com isso. A mulher não se posicionará diante de um animal, para acasalar-se com ele. Isso é uma depravação.

²⁴Não se tornem impuros com nenhuma dessas coisas, pois com essas coisas se tornaram impuras as nações que eu vou expulsar da frente de vocês. ²⁵A terra está impura. Vou pedir contas a ela, e ela vomitará seus habitantes. ²⁶Quanto a vocês, guardem meus estatutos e minhas normas, e não cometam nenhuma dessas abominações, nem o cidadão nativo, nem o migrante que habita com vocês. ²⁷Porque todas essas abominações foram cometidas pelos nativos que habitaram esta terra antes de vocês, e a terra ficou impura. ²⁸Se também vocês tornarem impura esta terra, será que ela não os vai vomitar como vomitou as nações que nela habitavam antes de vocês? ²⁹Pois todo aquele que cometer uma dessas abominações será eliminado do povo. ³⁰Guardem as minhas normas. Não sigam esses estatutos abomináveis que eram praticados antes de vocês, para não se tornarem impuros com eles. Eu sou Javé, o Deus de vocês' ".

19 *Recomendações morais, cultuais e éticas* – ¹Javé falou a Moisés: ²"Diga a toda a comunidade dos filhos de Israel: 'Sejam santos, porque eu, Javé, o Deus de vocês, sou santo. ³Cada um de vocês seja reverente com sua mãe e seu pai. Guardem meus sábados. Eu sou Javé, o Deus de vocês. ⁴Não se voltem para os ídolos, nem façam deuses de metal fundido. Eu sou Javé, o Deus de vocês.

⁵Quando oferecerem sacrifícios de comunhão a Javé, façam de tal modo que sejam aceitos. ⁶A vítima será comida no mesmo dia do sacrifício ou no dia seguinte. O que sobrar ao terceiro dia deve ser queimado. ⁷Na certa, se comer no terceiro dia, será coisa estragada, e não será aceita. ⁸Quem comer, carregará o peso do seu

---

23,7; Os 3,1-3; Am 2,7) e a outras culturas (cf. 3,24-30). Ver nota a 20,1-27.

19,1-37: Nesta releitura baseada nos dez mandamentos, a prática do amor solidário e as demandas proféticas

pecado, porque profanou a santidade de Javé, e será eliminado do seu povo.

⁹Quando vocês fizerem a colheita da lavoura na terra de vocês, não colham até o limite do campo e não voltem para catar o trigo que ficou para trás, ¹⁰nem as uvas que ficaram no pé ou caídas no chão. Deixem isso para o necessitado e o migrante. Eu sou Javé, o Deus de vocês. ¹¹Ninguém de vocês roube, nem use de falsidade ou engane alguém do seu povo. ¹²Não jurem falsamente pelo meu nome, porque vocês estariam profanando o nome do seu Deus. Eu sou Javé. ¹³Não oprima seu próximo nem o explore, e que o salário do trabalhador não fique com você até o dia seguinte. ¹⁴Não amaldiçoe o surdo, nem coloque obstáculos na frente do cego. Tenha o temor do seu Deus. Eu sou Javé. ¹⁵Não cometam injustiças no julgamento. Não seja parcial, nem para favorecer o pobre, nem para agradar ao grande. Julgue com justiça quem é do seu povo. ¹⁶Não espalhe boatos, nem levante falso testemunho contra a vida do seu próximo. Eu sou Javé. ¹⁷Em seu coração não rejeite seu irmão. Repreenda abertamente quem é do seu povo, e assim você não carregará o pecado dele. ¹⁸Não seja vingativo, nem fique vigiando contra os filhos de seu povo. Ame seu próximo como a si mesmo. Eu sou Javé. ¹⁹Observem meus estatutos.

Não acasale dois animais de espécies diferentes do seu rebanho. Não semeie no seu campo duas espécies diferentes de sementes. Não use roupa de duas espécies de tecido.

²⁰O homem que se deitar e tiver descarga de sêmen com uma mulher que é serva e prometida para outro homem, sem que ela tenha sido adquirida, ou sem que a ela tenha sido dada a liberdade, pagará uma compensação. Não devem ser mortos, pois ela não era livre. ²¹Ele deverá oferecer a Javé, na entrada da Tenda do Encontro, um cordeiro como sacrifício de reparação. ²²Com o cordeiro do sacrifício de reparação, o sacerdote fará sobre ele, pelo pecado que cometeu, a expiação diante de Javé, e o pecado que cometeu será perdoado.

²³Depois que vocês entrarem na terra e plantarem árvores frutíferas, considerem os frutos como incircuncisos. Durante três anos, vocês os considerem como coisa incircuncisa, e não os comam. ²⁴No quarto ano, todos os frutos serão consagrados a Javé. ²⁵E no quinto ano, vocês poderão comer os frutos dessas árvores. Desse modo, elas continuarão a dar frutos para vocês. Eu sou Javé, o Deus de vocês. ²⁶Não comam nada com sangue. Não pratiquem encantamentos nem magia. ²⁷Não cortem as pontas dos cabelos em redondo e não aparem a barba. ²⁸Não façam incisões no corpo por algum morto, nem façam tatuagens. Eu sou Javé.

²⁹Não profane a sua filha, fazendo com que ela se prostitua. Que a terra não seja prostituída, que a terra não se encha de infâmia.

³⁰Guardem meus sábados e reverenciem com temor meu santuário. Eu sou Javé.

³¹Não se dirijam aos necromantes, nem consultem adivinhos, porque eles tornariam vocês impuros. Eu sou Javé, o Deus de vocês.

³²Levante-se diante de uma pessoa de cabelos brancos e honre o ancião. Tenha o temor do seu Deus. Eu sou Javé.

³³E se alguém migrar até vocês, e na terra de vocês estiver como migrante, não o oprimam. ³⁴O migrante será para vocês um concidadão. Você o amará como a si mesmo, porque vocês foram migrantes na terra do Egito. Eu sou Javé, o Deus de vocês.

³⁵Não cometam injustiças no julgamento, nem cometam injustiças no peso e nas medidas. ³⁶Tenham balanças, pesos e medidas exatas. Eu sou Javé, o Deus de vocês, que os tirei da terra do Egito.

³⁷Observem todos os meus estatutos e minhas normas, pondo-os em prática. Eu sou Javé".

20 Faltas punidas com a morte –

¹Javé falou a Moisés: ²"Diga aos filhos de Israel: 'Todo israelita ou migrante residente em Israel que entregar um de

---

(vv. 9-18.32-36) são integradas e subordinadas à lei do puro e impuro e ao esquema da teocracia pós-exílica sobre impureza-pecado-dívida-culpa-submissão.

20,1-27: Para a teocracia monoteísta pós-exílica, as práticas proibidas em 18,1-30 e a idolatria (vv. 2-6, cf. Dt 13) ameaçam a pureza ritual e a moral centrada no

seus filhos a Molec, deverá ser morto. O povo da terra o apedrejará. ³Eu voltarei minha face contra esse homem e o eliminarei do meio do seu povo, pois, entregando um de seus filhos a Molec, tornou impuro meu santuário e profanou meu santo nome. ⁴Se o povo da terra fechar os olhos a respeito do homem que entregou um de seus filhos a Molec, se não o matar, ⁵eu mesmo voltarei minha face contra esse homem e contra seu clã. Eu os eliminarei do povo, tanto a ele como todos os que atrás dele se prostituíram, indo atrás de Molec para se prostituir.

⁶Se alguém recorrer aos necromantes e adivinhos, prostituindo-se atrás deles, eu voltarei minha face contra essa pessoa e a eliminarei do meio do seu povo. ⁷Quanto a vocês, santifiquem-se, sejam santos, porque eu sou Javé, o Deus de vocês.

⁸Guardem e pratiquem meus estatutos, porque eu sou Javé, aquele que santifica vocês. ⁹Portanto, aquele que amaldiçoar seu pai ou sua mãe deverá ser morto. Já que amaldiçoou o próprio pai ou mãe, tornou-se culpado da própria morte.

¹⁰O homem que cometer adultério com a mulher do seu próximo deverá ser morto, tanto o adúltero como a adúltera.

¹¹O homem que se deitar com uma mulher de seu pai estará desonrando o próprio pai. Ele e ela deverão morrer; tornaram-se culpados da própria morte.

¹²O homem que se deitar com sua nora deverá ser morto juntamente com ela. São depravados, e serão culpados da própria morte.

¹³O homem que se deitar com um macho, como se fosse com mulher, os dois estarão fazendo algo abominável. Deverão ser mortos, e serão culpados da própria morte.

¹⁴O homem que pega, ao mesmo tempo, uma mulher e a mãe dela, comete coisa infame. Os três serão queimados, para que não haja infâmia entre vocês.

¹⁵O homem que se descarregar em um animal deverá ser morto, e o animal deverá ser degolado. ¹⁶Se uma mulher se aproximar de um animal para acasalar-se com ele, você degolará a mulher e o animal. Eles deverão morrer, e serão culpados da própria morte.

¹⁷Se um homem pega uma sua irmã por parte de pai ou de mãe e tem relação sexual com ela, isso é uma indecência. Devem ser eliminados aos olhos do seu povo. Ele teve relação sexual com sua irmã, e carregará o peso do seu pecado.

¹⁸Se um homem se deitar com uma mulher durante seu incômodo menstrual, e tiver relação sexual com ela, descobrindo a fonte do sangue dela, os dois serão eliminados do seu povo.

¹⁹Não tenha relação sexual com uma irmã de sua mãe ou irmã de seu pai, pois é relação sexual com parente próximo, e você carregará o peso de sua própria culpa.

²⁰Se alguém se deitar com a mulher do tio, estará desonrando o próprio tio. Carregarão o peso do seu pecado, e morrerão sem filhos.

²¹Se alguém tomar a mulher de seu irmão, será uma impureza como a menstruação. Desonrou o próprio irmão, e morrerão sem filhos.

²²Guardem e coloquem em prática todos os meus estatutos e normas. Desse modo, a terra para onde eu conduzo vocês, para nela habitarem, não os vomitará. ²³Não sigam os estatutos das nações que eu vou expulsar da frente de vocês, pois elas fizeram todas essas coisas e eu me aborreci com elas. ²⁴Já lhes disse: Vocês tomarão posse desse solo, que eu lhes dou como propriedade, terra onde correm leite e mel. Eu sou Javé, o Deus de vocês. Eu os separei dos povos.

²⁵Separem também os animais puros dos impuros, as aves puras das impuras, e não se tornem detestáveis com animais, aves e com todo bichinho que se remexe no solo, que eu separei como impuros para vocês. ²⁶Sejam santos para mim, porque eu, Javé, sou santo. Eu separei vocês dos povos, para que vocês pertençam a mim.

²⁷O homem ou mulher que forem entre vocês necromantes ou adivinhos, deverão

---

Templo (v. 21, cf. 18,24-30), das quais dependia a vida do povo na terra. Por isso, devem ser punidas com a morte (cf. 23,29-31; 24,10-23; Ex 19,12; 31,14-15; Nm 25,1-18). O incoerente é que, ao exigir a morte para aplacar a Javé e restaurar a ordem, a religião oficial faz Javé ser igual ao Molec condenado (vv. 1-5; 18,21, cf. nota a Gn 22,1-19).

ser mortos. Serão apedrejados, serão culpados da própria morte'".

21 A santidade do sacerdócio.
a) Dos sacerdotes – ¹Javé falou a Moisés: "Diga aos sacerdotes, filhos de Aarão: 'O sacerdote evitará tornar-se impuro com o cadáver de uma pessoa de seu povo, ²a não ser que se trate de parente muito próximo, mãe, pai, filho, filha, irmão, ³e sua irmã solteira que vive com ele; também por esta poderá expor-se à impureza. ⁴Mas, por uma irmã casada, ele não se deixará tornar impuro: seria uma profanação para ele.

⁵Os sacerdotes não raparão a cabeça, não apararão a barba, nem farão incisões no corpo. ⁶Serão consagrados a seu Deus e não profanarão o nome de seu Deus, porque são eles que apresentam a Javé as ofertas queimadas, o alimento de seu Deus. Devem ser santos.

⁷Não se casarão com prostituta ou mulher profanada, ou ainda mulher que tenha sido repudiada pelo marido, porque o sacerdote está consagrado a seu Deus. ⁸Você tratará o sacerdote como santo, porque ele é o encarregado de apresentar o pão de seu Deus. Ele será santo para você, porque eu, Javé que santifico vocês, sou santo.

⁹Se a filha de um sacerdote se profana através da prostituição, está profanando também seu pai; deve ser queimada.

b) Do sumo sacerdote – ¹⁰O sumo sacerdote dentre seus irmãos, sobre cuja cabeça foi derramado o óleo da unção e foi consagrado com a investidura das vestes sagradas, não descobrirá a cabeça nem rasgará suas roupas. ¹¹Não se aproximará de nenhum cadáver, porque não deverá tornar-se impuro, nem mesmo por seu pai ou por sua mãe. ¹²Não sairá do santuário e não profanará o santuário do seu Deus, porque está consagrado com o óleo da unção de seu Deus. Eu sou Javé. ¹³Ele tomará por esposa uma virgem. ¹⁴Não tomará mulher viúva ou repudiada, profanada ou prostituta, mas tomará por mulher uma virgem do seu povo, ¹⁵para não profanar sua descendência no meio do povo, porque eu sou Javé, que o santifico'".

c) Impedimentos ao sacerdócio – ¹⁶Javé falou a Moisés: ¹⁷"Diga a Aarão: 'Nenhum de seus descendentes, nas futuras gerações, que tiver algum defeito corporal, poderá aproximar-se para apresentar o pão de seu Deus. ¹⁸Não poderá aproximar-se ninguém que tenha deficiência, que seja cego, coxo, atrofiado, deformado, ¹⁹que tenha perna ou braço fraturado, ²⁰que seja corcunda, anão, que tenha defeito nos olhos ou catarata, que tenha chagas pustulentas, ou que seja eunuco. ²¹Nenhum dos descendentes do sacerdote Aarão que tenha deficiência poderá aproximar-se para apresentar ofertas queimadas a Javé. Tem deficiência, e por isso não pode aproximar-se para apresentar o pão de seu Deus. ²²Ele poderá comer o pão de seu Deus, das coisas santíssimas e das coisas santas, ²³mas não ultrapassará a cortina, nem se aproximará do altar. Tem deficiência, e não deverá profanar minhas coisas santas, porque eu sou Javé, que as santifico'".

²⁴Moisés falou tudo isso a Aarão e seus filhos, e a todos os filhos de Israel.

22 As coisas santas proibidas aos impuros.
a) Exigência para os sacerdotes – ¹Javé falou a Moisés: ²"Mande que Aarão e seus filhos se abstenham das coisas santas que os filhos de Israel me consagraram, e assim não profanem meu santo nome. Eu sou Javé. ³Diga a eles: 'Nas gerações futuras, qualquer homem da descendência de Aarão que, em estado de impureza, se aproximar das coisas santas que tenham sido consagradas a Javé pelos filhos de Israel, será eliminado da minha presença. Eu sou Javé.

⁴Nenhum homem da descendência de Aarão, que sofra de lepra ou de corrimento, poderá comer das coisas santas, enquanto não for purificado. Toda pessoa que tocar alguma coisa que um cadáver tornou impura, ou aquele que teve descarga de

---

21,1-24: Regras que legitimam o papel mediador do Templo e de sua hierarquia sacerdotal (vv. 6.8.21), restringindo a santidade ao Templo (v. 12, cf. 16,1-16), à mera pureza dos rituais e dos sacerdotes (vv. 13-15) e ao físico perfeito (vv. 17-23). Ver nota a 22,1-33.

22,1-33: A teologia pós-exílica entende que Deus está (Ez 43,6-12) e se manifesta (cf. Ex 25,22; Nm 7,89) somente nos espaços puros e sagrados, como o Templo, os rituais e a Lei, e não nos espaços da vida cotidiana e do trabalho, tidos como impuros e profanos (cf. nota

sêmen, ⁵ou que tiver tocado em algum tipo de bichinho que o tornou impuro, ou em algum homem que o tornou impuro, com impureza de qualquer espécie, ⁶ficará impuro até a tarde e não poderá comer das coisas santas, mas tomará banho, ⁷e ao pôr do sol ficará puro. Então poderá comer das coisas santas, porque é seu alimento.

⁸Não pode comer animal morto ou dilacerado por uma fera, pois ficaria impuro. Eu sou Javé. ⁹Todos observarão minhas proibições, para não cometerem pecado que lhes traga a morte por se haverem profanado. Eu sou Javé, que os santifico.

b) Exigência para os não sacerdotes – ¹⁰Nenhum estranho comerá das coisas sagradas, nem o hóspede do sacerdote nem seu empregado comerá das coisas santas. ¹¹Mas, se um sacerdote compra com seu próprio dinheiro um escravo, este poderá comer, como também aqueles que nasceram na casa do sacerdote.

¹²Se a filha de um sacerdote se casar com estranho, não poderá comer dos tributos santos. ¹³Mas, se enviuvar ou for despedida sem ter filhos e voltar para a casa paterna como no tempo da sua juventude, poderá comer do alimento de seu pai. Nenhum estranho poderá comer desse alimento. ¹⁴Se um homem comer alguma coisa santa sem saber, deverá restituí-la ao sacerdote, com o acréscimo de vinte por cento.

¹⁵Os sacerdotes não devem profanar as coisas santas que os filhos de Israel tributam a Javé, ¹⁶porque, se comessem dessas coisas santas, isso traria para eles culpa que exige reparação, pois sou eu, Javé, quem as santifica' ".

c) Na escolha dos animais – ¹⁷Javé falou a Moisés: ¹⁸"Diga a Aarão, aos filhos dele e a todos os filhos de Israel: 'Qualquer indivíduo da gente de Israel ou qualquer migrante residente em Israel que oferecer um holocausto a Javé, voluntário ou como cumprimento de uma promessa, ¹⁹deverá oferecer um macho sem defeito, para que a vítima seja aceita, novilho, cordeiro ou cabrito. ²⁰Não ofereçam animais com defeito, porque não seriam aceitos.

²¹Se alguém oferecer a Javé um sacrifício de comunhão, voluntário ou como cumprimento de uma promessa, apresentará animal do rebanho bovino ou do rebanho ovino, sem defeito, para que seja aceito. ²²Não ofereçam a Javé animal cego, estropiado, mutilado, com úlceras, furúnculos ou feridas. Não coloquem animal nenhum com defeito sobre o altar, como oferta a Javé. ²³Você poderá oferecer, como dom voluntário, um animal anão ou disforme, do rebanho bovino ou ovino. Mas, se for para cumprimento de uma promessa, não será aceito. ²⁴Não ofereçam a Javé um animal que tenha os testículos machucados, moídos, arrancados ou cortados. Nunca façam isso em sua terra, ²⁵nem o aceitem de um estrangeiro, para oferecer como alimento ao Deus de vocês. Essas vítimas são disformes e defeituosas, e não serão aceitas' ".

²⁶Javé falou a Moisés: ²⁷"Depois do nascimento, o bezerro, o cordeiro ou o cabrito ficarão sete dias com a mãe. Do oitavo dia em diante, serão aceitos como oferta, oferta queimada a Javé. ²⁸Vocês não sangrarão, no mesmo dia, um boi ou uma ovelha com o filhote.

²⁹Se oferecerem a Javé um sacrifício de ação de graças, façam de forma que seja aceito. ³⁰Ele será comido no mesmo dia, sem deixar nada para o dia seguinte. Eu sou Javé.

d) Exortação final – ³¹Cumpram e coloquem em prática meus mandamentos. Eu sou Javé. ³²Não profanem meu santo nome, para que eu seja glorificado entre os filhos de Israel. Eu sou Javé, que santifico vocês. ³³Eu os tirei da terra do Egito, a fim de ser o Deus de vocês. Eu sou Javé".

23 *Sábados e festas anuais* – ¹Javé falou a Moisés: ²"Diga aos filhos de Israel: 'São estes os tempos de encontro de Javé, em que vocês proclamarão santas convocações. São estes os meus tempos de encontro:

---

a 21,1-24). A sacralidade da vida leiga será resgatada e reafirmada na prática e nas parábolas de Jesus de Nazaré (cf. Mt 9,10-13; 12,1-8; 13,24.33.45.47; 20,1; 25,1).

23,1-44: Para os camponeses, a Lua nova (ou neomênia) anunciava o agir dos deuses e deusas da fertilidade dos campos, da família e dos animais, marcando os sagrados ciclos das chuvas, do plantio e da colheita, do descanso e da celebração da vida (cf. Jz 9,27; 21,19; 1Sm 1,3; 20,4.24). Na monarquia, essas festas são gradativamente vinculadas ao Javé oficial e incluídas nos

a) Sábado – ³Durante seis dias vocês trabalharão, mas o sétimo é dia de repouso sabático, santa convocação. Vocês não farão nenhum trabalho. É sábado para Javé, em todos os lugares onde vocês habitarem.

⁴Estes são os tempos de encontro de Javé, as santas convocações, que vocês proclamarão aos filhos de Israel nos tempos de encontro:

b) Páscoa e Pães Sem Fermento – ⁵O dia catorze do primeiro mês, ao entardecer, é a Páscoa de Javé. ⁶O dia quinze do mesmo mês é a festa dos Pães Sem Fermento, dedicada a Javé. Durante sete dias vocês comerão pães sem fermento. ⁷No primeiro dia haverá uma santa convocação para vocês: não farão nenhuma obra do serviço. ⁸Durante sete dias vocês apresentarão ofertas queimadas a Javé. No sétimo dia haverá uma santa convocação e vocês não farão nenhuma obra do serviço' ".

c) Primeiro feixe – ⁹Javé falou a Moisés: ¹⁰"Diga aos filhos de Israel: 'Quando vocês tiverem entrado na terra que eu lhes dou e fizerem nela a colheita, tragam para o sacerdote o primeiro feixe da colheita. ¹¹O sacerdote oferecerá esse feixe diante de Javé com o gesto de apresentação, para que seja aceito. Essa apresentação será feita no dia seguinte ao sábado. ¹²No mesmo dia, vocês oferecerão um cordeiro de um ano e sem defeito como holocausto a Javé. ¹³Como oblação, ofereçam também oito litros da melhor farinha amassada com azeite. É oferta queimada para Javé como perfume apaziguador. Ofereçam também, em libação, um litro de vinho. ¹⁴Não comam pão, nem grãos tostados ou crus, até o dia em que levarem sua oferta a Deus. É um estatuto perpétuo para todos os descendentes de vocês, em qualquer lugar onde estiverem habitando.

d) Pentecostes – ¹⁵A partir do dia seguinte ao sábado em que vocês tiverem trazido o feixe para a apresentação, vocês contarão sete sábados completos. ¹⁶Contem cinquenta dias até o dia seguinte ao sétimo sábado, e então ofereçam a Javé uma nova oblação. ¹⁷Dos lugares onde vocês estiverem habitando, tragam dois pães para oferecerem com o gesto de apresentação. Esses pães serão feitos com oito litros da melhor farinha, assados com fermento; são os primeiros frutos em honra de Javé. ¹⁸Além desses pães, ofereçam, como holocausto a Javé, sete cordeiros de um ano, sem defeito, um novilho e dois carneiros, os quais, junto com a oferta e a libação, formam uma oferta queimada de perfume apaziguador para Javé. ¹⁹Façam também um sacrifício pelo pecado com um bode, e um sacrifício de comunhão com dois cordeiros de um ano. ²⁰O sacerdote deverá oferecê-los com o gesto de apresentação diante de Javé, junto com o pão dos primeiros frutos. Do mesmo modo, oferecerá os dois cordeiros, que são coisa santa de Javé para o sacerdote. ²¹Nesse mesmo dia, vocês farão uma proclamação: será uma santa convocação para vocês, e não farão nenhuma obra do serviço. É um estatuto perpétuo para todos os descendentes de vocês, em qualquer lugar onde estiverem habitando.

²²Quando estiverem fazendo a colheita da lavoura na terra de vocês, não colham até o limite do campo, nem voltem para catar o trigo que ficou para trás. Deixem para o necessitado e o migrante. Eu sou Javé, o Deus de vocês' ".

e) Primeiro dia do sétimo mês – ²³Javé falou a Moisés: ²⁴"Diga aos filhos de Israel: 'O primeiro dia do sétimo mês é sábado solene e será um memorial de aclamação, uma santa convocação. ²⁵Vocês não farão nenhuma obra do serviço e apresentarão a Javé uma oferta queimada' ".

f) Dia das Expiações – ²⁶Javé falou a Moisés: ²⁷"O dia dez do sétimo mês é o dia das Expiações. Reúnam-se em assembleia sagrada, guardem o jejum e ofereçam a Javé uma oferta queimada. ²⁸Não façam trabalho nenhum, pois é o dia das Expiações, dia em que se faz a expiação por vocês diante de Javé seu Deus. ²⁹Quem não

---

sistemas de legitimação e coleta de tributos (Is 1,13-14; Os 2,13; 5,7; Am 8,5). Aqui, nessa lei pós-exílica, reforçam a unidade nacional centrada no Templo do Deus único e na história oficial (v. 43, cf. 26,42). Ritualizando a entrega das primícias (vv. 9-14, cf. Ex 23,19; 34,26; Dt 26,1-11) e concentrando a festa das Tendas na colheita da uva e azeitona (v. 40; cf. Dt 16,13), aumentam a coleta de tributos para o Templo e para a Pérsia (cf. Ne 10,33-40; Ez 46,1-24). Para as outras festas, ver notas de Ex 11,1 a 12,20.

guardar o jejum nesse dia será eliminado do seu povo. ³⁰E qualquer pessoa que fizer qualquer trabalho nesse mesmo dia, eu a eliminarei do meio do seu povo. ³¹Não façam nenhum trabalho. É um estatuto perpétuo para todos os descendentes de vocês, em qualquer lugar onde estiverem habitando. ³²Será repouso sabático. Nesse dia vocês vão impor jejum para seus corpos. Desde o entardecer do dia nove até o entardecer do dia dez, vocês descansarão em seu repouso sabático".

g) Festa das Tendas – ³³Javé falou a Moisés: ³⁴"Diga aos filhos de Israel: 'No dia quinze do sétimo mês começa a festa das Tendas, dedicada a Javé. Dura sete dias. ³⁵No primeiro dia haverá uma santa convocação. Vocês não farão nenhuma obra do serviço. ³⁶Durante sete dias ofereçam a Javé ofertas queimadas. No oitavo dia, haverá para vocês uma santa convocação, e vocês apresentarão uma oferta queimada para Javé. É uma reunião festiva, e vocês não farão nenhuma obra do serviço.

h) Conclusão – ³⁷São esses os tempos de encontro de Javé, em que vocês proclamarão santas convocações e oferecerão a Javé ofertas queimadas, holocaustos e oblações, sacrifícios e libações, conforme o ritual de cada dia. ³⁸Tudo isso será feito além dos sábados de Javé e além das doações, promessas e ofertas voluntárias que vocês farão a Javé.

i) Complementos à festa das Tendas – ³⁹Desde o dia quinze do sétimo mês, quando vocês tiverem feito a colheita, celebrarão a festa de Javé durante sete dias. O primeiro e o oitavo serão dias de repouso sabático. ⁴⁰No primeiro dia, vocês pegarão frutos das melhores árvores, cortarão ramos de árvores para enfeite, ramos de palmeiras, ramos de árvores frondosas e de salgueiros, e vocês se alegrarão durante sete dias na presença de Javé, o Deus de vocês. ⁴¹Vocês celebrarão essa festa dedicada a Javé durante sete dias por ano. É um estatuto perpétuo para seus descendentes, e será celebrada no sétimo mês. ⁴²Vocês habitarão em cabanas durante sete dias. Todos os nativos em Israel habitarão em cabanas, ⁴³para que seus descendentes saibam que eu fiz os filhos de Israel habitar em cabanas quando os tirei do Egito. Eu sou Javé, o Deus de vocês' ".

⁴⁴E Moisés comunicou aos filhos de Israel os tempos de encontro de Javé.

24 *Rituais permanentes.* **a) O candelabro na presença de Javé** – ¹Javé falou a Moisés: ²"Mande que os filhos de Israel tragam azeite de oliva prensada, puro, para manter as lâmpadas continuamente acesas. ³Na Tenda do Encontro, do lado de cá da cortina que fica em frente ao Testemunho, Aarão manterá em ordem as lâmpadas desde a tarde até a manhã diante da face de Javé, continuamente. É um estatuto perpétuo para seus descendentes. ⁴Sobre o candelabro puro manterá em ordem as lâmpadas diante da face de Javé continuamente.

b) Os pães na presença de Javé – ⁵Pegue a melhor farinha e asse com ela doze pães de oito litros de farinha cada um. ⁶Coloque-os, depois, em duas fileiras, seis em cada fileira, sobre a mesa de ouro puro que está na presença de Javé. ⁷Coloque incenso puro sobre cada fileira. Isso será o pão oferecido como memorial, como oferta queimada a Javé. ⁸E de sábado em sábado esses pães serão ordenados permanentemente diante da face de Javé, como aliança perpétua da parte dos filhos de Israel. ⁹Esses pães pertencerão a Aarão e a seus filhos, que os comerão no lugar sagrado, porque serão, para ele, coisa santíssima das ofertas queimadas a Javé. É um estatuto perpétuo".

Blasfêmia e lei do talião – ¹⁰Entre os filhos de Israel havia um filho de mãe israelita e de pai egípcio. Ele saiu de casa e brigou com um israelita no acampamento. ¹¹O filho da israelita blasfemou e amaldiçoou o nome de Javé. Por isso, levaram-no à presença de Moisés. (A mãe, que se chamava Salomit, era filha de Dabri, da tribo de Dã.) ¹²Seu filho foi preso para que um oráculo de Javé decidisse a sorte dele.

24,1-9: A ordenação do candelabro e dos pães diante da face de Javé (ver notas a Ex 35,33-30 e 31-40) completam os rituais de 23,1-44.

10-23: Complemento à lista das faltas punidas com a morte (ver 20,1-27 e nota). Inclui a lei do talião (vv. 17-20; cf. Ex 21,23-24), do código de Hamurábi (cerca de 1700

¹³Javé disse a Moisés: ¹⁴"Leve para fora do acampamento o homem que blasfemou. Todos os que o ouviram coloquem as mãos sobre a cabeça dele. Depois, toda a comunidade o apedrejará. ¹⁵Em seguida, fale aos filhos de Israel: 'Todo aquele que amaldiçoar seu Deus carregará o peso do próprio pecado. ¹⁶Quem blasfemar contra o nome de Javé deverá morrer. Será apedrejado por toda a comunidade. Seja migrante, seja nativo, se blasfemar contra o nome de Javé, deverá ser morto. ¹⁷Quem matar um homem, deverá ser morto. ¹⁸Quem matar um animal, deverá dar uma compensação, vida por vida. ¹⁹Se alguém ferir seu próximo, deverá ser feito para ele aquilo que ele fez para o outro: ²⁰fratura por fratura, olho por olho, dente por dente. A pessoa sofrerá a mesma lesão que tiver provocado no outro. ²¹Quem matar um animal, deverá dar uma compensação por ele. E quem matar um homem, deverá morrer. ²²A sentença será sempre a mesma, quer se trate de nativo, quer de migrante, pois eu sou Javé, o Deus de vocês'".

²³Depois que Moisés falou aos filhos de Israel, tiraram do acampamento aquele que havia blasfemado e o apedrejaram. Fizeram o que Javé havia mandado a Moisés.

25 *Ano sabático e ano do jubileu.* **a) Ano sabático para a terra** – ¹Javé falou a Moisés no monte Sinai: ²"Diga aos filhos de Israel:

'Quando vocês entrarem na terra que eu lhes dou, a terra descansará um sábado para Javé. ³Durante seis anos você semeará seus campos, durante seis anos você podará suas vinhas e recolherá a produção deles. ⁴Mas o sétimo ano será de repouso sabático para a terra, um sábado para Javé. Você não semeará seu campo nem podará sua vinha; ⁵não colherá as espigas nem as ajuntará em feixes; não colherá as uvas das vinhas, que não serão podadas. Será um ano sabático para a terra. ⁶O sábado da terra dará o alimento para você, para seu escravo, sua escrava, seu empregado, seu hóspede, e para todos aqueles que habitam com você. ⁷A produção da terra vai alimentar seus animais domésticos e os animais silvestres que vivem na sua terra.

b) Ano do jubileu – ⁸Conte sete semanas de anos sabáticos, isto é, sete vezes sete anos. Essas semanas de anos sabáticos darão um período de quarenta e nove anos. ⁹No dia dez do sétimo mês você fará soar a trombeta. No dia das Expiações façam soar a trombeta em toda a terra de vocês. ¹⁰Declarem santo o quinquagésimo ano e proclamem a libertação para todos os habitantes da terra. Será para vocês um jubileu. Cada um voltará à sua propriedade e voltará para a sua família. ¹¹O quinquagésimo ano será para vocês um ano de jubileu. Vocês não semearão nem colherão as espigas que tiverem nascido espontaneamente, nem as uvas das videiras não podadas. ¹²Pois o jubileu será uma coisa santa, e vocês comerão o produto do campo.

¹³Nesse ano do jubileu, cada um voltará à sua propriedade. ¹⁴E se vocês venderem uma mercadoria para alguém do seu povo, ou se comprarem algo da mão de alguém do seu povo, que ninguém explore seu irmão. ¹⁵Negociando terra com alguém do seu povo, você comprará conforme o número de anos decorridos depois do jubileu, e ele lhe venderá pelo número de anos de colheita. ¹⁶Quanto maior o número de anos, mais alto será o preço; quanto menor o número de anos, menor será o preço, porque o preço deve ser conforme o número de colheitas. ¹⁷Ninguém de vocês

---

a.C.), proibindo a vingança excessiva (cf. Gn 4,23-24; 34,1-31; Jz 19,11-20,48).

25,1-55: Práticas camponesas relevantes ainda hoje: o ano de descanso para a terra (vv. 2-7.18-22; cf. Ex 23,10-13; 1Mac 6,53); a noção de que a terra é de Deus e somos hóspedes passageiros nela (v. 23); a instituição do *go'el*, espécie de padrinho que devia resgatar ou evitar que parentes endividados perdessem a terra (v. 25, cf. Rt 2,20; 4,1-14) ou fossem escravizados (vv. 47-49), freando a concentração de terras (Dt 19,14; 27,17; Is 5,8; Mq 2,2) e a exploração dos pobres (Is 10,1-2; Jr 22,13-17;

Ez 22,6-12.25-29; Am 2,6-8; 3,10; Mq 3,1-3). Todavia, no pós-exílio, foram integradas no jubileu, que legitima o domínio da hierarquia sacerdotal sobre a terra (v. 23, cf. Ez 48,1-29) e inviabiliza o resgate da terra e da liberdade, pois passa a referência de seis anos (cf. Ex 21,1; Dt 15,12-18; Jr 34,14) para cinquenta colheitas (vv. 23-28) ou cinquenta anos do salário de um diarista (vv. 47-54), favorecendo a exploração dos pobres e a concentração da terra, além de legitimar a escravidão dos estrangeiros (vv. 44-46, cf. 22,11; Dt 15,4), antes proibida (cf. 19,33-34; Ex 23,9; Dt 10,18-19; 24,14.17-18; Jr 7,7; Ez 22,7.29).

oprima a alguém do seu povo. Tenha o temor do Deus de vocês, porque eu sou Javé, o Deus de vocês.

c) Garantia do alimento no ano sabático – ¹⁸Cumpram meus estatutos e minhas normas, colocando-os em prática. Desse modo, vocês habitarão a terra com segurança. ¹⁹A terra dará seu fruto, vocês comerão até ficarem satisfeitos e nela habitarão com segurança.

²⁰Vocês poderão perguntar: Que vamos comer no sétimo ano, se não semearmos nem fizermos colheita? ²¹Eu lhes mandarei minha bênção no sexto ano e a terra produzirá colheita para os três anos. ²²Quando vocês semearem no oitavo ano, poderão ainda comer da produção antiga até o nono ano. E enquanto não vierem os produtos do nono ano, vocês estarão comendo da safra antiga.

d) O jubileu e o resgate das propriedades – ²³A terra não poderá ser vendida para sempre, porque a terra pertence a mim, e vocês são para mim migrantes e hóspedes temporários. ²⁴Por isso, de qualquer terra que vocês possuírem, concedam o direito de resgate da terra. ²⁵Se um irmão seu cai na miséria e precisa vender algo de sua propriedade, o parente mais próximo dele, que tem o direito de resgate, irá até ele e resgatará aquilo que o irmão tiver vendido. ²⁶Quem não tiver ninguém para exercer esse direito, tendo alcançado recursos para fazer o resgate, ²⁷descontará os anos que passaram desde a venda e pagará ao comprador o que falta, voltando assim à sua propriedade. ²⁸Se não tiver meios para realizar o resgate, a propriedade vendida permanecerá em poder do comprador até o ano do jubileu. Mas, no jubileu, ele a deixará, para que volte a seu antigo proprietário.

²⁹Quem vender uma casa de moradia numa cidade com muralhas, terá o direito de resgate até o final do ano da venda. Seu direito de resgate durará um ano. ³⁰Se o resgate não for feito no final de um ano, a casa na cidade com muralhas será propriedade daquele que a comprou e de seus descendentes, para sempre: não será liberada no jubileu. ³¹As casas de aldeias sem muralhas ao redor serão consideradas como os campos da terra. Essas casas terão direito de resgate, e o comprador as liberará no jubileu.

³²Quanto às cidades dos levitas, estes terão direito perpétuo de resgatar as casas da cidade que pertencem a eles. ³³Se não forem resgatadas, ficarão liberadas no ano do jubileu, porque as casas das cidades dos levitas são sua propriedade entre os filhos de Israel. ³⁴Os campos nos arredores das cidades deles não poderão ser vendidos, pois são propriedade dos levitas para sempre.

e) O jubileu e o resgate das pessoas – ³⁵Se um irmão seu cai na miséria e não tem meios de se manter, você o sustentará, para que viva com você como migrante ou hóspede. ³⁶Não tome dele juros nem lucro. Tenha o temor de Deus. É que seu irmão viva com você. ³⁷Não empreste dinheiro para ele a juros, nem dê seu alimento a ele para você obter lucro. ³⁸Eu sou Javé, o Deus de vocês, que os tirei do Egito para lhes dar a terra de Canaã e ser o Deus de vocês.

³⁹Se seu irmão que está com você cai na miséria e se vende a você, não o faça trabalhar como escravo. ⁴⁰Que ele viva com você como assalariado ou hóspede. Trabalhará com você até o ano do jubileu; ⁴¹aí então ele com os filhos serão liberados por você, e voltarão para a própria família, voltarão à propriedade dos seus antepassados. ⁴²Eles são meus servos, que eu tirei do Egito, e não podem ser vendidos numa venda de escravos. ⁴³Não os domine com dureza. Tenha o temor do seu Deus.

⁴⁴Os escravos e escravas de vocês virão das nações que estão ao redor de vocês. Delas vocês poderão comprar escravos e escravas. ⁴⁵Também poderão comprá-los entre os filhos de migrantes hóspedes que estão no meio de vocês, entre as famílias deles que estão junto de vocês, entre os filhos que eles tiverem na terra de vocês. Serão propriedade de vocês. ⁴⁶E vocês poderão deixá-los como herança aos filhos que vierem depois de vocês, para os possuírem como propriedade. Vocês os farão servir perpetuamente. Quanto aos irmãos de vocês, filhos de Israel, nenhum irmão seu dominará sobre eles com dureza.

⁴⁷Se o migrante ou hóspede que vive com você ficar rico, e seu irmão, que vive junto dele, cair na miséria e se vender ao migran-

te, hóspede ou descendente da família do migrante, ⁴⁸seu irmão terá direito a resgate, mesmo depois de vendido. Será resgatado por um de seus irmãos, ⁴⁹ou por seu tio paterno, por seu primo, por qualquer um dos membros da sua família, ou poderá resgatar a si mesmo, se conseguir recursos para isso. ⁵⁰Calculará, com o comprador, os anos desde a venda até o ano do jubileu, e o dinheiro desta venda corresponderá ao número de anos, contando-se os dias como para um diarista que estivesse com ele. ⁵¹Se faltarem ainda muitos anos, pagará o valor do seu resgate em razão desses anos na proporção do dinheiro pelo qual foi comprado. ⁵²Se faltarem poucos anos para chegar o jubileu, fará o cálculo com seu comprador e pagará o preço de seu resgate em razão desses anos. ⁵³Permanecerá de ano em ano com seu comprador. Ele não deverá dominá-lo com dureza diante dos olhos de vocês. ⁵⁴Se não for resgatado por nenhum desses modos, ele será liberado, ele e seus filhos com ele, no ano do jubileu. ⁵⁵Porque os filhos de Israel são meus servos, servos meus que fiz sair da terra do Egito. Eu sou Javé, o Deus de vocês.

26 *Conclusão: bênçãos e maldições* – ¹Não façam para vocês ídolos ou imagens, não levantem colunas sagradas, nem ponham em sua terra pedras esculpidas, para se inclinarem diante dessas coisas. Porque eu sou Javé, o Deus de vocês. ²Guardem meus sábados e reverenciem com temor meu santuário. Eu sou Javé.

a) Bênçãos – ³Se vocês seguirem meus estatutos, guardarem meus mandamentos e os colocarem em prática, ⁴darei a vocês a chuva no tempo certo. Então a terra dará seus produtos e a árvore do campo seus frutos. ⁵A debulha dos cereais chegará até a colheita da uva, e esta chegará até a semeadura. Vocês poderão comer até ficar satisfeitos, e habitarão com segurança na terra de vocês. ⁶Farei reinar a paz na terra e vocês poderão dormir. Nada os fará estremecer. Farei que as feras desapareçam da terra, e a espada não passará pela terra de vocês. ⁷Quando perseguirem inimigos, eles cairão diante de vocês ao fio da espada. ⁸Cinco de vocês perseguirão cem, cem perseguirão dez mil, e os inimigos cairão diante de vocês ao fio da espada.

⁹Eu me voltarei para vocês e os farei crescer e se multiplicar, mantendo com vocês minha aliança. ¹⁰Vocês comerão da safra passada que foi guardada, e quando chegar a safra nova terão de jogar fora a passada. ¹¹Colocarei minha Habitação no meio de vocês e nunca mais os rejeitarei. ¹²Eu caminharei com vocês. Serei o Deus de vocês, e vocês serão meu povo. ¹³Eu sou Javé, o Deus de vocês, que os tirei da terra do Egito, para que não fossem mais escravos deles. Quebrei as cangas do jugo sobre vocês, e os fiz andarem de cabeça erguida.

b) Maldições – ¹⁴Mas, se vocês não me obedecerem e não colocarem em prática todos esses mandamentos, ¹⁵se rejeitarem meus estatutos e desprezarem minhas normas, não pondo em prática meus mandamentos e rompendo minha aliança, ¹⁶eu os tratarei assim: mandarei contra vocês o terror, a fraqueza e a febre, que embaçam os olhos e consomem a vida. Vocês semearão à toa, pois o inimigo de vocês é que comerá. ¹⁷Eu voltarei minha face contra vocês, que serão dominados por aqueles que os rejeitam. Seus adversários os dominarão. E vocês fugirão sem ninguém os perseguir.

¹⁸Apesar de tudo isso, se vocês ainda não me obedecerem, eu lhes darei uma lição sete vezes maior, por causa de seus pecados. ¹⁹Quebrarei a teimosia orgulhosa de vocês, fazendo com que o céu seja como ferro e a terra de vocês como bronze. ²⁰Vocês consumirão inutilmente as próprias energias, pois a terra não dará colheita e as árvores do campo não produzirão frutos.

²¹Se vocês ainda se opuserem a mim e não me obedecerem, eu os castigarei sete vezes mais, por causa de seus pecados. ²²Mandarei contra vocês os animais selvagens. Eles deixarão vocês sem filhos, redu-

---

26,1-46: O código da santidade firmado entre Javé e os israelitas (v. 46), como os tratados entre os reis assírios e seus vassalos, termina com bênçãos e maldições (cf. Dt 28,1-68). Nelas se enraíza a teologia da retribuição individual, que fará ver a pessoa rica e poderosa como justa, salva e abençoada por

zirão seu gado, dizimarão vocês, a ponto de lhes deixar desertos os caminhos. ²³E se vocês, apesar desses castigos, ainda não se corrigirem e continuarem a se opor a mim, ²⁴eu também continuarei contra vocês e os castigarei sete vezes mais, por causa de seus pecados. ²⁵Mandarei contra vocês a espada vingadora da minha aliança. E quando vocês se refugiarem em suas cidades, mandarei a epidemia e vocês terão de se entregar aos inimigos. ²⁶Quando eu cortar de vocês o sustento de pão, dez mulheres assarão seu pão no mesmo forno e darão a vocês pão racionado; vocês comerão, mas não ficarão satisfeitos.

²⁷E se vocês, apesar disso tudo, ainda não me derem ouvidos e continuarem a se opor a mim, ²⁸eu ficarei furioso contra vocês, e os castigarei sete vezes mais, por causa de seus pecados. ²⁹Vocês terão de comer a carne de seus filhos, a carne de suas filhas. ³⁰Eliminarei seus lugares altos, destroçarei seus altares de incenso, jogarei seus cadáveres em cima dos seus ídolos mortos, rejeitarei vocês. ³¹Reduzirei a ruínas suas cidades, destruirei seus santuários e não vou mais aspirar o perfume do incenso de vocês. ³²Arrasarei a terra, e os inimigos de vocês que nela habitarem ficarão horrorizados. ³³Quanto a vocês, eu os espalharei no meio das nações e os perseguirei com a espada desembainhada. Seus campos ficarão abandonados e suas cidades em ruínas. ³⁴Então a terra desfrutará de seus sábados, durante todo o tempo em que estiver abandonada, enquanto vocês estiverem na terra dos inimigos. A terra poderá então descansar e desfrutar de seus sábados. ³⁵Por todo o tempo em que estiver abandonada, ela descansará o descanso de sábado que vocês não lhe deram enquanto nela habitavam. ³⁶Quanto a seus sobreviventes, farei com que se acovardem na terra dos inimigos. Ficarão assustados até com o barulho das folhas que caem. Fugirão como se fosse da espada e cairão sem que ninguém os persiga. ³⁷Tropeçarão uns nos outros, como se enfrentassem a espada, sem que ninguém os persiga. Vocês não poderão resistir aos inimigos ³⁸e desaparecerão no meio das nações. A terra dos inimigos devorará vocês.

³⁹Aqueles que sobreviverem apodrecerão nas terras dos inimigos de vocês, por causa de sua própria culpa e da culpa de seus pais. ⁴⁰Confessarão a própria culpa e a culpa de seus pais, a culpa de terem sido infiéis e de se oporem a mim. ⁴¹Eu também me oporei a eles e os conduzirei à terra de seus inimigos, para ver se dobro o coração incircunciso deles, para ver se reparam seu pecado. ⁴²Eu então me lembrarei da minha aliança com Jacó, da aliança com Isaac, da aliança com Abraão, e me lembrarei da terra. ⁴³No entanto, eles terão de abandonar a terra, e esta poderá então desfrutar de seus sábados, enquanto permanecer abandonada com a ausência deles. Terão de reparar o pecado de terem rejeitado minhas normas e desprezado meus estatutos.

⁴⁴Apesar de tudo, quando eles estiverem na terra de seus inimigos, eu não os rejeitarei, nem os desprezarei a ponto de exterminá-los e romper minha aliança com eles. Eu sou Javé, o Deus deles. ⁴⁵Em favor deles, eu me recordarei da aliança com seus antepassados, que tirei do Egito diante das nações, para ser o Deus deles. Eu sou Javé'".

⁴⁶São esses os estatutos, normas e leis que Javé estabeleceu entre si e os filhos de Israel, no monte Sinai, por meio de Moisés.

VI. APÊNDICE

27 *Lista de tarifas.* **a) Pessoas** – ¹Javé falou a Moisés: ²"Diga aos filhos de Israel: 'Se alguém, com uma promessa especial, oferecer pessoas para Javé, será de acordo com a avaliação que você fizer. ³Assim você avaliará: um macho entre vinte e sessenta anos, você o avaliará em quinhentos gramas de prata, conforme o peso padrão do santuário. ⁴Se for fêmea, você a avaliará em trezentos gramas. ⁵Se for macho entre cinco e vinte anos, você o avaliará em duzentos gramas. Se for fêmea, a taxa será de cem gramas. ⁶Se for

---

Deus, e a pessoa pobre e doente como pecadora e amaldiçoada, condenada por Deus (cf. Jl 2,21-27; Ag 2,15-19; Ml 2,6-12; Jó 5,17-22; 15,20-35; Mc 10,23-27; Jo 7,45).

27,1-34: Tarifas pós-exílicas para resgate de doações prometidas a Javé (cf. Mc 7,8-13), ou para reparação de dízimos não pagos (cf. 5,14-26; 22,14), são anexadas aqui como mandamentos dados no Sinai (vv. 1.34).

macho entre um mês e cinco anos, você o avaliará em cinquenta gramas. Se for fêmea, você a avaliará em trinta gramas. ⁷Se for macho de sessenta anos para cima, você o avaliará em cento e cinquenta gramas. Se for fêmea, será de cem gramas. ⁸Se aquele que fez a promessa é pobre e não pode pagar conforme a sua avaliação, você apresentará a pessoa ao sacerdote e o sacerdote fará a avaliação de acordo com as possibilidades de quem fez o voto.

b) Animais – ⁹Tratando-se de animais que podem ser oferecidos a Javé, o animal inteiro oferecido a Javé se torna coisa sagrada. ¹⁰Não poderá ser trocado ou substituído, seja um bom por um mau, seja um mau por um bom. Se o animal for substituído por outro, os dois se tornam coisa sagrada. ¹¹Se for animal impuro, que não pode ser oferecido a Javé, seja ele qual for, será levado ao sacerdote. ¹²Este fará a avaliação do animal, dizendo se é bom ou mau, e a avaliação que o sacerdote fizer será considerada válida. ¹³Contudo, se a pessoa quiser resgatar o animal, pagará vinte por cento acima do valor avaliado para ele.

c) Casas – ¹⁴Quando alguém consagrar sua casa a Javé, o sacerdote fará a avaliação de acordo com o tipo da casa, e a avaliação que o sacerdote fizer será considerada válida. ¹⁵Contudo, se aquele que fez a consagração da casa quiser resgatá-la, pagará vinte por cento acima da avaliação em prata que você fez, e a casa será dele.

d) Campos – ¹⁶Quando alguém consagrar a Javé parte do campo de sua propriedade, você avaliará conforme a possibilidade de semeadura: quinhentos gramas de prata para cada duzentos e vinte litros de cevada. ¹⁷Se a consagração do campo for feita durante o ano do jubileu, fica estabelecida a avaliação que você fez. ¹⁸Mas, se a consagração for feita depois do jubileu, o sacerdote calculará a quantia de prata conforme os anos que faltam para o próximo ano do jubileu, descontando, da avaliação que você fez, o valor correspondente. ¹⁹Se a pessoa quiser resgatar o campo, pagará vinte por cento acima da avaliação em prata que você fez e estabeleceu para ele. ²⁰Contudo, se a pessoa não resgatar o campo, mas o vender para alguém, tal campo não poderá mais ser resgatado. ²¹Mas, passando o jubileu, tal campo será coisa consagrada a Javé, como campo votado ao extermínio. A propriedade do campo passa a ser do sacerdote. ²²Quando alguém consagrar a Javé um campo que tenha comprado e que não fazia parte de sua propriedade, ²³o sacerdote calculará para ele o valor da avaliação que você fez até o ano do jubileu, e nesse dia fará sua avaliação, como coisa consagrada para Javé. ²⁴No ano do jubileu, o campo voltará a ser daquele que o tiver vendido, isto é, daquele que detém a propriedade da terra. ²⁵E toda avaliação que você fizer, será de acordo com o peso padrão do santuário, que equivale a dez gramas.

e) Primogênitos – ²⁶Ninguém poderá consagrar o primogênito de um animal, pois este já pertence a Javé: seja boi, seja ovelha, pertence a Javé. ²⁷Mas, se for animal impuro, poderá ser resgatado segundo a avaliação que você tiver feito, mais vinte por cento. Se não for resgatado, será vendido segundo a avaliação que você tiver feito.

f) Anátema – ²⁸Tudo o que for consagrado ao extermínio, que alguém consagrou de suas propriedades para Javé, não pode ser vendido nem resgatado, seja ser humano, seja animais ou campos de sua propriedade. O que foi consagrado ao extermínio é coisa santíssima e pertence a Javé. ²⁹Uma pessoa consagrada ao extermínio não pode ser resgatada; deverá ser morta.

g) Dízimos – ³⁰Todos os dízimos da terra, da semente da terra, do fruto da árvore, pertencem a Javé; são coisas consagradas a Javé. ³¹Se alguém quiser resgatar parte do seu dízimo, pagará vinte por cento além do valor. ³²Os dízimos do rebanho bovino ou ovino, isto é, a décima parte de tudo o que passa sob o cajado do pastor, é coisa consagrada a Javé. ³³Não se fará distinção entre os que são bons ou maus, nem serão substituídos. Se isso for feito, tanto o animal consagrado como aquele que serviu para substituir, serão coisas consagradas, e não poderão ser resgatados' ".

³⁴São esses os mandamentos que Javé deu a Moisés, no monte Sinai, para os filhos de Israel.

NÚMEROS

A COMUNIDADE SANTA SEGUNDO OS SACERDOTES

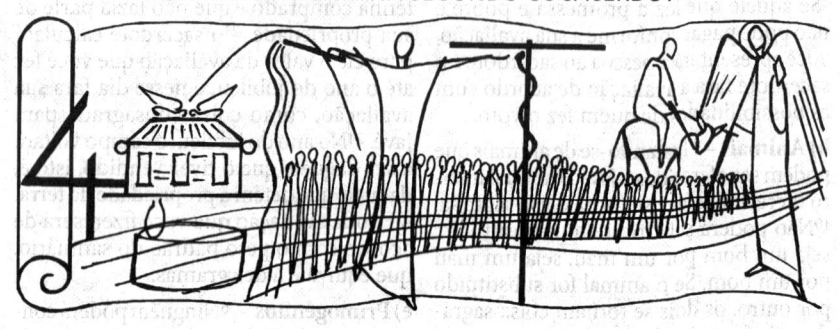

Introdução

O nome deste livro na Bíblia Hebraica é Bamidbar, que significa "No deserto", retirado do primeiro versículo do livro. Por ter vários capítulos que enumeram recenseamentos e tributos, na Bíblia Grega recebeu o nome de "Números".

Seu conteúdo pode ser dividido em duas grandes partes. A primeira trata dos preparativos para seguir viagem desde o Sinai (1,1-9,14). Nela, o povo é mostrado como a comunidade dos filhos de Israel genealogicamente organizada ao redor do santuário e recebendo as últimas instruções de Javé, mediante Moisés e Aarão, antes de reiniciar a caminhada para a terra prometida. Tudo indica que nesta parte os sacerdotes da teocracia judaica do pós-exílio, por volta de 400 a.C., projetam seu ideal de sociedade perfeita, na imagem do povo aos pés do monte Sinai.

A segunda parte, bem mais extensa, apresenta a imagem do povo santo a caminho no deserto, até chegar às fronteiras da terra prometida. Reúne tradições de diferentes grupos e lugares, algumas inclusive anteriores ao exílio, e pode ser subdividida em três: do Sinai a Edom (9,15-20,29), de Edom a Moab (21,1-25,18) e disposições finais (25,19-36,13).

Este livro completa o grande bloco da legislação sacerdotal, que vai de Ex 25,1 a Nm 36,13, incluindo todo o Lv. Ocupando o coração do Pentateuco, este vasto conjunto de tradições legislativas visa legitimar as principais leis, instituições religiosas, sociais e políticas da teocracia pós-exílica, apresentando-as como dadas diretamente por Javé, através de Moisés e Aarão, ainda durante a caminhada para Canaã. De certa forma, com isso também se projeta a imagem do reino messiânico do povo puro, escolhido e protegido por Javé, e organizado ao redor do Templo, dos sacerdotes e da Lei.

Em suas principais teologias, no entanto, apresenta a ideia de um Deus guardado pelos levitas e sacerdotes, ao qual tem acesso somente o sumo sacerdote, chefe religioso, político e militar de Israel. Um Deus extremamente preocupado com questões de pureza genealógica, ritual e hierárquica, e que castiga com violência e mata. Teologias que contaminam muitas práticas e concepções cristãs ainda hoje, mas em frente das quais felizmente ecoa forte a voz dos evangelhos, que diz que as pessoas são mais importantes que as leis (Mc 2,27), e que o mais sagrado se encontra na promoção da solidariedade em defesa da vida (Jo 10,10).

I. PREPARATIVOS PARA PARTIR DO SINAI

1 Recenseamento no deserto – ¹No deserto do Sinai, na Tenda do Encontro, no dia primeiro do segundo mês do segundo ano depois da saída da terra do Egito, Javé falou assim a Moisés: ²"Façam uma contagem de todas as cabeças da comunidade dos filhos de Israel, registrem todos os machos, cabeça por cabeça, por nomes, por clãs e por casas patriarcais. ³Você e Aarão farão isso, registrando, por exércitos, todos os homens maiores de vinte anos e capacitados para a guerra em Israel. ⁴Com vocês deverá estar um homem de cada tribo, um cabeça de cada casa patriarcal.

⁵São estes os nomes daqueles que os devem ajudar: De Rúben, Elisur, filho de Sedeur. ⁶De Simeão, Salamiel, filho de Surisadai. ⁷De Judá, Naasson, filho de Aminadab. ⁸De Issacar, Natanael, filho de Suar. ⁹De Zabulon, Eliab, filho de Helon. ¹⁰Dos filhos de José: de Efraim, Elisama, filho de Amiud, e, de Manassés, Gamaliel, filho de Fadassur. ¹¹De Benjamim, Abidã, filho de Gedeão. ¹²De Dã, Aiezer, filho de Amisadai. ¹³De Aser, Fegiel, filho de Ocrã. ¹⁴De Gad, Eliasaf, filho de Reuel. ¹⁵De Neftali, Aíra, filho de Enã". ¹⁶Foram esses os homens chamados na comunidade. Eram príncipes nas tribos de seus antepassados, cabeças dos milhares de Israel.

¹⁷Moisés e Aarão chamaram esses homens, que foram indicados nominalmente, ¹⁸e no primeiro dia do segundo mês reuniram toda a comunidade. Todos os que tinham acima de vinte anos declararam sua descendência por clãs e famílias patriarcais, e foram contados um por um. ¹⁹Assim, no deserto do Sinai, se fez o alistamento segundo Javé havia mandado a Moisés.

²⁰Dos filhos de Rúben, primogênito de Israel, e de suas gerações, os machos acima de vinte anos e capacitados para a guerra foram recrutados por clãs e famílias patriarcais, contados nominalmente, um por um. ²¹Total da tribo de Rúben: quarenta e seis mil e quinhentos.

²²Dos filhos de Simeão e suas gerações, os machos acima de vinte anos e capacitados para a guerra foram recrutados por clãs e famílias patriarcais, contados nominalmente, um por um. ²³Total da tribo de Simeão: cinquenta e nove mil e trezentos.

²⁴Dos filhos de Gad e suas gerações, os machos acima de vinte anos e capacitados para a guerra foram recrutados por clãs e famílias patriarcais, contados nominalmente, um por um. ²⁵Total da tribo de Gad: quarenta e cinco mil e seiscentos e cinquenta.

²⁶Dos filhos de Judá e suas gerações, os homens acima de vinte anos e capacitados para a guerra foram recrutados por clãs e famílias patriarcais, contados nominalmente, um por um. ²⁷Total da tribo de Judá: setenta e quatro mil e seiscentos.

²⁸Dos filhos de Issacar e suas gerações, os homens acima de vinte anos e capacitados para a guerra foram recrutados por clãs e famílias patriarcais, contados nominalmente, um por um. ²⁹Total da tribo de Issacar: cinquenta e quatro mil e quatrocentos.

³⁰Dos filhos de Zabulon e suas gerações, os homens acima de vinte anos e capacitados para a guerra foram recrutados por clãs e famílias patriarcais, contados nominalmente, um por um. ³¹Total da tribo de Zabulon: cinquenta e sete mil e quatrocentos.

³²Dos filhos de Efraim, filho de José, e suas gerações, os homens acima de vinte anos e capacitados para a guerra foram recrutados por clãs e famílias patriarcais, contados nominalmente, um por um. ³³Total da tribo de Efraim: quarenta mil e quinhentos.

³⁴Dos filhos de Manassés e suas gerações, os homens acima de vinte anos e capacitados para a guerra foram recrutados por clãs e famílias patriarcais, contados

---

1,1-9.14: Este bloco é parte do grande conjunto que vai de Ex 25,1 até Nm 10,10. Finaliza detalhes da organização do povo quanto ao santuário, à relação entre sacerdotes e levitas, e a diversos rituais incorporados pela elite sacerdotal judaíta, por volta do ano 400 a.C.

1,1-46: A imagem das famílias patriarcais, clãs e tribos, como exércitos, com suas bandeiras e símbolos (2,2), abre o livro de Nm. Embora baseada na organização tribal camponesa (1Sm 20,29; Js 7,14; 1Sm 10,19-21), esta imagem revela o ideal sacerdotal da pureza genealógica e o patriarcalismo da comunidade pós-exílica, na qual

nominalmente, um por um. ³⁵Total da tribo de Manassés: trinta e dois mil e duzentos.

³⁶Dos filhos de Benjamim e suas gerações, os homens acima de vinte anos e capacitados para a guerra foram recrutados por clãs e famílias patriarcais, contados nominalmente, um por um. ³⁷Total da tribo de Benjamim: trinta e cinco mil e quatrocentos.

³⁸Dos filhos de Dã e suas gerações, os homens acima de vinte anos e capacitados para a guerra foram recrutados por clãs e famílias patriarcais, contados nominalmente, um por um. ³⁹Total da tribo de Dã: sessenta e dois mil e setecentos.

⁴⁰Dos filhos de Aser e suas gerações, os homens acima de vinte anos e capacitados para a guerra foram recrutados por clãs e famílias patriarcais, contados nominalmente, um por um. ⁴¹Total da tribo de Aser: quarenta e um mil e quinhentos.

⁴²Dos filhos de Neftali e suas gerações, os homens acima de vinte anos e capacitados para a guerra foram recrutados por clãs e famílias patriarcais, contados nominalmente, um por um. ⁴³Total da tribo de Neftali: cinquenta e três mil e quatrocentos.

⁴⁴Esse foi o recrutamento que Moisés fez com Aarão, ajudados pelos doze príncipes de Israel, um de cada família patriarcal. ⁴⁵O total dos filhos de Israel, acima de vinte anos e capacitados para a guerra, ⁴⁶era de seiscentos e três mil e quinhentos e cinquenta.

Espaço e função dos levitas – ⁴⁷Os levitas em seus clãs não foram recrutados com os outros, ⁴⁸porque Javé tinha dito a Moisés: ⁴⁹"Não inclua os levitas no recrutamento e nos registros dos filhos de Israel. ⁵⁰Você deverá encarregá-los da Habitação do Testemunho, com seus utensílios e tudo o que lhe pertence. Eles transportarão a Habitação com todos os utensílios, atenderão a você e acamparão ao redor da Habitação. ⁵¹Quando a Habitação tiver de ser deslocada, os levitas a desmontarão. Ao acampar, os levitas a montarão. Qualquer estranho que dela se aproximar deve morrer.

⁵²Os filhos de Israel devem acampar por exércitos, cada um em seu acampamento, junto à sua bandeira. ⁵³Os levitas é que devem acampar ao redor da Habitação do Testemunho, para que a Ira não se acenda contra a comunidade dos filhos de Israel. Os levitas cuidarão da Habitação do Testemunho".

⁵⁴Os filhos de Israel acataram tudo o que Javé havia ordenado a Moisés, e assim fizeram.

2 **Ordem das tribos no acampamento e na marcha** – ¹Javé falou a Moisés e Aarão: ²"Os filhos de Israel devem acampar, cada um junto de sua bandeira, junto ao símbolo de sua família patriarcal. Acamparão voltados para a Tenda do Encontro e ao redor dela.

³No lado leste, em direção ao nascer do sol, devem acampar os da bandeira de Judá, com seus exércitos. O príncipe dos filhos de Judá é Naasson, filho de Aminadab. ⁴Seu exército conta com setenta e quatro mil e seiscentos alistados.

⁵Ao lado de Judá acampará a tribo de Issacar. O príncipe dos filhos de Issacar é Natanael, filho de Suar. ⁶Seu exército conta com cinquenta e quatro mil e quatrocentos alistados.

⁷Do outro lado ficará a tribo de Zabulon. O príncipe dos filhos de Zabulon é Eliab, filho de Helon. ⁸Seu exército conta com cinquenta e sete mil e quatrocentos alistados.

⁹No acampamento de Judá, os alistados, em todos os exércitos, são cento e oitenta e seis mil e quatrocentos. Esses serão os primeiros a levantar acampamento.

¹⁰No lado sul, a bandeira de Rúben, com seus exércitos. O príncipe dos filhos de Rúben é Elisur, filho de Sedeur. ¹¹Seu exército conta com quarenta e seis mil e quinhentos alistados.

¹²Ao lado de Rúben acampará a tribo de Simeão. O príncipe dos filhos de Simeão é Salamiel, filho de Surisadai. ¹³Seu exército

---

só os homens são membros plenos (v. 18; cf. 1Cr 1-9; Esd 2,62; Ne 7,4-5.16).

47-54: Os levitas, a serviço do Templo, são isentos e recenseados à parte (cf. notas aos caps. 3 e 4). Reforça-

-se assim a separação entre puros e impuros (cf. nota a Lv 22,1-22).

2,1-34: A Tenda do Encontro no centro do acampamento (v. 2), ou no centro das tribos em marcha

conta com cinquenta e nove mil e trezentos alistados.

¹⁴Do outro lado ficará a tribo de Gad. O príncipe dos filhos de Gad é Eliasaf, filho de Reuel. ¹⁵Seu exército conta com quarenta e cinco mil e seiscentos e cinquenta alistados.

¹⁶No acampamento de Rúben, os alistados, em todos os exércitos, são cento e cinquenta e um mil e quatrocentos e cinquenta. Levantarão acampamento em segundo lugar.

¹⁷Depois, a Tenda do Encontro levantará acampamento juntamente com o acampamento dos levitas, no meio dos outros acampamentos. A ordem da marcha será a mesma do acampamento, cada um seguindo a sua bandeira.

¹⁸No lado oeste ficará a bandeira do acampamento de Efraim, com seus exércitos. O príncipe dos filhos de Efraim é Elisama, filho de Amiud. ¹⁹Seu exército conta com quarenta mil e quinhentos alistados. ²⁰Ao lado de Efraim acampará a tribo de Manassés. O príncipe dos filhos de Manassés é Gamaliel, filho de Fadassur. ²¹Seu exército conta com trinta e dois mil e duzentos alistados. ²²Do outro lado acampará a tribo de Benjamim. O príncipe dos filhos de Benjamim é Abidã, filho de Gedeão. ²³Seu exército conta com trinta e cinco mil e quatrocentos alistados. ²⁴Os alistados do acampamento de Efraim com todos os seus exércitos perfazem o total de cento e oito mil e cem. Eles se colocarão em marcha em terceiro lugar.

²⁵No lado norte ficará a bandeira do acampamento de Dã, com seus exércitos. O príncipe dos filhos de Dã é Aiezer, filho de Amisadai. ²⁶Seu exército conta com sessenta e dois mil e setecentos alistados. ²⁷Ao lado de Dã acampará a tribo de Aser. O príncipe dos filhos de Aser é Fegiel, filho de Ocrã. ²⁸Seu exército conta com quarenta e um mil e quinhentos alistados. ²⁹Do outro lado ficará a tribo de Neftali. O príncipe dos filhos de Neftali é Aíra, filho de Enã. ³⁰Seu exército conta com cinquenta e três mil e quatrocentos alistados. ³¹Os alistados do acampamento de Dã perfazem o total de cento e cinquenta e sete mil e seiscentos. Eles levantarão acampamento em último lugar, seguindo suas bandeiras".

³²Essa é a soma dos filhos de Israel por famílias. Os que foram alistados nesses acampamentos por exércitos chegam ao total de seiscentos e três mil, quinhentos e cinquenta. ³³Segundo Javé havia ordenado a Moisés, os levitas não foram incluídos no recrutamento dos filhos de Israel. ³⁴Os filhos de Israel fizeram tudo o que Javé havia ordenado a Moisés. Acampavam seguindo suas bandeiras e levantavam acampamento por clãs e famílias patriarcais.

3 *Os filhos de Aarão* – ¹Esta é a descendência de Aarão e Moisés, quando Javé falou a Moisés no monte Sinai. ²Estes são os nomes dos filhos de Aarão: Nadab, o primogênito, Abiú, Eleazar e Itamar. ³São esses os nomes dos filhos de Aarão, ungidos e consagrados como sacerdotes. ⁴Nadab e Abiú morreram na presença de Javé, no deserto do Sinai, ao apresentarem um fogo estranho na presença de Javé. Como não deixaram filhos, só Eleazar e Itamar exerceram o ofício de sacerdotes no tempo do seu pai Aarão.

Os levitas devem atender a Aarão – ⁵Javé falou a Moisés: ⁶"Faça que a tribo de Levi venha colocar-se à disposição do sacerdote Aarão, para que atendam a ele. ⁷Eles cuidarão da guarda dele e da guarda de

---

(v. 17; cf. 10,11-28), representa o reordenamento desejado pela hierarquia sacerdotal judaíta, que fez do Templo a mais importante instituição da vida religiosa, política, econômica, social e jurídica dos israelitas no pós-exílio (cf. 5,3; Ex 25,8; 29,45-46; Lv 15,31; Ez 45-48).

3,1-4: Em 1Cr, Itamar é artificialmente ligado a Abiatar, sacerdote tradicional de Israel (cf. 1Sm 22,20-23; 2Sm 8,17 e 1Cr 24,3); e Eleazar a Sadoc (2Sm 8,17; 1Cr 5,27-41), provavelmente um sacerdote cananeu integrado por Davi a Israel (cf. nota a Gn 14,1-24); o ramo sacerdotal de Eleazar prevalecerá após Josias no templo pré-exílico (1Rs 2,26.35; Ez 44,10-31). Na hierarquia sacerdotal pós-exílica, porém, os filhos de Aarão monopolizam as funções sacerdotais (cf. notas a 3,5-10, Ex 4,10-17 e 6,14-27). A respeito de Nadab e Abiú, cf. notas a Ex 24,1-11 e Lv 10,1-20.

5-10: Mostrando os levitas como "doados" (cf. Js 9,27; Esd 8,20; Ne 11,3) para atender a Aarão por ordem de Javé, legitima-se a hierarquia do sacerdócio retornado do exílio sobre os sacerdotes levitas (3,9; 8,19; 18,2; cf. Ez 44,4-31), que entre seus encargos deviam guardar o Templo (v. 7 e 8; cf. 18,3-4; cf. 1Cr 2,32; Ez 40,45; 44,15), com ordens de matar a pessoa não autorizada

toda a comunidade, em frente à Tenda do Encontro, para assim exercer um ministério junto à Habitação. ⁸Eles farão a guarda de todos os utensílios da Tenda do Encontro, e a guarda dos filhos de Israel, para assim exercer um ministério junto à Habitação. ⁹Dê os levitas, como doados, a Aarão e a seus filhos. Dentre os filhos de Israel, eles lhe serão doados. ¹⁰Encarregue Aarão e seus filhos da guarda de seu próprio sacerdócio. Qualquer estranho que se aproximar deve ser morto".

Os levitas e os primogênitos – ¹¹Javé falou a Moisés: ¹²"Dentre os filhos de Israel, fui eu que escolhi os levitas para substituir os primogênitos, os que abrem o seio materno. Portanto, mais que todos os filhos de Israel, os levitas me pertencem. ¹³De fato, todo primogênito me pertence, pois no dia em que matei os primogênitos na terra do Egito, consagrei para mim todos os primogênitos de Israel, tanto homens como animais. Eles me pertencem. Eu sou Javé".

Recenseamento dos levitas – ¹⁴Javé falou a Moisés no deserto do Sinai: ¹⁵"Faça o recenseamento dos filhos de Levi conforme suas famílias e clãs. Faça o recenseamento de todos os homens de um mês para cima". ¹⁶Moisés fez o recenseamento segundo Javé havia ordenado.

¹⁷São estes os nomes dos filhos de Levi: Gérson, Caat e Merari.
¹⁸São estes os filhos de Gérson, por clãs: Lobni e Semei. ¹⁹Os filhos de Caat, por clãs, são: Amram, Isaar, Hebron e Oziel. ²⁰Os filhos de Merari, por clãs, são: Mooli e Musi. São esses os clãs de Levi, reunidos por famílias patriarcais.

²¹Os clãs de Lobni e de Semei originaram-se de Gérson: são os clãs gersonitas. ²²O total dos homens de um mês para cima que foram recenseados chegou a sete mil e quinhentos. ²³Os clãs gersonitas acampavam no lado ocidental, atrás da Habitação. ²⁴O príncipe da família de Gérson era Eliasaf, filho de Lael. ²⁵Na Tenda do Encontro, os gersonitas eram encarregados de cuidar da Habitação, da Tenda e de sua cobertura, do véu da entrada da Tenda do Encontro, ²⁶das cortinas do átrio, da cortina da entrada do átrio que dá para a Habitação e circunda o altar e também das cordas, para seus respectivos usos.

²⁷Os clãs de Amram, Isaar, Hebron e Oziel originaram-se de Caat: são os clãs caatitas. ²⁸O total dos homens de um mês para cima recenseados foi de oito mil e seiscentos. Eram encarregados da guarda do santuário. ²⁹Os clãs caatitas acampavam no lado sul da Habitação. ³⁰O príncipe de família patriarcal dos clãs caatitas era Elisafã, filho de Oziel. ³¹Estes eram encarregados da arca, da mesa, do candelabro, dos altares, dos objetos sagrados com os quais atendem e da cortina, e de todos os trabalhos a eles relacionados. ³²O príncipe dos príncipes dos levitas era Eleazar, filho do sacerdote Aarão. Ele era supervisor de todos os que guardavam o santuário.

³³Os clãs de Mooli e Musi originaram-se de Merari: são os clãs meraritas. ³⁴O total dos homens de um mês para cima recenseados foi de seis mil e duzentos. ³⁵O príncipe de família patriarcal dos clãs meraritas era Suriel, filho de Abiail. Eles acampavam no lado norte da Habitação. ³⁶Os meraritas eram encarregados das tábuas da Habitação, de suas vigas, colunas, pedestais e utensílios para seus respectivos usos, ³⁷além das colunas que rodeiam o átrio, de seus pedestais, estacas e cordas.

³⁸No lado oriental, diante da Habitação e da Tenda do Encontro, acampavam Moisés, Aarão e seus filhos, encarregados da guarda do santuário, e para a guarda dos filhos de Israel. Todo estranho que se aproximar será morto.

³⁹O número dos levitas com mais de um mês de idade que Moisés recenseou por clãs foi de vinte e dois mil, como Javé havia ordenado.

---

que cruzasse os limites (1,51; 3,10.38, 18,7; Ex 32,21-29; 2Cr 23,19).

11-13: Aqui os levitas são relacionados aos primogênitos de Israel, e não são uma tribo com ancestral comum (cf. 3,17-20; Dt 33,8-11; 1Cr 5,27-28). Seriam primogênitos doados aos santuários oficiais, pelas famílias que não podiam pagar seu resgate, ou por promessa (cf. 1Sm 1,11.28), ficando daí em diante "ligados" aos santuários, sendo precisamente "ligado" um dos significados do nome Levi (cf. 18,2.4; Gn 29,34). Ver notas a 3,40-51 e Ex 13,1-2.

14-39: Os recenseamentos de Nm combinam diversas listas (Ex 6,16-25 e Nm 26,57-58; 1Cr 5-6). Aqui a subordinação dos levitas no pós-exílio é reforçada,

Os levitas e o resgate dos primogênitos – ⁴⁰Javé disse a Moisés: "Faça agora o recenseamento dos primogênitos dos filhos de Israel do sexo masculino de um mês para cima, registrando seus nomes. ⁴¹Separe os levitas para mim – eu sou Javé – no lugar dos primogênitos dos filhos de Israel, e o gado dos levitas no lugar dos primogênitos do gado dos filhos de Israel". ⁴²Moisés fez o recenseamento dos primogênitos dos filhos de Israel, como Javé lhe havia ordenado. ⁴³O total dos primogênitos do sexo masculino de um mês para cima foi de vinte e dois mil, duzentos e setenta e três.

⁴⁴Javé falou a Moisés: ⁴⁵"Em lugar dos primogênitos dos filhos de Israel, separe os levitas, e o gado dos levitas em lugar do gado dos filhos de Israel. Os levitas pertencerão a mim. Eu sou Javé. ⁴⁶Para resgatar os duzentos e setenta e três primogênitos dos filhos de Israel que ultrapassam o número dos levitas, ⁴⁷você vai pegar cinquenta gramas de prata por pessoa, conforme o peso padrão do santuário, onde dez gramas equivalem a vinte óbolos. ⁴⁸Entregue esse dinheiro a Aarão e seus filhos, como resgate daqueles que ultrapassam o número dos levitas". ⁴⁹Moisés pegou o dinheiro para o resgate daqueles que ultrapassavam o número dos levitas. ⁵⁰Assim, dos primogênitos dos filhos de Israel, recebeu treze quilos e seiscentos e cinquenta gramas, conforme o peso padrão do santuário, ⁵¹e entregou o dinheiro do resgate a Aarão e seus filhos, conforme as ordens que Javé tinha dado a Moisés.

4 Os clãs e o recenseamento dos levitas

– ¹Javé falou a Moisés e Aarão: ²"Façam, à parte dos outros levitas, o recenseamento dos filhos de Caat, por clãs e famílias patriarcais; ³os que tiverem de trinta anos para cima, até cinquenta anos, deverão entrar no exército para fazer sua obra na Tenda do Encontro".

Os caatitas – ⁴"Os filhos de Caat estarão a serviço das coisas sagradas na Tenda do Encontro. ⁵Quando o acampamento se colocar em marcha, Aarão e seus filhos entrarão, tirarão a cortina, e com ela cobrirão a Arca do Testemunho. ⁶Por cima dela, colocarão uma capa de couro fino, sobre a qual estenderão um pano de púrpura violeta. Em seguida, colocarão os varais da arca. ⁷Sobre a mesa dos pães oferecidos a Deus, estenderão um pano de púrpura violeta, e colocarão em cima os pratos, copos, taças e jarros para a libação. Por cima, estará o pão da oferta perpétua. ⁸Por cima deles, estenderão um pano de púrpura escarlate, que será coberto com uma capa de couro fino. Em seguida, colocarão os varais da mesa. ⁹Pegarão, então, um pano de púrpura violeta para cobrir o candelabro com suas lâmpadas, os acendedores, apagadores e todas as vasilhas de azeite com que atendem no serviço do candelabro. ¹⁰Colocarão o candelabro com todos os utensílios sobre uma capa de couro fino, e o colocarão por cima dos varais. ¹¹Estenderão um pano de púrpura violeta sobre o altar de ouro e o recobrirão com uma capa de couro fino. Em seguida, ajustarão nele os varais. ¹²Depois, devem pegar todos os utensílios do atendimento, com os quais atendem no santuário, colocá-los num pano de púrpura violeta, recobri-los com uma capa de couro fino, e colocar tudo sobre os varais. ¹³Tirarão a cinza do altar, estenderão sobre ele um pano de púrpura escarlate, ¹⁴e sobre este colocarão todos os utensílios com que atendem, incensórios, garfos, pás, bacias, todos os utensílios do altar. Estenderão por cima uma capa de couro fino, e colocarão os varais.

¹⁵Quando Aarão e seus filhos terminarem de cobrir o santuário com todos os seus utensílios, os filhos de Caat, no momento de levantar acampamento, virão para transportá-lo, sem tocar naquilo que é sagrado, pois, se o fizessem, morreriam. Essa é a carga da Tenda do Encontro, que os caatitas deverão transportar.

¹⁶Eleazar, filho do sacerdote Aarão, cuidará do azeite do candelabro, dos perfu-

---

atribuindo-lhes serviços de carregadores (cf. v. 15) sob a supervisão de Eleazar (v. 32).

10-51: Regra para o preço que as famílias deviam pagar ao santuário pós-exílico pelo resgate de seus primogênitos; cf. 18,15-16. Ver notas a 3,11-13 e Ex 13,1-2.

4,1-49: Hierarquias e divisões de funções entre os levitas (cf. 7,5-9). Estes, como os sacerdotes pobres, se revezavam nos serviços em Jerusalém, de acordo com um calendário sorteado para cada família (1Cr 24,19.30; 2Cr 23,8 e Lc 1,5-9).

mes de ervas aromáticas, da oblação diária e do óleo da unção. Cuidará também de toda a Habitação e de tudo o que nela se encontra, os objetos sagrados e seus utensílios".

17Javé falou a Moisés e Aarão: 18"Não permitam que a tribo dos clãs caatitas desapareça da tribo de Levi. 19E, para que eles permaneçam vivos e não morram, façam o seguinte: quando tiverem de se aproximar dos objetos sagrados, Aarão e seus filhos entrarão primeiro, e indicarão a cada um a sua tarefa e o que deve carregar. 20Assim não entrarão de modo a ver, nem por um instante, os objetos sagrados, senão morreriam".

Os gersonitas – 21Javé falou a Moisés: 22"Faça também o recenseamento dos filhos de Gérson, por clãs e famílias patriarcais. 23Dentre os homens da idade de trinta anos para cima, até cinquenta anos, faça o recenseamento de todos os aptos para entrar no exército do serviço militar, para exercerem seu trabalho na Tenda do Encontro.

24A tarefa dos clãs gersonitas, com as respectivas funções e encargos, é esta: 25transportarão as cortinas da Habitação, a Tenda do Encontro com sua cobertura e a capa de couro fino que a recobre, a cortina da entrada da Tenda do Encontro, 26o cortinado do átrio, a cortina de acesso à porta do átrio que contorna a Habitação e o altar, as cordas e todos os objetos de diferentes utilidades. Farão todo o serviço que se refere a essas coisas. 27Os gersonitas cumprirão suas funções sob as ordens de Aarão e seus filhos, que lhes indicarão os serviços de guarda e de transporte. 28São essas as tarefas dos clãs gersonitas na Tenda do Encontro. A supervisão deles estará a cargo de Itamar, filho do sacerdote Aarão".

Os meraritas – 29"Faça também o recenseamento dos filhos de Merari, por clãs e famílias patriarcais. 30Dentre os homens da idade de trinta anos para cima, até cinquenta anos, faça o recenseamento de todos os aptos para entrar no exército, para exercerem seu trabalho na Tenda do Encontro. 31O serviço que deverão assumir, a função que lhes competirá na Tenda do Encontro, é esta: transportarão as tábuas da Habitação, as vigas, colunas, pedestais, 32as colunas que contornam o átrio com seus pedestais, as estacas, cordas e todos os acessórios. Indique nominalmente os objetos que eles deverão guardar e transportar. 33Tal será o serviço dos clãs meraritas na Tenda do Encontro. A supervisão deles estará a cargo de Itamar, filho do sacerdote Aarão".

O recenseamento dos levitas – 34Moisés e Aarão, com os príncipes da comunidade, fizeram o recenseamento dos caatitas, por clãs e famílias patriarcais: 35dentre os homens da idade de trinta anos para cima, até cinquenta anos, todos os aptos para entrar no exército, para trabalhar na Tenda do Encontro. 36Foram contados, por clãs, dois mil, setecentos e cinquenta homens. 37Esse foi o total dos recenseados dos clãs caatitas a serviço da Tenda do Encontro, recenseados por Moisés e Aarão, segundo Javé havia ordenado.

38Foi feito também o recenseamento dos filhos de Gérson, por clãs e famílias patriarcais. 39Dentre os homens da idade de trinta anos para cima, até cinquenta anos, foram recenseados todos os que entrarão para o exército, para trabalhar na Tenda do Encontro. 40Foram contados dois mil, seiscentos e trinta, por clãs e famílias patriarcais. 41Esse foi o total dos recenseados dos clãs gersonitas a serviço da Tenda do Encontro, recenseados por Moisés e Aarão, de acordo com o que Javé havia ordenado.

42Foi feito também o recenseamento dos filhos de Merari, por clãs e famílias patriarcais. 43Dentre os homens da idade de trinta anos para cima, até cinquenta anos, foram recenseados todos os aptos para entrar no exército, para trabalhar na Tenda do Encontro. 44Foram contados, por clãs, três mil e duzentos homens. 45Esse foi o total dos clãs meraritas recenseados por Moisés e Aarão, segundo Javé havia ordenado.

46O número dos levitas no recenseamento, que Moisés, Aarão e os príncipes de Israel fizeram, por clãs e famílias patriarcais, 47dos homens de trinta a cinquenta anos, aptos para o serviço militar e para o serviço e o transporte da Tenda do

Encontro, ⁴⁸chegou a oito mil, quinhentos e oitenta homens. ⁴⁹Moisés fez o recenseamento por ordem de Javé, indicando a tarefa de cada um, o que cada um deveria transportar. Assim foi feito o recenseamento, segundo Javé havia ordenado a Moisés.

5 A exclusão dos impuros –
¹Javé falou a Moisés: ²"Dê ordem aos filhos de Israel para que expulsem do acampamento todos os que tenham lepra ou corrimento e os impuros por contato com cadáver. ³Seja macho ou fêmea, vocês os expulsarão, do acampamento os expulsarão, para que não tornem impuro o acampamento, no meio do qual eu habito". ⁴Assim fizeram os filhos de Israel, e os expulsaram do acampamento. Os filhos de Israel fizeram segundo Javé havia ordenado a Moisés.

A reparação – ⁵Javé falou a Moisés: ⁶"Diga aos filhos de Israel: 'Quando um homem ou mulher comete qualquer um dos pecados do ser humano, sendo assim infiel a Javé, tal pessoa é culpada. ⁷Deve confessar o seu pecado e fará a reparação a quem foi prejudicado, acrescentando vinte por cento além do prejuízo causado. ⁸Contudo, se o homem prejudicado não tem um parente protetor a quem se possa fazer a restituição, esta será feita a Javé através do sacerdote, além do carneiro das expiações para a expiação da culpa em favor dele.

⁹Tudo o que os filhos de Israel consagrarem deve ser levado ao sacerdote, e a este pertencerá. ¹⁰O que uma pessoa quiser consagrar é dela, mas, depois de entregue ao sacerdote, ao sacerdote pertencerá'".

Ritual do homem ciumento – ¹¹Javé falou a Moisés: ¹²"Diga aos filhos de Israel: Se um homem suspeita que sua mulher é infiel e que o tenha traído, ¹³que um homem deitou e descarregou sêmen com ela, escondido dos olhos do homem dela, tornando-se impura em segredo, sem que haja testemunha contra ela e sem que tenha sido surpreendida em flagrante; ¹⁴se o homem dela for tomado por um espírito de ciúme e tiver ciúme de que sua mulher se tenha tornado impura; ou se for tomado por um espírito de ciúme e tiver ciúme de sua mulher, mesmo que ela não tenha se tornado impura, ¹⁵o homem deverá levar sua mulher ao sacerdote. Levará uma oferta de quatro quilos e meio de farinha de cevada, sem misturar azeite ou incenso, pois é uma oblação de ciúme, uma oblação memorativa, para trazer à memória de uma culpa.

¹⁶O sacerdote fará que ela se aproxime e se posicione na presença de Javé. ¹⁷Depois, pegará água santa numa vasilha de barro e jogará nessa água pó do chão da Habitação. ¹⁸Tendo feito a mulher posicionar-se na presença de Javé, o sacerdote soltará os cabelos dela e lhe colocará nas mãos a oblação memorativa, oblação de ciúme, enquanto ele ficará segurando a água amarga que carrega a maldição. ¹⁹Em seguida, o sacerdote fará a mulher jurar, dizendo para a mulher: 'Se você não deitou com outro homem, se você, estando sob o domínio do seu homem, não transgrediu para a impureza, que esta água amarga que carrega a maldição não lhe faça mal nenhum. ²⁰Mas, se você transgrediu o domínio de seu homem e se tornou impura, dando-se a outro homem em relação sexual...'

²¹E o sacerdote dirá, fazendo com que a mulher preste juramento: '... que Javé faça de você maldição e esconjuro no meio do seu povo, que seu sexo fique murcho e seu ventre inchado. ²²Que esta água da maldição chegue ao seu intestino para inchar seu ventre e murchar seu sexo'. E a mulher deve responder: 'Amém! Amém!'

²³Depois, o sacerdote escreverá essa maldição num documento e a dissolverá

5,1-4: Uma compreensão de Deus, ou do sagrado, centrada em locais (cf. 7,89) e ritos (9,6-14), e desvinculada da promoção da vida, em vez de solidariedade produz hierarquia (cf. 10,1-35) e exclusão. Sobre lepra, cf. Lv 13,1-46; 14,1-32; corrimento, cf. Lv 15,1-33 e nota a Lv 11,1-15,31; cadáver, cf. Nm 19,11-16.

5-10: Complementa Lv 5,14-26 (cf. nota). Não havendo quem possa receber o valor da reparação, este deve ser entregue ao Templo, junto com o sacrifício de reparação (cf. Lv 7,1-10).

11-31: Com rituais como este, muitos povos tribais buscavam mobilizar as forças espirituais e o poder das crenças para desvendar crimes e mistérios (Ex 22,7.10). Qualquer membro da comunidade podia ser submetido à prova. Ao integrar essa prática, a legislação sacerdotal pós-exílica dá somente ao homem o direito de submeter sua mulher a este ritual, fornecendo a ele mais um instrumento para controlar o corpo e a sexualidade da mulher. A respeito da situação da mulher no pós-exílio, ver notas em Lv 12,1-8 e 18,1-30; sobre outros rituais

na água amarga. ²⁴Em seguida, fará a mulher beber a água amarga que carrega a maldição, para que a água amarga que carrega a maldição entre nela para amargurá-la. ²⁵Em seguida, o sacerdote pegará das mãos da mulher a oblação de ciúme, apresentará a oblação na presença de Javé e a colocará sobre o altar. ²⁶Pegará um punhado da oblação de ciúme, memorativa, e o queimará sobre o altar. Em seguida, fará a mulher beber a água. ²⁷Se ela se tornou impura e traiu o homem dela, logo que entrar nela a água amarga que carrega a maldição, seu ventre ficará inchado e seu sexo murchará. A mulher se tornará uma maldição no meio do seu povo. ²⁸Se a mulher não se tornou impura, se estiver pura, nada sofrerá e será fértil".

²⁹Essa é a lei para o caso de ciúme, quando uma mulher transgride o domínio de seu homem e se torna impura, ³⁰ou para o caso em que um homem fica com ciúme de sua mulher. O homem deve levar a mulher à presença de Javé, e o sacerdote executará toda essa lei com ela. ³¹O homem estará livre de culpa, mas a mulher carregará a própria culpa.

6 A lei para o nazireu

¹Javé falou a Moisés: ²"Diga aos filhos de Israel: 'Quando alguém, homem ou mulher, quiser fazer uma promessa especial de consagração a Javé, a promessa de nazireato, ³deverá abster-se de vinho e de qualquer bebida forte, não poderá beber vinagre de vinho ou de qualquer outra bebida forte, nem poderá tomar suco de uvas nem comer uvas frescas ou secas. ⁴Enquanto durar seu nazireato, não pode provar nada que venha da videira, da semente até às cascas. ⁵Enquanto durar sua promessa de nazireato, não rapará a cabeça com navalha, mas deixará crescer livremente os cabelos; será santo, até que termine o tempo pelo qual se consagrou a Javé. ⁶Durante todo o tempo em que estiver consagrado a Javé, não poderá aproximar-se de nenhum morto, ⁷mesmo que seja seu pai, sua mãe, seu irmão ou sua irmã. Ainda que eles morram, ele não deverá tornar-se impuro com eles, porque sobre sua cabeça está o sinal da consagração ao seu Deus. ⁸Durante todos os dias do seu nazireato, será santo para Javé.

⁹Se uma pessoa morrer de repente em cima dele, tornando impura a sua cabeleira consagrada, deverá rapar a cabeça no dia da sua purificação, isto é, no sétimo dia a rapará. ¹⁰No oitavo dia, deve levar ao sacerdote duas rolas ou dois pombinhos à entrada da Tenda do Encontro. ¹¹E o sacerdote oferecerá um deles em sacrifício pelo pecado e o outro em holocausto. Em seguida, fará a expiação por ele, por causa do pecado relativo ao morto. Nesse dia, ele reconsagrará sua cabeça. ¹²E consagrará a Javé um novo período de nazireato. Levará um cordeiro de um ano como sacrifício de reparação. O tempo anterior não será contado, porque seu nazireato tornou-se impuro.

¹³Esta é a lei para o nazireu, para o dia em que terminar o seu nazireato: ele será conduzido à entrada da Tenda do Encontro, ¹⁴onde fará sua oferta a Javé: um cordeiro de um ano e sem defeito para um holocausto, uma ovelha de um ano e sem defeito para um sacrifício pelo pecado, um carneiro sem defeito para um sacrifício de comunhão, ¹⁵uma cesta de pães sem fermento da melhor farinha, bolos sem fermento amassados com azeite, broas sem fermento untadas com azeite, a oblação que os acompanha e as suas libações.

¹⁶Então o sacerdote os levará à presença de Javé, e ele oferecerá o seu sacrifício pelo pecado e o seu holocausto. ¹⁷Depois, fará o sacrifício de comunhão com o carneiro e com os bolos sem fermento da cesta. E o sacerdote oferecerá a oblação e a libação referente a eles. ¹⁸Em seguida, o nazireu, junto à entrada da Tenda do Encontro, rapará a cabeça consagrada, pegará os cabelos de sua cabeça consagrada e os colocará no fogo do sacrifício de comunhão. ¹⁹O sacerdote pegará do carneiro um pernil dianteiro assado, e da cesta um bolo sem fermento e uma broa sem fermento, e colocará nas mãos do nazireu, depois que ele tiver rapado a cabeça. ²⁰Em seguida,

---

mágicos incorporados, ver notas a 19,1-10, a Lv 14,1-32; 16,1-34 e a Dt 21,1-9.

6,1-21: Regras para uma consagração temporária a Deus (At 18,18; 21,23-26). A consagração podia ser

o sacerdote, na presença de Javé, fará o gesto de apresentação dessas oferendas. É porção consagrada ao sacerdote, além do peito, também apresentado, e do pernil traseiro, consagrado. Depois o nazireu poderá beber vinho. ²¹Essa é a lei do nazireu que fez promessa. Sua oferta a Javé será conforme o seu nazireato, além do que puder fazer a mais. Conforme a promessa que sua boca proferiu, assim fará, conforme a lei do nazireato'".

A bênção sacerdotal – ²²Javé falou a Moisés: ²³"Diga a Aarão e a seus filhos: É assim que vocês abençoarão os filhos de Israel: ²⁴'Javé o abençoe e o guarde! ²⁵Javé lhe mostre o seu rosto brilhante e tenha piedade de você! ²⁶Javé lhe mostre seu rosto e lhe conceda a paz!' ²⁷Dessa forma eles invocarão o meu nome sobre os filhos de Israel, e eu os abençoarei".

7 *Oferendas dos príncipes para a dedicação do altar* – ¹Quando Moisés terminou de levantar a Habitação, ungi-la e consagrá-la com todos os seus utensílios, e também o altar e seus utensílios, ao terminar de ungir e consagrar tudo, ²aproximaram-se os príncipes de Israel. Eram os cabeças das famílias patriarcais, príncipes das tribos, que tinham colaborado no recenseamento. ³Levaram sua oferta à presença de Javé: eram seis carros com toldos e doze bois, um carro por dois príncipes e um boi por príncipe. Apresentaram essas ofertas diante da Habitação. ⁴Javé falou a Moisés: ⁵"Receba as ofertas deles para o serviço da Tenda do Encontro e as entregue aos levitas, a cada um conforme sua função".

⁶Moisés recebeu os carros e os bois, e os entregou aos levitas. ⁷Deu dois carros e quatro bois aos filhos de Gérson para suas tarefas. ⁸Aos filhos de Merari deu quatro carros e oito bois para as tarefas que deviam realizar sob a direção de Itamar, filho do sacerdote Aarão. ⁹Aos filhos de Caat, porém, não deu nada, pois deviam carregar ao ombro os objetos sagrados.

¹⁰Os príncipes apresentaram também a oferta para a dedicação do altar, na ocasião em que ele foi consagrado, os príncipes levando sua oferta até diante do altar. ¹¹Javé disse, pois, a Moisés: "Cada dia um príncipe trará a sua oferta para a dedicação do altar".

Do príncipe de Judá – ¹²No primeiro dia, Naasson, filho de Aminadab, da tribo de Judá, levou a sua oferta. ¹³Era uma bandeja de prata pesando um quilo e trezentos gramas, uma bacia para a aspersão, também de prata e pesando setecentos gramas, conforme o peso padrão do santuário, ambas cheias da melhor farinha, amassada no azeite para a oblação. ¹⁴Levou também uma concha de ouro, de cem gramas, cheia de incenso, ¹⁵um novilho, um carneiro e um cordeiro de um ano para o holocausto, ¹⁶um bode para o sacrifício pelo pecado ¹⁷e, para o sacrifício de comunhão, dois bois, cinco carneiros, cinco bodes e cinco cordeiros de um ano. Essa foi a oferta de Naasson, filho de Aminadab.

Do príncipe de Issacar – ¹⁸No segundo dia, Natanael, filho de Suar, príncipe de Issacar, levou a sua oferta: ¹⁹uma bandeja de prata pesando um quilo e trezentos gramas, uma bacia para a aspersão, também de prata e pesando setecentos gramas, conforme o peso padrão do santuário, ambas cheias da melhor farinha, amassada no azeite para a oblação. ²⁰Levou também uma concha de ouro, de cem gramas, cheia de incenso, ²¹um novilho, um carneiro e um cordeiro de um ano para o holocausto, ²²um bode para o sacrifício pelo pecado

---

também para a vida toda (Jz 13,5-7.14), e talvez levasse a uma função sacerdotal (cf. vv. 16 e 17), como Samuel (1Sm 1,11.28), ou profética (Jr 7,29; Am 2,11-12; cf. Lc 1,15).

22-27: Na busca da bênção de Deus, pessoas e comunidades revelam seus anseios mais profundos por vida plena e em paz. É nesta relação com a vida e com a promoção da vida que reside o caráter sagrado das religiões (Ex 20,24). Este sagrado, porém, é pervertido quando rituais e práticas religiosas comunitárias e pessoais se voltam mais para projetos individualistas ou, como no pós-exílio, para a legitimação de instituições (15,32-36), hierarquias (17,1-5.25) e coleta de ofertas (cf. notas a 15,1-36 e Lv 1-9;), do que fortalecer práticas de solidariedade, justiça, defesa e promoção da vida, que podem, de fato, trazer vida abençoada para toda a comunidade para seus membros (Jo 10,10).

7,1-88: Complementa a consagração da Habitação e do altar (cf. Ex 40,1-33) descrevendo objetos e quantidades oferecidas pelas tribos. Visa legitimar e estimular a entrega dos tributos ao Templo (cf. 15,1-36).

²³e, para o sacrifício de comunhão, dois bois, cinco carneiros, cinco bodes e cinco cordeiros de um ano. Essa foi a oferta de Natanael, filho de Suar.

Do príncipe de Zabulon – ²⁴No terceiro dia, foi Eliab, filho de Helon, príncipe dos filhos de Zabulon, que levou a sua oferta: ²⁵uma bandeja de prata pesando um quilo e trezentos gramas, uma bacia para a aspersão, também de prata, pesando setecentos gramas, conforme o peso padrão do santuário, ambas cheias da melhor farinha, amassada no azeite para a oblação. ²⁶Levou também uma concha de ouro, de cem gramas, cheia de incenso, ²⁷um novilho, um carneiro e um cordeiro de um ano para o holocausto, ²⁸um bode para o sacrifício pelo pecado ²⁹e, para o sacrifício de comunhão, dois bois, cinco carneiros, cinco bodes e cinco cordeiros de um ano. Essa foi a oferta de Eliab, filho de Helon.

Do príncipe de Rúben – ³⁰Elisur, filho de Sedeur, príncipe dos filhos de Rúben, levou a sua oferta no quarto dia. ³¹Era uma bandeja de prata pesando um quilo e trezentos gramas, uma bacia para a aspersão, também de prata e pesando setecentos gramas, conforme o peso padrão do santuário, ambas cheias da melhor farinha, amassada no azeite para a oblação. ³²Levou também uma concha de ouro, de cem gramas, cheia de incenso, ³³um novilho, um carneiro e um cordeiro de um ano para o holocausto, ³⁴um bode para o sacrifício pelo pecado ³⁵e, para o sacrifício de comunhão, dois bois, cinco carneiros, cinco bodes e cinco cordeiros de um ano. Essa foi a oferta de Elisur, filho de Sedeur.

Do príncipe de Simeão – ³⁶No quinto dia, Salamiel, filho de Surisadai, príncipe dos filhos de Simeão, levou a sua oferta. ³⁷Era uma bandeja de prata pesando um quilo e trezentos gramas, uma bacia para a aspersão, também de prata e pesando setecentos gramas, conforme o peso padrão do santuário, ambas cheias da melhor farinha, amassada no azeite para a oblação. ³⁸Levou também uma concha de ouro, de cem gramas, cheia de incenso, ³⁹um novilho, um carneiro e um cordeiro de um ano para o holocausto, ⁴⁰um bode para o sacrifício pelo pecado ⁴¹e, para o sacrifício de comunhão, dois bois, cinco carneiros, cinco bodes e cinco cordeiros de um ano. Essa foi a oferta de Salamiel, filho de Surisadai.

Do príncipe de Gad – ⁴²No sexto dia, foi Eliasaf, filho de Reuel, príncipe dos filhos de Gad, que levou a sua oferta. ⁴³Era uma bandeja de prata pesando um quilo e trezentos gramas, uma bacia para a aspersão, também de prata e pesando setecentos gramas, conforme o peso padrão do santuário, ambas cheias da melhor farinha, amassada no azeite para a oblação. ⁴⁴Levou também uma concha de ouro, de cem gramas, cheia de incenso, ⁴⁵um novilho, um carneiro e um cordeiro de um ano para o holocausto, ⁴⁶um bode para o sacrifício pelo pecado ⁴⁷e, para o sacrifício de comunhão, dois bois, cinco carneiros, cinco bodes e cinco cordeiros de um ano. Essa foi a oferta de Eliasaf, filho de Reuel.

Do príncipe de Efraim – ⁴⁸Elisama, filho de Amiud, príncipe dos filhos de Efraim, levou a oferta no sétimo dia. ⁴⁹Foi uma bandeja de prata pesando um quilo e trezentos gramas, uma bacia para a aspersão, também de prata e pesando setecentos gramas, conforme o peso padrão do santuário, ambas cheias da melhor farinha, amassada no azeite para a oblação. ⁵⁰Levou também uma concha de ouro, de cem gramas, cheia de incenso, ⁵¹um novilho, um carneiro e um cordeiro de um ano para o holocausto, ⁵²um bode para o sacrifício pelo pecado ⁵³e, para o sacrifício de comunhão, dois bois, cinco carneiros, cinco bodes e cinco cordeiros de um ano. Foi essa a oferta de Elisama, filho de Efraim.

Do príncipe de Manassés – ⁵⁴No oitavo dia, Gamaliel, filho de Fadassur, príncipe dos filhos de Manassés, levou a sua oferta. ⁵⁵Foi uma bandeja de prata pesando um quilo e trezentos gramas, uma bacia para a aspersão, também de prata e pesando setecentos gramas, conforme o peso padrão do santuário, ambas cheias da melhor farinha, amassada no azeite para a oblação. ⁵⁶Levou também uma concha de ouro, de cem gramas, cheia de incenso, ⁵⁷um novilho, um carneiro e um cordeiro de um ano para o holocausto, ⁵⁸um bode para o sacrifício pelo pecado ⁵⁹e, para o sacrifício de comunhão, dois bois, cinco carneiros, cinco bodes e cinco cordeiros de um ano. Essa foi a oferta de Gamaliel, filho de Fadassur.

Do príncipe de Benjamim – ⁶⁰No nono dia, Abidã, filho de Gedeão, príncipe dos filhos de Benjamim, levou a sua oferta: ⁶¹uma bandeja de prata pesando um quilo e trezentos gramas, uma bacia para a aspersão, também de prata e pesando setecentos gramas, conforme o peso padrão do santuário, ambas cheias da melhor farinha, amassada no azeite para a oblação. ⁶²Levou também uma concha de ouro, de cem gramas, cheia de incenso, ⁶³um novilho, um carneiro e um cordeiro de um ano para o holocausto, ⁶⁴um bode para o sacrifício pelo pecado ⁶⁵e, para o sacrifício de comunhão, dois bois, cinco carneiros, cinco bodes e cinco cordeiros de um ano. Essa foi a oferta de Abidã, filho de Gedeão.

Do príncipe de Dã – ⁶⁶No décimo dia, foi Aiezer, filho de Amisadai, príncipe dos filhos de Dã, quem levou a oferta: ⁶⁷uma bandeja de prata pesando um quilo e trezentos gramas, uma bacia para a aspersão, também de prata e pesando setecentos gramas, conforme o peso padrão do santuário, ambas cheias da melhor farinha, amassada no azeite para a oblação. ⁶⁸Levou também uma concha de ouro, de cem gramas, cheia de incenso, ⁶⁹um novilho, um carneiro e um cordeiro de um ano para o holocausto, ⁷⁰um bode para o sacrifício pelo pecado ⁷¹e, para o sacrifício de comunhão, dois bois, cinco carneiros, cinco bodes e cinco cordeiros de um ano. Essa foi a oferta de Aiezer, filho de Amisadai.

Do príncipe de Aser – ⁷²Fegiel, filho de Ocrã, dos filhos de Aser, levou a sua oferta no décimo primeiro dia. ⁷³Foi uma bandeja de prata pesando um quilo e trezentos gramas, uma bacia para a aspersão, também de prata e pesando setecentos gramas, conforme o peso padrão do santuário, ambas cheias da melhor farinha, amassada no azeite para a oblação. ⁷⁴Levou também uma concha de ouro, de cem gramas, cheia de incenso, ⁷⁵um novilho, um carneiro e um cordeiro de um ano para o holocausto, ⁷⁶um bode para o sacrifício pelo pecado ⁷⁷e, para o sacrifício de comunhão, dois bois, cinco carneiros, cinco bodes e cinco cordeiros de um ano. Essa foi a oferta de Fegiel, filho de Ocrã.

Do príncipe de Neftali – ⁷⁸No décimo segundo dia, Aíra, filho de Enã, príncipe dos filhos de Neftali, levou a sua oferta: ⁷⁹uma bandeja de prata pesando um quilo e trezentos gramas, uma bacia para a aspersão, também de prata e pesando setecentos gramas, conforme o peso padrão do santuário, ambas cheias da melhor farinha, amassada no azeite para a oblação. ⁸⁰Levou também uma concha de ouro, de cem gramas, cheia de incenso, ⁸¹um novilho, um carneiro e um cordeiro de um ano para o holocausto, ⁸²um bode para o sacrifício pelo pecado ⁸³e, para o sacrifício de comunhão, dois bois, cinco carneiros, cinco bodes e cinco cordeiros de um ano. Essa foi a oferta de Aíra, filho de Enã.

Total das ofertas – ⁸⁴Assim foi a oferta dos príncipes de Israel para a dedicação do altar, no dia em que este foi ungido: doze bandejas de prata, doze bacias para aspersão, também de prata, e doze conchas de ouro. ⁸⁵Cada bandeja de prata pesava um quilo e trezentos gramas, e cada bacia para a aspersão, setecentos gramas, somando-se um total de vinte e quatro quilos de prata, conforme o peso padrão do santuário. ⁸⁶Doze conchas de ouro de cem gramas cada uma, conforme o peso padrão do santuário, cheias de incenso, davam um total de um quilo e duzentos gramas de ouro. ⁸⁷O total dos animais para o holocausto foi de doze novilhos, doze carneiros e doze cordeiros de um ano, com as oblações que os acompanhavam, e doze bodes para o sacrifício pelo pecado. ⁸⁸Para o sacrifício de comunhão, o total dos animais foi de vinte e quatro novilhos, sessenta carneiros, sessenta bodes e sessenta cordeiros de um ano. Essa foi a oferta para a dedicação do altar, quando este foi ungido.

Javé, sobre o propiciatório, fala com Moisés – ⁸⁹Quando Moisés entrou na Tenda do Encontro para falar com Deus, ouviu a voz que lhe falava de cima do propiciatório que cobre a Arca do Testemunho, entre os dois querubins. E Deus falava com Moisés.

8 As lâmpadas do candelabro

¹Javé falou a Moisés: ²"Diga a Aarão: 'Quando você fizer levantar as lâmpadas, faça de modo que as sete lâmpadas iluminem a parte da frente do candelabro'".

³Aarão assim fez: colocou as lâmpadas de tal modo que iluminassem a parte da frente do candelabro, segundo Javé tinha ordenado a Moisés. ⁴O candelabro era de ouro cinzelado, desde o pedestal até as hastes. Ele foi feito de acordo com o modelo que Javé havia mostrado a Moisés.

A purificação dos levitas – ⁵Javé falou a Moisés: ⁶"Escolha levitas entre os filhos de Israel e purifique-os ⁷do seguinte modo: faça sobre eles uma aspersão com águas que expulsam pecado. Depois, passarão a navalha por todo o corpo, lavarão suas roupas e se purificarão. ⁸A seguir, pegarão um novilho, com a correspondente oblação da melhor farinha, amassada no azeite. Então você pegará outro novilho para o sacrifício pelo pecado. ⁹Faça que os levitas se aproximem da Tenda do Encontro, e então convoque toda a comunidade dos filhos de Israel.

¹⁰Quando os levitas estiverem na presença de Javé, os filhos de Israel imporão as mãos sobre eles. ¹¹Em seguida, Aarão, em nome dos filhos de Israel, os apresentará a Javé com o gesto de apresentação, para que eles possam desempenhar as tarefas de Javé. ¹²Os levitas colocarão a mão sobre a cabeça dos novilhos; com um você fará um sacrifício pelo pecado, e com o outro um holocausto para Javé, para a expiação pelos levitas. ¹³Coloque, depois, os levitas diante de Aarão e seus filhos, e ofereça-os a Javé com o gesto de apresentação. ¹⁴Desse modo, para que eles pertençam a mim, separe os levitas do meio dos filhos de Israel. ¹⁵Então os levitas poderão começar a servir na Tenda do Encontro. Purifique-os e ofereça-os com o gesto de apresentação, ¹⁶porque os levitas foram doados a mim pelos filhos de Israel, em troca de seus primogênitos, e eu os reservo para mim. ¹⁷Todos os primogênitos de Israel, homem ou animal, me pertencem. Eu os consagrei a mim mesmo, desde o dia em que matei todos os primogênitos do Egito. ¹⁸Por isso, eu reservo para mim os levitas, em troca dos primogênitos dos filhos de Israel, ¹⁹e os entrego a Aarão e seus filhos como doação dos filhos de Israel, para que trabalhem a serviço dos filhos de Israel na Tenda do Encontro e para que realizem a expiação pelos filhos de Israel. Desse modo, nenhuma praga atingirá os filhos de Israel quando se aproximarem do santuário".

²⁰Moisés, Aarão e toda a comunidade dos filhos de Israel fizeram com os levitas tudo o que Javé havia ordenado a Moisés. ²¹Os levitas se limparam de seus pecados e lavaram suas roupas. Aarão os apresentou a Javé com o gesto de apresentação, e Aarão fez a expiação pelos levitas, para purificá-los. ²²Os levitas foram, então, admitidos para cumprir sua função na Tenda do Encontro, na presença de Aarão e seus filhos. Desse modo se cumpriu tudo o que Javé havia ordenado a Moisés a respeito dos levitas.

O tempo de serviço dos levitas – ²³Javé falou a Moisés: ²⁴"A partir dos vinte e cinco anos, os levitas prestarão serviço no exército de trabalho da Tenda do Encontro. ²⁵Aos cinquenta anos eles sairão do exército de trabalho e não vão mais tra-

---

7,89: Moisés, tendo exclusividade de acesso ao propiciatório, representa o sumo sacerdote, chefe da hierarquia sacerdotal judaica do pós-exílio, apresentado como único mediador entre Javé e seu povo, tanto para trazer-lhe a palavra de Deus, quanto para a expiação dos pecados do povo. Ver notas a Lv 16,1-34 e a Ex 25,10-22.

8,1-4: As lâmpadas eram acesas à noite (Ex 30,8; Lv 24,1-4) para simbolizar a presença de Deus no santuário (1Sm 3,3). Ver Ex 25,31-40.

5-22: Os levitas são só purificados, enquanto os sacerdotes são consagrados (cf. Ex 28,41; Lv 8,27-30). Na hierarquia pós-exílica, os levitas deviam formar uma barreira entre o impuro (o povo e seu mundo) e o espaço do puro (o Templo, os sacerdotes e seus rituais; 1,53, cf. 2Cr 23,19), criando a imagem de um Deus cada vez mais separado da vida. Sobre as águas que expulsam o pecado, ver nota a 19,1-22.

23-26: A idade com que os levitas entram em função vai diminuindo: trinta anos em 4,3; vinte e cinco aqui;

balhar. ²⁶Atenderão a seus irmãos montando guarda na Tenda do Encontro, mas não exercerão o ministério. Assim você fará com os levitas em suas funções de guardas".

9 *Fixação da data da Páscoa* – ¹Dois anos depois que os filhos de Israel saíram do Egito, no primeiro mês, Javé falou a Moisés no deserto do Sinai: ²"Os filhos de Israel celebrarão a Páscoa na data marcada. ³No dia catorze do primeiro mês, ao entardecer, celebrarão a festa conforme todos os seus estatutos e normas". ⁴Moisés mandou os filhos de Israel celebrarem a Páscoa. ⁵E eles a celebraram no dia catorze do primeiro mês, ao entardecer, no deserto do Sinai. Os filhos de Israel fizeram tudo de acordo com o que Javé tinha ordenado a Moisés.

Data alternativa para a Páscoa – ⁶Alguns homens estavam impuros porque haviam tocado num cadáver, e nesse dia não puderam celebrar a Páscoa. Apresentaram-se no mesmo dia a Moisés e Aarão ⁷e lhes disseram: "Estamos impuros porque tocamos num cadáver. Por que não nos deixa trazer nossa oferta a Javé no tempo determinado, junto com os outros filhos de Israel?" ⁸Moisés respondeu: "Esperem até que eu saiba o que Javé vai ordenar a respeito de vocês". ⁹Javé falou a Moisés: ¹⁰"Diga aos filhos de Israel: 'Se alguém de vocês ou de seus descendentes estiver impuro por ter tocado num cadáver, ou estiver numa longa viagem, deverá celebrar a Páscoa de Javé ¹¹no dia catorze do segundo mês, ao entardecer. Comerão a Páscoa com pães sem fermento e com ervas amargas. ¹²Não deverá sobrar nada para o dia seguinte, nem se quebrará osso nenhum do cordeiro. Deverão celebrar a Páscoa de acordo com todo o estatuto. ¹³Quando um homem estiver puro ou não estiver em viagem e deixar de celebrar a Páscoa, será excluído do seu povo. Porque não trouxe a oferta para Javé no tempo certo, tal homem carregará seu pecado. ¹⁴O migrante que mora entre vocês deverá celebrar a Páscoa de Javé conforme o estatuto e a norma da Páscoa, e assim o fará. O mesmo estatuto vale tanto para o migrante como para o natural da terra'".

II. O POVO A CAMINHO NO DESERTO

1. Do Sinai a Edom

A nuvem guia Israel – ¹⁵No dia em que a Habitação foi erguida, a nuvem cobria a Habitação da Tenda do Testemunho, e desde o entardecer até o amanhecer ela ficava sobre a Habitação com aspecto de fogo. ¹⁶Acontecia sempre o mesmo: de noite a nuvem cobria o santuário, tomando aspecto de fogo até o amanhecer. ¹⁷Quando a nuvem se elevava acima da Tenda, os filhos de Israel se punham em marcha. Onde ela parava, aí acampavam. ¹⁸Punham-se em marcha ou acampavam conforme a ordem de Javé. Permaneciam acampados durante todo o tempo em que a nuvem pousava sobre a Habitação. ¹⁹Se a nuvem permanecia muitos dias em cima da Habitação, os filhos de Israel vigiavam no aguardo da ordem de Javé e não partiam. ²⁰Às vezes, a nuvem ficava poucos dias sobre a Habitação. Permaneciam acampados ou partiam, de acordo com a ordem de Javé. ²¹Às vezes, a nuvem ficava desde o entardecer até o amanhecer e, quando ela se levantava, ao amanhecer, eles se punham em marcha. Outras vezes, ficava um dia e uma noite e, quando ela se levantava, eles partiam. ²²Outras vezes ainda, a nuvem ficava pa-

---

e vinte anos em Esd 3,8 e 1Cr 23,24. Talvez porque sua função vai se resumindo a ser polícia do Templo e dos sacerdotes (compare 2Cr 23,7.18-19 com 2Rs 11,10.18b-19; cf. notas a 3,5-10 e 8,5-22; 35,1-8).

9,1-5: Definição pós-exílica da data da Páscoa (28,16; Ex 12,6; Lv 23,5; Ez 45,21). Comparar com Dt 16,1. Sobre a Páscoa, ver notas a Ex 12,1-14 e 21-28.

6-14: Importante concessão para os judeus da diáspora e outros (v. 10), impedidos de celebrar a Páscoa por estarem em viagem ou por alguma impureza. Porém, deixa ver que no pós-exílio a Páscoa oficial, mais preocupada com a pureza do que com a memória de Deus que não quer a escravidão e a opressão, torna-se ocasião para mais uma oferenda obrigatória (v. 13).

9,15-20,29: Este bloco, semelhante a Ex 15,22-18,27, unindo diversas narrativas de murmurações no deserto, rebeliões, pecados e novos tributos, reforça a concentração da autoridade e da direção política e religiosa nas mãos da teocracia sacerdotal judaíta, que exige total obediência.

9,15-23: Retoma-se a narrativa de Ex 40,34-38. Ver notas a Ex 13,17-22 e 33,22-38. Ver também notas a 10,29-32 e 10,33-36.

rada dois dias, um mês ou até um ano sobre a Habitação. Os filhos de Israel permaneciam acampados e não partiam. Quando a nuvem se levantava, então eles partiam. ²³Acampavam ou partiam de acordo com a ordem de Javé. Respeitavam a ordem de Javé, que era comunicada por Moisés.

10 *As trombetas de prata* – ¹Javé falou a Moisés: ²"Faça duas trombetas de prata lavrada, para convocar a comunidade e dar o toque de partida para os acampamentos. ³Ao toque das duas trombetas, toda a comunidade se reunirá com você na entrada da Tenda do Encontro. ⁴Quando se tocar só uma trombeta, os príncipes, os cabeças dos milhares de Israel é que devem reunir-se com você. ⁵Ao primeiro toque agudo, os que estiverem acampados a leste se colocarão em movimento. ⁶Ao segundo toque, partirão os que estiverem acampados no sul; será dado um toque para que se ponham em marcha. ⁷Para congregar a assembleia se dará um toque, mas não agudo. ⁸Os sacerdotes, filhos de Aarão, ficarão encarregados de tocar as trombetas. Esse é um estatuto eterno para vocês e para seus descendentes.

⁹Quando já estiverem na sua terra e tiverem de sair para lutar contra o inimigo que os esteja oprimindo, vocês tocarão a trombeta para o combate. E Javé, o seu Deus, se lembrará de vocês e os salvará dos inimigos. ¹⁰Também nos dias de festa, solenidades ou primeiro dia do mês, vocês tocarão as trombetas para anunciar os holocaustos e sacrifícios de comunhão. E o seu Deus se lembrará de vocês. Eu sou Javé, o Deus de vocês".

A ordem de marcha – ¹¹No dia vinte do segundo mês do segundo ano, a nuvem se levantou sobre a Habitação do Testemunho. ¹²Os filhos de Israel então partiram do deserto do Sinai, conforme sua ordem de marcha. A nuvem parou no deserto de Farã.

¹³São estes os que partiram em primeiro lugar, conforme a ordem de Javé, transmitida por Moisés. ¹⁴E partiu a bandeira do acampamento dos filhos de Judá, no primeiro lugar dos exércitos deles, e seu exército era chefiado por Naasson, filho de Aminadab. ¹⁵Judá estava acompanhado pelo exército dos filhos de Issacar, chefiado por Natanael, filho de Suar, ¹⁶e pelo exército dos filhos de Zabulon, chefiado por Eliab, filho de Helon.

¹⁷Em seguida, desmontaram a Habitação, e partiram os filhos de Gérson e os filhos de Merari, carregadores da Habitação. ¹⁸A seguir, partiu a bandeira do acampamento dos filhos de Rúben, por exércitos, e seu exército era chefiado por Elisur, filho de Sedeur. ¹⁹Rúben estava acompanhado pelo exército dos filhos de Simeão, chefiado por Salamiel, filho de Surisadai, ²⁰e pelo exército dos filhos de Gad, chefiado por Eliasaf, filho de Reuel.

²¹Partiram, então, os filhos de Caat, carregadores do santuário (os outros levantariam a Habitação até a chegada deles).

²²Partiu, depois, a bandeira do acampamento dos filhos de Efraim, por exércitos, e seu exército era chefiado por Elisama, filho de Amiud. ²³Efraim estava acompanhado pelo exército dos filhos de Manassés, chefiado por Gamaliel, filho de Fadassur, ²⁴e pelo exército dos filhos de Benjamim, chefiados por Abidã, filho de Gedeão. ²⁵Por último, fechando a retaguarda, partiu a bandeira do acampamento dos filhos de Dã, por exércitos, e seu exército era chefiado por Aiezer, filho de Amisadai. ²⁶Dã estava acompanhado pelo exército dos filhos de Aser, chefiado por Fegiel, filho de Ocrã, ²⁷e pelo exército dos filhos de Neftali, chefiado por Aíra, filho de Enã. ²⁸Era essa a ordem de partida dos filhos de Israel, por exércitos, quando se punham em marcha.

Hobab guia Israel – ²⁹Moisés disse a seu sogro Hobab, filho de Raguel, o madianita:

10,1-10: Fazendo do Templo o substituto da arca (1Sm 4,5-8; 2Sm 6,15), com as trombetas de prata (1Cr 15,24; 2Cr 5,12; 13,12; Esd 3,10; Ne 12,35) substituindo as cornetas de chifre de carneiro das lideranças no antigo Israel (Jz 3,27; 1Sm 13,3; 2Sm 2,28; 20,1), os sacerdotes da teocracia judaica apresentam o povo como exército comandado por eles (vv. 9-10, cf. 31,6).

11-28: O santuário no centro da procissão reflete a centralidade do Templo na perspectiva sacerdotal pós-exílica. Ver notas a 2,1-34 e a 10,29-32.

29-32: Em 9,15-22 é a nuvem que guia Israel no deserto; em 10,33-36 é a Arca da Aliança (ver notas); em 20,16 é um anjo (cf. Ex 14,19; 23,20.23; 32,34). Aqui esta função é requerida de Hobab, o sogro de Moisés

você possui e passar para eles, a fim de que repartam com você o peso do povo, e você não tenha mais de carregá-lo sozinho. ¹⁸Depois você dirá ao povo: Santifiquem-se para amanhã, que vocês vão comer carne, pois vocês reclamaram a Javé, dizendo: 'Quem nos dará carne para comer? No Egito estávamos melhor!' Pois bem! Javé dará carne para vocês comerem, ¹⁹e vocês não comerão apenas por um dia ou dois, cinco, dez ou vinte dias. ²⁰Pelo contrário, vocês comerão o mês inteiro, até ficarem enjoados e vomitarem, porque rejeitaram Javé, que está no meio de vocês, e reclamaram dizendo: 'Por que saímos do Egito?' "

²¹Moisés disse: "O povo que está comigo conta seiscentas mil pessoas adultas, e tu dizes que darás carne para eles comerem o mês inteiro! ²²Ainda que matássemos as vacas e ovelhas, isso não seria suficiente, e ainda que reuníssemos todos os peixes do mar, nem assim lhes bastariam". ²³Javé respondeu a Moisés: "Será que o meu poder diminuiu? Você verá se a minha palavra vai cumprir-se ou não". ²⁴Moisés foi e comunicou as palavras de Javé ao povo. Em seguida, reuniu os setenta anciãos do povo e os colocou ao redor da Tenda do Encontro. ²⁵E Javé desceu na nuvem, falou com Moisés, separou uma parte do espírito que Moisés possuía e colocou nos setenta anciãos. Quando o espírito pousou sobre eles, puseram-se a profetizar, mas depois não o fizeram mais.

²⁶Dois homens do grupo tinham ficado no acampamento: um se chamava Eldad e o outro Medad. Embora estivessem na lista, não tinham ido à Tenda. Mas o espírito pousou sobre eles e começaram a profetizar no acampamento. ²⁷Um jovem foi correndo contar a Moisés: "Eldad e Medad estão profetizando no acampamento!" ²⁸Josué, filho de Nun, atendente de Moisés desde a juventude, falou: "Moi-

sés, meu senhor, mande-os parar!" ²⁹Moisés, porém, respondeu: "Você está com ciúme por mim? Quem dera todo o povo de Javé fosse profeta e recebesse o espírito de Javé!" ³⁰E Moisés voltou para o acampamento, junto com os anciãos de Israel.

As codornizes – ³¹Movido por Javé, soprou um vento que arrastou do mar bandos de codornizes, fazendo-as cair no acampamento no raio de um dia de caminhada ao redor do acampamento, amontoadas até cerca de um metro acima do chão. ³²O povo passou o dia todo, a noite e o dia seguinte recolhendo codornizes. Quem recolheu menos, chegou a juntar dez cargas de burro. E as estenderam ao redor do acampamento. ³³Ainda estavam com a carne na boca, antes de mastigar, quando a ira de Javé se inflamou contra o povo, ferindo-o com grande praga. ³⁴O lugar ficou sendo chamado de Cibrot-ataava, porque aí o povo enterrou as vítimas da sua avidez. ³⁵De Cibrot-ataava partiram para Haserot, e acamparam em Haserot.

12 Míriam e Aarão contra Moisés –
¹Míriam e Aarão falaram mal de Moisés, por causa da mulher cuchita que ele havia tomado, pois havia tomado uma mulher cuchita. ²Disseram a Moisés: "Será que Javé falou somente a Moisés? Não falou também a nós?" E Javé os ouviu. ³Moisés era o homem mais humilde entre todos os homens da terra. ⁴De repente, Javé disse a Moisés, a Aarão e Míriam: "Vão os três para a Tenda do Encontro". Os três foram ⁵e Javé desceu numa coluna de nuvem, colocou-se à entrada da Tenda e chamou Aarão e Míriam. Eles se aproximaram, ⁶e Javé disse: "Ouçam o que eu vou lhes dizer: Quando entre vocês há um profeta, eu me apresento a ele em visão e com ele falo em sonhos. ⁷Não acontece assim com meu servo Moisés, que é homem de confiança em toda a minha casa. ⁸Com ele eu falo face a face, às claras e sem

---

ao maná e às codornizes, possivelmente justificando a instituição pós-exílica que dará origem ao Sinédrio (2Cr 19,8-11; Esd 10,8).

31-35: O fenômeno das aves migratórias desviadas de sua rota sobre o Mediterrâneo, que esgotadas caem no deserto em setembro (cf. Ex 16,1-36), é ligado ao nome de Cibrot-ataava ("sepulcros da cobiça"), para reforçar a obediência ao Templo pós-exílico (ver 16,31-35).

12,1-16: Narrando que só Míriam é castigada, a oficialidade pós-exílica visa restringir a função profética somente aos homens do Templo (cf. 7,89); até então ela podia ser exercida por mulheres (Ex 15,20; Jz 4,4; 2Rs 22,14; Is 8,3). A espera por Míriam é sinal do reconhecimento popular (v. 15; cf. Ne 6,14). Sobre as mulheres neste período, cf. notas a 5,11-31; 25,1-18; Lv 12,1-8; 18,1-30.

"Nós vamos partir para o lugar que Javé prometeu dar a nós. Venha conosco! Nós vamos tratá-lo bem, pois Javé prometeu coisas boas para Israel". ³⁰Hobab respondeu: "Não vou. Irei para a minha terra e para meus parentes". ³¹Moisés insistiu: "Não nos abandone, pois você sabe onde podemos acampar no deserto. Você será nossos olhos. ³²Pois se você vier conosco, acontecendo as coisas boas que Javé bondosamente nos fará, também nós faremos bem a você".

A Arca da Aliança guia Israel – ³³Partiram da montanha de Javé e andaram durante três dias. Durante todo o tempo, a Arca da Aliança de Javé ia na frente para procurar um local onde pudessem descansar. ³⁴Durante o dia, quando levantavam acampamento, a nuvem de Javé estava sobre eles. ³⁵Quando a arca partia, Moisés falava: "Levanta-te, Javé! Que teus inimigos se dispersem, e os que te rejeitam fujam da tua presença". ³⁶Quando a arca estava em repouso, Moisés dizia: "Volta, ó Javé, para os muitos milhares de Israel".

11

Os queixosos e o fogo de Javé – ¹Uma vez que o povo começou a queixar-se amargamente aos ouvidos de Javé, ele ouviu, sua ira se inflamou e o fogo de Javé passou a devorar uma extremidade do acampamento. ²O povo clamou por Moisés, que intercedeu junto a Javé, e o incêndio apagou-se. ³Esse local tomou o nome de Tabera, porque aí o fogo de Javé ardeu contra eles.

Reclamações do povo – ⁴Os agregados que havia no meio do povo tiveram um grande desejo. Os filhos de Israel começaram a reclamar junto com eles, dizendo: "Quem nos há de dar carne para comer? ⁵Temos saudade dos peixes que comíamos de graça no Egito, dos pepinos, melões, verduras, cebolas e alhos! ⁶Agora a vida está secando em nós, pois não vemos outra coisa além desse maná!" ⁷O maná era parecido com a semente de coentro e tinha aparência de resina. ⁸O povo se espalhava para recolhê-lo, depois o triturava no moinho ou no pilão e levava à panela, fazendo bolos, com gosto de bolo amassado no azeite. ⁹Quando, à noite, caía orvalho sobre o acampamento, caía também o maná.

Intercessão de Moisés – ¹⁰Moisés ouviu as queixas do povo, família por família, cada qual à entrada da própria tenda. A ira de Javé se inflamou fortemente e Moisés sentiu-se mal. ¹¹Ele disse a Javé: "Por que tratas tão mal o teu servo? Por que gozo tão pouco do teu favor, a ponto de me impores o peso de todo este povo? ¹²Por acaso fui eu que concebi ou dei à luz este povo, para que me digas: 'Tome este povo nos braços, tal como a ama carrega a criança no colo, e leve-o para a terra que eu jurei dar aos pais deles'? ¹³De onde vou tirar carne para dar a todo este povo? Eles vêm a mim reclamando: 'Dê-nos carne para comer'. ¹⁴Eu sozinho não consigo carregar este povo, pois supera as minhas forças! ¹⁵Se é assim que me pretendes tratar, prefiro a morte! Concede-me esse favor, e eu não terei de passar por essa desgraça!"

O espírito sobre os setenta anciãos – ¹⁶Javé respondeu a Moisés: "Reúna para mim setenta anciãos de Israel que você sabe serem homens maduros e que são líderes do povo. Leve-os à Tenda do Encontro, para que permaneçam aí com você. ¹⁷Eu descerei e falarei com você. Vou separar uma parte do espírito que

---

(ver nota a Ex 2,11-22). Este texto pode ser memória de uma aliança entre parte do Israel antigo e um ramo dos madianitas, os quenitas (cf. Jz 1,16; 4,11.17; 1Sm 15,6; 30,29), nômades conhecedores do sul de Judá talvez ligados à metalurgia (cf. nota Gn 4,1-16; Nm 24,21). Sobre os madianitas, ver nota a 31,1-12.

33-36: Esta imagem destoa das anteriores (cf. notas). Provém das tradições deuteronomistas (Js 3,3.6.14), porém aí os levitas são também sacerdotes e desempenham o papel principal (Dt 31,19; Js 6,8; 8,3), enquanto aqui são subordinados aos sacerdotes, filhos de Aarão (cf. 3,22).

11,1-3: O significado do nome Tabera ("destruição pelo fogo") é usado para introduzir o tema das reclamações contra Javé e contra Moisés. A teocracia pós-exílica procura firmar-se como a mediadora da ira de Javé (cf. vv. 10.33-34; 16,31-35).

4-9: O maná é mostrado aqui como resina natural expelida de maio a junho por insetos que vivem nas tamargueiras do Sinai central. Por não estar relacionada ao sábado, talvez seja uma narrativa mais antiga que Ex 16 (cf. nota).

10-15: A intercessão de Moisés (cf. 12,13; 14,10-19 e notas a Ex 32,7-14; 33,12-23) prepara a inserção das narrativas sobre os setenta anciãos.

16-30: Ligando o êxtase profético (1Sm 10,5-13; 19,20-24), que ocorre também longe do Templo (v. 26-29), ao espírito de Moisés, uma narrativa antiga é vinculada aqui

enigmas, e ele vê a figura de Javé. Por que vocês se atreveram a falar mal do meu servo Moisés?" ⁹A ira de Javé se inflamou contra eles, e Javé se retirou. ¹⁰A nuvem se afastou da Tenda, e Míriam ficou leprosa, branca como a neve. Aarão virou-se para Míriam, e ela estava leprosa.

¹¹Aarão disse a Moisés: "Por favor, meu senhor! Não ponha sobre nós o pecado que tivemos a ousadia de cometer. ¹²Não deixe que ela fique como um feto abortivo que sai do ventre da mãe com metade da carne já carcomida". ¹³Moisés, então, suplicou a Javé: "Ó El, por favor, concede-lhe a cura!" ¹⁴Javé disse a Moisés: "Se o pai dela lhe tivesse cuspido na cara, ela não ficaria envergonhada por sete dias? Pois então, que ela fique isolada por sete dias, fora do acampamento, e só depois seja admitida novamente". ¹⁵Isolaram Míriam durante sete dias fora do acampamento, e o povo não saiu daquele lugar até Míriam ser reintegrada. ¹⁶Depois partiram de Haserot e foram acampar no deserto de Farã.

13 *Espiões enviados para Canaã* – ¹Javé falou a Moisés: ²"Mande alguns homens para explorar a terra de Canaã, que vou dar aos filhos de Israel. Mande um de cada tribo, e que todos sejam príncipes deles". ³De acordo com a ordem de Javé, Moisés os enviou do deserto de Farã. Todos eram cabeças dos filhos de Israel. ⁴Seus nomes são os seguintes: da tribo de Rúben, Samua, filho de Zacur; ⁵da tribo de Simeão, Safat, filho de Huri; ⁶da tribo de Judá, Caleb, filho de Jefoné; ⁷da tribo de Issacar, Igal, filho de José; ⁸da tribo de Efraim, Oseias, filho de Nun; ⁹da tribo de Benjamim, Falti, filho de Rafu; ¹⁰da tribo de Zabulon, Gediel, filho de Sodi; ¹¹da tribo de Manassés, filho de José, Gadi, filho de Susi; ¹²da tribo de Dã, Amiel, filho de Gemali; ¹³da tribo de Aser, Setur, filho de Miguel; ¹⁴da tribo de Neftali, Naabi, filho de Vapsi; ¹⁵da tribo de Gad, Guel, filho de Maqui. ¹⁶São esses os nomes dos homens que Moisés mandou explorar a terra. Quanto a Oseias, filho de Nun, Moisés lhe deu o nome de Josué.

¹⁷Moisés mandou-os explorar a terra de Canaã e falou: "Subam pelo deserto do Negueb e subam à montanha. ¹⁸Observem como é a terra e seus habitantes, se são fortes ou fracos, poucos ou numerosos. ¹⁹Vejam se a terra é boa ou ruim, como é que são as cidades onde moram, se são abertas ou fortificadas. ²⁰Vejam se a terra é fértil ou estéril, se tem árvores ou não. Sejam corajosos e tragam frutos da terra".

Era o tempo em que a uva começava a amadurecer. ²¹Eles subiram e exploraram o país, desde o deserto de Sin até Roob, junto à entrada de Emat. ²²Subiram pelo deserto e chegaram a Hebron, onde viviam Aimã, Sesai e Tolmai, filhos de Enac. Hebron tinha sido fundada sete anos antes que Tânis do Egito. ²³Chegando ao vale de Escol, cortaram um ramo de videira com um cacho de uvas e o penduraram numa vara para ser transportado por dois homens; colheram também romãs e figos. ²⁴Esse lugar ficou sendo chamado vale de Escol, por causa do cacho de uvas que os filhos de Israel aí cortaram.

Relatório dos espiões – ²⁵Os exploradores voltaram quarenta dias depois ²⁶e se apresentaram diante de Moisés, Aarão e toda a comunidade de Israel, no deserto de Farã, em Cades. Diante deles e da comunidade, fizeram seu relatório e mostraram os frutos da terra. ²⁷O relatório deles foi o seguinte: "Entramos na terra aonde você nos enviou. É uma terra que mana leite e mel, e aqui vocês podem ver os frutos dela. ²⁸Mas o povo que mora na terra é poderoso, e as cidades são grandes e fortificadas. Também vimos aí os filhos de Enac. ²⁹Os amalecitas ocupam a região do Negueb; os heteus, amorreus e jebuseus vivem na montanha; os cananeus moram junto do mar e às margens do Jordão".

³⁰Então Caleb fez o povo ficar em silêncio diante de Moisés, e falou: "Temos

---

13,1-24: Uma antiga tradição dos calebitas, cenezeus (cf. Js 14,6.14) que ocuparam Hebron (cf. Jz 1,8-20), foi ampliada com os vv. 1-17a e o v. 21, criando-se um relato de exploração de toda a terra de Canaã, desde o deserto de Sin até Emat (cf. 34,3.8). Moisés, Caleb e Josué servem para ligar a obra sacerdotal à obra deuteronomista (Dt 1,19-33).

25-33: Os exploradores que não confiam e não aceitam as ordens de Javé serão mortos (cf. 14,36-37). Forjando essa imagem de Javé (cf. nota a 13,1-24), a

de subir e tomar posse dessa terra. Nós podemos fazer isso". ³¹Mas os homens que haviam acompanhado Caleb replicaram: "Não podemos atacar esse povo, porque é mais forte do que nós". ³²E, diante dos filhos de Israel, começaram a pôr defeitos na terra que haviam explorado: "A terra que fomos explorar é uma terra que devora seus habitantes. O povo que vimos nela são homens de grande estatura. ³³Aí nós vimos gigantes, os filhos de Enac, que são gigantes mesmo. Tanto para nós próprios, como para eles, nós parecíamos gafanhotos".

14 *Revolta do povo* – ¹Então toda a comunidade de Israel começou a gritar, e o povo chorou a noite inteira. ²Os filhos de Israel murmuravam contra Moisés e Aarão. Toda a comunidade dizia: "Seria melhor que tivéssemos morrido na terra do Egito! É melhor morrer neste deserto! ³Por que Javé nos trouxe a esta terra? Para morrermos pela espada e para que nossas mulheres e crianças se tornem escravas? Não seria melhor voltar para o Egito?" ⁴E diziam uns aos outros: "Vamos escolher um cabeça e voltar para o Egito".

⁵Moisés e Aarão se prostraram por terra diante dos filhos de Israel, a comunidade toda reunida. ⁶Dois daqueles que foram explorar a terra, Josué, filho de Nun, e Caleb, filho de Jefoné, rasgaram as roupas ⁷e disseram a toda a comunidade dos filhos de Israel: "A terra que fomos explorar é boa, é uma terra excelente! ⁸Se Javé estiver do nosso lado, ele nos fará entrar nessa terra e a dará para nós. É uma terra que mana leite e mel. ⁹Entretanto, não se revoltem contra Javé, não tenham medo do povo dessa terra. Nós os devoraremos como um pedaço de pão. A sombra protetora deles lhes foi tirada, e Javé está conosco. Não tenham medo deles!"

A ira de Javé e a intercessão de Moisés – ¹⁰Toda a comunidade, porém, falava em apedrejá-los. Nesse momento, a glória de Javé apareceu na Tenda do Encontro, diante de todos os filhos de Israel. ¹¹Javé disse a Moisés: "Até quando esse povo vai me desprezar? Até quando se recusará a acreditar em mim, apesar de todos os sinais que tenho feito no meio de vocês? ¹²Vou atacar e eliminar esse povo com uma peste. De você eu tiro um povo maior, mais numeroso do que esse". ¹³Moisés respondeu a Javé: "Os egípcios sabem que foste tu que tiraste este povo do meio deles com grande poder, ¹⁴e vão dizer isso aos habitantes desta terra. Eles souberam, Javé, que tu estás no meio deste povo, que te mostras a ele face a face, que tua nuvem está sobre ele e caminhas à sua frente de dia numa coluna de nuvem, e de noite numa coluna de fogo. ¹⁵Se agora fazes este povo desaparecer como se fosse um só homem, as nações ouvirão a notícia e dirão: ¹⁶'Javé não conseguiu levar esse povo à terra que havia prometido para eles, e por isso o matou no deserto'. ¹⁷Portanto, mostra tua grande força, conforme prometeste. ¹⁸Javé, paciente e misericordioso, que toleras a culpa e a transgressão, porém não inocentas, mas cobras o pecado dos pais nos filhos, netos e bisnetos, ¹⁹perdoa a culpa deste povo, conforme tua grande misericórdia, já que o trouxeste do Egito até aqui".

Javé perdoa e castiga – ²⁰Javé disse: "Conforme você está pedindo, eu perdoo. ²¹Mas, por minha vida e pela glória de Javé que enche a terra, ²²todos os homens que viram minha glória e os sinais que eu fiz no Egito e no deserto, já me puseram à prova por dez vezes e não obedeceram à minha voz: ²³eles não verão a terra que jurei dar a seus pais. Nenhum daqueles que me desprezaram verá essa terra. ²⁴Meu servo Caleb, porém, animado de outro espírito, ele me seguiu fielmente. Por isso, eu o farei entrar na terra que ele explorou, e sua descendência possuirá essa terra. ²⁵Visto que os amalecitas e cananeus habitam no vale, amanhã vocês deverão partir para o deserto, seguindo a rota do mar Vermelho".

---

teocracia busca total obediência aos rituais e à entrega de tributos no pós-exílio (ver nota a 15,1-6).

14,1-9: A desconfiança dos exploradores é estendida a todos, preparando a narrativa da condenação de todo o povo que saiu do Egito (cf. 20-38; ver notas a 13,1-24 e 25-33).

10-19: Com a figura de Moisés como intercessor, deseja-se afirmar que o sumo sacerdote pós-exílico tem o poder de afastar a ira de Javé (ver notas anteriores e também a 11,10-15).

20-38: A intercessão de Moisés livra o povo da morte imediata, mas não do castigo de vagar no deserto por

²⁶Javé falou também a Moisés e Aarão: ²⁷"Até quando essa comunidade má continuará murmurando contra mim? Eu ouvi os filhos de Israel se queixarem contra mim. ²⁸Diga a eles: Eu juro por mim mesmo – oráculo de Javé – que vou tratá-los de acordo com o que vocês falaram e eu ouvi. ²⁹Seus cadáveres cairão neste deserto. E todos os que foram recenseados, os de vinte anos para cima que murmuraram contra mim, ³⁰não entrarão na terra onde jurei que lhes daria morada. A única exceção será Josué, filho de Nun, e Caleb, filho de Jefoné. ³¹Quanto aos filhos de vocês, de quem vocês diziam que seriam levados como escravos, eu os farei entrar e usufruir da terra que vocês desprezaram. ³²Os cadáveres de vocês ficarão caídos neste deserto. ³³e por este deserto os filhos de vocês caminharão errantes durante quarenta anos, carregando o peso da infidelidade de vocês, até que os cadáveres de vocês se acabem no deserto. ³⁴Vocês exploraram a terra durante quarenta dias. A cada dia corresponderá um ano. Pois bem! Vocês carregarão o peso de suas culpas por quarenta anos, para que saibam o que significa abandonar-me. ³⁵Eu sou Javé: juro que vou tratar desse modo a essa comunidade má que se rebelou contra mim. Vão todos se acabar neste deserto, e aí morrerão".

³⁶Quanto aos homens que Moisés tinha enviado para explorar a terra e que fizeram a comunidade se voltar e reclamar contra ele, divulgando o descrédito da terra, ³⁷esses homens, que espalharam o descrédito da terra, morrerão feridos por praga diante de Javé. ³⁸De todos os que haviam explorado a terra, somente Josué, filho de Nun, e Caleb, filho de Jefoné, permaneceram vivos.

Tentativa de conquista fracassada – ³⁹Moisés comunicou isso a todos os filhos de Israel. E o povo se entristeceu muito. ⁴⁰No dia seguinte, levantaram-se de madrugada e subiram para o topo da montanha, dizendo: "Aqui estamos e vamos subir para o lugar que Javé disse, pois pecamos". ⁴¹Moisés, porém, disse: "Por que vocês estão passando por cima das palavras da boca de Javé? Isso não vai dar certo. ⁴²Não subam, para não serem derrotados diante dos inimigos de vocês, porque Javé não está com vocês. ⁴³De verdade, os amalecitas e cananeus estão ali para enfrentá-los, e vocês vão cair sob golpes de espada. Vocês voltaram as costas para Javé, e é por isso que Javé não estará com vocês". ⁴⁴Apesar de tudo, eles teimaram em subir ao topo do monte, enquanto Moisés e a Arca da Aliança de Javé não saíram de dentro do acampamento. ⁴⁵Os amalecitas e cananeus, que habitavam na montanha, desceram e os feriram, despedaçando-os até Horma.

15 Os sacrifícios e suas respectivas oblações e libações
– ¹Javé falou a Moisés: ²"Diga aos filhos de Israel: Quando vocês entrarem na terra que vou lhes dar e que será a pátria de vocês, ³ao oferecerem a Javé uma oferta queimada de gado graúdo ou miúdo, para fazer um perfume apaziguador para Javé, seja holocausto, seja sacrifício de comunhão, espontâneo ou em cumprimento de promessa ou por ocasião de uma festa, ⁴aquele que fizer sua oferta a Javé oferecerá uma oblação de quatro litros e meio da melhor farinha, amassada em dois litros de azeite. ⁵Juntamente com o holocausto ou com o sacrifício de comunhão, fará uma libação de dois litros de vinho para cada cordeiro. ⁶Tratando-se de um carneiro, você fará uma oblação de nove litros da melhor farinha, amassada em dois litros e meio de azeite ⁷e uma libação de dois litros e meio de vinho, como perfume apaziguador para Javé. ⁸Se o holocausto ou sacrifício de comunhão, para cum-

---

quarenta anos, até todos morrerem. Essa imagem de Javé reforça a função pós-exílica do Templo e do sumo sacerdote (cf. nota a 13,25-33). Apesar de ser base de muitas teologias atuais, não é essa a teologia de Jesus (cf. Mt 9,13; Mc 2,27; Lc 15,32; Jo 10,10).

39-45: Narrativa da mesma origem de 10,33-36 (ver nota), criada a partir do significado do nome Horma ("extermínio", cf. 21,1-5), para reforçar a obediência absoluta exigida pelo Templo pós-exílico.

15,1-16: Complementos às leis de Lv 2,1-16 e 6,7-16 (ver notas). Define as quantidades e torna obrigatória a oferta de trigo, azeite e vinho, junto com todos os sacrifícios, aplicando-as também aos migrantes assimilados a Israel (vv. 14-16). O texto reflete possivelmente a exigência de outros tributos cobrados pelo império persa e pela teocracia judaica no tempo da reconstrução das muralhas e da cidade de Jerusalém (por volta de 400 a.C.).

prir uma promessa ou em ação de graças a Javé, for de um novilho, ⁹você deverá acrescentar uma oblação de treze litros e meio da melhor farinha, amassada em quatro litros de azeite, ¹⁰e uma libação de quatro litros de vinho, oferta queimada de perfume apaziguador para Javé. ¹¹Isso é o que se deve oferecer com um novilho, um carneiro, uma ovelha ou um cabrito. ¹²Vocês aplicarão sempre essa proporção. ¹³Assim deverá fazer o natural da terra, quando apresentar uma oferta queimada de perfume apaziguador para Javé. ¹⁴E, no futuro, se algum migrante que estiver morando com vocês ou com seus descendentes quiser apresentar uma oferta queimada de perfume apaziguador para Javé, fará o mesmo que vocês. ¹⁵Haverá um só estatuto para toda a comunidade, tanto para vocês como para o migrante que habita no meio de vocês. Será, na presença de Javé, um estatuto eterno a ser conservado de geração em geração, valendo tanto para vocês como para o migrante. ¹⁶Haverá a mesma lei e a mesma norma para vocês e para o imigrante que habitar entre vocês".

As primícias da farinha – ¹⁷Javé falou a Moisés: ¹⁸"Diga aos filhos de Israel: Quando vocês tiverem entrado na terra para onde eu os conduzo ¹⁹e passarem a comer o pão dessa terra, vocês deverão separar uma oferta para apresentar a Javé. ²⁰Como primícias da farinha, devem separar um pão feito com a farinha nova, como fazem com as primícias da colheita. ²¹Vocês deverão dar a Javé uma oferta da massa do pão. Isso vale para todas as gerações de vocês".

Expiação por pecados cometidos por engano – ²²"Se vocês cometerem um erro, deixando de observar algum dos mandamentos que Javé deu a Moisés ²³(tudo o que Javé ordenou a vocês e para as gerações futuras por meio de Moisés, a partir do dia em que Javé deu essas ordens), ²⁴nesse caso, vocês deverão fazer o seguinte: se o engano foi cometido pela comunidade e passou despercebido, a comunidade toda oferecerá um novilho como holocausto de perfume agradável a Javé, junto com a oblação e a libação, conforme a norma. E oferecerá também um bode, como sacrifício pelo pecado. ²⁵O sacerdote fará a expiação por toda a comunidade dos filhos de Israel e eles serão perdoados, porque foi um engano, e eles levarão a oferta a ser queimada para Javé e o sacrifício pelo pecado diante de Javé, por causa do engano cometido. ²⁶Assim toda a comunidade dos filhos de Israel será perdoada, como também o migrante que mora entre eles, porque todos cometeram o engano.

²⁷Se foi apenas uma pessoa que cometeu o engano, para limpar-se do pecado deve oferecer um cabrito em sacrifício pelo pecado. ²⁸O sacerdote fará a expiação pela pessoa que se tornou pecadora por engano diante de Javé, para a expiação por ela, e a pessoa será perdoada. ²⁹A mesma lei vale tanto para o israelita como para o migrante que mora no meio do povo, quando cometerem um engano. ³⁰Todavia, quem procede com plena consciência, seja natural da terra, seja migrante, foi a Javé que ele insultou. Esse indivíduo deve ser excluído do meio do povo, ³¹pois desprezou a palavra de Javé e violou seu mandamento. Essa pessoa deve ser excluída, pois tem culpa".

Violação do sábado punida com a morte – ³²Quando os filhos de Israel estavam no deserto, surpreenderam um homem que recolhia lenha em dia de sábado. ³³Levaram-no até Moisés, Aarão e toda a comunidade, ³⁴mantendo-o preso enquanto se decidia o que deveria ser feito com ele.

17-21: Como a farinha se mói no dia em que é usada, é da massa do pão de cada dia que será retirada essa oferta, criando mais um tributo sobre o trigo (ver nota anterior), cujas primícias já foram entregues em grãos na hora da colheita (cf. notas a Ex 11,1-11; 12,15-20; Lv 23,1-44).

22-31: Complementa a legislação de Lv 4,1-5,6 (ver nota), abarcando os migrantes estrangeiros assimilados a Israel (v. 29). A imagem de um Javé castigador (ver notas a 11,1-3.31-35; 13,25-33; 14,1-45; 16,31-35) serve para aumentar a coleta de tributos e reforçar a obediência aos sacerdotes.

32-36: Ex 23,12 e 34,21 parecem proibir no sábado só o trabalho no campo; Ex 35,3 proíbe também o trabalho na casa (acender o fogo); aqui se proíbe qualquer trabalho (cf. Ex 20,8-11; 31,12-18; Dt 5,12-15; Jr 17,19-27). O legalismo e o ritualismo fazem leis, hierarquias e doutrinas valerem mais que a vida (Mc 2,27; ver notas a Gn 1,1-2,4a e a Ex 21,1-21).

³⁵Javé disse a Moisés: "Esse homem é réu de morte. Toda a comunidade deverá apedrejá-lo fora do acampamento". ³⁶A comunidade o levou para fora do acampamento e o apedrejou. E o homem morreu, conforme Javé tinha ordenado a Moisés.

Borlas nas vestes – ³⁷Javé falou a Moisés: ³⁸"Diga aos filhos de Israel: Por todas as gerações, façam borlas e as costurem com linha violeta na franja de suas roupas. ³⁹Vendo essas borlas, vocês se lembrarão dos mandamentos de Javé. E elas os ajudarão a cumprir os mandamentos, sem ceder aos caprichos do coração e dos olhos, caprichos que poderiam levá-los à infidelidade. ⁴⁰Desse modo vocês se lembrarão de todos os meus mandamentos e os colocarão em prática, vivendo consagrados ao seu Deus. ⁴¹Eu sou Javé, o Deus de vocês, que os tirei da terra do Egito para ser o seu Deus. Eu sou Javé, o Deus de vocês".

16 Revoltas de Coré, Datã e Abiram

– ¹Coré, filho de Isaar, filho de Caat, filho de Levi, junto com Datã e Abiram, filhos de Eliab, e On, filho de Felet, sendo Eliab e Felet filhos de Rúben, ²se revoltaram contra Moisés com duzentos e cinquenta homens, príncipes da comunidade, chamados ao encontro, homens de renome. ³Congregaram-se contra Moisés e Aarão, dizendo: "Chega! Todos os membros da comunidade são consagrados e Javé está no meio deles. Por que vocês dois se colocam acima da assembleia de Javé?" ⁴Ao ouvir isso, Moisés prostrou-se com o rosto por terra. ⁵Depois falou a Coré e a toda a comunidade dele: "Amanhã cedo Javé vai mostrar quem é dele, quem é o consagrado, e vai fazer que ele se achegue, vai fazer que aquele que ele tiver escolhido se aproxime dele. ⁶Façam o seguinte: peguem os incensórios, vocês e todos os que os seguem. ⁷Amanhã vocês vão acender neles o fogo, e depois colocarão o incenso, na presença de Javé. Aquele que Javé escolher, esse será o consagrado. E por ora chega, filhos de Levi!"

⁸Depois Moisés disse a Coré: "Agora escutem, filhos de Levi! ⁹O que é que vocês estão querendo? O Deus de Israel separou vocês da comunidade de Israel e os levou para junto de si, a fim de que vocês atendam na Habitação de Javé, posicionando vocês à frente da comunidade para servi-la. ¹⁰Javé trouxe você e seus irmãos levitas para junto de si. Agora vocês estão querendo também o sacerdócio? ¹¹Vocês e sua comunidade estão revoltados é contra Javé! Quem é Aarão, para vocês protestarem contra ele?"

¹²Moisés mandou chamar Datã e Abiram, filhos de Eliab. Eles responderam: "Não vamos. ¹³Por acaso não basta você nos ter tirado de uma terra onde corre leite e mel, para nos matar neste deserto? Você quer ainda fazer-se senhor sobre nós e nos senhorear? ¹⁴Você não nos levou para uma terra onde correm leite e mel, nem nos deu a propriedade de campos e vinhas! Você pensa que somos cegos? Não vamos". ¹⁵Moisés ficou furioso e disse a Javé: "Não aceites a oblação deles. Eu não tirei deles sequer um jumentinho; não prejudiquei a nenhum deles!" ¹⁶Em seguida disse a Coré: "Amanhã você e toda a sua comunidade, e também Aarão, deverão apresentar-se a Javé. ¹⁷Cada um pegue seu incensório, coloque nele o incenso e ofereça-o a Javé. Cada um dos duzentos e cinquenta pegue o próprio incensório, você e Aarão também, cada um tome seu incensório".

¹⁸Cada um pegou seu incensório, acendeu o fogo e colocou incenso. A seguir, ficaram na porta da Tenda do Encontro

---

37-41: As franjas das vestes (Dt 22,12; Mt 9,20) tornam-se lembrete dos mandamentos. Estes vv. foram integrados à oração do *Shemá* ("Escuta, Israel"). Numa espiritualidade ritualista, isto pode vir a substituir a prática dos mandamentos (Mt 23,5).

16,1-35: Duas rebeliões. Na primeira, Datã e Abiram, rubenitas (v. 1), rejeitam a direção política de Moisés (vv. 12-15, cf. Dt 11,6; Sl 106,17); na outra, Coré, caatita/levita (v. 1), questiona o monopólio sacerdotal de Aarão (vv. 4-11; 17,5, cf. Ex 30,7; Lv 10,1; Jd 11); foram unidas para legitimar a concentração do poder político e religioso dos sacerdotes aaronitas na hierarquia pós--exílica (vv. 28-29, cf. notas a 3,1-10 e a 8,5-22). "Deus dos espíritos de todos os seres vivos" (v. 22) pode ser um dos atributos de *El*, o Deus maior do panteão cananeu, depois identificado com Javé (cf. 27,16). Ver notas em Gn 16,1-16; 28,10-22; 31,22-32,1. A "morada dos mortos" (*Sheol* em hebraico, *Hades* em grego) é o mundo subterrâneo (Dt 32,22; Is 14,9) para onde os israelitas acreditavam que iam os mortos (Gn 37,35; 1Sm 2,6). Descer vivo para este lugar é um fim terrível (v. 33). A crença na ressurreição (2Mc 7,9.14.23; 12,44; Dn 12,2-3) e na imortalidade (Sb 3,4) só aparecem a partir dos anos 170 a.C.

com Moisés e Aarão. ¹⁹Coré congregou toda a comunidade contra eles na entrada da Tenda do Encontro. E a glória de Javé manifestou-se a toda a comunidade. ²⁰Javé falou a Moisés e Aarão: ²¹"Afastem-se do meio dessa comunidade, porque vou destruí-la num instante". ²²Moisés e Aarão prostraram-se com o rosto por terra e suplicaram: "Ó El, Deus dos espíritos de todos os seres vivos! Foi só um que pecou, e tu vais ficar irritado contra toda a comunidade?" ²³Javé falou a Moisés: ²⁴"Diga a toda a comunidade que saia dos arredores das habitações de Coré". ²⁵Moisés se levantou e foi até onde estavam Datã e Abiram. Os anciãos de Israel o acompanharam. ²⁶Moisés falou à comunidade: "Afastem-se das tendas desses transgressores, e não toquem em nada do que lhes pertence, para vocês não se comprometerem com os pecados deles". ²⁷Todos se afastaram das habitações de Coré. Datã e Abiram saíram com suas mulheres, filhos e crianças, para esperar na entrada de suas tendas. ²⁸E Moisés disse: "Agora vocês ficarão sabendo que foi Javé quem me enviou para agir assim, e que eu nada fiz por mim mesmo: ²⁹se estes homens morrerem como morrem todos os humanos, se forem visitados pela morte como são visitados todos os humanos, é sinal de que Javé não me enviou. ³⁰Mas se Javé fizer alguma coisa estranha, se a terra se abrir e os engolir com todos os seus, se descerem vivos à morada dos mortos, vocês ficarão sabendo que esses homens desprezaram Javé".

³¹Logo que Moisés acabou de falar, o chão rachou debaixo dos pés deles, ³²a terra abriu sua boca e os engoliu, a eles com suas famílias, juntamente com os homens de Coré e todos os seus bens. ³³Desceram vivos para a morada dos mortos, juntamente com todas as coisas que lhes pertenciam. A terra os cobriu e eles desapareceram do meio da assembleia. ³⁴Quando eles gritaram, os filhos de Israel, que estavam ao redor, fugiram correndo, pois diziam: "Que a terra não nos engula também". ³⁵Saiu um fogo da parte de Javé, que devorou os duzentos e cinquenta homens que ofereciam o incenso.

17 Memorial do castigo de Coré –
¹Javé falou a Moisés: ²"Diga a Eleazar, filho do sacerdote Aarão, para tirar os incensórios do meio do incêndio e espalhar as brasas, porque são santas. ³Quanto aos incensórios desses homens, que pagaram seu pecado com a própria vida, sejam transformados em chapas para revestir o altar, pois foram apresentados a Javé. Por isso ficaram consagrados e vão servir de sinal para os filhos de Israel". ⁴Então o sacerdote Eleazar pegou os incensórios de bronze que aqueles homens devorados pelo fogo carregavam, para que fossem transformados em chapas para revestir o altar. ⁵Essas chapas servem de memorial aos filhos de Israel, para que nenhum estranho, que não seja da descendência de Aarão, se apresente para oferecer incenso a Javé, pois teria o mesmo destino de Coré e sua comunidade. Eleazar fez tudo conforme Javé lhe havia ordenado por meio de Moisés.

Nova revolta do povo – ⁶No dia seguinte, toda a comunidade dos filhos de Israel criticou Moisés e Aarão, dizendo: "Vocês estão fazendo o povo de Javé morrer". ⁷E dado que a comunidade estava se reunindo contra Moisés e Aarão, estes foram para a Tenda do Encontro. A nuvem cobriu a tenda e a glória de Javé se manifestou. ⁸Moisés e Aarão entraram na Tenda ⁹e Javé lhes falou: ¹⁰"Afastem-se dessa comunidade, pois vou consumi-la num instante!" Eles se prostraram com o rosto por terra ¹¹e, em seguida, Moisés disse a Aarão: "Pegue o incensório, coloque nele brasas do altar, coloque incenso, e vá depressa fazer a expiação pela comunidade, porque a fúria brotou da face de Javé e a praga já começou". ¹²Aarão fez o que Moisés estava mandando e correu para o meio da assembleia. A praga já havia começado entre o povo. Então ele colocou o incenso,

---

17,1-5: A cobertura de bronze do altar (Ex 27,2; 38,2) é apresentada como atestado (v. 5) de que o monopólio do sacerdócio aaronita da teocracia pós-exílica foi estabelecido por Javé (ver notas a 3,1-10).

6-15: Narrativa que atribui ao sumo sacerdote pós-exílico o poder expiatório, capaz de impedir a praga de dizimar os filhos de Israel (cf. notas a 14,10-19 e a Lv 16,1-34).

fez o rito de expiação pelo povo e, ¹³ficando ele entre os mortos e os vivos, a praga foi detida. ¹⁴Os que morreram por causa da praga foram catorze mil e setecentos, além dos que morreram por causa de Coré. ¹⁵Quando Aarão voltou para junto de Moisés, na Tenda do Encontro, a praga já havia acabado.

Florescimento da vara de Aarão – ¹⁶Javé falou com Moisés: ¹⁷"Fale aos filhos de Israel, e tome uma vara de todos os seus príncipes, uma vara para cada casa patriarcal, segundo suas casas patriarcais, doze varas, e escreverá o nome de cada homem sobre sua própria vara. ¹⁸Na vara de Levi, você deverá escrever o nome de Aarão, pois haverá uma vara para cada cabeça de tribo. ¹⁹Coloque as varas na Tenda do Encontro, diante do Testemunho, pois aí me encontrarei com vocês. ²⁰A vara daquele que eu escolher, florescerá. Desse modo eu acabarei com as murmurações dos filhos de Israel contra vocês". ²¹E Moisés falou aos filhos de Israel, e todos os príncipes deles deram-lhe uma vara, cada príncipe uma vara, segundo suas casas patriarcais. E a vara de Aarão estava entre as varas deles. ²²Moisés colocou as varas na presença de Javé, na Tenda do Testemunho. ²³No dia seguinte, Moisés entrou na Tenda do Testemunho, e viu que havia florescido a vara de Aarão, representante da casa de Levi: estava cheia de brotos, tinha dado flores e produzido amêndoas. ²⁴Moisés tirou as varas da presença de Javé e as levou aos filhos de Israel. Eles verificaram o fato, e cada um recolheu sua própria vara. ²⁵Javé disse a Moisés: "Coloque de novo a vara de Aarão diante do Testemunho, para que seja guardada como sinal para os rebeldes. Desse modo ela acabará com as murmurações contra mim, e eles não morrerão". ²⁶E Moisés fez tudo segundo Javé tinha ordenado.

Função dos sacerdotes e dos levitas – ²⁷Os filhos de Israel reclamaram a Moisés: "Olhe que estamos perdidos, vamos perecer, desapareceremos, todos nós vamos desaparecer. ²⁸Quem se aproxima da Habitação de Javé acaba morrendo. Será que não vamos morrer todos nós?"

18 ¹Javé disse a Aarão: "Você com seus filhos, toda a sua família, serão responsáveis pelas faltas cometidas contra o santuário. Serão responsáveis pelas faltas cometidas no exercício do sacerdócio. ²Reúna também com você seus irmãos da tribo de Levi, a tribo de seu pai. Faça-os ficar ligados a você, para que o atendam quando você e seus filhos estiverem na Tenda do Testemunho. ³Eles farão a sua guarda e a guarda de toda a Tenda, mas não deverão aproximar-se dos objetos sagrados, nem do altar, para que não venham a morrer nem eles nem vocês. ⁴Eles se ligarão a vocês e farão a guarda da Tenda do Encontro e todo o serviço da Tenda, e o estranho não se aproximará de vocês. ⁵Vocês é que deverão responder pela guarda do santuário e dos objetos sagrados, e assim nunca mais a ira se inflamará contra os filhos de Israel. ⁶Eu mesmo escolhi, entre os filhos de Israel, os levitas, seus irmãos. Eles foram doados a Javé e entregues com dom a vocês, para prestarem serviço na Tenda do Encontro. ⁷Você e seus filhos exercerão o sacerdócio naquilo que se refere ao altar e a tudo que fica atrás do véu. Eu lhes entrego o exercício do sacerdócio como doação. O estranho que se aproximar será morto".

Tributo aos sacerdotes – ⁸Javé disse a Aarão: "Eu mesmo estou lhe entregando a total responsabilidade sobre as oferendas feitas a mim. Tudo o que foi consagrado pelos filhos de Israel eu entrego a você, que é o ungido, e a seus filhos. É uma lei para sempre.

⁹Das coisas mais consagradas e que não são queimadas, estas pertencem a você: toda oferenda, as oblações, os sacrifícios pelo pecado e os sacrifícios de reparação, as coisas mais sagradas que me destinaram pertencerão a você e a seus filhos. ¹⁰Vocês

---

16-26: Legitimação do monopólio sacerdotal dos aaronitas na teocracia judaica (cf. notas anteriores).

17,27-18,7: Confirmação da hierarquia entre sacerdotes aaronitas e levitas (cf. notas anteriores), atribuindo ao santuário e aos rituais uma sacralidade maior que a da vida. Jesus resgatará a sacralidade da vida (cf. Mc 2,27; Jo 10,10).

18,8-19: Partindo de Lv 6-7 (ver notas), por estatuto e aliança perpétua selada com sal, destinam-se aos sacerdotes todas as ofertas sagradas. O sal, purificador

se alimentarão de coisas sagradas, e todas as pessoas do sexo masculino poderão comer delas. Você as tratará como coisas sagradas. [11]Pertence-lhe, pois, a oferta dos donativos deles. Toda oferenda dos filhos de Israel, balançada em rito de consagração, é dada a você e a seus filhos e filhas que o acompanham. É uma lei para sempre. Em sua casa, todos os que estiverem puros poderão comer dela. [12]O melhor do azeite, do vinho novo e do trigo, doados como primícias a Javé, tudo lhe é dado. [13]Todos os primeiros produtos da sua terra, trazidos a Javé, pertencerão a você e, em sua casa, todos os que estiverem puros poderão comer deles. [14]Tudo o que for votado ao extermínio em Israel pertencerá a você. [15]Todo primogênito, de homem ou animal, que eles oferecerem a Javé, pertencerá a você. Mas você deixará resgatar o primogênito do homem e também o primogênito do animal, quando este for impuro. [16]Você os deixará resgatar quando tiverem um mês, conforme a sua avaliação, cobrando cinquenta gramas de prata, conforme o peso padrão do santuário, que corresponde a dez gramas. [17]Os primogênitos da vaca, da ovelha e da cabra não poderão ser resgatados: são coisa consagrada. Você derramará o sangue deles sobre o altar e queimará a gordura, como oferta queimada de perfume apaziguador para Javé. [18]A carne deles pertencerá a você, assim como o peito balançado como oferta ritual, e também a coxa direita. [19]Estou dando a você, a seus filhos e filhas, todas as oferendas sagradas dos filhos de Israel. É um estatuto eterno. É uma aliança eterna de sal diante de Javé, para você e seus descendentes".

Tributo aos levitas – [20]Javé disse a Aarão: "Você não herdará nenhuma parte na terra. Para você, eu sou a sua parte, a sua herança no meio dos filhos de Israel. [21]Aos filhos de Levi dou como herança todos os dízimos recolhidos em Israel, pelos serviços que me prestam na Tenda do Encontro. [22]Os filhos de Israel nunca mais se aproximarão da Tenda do Encontro, para que não carreguem esse pecado sobre si e morram. [23]Os levitas desempenharão as tarefas da Tenda do Encontro e carregarão o peso da sua responsabilidade. É estatuto eterno para seus descendentes, que não herdarão herança no meio dos filhos de Israel. [24]Por essa razão, a herança que dou aos levitas são os dízimos que os filhos de Israel reservam para Javé. Por isso digo que eles não herdarão herança no meio dos filhos de Israel".

Divisão dos dízimos entre sacerdotes e levitas – [25]Javé falou a Moisés: [26]"Diga aos levitas: Quando vocês receberem dos filhos de Israel os dízimos que lhes dou como propriedade, ofereçam como oblação a Javé o dízimo dos dízimos. [27]Isso será considerado como a oblação de vocês, como se fosse trigo tirado da eira ou vinho do tanque de pisar uvas. [28]É assim que também vocês oferecerão sua oblação a Javé por todos os dízimos que receberem dos filhos de Israel. Essa parte que vocês separarem para Javé será entregue ao sacerdote Aarão. [29]De todas as doações que receberem, reservarão uma parte para Javé, e essa parte sagrada vocês tirarão do melhor de todas as coisas.

[30]Diga-lhes também: Depois que vocês tiverem oferecido o melhor, os outros donativos pertencerão aos levitas, como se fossem colheita da eira e do tanque de pisar uvas. [31]Vocês poderão comer essas coisas em qualquer lugar com suas famílias, porque é o salário de vocês pelo serviço na Tenda do Encontro. [32]Se vocês oferecerem a parte melhor, não estarão cometendo nenhum pecado nem profanando as coisas consagradas pelos filhos de Israel, e assim não morrerão".

19 *A novilha vermelha e as águas purificadoras* – [1]Javé falou a Moisés e Aarão: [2]"Este é o estatuto da lei que Javé ordena: Diga aos filhos de Israel que lhe tragam uma novilha vermelha, sem

---

(2Rs 2,20; Ez 16,4) e conservador (Lv 2,13; Mt 5,12), reforça o caráter imutável desta aliança (cf. 2Cr 13,5). Ver nota a 18,20-24.

20-24: No pós-exílio, os dízimos (Lv 27,30-33; Dt 12,17-19; 14,22-27) perdem seu caráter sagrado e são destinados aos levitas que os recebem. Ver nota a 18,8-19. Não se fala mais do dízimo para os pobres (Dt 14,28-29; 26,12-15).

25-32: Os levitas devem dar aos sacerdotes o dízimo de todos os dízimos que recolherem. Ver notas anteriores.

19,1-22: Antigo ritual mágico (ver notas a 5,11-31; Lv 4,1-32; 16,1-34; Dt 21,1-9). Integrado nas leis sacerdotais, reforça a caracterização pós-exílica do contato com os mortos, ou rituais de culto aos mortos, como fonte de

mancha, sem defeito e que não tenha sido subjugada. ³E a entreguem ao sacerdote Eleazar, que a levará para fora do acampamento e a mandará imolar na presença dele. ⁴Eleazar molhará o dedo no sangue dela e salpicará sete vezes na direção da Tenda do Encontro. ⁵Depois, mandará queimar a novilha na sua presença: serão queimados o couro, a carne, o sangue e os intestinos. ⁶O sacerdote pegará, então, pau de cedro, hissopo e púrpura escarlate, e jogará no fogo onde a novilha está sendo queimada. ⁷Em seguida, o sacerdote lavará suas roupas, tomará banho e voltará para o acampamento. Ficará impuro até à tarde. ⁸Quem tiver queimado a novilha, também deverá lavar suas roupas e tomar banho. E ficará impuro até à tarde. ⁹Um homem puro ficará encarregado de recolher as cinzas da novilha e colocá-las em lugar puro, fora do acampamento. A comunidade dos filhos de Israel conservará as cinzas, que serão usadas para preparar as águas que expulsam impureza e pecado. ¹⁰Quem tiver recolhido as cinzas da novilha deverá lavar suas roupas, e ficará impuro até à tarde. Este é um estatuto eterno para os filhos de Israel e para os migrantes que vivem no meio deles.

¹¹Quem tocar um cadáver humano ficará impuro por sete dias. ¹²Deverá ser purificado com a água da purificação no terceiro e no sétimo dia para ficar puro. Se não fizer isso, não ficará puro. ¹³Quem tocar um cadáver, o corpo de uma pessoa morta, se não se purificar, terá profanado a Habitação de Javé, e deve ser excluído de Israel. Uma vez que as águas que expulsam impureza não foram derramadas sobre ele, está impuro, e a impureza continua com ele.

¹⁴Esta é a lei para quando um homem morre dentro de uma tenda: quem entrar na tenda, e todo aquele que nela estiver, ficará impuro por sete dias. ¹⁵Todo recipiente que estiver aberto, sobre o qual não houver uma cobertura ou tampa, ficará impuro. ¹⁶Em campo aberto, quem tocar o cadáver de um homem que tenha sido apunhalado, ou qualquer morto ou ossos humanos ou uma sepultura, ficará impuro por sete dias.

¹⁷Para aquele que se tornou impuro, deve-se pegar das cinzas da vítima queimada em sacrifício pelo pecado e derramar água de mina sobre as cinzas, numa vasilha. ¹⁸Em seguida, um homem puro deve pegar um ramo de hissopo, embeber nessa água e fazer a aspersão na Tenda e em todos os utensílios e pessoas que aí estiverem, bem como naquele que tiver tocado um osso, um homem assassinado, um cadáver ou uma sepultura. ¹⁹O puro fará a aspersão sobre o impuro, no terceiro e no sétimo dia. No sétimo dia, estará livre do pecado, lavará suas roupas, tomará banho, e à tarde estará puro. ²⁰A pessoa impura que não se purificar será excluída da assembleia, porque torna impuro o santuário de Javé. As águas que expulsam impureza não foram derramadas sobre ela, e por isso continua impura.

²¹É um estatuto eterno para vocês. Aquele que fez a aspersão com as águas que expulsam impureza deverá lavar suas roupas. Quem toca na água da purificação fica impuro até à tarde. ²²Tudo aquilo que o impuro tocar ficará impuro. A pessoa que tocar o impuro ficará impura até à tarde."

20 Morte de Míriam –

¹Toda a comunidade dos filhos de Israel chegou ao deserto de Sin no primeiro mês. O povo acampou em Cades. Aí Míriam morreu e aí foi sepultada.

Queixas do povo e castigo de Moisés e Aarão –

²Faltava água para a comunidade e as pessoas se congregaram contra Moisés e Aarão. ³O povo debatia com Moisés, dizendo: "Quem dera tivéssemos morrido quando nossos irmãos morreram na presença de Javé! ⁴Por que você trouxe a assembleia de Javé a este deserto, para morrermos aqui junto com nossos animais? ⁵Por que você nos fez sair do Egito para nos trazer a este lu-

---

grande impureza (vv. 19-20; cf. 10,4-7; 21,1-6; Nm 6,1-12; Dt 14,1; Ez 44,25-27; Ag 2,13). Antes do exílio, eram práticas permitidas (Jr 41,5; 47,5; 48,37; Am 8,10; Mq 1,16).
20,1: A persistência da memória de Míriam, cuja morte é lembrada junto com a de Aarão (vv. 22-29), revela a importância das mulheres na religião pré-exílica de Israel, bem como a resistência à sua exclusão no pós--exílio. Ver nota a 12,1-16.
2-13: Releitura sacerdotal de Ex 17,1-7 (ver nota), que explica a exclusão de Moisés e Aarão do povo que entrará na terra prometida (v. 12), impelindo à obediência absoluta à teocracia pós-exílica.

gar deserto, onde não se pode semear, lugar sem figueiras, sem vinhas e romãzeiras, até sem água para beber?"

⁶Moisés e Aarão se afastaram da assembleia, foram para a entrada da Tenda do Encontro e se prostraram diante dela, com o rosto por terra. A glória de Javé apareceu a eles. ⁷Javé disse, então, a Moisés: ⁸"Pegue aquela vara, junto com seu irmão Aarão, e reúna a comunidade. Em seguida, na presença de todos, ordene que a rocha dê água. Você tirará água da rocha para dar de beber à comunidade e aos animais".

⁹Moisés pegou a vara que estava na presença de Javé, conforme este lhe havia ordenado. ¹⁰Moisés e Aarão reuniram a comunidade diante da rocha. Moisés falou: "Ouçam, rebeldes! Vocês acreditam que poderemos tirar água desta rocha?" ¹¹Moisés ergueu o braço e bateu na rocha duas vezes com a vara. A água jorrou em abundância, e a comunidade e os animais puderam beber.

¹²Javé disse a Moisés e Aarão: "Já que vocês não acreditaram em mim e não reconheceram a minha santidade na presença dos filhos de Israel, vocês não farão esta assembleia entrar na terra que vou dar a eles".

¹³Essa é a fonte de Meriba, onde os filhos de Israel discutiram com Javé, e onde ele lhes mostrou a sua santidade.

Edom recusa passagem a Israel – ¹⁴De Cades, Moisés enviou mensageiros ao rei de Edom, com este recado: "Assim diz o seu irmão Israel: Você sabe das dificuldades por que temos passado. ¹⁵Nossos antepassados desceram para o Egito, onde moramos por muito tempo. Os egípcios, porém, nos maltrataram, a nós e aos nossos antepassados. ¹⁶Então gritamos a Javé e ele nos ouviu, e mandou um anjo para nos tirar do Egito. Agora estamos em Cades, cidade que fica nos limites do seu território. ¹⁷Deixe-nos atravessar a sua terra. Não passaremos pelas plantações nem pelas vinhas, e não beberemos da água dos poços. Seguiremos pela estrada real, sem nos desviar para a direita ou para a esquerda, até atravessar seu território". ¹⁸Mas o rei de Edom respondeu: "Você não passará por mim. Caso contrário, marcharei contra você com a espada". ¹⁹Os filhos de Israel insistiram: "Seguiremos pela estrada principal. Se eu ou meu rebanho bebermos da sua água, pagarei o preço a você. Vou atravessar a pé". ²⁰O rei de Edom respondeu: "Não atravessem". E saiu para enfrentá-los com muita gente fortemente armada. ²¹Como Edom não permitiu que os filhos de Israel atravessassem o seu território, eles tiveram de tomar um desvio.

Morte de Aarão – ²²A comunidade dos filhos de Israel levantou acampamento em Cades e chegou ao monte Hor. ²³Javé disse a Moisés e Aarão perto do monte Hor, na divisa da terra de Edom: ²⁴"Aarão vai se reunir com seus antepassados e não entrará na terra que vou dar aos filhos de Israel, porque vocês foram rebeldes às minhas ordens na fonte de Meriba. ²⁵Chame Aarão e seu filho Eleazar, e os faça subir o monte Hor. ²⁶Tire as vestes sacerdotais de Aarão e vista com elas seu filho Eleazar, pois Aarão se reunirá com seus antepassados e aí morrerá".

²⁷Moisés fez segundo Javé havia ordenado, e subiram o monte Hor à vista de toda a comunidade. ²⁸Moisés tirou as vestes sacerdotais de Aarão e com elas vestiu seu filho Eleazar. Aarão morreu aí, no cume da montanha. Só Moisés e Eleazar desceram da montanha, ²⁹e toda a comunidade viu que Aarão tinha morrido. Toda a gente de Israel fez luto por Aarão durante trinta dias.

2. De Edom a Moab

21 *Vitória sobre o rei de Arad* – ¹O cananeu rei de Arad, que ocupava o Negueb, ficou sabendo que os filhos de Israel vinham pelo caminho de Atarim.

14-21: Narrativa de origem deuteronomista ("um anjo", v. 16; ver nota a 10,29-32), usada para juntar tradições da entrada em Canaã pelo sul (ver nota a 13,1-24) com as da entrada pela Transjordânia, narradas na sequência de Nm, Dt e Js, reforçando a inimizade aos edomitas (ver nota a Gn 36,1-37,2).

22-29: As vestes do sumo sacerdote são passadas, antes de sua morte, ao sucessor, para que não sejam contaminadas pelo cadáver. Ver nota a 19,1-22.

21,1-25,18: Aqui, reunindo inclusive tradições pré-exílicas nortistas, já começa a se formar o quadro mítico da conquista da terra prometida a partir da Transjordânia.

21,1-3: Tradição ligada à entrada em Canaã pelo Negueb (sul, cf. Jz 1,16-17). Esta tradição usa o significado do nome Horma ("extermínio"; cf. nota a 14,39-45) para iniciar a criação da imagem do extermínio dos cananeus (cf. Js 1-12).

Então os atacou e capturou alguns como prisioneiros. ²Israel então fez uma promessa a Javé: "Se puseres mesmo este povo em minhas mãos, eu consagrarei suas cidades ao extermínio". ³Javé atendeu Israel e lhe entregou nas mãos os cananeus. Os filhos de Israel consagraram ao extermínio todas as cidades deles. E o lugar ficou sendo chamado de Horma.

A serpente de bronze – ⁴Do monte Hor, tomaram o caminho para o mar Vermelho, contornando o território de Edom. Mas o povo não suportou a viagem ⁵e começou a murmurar contra Deus e contra Moisés, dizendo: "Por que nos tiraste do Egito? Foi para morrermos neste deserto? Não temos nem pão nem água, e já estamos enjoados desse pão sem gosto".

⁶Então Javé mandou contra o povo serpentes flamejantes, que os picavam, e muita gente de Israel morreu. ⁷O povo disse a Moisés: "Nós pecamos, falando contra Javé e contra você. Faça uma oração a Javé, para que ele afaste de nós estas serpentes". Moisés rezou a Javé pelo povo, ⁸e Javé lhe respondeu: "Faça uma serpente flamejante e coloque-a no alto de um mastro. Quem for mordido e olhar para ela, ficará curado". ⁹Moisés fez, então, uma serpente de bronze e a colocou no alto do mastro. Quando alguém era picado por uma serpente, olhava para a serpente de bronze e ficava curado.

Na direção da Transjordânia – ¹⁰Os filhos de Israel levantaram acampamento daí e foram acampar em Obot. ¹¹Depois levantaram acampamento de Obot e foram acampar em Jeabarim, no deserto que faz limite com Moab pelo lado do sol nascente. ¹²Daí partiram e foram acampar junto à torrente de Zared. ¹³Seguiram daí e foram acampar do outro lado do rio Arnon, no deserto que começa no território dos amorreus, pois o Arnon faz divisa entre Moab e os amorreus. ¹⁴Assim se diz no Livro das Guerras de Javé: "Vaeb, junto de Sufa e os afluentes do Arnon, ¹⁵precipícios dos afluentes que se precipitam até se deter em Ar, junto à divisa dos territórios de Moab".

¹⁶Daí partiram para Beer. Esse é o poço onde Javé disse a Moisés: "Reúna o povo, e eu lhe darei água". ¹⁷Foi então que Israel cantou esta canção: "Brota, poço! Cantem para ele. ¹⁸Poço que oficiais cavaram, que nobres do povo abriram com cetros e bastões".

Daí foram para Matana. ¹⁹De Matana para Naaliel. De Naaliel para Bamot. ²⁰E de Bamot para o vale do campo de Moab, em direção ao cume do Fasga, que domina o deserto.

Vitórias na Transjordânia – ²¹Israel enviou mensageiros para dizer a Seon, rei dos amorreus: ²²"Quero atravessar sua terra. Não nos desviaremos pelos campos ou vinhas, nem beberemos água dos poços. Iremos pela estrada real, até atravessar seu território".

²³Seon, porém, não permitiu que Israel lhe atravessasse o território. Reuniu todo o seu exército, saiu contra Israel no deserto e o atacou em Jasá. ²⁴Israel, porém, o derrotou pela espada e conquistou-lhe a terra, desde o Arnon até o Jaboc, até a terra dos amonitas, pois a divisa amonita era fortificada.

²⁵Israel tomou todas essas cidades e passou a morar nas cidades dos amorreus, em Hesebon e nos povoados do seu território. ²⁶Hesebon era a capital de Seon, rei dos amorreus. Ele havia lutado contra o rei anterior de Moab, de quem havia tomado todo o território, desde o Jaboc até o Arnon. ²⁷Por isso, cantam os poetas: "Entrem em Hesebon. Que seja edificada, restaurada a capital de Seon! ²⁸Saiu fogo de Hesebon, labaredas da capital de Seon,

---

4-9: Para muitos povos, a serpente representava uma divindade da fertilidade ou da cura (cf. nota a Gn 3,1-24). Esta narrativa justificava sua imagem e seu culto no templo de Jerusalém até o reinado de Ezequias (2Rs 18,4). Aqui, fortalece o esquema rebeldia-castigo-intercessão-cura, usado no Templo pós-exílico.

10-20: Nomes de diversas origens se unem a versos do Livro das Guerras de Javé e do Cântico do Poço (ver nota a Gn 21,8-34) – que não chegaram até nós –, criando um itinerário exigido pela união de tradições do sul com as da Transjordânia (ver nota a 20,14-21).

21,21-22,1: Narrativa deuteronomista como 20,14-21, em que Javé, como divindade oficial de Israel, vence Camos, divindade oficial de Moab, e os lendários reis Seon de Hesebon e Og de Basã (Dt 3,1; Js 9,10; 1Rs 4,19; Sl 135,11), animando o projeto josiânico de controlar a Transjordânia.

devorou Ar Moab e os deuses dos lugares altos do Arnon. ²⁹Ai de você, Moab! Você vai desaparecer, povo de Camos! Seus filhos fugiram, e suas filhas ficaram escravas de Seon, rei dos amorreus. ³⁰Nós crivamos todos de flechas. Fizemos tudo desaparecer, desde Hesebon até Dibon. Arrasamos tudo até Nofe, até chegar a Medaba".

³¹Israel passou a morar, então, na terra dos amorreus. ³²Moisés enviou exploradores até Jazer. Depois, Israel pôde se apoderar dela e dos povoados do seu território, expulsando os amorreus que aí dominavam.

³³Em seguida, mudaram de direção e subiram pelo caminho de Basã. Og, rei de Basã, com todo o seu exército, saiu contra eles e os atacou em Edrai. ³⁴Javé disse a Moisés: "Não tenha medo dele, porque vou entregá-lo em suas mãos com todo o seu exército e a terra dele. Faça com ele o mesmo que fez com Seon, o rei dos amorreus que morava em Hesebon". ³⁵Os filhos de Israel mataram esse rei e também seu povo e seu exército, de modo a não lhe restar nenhum sobrevivente, e se apossaram da terra deles.

22 ¹Os filhos de Israel levantaram acampamento e foram acampar nas campinas de Moab, no outro lado do Jordão, defronte a Jericó.

Balac, rei de Moab, chama Balaão – ²Balac, filho de Sefor, viu o que Israel tinha feito aos amorreus. ³E Moab ficou com medo desse povo numeroso. Moab ficou apavorado diante dos filhos de Israel ⁴e disse aos anciãos de Madiã: "Essa assembleia vai devorar tudo ao nosso redor, como o boi devora a erva do campo".

Naquela ocasião, o rei de Moab era Balac, filho de Sefor. ⁵Ele enviou mensageiros a Balaão, filho de Beor, em Petor, junto ao rio Eufrates, terra dos filhos de Amaú. Mandou chamá-lo, dizendo: "Saiu do Egito um povo que está cobrindo a superfície da terra e que parou diante de mim. ⁶Por favor, venha e amaldiçoe esse povo para mim, pois ele é mais poderoso do que eu. Só assim poderemos derrotá-lo e expulsá-lo da terra. Eu sei que fica abençoado quem você abençoa, e quem você amaldiçoa fica amaldiçoado".

⁷Os anciãos de Moab e os anciãos de Madiã foram, levando o pagamento para os agouros. Chegaram aonde estava Balaão e lhe transmitiram a mensagem de Balac. ⁸Balaão respondeu: "Fiquem aqui esta noite, e eu trarei a vocês a palavra que Javé me falar". E os oficiais de Moab ficaram com Balaão.

⁹E Deus veio a Balaão e lhe perguntou: "Quem são esses homens que estão com você?" ¹⁰Balaão respondeu a Deus: "Balac, filho de Sefor, rei de Moab, mandou-me esta mensagem: ¹¹Um povo saiu do Egito e está cobrindo a superfície da terra. Venha logo esconjurá-lo para mim, para ver se consigo guerrear contra eles e expulsá-los". ¹²Deus disse a Balaão: "Não vá com eles e não amaldiçoe esse povo, pois ele é abençoado". ¹³Na manhã seguinte, logo que se levantou, Balaão disse aos oficiais enviados por Balac: "Voltem para sua terra, porque Javé não quer que eu vá com vocês". ¹⁴Os oficiais de Moab se levantaram, voltaram a Balac e disseram-lhe: "Balaão não quis vir conosco".

¹⁵Balac enviou outros oficiais, mais numerosos e mais importantes do que os primeiros. ¹⁶Eles chegaram aonde estava Balaão e disseram-lhe: "Assim diz Balac, filho de Sefor: Por favor, não demore a vir ao meu encontro, ¹⁷pois eu o tornarei muito honrado, e farei tudo o que você me disser. Por favor, venha e esconjure esse povo para mim". ¹⁸Balaão respondeu aos chefes enviados por Balac: "Ainda que Balac me desse sua casa cheia de ouro e prata, eu não poderia desobedecer à ordem de Javé, meu Deus, em coisa nenhuma, grande ou pequena. ¹⁹Por favor, fiquem aqui esta noite vocês também, até que eu saiba o que Javé me dirá a mais". ²⁰E Deus veio a Balaão durante a noite e disse-lhe: "Já que esses homens vieram chamá-lo, levante-se e vá com eles, mas você só vai

---

22,2-21: Nestes oráculos, fundados na crença de que bênçãos ou maldições de intermediários poderosos (v. 6) podiam determinar o resultado de guerras (v. 11), destacam-se os nomes Israel, Jacó, Elohim (Deus) e El. Devem vir do reino do norte, que sob a dinastia de Amri (885-841 a.C.) lutou com Moab pelo controle das terras ao norte do rio Arnon. Aqui são usados para criar o quadro da conquista de Canaã a partir da Transjordânia.

fazer o que eu lhe disser". ²¹Na manhã seguinte, após se levantar, Balaão selou a sua jumenta e partiu com os oficiais de Moab.

A jumenta de Balaão – ²²A ira de Javé se inflamou porque Balaão partiu, e o Anjo de Javé se posicionou na estrada como um adversário. Balaão montava sua jumenta e dois rapazes seus iam com ele. ²³A jumenta viu o Anjo de Javé parado na estrada e tendo na mão a espada desembainhada. Ela saiu da estrada e entrou pelo campo. Balaão começou então a espancar a jumenta, para fazê-la voltar para a estrada. ²⁴O Anjo de Javé se colocou num caminho estreito, no meio das vinhas, com cerca dos dois lados. ²⁵Vendo o Anjo de Javé, a jumenta encostou-se na cerca, apertando nela o pé de Balaão. Ele tornou a espancá-la. ²⁶O Anjo de Javé foi para a frente e parou em outra passagem apertada, onde não era possível desviar-se nem para a direita nem para a esquerda. ²⁷Vendo o Anjo de Javé, a jumenta deitou-se com Balaão. A ira de Balaão inflamou-se, e ele começou a espancar a jumenta com o porrete. ²⁸Foi então que Javé abriu a boca da jumenta, e ela disse a Balaão: "O que foi que eu fiz, para você me espancar três vezes?" ²⁹A essa pergunta Balaão respondeu: "É porque você está caçoando de mim. Se tivesse uma espada à mão, eu a mataria agora mesmo". ³⁰A jumenta disse a Balaão: "Não sou a sua jumenta, em que você tem montado sempre até hoje? Costumo fazer isso com você?" Balaão respondeu: "Não".

³¹Javé abriu os olhos de Balaão, e ele viu o Anjo de Javé parado na estrada, com a espada desembainhada na mão. Balaão prostrou-se com o rosto por terra ³²e o Anjo de Javé lhe disse: "Por que você está espancando a sua jumenta pela terceira vez? Eu vim como um adversário, porque você se precipitou na estrada contra mim. ³³A jumenta me viu e se afastou de mim três vezes. Se ela não se tivesse desviado, eu já teria matado você, deixando-a viva". ³⁴Balaão respondeu ao Anjo de Javé:

"Pequei, porque não sabia que estavas parado no caminho para me enfrentar! Mas, se isso não te agrada, volto para casa". ³⁵O Anjo de Javé disse a Balaão: "Vá com esses homens, mas diga somente a palavra que eu lhe disser". E Balaão continuou a viagem com os oficiais enviados por Balac.

Primeiro oráculo de Balaão – ³⁶Quando Balac soube que Balaão estava chegando, foi-lhe ao encontro em Ar Moab, que fica junto do Arnon, na divisa do território. ³⁷Balac disse a Balaão: "Não enviei mensageiros para chamá-lo? Por que você não veio? Será que não sou capaz de prestar-lhe grande honra?" ³⁸Balaão respondeu a Balac: "Como vê, estou aqui. Mas o que posso eu dizer? Só direi a palavra que Deus puser na minha boca". ³⁹Balaão seguiu com Balac e chegaram a Cariat Husot. ⁴⁰Balac sacrificou bois e ovelhas, e os enviou a Balaão e aos chefes oficiais que o acompanhavam. ⁴¹Na manhã seguinte, Balac tomou consigo Balaão e subiu com ele ao Lugar Alto de Baal, de onde podia ver uma extremidade do povo de Israel.

23 ¹Balaão disse a Balac: "Construa aqui para mim sete altares, e prepare para mim sete novilhos e sete carneiros". ²Balac fez o que Balaão havia pedido e, em cada altar, Balac e Balaão ofereceram um novilho e um carneiro. ³Depois Balaão disse a Balac: "Fique posicionado junto aos seus holocaustos, enquanto eu me afasto. Talvez Javé venha ao meu encontro. Comunicarei a você o que ele me fizer ver". E Balaão foi para uma colina sem vegetação.

⁴Deus veio ao encontro de Balaão, e este lhe disse: "Coloquei sete altares em ordem, e ofereci um novilho e um carneiro sobre cada altar". ⁵Javé, então, colocou uma palavra na boca de Balaão e disse: "Volte para junto de Balac e fale isso". ⁶Balaão voltou para junto de Balac e o encontrou ainda posicionado junto ao seu holocausto, com todos os oficiais de Moab. ⁷E Balaão pronunciou o seu poema:

22-35: A contradição entre os vv. 20 e 22, e a substituição de Elohim (Deus) por Javé, indica que esta expansão de cunho folclórico é um acréscimo do tempo de Josias, ou posterior.

22,36-23,10: Os reis em guerra, disputando terras e rotas comerciais, buscavam o apoio dos deuses (ver nota a 22,2-21). Altares e sacrifícios no Lugar Alto de Baal (v. 41), Elohim (Deus), Javé e El, testemunham a

"Balac me fez vir de Aram,
 o rei de Moab me trouxe
 das montanhas do oriente:
'Venha amaldiçoar Jacó,
 venha e rogue pragas contra Israel'.
⁸Como esconjurarei,
 se El não esconjura?
Como rogarei pragas,
 se Javé não roga pragas?
⁹Sim, eu o vejo do cume dos rochedos,
 eu o contemplo do alto das colinas.
Este é um povo que vive à parte
 e não é contado entre as nações.
¹⁰Quem poderia calcular o pó que é Jacó?
Quem vai contar as areias de Israel?
Possa eu morrer a morte dos justos.
Que meu fim seja igual ao deles".

Segundo oráculo de Balaão – ¹¹Balac disse a Balaão: "O que é que você está fazendo comigo? Eu o trouxe para esconjurar os meus inimigos, e você os abençoa e abençoa?" ¹²Balaão respondeu: "Não devo dizer apenas aquilo que Javé me põe na boca?"

¹³Balac disse a Balaão: "Venha comigo a outro lugar, de onde você possa ver o povo, pois daqui você só pode ver uma parte e não o povo todo. De lá, você vai esconjurá-lo para mim". ¹⁴E Balac o levou ao Campo das Sentinelas, no cume do monte Fasga. Construiu sete altares e ofereceu um novilho e um carneiro em cada altar. ¹⁵Em seguida, Balaão disse a Balac: "Fique aqui posicionado junto ao seu holocausto, e eu vou ali esperar".

¹⁶Deus veio ao encontro de Balaão, colocou-lhe na boca uma palavra e disse: "Volte para junto de Balac e fale isso". ¹⁷Balaão voltou para junto de Balac e o encontrou ainda posicionado junto ao seu holocausto, com todos os oficiais de Moab. Balac perguntou: "O que foi que Javé lhe disse?" ¹⁸Balaão pronunciou o seu poema:

"Levante-se, Balac, e ouça,
 preste-me atenção, filho de Sefor.
¹⁹El não mente como o homem,
 nem se arrepende como um filho de Adão.
Poderá ele dizer e não cumprir?
Prometerá algo que depois não cumpra?
²⁰Recebi ordem de abençoar.
Abençoarei, e não volto atrás.
²¹Não se descobre maldade em Jacó,
 não se encontra crime em Israel.
Javé, o seu Deus, está com ele,
 e nele há gritos aclamando um rei.
²²El os fez sair do Egito,
 eles são como chifres de búfalo para ele.
²³Não há encantamento contra Jacó,
 não há agouro contra Israel.
Na hora certa será dito a Jacó, a Israel,
 o que El realiza.
²⁴Eis um povo que se levanta como leoa,
 que se ergue como leão,
 e não se deita sem antes ter devorado
 a presa
 e bebido o sangue daqueles que matou".

Terceiro oráculo de Balaão – ²⁵Balac disse a Balaão: "Se de fato você não o esconjura, pelo menos também não o abençoe!" ²⁶Balaão lhe respondeu: "Já não lhe disse que só farei o que Javé me falar?"

²⁷Balac insistiu com Balaão: "Venha comigo. Vou levá-lo a outro lugar. Dali talvez Deus ache certo que você esconjure o povo para mim!" ²⁸Balac levou Balaão ao cume do monte Fegor, que fica virado para o deserto. ²⁹Balaão pediu a Balac: "Construa-me aqui sete altares, e me arranje sete novilhos e sete carneiros". ³⁰Balac fez o que Balaão lhe pedia, e ofereceu um novilho e um carneiro em cada altar.

24

¹Balaão viu que Javé tinha prazer em abençoar Israel. Assim, não seguiu seus passos anteriores em busca de um encantamento. Apenas virou-se para o deserto, ²ergueu os olhos e viu Israel acampado por tribos. E então o espírito de Deus veio sobre ele, ³e ele pronunciou o seu poema:

"Oráculo de Balaão, filho de Beor,
 oráculo do homem de olhos penetrantes,
⁴oráculo daquele que ouve os ditos de El.

---

antiguidade do oráculo. Mas os vv. 9-10 já mostram a teologia pós-exílica do povo eleito.

23,11-24: Antigo oráculo nortista, em que o Deus do êxodo é El, divindade suprema do panteão cananeu (vv. 22-23; cf. 24,8). O oráculo foi relido, identificando El com Javé, e fazendo do arameu Balaão (22,5; 23,7) um profeta de Javé. Ver notas anteriores.

23,25–24,9: O cume dos montes (vv. 23,28, cf. 22,41; 23,14; Dt 3,27; 11,29; 27,11-26) era considerado o local onde os deuses se manifestavam e onde era possível

Derrubado ao chão,
  mas com os olhos abertos,
  ele vê a visão de Shadai.
⁵Como são belas as suas tendas, Jacó,
  as suas habitações, Israel!
⁶São como várzeas que se estendem,
  como jardins à beira do rio,
  como aloés que Javé plantou,
  como cedros à beira d'água!
⁷A água transborda de seu cântaro,
  com a água sua semente se multiplica.
Seu rei é mais alto do que Agag,
  e seu reino será celebrado.
⁸El os fez sair do Egito,
  eles são como chifres de búfalo para ele.
Devora as nações inimigas,
  quebra-lhes os ossos
  e as atravessa com suas flechas.
⁹Ele se agacha e se deita como leão,
  ou como leoa. Quem o desafiará?
Bendito seja quem abençoar você,
  maldito seja quem o amaldiçoar".

Último oráculo de Balaão – ¹⁰A ira de Balac se inflamou contra Balaão. Ele bateu as mãos e disse-lhe: "Chamei você para esconjurar meu inimigo, e três vezes você o abençoou. ¹¹Pois agora fuja para sua terra. Eu lhe havia prometido grande honraria. Javé, porém, o deixou sem ela". ¹²Balaão respondeu: "Eu já havia dito aos mensageiros que você me enviou: ¹³'Ainda que Balac me dê sua casa cheia de ouro e prata, eu não posso ir contra o que diz a boca de Javé, fazendo o mal ou o bem por conta própria. Só vou dizer o que Javé me disser' ".

¹⁴Balaão continuou: "Volto agora para meu povo, mas antes vou explicar-lhe o que este povo fará no futuro ao povo que lhe pertence". ¹⁵E Balaão pronunciou o seu poema:
"Oráculo de Balaão, filho de Beor,
  oráculo do homem de olhos penetrantes,
¹⁶oráculo daquele que escuta os ditos
  de El.
Derrubado ao chão,
  mas com os olhos abertos,
ele conhece o conhecimento de Shadai
  e vê a visão de Elion.
¹⁷Eu vejo, mas não é para já.
Eu olho, mas não está perto.
De Jacó vem avançando uma estrela,
  um bastão de comando se ergue de Israel.
Ele esmaga as têmporas de Moab,
  o crânio dos filhos de Set.
¹⁸Edom será uma conquista dele.
Seir, o inimigo, será sua propriedade.
Israel triunfará.
¹⁹O comando será de Jacó.
Ele vai fazer desaparecer o que restou na
  cidade".

²⁰Depois Balaão viu Amalec, e pronunciou o seu poema:
"Amalec é a primeira das nações,
  mas seu fim será o desaparecimento".

²¹Depois viu os quenitas, e pronunciou o seu poema:
"Sua morada é segura, Caim.
Você colocou seu ninho na rocha,
  ²²mas você será raspado,
  quando Assur o levar cativo".

²³E Balaão continuou o seu poema:
"Ai de quem sobreviver
  depois que El assim agir!
²⁴Virão navios de Chipre
  e oprimirão Assur e Héber,
  mas no fim desaparecerão".

²⁵Em seguida, Balaão voltou para a sua terra, e Balac seguiu o seu caminho.

25 *Israel com Baal de Fegor* – ¹Israel instalou-se em Setim e o povo começou a se prostituir, indo às filhas de Moab. ²Elas convidaram o povo para os sacrifícios aos deuses delas, e o povo comeu e prostrou-se diante dos deuses delas. ³Israel, então, comprometeu-se com o Baal de Fegor, e assim a ira de Javé se inflamou contra Israel. ⁴Javé disse a Moisés: "Pegue todos os cabeças do povo e empale-os frente ao sol, para Javé, a fim

---

acessá-los (1Sm 10,5; 1Rs 3,2.4; Os 4,13; Am 7,9; Ez 6,13). Os redatores mostram Balac indo de uma montanha para outra, a fim de frisar que nenhuma divindade era capaz de maldizer Israel. Ver notas anteriores.

24,10-25: O último oráculo, posto na boca do famoso vidente arameu, legitima, em nome de vários deuses cultuados em Israel antes de Josias, a vitória de Israel sobre Moab (ver nota a 22,2-21; cf. 1Sm 14,47-51).

25,1-18: Baal, responsável pela fertilidade dos campos (Os 2,7-15), era muito cultuado em Israel até a proibição de Josias em 620 a.C. Estas duas narrativas

de que a ira inflamada de Javé se afaste de Israel". ⁵Moisés disse, então, aos juízes de Israel: "Que cada um mate os seus homens que se comprometeram com o Baal de Fegor". ⁶Um israelita levou para junto dos irmãos uma madianita, à vista de Moisés e de toda a comunidade dos filhos de Israel, enquanto eles choravam na entrada da Tenda do Encontro. ⁷Vendo isso, Fineias, filho de Eleazar, filho do sacerdote Aarão, levantou-se no meio da comunidade, pegou uma lança, ⁸seguiu o israelita até à tenda-santuário e transpassou os dois, o homem de Israel e a mulher, na tenda-santuário dela. Terminou, assim, a praga que feria os filhos de Israel. ⁹Dentre eles, morreram vinte e quatro mil por causa da praga.

¹⁰Javé falou a Moisés: ¹¹"Foi Fineias, filho de Eleazar, filho do sacerdote Aarão, quem fez cessar a minha ira contra os filhos de Israel, porque ele foi zeloso pelos meus direitos diante do povo, e o meu zelo não os consumiu. ¹²Por isso eu prometo: ofereço para ele a minha aliança de paz. ¹³O sacerdócio pertencerá a ele e a seus descendentes, como pacto perpétuo, em recompensa do seu zelo por Deus, e por ter feito a expiação pelos filhos de Israel".

¹⁴O israelita morto, que foi morto com a madianita, se chamava Zambri, filho de Salu, príncipe de uma casa patriarcal de Simeão. ¹⁵A madianita morta tinha o nome de Cozbi, filha de Sur, cabeça das ligas das casas patriarcais em Madiã.

¹⁶Javé ordenou a Moisés: ¹⁷"Pressionem e ataquem os madianitas, ¹⁸pois eles pressionaram vocês com suas artimanhas, com as quais os enganaram no caso de Fegor e no caso de Cozbi, a filha de um príncipe madianita, morta no dia da praga que surgiu por causa do problema de Fegor".

3. Disposições finais

Novo recenseamento – ¹⁹Depois dessa praga, **26** ¹Javé falou a Moisés e Eleazar, filho do sacerdote Aarão: ²"Façam o recenseamento de toda a comunidade, recrutando por famílias todos os filhos de Israel maiores de vinte anos, aptos para o exército".

³Moisés e o sacerdote Eleazar fizeram o recrutamento dos filhos de Israel maiores de vinte anos, nas estepes de Moab, às margens do rio Jordão, na altura de Jericó, ⁴segundo Javé havia ordenado a Moisés.

Registro dos filhos de Israel que saíram do Egito:

⁵Rúben, primogênito de Israel. Filhos de Rúben: Henoc e o clã dos henoquitas, Falu e o clã dos faluítas, ⁶Hesron e o clã dos hesronitas, Carmi e o clã dos carmitas. ⁷Esses são os clãs rubenitas: o total dos registrados foi de quarenta e três mil, setecentos e trinta. ⁸Filho de Falu: Eliab. ⁹Filhos de Eliab: Namuel, Datã e Abiram. Datã e Abiram são aqueles que foram nomeados pela comunidade, mas se rebelaram contra Moisés e Aarão, pois estavam na comunidade de Coré, quando este se revoltou contra Javé. ¹⁰Foi então que a terra abriu a boca e os engoliu junto com Coré. Desse modo, toda aquela comunidade morreu e o fogo devorou duzentos e cinquenta homens, como sinal para o povo. ¹¹Os filhos de Coré, porém, não morreram.

¹²Filhos de Simeão por clãs: Namuel e o clã dos namuelitas, Jamin e o clã dos jaminitas, Jaquin e o clã dos jaquinitas, ¹³Zara e o clã dos zaraítas, Saul e o clã dos saulitas. ¹⁴Esses são os clãs simeonitas. Formavam o total de vinte e dois mil e duzentos.

¹⁵Filhos de Gad por clãs: Sefon e o clã dos sefonitas, Agi e o clã dos agitas, Suni e o clã dos sunitas, ¹⁶Ozni e o clã dos oz-

---

(as mulheres de Moab nos vv. 1-5 e a mulher madianita nos vv. 6-15) buscam erradicar este culto e restringir a atuação das mulheres, que nele podiam exercer funções sacerdotais. No pós-exílio, tais narrativas foram usadas para legitimar o sacerdócio e o uso da violência contra estes cultos e contra as mulheres neles envolvidas (vv. 10-13). Ver nota a 12,1-16.

25,19-36,13: Este bloco dispõe sobre a sucessão de Moisés, complementa as leis sobre festas e sacrifícios,

e apresenta orientações sobre a partilha da terra, as cidades levíticas e cidades de refúgio, os despojos de guerra e a herança das filhas.

25,19-26,65: Na narrativa sacerdotal pós-exílica, todos os que saíram do Egito, exceto Josué e Caleb, morreram no deserto (vv. 63-65, cf. 14,27-35). Por isso, monta-se um novo recenseamento (ver 1,1-46) a partir de Gn 46, integrando os ideais clânicos e tribais do sorteio e da igualdade na partilha da terra

nitas, Heri e o clã dos heritas, ¹⁷Arod e o clã dos aroditas, Areli e o clã dos arelitas. ¹⁸Esses são os clãs gaditas. Formavam o total de quarenta mil e quinhentos.
¹⁹Filhos de Judá: Her e Onã. Her e Onã morreram na terra de Canaã. ²⁰São estes os filhos de Judá e seus respectivos clãs: Sela e o clã dos selaítas, Farés e o clã dos faresitas, Zaré e o clã dos zareítas. ²¹Filhos de Farés: Hesron e o clã dos hesronitas, Hamul e o clã dos hamulitas. ²²São esses os clãs judaítas. Formavam o total de setenta e seis mil e quinhentos.
²³Filhos de Issacar por clãs: Tola e o clã dos tolaítas, Fua e o clã dos fuaítas, ²⁴Jasub e o clã dos jasubitas, Semron e o clã dos semronitas. ²⁵São esses os clãs issacaritas. Formavam o total de sessenta e quatro mil e trezentos.
²⁶Filhos de Zabulon por clãs: Sared e o clã dos sareditas, Elon e o clã dos elonitas, Jalel e o clã dos jalelitas. ²⁷São esses os clãs zabulonitas. Formavam o total de sessenta mil e quinhentos.
²⁸Filhos de José por clãs: Manassés e Efraim.
²⁹Filhos de Manassés: Maquir e o clã dos maquiritas. Maquir gerou Galaad, do qual surgiu o clã galaadita. ³⁰Filhos de Galaad: Jezer e o clã dos jezeritas, Helec e o clã dos helequitas, ³¹Asriel e o clã dos asrielitas, Siquém e o clã dos siquemitas, ³²Semida e o clã dos semidaítas, Héfer e o clã dos hefritas; ³³Salfaad, filho de Héfer, não teve filhos, mas somente filhas. As filhas de Salfaad são: Maala, Noa, Hegla, Melca e Tersa. ³⁴São esses os clãs manassitas. Formavam o total de cinquenta e dois mil e setecentos.
³⁵Filhos de Efraim por clãs: Sutala e o clã dos sutalaítas, Bequer e o clã dos bequeritas, Teen e o clã dos teenitas. ³⁶Filhos de Sutala: Herã e o clã dos heranitas. ³⁷São esses os clãs efraimitas. Formavam o total de trinta e dois mil e quinhentos.
São esses os filhos de José por clãs.
³⁸Filhos de Benjamim por clãs: Bela e o clã dos belaítas, Asbel e o clã dos asbelitas, Airam e o clã dos airamitas, ³⁹Sufam e o clã dos sufamitas, Hufam e o clã dos hufamitas. ⁴⁰Filhos de Bela: Ared e Naamã; de Ared, o clã dos areditas; de Naamã, o clã dos naamanitas. ⁴¹São esses os filhos de Benjamim por clãs. Formavam o total de quarenta e cinco mil e seiscentos.
⁴²Filhos de Dã por clãs: Suam e o clã dos suamitas. São esses os filhos de Dã por clãs. ⁴³O total do clã suamita era de sessenta e quatro mil e quatrocentos.
⁴⁴Filhos de Aser por clãs: Jemna e o clã dos jemnaítas, Jessui e o clã dos jessuítas, Beria e o clã dos beriaítas. ⁴⁵Filhos de Beria: Héber e o clã dos hebritas, Melquiel e o clã dos melquielitas. ⁴⁶Nome da filha de Aser: Sara. ⁴⁷São esses os clãs aseritas. Formavam o total de cinquenta e três mil e quatrocentos.
⁴⁸Filhos de Neftali por clãs: Jasiel e o clã dos jasielitas, Guni e o clã dos gunitas, ⁴⁹Jeser e o clã dos jeseritas, Selém e o clã dos selemitas. ⁵⁰São esses os clãs neftalitas, conforme seus clãs. Os neftalitas formavam o total de quarenta e cinco mil e quatrocentos.
⁵¹O total dos filhos de Israel era, portanto, seiscentos e um mil, setecentos e trinta.

Instruções para a partilha da terra – ⁵²Javé falou a Moisés: ⁵³"A terra será distribuída em herança para todos esses, de acordo com o número de registrados. ⁵⁴Você dará uma herança maior para aquele que tem maior número, e dará uma herança menor para aquele que tem menor número. A herança será distribuída em proporção ao número dos recenseados. ⁵⁵Entretanto, é por sorteio que a divisão da terra será feita. A herança será recebida de acordo com o número dos nomes das tribos de seus pais, ⁵⁶e a herança de cada tribo será repartida por sorteio, levando em conta o maior ou menor número".

Novo recenseamento dos levitas – ⁵⁷Levitas recenseados por clãs: Gérson e o clã dos gersonitas, Caat e o clã dos caatitas, Merari e o clã dos meraritas. ⁵⁸São estes os clãs levitas: o clã dos lobnitas, o clã dos hebronitas, o clã dos moolitas, o clã dos musitas e o clã dos coreítas.

(25,52-56 e 33,54). A lista do v. 58 é mais antiga e se refere aos clãs levitas de Hebron, Lebna e sul de Judá (cf. 1Cr 2,43). Sobre os levitas, ver nota a 1,47-54.

Caat gerou Amram. ⁵⁹A esposa de Amram se chamava Jocabed, filha de Levi, nascida no Egito. Filhos que ela teve com Amram: Aarão, Moisés e a irmã deles, Maria. ⁶⁰Filhos de Aarão: Nadab, Abiú, Eleazar e Itamar. ⁶¹Nadab e Abiú morreram quando ofereciam a Javé um fogo estranho.

⁶²O total dos levitas recenseados foi de vinte e três mil homens de um mês para cima. Não foram recenseados com os outros filhos de Israel, porque não recebiam herança com eles.

A geração saída do Egito morreu no deserto – ⁶³Esse foi o recenseamento dos filhos de Israel que Moisés e o sacerdote Eleazar fizeram nas estepes de Moab, às margens do rio Jordão, na altura de Jericó. ⁶⁴Entre os registrados, não havia nenhum dos que tinham sido registrados no recenseamento que Moisés e o sacerdote Aarão fizeram no deserto do Sinai. ⁶⁵Javé tinha dito a respeito deles: "Morrerão todos no deserto, e não ficará nenhum, além de Caleb, filho de Jefoné, e Josué, filho de Nun".

27 *A herança para as filhas* – ¹Chegaram, então, as filhas de Salfaad. Este era filho de Héfer, filho de Galaad, filho de Maquir, filho de Manassés, e pertencia ao clã de Manassés, filho de José. Suas filhas se chamavam Maala, Noa, Hegla, Melca e Tersa. ²Elas se apresentaram a Moisés, ao sacerdote Eleazar, aos príncipes e a toda a comunidade, na entrada da Tenda do Encontro, e disseram: ³"Nosso pai morreu no deserto. Não estava no meio da comunidade das pessoas que se juntaram na comunidade de Coré, que se revoltou contra Javé. Ele morreu pelo seu próprio pecado e não deixou filhos. ⁴Por que o nome de nosso pai deveria desaparecer do seu clã? Só porque não teve filhos? Deem para nós uma propriedade entre os irmãos de nosso pai".

⁵Moisés apresentou a Javé o pedido de julgamento delas. ⁶Javé respondeu a Moisés: ⁷"As filhas de Salfaad têm razão. Dê-lhes uma propriedade como herança entre os irmãos do pai delas. Passe para elas a herança do pai. ⁸Depois diga aos filhos de Israel: 'Se um homem morrer sem deixar filhos, a herança deve passar para a filha dele. ⁹Se não tiver uma filha, a herança passará aos irmãos dele. ¹⁰Se não tiver irmãos, a herança passará aos irmãos do pai dele. ¹¹Se o pai dele não tiver irmãos, a herança será do parente mais próximo dentro do clã; esse é que deve receber a herança' ". Isso há de ser um estatuto de norma para os filhos de Israel, segundo Javé ordenou a Moisés.

Josué é o sucessor de Moisés – ¹²Javé falou a Moisés: "Suba ao monte Abarim e contemple a terra que eu vou dar aos filhos de Israel. ¹³Depois de a contemplar, você se reunirá aos seus antepassados, como o seu irmão Aarão. ¹⁴Isso porque no deserto de Sin, quando a comunidade se revoltou contra mim, vocês contrariaram minhas ordens e não demonstraram a minha santidade junto à fonte". Foi o caso da fonte de Meriba, em Cades, no deserto de Sin.

¹⁵Moisés falou a Javé: ¹⁶"Que Javé, Deus dos espíritos de todos os seres vivos, estabeleça então um homem sobre a comunidade, ¹⁷alguém que exerça a liderança, para que a comunidade de Javé não fique como rebanho sem pastor". ¹⁸Javé respondeu a Moisés: "Tome Josué, filho de Nun, homem em quem está o espírito, e imponha a mão sobre ele. ¹⁹Depois, apresente-o ao sacerdote Eleazar e a toda a comunidade. Passe as ordens para Josué na presença deles. ²⁰Passe para ele a autoridade que você tem, para que a comunidade dos filhos de Israel passe a obedecer-lhe. ²¹Depois, Josué se posicionará diante do sacerdote Eleazar, que consultará Javé por ele, realizando o julgamento por meio do urim. E conforme o que sair da boca de Josué, andarão ele e todos os filhos de Israel com ele, e toda a comunidade".

²²Moisés fez o que Javé lhe havia ordenado: tomou Josué e o posicionou diante do sacerdote Eleazar e diante de toda a

---

27,1-11: Norma que reconhece o direito de as filhas herdarem a terra do pai que morreu sem ter filhos, evitando que fosse tomada por parentes masculinos (vv. 8-11). Ver também 36,1-12.

12-23: Na apresentação de Josué como sucessor de Moisés, cuja morte é narrada em Dt 34, a narrativa sacerdotal une-se ao livro de Josué e às tradições deuteronomistas.

comunidade. ²³Impôs as mãos sobre ele e transmitiu-lhe suas ordens, como Javé dissera por meio de Moisés.

28 Os holocaustos diários –
¹Javé falou a Moisés: ²"Dê esta ordem aos filhos de Israel. Diga-lhes: Apresentem-me no tempo certo as minhas oferendas, alimento de minhas ofertas queimadas de perfume agradável.

³Diga a eles: São estas as ofertas queimadas que vocês oferecerão a Javé: a cada dia, dois cordeiros de um ano, perfeitos, como holocausto perpétuo. ⁴Ofereça o primeiro cordeiro em holocausto pela manhã e o segundo em holocausto à tarde, ⁵junto com a oblação de quatro litros e meio da melhor farinha, amassada com dois litros de azeite de oliva refinado. ⁶É o holocausto perpétuo que se fazia no monte Sinai para perfume apaziguador, uma oferta queimada para Javé. ⁷A libação será de dois litros por cordeiro. No santuário, você deve derramar bebida forte em libação para Javé. ⁸Com o segundo cordeiro você fará o holocausto da tarde. Faça-o com a mesma oblação e a mesma libação da manhã, como oferta queimada de perfume apaziguador para Javé.

O holocausto dos sábados – ⁹No dia do sábado, ofereçam dois cordeiros de um ano, perfeitos, com a oblação de nove litros da melhor farinha, amassada com azeite, e a respectiva libação. ¹⁰É o holocausto do sábado, a ser feito cada sábado, além do holocausto perpétuo com a respectiva libação.

Os holocaustos do primeiro dia do mês – ¹¹No primeiro dia de cada mês ofereçam, como holocausto a Javé, dois novilhos, um carneiro e sete cordeiros de um ano, todos perfeitos. ¹²Para cada novilho, juntem a oblação de treze litros e meio da melhor farinha, amassada com azeite; para o carneiro, juntem a oblação de nove litros da melhor farinha, amassada com azeite; ¹³para cada cordeiro, juntem a oblação de quatro litros e meio da melhor farinha, amassada com azeite. É o holocausto de perfume apaziguador, uma oferta queimada para Javé. ¹⁴As libações que o acompanham serão de quatro litros de vinho por novilho, de dois litros e meio para o carneiro e de dois litros para cada cordeiro. Esse é o holocausto mensal, para todos os meses do ano. ¹⁵Além do holocausto perpétuo com a respectiva libação, será oferecido a Javé um bode como sacrifício pelo pecado.

Os holocaustos da festa dos Ázimos e de outras datas – ¹⁶No dia catorze do primeiro mês, celebra-se a Páscoa de Javé, ¹⁷e o dia quinze é também dia de festa. Durante sete dias só se comerá pão sem fermento, ¹⁸e no primeiro dia haverá uma santa convocação: vocês não farão nenhuma obra do serviço. ¹⁹Ofereçam oferta queimada em holocausto para Javé: dois novilhos, um carneiro e sete cordeiros de um ano, todos perfeitos. ²⁰A oblação da melhor farinha, amassada com azeite, será de treze litros e meio para cada novilho, nove litros para o carneiro ²¹e quatro litros e meio para cada um dos sete cordeiros. ²²Ofereçam também um bode em sacrifício pelo pecado, para fazer expiação por vocês. ²³Façam tudo isso além do holocausto da manhã, que é oferecido como holocausto perpétuo. ²⁴Façam o mesmo durante cada um dos sete dias. É pão da oferta queimada de perfume apaziguador para Javé. Façam tudo isso, além do holocausto perpétuo, com sua correspondente libação. ²⁵No sétimo dia haverá uma santa convocação para vocês: não farão nenhuma obra do serviço.

O holocausto da festa das Semanas – ²⁶No dia dos primeiros frutos, quando vocês oferecerem a Javé uma oblação de frutos novos na festa das Semanas, haverá uma santa convocação para vocês: não farão nenhuma obra do serviço. ²⁷Ofere-

---

28,1-8: Antes do exílio ou no início do pós-exílio (Ez 46,13-15), realizava-se um só holocausto diário (2Rs 16,15). No pós-exílio, acrescenta-se o holocausto da tarde (cf. Ex 29,38-42; 2Cr 2,3; Esd 3,3-5; Eclo 45,14), para reforçar os rituais de legitimação da teocracia e do Templo e aumentar a arrecadação dos tributos (cf. Nm 39,29; 2Cr 2,3; Esd 3,3-5; Ne 10,33-34).

9-10: Acrescenta-se o holocausto de dois cordeiros ao ritual do sábado. Ver nota anterior.

11-15: Acrescentam-se os holocaustos para a celebração do primeiro dia de cada mês lunar (lua nova). Ver notas anteriores.

28,16-30,1: Leis de Lv 1-7; 23 e Ez 45-46 são aqui sistematizadas e ampliadas pela teocracia pós-exílica (ver

çam um holocausto de perfume agradável a Javé: dois novilhos, um carneiro e sete cordeiros de um ano, todos perfeitos. ²⁸A oblação da melhor farinha, amassada com azeite, será de treze litros e meio para cada novilho, nove litros para o carneiro, ²⁹e quatro litros e meio para cada um dos sete cordeiros. ³⁰Ofereçam também um bode para expiação por vocês. ³¹Façam tudo isso, além do holocausto perpétuo com sua oblação e respectivas libações.

29 O holocausto do dia das Aclamações

– ¹No primeiro dia do sétimo mês, haverá uma santa convocação para vocês: não farão nenhuma obra do serviço. Será para vocês o dia da aclamação. ²Ofereçam, em holocausto de perfume agradável a Javé, um novilho, um carneiro e sete cordeiros de um ano, todos perfeitos. ³A oblação da melhor farinha, amassada com azeite, será de treze litros e meio para o novilho, nove litros para o carneiro, ⁴e quatro litros e meio para cada um dos sete cordeiros. ⁵Ofereçam também um bode como sacrifício pelo pecado, para expiação por vocês. ⁶Façam tudo isso, além do holocausto mensal com a respectiva oblação, além do holocausto perpétuo com sua oblação e respectivas libações, conforme suas normas, para perfume apaziguador, em oferta queimada para Javé.

O holocausto do dia da Expiação

– ⁷No décimo dia do sétimo mês, haverá uma santa convocação para vocês: guardarão o jejum e não farão obra nenhuma. ⁸Ofereçam um holocausto de perfume apaziguador para Javé: um novilho, um carneiro e sete cordeiros de um ano, que vocês escolherão entre aqueles que são perfeitos, ⁹e a oblação da melhor farinha amassada com azeite será de treze litros e meio para o novilho, de nove litros para o carneiro, ¹⁰e quatro litros e meio para cada um dos sete cordeiros. ¹¹Ofereçam também um bode como sacrifício pelo pecado, além do sacrifício pelo pecado no dia das expiações, e além do holocausto perpétuo com sua oblação e respectivas libações.

Os holocaustos da festa das Tendas

– ¹²No dia quinze do sétimo mês, haverá uma santa convocação para vocês: não farão nenhuma obra do serviço, e durante sete dias celebrarão a festa em honra de Javé. ¹³Ofereçam um holocausto, em oferta queimada de perfume apaziguador para Javé: treze novilhos, dois carneiros e catorze cordeiros de um ano, todos perfeitos. ¹⁴A oblação da melhor farinha amassada com azeite será de treze litros e meio para um novilho, para cada um dos treze novilhos, nove litros para cada um dos dois carneiros, ¹⁵e quatro litros e meio para cada um dos catorze cordeiros. ¹⁶Ofereçam também um bode como sacrifício pelo pecado, além do holocausto perpétuo com sua oblação e respectivas libações. ¹⁷No segundo dia, ofereçam doze novilhos, dois carneiros, e catorze cordeiros de um ano, todos perfeitos, ¹⁸com a oblação e a libação correspondentes, a serem feitas conforme a norma, segundo o número dos novilhos, carneiros e cordeiros, ¹⁹e um bode para o sacrifício pelo pecado, além do holocausto perpétuo com sua oblação e respectivas libações. ²⁰No terceiro dia, ofereçam onze novilhos, dois carneiros e catorze cordeiros de um ano, todos perfeitos, ²¹com a oblação e as libações correspondentes, a serem feitas conforme a norma, segundo o número dos novilhos, carneiros e cordeiros, ²²e um bode para o sacrifício pelo pecado, além do holocausto perpétuo com sua oblação e libações. ²³No quarto dia, ofereçam dez novilhos, dois carneiros e catorze cordeiros de um ano, todos perfeitos, ²⁴com a oblação e as libações correspondentes, a serem feitas conforme a norma, segundo o número dos novilhos, carneiros e cordeiros, ²⁵e um bode para o sacrifício pelo pecado, além do holocausto perpétuo com sua oblação e libações.

²⁶No quinto dia, ofereçam nove novilhos, dois carneiros, e catorze cordeiros de um ano, todos perfeitos, ²⁷com a oblação e as libações correspondentes, a serem feitas conforme a norma, segundo o número

---

nota a 28,1-8). O dia da Aclamação (cf. Lv 23,23-25) será celebrado como o primeiro dia do ano, o *Rosh Hashaná*. Os setenta e um holocaustos integrados na festa das Tendas (29,12-38) provavelmente servem para legitimar os setenta anciãos do Sinédrio (cf. 11,16-30), sendo o holocausto do sumo sacerdote, o chefe do Siné-

dos novilhos, carneiros e cordeiros, ²⁸e também um bode para o sacrifício pelo pecado, além do holocausto perpétuo com sua oblação e libações.

²⁹No sexto dia, ofereçam oito novilhos, dois carneiros e catorze cordeiros de um ano, todos perfeitos, ³⁰com a oblação e as libações correspondentes, a serem feitas conforme a norma, segundo o número dos novilhos, carneiros e cordeiros, ³¹e também um bode para o sacrifício pelo pecado, além do holocausto perpétuo com sua oblação e libações.

³²No sétimo dia, ofereçam sete novilhos, dois carneiros e catorze cordeiros de um ano, todos perfeitos, ³³com a oblação e libações correspondentes, a serem feitas conforme a norma, segundo o número dos novilhos, carneiros e cordeiros, ³⁴e também um bode para o sacrifício pelo pecado, além do holocausto perpétuo com sua oblação e libações.

³⁵No oitavo dia, haverá uma reunião festiva: vocês não farão nenhuma obra do serviço. ³⁶Ofereçam um holocausto em oferta queimada de perfume apaziguador para Javé: um novilho, um carneiro e sete cordeiros de um ano, todos perfeitos, ³⁷com a oblação e as libações correspondentes, a serem feitas conforme a norma, segundo o número dos novilhos, carneiros e cordeiros, ³⁸e um bode para o sacrifício pelo pecado, além do holocausto perpétuo com sua oblação e libações.

³⁹São esses os sacrifícios que vocês oferecerão a Javé nas solenidades que celebrarem, além das ofertas por suas promessas e sacrifícios voluntários, bem como dos holocaustos, oblações, libações e sacrifícios de comunhão".

30

¹Moisés comunicou aos filhos de Israel tudo o que Javé lhe havia ordenado.

Estatutos sobre as promessas das mulheres – ²Moisés falou aos cabeças das tribos de Israel: "Esta é a ordem de Javé: ³Quando um homem fizer uma promessa a Javé ou se comprometer a alguma coisa sob juramento, não deverá faltar à palavra. Conforme falou sua boca, assim fará.

⁴Quando uma mulher, ainda jovem e na casa de seu pai, fizer uma promessa e obrigar-se a um compromisso, ⁵se o pai, ouvindo a promessa e o compromisso que ela fez, ficar em silêncio junto a ela, todas as promessas dela continuarão de pé, e todo o compromisso ao qual ela se obrigou continuará de pé. ⁶Contudo, se o pai foi contra a promessa no dia em que a ouviu, nenhuma das promessas dela, e nenhum dos compromissos aos quais ela se obrigou, ficarão de pé. Javé a perdoará, porque o pai dela se opôs a ela.

⁷Mas se ela for dada a um homem, sem ter cumprido as promessas dela ou um dito impensado dos lábios dela, ao qual ela se obrigou ⁸e se o homem dela ouviu, e no dia em que ouviu ficou em silêncio junto a ela, todas as promessas dela continuarão de pé, e todos os compromissos aos quais ela se obrigou continuarão de pé. ⁹Contudo, se no dia em que o homem dela tiver ouvido se opuser a ela, e anular a promessa que ela ainda não cumpriu e o dito impensado dos lábios dela, ao qual ela se obrigou, Javé a perdoará.

¹⁰A promessa de uma viúva ou de uma repudiada, tudo a que se obrigar, continuará de pé. ¹¹Quando, na casa do seu homem, uma mulher fizer uma promessa ou se obrigar a um compromisso em juramento, ¹²se o seu homem, ao ouvi-la, ficar em silêncio junto dela e não se opôs a ela, continuarão de pé todas as promessas dela, e todo compromisso ao qual ela se obrigou continuará de pé. ¹³Contudo, se o homem dela os anulou no dia em que ouviu, tudo o que saiu dos lábios dela, seja para promessas dela, seja para obrigar-se a algo, não continuará de pé. O homem dela os anulou. E Javé a perdoará. ¹⁴Qualquer promessa, ou qualquer compromisso ao qual ela se obrigou por juramento, o homem dela pode manter de pé, ou o homem dela pode anular. ¹⁵Contudo, se o homem dela ficar em silêncio sem dizer nada para ela até o dia seguinte, ele mantém de pé todas as promessas dela e mantém de pé todos os compromissos assumidos por ela, pois ficou em silêncio junto dela no

---

drio, realizado solene e isoladamente no oitavo dia (29,35-38).

30,2-17: No pós-exílio o poder dos homens é reforçado. O pai ou o marido podem anular qualquer promessa

dia em que ouviu. ¹⁶Todavia, se ele ouvir e os anular depois do prazo, ele é que levará a culpa dela".

¹⁷São esses os estatutos que Javé ordenou para Moisés a respeito da atitude de um homem para com sua mulher, e de um pai para com sua filha, na juventude dela ainda na casa de seu pai.

31 Guerra de vingança de Javé contra Madiã
– ¹Javé disse a Moisés: ²"Execute a vingança dos filhos de Israel contra os madianitas. Depois você se reunirá com seus antepassados". ³Moisés disse ao povo: "Escolham alguns homens entre vocês e os armem para o exército. Eles deverão atacar os madianitas para realizar a vingança de Javé. ⁴Mandem para o exército mil homens de cada tribo, mil de cada uma das tribos de Israel".

⁵Desse modo, dos milhares de Israel, eles forneceram doze mil homens, mil de cada tribo, equipados para o exército. ⁶Moisés os enviou para o exército, mil de cada tribo. Eles e Fineias, filho do sacerdote Eleazar, foram para o exército. E as armas sagradas e as trombetas para o toque de combate estavam na mão de Fineias. ⁷E batalharam contra Madiã, segundo Javé ordenara a Moisés, e mataram todos os homens. ⁸Mataram inclusive os reis de Madiã: Evi, Recém, Sur, Hur e Rebe, os cinco reis de Madiã, e também passaram a fio de espada Balaão, filho de Beor. ⁹Os filhos de Israel levaram como prisioneiras as mulheres madianitas com suas crianças. Saquearam todo o gado, rebanhos e bens. ¹⁰Incendiaram as cidades e todos os povoados. ¹¹Em seguida, carregaram todos os despojos, homens e animais. ¹²Levaram os prisioneiros, o saque e os despojos a Moisés, ao sacerdote Eleazar e a toda a comunidade de Israel, que estava acampada na estepe de Moab, às margens do rio Jordão, na altura de Jericó.

Massacre de mulheres e crianças, e purificação dos despojos – ¹³Moisés, o sacerdote Eleazar e todos os príncipes da comunidade saíram para recebê-los fora do acampamento. ¹⁴Moisés ficou indignado com os oficiais dos milhares e com os oficiais das centenas que voltavam do exército da guerra. ¹⁵Disse-lhes: "Por que vocês deixaram as mulheres com vida? ¹⁶Foram elas que, instigadas por Balaão, fizeram os filhos de Israel trair Javé no caso de Fegor: por causa delas houve uma praga sobre toda a comunidade de Javé. ¹⁷Agora, portanto, matem todas as crianças do sexo masculino e todas as mulheres que tiveram relações sexuais com homens. ¹⁸Deixem vivas apenas as meninas que não tiveram relações sexuais com homens; elas pertencerão a vocês. ¹⁹Quanto a vocês, fiquem sete dias fora do acampamento. Aqueles que tiverem matado alguém ou tocado em cadáver deverão purificar-se junto com os prisioneiros, no terceiro e no sétimo dia. ²⁰Purifiquem também toda roupa, objetos de couro ou de pelo de cabra e todos os objetos de madeira".

²¹O sacerdote Eleazar disse aos combatentes que tinham voltado do exército: "São estes os estatutos da lei que Javé deu a Moisés: ²²ouro, prata, bronze, ferro, estanho e chumbo, ²³tudo o que resiste ao fogo, vocês deverão purificar com o fogo e lavar com as águas que expulsam impureza, e tudo o que não resiste ao fogo vocês deverão lavar com água. ²⁴No sétimo dia vocês lavarão as roupas e ficarão puros. Depois poderão entrar no acampamento".

Divisão dos despojos de guerra – ²⁵Javé disse a Moisés: ²⁶"Reúna-se com o sacerdote Eleazar e os cabeças dos patriarcas da comunidade e faça a contagem dos despojos e prisioneiros, tanto pessoas como animais. ²⁷Depois dividam os despojos pela metade, uma parte para os que

---

feita por uma mulher que não seja viúva ou repudiada. Sobre as mulheres neste período, ver nota a Lv 12,1-8; 18,1-30 e Nm 12,1-16.

31,1-54: Narrativa ligada a 25,16-18, criada com elementos de Jz 7-8; 21,10-12 e 1Sm 15, para estabelecer as regras pós-exílicas sobre: a) a pureza dos guerreiros (vv. 19-24); b) a divisão dos despojos (vv. 25-27, cf. 1Sm 30,24-25); c) o tributo para os sacerdotes e levitas (vv. 28-47); d) o ouro e as joias que ficarão como memorial no Templo (vv. 48-54). Mesmo sendo fictícia, pois os madianitas continuaram existindo, esta narrativa revela o rosto terrível do Deus oficial da teocracia pós-exílica: legitima o massacre de meninos e mulheres casadas, e a escravidão das meninas e mulheres virgens, preocupando-se somente com a pureza ritual dos israelitas.

aguentaram a guerra e foram ao exército, e outra para o resto da comunidade. ²⁸Cobre dos homens de guerra que foram para o exército um tributo para Javé: um sobre quinhentos, tanto de pessoas como de bois, jumentos e ovelhas. ²⁹Tudo isso você tomará da metade que pertence aos soldados e entregará ao sacerdote Eleazar como tributo para Javé. ³⁰Da outra metade, a que coube aos filhos de Israel, cobre um por cinquenta, tanto de pessoas como de bois, jumentos, ovelhas e todo tipo de animais, e os entregue aos levitas encarregados da guarda da Habitação de Javé".

³¹Moisés e o sacerdote Eleazar fizeram o que Javé tinha ordenado a Moisés.

³²Contagem dos despojos que o povo do exército capturou: seiscentos e setenta e cinco mil ovelhas, ³³setenta e dois mil bois, ³⁴sessenta e um mil jumentos, ³⁵e trinta e duas mil mulheres que não tinham tido relações sexuais. ³⁶Porção que tocou aos que foram para o exército: trezentas e trinta e sete mil e quinhentas ovelhas, ³⁷das quais foi feito para Javé o tributo de seiscentas e setenta e cinco ovelhas; ³⁸trinta e seis mil bois, dos quais foi feito para Javé o tributo de setenta e dois bois; ³⁹trinta mil e quinhentos jumentos, dos quais foi feito para Javé o tributo de sessenta e um jumentos; ⁴⁰dezesseis mil pessoas, das quais foi feito para Javé o tributo de trinta e duas pessoas. ⁴¹Moisés entregou o tributo de Javé ao sacerdote Eleazar, segundo Javé lhe havia ordenado.

⁴²Quanto à outra metade que Moisés tinha requisitado, dos homens que foram para o exército, para os filhos de Israel, ⁴³a metade para a comunidade, a conta foi a seguinte: trezentos e trinta e sete mil e quinhentas ovelhas, ⁴⁴trinta e seis mil bois, ⁴⁵trinta mil e quinhentos jumentos ⁴⁶e dezesseis mil pessoas. ⁴⁷Dessa metade que pertencia aos filhos de Israel, Moisés tomou um tributo de dois por cento de pessoas e animais, e o entregou aos levitas, encarregados da guarda da Habitação de Javé, segundo Javé havia ordenado a Moisés.

Ouro e joias oferecidos a Javé – ⁴⁸Os supervisores dos milhares do exército, os oficiais dos milhares e os oficiais das centenas se aproximaram de Moisés ⁴⁹e disseram: "Seus servos fizeram o recenseamento dos homens de guerra sob sua ordem e não falta nenhum. ⁵⁰Por isso, como reconhecimento a Javé por nos ter salvo a vida, cada um de nós oferece a Javé daquilo que saqueou em objetos de ouro, braceletes, pulseiras, anéis, brincos e colares, para expiação por nossas vidas diante de Javé". ⁵¹Moisés e o sacerdote Eleazar receberam o ouro que eles ofereciam em artigos trabalhados. ⁵²A oferta de ouro que fizeram a Javé deu o total de um quilo, seiscentos e setenta e cinco gramas, oferecidos pelos oficiais dos milhares e pelos oficiais das centenas. ⁵³Pois os homens do exército haviam ficado cada um com um despojo para si. ⁵⁴Moisés e o sacerdote Eleazar, porém, receberam o ouro dos oficiais dos milhares e das centenas, e o levaram à Tenda do Encontro, como memorial dos filhos de Israel diante de Javé.

32 *Divisão da Transjordânia* – ¹Os filhos de Rúben e os filhos de Gad possuíam imensos rebanhos. Quando viram que as terras de Jazer e de Galaad eram boas para o rebanho, ²foram a Moisés, ao sacerdote Eleazar e aos príncipes da comunidade, e propuseram: ³"Atarot, Dibon, Jazer, Nemra, Hesebon, Eleale, Sabama, Nebo e Meon, ⁴o território desses povos, conquistado por Javé diante da comunidade de Israel, é uma terra especial para o gado, e nós, seus servos, possuímos rebanhos. ⁵Por favor, faça que essa terra seja entregue a seus servos como propriedade, e permita que nós não atravessemos o Jordão".

⁶Moisés respondeu aos filhos de Gad e Rúben: "Os irmãos de vocês vão para uma guerra, e vocês vão ficar aqui? ⁷Assim vocês vão desanimar os filhos de Israel, e eles não vão querer entrar na terra que Javé lhes deu. ⁸Foi isso que fizeram os pais de vocês quando eu os enviei de Cades

---

32,1-42: Tradições do reino do norte (vv. 39-42) sobre sua relação ou seu controle sobre tribos de Galaad (ver nota a Gn 31,22-32,1) foram incorporadas na criação do mito sacerdotal da conquista de Canaã pelas doze tribos. Esta região, rica em pastagens (vv. 1.4; cf. Sl 22,13; Os 4,1), certamente fornecia os bois para o reino de Israel (1Sm 11,1-11; 31,11; 2Sm 17,24-29).

NÚMEROS 32

Barne para explorar o território! ⁹Eles subiram até o vale de Escol, exploraram o território e fizeram que os filhos de Israel desistissem de ir para a terra que Javé lhes havia dado. ¹⁰Nesse dia, a ira de Javé se inflamou, e ele jurou: ¹¹'Os homens de vinte anos para cima, que saíram do Egito, não verão a terra que eu prometi dar a Abraão, Isaac e Jacó, porque não foram fiéis a mim, ¹²a não ser Caleb, filho do cenezeu Jefoné, e Josué, filho de Nun, porque seguiram Javé em tudo'. ¹³A ira de Javé se inflamou contra Israel, e ele os fez andar errantes pelo deserto durante quarenta anos, até que desaparecesse aquela geração que fez o que Javé reprova. ¹⁴Agora são vocês, corja de pecadores, que tomam o lugar dos seus pais para atiçar ainda mais a ira inflamada de Javé contra Israel! ¹⁵Se vocês se afastarem de Javé, ele aumentará ainda mais a permanência de vocês no deserto, e vocês causarão a ruína de todo este povo".

¹⁶Eles se dirigiram a Moisés e disseram: "Nós queremos construir aqui currais para os rebanhos e cidades para nossas crianças. ¹⁷Entretanto, nós iremos armados à frente dos filhos de Israel, até que cheguem ao lugar que lhes foi destinado. Enquanto isso, nossos filhos ficarão nas cidades fortificadas, protegidos dos habitantes da terra. ¹⁸Não voltaremos para nossas casas enquanto cada israelita não tiver ocupado sua herança. ¹⁹Não teremos herança com eles no outro lado do Jordão. Nossa herança será do lado de cá, a oriente do Jordão".

²⁰Moisés respondeu: "Se assim fizerem, se vocês se armarem para combater na presença de Javé, ²¹se todos aqueles de vocês que estão armados atravessarem o Jordão na presença de Javé, até que, diante de vocês, ele expulse todos os inimigos, ²²se vocês não voltarem antes que a terra esteja submetida a vocês na presença de Javé, então vocês serão inocentes diante de Javé e de Israel, e esta terra poderá pertencer a vocês como propriedade, por vontade de Javé. ²³Todavia, se não agirem assim, vocês estarão pecando contra Javé. E fiquem cientes de que o pecado de vocês será castigado. ²⁴Agora, portanto, podem construir cidades para seus filhos e currais para seus rebanhos, mas cumpram o que prometeram".

²⁵Os filhos de Gad e Rúben disseram a Moisés: "Seus servos farão o que o senhor está determinando. ²⁶Nossas crianças, nossas mulheres, nossos rebanhos e nosso gado ficarão nas cidades de Galaad, ²⁷mas os seus servos, equipados para o exército, passarão diante de Javé, para a guerra, conforme o meu senhor determinou".

²⁸Moisés deu ordens para eles, através do sacerdote Eleazar, de Josué, filho de Nun, e dos cabeças dos patriarcas das tribos de Israel. ²⁹Moisés falou: "Se os filhos de Gad e Rúben atravessarem com vocês o Jordão, todos armados para lutar na presença de Javé, depois que a terra estiver submetida, vocês darão a eles o território de Galaad como propriedade. ³⁰Contudo, se eles não atravessarem armados com vocês, receberão sua propriedade na terra de Canaã".

³¹Os filhos de Gad e Rúben responderam: "Faremos o que Javé está mandando a seus servos. ³²Atravessaremos armados na presença de Javé para a terra de Canaã, e a propriedade que nos caberá como herança será do lado de cá do Jordão". ³³Moisés deu aos filhos de Gad, aos filhos de Rúben e à meia tribo de Manassés, filho de José, o reino de Seon, rei dos amorreus, e o reino de Og, rei de Basã, com todas as cidades e povoados do território. ³⁴Os filhos de Gad reconstruíram as cidades fortificadas de Dibon, Atarot, Aroer, ³⁵Atrot-Sofã, Jazer, Jegbaá, ³⁶Bet-Nemra e Bet-Arã, e construíram currais para seus rebanhos. ³⁷Os filhos de Rúben reconstruíram Hesebon, Eleale, Cariataim, ³⁸Nebo e Baal-Meon. Mudaram o nome dessas cidades e também reconstruíram Sabama. De fato, eles deram nomes novos às cidades que reconstruíram. ³⁹Os filhos de Maquir, filho de Manassés, invadiram e conquistaram o território de Galaad, expulsando os amorreus que aí moravam. ⁴⁰Moisés, então, deu o território de Galaad para a tribo de Maquir, filho de Manassés, que aí passou a morar. ⁴¹Jair, filho de Manassés, foi e conquistou aldeias, dando-lhes o nome de Aldeias de Jair. ⁴²Nobe foi e tomou Canat e as cidades da vizinhança, dando-lhes seu próprio nome, Nobe.

33 Do Egito ao Jordão: as etapas do êxodo

– ¹Etapas da viagem dos filhos de Israel, quando saíram da terra do Egito, segundo seus exércitos, sob a chefia de Moisés e Aarão. ²Moisés registrou os pontos de partida, etapa por etapa, quando saíram sob as ordens de Javé. E as etapas, na ordem de seus pontos de partida, são as seguintes:

³No dia quinze do primeiro mês, partiram de Ramsés. No dia seguinte ao da Páscoa, os filhos de Israel partiram de mão erguida, diante dos olhos de todos os egípcios, ⁴enquanto os egípcios ainda estavam enterrando os primogênitos que Javé tinha feito morrer ao fazer justiça contra os deuses deles.

⁵Os filhos de Israel partiram de Ramsés e acamparam em Sucot. ⁶Depois, partiram de Sucot e acamparam em Etam, que está no limite do deserto. ⁷Saíram de Etam e voltaram em direção de Piairot, diante de Baal-Sefon, e acamparam diante de Magdol. ⁸Saíram de Piairot e atravessaram o mar, alcançando o deserto. Depois de três dias de marcha pelo deserto de Etam, acamparam em Mara. ⁹Partiram de Mara e chegaram a Elim, onde havia doze fontes e setenta palmeiras, e aí acamparam. ¹⁰Partiram de Elim e acamparam junto ao mar Vermelho. ¹¹Partiram do mar Vermelho e acamparam no deserto de Sin. ¹²Partiram do deserto de Sin e acamparam em Dafca. ¹³Partiram de Dafca e acamparam em Alus. ¹⁴Partiram de Alus e acamparam em Rafidim, mas aí o povo não encontrou água para beber. ¹⁵Partiram de Rafidim e acamparam no deserto do Sinai. ¹⁶Partiram do deserto do Sinai e acamparam em Cibrot-ataava. ¹⁷Partiram de Cibrot-ataava e acamparam em Haserot. ¹⁸Partiram de Haserot e acamparam em Retma. ¹⁹Partiram de Retma e acamparam em Remon-Farés. ²⁰Partiram de Remon-Farés e acamparam em Lebna. ²¹Partiram de Lebna e acamparam em Ressa. ²²Partiram de Ressa e acamparam em Ceelata. ²³Partiram de Ceelata e acamparam no monte Séfer. ²⁴Partiram do monte Séfer e acamparam em Harada. ²⁵Partiram de Harada e acamparam em Macelot. ²⁶Partiram de Macelot e acamparam em Taat. ²⁷Partiram de Taat e acamparam em Taré. ²⁸Partiram de Taré e acamparam em Matca. ²⁹Partiram de Matca e acamparam em Hesmona. ³⁰Partiram de Hesmona e acamparam em Moserot. ³¹Partiram de Moserot e acamparam em Benê-Jacã. ³²Partiram de Benê-Jacã e acamparam em Hor-Gadgad. ³³Partiram de Hor-Gadgad e acamparam em Jetebata. ³⁴Partiram de Jetebata e acamparam em Ebrona. ³⁵Partiram de Ebrona e acamparam em Asiongaber. ³⁶Partiram de Asiongaber e acamparam no deserto de Sin, em Cades. ³⁷Partiram de Cades e acamparam no monte Hor, na divisa do território de Edom.

³⁸O sacerdote Aarão subiu ao monte Hor, segundo a ordem de Javé, e aí morreu, no primeiro dia do quinto mês, quarenta anos depois que os filhos de Israel saíram do Egito. ³⁹Aarão morreu no monte Hor com cento e vinte e três anos.

⁴⁰O rei cananeu de Arad, que habitava no Negueb, na terra de Canaã, foi informado de que os filhos de Israel estavam chegando. ⁴¹Estes partiram do monte Hor e acamparam em Salmona. ⁴²Partiram de Salmona e acamparam em Finon. ⁴³Partiram de Finon e acamparam em Obot. ⁴⁴Saíram de Obot e acamparam em Jeabarim, no território de Moab. ⁴⁵Partiram de Jeabarim e acamparam em Dibon-Gad. ⁴⁶Partiram de Dibon-Gad e acamparam em Elmon-Deblataim. ⁴⁷Partiram de Elmon-Deblataim e acamparam nos montes de Abarim, diante do monte Nebo. ⁴⁸Partiram dos montes de Abarim e acamparam na estepe de Moab, junto ao rio Jordão, na altura de Jericó. ⁴⁹Na estepe de Moab, acamparam às margens do rio Jordão, desde Bet-Jesimot até Abel-Setim.

Instruções para a conquista e a partilha da terra

– ⁵⁰Na estepe de Moab, às margens do rio Jordão, na altura de Jericó, Javé falou a Moisés: ⁵¹"Diga aos filhos de Israel:

33,1-49: Itinerário fictício, unindo locais citados em Ex, Nm e Dt a locais desconhecidos, e nomeando quarenta locais de acampamentos, conforme os quarenta anos de caminhada no deserto, a fim de fortalecer o mito sacerdotal da conquista da terra pelas doze tribos (cf. nota anterior).

50-56: Sobre a partilha da terra, ver nota a 25,19-26,65.

Quando vocês atravessarem o rio Jordão e entrarem na terra de Canaã, ⁵²expulsem todos os habitantes da terra da presença de vocês. Façam desaparecer todas as suas imagens esculpidas. Façam desaparecer todas as suas imagens fundidas, e eliminem todos os seus lugares altos. ⁵³Tomem posse da terra e habitem nela, pois eu lhes dei essa terra, para que vocês a possuam. ⁵⁴Dividam a terra, por sorteio, entre os clãs de vocês. Deem como herança uma parte maior para aquele que é mais numeroso, e uma parte menor para aquele que é menos numeroso. A herança de cada um será onde cair o sorteio. Façam a divisão entre as tribos de vocês. ⁵⁵Contudo, se vocês não expulsarem os habitantes da terra da presença de vocês, aqueles que ficarem serão para vocês espinhos nos olhos e ferrões nas costas. Eles serão seus inimigos na terra que vocês habitarem. ⁵⁶E eu farei com vocês aquilo que pensei fazer com eles".

34 Limites e divisas da terra de Canaã

– ¹Javé falou a Moisés: ²"Ordena aos filhos de Israel: Quando vocês entrarem na terra de Canaã, estarão na terra que lhes cabe como herança, a terra de Canaã com suas divisas.

³A divisa ao sul será o deserto de Sin e Edom. O limite sul começará na extremidade do mar Morto, a oriente. ⁴Depois seguirá para o sul, em direção à Subida dos Escorpiões, passará por Sin e chegará a Cades Barne, no sul. Em seguida, seguirá em direção a Hasar-Adar e passará por Asemona. ⁵De Asemona, a divisa se voltará na direção do rio do Egito e terminará no mar.

⁶A divisa marítima será o mar Mediterrâneo. Será o limite de vocês no lado oeste. ⁷A divisa norte será marcada desde o mar Mediterrâneo até o monte Hor. ⁸Daí, traçarão uma linha até a entrada de Emat, e a divisa terminará em Sedada. ⁹Continuará em direção a Zefrona e terminará em Hasar-Enon. Será essa a divisa de vocês do lado norte.

¹⁰A divisa do lado leste irá de Hasar-Enon a Sefama. ¹¹De Sefama, a divisa descerá na direção de Harbel, a leste de Ain. Descendo ainda, costeará a leste o mar de Quineret. ¹²Daí, a divisa seguirá o rio Jordão e terminará no mar Morto.

Essa é a terra de vocês com os limites que a cercam".

¹³Então Moisés ordenou aos filhos de Israel: "Essa é a terra que vocês herdarão por sorteio e que Javé ordenou dar às nove tribos e meia. ¹⁴Isso porque as tribos de Rúben, de Gad e a meia tribo de Manassés com suas famílias já receberam sua herança. ¹⁵Essas duas tribos e meia já receberam sua herança no outro lado do Jordão, na altura de Jericó, a oriente".

Nomes dos príncipes que repartirão a terra – ¹⁶Javé falou a Moisés: ¹⁷"Eis os nomes dos homens que repartirão a terra em herança para vocês: o sacerdote Eleazar e Josué, filho de Nun; ¹⁸além deles, vocês escolherão um príncipe, um príncipe de cada tribo, a fim de repartir a terra em herança. ¹⁹Estes são os nomes dos homens: da tribo de Judá, Caleb, filho de Jefoné; ²⁰da tribo de Simeão, Samuel, filho de Amiud; ²¹da tribo de Benjamim, Elidad, filho de Caselon; ²²da tribo de Dã, o príncipe Boci, filho de Jogli; ²³para os filhos de José: da tribo de Manassés, o príncipe Haniel, filho de Efod; ²⁴e da tribo de Efraim, o príncipe Camuel, filho de Seftã; ²⁵da tribo de Zabulon, o príncipe Elisafã, filho de Farnac; ²⁶da tribo de Issacar, o príncipe Faltiel, filho de Ozã; ²⁷da tribo de Aser, o príncipe Aiud, filho de Salomi; ²⁸da tribo de Neftali, o príncipe Fedael, filho de Amiud". ²⁹São esses os que receberam a ordem de Javé para repartir a terra em herança aos filhos de Israel na terra de Canaã.

35 As cidades dos levitas

– ¹Na estepe de Moab, às margens do rio Jordão, na altura de Jericó, Javé falou a

---

34,1-15: Muito além dos limites historicamente alcançados por Israel (Jz 20,1), projeta-se aqui o mapa do reino messiânico sonhado no pós-exílio.

16-29: Estes príncipes substituem os líderes (1,4-16) que teriam morrido no deserto por desobediência (ver notas a 13,25-14,9; 25,19-26,65; 20,12-13).

35,1-8: No pós-exílio, os levitas viviam nas cidades do interior como guardas (2Cr 23,2-7) e criavam rebanhos junto às muralhas. Levavam os dízimos e as ofertas do povo (18,21-32; cf. 2Cr 24,5.11) para Jerusalém quando iam exercer seu turno de serviço (cf. 4,1-33). Contrariando 18,20-24, essa lista ideal, de quatro cidades

Moisés: ²"Ordene aos filhos de Israel que, da herança que possuem, deem aos levitas algumas cidades para eles morarem e pastagens ao redor das cidades. Deem cidades aos levitas. ³Eles poderão morar nessas cidades, e as pastagens dos arredores servirão para os rebanhos, o gado e todos os animais deles. ⁴Ao redor das cidades dadas aos levitas, as pastagens se estenderão no raio de um quilômetro fora das muralhas da cidade. ⁵A partir da muralha, meçam um quilômetro para o leste, um quilômetro para o sul, um quilômetro para o oeste e um quilômetro para o norte, ficando a cidade no centro. Serão essas as pastagens das cidades dos levitas. ⁶Deem aos levitas aquelas seis cidades de refúgio, as que vocês reservaram para o homicida se refugiar. Além delas, deem aos levitas mais quarenta e duas cidades. ⁷No total, vocês darão aos levitas quarenta e oito cidades com suas pastagens. ⁸Tais cidades pertencerão aos filhos de Israel. Serão tomadas em maior número daqueles que têm mais, e em menor número daqueles que têm menos. Cada tribo cederá as cidades aos levitas, na proporção da herança que tiver herdado".

As cidades de refúgio e o direito de refúgio – ⁹Javé falou a Moisés: ¹⁰"Diga aos filhos de Israel: Quando vocês atravessarem o Jordão, entrando na terra de Canaã, ¹¹escolham cidades para servirem de refúgio ao homicida que tenha matado alguém sem querer. ¹²Tais cidades servirão de refúgio para vocês contra o vingador do sangue, para que o homicida não seja morto sem ter comparecido diante da comunidade para julgamento. ¹³Escolham seis cidades de refúgio: ¹⁴deem três cidades do lado de cá do Jordão, e outras três na terra de Canaã. Serão cidades de refúgio. ¹⁵Essas seis cidades servirão de refúgio, tanto para alguém dos filhos de Israel, como para o migrante, para aquele que vive no meio de vocês e que tenha matado alguém sem querer. ¹⁶Contudo, se essa pessoa feriu alguém com objeto de ferro e daí causou a morte, é homicida. E o homicida é réu de morte. ¹⁷Se alguém feriu com uma pedra capaz de causar a morte e a pessoa morreu, é homicida. E o homicida é réu de morte. ¹⁸Se feriu com objeto de madeira capaz de causar a morte e a pessoa morreu, é homicida. E o homicida é réu de morte. ¹⁹Cabe ao vingador do sangue matar o homicida. Quando o encontrar, ele o matará.

²⁰Se o homicida empurrou a vítima com ódio ou atirou contra ela alguma coisa e a matou, ²¹ou ainda, se por inimizade a golpeou de modo mortal, aquele que feriu a vítima deve morrer, é um homicida que o vingador do sangue matará quando encontrar. ²²Todavia, se empurrou a vítima sem querer, sem ódio, ou atirou contra ela alguma coisa sem intenção de atingi-la, ²³ou se não enxergou a vítima e deixou cair sobre ela uma pedra e a matou, sem ter contra ela nenhum ódio ou intenção de causar-lhe mal, ²⁴então a comunidade julgará entre aquele que feriu e o vingador do sangue, seguindo estas normas, ²⁵e a comunidade salvará o homicida da mão do vingador do sangue. A comunidade o deixará voltar para a cidade de refúgio, onde se havia asilado, e ele aí ficará até a morte do sumo sacerdote, que foi ungido com óleo santo. ²⁶Se o homicida sair dos limites da cidade de refúgio onde se havia asilado ²⁷e se o vingador do sangue o encontrar fora dos limites da cidade de refúgio, poderá matá-lo, sem medo de represálias. ²⁸Isso porque o homicida deve permanecer na cidade de refúgio até a morte do sumo sacerdote. Só depois que o sumo sacerdote morrer é que ele poderá voltar à terra de sua herança. ²⁹Essas coisas são estatuto de norma para vocês, válidas para todas as gerações, em qualquer lugar onde vocês habitarem.

³⁰Em casos de homicídio, o homicida será morto mediante o depoimento de testemunhas. Contudo, não basta uma testemunha para levar alguém à pena de morte. ³¹Não aceitem resgate pela vida de um homicida condenado à morte, pois ele

---

por tribo, visa legitimar tal estrutura (cf. Js 21,1-42; 1Cr 6,39-66; Ez 48,13).

9-34: Sobre as cidades de refúgio, ver nota a Dt 19,1-13. Antes do exílio, eram os anciãos da cidade que decidiam conceder ou não o asilo (Js 20,4), para proteger contra o parente "vingador do sangue", o *go'el* da vítima (ver nota a Lv 25,1-55); mais tarde, será a comunidade religiosa da cidade (vv. 24-25).

deverá morrer. ³²Também não aceitem resgate por alguém que se refugiou numa cidade de refúgio e quer voltar para sua terra antes da morte do sumo sacerdote.

³³Não profanem a terra onde vocês vivem. A terra fica profanada com o sangue, e pelo sangue derramado na terra não há expiação, a não ser pelo sangue daquele que o derramou. ³⁴Portanto, não tornem impura a terra onde vocês vivem e na qual eu habito, pois eu, Javé, habito no meio dos filhos de Israel".

36 Regras para as mulheres herdeiras

¹Os cabeças dos patriarcas do clã dos filhos de Galaad, descendentes de Maquir, filho de Manassés, um dos clãs dos filhos de José, se apresentaram a Moisés e aos príncipes dos cabeças dos patriarcas dos filhos de Israel ²e disseram: "Javé ordenou ao meu senhor que repartisse a terra entre os filhos de Israel por sorteio. Meu senhor recebeu de Javé a ordem de dar a parte da herança de Salfaad, nosso irmão, às filhas dele. ³Ora, se elas se casarem com alguém de outra tribo dos filhos de Israel, a parte que pertence a elas será tirada da parte de nossos pais. Então a parte da tribo à qual elas vão pertencer ficará maior, e a parte que nos coube por sorteio ficará menor. ⁴Quando chegar o ano do jubileu para os filhos de Israel, a parte delas passará para a parte da tribo à qual vão pertencer, e será tirada da parte da nossa tribo".

⁵Moisés, então, comunicou aos filhos de Israel esta ordem de Javé: "A tribo dos filhos de José tem razão. ⁶Javé ordena às filhas de Salfaad: Casem-se com quem quiserem, mas sempre dentro de algum clã da tribo do seu pai. ⁷A herança dos filhos de Israel não passará de uma tribo para outra. Os filhos de Israel permanecerão ligados cada um à herança de sua tribo. ⁸As filhas que tiverem alguma herança em qualquer uma das tribos dos filhos de Israel, deverão casar-se com alguém de um clã da tribo de seu pai. Desse modo, os filhos de Israel conservarão cada um a herança de seu pai. ⁹Uma herança não poderá ser transferida de uma tribo para outra. Cada tribo dos filhos de Israel ficará ligada à sua herança".

¹⁰As filhas de Salfaad fizeram o que Javé havia ordenado a Moisés. ¹¹Maala, Tersa, Hegla, Melca e Noa, filhas de Salfaad, tornaram-se esposas dos filhos de seus tios. ¹²Casaram-se dentro dos clãs dos filhos de Manassés, filho de José, e por isso a herança delas permaneceu na tribo do clã de seu pai.

Conclusão – ¹³São esses os mandamentos e normas que Javé ordenou aos filhos de Israel por meio de Moisés, na estepe de Moab, às margens do rio Jordão, na altura de Jericó.

36,1-12: Determinação para que as mulheres herdeiras (ver 27,1-11) se casem com parentes de seu pai, a fim de que a terra fique na tribo paterna.

13: A legislação pós-exílica é apresentada como sendo dada por Javé a Moisés no deserto.

DEUTERONÔMIO

UM SÓ DEUS, UM SÓ TEMPLO, UM SÓ POVO E UM SÓ REI

Introdução

O título Deuteronômio, ou "Segunda Lei", provém da Bíblia Grega, a Setenta (ou Septuaginta), que assim traduziu a expressão "cópia da Lei" de Dt 17,18, entendendo que a Primeira Lei teria sido o conjunto dado no Sinai/Horeb (Ex 19-Nm 9). Na Bíblia Hebraica, este livro se chama Debarim, "Palavras", pois inicia com a frase: "São estas as palavras que Moisés dirigiu a todo o Israel..."

O Deuteronômio é constituído por uma série de discursos que o autor ou autores põem na boca de Moisés, preparando uma aliança entre Javé e Israel, semelhante às alianças firmadas entre os reis assírios e seus vassalos. Nesta aliança, Javé escolhe Israel para ser o seu povo, que deve comprometer-se a obedecer à Lei e prestar culto exclusivamente no santuário que Javé escolheu. Embora posto como conclusão do Pentateuco, o Deuteronômio se diferencia muito dos outros quatro livros. A presença de várias frases introdutórias (1,1; 4,44; 6,1; 12,1), diversas conclusões (28,69; 31,9-13; 34,1-12), discursos dirigidos ora a "vocês" (1,6-5,5), ora a "você" (5,6-21), são sinais de que o livro é fruto de longo e complexo processo de redação.

O núcleo mais antigo (12,1-26,19) é provavelmente constituído de normas sociopolítico-religiosas das vilas camponesas do norte, retrabalhadas pela monarquia nortista de Israel em meados do séc. VIII a.C. como revisão do Código da Aliança (cf. Ex 20,22-23,19). Com a queda da Samaria e anexação do reino de Israel ao império assírio, em torno de 722 a.C., fugitivos israelitas teriam levado para Jerusalém estas e outras tradições orais e/ou escritas. Aí, Dt 12,1-26,19 serviu certamente de base para a reforma realizada pelo rei Ezequias, que entre 716 e 701 a.C. preparou Judá para enfrentar a Assíria (2Rs 18,1-7; 20,20). Esta, no entanto, impõe seu domínio político também sobre Judá, e Manassés, sucessor de Ezequias, é totalmente submisso à Assíria.

Somente a partir de 640 a.C., com o declínio do poder assírio, o núcleo central do Dt (possivelmente já ampliado pelos escribas e sacerdotes de Jerusalém, e já contendo 4,44-28,68) emerge como o "Livro da Lei" encontrado no templo (2Rs 22,8-20). E será usado pelo rei Josias para integrar as reformas dentro de seu projeto de estender o domínio de Judá sobre Israel, no sonho de ter as doze tribos unidas num só povo, cultuando somente a Javé, no único santuário de Jerusalém, e comandadas por um rei davídico. Para envolver o povo e legitimar esse projeto de dominação, a corte de Josias reelaborará toda a história de Israel, projetando suas próprias perspectivas, seja como desejo de Javé nos inícios da história de Israel (Dt, Js, Jz), seja como passado glorioso vivido no tempo de Davi e Salomão (1 e 2Sm, 1 e 2Rs). Também os textos de Am, Os, Is, Mq, Sf, Jr, entre outros, serão editados com tais perspectivas.

O breve exercício imperialista da corte de Jerusalém será brutalmente interrompido pela Babilônia, que ocupará o espaço do antigo império assírio. Judá resistirá, mas será inicialmente submetido (597 a.C.). Tendo-se revoltado novamente, a cidade e o templo de Jerusalém serão arrasados (587 a.C.) e milhares de judaítas serão exilados para a Babilônia. A fim de responder ao contexto do exílio e/ou inícios do pós-exílio, o Dt será finalizado, recebendo nova introdução (1,1-4,43), outra conclusão (28,69-30,20) e mais um apêndice, com a despedida e morte de Moisés (31,1-34,12).

A leitura deste livro nos desafia a discernir entre as teologias e práticas coerentes com o Deus libertador do êxodo e dos profetas, e as teologias oficiais criadas por impérios em busca de legitimação de sua violência e dominação. Semelhante discernimento, infelizmente, ainda é necessário hoje, quando muitas teologias apresentam práticas e estruturas que, embora falando em nome de Jesus, exercem práticas de dominação, violência e exclusão.

I. DISCURSO DE INTRODUÇÃO À ALIANÇA EM MOAB

Apresentação – ¹São estas as palavras que Moisés dirigiu a todo o Israel, no lado de lá do Jordão, no deserto, na Arabá que fica diante de Suf, entre Farã, Tofel, Labã, Haserot e Dizaab. ²São onze dias de marcha pelo caminho da serra de Seir, desde o Horeb até Cades Barne. ³No dia primeiro do décimo primeiro mês do ano quarenta, Moisés falou aos filhos de Israel, sempre de acordo com o que Javé lhe mandava. ⁴Depois de ter vencido Seon, rei dos amorreus, que habitava em Hesebon, e Og, rei de Basã, que habitava em Astarot e Edrai, ⁵do lado de lá do Jordão, na terra de Moab, Moisés começou a explicar esta Lei, dizendo:

Instruções para a organização do povo – ⁶Javé, o nosso Deus, falou-nos no Horeb: "Vocês já ficaram muito tempo nesta montanha. ⁷Desmontem o acampamento e dirijam-se para a montanha dos amorreus, rumo aos habitantes da Arabá, da região montanhosa, da Sefelá, do Neguebe do litoral. Vão para a terra dos cananeus, para o Líbano e até o grande rio Eufrates. ⁸Essa é a terra que eu dei a vocês. Entrem e tomem posse da terra que Javé jurou dar a seus pais Abraão, Isaac e Jacó, e à descendência que viria depois deles".

⁹Na ocasião, eu lhes disse: "Sozinho eu não sou capaz de carregar vocês. ¹⁰Javé, o Deus de vocês, os multiplicou e vocês hoje são tão numerosos como as estrelas do céu. ¹¹Que Javé, o Deus dos pais de vocês, os multiplique mil vezes mais, abençoando-os como lhes prometeu. ¹²Mas como poderia eu sozinho carregar o peso de vocês, a carga de vocês, as desavenças entre vocês? ¹³Escolham, então, por tribos, homens sábios, criteriosos e experientes, e eu os colocarei como cabeças de vocês".

¹⁴Então vocês me responderam: "O que você está propondo é bom". ¹⁵Chamei, então, os cabeças de suas tribos, homens sábios e experientes, e os coloquei como cabeças sobre vocês, como oficiais de mil, oficiais de cem, oficiais de cinquenta e oficiais de dez, além de administradores para as tribos de vocês. ¹⁶Na ocasião, dei

---

1,1-4,43: Resumindo a caminhada de Israel desde o Horeb até o Jordão, os caps. 1-3 podem ter servido para fazer do Dt a introdução da história que vai até 2Rs. No entanto, 4,21-43, e também a continuação deste discurso em 28,69-30,20, várias vezes mencionam o exílio, indicando que este bloco sofreu revisões durante o exílio ou logo após (cf. Introdução ao Dt).

1,1-5: Esta introdução integra o Deuteronômio na construção da imagem mítica das doze tribos comandadas por Moisés, recebendo as leis de Javé e preparando-se para conquistar Canaã.

6-18: Estas funções se exercem a partir dos santuários e dos sacerdotes do interior. E guardam o sentido de uma descentralização do poder e da justiça imparcial (cf. Ex 18,13-25). Mas, com a centralização do culto e a proibição do sacerdócio fora de Jerusalém, passam a ser ditadas a partir de um poder central (cf. 16,18-17,13; 19,15-21).

esta ordem aos que eram juízes entre vocês: "Escutem seus irmãos para poder fazer justiça entre um indivíduo e o seu irmão ou migrante. ¹⁷Não tenham preferência de pessoas no julgamento: escutem de maneira igual o pequeno e o grande. Não tenham medo de ninguém, porque a norma vem de Deus. Se a causa for muito difícil para vocês, tragam a mim para eu a resolver". ¹⁸Na ocasião, determinei tudo o que vocês deveriam fazer.

Medo e desconfiança em Cades – ¹⁹Partimos do Horeb e caminhamos através de todo aquele deserto grande e terrível, que vocês bem conhecem. Fomos em direção à montanha dos amorreus, como Javé, o nosso Deus, nos havia ordenado, e chegamos a Cades Barne. ²⁰Então eu lhes disse: "Vocês chegaram à montanha dos amorreus, que Javé, o nosso Deus, nos dará. ²¹Veja bem! Javé, o seu Deus, lhe entrega esta terra. Suba, então, para se apossar dela, como lhe falou Javé, o Deus de seus pais. Não tenha medo nem se apavore". ²²E vocês vieram todos a mim, dizendo: "Vamos mandar homens à nossa frente, para espionar a região por nós, e nos informar qual é o caminho por onde deveremos seguir e em que cidade poderemos entrar". ²³A proposta pareceu-me boa, tanto que tomei doze homens dentre vocês, um de cada tribo. ²⁴Eles partiram, subiram a montanha, foram até o vale de Escol e o espionaram. ²⁵Pegaram amostras de frutas da região e as trouxeram para nós, relatando o seguinte: "A terra que Javé, o nosso Deus, nos vai dar é boa". ²⁶Vocês, porém, não quiseram subir e se rebelaram contra a palavra da boca de Javé, o Deus de vocês. ²⁷Começaram a murmurar em suas tendas: "Javé nos despreza. Ele nos fez sair do Egito para nos entregar na mão dos amorreus e nos eliminar. ²⁸Vamos subir para onde? Nossos irmãos nos desencorajaram dizendo: 'É um povo numeroso e de estatura maior que a nossa! Suas cidades são grandes e fechadas até o céu! E ali nós vimos também descendentes dos enacim' ".

²⁹Eu lhes dizia: "Não fiquem aterrorizados, e não tenham medo deles. ³⁰Javé, o Deus de vocês, irá à frente de vocês. Ele vai lutar por vocês, como já fez no Egito diante de seus olhos". ³¹No deserto, você viu também que Javé, o seu Deus, o carregou, como um homem carrega o seu filho, por todo o caminho que vocês percorreram, até chegar a este lugar. ³²Apesar disso, nenhum de vocês confiava em Javé, o seu Deus. ³³Para preparar um lugar para o acampamento de vocês, ele ia à sua frente, à noite com o fogo, para que vocês pudessem enxergar o caminho, e durante o dia com a nuvem.

Javé castiga a desconfiança e desobediência – ³⁴Ouvindo o tom das palavras de vocês, Javé ficou desgostoso e jurou: ³⁵"Nenhum dos homens desta geração perversa há de ver a terra boa que jurei dar aos pais de vocês, ³⁶a não ser Caleb, filho de Jefoné. Ele verá, pois vou dar a ele e a seus filhos a terra em que ele pisou, pois seguiu Javé sem reservas". ³⁷Por causa de vocês, Javé ficou desgostoso comigo também, e disse: "Você também não há de entrar. ³⁸É Josué, filho de Nun, que está posicionado à sua frente, ele é quem vai entrar. Diga-lhe que tenha coragem, pois é ele quem fará Israel receber a herança. ³⁹As crianças, que vocês diziam que seriam tomadas como despojos, os filhos de vocês que hoje ainda não sabem distinguir entre o bem e o mal, eles é que vão entrar ali. Para eles eu entregarei a terra, e eles a possuirão. ⁴⁰Quanto a vocês, meia-volta! Sigam para o deserto, em direção ao mar Vermelho".

⁴¹Vocês, porém, me responderam: "Pecamos contra Javé, o nosso Deus. Vamos subir para lutar, como Javé, o nosso Deus, nos ordenou". Cada um de vocês pegou seus apetrechos de guerra, dispondo-se

---

19-33: Apresentando de forma negativa uma parte da tradição sobre a ocupação de Escol/Hebron (ver nota a Nm 13,1-24), buscava-se estimular a confiança e a fé em Javé para enfrentar o império assírio/babilônico (os amorreus). O êxodo é a base para confiar que Javé é pai ao lado dos que defendem e promovem a vida, o direito, a justiça e a liberdade frente aos poderosos.

34-46: Embora usando o êxodo (cf. nota anterior), mostra-se aqui o rosto autoritário da teologia que centraliza o poder em Jerusalém e neste Javé que castiga de maneira dura e inflexível, não perdoando nem mesmo o próprio Moisés. Essa imagem e teologia serão fortalecidas em Israel no pós-exílio (cf. Nm 14,20-38), e posteriormente em certas formas de cristianismo que apresentam Deus como um déspota.

atrevidamente a subir aquela montanha. ⁴²Javé me disse: "Diga-lhes: não subam nem lutem, para que não sejam derrotados frente aos seus inimigos, porque eu não estou no meio de vocês". ⁴³Eu falei, mas vocês não me ouviram e, rebelando-se contra as palavras da boca de Javé, arrogantemente vocês subiram a montanha. ⁴⁴O povo amorreu, habitante daquela montanha, saiu ao encontro de vocês e os perseguiu como se fossem abelhas e os destroçou desde Seir até Horma. ⁴⁵Chorando, vocês voltaram à presença de Javé. No entanto, Javé não ouviu vocês, nem lhes deu atenção. ⁴⁶E por isso vocês tiveram de ficar muito tempo parados em Cades.

2 De Cades ao Arnon –

¹Em seguida, nós voltamos, partimos para o deserto a caminho do mar Vermelho, da forma como Javé me havia ordenado. Por muito tempo ficamos contornando a montanha de Seir. ²Por fim, Javé me disse: ³"Chega de rodear essa montanha. Dirijam-se agora para o norte. ⁴Dê ao povo esta ordem: 'Vocês estão passando pela fronteira de seus irmãos, os filhos de Esaú, que habitam em Seir. Eles têm medo de vocês. Por isso, tenham muito cuidado: ⁵não os ataquem, porque da terra deles nada eu darei a vocês, do território deles nem sequer a pegada de um pé. Foi a Esaú que eu dei a posse da montanha de Seir'. ⁶Com prata vocês comprarão deles a comida que comerem, e com prata comprarão deles a água que beberem, ⁷porque Javé, o Deus de vocês, abençoou você em todo o trabalho de suas mãos. Ele acompanhou você na caminhada por esse grande deserto. Durante quarenta anos, Javé, o seu Deus, esteve a seu lado e nada lhe faltou'.

⁸Cruzamos, então, o território de nossos irmãos, os filhos de Esaú, que habitam em Seir, e passamos pelo caminho da Arabá, de Elat e de Asiongaber. Depois voltamos, tomando o caminho do deserto de Moab. ⁹Javé então me disse: "Não ataque Moab e não o provoque para a luta, pois nada lhe darei do território dele. Eu dei Ar como propriedade aos filhos de Ló. ¹⁰Antigamente os emim habitavam aí. Eram um povo grande, numeroso e de alta estatura, como os enacim. ¹¹Eram considerados como os rafaim e como os enacim; os moabitas, porém, os chamam de emim. ¹²Em Seir habitavam outrora os horreus. Os filhos de Esaú, porém, os desalojaram e eliminaram, ocupando o lugar deles, assim como Israel fez para se apossar da terra que Javé lhe havia dado. ¹³Agora, levantem acampamento, e atravessem o rio Zared".

Atravessamos então o rio Zared. ¹⁴De Cades Barne até atravessar o rio Zared, foi por trinta e oito anos que caminhamos, até que desapareceu do nosso acampamento toda aquela geração dos homens de guerra, da maneira como Javé lhes tinha jurado. ¹⁵A mão de Javé estava contra eles, fazendo-os desaparecer do acampamento, até sua completa extinção. ¹⁶Quando todos aqueles homens de guerra se extinguiram do meio do povo pela morte, ¹⁷Javé me falou: ¹⁸"Hoje você estará atravessando Ar, nas fronteiras de Moab, ¹⁹e vai se aproximar dos filhos de Amon: não os ataque e não os provoque, pois nada eu darei a você da terra dos filhos de Amon. Foi aos filhos de Ló que eu a dei como posse. ²⁰Era considerada terra dos rafaim. Anteriormente, nela habitavam os rafaim, sendo que os amonitas os chamavam de zomzomim. ²¹Este era um povo grande e numeroso, de grande estatura, como os enacim. Javé, porém, os eliminou diante deles e dos amonitas que os desalojaram para ocupar o lugar deles. ²²A mesma coisa Javé havia feito em favor dos filhos de Esaú, habitantes de Seir, eliminando da frente deles os horreus, a quem eles desalojaram para ocupar até hoje o seu lugar. ²³Quanto aos haveus que habitavam os campos até Gaza, os caftorim saíram de Cáftor e os eliminaram, habitando depois em seu lugar. ²⁴Vamos! Levan-

---

2,1-25: Busca-se dar antiguidade a essas tradições, situando-as no tempo dos enacim, rafaim, emim e zomzomim (1,28; 2,10-11.20.21; 9,2; Nm 13,33; Js 11,21; 14,12-15; 2Sm 5,18), povos de gigantes, segundo as lendas que explicavam a origem dos enormes blocos de pedra encontrados na região (3,11). Relações pacíficas entre Israel, Edom (vv. 5-7), Moab (vv. 8-18) e Amon (vv. 19-22) podem refletir uma aliança antiassíria (ver 23,4-7). No pós-exílio, esses povos serão atacados por terem tirado proveito da ruína de Judá, destruído pela Babilônia (Nm 20,14-21; Jr 48,1-49,22; Ez 25,8-14).

tem acampamento e atravessem o rio Arnon. Pois eu entrego em suas mãos o rei de Hesebon, o amorreu Seon, e também a terra dele. Comece a conquista, provoque-o para a luta. ²⁵A partir de hoje, começo a espalhar, entre os povos todos que existem debaixo do céu, o terror, o pavor diante de vocês. Quando ouvirem notícias de vocês, eles ficarão tremendo de medo e desesperados".

Conquista de Hesebon, reino de Seon

– ²⁶Do deserto de Cademot, enviei mensageiros a Seon, rei de Hesebon, com esta proposta de paz: ²⁷"Deixe-me passar por sua terra. Seguirei pela estrada, sem me desviar para a direita ou para a esquerda. ²⁸A comida que comerei, você me venderá por dinheiro, e a água que beberei, você me dará por dinheiro. Apenas deixe me atravessar a pé, ²⁹como fizeram os filhos de Esaú que habitam Seir e os moabitas que habitam a terra de Ar, até que eu possa atravessar o rio Jordão para entrar na terra que Javé, o nosso Deus, vai nos dar".

³⁰Seon, rei de Hesebon, não quis deixar-nos passar por ele. O Deus Javé fez que o espírito dele se tornasse teimoso e duro o coração, de modo a entregá-lo nas mãos de vocês, como no dia de hoje. ³¹Javé me disse: "Veja! Diante de você, estou começando a lhe entregar Seon e também a sua terra. Comece então a tomar posse, para possuir a terra dele". ³²Seon com todo o seu povo veio nos enfrentar em Jasa. ³³Javé, o nosso Deus, o entregou diante de nós, e nós o derrotamos, como também a seus filhos e a todo o seu povo. ³⁴Nessa ocasião, capturamos todas as suas cidades e consagramos cada uma delas ao extermínio. De homens, mulheres e crianças, não deixamos nenhum sobrevivente. ³⁵Como despojos, pegamos apenas o gado, além do saque das cidades que conquistamos. ³⁶Desde Aroer, que fica à margem do vale do Arnon, com a cidade que está dentro do vale, até Galaad, não houve cidade que resistisse a nós, porque Javé, o nosso Deus, nos entregou todas à nossa frente. ³⁷Você só não se aproximou da terra dos amonitas, isto é, de toda a região do vale do rio Jaboc e das cidades da montanha, como Javé, o nosso Deus, havia ordenado.

3 Conquista de Basã, reino de Og

¹Tomamos outro rumo e começamos a subir o caminho de Basã. Og, rei de Basã, saiu com seu povo para nos enfrentar em Edrai. ²Javé me disse: "Não tenha medo dele, pois eu o entrego em suas mãos com todo o seu povo e sua terra. Faça com ele o que você fez com Seon, rei dos amorreus, que habitava em Hesebon". ³Foi assim que Javé, o nosso Deus, entregou em nossas mãos também Og, rei de Basã, com todo o seu povo. Nós os atacamos até não restar nenhum sobrevivente. ⁴Nessa ocasião, capturamos todas as suas cidades. Não houve povoado que não tomássemos: ao todo, sessenta cidades na região de Argob, que era o reino de Og, em Basã. ⁵Todas essas cidades eram fortificadas com altas muralhas, portões e trancas, sem contar o grande número de cidades sem muros. ⁶Nós as consagramos ao extermínio, assim como havíamos feito com Seon, rei de Hesebon. Consagramos ao extermínio cada cidade, homens, mulheres e crianças. ⁷Para nós, saqueamos todo o gado e o despojo das cidades. ⁸Foi assim que, nessa ocasião, tomamos a terra da mão dos dois reis amorreus, no lado de lá do Jordão, desde o rio Arnon até o monte Hermon. ⁹(Os sidônios chamam o Hermon de Sarion,

---

26-37: O chefe definia a parte dos despojos que seria sua e a que seria dos guerreiros. A parte dele ficava sob interdito, e nenhum guerreiro podia apossar-se dela. Nas monarquias, o saque de gado e despojos (vv. 34-35; 3,3-7; Js 8,26-27), bem como de mulheres e crianças (20,13-14; Jz 5,29-30), era uma das maiores motivações da guerra (1Sm 30,16-25). Nas vilas camponesas, como as guerras de defesa eram "guerras de Javé", todo o saque pertencia a Javé e devia ser destruído completamente, e nenhum guerreiro podia apropriar-se dele (Js 7,1-26; 1Sm 15). O rei Josias usará essa teologia para legitimar a destruição e a violência contra o culto fora de Jerusalém e a outros deuses (Dt 7,1-5.25-26; 13,16-19; Js 6,21; 10-11).

No pós-exílio, tudo o que era consagrado ao extermínio pertencerá aos sacerdotes (Nm 18,14). Ainda hoje, atos de intolerância e violência baseiam-se nessas teologias vinculadas ao poder (ver a nota seguinte).

3,1-11: Com esta narrativa da conquista de Basã e de Hesebon (2,26-37), que teria acontecido no tempo dos lendários reis gigantes (v. 11; cf. nota a 2,1-25), reivindica-se a ampliação da propriedade e do controle israelita na região do além-Jordão, que além de Galaad abarcaria desde o rio Arnon até o monte Hermon. Isso corresponde à expansão do domínio alcançado ou sonhado pelo rei Josias por volta de 620 a.C., com o declínio do império assírio (cf. nota a Nm 21,21-22,1).

enquanto os amorreus o chamam de Sanir.) ¹⁰Tomamos todas as cidades do planalto, todo o Galaad e todo o Basã até Selca e Edrai, cidades do reino de Og, rei de Basã. ¹¹Og, rei de Basã, era o único sobrevivente dos rafaim. Eis que seu sarcófago é o sarcófago de ferro que está em Rabá dos amonitas e que em côvados comuns tem aproximadamente quatro metros e meio de comprimento por dois metros de largura.

Conquista e partilha da Transjordânia –
¹²Nessa ocasião, tomamos posse de todo esse território a partir de Aroer, à margem do rio Arnon. Aos rubenitas e aos gaditas dei a metade da região montanhosa de Galaad, com suas cidades. ¹³Para a meia tribo de Manassés dei o resto de Galaad e todo o Basã, que era o reino de Og. (Toda a região do Argob, todo o Basã, se chamava terra dos rafaim. ¹⁴Jair, filho de Manassés, tomou a região de Argob, até a fronteira dos gessuritas e dos maacatitas. Em vez de Basã, foi dado a esses lugares o nome de Aldeias de Jair, nome que permanece até o dia de hoje.) ¹⁵A Maquir dei Galaad. ¹⁶Aos rubenitas e aos gaditas dei o território que vai de Galaad até o rio Arnon – o meio do rio serve de divisa – e até o rio Jaboc, divisa com os amonitas. ¹⁷A Arabá e o rio Jordão servem de divisa desde Quineret até ao mar da Arabá, o mar Morto, nas encostas orientais do Fasga.

Javé não deixa Moisés atravessar o Jordão –
¹⁸Nessa ocasião, eu lhes dei estas ordens: "Javé, o Deus de vocês, entregou-lhes esta terra para que a possuam. Vocês, armados, todos homens valentes, devem passar adiante de seus irmãos, os filhos de Israel. ¹⁹Somente as mulheres, as crianças e o gado de vocês (sei que vocês têm muito gado) ficarão nas cidades que lhes dei. ²⁰Isso, até que Javé conceda repouso a seus outros irmãos, como deu a vocês, até eles tomarem posse da terra que Javé vai lhes dar no outro lado do Jordão. Depois, cada um poderá voltar para a possessão que lhes dei".

²¹Nessa ocasião, dei ordens a Josué, dizendo: "Você viu com os próprios olhos tudo quanto Javé, o nosso Deus, fez com esses dois reis. Javé vai fazer o mesmo com todos os reinos onde você entrar. ²²Não tenham medo deles, pois é Javé, o Deus de vocês, quem combate em favor de vocês!"

²³Nessa ocasião, eu implorei graça a Javé, dizendo: ²⁴"Meu Senhor Javé, ao teu servo começaste a mostrar tua grandeza e a força de tua mão. Que El há no céu ou na terra, que possa realizar obras e atos poderosos iguais aos teus? ²⁵Deixa-me atravessar para ver a terra boa que está do outro lado do Jordão, essa montanha boa, e também o Líbano". ²⁶Javé, porém, irritou-se comigo por causa de vocês, e não me atendeu. Disse-me apenas: "Chega! Não me fale mais nada sobre isso. ²⁷Suba até o cume do monte Fasga, depois levante os olhos para o poente, para o norte, para o sul e para o nascente, e olhe com os próprios olhos, porque este Jordão você não atravessará. ²⁸Dê ordens a Josué. Dê-lhe coragem e força, pois é ele quem vai atravessar à frente deste povo. É ele quem vai fazer o povo receber em herança a terra que você contemplará". ²⁹E nós ficamos no vale, diante de Bet-Fegor.

4 Israel: povo de Javé e de sua Lei –
¹Agora, Israel, ouça os estatutos e as normas que hoje lhes ensino a praticar, a fim de que vocês fiquem vivos e entrem para tomar posse da terra que Javé, o Deus dos pais de vocês, vai lhes dar. ²Não acrescentem nada ao que eu lhes ordeno, nem retirem coisa nenhuma. Observem os mandamentos de Javé, o seu Deus, da maneira como eu lhes ordeno. ³Vocês vi-

---

12-17: Tradições das tribos de Manassés e Gad, da região de Galaad, que desde cedo foi integrada ao reino de Israel, no norte (cf. nota a Nm 32,1-42), são usadas aqui para compor a imagem da ocupação de Canaã pelas doze tribos, a partir da Transjordânia. As tribos de Rúben e Maquir foram logo absorvidas pelas outras ou por povos vizinhos.

18-29: Reforça-se a imagem da conquista realizada pelas doze tribos (ver nota anterior). A apresentação de Josué, herói efraimita (Js 24,30), como sucessor de Moisés (ver nota a Nm 27,12-23), faz do Deuteronômio a ponte entre o Pentateuco e a chamada História Deuteronomista (Js; Jz; 1 e 2Sm; 1 e 2Rs). Javé como divindade mais poderosa que as outras, mas inflexível (vv. 23-26), mostra a ambiguidade da teologia oficial de Josias.

4,1-8: Javé é estabelecido como Deus nacional de Israel, que deve afastar-se do culto a Baal e obedecer

ram com os próprios olhos o que Javé fez em Baal-Fegor. Javé, o seu Deus, eliminou do meio de vocês todos os que seguiram o Baal de Fegor. ⁴Vocês, entretanto, continuaram apegados a Javé, o Deus de vocês, e por isso hoje estão todos vivos. ⁵Vejam! Estou lhes ensinando estatutos e normas, como o meu Deus Javé me mandou, para que vocês os coloquem em prática na terra onde agora estão entrando para possuí-la. ⁶Portanto, coloquem tudo em prática, pois isso os tornará sábios e inteligentes diante dos povos. Ao ouvirem todos esses estatutos, os povos comentarão: "Qual é o povo tão sábio e inteligente como essa grande nação?" ⁷De fato, que grande nação tem deuses tão próximos, como Javé, o nosso Deus, todas as vezes que o invocamos? ⁸Que grande nação tem estatutos e normas tão justos como toda esta Lei que eu hoje ponho diante de vocês?

Proibição de imagens – ⁹Apenas tenha cuidado! Cuide bem de você mesmo, para não esquecer as coisas que seus olhos viram. Que tudo isso nunca se afaste de seu coração, nenhum dia da vida. Ensine-o a seus filhos e aos filhos de seus filhos. ¹⁰Quando você estava na presença de Javé, o seu Deus, no Horeb, Javé me disse: "Reúna o povo em assembleia junto a mim, para que eu o faça ouvir a minha palavra e todos aprendam a ter o meu temor por todo o tempo que viverem nessa terra, e o ensinem a seus filhos". ¹¹Vocês se aproximaram e se posicionaram ao pé da montanha, enquanto a montanha ardia em fogo até o coração do céu. E o que havia eram trevas, nuvem e escuridão. ¹²Javé falou-lhes do meio do fogo. Vocês ouviram o som das palavras, mas não viram nenhum semblante. Ouvia-se apenas uma voz. ¹³Ele então lhes comunicou a sua Aliança, para que vocês a cumprissem: as Dez Palavras, que ele escreveu em duas tábuas de pedra. ¹⁴Nessa ocasião, Javé me ordenou que ensinasse a vocês os estatutos e normas que deveriam cumprir na terra onde estão entrando para possuí-la.

¹⁵Vigiem bem a si mesmos, pois no dia em que Javé, o Deus de vocês, lhes falou no Horeb, no meio do fogo, vocês não viram nenhum semblante. ¹⁶Portanto, não se deixem arruinar, fazendo para vocês algum ídolo de qualquer material e formato, macho ou fêmea, ¹⁷figura de animal terrestre, de pássaro que voa pelos ares, ¹⁸de réptil que rasteja sobre o solo, ou de peixe que vive nas águas abaixo da terra. ¹⁹Igualmente, quando você erguer os olhos para o céu e vir o sol, a lua, as estrelas, todo o exército do céu, você não se deixará seduzir para adorá-los e servir a eles. São coisas que Javé, o seu Deus, repartiu para todos os povos que vivem debaixo do céu. ²⁰Quanto a vocês, porém, Javé os recolheu e tirou do Egito, daquela fornalha de ferro, para serem o povo que é sua herança, até o dia de hoje.

O exílio como castigo e lugar de conversão – ²¹Por causa de vocês, Javé ficou indignado comigo e jurou que eu não atravessaria o Jordão, não entraria na boa terra que Javé, o Deus de vocês, está lhe dando como herança. ²²Enquanto eu vou morrer nesta terra, sem atravessar o Jordão, vocês o atravessarão para tomar posse dessa terra boa. ²³Sejam vigilantes sobre si mesmos, para não se esquecerem da aliança que Javé, o Deus de vocês, concluiu com vocês, e para não fazerem algum ídolo, algo com feitio, que Javé, o seu Deus, lhe proibiu, ²⁴porque Javé, o seu Deus, é um fogo devorador. Ele é um El ciumento.

²⁵Quando tiverem gerado filhos e netos e envelhecerem na terra, se vocês se deixarem arruinar fazendo algum ídolo, praticando o mal aos olhos de Javé, o seu Deus, e o irritando, ²⁶eu chamo o céu e a terra como testemunhas de que vocês desaparecerão rápida e completamente da face da terra, da qual vão tomar posse ao atravessar o Jordão. Vocês nela não

---

fielmente à lei de Javé; são aspectos centrais da reforma de Josias.

9-20: Imagens eram permitidas e muito difundidas em Israel. A voz profética das vilas camponesas ataca as imagens de metal fundido (ver nota a Ex 34,10-28), que legitimam o acúmulo de riqueza e o poder necessário para fabricá-las (Ex 20,23). Ao proibir as imagens, Josias

usa a profecia para apoiar a concentração de poder e riquezas promovida por sua reforma.

21-31: Releitura exílica que aprofunda a crítica à idolatria na perspectiva de Is 44,6-28. As divindades babilônicas, representadas por imagens, além de insensíveis diante da injustiça e da violência, legitimavam a opressão (v. 28); seus seguidores, com a mesma insen-

prolongarão seus dias, pois serão completamente eliminados. ²⁷Javé os espalhará entre os povos, e apenas um pequeno número restará de vocês no meio das nações, para onde Javé os tiver conduzido. ²⁸Aí vocês servirão a deuses feitos por mãos humanas, deuses de madeira e pedra, que não podem ver, ouvir, comer ou sentir.

²⁹Então, desse lugar você buscará Javé, o seu Deus, e, se o procurar de todo o coração e de toda a alma, você o encontrará. ³⁰Com o passar dos anos, todas essas coisas atingirão você. Mas você há de se voltar para Javé, o seu Deus, e obedecerá à voz dele, ³¹porque Javé, o seu Deus, é um El misericordioso: ele não vai abandonar nem arruinar você, pois nunca se esquecerá da aliança que concluiu com seus pais sob juramento.

Israel, povo escolhido pelo Deus único – ³²Pergunte aos tempos passados, que vieram antes de você, desde o dia em que Deus criou o ser humano sobre a terra, se já existiu, por acaso, de uma ponta do céu até a outra, alguma coisa tão grande como esta. Já se ouviu algo semelhante? ³³Existe, por acaso, algum povo que tenha ouvido a voz do Deus vivo falando do meio do fogo, como você ouviu, e tenha permanecido vivo? ³⁴Ou existe algum Deus que tenha vindo para escolher uma nação do meio de outra nação, com provas, sinais, prodígios e combates, por meio de grandes terrores, como tudo o que Javé, o Deus de vocês, fez à vista de vocês no Egito?

³⁵A você ele mostrou tudo isso, para você reconhecer que Javé é que é Deus, e que não existe outro além dele. ³⁶Do céu, ele fez que você lhe ouvisse a voz que o corrigia, e na terra ele fez que você visse o seu grande fogo, e do meio do fogo você pôde ouvir as palavras dele. ³⁷E, porque amava os pais de vocês, ele escolheu a descendência que veio depois para eles, e fez você sair do Egito diante de sua face, com a sua grande força. ³⁸Ele desalojou nações maiores e mais poderosas do que você, para introduzi-lo na terra delas e dá-la a você em herança, como no dia de hoje.

³⁹Portanto, reconheça hoje e medite no coração: Javé é que é Deus, tanto no alto do céu, como cá embaixo na terra. Outro não existe. ⁴⁰Você deverá guardar os estatutos e os mandamentos dele, as ordens que hoje lhe dou, e tudo correrá bem para você e para os filhos que lhe vierem depois. Assim, você vai prolongar seus dias no solo que Javé, o seu Deus, lhe dá para todo o sempre.

Cidades de refúgio na Transjordânia – ⁴¹Moisés reservou três cidades no lado leste do Jordão, ⁴²para que aí se possa refugiar algum assassino que tenha matado seu próximo por engano, sem anteriormente ter desprezo por ele. Fugindo para uma dessas cidades, ele pode salvar a própria vida. ⁴³Para os rubenitas era Bosor, no deserto sobre o planalto. Para os gaditas, Ramot em Galaad. E para os manassitas, Golã em Basã.

II. DISCURSO DE INTRODUÇÃO À ALIANÇA NO HOREB

Abertura – ⁴⁴Esta é a Lei que Moisés colocou diante dos filhos de Israel. ⁴⁵São estes os testemunhos, estatutos e normas que Moisés comunicou aos filhos de Israel, quando saíram do Egito. ⁴⁶Ele os comunicou no outro lado do Jordão, no vale próximo a Bet-Fegor, na terra de Seon, rei dos amorreus que habitavam em Hesebon. Moisés e os filhos de Israel o venceram quando saíram do Egito. ⁴⁷E se apossaram de suas terras, assim como das

---

sibilidade, aproveitavam-se das pessoas oprimidas (cf. Sl 115,1-8; 2Rs 17,15; Jr 2,5). O culto verdadeiro é aquele que, com ou sem imagens, torna as pessoas sensíveis frente às injustiças e solidárias com todos os oprimidos (Ex 3,7-8a; At 7,34).

32-40: Releitura na linha de Is 40-55. No exílio, Javé, o Deus sensível e solidário com o povo oprimido (cf. nota anterior), é instituído como o único Deus vivo e verdadeiro. As religiões monoteístas já fizeram – e ainda fazem – muita violência em nome do seu Deus. Muitos profetas e o próprio Jesus foram mortos em nome desse Javé oficial. No entanto, para eles, a solidariedade com as pessoas vítimas da injustiça e da opressão é que define o verdadeiro Deus.

41-43: Esta inserção entre os discursos de Moisés dá o nome das cidades mencionadas em 19,1-13 e Nm 35,9-15 (cf. notas).

4,44-11,32: Montado principalmente com tradições catequéticas do tempo de Ezequias e Josias, este discurso cria uma introdução (4,44-11,32) e uma conclusão (27,1-28,68) para o grande Código Deuteronômico (12,1-26,19). Cf. Introdução.

4,44-49: São versículos que servem para ligar este discurso aos capítulos anteriores.

terras de Og, rei de Basã. Eram dois reis amorreus que viviam no lado de lá do Jordão, do lado do nascer do sol. ⁴⁸O território conquistado ia desde Aroer, que está nas encostas do vale do rio Arnon, até o monte Sion, isto é, o Hermon, ⁴⁹e toda a região da Arabá no lado de lá do Jordão, o lado leste, até ao mar da Arabá, ao pé das encostas do Fasga.

5 Os dez mandamentos –
¹Moisés convocou todo o Israel e disse: "Ouça, Israel, os estatutos e normas que eu hoje proclamo aos seus ouvidos. Vocês vão ensiná-los, guardá-los e praticá-los.

²Javé, o nosso Deus, fez aliança conosco no Horeb. ³Javé firmou essa aliança, não com nossos pais, mas com nós mesmos, que hoje aqui estamos todos vivos. ⁴Javé falou com vocês, face a face, na montanha, do meio do fogo. ⁵Nessa ocasião, eu estava posicionado entre Javé e vocês, para lhes anunciar a palavra de Javé, pois vocês ficaram com medo do fogo e não subiram à montanha. Javé então me falou:

⁶'Eu sou Javé, o seu Deus, que tirou você da terra do Egito, da casa da escravidão. ⁷Não tenha outros deuses diante de mim. ⁸Não faça para você imagem, nenhuma representação do que existe no céu, na terra ou nas águas abaixo da terra. ⁹Não se prostre diante desses deuses, nem lhes preste culto, porque eu, Javé, o seu Deus, sou El ciumento: eu castigo a culpa dos pais nos filhos, até a terceira e quarta geração daqueles que me desprezam. ¹⁰Porém, aos que me amam e guardam os meus mandamentos, eu os trato com amor por mil gerações.

¹¹Não pronuncie em vão o nome de Javé, o seu Deus, porque Javé não deixará sem punição aquele que pronunciar o nome dele em vão.

¹²Guarde o dia de sábado, santificando-o, como mandou Javé, o seu Deus. ¹³Durante seis dias você vai trabalhar, vai fazer todas as suas tarefas. ¹⁴O sétimo dia, porém, é o sábado de Javé, o seu Deus. Não faça trabalho nenhum, nem você, nem seu filho, nem sua filha, nem seu escravo, nem sua escrava, nem seu boi, nem seu jumento, nem qualquer um de seus animais, nem o migrante que vive dentro das portas de suas cidades. Desse modo, seu escravo e sua escrava poderão repousar como você. ¹⁵Lembre-se de que você também foi escravo na terra do Egito, e Javé, o seu Deus, o tirou de lá com mão forte e braço estendido. É por isso que Javé, o seu Deus, mandou que você guardasse o dia de sábado.

¹⁶Honre seu pai e sua mãe, como Javé, o seu Deus, lhe mandou, para que sua vida se prolongue e tudo corra bem para você no solo que Javé, o seu Deus, agora lhe dá.

¹⁷Não mate.

¹⁸Não cometa adultério.

¹⁹Não roube.

²⁰Não dê falso testemunho contra seu próximo.

²¹Não cobice a mulher do seu próximo, nem deseje para você a casa do seu próximo, nem o campo, nem o escravo, nem a escrava, nem o boi, nem o jumento, nem coisa alguma que pertença ao seu próximo.

²²Foram essas as palavras que, do meio do fogo, em meio a trevas, nuvens e escuridão, Javé dirigiu em alta voz a toda a assembleia de vocês reunida naquele monte. Sem nada acrescentar, Javé as gravou em duas tábuas de pedra e as entregou a mim.

Moisés como único intermediário – ²³Quando ouviram a voz que vinha do meio das trevas, a montanha ardendo em fogo, vocês todos, cabeças das tribos e anciãos, se aproximaram de mim ²⁴e disseram: 'Javé, o nosso Deus, mostrou-nos a sua glória e grandeza, e nós ouvimos a sua voz do meio do fogo. Hoje vimos que Deus pode falar ao homem, sem que este morra. ²⁵Mas agora, por que morreríamos?

5,1-22: Nesta versão dos dez mandamentos, desenvolvida a partir das "dez palavras" (cf. Ex 34,10-28), o sábado é instituído para evitar que se imite a escravidão do Egito (vv. 12-15). É posterior ao exílio – o castigo "até a terceira ou quarta geração" (v. 9) – porém anterior à versão dada em Ex 20,1-21 (cf. nota). O v. 6, em que Javé se apresenta como divindade libertadora, abre não só os dez mandamentos, mas todo o Código Deuteronômico.

Com isso, os reis querem legitimar o próprio poder e leis. Mas este rosto libertador de Javé nos revela que o sagrado está em leis que, quando aplicadas, promovem uma sociedade coerente com este mesmo Deus: uma sociedade solidária, sem escravidão, opressão ou injustiça.

23-31: Releitura que apresenta Moisés no papel do sacerdote pós-exílico, único intermediário entre Javé e o povo (cf. Ex 25,21-22).

Pois esse grande fogo pode nos devorar! Se ouvirmos de novo a voz de Javé, nosso Deus, nós vamos morrer. ²⁶De fato, qual é o mortal capaz de ouvir como nós a voz do Deus vivo falando do meio do fogo, e ainda continuar vivo? ²⁷Você, aproxime-se dele, e ouça tudo o que Javé, o nosso Deus, tem a dizer. Depois, você nos comunica tudo o que Javé, o nosso Deus, falou a você, que nós vamos atender e colocar em prática'.

²⁸Javé ouviu o tom das palavras que vocês me falaram, e me disse: 'Escutei o tom das palavras que esse povo falou a você. Foi bom tudo o que ele falou. ²⁹Tomara que conserve sempre essa atitude, para me temer e guardar sempre todos os meus mandamentos, de modo que tudo corra bem para ele e seus filhos para sempre. ³⁰Vá e diga-lhes: Voltem para suas tendas. ³¹Quanto a você, fique aqui comigo, para que eu lhe comunique todos os mandamentos, estatutos e normas que você ensinará a eles, a fim de que os ponham em prática na terra cuja posse eu lhes dou'.

Amor a Javé, coração da Lei – ³²Vocês devem cuidar de agir de acordo com o que Javé, o seu Deus, lhes manda. Não se desviem nem para a direita nem para a esquerda. ³³Sigam o caminho que Javé, o seu Deus, lhes ordenou, para que vivam, sejam felizes e prolonguem sua existência na terra que vão possuir.

6 ¹São estes os mandamentos, estatutos e normas que seu Deus Javé mandou ensinar a vocês, para que os coloquem em prática na terra onde vão entrar para dela tomar posse. ²Tenha o temor de Javé, o seu Deus, observe todos os seus estatutos e mandamentos que hoje dou a você, ao seu filho e ao filho do seu filho, por todos os dias de sua vida, para que sua existência se prolongue. ³Você, Israel, deverá ouvir e cuidar de pôr em prática o que vai trazer--lhe o bem e multiplicá-lo muito, como lhe disse Javé, o Deus de seus pais, ao entregar-lhe uma terra que mana leite e mel.

⁴Escute, Israel! Javé é o nosso Deus, Javé é um. ⁵Portanto, ame a Javé, o seu Deus, com todo o coração, com toda a alma e com todas as forças. ⁶Que estas palavras, que hoje eu lhe ordeno, estejam em seu coração. ⁷Você as inculcará em seus filhos, delas falará sentado em casa ou andando pelo caminho, deitado ou de pé. ⁸Você também as amarrará na mão como sinal, e elas estarão também como faixa entre seus olhos. ⁹Você as escreverá nos batentes de sua casa e nas portas de sua cidade.

¹⁰Quando Javé, o seu Deus, o introduzir na terra que jurou a seus pais Abraão, Isaac e Jacó que daria a você – cidades grandes e ricas que você não construiu, ¹¹casas cheias de tudo o que é bom e que você não abasteceu, poços abertos que você não cavou, vinhas e olivais que você não plantou –, quando você comer até ficar satisfeito, ¹²cuidado consigo mesmo para não se esquecer de Javé, que o tirou do Egito, a casa da escravidão.

¹³É de Javé, o seu Deus, que você terá temor, a ele é que você servirá, e pelo seu nome vai jurar.

Fidelidade a Javé e obediência à sua Lei – ¹⁴Não sigam outros deuses, os deuses desses povos à sua volta, ¹⁵porque Javé, o seu Deus, que vive em seu meio, é um El ciumento. Senão a ira de Javé, o seu Deus, poderia inflamar-se contra você, e ele o eliminaria da face da terra. ¹⁶Não tentem a Javé, o seu Deus, como vocês o tentaram em Massá. ¹⁷Observem cuidadosamente os mandamentos de Javé, o seu Deus, e também os testemunhos e estatutos que ele lhes ordenou. ¹⁸Faça o que é correto e bom aos olhos de Javé, para que tudo lhe corra bem e você tome posse da terra boa que Javé prometeu a seus pais, ¹⁹para que ele expulse de sua frente todos os seus inimigos, como disse Javé.

²⁰Amanhã, quando seu filho lhe perguntar: 'O que significam esses testemunhos, estatutos e normas que o nosso Deus Javé

5,32–6,13: A unicidade de Javé e a obediência à lei (6,4-9), centrais na catequese deuteronomista, tornaram-se parte de uma das mais importantes orações judaicas, o *Shemá Israel* ("Escute, Israel"). Mas a ênfase na obediência à lei escrita pode levar ao ritualismo (Mt 23,5), enfraquecendo a obediência verdadeira, que é a prática do amor (Os 6,6; Mc 12,28-34; 1Jo 4,18-5,4).

6,14-25: No tempo das reformas de Ezequias e Josias, o culto exclusivo a Javé e a obediência às leis elaboradas durante estas reformas eram elementos fundamentais da catequese oficial.

ordenou a vocês?', ²¹você responderá a seu filho: 'Nós éramos escravos do faraó no Egito. No entanto, Javé com mão forte nos tirou do Egito. ²²Diante dos nossos olhos, Javé realizou sinais e prodígios grandes e terríveis contra o Egito, contra o faraó e toda a sua corte. ²³A nós, porém, ele nos tirou de lá para nos fazer entrar na terra que sob juramento havia prometido dar aos nossos pais. ²⁴E Javé nos mandou cumprir todos esses estatutos, ter o temor de Javé, o nosso Deus, para nosso bem para sempre, e para fazer-nos viver até o dia de hoje. ²⁵Esta será a nossa justiça: cuidar de pôr em prática todos esses mandamentos na presença de Javé, o nosso Deus, conforme ele nos ordenou'.

7 Destruir divindades e povos cananeus

– ¹Quando Javé, o seu Deus, o introduzir na terra onde você está entrando para tomar posse, quando tiver expulsado nações mais numerosas que você – os heteus, gergeseus, amorreus, cananeus, ferezeus, heveus e jebuseus –, sete nações mais numerosas que você, ²e quando Javé, o seu Deus, as entregar a você, você vai liquidá-las, consagrá-las totalmente ao extermínio. Não faça aliança nenhuma com elas, e delas não tenha piedade. ³Não crie laços de parentesco com elas: não dê sua filha a um dos filhos delas, nem tome uma das filhas delas para seu filho, ⁴porque seu filho se afastaria de mim para prestar culto a outros deuses. A ira de Javé se inflamaria contra você, e ele o eliminaria em pouco tempo. ⁵Vocês devem tratá-las assim: demolir seus altares, destruir suas colunas sagradas, arrancar suas Aserás e queimar suas imagens. ⁶Você é um povo consagrado a Javé, o seu Deus, pois de todos os povos que existem sobre o solo, foi a você que Javé, o seu Deus, escolheu, para que pertença a ele como povo de sua propriedade particular.

Javé, o Deus de Israel, seu povo

– ⁷Se Javé se afeiçoou a vocês e os escolheu, não é porque vocês são os mais numerosos entre todos os povos. Pelo contrário, vocês são o menor de todos os povos! ⁸Foi por amor a vocês e para cumprir a promessa que ele fez com juramento aos seus pais. É por isso que Javé os tirou com mão forte e os resgatou da casa da escravidão, da mão do faraó, rei do Egito. ⁹Fique então sabendo que Javé, o seu Deus, é que é Deus, o El fiel, que sustenta a aliança e a solidariedade por mil gerações, em favor dos que o amam e observam seus mandamentos. ¹⁰Mas ele é também aquele que cobra no ato a quem o despreza, faz desaparecer sem demora aquele que o despreza, cobra desse tal no ato. ¹¹Você guardará, pois, os mandamentos, estatutos e normas que eu hoje lhe mando cumprir.

¹²Se vocês ouvirem essas normas e as colocarem em prática, Javé, o seu Deus, também manterá com você a aliança e a solidariedade que jurou a seus pais. ¹³Ele vai amá-lo, abençoá-lo e multiplicá-lo, vai abençoar o fruto de suas entranhas e o fruto do seu solo, vai abençoar o seu trigo, o seu vinho novo, o seu óleo, os filhotes de seu gado bovino e os filhotes do seu rebanho de ovinos, no solo que dará a você, como prometeu a seus pais. ¹⁴Você será o mais abençoado de todos os povos, não haverá esterilidade em você, nem esterilidade em seus animais. ¹⁵Javé afastará de você qualquer doença, todas as enfermidades malignas do Egito, que você conhece. Ele as mandará, não para você, mas para aqueles que o desprezam. ¹⁶Você deverá consumir todos os povos que Javé, o seu Deus, lhe entregar. Não tenha dó deles, nem preste culto a seus deuses. Seria armadilha para você.

Contra os outros povos e seus deuses

– ¹⁷Talvez você diga no coração: 'Estas na-

7,1-6: A violência contra povos que cultuam outras divindades revela quanto o rosto de Javé foi distorcido na teologia oficial do rei Josias e de seu projeto imperialista. (Cf. notas a 2,26-37; 4,32-40; Ex 23,20-33; 32,21-29; 34,12-16, Nm 25,1-18).

7-16: Ezequias e Josias usam a teologia do Êxodo para instituir Israel como povo eleito de Javé. Fazem de Javé o Deus nacional de Israel, identificando Javé com El, o Deus supremo do panteão cananeu e israelita (v. 9; cf. 10,17), e proibindo o culto às outras divindades

(v. 16, cf. 6,14; 7,1-6). As funções das outras divindades, como a fertilidade das pessoas e animais (atributos de El, Elohim), ou a fertilidade dos campos (atributos de Aserá e Baal), são transferidas para Javé (cf. notas a Gn 16,1-16; Ex 11,1-10; 15,1-21).

17-26: A teologia do Êxodo é usada por Josias para legitimar seu projeto de proibir e destruir todo local de culto fora de Jerusalém e qualquer tipo de imagem – de Javé ou não – até mesmo dentro das casas (cf. 7,7-16 e 12,2-12). Teologias deturpadas pelo apego ao poder

ções são mais numerosas do que eu. Como serei capaz de tomar posse delas?' [18]Não tenha medo delas. Lembre-se do que Javé, o seu Deus, fez ao faraó e a todo o Egito, [19]as grandes provas que seus olhos viram, os sinais e prodígios, a mão forte e o braço estendido com que Javé, o seu Deus, fez você sair de lá. Javé, o seu Deus, tratará do mesmo modo a todos os povos diante dos quais você tem medo. [20]Javé, o seu Deus, além disso, vai mandar vespas contra eles, até que desapareçam os que restarem e os que se esconderem de você.

[21]Não trema diante deles, porque Javé, o seu Deus, que vive em seu meio, é El grande e terrível. [22]Javé, o seu Deus, pouco a pouco irá expulsando da sua frente essas nações. Você não poderá destruí-las muito rápido, senão as feras do campo se multiplicariam contra você. [23]É Javé, o seu Deus, quem vai entregar a você essas nações à sua frente, vai lançá-las em confusão, em grande confusão, até serem completamente eliminadas. [24]Javé lhe entregará os reis delas, e você fará desaparecer debaixo do céu o nome delas. Ninguém permanecerá em pé diante de você, até você as eliminar todas. [25]Queime as imagens dos deuses delas, não cobice a prata e o ouro que os recobrem, nem os tome para si, para você não cair em armadilha, porque são coisa abominável para Javé, o seu Deus. [26]Portanto, não coloque uma abominação dentro de casa: você se tornaria condenado ao extermínio, da mesma forma que ela. Você detestará e abominará taxativamente essas coisas, porque são condenadas ao extermínio.

8 Obedecer aos mandamentos –
[1]Observem todos os mandamentos que hoje eu lhes estou mandando cumprir, para que continuem com vida e se multipliquem, entrem e tomem posse da terra que Javé jurou dar a seus pais. [2]Lembre-se, porém, de todo o caminho que Javé, o seu Deus, fez você percorrer durante quarenta anos no deserto, a fim de torná-lo humilde e o colocar à prova, para saber se você guardaria no coração os mandamentos dele, ou não. [3]Ele humilhou você, fez você passar fome, depois o alimentou com o maná, que nem você nem seus pais conheciam, tudo para lhe mostrar que o ser humano não vive só de pão, mas o ser humano vive de tudo o que sai da boca de Javé. [4]As roupas que você usava não se gastaram, nem seu pé inchou durante esses quarenta anos. [5]Portanto, reconheça no coração que Javé, o seu Deus, estava corrigindo você como qualquer um corrige o próprio filho. [6]Observe os mandamentos de Javé, o seu Deus, para você andar nos caminhos dele e a ele temer.

Adorar somente a Javé e obedecer à sua voz – [7]Olhe! Javé, o seu Deus, vai fazer você entrar numa terra boa, terra cheia de ribeirões e de fontes profundas que jorram nas planícies e na montanha; [8]terra de trigo e cevada, de vinhas, figueiras e romãzeiras; terra de oliveiras, de azeite e de mel; [9]terra onde você comerá pão sem escassez, pois aí nada lhe faltará; terra cujas pedras são de ferro, e de cujas montanhas você poderá extrair o cobre. [10]Você comerá e ficará satisfeito, e vai bendizer a Javé, o seu Deus, pela boa terra que lhe deu. [11]Contudo, cuidado consigo mesmo, para não se esquecer de Javé, o seu Deus, e não deixar de cumprir seus mandamentos, normas e estatutos, que hoje eu lhe estou passando. [12]Não aconteça que, depois de comer e ficar satisfeito, de construir casas boas e nelas habitar, [13]tendo-se multiplicado o seu gado graúdo e aumentado o seu gado miúdo, tendo-se multiplicado também a sua prata e o seu ouro e tudo o mais que você possui, [14]seu coração fique orgulhoso e você se esqueça de Javé, o seu Deus, que o tirou do Egito, da casa da escravidão. [15]Foi ele quem conduziu você através daquele grande e terrível deserto, lugar de serpentes flamejantes e escorpiões, lugar seco onde não existe água. Foi ele que, para você, fez jorrar água da mais

---

apoiam-se neste Javé oficial para fazer violências semelhantes em nome de Jesus.

8,1-6: Com base na narrativa pós-exílica da caminhada pelo deserto, busca-se inculcar a obediência aos mandamentos. Para promover a vida, porém, a narrativa oficial deve ser exorcizada do seu espírito de dominação e violência, como faz Jesus em Mt 4,1-11.

7-20: O rosto poderoso e violento de Javé é usado para impor o culto somente a ele e a obediência às leis projetadas pela corte de Josias.

dura pedra. ¹⁶Foi ele quem sustentou você no deserto com o maná que seus pais não conheciam. Fez tudo isso para torná-lo humilde e experimentá-lo, a fim de fazer o bem a você no futuro.

¹⁷Portanto, não diga no coração: 'Foi minha capacidade e a força de minhas mãos que me conquistaram esse poderio'. ¹⁸Lembre-se de Javé, o seu Deus, pois é ele quem lhe dá capacidade para ter poder, para manter de pé a aliança que jurou a seus pais, como hoje se vê. ¹⁹Todavia, se você esquecer completamente Javé, o seu Deus, seguindo, prestando culto e adorando a outros deuses, hoje eu lhes testemunho que sem dúvida nenhuma vocês vão desaparecer. ²⁰Vocês desaparecerão como as nações que Javé fez desaparecer diante de vocês, porque não obedeceram à voz de Javé, o Deus de vocês.

9 *A vitória e a terra são dons de Javé –* ¹Escute, Israel! Hoje você está atravessando o rio Jordão para conquistar nações maiores e mais poderosas que você, cidades grandes e fortificadas até o céu. ²Os filhos dos enacim, povo forte e de grande estatura. Você os conhece, porque ouviu dizer: 'Quem poderia resistir aos filhos de Enac.' ³Por isso, hoje você ficará sabendo que Javé, o seu Deus, vai atravessar na sua frente como fogo devorador. Ele é quem vai eliminá-los e submetê-los a você. Então, você os desalojará e rapidamente os fará desaparecer, como Javé falou a você. ⁴Quando Javé, o seu Deus, os tiver expulsado da sua frente, não diga no coração: 'Foi por causa da minha justiça que Javé me fez entrar e tomar posse desta terra'. Não. É por causa da transgressão dessas nações que Javé as expulsará da frente de você. ⁵E se você vai tomar posse dessas terras, não é por causa da sua justiça nem por causa da retidão do seu coração, mas é por causa da transgressão delas que Javé, o seu Deus, vai expulsá-las da sua frente, e também para manter de pé a palavra com que ele jurou aos pais de vocês, Abraão, Isaac e Jacó. ⁶Saiba, portanto, que não é por causa da sua justiça que Javé, o seu Deus, lhe concede possuir esta terra boa, pois você é um povo de cabeça dura.

Os pecados de Israel e a intercessão de Moisés – ⁷Lembre-se, e não se esqueça, de que no deserto você irritou a Javé, o seu Deus. Vocês estão sendo rebeldes a Javé desde o dia da saída da terra do Egito até a chegada neste lugar. ⁸Até mesmo no Horeb vocês irritaram a Javé. E Javé ficou inflamado de ira contra vocês e quis eliminá-los. ⁹Quando eu subi à montanha para receber as tábuas de pedra, as tábuas da aliança que Javé fez com vocês, eu fiquei na montanha durante quarenta dias e quarenta noites, sem comer pão nem beber água. ¹⁰Depois, Javé me entregou as duas tábuas de pedra, escritas pelo dedo de Deus. Nelas estavam todas as palavras que Javé tinha dito a vocês na montanha, do meio do fogo, no dia da assembleia. ¹¹Depois de quarenta dias e quarenta noites, Javé me entregou as duas tábuas de pedra, as tábuas da aliança, ¹²e me disse: 'Levante-se e desça depressa, porque o seu povo, o povo que você fez sair do Egito, já se arruinou. Já se desviaram do caminho que eu lhes havia determinado, e fizeram para si uma imagem de metal fundido'. ¹³E Javé acrescentou: 'Vejo que esse é um povo de cabeça dura. ¹⁴Deixe-me eliminá-lo e apagar seu nome debaixo do céu. De você eu farei uma nação mais poderosa e numerosa do que essa'.

¹⁵Voltei-me. Fui descendo da montanha enquanto ela ardia em fogo. Nas mãos eu trazia as duas tábuas da aliança. ¹⁶Vi então que vocês de fato tinham pecado contra Javé, o seu Deus. Tinham feito um bezerro, uma imagem de metal fundido, saindo muito depressa do caminho que Javé lhes havia determinado. ¹⁷Peguei então as duas tábuas, atirei-as com as duas mãos, quebrando-as diante dos olhos de vocês. ¹⁸Depois, eu me prostrei na presença de

---

9,1-6: Aqui se faz da posse da terra um sinal da força e da fidelidade de Javé à sua palavra. Com isso, busca-se fazer que o povo se submeta às leis e se integre na luta contra os assírios.

7-29: 9,7-10,11 retoma a narrativa do bezerro de ouro (ver nota a Ex 32-34) e de várias outras "rebeldias" (Nm 11,1-35; 13-14 e 20,1-13), das quais Israel foi salvo pela intercessão de Moisés. Assim, a corte de Josias resume o passado de Israel como um tempo de pecado e rebeldia que será rompido pela reforma e pela intermediação do mesmo Josias (cf. 2Rs 22,8-23,3). A existência de Israel é dada como sinal da misericórdia de Javé.

Javé e, como da primeira vez, por quarenta dias e quarenta noites não comi pão nem bebi água, por causa de todo o pecado de vocês, que pecaram fazendo o que era mau aos olhos de Javé, insultando-o. ¹⁹Fiquei com medo por causa da ira e furor que Javé estava sentindo contra vocês: ele queria até mesmo eliminá-los. Javé, porém, me ouviu mais uma vez. ²⁰Javé ficou indignado também contra Aarão e queria eliminá-lo. Na ocasião, eu supliquei também por Aarão. ²¹Depois, peguei o pecado que vocês tinham cometido, o bezerro, e o queimei. Em seguida o esmigalhei, moendo completamente até transformá-lo em pó, e o joguei no riacho que desce da montanha. ²²Vocês provocaram a ira de Javé também lá em Tabera, em Massa e em Qibrot-ataava. ²³E quando mandou vocês partirem de Cades Barne, Javé disse: 'Subam e tomem posse da terra que eu lhes dei'. Mas vocês se rebelaram contra a palavra da boca de Javé, o seu Deus. Vocês não acreditaram nele e não obedeceram à sua voz. ²⁴Vocês foram rebeldes a Javé desde o dia em que eu os conheci. ²⁵Prostrei-me então diante de Javé. E fiquei prostrado durante quarenta dias e quarenta noites, porque Javé disse que iria eliminar vocês. ²⁶Supliquei a Javé: 'Meu Senhor Javé, não arruínes o teu povo, a tua herança. Tu o resgataste com tua grandeza. Tu o tiraste do Egito com mão forte. ²⁷Lembra-te dos teus servos Abraão, Isaac e Jacó. Não olhes para a teimosia deste povo, nem para a sua transgressão e seu pecado, ²⁸para que não se venha a dizer na terra de onde nos tiraste: Javé não foi capaz de conduzi-los para a terra da qual lhes tinha falado! Por ódio ele os fez sair, para matá-los no deserto! ²⁹Apesar de tudo, eles são o teu povo, a tua herança. Tu os fizeste sair com tua grande força, com teu braço estendido'.

10 *As novas tábuas da Lei e a escolha de Levi* –

¹Na ocasião, Javé me disse: 'Talhe duas tábuas de pedra iguais às primeiras e suba até mim na montanha. Faça também uma arca de madeira. ²Nas tábuas eu vou escrever as palavras que estavam nas primeiras tábuas que você quebrou. E você as colocará na arca'. ³Fiz então uma arca de madeira de acácia, talhei duas tábuas de pedra iguais às primeiras e subi à montanha tendo nas mãos as duas tábuas. ⁴Javé escreveu sobre as tábuas o mesmo que havia escrito da primeira vez, as Dez Palavras que Javé tinha falado para vocês na montanha, do meio do fogo, no dia da assembleia. E Javé as entregou a mim. ⁵Em seguida, voltei, desci da montanha e coloquei as duas tábuas na arca que eu havia feito. E lá estão elas, como Javé ordenou.

⁶Os filhos de Israel partiram, então, dos poços de Benê-Jacã para Mosera. Foi aí que Aarão morreu e foi sepultado. Seu filho Eleazar lhe sucedeu no sacerdócio. ⁷Daí partiram para Gadgad, e de Gadgad para Jetebata, terra de correntes d'água. ⁸Nessa ocasião, Javé destacou a tribo de Levi para carregar a Arca da Aliança de Javé, para posicionar-se diante de Javé, atender a ele, e para abençoar em nome dele, até o dia de hoje. ⁹E por isso que Levi não recebeu parte na herança de seus irmãos: a herança dele é Javé, tal e qual Javé, o seu Deus, havia falado a você.

¹⁰Fiquei na montanha por quarenta dias e quarenta noites, como da primeira vez. Ainda dessa vez Javé me ouviu e desistiu de arruinar você. ¹¹Javé então me disse: 'Levante-se e caminhe à frente deste povo, para que tomem posse da terra que jurei a seus pais que haveria de dar a vocês'.

A aliança exige coração obediente – ¹²E agora, Israel, o que é que Javé, o seu Deus, lhe pede? Somente isto: que você tenha o temor de Javé, o seu Deus, andando sempre por seus caminhos, amando-o, e servindo a Javé, o seu Deus, de todo o seu coração e com todo o seu ser, ¹³e que observe os mandamentos de Javé e

---

10,1-11: Como Javé perdoou e deu novas tábuas da Lei no passado, assim dá nova Lei no tempo de Ezequias e Josias. Sobre as Dez Palavras, ver Ex 34,10-28. Com o culto centralizado em Jerusalém na mão dos sacerdotes aaronitas, já se começa a definir a situação dos sacerdotes javistas do interior, os levitas (14,27.29, cf. notas a Ex 4,10-17 e Nm 3,5-13).

12-22: A instituição do culto somente a Javé, como Deus nacional, identificado com *El*, é apresentada por Ezequias e Josias (ou antes, pelo sumo sacerdote Joiada, cf. 2Rs 11,17-18) como aliança entre Javé e seu povo, imitando os tratados impostos pelos imperadores assírios aos reis dominados. Ainda não é o monoteísmo, pois admite a existência de outros deuses (cf. notas a 7,7-16

os estatutos que eu hoje lhe passo, para o seu bem. ¹⁴Veja bem! É a seu Deus Javé que pertencem o céu e o céu dos céus, a terra e tudo o que nela existe. ¹⁵Apesar disso, foi somente com os pais de vocês que Javé se amarrou com amor. E, dentre todos os povos, ele escolheu vocês, a descendência que lhes veio depois, como hoje se vê. ¹⁶Portanto, circuncidem o coração, e nunca mais sejam insubmissos, ¹⁷porque Javé, o seu Deus, é o Deus dos deuses e o Senhor dos senhores, o El grande, valente e terrível, que não faz discriminação entre as pessoas e não aceita suborno. ¹⁸Ele faz justiça ao órfão e à viúva e ama o migrante, dando-lhe pão e roupa. ¹⁹Portanto, amem o migrante, porque vocês foram migrantes na terra do Egito. ²⁰Tenha temor a Javé, o seu Deus; sirva-o e apegue-se a ele, e pelo seu nome faça seus juramentos. ²¹É a ele que você deve louvar, porque ele é o seu Deus. Ele fez em seu favor essas coisas grandes e terríveis, que você viu com os próprios olhos. ²²Os seus pais, quando desceram para o Egito, eram apenas setenta pessoas. Agora, porém, Javé, o seu Deus, tornou você numeroso como as estrelas do céu.

11 Exaltação do poder de Javé –

¹Você deve amar a Javé, o seu Deus, e guardar o que ele manda guardar, seus estatutos, normas e mandamentos, todos os dias. ²Foram vocês que fizeram a experiência, e não seus filhos. Eles não conheceram nem viram a correção dada por Javé, o seu Deus, nem a sua grandeza, a sua mão forte e o seu braço estendido, ³nem os sinais e obras que realizou no Egito contra o faraó, rei do Egito, e contra toda a terra dele, ⁴o que fez contra o exército do Egito, os cavalos e carros de guerra: fez as águas do mar Vermelho voltarem por cima deles, quando estavam perseguindo vocês. Javé os fez desaparecer até o dia de hoje. ⁵Eles não viram o que Javé fez por vocês no deserto, até que chegassem a este lugar, ⁶e o que fez também a Datã e Abiram, filhos de Eliab, o rubenita: a terra abriu a boca e os engoliu, junto com suas famílias, tendas e todos os viventes que os seguiam dentre todo Israel. ⁷Os olhos de vocês é que viram todas as grandes obras que Javé realizou.

Javé, Deus da chuva e da fertilidade da terra –

⁸Observem, portanto, todos os mandamentos que eu hoje lhes dou, para que se tornem fortes, entrem lá e tomem posse da terra, para a qual estão atravessando, a fim de possuí-la. ⁹E para que vocês prolonguem seus dias no solo que Javé prometeu com juramento dar a seus pais e aos descendentes deles, uma terra que mana leite e mel.

¹⁰A terra onde você está entrando para tomar posse não é como a terra do Egito, de onde vocês saíram. Aí você jogava a semente e depois a irrigava bombeando água com o pé, como se fosse horta de verduras. ¹¹A terra que vocês vão ocupar é terra de montanhas e vales que bebem água da chuva do céu! ¹²É terra da qual Javé, o Deus de vocês, é quem cuida. Os olhos de Javé, o seu Deus, estão o tempo todo sobre ela, do começo ao fim do ano. ¹³Se vocês obedecerem fervorosamente aos mandamentos que hoje lhes ordeno, amando a Javé, o seu Deus, e servindo a ele de todo o coração e com todo o seu ser, ¹⁴eu darei as chuvas da terra de vocês no tempo certo, tanto as chuvas do outono como da primavera, para que você recolha seu trigo, seu vinho novo e seu azeite. ¹⁵Também darei vegetação no seu campo para os seus animais, e você comerá e ficará satisfeito. ¹⁶No entanto, cuidado consigo mesmos, para que seu coração não se deixe seduzir e vocês se desviem, passando a servir a outros deuses e a prostrar-se diante deles. ¹⁷A ira de Javé se inflamaria contra vocês, e ele fecharia o céu: não haveria mais chuva e o solo deixaria de dar a sua produção. Desse modo, em pouco tempo vocês desapareceriam da terra boa que Javé lhes vai dar.

---

e Ex 16,1-16). Javé e sua função sagrada, a proteção aos desamparados da sociedade (vv. 17-18), serão usados para justificar a monarquia.

11,1-7: O culto oficial exalta o poder de Javé contra o Egito e também contra os rebeldes Datã e Abiram (cf. Nm 16,1-35). Isso reforça o poder dos reis e sacerdotes,

mas ofusca o caráter libertador e promotor de relações solidárias da religião (ver nota a 4,21-31).

8-17: Neste discurso, a chuva e a fertilidade dos campos, principais funções de Baal, são atribuídas a Javé (1Rs 18; Sl 65,10-14; Os 2,7-10) para consolidar a instituição de Javé como único Deus de Israel, instituição imposta

Optar entre a bênção ou a maldição – ¹⁸Coloquem essas minhas palavras no seu coração e no seu ser! Amarrem na mão essas palavras como sinal. Que elas sejam para vocês como faixa entre os olhos. ¹⁹Vocês devem ensiná-las a seus filhos, falando delas sentados em casa ou andando pelo caminho, deitados ou de pé. ²⁰Você deverá escrevê-las nos portais da sua casa e nas portas da sua cidade, ²¹para que seus dias e os dias de seus filhos se multipliquem no solo que Javé jurou a seus pais que daria a vocês, e que esses dias sejam tão numerosos quanto os dias em que o céu permanecer por cima da terra. ²²Se vocês observarem fervorosamente todos esses mandamentos que hoje lhes dou, amando a Javé, o seu Deus, seguindo os seus caminhos e apegando-se a ele, ²³Javé expulsará da frente de vocês todas essas nações, e vocês tomarão posse de nações maiores e mais poderosas que vocês. ²⁴Pertencerá a vocês todo lugar onde a planta de seu pé pisar, e seu território irá do deserto até o Líbano, do rio Eufrates até o mar ocidental. ²⁵Ninguém poderá resistir a vocês, porque Javé, o seu Deus, vai espalhar o medo e o terror de vocês em qualquer terra onde caminharem, conforme lhes falou. ²⁶Vejam! Hoje eu estou colocando diante de vocês a bênção e a maldição. ²⁷A bênção, se vocês obedecerem aos mandamentos de Javé, o seu Deus, que eu hoje lhes dou. ²⁸A maldição, se não obedecerem aos mandamentos de Javé, o seu Deus, desviando-se do caminho que eu hoje lhes mostro, para seguirem a outros deuses que vocês não conheceram. ²⁹Quando Javé, o seu Deus, tiver feito você entrar na terra para onde está indo a fim de tomar posse, você vai colocar a bênção sobre o monte Garizim e a maldição sobre o monte Ebal. ³⁰Como se sabe, essas montanhas estão do outro lado do Jordão, a caminho do poente, na terra dos cananeus que habitam na Arabá, diante de Guilgal, perto do carvalhal de Moré. ³¹Vocês estão para atravessar o Jordão e tomar posse da terra que Javé, o seu Deus, vai lhes dar. Quando vocês tomarem posse dela e nela passarem a habitar, ³²cuidem de colocar em prática todos os estatutos e normas que hoje estou dando diante de vocês.

III. CÓDIGO DEUTERONÔMICO

12 *Centralização do culto e das oferendas* – ¹São estes os estatutos e normas que vocês vão colocar em prática na terra que Javé, o Deus dos seus pais, deu a vocês, para que a possuam durante todo o tempo em que viverem neste solo. ²Vocês farão desaparecer completamente todos os lugares onde as nações, das quais vocês irão apoderar-se, serviam a seus deuses, seja nas altas montanhas, seja nas colinas ou debaixo de qualquer árvore frondosa. ³Arrasem os seus altares, despedacem suas colunas sagradas, queimem suas Aserás no fogo e esmigalhem as imagens dos seus deuses. Façam que o nome deles desapareça desse lugar.

⁴E vocês não farão do mesmo jeito para servir a Javé, o Deus de vocês. ⁵Pelo contrário, vocês irão buscá-lo somente no único lugar que Javé, o seu Deus, tiver escolhido entre todas as tribos, para aí colocar o nome dele e aí fazê-lo habitar. ⁶Para esse lugar vocês devem levar seus holocaustos e sacrifícios, seus dízimos e as ofertas de suas mãos, suas promessas e suas ofertas espontâneas, e os primogênitos do seu gado graúdo e do seu gado miúdo. ⁷É nesse lugar que vocês vão comer na presença de Javé, o Deus de vocês, alegrando-se vocês e suas casas por tudo o

---

por Ezequias e Josias. Ver notas a 7,7-16; Gn 31,22-32,1; Ex 11,1-10 e 12,15-20.

18-32: O discurso introdutório, que continua em 27,1-28,68, envolve o Código Deuteronômico (12,1-26,19) numa liturgia da aliança de origem nortista (Ebal-Garizim/Siquém), sempre enfatizando que a obediência leva à bênção e a desobediência traz a maldição.

12,1-26,19: Sendo o núcleo mais antigo do Dt, esta parte contém normas e instituições das vilas camponesas do norte. Tais normas e instituições, embora integradas nos projetos da monarquia israelita e depois nos projetos dos reis Ezequias e Josias (cf. Introdução ao Dt), às vezes ainda ressaltam a experiência do sagrado na promoção da vida, na solidariedade e amor, fruto da espiritualidade libertadora do Êxodo e do profetismo camponês.

12,1-12: A partir de 640 a.C., o rei Josias sonha dominar Israel e as terras de onde o império assírio decadente se retirara. Para ter o necessário poder político, econômico e militar, Josias institui Javé como único Deus de Israel, proíbe o culto a outras divindades e destrói todos os locais de culto, estabelecendo Jerusalém como centro arrecadador de todas as ofertas.

que vocês tiverem realizado e que tenha sido abençoado por Javé, o seu Deus.

⁸Não vão agir da mesma forma como estamos agindo aqui hoje, cada qual fazendo o que parece certo a seus próprios olhos, ⁹dado que vocês por enquanto não entraram no lugar do repouso, na herança que Javé, o seu Deus, lhes dará. ¹⁰Vocês vão atravessar o Jordão e depois habitarão a terra que Javé, o seu Deus, lhes dá como herança. Ele lhes dará tranquilidade diante de todos os inimigos vizinhos, de modo que vocês vão habitar com segurança. ¹¹Mas haverá um lugar escolhido por Javé, o Deus de vocês, para fazer que habite aí o nome dele. Para esse lugar é que vocês levarão tudo o que eu lhes ordenei: seus holocaustos, seus sacrifícios, seus dízimos, as ofertas de suas mãos e o melhor de suas promessas feitas a Javé. ¹²Aí vocês farão festa na presença de Javé, o Deus de vocês, com seus filhos e filhas, servos e servas, e também com o levita que mora dentro das portas das cidades de vocês, porque ele não tem parte nem herança com vocês.

Regras para comer carne fora de Jerusalém –
¹³Cuidado consigo mesmo! Não ofereça seus holocaustos em qualquer lugar que você vê, ¹⁴pois só no lugar que Javé tiver escolhido, numa de suas tribos, aí é que você oferecerá os holocaustos, e aí é que deverá colocar em prática tudo o que eu lhe ordeno. ¹⁵Entretanto, quando você quiser, poderá abater um animal e comer-lhe a carne dentro das portas de todas as suas cidades, de acordo com a bênção que Javé lhe tiver dado. Poderá comer tanto o puro como o impuro, assim como se comem a gazela e o cervo. ¹⁶Só o sangue você não vai comer: vai derramá-lo no chão, como se fosse água.

¹⁷Dentro das portas de suas cidades, você não poderá comer o dízimo do trigo, do vinho novo e do óleo, nem os primogênitos de seu gado graúdo e de seu gado miúdo, nem qualquer promessa que você tenha feito, nem oferta espontânea, nem qualquer oferenda de suas mãos. ¹⁸Somente no lugar que Javé, o seu Deus, tiver escolhido, você comerá na presença de Javé, o seu Deus, junto com seu filho ou filha, seu servo ou serva, e com o levita que vive com você dentro das portas de sua cidade. Por tudo o que realizaram suas mãos, você se alegrará na presença de Javé, o seu Deus. ¹⁹Cuidado consigo mesmo, para não abandonar o levita em todo o tempo que você viver sobre o seu próprio solo.

²⁰Quando Javé, o seu Deus, lhe tiver alargado o seu território, conforme lhe disse, e você quiser comer carne porque está com vontade, poderá comer o quanto quiser. ²¹Se estiver muito longe do lugar que Javé, o seu Deus, tiver escolhido para aí colocar o seu nome, você poderá, como lhe ordenei, abater do gado graúdo e do gado miúdo que Javé, o seu Deus, lhe tiver dado. Poderá comer quanto quiser dentro das portas de sua cidade. ²²Você comerá da maneira como se comem a gazela e o cervo: o puro junto com o impuro. ²³Mas, somente seja firme para não comer o sangue, pois o sangue é a vida; portanto, não vá comer a vida com a carne. ²⁴Não o coma nunca. Derrame o sangue no chão, como se fosse água. ²⁵Não o coma, para que corra tudo bem com você e com os filhos que virão depois, porque você fez o que agrada a Javé. ²⁶Todavia, as coisas consagradas por você, que estiverem com você, e suas promessas, você vai carregar e levar ao lugar que Javé tiver escolhido. ²⁷Aí você vai fazer seus holocaustos de carne e sangue, sobre o altar de Javé, o seu Deus. O sangue dos seus sacrifícios será derramado sobre o altar de Javé, o seu Deus, e você comerá a carne. ²⁸Ouça com atenção e coloque em prática todas as coisas que lhe estou mandando, para que corra tudo bem para você e os filhos que lhe virão depois, porque você terá feito o que agrada a Javé, o seu Deus.

Não cultuar outros deuses –
²⁹Quando Javé, o seu Deus, tiver tirado da sua frente

13-28: Nas vilas camponesas, os animais sempre eram abatidos em rituais e altares ligados a uma ou mais divindades, que recebiam partes simbólicas da vítima. O restante era comido pela comunidade ofertante. A proibição do culto fora de Jerusalém e a destruição de todos os outros lugares de culto exigiram a criação de regras para o abate profano. Sobre animais impuros, ver 14,3-21.

12,29-13,19: O Javé oficial, instituído pela corte de Josias como Deus nacional de Israel, embora se justifique

as nações em cuja terra você vai entrar e da qual tomará posse, depois que você lhes tiver tomado as terras e aí estiver habitando, ³⁰vigie sobre si mesmo! Não se deixe enredar; não imite essas nações, depois que elas forem eliminadas da presença de você. Não vá buscar os deuses delas, dizendo: 'Como é que essas nações serviam a seus deuses? Vou fazer do mesmo jeito!' ³¹Não faça isso para com Javé, o seu Deus, porque elas só faziam para seus deuses o que é abominação para Javé, tudo o que ele detesta: chegaram até a queimar os próprios filhos e filhas para seus deuses!

13 ¹Cuidem de colocar em prática tudo o que eu lhes mando. Não acrescentem nem tirem nada.

²Quando dentre vocês aparecer algum profeta ou sonhador, e apresentar a você um sinal ou prodígio, ³se o sinal ou prodígio que ele anunciou se realiza e ele convida você: 'Vamos seguir a outros deuses (que você não conheceu) e vamos adorá-los', ⁴não dê ouvidos a esse profeta ou sonhador. Trata-se de uma provação com que Javé, o Deus de vocês, os experimenta, para saber se vocês de fato amam a Javé, o Deus de vocês, de todo o coração e com todo o seu ser. ⁵Sigam a Javé, o Deus de vocês, e tenham temor a ele; observem seus mandamentos e obedeçam à sua voz; sirvam a ele e a ele se apeguem. ⁶Quanto ao profeta ou sonhador, deverá ser morto, porque propôs a rebelião contra Javé, o Deus de vocês, que tirou vocês do Egito e os resgatou da casa da escravidão, e porque procurou afastar você do caminho pelo qual Javé, o seu Deus, lhe havia mandado seguir. Você vai varrer esse mal do seu meio.

⁷Se seu irmão, filho de seu pai ou de sua mãe, ou seu filho ou filha, ou a mulher que repousa em seu peito, ou um amigo que você quer como a si mesmo, tentarem seduzir você secretamente, convidando: 'Vamos servir a outros deuses' (deuses que nem você nem seus pais conheceram, ⁸deuses dos povos que estão ao redor de você, próximos ou distantes de você, de uma extremidade à outra da terra), ⁹não concorde, nem o escute. Que seu olho não tenha piedade dele, não use de compaixão, nem acoberte o erro dele. ¹⁰Pelo contrário, você deverá matá-lo. E para matá-lo, sua mão será a primeira. Em seguida, a mão de todo o povo. ¹¹Apedreje-o até que morra, pois tentou afastar você de Javé, o seu Deus, que o tirou do Egito, da casa da escravidão. ¹²Sabendo disso, todo Israel ficará temeroso e nunca mais se fará em seu meio ação assim tão má.

¹³Caso você ouça alguém dizer que, numa das cidades que Javé seu Deus lhe dá para habitar, ¹⁴apareceram uns filhos de Belial no meio do povo e desviaram os habitantes da sua cidade, dizendo: 'Vamos servir a outros deuses' (que vocês não conheceram), ¹⁵você deverá então investigar, fazendo pesquisa e interrogando cuidadosamente. Caso seja verdade, o fato seja constatado e essa abominação tenha sido realmente praticada em seu meio, ¹⁶você deverá passar a fio de espada os habitantes dessa cidade. Consagre-os ao extermínio, juntamente com tudo o que nela existe. ¹⁷Reúna todos os despojos no meio da praça e queime a cidade com seus despojos para Javé, o Deus de você. Ela ficará em ruínas para sempre, e nunca mais deverá ser reconstruída. ¹⁸Em mãos suas nada restará do que foi consagrado ao extermínio, para que Javé deixe o ardor de sua ira, perdoe, tenha misericórdia e multiplique você, como jurou a seus pais. ¹⁹Isso porque você terá obedecido à voz de Javé, o seu Deus, de modo a observar todos os mandamentos que eu hoje lhe passo, e a fazer o que é correto aos olhos de Javé, o seu Deus.

14 *Culto proibido* – ¹Vocês são filhos de Javé, o Deus de vocês. Por isso, nunca façam cortes no próprio corpo nem rapem a frente da cabeça por um morto. ²Você é um povo consagrado a

---

com a teologia do êxodo (v. 6), não é mais a divindade sensível às injustiças, que vê e escuta as pessoas oprimidas e se levanta para libertá-las (Ex 3,7-8a), o que era a base da fé israelita. Ao contrário, esse Javé oficial faz violência e mata em nome de rituais e do poder. A vida e a solidariedade não contam (ver notas a 2,26-37;

7,1-6). Como evitar que coisas semelhantes se façam em nome de Jesus?

14,1-2: Proibição de algum ritual de luto (cf. Jr 41,5), culto aos mortos, ou do culto a Baal, que "morria" com a vegetação, que secava no verão para "renascer" com as chuvas no inverno (26,14; 1Rs 18,28).

Javé, o seu Deus, pois de todos os povos sobre o solo, foi a você que Javé escolheu, para que pertença a ele como povo de sua propriedade particular.

Animais puros e impuros – ³Não coma nada que seja abominável. ⁴São estes os animais cuja carne vocês poderão comer: boi, carneiro, cabra, ⁵cervo, gazela, gamo, cabrito montês, antílope, búfalo e cabra selvagem. ⁶Poderão comer de qualquer animal que tenha o casco fendido e seja ruminante. ⁷Entretanto, há ruminantes ou animais de casco fendido que vocês não poderão comer. O camelo, a lebre e o texugo, que ruminam, mas não têm casco fendido, esses serão impuros para vocês. ⁸Quanto ao porco, que tem casco fendido, mas não é ruminante, vocês o considerarão impuro; não comam da carne dele, nem toquem no seu cadáver. ⁹Do que vive na água, vocês poderão comer dos que têm barbatanas e escamas. ¹⁰Não comam, porém, dos que não tiverem barbatanas e escamas; são impuros para vocês.

¹¹Vocês podem comer de todas as aves puras, ¹²mas não podem comer o abutre, o gipaeto, o xofrango, ¹³o milhafre negro, as diversas espécies de milhafre vermelho, ¹⁴todas as espécies de corvo, ¹⁵o avestruz, a coruja, a gaivota e as diversas espécies de gavião, ¹⁶o mocho, o íbis, o grão-duque, ¹⁷o pelicano, o abutre branco, o alcatraz, ¹⁸a cegonha, as diversas espécies de garça, a poupa e o morcego. ¹⁹Considerem impuros todos os insetos que voam; não comam deles. ²⁰Podem comer das aves puras.

²¹Não comam do animal encontrado morto. Você o dará ao migrante que vive dentro das portas de sua cidade; que ele coma, ou venda a um estranho, porque você é povo consagrado a Javé, o seu Deus.

Não cozinhe um cabrito no leite de sua própria mãe.

O dízimo anual – ²²Todo ano você vai separar o dízimo de todos os produtos de seus campos, ²³para o comer na presença de Javé, o seu Deus, no lugar que ele tiver escolhido para fazer que habite aí o seu nome. Nesse lugar é que você comerá o dízimo do trigo, do vinho novo e do azeite, e também os primogênitos do seu gado graúdo e do seu gado miúdo, para que você aprenda a ter sempre o temor de Javé, o seu Deus. ²⁴Se a distância for grande demais e você não puder levar o dízimo, porque está muito longe o lugar que Javé, o seu Deus, tiver escolhido para aí colocar o nome dele, e Javé, o seu Deus, tiver abençoado você, ²⁵então venda, pegue o dinheiro e vá ao lugar que Javé, o seu Deus, tiver escolhido. ²⁶Aí você trocará o dinheiro por aquilo que desejar: gado graúdo, gado miúdo, vinho, bebida forte, o que você quiser. Aí você comerá, na presença de Javé, o seu Deus, e se alegrará com a sua própria casa. ²⁷Mas não deixe de lado o levita que habita dentro das portas de sua cidade, pois ele não recebeu parte nem herança com você.

Dízimo trienal – ²⁸A cada três anos, você pegará o dízimo da colheita do ano e o colocará nas portas de sua cidade. ²⁹O levita que não recebeu parte nem herança com vocês, o migrante, o órfão e a viúva que vivem dentro das portas de sua cidade, poderão vir para comer até ficarem satisfeitos. Assim Javé, o seu Deus, há de abençoá-lo em todos os trabalhos que sua mão realizar.

15 Ano sabático
– ¹A cada sete anos, você celebrará o ano da remissão. ²Assim será essa remissão: quando for proclamada a remissão em honra de Javé,

---

3-21: Esta classificação segue apenas critérios de tradição e identidade. Tocar em animal considerado impuro ou comer dele (12,15.22; 15,22) não causa impureza e exclusão, como será no pós-exílio (cf. nota a Lv 11,1-47).

22-27: Os rituais camponeses que celebravam a sacralidade da vida, possibilitada pelos frutos do trabalho e da natureza, numa partilha que unia pessoas e divindades, são integrados à religião oficial a serviço da concentração de poder e riqueza.

28-29: Pessoas desamparadas resultam da desestruturação das famílias e vilas pela concentração de terras, riqueza e poder, acelerada por guerras e pelos dízimos e tributos exigidos pela religião oficial e pela monarquia. A solidariedade com os pobres é sagrada; mas, sem alterar as condições que promovem a pobreza, tal solidariedade, além de paliativa, justifica o sistema.

15,1-11: O mesmo mecanismo que produz os pobres (cf. nota anterior) produz dívidas que podem levar pessoas à servidão (Am 2,6; Ne 5,1-5). Mas o sagrado rosto de Deus aparece na sensibilidade da sociedade que se move em solidariedade, para que não haja um único indigente em seu meio (vv. 7-8). A esta solidariedade é que Jesus se refere em Mt 26,11.

todo senhor que tiver emprestado alguma coisa a seu próximo vai perdoar o que emprestou, e não vai pressionar seu próximo e seu irmão. ³Ao estranho você pressionará, mas deixará quite aquilo que tiver emprestado ao irmão. ⁴A verdade é que no seu meio não haverá nenhum pobre, porque Javé vai abençoá-lo na terra que Javé, o seu Deus, lhe dará como herança, para que você a possua. ⁵Isso, porém, com a condição de que você obedeça de fato à voz de Javé, o seu Deus, cuidando de colocar em prática todos os mandamentos que hoje eu lhe ordeno. ⁶Quando Javé, o seu Deus, tiver abençoado você, conforme prometeu, você emprestará a muitas nações e nunca pedirá emprestado; dominará muitas nações, mas por nenhuma será dominado. ⁷Quando no seu meio houver um pobre, mesmo que seja um só de seus irmãos, numa só das portas de suas cidades, na terra que Javé, o seu Deus, dará a você, não endureça o coração, nem feche a mão para esse irmão pobre. ⁸Pelo contrário, abra a mão e empreste o que está faltando para ele, na medida em que o necessitar. ⁹Cuidado consigo mesmo! Que não haja em seu coração este pensamento de Belial: 'Está chegando o sétimo ano, o ano da remissão', e seu olho se torne mau para com seu irmão pobre, não lhe cedendo nada. Ele pode clamar a Javé contra você, e você vai carregar um pecado. ¹⁰Quando você lhe der alguma coisa, não o faça de má vontade, porque, em resposta a esse gesto, Javé, o seu Deus, abençoará você em todo o seu trabalho e em todas as suas iniciativas. ¹¹Veja bem! Não deixará de haver pobres no meio da terra. É por isso que eu lhe ordeno: abra a mão em favor do seu irmão, do seu pobre e do seu necessitado, na terra onde você está.

Libertação dos servos – ¹²Quando um de seus irmãos, hebreu ou hebreia, for vendido a você como servo, ele servirá a você como servo durante seis anos. No sétimo ano, você o deixará sair em liberdade. ¹³Contudo, quando você o deixar sair em liberdade, não o mande embora de mãos vazias: ¹⁴você vai carregá-lo com o produto de seu gado miúdo, da sua colheita de cereais e de uva, de acordo com a bênção que Javé, o seu Deus, tiver concedido a você. ¹⁵Lembre que você também foi servo no Egito e que Javé, o seu Deus, o resgatou. É por isso que eu hoje lhe dou esta ordem. ¹⁶Mas pode ser que ele diga: 'Não quero ir embora, porque me afeiçoei a você e à sua casa'. Porque ele se sente bem com você, ¹⁷pegue uma sovela e fure a orelha dele contra a porta, e ele ficará sendo seu servo para sempre. Faça o mesmo com a serva. ¹⁸Que não pareça difícil a você deixá-lo sair em liberdade: ele serviu a você durante seis anos pela metade do salário de um diarista. E Javé, o seu Deus, abençoará você em tudo o que você fizer.

Os primogênitos – ¹⁹Todo primogênito macho que nascer no meio de seu gado graúdo e de seu gado miúdo deverá ser consagrado a Javé, o seu Deus. Não trabalhe com o primogênito de seus bovinos, nem tosquie o primogênito de seu gado miúdo. ²⁰Cada ano, você comerá dele na presença de Javé, o seu Deus, junto com sua casa, no lugar que Javé tiver escolhido. ²¹Se o primogênito tiver algum defeito – se for manco ou cego, ou tiver algum outro defeito grave – não o sacrifique a Javé, o seu Deus; ²²você poderá comê-lo dentro das portas de sua cidade, o puro junto com o impuro, assim como se come a gazela ou o cervo. ²³Você não deve comer o sangue; derrame-o no chão, como se fosse água.

16

Festa da Páscoa e dos Ázimos – ¹Você vai guardar o mês de Abib, celebrando a Páscoa para Javé, o seu Deus, porque foi numa noite do mês de Abib que Javé, o seu Deus, tirou você do Egito. ²Você sacrificará como Páscoa para Javé, o seu Deus, gado miúdo ou gado graúdo, no lugar que Javé, o seu Deus, tiver escolhido para fazer que habite aí o seu nome. ³Com a Páscoa, você não deve comer pão fer-

---

12-18: Hebreus e hebreias, pessoas expulsas e marginalizadas (ver notas a 14,28-29 e Ex 1,16-21; 20,22-21,27), buscam apoio em outras famílias. Após seis anos de serviço, podem agregar-se a elas. A marca na orelha lhes garante os direitos de membros da família, exceto o da herança.

19-23: A fertilidade dos animais passa a ser função de Javé como único Deus de Israel, e a ele pertencem os primogênitos machos. Ver nota a Ex 11,1-10.

16,1-8: A festa dos Ázimos (Pães Sem Fermento) já estava ligada a Javé e ao Êxodo (cf. nota a Ex 12,15-20).

mentado. Com ela, você comerá durante sete dias pão sem fermento – um pão de aflição, pois você saiu do Egito às pressas – para lembrar, durante todos os dias da vida, o dia em que saiu do Egito. ⁴Durante sete dias, não deverá haver fermento em todo o seu território, e também não deverá sobrar, para o dia seguinte, nada da carne que você tiver sacrificado na tarde do primeiro dia.

⁵Você não poderá sacrificar a Páscoa em nenhuma das cidades que Javé, o seu Deus, lhe dará, ⁶mas somente no lugar que Javé, o seu Deus, tiver escolhido para fazer que habite aí o seu nome. Aí você vai sacrificar a Páscoa, à tarde, ao pôr do sol, na mesma hora em que você saiu do Egito. ⁷Você a cozinhará e comerá no lugar que Javé, o seu Deus, tiver escolhido. Na manhã seguinte, você voltará, tomando o caminho de suas tendas. ⁸Durante seis dias, você comerá pães sem fermento, e no sétimo fará uma reunião festiva em honra de seu Deus Javé. Não faça nenhum trabalho nesse dia.

Outras festas – ⁹Conte sete semanas. A partir do momento em que você começar a ceifar as espigas, conte sete semanas. ¹⁰Celebre então a festa das Semanas em honra de Javé, o seu Deus. A sua oferta espontânea deverá ser proporcional à bênção que Javé, o seu Deus, lhe terá concedido. ¹¹E você se alegrará na presença de Javé, o seu Deus – junto com seu filho e filha, escravo e escrava, com o levita que está dentro de seus portões, mais o migrante, o órfão e a viúva que há no seu meio – no lugar que Javé, o seu Deus, tiver escolhido para fazer que habite aí o seu nome. ¹²Lembre que você também foi escravo no Egito, e cuide de colocar em prática esses estatutos.

¹³Celebre a festa das Tendas durante sete dias, depois de ter recolhido o produto da sua eira e do seu lagar. ¹⁴Na sua festa, você se alegrará com seu filho e filha, o escravo e a escrava, o levita e o migrante, o órfão e a viúva que há dentro das portas de sua cidade. ¹⁵Durante sete dias, você fará festa em honra de Javé, o seu Deus, no lugar que Javé tiver escolhido, pois Javé, o seu Deus, vai abençoar você em todas as suas colheitas e em todo trabalho de sua mão, e na certa você vai se alegrar.

¹⁶Por isso, três vezes por ano, todo homem deverá comparecer à presença de Javé, o seu Deus, no lugar que ele tiver escolhido: na festa dos Pães Sem Fermento, na festa das Semanas e na festa das Tendas. Que ninguém se apresente de mãos vazias diante de Javé: ¹⁷cada um traga sua doação de acordo com a bênção que Javé, o seu Deus, lhe tiver proporcionado.

Juízes e administradores – ¹⁸Estabeleça para você juízes e administradores em todas as portas das cidades que Javé, o seu Deus, vai dar a cada tribo, para que julguem o povo com normas de justiça. ¹⁹Não perverta a norma, não faça diferença entre as pessoas, nem aceite propina, pois propina cega os olhos dos sábios e perverte as palavras dos justos. ²⁰Busque a justiça, somente a justiça, para que você continue vivo e possua a terra que Javé, o seu Deus, vai lhe dar.

Instruções para os juízes e administradores – ²¹Não finque uma Aserá nem plante árvore nenhuma junto a um altar de Javé, o seu Deus, que você tenha feito para si; ²²nem erga uma coluna sagrada para você, porque Javé, o seu Deus, odeia essas coisas.

17 ¹Nunca sacrifique a Javé, o seu Deus, um boi ou gado miúdo com defeito grave: é coisa abominável para Javé, o seu Deus. ²Se em alguma das portas das cidades que Javé, o seu Deus, lhe dará, for encontrado entre vocês um homem ou mulher que faça o que Javé, o seu Deus, reprova, violando sua aliança, ³prestando

---

Aqui a Páscoa, ainda na forma de um ritual antigo, em que a vítima oferecida podia ser de gado miúdo ou graúdo (bois) e era cozida (cf. nota a Ex 12,1-14), será ligada à festa dos Ázimos, e ambas deverão ser celebradas em Jerusalém, integradas por Ezequias e Josias ao sistema de coleta de tributos (2Rs 23,21-23).

9-17: As festas das aldeias são vinculadas ao Êxodo e a Javé, e integradas no sistema central de coleta de tributos (cf. notas a Lv 23,1-44; Nm 28,16-30,1).

18-20: Pessoas ligadas ao poder central (2Cr 19,5-11) assumem funções antes realizadas pelos santuários, por anciãos e autoridades locais (Ex 22,8-10.27; Dt 21, 20).

16,21-17,7: Parecem restos de antigo conjunto de regras com que os juízes e administradores levavam ao interior as reformas de Ezequias e Josias.

culto a outros deuses e adorando-os – o sol, a lua ou todo o exército do céu –, fazendo o que eu não mandei, ⁴se isso lhe for denunciado, ou você ficar sabendo, faça primeiro cuidadosa investigação. Se for verdade e se for constatado que tal coisa abominável foi cometida em Israel, ⁵você levará às portas da sua cidade o homem ou mulher que tenha praticado esse mal e o apedrejará até que morra. ⁶Você poderá condenar alguém à morte somente com o depoimento de duas ou três testemunhas; ninguém será morto pelo depoimento de uma só testemunha. ⁷Para fazê-lo morrer, as testemunhas serão as primeiras, e todo o povo depois delas. É assim que você vai tirar o mal do seu meio.

O templo como tribunal superior –
⁸Quando for muito difícil aplicar a norma – causas duvidosas de homicídio, disputas, lesões mortais, causas controvertidas nas portas de sua cidade –, você deve subir ao lugar que Javé, o seu Deus, tiver escolhido. ⁹Vá até os sacerdotes levitas, ao juiz que estiver em função nesse dia. Eles vão investigar e transmitir-lhe a sentença da norma. ¹⁰Faça tudo de acordo com a sentença que eles lhe transmitirem, no lugar que Javé tiver escolhido. Cuide de agir conforme as instruções deles. ¹¹Cumpra a Lei conforme eles lhe ensinarem; e de acordo com a norma que eles lhe disserem, assim você fará. Da palavra que lhe disserem, você não se desviará nem para a direita nem para a esquerda. ¹²Quem agir com presunção, deixando de obedecer ao sacerdote, àquele que aí está posicionado para atender a Javé, o seu Deus, ou ao juiz, tal pessoa deve ser morta. Assim você vai eliminar o mal do meio de Israel. ¹³Sabendo disso, todo o povo ficará temeroso e nunca mais vai agir com presunção.

A lei para o rei –
¹⁴Depois que tiver entrado na terra que Javé, o seu Deus, lhe dará, dela tiver tomado posse e nela estiver habitando, se você disser: 'Quero estabelecer sobre mim um rei, assim como todas as nações que me rodeiam', ¹⁵você deverá estabelecer para si um rei que Javé, o seu Deus, tiver escolhido. Você estabelecerá como rei um de seus irmãos. Não poderá pôr sobre você um estranho, que não seja seu irmão.

¹⁶O rei não deverá multiplicar cavalos, nem fazer que o povo volte ao Egito para multiplicar a cavalaria, pois Javé disse a vocês: 'Nunca mais voltem por esse caminho'. ¹⁷Ele também não deverá multiplicar o número de suas mulheres, para que seu coração não se desvie. E também não multiplicará para si prata e ouro. ¹⁸Quando subir ao trono, ele mandará escrever num livro, para seu próprio uso, uma cópia desta Lei, ditada pelos sacerdotes levitas. ¹⁹Ela ficará sempre com ele, que a lerá todos os dias de sua vida, para que aprenda a ter o temor de Javé, o seu Deus, observando todas as palavras que estão nessa Lei, e colocando em prática esses estatutos. ²⁰Desse modo, ele não se colocará orgulhosamente acima dos seus irmãos e não se desviará desses mandamentos, nem para a direita nem para a esquerda. Só assim ele vai prolongar os dias do reinado seu e de seus filhos no meio de Israel.

18 Normas para o tributo aos sacerdotes –
¹Não haverá parte nem herança com Israel para os sacerdotes levitas, para toda a tribo de Levi. Eles comerão das ofertas queimadas de Javé e de sua herança. ²Essa tribo não terá herança no meio de seus irmãos. Javé é a sua herança, conforme ele próprio lhe falou.

³Esta é a norma dos sacerdotes junto ao povo, junto aos que oferecem sacrifício: seja gado graúdo ou gado miúdo, você dará ao sacerdote um quarto dianteiro, as mandíbulas e a barrigada. ⁴Você vai dar-lhe também as primícias do seu trigo, do

---

17,8-13: Os sacerdotes levitas do templo de Jerusalém e o juiz aí instalado funcionarão como tribunal de última instância (2Cr 19,10).

14-20: Devido a experiências negativas com reis como Manassés (2Rs 21,1-18), nada se diz dos "direitos" do rei (1Sm 8,11-17); pelo contrário, limita-se o poder militar, político e econômico do rei, que deve obedecer à mesma lei que rege o povo.

18,1-8: Primeiras normas sobre o tributo aos sacerdotes que viviam em Jerusalém, dando o mesmo direito aos levitas do interior, que aí desejassem servir (vv. 6-7). Isso pode ter vigorado na reforma de Ezequias, com menor amplitude. Mas, com Josias já começará uma discriminação aos levitas do interior (2Rs 23,9), que se aprofundará no pós-exílio (ver nota a Ex 4,10-17), quando também se ampliará o tributo (ver Lv e Nm).

seu vinho novo e do seu óleo, como também as primícias da tosquia do seu gado miúdo. ⁵Pois foi a ele e a seus filhos que Javé, o seu Deus, escolheu dentre todas as tribos para posicionar-se a fim de atender em nome de Javé, o seu Deus, todos os dias.

⁶Quando vier um levita de alguma das portas de suas cidades, onde quer que ele habite em todo Israel, e com todo o desejo do coração vier para o lugar escolhido por Javé, ⁷atenderá em nome de Javé, o seu Deus, da mesma forma que todos os seus irmãos aí posicionados diante de Javé. ⁸Ele poderá comer parte igual à que cabe aos outros, independentemente da venda dos bens do seu pai.

Os profetas – ⁹Quando você entrar na terra que Javé, o seu Deus, vai lhe dar, não imite as práticas abomináveis dessas nações. ¹⁰Não haja em seu meio alguém que queime o próprio filho ou filha, nem que faça previsões, que pratique astrologia, adivinhação, magia ¹¹ou feitiçaria, que consulte espíritos ou adivinhos, ou também que invoque os mortos, ¹²pois quem pratica essas coisas é abominável para Javé. É por causa dessas práticas abomináveis que Javé, o seu Deus, vai desalojar da presença de vocês essas nações.

¹³Você estará inteiramente com Javé, o seu Deus. ¹⁴As nações que você vai conquistar ouvem astrólogos e adivinhos. Porém Javé, o seu Deus, não permite que você faça isso. ¹⁵Javé, o seu Deus, fará surgir do meio de vocês, dentre os seus irmãos, um profeta como eu: a ele vocês vão ouvir. ¹⁶Foi o que você pediu a Javé, o seu Deus, no Horeb, no dia da assembleia: 'Não quero continuar ouvindo a voz de Javé, o meu Deus, nem quero ver mais este fogo terrível, para não morrer'. ¹⁷Javé então me disse: 'Eles têm razão. ¹⁸Do meio dos irmãos deles farei surgir para eles um profeta como você. Vou colocar minhas palavras em sua boca, e ele dirá tudo o que eu lhe mandar. ¹⁹Se alguém não ouvir as minhas palavras, que esse profeta vai pronunciar em meu nome, eu mesmo pedirei contas a essa pessoa. ²⁰Contudo, se o profeta tiver a ousadia de dizer em meu nome alguma coisa que eu não tenha mandado, ou se ele falar em nome de outros deuses, tal profeta deverá ser morto'.

²¹Talvez você pergunte em seu próprio coração: 'Como vamos distinguir se uma palavra é ou não palavra de Javé?' ²²Se o profeta fala em nome de Javé, mas a palavra não se cumpre e não se realiza, trata-se então de uma palavra que Javé não disse. Tal profeta falou com presunção. Não tenha medo dele.

19

As cidades de refúgio – ¹Quando Javé, o seu Deus, tiver eliminado as nações cuja terra Javé, o seu Deus, vai lhe dar, depois que você as possuir e estiver habitando nas cidades e casas delas, ²deverá separar três cidades no meio da terra que Javé, o seu Deus, lhe dará para possuir. ³Fixe o caminho para você e reparta em três o território que Javé, o seu Deus, lhe dará como herança. Isso para que todo homicida possa encontrar refúgio numa dessas cidades.

⁴O homicida que aí poderá refugiar-se é aquele que tenha ferido seu próximo por engano, sem ter tido desprezo por ele anteriormente. ⁵Por exemplo: alguém vai ao bosque com seu próximo para cortar lenha; pondo força no machado para cortar a árvore, o machado escapa do cabo, atinge o próximo e o mata. Tal pessoa poderá, então, refugiar-se numa dessas cidades, ficando com a vida a salvo. ⁶Isso para que o vingador do sangue, enfurecido, não persiga o homicida, o alcance (pois a distância é longa) e lhe tire a vida, e nele não aplique a norma de matar, pois ele não desprezava o outro anteriormente. ⁷É por isso que eu lhe dou esta ordem: separe três cidades. ⁸E quando Javé, o

---

9-22: A proibição de outras divindades inclui as práticas tradicionais e populares de buscar conhecer o futuro, de consultar mortos ou divindades. Só se deve obedecer a profetas semelhantes a Moisés, aqui descrito à imagem e semelhança de Josias, cuja morte prematura (2Rs 23,29) deixou a obra incompleta e fez o v. 18 ser lido no pós-exílio como promessa messiânica (Jo 1,21). Parte dos primeiros seguidores de Jesus viu nele esse messias profeta (Jo 6,14; 7,40; At 3,22; 7,40), indicando que reconheceram a verdadeira mensagem de Deus (v. 21) na palavra que possibilita e promove o amor, a justiça, a solidariedade e a libertação.

19,1-13: A proteção à vida dos inocentes era uma das sagradas funções dos santuários do interior (cf. nota a Ex 27,1-8). Após destruí-los, Josias dará esta função para certas cidades (4,41-43; Js 20,1-9). Sobre o vingador de sangue, ver nota a Lv 25,1-55 e Nm 35,9-34.

seu Deus, fizer com que suas fronteiras se alarguem, como jurou a seus pais, e lhe der toda a terra que prometeu dar a seus pais, ⁹com a condição de você coloque em prática todos estes mandamentos que hoje eu lhe dou, amando a Javé, o seu Deus, e andando sempre por seus caminhos, você acrescentará mais três cidades às três primeiras, ¹⁰para que não se derrame sangue inocente na terra que Javé, o seu Deus, lhe dá como herança, nem haja sangue sobre você. ¹¹Todavia, se alguém despreza o seu próximo e lhe arma cilada, atacando-o e ferindo-o mortalmente, e depois se refugia numa dessas cidades, ¹²os anciãos da sua cidade mandarão tirá-lo de lá e entregá-lo ao vingador do sangue, para que seja morto. ¹³Que teu olho não tenha piedade dele. Desse modo, você eliminará de Israel o derramamento de sangue inocente, e tudo irá bem para você.

Respeito aos limites da propriedade – ¹⁴Não encolha os limites do terreno do seu próximo. Eles foram colocados pelos pais na herança que você vai receber na terra que Javé, o seu Deus, lhe dá para que você a possua.

Instruções sobre as testemunhas – ¹⁵Uma só testemunha não é suficiente contra alguém, seja qual for o caso de crime ou pecado. Em todo pecado que alguém tiver cometido, o processo será aberto pelo depoimento verbal de duas ou três testemunhas. ¹⁶Quando uma falsa testemunha se levantar contra alguém, acusando-o de alguma rebelião, ¹⁷as duas partes em litígio devem ir à presença de Javé, aos sacerdotes e juízes que estiverem nesses dias em função. ¹⁸Os juízes deverão fazer cuidadosa investigação. Se a testemunha for falsa e tiver caluniado o seu irmão, ¹⁹vocês então irão punir essa pessoa com a mesma pena que ele queria para o seu próximo. Assim você eliminará o mal do seu meio. ²⁰Sabendo disso, os outros ficarão temerosos e nunca mais cometerão em seu meio mal semelhante. ²¹Que seu olho não tenha piedade: vida por vida, olho por olho, dente por dente, mão por mão, pé por pé.

20 ***Javé com Israel nas guerras*** – ¹Quando você sair para a guerra contra os inimigos, ao ver cavalos, carros e um povo mais numeroso do que o seu, não tenha medo, pois com você está Javé, o seu Deus, que o fez subir da terra do Egito. ²Quando vocês estiverem para começar o combate, o sacerdote se aproximará para falar ao povo, ³e dirá: 'Escute, Israel! Vocês hoje estão prontos para guerrear contra seus inimigos. Não se acovardem, nem fiquem com medo, não tremam nem se apavorem diante deles, ⁴porque Javé, o seu Deus, marcha com vocês, lutando em seu favor contra os inimigos, para salvar vocês'.

⁵Os administradores também falarão ao povo assim: 'Qual é o homem que construiu uma casa nova e ainda não a inaugurou? Pode retirar-se e voltar para casa, a fim de que não morra na batalha e outro homem a inaugure. ⁶Qual é o homem que plantou uma vinha e ainda não a desfrutou? Pode retirar-se e voltar para casa, a fim de que não morra na batalha e outro homem a desfrute. ⁷Qual é o homem que está noivo de uma mulher e ainda não a tomou? Pode retirar-se e voltar para casa, a fim de que não morra na batalha e outro homem a tome'. ⁸Os administradores falarão ainda ao povo: 'Qual é o homem que está com medo e de coração mole? Pode retirar-se e voltar para casa, a fim de que o coração de seus irmãos não se derreta como o coração dele'. ⁹Quando terminarem de falar, os administradores vão nomear os oficiais dos exércitos para irem à frente do povo.

Cerco e extermínio das cidades – ¹⁰Quando estiver para atacar uma cidade, você

14: Estes limites são sagrados, porque definem a terra que garante condições de vida digna a uma família (cf. Nm 25,52-56 e 33,54). Diminuir ou retirar essas condições é violar seus direitos básicos (27,17; Ex 20,17; Dt 5,21; Is 5,8; Mq 2,1-2).

15-21: Complementos da instrução aos juízes (cf. notas a 16,18-17,13). Sobre a Lei do Talião ("olho por olho..."), ver nota a Lv 24,10-23.

20,1-9: Rituais para que o povo creia que Javé lutará a seu lado nas guerras decididas pelos reis (ver nota seguinte, cf. 23,10-15).

10-20: Criando estes relatos de guerras de extermínio, que Javé teria ordenado contra os cananeus no princípio da história de Israel (cf. nota a 2,26-37), a corte de Josias quer identificar, como provas de desobediência a Javé, qualquer culto fora de Jerusalém e toda divindade além

primeiro lhe proponha a paz. ¹¹Se ela aceitar a paz e lhe abrir os portões, todo o povo que for encontrado será sujeito a trabalho forçado e servirá a você. ¹²Todavia, se ela não aceitar sua proposta de paz, e declarar guerra, você a cercará. ¹³Javé, o seu Deus, entregará essa tal cidade em suas mãos, e você passará a fio de espada todos os homens, ¹⁴menos as mulheres, crianças, animais e tudo o mais que houver na cidade. Você vai saquear tudo o que sobrou e poderá comer o que saqueou dos inimigos que Javé, o seu Deus, lhe entregou. ¹⁵Faça assim com todas as cidades mais distantes que não forem cidades dessas nações. ¹⁶Quanto às cidades dessas nações que Javé, o seu Deus, lhe dá como herança, não deixe sobreviver nenhum ser vivo. ¹⁷Consagre totalmente ao extermínio os heteus, os amorreus, os cananeus, os ferezeus, os heveus e os jebuseus, conforme Javé, o seu Deus, lhe mandou, ¹⁸para que não ensinem vocês a cometer as práticas abomináveis que eles cometem com seus deuses, e vocês acabem pecando contra Javé, o Deus de vocês.

¹⁹Quando, para atacar e tomar uma cidade, você tiver de cercá-la por muito tempo, não vá arruinando suas árvores a machadadas; ao contrário, alimente-se delas e não as corte. Por acaso a árvore do campo é um homem que vai fugir de você durante o cerco? ²⁰Contudo, se você sabe que tal árvore não é frutífera, então pode arruiná-la e cortá-la, para fazer instrumentos de assalto contra a cidade que você está combatendo para tomar.

21

Instruções sobre homicídio misterioso – ¹Quando for encontrado um corpo perfurado, caído no campo, no solo que Javé, o seu Deus, vai dar-lhe para possuir, se ninguém souber quem foi que o feriu, ²os anciãos e juízes sairão e medirão as distâncias até as cidades que estiverem ao redor do corpo perfurado, ³para determinar qual a cidade mais próxima do corpo perfurado. A seguir, os anciãos da cidade mais próxima tomarão uma novilha do gado graúdo com a qual não se tenha trabalhado, que ainda não tenha sido levada ao jugo. ⁴Os anciãos dessa cidade levarão a novilha até um riacho permanente, num lugar que nunca foi trabalhado ou semeado. E aí, no riacho, vão quebrar a nuca da novilha. ⁵Depois, os sacerdotes levitas se aproximarão, pois foi a eles que Javé, o seu Deus, escolheu para atender e para abençoar em nome de Javé, cabendo também a eles resolver qualquer conflito ou agressão. ⁶Os anciãos da cidade mais próxima do corpo perfurado lavarão as mãos sobre a novilha com a nuca quebrada no riacho, ⁷fazendo a seguinte declaração: 'Nossas mãos não derramaram este sangue e nossos olhos não viram nada. ⁸Perdoa, Javé, o teu povo Israel, que tu resgataste. Não permitas que o sangue inocente recaia sobre teu povo Israel!' E este sangue lhe será perdoado. ⁹Assim você estará eliminando do seu meio a culpa pelo derramamento de sangue inocente e fazendo o que é correto aos olhos de Javé.

Mulheres prisioneiras de guerra – ¹⁰Quando você guerrear contra seus inimigos e Javé, o seu Deus, os entregar em suas mãos e você fizer prisioneiros, ¹¹se você, ao ver entre eles uma mulher formosa, ficar apaixonado por ela e quiser tomá-la como sua mulher, ¹²deverá levá-la para o meio de sua casa, rapar-lhe a cabeça e cortar-lhe as unhas. ¹³Ela tirará a manta de prisioneira e ficará na casa onde você mora. Por um mês ela fará luto por seu pai e sua mãe. Depois disso, você poderá achegar-se a ela, tornar-se o senhor dela, e ela será sua mulher. ¹⁴Se, por acaso, você não gostar mais dela, deixe-a ir livre: não a venda por dinheiro, nem a trate com brutalidade, uma vez que você a humilhou.

Direitos do primogênito – ¹⁵Se um homem tiver duas mulheres e amar uma e

---

do mesmo Javé, e assim legitimar a violência contra esses cultos, suas divindades e seus seguidores (cf. 4,32-40; 7,1-6.17-26; 12,29-13,19).

21,1-9: Acreditava-se que alguém, mentindo nesse ritual, morreria como a novilha. Vários rituais mágicos antigos foram integrados às leis israelitas (cf. nota a Nm 5,11-31).

10-14: A aliança com o poder leva a religião oficial a compactuar com guerras, escravidão e patriarcalismo, males ainda hoje não erradicados (cf. 2,26-37; Nm 31,1-54).

15-17: No patriarcalismo, o poder do pai sobre a família e os bens é transmitido ao primeiro filho homem de

desprezar a outra, e as duas, tanto a amada como a desprezada, lhe tiverem dado filhos, e sendo da mulher desprezada o primeiro filho, ¹⁶ao repartir a herança entre os filhos, você não poderá tratar o filho da mulher amada como se fosse o primeiro, prejudicando assim o filho da mulher desprezada, que é o verdadeiro primogênito. ¹⁷Deverá reconhecer como primogênito o filho da mulher desprezada, dando a ele porção dupla de tudo quanto você possui, pois esse filho é o primeiro fruto da sua virilidade. A ele se aplica a norma da primogenitura.

Filho rebelde, comilão e beberrão – ¹⁸Se um homem tiver um filho teimoso e rebelde, que não obedece à voz do pai e à voz da mãe e não os ouve, nem quando o corrigem, ¹⁹o pai e a mãe o pegarão e levarão aos anciãos da sua cidade, para a porta de seu lugar. ²⁰E dirão aos anciãos da cidade: 'Este nosso filho é teimoso e rebelde: não nos obedece, é comilão e beberrão'. ²¹Todos os homens da sua cidade vão apedrejá-lo até que ele morra. Assim, você eliminará o mal do seu meio, e todo Israel ouvirá e temerá.

Regras diversas – ²²Se um homem, tendo algum pecado que mereça aplicação da norma que manda matá-lo, for morto pendurado numa árvore, ²³seu cadáver não poderá continuar na árvore durante a noite. Você deverá sepultá-lo no mesmo dia, pois quem morre pendurado é amaldiçoado por Deus. Isso para que você não torne impuro o solo que Javé, o seu Deus, lhe dará como propriedade.

22 ¹Se você vê extraviados o boi ou a ovelha de seu irmão, não se esconda deles; leve-os de volta para o seu irmão. ²Se o irmão não é seu vizinho ou se você não o conhece, recolha na sua propriedade o boi ou a ovelha, e guarde-os até que seu irmão os venha procurar; então você os devolverá. ³Faça a mesma coisa com o jumento, com o manto e com qualquer objeto desaparecido que seu irmão tenha perdido e que você tenha encontrado. Você não poderá esconder-se. ⁴No caso de você ver o jumento ou o boi do seu irmão caídos no caminho, não se esconda deles; ajude seu irmão a levantar o animal.

⁵A mulher não deverá usar artigo masculino, nem o homem se vestirá com roupa de mulher, pois quem assim age é abominável para Javé, o seu Deus.

⁶Se pelo caminho, numa árvore ou no chão, você encontrar um ninho de passarinhos com filhotes ou ovos, e a mãe sobre os filhotes ou sobre os ovos, não pegue a mãe que está sobre os filhotes; ⁷deixe primeiro a mãe voar em liberdade, para depois pegar os filhotes. Assim, tudo lhe correrá bem e você prolongará os seus dias.

⁸Quando construir uma casa nova, faça um parapeito no terraço. Assim você estará evitando que sua casa seja responsável por uma vingança do sangue, caso alguém caia do terraço.

⁹Não semeie na sua vinha duas espécies de sementes, para evitar que a vinha inteira fique consagrada, tanto a semente que você semear, como o fruto da vinha. ¹⁰Não are com boi e asno na mesma junta. ¹¹Não vista roupa mesclada de lã e linho. ¹²Faça borlas nas quatro pontas do manto com que você se cobrir.

Acusações contra uma jovem – ¹³Quando um homem toma uma mulher e, após ter tido relações com ela, começa a desprezá-la ¹⁴e acusá-la de atos vergonhosos, difamando o nome dela publicamente e di-

---

uma de suas esposas legítimas. Isso causava conflitos. Ver notas a Gn 26,4-27,45; 38,1-30.
18-21: Na família patriarcal, o primogênito mais idoso e sua primeira esposa são o "pai" e a "mãe", autoridades inquestionáveis (Ex 20,12; 21,15.17). Esta regra parece anterior ao estabelecimento dos juízes e administradores (cf. 16,18-20). Jesus também foi chamado de comilão e beberrão (Mc 3,21; Mt 11,19).
21,22-22,12: Bloco de regras de caráter humanitário (22,1-4.8), religioso-patriarcal (22,5-7), tabus e superstições (21,22-33 e 22,9-12). A ajuda humanitária, que o Código da Aliança estende aos adversários (Ex 23,4-5), aqui é restrita aos irmãos (22,1-4). Sobre o crime e a pena citados em 21,22-23, nada se sabe, além de sua associação à morte de Jesus (Gl 3,13; At 5,30).
22,13-21: Na sociedade patriarcal, a honra e a transmissão dos bens passam pelo controle do corpo e sexualidade da mulher. Até que se case, ela pertence aos pais e irmãos, depois ao marido que escolherem para ela. Só dela é que se exige prova de virgindade, e será morta caso não a possa dar. O marido difamador paga uma multa ao pai dela, e a mulher, mesmo não amada, deve ficar sempre com ele, já que este teve relação sexual com ela (cf. vv. 28-29). Esse pode ser o pano de fundo de Jo 8,1-11. Ver notas a Lv 18,1-30 e Nm 5,11-31.

zendo: 'Tomei esta mulher para mim, mas quando me acheguei a ela, não encontrei nela provas da virgindade', ¹⁵o pai e a mãe da jovem pegarão as provas da virgindade da jovem e as levarão à porta para os anciãos da cidade. ¹⁶O pai da jovem dirá aos anciãos: 'Dei minha filha como mulher a este homem, mas ele a despreza ¹⁷e a está acusando de atos vergonhosos, dizendo: Não encontrei em sua filha as provas da virgindade. Mas aqui estão as provas da virgindade da minha filha!' E estenderá o lençol diante dos anciãos da cidade. ¹⁸Os anciãos da cidade vão tomar o homem e castigá-lo, ¹⁹aplicando-lhe a pena de cem moedas de prata, que serão entregues ao pai da jovem, por ter difamado publicamente o nome de uma virgem de Israel. Ela continuará sendo mulher dele, e ele jamais poderá despedi-la.

²⁰Se a denúncia for verdadeira, isto é, se não acharem as provas da virgindade da jovem, ²¹levarão a jovem até à porta da casa de seu pai, e os homens da cidade a apedrejarão até que morra, pois ela cometeu uma loucura em Israel, para prostituir a casa do seu pai. Desse modo você eliminará o mal do seu meio.

Penas para relações sexuais proibidas – ²²Se um homem for encontrado deitado com uma mulher pertencente a um senhor, ambos serão mortos, o homem que se deitou com a mulher, e também a mulher. Assim você eliminará o mal de Israel.

²³Se houver uma virgem prometida a um homem, e se um homem a encontrar na cidade e se deitar com ela, ²⁴vocês levarão os dois à porta da cidade e os apedrejarão até que morram: a jovem sob a acusação de não ter gritado por socorro na cidade, e o homem sob a acusação de ter humilhado a mulher do seu próximo. Assim você eliminará o mal do seu meio. ²⁵Contudo, se o homem encontrou no campo a jovem prometida, a forçou e se deitou com ela, morrerá somente o homem que se deitou com ela. ²⁶Não fará nada à jovem, porque ela não tem pecado que mereça a morte. É como o caso do homem que se levanta contra seu próximo e o mata; ²⁷ele a encontrou no campo e a jovem prometida pode ter gritado, mas não havia quem a livrasse.

²⁸Se um homem encontra uma virgem que não está prometida em casamento, e a agarra e se deita com ela, sendo encontrados, ²⁹o homem que teve relações com ela dará ao pai da jovem cinquenta moedas de prata, e ela ficará sendo sua mulher. Uma vez que a humilhou, não poderá despedi-la jamais.

23 ¹Um homem não tomará a mulher do seu próprio pai, para não retirar dela o pano do manto do seu próprio pai.

Critérios para participação nas assembleias cultuais – ²O homem com testículos esmagados ou com o pênis cortado não entrará na assembleia de Javé. ³Nenhum filho ilegítimo poderá tomar parte na assembleia de Javé, e seus descendentes até a décima geração também não poderão tomar parte na assembleia de Javé. ⁴O amonita e o moabita não poderão tomar parte na assembleia de Javé, nem na sua décima geração: nunca serão admitidos na assembleia de Javé. ⁵Isso porque não foram ao encontro de vocês levando pão e água, quando vocês caminhavam depois da saída do Egito, e porque pagaram Balaão, filho de Beor, de Petor, em Aram Naaraim, para que amaldiçoasse você. ⁶No entanto, Javé, o seu Deus, não fez caso de Balaão, e Javé, o seu Deus, transformou a maldição em bênção, porque Javé, o seu Deus, ama você. ⁷Portanto, enquanto viver, você nunca deve favorecer a prosperidade e a felicidade deles.

⁸Não considere o edomita como abominável, pois ele é seu irmão. Não considere o egípcio como abominável, porque você foi um migrante na terra dele. ⁹Na terceira geração, os descendentes deles terão acesso à assembleia de Javé.

22,22-23,1: O contexto é o mesmo descrito na nota anterior. O homem é morto por violar a mulher que pertence a outro homem ou lhe foi prometida. Não são levados em conta os direitos da mulher sobre seu próprio corpo, honra e vontade. A multa pela violação de seu corpo é a metade (v. 29) da multa que desonra sua família (v. 19).

23,2-9: Critérios cultuais excluem pessoas mutiladas ou geradas em cultos proibidos pelas reformas de Ezequias/Josias (vv. 2-3; ver também Is 56,3-7); e critérios

Acampamento dos guerreiros – ¹⁰Quando você estiver acampado contra seus inimigos, guarde-se de todo tipo de maldade. ¹¹Se, em seu meio, alguém de vocês não estiver puro por causa de uma poluição noturna, deverá sair do acampamento e não voltar. ¹²Ao entardecer, deve lavar-se e ao pôr do sol já poderá voltar para o meio do acampamento. ¹³Providencie um lugar fora do acampamento para as suas necessidades. ¹⁴Junto com o equipamento, tenha sempre uma pá. Quando você sair para fazer as necessidades, cave o chão com ela e, ao terminar, cubra as fezes. ¹⁵Porque Javé, o seu Deus, anda pelo meio do acampamento para salvá-lo e entregar os inimigos a você. Por isso, o acampamento deve ser santo, para que Javé não veja nada de inconveniente e não se afaste de você.

Leis sociais e cultuais – ¹⁶Quando um servo fugir de seu senhor e vier refugiar-se junto de você, não o devolva ao senhor dele. ¹⁷Pode ficar com você, em seu meio, no lugar que escolher, numa das portas de suas cidades, onde achar melhor. Não o oprima.

¹⁸Entre as filhas de Israel não haverá mulher sagrada, nem homem sagrado entre os filhos de Israel. ¹⁹Você não deve levar para a casa de Javé, o seu Deus, no cumprimento de qualquer promessa, um presente de prostituta, ou o pagamento de um prostituto, porque os dois são coisa abominável para Javé, o seu Deus.

²⁰Não empreste ao seu irmão com juros, quer se trate de empréstimo em dinheiro, quer em alimento, ou qualquer outra coisa sobre a qual é costume cobrar juros. ²¹Você poderá emprestar com juros ao estranho. Mas ao seu irmão empreste sem cobrar juros, para que Javé, o seu Deus, abençoe tudo o que você fizer na terra onde está entrando para dela tomar posse.

²²Quando você garantir algo em promessa a Javé, o seu Deus, não tarde em cumpri-lo, porque Javé, o seu Deus, vai cobrá-lo de você, e você estaria em pecado. ²³Se você não fizer nenhuma promessa, não estará pecando. ²⁴Mas terá de cumprir a promessa que tenha feito, uma vez que você, com sua própria boca, fez espontaneamente um voto a Javé, o seu Deus.

²⁵Quando você entrar no pomar do seu próximo, pode comer à vontade, até ficar satisfeito, mas não pode carregar nada no cesto. ²⁶E quando entrar na plantação do seu próximo, pode apanhar espigas com a mão, mas não passar a foice na plantação do seu próximo.

24

A mulher divorciada – ¹Se um homem tomar uma mulher e exercer nela os seus direitos de senhor, mas ela cair em desgraça aos olhos dele por ter visto nela algum inconveniente, então ele escreverá um documento de divórcio e o colocará nas mãos dela, expulsando-a de casa. ²E se ela, tendo saído da casa dele, for e se tornar mulher de outro homem, ³mas esse outro homem também a desprezar e escrever o documento de divórcio e o puser na mão dela e a enxotar de casa; ou então, se esse segundo homem morrer; ⁴em qualquer caso, o primeiro senhor, que a tinha expulsado, não pode tomá-la de novo como esposa, pois ela ficou impura, e fazer isso seria coisa abominável para Javé. Você não deve carregar de pecado a terra que Javé, o seu Deus, vai lhe dar como propriedade.

Medidas de proteção e direitos humanos – ⁵Quando um homem tomar uma mulher nova, não deve sair para a guerra, nem se deve impor a ele nenhum outro

---

políticos excluem amonitas e moabitas (vv. 4-7, contrariando 2,9-19) e incluem edomitas e egípcios (vv. 8-9), possivelmente refletindo conflitos e alianças políticas de Judá nos tempos de Ezequias e/ou posteriores à queda de Jerusalém em 587 a.C.

10-15: Regras de pureza para garantir a presença de Javé junto ao exército (cf. 20,1-9).

16-26: Os vv. 16-17.20.25-26 tratam da solidariedade; quando esta existe, a necessidade e a fome relativizam o direito de propriedade. Ambiguamente a solidariedade é posta ao lado da exclusão; são excluídos, por motivos rituais, "a mulher e o homem sagrado", oficiantes dos rituais sexuais da fertilidade (Gn 38,1-30), e também os que não pagam suas promessas ao templo (vv. 22-24). Por fim, no v. 21 vem a discriminação por nacionalismo. Revela-se então a ambiguidade da religião oficial, que diz agir em nome da divindade experimentada como presença libertadora junto ao povo.

24,1-4: Embora o documento proteja a mulher de investidas abusivas do marido que a repudiou, só o homem tem o direito de escrevê-lo (cf. 22,13-23,1; Mt 19,3-9).

24,5-25,4: Práticas de solidariedade, ajuda mútua e respeito, fundadas na experiência da divindade como presença libertadora do Êxodo, e nascidas nas aldeias

serviço. Terá um ano livre em casa, para alegrar a mulher que tomou para si.

⁶Você não deve levar, como penhor de empréstimo, as duas pedras do moinho, nem mesmo a pedra de cima, porque seria o mesmo que penhorar uma vida.

⁷Se alguém for pego em flagrante, sequestrando um de seus irmãos, um dos filhos de Israel, para explorá-lo ou vendê-lo, tal sequestrador deverá ser morto. Assim você eliminará o mal de seu meio.

⁸Quando houver lepra, cumpra exatamente as instruções dadas pelos sacerdotes levitas. Ponham em prática tudo o que ordenei a eles. ⁹Lembre-se do que Javé, o seu Deus, fez a Míriam, no caminho, quando vocês saíram do Egito.

¹⁰Quando você fizer algum empréstimo a seu próximo, não entre na casa dele para pegar alguma coisa como penhor. ¹¹Fique do lado de fora; o homem a quem você fez o empréstimo, ele é que deve sair para lhe trazer o penhor. ¹²Se ele for necessitado, você não irá dormir sobre o penhor dele. ¹³Ao pôr do sol você deve devolver sem falta o penhor, para que ele durma com o manto dele e abençoe você. Quanto a você, isso será um ato de justiça diante de Javé, o seu Deus.

¹⁴Não explore o assalariado necessitado e pobre, seja ele um de seus irmãos, seja um migrante que vive em sua terra, nas portas de sua cidade. ¹⁵Pague-lhe a diária todos os dias, antes do pôr do sol, porque ele é um necessitado, e a vida dele depende disso. Assim ele não clamará a Javé contra você, e em você não haverá pecado.

¹⁶Os pais não serão mortos pela culpa dos filhos, nem os filhos pela culpa dos pais. Cada um será executado por causa de seu próprio crime.

¹⁷Não distorça o direito do migrante e do órfão, nem tome como penhor a roupa da viúva. ¹⁸Lembre-se: você foi servo no Egito e daí Javé, o seu Deus, o resgatou. É por isso que eu o mando agir desse modo.

¹⁹Quando você estiver fazendo a colheita em sua plantação e deixar para trás um feixe, não volte para pegá-lo: fica para o migrante, o órfão e a viúva. Desse modo Javé, o seu Deus, há de abençoar você em todo o trabalho de suas mãos. ²⁰Quando você sacudir as azeitonas da sua oliveira, não volte para bater os ramos: o que sobrou será para o migrante, o órfão e a viúva. ²¹Quando você colher as uvas da sua vinha, não volte para colher o que ficou: a sobra será para o migrante, o órfão e a viúva. ²²Lembre-se: você também foi servo no Egito. É por isso que eu o mando agir desse modo.

25 ¹Quando houver discussão entre dois homens, e eles buscarem o cumprimento da norma, devem ser julgados, fazendo justiça ao justo e culpabilizando o culpado. ²Se o culpado merecer açoites, o juiz o fará deitar se no chão e mandará açoitá-lo em sua presença, com número de açoites proporcional à culpa. ³Podem açoitá-lo até quarenta vezes; não mais, para não acontecer que seu irmão, muito golpeado, caso seja açoitado mais vezes, fique desonrado diante de seus olhos.

⁴Não amordace o boi que está debulhando.

A lei do levirato – ⁵Quando irmãos habitam juntos e um deles morre sem deixar filhos, a viúva não deve sair para casar-se com um estranho. Um cunhado dela vai se achegar a ela e tomá-la como mulher, cumprindo o dever de cunhado. ⁶O primeiro filho que nascer receberá o nome do irmão falecido, para que o nome deste não se apague em Israel. ⁷Entretanto, se o tal homem não quiser tomar sua cunhada, a cunhada deverá dirigir-se aos anciãos nas portas da cidade e dizer: 'Meu cunhado se nega a manter de pé o nome de seu irmão em Israel! Não quer cumprir comigo seu dever de cunhado!' ⁸Os anciãos da cidade mandarão chamá-lo e falarão com ele. Se ele ficar firme e disser que não deseja tomá-la, ⁹então sua cunhada, na presença dos anciãos, vai chegar até perto dele, tirar-lhe a sandália do pé, cuspir-lhe no

---

camponesas, são integradas a este código a serviço de uma sociedade altamente centralizada e com grandes diferenças sociais (cf. 14,28-15,11), o que revela o rosto ambíguo da religião oficial (ver notas a 12,29-13,19 e 23,16-26).

25,5-10: Sem filhos, a viúva perde sua terra e seus bens, que lhe são tomados pelos cunhados (*levir*, em latim). Cf. nota a Gn 38,1-30. O rito do v. 9 significa maldição: que sua ganância seja punida com a miséria que lhe tire até o calçado.

rosto e dizer assim: 'Isso é o que se faz com um homem que não constrói a casa do seu irmão'. ¹⁰Então, em Israel ele ficará com o apelido de 'casa do descalçado'.

Castigo à mulher que dá golpe baixo – ¹¹Quando homens estiverem brigando, irmão contra irmão, e a mulher de um deles chegar e, para livrar o seu homem da mão que o está ferindo, estender a mão e agarrar os genitais do outro, ¹²mande cortar a mão dela. Que ela não encontre piedade aos olhos de você.

Dois pesos e duas medidas – ¹³Não tenha em sua bolsa duas medidas de peso, uma mais pesada e outra mais leve. ¹⁴Não tenha em casa dois tipos de medida, uma que seja maior e outra menor. ¹⁵Tenha o mesmo peso exato e justo, e a mesma medida exata e justa, para que seus dias se prolonguem sobre o solo que Javé, o seu Deus, vai lhe dar. ¹⁶Porque Javé, o seu Deus, abomina todos os que fazem tais coisas, todos os que cometem injustiça.

Extermínio de Amalec – ¹⁷Lembre-se do que Amalec fez no caminho, quando você saiu do Egito. ¹⁸Ele veio enfrentá-lo, no momento em que você estava cansado e sem forças. Sem o temor de Deus, ele atacou pelas costas os desfalecidos que vinham atrás. ¹⁹Quando Javé, o seu Deus, fizer você descansar de todos os inimigos que o cercam na terra que Javé, o seu Deus, vai lhe dar em herança para que a possua, você deverá apagar debaixo do céu a lembrança de Amalec. Não se esqueça!

26 *Primícias ofertadas a Javé pelo dom da terra* – ¹Quando você entrar na terra que Javé, o seu Deus, vai lhe dar como herança, depois de tomar posse dela e nela habitar, ²pegue das primícias de todo fruto do solo que você trouxer da sua terra e que Javé, o seu Deus, lhe dá, coloque-as num cesto e vá ao lugar que Javé, o seu Deus, tiver escolhido para fazer que habite aí o nome dele. ³Você deverá ir até o sacerdote que houver nesses dias e dizer: 'Hoje eu declaro a Javé, o meu Deus, que entrei na terra que Javé tinha jurado a nossos pais que nos daria'.

⁴O sacerdote receberá o cesto de sua mão e o colocará diante do altar de Javé, o seu Deus. ⁵Então, tomando a palavra, você dirá na presença de Javé, o seu Deus:

'Meu pai foi um arameu prestes a desaparecer. Ele desceu até o Egito, onde passou a habitar com poucas pessoas, e aí veio a ser uma nação grande, forte e numerosa. ⁶Os egípcios, porém, nos maltrataram e humilharam, impondo dura servidão sobre nós. ⁷Clamamos então a Javé, o Deus de nossos pais, e Javé ouviu nossa voz. Viu nossa aflição, nosso sofrimento e nossa opressão. ⁸E Javé nos tirou do Egito com mão forte e braço estendido, em meio a grande terror, com sinais e prodígios. ⁹E nos trouxe a este lugar, dando-nos esta terra, terra que mana leite e mel. ¹⁰Por isso aqui estou, Javé, com as primícias do fruto do solo que tu me deste'.

E você as colocará diante de Javé, o seu Deus, e se prostrará diante de Javé, o seu Deus. ¹¹Por todas as coisas boas que Javé, o seu Deus, tiver dado a você e à sua casa, você se alegrará, você, o levita e o migrante que está com você.

Dízimo trienal – ¹²A cada três anos, no ano dos dízimos, quando você tiver acabado de separar todo o dízimo de sua colheita e o tiver dado ao levita, ao migrante, ao órfão e à viúva, para que eles comam dentro das portas de sua cidade, até ficarem satisfeitos, ¹³você assim falará diante de Javé, o seu Deus:

'Eu retirei de minha casa o que estava consagrado e o dei ao levita, ao migrante, ao órfão e à viúva, conforme todos os mandamentos que me ordenaste. Não desrespeitei nem esqueci os teus mandamentos. ¹⁴Não comi nada disso durante o meu

---

11-12: Para o patriarcalismo, que condena a iniciativa sexual feminina (ver Lv 18), tal ousadia é imperdoável.

13-16: Pesos e medidas padronizadas e justiça no comércio. O Código acolhe a denúncia dos profetas do campo (cf. Lv 19,35-36; Os 12,8; Am 8,5; Mq 6,9-11).

17-19: Ver nota a Ex 17,8-16.

26,1-11: Com a centralização do culto, as primícias, antes ofertadas aos deuses e deusas da fertilidade, são transferidas para Javé e agora ligadas ao êxodo e à história de Jacó/Israel. Ver notas a Ex 11,1-10 e 12,15-20.

12-15: Declaração pública no templo, para reforçar o cumprimento da entrega do dízimo trienal aos pobres (cf. nota a 14,28-29) e a abstenção de outros cultos e rituais proibidos (v. 14). A bênção de Javé ao povo e à sua terra está vinculada à solidariedade para com os pobres: nisso se revela o rosto sagrado de Javé.

luto. Não tirei nada quando estava impuro, e nada disso ofereci por um morto. Obedeci à voz de Javé, o meu Deus, e agi conforme tudo o que me mandaste. ¹⁵Inclina-te daí do céu, tua santa habitação, e abençoa o teu povo Israel, como também o solo que nos deste, como juraste aos nossos pais, uma terra que mana leite e mel'.

Conclusão do Código Deuteronômico – ¹⁶Javé, o seu Deus, ordena hoje que você cumpra esses estatutos e normas. Cuide de colocá-los em prática de todo o coração e com toda a alma.

¹⁷Hoje você fez Javé declarar que seria ele o seu Deus, com a condição de que você andaria nos caminhos dele, observando seus estatutos, mandamentos e normas, dando assim ouvidos à sua voz. ¹⁸E Javé hoje fez você declarar que será para ele o povo de sua propriedade particular, observando todos os mandamentos, conforme ele mesmo lhe prometeu. ¹⁹Desse modo, ele fará você ser altíssimo em honra, fama e glória, sobre todas as nações que ele fez. E você há de ser um povo consagrado a Javé, o seu Deus, conforme ele disse".

IV. CONCLUSÃO DA ALIANÇA DA LEI

27 *Conclusão da aliança celebrada no Horeb* – ¹Moisés e os anciãos de Israel deram ao povo esta ordem: "Observem todos os mandamentos que hoje lhes prescrevo. ²No dia em que vocês atravessarem o rio Jordão para entrar na terra que Javé, o seu Deus, dará a você, levante grandes pedras para você e as cubra de cal. ³Sobre elas você deverá escrever todas as palavras desta Lei, quando você atravessar para entrar na terra que Javé, o seu Deus, lhe dará, uma terra que mana leite e mel, conforme lhe disse Javé, o Deus de seus pais. ⁴Depois de atravessar o Jordão, conforme hoje lhes estou mandando, vocês levantarão sobre o monte Ebal essas pedras e as cobrirão de cal. ⁵Aí você construirá um altar para Javé, o seu Deus, um altar com pedras não trabalhadas com ferro. ⁶Construa o altar de Javé, o seu Deus, com pedras brutas, e ofereça sobre ele holocaustos a Javé, o seu Deus. ⁷Ofereça aí sacrifícios de comunhão, e coma, alegrando-se na presença de Javé, o seu Deus. ⁸Escreva sobre essas pedras todas as palavras desta Lei, gravando-as bem".

⁹Em seguida, Moisés e os sacerdotes levitas falaram a todo Israel: "Fique em silêncio e escute, Israel: Hoje você se tornou o povo de Javé, o seu Deus. ¹⁰Obedeça, portanto, à voz de Javé, o seu Deus, e coloque em prática os mandamentos e estatutos que hoje lhe ordeno".

¹¹Nesse dia, Moisés deu ao povo estas ordens, dizendo: ¹²"Depois que vocês atravessarem o Jordão, estes hão de ser os que estarão posicionados em cima do monte Garizim para abençoar o povo: Simeão, Levi, Judá, Issacar, José e Benjamim. ¹³E estes hão de ser os que estarão posicionados no monte Ebal para amaldiçoar: Rúben, Gad, Aser, Zabulon, Dã e Neftali. ¹⁴E os levitas responderão, dizendo em alta voz a todos os homens de Israel:

¹⁵'Maldito quem faz um ídolo ou imagem de metal fundido – é obra de artesão, uma abominação para Javé – e o guarda em lugar escondido'. E todo o povo responderá: 'Amém'.

¹⁶'Maldito quem rebaixa seu pai e sua mãe'. E todo o povo responderá: 'Amém'.

¹⁷'Maldito quem encolhe os limites do terreno do vizinho'. E todo o povo responderá: 'Amém'.

¹⁸'Maldito quem extravia um cego no caminho'. E todo o povo responderá: 'Amém'.

16-19: Definido pela teologia oficial, Javé é instituído como Deus nacional de Israel.

27,1-28,68: Este bloco, que inclui tradições mais antigas (27,1-26), fecha o discurso iniciado em 4,44, integrando o Código Deuteronômico no grande tratado que se celebra entre Javé e seu povo, estipulando bênçãos e maldições para quem cumpre ou não a sua parte, tal como os tratados que os imperadores assírios impunham aos reis e povos dominados. Assim, 4,44-28,68 deve conter a maior parte do Código Deuteronômico, publicado como "Livro da Lei" (2Rs 22-23) pela reforma de Josias, por volta de 620 a.C.

27,1-26: Na base deste capítulo, talvez esteja a conclusão de uma aliança que institui Javé como Deus do reino do norte, em Siquém, entre Garizim e Ebal. Nela, Javé manda erguer um altar e oferecer sacrifícios no monte Ebal (vv. 5-7, cf. Js 8,30-32), coisa impensável para a época de Josias ou posterior. Como podia ser escrita sobre uma pedra, talvez seja a aliança em torno das "Dez Palavras" (4,13; 10,4; cf. Ex 34,10-28), celebrada nos tempos de Eliseu e Jeú, 840-814 a.C. (2Rs 10,16.26-28), equivalente a uma aliança no sul, com o sacerdote Joiada (cf. 10,12-22; 2Rs 11,17-18) ou, mais tarde, com Ezequias (2Rs 18,3-6).

¹⁹'Maldito quem distorce o direito do migrante, do órfão e da viúva'. E todo o povo responderá: 'Amém'.
²⁰'Maldito quem se deita com a mulher do seu pai, pois retirou dela o pano do manto do seu pai'. E todo o povo responderá: 'Amém'.
²¹'Maldito quem se deita com animal'. E todo o povo responderá: 'Amém'.
²²'Maldito quem se deita com sua irmã, filha de seu pai ou filha de sua mãe'. E todo o povo responderá: 'Amém'.
²³'Maldito seja quem se deita com a sogra'. E todo o povo responderá: 'Amém'.
²⁴'Maldito seja quem fere seu próximo às escondidas'. E todo o povo responderá: 'Amém'.
²⁵'Maldito seja quem recebe algum presente para ferir uma pessoa inocente'. E todo o povo responderá: 'Amém'.
²⁶'Maldito seja quem não mantém de pé as palavras desta Lei, não as colocando em prática'. E todo o povo responderá: 'Amém'.

28

Bênçãos – ¹Se você obedecer de fato à voz de Javé, o seu Deus, cuidando de colocar em prática todos os mandamentos que eu hoje lhe dou, Javé, o seu Deus, há de fazê-lo altíssimo sobre todas as nações da terra. ²As bênçãos que virão sobre você e o acompanharão, se você obedecer à voz de Javé, o seu Deus, são estas:
³Você será abençoado na cidade e abençoado no campo. ⁴Será abençoado o fruto do seu ventre, o fruto do seu solo, o fruto de seus animais, a cria de suas vacas e os filhotes de seu gado miúdo. ⁵Será abençoado o seu cesto e a sua amassadeira. ⁶Você será abençoado ao entrar e abençoado ao sair.
⁷Javé entregará, já vencidos, os inimigos que se levantarem contra você. Por um só caminho eles virão atacar você, e por sete caminhos fugirão.
⁸Javé mandará que a bênção fique com você, em seus celeiros e em tudo aquilo em que você puser as mãos. Javé, o seu Deus, vai abençoá-lo na terra que ele mesmo lhe dará.
⁹Javé vai fazer de você um povo a ele consagrado, conforme prometeu, se você observar os mandamentos de Javé, o seu Deus, e andar pelos caminhos dele. ¹⁰Todos os povos da terra verão que sobre você foi invocado o nome de Javé, e ficarão com medo de você.
¹¹Javé vai enchê-lo de felicidade com o fruto do seu ventre, dos seus animais e do seu solo, este solo que Javé prometeu a seus pais que daria a você. ¹²Javé abrirá para você o bom tesouro do céu, dando no tempo certo a chuva para a terra e abençoando todo o trabalho que você realizar. Desse modo, você poderá emprestar a muitas nações e nunca tomará emprestado. ¹³Javé fará de você a cabeça e não a cauda. Você estará sempre por cima, nunca por baixo. Isso, porém, com a condição de você obedecer aos mandamentos de Javé, o seu Deus, que hoje eu lhe mando observar e colocar em prática. ¹⁴Não se desvie, nem para a direita nem para a esquerda, de nenhuma das palavras que hoje eu lhe ordeno, indo atrás de outros deuses para servir a eles.

Maldições – ¹⁵Contudo, se você não obedecer à voz de Javé, o seu Deus, se não colocar em prática todos os seus mandamentos e estatutos que eu hoje lhe dou, todas as maldições virão sobre você e o atingirão:
¹⁶Você será maldito na cidade e no campo.
¹⁷Malditos serão o seu cesto e a sua amassadeira. ¹⁸Maldito será o fruto do seu ventre, o fruto do seu solo, a cria de suas vacas e os filhotes de seu gado miúdo.
¹⁹Você será maldito ao entrar e maldito ao sair.
²⁰Javé mandará contra você a maldição, o pânico e a reprovação a todo empreendimento de suas mãos, até que você seja

---

28,1-68: Fertilidade ou infertilidade de pessoas, animais e campos, chuva, seca, saúde, doenças, eram funções de outras divindades, agora transferidas para Javé por Ezequias e Josias, no processo de oficialização de Javé como único Deus de Israel. Na ânsia de tributos, o templo reforça a teologia da retribuição (como bênção pela obediência ou maldição pela desobediência), uma retribuição coletiva que atinge a todos, o rei e o povo. No pós-exílio, a retribuição será individualizada (Ez 14,12-20; 18,1-32), fazendo Deus e o próprio pobre serem os responsáveis pela pobreza, e Deus e os ricos responsáveis pela riqueza (cf. nota a Gn 13,1-18). Tais teologias escondem mecanismos injustos que promovem a pobreza e permitem a riqueza, retirando de nós a responsabilidade de buscar sociedades justas, com mais solidariedade e igualdade.

eliminado e desapareça rapidamente por causa da maldade de suas ações, pelas quais você me tiver abandonado. ²¹Javé fará que a peste se apegue a você, até eliminá-lo do solo em que você está entrando para dele tomar posse. ²²Javé ferirá você com tísica e febre, inflamação e delírio, secura, ferrugem e mofo, que o perseguirão até que você desapareça.

²³O céu sobre a sua cabeça vai parecer de bronze, e a terra sob seus pés parecerá de ferro. ²⁴Javé transformará a chuva em cinza, e do céu cairá pó sobre você, até você ser eliminado. ²⁵Javé há de entregá-lo, vencido, aos inimigos. Por um só caminho você sairá para enfrentá-los, e por sete caminhos fugirá. Você se transformará em objeto de espanto para todos os reinos da terra. ²⁶Seu cadáver será comido por todas as aves do céu e animais da terra, sem que ninguém os espante.

²⁷Javé ferirá você com úlceras do Egito, com tumores, crostas e sarnas, que você não conseguirá curar.

²⁸Javé ferirá você com loucura, cegueira e demência. ²⁹Você ficará tateando ao meio-dia, como cego que tateia na escuridão. Em nenhum de seus caminhos você será bem-sucedido. Você há de ser oprimido e explorado todos os dias, e ninguém virá socorrê-lo. ³⁰Você se comprometerá com uma mulher, mas outro homem é que vai possuí-la. Construirá uma casa, mas nela não vai habitar. Plantará uma vinha, mas não colherá as uvas. ³¹Seu boi será morto diante de seus olhos, mas dele você não comerá. Seu jumento será roubado na sua frente, e nunca mais voltará para você. Seu gado miúdo será dado aos inimigos, sem haver quem o ajude. ³²Seus filhos e suas filhas serão entregues a outro povo: seus olhos verão tudo isso e ficarão consumidos de saudade o dia inteiro, e suas mãos nada poderão fazer. ³³O produto de seu solo e de todo o seu trabalho será comido por um povo que você não conhece, enquanto você será oprimido e maltratado todos os dias. ³⁴Você ficará louco diante do espetáculo que seus olhos estarão vendo.

³⁵Javé ferirá você com úlcera maligna nos joelhos e nas pernas, da sola dos pés até o alto da cabeça, e delas você não conseguirá sarar.

³⁶Javé vai levá-lo, junto com o rei que você tiver constituído, para uma nação que nem você nem seus pais conheceram. E aí você deverá servir a outros deuses, feitos de madeira e pedra. ³⁷Você há de ser motivo de assombro, piada e zombaria, em meio a todos os outros povos, para onde Javé o tiver conduzido.

³⁸Você lançará muitas sementes no seu campo, mas colherá pouco, porque o gafanhoto as comerá.

³⁹Você plantará e cultivará vinhas, mas não beberá vinho nem colherá nada, pois as pragas vão devorar tudo.

⁴⁰Você terá oliveiras em todo o seu território, mas não se ungirá com óleo, porque as azeitonas cairão das suas oliveiras.

⁴¹Você gerará filhos e filhas, mas não pertencerão a você, porque estarão no cativeiro. ⁴²As lagartas tomarão posse de todas as suas árvores e do fruto de seu solo.

⁴³O migrante que vive em seu meio se elevará cada vez mais alto às custas de você, enquanto você descerá cada vez mais baixo. ⁴⁴Ele poderá emprestar a você, e você nada lhe poderá emprestar. Ele ficará como cabeça, e você como cauda.

⁴⁵Todas essas maldições virão sobre você, vão persegui-lo e alcançá-lo, até que você seja eliminado, porque não obedeceu à voz de Javé, o seu Deus, não guardou os mandamentos e estatutos que ele lhe ordenou. ⁴⁶Elas serão sinal e aviso para você, e também para sua descendência, para sempre.

Cerco e exílio: castigo pela desobediência

– ⁴⁷Uma vez que você não serviu a Javé, o seu Deus, com alegria e generosidade, quando estava na abundância, ⁴⁸então, na fome e na sede, com nudez e privação total, você servirá ao inimigo que Javé enviará contra você. O inimigo lhe colocará no pescoço uma canga de ferro, até eliminar você.

⁴⁹Javé vai levantar contra você uma nação distante, dos confins da terra, veloz

---

47-68: Releitura dramática baseada nas terríveis experiências vividas pelo povo sitiado na cidade de Jerusalém, que reforça a teologia da retribuição (cf. nota anterior), qualificando o cerco de Jerusalém e o exílio para a Babilônia como castigos pela desobediência à Lei e pelo culto a outras divindades.

como águia, uma nação cuja língua você não entende, ⁵⁰nação de cara dura, que não tem respeito pelo idoso nem ternura pela criança. ⁵¹Ela vai comer o produto de seus animais e o fruto de seu solo, até que você seja eliminado. Não vai deixar para você nem trigo, nem vinho novo, nem óleo, nem a cria de suas vacas, nem os filhotes de seu gado miúdo, até fazer você desaparecer. ⁵²Vai sitiar você em todas as portas de suas cidades, até que venham abaixo, totalmente por terra, os muros altos e fortificados em toda a sua terra, nos quais você depositava toda a sua confiança. Vai sitiar você em todas as portas de suas cidades, em toda a terra que Javé, o seu Deus, lhe deu. ⁵³Então, na miséria do cerco que o inimigo vai lhe impor, você terá de comer o fruto de suas próprias entranhas, a carne dos filhos e filhas que Javé, o seu Deus, lhe tiver dado. ⁵⁴O homem mais sensível e mimoso do seu meio verá com maus olhos a presença de seu próprio irmão, da mulher que ele amava ou dos filhos que lhe restarem, ⁵⁵para não ter de repartir com eles a carne de seus próprios filhos que está para comer, pois nada mais lhe restará, na miséria do cerco que o inimigo vai lhe impor em todas as portas de suas cidades. ⁵⁶A mais sensível e mimosa das mulheres do seu meio – tão sensível e mimosa que nunca pôs a sola dos pés no chão – verá com maus olhos o homem que ela amava, e também seu filho ou sua filha, ⁵⁷a placenta que lhe sai por entre as pernas e o filho que acaba de dar à luz, porque, faltando tudo, ela os comerá às escondidas, por causa da miséria do cerco que o inimigo vai impor a você nas portas de suas cidades.

⁵⁸Se você não colocar em prática todas as palavras desta Lei escritas neste livro, alimentando o temor a este nome glorioso e terrível – Javé, o seu Deus – ⁵⁹Javé ferirá você e sua descendência com pragas espantosas, pragas tremendas e persistentes, doenças graves e incuráveis. ⁶⁰Ele voltará contra você as pragas do Egito, que o horrorizavam, e elas se grudarão em você. ⁶¹E, ainda mais, Javé lançará contra você todas as doenças e pragas que estão escritas neste livro da Lei, até que você seja eliminado. ⁶²Restarão de vocês poucos homens, vocês que eram tão numerosos como as estrelas do céu, já que você não obedeceu à voz de Javé, o seu Deus.

⁶³Então, do mesmo modo como Javé tinha prazer em lhes fazer o bem e os multiplicar, assim também terá prazer em fazê-los desaparecer e eliminá-los. Vocês serão arrancados do solo onde estão entrando para dele tomar posse. ⁶⁴Javé espalhará você por todos os povos, de um a outro extremo da terra, e aí você vai adorar outros deuses, que nem você nem seus pais conheceram, deuses feitos de madeira e pedra. ⁶⁵No meio dessas nações, você nunca terá tranquilidade, e a sola do seu pé não vai encontrar onde se apoiar. Javé fará que você tenha um coração irrequieto, os olhos mortiços e uma vida de desespero. ⁶⁶Sua vida estará como que pendurada à sua frente. Você estará apavorado noite e dia, sem nenhuma segurança de vida. ⁶⁷Pela manhã, você dirá: 'Quem me dera já fosse tarde!' E pela tarde dirá: 'Quem me dera já fosse manhã!' Tudo isso por causa do pavor que vai tomar conta do seu coração e pelo espetáculo que seus olhos verão. ⁶⁸Javé fará vocês voltarem para o Egito de barco, ou pelo caminho do qual eu lhes tinha dito: 'Vocês nunca mais o verão!' Vocês se colocarão à venda como servos ou servas para seus inimigos, mas não haverá comprador".

Conclusão da aliança celebrada em Moab

Abertura – ⁶⁹São estas as palavras da aliança que Javé mandou Moisés fazer com os filhos de Israel na terra de Moab, além da aliança que havia feito com eles no Horeb.

29 *O poder de Javé na história* –

¹Moisés convocou todo Israel e disse: "Vocês mesmos viram tudo o que Javé

28,69-30,20: Esta releitura no exílio (v. 27) ou no começo do pós-exílio (30,1-10), que finaliza o discurso iniciado em 1,1-4,43, faz o conjunto de 1,1-30,20 parecer uma grande aliança já promulgada por Moisés em Moab, após a aliança do Horeb (5,2-22), e antes da entrada de Israel na terra de Canaã.

28,69: Cria-se a imagem de uma segunda aliança, que teria sido celebrada em Moab (ver nota anterior).

29,1-8: A história oficial ressalta um Javé poderoso, que tanto pode salvar (no Êxodo) como destruir (no exílio), castigando a infidelidade.

fez na terra do Egito contra o faraó, seus servos e toda a sua terra, ²aquelas grandes provações que os olhos de vocês viram, aqueles sinais e prodígios grandiosos. ³Javé, porém, até o dia de hoje, não lhes deu coração capaz de compreender, olhos capazes de ver e ouvidos capazes de ouvir. ⁴Eu os fiz caminhar quarenta anos pelo deserto, sem que se desgastassem as suas vestes nem as sandálias de seus pés. ⁵Vocês não comeram pão, nem tomaram vinho ou bebida forte, para ficarem sabendo que eu sou Javé, o Deus de vocês. ⁶Por fim, vocês chegaram a este lugar. Seon, rei de Hesebon, e Og, rei de Basã, saíram em guerra contra nós, mas nós os derrotamos. ⁷Tomamos suas terras e as demos para ser a propriedade de Rúben, de Gad e da meia tribo de Manassés.

⁸Vocês devem guardar as palavras desta aliança e colocá-las em prática, para serem bem-sucedidos em tudo quanto fizerem.

A aliança – ⁹Hoje vocês todos se colocaram de pé na presença de Javé, o seu Deus, os cabeças das tribos de vocês, os anciãos, os administradores, todos os homens de Israel, ¹⁰as crianças, as mulheres, inclusive os migrantes que há no seu acampamento, seja os que trabalham para você cortando lenha, seja os que tiram água, ¹¹para você participar da aliança de Javé, o seu Deus, que hoje ele firma com você, sob juramento que inclui maldição. ¹²E assim, hoje ele faz de você o seu povo, enquanto ele fica sendo o seu Deus, como disse, como prometeu a seus pais Abraão, Isaac e Jacó. ¹³E não é somente com vocês que estou firmando esta aliança sob juramento que inclui maldição. ¹⁴Estou firmando a aliança com quem está aqui conosco, hoje, na presença de Javé, o nosso Deus, e também com quem não está aqui conosco hoje.

¹⁵Vocês sabem que nós habitamos na terra do Egito e como foi que atravessamos aquelas nações. ¹⁶Vocês puderam ver as coisas abomináveis deles, seus ídolos feitos de madeira, de pedra, de prata e de ouro. ¹⁷Que entre vocês não haja homem ou mulher, clã ou tribo, cuja mente se desvie hoje de Javé, o nosso Deus, para servir aos deuses dessas nações. Que não haja entre vocês nenhuma raiz que produza planta venenosa ou amarga. ¹⁸Se acontecer que, ouvindo as palavras deste juramento que inclui maldições, alguém se considerar abençoado, pensando assim: 'Para mim haverá felicidade, pois vou caminhar seguindo minha cabeça dura, para juntar a embriaguez com a vontade de beber', ¹⁹Javé nunca irá querer perdoá-lo. Pelo contrário, sua ira e zelo se inflamarão contra tal homem, caindo sobre ele todas as maldições incluídas no juramento e escritas neste livro. E Javé vai apagar o nome dele debaixo do céu. ²⁰Para sua perdição, Javé vai excluí-lo das tribos de Israel, conforme as maldições incluídas no juramento da aliança, escritas neste livro da Lei.

Exílio como punição pela infidelidade – ²¹A geração futura, os filhos que virão depois de vocês e o estrangeiro vindo de terra distante verão as pragas desta terra e as doenças com que Javé a castigará, e dirão: ²²'Enxofre e sal, solo queimado onde nada se semeia, nada brota nem cresce, catástrofe como a de Sodoma e Gomorra, Adama e Seboim, que Javé destruiu em sua ira e furor'. ²³As nações perguntarão: 'Por que Javé agiu assim com esta terra? Que sentido tem o ardor de tão grande ira?' ²⁴Elas mesmas responderão: 'É porque eles abandonaram a aliança que Javé, o Deus de seus pais, firmou com eles quando os tirou da terra do Egito. ²⁵Eles passaram a servir e adorar a outros deuses, deuses que eles não conheciam e que Javé não lhes tinha dado. ²⁶Foi então que a ira de Javé se inflamou contra este país, fazendo cair sobre ele toda a maldição escrita neste livro. ²⁷Javé os arrancou do seu solo, com ira, furor e grande indignação, e os jogou em outra terra, como hoje se vê'.

²⁸As coisas escondidas pertencem a Javé, o nosso Deus. As coisas reveladas, porém, pertencem para sempre a nós e a

---

9-20: A proibição do culto aos outros deuses, incluída na aliança, prepara a apresentação do exílio como castigo de Javé pela infidelidade de Israel.

21-28: A violência com que Jerusalém foi arrasada (v. 22) e o exílio são explicados como punição a Israel por haver seguido a outros deuses. Tal explicação reforça a submissão do povo à teologia oficial.

nossos filhos, para colocarmos em prática todas as palavras desta Lei.

30 *Exílio, lugar de conversão* – ¹Quando se cumprirem em você todas estas palavras, isto é, as bênçãos e as maldições que eu lhe propus; se você voltar o coração para elas, no meio das nações para onde Javé, o seu Deus, o tiver expulsado; ²se você se voltar de todo o coração e com todo o seu ser para Javé, o seu Deus, você e seus filhos passando a obedecer à sua voz, de acordo com o que hoje eu lhes mando; ³então Javé, o seu Deus, terá compaixão de você e mudará a sua sorte. Javé, o seu Deus, voltará atrás e reunirá você de todos os povos por entre os quais o havia espalhado. ⁴Ainda que você tenha sido expulso para os confins dos céus, daí Javé, o seu Deus, vai reunir você, vai buscá-lo onde for, ⁵para fazê-lo entrar de novo na terra que seus pais possuíram, a fim de que você a possua. Ele fará você feliz e o multiplicará ainda mais que aos seus pais. ⁶Javé, o seu Deus, circuncidará o coração de vocês e o coração dos seus descendentes, para que você ame a Javé, o seu Deus, de todo o coração e com todo o seu ser, e assim tenha vida. ⁷Javé, o seu Deus, fará que essas maldições recaiam sobre os inimigos, aqueles que odiaram e perseguiram você. ⁸Quanto a você, volte a obedecer à voz de Javé, o seu Deus, colocando em prática todos os seus mandamentos que eu hoje lhe ordeno. ⁹Javé, o seu Deus, fará prosperar todo o trabalho de sua mão, o fruto do seu ventre, o fruto dos seus animais e o produto do seu solo. Porque Javé voltará a sentir prazer com a felicidade que você há de ter, assim como sentiu prazer com a felicidade de seus pais. ¹⁰Entretanto, a condição é que você obedeça à voz de Javé, o seu Deus, observando-lhe os mandamentos e estatutos, escritos neste livro da Lei, e que você se volte de todo o coração e com toda a alma para Javé, o seu Deus.

¹¹Este mandamento que eu hoje lhe ordeno não é difícil demais nem está fora do seu alcance. ¹²Ele não está no alto do céu para que você fique perguntando: 'Quem subirá até o céu por nós, para trazê-lo, para que nós possamos ouvi-lo e colocá-lo em prática?' ¹³Também não está no além-mar, para que você se pergunte: 'Quem atravessará o mar por nós, para trazer-nos esse mandamento, a fim de que possamos ouvi-lo e colocá-lo em prática?' ¹⁴Sim, essa palavra está ao seu alcance, está em sua boca e em seu coração, de modo que você pode colocá-la em prática.

Os dois caminhos – ¹⁵Veja! Hoje eu estou colocando diante de você vida e felicidade, morte e desgraça. ¹⁶Pois ordeno hoje a você que ame a Javé, seu Deus, andando por seus caminhos, observando seus mandamentos, estatutos e normas. Você viverá e se multiplicará. Javé, o seu Deus, vai abençoá-lo na terra onde você está entrando para dela tomar posse. ¹⁷Todavia, se o seu coração se desviar e você não obedecer, se você se deixar seduzir e passar a adorar e servir a outros deuses, ¹⁸eu hoje lhe declaro: vocês desaparecerão completamente! Vocês não prolongarão seus dias neste solo, no qual, atravessando o Jordão, vocês vão entrar para dele tomar posse.

¹⁹Eu chamo hoje o céu e a terra como testemunhas contra você. Eu lhe propus a vida ou a morte, a bênção ou a maldição. Portanto, escolha a vida, para que você e seus descendentes vivam, ²⁰amando a Javé, o seu Deus, obedecendo à sua voz e apegando-se a ele. Pois ele é a sua vida, ele prolonga o seu tempo de habitação sobre este solo que Javé jurou dar a seus pais Abraão, Isaac e Jacó".

V. DESPEDIDA E MORTE DE MOISÉS

31 *Moisés estabelece Josué como sucessor* – ¹Moisés falou essas palavras a todo Israel. ²Depois acrescentou: "Ho-

---

30,1-14: Texto semelhante a 4,21-31. Nele, os primeiros grupos que voltam do exílio se apresentam como povo convertido, mas com os mesmos planos centrados na obediência à teologia oficial.

15-20: Quase repetindo 11,26-28, a teologia oficial apresenta-se como caminho que leva para a vida; usa o sagrado valor da vida para legitimar seus projetos.

31,1-34,12: Este bloco, com material de origens diversas, serve tanto de conclusão do Pentateuco, como de ponte para o livro de Josué.

31,1-8: Relembrando a situação de 3,23-29, retoma-se a construção da história oficial, tanto da conquista da terra quanto do extermínio das nações que nela habitavam (cf. nota a 20,10-20).

je eu estou com cento e vinte anos. Não posso mais ser chefe; além do mais, Javé me disse: 'Você não atravessará o rio Jordão'. ³Javé, o seu Deus, é quem irá à frente de você. Ele é que vai eliminar essas nações que estão à sua frente, e você tomará posse delas. Josué irá à frente de você, conforme disse Javé. ⁴E Javé vai fazer com elas o mesmo que fez aos reis amorreus Seon e Og e à terra deles, aos quais eliminou. ⁵Javé entregará essas nações diante de vocês, e vocês devem agir com elas de acordo com todo o mandamento que eu lhes ordenei. ⁶Sejam fortes e corajosos! Não tenham medo, nem fiquem apavorados diante delas, porque Javé, o seu Deus, é quem vai com você. Ele não o deixará, e jamais o abandonará".

⁷Moisés chamou Josué e lhe disse na presença de todo Israel: "Seja forte e corajoso! Pois você é quem vai entrar com todo este povo na terra que Javé prometeu dar a seus pais, e é você quem os fará recebê-la em herança. ⁸O próprio Javé irá à sua frente. Ele estará com você, não o deixará, e jamais o abandonará. Não tenha medo nem se acovarde".

Leitura pública da Lei – ⁹Moisés escreveu então esta Lei e a entregou aos sacerdotes, filhos de Levi, que carregavam a Arca da Aliança de Javé, e aos anciãos de Israel. ¹⁰E deu-lhes esta ordem: "Ao cabo de cada sete anos, no ano da remissão, durante a festa das Tendas, ¹¹quando todo o Israel vier para comparecer na presença de Javé, o seu Deus, no lugar que ele vai escolher, você deverá ler esta Lei diante de todo o Israel, aos seus ouvidos. ¹²Reúna o povo em assembleia, homens e mulheres, crianças, inclusive o migrante que está nas portas de suas cidades, para que ouçam e aprendam a ter o temor de Javé, o Deus de vocês, colocando em prática todas as palavras desta Lei. ¹³E seus filhos que ainda não conhecem vão ouvir e aprender a sentir o temor de Javé, o Deus de vocês, por todo o tempo em que viverem no solo do qual vocês tomarão posse depois de atravessar o Jordão".

Javé oculta sua face aos infiéis – ¹⁴Javé disse a Moisés: "Eis que os dias de sua morte estão chegando. Chame Josué e apresentem-se na Tenda do Encontro, para que eu dê a ele as minhas ordens". Moisés e Josué foram à Tenda do Encontro. ¹⁵Javé apareceu na Tenda como coluna de nuvem que se colocou à entrada da Tenda. ¹⁶Javé disse a Moisés: "Veja bem! Você vai descansar com seus pais, e este povo então vai se prostituir, seguindo os deuses desta terra estrangeira onde está para entrar. Ele vai me abandonar, rompendo a aliança que firmei com eles. ¹⁷Nesse dia, minha ira vai inflamar-se contra o povo, e eu é que vou abandoná-los. Vou esconder deles a minha face. Então ele será devorado, e muitos males e desgraças o atingirão. Nesse dia, o povo dirá: 'Meu Deus não está mais comigo. É por isso que essas desgraças me atingiram'. ¹⁸Eu vou mesmo esconder a minha face, por causa de todo o mal que o povo vai fazer ao virar o rosto para outros deuses.

Introdução ao cântico de Moisés – ¹⁹Agora, escrevam este cântico para vocês e o ensinem aos filhos de Israel. Coloque-o na boca deles, para que seja um testemunho a meu favor contra os filhos de Israel. ²⁰Quando eu tiver introduzido o povo no solo que mana leite e mel, que eu prometi dar a seus pais, ele vai comer até ficar satisfeito e engordar. Mas depois, há de virar o rosto para outros deuses: vai servir a eles, desprezar-me e quebrar a minha aliança. ²¹Por isso, quando muitos males e desgraças o atingirem, este cântico há de ecoar diante dele como testemunho, pois não será esquecido pelos seus descendentes. Conheço bem o que ele está pensando hoje, antes mesmo que eu o introduza na terra que lhe prometi".

9-13: Como os tratados assírios, a Lei devia ser lida periodicamente em público. No início, acontecia durante a festa das Tendas (v. 10), e no pós-exílio se fará durante a festa das Semanas (Pentecostes).

14-18: Tradição ligada a Nm (vv. 14-15), na qual é a obediência ou não aos rituais que indica a presença ou ausência de Javé em meio ao povo. Os profetas e Jesus usam a justiça e a solidariedade para indicar essa presença.

19-30: Esta introdução prepara o cântico de Moisés, que serviria de testemunho contra Israel por sua infidelidade à aliança. Os vv. 24-27, acrescentados posteriormente, colocam a Lei promulgada pela corte de Josias como reforço ao testemunho do cântico.

²²Nesse mesmo dia, Moisés escreveu este cântico e o ensinou aos filhos de Israel. ²³Javé deu este encargo a Josué, filho de Nun, e lhe disse: "Seja forte e corajoso! Pois você é que vai introduzir os filhos de Israel na terra que lhes prometi. Eu estarei com você". ²⁴Quando terminou de escrever num livro toda essa Lei, ²⁵Moisés deu esta ordem aos levitas que carregavam a Arca da Aliança de Javé: ²⁶"Peguem este livro da Lei e o coloquem ao lado da Arca da Aliança de Javé, o seu Deus. Ele ficará aí como testemunho contra você, ²⁷porque eu conheço bem sua desobediência e a cabeça dura que você tem. Se vocês são rebeldes a Javé enquanto ainda estou vivo, o que acontecerá depois da minha morte?"

²⁸E continuou: "Reúnam em assembleia aqui comigo todos os anciãos das tribos e os administradores, para que eu pronuncie estas palavras aos seus ouvidos, e chame o céu e a terra como testemunhas contra eles. ²⁹Eu sei que depois da minha morte vocês vão se arruinar totalmente, desviando-se do caminho que eu lhes mandei seguir. Por isso, nos dias futuros o mal virá contra vocês, porque terão feito o que é mau aos olhos de Javé, provocando-o com a obra de suas próprias mãos". ³⁰E Moisés recitou integralmente as palavras deste cântico aos ouvidos de toda a assembleia de Israel:

32 Cântico de Moisés –
¹Escute, ó céu, que eu falarei.
Ouça, ó terra, as palavras da minha boca.

²Desça como chuva meu ensinamento,
e minha palavra se espalhe como orvalho,
como chuvisco sobre relva macia
e aguaceiro em grama verdejante.

³Vou proclamar o nome de Javé.
E vocês, engrandeçam o nosso Deus!

⁴Ele é a Rocha, e sua obra é perfeita,
porque toda a sua conduta é o Direito.
El é fiel e sem injustiça:
ele é a Justiça e a Retidão.

⁵Os filhos arruinados pecaram contra ele:
são uma geração depravada e pervertida.

⁶É isso que vocês devolvem a Javé,
povo idiota e sem sabedoria?
Ele não é seu pai e criador?
Ele próprio fez e estabeleceu você!

⁷Recorde os dias que se foram,
repasse gerações e gerações.
Pergunte a seu pai e ele contará,
interrogue os anciãos e eles lhe dirão.

⁸Quando Elion repartia a herança para as nações
e quando espalhava os filhos de Adão,
ele estabeleceu os territórios dos povos,
conforme o número dos filhos de El.

⁹Mas a parte de Javé foi o seu povo,
o lote da sua herança foi Jacó.

¹⁰Ele o encontrou numa terra árida,
num deserto solitário e cheio de uivos.
Cercou-o, cuidou dele e o guardou com carinho,
como se fosse a menina de seus olhos.

¹¹Como águia que cuida do seu ninho
e revoa por cima dos filhotes,
ele, estendendo suas asas, o tomou,
e por sobre suas penas o carregou.

¹²O único a conduzi-lo foi Javé.
Nenhum Deus estrangeiro o acompanhou.

¹³Ele o fez cavalgar sobre os lugares altos da terra
e o alimentou com produtos do campo.
Ele o criou com mel silvestre,
e com óleo de uma dura pedreira;

¹⁴com coalhada de vaca e leite de ovinos,
gordura de carneiros e cordeiros;
com manadas de Basã e cabritos,
com a mais fina farinha de trigo
e com o sangue da uva que você bebe fermentado.

32,1-44: Javé é identificado com *Elion*, um dos nomes de *El*, o Deus criador de tudo, segundo o antigo panteão cananeu e israelita (cf. Gn 14,1-44; 28,10-20; Nm 16,1-35; 23,11-24). Elion é quem espalha as pessoas pelo mundo e estabelece os territórios dos povos conforme o número dos filhos de *El*; em outras palavras, estabelece as nações com as respectivas divindades nacionais (vv. 8-9.43). Isso pode ser resto de alguma tradição dos tempos de Ezequias (cf. 7,7-16; 10,12-22). Mas, no geral, essa versão do cântico reflete a mentalidade exílica ou pós-exílica, inclusive já tendo Javé como Deus único (v. 39, cf. nota a 4,21-31 e 4,32-40). Carinho e cuidados maternais se mesclam, porém, com a violência vingativa e sangrenta do Deus exaltado, o que revela a ambiguidade do Javé oficial.

¹⁵Jacó comeu e ficou satisfeito,
Jesurun engordou e deu coices,
– ficou bem gordo, robusto e corpulento –
rejeitou a divindade que o fizera,
desprezou sua Rocha salvadora.

¹⁶Eles lhe provocaram o ciúme
com estranhos
e o irritaram com suas abominações.

¹⁷Sacrificaram a espíritos,
não à divindade;
a deuses que não lhes eram conhecidos,
novos e recentemente chegados,
com os quais seus pais não estavam
familiarizados.

¹⁸Você desprezou a Rocha que o gerou
e esqueceu o El que lhe deu a vida.

¹⁹Javé viu tudo, ficou enfurecido,
e rejeitou seus filhos e suas filhas.

²⁰Ele disse: "Vou esconder deles o rosto
e ver qual será o seu futuro",
porque são uma geração pervertida,
são filhos que não têm fidelidade.

²¹Eles provocaram meu ciúme com o
que não é El,
e me irritaram com seus ídolos vazios.
Por isso, com um povo falso vou lhes
provocar o ciúme,
vou irritá-los com uma nação idiota.

²²O fogo da minha ira está ardendo
e vai queimar até a mansão dos mortos;
vai devorar a terra e seus produtos,
e abrasar o alicerce das montanhas.

²³Vou acumular males sobre eles,
e contra eles vou esgotar as minhas
flechas.

²⁴Ficarão enfraquecidos pela fome,
consumidos por febres e pestes violentas.
Mandarei contra eles os dentes das feras
com o veneno das serpentes do deserto.

²⁵Fora, a espada levará seus filhos,
e dentro, o terror se instalará.
Todos perecerão: o jovem e a virgem,
a criança de peito e o velho de cabelos
brancos.

²⁶Então pensei:
"Vou reduzi-los a pó,
e apagar sua memória do meio dos
homens".

²⁷Mas eu temi a arrogância dos inimigos,
a interpretação dos adversários.

Eles diriam: "Nossa mão venceu,
não foi Javé quem fez isso".

²⁸Porque é uma nação da qual
desapareceu o juízo,
e que não tem inteligência.

²⁹Se fossem sábios, entenderiam tudo isso
e saberiam discernir seu próprio futuro.

³⁰Como pode um homem sozinho
perseguir mil,
e dois pôr em fuga dez mil?
Não é porque sua Rocha os vendeu
e porque Javé os entregou?

³¹Sim, a rocha deles não é como a nossa
Rocha,
e nossos inimigos o podem atestar.

³²Pois a vinha deles é vinha de Sodoma
e vem das plantações de Gomorra;
suas uvas são venenosas
e seus cachos são amargos.

³³O vinho deles é veneno de serpente,
violenta peçonha de cobras.

³⁴Isso não está guardado junto a mim
e lacrado em meus tesouros?

³⁵A mim pertencem a vingança e a
represália
no dia em que o pé deles escorregar,
porque o dia do desastre deles já vem
chegando,
chega depressa o que está preparado
para eles.

³⁶Sim, Javé fará justiça a seu povo
e terá piedade de seus servos.
Ao ver que a mão deles vai fraquejando,
e não há mais nem preso nem
abandonado,

³⁷Javé dirá: "Onde estarão os deuses
deles,
a rocha onde buscavam seu refúgio?

³⁸Não comiam a gordura dos sacrifícios?
Não bebiam o vinho de suas libações?
Que eles se ponham em pé
e lhes prestem socorro,
e sejam eles a proteção para vocês!

³⁹E agora, vejam bem: Eu sou eu,
e fora de mim não existe outro Deus.
Eu faço morrer e faço viver,
sou eu que firo e torno a curar,
e ninguém se livra da minha mão.

⁴⁰Sim, eu levanto a mão para o céu e juro:
"Tão verdade como eu vivo eternamente,

⁴¹quando eu afiar minha espada fulgurante
e minha mão agarrar o Direito,
eu tomarei vingança contra o meu
   adversário
e retribuirei àqueles que me desprezam.
⁴²Embriagarei minhas flechas com sangue
e minha espada devorará a carne,
e da cabeça dos chefes inimigos
o sangue dos mortos e cativos".
⁴³Exultem com ele, ó céus,
e adorem a ele todos os filhos de El.
Nações, exultem com seu povo,
e firmem sua força todos os
   mensageiros de El.
Porque ele vinga o sangue de seus filhos,
tomando vingança contra
   seus adversários.
Ele purifica o seu solo e o seu povo!

⁴⁴Moisés veio com Josué, filho de Nun, e recitou todas as palavras desse cântico aos ouvidos do povo.

A Lei como fonte de vida – ⁴⁵Moisés terminou de falar todas essas palavras a todo Israel. ⁴⁶E acrescentou: "Apliquem seu coração a todas as palavras que hoje tomo como testemunho contra vocês. E vocês mandarão que seus filhos as observem, colocando em prática todas as palavras desta Lei. ⁴⁷Não é palavra inútil, porque ela é a vida de vocês, e é por meio dessa palavra que vocês prolongarão a vida no solo, do qual vão tomar posse depois de atravessar o rio Jordão".

Anúncio da morte de Moisés – ⁴⁸Nesse mesmo dia, Javé falou a Moisés: ⁴⁹"Suba à região montanhosa de Abarim, sobre o monte Nebo, na terra de Moab, na frente de Jericó, e contemple a terra de Canaã, que eu vou dar como propriedade aos filhos de Israel. ⁵⁰Você morrerá no monte em que tiver subido e se reunirá com seu povo, assim como seu irmão Aarão morreu e se reuniu ao seu povo no monte Hor. ⁵¹Porque vocês foram infiéis a mim no meio dos israelitas, junto às águas de Meriba em Cades, no deserto de Sin, e não reconheceram minha santidade no meio dos israelitas. ⁵²Por isso, você contemplará a terra diante de si, mas não poderá entrar nela, na terra que eu vou dar aos israelitas".

33 *As bênçãos de Moisés* – ¹Esta é a bênção com que Moisés, homem de Deus, antes de morrer abençoou os filhos de Israel:

²Javé veio do Sinai,
amanheceu para eles de Seir,
resplandeceu do monte Farã.
Veio a eles das miríades de Cades,
desde o sul até as encostas.
³Na frente vai o favorito dos povos,
à sua direita seguem os guerreiros,
e com a esquerda ele dirige seus santos.
Todos se prostram à sua passagem
e marcham sob suas ordens.
⁴Moisés deu-nos uma Lei,
uma herança para a assembleia de Jacó.
⁵Houve um rei em Jesurun,
quando os cabeças do povo se reuniram
unidos às tribos de Israel.
⁶Viva Rúben e não morra,
e sejam inumeráveis os seus homens.
⁷Eis o que ele diz sobre Judá:
Ouve, Javé, a voz de Judá
e introduze-o no teu povo.
Que tuas mãos o defendam:
tu o protegerás contra os inimigos.
⁸Sobre Levi ele diz:
Entrega a Levi teus urim,
e teus tumim ao homem zeloso de ti,
que puseste à prova em Massá
e desafiaste junto às águas de Meriba.
⁹Ele diz de seu pai e de sua mãe:
"Eu nunca vi vocês".

45-47: Sequência de 31,24-27. Nela, os escribas usam o sagrado valor da vida para legitimar as leis do rei. Será que leis assim promovem de fato a vida, para serem sagradas?

48-52: Este anúncio, cujo desfecho está em 34,1-12, é obra dos redatores que completaram o Pentateuco integrando nele o Dt.

33,1-29: Envolvidas por um hino (vv. 2-5.26-29), estas bênçãos colocadas entre o anúncio e a morte de Moisés formam um testamento parecido com as bênçãos de Jacó (Gn 49). O conteúdo das bênçãos supõe as tribos já vivendo em Canaã. A diferença entre a bênção a Judá (v. 7) e a destinada a José (Efraim e Manassés, vv. 13-17) mostra que se originam do reino do norte, e a bênção a Levi aparece indicar que os levitas já se devem aos levitas no pré-exílio. Aqui, elas reforçam a construção mítica da conquista de Canaã realizada pelas doze tribos unidas pela fé no mesmo Deus Javé, seguindo um só líder e obedecendo a uma só Lei, sintetizando o sonho do reino unificado de Josias.

Ele não reconhece mais seus irmãos
e ignora seus próprios filhos.
Sim, eles observam a tua palavra
e guardam a tua aliança.
¹⁰Eles ensinam tuas normas a Jacó
e tua Lei a Israel.
Eles colocam incenso em teu nariz
e holocaustos sobre teu altar.
¹¹Abençoa a força dele, ó Javé,
e aceita a obra de suas mãos.
Estraçalha os rins dos adversários dele,
e aqueles que se levantam e os desprezam
nunca mais se levantem.
¹²Sobre Benjamim ele diz:
O amado de Javé habita tranquilo
junto àquele que o protege todos os dias,
e que repousa entre suas colinas.
¹³Sobre José ele diz:
A terra dele é abençoada por Javé:
dele é o melhor orvalho do céu
e do abismo subterrâneo;
¹⁴o melhor dos produtos do sol
e o melhor dos frutos das luas;
¹⁵os primeiros frutos dos montes antigos
e o melhor das colinas de outrora;
¹⁶o melhor da terra e da sua riqueza.
Que o favor daquele que habita na sarça
desça sobre a cabeça de José,
sobre o alto da cabeça
do separado de seus irmãos.
¹⁷Ele é o seu touro primogênito,
e a glória lhe pertence.
Seus chifres são chifres de búfalo:
com eles investe contra os povos
até as extremidades da terra.
São estas as miríades de Efraim,
e estes, os milhares de Manassés.
¹⁸Para Zabulon ele diz:
Alegre-se em suas expedições, Zabulon,
e você, Issacar, em suas tendas.
¹⁹Sobre a montanha onde os povos
  invocam,
eles oferecem sacrifícios de justiça,
pois exploram as riquezas do mar
e os tesouros escondidos na areia.

²⁰Sobre Gad ele diz:
Abençoado aquele que amplia Gad.
Ele se agacha como leoa,
destroçando braços e crânio.
²¹Ele escolheu para si os primeiros frutos,
a parte reservada ao chefe.
Tornou-se cabeça do povo,
executando a justiça de Javé
e suas normas sobre Israel.
²²Sobre Dã ele diz:
Dã é um filhote de leão,
que salta de Basã.
²³Sobre Neftali ele diz:
Neftali é saciado de favores
e repleto das bênçãos de Javé:
ele toma posse do mar e do sul.
²⁴Sobre Aser ele diz:
Abençoado seja Aser entre os filhos.
Seja ele o favorito entre os irmãos,
e banhe seu pé no óleo.
²⁵De ferro e bronze sejam suas trancas,
e sua força dure como seus dias.
²⁶Ninguém é como o El de Jesurun:
ele cavalga o céu em seu auxílio
e as nuvens, com sua majestade.
²⁷O Deus de outrora é sua habitação;
aqui embaixo, ele é o braço eterno
que expulsa o inimigo de sua frente,
e vai dizendo: "Elimine-o!"
²⁸Israel repousa em segurança;
a fonte de Jacó fica separada
numa terra de trigo e vinho,
sob um céu que destila orvalho.
²⁹Feliz é você, Israel!
Quem é como você, povo salvo por Javé?
Ele é o escudo que o protege
e a espada que o conduz à vitória!
Seus inimigos vão querer adular você,
mas você lhes pisará nas costas.

34 Moisés morre e é sepultado por Javé – ¹Então Moisés subiu das estepes de Moab ao monte Nebo, ao cume do Fasga, que fica na frente de Jericó. E Javé lhe mostrou toda a terra: desde Galaad até Dã, ²Neftali todo, a terra de Efraim

---

34,1-12: Os redatores finais do Pentateuco acrescentaram esta notícia, anunciada em 32,48-52, para explicar por que Israel não tem local venerado como túmulo de Moisés (v. 6), como tem para Abraão (cf. Gn 23,1-20), Raquel (1Sm 10,2; 17,12) e outros. A inexistência de um túmulo prova que a importância de Moisés na história de Israel se deve aos feitos atribuídos a ele pelas redações posteriores, muito mais do que ao personagem histórico. Sobre Moisés como "o profeta", ver 18,9-22.

e Manassés, toda a terra de Judá até o mar Mediterrâneo, ³o Negueb, o distrito da planície de Jericó, cidade das palmeiras, até Segor. ⁴E Javé falou a Moisés: "Essa é a terra que prometi a Abraão, Isaac e Jacó, quando eu disse: 'Eu a darei à sua descendência'. Eu a ofereço a seus olhos para que você a veja, mas você não atravessará até ela".

⁵E Moisés, servo de Javé, morreu aí mesmo, na terra de Moab, conforme a palavra de Javé. ⁶E ele o sepultou no vale, na terra de Moab, na frente de Bet-Fegor. Até hoje, ninguém sabe onde fica a sepultura dele. ⁷Moisés tinha cento e vinte anos quando morreu. Sua vista não tinha enfraquecido, nem seu vigor se havia esgotado. ⁸Os filhos de Israel choraram por Moisés, nas estepes de Moab, durante trinta dias, até que terminou o luto por Moisés.

⁹Josué, filho de Nun, estava repleto do espírito de sabedoria, pois Moisés havia imposto as mãos sobre ele. E os filhos de Israel obedeceram a Josué, agindo como Javé ordenara a Moisés.

¹⁰Em Israel nunca mais surgiu outro profeta como Moisés, a quem Javé conhecia face a face. ¹¹Em todos os sinais e prodígios que Javé o mandou realizar na terra do Egito contra o faraó, contra todos os seus servidores e contra toda a sua terra, ¹²ninguém se igualou a Moisés, nem na mão forte nem em todos os feitos grandiosos e terríveis que ele realizou aos olhos de todo o Israel.

LIVROS HISTÓRICOS

Introdução

Os livros que aqui classificamos como Históricos, na Bíblia Hebraica se encontram entre os Profetas e os Escritos. Seguindo a ordem cronológica, conforme a Bíblia apresenta os fatos, esses livros contam a história de Israel desde a conquista de Canaã até o período asmoneu, pouco antes da chegada dos romanos, e podem ser divididos em quatro grupos:

1) *Js, Jz, 1Sm, 2Sm, 1Rs e 2Rs*. Estes livros, na Bíblia Hebraica, são chamados de Profetas Anteriores, e pretendem ser uma continuação do Pentateuco (cf. Dt 34,9). O livro de Josué relata a conquista da Terra Prometida e sua partilha entre as tribos. Apesar da maneira violenta e conquistadora como os fatos são narrados, tendo como promotores os reis de Judá, a Terra Prometida é o fio condutor e o horizonte que orienta toda a história do povo de Israel. Perpassa, inclusive, o Novo Testamento (Reino de Deus), dinamiza as primeiras comunidades cristãs e alimenta a caminhada do povo de Deus hoje. O livro dos Juízes continua o relato do livro de Josué, enfatizando porém a ação individual de cada tribo. Nos momentos de crise, Javé suscita em meio às tribos líderes populares, homens e mulheres que, com seus estatutos, defendem a terra, organizam o povo e julgam com justiça. Divididos em Juízes Maiores e Menores, esses líderes, em sua maioria do norte, têm como base contos populares de heróis tribais, transmitidos oralmente, mas que na redação final têm a mão de sacerdotes que visam organizar o povo ao redor do Templo, com eles cumprindo a função de juiz. Os livros de Samuel relatam desde o surgimento da monarquia até o final do reinado de Davi. Escrevendo a partir dos interesses de Jerusalém, em tempos do rei Josias, os escribas destacam a casa davídica, da qual este rei é remanescente. Os livros dos Reis continuam a narrativa dos livros de Samuel, e se estruturam cronologicamente desde a morte de Davi, primeiro rei de Judá, até Sedecias, o último rei de Judá, passando pela queda da Samaria (722 a.C.) e chegando até a destruição de Jerusalém e o exílio na Babilônia (587 a.C.).

2) *1Cr, 2Cr, Esd e Ne*. Este conjunto de livros foi escrito no pós-exílio. Os livros de Crônicas são praticamente uma segunda versão da história de Israel. Neles o Cronista reconta a história desde as origens até o exílio na Babilônia, numa perspectiva fortemente judaíta. Os livros de Esdras e Neemias continuam a narrativa depois do regresso do povo do exílio (538 a.C.). Escritos por volta do ano 400 a.C., esses livros têm como preocupação central a reorganização da comunidade judaica em torno da Lei e do Templo.

3) *Rt, Tb, Jt e Est*. Estes livros, dos quais Tb, Jt e parte de Est são deuterocanônicos, se caracterizam pelo seu gênero literário novelístico. Relatam a história de personagens que, em momentos de crise, foram modelos de fidelidade às tradições judaicas. Rute, uma viúva moabita, representa a voz das mulheres estrangeiras excluídas da comunidade judaica pela lei de Esdras e Neemias. Tobias, provavelmente escrito fora de Israel, busca ser um exemplo para os judeus da diáspora se manterem fiéis à tradição judaica diante da imposição da cultura e religião gregas. O livro de Judite relata a história de uma mulher, seguindo o modelo patriarcal, que salva seu povo mantendo-se fiel à Lei; por trás deste livro há o protesto de um grupo de fariseus, descontente com o modo como a dinastia asmoneia conduzia a política. O livro de Ester foi escrito entre os sécs. IV e II para fortalecer a resistência dos judeus contra as ameaças de extermínio de seu povo em terras estrangeiras. Para tanto, os personagens Ester e Mardoqueu são modelos de confiança em Deus, que irá agir em favor do povo.

4) 1Mc e 2Mc. Os livros dos Macabeus, deuterocanônicos, relatam a revolta liderada por Matatias e seus filhos, os irmãos macabeus, contra o domínio selêucida. Os dois livros não são continuação um do outro, mas relatos paralelos. Com a vitória macabaica e com seus sucessores (os asmoneus), Judá atinge uma independência e expansão nunca alcançadas antes.

Os livros históricos narram a história de um povo pequeno, pobre e sempre dominado pelos impérios de turno. Mas um povo que, entre erros e acertos, resiste e sobrevive, amparado na fé em seu Deus libertador.

JOSUÉ

IDENTIFICAÇÃO, CONQUISTA E PARTILHA DO TERRITÓRIO

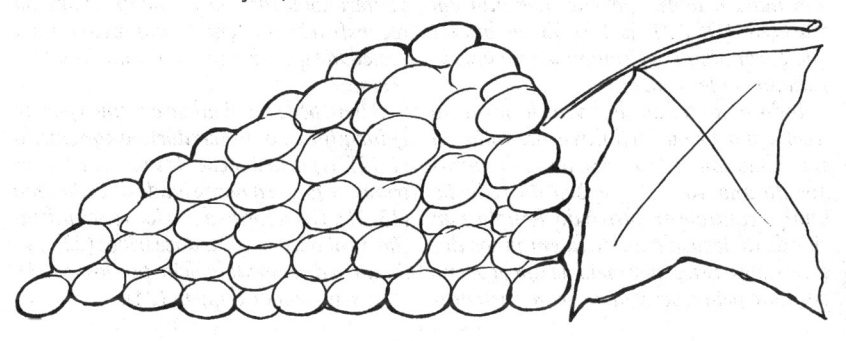

Introdução

O esforço empreendido pelas tribos israelitas na conquista e ocupação das terras é o tema principal do livro de Josué. Até chegar à sua redação final, antigos relatos nascidos em ambiente de família, de trabalhadores do campo, de sábios atuantes na corte do rei e dos sacerdotes em seus diversos santuários, sofreram longo processo de contar e recontar, escrever e reescrever fatos da história de Israel e dos povos circunvizinhos.

A primeira tentativa de reunir essas antigas tradições históricas, na maioria vindas do reino do norte (destruído pela guerra de 722 a.C.), aconteceu durante a reforma empreendida pelo rei Josias (640-609 a.C.). Com base na solene promulgação do livro do Deuteronômio (12-26), na época entendido como "Livro da Lei" e "encontrado na Casa de Javé" (cf. 2Rs 22,8), essa reforma consistiu, segundo a visão dos grupos dirigentes e proprietários de terras instalados na cidade de Jerusalém, em realizar os desejos de um Deus chamado Javé, venerado por Israel. Tal reforma desencadeou mudanças na vida religiosa e social, entre elas a centralização do culto em Jerusalém, a destruição dos santuários em lugares altos, a perseguição e morte dos sacerdotes ligados a divindades estrangeiras, e a proibição de imagens e de culto aos deuses familiares, destacando-se a oficialização da Páscoa como festa nacional celebrada na capital Jerusalém (cf. 2Rs 23,4-25).

As inúmeras guerras narradas no livro de Josué devem ser compreendidas a partir do projeto de Josias, que deseja integrar o reino do sul e o território do antigo reino do norte numa unidade política (Israel), em torno de uma única divindade (Javé) e sob um só comandante (descendente davídico), tudo para legitimar essas novas fronteiras. À primeira vista, as "guerras de Javé" assustam. Afinal, nunca houve e não existirá nenhuma ação bélica invasora, conquistadora e destruidora que seja aprovada por Deus. Os leitores deparam, isto sim, com relatos fictícios que visam animar, integrar e determinar as ações expansionistas e controladoras da reforma deuteronomista realizada por Josias.

Bom exemplo dessa história narrada para exaltar Javé, o Deus de Israel, e o povo residente em Judá, pode ser verificado na época em que os hebreus começam a ocupar as terras da região. Em meados do séc. XII a.C., as grandes cidades-estado cananeias já não existem. Jericó, outrora pertencente aos cananeus, por exemplo, não passava de um monte de ruínas. Seu esplendor tinha desaparecido fazia mais de dois séculos (Js 6).

As vitórias surpreendentes diante do forte inimigo, que se vê incapaz de vencer um exército pequeno e despreparado que luta em nome de Javé, justificam os esforços na ocupação e expansão das fronteiras durante o governo do rei Josias. Israel não tem nada a temer, porque Javé luta em seu favor (Dt 7,21; Js 1,9). Eis os brados que encorajam e legitimam a monarquia sediada em Jerusalém.

Todo o conteúdo do livro de Josué só recebe sua forma definitiva na volta do exílio babilônico (597-536 a.C.). Em meados do ano 400 a.C., época da redação final, o controle exclusivo do Templo e da cidade de Jerusalém estava em mãos dos sacerdotes. Estes, por meio de um governo pautado pela teocracia, buscam sustentar os ideais de um povo escolhido e protegido por Javé, agora compreendido como "Deus Único" (Dt 6,4-9). Na ocasião, impulsionados a seguir fielmente os estatutos apresentados por Javé, esses sacerdotes recolhem e organizam tradições de sábios deuteronomistas escritas no ambiente da reconstrução do Templo, em meio a uma sociedade que vive sob o sistema Templo-Estado.

O livro pode ser dividido em cinco partes: I) identificação do território e conquistas (1-12); II) distribuição das terras entre as tribos, segundo a necessidade de cada uma (13-21); III) retorno das tribos e solidificação da aliança entre as doze tribos (22); IV) discurso de despedida, feito por Josué (23); V) assembleia de Siquém (24).

I. IDENTIFICAÇÃO E CONQUISTA DO TERRITÓRIO

1 Josué, o novo líder – ¹Aconteceu, depois da morte de Moisés, servo de Javé, que Javé disse a Josué, filho de Nun, auxiliar de Moisés: ²"Moisés, meu servo, morreu. E agora levante-se, atravesse o Jordão, você e todo este povo, rumo à terra que eu vou dar aos filhos de Israel. ³Todo lugar em que seus pés pisarem, vou dá-lo a vocês, conforme falei a Moisés. ⁴Desde o deserto e o Líbano até o Grande Rio, o Eufrates, toda a terra dos heteus, e até o Mar Grande ao poente, será território de vocês. ⁵Ninguém poderá resistir a você durante todos os dias de sua vida. Assim como estive com Moisés, estarei com você. Eu não o deixarei nem o abandonarei.

⁶Seja forte e corajoso, pois você vai fazer este povo herdar a terra que prometi dar a seus pais. ⁷Somente seja forte e muito corajoso para cumprir toda a Lei que meu servo Moisés lhe ordenou. Não se desvie dela, nem para a direita nem para a esquerda, a fim de ter sucesso por onde andar. ⁸Não afaste de sua boca este livro da Lei e medite nele dia e noite, a fim de conservá-lo, e faça tudo o que nele está escrito. E, desse modo, você há de ser bem-sucedido em seu caminhar, e terá sucesso. ⁹Não fui eu quem ordenou a você que seja forte e corajoso? Não tenha medo e não se sinta acovardado, porque Javé seu Deus vai estar com você por onde você andar".

Travessia do Jordão – ¹⁰Josué deu a seguinte ordem aos oficiais do povo: ¹¹"Atravessem pelo meio do acampamento e deem a seguinte ordem a todos: 'Guardem alimentos, porque daqui a três dias vocês vão atravessar o Jordão para tomar posse

---

1-12: Reconhecimento dos territórios é o tema desta primeira parte do livro. Josué, apresentado como único líder no lugar de Moisés, acompanha as tribos em combate. As vitórias se afirmam no grau de obediência a Javé.

1,1-9: A figura de Josué, citada nos textos do Deuteronômio (Dt 1,38; 3,21.28; 31,3.7.14, 34,9) e aqui retomada na introdução (1,1), ressalta a unidade entre as duas obras redigidas pelo mesmo grupo de autores. Redação ocorrida talvez em meados do ano 400 a.C., época em que os sacerdotes impuseram rígido governo teocrático, sediado em Jerusalém. O critério de pertença ao povo de Israel passa pela pureza étnica e pela observância incondicional da Lei, compreendida como Torá. A geografia que delimita aqui as fronteiras de Israel, por meio do controle absoluto da região, jamais correspondeu à que foi exposta nos vv. 4-5. A delimitação fronteiriça também é destaque nas narrativas proféticas de Ezequiel (47,13-23) e Zacarias (9,1-8), ambas redigidas durante a restauração empreendida por Esdras e Neemias.

10-18: Javé, compreendido como divindade nacional de Israel, bem como a observância radical da Lei, foram os alicerces das ações de Josias nos anos em que reinou em Judá (640-609 a.C.). Agora, a terra toda pertence a Javé, e não mais ao rei. Eis uma forte justificativa para as ações bélicas adotadas por esse rei de Judá (Nm 32,20-29; Dt 13; 17,12).

da terra que Javé seu Deus vai lhes dar como propriedade'".

¹²E disse aos rubenitas, aos gaditas e à meia tribo de Manassés: ¹³"Recordem-se da ordem que Moisés, servo de Javé, lhes deu: 'Javé seu Deus vai permitir que vocês descansem e vai lhes dar esta terra'. ¹⁴Suas mulheres, suas crianças e seus rebanhos vão permanecer na terra que Moisés lhes deu na região do Jordão. Vocês vão atravessar armados, diante de seus irmãos, com todos os fortes guerreiros para ajudá-los. ¹⁵Até Javé permitir que você e seus irmãos descansem, e também eles se apossem da terra que Javé seu Deus lhes deu. Todos vão voltar e tomar posse da terra que Moisés, servo de Javé, lhes deu no outro lado do Jordão ao oriente".

¹⁶Eles responderam a Josué: "Faremos tudo o que você nos ordenou, e iremos para onde nos enviar. ¹⁷Assim como ouvimos Moisés, vamos ouvir também a você. Basta somente que Javé seu Deus esteja com você, como estava com Moisés. ¹⁸Todo aquele que se rebelar contra suas ordens e não ouvir suas palavras e tudo o que você lhes ordenar, será morto. Somente seja forte e corajoso".

2 *Espiões em Jericó* – ¹Josué, filho de Nun, de Setim, enviou secretamente dois homens para inspecionar a cidade: "Vão e vejam a terra de Jericó". Eles foram e entraram na casa de uma prostituta chamada Raab e aí pernoitaram. ²Informaram ao rei de Jericó: "Eis que homens dos filhos de Israel vieram esta noite para examinar atentamente a terra". ³O rei de Jericó mandou dizer a Raab: "Faça sair os homens que vieram a você, e que entraram em sua casa, porque foi para examinar atentamente toda a terra que eles vieram". ⁴A mulher pegou os dois homens, os escondeu e disse: "Sim, eles vieram a mim, mas eu não sabia de onde eles eram. ⁵E, como a porta da cidade estava para se fechar à noite, os homens saíram, e não sei para onde foram. Persigam rapidamente, que vocês vão alcançá-los". ⁶E ela os fez subir no terraço e os escondeu entre os feixes de linho, por ela arrumados em cima do terraço. ⁷E os homens saíram em perseguição a eles pelo caminho dos desfiladeiros do Jordão, e fecharam a porta depois que saíram.

Pacto com Raab – ⁸Antes que dormissem, ela foi até eles no terraço ⁹e lhes disse: "Sei que Javé deu a vocês esta terra, e que um grande medo caiu sobre nós. E todos os habitantes da terra estão com medo de vocês. ¹⁰Pois soubemos como Javé secou as águas do mar dos Juncos diante de vocês, quando saíram do Egito, e o que vocês fizeram a Seon e Og, reis dos amorreus, que estão do outro lado do Jordão e que vocês exterminaram. ¹¹Nós o soubemos, e nosso coração ficou desanimado, e ninguém mais se animou, por causa de vocês. Porque Javé seu Deus é Deus, tanto lá em cima nos céus como cá embaixo na terra. ¹²E agora, jurem-me por Javé, pois tive compaixão de vocês, e vocês também deverão ter compaixão da casa de meu pai. E vocês vão me dar um sinal verdadeiro ¹³de que vocês deixarão viver meu pai, minha mãe, meus irmãos e minhas irmãs, assim como tudo o que pertence a eles, e ainda preservarão da morte as nossas vidas". ¹⁴Os homens disseram a ela: "Que nossa vida seja entregue no lugar da sua vida, se você não denunciar nossa missão. E quando Javé nos der esta terra, vamos usar de misericórdia e lealdade para com você". ¹⁵Ela fez os homens descerem da janela por uma corda, pois a casa onde morava ficava na muralha. ¹⁶Ela lhes disse: "Vão para a montanha, para não serem encontrados por seus perseguidores. Escondam-se lá durante três dias, até os perseguidores voltarem, e depois sigam seu caminho".

2,1-24: Nos caps. 2 e 6 se retomam antigas lendas que provêm das mais diferentes tribos espalhadas ao redor das cidades de Jericó e Guilgal. O discurso de Raab mostra muito bem uma releitura das declarações de fé no Deus de Israel (cf. Dt 26,5b-9; Js 24,2b-13). A narrativa destaca a adesão de uma estrangeira à divindade defendida pelos filhos de Israel (2,1). Ressaltar a grandeza de Javé frente às nações estrangeiras era o forte desejo de Josias no seu projeto (Ex 14,21; Nm 21,21-26, Dt 4,39). As nações estrangeiras devem confessar que somente Javé tem o poder de salvar, e segui-lo é o princípio para preservar a vida (cap. 6). Os textos bíblicos guardaram a memória emblemática de Raab, ao ponto de preservá-la na genealogia de Jesus e em outros textos do Novo Testamento (Mt 1,5; Hb 11,31; Tg 2,25).

¹⁷Os homens responderam: "Nós ficaremos livres deste compromisso com você, ¹⁸quando entrarmos na terra, se você não tiver amarrado este cordão vermelho na janela, pela qual você nos fez descer. Então você reunirá consigo, em sua casa, seu pai, sua mãe, seus irmãos e toda a família de seu pai. ¹⁹Portanto, todo aquele que sair de sua casa será responsável pelo seu próprio sangue derramado sobre a cabeça, e nós seremos inocentes. Mas todo aquele que estiver com você em sua casa, o sangue dele cairá sobre nossas cabeças, caso alguém ponha a mão sobre ele. ²⁰E caso você denuncie tudo isso que falamos, estaremos livres do compromisso que fizemos com você". ²¹Ela disse: "Que assim seja, de acordo com a palavra de vocês". Então se despediu deles, e eles partiram. Ela amarrou o cordão vermelho na janela. ²²Eles partiram e chegaram à montanha, e aí permaneceram três dias, até os perseguidores retornarem. Os perseguidores perguntaram sobre eles por todo o caminho, mas não os encontraram. ²³Os dois homens retornaram e desceram da montanha, atravessaram o Jordão e foram até Josué, filho de Nun, e lhe contaram tudo o que havia acontecido com eles. ²⁴Disseram a Josué: "Realmente Javé põe em nossas mãos toda esta terra, e seus habitantes sentem medo diante de nós".

3 *Travessia do Jordão* – ¹Josué levantou-se de madrugada e logo partiu de Setim para o Jordão com todos os filhos de Israel. Aí passaram a noite antes de atravessar o Jordão. ²Ora, ao final de três dias, os oficiais circularam pelo meio do acampamento ³e deram a seguinte ordem ao povo: "Quando virem a Arca da Aliança de Javé seu Deus e os sacerdotes levitas carregando-a, vocês partirão de seus lugares e seguirão atrás dela, ⁴para saberem o caminho que devem percorrer, pois vocês nunca andaram por este caminho antes. Que haja entre vocês e a Arca uma distância aproximada de dois mil côvados. Não se aproximem dela". ⁵Então Josué disse ao povo: "Santifiquem-se, porque amanhã Javé vai fazer maravilhas no meio de vocês". ⁶Josué disse aos sacerdotes: "Carreguem a Arca da Aliança e passem à frente do povo". Eles carregaram a Arca da Aliança e caminharam à frente do povo. ⁷Javé disse a Josué: "Hoje mesmo vou começar a engrandecer você diante de todo o povo de Israel, para saberem que assim como estive com Moisés, estarei também com você. ⁸E você vai dar esta ordem aos sacerdotes que carregam a Arca da Aliança: 'Quando vocês chegarem à margem das águas do Jordão, permaneçam em pé dentro de suas águas' ".

Discurso de Josué – ⁹Disse Josué aos filhos de Israel: "Aproximem-se e ouçam a palavra de Javé seu Deus". ¹⁰Então Josué disse: "Assim vocês vão saber que o Deus vivo está no meio de vocês: ele vai expulsar, diante de vocês, os cananeus, os heteus, os heveus, os ferezeus, os gergeseus, os amorreus e os jebuseus. ¹¹Eis que a Arca da Aliança do Senhor de toda a terra vai atravessar à frente de vocês no Jordão. ¹²E agora, escolham doze homens entre as tribos de Israel, um homem de cada tribo. ¹³E quando os sacerdotes que carregam a Arca de Javé, Senhor de toda a terra, puserem os pés dentro das águas do Jordão, elas irão separar-se, e as que descem de cima ficarão paradas como represa".

¹⁴Quando eles partiram, deixando as tendas para atravessar o Jordão, os sacerdotes carregavam a Arca da Aliança à frente do povo. ¹⁵Assim que os sacerdotes que carregavam a Arca chegaram ao Jordão e colocaram os pés na margem das águas do rio – pois as águas do Jordão transbordam sobre toda a orla durante o tempo da colheita –, ¹⁶as águas que vinham de cima pararam e formaram uma represa muito distante, em Adam, cidade que está

3-5: Os caps. 3-5 formam uma unidade literária. A narrativa acontece em grande ato litúrgico, ao congregar, sob as ordens de Josué, sacerdotes, homens de guerra e todo o povo. Observam-se os seguintes elementos: a força simbólica da Arca da Aliança (cap. 3); a presença protetora dos sacerdotes responsáveis em carregar a Arca e as doze pedras trazidas até Guilgal (cap. 4); o ritual da circuncisão e a celebração da páscoa (cap. 5).

3,1-17: Dois mil côvados (v. 4) equivalem aproximadamente a um quilômetro. A narrativa, intencionalmente reconstruída, assemelha-se ao relato da travessia do mar Vermelho (Ex 14,21; Sl 114,3; 136,13-14). Para os sacerdotes responsáveis pelo culto e serviços administrativos do Templo de Jerusalém, a Arca da Aliança de Javé, apresentada como receptáculo dos textos sagrados, foi o fator preponderante para manter a unidade e identidade

do lado de Sartã; e as águas que desciam para o mar de Arabá, o mar do Sal, foram completamente separadas, e o povo atravessou diante de Jericó. ¹⁷Os sacerdotes que carregavam a Arca da Aliança de Javé permaneceram em terra seca, parados no meio do Jordão, enquanto todo Israel atravessava a pé enxuto, até que todo o povo terminasse de atravessar o Jordão.

4 A Arca e as doze pedras do Jordão –

¹Depois que toda a nação atravessou o Jordão, Javé disse a Josué: ²"Escolha para você, em meio ao povo, doze homens, um de cada tribo, ³e dê a eles a seguinte ordem: 'Peguem daqui, do meio do Jordão, do lugar onde estão os pés dos sacerdotes, doze pedras, e atravessem com elas e as depositem no lugar onde vocês vão passar a noite' ". ⁴Josué chamou os doze homens que escolheu do meio dos filhos de Israel, um homem de cada tribo, ⁵e lhes disse: "Passem à frente da Arca de Javé seu Deus para o meio do Jordão, e cada homem levante uma pedra sobre os ombros, de acordo com o número das tribos dos filhos de Israel, ⁶a fim de que seja também um símbolo no meio de vocês. Amanhã, quando seus filhos perguntarem: 'O que são estas pedras para vocês?', ⁷vocês dirão a eles: 'É que as águas do Jordão se separaram diante da Arca da Aliança de Javé; quando ela atravessou, as águas do Jordão se dividiram, e estas pedras servirão de memorial para sempre diante dos filhos de Israel' ". ⁸E os filhos de Israel fizeram como Josué tinha ordenado. Carregaram doze pedras de dentro do Jordão, segundo Javé tinha dito a Josué, de acordo com o número dos filhos de Israel, e as transportaram consigo até o acampamento, e aí as depositaram. ⁹Josué ergueu então doze pedras no meio do Jordão, no mesmo lugar onde estiveram os pés dos sacerdotes que carregavam a Arca da Aliança, e elas aí permanecem até os dias de hoje. ¹⁰E os sacerdotes que carregavam a Arca permaneceram no meio do Jordão, até que se cumprisse tudo o que Javé tinha ordenado para Josué dizer ao povo, conforme o que Moisés ordenara a Josué. E o povo apressou-se em atravessar. ¹¹Assim que todo o povo terminou de atravessar o Jordão – a Arca de Javé e os sacerdotes iam à frente do povo – ¹²os filhos de Rúben, os filhos de Gad e a metade da tribo de Manassés passaram, bem armados, à frente dos filhos de Israel, conforme lhes dissera Moisés. ¹³Aproximadamente quarenta mil homens armados para a guerra passaram diante de Javé, em direção à planície de Jericó.

Comemoração em Guilgal – ¹⁴Nesse dia, Javé engrandeceu Josué aos olhos de todos os filhos de Israel, e o povo foi fiel a ele, como havia sido a Moisés durante todos os dias de sua vida. ¹⁵Javé disse a Josué: ¹⁶"Ordene aos sacerdotes que carregam a Arca do Testemunho que subam do Jordão". ¹⁷Josué ordenou aos sacerdotes: "Subam do Jordão". ¹⁸E aconteceu que, ao saírem de dentro do Jordão os sacerdotes que carregavam a Arca da Aliança de Javé, no momento em que seus pés tocaram a terra firme, as águas do Jordão voltaram ao seu lugar e corriam, como antes, em todo o leito. ¹⁹E o povo subiu do Jordão no décimo dia do primeiro mês e acampou em Guilgal, no limite oriental de Jericó. ²⁰E aquelas doze pedras que pegaram do Jordão, Josué as colocou em Guilgal. ²¹E disse aos filhos de Israel: "Amanhã, quando seus filhos perguntarem a seus pais: 'O que são estas pedras?', ²²vocês vão ensinar a seus filhos: 'Israel atravessou a pé enxuto este Jordão. ²³Pois Javé seu Deus secou as águas do Jordão diante de vocês, até o momento em que vocês o tivessem atravessado, como Javé seu Deus tinha feito

---

nacional. Não é em vão que a Arca da Aliança se apresenta como sublime objeto de culto e como proteção à comunidade no pós-exílio. Sacerdotes e levitas estarão sempre à frente, guiando, congregando e identificando os que pertencem ao povo eleito.

4,1-24: O aspecto litúrgico reforça o desejo de unir a comunidade, que se dispersou e enfraqueceu, ficando desacreditada após a tragédia do exílio imposto pela Babilônia (597-536 a.C.). Eis agora o novo êxodo. O retorno às terras de Judá terá o sentido de um novo tempo. Guilgal significa "círculo de pedras". Seria provavelmente o termo que indicava determinada área para a realização do culto, já na época dos cananeus. A elevação de Guilgal como primeiro santuário dos israelitas, após cruzar o Jordão, visa a justificar a reconquista dos territórios em épocas pós-exílicas (Dt 11,29-32). O narrador atualiza a saga do êxodo e concretiza as promessas feitas em 1,12-15.

no mar dos Juncos, quando o secou diante de nós, até que o tivéssemos atravessado, ²⁴para que saibam todos os povos da terra o quanto é forte a mão de Javé, e temam a Javé seu Deus para sempre' ".

5 Temor diante dos filhos de Israel –
¹Aconteceu que os reis dos amorreus que estão a oeste além do Jordão, e todos os reis dos cananeus, que estão perto do mar, quando ouviram que Javé havia secado as águas do Jordão diante dos filhos de Israel até que estes o tivessem atravessado, perderam a coragem, e ninguém mais ousava enfrentar os filhos de Israel. ²Nesse tempo, Javé disse a Josué: "Faça para você facas de pedra e volte a circuncidar os filhos de Israel uma segunda vez. ³Josué fez para si facas de pedra e circuncidou os filhos de Israel sobre a colina dos Prepúcios. ⁴Eis o motivo pelo qual Josué circuncidou todo o povo: é que todo o povo saído do Egito, todos os homens, os homens de guerra, morreram no deserto, no caminho, após a saída do Egito. ⁵Pois todo o povo que saiu havia sido circuncidado; mas todo o povo que nasceu no deserto, no caminho após a saída do Egito, não tinha sido circuncidado. ⁶Durante quarenta anos, os filhos de Israel caminharam pelo deserto até o momento em que desapareceram a nação toda e os homens de guerra que saíram do Egito. Como eles não escutaram a voz de Javé, então Javé jurou que não veriam a terra que Javé tinha jurado dar a eles, terra onde corre leite e mel. ⁷E quanto aos filhos de vocês, eu vou estabelecê-los em lugar daqueles. E Josué circuncidou-os, porque eram incircuncisos, não haviam sido circuncidados no caminho. ⁸E assim que acabaram de circuncidar toda a nação, permaneceram no acampamento, até sararem. ⁹Javé disse a Josué: "Hoje eu tirei de cima de vocês a vergonha do Egito". E também passaram a chamar de Guilgal a esse lugar, até os dias de hoje.

Celebração da Páscoa – ¹⁰Os filhos de Israel acamparam em Guilgal e fizeram a Páscoa no décimo quarto dia do mês, à tarde, na planície de Jericó. ¹¹Comeram do produto da terra. Na manhã seguinte, à Páscoa, comeram pão sem fermento e trigo assado nesse mesmo dia. ¹²Na manhã seguinte, acabou o maná, e tiveram de comer do produto da terra; já não havia maná para os filhos de Israel. E nesse ano comeram do produto da terra de Canaã.

Josué e o chefe do exército de Javé – ¹³Estando Josué em Jericó, levantou os olhos e viu em pé à sua frente um homem com a espada desembainhada na mão. Josué foi até ele e perguntou-lhe: "Você está conosco, ou com nossos inimigos?" ¹⁴Ele disse: "Nada! Eu sou um chefe do exército de Javé e acabo de chegar neste momento". Josué lançou o rosto por terra, prostrou-se diante dele e disse: "O que meu Senhor tem a dizer ao seu servo?" ¹⁵O chefe do exército de Javé disse a Josué: "Tire as sandálias dos pés, porque este lugar onde você está é santo". E assim Josué fez.

6 Celebração ao redor de Jericó –
¹Ora, Jericó estava fechada, estava bloqueada por causa dos filhos de Israel. Ninguém

---

5,1-9: Na época do bronze recente (1550-1220 a.C.), circuncidar a carne do prepúcio era a prática das comunidades semitas (cf. Gn 17,9-14). No pós-exílio, o gesto receberá aspecto religioso para legitimar a pertença às tribos israelitas. Além da circuncisão, virá sempre a estrita observância da Lei, a exclusividade do sábado como dia santo, e as proibições alimentares. Na monarquia de Saul, Guilgal será importante centro político e religioso: um santuário que servia para a prática dos sacrifícios diante de Javé (1Sm 10,8; 11,15; 15,21.33). Sacrifícios que mais tarde serão condenados pelos profetas (Os 12,12, Am 4,4).

10-15: A menção da festa pascal é uma reedição de Ex 12,6. Essa festa, nascida em ambiente familiar, será mais tarde celebrada e centralizada em Jerusalém, por decreto real, como está determinado em 2Rs 23,21. O diálogo entre Josué e o chefe das armas de Javé assemelha-se às experiências vividas anteriormente por Moisés (Ex 3,5).

A figura do anjo, em forma humana e compreendido como mensageiro divino, será amplamente difundida em textos tardios, sob influência persa, durante o regime teocrático defendido pelos sacerdotes no Templo de Jerusalém (cf. Jz 13,6.10; Ez 43,6; Dn 9,21).

6,1-25: A arqueologia aponta a existência de assentamentos na região de Jericó em torno de 6800 a.C. Não há dúvidas de que a cidade exercera importante papel no cenário comercial, por estar localizada à beira do rio Jordão e de grandes nascentes. Um verdadeiro oásis. A partir de 1700 a.C., o apogeu de Jericó desaparecera. A conquista da cidade é uma narrativa de cunho sacerdotal com forte conotação litúrgica, possivelmente nascida de antigas cerimônias feitas ao redor do santuário de Guilgal. É oportuno perceber aqui a insistência sobre o número sete (vv. 4.8.13.15.16): sacerdotes (vv. 4.6.7), trombetas (vv. 4.6.8.9.13.13), seguidores da Arca (vv. 4.8) e o forte "grito" do povo (vv. 10.20).

podia entrar nem sair. ²Javé disse a Josué: "Veja, dei em suas mãos Jericó, seu rei e seus valentes guerreiros. ³Você com todos os homens de guerra vão cercar a cidade. Cerquem a cidade uma vez. Assim você vai fazer durante seis dias. ⁴Sete sacerdotes vão levar sete trombetas de chifres de carneiro à frente da Arca. No sétimo dia, cerquem a cidade por sete vezes, e os sacerdotes tocarão as trombetas. ⁵E quando ouvirem um toque prolongado da trombeta de chifre de carneiro, acontecerá que todo o povo vai dar um grande grito de guerra, o muro da cidade vai desmoronar e o povo vai atacar, cada um do seu lugar".

⁶Josué, filho de Nun, convocou os sacerdotes e lhes disse: "Carreguem a Arca da Aliança, e que sete sacerdotes com sete trombetas de chifre de carneiro vão à frente dela". ⁷E disse ao povo: "Passem e caminhem ao redor da cidade, e os guerreiros andem à frente da Arca de Javé". ⁸E aconteceu como Josué havia dito ao povo. Sete sacerdotes, que levavam diante de Javé sete trombetas de chifre de carneiro, passaram e tocaram as trombetas, e a Arca da Aliança de Javé vinha depois deles. ⁹Os guerreiros caminhavam na frente dos sacerdotes que tocavam as trombetas, e o povo, abrindo fileiras, seguia atrás da Arca marchando ao som das trombetas. ¹⁰E Josué deu a seguinte ordem ao povo: "Vocês não vão gritar e ninguém vai ouvir sua voz. Nem sequer uma palavra sairá da boca de vocês, até o dia em que eu lhes disser: Ergam o grito de guerra! Nesse momento vocês darão o grito de guerra".

¹¹A Arca de Javé contornou a cidade uma vez. Então voltaram para o acampamento, e aí passaram a noite. ¹²Josué levantou-se muito cedo e os sacerdotes carregaram a Arca de Javé. ¹³Os sete sacerdotes, que levavam sete trombetas de chifre de carneiro, seguiam à frente da Arca de Javé, caminhando e tocando as trombetas. Os homens de guerra caminhavam diante deles, e os que vinham depois seguiam a Arca de Javé. Enquanto marchavam, tocavam as trombetas sem cessar. ¹⁴No segundo dia, cercaram a cidade uma vez e voltaram ao acampamento. Fizeram o mesmo durante seis dias. ¹⁵No sétimo dia, levantaram bem de madrugada, ao romper da aurora, e cercaram a cidade. Somente nesse dia cercaram a cidade sete vezes, ¹⁶e os sacerdotes tocaram as trombetas na sétima vez. E Josué disse ao povo: "Ergam o grito de guerra! Porque Javé dá a vocês esta cidade. ¹⁷A cidade será considerada condenada ao anátema em honra a Javé, ela e tudo o que nela existe. Somente Raab, a prostituta, terá a vida salva, e com ela tudo o que estiver em sua casa, porque ela escondeu os mensageiros que tínhamos enviado. ¹⁸Somente vocês serão preservados das condenações ao anátema; não mantenham nem peguem nada que seja condenado ao anátema, movidos pela cobiça, pois isso traria a condenação e a destruição ao acampamento de Israel. ¹⁹Toda a prata e ouro, todos os utensílios de bronze e ferro serão consagrados a Javé; pertencerão ao tesouro de Javé".

Tomada de Jericó – ²⁰O povo ergueu o forte grito de guerra e as trombetas foram tocadas. No momento em que o povo escutou o som das trombetas, deu um grande grito, a muralha desmoronou e o povo subiu para a cidade, cada um de seu lugar, e tomaram a cidade. ²¹E julgaram condenado ao anátema tudo o que existia dentro da cidade, passando ao fio da espada homens e mulheres, jovens e velhos, bois, animais pequenos e jumentos.

Josué cumpre o pacto com Raab – ²²Josué disse aos dois homens que tinham inspecionado a terra: "Vão à casa da mulher, a prostituta, e façam sair de lá a mulher e tudo o que ela tem, conforme o acordo que fizemos com ela". ²³Os homens foram e fizeram sair de casa Raab com seu pai, sua mãe, seus irmãos e tudo o que lhe pertencia. Fizeram sair todos os que pertenciam à família dela, e os instalaram fora do acampamento de Israel. ²⁴Queimaram a cidade e tudo o que nela havia, menos a prata, o ouro e todos os utensílios de bronze e ferro, que foram levados para o tesouro da casa de Javé. ²⁵E Josué deixou com vida Raab, a prostituta, bem como a casa de seu pai e tudo o que a ela pertencia, permanecendo junto a Israel até os dias de hoje, porque ela escondeu os mensageiros que Josué tinha enviado para espionar Jericó.

²⁶Nesses dias, Josué fez este juramento: "Maldito seja, diante de Javé, o homem que se levantar para reconstruir esta cidade de Jericó! Estabelecerá os alicerces dela sobre seu próprio primogênito, e as portas dela sobre seu próprio caçula!" ²⁷E Javé esteve com Josué, cuja fama se espalhou por toda a terra.

7 *Cobiça de Acã* – ¹Os filhos de Israel cometeram uma traição a respeito dos objetos condenados por Javé ao anátema. Acã, filho de Carmi, filho de Zabdi, filho de Zaré, da tribo de Judá, apossou-se dos objetos condenados ao anátema, e a ira de Javé se levantou contra os filhos de Israel. ²Josué enviou homens de Jericó para um lugar chamado Hai, que está perto de Bet-Áven, ao leste de Betel, e lhes disse: "Subam e espionem a terra". Os homens subiram e espionaram Hai; ³depois, voltaram e disseram a Josué: "Não suba todo o povo, mas apenas dois ou três mil homens subam para atacar Hai. Não há necessidade de cansar todo o povo por lá, pois seus habitantes são poucos. ⁴E subiram para lá três mil homens que fugiram diante dos homens de Hai. ⁵Os homens de Hai mataram trinta e seis homens dentre eles. E perseguiram os demais desde o portão da cidade até Sabarim, derrotando-os na descida. O coração do povo ficou sem alento, tornando-se como água.

Lamento de Josué – ⁶Então Josué rasgou suas roupas e lançou-se com o rosto por terra, diante da Arca de Javé, até à noite, ele e os anciãos de Israel, e colocaram pó sobre suas cabeças. ⁷Josué disse: "Ah! Senhor Javé, por que fizeste este povo atravessar o Jordão para entregá-los nas mãos dos amorreus e serem destruídos? Oxalá pudesses ter-nos deixado do outro lado do Jordão! ⁸Perdoa-me, Senhor! O que vou dizer depois que Israel voltou as costas para o inimigo? ⁹Os cananeus e todos os habitantes da terra vão ouvir, voltar-se contra nós e eliminar nosso nome da terra. O que farás tu pelo teu grande nome?"

Javé encoraja Josué – ¹⁰Javé disse a Josué: "Levante-se! Por que permanece com o rosto por terra? ¹¹Israel pecou e quebrou a Aliança que eu tinha feito com eles. Também pegaram dos objetos condenados ao anátema. Chegaram até mesmo a roubar, e mentindo os colocaram no meio dos objetos que lhes pertenciam. ¹²Desse modo, os filhos de Israel não poderão permanecer em pé diante de seus inimigos e voltarão as costas para eles, pois se tornaram condenados ao anátema. Eu não estarei mais com vocês, caso não retirem do meio de vocês os objetos condenados. ¹³Levante-se! Santifique o povo! Você dirá: Santifiquem-se para amanhã, pois assim falou Javé, o Deus de Israel: A condenação ao anátema está no meio de você, Israel. Você não poderá resistir a seus inimigos, enquanto não se livrar dos objetos condenados ao anátema que estão no meio de vocês. ¹⁴Vão comparecer amanhã cedo por tribos; e acontecerá que a tribo que Javé vai escolher se aproximará por clã, e o clã que Javé vai escolher se aproximará por casa, e a casa que Javé vai escolher se aproximará por guerreiros. ¹⁵E aquele que for escolhido como condenado será queimado, ele e todos os seus pertences, porque transgrediu a Aliança de Javé e porque cometeu uma infâmia em Israel".

Josué descobre a falta de Acã – ¹⁶Josué se levantou bem cedo e fez Israel se aproximar por tribo, e a tribo de Judá foi a escolhida. ¹⁷Fez aproximar-se os clãs de Judá, e o clã de Zaré foi o escolhido. Fez aproximar-se o clã de Zaré, por guerreiros, e Zabdi foi o escolhido. ¹⁸Fez aproximar-se os da casa de Zabdi, por guerreiros, e foi escolhido Acã, filho de Carmi, filho de Zabdi, filho de Zaré, da tribo de Judá. ¹⁹Josué disse a Acã: "Meu filho, dê glória e agradeça a Javé, o Deus de Israel. Conte-me o que foi que você fez; não me esconda nada".

26-27: Trata-se provavelmente de pequeno fragmento textual somado à narrativa. Amaldiçoar era típico ato dos sacerdotes e levitas, que cuidavam das questões litúrgicas no período pós-exílico (cf. Dt 18,1; 27,14-26).

7,1-26: Citada cinco vezes no capítulo (vv. 1,11,12,13,15), a expressão "condenado ao anátema" destaca o gesto de apossar-se dos despojos de uma cidade. Finda a "guerra santa", os objetos recolhidos eram levados ao Templo e entregues aos sacerdotes, como propriedade divina, segundo determinação da Lei (cf. Dt 13,16-19; 20,16-18; Lv 27,28). Possivelmente, o texto destaca um hábito frequente nas guerras empreendidas na época do rei Josias.

²⁰Acã respondeu a Josué: "Sinceramente, eu pequei contra Javé, o Deus de Israel, e agi da seguinte maneira: ²¹eu vi, no meio dos despojos, um bom manto de Senaar, duzentas moedas de prata e uma barra de ouro pesando meio quilo. Eu os cobicei, os peguei e os enterrei no meio de minha tenda, colocando a prata embaixo". ²²Josué enviou mensageiros que correram para a tenda e encontraram o manto escondido e a prata embaixo. ²³Pegaram tudo o que havia dentro da tenda, levaram para Josué e os filhos de Israel, depositando tudo diante de Javé. ²⁴E Josué pegou Acã, filho de Zaré, com a prata, o manto e a barra de ouro, e mais seu boi, seu jumento, suas ovelhas, sua tenda e tudo o que ele possuía, seus filhos, suas filhas e todo o povo de Israel, e com ele subiu até o vale de Acor. ²⁵Josué disse: "Por qual motivo você nos trouxe maldição? Que hoje, neste dia, Javé amaldiçoe você". E todo o povo de Israel o apedrejou. Queimou seus corpos, reduzindo-os a cinzas, e os cobriu com pedras. ²⁶Depois, levantaram sobre ele um grande monte de pedras, que existe até hoje. E Javé aplacou sua ira inflamada. Foi por isso que esse lugar recebeu o nome de vale de Acor, até os dias de hoje.

8 Tomada de Hai –

¹Javé disse a Josué: "Não tenha medo nem se sinta abatido. Pegue todos os homens de guerra. Levante-se! Siga em direção à cidade de Hai. Veja: Eu coloco em suas mãos o rei de Hai, seu povo, sua cidade e sua terra. ²Você vai tratar Hai e seu rei como tratou a Jericó e seu rei. Você pegará para si somente os despojos e animais. Por detrás da cidade, você vai preparar uma emboscada".

³Josué partiu com todos os homens de guerra para atacar Hai. Escolheu trinta mil homens fortes e eficientes na guerra e os enviou durante a noite. ⁴Josué lhes deu a seguinte ordem: "Vejam! Vocês vão atacar a cidade por detrás. Não fiquem muito distantes da cidade e permaneçam de prontidão. ⁵Eu e todo o povo que está comigo nos aproximaremos da cidade, e quando eles saírem para nos atacar, como fizeram na primeira vez, à frente deles nós fugiremos. ⁶Eles sairão atrás de nós para nos atacar, afastando-se da cidade. Então eles dirão: 'Estão fugindo de nós como fizeram da primeira vez'. E nós fugiremos deles. ⁷Então vocês vão sair da emboscada e tomar posse da cidade. Javé seu Deus vai entregar a cidade em suas mãos. ⁸No momento em que vocês ocuparem a cidade, devem incendiá-la, conforme a palavra de Javé. Vejam: eu dei a vocês uma ordem".

⁹Josué os enviou e eles foram para o lugar da emboscada, e permaneceram entre Betel e Hai, ao ocidente de Hai, e Josué passou essa noite com o povo. ¹⁰No dia seguinte, levantou-se bem cedo, passou em revista o povo, e subiu juntamente com os anciãos de Israel, à frente do povo, rumo à cidade de Hai. ¹¹Todos os homens de guerra que estavam com ele subiram e se aproximaram da cidade. Chegando à frente de Hai, acamparam ao norte. Havia um vale entre eles e a cidade de Hai. ¹²Josué escolheu cerca de cinco mil homens e com eles permaneceu no esconderijo, entre Betel e Hai, a oeste da cidade. ¹³O povo ficou ao longo de todo o acampamento, que está ao norte da cidade, e a emboscada, em posição de retaguarda, estava na região oeste da cidade. Josué subiu nessa noite até o meio do vale.

¹⁴No momento em que o rei de Hai viu tudo o que se passava, ele, juntamente com todos os homens da cidade, se levantou apressadamente, bem cedo, e saiu ao encontro de Israel, para guerrear no lugar marcado, diante de Arabá. Mas não estava sabendo que havia contra ele uma emboscada vindo por detrás da cidade. ¹⁵Josué, juntamente com todo o povo de Israel, fingiu estar derrotado diante deles e refugiou-se no caminho do deserto. ¹⁶Então todo o povo da cidade, que estava em Hai, se mobilizou para persegui-los, e afastando-se da cidade perseguiu a Josué. ¹⁷Não permaneceu homem nenhum em Hai e Betel, pois todos saíram em perseguição contra Israel, deixando a cidade des-

---

8,1-29: Assim como Jericó durante o séc. XVII a.C., a cidade de Hai ("ruínas", em hebraico) fora destruída em meados de 2400 a.C., sendo sua conquista um relato apologético, para encorajar os projetos de reconstrução na época pós-exílica. Hai será reconstruída nos governos teocráticos de Neemias e Esdras (Ne 7,32; Esd 2,28).

protegida, descuidando-se dela, ao saírem perseguindo Israel.

Destruição de Hai – ¹⁸Javé disse a Josué: "Estenda contra Hai a lança que você tem na mão, pois em suas mãos vou entregar a cidade". Josué estendeu na direção da cidade a lança que tinha na mão. ¹⁹No momento em que levantou a mão, os homens da emboscada saíram apressadamente de seus lugares e tomaram a cidade; em seguida a incendiaram. ²⁰Os homens de Hai retornaram e viram as fumaças da cidade que subiam aos céus, e não tinham como fugir, nem de um lado nem de outro, pois o povo que fugia para o deserto se voltou contra aquele que o perseguia. ²¹Josué e todo Israel, ao verem que os homens da emboscada haviam capturado a cidade, e que o fogo subia da cidade, retornaram e feriram os homens de Hai. ²²Ao encontro destes saíram os outros da cidade. Então os homens de Hai se encontraram no meio de Israel, uns permanecendo de um lado e os demais do outro lado. E os de Israel os feriram, a ponto de não deixarem nenhum sobrevivente ou fugitivo. ²³Quanto ao rei de Hai, eles o capturaram com vida e o conduziram à presença de Josué.

²⁴Depois que Israel matou todos os habitantes de Hai, no campo e no deserto, onde os havia perseguido, passando todos pela espada, até matar completamente todos os habitantes, Israel todo voltou para Hai e passou toda a população ao fio da espada. ²⁵Nesse dia, o número de mortos, entre homens e mulheres, foi de doze mil: todos habitantes de Hai. ²⁶Josué não retirou a mão que havia estendido com a lança, até que todos os habitantes de Hai fossem exterminados. ²⁷Os israelitas pegaram como presa somente o gado e os despojos da cidade, conforme a palavra que Javé tinha ordenado a Josué. ²⁸E Josué incendiou Hai, e a reduziu a um monte de ruínas, para sempre, até os dias de hoje. ²⁹Quanto ao rei de Hai, o pendurou numa árvore até à tarde. Ao pôr do sol, Josué ordenou que fizessem descer da árvore os restos mortais dele. E lançaram o corpo na porta de entrada da cidade e sobre ele ergueram um monte de grandes pedras, que existe até hoje.

Sacrifício e leitura da Lei em Ebal – ³⁰Então Josué construiu um altar para Javé, o Deus de Israel, no monte Ebal, ³¹conforme ordenou Moisés, servo de Javé, aos filhos de Israel, segundo o que está escrito no livro da Lei de Moisés: um altar de pedras brutas, sobre as quais nenhum instrumento de ferro havia passado. Sobre ele ofereceram holocaustos para Javé e fizeram sacrifícios de comunhão. ³²Escreveu aí sobre as pedras uma cópia da Lei de Moisés, que este havia escrito diante dos filhos de Israel.

³³E todo Israel, seus anciãos, seus escribas e seus juízes estavam em pé, de um lado e do outro da Arca. Em frente aos sacerdotes levitas, que carregavam a Arca da Aliança de Javé, estavam tanto os estrangeiros como os nativos; a metade deles em frente ao monte Garizim, e a outra metade em frente ao monte Ebal, conforme ordenou Moisés, servo de Javé, para abençoar pela primeira vez o povo de Israel. ³⁴Depois, Josué leu todas as palavras da Lei: palavras de bênção e palavras de maldição, segundo tudo o que está escrito no livro da Lei. ³⁵De tudo o que Moisés ordenou, não ficou sequer uma palavra que Josué não lesse diante da assembleia de Israel, inclusive as mulheres, as crianças e os estrangeiros que habitavam no meio deles.

9 **Coalizão contra Israel** – ¹Aconteceu que, ao ouvirem essas coisas, os reis que estão na montanha do outro lado do

---

30-35: A narrativa, repentinamente, interrompe os atos de guerra em Hai, para destacar a ação litúrgica no "altar para Javé" (v. 30), conforme determina a Lei (Ex 20,24-26; Dt 27,5), reunindo ao redor da Arca da Aliança todos os filhos de Israel: anciãos, escribas, juízes, sacerdotes levitas, povo e estrangeiros (vv. 32-33). "Bênção e maldição" (v. 34), resultados do grau de apego do povo às prescrições da Lei (cf. Dt 11,26-28; 27,14-26; 28), eram práticas em uso no período teocrático, época em que sacerdotes passaram a administrar a vida social e religiosa na Judeia.

9,1-27: No desejo de submeter os gabaonitas a Israel, o autor relê a conquista da Transjordânia, realizada por Moisés (Nm 21,21-35), agora no ideário expansionista de Josué. Segundo o cronista, Gabaon registrou a vitória das forças de Davi contra os filisteus (1Cr 14,16) e será um dos locais de culto do rei Salomão (1Rs 3,4). A especificação das tarefas serviçais, que se confiaram aos gabaonitas, é um aspecto da narrativa pós-exílica, período em que se inicia, sob as ordens dos sacerdotes, a reconstrução do Templo, e que coincide com a reconstrução da cidade de Gabaon (Ne 3,7; 17,25; Esd 2,1.36-39).

Jordão, nos países baixos e em toda a costa do Grande Mar em frente ao Líbano, os heteus, os amorreus, os cananeus, os ferezeus, os heveus e os jebuseus, ²reuniram-se todos, de comum acordo, para combater Josué e Israel.

³Os habitantes de Gabaon ouviram o que Josué fez contra as cidades de Jericó e Hai, ⁴e agiram também com astúcia: pegaram provisões, carregaram seus jumentos com panos de saco velhos e odres de vinho velhos, rasgados e remendados. ⁵Calçaram sandálias velhas e remendadas; usaram também mantos velhos. Todo o seu pão de provisão era seco e bolorento. ⁶Foram encontrar-se com Josué no acampamento em Guilgal, e lhe disseram, a ele e também aos homens de Israel: "Nós estamos chegando de uma terra distante. Faça aliança conosco". ⁷Os homens de Israel disseram aos heveus: "Por acaso vocês não habitam entre nós? Como podemos fazer aliança com vocês?" ⁸Eles responderam a Josué: "Nós somos seus servos". Josué replicou: "Quem são vocês e de onde vieram?" ⁹Responderam: "Seus servos vêm de uma terra muito distante, por causa do nome de Javé seu Deus, pois ouvimos falar dele e de tudo o que fez no Egito, ¹⁰e tudo o que fez aos dois reis dos amorreus que estão do outro lado do Jordão, a Seon, rei de Hesebon, e a Og, rei de Basã, em Astarot. ¹¹Nossos anciãos e todos os habitantes de nosso país nos disseram: 'Tomem nas mãos provisões para o caminho, vão ao encontro deles e lhes digam: Somos seus servos'. Agora, faça aliança conosco. ¹²Eis o nosso pão: estava quente quando nos abastecemos de provisão no dia em que saímos de nossas casas para nos encontrarmos com vocês, e eis que agora se encontra seco e bolorento! ¹³E estes são os odres de vinho, que eram novos quando os enchemos, e agora estão danificados! São estes os nossos mantos e as nossas sandálias gastas, devido ao longo caminho!"

¹⁴Os homens de Josué pegaram da provisão deles sem consultar Javé. ¹⁵Josué fez com eles um acordo de paz e selou aliança com eles, a fim de lhes garantir que salvaria suas vidas. Também os representantes da comunidade prestaram a eles um juramento. ¹⁶Aconteceu que, depois de três dias, após terem selado aliança com eles, receberam a informação de que eram seus vizinhos e que habitavam no meio deles. ¹⁷Os filhos de Israel partiram do acampamento e chegaram às cidades deles no terceiro dia. As cidades eram Gabaon, Cafira, Berot e Cariat-Iarim. ¹⁸Os filhos de Israel não os atacaram porque os representantes da comunidade haviam feito juramento com eles, por Javé Deus de Israel. Por esse motivo, todos da comunidade murmuravam contra os representantes da assembleia. ¹⁹Todos os representantes disseram diante de toda a comunidade: "Nós fizemos com eles juramento por Javé, o Deus de Israel, e por isso não podemos agora atacá-los. ²⁰Eis o que faremos com eles: manteremos a vida deles e a cólera não virá sobre nós por causa do juramento que fizemos com eles". ²¹Os representantes disseram: "Que eles vivam, mas que sejam lenhadores e carregadores de água para toda a nossa comunidade". Assim, pois, falaram os representantes.

Gabaonitas a serviço da casa de Deus

– ²²Josué mandou chamá-los e disse: "Por que vocês mentiram para nós, dizendo: 'Estamos muito longe de vocês', sabendo que vocês habitam em nosso meio?" ²³Agora, portanto, serão amaldiçoados! No meio de vocês jamais faltarão escravos, lenhadores e carregadores de água para a casa de meu Deus". ²⁴Eles então responderam a Josué: "Porque de fato foi relatado a seus servos o que Javé seu Deus ordenou a Moisés seu servo, que se entregasse a vocês toda esta terra e que fossem exterminados, diante de vocês, todos os habitantes. Nós sentimos muito medo por nossas vidas diante de vocês, e por esse motivo resolvemos agir dessa forma. ²⁵Agora, eis que estamos aqui em suas mãos. Faça conosco o que parecer bom e justo a seus olhos". ²⁶Ele agiu deste modo: preservou-os das mãos dos filhos de Israel, que não os mataram. ²⁷Nesse dia, Josué os estabeleceu como lenhadores e carregadores de água para a comunidade e para o altar de Javé, no lugar que Josué escolheu, até o dia de hoje.

10

Batalha de Gabaon – ¹Aconteceu que Adonisedec, rei de Jerusalém, ouviu dizer que Josué havia tomado Hai e decretado sua condenação ao anátema, fazendo com Hai e seu rei conforme havia feito a Jericó e a seu rei, e que os habitantes de Gabaon haviam feito a paz com Israel e viviam no meio deles. ²O rei sentiu muito medo, pois Gabaon era muito grande, uma das cidades reais, tão grande quanto Hai, e todos os seus homens eram valentes.

³Adonisedec, rei de Jerusalém, mandou dizer a Hoam, rei de Hebron, a Faram, rei de Jarmut, a Jáfia, rei de Laquis, e a Dabir, rei de Eglon: ⁴"Subam até onde eu estou e me ajudem, que nós destruiremos Gabaon, porque ela fez acordo de paz com Josué e com os filhos de Israel". ⁵Reuniram-se então e subiram os cinco reis dos amorreus – o rei de Jerusalém, o rei de Hebron, o rei de Jarmut, o rei de Laquis e o rei de Eglon – com todos os seus exércitos; acamparam ao redor de Gabaon e atacaram.

⁶Os homens de Gabaon mandaram dizer a Josué, no acampamento em Guilgal: "Não deixe seus servos na mão; suba até nós bem depressa. Salve-nos e ajude-nos, pois todos os reis dos amorreus que habitam na montanha se reuniram contra nós". ⁷Josué subiu de Guilgal, ele e todos os seus valentes guerreiros. ⁸Javé disse a Josué: "Não tenha medo deles, porque eu os entregarei em suas mãos. Nenhum homem deles poderá resistir diante de você". ⁹Josué os atacou repentinamente, depois de marchar durante toda a noite, tendo partido de Guilgal.

¹⁰Javé os espalhou diante de Israel, que impôs a eles uma tremenda derrota em Gabaon, perseguindo-os no caminho da subida de Bet-Horon, derrotando-os em Azeca e Maceda. ¹¹E aconteceu que durante a fuga diante de Israel, na descida de Bet-Horon, Javé lançou sobre eles grandes pedras vindas dos céus, até Azeca. E eles morreram. Foram mais os que morreram por causa das pedras de granizo do que os mortos pela espada dos filhos de Israel.

¹²Assim falou Josué a Javé, no dia em que Javé entregou os amorreus aos filhos de Israel; disse ele diante de Israel: "Sol, pare sobre Gabaon; e você, lua, sobre o vale de Aialon!" ¹³O sol parou e a lua ficou imóvel, até o povo vingar-se de seus inimigos. Não é isso que está escrito no livro dos Justos? O sol permaneceu imóvel no meio do céu e não se apressou em se pôr, até se completar um dia. ¹⁴E não houve dia como esse, nem antes nem depois, quando Javé ouviu a voz de um homem. Porque Javé combateu por Israel.

¹⁵Josué, e todo Israel com ele, voltou ao acampamento em Guilgal.

Fuga e morte de cinco reis – ¹⁶Os cinco reis escaparam e se esconderam dentro da caverna de Maceda. ¹⁷Informaram a Josué nestes termos: "Encontraram os cinco reis escondidos dentro da caverna de Maceda". ¹⁸Josué disse: "Rolem pedras grandes na entrada da caverna e ponham, à frente dela, homens para guardá-la. ¹⁹E quanto a vocês, não fiquem parados. Persigam seus inimigos e os ataquem pela retaguarda. Não deixem que eles entrem em suas cidades, porque Javé, o Deus de vocês, os entregou em suas mãos". ²⁰Logo que Josué e os filhos de Israel acabaram de impor grande derrota a seus inimigos, ao ponto de quase exterminá-los completamente, os sobreviventes conseguiram escapar e foram para as cidades fortificadas. ²¹O povo todo retornou em paz para o acampamento, para perto de Josué, em Maceda, e ninguém se atrevia a falar contra os filhos de Israel.

²²Josué disse: "Abram a entrada da caverna e façam os cinco reis sair dela para mim". ²³Eles assim agiram e fizeram sair da caverna para ele os cinco reis: o rei de Jerusalém, o rei de Hebron, o rei de

---

10,1-15: O vigor arquitetônico e econômico da cidade de Gabaon desapareceu quando tropas assírias, sob o comando de Teglat-Falasar III, em meados de 734 a.C., realizaram as primeiras incursões ao norte de Israel. O sol e a lua (vv. 12-13), duas grandes luminárias, ligam-se às divindades estrangeiras assírias e passam aqui a colaborar com a estratégia militar adotada por Josué. A narrativa engrandece Javé, divindade nacional em Judá. O poema é muito semelhante às antigas canções que exaltavam façanhas heroicas (cf. 2Sm 1,18-27).

16-27: A localização de Maceda é incerta. A narrativa não deixa de ser um desenvolvimento da cena anterior (10,1-3), no desejo de elevar o poder de Josué diante dos inimigos, à primeira vista invencíveis.

Jarmut, o rei de Laquis e o rei de Eglon. ²⁴Depois que fizeram os reis sair em direção a Josué, Josué convocou todos os homens de Israel e disse aos comandantes dos guerreiros que o haviam acompanhado: "Aproximem-se e coloquem os pés sobre a nuca destes reis". Eles se aproximaram e colocaram os pés sobre a nuca deles. ²⁵Então Josué lhes disse: "Não tenham medo, nem se sintam acovardados. Sejam fortes e corajosos, pois isso é o que Javé vai fazer para com todos os seus inimigos que vocês irão combater". ²⁶Depois disso, Josué os feriu e os matou, pendurando-os em cinco árvores, e permaneceram suspensos sob as árvores até à tarde. ²⁷Quando veio o pôr do sol, Josué mandou descer os corpos das árvores e lançá-los na caverna onde se haviam escondido. Fecharam a entrada da caverna com grandes pedras, e os restos mortais aí estão até o dia de hoje.

Conquista de outras cidades ao sul –
²⁸Nesse mesmo dia, Josué tomou Maceda e golpeou o seu rei com o fio da espada, condenando ao anátema todos os seres vivos que nela se encontravam. Fez com o rei de Maceda o mesmo que havia feito com o rei de Jericó. ²⁹Josué, e todo Israel com ele, passou de Maceda para Lebna e atacou Lebna. ³⁰Javé também a entregou nas mãos de Israel, assim como o seu rei. Golpeou com o fio da espada todo ser vivo que nela encontrou, não os deixando com vida. Fez com o rei o mesmo que havia feito ao rei de Jericó. ³¹Josué, e todo Israel com ele, passou de Lebna para Laquis. Acampou ao redor e atacou-a. ³²Javé entregou Laquis na mão de Israel, que a tomou no segundo dia. Golpeou com o fio da espada todos os habitantes que nela encontrou, conforme havia feito a Lebna. ³³Então Horam, rei de Gazer, subiu para socorrer Laquis, mas Josué o golpeou, assim como a seu povo, não deixando nenhum sobrevivente.

³⁴Josué, e todo Israel com ele, passou de Laquis para Eglon. Acampou ao redor e atacou-a. ³⁵No mesmo dia, conquistaram e golpearam ao fio da espada todos os habitantes que nela encontraram. Nesse dia a consagraram ao anátema, como tinham feito com Laquis.

³⁶Josué, e todo Israel com ele, subiu de Eglon a Hebron e atacou-a. ³⁷Tomaram e golpearam, ao fio da espada, seu rei e toda a cidade, e todo ser vivo que nela encontraram. Não deixou nenhum sobrevivente, como havia feito com Eglon. Consagraram ao anátema todo ser vivo que nela encontraram.

³⁸Josué, e todo Israel com ele, retornou a Dabir e atacou-a. ³⁹E a conquistaram, com seu rei e suas cidades; golpearam, ao fio da espada, e condenaram ao anátema todos os seres vivos que nela encontraram. Não deixaram nenhum sobrevivente; como haviam feito com Hebron, assim fizeram com Dabir, Lebna e seus reis.

⁴⁰Josué conquistou toda a terra: a montanha, o Negueb, os países baixos e as encostas, com todos os seus reis. Não deixou nenhum sobrevivente, exterminando todos os seres vivos, conforme ordenou Javé, o Deus de Israel. ⁴¹Josué conquistou desde Cades Barne até Gaza, e toda a terra de Gósen até Gabaon. ⁴²Todos esses reis, e todas as suas terras, Josué conquistou de uma vez, porque Javé, o Deus de Israel, guerreou por Israel. ⁴³Josué, e todo Israel com ele, retornou para o acampamento de Guilgal.

11 Batalha junto ao rio Merom –
¹Aconteceu que, ao ser informado dessas coisas, Jabin, rei de Hasor, enviou mensagens a Jobab, rei de Merom, ao rei de Semerom, ao rei de Acsaf ²e aos reis que estão ao norte na montanha e em Arabá ao sul de Quineret, nos países baixos e na proximidade de Dor a oeste: ³os cananeus, que estão no oriente e no ocidente, os amorreus, os heteus, os ferezeus e os

---

28-43: A lista dos reis vencidos e a destruição das principais cidades acenam para o projeto expansionista de Josias. A lista das cidades subjugadas pelos guerreiros de Josué é fictícia.

11,1-23: Narração da conquista das terras do norte. O grande sonho do jovem rei Josias foi expandir os limites territoriais do seu reinado em direção ao norte. Suas atividades em Betel (2Rs 23,15), em terras da Samaria (2Rs 23,18) e em Meguido (2Rs 23,29), assemelham-se aos projetos do rei Davi (cf. 2Sm 8,2-9; 8,13-18). As conquistas na região sul, narradas no cap. 10, formam uma unidade literária com o cap. 11. Textos egípcios dos séculos XIX e XVIII a.C. referem-se a Hasor como principal cidade asiática conquistada pelos assírios em 752 a.C. (cf. 2Rs 15,29). O domínio das forças de Josué sobre ela constitui artifício literário que visa a

jebuseus, na montanha, bem como os heveus, ao pé do Hermon, na terra de Masfa. ⁴Eles partiram, e com eles todos os seus exércitos, um povo numeroso comparado às areias na beira do mar, com grande número de cavalos e carros.

⁵Todos os reis se uniram e acamparam junto às águas de Merom para guerrear contra Israel. ⁶Javé disse a Josué: "Não tenha medo diante deles, pois amanhã, nesta mesma hora, eu os entregarei a Israel, todos feridos de morte. Você vai cortar os tendões dos cavalos deles e vai reduzir seus carros a cinzas. ⁷Josué, e todos os guerreiros com ele, lançaram-se de improviso contra eles nas águas de Merom. ⁸E Javé os entregou nas mãos de Israel, que os golpeou e os perseguiu até Sidônia a Grande, até Maserefot ao ocidente, e até o vale de Masfa ao oriente. E os golpearam, a ponto de não deixar nenhum sobrevivente. ⁹Josué os tratou de acordo com o que Javé lhe havia dito: cortou os tendões dos cavalos e reduziu seus carros a cinzas.

Conquista de Hasor ao norte – ¹⁰Josué retornou, nesse mesmo tempo, e conquistou Hasor, matando seu rei à espada, porque antigamente Hasor era a capital de todos esses reinados. ¹¹Golpeou, com o fio da espada, todo ser vivo que nela encontrou, por causa da condenação ao anátema. Não deixou nenhum sobrevivente e reduziu Hasor a cinzas.

¹²Todas essas cidades, bem como todos os seus reis, Josué os conquistou e golpeou com o fio da espada, por causa da condenação ao anátema, conforme Moisés, servo de Javé, havia ordenado. ¹³Israel só não queimou as cidades que ainda estavam construídas sobre montes de escombros, exceto Hasor, separada e incendiada por Josué. ¹⁴Os filhos de Israel pegaram como presa todos os despojos dessas cidades e seus animais. Todos os homens foram golpeados e exterminados ao fio da espada; não deixaram nas cidades nenhum sobrevivente.

¹⁵Tal como Javé havia ordenado a Moisés, seu servo, assim Moisés ordenou a Josué, e assim fez Josué. Ele não descuidou de nenhuma palavra de tudo o que Javé havia ordenado a Moisés.

Josué conquista todo o território – ¹⁶Desse modo, Josué conquistou todas as terras: as montanhas, todo o Negueb, todas as terras de Gósen, as planícies, a Arabá, a montanha de Israel e sua planície. ¹⁷Desde o monte Escarpado, que se eleva em direção a Seir, até Baal-Gad, no vale do Líbano, ao pé do monte Hermon, capturando e matando todos os seus reis.

¹⁸Durante muitos dias, Josué fez guerra contra todos esses reis. ¹⁹Não houve cidade que fizesse acordo de paz com os filhos de Israel, salvo os heveus que habitavam em Gabaon. Todas as demais cidades foram conquistadas por meio da guerra. ²⁰Javé havia feito endurecer o coração deles com a finalidade de declarar guerra a Israel; por isso, foram condenados ao anátema, sem que houvesse para eles possibilidade de perdão, conforme ordenou Javé a Moisés.

²¹Nesse tempo, Josué condenou ao anátema os enacim das montanhas, de Hebron, de Dabir, de Anab, de todas as montanhas de Judá e de todas as montanhas de Israel. Josué condenou ao anátema todas as suas cidades. ²²Não restou nenhum dos enacim na terra dos filhos de Israel, a não ser em Gaza, em Gat e em Azoto. ²³Josué conquistou todas as terras, segundo Javé havia dito a Moisés, como herança para Israel, de acordo com sua divisão em tribos.

E a terra se livrou da guerra.

12 ***Recapitulação: reis derrotados ao leste do Jordão*** – ¹São estes os reis da terra que os filhos de Israel golpearam e cujas terras ocuparam, do outro lado do Jordão ao oriente, desde a torrente do Arnon até a montanha do Hermon e toda Arabá ao oriente. ²Seon, rei dos amorreus, que residia em Hesebon e dominava desde Aroer, que está às margens do vale do Arnon, e desde o meio do vale, a metade de Galaad até o vale de Jaboc, fronteira dos filhos de Amon; ³sobre Arabá até o mar de Quineret ao oriente, e até o mar

---

legitimar o expansionismo posto em prática durante a reforma de Josias.

12,1-24: A lista apresenta cidades conhecidas na época do reinado de Josias. O narrador conclui a pri-

de Arabá, o mar do Sal, ao oriente, que está no caminho de Bet-Jesimot, e ao sul das encostas do Fasga. ⁴Então Og, rei de Basã, um dos últimos sobreviventes de Refaim que residia em Astarot e em Edrei, ⁵dominava sobre o monte Hermon, sobre Saleca e sobre todo o Basã, até a fronteira dos gessuritas e dos maacatitas, e a metade de Galaad, até as fronteiras de Seon, rei de Hesebon. ⁶Moisés, servo de Javé, e os filhos de Israel os abateram; e Moisés, servo de Javé, deu as terras deles como posse aos rubenitas, aos gaditas e à meia tribo de Manassés.

Recapitulação: reis derrotados a oeste do Jordão – ⁷São estes os reis das terras que Josué e os filhos de Israel conquistaram, no outro lado do Jordão, ao ocidente, desde Baal-Gad, no vale do Líbano, até o monte Escarpado, que se eleva em direção a Seir, e cujas terras Josué deu como posse para as tribos de Israel, de acordo com suas divisões, ⁸na montanha, nos países baixos, em Arabá, nas encostas, na região do deserto e no Negueb, entre os heteus, os amorreus, os cananeus, os ferezeus, os heveus e os jebuseus. ⁹O rei de Jericó, um; o rei de Hai que está ao lado de Betel, um; ¹⁰o rei de Jerusalém, um; o rei de Hebron, um; ¹¹o rei de Jarmut, um; o rei de Laquis, um; ¹²o rei de Eglon, um; o rei de Gazer, um; ¹³o rei de Dabir, um; o rei de Gadar, um; ¹⁴o rei de Horma, um; o rei de Arad, um; ¹⁵o rei de Lebna, um; o rei de Odolam, um; ¹⁶o rei de Maceda, um; o rei de Betel, um; ¹⁷o rei de Tafua, um; o rei de Ofer, um; ¹⁸o rei de Afec, um; o rei de Saron, um; ¹⁹o rei de Merom, um; o rei de Hasor, um; ²⁰o rei de Semeron Meron, um; o rei de Acsaf, um; ²¹o rei de Tanac, um; o rei de Meguido, um; ²²o rei de Cedes, um; o rei de Jecnaam, no Carmelo, um; ²³o rei de Dor, nas colinas de Dor, um; o rei das nações de Guilgal, um; ²⁴o rei de Tersa, um; ao todo trinta e um reis.

II. O ESFORÇO DE PARTILHAR A TERRA

13 *Terras a conquistar* – ¹Quando Josué se tornou velho, avançado em idade, Javé lhe disse: "Eis que você se tornou velho, avançado em idade, e ainda resta muita terra para conquistar. ²Esta é a terra que ainda resta: todo o território dos filisteus e todo o território dos gessuritas; ³desde o Sior que está defronte do Egito até o território de Acaron, ao norte, considerado pertencente aos cananeus. Os cinco príncipes dos filisteus são: o de Gaza, o de Azoto, o de Ascalon, o de Gat e o de Acaron; os heveus ⁴do sul; toda a terra dos cananeus e Maara, que pertence aos sidônios, até Afeca e até a fronteira dos amorreus; ⁵e a terra do jiblita, e todo o Líbano ao oriente, desde Baal-Gad, ao pé do monte Hermon, até a entrada de Emat; ⁶todos os habitantes da montanha, desde o Líbano até Maserefot ao ocidente, e todos os sidônios, eu mesmo os expulsarei da frente dos filhos de Israel. Somente faça repartir a terra como herança para Israel, conforme eu lhe ordenei. ⁷E agora, divida esta terra como herança para as nove tribos e a meia tribo de Manassés".

Tribos da Transjordânia – ⁸Quanto à outra meia tribo de Manassés, e com ela os rubenitas e os gaditas, já haviam recebido de Moisés suas heranças do outro lado do Jordão ao oriente, conforme o que lhes havia dado Moisés, servo de Javé: ⁹partindo de Aroer, que está às margens do rio de Arnon, bem como toda a cidade que está no meio do vale e todo o planalto de Medaba até Dibon; ¹⁰todas as cidades de Seon, rei dos amorreus, que havia reinado em Hesebon, até a fronteira dos filhos de Amon; ¹¹Galaad e o território dos gessuritas e dos maacatitas, bem como toda a montanha do Hermon, e todo o Basã, até Saleca; ¹²e em Basã, todo o reino de Og, que havia reinado em Astarot e em Edrei, e que havia restado

---

13-21,45: Nesta segunda parte do livro, não estão mais em foco as guerras, e sim os esforços para um acordo na partilha entre as doze tribos de Israel. A terra pertence a Deus e, por esse motivo, reparti-la deve ter como princípio a garantia de sobrevivência das tribos meira parte do livro (caps. 1-12) apresentando cidades conquistadas por Moisés (vv. 1-6) e reis vencidos por Josué (vv. 7-24). e a perpetuação do projeto de igualdade entre elas, firmado entre Javé e Israel.

13,1-28: A narrativa apresenta várias regiões onde viviam inúmeras tribos e clãs. O cenário geográfico parece ter como objetivo justificar a reintegração de terras às tribos ainda sem território demarcado. É redação tipicamente deuteronomista. Daí a preocupação pelas terras a serem conquistadas (vv. 2-3.5-6). Ezequias,

sobrevivente dos rafaim. Moisés os derrotou e os desalojou. ¹³Os filhos de Israel não conseguiram expulsar os gessuritas e os maacatitas, e por esse motivo Gessur e Maaca continuam a morar no meio de Israel até os dias de hoje. ¹⁴Somente não foi dada nenhuma herança à tribo de Levi: as oferendas sagradas de Javé, o Deus de Israel, foram a sua herança, segundo Javé mesmo lhe havia dito.

Filhos de Rúben – ¹⁵Moisés deu à tribo dos filhos de Rúben uma parte, segundo os seus clãs. ¹⁶Eles receberam o território desde Aroer, que está às margens do rio Arnon, e a cidade que está no meio do vale, bem como todo o planalto que se encontra em Medaba, ¹⁷Hesebon e todas as cidades que estão no planalto: Dibon, Bamot-Baal, Bet-Baal-Maon, ¹⁸Jasa, Cedimot, Mefaat, ¹⁹Cariataim, Sábama e, na montanha da Arabá, Sarat-Asaar; ²⁰Bet-Fegor, nas encostas do Fasga, Bet-Jesimot, ²¹todas as cidades do planalto e todo o reino de Seon, rei dos amorreus, que reinou em Hesebon, Moisés as derrotou; derrotou também os príncipes de Madiã, Evi, Recém, Sur, Hur, Rebe, vassalos de Seon, que residiam na terra. ²²Quanto a Balaão, filho de Beor, o adivinho, os filhos de Israel o passaram ao fio da espada, junto com aqueles aos quais tinham ferido de morte. ²³A fronteira dos filhos de Rúben foi, portanto, o Jordão e seu território. Eis as terras que herdaram os filhos de Rúben, segundo seus clãs: as cidades e suas aldeias.

Filhos de Gad – ²⁴Moisés havia dado à tribo de Gad, aos filhos de Gad, uma parte, segundo os seus clãs. ²⁵Eles tiveram por territórios: Jazer e todas as cidades de Galaad, a metade das terras dos filhos de Amon, até Aroer que está em frente de Rabá, ²⁶desde Hesebon até Ramot-Masfa e Betonim, desde Maanaim até o território de Lo-Dabar, ²⁷e no vale de Beit-Aram, Beit-Nemra, Sucot e Safon e os demais reinos de Seon, o rei de Hesebon, o Jordão fazendo fronteira com o mar de Quineret, além do Jordão ao oriente. ²⁸Esta foi a herança dos filhos de Gad, segundo seus clãs: as cidades e suas aldeias.

Filhos de Manassés – ²⁹Moisés havia dado à meia tribo de Manassés uma parte (e isso foi para a meia tribo dos filhos de Manassés), segundo os seus clãs. ³⁰Foram os territórios desde Maanaim, todo o Basã, todo o reino de Og, rei de Basã, todos os povoados de Jair que se encontram em Basã, ao todo sessenta cidades. ³¹A metade de Galaad, Astarot e Edrai, cidades pertencentes ao rei de Og, em Basã, foram para os filhos de Maquir, filho de Manassés, isto é, para a metade dos filhos de Maquir, segundo os seus clãs. ³²Eis, portanto, as heranças que Moisés deu, na planície de Moab, do outro lado do Jordão, a oriente de Jericó. ³³À tribo de Levi, porém, Moisés não deu nenhuma herança, porque lhes havia dito que Javé, o Deus de Israel, é a herança deles.

14 *Divisão das terras a oeste do Jordão* – ¹Eis, portanto, o que herdaram os filhos de Israel na terra de Canaã, que repartiram entre eles como herança Eleazar, o sacerdote, Josué, filho de Nun, e os chefes de família das tribos dos filhos de Israel. ²Foi por sorteio que receberam a herança, conforme ordenou Javé, por meio do ministério de Moisés, para nove tribos e meia. ³Moisés, com efeito, já havia dado herança para duas tribos e meia, do outro lado do Jordão; mas, para os levitas, não havia dado herança no meio deles. ⁴Com efeito, os filhos de José formaram duas tribos: Manassés e Efraim. Por esse motivo, não se deu aos levitas parte alguma na terra, a não ser povoados para morar, com pastagens, para neles criarem seus rebanhos e para sua própria

---

quando rei de Judá (716-687 a.C.), venceu os filisteus numa coalizão antiassíria.

29-33: Nas antigas tradições, os levitas parecem gozar de relativo prestígio junto ao povo (Ex 2,1). Fato legitimado por estarem ligados às práticas cultuais (Ex 32,25-29) e não possuírem terras como herança (Dt 12,12; 14,28; 26,12-13; Js 13,14,25). Até o retorno do exílio, os trabalhos dos levitas aparecem associados ao cuidado das atividades religiosas, mas sempre subalternos aos sacerdotes (Ez 44,28-29; Dt 18,6-8). Após a reforma de Esdras, serão designadas aos levitas quarenta e oito cidades (cap. 21), no desejo de harmonizar a partilha da terra entre as tribos.

14,1-5: O narrador faz uma releitura da partilha apresentada em Nm 34. A citação do sacerdote Eleazar e Josué, em companhia dos chefes do povo (vv. 1-5), serve de introdução aos relatos sobre os territórios repartidos (14,6-19,50).

sobrevivência. ⁵Tudo o que Javé havia ordenado a Moisés, assim fizeram os filhos de Israel. E repartiram a terra.

A parte de Caleb – ⁶Os filhos de Judá foram encontrar-se com Josué, em Guilgal, e Caleb, filho de Jefoné, o cenezeu, lhe disse: "Você conhece a palavra que Javé disse a Moisés, homem de Deus, a meu respeito e a respeito de vocês, em Cades Barne. ⁷Eu tinha quarenta anos quando Moisés, servo da Javé, me enviou de Cades Barne, para inspecionar a terra, e eu fiz para ele um relato absolutamente sincero. ⁸Meus irmãos, que haviam subido comigo, desanimaram o coração do povo; mas, quanto a mim, eu segui plenamente a Javé meu Deus. ⁹Moisés prestou, naqueles dias, este juramento: 'Sim, a terra que seus pés pisaram virá como sua herança, a você e a seus filhos para sempre, porque você seguiu plenamente a Javé meu Deus'. ¹⁰E agora, eis que Javé manteve minha vida, segundo o que ele havia falado. Passaram-se quarenta e cinco anos desde que Javé disse essas palavras a Moisés, quando Israel marchava pelo deserto. E eis-me agora com a idade de oitenta e cinco anos. ¹¹Continuo ainda hoje tão forte como no dia em que Moisés me enviou; tal como minha força de ontem, assim é minha força de hoje, seja para a guerra, seja para ir e vir. ¹²E agora, deem-me esta montanha, da qual Javé falou naquele dia. Pois você ouviu, naquele dia, que lá estão os enacim e grandes cidades inacessíveis. Talvez Javé esteja comigo, e eu os expulsarei, conforme falou Javé". ¹³Josué abençoou Caleb, filho de Jefoné, e lhe deu Hebron como sua herança. ¹⁴Eis por que Hebron ficou sendo, até os dias de hoje, a herança de Caleb, filho de Jefoné, o cenezeu, pois ele seguiu plenamente a Javé, o Deus de Israel. ¹⁵Outrora, o nome de Hebron era Cariat-Arbe. Arbe era o maior homem entre os enacim.

E a terra então ficou tranquila e sem guerra.

15 **A herança de Judá** – ¹A sorte para a tribo dos filhos de Judá, segundo seus clãs, caiu sobre o território de Edom, em direção ao sul, no deserto de Sin, até o extremo sul. ²Sua fronteira sul partia da extremidade do mar do Sal, desde a península, em direção ao sul; ³dirigindo-se para o sul do monte dos Escorpiões, atravessava Sin e subia ao sul de Cades Barne, passando por Hesron; subia até Adar e contornava Carca; ⁴depois, atravessava por Asemona, prolongando até ao rio do Egito e ao território da desembocadura, em direção ao mar. Esta será sua fronteira ao sul. ⁵Na fronteira ao leste, está o mar do Sal até a desembocadura do Jordão. A fronteira do lado norte partia da península do mar do Sal até a desembocadura do Jordão; ⁶em seguida, subia para Bet-Hogla, atravessava ao norte de Bet-Arabá e subia para a fronteira de Pedra de Boen, filho de Rúben. ⁷Essa fronteira subia também a Dabir, desde o vale de Acor, e retornava ao norte, em direção a Guilgal, que está à frente da subida de Adomim, localizada ao sul do riacho; depois, a fronteira atravessava as águas de En-Sames, chegando até En-Roguel. ⁸A partir daí, a fronteira subia o vale de Ben-Enom, para o lado sul dos jebuseus, isto é, Jerusalém, alcançando o ponto mais alto da montanha que está diante do vale de Enom ao oeste, e na extremidade do vale dos refaítas ao norte. ⁹Do cume da montanha, a fronteira se desviava em direção às fontes de águas de Neftoa e ia em direção às cidades do monte Efron; daí se desviava em direção a Baala, que é Cariat-Iarim. ¹⁰De Baala, a fronteira retornava ao oeste, em direção à montanha de Seir, e atravessava ao norte das encostas da montanha de Jearim, isto é, Queslon, descendo para Bet-Sames e atravessando Tamna. ¹¹Então se dirigia para o norte das encostas de Acaron, inclinando-se em direção a Secron, atravessando o monte de Baala e chegando a Jebneel. O limite da

---

6-15: O processo de ocupação do território, por parte das tribos de Israel, aconteceu de forma gradual. Antiga tradição fala de certo herói israelita de nome Calubi (1Cr 2,9), que irá somar-se às tribos de Judá, já com o nome de Caleb (cf. 1Cr 2,18). Mais tarde, a narrativa o apresenta como um dos enviados para o reconhecimento de Canaã, e por isso merecedor de estar entre as tribos responsáveis pela partilha dos territórios (cf. Nm 34,19).

15,1-62: Esta demarcação das fronteiras do território de Judá surgiu da união de várias tradições vindas de diferentes clãs, como encontramos em relação aos quenitas e calebitas (Jz 1,16; 4,1; Js 14,13-14). A narrativa parece uma releitura pós-exílica, considerando a prima-

fronteira era o mar. ¹²A fronteira oeste é o Grande Mar e seu território. Esse foi o contorno das fronteiras dos filhos de Judá, segundo os seus clãs.

Calebitas ocupam o Hebron – ¹³Para Caleb, filho de Jefoné, foi dada uma parte no meio dos filhos de Judá, segundo a ordem de Javé para Josué: Cariat-Arbe, cidade do pai de Enac, isto é, Hebron. ¹⁴Caleb expulsou desse lugar três filhos de Enac: Sesai, Aimã e Tolmai, descendentes de Enac. ¹⁵Daí ele subiu contra os habitantes de Dabir. O nome de Dabir, nesse tempo, era Cariat-Séfer. ¹⁶Caleb disse: "Quem derrotar Cariat-Séfer e a conquistar, eu lhe darei por mulher minha filha Acsa. ¹⁷Conquistou-a Otoniel, filho de Cenez, irmão de Caleb, e este lhe deu por mulher sua filha Acsa. ¹⁸Ora, quando esta chegou, Otoniel lhe sugeriu que pedisse ao pai um campo. Ela desceu do jumento, e Caleb lhe perguntou: "O que você quer?" ¹⁹Ela respondeu: "Me dê um presente! Já que você me deu a terra do Negueb, dê-me também as fontes de água". Então deu a ela as fontes superiores e as fontes inferiores. ²⁰Essa foi a herança da tribo dos filhos de Judá, segundo os seus clãs.

Localidades da tribo de Judá – ²¹As cidades situadas na extremidade da tribo dos filhos de Judá, na fronteira de Adom, no Negueb: Cabseel, Arad, Jagur, ²²Cina, Dimona, Adada, ²³Cades, Hasor-Jetnã, ²⁴Zif, Telém, Balot, ²⁵Hasor-Adata, Cariot-Hesron, que é Hasor, ²⁶Amam, Sama, Molada, ²⁷Haser-Gada, Hasemon, Bet-Félet, ²⁸Hasor-Sual, Bersabeia e suas aldeias, ²⁹Baala, Jim, Esem, ³⁰Eltolad, Cesil, Horma, ³¹Siceleg, Madmana, Sensena, ³²Lebaot, Selim, Ain e Remon; todas as cidades somavam vinte e nove, com suas aldeias. ³³Nas planícies: Estaol, Saraá, Asena, ³⁴Zanoe, Aen-Ganim, Tafua, Enaim, ³⁵Jarmut, Odolam, Soco, Azeca, ³⁶Saraim, Aditaim, Gedera e Gederotaim: catorze cidades e suas aldeias. ³⁷Sanã, Hadasa, Magdol-Gad, ³⁸Deleã, Masfa, Jecetel, ³⁹Laquis, Bascat, Eglon, ⁴⁰Quebon, Leemas, Cetlis, ⁴¹Gederot, Bet-Dagon, Naama e Maceda: dezesseis cidades e suas aldeias. ⁴²Lebna, Eter, Asã, ⁴³Jefta-Esna, Nesib, ⁴⁴Ceila, Aczib e Maresa: nove cidades e suas aldeias. ⁴⁵Acaron, com suas cidades e aldeias. ⁴⁶De Acaron ao mar, tudo o que se encontra ao redor de Azoto, com suas aldeias. ⁴⁷Azoto com suas cidades e aldeias, Gaza com suas cidades e aldeias, até o rio do Egito; o Grande Mar era sua fronteira. ⁴⁸E na montanha: Saamir, Jeter, Soco, ⁴⁹Dana, Cariat-Séfer, isto é, Dabir, ⁵⁰Anab, Estemo, Anim, ⁵¹Gósen, Holon, e Gilo: onze cidades e suas aldeias. ⁵²Arab, Duma, Esaã, ⁵³Janum, Bet-Tafua, Afeta, ⁵⁴Hamata, Cariat-Arbe, isto é, Hebron, Sior: nove cidades e suas aldeias. ⁵⁵Maon, Carmel, Zif, Jota, ⁵⁶Jezrael, Jucadam, Zanoe, ⁵⁷Acain, Gabaá e Tamna: dez cidades e suas aldeias. ⁵⁸Halul, Bet-Sur, Gedor, ⁵⁹Maret, Bet-Anot e Eltecon: seis cidades com suas aldeias. Técua, Éfrata, isto é, Belém, Fegor, Etam, Culon, Tatam, Sores, Carem, Galim, Beter e Manaat: onze cidades e suas aldeias. ⁶⁰Cariat-Baal, isto é, Cariat-Iarim, e Areba: duas cidades com suas aldeias. ⁶¹No deserto: Bet-Arabá, Medin, Sacaca, ⁶²Nebsã, a Cidade do Sal e Engadi: seis cidades e suas aldeias. ⁶³Quanto aos jebuseus que habitavam em Jerusalém, os filhos de Judá não conseguiram expulsá-los, e eles continuam habitando com os filhos de Judá, até os dias de hoje.

16

Tribo de Efraim – ¹A parte do território dos filhos de José começava no Jordão a oriente de Jericó, em direção às águas de Jericó, e seguia em direção ao deserto, que sobe de Jericó, na montanha de Betel. ²De Betel partia para Luza, atravessando a fronteira dos arquitas em Atarot. ³Daí descia em direção ao oeste, para a fronteira dos jeflatitas, até a fronteira de Bet-Horon-Inferior, até Gazer; depois, ia em direção ao mar. ⁴Essa foi a herança de Manassés e Efraim, filhos de José.

---

zia declarada em Gn 49,8-12. Judá será a única região a perpetuar a aliança com Javé.

16,1-10: As fronteiras apresentadas na unidade literária, formada pelos caps. 16-17, não deixam de ser uma antecipação dos limites do reino do sul, território de Israel que estará sob a liderança dos filhos de José (cf. Gn 49,22-26; Dt 33,13-17). A narrativa demarca as terras pertencentes aos filhos de José (vv. 1-4), detalha as terras de Efraim (vv. 5-10) e a herança firmada com a tribo de Manassés (cap. 17).

⁵Sobre o território dos filhos de Efraim, segundo seus clãs, a fronteira de sua herança era, ao oriente, Atarot-Adar até Bet-Horon de Cima; ⁶depois, a fronteira se dirigia para o mar, seguia Macmetat ao norte; em seguida, contornava o oriente, na direção de Tanat-Silo, e atravessava o oriente de Janoe, ⁷descia de Janoe a Atarot e a Naarata, para chegar a Jericó, e terminava no Jordão. ⁸De Tafua, a fronteira seguia em direção ao oeste, para o riacho de Caná, e terminava junto ao mar. Essa foi a herança da tribo dos filhos de Efraim, segundo seus clãs, ⁹mais as cidades reservadas para os filhos de Efraim, no meio da herança dos filhos de Manassés: todas as cidades e suas aldeias. ¹⁰Eles, porém, não expulsaram os cananeus que habitavam em Gazer. É por essa razão que estes continuaram morando no meio de Efraim até os dias de hoje, sendo no entanto submetidos a trabalhos forçados.

17 Tribo de Manassés –
¹A parte da tribo de Manassés, porque foi o primogênito de José, ficou para Maquir, primogênito de Manassés, pai de Galaad. Maquir era homem de guerra; a ele coube Galaad e Basã. ²E ficou para os outros filhos de Manassés, segundo seus clãs: para os filhos de Abiezer, para os filhos de Helec, para os filhos de Esriel, para os filhos de Sequém, para os filhos de Héfer, para os filhos de Semida, que eram os filhos varões de Manassés, filho de José, segundo seus clãs. ³Salfaad, filho de Héfer, filho de Galaad, filho de Maquir, filho de Manassés, não teve filhos, mas somente filhas. Os nomes de suas filhas eram Maala, Noa, Hegla, Melca e Tersa.

⁴Elas se apresentaram diante de Eleazar, o sacerdote, diante de Josué, filho de Nun, e perante os líderes da comunidade, dizendo: "Javé ordenou a Moisés que nos desse uma herança no meio de nossos irmãos". Deram-lhes então a herança no meio dos irmãos de seu pai, de acordo com o que Javé ordenara.

⁵Desse modo, entregaram dez partes para Manassés, independentes da terra de Galaad e de Basã que estava do outro lado do Jordão, ⁶porque as filhas de Manassés obtiveram uma herança no meio dos filhos dele. Quanto à terra de Galaad, ficou para os outros filhos de Manassés.

⁷A fronteira de Manassés ia desde Aser até Macmetat, que ficava diante de Siquém; essa fronteira ia rumo ao sul, em direção aos habitantes de Jasib, que está na fonte de Tafua. ⁸A terra de Tafua ficou pertencendo a Manassés, porém Tafua, localizada na fronteira de Manassés, era terra dos filhos de Efraim. ⁹A fronteira descia, em seguida, rumo ao riacho de Caná; ao sul da fronteira do riacho estava localizada a cidade de Efraim, no meio do território de Manassés. A fronteira de Manassés estava localizada ao norte do riacho e seu limite era o mar. ¹⁰O sul ficou pertencendo a Efraim e o norte a Manassés, tendo o mar como limite. Eles mantinham contato com Aser, que se encontrava ao norte, e com Issacar ao leste.

¹¹Manassés possuía, em Issacar e Aser, também Betsã e suas aldeias, Jeblaam e suas aldeias, os habitantes de Dor e suas aldeias, os habitantes de Endor e suas aldeias, os habitantes de Tanac e suas aldeias, os habitantes de Meguido e suas aldeias: são as três colinas. ¹²Mas os filhos de Manassés não conseguiram conquistar essas cidades, uma vez que os cananeus se empenharam em ficar morando nelas. ¹³Mas, no momento em que os filhos de Israel se tornaram fortes, impuseram aos cananeus trabalhos forçados, e estes não se apoderaram de nenhuma herança.

Terras para os filhos de José – ¹⁴Os filhos de José falaram com Josué nestes termos: "Por que você nos deu uma só parte da propriedade, uma só porção, visto que nós somos um povo numeroso, porque foi assim que Javé nos abençoou até aqui?" ¹⁵Josué lhes disse então: "Se vocês de fato são povo numeroso, subam em direção à floresta e desmatem o quanto acharem necessário; isso é terra dos ferezeus e dos rafaim, pois o monte de Efraim é muito

---

17,1-18: A reivindicação de parte na herança das cinco filhas de Salfaad (v. 3) está construída sobre o relato de Nm 26,33; 27,1-11 e 36,1-12, tendo como elemento primordial a pessoa de Moisés, representante máximo da Lei. O relato de cortar árvores (vv. 15.18) é anedótico, ao demonstrar o interesse do redator final em manter a tradição sobre as doze tribos, para um desfecho na história de Josué (16,1-4).

estreito para você". ¹⁶Os filhos de José disseram: "Para nós, a montanha não é suficiente. Além disso, os cananeus residentes na terra possuem carros de ferro, como também os que habitam em Betsã e suas aldeias, e os que residem no vale de Jezrael". ¹⁷Josué disse para a casa de José, para a casa de Efraim e para a casa de Manassés: "Você é um povo numeroso e forte. Vocês não terão somente uma parte, ¹⁸mas possuirão uma montanha. No momento, é uma floresta, mas vocês a cortarão e ela pertencerá a vocês de uma extremidade a outra. Vocês vão expulsar os cananeus, ainda que eles possuam carros de ferro e sejam fortes".

18 *Terras para as sete tribos* – ¹Todas as comunidades dos filhos de Israel se reuniram em Silo, e aí instalaram a Tenda do Encontro. A terra tinha sido submetida a eles. ²Sobraram, ainda, sete tribos dos filhos de Israel, que não receberam herança nenhuma. ³Então Josué disse aos filhos de Israel: "Até quando vocês vão esperar para ocupar a terra que Javé, o Deus de seus pais, deu a vocês? ⁴Escolham três homens de cada tribo e eu os enviarei. Eles se colocarão a caminho, percorrerão a terra e farão sua descrição, segundo o teor da herança; em seguida, voltarão a mim. ⁵Eles vão dividir a terra em sete partes. Judá ficará com o território ao sul; a casa de José ficará com os territórios ao norte. ⁶Farão a descrição da terra em sete partes, e a trarão aqui para mim. Em seguida, lançarei a sorte para vocês, aqui mesmo, diante de Javé nosso Deus. ⁷Os levitas não terão parte no meio de vocês; a herança deles é o serviço do ministério sacerdotal de Javé. Quanto às tribos de Gad, Rúben e à metade da tribo de Manassés, já receberam como herança, do outro lado do Jordão ao oriente, aquilo que Moisés, servo de Javé, havia dado para eles".

⁸Os homens se prepararam para a caminhada e partiram. Josué deu a seguinte ordem àqueles que fariam o reconhecimento da terra: "Percorram a terra e façam sua descrição. Em seguida, voltem aqui para mim, e eu lançarei a sorte sobre as partes, aqui diante de Javé em Silo". ⁹Os homens partiram, percorreram a terra, e descreveram em livro o reconhecimento das cidades em sete partes. Em seguida, regressaram a Josué, no acampamento em Silo. ¹⁰Josué tirou a sorte sobre as partes, diante de Javé, em Silo. E aí Josué dividiu a terra em partes para os filhos de Israel, segundo a formação do povo.

Tribo de Benjamim – ¹¹A primeira sorte caiu para a tribo dos filhos de Benjamim, de acordo com seus clãs. O território que por sorte coube a eles estava entre os filhos de Judá e os filhos de José. ¹²Seu território, do lado norte, partia do Jordão e subia depois em direção ao norte de Jericó, rumo à montanha do lado do ocidente, tendo como limite extremo o deserto de Bet-Áven. ¹³Daí a fronteira passava por Luza, isto é, Betel, ao lado de Luza ao sul; depois, a fronteira descia para Atarot-Adar, sobre a montanha que está ao sul de Bet-Horon-Inferior. ¹⁴Desse ponto, a fronteira se inclinava e contornava, do lado oeste, em direção ao sul, desde a montanha que está à frente de Bet-Horon ao sul, e terminava em Cariat-Baal, isto é, Cariat-Iarim, cidade dos filhos de Judá. Esse era o lado ocidental. ¹⁵Do lado sul, a fronteira ia da extremidade de Cariat-Iarim na direção do oriente, seguindo rumo às fontes de água de Neftoa; ¹⁶depois, descia para a extremidade da montanha que está diante do vale de Ben-Enom, situada dentro do vale dos rafaim, ao norte; descia para o vale de Enom, ao sul pelo lado dos jebuseus, e descia rumo a En-Roquel. ¹⁷Daí se inclinava, ao norte, para chegar a En-Sames; depois se dirigia para Galilot, localizada à frente da subida de Adomim, e descia até a Pedra de Boen, filho de Rúben; ¹⁸atravessava, ao lado norte, diante de Bet-Arabá, e descia na direção de Arabá. ¹⁹Depois, a fronteira passava ao lado de Bet-Hegla ao norte, e o ponto extremo da fronteira era a península do mar do Sal,

---

18-19: Silo, 18 km ao norte de Betel, cercada por cadeias montanhosas, tornou-se o centro das assembleias tribais e o principal santuário ao norte de Israel (1Sm 1,1; Ex 23,14). Foi, sem dúvida, a região que viu surgir a monarquia na pessoa de Saul (1Sm 11,1-11). A cidade foi destruída pelos filisteus em 1050 a.C., segundo estudos arqueológicos. O profeta Jeremias refere-se a Silo, já destruída, para criticar os cultos praticados em Jerusalém (Jr 7,12) durante o reinado de Joaquim (609-598 a.C.).

ao norte, na extremidade sul do Jordão. Assim era a fronteira ao sul. ²⁰O Jordão formava sua fronteira para o lado do oriente. Essa foi a herança dos filhos de Benjamim, segundo o contorno de suas fronteiras e segundo seus clãs.

Cidades de Benjamim – ²¹As cidades das tribos de Benjamim eram, segundo seus clãs: Jericó, Bet-Hagla, Amec-Casis, ²²Bet-Arabá, Samarim, Betel, ²³Avim, Fará, Efra, ²⁴Cafar-Emona, Ofni, Gaba: doze cidades e suas aldeias. ²⁵Gabaon, Ramá, Berot, ²⁶Masfa, Cafira, Mosa, ²⁷Recém, Jarafel, Tarala, ²⁸Sela, Elef, Jebus, isto é, Jerusalém, Gabaá e Cariat: catorze cidades e suas aldeias. Essa foi a herança dos filhos de Bejamim, segundo seus clãs.

19 **Tribo de Simeão** – ¹Na segunda vez, a sorte saiu para Simeão, para a tribo dos filhos de Simeão, segundo seus clãs; e sua herança ficou no meio da herança dos filhos de Judá. ²Coube para eles como herança: Bersabeia, Saba, Molada, ³Haser-Sual, Bela, Asém, ⁴Eltolad, Betul, Horma, ⁵Siceleg, Bet-Marcabot, Haser-Susa, ⁶Bet-Lebaot e Saroen: treze cidades e suas aldeias; ⁷Ain, Remon, Atar e Asa: quatro cidades e suas aldeias, ⁸com todas as aldeias que contornavam essas cidades, até Baalat-Beer e Ramá-Negueb. Essa foi a herança da tribo dos filhos de Simeão, segundo seus clãs. ⁹Do território dos filhos de Judá foi tirada a herança dos filhos de Simeão, porque a parte dos filhos de Judá era demasiadamente grande para eles. É por esse motivo que os filhos de Simeão obtiveram sua herança no meio da herança deles.

Tribo de Zabulon – ¹⁰Na terceira vez, a sorte saiu para os filhos de Zabulon, segundo seus clãs. A fronteira de sua herança ia até Sadud. ¹¹Sua fronteira ia rumo ao oeste, em direção a Merala, e se encontrava em Debaset, e em seguida chegava até o riacho que vai na direção de Jecnaam. ¹²De Sadud, ela se voltava para o leste, na direção do sol nascente, até a fronteira de Ceselet-Tabor, e seguia em direção a Daberet e Jáfia. ¹³Daí atravessava seguindo o leste, na direção do sol nascente, rumo a Gat Héfer e Etacasim, chegando a Remon, desviando-se rumo a Noa. ¹⁴Depois, a fronteira contornava o norte de Hanaton, e terminava no vale de Jectael, ¹⁵juntamente com Catet, Naalol, Semeron, Jerala e Belém; eram doze cidades e suas aldeias. ¹⁶Essas cidades fizeram parte da herança dos filhos de Zabulon, segundo seus clãs e suas aldeias.

Tribo de Issacar – ¹⁷Na quarta vez, a sorte saiu para Issacar, para os filhos de Issacar, segundo seus clãs. ¹⁸Sua fronteira era formada por Jezrael, Casalot e Suném, ¹⁹Hafaraim, Seon, Anaarat, ²⁰Daberet, Cesion, Abes, ²¹Ramet, En-Canim, En-Hada e Bet-Fases. ²²A fronteira passava pelo Tabor, Seesima e Bet-Sames, terminando no Jordão: dezesseis cidades e suas aldeias. ²³Essa foi a herança da tribo dos filhos de Issacar, segundo seus clãs: as cidades e suas aldeias.

Tribo de Aser – ²⁴Na quinta vez, saiu a sorte para a tribo dos filhos de Aser, segundo seus clãs. ²⁵Seu território foi formado por Halcat, Cali, Beten, Acsaf, ²⁶Elmelec, Amaad e Massal; passava pelo Carmelo ao oeste, e pelo rio Labanat. ²⁷Retornava para o lado do sol nascente, rumo a Bet-Dadon, e se encontrava com Zabulon, no vale de Jeftael ao norte, Bet-Emec e Neiel, encontrando Cabul do lado esquerdo, ²⁸Abdon, Roob, Hamon e Caná, indo até Sidônia Grande. ²⁹A fronteira retornava depois a Ramá, até a cidade fortificada de Tiro; voltava depois a Hosa, indo terminar no mar de Maleb e Aczib. ³⁰Contava ainda com as cidades de Aco, Afec e Roob: vinte e duas cidades e suas aldeias. ³¹Essa foi a herança da tribo dos filhos de Aser, segundo seus clãs: suas cidades e aldeias.

Tribo de Neftali – ³²A sexta sorte saiu para os filhos de Neftali, segundo seus clãs. ³³Sua fronteira ia de Helef e do Carvalho em Saanamim, com Adami-Neceb e Jebnael, até Lecum e terminava no Jordão. ³⁴A fronteira contornava o ocidente de Aznot Tabor, e daí se unia a Hococa. Ela se encontrava com Zabulon ao sul e se unia com Aser ao oeste, e com o Jordão ao lado do sol nascente. ³⁵As cidades fortificadas eram Assedim, Ser, Emat, Recat, Quineret, ³⁶Edema, Ramá, Hasor, ³⁷Cedes, Edrai, En-Hasor, ³⁸Jeron, Magdalel, Horém, Bet-Anat e Bet-Sames: dezenove cidades e suas aldeias. ³⁹Essa foi a herança da tribo dos filhos de Neftali segundo seus clãs: as cidades e suas aldeias.

Tribo de Dã – ⁴⁰Na sétima vez, a sorte saiu para a tribo dos filhos de Dã, segundo seus clãs. ⁴¹Sua herança era formada por Saraá, Estaol, Ir-Sames, ⁴²Salebim, Aialon, Silata, ⁴³Elon, Tamna, Acaron, ⁴⁴Eltece, Gebeton, Baalat, ⁴⁵Jeud, Benê-Barac e Gat-Remon, ⁴⁶as águas do Jarcon e o Racon, com o território que está diante de Jope. ⁴⁷O limite do território dos filhos de Dã era ao redor deles mesmos, tornando-se pequeno. Por isso, subiram para guerrear contra Lesém, e a conquistaram, passando-a pelo fio da espada. Ocuparam a cidade e nela habitaram, e a chamaram de Lesem-Dã, conforme o nome de Dã, seu antepassado. ⁴⁸Essa a herança da tribo dos filhos de Dã, segundo seus clãs: as cidades e suas aldeias.

⁴⁹Quando terminaram de distribuir as terras em herança, segundo suas fronteiras, os filhos de Israel deram para Josué, filho de Nun, herança no meio deles. ⁵⁰De acordo com a palavra de Javé, deram-lhe a cidade que ele havia solicitado, Tamnat-Saraá, na montanha de Efraim. Ele a reconstruiu e nela habitou.

⁵¹São essas as partes da herança que o sacerdote Eleazar e Josué, filho de Nun, e os chefes de família das tribos dos filhos de Israel, tiraram à sorte, em Silo, à frente de Javé, na porta da Tenda do Encontro. E assim completaram a divisão da terra.

20 Seis cidades de refúgio – ¹Javé falou a Josué nestes termos: ²"Fale aos filhos de Israel nestes termos: Nomeiem para vocês algumas cidades que sirvam de refúgio, conforme falei a vocês por meio de Moisés. ³Nelas o homicida poderá encontrar refúgio, caso tenha assassinado alguém sem querer, inconscientemente. Esse lugar servirá para ele de refúgio diante do vingador de sangue. ⁴Ele, o homicida, buscará refúgio numa dessas cidades. Vai se manter de pé, no portão da cidade, e contará todo o acontecido aos anciãos da cidade; estes, em seguida, o admitirão na cidade, designando um lugar para ele viver no meio de vocês. ⁵Caso o vingador de sangue o persiga, não entregarão o assassino nas mãos dele, pois foi sem intenção de matar que ele golpeou seu companheiro, isto é, sem odiá-lo anteriormente. ⁶Ele permanecerá morando nessa cidade, até que compareça diante da assembleia e seja julgado, até a morte do grande sacerdote que nesses dias esteja no cargo. Em seguida, o assassino voltará para sua cidade, para sua casa, para a cidade de onde fugiu".

⁷Eles consagraram: Cedes na Galileia, na montanha de Neftali; e Siquém, na montanha de Efraim, e Cariat-Arbe, isto é, Hebron, na montanha de Judá. ⁸E do outro lado do Jordão, a oriente da Jericó, designaram Bosor, da tribo de Rúben, na planície do deserto; Ramot em Galaad, da tribo de Gad; e Golã, em Basã, da tribo de Manassés.

⁹Essas foram as cidades designadas para todos os filhos de Israel e para os estrangeiros que se acham residindo no meio deles, para servirem de refúgio a todo aquele que tenha assassinado alguém sem querer, e assim não seja morto pelas mãos do vingador de sangue, até que tenha comparecido diante da assembleia.

21 Cidades dos levitas – ¹Os chefes de família dos levitas apresentaram-se diante do sacerdote Eleazar, de Josué, filho de Nun, e dos chefes das tribos dos filhos de Israel, ²em Silo, na terra de Canaã; e falaram nestes termos: "Javé disse, por meio de Moisés, que nos daria cidades para nelas morarmos, e suas pastagens para nossos animais domésticos". ³Então os filhos de Israel deram para os levitas parte de suas heranças, segundo Javé havia ordenado.

As seguintes cidades e suas pastagens ⁴foram sorteadas: para os clãs dos caatitas, para os filhos dos sacerdotes de Aarão dentre os levitas, treze cidades pertencentes às tribos de Judá, às tribos de Simeão

---

20,1-9: A narrativa, já em época pós-exílica, designa seis cidades em seis diferentes regiões, que serviam de abrigo e garantiam a vida do infrator. O homicida involuntário necessitava fugir dos parentes da vítima (cf. Ex 21,13; Nm 35,9-14).

21,1-45: Tradições posteriores, possivelmente da época em que a vida social esteve sob o controle sacerdotal, designaram aos levitas o direito de possuir determinadas propriedades, contrariando as prescrições de Nm 18,20-32.

e às tribos de Bejamim. ⁵Restaram como herança, por sorte, para os filhos de Caat, dez cidades dos clãs da tribo de Efraim, da tribo de Dã e da metade da tribo de Manassés. ⁶Os filhos de Gérson receberam, por sorte, doze cidades tiradas dos clãs da tribo de Issacar, da tribo de Aser, da tribo de Neftali e da meia tribo de Manassés, em Basã. ⁷Para os filhos de Merari, segundo seus clãs, foram dadas doze cidades tiradas da tribo de Rúben, da tribo de Gad e da tribo de Zabulon. ⁸Os filhos de Israel deram, por sorte, aos levitas, essas cidades e suas pastagens, de acordo com o que Javé havia ordenado por meio de Moisés.

Parte dos caatitas – ⁹Das tribos dos filhos de Judá e das tribos dos filhos de Simeão, deram as seguintes cidades designadas pelos nomes: ¹⁰foi, em primeiro lugar, sorteada a parte dos filhos de Aarão que pertencia aos clãs dos caatitas, dos filhos de Levi. ¹¹Deram para eles Cariat-Arbe, a cidade dos pais de Enac, isto é, Hebron, na montanha de Judá, bem como as pastagens ao seu redor. ¹²Deram o campo da cidade e suas aldeias como propriedade para Caleb, filho de Jefoné. ¹³Para os filhos do sacerdote Aarão, deram a cidade de refúgio do homicida, Hebron e suas pastagens, bem como Lebna e suas pastagens, ¹⁴Jeter e suas pastagens, Estemo e suas pastagens, ¹⁵Holon e suas pastagens, Dabir e suas pastagens, ¹⁶Asã e suas pastagens, Jeta e suas pastagens, e Bet-Sames e suas pastagens: foram nove cidades tomadas dessas duas tribos. ¹⁷Da tribo de Benjamim: Gabaon e suas pastagens, Gaba e suas pastagens, ¹⁸Anatot e suas pastagens, Almon e suas pastagens: foram quatro cidades. ¹⁹Total das cidades pertencentes aos filhos do sacerdote Aarão: treze cidades e suas pastagens.

²⁰Para os clãs dos filhos de Caat, aos demais levitas remanescentes, vindos dos filhos de Caat, foram sorteadas as cidades pertencentes à tribo de Efraim. ²¹E lhes deram Siquém, a cidade de refúgio do homicida, com as pastagens dela, na montanha de Efraim, assim como Gazer e suas pastagens, ²²Cibsaim e suas pastagens, Bet-Horon e suas pastagens: foram quatro cidades. ²³Da tribo de Dã foram: Eltece e suas pastagens, Gebeton e suas pastagens,

²⁴Aialon e suas pastagens, Gat-Remon e suas pastagens: foram quatro cidades. ²⁵Da meia tribo de Manassés foram: Tanac e suas pastagens, Jibleam e suas pastagens: foram duas cidades. ²⁶Total: dez cidades, com suas pastagens, para os clãs que sobraram dos filhos de Caat.

Parte dos filhos de Gérson – ²⁷Para os filhos de Gérson, remanescentes do clã dos levitas, deram, da meia tribo de Manassés, a cidade de refúgio para o homicida, Golã e suas pastagens em Basã, assim como Astarot e suas pastagens: foram duas cidades. ²⁸Da tribo de Issacar, Cesion e suas pastagens, Daberat e suas pastagens, ²⁹Jarmut e suas pastagens, En-Ganim e suas pastagens: foram quatro cidades. ³⁰Da tribo de Aser, Masal e suas pastagens, Abdon e suas pastagens, ³¹Helcat e suas pastagens, Roob e suas pastagens: foram quatro cidades. ³²Da tribo de Neftali, a cidade de refúgio para o homicida, Cedes na Galileia e suas pastagens, Hamot-Dor e suas pastagens, Cartã e suas pastagens: foram três cidades. ³³Total das cidades dos gersonitas e seus clãs: treze cidades e suas pastagens.

Parte dos filhos de Merari – ³⁴Para os clãs dos filhos de Merari, aos levitas remanescentes, deram da tribo de Zabulon: Jecnaam e suas pastagens, Carta e suas pastagens, ³⁵Demnã e suas pastagens, Naabol e suas pastagens: foram quatro cidades. ³⁶Do outro lado do Jordão, da tribo de Rúben: Bosor, a cidade de refúgio para o homicida, no deserto, e suas pastagens, Jasa e suas pastagens, ³⁷Cedimot e suas pastagens, Mefaat e suas pastagens: foram quatro cidades. ³⁸Da tribo de Gad: a cidade de refúgio para o homicida, Ramot, em Galaad, e suas pastagens, Maanaim e suas pastagens, ³⁹Hesebon e suas pastagens, Jazer e suas pastagens: foi um total de quatro cidades. ⁴⁰O total de cidades sorteadas para os filhos de Merari e seus clãs, remanescentes dos clãs dos levitas, foi de doze cidades.

⁴¹Total de cidades dos levitas, no meio das propriedades dos filhos de Israel: quarenta e oito cidades e suas pastagens. ⁴²Essas cidades compreendiam, cada uma delas, a cidade e suas pastagens. Assim eram todas as cidades.

Partilha concluída – ⁴³Javé deu a Israel toda a terra que havia jurado dar a seus pais. Eles se apossaram dela e nela habitaram. ⁴⁴Javé deu-lhes repouso em todas as partes, segundo tudo o que havia jurado a seus pais, e nenhum de seus inimigos conseguiu resistir diante deles, em cujas mãos Javé os entregou. ⁴⁵Não faltou o cumprimento de uma só palavra de todas as boas palavras que Javé falou para a casa de Israel. Tudo se realizou.

III. SUPERAÇÃO DE UM CONFLITO TRIBAL

22 *Retorno das tribos no além-Jordão*
– ¹Então Josué convocou os rubenitas, os gaditas e a meia tribo de Manassés, ²e lhes disse: "Vocês têm observado tudo o que lhes ordenou Moisés, servo de Javé, e têm escutado minha voz em tudo o que ordenei a vocês. ³Não descuidaram desses seus irmãos, durante muitos dias, até o dia de hoje. Cumpriram e guardaram os mandamentos de Javé seu Deus. ⁴E agora Javé seu Deus concedeu repouso aos irmãos de vocês, conforme ele havia falado para vocês. Agora, pois, retornem e vão para suas tendas, na terra que é sua herança, que Moisés, servo de Javé, deu a vocês no outro lado do Jordão. ⁵Procurem somente observar e praticar muito bem os mandamentos e a Lei que Moisés, servo de Javé, ordenou a vocês: amar a Javé seu Deus, e andar sempre em seus caminhos, e observar seus mandamentos. Apeguem-se a ele e o sirvam com todo o coração e com toda a alma". ⁶Em seguida, Josué os abençoou e os enviou. E eles voltaram para suas tendas.

⁷Moisés havia dado, para a metade da tribo de Manassés, um território em Basã; a outra metade, Josué a deu para seus irmãos, no outro lado, na margem ocidental do Jordão. Quando os enviou para suas tendas, Josué também os abençoou ⁸e lhes disse: "Voltem para suas tendas com muitas riquezas, numerosos rebanhos, com prata e ouro, com bronze e ferro, e com muitas vestimentas. Repartam com seus irmãos os despojos do inimigo".

Um altar junto ao Jordão – ⁹Os filhos de Rúben, os filhos de Gad e a meia tribo de Manassés regressaram e deixaram os filhos de Israel em Silo, na terra de Canaã, para irem rumo à terra de Galaad, terra de propriedade deles, para apossar-se dela, segundo Javé lhes havia ordenado por meio de Moisés. ¹⁰Chegando à região do Jordão, que está no território de Canaã, os filhos de Rúben, os filhos de Gad e a meia tribo de Manassés construíram aí, junto ao Jordão, um altar de grandes dimensões.

¹¹Os filhos de Israel ficaram sabendo e disseram: "Eis que os filhos de Rúben, os filhos de Gad e a meia tribo de Manassés construíram um altar bem na frente das terras de Canaã, na região do Jordão, do lado oposto às terras dos filhos de Israel". ¹²Ao ficarem sabendo disso, os filhos de Israel se reuniram, juntamente com toda a assembleia em Silo, para marcharem contra eles para a guerra.

Necessidade de um acordo – ¹³Os filhos de Israel enviaram aos filhos de Rúben, aos filhos de Gad e à meia tribo de Manassés, na terra de Galaad, Fineias, filho do sacerdote Eleazar, ¹⁴e com ele foram dez chefes, um chefe de cada casa paterna, de todas as tribos de Israel. Todos eram chefes de suas casas paternas, dos milhares de Israel. ¹⁵Eles chegaram aos filhos de Rúben, aos filhos de Gad e à meia tribo de Manassés e falaram nestes termos: ¹⁶"Assim falou toda a assembleia de Javé: Que infidelidade é essa? Por que vocês traíram o Deus de Israel? Por que vocês hoje voltaram as costas para Javé? Por que edificaram para vocês este altar e se revoltaram hoje contra Javé? ¹⁷Será que é pouco para nós o erro cometido em Fegor, erro que não sai da nossa presença, e do qual não nos purificamos até os dias de hoje, apesar da desgraça que caiu sobre a assembleia de Javé? ¹⁸Vocês hoje voltam as costas para Javé? Assim, se vocês hoje se revoltam contra Javé, amanhã Javé irá sentir ódio contra toda a assembleia de Israel! ¹⁹Pelo contrário, se a terra onde

---

22,1-8: A centralidade da Lei foi essencial no retorno do exílio. Nesse sentido, o narrador legitima o sucesso da empreitada, mediante o apego à Lei e à sua observância.

9-34: A tradição deuteronomista ofereceu harmonia a um possível conflito entre as tribos, ao buscar uma explicação para a existência de um altar fora de Jerusalém, na época do pós-exílio. O altar não foi para a prática de sacrifício e holocausto, mas um significativo emblema memorial, recordando os grandes feitos javistas em prol dos filhos de Israel.

estão suas propriedades é impura, passem para a terra de propriedade de Javé, lá onde está a morada de Javé, e adquiram uma propriedade junto a nós. Mas não se revoltem contra Javé, nem se revoltem contra nós, construindo para vocês outro altar que não seja o altar de Javé nosso Deus. ²⁰Quando Acã, filho de Zaré, cometeu uma traição, diante dos objetos condenados ao anátema, a maldição não veio sobre toda a tribo de Israel? Ele não foi o único homem a morrer por causa da sua iniquidade".

Explicação das tribos do além-Jordão – ²¹Os filhos de Rúben, os filhos de Gad e a meia tribo de Manassés responderam aos chefes dos milhares de Israel: ²²"O Deus dos deuses Javé, o Deus dos deuses Javé conhece, e Israel também saberá: se houve revolta ou infidelidade contra Javé, que ele deixe de nos proteger neste dia! ²³Se construímos para nós um altar, para assim voltarmos as costas a Javé, ou se foi para oferecermos holocausto e oferenda, ou para fazermos sacrifícios de comunhão, então que o próprio Javé nos peça contas! ²⁴Realmente, agimos desse modo por causa da seguinte preocupação: amanhã os filhos de vocês dirão aos nossos filhos: 'O que existe entre vocês e Javé, o Deus de Israel? ²⁵Javé colocou uma fronteira entre nós e vocês, filhos de Rúben e filhos de Gad: o Jordão. Não existe, para vocês, parte alguma com Javé!' Desse modo, seus filhos farão extinguir, entre nossos filhos, o culto a Javé.

²⁶Por esse motivo é que dissemos: Nós faremos assim para edificar este altar: ele não servirá para holocaustos nem para sacrifícios, ²⁷mas para servir como testemunho entre nós e vocês, e entre as gerações que virão depois de nós, que continuarão a cultuar Javé, na presença dele, com nossos holocaustos, nossas vítimas e nossos sacrifícios de comunhão. Assim, seus filhos amanhã não irão dizer para os nossos: 'Não existe para vocês parte alguma com Javé!' ²⁸Nós tínhamos refletido deste modo: 'Caso amanhã eles nos digam algo nesses termos, a nós e às nossas futuras gerações, então falaremos: Vejam a construção do altar de Javé, que nossos pais edificaram. Não serve para holocaustos nem para sacrifícios. É apenas um testemunho entre nós e vocês'. ²⁹Longe de nós revoltar-nos contra Javé ou voltar hoje nossas costas para ele, edificando outro altar para holocaustos, oferendas e sacrifícios, e desse modo nos separarmos do altar de Javé nosso Deus que está diante do seu santuário".

As tribos firmam acordo – ³⁰No momento em que o sacerdote Fineias, os chefes da comunidade e os chefes dos milhares de Israel, que estavam com ele, ouviram as palavras que disseram os filhos de Rúben, os filhos de Gad e os filhos de Manassés na presença deles, então se sentiram bem. ³¹O sacerdote Fineias, filho de Eleazar, disse aos filhos de Rúben, aos filhos de Gad e aos filhos de Manassés: "Hoje sabemos que Javé está no meio de nós, porque nós não cometemos infidelidades contra ele, e além disso vocês livraram da ira de Javé os filhos de Israel".

³²O sacerdote Fineias, filho de Eleazar, e os líderes deixaram os filhos de Rúben, os filhos de Gad, e retornaram da terra de Galaad à terra de Canaã, para junto dos filhos de Israel, e os informaram de tudo. ³³Os filhos de Israel concordaram com o que lhes foi relatado, bendisseram a Deus e já não falaram de marchar contra eles, a fim de guerrear e destruir a terra onde habitavam os filhos de Rúben e os filhos de Gad. ³⁴Por isso, os filhos de Rúben e os filhos de Gad chamaram o altar de "Testemunho entre nós de que Javé é Deus".

IV. DESPEDIDA DE JOSUÉ

23 *Discurso de Josué* – ¹Aconteceu que, passados longos dias, depois que Javé pôs fim às hostilidades contra Israel por parte de seus inimigos, Josué tornou-se avançado em idade. ²Josué convocou todo Israel: seus anciãos, seus chefes, seus juízes e todos os oficiais ligados à administração, e lhes disse: "Eu já estou bastante velho, em idade avançada. ³Vocês puderam ver tudo o que Javé seu Deus

---

23,1-16: Os caps. 23-24 são acréscimos recentes e concluem o livro. A tradição deuteronomista não vacila em creditar o sucesso de Josué à observância dele a todos os preceitos de Javé.

fez por vocês diante de todas as nações, porque Javé seu Deus, ele mesmo e não outro, fez guerra pela vossa causa. ⁴Vejam, eu designei para vocês, por sorteio, todas as nações que ainda restam no meio de vocês, como herança para suas tribos, e também todas as nações que aniquilei, desde o Jordão até o Grande Mar, ao sol poente. ⁵Javé seu Deus, ele mesmo vai expulsar seus inimigos diante de vocês. Ele vai tirá-los de sua frente, e vocês vão tomar posse de suas terras, conforme Javé seu Deus falou para vocês.

Compromisso com a Lei – ⁶Somente tenham muita, muita força para preservar e praticar tudo o que está escrito no livro da Lei de Moisés, sem nunca se desviarem nem à direita, nem à esquerda, ⁷para que nunca venham a estar com vocês essas nações que ainda restam no meio de vocês. Não mencionem os nomes de seus deuses, não façam juramento em nome deles, não os sirvam e não se prostrem diante deles. ⁸Ao contrário, vocês vão se apegar a Javé seu Deus, conforme vocês têm feito até os dias de hoje. ⁹Javé expulsou, de diante de vocês, nações grandes e poderosas, ao ponto de ninguém ser capaz de resistir a vocês, até os dias de hoje. ¹⁰Um só homem dentre vocês será capaz de perseguir mil, pois Javé seu Deus, ele mesmo combate por vocês, conforme havia falado. ¹¹Tenham muito cuidado com suas próprias vidas, para amar a Javé seu Deus. ¹²Porém, se vocês voltarem, de fato, a se unir a essas nações, que ainda sobram no meio de vocês, se vocês se misturarem com elas, e elas com vocês, ¹³saibam verdadeiramente: Javé seu Deus não continuará a expulsar essas nações do meio de vocês. Elas serão como armadilha ou rede, como açoite para suas costas ou espinho nos seus olhos, até que vocês desapareçam dessa terra boa, que Javé seu Deus deu para vocês.

¹⁴Eis que hoje eu vou pelo caminho de toda a terra. Vocês reconhecerão, com todo o seu coração e com toda a sua alma, que não ficou nenhuma palavra sem se cumprir, de todas as boas palavras que Javé, seu Deus, falou a respeito de vocês. Todas se realizaram para vocês, nenhuma falhou. ¹⁵Assim como se realizaram para vocês todas as boas palavras que Javé seu Deus falou a respeito de vocês, do mesmo modo Javé fará cair sobre vocês todas as más palavras, até exterminá-los desta terra boa que Javé seu Deus concedeu para vocês. ¹⁶Mas, se vocês quebrarem a aliança que Javé seu Deus fez com vocês, para servir a outros deuses, prostrando-se diante deles, a ira de Javé se inflamará contra vocês, e rapidamente perderão a boa terra que Javé deu para vocês".

V. CELEBRAÇÃO DA UNIDADE

24 ***Aliança em Siquém*** – ¹Josué reuniu todas as tribos de Israel em Siquém, e convocou os anciãos de Israel, os chefes, os juízes e os administradores, e eles se apresentaram diante de Deus. ²Josué disse a todo o povo: "Assim diz Javé, o Deus de Israel: Outrora seus pais, Taré, pai de Abraão e de Nacor, habitaram do outro lado do Rio, o Eufrates, e serviram a outros deuses. ³Eu peguei seu pai Abraão, do outro lado do Rio, e o fiz caminhar por toda a terra de Canaã, multipliquei sua descendência e lhe dei Isaac. ⁴A Isaac dei Jacó e Esaú, e dei a Esaú, como herança, a montanha de Seir. Jacó e seus filhos desceram para o Egito. ⁵Eu enviei Moisés e Aarão para ferir o Egito com minhas ações, e em seguida eu os tirei de lá. ⁶Eu fiz sair seus pais do Egito e eles chegaram ao mar. Entretanto, os egípcios os perseguiram com carros e cavalarias até o mar dos Juncos. ⁷E eles gritaram para Javé, que colocou nuvens escuras entre eles e os egípcios; Javé fez vir sobre eles o mar, que os encobriu. Vocês viram, com seus próprios olhos, todas essas coisas que eu fiz no Egito, e permaneceram no deserto por muito tempo. ⁸Eu fiz vocês entrarem

---

24,1-33: O pacto final é narrado em forte ambiente litúrgico, na histórica Siquém. Desde o terceiro milênio a.C., a cidade já era mencionada como importante lugar estratégico, por estar em região fértil e de encontro das rotas comerciais usadas pelos egípcios. Propositadamente, o narrador final escolhe esse lugar para unir Josué às tradições patriarcais, dando-lhe legitimidade e indicando o rumo a ser seguido por Israel (Gn 33,18-19; 48,22). Siquém legitima também a adesão de outros clãs ao javismo, indispensável para justificar a identidade e felicidade da nação de Israel (24,2-13).

nas terras dos amorreus, que estão do outro lado do Jordão; estes fizeram guerra contra vocês, mas eu os entreguei em suas mãos, e desse modo vocês tomaram posse da terra deles. E eu os derrotei diante de vocês. ⁹Em seguida, levantou-se Balac, filho de Sefor, rei de Moab, para fazer guerra contra Israel, e mandou convocar Balaão, filho de Beor, para lançar maldições sobre vocês. ¹⁰Mas eu não quis ouvir Balaão; ele deu graças, abençoando vocês, e eu preservei vocês das mãos dele. ¹¹Depois, vocês atravessaram o Jordão e chegaram a Jericó, mas a classe poderosa de Jericó fez guerra contra vocês: os amorreus, os ferezeus, os cananeus, os heteus, os gergeseus, os heveus e os jebuseus, mas eu os entreguei em suas mãos. ¹²Eu enviei grandes vespas diante de vocês, o que tirou de sua frente os dois reis amorreus; não foi com a espada de vocês, nem com seu arco. ¹³Dei para vocês uma terra pela qual vocês não se esforçaram, cidades que vocês não construíram, e nas quais vocês habitam; vinhas e olivais que vocês não plantaram, e dos quais vocês comem.

¹⁴Portanto, agora sejam fiéis a Javé, sirvam a ele, com perfeição e verdade. Joguem fora os deuses que seus pais adoraram no outro lado do Rio e no Egito, e sirvam a Javé. ¹⁵Se é um mal aos olhos de vocês servir a Javé, escolham hoje a quem querem servir: se aos deuses que seus pais serviram no outro lado do Rio, ou aos deuses dos amorreus no país onde vocês agora habitam. Quanto a mim e à minha casa, nós serviremos a Javé".

¹⁶O povo assim respondeu: "Longe de nós abandonar a Javé para servir outros deuses, ¹⁷pois Javé nosso Deus, ele mesmo nos retirou a nós e a nossos pais da terra do Egito, da terra da escravidão, realizou diante de nossos olhos esses grandes sinais, e nos guardou em todos os caminhos, pelos quais andamos em meio a todos os povos, cujas propriedades nós atravessamos. ¹⁸Javé expulsou de nossa presença todos os povos, como os amorreus que habitavam esta terra. Assim, também nós serviremos a Javé, porque ele é o nosso Deus".

¹⁹Josué disse a todo o povo: "Vocês não podem servir a Javé, porque ele é um Deus santo, ele é um Deus ciumento, ele não carrega os delitos de vocês, nem suas transgressões. ²⁰Supondo que vocês abandonem a Javé para servirem a outros deuses, ele se voltará e irá tratar mal a vocês e os destruirá, depois de tê-los tratado tão bem".

²¹O povo disse a Josué: "Não! Somente a Javé nós serviremos". ²²Então Josué disse ao povo: "Vocês são testemunhas contra si mesmos de que preferem servir a Javé". Eles responderam: "Somos testemunhas!" ²³"E agora, façam desaparecer os deuses estrangeiros que existem no meio de vocês, e inclinem seus corações para Javé, o Deus de Israel". ²⁴O povo disse a Josué: "É a Javé que nós serviremos. É sua voz que nós ouviremos".

²⁵Josué concluiu, nesse dia, uma aliança para o povo, e em Siquém lhes promulgou regras e direitos. ²⁶Josué escreveu essas palavras no livro da Lei de Deus. Em seguida, pegou uma grande pedra e aí a levantou, debaixo do Carvalho que está no santuário de Javé. ²⁷Josué disse a todo o povo: "Eis que esta pedra será usada como testemunho contra nós, porque ela ouviu todas as palavras que Javé nos falou. Ela será um testemunho contra vocês, para que fiquem proibidos de renegar o Deus de vocês". ²⁸E Josué despediu o povo, cada um para sua herança.

Morte de Josué e de Eleazar – ²⁹Depois desses acontecimentos, Josué, filho de Nun, servo de Javé, morreu com a idade de cento e dez anos. ³⁰Foi sepultado no território de sua herança, em Tamnat-Sare, que está localizado na montanha de Efraim, ao norte do monte Gaás. ³¹Israel serviu a Javé durante todos os dias de Josué e durante todos os dias dos anciãos que sobreviveram depois de Josué e que tinham conhecido todas as obras que Javé havia feito para Israel. ³²Os ossos de José, que os filhos de Israel tinham trazido do Egito, foram sepultados em Siquém, na parte do campo que Jacó havia comprado dos filhos de Hemor, pai de Siquém, por cem moedas de prata, e que se tornou herança para os filhos de José. ³³Eleazar, filho de Aarão, também morreu e o sepultaram em Gabaá, propriedade de seu filho Finéias, que tinha sido dada a este na montanha de Efraim.

JUÍZES

RESPONSÁVEIS PELO DIREITO E PELA JUSTIÇA

Introdução

Apresentar a consolidação dos clãs israelitas, em época anterior ao surgimento da monarquia, é o objetivo do livro dos Juízes. Para garantir estabilidade na posse da terra, Javé faz surgir, revestidos do seu espírito, autênticos juízes e juíza, com a finalidade de estabelecerem o direito e a justiça, e saírem para combater as forças inimigas (cf. 3,10; 6,34; 11,29; 13,25; 14,6.19; 15,14).

A garantia do triunfo sobre todos os inimigos, proclamada anteriormente no livro de Josué (Js 21,43-45; 24,11-13), não é a realidade experimentada pelas tribos neste livro dos Juízes. As cidades-estado instaladas em Hasor, Hebron, Betel e Siquém tornam-se constante perigo e afronta para as tribos israelitas (4,2; 6,2-6; 13,1). Os autores aqui não apresentam a estabilidade final e total das doze tribos unidas e instaladas, cada qual em seu pedaço de terra. Percebe-se, isto sim, o modo lento e gradual vivenciado por diferentes clãs na ocupação de seus territórios.

É oportuno compreender o contexto social em que o livro foi composto. Entre os sécs. VIII-VII a.C., as fronteiras do reino de Israel (norte) e do reino de Judá (sul) se deparam, pela primeira vez, com os projetos da expansão avassaladora do império assírio. A vida sociorreligiosa estava ameaçada. O risco da guerra não somente ameaçava, mas foi uma realidade, quando no ano 722 a.C.

a invasão assíria culminou com a destruição da Samaria pelas forças de Salmanasar V, que exilou os sobreviventes (cf. 2Rs 17,5s).

A partir de 597 a.C., foi a vez do reino de Judá sofrer as incursões expansionistas do império babilônico. Nabucodonosor II, monarca de 604-562 a.C., comandou pessoalmente a primeira deportação, que fez reféns o rei Joaquin e sua corte, além de dez mil entre soldados, sacerdotes, eunucos da corte e construtores, todos levados para o exílio (2Rs 24,12-16) e instalados nas regiões de Cobar e Tel-Abib (Ez 1,3; 3,15).

Entretanto, a situação do reino de Judá se agravaria, dez anos mais tarde. Como desfecho final, em 587 a.C. a cidade de Jerusalém e seu Templo foram destruídos e a população restante deportada para a cosmopolita Babilônia (cf. 2Rs 25,8-21), ficando em alguns lugares de Judá "os pobres da terra" (2Rs 25,12). Nessa situação de ruína e descrédito, surge a necessidade de avaliar e reler a história, no desejo de encontrar respostas para a vexatória realidade que se abateu sobre o "povo eleito" de Javé (Ex 9,1; Dt 7,6; 14,2). Foi preciso refletir e encontrar as causas de tanto sofrimento.

Na releitura histórica feita pelos sábios deuteronomistas, a prática da idolatria e o abandono da Torá são as causas originais dos males que assolaram Israel e Judá. Os reis não foram capazes de assegurar a integridade diante da proposta de Javé, e por isso os juízes são enviados na esperança de se retornar aos caminhos de Javé (3,7-11; 3,12-15; 4,1-3; 6,1; 8,27b.33-35; 10,6-16; 13,1). O fato de suscitar tais líderes certifica essa releitura em pleno exílio babilônico.

Recuperar antigas lendas e epopeias, cujo local exato de origem é impossível identificar, foi a resposta encontrada na época da monarquia pelos sábios deuteronomistas, para criticar as realezas que se afastaram do projeto de Javé. Essas "estórias" selecionadas dos doze juízes eram conhecidas em épocas anteriores ao exílio babilônico. Antigas lendas foram relidas e revestidas com uma mensagem legitimadora de Javé. O que antes era simples saga de algum clã familiar, agora se torna ícone em defesa das tribos de Israel (cf. 4,22-24).

Ao longo da descrição de todos os juízes, existe a seguinte estrutura literária, em forma de espiral: pecado (2,11; 4,1; 6,1), castigo (2,14.20; 3,8; 10,7), conversão (3,9.15; 4,3; 10,10) e salvação (2,16; 3,9.15). Essa dinâmica acontece no ciclo de vinte, quarenta e oitenta anos, números que acenam ao período de uma geração (3,11; 5,31; 8,28).

A narrativa exalta a prática de doze juízes. São seis maiores: Otoniel, Aod, Débora-Barac, Gedeão, Jefté e Sansão. Sobre esse grupo paira admiração por seus grandes feitos para livrar as tribos de ameaças iminentes. Não lhes falta a coragem na luta contra cananeus, madianitas, moabitas, amonitas e filisteus. Os seis juízes menores, Samgar, Tola, Jair, Abesã, Elon e Abdon (3,31; 10,1-5, 12,8-15), são lembrados sem detalhar grandes atributos ou façanhas. Não exercem nenhum ato de heroísmo em prol de alguma tribo.

Estrutura do livro. Primeira introdução (1,1-2,5): destaca a difícil ocupação das tribos de Israel em terras ocupadas pelos cananeus. Segunda introdução (2,6-3,6): escrita de modo mais catequético, salienta uma alternância entre fidelidade e infidelidade tribais, e como Deus intervém para corrigir seu povo. Primeira parte (3,7-16,31): corpo central do livro, apresenta a história dos doze juízes em defesa das tribos de Israel. Segunda parte, primeiro apêndice (17-18): de redação tardia, visa a explicar a origem do santuário instalado em Dã. Terceira parte, segundo apêndice (19-21): narra a guerra de Galaad contra os benjaminitas e a reconciliação final entre as duas tribos irmãs.

O apelo constante à proteção de Javé revela o desejo de manter-se fiel a seus planos, bem como o incansável propósito de libertar e assegurar paz e segurança para as tribos "até os dias de hoje".

PRIMEIRA INTRODUÇÃO: CONQUISTA DOS TERRITÓRIOS

1 Lenta ocupação de Canaã – ¹Aconteceu que, depois da morte de Josué, os filhos de Israel consultaram a Javé nestes termos: "Quem de nós subirá primeiro e combaterá contra os cananeus?" ²Javé respondeu: "Judá vai subir, pois eis que eu entreguei estas terras nas mãos dele". ³E Judá disse para Simeão, seu irmão: "Suba comigo ao meu território que me coube por sorte, e nós combateremos contra os cananeus. E depois, quando chegar a minha vez, eu subirei com você ao seu território". E Simeão foi com ele. ⁴Judá subiu. E Javé lhe entregou nas mãos os cananeus e os ferezeus. Judá feriu de morte cerca de dez mil homens em Bezec. ⁵Em Bezec encontraram Adonibezec e combateram contra ele, e derrotaram os cananeus e os ferezeus. ⁶Adonibezec escapou, mas eles saíram em sua perseguição até que o agarraram e lhe cortaram os polegares das mãos e dos pés. ⁷E disse Adonibezec: "Fiz cortar os polegares das mãos e dos pés de setenta reis. Todos eles recolhiam as migalhas debaixo de minha mesa. E eis que agora Deus me

---

1,1-2,5: Esta *primeira introdução* ao livro dos Juízes é diferente da rápida e total conquista dos territórios e subjugação dos inimigos apresentada no livro de Josué, onde todos os reis caem mortos pela espada (Js 6,21; 8,24; 10,11.28.30.32.35.37.39; 11,10; 13,22). Encontramos aqui um processo lento, penoso e sem planos ou estratégias aprovados em assembleias. Judá tem total destaque em relação as outras tribos. Provavelmente a falta de liderança para a guerra (v. 1) faz aceno à reforma concluída pelo rei Josias no ano 622 a.C., e que teve Judá como sede administrativa.

faz pagar o mesmo que fiz". Ele foi levado para Jerusalém, e aí morreu. ⁸Os filhos de Judá atacaram Jerusalém e capturaram a cidade, passando seus habitantes ao fio da espada. Depois, incendiaram a cidade.

⁹Em seguida, desceram para combater contra os cananeus que habitavam a montanha, no Negueb e nos lugares baixos. ¹⁰Judá marchou contra os cananeus que habitavam em Hebron – antes o nome de Hebron era Cariat-Arbe – e abateu Sesai, Aimã e Tolmai. ¹¹Daí marcharam contra os habitantes de Dabir – antes o nome de Dabir era Cariat-Séfer. ¹²E Caleb disse: "A quem combater contra Cariat-Séfer e a conquistar, eu lhe darei como esposa minha filha Acsa". ¹³E quem conquistou a cidade foi Otoniel, filho de Cenez, irmão caçula de Caleb. E este lhe deu como esposa sua filha Acsa.

¹⁴Assim que ela chegou, aconteceu que o esposo a instigou, perguntando sobre o campo de seu pai. Ela desceu de seu jumento e Caleb lhe perguntou: "O que você quer?" ¹⁵Ela respondeu: "Você me abençoou, dando-me uma terra na região do Negueb. Agora, dê-me também fontes de água". Caleb deu a ela as fontes de água que se encontram na região de cima e na região de baixo.

¹⁶Os filhos de Hobad, o quenita, sogro de Moisés, subiram da cidade das Palmeiras com os filhos de Judá, até o deserto de Judá que se encontra no Negueb de Arad. Foram até aí e habitaram com o povo.

¹⁷Judá foi com Simeão, seu irmão, combateram e condenaram ao anátema os cananeus que habitavam na cidade de Sefat. Por esse motivo, a cidade recebeu o nome de Horma. ¹⁸E Judá conquistou as cidades de Gaza e seu território, de Ascalon e seu território, e de Acaron e seu território. ¹⁹E Javé esteve com Judá, que ocupou a região da montanha, mas que não pôde ocupar a região da planície, porque seus habitantes possuíam carros de ferro. ²⁰Conforme Moisés havia dito, deram Hebron a Caleb, que expulsou daí os três filhos de Enac.

²¹Quanto aos jebuseus que habitavam em Jerusalém, os filhos de Benjamim não os expulsaram. Por esse motivo, os jebuseus habitam em Jerusalém, junto com os filhos de Benjamim, até os dias de hoje.

Tomada de Betel – ²²A casa de José subiu também até Betel, e Javé estava com ela. ²³Os da casa de José enviaram à frente inspetores, que fizeram o reconhecimento da cidade de Betel, que antes era chamada de Luza. ²⁴Os inspetores viram um homem saindo da cidade e lhe disseram: "Mostre-nos a entrada da cidade e nós teremos misericórdia de seu povo". ²⁵Eles viram a entrada da cidade e passaram ao fio da espada todos os habitantes, mas, quanto ao homem, pouparam a vida dele e de toda a família. ²⁶O homem foi para a cidade dos heteus e nela construiu, dando-lhe o nome de Luza. Este é o seu nome até os dias de hoje.

Tribos do norte – ²⁷Manassés não expulsou Betsã e seus filhos, nem Tanac e seus filhos, nem os habitantes de Dor e seus filhos, nem os habitantes de Jeblaã e seus filhos, nem os habitantes de Meguido e seus filhos. Quanto aos cananeus, decidiram continuar habitando nessa terra. ²⁸Depois de algum tempo, Israel se tornou mais forte que os cananeus e impôs sobre eles o regime de trabalho forçado, sem os expulsar da terra. ²⁹Efraim também não expulsou os cananeus que habitavam em Gazer. Os cananeus viveram no meio de Efraim em Gazer.

³⁰Zabulon não expulsou os habitantes de Cetron, nem os habitantes de Naalol. Os cananeus continuaram a habitar no meio de Zabulon, mas foram submetidos ao trabalho forçado.

³¹Aser não expulsou os habitantes de Aco, nem os habitantes de Sidônia, nem os de Maaleb, de Aczib, de Halba, de Afec e de Roob, e ³²os aseritas continuaram habitando no meio dos cananeus, porque não foram expulsos.

³³Neftali não expulsou os habitantes de Bet-Sames, nem os habitantes de Bet-Anat, e habitou no meio dos cananeus que ocupavam o território. Mas os habitantes de Bet-Sames e de Bet-Anat foram submetidos por ele ao trabalho forçado.

³⁴Os amorreus impeliram os filhos de Dã para a montanha e não deixaram que descessem para a planície. ³⁵Os amorreus tomaram a decisão de habitar em Ar-Hares, em Aialom e Salebim. Mas, quando a mão de José se tornou mais forte, foram submetidos ao trabalho forçado.

³⁶O território dos amorreus ia desde a subida dos Escorpiões até a Rocha, e daí para cima.

2 O anjo de Javé reprova Israel –

¹O anjo de Javé subiu de Guilgal para Boquim e disse: "Eu fiz vocês subirem do Egito e fiz vocês entrarem na terra que prometi em juramento a seus pais. E eu havia dito: 'Jamais romperei minha aliança com vocês. ²Não façam nenhum tipo de aliança com os habitantes desta terra. E destruam o altar deles'. Mas vocês não ouviram a minha voz. O que é isso que vocês fizeram? ³Portanto, eu também lhes digo: 'Não expulsarei estes povos da presença de vocês. Eles permanecerão inimigos de vocês, e os deuses deles serão para vocês uma armadilha' ". ⁴E assim que o anjo de Javé disse essas palavras a todos os filhos de Israel, o povo levantou a voz em prantos. ⁵Chamaram então a esse lugar de Boquim, e aí ofereceram sacrifícios a Javé.

SEGUNDA INTRODUÇÃO: SITUAÇÃO DEPOIS DE JOSUÉ

Morte de Josué – ⁶Josué despediu o povo, e os filhos de Israel foram cada um ocupar a terra que tinha recebido como herança. ⁷O povo serviu a Javé durante todos os dias de Josué e durante todos os dias dos anciãos que sobreviveram depois de Josué, e viram todas as grandes obras que Javé havia feito para Israel. ⁸Josué, filho de Nun, servo de Javé, morreu com a idade de cento e dez anos ⁹e foi sepultado no território de sua herança, em Tamnat-Hares, na montanha de Efraim, ao norte do monte Gaás. ¹⁰Mais tarde, quando toda aquela geração se reuniu com seus pais, surgiu outra geração que não conhecia Javé nem as obras que ele fez em favor de Israel.

Infidelidade de Israel – ¹¹Os filhos de Israel fizeram o que é mau aos olhos de Javé e serviram aos Baais. ¹²Abandonaram Javé, o Deus de seus pais, que os havia feito sair da terra do Egito, e foram atrás de outros deuses. Foram aos deuses dos povos vizinhos e se prostraram diante deles, irritando a Javé. ¹³Abandonaram Javé e prestaram culto a Baal e às Astartes. ¹⁴Então a ira de Javé se inflamou contra Israel e os entregou nas mãos dos opressores que os saquearam. Ele os entregou nas mãos dos inimigos que habitavam nas redondezas, e não puderam mais resistir aos inimigos. ¹⁵Em tudo o que desejavam empreender, a mão de Javé estava contra eles para lhes fazer o mal, segundo Javé havia dito, e de acordo com o que Javé havia prometido. A aflição deles era grande. ¹⁶Javé fez suscitar juízes para livrá-los das mãos dos opressores. ¹⁷Eles também não ouviram os juízes, pois se prostituíram seguindo outros deuses, prostrando-se diante deles. E se afastaram assim rapidamente dos caminhos trilhados por seus pais que tinham ouvido o mandamento de Javé. Não procederam da mesma forma que seus pais. ¹⁸Javé sempre suscitava juízes para eles, e Javé estava com os juízes, que os salvavam das mãos dos inimigos, enquanto eram juízes, pois Javé se comovia diante do sofrimento imposto a eles pelos opressores. ¹⁹Mas, com a morte do juiz, voltavam a se corromper mais do que seus pais, indo atrás de outros deuses e prestando-lhes culto, prostrando-se diante deles, sem renunciar em nada às suas práticas e condutas endurecidas.

Habitando entre nações estrangeiras – ²⁰Javé irou-se contra Israel e disse: "Já que este povo transgrediu minha aliança que firmei com seus pais, e não ouviu minha voz, ²¹também eu não continuarei a expulsar nenhuma das nações que estão à frente dele, segundo Josué, quando morreu, deixou que ficassem, ²²a fim de pôr Israel à prova através delas, para ver se seguiriam ou não o caminho de Javé, como nele haviam andado seus pais". ²³Javé deixou portanto essas nações ficar. Não teve pressa de expulsá-las, nem as entregou nas mãos de Josué.

2,6-3,6: Explicar os males que assolaram a vida social e religiosa de Israel será uma constante na época pós-exílica. Nesta *segunda introdução*, o narrador deuteronomista apresenta a infidelidade a Javé para explicar as causas que levaram o povo ao exílio e ao sofrimento: "fizeram o que é mau aos olhos de Javé"

(3,7.12; 4,1; 6,1; 10,6; 13,1). Baal (deus sol e símbolo da fertilidade) e Astarte (deusa do amor e da fertilidade) são divindades cananeias cultuadas no interior das cidades-estado. Combatê-las, e mais, destruir seus lugares de culto, foram metas empreendidas pela reforma de Josias (cf. 2Rs 23,4).

3 ¹São estas as nações que Javé deixou ficar, para que fossem postos à prova, através delas, todos os de Israel que no passado não conheceram nenhuma das guerras de Canaã. ²Isso aconteceu apenas como ensinamento para as gerações dos filhos de Israel, somente para dar lições de guerra diante dos que não possuíam nenhum conhecimento: ³os cinco príncipes dos filisteus e todos os cananeus, os sidônios e os heveus que habitavam a montanha do Líbano, desde o monte de Baal-Hermon até a entrada de Emat. ⁴Esses ficaram a fim de pôr Israel à prova, para saber se obedeceriam ou não aos mandamentos de Javé, dados a seus pais através de Moisés. ⁵Desse modo, os filhos de Israel habitaram no meio dos cananeus, heteus, amorreus, ferezeus, heveus e jebuseus. ⁶E pegaram as filhas deles para serem suas mulheres, deram suas filhas aos filhos deles e serviram aos deuses deles.

PRIMEIRA PARTE: HISTÓRIA DOS JUÍZES NA OCUPAÇÃO DAS TERRAS

Otoniel, primeiro guerreiro – ⁷Os filhos de Israel fizeram o que é mau aos olhos de Javé: esqueceram Javé, seu Deus, e serviram aos ídolos de Baal e de Aserá. ⁸Então a ira de Javé se inflamou contra Israel, e ele os entregou nas mãos de Cusã-Rasataim, rei de Edom, na Mesopotâmia. Os filhos de Israel serviram a Cusã-Rasataim durante oito anos. ⁹Os filhos de Israel clamaram a Javé, e Javé suscitou para eles um salvador que os libertou: Otoniel, filho de Cenez, irmão mais novo de Caleb. ¹⁰O espírito de Javé esteve sobre ele, que se tornou juiz de Israel e marchou para a guerra, e Javé entregou Cusã-Rasataim, rei de Edom, nas mãos dele, que prevaleceu sobre Cusã-Rasataim. ¹¹A terra gozou de paz por quarenta anos. Depois, Otoniel, filho de Cenez, morreu.

Aod – ¹²Os filhos de Israel voltaram a fazer o que é mau aos olhos de Javé, e Javé deu forças ao rei Eglon, de Moab, porque eles fizeram o que é mau aos olhos de Javé. ¹³Eglon se aliou aos filhos de Amon e Amalec, e por sua vez marchou e golpeou Israel, tomando posse da cidade das Palmeiras. ¹⁴Os filhos de Israel serviram a Eglon, rei de Moab, durante dezoito anos. ¹⁵Os filhos de Israel clamaram a Javé, e Javé suscitou para eles Aod, filho de Gera, benjaminita, homem canhoto. Os filhos de Israel enviaram, pelas mãos dele, tributos para Eglon, rei de Moab. ¹⁶Aod fez para si uma faca de dois fios, no tamanho de um palmo, enfaixando-a debaixo da veste, sobre a coxa direita. ¹⁷Ele apresentou o tributo para Eglon, rei de Moab, que era homem muito gordo. ¹⁸Depois que foi entregue o tributo, Aod despachou as pessoas que haviam trazido o tributo. ¹⁹Mas, ao regressar, perto dos ídolos em Guilgal, voltou-se e disse: "Eu tenho para você, ó rei, uma mensagem secreta". O rei disse: "Fique calado!" E todos os que se encontravam perto dele se afastaram. ²⁰Aod se aproximou, e o rei estava sentado na varanda de seu quarto de verão, reservado só para ele. Aod disse: "Eu trago uma palavra de Deus para você". Ele se levantou de sua cadeira. ²¹Aod lançou a mão esquerda, pegou a faca que estava sobre o lado direito da coxa e cravou-a na barriga do rei. ²²Até o cabo da faca lhe penetrou na barriga, a tal ponto que a gordura lhe cobriu a mão e veio para fora, pois ele não retirou a faca da barriga. ²³Aod então saiu pelo corredor, fechando as portas da varanda do quarto depois de passar e trancar os ferrolhos.

²⁴Assim que ele saiu, os servos reais chegaram. Então viram trancafiadas as portas

---

3,7-11: Otoniel inaugura a lista dos doze juízes. Como os demais, ele atua em defesa das tribos de Israel. A escola deuteronomista, responsável pelo livro dos Juízes, recupera antigas narrativas de cunho tribal, fazendo dos juízes personagens em defesa da causa de Javé. Os conceitos "fazer o que é mau" e "esquecer" são expressões importantes para o livro do Deuteronômio e alguns profetas (Dt 6,12; 8,11.19; 9,7; Os 13,6; Jr 2,32; 13,25; Is 17,10; Ez 22,12). Neste livro, sair para guerrear é a principal tarefa de um juiz.

12-30: Lembrada como tribo de fortes guerreiros (Gn 49,27; Nm 1,37), Benjamim é representante da ideia de um Deus guerreiro. Aqui, retoma-se uma antiga lenda sobre a morte de um rei inimigo, para legitimar a tradição guerreira do juiz Aod, um benjaminita. Na história da monarquia, Saul é proveniente da tribo de Benjamim (1Sm 10,5). Textos mais recentes apresentam representantes da tribo de Benjamim voltando do exílio babilônico para reconstruir Jerusalém (Esd 1,5).

e disseram: "Certamente está fazendo suas necessidades no quarto de verão". ²⁵Esperaram até ficar inquietos. E como ninguém abria as portas trancafiadas, pegaram as chaves, abriram as portas, e eis que o senhor deles estava caído por terra, já morto. ²⁶Aod escapou enquanto eles ficaram esperando. Foi até o lugar onde estavam os ídolos, e encontrou proteção em Seira. ²⁷E aconteceu que, com a vinda dele, a trombeta tocou na montanha de Efraim. Em seguida, os filhos de Israel com ele desceram da montanha, estando ele à frente. ²⁸E lhes disse: "Saiam para persegui-los, pois Javé entregou o seu inimigo Moab nas mãos de vocês". Em seguida, desceram e ocuparam as passagens do Jordão, pertencentes a Moab, e não deixaram homem algum atravessar. ²⁹Nessa ocasião, golpearam aproximadamente dez mil homens de Moab, todos eles robustos e valentes, não escapando homem nenhum. ³⁰Nesse dia, Moab foi subjugado pelas mãos de Israel, e a terra permaneceu em paz durante oitenta anos.

Samgar – ³¹Depois dele veio Samgar, filho de Anat, que feriu seiscentos filisteus com um aguilhão de bois. Ele também salvou Israel.

4 **União entre Débora e Barac** – ¹Os filhos de Israel continuaram a fazer o que é mau aos olhos de Javé, após a morte de Aod, ²e Javé os entregou nas mãos de Jabin, rei de Canaã, que reinava em Hasor. O chefe de seu exército era Sísara, habitante em Haroset-Goim. ³Os filhos de Israel então clamaram para Javé, pois Jabin possuía novecentos carros de ferro, e oprimiu duramente os filhos de Israel durante vinte anos.

⁴Nesse tempo, Débora, uma profetisa, mulher de Lapidot, julgava em Israel. ⁵Ela mantinha sua sede debaixo da "Palmeira de Débora", localizada entre Ramá e Betel, na montanha de Efraim, e os filhos de Israel subiam até ela à procura de justiça. ⁶Ela mandou chamar Barac, filho de Abinoem, de Cedes em Neftali, e lhe disse: "Javé, Deus de Israel, não ordenou: 'Vá, dirija-se à montanha do Tabor e escolha para você dez mil homens dos filhos de Neftali e dos filhos de Zabulon? ⁷Em direção a você, na torrente de Quison, eu vou atrair Sísara, chefe do exército de Jabin, com seus carros e suas tropas, e os entregarei em suas mãos". ⁸Barac disse a ela: "Se você vier comigo, eu irei. Porém, se você não vier comigo, eu não irei". ⁹Ela disse: "É claro que eu irei com você. Mas, a honra não será sua no caminho em que você marcha, pois Javé entregará Sísara nas mãos de uma mulher". Débora se levantou e partiu com Barac para Cedes. ¹⁰Barac recrutou Zabulon e Neftali em Cedes. Dez mil homens subiram seguindo seus passos, e Débora seguiu com ele.

¹¹Héber, o quenita, separou-se do clã de Caim, dos filhos de Hobab, sogro de Moisés, e armou sua tenda próximo ao carvalho de Saananim, perto de Cedes.

¹²Relataram a Sísara que Barac, filho de Abinoem, tinha subido até o monte Tabor. ¹³Sísara recrutou todos os seus carros, novecentos carros de ferro, e todo o povo que estava com ele, para subir de Haroset-Goim até a torrente de Quison. ¹⁴Débora disse a Barac: "Fique de prontidão, pois este é o dia em que Javé vai entregar Sísara em sua mão. Javé não marchou à sua frente?" Barac desceu do monte Tabor, tendo à frente mais de dez mil homens. ¹⁵Javé pôs Sísara em desordem, juntamente com todos os seus carros e seu exército diante de Barac. Sísara desceu do seu carro e fugiu a pé. ¹⁶Barac, porém, perseguiu os carros e o exército até Haroset-Goim. E todo o exército de Sísara caiu por terra ao fio de espada. Não restou homem algum.

A mulher Jael mata Sísara – ¹⁷Entretanto, Sísara fugiu a pé para a tenda de Jael,

---

31: A breve notícia sobre o juiz Samgar parece acréscimo posterior, pois os filisteus não estão em guerra contra os israelitas. Por outro lado, a lembrança da deusa Anat, cultuada pelos cananeus como patrona do sexo e da guerra, indica a diversidade de divindades antes que as tribos ocupassem os territórios.

4,1-24: O cenário da guerra contra os cananeus envolve Israel todo. Débora de Efraim, no sul, convoca Barac de Neftali, ao norte, para a batalha. Jael, mulher de um quenita, clã próximo de Israel, é responsável pela vitória final, ao matar Sísara. Unem-se tradições com personagens antigos, a fim de demonstrar a unidade nacional e a força para vencer um forte inimigo. Na época pós-exílica, o ideal de reconstruir a unidade tribal (através de genealogias, às vezes fictícias) foi determinante. Vale notar a valorização da mulher e sua atuação no interior das tribos: o chefe militar se curva diante da habilidade feminina demonstrada por Jael.

mulher de Héber, o quenita, pois havia paz entre Jabin, rei de Hasor, e a casa de Héber, o quenita. ¹⁸Jael saiu ao encontro de Sísara e lhe disse: "Aproxime-se, meu senhor. Venha para junto de mim. Não tenha medo". Ele aproximou-se para dentro da tenda, e ela o encobriu com um manto. ¹⁹Ele então lhe disse: "Dê-me, agora, um pouco de água, por favor, pois tenho sede". Então ela abriu seu odre de leite, deu-lhe de beber, e o cobriu novamente. ²⁰E Sísara disse: "Fique de pé na entrada da tenda, e caso algum homem venha e lhe pergunte: 'Existe algum homem aqui?' você dirá: 'Não'". ²¹Mas Jael, mulher de Héber, pegou uma estaca de tenda, empunhou o martelo e, aproximando-se dele bem vagarosamente, cravou-lhe a estaca na têmpora, até afundar no chão. E Sísara, que dormia profundamente pelo cansaço, assim morreu.

²²Em seguida, eis que Barac chegou em perseguição a Sísara. Jael saiu ao seu encontro e disse: "Venha, e eu lhe mostrarei o homem que você procura". Ele entrou com ela, e eis que Sísara estava caído, morto com a estaca na têmpora.

²³Nesse dia, Deus humilhou Jabin, rei de Canaã, diante dos filhos de Israel. ²⁴As mãos dos filhos de Israel tornaram-se cada vez mais fortes contra Jabin, rei de Canaã, até exterminarem Jabin, rei de Canaã.

5 Cântico de Débora

– ¹Nesse dia, Débora e Barac, filho de Abinoem, cantaram nestes termos:

²Já que os cabelos foram soltos
espontaneamente em Israel,
e o povo espontaneamente se apresentou,
louvem a Javé!
³Ouçam, reis! Prestem atenção,
governantes!
Eu existo para Javé, eu cantarei,
farei música para Javé, Deus de Israel.
⁴Javé, quando saíste de Seir,
quando caminhaste pelos campos
de Edom,
terra do terremoto,
caíram também os céus,
caíram também as nuvens,
que se desfizeram em águas.
⁵Montanhas se espalharam
diante de Javé,
o do Sinai, diante de Javé,
Deus de Israel.

⁶Nos dias de Samgar, filho de Anat,
nos dias de Jael, os caminhos deixaram
de existir,
as caravanas andaram por veredas
tortuosas.
⁷Desapareceram as grandes aldeias
de Israel,
desapareceram até o momento
em que você, Débora,
apareceu e se levantou como mãe
em Israel.
⁸Escolheram novos deuses,
no momento em que a guerra
chegou aos seus portões.
Escudo e lança não se viram
entre os quarenta mil em Israel.
⁹Meu coração tem pensado
espontaneamente nos chefes de Israel,
nos que voluntariamente sofrem
com o povo.
Louvem a Javé!
¹⁰Vocês que montam jumentas
marrom-amareladas,
sentados sobre roupas,
e que andam pelos caminhos,
prestem atenção
¹¹à voz dos pastores, que ressoa
entre os bebedouros.
Aí se canta a justiça de Deus,
os atos de justiça dos camponeses
em Israel.
(Então o povo de Javé desceu
para os portões.)
¹²Desperte, desperte, Débora!
Desperte, desperte, entoe um canto!
Levante, Barac, e faça seus prisioneiros
os filhos de Abinoem.
¹³Então desceu um sobrevivente
dos fortes.

5,1-31: O trecho é um dos mais antigos na literatura bíblica. O poema surgiu a partir de antiga tradição do Sinai, que apresenta Javé como um Deus que luta e interfere, por meio de eventos naturais, em defesa de seu povo (Dt 33,2; Ex 19,16.18). Tem como personagem central a líder Débora, juíza, profetisa e "mãe de Israel" (Jz 4,4.8-9; 5,7). Débora guerreia motivada pela ordem de Javé. Nota-se a omissão de Judá e Simeão entre as dez tribos que participam da batalha. A omissão mostra que estas duas tribos do sul ainda não haviam aderido à confederação de tribos, e que o culto a Javé existia antes da formação de Israel como nação.

O povo de Javé desceu para mim como
  guerreiro.
¹⁴De Efraim desceram aqueles
  que têm raízes em Amalec,
  e, atrás de você, Benjamim
  com suas tropas.
De Maquir descem comandantes
  e de Zabulon os condutores com cetro
  de comando.
¹⁵Os comandantes de Issacar
  estão com Débora.
E, como Issacar, assim Barac
  foi enviado ao vale com sua escolta.
Nas divisões de Rúben houve grandes
  decisões,
  que foram tomadas com base
  no coração.
¹⁶Por que você ficou sentado
  entre os currais,
  escutando os sons das flautas
  dos pastores?
(Nas divisões de Rúben houve grandes
  decisões,
  que foram tomadas com base
  no coração.)
¹⁷Galaad permaneceu do outro lado
  do Jordão.
E Dã, por que vive entre os navios?
Aser permaneceu junto à costa
  dos mares,
  e habitou junto às suas baías.
¹⁸Zabulon é um povo que colocou
  sua vida em perigo de morte,
  assim como Neftali,
  sobre as elevações do campo.
¹⁹Vieram os reis e guerrearam;
  guerrearam os reis de Canaã,
  em Tanac, junto às águas de Meguido,
  mas lucro, em prata, não levaram.
²⁰Dos céus guerrearam as estrelas,
  de seus caminhos guerrearam
  contra Sísara.
²¹O rio de Quison os arrastou,
  a antiga torrente, a torrente de Quison.
  Avance, minha alma, com firmeza!
²²Então martelaram os cascos dos cavalos,
  aos galopes, aos galopes
  de seus garanhões.
²³"Amaldiçoem Meroz",
  disse o anjo de Javé.

"Amaldiçoem, amaldiçoem
  seus habitantes!
Porque eles não vieram
  em socorro de Javé,
  para socorrer a Javé com seus guerreiros".
²⁴Abençoada seja entre as mulheres Jael,
  mulher do grupo dos quenitas;
  dentre as mulheres da tenda,
  seja abençoada.
²⁵Água ele pediu, leite ela deu.
Em taça majestosa
  lhe ofereceu coalhada.
²⁶Sua mão em direção à estaca ela avança,
  e sua direita para o martelo
  dos trabalhadores;
  e martela Sísara, quebra-lhe a cabeça,
  e esmigalha e corta ao meio sua têmpora.
²⁷Entre os pés dela ele tombou,
  caiu, deitou-se.
Entre os pés dela ele tombou, caiu.
Onde ele caiu, aí ficou aniquilado.
²⁸Pela janela gradeada,
  a mãe de Sísara olhou e lamentou:
"Por que minha carruagem
  tarda a chegar?
Por que seus carros caminham
  lentamente?"
²⁹A mais sábia de suas damas
  lhe respondeu,
  e a si mesma vai repetindo as palavras:
³⁰"Certamente encontraram despojos
  e agora estão repartindo:
  uma jovem, duas jovens
  para cada homem.
Um despojo de panos bordados
  para Sísara.
Um despojo de panos coloridos,
  de pano em cores,
  panos coloridos como despojo
  para meu pescoço".
³¹Sim, sejam arruinados
  todos os teus inimigos, Javé,
  e os que te amam sejam
  como o nascer do sol
  quando surge com toda a sua força.

E a terra ficou em paz durante quarenta anos.

6 Madianitas oprimem Israel – ¹Os filhos de Israel fizeram o que é mau diante de Javé, e Javé os entregou nas mãos

---

6,1-10: Introdução à história de Gedeão (caps. 6-8). O narrador reuniu importantes tradições, no desejo de exaltar a atuação deste grande juiz: surgimento da liderança de Gedeão (6,11-24); destruição de um altar

de Madiã durante sete anos. ²A mão dos madianitas se tornou forte contra Israel. Diante de tudo o que os madianitas fizeram, os filhos de Israel utilizaram as covas nas montanhas, as cavernas e os esconderijos, para escaparem. ³Ora, todas as vezes que Israel semeava, Madiã subia com os de Amalec, e com eles os filhos do Oriente, e subiam contra Israel. ⁴Acampavam perto dos israelitas e destruíam as plantações do solo até as fronteiras de Gaza, não deixando nenhum meio de subsistência: nenhum cordeiro, nenhum boi e nenhum jumento. ⁵Quando subiam com suas manadas, juntamente com suas tendas, incontáveis como gafanhotos, não era possível contá-los, nem a eles nem a seus camelos. Invadiam a terra até arrasá-la. ⁶Israel empobreceu-se diante de Madiã, e por isso os filhos de Israel clamaram a Javé.

Vocação de Gedeão – ⁷Aconteceu que os filhos de Israel clamaram a Javé por causa de Madiã. ⁸Javé enviou aos filhos de Israel certo profeta que lhes disse: "Assim fala Javé, Deus de Israel: Fui eu que fiz vocês subirem do Egito, e os fiz saírem da casa da escravidão. ⁹Eu livrei vocês da mão dos egípcios e da mão de todos os seus opressores. Eu os expulsei da presença de vocês e dei a vocês esta terra. ¹⁰Eu disse a vocês: Eu sou Javé seu Deus. Não temam os deuses dos amorreus, na terra onde vocês habitam. Mas vocês não deram ouvidos à minha voz".

Vinda do mensageiro de Javé – ¹¹O anjo do Senhor veio e sentou-se embaixo do carvalho em Efra, que pertenceu a Joás de Abiezer. Seu filho Gedeão malhava o grão de trigo no lagar, para escondê-lo dos madianitas. ¹²O anjo de Javé apareceu a ele e lhe disse: "Javé está com você, valente guerreiro!" ¹³Gedeão lhe disse: "Eu lhe suplico, meu Senhor! Se Javé está conosco, por que tudo isso aconteceu para nós? Onde estão todas as maravilhas que nossos pais nos contaram dizendo: 'Javé não nos fez subir do Egito?' E agora, Javé nos abandonou, deixando-nos cair nas mãos de Madiã".

¹⁴Javé voltou-se em sua direção e lhe disse: "Vá com este vigor que você tem, pois você salvará Israel das mãos de Madiã. Não sou eu quem está enviando você?" ¹⁵Disse-lhe Gedeão: "Eu lhe suplico, meu Senhor! Com que vou salvar Israel? Eis que meu clã é o mais insignificante em Manassés, e eu sou o mais fraco na casa de meu pai". ¹⁶Javé lhe disse: "Eu estarei com você, e você ferirá Madiã como se ele fosse um homem só". ¹⁷Gedeão lhe disse: "Se agora encontrei graça diante dos seus olhos, o Senhor me fará ver, por meio de um sinal, que é o Senhor quem me fala. ¹⁸Não saia daqui, eu lhe peço, até que eu volte a encontrá-lo, e que eu traga minha oferenda e a deposite diante do Senhor". Ele disse: "Eu permanecerei até que você volte".

¹⁹Gedeão foi para casa, preparou um cabrito e, com uma medida de farinha, fez pães sem fermento. Pôs a carne numa cesta e colocou o caldo num pote. Levou-os para debaixo do carvalho e os apresentou a Deus. ²⁰O anjo de Deus lhe disse: "Pegue a carne e os pães sem fermento, deposite em cima deste rochedo, e derrame o caldo sobre eles". E Gedeão agiu desse modo. ²¹Então o anjo de Javé, com a ponta do cajado que tinha na mão, tocou na carne e nos pães sem fermento. O fogo subiu do rochedo e consumiu a carne e os pães sem fermento. Em seguida, o anjo de Javé desapareceu diante de seus olhos. ²²Gedeão viu que se tratava do anjo de Javé; então disse: "Ah, meu Senhor Javé! Verdadeiramente eu vi o anjo do Senhor face a face!" ²³Javé lhe disse: "A paz esteja com você! Não tema, você não morrerá". ²⁴Gedeão construiu nesse local o altar para Javé e o denominou "Javé é Paz". Este altar está em Efra de Abiezer até os dias de hoje.

Combate contra Baal – ²⁵E aconteceu, nessa mesma noite, que Javé disse a Gedeão: "Pegue um touro novo que pertença a seu pai, um touro de sete anos, de se-

---

de Baal (6,25-32); campanha militar contra os madianitas (7,1-8,35). Os vv. 7-10 são acréscimo da tradição deuteronomista, responsável pela edição final do livro.

11-24: "Javé está com você" é expressão clássica retomada pelo narrador deuteronomista para indicar que o projeto de Javé continua (cf. Ex 3,12; Js 1,5; Jr 1,8).

O carvalho era árvore sagrada, como a palmeira (Jz 4,5; 9,37; Dt 12,2, 1Rs 14,23), e a eleição ou não de um lugar de culto se relaciona diretamente com o grau da manifestação divina.

25-32: Os autores deuteronomistas, sobretudo no pós-exílio, desestimulam qualquer possibilidade de

gunda cria. Você destruirá o altar de Baal que pertence a seu pai e quebrará o poste sagrado da deusa Aserá que está ao lado. ²⁶Você edificará para Javé seu Deus, no alto deste lugar forte, um altar bem apropriado. Você pegará um touro gordo e oferecerá um holocausto com as madeiras do poste sagrado de Aserá que você terá destruído". ²⁷Gedeão pegou dez homens entre os seus servos e fez segundo o que Javé lhe havia dito. Mas, como ele tinha medo de fazer isso de dia, por causa da casa de seus pais e de seus vizinhos, fez tudo durante a noite. ²⁸Logo pela manhã, quando as pessoas da cidade se levantaram, eis que o altar de Baal estava destruído, e cortado o poste sagrado que ficava ao lado, e o touro gordo estava oferecido em holocausto em cima do altar que ele havia construído. ²⁹E disseram um ao outro: "Quem fez isso?" Então se informaram, procuraram, e em seguida disseram: "Foi Gedeão, filho de Joás, quem fez isso". ³⁰Os habitantes da cidade disseram a Joás: "Faça vir até nós o seu filho. Que ele morra, porque destruiu o altar de Baal e cortou o poste sagrado de Aserá, que estava ao lado". ³¹Joás, porém, disse a todos os que estavam ao seu redor: "Vocês estão defendendo Baal? Vocês podem salvar-se a si mesmos? (O defensor de Baal será morto antes do amanhecer.) Se ele é deus, que se defenda a si mesmo, já que o altar dele está destruído". ³²Nesse dia chamaram Gedeão pelo nome de Jerobaal, porque se dizia: "Que Baal se vingue dele, porque foi ele que destruiu o altar de Baal".

Organização para a guerra – ³³E toda Madiã, Amalec e os filhos do Oriente se reuniram em assembleia. Atravessaram o Jordão e acamparam na planície do vale de Jezrael. ³⁴O espírito de Javé envolveu Gedeão. Ele soou a trombeta dando o alarme, e Abiezer se agrupou em sua retaguarda. ³⁵E enviou seus mensageiros a toda Manassés, que também se agrupou em sua retaguarda. Enviou seus mensageiros a Aser, a Zabulon e também a Neftali. E subiram esses para se reunirem a Gedeão.

Deus está com Gedeão – ³⁶Gedeão disse a Deus: "Se queres salvar Israel por minhas mãos, como disseste, ³⁷eis que vou colocar uma roupa simples de lã no terreiro. Se o orvalho cair somente sobre a roupa de lã e todo o terreno estiver seco, então saberei que salvarás Israel por minha mão, como disseste". ³⁸E assim aconteceu. Quando Gedeão se levantou no dia seguinte bem cedo, torceu o orvalho da roupa de lã e dele tirou uma taça de água. ³⁹Gedeão disse a Deus: "Que tua ira não se inflame contra mim, e que eu possa falar ainda uma vez. Permite agora que eu faça pela última vez a prova da roupa de lã: que nada fique seco, a não ser a roupa de lã, e que todo o terreno ao redor se cubra de orvalho". ⁴⁰E Deus assim fez nessa noite: estava seca somente a roupa de lã, e sobre todo o terreno havia orvalho.

7 ***Campanha de Gedeão*** – ¹Jerobaal, também chamado Gedeão, levantou-se bem de madrugada, e também todo o povo que estava com ele, e acamparam em En-Harod. O acampamento de Madiã se encontrava ao norte do seu, ao pé da colina de Moré, na planície. ²Javé disse a Gedeão: "O povo que está com você é muito numeroso para que eu entregue Madiã em suas mãos. Israel poderia gloriar-se contra mim ao dizer: 'Foi minha própria mão que me salvou'. ³Agora, pois, proclame aos ouvidos de todo o povo: 'Quem tem medo e está tremendo, volte e permaneça no monte Galaad' ". Vinte e dois mil homens de todo o povo retornaram, mas restaram ainda dez mil homens.

⁴Javé disse a Gedeão: "O povo ainda é muito numeroso. Faça-os descer em direção às águas, e aí eu vou selecioná-los para você. Aquele de quem eu disser: 'Este irá com você', esse tal irá. E todo aquele de quem eu disser: 'Este não irá com você', esse tal não irá'. ⁵Gedeão fez o povo descer em direção às águas, e Javé lhe disse: "Todo

---

cultuar uma divindade estrangeira. Na pregação profética não há espaço para o culto a Baal (Os 2,14-15; Sf 1,4-7).

33-35: O narrador não esconde sua preferência por certas tribos. Aqui, todas estão localizadas na região norte, local de origem dessas antigas lendas tribais.

36-40: A tradição oral conservou, na redação do livro, velhas lendas populares. Como em Gn 18,32, aqui Gedeão dialoga com seu Deus Javé, parecendo testar-lhe a paciência.

7,1-8: A narração deuteronomista não esconde o desejo de exaltar Javé em detrimento das divindades

aquele que lamber a água com a língua, como faz o cão, você o colocará à parte. Todo aquele que dobrar os joelhos para beber água, você o colocará à parte". ⁶E aconteceu que o número dos que passaram a língua na água a beberam com as mãos, foi de trezentos homens. Todos os demais homens do povo dobraram os joelhos para beber água. ⁷Javé disse a Gedeão: "Com os trezentos homens que lamberam a água é que eu salvarei vocês e entregarei Madiã em suas mãos. Os demais homens do povo voltem para suas casas". ⁸Eles pegaram as provisões do povo e suas trombetas. Gedeão enviou todos os demais homens para suas tendas, mantendo consigo trezentos homens. O acampamento de Madiã estava na planície abaixo deles.

Batalha de Gedeão – ⁹Nessa mesma noite, Javé disse a Gedeão: "Levante e desça ao acampamento, porque eu o entrego em suas mãos. ¹⁰Porém, se você tem medo de descer, desça ao acampamento junto com seu servo Fara. ¹¹Escute o que dizem. Então suas mãos se fortalecerão e você descerá ao acampamento". E ele desceu com seu servo Fara até o posto avançado do acampamento.

¹²Madiã, Amalec e todos os filhos do Oriente estavam espalhados pelo vale, como se fossem gafanhotos, e era impossível contar seus camelos, semelhantes às areias na praia do mar. ¹³Gedeão chegou, e eis que um homem contava um sonho ao seu companheiro. Ele dizia: "Eis o sonho que tive: Um pão de cevada rolava no acampamento de Madiã. Ele foi até a tenda de Madiã, chocando-se fortemente contra a tenda, derrubando-a e deixando a tenda completamente destruída". ¹⁴Seu companheiro pediu a palavra e disse: "Isso não pode ser outra coisa senão a espada de Gedeão, filho de Joás e homem de Israel. Deus entregou em suas mãos Madiã e todo o seu acampamento". ¹⁵Aconteceu que, ao ouvir a história do sonho e sua interpretação, Gedeão se prostrou. Em seguida, voltou ao acampamento de Israel e disse:

"Levantem-se, porque Javé entregou nas mãos de vocês o acampamento de Madiã!"

Estratégia de Gedeão – ¹⁶Ele dividiu os trezentos homens em três grupos, dando a cada um suas trombetas e jarros vazios, com tochas dentro. ¹⁷E disse: "Olhem para mim e façam como eu. Eis que vou até a extremidade do acampamento, e tudo o que eu fizer vocês devem fazer. ¹⁸Eu tocarei a trombeta, e assim todos os homens que estiverem comigo tocarão suas trombetas ao redor do acampamento, e gritarão: 'Por Javé e por Gedeão!'" ¹⁹Gedeão e os cem homens avançaram até a extremidade do acampamento à meia-noite, momento em que ocorre a troca da guarda. Tocaram as trombetas e quebraram os vasos que tinham nas mãos. ²⁰Os três grupos soaram as trombetas e quebraram os jarros. Com a mão esquerda seguravam as tochas acesas, e com a mão direita as trombetas. Tocavam e gritavam: "Espada por Javé e por Gedeão!" ²¹E permaneceram cada um em seu posto ao redor do acampamento. E todo o acampamento se pôs em alvoroço, e aos gritos fugiram. ²²No momento em que os trezentos homens tocaram suas trombetas, Javé fez com que um companheiro erguesse a espada contra o outro, em todo o acampamento. Os acampados refugiaram-se em Bet-Seta, perto de Serera, até a fronteira de Abel-Meúla, perto de Tebat.

Morte dos inimigos – ²³Reuniram-se os homens de Israel, de Neftali, de Aser e de todo Manassés, e partiram à procura de Madiã. ²⁴Gedeão enviou mensageiros por toda a montanha de Efraim, dizendo: "Desçam contra Madiã e ocupem as águas que estão antes e depois de Bet-Bera e do Jordão". Todos os homens de Efraim saíram e ocuparam as águas que estão antes e depois de Bet-Bera e do Jordão. ²⁵E prenderam dois príncipes de Madiã: Oreb e Zet. Mataram Oreb junto ao rochedo de Oreb, e a Zet mataram junto ao tanque de pisar uvas de Zet. Perseguiram Madiã, e levaram as cabeças de Oreb e Zet para Gedeão, que estava do outro lado do Jordão.

---

cananeias. A prova está no critério para a escolha dos trezentos guerreiros valentes e treinados para a guerra. É Javé quem marcha à frente do seu escolhido (Dt 8,17-20; 9,4-6; 32,27).

7,9–8,3: As cidades-estado são apresentadas sempre como inimigas com forte poderio militar e estrategicamente seguras. Para os autores do livro, porém, só é possível vencê-las com a proteção de Javé. As tribos do

8 *Queixa dos efraimitas* – ¹Os homens de Efraim disseram a Gedeão: "Mas o que é isso que você fez conosco? Você não nos convocou para ir guerrear contra Madiã!" E discutiram fortemente com ele. ²Gedeão lhes disse: "O que eu fiz agora, o que é, comparado ao que vocês fizeram? Por acaso as sobras de uvas de Efraim não valem mais do que as colheitas de uvas de Abiezer? ³Deus entregou em suas mãos Oreb e Zeb, príncipes de Madiã. O que poderia eu fazer, comparado ao que vocês fizeram?" Então, ao ouvirem essas palavras de Gedeão, os ânimos deles se acalmaram.

Morte aos madianitas – ⁴Gedeão chegou ao Jordão, juntamente com os trezentos homens, e atravessou o Jordão. Estavam cansados e famintos por causa da perseguição ao inimigo. ⁵Então disse aos habitantes de Sucot: "Eu lhes suplico: deem pedaços de pão aos homens que me seguem, pois estão cansados e famintos, e estou perseguindo Zebá e Sálmana, reis de Madiã". ⁶Os chefes de Sucot disseram: "Por acaso você já prendeu as mãos de Zebá e Sálmana, para que demos pão a seu exército?" ⁷Gedeão respondeu: "Está bem! No momento em que Javé entregar em minhas mãos Zebá e Sálmana, eu açoitarei os corpos de vocês com espinhos do deserto e ramos espinhosos". ⁸Subiu daí ao encontro de Fanuel e falou da mesma forma. Os homens de Fanuel responderam como os habitantes de Sucot. ⁹Ele disse também aos homens de Fanuel: "Quando eu regressar instaurando a paz, vou destruir esta torre".

Zebá e Sálmana derrotados – ¹⁰Zebá e Sálmana estavam em Carcar, num acampamento formado por cerca de quinze mil homens, todos os que haviam sobrevivido do exército dos filhos do Oriente. Os que tombaram em combate pela espada foram cento e vinte mil guerreiros. ¹¹Gedeão subiu pelo caminho dos que habitam em tendas, pelo lado leste de Nobe e Jegbaá, e chefiou o ataque contra um exército que se julgava seguro. ¹²Zebá e Sálmana fugiram. Mas Gedeão os perseguiu e capturou os dois reis de Madiã, Zebá e Sálmana, causando pânico entre seus exércitos.

Morte dos inimigos – ¹³Gedeão, filho de Joás, ao regressar da guerra pela subida de Hares, ¹⁴fez prisioneiro um jovem de Sucot e o interrogou. Este lhe entregou por escrito o nome dos chefes de Sucot e seus anciãos, uma lista com setenta e sete homens. ¹⁵Gedeão foi até os habitantes de Sucot e disse: "Eis aqui Zebá e Sálmana, a respeito dos quais vocês me insultaram dizendo: 'Por acaso você já prendeu as mãos de Zebá e Sálmana, para que demos pão ao seu povo cansado e faminto?' " ¹⁶Então prendeu os anciãos da cidade e, com espinhos do deserto e ramos espinhosos, deu uma lição ao povo de Sucot. ¹⁷Destruiu a torre de Fanuel e matou os habitantes da cidade. ¹⁸E disse a Zebá e Sálmana: "Como eram os homens que vocês massacraram no Tabor?" Eles responderam: "Eram parecidos com você. Tinham aparência semelhante à de um filho de rei". ¹⁹Disse Gedeão: "Eles eram meus irmãos, filhos da minha mãe. Pela vida de Javé! Se vocês tivessem deixado que eles vivessem, eu não mataria vocês". ²⁰Em seguida, disse a Jeter, seu filho mais novo: "Levante-se! Mate-os!" Mas o moço teve medo e não arrancou da espada, pois ainda era muito novo. ²¹Então Zebá e Sálmana disseram: "Levante-se e mate-nos você mesmo. Pois tal como o homem, assim é sua bravura". Então Gedeão levantou-se e matou Zebá e Sálmana, e pegou os adornos de meia-lua que ornavam o pescoço dos seus camelos.

O vencedor não quer ser rei – ²²Os homens de Israel disseram a Gedeão: "Governe sobre nós você, e também seus filhos e seu neto, pois você nos libertou das mãos de Madiã". ²³Gedeão tomou a palavra e lhes disse: "Nem eu nem meu filho exerceremos o governo sobre vocês, mas é Javé que o exercerá". ²⁴Gedeão ainda acrescentou: "Permitam-me ainda fazer-lhes um pedido: Cada um de vocês me dê um anel

---

norte (Manassés, Aser, Zabulon e Neftali) são destacadas por atuarem em todas as batalhas (6,35; 7,23).

8,4-21: A justiça empreendida por Gedeão está baseada na lei da vingança de sangue (cf. Nm 35,19-28; Js 20,3-6; 2Sm 3,27.30; 14,7): cabia ao chefe da família vingar a morte do inocente. Os inimigos Zebá ("vítima") e Sálmana ("sombra") são nomes fictícios e dão impacto à narrativa (cf. Nm 14,9).

22-35: Gedeão opta pela primazia de Javé, evitando cair na tentação do poder. Compare-se este momento

de ouro de seus despojos". Os vencidos ismaelitas, de fato, usavam anéis de ouro. ²⁵Eles disseram: "Nós o entregaremos a você com prazer". Ele então estendeu seu manto, e lançaram cada um o anel de ouro obtido como despojo. ²⁶E aconteceu que a quantia solicitada de anéis de ouro foi de quase vinte quilos de ouro, sem contar os ornamentos no formato de meia-lua, os pingentes e as roupas de púrpura que eram utilizadas pelos reis de Madiã, e sem contar os ornamentos que estavam no pescoço de seus camelos. ²⁷Gedeão fez dos bens arrecadados um efod, que instalou em Efra, sua cidade. Todo Israel aí se prostituiu, acompanhando Gedeão, e isso foi como armadilha para Gedeão e sua família.

²⁸Desse modo, Madiã foi submetida diante dos filhos de Israel, e não ousaram mais levantar a cabeça. A terra permaneceu em paz durante quarenta anos, o tempo em que Gedeão viveu. ²⁹Jerobaal, filho de Joás, partiu e foi habitar em sua casa. ³⁰Gedeão teve setenta filhos legítimos, pois tinha muitas mulheres. ³¹Sua concubina, residente em Siquém, gerou para ele um filho, a quem deu o nome de Abimelec. ³²Gedeão, filho de Joás, morreu numa velhice feliz e foi sepultado junto ao túmulo de seu pai Joás, em Efra de Abiezer.

Novamente a idolatria – ³³E aconteceu, após a morte de Gedeão, que os filhos de Israel voltaram a se prostituir diante dos ídolos de Baal, e escolheram como divindade Baal-Berit. ³⁴Os filhos de Israel não se lembraram mais de Javé seu Deus, que os tinha libertado das mãos de todos os inimigos ao redor. ³⁵E não demonstraram gratidão à casa de Jerobaal-Gedeão, por todos os bens que realizou em favor de Israel.

9

Monarquia de Abimelec – ¹Abimelec, filho de Jerobaal, foi a Siquém, para junto dos irmãos de sua mãe, e dirigiu as seguintes palavras a todo o clã da casa paterna de sua mãe: ²"Falem, por favor, aos ouvidos de todos os senhores notáveis de Siquém: O que é melhor para vocês: que sejam governados por setenta homens, todos eles filhos de Jerobaal, ou que um só homem exerça o governo? Lembrem-se de que eu sou osso de seus ossos e carne de suas carnes". ³Os irmãos de sua mãe disseram essas mesmas palavras aos ouvidos de todos os senhores notáveis de Siquém, e o coração deles inclinou-se para Abimelec, pois diziam: "Ele é nosso irmão". ⁴Em seguida, deram-lhe oitocentos gramas de prata vindos do templo de Baal-Berit. E com essa quantia Abimelec recrutou homens desocupados e aventureiros, que passaram a andar em sua companhia. ⁵Ele voltou para a casa de seu pai, em Efra, e matou seus irmãos, filhos de Jerobaal, setenta homens, sobre a mesma pedra. Restou somente Joatão, filho mais novo de Jerobaal, que se escondera. ⁶Em seguida, reuniram-se todos os senhores notáveis de Siquém e de toda Bet-Melo, próximo ao carvalho da coluna, e declararam Abimelec rei de Siquém.

Armadilha do poder – ⁷Eles informaram o fato a Joatão, e este, por sua vez, subiu ao cimo do monte Garizim, e aos gritos declarou: "Prestem atenção às minhas palavras, senhores notáveis de Siquém! Que Deus ouça vocês!

⁸Certa vez, as árvores puseram-se a caminho à procura de alguém que fosse capaz de ser ungido para reinar sobre elas. Disseram à oliveira: 'Reine sobre nós!' ⁹A oliveira lhes respondeu: 'Por acaso eu abandonaria o meu azeite, com o qual se honram os deuses e os homens, para ir balançar-me sobre as árvores?' ¹⁰Então as árvores disseram à figueira: 'Venha e reine você sobre nós!' ¹¹A figueira lhes respondeu: 'Por acaso eu abandonaria minha doçura e meus bons frutos, para

---

com as inquietações vividas por Samuel (1Sm 8,7). Na redação deuteronomista, ocorrida na volta do exílio, o conceito divino Javé torna-se sinônimo de realeza. O efod do v. 27 é um objeto para o culto.

9,1-6: O breve ciclo de Abimelec ("meu pai é rei", em hebraico) atualiza a saga de antigo personagem, o rei de Gerara, ligado às tradições patriarcais (cf. Gn 20,1-18). Aqui, Abimelec é filho de Gedeão com uma concubina de Siquém (Jz 8,31). A truculência não exclui meios para ocupar o cargo de rei (v. 5). Ao redor de Siquém (mencionada como cidade egípcia no séc. XIII a.C.) se constituíram pequenas realezas ligadas aos cananeus.

7-21: A fábula, uma das mais antigas narrativas bíblicas, apresenta severa crítica à monarquia. As árvores nobres não aceitam reinar, mas o espinheiro, inútil e perigoso ao propagar o fogo, aceita a função.

ir balançar-me sobre as árvores?' ¹²As árvores disseram então à videira: 'Venha reinar você sobre nós.' ¹³A videira lhes respondeu: 'Por acaso eu abandonaria meu vinho, que tanto alegra aos deuses e aos homens, para ir balançar-me sobre as árvores?' ¹⁴Então todas as árvores disseram ao espinheiro: 'Venha reinar você sobre nós.' ¹⁵O espinheiro respondeu às árvores: 'Se vocês querem de verdade ungir-me rei sobre vocês, venham abrigar-se debaixo da minha sombra. Mas, se não querem, que saia fogo do espinheiro e devore os cedros do Líbano'.

¹⁶E agora, se foi com lealdade e retidão que vocês agiram quando escolheram Abimelec para reinar, e se fizeram bem a Jerobaal e à sua casa, tratando-o segundo as obras de suas mãos, ¹⁷visto que meu pai guerreou por vocês, pondo em perigo sua vida e livrando a todos da mão de Madiã, ¹⁸hoje vocês se levantaram contra a casa de meu pai, matando os setenta homens sobre a mesma pedra. Para reinar sobre os senhores notáveis de Siquém, vocês escolheram Abimelec, filho de sua serva, porque era irmão de vocês. ¹⁹Enfim, se agiram com lealdade e retidão com Jerobaal e sua casa, sejam felizes com Abimelec, e este também seja feliz com vocês. ²⁰Porém, se não agiram desse modo, que saia fogo de Abimelec e devore os senhores notáveis de Siquém e de Bet-Melo, e que saia fogo dos notáveis de Siquém e de Bet-Melo e devore Abimelec".

²¹E, com medo, Joatão estabeleceu residência em Bear, a fim de escapar de seu irmão Abimelec.

Revolta contra Abimelec – ²²Abimelec reinou sobre Israel durante três anos. ²³Deus enviou um espírito de perversidade entre Abimelec e os senhores notáveis de Siquém, e os senhores notáveis de Siquém se tornaram infiéis a Abimelec, ²⁴no desejo de fazer cair sobre ele a violência praticada contra os setenta filhos de Jerobaal, e de colocar o sangue deles por sobre seu irmão Abimelec, que os assassinara, e também por sobre os senhores notáveis de Siquém, que haviam ajudado a massacrar os irmãos dele. ²⁵Os senhores notáveis de Siquém organizaram ciladas contra eles no alto das montanhas, e roubavam todos os que passavam pelo caminho. Abimelec foi informado de tudo.

Derrota de Gaal – ²⁶Gaal, filho de Obed, em companhia de seus irmãos, veio e atravessou Siquém, ganhando a confiança dos senhores notáveis de Siquém. ²⁷E foram ao campo, colheram suas vinhas, pisaram suas uvas e fizeram seus festejos. Entraram no templo de seus deuses, comeram, beberam e amaldiçoaram Abimelec. ²⁸Gaal, filho de Obed, indagou: "Quem é Abimelec, quem é Siquém para que nós o sirvamos? Por acaso, não é ele o filho de Jerobaal, e não é Zebul o governador deles? Que sirvam o povo de Hemor, pai de Siquém! Por qual motivo nós devemos estar a serviço deles? ²⁹Ah! se eu tivesse poder sobre este povo! Faria desaparecer Abimelec. Diria a ele: 'Reúna um numeroso exército e venha' ".

³⁰Zebul, governador da cidade, ouvindo as palavras ditas por Gaal, filho de Obed, inflamou-se de raiva. ³¹Enviou secretamente mensageiros a Abimelec para dizer: "Eis que Gaal, filho de Obed, em companhia de seus irmãos, vieram a Siquém, e estão instigando a cidade contra você. ³²Agora, levante-se de noite, e com o povo que está com você prepare uma cilada no campo. ³³Logo pela manhã, ao nascer do sol, bem na primeira hora, assalte a cidade. E quando Gaal e o povo que está com ele marcharem contra você, faça contra ele o que suas mãos decidirem".

³⁴Abimelec e todo o povo que estava com ele levantaram-se à noite e armaram ciladas em quatro lugares de Siquém. ³⁵Gaal, filho de Obed, saiu e ficou montando guarda junto ao portão da cidade. Abimelec e todo o povo que estava com ele saíram da emboscada. ³⁶No momento em que Gaal viu aquele povo, disse a Zebul: "Eis que o povo desce do alto da montanha". Zebul lhe disse: "São as imagens da montanha que você está vendo, confundindo como se fossem pessoas".

22-41: Segundo o narrador, o projeto da realeza desejado por Abimelec começa a ruir. Seu reinado se reduz a Siquém, e não abrange Israel todo (cf. v. 22). Usando personagens enigmáticos, como Gaal e Zebul (este último tido como príncipe em Siquém), busca-se pôr fim à conturbada experiência monárquica.

37 Gaal retomou a palavra, dizendo: "Eis que o povo desce do Umbigo da terra, e a outra parte vem pela estrada do Carvalho do Adivinho". 38 Diante dessa situação, Zebul disse: "Onde está sua língua, quando você diz: 'Quem é Abimelec, para que nós o sirvamos?' Não é esse povo que está em sua companhia que você desprezou? Saia agora, e faça guerra contra ele". 39 Gaal saiu, colocou-se à frente dos senhores notáveis de Siquém e combateu contra Abimelec. 40 Abimelec perseguiu Gaal, que conseguiu escapar diante dele. Mas muitos foram mortos violentamente antes de alcançarem a entrada da porta. 41 Abimelec se estabeleceu em Aruma, e Zebul expulsou Gaal e seus irmãos, que não puderam mais habitar na cidade de Siquém.

Vingança de Abimelec – 42 Aconteceu que, no dia seguinte, informaram a Abimelec que o povo saía para o campo. 43 Então reuniu seu povo, o dividiu em três grupos e se preparou para a emboscada no campo. Assim que avistou o povo saindo da cidade, levantou-se contra ele e o derrotou. 44 Em seguida, Abimelec e os líderes que estavam com ele atacaram e mantiveram posição na porta da cidade, enquanto os outros dois grupos atacaram todos os que estavam no campo, derrotando-os. 45 Abimelec combateu contra a cidade durante todo esse dia, e depois de conquistá-la matou todos os seus habitantes. Destruiu-a e espalhou sal sobre a cidade. 46 Ao ouvirem esses fatos, os senhores notáveis da Torre de Siquém se esconderam na cripta do templo de El-Berit. 47 Informaram a Abimelec que todos os senhores notáveis da Torre de Siquém estavam ali reunidos. 48 Abimelec subiu em direção ao monte Selmon, ele e todos os homens que estavam em sua companhia. Abimelec, com um machado nas mãos, cortou um galho de árvore, colocou-o sobre os ombros, e em seguida disse a todos os homens que o seguiam: "O que vocês me virem fazer, façam também vocês depressa". 49 Em seguida, todos os homens também cortaram galhos de árvores, seguiram Abimelec e depositaram os galhos em cima da cripta. Então atearam fogo, queimando os galhos sobre os que ali estavam escondidos. Morreram todos os habitantes da Torre de Siquém, aproximadamente mil pessoas, entre homens e mulheres.

Uma mulher mata Abimelec – 50 Abimelec saiu em marcha rumo a Tebes, cercou a cidade e a conquistou. 51 Uma torre fortificada existia bem no centro da cidade, onde se refugiaram todos os homens e mulheres, e todos os notáveis da cidade. Após entrarem, trancaram a porta e subiram ao terraço da torre. 52 Abimelec foi até a torre e atacou-a. Chegando perto da porta para destruí-la com fogo, 53 eis que uma mulher lançou sobre a cabeça dele uma pedra de moinho, que lhe partiu o crânio. 54 Ele rapidamente chamou o moço que carregava suas armas e disse: "Tire da espada e me mate, para que não se diga mais tarde a meu respeito: 'Foi morto por uma mulher' ". O jovem o transpassou com a espada e ele morreu. 55 No momento em que os homens de Israel viram Abimelec morto, cada um voltou para sua casa. 56 Desse modo, Deus devolveu a Abimelec todo o mal que ele havia feito contra seu pai, ao matar seus setenta irmãos. 57 E o mesmo fez Deus, devolvendo todo o mal sobre a cabeça dos habitantes de Siquém, ao vir sobre eles a maldição de Joatão, filho de Jerobaal.

10

Tola – 1 Depois de Abimelec, levantou-se Tola, filho de Fua, filho de Dodo, para salvar Israel. Era homem natural da tribo de Issacar e habitava em Samir, nas montanhas de Efraim. 2 Ele julgou Israel durante vinte e três anos, morreu e foi sepultado em Samir.

Jair – 3 Depois dele, levantou-se Jair, da região de Galaad, que julgou Israel durante vinte e dois anos. 4 Jair teve trinta filhos. Todos montavam trinta jumentos e eram

---

42-49: Os atos de brutalidade de Abimelec são realçados no desejo de igualá-los aos atos praticados pela monarquia. Aqui, não são respeitadas as leis sobre os lugares de refúgio, como El-Berit, santuário dedicado ao "Deus da Aliança", localizado em Siquém (Js 20,7-9; Dt 4,43; Jz 8,33; 9,4). O uso do sal na esterilidade da terra parece ser uma prática muito antiga (Jr 17,6; Sl 107,33-34; Dt 29,22).

50-57: Ser morto por uma mulher (v. 53) representava humilhação para um guerreiro, desprezo ainda maior ao se tratar de um rei. O deuteronomista põe assim ponto final na história da realeza de Abimelec, ao narrar sua humilhante morte imposta por uma mulher anônima.

10,1-5: Esses dois juízes se unem a outros três, de cuja identidade, planos e ações pouco sabemos (cf.

proprietários de trinta vilarejos, que até hoje são chamados de Aldeias de Jair, na terra de Galaad. ⁵Depois, Jair morreu e foi sepultado em Camon.

Novo apego à idolatria – ⁶Os filhos de Israel voltaram a fazer o que é mau diante dos olhos de Javé. Serviram aos Baais e às Astartes, aos deuses de Aram, aos deuses de Sidônia, aos deuses de Moab, aos deuses dos amonitas e aos deuses dos filisteus. Abandonaram Javé, e não o serviram mais. ⁷Por esse motivo, a cólera de Javé levantou-se também contra Israel, e Javé os entregou aos filhos dos filisteus, na mão dos amonitas. ⁸Estes oprimiram e maltrataram os filhos de Israel durante dezoito anos, todos os filhos de Israel que atravessaram o Jordão, nas terras dos amorreus em Galaad. ⁹Os filhos de Amon atravessaram o Jordão para guerrear também contra Judá, Benjamim e a casa de Efraim, tornando ainda mais desesperadora a situação de Israel.

Clamor a Javé – ¹⁰Diante disso, os filhos de Israel clamaram a Javé, dizendo: "Cometemos pecado contra ti. Abandonamos a Javé nosso Deus para prestar culto aos Baais". ¹¹Javé respondeu aos filhos de Israel: "E não foi dos egípcios e dos amorreus, dos amonitas, dos filisteus, ¹²dos sidônios e de Amalec e Madiã, quando estes oprimiram vocês e vocês clamaram por mim, não fui eu que os salvei da mão deles? ¹³Mas vocês me abandonaram e serviram a outros deuses. Por esse motivo, não voltarei a salvar vocês. ¹⁴Vão pedir auxílio a outros deuses que vocês escolheram, e que eles salvem vocês na hora do perigo!" ¹⁵Os filhos de Israel disseram a Javé: "Pecamos contra ti! Trata-nos conforme o que parecer bom diante de teus olhos. Porém, liberta-nos neste dia de hoje". ¹⁶Eles fizeram desaparecer do seu meio os deuses estrangeiros e serviram a Javé, que se compadeceu dos sofrimentos deles.

¹⁷Os filhos de Amon mobilizaram-se e acamparam em Galaad, e os filhos de Israel se reuniram e acamparam em Masfa. ¹⁸O povo e os príncipes de Galaad disseram uns aos outros: "Qual é o homem que começará a guerrear contra os filhos de Amon? Esse tal homem vai se tornar o chefe de todos os habitantes de Galaad.

11 **Jefté torna-se chefe** – ¹Jefté, o galaadita, foi um guerreiro valente. Era filho de uma prostituta. Galaad era o pai de Jefté. ²Mas a mulher de Galaad também lhe gerou filhos, e quando estes cresceram expulsaram Jefté do seu meio, dizendo: "Não haverá para você parte nenhuma da herança na casa de nosso pai, pois você é filho de outra mulher". ³Então Jefté fugiu de seus irmãos e foi habitar na terra de Tob. Homens desocupados uniram-se a Jefté, e juntos realizavam expedições.

⁴Algum tempo depois, os filhos de Amon guerrearam contra Israel. ⁵Quando os filhos de Amon guerreavam contra Israel, os anciãos de Galaad saíram para prender Jefté na terra de Tob. ⁶E disseram a Jefté: "Venha! Você será nosso chefe, e faremos guerra contra os filhos de Amon". ⁷Jefté respondeu aos anciãos de Galaad: "Não foram vocês que me odiaram e me expulsaram da casa de meu pai? Por qual motivo vêm a mim, agora que a situação é grave para vocês?" ⁸Os anciãos de Galaad responderam a Jefté: "É por esse motivo que retornamos a você. Venha conosco, e faremos guerra contra os filhos de Amon, e você será chefe nosso e de todos os habitantes de Galaad". ⁹Então Jefté disse aos anciãos de Galaad: "Se vocês me fazem voltar para guerrear contra os filhos de Amon e Javé os entregar a mim, eu serei o chefe de vocês". ¹⁰Os anciãos de Galaad disseram a Jefté: "Javé será nossa testemunha, se não fizermos conforme a palavra de você". ¹¹Jefté partiu em companhia dos anciãos de Galaad, e o povo o colocou como chefe

---

12,8-15). Os autores do livro de Juízes, apesar da brevidade nos relatos, não escondem o desejo de uni-los às diferentes indicações geográficas e respectivos clãs tribais. Nota-se certa ênfase na construção para manter o número de doze juízes que administram a justiça em Israel (cf. cap. 21).

6-18: A idolatria, prática severamente condenada pelos autores deuteronomistas e já anunciada em 2,6-19, serve de introdução ao período de Jefté.

11,1-28: O relato sobre Jefté, filho de uma prostituta, hábil guerreiro e chefe de bando (v. 3), considera duas tradições tribais: amonitas e moabitas. Os amonitas são de origem arameia e ocupam seus territórios no séc. XII a.C., época em que os hebreus buscavam consolidar suas conquistas. Quanto aos moabitas, representam importante e forte civilização agrícola e urbana, já instalada na região no séc. XVIII a.C.; aparecem na região conquistada pelo faraó Ramsés II (1301-1234 a.C.) e têm Camos como

e comandante. E Jefté repetiu todas as suas palavras diante de Javé, em Masfa.

Jefté e os filhos de Amon – [12]Em seguida, Jefté enviou mensageiros ao rei dos filhos de Amon, dizendo: "O que existe entre mim e você, para que venha na minha direção para guerrear em minha terra?" [13]Respondeu o rei dos filhos de Amon aos mensageiros de Jefté: "É que Israel, ao subir do Egito, tomou as minhas terras, desde o Arnon até o Jaboc e o Jordão. Restitua agora nossa terra em paz". [14]Jefté enviou novamente ao rei dos filhos de Amon mensageiros [15]que lhe disseram: "Assim diz Jefté: Israel não tomou a terra de Moab nem a terra dos filhos de Amon. [16]Eis que, subindo Israel do Egito, andou pelo deserto até o mar dos Juncos e chegou a Cades. [17]Então Israel enviou mensageiros ao rei de Edom, dizendo: 'Eu lhe peço, deixe-me passar por sua terra!' Mas o rei de Edom não deu resposta. Também enviou mensagem ao rei de Moab, que igualmente não atendeu o pedido dele. E Israel permaneceu em Cades. [18]Andou pelo deserto, contornou a terra de Edom e a terra de Moab, chegando ao oriente da terra de Moab. Acamparam na fronteira de Arnon, mas eles não entraram no território de Moab, pois Arnon faz fronteira com o país de Moab. [19]Então Israel enviou mensageiros a Seon, rei dos amorreus, que reinava em Hesebon. Israel disse: 'Eu lhe peço, deixe-me passar por sua terra para chegar ao meu lugar'. [20]Mas Seon não acreditou e não permitiu atravessar seu território. Pelo contrário, Seon reuniu todo o seu exército, acampou em Jasa e guerreou contra Israel. [21]Javé, o Deus de Israel, entregou Seon, juntamente com todo o seu exército, nas mãos de Israel, que o feriu mortalmente. Israel tomou posse de toda a terra dos amorreus, que habitavam nessa região. [22]Tomou posse de todo o território dos amorreus, desde Arnon até Jaboc, desde o deserto até o Jordão. [23]E agora que Javé, o Deus de Israel, expulsou os amorreus diante de seu povo Israel, você quer tomar posse da terra? [24]Não basta o que vocês possuem como oferta de Camos, o Deus de vocês? Nós também possuiremos tudo o que Javé nosso Deus nos fez possuir como nossa propriedade. [25]E agora, você será melhor do que Balac, filho de Sefor, rei de Moab? Houve alguma contenda dele com Israel? Alguém fez guerra contra ele? [26]Israel se estabeleceu durante trezentos anos em Hesebon e suas aldeias, em Aroer e suas aldeias, e em todas as cidades que existem nas margens do Jordão. Por que você não tentou recuperá-las durante esse tempo? [27]Não cometi nenhuma falta contra você, mas é você que pratica uma falta contra mim, ao me fazer guerra. É Javé que exerce o julgamento. Que ele julgue hoje entre os filhos de Israel e os filhos de Amon!" [28]Mas o rei dos filhos de Amon não deu ouvidos a nenhuma palavra que Jefté lhe havia enviado.

Voto de Jefté – [29]Então o espírito de Javé veio sobre Jefté, que atravessou Galaad e Manassés, passou por Masfa de Galaad e, de Masfa de Galaad, atravessou em direção aos filhos de Amon. [30]Jefté fez um voto para Javé, dizendo: "Se o Senhor entregar em minhas mãos os filhos de Amon, [31]aquele que por primeiro sair da porta da minha casa e vier ao meu encontro, caso eu retorne em paz do combate contra os filhos de Amon, este será consagrado a Javé, e eu o oferecerei em holocausto". [32]Jefté foi em direção aos filhos de Amon para guerrear contra eles, e Javé os entregou em sua mão. [33]Ele derrotou os amonitas desde Aroer até Menit, conquistando vinte cidades, até Abel-Carmin. Foi uma derrota muito grande, que subjugou os filhos de Amon diante dos filhos de Israel.

Sacrifício da filha de Jefté – [34]No momento em que Jefté regressou para sua casa, em Masfa, eis que sua filha foi ao seu encontro com tamborins e danças. Ela era sua filha única. Ele não tinha outro filho ou filha. [35]Aconteceu que, quando a viu, ele rasgou as vestes e exclamou: "Ah, minha filha!

---

divindade. Salomão rendeu-lhe culto (1Rs 11,7.13). Josias, em sua reforma, destruiu seus santuários (2Rs 23,13).

29-40: Sacrifícios humanos são criticados pelos profetas (Jr 7,31; Ez 16,20). Nos códigos legais há uma vigilante proibição (Dt 12,31; Lv 18,21). A história épica de Jefté o envolve num voto capaz de demonstrar sua total obediência e agradecimento a Javé (Nm 30,3).

Você me faz desfalecer e me causa ruína! Pois, ao abrir meus lábios, fiz um voto a Javé e não há como desfazê-lo". ³⁶Então ela disse: "Meu pai, se o senhor abriu a boca para fazer um juramento a Javé, deve cumpri-lo conforme suas palavras. Porque Javé exerce vingança diante dos seus inimigos, os filhos de Amon". ³⁷Depois disse ao pai: "Conceda-me somente o que lhe peço: Permita que eu ande errante pelos montes, por dois meses, para chorar minha virgindade, na companhia de minhas amigas". ³⁸Ele disse: "Vá". E a deixou partir por um período de dois meses. Ela partiu com suas companheiras para chorar sua virgindade, pelas montanhas. ³⁹Aconteceu que, ao final dos dois meses, ela voltou para a casa de seu pai. Ele então cumpriu sua promessa. Ela não conheceu homem. Eis o motivo de um costume que se conserva em Israel: ⁴⁰de ano em ano, as filhas de Israel saem para celebrar, por quatro dias, a filha de Jefté de Galaad.

12 *Guerras internas e morte de Jefté* – ¹Os homens de Efraim se mobilizaram e atravessaram o Jordão em direção a Safon. E disseram a Jefté: "Por que você saiu para guerrear contra os filhos de Amon e não nos chamou para ir com vocês? Por isso, sua casa será queimada juntamente com você!" ²Jefté lhes disse: "Eu e meu povo tivemos uma grande disputa. Os filhos de Amon nos maltrataram muito. Gritei por socorro, mas vocês não me livraram das mãos deles. ³Ao ver que ninguém me salvaria, decidi eu mesmo colocar minha vida em perigo. Parti contra os filhos de Amon, e Javé os entregou em minhas mãos. Por que vocês subiram hoje para guerrear contra mim?" ⁴Jefté reuniu todos os homens de Galaad e guerreou contra Efraim. Os homens de Galaad feriram os homens de Efraim, porque estes haviam dito: "Vocês são fugitivos de Efraim, vocês galaaditas que vivem no meio de Efraim e no meio de Manassés". ⁵Galaad conquistou os vales que dão passagem do Jordão para Efraim. Mas quando um fugitivo, vindo de Efraim, dizia: "Deixe-me passar", os homens de Galaad perguntavam: "Você é efraimita?" Se respondesse: "Não", ⁶lhe mandavam dizer: "Chibolet". Se ele respondesse: "Sibolet", porque não sabia falar corretamente, era preso e assassinado nas passagens do vale do Jordão. Nessa época, quarenta e dois mil homens de Efraim foram mortos.

⁷Jefté julgou Israel durante seis anos. Jefté, o galaadita, morreu e foi sepultado em sua cidade, em Galaad.

Abesã – ⁸Depois dele, Israel foi julgado por Abesã, natural da cidade de Belém. ⁹Ele teve trinta filhos e trinta filhas, que se casaram com pessoas estrangeiras. Fez vir trinta mulheres estrangeiras para seus filhos. Ele julgou Israel durante sete anos. ¹⁰Abesã morreu e foi sepultado em Belém.

Elon – ¹¹Depois dele, Elon, o zabulonita, julgou Israel durante dez anos. ¹²Elon, o zabulonita, morreu e foi sepultado em Aialon, na terra de Zabulon.

Abdon – ¹³Depois dele, Abdon, filho de Ilel de Faraton, julgou Israel. ¹⁴Ele teve quarenta filhos e trinta netos, que montavam setenta jumentos. Ele julgou Israel durante oito anos. ¹⁵Abdon, filho de Ilel de Faraton, morreu e foi sepultado em Faraton, na terra de Efraim, na montanha dos amalecitas.

13 *O lendário e heroico juiz Sansão* – ¹Os filhos de Israel voltaram a fazer o que é mau diante dos olhos de Javé, e Javé os entregou nas mãos dos filisteus durante quarenta anos. ²Existiu um homem de Saará, da tribo de Dã, cujo nome era Manué. Sua esposa era estéril e não havia gerado nenhum filho. ³Certo dia, o anjo de Javé apareceu à mulher e disse: "Você é estéril e não gerou nenhum filho. Eis que

---

12,1-15: "Chibolet" significa "espiga" ou "correnteza do rio" (cf. Rt 2,2; Sl 69,3). O uso do termo justifica o conflito por terras envolvendo galaaditas e efraimitas. Abesã, Elon e Abdon foram outros juízes menores (cf. Jz 10,1-5).

13,1-25: Expulsos pelo faraó Ramsés III (1196-1165 a.C.) após tentarem invadir o Egito, os filisteus se instalaram na região litorânea da Palestina e se tornaram constante ameaça aos povos vizinhos. Sansão, cujo nome em hebraico significa "pequeno sol", é convocado para lutar contra essa nação inimiga. A lenda desse personagem, juiz da tribo de Dã, norte de Israel, é repleta de proteção divina, coragem, heroísmo e atitudes hilárias. No pós-exílio, a proibição de casar com estrangeiro foi utilizada como meio de legitimar a pureza de Israel (Gn 34,13-15; Ez 18,5-9; Esd 10,3-6).

você ficará grávida e terá um filho. ⁴A partir de agora, tome cuidado! Não tome vinho nem qualquer bebida alcoólica, nem coma nada que seja impuro, ⁵pois eis que você dará à luz um filho. A navalha não passará sobre a cabeça dele, porque será consagrado a Deus desde o ventre materno. Ele é que começará a salvar Israel das mãos dos filisteus". ⁶Em seguida, a mulher entrou e disse ao marido: "O homem de Deus, com aparência de um anjo, veio em minha direção e me fez sentir muito medo. Não perguntei qual era o nome dele, ou quem ele era, nem ele me disse qual era o seu nome. ⁷Somente me disse: 'Você ficará grávida e dará à luz um filho. A partir de agora, não beba vinho nem qualquer bebida alcoólica, nem coma nada que seja impuro, porque o menino será consagrado a Deus, desde o ventre materno até o dia da sua morte' ".

Novamente o anjo de Javé – ⁸Diante disso, Manué rezou a Javé dizendo: "Meu Senhor, peço-te que o homem de Deus que enviaste volte outra vez ao nosso encontro e nos ensine o que fazer para a criança que vai nascer". ⁹Deus escutou a voz de Manué e enviou novamente seu mensageiro ao encontro da mulher, quando ela estava no campo, no momento em que Manué não se encontrava em sua companhia. ¹⁰A mulher depressa correu avisar o marido e lhe disse: "Eis! Apareceu-me o homem que veio outro dia ao meu encontro". ¹¹Manué levantou-se e saiu com sua mulher ao encontro do homem e perguntou: "Foi você que falou com esta mulher outro dia?" Ele respondeu: "Sim, fui eu mesmo". ¹²Manué perguntou ao homem: "Quando sua palavra se realizar, qual deve ser o nosso modo de proceder e que tarefa o menino exercerá?" ¹³O anjo de Javé respondeu a Manué: "De todas as coisas proibidas que eu disse à sua mulher, ela deve abster-se. ¹⁴De todos os produtos que saem da vinha, ela não deve comer. Não beba vinho nem bebida alcoólica nenhuma, nem coma nada de impuro, e procure observar tudo o que eu lhe mandei". ¹⁵Manué disse ao anjo de Javé: "Permaneça conosco e lhe ofereceremos um cabrito". ¹⁶Disse o anjo de Javé a Manué: "Ainda que eu permaneça com você, não comerei da sua comida. Mas, se você fizer um holocausto, faça-o para Javé". Ele não sabia que se tratava do anjo de Javé. ¹⁷Manué perguntou ao anjo de Javé: "Qual é seu nome? Quando sua palavra se realizar, nós queremos honrá-lo". ¹⁸O anjo de Javé lhe perguntou: "Por que você pergunta sobre o meu nome? Ele é maravilhoso!"

¹⁹Em seguida, Manué pegou o cabrito com as ofrendas e os ofereceu sobre o rochedo para Javé que realiza prodígios. Manué e sua mulher ficaram observando. ²⁰No momento em que as chamas se elevavam de cima do altar, em direção aos céus, o anjo de Javé subiu com as chamas. Ao ver isso, Manué e sua mulher caíram com o rosto por terra. ²¹O anjo de Javé não apareceu mais a Manué nem à sua mulher. Então Manué compreendeu que era o anjo de Javé, e disse à sua mulher: ²²"Com toda a certeza nós vamos morrer, porque vimos a Deus". ²³Sua mulher lhe disse: "Se fosse para nos matar, Javé não nos teria agraciado. Não teria aceito, de nossas mãos, nosso holocausto e ofrendas, nem nos teria deixado ver tudo o que vimos, nem ouvir o que ouvimos". ²⁴A mulher deu à luz um filho, e o chamou pelo nome de Sansão. O menino cresceu e Javé o abençoou. ²⁵O espírito de Javé começou a agir sobre ele, no Acampamento de Dã, entre Saraá e Estaol.

14 *Sansão se casa com uma filisteia*

– ¹Sansão desceu para o território de Tamna e viu uma mulher entre as mulheres dos filisteus. ²Subiu e informou ao seu pai e sua mãe, dizendo: "Vi uma mulher entre as mulheres dos filisteus. Eu a escolhi para ser minha mulher". ³Seu pai e sua mãe, porém, lhe disseram: "Não existem mulheres entre as filhas dos seus irmãos e no meio do seu povo? Por que você vai procurar mulher entre o povo dos filisteus incircuncisos?" Sansão respondeu ao seu pai: "Peça-a para mim, pois só ela encontrou graça aos meus olhos". ⁴Seu pai e sua mãe não sabiam que isso

---

14,1-20: A união das tradições em torno de Sansão deu força e significado ao personagem que luta em defesa de Israel. Embora tenha ódio dos filisteus, Sansão rompe com a tradição tribal (Ex 34,16; Dt 7,3) e se casa

provinha da vontade de Javé, o qual buscava um motivo contra os filisteus, pois nesse tempo os filisteus dominavam sobre Israel.

⁵Em companhia de seu pai e sua mãe, Sansão desceu em direção a Tamna. E eis que, ao chegar ao vinhedo em Tamna, ele viu um leão novo rugindo que ia em sua direção. ⁶O espírito de Javé apoderou-se de Sansão, que lançando-se contra o leão, sem ter nada nas mãos, esquartejou o jovem leão como se fosse um cabrito. Mas não contou nada a seu pai e a sua mãe sobre o que tinha feito.

⁷E desceu, falou com a mulher, e ela lhe agradou. ⁸Passados alguns dias, voltou para se casar com ela. Desviou-se do caminho para ver o cadáver do leão, e eis que havia dentro da carcaça do leão um enxame de abelhas com mel. ⁹Com as mãos recolheu um pouco do mel e saiu comendo pelo caminho. Chegou perto de seus pais, deu-lhes do mel e eles comeram. Porém não lhes contou que havia tirado o mel da carcaça do leão.

¹⁰O pai dele desceu até a casa da mulher, e Sansão fez aí uma festa, como os jovens costumavam fazer. ¹¹E, quando o viram, escolheram trinta companheiros para ficar em sua companhia.

O jogo do enigma – ¹²Sansão lhes disse: "Deixem-me propor a vocês um enigma. Se durante os sete dias da festa vocês me apresentarem a solução, eu lhes darei trinta túnicas de linho e trinta mudas de roupa. ¹³Porém, se não forem capazes de decifrá-lo, vocês me darão trinta túnicas de linho e trinta mudas de roupa". Então lhe disseram: "Apresente o enigma, que nós o escutaremos". ¹⁴Sansão lhes disse: "Do que come sai comida, e do forte sai doçura". Passados três dias, não encontraram a resposta para o enigma. ¹⁵No quarto dia, disseram à mulher de Sansão: "Engane seu marido para que nos decifre o enigma. Caso contrário, queimaremos você e a casa de seu pai. Foi para nos saquear que você nos convidou?" ¹⁶Choramingando, a mulher de Sansão foi para junto dele e disse-lhe: "Você somente guarda ódio por mim, e já não me ama! Você propôs um enigma para os filhos do meu povo, mas não o decifrou para mim!" Sansão lhe disse: "Eis que nem para meu pai e minha mãe eu o decifrei. Por acaso deveria decifrá-lo para você?" ¹⁷Ela se pôs a choramingar sobre ele durante os sete dias que durou a festa. Mas, no sétimo dia, de tanto ela o importunar, ele decifrou para ela o enigma, e ela contou para os filhos do seu povo. ¹⁸No sétimo dia, antes do pôr do sol, os homens da cidade disseram a ele: "O que é mais doce que o mel? E o que é mais forte que o leão?" Ao ouvir isso, Sansão lhes disse: "Se vocês não tivessem arado com minha novilha, não teriam adivinhado meu enigma!"

¹⁹O espírito de Javé apoderou-se de Sansão, e ele desceu para Ascalon e feriu mortalmente trinta homens. Retirou deles as mudas de roupas e entregou aos que haviam descoberto o enigma. Depois, enfurecido, subiu à casa de seu pai. ²⁰Quanto à mulher de Sansão, foi dada a um dos companheiros que havia prestado serviços de acompanhante.

15 *Sansão e as raposas* – ¹Mais tarde, passados alguns dias, na época da colheita do trigo, Sansão visitou sua mulher e levou para ela um cabrito. E disse: "Vim para ficar sozinho com minha mulher no quarto!" Mas o pai dela não o deixou entrar. ²O pai disse: "Pensei comigo mesmo que você estava aborrecido com ela, e por esse motivo a entreguei ao seu companheiro. No entanto, sua irmã mais nova não é melhor do que ela? Agora, eu lhe peço: aceite-a no lugar da outra!" ³Sansão lhes disse: "Desta vez, diante dos filisteus, serei inocente do mal que farei contra o seu povo".

⁴Sansão partiu e capturou trezentas raposas e amarrou-as pela cauda, duas a duas. Em seguida, pegou uma tocha e amarrou junto à cauda das raposas. ⁵Colocou fogo nas tochas e soltou os animais

---

com uma filha dos inimigos. É o típico recurso literário para engrandecer a astúcia de quem atua em nome de Javé.

15,1-20: Em hebraico "mandíbula", Lequi é desconhecida como lugar de concentração dos filisteus (cf. 2Sm 23,11). As lendas não poupam ocasião para narrar as ações contra os inimigos de Israel. O resultado dessa desavença resulta na queima dos campos, o que leva Sansão a ser declarado juiz em Israel.

pelos campos dos filisteus, incendiando os feixes de trigo já recolhidos, o trigo plantado, as vinhas e até as oliveiras.

⁶Os filisteus perguntaram: "Quem fez isso?" Responderam: "Sansão, o genro do homem de Tamna, porque este pegou a mulher dele e a deu ao seu companheiro". Em seguida, os filisteus subiram e atearam fogo na mulher e na casa de seu pai. ⁷Sansão lhes disse: "Já que fizeram isso, fiquem sabendo que não descansarei enquanto não me vingar de vocês!" ⁸Caindo sobre eles, Sansão os feriu mortalmente, impondo-lhes grande derrota. Em seguida, desceu e foi habitar numa gruta entre os rochedos de Etam.

Sansão vence com a mandíbula de jumento – ⁹Os filisteus subiram e acamparam, e fizeram incursão na região de Lequi. ¹⁰Os homens de Judá perguntaram: "Por que vocês marcharam contra nós?" Responderam: "Subimos para aprisionar Sansão. Vamos fazer com ele o mesmo que ele fez conosco". ¹¹Em seguida, três mil homens de Judá desceram até a gruta do rochedo de Etam e disseram a Sansão: "Você não sabe que os filisteus são nossos governantes? Por que você fez isso contra nós?" Sansão lhes respondeu: "Tal como eles me trataram, assim eu também os tratei". ¹²Eles disseram: "Descemos para prender e entregar você na mão dos filisteus". Ao que Sansão declarou: "Jurem que vocês mesmos não irão me matar?" ¹³Eles disseram: "Não! Aqui vimos apenas para prender e entregar você na mão deles. De maneira alguma iremos matar você". Amarraram Sansão com duas cordas novas e o fizeram subir da gruta.

¹⁴No momento em que chegaram a Lequi, os filisteus saíram em direção a ele, aos gritos e clamando de alegria. Então o espírito de Javé apoderou-se dele, e as cordas novas com que lhe amarraram os braços se tornaram semelhantes ao fio de linho destruído pelo fogo. E as cordas que o prendiam se soltaram de suas mãos. ¹⁵Sansão encontrou ainda fresca a mandíbula de um jumento. Segurou-a na mão com força, e com ela matou mil homens. ¹⁶Sansão então bradou: "Com a mandíbula de um jumento, eu os amontoei. Com a mandíbula de um jumento, mil homens matei".

¹⁷E aconteceu que, logo ao terminar de falar, jogou para longe da mão a mandíbula, e chamou esse lugar de Ramat-Lequi. ¹⁸E começando a sentir grande sede, clamou por Javé dizendo: "Foste tu, Senhor, pelas mãos do teu servo, que me deste esta grande vitória. Será que agora vais permitir que eu morra de sede e caia na mão desses incircuncisos?" ¹⁹Então Deus abriu uma fenda na rocha, que estava em Lequi, e dela saiu água. Ele bebeu, recuperou os sentidos e se reanimou. E chamou a essa fonte de En-Coré, que está em Lequi, e existe até hoje.

²⁰Sansão julgou Israel durante vinte anos no tempo dos filisteus.

16 *Sansão arranca as portas de Gaza*
– ¹Sansão partiu para a cidade de Gaza, viu aí uma prostituta e foi para a casa dela. ²Anunciaram aos habitantes de Gaza: "Sansão veio aqui". Então fizeram ronda e ficaram de tocaia, a noite inteira, junto à porta da cidade. Permaneceram calados durante a noite toda, dizendo: "Ao chegar a luz da manhã, nós o mataremos". ³Sansão, porém, dormiu somente até a metade da noite, e depois se levantou na metade da noite, agarrou os batentes da porta da cidade juntamente com as duas colunas, arrancou-os junto com os ferrolhos, colocou-os nos ombros e os levou até o alto da montanha que está diante de Hebron.

Sansão conhece Dalila – ⁴Depois disso, Sansão apaixonou-se por uma mulher do vale de Sorec. O nome dela era Dalila. ⁵Os príncipes dos filisteus foram ter com ela e lhe disseram: "Seduza Sansão e veja por que a força dele é grande, e como nós podemos dominá-lo e aprisioná-lo. Cada um de nós dará a você mil e cem moedas de prata". ⁶Dalila perguntou a Sansão: "Diga-me, eu lhe peço: de onde vem essa força enorme que você tem? Como alguém poderia aprisionar e do-

---

16,1-31: Neste enredo se unem amor, dinheiro e traição. Sansão torna-se refém dos filisteus, após ter revelado a origem de suas forças à estrangeira Dalila, terceira mulher por ele amada. Seu último ato heroico foi imolar-se, como gesto final capaz de garantir a vitória sobre os inimigos de Israel.

minar você? ⁷Sansão lhe respondeu: "Se me prendessem com sete cordas de arco ainda úmidas, sem terem sido postas para secar, eu ficaria fraco e seria parecido com qualquer outro homem". ⁸Os chefes dos filisteus levaram para Dalila sete cordas de arco ainda úmidas, sem terem sido postas para secar, e ela aprisionou Sansão com as cordas, ⁹enquanto escondia alguns homens que espionavam no quarto. Dalila gritou para ele: "Sansão! Os filisteus estão vindo em sua direção". Ele arrebentou as cordas de arco como se arrebentam fios de estopa chamuscados pelo fogo, e não revelou o segredo de sua força.

¹⁰Dalila disse a Sansão: "Você zombou de mim e me falou mentiras. Agora me conte, por favor, como é possível amarrar você". ¹¹Ele disse a Dalila: "Se me amarrassem com cordas novas que ainda não foram usadas nos trabalhos, eu ficaria fraco e seria parecido com qualquer outro homem". ¹²Dalila pegou cordas novas e com elas o amarrou. Depois ela disse: "Sansão! Os filisteus estão vindo em sua direção". Ora, ela havia escondido alguns homens que espreitavam no quarto. Mas ele arrebentou as cordas sobre os braços, como se fossem linhas.

¹³Dalila disse a Sansão: "Até agora você zombou de mim e me falou mentiras. Conte-me, por favor, como é possível amarrar você". Ele respondeu: "Se você tecer sete tranças da minha cabeleira, sobre a minha cabeça, com a urdidura de um tear e as fixar com um pino, eu ficarei fraco e serei parecido com qualquer outro homem". ¹⁴Ela o fez dormir, teceu as sete tranças de sua cabeleira com a urdidura, apertou com um pino e depois gritou: "Sansão! Os filisteus estão vindo em sua direção". Ele despertou do sono e retirou o pino do tear com a urdidura.

¹⁵Então ela lhe disse: "Como pode dizer que me ama, se o seu coração não está comigo? Esta é a terceira vez que me engana e não me diz de onde vem sua enorme força". ¹⁶Ora, como ela o importunava insistentemente com palavras todos os dias, ele ficou sem alento, num desespero de morte, ¹⁷e não se conteve. Abriu para ela todo o seu coração, dizendo: "A navalha nunca passou sobre a minha cabeça, pois eu sou consagrado a Deus desde o ventre de minha mãe. Se cortarem meus cabelos, minha força desaparecerá de mim, ficarei fraco e serei como todos os homens".

¹⁸Dalila percebeu que ele havia aberto todo o coração para ela, e mandou chamar os príncipes dos filisteus, dizendo: "Desta vez ele abriu todo o seu coração para mim". Os príncipes dos filisteus subiram, tendo em mãos o dinheiro prometido. ¹⁹Ela o fez dormir sobre seus joelhos e mandou chamar um homem que lhe cortou as sete tranças da cabeça. Ele começou a se enfraquecer e sua força se esgotou. ²⁰Dalila gritou: "Sansão! Os filisteus estão vindo em sua direção". Ele despertou do sono e disse a si mesmo: "Sairei desta, como me livrei das outras vezes". Mas ele não sabia que Javé se retirara de sua companhia. ²¹Os filisteus o capturaram e lhe vazaram os olhos. Desceram com ele em direção a Gaza, onde o prenderam com duas correntes de bronze. E na prisão ele girava a mó de moinho.

Vingança e morte de Sansão – ²²Mais tarde, seus cabelos começaram a crescer, depois que lhe haviam raspado a cabeça.

²³Os príncipes dos filisteus se reuniram para oferecer um grande sacrifício a Dagon, seu deus. E, para se alegrarem, diziam: "Nosso deus entregou em nossas mãos o nosso inimigo Sansão". ²⁴Assim que o povo viu Sansão, começou a louvar o seu próprio deus, dizendo: "Nosso deus entregou em nossas mãos nosso inimigo, que devastou nossas terras e fez cair mortos muitos de nossos homens".

²⁵Como o coração deles já estava bem alegre, disseram: "Mandem vir Sansão, para que ele nos alegre". Mandaram buscar Sansão da prisão, e ele dançava na presença deles. Em seguida o colocaram de pé entre as colunas. ²⁶Sansão disse ao rapaz que lhe segurava firme a mão: "Deixe-me tocar as colunas que sustentam o edifício, para que eu possa descansar um pouco". ²⁷A casa estava repleta de homens e mulheres. Aí estavam também todos os príncipes dos filisteus, e sobre o terraço aproximadamente três mil homens e mulheres, que observavam as brincadeiras feitas por Sansão. ²⁸Então Sansão invocou a Javé, dizendo: "Senhor Javé, lembra-te de mim. Dá-me

forças mais uma vez, ó Deus, a fim de que eu possa me vingar dos filisteus, pela perda dos meus dois olhos". ²⁹Sansão apalpou as duas colunas centrais que sustentavam a casa, apoiando-se numa com o braço direito e na outra com o braço esquerdo. ³⁰E disse: "Morra eu com os filisteus!" E balançou as colunas com toda a força, e a casa veio abaixo, caindo em cima de todos os príncipes e de todo o povo que aí se encontrava. E os que ele fez morrer, com sua morte, foram muito mais do que os que havia matado em vida. ³¹Em seguida, os irmãos e todas as pessoas da casa do seu pai desceram e levaram o corpo. Subiram e o sepultaram entre Saraá e Estaol, no túmulo de seu pai Manué. Sansão julgou Israel durante vinte anos.

SEGUNDA PARTE: PRIMEIRO APÊNDICE

17 Santuário particular de Micas –
¹Havia um homem da montanha de Efraim, e seu nome era Miqueias. ²Ele disse à sua mãe: "As mil e cem moedas de prata que tiraram de você, motivo pelo qual você lhes atirou a maldição, conforme você disse aos meus ouvidos, eis aqui o dinheiro. Fui eu mesmo que o peguei". A mãe dele exclamou: "Que o meu filho seja bendito de Javé!". ³Ele entregou à sua mãe as mil e cem moedas de prata, e ela lhe disse: "Eu havia consagrado essa quantia de prata a Javé, por minhas próprias mãos, para fazer ao meu filho uma estátua e um ídolo de metal fundido. Porém, eis que agora devolvo essa quantia a você". ⁴Ele porém entregou a quantia de prata para sua mãe. Ela, por sua vez, pegou duzentas moedas de prata e as entregou ao fundidor, para fabricar uma estátua e um ídolo de metal fundido, que foi colocado na casa de Miqueias. ⁵Tal homem chamava-se Micas e tinha em casa um santuário particular. Ele fez um efod e amuletos, e consagrou um dos seus filhos para servir como sacerdote. ⁶Nesse tempo, não havia rei em Israel, e cada um fazia o que julgava melhor, segundo o próprio modo de ver.

⁷Havia um jovem da cidade de Belém de Judá, de um clã de Judá. Era levita e residia aí como estrangeiro. ⁸Esse homem deixou a cidade de Belém de Judá para residir onde fosse possível. Ao longo do caminho, chegou à casa de Micas, nas montanhas de Efraim. ⁹Então Micas lhe perguntou: "De onde você vem?" Ele respondeu: "Eu sou levita de Belém de Judá, e vou residir onde for possível". ¹⁰Micas lhe declarou: "Fique comigo. Seja um pai e um sacerdote para mim. Eu lhe darei dez moedas de prata a cada ano, além de roupas e alimentação necessária". ¹¹O levita decidiu habitar com esse homem, e o jovem foi para ele como um dos seus filhos. ¹²Micas consagrou o levita, que se tornou seu sacerdote, passando a residir em sua casa. ¹³Micas disse: "Agora sei que Javé me favoreceu, pois o levita se tornou meu sacerdote".

18 Terra para os filhos de Dã –
¹Nesse tempo, não havia rei em Israel. Também nesse mesmo tempo, a tribo de Dã procurava um local onde morar e que lhe servisse de herança, pois até essa data não havia recebido nada como herança entre as tribos de Israel. ²Os filhos de Dã enviaram cinco homens valentes, escolhidos do meio de seu próprio clã, homens valentes de Saraá e Estaol, no desejo de espionar e fazer o reconhecimento do país. E lhes disseram: "Vão investigar a terra". Eles chegaram à montanha de Efraim, até a casa de Micas, onde passaram a noite. ³Como estavam junto à família de Micas, distinguiram a voz do jovem levita. Então

---

17,1-18,31: Os caps. 17 e 18, que oferecem o *primeiro apêndice* ao livro dos Juízes, originalmente não faziam parte da obra. As histórias que realçam as imagens de metal, a presença de um sacerdote levita e a falta de reis para administrar Israel, mostram caráter favorável à monarquia (17,6; 18,1; 19,1; 21,25). A fabricação de imagens de metal, bem como a existência de lugares de culto fora de Jerusalém, são fortemente reprovadas pela tradição deuteronomista e tornam-se objeto de disputa na reforma de Josias (Dt 27,15; Ex 20,4). O roubo dos objetos do santuário (18,17-19) justifica a destruição de Silo (18,31), ao norte, na época da invasão assíria (722 a.C.). Por quatro vezes em Jz encontramos o anúncio da falta de reis em Israel (17,6; 18,1; 19,1; 21,25). A negação da monarquia deixa transparecer a crítica feita aos monarcas ligados ao reino do norte, em oposição à dinastia davídica, sediada em Efraim. Desqualificar os reis de Israel, afirmando que "cada um fazia o que julgava melhor", não deixa de ser mais um recurso literário empreendido por um grupo no conjunto da redação histórica deuteronomista, na redação final do livro.

se aproximaram e perguntaram ao jovem: "Quem fez você entrar aqui? O que faz você aqui? E por qual motivo está aqui? ⁴Ele respondeu: "Micas fez por mim isto e aquilo, além de me empregar, para que eu fosse o sacerdote dele". ⁵Em seguida, os homens disseram: "Pergunte você a Deus, pois queremos saber se nossa viagem nos trará sucesso". ⁶"Vão em paz!", disse-lhes o sacerdote. "O caminho de vocês está sob a proteção de Javé".

⁷Os cinco homens partiram e chegaram à cidade de Lais. Viram que as pessoas aí residentes viviam na segurança, à maneira dos sidônios, tranquilas e confiantes, e que nada lhes faltava no interior do país. Possuíam grandes riquezas, viviam longe de qualquer relação com os sidônios, além de não manterem relacionamento com nenhuma outra nação. ⁸Em seguida, retornaram aos seus compatriotas em Saraá e Estaol. Estes, por sua vez, perguntaram-lhes: "O que vocês têm para nos relatar?" ⁹Eles disseram: "Levantem! Avancemos contra eles, pois vimos que a terra deles é muito boa. Vocês vão ficar aí parados? Não tenham dúvidas de partir e tomar posse da terra. ¹⁰Chegando lá, vocês encontrarão um povo que vive tranquilo, numa terra extensa. É certo que Deus entregou em suas mãos esse lugar, onde não falta nada do que existe na terra".

¹¹Seiscentos homens do clã dos filhos de Dã partiram de Saraá e de Estaol, equipados com instrumentos de guerra. ¹²Subiram e montaram acampamento em Cariat-Iarim, em Judá. Por isso, o lugar é chamado, ainda hoje, de Acampamento de Dã. A região fica a oeste de Cariat-Iarim. ¹³Daí passaram pela montanha de Efraim, e chegaram até à casa de Micas.

¹⁴Os cinco homens que foram espionar a terra de Lais tomaram a palavra e disseram a seus compatriotas: "Vocês sabem que no interior das casas existe um efod e os terafim, uma imagem e um ídolo de metal fundido? Ora, convém pensar no que vocês irão fazer". ¹⁵Eles se dirigiram para lá e entraram na casa do jovem levita, na casa de Micas, saudando-o com a paz, ¹⁶enquanto os seiscentos homens equipados com instrumentos de guerra se mantiveram em pé na porta de entrada na cidade de Dã. ¹⁷E os cinco homens que tinham ido para espionar a terra entraram na casa, pegaram o efod, os terafim, a imagem e o ídolo de metal fundido. O sacerdote se manteve de pé na porta de entrada, junto com os seiscentos homens equipados com instrumentos de guerra. ¹⁸Tendo entrado na casa de Micas, pegaram o efod, os terafim, a imagem e o ídolo de metal fundido, e o sacerdote lhes perguntou: "O que vocês estão fazendo?" ¹⁹Ao que eles responderam: "Silêncio! Coloque a mão sobre a boca e siga-nos. Você vai ser para nós um pai e um sacerdote. Será melhor para você exercer seu sacerdócio na casa de um só homem, do que exercer seu sacerdócio numa tribo ou clã em Israel?" ²⁰Diante disso, o coração do sacerdote ficou feliz. Pegou o efod, os terafim e a imagem, e partiu junto com os guerreiros.

²¹Eles retomaram seu caminho, tendo à frente as mulheres e as crianças, os rebanhos e seus pertences. ²²Estavam longe da casa de Micas, no momento em que as pessoas que residiam próximo à casa de Micas deram o alarme e saíram em perseguição aos filhos de Dã, ²³gritando atrás deles. Então retornaram e disseram a Micas: "O que acontece com você? E qual o motivo para mobilizar o povo?" ²⁴Ele respondeu: "Vocês pegaram o meu deus que fiz, junto com o sacerdote, e foram embora. O que me resta agora? Como podem ainda me perguntar: 'O que acontece com você?' " ²⁵Os filhos de Dã responderam: "Não nos faça mais ouvir a sua voz! Do contrário, alguns homens furiosos poderiam juntar-se contra você e lhe tirar a sua vida e a vida de sua família". ²⁶Os filhos de Dã então continuaram sua viagem. Micas, ao perceber que eram mais fortes do que ele, deu meia-volta e foi para casa.

²⁷Em seguida, pegaram os objetos que Micas havia feito, o sacerdote que estava em sua companhia, e partiram para atacar Lais, um povo que vivia tranquilo e confiante. Golpearam todos ao fio da espada e queimaram a cidade. ²⁸Não houve ninguém para prestar auxílio, pois a cidade ficava distante de Sidônia, além de não manter nenhuma relação com o povo da região. A cidade estava localizada no vale de Bet-Roob. Eles a reconstruíram e nela

se estabeleceram, ²⁹chamando a cidade pelo nome de Dã, segundo o nome do seu ancestral Dã, que nasceu de Israel. Entretanto, o primeiro nome da cidade era Lais. ³⁰Os filhos de Dã ergueram para si a imagem. Jônatas, filho de Gersam, filho de Moisés, ele e seus filhos, foram sacerdotes da tribo dos filhos de Dã, até o dia em que a população do país foi exilada. ³¹Estabeleceram para seu uso a imagem que Micas havia feito, e ela aí permaneceu durante todo o tempo em que durou a casa de Deus que está em Silo.

TERCEIRA PARTE: SEGUNDO APÊNDICE

19 *A concubina e o levita de Efraim* – ¹Aconteceu nos dias em que não havia rei em Israel. Havia um homem levita, morador na parte extrema da montanha de Efraim, que pegou para si, como concubina, uma mulher de Belém de Judá. ²Mas a concubina se irritou contra ele e o deixou, voltando para a casa de seu pai, em Belém de Judá, e aí permaneceu alguns dias, cerca de quatro meses. ³Seu marido se levantou e foi procurá-la, no desejo de falar-lhe ao coração, para trazê-la de volta. Com ele estavam seu servo e uma junta de jumentos. No momento em que chegou à casa do pai da jovem, este, ao vê-lo, ficou alegre e saiu ao seu encontro. ⁴O sogro dele, o pai da moça, convenceu-o a ficar, e aí permaneceu três dias. Comeram, beberam e aí passaram a noite.

⁵No quarto dia, bem de madrugada, eles se levantaram dispostos a partir, mas o pai da moça disse ao genro: "Reanime seu coração, coma um pedaço de pão e depois pode partir". ⁶Desse modo, sentaram os dois juntos, comeram e beberam. O pai da moça disse ao homem: "Aceite, com prazer, permanecer aqui esta noite, e que se alegre seu coração". ⁷O homem levantou-se decidido a partir, mas seu sogro insistiu com ele para ficar e pernoitar.

⁸Ele se levantaram disposto a partir, no quinto dia, bem de madrugada. Mas o pai da jovem lhe disse: "Vamos! Reanime seu coração". Permaneceram até o fim do dia e, em seguida, os dois comeram juntos. ⁹No dia seguinte, o homem se levantou disposto a partir em companhia da sua concubina e do seu servo. Seu sogro, o pai da moça, disse-lhe: "Eis que o dia já declina e a noite chega. Eu lhe peço para pernoitar, pois o dia está chegando ao fim. Pernoite aqui e repouse seu coração. Amanhã, bem de madrugada, você poderá retomar seu caminho e voltar para sua tenda".

¹⁰Mas o homem recusou-se a pernoitar. Levantou-se, partiu e chegou até diante de Jebus, que é Jerusalém. Com ele estavam a junta de jumentos atrelados e a sua concubina. ¹¹Quando já estavam perto de Jebus e o cair da tarde já era avançado, o servo disse ao seu senhor: "Eu lhe peço: vamos nos deter nesta cidade dos jebuseus e nela pernoitar". ¹²Ao que o seu senhor lhe declarou: "Não vamos nos afastar do nosso caminho para ir em direção a um povo estrangeiro, que não pertence aos filhos de Israel. Seguiremos até a cidade de Gabaá". ¹³Em seguida, disse ao seu servo: "Vamos nos aproximar de um desses lugares, e passaremos a noite em Gabaá ou Ramá". ¹⁴E continuaram a caminhar. O sol se pôs quando estavam perto de Gabaá de Benjamim. ¹⁵Então saíram desse lugar, para ir pernoitar em Gabaá. Ele, o levita, entrou e ficou sentado na praça da cidade, porque nenhuma pessoa o acolheu para pernoitar em sua casa.

Acolhida – ¹⁶E eis que, ao entardecer, veio um ancião voltando do seu trabalho no campo. Era das montanhas de Efraim, morador na cidade de Gabaá, enquanto os homens do lugar eram benjaminitas. ¹⁷Levantando os olhos, viu o homem viajante sentado na praça da cidade e lhe perguntou: "De onde você vem e para onde vai?" ¹⁸Ele lhe respondeu: "Nós viemos de Belém de Judá e vamos às extremidades da montanha de Efraim. Eu sou de lá. Estive em Belém de Judá, e vou em direção à

19,1-20,48: As narrativas se desenvolvem em torno da ação violenta contra a concubina de um levita. A cena é excelente amostra do modo de compreender o tratamento dado às mulheres na sociedade patriarcal, vigente nas sociedades antigas e no mundo bíblico. Há uma violação da lei da hospitalidade (cf. Gn 23,9; Ex 22,20; 23,9; Dt 23,8). Ao anfitrião cabia o dever de acolher e dar segurança aos hóspedes, com total gratuidade (Gn 18,1; 19,1-8; 1Sm 9,22).

casa de Javé. Mas eis que nenhuma pessoa me acolheu em casa, [19]embora tenhamos palhas e também forragem para nossos jumentos. Também tenho pão e vinho para mim, para minha concubina e para o jovem meu servo. Temos tudo de que precisamos". [20]O ancião lhe disse: "A paz esteja com você. Permita que eu providencie tudo de que você precisa. Mas não pernoite na praça". [21]E os fez entrar em sua casa e deu forragem aos jumentos. Em seguida, os viajantes lavaram os pés, comeram e beberam.

Violência contra a concubina – [22]Enquanto eles alegravam seus corações, eis que homens perversos da cidade cercaram a casa. Batiam fortemente na porta, dizendo ao dono da casa, o ancião: "Faça sair o homem que veio para sua casa, para que o conheçamos". [23]O dono da casa saiu em direção a eles e disse: "Não, meus irmãos! Não façam essa maldade, porque este homem entrou em minha casa! Não cometam esse crime! [24]Eis aqui minha filha, que é virgem, e a concubina dele: vou fazê-las sair. Vocês podem abusar delas, fazendo o que julgarem melhor aos seus olhos. Mas contra este homem, não cometam nenhuma insanidade!" [25]Os homens, porém, recusaram-se a ouvi-lo. Então o homem pegou sua concubina e a trouxe para fora em direção a eles. Os homens a conheceram, abusando sexualmente dela durante a noite toda até ao amanhecer. Pela manhã, eles a fizeram voltar.

[26]A mulher voltou ao romper da aurora e caiu na entrada da casa do homem onde estava seu marido, e aí ficou até o clarear do dia. [27]Seu marido se levantou pela manhã e, ao abrir as portas da casa, saiu para prosseguir viagem. E eis que a mulher, sua concubina, estava caída diante da porta da casa, com as mãos sobre a soleira. [28]Ele lhe disse: "Levante-se! Vamos partir!" Mas não teve resposta. Ele a levantou e a colocou sobre o jumento, e partiu de volta para casa. [29]Ao chegar à casa, pegou uma faca e, segurando o cadáver da sua concubina, lhe cortou o corpo membro a membro, em doze pedaços. Em seguida os enviou a todo o território de Israel. [30]Todos os que viram o acontecido diziam: "Nunca aconteceu e jamais vimos algo assim, desde o dia em que os filhos de Israel subiram do país do Egito, até o dia de hoje. Reflitam vocês sobre isso, deliberem e falem sobre esses fatos!"

20 *Vingar o crime de Gabaá* – [1]Todos os filhos de Israel saíram e a comunidade se reuniu, como se formasse um só homem, de Dã até Bersabeia e a terra de Galaad, na presença de Javé, em Masfa. [2]Todos os chefes do povo e todas as tribos de Israel se colocaram de pé em assembleia do povo de Deus. Eram cerca de quatrocentos mil homens de guerra portando espadas. [3]Os filhos de Benjamim ficaram sabendo que os filhos de Israel haviam subido na direção de Masfa. Os filhos de Israel perguntaram: "Contem como foi que uma calamidade dessas aconteceu". [4]O levita, marido da mulher assassinada, tomou a palavra e respondeu: "Eu entrei, juntamente com minha concubina, em Gabaá de Benjamim para passar a noite. [5]Os senhores notáveis de Gabaá levantaram-se contra mim e, durante a noite, cercaram minha casa. Eles planejavam matar-me. Quanto à minha concubina, eles a violentaram a tal ponto que ela morreu. [6]Em seguida, esquartejei o cadáver da minha concubina e enviei os pedaços por toda a terra da herança de Israel, pois eles cometeram uma infâmia em Israel. [7]Portanto, agora todos vocês, filhos de Israel, deem vocês mesmos um parecer, e tomem uma decisão aqui mesmo". [8]Todo o povo se levantou, como se fosse um só homem, e disse: "Nenhum de nós irá para sua tenda e nenhum de nós voltará para sua casa. [9]Mas agora, eis o que faremos em relação a Gabaá: tiraremos a sorte [10]e escolheremos dez homens em cada cem, de todas as tribos de Israel; depois, cem homens em cada mil, e mil homens em cada dez mil, para providenciarem alimentos para o povo que tratará Gabaá de Benjamim de acordo com todo tipo de infâmia praticada em Israel. [11]Então todos os homens de Israel se reuniram, como se fossem um só homem, e marcharam contra a cidade.

Guerra entre as tribos – [12]As tribos de Israel enviaram homens para toda a tribo de Benjamim, com a seguinte mensagem: "Que perversidade é essa praticada no meio de vocês? [13]Agora, entreguem-nos esses homens, filhos canalhas que estão em Gabaá, para que sejam mortos, e desse modo eliminaremos o mal que existe em Israel". Mas os benjaminitas se negaram a ouvir o pedido de seus irmãos, os filhos de Israel.

¹⁴Os filhos de Benjamim saíram de suas cidades e se reuniram em Gabaá para guerrear contra os filhos de Israel. ¹⁵Nesse dia, alistaram-se, vindos de várias cidades, pelos filhos de Benjamim, vinte e seis mil homens armados com espadas, sem contar os habitantes de Gabaá. ¹⁶Dentre todo esse povo guerreiro, havia setecentos homens seletos, todos canhotos, capazes de acertar com a funda um fio de cabelo e não errar.

¹⁷Os homens de Israel também se alistaram e, sem contar Benjamim, somaram quatrocentos mil homens armados de espada. Todos eram homens treinados para a guerra. ¹⁸Levantaram-se e marcharam em direção a Betel. E consultaram a Deus, perguntando: "Quem dentre nós, filhos de Israel, subirá primeiro para guerrear contra os filhos de Benjamim?" Javé respondeu: "Judá subirá por primeiro". ¹⁹Os filhos de Israel levantaram na manhã seguinte e acamparam ao redor de Gabaá. ²⁰Os homens de Israel saíram para combater contra Benjamim, e se prepararam para a guerra defronte de Gabaá. ²¹Aconteceu que os filhos de Benjamim, partindo de Gabaá, atacaram Israel, e nesse dia aniquilaram vinte e dois mil homens da terra. ²²Os homens de Israel retomaram as forças e reiniciaram a tomada de posições para a guerra, no mesmo lugar onde já haviam estado no primeiro dia. ²³Mas, antes choraram diante de Javé até a tarde, e em seguida consultaram a Javé, perguntando: "Devemos continuar nos aproximando, para guerrear contra os filhos de Benjamim, nosso irmão?" Javé respondeu: "Subam contra ele!" ²⁴Os filhos de Israel aproximaram-se dos filhos de Benjamim, no segundo dia. ²⁵De Gabaá, Benjamim saiu para guerrear contra os filhos de Israel, no segundo dia, e aniquilou mais de dezoito mil homens da terra, todos treinados no uso da espada.

²⁶Todos os filhos de Israel, juntamente com os guerreiros, subiram e chegaram a Betel. Aí sentaram e choraram diante de Javé. Jejuaram até a tarde desse dia, e ofereceram holocaustos e sacrifícios de paz diante de Javé. ²⁷Em seguida, os filhos de Israel consultaram a Javé. Nesses dias se encontrava na região a Arca da Aliança, ²⁸e Fineias, filho de Eleazar, filho de Aarão, estava nesses dias a serviço diante dela. Ele perguntou: "Devo novamente recomeçar, saindo para guerrear contra Benjamim, meu irmão, ou devo desistir?" Javé respondeu: "Suba contra ele, pois amanhã eu o entregarei em sua mão".

Israel vence a tribo de Benjamim – ²⁹Israel preparou homens para fazer emboscada ao redor de Gabaá, ³⁰e no terceiro dia os filhos de Israel tomaram posição e subiram para atacar os filhos de Benjamim, como das outras vezes. ³¹Os filhos de Benjamim saíram ao encontro dos guerreiros, afastando-se para longe da cidade. Entre os caminhos que sobem, um em direção a Betel e outro em direção a Gabaá, nos campos, começaram a fazer vítimas entre os guerreiros, como das outras vezes. Cerca de trinta homens de Israel foram feridos. ³²Os filhos de Benjamim disseram: "Eles estão sendo derrotados diante de nós, como da primeira vez". Mas os filhos de Israel disseram: "Vamos fugir pelos caminhos, e assim nós iremos afastá-los para longe da cidade". ³³Todos os homens de Israel abandonaram seus lugares e tomaram posições em Baal-Tamar. E a emboscada de Israel irrompeu-se a partir do lugar onde estavam, a oeste de Gabaá. ³⁴Então chegaram diante de Gabaá dez mil homens selecionados de Israel. A batalha foi violenta e os filhos de Benjamim não tinham ideia do mal que pairava sobre eles. ³⁵Javé abateu Benjamim diante de Israel. Os filhos de Israel aniquilaram Benjamim nesse dia, matando vinte e cinco mil e cem homens, todos treinados no uso da espada. ³⁶Assim, os filhos de Benjamim viram que tinham sido derrotados. Os homens de Israel cederam terreno para Benjamim, porque confiavam na emboscada que haviam preparado contra Gabaá. ³⁷Os homens da emboscada rapidamente se precipitaram para atacar Gabaá; atraíram e passaram toda a cidade ao fio da espada.

³⁸Um acordo se fizera entre os homens de Israel e os homens da emboscada: fazer que subisse da cidade uma coluna de fumaça como sinal. ³⁹Os homens de Israel empenhados no combate deram meia-volta, e Benjamim começou a golpear e vitimar os homens de Israel, matando trinta homens, pois dizia: "Eles estão abatidos diante de nós, exatamente como na primeira batalha". ⁴⁰Mas, quando começou a subir a coluna de fumaça vinda da cidade, Benjamim se voltou em direção à cidade, porque pensou ver toda a cidade em chamas subindo aos céus. ⁴¹Os homens de Israel deram meia-volta, e os homens de Benjamim se alarmaram ao verem o mal que caía sobre eles.

⁴²E fugiram diante dos homens de Israel em direção ao caminho do deserto, mas foram surpreendidos pela batalha, pois aqueles que vinham das cidades os atacaram pela retaguarda, arruinando-os por completo. ⁴³Sitiaram Benjamim, o perseguiram sem dar tréguas até em frente de Gabaá, ao lado do sol nascente. ⁴⁴Benjamim teve uma baixa de dezoito mil homens, todos guerreiros valentes. ⁴⁵Então retornaram e escaparam em direção ao deserto, rumo ao rochedo de Ramon. Pelos caminhos, os israelitas perseguiram cinco mil homens. E, seguindo-os de perto até Gadaam, aniquilaram ainda dois mil homens deles. ⁴⁶O total dos homens de Benjamim que tombaram nesse dia foi de vinte e cinco mil homens que manejavam a espada, todos guerreiros valentes.

⁴⁷Seiscentos homens retornaram e escaparam em direção ao deserto, rumo ao Rochedo de Remon. Durante quatro meses, estabeleceram-se junto ao Rochedo de Remon. ⁴⁸Quanto aos homens de Israel, retornaram em direção a Benjamim e passaram ao fio da espada todos os homens moradores da cidade, até mesmo os animais e tudo o que encontraram. Também atearam fogo em todas as cidades que encontraram.

21 Restauração da tribo de Benjamim –
¹Os filhos de Israel prestaram este juramento em Masfa: "Nenhum homem dentre nós dará sua filha como mulher para um benjaminita". ²O povo foi para Betel e aí permaneceu sentado, até à tarde, diante de Deus. Elevaram suas vozes e choraram piamente em grande aflição. ³Disseram: "Javé, Deus de Israel, por que aconteceu tal coisa com Israel, tendo sido tirada dele uma tribo?" ⁴E aconteceu, no dia seguinte, que o povo levantou bem cedo e aí construiu um altar e ofereceu holocaustos e sacrifícios de paz. ⁵Os filhos de Israel disseram: "Quem, por acaso, dentre todas as tribos de Israel, não subiu para a assembleia e compareceu diante de Javé?" Pois haviam feito grande juramento contra aquele que não subisse para comparecer diante de Javé em Masfa, dizendo: "Seja réu de morte".

⁶Os filhos de Israel compadeceram-se de Benjamim, seu irmão, e diziam: "Hoje uma tribo foi arrancada de Israel. ⁷O que faremos para encontrar mulheres para eles, para os homens que restaram? Pois nós prestamos juramento a Javé de que não daríamos para eles nossas filhas como esposas".

Virgens perpetuam os benjaminitas –
⁸Então disseram: "Quem dentre as tribos de Israel não subiu para comparecer diante de Javé em Masfa?" Então perceberam que nenhum homem de Jabes de Galaad tinha ido ao acampamento para a assembleia. ⁹Ao passarem em revista o povo, eis que aí não compareceu ninguém de Jabes de Galaad. ¹⁰A comunidade enviou para lá doze mil guerreiros, dando a seguinte ordem: "Vão e golpeiem ao fio da espada todos os habitantes de Jabes de Galaad, inclusive mulheres e crianças. ¹¹Desse modo vocês procederão: todos os homens e todas as mulheres que mantiveram relações sexuais serão condenados ao anátema, mas poupem as mulheres virgens". ¹²E encontraram entre os habitantes de Jabes de Galaad quatrocentas moças virgens,

---

21,1-25: O redator final do livro realça a tradição de hostilidade: de um lado as tribos de Israel pró Davi, e do outro lado a de Benjamim, da qual surgiu Saul. Hostilidade que serve de cenário aos combates tribais, diminuindo a importância dos benjaminitas (cf. 1Sm 18,10s;

19,1-4; 23,10-13). Gabaá, cidade sede do rei Saul, recebe conotação demasiadamente negativa (1Sm 10,26; 15,34). O rapto das mulheres de Jabes de Galaad, embora não seja histórico, é acréscimo redacional que expõe a brutalidade do sistema patriarcal em relação às mulheres.

que ainda não tinham mantido relações sexuais com nenhum homem, e as trouxeram para o acampamento de Silo que está na terra de Canaã.

¹³Toda a comunidade enviou mensageiros para falar com os filhos de Benjamim que estavam junto ao Rochedo de Remon, a fim de conversar com eles sobre a paz. ¹⁴Nesse tempo, os benjaminitas voltaram, e a eles foram entregues mulheres que tinham sido deixadas com vida em Jabes de Galaad. Mas não foram encontradas mulheres em número suficiente.

Rapto entre as dançarinas – ¹⁵O povo sentiu pena de Benjamim, porque Javé tinha causado um rombo entre as tribos de Israel. ¹⁶Os anciãos da comunidade de Israel disseram: "O que faremos para conseguir mulheres para os demais? Pois as mulheres de Benjamim foram aniquiladas". ¹⁷E disseram: "Que haja herdeiros para Benjamim entre os sobreviventes, para que não se extermine uma tribo de Israel, ¹⁸pois nós não podemos dar a eles nossas filhas para serem suas mulheres". Porque os filhos de Israel prestaram juramento ao dizer: "Maldito aquele que der mulher para Benjamim".

¹⁹Então disseram: "Eis que acontece anualmente uma festa de Javé em Silo, ao norte de Betel, e ao leste do caminho que segue de Betel a Siquém e ao sul de Lebona". ²⁰Deram a seguinte ordem aos filhos de Benjamim: "Vão e armem uma cilada junto às vinhas. ²¹Vocês ficarão de espreita e, no momento em que as filhas de Silo saírem para dançar, saiam do meio das vinhas, e cada homem rapte uma mulher entre as filhas de Silo. Em seguida, vocês irão para a terra de Benjamim. ²²Caso os pais ou irmãos delas venham reclamar conosco, nós diremos: 'Tenha compaixão de nós, pois não conseguimos tomar para cada homem uma mulher durante a guerra. Porque, se vocês as tivessem dado naquele tempo, seriam reconhecidos como culpados'".

²³Assim fizeram os filhos de Benjamim: levaram mulheres de acordo com o número que precisavam. Raptaram mulheres dentre as dançarinas, e em seguida voltaram para suas propriedades. Construíram cidades e nelas passaram a residir. ²⁴Nessa época, os filhos de Israel se dispersaram desse lugar, e cada um voltou para sua tribo e para seu clã. Saíram daí para ocupar suas propriedades como herança. ²⁵Nesses dias, não havia reis em Israel, e cada um fazia o que julgava melhor, segundo o próprio modo de ver.

RUTE

SOLIDARIEDADE: CAMINHO PARA A SOBREVIVÊNCIA

Introdução

O livro de Rute é uma novela em torno da emigração de uma família de Belém para Moab e da volta para Belém. Os temas da história – direito de respiga, resgate da terra, casamento misto, universalismo, entre outros – ajudam a datar este escrito no tempo de Neemias e Esdras, entre 450 e 350 a.C.

Os persas põem fim ao império da Babilônia em 538 a.C. A estratégia do novo dominador é permitir a liberdade religiosa às nações subjugadas, garantindo para si a submissão política (cf. Esd 7,25-26). Os persas incentivam a reconstrução do Templo em Judá, que foi concluída em torno de 515 a.C., sob protesto de muitos grupos (cf. Esd 4,1-5). Alguns anos mais tarde, os persas enviam Neemias e Esdras (450-350 a.C.), que empreendem importantes reformas para manter a identidade e coesão do povo no pós-exílio. Mas a consolidação da teologia da retribuição (cf. Ml 3,6-21) e a lei da pureza (cf. Lv 12) provocam exclusões de diversos grupos considerados impuros: estrangeiros (especialmente mulheres), doentes, pobres e portadores de deficiência física. Nesse contexto, surge o livro de Rute.

Nele se mostra que a pertença ao povo eleito não está restrita à nacionalidade judaica e propõe a solidariedade como valor fundamental na reconstrução do país. Reivindica alguns direitos dos pobres: a lei da respiga, a proteção da terra e o levirato. É um protesto contra a política pós-exílica de isolamento social e eliminação dos estrangeiros, defendida pela teocracia de Jerusalém. Ao colocar uma mulher moabita como ancestral de Davi e modelo de solidariedade, o livro se opõe à proibição de matrimônios mistos (Ml 2,10-16; Ne 13,23-27).

A história de Rute se apresenta em quatro cenas: o retorno de Noemi para Belém e a opção de Rute por Noemi (cap. 1); Rute nos campos de Booz e seu encontro com ele (cap. 2); Booz e Rute na eira (cap. 3); o resgate em favor de Noemi em Belém (cap. 4). Enfim, a salvação se realiza por meio da solidariedade e da aliança entre os grupos minoritários.

1

Fome e morte – ¹Certa vez, no tempo em que os juízes governavam, houve fome na terra. Então um homem de Belém de Judá emigrou para os Campos de Moab, junto com a mulher e os dois filhos. ²O homem se chamava Elimelec, sua mulher Noemi, e seus dois filhos, Maalon e Quelion. Eram efratitas, de Belém de Judá. Chegaram aos Campos de Moab e aí ficaram morando.

³Eis que morreu Elimelec, marido de Noemi. E ela ficou sozinha com os dois filhos. ⁴Estes se casaram com mulheres moabitas; uma se chamava Orfa e a outra Rute. E aí ficaram morando por uns dez anos. ⁵Mas, Maalon e Quelion também morreram, e Noemi ficou sozinha, sem os dois filhos e sem o marido.

A volta para Judá – ⁶Então Noemi se levantou e, junto com as duas noras, resolveu voltar dos Campos de Moab, pois ouviu dizer nos Campos de Moab que Javé tinha visitado o seu povo, dando-lhe pão. ⁷Com as duas noras, ela saiu do lugar onde tinha morado, e se puseram a caminho para voltar à terra de Judá. ⁸Noemi, porém, disse às noras: "Vão, retorne cada uma para a casa de sua mãe. E que Javé trate vocês com a mesma bondade que vocês tiveram com meus filhos falecidos e comigo. ⁹Javé conceda a vocês encontrar descanso, cada uma na casa de seu marido". Noemi, então, beijou as noras, e elas começaram a chorar alto, dizendo: ¹⁰"De jeito nenhum! Nós voltaremos com você para o seu povo". ¹¹Noemi, porém, insistia dizendo: "Voltem, minhas filhas. Por que vocês querem ir comigo? Esperam ainda que eu tenha mais filhos em meu ventre para ser seus maridos? ¹²Voltem, minhas filhas, podem ir, porque eu estou muito velha para me casar outra vez! Mesmo que eu dissesse: 'Ainda tenho esperança, esta noite terei um marido e também conceberei filhos', ¹³será que vocês deixariam de ter marido, à espera dos meninos, até que eles crescessem? Não, minhas filhas! Porque isso me traz mais amargura do que a vocês, pois a mão de Javé está contra mim".

¹⁴E elas, elevando a voz, começaram de novo a chorar. Depois, Orfa beijou a sogra. Rute, porém, acompanhou Noemi. ¹⁵Então Noemi lhe disse: "Veja, sua cunhada voltou para junto do seu povo e para o seu Deus. Volte você também com ela". ¹⁶Mas Rute respondeu: "Não insista comigo para eu abandoná-la, ou deixar de segui-la. Pois aonde você for, eu também irei. Onde você passar a noite, eu também passarei. O seu povo será o meu povo, e o seu Deus será o meu Deus. ¹⁷Onde você morrer, eu também morrerei, e aí serei sepultada. Que Javé me mande um castigo e acrescente outro, se não for a morte que me separe de você".

¹⁸Quando Noemi viu que Rute teimava em ir com ela, não insistiu mais. ¹⁹Então as duas se puseram a caminho até que chegaram a Belém. E logo que entraram na cidade, todos ficaram agitados, e as mulheres comentavam: "Esta não é Noemi?" ²⁰Mas Noemi respondeu-lhes: "Não me chamem de Noemi. Me chamem de Mara, pois Shadai me encheu de amargura. ²¹Parti com as mãos cheias, e Javé me traz de volta sem nada! Por que me chamam de Noemi, quando Javé se pronunciou contra mim e Shadai me trouxe aflição?"

²²Foi assim que Noemi voltou dos Campos de Moab, e junto com ela sua nora Rute, a moabita. Elas chegaram a Belém quando estava começando a colheita da cevada.

2

O direito de respiga – ¹Ora, Noemi tinha um parente por parte do marido. Era pessoa importante do clã de

---

1,1-5: Falta pão em Belém. Ora, Belém significa "casa do pão". Todos os nomes utilizados neste livro são simbólicos, indicando que estamos diante de uma novela. Elimelec significa "meu Deus é rei"; Noemi é "doçura" e, por causa de seu sofrimento, escolhe ser chamada de Mara, "a amarga". Os dois filhos: Maalon, "enfermidade", e Quelion, "fraqueza". Orfa pode ser "costas". Rute significa "amiga", "próxima", "companheira". O que causa a fome é a concentração de terras em mãos de um pequeno grupo.

6-22: A visita de Deus pode trazer castigo ou salvação (cf. Jr 23,2; 29,10; Lc 1,68; 19,44). O verbo "voltar" indica refazer a aliança com Deus. É a volta que garante a descendência. Na boca de Rute estão as palavras solenes da aliança (v. 16). Ao apresentar a solidariedade de uma mulher moabita, povo desprezado pelos judeus (cf. Dt 23,2-3), o autor protesta contra a concepção de que somente o judeu pertence ao povo eleito e santo. De acordo com a convicção de fé em Israel, os sofrimentos são mandados por Deus (1,21; cf. Is 45,6b-7; Jó 6,4). Noemi e Rute voltam para Judá no início da colheita, o que aponta para a esperança.

2,1-7: Os pobres tinham o direito de recolher o resto-lho das espigas atrás dos cortadores, com a permissão

Elimelec, e seu nome era Booz. ²Rute, a moabita, disse a Noemi: "Deixe-me ir ao campo recolher o restolho das espigas, atrás de alguém que possa me acolher favoravelmente". Noemi respondeu: "Pode ir, minha filha". ³Rute partiu e foi ao campo catar o restolho das espigas, atrás dos cortadores. E por acaso Rute foi parar num dos campos de Booz, do clã de Elimelec. ⁴Nesse momento, Booz estava chegando de Belém e cumprimentava os cortadores: "Javé esteja com vocês". Eles lhe responderam: "Javé o abençoe". ⁵Então Booz perguntou ao seu servo, o capataz: "A quem pertence aquela moça?" ⁶O capataz respondeu, dizendo: "A moça é uma moabita, que voltou com Noemi dos Campos de Moab, ⁷e me pediu para catar o restolho das espigas atrás dos cortadores. Ela chegou e ficou aqui desde cedo até agora, sem parar um só momento".

Diálogo entre Booz e Rute – ⁸Então Booz disse a Rute: "Escute, minha filha, não vá catar espigas em outro campo. Não se afaste daqui, mas fique com as minhas criadas. ⁹Observe o terreno que os homens estão ceifando e vá atrás deles. Ordenei aos meus servos que não toquem em você. Quando estiver com sede, pode ir até as bilhas e beber a água que os empregados tiverem tirado do poço". ¹⁰Então Rute, caindo com o rosto em terra, prostrou-se e perguntou a Booz: "Por que me acolheu tão favoravelmente, mesmo reconhecendo que sou uma estrangeira?" ¹¹Booz lhe respondeu, dizendo: "Fiquei sabendo de tudo o que você fez por sua sogra, depois da morte do marido dela. Como você deixou seu pai, sua mãe e sua terra natal e veio viver no meio de um povo que você não conhecia antes. ¹²Javé lhe pague o que você fez. Que você receba uma recompensa completa de Javé, Deus de Israel, pois foi debaixo das asas dele que você veio buscar refúgio". ¹³Rute disse: "Que eu mereça o seu favor, meu senhor, pois me tranquilizou e falou ao coração de uma serva, embora eu não seja nem mesmo uma de suas servas".

¹⁴Na hora da refeição, Booz chamou Rute: "Venha até aqui. Coma do nosso pão e molhe a sua porção no molho de vinagre". Rute se sentou ao lado dos cortadores, e Booz ofereceu-lhe espigas assadas. Ela comeu, ficou satisfeita e ainda lhe sobrou.

Javé manifesta sua misericórdia – ¹⁵Quando Rute se levantou para continuar a cata de restolhos, Booz ordenou aos seus servos, dizendo: "Deixem essa moça catar espigas entre os feixes também, e não a incomodem. ¹⁶Deixem também cair de propósito algumas espigas dos feixes e não a repreendam quando ela as recolher". ¹⁷E Rute catou espigas no campo até o entardecer. Depois, ela bateu as espigas que tinha recolhido, deu quase quarenta litros de cevada. ¹⁸Rute colocou a carga sobre o ombro e voltou para a cidade. E sua sogra viu o que ela havia recolhido. Rute tirou e deu também para a sogra o que tinha sobrado da refeição. ¹⁹A sogra perguntou: "Onde você recolheu essas espigas hoje? Onde você trabalhou? Bendito seja aquele que se interessou por você". E Rute contou à sogra onde ela havia trabalhado, e disse: "O homem do campo onde trabalhei se chama Booz". ²⁰Noemi disse à nora: "Que ele seja abençoado por Javé, aquele que não deixa de ter misericórdia pelos vivos e pelos mortos". E continuou Noemi: "Esse homem é nosso parente próximo, é um dos que têm direito de resgate sobre nós". ²¹Rute, a moabita, disse: "Ele também me falou para ficar junto com os servos dele, até que tenham acabado toda a colheita". ²²Então Noemi disse à nora Rute: "Minha filha, é muito bom que você saia com as

---

do dono do campo (cf. Lv 19,9; 23,22; Dt 24,19-22). A presença de pobres que respigam nos campos indica a concentração de terras em mãos de um grupo (cf. Jó 24). "A quem pertence aquela moça?" Esta pergunta de Booz mostra que, na antiga cultura semita, a mulher não tinha autonomia, era simples posse como esposa, filha ou escrava.

8-14: As mulheres que respigavam podiam sofrer várias formas de violência: física, verbal e sexual (2,22).

Booz protege Rute e lhe dispensa tratamento especial. Rute é descrita como estrangeira, posição social inferior à do estrangeiro residente, grupo que é expulso de Jerusalém. Os vv. 11-12 descrevem as atitudes de Rute, que deixa a própria terra como Abraão (cf. Gn 12,1).

15-23: Após a jornada de trabalho, Rute volta para casa com grande quantidade de grãos. Quando Rute diz o nome do dono do campo onde respigou, Noemi revela que ele é parente próximo, e por-

criadas dele, para não sofrer insultos em outro campo". ²³Então, ela permaneceu junto com as servas de Booz, recolhendo espigas até o fim da colheita da cevada e do trigo. E ficou morando com a sogra.

3 *A lei do levirato* –
¹E sua sogra Noemi lhe disse: "Minha filha, não devo eu procurar um lar para o seu descanso, para que seja feliz? ²Ora, não é esse Booz nosso parente, e você não esteve junto com as servas dele? Eis que esta noite ele vai fazer a debulha da cevada na eira. ³Faça o seguinte: tome banho, passe perfume, vista seu manto e desça até a eira. Mas não deixe que ele reconheça você, antes que tenha acabado de comer e beber. ⁴Quando ele for dormir, olhe bem o lugar onde ele estiver deitado. Depois, aproxime-se dele, tire a coberta dos pés dele e deite-se. Então, ele dirá o que você deve fazer". ⁵Rute respondeu a Noemi: "Vou fazer tudo o que você está me dizendo".

⁶Ela desceu à eira e fez tudo conforme a sogra havia mandado. ⁷Booz comeu, bebeu, e seu coração ficou alegre. Depois foi deitar-se ao lado de um monte de cevada. Então Rute chegou de mansinho, tirou a coberta dos pés dele e se deitou. ⁸No meio da noite, Booz acordou assustado, inclinou-se para a frente e viu uma mulher deitada a seus pés.

⁹Booz perguntou: "Quem é você?" Ela respondeu: "Sou Rute, sua serva. Estenda seu manto sobre sua serva, porque você é o protetor". ¹⁰Então Booz lhe disse: "Deus a abençoe, minha filha. Pois este seu ato de fidelidade é bem maior do que o primeiro, porque você não corre atrás de jovens, se pobre ou rico. ¹¹Agora, minha filha, não tenha medo. Vou fazer tudo o que você está me pedindo. Pois todo o povo desta cidade sabe que você é uma mulher de valor. ¹²Sei que é verdade que sou o protetor, mas há outro protetor mais próximo do que eu. ¹³Passe esta noite aqui. E amanhã cedo, se ele quiser exercer o direito de proteger você, deixe que ele proteja. Mas, se ele não quiser protegê-la, então eu usarei o meu direito de protetor. Juro por Javé! Fique deitada aqui até amanhã cedo".

¹⁴Rute ficou deitada aos pés de Booz até o amanhecer. Ela se levantou quando ainda não dava para uma pessoa reconhecer a outra, pois Booz não queria que ninguém soubesse que esta mulher tinha ido à eira. ¹⁵Ele então lhe disse: "Estenda o véu que cobre você e segure". Rute segurou o véu e Booz o encheu com seis medidas de cevada. Depois ajudou-a a colocá-lo nos ombros. E Rute voltou para a cidade.

¹⁶Quando Rute chegou à casa de sua sogra, esta lhe perguntou: "Como é que foi, minha filha?" Rute contou tudo o que Booz tinha feito por ela, ¹⁷e acrescentou: "Ele me deu estas seis medidas de cevada, pois me disse que eu não devia voltar para minha sogra de mãos vazias". ¹⁸Noemi disse: "Fique tranquila, minha filha, até você saber como isso tudo vai terminar. Por certo, esse homem não vai descansar enquanto esta questão não estiver resolvida, hoje mesmo".

4 *Direito dos pobres* –
¹Booz subiu à porta da cidade e aí sentou-se. E quando passou o protetor do qual tinha falado, Booz o chamou: "Ei, fulano, venha sentar-se aqui". O homem se aproximou e sentou-se. ²Booz tomou consigo dez an-

---

tanto tem o direito de resgate: obrigação de socorrer um parente em situação de pobreza (cf. Lv 25,23-25).

3,1-5: Conforme a lei do levirato, se um homem morresse sem deixar descendência, o seu irmão tinha a obrigação de desposar a cunhada e suscitar-lhe descendência (cf. Gn 38; Dt 25,5-10). O livro de Rute amplia esta lei para um parente próximo. Esta lei implica assumir a mulher e integrá-la na família, até ganhar uma descendência que possa assumir a herança.

6-18: Booz era parente de Elimelec, portanto sem parentesco com Rute. A obrigação de Booz para casar-se com Rute não encontra fundamento na Lei. Nem Rute nem Booz estão obrigados à lei do levirato e do resgate da terra, mas ambos fazem uma aliança em vista da sobrevivência do povo. O grupo que está por trás do livro de Rute faz uma junção entre a lei do levirato e a do protetor, o goel.

4,1-12: Booz se dirige à porta da cidade, onde fica o tribunal. A ação é realizada somente entre os homens. Em Israel, os anciãos exerciam a função de juízes, de representantes do povo e de testemunhas em caso de litígio (cf. Dt 19,12; 22,15-19; Js 20,4-5). A obrigação do parente próximo é adquirir a terra e suscitar uma descendência para o morto. As sandálias são entregues a Booz, gesto que tem o sentido de transmitir o direito a outra pessoa (v. 7; cf. Dt 25,5-10). Esta é a única passagem de todo o Antigo Testamento que une o dever de proteger a terra com a obrigação de casar-se com a viúva. Na benção dos anciãos, Rute está no mesmo nível das matriarcas Raquel e Lia (vv. 11b-12). Esta bênção poderia fazer parte de um rito nupcial.

ciãos da cidade, e lhes disse: "Sentem-se aqui". Eles se assentaram. ³Então Booz disse ao protetor: "Noemi, aquela que voltou dos Campos de Moab, está querendo vender uma parte do terreno que pertencia ao nosso irmão Elimelec". ⁴Pensei em informar você, dizendo: "Compre o terreno na presença do povo e dos anciãos do meu povo. Se você quiser proteger o terreno, pode proteger. Mas, se não quiser proteger, informe isso a mim, pois além de você ninguém mais tem o direito de proteger o terreno. Eu tenho direito de proteger depois de você". O homem respondeu: "Eu protegerei". ⁵Então Booz acrescentou: "No dia em que comprar o terreno da mão de Noemi, você estará adquirindo também Rute, a moabita, mulher do falecido. Desse modo, a herança do falecido continuará com o nome dele". ⁶Disse o protetor: "Não posso proteger, porque eu acabaria arruinando minha própria herança. Entrego meu direito para você. Pode exercer meu direito de protetor, porque isso eu não posso fazer".

⁷Nos tempos antigos de Israel, sempre que se fazia uma proteção ou troca, havia este costume: para confirmar um negócio, a pessoa tirava sua sandália e a entregava ao outro. Esse era o modo de fechar um contrato em Israel. ⁸Então o protetor disse a Booz: "Compre você o terreno". E tirou a sandália.

⁹Booz disse aos anciãos e a todo o povo: "Vocês hoje são testemunhas de que eu estou comprando da mão de Noemi tudo o que pertencia a Elimelec, a Quelion e a Maalon. ¹⁰Também estou adquirindo como esposa a moabita Rute, viúva de Maalon, a fim de conservar o nome do falecido na herança dele, e para que o nome do falecido não desapareça do meio de seus irmãos, nem da porta de sua cidade. Vocês são hoje testemunhas". ¹¹E todo o povo que estava na porta e os anciãos responderam: "Nós somos testemunhas. Que Javé torne essa mulher que entra em sua casa como Raquel e Lia, que formaram, juntas, a casa de Israel. Quanto a você, Booz, faça fortuna em Éfrata e tenha fama em Belém. ¹²Que a sua casa seja como a casa de Farés, que Tamar gerou para Judá, da descendência que Javé dará a você através dessa moça".

Celebrando a esperança – ¹³Então Booz se casou com Rute, e ela se tornou sua mulher. Booz se uniu a ela, e Javé agraciou Rute com a gravidez, e ela deu à luz um filho. ¹⁴As mulheres diziam a Noemi: "Seja bendito Javé, que não deixou faltar alguém para proteger você hoje. O nome dele se tornará famoso em Israel. ¹⁵Ele há de restituir a vida a você, e será o sustento na sua velhice. Pois sua nora, que ama você, o gerou. Ela vale para você mais do que sete filhos".

¹⁶Então Noemi pegou o menino, o colocou no colo e cuidou dele como mãe de criação. ¹⁷As vizinhas deram um nome ao menino, dizendo: "Nasceu um filho para Noemi". Elas proclamaram o nome de Obed, aquele que foi o pai de Jessé. E Jessé foi o pai de Davi.

Retomando a história – ¹⁸Esta é a descendência de Farés: Farés gerou Hesron. ¹⁹Hesron gerou Ram, e Ram gerou Aminadab. ²⁰Aminadab gerou Naason, e Naason gerou Salmon. ²¹Salmon gerou Booz, e Booz gerou Obed. ²²Obed gerou Jessé, que foi o pai de Davi.

13-17: O casamento com o nascimento de um filho é a garantia de vida para Noemi, ou seja, para Israel. As mulheres que testemunharam a amargura de Noemi (1,19-21) agora testemunham as bênçãos de Javé por intermédio de uma estrangeira. No contexto de Neemias e Esdras, é uma forte contestação frente à teologia oficial do povo eleito. As mulheres celebram o presente e o futuro de Israel. Numa cultura patriarcal, afirmar que uma nora estrangeira vale mais do que sete filhos é o mais alto elogio (v. 15). Obed ("servo") figura como antepassado de Davi e pode expressar o sonho de um rei a serviço da justiça.

18-22: A genealogia final é acréscimo posterior (cf. 1Cr 2,5-15). Aqui desaparece o nome da mulher, ao contrário do evangelho de Mateus, que colocará Rute na genealogia de Jesus (cf. Mt 1,5). Aqui também aparecem Farés, filho de Tamar, e Booz, filho de Raab (cf. Mt 1,3.5). A história termina com um protesto contra a política sacerdotal de povo eleito, ao apresentar Davi, um importante rei de Israel, cujos antepassados são estrangeiros e estrangeiras.

PRIMEIRO E SEGUNDO SAMUEL

ISRAEL E JUDÁ: LUTA PELO PODER

Introdução

Os livros de Samuel fazem parte dos chamados "livros históricos" (Js-2Rs). Na Bíblia Hebraica, pertencem ao bloco dos profetas anteriores. No passado, formavam um único livro, juntamente com os livros dos Reis. Aparecem separados pela primeira vez na Setenta, onde o texto é menor, e na qual, seguida pela Vulgata, os livros de Samuel e dos Reis formam um grupo: os quatro livros dos Reis.

Em 721 a.C., a Assíria invadiu a Samaria, destruindo a cidade e deportando seus habitantes. Muita gente fugiu para o sul e se refugiou em Jerusalém, levando consigo suas tradições. Com isso, Jerusalém, que era uma aldeia de pouco mais de mil habitantes, se expandiu. Em poucos anos passou a ser uma cidade de mais de quinze mil habitantes. Com o vazio de poder em Samaria, os reis de Jerusalém arriscam ampliar seu território e domínio na região. A primeira tentativa, com o rei Ezequias (716-687 a.C.), não teve sucesso, pois a Assíria não o permitiu (cf. 2Rs 18-19). Mais tarde, com o enfraquecimento da Assíria, houve uma segunda tentativa, com o rei Josias (640-609 a.C.), que teve êxito, mas acabou sendo morto pelos egípcios em Meguido (cf. 2Rs 23,29). É, portanto, no período do rei Josias que nasce de fato um Estado em Jerusalém. Para dar identidade a esse Estado e respaldar as conquistas de Josias, os escribas de Jerusalém reúnem tradições do norte e do sul, muitas apenas orais, outras já escritas, e compõem um passado glorioso para Judá. Esse contexto histórico e literário é que está por trás dos livros de Samuel. Escrevendo a partir dos interesses de Jerusalém, os escribas enfatizam a casa davídica, da qual Josias é remanescente. Portanto, em muitos textos é possível encontrar três níveis de redação: um mais antigo, outro do período de Josias e um terceiro do pós-exílio.

Os livros de Samuel podem dividir-se em quatro partes: 1. transição dos juízes para a monarquia (1Sm 1-15); 2. ascensão de Davi (1Sm 16-2Sm 8); 3. lutas pela sucessão de Davi (2Sm 9-20); 4. apêndices (2Sm 21-24).

PRIMEIRO LIVRO DE SAMUEL

I. TRANSIÇÃO DOS JUÍZES PARA A MONARQUIA

1. Nascimento de Samuel e declínio de Eli

1 *Javé fechou o útero de Ana* – ¹Havia um homem de Ramataim-Sofim chamado Elcana, descendente de Suf, da região montanhosa de Efraim. Era da tribo de Efraim, filho de Jeroam, filho de Eliú, filho de Toú, filho de Suf. ²Elcana tinha duas mulheres: uma se chamava Ana e a outra Fenena. Fenena tinha filhos; Ana porém não tinha nenhum.

³Todos os anos, Elcana subia de sua cidade para Silo, a fim de adorar e oferecer sacrifícios a Javé dos exércitos. Em Silo, viviam Hofni e Fineias, os dois filhos de Eli, sacerdotes de Javé. ⁴Quando oferecia sacrifícios, Elcana dava porções para sua mulher Fenena e a todos os filhos e filhas dela. ⁵Mas para Ana dava uma porção dupla, pois a amava, embora Javé lhe tivesse fechado o útero. ⁶Fenena, com caçoadas, humilhava Ana, a quem Javé tinha fechado o útero. ⁷Isso acontecia todos os anos. Toda vez que eles subiam ao santuário de Javé, Fenena provocava Ana, que só chorava e ficava sem comer. ⁸Seu marido Elcana perguntava: "Ana, por que você está chorando? Por que não quer comer? Por que está triste? Por acaso eu não sou melhor para você do que dez filhos?"

Oração de Ana – ⁹Depois de terem comido e bebido em Silo, Ana levantou-se. O sacerdote Eli, entretanto, estava sentado em sua cadeira junto à porta do santuário de Javé. ¹⁰Cheia de amargura, Ana rezou a Javé, chorou muito ¹¹e fez esta promessa: "Javé dos exércitos, se quiseres olhar para o sofrimento de tua serva, se te lembrares de mim e não esqueceres tua serva, dando-lhe um filho homem, eu o consagrarei a Javé por todos os dias de sua vida, e a navalha nunca passará sobre a cabeça dele".

¹²Como Ana continuasse orando a Javé, Eli observava os lábios dela. ¹³Ana apenas murmurava: seus lábios se moviam, mas não dava para ouvir o que ela dizia. Por isso, Eli pensou que estivesse embriagada. ¹⁴Disse-lhe então: "Até quando você vai se embriagar? Tire esse vinho da cabeça!" ¹⁵Ana, porém, respondeu: "Não, meu senhor. Eu sou mulher sofredora, não bebi vinho nem licor. Estava apenas me desafogando diante de Javé. ¹⁶Não pense que esta

---

1,1-4,1a: A morte de Eli e de seus descendentes representa o fim do santuário de Silo, que era um centro religioso de Israel, com a capital em Samaria. Em seu lugar surge Samuel, cooptado pela casa davídica, para legitimar a nova ordem estabelecida a partir de Jerusalém.

1-8: A situação de Ana se parece com a situação do povo. Ana é do norte, da região montanhosa de Efraim, como Débora (cf. Jz 4-5). Aí o povo costumava frequentar o santuário de Silo (v. 3), onde se encontrava a arca (cf. 4,3s). No tempo de Josias (640-609 a.C.), o centro passa a ser Jerusalém, no sul, e o santuário de Silo é substituído pelo templo (cf. 2Rs 21-22). A religiosidade popular é assumida pela teologia do templo e já não serão as divindades camponesas que fecham o útero, e sim Javé (cf. Gn 20,18; 29,31; 30,14-17).

9-18: No interior de Canaã, o culto às divindades da fertilidade era comum. As mulheres costumavam ir aos santuários populares para conceber. Esse atributo será agora de Javé. É a primeira vez que aparece na Bíblia o título "Javé dos exércitos" (vv. 3.11); está ligado ao âmbito militar e ganha importância na monarquia.

sua serva seja uma filha de Belial. Falei até agora, porque estou muito triste e aflita". ¹⁷Eli disse-lhe: "Vá em paz. Que o Deus de Israel conceda o que você lhe pediu". ¹⁸Ana respondeu: "Que esta sua serva encontre graça a seus olhos". A mulher se retirou, comeu, e seu rosto já não era o mesmo.

Consagração de Samuel – ¹⁹Levantaram-se de madrugada, adoraram a Javé e voltaram para casa. Chegando a Ramá, Elcana se uniu à sua mulher Ana, e Javé se lembrou dela. ²⁰Ana ficou grávida e, no tempo certo, deu à luz um menino e lhe pôs o nome de Samuel, dizendo: "Eu o pedi a Javé". ²¹Um ano depois, seu marido Elcana subiu com toda a família para oferecer a Javé o sacrifício anual e cumprir a promessa. ²²Ana, porém, não foi junto. Ela disse ao marido: "Quando o menino estiver desmamado, então eu o levarei para apresentá-lo a Javé, e lá ele vai ficar para sempre". ²³Seu marido Elcana respondeu: "Faça o que acha melhor; espere que o menino esteja desmamado. E Javé permita que você possa cumprir a promessa". Desse modo, Ana ficou em casa, e criou o menino até desmamá-lo.

²⁴Assim que o desmamou, levou-o para o santuário de Javé em Silo, levando também três novilhos, quarenta e cinco quilos de farinha e quarenta e cinco litros de vinho. O menino era ainda muito pequeno. ²⁵Imolaram o novilho e levaram o menino a Eli. ²⁶Ana disse: "Desculpe, meu senhor. Tão certo como meu senhor vive, eu sou aquela mulher que esteve aqui junto ao senhor, rezando a Javé. ²⁷O que eu pedia era este menino, e Javé atendeu o meu pedido. ²⁸Agora, eu o entrego a Javé por toda a vida, para que pertença a ele". E se prostraram diante de Javé.

2 Cântico de Ana – ¹Ana rezou, então, esta oração:

"Meu coração está em festa
  por causa de Javé.
Por Javé eu levanto minha força,
  posso abrir a boca
  contra meus rivais,
  feliz com a tua salvação.
²Ninguém é tão santo como Javé,
  não existe Rocha igual ao nosso Deus.
³Vocês, não multipliquem
  palavras soberbas,
nem falas arrogantes lhes saiam da boca,
  porque Javé é um Deus que sabe,
é ele quem pesa as ações.
⁴As armas ele quebra dos poderosos,
  e aos fracos dá vigor.
⁵Procuram os fartos um ganha-pão,
  enquanto os famintos descansam.
Quem era estéril dá à luz sete filhos,
  a mãe de muitos filhos se esgota.
⁶É Javé quem faz morrer e faz viver,
  faz descer até a morada dos mortos
  e daí subir.
⁷Javé faz o pobre e faz o rico,
  ele pode humilhar e também exaltar.
⁸Levanta da poeira o fraco,
  tira do lixo o indigente
e faz que se assentem com os príncipes,
  dando-lhes em herança um trono
  glorioso.
A Javé pertencem as colunas da terra,
  sobre elas ele assentou o mundo.
⁹Vela pelos passos de seus fiéis,
  enquanto os injustos se perdem nas
  trevas,
pois não é pela força que o homem
  triunfa.
¹⁰ Javé derrota seus adversários,
  e contra eles troveja lá do céu.
Javé julga os confins da terra.
  Ele dá poder ao seu rei
  e eleva a força do seu ungido".

¹¹Elcana voltou para casa em Ramá. Entretanto, o menino ficou a serviço de Javé, sob as ordens do sacerdote Eli.

Os filhos de Eli – ¹²Os filhos de Eli eram filhos de Belial e não se importavam nem

---

19-28: A súplica de Ana é atendida. A mãe mantém a promessa e consagra o filho a Javé. Ana leva consigo três novilhos e grande quantidade de farinha e vinho, prova de que no antigo Israel também as mulheres ofereciam sacrifícios e exemplo de como funcionava o sistema tributário.

2,1-11: Este canto e o hino de Davi (2Sm 22) abrem e fecham os livros de Samuel. 2,1-11 tem duas camadas: uma popular (vv. 5.7-8) e outra da realeza (1-4.6.9-10).

Na origem, era um canto popular, depois apropriado pela monarquia e adaptado para a guerra e para o rei (cf. Sl 20; 21; 27). No seu conjunto, o canto é um clamor coletivo, na boca de uma mulher e de todos os pobres. Encontramos eco deste canto no *magnificat* de Maria (Lc 1,46-55).

12-26: Era direito dos sacerdotes comer uma porção da carne cozida nas oferendas. Porém, no templo de Jerusalém, muitos sacerdotes queriam também carne

com Javé ¹³nem com as obrigações de sacerdotes para com o povo. Toda vez que alguém oferecia um sacrifício, enquanto se cozinhava a carne o ajudante do sacerdote ia com o garfo de três dentes, ¹⁴enfiava-o no caldeirão ou na panela, no tacho ou na travessa, e tudo o que o garfo pegava pertencia ao sacerdote. Assim faziam com todos os israelitas que iam a Silo. ¹⁵Antes de queimar a gordura, o ajudante do sacerdote também dizia à pessoa que ia oferecer o sacrifício: "Dê-me a carne, para o sacerdote assar do jeito que quiser. Deve ser carne crua, porque ele não vai aceitar carne cozida". ¹⁶Se a pessoa respondia: "Primeiro é preciso queimar a gordura, depois você poderá levar o que quiser", o ajudante dizia: "Não! Ou você me dá a carne agora mesmo, ou eu tomo à força". ¹⁷O pecado desses ajudantes era grave diante de Javé, porque profanavam a oferta feita a Javé.

¹⁸Samuel, entretanto, prestava serviços diante de Javé, conforme podia fazer uma criança, e vestia um efod de linho. ¹⁹Sua mãe costumava fazer uma pequena túnica que levava para ele todo ano, quando ia com o marido oferecer o sacrifício anual. ²⁰Eli abençoou Elcana e sua mulher, dizendo: "Por meio desta mulher, que Javé conceda a você uma descendência, em retribuição pela doação que ela fez a Javé". Depois, eles voltaram para casa. ²¹Javé visitou Ana, que tornou a engravidar e deu à luz três filhos e duas filhas. Enquanto isso, Samuel ia crescendo na presença de Javé.

²²Apesar de já ser muito velho, Eli estava sempre informado de tudo o que seus filhos faziam com os israelitas, até mesmo que eles se deitavam com as mulheres que prestavam serviço na entrada da Tenda do Encontro. ²³Eli dizia a eles: "Por que vocês fazem isso? Todo o povo me conta como vocês se comportam mal. ²⁴Não, meus filhos, o que me contam não é nada bom. Vocês estão escandalizando o povo de Javé. ²⁵Se um homem ofende o outro, Deus pode julgá-lo. Mas, se alguém peca contra Javé, quem poderá interceder por ele?" Mas eles não deram ouvidos ao pai, porque Javé tinha decidido tirar-lhes a vida. ²⁶Enquanto isso, o jovem Samuel ia crescendo e era estimado por Javé e pelo povo.

Oráculo contra a descendência de Eli – ²⁷Um homem de Deus foi até Eli e lhe disse: "Assim fala Javé: Eu me revelei à família de seu pai, quando os antepassados ainda estavam no Egito e eram escravos da casa do faraó. ²⁸Entre todas as tribos de Israel, eu escolhi sua família para exercer o meu sacerdócio, para subir ao meu altar a fim de queimar incenso e usar o efod na minha presença. Eu destinei à família de seu pai toda a carne que os filhos de Israel oferecem. ²⁹Por que vocês atropelam os sacrifícios e oferendas que determinei para a Habitação? Por que você dá mais valor a seus filhos do que a mim, engordando-os com o melhor das oferendas do meu povo Israel? ³⁰Por causa disso – oráculo de Javé, o Deus de Israel! – embora eu tenha prometido que sua família, como a família de seu pai, estaria sempre na minha presença, agora não será mais assim. – Oráculo de Javé! Porque eu valorizo os que me dão valor, mas os que me desprezam serão humilhados. ³¹Veja! Vai chegar o dia em que vou cortar o braço seu e da família de seu pai, para que na sua família não haja mais nenhum ancião. ³²Você verá um adversário na Habitação e todo o bem que ele fará a Israel; mas, em sua família, não haverá mais nenhum ancião. ³³Só um da sua família não vou cortar de junto do meu altar. Isso fará seus olhos se consumirem e sua vida se afligir. Seus outros descendentes morrerão na flor da idade. ³⁴O que vai acontecer a seus dois filhos, Hofni e Fineias, servirá de sinal para você: os dois vão morrer no mesmo dia. ³⁵Depois disso, farei aparecer um sacerdote fiel, que fará o que eu quero e desejo; a ele darei uma família estável, e ele estará sem-

---

crua, sem queimar a gordura que pertencia a Javé (cf. Lv 3), para comer à parte ou para comercializar. Essa prática é aqui atribuída aos filhos de Eli, para não legitimar o santuário de Silo ligado à Samaria. Com o efod de linho (v. 18) pretende-se apresentar Samuel como sacerdote (Ex 28,6-14), e não como profeta.

27-36: O oráculo de um anônimo "homem de Deus" (v. 27) visa a castigar não só os filhos, mas a descendência toda de Eli. O pano de fundo é a reforma religiosa do rei Josias (640-609 a.C., cf. 2Rs 22-23), que destituiu os levitas das aldeias do interior e concentrou o culto em Jerusalém (2Rs 23,8-9). O "sacerdote fiel" (v. 35) será o

pre na presença do meu ungido. ³⁶Da sua família, os que sobrarem irão prostrar-se diante dele a mendigar por uma só moeda ou pedaço de pão, suplicando: 'Por favor, dê-me alguma função sacerdotal, para que eu possa comer um pedaço de pão'".

3 *Javé se manifesta a Samuel* – ¹O menino Samuel servia a Javé, sob as ordens de Eli. A palavra de Javé se manifestava raramente nesse tempo, e as visões não eram frequentes. ²Certo dia, Eli estava deitado em seu lugar. Seus olhos começavam a enfraquecer e ele já não podia enxergar. ³A lâmpada de Deus ainda não tinha sido apagada e Samuel estava deitado no santuário de Javé, onde se encontrava a arca de Deus. ⁴Javé chamou: "Samuel!" Ele respondeu: "Estou aqui!" ⁵E correu até onde estava Eli e disse: "Estou aqui! O senhor me chamou?" Eli respondeu: "Não, não chamei. Vá se deitar". E Samuel foi se deitar. ⁶Javé tornou a chamá-lo. Samuel se levantou, foi até onde Eli estava e lhe disse: "Estou aqui! O senhor me chamou?" Eli respondeu: "Não! Não chamei, meu filho. Vá se deitar". ⁷Samuel ainda não tinha conhecimento de Javé, e a palavra de Javé ainda não lhe tinha sido revelada. ⁸Javé chamou Samuel pela terceira vez. Samuel se levantou, foi aonde Eli estava e lhe disse: "Estou aqui! O senhor me chamou?" Eli percebeu, então, que era Javé quem estava chamando o menino. ⁹E disse a Samuel: "Vá e fique deitado. Se alguém chamar você de novo, diga: 'Fala, Javé, que o teu servo escuta' ". E Samuel foi se deitar no seu lugar. ¹⁰Javé se apresentou e o chamou como antes: "Samuel! Samuel!" Então Samuel respondeu: "Fala, que o teu servo escuta". ¹¹Javé disse a Samuel: "Olhe: vou fazer uma coisa tal em Israel que o ouvido de todos os que o ouvirem vai ficar zunindo. ¹²Nesse dia, vou executar contra Eli e sua família tudo o que anunciei, do começo ao fim. ¹³Comunique a Eli que estou condenando a família dele para sempre, porque ele sabia do pecado com que seus filhos estavam menosprezando a Deus, e não os repreendeu. ¹⁴Por isso, eu juro à família de Eli que essa injustiça nunca será perdoada, nem com sacrifícios nem com ofrendas".

¹⁵Samuel continuou deitado até de manhã. Depois abriu as portas da casa de Javé. Estava com medo de contar a visão a Eli. ¹⁶Mas Eli o chamou: "Samuel, meu filho". Samuel respondeu: "Estou aqui!" ¹⁷Eli perguntou: "O que foi que ele disse a você? Não me esconda nada. Que Deus o castigue, se você me esconder alguma coisa do que ele disse". ¹⁸Então Samuel contou tudo, sem esconder nada. Eli comentou: "Ele é Javé. Que ele faça o que lhe parecer melhor". ¹⁹Samuel foi crescendo, Javé estava com ele e nenhuma de suas palavras caiu por terra. ²⁰Todo o Israel, de Dã até Bersabeia, ficou sabendo que Samuel era um profeta confirmado por Javé. ²¹E Javé continuou a manifestar-se em Silo, onde se havia revelado a Samuel.

4 ¹ᵃDaí em diante a palavra de Samuel passou a ser dirigida a todo o Israel.

2. História da arca

A Arca da Aliança em mãos dos filisteus – ¹ᵇOs israelitas saíram para guerrear contra os filisteus e acamparam perto de Ebenezer, enquanto os filisteus acamparam em Afec. ²Os filisteus se enfileiraram contra Israel. Desencadeou-se a batalha, e no confronto os filisteus Israel foi derrotado, e de suas fileiras morreram no campo cerca de quatro mil homens. ³O povo voltou para o acampamento e os anciãos de Israel disseram: "Por que Javé dei-

---

jebusita Sadoc, que substituirá o levita Abiatar (2Rs 2,26-27.35). Em paralelo ao conflito entre as casas de Eli e de Sadoc, haverá o conflito entre as casas de Saul e de Davi.

3,1-4,1a: O velho representante de Deus em Silo começa a perder espaço para o jovem Samuel. A menção à rara manifestação da palavra de Javé (v. 1) quer desacreditar o sacerdote de Silo e a religiosidade camponesa do norte. Em contraposição, na nova ordem da cidade, a palavra de Javé se manifesta três vezes. A arca de Deus (v. 3), que terá função importante no templo de Jerusalém (cf. 2Sm 6), aparece pela primeira vez nos livros de Samuel. A expressão "todo Israel, de Dã até Bersabeia" (v. 20), esconde o projeto expansionista.

4,1b-7,1: O relato sobre a arca é independente: fala das guerras com os filisteus, não relatadas em capítulos anteriores, e não faz referência a Samuel. Com a captura da arca, a narrativa quer mostrar o fim da Samaria, pois esta não colocou sua confiança em Javé, que mesmo em terra estrangeira não deixa de mostrar todo o seu poder.

xou que fôssemos hoje derrotados pelos filisteus? Vamos a Silo buscar a Arca da Aliança de Javé. Que ela venha para o meio de nós e nos salve da mão dos nossos inimigos". ⁴Fizeram, então, levar de Silo a Arca da Aliança de Javé dos exércitos, que se assenta entre os querubins. Aí estavam os dois filhos de Eli, Hofni e Fineias, com a Arca da Aliança de Deus. ⁵Quando a Arca da Aliança de Javé chegou ao acampamento, todo o Israel explodiu em grito tão forte de guerra que a terra tremeu. ⁶Os filisteus ouviram o grito de guerra e perguntaram entre si: "Que significa esse forte grito de guerra no acampamento dos hebreus?" Ficaram sabendo que a arca de Javé tinha chegado ao acampamento. ⁷Apavorados, diziam: "Deus chegou ao acampamento! Ai de nós! É a primeira vez que isso acontece! ⁸Ai de nós! Quem nos livrará das mãos desse Deus poderoso? Ele feriu o Egito com toda espécie de calamidades no deserto. ⁹Fiquem firmes, filisteus! Sejam valentes para não se tornarem escravos dos hebreus, como eles foram escravos de vocês. Sejam valentes e lutem!" ¹⁰E os filisteus começaram o combate. Israel foi vencido, e cada um fugiu para a sua tenda. A derrota foi grande, pois do lado de Israel morreram trinta mil guerreiros. ¹¹A arca de Deus foi capturada e os dois filhos de Eli, Hofni e Fineias, foram mortos.

Morte de Eli – ¹²Um homem de Benjamim saiu correndo das fileiras e chegou a Silo no mesmo dia, com a roupa rasgada e a cabeça coberta de pó. ¹³Quando chegou, Eli estava sentado em sua cadeira, ao lado da porta, olhando para a estrada, porque estava preocupado com a arca de Deus. O homem entrou na cidade dando a notícia, e a população começou a gritar.

¹⁴Eli ouviu a gritaria e perguntou: "O que é todo esse alvoroço?" E o homem correu para dar a notícia a Eli. ¹⁵Ora, Eli estava com noventa e oito anos, tinha os olhos imóveis e não podia mais enxergar. ¹⁶O homem disse a Eli: "Sou o homem que chegou das fileiras. Fugi hoje das fileiras". Eli perguntou: "O que aconteceu, meu filho?" ¹⁷O mensageiro respondeu: "Israel fugiu dos filisteus e a derrota do exército foi grande. Seus dois filhos, Hofni e Fineias, morreram e a arca de Deus foi capturada". ¹⁸Quando o homem falou da arca de Deus, Eli caiu para trás da cadeira junto à porta, quebrou o pescoço e morreu, pois era homem de idade e pesado. Foi juiz em Israel por quarenta anos.

¹⁹A nora de Eli, mulher de Fineias, estava grávida, perto de dar à luz. Quando ouviu a notícia de que tinham capturado a arca de Deus e que seu sogro e seu marido tinham morrido, ela se agachou e deu à luz, pois suas dores lhe vieram. ²⁰Estando ela para morrer, as mulheres que lhe davam assistência disseram: "Não tenha receio, você teve um menino". Ela, porém, não respondeu, nem fez caso disso. ²¹Deu a seu filho o nome de Icabod, dizendo: "A glória de Israel foi para o exílio", por causa da tomada da arca de Deus e também por causa do sogro e do marido. ²²E repetia: "A glória de Israel foi para o exílio, pois capturaram a arca de Deus".

5 *Javé contra Dagon* – ¹Depois de capturar a arca de Deus, os filisteus a levaram de Ebenezer para Azoto. ²Pegaram a arca de Deus e a colocaram no templo de Dagon, perto de Dagon. ³Na manhã seguinte, quando se levantaram, os cidadãos de Azoto encontraram Dagon caído de bruços diante da arca de Javé. Pegaram

---

4,1b-11: Os filisteus faziam parte dos povos do mar, que se estabeleceram na costa do Mediterrâneo, no sul de Canaã. Tinham superioridade tecnológica, como o domínio do ferro (cf. 13,19-22), e reinavam sobre a região (cf. Jz 13-16). Com a derrota de Israel e a captura da arca, quer-se mostrar que Javé abandonou Silo e o reinado da Samaria. Os termos "Arca da Aliança", "enfileirar-se", "hebreus" e "tenda" revelam uma tradição antiga na base desta narrativa.

12-22: Eli está sentado junto ao portão da cidade, exercendo a função de juiz de Israel (cf. Dt 21,19; 25,7; Am 5,10; Pr 31,23), quando recebe a trágica notícia trazida por um benjaminita. A queda (v. 18) simboliza o fim de Silo e dos juízes. O filho nascido da nora de Eli (cf. Gn 35,17) recebe o nome de *Icabod*, que significa: "não há mais glória". No exílio da Babilônia, essa experiência será relida e se concluirá que "a glória de Javé foi para o exílio" (vv. 21-22; cf. Ez 3,23).

5,1-5: Quando um povo era derrotado, seu deus era arrastado aos pés do deus do povo vencedor, como sinal do triunfo deste sobre aquele (cf. 2Rs 25,14; Dn 11,8). Aqui, porém, quem cai de bruços, em posição de adoração, é Dagon (cf. Jz 16,23; Js 15,41; 19,27; 1Mc 10, 83-84; 11,4). Cabeça e braços cortados, como aconteceu na guerra (cf. 17,51; 29,4), mostram que Dagon não passa de um ídolo, que não vê, nem escuta, nem fala, nem age. A luta de Javé contra Dagon lembra a luta contra o faraó do Egito.

Dagon e o colocaram de novo em seu lugar. ⁴Na manhã seguinte, quando se levantaram, de novo encontraram Dagon caído de bruços diante da arca de Javé. A cabeça e as duas mãos de Dagon tinham sido cortadas e estavam na soleira da porta. Só o tronco de Dagon estava no lugar. ⁵É por isso que os sacerdotes de Dagon e todos os que entram em seu templo, até o dia de hoje, não pisam a soleira da porta do templo de Dagon, em Azoto.

Javé atinge os filisteus – ⁶Depois disso, a mão de Javé caiu pesadamente contra os homens de Azoto e os castigou com tumores em Azoto e nas redondezas. ⁷Ao verem o que estava acontecendo, os cidadãos de Azoto disseram: "A arca do Deus de Israel não deve ficar conosco, pois a mão dele está pesando contra nós e contra o nosso deus Dagon". ⁸Convocaram todos os chefes filisteus para perguntar: "Que devemos fazer com a arca do Deus de Israel?" E os chefes decidiram: "Levem a arca do Deus de Israel para Gat". E levaram a arca do Deus de Israel. ⁹Mas, logo que a levaram, a mão de Javé caiu sobre a cidade e houve grande pânico, porque Javé feriu com tumores toda a população, tanto as crianças como os adultos. ¹⁰Levaram então a arca de Deus para Acaron. Logo que a arca de Deus chegou a Acaron, o povo da cidade protestou: "Vocês trouxeram a arca do Deus de Israel para nos matar, a nós e a nossas famílias!" ¹¹Mandaram convocar os chefes filisteus, e disseram: "Devolvam a arca do Deus de Israel. É melhor que ela volte ao seu lugar, antes que destrua a todos nós e a nossas famílias". Havia um pavor mortal na cidade, porque a mão de Deus estava sendo muito pesada: ¹²os que não morriam ficavam cheios de tumores. E o clamor da cidade subiu até o céu.

6 **Devolução da arca** – ¹A arca de Javé ficou sete meses na terra dos filisteus. ²Por fim, chamaram os sacerdotes e os adivinhos para consultá-los: "Que devemos fazer com a arca de Javé? Digam como podemos devolvê-la a seu lugar". ³Eles responderam: "Se vocês vão devolver a arca do Deus de Israel, não a mandem de volta vazia, mas paguem uma indenização. Desse modo, vocês recuperarão a saúde e saberão por que a mão de Deus não se apartava de vocês". ⁴Perguntaram: "Que indenização devemos pagar?" Eles responderam: "Conforme o número dos chefes dos filisteus, cinco tumores de ouro e cinco ratos de ouro, em nome de cada chefe filisteu, porque eles sofreram a mesma praga que vocês. ⁵Façam esculturas de seus tumores e dos ratos que devastam o território e as ofereçam como homenagem ao Deus de Israel. Talvez o peso da sua mão se afaste de vocês, do seu país e dos seus deuses. ⁶Para que ficarem de coração endurecido como os egípcios e o faraó? E Deus não os maltratou tanto, que eles tiveram de deixar os israelitas partir? ⁷Agora, então, peguem e preparem uma carroça nova e duas vacas paridas que ainda não tenham usado a canga, atrelem as vacas à carroça, separem delas os bezerros e os levem de volta para o curral. ⁸Peguem a arca de Javé e a coloquem na carroça. Quanto aos objetos de ouro que servem para pagar a indenização, coloquem-nos num baú junto da arca e toquem as vacas, que a arca vai embora. ⁹Fiquem observando: se ela tomar o caminho do seu próprio território, indo para Bet-Sames, foi ele quem nos fez esse grande mal; se não seguir esse caminho, saberemos que não foi a mão dele que nos atingiu, foi só coincidência".

¹⁰Assim fizeram. Pegaram duas vacas paridas e as atrelaram à carroça e deixa-

---

6-12: A ação de Javé na Filisteia não se restringe ao deus Dagon, mas se estende a seus habitantes. A luta é exclusiva de Javé. Israel por si não tem como fazer frente aos filisteus: mesmo derrotado na guerra, ele é vitorioso no imaginário religioso. Os tumores (cf. Ex 9,8-11) e o clamor dos filisteus (cf. Ex 2,23; 3,7-10) lembram a libertação no Egito, a qual estimulará tanto a luta do rei Josias por expansão contra o Egito quanto a libertação do exílio na Babilônia.

6,1-7,1: Há estreita relação entre a arca que sai da terra dos filisteus e o Êxodo: sete meses (v. 1; cf. Ex 7,25), não sair de mãos vazias (v. 3; cf. Ex 3,21-22; Lv 5,14-26; Esd 1,7-11) e coração endurecido dos egípcios e do faraó (v. 6; cf. Ex 7,14; 8,11.28). Como prova de que era Deus quem agia, as vacas caminham contra seu instinto, afastando-se de suas crias (v. 12). A imagem do Deus terrível e violento, para quem ninguém pode olhar ou diante de cuja presença ninguém pode permanecer (vv. 19-20), é típica da teologia do pós-exílio, segundo a qual apenas o sumo sacerdote pode se aproximar do Santo dos santos (cf. Ex 19,12-13.21; Lv 28,15-26).

ram os bezerros no curral. ¹¹Colocaram a arca de Javé na carroça e também o baú com os ratos de ouro e as esculturas dos tumores. ¹²As vacas tomaram o caminho direto para Bet-Sames, sempre pela mesma estrada. Iam mugindo enquanto caminhavam, sem se desviar para a direita ou para a esquerda. Os chefes filisteus as acompanharam até a divisa de Bet-Sames.

¹³Lavradores de Bet-Sames estavam colhendo o trigo no vale. Erguendo os olhos, viram a arca e se alegraram ao vê-la. ¹⁴A carroça chegou ao campo de Josué em Bet-Sames e parou no lugar onde havia uma grande pedra. Eles racharam a madeira da carroça e queimaram as vacas em holocausto a Javé. ¹⁵Os levitas tiraram da carroça a arca de Javé e o baú com os objetos de ouro e colocaram tudo em cima da grande pedra. Nesse dia os homens de Bet-Sames queimaram holocaustos e ofereceram sacrifícios a Javé. ¹⁶Os cinco chefes filisteus ficaram observando, e no mesmo dia voltaram para Acaron. ¹⁷Os tumores de ouro que os filisteus haviam pagado como indenização para Javé eram um por Azoto, um por Gaza, um por Ascalon, um por Gat e um por Acaron. ¹⁸Os ratos de ouro foram oferecidos em nome de todas as cidades dos filisteus, as cidades dos cinco chefes, as cidades fortificadas e as aldeias rurais. A pedra grande onde colocaram a arca de Javé ainda está, como testemunha, no campo de Josué de Bet-Sames.

¹⁹Javé golpeou os homens de Bet-Sames porque olharam para a arca de Javé. Por isso é que Javé castigou setenta homens dentre o povo. E o povo ficou de luto, porque Javé os atingiu com forte castigo. ²⁰Os homens de Bet-Sames disseram: "Quem pode ficar na presença de Javé, este Deus santo? Para quem ele subirá, quando nos deixar?" ²¹Mandaram então mensageiros aos habitantes de Cariat-Iarim, dizendo: "Os filisteus devolveram a arca de Javé. Desçam e a façam subir até vocês".

7 ¹Os homens de Cariat-Iarim foram e levaram a arca de Javé. Colocaram a arca na casa de Abinadab, no alto da colina. E consagraram Eleazar, filho de Abinadab, para guardar a arca de Javé.

3. Advento da monarquia

Culto, somente a Javé – ²Passou muito tempo, cerca de vinte anos, desde que a arca foi colocada em Cariat-Iarim. Toda a gente de Israel começou a lamentar-se diante de Javé. ³Então Samuel falou a todos os israelitas: "Se querem voltar-se de todo o coração para Javé, tirem do meio de vocês os deuses estrangeiros e as Astartes. Tenham o pensamento firme em Javé e somente a ele prestem culto, que assim ele vai livrá-los da mão dos filisteus".

⁴Os israelitas jogaram fora os baais e as astartes e passaram a cultuar somente a Javé. ⁵Samuel disse: "Reúnam todo o Israel em Masfa, e eu rogarei a Javé por vocês". ⁶Eles se reuniram em Masfa, tiraram água e a derramaram na presença de Javé. Nesse dia jejuaram e aí disseram: "Nós pecamos contra Javé". Foi assim que Samuel julgou os israelitas em Masfa.

Derrota dos filisteus – ⁷Os filisteus ficaram sabendo que os israelitas se haviam reunido em Masfa, e os chefes filisteus resolveram atacar Israel. Ao ouvir isso, os israelitas ficaram com medo dos filisteus ⁸e disseram a Samuel: "Não deixe de falar da nossa situação, de clamar ao nosso

---

7,2-15,35: Com a ascensão da monarquia, o período dos juízes entra em declínio. Esse processo não se dará sem resistência, como se percebe nos capítulos 7-12, que reúnem uma tradição favorável à monarquia (8,1-5.21-22; 9,1-10,16; 11) e outra contrária (7; 8,6-20; 10,17-27; 12).

7,2-6: Esta narrativa é independente da história da arca, pois "vinte anos" (v. 2) separam uma da outra. A culpa não é mais dos filhos de Eli (1Sm 4), que se corromperam, mas do povo que cultua as divindades da terra (Baais e Astartes). Essa é uma preocupação típica da reforma de Josias (2Rs 22-23) que, para fortalecer o seu reinado, exige unidade religiosa e um único Deus nacional. No exílio e pós-exílio, essa teologia se intensifica (cf. Is 40-55). Para que possa voltar a Javé (v. 3), o povo precisa ser purificado com ritual de expiação (v. 6). Samuel age como sacerdote, não como juiz.

7-17: Aqui vai uma crítica à monarquia. Com o holocausto, Samuel faz Javé derrotar os filisteus (9-12), sem necessidade de um rei (cf. 1Sm 8). Diferentemente de 2Sm 8,1, onde se diz que Davi derrotou os filisteus. Certamente nos encontramos em Masfa, nomeada sete vezes. Durante o exílio, Masfa tornou-se o centro administrativo para os que ficaram em Israel (cf. 2Rs 25,23-25; Jr 40,1-15; 41). Esse grupo, sob a direção de Godolias e Jeremias, culpava os reis pelo exílio. Masfa também foi lugar de grandes assembleias em Israel (cf. Jz 20,1-3; 21,1-8).

Deus Javé, para que ele nos livre da mão dos filisteus". ⁹Samuel pegou um cordeirinho que ainda mamava e o queimou inteiro em holocausto. Depois clamou a Javé em favor de Israel, e Javé o escutou. ¹⁰Enquanto Samuel oferecia o holocausto, os filisteus chegaram para atacar Israel. Nesse dia, porém, Javé fez trovejar um forte estrondo contra os filisteus, que se apavoraram e foram derrotados por Israel. ¹¹Os homens de Israel saíram de Masfa, perseguiram os filisteus e os combateram até Bet-Car. ¹²Samuel pegou uma pedra e a colocou entre Masfa e Sem. E lhe deu o nome de Ebenezer, explicando: "Javé nos socorreu até aqui".

¹³Os filisteus foram dominados e nunca mais invadiram o território de Israel, porque a mão de Javé pesou sobre eles enquanto Samuel viveu. ¹⁴Israel reconquistou as cidades que os filisteus lhe haviam tomado. Desse modo, tais cidades, junto com seus territórios, voltaram ao poder de Israel, desde Acaron até Gat. E houve paz entre Israel e os amorreus.

¹⁵Samuel foi juiz em Israel durante todos os dias de sua vida. ¹⁶Todos os anos ele visitava Betel, Guilgal e Masfa, e julgava Israel em todos esses lugares. ¹⁷Depois voltava a Ramá, onde ficava sua residência. Aí ele julgava Israel e aí construiu para Javé um altar.

8 *Os anciãos querem um rei* – ¹Quando envelheceu, Samuel colocou seus dois filhos como juízes em Israel. ²Seu primeiro filho chamava-se Joel e o segundo Abias. Os dois exerceram o cargo de juiz em Bersabeia. ³Eles, porém, não seguiam o exemplo do pai, deixando-se levar pela ganância: aceitavam suborno e distorciam o direito. ⁴Todos os anciãos de Israel se reuniram e foram a Samuel em Ramá. ⁵Disseram a Samuel: "Veja: você já está idoso e seus filhos não seguem seu exemplo. Por isso, escolha para nós um rei que nos governe, como acontece em todas as nações". ⁶O que eles disseram: "Dê-nos um rei que nos julgue", não agradou a Samuel, que invocou então a Javé. ⁷Porém Javé disse a Samuel: "Atenda à voz do povo em tudo o que eles estão pedindo, pois não é a você que estão rejeitando, mas a mim. Não querem mais que eu reine sobre eles. ⁸Assim como têm feito desde o dia em que os tirei do Egito até hoje, eles sempre me abandonam para servir a outros deuses. É o mesmo que estão fazendo com você. ⁹Atenda ao pedido deles. Contudo, mostre com clareza e explique para eles os direitos do rei que sobre eles irá reinar".

O direito do rei – ¹⁰Samuel transmitiu todas as palavras de Javé ao povo que lhe pedia um rei. ¹¹E lhes disse: "Este é o direito do rei que vai reinar sobre vocês: tomará os filhos de vocês para cuidar dos carros de guerra e dos cavalos dele e marchar à frente do seu próprio carro de guerra. ¹²Ele os nomeará comandantes de mil e comandantes de cinquenta. Ele os obrigará a arar a terra dele e a fazer a colheita para ele, a fabricar para ele as armas de guerra e as peças dos seus carros de guerra. ¹³Tomará as filhas de vocês para trabalhar como perfumistas, cozinheiras e padeiras. ¹⁴Tomará os campos, as vinhas e os melhores olivais de vocês, para dá--los a seus próprios servos. ¹⁵Vai exigir a décima parte das plantações e vinhas de vocês para dá-la a seus altos oficiais e servos. ¹⁶Tomará os servos e servas de vocês, os melhores jovens e os jumentos de vocês, para que fiquem a serviço dele. ¹⁷E vai exigir a décima parte dos rebanhos de vocês, de modo que vocês mesmos serão transformados em servos dele. ¹⁸Nesse dia, vocês vão reclamar diante do rei que vocês mesmos escolheram para si. Javé porém não lhes dará nenhuma resposta".

Moradores da cidade – ¹⁹Mas o povo não quis saber de dar atenção à fala de Samuel

---

8,1-9: Nos vv. 4-5 os anciãos pedem um rei, porque os filhos de Samuel se corromperam (cf. 2,11-17). Mas no v. 7 Javé diz que não é a Samuel que eles rejeitam, e sim ao próprio Javé, pois não o querem mais reinando sobre eles. De fato, na monarquia o rei toma o lugar de Javé.

10-22: O verbo que predomina é "tomar" (*laqah*, vv. 11.13.14.16). Vv. 11-12: tomar os filhos (cf. 1Rs 9,20-22); v. 13: tomar as filhas (cf. 1Rs 11,3); v. 14: tomar as terras (cf. 22,7-8; 1Rs 21); vv. 15.17a: tomar o tributo, as plantações e rebanhos (cf. 1Rs 5,2-3; Am 5,11; Mq 2,2); vv. 16.17b: tomar os servos para o trabalho forçado (cf. 1Rs 5,27). No final, tudo será propriedade do rei. É uma volta ao Egito (cf. Ex 13,3.14). Esta prática do rei é totalmente contrária à prática de Samuel (cf. 12,3-5; Dt 17,14-20). O "direito do rei" (vv. 9.10) de "tomar" os bens do povo não é vontade de Deus.

19-21: "Volte cada qual para sua cidade" (v. 22) mostra que os grandes proprietários da cidade é que exigem um

e disse: "Não! Nós teremos um rei. ²⁰Seremos iguais às outras nações: nosso rei vai julgar-nos, marchar à nossa frente e assumir nossas guerras". ²¹Tendo ouvido o que o povo disse, Samuel disse tudo a Javé. ²² E Javé respondeu: "Ouça a voz deles e faça reinar sobre eles um rei". Samuel disse então aos homens de Israel: "Volte cada qual para sua cidade".

9 Saul e as jumentas perdidas –
¹Havia um homem de Benjamim chamado Cis, filho de Abiel, filho de Seror, filho de Becorat, filho de Afia; era homem poderoso de Benjamim. ²Ele tinha um filho chamado Saul, um belo jovem. Entre os israelitas não havia ninguém tão bom quanto ele. Dos ombros para cima, era o mais alto de todo o povo.

³As jumentas de Cis, pai de Saul, tinham se extraviado. Cis disse ao filho Saul: "Chame um dos empregados e vá procurar as jumentas". ⁴Eles cruzaram a região montanhosa de Efraim, atravessaram o território de Salisa, mas não as encontraram. Atravessaram a região de Salim, e nada. Atravessaram a região de Benjamim, mas nem aí encontraram as jumentas. ⁵Quando chegaram ao território de Suf, Saul disse ao empregado que o acompanhava: "Vamos voltar, senão meu pai vai ficar mais preocupado conosco do que com as jumentas". ⁶O empregado, porém, sugeriu: "Veja: na cidade vizinha há um homem de Deus que é muito famoso. Tudo o que ele diz, acontece de fato. Vamos até lá. Quem sabe ele nos possa orientar sobre o caminho que devemos seguir". ⁷Saul disse ao empregado: "Podemos ir. Mas o que vamos oferecer a esse homem? Já não temos pão na sacola. Não temos nada para oferecer a esse homem de Deus. O que temos conosco?" ⁸O empregado respondeu a Saul: "Tenho aqui dois gramas e meio de prata. Vou oferecê-los ao homem de Deus e ele nos dará uma orientação sobre nosso caminho". ⁹(Em Israel, antigamente, quando alguém ia consultar a Deus, costumava dizer: 'Vamos ao vidente'. Porque, em vez de 'profeta', como se diz hoje, dizia-se 'vidente'.) ¹⁰Saul replicou: "Ótimo! Vamos lá". E foram à cidade onde morava o homem de Deus.

¹¹Quando subiam a ladeira da cidade, encontraram algumas moças que iam buscar água. Perguntaram a elas: "Aqui é que mora o vidente?" ¹²As moças responderam: "É sim. Está bem diante de vocês. Vão depressa. Ele veio hoje à cidade, porque hoje o povo vai oferecer um sacrifício no lugar alto. ¹³Entrando na cidade, vocês poderão encontrá-lo antes que ele suba ao lugar alto para comer. O povo não come antes que ele chegue, pois é ele quem abençoa o sacrifício. Só depois é que os convidados podem comer. Subam logo, e vocês o encontrarão". ¹⁴Subiram até a cidade. Quando estavam entrando na cidade, Samuel vinha na direção deles para subir até o lugar alto.

Encontro com Samuel – ¹⁵Ora, um dia antes da chegada de Saul, Javé tinha feito uma revelação a Samuel: ¹⁶"Amanhã, nesta mesma hora, vou mandar a você um homem da terra de Benjamim. Você o deverá ungir como chefe do meu povo Israel. Ele libertará meu povo da mão dos filisteus, porque eu vi a miséria do meu povo, e seu clamor chegou até mim". ¹⁷Quando Samuel viu Saul, Javé o avisou: "É esse o homem de quem falei a você. É ele quem vai guiar o meu povo". ¹⁸Saul dirigiu-se a Samuel no interior da porta e perguntou: "O senhor pode me dizer onde é a casa do vidente?" ¹⁹Samuel respondeu: "Eu sou o vidente. Suba à minha frente para o lugar alto. Hoje você comerá comigo e amanhã

---

rei. Se fosse o povo da aldeia, Samuel diria para cada um voltar para sua tenda (cf. 4,10; 2Sm 20,1).
9,1-14: Saul é de uma importante família criadora de gado (cf. 11,5-7), da fértil região de Benjamim. É por isso que a monarquia nasce aí. O caso das jumentas perdidas é uma antiga história popular inserida aqui para ocasionar o encontro de Saul com Samuel. Os três títulos de Samuel: homem de Deus, vidente e profeta (vv. 6-9), revelam as diferentes tradições que compõem o texto. Enquanto o rei se caracteriza pelo "tomar" (cf. 8,11-17), Samuel se contenta em receber uma oferta (vv.

7-8; cf. 1Rs 14,3; 2Rs 4,42; 5,15). Os lugares altos (v. 12) eram santuários populares, fora da cidade e longe do templo (cf. Dt 12,2-12; 1Rs 3,4-5).
15-25: Saul não será ungido rei, mas "chefe do povo" (v. 16; cf. 2Sm 5,2), semelhante a um juiz (cf. Jz 4). Sua função será guiar o povo (v. 17), como líder de uma tribo ou como novo Moisés: "Eu vi a miséria do meu povo, e seu clamor chegou até mim" (v. 16) é tema próprio do Êxodo (cf. Ex 3,7). O "sacrifício no lugar alto" (v. 22) é um ritual tribal (vv. 22-24), diferente do holocausto no templo.

de manhã poderá ir embora. Vou resolver a questão que o preocupa. ²⁰Não se preocupe com as jumentas que você perdeu há três dias. Já foram encontradas. Aliás, de quem é toda a riqueza de Israel? Não é sua e da família do seu pai?" ²¹Saul respondeu: "Eu sou de Benjamim, a menor das tribos de Israel, e meu clã é o menos importante de todos os da tribo de Benjamim. Por que o senhor está me dizendo isso?"

²²Samuel levou Saul e seu jovem até a sala e lhes deu um lugar de honra entre os convidados, que eram cerca de trinta pessoas. ²³Depois disse ao cozinheiro: "Traga aquela porção que eu mandei você preparar". ²⁴O cozinheiro trouxe o pernil com os acompanhamentos e os serviu a Saul. Samuel disse: "Aí está o que foi reservado para você. Coma, porque lhe foi preparado para esta ocasião, a fim de que você o coma junto com os convidados". Nesse dia, Saul comeu ao lado de Samuel. ²⁵Em seguida, desceram do lugar alto para a cidade, e ele falou com Saul no terraço.

Unção de Saul – ²⁶Eles madrugaram e, ao nascer do sol, Samuel chamou Saul no terraço e disse: "Levante-se, que eu vou enviar você". Saul se levantou e saiu com Samuel. ²⁷Quando chegaram à saída da cidade, Samuel disse a Saul: "Mande o empregado ir à frente". E ele foi. "Quanto a você, espere um momento, para que eu lhe comunique a palavra de Deus".

10 ¹Samuel pegou então o frasco de óleo e o derramou sobre a cabeça de Saul. Em seguida o beijou e disse: "Javé ungiu você para ser o chefe de sua herança. ²Hoje, quando sair daqui, você encontrará dois homens junto ao túmulo de Raquel, na divisa de Benjamim, em Selça. Eles lhe dirão: 'Encontraram as jumentas que você estava procurando. Seu pai já esqueceu o caso das jumentas e está preocupado com você, perguntando: O que será que aconteceu com meu filho?' ³Daí, seguindo mais adiante, você chegará ao Carvalho do Tabor, onde encontrará três homens subindo para o santuário de Deus em Betel. Um estará levando três cabritos, o outro três pães, e o terceiro um odre com vinho. ⁴Eles vão cumprimentar você e oferecer dois pães. Você deve aceitar. ⁵Em seguida, você vai chegar a Gabaá de Deus, onde estão as guarnições dos filisteus. Entrando na cidade, você topará com um grupo de profetas descendo do lugar alto, acompanhados de harpas, tamborins, flautas e cítaras. Eles estarão em transe profético. ⁶Então o espírito de Javé virá sobre você, que também entrará em transe profético com eles, e você se transformará em outro homem. ⁷Quando esses sinais se realizarem, faça o que estiver à sua mão, porque Deus estará com você. ⁸Desça para Guilgal antes de mim. Depois eu irei encontrar-me com você para oferecer holocaustos e sacrifícios de comunhão. Espere sete dias. Só depois eu irei ao seu encontro para lhe mostrar o que você deverá fazer".

⁹Assim que Saul virou as costas e deixou Samuel, Deus lhe mudou o coração. E todos esses sinais aconteceram nesse mesmo dia. ¹⁰Daí partiram para Gabaá, e um grupo de profetas foi ao encontro de Saul. O espírito de Deus desceu sobre ele, que entrou em transe profético no meio deles. ¹¹Todos os que conheciam Saul há muito tempo, quando o viram profetizando entre os profetas, diziam uns aos outros: "O que é que aconteceu com o filho de Cis? Também Saul está entre os profetas?" ¹²Um homem da vizinhança perguntou: "Quem é o pai dele?" É por isso que se tornou proverbial esta frase: "Também Saul está entre os profetas?"

¹³Tendo saído do transe profético, Saul chegou ao lugar alto. ¹⁴O tio de Saul perguntou a ele e ao empregado: "Aonde é que vocês foram?" Saul respondeu: "Procurar as jumentas. Como não as encontramos, fomos até Samuel". ¹⁵O tio de Saul perguntou: "Conte-me o que foi que Samuel lhes disse". ¹⁶Saul respondeu ao tio: "Ele disse que as jumentas já tinham sido en-

---

9,26-10,16: O texto é uma compilação de três tradições: uma mais antiga, que ressalta a figura do profeta (vv. 5-6.10-12); outra do período de Josias, que visa desacreditar Saul em vista da ascensão de Davi (vv. 8-9); e outra do período exílico, afirmando que é Javé quem unge Saul (v. 1). O túmulo de Raquel (Gn 35,19; 48,7), o carvalho do Tabor, o santuário de Betel, Gabaá e Guilgal se encontram em território benjaminita (cf. Jr 31,15).

contradas". Não falou nada, porém, do que Samuel dissera sobre a realeza.

Saul é eleito rei por sorteio – ¹⁷Em Masfa, Samuel convocou o povo para Javé, ¹⁸e assim falou aos israelitas: "Isto fala Javé, o Deus de Israel: Eu tirei Israel do Egito, libertei vocês das mãos do Egito e das mãos de todos os reinos que os oprimiam. ¹⁹Hoje, contudo, vocês rejeitaram o seu Deus, que os salvou de todos os males e angústias. Vocês disseram: 'Não importa. Escolha um rei para nós!' Agora, então, compareçam diante de Javé por tribos e clãs". ²⁰Samuel convocou todas as tribos de Israel, e foi sorteada a tribo de Benjamim. ²¹Convocou então a tribo de Benjamim por clãs, e o clã de Metri foi sorteado. E Saul, filho de Cis, foi apontado pelo sorteio. Procuraram Saul, mas não o encontraram. ²²Consultaram então a Javé: "Há mais algum homem aqui?" Javé respondeu: "Ele está escondido no meio das bagagens". ²³Correram para buscá-lo, e ele apareceu no meio do povo. Dos ombros para cima, era o mais alto de todo o povo. ²⁴Samuel disse a todo o povo: "Estão vendo a quem Javé escolheu? Não há, em todo o povo, ninguém igual a ele". E o povo todo começou a aclamar e gritar: "Viva o rei!"
²⁵Samuel explicou ao povo os direitos do rei e escreveu tudo num livro, que colocou na presença de Javé. Em seguida, despediu o povo, cada um para sua casa. ²⁶Saul também voltou para sua casa em Gabaá, e com ele foram também os valentes, cujo coração Deus havia tocado. ²⁷Alguns filhos de Belial, porém, comentaram: "Como é que esse sujeito poderá salvar nós?" E o desprezaram, e não lhe ofereceram presentes. Mas ele não disse nada.

11 **Guerra contra os amonitas** – ¹O amonita Naás subiu e acampou contra Jabes de Galaad. Os cidadãos de Jabes propuseram a Naás: "Faça uma aliança conosco e seremos seus servos". ²Naás, porém, respondeu: "Faço aliança com a condição de furar o olho direito de todos vocês. Quero assim provocar todo o Israel". ³Os anciãos de Jabes lhe pediram: "Dê-nos uma trégua de sete dias. Mandaremos mensageiros a todo o território de Israel. Se ninguém nos vier ajudar, nós nos entregaremos a você".

⁴Os mensageiros chegaram a Gabaá de Saul, expuseram a situação a todo o povo e todos começaram a chorar e a gritar. ⁵Ora, aconteceu que Saul vinha chegando do campo, onde estivera cuidando dos bois. E perguntou: "O que aconteceu? Por que o povo está chorando?" Contaram-lhe, então, o que os homens de Jabes lhes haviam dito. ⁶Logo que Saul ouviu a notícia, o espírito de Javé se apossou dele. Ficou furioso, ⁷pegou uma junta de bois e os partiu em pedaços, que mandou por mensageiros a todo o território de Israel, com este recado: "Se alguém deixar de acompanhar Saul e Samuel, é isso que vai acontecer a seus bois". O temor de Javé se abateu sobre o povo. E eles marcharam para a guerra como se fossem um só homem. ⁸Em Bezec, Saul passou em revista as tropas. Havia trezentos mil filhos de Israel e trinta mil homens de Judá. ⁹Em seguida, Saul disse aos mensageiros: "Digam aos cidadãos de Jabes de Galaad: 'Amanhã, quando o sol esquentar, vocês estarão salvos'". Os mensageiros voltaram e deram a notícia aos cidadãos de Jabes, que ficaram muito alegres. ¹⁰Mandaram então dizer a Naás: "Amanhã nós nos entregaremos e vocês poderão fazer de nós o que quiserem". ¹¹No dia seguinte, Saul distribuiu a tropa em três grupos. Invadiram o acampamento de manhãzinha e combateram os amonitas até a hora em que o sol esquentou. Os sobreviventes se dispersaram a tal ponto que não ficaram dois juntos.

10,17-27: Esta tradição é contrária à monarquia (cf. 7; 8,6-20; 12). Em 9,26-10,16, Saul foi ungido chefe do povo num encontro isolado entre Samuel e Saul. Aqui Saul é eleito rei por meio de um sorteio em assembleia de todas as tribos em Masfa (cf. 7,7-17). Novamente se faz memória do êxodo e se deixa claro que a escolha de um rei significa rejeitar Javé, o Deus libertador (vv. 18-19).

11,1-11: Esta é mais uma tradição sobre o início da realeza em Israel. Não se mencionam a unção nem o sorteio. Saul é um criador de gado que não se dirige ao povo, mas aos grandes proprietários, e os ameaça com a matança de seus bois. Jabes de Galaad era uma região rica em pecuária e por onde passava uma importante rota comercial; por isso, era muito cobiçada por Israel.

Inauguração da realeza – ¹²O povo disse então a Samuel: "Quais eram os que diziam que Saul não reinaria sobre nós? Entregue-nos esses homens, que nós os mataremos". ¹³Saul porém disse: "Hoje ninguém deve ser morto, porque neste dia Javé salvou Israel". ¹⁴Depois Samuel disse ao povo: "Vamos a Guilgal para aí renovar a realeza". ¹⁵Todo o povo se reuniu em Guilgal e aí, na presença de Javé em Guilgal, fizeram de Saul o rei. Ofereceram a Javé sacrifícios de comunhão, e aí mesmo Saul e os senhores de Israel fizeram uma grande festa.

12

Despedida de Samuel – ¹Samuel disse a todo o Israel: "Vejam. Eu os atendi como vocês me pediram: nomeei para vocês um rei. ²De agora em diante, é este rei que estará à frente de vocês. Eu já estou velho, de cabelos brancos, e meus filhos aí estão no meio de vocês. Fiquei à frente de vocês desde a minha juventude até hoje. ³Aqui estou eu. Respondam agora contra mim, diante de Javé e do seu ungido: De quem tomei um boi? De quem tomei um jumento? A quem explorei? A quem oprimi? De quem recebi suborno para fechar os olhos sobre algum caso? Eu o restituirei a vocês". ⁴Eles disseram: "Você não explorou, nem oprimiu, nem tomou nada da mão de ninguém". ⁵Samuel perguntou: "Para vocês, Javé é testemunha, e hoje seu ungido também é testemunha de que vocês não encontraram nada de mau em minhas mãos?" Responderam: "É testemunha".

Memória histórica – ⁶Em seguida, Samuel disse ao povo: "Foi Javé quem pôs em ação Moisés e Aarão, e tirou os antepassados de vocês da terra do Egito. ⁷Agora, então, ponham-se de pé, pois eu vou declarar em juízo para vocês, diante de Javé, todos os atos de generosidade que Javé realizou em favor de vocês e de seus pais: ⁸Quando Jacó foi para o Egito, os pais de vocês clamaram a Javé, que enviou Moisés e Aarão para tirarem do Egito os pais de vocês e trazê-los para morar aqui neste lugar. ⁹Mas eles se esqueceram do seu Deus Javé, e ele por isso os vendeu às mãos de Sísara, chefe do exército de Hasor, nas mãos dos filisteus e do rei de Moab, que lutaram contra eles. ¹⁰Então clamaram a Javé: 'Pecamos, pois abandonamos Javé, para servir aos baais e às astartes. Mas agora, livra-nos da mão dos nossos inimigos, e só a ti serviremos'. ¹¹Então Javé mandou Jerobaal, Barac, Jefté e Samuel. Ele os livrou da mão dos vizinhos inimigos, e vocês puderam viver na segurança. ¹²Mas, quando viram que Naás, rei dos amonitas, vinha atacá-los, vocês me disseram: 'Não! É um rei que nos deve comandar', apesar de ser o rei de vocês o seu Deus Javé! ¹³Agora, aí está o rei que vocês escolheram e pediram: Javé deu para vocês um rei! ¹⁴Se tiverem o temor de Javé e a ele servirem, se lhe obedecerem sem resistir à sua palavra, tanto vocês como o rei que os governa estarão seguindo o seu Deus Javé. ¹⁵Mas, se vocês não obedecerem a Javé e se opuserem a ele, então a mão de Javé pesará sobre vocês e sobre seus pais.

Pedir um rei foi o maior mal – ¹⁶Esperem mais um pouco e vocês poderão ver esta coisa grandiosa que Javé vai realizar diante de vocês: ¹⁷Não é agora o tempo da colheita do trigo? Pois bem! Eu invocarei Javé, e ele mandará trovões e chuva. Reconheçam e vejam o grande mal que vocês praticaram aos olhos de Javé, ao pedirem um rei para vocês!" ¹⁸Samuel então invocou Javé, que mandou trovões e chuvarada no mesmo dia. O povo passou a temer muito a Javé e a Samuel. ¹⁹E o povo inteiro disse a Samuel: "Interceda por nós, servos seus, junto ao seu Deus Javé, para não morrermos, porque supe-

---

12-15: Guilgal é tradicionalmente conhecida como local da inauguração da realeza (cf. Os 9,15). Em 10,24 Saul é proclamado rei em Masfa. Samuel, que sempre foi contra a monarquia, é apresentado aqui como quem a abençoa em nome de Javé.

12,1-5: Samuel se parece com um juiz, e a realeza já não é vontade de Deus, como em 11,12-15. A prática de Samuel contrasta com a dos reis que tomam bens, oprimem e recebem suborno (cf. 8,11-17).

6-15: O resumo histórico mostra as ações de Javé e a infidelidade do povo (vv. 6-12). Esta é a forma típica da redação pós-exílica (cf. Jz 2,11-19; 3,7-9; 10,16-16). Pedir um rei foi a última ação de infidelidade do povo (v. 12). O embate é entre monarquia e teocracia.

16-25: Samuel age como o profeta Elias (1Rs 18,41-45). O episódio das chuvas fora de época, prejudicando a colheita, é entendido como reação de Javé contra a realeza. Samuel intercede em favor do povo, mas exige

ramos todos os nossos pecados com o mal de pedir um rei para nós". ²⁰Samuel disse ao povo: "Não tenham receio. De fato, vocês cometeram todo esse mal. Apenas não se afastem de Javé e sirvam a ele de todo o coração. ²¹Não se afastem para correr atrás das futilidades que não podem libertar, porque são vazias. ²²É por causa do seu grande nome que Javé não abandonará o seu povo, porque Javé decidiu fazer de vocês o seu povo. ²³De minha parte, longe de mim pecar contra Javé, deixando de interceder em favor de vocês. Continuarei a lhes ensinar o caminho bom e certo. ²⁴Somente tenham o temor de Javé e sirvam a ele com fidelidade e de todo o coração. Vejam que coisas grandiosas ele realizou no meio de vocês! ²⁵Contudo, se continuarem praticando o mal, tanto vocês como o seu rei serão eliminados".

13 *Saul contra os filisteus* – ¹Saul tinha ... anos quando se tornou rei. Foi rei de Israel por dois anos. ²Recrutou em seguida três mil dentre os israelitas. Dois mil ficaram com ele em Macmas e na montanha de Betel, enquanto mil ficaram com Jônatas em Gabaá de Benjamim. Saul dispensou o restante do povo, cada qual para sua tenda.

³Jônatas golpeou a guarnição dos filisteus que estava em Gaba e os filisteus ficaram sabendo. Então Saul mandou tocar a trombeta por todo o território para anunciar: "Que os hebreus ouçam!" ⁴Assim Israel inteiro ficou sabendo a notícia de que Saul havia golpeado a guarnição dos filisteus e que Israel se havia tornado odioso para os filisteus. O exército inteiro se mobilizou sob o comando de Saul, em Guilgal. ⁵Os filisteus concentraram-se para lutar contra Israel com trinta mil carros de guerra, seis mil cavalos e exército tão numeroso como grãos de areia na praia. Foram acampar em Macmas, ao oriente de Bet-Áven. ⁶Os homens de Israel se viram em apuros, pois estavam encurralados. O exército se escondeu em cavernas, buracos, rochas, grutas e poços. ⁷ᵃAlguns hebreus atravessaram o rio Jordão para o território de Gad e Galaad.

Saul é repreendido por Samuel – ⁷ᵇSaul estava ainda em Guilgal e o povo que ele comandava tremia de medo. ⁸Ele esperou sete dias pelo encontro marcado com Samuel. Mas Samuel não chegou a Guilgal, e o povo começou a debandar, abandonando Saul. ⁹Então Saul disse: "Preparem o holocausto e os sacrifícios de comunhão". E ele mesmo ofereceu o holocausto. ¹⁰Estava terminando de oferecer o holocausto, quando Samuel chegou. Saul foi ao encontro dele para saudá-lo. ¹¹Samuel perguntou: "O que é que você fez?" Saul respondeu: "Eu vi que o povo começava a se afastar de mim, você não chegava para o encontro no dia marcado e os filisteus estavam em Macmas. ¹²Então pensei: 'Agora os filisteus vão cair sobre mim em Guilgal, sem que eu tenha tornado favorável a face de Javé'. Assim, forçado, ofereci o holocausto". ¹³Samuel disse a Saul: "Você agiu como louco! Você não escutou o mandamento que o seu Deus Javé lhe havia dado. Neste momento Javé estaria confirmando para sempre o seu reinado sobre Israel. ¹⁴Mas agora o seu reinado não ficará de pé. Javé encontrou um homem de acordo com o pensamento dele e o designou chefe do seu povo, porque você não obedeceu ao que Javé lhe tinha determinado". ¹⁵ᵃSamuel levantou-se e partiu de Guilgal para Gabaá de Benjamim.

---

em troca o temor a Javé (cf. Dt 28). Seguir a Javé como único Deus (vv. 20-21) é próprio da teologia pós-exílica.

13-15: O trecho todo é costura de três tradições, pelo menos. A mais antiga, possivelmente do norte, relata as proezas de Saul. Outra, do reinado de Josias, em Jerusalém, faz uma releitura em favor da casa davídica e contra a casa de Saul. E uma terceira, no pós-exílio, reacomoda os textos, com vários acréscimos, a partir do olhar sacerdotal.

13,1-7a: O registro nos anais revela a presença de uma fonte antiga, incompleta ou modificada, como se percebe na idade (que falta) e nos anos de reinado de Saul (v. 1). Israel começa a guerra com os filisteus pela hegemonia da região (cf. 10,5). Os hebreus (vv. 3.7a.14; 14,11.21) são cananeus marginalizados pelas cidades-estado. Muitos se tornaram bandos armados a serviço de reis locais (cf. Ex 1,15.16.19; 1Sm 13,3.19; 22,1-5; 22,1-5; 29,3). Provavelmente Israel surge desses grupos, tanto que, aos olhos dos estrangeiros, os israelitas são hebreus (cf. 14,11; Gn 39,14-17; 41,12; 43,32).

7b-15a: O v. 7b interrompe a narrativa de 1-7a e dá continuidade a 10,8. Os vv. 7b-14 são uma inclusão pós-exílica, na qual Saul assume o papel de profeta/sacerdote, oferecendo um holocausto (cf. 2Sm 6,12-18; 1Rs 8,62-64; 9,25), função exclusiva do sacerdote. Por isso é castigado com a perda da dinastia e do reinado.

Saul se apronta para a batalha – ⁱ⁵ᵇSaul passou em revista a tropa que ainda se encontrava com ele: havia cerca de seiscentos homens.

¹⁶Saul e seu filho Jônatas, com o povo que estava com eles, estabeleceram-se em Gaba de Benjamim. Os filisteus estavam acampados em Macmas. ¹⁷Do acampamento filisteu saiu uma tropa de ataque em três alas: uma tomou a direção de Efra, no território de Sual; ¹⁸outra se dirigiu para Bet-Horon; a terceira foi para a área que fica na fronteira do vale das Hienas, na direção do deserto.

¹⁹No território de Israel, nesse tempo, não havia ferreiro, porque o plano dos filisteus era que os hebreus não fabricassem espadas ou lanças. ²⁰Por esse motivo, todos os israelitas tinham que ir até os filisteus para amolar bico de arado, machado, enxada, foice. ²¹Para amolar um bico de arado ou um machado, os filisteus cobravam oito gramas de prata, e quatro gramas para amolar as enxadas ou equipar as varas de ferrões. ²²E assim aconteceu que, na hora da batalha, em toda a tropa de Saul e de Jônatas não havia nem espada nem lança, a não ser as de Saul e de seu filho Jônatas. ²³Um destacamento filisteu saiu para o passo de Macmas.

14 ***O ataque de Jônatas*** – ¹Num desses dias, Jônatas, filho de Saul, disse a seu escudeiro: "Vamos atravessar até o destacamento filisteu que está do outro lado". No entanto, Jônatas nada comunicou a seu pai. ²Saul estava sentado na divisa de Gaba, debaixo da romãzeira que fica perto de Magron. O povo que estava com ele era de seiscentos homens aproximadamente. ³Quem levava o efod era Aías, filho de Aquitob, irmão de Icabod, filho de Fineias, filho de Eli, sacerdote de Javé em Silo. O povo não sabia que Jônatas havia saído. ⁴O desfiladeiro, que Jônatas procurava atravessar para chegar até o destacamento filisteu, ficava entre dois picos de rocha: um se chamava Boses e o outro Sene. ⁵Um pico aponta do norte na direção de Macmas, e o outro aponta do sul para Gaba. ⁶Jônatas disse a seu escudeiro: "Vamos até o lugar onde estão esses incircuncisos. Quem sabe Javé faça por nós alguma coisa, pois nada impede que Javé nos dê a vitória, não importa se somos muitos ou poucos". ⁷O escudeiro respondeu: "Faça o que quiser; estou às suas ordens". ⁸Jônatas disse: "Veja! Nós vamos na direção deles e deixamos que eles nos vejam. ⁹Se disserem: 'Não se mexam até nós chegarmos aí', então ficaremos parados e não avançaremos até eles. ¹⁰Porém, se nos disserem: 'Venham até aqui', então podemos avançar, porque Javé os está entregando em nossas mãos. Será esse o sinal".

¹¹Os dois deixaram que o destacamento filisteu os visse, enquanto os filisteus comentavam: "Vejam! Alguns hebreus saíram das cavernas, onde estavam escondidos!" ¹²Os do destacamento disseram a Jônatas e seu escudeiro: "Venham até aqui, que nós vamos mostrar a vocês uma coisa". Jônatas disse ao escudeiro: "Venha logo atrás de mim, porque Javé os entregou nas mãos de Israel". ¹³Jônatas avançou rastejando e seu escudeiro o seguiu. No confronto com Jônatas eles caíam, e seu escudeiro os matava. ¹⁴Foi a primeira matança que Jônatas e seu escudeiro realizaram. Mataram cerca de vinte homens no espaço de terreno que uma junta de bois pode arar em meio dia.

¹⁵O terror se espalhou no acampamento, na região e em todo o povo. O destacamento e também as tropas de ataque ficaram com medo. A terra tremeu, houve um terror de Deus. ¹⁶As sentinelas de Saul que estavam em Gaba de Benjamim viram que a multidão se dispersava, indo para lá e para cá. ¹⁷Saul deu esta ordem ao povo que estava com ele: "Façam a revista e vejam quem dos nossos é que foi lá". Fizeram a revista e estavam faltando Jônatas e seu escudeiro. ¹⁸Saul disse a Aías: "Aproxime a arca de Deus". Porque nesse dia a arca de Deus estava entre os filhos de Israel. ¹⁹Enquanto Saul falava com o

---

15b-23: Continua a narrativa interrompida (13,1-7a). Na agricultura e na guerra (vv. 19-22), Israel depende do ferro, monopolizado pelos filisteus e povos do mar. O fato mostra que estamos lidando com fontes antigas.

14,1-23: A ação individual de Jônatas dá sequência a 13,3. Mais importante que a estratégia, é a confiança de Jônatas em Javé. Os israelitas não têm armas e só vencem com ajuda de Javé, que leva os filisteus a matar-

sacerdote, crescia cada vez mais a confusão no acampamento dos filisteus. Então Saul disse ao sacerdote: "Pode retirar a mão". ²⁰Saul agrupou o povo que com ele estava e foram para o campo de batalha. E era espada de um contra o próprio companheiro, uma confusão muito grande. ²¹Alguns hebreus que antes estavam do lado dos filisteus e tinham subido com eles para o acampamento, passaram para o lado de Israel, ficando com Saul e Jônatas. ²²E todos os israelitas, que se haviam escondido na região montanhosa de Efraim, ao saber que os filisteus estavam fugindo, também se puseram a persegui-los e atacá-los. ²³Nesse dia, Javé deu a vitória a Israel. O combate se estendeu até além de Bet-Áven.

O voto de Saul – ²⁴Os homens de Israel estavam exaustos, pois Saul tinha obrigado o povo a fazer um voto, dizendo assim: "Maldito seja quem comer alguma coisa antes da tarde, antes que eu me vingue dos meus inimigos". E ninguém comeu nada. ²⁵Todo o povo entrou no bosque, onde havia mel na superfície do campo. ²⁶Quando o povo chegou ao bosque, viu o mel escorrendo, mas ninguém tocava nem levava à boca, porque tinha respeito pelo voto. ²⁷Jônatas, porém, não sabia do voto com que seu pai tinha comprometido todo o povo. Levantou a vara que tinha consigo, molhou-a no favo de mel e a levou à boca. E logo sua vista clareou. ²⁸Mas um homem do povo disse: "Seu pai impôs um voto ao povo, amaldiçoando quem comesse qualquer coisa hoje". O povo estava exausto. ²⁹Jônatas exclamou: "Meu pai quer arruinar o país! Vejam como meus olhos estão mais claros por eu ter provado um pouco desse mel. ³⁰Se o povo tivesse comido hoje dos espólios que tomou dos inimigos, a derrota dos filisteus teria sido muito maior".

³¹Nesse dia, os filisteus foram perseguidos desde Macmas até Aialon, mas o povo ficou extremamente esgotado. ³²Então os soldados se atiraram sobre os espólios, pegaram ovelhas, vacas e bezerros e os mataram aí mesmo no chão. E comeram a carne com sangue. ³³Alguém foi avisar Saul: "O povo está cometendo um pecado contra Javé, está comendo carne com sangue". Saul disse: "Vocês estão cometendo um erro! Agora rolem para cá uma pedra bem grande". ³⁴E acrescentou: "Espalhem-se pelo meio do povo e digam a cada homem para trazer aqui o boi ou a ovelha que pegou e sacrificar os animais aqui para depois comer. Mas não pequem contra Javé, comendo carne com sangue". Ao anoitecer, cada um levou o que tinha e Saul imolou os animais nesse lugar. ³⁵E Saul construiu aí um altar para Javé. Foi esse o primeiro altar que Saul construiu para Javé. ³⁶Depois ele disse: "Vamos descer, durante a noite, para perseguir e saquear os filisteus até o amanhecer. Não vamos deixar nenhum sobrevivente". Eles responderam: "Faça o que é bom a seus olhos". O sacerdote propôs: "Aproximemo-nos para consultar a Deus". ³⁷E Saul consultou a Deus: "Devo descer para perseguir os filisteus? Tu os entregarás na mão de Israel?" Nesse dia, porém, não houve resposta. ³⁸Então Saul deu esta ordem: "Chefes do povo, aproximem-se. Vamos ver quem foi que cometeu hoje algum pecado. ³⁹Pela vida de Javé que dá a vitória a Israel, ainda que tenha sido meu filho Jônatas, ele deverá morrer". Ninguém disse nada. ⁴⁰Saul falou a todo o Israel: "Fiquem de um lado. Eu e meu filho Jônatas ficaremos do outro lado". E o povo respondeu a Saul: "Faça o que é bom a seus olhos". ⁴¹Saul consultou a Javé, Deus de Israel: "Por que não respondes hoje a teu servo? Javé, Deus de Israel, se eu e meu filho Jônatas somos culpados, que saia Urim. Se a falta foi cometida pelo povo de Israel, que saia Tumim". A sorte caiu em Jônatas e Saul, e a tropa ficou

---

-se entre si. A expressão "incircuncisos" (v. 6) revela a presença da teologia pós-exílica (cf. Jz 15,18; 1Sm 31,4). Para "hebreus", cf. comentário a 13,1-7a.

24-46: Duas camadas se misturam: em 24-30 o povo segue o jejum, mas em 31-32 não. O mesmo se percebe na ação de Saul. Para o antigo Israel, a vida está no sangue e pertence a Deus. Por isso, o sangue não deve ser comido, mas consagrado a Deus (cf. Gn 9,4; Lv 17,10-14; 19,26; Dt 12,16.23-27). Jônatas não respeita a lei da guerra santa e promove o saque, prática que se tornou normal na monarquia (cf. 17,53-54; 23,5; 27,9; 30,20-25). Saul é mostrado como quem está contra Jônatas, Javé e o povo. Assim se prepara a ascensão de Davi.

livre. ⁴²Saul disse então: "Lancem a sorte entre mim e meu filho Jônatas". E a sorte caiu em Jônatas. ⁴³Então Saul disse a Jônatas: "Conte-me o que foi que você fez". Jônatas respondeu: "Somente provei um pouco de mel com a ponta da vara que levava na mão. Estou pronto para morrer". ⁴⁴Saul lhe disse: "Que Deus me castigue, se você não morrer, Jônatas!" ⁴⁵Mas o povo disse a Saul: "Como vai morrer Jônatas, ele que proporcionou essa grande vitória para Israel? De jeito nenhum! Pela vida de Javé, não cairá um só fio da cabeça de Jônatas, porque foi por Deus que ele pôde fazer hoje o que fez". Desse modo, a tropa salvou a vida de Jônatas. ⁴⁶Saul parou de perseguir os filisteus, e estes voltaram para o seu território.

Reinado de Saul – ⁴⁷Depois de assumir a realeza de Israel, Saul lutou contra todos os inimigos vizinhos: Moab, os amonitas, Edom, o rei de Soba e os filisteus. Para onde quer que se voltasse, saía vitorioso. ⁴⁸Realizou proezas de valentia, derrotou os amalecitas e livrou Israel da mão de seus opressores.

⁴⁹Os filhos de Saul eram Jônatas, Jesuí e Melquisua. Tinha também duas filhas: a mais velha se chamava Merob e a caçula era Micol. ⁵⁰A mulher de Saul se chamava Aquinoam, filha de Aquimaás. O chefe do seu exército era Abner, filho de Ner, tio de Saul. ⁵¹Cis, pai de Saul, e Ner, pai de Abner, eram filhos de Abiel. ⁵²Durante todo o reinado de Saul houve guerra aberta contra os filisteus. E logo que ele via alguém forte e valente, requisitava-o para si.

15 Saul viola o anátema
– ¹Samuel disse a Saul: "Foi a mim que Javé enviou para ungir você como rei sobre Israel, povo dele. Agora, então, escute a palavra de Javé: ²Assim fala Javé dos exércitos: Vou pedir contas a Amalec daquilo que fez contra Israel, cortando-lhe o caminho quando Israel subia do Egito. ³Agora vá, ataque e vote ao anátema tudo o que pertence a Amalec, sem perdoar nada: mate tanto homens como mulheres, crianças e recém-nascidos, bois e ovelhas, camelos e jumentos".

⁴Saul convocou o exército e o passou em revista em Telém: havia duzentos mil na infantaria, sendo dez mil homens de Judá. ⁵Saul avançou até a cidade de Amalec e armou emboscada no rio. ⁶Mandou esta mensagem aos quenitas: "Fujam, fiquem longe dos amalecitas, para não serem eliminados junto com eles. Porque vocês foram amáveis com os israelitas, quando subiam do Egito". Então os quenitas se afastaram dos amalecitas. ⁷Saul derrotou os amalecitas desde Hévila até Sur, que fica na fronteira do Egito. ⁸Capturou vivo Agag, rei dos amalecitas, e passou a fio de espada todo o povo, para cumprir a norma do anátema. ⁹Contudo, Saul e seu povo pouparam Agag, como também o que havia de melhor em ovelhas e vacas, o gado mais gordo e os cordeiros. Não incluíram no anátema o que havia de melhor. Exterminaram apenas o que não valia nada.

Javé rejeita Saul – ¹⁰A palavra de Javé veio a Samuel nestes termos: ¹¹"Estou arrependido de ter feito Saul rei, pois ele se afastou de mim, não cumpriu as minhas ordens". Samuel ficou magoado e clamou a Javé a noite inteira. ¹²Samuel madrugou para ir logo de manhã ao encontro de Saul, pois fora informado de que Saul tinha ido a Carmel para erguer aí um marco do seu domínio, e que imediatamente havia feito a volta, cortando caminho e descendo para Guilgal. ¹³Logo que Samuel chegou

---

47-52: Há uma ruptura com o trecho anterior. Volta-se a 13,1, logo após Saul ter-se tornado rei (v. 47). Certamente é o que resta de uma antiga tradição do norte, onde se mostra um Saul vitorioso. Todos os personagens citados são da casa de Saul, o que revela que o poder estava concentrado no seu clã.

15,1-9: Os amalecitas são um povo nômade muito antigo que vivia no deserto do Neguebe. Devido à sua dependência do clima, costumavam migrar para as terras férteis para saquear (cf. Ex 17,8-14; Dt 25,17-19; 1Sm 30). O "anátema" é uma tradição ligada à guerra santa, que significa o extermínio total do inimigo e de seus bens, consagrando tudo a Javé (cf. Js 6,17; Jz 21,10-11; 1Rs 20,42).

10-35: Assim como em 8,7 o povo rejeitou Javé, agora Javé rejeita Saul (vv. 23.26). A causa é a desobediência a Javé, palavra-chave repetida sete vezes (obedecer/desobedecer). Esta é a ênfase da teologia pós-exílica. Como Saul arranca o manto de Samuel (v. 27), assim o reinado será arrancado de Saul (cf. 24,5.12; 1Rs 11,29-31), para ser entregue a outro (v. 28). Com isso, a redação josiânica exalta a casa de Davi em detrimento da tradição do norte, e a redação sacerdotal promove a obediência a Javé.

onde estava Saul, este lhe disse: "Que Javé o abençoe. Eu cumpri a ordem de Javé". ¹⁴Samuel perguntou: "Mas o que são esses balidos de ovelha e mugidos de vaca que estou ouvindo?" ¹⁵Saul respondeu: "Nós trouxemos de Amalec. O povo deixou com vida as melhores ovelhas e vacas para oferecer em sacrifício a Javé seu Deus. Quanto ao resto, votamos ao anátema".

¹⁶Samuel, porém, disse a Saul: "Pare! Deixe que eu lhe diga o que Javé me revelou esta noite". Saul disse: "Pode falar!" ¹⁷Samuel continuou: "Embora se considere pequeno, você é o chefe das tribos de Israel, porque Javé o ungiu como rei de Israel. ¹⁸Quando o enviou a essa campanha, Javé disse: 'Vá votar ao anátema esses amalecitas pecadores. Faça guerra contra eles até acabar com todos'. ¹⁹Por que você não obedeceu a Javé? Por que ficou com os espólios, fazendo o que Javé reprova?" ²⁰Saul respondeu a Samuel: "Mas eu obedeci a Javé! Fiz a campanha para a qual ele me enviou. Trouxe Agag, rei de Amalec, e cumpri o voto do anátema contra os amalecitas. ²¹E o povo ficou com as ovelhas e vacas dos despojos, o melhor daquilo que deveria ser votado ao anátema, para sacrificar a seu Deus Javé em Guilgal". ²²Samuel, porém, replicou: "O que é que Javé prefere? Que lhe ofereçam holocaustos e sacrifícios, ou que obedeçam à sua palavra? Obedecer vale mais do que oferecer sacrifícios. Ser dócil é mais importante do que a gordura de carneiros. ²³A rebeldia é igual a um pecado de adivinhação. A insubordinação é um crime de idolatria. Como você rejeitou a palavra de Javé, ele o rejeita como rei".

²⁴Saul disse a Samuel: "Pequei. Desobedeci à ordem de Javé e às palavras dele. Fiquei com medo do povo, e a este obedeci. ²⁵Agora, porém, eu suplico: perdoe meu pecado e volte comigo para eu adorar a Javé". ²⁶Samuel respondeu: "Não voltarei com você. Assim como você rejeitou a palavra de Javé, Javé rejeita você como rei de Israel". ²⁷Quando Samuel se virou para ir embora, Saul o agarrou pela barra do manto, e o manto se rasgou. ²⁸Samuel lhe disse: "Javé arrancou hoje de você o reinado sobre Israel, para entregá-lo a outro mais digno do que você. ²⁹Além disso, o Esplendor de Israel não mente nem se arrepende, porque não é ser humano para se arrepender". ³⁰Saul respondeu: "Eu pequei. Mas agora suplico: salve minha honra diante dos anciãos de meu povo e diante de Israel. Volte comigo, para que eu adore o seu Deus Javé". ³¹Então Samuel voltou em companhia de Saul, que adorou a Javé. ³²Depois Samuel disse: "Tragam-me Agag, o rei dos amalecitas". Agag se aproximou cambaleando e disse: "Certamente a amargura da morte está afastada!" ³³Samuel lhe disse: "Assim como sua espada deixou muitas mães sem filhos, agora sua mãe ficará igual a elas, sem seu filho". E Samuel despedaçou Agag diante de Javé, em Guilgal.

³⁴Depois Samuel voltou para Ramá. E Saul foi para sua casa, em Gabaá de Saul. ³⁵Enquanto viveu, Samuel nunca mais viu Saul. Entretanto, Samuel chorava por Saul, porque Javé se havia arrependido de ter feito Saul rei de Israel.

II. ASCENSÃO DE DAVI

1. Entrada de Davi na corte

16 *Samuel unge Davi* – ¹Javé disse a Samuel: "Até quando você vai ficar se lamentando por Saul? Fui eu que o rejeitei como rei de Israel. Encha o chifre de azeite e vá, pois eu estou enviando você até Jessé, que mora em Belém. Porque vi entre os filhos dele um rei do meu gosto". ²Samuel replicou: "Como posso ir? Saul

---

16-19: Davi não pertence à casa do primeiro rei. Saul é de Benjamim, e Davi é de Judá. Então, como será possível Davi chegar ao trono? Por isso, um objetivo dos trechos seguintes, que reúnem várias tradições, é justificar a chegada de Davi ao poder. A expressão mais comum é esta: "Javé estava com ele". Em contrapartida, Saul é apresentado como deficiente mental abandonado por Javé.

16,1-13: Esta unção é um enxerto na narrativa da ascensão de Davi. Um novo rei é ungido, enquanto o velho ainda vive (cf. 1Sm 31). A unção não será mais mencionada. Também Samuel sairá de cena (cf. 19,18-24). Em 2Sm 2,4, Davi será ungido como rei em Hebron pelos homens de Judá, e em 2Sm 5,2 como chefe pelos anciãos de Israel. Tudo é descrito como vontade de Javé. Jessé pertence ao grupo de anciãos da aldeia. Belém, que significa "casa do pão", antiga Éfrata (Gn 35,19), fica cerca de oito km ao sul de Jerusalém. Em torno dela se formará uma forte tradição messiânica (cf. Mq 5,1; Mt 2,1-8; Lc 2,4-15).

me matará, se ficar sabendo!" Javé, porém, disse: "Leve um bezerro e diga que vai fazer um sacrifício para Javé. ³Convide Jessé para o sacrifício e depois eu mostrarei o que você deverá fazer. Você ungirá para mim aquele que eu apontar". ⁴Samuel fez o que Javé mandou. Quando chegou a Belém, os anciãos da cidade, tremendo, foram a seu encontro e perguntaram: "Você está vindo em missão de paz?" ⁵Samuel respondeu: "Sim. Eu vim oferecer um sacrifício a Javé. Purifiquem-se e venham comigo para o sacrifício".

Samuel purificou Jessé e seus filhos e os convidou para o sacrifício. ⁶Quando eles chegaram, Samuel viu Eliab e pensou: "É esse mesmo o ungido diante de Javé!" ⁷Contudo, Javé disse a Samuel: "Não se impressione com a aparência ou estatura dele. Não é esse que eu quero, porque Deus não vê como o homem. O homem vê as aparências, e Javé olha o coração". ⁸Jessé chamou Abinadab e o apresentou a Samuel. Samuel disse: "Também não foi esse que Javé escolheu". ⁹Jessé apresentou Sama. Samuel porém disse: "Também não foi esse que Javé escolheu". ¹⁰Jessé apresentou a Samuel sete dos seus filhos. E Samuel disse: "Não foi nenhum desses que Javé escolheu". ¹¹Samuel perguntou a Jessé: "Estão aqui todos os seus filhos?" Jessé respondeu: "Falta o menor. Ele está tomando conta do rebanho". Samuel disse: "Mande buscá-lo, porque não nos sentaremos à mesa enquanto ele não chegar". ¹²Jessé mandou buscá-lo. Era ruivo, seus olhos eram belos, e tinha boa aparência. Javé disse: "Vamos, unja-o! É esse!" ¹³Samuel pegou o chifre de azeite e o ungiu na presença dos irmãos. Desse dia em diante, o espírito de Javé se apoderou de Davi. Em seguida, Samuel voltou para Ramá.

Davi na corte – ¹⁴O espírito de Javé afastou-se de Saul, que começou a ficar agitado por um mau espírito enviado por Javé. ¹⁵Então os servos de Saul lhe disseram: "Você está sendo agitado por um mau espírito enviado por Deus. ¹⁶Dê ordem, e nós, seus servos, vamos procurar alguém que saiba tocar harpa. Desse modo, quando o mau espírito enviado por Deus o atormentar, alguém tocará para você, e você se sentirá melhor". ¹⁷Saul deu então esta ordem: "Procurem alguém que saiba tocar bem e o tragam para mim". ¹⁸Um dos servos disse: "Conheço um filho de Jessé de Belém. Ele sabe tocar e é valente guerreiro. Além disso, fala bem, é de boa aparência, e Javé está com ele". ¹⁹Saul enviou mensageiros a Jessé com esta ordem: "Mande-me seu filho Davi, que está com o rebanho". ²⁰Jessé pegou um jumento, pão, um odre de vinho e um cabrito, e entregou tudo a seu filho Davi, para que o levasse a Saul. ²¹Davi chegou e se apresentou a Saul. Saul sentiu grande afeição por Davi e fez dele seu escudeiro. ²²Saul mandou dizer a Jessé: "Davi ficará a meu serviço, porque eu gostei dele". ²³Todas as vezes que o espírito de Deus atacava Saul, Davi pegava a harpa, tocava, e Saul se acalmava. Sentia-se melhor, e o mau espírito o deixava.

17 *Davi vence Golias* – ¹Os filisteus mobilizaram seus batalhões para a guerra, se concentraram em Soco de Judá e acamparam em Efes-Domim, entre Soco e Azeca. ²Saul e os israelitas também se mobilizaram, acamparam no vale do Terebinto e se enfileiraram diante dos filisteus para a batalha. ³Os filisteus se posicionaram numa montanha e os israelitas se posicionaram na outra montanha, de forma que havia entre eles um vale.

14-23: A escolha de Davi implica a rejeição de Saul. Nesse processo, o espírito de Javé exerce papel determinante: ao mesmo tempo que se apodera de Davi (v. 13), se afasta de Saul (v. 14). Sem Javé, um espírito mau se apossa de Saul e só pode ser acalmado por alguém que toca harpa (cf. 2Rs, 3,15; Sl 137,2) e que tem o espírito de Javé. Com isso, o futuro rival de Saul é habilmente introduzido na corte (cf. Ex 2,1-10; Gn 39,1-6).

17,1-58: Nova tradição sobre a entrada de Davi na corte. O mérito não é a música, mas o ato heroico. Grande parte do texto não se encontra na Setenta. Há trechos diferentes, como os vv. 32-40, onde Davi conversa longamente com Saul, apesar dos vv. 55-58, onde Saul não o conhece (cf. 16,21); ou como o termo pós-exílico "incircunciso" (v. 26). Essa história, que representa a vitória do fraco sobre o forte e a confiança em Javé (v. 45), era lida pelos reis de Judá para estimular seus exércitos na guerra (cf. 2Rs 18,19; Is 36-37; 1Mc 3,41; 4,30). Em 2Sm 21,19, é Elcanã, e não Davi, quem mata Golias de Gat. Possivelmente, havia na base uma história popular que foi apropriada pela casa davídica e atribuída a Davi. O gigante filisteu cai (v. 49) como caiu Dagon diante de Javé (cf. 5,3-4).

⁴Saiu então do acampamento filisteu um homem desafiador chamado Golias, de Gat, com dois metros e oitenta de altura. ⁵Tinha na cabeça um capacete de bronze, vestia um colete de escamas de bronze que pesava mais de cinquenta quilos, ⁶usava perneiras de bronze e tinha a tiracolo um dardo de bronze. ⁷A haste de sua lança era do tamanho de um travessão de tear, e só a ponta da lança pesava seis quilos. O escudeiro ia à sua frente.

⁸Golias posicionou-se diante das fileiras de Israel e gritou: "Por que vocês vieram preparados para guerra? Eu por acaso não sou filisteu, e vocês escravos de Saul? Escolham, por vocês, um homem que desça até aqui! ⁹Se ele for mais forte e me derrotar, nós seremos escravos de vocês. Se eu for mais forte e vencer, vocês serao nossos escravos, ficarão a nosso serviço". ¹⁰E continuou: "Estou desafiando hoje as fileiras de Israel! Apresentem um homem para lutarmos só os dois!" ¹¹Saul e os israelitas ouviram o desafio do filisteu e ficaram cheios de medo.

¹²Davi era filho de um homem de Éfrata, de Belém de Judá, chamado Jessé. Ele tinha oito filhos. No tempo de Saul, Jessé já era homem idoso. ¹³Os seus três filhos mais velhos tinham ido para a guerra sob o comando de Saul. Desses três filhos mais velhos que tinham ido para a guerra, o primeiro se chamava Eliab, o segundo Abinadab e o terceiro Sama. ¹⁴Davi era o caçula, enquanto os três mais velhos foram para a guerra sob o comando de Saul. ¹⁵Davi ia e vinha, entre o serviço de Saul e o cuidado do rebanho de seu pai em Belém.

¹⁶O filisteu aparecia de manhã e de tarde, e assim fez durante quarenta dias. ¹⁷Jessé disse a seu filho Davi: "Pegue para seus irmãos uma medida de grão torrado e estes dez pães e leve-os para seus irmãos no acampamento. ¹⁸Leve também estes dez queijos para o comandante. Veja como está a saúde de seus irmãos e pegue alguma coisa deles como garantia. ¹⁹Saul está com eles e com todos os homens de Israel, fazendo guerra aos filisteus no vale do Terebinto".

²⁰Davi levantou-se de madrugada, deixou o rebanho aos cuidados de um guarda, pegou a carga e partiu, como Jessé lhe havia ordenado. Quando chegou perto das trincheiras, o exército estava saindo para tomar posição e lançava o grito de guerra. ²¹Israelitas e filisteus entraram em formação, fileira contra fileira. ²²Davi deixou a carga com o carregador, correu para as fileiras de batalha e perguntou aos irmãos se estavam bem. ²³Enquanto conversava com eles, o homem desafiador filisteu chamado Golias, de Gat, saiu das fileiras dos filisteus e fez o desafio. Davi ouviu tudo. ²⁴Todos os homens de Israel, quando viram o homem, fugiram apavorados. ²⁵Um homem de Israel disse: "Vocês viram aquele homem que se adiantou? Ele veio desafiar Israel. A quem o vencer, o rei encherá de riquezas e lhe dará sua filha, além de deixar sua família livre de impostos em Israel".

²⁶Davi perguntou aos que estavam com ele: "E o que vão dar ao homem que vencer esse filisteu e salvar a honra de Israel? Quem é esse filisteu incircunciso para desafiar o exército do Deus vivo?" ²⁷O povo repetiu para Davi o que já haviam dito: "Quem o vencer receberá tal prêmio". ²⁸Eliab, o irmão mais velho, ouviu Davi falando com os homens e ficou bravo: "O que é que você veio fazer aqui? Com quem você deixou aquelas poucas ovelhas no deserto? Conheço sua ousadia e a maldade que tem no coração. Você veio só para assistir à batalha!" ²⁹Davi respondeu: "Mas o que foi que eu fiz? Será que não se pode fazer uma pergunta?" ³⁰Afastou-se do irmão, dirigiu-se a outra pessoa, fez a mesma pergunta e todos lhe deram a mesma resposta. ³¹Quando se soube o que Davi tinha falado, contaram a Saul, e o rei o chamou.

³²Davi disse a Saul: "Ninguém precisa ficar de cabeça baixa. Este seu servo vai lutar com o tal filisteu!" ³³Saul respondeu a Davi: "Você não pode lutar com o filisteu! Você é apenas um rapaz! Ele é um homem guerreiro desde a juventude!"

³⁴Davi replicou: "Seu servo é pastor das ovelhas de meu pai. Se chega um leão ou urso e agarra uma ovelha do rebanho, ³⁵eu vou atrás, o ataco e lhe arranco a ovelha da boca. E, se ele me ataca, eu o agarro pela juba e o mato. ³⁶Seu servo é capaz de matar leões e ursos. Pois bem, esse filisteu

incircunciso, que desafiou as fileiras do Deus vivo, será mais um deles". ³⁷Davi ainda disse: "Javé, que me livrou das garras do leão e do urso, vai me livrar também das mãos desse filisteu". Saul lhe disse: "Então vá! E que Javé esteja com você!" ³⁸Saul vestiu Davi com sua própria armadura, colocou-lhe na cabeça um capacete de bronze, revestiu-o com uma couraça ³⁹e pôs a sua espada na cintura dele, por cima da armadura. Davi tentou andar e não conseguiu, pois nunca tinha usado nada disso. Então falou a Saul: "Não consigo nem andar com essas coisas. Não estou acostumado". Tirou tudo, ⁴⁰pegou seu cajado, escolheu cinco pedras bem lisas no riacho e as colocou no seu bornal. Depois pegou a funda e foi enfrentar o filisteu.

⁴¹O filisteu, tendo à frente o escudeiro, foi se aproximando cada vez mais de Davi. ⁴²Olhou Davi de alto a baixo e fez pouco caso dele, porque era um menino, e ainda ruivo e de bela aparência. ⁴³O filisteu disse a Davi: "Será que sou um cachorro, para você vir me enfrentar com cajados?" E invocando seus deuses, amaldiçoou Davi. ⁴⁴E disse: "Venha cá! Vou dar sua carne para as aves do céu e os animais do campo!" ⁴⁵Davi replicou: "Você vem contra mim armado de espada, lança e escudo. E eu vou contra você em nome de Javé dos exércitos, o Deus das fileiras de Israel, que você desafiou. ⁴⁶Hoje mesmo Javé entregará você em minhas mãos: vou matar você e cortar sua cabeça. Neste dia de hoje, vou entregar os cadáveres do exército dos filisteus para as aves do céu e os animais da terra. Desse modo, toda a terra ficará sabendo que existe um Deus em Israel. ⁴⁷Toda essa assembleia vai saber que não é com espada e lança que Javé dá a vitória. Porque se trata de uma guerra de Javé, e é ele quem vai entregar vocês em nossas mãos".

⁴⁸Enquanto o filisteu vinha e se aproximava para enfrentar Davi, Davi se apressou e correu para se posicionar e enfrentar o filisteu. ⁴⁹Davi enfiou a mão no bornal, pegou uma pedra, atirou-a com a funda e acertou na testa do filisteu. A pedra cravou-se na testa do filisteu, que caiu de bruços no chão. ⁵⁰Assim Davi foi mais forte que o filisteu, apenas com uma funda e uma pedra. Sem espada na mão, atingiu e matou o filisteu. ⁵¹Davi correu e foi parar perto do filisteu, pegou a espada dele, tirou-a da bainha, e com ela acabou de matá-lo, cortando-lhe a cabeça. Quando os filisteus viram morto o seu homem forte, bateram em retirada. ⁵²Os homens de Israel e Judá se mexeram, deram o grito de guerra e puseram-se a perseguir os filisteus até a entrada do vale e até as portas de Acaron. Cadáveres de filisteus foram caindo por terra no caminho de Saarim, até Gat e Acaron. ⁵³Depois da perseguição aos filisteus, os israelitas voltaram e saquearam o acampamento deles. ⁵⁴Davi pegou a cabeça do filisteu e a levou para Jerusalém. Quanto às armas dele, levou-as para sua própria tenda.

⁵⁵Quando Saul viu Davi sair ao encontro do filisteu, disse a Abner, comandante do exército: "Abner, esse rapaz é filho de quem?" Abner respondeu: "Por sua vida, ó rei, juro que não sei". ⁵⁶O rei disse: "Então procure saber de quem esse rapaz é filho". ⁵⁷Depois que Davi matou o filisteu e voltou, Abner o pegou e o levou até Saul. Davi ainda estava com a cabeça do filisteu na mão. ⁵⁸Saul lhe perguntou: "Rapaz, você é filho de quem?" Davi respondeu: "Sou filho de seu servo Jessé, de Belém".

18 Intrigas entre Saul e Davi

¹Depois que Davi falou com Saul, os sentimentos de Jônatas se ligaram aos sentimentos de Davi; e Jônatas passou a amá-lo como a si mesmo. ²Foi a partir desse dia que Saul reteve Davi e não permitiu que voltasse para a casa de seu pai. ³Jônatas fez uma aliança com Davi, porque o amava como a si mesmo. ⁴Jônatas tirou o manto que usava e o deu a Davi, juntamente com suas roupas, a espada, o arco e o cinturão. ⁵Davi se saía bem em todas as missões que Saul lhe confiava. Assim,

---

18,1-16: Destaca-se o amor de Jônatas por Davi para encobrir o conflito pelo poder entre ambos, uma vez que o direito à sucessão de Saul pertencia a Jônatas, o filho mais velho. A entrega do manto e dos pertences (v. 4) é uma entrega do direito à realeza (cf. 24,5.12).

No regresso de uma batalha, as pessoas da aldeia costumavam receber os heróis com festas e cantos (cf. Ex 15,20; Jz 5; 11,34), e às vezes se distribuíam despojos (Jz 5,28-30). A narrativa insiste que Javé está com Davi (vv. 12.14.28).

Saul o colocou como chefe dos combatentes. Ele era estimado por todo o povo e também pelos servos de Saul.

⁶Quando vinham de volta, depois de Davi ter matado o filisteu, de todas as cidades de Israel mulheres saíam cantando e dançando ao encontro do rei Saul, ao som de tamborins, marimbas e gritos de alegria. ⁷As mulheres dançavam e cantavam em coro: "Saul matou mil, mas Davi matou dez mil". ⁸Saul ficou muito incomodado, não gostou nada dessa história. Pensou: "Deram dez mil para Davi, e para mim só mil. O que falta ainda para ele, a não ser a realeza?" ⁹E, desse dia em diante, Saul passou a olhar Davi com inveja. ¹⁰No outro dia, um mau espírito provindo de Deus tomou conta de Saul, que começou a delirar dentro de casa. Como de costume, Davi começou a tocar harpa e Saul tinha a lança na mão. ¹¹Saul atirou a lança, pensando: "Vou cravar Davi na parede". Davi, porém, se esquivou mais uma vez.

¹²Saul tinha medo de Davi, porque Javé o tinha abandonado e agora estava com Davi. ¹³Por isso, Saul quis afastar Davi para longe de si e o nomeou comandante de mil. Davi saía e entrava à frente do povo. ¹⁴Em todas as batalhas Davi se saía muito bem, pois Javé estava com ele. ¹⁵Saul via que Davi era sempre bem-sucedido e começou a temê-lo. ¹⁶Todos em Israel e Judá amavam Davi, porque era ele quem saía e entrava diante deles.

Davi amado por todos – ¹⁷Saul disse a Davi: "Olhe! Vou lhe dar como esposa minha filha mais velha, Merob, com a condição de que você me sirva como guerreiro e faça as guerras de Javé". Na verdade, Saul pensava: "É melhor ele ser morto pelos filisteus do que por mim". ¹⁸Davi respondeu a Saul: "Quem sou eu? E que importância tem a família de meu pai em Israel, para eu me tornar genro do rei?" ¹⁹Mas, quando chegou o tempo de Saul dar sua filha Merob a Davi, ela foi dada a Adriel de Mcola. ²⁰Micol, a outra filha de Saul, amava Davi. Contaram isso a Saul e ele gostou, ²¹pensando: "Vou dar minha filha como armadilha, para Davi cair na mão dos filisteus". Saul disse a Davi: "Hoje você vai ter uma segunda oportunidade para se tornar meu genro". ²²Saul deu esta ordem a seus servos: "Em segredo, falem assim a Davi: 'Olhe! O rei aprecia muito você e todos os servos lhe querem bem. Aceite ser genro do rei' ". ²³Os servos de Saul insinuaram isso a Davi, mas este respondeu: "Vocês acham que não é nada ser genro do rei? Eu sou um homem pobre e sem recursos". ²⁴Os servos comunicaram a Saul o que Davi tinha respondido. ²⁵Saul disse: "Digam assim a Davi: 'O rei não quer dote. Ele se contenta com cem prepúcios de filisteus, como vingança contra seus inimigos' ". O plano de Saul era fazer Davi cair na mão dos filisteus.

²⁶Os servos de Saul comunicaram a proposta a Davi, e Davi achou razoável a condição para se tornar genro do rei. Ainda não se haviam completado os dias do prazo, ²⁷e Davi partiu com seus homens e feriu dentre os filisteus duzentos homens, tirou-lhes os prepúcios e levou o número completo ao rei, para se tornar seu genro. Então Saul deu a Davi sua filha Micol como esposa.

²⁸Saul percebeu que Javé estava com Davi e que sua filha Micol o amava. ²⁹Ficou com mais medo ainda de Davi e tornou-se inimigo dele para sempre. ³⁰Os oficiais dos filisteus saíram para a guerra. Mas, toda vez que saíam, Davi tinha mais sucesso do que os oficiais de Saul. Desse modo, Davi conquistou grande fama.

19 *Jônatas intercede por Davi* – ¹Saul falou a seu filho Jônatas e a todos os seus servos sobre sua intenção de matar Davi. Ora, Jônatas, filho de Saul, tinha grande amizade por Davi. ²Então Jônatas informou Davi, dizendo: "Meu pai quer matar você. Amanhã cedo, cuidado! Esconda-se em lugar seguro. ³Eu é que vou sair e ficar ao lado de meu pai no campo, por onde você deve estar. Vou falar com

---

17-30: O verbo "amar", repetido seis vezes (vv. 1.3.16.20.22.28), é muito usado em sentido político, nos tratados assírios, para expressar a lealdade do vassalo a seu suserano. A narrativa quer mostrar que todos, menos o rei, amam a Davi: Jônatas (vv. 1.3); as mulheres (vv. 6.7); Israel todo e Judá (v.16); Micol (vv. 20.28).

19,1-7: A disputa pelo poder entre Saul e Davi se agrava. A culpa é colocada toda sobre Saul. Jônatas é o mediador.

ele sobre você, para ver o que há, e depois eu lhe conto".

⁴Jônatas falou bem de Davi a seu pai Saul, dizendo: "Que o rei não faça mal a seu servo Davi, pois ele não lhe fez mal. Pelo contrário, tudo o que ele fez foi de grande vantagem para você. ⁵Ele pôs a própria vida na palma da mão para matar o filisteu, e então Javé deu uma grande vitória a Israel. Você viu isso e ficou contente. Agora, não vá pecar derramando sangue inocente, matando Davi sem motivo". ⁶Saul atendeu ao pedido de Jônatas e jurou: "Pela vida de Javé, Davi não será morto!" ⁷Depois, Jônatas chamou Davi e contou essas coisas. Mais tarde levou Davi a Saul, e Davi esteve a seu serviço como antes.

2. Davi foragido

Todos contra Saul – ⁸A guerra começou de novo e Davi saiu para lutar contra os filisteus. Estes foram derrotados e fugiram. ⁹Ora, um mau espírito vindo da parte de Javé apoderou-se de Saul, quando estava sentado em casa, com a lança na mão, enquanto a mão de Davi tocava harpa. ¹⁰Saul tentou cravar Davi com a lança na parede, mas Davi se esquivou e a lança foi fincar-se na parede. Davi escapou e fugiu. Nessa mesma noite, ¹¹Saul mandou emissários para vigiar a casa de Davi e matá-lo de manhã. Entretanto, Micol, mulher de Davi, o avisou: "Se você não salvar sua vida esta noite, amanhã será um homem morto". ¹²Micol o fez descer pela janela e Davi fugiu. ¹³Em seguida, Micol pegou o terafim, deitou-o na cama, colocou na cabeça dele uma pele de cabra e o cobriu com uma colcha. ¹⁴ Saul enviou emissários para prender Davi. Micol disse: "Ele está doente". ¹⁵Mas Saul mandou os emissários de novo para verem Davi e disse também: "Tragam Davi com cama e tudo, pois eu quero matá-lo". ¹⁶Eles entraram e encontraram o terafim na cama, com a pele de cabra na cabeça. ¹⁷Saul disse a Micol: "Por que você me enganou? Você deixou meu inimigo escapar". Micol respondeu: "Ele me ameaçou, dizendo: 'Deixe-me ir embora, senão eu mato você!' "

¹⁸Enquanto isso, Davi fugiu e escapou. Foi encontrar-se com Samuel em Ramá e lhe contou tudo o que Saul havia feito. Os dois foram se estabelecer num abrigo de profetas. ¹⁹Chegou a Saul a notícia de que Davi estava no abrigo de profetas em Ramá. ²⁰Saul mandou emissários para prender Davi. Eles encontraram o grupo de profetas profetizando, com Samuel à frente deles. O espírito de Deus veio sobre os emissários de Saul, e também eles profetizaram. ²¹Informado do que estava acontecendo, Saul mandou outros emissários, mas também estes profetizaram. Saul enviou ainda um terceiro grupo de emissários, que também profetizaram. ²²Então o próprio Saul foi para Ramá. Ao chegar junto ao grande poço que havia em Soco, perguntou onde estavam Samuel e Davi. Responderam: "Estão no abrigo dos profetas, em Ramá". ²³Saul foi até o abrigo dos profetas em Ramá, e também ele foi tomado pelo espírito de Deus. E, profetizando, foi caminhando até chegar ao abrigo dos profetas em Ramá. ²⁴Saul também tirou a roupa e profetizava diante de Samuel. Depois caiu nu ao chão. Assim ficou o dia inteiro e a noite toda. Daí o provérbio: "Também Saul entre os profetas?"

20 *Aliança entre Jônatas e Davi* – ¹Davi abandonou o refúgio dos profetas em Ramá e foi dizer a Jônatas: "O que foi que eu fiz? Que crime ou erro cometi contra seu pai, para que ele fique procurando me matar?" ²Jônatas respondeu: "Nem pensar! Você não vai

---

19,8-2Sm 1: Davi começa a vida de foragido. Primeiro foge da corte, sendo ajudado por Jônatas, Micol, Samuel e Aquimelec. Depois, forma um bando com os marginalizados das cidades-estado. E por fim se coloca a serviço dos filisteus.

19,8-24: A narrativa joga com elementos opostos: se Davi é amado por todos (18,17-30), por todos Saul é odiado. Os vv. 9-10 repetem a passagem 18,10-12. Os "terafim" (v. 13) são ídolos domésticos que representam os ancestrais da família (cf. Gn 31). A comunidade dos profetas, em Ramá, fica fora do centro urbano e longe do poder. "Caiu nu ao chão" (v. 24) indica um Saul sem poder e sem identidade.

20,1-24a: Salienta-se muito a inocência de Davi na disputa pela sucessão de Saul, posto que pertencia a Jônatas. "Que Javé esteja com você, assim como esteve com meu pai" (v. 13): é expressão que indica a transferência desse direito (cf. 18,2-4). Jônatas (vv. 14-17) teme pelo futuro de sua descendência (cf. nota a 24,1-8a). A festa da lua nova (vv. 5.18) mostra a antiga celebração do início da semeadura, na terceira lua nova da primavera (cf. Lv 23,24; Nm 29,1-6; 2Rs 4,23; Ez 46,6), quando

morrer. Meu pai não faz nada sem antes me informar, seja assunto grande ou pequeno. Por que ele me esconderia uma coisa dessas? Impossível!" ³Mas Davi insistiu: "Seu pai sabe muito bem que você me considera. Por isso pensa: 'Que Jônatas não fique sabendo disso, para não ter um desgosto'. Mas eu lhe garanto pela vida de Javé e pela sua vida: estou a um passo da morte". ⁴Jônatas disse a Davi: "O que você disser, eu farei por você". ⁵Davi respondeu: "Amanhã é festa da lua nova e eu devo tomar a refeição com o rei. Deixe-me ir embora. Vou esconder-me no campo até a terceira tarde. ⁶Se seu pai sentir minha falta, diga-lhe: 'Davi me pediu muito para ir correndo a Belém, sua cidade, porque todo o seu clã está celebrando aí o sacrifício anual'. ⁷Se ele disser que está bem, estou a salvo. Se ele ficar furioso, é sinal de que decidiu me matar. ⁸Tenha compaixão para com este seu servo, pois estamos unidos por uma aliança de Javé. Se eu cometi algum crime, mate-me você mesmo. Não precisa me entregar a seu pai". ⁹Jônatas replicou: "Nem pensar! Se eu souber que meu pai decidiu matar você, fique certo que eu o avisarei". ¹⁰Davi perguntou: "Quem vai me avisar, se seu pai responder com aspereza?" ¹¹Jônatas respondeu: "Venha, vamos ao campo". E os dois foram para o campo. ¹²Jônatas disse a Davi: "Por Javé, Deus de Israel, eu vou observar meu pai até amanhã ou depois. Se tudo estiver bem para Davi e eu não lhe mandar aviso, ¹³que Javé faça isto e acrescente aquilo a Jônatas. Se parecer bem a meu pai fazer algum mal contra você, eu lhe comunico e o deixo partir, para que você tome seu caminho em paz. E que Javé esteja com você, assim como esteve com meu pai. ¹⁴Enquanto eu ainda estiver vivo, cumpra comigo a fidelidade de Javé, para que eu não morra. ¹⁵E sua fidelidade não se afaste nunca da minha casa, nem mesmo quando Javé tiver eliminado da face da terra os inimigos de Davi". ¹⁶Jônatas fez uma aliança com a casa de Davi, quando disse: "Javé pedirá contas da mão dos inimigos de Davi!" ¹⁷Jônatas fez Davi repetir o juramento pelo amor que tinha por ele, pois o amava como a si mesmo. ¹⁸Jônatas lhe disse: "Amanhã é lua nova e sua falta será notada, porque sua cadeira estará vazia. ¹⁹Depois de amanhã, sua ausência chamará muito a atenção. Vá para o lugar onde você se escondeu da outra vez, e fique junto à pedra de Ezel. ²⁰Eu vou atirar três flechas nessa direção, como se estivesse atirando num alvo. ²¹Em seguida, mando um rapaz meu pegar as flechas. Se eu disser ao servo: 'As flechas estão mais atrás de você, pegue!', então você pode vir e ficar tranquilo, pois não está acontecendo nada. Por Javé! ²²Mas, se eu disser ao rapaz: 'As flechas estão mais na frente', é porque Javé está mandando você ir embora. ²³Quanto ao que eu e você combinamos, Javé é testemunha entre nós para sempre". ²⁴ᵃE Davi se escondeu no campo.

Jônatas defende Davi outra vez – ²⁴ᵇChegou a lua nova e o rei estava sentado à mesa para comer. ²⁵Como de costume, o rei estava sentado e encostado à parede. Jônatas sentou-se na frente e Abner sentou-se ao lado de Saul. O lugar de Davi ficou vazio. ²⁶Nesse dia, Saul não disse nada, porque pensava: "É coincidência: ele não está puro e ainda não se purificou". ²⁷No outro dia da lua nova, o segundo dia, o lugar de Davi continuava vazio. Saul perguntou a seu filho Jônatas: "Por que o filho de Jessé não veio nem ontem nem hoje para a refeição?" ²⁸Jônatas respondeu a Saul: "Davi me pediu com insistência para ir a Belém. ²⁹Ele me disse: 'Deixe-me ir, por favor, pois haverá na cidade um sacrifício do nosso clã e meus irmãos fazem questão que eu esteja presente. Se lhe parece bem, deixe-me ir ao encontro de meus irmãos'. É por isso que ele não está presente à mesa do rei".

³⁰Inflamado de raiva contra Jônatas, Saul disse: "Filho de uma perversa rebelião! Pensa que eu não sei que você está do lado do filho de Jessé, para vergonha sua e vergonha da nudez de sua mãe? ³¹Enquanto esse filho de Jessé estiver vivo na

---

ainda era celebrada nos clãs. Mais tarde passou a ser o primeiro dia do ano.
20,24b-21,1: Saul é apresentado como demente que tenta matar o próprio filho (v. 33). "Filho de uma perversa rebelião" (v. 30): não é expressão de insulto à mãe, mas à rebeldia do filho. Os vv. 35-39 mostram a execução do plano traçado em 20,20-22. Mais uma vez, a aliança (v. 42) aponta para os descendentes de Jônatas (cf. 2Sm 4).

terra, nem você nem sua futura realeza estarão seguros. Trate de encontrá-lo e traga-o aqui, porque ele merece a morte". ³²Jônatas perguntou a seu pai Saul: "Por que ele merece a morte? O que foi que ele fez?". ³³Saul atirou a lança querendo matá-lo. Jônatas viu então que seu pai estava decidido a matar Davi. ³⁴Levantou-se da mesa muito aborrecido e não comeu nada nesse segundo dia da festa da lua nova, magoado por causa de Davi, que seu pai tanto rebaixava.

³⁵Na manhã seguinte, Jônatas saiu para o campo, no tempo marcado, acompanhado de um jovem servo. ³⁶Disse então ao servo: "Você vai correr e procurar as flechas que eu vou atirar". O jovem correu, mas Jônatas atirou uma flecha que foi além dele. ³⁷Quando o servo ia para onde estava a flecha que Jônatas havia atirado, este gritava: "A flecha está mais adiante de você!" ³⁸E acrescentava: "Corra logo! Não fique aí parado!" O servo de Jônatas apanhava a flecha e a trazia de volta a seu senhor. ³⁹O servo não sabia de nada, porque só Jônatas e Davi sabiam do que se tratava.

⁴⁰Por fim, Jônatas entregou suas armas ao servo que estava com ele e lhe disse: "Vá e leve as armas para a cidade!" ⁴¹Logo que o servo foi embora, Davi saiu do esconderijo. Caiu com o rosto por terra e prostrou-se três vezes. Em seguida, os dois se abraçaram e choraram bastante. ⁴²Jônatas disse a Davi: "Vá em paz! Fizemos uma aliança entre nós, em nome de Javé, e dissemos: Que Javé esteja entre mim e você, entre minha descendência e a sua para sempre".

21 ¹Davi se levantou e partiu. E Jônatas voltou para a cidade.

Davi em Nob – ²Davi chegou a Nob e foi encontrar-se com o sacerdote Aquimelec. Este foi com temor ao encontro de Davi e perguntou: "Por que você veio sozinho, sem ninguém?" ³Davi respondeu: "O rei me encarregou de um assunto e disse que ninguém poderia saber nada de suas ordens e do assunto que me confiou. Marquei encontro com os meus homens em certo lugar. ⁴Agora, dê para mim, se você os tem à mão, cinco pães, ou qualquer outra coisa que possa encontrar". ⁵O sacerdote respondeu: "Não tenho pães comuns à minha disposição. Tenho só os pães sagrados. Se seus rapazes não tiverem tido contato com mulheres, poderão comê-los". ⁶Davi respondeu: "Claro. Sempre que saímos para uma expedição, ainda que de natureza profana, nós nos abstemos de mulher. Quanto mais hoje! As coisas dos rapazes estão purificadas". ⁷Então o sacerdote lhe deu do pão sagrado, porque aí só havia pão da oblação, que diariamente era retirado da presença de Javé para ser substituído por pão do dia. ⁸Nesse dia, estava aí, retido no santuário, um servo de Saul. Chamava-se Doeg, natural de Edom e era o chefe dos pastores de Saul. ⁹Davi disse a Aquimelec: "Você não tem à mão alguma lança ou espada? Eu não peguei nem a minha espada, nem as minhas armas, porque a ordem do rei era urgente". ¹⁰O sacerdote respondeu: "Está ali embrulhada num manto, atrás do efod, a espada de Golias, o filisteu que você matou no vale do Terebinto. Se você quiser, pode levá-la. Por aqui não há outra". Davi disse: "Não há outra como essa. Pois me dê essa espada!".

Davi com Aquis, rei dos filisteus – ¹¹Nesse dia, Davi fugiu para longe de Saul e foi encontrar-se com Aquis, rei de Gat. ¹²Mas os servos de Aquis disseram: "Este não é Davi, o rei da terra? Não era para ele que dançavam cantando: 'Saul matou mil, mas Davi matou dez mil'?" ¹³Davi ouviu o comentário e ficou com medo de Aquis, rei de Gat. ¹⁴Então se fez de bobo diante deles, começou a fingir que estava louco, ficou a tamborilar nos batentes da porta e deixava a baba escorrer pela barba. ¹⁵Aquis disse aos seus servos: "Esse homem está louco!

21,2-10: Depois da destruição do santuário de Silo pelos filisteus (cf. 1Sm 4; Jr 7,12; Sl 78,60), os sacerdotes fugiram para Nob, cuja localização é incerta (cf. 22,6.19; Is 10,32). Aquimelec, que significa "meu irmão é rei", é bisneto do sacerdote Eli (cf. 4,21; 14,3; 22,12). Davi ganha o apoio da comunidade dos sacerdotes, que por isso serão assassinados por Saul (cf. 22,6-23). Os pães da oblação, substituídos a cada sábado, eram reservados aos sacerdotes (Ex 25,30; Lv 24,5-9; Mc 2,25-26).

11-16: Paralelo a 1Sm 27, começa aqui a duvidosa relação de Davi com os filisteus, que irá até 29,11. Davi foge de um inimigo e pede refúgio a outro, onde já é chamado de "rei da terra" (v. 12).

Por que vocês o trouxeram a mim? ¹⁶Já não tenho loucos de sobra, para vocês me trazerem mais um para me aborrecer com suas doidices? O que é que ele veio fazer na minha casa?"

22 Davi forma um bando – ¹Davi saiu daí e se escondeu na caverna de Odolam. Quando seus irmãos e toda a casa de seu pai ficaram sabendo, foram encontrar-se com ele. ²Todos os oprimidos, todos os endividados e todos os descontentes se juntaram a seu redor e Davi se tornou chefe deles. Formou-se assim um grupo de quatrocentos homens. ³Davi partiu daí e foi para Masfa de Moab. Ele disse ao rei de Moab: "Permita que meu pai e minha mãe fiquem aqui com vocês, até que eu saiba o que Deus quer de mim". ⁴Davi deixou-os com o rei de Moab; e eles ficaram com o rei por todo o tempo em que Davi esteve escondido.

⁵O profeta Gad, porém, disse a Davi: "Não fique neste esconderijo. Vá para o território de Judá". E Davi foi e se escondeu na floresta de Haret.

⁶Saul ficou sabendo que Davi fora visto com os homens que estavam com ele. Saul estava em Gabaá, debaixo da tamargueira no alto da colina, com a lança na mão e rodeado de todos os seus servos. ⁷Saul disse aos servos que ficavam junto dele: "Escutem aqui, filhos de Benjamim: será que o filho de Jessé vai lhes dar terras e vinhas? Será que vai nomeá-los chefes de mil e chefes de cem, ⁸para que vocês estejam conspirando contra mim? Ninguém me avisou quando meu filho fez aliança com o filho de Jessé. Ninguém se interessou por mim, nem me contou que meu filho estava colocando um servo meu contra mim, como aconteceu nesse dia".

Morte dos sacerdotes de Nob – ⁹O edomita Doeg, que estava entre os servos de Saul, falou: "Eu vi o filho de Jessé chegar a Nob, à casa de Aquimelec, filho de Aquitob. ¹⁰E Aquimelec consultou Javé para Davi e também lhe deu provisões e a espada do filisteu Golias". ¹¹O rei mandou chamar o sacerdote Aquimelec, filho de Aquitob, com toda a casa de seu pai, os sacerdotes que havia em Nob. Todos se apresentaram ao rei, ¹²que lhes disse: "Escute aqui, filho de Aquitob!" Ele respondeu: "Eis-me aqui, meu senhor!" ¹³Saul perguntou: "Por que você e o filho de Jessé estão conspirando contra mim? Você lhe deu comida e uma espada e consultou a Deus em favor dele, para que se levantasse contra mim e me armasse ciladas, como está acontecendo hoje". ¹⁴Aquimelec respondeu ao rei: "Quem é igual a Davi entre todos os servos do rei? Ele é fiel, é genro do rei, chefe de sua guarda e honrado em sua casa. ¹⁵Por acaso, foi essa a primeira vez que consultei a Deus para ele? De jeito nenhum! Que o rei não lance tal acusação sobre seu servo e toda a casa de meu pai. Seu servo nada sabia sobre isso, nem muito, nem pouco". ¹⁶O rei replicou: "Aquimelec, você vai morrer com toda a casa de seu pai". ¹⁷Em seguida, o rei ordenou aos da sua guarda pessoal: "Voltem-se e matem esses sacerdotes de Javé, porque estão do lado de Davi. Eles sabiam que Davi estava fugindo e não o denunciaram". Mas os da guarda do rei não quiseram levantar a mão para matar os sacerdotes de Javé. ¹⁸Então o rei ordenou a Doeg: "Volte-se você e mate os sacerdotes". O edomita Doeg voltou-se e matou os sacerdotes. Nesse dia, morreram oitenta e cinco homens que levavam o efod. ¹⁹Em Nob, a cidade dos sacerdotes, Saul passou a fio de espada homens e mulheres, crianças e recém-nascidos, bois, jumentos e ovelhas. ²⁰Escapou apenas um filho de Aquimelec, filho de Aquitob. Ele se chamava Abiatar, que saiu fugindo à procura de Davi. ²¹Abiatar contou a Davi que Saul tinha assassinado os sacerdotes

---

22,1-8: Davi era oficial de Saul. Acusado de conspiração, tem que fugir para o deserto. Aí reúne os excluídos das cidades-estado (cf. 14,1-23) e forma um bando. Assim, de um lado está Saul, com exército permanente mantido pelos donos de bois (cf. 14,52), e do outro lado está Davi, com exército mercenário mantido por tributos e saques (cf. 1Sm 25; 27,5-12). Em desvantagem, Davi é forçado a exilar sua família em Moab. Gad (v. 5) será um vidente na corte de Davi (cf. 2Sm 24,11-19).

9-23: O que sucede aqui é consequência de 21,2-10. A intenção do redator josiânico é apresentar Saul como um sanguinário que se afastou de Javé, cujos sacerdotes agora mata. Com isso, a casa davídica ganha o apoio dos sacerdotes levitas contra o poder do norte, representado por Saul. O único sobrevivente é o levita Abiatar, que se juntará a Davi até ser desterrado por Salomão (cf. 1Rs 2,26-27). A descrição negativa de Doeg revela o conflito entre Judá e Edom: somente

de Javé. ²²Davi lhe disse: "Naquele dia eu percebi que o edomita Doeg estava presente e avisaria Saul. Eu sou o responsável pela morte de toda a casa de seu pai. ²³Fique comigo e não tenha medo. Aquele que quer me matar, também quer matar você. Comigo, você estará a salvo".

23 Davi derrota os filisteus

¹Mandaram avisar a Davi que os filisteus estavam atacando Ceila e saqueando as eiras. ²Davi consultou a Javé: "Posso atacar os filisteus?" Javé respondeu: "Pode ir. Você os derrotará e libertará Ceila". ³Os homens de Davi, porém, lhe disseram: "Nós estamos em Judá e já estamos com medo. Quanto mais se formos a Ceila para lutar contra as fileiras dos filisteus". ⁴Davi consultou outra vez a Javé. E Javé respondeu: "Pode descer até Ceila: eu vou entregar os filisteus em suas mãos". ⁵Então Davi foi com seus homens até Ceila, atacou os filisteus, tomou deles o gado e lhes impôs uma grande derrota. Então Davi libertou os habitantes de Ceila. ⁶Quando Abiatar, filho de Aquimelec, fugiu para junto de Davi, em Ceila, levou consigo o efod.

⁷Informaram a Saul que Davi tinha entrado em Ceila. Saul comentou: "Deus o está entregando em minhas mãos. Ele caiu numa armadilha, pois entrou numa cidade com portas e trancas". ⁸E Saul convocou todo o seu povo para a guerra, a fim de descer até Ceila e matar Davi e seus homens. ⁹Quando soube que Saul estava tramando sua ruína, Davi pediu ao sacerdote Abiatar: "Traga o efod". ¹⁰E Davi consultou: "Javé, Deus de Israel, teu servo ouviu dizer que Saul está se preparando para vir a Ceila e destruir a cidade por minha causa. ¹¹Os notáveis de Ceila vão me entregar em sua mão? Saul vai mesmo descer, como teu servo ouviu falar? Javé, Deus de Israel, responde a teu servo!" Javé respondeu: "Ele vai descer". ¹²Davi perguntou: "Será que os notáveis de Ceila me entregarão, a mim e a meus homens, nas mãos de Saul?" Javé respondeu: "Sim, entregarão". ¹³Então Davi e seus homens, cerca de seiscentos, saíram de Ceila e ficaram andando sem rumo. Saul ficou sabendo que Davi tinha escapado de Ceila e desistiu de atacar.

Último encontro de Jônatas com Davi

¹⁴Davi permaneceu no deserto, nos refúgios dos montes, na região montanhosa do deserto de Zif. Saul andava continuamente à sua procura, mas Deus não deixava que Davi caísse nas mãos dele. ¹⁵Davi soube que Saul tinha saído para lhe tirar a vida; por isso permaneceu no deserto de Sif, em Horesa. ¹⁶Jônatas, filho de Saul, foi encontrar-se com Davi em Horesa e o encorajou em nome de Deus. ¹⁷Jônatas lhe disse: "Não tenha medo, porque a mão de meu pai Saul não vai alcançá-lo. Você reinará sobre Israel e eu serei seu segundo. Até meu pai Saul sabe disso". ¹⁸E os dois fizeram aliança diante de Javé. Davi permaneceu em Horesa, e Jônatas voltou para sua casa.

O povo de Zif denuncia Davi

¹⁹Algumas pessoas de Zif subiram a Gabaá para contar a Saul: "Davi está escondido entre nós, nos refúgios dos montes de Horesa, na serra de Áquila, ao sul da estepe. ²⁰Agora, se for vontade do rei ir até lá, pode vir que nós o entregaremos nas mãos do rei". ²¹Saul respondeu: "Sejam benditos por Javé, pois vocês se compadeceram de mim. ²²Podem ir. Investiguem melhor. Procurem saber e ver o lugar por onde ele anda. Alguém chegou a vê-lo por lá? Disseram-me que ele é muito esperto! ²³Procurem descobrir e saber de todas as tocas onde ele se esconde.

---

um estrangeiro para matar os sacerdotes de Javé (cf. 1Rs 2,28-34).

23,1-13: Ceila faz parte da baixa região fértil da Sefelá. Os ataques às eiras eram comuns, pois aí se guardava a colheita. Evidencia-se que Davi é quem defende o povo contra o ataque filisteu, e não o rei Saul. A fórmula "entregar em suas mãos" (v. 4) indica que, nessa luta, Javé está com Davi (cf. Js 11,6; Jz 4,14; 11,21). Depois do massacre dos sacerdotes de Nob, Javé abandonou Saul definitivamente e passou para o lado de Davi. Essa migração de Javé é representada pelo efod (vv. 6.9) que Abiatar levou consigo. Os aliados de Saul são os grandes proprietários, denominados "notáveis" (vv. 11.12).

14-18: Jônatas se havia despedido de Davi em 20,41-42. Mais uma vez se afirma que Davi reinará sobre Israel (v. 17). Vindas da boca do herdeiro ao trono, que aceita ser o segundo, estas palavras visam a inocentar Davi de qualquer pretensão ao trono. Tudo é vontade de Javé (vv. 17-18).

19-28: As pessoas que vão delatar Davi são de sua própria tribo. Zif fica ao sul de Hebron, no território de

Depois, quando estiverem bem seguros, voltem a me procurar, que eu irei com vocês. Se ele estiver na terra, vou revirar todos os clãs de Judá até encontrá-lo". ²⁴Eles então partiram para Zif na frente de Saul. Davi e seus homens estavam no deserto de Maon, na Arabá, ao sul da estepe. ²⁵Saul e seus homens foram à procura de Davi. Ao ser informado, Davi desceu para Sela e ficou morando no deserto de Maon. Saul soube e foi atrás de Davi no deserto de Maon. ²⁶Saul ia por um lado da montanha, enquanto Davi e seus homens iam pelo outro lado. Davi apertava o passo para escapar de Saul. E Saul com seus homens já estavam contornando Davi e seus homens para cercá-los, ²⁷quando chegou um mensageiro a Saul, trazendo esta notícia: "Venha depressa, porque os filisteus estão invadindo a terra". ²⁸Saul parou de perseguir Davi e retornou para enfrentar os filisteus. É por isso que deram a esse lugar o nome de Rocha da Separação.

24 *Saul e Davi na caverna* – ¹Davi subiu daí e foi abrigar-se nos refúgios dos montes de Engadi. ²Quando Saul voltou da perseguição aos filisteus, foi avisado: "Davi está no deserto de Engadi". ³Saul pegou três mil homens escolhidos de todo Israel e foi à procura de Davi e seus homens, junto às Rochas das Cabras. ⁴Chegou junto a uns currais de ovelhas perto do caminho. Aí havia uma caverna e Saul entrou nela para fazer as necessidades. Davi e seus homens estavam no fundo da caverna. ⁵Os homens de Davi lhe disseram: "Hoje é o dia em que Javé lhe diz: 'Eu lhe entrego nas mãos o seu inimigo. Faça com ele o que você quiser'". Davi foi e cortou um pedaço da barra do manto de Saul, sem que este percebesse. ⁶Depois de fazer isso, Davi sentiu o coração bater forte por ter cortado um pedaço da barra do manto de Saul. ⁷Depois disse a seus homens: "Por Javé, longe de mim fazer isto a meu senhor, levantar a mão contra ele, porque é o ungido de Javé". ⁸ªCom essas palavras, Davi conteve seus homens e impediu que atacassem Saul.

Inocência de Davi – ⁸ᵇQuando Saul deixou a gruta e continuou seu caminho, ⁹Davi se levantou, saiu da gruta e gritou: "Meu senhor o rei!" Saul virou-se e Davi se inclinou até o chão e se prostrou. ¹⁰Depois disse a Saul: "Por que você dá ouvidos a esses que andam dizendo que Davi quer lhe fazer mal? ¹¹Veja com seus próprios olhos: hoje mesmo Javé entregou você nas minhas mãos dentro da caverna. Disseram-me para matá-lo, mas eu o respeitei e falei que não estenderia a mão contra meu senhor, porque ele é o ungido de Javé. ¹²Meu pai, olhe aqui em minha mão um pedaço do seu manto! Se eu cortei a barra de seu manto e não o matei, reconheça que não sou maldoso nem traidor, e que não pequei contra o rei, apesar de o senhor me perseguir para me tirar a vida. ¹³Que Javé julgue entre mim e o rei. Ele poderá me vingar do senhor, mas contra o rei minha mão jamais se levantará. ¹⁴Como diz o antigo provérbio: 'A maldade vem dos maus'. Por isso, a minha mão não se levantará contra o rei. ¹⁵Contra quem saiu o rei de Israel? A quem está perseguindo? A um cão morto, a uma pulga! ¹⁶Que Javé seja o juiz entre nós e dê a sentença. Que ele veja e defenda minha causa, e me faça justiça livrando-me de suas mãos".

¹⁷Quando Davi terminou de falar, Saul exclamou: "É você mesmo que está falando, meu filho Davi?" E começou a gritar e chorar. ¹⁸Depois disse a Davi: "Você é justo, mais que eu. Você me fez o bem, e eu lhe fiz o mal. ¹⁹Hoje você mostrou o

---

Judá. Saul sai em perseguição a Davi, mas tem de parar por causa dos filisteus: "Deus não deixava que Davi caísse nas mãos dele" (v. 14).

24,1-8a: O cap. 24 é paralelo ao cap. 26. Engadi fica a oeste do mar Morto, região de muitas cavernas ainda hoje. A mensagem central é que não se deve levantar a mão contra o ungido de Javé (vv. 7.11.13.14). O livro dos Reis relata inúmeras conspirações e golpes com toda a família real era chacinada (cf. 1Rs 15,29). Daí a preocupação de Saul e Jônatas em preservar sua descendência

(v. 22). Cortar o manto do rei simboliza que Davi poderia tomar o poder (cf. 1Rs 11,29-32).

8b-23: O diálogo entre os dois inimigos, com o tratamento de pai para filho e de senhor para súdito, quer mostrar que Davi não usurpou o poder nem exterminou os descendentes de Saul (cf. 2Sm 9; 21,1-14). É o próprio Saul quem confessa sua culpa e prenuncia que Davi será rei e consolidará o reino de Israel (v. 21). Reinar sobre todo Israel era pretensão da casa davídica no tempo de Josias, rei de Judá, como será também dos Macabeus.

bem que me fez: Javé me havia entregue em suas mãos, e você não me matou. ²⁰Se um homem encontra um inimigo, será que vai deixá-lo ir em paz? Que Javé lhe pague o bem que você me fez hoje. ²¹Agora eu sei que você será rei e que o reino de Israel se consolidará em suas mãos. ²²Pois bem, jure-me, por Javé, que não exterminará minha descendência e não fará desaparecer meu nome e o nome da casa de meu pai". ²³E Davi fez o juramento a Saul. Depois Saul voltou para sua casa, enquanto Davi e seus homens subiram para o refúgio nos montes.

25 Davi e Nabal

– ¹Samuel morreu. Todo o Israel se reuniu, chorou por ele e o sepultou junto aos seus em Ramá. Davi continuou suas andanças e desceu para o deserto de Farã.

²Em Maon havia um homem que tinha uma posse em Carmel. Era homem muito poderoso, possuía três mil ovelhas e mil cabras. Nessa ocasião, ele estava em Carmel, tosquiando as ovelhas. ³Chamava-se Nabal, e sua mulher Abigail. Era mulher sensata e muito bonita, mas o marido era rude e mau em obras. Ele era de Caleb. ⁴No deserto, Davi soube que Nabal estava tosquiando as ovelhas. ⁵Mandou então dez rapazes, dizendo-lhes: "Subam até Carmel, apresentem-se a Nabal e lhe façam a saudação em meu nome, ⁶nestes termos: 'Saudações. A paz esteja com você, com sua casa e com tudo o que você possui. ⁷Eu soube que você está fazendo a tosquia do seu rebanho. Pois bem. Pastores seus estiveram entre nós e nós não os incomodamos, nem lhes foi tirado nada enquanto estiveram em Carmel. ⁸Pergunte a seus rapazes, que eles confirmarão. Atenda bem a estes rapazes, porque é dia de festa para nós. Por favor, dê a estes seus servos e a seu filho Davi alguma coisa do que você tem à mão'". ⁹Os rapazes foram e disseram a Nabal tudo o que Davi tinha mandado e ficaram esperando. ¹⁰Nabal respondeu aos servos de Davi: "Quem é Davi? Quem é o filho de Jessé? Hoje em dia existem muitos servos que fogem do seu senhor. ¹¹Será que eu vou pegar meu pão, minha água e as ovelhas que abati para meus tosquiadores, e entregar a homens que nem sei de onde vêm?" ¹²Os rapazes de Davi se afastaram e foram embora. Voltaram para junto de Davi e contaram tudo o que lhes fora dito por Nabal. ¹³Davi disse a seus homens: "Cada um cinja a sua espada". Cada um cingiu sua espada, e Davi também cingiu a sua. Cerca de quatrocentos homens subiram com Davi, enquanto duzentos ficaram com as bagagens.

Davi e Abigail – ¹⁴Um dos rapazes informou Abigail, mulher de Nabal: "Davi enviou mensageiros do deserto para cumprimentar nosso senhor e ele os maltratou. ¹⁵Ora, esses homens foram muito bons para nós, não nos incomodaram e não sentimos falta de nada quando caminhamos entre eles e estivemos no campo. ¹⁶Tanto de dia como de noite, eles nos protegeram por todo o tempo em que estivemos com eles pastoreando nosso rebanho. ¹⁷Agora, decida e veja o que fazer, porque a destruição de nosso senhor e de toda a sua casa está decidida. Ele é um filho de Belial. Com ele não dá para conversar".

¹⁸Imediatamente Abigail pegou duzentos pães, dois odres de vinho, cinco ovelhas preparadas, cinco medidas de trigo tostado, cem cachos de uvas passas, mais duzentos doces de figo, e carregou tudo sobre os jumentos. ¹⁹Depois disse a seus rapazes: "Vão na frente, que eu irei em seguida". Entretanto ela não avisou seu marido Nabal.

²⁰Enquanto ela, montada num jumento, descia para um abrigo na montanha, Davi e seus homens desciam na sua direção e acabaram se encontrando. ²¹Davi tinha dito: "Foi à toa que eu protegi tudo o que pertence a esse indivíduo, não deixando que nada lhe fosse roubado, e ele me pa-

---

25,1-13: O v. 1 traz uma notícia solta sobre a morte de Samuel. Nabal era de Caleb, importante tribo absorvida por Judá. É um representante dos grandes proprietários que enriqueceram muito nas monarquias. Os pobres trabalhavam para os grandes ou se tornavam bandos armados à margem do sistema; alguns protegiam os ricos, cobrando-lhes tributo.

14-35: A política de Davi é a mesma que irá vigorar nos reinados da sua dinastia: o rei oferece proteção aos proprietários e estes têm de pagar tributo. Quem se opõe é um filho de Belial. Abigail é sábia, rica e tem liderança. Ela representa a força política das mulheres em Israel (cf. 1Rs 2,12-19; 16,31; 2Rs 11,1-3; 22,14; Am 4,1). Em sua boca são colocadas as mesmas palavras

gou o bem com o mal. ²²Que Deus faça isto aos inimigos de Davi, e acrescente ainda mais, se até amanhã cedo eu deixar vivo da gente de Nabal qualquer um que urina contra o muro". ²³Abigail, ao ver Davi, apeou depressa do jumento e prostrou-se diante dele com o rosto por terra. ²⁴Prostrada aos pés de Davi, ela disse: "Meu senhor, a culpa é minha. Deixe que sua serva lhe fale. Escute as palavras de sua serva. ²⁵Que meu senhor não dê atenção a esse homem de Belial que é Nabal, pois como é seu nome, assim é ele: estúpido é seu nome e estupidez é com ele mesmo. Eu, sua serva, não cheguei a ver os rapazes que meu senhor havia mandado. ²⁶Agora, meu senhor, pela vida de Javé e pela sua: é Javé que o impediu de derramar sangue e de fazer justiça por suas próprias mãos. Que aconteça a Nabal o mesmo que aos inimigos, àqueles que procuram fazer o mal ao meu senhor. ²⁷Esta bênção que sua serva lhe trouxe seja dada aos rapazes que o acompanham. ²⁸Eu lhe peço: perdoe a falta de sua serva, que Javé não deixará de lhe dar uma casa estável. Porque meu senhor combate as guerras de Javé e nada de mal lhe acontecerá em toda a sua vida. ²⁹Se alguém se levantar para persegui-lo e atentar contra sua vida, a vida de meu senhor estará bem guardada no bornal da vida com Javé seu Deus, enquanto a vida de seus inimigos será atirada para longe como pedras com a funda. ³⁰Quando Javé cumprir tudo o que prometeu a meu senhor, o bem sobre você, ele o constituirá chefe sobre Israel. Então ³¹meu senhor não há de ficar perturbado nem com remorsos por ter derramado sangue sem motivo, ou por ter feito justiça com as próprias mãos. Quando Javé tiver feito o bem a meu senhor, você se lembrará de sua serva".

³²Davi respondeu a Abigail: "Seja bendito Javé, o Deus de Israel, que hoje enviou você ao meu encontro. ³³Bendita seja a sua sabedoria! Bendita seja você que hoje me impediu de derramar sangue, fazendo justiça com minhas próprias mãos! ³⁴Viva Javé, o Deus de Israel, que me impediu de fazer mal a você. Porque, se você não tivesse vindo logo ao meu encontro, juro que ao amanhecer não restaria vivo para Nabal um só dos que urinam contra o muro". ³⁵Davi aceitou o que Abigail lhe tinha levado e lhe disse: "Volte em paz para casa. Veja, eu ouvi sua voz e atendi ao que você pediu".

Davi se casa com Abigail – ³⁶Abigail voltou para junto de Nabal, que estava dando uma grande festa, uma festa de rei. Nabal estava alegre e completamente bêbado. Por isso, Abigail nada lhe contou até o amanhecer. ³⁷Pela manhã, quando Nabal melhorou da bebedeira, sua mulher lhe contou o que tinha acontecido. Nabal sentiu o coração parar no peito e ficou petrificado. ³⁸Dez dias depois, Javé atingiu Nabal e ele morreu.

³⁹Ao saber que Nabal tinha morrido, Davi exclamou: "Seja bendito Javé, que defendeu minha causa contra a afronta que Nabal me fez. Javé impediu seu servo de cometer um mal. Ele mesmo fez recair sobre a cabeça de Nabal o mal que ele tinha planejado". E Davi mandou pedir a mão de Abigail, para tomá-la como sua mulher. ⁴⁰Os servos de Davi foram a Carmel, à casa de Abigail, e lhe disseram: "Davi nos mandou a você para tomá-la por sua mulher". ⁴¹Abigail imediatamente se inclinou com o rosto por terra e disse: "Aqui está sua serva, como escrava para lavar os pés dos servos de meu senhor". ⁴²Depois levantou depressa e montou num jumento. Cinco de suas jovens a acompanhavam para servi-la. Ela foi com os mensageiros de Davi e se tornou sua mulher.

⁴³Davi tomou também Aquinoam de Jezrael. As duas se tornaram suas mulheres. ⁴⁴Saul tinha dado sua filha Micol, que foi mulher de Davi, a Falti, filho de Laís de Galim.

---

de Jônatas e de Saul: "Javé o constituirá chefe sobre Israel" (v. 30).
36-44: Na época da tosquia, juntavam-se muitas pessoas e se faziam grandes festas (cf. 2Sm 13,23-37). O casamento era uma forma de aliança política. Casando-se com Abigail, Davi herda a riqueza de Nabal e une as duas tribos: Judá e Caleb (cf. 25,3). A atitude servil de Abigail mostra a submissão da tribo de Caleb a Judá. Assim se justifica a futura política de alianças da casa davídica. Quem não obedecer ao rei será morto por Deus (v. 38).

26 Davi poupa a vida de Saul

¹Os habitantes de Zif foram a Gabaá e contaram a Saul: "Davi está escondido na serra de Áquila, no lado que dá para a estepe". ²Saul, então, levantou-se e desceu para o deserto de Zif com três mil homens escolhidos de Israel, para procurar Davi no deserto de Zif. ³Acampou na serra de Áquila, no lado que dá para a estepe, perto do caminho. Davi permanecia no deserto e viu que Saul vinha em sua perseguição no deserto. ⁴Mandou alguns espiões e teve certeza de que Saul havia chegado. ⁵Em seguida se pôs a caminho e chegou ao lugar em que Saul estava acampado. E viu o lugar em que estavam deitados Saul e Abner, filho de Ner, comandante do seu exército. Saul estava deitado no centro das trincheiras e o povo acampado ao seu redor.

⁶Davi perguntou ao heteu Aquimelec e a Abisaí, filho de Sárvia, irmão de Joab: "Quem quer descer comigo até o acampamento de Saul?" Abisaí respondeu: "Eu descerei contigo". ⁷Então Davi e Abisaí foram, de noite, ao povo. Saul estava deitado e dormindo no centro das trincheiras, com a lança fincada no chão à sua cabeceira. Abner e o povo dormiam ao seu redor. ⁸Abisaí disse a Davi: "Hoje Deus está entregando o inimigo em sua mão. Deixe que eu o encrave no chão com um só golpe de lança! Não será preciso mais que um golpe". ⁹Mas Davi respondeu: "Não o mate! Ninguém pode levantar a mão contra o ungido de Javé e ficar sem castigo". ¹⁰E continuou: "Pela vida de Javé, o próprio Javé é que vai atingi-lo. Sua hora vai chegar e ele vai morrer, ou acabará tombando no campo de batalha. ¹¹Javé me livre de estender a mão contra seu ungido! Vamos pegar a lança que está à cabeceira dele e o cantil de água e vamos embora". ¹²Davi pegou a lança e o cantil de água que estavam à cabeceira de Saul, e os dois foram embora. Ninguém viu, ninguém percebeu nada, ninguém acordou. Todos dormiam, pois tinha caído sobre eles um pesado sono enviado por Javé.

¹³Davi atravessou para o outro lado e se colocou no pico do morro, ao longe. Havia boa distância entre eles. ¹⁴Davi gritou então para o povo e para Abner, filho de Ner: "Você não responde, Abner?" E Abner respondeu: "Quem é que está gritando para o rei?" ¹⁵Davi continuou: "Você não é o homem? Quem é como você em Israel? Então, por que você não guardou o rei seu senhor? Alguém do povo entrou aí para fazer mal ao rei seu senhor! ¹⁶Não é coisa boa o que você fez. Por Javé! Vocês merecem a morte, pois não guardaram o rei, senhor de vocês, o ungido de Javé. Veja onde estão a lança do rei e o cantil de água que estavam à cabeceira dele!"

¹⁷Saul reconheceu a voz de Davi e perguntou: "É sua voz, meu filho Davi?" E Davi respondeu: "É minha voz, sim, meu senhor e meu rei". ¹⁸E continuou: "Por que meu senhor está perseguindo este seu servo? Que foi que eu fiz? Que mal tenho em minhas mãos? ¹⁹Senhor meu rei, peço-lhe que escute o que seu servo tem a dizer: se é Javé que está atirando o rei contra mim, então que se faça uma oferta para ele. Mas, se forem os homens, que sejam amaldiçoados por Javé, pois estão me excluindo hoje, e me impedem de participar da herança de Javé. É como se me dissessem: 'Vá servir a outros deuses'. ²⁰Que meu sangue não caia nesta terra, longe de Javé, já que o rei de Israel saiu em busca de uma simples pulga, como se estivesse caçando uma perdiz pelos montes".

²¹Saul respondeu: "Pequei. Volte, meu filho Davi! De agora em diante não vou mais fazer-lhe mal, pois hoje minha vida foi valiosa a seus olhos. Tenho agido como idiota e cometi muitos erros". ²²Davi disse: "Aqui está a lança do rei. Que um dos rapazes venha buscá-la. ²³Javé pagará conforme sua justiça, de acordo com a fidelidade de cada um. Javé entregou você hoje em minhas mãos, e eu não quis

---

26,1-25: O cap. 26 é semelhante ao cap. 24. Em ambos, Davi tem a vida de Saul nas mãos, mas não o mata, porque não se deve estender a mão contra o ungido de Javé (vv. 11.23). A lança é a mesma que Saul queria cravar em Davi e em Jônatas (cf. 18,11; 19,10; 20,33; 22,6). Ela é um símbolo do poder real, como também o manto (cf. 24,5). Saul chama Davi de filho, fato comum nas intrigas da corte, onde a luta pelo poder colocava pai e filho em lados opostos (cf. 2Sm 13-18).

27,1-28,2: Como explicar a presença de Davi a

estender minha mão contra o ungido de Javé. ²⁴Assim como hoje sua vida foi grande para mim, que minha vida seja grande aos olhos de Javé e que ele me livre de todo perigo".
²⁵Saul disse a Davi: "Bendito seja você, meu filho Davi! Certamente você terá sucesso em tudo o que fizer".
Davi continuou seu caminho e Saul voltou para casa.

27 *Davi a serviço dos filisteus* – ¹Davi pensou: "Mais dia menos dia, Saul vai acabar me matando. Não tenho outra saída a não ser refugiar-me na terra dos filisteus. Saul deixará de me procurar por todo o Israel, e assim eu poderei escapar de suas mãos". ²Davi se pôs a caminho com seus seiscentos homens e passou para junto de Aquis, filho de Maaca, rei de Gat. ³Davi e seus homens com suas famílias moraram junto a Aquis em Gat. Davi levou suas duas mulheres: Aquinoam de Jezrael e Abigail, mulher de Nabal de Carmel. ⁴Ao ser informado de que Davi se havia refugiado em Gat, Saul parou de persegui-lo. ⁵Davi disse a Aquis: "Se encontrei graça a seus olhos, dê-me algum povoado no campo, onde eu possa morar. Por que razão seu servo moraria a seu lado na cidade real?" ⁶Nesse dia, Aquis deu Siceleg para Davi. Por isso, Siceleg pertence aos reis de Judá até hoje. ⁷Assim, Davi permaneceu no campo dos filisteus por um ano e quatro meses. ⁸Ele e seus homens subiam e atacavam os gessuritas, gersitas e amalecitas, povos que desde muito tempo habitavam o território que vai desde Sur até a terra do Egito. ⁹Davi arrasava o território e não deixava ninguém vivo, nem homem nem mulher. Tomava ovelhas e bois, jumentos, camelos e roupas. Depois voltava para perto de Aquis. ¹⁰Aquis perguntava: "Onde é que você atacou hoje?"
E Davi respondia que tinha sido contra o Negueb de Judá, ou o Negueb de Jerameel, ou o Negueb dos quenitas. ¹¹E Davi não deixava ninguém vivo, homem ou mulher que pudesse ir até Gat, pois ele pensava: "Alguém pode nos trair, contando o que eu fiz". Assim ele agiu durante todo o tempo em que esteve no campo dos filisteus. ¹²Aquis acabou confiando em Davi, e dizia: "Ele é detestado por seu povo, em Israel, e por isso será para sempre meu servo".

28 ¹Nesse tempo, os filisteus reuniram seus exércitos para atacar Israel. Aquis disse a Davi: "Fique sabendo que você e seus homens irão com meu exército". ²Davi respondeu: "Muito bem. Você verá do que seu servo é capaz". E Aquis disse a Davi: "Eu o nomeio meu guarda pessoal permanente".

Saul e a vidente de Endor – ³Samuel já havia morrido. Israel inteiro havia celebrado seus funerais e o havia sepultado em Ramá, sua cidade. De outra parte, Saul tinha expulsado do país todos os que evocam os mortos e os videntes.
⁴Os filisteus se mobilizaram e foram acampar em Sunam. Saul mobilizou todo o Israel, que foi acampar em Gelboé. ⁵Ao ver o acampamento dos filisteus, Saul ficou com medo e começou a tremer muito. ⁶Consultou a Javé, mas Javé não lhe respondeu, nem por sonhos, nem pela sorte, nem pelos profetas. ⁷Então Saul disse a seus servos: "Procurem uma mulher que evoca espíritos, para que eu faça uma consulta". Os servos responderam: "Há uma mulher que evoca os mortos em Endor".
⁸Saul se disfarçou, vestiu roupa de outro, e acompanhado de dois homens foi de noite encontrar-se com a mulher. Saul lhe disse: "Quero que você me adivinhe o futuro, evocando os mortos. Faça subir para mim aquele que eu lhe disser". ⁹A mulher,

---

serviço dos filisteus (cf. 21,11-16), os maiores inimigos de Israel? Aqui começa a batalha dos filisteus contra Israel, que resultará na morte de Saul e Jônatas no monte Gelboé (cap. 31), deixando livre para Davi o caminho rumo ao trono. A narrativa se preocupa em mostrar que Davi não participou desta guerra, pois se retirou antes do início (29,6-11).

28,3-25: Em meio à narrativa sobre Davi entre os filisteus, foi introduzido um encontro de Saul com o defunto Samuel. Antes da batalha, Saul precisa consultar Javé (v. 6), que não responde. Desesperado, recorre a uma mulher que evoca os mortos, prática condenada em Israel, principalmente no tempo de Ezequias e Josias (cf. 2Rs 23,24; Is 8,19), e também no pós-exílio (cf. Dt 18,11; Lv 19,31; 20,6.27; 2Cr 33,6). Mais que anunciar o futuro a Saul, quer-se mostrar que sua morte já foi decretada, pois desobedeceu a Javé (v. 18). Em Israel (v. 13), era comum denominar os antepassados como "eloim", ou deuses domésticos.

29,1-11: Continua a narrativa de 28,2: os filisteus estão em Afec (cf. 4,1-11) e se dirigem à planície de

porém, respondeu: "Você deve saber o que fez Saul, que exterminou do país os que evocam mortos e os videntes. Então, por que você está preparando uma armadilha para eu ser morta?" ¹⁰Saul jurou por Javé: "Pela vida de Javé, nenhum mal vai lhe acontecer por causa disso!" ¹¹A mulher então perguntou: "Quem você quer que eu chame?" Saul respondeu: "Chame Samuel". ¹²A mulher viu Samuel, deu um forte grito e disse a Saul: "Por que você me enganou? Você é Saul!" ¹³O rei a tranquilizou: "Não tenha medo. O que é que você está vendo?" A mulher respondeu: "Vejo um eloim subindo da terra". ¹⁴Saul perguntou: "Qual é a aparência dele?" A mulher respondeu: "É de um ancião que sobe, vestido com um manto". Saul compreendeu que era Samuel e prostrou-se com o rosto por terra. ¹⁵Samuel perguntou a Saul: "Por que você me perturbou para me fazer subir?" Saul respondeu: "É que estou em situação desesperadora: os filisteus estão guerreando contra mim. Deus se afastou de mim e não me responde mais, nem pelos profetas, nem por sonhos. Por isso eu vim chamar você, para que me diga o que devo fazer". ¹⁶Samuel respondeu: "Por que você veio me consultar, se Javé se afastou de você e se tornou seu inimigo? ¹⁷Javé fez com você o que já lhe foi anunciado por mim: tirou-lhe a realeza e a entregou a seu amigo Davi, ¹⁸porque você não obedeceu a Javé, não executou o ardor da ira dele contra Amalec. É por isso que Javé hoje trata você desse modo. ¹⁹E Javé vai entregar você e Israel na mão dos filisteus. Amanhã mesmo, você e seus filhos estarão comigo e o acampamento de Israel também, pois Javé o entregará na mão dos filisteus".

²⁰Saul caiu duro no chão, apavorado com as palavras de Samuel. Estava fraco, porque tinha ficado o dia todo e a noite inteira sem comer. ²¹A mulher se aproximou de Saul e, vendo que ele estava apavorado, disse: "Sua serva obedeceu. Arrisquei minha vida para fazer o que você estava pedindo. ²²Agora, é você que vai obedecer à sua serva. Vou lhe trazer um pedaço de pão. Coma e recupere as forças antes de ir embora". ²³Saul, porém, recusou: "Não vou comer nada". Mas seus servos e a mulher insistiram tanto, que ele acabou cedendo: levantou-se do chão e sentou na cama. ²⁴A mulher tinha em casa um novilho cevado. Abateu o novilho, pegou farinha, amassou e assou alguns pães sem fermento. ²⁵Depois serviu a Saul e a seus servos. Eles comeram e puseram-se a caminho na mesma noite.

29 *Davi deixa os filisteus* –

¹Os filisteus concentraram seus exércitos em Afec, enquanto Israel acampou junto à fonte que existe em Jezrael. ²Os príncipes filisteus desfilavam por batalhões e destacamentos. Davi e seus homens vinham na retaguarda com Aquis. ³Os chefes filisteus perguntaram: "O que estão fazendo aqui esses hebreus?" Aquis respondeu aos chefes dos filisteus: "É Davi, o servo de Saul, rei de Israel. Ele já está comigo há dias e anos, e desde o dia em que passou para o meu lado, até agora, nada tenho encontrado contra ele". ⁴Os chefes filisteus se opuseram, dizendo: "Mande embora esse homem. Que ele volte para o lugar que você lhe havia determinado. Não venha para a guerra conosco, senão ele pode se voltar contra nós em pleno combate. Veja bem: a cabeça de nossos homens seria a melhor forma de ele se reconciliar com seu senhor. ⁵Será que esse Davi não é o Davi de quem se cantava dançando: 'Saul matou mil, mas Davi matou dez mil' "?

⁶Então Aquis mandou chamar Davi e disse: "Pela vida de Javé, você é reto e bom. Em suas idas e vindas comigo no acampamento, não tenho encontrado mal em você, desde o dia de sua chegada a mim até o dia de hoje. Mas você não é bem--visto pelos príncipes. ⁷Por isso, volte em paz, para não criar caso com os príncipes". ⁸Davi respondeu a Aquis: "O que foi que eu fiz? Que mal você encontrou neste seu servo, desde o dia em que me coloquei do

---

Jezrael (v. 11) para enfrentar os israelitas junto ao monte Gelboé (cf. 31,1), local de muitas batalhas. A narrativa se preocupa em forjar a saída de Davi antes de começar a batalha, na qual pereceram Saul e Jônatas. O juramento de Aquis em nome de Javé (v. 6) mostra a perspectiva judaíta da narrativa.

30,1-16a: Davi deixa os filisteus, retorna a Siceleg e encontra a cidade saqueada (cf. 1Sm 15). Amalecita era

seu lado até hoje, para que eu não possa combater contra os inimigos de meu senhor o rei?" ⁹Aquis respondeu a Davi: "Eu sei que você é bom. Para mim, você é como se fosse um enviado de Deus. Mas os chefes filisteus disseram que não querem você indo à guerra conosco. ¹⁰Portanto, é melhor que você e os servos de seu senhor que vieram com você se levantem cedo e vão embora ao raiar do dia". ¹¹Davi e seus homens levantaram-se cedo e partiram de manhãzinha, voltando para o país dos filisteus. E os filisteus subiram para Jezrael.

30 Ataque dos amalecitas –
¹Ao terceiro dia, Davi e seus homens chegaram a Siceleg. Os amalecitas haviam atacado o Negueb e Siceleg, arrasando e incendiando Siceleg. ²Aprisionaram as mulheres, crianças e adultos que aí se encontravam. Não mataram ninguém, mas foram embora levando-os consigo. ³Quando Davi e seus homens chegaram, viram a cidade incendiada, e suas esposas, filhos e filhas feitos prisioneiros. ⁴Davi e o povo que estava com ele puseram-se a gritar e chorar até cansar. ⁵As duas mulheres de Davi, Aquinoam de Jezrael e Abigail, mulher de Nabal de Carmel, também tinham sido capturadas. ⁶Davi ficou muito angustiado, porque o povo falou em apedrejá-lo; estavam todos amargurados, cada qual pensando nos seus filhos e filhas. Davi, porém, recobrou ânimo em Javé seu Deus.

⁷Davi disse ao sacerdote Abiatar, filho de Aquimelec: "Traga-me o efod". E Abiatar levou o efod para Davi. ⁸Davi consultou a Javé: "Se eu perseguir esse bando, será que vou alcançá-lo?" Javé respondeu: "Vá atrás deles, porque você os alcançará e libertará os prisioneiros". ⁹Davi e seiscentos homens foram e chegaram ao riacho de Besor. O restante permaneceu. ¹⁰Davi e quatrocentos homens continuaram a perseguição, enquanto duzentos ficaram, pois estavam cansados demais para atravessar o riacho de Besor. ¹¹Encontraram um egípcio no campo e o levaram até Davi. Deram-lhe pão para comer e água para beber. ¹²Deram-lhe doce de figo e dois cachos de uvas passas. Depois de comer, ele se refez, porque tinha ficado três dias e três noites sem comer nem beber. ¹³Davi lhe perguntou: "A quem você pertence e de onde vem?" Ele respondeu: "Eu sou um rapaz egípcio, escravo de um amalecita. Faz três dias que meu senhor me abandonou, porque eu estava doente. ¹⁴Nós atacamos o Negueb dos cereteus, o que pertence a Judá e o Negueb de Caleb, e ainda incendiamos Siceleg". ¹⁵Davi lhe disse: "Você é capaz de me conduzir até esse bando?" O egípcio respondeu: "Jure por Deus que você não vai me matar, nem me entregar nas mãos do meu senhor, que eu o guio até esse bando". ¹⁶ᵃE o egípcio guiou Davi.

Davi derrota os amalecitas – ¹⁶ᵇOs amalecitas estavam espalhados pelo território, comendo, bebendo e fazendo festa com os grandes despojos que haviam tomado da terra dos filisteus e do país de Judá. ¹⁷Davi os atacou desde o amanhecer até a tarde do dia seguinte e ninguém escapou, a não ser quatrocentos rapazes que montavam camelos e conseguiram fugir. ¹⁸Davi recuperou tudo o que os amalecitas haviam tomado, inclusive suas duas mulheres. ¹⁹Não se perdeu nada do que lhes pertencia, coisas pequenas ou grandes. Os despojos que haviam tomado, os filhos e filhas, tudo Davi pôde levar de volta. ²⁰Davi tomou todas as ovelhas e bois. Aqueles que iam na frente desse rebanho diziam: "Aqui estão os despojos de Davi".

²¹Davi chegou até onde estavam os duzentos homens que, esgotados, não o tinham acompanhado e ficaram junto ao

---

um dos povos que Davi saqueava em suas aventuras (cf. 27,8). "Não mataram ninguém" (v. 2) contrasta com as ações de Davi, que não deixava ninguém vivo (cf. 27,9). Mulheres e crianças, as maiores vítimas da guerra, eram aprisionadas. O v. 13 revela como eram tratados os escravos quando doentes. As cidades saqueadas pelos amalecitas (v. 14) localizam-se no sul e sudoeste de Judá.

16b-31: Davi ataca os amalecitas, recupera tudo o que eles tomaram (vv. 18-20) e partilha os despojos por igual (vv. 23-25). Também envia despojos aos anciãos de Judá (vv. 26-30), preparando assim o seu domínio sobre a região. No tempo de Josias, rei da casa davídica quando este texto foi escrito, o poder estava em mãos dos grandes proprietários, chamados de "povo da terra". Foram eles que colocaram Josias no poder (cf. 2Rs 21,24). As cidades que aqui recebem despojos (vv. 27-31) são aquelas onde Josias por primeiro estendeu seu domínio.

31,1-7: Continua o confronto iniciado no cap. 28 e que termina com a morte dramática de Saul (cf. 1Cr

riacho de Besor. Eles foram ao encontro de Davi e do povo. Davi aproximou-se deles e os saudou. ²²Alguns homens maus e de Belial, dentre os que haviam ido com Davi, disseram: "Já que eles não foram conosco, não dê para eles parte nenhuma dos despojos que recuperamos, a não ser a própria mulher e os filhos. Que eles recebam e vão embora!" ²³Davi replicou: "Nada disso, meus irmãos. Não façam uma coisa dessas com o que Javé nos deu. Ele nos protegeu e colocou em nossas mãos o bando que veio contra nós. ²⁴Quem é que vai concordar com o que vocês estão dizendo? De fato, a parte daquele que foi ao combate é a mesma daquele que ficou com as bagagens. Partilha por igual". ²⁵Desse dia em diante, isso ficou como lei e norma para Israel até o dia de hoje.

²⁶Davi entrou em Siceleg e enviou parte dos despojos para os anciãos de Judá, seus partidários, dizendo: "Aqui vai, como presente para vocês, parte dos despojos tomados dos inimigos de Javé". ²⁷E a mandou para os anciãos de Betul, de Ramá do Negueb, de Jatir, ²⁸de Aroer, de Sefamot, de Estemo, ²⁹de Carmel, das cidades de Jerameel, das cidades dos quenitas, ³⁰de Horma, de Bor-Asã, de Eter, ³¹de Hebron, e para os anciãos de todos os lugares por onde Davi e seus homens tinham passado.

31

Morte de Saul – ¹Os filisteus fizeram guerra contra Israel. Os homens de Israel fugiram deles, mas caíram mortos no monte Gelboé. ²Os filisteus perseguiram Saul e seus filhos. Mataram Jônatas, Abinadab e Melquisua, filhos de Saul. ³Todo o peso do combate se concentrou sobre Saul. Os arqueiros o surpreenderam e ele temeu muito diante dos que atiravam. ⁴Saul disse a seu escudeiro: "Desembainhe a espada e me atravesse com ela, antes que cheguem esses incircuncisos, me matem e caçoem de mim". O escudeiro ficou apavorado e não quis obedecer. Então Saul pegou a própria espada e jogou-se sobre ela. ⁵Vendo que Saul estava morto, o escudeiro também se jogou sobre sua espada e morreu com Saul. ⁶Desse modo, no mesmo dia morreram Saul, seus três filhos, seu escudeiro e todos os seus homens. ⁷Quando os homens de Israel que estavam do outro lado do vale e do outro lado do Jordão viram que os homens de Israel tinham fugido e que Saul e seus filhos estavam mortos, também abandonaram suas cidades e fugiram. Os filisteus chegaram e as ocuparam.

Enterro de Saul – ⁸No dia seguinte, os filisteus foram saquear os mortos e encontraram Saul e seus três filhos mortos no monte Gelboé. ⁹Cortaram a cabeça de Saul, o despojaram de suas armas e os enviaram por todo o território filisteu, para anunciar a boa notícia ao templo de seus ídolos e a seu povo. ¹⁰Depositaram as armas de Saul no templo das astartes e penduraram seu corpo na muralha de Betsã.

¹¹Os cidadãos de Jabes de Galaad souberam o que os filisteus tinham feito com Saul. ¹²Então todos os homens valentes se levantaram e se puseram a caminho durante a noite toda. Tiraram o corpo de Saul e os corpos de seus filhos da muralha de Betsã e os levaram para Jabes, onde os queimaram. ¹³Depois recolheram os ossos, enterraram debaixo da tamareira de Jabes e fizeram o jejum de sete dias.

10,13-14; Jz 9,54) e de seus filhos (cf. 14,49). A derrota de Israel é total. Os filisteus se apossam do vasto e fértil vale de Jezrael, prova do poder que alguma vez tiveram na região. A expressão "incircuncisos" (v. 4) revela a presença da redação pós-exílica.

8-13: As armas de Saul são colocadas no templo das astartes (cf. 7,3) como troféu de guerra, assim como se fez com a espada de Golias (cf. 21,10). Seu corpo é pendurado nas muralhas da cidade de Betsã, para intimidar os inimigos. A atitude dos galaaditas (vv. 11-13) mostra a forte relação que Israel teve com esta região (1Sm 11; Jz 21,8-14). Como se deu com Débora (cf. Jz 4,5), os restos mortais de Saul são enterrados debaixo de uma tamareira (v. 13), árvore sagrada (cf. Gn 35,8), na região onde ele também reinara (cf. 14,2; 22,6). Prova de que Saul, mais do que rei, foi chefe tribal e juiz.

SEGUNDO LIVRO DE SAMUEL

1

Davi é informado sobre a morte de Saul – ¹Depois da morte de Saul, aconteceu que Davi, tendo derrotado os amalecitas, voltou e ficou dois dias em Siceleg. ²No terceiro dia, um homem chegou do acampamento de Saul com as roupas rasgadas e com terra sobre a cabeça. Quando se aproximou de Davi, caiu por terra e se prostrou. ³Davi lhe perguntou: "De onde vem você?" Ele respondeu: "Escapei do acampamento de Israel". ⁴Davi perguntou: "Como foi isso? Diga-me!" Ele respondeu: "O povo fugiu da batalha e muitos morreram. Também Saul e seu filho Jônatas morreram". ⁵Davi perguntou ao jovem mensageiro: "Como você sabe que Saul e seu filho Jônatas morreram?" ⁶O jovem mensageiro respondeu: "Eu por acaso me encontrava no monte Gelboé e vi Saul que se apoiava sobre sua lança, e muito perto os carros e cavaleiros que o perseguiam. ⁷Então ele se virou para trás e me viu. Chamou-me e eu respondi: 'Eis-me aqui!' ⁸Ele me perguntou: 'Quem é você?' Eu respondi: 'Sou um amalecita'. ⁹Então ele me disse: 'Venha sobre mim e me mate, porque estou agonizando e todo o meu sopro de vida ainda está em mim'. ¹⁰Lancei-me sobre ele e o matei, pois sabia que não poderia sobreviver depois de sua queda. Peguei então a coroa da sua cabeça e o bracelete do seu braço e os trouxe aqui para o meu senhor".

¹¹Então Davi pegou as próprias roupas e rasgou-as. E todos os homens que estavam com ele fizeram o mesmo. ¹²Lamentaram, choraram e fizeram jejum até o entardecer, por Saul e por seu filho Jônatas, e pelo povo de Javé e pela casa de Israel, porque eles tombaram pela espada. ¹³Então Davi perguntou ao jovem mensageiro: "De onde você é?" Ele respondeu: "Sou filho de um homem estrangeiro, sou amalecita". ¹⁴E Davi lhe perguntou: "Como você não temeu levantar a mão para matar o ungido de Javé?" ¹⁵Então Davi chamou um dos rapazes e lhe disse: "Aproxime-se e mate-o!" O rapaz o golpeou e ele morreu. ¹⁶Então Davi disse: "Que seu sangue recaia sobre sua cabeça, pois sua boca testemunhou contra você ao dizer: 'Eu matei o ungido de Javé'".

Lamento por Saul e Jônatas – ¹⁷Davi entoou este lamento por Saul e seu filho Jônatas. ¹⁸E ordenou que fosse ensinado aos filhos de Judá como Hino do Arco, conforme está escrito no Livro do Justo.

1,1-16: Continua a narrativa de 1Sm (cf. 1Sm 30,1.26), segundo a qual Davi se encontra em Siceleg (cf. 1Sm 27,6; Js 15,31; 19,5). A versão sobre a morte de Saul aqui difere de 1Sm 31,1-7, onde os arqueiros é que perseguem Saul (31,3), e não os carros; onde um escudeiro é que está com Saul (31,4), e não o amalecita; e onde Saul se lança sobre sua espada (31,4), e não sobre sua lança. O relato quer inocentar Davi da trágica morte de Saul (cf. 3,22-39). Toda a culpa recai sobre o jovem amalecita. O caminho ao trono está livre (cf. 1Sm 24,1-8; 26,7-12). A coroa e o bracelete de Saul, provas do crime (16,7-8), agora estão em mãos de Davi: são levados pelo jovem amalecita, que em troca recebe a morte.

17-27: Os vv. 17-18 introduzem o hino que, apesar de se dirigir a Israel (v. 19), é atribuído a Davi, que é de Judá (v. 17). O v. 18 faz referência a duas tradições antigas que se perderam: uma é o Hino do Arco, e a outra é o Livro do Justo (cf. Js 10,13). Os vv. 19-25 estão estruturados

¹⁹A honra de Israel foi abatida
no alto de suas montanhas.
Como caíram os valentes?
²⁰Não anunciem isso em Gat,
nem proclamem nas ruas de Ascalon,
para que as filhas dos filisteus
não se alegrem,
nem as filhas dos incircuncisos
se regozijem.
²¹Montanhas de Gelboé,
nem o orvalho nem a chuva
caiam sobre vocês.
Não haja campos que produzam
tributos,
porque aí foi desonrado o escudo
dos valentes.
O escudo de Saul não foi ungido
com óleo,
²²mas com o sangue dos feridos
e com a gordura dos valentes.
O arco de Jônatas não recuava
e a espada de Saul não voltava vazia.
²³Saul e Jônatas, amados e queridos,
na vida e na morte não se separaram.
Eram mais rápidos que as águias
e mais fortes que os leões.
²⁴Filhas de Israel, chorem por Saul,
aquele que vestia vocês com escarlate
e luxo,
aquele que adornava de ouro o vestido
de vocês.
²⁵Caíram os valentes no meio da batalha,
e Jônatas sobre suas montanhas pereceu.
²⁶Estou angustiado por você,
meu irmão Jônatas!
Você era muito querido para mim!
Seu amor para mim era mais
maravilhoso
que o amor de mulheres!
²⁷Caíram os valentes
e pereceram as armas de guerra!

3. Davi, rei de Judá

2 *Davi é ungido rei em Hebron* – ¹Depois disso, aconteceu que Davi consultou a Javé: "Poderei subir a uma das cidades de Judá?" Javé respondeu: "Suba". Então Davi perguntou: "Para onde devo subir?" Javé respondeu: "A Hebron". ²E Davi subiu para lá com suas duas mulheres: Aquinoam, a jezrealita, e Abigail, mulher de Nabal do Carmel. ³Davi fez subir também seus homens, cada um com sua família. E se estabeleceram nas aldeias de Hebron. ⁴Foram então os homens de Judá, e aí ungiram Davi como rei sobre a casa de Judá.

Informaram a Davi que os homens de Jabes de Galaad é que tinham sepultado Saul. ⁵Então Davi enviou mensageiros aos habitantes de Jabes de Galaad e lhes disse: "Vocês são benditos por Javé, porque agiram com benevolência sepultando a Saul, seu senhor. ⁶Que Javé aja com vocês com benevolência e lealdade. Eu também agirei com vocês com a mesma bondade que vocês tiveram. ⁷E agora, sejam fortes as mãos de vocês, e sejam filhos valentes, pois Saul, o senhor de vocês, está morto. Porém, a casa de Judá já me ungiu como seu rei".

Isboset, rei sobre todo o Israel – ⁸Abner, filho de Ner, comandante do exército de Saul, tomou Isboset, filho de Saul, e o levou a Maanaim. ⁹Ele o constituiu rei sobre Galaad, sobre os aseritas, sobre Jezrael, Efraim, Benjamin e sobre todo o Israel. ¹⁰Isboset tinha quarenta anos quando se tornou rei de Israel, e reinou dois anos. A casa de Judá, porém, seguia a Davi. ¹¹O tempo que Davi reinou sobre a casa de Judá, em Hebron, foi de sete anos e seis meses.

---

em forma concêntrica. No v. 26 Davi se dirige exclusiva e diretamente a Jônatas, declarando-lhe amor (cf. 1Sm 18,1; 19,1-7; 20; 23,16-18).

2-4: Davi é ungido rei de Judá, mas sua meta é a realeza em todo Israel. Para isso, precisa remover muitos obstáculos. As pessoas que se encontram entre ele e o trono são eliminadas uma após outra, e Davi é inocentado de todas as mortes.

2,1-7: Com a morte de Saul, Davi começa a escalada ao poder. Primeiro, deixa o refúgio em Siceleg e ocupa Hebron, onde é ungido rei sobre a casa de Judá (vv. 1-4a) e onde vai reinar sete anos e seis meses (2,11). Em Hebron se encontra o santuário dos patriarcas e matriarcas (cf. Gn 13,18; 23,19; 25,7-10; 35,27-29). Depois, Davi fortalece as relações com Jabes de Galaad (vv. 4b-7), no norte da Transjordânia (cf. Jz 21,8-14). Jabes de Galaad, região rica em pastagens, era muito ligada a Saul, e foi esse povo que o proclamou rei (cf. 1Sm 11; 2Sm 21,12).

8-11: Enquanto Davi é proclamado rei sobre Judá, Isboset é constituído rei sobre Israel. Temos, portanto, dois reinos: um com base em Hebron e o outro em Maanaim, na Transjordânia (cf. 2Sm 17, 24). A grande maioria (v. 9) fica com Isboset e Abner (cf. 1Sm 14,50-51; 17,55; 20,25; 26,5-16). Davi fica somente com a casa de Judá (v. 10b). Isso mostra que Israel, no norte, sempre foi mais forte que Judá, no sul. O nome verdadeiro de Isboset era Isbaal ("homem de Baal", cf. 1Cr 8, 33; 9,39), que em 1Sm 14,49 é chamado de Jesuí ("homem de

Guerra entre Israel e Judá – ¹²Abner, filho de Ner, e os servos de Isboset, filho de Saul, deixaram Maanaim e seguiram para Gabaon. ¹³Também Joab, filho de Sárvia, e os servos de Davi partiram e se defrontaram todos, perto do açude de Gabaon. Estes ficaram de um lado do açude, e aqueles do outro lado. ¹⁴Abner disse a Joab: "Que se levantem os jovens e lutem diante de nós". Então Joab disse: "Levantem-se!" ¹⁵E se levantaram e avançaram doze de Benjamim e de Isboset, filho de Saul, e doze servos de Davi. ¹⁶Cada um agarrou seu adversário pela cabeça e lhe cravou a espada no costado. E todos juntos caíram. Por isso é que esse lugar se chamou Campo das Espadas, que fica em Gabaon. ¹⁷A batalha foi muito cruel nesse dia. Abner e os homens de Israel foram derrotados pelos servos de Davi.

¹⁸Estavam aí três filhos de Sárvia: Joab, Abisaí e Asael. Asael tinha os pés velozes como os de uma gazela do campo; ¹⁹correu atrás de Abner, sem se desviar nem para a direita nem para a esquerda. ²⁰Abner virou-se e disse: "É você, Asael?" Ele respondeu: "Sou eu". ²¹Disse então Abner: "Desvie para sua direita ou para sua esquerda, agarre um dos jovens e tome para você os seus despojos". Mas Asael não quis afastar-se dele. ²²Abner disse novamente: "Desvie-se de mim. Por que hei de abater você por terra? Como poderia eu encarar seu irmão Joab?" ²³Mas ele não quis afastar-se. Então Abner o feriu no abdômen com a lança até o cabo. A lança lhe saiu pelas costas, e ele caiu e morreu aí mesmo. Sucedeu que todos os que chegavam ao lugar onde Asael havia caído e morrido, paravam.

²⁴Joab e Abisaí se lançaram em perseguição a Abner. Ao pôr do sol, eles chegaram ao monte Amá, que fica diante de Gaia, junto ao caminho do deserto de Gabaon. ²⁵Os filhos de Benjamim se juntaram atrás de Abner como um só grupo e se detiveram sobre o alto de um monte. ²⁶Então Abner gritou a Joab, dizendo: "Será que a espada vai devorar para sempre? Por acaso você não sabe a amargura que haverá no final? Quando enfim vai ordenar ao povo que deixe de perseguir os seus irmãos?" ²⁷Respondeu Joab: "Tão certo como Deus vive, se você não tivesse falado, só pela manhã o povo iria deixar de perseguir cada um ao seu irmão". ²⁸Então Joab soou a trombeta; e todo o povo se deteve e não perseguiu mais a Israel. E não insistiam mais em combatê-los.

²⁹Abner e seus homens marcharam pela Arabá toda essa noite, passaram o Jordão, percorreram todo o Bitron e chegaram a Maanaim. ³⁰Quando Joab deixou de perseguir Abner, reuniu todo o povo, e faltavam dentre os servos de Davi dezenove homens e Asael. ³¹Os servos de Davi, porém, abateram trezentos e sessenta homens de Benjamim e de Abner. ³²Tomaram Asael e o enterraram no túmulo de seu pai, que está em Belém. Joab e seus homens marcharam toda a noite e amanheceram em Hebron.

3 ***Os filhos de Davi em Hebron*** – ¹A guerra entre a casa de Saul e a casa de Davi foi longa. Davi ia se fortalecendo, enquanto a casa de Saul se enfraquecia. ²Nasceram filhos a Davi em Hebron. O seu primogênito foi Amnon, de Aquinoam, a jezraelita. ³O segundo foi Queleab, de Abigail, mulher de Nabal do Carmel. O terceiro foi Absalão, filho de Maaca, filha de Tolmai, rei de Gessur. ⁴O quarto foi Adonias, filho de Hagit. O quinto foi Sefatias, filho de Abital. ⁵O sexto foi Jetraam, de Egla, mulher de Davi. Esses nasceram a Davi, em Hebron.

Abner quer o poder em Israel – ⁶Durante a guerra entre a casa de Saul e a casa de Da-

---

Javé"), mas o redator jerusalemita prefere chamar de Isboset ("homem da vergonha").
12-32: Começa a batalha decisiva pelo domínio sobre os dois reinos. Por um lado está Abner, com os homens de Isboset, querendo defender o antigo reino de Saul; e por outro está Joab (cf. 2Sm 8,16;20,23), com os homens de Davi, querendo impor o domínio judaíta. A batalha acontece junto ao açude de Gabaon, ao norte de Jerusalém (cf. Jr 41,12). A linguagem usada (vv. 18-23.24-28) mostra que o conflito é entre irmãos.

3,1-5: Os filhos nascidos em Hebron, identificados com o tribalismo, vão conflitar mais tarde com os filhos nascidos em Jerusalém (cf. 2Sm 5,13-16; 1Cr 3,1-4), identificados com o sistema da cidade-estado (cf. 1Rs 1-2).
6-11: A culpa pela queda do poder, na casa de Saul, é aqui atribuída a uma disputa interna entre Abner e Isboset. O conflito se dá em torno de Resfa, concubina de Saul (cf. 2Sm 21,8-11). A atitude de Abner para se unir a ela é uma tentativa de tomar de Isboset o trono (cf. 2Sm 12,7-8; 16,20-23; 1Rs 2,15-25).

vi, aconteceu que Abner ia se fortalecendo na casa de Saul. ⁷Saul tivera uma concubina. Seu nome era Resfa, filha de Aías. Isboset disse a Abner: "Por que você foi até a concubina de meu pai?" ⁸Então Abner se enfureceu muito por causa das palavras de Isboset e disse: "Acaso sou uma cabeça de cão em Judá? Agi até hoje com bondade para com a casa de seu pai Saul, com seus irmãos e seus amigos, e não entreguei você nas mãos de Davi. Contudo, hoje você me pede conta do pecado com essa mulher? ⁹Que Deus faça a Abner isto e lhe acrescente mais, se eu não fizer a Davi o que Javé lhe jurou: ¹⁰retirar o reino da casa de Saul e estabelecer o trono de Davi sobre Israel e sobre Judá, desde Dã até Bersabeia". ¹¹Isboset não pôde responder palavra nenhuma, por medo de Abner.

Abner se alia a Davi – ¹²Abner enviou mensageiros em seu nome a Davi, dizendo: "De quem é a terra? Faça aliança comigo, e você terá minha mão consigo para reunir todo o Israel em torno de você". ¹³Davi respondeu: "Está bem. Farei aliança com você. Mas uma coisa lhe peço: se na sua vinda você não trouxer Micol, a filha de Saul, você não verá o meu rosto". ¹⁴E Davi enviou mensageiros a Isboset, filho de Saul, para dizerem: "Entregue minha mulher Micol, que adquiri por cem prepúcios de filisteus". ¹⁵E Isboset mandou tomá-la do marido Faltiel, filho de Laís. ¹⁶Seu marido a seguiu. Chorando, caminhou atrás dela até Baurim. Então Abner lhe disse: "Vá embora, volte!" E ele voltou.

¹⁷Abner falou com os anciãos de Israel, dizendo: "No passado vocês buscavam Davi para que reinasse sobre vocês. ¹⁸Chegou o momento de agir, porque Javé falou a Davi, dizendo: 'Pela mão de Davi, meu servo, livrarei meu povo Israel da mão dos filisteus e da mão de todos os seus inimigos'". ¹⁹Abner falou isso aos ouvidos de Benjamim e também aos ouvidos de Davi em Hebron,

tudo o que era bom aos olhos de Israel e aos olhos de toda a casa de Benjamim.

²⁰Abner foi até Davi, em Hebron, com vinte homens. E Davi ofereceu um banquete para Abner e para os homens que estavam com ele. ²¹Então Abner falou a Davi: "Vou me levantar e ir, a fim de reunir todo o Israel para o meu senhor o rei. Farão uma aliança com você, e você reinará sobre todas as coisas que sua vida deseja. E Davi despediu Abner, que partiu em paz.

Morte de Abner – ²²Aconteceu que os servos de Davi e Joab voltavam de uma incursão e traziam muitos despojos. Abner já não estava com Davi em Hebron, pois este o havia despedido em paz. ²³Quando voltaram Joab e todo o exército que com ele estava, disseram-lhe: "Abner, filho de Ner, veio ter com o rei, que o deixou partir em paz". ²⁴Então Joab foi ao rei e lhe disse: "O que você fez? Eis que Abner veio até você e tornou a ir. Por que você o deixou partir? ²⁵Você conhece Abner, o filho de Ner. Foi para o enganar que ele veio. E para conhecer sua ida e sua vinda, e para saber tudo o que você faz". ²⁶Joab saiu da presença de Davi e enviou mensageiros atrás de Abner. E o fizeram voltar do poço de Sira, sem que Davi soubesse. ²⁷Quando Abner voltou para Hebron, Joab o levou à parte, até o interior da porta, para lhe falar em segredo. Aí o feriu no abdômen, e ele morreu pelo sangue de Asael, irmão de Joab.

Davi é inocentado da morte de Abner – ²⁸Ao ouvir isso, Davi disse: "Eu e meu reino somos inocentes, perante Javé, para sempre, do sangue de Abner, filho de Ner. ²⁹Que ele recaia sobre a cabeça de Joab e sobre toda a casa de seu pai. Que não deixe de existir na casa de Joab quem sofra de gonorreia, nem quem seja leproso, nem quem empunhe a roca, nem quem caia pela espada, nem a quem lhe falte o pão". ³⁰Assim, Joab e seu irmão Abisaí assassinaram Abner, porque este lhes havia matado o irmão Asael na batalha de Gabaon.

12-21: Não conseguindo o poder em Israel, Abner passa para o lado de Davi, que vê nisso uma excelente oportunidade para derrocar a casa de Saul. Como exigência, Davi quer Micol, filha de Saul (cf. 1Sm 18; 19,8-24; 25,44).

22-27: A negociação entre Davi e Abner acontece na ausência de Joab (vv. 21.22.26), e isso revela que Davi já começa a distanciar-se de Joab e de suas ações. Assim,

Davi é inocentado da morte de Abner, caracterizada unicamente como vingança de Joab pela morte do irmão Asael (cf. 2,20-24; 3,27.30; Nm 35,19).

28-39: "Eu e meu reino somos inocentes" (v. 28) e "o rei não foi o assassino de Abner" (v. 37) são afirmações com o propósito de inocentar publicamente Davi. A culpa recai toda sobre Joab e sobre a casa de seu pai (v. 29). A reação de Davi diante da morte de Abner lembra sua

³¹Davi disse a Joab e a todo o povo que com ele estava: "Rasguem as roupas de vocês, vistam panos de saco e façam luto diante de Abner". E o rei Davi seguiu atrás, acompanhando o enterro. ³²Sepultaram Abner em Hebron. Então o rei levantou a voz e chorou junto à sepultura de Abner, e todo o povo chorou. ³³O rei entoou um lamento por Abner, dizendo: "Abner morrerá como um desprezado? ³⁴Suas mãos não estavam atadas e seus pés não estavam presos em grilhões. Você caiu como se cai diante dos filhos da maldade". E todo o povo tornou a chorar por ele.

³⁵Em seguida, todo o povo foi a Davi para fazê-lo comer pão, enquanto ainda era dia. Mas Davi jurou, dizendo: "Que Deus faça isto e acrescente ainda mais, se antes do pôr do sol eu provar pão ou qualquer outra coisa". ³⁶E todo o povo observou isso e lhe pareceu bem, como era bom aos olhos de todo o povo tudo o que o rei fazia. ³⁷Todo o povo e todo o Israel perceberam, nesse dia, que o rei não foi o assassino de Abner, filho de Ner. ³⁸Então o rei disse a seus servos: "Vocês não sabem que um príncipe, um grande homem, tombou neste dia em Israel? ³⁹Eu hoje sou fraco, apesar de ungido rei, e esses homens, filhos de Sárvia, são mais fortes do que eu. Que Javé retribua ao malvado segundo a sua maldade".

4 Morte de Isboset –

¹Quando o filho de Saul ouviu que Abner havia morrido em Hebron, suas mãos fraquejaram e todo o Israel ficou transtornado. ²Ora, o filho de Saul tinha dois homens que eram chefes de bandos. Um se chamava Baana e o outro Recab. Eram filhos de Remon, o berotita, e de Benjamim, pois também Berot era considerada de Benjamim. ³Os berotitas haviam fugido para Getaim e aí viviam como imigrantes até esse dia. ⁴Jônatas, filho de Saul, tinha um filho deficiente dos pés. O filho tinha cinco anos, quando chegou de Jezrael a notícia sobre Saul e Jônatas. Sua ama o agarrou, e na pressa de fugir aconteceu que ele caiu e ficou manco. Seu nome era Mefiboset.

⁵Os filhos de Remon, o berotita, Recab e Baana, foram à casa de Isboset, e chegaram no maior calor do dia, quando Isboset fazia a sesta do meio-dia. ⁶Entraram no interior da casa, como para buscar trigo, e o feriram no abdômen. Então Recab e seu irmão Baana escaparam. ⁷Tinham entrado na casa dele quando estava deitado na cama do seu quarto. Aí o feriram e o mataram, e lhe cortaram a cabeça. Tomaram-lhe a cabeça e foram pelo caminho da Arabá a noite toda. ⁸Levaram a cabeça de Isboset a Davi, em Hebron, e disseram ao rei: "Eis aqui a cabeça de Isboset, filho de Saul, o seu inimigo que buscava tirar-lhe a vida. Javé deu, neste dia de hoje, ao meu senhor o rei, uma grande vingança contra Saul e sua descendência".

⁹Davi respondeu a Recab e a seu irmão Baana, filhos de Remon, o berotita, dizendo-lhes: "Tão certo como vive Javé, que livrou a minha vida de todo perigo! ¹⁰Aquele que me anunciou, dizendo: 'Saul está morto', quando achava que era portador de boa notícia, eu o agarrei e o matei em Siceleg. Este foi meu pagamento a ele pela boa notícia. ¹¹Muito mais, quando homens malvados mataram um homem justo, na sua casa, sobre seu leito. Não hei de pedir contas a vocês do sangue dele e exterminar vocês da terra?" ¹²Então Davi ordenou aos jovens, e estes os mataram. Cortaram-lhes as mãos e os pés e os penduraram perto do açude de Hebron. A cabeça de Isboset, porém, eles a pegaram e enterraram na sepultura de Abner, em Hebron.

4. Davi, rei de Israel

5 Davi, rei de Israel –

¹Todas as tribos de Israel foram a Davi em Hebron e disseram: "Eis-nos aqui, somos seus ossos

---

reação diante da morte de Saul e Jônatas (2Sm 1,17-27).

4,1-12: Esta é a terceira morte que a casa de Davi tem de justificar. Tudo indica que Saul havia anexado Berot a Benjamim (cf. Js 9,17 e 18,25), obrigando muitos habitantes a migrar para Getaim. Esse parece ser o motivo do assassinato de Isboset (21,1-9). O v. 4 é uma inclusão que continua em 9,1-13. O nome Mefiboset é um caso similar ao de Isboset (2,8; cf. 1Cr 8,34; 9,40). O v. 6 está corrompido, e por isso algumas versões seguem a Setenta. Com a morte de Isboset, cai o último obstáculo.

5-8: Começa o relato do reinado de Judá sobre Israel, sonho não realizado pelo rei Josias, da casa davídica, mas somente pelos asmoneus. Também aqui é possível encontrar três níveis redacionais: um antigo, outro do período josiânico e outro do pós-exílio.

5,1-5: Este fato será um marco referencial para a dinastia davídica (cf. 1Sm 16; 1Cr 11,1-3). Os vv. 1 e 2 afirmam que todas as tribos foram a Davi, mas o v. 3 diz que eram só os anciãos. As revoltas constantes, como a de

e sua carne. ²Já no passado, quando Saul reinava sobre nós, era você quem conduzia Israel para dentro e para fora. E Javé lhe disse: 'Você apascentará meu povo Israel, e será o chefe sobre Israel' ". ³Todos os anciãos de Israel foram até o rei em Hebron. Então Davi fez aliança com eles em Hebron, diante de Javé. E eles ungiram Davi como rei sobre Israel.

⁴Davi tinha trinta anos quando se tornou rei, e reinou quarenta anos. ⁵Em Hebron reinou sete anos e seis meses sobre Judá. E em Jerusalém reinou trinta e três anos sobre Israel todo e Judá.

Conquista de Jerusalém – ⁶O rei e seus homens partiram para Jerusalém contra os jebuseus, que habitavam essa terra. Disseram estes a Davi: "Você não entrará aqui, porque até os cegos e os aleijados você terá de desalojar", como para dizer: "Davi não entrará aqui". ⁷Mas Davi conquistou a fortaleza de Sião. Ela é a Cidade de Davi. ⁸Nesse dia, Davi falou: "Todo aquele que deseja golpear os jebuseus, que alcance o canal. Quanto aos aleijados e aos cegos, são odiados por Davi". Por isso se diz: "Cego e aleijado não entrará na casa".

⁹Davi morou na fortaleza e a chamou Cidade de Davi. Em seguida, Davi construiu ao redor dela, desde o Melo até o interior.

¹⁰Davi ia crescendo em poder, pois Javé, o Deus dos exércitos, estava com ele.

¹¹Hiram, rei de Tiro, enviou mensageiros a Davi com madeira de cedro, carpinteiros e pedreiros. E eles construíram uma casa para Davi. ¹²Então Davi compreendeu que Javé o tinha estabelecido rei sobre Israel e que elevava seu reino em favor de seu povo Israel.

¹³Depois de vir de Hebron, Davi tomou mais concubinas e mulheres de Jerusalém. E mais filhos e filhas nasceram a Davi. ¹⁴Estes são os nomes dos que lhe nasceram em Jerusalém: Samua, Sobab, Natã e Salomão; ¹⁵Jebaar, Elisua, Nafeg e Jáfia; ¹⁶Elisama, Eliada e Elifalet.

Vitória contra os filisteus – ¹⁷Quando os filisteus ouviram que Davi tinha sido ungido rei sobre Israel, subiram todos à procura dele. Mas, ao ouvir isso, Davi desceu para a fortaleza. ¹⁸Os filisteus chegaram e se espalharam pelo vale dos Rafaim. ¹⁹Davi consultou a Javé dizendo: "Devo subir contra os filisteus? Tu os entregarás em minhas mãos?" Javé respondeu a Davi: "Suba! Certamente que entregarei os filisteus em suas mãos". ²⁰Então Davi foi a Baal-Farasim, e aí os venceu. Davi disse: "Javé abriu uma brecha entre meus inimigos, diante de mim, como uma brecha de águas". Por isso chamou a esse lugar com o nome de Baal-Farasim. ²¹Eles abandonaram aí seus ídolos, e Davi e seus homens os levaram.

²²Os filisteus tornaram a subir e se espalharam pelo vale dos Rafaim. ²³Davi consultou a Javé, que respondeu: "Não suba! Dê a volta por trás deles e os ataque em frente às amoreiras. ²⁴Acontecerá isto: quando você ouvir um rumor de marcha na copa das amoreiras, então se apresse, porque é Javé quem sai diante de você para combater o acampamento dos filisteus". ²⁵Davi procedeu como Javé havia ordenado. E abateu os filisteus desde Gabaon até a entrada de Gazer.

Absalão (15,1-18,18), de Seba (20,1-22) e de Jeroboão (1Rs 12), são provas de que nunca foi unânime a submissão do norte a Jerusalém. Tudo não passa de um sonho dos reis de Judá, como Josias (640-609 a.C.), para legitimar seu projeto expansionista.

6-16: Davi conquista Jerusalém dos jebuseus (cf. Ex 3,8.17; Dt 7,1; Js 15,63; Jz 1,21), com seu exército mercenário (v. 6; cf.1Sm 22) e possivelmente usando o canal de água (v. 8; cf. Jz 1,24-25; 1Cr 11,6). Davi se apropria da estrutura desta cidade-estado com sua religião, para a administração do reino. Nesse tempo, Jerusalém era cidade insignificante, com pouco mais de mil habitantes. Ela só ganhou importância após a queda da Samaria (722 a.C.). A conquista mostra que Jerusalém não pertenceu sempre a Judá. A menção ao templo (v. 8), no qual cegos e outros especiais não podem entrar (Lv 21,17-21; Dt 23,2), prova que a redação é bem posterior ao fato. Melo (v. 9) é um aterro onde serão construídos mais tarde o templo e o palácio (cf. 1Rs 9,15.24; 11,27).

17-25: Os filisteus dominavam a região, e Judá lhes era vassalo (1Sm 4; 13,3-14,46; 28; 31). As batalhas, que têm uma ordem cronológica confusa (8,1; 21; 23), acontecem no vale dos Rafaim, a sudoeste de Jerusalém (cf. Js 15,8; 18,16; 1Cr 14,8-17). Os ídolos são levados por Davi (v. 21); essa presa de guerra lembra a captura da arca pelos filisteus (1Sm 4-6). A manifestação de Javé no estrondo do vento (v. 24), típica na monarquia (1Sm 7,10; 12,18), difere da brisa suave no monte Horeb (1Rs 19,11-12).

6 Davi busca a arca

¹Davi reuniu todos os melhores jovens de Israel, em número de trinta mil. ²E partiu com todo o povo que estava com ele para Baala de Judá, a fim de buscar daí a arca de Deus, sobre a qual foi invocado um nome, o nome de Javé dos exércitos, que está sentado sobre os querubins. ³Colocaram a arca de Deus sobre um carro novo e a levaram da casa de Abinadab, que estava sobre uma colina. Oza e Aio, filhos de Abinadab, conduziam o carro novo. ⁴Partiram, portanto, da casa de Abinadab, que está na colina, com a arca de Deus. Aio ia diante da arca. ⁵Davi e toda a casa de Israel dançavam diante de Javé com instrumentos de cipreste, harpas, saltérios, pandeiros, flautas e címbalos. ⁶Ao chegarem à eira de Nacon, os bois tropeçaram e Oza tocou a arca de Deus e a segurou. ⁷A ira de Javé se acendeu contra Oza, e Deus o feriu aí, por essa imprudência. E aí mesmo ele morreu, junto à arca de Deus. ⁸Davi se irritou, porque Javé tinha aberto uma brecha e atacado Oza. E deu a esse lugar o nome de Farés-Oza, até hoje.

⁹Nesse dia, Davi teve medo de Javé e disse: "Como a arca de Javé pode vir a mim?" ¹⁰E Davi não quis levar a arca de Javé para junto de si, na cidade de Davi. Fez então que a levassem para a casa de Obed-Edom, o guitita. ¹¹A arca de Javé ficou na casa de Obed-Edom, o guitita, por três meses. E Javé abençoou Obed-Edom e toda a sua casa.

Translado da arca para Jerusalém – ¹²Avisaram a Davi, dizendo: "Javé abençoou a casa de Obed-Edom e tudo o que é dele, por causa da arca de Deus". Então Davi foi e fez subir a arca de Deus da casa de Obed-Edom para a cidade de Davi, com alegria. ¹³E aconteceu isto: cada vez que os carregadores da arca de Javé andavam seis passos, ele sacrificava um touro e um novilho cevado. ¹⁴Cingido com um efod de linho, Davi dançava com toda a energia diante de Javé. ¹⁵E assim Davi e toda a casa de Israel faziam subir a arca de Javé com júbilo e ao som da trombeta. ¹⁶Quando a arca de Javé estava entrando na cidade de Davi, Micol, filha de Saul, olhou da janela e viu o rei Davi pulando e dançando diante de Javé. Ela no coração o desprezou. ¹⁷Levaram a arca de Javé e a colocaram em seu lugar, na tenda que Davi lhe havia armado. Davi ofereceu holocaustos diante de Javé e sacrifícios de paz. ¹⁸Depois que terminou de oferecer os holocaustos e os sacrifícios de paz, Davi abençoou o povo em nome de Javé dos exércitos. ¹⁹Então Davi repartiu para todo o povo, para toda a multidão de Israel, tanto homem quanto mulher, um pedaço de pão, uma torta de tâmaras e uma torta de passas. Depois, todo o povo foi embora, cada um para sua casa.

²⁰Davi voltou para abençoar a sua casa. Micol, filha de Saul, saiu a seu encontro e disse: "Como se fez exaltar hoje o rei de Israel, quando se desnudou diante dos olhos das criadas e dos seus servos. Desnudou-se como se desnuda uma pessoa vulgar". ²¹Davi respondeu a Micol: "Diante de Javé, que me preferiu a seu pai e a toda a casa dele, para me constituir chefe sobre o povo de Javé, sobre Israel, é diante de Javé que eu dancei. ²²Eu me rebaixarei ainda mais do que isso, e serei humilhado aos olhos de você; mas, pelas criadas de quem você falou, por elas eu serei honrado". ²³E Micol, filha de Saul, não teve filho até o dia de sua morte.

7 Tenda ou casa para Javé?

¹Quando o rei foi morar na sua casa, aconteceu que Javé lhe havia dado sossego diante

---

6,1-11: Davi quer transformar Jerusalém no centro político e religioso de Israel. Por isso, vai a Baala, antigo nome de Cariat-Iarim (Js 15,9.60; 18,14; Cr 13,6), para buscar a arca de Deus (cf. 1Sm 4-6). Transferida para Jerusalém, ela deixa de ser sinal da presença de Deus no meio das tribos e passa a ser legitimadora da monarquia; o santuário popular de Silo é substituído pela cidade-estado, Jerusalém. O conceito de um Deus tão próximo ao povo, dentro da casa de Abinadab (v. 3), passa a ser o temível Javé dos exércitos (v. 2), que ninguém pode tocar, sob pena de morte (v. 7), e que infunde medo até no rei (v. 9). Essa teologia ganha força no pós-exílio (cf. Ex 25,10-16; Lv 17; Nm 4,5-20).

12-23: Davi unifica em sua pessoa o poder político e religioso. O translado é autêntico ritual litúrgico. O rei vira sacerdote ou vice-versa. A atitude de Davi dançando nu (cf. Gn 9,20-27; Ex 20,26; 1Sm 19,22-24), própria dos ritos de cidades-estado, é desaprovada por Micol, filha de Saul (vv. 16 e 20). O motivo da discórdia está na resposta de Davi. "Javé me preferiu a seu pai e a toda a casa dele" (v. 21). A arca em Jerusalém representa o fim da descendência de Saul, pois Javé dos exércitos fecha o útero de Micol (v. 23; cf. Gn 20,17-18). A arca e Micol têm o mesmo fim.

7,1-17: Duas tradições se misturam em dois projetos opostos. Uma é contrária à construção do templo (vv.

de todos os seus inimigos ao redor. ²O rei disse a Natã, o profeta: "Veja, pois, que eu habito numa casa de cedro, mas a arca de Deus permanece numa tenda. ³Natã respondeu ao rei: "Vá e faça tudo o que seu coração deseja, porque Javé está com você".

⁴Nessa noite, aconteceu que veio a palavra de Javé a Natã, nestes termos: ⁵"Vá e diga a meu servo Davi: Assim fala Javé: Por acaso você construiria uma casa para eu morar? ⁶Em casa nenhuma eu morei, desde o dia em que fiz os filhos de Israel subir do Egito até o dia de hoje. Tenho andado errante em tenda e abrigo. ⁷Em todo o tempo que andei com todos os filhos de Israel, acaso falei uma palavra a um dos chefes de Israel, que estabeleci para apascentar a meu povo Israel, dizendo: 'Por que vocês não construíram para mim uma casa de cedro?' ⁸E agora, diga a meu servo Davi: Assim fala Javé dos exércitos: Eu tomei você da pastagem, detrás do rebanho, para ser chefe sobre o meu povo Israel. ⁹Estive com você em todo lugar por onde andou, e derrotei todos os seus inimigos diante de você. Fiz para você um grande nome, como o nome dos grandes da terra. ¹⁰Vou preparar um lugar para o meu povo Israel. Aí o plantarei, e ele habitará seu lugar, e nunca mais será perturbado. Os filhos da iniquidade já não continuarão a oprimi-lo como antes, ¹¹desde o dia em que instituí juízes sobre o meu povo Israel. Eu lhe dei sossego diante de todos os seus inimigos. E Javé declarou que fará uma casa para você. ¹²Quando se cumprirem os seus dias e você dormir com os seus pais, eu suscitarei um descendente depois de você; ele sairá das suas entranhas, e eu consolidarei a realeza dele. ¹³Ele construirá uma casa para meu nome e eu consolidarei o trono de sua realeza para sempre. ¹⁴Eu serei para ele um pai e ele será para mim um filho. Se ele agir mal, eu o castigarei com vara de homens e com açoite de filhos de homem. ¹⁵Mas, a minha lealdade não se apartará dele, como fiz com Saul, que afastei diante de você. ¹⁶A casa dele e sua realeza serão confirmadas para sempre diante de você. E o trono dele será firmado para sempre". ¹⁷De acordo com todas essas palavras e toda essa revelação, assim Natã falou a Davi.

Oração pelo futuro da dinastia davídica

¹⁸Então o rei Davi entrou, colocou-se diante de Javé e disse: "Quem sou eu, meu Senhor Javé, e o que é a minha casa, para que tu me tenhas conduzido até aqui? ¹⁹Isso ainda foi pouco a teus olhos, Senhor Javé. Falaste também para a casa de teu servo sobre o porvir. É essa a instrução do homem, meu Senhor Javé. ²⁰O que mais Davi poderia acrescentar e te dizer? Tu conheces teu servo, meu Senhor Javé. ²¹Por causa da tua palavra e segundo o teu coração, realizaste todas essas grandes coisas e as deste a conhecer a teu servo. ²²Por isso, tu és grande, meu Senhor Javé! Não existe ninguém igual a ti, e não há Deus senão tu, conforme tudo o que ouvimos com nossos ouvidos. ²³E quem é como teu povo, como Israel, nação única sobre a terra, a quem Deus veio para resgatar como povo, dando-lhe um nome? Diante de quem fizeste grandezas e prodígios para sua terra? A este povo, que resgataste para ti do Egito, dentre as nações e seus deuses. ²⁴Estabeleceste para ti o teu povo Israel. Estabeleceste-o para ti como povo para sempre. E tu, Javé, te tornaste o seu Deus. ²⁵E agora, Javé Deus, mantém para sempre a palavra que disseste sobre o teu servo e sobre a sua casa. Faze como disseste. ²⁶Seja engrandecido o teu nome para sempre, e que se diga: 'Javé dos exércitos é Deus sobre Israel'. Assim, a casa de teu servo Davi será firme diante

---

4-7: cf. 1Rs 8,27; Is 66,1-2; Mt 5,34-35; At 7,48-50); a outra, com acréscimos (v. 13), é a favor (vv. 1-3.11c-16). O primeiro projeto se caracteriza pela "tenda" (vv. 2c.6b) e é próprio da vida tribal, onde Javé é livre e errante com seu povo (v. 6). O segundo se caracteriza pela "casa" (vv. 6a,7b,11c,13,16) e é próprio da cidade e da monarquia, onde Javé está preso ao templo. Aqui (vv. 13-17) nasce a ideologia que identifica o rei como filho de Javé (cf. Sl 2,7; 89,27-28) e que irá culminar mais tarde no messianismo (Is 11,1; Ez 34,23-24; Zc 12,7-8).

18-29: Esta oração é fruto do exílio ou princípio do pós-exílio, quando o povo estava carente de promessas. A palavra "casa", significando a dinastia davídica, aparece sete vezes; e "para sempre", cinco vezes, apontando para o futuro da dinastia. A expressão "Senhor Javé", usada sete vezes, não aparece em nenhuma outra parte nos livros de Samuel. No entanto, aparece 217 vezes no livro de Ezequiel, escrito no exílio e pós-exílio, períodos estes onde aparece a expressão: "não há Deus senão tu" (v. 22).

de ti. ²⁷Porque tu, Javé dos exércitos, Deus de Israel, revelaste ao ouvido de teu servo, dizendo: 'Uma casa construirei para ti'. Por isso, teu servo encontrou coragem para dirigir-te esta oração. ²⁸E agora, meu Senhor Javé, tu és Deus e tuas palavras são verdade. Tu falaste para o teu servo este bem. ²⁹Concede, pois, a bênção para a casa de teu servo, a fim de que permaneça para sempre diante de ti. Porque tu, meu Senhor Javé, falaste, e com tua bênção a casa de teu servo será bendita para sempre".

8 *Conquistas de Davi* – ¹Depois disso, aconteceu que Davi derrotou os filisteus e os subjugou, retirando de suas mãos o controle da região. ²Derrotou também os moabitas e os mediu com a corda, fazendo-os cair por terra: duas cordas para matá-los e uma corda para deixá-los vivos. Então os moabitas se tornaram servos de Davi e lhe pagaram tributo.

³Davi derrotou também Adadezer, filho de Roob, rei de Soba, quando este vinha para retomar seu poder sobre o rio Eufrates. ⁴Davi capturou dele mil e setecentos cavaleiros e mil homens a pé. Cortou os tendões de todos os cavalos de carro, deixando apenas cavalos para cem carros. ⁵Os arameus de Damasco vieram para socorrer Adadezer, rei de Soba. Mas Davi abateu vinte e dois mil homens dentre os arameus. ⁶Davi pôs governadores em Aram de Damasco, e os arameus se tornaram seus servos e lhe pagavam tributo. Javé dava vitória a Davi em todo lugar aonde ele fosse. ⁷Tomou Davi os escudos de ouro que os servos de Adadezer usavam e os levou para Jerusalém. ⁸E de Tebá e Berotai, cidades de Adadezer, Davi tomou bronze em grande quantidade.

⁹Toú, rei de Emat, ouviu que Davi havia derrotado o exército de Adadezer. ¹⁰Então Toú enviou seu filho Joram ao rei Davi para lhe oferecer a paz e para felicitá-lo, porque havia lutado com Adadezer e o havia vencido, pois Toú e Adadezer eram inimigos de guerra. Joram levava consigo utensílios de prata, ouro e bronze. ¹¹Também isso o rei Davi consagrou a Javé, juntamente com a prata e o ouro que já havia consagrado de todas as nações que tinha subjugado, ¹²de Aram, de Moab, dos filhos de Amon, dos filisteus, de Amalec e dos despojos de Adadezer, filho de Roob, rei de Soba.

¹³Davi fez nome quando voltou vitorioso sobre os arameus, no vale do Sal, onde abateu dezoito mil. ¹⁴Então pôs governadores em Edom. E todos os edomitas se tornaram servos de Davi. E Javé dava vitória a Davi em todo lugar aonde ele fosse.

Corpo burocrático da monarquia – ¹⁵Davi reinou sobre todo o Israel, promovendo o direito e a justiça a todo o seu povo. ¹⁶Joab, filho de Sárvia, comandava o exército; Josafá, filho de Ailud, era o porta-voz. ¹⁷Sadoc, filho de Aquitob, e Abimelec, filho de Abiatar, eram sacerdotes. Saraías era o secretário; ¹⁸Banaías, filho de Joiada, comandava os cereteus e os feleteus. Os filhos de Davi eram sacerdotes.

III. LUTAS PELA SUCESSÃO DE DAVI

1. Davi consolida seu poder

9 *Mefiboset, o último remanescente* – ¹Davi perguntou: "Por acaso, existe ainda alguém da casa de Saul, a fim de

---

8,1-14: O relato das conquistas de Davi segue os pontos cardeais: a oeste, os filisteus (8,1); a leste, os moabitas (8,2); ao norte, até o Eufrates, os arameus (8,3-8); ao sul, os edomitas (8,13-14). Na realidade, Judá nunca chegou a expandir seu território nessa proporção. O relato se assemelha às conquistas assírias, que os escribas de Jerusalém conheciam muito bem. Após a conquista vem a submissão, com a servidão e os tributos. "Javé dava vitória a Davi em todo lugar aonde ele fosse" (vv. 6.14): é expressão que caracteriza Javé como Deus conquistador, interessado na riqueza dos povos.

15-18: Com Davi, a monarquia se burocratiza (cf. 20,23-26; 1Rs 4,1-6; 1Cr 18,14-17). A guarda pessoal de Davi é formada de cereteus e fereteus (v. 18), mercenários estrangeiros oriundos de fileiras filisteias (1Sm 30,14; 2Sm 15,18). A Sadoc, sacerdote jebuseu, é conferida uma legitimidade que não possuía, até se tornar o único sacerdote (cf. Ez 44,10-31; 48,11). Abiatar, remanescente do santuário popular de Silo (cf. 1Sm 22,20), é posto à margem, até ser banido do sacerdócio (cf. 1Rs 2,27.35).

9-12: Intrigas, conquistas e abusos de poder vão preparando a luta pela sucessão.

9,1-13: O gesto caritativo de Davi a um remanescente da casa de Saul em situação especial é mera manobra política. Mefiboset (cf. notas a 4,1-12; 2,8-14), filho de

que eu aja com benevolência para com ele, por causa de Jônatas?" ²Havia um servo da casa de Saul, e seu nome era Siba. Chamaram-no até Davi, e o rei lhe perguntou: "Por acaso você é Siba?". Ele respondeu: "Seu servidor". ³O rei perguntou: "Não existe nenhum homem da casa de Saul, a fim de que eu realize a bondade de Deus para com ele?" Siba disse ao rei: "Existe ainda um filho de Jônatas, deficiente dos pés. ⁴Então o rei lhe perguntou: "Onde está ele?" Siba respondeu ao rei: "Eis que ele está na casa de Maquir, filho de Amiel, em Lo-Dabar". ⁵Então o rei Davi mandou buscá-lo da casa de Maquir, filho de Amiel, de Lo-Dabar.

⁶Mefiboset, filho de Jônatas, filho de Saul, foi até Davi, caiu com o rosto em terra e se prostrou. Davi disse: "Mefiboset!" Ele respondeu: "Eis aqui seu servo". ⁷Então Davi lhe disse: "Não tenha medo, porque agirei com benevolência para com você, por causa de seu pai Jônatas. Devolverei a você todas as terras de seu avô Saul, e você comerá pão sempre à minha mesa". ⁸Ele se prostrou e disse: "Quem é seu servo? Por que você se volta a um cão morto como eu?"

⁹Então o rei chamou Siba e lhe disse: "Tudo o que era de Saul e de toda a sua casa, dou ao filho do seu senhor. ¹⁰Você trabalhará a terra para ele, você, seus filhos e seus servos. Você lhe trará a colheita para que o filho do seu senhor tenha pão para comer. E Mefiboset, filho do seu senhor, comerá pão sempre à minha mesa". Ora, Siba tinha quinze filhos e vinte servos. ¹¹Siba respondeu ao rei: "Tudo o que meu senhor o rei mandar ao seu servo, assim o seu servo o fará". E Mefiboset comia à mesa do rei como um de seus filhos.

¹²Mefiboset tinha um filho pequeno, e seu nome era Micas. Todos os que moravam na casa de Siba eram servos de Mefiboset. ¹³Mas Mefiboset morava em Jerusalém, pois comia sempre à mesa do rei. E ele era deficiente dos dois pés.

10 *Guerra contra os amonitas e arameus* – ¹Depois disso, aconteceu que o rei dos amonitas morreu. E Hanon, seu filho, reinou em seu lugar. ²Então Davi disse: "Agirei com benevolência para com Hanon, filho de Naás, assim como seu pai foi benevolente para comigo". Então Davi enviou seus servos para consolá-lo pela morte do pai. Os servos de Davi chegaram à terra dos filhos de Amon. ³Os príncipes dos filhos de Amon, porém, disseram a Hanon, seu senhor: "Será que é para honrar seu pai, a seus olhos, que Davi enviou os consoladores? Será que não é para investigar a cidade, espiá-la e destruí-la, que Davi enviou seus servos?" ⁴Então Hanon agarrou os servos de Davi, raspou metade da barba deles e cortou suas vestes pelo meio, até às nádegas, e os mandou embora.

⁵Informaram isso a Davi, que enviou alguém ao encontro desses homens, pois estavam muito envergonhados. O rei mandou dizer: "Fiquem aí em Jericó até que a barba de vocês cresça, e só então voltem".

⁶Os filhos de Amon viram que se haviam tornado odiosos a Davi. Então os filhos de Amon foram e contrataram os arameus de Bet-Roob e os arameus de Soba, vinte mil homens a pé; do rei de Maaca, mil homens; e de Tob, doze mil homens. ⁷Davi ouviu isso e enviou Joab e todo o exército de valentes. ⁸Os filhos de Amon saíram e se enfileiraram para a batalha à entrada do portão. Os arameus de Soba e de Roob e os homens de Tob e de Maaca ficaram em campo aberto. ⁹Joab viu que havia um ataque pela frente e outro pela retaguarda. Então escolheu os melhores de Israel dentre todos e se enfileirou para a batalha contra os arameus. ¹⁰Entregou o resto do povo nas mãos de seu irmão Abisaí, que se enfileirou para a batalha contra os filhos de Amon. ¹¹E disse: "Se os arameus forem mais fortes que eu, você virá em meu socorro. E se os filhos de Amon forem mais fortes que você, eu irei em seu socorro. ¹²Seja forte

---

Jônatas (4,4), seria legítimo herdeiro ao trono; portanto, um perigo para o rei (cf. 16,1-4; 21). Tê-lo à mesa do rei é uma forma de controlar o herdeiro e a sua terra.

10,1-19: O gesto consolador de Davi (v. 2) é estranho, pois os amonitas sempre foram inimigos de Israel (cf. 1Sm 11); veja-se o tratamento dado aos mensageiros (cf. Is 7,20; 20,4) e que resulta na guerra: primeiro, contra a coalizão de amonitas e arameus (vv. 6-14); depois, contra a coalizão só de arameus (vv. 15-19). O verbo "enfileirar-se" (vv. 8.9.10.17) é antiga expressão das guerras tribais.

e esforcemo-nos por nosso povo e pelas cidades de nosso Deus. E Javé fará o que é bom aos olhos dele". ¹³Joab e o povo que estava com ele avançaram para guerrear com os arameus. E estes fugiram diante dele. ¹⁴Quando os filhos de Amon viram que os arameus haviam fugido, também eles fugiram diante de Abisaí e entraram na cidade. Joab voltou do confronto com os filhos de Amon e entrou em Jerusalém.

¹⁵Ao verem que haviam sido derrotados diante de Israel, todos os arameus se reuniram. ¹⁶Adadezer enviou mensageiros e fez sair os arameus que estavam do outro lado do rio, e eles foram até Helam. Sobac, chefe do exército de Adadezer, ia na frente deles. ¹⁷Informado disso, Davi reuniu todo o Israel, passou o Jordão e foi a Helam. Os arameus se enfileiraram para a batalha diante de Davi e lutaram contra ele. ¹⁸Mas os arameus fugiram diante de Israel. Davi destruiu setecentos carros arameus e quarenta mil cavaleiros. E feriu Sobac, chefe do exército, que morreu aí mesmo. ¹⁹Todos os reis, servos de Adadezer, viram que haviam sido derrotados diante de Israel. Então fizeram a paz com Israel e lhe serviram. E os arameus ficaram com medo de continuar socorrendo os filhos de Amon.

11 Adultério de Davi e morte de Urias –

¹No ano seguinte, no tempo em que os reis saíam para a guerra, aconteceu que Davi enviou Joab e com ele seus servos e todo o Israel, e aniquilaram os filhos de Amon e sitiaram Rabá. Mas Davi ficou em Jerusalém.

²Numa tarde, aconteceu que Davi se levantou de seu leito e passeava sobre o terraço da casa do rei. Do terraço ele viu uma mulher que se banhava. E a mulher era de aparência muito bonita. ³Davi mandou perguntar a respeito da mulher, e lhe disseram: "Acaso não é ela Betsabeia, filha de Eliam, mulher de Urias, o heteu?" ⁴Davi enviou mensageiros e eles a tomaram e a levaram até ele. E ele se deitou com ela, que tinha acabado de se purificar de suas regras. Depois ela voltou para casa. ⁵A mulher concebeu e mandou informar a Davi dizendo: "Estou grávida".

⁶Então Davi mandou dizer a Joab: "Envie-me Urias, o heteu". E Joab enviou Urias a Davi. ⁷Urias foi até Davi, que lhe perguntou como ia Joab e como estavam o povo e a guerra. ⁸Depois, Davi disse a Urias: "Desça para sua casa e lave seus pés". Urias saiu da casa do rei, e atrás dele seguiu um presente do rei. ⁹Mas Urias dormiu junto à porta da casa do rei, com os demais servos de seu senhor, e não desceu para sua casa. ¹⁰Informaram a Davi, dizendo: "Urias não desceu para sua casa". Então Davi disse a Urias: "Você não veio de um longo caminho? Por que não desceu para sua casa?" ¹¹Urias respondeu a Davi: "A arca, Israel e Judá habitam em tendas. Meu senhor Joab e os servos de meu senhor estão acampados em campo aberto. Deveria eu ir para minha casa, comer, beber e dormir com minha mulher? Tão certo como você vive e tão certo como vive o seu espírito, tal coisa eu não farei". ¹²Então Davi disse a Urias: "Fique também hoje aqui; amanhã enviarei você de volta". Urias ficou em Jerusalém nesse dia e no dia seguinte. ¹³Davi o convidou, comeu e bebeu em sua presença e o embriagou. Pela tarde, Urias saiu e foi dormir em sua cama, entre os servos do seu senhor, e não desceu para sua casa.

¹⁴Pela manhã, aconteceu que Davi escreveu uma carta para Joab e a enviou pelas mãos de Urias. ¹⁵Escreveu na carta o seguinte: "Coloquem Urias na linha de frente, onde a batalha é mais forte, e retirem-se de sua retaguarda. Então, ele será ferido e morto. ¹⁶Ao sitiar a cidade, aconteceu que Joab pôs Urias no lugar onde sabia que estavam os homens valentes. ¹⁷Os homens da cidade saíram e combateram contra Joab, e caíram alguns do povo, dentre os servos de Davi. Morreu também Urias, o heteu. ¹⁸Então Joab

---

11,1-27: O período propício para guerras é a primavera, quando já existe alimento no campo (cf. 1Rs 20,22). Davi, porém, não acompanha o exército, fica em casa e vai à mulher de Urias (cf. Ex 20,14.17; Dt 5,18.21). O banho de Betsabeia (v. 2), cuja voz não se faz ouvir, não é uma provocação erótica, mas a purificação de suas regras (v. 4; cf. Lv 15,19-33). O rei faz de tudo para imputar o filho a Urias (vv. 6-13). Enquanto Davi age à margem, Betsabeia e o estrangeiro Urias dão exemplo de lealdade às leis da guerra santa (cf. 1Sm 21,6). Com isso, Urias assina sua sentença de morte, que ele mesmo é obrigado a levar a seu comandante (v. 14).

mandou informar a Davi sobre todas as coisas da batalha. ¹⁹Ordenou ao mensageiro, dizendo: "Quando você terminar, diante do rei, o relatório de todas as coisas da batalha, ²⁰pode acontecer que a ira do rei suba e ele pergunte: 'Por que vocês se aproximaram da cidade para lutar? Não sabiam que eles iriam atirar do alto da muralha? ²¹Quem feriu Abimelec, filho de Jerubeset? Não foi uma mulher que jogou sobre ele uma pedra de moinho do alto da muralha, e ele morreu em Tebes? Por que vocês se aproximaram da muralha?' Então você dirá: 'Morreu também o seu servo Urias, o heteu' ".

²²O mensageiro partiu, e chegando informou a Davi tudo o que Joab havia ordenado. ²³O mensageiro disse a Davi: "Aqueles homens eram mais fortes do que nós. Eles saíram contra nós em campo aberto, mas nós os repelimos até a entrada do portão. ²⁴Então os arqueiros atiraram sobre seus servos do alto da muralha e morreram alguns dos servos do rei. Morreu também o seu servo Urias, o heteu".

²⁵Davi disse ao mensageiro: "Assim você dirá a Joab: 'Não haja aflição em seus olhos por causa disso, pois a espada devora tanto este como aquele. Reforce o ataque contra a cidade e a destrua'. Anime-o!"

²⁶A mulher de Urias ouviu que seu marido tinha morrido. Então chorou por seu marido. ²⁷Quando passou o luto, Davi mandou buscá-la e a levou para sua casa. Ela foi para ele sua mulher e lhe deu à luz um filho. Mas o que Davi tinha feito desagradou aos olhos de Javé.

12 Natã condena as ações de Davi –
¹Javé enviou Natã a Davi. Ele foi até Davi e lhe disse: "Em certa cidade, havia dois homens: um rico e o outro pobre. ²O rico tinha muitas ovelhas e bois. ³O pobre não tinha nada, somente uma pequena ovelha que tinha comprado. Ele a criara, e ela havia crescido com ele e com seus filhos. Ela comia do seu pão e bebia da sua taça. Dormia em seu colo e era para ele como filha. ⁴Um viajante foi ao homem rico, e este se recusou a tomar uma de suas ovelhas ou algum de seus bois e prepará-los para o peregrino que tinha vindo a ele. Pegou então a ovelha do homem pobre e a preparou para o homem que o visitava".

⁵A ira de Davi se inflamou muito contra esse tal homem. E disse a Natã: "Tão certo como Javé vive, o homem que fez isso é réu de morte. ⁶E pela ovelha ele restituirá quatro vezes, por ter feito tal coisa e porque não teve piedade". ⁷Natã disse a Davi: "Esse homem é você. Assim fala Javé, Deus de Israel: Eu ungi você como rei sobre Israel e o livrei da mão de Saul. ⁸Eu dei a você a casa do seu senhor, coloquei em seus braços as mulheres do seu senhor, e dei a você a casa de Israel e de Judá. E se isso fosse pouco, acrescentaria outras coisas mais. ⁹Então, por que você desprezou a palavra de Javé, fazendo o que é mau a seus olhos? Você feriu com a espada Urias, o heteu, e a mulher dele você a tomou como sua mulher. A ele você matou pela espada dos filhos de Amon. ¹⁰Agora, portanto, a espada nunca mais se apartará da sua casa, pois você me desprezou e tomou a mulher de Urias, o heteu, para ser sua mulher. ¹¹Assim fala Javé: Eis que eu vou suscitar um mal sobre a sua casa. Tomarei suas mulheres diante dos seus olhos e as darei a um outro. Ele deitará com suas mulheres diante de seus olhos em plena luz do sol. ¹²Pois você agiu em segredo, mas eu farei tudo isso diante de todo o Israel e em plena luz do sol".

¹³Então Davi disse a Natã: "Pequei contra Javé". Natã disse a Davi: "Também Javé perdoou seu pecado. Você não morrerá. ¹⁴Mas porque, com isso que fez, você foi motivo de ultraje aos inimigos de Javé, também o filho que você teve morrerá". ¹⁵E Natã foi para sua casa.

Javé atingiu o menino que a mulher de Urias havia dado à luz para Davi, e ele adoeceu gravemente. ¹⁶Davi suplicou a Deus pelo menino, jejuou e passou a noite prostrado em terra. ¹⁷Os anciãos se levantaram de casa e foram até ele para fazê-lo levantar

---

12,1-25: Começam as tragédias de Davi, cuja causa é ele próprio (cf. 6,21-22). Pela primeira vez, suas ações são condenadas (v. 9; cf.1Rs 15,5; Sl 51,2). A parábola de Natã (vv. 1-4; cf. 2Sm 14,1-20; 1Rs 20,38-43), que reporta ao duplo pecado de Davi (adultério e morte de Urias; 11,1-26), faz o rei pronunciar sua própria sentença de morte (vv. 13.15; cf. Ex 21,37). Porém a tragédia recai sobre o filho (v. 15). Natã é um profeta da corte (cf. 7,2-17), como o sacerdote Sadoc.

da terra. Mas ele não quis e não comeu pão com eles. ¹⁸Aconteceu que no sétimo dia o menino morreu. Os servos de Davi tinham medo de lhe informar que o menino tinha morrido. Diziam entre si: "Quando o menino estava vivo, lhe falamos, mas ele não quis ouvir a nossa voz. Agora, como vamos lhe dizer que o menino morreu? Ele cometerá algum mal". ¹⁹Davi notou que seus servos cochichavam entre si, e logo entendeu que o menino tinha morrido. Davi perguntou a seus servos: "Por acaso o menino morreu?" Eles responderam: "Morreu". ²⁰Davi se levantou da terra, se lavou, se perfumou, trocou de roupa, entrou na casa de Javé e se prostrou. Depois foi para casa e pediu comida. Deram-lhe pão e ele comeu. ²¹Seus servos lhe perguntaram: "O que é isso que você fez? Pelo menino vivo, você jejuou e chorou, mas quando o menino morreu, você se levantou e comeu pão". ²²Ele respondeu: "Enquanto o menino vivia, jejuei e chorei, pois dizia: 'Quem sabe Javé se compadeça de mim e o menino viva'. ²³Mas agora, ele morreu. Por que eu jejuaria? Por acaso ainda poderei fazê-lo voltar? Eu irei a ele, mas ele não voltará para mim".

²⁴Davi consolou sua mulher Betsabeia. Foi até ela, e ela se deitou com ele. Ela deu à luz um filho, a quem pôs o nome de Salomão. E Javé o amou, ²⁵e o fez saber, por meio do profeta Natã, que lhe deu o nome Jededias, por causa de Javé.

Conquista de Rabá – ²⁶Joab lutou contra Rabá, dos filhos de Amon, e tomou a cidade real. ²⁷Então Joab enviou mensageiros a Davi, dizendo: "Lutei contra Rabá e tomei a cidade das águas. ²⁸Agora, pois, reúna o resto do povo e acampe contra a cidade e a conquiste. Não seja eu a tomar a cidade e dar meu nome a ela". ²⁹Davi reuniu todo o povo, foi a Rabá, lutou contra ela e a conquistou. ³⁰Tomou da cabeça do seu rei a coroa que pesava uns trinta quilos de ouro e tinha uma pedra preciosa, e que foi colocada sobre a cabeça de Davi. Da cidade levou grande quantidade de despojos. ³¹Fez com que o povo que nela vivia saísse, e o colocou para trabalhar nas serras, nas picaretas de ferro, nos machados de ferro e na fabricação de tijolos. Assim fez com todas as cidades dos filhos de Amon. Depois, Davi e todo o povo voltaram para Jerusalém.

2. História de Absalão

13 **Infâmia contra Tamar e luta pelo poder** – ¹Depois disso, aconteceu o seguinte: Absalão, filho de Davi, tinha uma irmã muito bonita; seu nome era Tamar. Amnon, filho de Davi, apaixonou-se por ela. ²Amnon se deprimia e quase adoecia por causa de sua irmã Tamar, pois ela era virgem, e aos olhos de Amnon era muito difícil fazer alguma coisa com ela. ³Amnon tinha um amigo, cujo nome era Jonadab, filho de Sama, irmão de Davi. Jonadab era homem muito astuto. ⁴Este lhe perguntou: "Por que a cada manhã você está mais pálido, ó filho do rei? Por acaso você não quer me dizer?" Respondeu-lhe Amnon: "É que eu amo Tamar, a irmã do meu irmão Absalão". ⁵Disse-lhe então Jonadab: "Deite-se na sua cama e finja estar doente. Quando seu pai vier para ver você, diga a ele: 'Que venha Tamar, minha irmã, e me dê pão para comer. Que ela prepare a comida diante de meus olhos, para que eu possa ver, e assim coma de sua mão' ". ⁶Então Amnon se deitou e fingiu estar doente. O rei foi vê-lo, e Amnon disse ao rei: "Que venha Tamar, minha irmã, e prepare diante de

---

26-31: Retoma-se a narrativa interrompida em 11,25. Rabá é a capital amonita. Davi não participa da guerra; só aparece para receber a glória. Nas duas narrativas paralelas (11,1-26 e 12,26-31), o poder sexual e o militar se misturam. A ênfase está no verbo "tomar": Davi tomou Betsabeia (11,4) e tomou a cidade e a coroa do seu rei (12,30; cf. 1Sm 8,10-18). Davi obriga os povos conquistados ao trabalho forçado (v. 31; cf. 1Cr 20,3). Fabricar tijolos (v. 31) era o trabalho dos hebreus quando escravos no Egito (cf. Ex 1,14; 5,7-8; Na 3,14).

13-20: A história de Absalão, um dos filhos de Davi nascidos em Hebron (cf. 3,3), retrata o conflito permanente entre norte e sul, Israel e Judá. O norte era mais forte, mas é Judá quem escreve a história.

13,1-22: Inicia a luta pela sucessão de Davi. Amnon, o primogênito de Davi (3,2-5), segue o proceder do pai. O que aconteceu com Tamar é semelhante ao que aconteceu com Betsabeia (11,1 26). É a primeira ofensiva do primogênito contra o poder do pai, e isto despertará o ciúme do irmão mais novo, Absalão. O desespero de Tamar não está apenas em evitar o estupro, mas nas suas consequências (vv. 12 e 13). Rasgar a túnica de mangas compridas (v. 19; cf. Gn 37,3) representa a perda do status de filha do rei. Por isso, Tamar vai viver

meus olhos dois bolinhos, e assim eu coma de sua mão". ⁷Então Davi mandou dizer a Tamar, na casa dela: "Vá à casa de seu irmão Amnon e lhe prepare a comida". ⁸Tamar foi à casa de seu irmão Amnon. Ele estava deitado. Ela pegou a massa e amassou-a; preparou os bolinhos diante dos olhos dele e os assou. ⁹Depois, pegou a assadeira e a virou diante dele. Mas ele se recusou a comer. Amnon então disse: "Faça sair todo homem que está comigo". E saíram todos os que estavam com ele. ¹⁰Então Amnon disse a Tamar: "Traga a comida ao meu quarto e eu comerei de sua mão". Tamar pegou os bolinhos que tinha feito e levou para seu irmão Amnon, no quarto. ¹¹Quando se aproximou dele para que comesse, ele agarrou-a e lhe disse: "Venha! Deite comigo, minha irmã!" ¹²Mas ela disse: "Não, meu irmão. Não me violente, porque isso não se faz em Israel. Não cometa essa infâmia. ¹³E eu, para onde iria com minha vergonha? E você seria como um dos infames em Israel. Por isso, fale com o rei, por favor; ele não recusará que eu me case com você". ¹⁴Mas ele não quis ouvir a sua voz. Ele era mais forte que ela e a violentou, deitando-se com ela.

¹⁵Depois Amnon a odiou com ódio muito grande. O ódio com que a odiou era maior do que o amor com que a amou. E disse a ela: "Levante e vá embora!" ¹⁶Ela lhe respondeu: "Não! Mandar-me embora é uma maldade maior que a outra que você fez comigo". Mas ele não a quis ouvir. ¹⁷Chamou o jovem que o servia e disse: "Expulse-a já daqui e feche a porta atrás dela!" ¹⁸Ela usava uma túnica de mangas longas, pois assim se vestiam as filhas do rei quando virgens. O servente a pôs para fora e fechou a porta atrás dela.

¹⁹Tamar pegou cinza, pôs sobre a cabeça e rasgou a túnica de mangas compridas que usava. Colocou as mãos na cabeça e saiu caminhando e clamando. ²⁰Seu irmão Absalão lhe perguntou: "Acaso Amnon, seu irmão, esteve com você? Por agora, minha irmã, fique quieta, pois ele é seu irmão. Que seu coração não se angustie por isso". E Tamar ficou desolada na casa de seu irmão Absalão.

²¹O rei Davi ouviu todas essas coisas e ficou muito irritado. ²²Absalão, porém, não falava mais com Amnon, nem por bem nem por mal. Absalão odiava a Amnon por lhe ter violentado a irmã Tamar.

Morte de Amnon – ²³Dois anos mais tarde, aconteceu que Absalão estava fazendo a tosquia em Baal-Hasor, perto de Efraim. E Absalão chamou todos os filhos do rei. ²⁴Absalão foi até o rei e disse: "Eis que seu servo está fazendo a tosquia. Peço, por favor, que o rei e seus servos venham a este seu servo". ²⁵O rei respondeu a Absalão: "Não, meu filho, eu lhe peço. Não iremos todos e não seremos um peso para você". Ele insistiu, mas o rei não quis ir e o abençoou. ²⁶Então Absalão disse: "Se não vem o rei, deixe que venha meu irmão Amnon". O rei respondeu: "Por que ele iria com você?" ²⁷Mas Absalão insistia. Então mandou que Amnon fosse com ele e com todos os filhos do rei.

²⁸Absalão ordenou a seus jovens o seguinte: "Fiquem atentos. Quando o coração de Amnon estiver alegre pelo vinho e eu disser a vocês: 'Golpe nele!', então vocês o matem. Não tenham medo. Não sou eu por acaso que estou ordenando a vocês? Força, e sejam como filhos valentes!" ²⁹Os jovens de Absalão fizeram a Amnon como Absalão havia mandado. Então todos os filhos do rei se levantaram. Cada um montou sua mula e fugiram.

³⁰Estando eles a caminho, aconteceu que chegou até Davi a notícia que dizia: "Absalão matou todos os filhos do rei, e não ficou nenhum deles". ³¹O rei se levantou, rasgou as próprias roupas e caiu por terra. Todos os seus servos que estavam aí de pé rasgaram as próprias roupas. ³²Então Jonadab, filho de Sama, irmão de Davi, interveio dizendo: "Não diga o meu senhor que mataram todos os jovens filhos do rei. Somente Amnon morreu, pois isso estava

---

solitária na casa do irmão, sem o direito de contrair matrimônio e ter filhos.

23-39: A violência sexual gera o homicídio. A violência de Davi a Betsabeia resultou na morte de Urias; a de Amnon a Tamar gera a morte de Amnon. O confronto acontece entre os filhos de Davi nascidos em Hebron (cf. 3,2-5). Absalão aproveitou a temporada da tosquia, quando era comum fazer grandes festas (cf. 1Sm 25,2-8), para embebedar Amnon e matá-lo. Quem notifica corretamente o rei sobre a morte de Amnon é Jonadab

na boca de Absalão desde o dia em que sua irmã Tamar foi violentada. ³³Agora, portanto, que meu senhor o rei não coloque em seu coração a tolice de que todos os filhos do rei morreram, pois morreu somente Amnon". ³⁴E Absalão fugiu.

O jovem que estava de guarda levantou os olhos e viu que um povo numeroso vinha pelo caminho, atrás dele, pelo lado da montanha. ³⁵Então Jonadab disse ao rei: "Eis que vêm os filhos do rei. Conforme seu servo falou, assim aconteceu". ³⁶Ele mal acabara de falar, quando chegaram os filhos do rei, que levantaram a voz e choraram. Também o rei e todos os seus servos choraram copiosamente. ³⁷Absalão fugiu e foi para junto de Tolmai, filho de Amiur, rei de Gessur. Davi guardou luto por seu filho todos os dias.

³⁸Absalão fugiu para Gessur e aí ficou três anos. ³⁹O rei Davi deixou de perseguir Absalão, porque já estava consolado da morte de Amnon.

14

Retorno de Absalão – ¹Joab, filho de Sárvia, soube que o coração do rei se inclinava para Absalão. ²Então Joab mandou buscar de Técua uma mulher astuta e lhe disse: "Ponha-se a lamentar, vista roupas de luto e não use perfume. Seja como uma mulher que há muitos dias está lamentando por um morto. ³Depois vá até o rei e diga-lhe estas palavras". E Joab pôs as palavras na sua boca.

⁴A mulher de Técua foi falar com o rei. Caiu com o rosto em terra, prostrou-se e exclamou: "Salve-me, ó rei!" ⁵O rei perguntou: "O que você tem?" Ela respondeu: "Acontece que sou mulher viúva, meu marido morreu. ⁶A sua serva tinha dois filhos. Os dois brigaram no campo e não havia quem os separasse. Um golpeou o outro e o matou. ⁷Eis que todo o clã se levantou contra sua serva e disse: 'Entregue aquele que golpeou o próprio irmão e o faremos morrer pela vida do irmão que ele matou. Matemos também o herdeiro'. Eles vão apagar minha brasa que restou, e não vai ficar para meu marido nem nome nem descendência sobre a face da terra". ⁸Então o rei disse para a mulher: "Vá para casa! Eu darei ordens a seu respeito". ⁹A mulher de Técua respondeu ao rei: "Caia sobre mim a culpa, meu senhor o rei, e sobre a casa de meu pai. O rei e seu trono sejam isentos de culpa". ¹⁰Disse o rei: "Aquele que falar contra você, traga-o até mim, e ele nunca mais tocará em você". ¹¹Disse ela: "Que o rei se lembre de Javé seu Deus, para que o vingador do sangue não aumente a destruição e extermine meu filho". Respondeu ele: "Tão certo como Javé vive, não cairá por terra nenhum cabelo do seu filho". ¹²Disse a mulher: "Peço que sua serva fale ainda uma palavra ao meu senhor o rei". Ele respondeu: "Fale". ¹³A mulher disse: "Então, por que o senhor pensa isso contra o povo de Deus? Ao falar o rei esta palavra, torna-se culpado a si mesmo, pois não quer fazer voltar seu desterrado. ¹⁴Todos morremos, e como as águas derramadas na terra não podem mais ser recolhidas, Deus não tira a vida de quem cogita meios para o desterrado não continuar afastado. ¹⁵E agora, se vim para falar ao rei meu senhor esta palavra, é porque o povo me atemorizou. Então a sua serva disse consigo mesma: 'Vou falar ao rei. Talvez o rei faça conforme a palavra de sua serva. ¹⁶Porque o rei atenderá e livrará sua serva da mão do homem que quer destruir, em mim e em meu filho, a herança de Deus'. ¹⁷Sua serva disse ainda consigo mesma: 'Seja, pois, de consolação para mim a palavra de meu senhor o rei, porque meu senhor o rei é como mensageiro de Deus para discernir o bem e o mal'. Que Javé, seu Deus, esteja com o rei".

¹⁸O rei contestou, dizendo para a mulher: "Peço que você não me esconda nenhuma palavra do que vou perguntar". A mulher então disse: "Fale, pois, meu senhor o rei". ¹⁹O rei perguntou: "Por

---

(v. 32), o mesmo que aconselhou Amnon a violentar Tamar (13,3-5). Absalão foge para Gessur, terra de sua mãe, filha do rei de Gessur (3,3).

14,1-24: É obscuro o interesse de Joab, sobrinho de Davi (cf. 2,13), quanto ao retorno de Absalão. No fim, o próprio Joab é quem mata Absalão (cf. 18,14-15). A estratégia usada por Joab lembra a parábola da ovelha (cf. 12,1-9). A mulher é de Técua, aldeia do profeta Amós (cf. Am 1,1). Ela não tem nome. Seus argumentos de viúva, que depende do filho para sobreviver e para dar descendência ao finado marido (v. 7), são tidos como sagrados em Israel (cf. Ex 22,21; Dt 10,18; 14,29; 24,17). Assim como em 12,1-9, Davi é conduzido a pronunciar a sentença (v. 11).

acaso a mão de Joab não está com você em tudo isso?" A mulher respondeu, dizendo: "Pela vida de meu senhor o rei, pessoa alguma pode escapar, para a direita ou para a esquerda, de tudo o que meu senhor o rei disse. De fato, foi seu servo Joab, foi ele que me ordenou e que pôs na boca de sua serva todas essas palavras. ²⁰Foi para disfarçar este caso que seu servo Joab fez isso. Mas meu senhor é sábio, tem a sabedoria de um mensageiro de Deus e sabe tudo o que acontece na terra".

²¹Então o rei disse a Joab: "Pois bem, farei isso. Vá e faça voltar o jovem Absalão". ²²Joab caiu com o rosto em terra, prostrou-se e bendisse o rei. E Joab disse: "Hoje seu servo sabe que encontrou graça a seus olhos, meu senhor o rei, pois o rei fez conforme a palavra de seu servo". ²³Joab se levantou, foi a Gessur e levou Absalão para Jerusalém. ²⁴O rei, porém, disse: "Que ele volte para sua casa e não veja minha face". Absalão voltou para sua casa e não viu a face do rei.

Absalão é perdoado – ²⁵Não havia em todo o Israel um homem tão belo como Absalão e que fosse tão elogiado. Da planta dos pés até o alto da cabeça, não havia nele defeito algum. ²⁶Ele cortava o cabelo no fim de cada ano, pois pesava muito. Quando o cortava, o cabelo pesava mais de dois quilos pelo peso do rei. ²⁷Absalão teve três filhos e uma filha de nome Tamar. Ela era mulher de bela aparência.

²⁸Absalão permaneceu dois anos em Jerusalém e não viu a face do rei. ²⁹Então Absalão mandou chamar Joab para enviá-lo ao rei, mas ele não quis ir. Mandou chamá-lo uma segunda vez, mas ele não quis ir. ³⁰Então Absalão disse a seus servos: "Vejam: o campo de Joab fica ao lado do meu, e nele existe cevada. Vão e ateiem fogo nele". Os servos de Absalão foram e atearam fogo no campo. ³¹Joab se levantou, foi até a casa de Absalão e lhe perguntou: "Por que seus servos atearam fogo no meu campo?" ³²Absalão respondeu a Joab: "Mandei chamar você dizendo: Venha cá, quero enviar você ao rei com esta mensagem: 'Por que vim de Gessur? Melhor seria para mim se ainda estivesse lá'. Agora, portanto, quero ver a face do rei; se tenho culpa, que ele me faça morrer". ³³Joab foi até ao rei e o informou. Então ele chamou Absalão, que foi até ao rei e se prostrou diante dele com o rosto em terra. E o rei beijou Absalão.

15 Revolta de Absalão – ¹Depois disso, aconteceu que Absalão arranjou um carro e cavalos, e cinquenta homens que corriam diante dele. ²Absalão se levantava bem cedo e se colocava junto ao caminho da porta. E sucedia que todo homem que tinha uma disputa e ia até ao rei pedir justiça, Absalão lhe perguntava: "De que cidade você é?" Se este lhe respondia: "Seu servo é de uma das tribos de Israel", ³Absalão lhe dizia então: "Veja, sua questão é boa e reta, mas você não tem ninguém da parte do rei para escutá-lo". ⁴E Absalão dizia: "Quem me dera ser nomeado juiz na terra, pois a mim viria toda pessoa que tivesse uma disputa ou juízo, e eu lhe faria justiça". ⁵Sucedia ainda, quando um homem se aproximava e se prostrava diante dele, que Absalão lhe estendia a mão, o levantava e o beijava. ⁶Absalão fazia isso com todo israelita que ia pedir justiça ao rei. E assim Absalão conquistava o coração das pessoas de Israel.

⁷Ao fim de quarenta anos, sucedeu que Absalão disse ao rei: "Deixe-me ir a Hebron para cumprir meu voto que fiz a Javé. ⁸Porque, quando morava em Gessur, em Aram, seu servo fez um voto, dizendo: 'Se Javé me fizer voltar a Jerusalém, servirei a Javé'". ⁹O rei lhe disse: "Vá em paz!" Ele se levantou e foi a Hebron.

¹⁰Absalão enviou agentes a todas as tribos de Israel, dizendo: "Quando ouvirem o som da corneta, vocês dirão: 'Absalão se

---

25-33: Os vv. 25-27, que interrompem a narrativa, apresentam Absalão como personagem central nos fatos que seguirão. Os detalhes sobre o cabelo (vv. 25-26) são indícios de que se trata de um candidato à realeza (cf. 1Sm 9,2; 16,12). A referência à filha Tamar e à sua beleza coloca a irmã de Absalão (13,1) em paralelo com Betsabeia (11,2). Dois anos sem ver a face do rei (v. 28) pode significar que Absalão estava preso.

15,1-12: Carro, cavalos e cinquenta homens (v. 1) são símbolos do poder militar e do *status* da realeza (cf. 1Sm 8,11; 1Rs 1,5). Absalão faz trabalho de corpo a corpo no portão da cidade (vv. 2-5). É provável que a expressão "quarenta anos" (v. 7), em vez de "quatro anos", seja um erro de transcrição (Gn 8,6; Dt 9,11). O centro da revolta é Hebron (vv. 8-9), primeira capital de Judá (cf. 2,1-4; 3,2-5; 5,1-5). Absalão é proclamado rei pelas tribos de Israel (v. 10), iden-

tornou rei em Hebron'". ¹¹Foram com Absalão duzentos homens de Jerusalém. Eles eram convidados e iam na inocência, sem saber de toda a trama. ¹²Enquanto Absalão oferecia sacrifícios, mandou chamar Aquitofel, o gilonita, conselheiro de Davi, em sua cidade de Gilo. A insurreição foi se fortalecendo e o povo que seguia Absalão aumentava cada vez mais.

Fuga de Davi – ¹³Um informante foi dizer a Davi: "O coração dos homens de Israel se voltou para Absalão". ¹⁴Então Davi disse a todos os seus servos que estavam com ele em Jerusalém: "Levantem-se e fujamos! Do contrário, não poderemos escapar de Absalão. Andem rápido, para que não aconteça que ele se apresse, nos alcance e precipite o mal sobre nós, passando a cidade a fio de espada". ¹⁵Os servos do rei lhe responderam: "Eis aqui seus servos para tudo o que o senhor nosso rei decidir". ¹⁶Então o rei e toda a sua casa partiram a pé, deixando dez concubinas para guardar a casa.

¹⁷Partindo, pois, o rei e todo o povo a pé, pararam na última casa. ¹⁸Todos os seus servos marcharam diante dele, todos os cereteus, todos os feleteus e todos os gateus; seiscentos homens que tinham vindo a pé, desde Gat, marcharam diante da face do rei. ¹⁹O rei disse a Etai, o gateu: "Por que também você vem conosco? Volte e fique com o rei, pois você é um estrangeiro e também um desterrado do seu lugar. ²⁰Você chegou ontem, e hoje mesmo já deveríamos levar você conosco para onde nem eu mesmo sei? Volte e leve seus irmãos com você, e que a misericórdia e a fidelidade estejam com vocês!" ²¹Etai respondeu ao rei, dizendo: "Pela vida de Javé e pela vida de meu senhor o rei: no lugar onde estiver meu senhor o rei, para morrer ou para viver, aí estará o seu servo". ²²Então Davi disse a Etai: "Venha e passe adiante!" E Etai, o gateu, passou adiante com todos os seus homens e todas as crianças que estavam com ele. ²³Toda a terra chorava em alta voz e todo o povo ia passando. O rei passou pela torrente do Cedron e todo o povo ia passando em direção ao caminho do deserto.

²⁴Eis que também Sadoc e todos os levitas foram com ele, levando a Arca da Aliança de Deus. Eles assentaram a arca de Deus, e Abiatar oferecia sacrifício, até que todo o povo da cidade acabou de passar. ²⁵Então o rei disse a Sadoc: "Leve a arca de Deus de volta à cidade. Se eu encontro graça aos olhos de Javé, ele me fará voltar e permitirá rever a arca e sua habitação. ²⁶Mas se disser: 'Não me comprazo em você', então, eis-me aqui: faça de mim o que é bom a seus olhos". ²⁷O rei disse ainda a Sadoc, o sacerdote: "Você está vendo? Então, volte em paz para a cidade! E leve seus dois filhos com vocês: o seu filho Aquimaás, e Jônatas, o filho de Abiatar. ²⁸Vejam: eu ficarei nas passagens do deserto até que venha de vocês uma mensagem que me informe". ²⁹Então Sadoc e Abiatar voltaram com a arca de Deus a Jerusalém; e aí ficaram.

Cusai informante – ³⁰Davi subiu pela encosta das Oliveiras. Subia e chorava. Tinha a cabeça coberta e caminhava descalço. Todo o povo que subia com ele cobriu a cabeça e chorava. ³¹Informaram a Davi, dizendo: "Aquitofel está entre os conjurados de Absalão". Então Davi exclamou: "Ó Javé, confunde os conselhos de Aquitofel".

³²Chegando ao cume do monte, aí onde se adora a Deus, eis que Cusai, o araquita, foi ao seu encontro, com a túnica rasgada e com terra sobre a cabeça. ³³Davi lhe disse: "Se vir comigo, você será uma carga para mim. ³⁴Mas, se voltar à cidade e disser a Absalão: 'Serei seu servo, ó rei; como outrora fui servo de seu pai, assim também serei agora seu servo', então você

---

tificadas com a casa de Saul (cf. 16,3.5-8). O soar da corneta (v. 10) é parte do ritual de entronização (cf. 1Rs 1,34; 2Rs 9,13). O termo "sacrifício" (v. 12) é próprio do ritual tribal.

13-29: Informado da ameaça, Davi foge de Jerusalém a pé. O caso das dez concubinas (v. 16) simboliza o aparente triunfo de Absalão (cf. 16,20-22). O exército de Davi, em sua maioria, é composto de mercenários estrangeiros (v. 18; cf. 1Sm 30,14; 2Sm 8,18). Sadoc e Abiatar devem permanecer com a arca em Jerusalém (24-29), onde, juntamente com seus filhos, serão espiões de Davi (vv. 27-28).

30-37: Caminhar descalço, com a cabeça coberta e chorando, é sinal de luto, mas também revela a frágil resistência de Davi. Chegando ao cume do monte das Oliveiras, onde parece haver um santuário (cf. 1Sm 21,2; 1Rs 3,2), Davi ganha um aliado importante, Cusai, logo enviado de volta a Jerusalém para confundir os conselhos de Aquitofel (cf. 17,5-14.23) e para ser mais um espião dele.

poderá confundir para mim os conselhos de Aquitofel. ³⁵Não estarão lá com você os sacerdotes Sadoc e Abiatar? Toda palavra que ouvir da casa do rei, você informará aos sacerdotes Sadoc e Abiatar. ³⁶Eis que lá, com eles, estão também seus dois filhos: Aquimaás de Sadoc e Jônatas de Abiatar. Por meio deles vocês me enviarão toda palavra que ouvirem". ³⁷Então Cusai, amigo de Davi, voltou à cidade. E Absalão entrou em Jerusalém.

16 Encontro com Siba

¹Quando Davi já tinha passado um pouco do cume do monte, eis que Siba, o criado de Mefiboset, foi a seu encontro com um par de jumentos selados, carregados com duzentos pães, cem cachos de passas, cem frutas de verão e um odre de vinho. ²O rei perguntou a Siba: "O que são estas coisas com você?" Respondeu Siba: "Os jumentos são para a família do rei montar, o pão e as frutas para os criados comerem, e o vinho é para beber quem estiver cansado no deserto". ³O rei perguntou: "E onde está o filho do seu senhor?" Siba respondeu ao rei: "Eis que ele ficou em Jerusalém, pois disse: 'Hoje a casa de Israel me devolverá o reino de meu pai'". ⁴Então o rei disse a Siba: "Eis que tudo o que era de Mefiboset será seu". Siba respondeu: "Eu me prostro; que eu encontre graça a seus olhos, meu senhor o rei!"

Encontro com Semei

⁵Quando o rei Davi chegou a Baurim, eis que aí saiu um homem da família da casa de Saul, de nome Semei, filho de Gera. Ele saiu e foi amaldiçoando. ⁶Atirava pedras em Davi e em todos os servos do rei. E todo o povo e todos os valentes ficaram à direita e à esquerda do rei. ⁷Isto Semei dizia ao amaldiçoá-lo: "Vá embora, fora daqui, homem sanguinário, homem perverso. ⁸Javé fez recair sobre você todo o sangue da casa de Saul, cujo reino você usurpou. Javé entregou o reino nas mãos de seu filho Absalão. Eis que agora você está na desgraça, pois você é homem sanguinário". ⁹Então Abisaí, filho de Sárvia, disse ao rei: "Por que esse cão morto amaldiçoa meu senhor o rei? Vou até lá arrancar a cabeça dele". ¹⁰O rei respondeu: "O que há entre mim e vocês, filhos de Sárvia? Se ele amaldiçoa, não seria porque Javé teria dito a ele: 'Amaldiçoe Davi'? Quem diria então: 'Por que você fez isso?'" ¹¹E Davi disse ainda para Abisaí e para todos os seus servos: "Eis que o meu próprio filho, que saiu de minhas entranhas, procura tirar minha vida; quanto mais, então, esse benjaminita. Deixe que ele amaldiçoe, porque foi Javé quem lhe ordenou. ¹²Quem sabe Javé olhe a minha aflição e me devolva com bem a maldição dele neste dia de hoje". ¹³Davi ia com seus homens pelo caminho. E Semei ao lado, ao longo da montanha, ia amaldiçoando, atirando pedras e jogando pó. ¹⁴O rei e todo o povo que estava com ele chegaram cansados e aí descansaram.

Absalão, Cusai e Aquitofel

¹⁵Absalão e todo o povo, os homens de Israel, entraram em Jerusalém, e Aquitofel estava com ele. ¹⁶Aconteceu que Cusai, o araquita, amigo de Davi, foi ao encontro de Absalão e lhe disse: "Viva o rei! Viva o rei!" ¹⁷E Absalão lhe perguntou: "É essa a bondade sua para com seu amigo? Por que você não foi com seu amigo?" ¹⁸Cusai respondeu a Absalão: "Não! Pertencerei àquele que Javé e todo esse povo, os homens de Israel, escolheram. Com ele ficarei. ¹⁹Além disso, a quem

---

16,1-4: Siba, servo de Mefiboset, filho de Jônatas (cf. 4,4; 9,1-14; 19,25-31; 21,7), vem socorrer Davi (cf. 1Sm 25,18), cuja situação crítica se confirma: Siba, com a carga de dois jumentos, alimenta a tropa e com eles transporta a família real. Mefiboset (v. 3), neto de Saul, é um dos principais mentores da revolta. "Hoje a casa de Israel me devolverá o reino de meu pai": a expressão reafirma que Davi usurpou o reino (cf. 16,5-8).

5-14: As acusações do benjaminita Semei, filho de Gera e remanescente da casa de Saul (v. 11; cf. 20,1), desvelam o que a narrativa, até aqui, tentou encobrir. Davi é chamado de homem sanguinário e perverso (vv. 7 e 9), acusado de assassinar a família de Saul e de lhe usurpar o reino (v. 8). Por isso, é possível que esses versículos sejam de outra fonte. Em 1Rs 2,8-9 Davi aconselha Salomão a matar Semei. O local aonde chegaram (v. 14) não está claro; é provavelmente o Jordão (cf. 17,22).

15-23: Retoma-se a narrativa interrompida em 15,32-37, quando Davi se encontrou com Cusai e quando Absalão entrou em Jerusalém (cf. 15,37; 16,15). "Os homens de Israel" (v. 15) são do norte, em oposição a Judá no sul (cf. 16,18; 17,14.24; 19,42-44; 20,2.4). Ir às concubinas do rei (v. 21) parece ter sido uma armadilha preparada por Davi (cf. 15,16). Novamente, na história de Davi, a sexualidade e o poder estão interligados (cf. 1Sm 18,17-29; 25,39-44; 2Sm 11). Também aqui a voz das mulheres não se faz ouvir.

17,1-23: O conselho de Aquitofel (vv. 1-3) teria sido

eu serviria? Acaso não é ao filho dele? Como servi a seu pai, assim servirei a você". ²⁰Então Absalão disse a Aquitofel: "Dê seu conselho sobre o que devemos fazer!" ²¹Aquitofel respondeu a Absalão: "Vá às concubinas de seu pai, que ele deixou para guardar a casa. Quando todo o Israel ouvir que você se tornou inimigo de seu pai, se fortalecerão as mãos de todos os que estão com você". ²²Então armaram para Absalão a tenda sobre o terraço, e ele foi às concubinas de seu pai à vista de todo o Israel. ²³Nesses dias, o conselho que Aquitofel dava era como se ele consultasse a palavra de Deus. Assim era todo o conselho de Aquitofel, tanto para Davi como para Absalão.

17 Fuga de Davi e morte de Aquitofel –

¹Aquitofel disse a Absalão: "Escolherei, pois, doze mil homens e me lançarei em perseguição a Davi esta noite. ²Cairei sobre ele quando estiver cansado e fraco das mãos. Vou assustá-lo, e todo o povo que está com ele fugirá. Então, matarei somente o rei. ³Depois farei voltar todo o povo para você. Todos voltarão, cada homem que você busca. E todo o povo estará em paz". ⁴Essas palavras pareceram corretas aos olhos de Absalão e aos olhos de todos os anciãos de Israel. ⁵Então Absalão disse: "Chame também Cusai, o araquita. Vamos ouvir também o que sua boca tem a dizer". ⁶Cusai foi a Absalão, e Absalão lhe falou, dizendo: "Esta foi a palavra que Aquitofel falou. Devemos fazer conforme a palavra dele? Se não for, então diga!" ⁷Cusai respondeu a Absalão: "O conselho que Aquitofel deu desta vez não é bom". ⁸E Cusai continuou: "Você conhece seu pai e seus homens: eles são valentes e estão enfurecidos como ursa que perdeu o filhote no campo. Seu pai é homem de guerra e não dormirá com o povo. ⁹Certamente agora ele está escondido numa das grutas ou em qualquer outro lugar. Se no início acontecer que alguns deles caiam, mas se disserem que houve baixas entre o povo que segue Absalão, ¹⁰então até o filho mais valente, que tem coração de leão, vai desmaiar. Isso porque todo o Israel sabe que seu pai é um guerreiro e aqueles que o seguem são filhos valentes. ¹¹Por isso, eu aconselho: reúna todo o Israel com você, desde Dã até Bersabeia, numa multidão como a areia do mar. E você mesmo marchará junto com eles para a batalha. ¹²Então iremos a ele no lugar onde estiver, e aí cairemos sobre ele, como cai o orvalho sobre a terra. E não restará mais nada, nem dele nem de todos os homens que estão com ele. ¹³Se ele se esconder numa cidade, então todo o Israel levará cordas para essa cidade, e o arrastaremos para o rio, até que aí não se encontre mais nada". ¹⁴Absalão e todos os homens de Israel disseram: "O conselho de Cusai, o araquita, é melhor do que o conselho de Aquitofel". É que Javé havia ordenado frustrar o bom conselho de Aquitofel, a fim de levar o mal para Absalão.

¹⁵Então Cusai disse aos sacerdotes Sadoc e Abiatar: "Isso e mais isso Aquitofel aconselhou a Absalão e aos anciãos de Israel. Eu, porém, aconselhei isso e mais isso. ¹⁶Agora, pois, mandem depressa informar a Davi, dizendo: 'Não pernoite esta noite nas estepes do deserto, mas passe adiante, senão o rei e todo o povo que está com ele serão tragados' ". ¹⁷Jônatas e Aquimaás estavam de pé, junto à fonte do Pisoeiro. Uma empregada lhes trouxe informações, e eles foram e informaram ao rei Davi, pois não podiam ser vistos entrando na cidade. ¹⁸Mas um jovem os viu e foi dizer a Absalão. Então os dois partiram depressa e foram para a casa de um homem em Baurim que tinha um poço no seu pátio, e eles desceram no poço. ¹⁹A mulher tomou um manto, o estendeu sobre a boca do poço e espalhou grãos sobre ele, e não se percebia nada. ²⁰Os servos de Absalão foram até a mulher dessa casa e perguntaram: "Onde estão Aquimaás e Jônatas?" A mulher

---

fatal para Davi. O v. 3 é de tradução difícil. A disputa entre os conselheiros mostra um Absalão ingênuo, que assim será também na morte (18,9-15). Trata-se de uma guerra de espionagem, na qual Davi conta com numeroso grupo: na cidade estão Cusai, Sadoc e Abiatar; fora de Jerusalém, na fonte do Pisoeiro (v. 17), junto ao vale do Cedron (cf. Js 15,7; 18,16; 1Rs 1,9), estão escondidos Jônatas e Aquimaás (v. 17a); além destes, uma empregada (v. 17b), o homem de Baurim e a mulher que escondeu os dois no poço (vv. 18-19; cf. Js 2,1-16; 1Sm 19,11-16).

24-29: Perseguido por Absalão, Davi se refugia em

lhes respondeu: "Eles passaram o canal das águas". Então eles procuraram, e não encontrando nada, voltaram a Jerusalém. ²¹Depois que eles partiram, aconteceu que os dois saíram do poço e foram informar o rei Davi. E disseram a Davi: "Levantem-se e passem depressa as águas, pois assim e assim aconselhou Aquitofel acerca de vocês". ²²Davi se levantou com todo o povo que com ele estava, e passaram o Jordão. Ao amanhecer, não havia um que não tivesse passado o Jordão.

²³Quando Aquitofel viu que seu conselho não tinha sido seguido, levantou-se, selou o jumento e foi para sua casa em sua cidade. Aí deu ordens aos de sua casa e se enforcou. Ele morreu e foi sepultado no túmulo de seu pai.

Davi busca o apoio dos amonitas – ²⁴Davi chegou a Maanaim quando Absalão passou o Jordão com todos os homens de Israel que estavam com ele. ²⁵Absalão colocou Amasa à frente do exército, em lugar de Joab. Amasa era filho de um homem cujo nome era Jetra, o israelita que se deitara com Abigail, filha de Naás, irmã de Sárvia, mãe de Joab. ²⁶Assim, Israel e Absalão acamparam na terra de Galaad.

²⁷Quando Davi chegou a Maanaim, aconteceu que Sobi, filho de Naás, de Rabá, dos filhos de Amon, e Maquir, filho de Amiel, de Lo-Dabar, e Berzelai, o galaadita de Rogelim, ²⁸levaram uma cama, taças, vasilhas de barro, trigo, cevada, farinha, grãos torrados, favas, lentilhas, ²⁹mel, coalhada, queijo de leite de vaca e entregaram a Davi e ao povo que com ele estava, para que comessem. Pois diziam: "O povo está faminto, cansado e sedento no deserto".

18

Derrota de Israel – ¹Davi passou em revista o povo que com ele estava e pôs sobre ele chefes de mil e chefes de cem. ²Em seguida, Davi enviou o povo: um terço sob o comando de Joab, um terço sob o comando de Abisaí, filho de Sárvia, irmão de Joab, e um terço sob o comando de Etai, o gatita. Então o rei disse ao povo: "Eu também partirei com vocês". ³O povo disse: "Não vá. Porque, se tivermos de fugir, não prestarão atenção em nós. Ainda que a metade de nós morra, não prestarão atenção em nós. Mas você vale por dez mil de nós. Por isso, é melhor que você fique na cidade e nos ajude daqui". ⁴O rei lhes respondeu: "Farei o que é bom aos olhos de vocês". Então o rei se pôs ao lado do portão, e todo o povo saiu em grupos de cem e de mil. ⁵O rei ordenou a Joab, a Abisaí e a Etai, dizendo: "Sejam cuidadosos, por mim, com o jovem Absalão". Todo o povo ouviu o rei ordenar a todos os chefes a respeito de Absalão. ⁶Então todo o povo saiu ao campo, ao encontro de Israel. E a batalha aconteceu no bosque de Efraim. ⁷Aí o povo de Israel foi abatido diante dos servos de Davi. Nesse dia, o massacre aí foi grande: vinte mil mortos. ⁸Daí a batalha se estendeu por toda a região. E nesse dia o bosque devorou mais gente do que a espada.

Morte de Absalão – ⁹Absalão foi encontrado pelos servos de Davi. Absalão montava um burro que se meteu debaixo da ramagem de um grande terebinto. Sua cabeça se prendeu no terebinto e ele ficou entre os céus e a terra, e o burro que estava debaixo dele passou adiante. ¹⁰Um homem o viu e foi informar a Joab, dizendo: "Eis que vi Absalão pendurado num terebinto". ¹¹Joab respondeu ao homem que lhe informava: "Se você o viu, por que não o abateu por terra ali mesmo? Eu estaria obrigado a dar a você dez moedas de prata e um cinturão". ¹²O homem respondeu a Joab: "Ainda que fossem pesadas mil moedas de prata na palma da minha mão, eu não estenderia minha mão contra o filho do rei. Pois a nossos ouvidos o rei ordenou a você, a Abisaí e a Etai, dizendo: 'Seja quem for,

---

Maanaim (cf. 2,8-10), na região de Galaad, onde recebe o apoio dos amonitas (cf. 10,1-19; 12,24-31). Sobi, irmão do rei amonita Hanon (vv. 27-29; cf. 10,1-2), abastece a tropa de Davi com suprimentos (cf. 1Sm 25,27; 2Sm 9,4; 16,1-4). Com o apoio do exército estrangeiro, Davi consegue fazer frente a Absalão (cf. 1Rs 2,7).

18,1-8: As divisões de mil e de cem (v. 1), mais que números exatos, são contingentes militares. Assim também os vinte mil mortos (v. 7). A não participação de Davi na batalha (vv. 3-4; cf. 11,1-5) visa preservá-lo do envolvimento na morte de Absalão.

9-18: O burro (v. 9) é uma montaria real (1Rs 1,33). O terebinto (v. 9) é uma árvore frondosa, tida como sagrada. Considerava-se maldição morrer suspenso (cf. Dt 21,23). Aliás, a morte violenta (vv. 14-15) contrasta com o pedido de Davi (v. 5). A trombeta anuncia o fim da guerra (v. 16; cf. 2,28). Absalão não é enterrado junto da família real (v. 17; cf. Js 7,26; 8,29; 10,27). O v. 18 contradiz 14,27, onde se diz que Absalão tinha três filhos e uma filha. A coluna "Mão de Absalão" (v. 18) é desconhecida

guardem o jovem Absalão". ¹³Ou deveria eu agir traiçoeiramente contra a vida dele? Além disso, nada se esconde ao rei, e você mesmo se colocaria contra mim". ¹⁴Então Joab disse: "Assim não dá para esperar mais nada de você". Pegou então três lanças na mão e as cravou no coração de Absalão, quando este ainda estava vivo no meio do terebinto. ¹⁵Em seguida, dez jovens que levavam as armas de Joab cercaram Absalão, o golpearam e o mataram.

¹⁶Então Joab tocou a trombeta para deter o povo, e este parou de perseguir a Israel. ¹⁷Pegaram Absalão e o jogaram no mato, num grande buraco, e juntaram sobre ele um montão de pedras. Todo o Israel fugiu, cada um para sua tenda.

¹⁸Absalão, em vida, tinha erguido para si uma coluna que se encontra no Vale do Rei, pois tinha dito: "Não tenho filho para lembrar meu nome". E deu seu nome à coluna que se chama até hoje "Mão de Absalão".

Notícia da morte de Absalão – ¹⁹Aquimaás, filho de Sadoc, disse: "Deixe-me correr e levar as boas notícias ao rei, de que Javé lhe fez justiça livrando-o da mão de seus inimigos". ²⁰Joab lhe disse: "Hoje você não será homem de boas notícias; deixe isso para outro dia. Hoje você não levará boas notícias, pois morreu o filho do rei". ²¹Joab disse, então, ao cuchita: "Vá, informe ao rei o que você viu". O cuchita se prostrou diante de Joab e correu. ²²Aquimaás, filho de Sadoc, ainda insistiu com Joab: "Seja o que for, deixe-me também correr atrás do cuchita". Joab lhe respondeu: "Por que você correria, meu filho, se não há mais boa notícia para ser levada?" ²³"Seja o que for, eu correrei!" "Então corra", disse ele. Aquimaás correu pelo caminho do vale e passou o cuchita.

²⁴Davi estava sentado entre os dois portões. O vigia foi ao terraço do portão, sobre o muro, levantou os olhos e viu um homem que vinha correndo sozinho. ²⁵O vigia gritou e informou ao rei. O rei disse: "Se está sozinho, então vem trazendo na boca uma boa notícia". Ele vinha chegando e se aproximava cada vez mais. ²⁶O vigia então viu outro homem correndo. Gritou então ao porteiro, dizendo: "Aí vem outro homem correndo sozinho". Disse o rei: "Também este é portador de boa notícia". ²⁷O vigia acrescentou: "Vejo que o jeito de correr do primeiro é como o de Aquimaás, filho de Sadoc". Disse o rei: "Este é um bom homem e vem com boa notícia".

²⁸Aquimaás gritou saudando o rei: "Paz!" E se prostrou diante do rei com o rosto por terra e lhe disse: "Bendito seja o seu Deus Javé! Ele entregou os homens que levantaram a mão contra meu senhor o rei". ²⁹E o rei perguntou: "Está em paz o jovem Absalão?" Aquimaás respondeu: "Vi um grande alvoroço quando Joab, o servo do rei, enviou seu servo, mas não sei o que era". ³⁰O rei lhe ordenou: "Retire-se e fique ali de pé". Ele se retirou e permaneceu de pé. ³¹Chegou então o cuchita e disse: "Boas notícias para meu senhor o rei. Javé hoje fez justiça e livrou o senhor da mão de todos os que se levantaram contra o senhor". ³²O rei perguntou ao cuchita: "Está em paz o jovem Absalão?" O cuchita respondeu: "Que tenham a mesma sorte desse jovem os inimigos de meu senhor o rei, e todos os que se levantaram contra o senhor para lhe fazer o mal".

19 ¹O rei se agitou e subiu ao quarto sobre o portão e chorou. Andando de um lado para outro, assim dizia: "Meu filho Absalão! Meu filho! Meu filho Absalão! Quem dera eu morresse em seu lugar! Absalão, meu filho! Meu filho!" ²Avisaram, então, a Joab: "O rei chora e está de luto por Absalão". ³Por isso, a vitória nesse dia se transformou em luto para todo o povo, pois nesse dia o povo ouviu dizer: "O rei está aflito por seu filho". ⁴Nesse dia, o povo entrou na cidade às escondidas, assim como faz o povo quando foge envergonhado da batalha. ⁵O rei tinha o rosto

---

(cf. Gn 35,20; Is 56,5).

18,19-19,9a: O centro está na "boa notícia", que aparece oito vezes, e na reação de Davi frente à morte de Absalão. Este, quando vivo, era "o jovem Absalão" (vv. 5.12.29.32); depois de morto, é "meu filho", o que também se repete oito vezes. Davi está sentado, à vista do povo, entre os portões externo e interno da cidade (talvez Maanaim; cf. 17,27; 19,33). Mostra a relevância do portão da cidade (cf. 13,34); junto a ele ficava o tribunal, de onde Absalão começou sua campanha prometendo justiça ao povo (cf. 15,1-6; Am 5,10).

9b-44: A volta de Davi a Jerusalém se dá como foi sua

coberto e clamava em alta voz: "Meu filho Absalão! Absalão, meu filho! Meu filho!" ⁶Joab entrou na casa do rei e disse: "Hoje você cobriu de vergonha o rosto de todos os seus servos que hoje salvaram sua vida e a vida de seus filhos e de suas filhas, e a vida de suas mulheres e de suas concubinas. ⁷Você ama os que o odeiam, e odeia os que o amam. Você mostrou hoje que os chefes e os servos não representam nada para você. Percebi hoje que se Absalão estivesse vivo e todos nós mortos, isso seria bom a seus olhos. ⁸E agora, levante-se, saia e fale ao coração de seus servos. Porque eu juro por Javé: se você não sair, não ficará nenhum homem com você esta noite. E este mal será para você pior que todos os males que vieram sobre você desde sua juventude até hoje". ⁹ᵃEntão o rei se levantou e se sentou à porta. E anunciaram a todo o povo, dizendo: "O rei está sentado à porta". E todo o povo compareceu diante do rei.

Retorno de Davi – ⁹ᵇIsrael tinha fugido, cada um para sua tenda. ¹⁰Todo o povo estava discutindo em todas as tribos de Israel, e dizia: "O rei nos libertou da opressão de nossos inimigos. Ele nos livrou da dominação dos filisteus e agora teve de fugir da terra por causa de Absalão. ¹¹E Absalão, que tínhamos ungido para reinar sobre nós, morreu em batalha. Agora então, por que vocês não fazem nada para fazer o rei voltar?"

¹²O rei Davi mandou então dizer aos sacerdotes Sadoc e Abiatar: "Falem aos anciãos de Judá o seguinte: 'Por que vocês vão ser os últimos a fazer o rei voltar para casa, sendo que a palavra de todo o Israel já chegou até ao rei em sua casa? ¹³Vocês são meus irmãos. São meus ossos e minha carne. Então, por que vão ser os últimos a fazer o rei voltar?' ¹⁴E para Amasa vocês dirão: 'Você não é meus ossos e minha carne? Que Deus me faça isso e acrescente aquilo, se diante de mim você não for o chefe do exército para sempre, no lugar de Joab' ". ¹⁵Assim, ele inclinou a seu favor o coração de todas as pessoas de Judá, como se fosse uma pessoa só. Então mandaram dizer ao rei: "Volte, você e todos os seus servos".

¹⁶O rei voltou e chegou até o Jordão. Judá tinha ido a Guilgal ao encontro do rei, para fazê-lo passar o Jordão. ¹⁷Semei, filho de Gera, um benjaminita que era de Baurim, apressou-se e desceu com os homens de Judá ao encontro do rei Davi. ¹⁸Com ele estavam mil homens de Benjamim, Siba, o administrador da casa de Saul, seus quinze filhos e seus vinte servos. Eles se precipitaram até ao Jordão diante do rei ¹⁹e atravessaram o vau do rio para passar a casa do rei e para fazer o bem a seus olhos. Quando o rei ia passando o Jordão, Semei, filho de Gera, atirou-se diante do rei ²⁰e lhe disse: "Não leve em conta, meu senhor, a minha culpa, e não lembre o que seu servo distorceu naquele dia em que meu senhor saiu de Jerusalém. Que o rei não guarde isso no coração. ²¹O seu servo sabe que pecou. Por isso, sou o primeiro de toda a casa de José que neste dia desceu ao encontro de meu senhor o rei". ²²Então Abisaí, filho de Sárvia, interveio: "Por causa disso é que Semei não vai morrer? Eis que ele amaldiçoou o ungido de Javé". ²³Davi respondeu: "O que há entre mim e vocês, filhos de Sárvia, para que neste dia sejam meus acusadores? Pode alguém morrer em Israel, neste dia? Por acaso não sei que hoje sou novamente rei sobre Israel?" ²⁴E o rei disse a Semei: "Você não morrerá!" E o rei jurou para ele.

²⁵Mefiboset, filho de Saul, desceu para encontrar o rei. Ele não tinha lavado os pés, nem feito o bigode nem lavado a roupa, desde o dia em que o rei tinha saído até o dia em que voltou em paz. ²⁶Aconteceu que ele foi a Jerusalém para encontrar o rei; então o rei lhe perguntou: "Por que você não foi comigo, Mefiboset?" ²⁷Ele

---

fuga, em vários encontros: com Israel (vv. 9b-11); com os judaítas que estavam do lado de Absalão e Amasa (vv. 12-15; cf. 17,25; 20,4-10); com Semei (vv. 17-24; cf. 16,5-14; 1Rs 2,8-9) e Siba (cf. 16,1-4); com Mefiboset (vv. 25-31; cf. 2Sm 9; 21,7); e com Berzelai (vv. 32-40; cf. 17,27; 15,32-37). Esses encontros que acontecem junto ao rio Jordão. O verbo "passar" é usado quinze vezes, e lembra a travessia do Jordão, quando Israel entrou na terra prometida (cf. Js 3,1-4,18), assim como Guilgal (vv. 16.41; cf. Js 4,19; 5,10-11; 10,6-23). Semei se apresenta como sendo da casa de José (v. 21), nome que na Bíblia se apropria das tradições de Efraim e Manassés. Literariamente, José caracteriza a pertença do norte ao sul (cf. Gn 48; 49,22-26; Dt 33,13-18; Js 17,17; 1Cr 5,1-2).

20,1-22: Novamente se faz ouvir o grito de guerra:

respondeu: "Senhor meu rei, meu servo me traiu. Eu tinha dito a mim mesmo: 'Vou selar a mula, montá-la e seguir com o rei', pois seu servo é coxo. ²⁸Mas ele difamou seu servo diante de meu senhor o rei. Porém, meu senhor o rei é como um mensageiro de Deus. Faça o que parecer bem a seus olhos. ²⁹Pois, para meu senhor o rei, a casa de meu pai não era toda constituída de homens que mereciam a morte? Entretanto, o senhor pôs seu servo com os que comem à sua mesa. Tenho eu ainda algum direito? Poderia ainda reclamar ao rei?" ³⁰O rei lhe disse: "Por que você ainda fala? Eu determino que você e Siba repartam a terra". ³¹Mefiboset respondeu ao rei: "Depois que meu senhor o rei retornou em paz para seu palácio, ele pode ficar com tudo".

³²Berzelai, o galaadita, desceu de Rogelim e passou o Jordão com o rei, para se despedir dele no Jordão. ³³Berzelai era muito idoso, tinha oitenta anos. Foi ele que sustentou o rei em sua permanência em Maanaim, pois era homem muito importante. ³⁴O rei disse a Berzelai: "Siga comigo e sustentarei você, junto a mim, em Jerusalém". ³⁵Berzelai respondeu ao rei: "Quantos dias me restam dos anos da minha vida, para eu subir com o rei a Jerusalém? ³⁶Tenho hoje oitenta anos. Será que ainda conheço a diferença entre bom e mau? Ou será que seu servo ainda saboreia o que come e o que bebe? Será que ainda ouço a voz dos cantores e cantoras? Por que seu servo seria ainda um peso para meu senhor o rei? ³⁷Por pouco tempo seu servo passaria o Jordão com o rei. Mas, por que o rei me recompensaria por isso? ³⁸Deixe seu servo voltar, e morrerei na minha cidade, junto ao túmulo do meu pai e da minha mãe. Porém, aqui está seu servo Camaam: ele passará com meu senhor o rei. Faça com ele o que for bom a seus olhos". ³⁹O rei respondeu: "Que passe Camaam comigo! Farei a ele o que for bom aos olhos de você. Tudo o que você desejar de mim, eu farei a você". ⁴⁰Então todo o povo passou o Jordão. E o rei também passou. Em seguida, o rei beijou Berzelai e o abençoou. E este voltou para o seu povoado.

⁴¹O rei passou por Guilgal, e Camaam seguiu com ele. Todo o povo de Judá e metade do povo de Israel tinha feito o rei passar. ⁴²Então todos os homens de Israel foram até ao rei e lhe disseram: "Por que nossos irmãos, os homens de Judá, se apossaram de você e fizeram o rei, a sua casa e todos os homens de Davi com ele, passarem o Jordão?" ⁴³Todos os homens de Judá responderam aos homens de Israel: "Porque o rei é nosso parente! Por que vocês se irritam com isso? Por acaso comemos da comida do rei ou pegamos alguma coisa para nós?" ⁴⁴Os homens de Israel responderam aos homens de Judá, dizendo: "Temos junto ao rei dez partes a mais do que vocês. Também temos mais do que vocês junto a Davi. Então, por que vocês nos ignoraram? Não fomos nós que por primeiro falamos em fazer o rei voltar para nós?" Mas a palavra dos homens de Judá foi mais forte que a palavra dos homens de Israel.

20 Revolta de Seba
¹Havia aí um homem perverso, de nome Seba, filho de Bocri, homem de Benjamim. Ele tocou a trombeta e disse: "Nós não temos parte com Davi nem herança com o filho de Jessé. Cada um para suas tendas, Israel!" ²Então todos os homens de Israel deixaram Davi e seguiram atrás de Seba, filho de Bocri. Mas os homens de Judá ficaram junto a seu rei, desde o Jordão até Jerusalém.

³Davi entrou em sua casa, em Jerusalém. O rei então tomou as dez mulheres concubinas que tinha deixado para cuidar da casa, colocou-as numa habitação, sob guarda, e as sustentou, mas não se aproximou mais delas. Elas ficaram encerradas até o dia de sua morte, como viúvas de um vivo.

"Para suas tendas, Israel!" (v. 1; cf. 19,9b; 1Rs 12,16). Esta vez na boca de Seba, da tribo de Benjamim, como Saul. O toque de trombeta é o sinal do início (v. 1) e do fim da guerra (v. 22; 18,16). "Desde o Jordão até Jerusalém" (v. 2) representa o pequeno território que permaneceu fiel a Davi. O v. 3 remete às mulheres violentadas por Absalão (cf. 15,16; 16,20-22) e que agora são obrigadas a viver como viúvas sem filhos. A mulher sábia e líder de Abel-Bet-Maaca (vv. 16-22), próxima a Dã (cf. 1Rs 15,20), lembra a profetisa e juíza Débora (cf. Jz 5,7). Joab quer usar a força; ela usa a sabedoria.

23-26: Aqui terminam os livros de Samuel. Em relação

⁴O rei disse a Amasa: "Chame para mim os homens de Judá, em três dias, e apresente-se aqui". ⁵Amasa foi chamar Judá. Mas demorou além do prazo que lhe fora fixado. ⁶Então Davi disse a Abisaí: "Agora Seba, filho de Bocri, nos causará mais dano que Absalão. Tome, pois, os servos de seu senhor e o persiga, a fim de que ele não encontre cidades fortificadas e escape de nossos olhos". ⁷E foram atrás dele os homens de Joab, os cereteus, os feleteus e todos os valentes. Eles saíram de Jerusalém em perseguição a Seba, filho de Bocri. ⁸Chegaram à grande pedra, que está em Gabaon, quando Amasa surgiu diante deles. Joab vestia sua túnica militar, e sobre sua veste trazia o cinto com a espada presa ao quadril. Quando ele se aproximou, a espada saiu da bainha e caiu. ⁹Então Joab disse a Amasa: "Você está em paz, meu irmão?" E Joab pegou com a mão direita na barba de Amasa para beijá-lo. ¹⁰Amasa não prestou atenção na espada que estava na mão de Joab. Este a cravou no ventre dele, e suas entranhas se derramaram por terra. Nem foi preciso repetir o golpe, e ele morreu. Então Joab e seu irmão Abisaí perseguiram Seba, filho de Bocri.

¹¹Um dos jovens de Joab parou perto de Amasa e disse: "Quem estiver com Joab e quem estiver com Davi, siga Joab". ¹²Amasa ainda se revolvia no sangue, no meio da estrada. O jovem viu que todo o povo ficava parado. Então ele removeu Amasa da estrada para o campo e jogou sobre ele um cobertor, pois via que todo aquele que passava junto dele parava. ¹³Quando foi removido do caminho, cada um passava e seguia a Joab em perseguição a Seba, filho de Bocri.

¹⁴Seba passou por todas as tribos de Israel e chegou até Abel-Bet-Maaca, e todos os bocritas se reuniram e o seguiram. ¹⁵Joab e todos os que estavam com ele foram e cercaram Abel-Bet-Maaca e levantaram um aterro contra a cidade na altura da antemuralha. Então todo o povo que estava com Joab se arremeteu contra a muralha para derrubá-la. ¹⁶Uma mulher sábia gritou da cidade: "Escutem! Escutem! Digam a Joab: 'Aproxime-se até aqui e eu falarei com você!'" ¹⁷Ele se aproximou. Então a mulher lhe perguntou: "Você é Joab?" Ele respondeu: "Sou!" Ela então lhe disse: "Escute as palavras de sua serva!" Disse ele: "Escuto". ¹⁸E ela continuou: "Antigamente se dizia: 'Em Abel se pergunta; e assunto encerrado!' ¹⁹Eu sou a mais pacífica e confiante em Israel. E você procura destruir uma cidade e uma mãe em Israel. Por que você iria aniquilar a herança de Javé?" ²⁰Joab respondeu: "Longe, longe de mim eu aniquilar ou destruir! ²¹A coisa não é assim. É que um homem da montanha de Efraim, chamado Seba, filho de Bocri, levantou a mão contra o rei, contra Davi. Entreguem somente Seba, que levantarei o cerco da cidade". A mulher respondeu a Joab: "Pois bem. A cabeça dele será jogada para você do alto da muralha".

²²A mulher foi a todo o povo, com sua sabedoria, e cortaram a cabeça de Seba, filho de Bocri, e a jogaram para Joab. Então este tocou a trombeta, levantaram o cerco e se dispersaram, cada um para sua tenda. Joab, porém, voltou a Jerusalém, para junto do rei.

Corpo burocrático de Davi – ²³Joab comandava todo o exército de Israel. Banaías, filho de Joiada, comandava os cereteus e os feleteus. ²⁴Adoram era o encarregado do trabalho forçado. Josafá, filho de Ailud, era o cronista. ²⁵Siva era o secretário. Sadoc e Abiatar eram os sacerdotes. ²⁶Ira, o jairita, também era sacerdote de Davi.

IV. APÊNDICES
Um final harmonioso

21 ***Execução dos descendentes de Saul*** – ¹Nos dias de Davi, houve fome durante três anos seguidos. Então Da-

---

ao corpo burocrático de 8,16-18 (cf. 1Cr 18,15-17; 1Rs 4,1-6), há um novo ministério, do trabalho forçado, tendo à frente Adoram (cf. 1Sm 8,10-18; 1Rs 9,15-22).

21-24: Mostrando que houve um período de estabilidade após a revolta de Seba (20,1-22) e a sucessão de Davi (1Rs 1,1-2,10), a narrativa apresenta, nos livros de Samuel, um final harmonioso. Os apêndices têm estrutura concêntrica. Nas extremidades estão 21,1-14 com 24,1-25, e 21,15-22 com 23,8-39. No centro estão os hinos 22,1-51 e 23,1-7.

21,1-14: Duas redações se misturam, com várias lacunas: Por que castigar a terra nos dias de Davi, pelo que Saul fez? Não há referência anterior sobre tal ação de Saul contra os gabaonitas. A expressão "crime de

vi procurou a face de Javé, e Javé disse: "Sobre Saul e sobre sua casa há crime de sangue, porque mataram os gabaonitas." ²O rei chamou os gabaonitas e lhes falou. Os gabaonitas não eram parte dos filhos de Israel; eram remanescentes dos amorreus. Os filhos de Israel se haviam comprometido com eles sob juramento. Saul, porém, em seu zelo pelos filhos de Israel e Judá, procurou golpeá-los. ³Davi disse aos gabaonitas: "O que posso fazer a vocês e o que devo reparar, para que vocês abençoem a herança de Javé?" ⁴Os gabaonitas lhe responderam: "Não queremos prata nem ouro de Saul e de sua casa. Também não queremos matar ninguém de Israel". Ele respondeu: "O que vocês disserem, eu farei para vocês". ⁵Eles então disseram ao rei: "Do homem que nos assolou e que buscou nos exterminar, para não mais subsistirmos em todo o território de Israel, ⁶que nos sejam dados sete homens dentre seus filhos. Nós vamos esquartejá-los para Javé, em Gabaon de Saul, o eleito de Javé". O rei respondeu: "Eu os darei". ⁷O rei, porém, teve compaixão de Mefiboset, filho de Jônatas, filho de Saul, por causa do juramento feito a Javé e que existia entre eles, entre Davi e Jônatas, filho de Saul. ⁸O rei pegou os dois filhos que Resfa, filha de Aías, teve com Saul: Armoni e Mefiboset; e os cinco filhos que Micol, filha de Saul, teve com Adriel, filho de Berzelai, o meolatita, ⁹e os entregou na mão dos gabaonitas, que os esquartejaram na montanha, diante de Javé. Os sete foram executados juntos. Foram mortos nos primeiros dias da colheita, no começo da colheita da cevada. ¹⁰Resfa, filha de Aías, pegou então um saco e o estendeu sobre a rocha. Esteve aí desde o início da colheita, até que as águas dos céus caíram sobre eles. Ela não permitiu que as aves dos céus descessem sobre eles de dia, nem os animais do campo se aproximassem de noite.

¹¹Davi foi informado sobre o que tinha feito Resfa, filha de Aías, concubina de Saul. ¹²Então Davi foi ter com os nobres de Jabes de Galaad e pegou os ossos de Saul e os ossos de Jônatas, seu filho, que eles tinham roubado da praça de Betsã, onde tinham sido pendurados pelos filisteus no dia da derrota de Saul em Gelboé. ¹³Ele fez subir dali os ossos de Saul e os ossos de Jônatas, seu filho, e recolheram também os ossos dos que tinham sido esquartejados. ¹⁴Enterraram os ossos de Saul e de Jônatas, seu filho, na terra de Benjamim, em Sela, no túmulo de Cis, seu pai. Fizeram tudo o que o rei tinha ordenado. Depois disso, Deus teve compaixão de toda a terra.

Os gigantes de Rafa – ¹⁵Houve ainda uma batalha entre os filisteus e Israel. Davi desceu com seus servos e lutou contra os filisteus. Davi se assustou, ¹⁶pois havia um guerreiro gigante que era um dos descendentes de Rafa. Sua lança pesava trezentos ciclos de bronze, e ele cingia uma armadura nova. E dizia que iria abater Davi. ¹⁷Mas Abisaí, filho de Sárvia, veio em seu auxílio, golpeou o filisteu e o matou. Então os homens de Davi lhe juraram, dizendo: "Você não sairá outra vez conosco para uma batalha, para que não se apague a lâmpada de Israel". ¹⁸Depois disso, aconteceu que houve ainda uma batalha em Gob contra os filisteus. Então Sobocai, o husatita, abateu Saf, que era descendente de Rafa. ¹⁹Houve ainda outra batalha em Gob contra os filisteus. Então Elcanã, filho de Jaaré-Oreguim, de Belém, abateu Golias de Gat, que tinha uma lança como um cilindro de tecelão. ²⁰Aconteceu ainda outra batalha em Gat. Havia aí um homem alto que tinha seis dedos nas mãos e seis dedos nos pés, vinte e quatro dedos ao todo. Também ele era descendente de Rafa. ²¹Ele desafiou Israel, mas Jônatas, filho de Sama, irmão de Davi, o abateu. ²²Estes quatro eram descendentes de Rafa,

---

sangue" (v. 1) é o que Semei usa para acusar Davi (cf. 16,7-8); em Js 9,7 os gabaonitas são heveus (cf. Jz 19,12) e não amorreus; em 9,1 se diz que Mefiboset era o único sobrevivente da casa de Saul, mas aqui as vítimas são dois filhos e cinco netos de Saul; em 3,15 o marido de Micol é Faltiel (cf. 1Sm 25,44) e não Adriel, que em 1Sm 18,17-19 é o marido de Merob. O sacrifício humano (vv. 6.9) é uma deturpação do culto a Javé e acontece na monarquia (cf. Ex 25,1-5; 1Rs 3,4).

15-22: Este apêndice, onde Judá é identificado como Israel (vv. 15.21), relata quatro episódios breves sobre os lendários gigantes de Canaã, os rafaim (cf. Gn 14,5; 15,20; Dt 2,10-11; 3,11; Js 17,15), descendentes de Rafa. O primeiro (vv. 15-17) é derrotado por Abisaí (cf. 1Sm 26,6). O segundo gigante (v. 18) é vencido por Sobocai. O terceiro (v. 19) é Golias, aqui der-

em Gat. Tombaram pela mão de Davi e de seus servos.

22 Salmo de vitória –

¹Então Davi entoou as palavras deste canto, no dia em que Javé o livrou do domínio de todos os seus inimigos e do domínio de Saul. ²Ele disse:

"Javé é meu rochedo e minha fortaleza, o meu libertador,
³meu Deus e minha rocha. Nele busco refúgio.
Ele é meu escudo e força da minha salvação,
minha proteção e meu refúgio,
aquele que me salva da violência.

⁴Seja louvado! gritarei a Javé,
e serei salvo dos meus inimigos.
⁵Porque ondas de morte me envolviam
e torrentes de perversidade me aterrorizavam.
⁶Laços da morada dos mortos me rodeavam
e ciladas de morte armaram diante de mim.

⁷Na minha angústia gritei a Javé,
ao meu Deus eu clamei.
E do seu templo ele ouviu minha voz,
meu grito de socorro chegou a seus ouvidos.
⁸Então a terra se abalou e tremeu,
os alicerces dos céus se agitaram e tremeram,
porque ele se enfureceu.
⁹Subiu fumaça de suas narinas
e de sua boca fogo que devorava.
Brasas ardentes saíam dele.
¹⁰Ele estendeu os céus e desceu.
E havia espessa nuvem debaixo de seus pés.
¹¹Montou sobre um querubim e voou.
E era visto sobre as asas do vento.
¹²Colocou a escuridão a seu redor como abrigo,
densidade de águas,
espessas nuvens e neblina.
¹³Diante do esplendor de sua presença queimavam brasas incandescentes.
¹⁴Javé trovejou dos céus.
O Altíssimo fez ouvir a sua voz.
¹⁵Lançou flechas e os dispersou,
raios e os confundiu.
¹⁶Então, via-se o fundo do mar
e se descobriram os fundamentos do mundo,
pelo bramido de Javé
e pelo vento exalado de seu nariz.
¹⁷Ele se esticou do alto, me pegou
e me puxou das águas caudalosas.
¹⁸Ele me livrou dos meus inimigos poderosos,
dos que me odiavam, pois eram mais fortes que eu.
¹⁹Eles me enfrentaram no dia da minha desgraça.
No entanto, Javé foi o meu amparo.
²⁰Ele me conduziu a um lugar aberto,
me livrou porque se regozija em mim.
²¹Javé agiu segundo minha justiça,
e me retribuiu segundo a limpeza de minhas mãos,
²²pois guardei os caminhos de Javé
e não pratiquei injustiças diante do meu Deus.
²³Todos os seus julgamentos estão diante de mim,
e de seus mandamentos não me desviei.
²⁴Fui íntegro para com ele
e me guardei da injustiça.
²⁵Javé me retribuiu segundo a minha justiça
e segundo minha inocência diante de seus olhos.
²⁶Do compassivo te compadeces,
e com o íntegro és repleto de integridade.
²⁷Com o sincero tu és sincero
e com o perverso és implacável.
²⁸Ao povo pobre tu libertas,
e com teus olhos rebaixas os soberbos.
²⁹Porque tu és a minha lâmpada, Javé.
Sim, Javé ilumina minha escuridão.

---

rotado por Elcanã, mas em 1Sm 17,4-11 é derrotado por Davi. 1Cr 20,5, querendo preservar Davi, afirma que se trata do irmão de Golias. O quarto (vv. 20-21) foi abatido por Jônatas, sobrinho de Davi (cf. 1Cr 20,4-8).

22,1-51: Este salmo é uma reprodução do salmo 18, e juntamente com o cântico de Ana (1Sm 2,1-10) emoldura os livros de Samuel. Pode ser dividido em três partes: vv. 2-20: louvor a Javé pela libertação; vv. 21-28: Javé defende o justo; vv. 29-50: Javé, protetor na guerra. Os vv. 1 e 51 o intitulam e autenticam como salmo régio, que encontra no v. 48 o sonho do monarca:

³⁰Contigo transponho valas,
com meu Deus salto muralhas.
³¹O caminho de Deus é perfeito.
A palavra de Javé é provada.
Ele é um escudo
para todos os que nele se refugiam.
³²Pois quem é Deus, além de Javé?
E quem é rochedo, além
do nosso Deus?
³³Deus é minha proteção segura,
ele livra totalmente o meu caminho.
³⁴Ele iguala meus pés com os das corças
e sobre meus lugares altos
me mantém.
³⁵Ele treina minhas mãos para a batalha
e meus braços para esticar
o arco de bronze.
³⁶Tu me deste o escudo da tua libertação.
Tua humildade me engrandece.
³⁷Alargaste meu passo debaixo de mim,
e meus tornozelos não vacilaram.
³⁸Persigo meus inimigos e os extermino,
e não volto sem antes acabar com eles.
³⁹Eu os devorei, os abati,
e não se levantam mais.
Eles caíram debaixo de meus pés.
⁴⁰Tu me cingiste de força para a batalha
e dobras debaixo de mim
os que contra mim se levantam.
⁴¹Fazes que meus inimigos
me deem a nuca.
Extermino aqueles que me odeiam.
⁴²Procuram desesperados, mas não há
quem os salve.
Clamam a Javé, mas ele não lhes
responde.
⁴³Eu os trituro como o pó da terra;
eu os esmago como a lama das ruas, e
os pisoteio.
⁴⁴Tu me livraste das revoltas
do meu povo,
e me preservas por sobre a cabeça
das nações.
Um povo que não conheci me serve.

⁴⁵Filhos de estrangeiros me bajulam.
Por ouvirem falar de mim,
me obedecem.
⁴⁶Filhos de estrangeiros se enfraquecem
e desarmados saem de suas fortalezas.
⁴⁷Viva Javé! Bendito seja o meu rochedo!
Deus seja exaltado, rochedo de minha
libertação,
⁴⁸o Deus que me dá vinganças,
aquele que submete os povos a mim,
⁴⁹aquele que me tira do meio de meus
inimigos.
Tu me exaltas sobre aqueles que se
levantam contra mim
e me libertas do homem violento.
⁵⁰Por isso, ó Javé, eu te louvarei
entre as nações,
e ao teu nome farei canções.
⁵¹É ele que engrandece a salvação de seu rei
e usa de benevolência para com o seu
ungido,
com Davi e com sua descendência para
sempre".

23 Exaltação de Davi –

¹São estas as últimas palavras de Davi: "Oráculo de Davi, filho de Jessé. Oráculo do homem que foi posto no alto, do ungido do Deus de Jacó, do amável dos cânticos de Israel. ²O espírito de Javé falou através de mim, e sua palavra está em minha língua. ³O Deus de Israel disse, a Rocha de Israel me falou: 'Aquele que governa a humanidade com justiça e aquele que governa no temor de Deus, ⁴é como a luz da manhã ao nascer do sol, em manhã sem nuvens, depois da chuva, quando brilha a relva da terra'. ⁵Não é assim que minha casa se mantém junto de Deus? Pois ele estabeleceu comigo uma aliança eterna, bem ordenada e em tudo vigiada. Por isso, todo o meu bem-estar e todo o meu projeto será que não vai prosperar em tudo? ⁶Mas os perversos são como espinhos, que são todos jogados fora, pois não se podem pegar com a mão. ⁷A pessoa, para tocá-los, usa um ferro ou rastelo de madeira e ateia fogo neles. E ai, em seu próprio lugar, são queimados".

---

submeter os povos.
23,1-7: Palavras de Davi proclamadas como oráculo profético (v. 1), onde ele é redimido de suas más ações e exaltado como a "luz da manhã" (v. 4). Os títulos de Davi (vv. 1-4) são dignos de um faraó. A teologia davídica prega a aliança eterna com Javé (v. 5), para justificar o reinado dos sucessores da casa de Davi (cf. 7,1-29; Sl 72,6; 89,27-38).
8-39: Texto bastante corrompido (cf. 1Cr 11,10-47), que joga com os números três e trinta. Apresenta os

Heróis de Israel – ⁸São estes os nomes dos valentes de Davi: Joseb-Bassebet, o haquemonita, principal dos três. Ele brandiu sua lança contra oitocentos, e os atravessou de uma só vez. ⁹Depois dele, Eleazar, filho de Dodô, neto de Aoí. Ele era um dos três valentes que ficaram com Davi e que desafiaram os filisteus reunidos em batalha, quando os homens de Israel já se haviam retirado. ¹⁰Ele se levantou e combateu os filisteus até sua mão se cansar e ficar grudada na espada. Nesse dia, Javé realizou uma grande libertação. O povo retornou atrás dele, só para pegar os despojos. ¹¹Depois dele, Sama, filho de Ela, o ararita. Os filisteus se haviam reunido em Lequi, onde havia um pedaço de roça cheio de lentilhas. O povo havia fugido diante dos filisteus. ¹²Ele parou no meio da roça, defendeu-a e abateu os filisteus. E Javé realizou uma grande libertação.

¹³Durante a colheita, três dos trinta chefes desceram junto com Davi na caverna de Odolam. Um grupo de filisteus estava acampado no vale dos Rafaim. ¹⁴Davi estava, então, no seu refúgio, enquanto a guarnição dos filisteus se achava em Belém. ¹⁵Davi teve um desejo e disse: "Quem me dera beber da água do poço que está junto ao portão de Belém!" ¹⁶Então os três valentes irromperam pelo acampamento dos filisteus e tiraram água do poço que está junto ao portão de Belém, a pegaram e levaram para Davi. Mas Davi não quis beber e a derramou em oferenda a Javé. ¹⁷E disse: "Javé me livre de fazer isso! É o sangue dos homens que foram até lá, arriscando suas vidas". E não quis beber. Foi isso que os três valentes fizeram.

¹⁸Abisaí, irmão de Joab, filho de Sárvia, era chefe de trinta. Ele brandiu sua lança contra trezentos e os transpassou. E seu nome se destacou em meio aos trinta. ¹⁹Ele era o mais honrado dos trinta, mas não chegou à altura dos três. ²⁰Banaías, filho de Joiada, filho de um homem de valor, grande em proezas, natural de Cabseel, foi quem abateu dois heróis de Moab. Foi ele que desceu num poço e matou um leão, num dia de neve. ²¹Ele também abateu um egípcio, homem de grande estatura. O egípcio tinha uma lança na mão, e Banaías o enfrentou com um bastão. Ele arrebatou a lança da mão do egípcio e com ela o matou. ²²Foi isso que fez Banaías, filho de Joiada. E alcançou renome entre os três valentes. ²³Foi o mais honrado dos trinta, mas não chegou à altura dos três. Davi o colocou à frente da sua guarda pessoal.

²⁴Em meio aos trinta estavam: Asael, irmão de Joab; Elcanã, filho de Dodô, de Belém; ²⁵Sama, o harodita; Elica, o harodita; ²⁶Heles, o faletita; Ira, filho de Aces, o tecuíta; ²⁷Abiezer, o anatotita; Mebunai, o husaíta; ²⁸Selmon, o aoíta; Maarai, o netofatita; ²⁹Hélod, filho de Baana, o netofatita; Etai, filho de Ribai, de Gabaá, dos filhos de Benjamim; ³⁰Banaías, o faratonita; Hedai, das torrentes de Gaás; ³¹Abi-Albon, o arabatita; Azmavet, o baurumita; ³²Eliaba, o saalbonita; Jônatas, dos filhos de Jasen; ³³Sama, o hararita; Aiam, filho de Sarar, o ararita; ³⁴Elifalet, filho de Aasbai, filho do maacatita; Eliam, filho de Aquitofel, o gilonita; ³⁵Hesrai, o carmelita; Farai, o arabita; ³⁶Igaal, filho de Natã, de Soba; Bani, o gadita; ³⁷Selec, o amonita; Naarai, o berotita, que levava as armas de Joab, filho de Sárvia; ³⁸Ira, o jeterita; Gareb, o jeterita; ³⁹Urias, o heteu. Ao todo, trinta e sete.

24 Recenseamento de Israel e Judá –

¹A ira de Javé voltou a inflamar-se contra os israelitas. Então incitou Davi contra eles, dizendo: "Vá e faça a contagem de Israel e de Judá". ²O rei disse a Joab, chefe do exército, que estava com ele: "Percorra todas as tribos de Israel, desde Dã até Bersabeia, e faça o censo do povo, para que eu saiba o número da população". ³Joab disse ao rei: "Que Javé, seu Deus, aumente cem vezes o povo, e que o vejam os olhos de meu senhor o rei. Mas por que

---

heróis de Israel, dando continuidade a 21,15-22. Primeiro se apresentam os feitos individuais dos três valentes: Joseb-Bassebet (v. 8; cf. 1Sm 14,49; 2Sm 2,8; 1Cr 11,11); Eleazar (vv. 9-10) e Sama (vv. 11-12); depois, os três atuando juntos em Belém (vv. 13-17). Em seguida, os feitos de Abisaí (vv. 18-19; cf. 1Sm 26,6-8; 2Sm 16,9) e de Banaías (vv. 20-23). Por último, a apresentação dos trinta valentes (vv. 24-39), que no final são trinta e sete (v. 39). Não casualmente, a seção termina com Urias, o heteu (v. 39), que Davi matou para lhe tomar a mulher (11,1-27).

24,1-9: O censo tem o propósito de recrutar homens para o exército, para o trabalho forçado e para arrecadar tributos (Ex 30,11-16; Nm 1; 1Sm 8,10-17; 1Rs 4,6-19). Portanto, só os homens são contados (v. 9). Começando

meu senhor o rei tem tal desejo?" ⁴No entanto, a palavra do rei se impôs sobre Joab e sobre os chefes do exército. Joab e os chefes do exército saíram da presença do rei para fazer o censo do povo de Israel. ⁵Passaram o Jordão e acamparam à direita da cidade que está no meio do vale do rio de Gad, em direção a Jazer. ⁶Chegaram a Galaad e seguiram na direção da terra de Tatim-Hodsi. Atingiram Dã-Jaã e redondezas, e daí foram para Sidônia. ⁷Chegaram à fortaleza de Tiro e a todas as cidades dos heveus e dos cananeus. Depois, foram para o sul de Judá, a Bersabeia. ⁸Assim percorreram toda a terra, e chegaram a Jerusalém, no final de nove meses e vinte dias. ⁹Joab deu o número do censo do povo ao rei. Israel tinha oitocentos mil homens valorosos que sabiam manejar a espada. E Judá tinha quinhentos mil homens.

A peste – ¹⁰O coração de Davi o golpeou, depois de haver recenseado o povo. Então Davi disse a Javé: "Agi muito mal no que fiz. Agora, peço: apaga a culpa do teu servo, porque agi com muita insensatez". ¹¹Davi se levantou pela manhã, e já tinha chegado ao profeta Gad, vidente de Davi, a palavra de Javé, dizendo: ¹²"Vá e diga a Davi: Assim falou Javé: Três coisas ofereço a você. Escolha uma delas e a farei acontecer para você". ¹³Gad foi a Davi e o informou, dizendo: "Você quer que lhe venham sete anos de fome em sua terra? Ou três meses de fuga diante de seus inimigos, com eles perseguindo você? Ou três dias de peste na sua terra? Considere agora e veja que palavra devo responder àquele que me enviou". ¹⁴Davi respondeu a Gad: "Minha angústia é grande. Entreguemo-nos nas mãos de Javé, porque grande é a sua misericórdia, mas que eu não caia na mão dos homens". ¹⁵Então Javé enviou a peste sobre Israel, a partir dessa manhã até o tempo fixado. E morreram do povo, desde Dã até Bersabeia, setenta mil homens. ¹⁶O anjo estendeu a mão sobre Jerusalém para destruí-la. Javé porém se arrependeu do mal, e disse ao anjo que estava exterminando o povo: "É suficiente! Abaixe a mão, agora!" O anjo de Javé estava justamente na eira de Areúna, o jebuseu. ¹⁷Davi, ao ver o anjo que estava abatendo o povo, disse a Javé: "Eu é que agi mal. Eu é que agi perversamente. Mas estas ovelhas, o que fizeram? Seja, pois, tua mão contra mim e contra a casa de meu pai".

O altar na eira – ¹⁸Nesse dia, Gad foi a Davi e lhe disse: "Suba e levante um altar a Javé na eira de Areúna, o jebuseu". ¹⁹Davi subiu conforme a palavra de Gad, como Javé lhe havia ordenado. ²⁰Areúna olhou e viu o rei e seus servos que iam em sua direção. Ele saiu e se prostrou diante do rei com o rosto por terra. ²¹E Areúna perguntou: "Por que meu senhor o rei vem até seu servo?" Davi respondeu: "Para adquirir de você a eira e construir um altar a Javé. E assim seja contida a praga que está sobre o povo". ²²Areúna disse então a Davi: "Que meu senhor o rei tome e ofereça o que é bom a seus olhos. Veja: aqui está o boi para o holocausto, a grade e a canga de boi para a lenha. ²³Tudo isso, ó rei, Areúna dá ao rei". Areúna disse ainda ao rei: "Que Javé, seu Deus, lhe seja favorável". ²⁴Mas o rei respondeu a Areúna: "Não! Vou comprar de você pelo preço certo. Não vou oferecer a Javé, meu Deus, um holocausto gratuito". E Davi comprou a eira e o boi por cinquenta siclos de prata. ²⁵Davi construiu aí um altar a Javé e ofereceu holocaustos e sacrifícios de paz. Então Javé se compadeceu da terra e conteve a praga que estava sobre Israel.

---

do norte para o sul, o censo vai além das fronteiras do reino e inclui cidades como Tiro e Sidônia (vv. 6.7; cf. Js 19,28-29).

10-17: O profeta que está com Davi não é Natã dos caps. 7 e 12, mas Gad (cf. 1Sm 22,5). A Setenta lê três anos, e não sete (v. 13), o que resulta na tríade: três anos, três meses e três dias. Os três castigos aparecem nos livros de Jeremias e Ezequiel (Jr 14,12; 15,2; 21,7.9; 24,10; 27,8; Ez 5,12; 6,12), prova de que foram inseridos aqui mais tarde (vv. 11-15). Diferente redação se percebe também no v. 15. Aí é Javé quem age, ao passo que a partir do v. 16 é o anjo quem age (cf. Ex 12,23).

18-25: A peste cessou na eira de Areúna, um jebuseu (v. 16) remanescente dos antigos moradores de Jerusalém (cf. 5,6-8). Aí, justamente na eira de um jebuseu, fora de Jerusalém, Davi é instruído a construir um altar a Javé (v. 18; cf. 1Cr 22,1; 2Cr 3,1). Os livros de Samuel terminam com a lição: a ânsia do rei pelo poder é um agravo a Javé, que só será contido com um sacrifício de paz (v. 25).

PRIMEIRO E SEGUNDO LIVROS DOS REIS

ISRAEL E JUDÁ: AUGE E DECLÍNIO

Introdução

No passado, os livros de 1Rs e 2Rs formavam uma unidade com os dois de Samuel (*cf.* Introdução a 1Sm e 2Sm).

Basicamente, seguem uma estrutura cronológica desde Davi até Sedecias, primeiro e último reis de Judá, e podem ser divididos em três partes: 1) reinado de Davi/Salomão (1Rs 1-11); 2) história de Israel e Judá até a queda da Samaria (1Rs 12-2Rs 17; unidade quase toda permeada pelos ciclos de Elias e Eliseu); 3) história de Judá até o exílio (2Rs 18-25).

A maior parte (1Rs 12-2Rs 17) trata da relação conflituosa entre Israel e Judá. Nesse conflito, é clara a superioridade econômica, política e geográfica de Israel, que domina sobre Judá. No entanto, este tem a preferência do redator, de forma que os reis de Israel são apresentados sempre negativamente, e os reis de Judá são elogiados. Jeroboão, primeiro rei de Israel depois da divisão, é apresentado como o protótipo de rei pecador, aquele que oficializou os santuários de Betel e Dã (*cf.* 1Sm 12,29), grandes concorrentes do Templo de Jerusalém. É comum esta referência aos reis de Israel: "Não se afastou dos pecados que Jeroboão tinha feito Israel cometer". O protótipo para os reis de Judá é Davi, tido como justo e temente a Javé.

É provável que os livros dos Reis, como os de Samuel, começaram a se formar no tempo de Ezequias e Josias, quando Judá se torna um Estado desenvolvido e precisa de fundamento histórico para avalizar as pretensões expansionistas desses dois reis. Com a queda da Samaria em 722 a.C., houve grande migração daí para Jerusalém, com diversos escribas que levaram consigo crônicas dos reis de Israel, como se nota na frequente expressão "anais dos reis". Os escribas da corte de Ezequias e de Josias utilizaram esse material para elaborar sua narrativa a partir da perspectiva de Judá. As afirmações de 2Rs 18,5b: "Tanto antes como depois, não existiu nenhum rei em Judá que pudesse ser comparado a Ezequias"; e de 2Rs 23,25: "Não houve antes um rei como Josias que se tivesse voltado a Javé com todo o seu coração, com todo o seu ser e com toda a sua força", são como uma assinatura da primeira versão dos livros dos Reis.

Nos dois livros, portanto, misturam-se várias redações. Na base está um material antigo, crônicas do norte que migraram para o sul, bem como antigas tradições orais de Judá e Israel. Depois, acontece uma primeira redação, possivelmente inspirada pelos tratados assírios no tempo de Ezequias e Josias. Num terceiro momento, esse conteúdo é amplamente aumentado nos períodos do exílio e pós-exílio.

PRIMEIRO LIVRO DOS REIS

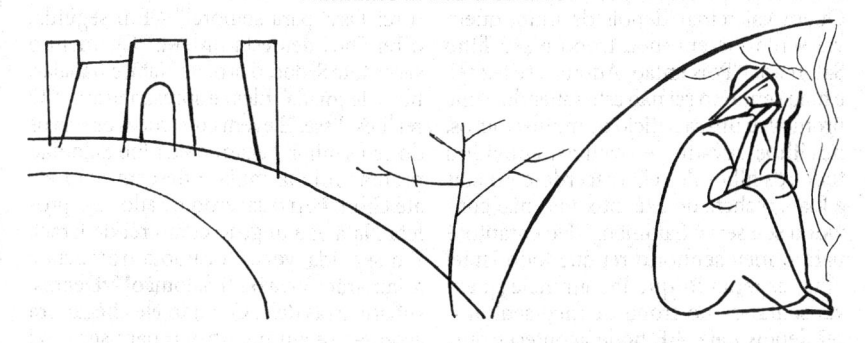

I. HISTÓRIA DE SALOMÃO

1. Luta pelo poder entre Salomão e Adonias

1 *A sunamita* – ¹O rei Davi tinha envelhecido, estava idoso e, por mais que o cobrissem, não conseguia se aquecer. ²Seus servos, então, lhe sugeriram: "Que se procure, para nosso senhor o rei, uma jovem solteira que cuide dele e lhe sirva de ama. Ela vai dormir ao seu colo e aquecer nosso senhor o rei". ³Procuraram, então, a jovem mais bonita de todo o território de Israel. Encontraram Abisag, a sunamita, e a levaram para o rei. ⁴A jovem era muito bela. Passou a ser ama e serviçal do rei, mas o rei não manteve relações com ela.

Adonias – ⁵Enquanto isso, Adonias, filho de Hagit, gabava-se dizendo: "Eu vou ser o rei". Arranjou um carro de guerra e cavalos, além de uma escolta de cinquenta guardas, que marchavam à frente dele. ⁶Seu pai, quando vivo, nunca lhe chamou a atenção, perguntando: "Por que você faz isso?" Adonias também era muito bonito e tinha nascido depois de Absalão. ⁷Ele fez acordo com Joab, filho de Sárvia, e com o sacerdote Abiatar, que ficaram do seu lado. ⁸De outra parte, o sacerdote Sadoc, Banaías, filho de Joiada, o profeta Natã, Semei e Reí, bem como os valentes de Davi, não ficaram do lado de Adonias.

⁹Adonias promoveu um sacrifício de ovelhas, bois e novilhos cevados junto à Pedra-que-escorrega, perto da fonte do Pisoeiro. Convidou todos os seus irmãos filhos do rei e todos os homens de Judá que eram servos do rei. ¹⁰Não convidou o profeta Natã, nem Banaías, nem os valentes, nem seu irmão Salomão.

Plano de Natã – ¹¹Natã disse a Betsabeia, mãe de Salomão: "Você não ficou sabendo que Adonias, filho de Hagit, se proclamou rei, sem que nosso senhor Davi soubesse? ¹²Agora, venha cá, vou dar-lhe um conselho para que você salve sua vida e do seu filho Salomão. ¹³Vá até o rei Davi e diga: 'Acaso meu senhor o rei não jurou à sua serva, dizendo assim: Seu filho Salomão ficará como rei depois de mim, é ele quem vai sentar-se em meu trono? Então, por que é que Adonias se fez rei?' ¹⁴E quando você estiver conversando com o rei, eu entro e confirmo o que você falou".

¹⁵Betsabeia apresentou-se ao rei, no quarto. O rei estava muito velho e Abisag, a sunamita, cuidava dele. ¹⁶Betsabeia inclinou-se e prostrou-se diante do rei. E o rei perguntou: "O que é que você quer?" ¹⁷Betsabeia respondeu: "O meu senhor ju-

---

1-2: Depois das rebeliões de Absalão e Seba (cf. 2Sm 18,9-18; 20,1-22), e após a apresentação do corpo burocrático (2Sm 20,23-26), o livro de 1Rs continua a narrativa da sucessão de Davi. Os caps. 1 e 2 introduzem o novo rei.

1,1-4: A presença da jovem sunamita visa restabelecer a saúde do velho rei. A impotência sexual era um sinal da limitação do homem em continuar no poder.

5-10: Dois grupos disputam a sucessão. De um lado, o grupo tribal ligado a Hebron: Adonias (cf. 2Sm 3,4), Joab e Abiatar (cf. 1Sm 22,20-23); de outro lado, o urbano ligado a Jerusalém: Sadoc, Banaías, Natã, Semei, Raí, Betsabeia e Salomão. Essa disputa retrata o constante conflito entre o tribal e o urbano.

11-27: Intrigas palacianas, onde os filhos do rei disputam o poder. Natã, profeta da corte, arquiteta um

rou a esta sua serva, por Javé seu Deus: Quem vai reinar depois de mim, quem vai sentar-se em meu trono é seu filho Salomão. ¹⁸Pois então, Adonias se fez rei, e meu senhor o rei não está sabendo. ¹⁹Ele promoveu um sacrifício de muitos touros, novilhos cevados e ovelhas, convidou todos os filhos do rei, o sacerdote Abiatar e Joab, o chefe do exército, mas não convidou seu servo Salomão. ²⁰No entanto, é para o meu senhor o rei que todo Israel olha, esperando que lhe anuncie quem vai sentar-se no trono de meu senhor o rei depois dele. ²¹E pode acontecer que, depois que meu senhor o rei estiver repousando com seus pais, eu e meu filho Salomão sejamos considerados bandidos". ²²Betsabeia ainda estava falando com o rei, quando chegou o profeta Natã. ²³Anunciaram ao rei: "O profeta Natã está aqui". Natã foi à presença do rei, prostrou-se diante dele com o rosto por terra ²⁴e disse: "Acaso meu senhor o rei disse: 'Adonias é quem vai reinar depois de mim, é ele quem vai sentar-se no meu trono'? ²⁵Pois bem: hoje ele promoveu um sacrifício de muitos touros, novilhos cevados e ovelhas. Convidou todos os filhos do rei, os chefes do exército e o sacerdote Abiatar. Todos estão comendo e bebendo com ele e aclamando: Viva o rei Adonias! ²⁶Mas ele não convidou este seu servo, nem o sacerdote Sadoc, nem Banaías, filho de Joiada, nem seu servo Salomão. ²⁷Será que da parte do meu senhor o rei se fez tal coisa, sem comunicar a seus servos quem deveria suceder no trono a meu senhor o rei Davi?"

Salomão é ungido rei – ²⁸O rei Davi respondeu: "Chamem Betsabeia aqui". E Betsabeia se apresentou ao rei e aí ficou de pé. ²⁹O rei jurou: "Pela vida de Javé, que me livrou de todos os perigos, ³⁰eu jurei a você por Javé, o Deus de Israel: Quem vai ser o rei depois de mim, quem vai sentar-se em meu trono, é seu filho Salomão, tanto que eu vou fazer isso hoje". ³¹Betsabeia se pôs com o rosto no chão, prostrada diante do rei, e disse: "Viva meu senhor o rei Davi para sempre!" ³²Em seguida, o rei Davi deu esta ordem: "Chamem o sacerdote Sadoc, o profeta Natã, e Banaías, filho de Joiada". Eles se apresentaram. ³³O rei lhes disse: "Levem com vocês os servos do seu senhor. Façam meu filho Salomão montar minha mula e desçam com ele até Gion. ³⁴Aí o sacerdote Sadoc e o profeta Natã vão ungi-lo como rei de Israel. Em seguida, vocês tocarão a trombeta e aclamarão: Viva o rei Salomão! ³⁵Depois, subam atrás dele. Quando ele chegar, irá assentar-se em meu trono para ser o rei em meu lugar, pois é a ele que eu nomeio chefe de Israel e de Judá". ³⁶Banaías, filho de Joiada, respondeu ao rei: "Amém! O mesmo diga Javé, Deus de meu senhor o rei. ³⁷Javé esteja com Salomão, assim como esteve com meu senhor o rei, e torne o trono de Salomão mais glorioso do que o trono de meu senhor o rei Davi".

³⁸O sacerdote Sadoc, o profeta Natã, Banaías, filho de Joiada, os cereteus e feleteus desceram até Gion, escoltando Salomão, que montava a mula do rei Davi. ³⁹O sacerdote Sadoc pegou na tenda o chifre de óleo e ungiu Salomão. Em seguida, tocaram a trombeta e todos aclamaram: "Viva o rei Salomão!" ⁴⁰Todo o povo subiu atrás de Salomão, tocando flautas e fazendo tamanho barulho, que a terra tremeu com as aclamações.

Submissão de Adonias – ⁴¹Adonias e todos os seus convidados escutaram, quando tinham terminado de comer. Ao ouvir o toque da trombeta, Joab perguntou: "O que significa esse alvoroço, essa algazarra na cidade?" ⁴²Mal havia perguntado, quando chegou Jônatas, filho do sacerdote Abiatar. Adonias lhe disse: "Entre, pois você é homem valente e certamente traz boas notícias". ⁴³Jônatas respondeu: "Infelizmente não! O senhor nosso, o rei Davi, acaba de proclamar Salomão rei! ⁴⁴E com ele o rei mandou o sacerdote Sadoc, o profeta Natã, Banaías, filho de Joiada,

---

plano – prova de que nem sempre os rumos da realeza eram decididos pelo rei.

28-40: O plano de Natã surte efeito. Montar a mula do rei (vv. 33.38) é parte do ritual de entronização, diferente do ritual de montar o jumento (cf. Jz 5,10;

10,4; 12,4; Mc 11,1-11). A fonte de Guion é famosa pelo canal escavado por Ezequias para abastecer a cidade (cf. 2Rs 20,20).

41-53: Agarrar-se aos chifres do altar (v. 52) é o direito de asilo do inocente. Aí ele não pode ser mor-

e também os cereteus e feleteus, que o fizeram montar a mula do rei. ⁴⁵Depois, o sacerdote Sadoc e o profeta Natã ungiram Salomão rei em Gion e daí subiram alegres. A cidade está em festa. É esse o alvoroço que vocês estão ouvindo. ⁴⁶Salomão já está sentado no trono real. ⁴⁷Também os servos do rei foram cumprimentar nosso senhor o rei Davi, para dizer-lhe: 'Que seu Deus torne o nome de Salomão mais famoso que o seu e engrandeça o trono dele mais que o seu'. O rei, então, se prostrou em sua cama ⁴⁸e disse: 'Seja bendito Javé, o Deus de Israel, porque hoje ele colocou alguém assentado no meu trono, e eu pude ver!'"

⁴⁹Todos os convidados de Adonias se apavoraram, levantaram-se, e cada um tomou seu caminho. ⁵⁰Adonias, com medo de Salomão, correu e foi agarrar-se aos chifres do altar. ⁵¹Informaram Salomão: "Adonias está com medo do rei Salomão e está agarrado aos chifres do altar, dizendo: 'Primeiro, o rei Salomão jure para mim que não vai matar este seu servo à espada!'" ⁵²Salomão disse: "Se ele se comportar como filho de valor, nem mesmo um fio de cabelo lhe cairá por terra. Mas, se for encontrado algum mal nele, vai morrer". ⁵³E o rei Salomão mandou fazê-lo descer do altar. Ele veio e se prostrou diante do rei Salomão. E Salomão lhe disse: "Pode ir para casa!"

2 Morte de Davi

– ¹Aproximando-se o dia de sua morte, Davi deu estas instruções a seu filho Salomão: ²"Eu vou seguir o caminho de todo o mundo. Seja forte, seja homem. ³Cumpra as ordens de Javé seu Deus, andando pelos seus caminhos e observando suas legislações, mandamentos, normas e sentenças, como estão escritos na lei de Moisés, para que você tenha êxito em tudo o que fizer e projetar. ⁴Javé, então, há de cumprir sua palavra sobre mim, quando disse: 'Se os seus filhos guardarem seus caminhos de modo a andar na minha presença com fidelidade, de todo o coração e de todo o seu ser, nunca faltará alguém de sua família no trono de Israel'. ⁵Por outro lado, você sabe o que me fez Joab, filho de Sárvia: ele matou Abner, filho de Ner, e Amasa, filho de Jeter, os dois chefes do exército de Israel. Em tempo de paz vingou o sangue derramado na guerra, manchando assim de sangue inocente o cinturão de seus rins e a sandália de seus pés. ⁶Portanto, aja com sabedoria, mas não deixe que os cabelos brancos dele desçam em paz para a morada dos mortos. ⁷Quanto aos filhos de Berzelai de Galaad, trate-os com lealdade. Que estejam sempre entre os que comem à sua mesa, porque eles também foram leais comigo e me ajudaram quando eu fugia do seu irmão Absalão. ⁸Também está aí Semei, filho de Gera, da tribo de Benjamim, de Baurim. Ele me amaldiçoou com a mais terrível das maldições no dia da minha partida para Maanaim. No entanto, ele desceu ao meu encontro no Jordão e eu lhe jurei por Javé que não o mataria à espada. ⁹Agora, não o deixe impune. Você é sábio e saberá o que fazer para que seus cabelos brancos desçam para a morada dos mortos com derramamento de sangue".

¹⁰Davi foi descansar com seus pais e foi enterrado na cidade de Davi. ¹¹Reinou em Israel durante quarenta anos: sete anos reinou em Hebron e trinta e três anos em Jerusalém.

Morte de Adonius

– ¹²Salomão sucedeu no trono a seu pai Davi e seu reinado se consolidou.

¹³Adonias, filho de Hagit, foi conversar com Betsabeia, mãe de Salomão. Ela perguntou: "A sua visita é de paz?" Ele respondeu: "Sim, é de paz". ¹⁴E continuou: "Eu desejo pedir-lhe uma coisa". Ela disse: "Fale!" ¹⁵Adonias disse: "Você sabe muito bem que o direito de ser rei me pertencia, que todo o Israel esperava que eu fosse rei, mas a realeza me escapou e foi dada a meu irmão, porque Javé a tinha destinado a ele. ¹⁶Agora lhe peço um favor. Não me

---

to (cf. 2,28; Ex 21,12-14; 30,10; Lv 16,18). Para salvar a própria vida, Adonias se submete ao irmão mais novo.

2,1-11: O conselho de seguir a lei de Moisés – coisa que Salomão não fez (cf. Dt 17,14-20) – mostra que o texto é tardio. Joab é aliado de Adonias (1,19) e Semei é descendente de Saul (cf. 2Sm 16,5-14), e por isso ambos devem morrer.

12-25: Salomão começa a livrar-se dos desafetos. Novamente Betsabeia é intermediária das tramas políticas. O pedido de Adonias é uma tentativa para tomar a realeza (cf. 2Sm 16,21-22).

recuse". Betsabeia respondeu: "Pode falar". ¹⁷Adonias continuou: "Por favor, peça ao rei Salomão que me dê Abisag, a sunamita, por mulher. Ele não negará nada a você". ¹⁸Betsabeia respondeu: "Está bem. Vou falar com o rei sobre o assunto". ¹⁹Betsabeia foi ao rei Salomão para lhe falar sobre Adonias. O rei se levantou para recebê-la e se inclinou diante dela. Depois sentou-se no seu trono, mandou trazer um trono para a sua mãe e Betsabeia se sentou à sua direita. ²⁰Betsabeia disse: "Vou pedir-lhe um pequeno favor. Não o negue para mim". Salomão respondeu: "Pode pedir, minha mãe. Não lhe vou negar". ²¹Ela continuou: "Dê Abisag, a sunamita, por mulher para o seu irmão Adonias". ²²Mas o rei Salomão respondeu à sua mãe: "E por que você pede Abisag, a sunamita, para Adonias? Você podia pedir para ele a coroa de rei! Afinal, ele é meu irmão mais velho e tem do seu lado o sacerdote Abiatar e Joab, filho de Sárvia!" ²³Em seguida, o rei Salomão jurou por Javé: "Que Deus me faça isto ou aquilo, se Adonias não pagar com a vida pelo pedido que fez. ²⁴Pela vida de Javé, que me fez sentar firmemente no trono de meu pai Davi e que lhe deu uma casa como havia prometido, hoje mesmo Adonias será morto". ²⁵O rei Salomão deu a ordem, e Banaías, filho de Joiada, matou Adonias.

Desterro de Abiatar e morte de Joab – ²⁶Salomão disse ao sacerdote Abiatar: "Vá para a sua propriedade em Anatot, pois você é homem digno de morte, mas não vou matá-lo hoje, porque você carregou a arca de Javé diante de meu pai Davi e partilhou dos sofrimentos dele". ²⁷Desse modo, Salomão excluiu Abiatar do sacerdócio de Javé, cumprindo a palavra de Javé proferida em Silo contra a casa de Eli. ²⁸Quando a notícia chegou a Joab, que tinha apoiado Adonias, embora não tivesse apoiado Absalão, ele se refugiou na tenda de Javé e agarrou-se aos chifres do altar. ²⁹Avisaram o rei Salomão que Joab se havia refugiado na tenda de Javé e que estava junto do altar. Então Salomão deu ordem a Banaías, filho de Joiada: "Vá executá-lo!" ³⁰Banaías foi à tenda de Javé e disse a Joab: "O rei mandou você sair daí". Joab respondeu: "Não. Eu prefiro morrer aqui". Banaías levou a resposta de Joab para o rei ³¹e este mandou: "Pois faça como ele quer. Mate e enterre! Assim você vai tirar de cima mim e da casa de meu pai o sangue inocente que Joab derramou. ³²Javé faça recair o sangue dele sobre sua cabeça, pois ele matou à espada dois homens mais justos e melhores do que ele, sem que meu pai Davi soubesse: Abner, filho de Ner, chefe do exército de Israel, e Amasa, filho de Jeter, chefe do exército de Judá. ³³Que o sangue deles recaia sobre a cabeça de Joab e de sua descendência para sempre. Que Davi e sua descendência, sua casa e seu trono gozem sempre da paz de Javé".

³⁴Banaías, filho de Joiada, foi lá, matou Joab e o enterrou na casa que pertencia a este no deserto. ³⁵Em lugar de Joab, o rei colocou Banaías, filho de Joiada, como chefe do exército e, no lugar de Abiatar, colocou o sacerdote Sadoc.

Morte de Semei – ³⁶O rei mandou chamar Semei e lhe disse: "Construa uma casa em Jerusalém para você ficar morando aqui. Não saia para lugar nenhum. ³⁷No dia em que sair e atravessar o riacho do Cedron, você na certa vai morrer. Seu sangue cairá sobre sua cabeça". ³⁸Semei respondeu: "Está bem. Seu servo vai fazer o que meu senhor o rei ordenou". E Semei ficou muito tempo vivendo em Jerusalém.

³⁹No entanto, três anos depois, dois escravos de Semei fugiram e foram até Aquis, filho de Maaca, rei de Gat. Avisaram a Semei: "Seus escravos estão em Gat". ⁴⁰Semei selou o jumento e foi para a casa de Aquis, em Gat, procurar seus escravos. Foi até Gat e trouxe os escravos de volta. ⁴¹Mas Salomão ficou sabendo que Semei tinha ido de Jerusalém a Gat e tinha voltado. ⁴²O rei mandou chamar Semei e lhe disse: "Não fiz você jurar por Javé, não o avisei que no dia em que você saísse para

---

26-35: Salomão se livra de mais dois desafetos: Abiatar, remanescente da casa de Eli, sacerdote de Silo, é desterrado para Anatot (cf. Jr 1,1), e Joab é arrancado do altar e morto (cf. Ex 21,12-14). Sadoc, cuja legitimidade é duvidosa, torna-se agora o sacerdote por excelência (cf. Ez 44,15s).

36-46: Morre o último desafeto, Semei, descendente de Saul, que estava recluso em Jerusalém. Foi ele quem

qualquer lugar, você na certa haveria de morrer? E você me disse que estava de acordo. ⁴³Por que não cumpriu a ordem que lhe dei e o que você jurou por Javé?" ⁴⁴E o rei acrescentou: "Você sabe muito bem de tudo o que fez de mal para meu pai Davi. Javé faça recair todo esse mal sobre sua cabeça. ⁴⁵Bendito seja o rei Salomão, e que o trono de Davi permaneça diante de Javé para sempre". ⁴⁶O rei deu ordem a Banaías, filho de Joiada, que foi e matou Semei. E assim a realeza se consolidou nas mãos de Salomão.

2. Sonhos de grandeza

3 *Prece de Salomão* – ¹Salomão tornou-se genro do rei do Egito, casando-se com a filha do faraó, e a levou para a cidade de Davi, até que terminasse de construir seu palácio, o Templo de Javé e a muralha ao redor de Jerusalém. ²Entretanto, o povo ainda oferecia sacrifícios nos lugares altos, porque não fora construída a Casa para o nome de Javé. ³Salomão amava Javé, de modo que seguia os preceitos de seu pai Davi. No entanto, oferecia sacrifícios e incenso nos lugares altos.

⁴O rei foi oferecer sacrifícios em Gabaon, porque esse lugar alto era o mais importante de todos. Sobre esse altar Salomão ofereceu mil holocaustos. ⁵Em Gabaon, durante a noite, Javé apareceu em sonhos a Salomão. Disse-lhe Deus: "Peça o que deseja que eu lhe dê!" ⁶Salomão respondeu: "Tu agiste com muita misericórdia para com teu servo Davi, meu pai, porque ele caminhou diante de ti com fidelidade, justiça e coração reto para contigo. Tu guardaste para ele essa grande graça de lhe dar um filho que hoje se assenta no trono dele. ⁷Agora, Javé meu Deus, és tu que fazes teu servo reinar no lugar de meu pai Davi. Eu sou bem jovem e não sei como governar. ⁸O teu servo se encontra no meio do teu povo, que tu escolheste, povo numeroso que não se pode contar nem calcular, de tão grande que é. ⁹Dá ao teu servo um coração que escute, para julgar teu povo e distinguir entre o bem e o mal. Pois, quem seria capaz de julgar esse teu povo tão numeroso?" ¹⁰Agradou aos olhos do Senhor que Salomão tivesse pedido essas coisas. ¹¹E Deus lhe disse: "Porque você pediu isso e não vida longa, nem riquezas, nem a morte de seus inimigos, mas inteligência para discernir a justiça, ¹²eu farei o que você pediu. Darei a você um coração sábio e inteligente, como ninguém teve antes de você e ninguém terá depois. ¹³Vou dar-lhe também o que você não me pediu: riqueza e fama, de tal modo que, durante toda a sua vida, não haverá nenhum rei que se iguale a você. ¹⁴E se você andar nos meus caminhos, observando minhas determinações e mandamentos, como fez seu pai Davi, eu lhe darei vida longa". ¹⁵Salomão acordou e percebeu que tudo isso tinha sido um sonho. Foi para Jerusalém, colocou-se de pé diante da Arca da Aliança de Javé e ofereceu holocaustos e sacrifícios de comunhão. Depois, deu um banquete para todos os seus servos.

O rei e as duas mães – ¹⁶Duas mulheres prostitutas foram ao rei e se puseram diante dele. ¹⁷Uma das mulheres disse: "Meu senhor, eu e esta mulher moramos na mesma casa. Eu tive um filho quando ela estava na casa. ¹⁸Três dias depois que eu havia dado à luz, ela também teve uma criança. Não havia mais ninguém conosco: estávamos sozinhas na casa. ¹⁹Aconteceu que certa noite essa mulher se deitou sobre seu próprio filho e ele morreu. ²⁰Ela se levantou durante a noite e, enquanto eu dormia, pegou meu filho que estava ao meu lado e o colocou do lado dela, e ao meu lado colocou seu filho

---

acusou Davi de sanguinário e de ter usurpado a realeza (2,8; cf. 2Sm 16,5-14).

3,1-9,10: Atribui-se a Salomão um império irreal, que teria excedido em extensão, poder, sabedoria e riqueza a todos os impérios do mundo. Esse atributo é obra de monarcas como Josias (640-609 a.C.), que tinham pretensões expansionistas e, para construir um passado de glória para Judá, fizeram uma projeção do império assírio. A ênfase ao Templo e à Lei revela a presença também de uma redação pós-exílica.

3,1-15: O casamento fazia parte da aliança entre reinos. Casar-se com a filha do faraó era o sonho de todo pequeno monarca da região. Além de grande, Salomão sonhava ser sábio e rico como nenhum rei até então.

16-28: No Antigo Oriente, histórias de juízes sábios eram muito populares. Esta aqui (cf. 2Rs 6,24-31), onde não se menciona o nome do rei, foi embutida no relato de Salomão para qualificá-lo como rei sábio e justo. Nasce aqui o atributo de Salomão como patrono da literatura sapiencial.

morto. ²¹Quando acordei de manhã para dar de mamar ao meu filho, vi que estava morto. Olhei bem e notei que não era o filho que eu tinha dado à luz". ²²A outra mulher retrucou: "Não é verdade! O meu filho está vivo. É o dela que morreu". A primeira contestou: "É mentira! Seu filho está morto e o meu está vivo". E discutiam diante do rei. ²³O rei interveio: "Uma diz: 'Meu filho está vivo e o seu está morto'. A outra diz: 'Mentira! Seu filho está morto e o meu está vivo' ". ²⁴O rei então ordenou: "Tragam uma espada". Trouxeram a espada. ²⁵O rei disse: "Cortem o menino vivo pelo meio e deem metade para cada uma". ²⁶A mãe do menino vivo sentiu as entranhas se comoverem pelo filho e suplicou: "Meu senhor, dê a ela o menino vivo. Não o mate". A outra, porém, dizia: "Nem para mim, nem para você. Dividam o menino pelo meio". ²⁷E o rei deu a sentença: "Entreguem o menino vivo à primeira mulher. Não o matem. Ela é a mãe dele". ²⁸Israel inteiro ficou sabendo da sentença que o rei havia dado e passou a respeitá-lo, pois todos viram que ele possuía sabedoria divina para fazer justiça.

4 *Administração do reino* – ¹O rei Salomão reinava sobre todo Israel. ²Estes eram os chefes que estavam com ele: Azarias, filho do sacerdote Sadoc; ³Eliaf e Aías, filhos de Sisa, secretários; Josafá, filho de Ailud, porta-voz; ⁴Banaías, filho de Joiada, chefe do exército; Sadoc e Abiatar, sacerdotes; ⁵Azarias, filho de Natã, chefe dos prefeitos; Zabud, filho de Natã, conselheiro particular do rei; ⁶Aisar, prefeito do palácio; Eliab, filho de Joab, chefe do exército; e Adoniram, filho de Abda, chefe dos trabalhos forçados.

⁷Salomão tinha doze prefeitos em todo Israel. Cada um devia prover o palácio real durante um mês do ano. ⁸Os nomes deles eram: um filho de Hur, na região montanhosa de Efraim. ⁹Um filho de Decar, em Maces, Salebim, Bet-Sames, Aialon e Bet--Hanã. ¹⁰Um filho de Hesed, em Arubot; também Soco e todo o território de Héfer estavam sob sua jurisdição. ¹¹Um filho de Abinadab, casado com Tabaat, filha de Salomão, em todo o distrito de Dor. ¹²Baana, filho de Ailud, em Tanac e Meguido, até além de Jecmam, e todo o território de Betsã abaixo de Jezrael, desde Betsã até Bet-Meúla perto de Sartã. ¹³Um filho de Gaber em Ramot de Galaad. Na jurisdição deste entraram também as aldeias de Jair, filho de Manassés, que estão em Galaad, e a região de Argob em Basã com sessenta cidades cercadas de muralhas e com trancas de bronze. ¹⁴Abinadab, filho de Ado, em Maanaim. ¹⁵Aquimaás, em Neftali; também este se casou com uma filha de Salomão chamada Basemat. ¹⁶Baana, filho de Husi, em Aser e nos rochedos. ¹⁷Josafá, filho de Farué, em Issacar. ¹⁸Semei, filho de Ela, em Benjamim. ¹⁹Gaber, filho de Uri, na região de Gad, terra de Seon, rei dos amorreus, e de Og, rei de Basã. Além desses, havia um prefeito para o território de Judá.

²⁰A população de Judá e Israel era numerosa como a areia da praia. Todos comiam, bebiam e viviam felizes.

5 *Tributos a Salomão* – ¹Salomão dominava todos os reinos existentes desde o rio Eufrates até a região dos filisteus e a fronteira do Egito. Enquanto viveu, todos lhe pagaram tributo e o serviram.

²Salomão recebia diariamente para seu gasto treze toneladas e meia de flor de farinha e vinte e sete toneladas de farinha comum, ³dez bois de estábulo, vinte bois de pasto, cem carneiros, além de veados, gazelas, antílopes e aves de viveiro. ⁴Isso porque seu domínio se estendia até o outro lado do Eufrates, desde Tafsa até Gaza, sobre todos aqueles reis do outro lado do rio. E havia paz em todas as suas fronteiras. ⁵Enquanto Salomão viveu, Judá e Israel viveram tranquilos, cada qual debaixo de sua vinha e de sua figueira, desde Dã até Bersabeia. ⁶Salomão possuía estábulos para quatro mil cavalos de tração e doze mil cavalos de montaria.

4,1-20: Corpo burocrático (vv. 1-6) mais ampliado que o de Davi (cf. 2Sm 8,16-18; 20,23-26), e que ainda conta com a presença de Abiatar (v. 4). Os doze prefeitos (vv. 7-20), em referência às doze tribos, mostram que era o povo que sustentava a corte (cf. 1Sm 8). A desproporção de onze prefeitos para um (v. 19) revela a insignificância de Judá.

5,1-8: Do Eufrates até o Egito (v. 1) era o território dominado pelos persas (cf. Esd 7,21), que também usavam a expressão "do outro lado do rio" (v. 4) para

⁷Os prefeitos, mencionados acima, providenciavam o sustento de Salomão e de todos os que comiam às expensas do rei, cada prefeito durante um mês, para que nada faltasse. ⁸Forneciam também cevada e palha para os cavalos de tração e de montaria, no lugar onde fosse necessário, cada qual por seu turno.

Sabedoria de Salomão – ⁹Deus concedeu a Salomão sabedoria e inteligência extraordinárias e um coração aberto como as praias do mar. ¹⁰A sabedoria de Salomão foi maior que a de todos os filhos do Oriente e do que toda a sabedoria do Egito. ¹¹Foi o mais sábio dos homens: mais que Etã, o ezraíta, e mais que Emã, Calcol e Darda, filhos de Maol. Seu nome era conhecido em todas as nações vizinhas. ¹²Ele compôs três mil provérbios e mil e cinco cânticos. ¹³Falou sobre as plantas, desde o cedro do Líbano até o hissopo que cresce em cima do muro. Falou também sobre animais, aves, répteis e peixes. ¹⁴De todos os povos vinha gente para ouvir a sabedoria de Salomão. Vinham também os reis da terra onde se havia espalhado a fama da sua sabedoria.

Início da construção do Templo – ¹⁵Hiram, rei de Tiro, tinha sido sempre aliado de Davi. Ao saber que Salomão fora ungido rei no lugar de seu pai, enviou uma embaixada a Salomão. ¹⁶E Salomão enviou a seguinte mensagem a Hiram: ¹⁷"Você sabe que meu pai Davi não pôde construir uma Casa para o Nome de Javé seu Deus, por causa das guerras em que se envolveu até que Javé lhe pusesse os inimigos debaixo dos pés. ¹⁸Agora, porém, Javé, meu Deus, me concedeu a paz em todo o território: não tenho inimigos nem problemas graves. ¹⁹Por isso, resolvi construir uma Casa para o Nome de Javé, meu Deus, de acordo com o que Javé disse a meu pai Davi: 'O seu filho, que porei no trono depois de você, ele construirá uma Casa para o meu Nome'. ²⁰Portanto, mande que cortem cedros do Líbano. Meus servos trabalharão junto com os seus e eu pagarei o trabalho de seus servos conforme você determinar. Você sabe que entre nós não há ninguém que entenda de corte de madeira como os sidônios". ²¹Quando ouviu o pedido de Salomão, Hiram ficou cheio de alegria, e exclamou: "Que hoje seja bendito Javé, pois ele deu a Davi um filho sábio para governar esse grande povo". ²²Em resposta, Hiram mandou esta mensagem a Salomão: "Recebi sua mensagem. Vou atender o seu desejo, mandando-lhe madeira de cedro e cipreste. ²³Meus servos descerão a madeira do Líbano até o mar. Eu a colocarei em balsas e ela seguirá para o lugar que você me indicar. Então eu a desembarcarei, e você a receberá. Em troca, você fornecerá víveres para minha casa, de acordo com minha proposta". ²⁴Hiram forneceu toda a madeira de cedro e cipreste de que Salomão necessitava, ²⁵e Salomão pagava a Hiram, para o sustento de sua casa, nove mil toneladas de trigo e nove mil litros de azeite virgem. Era o que Salomão mandava anualmente para Hiram. ²⁶Javé concedeu sabedoria a Salomão, conforme lhe havia prometido. Houve bom entendimento entre Hiram e Salomão, e os dois firmaram aliança.

Trabalho forçado – ²⁷O rei Salomão recrutou em todo Israel mão de obra para o trabalho forçado, e conseguiu reunir trinta mil servos. ²⁸Mandou-os para o Líbano em turnos, dez mil a cada mês: passavam um mês no Líbano e dois meses em casa. Adoniram era o chefe dos trabalhos forçados. ²⁹Salomão tinha também setenta mil carregadores e oitenta mil cortadores de pedras nas montanhas, ³⁰sem contar os chefes dos prefeitos de Salomão, em número de três mil e trezentos, que dirigiam os trabalhos do povo. ³¹O rei mandou extrair grandes blocos de pedra escolhida,

---

designar a divisão do seu território. Os tributos e o poderio militar estão fora dos padrões de Israel e se assemelham aos da Pérsia.

9-14: Para a teologia pós-exílica, em disputa com o Oriente e o Egito, a sabedoria provém de Deus (v. 9; cf. Pr 8,22-31; Eclo 24; Sb 7-9). E Deus a concede a Salomão (v. 9) que, por isso, é apresentado como o mais sábio dos reis.

15-26: A negociação com o rei Hiram, para aquisição de madeira nobre, mostra a grande influência comercial que a Fenícia tinha sobre Israel (cf. Is 23,1-8; Ez 26-28).

27-32: Apesar do exagero no número de pessoas mobilizadas para a construção do Templo, que media só 30 x 10 m (cf. 6,2), fica evidente o amplo uso do trabalho forçado na monarquia.

a fim de construir os alicerces da Casa. ³²Os construtores de Salomão, junto com os de Hiram e os giblitas, cortaram e prepararam a madeira e a pedra para a construção da Casa.

6 O Templo –
¹No ano quatrocentos e oitenta da saída dos filhos de Israel do Egito, no quarto ano do seu reinado em Israel, no mês de Ziv, o segundo mês, Salomão começou a construir a Casa para Javé. ²A Casa para Javé construída por Salomão media trinta metros de comprimento, dez de largura e quinze de altura. ³O saguão em frente à Casa tinha dez metros no sentido da largura da Casa e cinco no sentido do seu comprimento. ⁴Na Casa, fez janelas quadradas com grades. ⁵Junto à parede da Casa, construiu um anexo que contornava o Templo e o Santuário, e fez aposentos laterais ao redor. ⁶De largura, o andar térreo tinha dois metros e meio, o intermediário três metros, e o terceiro três metros e meio. É que ele tinha feito, do lado de fora, saliências em torno da Casa, de modo que as vigas não ficavam presas nas paredes da Casa. ⁷E a Casa foi construída com pedras já talhadas, de modo que durante sua construção não se ouvia barulho de martelo, de machado ou de qualquer outro instrumento de ferro. ⁸A entrada para o andar térreo ficava no canto direito da Casa e, por meio de escadas em caracol, subia-se para o andar do meio, e deste para o andar de cima. ⁹Salomão arrematou a construção da Casa, fazendo-lhe um teto de cedro. ¹⁰Fez uma varanda anexa a toda a Casa, com dois metros e meio de altura, unida à Casa por vigas de cedro.

¹¹Javé disse a Salomão: ¹²"Quanto a essa Casa que você está construindo, se você se comportar de acordo com minhas legislações e observar minhas normas e seguir meus mandamentos, eu cumprirei em seu favor a promessa que fiz a seu pai Davi, ¹³de morar entre os filhos de Israel e não abandonar meu povo Israel".

¹⁴Quando terminou as obras da Casa, Salomão ¹⁵forrou com madeira de cedro o lado interno das paredes, desde o chão até as vigas do teto. Revestiu o interior com madeira e assoalhou com tábuas de cipreste. ¹⁶Recobriu com tábuas de cedro os dez metros ao fundo da Casa, desde o chão até as vigas, separando-os da Casa para formar o Santuário, o Santo dos Santos. ¹⁷A Casa, isto é, o Templo diante do Santuário, media vinte metros. ¹⁸O cedro do interior da Casa era esculpido com flores e festões. Tudo era de cedro e não se via pedra nenhuma. ¹⁹Salomão construiu o Santuário ao fundo do Templo, para aí colocar a Arca da Aliança de Javé. ²⁰O Santuário tinha dez metros de comprimento, dez metros de largura e dez de altura, e ele o revestiu de ouro puríssimo. Fez um altar de cedro diante do Santuário e o revestiu de ouro. ²¹Salomão revestiu o interior do Templo com ouro puríssimo e colocou correntes de ouro por dentro do Santuário, o qual também revestiu de ouro. ²²Revestiu de ouro toda a Casa. Também cobriu todo de ouro o altar que estava diante do Santuário.

²³Para o Santuário, Salomão fez dois querubins de oliveira silvestre, cada um com cinco metros de altura. ²⁴Cada asa do querubim media dois metros e meio, de modo que a distância era de cinco metros de uma ponta à outra das asas. ²⁵O segundo querubim também media cinco metros. Os dois tinham o mesmo tamanho e o mesmo formato. ²⁶Os dois querubins mediam cinco metros de altura cada um. ²⁷Os querubins foram colocados no meio da sala, no interior do Templo. Eles tinham as asas estendidas, de modo que a asa de um tocava uma parede, e a asa do outro tocava a outra parede, e as asas de ambos tocavam uma na outra, no meio da sala. ²⁸Os querubins foram revestidos de ouro. ²⁹Salomão mandou esculpir figuras de querubins, palmeiras e flores ao redor de todas as paredes do Templo, tanto por fora como por dentro, ³⁰e mandou cobrir de ouro o piso interno e externo do Templo.

³¹Salomão mandou fazer a porta do Santuário com vigas de oliveira silvestre. O

6,1-38: Com a construção do Templo, Javé deixa de ser o Deus que caminha com seu povo para ser um Deus fixo na cidade, numa religião que legitima o poder político e a coleta de tributos. As medidas são as do Templo pós-exílico (cf. Ez 40-42; 2Cr 3). A cronologia (v. 1), a menção à observância da lei (v. 12) e os

enquadramento da porta tinha cinco ângulos. ³²Nas duas portas de oliveira silvestre foram esculpidas figuras de querubins, palmeiras e flores, tudo recoberto de ouro. Salomão mandou recobrir de ouro tanto os querubins como as palmeiras. ³³Também mandou fazer as portas do Templo de vigas de oliveira silvestre, com enquadramento de quatro ângulos. ³⁴As duas portas eram de cipreste, com duas folhas giratórias. ³⁵Nessas portas foram esculpidos querubins, palmeiras e flores, revestidos de ouro aplicado aos relevos. ³⁶Salomão mandou ainda construir o muro do pátio interno com três fiadas de pedra talhada e uma fiada de vigas de cedro.

³⁷No quarto ano, no mês de Ziv, foram lançados os alicerces da Casa de Javé. ³⁸E no décimo primeiro ano, no mês de Bul, o oitavo mês, a Casa ficou concluída em todos os detalhes, de acordo com o projeto. Salomão levou sete anos na construção.

7 *O palácio* – ¹Salomão levou treze anos para construir seu palácio e deixá-lo completamente pronto. ²Construiu a casa da Floresta do Líbano, com cinquenta metros de comprimento, vinte e cinco de largura e quinze de altura, sobre quatro séries de colunas de cedro, com vigas de cedro sobre as colunas ³e recobertas de cedro na parte superior até os pranchões que ficavam em cima das colunas, que eram quarenta e cinco, quinze em cada série. ⁴Havia três séries de janelas, três vezes janela em frente de janela. ⁵Todas as portas e janelas tinham enquadramento retangular e ficavam uma em frente à outra, de três em três. ⁶Fez o pórtico das colunas com vinte e cinco metros de comprimento e quinze de largura, e à frente uma varanda com colunas, e mais à frente uma área coberta. ⁷Fez o salão do trono ou de audiência, onde administrava a justiça. Era revestido de cedro desde o piso até o teto. ⁸Sua residência pessoal, em outra área atrás do Pórtico, era do mesmo estilo. Salomão fez também outro palácio, parecido com esse pórtico, para a filha do faraó, com quem se casara.

⁹Do lado externo até o saguão maior, desde o alicerce até as vigas do teto, todas as construções foram feitas de pedras escolhidas, cortadas com esquadro e lavradas de ambos os lados. ¹⁰Os alicerces eram de pedras escolhidas, em blocos de cinco por quatro metros. ¹¹Em cima delas, pedras especiais cortadas no esquadro, e também madeira de cedro. ¹²O saguão maior tinha três fileiras de pedra talhada e uma fileira de vigas de cedro. Era semelhante ao pátio interno da Casa de Javé e ao saguão do palácio.

Decoração do Templo – ¹³O rei Salomão mandou chamar Hiram, de Tiro, ¹⁴filho de uma viúva da tribo de Neftali, cujo pai era natural de Tiro. Hiram trabalhava o bronze, e era dotado de grande habilidade, talento e inteligência para fazer qualquer trabalho de bronze. Ele se apresentou ao rei Salomão e executou toda a obra.

¹⁵Fundiu duas colunas de bronze, cada uma com nove metros de altura e seis de circunferência. ¹⁶Fez dois capitéis de bronze fundido, cada um com dois metros e meio de altura, e os colocou no alto das colunas. ¹⁷Para enfeitar os capitéis, no alto das colunas, fez trançados em forma de corrente, sete para o primeiro capitel e sete para o segundo. ¹⁸Depois fez as romãs. Havia duas séries de romãs em torno de cada trançado, para cobrir os trançados que ficavam no alto das colunas. Fez o mesmo com o segundo capitel. ¹⁹Os capitéis, no alto das colunas que estavam no saguão, tinham forma de flor de lis, medindo dois metros. ²⁰Além disso, esses capitéis, no alto das duas colunas, no centro que ficava por trás dos trançados, estavam enfeitados de romãs, colocadas em séries de duzentas ao redor de cada capitel. ²¹Em seguida, Hiram ergueu as colunas frente ao pórtico do templo: ergueu a coluna do lado direito e lhe deu o nome de Yaquin; depois levantou a coluna do lado esquerdo

---

detalhes da construção também apontam para esse período.
7,1-12: O palácio é maior que o Templo, e levou seis anos a mais para ser construído (v. 1; cf. 6,38). Ambos são construídos lado a lado, pois a religião estava a serviço do rei. A descrição pouco precisa indica que o palácio já não existia.

13-51: A descrição detalhada dos desenhos e dos utensílios em bronze e ouro (cf. 2Cr 3,15-5,1), a presença de Hiram, que não é o rei de Tiro (5,15s), mais o primor

e lhe deu o nome de Booz. ²²O alto das colunas tinha o formato de lírio. E assim terminou o trabalho das colunas.

²³Hiram fez ainda o Mar, todo de metal fundido, com cinco metros de diâmetro. Era redondo, tinha dois metros e meio de altura e quinze metros de circunferência. ²⁴Por baixo da borda, em todo o derredor, havia duas séries de motivos vegetais, com vinte frutas a cada metro, fundidas numa só peça com o Mar. ²⁵Este ficava apoiado sobre doze touros, que olhavam três para o norte, três para o oeste, três para o sul e três para o leste. O Mar se apoiava sobre esses touros, que estavam com a parte traseira voltada para dentro. ²⁶A espessura do Mar era de vinte centímetros e sua borda tinha a forma de flor de lis. Sua capacidade era de oitenta mil litros.

²⁷Hiram fez também dez consoles de bronze para as bacias, medindo cada um dois metros de comprimento por dois de largura e um metro e meio de altura. ²⁸Foram feitos com painéis entre as travessas. ²⁹Nos painéis havia leões, touros e querubins aplicados aos painéis; acima e abaixo dos leões e dos touros havia guirlandas em forma de festões. ³⁰Cada console tinha quatro rodas de bronze com eixos também de bronze e, ultrapassando as guirlandas, tinha suportes de metal fundido sustentando a bacia. ³¹O encaixe das bacias tinha meio metro do cruzamento dos suportes para cima. O encaixe era redondo, em forma de suporte de vaso, tinha setenta e cinco centímetros, e sobre o encaixe também havia esculturas, mas os painéis eram quadrangulares, e não redondos. ³²As quatro rodas ficavam abaixo dos painéis. Os eixos das rodas eram fixos no console, e a altura das rodas era de setenta e cinco centímetros. ³³As rodas eram como as de carroça, com eixos, aros, raios e cubos, tudo em metal fundido. ³⁴Havia quatro apoios nos quatro cantos de cada console, formando com ele uma peça única. ³⁵Na parte superior do console havia um suporte com vinte e cinco centímetros de altura, feito de ferro circular. No topo do console havia esteios, e os painéis formavam uma só peça com o console. ³⁶Sobre os painéis de cada travessa e sobre as molduras mandou gravar querubins, leões e palmeiras dentro dos espaços livres, com guirlandas ao redor. ³⁷Os dez consoles foram fundidos no mesmo molde, idênticos na medida e na forma.

³⁸Hiram fez dez bacias de bronze, cada uma com capacidade de mil e oitocentos litros e medindo dois metros. Cada bacia estava montada sobre um dos dez consoles. ³⁹Colocou cinco desses consoles do lado direito da Casa e os outros cinco do lado esquerdo. O Mar foi colocado do lado direito da Casa, ao sudoeste.

⁴⁰Hiram fez também os recipientes para cinza, as pás e as bacias para a aspersão. E terminou tudo o que o rei Salomão tinha encomendado para a Casa de Javé, ⁴¹as duas colunas, os dois rolos dos capitéis que estavam no alto das colunas, os dois trançados para cobrir os dois rolos que estavam no alto das colunas, ⁴²as quatrocentas romãs para os dois trançados, ficando as romãs de cada trançado em duas séries, ⁴³os dez consoles e as dez bacias, ⁴⁴o Mar, com os doze touros embaixo, ⁴⁵os recipientes para cinza, as pás e as bacias para a aspersão. Hiram fez em bronze polido todos esses objetos para o rei Salomão, para a Casa de Javé. ⁴⁶Ele os fundiu em moldes de argila na planície do Jordão, em terra argilosa, entre Sucot e Sartã. ⁴⁷Não foi possível calcular o peso do bronze, por causa da sua enorme quantidade. ⁴⁸Salomão colocou na Casa de Javé todos os objetos que tinha mandado fazer: o altar de ouro e a mesa de ouro para os pães oferecidos a Deus, ⁴⁹os candelabros de ouro puro, cinco à direita e cinco à esquerda, diante do Santuário, as flores, as lâmpadas e as tenazes de ouro, ⁵⁰as bacias, as facas, as bacias para a aspersão, as taças e os incensórios de ouro puro, as dobradiças de ouro para as portas do Santuário e do Templo.

⁵¹Quando foram terminadas todas as encomendas para a Casa de Javé, o rei Salomão mandou trazer as ofertas de seu pai Davi – prata, ouro e vasos – e as colocou no tesouro da Casa de Javé.

---

da arte fenícia, mostram a importância que o Templo tinha na organização do judaísmo no pós-exílio. Os nomes Yaquin e Booz (v. 21) significam respectivamente *firme* e *forte*.

8 A arca no Templo

¹Foi então que Salomão reuniu em torno de si em Jerusalém os anciãos de Israel, todos os chefes das tribos, os chefes das famílias dos filhos de Israel, para fazer subir da cidade de Davi, que é Sião, a Arca da Aliança de Javé. ²No mês de Etanim, que é o sétimo mês, todos os homens de Israel se reuniram com o rei Salomão para essa festa. ³Assim que todos os anciãos de Israel chegaram, os sacerdotes carregaram a arca ⁴e, com a ajuda dos levitas, transportaram também a Tenda do Encontro e os utensílios sagrados que estavam na Tenda. ⁵O rei Salomão, com toda a comunidade de Israel reunida ao lado dele, diante da arca, sacrificou tantas ovelhas e bois que não foi possível contar nem calcular. ⁶Os sacerdotes introduziram a Arca da Aliança de Javé no seu lugar, isto é, no recinto da Casa chamado Santuário ou Santo dos Santos, sob as asas dos querubins. ⁷De fato, os querubins estendiam as asas sobre o lugar da arca, protegendo a arca e seus varais. ⁸Como os varais eram compridos, quem estava no Templo (no Santo) podia ver suas extremidades, mas de fora não dava para ver. Eles estão aí até hoje. ⁹Dentro da arca não havia outra coisa, além das duas tábuas de pedra que, no Horeb, Moisés aí tinha colocado, quando Javé concluiu a aliança com os filhos de Israel depois que eles saíram do Egito.

¹⁰Quando os sacerdotes saíram do lugar santo, a Nuvem encheu a Casa de Javé ¹¹e os sacerdotes não puderam continuar o seu serviço, por causa da Nuvem: a glória de Javé ocupou a Casa toda. ¹²Então Salomão disse: "Javé resolveu morar na Nuvem escura. ¹³Eu construí para ti uma Casa de Rei, morada para tua residência perpétua".

Oração de Salomão

¹⁴O rei voltou-se e abençoou toda a comunidade de Israel. E a comunidade se pôs de pé. ¹⁵O rei disse: "Seja bendito Javé, Deus de Israel, que realizou com as mãos o que com a boca havia prometido ao meu pai Davi: ¹⁶'Desde o dia em que tirei do Egito o meu povo Israel, não escolhi nenhuma cidade dentre todas as tribos de Israel, a fim de construir aí uma Casa para o meu Nome, mas escolhi Davi para governar o meu povo Israel'. ¹⁷Meu pai Davi bem que queria construir aí uma Casa para o Nome de Javé, o Deus de Israel. ¹⁸Javé, porém, disse a meu pai Davi: 'Você está querendo construir uma Casa para o meu Nome, e faz muito bem pensar nisso. ¹⁹Contudo, não é você quem vai construir a Casa, mas o seu filho, saído de suas entranhas. Ele é quem vai construir a Casa para o meu Nome'. ²⁰E Javé realizou a promessa que havia feito: sucedi a meu pai Davi e subi ao trono de Israel, como Javé havia prometido, e construí a Casa para o Nome de Javé, o Deus de Israel. ²¹E na Casa eu escolhi um lugar para a arca, na qual se acha a aliança que Javé fez com nossos pais, quando os tirou da terra do Egito".

²²Salomão pôs-se de pé diante do altar de Javé, na presença de toda a comunidade de Israel, estendeu as mãos para o céu ²³e disse: "Javé, Deus de Israel, não existe Deus igual a ti, seja lá no alto do céu, seja cá embaixo na terra. Tu és fiel à aliança e ao amor para com teus servos que caminham de todo o coração na tua presença. ²⁴Cumpriste a promessa que havias feito ao meu pai, teu servo Davi. O que prometeste com a boca, hoje realizaste com as mãos. ²⁵Agora, Javé, Deus de Israel, mantém a promessa que fizeste ao meu pai, o teu servo Davi: 'Nunca faltará para você, diante de mim, um descendente no trono de Israel, contanto que os seus filhos saibam se comportar, caminhando na minha presença como você caminhou'. ²⁶Agora, portanto, ó Deus de Israel, confirma a promessa que fizeste ao meu pai, o teu servo Davi. ²⁷Será possível que Deus habite na terra? Se não cabes no céu e no

---

8,1-13: A festa do translado da arca tem por finalidade atrair os camponeses a Jerusalém (cf. 2Sm 6). Por isso, é celebrada durante a semana das tendas, no sétimo mês (setembro/outubro; cf. Lv 23,33-43), justamente no final da colheita, período de muitas ofertas.

14-66: A primeira parte da oração (vv. 1-29) é uma confirmação da casa davídica (cf. 2Sm 7). A segunda parte (vv. 30-51) é uma súplica pelos que vierem ao Templo pedir justiça, perdão no exílio, fim da seca e das calamidades, pelo estrangeiro, e proteção na guerra. A terceira parte (vv. 52-66) é uma bênção para o povo, consagração e holocaustos (vv. 62-66). O conteúdo aponta para o pós-exílio, quando o Templo era considerado o único espaço de oração.

mais alto dos céus, muito menos nesta Casa que construí. ²⁸Atende à oração e à súplica deste teu servo, ó Javé meu Deus! Ouve o clamor e a prece que teu servo hoje te faz. ²⁹Que teus olhos fiquem abertos dia e noite sobre esta Casa, sobre este lugar, do qual disseste: 'Aí estará o meu Nome'. Ouve a prece que teu servo faz neste lugar. ³⁰Ouve as súplicas do teu servo e do teu povo Israel, quando aqui orarem. Escuta de tua morada no céu. Escuta e perdoa. ³¹No caso de alguém ter uma falta contra seu próximo e o fato exigir um juramento, se ele vier jurar diante do teu altar nesta Casa, ³²escuta do céu e age. Julga os teus servos, condena o culpado, dando-lhe o que merece, e absolve o inocente, tratando-o de acordo com a justiça que há nele.

³³Quando teu povo Israel for derrotado pelo inimigo por ter pecado contra ti, se ele se converter, confessar seu pecado ao teu Nome, rezar e suplicar a ti nesta Casa, ³⁴escuta do céu, perdoa o pecado do teu povo Israel e faze com que ele volte para a terra que deste aos seus pais.

³⁵Quando o céu se fechar e não cair chuva, por terem pecado contra ti, se eles orarem neste lugar, se confessarem seu pecado ao teu Nome e se arrependerem de seu pecado porque os afligiste, ³⁶escuta do céu, perdoa o pecado do teu servo e do teu povo Israel, mostrando-lhes o bom caminho que devem seguir, e rega com a chuva a terra que deste como herança ao teu povo.

³⁷Quando o país sofrer fome, peste, o carvão e a ferrugem das plantas, quando vierem gafanhotos e pulgões, quando seu inimigo cercar na terra suas portas, quando acontecer alguma calamidade ou epidemia, ³⁸seja qual for a oração ou súplica de qualquer homem ou de todo o teu povo Israel, que sinta remorso de consciência, se ele erguer as mãos para esta Casa, ³⁹escuta do céu onde moras, perdoa e age. Paga a cada um conforme seu comportamento, pois conheces o coração, és o único que conhece o coração de todos os filhos do homem. ⁴⁰Desse modo, eles terão o teu temor enquanto viverem na terra que deste aos nossos pais.

⁴¹Se o estrangeiro, que não pertence ao teu povo Israel, vindo de uma terra distante por causa do teu Nome – ⁴²pois ouvirão falar do teu grande Nome, de tua mão forte e de teu braço estendido –, se ele também vier para orar nesta Casa, ⁴³escuta do céu onde moras e atende a todos os pedidos do estrangeiro. Assim, todos os povos da terra reconhecerão teu Nome e temerão a ti, como faz teu povo Israel. Eles saberão que teu Nome é invocado nesta Casa que eu construí. ⁴⁴Se teu povo sair para guerrear contra os inimigos e, no caminho pelo qual o mandares, ele orar a ti, voltado para a cidade que escolheste, para a Casa que construí para o teu Nome, ⁴⁵escuta do céu sua oração e súplica e faze justiça para ele.

⁴⁶Quando os filhos de Israel pecarem contra ti – pois não há ninguém que não peque – e tu ficares irritado contra eles, entregando-os ao inimigo e, pelos vencedores, eles forem levados como cativos para uma terra inimiga, distante ou próxima, ⁴⁷se nessa terra onde estiverem cativos eles caírem em si e, na terra dos vencedores, suplicarem: 'Nós pecamos, agimos mal e nos pervertemos', ⁴⁸se eles se voltarem para ti de todo o coração e com todo o seu ser, na terra para onde os inimigos os tiverem exilado, se orarem a ti voltados para a terra que deste aos seus pais, para a cidade que escolheste e para a Casa que construí para o teu Nome, ⁴⁹escuta do céu onde moras, escuta a oração e súplica deles e faze-lhes justiça. ⁵⁰Perdoa o teu povo que pecou contra ti, perdoa todas as suas revoltas contra ti, e faze que encontre a benevolência dos vencedores, e que estes usem de compaixão para com ele, ⁵¹porque é o teu povo e a tua herança, que tiraste do Egito, de dentro da fornalha de ferro.

⁵²Que teus olhos estejam abertos para as súplicas do teu servo e do teu povo Israel, para atenderes a todos os pedidos que eles te fizerem. ⁵³De fato, Senhor Javé, tu os separaste como herança tua entre todos os povos da terra, como disseste por meio do teu servo Moisés, quando tiraste do Egito nossos antepassados!"

⁵⁴Quando terminou de dirigir a Javé toda essa oração e súplica, Salomão, de mãos erguidas para o céu, levantou-se ali em frente ao altar de Javé, no lugar em

que se tinha ajoelhado. ⁵⁵Ficou de pé e, em alta voz, assim abençoou toda a comunidade de Israel: ⁵⁶"Seja bendito Javé, que concedeu o descanso para seu povo Israel, conforme havia prometido. Não falhou nenhuma das boas promessas que tinha feito por meio do seu servo Moisés. ⁵⁷Javé nosso Deus esteja conosco, assim como esteve com nossos pais. Que ele não nos abandone, nem nos rejeite. ⁵⁸Que faça nossos corações se voltarem para ele, a fim de andarmos em seus caminhos, guardarmos os mandamentos, legislações e normas que deu aos nossos pais. ⁵⁹Que essas súplicas por mim dirigidas a Javé estejam presentes dia e noite diante de Javé nosso Deus, para que ele faça justiça a seu servo e a seu povo Israel, nas questões de cada dia. ⁶⁰Assim, todos os povos da terra hão de saber que só Javé é Deus, e outro não há. ⁶¹Que o coração de vocês seja íntegro com nosso Deus Javé, de modo a caminhar seguindo suas legislações e guardar seus mandamentos, como acontece hoje".

⁶²O rei, e todo Israel com ele, ofereceu sacrifícios diante de Javé. ⁶³Salomão imolou vítimas, sacrifícios de comunhão em honra de Javé: vinte e dois mil bois e cento e vinte mil ovelhas. Foi assim que o rei e todos os filhos de Israel inauguraram a Casa de Javé. ⁶⁴Nesse mesmo dia, o rei consagrou o interior do pátio que fica em frente à Casa de Javé. Aí ofereceu o holocausto, a oblação, as gorduras do sacrifício de comunhão, porque o altar de bronze que estava diante de Javé era muito pequeno para conter o holocausto, a oblação e as gorduras do sacrifício de comunhão. ⁶⁵Nessa ocasião, Salomão celebrou a festa, e com ele todo Israel, durante sete dias e mais sete, ao todo catorze dias. Houve uma grande assembleia diante do nosso Deus Javé, vinda desde a entrada de Emat até a torrente do Egito. ⁶⁶No oitavo dia, ele despediu o povo. E todos abençoaram o rei e voltaram para suas tendas, alegres e de coração contente por tudo de bom que Javé havia feito para seu servo Davi e para seu povo Israel.

9 *Resposta de Javé* – ¹Salomão terminou de construir a Casa de Javé, a casa do rei e tudo o mais que pretendia construir. ²Javé, então, lhe apareceu pela segunda vez, como havia aparecido em Gabaon, ³e lhe disse: "Ouvi a oração e súplica que você me fez. Consagrei esta Casa, que você construiu, para que seja a morada do meu Nome para sempre. Meus olhos e meu coração estarão aí todos os dias. ⁴Se você caminhar diante de mim como caminhou seu pai Davi, de coração íntegro e reto, fazendo tudo como eu mandei e obedecendo às minhas legislações e normas, ⁵eu conservarei firme para sempre seu trono real em Israel, como prometi a seu pai Davi, quando disse: 'Haverá sempre para você um homem para se assentar no trono de Israel'. ⁶Mas, se você e seus filhos se afastarem de mim e deixarem de observar os mandamentos e legislações que lhes dei, passando a adorar outros deuses, prostrando-se diante deles, ⁷eu arrancarei Israel da terra que lhes dei, afastarei para longe de mim esta Casa que consagrei para o meu Nome, e Israel será motivo de riso e chacota entre todos os povos. ⁸E esta Casa, tão sublime, se tornará motivo de admiração para os que por aí passarem. Vão assobiar e dizer: 'Por que Javé fez isso com essa terra e essa Casa?' ⁹E terão a resposta: 'Foi porque eles abandonaram seu Deus Javé, que tirou seus pais da terra do Egito. Eles aderiram a outros deuses, prostrando-se diante deles e adorando-os. Foi por isso que seu Deus Javé mandou para eles toda essa desgraça'".

3. Fábulas sobre Salomão

Obras de Salomão – ¹⁰Durante vinte anos, Salomão construiu os dois edifícios, a Casa de Javé e a casa do rei. ¹¹Hiram, rei de Tiro, forneceu madeira de cedro, de cipreste e todo o ouro que Salomão quis. Quando terminou as construções, o rei

---

9,1-9: O Templo, a aliança davídica e a Lei serão o centro vital da organização do judaísmo no pós-exílio (cf. 2Cr 7,11-22).

9,10-11,43: Começam aqui as narrativas fabulosas sobre Salomão: o casamento com a filha do faraó, a construção de grandes cidades, a visita da rainha de Sabá, o comércio, a riqueza e as mulheres de Salomão. Tudo visa a mostrar a grandeza do passado de Judá, cujo Deus é Javé.

9,10-28: Além da manutenção de uma frota de navios e a submissão de muitos povos, o rei Josias (640-609 a.C.) atribuiu a Salomão a construção de grandes cidades

Salomão deu a Hiram vinte cidades no território da Galileia. ¹²Hiram saiu de Tiro para ver as cidades que Salomão lhe havia dado, mas não gostou. ¹³Protestou: "Meu irmão, que cidades são essas que você me deu?" E apelidou essas cidades de Terra de Cabul. E até hoje elas têm esse nome. ¹⁴Hiram enviou ao rei Salomão quatro mil quilos de ouro.

¹⁵É o seguinte o relatório dos trabalhos forçados que o rei Salomão impôs para construir a Casa de Javé, a sua casa, o aterro, a muralha de Jerusalém, Hasor, Meguido, Gazer ¹⁶(o faraó, rei do Egito, tinha feito uma expedição e havia tomado Gazer, incendiando a cidade e massacrando os cananeus que aí moravam; em seguida, deu Gazer como dote para a sua filha, mulher de Salomão, ¹⁷que a reconstruiu), Bet-Horon Inferior, ¹⁸Baalat, Tamar, no deserto dessa terra, ¹⁹todas as cidades-armazéns que lhe pertenciam, os estábulos para os carros de guerra e os cavalos, tudo quanto julgou necessário construir em Jerusalém, no Líbano e nas terras que estavam submissas a ele.

²⁰Toda a população que restava dos que não eram filhos de Israel, amorreus, heteus, ferezeus, heveus e jebuseus, ²¹os filhos deles que ficaram na terra e que os filhos de Israel não haviam consagrado ao anátema, Salomão recrutou para os trabalhos forçados até hoje. ²²Salomão, porém, não escravizou os filhos de Israel, pois eram homens de guerra, seus servos, seus chefes, seus oficiais, comandantes de carros e de cavalaria. ²³Eram quinhentos e cinquenta os chefes e fiscais que supervisionavam os trabalhos de Salomão. Eles comandavam o pessoal que realizava os trabalhos.

²⁴Salomão construiu o aterro logo depois que a filha do faraó se mudou da cidade de Davi para a casa que ele construiu para ela.

²⁵Três vezes ao ano, Salomão oferecia holocaustos e sacrifícios de comunhão sobre o altar que tinha construído para Javé. Ele queimava incenso diante de Javé e concluiu a casa.

²⁶O rei Salomão construiu uma frota em Asiongaber, perto de Elat, às margens do mar Vermelho, na terra de Edom. ²⁷Hiram enviou marinheiros seus que conheciam bem o mar, para acompanharem nos navios os que trabalhavam para Salomão. ²⁸Chegaram até Ofir e daí trouxeram catorze mil quilos de ouro, que entregaram ao rei Salomão.

10 *A rainha de Sabá* –
¹A rainha de Sabá ouviu falar da fama de Salomão, pelo nome de Javé, e foi submeter o rei à prova por meio de enigmas. ²Chegou a Jerusalém com uma imponente comitiva, com camelos carregados de perfume, muito ouro e pedras preciosas. Apresentou-se a Salomão e lhe propôs tudo o que pensava. ³Salomão, porém, soube responder a todas as suas perguntas. Não houve uma só questão tão difícil que o rei não pudesse resolver. ⁴A rainha de Sabá ficou assombrada ao ver toda a sabedoria de Salomão, a casa que havia construído, ⁵as iguarias de sua mesa, seus servos sentados, a elegância e os uniformes dos que serviam, as bebidas, os holocaustos que Salomão oferecia na Casa de Javé. ⁶Ela disse ao rei: "Tudo o que ouvi na minha terra sobre você e sua sabedoria, é verdade. ⁷Eu não queria acreditar no que diziam, antes de vir e ver com meus próprios olhos. O que me contaram não é nem a metade. Sua sabedoria e riqueza vão muito além daquilo que ouvi. ⁸Sua gente, seus funcionários é que são felizes: podem desfrutar sempre de sua presença e aprender de sua sabedoria! ⁹Bendito seja seu Deus Javé, que se agradou de você e o colocou sobre o trono de Israel, pois Javé ama Israel para sempre, e é por isso que ele o colocou como rei, a fim de que você realize o direito e a justiça".

¹⁰A rainha de Sabá deu ao rei quatro toneladas de ouro e grande quantidade de perfumes e de pedras preciosas. Nunca mais houve tantos perfumes como os que a rainha de Sabá trouxe para o rei Salomão. ¹¹Por sua vez, a frota de Hiram, que tinha trazido ouro de Ofir, trouxe também grande quantidade de madeira

---

que nunca estiveram em poder de Judá, como Hasor, Meguido e Gazer.

10,1-13: O reino de Salomão é aqui descrito como messiânico (cf. Is 60,6; Sl 72,10.15; Mt 2,1.11). Sabá era

de sândalo e pedras preciosas. ¹²Com o sândalo, Salomão fez balaustradas para a Casa de Javé e para a casa do rei, cítaras e harpas para os músicos. Nunca mais chegou madeira de sândalo como essa, e nunca mais se viu dela até hoje.

¹³Em troca, o rei Salomão ofereceu à rainha de Sabá tudo o que ela quis e desejou, além dos presentes régios com que ele a presenteou. Em seguida, a rainha de Sabá partiu de volta com seus servos para a sua terra.

Riqueza de Salomão – ¹⁴A quantidade de ouro que Salomão recebia por ano era de vinte e três mil e trezentos quilos, ¹⁵sem contar o que recebia de impostos dos mercadores, e do lucro dos comerciantes, de todos os reis da Arábia e dos governadores do país. ¹⁶O rei Salomão fez duzentos escudos grandes de ouro batido, gastando seis quilos e meio em cada escudo, ¹⁷trezentos pequenos escudos de ouro batido com meio quilo de ouro cada, e os colocou no salão chamado Floresta do Líbano. ¹⁸O rei fez também um grande trono de marfim, recoberto de ouro puro. ¹⁹O trono tinha seis degraus, com encosto arredondado na parte de cima, braços de cada lado do assento, dois leões em pé junto dos braços, ²⁰e doze leões colocados em cada lado dos seis degraus. Nunca se havia feito coisa igual em nenhum reino.

²¹Todas as taças que o rei Salomão usava para beber eram de ouro, e todos os talheres da casa da Floresta do Líbano eram também de ouro puro. Nada se fazia de prata, que não tinha valor no tempo de Salomão. ²²De fato, o rei tinha no mar uma frota de Társis, junto com a frota de Hiram, e a cada três anos chegavam os navios carregados de ouro, prata, marfim, macacos e pavões. ²³O rei Salomão superou em riqueza e sabedoria todos os reis da terra. ²⁴Toda a terra queria visitar Salomão para escutar a sabedoria que Deus havia posto em seu coração. ²⁵Cada um trazia seus presentes, vasilhas de prata e ouro, roupas, armas e perfumes, cavalos e mulas.

²⁶Salomão acumulou também carros de guerra e condutores. Tinha mil e quatrocentos carros de guerra e doze mil condutores, que ficavam nas cidades dos carros e junto do rei em Jerusalém. ²⁷Salomão fez com que a prata em Jerusalém fosse tão comum como as pedras, e o cedro como se fosse sicômoro da Baixada. ²⁸Os cavalos de Salomão eram importados do Egito e de Coa, onde os mercadores do rei os compravam com pagamento à vista. ²⁹Cada carro de guerra era importado do Egito por seis quilos e meio de prata, e cada cavalo por um quilo e meio. Os cavalos eram exportados, nas mesmas condições, para os reis dos heteus e os reis de Aram.

11 **Mulheres de Salomão** – ¹Além da filha do faraó, o rei Salomão amou muitas mulheres estrangeiras, moabitas, amonitas, edomitas, sidônias e heteias. ²Essas mulheres pertenciam àquelas nações das quais Javé tinha dito aos filhos de Israel: "Vocês não entrarão em contato com eles, nem eles em contato com vocês. Do contrário, acabarão desviando o coração de vocês para os deuses deles". Salomão, porém, se enamorou perdidamente por elas, ³e teve setecentas mulheres princesas e trezentas concubinas. ⁴Quando ficou velho, as mulheres desviaram-lhe o coração para outros deuses. Assim, o coração de Salomão já não era todo de seu Deus Javé, como o coração de seu pai Davi. ⁵Salomão seguiu Astarte, deusa da população de Sidon, e Melcom, horror dos amonitas. ⁶Praticou o que é mau aos olhos de Javé e não foi inteira-

---

um reino da Arábia, famoso por sua riqueza (cf. Jr 6,20; Ez 27,22; Jó 6,19). Javé é caracterizado como divindade universal da riqueza e do luxo.

14-29: Na base, temos a atividade comercial que existia na época entre a Fenícia, Egito, Arábia, Índia, Damasco e Mesopotâmia. Toda a riqueza do mundo, fruto do tributo e do trabalho forçado, conflui para Jerusalém. Essa ideologia messiânica não vê nenhuma contradição entre a exploração do povo e o culto a Javé – um Javé diferente daquele do êxodo, que escuta o clamor do povo oprimido (cf. Ex 3,7). No v. 14, para os

23.300 quilos de ouro, temos em hebraico "666 talentos de ouro", número que aparece na Bíblia somente aqui, na releitura sacerdotal de 2Cr 9,13, e em Ap 13,18.

11,1-13: O exagerado número de mulheres quer representar o enorme poder atribuído a Salomão. Quando um reino conquistava outro, o fato era selado com o casamento do rei com a princesa do povo conquistado. As concubinas eram compradas ou trocadas por tributo. Essa situação foi relida no pós-exílio, quando se atribuía às mulheres estrangeiras e seus cultos a culpa pela queda do reino (cf. Ex 34,11-16; Esd 9-10; Eclo 47,19-20).

mente fiel a Javé como seu pai Davi. ⁷Salomão construiu um santuário para Camos, horror de Moab, na montanha em frente a Jerusalém, e um santuário para Moloc, horror dos filhos de Amon. ⁸Fez o mesmo para suas mulheres estrangeiras, que queimavam incenso e ofereciam sacrifícios aos deuses delas.

⁹Javé se irritou contra Salomão, que havia deixado seu coração se desviar, afastando-se de Javé, o Deus de Israel, que lhe havia aparecido duas vezes ¹⁰e lhe havia proibido expressamente que seguisse outros deuses. Salomão, porém, não guardou o que Javé lhe havia ordenado. ¹¹Javé disse a Salomão: "Você está se comportando assim e não observa a minha aliança e os meus preceitos que lhe dei. Pois bem! Vou tirar-lhe o reino e entregá-lo a um de seus servos. ¹²Em consideração para com seu pai Davi, não farei isso enquanto você viver. Eu arrancarei o reino da mão de seu filho. ¹³Não tirarei o reino todo: deixarei para seu filho uma tribo, por consideração a meu servo Davi e a Jerusalém, a cidade que escolhi".

Adad e Razon – ¹⁴Javé fez surgir um adversário de Salomão: Adad de Edom, da família real de Edom. ¹⁵Depois que Davi derrotou Edom, aconteceu que Joab, chefe do exército, foi sepultar os mortos e matou todos os homens de Edom. ¹⁶Joab e todo Israel ficaram lá durante seis meses, até acabar com todos os homens de Edom. ¹⁷Adad, porém, conseguiu fugir para o Egito com alguns homens de Edom, servos de seu pai. Adad era então apenas um rapaz. ¹⁸Partindo de Madiã, chegaram a Farã. Aí juntaram alguns homens, foram para o Egito e se apresentaram ao faraó, rei do Egito. O faraó deu a Adad uma casa, víveres e terra. ¹⁹Adad encontrou graça aos olhos do faraó, que lhe deu por mulher sua cunhada, irmã de Táfnis, a rainha, a Grande Dama. ²⁰A irmã de Táfnis deu a Adad um filho, Genubat. Táfnis o criou na casa do faraó, de modo que Genubat morava na casa do faraó junto com os filhos do faraó. ²¹No Egito, Adad ouviu dizer que Davi tinha adormecido com seus pais e que Joab, o chefe do exército, também estava morto. Então pediu ao faraó: "Deixe-me voltar para minha terra". ²²O faraó perguntou: "Você quer voltar para sua terra? Está lhe faltando alguma coisa aqui em casa?" Adad respondeu: "Não está faltando nada, mas deixe-me ir".

²³Deus fez surgir contra Salomão outro inimigo: Razon, filho de Eliada, que tinha fugido do seu senhor Adadezer, rei de Soba. ²⁴Razon reuniu homens ao seu redor e tornou-se chefe de um bando. Quando Davi os dizimou, Razon foi para Damasco, onde se estabeleceu, e depois se tornou rei de Damasco. ²⁵Razon foi adversário de Israel durante todo o reinado de Salomão. O mal que Adad fez foi incomodar Israel desde que se tornou rei de Aram.

Revolta de Jeroboão e morte de Salomão – ²⁶Jeroboão, filho de Nabat, era de Sareda e da tribo de Efraim, e sua mãe era uma viúva chamada Sarva. Jeroboão estava a serviço de Salomão, mas revoltou-se contra o rei ²⁷pelo seguinte motivo: Salomão estava construindo o aterro para tapar a cratera na cidade de seu pai Davi. ²⁸Jeroboão era homem valente e forte. Salomão, vendo que o jovem trabalhava bem, o nomeou fiscal dos trabalhos forçados da casa de José. ²⁹Certo dia, Jeroboão estava saindo de Jerusalém e encontrou-se no caminho com o profeta Aías de Silo, que vestia um manto novo. Os dois estavam sozinhos no campo. ³⁰Aías pegou seu próprio manto novo, o rasgou em doze pedaços, ³¹e disse a Jeroboão: "Pegue dez pedaços para você, porque assim diz Javé, o Deus de Israel: 'Vou arrancar o reino das mãos de Salomão, e a você vou entregar dez tribos. ³²Ele ficará com uma tribo, em consideração para com meu servo Davi e para com Jerusalém, a cidade que escolhi dentre todas as tribos de Israel. ³³Isso porque eles me abandonaram para adorar

---

14-25: O pesado tributo e o trabalho forçado enfraquecem os camponeses e cria descontentamento e rebeliões. Edom e Damasco eram nações vizinhas de Judá na Transjordânia. Tudo indica que a inimizade destes dois povos foi primeiro de Israel, sob os reis Omri e Acab (cf. 1Rs 16, 23s; Am 1,3-5.11-12), e só mais tarde se estendeu para Judá no sul.
26-43: Jeroboão é efraimita, da grande tribo que dominou Israel, no norte. Ele é apoiado por Aías, profeta do santuário de Silo, remanescente de Eli (cf. 1Sm 1-3;

Astarte, deusa dos sidônios, Camos, deus de Moab, e Melcom, deus dos filhos de Amon. Ele não andou em meus caminhos, de modo a fazer o que é correto a meus olhos; não observou minhas legislações e normas, como seu pai Davi. [34]Contudo, não tirarei da mão dele nenhuma parte do reino, pois o tornei chefe por todo o tempo de sua vida, em consideração a meu servo Davi, a quem eu escolhi e que observou meus mandamentos e estatutos. [35]É do filho dele que vou tirar o reino, e entregar a você as dez tribos. [36]Deixarei para o filho dele uma tribo, a fim de que meu servo Davi tenha sempre uma lâmpada diante de mim, em Jerusalém, a cidade que escolhi para aí estabelecer o meu Nome. [37]Quanto a você, eu o escolherei para reinar sobre o que você quiser. E você vai ser o rei de Israel. [38]Se você obedecer a tudo o que eu mandar, se seguir meus caminhos e fizer o que é correto a meus olhos, se observar minhas legislações e mandamentos, como fez meu servo Davi, então eu estarei com você e construirei para você uma dinastia estável, assim como fiz para Davi. A você eu entregarei Israel [39]e, dessa forma, humilharei a descendência de Davi, mas não para sempre'".

[40]Salomão tentou matar Jeroboão. Mas Jeroboão fugiu para o Egito quando Sesac era o rei do Egito. E ficou no Egito até a morte de Salomão.

[41]O restante da história de Salomão, com todos os seus feitos e sua sabedoria, não está tudo escrito no Livro da História de Salomão? [42]Salomão reinou em Jerusalém sobre todo Israel durante quarenta anos. [43]Salomão foi repousar com seus pais e foi sepultado na cidade de seu pai Davi. O seu filho Roboão tornou-se rei em seu lugar.

II. HISTÓRIA DE ISRAEL E JUDÁ

1. A divisão

12 *Assembleia de Siquém* – [1]Roboão foi para Siquém, aonde todo Israel estava indo a fim de proclamá-lo rei. [2]Jeroboão, filho de Nabat, havia recebido a notícia quando ainda estava no Egito, porque havia fugido do rei Salomão e morava no Egito. [3]Mandaram chamar Jeroboão, e ele foi com toda a comunidade de Israel para dizer a Roboão: [4]"Seu pai nos impôs um jugo pesado. Se você nos aliviar da dura escravidão e do jugo pesado que ele nos impôs, nós estaremos às suas ordens". [5]Roboão respondeu: "Podem ir e voltem a me encontrar daqui a três dias". E o povo foi-se embora. [6]O rei Roboão pediu conselho aos anciãos que serviam a seu pai Salomão, quando este ainda vivia. Perguntou-lhes: "O que me aconselham a responder a esse povo?" [7]Eles disseram: "Se hoje você se colocar à disposição desse povo, se você o servir e lhes responder com boas palavras, eles estarão para sempre às suas ordens". [8]Roboão, porém, desprezou o conselho dos anciãos e foi aconselhar-se com os jovens que haviam crescido com ele e que estavam a seu serviço. [9]Perguntou-lhes: "O que é que vocês me aconselham a responder para esse povo que me disse: 'Tire um pouco do jugo que seu pai pôs às nossas costas'?" [10]Os jovens que haviam crescido com ele disseram: "A esse povo que falou: 'Seu pai nos impôs um jugo pesado, tire um pouco desse peso de nossas costas', você vai responder assim: 'Meu dedo mínimo é mais grosso do que a cintura de meu pai. [11]Meu pai colocou sobre vocês um jugo pesado; pois eu vou aumentar ainda mais esse jugo. Se meu pai açoitava vocês com chicotes, eu vou espancá-los com ferrões'".

[12]Como o rei lhes havia dito que voltassem daí a três dias, Jeroboão e todo o povo foram procurar Roboão no terceiro dia. [13]O rei, então, deu a resposta ao povo com arrogância. Deixou de lado o conselho que os anciãos lhe haviam dado [14]e, seguindo o conselho dos jovens, falou: "Meu pai pôs um jugo pesado nas costas de vocês. Pois bem! Eu vou aumentar esse jugo! Se meu pai açoitava vocês com

---

15,17-18): A desproporção, dez tribos para uma (cf. 2Sm 19,44), mostra a importância histórica do norte (Israel), em relação ao sul (Judá).
12-13: Causas e interesses políticos do conflito entre o norte (Samaria) e o sul (Jerusalém).

12,1-16: A opressão ("jugo pesado") é a causa da rebelião. Roboão não quer perder os benefícios dos tributos e dos trabalhos forçados, e por isso segue o conselho dos mais jovens. "Para as suas tendas, Israel!" (v.16) é o grito do Israel tribal, enquanto o do Judá cidade

chicotes, eu vou espancá-los com ferrões". ¹⁵O rei não escutou o povo. Foi a maneira usada por Javé para realizar o que havia dito a Jeroboão, filho de Nabat, por meio de Aías de Silo.

¹⁶Todo Israel viu que o rei não o escutava. Por isso o povo retrucou: "O que é que nós temos a ver com Davi? Não temos herança com o filho de Jessé. Para as suas tendas, Israel! Agora, que Davi cuide de sua casa!" E Israel voltou para as suas tendas.

Jeroboão rei de todo Israel – ¹⁷Quanto aos filhos de Israel que moravam nas cidades de Judá, Roboão reinava sobre eles. ¹⁸O rei Roboão enviou Adoniram, chefe dos trabalhos forçados, mas todo Israel o apedrejou até à morte. O rei Roboão subiu ao seu carro de guerra e fugiu para Jerusalém. ¹⁹Israel ficou rebelado contra a casa de Davi, até o dia de hoje.

²⁰Ao saber que Jeroboão tinha retornado, mandaram chamá-lo à assembleia e o proclamaram rei sobre todo Israel. Somente a tribo de Judá seguiu a casa de Davi. ²¹Roboão foi para Jerusalém e reuniu cento e oitenta mil guerreiros de toda a casa de Judá e da tribo de Benjamim, para lutar contra a casa de Israel e recuperar o reinado para Roboão, filho de Salomão.

²²A palavra de Deus foi dirigida nestes termos a Semeias, homem de Deus: ²³"Diga ao rei de Judá, Roboão, filho de Salomão, a toda a casa de Judá e de Benjamim e ao restante do povo: ²⁴'Assim diz Javé: Não subam para lutar contra seus irmãos, os filhos de Israel. Volte cada um para sua casa, porque tudo o que aconteceu foi por minha decisão' ". Eles obedeceram à palavra de Javé e voltaram atrás, de acordo com o que Javé havia dito.

Betel e Dã – ²⁵Jeroboão fortificou Siquém na montanha de Efraim e aí passou a residir. Depois, deixou esse lugar e fortificou Fanuel. ²⁶Jeroboão disse em seu coração: "Agora mesmo o reino poderá voltar para a casa de Davi. ²⁷Se este povo subir e oferecer sacrifícios na Casa de Javé em Jerusalém, seu coração vai se virar para seu senhor Roboão, rei de Judá. Eles acabarão me matando e passando para o lado de Roboão, rei de Judá". ²⁸Foi assim que Jeroboão teve a ideia de fazer dois bezerros de ouro. E disse ao povo: "Para vocês, chega de subir a Jerusalém. Israel, aqui estão seus deuses, que fizeram vocês subir da terra do Egito". ²⁹Colocou um dos bezerros em Betel e instalou o outro em Dã. ³⁰Isso foi motivo de pecado. O povo começou a fazer peregrinações ao bezerro em Dã.

³¹Jeroboão construiu santuários nos lugares altos e colocou como sacerdotes pessoas tiradas do meio do povo, que não eram filhos de Levi. ³²Jeroboão celebrou também uma festa no dia quinze do oitavo mês, como se celebrava em Judá, e subiu ao altar. Fez isso em Betel, para oferecer sacrifícios aos bezerros que tinha fabricado, e pôs em Betel sacerdotes dos lugares altos que ele mesmo havia instituído. ³³Subiu ao altar que tinha feito em Betel, no dia quinze do oitavo mês, data que escolheu arbitrariamente. Ele fez uma festa para os filhos de Israel e subiu ao altar para queimar incenso.

13 ***Altar de Betel*** – ¹Quando Jeroboão estava junto ao altar para queimar incenso, chegou a Betel, vindo de Judá, um homem de Deus, com a palavra de Javé. ²Ele gritou contra o altar com a palavra de Javé: "Altar, altar! Assim diz Javé: na casa

---

é este: "Volte cada um para sua casa!" (v. 24). Javé, o Deus da libertação, está do lado dos oprimidos.

17-24: As expressões "até o dia de hoje" (v. 19) e "somente a tribo de Judá seguiu a casa de Davi" (v. 20) parecem indicar que Judá nunca reinou sobre Israel. De fato, não existe comprovação histórica desse domínio.

25-33: Para conservar o poder político, é preciso controlar a religião. Por isso é que Jeroboão fortalece os santuários de Betel (cf. Am 7,10-13) e de Dã (cf. Jz 17-18), ambos nos limites sul e norte do reino. A crítica contra o culto em Betel é de interesse particular do rei Josias de Jerusalém. Em Betel e Dã se cultuava um touro ou bezerro de ouro, imagem que normalmente representava Baal, o deus da fertilidade (cf. Ex 32,1-6; Os 8,5-6; 10,5-6), ao qual se atribui aqui a libertação do Egito (v. 28).

13,1-10: Revelam-se aqui o local e a época da composição de boa parte dos livros dos Reis, como também os interesses de quem eles procuram defender: Jerusalém, no tempo e de acordo com os interesses do rei Josias, da casa de Davi (640-609 a.C.). De fato, tudo o que o homem de Deus vindo de Judá anuncia, era o que o rei Josias estava realizando. Em vista da expansão de seu domínio, Josias centralizou o culto em Jerusalém, destruiu os santuários do interior, entre eles o de Betel, e mais importante (cf. Am 7,10-13), cujos sacerdotes foram imolados sobre os altares (cf. 2Rs 23,15-20).

de Davi vai nascer um filho que se chamará Josias. Sobre você, ele vai oferecer em sacrifício os sacerdotes dos lugares altos que sobre você queimam incenso. Sobre você serão queimados ossos humanos!" ³Nesse momento, o homem indicou um sinal, dizendo assim: "Este é o sinal que Javé lhes dá: o altar vai se rachar e a gordura que está sobre ele vai se derramar".

⁴Ao ouvir o que o homem de Deus gritava contra o altar de Betel, o rei Jeroboão, tirando a mão do altar, apontou para ele e disse: "Prendam-no!" Mas o braço estendido ficou paralisado, e ele não o conseguia mais recolher. ⁵O altar rachou-se e a gordura do altar se derramou, de acordo com o sinal que o homem de Deus havia dado com a palavra de Javé. ⁶O rei então disse ao homem de Deus: "Por favor, implore a misericórdia do seu Deus Javé, interceda para que minha mão volte a mim!" O homem de Deus implorou a misericórdia de Javé, e a mão do rei voltou a ele e ficou como antes.

⁷O rei disse então ao homem de Deus: "Venha comigo até minha casa para se alimentar. Eu vou lhe dar um presente". ⁸O homem de Deus respondeu ao rei: "Ainda que você me desse a metade de sua casa, eu não iria. Não vou comer nem beber nada neste lugar, ⁹pois a palavra de Javé me determinou que eu nada coma nem beba, e que não retorne pelo mesmo caminho por onde vim". ¹⁰E o homem de Deus foi-se embora por outro caminho, sem passar pelo caminho por onde havia chegado a Betel.

O homem de Deus – ¹¹Um velho profeta morava em Betel. Seus filhos chegaram e lhe contaram tudo o que o homem de Deus havia feito nesse dia em Betel. Relataram as palavras que o homem havia dito ao rei. ¹²O pai lhes disse: "Que caminho ele tomou?" Eles mostraram ao pai o caminho que tinha seguido aquele homem de Deus vindo de Judá. ¹³O profeta disse aos filhos: "Selem o jumento para mim". Selaram o jumento, ele montou, ¹⁴foi à procura do homem de Deus e o encontrou sentado debaixo de um terebinto. Perguntou-lhe: "Você é o homem de Deus que veio de Judá?" Ele respondeu: "Sou". ¹⁵Ele disse ao homem: "Venha comigo à minha casa para se alimentar". ¹⁶Ele respondeu: "Eu não posso voltar com você nem ir à sua casa. Não posso comer nem beber nada neste lugar, ¹⁷porque a palavra de Javé determinou que eu não coma nem beba coisa alguma aqui, e também que não volte pelo mesmo caminho por onde vim". ¹⁸Disse-lhe ele: "Eu também sou profeta como você, e um anjo me trouxe esta mensagem de Javé: 'Faça com que ele vá até sua casa para comer e beber' ". Mas ele estava mentindo. ¹⁹O homem de Deus voltou, comeu e bebeu na casa dele.

²⁰Quando estavam à mesa, a palavra de Javé veio ao profeta que tinha feito o ou tro voltar. ²¹Ele gritou ao homem de Deus que viera de Judá: "Assim diz Javé: Porque você transgrediu a ordem de Javé, não obedeceu à ordem que seu Deus Javé lhe havia dado, ²²mas voltou para comer e beber neste lugar onde ele proibira você de comer e beber, seu cadáver não entrará no túmulo de seus pais". ²³Depois de comer e beber, o velho profeta selou o jumento do profeta que ele tinha feito voltar, ²⁴e ele se foi embora. No caminho, encontrou um leão que o matou. O cadáver ficou aí jogado no caminho, o jumento parado de um lado do cadáver e o leão do outro lado. ²⁵Alguns homens que passavam por aí viram o cadáver jogado no caminho e o leão ao lado do cadáver. Foram e contaram, na cidade onde morava o velho profeta, tudo o que tinham visto. ²⁶Ao tomar conhecimento, o profeta que o havia feito voltar disse: "Deve ser o homem de Deus que desobedeceu à ordem de Javé. E Javé o entregou ao leão, que o matou e dilacerou, como Javé havia predito". ²⁷Disse então a seus filhos: "Selem o jumento para mim". E os filhos selaram. ²⁸O profeta foi e encontrou o cadáver estendido no caminho, com o jumento e o leão ao lado. O leão não tinha devorado o cadáver nem atacado o jumento. ²⁹O

11-34: Com o sucedido ao homem de Deus, o deuteronomista quer evidenciar a lição de que a palavra de Javé é uma só e se cumprirá (v. 32; cf. 2Rs 23,17-18). Aos cultos nos lugares altos, praticados por Jeroboão e sua dinastia, é atribuída a destruição de Samaria em 722 a.C. (vv. 33-34).

profeta ergueu o cadáver do homem de Deus, colocou-o sobre o jumento e o levou para a cidade onde morava, para fazer o funeral e enterrá-lo. ³⁰Colocou o cadáver no seu próprio túmulo e cantou a lamentação: "Ai, meu irmão!" ³¹Depois de o ter enterrado, o profeta disse a seus filhos: "Quando eu morrer, me enterrem na sepultura onde está o homem de Deus. Coloquem meus ossos ao lado dos ossos dele, ³²porque, sem dúvida, vai se realizar a maldição que ele anunciou com a palavra de Javé contra o altar de Betel e contra todos os santuários dos lugares altos que estão nas cidades da Samaria".

³³Apesar disso, Jeroboão não voltou atrás do seu mau comportamento. Continuou nomeando homens do povo como sacerdotes dos lugares altos. Qualquer um que quisesse, ele o consagrava sacerdote dos lugares altos. ³⁴Esse comportamento fez a dinastia de Jeroboão cair em pecado, e provocou sua ruína e extermínio da face da terra.

2. Reis de Israel e Judá

14 *O profeta Aías e a mulher de Jeroboão* – ¹Nessa época, Abias, filho de Jeroboão, caiu doente. ²Jeroboão disse à sua mulher: "Vamos, mude de roupa para que não reconheçam que você é a mulher de Jeroboão. Vá até Silo, onde está o profeta Aías. Foi ele quem me profetizou que eu seria rei deste povo. ³Leve dez pães, roscas e uma botija de mel e apresente-se a ele. Então ele irá dizer o que acontecerá ao menino". ⁴A mulher de Jeroboão assim fez. Foi a Silo e procurou a casa de Aías. Ora, Aías estava quase cego, tinha os olhos bem apagados por causa da idade. ⁵Javé, porém, lhe havia dito: "A mulher de Jeroboão virá aqui para pedir a você uma palavra sobre o filho dele que está doente. Diga isto e aquilo. Ela virá disfarçada". ⁶Logo que ouviu o barulho dos passos dela chegando à porta, Aías disse: "Entre, mulher de Jeroboão. Por que você veio disfarçada? Fui enviado para lhe dar uma triste notícia. ⁷Diga a Jeroboão: 'Assim diz Javé, o Deus de Israel: Eu ergui você do meio do povo para o colocar como chefe do meu povo Israel. ⁸Arranquei a realeza da casa de Davi e a entreguei a você. Mas você não tem sido igual a meu servo Davi, que guardou meus mandamentos e me seguiu de todo o coração, fazendo apenas o que é correto a meus olhos. ⁹Você se comportou de modo pior do que os que vieram antes de você. E foi fazer para si deuses estranhos, imagens fundidas, para me deixar indignado. Você me voltou as costas. ¹⁰Por isso, vou trazer esta desgraça sobre a casa de Jeroboão: hei de eliminar de Jeroboão, em Israel, todos os que urinam contra o muro, tanto escravos como livres. Vou varrer a casa de Jeroboão como se varre o lixo até acabar. ¹¹Os membros da casa de Jeroboão que morrerem na cidade serão devorados pelos cães, e os que morrerem no campo serão devorados pelas aves de rapina. É isso que Javé tem a dizer'. ¹²Quanto a você, pode ir, volte para casa. Quando puser o pé na cidade, o menino morrerá. ¹³Israel inteiro vai celebrar seus funerais e sepultá-lo, pois de Jeroboão somente esse menino baixará à sepultura, porque, da casa de Jeroboão, foi somente nele que Javé, o Deus de Israel, encontrou alguma coisa de bom. ¹⁴Javé fará surgir em Israel um rei que vai eliminar a casa de Jeroboão. E isso será hoje, ou melhor, agora mesmo! ¹⁵Javé vai golpear Israel. Como a um caniço que se agita na água, vai arrancar Israel desta boa terra que deu a seus pais, e dispersá-los para além do rio Eufrates, porque fabricaram Aserás, provocando a indignação de Javé. ¹⁶Entregará Israel por causa dos pecados de Jeroboão, os que ele fez e os que levou a cometer".

¹⁷A mulher de Jeroboão levantou-se e foi-se embora. Quando chegou a Tersa, ela pôs o pé na soleira da porta de casa e o menino morreu. ¹⁸O menino foi sepultado e todo Israel celebrou seus funerais, como

---

14-16: Daqui em diante, a apresentação dos reis será feita alternadamente. Os de Israel serão todos apresentados negativamente. O modelo de rei bom será Davi, a cuja casa o rei Josias pertence. Jeroboão, primeiro rei de Israel, ao invés, será o modelo de rei mau. Quem tiver combatido o culto nos lugares altos (campanha promovida por Josias; cf. 2Rs 22-23) terá feito o que é bom aos olhos de Javé. O referencial não será a prática da justiça, mas a reforma josiânica.

14,1-20: A partir da morte do filho de Jeroboão, o redator deuteronomista josiânico elabora um prenúncio do fim do Reino de Israel, cuja primeira capital foi Tersa

Javé havia dito por meio de seu servo, o profeta Aías. ¹⁹O restante da história de Jeroboão, como guerreou e como governou, está tudo escrito nos Anais dos Reis de Israel. ²⁰Jeroboão reinou por vinte e dois anos. Em seguida foi descansar com seus pais. Seu filho Nadab tornou-se rei em seu lugar.

Roboão de Judá (931-913) – ²¹Roboão, filho de Salomão, tornou-se rei de Judá. Tinha quarenta e um anos quando se tornou rei. Reinou por dezessete anos em Jerusalém, a cidade que, entre todas as tribos de Israel, Javé escolheu para aí colocar o seu Nome. A mãe de Roboão se chamava Naama e era natural de Amon. ²²Judá praticou o que é mau aos olhos de Javé e, com os pecados que eles praticaram, maiores que os de seus pais, provocaram a indignação de Javé. ²³Eles construíram lugares altos, ergueram colunas sagradas e Aserás em toda colina elevada e debaixo de qualquer árvore frondosa. ²⁴Houve na terra até mesmo prostituição sagrada. Imitaram todas as práticas abomináveis das nações que Javé havia expulsado da frente dos filhos de Israel.

²⁵No quinto ano do reinado de Roboão, aconteceu que Sesac, rei do Egito, subiu e atacou Jerusalém. ²⁶Pegou os tesouros da Casa de Javé e os tesouros da casa do rei e levou tudo, inclusive os escudos de ouro que Salomão havia feito. ²⁷Para substituí-los, o rei Roboão fez escudos de bronze e os confiou aos chefes da segurança que guardavam a porta da casa do rei. ²⁸Cada vez que o rei ia à Casa de Javé, os guardas empunhavam os escudos e depois os recolocavam na sala dos guardas. ²⁹O restante da história de Roboão, de tudo o que ele fez, não está escrito nos Anais dos Reis de Judá? ³⁰Por todo o tempo houve guerra entre Roboão e Jeroboão. ³¹Roboão foi descansar com seus pais e foi sepultado na Cidade de Davi. Sua mãe era do país de Amon e se chamava Naama. Seu filho Abiam tornou-se rei em seu lugar.

15 *Abiam de Judá (913-911)* – ¹No décimo oitavo ano do reinado de Jeroboão, filho de Nabat, Abiam tornou-se rei de Judá. ²Reinou por três anos em Jerusalém. Sua mãe se chamava Maaca e era filha de Absalão. ³Cometeu todos os pecados que seu pai havia praticado, e seu coração não era inteiramente do seu Deus Javé, como foi o de seu pai Davi. ⁴Em consideração para com Davi, seu Deus Javé deixou-lhe em Jerusalém uma lâmpada, dando-lhe um filho e preservando Jerusalém. ⁵Isso porque Davi fez o que é correto aos olhos de Javé, sem se afastar das ordens de Javé por toda a vida, a não ser no caso do heteu Urias. ⁶Por todo o tempo houve guerras entre Roboão e Jeroboão. ⁷O restante da história de Abiam, de tudo o que ele fez, não está escrito nos Anais dos Reis de Judá? ⁸Abiam foi descansar com os antepassados e o sepultaram na Cidade de Davi. Seu filho Asa tornou-se rei em seu lugar.

Asa de Judá (911-870) – ⁹No vigésimo ano do reinado de Jeroboão em Israel, Asa tornou-se rei de Judá. ¹⁰Reinou durante quarenta e um anos em Jerusalém. Sua avó se chamava Maaca e era filha de Absalão. ¹¹Asa fez o que é correto aos olhos de Javé, como seu pai Davi. ¹²Eliminou da terra a prostituição sagrada e retirou todos os ídolos que seus pais haviam feito. ¹³Chegou até a retirar de sua mãe o título de rainha-mãe, porque ela havia feito um memorial para a deusa Aserá. Asa demoliu o memorial e o atirou para queimar no vale do Cedron. ¹⁴Os lugares altos não desapareceram, mas o coração de Asa foi fiel a Javé durante toda a vida. ¹⁵Ele depositou na Casa de Javé as ofertas sagradas de seu pai e também as suas, como prata, ouro e utensílios.

(v. 17; 16,23-24). Sua ruína é atribuída ao culto nos lugares altos (vv. 15-16), combatido pelo rei Josias.

21-31: A diversidade de cultos no interior de Judá e Israel era normal, principalmente os da fertilidade (vv. 22-24). Só passam a ser condenados a partir do rei Josias. O desaparecimento da fabulosa riqueza salomônica (10,14-25) é atribuído a um saque do faraó egípcio Sesac (v. 26; cf. 2Cr 12,9).

15,1-8: Um reinado breve e negativo. Fala-se mais de Davi que de Abiam. O v. 6 parece confundir Roboão com Abiam (cf. 14,30; 2Cr 13).

9-24: O longo reinado de Asa é elogiado porque combateu a diversidade de cultos (cf. 2Cr 14,1-4; 15,16-18), como fará Josias. Asa chega a entrar em conflito com a rainha-mãe, que cultuava a deusa Aserá, possivelmente ao lado de Javé. Os dois poderes da região,

¹⁶Por todo o tempo houve guerras entre Asa e o rei de Israel, Baasa. ¹⁷Baasa, rei de Israel, atacou Judá e passou a construir muralhas em Ramá, para impedir as idas e vindas até Asa, rei de Judá. ¹⁸Asa então pegou a prata e o ouro que restavam nos tesouros da Casa de Javé e da casa do rei, entregou a seus servos e os mandou ao rei de Aram, Ben-Adad, filho de Tabremon, filho de Hezion, que morava em Damasco, com esta mensagem: ¹⁹"Há uma aliança entre mim e você, como entre meu pai e o seu. Daí é que lhe envio este presente em prata e ouro. Por favor, rompa a aliança com Baasa, rei de Israel, para que ele se retire do meu território". ²⁰Ben-Adad atendeu ao rei Asa. Mandou os chefes do seu exército contra as cidades de Israel e destruiu Aion, Dã, Abel-Bet-Maaca, Genesaré inteira e toda a região de Neftali. ²¹Ao saber disso, Baasa suspendeu as obras em Ramá e voltou para Tersa. ²²Então o rei Asa convocou todo o povo de Judá, sem exceção. Tiraram as pedras e a madeira com que Baasa estava fortificando Ramá, e as aproveitaram para fortificar Gaba de Benjamim e Masfa.

²³O restante da história de Asa, suas façanhas militares e as cidades que fortificou, não está tudo escrito nos Anais dos Reis de Judá? Quando mais idoso, Asa sofreu uma doença nos pés. ²⁴Asa foi descansar com seus pais e foi sepultado na Cidade de seu pai Davi. Seu filho Josafá tornou-se rei em seu lugar.

Nadab de Israel (910-909) – ²⁵No segundo ano do reinado de Asa em Judá, Nadab, filho de Jeroboão, tornou-se rei de Israel. Reinou dois anos em Israel. ²⁶Praticou o que é mau aos olhos de Javé. Seguiu pelos mesmos caminhos de seu pai, pelo pecado que levou Israel a cometer. ²⁷Baasa, filho de Aías, da tribo de Issacar, conspirou contra ele e o assassinou em Gebeton, cidade filisteia, que Nadab e todo Israel estavam cercando. ²⁸Baasa o matou, e tornou-se rei em seu lugar. Era o terceiro ano de Asa como rei de Judá. ²⁹Logo que se tornou rei, Baasa matou toda a casa de Jeroboão: não deixou sobrevivente, acabou com ela, conforme a predição que Javé tinha feito por meio de seu servo Aías de Silo. ³⁰A causa foram os pecados que Jeroboão cometeu e fez Israel cometer, provocando a indignação de Javé, o Deus de Israel.

³¹O restante da história de Nadab, tudo o que ele fez, não está escrito nos Anais dos Reis de Israel?

³²Por todo o tempo houve guerras entre Asa e Baasa, rei de Israel.

Baasa de Israel (909-886) – ³³No terceiro ano do reinado de Asa em Judá, Baasa, filho de Aías, tornou-se rei de todo Israel em Tersa. Reinou por vinte e quatro anos. ³⁴Praticou o que é mau aos olhos de Javé. Seguiu pelos mesmos caminhos de Jeroboão, pelo pecado que levou Israel a cometer.

16

¹A palavra de Javé veio a Jeú, filho de Hanani, contra Baasa, nestes termos: ²"Eu o tirei da poeira e fiz de você o chefe do meu povo Israel, mas você seguiu pelos caminhos de Jeroboão e fez o meu povo Israel pecar. Seus pecados me irritaram. ³Pois agora, estou varrendo fora Baasa e sua casa. Vou deixá-la como deixei a casa de Jeroboão, filho de Nabat. ⁴As pessoas da casa de Baasa que morrerem na cidade serão devoradas pelos cães, e quem morrer no campo será devorado pelas aves de rapina".

⁵O restante da história de Baasa com suas façanhas militares, não está escrito nos Anais dos Reis de Israel? ⁶Baasa foi descansar com seus pais e foi sepultado em Tersa. Seu filho Ela tornou-se rei em seu lugar.

⁷A palavra de Javé veio ao profeta Jeú, filho de Hanani, contra Baasa e sua casa. E isso por tudo de mal que ele fez aos olhos de Javé, provocando-o com a obra de suas mãos e tornando-se igual à casa de Jeroboão, e também por tê-la eliminado.

Ela de Israel (886-885) – ⁸No ano vinte e seis do reinado de Asa em Judá, Ela,

---

Israel e Damasco, disputam o território de Judá, que se alia a Damasco.

25-32: Outro reinado breve e negativo. Toda a casa de Jeroboão, da tribo de Efraim (11,26), é assassinada, e uma nova casa, da tribo de Issacar, toma o poder. No sul permanece sempre a casa de Davi.

15,33–16,7: Há constante preocupação em mostrar que Javé dirige também os destinos de Israel, apesar de todos os seus reis serem lembrados negativamente.

16,8-14: Zambri, um chefe militar, toma o poder e extermina toda a casa de Baasa.

filho de Baasa, tornou-se rei de Israel em Tersa. Reinou por dois anos. ⁹Seu servo Zambri, chefe da metade de seus carros de guerra, armou um complô contra ele, que estava se embriagando em Tersa, na casa de Arsa, mordomo do seu palácio em Tersa. ¹⁰Zambri entrou e o assassinou. Era o vigésimo sétimo ano do reinado de Asa em Judá. E Zambri se fez rei em lugar de Ela. ¹¹Logo que se tornou rei e se sentou no trono, Zambri exterminou toda a casa de Baasa. De quem urina contra o muro, não deixou ninguém, nem seus resgatadores, nem seus amigos. ¹²Zambri exterminou toda a casa de Baasa, da maneira como Javé havia predito contra Baasa, por meio do profeta Jeú. ¹³A causa disso foram os pecados que Baasa e seu filho Ela cometeram e levaram Israel a cometer, irritando, com seus ídolos vazios, a Javé, Deus de Israel.

¹⁴O restante da história de Ela, tudo o que ele fez, não está escrito nos Anais dos Reis de Israel?

Zambri de Israel (885) – ¹⁵Zambri foi rei em Tersa por sete dias, no vigésimo sétimo ano do reinado de Asa em Judá. O povo estava acampado defronte a Gebeton, que pertencia aos filisteus. ¹⁶Quando o povo que estava acampado recebeu a notícia de que Zambri havia conspirado e matado o rei, nesse mesmo dia, no acampamento, Israel inteiro proclamou Amri, o chefe do exército, como rei de Israel. ¹⁷Amri saiu de Gebeton com todo o exército de Israel e cercou Tersa. ¹⁸Quando percebeu que a cidade ia ser tomada, Zambri fechou-se na cidadela da casa do rei, incendiou o palácio, e assim morreu. ¹⁹Isso aconteceu por causa do pecado que cometeu, praticando o que é mau aos olhos de Javé, seguindo pelo caminho de Jeroboão, imitando seu pecado e levando Israel a pecar.

²⁰O restante da história de Zambri, inclusive o complô que ele armou, tudo não está escrito nos anais dos Reis de Israel?

Amri de Israel (885-874) – ²¹Então o povo de Israel se dividiu. Uma parte apoiou Tebni, filho de Ginet, querendo proclamá-lo rei, e outra parte apoiou Amri. ²²A parte que apoiava Amri acabou prevalecendo sobre os de Tebni, filho de Ginet. Tebni morreu e Amri foi confirmado como rei.

²³Foi no ano trinta e um do reinado de Asa em Judá que Amri tornou-se rei de Israel. Reinou doze anos. Nos seis primeiros anos, governou em Tersa. ²⁴Depois, comprou de Semer a montanha da Samaria por setenta quilos de prata. Construiu aí uma cidade e deu-lhe o nome de Samaria, por causa do nome de Semer, que era proprietário da montanha. ²⁵Amri fez o que é mau aos olhos de Javé, pior que todos os que vieram antes dele. ²⁶Seguiu em tudo os caminhos de Jeroboão, filho de Nabat, inclusive seu pecado de levar Israel a pecar, provocando, com seus ídolos vazios, a Javé, Deus de Israel.

²⁷O restante da história de Amri, bem como suas façanhas heroicas, não está tudo escrito nos Anais dos Reis de Israel? ²⁸Amri foi descansar com seus pais e foi sepultado em Samaria. Seu filho Acab tornou-se rei em seu lugar.

Acab de Israel (874-853) – ²⁹No ano trinta e oito do reinado de Asa em Judá, Acab, filho de Amri, tornou-se rei de Israel. Governou Israel em Samaria por vinte e dois anos. ³⁰Acab, filho de Amri, praticou o que é mau aos olhos de Javé, mais do que todos os que vieram antes dele. ³¹Foi pouco ele seguir os pecados de Jeroboão, filho de Nabat, pois ainda se casou com Jezabel, filha de Etbaal, rei dos sidônios, e passou a cultuar e adorar Baal. ³²Levantou até um altar para Baal no templo que, em Samaria, construiu para Baal. ³³Acab

---

15-20: Zambri só reinou sete dias (cf. 2Rs 9,31), pois o exército, comandado por Amri, não estava do seu lado.

21-28: Iniciam-se uma nova dinastia e uma nova fase em Israel. O grande feito de Amri foi a mudança da capital para Samaria. Com isso, Israel se estabiliza política e economicamente, e amplia seu território; é o que se pode perceber no relato da Estela de Mesa, ou Pedra Moabita, encontrada em Díbon, antiga capital do Reino de Moab; o relato fala das conquistas de Israel nesse período.

29-34: Um dos mais importantes reis de Israel (veja-se a extensão da narrativa, que só acaba em 22,39). Acab fez aliança político-religiosa com a Fenícia, casou-se com Jezabel, princesa da Sidônia, e oficializou o culto a Baal e Aserá, construindo-lhes um templo na Samaria. O v. 34 parece indicar o sacrifício de crianças (cf. Js 6,26; 2Rs 16,3; 21,6; 23,10).

erigiu também uma Aserá e insistiu em fazer o que irrita a Javé, Deus de Israel, mais do que todos os reis de Israel que vieram antes dele. ³⁴No seu tempo, Hiel de Betel reconstruiu Jericó: os alicerces lhe custaram a vida de seu primogênito Abiram, e as portas custaram a vida de Segub, o caçula, como Javé havia predito por meio de Josué, filho de Nun.

3. O profeta Elias

17 **A grande seca** – ¹Elias de Tesbi, habitante de Galaad, disse ao rei Acab: "Pela vida de Javé, o Deus de Israel, a quem sirvo: nos próximos anos não haverá orvalho nem chuva, a não ser quando eu mandar".

²A palavra de Javé veio a Elias nestes termos: ³"Saia daqui, tome a direção do oriente e esconda-se junto ao córrego Carit, que fica a leste do Jordão. ⁴Você poderá beber água do córrego. Vou dar ordem aos corvos para que lhe levem comida". ⁵Elias partiu e fez como Javé tinha mandado: foi morar junto ao córrego Carit, a leste do Jordão. ⁶Os corvos lhe levavam pão e carne de manhã e pão e carne à tarde. Ele bebia água do córrego.

⁷Algum tempo depois, o córrego secou, porque não estava chovendo na região.

A viúva de Sarepta – ⁸A palavra de Javé veio então a Elias nestes termos: ⁹"Vamos! Vá para Sarepta, que pertence a Sidônia, e lá fique morando. Pois eu ordenei a uma viúva dali que lhe dê comida". ¹⁰Elias saiu e foi para Sarepta. Chegando à porta da cidade, encontrou uma viúva que estava recolhendo lenha. Elias a chamou e disse: "Por favor! Traga-me um pouco d'água na vasilha para eu beber". ¹¹Quando a mulher já estava indo para buscar a água, Elias a chamou e lhe disse: "Traga-me também um pedaço de pão na mão". ¹²Ela respondeu: "Pela vida de Javé, o seu Deus, juro que não tenho nada de comer. Só tenho um pouco de farinha numa vasilha e um pouco de azeite na jarra. Estou ajuntando uns gravetos para preparar esse resto, para eu e meu filho comermos e depois esperarmos a morte". ¹³Mas Elias lhe disse: "Não tenha medo! Vá e faça o que está dizendo. Mas, primeiro, faça disso aí para mim um pequeno pão e o traga para mim. Para você e seu filho, você faz depois. ¹⁴Pois assim diz Javé, o Deus de Israel: A farinha da vasilha não vai acabar e a jarra de azeite não vai secar, até o dia em que Javé enviar chuva sobre a superfície do solo". ¹⁵A mulher foi fazer o que Elias tinha mandado. E comeram, tanto ele como também ela e sua casa, durante muito tempo. ¹⁶A farinha da vasilha não acabou e a jarra de azeite não secou, como Javé tinha anunciado por meio de Elias.

O filho da viúva – ¹⁷Depois disso, o filho dessa mulher, dona da casa, ficou doente, uma doença tão grave que ele já não tinha respiração. ¹⁸Ela disse a Elias: "Que há entre mim e você, homem de Deus? Será que você veio à minha casa para lembrar minhas culpas e provocar a morte do meu filho?" ¹⁹Elias respondeu: "Dê-me seu filho". Pegando o menino dos braços dela, Elias o levou até o quarto de cima, onde se achava hospedado, e o deitou sobre sua cama. ²⁰Em seguida, invocou a Javé e disse: "Javé, meu Deus, queres castigar até essa viúva que me hospeda, fazendo o filho dela morrer?" ²¹Elias estendeu-se três vezes sobre o menino, invocando a Javé assim: "Ó Javé, meu Deus, faze que a vida volte para este menino!" ²²Javé ouviu a voz de Elias, e a vida voltou ao menino, que tornou a viver. ²³Elias pegou o menino, o levou do quarto de cima e o entregou à mãe, dizendo: "Veja, seu filho

---

17,1–2Rs 2,18: "Javé é o meu Deus": tal é o significado do nome Elias, reconhecido como um dos maiores profetas de Israel. Habitante de Galaad, Elias é caracterizado pelo redator deuteronomista como o grande defensor do javismo na luta contra os cultos a Baal e a outras divindades, durante o reinado de Acab.

17,1-7: Eis a questão central: Quem é o Deus da chuva e da fertilidade, Baal ou Javé? Para os fenícios, Acab e os agricultores de Canaã, é Baal. Para Elias, que representa a teologia de Jerusalém, é Javé.

8-16: Elias é enviado a Sidônia, onde Baal é o Deus nacional, para desqualificar Baal e mostrar que é Javé quem socorre os mais pobres e vulneráveis à fome. No cotidiano do povo, existia o Deus da partilha.

17-24: Devolver a vida era talvez um atributo de Baal. No entanto, a redação quer mostrar que é Javé quem dá a vida (cf. 2Rs 4,18-37; Lc 7,11-16). Na compreensão da viúva se manifesta a teologia popular: ela é a única a reconhecer que Elias é um "homem de Deus" (vv. 18.24; 18,17).

está vivo". ²⁴A mulher respondeu a Elias: "Agora eu sei que você é um homem de Deus e que é verdade a palavra de Javé que você anuncia".

18 *Elias e Acab* – ¹Passados muitos dias, no terceiro ano, a palavra de Javé veio a Elias nestes termos: "Vá procurar Acab, pois vou mandar chuva sobre a superfície do solo". ²Elias foi à procura de Acab. Enquanto isso, a fome era forte em Samaria. ³Acab mandou chamar Abdias, que era o chefe do palácio. Abdias era muito temente a Javé. ⁴Quando Jezabel queria eliminar os profetas de Javé, ele pegou cem profetas e escondeu-os numa gruta, em grupos de cinquenta, providenciando pão e água para eles. ⁵Acab disse a Abdias: "Venha, vamos andar pelo país, procurando todas as fontes e córregos. Talvez possamos encontrar pasto para sustentar os cavalos e burros, para não termos de sacrificar esses animais". ⁶Acab e Abdias dividiram entre si a terra a percorrer. Acab foi sozinho por um caminho e Abdias foi sozinho por outro.

⁷Abdias seguia por seu caminho quando Elias foi ao encontro dele. Abdias o reconheceu, prostrou-se com o rosto por terra e perguntou: "Você não é Elias, meu senhor?" ⁸Elias respondeu: "Sou. Vá dizer ao seu senhor que Elias está aqui". ⁹Abdias replicou: "Que pecado cometi eu, para você me entregar nas mãos de Acab e ele me matar? ¹⁰Pela vida do seu Deus Javé: não há nação ou reino aonde meu senhor não tenha mandado procurar por você. E quando diziam: 'Elias não está aqui', o meu senhor fazia o reino e a nação jurarem que não o haviam encontrado. ¹¹E agora, você me manda dizer ao meu senhor que Elias está aqui?! ¹²Basta eu sair daqui e o Espírito de Javé o transportará para não sei onde. Eu chego para dar a notícia a Acab, ele não o encontra e me manda matar. Seu servo teme a Javé desde a juventude. ¹³Acaso não lhe contaram o que fiz quando Jezabel estava matando os profetas de Javé? Escondi numa gruta cem profetas de Javé em grupos de cinquenta e providenciei pão e água para eles. ¹⁴E agora, você me manda dizer ao meu senhor que Elias está aqui?! Ele vai me matar!" ¹⁵Elias respondeu: "Pela vida de Javé dos exércitos, a quem sirvo: hoje mesmo eu vou me apresentar diante de Acab".

¹⁶Abdias foi encontrar-se com Acab, contou o que havia acontecido e Acab foi ao encontro de Elias. ¹⁷Logo que o viu, disse: "Você é a desgraça de Israel!" ¹⁸Elias respondeu: "Não sou eu quem está arruinando Israel. São você e a casa de seu pai, que abandonaram os mandamentos de Javé para ir atrás dos Baais. ¹⁹Pois bem! Mande que todo Israel se reúna comigo no monte Carmelo, com os quatrocentos e cinquenta profetas de Baal e os quatrocentos profetas de Aserá que comem à mesa de Jezabel".

Confronto no Carmelo – ²⁰Acab convocou todos os filhos de Israel e reuniu os profetas no monte Carmelo. ²¹Elias aproximou-se de todo o povo e disse: "Até quando vocês vão mancar dos dois lados? Se Javé é o Deus verdadeiro, sigam a Javé. Se é Baal, sigam a Baal". O povo nada respondeu. ²²Elias continuou: "Fiquei sozinho como profeta de Javé, enquanto os profetas de Baal são quatrocentos e cinquenta. ²³Tragam aqui dois bezerros para nós. Escolham um para eles. Depois de cortá-lo em pedaços, coloquem em cima da lenha, mas não acendam o fogo. Eu preparo o outro bezerro, coloco em cima da lenha, e também não acendo o fogo. ²⁴Vocês invocarão o nome do deus de vocês e eu invocarei o nome de Javé. O deus que responder com o fogo é o Deus". Todo o povo concordou: "A proposta é boa".

²⁵Então Elias disse aos profetas de Baal: "Escolham um bezerro e preparem primeiro, pois vocês são maioria. Invoquem o nome do deus de vocês, mas não acen-

---

18,1-19: Após três anos de seca, Elias é enviado ao rei Acab para o confronto decisivo entre Javé e Baal. Enquanto o povo passa fome, o rei se preocupa com seus cavalos (exército) e burros (comércio). Abdias (que significa: servo de Javé) representa o grupo javista na corte de Acab. A perseguição aos profetas de Javé (vv. 4.13) e a numerosa presença dos profetas de Baal e Aserá (v. 19) confirmam a influência histórica que a Fenícia teve sobre Israel.

20-40: O monte Carmelo, tradicionalmente situado em território israelita, ficava na verdade em território fenício. Ali havia um santuário de Baal e também um altar de Javé, que tinha sido destruído (v. 30). A redação deuteronomista ironiza o mito a respeito de Baal, que

dam o fogo". ²⁶Eles pegaram o bezerro, o prepararam e invocaram o nome de Baal, desde o amanhecer até o meio-dia, suplicando: "Baal, responde-nos". Mas não se ouvia nenhuma voz, nenhuma resposta, apesar de dançarem ao redor do altar que tinham feito. ²⁷Pelo meio-dia, Elias começou a zombar deles: "Gritem mais alto. Baal é deus. Pode ser que esteja ocupado. Quem sabe está fora ou está viajando. Talvez esteja dormindo e seja preciso acordá-lo". ²⁸Então eles gritavam mais alto e, conforme seu costume, faziam talhos no próprio corpo com espadas e lanças, até escorrer sangue. ²⁹Passado o meio-dia, começaram a profetizar, alucinados, até a hora das ofertas da tarde. Mas não se ouvia nenhuma voz, nem quem atendesse, nenhuma resposta.

³⁰Elias então disse a todo o povo: "Aproximem-se de mim". E todo o povo se aproximou dele. Elias passou a reconstruir o altar de Javé, que estava demolido. ³¹Pegou doze pedras, conforme o número das doze tribos dos filhos de Jacó, a quem Javé tinha dito: "Você vai se chamar Israel". ³²Com essas pedras montou um altar em nome de Javé. Fez em volta do altar um rego capaz de duas medidas de sementes. ³³Empilhou a lenha, cortou o bezerro em pedaços e colocou sobre a lenha. ³⁴Em seguida disse: "Encham quatro talhas de água e derramem sobre o holocausto e sobre a lenha". Assim fizeram. Elias disse: "Façam tudo de novo". Eles tornaram a fazer. Elias disse mais uma vez: "Façam o mesmo pela terceira vez". Assim fizeram. ³⁵A água escorreu ao redor do altar, a ponto de o rego ficar cheio de água. ³⁶Chegando a hora das ofertas da tarde, o profeta Elias foi e disse: "Javé, Deus de Abraão, de Isaac e de Israel! Que hoje todos fiquem sabendo que só tu és Deus em Israel, que eu sou teu servo e que foi por tua ordem que eu fiz todas essas coisas. ³⁷Responde-me, ó Javé, responde-me, para que este povo reconheça que tu, Javé, és o Deus verdadeiro e que fazes voltar atrás o coração deles". ³⁸Caiu então um fogo de Javé, que consumiu o holocausto, a lenha, as pedras e as cinzas e secou a água que estava no rego. ³⁹O povo viu tudo isso e prostrou-se ao chão, exclamando: "Javé é Deus! Javé é Deus!" ⁴⁰Em seguida, Elias disse: "Agarrem os profetas de Baal. Não deixem escapar nenhum". E eles os agarraram. Elias fez os profetas de Baal descer até o riacho Quison e aí os degolou.

Fim da seca – ⁴¹Elias disse a Acab: "Pode ir comer e beber, pois já agora há um forte barulho de chuva". ⁴²E Acab foi comer e beber. Elias subiu ao cimo do monte Carmelo e se inclinou para baixo até pôr o rosto entre os joelhos. ⁴³Disse, em seguida, a seu ajudante: "Suba e olhe para o lado do mar". O ajudante subiu, olhou e disse: "Não se vê nada". Elias disse: "Volte até sete vezes". ⁴⁴Na sétima vez, o ajudante disse: "Uma nuvenzinha, do tamanho da mão de uma pessoa, vem subindo do mar". Elias disse: "Vá dizer a Acab: 'Atrele os cavalos e desça, para não ficares preso pela chuva' ". ⁴⁵Em pouco tempo o céu escureceu com nuvens carregadas e vento, e logo caiu uma chuva pesada. Acab subiu em seu carro e foi para Jezrael. ⁴⁶A mão de Javé veio sobre Elias, que cingiu os rins e foi correndo à frente de Acab até a entrada de Jezrael.

19
Elias no monte Horeb – ¹Acab contou a Jezabel tudo o que Elias havia feito e como tinha executado à espada todos os profetas. ²Jezabel mandou então um mensageiro dizer a Elias: "Que os deuses me castiguem se amanhã, a esta hora, eu não tiver feito com você o mesmo que você fez com os profetas". ³Elias ficou com medo e, para se salvar, foi-se embora dali. Chegou a Bersabeia, que era de Judá, e aí deixou o seu ajudante. ⁴E continuou a caminhar mais um dia pelo deserto. Por fim, sentou-se debaixo de um junípero e

---

morria no inverno para ressuscitar na estação da chuva. A morte dos profetas (v. 40) faz entender que o Javé oficial é um Deus violento.

41-46: Com o retorno das águas, a narrativa quer mostrar que o verdadeiro Deus da chuva é Javé.

19,1-18: Sozinho e ameaçado de morte, Elias sente-se abandonado e entra em crise (cf. Gn 21,9-21). Tal situação o leva de volta às origens, ao deserto e ao monte Horeb, onde o povo de Israel conheceu Javé, o Deus da libertação, aquele que escuta o clamor do oprimido (cf. Ex 3,7). Elias pensa encontrar um Javé da corte, poderoso e terrível, que se manifesta nas forças da natureza (cf. Ex 19,16-18; Sl 18,8-16; 29,5-10). Mas, para sua surpresa, Javé se mostra suave e sensí-

desejou a morte, dizendo: "Chega, Javé! Tira a minha vida, porque eu não sou melhor que meus pais". ⁵Deitou-se debaixo da árvore e dormiu. Um anjo o tocou e disse: "Levante-se e coma". ⁶Elias abriu os olhos e viu bem perto de sua cabeça um pão assado sobre pedras quentes e uma jarra de água. Comeu, bebeu e tornou a deitar-se. ⁷Mas o anjo de Javé o tocou novamente e disse: "Levante-se e coma, porque o caminho que você tem a percorrer é longo demais". ⁸Elias se levantou, comeu, bebeu e, sustentado por esse alimento, caminhou quarenta dias e quarenta noites até o Horeb, a montanha de Deus.

⁹Elias aí entrou numa gruta, onde passou a noite. Javé dirigiu-lhe a palavra, perguntando: "Elias, o que é que você está fazendo aqui?" ¹⁰Elias respondeu: "O zelo por Javé, Deus dos exércitos, me consome, pois os filhos de Israel abandonaram tua aliança, derrubaram teus altares e mataram teus profetas à espada. Fiquei somente eu, e eles querem me matar também". ¹¹Javé lhe disse: "Saia e ponha-se de pé na montanha, na presença de Javé, pois Javé vai passar". Então veio um furacão que, de tão violento, partia as montanhas e quebrava as rochas diante de Javé. No entanto, Javé não estava no furacão. Depois do furacão houve um terremoto. Javé, porém, não estava no terremoto. ¹²Depois do terremoto apareceu fogo, mas Javé não estava no fogo. Depois do fogo, ouviu-se uma voz mansa e suave. ¹³Ouvindo-a, Elias cobriu o rosto com o manto, saiu e ficou à entrada da gruta. Ouviu então uma voz que lhe dizia: "O que é que você está fazendo aqui, Elias?" ¹⁴Elias respondeu: "O zelo de Javé, Deus dos exércitos, me consome, pois os filhos de Israel abandonaram tua aliança, derrubaram teus altares e mataram teus profetas a fio de espada. Fiquei somente eu, e eles querem me matar também". ¹⁵Javé disse a Elias: "Tome o caminho de volta, em direção ao deserto de Damasco. Ao chegar, unja Hazael como rei de Aram, ¹⁶e Jeú, filho de Namsi, como rei de Israel. Vá ungir também Eliseu, filho de Safat, natural de Abel-Meúla, como profeta em seu lugar. ¹⁷Aquele que escapar da espada de Hazael, será morto por Jeú. E quem escapar da espada de Jeú, será morto por Eliseu. ¹⁸Mas vou poupar em Israel sete mil homens: são os joelhos que não se dobraram diante de Baal e os lábios que não o beijaram".

Eliseu – ¹⁹Elias partiu daí e foi encontrar Eliseu, filho de Safat, arando com doze juntas de bois. Ele estava com a décima segunda junta. Elias passou por Eliseu e jogou seu manto sobre ele. ²⁰Eliseu deixou os bois, correu atrás de Elias e disse: "Deixe-me ir dar um beijo no meu pai e na minha mãe. Depois eu vou seguir você". Elias respondeu: "Vá e volte, pois o que foi que eu fiz com você?" ²¹Eliseu voltou, pegou a junta de bois e a sacrificou. Com a madeira do arado assou a carne e distribuiu para o povo comer. Depois, passou a seguir Elias, colocando-se a seu serviço.

20 *Cerco a Samaria* –
¹Ben-Adad, rei de Aram, reuniu todo o seu exército e, com trinta e dois reis, com cavalos e carros de guerra, subiu e sitiou Samaria, em guerra contra ela. ²Mandou mensageiros à cidade, a Acab, rei de Israel, ³com esta mensagem: "Assim diz Ben-Adad: Sua prata e seu ouro são meus, suas mulheres e os melhores de seus filhos me pertencem". ⁴O rei de Israel mandou esta resposta: "Como disse meu senhor o rei, eu lhe pertenço com tudo o que possuo". ⁵Os mensageiros voltaram e disseram: "Assim diz Ben-Adad: O que eu mandei lhe dizer é o seguinte: 'Entregue-me sua prata, seu ouro, suas mulheres e filhos'. ⁶Amanhã, a esta hora, vou lhe enviar meus servos para revistar sua casa e a casa de seus servos. Eles vão pegar o que seus olhos desejarem e levar embora".

---

vel, muito próximo da fragilidade humana (cf. Is 42,2-4). Os vv. 15-18 são um acréscimo para introduzir a dinastia de Jeú.

19-21: O agricultor Eliseu é convidado a se tornar um profeta da corte de Jeú.

20,1-21: O cap. 20 está fora do ciclo de Elias. Após a aliança com a Fenícia, Israel se tornou bastante forte para fazer frente a Damasco do rei Ben-Adad II, seu arqui-inimigo na região (cf. 15,16-22). Ben-Adad II, juntamente com trinta e dois pequenos reinos submissos, sitia Samaria e propõe a rendição aos israelitas. Israel resiste e consegue rechaçar o ataque. A vitória frente aos arameus é o início da expansão israelita do rei Acab.

⁷O rei de Israel convocou todos os anciãos da terra e lhes disse: "Reparem e vejam o mal que esse homem está procurando, pois mandou exigir de mim minhas mulheres e filhos, minha prata e meu ouro, e eu nada lhe recusei". ⁸Os anciãos e o povo inteiro responderam: "Não escute nem aceite isso". ⁹O rei de Israel deu então esta resposta aos mensageiros de Ben-Adad: "Digam a meu senhor o rei: Posso fazer tudo o que você pediu a seu servo na primeira vez, mas não posso aceitar essa última exigência". E os mensageiros foram levar a resposta. ¹⁰Ben-Adad mandou então dizer-lhe: "Que os deuses me castiguem, se na Samaria houver poeira bastante para cada um dos que seguem meus passos pegar um punhado". ¹¹O rei de Israel respondeu: "Digam a Ben-Adad: 'Não cante vitória quando aperta o cinto, como se já estivesse desapertando!'" ¹²Ben-Adad estava bebendo na tenda com os reis. Quando ouviu a resposta, ordenou a seus servos: "A postos!" E eles tomaram posição para atacar a cidade.

¹³Enquanto isso, um profeta se apresentou diante de Acab, rei de Israel, e disse: "Assim diz Javé: Você está vendo aquela grande multidão? Pois bem! Eu vou entregá-la hoje mesmo em suas mãos, para que você reconheça que eu sou Javé". ¹⁴Acab lhe perguntou: "Por meio de quem?" O profeta respondeu: "Assim diz Javé: Por meio dos jovens de cada chefe das províncias". Acab ainda perguntou: "Quem vai atacar primeiro?" Ele respondeu: "Você mesmo".

¹⁵Acab passou em revista os jovens de cada chefe das províncias. Eram ao todo duzentos e trinta e dois. Em seguida, passou em revista todo o povo dos filhos de Israel, que chegava a sete mil. ¹⁶Ao meio-dia, enquanto Ben-Adad estava se embebedando junto com os trinta e dois reis aliados, aqueles fizeram uma incursão. ¹⁷Saíram primeiro os jovens de cada chefe das províncias. Então mandaram avisar Ben-Adad: "Alguns homens saíram de Samaria". ¹⁸Ben-Adad ordenou: "Se eles saíram com intenção pacífica, sejam capturados vivos. Se saíram para combater, sejam capturados vivos também".

¹⁹Saíram da cidade os jovens de cada chefe das províncias, seguidos pelo exército, ²⁰e cada um deles abateu seu adversário. Os arameus fugiram, perseguidos por Israel. Ben-Adad, rei de Aram, escapou a cavalo com alguns cavaleiros. ²¹O rei de Israel também saiu, atacou os cavalos e carros de guerra, causando uma grande derrota aos arameus.

Javé, um Deus da montanha – ²²O profeta foi ao rei de Israel e disse: "Coragem! Pense bem no que você deve fazer, porque no ano que vem o rei de Aram virá atacá-lo novamente". ²³Os servos do rei de Aram, por sua vez, disseram-lhe: "O Deus deles é um Deus das montanhas. Foi por isso que foram mais fortes que nós. Vamos lutar contra eles na planície e, com toda a certeza, vamos ser mais fortes que eles. ²⁴Faça o seguinte: Afaste todos esses reis e coloque governadores no lugar deles. ²⁵Recrute um exército como aquele que você perdeu, com o mesmo número de cavalos e carros. Depois, vamos combatê-los na planície e, com toda a certeza, seremos mais fortes que eles". Ben-Adad seguiu o conselho deles e assim fez.

²⁶Na passagem do ano, Ben-Adad passou em revista os arameus e subiu a Afec, para lutar contra Israel. ²⁷Os filhos de Israel, mobilizados e providos de víveres, saíram ao encontro de Ben-Adad. Acampados diante do inimigo, os filhos de Israel pareciam dois rebanhos de cabras, enquanto os arameus cobriam a terra.

²⁸O homem de Deus se aproximou do rei de Israel e lhe disse: "Assim diz Javé: Já que os arameus disseram que Javé é um Deus de montanhas e não de planícies, vou pôr em suas mãos esta grande multidão, para que você reconheça que eu sou Javé". ²⁹Durante sete dias, os dois exércitos estiveram acampados um em frente ao outro. No sétimo dia começou a batalha, e num só dia os filhos de Israel mataram cem mil soldados da infantaria dos arameus. ³⁰Os que sobraram fugiram para a cidade de Afec, mas as muralhas da cidade desaba-

---

22-43: O v. 23 é uma referência às origens de Israel e à sua forma de luta (cf. Jz 4). Na visão nacionalista, a aliança com estrangeiros (vv. 35-43) é um agravo a Javé.

ram em cima dos vinte e sete mil homens que haviam escapado. Ben-Adad fugiu e entrou na cidade, mas ficou passando de um cômodo para outro. ³¹Seus servos lhe disseram: "Olhe, nós ouvimos dizer que os reis da casa de Israel são misericordiosos. Nós vamos nos vestir com pano de saco e pôr uma corda na cabeça para ir ao encontro do rei de Israel. Ele talvez lhe conserve a vida". ³²Vestiram-se então com pano de saco, puseram corda na cabeça e foram encontrar o rei de Israel. Disseram: "Assim diz o seu servo Ben-Adad: Deixe-me viver!" O rei respondeu: "Ben-Adad ainda está vivo? Ele é meu irmão!" ³³Os homens viram aí um sinal favorável e imediatamente confirmaram: "Sim! Ben-Adad é seu irmão!" Acab respondeu: "Vão buscá-lo". Ben-Adad foi até Acab, e este o fez subir em seu carro. ³⁴Ben-Adad lhe propôs: "Vou lhe devolver as cidades que meu pai tomou de seu pai, e você poderá colocar mercados em Damasco como meu pai pôs na cidade de Samaria". Acab disse: "Com um contrato eu o deixo livre". Acab fez o contrato para Ben-Adad e o deixou ir em liberdade.

³⁵Um dos filhos dos profetas, por meio da palavra de Deus, disse a um companheiro seu: "Provoque um ferimento em mim!" Mas o homem não o quis ferir. ³⁶O profeta disse: "Porque você não obedeceu à voz de Javé, um leão o matará logo que você se afastar de mim". Foi só ele se afastar, um leão o encontrou e o matou. ³⁷O profeta encontrou-se com outro homem e disse: "Provoque um ferimento em mim!" O homem deu-lhe um golpe, que o deixou ferido. ³⁸O profeta foi esperar o rei no caminho, disfarçado com um pano sobre o rosto. ³⁹Quando o rei passou, o profeta gritou: "Seu servo tinha saído do meio da batalha, quando um homem veio e me entregou outro homem, dizendo-me: 'Guarde este homem. Se ele desaparecer, você deverá pagar com a vida ou com dinheiro'. ⁴⁰Pois bem, enquanto eu estava ocupado aqui e ali, o homem desapareceu". O rei de Israel lhe disse: "Esta é sua sentença! Você mesmo a pronunciou". ⁴¹O profeta tirou então o pano que lhe cobria o rosto e o rei de Israel o reconheceu, porque era um dos profetas. ⁴²Ele disse ao rei: "Assim diz Javé: Porque deixou escapar da mão o homem que eu tinha consagrado ao anátema, você pagará com a própria vida pela vida dele, e pagará com o seu povo pelo povo dele". ⁴³O rei de Israel foi para casa triste e aflito, e entrou em Samaria.

21 A vinha de Nabot – ¹Depois disso, aconteceu o seguinte: Nabot de Jezrael possuía uma vinha em Jezrael, junto ao palácio de Acab, rei de Samaria. ²Acab fez-lhe uma proposta: "Cede-me sua vinha, que eu vou transformá-la em jardim, porque está junto à minha casa. Em troca, eu lhe darei uma vinha melhor, ou, se preferir, pago o valor dela em dinheiro". ³Nabot, porém, respondeu a Acab: "Javé me livre de ceder-lhe a herança de meus pais". ⁴Acab voltou para casa, aborrecido e irritado por causa dessa resposta de Nabot de Jezrael: "Não lhe cedo a herança de meus pais". Deitou-se na cama, virou o rosto para a parede e não queria comer nada. ⁵Sua mulher Jezabel veio e lhe disse: "Por que é que você está com tanto mau humor e não quer comer nada?" ⁶Ele respondeu: "É que eu falei com Nabot de Jezrael propondo-lhe vender-me sua vinha ou, se preferisse, trocar por outra, mas ele me respondeu: 'Não lhe cedo minha vinha'". ⁷Disse-lhe então sua mulher Jezabel: "Será que agora não é mais você quem exerce a realeza sobre Israel? Levante-se, coma, e que seu coração fique alegre, pois eu vou lhe dar a vinha de Nabot de Jezrael".

⁸Jezabel escreveu algumas cartas em nome de Acab, lacrou-as com o selo do rei e enviou aos anciãos e notáveis que havia na cidade, concidadãos de Nabot. ⁹As cartas diziam: "Anunciem um jejum e façam Nabot sentar-se nos primeiros lugares entre o povo. ¹⁰Façam comparecer diante dele dois homens sem escrúpulos, para fazer

---

21,1-16: Alguns aspectos relevantes: na monarquia, o rei se arroga o direito de tomar a terra dos indefesos; era forte a influência fenícia em Israel; na tradição israelita, a terra dos antepassados não se vende (cf. Lv 25,23; Nm 36,7); Deus e o rei são colocados no mesmo plano; para matar o inocente, tenta-se manipular até o próprio Deus (cf. Ex 20,13.15-17); os anciãos e notáveis têm seus próprios interesses e põem a culpa na mulher.

a seguinte acusação: 'Você amaldiçoou a Deus e ao rei!' Depois, levem Nabot para fora e o apedrejem até morrer".

¹¹Os homens da cidade, anciãos e notáveis, concidadãos de Nabot, fizeram conforme Jezabel havia mandado, como estava escrito nas cartas que haviam recebido. ¹²Anunciaram um jejum e fizeram Nabot sentar-se nos primeiros lugares entre o povo. ¹³Chegaram então os dois homens sem escrúpulo, que se sentaram diante de Nabot e testemunharam contra ele perante o povo, dizendo: "Nabot amaldiçoou a Deus e ao rei!" Em seguida, o levaram para fora da cidade e o apedrejaram até à morte. ¹⁴Depois mandaram a notícia a Jezabel: "Nabot foi apedrejado e está morto". ¹⁵Ao saber que Nabot tinha sido apedrejado e morto, Jezabel disse a Acab: "Vamos! Tome posse da vinha que Nabot de Jezrael não lhe quis vender. Nabot já não vive, morreu". ¹⁶Quando soube que Nabot estava morto, Acab desceu até a vinha de Nabot de Jezrael, a fim de tomar posse dela.

Javé condena a ação de Acab – ¹⁷A palavra de Javé veio então a Elias, o tesbita, nestes termos: ¹⁸"Vamos! Desça ao encontro de Acab, rei de Israel, que está em Samaria. Está na vinha de Nabot, da qual foi se apossar. ¹⁹Diga-lhe: Assim diz Javé: Você matou e ainda por cima está tomando a herança? Por isso, assim diz Javé: No mesmo lugar onde os cães lamberam o sangue de Nabot, lamberão também o seu". ²⁰Acab disse a Elias: "Então, meu inimigo, você me achou?" Elias respondeu: "Sim, eu o achei. Pois você se vendeu para praticar o que é mau aos olhos de Javé. ²¹Por isso, farei cair sobre você a desgraça. Vou varrer sua descendência, vou cortar de Israel todos os de Acab, escravos ou livres, que urinam contra o muro. ²²Farei com sua casa o que fiz com a casa de Jeroboão, filho de Nabat, e com a casa de Baasa, filho de Aías. Porque você provocou minha indignação e levou Israel a pecar". ²³Javé também pronunciou uma sentença contra Jezabel: "Os cães devorarão Jezabel no muro de Jezrael. ²⁴A pessoa da casa de Acab que morrer na cidade será devorada pelos cães, e quem morrer no campo será comido pelas aves de rapina".

²⁵De fato, não houve ninguém que se tivesse vendido como Acab, incitado por sua mulher Jezabel, para praticar o que é mau aos olhos de Javé. ²⁶Ele agiu de modo abominável, cultuando ídolos, como faziam os amorreus, que Javé expulsou diante dos filhos de Israel.

²⁷Ao ouvir essas palavras, Acab rasgou as próprias vestes, vestiu-se com pano de saco e fez jejum. Dormia vestido de pano de saco e andava abatido. ²⁸A palavra de Javé veio então a Elias, o tesbita: ²⁹"Você viu como Acab se humilhou diante de mim? Por se ter humilhado assim diante de mim, não lhe mandarei a desgraça durante seus dias. Só durante os dias do filho dele é que mandarei a desgraça sobre sua casa".

22 *Morte de Acab* – ¹Passaram-se três anos sem que houvesse guerra entre Aram e Israel. ²No terceiro ano, Josafá, rei de Judá, desceu até o rei de Israel. ³O rei de Israel disse aos seus servos: "Vocês sabem que Ramot de Galaad é nossa e nós não estamos fazendo nada para tomá-la de volta das mãos do rei de Aram". ⁴Em seguida, disse a Josafá: "Você quer vir guerrear comigo por Ramot de Galaad?" Josafá respondeu ao rei de Israel: "Tanto eu como você, tanto meu povo como seu povo, tanto meus cavalos como seus cavalos". ⁵Mas acrescentou: "Antes, porém, consulte a palavra de Javé". ⁶O rei de Israel reuniu os profetas, cerca de quatrocentos homens, e lhes perguntou: "Será que eu devo ir a Ramot de Galaad para fazer essa guerra, ou vou desistir?" Eles responderam: "Enfrente, porque Javé vai entregá-la nas mãos do rei". ⁷Josafá, entretanto, perguntou: "Por acaso não existe aqui nenhum

---

17-29: Em nome de Deus, Acab se apossou da vinha de Nabot na fértil planície de Jezrael. Mas o profeta mostra que Javé não pode ser manipulado, com graves consequências. A condenação da casa de Acab (vv. 21-26) é típica do redator jerusalemita (cf. 14,11; 16,3-4; 2Rs 9,25-26), que condena a atitude do rei, mas o justifica para salvar a monarquia (vv. 29-39).

22,1-40: A disputa com a Síria pelo território de Ramot de Galaad, na Transjordânia (cf. 4,13), está ligada ao conflito de 20,26-34; mas evita-se mencionar o nome de

outro profeta de Javé, para que possamos consultá-lo?" ⁸O rei de Israel respondeu a Josafá: "Ainda existe um homem, por meio de quem nós podemos consultar Javé. É Miqueias, filho de Jemla. Mas eu não gosto dele. Ele nunca me profetiza coisas boas, só desgraças". Josafá disse: "O rei não deve falar assim!" ⁹Então o rei de Israel chamou um eunuco e lhe deu esta ordem: "Chame rápido Miqueias, filho de Jemla". ¹⁰O rei de Israel e Josafá, rei de Judá, em suas vestimentas reais, estavam sentados cada um em seu trono, na praça junto à porta de Samaria, enquanto todos os profetas caíam em transe profético diante deles. ¹¹Sedecias, filho de Canaana, improvisou chifres de ferro e dizia: "Assim diz Javé: Com isso darás chifradas em Aram até acabar com ele". ¹²Todos os profetas faziam esta mesma predição: "Ataque Ramot de Galaad. Você vai triunfar, porque Javé vai entregá-la nas mãos do rei".

¹³Enquanto isso, o mensageiro que tinha ido chamar Miqueias disse ao profeta: "Veja bem! Todos os profetas estão falando em favor do rei. Procure falar como eles e predizer o sucesso". ¹⁴Miqueias respondeu: "Pela vida de Javé! Vou dizer só o que Javé me mandar". ¹⁵Logo que Miqueias se apresentou ao rei, este lhe perguntou: "Miqueias, será que devemos ir a Ramot de Galaad para fazer essa guerra, ou vamos desistir?" Miqueias respondeu: "Você pode ir, que será bem-sucedido. Javé vai entregá-la nas mãos do rei". ¹⁶Mas o rei lhe perguntou: "Quantas vezes vou ter de fazer você jurar que está falando somente a verdade em nome de Javé?" ¹⁷Então Miqueias disse ao rei: "Estou vendo Israel espalhado pelas montanhas, como ovelhas sem pastor. E Javé me disse: Eles não têm mais donos. Que cada um volte em paz para casa". ¹⁸O rei de Israel comentou então com Josafá: "Eu não lhe disse? Ele nunca me profetiza o bem, só o mal". ¹⁹Miqueias replicou: "Ouça a palavra de Javé. Eu vi Javé sentado em seu trono e, junto dele, de pé à sua direita e à sua esquerda, todo o exército do céu. ²⁰E Javé perguntou: 'Quem irá seduzir Acab, para que ele vá atacar e morra em Ramot de Galaad?' Uns diziam uma coisa, e outros diziam outra. ²¹Foi então que um espírito se aproximou, colocou-se diante de Javé e disse: 'Eu irei seduzi-lo'. Javé lhe perguntou: 'De que modo?' ²²Ele respondeu: 'Irei me transformar em oráculo falso na boca de todos os profetas'. Javé lhe disse. 'Você conseguirá seduzi-lo. Vá fazer isso'. ²³Como pode ver, Javé colocou palavras falsas na boca desses profetas do rei, porque decretou a ruína de você".

²⁴Sedecias, filho de Canaana, aproximou-se de Miqueias, deu-lhe um bofetão e disse: "Por onde o espírito de Javé passou de mim, para ir falar a você?" ²⁵Miqueias respondeu: "Você o verá no dia em que ficar andando de um cômodo para outro para se esconder". ²⁶O rei de Israel mandou: "Prenda Miqueias e o leve a Amon, prefeito da cidade, e a Joás, filho do rei. ²⁷Você dirá a eles: 'Assim fala o rei: Coloquem esse homem na prisão e o tratem a pão e água racionados, até que eu volte em paz'". ²⁸Miqueias disse: "Se você voltar em paz, Javé não falou por minha boca".

²⁹O rei de Israel e Josafá, o rei de Judá, subiram contra Ramot de Galaad. ³⁰O rei de Israel disse a Josafá: "Vou me disfarçar antes de entrar em combate. Você, porém, vá com sua roupa". O rei de Israel se disfarçou e foi para o combate. ³¹O rei de Aram tinha ordenado aos seus trinta e dois comandantes dos carros de guerra que não atacassem ninguém, pequeno ou grande, mas somente o rei de Israel. ³²Quando os comandantes dos carros viram Josafá, imaginaram: "É o rei de Israel". E se lançaram contra ele. Quando Josafá gritou, ³³os comandantes dos carros perceberam que não era o rei de Israel e pararam de persegui-lo. ³⁴Um soldado atirou com o arco, ao acaso, e atingiu o rei de Israel numa brecha da couraça. O rei disse ao condutor de seu carro de guerra: "Dê meia volta e tire-me do campo de batalha, porque estou ferido". ³⁵Mas o combate

---

Acab. Aparece novamente o poder que Israel teve nesse período, quando, pelo visto, dominava também sobre Judá (cf. 15,16-22). Impressiona o grande número de profetas que vivem da corte, com função de aconselhar o rei. Este Miqueias não é o mesmo dos Profetas Menores.

nesse dia foi muito forte, de modo que o rei foi mantido de pé no seu carro, que enfrentava os arameus. Ao entardecer, ele morreu. O sangue de seu ferimento escorreu pelo fundo do carro. ³⁶Ao pôr do sol, um grito correu pelo acampamento: "Cada qual volte para sua cidade, para sua terra! ³⁷O rei está morto!" Levaram-no para Samaria, onde o enterraram. ³⁸Lavaram o carro de guerra na piscina de Samaria. Os cães lamberam o sangue dele e as prostitutas aí se lavaram, como Javé havia anunciado.

³⁹O restante da história de Acab, o que ele fez, a casa de marfim e as cidades que construiu, não está tudo escrito nos Anais dos Reis de Israel? ⁴⁰Acab foi descansar com seus pais e seu filho Ocozias tornou-se rei em seu lugar.

Josafá de Judá (870-848) – ⁴¹Josafá, filho de Asa, tornou-se rei de Judá no quarto ano do reinado de Acab sobre Israel. ⁴²Josafá tinha trinta e cinco anos quando se tornou rei e reinou durante vinte e cinco anos em Jerusalém. Sua mãe chamava-se Azuba, filha de Selaqui. ⁴³Ele seguiu em tudo os caminhos de seu pai Asa, sem se desviar e fazendo o que é correto aos olhos de Javé. ⁴⁴Entretanto, os lugares altos não desapareceram e o povo continuou a oferecer sacrifícios e incenso nos lugares altos. ⁴⁵Josafá viveu em paz com o rei de Israel.

⁴⁶O restante da história de Josafá, as vitórias que obteve e as guerras que fez, não está tudo escrito nos Anais dos Reis de Judá? ⁴⁷Ele expulsou do país o resto dos prostitutos sagrados que ficaram do tempo de seu pai Asa. ⁴⁸Não havia rei em Edom. O rei ⁴⁹Josafá construiu navios de Társis para ir até Ofir em busca de ouro, mas não pôde fazer a viagem, porque a frota naufragou em Asiongaber. ⁵⁰Então Ocozias, filho de Acab, disse a Josafá: "Meus homens poderiam ir nos navios com seus homens". Josafá, porém, não concordou. ⁵¹Josafá foi descansar com seus pais e foi sepultado na Cidade de seu pai Davi. Seu filho Jorão tornou-se rei em seu lugar.

Ocozias de Israel (853-852) – ⁵²No décimo sétimo ano do reinado de Josafá, rei de Judá, Ocozias, filho de Acab, tornou-se rei de Israel em Samaria. Reinou por dois anos sobre Israel. ⁵³Praticou o que é mau aos olhos de Javé. Seguiu os caminhos de seu pai, os caminhos de sua mãe e o de Jeroboão, filho de Nabat, que levou Israel a pecar. ⁵⁴Prestou culto a Baal e o adorou, provocando a ira de Javé, o Deus de Israel, exatamente como seu pai havia feito.

41-51: Josafá defendeu o javismo (22,5.7) e tentou expandir o comércio de Judá (v. 49). Os lugares altos (v. 44) só foram destruídos por Josias (cf. 2Rs 22-23).

52-54: Mais um rei de Israel é apresentado como seguidor de Baal. No início, 1Rs e 2Rs formavam um único livro. Daí por que esta narrativa continua em 2Rs.

SEGUNDO LIVRO DOS REIS

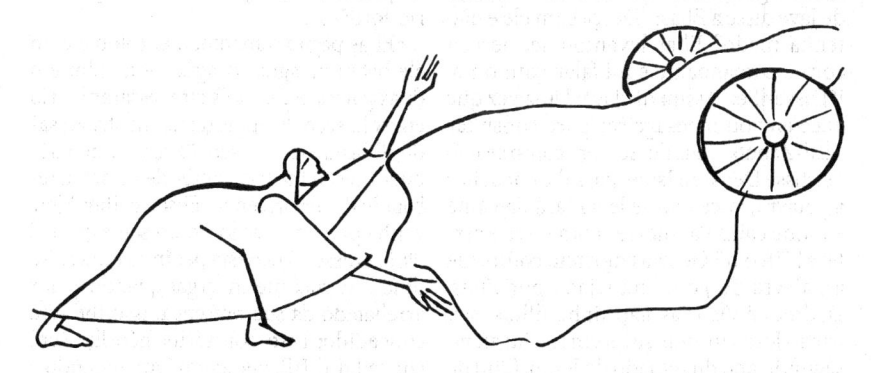

1 *Baal-Zebub ou Javé?* – ¹Depois da morte de Acab, Moab se rebelou contra Israel. ²Ocozias caíra da sacada de seu quarto de cima, em Samaria, e ficou gravemente ferido. Mandou então mensageiros, dizendo-lhes: "Vão consultar Baal-Zebub, Deus de Acaron, para ver se vou me recuperar destes ferimentos". ³Mas o anjo de Javé disse a Elias de Tesbi: "Vamos! Vá ao encontro dos mensageiros do rei de Samaria e diga-lhes: 'Por acaso não existe Deus em Israel, para vocês irem consultar Baal-Zebub, o Deus de Acaron? ⁴Por isso, assim diz Javé: Você não se levantará mais da cama em que caiu. Vai morrer com toda a certeza' ". E Elias foi embora. ⁵Os mensageiros voltaram, e o rei Ocozias perguntou-lhes: "Por que vocês voltaram?" ⁶Eles responderam: "Um homem veio ao nosso encontro e mandou-nos voltar ao rei que nos tinha enviado, para dizer: 'Assim diz Javé: Por acaso não existe Deus em Israel, para que você mande consultar Baal-Zebub, Deus de Acaron? Por isso, você não se levantará da cama em que caiu. Vai morrer com toda a certeza' ". ⁷Ocozias perguntou: "Como era o homem que foi ao encontro de vocês e lhes disse essas palavras?" ⁸Eles responderam: "Estava vestido com roupa de pelos e usava um cinto de couro". O rei disse: "É Elias de Tesbi!" ⁹Mandou então um comandante de cinquenta com seus cinquenta comandados, para buscá-lo. O comandante saiu à procura de Elias e o encontrou sentado no alto de um morro. Disse-lhe: "Homem de Deus, o rei manda dizer: desça!" ¹⁰Elias respondeu ao comandante dos cinquenta: "Se eu sou homem de Deus, que desça fogo do céu e queime você e seus cinquenta comandados". Desceu fogo do céu e queimou o comandante e os seus cinquenta comandados.

¹¹O rei tornou a mandar um comandante de cinquenta com seus cinquenta comandados. E ele disse a Elias: "Homem de Deus, o rei manda dizer: desça logo!" ¹²Elias respondeu: "Se sou homem de Deus, que desça do céu fogo de Deus e queime você e seus cinquenta comandados". Desceu do céu um fogo de Deus e queimou o comandante e seus cinquenta comandados. ¹³O rei mandou, pela terceira vez, um comandante de cinquenta com seus cinquenta comandados. Esse terceiro comandante foi, chegou e prostrou-se de joelhos diante de Elias e suplicou: "Homem de Deus, que a minha vida e a vida desses cinquenta soldados, seus servos, tenha algum valor a seus olhos. ¹⁴Pois desceu um fogo do céu e queimou os dois primeiros comandantes de cinquenta, cada um com seus cinquenta comandados. Mas agora, que minha vida

---

1,1-18: Continua o relato de 1Rs. Com a morte de Acab, os moabitas aproveitam para se libertar de Israel (v. 1; cf. 3,4s). Baal-Zebub, "senhor das moscas", um Deus da cidade filisteia de Acaron (cf. 1Sm 6,16), era conhecido como o Deus da cura, controlador das moscas que traziam doenças. Mais tarde, será denominado "senhor dos demônios" (cf. Mc 3,22s). O confronto entre Elias e o rei Ocozias procura mostrar quem é o verdadeiro Deus da cura: Baal-Zebub ou Javé (cf. Ex 15,26; 2Rs 8,8).

tenha algum valor a seus olhos!" ¹⁵O anjo de Javé disse a Elias: "Desça com ele e não tenha medo". Elias levantou-se, desceu com o comandante e foi falar com o rei. ¹⁶Disse-lhe: "Assim diz Javé: Uma vez que você enviou mensageiros para consultar Baal-Zebub, Deus de Acaron, como se não existisse Deus em Israel para lhe consultar a palavra, você não se levantará da cama em que caiu. Vai morrer com toda a certeza". ¹⁷E o rei Ocozias morreu, conforme a palavra de Javé, anunciada por Elias. Dado que Ocozias não tinha filhos, seu irmão Jorão tornou-se rei em seu lugar, no segundo ano do reinado de Jorão, filho de Josafá, rei de Judá. ¹⁸O restante da história de Ocozias e do que ele fez, não está tudo escrito nos Anais dos Reis de Israel?

4. O profeta Eliseu

2 *Elias é arrebatado* – ¹Quando Javé decidiu arrebatar Elias ao céu num redemoinho, Elias e Eliseu deixaram Guilgal. ²Elias disse a Eliseu: "Fique aqui, porque Javé me mandou a Betel". Eliseu respondeu: "Pela vida de Javé e pela sua, juro que não vou deixar você". E desceram juntos até Betel. ³Os filhos de profetas que havia em Betel foram a Eliseu e disseram: "Você sabe que Javé vai levar hoje o seu mestre por cima de sua cabeça?" Eliseu respondeu: "Também sei. Calados!" ⁴Elias lhe disse: "Eliseu, fique por aqui, pois Javé me manda ir a Jericó". Eliseu respondeu: "Pela vida de Javé e pela sua, juro que não vou deixar você". E foram para Jericó. ⁵Os filhos de profetas que havia em Jericó se aproximaram de Eliseu e disseram: "Você sabe que Javé vai levar hoje o seu mestre por cima de sua cabeça?" Eliseu respondeu: "Também sei. Calados!" ⁶Elias disse a Eliseu: "Fique aqui, pois Javé me manda ir ao Jordão". Eliseu respondeu: "Pela vida de Javé e pela sua, juro que não vou deixar você". E lá foram os dois. ⁷Cinquenta filhos de profetas também foram. Ficaram ali defronte, a certa distância, enquanto os dois pararam à margem do rio Jordão.

⁸Elias pegou o manto, o enrolou e com ele bateu na água. A água se dividiu em duas partes, e eles dois atravessaram o rio em solo seco. ⁹Depois de terem atravessado, Elias disse a Eliseu: "Peça o que você quer que eu lhe faça, antes de eu ser arrebatado da sua presença". Eliseu pediu: "Que venha para mim o dobro do seu espírito". ¹⁰Elias disse: "Você está pedindo uma coisa difícil. Se você me enxergar quando eu for arrebatado da sua presença, isso lhe será concedido; caso contrário, não lhe será concedido". ¹¹E, enquanto iam andando e conversando, apareceu um carro de fogo com cavalos de fogo, que os separou um do outro. E Elias subiu ao céu no redemoinho. ¹²Eliseu olhava e gritava: "Meu pai! Meu pai! Carro e cavalaria de Israel!" Depois, não o viu mais. Então Eliseu pegou sua própria túnica e a rasgou em duas partes. ¹³Apanhou o manto de Elias, que havia caído de seus ombros, e voltou para a margem do Jordão. ¹⁴Pegou o manto de Elias que lhe havia caído dos ombros e com ele bateu na água, dizendo: "Onde está Javé, o Deus de Elias?" Bateu na água, que se dividiu em duas partes, e Eliseu atravessou. ¹⁵Ao vê-lo, os filhos de profetas, que havia em Jericó e estavam ali defronte, disseram: "O espírito de Elias repousa sobre Eliseu". Então foram a seu encontro, prostraram-se por terra diante dele ¹⁶e disseram: "Aqui estão estes seus servos, cinquenta homens valentes. Permita que eles vão procurar o seu mestre. Talvez o espírito de Javé, que o arrebatou, o tenha deixado cair em algum morro ou dentro de algum vale". Eliseu respondeu: "Não mandem ninguém". ¹⁷Eles, porém, insistiam tanto, até que ele se aborreceu e disse: "Então mandem". Mandaram os cinquenta homens, que procuraram Elias por três dias sem encontrá-lo. ¹⁸Voltaram a Eliseu, que tinha ficado em Jericó. E Eliseu lhes disse: "Eu não falei que não deviam ir?"

2-8: Esta unidade se preocupa em legitimar Eliseu, transferindo para ele as ações de Elias.

2,1-18: Apresentado como o maior profeta javista, Elias é arrebatado de maneira apoteótica (cf. Gn 5,24; Lc 24,51). As últimas localidades por onde o profeta passa, antes da sua partida (Guilgal, Betel, Jericó e o Jordão), são centrais na história de Israel (cf. Js 4,19s; Gn 12,8; Js 6). A travessia do Jordão lembra Moisés (cf. Ex 14,16s) e Josué (cf. Js 3,7s). A narrativa preocupa-se em mostrar que Eliseu herda o espírito de Elias (v. 15).

Água saneada e maldição contra os meninos – ¹⁹Os senhores da cidade disseram a Eliseu: "A localização da cidade é boa, como o senhor pode ver. Mas a água é ruim e a terra é estéril". ²⁰Ele pediu: "Tragam-me um prato novo com sal". Levaram-lhe. ²¹Ele foi até a fonte de água, jogou nela o sal e disse: "Assim diz Javé: Eu faço esta água ficar boa. Ela não causará nem morte nem esterilidade". ²²E a água se tornou potável até o dia de hoje, como Eliseu havia dito.

²³Daí, Eliseu subiu para Betel. Enquanto subia pelo caminho, uma turma de meninos que saíam da cidade começou a rir dele, gritando: "Suba, careca! Suba, careca!" ²⁴Eliseu virou-se, olhou para eles e os amaldiçoou em nome de Javé. Então duas ursas saíram do bosque e despedaçaram quarenta e dois desses meninos. ²⁵Eliseu foi para o monte Carmelo e depois voltou para Samaria.

3 ***Jorão de Israel (852-841)*** – ¹Jorão, filho de Acab, tornou-se rei de Israel, em Samaria, no décimo oitavo ano de Josafá como rei de Judá. Reinou doze anos. ²Fez o que é mau aos olhos de Javé, embora nem tanto como seu pai e sua mãe, pois derrubou a coluna sagrada de Baal, que seu pai tinha erguido. ³Contudo, persistiu nos pecados de Jeroboão, filho de Nabat, que fez Israel pecar, e deles não se afastou.

⁴Mesa, rei de Moab, era criador de gado e pagava ao rei de Israel cem mil cordeiros e cem mil carneiros, juntamente com a lã. ⁵Depois que Acab morreu, Mesa se rebelou contra o rei de Israel. ⁶Nessa ocasião, o rei Jorão saiu de Samaria e passou em revista Israel inteiro, ⁷Depois, mandou dizer ao rei de Judá: "O rei de Moab se rebelou contra mim. Você irá comigo para lutar contra Moab?" O rei de Judá respondeu: "Estou com você, meu exército com o seu, minha cavalaria com a sua". ⁸E perguntou: "Que caminho seguiremos?" Jorão respondeu: "O caminho do deserto de Edom".

⁹Os reis de Israel, Judá e Edom puseram-se em marcha. Depois de dar uma volta de sete dias, faltou água para o exército e para os animais que os seguiam. ¹⁰O rei de Israel exclamou: "Ai de nós! Javé nos convocou para entregar os três reis nas mãos de Moab!" ¹¹Josafá perguntou: "Não existe por aqui algum profeta de Javé para podermos consultar a Javé?" Um dos servos do rei de Israel respondeu: "Aqui há um Eliseu, filho de Safat, que derramava água nas mãos de Elias". ¹²Josafá comentou: "A palavra de Javé está com ele". O rei de Israel, Josafá e o rei de Edom desceram até Eliseu. ¹³Eliseu disse ao rei de Israel: "O que é que nós temos um com o outro? Vá aos profetas do seu pai, vá aos profetas de sua mãe". O rei de Israel disse: "Não! É que Javé convocou estes três reis para entregá-los nas mãos de Moab". ¹⁴Eliseu então disse: "Pela vida de Javé dos exércitos, a quem sirvo, se não fosse por consideração a Josafá, eu não lhe daria atenção, nem veria você. ¹⁵Mas agora, tragam-me aqui um tocador de lira". Enquanto o músico tocava, a mão de Javé veio sobre Eliseu ¹⁶e ele disse: "Assim diz Javé: 'Farás neste vale poços e mais poços', ¹⁷pois assim diz Javé: 'Ninguém há de ver vento nem chuva, mas este vale ficará cheio de água e vocês poderão beber com seu rebanho e animais de carga'. ¹⁸Como se isso não bastasse aos olhos de Javé, ele entregará Moab nas mãos de vocês. ¹⁹E vocês destruirão todas as cidades fortificadas e todas as cidades importantes, cortarão todas as árvores frutíferas, taparão as fontes e cobrirão de pedras todos os campos férteis".

²⁰De fato, na manhã seguinte, na hora da apresentação da oferta, veio água dos lados de Edom e toda a região ficou alagada. ²¹Quando a população toda de

---

19-25: Lendas de feitos milagrosos eram comuns em aldeias interioranas de Israel (cf. 4,1-44). Aqui temos dois atribuídos a Eliseu. O da água saneada em Jericó lembra Moisés (cf. Ex 15,23-25).

3,1-27: A política expansionista de Israel obrigava os povos conquistados ao pagamento de pesados tributos. Nessa política, Judá e Edom são forçados a se unirem na defesa dos interesses de Israel. A rebelião de Mesa, rei de Moab, contra Israel, encontra-se inscrita na famosa estela de Mesa, que um missionário alemão em 1868 encontrou em Dibon, na Jordânia. Datada por volta de 840 a.C., essa estela conta as vitórias que Mesa, rei de Moab, obteve contra o filho de Omri, provavelmente Jorão, que havia oprimido os moabitas por muito tempo. O rei Mesa fez a inscrição em homenagem ao seu deus Camos, que derrotou Javé de Israel. É a Camos que Mesa teria sacrificado seu filho primogênito (v. 27) que, possivelmente, era filho da aliança com Amri.

Moab ficou sabendo que esses reis tinham chegado para atacá-los, convocaram todos os que tinham idade para pegar em armas e tomaram posição na fronteira. ²²De manhã, quando se levantaram, o sol brilhava sobre a água. Os de Moab viram de longe a água vermelha como sangue ²³e disseram: "É sangue. Os reis lutaram entre si e se mataram. E agora, Moab, vamos saquear". ²⁴Mas quando chegaram ao acampamento de Israel, Israel levantou-se e atacou os de Moab, que fugiram. Os israelitas entraram no território de Moab e o arrasaram. ²⁵Arrasaram as cidades. Cada um jogava pedras nos melhores campos até cobri-los. Taparam todas as fontes e cortaram todas as árvores frutíferas. Sobrou apenas Quir-Hares, que foi cercada e atacada pelos atiradores de pedras. ²⁶Quando percebeu que não conseguiria sustentar o combate, o rei de Moab tomou consigo setecentos homens armados de espada, para abrir uma passagem e chegar até o rei de Edom, mas não conseguiu. ²⁷Pegou então seu filho primogênito, que seria rei em seu lugar, e o ofereceu em holocausto sobre a muralha. Veio uma grande indignação contra os israelitas, que se retiraram dali e voltaram para sua terra.

4 *A viúva e o azeite* – ¹A mulher de um dos filhos de profetas levou a Eliseu esta queixa: "Meu marido, seu servo, morreu. E você sabe que seu servo tinha o temor de Javé. Mas um homem a quem devíamos veio para levar meus dois filhos como escravos". ²Eliseu perguntou: "Que posso fazer por você? Diga-me o que você tem lá em casa". A mulher respondeu: "Sua serva não tem nada em casa, a não ser uma jarra de azeite". ³Eliseu disse: "Vá tomar emprestadas da vizinhança vasilhas vazias, o mais que puder. ⁴Depois, entre em casa, feche a porta atrás de você e de seus filhos e encha todas as vasilhas com azeite. As cheias vá colocando de lado". ⁵A mulher foi e fechou a porta atrás de si e de seus filhos. Estes iam levando as vasilhas e a mulher ia derramando o azeite dentro. ⁶As vasilhas todas estavam cheias, e ela pediu ao filho: "Traga-me outra vasilha". Ele respondeu: "Não há mais vasilha". E o azeite parou. ⁷A mulher foi contar isso ao homem de Deus, e ele disse: "Agora, vá vender o azeite e pagar a dívida. Você e seus filhos viverão do que sobrar".

A sunamita e seu filho – ⁸Certo dia, Eliseu passou por Sunam, onde morava uma mulher rica, que o convidou para uma refeição em casa. Depois disso, cada vez que passava por aí, Eliseu entrava para tomar refeição. ⁹A mulher disse ao marido: "Olhe, esse homem que está sempre em nossa casa é um santo homem de Deus. ¹⁰Vamos fazer para ele um pequeno cômodo de alvenaria no terraço, com cama, mesa, cadeira e lâmpada. Quando ele vier à nossa casa, poderá ficar aí". ¹¹Um dia que Eliseu passou por ali, subiu para o quarto do terraço e se deitou. ¹²Ele disse a seu servo Giezi: "Chame essa sunamita". O servo a chamou e ela foi até ele. ¹³Disse-lhe também: "Diga a ela: 'Você se preocupou conosco. Que podemos fazer por você? Quer alguma recomendação para o rei ou para o comandante do exército?' " A mulher respondeu: "Eu vivo no meio do meu povo". ¹⁴Eliseu perguntou: "O que podemos fazer por ela?" Giezi respondeu: "Sem dúvida! Ela não tem filhos e o marido dela já é idoso". ¹⁵Eliseu disse: "Vá chamá-la". Ele a chamou e ela se pôs de pé à porta. ¹⁶Eliseu disse-lhe: "Daqui a um ano, nesta mesma data, você estará com um filho nos braços". Ela, porém, respondeu: "Não, meu senhor, homem de Deus, não engane sua serva".

¹⁷A mulher, porém, ficou grávida e deu à luz um filho no ano seguinte, na época exata que Eliseu havia predito. ¹⁸O menino cresceu. Certo dia, foi ao seu pai junto com

---

4,1-7: As comunidades de profetas guardavam a memória de muitos feitos prodigiosos. Este mostra a solidariedade dos vizinhos e a difícil situação que as viúvas enfrentavam para sustentar seus filhos (cf. 1Rs 17,8-16). Muitas vezes eram obrigadas a vendê-los como escravos (cf. Am 2,6; 8,6; Ne 5,1-5; Jó 24,1-12).

8-37: Assim como 4,1-7 é um paralelo de 1Rs 17,8-16, este é um paralelo de 1Rs 17,17-24. Protagonistas são as mulheres. Ambas lutam pela vida do filho. Nos dois casos, o fato acontece no quarto do terraço. Assim como Elias, Eliseu é oito vezes identificado como "homem de Deus". Também os gestos se repetem: o menino é colocado na cama do profeta, que se deita sobre o menino para reavivá-lo. Similar é também o diálogo entre o profeta e a mãe. Dessa forma se deseja mostrar que o espírito de Elias age em Eliseu.

os trabalhadores da colheita. ¹⁹Disse ao pai: "Minha cabeça! Minha cabeça!" O pai disse a um dos rapazes: "Leve o menino para a mãe dele". ²⁰Ele o pegou e levou para sua mãe. O menino ficou no colo da mãe até o meio-dia, e depois morreu. ²¹A mãe subiu até o terraço, colocou o menino sobre a cama do homem de Deus, fechou a porta e saiu. ²²Depois chamou o marido e lhe disse: "Mande-me um dos rapazes e uma jumenta. Vou correndo à casa do homem de Deus e volto". ²³O marido perguntou: "O que é que você vai fazer lá hoje? Não é nem lua nova nem sábado". Mas ela respondeu: "Fique em paz". ²⁴Ela mandou selar a jumenta e disse ao rapaz: "Pode tocar e ir. Não me faça parar a cavalgada, a não ser quando eu lhe disser". ²⁵Ela foi e chegou ao homem de Deus no monte Carmelo. O homem de Deus viu a mulher ao longe e disse a seu servo Giezi: "Aquela sunamita vem aí. ²⁶Corra, então, ao encontro dela e pergunte: 'Você está bem? Seu marido vai bem? Seu filho está bem?' " A mulher respondeu: "Estamos bem". ²⁷Quando chegou perto do homem de Deus, no alto da montanha, a mulher abraçou os pés dele. Giezi se aproximou para afastá-la, mas o homem de Deus lhe disse: "Deixe-a. Ela está com a vida amargurada. Javé me escondeu o que é, e nada me revelou". ²⁸A mulher perguntou: "Por acaso eu pedi um filho ao meu senhor? Eu lhe havia pedido que não me enganasse". ²⁹Eliseu ordenou a Giezi: "Cinja os rins, pegue meu bastão e ponha-se a caminho. Se você encontrar alguém, não o cumprimente. E se alguém o cumprimentar, não responda. Coloque meu bastão sobre o rosto do menino". ³⁰Mas a mãe disse: "Pela vida de Javé e pela sua vida, juro que eu não o deixarei". Então Eliseu se levantou e a seguiu. ³¹Giezi, que tinha ido na frente, havia colocado o bastão sobre o rosto do menino, mas o menino não falou nem reagiu. Então o servo voltou ao encontro de Eliseu e informou: "O menino não despertou". ³²Eliseu entrou na casa, e sobre sua cama encontrou estendido o menino morto. ³³Entrou, fechou a porta e rezou a Javé. ³⁴Depois, subiu na cama, deitou-se sobre o menino, colocou a boca sobre a dele, os olhos sobre os dele, as mãos sobre as dele, estendendo-se sobre o menino. E o menino foi se aquecendo. ³⁵Em seguida, Eliseu passou a andar pela casa, de cá para lá. Depois, subiu de novo na cama e se estendeu sobre o menino. O menino espirrou sete vezes e abriu os olhos. ³⁶Eliseu chamou Giezi e lhe disse: "Chame essa sunamita". Giezi a chamou. Ela foi a Eliseu, que lhe disse: "Tome seu filho". ³⁷Ela entrou e jogou-se aos pés de Eliseu, prostrando-se no chão. Em seguida, pegou o filho e saiu.

A sopa e a partilha do pão – ³⁸Eliseu voltou para Guilgal. Havia fome na região. Os filhos de profetas estavam sentados diante dele. Eliseu disse a um dos seus rapazes: "Ponha a panela grande no fogo e prepare uma sopa para os filhos de profetas". ³⁹Um deles foi ao campo apanhar alguma verdura. Encontrou uvas bravas, apanhou-as e encheu o manto. Chegando, picou-as na panela de sopa, sem saber o que eram. ⁴⁰E distribuíram a sopa para os homens comerem. Logo que provaram a sopa, gritaram: "Homem de Deus, há morte na panela!" E não puderam comer. ⁴¹Eliseu mandou: "Tragam farinha". Ele pôs a farinha na panela e disse: "Sirva para o povo comer". E já não havia coisa má na panela.

⁴²Um homem de Baal-Salisa levou ao homem de Deus pão da primeira colheita. Eram vinte pães de cevada e também trigo novo no bornal. Eliseu disse: "Dê para o povo comer". ⁴³Mas seu ajudante disse: "Como vou repartir isso para cem pessoas?" Eliseu insistiu: "Reparta com o povo, para que coma. Porque assim diz Javé: Vão comer e ainda vai sobrar". ⁴⁴Seu ajudante então repartiu. Todos comeram e ainda sobrou, como Javé havia dito.

5 *Cura de Naamã* – ¹Naamã, chefe do exército do rei de Aram, gozava de grande estima e consideração do seu se-

---

38-44: Pequenos relatos miraculosos, aqui atribuídos a Eliseu, deixam resquícios de como era, na sua origem, a figura dos "homens de Deus": líderes religiosos que orientavam suas comunidades na lida diária (vv. 38-41) e na partilha dos alimentos (vv. 42-44; cf. Mc 6,30-45; 8,1-9).

5,1-27: Os arameus eram uma das grandes forças na região, em constante disputa com Israel (cf. 6,8s).

nhor, pois foi por meio dele que Javé concedeu a vitória aos arameus. Era homem valente, mas leproso.

²Numa incursão, os arameus tinham levado cativa do território de Israel uma jovem, que ficou a serviço da mulher de Naamã. ³Ela disse à sua senhora: "Meu senhor bem que poderia apresentar-se ao profeta de Samaria, que sem dúvida o livraria da lepra". ⁴Naamã procurou seu senhor e contou: "A jovem israelita disse isso e aquilo". ⁵O rei de Aram disse: "Então vá até lá. Eu mando uma carta para o rei de Israel". Ele foi, levando trezentos e cinquenta quilos de prata, sessenta e oito quilos de ouro e dez mudas de roupa. ⁶Naamã entregou ao rei de Israel a carta que dizia: "Quando você receber esta carta, tomará conhecimento de que estou lhe mandando meu servo Naamã, para que o cure da lepra". ⁷Logo que leu a carta, o rei de Israel rasgou a roupa, exclamando: "Por acaso eu sou Deus, capaz de dar a morte ou a vida, para que esse fulano me mande um homem para eu curá-lo de lepra? Dá para ver que ele está me provocando!"

⁸Eliseu, o homem de Deus, soube que o rei de Israel tinha rasgado a roupa e mandou dizer-lhe: "Por que você rasgou a roupa? Que ele venha me procurar para ficar sabendo que há um profeta em Israel". ⁹Naamã chegou com seus cavalos e sua carruagem, e parou em frente à casa de Eliseu. ¹⁰Eliseu mandou-lhe este recado: "Vá lavar-se sete vezes no rio Jordão, que sua pele voltará ao normal. Você ficará limpo". ¹¹Naamã se irritou e saiu dizendo: "Eu pensei que ele iria sair e vir até mim. Que, de pé, iria invocar o nome de seu Deus Javé. Depois iria passar a mão no lugar, e assim me tirar a lepra. ¹²Por acaso os rios de Damasco, o Abana e o Farfar não são melhores do que todas as águas de Israel? Eu não poderia lavar-me neles para ficar limpo?" Virou-se e já estava indo indignado, ¹³quando seus servos se dirigiram a ele e disseram: "Meu pai, se o profeta lhe tivesse mandado fazer alguma coisa difícil, certamente o senhor faria, não é? Agora, entretanto, o que ele mandou é isto: 'Lave-se e você ficará limpo' ". ¹⁴Naamã então desceu e mergulhou sete vezes no rio Jordão, como o homem de Deus havia dito. Sua pele tornou-se igual à pele de uma criança. Ficou limpo. ¹⁵Com toda a sua comitiva, ele voltou até o homem de Deus, chegou, colocou-se diante dele e disse: "Agora eu sei que não há outro Deus na terra, a não ser em Israel! Agora, então, aceite um presente deste seu servo". ¹⁶Eliseu respondeu: "Juro pela vida de Javé, a quem eu sirvo, que não aceitarei nenhum presente". Naamã insistiu para que ele aceitasse, mas ele recusou. ¹⁷Naamã lhe pediu: "Já que não aceita, então que se possa dar a este seu servo a quantidade de terra que duas mulas possam carregar, pois o seu servo nunca mais vai oferecer holocausto ou sacrifício a outros deuses, a não ser a Javé. ¹⁸E uma só coisa Javé perdoe a este seu servo: quando o rei, meu senhor, vai ao templo de Remon para adorar, ele se apoia no meu braço e eu também me prostro junto com ele no templo de Remon. Que Javé perdoe esse gesto do seu servo". ¹⁹Eliseu disse: "Vá em paz".

Naamã já havia caminhado certa distância, ²⁰quando Giezi, o ajudante de Eliseu, homem de Deus, pensou: "Meu senhor foi bom demais com esse arameu Naamã, não aceitando o presente dele. Pela vida de Javé, juro que eu vou correr atrás dele e ganhar alguma coisa". ²¹E saiu correndo para alcançar Naamã. Quando viu que Giezi vinha correndo atrás dele, Naamã apeou da carruagem, foi ao encontro dele e perguntou: "Tudo bem?" ²²Giezi respondeu: "Tudo bem! Só que meu senhor mandou dizer-lhe: 'Agora mesmo acabam de chegar, da região montanhosa de Efraim, dois jovens filhos de profetas. Por favor, arranje para eles uns trinta e cinco quilos de prata e duas mudas de roupa' ". ²³Naamã respondeu: "Aceite setenta quilos". Insistiu para que Giezi aceitasse. Naamã colocou setenta quilos de prata e as mudas de roupa em duas sacolas, e entregou a dois servos seus,

---

A jovem cativa (v. 1) é prova de que os pobres eram as grandes vítimas da guerra. Com a cura e conversão de Naamã (cf. Lc 4,27), chefe do exército arameu, quer-se mostrar que Javé é um Deus universal e que está acima de Remon (v. 18; cf. 1,1-18), deus de Damasco. O presente não é aceito (v. 16), pois o mérito da cura é de Javé.

que foram na frente de Giezi, levando as sacolas. ²⁴Chegando a Ofel, Giezi pegou os presentes, guardou-os em casa, despediu os homens e eles se foram. ²⁵Mais tarde Giezi encontrou seu senhor, e Eliseu lhe perguntou: "Onde é que você foi, Giezi?" Ele respondeu: "Seu servo não foi a lugar nenhum". Mas Eliseu retrucou: ²⁶"Você pensa que meu coração não estava presente quando alguém desceu da carruagem e foi a seu encontro? Agora que você ganhou o dinheiro, você pode comprar roupas, lavouras de oliveiras, vinhedos, ovelhas, bois, servos e servas. ²⁷Mas a lepra de Naamã passará para você e seus descendentes para sempre". E Giezi saiu da presença de Eliseu com a pele branca como neve, por causa da lepra.

6 O machado perdido –
¹Os filhos de profetas disseram a Eliseu: "O lugar onde sentamos diante de você é muito apertado para nós. ²Vamos até o rio Jordão e cada um de nós pegará uma tora de madeira para construirmos lá um local para morar". Eliseu disse: "Podem ir". ³Um deles pediu: "Por favor, venha com seus servos". Eliseu respondeu: "Então eu vou". ⁴E foi com eles. Chegando ao rio Jordão, começaram a cortar as árvores. ⁵Um deles estava derrubando uma tora e o machado caiu na água. Ele gritou: "Ah, meu senhor, o machado era emprestado!" ⁶O homem de Deus perguntou: "Onde o machado caiu?" Ele indicou-lhe o lugar. Eliseu arrancou um ramo, jogou naquele ponto e o machado boiou. ⁷Eliseu disse: "Pode pegá-lo". O homem estendeu a mão e o pegou.

Eliseu contra os arameus – ⁸O rei de Aram estava em guerra contra Israel. Numa reunião com seus servos, ele determinou: "Meu acampamento estará em tal lugar". ⁹O homem de Deus mandou dizer ao rei de Israel: "Cuidado com o tal lugar, porque os arameus estão acampados aí". ¹⁰O rei de Israel mandava seus homens para o lugar que o homem de Deus lhe havia indicado. O homem de Deus avisava e o rei tomava suas precauções. Isso aconteceu várias vezes.

¹¹O coração do rei de Aram inquietou-se com isso, convocou seus servos e perguntou: "Digam-me! Quem dos nossos está nos traindo junto ao rei de Israel?" ¹²Um dos servos respondeu: "Não é nenhum de nós, meu senhor, ó rei. É Eliseu, profeta de Israel, que revela ao rei de Israel até as palavras que o senhor diz no quarto de dormir". ¹³O rei determinou: "Descubram onde ele está, que eu vou mandar prendê-lo". Informaram: "Eliseu está em Dotã". ¹⁴O rei mandou para lá cavalaria, carros de guerra e poderosa tropa, que chegaram de noite e cercaram a cidade.

¹⁵No dia seguinte, o ajudante do homem de Deus madrugou para sair e viu que um exército com cavalos e carros de guerra estava cercando a cidade. Disse então a Eliseu: "Meu senhor, que vamos fazer?" ¹⁶Eliseu respondeu: "Não tenha medo. Os que estão conosco são mais numerosos que eles". ¹⁷E Eliseu assim orou: "Javé, abre os olhos do meu ajudante, para que ele possa enxergar". Javé abriu os olhos do ajudante e ele viu a montanha cheia de cavalaria e carros de fogo em torno de Eliseu.

¹⁸Quando os arameus desceram contra ele, Eliseu pediu a Javé: "Embaralha a vista desse pessoal". E Javé embaralhou a vista deles, conforme Eliseu havia pedido. ¹⁹Eliseu então lhes disse: "Não é este o caminho, nem esta é a cidade. Sigam-me, que eu os levarei ao homem que vocês estão procurando". E os levou para Samaria. ²⁰Quando eles entraram em Samaria, Eliseu pediu: "Javé, abre os olhos deles, para que enxerguem bem". Javé abriu os olhos deles, e eles começaram a enxergar: estavam no centro de Samaria!

²¹Ao vê-los, o rei de Israel perguntou: "Devo matá-los, meu pai?" ²²Eliseu respondeu: "Não os mate. Será que você mata gente que aprisionou com sua espada e seu arco? Dê-lhes pão e água para que comam e bebam, e depois voltem para

---

6,1-7: Estes breves relatos miraculosos (cf. 2,19-25; 4,1-7.38-44), envolvendo aspectos importantes do cotidiano popular, são uma tradição independente, integrada ao relato maior, de interesse do Estado e do Templo, dando-lhe legitimação.

8-23: Intensifica-se a guerra com os arameus, que já se encontram em Dotã, fortaleza a 10 km de Samaria. O profeta, que há pouco estava em meio ao povo (6,1-7), aparece agora junto ao rei como conselheiro de guerra. A ênfase está na ação de Javé, que derrota o exército arameu.

seus senhores". ²³O rei lhes preparou um grande banquete. Eles comeram e beberam. Depois o rei os despediu e eles voltaram para seus senhores. E os bandos arameus não fizeram mais incursões no território israelita.

Cerco e fome – ²⁴Tempos depois, Ben-Adad, rei de Aram, reuniu todo o seu exército e cercou a cidade de Samaria. ²⁵Houve então grande fome em Samaria. O cerco foi tão duro que uma cabeça de jumento chegou a valer novecentos gramas de prata, e um quarto de tigela de excremento de pombo custava sessenta gramas de prata. ²⁶O rei de Israel estava passando em cima da muralha, e uma mulher gritou-lhe: "Socorro, meu senhor, ó rei". ²⁷Ele respondeu: "Se Javé não socorre você, onde vou achar auxílio para salvá-la: na eira ou no lagar?" ²⁸Em seguida o rei perguntou: "O que você quer?" Ela respondeu: "Esta mulher aqui me disse: 'Traga seu filho para nós o comermos hoje. Amanhã vamos comer o meu'. ²⁹Cozinhamos então meu filho e comemos. No dia seguinte, eu disse a ela: 'Agora traga seu filho para nós o comermos'. Mas ela escondeu o filho". ³⁰Ao ouvir o que a mulher dizia, o rei rasgou as próprias roupas. O rei estava então andando sobre a muralha, e assim todos puderam ver que ele vestia um saco sobre o corpo. ³¹O rei disse: "Que Deus me faça isto ou aquilo, se hoje a cabeça de Eliseu, filho de Safat, ainda ficar sobre ele".

Fim do cerco – ³²Eliseu estava sentado em casa e alguns anciãos sentados com ele. O rei mandou um homem à sua frente. Antes que ele chegasse, Eliseu disse aos anciãos: "Vocês vão ver como esse filho de assassino mandou alguém para me cortar a cabeça! Cuidado! Quando ele chegar, tranquem a porta e não o deixem passar. Não será o ruído dos passos do senhor dele que vem logo atrás?" ³³Eliseu ainda estava falando, quando o mensageiro chegou e disse: "Essa desgraça vem de Javé! O que mais posso esperar de Javé?"

7 ¹Eliseu respondeu: "Escutem a palavra de Javé: Assim diz Javé: Amanhã, nesta mesma hora, na porta de Samaria, uma arroba de flor de farinha vai custar onze gramas de prata, e duas arrobas de cevada vão valer onze gramas de prata". ²O escudeiro, em cuja mão o rei se apoiava, disse a Eliseu: "Ainda que Javé abrisse comportas no céu, seria possível acontecer isso?" Eliseu respondeu: "Você verá isso com os próprios olhos, mas não vai comer nada".

³Quatro leprosos que estavam na entrada da cidade comentaram entre si: "Por que ficar aqui esperando a morte? ⁴Se resolvermos entrar na cidade, morreremos, porque aí reina a fome. Se ficarmos aqui, vamos morrer do mesmo jeito. Então vamos para o lado do acampamento dos arameus. Se nos deixarem viver, viveremos; se nos matarem, morreremos". ⁵Ao cair da tarde, eles foram até o acampamento dos arameus e percorreram todo o acampamento. Lá não havia ninguém. ⁶O Senhor havia feito escutar no acampamento dos arameus um barulho de carros de guerra e de cavalos, e de um grande exército. Os arameus pensaram: "O rei de Israel deve ter contratado os reis heteus e os reis do Egito para nos atacar!" ⁷Ao anoitecer, eles saíram fugindo, abandonaram tendas, cavalos, jumentos, deixaram o acampamento do jeito que estava. Tinham fugido para salvar a própria vida.

⁸Aqueles leprosos chegaram ao final do acampamento, entraram numa tenda, comeram, beberam e depois pegaram prata, ouro e roupas, e esconderam tudo. Voltaram, entraram em outra tenda, pegaram tudo o que encontraram e foram esconder. ⁹Então disseram uns aos outros: "Não estamos agindo certo. Hoje é um dia de boas notícias e nós estamos calados! Se esperarmos até amanhã de manhã, seremos castigados. Vamos levar a notícia à casa do rei". ¹⁰Eles foram, chamaram os porteiros da cidade e informaram: "Nós fomos ao acampamento dos arameus e lá não há ninguém. Não se ouve voz humana. Há

24-31: Aram já chegou a Samaria. O cerco retrata a dramática situação de uma cidade sitiada: os reis declaram guerra e o povo sofre as consequências.

6,32–7,20: Continuam os efeitos terríveis do cerco à Samaria, onde os reais motivos da guerra estão ocultos, assim como o nome dos reis. Eliseu se encontra com os anciãos, grandes proprietários que ditavam os rumos da política. A atenção se volta para o agir de Javé, que põe em fuga o exército arameu e sacia o povo sitiado.

somente cavalos e jumentos amarrados. As tendas estão abandonadas!" ¹¹Os porteiros gritaram para dentro e informaram a casa do rei. ¹²O rei se levantou à noite e disse a seus servos: "Vou dizer a vocês o que os arameus estão tramando contra nós. Eles sabem que estamos passando fome. Por isso, saíram do acampamento e se esconderam no campo. Estão imaginando o seguinte: 'Eles vão sair da cidade. Então nós os pegamos vivos e entramos na cidade'". ¹³Um dos servos sugeriu: "Vamos pegar cinco dos cavalos que restaram. O que pode acontecer com eles, é o que já está acontecendo com toda a multidão de Israel que resta na cidade, essa multidão de Israel que está morrendo. Vamos mandá-los para ver o que acontece!" ¹⁴Trouxeram dois carros de guerra com os cavalos, e o rei os mandou atrás do exército dos arameus, dizendo: "Vão lá e vejam". ¹⁵Foram atrás deles até o rio Jordão e viram que todo o caminho estava cheio de roupas e objetos que os arameus, na pressa, tinham deixado cair. Os mensageiros voltaram e contaram tudo ao rei. ¹⁶O povo saiu, então, e foi saquear o acampamento dos arameus. E uma arroba de flor de farinha passou a custar onze gramas de prata, e duas arrobas de cevada custavam onze gramas de prata, conforme a palavra de Javé.

¹⁷O rei tinha posto como guarda da porta seu escudeiro, em cuja mão se apoiava. O povo pisoteou o escudeiro junto à porta e ele morreu como o homem de Deus havia anunciado, quando o rei havia descido à sua procura. ¹⁸O homem de Deus tinha dito ao rei: "Amanhã, nesta mesma hora, na porta de Samaria, duas arrobas de cevada vão custar onze gramas de prata, e uma arroba de flor de farinha custará onze gramas". ¹⁹O escudeiro havia respondido ao homem de Deus: "Ainda que Javé abrisse comportas no céu, seria possível acontecer isso?" Eliseu lhe respondeu: "Você verá isso com os próprios olhos, mas não vai comer nada". ²⁰Foi exatamente o que aconteceu: o povo pisoteou o escudeiro na porta e ele morreu.

8 *Migração da sunamita* – ¹Eliseu disse àquela mulher, cujo filho ele fizera reviver: "Pode sair com sua casa para migrar por onde for, porque Javé chamou sobre a terra uma fome de sete anos, que já está chegando". ²A mulher se levantou e fez o que o homem de Deus tinha mandado. Saiu com sua casa e foi morar sete anos no território dos filisteus. ³Passados sete anos, ela voltou da terra dos filisteus e foi ao rei reclamar sua casa e seu campo. ⁴O rei estava conversando com Giezi, o ajudante do homem de Deus. Dizia: "Conte-me todas as coisas grandiosas que Eliseu fez". ⁵Giezi estava contando ao rei como Eliseu tinha feito reviver o morto, quando a mulher, cujo filho Eliseu fizera reviver, chegou para reclamar do rei sua casa e seu campo. Giezi disse: "Meu senhor, ó rei, essa é a mulher, e esse é o filho dela que Eliseu fez reviver". ⁶O rei interrogou a mulher e ela contou o acontecido. O rei mandou então que um eunuco a acompanhasse e deu a ele esta ordem: "Seja restituído a essa mulher tudo o que lhe pertence, e todos os rendimentos do campo, desde o dia em que ela deixou o país até hoje".

Morte de Ben-Adad – ⁷Eliseu foi a Damasco e o rei de Aram, Ben-Adad, estava doente. Informaram o rei: "O homem de Deus está aqui". ⁸O rei mandou Hazael: "Leve um presente e vá ao encontro do homem de Deus. E consulte Javé por meio dele, para saber se vou ficar curado desta doença". ⁹Hazael foi ao encontro de Eliseu, levando como presente uma carga de quarenta camelos carregados de tudo o que havia de melhor em Damasco. Chegando à presença de Eliseu, disse: "Seu filho Ben-Adad, o rei de Aram, mandou perguntar ao senhor se ele vai ficar bom da doença". ¹⁰Eliseu respondeu: "Diga ao

---

8,1-6: Continua a narrativa de 4,8-37, anterior à lepra de Giezi. A mulher, cujo marido agora não é mencionado, tem de migrar para as terras dos filisteus por causa da fome, fato comum em Canaã nos tempos de seca (cf. Gn 12,10; 26,1; 42,1s). Quando voltam, os migrantes encontram suas terras tomadas por outros. A situação é mais dramática para as viúvas (cf. Rt 1,1s). A sunamita é atendida por causa de Eliseu (cf. 4,13).

7-15: Mais um estrangeiro que consulta Javé a respeito da cura (cf. 1,2-17; 5,1-27). A narrativa liga Eliseu ao fato histórico de Hazael, que assassinou o rei de Damasco e lhe tomou o poder. Esse movimento colocará

rei que ele na certa ficará curado. No entanto, Javé me mostrou que ele, sem dúvida alguma, vai morrer". ¹¹Nesse momento, Eliseu ficou com o rosto imóvel e o olhar fixo. E o homem de Deus começou a chorar. ¹²Hazael perguntou: "Por que meu senhor está chorando?" Eliseu respondeu: "Porque eu sei o mal que você fará aos israelitas. Você vai incendiar suas fortalezas, passar a fio de espada seus jovens, esmagar suas crianças e rasgar o ventre de suas mulheres grávidas!" ¹³Hazael perguntou: "Mas quem é este seu servo? Eu não passo de um cão. Como poderia eu fazer essas coisas?" Eliseu respondeu: "Javé me mostrou numa visão que você será o rei de Aram". ¹⁴Hazael deixou Eliseu e voltou a seu senhor. Este perguntou: "O que foi que Eliseu disse?" Hazael respondeu: "Ele disse que o senhor na certa ficará curado". ¹⁵No dia seguinte, pegou uma coberta, a encharcou de água e a aplicou sobre o rosto de Ben-Adad, até que ele morreu. E Hazael tornou-se rei no lugar dele.

Jorão de Judá (848-841) - ¹⁶No quinto ano do reinado de Jorão, filho de Acab, rei de Israel, e de Josafá, rei de Judá, Jorão, filho de Josafá, tornou-se rei de Judá. ¹⁷Ele tinha trinta e dois anos quando se tornou rei, e reinou oito anos em Jerusalém. ¹⁸Imitou o comportamento dos reis de Israel, tal como a casa de Acab havia feito. Isso porque ele se casou com a filha de Acab, e fez o que é mau aos olhos de Javé. ¹⁹No entanto, Javé não quis destruir Judá, por consideração a seu servo Davi, a quem havia prometido deixar a ele e a seus filhos uma lâmpada para sempre.

²⁰Nos dias de Jorão, Edom conseguiu libertar-se do domínio de Judá e escolheu para si um rei. ²¹Jorão foi a Seira com todos os seus carros de guerra. Levantou-se de noite e, embora tivesse derrotado o exército de Edom que o cercava com os comandantes de carros de guerra, seu próprio exército debandou e fugiu para suas tendas. ²²Desse modo, Edom se tornou independente de Judá até hoje. Também foi nessa época que Lebna se rebelou.

²³O restante da história de Jorão, o que ele fez, não está tudo escrito nos Anais dos Reis de Judá? ²⁴Jorão adormeceu com seus pais e com eles foi sepultado na Cidade de Davi. Seu filho Ocozias tornou-se rei em seu lugar.

Ocozias de Judá (841) - ²⁵Ocozias, filho de Jorão, tornou-se rei de Judá no ano doze do reinado de Jorão, filho de Acab, em Israel. ²⁶Começou a reinar com vinte e dois anos. E reinou um ano em Jerusalém. Sua mãe se chamava Atalia e era filha de Amri, rei de Israel. ²⁷Ocozias andou pelos caminhos da casa de Acab e, como esta, praticou o mal aos olhos de Javé, pois era genro da casa de Acab.

²⁸Junto com Jorão, filho de Acab, Ocozias foi lutar em Ramot de Galaad contra Hazael, rei de Aram. Mas os arameus feriram Jorão, ²⁹que voltou para Jezrael, a fim de tratar dos ferimentos recebidos dos arameus em Ramot, ao lutar contra Hazael, rei de Aram. Ocozias, filho de Jorão, rei de Judá, foi a Jezrael para visitar Jorão, filho de Acab, que estava ferido.

5. Revolta de Jeú

9 *Jeú é ungido rei de Israel (841-814)* - ¹O profeta Eliseu chamou um dos filhos de profetas e deu-lhe esta ordem: "Cinja os rins, pegue esta vasilha de azeite e vá a Ramot de Galaad. ²Chegando aí, procure Jeú, filho de Josafá, neto de Namsi. Quando você o encontrar, chame-o do meio de seus irmãos e leve-o até um

---

Jeú no poder em Israel. Outra vez aparece a violência da guerra (cf. 10,32-33).

16-24: A crítica a Jorão é por ele ter-se casado com Atalia, princesa da casa de Acab, rei de Israel (8,26; 2Cr 21,2-20). O casamento é sinal da anexação de Judá a Israel e à Fenícia.

25-29: Sendo filho de Jorão e de Atalia, Ocozias pertencia à casa de Acab, rei de Israel, e como tal vai lutar contra o inimigo comum, Aram (cf. 2Cr 22,1-9).

9-13: Jeú é chefe dos carros de guerra de Israel e conta com o apoio do profeta Eliseu, como mostra a expressão: "Meu pai, meu pai! Carro e cavalaria de Israel!" (2,12; 13,14; cf. 6,17.21). Ambos têm o apoio dos arameus e dos anciãos latifundiários de Galaad.

9,1-13: Uma nova dinastia, de tradição javista, toma o poder em Israel, derrotando a casa de Acab, identificada com Baal. A conspiração tem suas raízes em Galaad, região de Eliseu e Elias, e conta com o apoio dos arameus (cf. 1Rs 19,15-18) e dos grandes donos de terra. Quando uma nova casa toma o poder, é comum que esta extermine todos os descendentes do antigo rei. Tenta-se justificar a ação sanguinária, como sendo vontade de Javé (vv. 7-10).

aposento separado. ³Pegue então a vasilha e derrame o azeite sobre a cabeça dele, dizendo: 'Assim diz Javé: Estou ungindo você como rei de Israel'. Depois abra a porta e fuja depressa". ⁴O jovem profeta foi a Ramot de Galaad. ⁵Ao chegar, encontrou os comandantes do exército reunidos. E disse: "Comandante, tenho uma mensagem para você". Jeú perguntou: "Para qual de nós?" O jovem respondeu: "Para você, comandante". ⁶Jeú se levantou e entrou na casa. O jovem então derramou o azeite sobre a cabeça dele e disse: "Assim diz Javé, o Deus de Israel: Estou ungindo você como rei de Israel, o povo de Javé. ⁷Você exterminará a casa de Acab, seu senhor, e assim estarei cobrando da mão de Jezabel o sangue de meus servos profetas e de todos os servos de Javé. ⁸E perecerá toda a casa de Acab. Exterminarei de Israel todos da casa de Acab que urinam contra o muro, amarrados ou liberados. ⁹Vou fazer com a casa de Acab o que fiz com a casa de Jeroboão, filho de Nabat, e com a casa de Baasa, filho de Aías. ¹⁰Jezabel será devorada pelos cães no campo de Jezrael, sem que ninguém a sepulte". Em seguida, abriu a porta e fugiu.

¹¹Logo que Jeú saiu para junto dos servos do seu senhor, estes lhe perguntaram: "Está tudo bem? Por que é que esse doido veio procurá-lo?" Jeú respondeu: "Vocês conhecem o homem e sua conversa". ¹²Eles, porém, insistiram: "Mentira! Conte o que houve". Jeú respondeu: "Ele me disse o seguinte: 'Assim diz Javé: Estou ungindo você como rei de Israel' ". ¹³Imediatamente todos pegaram seus mantos e os estenderam nos degraus, sob os pés de Jeú. Depois tocaram a trombeta e aclamaram: "Jeú é rei!"

Jeú mata Jorão e Ocozias – ¹⁴Jeú, filho de Josafá e neto de Namsi, armou uma cilada contra Jorão. Estivera Jorão com todo Israel defendendo Ramot de Galaad contra um ataque de Hazael, rei de Aram. ¹⁵Entretanto, tinha voltado a Jezrael para se recuperar dos ferimentos recebidos dos arameus nessa guerra contra Hazael, rei de Aram. Jeú disse aos comandantes: "Se vocês estão de acordo, não deixem ninguém sair da cidade para levar a notícia a Jezrael". ¹⁶Em seguida, subiu a um carro de guerra e partiu para Jezrael. Jorão estava aí, de cama, e Ocozias, rei de Judá, tinha ido visitá-lo. ¹⁷O sentinela que estava na torre de Jezrael, ao ver o grupo de Jeú se aproximando, disse: "Estou vendo uma tropa". Jorão deu esta ordem: "Chame um cavaleiro e o mande ao encontro deles para perguntar se está tudo em paz". ¹⁸O cavaleiro foi ao encontro de Jeú e disse: "O rei manda dizer: 'Está tudo em paz?' " Jeú respondeu: "Que lhe importa se está tudo em paz? Siga-me". O sentinela anunciou: "O mensageiro chegou até eles, mas não está voltando". ¹⁹Então o rei mandou outro cavaleiro, que foi até Jeú e disse: "O rei manda dizer: 'Está tudo em paz?' " Jeú respondeu: "Que lhe importa se está tudo em paz? Siga-me". ²⁰O sentinela anunciou: "O mensageiro chegou até eles, mas não está voltando. Pelo jeito de conduzir o carro de guerra, deve ser Jeú, neto de Namsi. Ele vem guiando como um doido!"

²¹Jorão disse: "Preparem meu carro". O carro foi preparado e Jorão, rei de Israel, e Ocozias, rei de Judá, cada qual no seu carro de guerra, saíram ao encontro de Jeú e foram encontrá-lo na propriedade de Nabot de Jezrael. ²²Ao ver Jeú, Jorão perguntou: "Está tudo em paz, Jeú?" Ele respondeu: "Como pode estar tudo em paz, se continuam as prostituições de sua mãe Jezabel e as inúmeras magias?" ²³Jorão virou o carro e fugiu, gritando para Ocozias: "É traição, Ocozias!" ²⁴Jeú, porém, já havia esticado o arco, e atingiu Jorão no meio das costas. A flecha varou o coração de Jorão, e ele caiu no carro. ²⁵Jeú ordenou para seu escudeiro Badacer: "Tire-o e jogue-o no campo que pertencia a Nabot de Jezrael. Você se lembra quando nós dois estávamos juntos num carro de

---

14-29: O golpe é tramado durante a guerra contra os arameus, em Ramot de Galaad, e conta com o apoio de Eliseu. Jeú assassina num só dia os reis de Israel e de Judá, que eram aliados entre si. O grande interessado, porém, é Aram, o que é confirmado pela estela de Dã, encontrada em 1993/1994, e datada por volta de 841 a.C. Nela o rei Hazael de Damasco relata ter assassinado os reis Jorão de Israel e Ocozias de Judá, e de ter colocado Jeú no trono de Israel. A história da vinha de Nabot (vv. 25-26; 1Rs 21) parece ter sido criada para fundamentar a morte de Acab.

guerra perseguindo Acab, o pai dele? Javé pronunciou então esta sentença contra ele: ²⁶'Ontem à tarde eu vi o sangue de Nabot e dos filhos dele, oráculo de Javé. Farei você pagar neste mesmo terreno, oráculo de Javé. Agora, portanto, tire Jorão e jogue-o neste terreno, conforme a palavra de Javé'. ²⁷Ao ver isso, Ocozias, rei de Judá, fugiu pelo caminho de Bet-Gã. Jeú o perseguiu e gritou: "Matem também a ele". E ele foi ferido no seu carro, na subida de Gaver, perto de Jeblaam. Refugiou-se em Meguido, onde morreu. ²⁸Seus servos o levaram num carro para Jerusalém, onde foi sepultado em seu túmulo, ao lado de seus pais, na Cidade de Davi. ²⁹Ocozias se tornara rei de Judá no décimo primeiro ano do reinado de Jorão, filho de Acab.

Morte de Jezabel – ³⁰Jeú foi para Jezrael. Ao saber disso, Jezabel pintou os olhos, enfeitou a cabeça e ficou na janela. ³¹Quando Jeú atravessou a porta da cidade, ela perguntou: "Está tudo em paz, ó Zambri, assassino do seu senhor?" ³²Jeú olhou para a janela e disse: "Quem está comigo? Quem?" Disseram que estavam com ele dois ou três eunucos. ³³Ele então deu a ordem: "Joguem essa mulher para baixo". Eles a jogaram. E o sangue dela espirrou na parede e nos cavalos, e Jeú atropelou-a. ³⁴Em seguida, Jeú entrou, comeu e bebeu. Depois disse: "Vão ver aquela maldita e a sepultem, pois é filha de rei". ³⁵Mas, quando chegaram para enterrá-la, só encontraram o crânio, os pés e as mãos. ³⁶Foram contar a Jeú, e ele disse: "Esta foi a palavra que Javé pronunciou por meio de seu servo Elias de Tesbi: 'No campo de Jezrael, os cães vão devorar a carne de Jezabel, ³⁷e seu cadáver será como esterco espalhado pelo campo de Jezrael, de modo que não se poderá reconhecer que é Jezabel!' "

10 **Extermínio da casa de Acab** – ¹Acab tinha setenta filhos em Samaria. Jeú escreveu cartas, e as enviou para Samaria, aos chefes de Jezrael, aos anciãos e tutores dos filhos de Acab. As cartas diziam: ²"Quando esta carta chegar, vocês, que estão com os filhos do seu senhor e possuem carros e cavalos, cidade fortificada e armas, ³escolham o melhor e o mais digno dos filhos do seu senhor e o coloquem no trono do pai. Depois lutem pela casa do seu senhor!" ⁴Eles ficaram com muito medo e pensaram: "Se dois reis não lhe puderam resistir, como é que nós vamos resistir?" ⁵Então o responsável do palácio, o responsável da cidade, os anciãos e os tutores mandaram dizer a Jeú: "Somos seus servos. Faremos o que você mandar. Não vamos escolher nenhum rei. Faça o que você achar melhor". ⁶Jeú escreveu outra carta, dizendo: "Se vocês estão do meu lado e querem me escutar, façam o seguinte: peguem os cabeças dentre os homens dos filhos do seu senhor e venham aqui em Jezrael, amanhã, nesta mesma hora". Os setenta filhos do rei moravam nas casas dos grandes da cidade, onde eram educados. ⁷Quando a carta chegou, eles pegaram os filhos do rei, degolaram os setenta, puseram as cabeças dentro de cestos e mandaram a Jezrael. ⁸Um mensageiro anunciou a Jeú: "Eles trouxeram as cabeças dos filhos do rei". Jeú ordenou: "Façam com as cabeças dois montes na entrada, junto à porta da cidade, e deixem aí até amanhã de manhã". ⁹De manhã, Jeú saiu, e de pé falou a todo o povo: "Vocês são justos! De fato, eu armei uma cilada contra meu senhor e o matei. Mas esses outros aqui, quem foi que os matou? ¹⁰Pois fiquem sabendo que não ficará sem se cumprir nenhuma palavra que Javé pronunciou contra a casa de Acab. Javé realizou o que havia dito por meio do seu servo Elias". ¹¹Jeú matou também todos os que restavam da casa de Acab em Jezrael: notáveis, parentes e sacerdotes. Não sobrou nenhum.

30-37: A morte de Jezabel, princesa de Sidônia e adoradora de Baal e Astarte (cf. 1Rs 16,31-33), representa o fim da aliança entre Israel e Fenícia. A referência a Zambri (v. 31) se deve ao fato de também ele ter sido comandante e ter assassinado o seu próprio rei, embora tenha reinado somente sete dias (cf. 1Rs 16,9-18).

10,1-14: Mortos os reis, Jeú se apressa em eliminar todos os possíveis sucessores ao trono, tanto em Jezrael como em Samaria. Também os príncipes de Judá são assassinados (vv. 12-14). O genocídio é justificado como sendo cumprimento da vontade divina (v. 10; 10,17). É o retrato de um Javé da corte, repudiado pelo profeta Oseias (cf. Os 1,4).

¹²Jeú se levantou e foi para Samaria. No caminho, em Curral dos Pastores, ¹³encontrou parentes de Ocozias, rei de Judá, e perguntou: "Quem são vocês?" Eles responderam: "Somos parentes de Ocozias e estamos indo visitar os filhos do rei e os filhos da rainha-mãe". ¹⁴Jeú mandou: "Prendam vivos esses homens". Eles foram presos vivos e depois degolados no poço de Curral. Eram quarenta e dois, e não sobrou nenhum.

Jeú e os recabitas – ¹⁵Saindo daí, Jeú encontrou Jonadab, filho de Recab, que vinha procurá-lo, cumprimentou-o e perguntou: "Seu coração é correto comigo como meu coração é correto com o seu?" Jonadab respondeu: "É". Jeú disse: "Dê-me a mão". Jonadab deu-lhe a mão, Jeú o fez subir a seu lado no carro ¹⁶e disse: "Venha comigo, que vou lhe mostrar o zelo que tenho por Javé". E levou-o no carro. ¹⁷Entrando em Samaria, mandou matar todos os sobreviventes da casa de Acab que havia em Samaria. Exterminou toda a casa de Acab, como Javé tinha dito a Elias.

Extermínio dos seguidores de Baal – ¹⁸Jeú reuniu todo o povo e falou: "Acab cultuou pouco a Baal. Jeú vai cultuá-lo muito mais. ¹⁹Agora, portanto, chamem todos os profetas de Baal, todos os seus fiéis e sacerdotes. Ninguém deve faltar, pois quero oferecer um grande sacrifício a Baal. Quem faltar, morrerá". Jeú estava agindo com esperteza para acabar com os fiéis de Baal. ²⁰Deu esta ordem: "Convoquem uma assembleia santa em honra de Baal". E convocaram. ²¹Jeú enviou mensageiros a todo Israel, e todos os fiéis de Baal se apresentaram. Ninguém faltou. Foram para o templo de Baal, que ficou lotado. ²²Jeú disse ao encarregado do vestiário: "Traga vestes para todos os fiéis de Baal". E o guarda trouxe vestes para todos. ²³Jeú e Jonadab, filho de Recab, foram para o templo. Jeú disse aos fiéis de Baal: "Vejam bem se aqui há somente devotos de Baal, e não de Javé".

²⁴Jeú entrou para oferecer sacrifícios e holocaustos. Do lado de fora, porém, tinha colocado oitenta homens, com esta ordem: "Quem deixar escapar uma só dessas pessoas que eu vou entregar-lhes, pagará com a própria vida". ²⁵Logo que terminou de oferecer o holocausto, Jeú disse aos guardas e escudeiros: "Entrem e matem todos. Não deixem sair ninguém". Os guardas e escudeiros os mataram a fio de espada e os lançaram fora. Voltaram novamente à cidade, ao templo de Baal, ²⁶arrancaram as colunas sagradas do templo e as queimaram. ²⁷Derrubaram a coluna sagrada de Baal, demoliram o templo de Baal e no lugar construíram latrinas, que até hoje estão aí.

Jeú de Israel (841-814) – ²⁸Jeú fez Baal desaparecer de Israel. ²⁹Somente não se afastou dos pecados que Jeroboão, filho de Nabat, tinha feito Israel cometer: os bezerros de ouro que estavam em Betel e Dã. ³⁰Javé disse a Jeú: "Porque você agiu bem, fazendo o que é correto a meus olhos, e tratou a casa de Acab como eu queria, seus filhos sentarão no trono de Israel até a quarta geração". ³¹Jeú, porém, não se preocupou em seguir de todo o coração a lei de Javé, o Deus de Israel. Ele não se afastou dos pecados que Jeroboão tinha feito Israel cometer.

³²Nessa época, Javé retalhou o território de Israel. Hazael venceu Israel em todas as fronteiras, ³³a partir do rio Jordão, ao oriente. E se apossou de todo o território de Galaad, de Gad, de Rúben, de Manassés, desde Aroer, junto ao rio Arnon, assim como Galaad e Basã.

³⁴O restante da história de Jeú, e do que ele fez, não está tudo escrito nos Anais dos Reis de Israel? ³⁵Jeú adormeceu com seus pais e foi sepultado em Samaria. Seu filho Joacaz tornou-se rei em seu lugar. ³⁶Jeú reinou vinte e oito anos sobre Israel, em Samaria.

15-17: Jeú tem também o apoio dos recabitas, povo nômade fiel à tradição javista (cf. Jr 35) e associado a Emat (cf. 1Cr 2,55), uma cidade de Aram (cf. Ez 47,16). Também Israel, em sua origem, tem grandes personagens ligados a Aram (cf. Gn 25,20; 28,5; Dt 26,5).

18-27: Este massacre é paralelo ao dos quatrocentos profetas de Baal, mortos por ordem de Elias (cf. 1Rs 18,40). O que Jeú fez é similar ao que fará Josias em Judá (cf. 2Rs 22-23).

28-36: A morte de Acab e Jezabel e de seus descendentes, com a destruição do templo de Baal (16,32), significa o fim da aliança Israel-Fenícia. Em contraposição, institui-se a dinastia de Jeú, o culto oficial a Javé e o domínio da Síria sobre os territórios de Israel (vv. 32-33).

11 Atalia de Judá (841-835)

¹Quando Atalia, mãe de Ocozias, soube que seu filho estava morto, resolveu acabar com a descendência real. ²Josaba, a filha do rei Jorão, irmã de Ocozias, raptou seu sobrinho Joás dentre os filhos do rei que estavam para ser mortos. Levou o menino com sua ama para o quarto de dormir da Casa, escondendo-o de Atalia. Assim, Joás escapou da morte. ³E Joás e sua ama ficaram seis anos escondidos na Casa de Javé, enquanto Atalia reinava no país.

⁴No sétimo ano, o sacerdote Joiada mandou chamar os comandantes da guarda dos caritas e dos da escolta. Reuniu-os na Casa de Javé, firmou uma aliança com eles, fez com que eles prestassem juramento, e mostrou-lhes então o filho do rei. ⁵Em seguida, deu-lhes esta ordem: "Vocês vão fazer o seguinte: Uma terça parte de vocês entra em serviço no sábado para montar guarda no palácio real, ⁶outra terça parte fica na porta de Sur, e a outra terça parte fica na porta atrás da guarita. Assim montarão a guarda do templo para controlar a entrada. ⁷Duas alas de vocês, aqueles que não trabalham no sábado, montarão guarda ao rei na Casa de Javé. ⁸Façam em torno do rei um círculo, com armas em punho. Matem todo aquele que quiser forçar as fileiras. E fiquem sempre junto do rei, aonde quer que ele vá".

⁹Os comandantes fizeram como o sacerdote Joiada havia mandado. Cada qual reuniu seus homens, tanto os que estavam de serviço no sábado, como os que não estavam, e foram até o sacerdote Joiada. ¹⁰O sacerdote entregou aos comandantes as lanças e escudos do rei Davi, que estavam na Casa de Javé. ¹¹Armados, os guardas tomaram seus lugares, do lado direito até o lado esquerdo da Casa de Javé, rodeando o altar e a Casa, para proteger o rei. ¹²Então Joiada apresentou o filho do rei, colocou-lhe a coroa e entregou-lhe o documento da aliança. Todos o proclamaram e ungiram rei, bateram palmas e gritaram: "Viva o rei!"

¹³Quando ouviu os gritos da escolta popular, Atalia foi ao encontro do povo que estava na Casa de Javé. ¹⁴Mas, ao ver o rei de pé no estrado, de acordo com o protocolo, os comandantes e os tocadores de trombeta ao lado do rei, todo o povo da terra gritando de alegria e tocando trombeta, ela rasgou a roupa e disse: "Traição, traição!" ¹⁵O sacerdote Joiada ordenou aos chefes das tropas: "Tirem-na para fora da Casa e das fileiras. Matem à espada quem for atrás dela!" O sacerdote, de fato, havia dito: "Não a matem dentro da Casa de Javé". ¹⁶Agarraram Atalia e a levaram na direção da entrada dos cavalos do palácio do rei, e aí a mataram. ¹⁷Joiada celebrou a aliança entre Javé, o rei e o povo, para que o povo fosse o povo de Javé, e também a aliança entre o rei e o povo. ¹⁸Em seguida, todo o povo da terra foi até o templo de Baal e o derrubou. Demoliram os altares e as imagens e, diante dos altares, executaram Matã, o sacerdote de Baal. O sacerdote Joiada colocou guardas na Casa de Javé.

¹⁹Depois, reuniu os comandantes, a guarda dos caritas, a escolta e todo o povo da terra. Fizeram o rei descer da Casa de Javé e o levaram ao palácio do rei pela porta da escolta, e então Joás sentou-se no trono dos reis. ²⁰Todo o povo da terra festejou e a cidade ficou tranquila, porque Atalia tinha sido morta à espada no palácio real.

12 Joás de Judá (835-796)

¹Joás tinha sete anos quando se tornou rei. ²Ele foi feito rei no sétimo ano de Jeú. Foi rei por quarenta anos em Jerusalém. Sua mãe se chamava Sebias e era natural de Bersabeia. ³Durante toda a vida, Joás fez o que é correto aos olhos de Javé, pois foi educado pelo sacerdote Joiada. ⁴Entretanto, os lugares altos não desapareceram e o povo continuou a oferecer sacrifícios e a queimar incenso nesses lugares altos.

11,1-20: O domínio da Síria se estende para o sul. Atalia era filha de Acab e Jezabel, e mulher de Jorão, rei de Judá (2Rs 8,18.26). Com a morte do seu filho Ocozias, por obra de Jeú (9,27), Atalia assume o poder. É a única vez que a dinastia davídica é rompida e uma mulher chega ao trono. A destruição do templo de Baal (v. 18) significa o fim da presença fenícia em Judá (cf. 10,18-28). Pela primeira vez se menciona o povo da terra (vv. 18.20), latifundiários que sustentam a dinastia davídica em Judá (cf. 21,24).

12,1-22: Sendo o rei uma criança, certamente o povo da terra é que reinava em seu lugar (cf. 22,1). Assim como o rei Josias (640-609), também Joás começou a reformar o Templo. Mas não concluiu a obra, pois teve

⁵Joás disse aos sacerdotes: "Todo o dinheiro das ofertas sagradas que der entrada na Casa de Javé, o dinheiro de alguém que passa, o dinheiro das taxas individuais, o dinheiro das ofertas voluntárias, tudo o que é trazido para a Casa de Javé, ⁶que os sacerdotes o recolham da mão de seus conhecidos, para fazer reformas necessárias na Casa". ⁷Aconteceu que, no ano vinte e três do reinado de Joás, os sacerdotes ainda não tinham feito as reformas necessárias na Casa de Javé. ⁸O rei Joás mandou chamar o sacerdote Joiada e os outros sacerdotes e perguntou: "Por que não fizeram a reforma da Casa? De agora em diante, vocês não ficarão mais com o dinheiro entregue pelos seus conhecidos. Têm de entregá-lo para a reforma da Casa". ⁹Os sacerdotes concordaram em não receber dinheiro do povo e não serem mais os encarregados da reforma da Casa de Javé.

¹⁰O sacerdote Joiada pegou então uma caixa, fez um buraco na tampa e a colocou perto do altar, no lado direito de quem entra na Casa de Javé. E os sacerdotes porteiros depositavam aí todo o dinheiro que era levado para a Casa. ¹¹Quando viam que havia muito dinheiro no cofre, o secretário do rei e o sumo sacerdote iam, recolhiam e contavam o dinheiro que havia na Casa de Javé. ¹²Depois de ter conferido o dinheiro, eles o entregavam aos mestres de obras encarregados da Casa de Javé. Estes utilizavam o dinheiro para pagar carpinteiros e construtores que trabalhavam na Casa de Javé, ¹³pedreiros e escultores, e também para comprar madeira e pedras utilizadas na restauração da Casa de Javé; ou seja, para toda despesa necessária para a restauração do templo. ¹⁴Com esse dinheiro oferecido para a Casa de Javé, não se faziam taças de prata, facas, bacias para aspersão, trombetas, nem objetos de ouro ou prata para a Casa de Javé. ¹⁵O dinheiro era entregue aos mestres de obras, que o usavam na reforma da Casa de Javé. ¹⁶Nem se pediam contas aos homens que recebiam o dinheiro para pagar os operários, porque eles agiam com honestidade. ¹⁷Contudo, o dinheiro oferecido para os sacrifícios por delitos e sacrifícios pelo pecado não era destinado para a Casa de Javé, mas para os sacerdotes.

¹⁸Hazael, rei de Aram, depois de fazer guerra contra Gat e tomá-la, resolveu subir para atacar Jerusalém. ¹⁹Joás, rei de Judá, pegou os objetos que seus pais, os reis de Judá, Josafá, Jorão e Ocozias, haviam consagrado e o que ele próprio havia oferecido, todo o ouro que existia nos tesouros da Casa de Javé e do palácio real, pegou tudo e entregou a Hazael, rei de Aram. Então este se retirou de Jerusalém.

²⁰O restante da história de Joás, o que ele fez, não está tudo escrito nos Anais dos Reis de Judá? ²¹Seus servos se rebelaram e o traíram. Joás foi morto em Bet-Melo, na descida do aterro. ²²Foram seus servos Jozacar, filho de Semaat, e Jozabad, filho de Somer, que o feriram de morte. Joás foi sepultado com seus pais na cidade de Davi. Seu filho Amasias tornou-se rei em seu lugar.

13 *Joacaz de Israel (814-798)* – ¹No ano vinte e três do reinado de Joás, filho de Ocozias, rei de Judá, Joacaz, filho de Jeú, começou a reinar sobre Israel em Samaria. Reinou dezessete anos. ²Fez o que é mau aos olhos de Javé. Seguiu os pecados de Jeroboão, filho de Nabat, que havia feito Israel pecar, e não se afastou deles. ³Por isso, a ira de Javé se inflamou contra Israel, e ele os entregou por todo esse período nas mãos de Hazael, rei de Aram, e nas mãos de seu filho Ben-Adad. ⁴Mas Joacaz implorou a Javé, e Javé o escutou, porque viu como o rei de Aram oprimia Israel. ⁵Javé deu a Israel um libertador e eles puderam sair de sob o poder de Aram. E os filhos de Israel voltaram a morar em suas tendas como antigamente. ⁶Mas não se afastaram do pecado que Jeroboão tinha feito Israel cometer: continuaram andando nele. Até a Aserá continuou erguida em Samaria. ⁷Foi por isso que Javé deixou para Joacaz somente cinquenta cavaleiros, dez carros de guerra

---

de entregar o dinheiro coletado aos arameus (Síria), que dominavam então sobre Judá e Israel (cf. 2Cr 24,1-16). Os vv. 5-17 refletem uma redação pós-exílica.

13,1-9: Assim como Judá no sul, os arameus subjugaram também Israel no norte. Mesmo com Javé, o culto a Aserá continua em Israel (v. 6).

e dez mil soldados de infantaria. O rei de Aram os havia exterminado e reduzido à poeira da estrada.

⁸O restante da história de Joacaz, o que ele fez, suas façanhas, não está tudo escrito nos Anais dos Reis de Israel? ⁹Joacaz foi repousar com seus pais, foi sepultado em Samaria, e seu filho Joás tornou-se rei em seu lugar.

Joás de Israel (798-783) – ¹⁰No ano trinta e sete do reinado de Joás, rei de Judá, Joás, filho de Joacaz, tornou-se rei de Israel em Samaria. Reinou por dezesseis anos. ¹¹Fez o que é mau aos olhos de Javé. Não se afastou dos pecados de Jeroboão, filho de Nabat, que havia levado Israel a pecar, e andou pelos mesmos caminhos.

¹²O restante da história de Joás, o que ele fez, suas façanhas, a guerra que ele moveu contra Amasias, rei de Judá, não está tudo escrito nos Anais dos Reis de Israel? ¹³Joás adormeceu com seus pais, e Jeroboão sentou-se sobre seu trono. Joás foi sepultado em Samaria, com os reis de Israel.

Morte de Eliseu – ¹⁴Eliseu caiu doente, doença da qual morreria. Joás, rei de Israel, desceu até ele e chorou sobre ele, dizendo: "Meu pai, meu pai! Carro e cavalaria de Israel!" ¹⁵Eliseu disse: "Pegue o arco e algumas flechas". Joás pegou o arco e as flechas. ¹⁶Eliseu disse ao rei de Israel: "Empunhe o arco". Joás empunhou o arco. Eliseu pôs as mãos sobre as mãos do rei ¹⁷e disse: "Abra a janela para o lado do oriente". E o rei abriu a janela. Eliseu disse: "Atire". E Joás atirou. Eliseu exclamou: "Flecha de vitória de Javé! Flecha de vitória contra Aram! Você vencerá Aram em Afec até eliminá-lo". ¹⁸E continuou: "Pegue as flechas". Joás pegou as flechas. Eliseu disse ao rei de Israel: "Atire no chão". O rei atirou três vezes e parou. ¹⁹O homem de Deus ficou irritado contra ele e disse: "Você deveria ter atirado cinco ou seis vezes! Assim você derrotaria Aram até o fim. Agora, você vai vencer Aram três vezes apenas!"

²⁰Eliseu morreu e foi sepultado. Todos os anos, bandos de Moab faziam incursões na terra. ²¹Certa vez, alguns que estavam enterrando um homem avistaram um desses bandos. Jogaram o homem no túmulo de Eliseu e foram-se embora. Aconteceu que, ao tocar os ossos de Eliseu, o homem reviveu e se colocou de pé.

²²Hazael, rei de Aram, oprimiu os israelitas durante toda a vida de Joacaz. ²³Javé, porém, teve piedade, teve compaixão deles e voltou-se para eles, por causa da aliança que havia feito com Abraão, Isaac e Jacó, e por enquanto não queria destruí-los nem mandá-los para longe de sua presença. ²⁴Quando Hazael, rei de Aram, morreu, seu filho Ben-Adad tornou-se rei em seu lugar. ²⁵Então Joás, filho de Joacaz, recuperou das mãos do filho de Hazael, Ben-Adad, as cidades que Hazael havia tomado de seu pai Joacaz durante a guerra. Joás venceu os arameus três vezes e devolveu as cidades para Israel.

6. Florescimento de Israel e invasão assíria

14 *Amasias de Judá (796-781)* – ¹No segundo ano do reinado de Joás, filho de Joacaz, rei de Israel, reinou Amasias, filho de Joás, rei de Judá. ²Ele tinha vinte e cinco anos quando se tornou rei, e reinou em Jerusalém por vinte e nove anos. Sua mãe se chamava Joaden e era natural de Jerusalém. ³Amasias fez o que é correto aos olhos de Javé, mas não como seu pai Davi. Seguiu em tudo seu pai Joás. ⁴Só que os lugares altos não desapareceram e o povo continuou a oferecer sacrifícios e a queimar incenso nos lugares altos. ⁵Tendo firmado o poder nas mãos, Amasias mandou matar os servos que tinham assassinado o rei, seu pai. ⁶Ele, porém, não mandou matar os filhos dos assassinos, respeitando o que está escrito no livro da Lei de Moisés, onde Javé manda: "Os pais não serão mortos por causa de seus filhos, nem os filhos serão mortos

---

10-13: Discriminado, como eram os demais reis de Israel pelo redator deuteronomista, Joás introduz o grande reinado de Jeroboão II.

14-25: Consolidada a revolta de Jeú, que teve o importante apoio de Eliseu, Israel começa a desvencilhar-se de seu antigo aliado Aram.

14-17: Começa em Israel um período estável que dura até a Assíria se impor como nova potência mundial – o que resultará na queda e deportação da Samaria.

14,1-22: A Síria ou Aram está em decadência, devido a uma nova força que vem surgindo: a Assíria. Nesse vácuo de poder, Israel começa a expandir seu domínio so-

por causa dos pais. Cada um morrerá por seu próprio pecado".

⁷Amasias agrediu Edom no vale do Sal. Eram cerca de dez mil homens. Com essa guerra, conquistou Sela e mudou-lhe o nome para Jecetel, nome que se conserva até hoje.

⁸Amasias mandou emissários a Joás, filho de Joacaz, neto de Jeú, rei de Israel, com esta mensagem: "Venha me enfrentar". ⁹Joás, rei de Israel, respondeu assim a Amasias, rei de Judá: "O espinheiro do Líbano mandou dizer ao cedro do Líbano: 'Dê-me sua filha como mulher para meu filho'. Mas a fera do Líbano passou e pisoteou o espinheiro. ¹⁰Você derrotou Edom, e seu coração se encheu de orgulho. Celebre sua glória, mas fique em casa. Por que quer se meter numa guerra desastrosa, que vai provocar sua ruína e a ruína de Judá?" ¹¹Amasias, porém, não fez caso. Então Joás, rei de Israel, foi enfrentar Amasias, rei de Judá, em Bet-Sames, que pertence a Judá. ¹²E Judá foi derrotado por Israel, fugindo cada qual para sua tenda. ¹³Em Bet-Sames, Joás, rei de Israel, capturou Amasias, rei de Judá, filho de Joás, neto de Ocozias, e entrou em Jerusalém. Abriu uma brecha de duzentos metros na muralha de Jerusalém, desde a porta de Efraim até a porta do Ângulo, ¹⁴e se apoderou do ouro, da prata e de todos os objetos que estavam na Casa de Javé e no tesouro do palácio real. Além disso, tomou reféns, e voltou para Samaria.

¹⁵O restante da história de Joás, todas as suas façanhas militares e a guerra que fez contra Amasias, rei de Judá, não está tudo escrito nos Anais dos Reis de Israel? ¹⁶Joás adormeceu com seus pais e foi sepultado em Samaria com os reis de Israel. Seu filho Jeroboão tornou-se rei em seu lugar.

¹⁷Amasias, filho de Joás, rei de Judá, viveu ainda quinze anos depois da morte de Joás, filho de Joacaz, rei de Israel. ¹⁸O restante da história de Amasias não está escrito nos Anais dos Reis de Judá? ¹⁹Ele foi vítima de uma conspiração em Jerusalém e fugiu para Laquis, mas continuaram atrás dele até Laquis, e aí o mataram. ²⁰Transportaram seu corpo a cavalo e o sepultaram em Jerusalém, junto com seus pais na cidade de Davi.

²¹Todo o povo de Judá escolheu então Azarias, que tinha dezesseis anos, e o constituiu rei no lugar de seu pai Amasias. ²²Foi ele quem fortificou Elat, recuperando-a para Judá, depois que o rei adormeceu com seus pais.

Jeroboão II de Israel (783-743) – ²³No ano quinze do reinado de Amasias, filho de Joás, rei de Judá, Jeroboão, filho de Joás, rei de Israel, começou a reinar sobre Israel em Samaria. Reinou por quarenta e um anos. ²⁴Praticou o que é mau aos olhos de Javé, sem se afastar de todos os pecados de Jeroboão, filho de Nabat, que levou Israel a pecar. ²⁵Jeroboão restabeleceu as fronteiras de Israel desde Lebo-Emat até o mar da Arabá, conforme a palavra de Javé, Deus de Israel, anunciada por meio de seu servo, o profeta Jonas, filho de Amati, natural de Gat-Ofer. ²⁶De fato, Javé viu que a miséria de Israel era muito amarga e não havia quem viesse em socorro de Israel, nem amarrado nem liberado. ²⁷Como não havia decidido apagar o nome de Israel debaixo do céu, Javé o libertou por meio de Jeroboão, filho de Joás.

²⁸O restante da história de Jeroboão, o que ele fez, suas façanhas e guerras, como reconquistou, para Israel, Damasco e Emat, que tinham pertencido a Judá, tudo isso não está escrito nos Anais dos Reis de Israel? ²⁹Jeroboão foi repousar com seus pais, e foi sepultado em Samaria, junto aos reis de Israel. E seu filho Zacarias tornou-se rei em seu lugar.

15 *Azarias de Judá (781-740)* – ¹No ano vinte e sete do reinado de Jeroboão, rei de Israel, Azarias, filho de Amasias, tornou-se rei de Judá. ²Tinha dezes-

---

bre Judá (cf. 2Cr 25,1 28), que havia conquistado de Edom o Vale do Sal (cf. 8,20-22), importante fonte de riqueza.

23-29: O enfraquecimento da Síria permite a Israel longo e estável reinado. Jeroboão II reestabelece as fronteiras de Lebo-Emat até o mar da Arabá (v. 25), limites do território que Salomão teria conquistado (cf. 1Rs 5,1; 8,65). Portanto, Jeroboão II reinou também sobre Judá. O florescimento econômico, porém, ficou concentrado nas mãos de uma elite, e os pobres continuavam oprimidos. Tal situação foi duramente denunciada pelo profeta Amós (cf. Am 1,1; 6,14; 7,9-10).

15,1-7: A estabilidade política e econômica de Israel se estende para Judá, que amplia seu território até Elat (14,21-23).

seis anos quando se tornou rei. Reinou em Jerusalém por cinquenta e dois anos. Sua mãe se chamava Jequelias e era natural de Jerusalém. ³Fez o que é correto aos olhos de Javé, como fez seu pai Amasias. ⁴Os lugares altos, porém, não desapareceram e o povo continuou a oferecer sacrifícios e queimar incenso nos lugares altos. ⁵Javé atingiu o rei, que ficou leproso até morrer. Por isso, ficou morando numa casa separada, e seu filho Joatão, chefe do palácio, governava o povo da terra.

⁶O restante da história de Azarias, o que ele fez, não está tudo escrito nos Anais dos Reis de Judá? ⁷Azarias adormeceu com seus pais e foi sepultado com seus pais na cidade de Davi. Seu filho Joatão tornou-se rei em seu lugar.

Zacarias de Israel (743) – ⁸No ano trinta e oito do reinado de Azarias, rei de Judá, Zacarias, filho de Jeroboão, tornou-se rei de Israel em Samaria. Reinou seis meses. ⁹Fez, como seus pais, o que é mau aos olhos de Javé. Não se afastou dos pecados de Jeroboão, filho de Nabat, que levou Israel a pecar. ¹⁰Selum, filho de Jabes, armou uma cilada contra Zacarias, agrediu-o diante do povo e o matou, e se fez rei em seu lugar.

¹¹O restante da história de Zacarias está escrito nos Anais dos Reis de Israel. ¹²É o que Javé tinha dito a Jeú: "Seus filhos se assentarão no trono de Israel até a quarta geração". Assim aconteceu.

Selum de Israel (743) – ¹³Foi no ano trinta e nove do reinado de Azarias, rei de Judá, que Selum, filho de Jabes, tornou-se rei. Reinou um mês em Samaria. ¹⁴Manaém, filho de Gadi, saiu de Tersa, entrou em Samaria, matou Selum, filho de Jabes, e se fez rei em seu lugar.

¹⁵O restante da história de Selum e a cilada que ele armou está tudo escrito nos Anais dos Reis de Israel.

¹⁶Manaém, então, atacou Tafua com todos os que aí estavam, e também sua região a partir de Tersa, porque não lhe haviam aberto as portas. Agrediu e rasgou todas as grávidas.

Manaém de Israel (743-738) – ¹⁷No ano trinta e nove do reinado de Azarias, rei de Judá, Manaém, filho de Gadi, tornou-se rei de Israel. Reinou dez anos em Samaria. ¹⁸Fez o que é mau aos olhos de Javé, sem se afastar dos pecados de Jeroboão, filho de Nabat, que fez Israel pecar. No seu tempo, ¹⁹Pul, rei da Assíria, invadiu o país. Manaém pagou-lhe, então, trinta e quatro toneladas de prata, para que Pul o apoiasse a consolidar a realeza em sua mão. ²⁰Manaém exigiu a contribuição de todos os ricos de Israel, cerca de meio quilo de prata de cada um, para dar o dinheiro ao rei da Assíria. Então o rei da Assíria se retirou e não permaneceu mais na terra.

²¹O restante da história de Manaém, o que ele fez, não está tudo escrito nos Anais dos Reis de Israel? ²²Manaém adormeceu com seus pais. Seu filho Faceias tornou-se rei em seu lugar.

Faceias de Israel (738-737) – ²³Foi no ano cinquenta do reinado de Azarias, rei de Judá, que Faceias, filho de Manaém, tornou-se rei de Israel. Reinou por dois anos em Samaria. ²⁴Fez o que é mau aos olhos de Javé, sem se afastar dos pecados de Jeroboão, filho de Nabat, que levou Israel a pecar. ²⁵Seu escudeiro Faceia, filho de Romelias, armou uma cilada contra ele e o assassinou na torre do palácio real em Samaria. Argob e Arié o acompanhavam. Estavam também com ele cinquenta homens de Galaad. Faceias matou o rei, e reinou em seu lugar. ²⁶O restante da história de Faceias está escrito nos Anais dos Reis de Israel.

Faceia de Israel (737-732) – ²⁷No ano cinquenta e dois do reinado de Azarias,

---

8-12: Depois de Jeroboão II, começa em Israel um período de grande instabilidade política, culminando com a queda da Samaria. Em dez anos, Israel tem seis reis, quatro deles assassinados.

13-16: Último rei da dinastia de Jeú. Duas casas disputam o poder, uma instalada em Samaria e outra em Tersa, antiga capital de Israel (cf. 1Rs 16,23-24).

17-22: Um novo e poderoso império mostra suas garras: a Assíria. Em 745, Teglat-Falasar III, ou Pul, como se fez chamar na Babilônia (745-727), chega ao poder, conquista a Síria e impõe pesado tributo a Israel.

23-26: A submissão de Israel à Assíria não era aceita por todos. Um movimento de Galaad, encabeçado pelo escudeiro Faceia (cf. 7,2) e ligado aos arameus, inimigos declarados dos assírios (cf. 16,5s), busca reconquistar o poder.

27-31: Percebendo as rebeliões, a Assíria parte para o contra-ataque, reconquista várias importantes cidades e deporta seus habitantes.

rei de Judá, Faceia, filho de Romelias, tornou-se rei de Israel. Reinou vinte anos em Samaria. ²⁸Fez o que é mau aos olhos de Javé, sem se afastar dos pecados de Jeroboão, filho de Nabat, que levou Israel a pecar. ²⁹No tempo em que Faceia era rei de Israel, o rei da Assíria Teglat-Falasar tomou Aion, Abel-Bet-Maaca, Janoe, Cedes, Hasor, Galaad, Galileia e toda a região de Neftali e deportou seus habitantes para a Assíria. ³⁰No ano vinte do reinado de Joatão, filho de Ozias, Oseias, filho de Ela, armou uma cilada contra Faceia, filho de Romelias, o matou e se fez rei em seu lugar.

³¹O restante da história de Faceia, o que ele fez, está tudo escrito nos Anais dos Reis de Israel.

Joatão de Judá (740-736) – ³²No segundo ano do reinado de Faceia, filho de Romelias, rei de Israel, Joatão, filho de Ozias, tornou-se rei de Judá. ³³Tinha vinte e cinco anos quando se tornou rei e reinou dezesseis anos em Jerusalém. Sua mãe se chamava Jerusa e era filha de Sadoc. ³⁴Fez o que é correto aos olhos de Javé, da mesma forma que seu pai Ozias. ³⁵Os lugares altos, porém, não desapareceram e o povo continuou a oferecer sacrifícios e a queimar incenso nos lugares altos. Foi ele que construiu a Porta Superior da Casa de Javé.

³⁶O restante da história de Joatão, o que ele fez, não está tudo escrito nos Anais dos Reis de Judá? ³⁷Nesses dias, Javé começou a mandar contra Judá o rei de Aram, Rason, e Faceia, filho de Romelias. ³⁸Joatão adormeceu com seus pais e foi sepultado na cidade de seu pai Davi. Seu filho Acaz tornou-se rei em seu lugar.

16

Acaz de Judá (736-716) – ¹No décimo sétimo ano do reinado de Faceia, filho de Romelias, Acaz, filho de Joatão, tornou-se rei de Judá. ²Tornou-se rei com vinte anos e reinou dezesseis anos em Jerusalém. Não fez o que é correto aos olhos de Javé, como fizera seu pai Davi.

³Seguiu pelos caminhos dos reis de Israel e chegou até a fazer seu filho passar pelo fogo, conforme os costumes abomináveis das nações que Javé tinha expulsado diante dos israelitas. ⁴Ofereceu sacrifícios e queimou incenso nos lugares altos, nas colinas e debaixo de toda árvore frondosa.

⁵Nesse tempo, Rason, rei de Aram, e Faceia, filho de Romelias, rei de Israel, subiram para atacar Jerusalém. Fizeram o cerco contra Acaz, mas não puderam atacar. ⁶Na mesma época, o rei de Edom recuperou Elat para sua nação. Desalojou os judeus que aí moravam, e os edomitas puderam ocupar Elat. Aí eles se estabeleceram até o dia de hoje. ⁷Acaz mandou mensageiros a Teglat-Falasar, rei da Assíria, para dizer-lhe: "Sou seu escravo e seu filho. Venha libertar-me das mãos do rei de Aram e do rei de Israel, que se levantaram para me atacar". ⁸Acaz pegou prata e ouro que havia na Casa de Javé e nos tesouros do palácio real e enviou como presente ao rei da Assíria. ⁹O rei da Assíria atendeu, saiu em guerra contra Damasco, tomou a cidade, deportou a população para Quir e matou Rason.

¹⁰O rei Acaz foi a Damasco para se apresentar ao rei assírio Teglat-Falasar. Quando viu o altar que havia em Damasco, mandou ao sacerdote Urias um desenho do altar com todos os detalhes. ¹¹Antes que o rei voltasse de Damasco, o sacerdote Urias construiu um altar seguindo todas as instruções por ele enviadas. ¹²Quando o rei Acaz chegou de volta de Damasco, ao ver o altar, foi até aí e subiu a ele. ¹³Queimou sobre o altar seu holocausto e suas ofertas, derramou sua libação e aspergiu o sangue de seus sacrifícios de paz. ¹⁴Depois, mandou tirar da frente da Casa o antigo altar de bronze, que estava diante de Javé, isto é, entre o altar novo e a Casa, e o colocou ao norte, ao lado do novo altar. ¹⁵Depois, deu esta ordem ao sacerdote Urias: "É sobre o altar grande que você deverá queimar o holocausto da manhã e a oferta da tarde, o holocausto e a oferta do rei, assim como

---

32-38: A rebelião do norte, encabeçada por Aram e Israel, estende-se até Judá ao sul (cf. 2Cr 27,1-9).

16,1-20: Por causa da aliança que fez com a Assíria, Acaz é comparado aos reis de Israel. Em seu tempo, a coalizão arameia-israelita avança em direção ao sul, conquista Elat e cerca Jerusalém (cf. Is 7,1-9). Acaz pede ajuda à Assíria, que já vinha reconquistando os próprios territórios (cf. 15,29). A rebelião é reprimida com a conquista de Damasco, capital da Síria (733-732). Judá torna-se então vassalo da Assíria, cujo culto introduz, e faz diversas mudanças no Templo para agradar o novo rei.

o holocausto, a oferta e as libações de todo o povo. Derrame sobre ele todo o sangue dos holocaustos e dos sacrifícios. O altar de bronze ficará para mim, para consulta". ¹⁶O sacerdote Urias fez tudo como o rei Acaz havia mandado. ¹⁷O rei Acaz arrancou os painéis dos pedestais e tirou as bacias dos pedestais. Mandou retirar o Mar de bronze, que ficava sobre os bois, e mandou colocá-lo sobre o piso de pedras. ¹⁸Em consideração para com o rei da Assíria, mudou o pórtico do sábado, no interior da Casa de Javé, e a entrada exterior do rei.

¹⁹O restante da história de Acaz, o que ele fez, não está tudo escrito nos Anais dos Reis de Judá? ²⁰Acaz adormeceu com seus pais e foi sepultado com eles na cidade de Davi. E seu filho Ezequias tornou-se rei em seu lugar.

17 Oseias de Israel (732-724), queda da Samaria e exílio –

¹No décimo segundo ano do reinado de Acaz, rei de Judá, Oseias, filho de Ela, tornou-se rei de Israel. Reinou nove anos em Samaria. ²Fez o que é mau aos olhos de Javé, mas nem tanto como os reis de Israel que vieram antes dele.

³Salmanasar, rei da Assíria, atacou Oseias, que teve de se submeter e pagar tributo. ⁴Mas o rei da Assíria descobriu que Oseias o traía, pois havia mandado embaixadores a Sô, rei do Egito, e deixou de pagar ao rei da Assíria o tributo anual. O rei da Assíria mandou prendê-lo e deixá-lo acorrentado na prisão. ⁵Em seguida, o rei da Assíria subiu contra toda a terra, atacou Samaria e a sitiou por três anos. ⁶Ao nono ano do reinado de Oseias, o rei da Assíria tomou Samaria e deportou os israelitas para a Assíria. Os israelitas foram levados para Hala, às margens do rio Habor em Gozã, e também para cidades da Média.

⁷Tudo isso aconteceu porque os israelitas pecaram contra Javé, seu Deus, que os havia tirado da terra do Egito e libertado da opressão do faraó, rei do Egito. Eles adoraram outros deuses ⁸e seguiram os costumes das nações que Javé havia expulsado diante deles, costumes que os reis de Israel tinham criado. ⁹Os israelitas fizeram contra Javé, seu Deus, coisas que não deveriam ter feito: construíram lugares altos em todas as suas cidades, tanto nas torres de vigia como nas cidades fortificadas, ¹⁰levantaram para sua devoção colunas sagradas e Aserás sobre todas as colinas altas e debaixo de toda árvore frondosa. ¹¹Queimaram incenso em todos os lugares altos, como faziam as nações que Javé havia expulsado diante deles. Cometeram ações más, provocando a ira de Javé. ¹²Adoraram os ídolos, embora Javé tivesse dito: "Não façam isso".

¹³Javé havia chamado a atenção de Israel e de Judá, por meio de todos os profetas e videntes, dizendo: "Voltem atrás de seus maus caminhos e obedeçam aos meus mandamentos e legislações, de acordo com toda a Lei que dei a seus pais e que lhes transmiti por meio de meus servos, os profetas". ¹⁴Eles, porém, não obedeceram e foram mais teimosos ainda do que seus pais, que não creram em Javé seu Deus. ¹⁵Desprezaram suas legislações, a aliança que ele havia feito com seus antepassados, bem como as advertências que lhes havia feito. Correram atrás de ídolos vazios e se esvaziaram, imitando as nações vizinhas, coisa que Javé lhes havia proibido. ¹⁶Abandonaram todos os mandamentos de Javé seu Deus. Fabricaram ídolos de metal fundido, os dois bezerros de ouro. Fizeram uma Aserá, adoraram todo o exército dos céus e prestaram culto a Baal. ¹⁷Passaram pelo fogo seus filhos e filhas. Praticaram a adivinhação e a magia. Venderam-se para praticar o mal diante de Javé, provocando-lhe a ira. ¹⁸Javé então ficou irritado contra Israel e o atirou para longe. Restou apenas a tribo de Judá.

¹⁹Também Judá não obedeceu aos mandamentos de Javé, seu Deus. Seguiu as regras de Israel. ²⁰Por isso, Javé desprezou toda a descendência de Israel. Ele a humilhou e entregou aos saqueadores e, por fim, atirou-a para longe de si. ²¹Quando Javé separou Israel da casa de Davi, Israel proclamou rei a Jeroboão, filho de Nabat.

17,1-23: Depois da queda de Damasco (733-732), Israel se submete à Assíria do rei Salmanasar. O Egito, porém, querendo recuperar seu antigo domínio, instiga Israel a se rebelar. A Assíria parte do contra-ataque, cerca a capital Samaria e, após longo assédio, arrasa a cidade em 722. A população é deportada e o estado de Israel desaparece. Os anais assírios falam de 27.920 israelitas deportados. No tempo de Josias e depois do exílio de Judá, esse desastre será atribuído ao culto a outros deuses e à desobediência à lei de Javé (vv. 7-23).

Mas Jeroboão afastou Israel de Javé e o levou a cometer um grande pecado. ²²Os israelitas seguiram pelos mesmos pecados que Jeroboão havia cometido, e não se afastaram deles. ²³Finalmente, Javé afastou Israel da sua presença, conforme havia anunciado por meio de seus servos, os profetas. Exilou os israelitas de sua terra para a Assíria, onde até hoje se encontram.

Origem dos samaritanos – ²⁴O rei da Assíria mandou vir gente de Babilônia, de Cuta, Ava, Emat e Sefarvaim, e os estabeleceu nas cidades de Samaria, em lugar dos filhos de Israel. Tomaram posse de Samaria e se instalaram em suas cidades.

²⁵Quando começaram a morar aí, não tinham o temor de Javé, e Javé lhes mandava leões que os matavam. ²⁶Eles então comunicaram ao rei da Assíria: "As nações que o senhor mandou para morar nas cidades de Samaria não conhecem a norma do Deus da terra, e ele mandou leões contra elas. Os leões matam as pessoas, porque elas não conhecem a norma do Deus da terra". ²⁷O rei da Assíria então determinou: "Mandem para lá um dos sacerdotes deportados de Samaria para que lá fique morando e ensine às pessoas a norma do Deus da terra". ²⁸Então um dos sacerdotes que tinham sido deportados de Samaria veio e ficou morando em Betel. Ele ensinou às pessoas como ter o temor de Javé.

²⁹Cada nação, porém, foi fabricando seus próprios deuses e colocando-os nos templos dos lugares altos que os samaritanos tinham feito. Cada nação fez isso na cidade em que morava. ³⁰Os da Babilônia fizeram uma estátua de Sucot-Benot, os de Cuta uma de Nergel, os de Emat uma de Asima, ³¹os de Ava uma de Nebaaz e outra de Tartac, os de Sefarvaim queimavam seus filhos em honra de seus deuses Adramelec e Anamelec. ³²Também eles eram tementes a Javé e estabeleciam dentre sua gente sacerdotes dos lugares altos, para atuarem nos templos dos lugares altos. ³³Eram tementes a Javé, mas também cultuavam seus deuses, conforme o costume das nações de onde tinham sido exilados. ³⁴Ainda hoje seguem suas antigas normas. Não têm o temor de Javé e não agem de acordo com as legislações, normas, lei e mandamentos que Javé deu aos filhos de Jacó, a quem deu o nome de Israel. ³⁵Javé fez com eles uma aliança e deu-lhes esta ordem: "Não temam outros deuses, não se prostrem diante deles, não os cultuem nem lhes ofereçam sacrifícios. ³⁶É somente a Javé, que os tirou da terra do Egito com grande força e braço firme, que vocês devem cultuar, prostrar-se e oferecer sacrifícios. ³⁷As legislações e normas, a lei e os mandamentos que Javé deu a vocês por escrito é que vocês devem guardar, pondo-os em prática todos os dias, sem o temor de outros deuses. ³⁸Não esqueçam a aliança que fiz com vocês e não temam outros deuses. ³⁹Temam somente a Javé, seu Deus, e ele os libertará de todos os inimigos". ⁴⁰Eles, porém, não ouviram e continuaram a viver conforme o antigo costume. ⁴¹Essas nações eram tementes a Javé, mas ao mesmo tempo prestavam culto a seus próprios ídolos. Seus filhos e netos continuaram fazendo até hoje o que seus pais haviam feito.

7. Florescimento de Judá e invasão babilônica

18 *Ezequias de Judá (716-687)* – ¹Aconteceu que, no terceiro ano do reinado de Oseias, filho de Ela, rei de

---

24-41: Os assírios deportavam os habitantes dos territórios conquistados para fragilizar a resistência local (cf. 15,29; 17,6). Assim, foram estabelecidos na Samaria povos vindos de cinco regiões diferentes (vv. 24.30-31), que levaram consigo suas crenças e costumes, e se misturaram com os habitantes do interior da Samaria. Dessa mistura étnica surgem os samaritanos, povo que será muito discriminado pelos judaítas no sul (cf. Esd 4; Jo 4). A expressão "ainda hoje" (vv. 34.41) é a ênfase no culto e na lei indicam que o texto tem influência tardia.

18-25: É bem provável que Judá se tenha tornado Estado monárquico desenvolvido só a partir do reinado de Ezequias (716-687). Dois fatores foram determinantes: a queda da Samaria em 722 a.C., quando houve grande migração para o sul, fazendo com que Jerusalém, em pouco tempo, aumentasse sua população de mil para quinze mil; e a integração de Judá no comércio internacional. O fim de Israel, o vizinho forte e dominador, permitiu a Judá expandir-se em termos econômicos, políticos e literários, apesar do alto tributo que era obrigado a pagar à Assíria. É possível que a redação deuteronomista, inspirada pelas crônicas do norte, tenha seu início nesse período, intensificando-se no tempo do rei Josias (640-609). Por isso, Ezequias e Josias são os monarcas mais elogiados nos livros dos Reis (cf. 18,5; 23,25). Com Josias ocorre uma transladação do Estado do norte para o sul, fazendo de Judá o autêntico Israel (cf. Intr.).

18,1-8: Junto com outras cidades fortificadas da região, Ezequias se rebela contra a Assíria. Para isso, destrói os pequenos santuários do interior, centraliza

Israel, Ezequias, filho de Acaz, tornou-se rei de Judá. ²Tinha vinte e cinco anos ao se tornar rei, e reinou vinte e nove anos em Jerusalém. Sua mãe se chamava Abia e era filha de Zacarias. ³Ezequias fez o que é correto aos olhos de Javé, seguindo em tudo a maneira de agir de seu pai Davi. ⁴Acabou com os lugares altos, quebrou as colunas sagradas e derrubou a Aserá. Despedaçou também a serpente de bronze que Moisés havia feito, porque os filhos de Israel ainda queimavam incenso diante dela. Eles a chamavam de Noestã. ⁵Ezequias pôs sua confiança em Javé, Deus de Israel. Tanto antes como depois, não existiu nenhum rei em Judá que pudesse ser comparado a ele. ⁶Permaneceu fiel a Javé, sem nunca se afastar dele. Observou os mandamentos que Javé deu a Moisés. ⁷Javé esteve com ele. Por isso, teve êxito em tudo o que fez. Rebelou-se contra o rei da Assíria e não lhe ficou submisso. ⁸Foi ele quem bateu os filisteus até Gaza e sua região, tanto as torres de vigia como as cidades fortificadas.

Queda da Samaria – ⁹No quarto ano do reinado de Ezequias e sétimo de Oseias, filho de Ela, rei de Israel, Salmanasar, rei da Assíria, veio atacar Samaria e cercou a cidade. ¹⁰Após três anos, conseguiu tomar a cidade. Samaria foi conquistada no sexto ano de Ezequias, o nono ano do reinado de Oseias em Israel. ¹¹O rei da Assíria deportou os israelitas para a Assíria levando-os para Hala, às margens do rio Habor em Gozã, e para cidades da Média. ¹²Isso porque eles não ouviram a voz de Javé, seu Deus, e romperam sua aliança, aquilo que Moisés, servo de Javé, lhes havia determinado. Não o ouviram nem puseram em prática.

Invasão de Senaquerib – ¹³No ano catorze do reinado de Ezequias, Senaquerib, rei da Assíria, atacou todas as cidades fortificadas de Judá e se apossou delas. ¹⁴Ezequias, rei de Judá, mandou então esta mensagem ao rei da Assíria, que estava em Laquis: "Cometi um erro. Não me ataque. Eu aceitarei as condições que você me impuser". O rei da Assíria exigiu que Ezequias, rei de Judá, pagasse um tributo de dez toneladas de prata e mil quilos de ouro. ¹⁵Ezequias então entregou toda a prata que havia na Casa de Javé e no tesouro do palácio real. ¹⁶Nesse tempo, Ezequias mandou tirar também as portas do Templo de Javé e os umbrais que Ezequias, rei de Judá, tinha revestido, e as entregou ao rei da Assíria.

Negociação para a rendição – ¹⁷De Laquis, o rei da Assíria mandou o comandante do exército, o chefe da administração e o chefe dos copeiros, para que fossem, com forte destacamento, a Jerusalém, até o rei Ezequias. Chegaram a Jerusalém e pararam perto do canal que leva água para o reservatório superior, no caminho do Campo do Pisoeiro. ¹⁸Chamaram pelo rei. Saíram a seu encontro o administrador do palácio, Eliacim, filho de Helcias, o escrivão Sobna e o secretário Joaé, filho de Asaf. ¹⁹O chefe dos copeiros então lhes falou: "Digam a Ezequias: Assim fala o grande rei, o rei da Assíria: Que segurança é essa que você está demonstrando? ²⁰Pensa que palavras saídas da boca bastam como estratégia e valentia para a guerra? Em quem você está se apoiando para se rebelar contra mim? ²¹Ah! Você se apoia no Egito, esse bambu rachado que fere, deixando farpas na mão de quem nele se apoia! Assim é o faraó, rei do Egito, para todos os que nele confiam. ²²Talvez você vá me responder: 'Nós colocamos nossa confiança em Javé, nosso Deus'. Mas não eram dedicados a ele os lugares altos e os

---

o culto em Jerusalém, reforça e amplia a muralha da cidade, e constrói um canal subterrâneo para levar água da fonte de Gion até a piscina de Siloé, dentro da cidade (cf. 20,20; 2Cr 32,1-8; Is 5,10-11); consegue assim repelir os filisteus, possivelmente já fragilizados pela Assíria.

9-12: Memória do cerco, tomada e deportação da Samaria, capital de Israel (cf. 17,1-23). Deportação que servirá de fundo para a novela de Tobias (cf. Tb 1,2).

13-16: Por volta do ano 701, Senaquerib, rei da Assíria (704-681), sufoca a rebelião (cf. Mq 1,8-15). Quando cai a grande fortaleza de Laquis, cerca de 40 km a sudoeste de Jerusalém, Ezequias se rende. A conquista de Laquis foi tão importante que o rei Senaquerib fez dela uma representação na enorme pintura em baixo-relevo no seu palácio de Nínive.

17-37: De Laquis, Senaquerib envia uma embaixada para negociar a rendição de Jerusalém (cf. 2Cr 32,9-19; Is 36,2-22). O diálogo revela que por trás da rebelião está o Egito (vv. 21.24; cf. Is 30,1-5) e que Ezequias usava a fé em Javé para estimular seu frágil exército.

altares que Ezequias destruiu, dizendo ao povo de Judá e de Jerusalém: 'Somente diante do altar que está em Jerusalém é que vocês devem se prostrar'? ²³Pois bem! Faça uma aposta com meu senhor, o rei da Assíria: ele lhe dá dois mil cavalos, se você encontrar cavaleiros para montar em todos eles! ²⁴Como é que você vai conseguir derrotar o menor dos generais do meu senhor? Então você está confiando no Egito para ter carros e cavaleiros! ²⁵Você pensa que foi sem o consentimento de Javé que eu ataquei esse lugar para destruí-lo? Foi Javé quem me disse: 'Suba contra essa terra e a destrua!'"

²⁶Eliacim, filho de Helcias, Sobna e Joaé disseram ao chefe dos copeiros: "Por favor, fale com seus servos em aramaico, que nós entendemos. Não fale em hebraico, na presença do povo que está nas muralhas". ²⁷O chefe dos copeiros respondeu: "Não foi a seu senhor e a você que meu senhor mandou dizer essas coisas. Foi aos homens sentados sobre as muralhas. Eles estão condenados, como vocês, a comer as próprias fezes e a beber a própria urina!"

²⁸Então o chefe dos copeiros, de pé, gritou bem alto em hebraico: "Escutem a palavra do grande rei, o rei da Assíria: ²⁹Assim fala o rei: Não deixem Ezequias enganar vocês, pois ele não poderá livrá-los de minha mão. ³⁰Que Ezequias não leve vocês a confiar em Javé, dizendo que Javé vai salvar vocês e não vai deixar esta cidade cair nas mãos do rei da Assíria. ³¹Não deem ouvidos a Ezequias! Assim fala o rei da Assíria: Façam acordo comigo, entreguem-se, e cada um poderá continuar comendo da sua vinha e da sua figueira, e bebendo água do próprio poço, ³²até que eu venha levar vocês para uma terra boa igual a esta, terra de trigo e vinho novo, terra de pão e videiras, terra de oliveiras, azeite e mel. Assim vocês ficarão vivos, não vão morrer. Não deem ouvidos a Ezequias, pois ele está iludindo vocês, dizendo que Javé vai libertá-los. ³³Por acaso os deuses das nações puderam livrar suas terras das mãos do rei da Assíria? ³⁴Onde estão os deuses de Emat e de Arfad? Onde estão os deuses de Sefarvaim, de Ana e de Ava? Por acaso eles livraram Samaria da minha mão? ³⁵Qual, de todos os deuses das nações, livrou seu país das minhas mãos? Será que Javé vai livrar Jerusalém das minhas mãos?" ³⁶Todos eles ficaram quietos. Nada responderam, pois o rei tinha recomendado que não dessem nenhuma resposta. ³⁷O administrador do palácio, Eliacim, filho de Helcias, o escrivão Sobna e o secretário Joaé, filho de Asaf, retornaram ao rei Ezequias com as roupas rasgadas e lhe comunicaram as palavras do chefe dos copeiros.

19 **Consulta a Isaías** – ¹Ao ouvir a notícia, o rei Ezequias rasgou a roupa, vestiu-se com pano de saco e foi para a Casa de Javé. ²Mandou Eliacim, administrador do palácio, com o escrivão Sobna e os anciãos dos sacerdotes, todos vestidos com panos de saco, ao profeta Isaías, filho de Amós, ³para dizerem: "Assim fala Ezequias: Hoje é dia de angústia, castigo e humilhação. Os filhos estão para nascer, e não há força para dar à luz! ⁴Tomara que Javé, seu Deus, tenha ouvido tudo o que disse o chefe dos copeiros enviado pelo seu senhor, o rei da Assíria, a fim de insultar o Deus vivo. Tomara que Javé, seu Deus, dê o castigo merecido pelas palavras que ouviu. Faça uma prece pelo resto que ainda sobrevive".

⁵Os servos do rei Ezequias foram a Isaías, ⁶e Isaías deu esta resposta: "Digam ao seu senhor: Assim fala Javé: Não fique com medo das palavras que ouviu, dos insultos que os servos do rei da Assíria proferiram contra mim. ⁷Vou soprar-lhe aos ouvidos e, ao ouvir uma notícia, ele voltará para sua terra e lá eu o farei morrer pela espada".

Carta de Senaquerib – ⁸O chefe dos copeiros voltou e foi encontrar o rei da As-

---

19,1-7: Diante da enorme superioridade do exército assírio, Judá é obrigado a se render: o filho está para nascer, mas a mãe não tem força para dar à luz (v. 3; cf. Is 37,1-7). A volta de Senaquerib para Nínive é relida pelo profeta Isaías como intervenção de Javé.

8-19: A nova embaixada de Senaquerib deve ser uma segunda versão de 18,17-37 (cf. Is 37,8-20). No entanto (v. 9), revela que as duas grandes forças em disputa são a Assíria e a Etiópia (Cush); esta reinava então sobre o Egito.

síria guerreando contra Lebna, pois ele ouviu que o rei tinha saído de Laquis. ⁹Ao receber a notícia de que Taraca, rei da Etiópia, tinha saído para guerrear contra ele, Senaquerib tornou a mandar mensageiros para dizer a Ezequias: ¹⁰"Falem assim a Ezequias, rei de Judá: Que o Deus em quem você confia não o engane, dizendo que Jerusalém não cairá nas mãos do rei da Assíria. ¹¹Você mesmo ouviu dizer o que os reis da Assíria fizeram com as nações que eles votaram ao anátema. E você se libertaria? ¹²Por acaso os deuses deles libertaram as nações que meus pais arruinaram? Gozã, Harã, Resef e os edenitas que moravam em Telassar? ¹³Onde está o rei de Emat, o rei de Arfad, o rei de Lair, de Sefarvaim, de Ana e de Ava?"

¹⁴Ezequias pegou a carta da mão dos mensageiros e leu. Depois subiu à Casa de Javé, desenrolou a carta diante de Javé ¹⁵e assim rezou: "Javé, Deus de Israel, sentado entre os querubins, tu és o único Deus de todos os reinos da terra. Tu fizeste o céu e a terra. ¹⁶Inclina teu ouvido, Javé, e escuta! Abre teus olhos, Javé, e olha! Ouve as palavras de Senaquerib, que mandou insultar o Deus vivo! ¹⁷É verdade, Javé: os reis da Assíria devastaram todos os países e seus territórios. ¹⁸Queimaram todos os seus deuses, porque não são deuses, são obras de mãos humanas. São madeira e pedra, e por isso conseguiram destruí-los. ¹⁹Agora, Javé, nosso Deus, livra-nos das mãos deles, para que todos os reinos da terra fiquem sabendo que só tu, Javé, és Deus".

Resposta de Javé – ²⁰Isaías, filho de Amós, mandou dizer a Ezequias: "Assim diz Javé, o Deus de Israel: Escutei o que você me pediu a respeito de Senaquerib, rei da Assíria. ²¹Esta é a palavra que Javé diz a respeito dele:

A virgem filha de Sião despreza
 e zomba de você.
Atrás de você, a filha de Jerusalém
 balança a cabeça.
²²A quem você insultou?
 Contra quem blasfemou?
Contra quem, com arrogância,
 você ergueu a voz?
Contra o Santo de Israel!
²³Pelos enviados que mandou,
 você insultou o Senhor.
Você disse:
'Com a multidão de meus carros
 subi ao alto dos montes,
 ao topo do Líbano.
Cortei os seus mais altos cedros
 e os mais belos ciprestes.
Penetrei até seus antros mais remotos
 e suas matas fechadas.
²⁴Cavei fontes e bebi águas estrangeiras,
 sequei com as pegadas de meus pés
 todas as águas do Egito'.
²⁵Por acaso, você não ouviu nada?
Eu decidi isso há muito tempo.
Preparei tudo em tempos distantes
 e agora executo.
Deixei você reduzir cidades fortificadas
 a um montão de ruínas,
²⁶seus habitantes, de mãos atadas,
 morrendo de medo e vergonha.
Eram como plantinha do chão,
 como capim verde
 ou erva nascida no teto
 que seca ao soprar o vento do deserto.
²⁷Eu sei quando você se levanta
 ou se assenta,
 sei quando você entra e quando sai.
Sei do seu furor contra mim.
²⁸Já que você me odeia
 e sua arrogância chegou
 a meus ouvidos,
 porei uma argola em seu nariz
 e um freio em sua boca,
 para levá-lo de volta
 pelo mesmo caminho
 que o trouxe aqui.
²⁹Este será para você o sinal:
 neste ano, vocês comerão o restolho;
 no segundo ano, o que nascer
 sem ser plantado.
Mas, no terceiro ano,
 vocês vão semear e colher,
 até vinhas vão plantar
 e comer dos seus frutos.
³⁰Assim também o resto
 da casa de Judá que sobreviver

20-37: Este longo oráculo pós-exílico mostra que Javé tem o controle (cf. Is 37,21-38): introdução (vv. 21-22); atribuição das vitórias da Assíria a Javé (vv. 23-27); Javé conduzirá a Assíria de volta como escrava (vv. 28-29); esperança para Judá (vv. 30-34); conclusão (vv. 35-37).

produzirá novas raízes embaixo
e novos frutos em cima.
³¹Porque de Jerusalém sairá um resto,
do monte Sião, gente salva.
O amor apaixonado de Javé dos exércitos
é que faz tudo isso.
³²Por isso, assim diz Javé
sobre o rei da Assíria:
Na cidade ele não vai entrar,
nem mesmo uma flecha vai atirar
  contra ela;
não se protegerá com o escudo,
nem trincheiras fará ao redor dela.
³³Pelo caminho que aqui o trouxe
ele há de voltar!
Na cidade ele não vai entrar
– oráculo de Javé.
³⁴Eu mesmo vou proteger esta cidade,
para salvá-la,
por causa de mim
e também do meu servo Davi".

³⁵Nessa mesma noite, o anjo de Javé saiu e feriu cento e oitenta e cinco mil homens no acampamento assírio. De manhã, ao despertar, só havia cadáveres. ³⁶Senaquerib, rei da Assíria, levantou acampamento e partiu. Voltou para Nínive e aí ficou. ³⁷Aconteceu que, ao se prostrar na casa de Nesroc, seu deus, Adramelec e Sarasar o mataram à espada e fugiram para o país de Ararat. Seu filho Asaradon tornou-se rei em seu lugar.

20 *Cura de Ezequias* – ¹Nesses dias, Ezequias caiu de cama com uma doença mortal. O profeta Isaías, filho de Amós, foi visitá-lo e disse-lhe: "Assim diz Javé: Ponha em ordem sua casa, porque você vai morrer, não vai escapar". ²Ezequias virou-se para a parede e fez a Javé esta prece: ³"Ah! Javé! Não te esqueças: eu procurei sempre andar na tua presença com a fidelidade e coração limpo. Eu procurei fazer sempre o que era bom aos teus olhos". E Ezequias começou a chorar muito.

⁴Isaías ainda não tinha deixado o pátio interno, quando veio a ele a palavra de Javé: ⁵"Volte e fale assim a Ezequias, chefe do meu povo: Assim diz Javé, o Deus de seu pai Davi: Escutei sua oração, vi suas lágrimas. Vou curar você e, dentro de três dias, você poderá subir à Casa de Javé. ⁶Vou aumentar em quinze anos a duração de sua vida e libertá-lo das mãos do rei da Assíria, a você e a esta cidade. Vou proteger esta cidade por causa do meu Nome e por causa do meu servo Davi". ⁷Isaías disse: "Tragam-me um cataplasma de figos". Pegaram o cataplasma, colocaram sobre o tumor, e assim o rei recuperou a saúde.

⁸Ezequias perguntou: "Qual é o sinal de que Javé vai me curar e de que poderei subir à Casa de Javé dentro de três dias?" ⁹Isaías respondeu: "O sinal de que Javé vai cumprir o que prometeu é este: Você quer que a sombra avance ou volte para trás dez degraus?" ¹⁰Ezequias disse: "Avançar dez degraus é fácil para a sombra. Quero vê-la recuar dez degraus". ¹¹O profeta Isaías invocou Javé e ele fez a sombra recuar os dez degraus que já tinha descido nos degraus de Acaz.

Embaixada da Babilônia e morte de Ezequias – ¹²Nessa ocasião, o rei da Babilônia, Merodac-Baladã, filho de Baladã, mandou cartas e um presente a Ezequias, pois tinha recebido notícia de sua enfermidade. ¹³Ezequias ficou muito satisfeito com isso e mostrou toda a sua riqueza aos embaixadores: a prata, o ouro, os perfumes, o óleo fino, como também toda a casa de armas, enfim, tudo o que havia em seus depósitos. Ezequias não deixou nada sem mostrar de tudo o que havia em sua casa e suas dependências.

¹⁴O profeta Isaías foi procurar o rei Ezequias e perguntou: "O que disseram esses homens? De onde vieram eles?" Ezequias respondeu: "Eles vieram de uma terra muito distante, vieram da Babilônia". ¹⁵Isaías perguntou: "O que é que eles viram em sua casa?" Ezequias respondeu: "Eles viram tudo o que existe em minha casa. Não há nada do meu tesouro que eu não lhes tenha mostrado". ¹⁶Isaías disse então a Ezequias: "Escute a palavra de Javé: ¹⁷Chegará o dia em que a Babilônia

---

20,1-11: O sinal (vv. 8-11; cf. Is 38,1-8) mostra que Javé, aqui já apresentado como Deus universal, é aquele que controla o tempo e é capaz de fazer o sol recuar (cf. Js 10,12-14), prolongando a vida de Ezequias. O cataplasma de figos (v. 7), prática medicinal muito antiga, relativiza a cura milagrosa.

12-21: Começa a despontar um novo império: a Babilônia (cf. Is 39,1-8). Merodac-Baladã, grande adversário

levará tudo o que existe em sua casa, tudo o que seus pais foram ajuntando até o dia de hoje. Não vai sobrar nada, diz Javé. ¹⁸Tomarão alguns dos filhos que saíram de você, que você gerou, para que sirvam como eunucos no palácio do rei da Babilônia". ¹⁹Ezequias disse a Isaías: "A palavra de Javé que você me transmite é boa". Pois pensava assim: "Pelo menos durante minha vida haverá paz e segurança".

²⁰O restante da história de Ezequias, o que ele fez e como construiu o reservatório e o aqueduto para levar água à cidade, não está tudo escrito nos Anais dos Reis de Judá?

²¹Ezequias adormeceu com seus pais. E seu filho Manassés tornou-se rei em seu lugar.

21 Manassés de Judá (687-642) –
¹Manassés tinha doze anos quando se tornou rei. Reinou cinquenta e cinco anos em Jerusalém. Sua mãe se chamava Hafsiba. ²Fez o que é mau aos olhos de Javé, imitando as abominações das nações que Javé havia expulsado diante dos israelitas. ³Reconstruiu os lugares altos que seu pai Ezequias havia demolido, ergueu altares para Baal e levantou uma Aserá, como havia feito Acab, rei de Israel. Prostrou-se diante de todo o exército dos céus, prestando-lhe culto. ⁴Construiu altares na Casa de Javé, que havia dito: "É em Jerusalém que coloco o meu Nome". ⁵Construiu esses altares para todo o exército dos céus nos dois pátios da Casa de Javé. ⁶Fez passar seu filho pelo fogo, praticou adivinhação e magia, consultou os mortos e multiplicou os adivinhos, de maneira a praticar o mal aos olhos de Javé, provocando sua indignação. ⁷O ídolo que fizera de Aserá, ele o colocou na Casa de Javé, da qual Javé havia dito a Davi e seu filho Salomão: "Porei para sempre o meu Nome nesta Casa e em Jerusalém, que escolhi no meio de todas as tribos de Israel. ⁸Não deixarei mais que os passos de Israel se tornem errantes, longe da terra que dei a seus pais, contanto que eles procurem agir de acordo com tudo o que lhes mandei, conforme toda a Lei que lhes deu o meu servo Moisés". ⁹Mas eles não obedeceram, pois Manassés os corrompeu, a ponto de praticarem um mal ainda maior que o das nações que Javé havia expulsado diante dos filhos de Israel.

¹⁰Javé falou por meio de seus servos os profetas: ¹¹"Em vista das coisas abomináveis que Manassés, rei de Judá, praticou – ele fez um mal maior do que os amorreus antes dele e levou também Judá a pecar com seus ídolos –, ¹²por isso tudo, assim diz Javé, o Deus de Israel: Mandarei sobre Jerusalém e Judá uma desgraça tão grande que fará zunir os dois ouvidos de quem ouvir falar dela. ¹³Vou esticar sobre Jerusalém a mesma linha que estiquei sobre Samaria, o mesmo prumo que usei para a casa de Acab. Limparei Jerusalém, como se limpa um prato: limpa-se e vira-se sobre sua boca. ¹⁴Abandonarei o restante da minha herança, vou entregá-lo nas mãos de seus inimigos e eles vão se tornar presa e despojo de todos os seus inimigos, ¹⁵porque fizeram o que é mau a meus olhos e provocaram minha indignação, desde o dia em que seus pais saíram do Egito até hoje".

¹⁶Manassés derramou também sangue inocente, e em tal quantidade que inundou Jerusalém de ponta a ponta, fora seu pecado de levar Judá a pecar e fazer o que é mau aos olhos de Javé.

¹⁷O restante da história de Manassés, o que ele fez e os pecados que cometeu, não está tudo escrito nos Anais dos Reis de Judá? ¹⁸Manassés adormeceu com seus pais e foi sepultado no jardim de sua casa, o jardim de Oza. Seu filho Amon tornou-se rei em seu lugar.

Amon de Judá (642-640) –
¹⁹Amon tinha vinte e dois anos ao se tornar rei, e reinou dois anos em Jerusalém. Sua mãe se chamava Mesalemet, era filha de Harus e natural de Jeteba. ²⁰Amon fez o que é mau aos olhos de Javé, tal como seu pai

---

dos assírios, tomou o poder duas vezes na Babilônia (722-710 e 703 a.C.). A menção ao exílio (vv. 17-18) revela a redação tardia do texto.

21,1-18: Ao contrário de Ezequias, Manassés foi um vassalo leal aos assírios (cf. 2Cr 33,1-10), promovendo o culto às suas divindades, como o exército (as-

tros) dos céus (cf. Sf 1,5). Para o redator deuteronomista, esta foi a causa que levou o povo ao exílio na Babilônia.

19-26: Amon segue a política paterna de fidelidade à Assíria (cf. 2Cr 33,21-25), que neste momento está em guerra contra Babilônia. O povo da terra, que eram os

Manassés. ²¹Seguiu em tudo os caminhos de seu pai, prestou culto aos ídolos que seu pai cultuava e prostrou-se diante deles. ²²Abandonou Javé, o Deus de seus pais, e não seguiu o caminho de Javé.

²³Os servos de Amon armaram uma cilada contra ele e mataram o rei dentro de sua casa. ²⁴O povo da terra, porém, matou todos os que tinham tramado contra o rei Amon e, em seu lugar, proclamou seu filho Josias como rei.

²⁵O restante da história de Amon, o que ele fez não está tudo escrito nos Anais dos Reis de Judá? ²⁶Ele foi sepultado em seu túmulo, no jardim de Oza. E seu filho Josias tornou-se rei em seu lugar.

22 *Josias de Judá (640-609)* – ¹Josias tinha oito anos quando se tornou rei. Reinou trinta e um anos em Jerusalém. Sua mãe se chamava Idida, era filha de Hadaia e natural de Besecat. ²Ele fez o que é correto aos olhos de Javé e andou por todos os caminhos de seu pai Davi, sem se desviar, nem para a direita nem para a esquerda.

Descoberta do livro da Lei – ³No ano dezoito do seu reinado, o rei Josias mandou o secretário Safã, filho de Aslias e neto de Mesolam, à Casa de Javé, com esta ordem: ⁴"Vá encontrar-se com o sumo sacerdote Helcias e diga-lhe que deixe preparado o dinheiro oferecido à Casa de Javé e que os guardas da porta recolhem do povo. ⁵Diga-lhe para entregar o dinheiro aos mestres de obras encarregados da Casa de Javé, a fim de que estes o repassem aos operários que trabalham nas reformas da Casa de Javé, ⁶os carpinteiros, construtores e pedreiros. Que eles usem o dinheiro para comprar madeira e pedras talhadas para a reforma da Casa. ⁷Não será necessário pedir contas do dinheiro entregue a eles, porque são honestos".

⁸O sumo sacerdote Helcias disse ao secretário Safã: "Achei um livro da Lei na Casa de Javé!" Entregou o livro a Safã, que o leu. ⁹O secretário Safã foi falar com o rei: "Seus servos juntaram o dinheiro que havia na Casa e o entregaram aos mestres de obras da Casa de Javé". ¹⁰Depois contou ao rei que o sacerdote Helcias lhe havia dado um livro. E Safã leu o livro diante do rei.

A profetisa Hulda – ¹¹Ao ouvir as palavras do livro da Lei, o rei rasgou suas vestes ¹²e deu ao sacerdote Helcias, a Aicam, filho de Safã, a Acobor, filho de Micas, ao secretário Safã e a Asaías, servo do rei, esta ordem: ¹³"Vão consultar Javé por mim, pelo povo e por todo Judá, a respeito das palavras desse livro que foi encontrado. A ira de Javé deve ser grande contra nós, porque nossos pais não obedeceram às palavras desse livro, não praticaram tudo o que nele está escrito sobre nós".

¹⁴O sacerdote Helcias, Aicam, Acobor, Safã e Asaías foram encontrar-se com a profetisa Hulda, mulher de Selum, encarregado das vestes reais, filho de Tícua e neto de Haraas. Ela morava em Jerusalém, na parte nova. Expuseram-lhe o caso ¹⁵e ela respondeu: "Assim diz Javé, o Deus de Israel. Digam ao homem que os enviou a mim: ¹⁶Assim diz Javé, Deus de Israel: 'Vou fazer cair uma desgraça sobre este lugar e seus habitantes. E se cumprirão todas as palavras do livro que o rei de Judá leu. ¹⁷Porque me abandonaram e passaram a queimar incenso a outros deuses, para me provocar com todas as obras de suas mãos. Por isso, minha ira se inflamou contra este lugar, e não se apagará'. ¹⁸E ao rei de Judá, que os enviou para consultar Javé, vocês

---

grandes proprietários ligados à casa davídica (cf. 2Rs 11,20), aproveita a desatenção da Assíria para tomar o poder em Judá.

22,1-2: A guerra contra Babilônia diminui a presença militar assíria na Palestina. Isso permite que Josias retome a política nacionalista e expansionista de Ezequias.

3-10: Para legitimar as pretensões de Josias, foi necessária a elaboração de estatutos que servissem de base para a reforma. O livro da Lei (v. 8) ainda não era obra concluída, mas somente parte do que é hoje Dt 12-26, com leis que tratam da organização política e religiosa de Judá, e que assemelham Josias a Moisés (cf. Ex 24,7). Esse movimento, que havia começado com Ezequias e fora interrompido por Manassés, mais tarde ampliou-se para respaldar as conquistas de Josias (Js 3-12), apresentando-o como novo Davi (1Sm-2Rs). Estes escritos, que resultarão na história deuteronomista, foram inspirados em crônicas de Israel e em tratados assírios, documentos que os escribas de Judá, como Safã (vv. 9-10; cf. Jr 36,10-20), deviam conhecer muito bem.

11-20: Conselheira do rei e moradora da cidade nova, a profetisa Hulda endossa as reformas nacionalistas de Josias. No v. 18, Javé é chamado "Deus de Israel", e isso mostra que só depois de Josias é que Judá começa a identificar-se como "Israel".

dirão: 'Assim diz Javé, Deus de Israel: As palavras que você ouviu... ¹⁹Seu coração se deixou comover e você se humilhou diante de Javé, pois escutou as palavras que pronunciei contra este lugar e seus habitantes, que será desolação e maldição, e você rasgou suas vestes e chorou na minha presença. Assim, eu também ouvi você – oráculo de Javé. ²⁰Por isso, eu vou fazer você se juntar a seus pais. Na sepultura deles você será sepultado em paz. Assim, seus olhos não verão as desgraças todas que vou enviar sobre este lugar' ". E eles foram levar ao rei a resposta da profetisa.

23 Aliança com Javé –

¹O rei convocou todos os anciãos de Judá e Jerusalém para uma reunião. ²Subiu para a Casa de Javé com todos os homens de Judá, todos os habitantes de Jerusalém, com os sacerdotes, profetas e todo o povo, do menor ao maior. Em seguida, leu para eles todas as palavras do Livro da Aliança encontrado na Casa de Javé. ³De pé, sobre o estrado, o rei firmou diante de Javé a aliança para seguir a Javé, guardar seus mandamentos, sentenças e legislações, de todo o coração e de todo o ser, para cumprir todas as palavras da Aliança, escritas nesse livro. E o povo todo aderiu à Aliança.

Reforma de Josias – ⁴O rei mandou que o sumo sacerdote Helcias, os sacerdotes de segunda ordem e os guardas da porta tirassem do santuário de Javé todos os objetos feitos para o culto de Baal, de Aserá e de todo o exército dos céus. Os objetos foram queimados fora de Jerusalém, no vale do Cedron, e as cinzas foram levadas para Betel. ⁵Depois, ele desautorizou os falsos sacerdotes que os reis de Judá haviam nomeado para queimar incenso nos lugares altos das cidades de Judá e arredores de Jerusalém. Desautorizou também os que queimavam incenso para Baal, para o sol, para a lua, para as constelações e para todo o exército dos céus. ⁶Retirou da Casa de Javé a Aserá, levando-a para fora de Jerusalém, para o vale do Cedron. Queimou a Aserá no vale do Cedron, e a reduziu a cinzas, que foram jogadas sobre o túmulo dos filhos do povo. ⁷Destruiu os locais de prostituição sagrada que havia na Casa de Javé, onde as mulheres teciam abrigos para Aserá.

⁸Mandou vir todos os sacerdotes das cidades de Judá e violou os lugares altos, onde esses sacerdotes haviam queimado incenso, desde Gaba até Bersabeia. Destruiu o lugar alto da porta, que ficava à entrada da porta de Josué, chefe da cidade, à esquerda de quem entra pela porta da cidade. ⁹Os sacerdotes dos lugares altos foram proibidos de subir ao altar de Javé em Jerusalém, mas podiam comer os pães sem fermento no meio de seus irmãos.

¹⁰Violou o Tofet que existia no vale de Ben-Enom, para que ninguém fizesse passar pelo fogo seu filho ou filha em honra de Moloc. ¹¹Eliminou os cavalos que os reis de Judá haviam instalado em honra do sol, na entrada da Casa de Javé, perto do aposento do eunuco Natã-Melec, que ficava nessas dependências. Queimou também os carros do sol. ¹²O rei destruiu os altares que estavam no terraço do aposento superior de Acaz, e que tinham sido construídos pelos reis de Judá. E também os altares que Manassés tinha mandado fazer nos dois pátios da Casa de Javé, retirou-os daí e mandou jogar as cinzas no vale do Cedron. ¹³O rei violou os lugares altos que ficavam diante de Jerusalém, ao sul do monte da perdição, lugares que Salomão, rei de Israel, tinha construído em honra de Astarte, abominação dos sidônios, de Camos, coisa abominável dos moabitas, e em honra de Melcom, abominação dos amonitas. ¹⁴Quebrou as colunas sagradas, derrubou as Aserás e encheu o lugar com ossos humanos.

Altar de Betel – ¹⁵Josias destruiu também o altar que estava em Betel, lugar alto que

---

23,1-3: A leitura que o rei faz do livro da Lei, aqui chamado Livro da Aliança (cf. Dt 5,2; 28,69), assemelha Josias a Moisés (cf. Ex 24,7; Dt 31,9-13; Js 8,34). A reforma parte do rei e sua corte, é legitimada pela profetisa oficial e anunciada ao povo em assembleia no Templo.

4-14: A reforma de Josias, respaldada pelo Dt 12,2-12, tem como objetivo a centralização do culto em Jerusalém, para fortalecer o poder do rei. Para isso, Josias põe fim aos costumes promovidos por Manassés: santuários do interior, divindades domésticas dos camponeses e objetos de culto das divindades assírias no Templo (cf. 21,2-9). As inúmeras divindades e formas de culto mostram a diversidade religiosa em Judá. Os sacerdotes do interior são reduzidos, pelos de Jerusalém, a uma categoria inferior (v. 9).

15-20: A finalidade das reformas de Josias é a expansão do território de Judá. Como o poder de Israel estava enfraquecido com a queda da Samaria em 722, Josias

Jeroboão, filho de Nabat, havia construído e com o qual havia arrastado Israel ao pecado. Destruiu esse altar e o lugar alto, reduzindo-os a pó, e queimou a Aserá. ¹⁶Olhando ao lado, Josias viu os túmulos que estavam ali na montanha. Mandou recolher os ossos daqueles túmulos e os queimou em cima do altar. Assim, ele violou esse altar, realizando a palavra de Javé anunciada pelo homem de Deus, o homem de Deus que anunciou essas coisas. ¹⁷Depois, ele perguntou: "De quem é esse túmulo que estou vendo?" Os homens da cidade responderam: "É o túmulo do homem de Deus, que veio de Judá e anunciou o que você acaba de fazer com o altar de Betel". ¹⁸O rei disse: "Deixem-no em paz. Que ninguém toque em seus ossos". Deixaram intactos seus ossos, bem como os ossos do profeta que veio da Samaria. ¹⁹Josias fez desaparecer também todos os templos dos lugares altos, que havia na cidade de Samaria. Esses templos tinham sido construídos pelos reis de Israel, provocando a ira de Javé. Josias fez com eles o mesmo que já havia feito em Betel. ²⁰Sacrificou em cima dos altares todos os sacerdotes dos lugares altos que aí se encontravam, e queimou ossos humanos em cima deles. Depois, voltou para Jerusalém.

Celebração da Páscoa – ²¹O rei ordenou a todo o povo: "Celebrem a Páscoa de Javé, seu Deus, conforme está escrito neste Livro da Aliança". ²²Nunca tinha sido celebrada uma Páscoa como essa, desde o tempo em que os juízes governavam Israel, nem durante todo o tempo dos reis de Israel e de Judá. ²³Foi somente no ano dezoito do rei Josias que tal Páscoa de Javé foi celebrada em Jerusalém.

Morte de Josias – ²⁴Josias eliminou também os que evocam os mortos, os adivinhos, os deuses domésticos, os ídolos e todas as abominações que se viam na terra de Judá e em Jerusalém, para cumprir as palavras da Lei escritas no livro que o sacerdote Helcias encontrou na Casa de Javé. ²⁵Nenhum dos reis anteriores se voltou para Javé como ele se voltou de todo o seu coração, de todo o seu ser e com toda a sua força, de acordo com a Lei de Moisés. Mesmo depois, não surgiu outro igual a ele.

²⁶Apesar disso, Javé não deixou de lado o furor de sua grande ira, que se havia inflamado contra Judá, por causa de todas as provocações que Manassés lhe havia feito. ²⁷Javé disse: "Expulsarei também Judá para longe da minha presença, da mesma forma como expulsei Israel. Vou rejeitar Jerusalém, a cidade que escolhi, e a Casa sobre a qual eu disse: Aí estará o meu Nome".

²⁸O restante da história de Josias, o que ele fez, não está tudo escrito nos Anais dos Reis de Judá? ²⁹No seu tempo, Necao, rei do Egito, subiu contra o rei da Assíria, junto ao rio Eufrates. O rei Josias pôs-se em marcha contra ele, mas Necao o matou em Meguido. ³⁰Os servos de Josias transportaram seu corpo numa carruagem, levando-o de Meguido a Jerusalém, e o sepultaram no seu túmulo. O povo da terra tomou Joacaz, filho de Josias, o ungiu e fez dele rei no lugar de seu pai.

Joacaz de Judá (609) – ³¹Joacaz tinha vinte e três anos quando se tornou rei, e reinou três meses em Jerusalém. Sua mãe se chamava Hamital. Era filha de Jeremias e natural de Lebna. ³²Fez o que é mau aos olhos de Javé, como haviam feito seus pais. ³³O faraó Necao prendeu Joacaz em Rebla, no país de Emat, para que ele não reinasse mais em Jerusalém. O faraó impôs ao país um tributo de três toneladas e meia de prata e trinta e quatro quilos de ouro. ³⁴Colocou como rei Eliacim, filho de Josias, no lugar de seu pai, mudando o nome dele para Joaquim. Levou Joacaz

---

aproveita para invadir o território israelita. Um de seus primeiros feitos é a destruição do altar de Betel (cf. 1Rs 12,26-13,32), que era o principal santuário do rei de Israel (cf. Am 7,10-13).

21-23: Como parte da centralização do culto, Josias impõe a celebração da Páscoa em Jerusalém (cf. 2Cr 35,1-19), até então celebrada nas aldeias e casas (cf. Ex 12,21-28; Mc 14,12-16).

24-30: As ambições de Josias provocam a reação do Egito, que com a queda da Assíria em 612 aspirava retomar o controle da região. Josias morre em 609, no confronto com o faraó Necao em Meguido (cf. 2Cr 35,19-27), um dos mais importantes entroncamentos comerciais do mundo antigo (cf. Ap 16,16). A batalha de Meguido mostra quão longe Josias havia estendido seu domínio.

31-35: Após a morte de Josias, o povo da terra se apressa em colocar Joacaz no poder, para dar continuidade à política de Josias. Mas o Egito não dá trégua: prende Joacaz em sua base militar de Rebla, impõe pesado

para o Egito, onde ele morreu. ³⁵Joaquim pagou o tributo de prata e ouro ao faraó. Mas, para pagar a quantia exigida pelo faraó, teve de criar impostos na terra. Conforme as possibilidades de cada um, exigiu a prata e o ouro do povo da terra, necessários para pagar ao faraó Necao.

Joaquim de Judá (609-598) – ³⁶Joaquim tinha vinte e cinco anos quando se tornou rei, e reinou onze anos em Jerusalém. Sua mãe se chamava Zebida. Era filha de Fadaías e natural de Ruma. ³⁷Joaquim fez o que é mau aos olhos de Javé, como haviam feito seus pais.

24 ¹Nessa época, Nabucodonosor, rei da Babilônia, marchou contra Joaquim e o manteve submisso por três anos. Depois, Joaquim se rebelou contra ele. ²Javé mandou contra Joaquim bandos de caldeus, de arameus, de moabitas e de amonitas, para destruir Judá, conforme a palavra que Javé havia dito por meio de seus servos, os profetas. ³Isso aconteceu a Judá, unicamente por ordem de Javé, para que Judá acabasse expulso de sua presença. Foi por causa dos pecados de Manassés e de tudo o que ele fez, ⁴inclusive por causa do sangue inocente que derramou e com o qual inundou Jerusalém. Foi por isso que Javé não quis perdoar.

⁵O restante da história de Joaquim, o que ele fez, não está tudo escrito nos Anais dos Reis de Judá? ⁶Joaquim adormeceu com seus pais. Seu filho Joaquin tornou-se rei em seu lugar.

⁷O rei do Egito não saiu mais de sua terra, porque o rei da Babilônia se havia apossado de todos os territórios que pertenciam ao rei do Egito, desde o rio do Egito até o rio Eufrates.

Joaquin de Judá (598), primeira deportação – ⁸Joaquin tinha dezoito anos quando começou a reinar, e reinou três meses em Jerusalém. Sua mãe se chamava Noesta. Era filha de Elnatã e natural de Jerusalém. ⁹Joaquin fez o que é mau aos olhos de Javé, como havia feito seu pai.

¹⁰Nessa ocasião, os servos de Nabucodonosor, rei da Babilônia, marcharam contra Jerusalém e cercaram a cidade. ¹¹O rei da Babilônia, Nabucodonosor, chegou à cidade quando seus generais a tinham já sitiado. ¹²Joaquin, rei de Judá, ele com sua mãe, seus servos, oficiais e eunucos, saíram ao encontro do rei da Babilônia, que os fez prisioneiros. Era o oitavo ano de seu reinado.

¹³Nabucodonosor levou embora todos os tesouros da Casa de Javé e os tesouros do palácio real. Quebrou todos os objetos de ouro que Salomão, rei de Israel, tinha feito para a Casa, conforme as ordens de Javé. ¹⁴Levou para o exílio toda Jerusalém, todos os comandantes e todos os valentes do exército, cerca de dez mil deportados. Levou também todos os ferreiros e artesãos. Deixou somente o povo pobre da terra. ¹⁵Exilou Joaquin para Babilônia. Levou também para Babilônia a mãe do rei, as mulheres do rei, os eunucos, os poderosos da terra ¹⁶e todos os homens valentes, cerca de sete mil pessoas. Levou ainda os ferreiros e artesãos, cerca de mil pessoas, e todos os valentes de guerra. ¹⁷Em lugar de Joaquin, Nabucodonosor nomeou rei a Matanias, tio de Joaquin, mudando-lhe o nome para Sedecias.

Sedecias de Judá (598-587), segunda deportação – ¹⁸Sedecias tinha vinte e um anos quando se tornou rei, e reinou onze anos em Jerusalém. Sua mãe se chamava

---

tributo a Judá e coloca no trono Eliacim, que irá espoliar seu próprio povo a fim de pagar tributo ao Egito (cf. Intr. a Hab; Jr 22,13-19; 2Cr 36,1-4). A mudança do nome é sinal de submissão (cf. 24,17).

23,36–24,7: Numa coalizão com os medos, Babilônia derrota a Assíria em 612, e começa a expandir seu domínio. Em 605, derrota o Egito em Carquemis (v. 7; cf. Jr 46) e lhe toma Jerusalém. Em 601, instigado pelo Egito, Joaquim, rei de Judá, se rebela contra a Babilônia. Por isso, em 598 a Babilônia cerca Jerusalém; Joaquim adoece e morre durante o cerco (cf. Intr. a Hab e Jr; 2Cr 36,5-7). A ruptura da narrativa em 24,1 mostra que originalmente o cap. 23 era a conclusão da primeira edição dos Livros dos Reis.

24,8-17: Morto o rei Joaquim, assume o seu lugar Joaquin, que depois de três meses se rende. Os babilônios então saqueiam o Templo e deportam a família real, os altos funcionários da corte e do Templo, os comandantes do exército e os grandes proprietários de terras (cf. 2Cr 36,9-10; Jr 22,20-27). Este grupo constituirá uma espécie de corte no exílio, e mais tarde terá certos privilégios e até poder (cf. 25,27-30).

24,18–25,21: Nove anos depois da primeira deportação, Sedecias, instigado pelo Egito, também se rebela contra a Babilônia. Acontece então o longo e dramático cerco a Jerusalém, a ponto de a população morrer de fome (cf. Lm 4). Sedecias tenta uma fuga desesperada, mas é capturado e levado para Rebla (cf. 23,33).

Hamital; era filha de Jeremias e natural de Lebna. ¹⁹Sedecias praticou o que é mau aos olhos de Javé, como havia feito Joaquin. ²⁰Isso aconteceu a Jerusalém e a Judá por causa da ira de Javé, que acabou por rejeitá-los de sua presença. Sedecias se rebelou contra o rei da Babilônia.

25 ¹Ao nono ano do reinado de Sedecias, no dia dez do décimo mês, Nabucodonosor, rei da Babilônia, atacou Jerusalém com todo o seu exército. Acampou diante da cidade e construiu trincheiras a seu redor. ²A cidade ficou sitiada até o décimo primeiro ano do reinado de Sedecias. ³No dia nove do quarto mês, quando a fome era mais forte na cidade e o povo já não tinha o que comer, ⁴abriram uma brecha nas muralhas da cidade. De noite, com todos os homens de guerra, o rei fugiu pela porta que fica entre as duas muralhas, perto do jardim do rei. Tomaram o caminho da Arabá, enquanto os caldeus ainda cercavam a cidade. ⁵O exército caldeu perseguiu o rei e o alcançou nas planícies de Jericó, enquanto todo o seu exército o abandonou e se dispersou. ⁶Os caldeus prenderam o rei e o levaram até o rei da Babilônia, que estava em Rebla. Aí ele pronunciou a sentença contra Sedecias. ⁷Degolaram os filhos de Sedecias diante de seus olhos. Em seguida, Nabucodonosor vazou os olhos do rei, o prendeu a correntes de bronze e o levou para Babilônia.

⁸No dia sete do quinto mês, correspondendo ao ano dezenove do reinado de Nabucodonosor, rei da Babilônia, Nabuzardã, comandante da guarda e servo do rei da Babilônia, entrou em Jerusalém. ⁹Incendiou a Casa de Javé, a casa do rei e todas as casas de Jerusalém, bem como as casas dos grandes. ¹⁰Ao mesmo tempo, o exército caldeu que acompanhava o comandante da guarda Nabuzardã destruiu as muralhas que cercavam Jerusalém. ¹¹Nabuzardã exilou o restante do povo que tinha ficado na cidade, os desertores que tinham passado para o lado do rei da Babilônia e o restante da população. ¹²O chefe da guarda deixou uma parte do povo pobre da terra, para trabalhar nas vinhas e nos campos.

¹³Os caldeus quebraram as colunas de bronze, os pedestais entalhados e o Mar de bronze que estavam na Casa de Javé, e levaram o bronze para a Babilônia. ¹⁴Levaram também os recipientes para cinzas, as pás, facas, taças e todos os objetos de bronze que eram usados no culto. ¹⁵O chefe da guarda pegou os incensórios, as vasilhas para aspersão e tudo o que era de ouro e prata. ¹⁶Quanto às duas colunas, ao Mar e aos pedestais entalhados, que Salomão tinha feito para a Casa de Javé, era impossível calcular o peso em bronze de todos esses objetos. ¹⁷Cada coluna tinha nove metros de altura e terminava num capitel de bronze de dois metros e meio de altura, enfeitado de um trançado e de romãs, tudo feito de bronze.

¹⁸O chefe da guarda prendeu o sumo sacerdote Saraías, o sacerdote Sofonias, que ocupava o segundo lugar, e os três guardas das portas. ¹⁹Na cidade, prendeu um eunuco que era comandante militar, cinco conselheiros do rei que se encontravam na cidade, o secretário do comandante do exército, encarregado do recrutamento militar do povo da terra, e sessenta senhores do povo da terra que se encontravam na cidade. ²⁰O comandante da guarda Nabuzardã prendeu todos eles e os levou ao rei da Babilônia em Rebla. ²¹O rei da Babilônia mandou matá-los em Rebla, no território de Emat. Desse modo, Judá foi exilado para longe da sua terra.

Godolias, governador de Judá – ²²Nabucodonosor, rei da Babilônia, nomeou Godolias, filho de Aicam e neto de Safã, para governar o povo que deixou no território de Judá. ²³Quando todos os oficiais das tropas e seus homens souberam que o rei da Babilônia tinha nomeado Godolias como governador, foram encontrar-se

---

Jerusalém é destruída, o palácio e o Templo incendiados, e a população deportada. Somente o povo pobre da terra é deixado em Judá (cf. Jr 39,1-10; 52; 2Cr 36,11-20).

25,22-26: Como governador do povo pobre que ficou em Judá, Nabucodonosor nomeia Godolias, filho de uma família de escribas favorável à Babilônia (22,3; cf. Jr 26,1-29). Com Jerusalém destruída, Masfa, 13 km ao norte, torna-se o centro administrativo da região (cf. Jz 20,3; 21,1-8; 1Sm 7,5-12; 10,7). No entanto, Ismael, descendente da realeza, assassina Godolias. Os sobreviventes fogem para o Egito (cf. Jr 40-42).

com ele em Masfa. Eram eles: Ismael, filho de Natanias, Joanã, filho de Carea, Saraías, filho de Taneumet de Netofat, e Jezonias, de Maaca, eles e seus homens. ²⁴Godolias jurou a todos eles: "Não tenham medo e se submetam aos caldeus. Fiquem na terra e obedeçam ao rei da Babilônia, que tudo correrá bem para vocês".

²⁵No sétimo mês, porém, Ismael, filho de Natanias e neto de Elisama, que era de descendência real, foi com dez homens, atacou e matou Godolias, como também aos judeus e caldeus que estavam com ele em Masfa. ²⁶Então todo o povo, desde o menor até o maior, com os comandantes das tropas, fugiram para o Egito, porque ficaram com medo dos caldeus.

Indulto de Joaquin – ²⁷No ano trinta e sete do exílio de Joaquin, rei de Judá, no dia vinte e sete do décimo segundo mês, Evil-Merodac, rei da Babilônia, no ano em que se tornou rei, concedeu anistia a Joaquin, rei de Judá, e o tirou da prisão. ²⁸Tratou-o amigavelmente e concedeu-lhe um trono mais alto que o dos outros reis que estavam com ele na Babilônia. ²⁹Joaquin tirou as roupas de prisioneiro e passou a comer sempre da mesa do rei, durante todos os dias de sua vida. ³⁰Enquanto viveu, seu sustento foi dia a dia garantido pelo rei.

27-30: Com o anúncio do indulto de Joaquin (561 a.C.), o redator quer concluir os Livros dos Reis com uma esperança: a dinastia davídica ainda sobrevive (cf. 2Sm 7,16; 1Rs 15,4).

A HISTORIOGRAFIA CRONISTA

Dois grandes rolos continham a lista de livros sagrados da Bíblia Hebraica. O primeiro contava a história dos repatriados, a reconstrução do Templo e a reabilitação da cidade de Jerusalém como capital de Judá. Posteriormente este rolo foi dividido nos atuais livros de Esdras e Neemias. O outro rolo era chamado de Anais ou Crônicas, e fazia uma revisão sacerdotal de toda a história do povo, desde Adão até o exílio para a Babilônia. Atualmente, este rolo está dividido em Primeiro e Segundo Livro das Crônicas. Esses quatro livros, colocados em ordem cronológica em nossas Bíblias cristãs (1Cr, 2Cr, Esd e Ne), formam um conjunto histórico coerente, fazendo uma recapitulação de toda a história do povo de Deus, na ótica dos sacerdotes e levitas que atuavam no Templo de Jerusalém, durante a época persa. Ou seja, temos uma longa narrativa histórica desde a Criação até o segundo governo de Neemias (por volta de 430 a.C.).

Ao fazer uma revisão histórica, inspirando-se na história deuteronomista (Samuel e Reis), os sacerdotes e levitas de Jerusalém demonstravam sua preocupação com o futuro da pequena comunidade judaica, perdida na imensidão de um grande império multinacional. Sobreviver, manter a identidade e cumprir a missão de ser povo de Deus exigiam a unidade total dessa pequena comunidade. Unidade que só poderia acontecer através do culto uniforme e centralizado. Assim, essa revisão histórica tinha por objetivo garantir a observância dos estatutos e normas cultuais, válidos para os judeus espalhados em comunidades pelo império persa. Jerusalém, a cidade sagrada, era o centro religioso para todos os judeus. O culto celebrado no Templo de Jerusalém era a única possibilidade de entrar em comunhão com Javé. E a observância da Lei de Deus era a maneira exclusiva de preservar a identidade de judeu. Esse modo de observar a religião define as características do judaísmo até hoje.

Portanto, essa historiografia dos cronistas pode ser dividida em quatro grandes blocos, mostrando uma unidade coerente entre eles:
– história das origens do povo, desde Adão até a ascensão de Davi (1Cr 1-10);
– história gloriosa de Davi, o rei ideal (1Cr 11-29);
– história de Judá até o exílio na Babilônia (2Cr);
– história da comunidade judaica pós-exílica (Esd e Ne).

Os sacerdotes e levitas faziam essa releitura da história tendo a preocupação de mostrar que, na época, o sumo sacerdote era o único Ungido, herdeiro natural dos carismas dos reis ausentes, e portador da Palavra no lugar dos antigos profetas. Mas, ao reafirmar a legitimidade da casa sacerdotal de Sadoc, em função no Templo de Jerusalém desde a época de Davi, Crônicas abre espaço para a assimilação do novo culto dos antigos levitas, líderes religiosos proféticos desde a época dos juízes. Os autores, sacerdotes e levitas com funções no Templo de Jerusalém, relatam a história mostrando a supremacia sacerdotal sadoquita e a integração dos levitas no culto, mas com papel subalterno. Crônicas é fruto de uma "aliança" religiosa entre sacerdotes e levitas (cf. Ne 13,29).

Em Judá, encontrou sérias resistências esse projeto histórico, liderado pela comunidade dos que voltavam do exílio na Babilônia e que incluía a reconstrução do Templo, a reafirmação de Jerusalém como capital de todo Israel e a imposição dessa unidade religiosa juntamente com sacerdotes e levitas. As tentativas institucionais de controlar a Palavra de Deus não foram aceitas pelo povo que não tinha passado pela experiência do exílio. Neemias enfrentará oposições comandadas pela profetisa Noadias (cf. Ne 6,14). Podemos encontrar tais resistências em livros como Rute, Jonas e o Terceiro Isaías (Is 56-66).

PRIMEIRO E SEGUNDO LIVROS DAS CRÔNICAS

REVISÃO GERAL DA HISTÓRIA DO POVO

Introdução

Crônicas. São dois livros históricos quase desconhecidos e pouco citados nas liturgias e estudos. No entanto, importantes para entender a lógica do projeto sacerdotal que reconstruiu Judá após o exílio na Babilônia. Pode-se dizer que os dois são uma grande história do Templo de Jerusalém, tão importante na vida do povo, por ser o lugar escolhido por Deus para sua morada. Fazendo uma releitura histórica, apontam para as dificuldades do presente e as esperanças futuras. Aguarda-se por um novo rei como Davi, que traga ao povo as grandezas do passado. Foram escritos para animar o povo depois do exílio. Abrem o caminho para a vinda de um novo Filho de Davi, um novo Ungido, o Messias.

O Livro das Crônicas, posteriormente separado em dois, foi escrito em Jerusalém por volta dos anos 340-300 a.C. Sua proposta histórica e sua teologia são de cunho sacerdotal, voltadas para a perenidade do culto e o poder religioso exercido por sacerdotes e levitas. É a época do domínio persa. A comunidade judaica perdeu sua autonomia política. Não existem mais reis. Desapareceram os profetas. O sumo sacerdote, sendo o último Ungido, vai ocupar o posto central na vida religiosa e política de Judá. Mas até mesmo este sumo sacerdote está submisso ao poder de um rei estrangeiro.

Dessa forma, a liturgia no Templo, as festas religiosas e as romarias começam a assumir forte conotação política. São sinais de esperança para o povo. Enquanto houver culto, existirá esperança de uma futura liberdade política. Buscando alimentar tal esperança, os sacerdotes levam o povo a olhar para um passado idealizado, para a época gloriosa de Davi e Salomão. Na situação em que viviam, era preciso olhar para trás e sentir-se novamente ligados a Javé e à sua Aliança e Lei. Os bons tempos voltariam quando surgisse o Messias. A proposta de olhar o passado, buscando luz para o presente e perspectiva para o futuro, é muito comum na historiografia bíblica. Crônicas conta a história do passado, mas quer servir de luz para o presente da comunidade judaica do séc. IV a.C. O livro lembra que Davi também enfrentou crises fortes, mas conseguiu vencer com a ajuda de Deus. Foi também Davi quem organizou o povo e decretou as leis que orientam o culto a Javé no Templo de Jerusalém. Crônicas apresenta Davi como modelo de líder judeu que supera os momentos de crise, mantendo sua fidelidade a Javé.

Ao construir um relato idealizado da caminhada histórica do povo, Crônicas esquece e omite totalmente os erros do passado, inclusive do rei Davi, que é apresentado como homem perfeito e santo. Ele é o rei "segundo o coração de Deus" e que faz tudo dentro dos planos de Javé. Também Salomão é elogiado como o grande construtor do Templo, mas a sua sabedoria consiste em executar todas as ordens deixadas por Davi. Narra-se a inauguração do Templo como verdadeiro centro da vida nacional e religiosa, lugar em que o céu toca a terra, imagem visível da casa celeste, presença de Deus no meio do povo. É proposital que nada seja lembrado do antigo reino de Israel. Na comunidade santa, não há lugar para hereges como os samaritanos. Assim, lendo estas Crônicas, temos a impressão de que estamos olhando para uma comunidade santa que caminha na fé, e não para um reino humano mergulhado em querelas políticas e na disputa pelo poder. Pertencem a esta comunidade santa os que são verdadeiramente judeus, os que adoram o Deus único e observam rigorosamente a Lei de Moisés. Esse fechamento, porém, não é total: até os pagãos podem rezar no Templo, e suas orações serão bem acolhidas (cf. 2Cr 6,32-33).

Ao fazer do Templo o eixo da história do povo, os livros destacam o papel histórico dos sacerdotes e levitas, apresentados como as mais importantes personagens dessa caminhada. Longas listas de genealogias sacerdotais e levíticas aparecem na narrativa histórica. Essa união entre sacerdotes e levitas simboliza a unidade religiosa de Judá no pós-exílio. Objetivamente, os sacerdotes substituem os reis ausentes, e os levitas aparecem substituindo os profetas. A Palavra de Deus está agora institucionalizada. É o fim da profecia popular. Agora, serão os sacerdotes e levitas, mediante a perenidade do culto, a manter acesa a chama da esperança popular até a chegada do verdadeiro Rei Messias.

PRIMEIRO LIVRO DAS CRÔNICAS

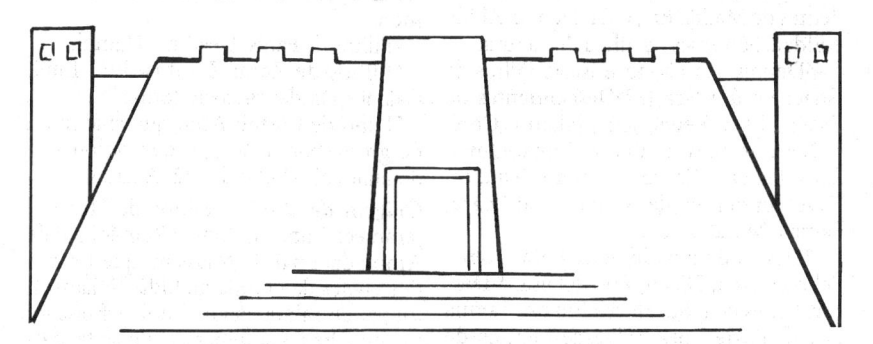

I. FAMÍLIAS DOS POVOS: ORIGENS DA CASA DE DAVI

De Adão ao dilúvio – ¹Adão, Set, Enós, ²Cainã, Malaleel, Jared, ³Henoc, Matusalém, Lamec, ⁴Noé, Sem, Cam e Jafé.

Do dilúvio até Abraão – ⁵Descendentes de Jafé: Gomer, Magog, Madai, Javã, Tubal, Mosoc e Tiras.

⁶Descendentes de Gomer: Asquenez, Rifat e Togorma. ⁷Descendentes de Javã: Elisa, Társis, os Cetim e os Rodanim.

⁸Descendentes de Cam: Cuch, Mesraim, Fut e Canaã. ⁹Descendentes de Cuch: Seba, Hévila, Sabata, Regma, Sabataca. Descendentes de Regma: Sabá e Dadã. ¹⁰Cuch foi pai também de Nemrod, o primeiro valente da terra. ¹¹Mesraim foi pai destes povos: Lud, Anam, Laab, Naftu, ¹²Patros, Caslu e Cáftor, dos quais se originaram os filisteus. ¹³O primeiro filho de Canaã foi Sídon; depois, ele teve Het; ¹⁴em seguida, os jebuseus, amorreus, gergeseus, ¹⁵heveus, araceus, sineus, ¹⁶arádios, samareus e emateus.

¹⁷Descendentes de Sem: Elam, Assur, Arfaxad, Lud e Aram. Descendentes de Aram: Hus, Hul, Geter e Més. ¹⁸Arfaxad foi pai de Salé, o qual foi pai de Héber. ¹⁹Héber teve dois filhos. O primeiro recebeu o nome de Faleg, porque foi na sua época que a terra foi dividida; o outro se chamava Jectã. ²⁰Jectã foi pai de Elmodad, Salef, Asarmot, Jaré, ²¹Aduram, Uzal, Decla, ²²Ebal, Abimael, Sabá, ²³Ofir, Hévila e Jobab. Todos esses eram filhos de Jectã.

1-8: Resumo da história de Israel através de genealogias, com o objetivo de situar a Casa de Davi na história do povo de Deus. Começando pela criação (Adão), as listas vão ressaltar que todos os antepassados de Davi foram escolhidos por Deus: de Sem a Abraão; de Abraão a Judá; entre os vários clãs judaítas, o escolhido foi o clã de Jessé. A Casa de Davi está presente ao longo da história, até à época persa (cap. 3), quando Crônicas foi escrito. Estas listas de sucessivas gerações querem mostrar para a comunidade judaica pós-exílica que a tribo de Judá e a Casa de Davi são as legítimas herdeiras da bênção de Abraão. Por isso todas as antigas tribos de Israel são lembradas, embora apenas Judá, Benjamim e Levi sejam elencadas com detalhes. Ao falar da tribo de Benjamim (cap. 8), os antepassados de Saul encerram a memória histórica. O passo seguinte será mostrar como a realeza passa de Saul para Davi.

Abraão e sua descendência – ²⁴Sem, Arfaxad, Salé, ²⁵Héber, Faleg, Reú, ²⁶Sarug, Nacor, Taré, ²⁷Abrão, ou melhor, Abraão.

²⁸Filhos de Abraão: Isaac e Ismael.

²⁹Os descendentes desses dois foram: Nabaiot, o primeiro filho de Ismael; depois, vieram Cedar, Adbeel, Mabsam, ³⁰Masma, Duma, Massa, Hadad, Tema, ³¹Jetur, Nafis e Cedma. São os descendentes de Ismael.

³²Filhos que nasceram de Cetura, concubina de Abraão: ela lhe deu Zamrã, Jecsã, Madã, Madiã, Jesboc e Sué. Descendentes de Jecsã: Sabá e Dadã. ³³Descendentes de Madiã: Efa, Ofer, Henoc, Abida e Eldaá. São esses os filhos de Cetura.

³⁴Depois, Abraão teve Isaac. Filhos de Isaac: Esaú e Israel. ³⁵Descendentes de Esaú: Elifaz, Reuel, Jeús, Jalam e Coré. ³⁶Descendentes de Elifaz: Temã, Omar, Sefo, Gatam, Cenez, Tamna e Amalec. ³⁷Descendentes de Reuel: Naat, Zara, Sama e Meza.

³⁸Descendentes de Seir: Lotã, Sobal, Sebeon, Ana, Dison, Eser e Disã. ³⁹Descendentes de Lotã: Hori e Emam. Tamna era irmã de Lotã. ⁴⁰Descendentes de Sobal: Aliã, Manaat, Ebal, Sefo e Onam. Descendentes de Sebeon: Aía e Ana. ⁴¹Descendente de Ana: Dison. Descendentes de Dison: Hamrã, Esebã, Jetrã e Carã. ⁴²Descendentes de Eser: Balaã, Zavã e Jacã. Descendentes de Disã: Hus e Arã.

⁴³Os reis que governaram o país de Edom, antes que passasse para o domínio do rei israelita, foram os seguintes: Bela, filho de Beor. A sua capital era Danaba. ⁴⁴Com a morte de Bela, reinou Jobab, filho de Zara, da cidade de Bosra. ⁴⁵Ao morrer, Jobab foi substituído por Husam, da região dos temanitas. ⁴⁶Quando Husam morreu, reinou Adad, filho de Badad, vencedor dos madianitas nos campos de Moab. Sua capital chamava-se Avit. ⁴⁷Com a morte de Adad, Semla de Masreca tornou-se rei no lugar dele. ⁴⁸O sucessor de Semla foi Saul, de Reobot Naar. ⁴⁹Com a morte de Saul, o governo passou para as mãos de Baalanã, filho de Acobor. ⁵⁰Quando Baalanã morreu, o trono passou para Adad, da cidade de Fau, casado com Meetabel, filha de Matred e neta de Mezaab.

⁵¹Quando Adad morreu, apareceram chefes em Edom: Tamna, Alva, Jetet, ⁵²Oolibama, Ela, Finon, ⁵³Cenez, Temã, Mabsar, ⁵⁴Magdiel e Iram. Esses foram os chefes de Edom.

2 ***Famílias dos filhos de Israel*** – ¹Filhos de Israel: Rúben, Simeão, Levi, Judá, Issacar, Zabulon, ²Dã, José, Benjamim, Neftali, Gad e Aser.

³Filhos de Judá: Her, Onam e Sela; os três nascidos de Bat-Sua, a cananeia. Her, o filho mais velho de Judá, fez o que Javé reprova, e Javé lhe tirou a vida. ⁴Tamar, nora de Judá, deu-lhe dois filhos: Farés e Zara. Assim, foram cinco os filhos de Judá.

⁵Filhos de Farés: Hesron e Hamul.

⁶Filhos de Zara: Zambri, Etã, Emã, Calcol e Darda; cinco ao todo.

⁷Filho de Carmi: Acar, que chamou a desgraça sobre Israel, porque violou a lei do anátema. ⁸Filho de Etã: Azarias.

Origem de Davi – ⁹Filhos de Hesron: Jerameel, Ram e Calubi. ¹⁰Ram foi pai de Aminadab, pai de Naasson, que foi um dos chefes da família de Judá. ¹¹Naasson foi pai de Salma, pai de Booz. ¹²Booz foi pai de Obed, pai de Jessé. ¹³Jessé teve os seguintes filhos: Eliab, o mais velho; depois, Abinadab; em terceiro lugar, Samaá; ¹⁴Natanael foi o quarto, Radai o quinto, ¹⁵Asom o sexto, e Davi o sétimo. ¹⁶Eles tinham duas irmãs: Sárvia e Abigail. Filhos de Sárvia: Abisaí, Joab e Asael; três ao todo. ¹⁷Filho de Abigail: Amasa; o pai dele foi Jeter, o ismaelita.

Clã de Caleb – ¹⁸Caleb, filho de Hesron, com sua mulher Azuba, foi pai de Jeriot. Depois, ela ainda lhe deu Jaser, Sobab e Ardon. ¹⁹Depois que Azuba morreu, Caleb casou-se com Éfrata, que lhe deu o filho Hur. ²⁰Hur foi pai de Uri, pai de Beseleel. ²¹Hesron casou-se com a filha de Maquir, pai de Galaad. Ele tinha sessenta anos quando se casou, e sua mulher lhe deu um filho de nome Segub.

²²Segub foi pai de Jair, que tinha vinte e três cidades na região de Galaad. ²³Depois, Aram e Gessur tomaram as aldeias de Jair, isto é, Canat e suas vilas, sessenta povoados ao todo. Tudo isso pertencia aos filhos de Maquir, pai de Galaad. ²⁴Depois da morte de Hesron, Caleb se casou com Éfrata, viúva de seu pai, e ela lhe deu o filho Asur, pai de Técua.

²⁵Jerameel, primeiro filho de Hesron, teve os seguintes filhos: Ram, o mais velho; depois, Buna, Oren, Asom e Aías. ²⁶Jerameel teve outra mulher chamada Atara, que foi mãe de Onam. ²⁷Filhos de Ram, o filho mais velho de Jerameel: Moos, Jamin e Acar. ²⁸Filhos de Onam: Semei e Jada. Filhos de Semei: Nadab e Abisur. ²⁹A mulher de Abisur se chamava Abiail. Ela lhe deu os filhos Aobã e Molid. ³⁰Nadab tinha dois filhos: Saled e Efraim. Saled morreu sem filhos. ³¹Efraim foi pai de Jesi, pai de Sesã, pai de Oolai. ³²Jada, irmão de Semei, foi pai de Jeter e Jônatas. Jeter não deixou filhos, ³³enquanto Jônatas deixou Falet e Ziza.

Descendência de Jerameel: ³⁴Sesã não teve filhos; só filhas. Ele tinha um escravo egípcio de nome Jaraá. ³⁵com quem casou uma de suas filhas, que lhe deu um filho de nome Etei. ³⁶Etei foi pai de Natã, pai de Zabad, ³⁷pai de Oflal, pai de Obed, ³⁸pai de Jeú, pai de Azarias, ³⁹pai de Helés, pai de Elasa, ⁴⁰pai de Sisamoi, pai de Selum, ⁴¹pai de Icamias, pai de Elisama.

⁴²Filhos de Caleb, irmão de Jerameel: Mesa, o mais velho. Este foi pai de Zif e de Maresa, que foi pai de Hebron. ⁴³Filhos de Hebron: Coré, Tafua, Recém e Sama. ⁴⁴Sama foi pai de Raam, pai de Jercaam. Recém foi pai de Samai. ⁴⁵O filho de Samai foi Maon, pai de Betsur.

⁴⁶Efa, concubina de Caleb, lhe deu estes filhos: Harã, Mosa e Gezez. Harã foi pai de Gezez. ⁴⁷Filhos de Jaadai: Regom, Joatão, Gesã, Falet, Efa e Saaf. ⁴⁸Maaca, outra concubina de Caleb, teve Saber e Tarana, ⁴⁹além de Saaf, pai de Madmana, e Sué, pai de Macbena e Gabaá. A filha de Caleb se chamava Acsa.

⁵⁰Estes foram os descendentes de Caleb. Filhos de Hur, o filho mais velho de Éfrata: Sobal, pai de Cariat-Iarim; ⁵¹Salma, pai de Belém; Harif, pai de Bet-Gader. ⁵²Filhos de Sobal, pai de Cariat-Iarim: Haroe, a metade dos manaatitas, ⁵³os clãs de Cariat--Iarim, os jetritas, os futitas, os sematitas e os maseritas. Deles descendem também os povos de Saraá e Estaol. ⁵⁴Filhos de Salma: Belém, os netofatitas, Atarot-Bet-Joab, a outra metade dos manaatitas, os saraítas, ⁵⁵os clãs sofritas, moradores de Jabes, os tiriateus, os simeateus e os sucateus. Esses são os quenitas, descendentes de Emat, pai da família de Recab.

3 *Casa de Davi* – ¹Filhos de Davi, nascidos em Hebron: o mais velho foi Amnon, e sua mãe era Aquinoam de Jezrael; o segundo foi Daniel, e sua mãe era Abigail de Carmel; ²o terceiro foi Absalão, filho de Maaca, filha de Tolmai, rei de Gessur; o quarto, Adonias, era filho de Hagit; ³o quinto, Safatias, filho de Abital; o sexto, Jetraam, filho de sua esposa Egla. ⁴Portanto, Davi teve seis filhos em Hebron, onde reinou sete anos e meio.

Depois, Davi reinou trinta e três anos em Jerusalém. ⁵Filhos que lhe nasceram em Jerusalém: Samua, Sobab, Natã e Salomão. A mãe destes era Betsabeia, filha de Amiel. ⁶Além deles: Jebaar, Elisama, Elifalet, ⁷Noge, Nafeg, Jáfia, ⁸Elisama, Eliada e Elifalet; nove ao todo. ⁹Eram todos filhos de Davi, sem falar dos filhos que teve com as concubinas, e esses tinham uma irmã de nome Tamar.

Dinastia davídica – ¹⁰Filho de Salomão: Roboão, pai de Abias, pai de Asa, pai de Josafá, ¹¹pai de Jorão, pai de Ocozias, pai de Joás, ¹²pai de Amasias, pai de Azarias, pai de Joatão, ¹³pai de Acaz, pai de Ezequias, pai de Manassés, ¹⁴pai de Amon, pai de Josias. ¹⁵Filhos de Josias: Joanã, o mais velho; Joaquim, o segundo; Sedecias, o terceiro; Selum, o quarto. ¹⁶Filhos de Joaquim: Jeconias e Sedecias.

¹⁷Filhos de Jeconias, que foi levado para o exílio: primeiro, Salatiel; ¹⁸depois, Melquiram, Fadaías, Senasser, Jecemias, Hosama e Nadabias. ¹⁹Filhos de Fadaías: Zorobabel e Semei. Filhos de Zorobabel: Mosolam e Hananias. Salomit era irmã deles. ²⁰Filhos de Mosolam: Hasaba, Ool, Baraquias, Hasadias e Josab-Hesed; cinco ao todo. ²¹Filhos de Hananias: Faltias, Jeseías, Rafaías, Arnã, Abdias e Sequenias. ²²Filhos de Sequenias: Semeías, Hatus, Jegaal, Barias, Naarias e Safat. Seis ao todo. ²³Naarias teve três filhos: Elioenai, Ezequias e Ezricam. ²⁴Elioenai teve sete filhos: Oduías, Eliasib, Feleías, Acub, Joanã, Dalaías e Anani.

4 *Descendentes de Judá* – ¹Filhos de Judá: Farés, Hesron, Carmi, Hur e Sobal. ²Reaías, filho de Sobal, foi pai de Jaat, pai de Aumai e Laad. São esses os clãs saraítas.

³Filhos de Etam: Jezrael, Jesema, Jedebos, e uma filha de nome Asalelfuni. ⁴Fanuel foi pai de Gedor, enquanto Ezer foi pai de Hosa. Esses foram os filhos de Hur, filho mais velho de Éfrata, pai de Belém.

⁵Asur, pai de Técua, teve duas esposas: Halaá e Naara. ⁶Naara teve os seguintes filhos: Oozam, Héfer, os tamanitas e aastaritas. Todos esses são descendentes de Naara. ⁷Filhos de Halaá: Seret, Saar e Etnã.

⁸Cós foi pai de Anob, de Soboba e dos clãs de Aareel, filho de Arum. ⁹Jabes foi superior a seus irmãos. Sua mãe deu-lhe o nome de Jabes, explicando: "Com dores eu o gerei!" ¹⁰Jabes invocou o Deus de Israel: "Peço que me abençoes, aumentando minhas terras, protegendo-me com tua mão, afastando de mim o mal e pondo fim à minha dor". E Deus concedeu o que ele pediu.

¹¹Calub, irmão de Suaá, foi pai de Mair, pai de Eston. ¹²Eston foi pai de Bet-Rafa, Fesse, Teina, pai de Irnaás. Esses são os homens de Recab.

¹³Filhos de Cenez: Otoniel e Saraías. Filhos de Otoniel: Hatat e Maonati. ¹⁴Maonati foi pai de Ofra. Saraías foi pai de Joab, fundador do vale dos Artesãos, pois eram de fato artesãos. ¹⁵Filhos de Caleb, filho de Jefoné: Hir, Ela e Naam. Filho de Ela: Cenez.

¹⁶Filhos de Jaleleel: Zif, Zifa, Tirias, Asrael. ¹⁷Filhos de Ezra: Jeter, Mered, Éfer, Jalon. Betias gerou Maria, Samai e Jesba, pai de Estemo. ¹⁸A mulher judaíta de Mered deu-lhe Jared, pai de Gedor; Héber, pai de Soco; Icutiel, pai de Zanoe. São esses os filhos de Betias, filha do faraó, casada com Mered.

¹⁹Filhos da mulher de Odias, irmã de Naam: o pai de Ceila, o garmita, e de Estemo, o maacatita. ²⁰Filhos de Simão: Amnon, Rina, Ben-Hanã e Tilon. Filhos de Jesi: Zoet e Ben-Zoet.

²¹Sela, filho de Judá, teve os seguintes filhos: Her, pai de Leca; Laada, pai de Maresa; os clãs que trabalham com linho em Bet-Asbea; ²²Joaquim e os homens de Cozeba; Joás e Saraf, que foram se casar em Moab antes de voltarem para Belém. São casos antigos. ²³Eles eram oleiros e moraram em Nataim e Gadera, junto com o rei, para quem trabalhavam.

Descendentes de Simeão – ²⁴Filhos de Simeão: Namuel, Jamin, Jarib, Zara e Saul. ²⁵Além desses: Selum, Mabsam e Masma. ²⁶Filhos de Masma: Hamuel, Zacur e Semei. ²⁷Semei teve dezesseis filhos e seis filhas. Seus irmãos, porém, não tiveram muitos filhos, de modo que suas famílias não se multiplicaram como a família de Judá. ²⁸Eles moravam em Bersabeia, Molada e Hasar-Sual, ²⁹Bala, Asem e Tolad, ³⁰Batuel, Horma e Siceleg, ³¹Bet-Marcabot, Hasar-Susim, Bet-Berai e Saarim. Essas foram suas cidades até a época do reinado de Davi. ³²Suas aldeias foram: Etam, Aen, Remon, Toquen e Asã, isto é, cinco cidades, ³³com todas as aldeias vizinhas dessas cidades até Baalat. Aí moraram e aí foram registrados: ³⁴Masobab, Jemlec, Josa, filho de Amasias; ³⁵Joel, Jeú, filho de Josabias, filho de Saraías, filho de Asiel; ³⁶Elioenai, Jacoba, Isuaías, Asaías, Adiel, Isimiel, Banaías, ³⁷Ziza, Ben-Sefei, Ben-Alon, Ben-Jedaías, Ben-Semri, Ben-Samaías. ³⁸Esses, aqui lembrados nome por nome, eram chefes de seus clãs, e suas famílias foram muito numerosas. ³⁹A vida deles era nômade: andavam de um lado para outro no vale de Gerara, procurando pastagem para o rebanho. ⁴⁰Aí encontraram muita pastagem e de boa qualidade, pois era uma região vasta, tranquila e pacífica. Antes, essa região era habitada pelos descendentes de Cam. ⁴¹No tempo de Ezequias, rei de Judá, os simeonitas acima registrados chegaram a esse lugar e se apoderaram do acampamento dos descendentes de Cam e também dos meunitas que aí se encontravam, eliminando-os totalmente, até o dia de hoje. Depois, passaram a morar no lugar deles, onde havia pastagem para seus rebanhos.

⁴²Alguns descendentes de Simeão foram para a montanha de Seir. Eram quinhentos homens comandados por Faltias, Naarias, Rafaías e Oziel, filhos de Jesi. ⁴³Acabaram com o resto dos amalecitas sobreviventes e passaram a morar nesse lugar, onde estão até hoje.

5 **Descendentes de Rúben** – ¹Filhos de Rúben, filho mais velho de Israel. Ele era o filho mais velho. No entanto, por ter desrespeitado a cama do seu pai, os seus direitos passaram para José, outro filho de Israel. Rúben não foi mais considerado como primogênito. ²Judá passou à frente dos irmãos e conseguiu que um filho seu fosse chefe, mas o direito de filho mais velho pertencia de fato a José. ³Filhos de Rúben, filho mais velho de Israel: Henoc, Falu, Hesron e Carmi. ⁴Filhos de Joel: Samaías, Gog, Semei, ⁵Micas, Reaías, Baal ⁶e Beera, que Teglat-Falasar, rei da Assíria, levou para o exílio. Era chefe dos rubenitas.

⁷Por clãs, e agrupados conforme o parentesco, seus irmãos eram: primeiro, Jeiel; depois, Zacarias; ⁸por fim, Bela, filho de Azaz, neto de Sama e bisneto de Joel. O clã de Rúben ficou morando em Aroer, chegando até Nebo e Baal-Meon. ⁹Para o lado oriental, ocupou o território que vai até à beira do deserto, desde o rio Eufrates, pois tinha muito gado na região de Galaad. ¹⁰Na época de Saul, eles tiveram que fazer guerra contra os agarenos, em cujas mãos acabaram caindo. Os agarenos passaram, então, a ocupar os acampamentos que eram deles em toda a parte oriental de Galaad.

Descendentes de Gad – ¹¹Ao lado da tribo de Rúben, os filhos de Gad ficaram morando na região de Basã até Selca. ¹²Estavam em Basã: primeiro, Joel; depois, Safam, Janaí e Safat. ¹³Irmãos deles, família por família: Miguel, Mosolam, Sebe, Jorai, Jacã, Zie e Héber; sete ao todo. ¹⁴Filhos de Abiail: Ben-Uri, Ben-Jaroe, Ben-Galaad, Ben-Miguel, Ben-Jesesi, Ben-Jedo e Ben-Buz. ¹⁵O chefe da sua família era Ai, filho de Abdiel e neto de Guni. ¹⁶Eles ficaram morando em Galaad, em Basã e arredores, nas pastagens do Saron, até nos seus limites. ¹⁷Todos eles foram registrados na época em que Joatão era rei de Judá e Jeroboão era rei de Israel.

¹⁸As tribos de Rúben, de Gad e a meia tribo de Manassés, que contavam com quarenta e quatro mil, setecentos e sessenta guerreiros, entre soldados armados de escudo e espada, atiradores de flechas treinados para a guerra e prontos para a luta, ¹⁹entraram em combate contra os agarenos em Jetur, Nafis e Nodab. ²⁰No meio do combate, clamaram a seu Deus e, por terem confiado nele, Deus ouviu sua súplica e os ajudou, submetendo os agarenos e aliados ao poder deles. ²¹Conseguiram, assim, tomar as riquezas dos agarenos: cinquenta mil camelos, duzentas e cinquenta mil ovelhas e dois mil jumentos. Também fizeram cem mil prisioneiros, ²²e houve outros tantos mortos, porque essa guerra foi conduzida por Deus. Até o exílio, eles ficaram morando no lugar que tinha sido dos agarenos.

Descendentes da meia tribo de Manassés – ²³Os filhos da meia tribo de Manassés ficaram morando no território que fica entre Basã e Baal-Hermon, o Sanir e o monte Hermon. Eram numerosos. ²⁴Estes eram seus chefes de família: Éfer, Jesi, Eliel, Ezriel, Jeremias, Odoías e Jediel. Eram homens valentes e famosos, chefes de suas famílias.

²⁵Eles, porém, foram infiéis ao Deus de seus antepassados, pois se prostituíram com os deuses dos povos nativos que Deus tinha destruído diante deles. ²⁶Então o Deus de Israel incitou contra eles Pul, que é Teglat-Falasar, rei da Assíria. Este exilou Rúben, Gad e a meia tribo de Manassés, levando-os para Hala, Habor, Ara e para o rio Gozã, onde estão até hoje.

Descendentes de Levi até o exílio na Babilônia – ²⁷Filhos de Levi: Gérson, Caat e Merari. ²⁸Filhos de Caat: Amram, Isaar, Hebron e Oziel. ²⁹Aarão, Moisés e Maria eram filhos de Amram. Filhos de Aarão: Nadab, Abiú, Eleazar e Itamar. ³⁰Eleazar foi pai de Fineias, pai de Abisue, ³¹pai de Boci, pai de Ozi, ³²pai de Zaraías, pai de Meraiot, ³³pai de Amarias, pai de Aquitob, ³⁴pai de Sadoc, pai de Aquimaás, ³⁵pai de Azarias, pai de Joanã, ³⁶pai de Azarias. Este foi o sacerdote no Templo construído em Jerusalém por Salomão. ³⁷Azarias foi pai de Amarias, pai de Aquitob, ³⁸pai de Sadoc, pai de Selum, ³⁹pai de Helcias, pai de Azarias, ⁴⁰pai de Saraías, pai de Josedec. ⁴¹Josedec foi para o exílio quando Javé, por meio de Nabucodonosor, exilou Judá e Jerusalém.

6 Clãs levíticos – ¹Filhos de Levi: Gersam, Caat e Merari. ²Filhos de Gersam: Lobni e Semei. ³Filhos de Caat: Amram, Isaar, Hebron e Oziel. ⁴Filhos de Merari: Mooli e Musi. Esses são os clãs de Levi, por famílias. ⁵Filhos de Gersam: Lobni, Jaat, Zama, ⁶Joa, Ado, Zara e Jetrai. ⁷Filhos de Caat: Aminadab, Coré, Asir, ⁸Elcana, Abiasaf, Asir, ⁹Taat, Uriel, Ozias e Saul. ¹⁰Filhos de Elcana: Amasai e Aquimot, ¹¹pai de Elcana, pai de Sofai, pai de Naat, ¹²pai de Eliab, pai de Jeroam, pai de Elcana.

¹³Este teve dois filhos: Samuel, o mais velho, e Abias. ¹⁴Filhos de Merari: Mooli, Lobni, Semei, Oza, ¹⁵Samaá, Hagias e Asaías.

Cantores no tempo de Davi – ¹⁶Vêm agora os que Davi encarregou de dirigir o canto no Templo de Javé, quando a Arca foi aí colocada. ¹⁷O ofício deles era cantar diante da Habitação da Tenda da reunião, até que Salomão construiu em Jerusalém o Templo de Javé. Daí por diante, eles exerciam seu ofício no Templo, conforme o regulamento. ¹⁸Os encarregados do canto, com seus descendentes, eram os seguintes: Filhos de Caat: Emã, o cantor, filho de Joel, filho de Samuel, ¹⁹filho de Elcana, filho de Jeroam, filho de Eliel, filho de Toú, ²⁰filho de Suf, filho de Elcana, filho de Maat, filho de Amasai, ²¹filho de Elcana, filho de Joel, filho de Azarias, filho de Sofonias, ²²filho de Taat, filho de Asir, filho de Abiasaf, filho de Coré, ²³filho de Isaar, filho de Caat, que era filho de Levi, filho de Israel. ²⁴À sua direita, ficava o seu companheiro Asaf, que era filho de Baraquias, filho de Samaé, ²⁵filho de Miguel, filho de Basaías, filho de Melquias, ²⁶filho de Atanai, filho de Zara, filho de Adaías, ²⁷filho de Etã, filho de Zama, filho de Semei, ²⁸filho de Jet, filho de Gersam, que era filho de Levi. ²⁹À esquerda, ficavam os outros seus irmãos, os filhos de Merari: Etã, filho de Cusi, filho de Abdi, filho de Maloc, ³⁰filho de Hasabias, filho de Amasias, filho de Helcias, ³¹filho de Amasai, filho de Boni, filho de Somer, ³²filho de Mooli, filho de Musi, filho de Merari, que era filho de Levi.

Os filhos de Aarão entre os levitas – ³³Os levitas, seus irmãos, estavam inteiramente dedicados ao serviço da Habitação do Templo de Deus. ³⁴Aarão e seus filhos queimavam as ofertas sobre o altar dos holocaustos e também sobre o altar do incenso. Faziam todo o serviço das coisas mais santas, especialmente das cerimônias de expiação dos pecados de Israel, tudo conforme determinou Moisés, o servo de Deus.

³⁵Filhos de Aarão: Eleazar, depois Finéias, Abisue, ³⁶Boci, Ozi, Zaraías, ³⁷Meraiot, Amarias, Aquitob, ³⁸Sadoc e por fim Aquimaás.

Cidades dos levitas – ³⁹São estas as moradas dos filhos de Levi, conforme as divisas de seus territórios: Para os filhos de Aarão, do clã de Caat, que foram sorteados em primeiro lugar, ⁴⁰deram Hebron, no território de Judá, com as pastagens vizinhas. ⁴¹A zona rural e suas aldeias ficaram para Caleb, filho de Jefoné. ⁴²Aos filhos de Aarão foram entregues as cidades de refúgio: Hebron, Lebna e suas pastagens, Jeter, Estemo e suas pastagens; ⁴³Helon e suas pastagens, Dabir e suas pastagens; ⁴⁴Asã e suas pastagens; Bet-Sames e suas pastagens. ⁴⁵Da tribo de Benjamim foram entregues Gaba e suas pastagens; Almat e suas pastagens; Anatot e suas pastagens. Seus clãs receberam ao todo treze cidades com suas pastagens.

⁴⁶Para os outros descendentes de Caat, foram entregues, por sorteio, dez cidades, tomadas dos clãs das tribos de Efraim, Dã e da meia tribo de Manassés. ⁴⁷Para os descendentes de Gersam, distribuídos por clãs, ficaram treze cidades, tomadas das tribos de Issacar, Aser, Neftali e da tribo de Manassés em Basã. ⁴⁸Para os descendentes de Merari, por clãs, caíram por sorteio doze cidades, tomadas das tribos de Rúben, Gad e Zabulon.

⁴⁹Essas foram as cidades que os israelitas entregaram aos descendentes de Levi, incluindo as pastagens. ⁵⁰Por sorteio, lhes entregaram também as cidades que eram das tribos de Judá, de Simeão e de Benjamim, às quais eles deram seus nomes. ⁵¹Algumas cidades entregues aos clãs dos descendentes de Caat foram tomadas da tribo de Efraim. ⁵²Entregaram para eles também as cidades de refúgio: Siquém e suas pastagens, na região montanhosa de Efraim; Gazer e suas pastagens; ⁵³Jecmaam e suas pastagens; Bet-Horon e suas pastagens; ⁵⁴Aialon e suas pastagens; Gat-Remon e suas pastagens; ⁵⁵Aner e Balaam com suas respectivas pastagens, que foram tiradas da meia tribo de Manassés. É o que foi entregue aos outros clãs dos descendentes de Caat.

⁵⁶Dos clãs da meia tribo de Manassés foram entregues para os descendentes de Gersam: Golã e suas pastagens em Basã; Astarot e suas pastagens. ⁵⁷Da tribo de Issacar: Cedes e suas pastagens; Daberet e suas pastagens; ⁵⁸Ramot e suas pastagens; Anem e suas pastagens. ⁵⁹Da tribo de Aser foram entregues: Masal e suas pastagens; Abdon e suas pastagens; ⁶⁰Hucoc e suas

pastagens; Roob e suas pastagens. ⁶¹Da tribo de Neftali: Cedes na Galileia e suas pastagens; Hamon e suas pastagens; Cariataim e suas pastagens.

⁶²Para os outros descendentes de Merari, ficaram as seguintes cidades da tribo de Zabulon: Remon e suas pastagens; Tabor e suas pastagens, ⁶³do outro lado do Jordão, no rumo de Jericó, a leste do rio. Da tribo de Rúben: Bosor, no deserto, e suas pastagens; Jasa e suas pastagens; ⁶⁴Cedimot e suas pastagens; Mefaat e suas pastagens. ⁶⁵Da tribo de Gad: Ramot em Galaad e suas pastagens; Maanaim e suas pastagens; ⁶⁶Hesebon e suas pastagens; Jazer e suas pastagens.

7 *Descendentes de Issacar* – ¹Filhos de Issacar: Tola, Fua, Jasub e Semron. Quatro ao todo. ²Filhos de Tola, chefes de suas famílias: Ozi, Rafaías, Jeriel, Jemai, Jebsem e Samuel. O número de guerreiros que eles tinham por famílias no tempo de Davi era, no total, vinte e dois mil e seiscentos. ³Filho de Ozi: Izraías. Filhos de Izraías: Miguel, Abdias, Joel e Jesias. Eram cinco chefes. ⁴Sob a responsabilidade deles havia batalhões organizados com trinta e seis mil soldados, repartidos conforme sua parentela e famílias. Eles tinham muitas mulheres e filhos. ⁵Seus irmãos dos clãs de Issacar chegaram a ter oitenta e sete mil guerreiros no recenseamento.

Descendentes de Benjamim – ⁶Filhos de Benjamim: Bela, Bocor e Jadiel. Três ao todo. ⁷Filhos de Bela: Esbon, Ozi, Oziel, Jerimot e Urai. Os cinco eram chefes de famílias, valentes guerreiros, somando vinte e dois mil e trinta e quatro homens. ⁸Filhos de Bocor: Zamira, Joás, Eliezer, Elioenai, Amri, Jerimot, Abias, Anatot e Almat, todos filhos de Bocor. ⁹O recenseamento deles, feito com base nos chefes de suas famílias, deu vinte mil e duzentos guerreiros. ¹⁰Filho de Jadiel: Balã. Filhos de Balã: Jeús, Benjamim, Aod, Canana, Zetã, Társis e Aisaar. ¹¹Todos esses filhos de Jadiel se tornaram chefes de famílias, homens valentes, em número de dezessete mil e duzentos, aptos para guerra e combate.

¹²Sufam e Hufam. Filho de Ir: Hasim, cujo filho se chamava Aer.

Descendentes de Neftali e Manassés –
¹³Filhos de Neftali: Jasiel, Guni, Jeser e Selum. Todos eram filhos de Bala.

¹⁴Filhos de Manassés: Esriel, dado à luz por sua concubina arameia, que lhe deu também Maquir, pai de Galaad. ¹⁵Maquir tomou esposas para Hufam e Sufam. Tinha uma irmã chamada Maaca. O nome do seu outro irmão era Salfaad, que só teve filhas. ¹⁶Maaca, mulher de Maquir, teve um filho, e lhe deu o nome de Farés. O irmão dele se chamava Sares, cujos filhos eram Ulam e Recém. ¹⁷Filho de Ulam: Badã. São esses os descendentes de Galaad, filho de Maquir, que era filho de Manassés. ¹⁸Sua irmã Amaléquet foi a mãe de Isod, Abiezer e Moola. ¹⁹Filhos de Semida: Ain, Siquém, Leci e Aniam.

Descendentes de Efraim – ²⁰Filhos de Efraim: Sutala, pai de Bared, pai de Taat, pai de Elada, pai de Taat, ²¹pai de Zabad, pai de Sutala, e ainda Ezer e Elada. Uns indivíduos de Gad, nascidos no território, mataram esses dois últimos que tinham ido roubar gado. ²²Efraim, o pai deles, ficou de luto por muito tempo, e seus irmãos foram consolá-lo. ²³Depois, voltou a unir-se à sua esposa; então ela ficou grávida e deu à luz um menino, a quem ele deu o nome de Berias, para lembrar que "sua casa estava na infelicidade". ²⁴Filha de Efraim: Sara. Ela fundou as cidades de Bet-Horon superior e inferior e também Ozensara.

²⁵À descendência de Efraim pertencem também: Rafa, pai de Sutala, pai de Taã, ²⁶pai de Laadã, pai de Amiud, pai de Elisama, ²⁷pai de Nun, pai de Josué. ²⁸Suas propriedades e moradias estavam em Betel e arredores; Norã, a leste; Gazer e arredores, a oeste; Siquém e arredores, até Hai e arredores. ²⁹Em poder dos descendentes de Manassés estavam também: Betsã e arredores; Tanac e arredores; Meguido e arredores; Dor e arredores. Aí moravam os descendentes de José, filho de Israel.

Descendentes de Aser – ³⁰Filhos de Aser: Jemna, Jesua, Jessui, Beria, além de Sara, irmã deles. ³¹Filhos de Beria: Héber e Melquiel, pai de Barzait. ³²Filhos de Héber: Jeflat, Somer, Hotam e uma irmã, Suaá. ³³Filhos de Jeflat: Fosec, Bamaal e Asot. São esses os filhos de Jeflat. ³⁴Filhos de seu irmão Somer: Roaga, Haba e Aram. ³⁵O outro irmão, de nome Hélem, teve os seguintes filhos: Sufa, Jemna, Seles e Amal. ³⁶Sufa foi pai de Sue, Harnafer, Sual, Beri, Jamra,

³⁷Bosor, Od, Sama, Salusa, Jetrã e Beera. ³⁸Jetrã teve os seguintes filhos: Jefoné, Fasfa e Ara. ³⁹Filhos de Ola: Area, Haniel e Resias. ⁴⁰São esses os descendentes de Aser, chefes de famílias, homens escolhidos e valentes, chefes entre os príncipes. O recenseamento, feito com base na capacidade militar, somou vinte e seis mil homens.

8 Descendentes de Benjamim –
¹Filhos de Benjamim: Bela, o mais velho; em segundo lugar, Asbel; em terceiro, Airam; ²em quarto, Noaá; em quinto, Rafa. ³Filhos de Bela: Adar, Gera, pai de Aod, ⁴Abisue, Naamã, Aoe, ⁵Gera, Sefufam e Huram. ⁶Filhos de Aod, que foram chefes de famílias em Gaba e que foram exilados para Manaat: ⁷Naamã, Aías e Gera. Este útimo os conduziu cativos; ele foi pai de Oza e Aiud. ⁸Saaraim só teve filhos nos campos de Moab, depois de repudiar suas duas mulheres, Husim e Baara. ⁹Sua nova mulher lhe deu estes filhos: Jobab, Sebias, Mesa, Melcam, ¹⁰Jeús, Sequias e Marma. Foram esses os seus filhos, que se tornaram chefes de famílias. ¹¹Husim tinha gerado Abitob e Elfaal. ¹²Filhos de Elfaal: Héber, Misaam e Samad. Este foi o fundador de Ono e Lod com seus arredores. ¹³Berias e Sama eram chefes de famílias dos moradores de Aialon, e foram eles que expulsaram os habitantes de Gat. ¹⁴Sesac era irmão de Berias. Jerimot, ¹⁵Zabadias, Arod, Éder, ¹⁶Miguel, Jesfa e Joá eram filhos de Berias. ¹⁷Zabadias, Mosolam, Hezeci, Haber, ¹⁸Jesamari, Jeslias e Jobab eram filhos de Elfaal. ¹⁹Jacim, Zecri, Zabdi, ²⁰Elioenai, Seletai, Eliel, ²¹Adaías, Baraías e Samarat eram filhos de Semei. ²²Jesfã, Héber, Eliel, ²³Abdon, Zecri, Hanã, ²⁴Hananias, Elam, Anatotias, ²⁵Jefdaías e Fanuel eram filhos de Sesac. ²⁶Semsari, Soorias, Otolias, ²⁷Jersias, Elias e Zecri eram filhos de Jeroam. ²⁸Esses eram os chefes de famílias, agrupados segundo sua parentela. Eles moravam em Jerusalém.

²⁹Em Gabaon moravam Jeiel, pai de Gabaon. Sua mulher chamava-se Maaca. ³⁰Seus filhos foram: Abdon, o mais velho; depois, Sur, Cis, Baal, Ner, Nadab, ³¹Gedor, Aio, Zaquer e Macelot. ³²Macelot foi pai de Samaá. Mas esses dois, ao contrário de seus irmãos, foram morar em Jerusalém, junto com seus outros irmãos.

³³Ner foi pai de Cis, pai de Saul, que teve os seguintes filhos: Jônatas, Melquisua, Abinadab e Isbaal. ³⁴Jônatas teve um filho, Meribaal, pai de Micas. ³⁵Filhos de Micas: Fiton, Melec, Taraá e Aaz. ³⁶Aaz foi pai de Joada, pai de Almat, Azmot e Zambri. Zambri foi pai de Mosa, ³⁷pai de Banaá, pai de Rafa, pai de Elasa, pai de Asel, ³⁸que teve seis filhos com estes nomes: Ezricam, o mais velho; depois, Ismael, Sarias, Abdias e Hanã. Eram todos filhos de Asel. ³⁹Filhos do seu irmão Esec: Ulam, o mais velho; Jeús, o segundo; Elifalet, o terceiro. ⁴⁰Os filhos de Ulam eram guerreiros valentes, atiradores de flechas. Seus filhos e netos aumentaram muito, chegando ao número de cento e cinquenta. Todos esses eram descendentes de Benjamim.

9 População de Jerusalém depois do exílio –
¹Todo Israel foi registrado em genealogias e estava inscrito no livro dos reis de Israel e Judá, quando, por causa de suas infidelidades, foi levado para o exílio na Babilônia. ²Os primeiros israelitas a residir em patrimônios e cidades foram os sacerdotes, os levitas e os doados.

³Em Jerusalém ficaram morando alguns descendentes de Judá, Benjamim, Efraim e Manassés. ⁴Dos descendentes de Judá ficaram: Otei, filho de Amiud, filho de Amri, filho de Omrai, filho de Bani, filho de Farés, filho de Judá. ⁵Dos selanitas: Asaías, o primogênito, e seus filhos. ⁶Da descendência de Zara ficaram: Jeuel e seus irmãos, num total de seiscentas e noventa pessoas.

⁷Dos descendentes de Benjamim, ficaram em Jerusalém: Salo, filho de Mosolam, filho de Oduías, filho de Asana; ⁸Joabnias, filho de Jeroam; Ela, filho de Ozi, filho de Mocori; Mosolam, filho de Safatias, filho de Reuel, filho de Jebanias. ⁹Com todos os irmãos, por famílias, somavam, no total, novecentas e cinquenta pessoas. Todos esses homens eram chefes de famílias.

9,1-34: Repetição da lista dos moradores de Jerusalém apresentada no relatório do governador Neemias. Este capítulo descreve a cidade depois da reconstrução e do repovoamento feito por Neemias. Atualizando esta lista do período anterior ao exílio, os cronistas querem ressaltar que as funções sacerdotais e levíticas no pós-exílio têm sua origem na organização do clero feita por Davi (cf. Ne 11).

¹⁰Sacerdotes que ficaram: Jedaías, Joiarib, Jaquin, ¹¹Azarias, filho de Helcias, filho de Mosolam, filho de Sadoc, filho de Maraiot, filho de Aquitob, que era chefe do Templo de Deus. ¹²Também Adaías, filho de Jeroam, filho de Fassur, filho de Melquias; Maasai, filho de Adiel, filho de Jezra, filho de Mosolam, filho de Mosolamot, filho de Emer, ¹³além dos irmãos, chefes de famílias. Eram, no total, mil e setecentos e sessenta homens aptos para a guerra, todos encarregados do serviço no Templo de Deus.

¹⁴Levitas que ficaram: Semeías, filho de Hassub, filho de Ezricam, filho de Hasabias, dos descendentes de Merari; ¹⁵Bacbacar, Hares, Galal; Matanias, filho de Micas, filho de Zecri, filho de Asaf; ¹⁶Abdias, filho de Semeías, filho de Galal, filho de Iditun; Baraquias, filho de Asa, filho de Elcana, que morava nas aldeias dos netofatitas.

¹⁷Porteiros que ficaram: Selum, Acub, Telmon e Aimã, com seus irmãos. Selum, o chefe, ¹⁸permanece até hoje junto à porta Real, do lado leste. Os porteiros dos acampamentos dos levitas eram os seguintes: ¹⁹Selum, filho de Coré, filho de Abiasaf, filho de Cora, e seus irmãos de sangue, da mesma família dos coreítas. Dedicavam-se ao serviço litúrgico, guardavam a porta da Tenda, enquanto seus pais, responsáveis pelo acampamento de Javé, guardavam a entrada. ²⁰Fineias, filho de Eleazar, foi o chefe deles. Que Javé esteja com ele! ²¹Zacarias, filho de Mosolamias, foi o porteiro na entrada da Tenda da reunião. ²²Os porteiros escolhidos para guardar a entrada da porta eram ao todo duzentos e doze. Estavam agrupados em suas aldeias. Davi e o vidente Samuel os colocavam como porteiros, por causa da honestidade deles. ²³Eles e seus filhos se tornaram os porteiros responsáveis pelas portas do Templo de Javé, ou seja, a Casa da Tenda. ²⁴Os porteiros ficavam voltados para os quatro lados: nascente, poente, norte e sul. ²⁵Os irmãos que estavam nas aldeias deviam revezar-se, de semana em semana, para ficar sete dias com eles, ²⁶pois os quatro porteiros mais fortes ficavam aí constantemente. Eles eram levitas e cuidavam dos cômodos e provisões do Templo de Deus. ²⁷Dormiam na vizinhança do Templo, pois tinham obrigação de guardá-lo; eram eles que toda manhã abriam as portas. ²⁸Alguns deles eram encarregados dos objetos do culto e tinham que conferir os objetos que chegavam e saíam. ²⁹Outros eram encarregados do material de consumo, coisas sagradas, como farinha de trigo, vinho, azeite, incenso e perfumes. ³⁰Quem misturava as essências para preparar os perfumes eram os sacerdotes. ³¹O levita Matatias, filho mais velho de Selum, descendente de Coré, por causa de sua honestidade, ficou responsável pelo que era feito nas assadeiras. ³²Alguns da família dos descendentes de Caat ficaram encarregados de substituir, todo sábado, os doze pães colocados em ordem no santuário.

³³São esses os cantores, chefes de famílias da tribo de Levi. Moravam nos alojamentos do Templo e eram livres de outras funções, porque estavam a serviço dia e noite. ³⁴São esses os chefes de famílias da casa de Levi, conforme seus clãs. Todos moravam em Jerusalém.

Descendentes de Saul – ³⁵Em Gabaon, morava Jeiel, pai de Gabaon. O nome da mulher dele era Maaca. ³⁶Aí moravam seu filho mais velho Abdon e também Sur, Cis, Baal, Ner, Nadab, ³⁷Gedor, Aio, Zacarias e Macelot. ³⁸Macelot foi pai de Samaam. Ao contrário de seus irmãos, estes últimos moravam com os outros irmãos em Jerusalém. ³⁹Ner foi pai de Cis, que foi pai de Saul. Saul teve estes filhos: Jônatas, Melquisua, Abinadab e Isbaal. ⁴⁰O filho de Jônatas se chamava Meribaal, pai de Micas. ⁴¹Filhos de Micas: Fiton, Melec e Taraá. ⁴²Aaz foi pai de Jara, pai de Almat, Azmot e Zambri. Zambri foi pai de Mosa, ⁴³pai de Banaá, pai de Rafaías, Elasa e Ascl. ⁴⁴Ascl teve seis filhos: Ezricam, o mais velho, Ismael, Sarias, Abdias e Hanã; são esses os filhos de Asel.

10
Fim da dinastia de Saul – ¹Os filisteus estavam guerreando contra Israel. Aconteceu então que os homens de Israel fugiram dos filisteus e, feridos, acabaram caindo mortos no monte Gelboé. ²Os filisteus perseguiram Saul e seus

---

9,35-10,14: Genealogia do clã benjaminita de Saul. Depois da morte de Salomão, a tribo de Benjamim permaneceu fiel à Casa de Davi. Mas, com a derrota e morte de Saul e de seus herdeiros, os cronistas reafirmam a teologia deuteronomista, lembrando apenas os fatos desfavoráveis ao antigo rei. O reinado estava destinado a Davi.

filhos, e mataram Jônatas, Abinadab e Melquisua, filhos de Saul. ³Então a luta se concentrou sobre Saul. Os atiradores descobriram onde ele estava e lhe acertaram flechas. ⁴Saul disse a seu escudeiro: "Puxe da sua espada e me mate, senão esses incircuncisos vão rir de mim". O escudeiro não quis fazer isso, pois teve muito medo. Então Saul pegou sua própria espada e se jogou sobre ela. ⁵O escudeiro ficou apavorado e, ao ver que Saul tinha morrido, jogou-se também sobre a própria espada e morreu. ⁶Morreram, assim, Saul e seus três filhos: a família inteira. ⁷Todos os israelitas que moravam no vale, ao verem que os homens de Israel tinham fugido e que Saul e seus filhos tinham morrido, abandonaram suas cidades e fugiram. Então os filisteus foram e aí ficaram morando.

⁸No outro dia, quando os filisteus foram saquear os mortos no combate, encontraram Saul com seus filhos, todos mortos, no monte Gelboé. ⁹Depois de despojar o corpo de Saul, levaram a cabeça e as armas dele por toda a terra dos filisteus, anunciando a boa notícia a seus ídolos e a seu povo. ¹⁰Em seguida, colocaram as armas de Saul no templo do deus deles e pregaram seu crânio no templo de Dagon.

¹¹Os habitantes de Jabes de Galaad ficaram sabendo o que os filisteus tinham feito com Saul. ¹²Então todos os guerreiros foram buscar o corpo de Saul e de seus filhos, levando-os para Jabes. Sepultaram os corpos debaixo do terebinto de Jabes e jejuaram durante sete dias.

¹³Saul morreu por ter sido infiel a Javé: não seguiu a ordem de Javé e foi consultar uma mulher que invocava os mortos, ¹⁴em vez de consultar a Javé. Então Javé o entregou à morte e passou o reinado para Davi, filho de Jessé.

II. HISTÓRIA DE DAVI, O REI IDEAL

11 *Unção de Davi, início de uma nova história* – ¹Todo o Israel se reuniu com Davi em Hebron e lhe disse: "Veja bem! Nós somos do mesmo sangue. ²Pouco tempo atrás, quando Saul era rei, você é quem chefiava Israel nas guerras. E Javé, seu Deus, lhe disse: 'Você será o pastor do meu povo Israel. Você será o chefe do meu povo Israel' ". ³Todos os anciãos de Israel foram procurar o rei em Hebron, e Davi fez, aí mesmo em Hebron, uma aliança com eles, na presença de Javé. Então eles ungiram Davi como rei de Israel, conforme a palavra de Javé, anunciada por Samuel. ⁴Davi, com todo Israel, tomou o caminho para Jerusalém, que se chamava Jebus. Os jebuseus moravam nessa região. ⁵Então os moradores de Jebus disseram a Davi: "Aqui você não entra!" Mas Davi tomou a fortaleza de Sião, que é a Cidade de Davi. ⁶Foi quando Davi falou: "Quem atacar primeiro os jebuseus será nomeado comandante-chefe". Quem atacou primeiro foi Joab, filho de Sárvia. Assim ele se tornou comandante. ⁷Davi passou a morar nessa fortaleza, e por isso lhe deram o nome de Cidade de Davi. ⁸Ele reconstruiu a cidade em redor, tanto o Melo como as muralhas. E Joab reformou o resto da cidade. ⁹O poder de Davi aumentava cada vez mais, e Javé dos exércitos estava com ele.

Exército pessoal de Davi – ¹⁰São estes os valentes de Davi, que se afirmaram com valor no seu reino e, junto com todo Israel, o fizeram rei, conforme a palavra de Javé a respeito de Israel. ¹¹Os valentes de Davi são os seguintes: Jesbaam, filho de Hacamon. Ele é o chefe dos Três. Foi ele quem atirou a lança sobre trezentos, e acertou os trezentos de uma só vez. ¹²Além dele, Eleazar, filho de Dodô, o aoíta, que era um dos Três. ¹³Ele estava com Davi em Afes-Domim, quando os filisteus aí se reuniram para o combate. Havia nesse lugar uma plantação de cevada. O exército fugiu com medo dos filisteus, ¹⁴mas Eleazar se postou no meio da plantação, a defendeu e matou os filisteus. Javé concedeu uma grande vitória.

¹⁵Três dos Trinta desceram para perto de Davi, junto ao rochedo da gruta de

---

11,1-9: Davi é ungido rei de todo Israel por vontade do povo e por escolha de Javé. O primeiro ato de Davi é conquistar Jerusalém, obedecendo à voz de Deus e ao desejo de todo o povo de Israel. Dessa forma, os cronistas apontam para a unidade entre Davi e Jerusalém, entre dinastia e cidade, entre palácio e templo. O livro começa a mostrar o grande ideal dos retornados do exílio: fazer de Jerusalém, a cidade de Davi, o centro religioso do povo Israel.

10-47: Os capítulos que narram a ascensão de Davi estão inspirados em 2 Samuel (cf. notas a 2Sm). Nesta releitura sacerdotal, os cronistas começam descre-

Odalam. O acampamento filisteu estava armado no vale dos rafaim. ¹⁶Davi estava no esconderijo, enquanto em Belém havia uma guarnição de filisteus. ¹⁷Foi quando Davi manifestou um desejo: "Quem me dera beber da água do poço de Belém, que fica na entrada da cidade!" ¹⁸Os três homens atravessaram o acampamento dos filisteus, tiraram água do poço que fica na entrada de Belém e a levaram para Davi. Mas Davi não quis beber e derramou a água em libação a Javé, ¹⁹dizendo: "Deus me livre de fazer uma coisa dessas! Por acaso eu vou beber o sangue desses homens que arriscaram a vida? Eles trouxeram a água com risco de vida!" E de jeito nenhum quis beber. Foi isso que os três valentes fizeram.

²⁰Abisaí, irmão de Joab, era o chefe dos Trinta. Ele atirou a lança sobre trezentos e os acertou. Assim ficou famoso entre os Trinta. ²¹Era o mais respeitado dos Trinta e ficou sendo o chefe deles. Só não fazia parte dos Três.

²²Banaías, filho de Joiada, soldado de muitas façanhas, natural de Cabseel, matou os dois heróis de Moab e, em dia de neve, desceu e matou um leão dentro do poço. ²³Ele também matou o egípcio de dois metros e meio de altura, o qual tinha na mão uma lança, que mais parecia cilindro de tear: enfrentou-o com um porrete, tomou a lança da mão do egípcio e com ela o matou. ²⁴Banaías, filho de Joiada, fez tudo isso, e ficou famoso entre os Trinta. ²⁵Era o mais respeitado entre os Trinta, só que não fazia parte dos Três. Davi o colocou como chefe da sua guarda pessoal.

²⁶Os valentes de Davi eram estes: Asael, irmão de Joab; Elcanã, filho de Dodô, de Belém; ²⁷Samot, o harorita; Heles, o felonita; ²⁸Ira, filho de Aces, de Técua; Abiezer, de Anatot; ²⁹Sobocai, de Husa; Ilai, de Ao; ³⁰Maarai, de Netofa; Héled, filho de Baana, de Netofa; ³¹Etai, filho de Ribai, de Gabaá dos filhos de Benjamim; Banaías, de Faraton; ³²Hurrai, das torrentes de Gaás; Abiel, de Bet-Arabá; ³³Azmot, de Baurim; Eliaba, de Saalbon; ³⁴Benê-Asem, de Gezon; Jônatas, filho de Saage, de Arar; ³⁵Aiam, filho de Sacar, de Arar; Elifalet, filho de Ur; ³⁶Héfer, de Maquera; Aías, o felonita; ³⁷Hesro, de Carmel; Naarai, filho de Azbai; ³⁸Joel, irmão de Natã; Mibaar, filho de Agarai; ³⁹Selec, o amonita; Naarai, de Beerot, escudeiro de Joab, filho de Sárvia; ⁴⁰Ira, de Jeter; Gareb, de Jeter; ⁴¹Urias, o heteu; Zabad, filho de Ooli; ⁴²Adina, filho de Siza, o rubenita, chefe dos rubenitas e responsável pelos Trinta; ⁴³Hanã, filho de Maaca; Josafá, o matanita; ⁴⁴Ozias, de Astarot; Sama e Jaiel, filhos de Hotam, de Aroer; ⁴⁵Jediel, filho de Samri, e seu irmão Joás, o tasaíta; ⁴⁶Eliel, o maumita; Jeribai e Josaías, filhos de Elnaem; Jetma, o moabita; ⁴⁷Eliel, Obed e Jasiel, de Soba.

12 Surge um novo líder –
¹Lista dos que passaram para o lado de Davi, em Siceleg, quando ele ainda andava se escondendo de Saul, filho de Cis. Eles eram valentes, companheiros de luta, ²que manejavam o arco, tanto com a direita como com a esquerda, e sabiam atirar da mesma forma tanto pedras como flechas.

Irmãos de Saul, da tribo de Benjamim: ³o chefe Aiezer e Joás, filho de Samaá, de Gabaá; Jasiel e Falet, filho de Azmot; Baraca e Jeú, de Anatot; ⁴Ismaías, de Gabaon, um dos Trinta e chefe dos Trinta; ⁵Jeremias, Jeeziel, Joanã e Jozabad, de Gaderot; ⁶Eluzaí, Jerimot, Baalias, Samarias, Safatias, de Harif; ⁷Elcana, Jesias, Azareel, Joezer e Jesbaam, da família de Coré; ⁸Joela e Zabadias, filhos de Jeroam, de Gedor.

⁹Muitos da tribo de Gad passaram para o lado de Davi, quando ele estava escondido no deserto. Eram guerreiros valentes, gente treinada para a guerra, bons no manejo do escudo e da lança. Pareciam leões, e eram espertos como gazelas em meio às montanhas. ¹⁰O chefe deles era Ezer; Abdias, o segundo; Eliab, o terceiro; ¹¹Masmana, o quarto; Jeremias, o quinto; ¹²Eti, o sexto; Eliel, o sétimo; ¹³Joanã, o oitavo; Elzebad, o nono; ¹⁴Jeremias, o dé-

---

vendo o exército pessoal que Davi formou nos tempos em que era chefe de bando. Este exército pessoal é que aclamará Davi como novo rei para Judá, e depois para todo o Israel. Os cronistas ressaltam que este exército pessoal, congregando gente de todas as tribos, simboliza todo o povo de Israel que aclama o novo rei.

12,1-23: Para reafirmar a presença de todas as tribos no bando original de Davi, os cronistas ressaltam que gente de outras tribos antigas vai aderir a

cimo; Macbanai, o décimo primeiro. ¹⁵Da tribo de Gad, eram esses os comandantes de batalhões, que tinham, cada um, entre cem e mil soldados. ¹⁶Foram esses que atravessaram o rio Jordão no primeiro mês do ano, quando ele, de tão cheio, fica transbordando. E eles puseram para correr todos os moradores desses vales, de um e de outro lado do rio.

¹⁷Alguns guerreiros das tribos de Benjamim e Judá foram até o esconderijo de Davi para se aliar com ele. ¹⁸Davi saiu ao encontro deles e disse: "Se vocês vieram como amigos, para me ajudar, eu estou pronto para me unir a vocês. Agora, se é para me atraiçoar em favor dos meus inimigos, embora eu não tenha nenhum crime nas costas, que o Deus dos nossos antepassados veja, e ele mesmo faça justiça!" ¹⁹Então o espírito se apoderou de Amasai, chefe dos Trinta, que exclamou: "Nós somos dos seus, Davi. Estamos com você, filho de Jessé. Paz a você e aos seus companheiros, porque o seu Deus está do seu lado". Davi então os aceitou e os colocou no comando de batalhões.

²⁰Da tribo de Manassés, alguns se juntaram a Davi, quando ele, ao lado dos filisteus, entrava em combate contra Saul. Mas Davi não ajudou os filisteus, porque os chefes filisteus, reunidos em conselho, dispensaram a sua ajuda, dizendo: "Ele poderia desertar, passar para o lado de Saul e colocar em risco as nossas cabeças". ²¹Quando Davi foi para Siceleg, saíram ao seu encontro estes indivíduos da tribo de Manassés: Ednas, Jozabad, Jediel, Miguel, Jozabad, Eliú, Salati, todos comandantes militares de Manassés. ²²Eles passaram a ajudar Davi no comando da tropa, pois eram todos guerreiros valentes e acabaram se tornando oficiais do exército. ²³Na verdade, Davi ia recebendo a cada dia novos reforços, de modo que seu acampamento foi ficando enorme.

Os guerreiros consagram seu líder – ²⁴Número dos guerreiros armados que se apresentaram a Davi em Hebron, a fim de transferir para ele o reino de Saul, cumprindo assim a ordem de Javé: ²⁵Da tribo de Judá, com escudo e lança, seis mil e oitocentos homens armados para a guerra. ²⁶Da tribo de Simeão, sete mil e cem combatentes. ²⁷Da tribo de Levi, quatro mil e seiscentos, ²⁸além de Joiada, chefe dos descendentes de Aarão, com três mil e setecentos homens, ²⁹e ainda o jovem e valente guerreiro Sadoc, com vinte e dois oficiais de sua família. ³⁰Da tribo de Benjamim, irmãos de Saul, eram três mil, e a maioria deles até então prestava serviço junto à família real de Saul. ³¹Da tribo de Efraim, vinte mil e oitocentos guerreiros, gente de fama na sua família. ³²Da meia tribo de Manassés, dezoito mil, todos nomeados, um por um, para proclamar Davi rei. ³³Da tribo de Issacar, gente que sabia perceber a ocasião e a maneira para Israel agir, eram duzentos chefes, que tinham sob suas ordens todos os seus irmãos. ³⁴Da tribo de Zabulon, cinquenta mil aptos para a guerra, dispostos em ordem de combate, armados e prontos a se alistarem corajosamente para a guerra. ³⁵Da tribo de Neftali, mil oficiais e trinta e sete mil soldados armados de lança e escudo. ³⁶Da tribo de Dã, vinte e oito mil e seiscentos homens aptos para a guerra. ³⁷Da tribo de Aser, quarenta mil homens prontos a partir para a guerra. ³⁸Da Transjordânia, isto é, das tribos de Rúben, de Gad e da meia tribo de Manassés, cento e vinte mil, munidos com todo tipo de armas.

³⁹Todos esses guerreiros, treinados e organizados, com toda a sinceridade, se dirigiram até Hebron a fim de proclamar Davi rei de todo Israel. E todo o restante da população de Israel também foi unânime em proclamar Davi rei. ⁴⁰Por três dias ficaram aí, comendo e bebendo com Davi, pois suas famílias tinham preparado tudo para eles. ⁴¹Mesmo dos lugares mais próximos e até de Issacar, Zabulon e Neftali, o pessoal levava comida no lombo de jumentos e camelos, de mulas e bois. Levavam alimentos à base de farinha, fi-

---

Davi antes de sua ascensão ao trono, quando ainda era fugitivo errante. No final, o acampamento das tropas de Davi é na verdade todo o exército do antigo Israel.
24-41: Este grande exército, na verdade todo Israel, seguindo as ordens de Javé, aclama Davi como rei em Hebron numa celebração alegre e festiva. Mesmo as tribos mais distantes estavam representadas na festa de aclamação. Para os cronistas, tal fato mostra que todas as tribos aceitaram Davi como rei de Israel e como figura que simboliza a unidade do povo de Deus.

gos e uvas secas, vinho e azeite, além de abundante carne de boi e ovelha, porque Israel estava em festa.

13 Davi inaugura um novo culto –

¹Davi convocou para uma reunião todos os chefes de mil e os chefes de cem, além de todos os comandantes. ²Então Davi dirigiu-se à assembleia geral dos israelitas: "Se é vontade de vocês e se o nosso Deus Javé aprova, vamos convidar nossos irmãos de todas as regiões de Israel, assim como os sacerdotes e levitas de todas as suas cidades e campos, para que eles se juntem a nós. ³O objetivo é transportar para cá a arca do nosso Deus, pois no tempo de Saul nós não nos preocupamos com ela".

⁴A assembleia em peso decidiu que era isso mesmo que se devia fazer, pois todo o povo achou que a proposta era justa. ⁵Então Davi convocou a população de todo Israel, desde a fronteira do Egito até a Entrada de Emat, para buscar em Cariat-Iarim a arca de Deus. ⁶Davi e todo Israel se dirigiram então para Baala ou Cariat-Iarim, em Judá, para transportar daí a arca do Deus que se chama Javé e está sentado sobre os querubins. ⁷Da casa de Abinadab em diante, a arca de Deus foi transportada numa carroça nova. Oza e Aio eram os condutores. ⁸Davi e todo Israel iam dançando diante de Deus, com todo o entusiasmo, cantando ao som de cítaras, harpas, tamborins, címbalos e trombetas. ⁹Estavam chegando à eira de Quidon, quando Oza estendeu a mão para segurar a arca, porque os bois tropeçaram. ¹⁰Então a ira de Javé fulminou Oza e o feriu, porque ele tocou a arca. Ele morreu aí mesmo, na presença de Deus. ¹¹Davi ficou desgostoso porque Javé havia fulminado Oza. Então deu a esse lugar o nome de Queda-de-Oza, como é conhecido até hoje.

¹²Nesse dia, Davi ficou com medo de Deus e disse: "Como é que eu vou levar para a minha casa a arca de Deus?" ¹³E Davi não levou a arca para sua casa. Mandou que a levassem para a casa de Obed--Edom, que era da cidade de Gat. ¹⁴A arca de Deus ficou três meses com a família de Obed-Edom, na casa dele. E Javé abençoou a casa de Obed-Edom e tudo o que lhe pertencia.

14 Davi escolhe Jerusalém para morar –

¹Hiram, rei de Tiro, mandou alguns emissários a Davi, levando madeira de cedro, pedreiros e carpinteiros, a fim de construir uma casa para ele. ²Então Davi teve certeza de que Javé o confirmava rei de Israel e lhe engrandecia o reinado, por amor a seu povo Israel.

³Em Jerusalém, Davi tomou para si outras mulheres e gerou mais filhos e filhas. ⁴E os nomes dos filhos que lhe nasceram em Jerusalém são os seguintes: Samua, Sobab, Natã, Salomão, ⁵Jebaar, Elisua, Elfalet, ⁶Noga, Nafeg, Jáfia, ⁷Elisama, Baaliada e Elifalet.

⁸Quando ouviram contar que Davi tinha sido ungido rei de todo Israel, os filisteus se puseram em marcha para prendê-lo. Sabendo disso, Davi partiu para enfrentá-los. ⁹Os filisteus foram e se espalharam pelo vale dos rafaim. ¹⁰Então Davi consultou a Deus: "Devo atacar os filisteus? Tu os entregarás em minhas mãos?" Javé lhe respondeu: "Pode atacar. Eu os entregarei em suas mãos". ¹¹Os filisteus foram à luta em Baal-Farasim, e aí mesmo Davi os derrotou. Depois Davi falou: "Por minha mão, Deus abriu uma brecha no meio de meus inimigos, como brecha feita pelas águas". Por isso, o nome desse lugar passou a chamar-se Baal-Farasim. ¹²Os filisteus abandonaram aí seus deuses, que Davi mandou jogar no fogo.

¹³Os filisteus insistiram e se espalharam de novo pelo vale. ¹⁴Davi tornou a consultar a Deus, que lhe respondeu: "Não ataque. Dê a volta pelo outro lado e vá ao encontro deles na frente das amoreiras.

13,1-14: A unidade entre o novo rei e a nova capital é o culto a Javé. Depois de conquistar a cidade, Davi traz para Jerusalém a Arca da Aliança. De novo se ressalta a presença de todo Israel nessa decisão. São as tribos que decidem que o verdadeiro lugar da arca é Jerusalém. Os cronistas atingem mais um objetivo: o Templo de Jerusalém é o único e legítimo santuário de todo Israel, por decisão de todas as tribos. O incidente com Oza vai ser explicado mais tarde, ao deixar claro que apenas as legítimas famílias sacerdotais podem se aproximar e tocar na arca (1Cr 15,11-13).

14,1-17: Ao residir em Jerusalém, Davi torna a cidade conhecida pelos povos estrangeiros. Tanto os aliados (Hiram de Tiro) quanto os inimigos (filisteus) vão reconhecer as vitórias de Davi. Em Jerusalém, a família de Davi vai se ampliar, sinal de que Javé está abençoando o rei em sua nova capital. Davi está pronto para construir seu império.

¹⁵Quando você ouvir um rumor de passos na ponta das amoreiras, comece o combate: é o sinal de que Deus sai à sua frente, para acabar com o exército filisteu". ¹⁶Davi fez como Deus tinha mandado, e derrotou o exército filisteu desde Gabaon até Gazer.

¹⁷A fama de Davi correu por todo o território. E Javé o tornou temido por todas as nações.

15 Jerusalém: cidade de Deus e de Davi

– ¹Davi construiu para si um palácio na Cidade de Davi. E para a arca de Deus, ele ergueu uma tenda. ²Depois disse: "A arca de Deus só pode ser transportada pelos levitas, pois Javé os escolheu para carregar a arca de Javé e estar sempre a seu serviço".

³Então Davi convocou todo Israel em Jerusalém, a fim de transferir a arca de Javé para o lugar que ele havia preparado. ⁴Mandou reunir os descendentes de Aarão e os levitas. ⁵Eram os seguintes: Dos filhos de Caat: Uriel, o chefe, com cento e vinte companheiros. ⁶Dos filhos de Merari: Asaías, o chefe, com duzentos e vinte companheiros. ⁷Dos filhos de Gersam: Joel, o chefe, com cento e trinta companheiros. ⁸Dos filhos de Elisafã: Semeías, o chefe, com duzentos companheiros. ⁹Dos filhos de Hebron: Eliel, o chefe, com oitenta companheiros. ¹⁰Dos filhos de Oziel: Aminadab, o chefe, com cento e doze companheiros.

¹¹Depois, Davi convocou os sacerdotes Sadoc e Abiatar, os levitas Uriel, Asaías, Joel, Semeías, Eliel e Aminadab. ¹²E lhes disse: "São vocês os chefes de família dos levitas. Por isso, purifiquem-se, vocês e seus irmãos, para poderem transportar a arca de Javé, o Deus de Israel, para o lugar que eu preparei. ¹³Na primeira vez, vocês não estavam lá, e Javé nos feriu, porque nós não o tratamos conforme o regulamento". ¹⁴Os sacerdotes e levitas se purificaram para transportar a arca de Javé, o Deus de Israel. ¹⁵Depois, os levitas carregaram a arca de Deus, apoiada em varais sobre os ombros, conforme Moisés lhes havia mandado, segundo a palavra de Deus.

¹⁶Davi mandou os chefes dos levitas organizarem seus irmãos cantores, para entoarem cânticos festivos acompanhados de cítaras, liras e címbalos. ¹⁷Os levitas nomearam Emã, filho de Joel; Asaf, seu parente, filho de Baraquias; Etã, filho de Casaías, da família de Merari e parente dos anteriores. ¹⁸Junto com eles, em posto inferior, iam seus parentes: eram os porteiros Zacarias, Jaziel, Semiramot, Jaiel, Ani, Eliab, Banaías, Maasias, Matatias, Elifalu, Macenias, Obed-Edom e Jeiel. ¹⁹Os músicos Emã, Asaf e Etã tocavam forte os címbalos de bronze. ²⁰Zacarias, Oziel, Zemiramot, Jaiel, Ani, Eliab, Maasias e Banaías tocavam lira, para acompanhar as vozes de soprano. ²¹Matatias, Elifalu, Macenias, Obed-Edom, Jeiel e Ozazias tocavam cítara oitavada, para marcar o ritmo. ²²Conenias, chefe dos levitas encarregados do transporte, orientava tudo, pois nisso era experiente. ²³Baraquias e Elcana faziam o papel de porteiros junto à Arca. ²⁴Os sacerdotes Sebanias, Josafá, Natanael, Amasai, Zacarias, Banaías e Eliezer iam tocando trombeta na frente da arca de Deus. Os outros dois porteiros junto à arca eram Obed-Edom e Jeías.

²⁵Aí estavam Davi, os anciãos de Israel e os chefes de mil, acompanhando com grande alegria a retirada da Arca da Aliança de Javé, desde a casa de Obed-Edom. ²⁶Foram feitos sacrifícios de sete bois e sete carneiros, pois Deus protegia os levitas que carregavam a Arca da Aliança de Javé. ²⁷Davi, os levitas que carregavam a arca, os cantores e Conenias, chefe dos carregadores, vestiam manto de linho fino. Davi vestia um efod de linho. ²⁸Todo Israel participou da transferência da Arca da Aliança de Javé, no meio de aclamações, som de trombetas, clarins e címbalos, além da música de liras e cítaras. ²⁹A Arca da Aliança de Javé estava entrando na Cidade de Davi, quando Micol, filha de Saul, espiou pela janela e viu o rei dançando alegre. Então ela, dentro de si, começou a desprezá-lo.

15,1–16,3: Antes de iniciar suas guerras de conquista, Davi centraliza o culto em sua nova capital, construindo aí uma tenda para abrigar a arca de Deus. Uma grande festa é preparada para o transporte da arca. Sacerdotes sadoquitas e levitas são encarregados de organizar os preparativos, segundo uma visão pós-exílica. A festa mostra que todo Israel reconhece Jerusalém como o lugar que Deus escolheu para sua morada, a cidade santa, local de festas e de romarias, culto, cantos e sacrifícios, fonte de bênçãos para todo o povo de Deus.

16

¹Entraram com a arca de Deus e a instalaram dentro da tenda que Davi tinha armado para ela. Depois, na presença de Deus, ofereceram holocaustos e sacrifícios de comunhão. ²Tendo terminado de oferecer os holocaustos e os sacrifícios de comunhão, Davi abençoou o povo em nome de Javé. ³Em seguida, mandou dar para cada um dos israelitas, homens e mulheres, um pão, carne assada e um bolo de passas.

O serviço do culto – ⁴Davi nomeou levitas para exercerem o ministério diante da arca de Javé, a fim de celebrar, glorificar e louvar a Javé, o Deus de Israel. ⁵Asaf era o primeiro deles; o segundo era Zacarias; depois, Oziel, Semiramot, Jaiel, Matatias, Eliab, Banaías, Obed-Edom e Jeiel. Eles tocavam liras e cítaras, enquanto Asaf fazia soar os címbalos. ⁶Os sacerdotes Banaías e Jaziel tocavam continuamente as trombetas diante da Arca da Aliança de Deus.

⁷Nesse dia, pela primeira vez, Davi confiou a Asaf e a seus irmãos este louvor a Javé:

⁸Celebrem a Javé, invoquem o seu nome,
   anunciem entre os povos
      suas façanhas!
⁹Cantem para ele ao som
   de instrumentos,
      recitem suas maravilhas todas.
¹⁰Orgulhem-se do seu Nome santo,
   alegre-se o coração
      dos que buscam a Javé!
¹¹Procurem a Javé e sua força,
   busquem sempre sua face.
¹²Recordem as maravilhas que ele fez,
   seus prodígios
      e as sentenças de sua boca.
¹³Descendentes de seu servo Israel,
   filhos de Jacó, seus escolhidos.
¹⁴Javé é nosso Deus.
   Ele governa a terra inteira.
¹⁵Lembrem-se para sempre de sua aliança,
   da palavra empenhada
      por mil gerações.
¹⁶Da aliança que ele selou com Abraão,
   do juramento que fez a Isaac,
¹⁷confirmado como lei para Jacó
   e como aliança eterna para Israel:
¹⁸"Eu lhe darei a terra de Canaã
   como sua parte na herança".
¹⁹Aí vocês podiam ser contados,
   eram pouco numerosos,
      estrangeiros na terra.
²⁰Eles iam e vinham de nação em nação,
   de um reino para outro povo diferente.
²¹Ele não deixou que ninguém
   os oprimisse.
Por causa deles, até reis castigou:
²²"Não toquem nos meus ungidos!
   Não façam mal aos meus profetas!"
²³Cante a Javé, ó terra inteira,
   proclame sua vitória, dia após dia!
²⁴Anuncie a glória dele entre as nações
   e suas maravilhas a todos os povos!
²⁵Porque Javé é grande e digno de louvor,
   mais temível que todos os deuses.
²⁶Pois os deuses dos povos são aparência,
   enquanto Javé foi quem fez o céu.
²⁷Majestade e esplendor
   caminham diante dele,
poder e beleza estão no seu Templo.
²⁸Aclamem a Javé, famílias dos povos!
   Aclamem a glória e o poder de Javé!
²⁹Aclamem a glória do nome de Javé,
   apresentem-se a ele trazendo ofertas,
      adorem a Javé em seu átrio sagrado.
³⁰Terra inteira, trema na presença de Javé!
   Ele firmou o mundo,
      que jamais tremerá.
³¹Que o céu se alegre e a terra exulte,
   e as nações proclamem: "Javé é rei!"
³²Estronde o mar, e o que ele contém!
   Que o campo festeje,
      e o que nele existe!
³³As árvores da selva gritem de alegria
   diante de Javé, porque ele vem,
      ele vem para governar a terra.
³⁴Agradeçam a Javé, porque ele é bom,
   porque seu amor é para sempre!
³⁵Digam: "Salva-nos, ó Deus,
   nosso salvador!
Reúne e liberta das nações a todos nós,
   para que celebremos teu Nome santo
      e nos orgulhemos de teu louvor.

16,4-36: O rei supervisiona a organização do culto. Os encarregados dos vários serviços necessários para a liturgia são os diferentes grupos de levitas. Aqui o destaque se dá para a música, os cantos e hinos. Os cronistas mostram como o hinário, o futuro Saltério, remonta ao rei Davi, que será sempre considerado como o rei salmista, patrono da liturgia.

³⁶Seja bendito Javé, o Deus de Israel,
desde sempre e para sempre!"
E todo o povo respondeu:
"Amém! Aleluia!"

O culto que anima a comunidade – ³⁷Junto à Arca da Aliança de Javé, Davi deixou Asaf e seus irmãos, para garantir o serviço contínuo diante da arca, conforme o ritual cotidiano. ³⁸Como porteiros, deixou Obed-Edom, filho de Iditun, e Hosa, junto com sessenta e oito parentes.

³⁹Os sacerdotes Sadoc e seus parentes ficaram junto à morada de Javé, no lugar alto que havia em Gabaon, ⁴⁰a fim de oferecerem holocaustos em honra de Javé sobre o altar dos holocaustos, de manhã e de tarde, para sempre, tudo de acordo com o que está escrito na Lei que o próprio Javé dera como norma para Israel. ⁴¹Com eles, ficaram Emã e Iditun com outros escolhidos, indicados nominalmente para o louvor de Deus, "porque seu amor é para sempre". ⁴²Ficaram com eles também os tocadores de trombetas, címbalos e outros instrumentos que acompanham os cânticos de Deus. Os filhos de Iditun ficaram encarregados da porta de entrada.

⁴³Então todos voltaram para casa. Davi também voltou, para abençoar sua casa.

17

A promessa da dinastia para Davi – ¹Ao voltar para casa, Davi disse ao profeta Natã: "Veja! Eu estou morando numa casa de cedro, ao passo que a Arca da Aliança de Javé está debaixo de uma tenda!" ²Natã respondeu a Davi: "Faça o que você está querendo, porque Deus está com você".

³Nessa mesma noite, Natã recebeu esta mensagem de Deus: ⁴"Vá procurar meu servo Davi e diga-lhe: Assim diz Javé: Não é você quem vai construir uma casa para eu morar. ⁵Porque, desde quando libertei Israel até hoje, eu nunca morei numa casa. Ficava sempre de tenda em tenda, de abrigo em abrigo. ⁶Por todo o tempo em que caminhei com todo Israel, por acaso eu perguntei alguma vez a um dos juízes de Israel, que coloquei como pastores do meu povo: 'Por que vocês não constroem uma casa de cedro para mim?' ⁷Portanto, diga a meu servo Davi: Assim diz Javé dos exércitos: Fui eu que tirei você do pastoreio atrás de ovelhas, para ser o chefe de meu povo Israel. ⁸Estive com você por toda parte por onde você ia. Exterminei da sua frente todos os seus inimigos. Agora, vou lhe dar fama igual à dos maiores homens do mundo. ⁹Vou escolher um lugar para meu povo Israel, e aí vou plantá-lo. Ele habitará nesse lugar, sem ser incomodado pelos maus, que não voltarão a oprimi-lo como antes, ¹⁰desde o tempo em que estabeleci juízes para dirigir meu povo Israel. Submeterei os seus inimigos e engrandecerei você. Javé anuncia que vai construir para você uma dinastia. ¹¹Quando você completar a idade de ir para junto de seus antepassados, eu farei surgir um descendente depois de você, um de seus filhos, e eu firmarei o reino dele. ¹²Ele construirá uma casa para mim, e eu firmarei o trono dele para sempre. ¹³Eu serei pai para ele, e ele será filho para mim. Ele nunca perderá meu favor, como perdeu Saul, que foi rei antes de você. ¹⁴Eu o manterei para sempre na minha casa e no meu reino, e o trono dele será firme para sempre". ¹⁵Natã comunicou a Davi todas essas palavras e toda a presente visão.

A oração do rei ideal – ¹⁶Davi entrou na tenda, sentou-se diante de Javé, e disse: "Quem sou eu, Javé Deus, e o que é minha casa para que me tenhas trazido até aqui? ¹⁷No entanto, isso ainda te parece pouco, ó Deus, porque estendes tuas promessas para a casa do teu servo até um futuro distante, e me consideras uma pessoa de importância, Javé Deus. ¹⁸Que mais poderia Davi fazer para ti, em vista da fama que deste a teu servo? Tu mesmo distingues teu servo. ¹⁹Javé, por amor a teu servo e conforme teus projetos, realizaste essa obra extraordinária, para manifestar todas

---

37-43: Davi deixa instituído o sacerdócio e organizado o culto, mas o Templo ainda não está construído. Os sacerdotes já exercem seu ofício, oferecendo sacrifícios em dois lugares: no santuário de Gabaon e em frente à tenda em Jerusalém. Mais tarde, o Templo se tornará o único lugar para os sacrifícios.

17,1-15: Inspirando-se em 2Sm 7,1-17, os cronistas relatam aqui uma versão sacerdotal da profecia de Natã, sinal da aliança entre Javé e a dinastia de Davi. O profeta, em nome de Deus, promete perenidade à dinastia davídica, responsável pela construção da morada de Deus em Jerusalém. O texto une, mais uma vez,

as tuas maravilhas. ²⁰Javé, não há ninguém como tu. Não há outro Deus além de ti, como ouvimos com nossos próprios ouvidos. ²¹E quem é como teu povo Israel, o único povo do mundo que Deus mesmo veio resgatar, para torná-lo seu povo e dar-lhe um nome grande e estável? Tu expulsaste as nações diante do teu povo, que resgataste do Egito. ²²Decidiste que teu povo Israel será teu povo para sempre. E tu, Javé, te tornaste o Deus dele. ²³Agora, Javé, que a promessa que fizeste a teu servo e à sua casa fique firme para sempre, e se cumpra tudo o que prometeste. ²⁴Que essa promessa fique firme e que teu nome seja engrandecido para sempre. Que se diga: 'Javé dos exércitos é o Deus de Israel'. Que a casa de teu servo Davi fique firme diante de ti, ²⁵pois foste tu, meu Deus, que revelaste a teu servo que irias construir para ele uma dinastia. É por isso que teu servo está aqui, rezando diante de ti. ²⁶Sim, Javé, tu és Deus e fizeste essa promessa a teu servo. ²⁷Portanto, queiras abençoar a dinastia de teu servo, para que ela permaneça para sempre em tua presença. O que tu abençoas, fica abençoado para sempre".

18 *O rei vence os inimigos do povo* – ¹Em seguida, Davi derrotou os filisteus e os dominou, tomando deles a cidade de Gat e suas vizinhanças. ²Venceu também os moabitas, que passaram a ser súditos dele e a pagar-lhe tributo.

³Davi derrotou também Adadezer, rei de Soba, quando este seguia na direção de Emat, a fim de conquistar o rio Eufrates. ⁴Tomou dele mil carros de guerra, sete mil cavaleiros e vinte mil soldados de infantaria. Davi cortou os tendões de todos os cavalos, deixando apenas cem. ⁵Aram de Damasco foi ajudar Adadezer, rei de Soba, mas Davi matou vinte e dois mil arameus. ⁶Depois, estabeleceu governadores em Aram de Damasco. E os arameus se tornaram súditos de Davi e lhe pagaram tributo. Javé ia dando vitórias a Davi por toda a parte por onde ele andava. ⁷Davi tomou os escudos de ouro que os oficiais de Adadezer usavam, e os levou para Jerusalém. ⁸Das cidades de Tebat e Cun, pertencentes a Adadezer, Davi pegou grande quantidade de bronze. Foi com esse bronze que Salomão mandou fazer o Mar de bronze, as colunas e os utensílios de bronze.

⁹Toú, rei de Emat, soube que Davi tinha arrasado o exército de Adadezer, rei de Soba. ¹⁰Enviou então seu filho Adoram até o rei Davi, para saudá-lo e felicitá-lo por ter guerreado contra Adadezer e tê-lo vencido, pois Adadezer estava em guerra também contra Toú. Mandou-lhe ainda toda espécie de objetos de ouro, prata e bronze. ¹¹Davi consagrou tudo a Javé, junto com o ouro e a prata que tinha tomado das outras nações: Edom, Moab, amonitas, filisteus e amalecitas.

¹²Abisaí, filho de Sárvia, derrotou os edomitas no vale do Sal. Eles eram dezoito mil. ¹³Depois, nomeou governadores em Edom; e todos os edomitas se tornaram súditos de Davi. Por onde Davi andasse, Deus lhe concedia a vitória.

Um governo conforme a justiça e o direito – ¹⁴Davi reinou sobre todo o Israel, exercendo o direito e a justiça para com todo o seu povo.

¹⁵Joab, filho de Sárvia, era o chefe do exército. Josafá, filho de Ailud, era o porta-voz. ¹⁶Sadoc, filho de Aquitob, e Aquimelec, filho de Abiatar, eram os sacerdotes. Susa era o secretário. ¹⁷E Banaías, filho de Joiada, comandava os cereteus e feleteus. Os filhos de Davi ocupavam os primeiros postos junto ao rei.

19 *Davi constrói seu império* – ¹Depois disso, morreu Naás, rei dos amonitas. E seu filho reinou em seu lugar. ²Davi pensou: "Vou procurar fazer amizade com

---

a casa de Davi ao Templo de Jerusalém. Nesta versão, os erros e pecados dos descendentes de Davi são omitidos.

16-27: A ação de graças feita por Davi (cf. 2Sm 7,18-29). Nela se reafirma a aliança entre a dinastia, o culto e a cidade. O centro da religião de Javé é o Templo de Deus em Jerusalém, construído pela família de Davi.

18,1-13: A bênção de Deus sobre Davi manifesta-se nas sucessivas vitórias sobre os inimigos do povo. Com suas conquistas, Davi constrói um pequeno império, dando as dimensões ideais para o território de Israel,

que só serão alcançadas no governo de Herodes, o Grande (37-4 a.C), quando Jerusalém será capital.

14-17: Davi preenche os cargos burocráticos necessários para o governo. Os cronistas lembram que os funcionários de Davi foram instrumentos do rei para exercer o direito e a justiça.

19,1-20,3: Baseando-se nas narrativas de 2 Samuel, os cronistas relatam as vitórias de Davi e a submissão de vários povos vizinhos. Surge o império davídico. A releitura sacerdotal omite todos os erros e peca-

Hanon, filho de Naás, porque o pai dele sempre procurou fazer amizade comigo". E mandou alguns representantes para lhe dar os pêsames pela morte do pai. Quando os representantes de Davi chegaram ao país dos amonitas, para dar os pêsames a Hanon, ³os príncipes amonitas disseram a Hanon: "Você pensa que Davi quer honrar seu pai, só porque mandou gente trazer os pêsames para você? Será que esses servos não vieram à sua casa para espionar, explorar e destruir o país?" ⁴Então Hanon prendeu os emissários de Davi, raspou-lhes a barba, cortou-lhes o manto pelo meio, na altura das nádegas, e os mandou de volta. ⁵Ao ser informado do que tinha acontecido a esses homens, Davi mandou alguém ao encontro deles, porque estavam muito envergonhados. E o rei mandou dizer-lhes: "Fiquem aí em Jericó, até que suas barbas cresçam. Depois vocês voltarão".

⁶Os amonitas perceberam que se haviam tornado odiosos para Davi. Então Hanon e os amonitas mandaram trinta e quatro mil quilos de prata, para comprar carros de guerra e cavaleiros arameus da Mesopotâmia, de Maaca e de Soba. ⁷Compraram, assim, trinta e dois mil carros de guerra, além de contratarem o rei de Maaca com seu exército. Foram acampar em frente à cidade de Medaba. Enquanto isso, vindos de várias cidades, os amonitas iam-se reunindo para entrar em guerra. ⁸Ao saber disso, Davi mandou Joab com todo o exército dos valentes. ⁹Os amonitas se puseram em marcha e se organizaram para a luta, junto à porta da cidade, enquanto os reis que seguiram à parte ficaram em campo aberto. ¹⁰Ao ver que estava enfrentando uma luta pela vanguarda e pela retaguarda, Joab escolheu um grupo de jovens israelitas e os organizou para combater os arameus. ¹¹Confiou o restante do exército ao comando de seu irmão Abisaí, e esta parte se organizou para combater os amonitas. ¹²Joab disse então: "Se os arameus estiverem mais fortes do que eu, venha você para me socorrer. E se os amonitas estiverem vencendo você, eu irei socorrê-lo. ¹³Força e coragem para defender o nosso povo e as cidades do nosso Deus! E seja feito o que Javé achar melhor". ¹⁴Então Joab, com a parte do exército sob seu comando, foi enfrentar os arameus, que fugiram diante dele. ¹⁵Os amonitas, vendo que os arameus estavam fugindo, também fugiram de Abisaí, irmão de Joab, e entraram na cidade. Então Joab voltou para Jerusalém.

¹⁶Ao se verem derrotados pelos israelitas, os arameus mandaram mensageiros procurar os outros arameus que moram do outro lado do rio Eufrates. Sofac, general de Adadezer, era quem os comandava. ¹⁷Ao saber disso, Davi reuniu todo Israel, atravessou o rio Jordão e foi na direção deles. Davi fez os planos para enfrentar os arameus. Em seguida, começou a guerra contra eles. ¹⁸Os arameus fugiram dos israelitas, e Davi matou os cavalos de sete mil carros deles e quarenta mil homens de infantaria, além de matar Sofac, general do exército. ¹⁹Ao verem que estavam sendo derrotados pelos israelitas, os oficiais de Adadezer fizeram as pazes com Davi, tornaram-se súditos dele e não quiseram mais socorrer os amonitas.

20 ¹No ano seguinte, na época em que os reis costumam sair para a guerra, Joab, no comando da elite do exército, foi arrasando o país dos amonitas, chegou até a capital Rabá, e cercou a cidade. Enquanto isso, Davi estava em Jerusalém. Joab tomou Rabá e a destruiu. ²Davi tirou a coroa da cabeça do deus Melcom, e notou que pesava trinta e cinco quilos de ouro, e ainda tinha uma pedra preciosa. Daí em diante, ela passou a ficar na cabeça de Davi. E Davi levou da cidade um despojo muito grande. ³Tirou a população que havia na cidade e a colocou para trabalhar com serras, picaretas e machados de ferro. E fez a mesma coisa com todas as outras cidades amonitas. Depois, voltou para Jerusalém, junto com o exército.

Davi consegue vitória total – ⁴Depois disso, ainda havia guerra em Gazer contra

---

dos de Davi, presentes no relato original (cf. 2Sm 11,1-12,15).
20,4-8: Os filisteus sempre foram os mais perigosos inimigos de Israel. Relatando a vitória final contra os filisteus, encerra-se a narrativa das guerras de Davi, que atinge o auge de suas conquistas territoriais. Terminadas as guerras, o rei começa então a se preocupar com a organização do culto, dos sacrifícios e do sacerdócio.

os filisteus. Então Sobocai, da cidade de Husa, matou Safai, um filho dos rafaim. Dessa forma, eles foram dominados. ⁵Houve ainda outra guerra contra os filisteus. Dessa vez, Elcanã, filho de Jair, matou Lami, filho de Golias de Gat. A lança deste mais parecia cilindro de tear. ⁶A outra guerra foi em Gat. Aí havia um homem alto, que tinha vinte e quatro dedos: seis em cada mão e em cada pé, e que também era da família dos rafaim. ⁷Ele insultou Israel. Porém Jônatas, filho de Samaá, irmão de Davi, o matou. ⁸Esses indivíduos eram de Rafa, na região de Gat. Tombaram sob as mãos de Davi e de seus guerreiros.

21 Deus indica o lugar do futuro altar

– ¹Satã se insurgiu contra Israel e induziu Davi a fazer o recenseamento de Israel. ²Davi disse a Joab e aos chefes do povo: "Saiam e façam o recenseamento de Israel, desde Bersabeia até Dã. Depois, voltem aqui, para eu ficar sabendo quantos são". ³Joab respondeu: "Que Javé multiplique o povo cem vezes mais, senhor meu rei! Por acaso, não seriam todos súditos do meu senhor? Para que meu senhor faz esse recenseamento? Por que está querendo ser causa de pecado para Israel?" ⁴Mas a ordem do rei prevaleceu, e Joab saiu andando por todo o país. Finalmente, voltou para Jerusalém. ⁵Entregou a Davi o resultado do recenseamento. Todo Israel tinha um milhão e cem mil homens aptos para a guerra, e Judá tinha quatrocentos e setenta mil aptos para a guerra. ⁶Joab deplorou tanto a ordem do rei, que acabou não recenseando Levi nem Benjamim.

⁷Esse episódio todo não agradou a Deus, que castigou Israel. ⁸Então Davi disse a Deus: "Eu cometi um grande pecado, fazendo uma coisa dessas! Perdoa o pecado de teu servo, pois cometi uma grande loucura!" ⁹Então Javé disse a Gad, o vidente de Davi: ¹⁰"Vá e fale a Davi: Assim diz Javé: Eu lhe proponho três coisas. Escolha uma, e eu a executarei". ¹¹Gad foi até o rei e o informou: "Assim diz Javé: Escolha. ¹²Ou três anos de fome. Ou três meses fugindo do adversário, da espada do inimigo, até ela alcançar você. Ou ainda, a espada de Javé e três dias de peste no país, com o anjo do Senhor devastando todo o território de Israel. Resolva agora o que devo responder àquele que me enviou". ¹³Davi respondeu a Gad: "Estou numa grande angústia! Prefiro cair nas mãos de Javé, pois sua misericórdia é imensa, em vez de cair nas mãos dos homens". ¹⁴Então Javé mandou uma peste sobre Israel, e morreram setenta mil israelitas. ¹⁵Depois, Deus mandou o anjo a Jerusalém para destruí-la. Javé, no entanto, viu e se arrependeu desse mal. E disse ao anjo exterminador: "Chega! Agora retire a mão". O anjo de Javé estava junto à eira de Ornã, o jebuseu. ¹⁶Davi ergueu os olhos e viu o anjo de Javé entre o céu e a terra, com a espada desembainhada e erguida sobre Jerusalém. Vestidos com panos de saco, Davi e os anciãos caíram com o rosto por terra. ¹⁷Então Davi disse a Deus: "Não fui eu quem mandou fazer o recenseamento? Não fui eu quem pecou e cometeu o mal? Quanto a esses, o rebanho, que foi que eles fizeram? Javé, meu Deus, que tua mão caia sobre mim e sobre minha família, mas que teu povo escape da desgraça!" ¹⁸O anjo de Javé disse então a Gad: "Mande Davi subir e erguer um altar a Javé na eira de Ornã, o jebuseu". ¹⁹Então Davi subiu para

---

21,1-29,30: Longa narrativa que se conclui com a morte do rei, em 29,30. Antes de deixar o reino para Salomão, seu filho e herdeiro, Davi encaminhará todos os passos do futuro reino, organizando e regulamentando todos os aspectos da sociedade. Mas é preciso considerar aqui a sociedade sacerdotal pós-exílica. Os sacerdotes deverão ajudar esse herdeiro "jovem e fraco" a atingir as metas traçadas por Davi (22,5 e 29,1). O objetivo de Crônicas é dar os fundamentos da teocracia, o poder religioso e civil exercido pelos sacerdotes em Judá, a partir do Templo de Jerusalém, enquanto o povo aguarda o surgimento de um novo Davi. Ao deixar essas instruções, como se fosse um testamento, Davi escolhe o lugar para o Templo e o altar (cap. 21); inicia os preparativos da construção (cap. 22); organiza e regulamenta o culto (caps. 23-26); estabelece normas para a administração civil e para a organização do exército (cap. 27); define o Templo como centro religioso de Israel (cap. 28). Numa celebração final de ação de graças, Davi entroniza seu sucessor Salomão (poder civil) e unge Sadoc (poder religioso) (cap. 29). Quando morre Davi, o reino já está completamente organizado. Na verdade, assim se organizou em Jerusalém a comunidade dos retornados do exílio na Babilônia.

21,1-22,1: A narrativa inicia com o pecado de Davi ao fazer o recenseamento. É uma manifestação de poder condenada por Javé. O rei deve exercer o poder obedecendo a Deus. Neste episódio, o importante é que o lugar onde o Templo será construído depende da escolha feita pelo rei por vontade divina, e que o altar fica exatamente no lugar em que Davi viu o Anjo de Javé. É o lugar ideal para as oferendas e sacrifícios.

lá, conforme Gad lhe havia dito em nome de Javé. ²⁰Ao se virar, Orná viu o anjo e se escondeu com seus quatro filhos. Orná estava debulhando trigo, ²¹quando Davi foi encontrá-lo. Orná viu Davi, saiu da eira e prostrou-se diante de Davi com o rosto por terra. ²²Davi disse a Orná: "Ceda-me o lugar desta eira para que eu construa aí um altar para Javé. Quero que você me ceda a eira pelo seu valor em dinheiro. Desse modo, o povo ficará livre da peste". ²³Orná respondeu a Davi: "Tome a eira, e que o senhor meu rei faça o que achar melhor. Veja! Eu dou os bois para o holocausto, as cangas como lenha e o trigo para a oblação. Eu entrego tudo para o senhor". ²⁴Mas o rei Davi disse a Orná: "De jeito nenhum! Quero comprar a eira pelo seu valor em dinheiro. Não vou dar a Javé o que pertence a você, oferecendo holocaustos que não me custem nada!" ²⁵Então Davi deu a Orná seis quilos de ouro.

²⁶Davi construiu aí um altar para Javé e ofereceu holocaustos e sacrifícios de comunhão. Invocou a Javé, que lhe respondeu, fazendo cair fogo do céu sobre o altar dos holocaustos. ²⁷Então Javé ordenou ao anjo que repusesse a espada na bainha.

²⁸Vendo que Javé o atendia na eira do jebuseu Orná, Davi passou a oferecer holocaustos nesse lugar. ²⁹Nessa época, a Habitação de Javé, que Moisés tinha feito no deserto, e também o altar dos holocaustos, ficavam no lugar alto de Gabaon. ³⁰Mas Davi não pôde ir até lá, diante de Deus, porque a espada do anjo de Javé lhe havia causado medo.

22 ¹Davi então disse: "Aqui será construído o Templo de Javé Deus e o altar dos holocaustos de Israel".

O rei prepara a construção da morada de Deus – ²Depois, Davi reuniu os estrangeiros que havia no país de Israel e determinou-lhes a tarefa de lavrar as pedras para a construção do Templo de Deus. ³Arranjou também muito ferro para os cravos e dobradiças das portas, bronze sem conta, ⁴um sem-número de toras de cedro, que lhe foram enviadas em abundância pelos sidônios e tírios.

⁵Davi pensava: "Meu filho Salomão é ainda moço e frágil, e o Templo que ele deverá construir para Javé terá de ser algo grandioso, de muito nome e admirado em todos os países. Por isso, vou fazer os preparativos". Foi assim que, antes de morrer, Davi arranjou muito material. ⁶Ele chamou seu filho Salomão e mandou que ele construísse o Templo de Javé, o Deus de Israel. ⁷Davi falou a Salomão: "Meu filho, eu estava planejando construir um Templo para o Nome de Javé, meu Deus. ⁸Acontece, porém, que me chegou uma mensagem de Javé, dizendo: 'Você derramou muito sangue e fez guerras violentas. Você não construirá um Templo para o meu Nome, porque derramou muito sangue sobre a terra em minha presença. ⁹Veja! Você terá um filho, que será homem pacífico. Vou fazê-lo viver em paz com todos os inimigos vizinhos. O nome dele será Salomão. No tempo dele, concederei paz e tranquilidade para Israel. ¹⁰É ele quem construirá um Templo para o meu Nome. Para mim, ele será um filho; e para ele, eu serei pai, e firmarei para sempre o trono do reinado dele sobre Israel'. ¹¹Agora, meu filho, que Javé esteja com você. Mãos à obra. Construa o Templo de Javé seu Deus, conforme ele projetou para você. ¹²Basta que Javé lhe conceda bom senso e inteligência para governar Israel, cumprindo a lei de Javé seu Deus. ¹³Sua prosperidade depende de você observar e praticar os estatutos e normas que Javé ordenou a Israel por meio de Moisés. Força e coragem! Não tenha medo, nem se acovarde. ¹⁴Veja bem: apesar da minha pobreza, eu arranjei para o Templo de Javé três mil e quatrocentas toneladas de ouro e trinta e quatro mil toneladas de prata, além de uma quantidade muito grande de bronze e ferro, que nem dá para calcular. Preparei também madeira e pedra, mas você ainda terá de arranjar mais. ¹⁵Estarão à sua disposição muitos trabalhadores especializados em cortar e lavrar pedra e madeira, além de especialistas em qual-

---

22,2-19: Davi dá as instruções para a construção do Templo de Jerusalém. Salomão, o herdeiro "moço e fraco", será mero executor das ordens de Davi. O culto religioso se associa à organização feita por Davi. Isso dará aos sumos sacerdotes sadoquitas legitimidade para governar o povo a partir do Templo, que se torna assim

quer profissão. ¹⁶Existe ouro, prata, bronze e ferro em abundância. Vamos! Mãos à obra. E que Javé esteja com você".

¹⁷Davi mandou também que todas as autoridades de Israel ajudassem seu filho Salomão. Ele disse: ¹⁸"Por acaso Javé, seu Deus, não está com vocês? Ele deu a vocês descanso nas redondezas, ao entregar em minhas mãos os moradores do país, subjugando esta terra a Javé e a seu povo. ¹⁹Então, dediquem-se de corpo e alma a buscar Javé, seu Deus. Vamos! Construam o Santuário de Javé, seu Deus, para aí colocarmos a Arca da Aliança de Javé e os objetos consagrados a Deus".

23 Organização dos serviços dos levitas

- ¹Quando ficou velho e idoso, Davi nomeou rei de Israel o seu filho Salomão. ²Reuniu todos os chefes de Israel, os sacerdotes e os levitas. ³Mandou contar os levitas de trinta anos para cima. Contando só os homens, um por um, somavam trinta e oito mil. ⁴Vinte e quatro mil deles dirigiam as atividades do Templo de Javé; seis mil eram magistrados e juízes; ⁵quatro mil eram porteiros, e quatro mil deles louvavam a Javé com os instrumentos que Davi tinha inventado para essa finalidade.

⁶Davi repartiu os levitas em diferentes classes: Gérson, Caat e Merari.

⁷Filhos de Gérson: Leedã e Semei. ⁸Filhos de Leedã: Jaiel, o mais velho; Zetam e Joel. Três ao todo. ⁹Filhos de Semei: Salomit, Hoziel e Arã. Três ao todo. São esses os chefes de famílias de Leedã. ¹⁰Filhos de Semei: Jeet, Ziza, Jeús e Berias. São esses os filhos de Semei: quatro ao todo. ¹¹Jeet era o mais velho; Ziza, o segundo; depois, Jeús e Berias que, não tendo muitos filhos, foram registrados numa só família.

¹²Filhos de Caat: Amram, Isaar, Hebron e Oziel. Quatro ao todo. ¹³Os filhos de Amram foram Aarão e Moisés. Aarão foi separado para consagrar as coisas santíssimas. Ele e seus descendentes, para sempre. Sua função é queimar incenso na presença de Javé, servi-lo, e abençoar em seu nome, para sempre. ¹⁴Moisés foi homem de Deus, e seus filhos receberam o nome da tribo de Levi. ¹⁵Filhos de Moisés: Gersam e Eliezer. ¹⁶O filho mais velho de Gersam era Subael. ¹⁷Roobias foi o filho mais velho de Eliezer, que não teve outros filhos. Roobias, porém, teve muitos filhos. ¹⁸O filho mais velho de Isaar era Salomit. ¹⁹Filhos de Hebron: Jerias, o mais velho; Amarias, o segundo; Jaaziel, o terceiro; Jecmaam, o quarto. ²⁰Filhos de Oziel: Micas, o mais velho, e Jesias, o segundo.

²¹Filhos de Merari: Mooli e Musi. Filhos de Mooli: Eleazar e Cis. ²²Eleazar não deixou filhos, mas só filhas, que se casaram com seus parentes, os filhos de Cis. ²³Musi teve três filhos: Mooli, Éder e Jerimot.

²⁴Esses eram os descendentes de Levi, conforme suas famílias, os chefes de famílias, como resultou do recenseamento feito por verificação nominal e individual. Eles tinham como encargo o culto no Templo de Javé, a partir da idade de vinte anos. ²⁵Isso porque Davi tinha dito: "Javé, Deus de Israel, deu descanso a seu povo e passou a morar em Jerusalém para sempre. ²⁶Os levitas, portanto, não terão mais de carregar a Habitação e os objetos destinados ao serviço dela". ²⁷Por isso, conforme as últimas disposições de Davi, os levitas eram recenseados a partir dos vinte anos. ²⁸A função deles é estar à disposição dos descendentes de Aarão, para o serviço do Templo de Javé, nos átrios e nas salas, para limpar tudo o que é consagrado e para fazer o serviço do Templo de Deus. ²⁹Também são encarregados de colocar em ordem os pães, a flor de farinha para a oblação, os pães sem fermento, os assados e cozidos, e todas as medidas de capacidade e comprimento. ³⁰Devem comparecer de manhã e de tarde para celebrar e louvar a Javé, ³¹e também para oferecer todos os holocaustos a Javé nos sábados, luas novas e solenidades, conforme o número fixado pelo regulamento. Esse é o encargo permanente que eles têm diante de Javé. ³²Os levitas guardavam a Tenda da Reunião e o Santuário. Seus irmãos aaronitas vigiavam o serviço do Templo de Javé.

---

o centro político da nação judaica. Governar o povo é observar a Lei de Deus, e portanto nem o rei pode ir contra os mandamentos de Javé.

23,1-32: Este capítulo redefine o papel dos levitas na comunidade do culto após o exílio. Eles passam a auxiliar os sacerdotes nos ofícios relacionados com as

24 Organização do ministério sacerdotal

¹Classes dos descendentes de Aarão. Filhos de Aarão: Nadab, Abiú, Eleazar e Itamar. ²Nadab e Abiú, porém, morreram antes de seu pai e não deixaram filhos. Eleazar e Itamar se tornaram sacerdotes. ³Davi, juntamente com Sadoc, filho de Eleazar, e com Aquimelec, filho de Itamar, os dividiu em classes, de acordo com as funções de cada um. ⁴Havia mais descendentes de Eleazar do que de Itamar. Por isso, foram assim classificados: dezesseis chefes de famílias de Eleazar, e oito de Itamar. ⁵Tanto uns como outros foram distribuídos por sorteio, de forma que havia oficiais do Santuário e oficiais de Deus, tanto na família de Eleazar quanto na família de Itamar. ⁶Semeías, secretário levita, filho de Natanael, os registrou na presença do rei, dos oficiais, do sacerdote Sadoc, de Aquimelec, filho de Abiatar, dos chefes de famílias, dos sacerdotes e dos levitas. Tirava-se a sorte, uma vez para a família de Eleazar e duas vezes para a família de Itamar. ⁷O primeiro a ser sorteado foi Joiarib; o segundo, Jedeías; ⁸o terceiro, Harim; o quarto, Seorim; ⁹o quinto, Melquias; o sexto, Mainã; ¹⁰o sétimo, Acos; o oitavo, Abias; ¹¹o nono, Jesua; o décimo, Sequenias; ¹²o décimo primeiro, Eliasib; o décimo segundo, Jacim; ¹³o décimo terceiro, Hofa; o décimo quarto, Isbaal; ¹⁴o décimo quinto, Belga; o décimo sexto, Emer; ¹⁵o décimo sétimo, Hezir; o décimo oitavo, Hafses; ¹⁶o décimo nono, Fetatias; o vigésimo, Ezequiel; ¹⁷o vigésimo primeiro, Jaquin; o vigésimo segundo, Gamul; ¹⁸o vigésimo terceiro, Dalaías; o vigésimo quarto, Maazias. ¹⁹Essa era a escala dos que prestavam serviço dentro do Templo de Javé, conforme as determinações dadas pelo seu antepassado Aarão, por ordem de Javé, o Deus de Israel.

²⁰Quanto aos outros descendentes de Levi, os chefes eram estes: Subael, da família de Amram; Jeedias, da família de Subael. ²¹Da família de Roobias, o chefe era Jesias. ²²Da família de Isaar, o chefe era Solomot. Da família de Solomot, o chefe era Jaat. ²³Da família de Hebron: Jerias, o primeiro; Amarias, o segundo; Jaaziel, o terceiro; Jecmaam, o quarto. ²⁴Da família de Oziel, Micas. Da família de Micas, Samir. ²⁵Da família de Jesias, irmão de Micas, o chefe era Zacarias. ²⁶Filhos de Merari: Mooli e Musi. Jazias também era seu filho. ²⁷Descendentes de Merari, por parte de Jazias: Soam, Zacur e Hebri. ²⁸Mooli foi pai de Eleazar, que não deixou filhos. ²⁹Cis teve um filho: Jerameel. ³⁰Filhos de Musi: Mooli, Éder e Jerimot.

Essa era a descendência de Levi, dividida por famílias. ³¹Da mesma forma como seus irmãos da família de Aarão, esses também tiraram a sorte na presença do rei Davi, de Sadoc, de Aquimelec e dos chefes de famílias sacerdotais e levíticas. Foi a mesma coisa, tanto para as famílias principais dos levitas, como para as famílias menores.

25 Função profética dos cantores

¹Para o serviço do culto, Davi e os diretores do culto destacaram os filhos de Asaf, de Emã e de Iditun, profetas que se serviam de liras, cítaras e címbalos. Lista das pessoas empregadas nessa tarefa:

²Da família de Asaf: Zacur, José, Natanias e Asarela. Eles dependiam de Asaf, que executava a música segundo as instruções do rei.

³Da família de Iditun: Godolias, Sori, Jesaías, Hasabias e Matatias. Eram seis sob a direção de seu pai Iditun. Este, ao som de liras, profetizava para celebrar e louvar a Javé.

⁴Da família de Emã: Bocias, Matanias, Oziel, Subael, Jerimot, Hananias, Hanani, Eliata, Gedelti, Romenti-Ezer, Jesbacasa, Meiloti, Otir e Maaziot. ⁵Eram todos filhos de Emã, o vidente do rei, a quem ele transmitia a palavra de Deus. Para lhe exaltar o poder, Deus deu a Emã catorze filhos e três filhas. ⁶Sob a direção do pai, todos eles

---

celebrações e sacrifícios: limpeza, cantos, lenha, água, portaria etc.

24,1-31: As famílias sacerdotais sadoquitas, que já estavam celebrando em Jerusalém antes da chegada de Davi, são aqui incluídas no povo de Israel através de ligação com a tribo de Levi. Estas famílias são organizadas por Davi e por Sadoc em escalas de serviço através de sorteio.

25,1-31: Na organização sacerdotal da comunidade, não há mais lugar para os antigos profetas. A profecia será exercida de maneira institucional pelos levitas cantores, que assumem missão importante nas celebrações, cantando os hinos e salmos, considerados como palavras de Deus. Estas famílias de levitas cantores organizarão o Saltério, que posteriormente será incluído na lista de livros sagrados. Revisando o

participavam dos cânticos do Templo de Javé, ao som de címbalos, cítaras e liras, prestando serviço no Templo de Deus sob as ordens do rei.

Asaf, Iditun e Emã, ⁷que tinham aprendido a cantar para Javé, foram contados com seus parentes. Eram duzentos e oitenta e oito, todos hábeis em seu ofício. ⁸Tiraram sorte para a escala do serviço, com iguais oportunidades para grandes e pequenos, para experientes e principiantes. ⁹A sorte caiu primeiro para a família de Asaf: O primeiro foi José; com seus filhos e irmãos, eram doze. O segundo foi Godolias; com seus filhos e irmãos, eram doze. ¹⁰O terceiro foi Zacur; com seus filhos e irmãos, eram doze. ¹¹O quarto foi Isari; com seus filhos e irmãos, eram doze. ¹²O quinto foi Natanias; com seus filhos e irmãos, eram doze. ¹³O sexto foi Bocias; com seus filhos e irmãos, eram doze. ¹⁴O sétimo foi Isreela; com seus filhos e irmãos, eram doze. ¹⁵O oitavo foi Jesaías; com seus filhos e irmãos, eram doze. ¹⁶O nono foi Matanias; com seus filhos e irmãos, eram doze. ¹⁷O décimo foi Semei; com seus filhos e irmãos, eram doze. ¹⁸O décimo primeiro foi Azareel; com seus filhos e irmãos, eram doze. ¹⁹O décimo segundo foi Hasabias; com seus filhos e irmãos, eram doze. ²⁰O décimo terceiro foi Subael; com seus filhos e irmãos, eram doze. ²¹O décimo quarto foi Matatias; com seus filhos e irmãos, eram doze. ²²O décimo quinto foi Jerimot; com seus filhos e irmãos, eram doze. ²³O décimo sexto foi Hananias; com seus filhos e irmãos, eram doze. ²⁴O décimo sétimo foi Jesbacasa; com seus filhos e irmãos, eram doze. ²⁵O décimo oitavo foi Hanani; com seus filhos e irmãos, eram doze. ²⁶O décimo nono foi Meiloti; com seus filhos e irmãos, eram doze. ²⁷O vigésimo foi Eliata; com seus filhos e irmãos, eram doze. ²⁸O vigésimo primeiro foi Otir; com seus filhos e irmãos, eram doze. ²⁹O vigésimo segundo foi Gedelti; com seus filhos e irmãos, eram doze. ³⁰O vigésimo terceiro foi Maaziot; com seus filhos e irmãos, eram doze. ³¹O vigésimo quarto foi Romenti-Ezer; com seus filhos e irmãos, eram doze.

26 Organização dos guardas e porteiros – ¹Lista dos porteiros: Da descendência de Meselemias, filho de outro Coré, que era descendente de Abiasaf. ²Filhos de Meselemias: o primeiro, Zacarias; o segundo, Jediel; o terceiro, Zabadias; o quarto, Jatanael; ³o quinto, Elam; o sexto, Joanã; o sétimo, Elioenai.

⁴Filhos de Obed-Edom: Semeías, o mais velho; Jozabad, o segundo; Joaá, o terceiro; Sacar, o quarto; Natanael, o quinto; ⁵Amiel, o sexto; Issacar, o sétimo; Folati, o oitavo, porque Deus o havia abençoado. ⁶Os filhos que Semeías teve foram chefes de famílias, pois eram homens valentes. ⁷Filhos de Semeías: Otni, Rafael, Obed, Elzabad e mais dois irmãos: Eliú e Samaquias. Todos homens de valor. ⁸E todos eles faziam parte da descendência de Obed-Edom. Com seus filhos e suas famílias, eram sessenta e dois descendentes de Obed-Edom, e eram todos competentes na sua função.

⁹Os filhos e irmãos de Meselemias eram dezoito homens valentes.

¹⁰Hosa, filho de Merari, teve os seguintes filhos: o primeiro, Semri, que, mesmo não sendo o mais velho, seu pai fez dele o chefe; ¹¹Helcias, o segundo; Tebelias, o terceiro; Zacarias, o quarto. Os filhos e irmãos de Hosa eram treze homens ao todo.

¹²Esses grupos de porteiros, tanto os chefes como os irmãos, foram encarregados do serviço do Templo de Javé. ¹³Para cuidar de cada porta, eles tiraram sorte por famílias, fossem elas pequenas ou grandes. ¹⁴O lado do nascente foi sorteado para Selemias, cujo filho Zacarias dava conselhos prudentes. Tiraram a sorte e o lado norte ficou para Zacarias. ¹⁵Para Obed-Edom, foi sorteado o lado sul, ao passo que para seus filhos ficou a casa dos armazéns. ¹⁶Para Sefim e para Hosa, coube o lado oeste, com a porta do Tronco Abatido, na ladeira. Os turnos da guarda eram proporcionais. ¹⁷Estavam assim organi-

---

papel dos levitas, Crônicas estabelece o vínculo entre profecia e liturgia.

26,1-32: Para melhor funcionamento das liturgias e organização das caravanas de romeiros, são estabe-

lecidos os ofícios de porteiros e guardas do Templo. A esses porteiros cabe também receber e guardar as ofertas e donativos. Mais tarde, serão incluídos entre os levitas.

zados: seis por dia, do lado do nascente; quatro ao norte e quatro ao sul; na casa dos armazéns, dois de cada lado; ¹⁸e no lado oeste, onde havia uma sacada, ficavam quatro na rua e dois na sacada. ¹⁹Essas eram as classes dos porteiros, descendentes de Coré e Merari.

²⁰Seus irmãos levitas eram responsáveis pelo tesouro do Templo de Deus e por todas as ofertas votivas. ²¹Eram eles: Os filhos de Leedã que, através dele, eram descendentes de Gérson. Seus chefes de famílias eram do ramo de Jaiel. ²²Da família de Jaiel, Zatam e Joel, que eram tesoureiros do Templo de Javé. ²³Havia também gente das famílias de Amram, Isaar, Hebron e Oziel. ²⁴Subael, da descendência de Gérson, filho de Moisés, era chefe do tesouro. ²⁵Havia também outros irmãos deles, descendentes de Eliezer: Roobias, Isaías, Jorão, Zecri e Salomit. ²⁶Este Salomit, com seus irmãos, era responsável pela guarda de tudo o que fora consagrado pelo rei Davi, pelos chefes de grupos familiares, pelos comandantes de mil e de cem e pelos oficiais do exército. ²⁷Eram despojos de guerra doados por eles a fim de reforçar o tesouro do Templo de Javé, ²⁸e tudo o que tinha sido doado pelo vidente Samuel, por Saul, filho de Cis, por Abner, filho de Ner, e por Joab, filho de Sárvia. Tudo o que se consagrava era confiado a Salomit e seus irmãos.

²⁹Conenias e seus filhos, descendentes de Isaar, eram encarregados dos assuntos profanos que se referiam aos israelitas, como oficiais de justiça e juízes.

³⁰Hasabias e seus irmãos, descendentes de Hebron, no total de mil e setecentos soldados, cuidavam da segurança de Israel do lado de lá do rio Jordão, a partir da planície; olhavam os interesses de Javé e o serviço do rei. ³¹O chefe dos descendentes de Hebron era Jerias. No ano quarenta do reinado de Davi, foi feita uma pesquisa sobre a árvore genealógica dos hebronitas e se encontrou entre eles gente de armas em Jazer de Galaad. ³²Essa família contava com dois mil e setecentos chefes de famílias guerreiros. Foi a eles que o rei Davi confiou as tribos de Rúben e Gad e a meia tribo de Manassés, para os afazeres de Deus e os negócios do rei.

27 Organização civil e militar –
¹Aqui está a organização dos israelitas segundo seu número, chefes de famílias, comandantes de mil e de cem, oficiais a serviço do rei, para qualquer assunto. Durante o ano inteiro, faziam turnos de mês em mês. E cada classe compreendia vinte e quatro mil homens.

²Jesboam, filho de Zabdiel, estava à frente da primeira classe, responsável pelo primeiro mês. Essa classe tinha vinte e quatro mil homens. ³Ele era descendente de Farés e chefe dos oficiais de todo o primeiro mês. ⁴Dudi, filho de Aoé, comandava a classe encarregada do segundo mês. Essa classe tinha vinte e quatro mil homens. ⁵O chefe da terceira classe, nomeada para o terceiro mês, era Banaías, filho do sacerdote-chefe Joiada. Respondia por uma classe de vinte e quatro mil homens. ⁶Banaías era um dos Trinta valentes. Ele respondia pelos Trinta e também por sua classe. Amizabab era o nome do seu filho.

⁷Azael, irmão de Joab, estava encarregado do quarto mês. Seu filho Zabadias ficou em seu lugar. A classe era também de vinte e quatro mil homens. ⁸Samaot, da descendência de Zaré, foi o oficial nomeado para o quinto mês. Sua classe tinha vinte e quatro mil homens. ⁹Para o sexto mês foi nomeado Hira, filho de Aces, do povoado de Técua. Também sua classe tinha vinte e quatro mil homens. ¹⁰O sétimo, encarregado do sétimo mês, era Heles, da descendência de Falet, da família de Efraim. Sua classe era de vinte e quatro mil homens. ¹¹Sobocai, do povoado de Husa, da descendência de Zaré, foi encarregado do oitavo mês, com uma classe de vinte e quatro mil homens. ¹²Para o nono mês, foi nomeado Abiezer, da tribo de Benjamim e da cidade de Anatot. Chefiava também vinte e quatro mil homens. ¹³Marai, da descendência de Zaré e da cidade de Netofa, ficou em décimo lugar, nomeado para o décimo mês. Sua classe tinha também

---

27,1-34: Davi estabelece normas para a administração civil e a proteção militar do reino. Segundo os cronistas, toda a organização do reino é obra de Davi. A essa administração compete garantir o funcionamento da burocracia estatal e o sustento dos funcionários reais, civis e militares.

vinte e quatro mil homens. ¹⁴Para o décimo primeiro mês, o chefe era Banaías, da família de Faraton, filho de Efraim. A sua classe era de vinte e quatro mil homens. ¹⁵Em décimo segundo lugar, para cobrir o último mês, foi nomeado Holdai, da cidade de Netofa de Otoniel, com uma classe de vinte e quatro mil homens.

¹⁶Chefes das tribos de Israel: Da tribo de Rúben, o chefe era Eliezer, filho de Zecri. Da tribo de Simeão, era Safatias, filho de Maaca. ¹⁷Da tribo de Levi, era Hasabias, filho de Camuel. De Aarão, era Sadoc. ¹⁸Eliú, irmão de Davi, comandava a tribo de Judá. Amri, filho de Miguel, comandava a de Issacar. ¹⁹Jesmaías, filho de Abdias, comandava a de Zabulon. O chefe da tribo de Neftali era Jerimot, filho de Ozriel. ²⁰Da tribo de Efraim, era Oseias, filho de Ozazias. Da meia tribo de Manassés, era Joel, filho de Fadaías. ²¹Da outra meia tribo de Manassés, que vivia em Galaad, o chefe era Jado, filho de Zacarias. Da tribo de Benjamim, era Jesiel, filho de Abner. ²²Finalmente, a tribo de Dã tinha como chefe Ezriel, filho de Jeroam. Eram esses os chefes das tribos de Israel.

²³Davi não mandou fazer o recenseamento das pessoas de vinte anos para baixo, porque Javé mesmo tinha dito que multiplicaria os israelitas como as estrelas do céu. ²⁴Joab, filho de Sárvia, começou o recenseamento, mas não terminou, porque a ira caiu sobre Israel, e assim esse número não corresponde ao número que está nos Anais do rei Davi.

²⁵O responsável pelas provisões do rei era Azmot, filho de Adiel. O responsável pelas provisões na zona rural, nas cidades, povoados e fortalezas da província, era Jônatas, filho de Ozias. ²⁶O responsável pelos lavradores e agricultores era Ezri, filho de Quelub. ²⁷O responsável pelos vinhedos era Semei, do povoado de Ramá. O responsável pelos encarregados dos depósitos de vinho nos vinhedos era Zabdi, do povoado de Sefam. ²⁸O responsável pelas oliveiras e sicômoros da Planície era Baalanã, do povoado de Gader. O responsável pelas reservas de azeite era Joás. ²⁹O responsável pelo gado que pastava em Saron era Setrai, do povoado de Saron; o responsável pelo gado nos vales era Safat, filho de Adli. ³⁰O responsável pelos camelos era Ubil, o ismaelita. O responsável pelas jumentas era Jadias, do povoado de Meranot. ³¹O responsável pelas ovelhas era Jaziz, o agareno. Eram esses os responsáveis pelos bens que pertenciam ao rei.

³²Jônatas, tio de Davi, bom conselheiro, homem ponderado e culto, e Jaiel, filho de Hacamon, cuidavam dos filhos do rei. ³³Aquitofel era conselheiro do rei. O araquita Cusai era o amigo do rei. ³⁴Joiada, filho de Banaías, e Abiatar, sucederam a Aquitofel. Joab era o comandante dos exércitos do rei.

28 Organização da vida ao redor do Templo

– ¹Davi convocou em Jerusalém todas as autoridades de Israel, a saber: chefes de tribos, chefes das classes que serviam ao rei, comandantes de mil e de cem, chefes de todos os bens e rebanhos do rei e de seus filhos, os altos funcionários do palácio, os valentes e todos os guerreiros. ²Davi ficou de pé e tomou a palavra: "Irmãos e povo meu, queiram escutar-me um pouco. Eu tinha a intenção de construir um Templo para ser a moradia da Arca da Aliança de Javé e que servisse de pedestal para o nosso Deus. Cheguei até a fazer os preparativos para a construção. ³Deus, porém, me disse: 'Não é você quem vai construir um Templo para o meu Nome, pois você foi guerreiro e derramou muito sangue'. ⁴Javé, o Deus de Israel, me escolheu do meio de toda a minha família para ser rei de Israel para sempre. De fato, escolheu Judá como tribo-chefe. Dentro de Judá, escolheu a família do meu pai, e entre meus irmãos escolheu a mim, para me fazer rei de todo Israel. ⁵Entre os muitos filhos que Javé me deu, ele escolheu Salomão para que ocupe o trono real de Javé sobre Israel. ⁶Javé me disse: 'Seu filho Salomão construirá minha residência e meus átrios, pois eu o escolhi como filho, e serei um pai para

---

28,1-21: Em longo discurso, pronunciado diante da grande assembleia de notáveis de todas as tribos, Davi passa a seu sucessor Salomão os projetos relacionados ao Templo e ao reino. Para os cronistas, este discurso de Davi garante à comunidade dos retornados que o Templo de Jerusalém é o centro religioso e político de Israel. E

ele. ⁷Vou firmar o reino dele para sempre, se ele for fiel em praticar meus mandamentos e normas, como tem feito até hoje'.

⁸Portanto, na presença de todo Israel, a comunidade de Javé, tomando nosso Deus como testemunha, guardem e busquem seguir todos os mandamentos de Javé, seu Deus, para que conservem a posse desta terra boa e a deixem como herança aos filhos de vocês, para sempre.

⁹Quanto a você, Salomão, meu filho, reconheça o Deus de seu pai e o sirva de todo o coração e com generosidade de espírito, pois Javé sonda todos os corações e penetra todas as intenções do espírito. Se você o procurar, ele se deixará encontrar. Mas, se você o abandonar, ele se afastará para sempre. ¹⁰Veja bem! Javé escolheu você para construir um santuário para ele. Coragem, e mãos à obra!"

¹¹Davi entregou a seu filho Salomão o projeto do pórtico e do Templo, dos armazéns, das salas superiores, dos aposentos internos e da sala do propiciatório. ¹²Entregou também o projeto de tudo o que tinha em mente para os pátios do Templo de Javé, para as alas ao redor, para os tesouros do Templo de Deus e para as ofertas votivas. ¹³Entregou também o projeto para as classes de sacerdotes e levitas, para os serviços do culto no Templo e para os utensílios do Templo de Javé. ¹⁴Deixou também programada a quantidade de ouro que cada objeto de ouro deveria ter, conforme sua serventia, e a quantidade de prata que, de acordo com sua utilização, cada objeto de prata deveria ter. ¹⁵Entregou o desenho dos candelabros de ouro e de prata e de suas respectivas lâmpadas, determinando, conforme a finalidade de cada um, a quantidade de ouro ou prata que deveria ter. ¹⁶Deixou também marcada a quantidade de ouro para as mesas de ouro, que serviriam para os pães consagrados, como também a prata que se deveria empregar nas mesas de prata, ¹⁷os garfos, as taças para a aspersão, as ânforas de ouro puro, a quantidade de ouro para cada tipo de taça. ¹⁸Também determinou a quantidade de ouro refinado que o altar do incenso deveria ter. Deu-lhe o modelo do carro dos querubins de ouro, que cobriam com suas asas a Arca da Aliança de Javé. ¹⁹Tudo isso estava num escrito que Javé havia entregado a Davi, explicando a fabricação do modelo.

²⁰Então Davi falou a seu filho Salomão: "Força! Coragem! Mãos à obra! Nada de medo ou receio, pois Javé Deus, o meu Deus, está com você. Ele não vai deixar nem abandonar você, enquanto não terminar o serviço de construção do Templo de Javé. ²¹Aí estão as classes de sacerdotes e levitas, para todo o serviço do Templo de Deus. Todos os profissionais de qualquer especialidade ajudarão você nessa obra. Os chefes e todo o povo estarão às suas ordens".

29 Manutenção do Templo e do culto

– ¹Depois, Davi falou a toda a assembleia: "Meu filho Salomão, que Deus escolheu, é moço e fraco. E a missão dele é grande, porque não se trata de construir uma casa para um homem, mas um Templo para Javé Deus. ²Por isso, fui fazendo os preparativos, conforme pude: ouro, para os objetos de ouro; prata, para os objetos de prata; bronze, para os objetos de bronze; ferro, para os objetos de ferro; madeira, para toda a mobília; pedras de ônix e de engastar, pedras ornamentais e coloridas, todo tipo de pedra preciosa e muito alabastro. ³Por amor ao Templo do meu Deus, além de tudo o que preparei para o Santuário, entreguei também os meus tesouros de ouro e prata: ⁴cem toneladas de ouro, ouro de Ofir, e duzentas e quarenta toneladas de prata refinada para revestir as paredes das salas, ⁵para os objetos de ouro e prata, e para o trabalho dos ourives. E pergunto: Quem está disposto a fazer hoje um donativo a Javé?"

⁶Então os chefes de famílias, os chefes das tribos de Israel, os comandantes de mil e de cem, e os chefes de obras do rei se prontificaram a fazer ofertas. ⁷Deram para a construção do Templo de Deus cento e setenta toneladas de ouro, dez mil moedas, trezentas e quarenta toneladas de prata, seiscentas toneladas de bronze e

---

os sacerdotes que exercem o ministério no Templo são os legítimos intérpretes de todas as instruções dadas por Deus a Davi.

29,1-9: Todos os chefes das famílias e das tribos fazem suas ofertas em ouro e prata, necessárias para a construção do edifício. Por amor ao Templo, todos os fiéis

três mil e quatrocentas toneladas de ferro. ⁸Quem tinha pedras preciosas ofereceu-as também ao tesouro do Templo de Javé, confiando-as a Jaiel, descendente de Gérson. ⁹O povo, cheio de generosidade, se alegrava em oferecer algo a Javé. Também Davi ficou muito contente.

Oração de ação de graças

¹⁰Então Davi bendisse a Javé diante de toda a assembleia. Ele falou: "Bendito sejas tu, Javé, Deus de nosso pai Israel, desde sempre e para sempre. ¹¹A ti, Javé, pertencem a grandeza, o poder, o esplendor, a majestade e a glória, pois tudo o que existe no céu e na terra pertence a ti. Teu é o reino, e a ti cabe elevar-te como soberano acima de tudo. ¹²A riqueza e a glória vêm de ti. E tu governas todas as coisas. Em tua mão está a força e o vigor. Em tua mão está o poder de engrandecer e fortificar todas as coisas. ¹³E agora, Deus nosso, nós te agradecemos, e louvamos o teu nome glorioso. ¹⁴Quem sou eu, e quem é meu povo para podermos oferecer tudo isso a ti? Tudo vem de ti, e a ti ofertamos o que de tuas mãos recebemos. ¹⁵Todos nós, diante de ti, somos imigrantes e estrangeiros, como foram todos os nossos antepassados. Nossa vida na terra é apenas uma sombra sem esperança. ¹⁶Javé, nosso Deus, tudo o que preparamos para construir um Templo em honra do teu Nome veio de tuas mãos e pertence a ti. ¹⁷Eu sei, ó meu Deus, que sondas o coração e amas a retidão. E com reta intenção te ofereço tudo isso, e vejo com alegria teu povo aqui reunido, fazendo suas ofertas a ti. ¹⁸Javé, Deus de nossos antepassados Abraão, Isaac e Israel, conserva sempre no coração de teu povo esta disposição e sentimento. Mantém o coração deles fiel a ti. ¹⁹A meu filho Salomão, concede um coração íntegro, para que pratique teus mandamentos, tuas ordens e leis, e para que construa este Templo que projetei para ti".

²⁰Por fim, Davi disse para a assembleia: "Bendigam todos a Javé, o Deus de vocês!" E toda a assembleia bendisse a Javé, Deus de seus antepassados. E, prostrando-se, prestaram homenagem a Javé e ao rei. ²¹No dia seguinte, ofereceram a Javé sacrifícios e holocaustos. Foram sacrificados mil bois, mil carneiros e mil cordeiros, com as respectivas libações de vinho e numerosos sacrifícios por todo Israel. ²²Nesse dia, todos comeram e beberam com grande alegria na presença de Javé. Entronizaram pela segunda vez Salomão, filho de Davi, e o ungiram como chefe em nome de Javé. Ungiram também Sadoc como sacerdote.

Morte de Davi

²³Salomão sentou-se no trono de Javé, em lugar do seu pai Davi, e teve êxito. Todo Israel lhe obedeceu. ²⁴Todos os chefes, todos os valentes e todos os filhos de Davi se submeteram ao rei Salomão. ²⁵Javé engrandeceu e aumentou o prestígio de Salomão aos olhos do povo de Israel, dando a seu reinado um brilho como nunca tinha acontecido com qualquer outro rei antes dele em Israel.

²⁶Davi, filho de Jessé, foi rei de todo Israel. ²⁷Reinou quarenta anos: sete em Hebron, e trinta e três em Jerusalém. ²⁸Por fim, morreu numa velhice feliz, tendo vivido muitos anos e tendo ficado rico e famoso. Seu filho Salomão foi seu sucessor no trono. ²⁹A história do rei Davi, do começo ao fim, está escrita na história do vidente Samuel, na história do profeta Natã e do vidente Gad. ³⁰Aí se encontra tudo o que se refere a seu reinado e a suas guerras, e tudo o que aconteceu com ele, com Israel e com todos os reinos vizinhos.

---

devem responsabilizar-se pela manutenção da morada de Deus, centro religioso e político de Israel. A generosidade do povo garante a perenidade do Templo.

10-22: Conclusão das instruções de Davi. Na oração de ação de graças, Davi reconhece que o estabelecido faz parte do plano misterioso de Javé. Tudo pertence a Javé, tudo provém dele, tudo é mantido por ele. E este será o compromisso solene da comunidade teocrática pós-exílica: garantir o pleno funcionamento da liturgia no Templo, sinal e lugar evidente da presença atuante de Javé no meio do seu povo.

23-30: Esta nota sobre a morte de Davi serviu de pretexto para a divisão do livro de Crônicas em dois. Aqui, os cronistas fazem breve memória do reinado de Davi, exaltando seus feitos gloriosos. Deixam claro que escreveram sobre o rei apenas um resumo, citando as fontes que inspiraram seu escrito: os livros de Samuel e dos Reis.

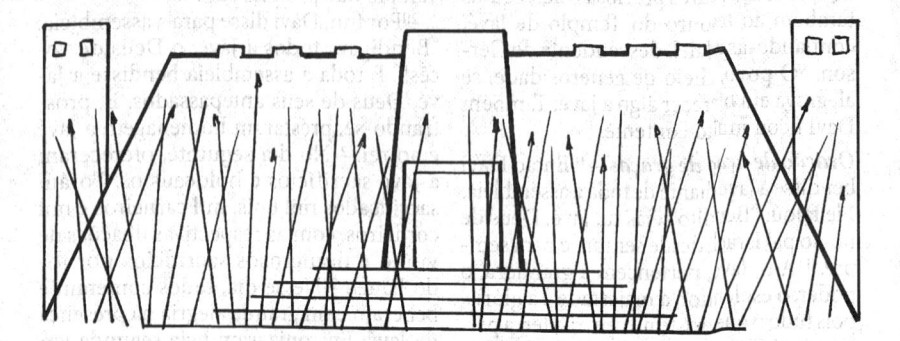

III. SALOMÃO SEGUE AS INSTRUÇÕES DE DAVI

1 *Governar o povo com sabedoria e conhecimento* – ¹Salomão, filho de Davi, se firmou na realeza. Javé, seu Deus, estava com ele e o engrandeceu muito. ²Salomão convocou todo Israel, os comandantes de mil e comandantes de cem, os juízes, todos os príncipes de Israel e os chefes de família. ³Com toda essa assembleia, Salomão foi até o lugar alto de Gabaon, onde estava a Tenda da Reunião de Deus, feita no deserto por Moisés, servo de Javé. ⁴Quanto à arca de Deus, Davi a tinha transferido de Cariat-Iarim, para o lugar por ele preparado, pois tinha feito para ela uma tenda em Jerusalém. ⁵O altar de bronze, feito por Beseleel, filho de Uri, filho de Hur, ficava diante da Habitação de Javé, aonde Salomão e a assembleia iam para consultar a Deus. ⁶Foi aí que Salomão, diante de Javé, subiu ao altar de bronze que estava diante da Tenda da Reunião, e ofereceu mil holocaustos.

⁷Nessa noite, Deus apareceu a Salomão e lhe disse: "Peça o que você quiser". ⁸Salomão respondeu a Deus: "Tu trataste com muito amor meu pai Davi e me colocaste como rei no lugar dele. ⁹Agora, Javé Deus, mantém a promessa que fizeste a meu pai Davi, porque me puseste como rei sobre um povo tão numeroso como o pó da terra. ¹⁰Concede-me, então, sabedoria e conhecimento, para que eu possa conduzir bem este povo. Do contrário, quem poderia governar esse teu povo tão numeroso?"

¹¹Então Deus disse a Salomão: "Já que você deseja isso, e não pediu riqueza, fortuna e glória, nem a morte dos inimigos ou muitos anos de vida para você mesmo, mas pediu sabedoria e conhecimento para governar meu povo, do qual eu o fiz rei, ¹²então você receberá sabedoria e conhecimento. Além disso, eu lhe dou também riqueza, fortuna e glória, como nenhum de seus antecessores teve, nem seus sucessores terão". ¹³Depois disso, Salomão saiu da Tenda da Reunião e voltou de Gabaon para Jerusalém. E reinou em Israel.

Riqueza e poder militar – ¹⁴Salomão reuniu carros e cavaleiros. Tinha mil e quatrocentos carros e doze mil cavaleiros, que ficavam nas cidades dos carros e junto do rei em Jerusalém. ¹⁵Salomão fez com que a prata e o ouro fossem tão comuns em Jerusalém como as pedras, e os cedros abundantes como os sicômoros da Planície. ¹⁶Os cavalos de Salomão eram importados do Egito e da Cilícia, onde os mercadores do rei os compravam com pagamento à

1-9: Inspirado em 1Rs 3-11, o cronista faz uma revisão do longo reinado de Salomão, apresentando-o como realizador das determinações de Davi, principalmente na construção do Templo de Jerusalém. Omite os pecados e erros de Salomão. Apenas destaca no final o luxo da corte e o comércio internacional, símbolos da grandeza de Israel, importantes para manter viva a esperança de voltar a esse tempo de glória.

1,1-13: Salomão quer governar o povo a partir da vontade de Deus. Para levar a bom termo sua tarefa, reza pedindo *sabedoria* e *conhecimento*, duas qualidades do governante que deseja ser fiel a Deus e aos anseios do povo. Dentro da teologia da retribuição, Salomão terá também riqueza, glória e fama como recompensa.

14-17: Logo surge a contradição. Onde reside a segurança política? Mesmo sentindo-se apoiado por Deus,

vista. ¹⁷Cada carro era importado do Egito por seis quilos e meio de prata, e cada cavalo por um quilo e meio. Os cavalos eram exportados, nas mesmas condições, para os reis dos hititas e os reis de Aram.

Começa a construção do Templo – ¹⁸Salomão mandou construir um Templo para o Nome de Javé e um palácio real para si.

2 ¹Recrutou setenta mil carregadores de pedra, oitenta mil arrancadores de pedra da montanha e três mil e seiscentos capatazes para fiscalizar os serviços.

²Salomão mandou a seguinte mensagem a Hiram, rei de Tiro: "Tempos atrás, você enviou cedro para que o meu pai Davi construísse uma casa para ele morar. ³Agora, eu resolvi construir um Templo para o Nome de Javé meu Deus, para consagrá-lo a ele, a fim de queimar em sua honra o perfume do incenso, fazer as oferendas permanentes dos pães oferecidos a Deus, oferecer os holocaustos de manhã e de tarde, nos sábados, luas novas e festas de Javé nosso Deus. E assim se fará sempre em Israel. ⁴O Templo que pretendo construir deverá ser grande, porque nosso Deus é o maior de todos os deuses. ⁵Quem se atreveria a construir um Templo para ele, quando o céu e o mais alto do céu são pequenos para contê-lo? E quem sou eu, para lhe construir um Templo, ainda que seja só para queimar incenso em sua presença? ⁶Agora, pois, peço que me mande um homem competente para trabalhar o ouro, a prata, o bronze e o ferro, e também os tecidos de púrpura, carmesim e damasco, e que seja entendido em fazer esculturas. Ele trabalhará com os outros mestres que já se encontram aqui comigo em Judá e Jerusalém, contratados pelo meu pai Davi. ⁷Peço também que me mande madeira de cedro, carvalho e sândalo do Líbano, pois eu sei que seus servos são competentes para cortar madeira do Líbano. Meus servos trabalharão junto com os seus, ⁸para prepararem grande quantidade de madeira, porque o Templo que vou construir será grande e maravilhoso. ⁹Eu sustentarei os lenhadores com vinte mil sacas de trigo, vinte mil sacas de cevada, vinte mil barris de vinho e vinte mil barris de óleo".

¹⁰Hiram, rei de Tiro, respondeu a Salomão com esta carta: "Javé ama o seu povo e por isso estabeleceu você como rei sobre ele". ¹¹A carta continuava: "Seja bendito Javé, o Deus de Israel. Ele fez o céu e a terra, deu ao rei Davi um filho sábio, sensato e prudente, capaz de construir um Templo para Javé e um palácio para si próprio. ¹²Estou enviando a você Hiram-Abi, homem hábil e prudente, ¹³filho de uma danita e de pai tírio. Ele é especialista no trabalho de ouro, prata, bronze, ferro, pedra, madeira, tecidos de púrpura, damasco, linho, carmesim, e também na arte de qualquer tipo de escultura. Ele executará todos os projetos que lhe derem, junto com os seus mestres e com os mestres de seu pai Davi, meu senhor. ¹⁴Quanto ao trigo, à cevada, ao óleo e ao vinho de que meu senhor falou, pode mandá-los para os seus servos. ¹⁵Vamos cortar toda a madeira do Líbano de que você precisa e vamos mandá-la embarcada por mar até Jope. Depois você a levará até Jerusalém".

A convocação da mão de obra – ¹⁶Salomão fez o recenseamento de todos os estrangeiros que residiam no país de Israel, recenseamento esse posterior ao que seu pai Davi tinha feito. Encontrou cento e cinquenta e três mil e seiscentos homens. ¹⁷Destinou setenta mil para o transporte, oitenta mil para trabalhar nas pedreiras da montanha e três mil e seiscentos para fiscalizar o trabalho do pessoal.

3 **Construção do Templo e fabricação dos utensílios** – ¹Salomão começou a construir o Templo de Javé em Jerusalém, no monte Moriá. Aí seu pai Davi tivera uma visão, no lugar que havia preparado

---

Salomão trata de garantir segurança militar para o reino, aumentando os gastos com armas e cavalos.

1,18-2,15: Começa a grande obra de Salomão: a construção do Templo em Jerusalém. A construção é vista na ótica dos cronistas: o Templo é o lugar onde o povo se reúne para celebrar e viver a presença e o projeto de Deus. O texto ressalta os limites físicos (Templo) e humanos (o rei) diante da grandeza de Deus.

Mas o povo precisa de um lugar onde tenha certeza de que Deus está presente. Ir ao Templo em romaria é encontrar-se com Deus.

2,16-5,1: Detalhes da grandiosa construção. Valendo-se de dados fornecidos pelos arquivos do Templo, os cronistas destacam o número de trabalhadores estrangeiros submetidos por Salomão (2,16-17); a construção feita no monte Moriá; a data da constru-

na eira de Ornã, o jebuseu. ²Salomão começou a construir no segundo mês do quarto ano do seu reinado. ³Estas foram as medidas determinadas por Salomão para a construção do Templo de Deus: trinta metros de comprimento por dez de largura. ⁴O vestíbulo da frente, no sentido da largura do Templo, tinha dez metros de comprimento, cinco de profundidade e dez de altura. Salomão revestiu de ouro todo o seu interior. ⁵E mandou revestir a nave maior com madeira de carvalho, que recobriu de ouro puro, e no ouro mandou esculpir ramos de palmeira e cordões. ⁶Fez decorar o Templo com pedras preciosas de grande beleza. O ouro utilizado era de Parvaim. ⁷Com esse ouro, recobriu a nave, os travamentos, os portais, as paredes e as portas. Nas paredes mandou esculpir querubins. ⁸Construiu também o Santíssimo. Tinha dez metros de comprimento, acompanhando a largura do Templo, por dez de largura. Recobriu-o com vinte toneladas de ouro puro. ⁹Os pregos de ouro pesavam meio quilo. Revestiu de ouro as salas superiores. ¹⁰Salomão mandou também fundir, para o recinto do Santíssimo, dois querubins de metal, revestidos de ouro. ¹¹As asas dos querubins abarcavam dez metros de comprimento; a asa do primeiro tinha dois metros e meio e tocava a parede interior do edifício. A outra asa, também com dois metros e meio, tocava na asa do segundo querubim. ¹²Uma asa do segundo querubim tocava a parede do outro lado. E a outra asa, com dois metros e meio, tocava a asa do primeiro querubim. ¹³Assim, as asas dos dois querubins cobriam uma extensão de dez metros. Os querubins estavam de pé e com o rosto voltado para dentro.

¹⁴Salomão mandou fazer a Cortina de púrpura violeta e escarlate, de carmesim e de linho puro, com querubins bordados nela. ¹⁵Diante da nave mandou fazer duas colunas de dezessete metros e meio de altura, com capitéis de dois metros e meio. ¹⁶Fez também cordões em forma de colar, e os colocou nos capitéis; fez também cem romãs, e as colocou nos cordões.

¹⁷Colocou as colunas diante do Santo do Templo, uma à esquerda e outra à direita. À coluna da direita deu o nome de Firme, e à da esquerda o nome de Forte.

4 ¹Salomão mandou fazer também um altar de bronze com dez metros de comprimento por dez de largura e cinco de altura. ²Fez também o Mar de metal fundido, redondo, com cinco metros de diâmetro e dois metros e meio de altura, com quinze de circunferência. ³Por baixo da borda, em todo o redor, havia animais semelhantes a bois. Eram duas fileiras de touros, vinte em cada metro, fundidas numa peça única. ⁴O Mar se apoiava sobre doze touros, três voltados para o norte, três para o oeste, três para o sul e três para o leste. O Mar ficava em cima deles, e a parte traseira dos touros ficava voltada para dentro. ⁵As paredes do Mar tinham a espessura de um palmo, enquanto a borda, de tão fina, parecia a borda de uma taça e era igual a uma flor. A capacidade do Mar era de cento e trinta e cinco mil litros.

⁶Fez também dez bacias. Colocou cinco de cada lado, para aí lavarem as vítimas dos holocaustos. Os sacerdotes se lavavam no Mar. ⁷Mandou fazer ainda os dez candelabros de ouro, conforme estava determinado, e colocou-os no Santo, de um lado e do outro. ⁸Fez as dez mesas, e colocou-as no Santo, cinco de cada lado. Fez também cem bacias de ouro para a aspersão.

⁹Construiu o pátio dos sacerdotes e o grande pátio com suas portas, e as recobriu de bronze. ¹⁰Colocou o Mar do lado direito, ao sudeste.

¹¹Hiram fez os recipientes para as cinzas, e também as pás e as bacias para a aspersão. E terminou tudo o que o rei Salomão tinha encomendado para o Templo de Deus: ¹²as duas colunas; os dois rolos de capitéis no alto das colunas; os dois trançados para cobrir os dois rolos que estavam no alto das colunas; ¹³as quatrocentas romãs para os dois trançados, ficando as romãs de cada trançado em duas fileiras; ¹⁴as dez bases e as dez bacias; ¹⁵o Mar único com os dois touros que o sustentavam; ¹⁶os recipientes para as cinzas, e também as pás, os garfos

e todos os outros acessórios que Hiram-Abi fez de bronze polido, a pedido do rei Salomão, para o Templo de Javé. ¹⁷Tudo isso o rei mandou fundir em terra argilosa na planície do Jordão, entre Sucot e Sardata. ¹⁸Salomão fez tudo em grande quantidade, pois tinha tanto bronze que nem dava para calcular. ¹⁹Portanto, foi Salomão quem fez todos os objetos para o Templo de Deus, como o altar de ouro e as mesas para colocar os pães oferecidos a Deus; ²⁰os candelabros de ouro puro com suas lâmpadas, que deviam ficar sempre acesas diante do Santíssimo, conforme as normas; ²¹as flores, as lâmpadas e as tenazes de ouro puro; ²²as facas, as bacias de aspersão, as taças e os incensórios de ouro puro. Fez também de ouro os gonzos das portas do Santíssimo e do Santo.

5 ¹Depois de terminar tudo o que fez para o Templo do Senhor, Salomão mandou levar para o Templo aquilo que seu pai Davi tinha consagrado: a prata, o ouro e todos os utensílios. E os colocou no tesouro do Templo de Deus.

Solene traslado da arca – ²Salomão reuniu em Jerusalém todos os anciãos de Israel, todos os chefes das tribos e os chefes das famílias israelitas, para transportar, da cidade de Davi, que é Sião, a Arca da Aliança de Javé. ³Para a festa, todos os israelitas se reuniram com o rei no sétimo mês. ⁴Chegaram todos os anciãos de Israel, e quem carregou a arca foram os levitas. ⁵Transportaram a arca e a Tenda da Reunião, e também os utensílios sagrados que estavam na Tenda. Tudo foi carregado pelos sacerdotes levitas. ⁶O rei Salomão e a comunidade toda de Israel, reunida com ele diante da arca, sacrificou tantas ovelhas e bois, que não foi possível contar nem calcular. ⁷Os sacerdotes introduziram a Arca da Aliança de Javé no seu lugar próprio, isto é, no Debir do Templo, quer dizer, no Santíssimo, sob as asas dos querubins. ⁸Os querubins estendiam as asas sobre o local da arca, protegendo a arca e seus varais. ⁹Como os varais eram compridos, quem estava no Santo, diante do Santíssimo, podia ver suas extremidades, mas de fora não dava para ver. Eles aí estão até hoje. ¹⁰Dentro da arca não havia nada além das duas tábuas que, no Horeb, Moisés havia colocado aí quando Javé concluiu a aliança com os israelitas, na ocasião em que eles saíram do Egito. ¹¹Todos os sacerdotes que estavam no Santuário se haviam purificado, sem distinção de classes. Quando os sacerdotes saíram do Santuário, ¹²todos os levitas cantores das famílias de Asaf, de Emã e de Iditun, com seus filhos e irmãos, estavam vestidos de linho fino e tocavam címbalos, lira e cítara, todos de pé, ao leste do altar. Com eles havia cento e vinte sacerdotes que tocavam trombetas. ¹³Como se fossem um só, os tocadores de trombeta e os outros músicos puseram-se a tocar juntos, celebrando a Javé. Quando levantaram a voz ao som das trombetas, címbalos e outros instrumentos, celebrando a Javé, "porque ele é bom, porque seu amor é para sempre", o Templo se encheu com a Nuvem da glória de Javé. ¹⁴Por causa da nuvem, os sacerdotes não puderam continuar o culto, pois a glória de Javé tinha ocupado inteiramente o Templo de Deus.

6 ¹Então Salomão disse: "Javé escolheu habitar a Nuvem escura. ²Eu construí para ti uma casa sublime, uma casa onde habitarás para sempre".

A promessa de Deus se realiza – ³O rei se voltou, e abençoou toda a assembleia de Israel, enquanto todos permaneciam de pé. ⁴O rei disse então: "Seja bendito Javé, o Deus de Israel, que realizou com a mão o que sua boca havia prometido ao meu pai Davi: ⁵'Desde o dia em que tirei o meu povo do Egito, não escolhi nenhuma cidade dentre todas as tribos de Israel, a fim de construir aí um Templo para o meu Nome. Como também não escolhi um homem para ser chefe do meu povo Israel. ⁶Mas escolhi Jerusalém para aí fazer morar o meu Nome. Escolhi Davi para ser o chefe do meu povo Israel'.

5,2-6,1: Inspirados na narrativa de 1Rs 8,1-13, os cronistas descrevem a grandiosa celebração onde Deus, com a presença da Arca da Aliança, toma posse de sua residência. O destaque nesta narrativa cronista é a unidade cultual entre sacerdotes sadoquitas e levitas, o que só vai acontecer na comunidade religiosa pós-exílica.

6,3-20: Adaptação sacerdotal do relato de 1Rs 8, 14-29. O texto mostra que Deus cumpre sua promessa, fazendo do Templo a sua morada no meio do povo.

⁷O meu pai Davi queria construir um Templo para o Nome de Javé, o Deus de Israel. ⁸Javé, porém, disse ao meu pai Davi: 'Você está querendo construir um Templo para o meu Nome, e faz muito bem, querendo isso. ⁹Contudo, não é você quem vai construir o Templo, mas o seu filho, saído de suas entranhas, ele é quem vai construir o Templo para o meu Nome'. ¹⁰E Javé realizou a promessa que havia feito: eu sucedi ao meu pai Davi, e subi ao trono de Israel, como Javé havia prometido, e construí o Templo para o Nome de Javé, o Deus de Israel. ¹¹Nele introduzi a arca, onde se acha a aliança que Javé fez com os israelitas".

¹²Salomão ficou em pé diante do altar de Javé, na presença de toda a assembleia de Israel, e estendeu as mãos. ¹³Salomão tinha mandado fazer, no meio do pátio do Templo, um estrado de bronze com dois metros e meio de largura e um metro e meio de altura. Subiu ao estrado e ajoelhou-se diante de toda a assembleia de Israel. Estendeu as mãos para o céu, ¹⁴e disse: "Javé, Deus de Israel, não existe nenhum Deus como tu, nem lá no alto céu, nem aqui embaixo na terra. Tu és fiel à aliança e ao amor para com os teus servos que caminham de todo o coração diante de ti. ¹⁵Cumpriste a promessa que havias feito ao teu servo Davi, meu pai, e o que prometeste com a boca, hoje realizaste com a mão. ¹⁶Agora, Javé, Deus de Israel, mantém esta promessa que fizeste ao teu servo Davi, meu pai: 'Nunca faltará para você, diante de mim, um descendente no trono de Israel, contanto que seus filhos saibam comportar-se de acordo com a minha lei, assim como você se comportou diante de mim'. ¹⁷Portanto, Javé, Deus de Israel, confirma agora a promessa que fizeste ao teu servo Davi. ¹⁸É possível Deus habitar com os homens na terra? Se o céu e o mais alto do céu não o podem conter, muito menos esse Templo que construí! ¹⁹Atende à oração e à súplica de teu servo, Javé meu Deus! Ouve o clamor e a prece que teu servo faz diante de ti. ²⁰Que teus olhos fiquem abertos dia e noite sobre este Templo, sobre este lugar, onde prometeste que teu Nome habitaria. Ouve a prece que teu servo fará neste lugar".

O Templo: *lugar de súplica e atendimento* – ²¹"Ouve as súplicas de teu servo e de teu povo Israel, quando rezarem neste lugar. Escuta de tua morada no céu! Ouve e perdoa!

²²Quando alguém pecar contra seu próximo e, porque lhe foi exigido um juramento imprecatório, vier jurar diante de teu altar neste Templo, ²³ouve do céu e age. Julga teus servos: condena o culpado, dando-lhe o que merece, e absolve o inocente, tratando-o conforme a justiça dele.

²⁴Quando teu povo Israel, por ter pecado contra ti, for derrotado pelo inimigo, se ele se converter, confessar o teu Nome, rezar e suplicar a ti neste Templo, ²⁵ouve do céu, perdoa o pecado do teu povo Israel, e faze que ele volte para a terra que deste a seus antepassados.

²⁶Quando o céu se fechar e não houver chuva, por terem pecado contra ti, se eles rezarem neste lugar, se confessarem teu Nome e se arrependerem do próprio pecado porque os afligiste, ²⁷ouve do céu, perdoa o pecado de teus servos e de teu povo Israel, mostrando-lhes o bom caminho que devem seguir, e rega com a chuva a terra que deste como herança a teu povo.

²⁸Quando o país sofrer fome, peste, mela e ferrugem; quando vierem gafanhotos e pulgões; quando o inimigo deste povo cercar alguma de suas cidades; quando houver qualquer calamidade ou epidemia; ²⁹seja qual for a oração ou súplica de um indivíduo ou de todo o teu povo Israel, se sentirem remorso de consciência e dor, e erguerem as mãos para este Templo, ³⁰ouve do céu onde moras, perdoa e paga conforme o comportamento de cada um, pois conheces o coração; és o único que conhece o coração dos homens. ³¹Desse modo te respeitarão, e seguirão teus caminhos em todos os dias que viverem sobre a terra que deste a nossos antepassados.

³²O estrangeiro, que não pertence a teu povo Israel, se também ele vier de uma terra distante por causa da grandeza de teu Nome, de tua mão forte e de teu braço

---

21-42: Adaptação sacerdotal de 1Rs 8,30-50. Sendo moradia de Deus, o Templo torna-se o lugar onde o povo pode louvar e apresentar suas súplicas e angústias, e clamar a Deus, pedindo força e proteção.

estendido, se ele vier orar neste Templo, ³³ouve do céu onde moras, atende todos os pedidos do estrangeiro. Assim, todos os povos da terra reconhecerão teu Nome e temerão a ti, como faz teu povo Israel. Eles saberão que teu Nome é invocado neste Templo que eu construí.

³⁴Se teu povo sair para guerrear contra os inimigos, e no caminho aonde o mandares, se ele rezar para ti, voltado para a cidade que escolheste e para o Templo que construí para teu Nome, ³⁵ouve do céu sua oração e súplica, e faze justiça para ele.

³⁶Quando pecarem contra ti, pois não há ninguém que não peque, e tu ficares irritado contra eles, entregando-os ao inimigo, e então eles forem levados como cativos pelos vencedores, para uma terra distante ou próxima, ³⁷se eles caírem em si na terra para onde tiverem sido levados, e se arrependerem e suplicarem na terra de seu exílio, dizendo: 'Pecamos, agimos mal e nos pervertemos'; ³⁸se eles se voltarem para ti de todo o coração e de toda a alma, na terra de seu exílio, para onde tiverem sido deportados, e se rezarem voltados para a terra que deste a seus antepassados, para a cidade que escolheste e para o Templo que construí a teu Nome, ³⁹ouve do céu onde moras, ouve sua oração e súplica, fazendo justiça para eles. Perdoa a teu povo que pecou contra ti.

⁴⁰Agora, meu Deus, que teus olhos estejam abertos e teus ouvidos fiquem atentos para as súplicas que forem feitas neste lugar. ⁴¹E agora, levanta-te, Javé Deus, e vem para teu repouso com tua poderosa arca. E teus sacerdotes, Javé Deus, se revistam de gala, e teus fiéis exultem de alegria! ⁴²Javé Deus, não te afastes de teu ungido. Lembra-te do amor de teu servo Davi".

7 *Inauguração do Templo* – ¹Logo que Salomão terminou sua oração, desceu fogo do céu e queimou o holocausto e os sacrifícios. E a glória de Javé encheu o Templo. ²Os sacerdotes não puderam entrar, porque a glória de Javé enchia o Templo de Javé. ³Vendo o fogo descer e a glória de Javé repousar sobre o Templo, todos os israelitas se prostraram, levando o rosto até o calçamento do chão, adorando e louvando a Javé, "porque ele é bom, porque seu amor é para sempre". ⁴O rei e todo o povo ofereceram sacrifícios diante de Javé. ⁵O rei Salomão ofereceu em sacrifício vinte e dois mil bois e cento e vinte mil ovelhas. Foi assim que o rei e todo o povo inauguraram o Templo de Deus. ⁶Os sacerdotes executavam suas funções e os levitas celebravam a Javé com os instrumentos musicais feitos pelo rei Davi para acompanhar os cânticos de Javé, "porque seu amor é para sempre". Eram eles que executavam os louvores compostos por Davi. Ao lado deles, sacerdotes tocavam trombetas e todo Israel permanecia de pé. ⁷Salomão consagrou o interior do pátio que fica diante do Templo de Javé. Aí ofereceu os holocaustos e a gordura dos sacrifícios de comunhão, porque o altar de bronze que Salomão tinha feito era muito pequeno para conter os holocaustos, a oblação e as gorduras dos sacrifícios de comunhão. ⁸Nessa ocasião, Salomão celebrou a festa, e todo Israel com ele, durante sete dias: havia uma grande assembleia, desde a Entrada de Emat até a Torrente do Egito. ⁹No oitavo dia, fizeram uma reunião solene. A inauguração do altar tinha durado sete dias, e também a festa tinha durado sete dias. ¹⁰No dia vinte e três do sétimo mês, o povo retornou para casa. Todos voltaram com o coração alegre e feliz por causa de todo o bem que Javé tinha feito a Davi, a Salomão e a seu povo Israel.

A salvação depende da fidelidade – ¹¹Salomão acabou de construir o Templo de Javé, o palácio real e tudo o que pretendia fazer para o Templo de Javé e para o palácio. ¹²Então Javé lhe apareceu de noite, e lhe disse. "Ouvi sua oração e escolhi este lugar para mim como a Casa dos sacrifícios. ¹³Quando eu fechar o céu e não cair chuva; quando eu ordenar aos gafanhotos que devorem o país; quando eu mandar a peste contra o meu povo, ¹⁴se meu povo, sobre quem foi invocado meu Nome, se humilhar, suplicando e

---

7,1-10: Resposta de Deus à prece de Salomão. A glória de Deus, manifestada no fogo que vem do céu, ocupa o recinto do santuário. O Templo é de fato o lugar onde o céu toca a terra. O povo poderá ir em romarias para rezar no Templo, sabendo que suas preces serão atendidas.

11-22: Releitura sacerdotal de 1Rs 9,1-9. Nesta revisão pós-exílica da doutrina deuteronomista, as desgraças são interpretadas como castigo divino. Somente a conversão do povo e o perdão de Javé farão cessar as calamidades.

buscando minha presença, e se arrepender de seu mau comportamento, eu ouvirei, do céu, perdoarei seus pecados e curarei seu país. ¹⁵De agora em diante, meus olhos ficarão abertos e meus ouvidos estarão atentos à oração feita neste lugar. ¹⁶Escolhi e consagrei este Templo para que meu Nome esteja para sempre neste lugar: meus olhos e meu coração aí estarão para sempre. ¹⁷Quanto a você, se diante de mim você se comportar como seu pai Davi, agindo conforme tudo o que ordenei e observando meus estatutos e normas, ¹⁸eu manterei firme para sempre seu trono real, da maneira como eu me comprometi com seu pai Davi, quando lhe disse: 'Nunca faltará alguém de sua família para governar Israel'. ¹⁹Contudo, se você me abandonar, e deixar de lado meus estatutos e mandamentos que coloquei diante dos olhos de vocês, para servir e prestar culto a outros deuses, ²⁰então eu arrancarei vocês da terra que lhes dei; afastarei para longe de mim este Templo que consagrei para o meu Nome, e o farei objeto de riso e chacota entre todos os povos. ²¹Este Templo tão sublime será motivo de espanto para todos os que por aí passarem. Eles dirão: 'Por que Javé fez isso com essa terra e esse Templo?' ²²E responderão: 'Foi porque abandonaram Javé, o Deus de seus antepassados, que os havia tirado da terra do Egito. Eles aderiram a outros deuses, prostrando-se diante deles e servindo-os. Foi por isso que Javé, seu Deus, mandou sobre eles toda essa desgraça'".

8 Luxo e consumismo da corte

¹Ao final de vinte anos, depois de ter construído o Templo de Javé e seu próprio palácio, ²Salomão reconstruiu também as cidades que Hiram lhe tinha dado, e colocou israelitas para nelas habitarem. ³Em seguida, Salomão atacou Emat de Soba e a conquistou. ⁴Reformou também Tadmor, no deserto, e todas as cidades-entrepostos que tinha construído no país de Emat. ⁵Depois, reformou Bet-Horon superior e Bet-Horon inferior, cidades protegidas com muralhas, portas e trancas. ⁶Reformou também Baalat e todas as cidades-entrepostos pertencentes a Salomão, as cidades para guardar os carros e cavalos, e tudo quanto ele julgou necessário construir em Jerusalém, no Líbano e nos países que lhe eram submissos.

⁷Toda a população que restava dos hititas, amorreus, ferezeus, heveus e jebuseus, que não eram israelitas ⁸e tinham ficado depois deles no país, e que os israelitas não haviam consagrado ao extermínio, Salomão os recrutou para os trabalhos forçados até hoje. ⁹Salomão, porém, não utilizou, como escravo para suas obras, nenhum dos israelitas, pois estes serviam como soldados: eram chefes de seus oficiais, comandantes de seus carros e de sua cavalaria. ¹⁰Eram duzentos e cinquenta os chefes dos inspetores do rei Salomão, encarregados de governar o povo.

¹¹Salomão transferiu a filha do faraó da Cidade de Davi para o palácio que tinha construído para ela, dizendo: "Mulher nenhuma pode morar no palácio de Davi, rei de Israel, porque foi consagrado pela presença da arca de Javé".

¹²Salomão oferecia holocaustos a Javé sobre o altar de Javé, que tinha construído diante do pátio. ¹³Observava o rito diário dos holocaustos e as prescrições de Moisés referentes aos sábados, às luas novas e às três festas do ano: a festa dos Ázimos, a festa das Semanas e a festa das Tendas. ¹⁴Seguindo as normas do seu pai Davi, Salomão estabeleceu também as classes sacerdotais, cada uma em sua função, e os levitas em suas funções de cantar e oficiar na presença dos sacerdotes, conforme o ritual diário, e também os porteiros escalados para cada porta, pois era assim que tinha determinado Davi, homem de Deus. ¹⁵Ninguém se afastou das determinações que o rei tinha dado para os sacerdotes e levitas a respeito de todas as coisas, inclusive as relativas ao tesouro. ¹⁶Foi Salomão quem determinou todos os serviços, desde o dia em que lançou os alicerces do Templo de Javé, até o término das obras.

¹⁷Salomão foi até Asiongaber e Elat, lugares à beira-mar, no país de Edom. ¹⁸Hiram mandou-lhe, através de seus funcionários, navios e marinheiros, que foram com os

---

8,1-18: Os cronistas relembram o poder e a glória de Salomão. No entanto, apesar de inspirados em 1Rs 9,10-25, fazem uma releitura otimista desse reinado, omitindo totalmente os pecados e a decadência do rei Salomão.

funcionários de Salomão até Ofir, de onde trouxeram quinze mil quilos de ouro, que entregaram ao rei Salomão.

9 Prestígio internacional dispendioso –
¹A rainha de Sabá ouviu falar da fama de Salomão e foi a Jerusalém para submeter o rei à prova por meio de enigmas. Ela chegou com grandes riquezas, com camelos carregados de perfume, muito ouro e pedras preciosas. Apresentou-se a Salomão e lhe propôs tudo o que pensava. ²Salomão, porém, soube responder a todas as suas perguntas. Não houve nenhuma questão, por mais difícil, que o rei não pudesse resolver. ³Quando a rainha de Sabá viu a sabedoria de Salomão, o palácio que havia construído, ⁴as iguarias de sua mesa, os aposentos de seus oficiais, os alojamentos e uniformes de seus empregados, os copeiros com seus trajes, e os holocaustos que ele oferecia no Templo de Javé, ficou assombrada. ⁵Então disse ao rei: "É de fato verdade tudo o que ouvi na minha terra a respeito de você e de sua sabedoria! ⁶Eu não queria acreditar no que me diziam, antes de vir para ver com meus próprios olhos. O que me contaram não é nem a metade: a grandeza de sua sabedoria é muito maior do que tudo o que eu tinha ouvido. ⁷Sua gente e seus servos é que são felizes: podem desfrutar continuamente de sua presença e aprender de sua sabedoria. ⁸Seja bendito Javé, seu Deus, que foi benevolente e o colocou no trono como rei, em nome de Javé seu Deus. Javé ama Israel e deseja firmá-lo para sempre, e é por isso que ele o designou rei, a fim de que você exerça o direito e a justiça".

⁹Então a rainha de Sabá deu quatro toneladas de ouro ao rei, grandes quantidades de perfumes e de pedras preciosas. Nunca houve perfumes como esses que a rainha de Sabá trouxe para o rei Salomão. ¹⁰Os funcionários de Hiram e Salomão, que tinham trazido ouro de Ofir, trouxeram também madeira de sândalo e pedras preciosas. ¹¹Com o sândalo, Salomão fez escadarias para o Templo de Javé e para o palácio real, e também citaras e harpas para os cantores. Nunca se viu coisa igual na terra de Judá.

¹²Em troca, o rei Salomão ofereceu à rainha de Sabá tudo o que ela quis e pediu, superando o que ela mesma tinha trazido para o rei. Depois, a rainha de Sabá partiu e voltou com sua comitiva para sua terra.

Perigos do poder e das riquezas –
¹³O ouro que Salomão recebia anualmente era de vinte e três mil e trezentos quilos, ¹⁴sem contar o que recebia como tributo dos mercadores e do imposto dos comerciantes. Além disso, todos os reis da Arábia e todos os governadores do país também traziam ouro e prata para Salomão. ¹⁵O rei Salomão fez duzentos escudos grandes de ouro batido, gastando seis quilos e meio em cada escudo, ¹⁶trezentos escudos pequenos de ouro batido, gastando em cada um deles três quilos de ouro, e os colocou no salão chamado Floresta do Líbano. ¹⁷O rei fez também um grande trono de marfim, e o recobriu de ouro puro. ¹⁸O trono tinha seis degraus e um estrado de ouro, fixos no trono; tinha braços de um lado e outro do assento, com dois leões em pé, junto aos braços. ¹⁹Doze leões estavam colocados de cada lado dos seis degraus. Nunca se havia feito coisa igual em nenhum outro reino.

²⁰Todas as taças que o rei Salomão usava para beber eram de ouro, e era também de ouro puro toda a baixela do salão da Floresta do Líbano, porque no tempo de Salomão a prata não tinha valor. ²¹De fato, o rei tinha uma frota de navios que ia a Társis com os funcionários de Hiram. A cada três anos, os navios voltavam de Társis carregados de ouro, prata, marfim, macacos e pavões.

²²E o rei Salomão superou em riqueza e sabedoria todos os reis da terra. ²³Todos os reis do mundo queriam ser recebidos por Salomão, para aprender a sabedoria que Deus lhe tinha dado. ²⁴E todos os anos, cada um deles trazia, como presente, objetos de prata e ouro, mantas, armas e perfumes, cavalos e mulas.

Despesas militares –
²⁵Salomão tinha em seus estábulos quatro mil cavalos de

Estas releituras sacerdotais, dando uma visão triunfalista do império de Salomão, se estendem até o final dos relatos, em 2Cr 9,31.

9,1-12: Releitura sacerdotal de 1Rs 10,1-13.
13-24: Releitura sacerdotal de 1Rs 10,14-25.
25-28: Releitura sacerdotal de 1Rs 10,26-29.

tração, carros, e doze mil cavalos de montaria. Colocou tudo nas cidades dos carros e junto do rei, em Jerusalém. ²⁶O domínio de seu reino ia desde o rio Eufrates até a terra dos filisteus e a fronteira com o Egito. ²⁷O rei fez com que a prata fosse tão comum em Jerusalém quanto as pedras, e os cedros como os sicômoros da Planície. ²⁸Os cavalos de Salomão eram importados do Egito e de outros países.

Morte de Salomão – ²⁹O resto da história de Salomão, do começo ao fim, está escrito na história do profeta Natã, nas profecias de Aías de Silo e na visão que Ido, o vidente, teve sobre Jeroboão, filho de Nabat. ³⁰Salomão reinou em Jerusalém sobre todo Israel, durante quarenta anos. ³¹Depois, Salomão morreu e foi sepultado na Cidade de Davi, seu pai. E seu filho Roboão lhe sucedeu no trono.

IV. A CRISE QUE DIVIDIU O POVO

10 **Castigo aprovado por Javé** – ¹Roboão foi para Siquém, pois todo Israel se dirigira para lá, a fim de proclamá-lo rei. ²Jeroboão, filho de Nabat, estava no Egito, para onde tinha fugido do rei Salomão. Ao saber da notícia, voltou do Egito, ³porque haviam mandado chamá-lo. Ele se reuniu com todo Israel, e disse a Roboão: ⁴"Seu pai impôs sobre nós um fardo muito pesado. Se você nos aliviar da dura escravidão e do fardo pesado que ele nos impôs, nós serviremos a você". ⁵Roboão respondeu: "Venham procurar-me daqui a três dias!" E o povo foi embora.

⁶O rei Roboão pediu conselho aos anciãos que tinham servido a seu pai Salomão, durante todo o tempo em que este vivia. Roboão lhes perguntou: "Que resposta vocês me aconselham a dar para esse povo?" ⁷Eles disseram: "Se você se mostrar bom para com esse povo, se você for benevolente e souber falar com ele, todos serão seus súditos por toda a vida". ⁸Roboão, porém, desprezou o conselho dos anciãos e foi aconselhar-se com os jovens que haviam crescido junto com ele e que o serviam. ⁹Roboão perguntou-lhes: "O que é que vocês me aconselham a responder a esse povo? Ele me pediu: 'Alivie para nós o jugo que seu pai nos impôs' ". ¹⁰Os jovens que haviam crescido com ele disseram: "Esse povo lhe disse: 'Seu pai tornou pesado nosso fardo. Alivie esse fardo que pesa sobre nós'. Pois bem, responda para ele: 'Meu dedo mínimo é mais grosso do que a cintura do meu pai. ¹¹Meu pai sobrecarregou vocês com um fardo pesado, mas eu aumentarei ainda mais esse fardo. Meu pai castigou vocês com chicotes, e eu castigarei vocês com ferrões' ".

¹²Daí a três dias, conforme o rei tinha pedido, Jeroboão e todo o povo foram procurar Roboão. ¹³O rei respondeu duramente ao povo. Desprezando o conselho que os anciãos lhe haviam dado, ¹⁴falou conforme o conselho dos jovens: "Meu pai sobrecarregou vocês com fardo pesado. Pois bem! Eu aumentarei esse fardo sobre vocês. Meu pai castigou vocês com chicotes, e eu castigarei vocês com ferrões". ¹⁵O rei não deu ouvido ao povo. Essa disposição partiu de Deus, para realizar o que Javé tinha dito a Jeroboão, filho de Nabat, por meio de Aías de Silo. ¹⁶Vendo que o rei não tinha dado ouvidos ao povo, todo Israel disse ao rei: "O que temos nós com Davi? Não temos herança com o filho de Jessé. Volte para suas tendas, Israel. Agora cuide de sua casa, Davi".

E todo Israel voltou para suas tendas. ¹⁷Quanto aos israelitas que moravam nas

---

29-31: Releitura sacerdotal de 1Rs 11,41-43. Com esta informação sobre a morte de Salomão, os cronistas encerram a revisão histórica do seu reinado. É importante notar que eles omitem a decadência do império, relatadas em 1Rs 11,1-40. Em Crônicas não se fala das revoltas populares e descontentamentos das tribos do norte, causas da futura divisão do reino de Davi. Como não podem contradizer o que está em 1Rs 11, os cronistas deixam uma nota sobre as fontes proféticas que narram a história de Salomão.

10-12: Por mais que os cronistas façam uma leitura otimista do passado, não podem omitir a decadência do país no final do reinado de Salomão. Eliminando e omitindo informações históricas, os sacerdotes mostram que a crise aconteceu por vontade divina. Ao preservar a casa de Davi, a cidade de Jerusalém e o Templo, Deus demonstra sua opção pelo reino de Judá, abandonando o antigo reino de Israel, que só tem agora um caminho: acolher essa vontade de Deus e aceitar Jerusalém como o lugar da presença de Javé (cf. 11,13).

10,1-11,4: Releitura sacerdotal de 1Rs 12,1-24. Os cronistas destacam a atuação do profeta Semeías, que garante: tudo está acontecendo por vontade divina.

cidades de Judá, continuaram submetidos a Roboão. ¹⁸Então o rei Roboão enviou Adoram, chefe dos trabalhos forçados, mas os israelitas o apedrejaram, e ele morreu. O rei Roboão conseguiu subir no seu carro e fugiu para Jerusalém. ¹⁹Israel se revoltou contra a casa de Davi, até o dia de hoje.

11 ¹De volta a Jerusalém, Roboão reuniu a casa de Judá e de Benjamim. Eram cento e oitenta mil guerreiros para lutar contra Israel e reconquistar o reino para Roboão. ²Então a palavra de Javé foi dirigida a Semeías, homem de Deus: ³"Diga a Roboão, filho de Salomão, rei de Judá, e a todo Israel que está em Judá e Benjamim: ⁴'Assim diz Javé: Não subam para lutar contra seus irmãos. Volte cada um para sua casa, porque tudo o que aconteceu foi por minha decisão' ". Eles obedeceram à palavra de Javé, regressaram e desistiram de combater contra Jeroboão.

Contentar-se com o que restou – ⁵Roboão ficou morando em Jerusalém e começou a construir cidades fortificadas em Judá. ⁶Restaurou Belém, Etam, Técua, ⁷Betsur, Soco, Odolam, ⁸Gat, Maresa, Zif, ⁹Aduram, Laquis, Azeca, ¹⁰Saraá, Aialon e Hebron. Eram cidades fortificadas em Judá e Benjamim. ¹¹Reforçou a defesa das cidades e colocou um comandante em cada uma, assim como reservas de alimentos, azeite e vinho. ¹²Todas as cidades tinham escudos e lanças; estavam perfeitamente armadas. E Roboão as fortificou e reinou sobre Judá e Benjamim.

Centralização religiosa em Jerusalém – ¹³Os sacerdotes e levitas que se achavam em todo Israel deixavam seu território para unir-se a Roboão. ¹⁴Os levitas abandonaram suas terras e propriedades e foram morar em Judá e Jerusalém, pois Jeroboão e seus filhos haviam proibido a eles de exercer o sacerdócio de Javé. ¹⁵Ele próprio nomeava sacerdotes para os lugares altos e para o culto dos sátiros e dos bezerros que ele fabricou. ¹⁶Em consequência disso, pessoas de todas as tribos de Israel que tinham vontade de procurar a Javé, o Deus de Israel, iam até Jerusalém para oferecer sacrifícios a Javé, Deus dos seus antepassados. ¹⁷Essas pessoas reforçaram o reino de Judá e apoiaram Roboão, filho de Salomão. Isso durou três anos, tempo em que ele foi fiel ao caminho de Davi e Salomão.

Garantir apoios políticos – ¹⁸Roboão casou-se com Maalat, filha de Jerimot, o qual era filho de Davi com Abigail, filha de Eliab, que era filho de Jessé. ¹⁹Maalat deu a Roboão os seguintes filhos: Jeús, Somorias e Zoom. ²⁰Depois, ele se casou com Maaca, filha de Absalão, a qual lhe gerou Abias, Etai, Ziza e Solomit. ²¹Roboão gostava de Maaca, filha de Absalão, mais que de todas as outras suas mulheres e concubinas. Ele teve dezoito mulheres e sessenta concubinas, e gerou vinte e oito filhos e sessenta filhas. ²²Como chefe de todos eles, Roboão colocou Abias, filho de Maaca. Este devia comandar seus irmãos, porque estava destinado a ser rei. ²³Roboão foi esperto e distribuiu seus filhos por todas as regiões de Judá e Benjamim, especialmente nas cidades fortificadas; forneceu-lhes bastante alimento e arranjou esposas para eles.

12 *Não se pode esconder o pecado* – ¹Quando Roboão consolidou seu reinado e se tornou forte, abandonou a Lei de Javé. E todo Israel seguiu o exemplo dele.

²No quinto ano do reinado de Roboão, Sesac, rei do Egito, atacou Jerusalém, pois a cidade tinha sido infiel a Javé. ³O exército de Sesac tinha mil e duzentos carros, sessenta mil cavaleiros e um exército incontável, formado de líbios, suquitas e etíopes, que vieram do Egito com ele. ⁴Sesac tomou as cidades fortificadas de Judá e

---

11,5-12: A casa de Davi deve contentar-se com o que sobrou: as tribos de Judá e de Benjamim. Roboão trata de garantir este pequeno resto, reforçando suas defesas.

13-17: Os cronistas mostram que Jerusalém é o lugar que Deus escolheu, para onde migram todos os sacerdotes e levitas do reino de Israel. O Templo de Jerusalém é o único lugar do verdadeiro culto aceito por Javé, lugar a que as tribos do norte devem se dirigir.

18-23: Para assegurar seu pequeno reino, Roboão amplia suas alianças com as famílias de Judá, casando seus filhos com as casas e clãs tradicionais. Ao colocar os filhos no comando das fortalezas, impede traições ou golpes militares.

12,1-16: Releitura sacerdotal de 1Rs 14,21-31. Novamente os cronistas buscam interpretar o inevitável exílio. A invasão do faraó Sesac é vista como castigo divino pela infidelidade de Roboão e da dinastia de Davi. Esta informação passa a ser uma chave para a releitura da história dos reis de Judá. Uma história que mistura erros e acertos, e que aponta para a dura realidade do exílio.

chegou até Jerusalém. ⁵O profeta Semeías procurou Roboão e os chefes de Judá que se haviam recolhido em Jerusalém por medo de Sesac. E Semeías disse a eles: "Assim diz Javé: Vocês me abandonaram! Por isso, eu abandono vocês nas mãos de Sesac". ⁶Então os chefes de Israel e o rei se humilharam e responderam: "Javé está certo". ⁷Ao ver que eles se tinham humilhado, Javé dirigiu sua palavra a Semeías, dizendo: "Eles se humilharam, e por isso não vou liquidá-los. Vou logo deixar que escapem e não derramarei minha cólera contra Jerusalém, por meio de Sesac. ⁸Eles, porém, ficarão submetidos a Sesac, e saberão qual é a diferença entre servir a mim e servir aos reis das terras".

⁹Sesac, rei do Egito, atacou Jerusalém e carregou tudo o que havia no tesouro do Templo de Javé e do palácio, inclusive os escudos de ouro que Salomão tinha feito. ¹⁰Depois, Roboão mandou fazer outros escudos de bronze, para colocá-los nas mãos dos comandantes dos guardas que vigiavam a porta do palácio. ¹¹Toda vez que o rei ia ao Templo de Javé, os guardas empunhavam os escudos. Em seguida, os colocavam de novo na sala dos guardas.

¹²Porque o rei se humilhou, a ira de Javé voltou atrás e não destruiu tudo. Mesmo em Judá aconteciam coisas boas. ¹³E o rei Roboão pôde firmar-se em Jerusalém e continuar reinando. Ele tinha quarenta e um anos quando começou a reinar, e ficou por dezessete anos como rei em Jerusalém, cidade que Javé escolheu entre todas as tribos de Israel para aí colocar o seu Nome. A mãe dele chamava-se Naama e era amonita. ¹⁴Roboão, porém, praticou o mal, porque não se dedicou de coração para servir a Javé.

¹⁵A história de Roboão, do começo ao fim, está escrita na história do profeta Semeías e do vidente Ado. Sempre houve guerra entre Roboão e Jeroboão. ¹⁶Roboão morreu e foi sepultado na Cidade de Davi. E seu filho Abias lhe sucedeu no trono.

V. FIDELIDADE DOS REIS DA CASA DE DAVI

13 *Abias restaura o verdadeiro culto* – ¹Foi no décimo oitavo ano do reinado de Jeroboão que Abias começou a reinar em Judá, ²e reinou três anos em Jerusalém. O nome de sua mãe era Micaías, filha de Uriel. Ela era natural de Gabaá. Houve guerra entre Abias e Jeroboão.

³Abias começou a batalhar com um exército de quatrocentos mil guerreiros valentes. E Jeroboão lutou contra ele com oitocentos mil guerreiros valentes. ⁴Então Abias se colocou no alto do monte Semeron, na região montanhosa de Efraim, e gritou: "Jeroboão, israelitas, escutem-me! ⁵Vocês não sabem que Javé, o Deus de Israel, entregou a Davi a realeza sobre Israel para sempre? Ele fez uma aliança inviolável com Davi e seus filhos. ⁶Jeroboão, filho de Nabat, servo de Salomão, filho de Davi, revoltou-se contra seu senhor. ⁷Homens desocupados e sem valor se uniram a Jeroboão e se impuseram a Roboão, filho de Salomão. Roboão era moço e tímido, e não conseguiu se impor. ⁸Agora vocês pensam em resistir à realeza de Javé, que os filhos de Davi exercem. Aí estão vocês, essa imensa multidão, acompanhando os bezerros de ouro que Jeroboão fabricou para serem deuses de vocês! ⁹Por acaso vocês não expulsaram os sacerdotes de Javé, os filhos de Aarão e os levitas? Vocês nomearam sacerdotes como os povos pagãos: Quem levar um novilho e sete carneiros pode se tornar sacerdote de falsos deuses! ¹⁰Quanto a nós, Javé é nosso Deus, e nós nunca o abandonamos. Os descendentes de Aarão é que são os sacerdotes a serviço de Javé, e os levitas são os encarregados do culto. ¹¹Toda manhã e toda tarde, oferecemos holocaustos a Javé, incenso perfumado, pães arrumados sobre a mesa pura, e temos o candelabro de ouro com suas lâmpadas, que é aceso todas as tardes. Nós

---

13,1-21,1: Ao contrário da história deuteronomista, Crônicas narra apenas o governo dos reis de Judá. Deixa claro, assim, que a dinastia davídica, apesar de seus erros e pecados, é a herdeira da unção e da promessa feita por Deus a Davi. Nessa releitura, os cronistas vão enfocar positivamente os primeiros reis, que promoveram o verdadeiro culto (Abias); a verdadeira religião (Asa); a verdadeira instrução; a prática da justiça e a guerra santa (Josafá). Os cronistas também selecionam profetas favoráveis à dinastia, mostrando que Javé protegeu e defendeu sempre a Casa de Davi.

13,1-23: Os cronistas aproveitam o reinado de Abias, tão breve e desconhecido, para reafirmar a centralidade do culto em Jerusalém e a legitimidade da dinastia

observamos as prescrições de Javé, nosso Deus, que vocês abandonaram. ¹²Saibam que Deus caminha à nossa frente. Seus sacerdotes com as trombetas darão o toque de guerra contra vocês. Israelitas, desistam de lutar contra Javé, o Deus de seus antepassados! Vocês jamais poderão vencer!"

¹³Enquanto isso, Jeroboão destacou uma patrulha para atacá-los pela retaguarda. O grosso do exército ficou na frente de Judá e a patrulha foi pela retaguarda. ¹⁴Voltando-se, as tropas de Judá se viram atacadas pela frente e pelas costas. Então clamaram a Javé. Os sacerdotes tocaram a trombeta, ¹⁵os homens de Judá lançaram o grito de guerra, e enquanto eles gritavam Deus derrotou Jeroboão e todo Israel diante de Abias e de Judá. ¹⁶Os israelitas fugiram diante de Judá, e Deus os entregou nas mãos de Judá. ¹⁷Abias e seu exército conseguiram uma grande vitória, pois de Israel morreram quinhentos mil guerreiros. ¹⁸Nessa ocasião, os israelitas foram humilhados e os judaítas saíram vitoriosos, porque se apoiaram em Javé, Deus de seus antepassados. ¹⁹Abias perseguiu Jeroboão e tomou dele a cidade de Betel com arredores, Jesana com arredores, Efron com arredores. ²⁰No tempo de Abias, Jeroboão não conseguiu recuperar-se. Por fim, ele morreu, ferido por Javé. ²¹Abias, porém, tornou-se cada vez mais poderoso. Teve catorze mulheres, que lhe deram vinte e dois filhos e dezesseis filhas. ²²O resto da história de Abias, suas obras e palavras, estão escritos no comentário do profeta Ado. ²³Depois, Abias morreu e foi sepultado na Cidade de Davi. E seu filho Asa lhe sucedeu no trono. E no tempo de Asa o país ficou tranquilo por dez anos.

14 *Javé protege e defende o rei Asa –*
¹Asa fez o que Javé seu Deus aprova e estima. ²Acabou com os altares dos deuses estrangeiros e com os lugares altos, demoliu as estelas e derrubou as Aserás. ³Ordenou aos judeus que buscassem a Javé, o Deus dos seus antepassados, e que praticassem as leis e mandamentos dele. ⁴Acabou com os lugares altos e com os altares de incenso em todas as cidades de Judá. E o reino viveu tranquilo durante todo o reinado dele.

⁵Asa reconstruiu as cidades fortificadas de Judá, já que o país estava em paz e não fez nenhuma guerra nesses anos, porque Javé lhe deu descanso. ⁶Asa disse a Judá: "Vamos reconstruir essas cidades, cercá-las de muralhas e torres, de portas e trancas. A terra ainda nos pertence, porque servimos a Javé, nosso Deus, e ele nos concedeu paz com os vizinhos". Executaram a reconstrução com pleno êxito. ⁷Os soldados que Asa tinha a seu dispor eram, da parte de Judá, trezentos mil homens equipados de armaduras e lanças; e, da parte de Benjamim, duzentos e oitenta mil treinados para empunhar o escudo e manejar o arco. Todos eram valentes guerreiros.

⁸Zara, o etíope, marchou contra Judá com um exército de um milhão de homens e trezentos carros. Quando chegou a Maresa, ⁹Asa foi enfrentá-lo. E se prepararam para a luta no vale de Sefata, em Maresa. ¹⁰Então Asa invocou Javé seu Deus, dizendo: "Javé, quando queres ajudar, não distingues entre poderosos e fracos. Ajuda-nos então, Javé nosso Deus, pois nós nos apoiamos em ti, e em teu Nome vamos enfrentar essa multidão! Javé, tu és nosso Deus. Não te deixes derrotar por um mortal". ¹¹Javé derrotou os etíopes à vista de Asa e de Judá. E os etíopes tiveram de fugir. ¹²Asa e seu exército perseguiram os etíopes até Gerara. Todos foram mortos: não ficou nenhum sobrevivente. Foram estraçalhados quando quiseram enfrentar Javé e seu exército. Os homens de Judá recolheram muitos despojos. ¹³Em seguida, atacaram as cidades vizinhas de Gerara, pois o terror de Javé tinha caído sobre elas. E as saquearam, pois havia nelas muitos despojos. ¹⁴Atacaram também as moradias da zona rural, e levaram muitas ovelhas e camelos. Por fim, voltaram para Jerusalém.

---

sacerdotal sadoquita. Apenas os sacrifícios oferecidos em Jerusalém, por mãos de um sacerdote sadoquita, serão agradáveis a Deus.

14,1-14: Releitura sacerdotal de 1Rs 15,9-24. Os cronistas reforçam a teologia da retribuição. A presença de Deus no Templo é garantia de paz, prospe-

15 A reforma religiosa do rei Asa

¹O espírito de Deus desceu sobre Azarias, filho de Oded. ²Ele foi então ao encontro de Asa e lhe disse: "Asa e homens de Judá e Benjamim, escutem! Javé estará sempre com vocês, se vocês estiverem com ele. Se vocês o procurarem, ele se deixará encontrar. Mas se vocês o abandonarem, ele também os abandonará. ³Por muito tempo Israel ficará sem o Deus verdadeiro, sem sacerdote para ensiná-lo, e sem lei. ⁴Mas, em sua aflição, Israel voltará para Javé seu Deus, e o procurará. Então Javé se deixará encontrar por ele. ⁵Nesse tempo, ninguém viverá em paz, pois todos os habitantes do país sofrerão grandes tribulações. ⁶Nações e cidades se destruirão mutuamente, pois Deus os perturbará com toda espécie de tribulações. ⁷Mas fiquem firmes, não desanimem, porque suas obras serão recompensadas". ⁸Ao ouvir essa mensagem do profeta, Asa decidiu eliminar os ídolos imundos de todo o país de Judá e Benjamim, e das cidades que ele havia tomado na região montanhosa de Efraim. Depois, restaurou o altar de Javé que estava diante do vestíbulo de Javé. ⁹Reuniu os homens de Judá e Benjamim, bem como os de Efraim, Manassés e Simeão que moravam entre eles, pois muitos israelitas tinham passado para o lado de Asa, ao verem que Javé seu Deus estava com ele. ¹⁰Essa assembleia se realizou em Jerusalém no terceiro mês do décimo quinto ano do reinado de Asa. ¹¹Nesse dia, ofereceram em sacrifício a Javé setecentos bois e sete mil ovelhas dentre os despojos que tinham recolhido. ¹²Assumiram o compromisso de buscar a Javé, o Deus de seus antepassados, com todo o coração e com toda a alma. ¹³Quem deixasse de buscar a Javé, o Deus de Israel, deveria ser morto, pequeno ou grande que fosse, homem ou mulher. ¹⁴Fizeram juramento a Javé em voz alta e por aclamação, ao som de trombetas e trompas. ¹⁵Judá inteiro ficou alegre com esse juramento, feito de todo o coração. Eles buscaram a Javé com sinceridade, e Javé se deixou encontrar por eles, e lhes deu paz com os vizinhos.

¹⁶Até Maaca, avó do rei Asa, perdeu o título de Grande Dama, porque fizera um ídolo para Aserá. Asa quebrou e esmigalhou o ídolo e o queimou junto ao riacho do Cedron. ¹⁷Os lugares altos não desapareceram de Israel, mas o coração de Asa foi íntegro durante toda a vida. ¹⁸Ele levou para o Templo de Deus os objetos que seu pai tinha ofertado, como também suas próprias ofertas em prata, ouro e objetos. ¹⁹E até o trigésimo quinto ano do reinado de Asa não houve nenhuma guerra.

16 Onde está a verdadeira segurança?

¹Baasa, rei de Israel, no trigésimo sexto ano do reinado de Asa, marchou contra Judá, e fortificou Ramá, para cortar as comunicações com Asa, rei de Judá. ²Então Asa tirou ouro e prata dos tesouros do Templo de Javé e do palácio, e os mandou para Ben-Adad, rei de Aram, que residia em Damasco, com esta mensagem: ³"Vamos fazer um tratado de paz, como seu pai e o meu fizeram. Estou lhe mandando esta prata e este ouro, para que você rompa sua aliança com Baasa, rei de Israel, a fim de que ele saia do meu território". ⁴Ben-Adad atendeu o rei Asa e mandou os comandantes do seu exército às cidades de Israel. Conquistou Aion, Dã, Abelmaim e todas as cidades-entrepostos da região de Neftali. ⁵Ao receber essa notícia, Baasa desistiu de fortificar Ramá e fez parar as obras. ⁶O rei Asa convocou Judá inteiro para carregar as pedras com que Baasa estava fortificando Ramá, e as aproveitou para fortificar Gaba e Masfa. ⁷Nessa ocasião, o vidente Hanani procurou Asa, rei de Judá, e lhe disse: "Você se apoiou no rei de Aram, e não em Javé seu Deus! Por isso, o exército do rei de Aram vai escapar do seu controle. ⁸Os etíopes e

---

ridade e bênção para todo o povo. A verdadeira religião, a única a dar garantias de salvação, é a religião de Javé, o Deus que protege seu povo contra todos os inimigos.

15,1-19: Os cronistas ampliam as informações sobre a reforma religiosa de Asa (cf. 1Rs 15,11-15), descrevendo aqui uma ampla assembleia religiosa, reunindo as tribos de Israel, para uma solene renovação da aliança. É o Templo de Javé o lugar para onde devem convergir todos os israelitas que buscam a Deus de coração sincero.

16,1-14: O texto relembra o pecado de quem governa: buscar segurança política em força militar e em alianças com estrangeiros, ao invés de confiar totalmente em Javé.

líbios também tinham numeroso exército com carros e cavalos. Você pediu socorro a Javé, e ele os entregou em suas mãos. ⁹Os olhos de Javé percorreram a terra inteira para sustentar os que são sinceros para com ele. Desta vez você fez uma loucura. Por isso, de hoje em diante você viverá em guerra". ¹⁰Asa ficou com raiva do vidente e mandou prendê-lo, porque suas palavras o irritaram. E, ao mesmo tempo, Asa começou a oprimir parte do povo.

¹¹A história de Asa, do começo ao fim, está escrita nos Anais dos Reis de Judá e Israel. ¹²No trigésimo nono ano do seu reinado, Asa teve uma doença grave nos pés. Mesmo na doença, ele não recorreu a Javé, mas aos médicos. ¹³Asa morreu no ano quarenta e um do seu reinado, e se reuniu com seus antepassados. ¹⁴E o sepultaram no túmulo que ele tinha mandado cavar para si mesmo na Cidade de Davi. Colocaram seu corpo num leito cheio de aromas, essências e perfumes, e fizeram uma grande fogueira em sua honra.

17 O rei Josafá e a verdadeira instrução

– ¹Josafá, filho de Asa, lhe sucedeu no trono e conseguiu impor-se ao reino de Israel. ²Colocou batalhões de soldados em cada cidade fortificada de Judá e nomeou governadores no território de Judá e nas cidades de Efraim, que tinham sido conquistadas por seu pai Asa.

³Javé esteve com Josafá, pois sua conduta foi a mesma que seu pai tinha seguido no começo. Ele não serviu aos ídolos. ⁴Buscou apenas o Deus do seu pai, comportou-se conforme seus mandamentos e não imitou a conduta de Israel. ⁵Javé firmou o reino nas mãos dele. Judá inteiro pagava tributo a Josafá, de modo que ele adquiriu muita riqueza e prestígio. ⁶Seu coração se manteve nos caminhos de Javé. E Josafá eliminou do território de Judá os lugares altos e as aserás.

⁷No terceiro ano do seu reinado, mandou seus oficiais Ben-Hail, Abdias, Zacarias, Natanael e Miqueias para instruir as cidades de Judá. ⁸Alguns levitas os acompanharam: Semeías, Natanias, Zabadias, Asael, Semiramot, Jônatas, Adonias e Tobias, além dos sacerdotes Elisama e Jorão. ⁹Então, levando consigo o livro da Lei de Javé, eles começaram a ensinar em Judá. E percorreram todas as cidades de Judá, instruindo o povo. ¹⁰O terror de Javé atingiu todos os reinos dos países vizinhos de Judá. E nenhum deles tentou fazer guerra contra Josafá. ¹¹Os filisteus lhe pagavam muito tributo em dinheiro. Até os árabes lhe traziam gado miúdo: sete mil e setecentos carneiros e sete mil e setecentos bodes. ¹²Josafá foi ficando cada vez mais poderoso, e construiu fortalezas e cidades-entrepostos em Judá.

¹³Dispunha de muita mão de obra nas cidades de Judá. Os guerreiros valentes residiam em Jerusalém. ¹⁴Aqui está a relação deles segundo as famílias. Em Judá, os comandantes de mil eram os seguintes: Ednas, o chefe, com trezentos mil guerreiros. ¹⁵Às suas ordens estavam Joanã, comandante de duzentos e oitenta mil guerreiros, ¹⁶e também Amasias, filho de Zecri, que servia a Javé como voluntário e comandava duzentos mil guerreiros. ¹⁷Em Benjamim, os comandantes de mil eram estes: Eliada, valente guerreiro, com duzentos mil homens armados de arco e escudo. ¹⁸Às suas ordens estava Jozabad, com cento e oitenta mil homens aptos para a guerra. ¹⁹Todos esses estavam a serviço do rei, sem contar os homens que ele havia colocado nas fortalezas de Judá.

18 Onde está o verdadeiro profeta?

– ¹Josafá se tornou rico e poderoso, e se aliou com Acab, por meio de um casamento. ²Alguns anos depois, foi visitar Acab em Samaria. Acab matou grande quantidade de ovelhas e bois, para ele e comitiva, e procurou convencê-lo a lutar contra Ramot de Galaad. ³Acab, rei de Israel, disse a Josafá, rei de Judá: "Você quer vir comigo contra Ramot de Galaad?" Josafá respondeu: "Você e eu,

---

17,1-19: Destacando à aliança religiosa entre sacerdotes e levitas na comunidade pós-exílica, os cronistas ressaltam a importância da instrução religiosa do povo ao encargo dos levitas. É missão destes ensinar a Lei de Deus expressa na Torá. Esta passagem em Crônicas mostra que a reforma, feita na verdade por Esdras mediante instrução, é antiga decisão do rei Josafá (cf. Esd 7,25-26; Ne 8,4-8).

18,1-19,3: Releitura sacerdotal de 1Rs 22,1-40. Com poucos acréscimos, é recontado o episódio do profeta Miqueias de Jemla. Os cronistas isentam o rei Josafá de qualquer aliança com a amaldiçoada dinastia de Acab e Jezabel.

seu exército e o meu, iremos juntos à guerra". ⁴E acrescentou: "No entanto, consulte antes a resposta de Javé". ⁵Então o rei de Israel reuniu seus profetas, cerca de quatrocentos homens. E perguntou a eles: "Devemos atacar Ramot de Galaad, ou não?" Eles responderam: "Vá! Deus entregou Ramot de Galaad em suas mãos". ⁶Josafá, porém, disse: "Não existe outro profeta de Javé para consultarmos?" ⁷O rei de Israel respondeu a Josafá: "De fato, existe ainda outro homem, por meio de quem podemos consultar Javé. Mas eu tenho ódio dele, pois nunca diz coisas agradáveis para mim. Só anuncia desgraças! É Miqueias, filho de Jemla". Josafá disse: "Não fale assim". ⁸Então o rei de Israel chamou um funcionário e lhe disse: "Depressa! Traga aqui Miqueias, filho de Jemla". ⁹O rei de Israel e Josafá, rei de Judá, ficaram sentados, cada um no seu trono, e vestidos com seus mantos reais. Estavam na praça defronte da porta da cidade de Samaria, enquanto os profetas pronunciavam suas profecias. ¹⁰Sedecias, filho de Canaana, fez para si dois chifres de ferro, e disse: "Assim diz Javé: 'Você ferirá os arameus com estes chifres, até destruí-los' ". ¹¹Todos os outros profetas prediziam: "Ataque Ramot de Galaad. Você triunfará, pois Javé a entregará nas mãos do rei".

¹²Enquanto isso, o mensageiro que tinha ido chamar Miqueias disse ao profeta: "Leve em conta que todos os profetas estão profetizando felicidade para o rei! Faça como eles. Anuncie felicidade". ¹³Miqueias respondeu: "Juro por Javé, que só falarei o que meu Deus me disse". ¹⁴Ao chegar aonde estava o rei, este foi logo perguntando: "Miqueias, devemos combater contra Ramot de Galaad, ou não?" Miqueias respondeu: "Podem ir. Vocês triunfarão. Eles serão entregues em suas mãos". ¹⁵O rei, porém, disse a Miqueias: "Quantas vezes tenho de fazer você jurar para que me diga somente a verdade em nome de Javé?" ¹⁶Então Miqueias respondeu: "De fato, eu vejo Israel espalhado pelas montanhas, como rebanho sem pastor. E Javé me diz: 'Eles não têm mais chefe. Volte em paz cada um para sua casa' ". ¹⁷O rei de Israel comentou com Josafá: "Não lhe disse? Ele nunca me profetiza felicidade! Só anuncia desgraças!" ¹⁸Miqueias, porém, continuou: "Escutem a palavra de Javé: Eu vi Javé sentado em seu trono e todo o exército do céu, em pé, à sua direita e à esquerda. ¹⁹Então Javé perguntou: 'Quem poderá enganar Acab, o rei de Israel, para que ele ataque e morra em Ramot de Galaad?' Um respondia isso, outro respondia aquilo. ²⁰Então o espírito colocou-se diante de Javé e disse: 'Eu posso enganá-lo!' Javé perguntou: 'Como?' ²¹Ele respondeu: 'Eu vou lá e me transformo num espírito de mentira na boca de todos os profetas do rei'. E Javé disse: 'Você conseguirá enganá-lo. Vá e faça isso'. ²²Foi assim que Javé colocou um espírito de mentira na boca desses seus profetas, porque Javé decretou a ruína de você".

²³Então Sedecias, filho de Canaana, chegou perto de Miqueias e lhe deu um tapa na boca, dizendo: "De que maneira o espírito de Javé saiu de mim para falar a você?" ²⁴Miqueias respondeu: "Você o verá no dia em que você estiver se escondendo de quarto em quarto". ²⁵O rei de Israel ordenou: "Prendam Miqueias, e o entreguem a Amon, governador da cidade, e a Joás, filho do rei, ²⁶com a seguinte ordem do rei: 'Coloquem esse indivíduo na prisão e deem a ele o mínimo de comida e bebida, até que eu volte vitorioso' ". ²⁷Miqueias disse: "Se você voltar vitorioso, é porque Javé não falou por meio de mim".

²⁸O rei de Israel e Josafá, rei de Judá, atacaram Ramot de Galaad. ²⁹O rei de Israel disse a Josafá: "Vou me disfarçar para entrar em combate. Você vá com suas próprias roupas". O rei de Israel se disfarçou. E começaram o combate. ³⁰O rei de Aram tinha dado ordem aos comandantes de carros, dizendo: "Não ataquem ninguém, nem grande nem pequeno. Lutem só contra o rei de Israel". ³¹Quando os comandantes de carros viram Josafá, pensaram que era ele o rei de Israel e concentraram a luta em torno dele. Então Josafá gritou e Javé o socorreu, afastando dele os arameus. ³²Os comandantes de carros perceberam que não era ele o rei de Israel, e se afastaram. ³³Alguém atirou uma flecha ao acaso e atingiu o rei de Israel bem no vão da articulação da

armadura. Então o rei disse ao condutor do carro: "Dê a volta e me tire da linha de combate, porque estou ferido". ³⁴Mas o combate nesse dia se tornou mais violento, e o rei de Israel teve de ficar em pé no seu carro diante dos arameus, até à tarde. Ao pôr do sol, ele morreu.

19 ¹Josafá, rei de Judá, voltou são e salvo para seu palácio em Jerusalém. ²O vidente Jeú, filho de Hanani, foi a seu encontro e disse: "Você precisava mesmo ajudar um injusto? Como você pode amar aqueles que odeiam a Javé? É por isso que Javé está indignado contra você. ³Apesar de tudo, você tem algo de bom, pois derrubou as Aserás que havia no país, e manteve seu coração na busca de Deus".

O rei Josafá e a verdadeira justiça – ⁴Josafá, rei de Judá, morava em Jerusalém, mas resolveu sair daí para ir ao encontro do povo, desde Bersabeia até à região montanhosa de Efraim, a fim de convertê-lo para Javé, o Deus de seus antepassados. ⁵Josafá nomeou juízes para cada uma das cidades fortificadas de Judá. ⁶E disse aos juízes: "Cuidado com o que vocês fazem, porque não vão julgar em nome dos homens, mas em nome de Javé. Ele estará com vocês, quando pronunciarem uma sentença. ⁷Portanto, temam a Javé e procedam com cuidado, porque Javé, nosso Deus, não admite injustiça, favoritismo ou suborno".

⁸Além disso, em Jerusalém, Josafá nomeou alguns levitas e sacerdotes, assim como alguns chefes de famílias israelitas, para pronunciarem as sentenças de Javé e julgarem os processos. Todos esses moravam em Jerusalém. ⁹E Josafá lhes deu a seguinte ordem: "Desempenhem sua função com o temor de Javé, dentro da verdade e de coração íntegro. ¹⁰Seus irmãos que habitam em suas cidades virão trazer a vocês processos de assassínio, ou consultar vocês sobre a Lei ou sobre algum mandamento, sobre estatutos ou normas. Resolvam tudo, para que eles não se tornem culpados diante de Javé, nem sua ira se inflame contra vocês e seus irmãos. Se agirem assim, vocês ficarão livres de culpa. ¹¹O sacerdote-chefe Amarias será o chefe de vocês em todos os assuntos religiosos. E Zabadias, filho de Ismael, chefe da casa de Judá, dirigirá as questões civis. Os levitas ficarão a serviço de vocês como escrivães. Coragem e mãos à obra! E Javé esteja com quem é bom".

20 *Javé concede a vitória a seus protegidos* – ¹Tempos depois, os amonitas, moabitas e alguns meunitas foram lutar contra Josafá. ²Então informaram a Josafá: "Uma grande multidão do outro lado do mar, do país de Edom, está vindo contra você. Eles estão em Asasontamar, que é Engadi".

³Josafá ficou com medo e recorreu a Javé, proclamando um jejum para Judá inteiro. ⁴Então o povo de todas as cidades de Judá se reuniu para pedir conselho a Javé. ⁵E Josafá se colocou diante da assembleia de Judá e dos habitantes de Jerusalém, reunida no Templo de Javé. De pé, diante do pátio novo, ⁶Josafá exclamou: "Javé, Deus dos nossos antepassados, não és tu o Deus que está no céu? Não és tu que governas os reinos das nações? Em tuas mãos está o poder e a força, e ninguém pode resistir a ti! ⁷Não foste tu, Deus nosso, que expulsaste os antigos habitantes desta terra em favor do teu povo Israel, e a entregaste para sempre aos descendentes do teu amigo Abraão? ⁸Aqui eles passaram a morar e construíram aqui um santuário para teu Nome, pensando: ⁹'Se nos acontecer alguma desgraça, guerra, castigo, peste ou fome, viremos a este Templo, diante de ti, pois teu Nome está neste Templo. Do fundo de nossa angústia clamaremos a ti, e tu nos ouvirás e salvarás'. ¹⁰Aí estão

---

19,4-11: Retomando a narrativa das reformas descritas em 17,1-19, os cronistas atribuem ao rei Josafá a reforma jurídica de Esdras (cf. Esd 8,25). A função dos juízes, segundo o livro do Deuteronômio (cf. Dt 17,8-13), é julgar o povo a partir das leis de Javé reunidas na Torá.

20,1-21,1: Para confirmar o agrado de Deus à fidelidade de Josafá, expressa em suas decisões sábias e suas reformas piedosas, os cronistas acrescentam a narrativa de uma guerra do passado, com o objetivo de mostrar Javé como o verdadeiro guardião do rei e do povo. A segurança do rei, mesmo diante de seus inimigos mais poderosos, está na força protetora de Javé. A vitória é o presente de Deus aos que lhe são fiéis. Mas, no final da vida de Josafá, a sua aliança com a dinastia de Acab significa o fim da lista de reis fiéis e o começo de tempos terríveis para Judá e Jerusalém.

os amonitas, moabitas e habitantes da montanha de Seir. Quando Israel vinha do Egito, não deixaste que ele atravessasse o território deles. Em vez de destruí-los, Israel se afastou deles. ¹¹Agora aí estão eles. Querem expulsar-nos da propriedade que nos deste como herança! ¹²Deus nosso, tu não vais julgá-los? Nós não podemos fazer nada contra essa multidão enorme que nos ataca. Nós não sabemos o que fazer, e por isso nossos olhos se voltam a ti".

¹³Judá inteiro estava de pé, com suas famílias, mulheres e filhos, na presença de Javé. ¹⁴No meio da assembleia, o espírito de Javé desceu sobre Jaziel, filho de Zacarias, filho de Banaías, filho de Jeiel, filho do levita Matanias, um dos filhos de Asaf. ¹⁵Ele disse: "Prestem atenção, habitantes de Judá e Jerusalém, e você também, rei Josafá: Assim diz Javé: Não tenham medo e não se acovardem por causa dessa grande multidão. Essa guerra não é de vocês, mas de Deus. ¹⁶Amanhã vocês descerão contra eles quando estiverem subindo a encosta de Cis. Vocês vão encontrá-los no fim do vale, diante do deserto de Jeruel. ¹⁷Vocês nem terão de lutar! Fiquem firmes e parados, olhando como Javé salvará vocês. Judá e Jerusalém, não tenham medo nem se acovardem. Saiam amanhã ao encontro deles, e Javé estará com vocês".

¹⁸Josafá prostrou-se com o rosto por terra, e todos os habitantes de Judá e Jerusalém se prostraram para adorar Javé. ¹⁹Os levitas da família de Caat e da família de Coré começaram então a louvar em alta voz a Javé, o Deus de Israel.

²⁰De madrugada, foram para o deserto de Técua. Quando iam saindo, Josafá pediu a palavra e disse: "Escutem-me, habitantes de Judá e Jerusalém! Confiem em Javé, seu Deus, e estarão seguros. Confiem nos profetas dele, e tudo dará certo". ²¹Depois de falar ao povo, Josafá encarregou um grupo com vestes sagradas para marchar na frente do batalhão, cantando e louvando a Javé com estas palavras: "Agradeçam a Javé, porque seu amor é para sempre". ²²Enquanto davam louvores com aclamações e cânticos, Javé armou uma emboscada contra os amonitas, moabitas e habitantes da montanha de Seir, que tinham vindo contra Judá. E todos eles foram derrotados. ²³Então amonitas e moabitas decidiram destruir e aniquilar os habitantes da montanha de Seir. E quando acabaram com eles, começaram a destruir-se mutuamente. ²⁴Quando os homens de Judá chegaram ao lugar de onde se avista o deserto, dispostos a enfrentar a multidão, viram pelo chão apenas cadáveres. Ninguém havia escapado. ²⁵Então Josafá e seu exército saquearam os despojos. Encontraram muita coisa: mantimentos, gado, objetos de valor e roupas. Foram se apossando de tudo, até não poderem mais carregar. Ficaram três dias catando coisas, porque havia muito que pegar. ²⁶No quarto dia, reuniram-se no Vale da Bênção. Aí bendisseram a Javé. Por isso, chamaram o lugar Vale da Bênção, nome que permanece até o dia de hoje. ²⁷Por fim, todos voltaram para Jerusalém, com Josafá à frente. Estavam cheios de alegria, porque Javé lhes tinha dado a vitória sobre os inimigos. ²⁸Chegando a Jerusalém, desfilaram até o Templo de Javé, ao som de liras, cítaras e trombetas. ²⁹E o terror de Deus caiu sobre todos os reinos da região, pois todos ficaram sabendo que Javé tinha combatido contra os inimigos de Israel. ³⁰O reinado de Josafá seguiu tranquilo, porque Deus lhe concedeu paz com seus vizinhos.

³¹Josafá reinou em Judá. Tinha trinta e cinco anos quando subiu ao trono. E reinou vinte e cinco anos em Jerusalém. O nome de sua mãe era Azuba, filha de Selaqui. ³²Josafá se comportou como seu pai Asa, e não se desviou, mas fez o que Javé aprova. ³³Os lugares altos, porém, não foram eliminados, e o povo não foi fiel ao Deus de seus antepassados.

³⁴O resto da história de Josafá, do começo ao fim, está escrito na História de Jeú, filho de Hanani, incluída no Livro dos Reis de Israel.

³⁵Josafá, rei de Judá, aliou-se com Ocozias, rei de Israel, que o levou a praticar o mal. ³⁶Aliou-se com ele para construir navios que fossem a Társis, e os construíram em Asiongaber. ³⁷Então o profeta Eliezer, filho de Dodias, da cidade de Maresa, profetizou assim contra Josafá: "Dado que você fez aliança com Ocozias, Javé

destruirá o que você está fazendo". De fato, os navios naufragaram e não puderam seguir para Társis.

21 ¹Josafá morreu e foi sepultado com seus antepassados na Cidade de Davi. E seu filho Jorão lhe sucedeu no trono.

VI. INFIDELIDADE DA CASA DE DAVI

Governo desastroso de Jorão – ²Jorão tinha os seguintes irmãos, todos filhos de Josafá, rei de Israel: Azaria, Jaiel, Zacarias, Azarias, Miguel e Safatias. ³Seu pai tinha dado a todos eles muitos presentes de prata, ouro e joias, além de cidades fortificadas em Judá. Mas deixou o trono para Jorão, que era o mais velho. ⁴Ao sentir-se seguro, após assumir o trono de seu pai, Jorão assassinou à espada todos os seus irmãos, além de alguns chefes de Israel.

⁵Jorão tinha trinta e dois anos quando começou a reinar. E reinou oito anos em Jerusalém. ⁶Imitou o comportamento dos reis de Israel, agindo como a casa de Acab, pois se havia casado com uma filha de Acab. Fez o que Javé reprova. ⁷Javé não quis destruir a dinastia de Davi, por causa da aliança que tinha feito com ele e da promessa de manter sempre acesa sua lâmpada e a de seus filhos.

⁸Durante o governo de Jorão, Edom proclamou-se independente de Judá e estabeleceu rei próprio. ⁹Com seus comandantes e todos os carros de guerra, Jorão atravessou a fronteira. À noite, teve de levantar-se para enfrentar os edomitas, que o cercaram e a todos os seus comandantes de carros. ¹⁰Foi assim que Edom ficou independente de Judá, até o dia de hoje. Nessa mesma ocasião, também Lebna se tornou independente.

Jorão tinha abandonado Javé, o Deus dos seus antepassados. ¹¹Construiu lugares altos nas colinas de Judá, fez os moradores de Jerusalém tornar-se infiéis e levou Judá a se extraviar. ¹²Entregaram-lhe um escrito do profeta Elias, que dizia o seguinte: "Assim diz Javé, o Deus de seu pai Davi: Você não seguiu o comportamento de seu pai Josafá, nem de Asa, rei de Judá. ¹³Ao contrário, você imitou o exemplo dos reis de Israel. Você provocou a idolatria em Judá e entre os habitantes de Jerusalém, copiando as práticas idolátricas da casa de Acab. Além disso, matou seus próprios irmãos, a família de seu pai, que eram melhores do que você! ¹⁴Por esse motivo, Javé provocará uma chaga enorme no seu povo, em seus filhos, em suas mulheres e em tudo o que é seu. ¹⁵Você mesmo ficará com doença grave, doença que consumirá seus intestinos dia após dia".

¹⁶Javé provocou contra Jorão a hostilidade dos filisteus e também dos árabes, vizinhos dos etíopes. ¹⁷Eles atacaram, invadiram Judá, e levaram embora toda a riqueza que encontraram no palácio do rei e até suas mulheres e filhos. Só ficou Ocozias, o caçula. ¹⁸Depois, Javé o feriu com incurável doença dos intestinos. ¹⁹Os dias foram passando e, dois anos depois, a doença consumiu os intestinos dele. E ele morreu em meio a dores terríveis. O povo não acendeu fogueira para ele, como havia feito em homenagem a seus antecessores.

²⁰Jorão tinha trinta e dois anos quando subiu ao trono. E reinou oito anos em Jerusalém. Desapareceu, e ninguém chorou por ele. Foi enterrado na Cidade de Davi, mas não na sepultura dos reis.

22 **Aliança infeliz de Ocozias** – ¹Como sucessor de Jorão, os moradores de Jerusalém proclamaram rei a Ocozias, seu filho caçula, pois todos os outros tinham sido mortos pelo bando que tinha invadido o acampamento, juntamente com os árabes. Foi assim que Ocozias, fi-

---

21,2-28,27: Depois de vários reis bons e piedosos, os cronistas vão descrever uma série de reinados desastrosos, enfocando os erros políticos e religiosos de alguns reis fracos, infiéis, ambiciosos e usurpadores. Ao apontar as causas de reinados tão pecaminosos, os autores vão acentuar as alianças do reino de Israel com os reinos estrangeiros, o descaso com o Templo e a desobediência aos sacerdotes. Esse é um caminho certo para o desastre.

21,2-20: O rei Jorão é apresentado como assassino fratricida. Sua idolatria ambiciosa vai levá-lo à derrota militar, à doença e à impopularidade. Quando morre um rei assim, "ninguém chora por ele". A única lembrança do profeta Elias em Crônicas encontra-se aqui. Menciona-se um livro atribuído a ele, que na época de Jorão já havia desaparecido.

22,1-9: Os cronistas ressaltam o grande erro de Ocozias: aliar-se à pecaminosa dinastia de Acab, rei em

lho de Jorão, acabou tornando-se rei de Judá. ²Tinha quarenta e dois anos quando começou a reinar, e reinou um ano em Jerusalém. Sua mãe chamava-se Atalia e era filha de Amri. ³Ocozias também imitou o comportamento da casa de Acab, pois sua mãe o aconselhava a cometer injustiças. ⁴Ele fez o que Javé reprova, como fizeram os da casa de Acab, pois foram estes que, para sua perdição, se haviam tornado conselheiros de Ocozias, depois da morte do seu pai. ⁵Seguindo o conselho deles, Ocozias acompanhou Jorão, filho de Acab, rei de Israel, para juntos guerrearem contra Hazael, rei de Aram, em Ramot de Galaad. Os arameus feriram Jorão, ⁶e ele voltou para Jezrael, a fim de se recuperar dos ferimentos que tinha sofrido em Ramot de Galaad, na guerra contra Hazael, rei de Aram. Então Ocozias, filho de Jorão, rei de Judá, foi a Jezrael para visitar Jorão, filho de Acab, porque ele estava doente. ⁷Com essa visita, Deus provocou a ruína de Ocozias. Foi durante a visita que ele acompanhou Jorão para combater Jeú, filho de Namsi, a quem Javé tinha ungido para exterminar a dinastia de Acab. ⁸Quando Jeú chegou para acertar as contas com a casa de Acab, encontrou também comandantes de Judá e sobrinhos de Ocozias que estavam a serviço deste. E os matou a todos. ⁹Procurou também Ocozias. Conseguiram prendê-lo em Samaria, onde se escondera. E o levaram a Jeú, que o matou. Eles porém o sepultaram, dizendo: "Ele era filho de Josafá, que buscou Javé de todo o coração". Não havia ninguém da família de Ocozias capaz de reinar.

A usurpação de Atalia – ¹⁰Quando Atalia, mãe de Ocozias, soube que seu filho estava morto, resolveu acabar com a descendência real da casa de Judá. ¹¹Mas Josaba, filha do rei, pegou Joás, filho de Ocozias, dentre os filhos do rei que estavam sendo massacrados, e o escondeu, com a ama dele, no quarto dos leitos. Assim Josaba, filha do rei Jorão, esposa do sacerdote Joiada e irmã de Ocozias, escondeu Joás das vistas de Atalia, evitando assim que ela o matasse. ¹²Joás ficou seis anos com ela escondido no Templo de Deus, enquanto Atalia reinava no país.

23 ¹No sétimo ano, Joiada criou coragem e chamou os comandantes de cem. Eram eles: Azarias, filho de Jeroam; Ismael, filho de Joanã; Azarias, filho de Obed; Maasias, filho de Adaías; Elisafat, filho de Zecri. E fizeram entre si uma aliança. ²Percorreram Judá e reuniram os levitas de todas as cidades de Judá e os chefes de família de Israel. Em seguida, voltaram para Jerusalém. ³Então toda a assembleia fez uma aliança com o rei, no Templo de Deus. Joiada disse a todos: "Este é o filho do rei. É ele que deve reinar, conforme a promessa feita por Javé à descendência de Davi. ⁴Vocês vão fazer o seguinte: um terço de vocês, sacerdotes e levitas, que entram de serviço no sábado, montará guarda nas entradas; ⁵outra terça parte ficará no palácio real, e a outra na porta do Fundamento. Todo o povo ficará nos pátios do Templo de Javé. ⁶Ninguém entrará no Templo de Javé, a não ser os sacerdotes e levitas em serviço. Eles podem entrar, porque são consagrados. O povo deverá observar as prescrições de Javé. ⁷Os levitas farão um círculo em torno do rei, com armas em punho, e o acompanharão aonde quer que ele vá. Matem todo aquele que quiser entrar no Templo".

⁸Os levitas e todos os de Judá fizeram como o sacerdote Joiada tinha mandado. Cada um deles reuniu seus homens, tanto os que entravam de serviço no sábado, como os que saíam, pois o sacerdote Joiada não dispensou nenhuma classe. ⁹O sacerdote Joiada entregou aos comandantes de cem as lanças, com os escudos pequenos e grandes do rei Davi, que estavam no Templo de Deus. ¹⁰Colocou todo o povo, de armas em punho, desde o ângulo sul até o ângulo norte do Templo, rodeando o altar e o Templo, para proteger o rei. ¹¹Em seguida, levaram o filho do rei, colocaram nele a coroa e lhe entregaram o documento da aliança. E o proclamaram

---

Samaria, que terá o mesmo destino do seu infiel aliado. Serão todos massacrados na revolta comandada por Jeú (cf. 2Rs 10).

22,10–23,21: A usurpação de Atalia e o massacre dos herdeiros de Ocozias poderiam gerar a desconfiança de que a dinastia de Davi tinha terminado. Os cronistas

rei. Depois Joiada e seus filhos o ungiram, e aclamaram: "Viva o rei!"

¹²Ouvindo os gritos do povo que corria e aclamava o rei, Atalia foi ao encontro do povo no Templo de Javé. ¹³E na entrada, quando viu o rei de pé no estrado, os oficiais e os tocadores de trombeta junto ao rei, e todo o povo da terra gritando de alegria, as trombetas tocando, e os cantores com seus instrumentos acompanhando os cânticos de louvor, Atalia rasgou a roupa e disse: "Traição! Traição!" ¹⁴Então Joiada ordenou aos comandantes de cem, que comandavam as tropas: "Arrastem Atalia para fora, por entre as fileiras. Se alguém a seguir, passem a fio de espada". O sacerdote, de fato, havia dito: "Não a matem dentro do Templo de Javé". ¹⁵Agarraram Atalia e, chegando ao palácio real, na entrada da porta dos Cavalos, aí a mataram.

¹⁶Joiada concluiu entre o povo e o rei uma aliança, na qual o povo se comprometia a ser o povo de Javé. ¹⁷Em seguida, todo o povo foi até o templo de Baal e o arrasou: demoliram os altares e imagens e mataram Matã, sacerdote de Baal, diante dos altares. ¹⁸Joiada colocou guardas no Templo de Javé, sob as ordens dos sacerdotes e levitas. Para eles é que Davi tinha entregue o Templo de Javé, para aí oferecerem, conforme está escrito na Lei de Moisés, holocaustos a Javé na alegria e com cânticos compostos por Davi. ¹⁹Joiada também colocou porteiros em cada entrada do Templo de Javé, para que nele não entrasse nada de impuro. ²⁰Depois, reuniu os comandantes de cem, os notáveis, as autoridades do povo e todo o povo da terra, e pediu ao rei que saísse do Templo de Javé. Levaram o rei ao palácio real pela porta Superior e o fizeram sentar-se no trono dos reis. ²¹Todo o povo da terra festejou, e a cidade ficou tranquila, porque Atalia tinha sido morta a fio de espada.

24 Fidelidade do sumo sacerdote –

¹Joás tinha sete anos quando subiu ao trono e reinou quarenta anos em Jerusalém. Sua mãe se chamava Sebias e era natural de Bersabeia. ²Enquanto o sacerdote Joiada viveu, Joás fez o que Javé aprova. ³Joiada lhe arranjou duas mulheres, que lhe deram filhos e filhas.

⁴Mais tarde, Joás resolveu restaurar o Templo de Javé. ⁵Reuniu os sacerdotes e levitas e lhes disse: "Saiam pelas cidades de Judá recolhendo dinheiro de todo Israel, para restaurar o Templo do seu Deus, a cada ano, conforme a necessidade. Cuidem disso com urgência". Mas os levitas não se apressaram. ⁶Então o rei chamou Joiada, o chefe deles, e lhe disse: "Por que você não exigiu que os levitas recolhessem em Judá e Jerusalém o tributo imposto por Moisés, servo de Javé, e pela assembleia de Israel, em favor da Tenda do Testemunho? ⁷Você não sabe que a perversa Atalia e seus filhos arruinaram o Templo de Deus e colocaram a serviço dos ídolos tudo o que havia de sagrado no Templo de Javé?"

⁸Então, por ordem do rei, fizeram um cofre e o colocaram na porta do Templo de Javé, do lado de fora. ⁹Depois anunciaram, em Judá e Jerusalém, que levassem a Javé o tributo que Moisés, servo de Deus, exigia de Israel no deserto. ¹⁰As autoridades e todo o povo levaram com alegria seu tributo e o colocaram no cofre, que ficou cheio. ¹¹Toda vez que os levitas levavam o cofre para a inspeção real, e viam que havia muito dinheiro, o secretário do rei e o inspetor do sumo sacerdote esvaziavam o cofre e o colocavam novamente no mesmo lugar. Assim foram fazendo diariamente, e juntaram muito dinheiro. ¹²O rei e Joiada entregavam o dinheiro aos mestres de obras encarregados do Templo de Javé, e estes pagavam os pedreiros e carpinteiros que trabalhavam no Templo de Javé, e também os artesãos do ferro e bronze que restauravam o Templo de Javé. ¹³Os operários se puseram a trabalhar, e as obras progrediram em suas mãos. Eles reformaram o Templo de Deus e lhe deram a estrutura primitiva e sólida. ¹⁴Terminado o serviço, levaram para o rei e para Joiada o dinheiro que sobrou. E com a sobra mandaram fazer utensílios para o

---

ressaltam o importante papel político dos sacerdotes e levitas nesse episódio. Graças ao êxito da conspiração comandada pelo sumo sacerdote, a dinastia davídica sobreviveu e recuperou seu trono em Jerusalém.

24,1-16: Releitura sacerdotal de 2Rs 12,1-17. Aproveitando a vitoriosa conspiração do sumo sacerdote Joiada, os cronistas defendem a importância do Templo, promovendo uma coleta de fundos para a manutenção do

Templo de Javé, objetos para o serviço e os holocaustos, taças e objetos de ouro e prata. Enquanto Joiada viveu, ofereceram continuamente holocaustos no Templo de Javé. ¹⁵Joiada ficou velho e morreu em idade avançada, com cento e trinta anos. ¹⁶Ele foi sepultado na Cidade de Davi, ao lado dos reis, pois só tinha feito o bem para Israel, para Deus e para seu Templo.

Infidelidade de Joás – ¹⁷Depois da morte de Joiada, os chefes de Judá foram prostrar-se diante do rei, e este seguiu o conselho deles. ¹⁸Abandonaram o Templo de Javé, o Deus de seus antepassados, prestaram culto às Aserás e aos ídolos. Por causa desse pecado, a ira de Deus se inflamou contra Judá e Jerusalém. ¹⁹Deus mandou profetas para eles, a fim de os converter, mas eles não fizeram caso de suas críticas. ²⁰Então o espírito de Deus se apoderou de Zacarias, filho do sacerdote Joiada. Ele se dirigiu ao povo e disse: "Assim fala Deus: Por que é que vocês estão desobedecendo aos mandamentos de Javé? Vocês vão se arruinar. Vocês abandonaram Javé, e ele também os abandona!" ²¹Então eles se reuniram contra o profeta e, por ordem do rei, o apedrejaram no pátio do Templo de Javé. ²²Assim o rei Joás, sem consideração por tudo de bom que lhe tinha feito Joiada, pai de Zacarias, mandou matar o filho dele. Ao morrer, o profeta disse: "Javé viu tudo e pedirá contas disso".

²³Um ano depois, o exército arameu atacou Joás, invadiu Judá até Jerusalém, eliminou todos os chefes do povo e mandou para o rei de Damasco tudo o que tinha saqueado. ²⁴O exército arameu tinha vindo com poucos homens, mas Javé entregou em seu poder um exército muito mais numeroso, porque o povo tinha abandonado Javé, o Deus de seus antepassados. Quanto a Joás, os arameus o castigaram: ²⁵ao partir, deixaram Joás muito ferido. Seus ministros se rebelaram contra ele para vingar o filho do sacerdote Joiada, e o mataram em sua própria cama. Morto o rei, eles o enterraram na Cidade de Davi, mas não na sepultura dos reis. ²⁶Aqueles que conspiraram contra o rei foram Zabad, filho da amonita Semaat, e Jozabad, filho da moabita Semarit.

²⁷Quanto aos filhos de Joás, quanto aos tributos pesados que teve de pagar e quanto à reforma do Templo de Deus, tudo está escrito no Comentário do Livro dos Reis. Seu filho Amasias lhe sucedeu no trono.

25 Deus é que dá força ao rei –
¹Amasias tinha vinte e cinco anos quando subiu ao trono. E reinou vinte e nove anos em Jerusalém. Sua mãe se chamava Joaden e era natural de Jerusalém. ²Fez o que Javé aprova, mas não com integridade de coração. ³Tendo consolidado o poder em suas mãos, mandou matar os ministros que tinham assassinado o rei, seu pai. ⁴Mas não mandou matar os filhos dos assassinos, respeitando assim o que está escrito no livro da Lei de Moisés, onde Javé ordena: "Os pais não serão mortos pela culpa dos filhos, nem os filhos pela culpa dos pais. Cada um será executado por causa de seu próprio crime".

⁵Amasias reuniu os homens de Judá e nomeou oficiais de cem e de mil, segundo as famílias, para todo Judá e Benjamim. Fez o recenseamento dos maiores de vinte anos: havia trezentos mil homens aptos para a guerra, equipados com lanças e escudos. ⁶Também contratou em Israel cem mil mercenários, por três mil e quatrocentos quilos de prata. ⁷Um homem de Deus foi procurá-lo e disse: "Ó rei, a tropa de Israel não deve acompanhá-lo, porque Javé não está com Israel, nem com os efraimitas. ⁸Se você depositar neles a força para a guerra, Deus o derrotará diante de seus inimigos, porque Deus é que tem a força para derrotar ou dar a vitória". ⁹Amasias perguntou ao homem de Deus: "E como ficam os três mil e quatrocentos quilos de prata que dei às tropas israelitas?" O ho-

---

culto e do sacerdócio. Essa coleta tornou-se obrigatória para qualquer judeu, mesmo para os que viviam fora de Judá (cf. Esd 7,15-18).

17-27: Intenção dos cronistas é mostrar que o reino prospera e todos vivem bem, quando o rei segue as orientações sacerdotais. Do contrário, seu reinado é um desastre e acaba em sangue. Na sua ira, o rei persegue e mata os sacerdotes e profetas. Em Mt 23,35, Jesus recorda a morte desse profeta Zacarias.

25,1-28: Para os cronistas, o erro de Amasias foi confiar em suas forças armadas para ampliar seu projeto de poder. A narrativa mostra que Javé abandona o rei, quando este busca aliar-se aos inimigos, aceitando propostas religiosas em favor de uma aliança que lhe

mem de Deus respondeu: "Javé tem muito mais do que isso para lhe dar". ¹⁰Então Amasias dispensou o contingente que tinha vindo de Efraim, mandando-o de volta. Eles ficaram indignados contra Judá, e voltaram para casa enfurecidos. ¹¹Amasias criou coragem e assumiu o comando do seu exército. Foi até o vale do Sal, onde matou dez mil soldados de Seir. ¹²Judá prendeu vivos outros dez mil. Levaram esses dez mil até o alto de um rochedo e os jogaram de lá de cima, e eles morreram despedaçados. ¹³A tropa que Amasias tinha dispensado de ir para a guerra se espalhou pelas cidades de Judá, desde Samaria até Bet-Horon, matando três mil pessoas e se apossando de muitos despojos.

¹⁴Quando voltou da guerra contra os edomitas, Amasias trouxe consigo os deuses dos habitantes de Seir, adotou-os como seus próprios deuses, adorou-os e queimou incenso para eles. ¹⁵Então a ira de Javé se inflamou contra Amasias, e enviou um profeta para lhe dizer: "Por que você honra esses deuses que não foram capazes de livrar de suas mãos o povo deles?" ¹⁶O profeta nem havia terminado de falar, e Amasias respondeu: "Quem é que fez de você conselheiro do rei? Pare com isso, se não quiser morrer". O profeta não insistiu mais e concluiu: "Por aquilo que você fez e por não ter escutado meu conselho, tenho certeza de que Deus decretou sua ruína".

¹⁷Amasias, rei de Judá, depois de pedir conselhos, mandou emissários a Joás, filho de Joacaz e neto de Jeú, rei de Israel, com esta mensagem: "Venha me enfrentar". ¹⁸Joás, rei de Israel, respondeu a Amasias, rei de Judá, com esta mensagem: "O espinheiro do Líbano mandou dizer ao cedro do Líbano: 'Dê-me sua filha como esposa para meu filho'. Mas as feras do Líbano passaram e pisaram no espinheiro. ¹⁹Você diz: 'Eu derrotei Edom'. E se enche de orgulho. Celebre sua glória, mas fique em sua casa. Por que você quer se meter numa guerra desastrosa, provocando sua ruína e a ruína de Judá?" ²⁰Amasias, porém, não fez caso, porque Deus queria entregá-lo nas mãos de Joás, por ter adorado os deuses de Edom. ²¹Então Joás, rei de Israel, foi enfrentar Amasias, rei de Judá, em Bet-Sames, que pertence a Judá. ²²E Judá foi derrotado por Israel, e cada um fugiu para sua tenda. ²³Em Bet-Sames, Joás, rei de Israel, prendeu Amasias, rei de Judá, filho de Joás e neto de Joacaz, e o levou para Jerusalém. Fez uma brecha de duzentos metros na muralha de Jerusalém, desde a porta de Efraim até a porta do Ângulo. ²⁴Tomou posse do ouro, da prata e de todos os objetos que estavam no Templo de Deus, confiados a Obed-Edom, e no tesouro do palácio real. Além disso, tomou reféns, e voltou para Samaria. ²⁵Amasias, filho de Joás, rei de Judá, viveu ainda quinze anos depois da morte de Joás, filho de Joacaz, rei de Israel.

²⁶O resto da história de Amasias, do começo ao fim, está tudo escrito no Livro dos Reis de Judá e de Israel. ²⁷Desde o momento em que abandonou Javé, Amasias foi vítima de uma conspiração em Jerusalém. Ele fugiu para Laquis. E perseguido até Laquis, aí o mataram. ²⁸Transportaram seu corpo a cavalo, e o sepultaram na capital de Judá, junto com seus antepassados.

26 Manipulação religiosa de Ozias

– ¹Todo o povo de Judá escolheu Ozias, que tinha dezesseis anos, e o proclamou rei no lugar de seu pai Amasias. ²Foi ele quem reconstruiu Elat e a reconquistou para Judá, depois que Amasias morreu. ³Ozias tinha dezesseis anos quando subiu ao trono. E reinou cinquenta e dois anos em Jerusalém. Sua mãe se chamava Jequelias e era natural de Jerusalém. ⁴Fez o que Javé aprova, como seu pai Amasias tinha feito. ⁵Ele buscou a Deus enquanto viveu Zacarias, que o instruía no temor de Deus. E enquanto buscava a Javé, Deus fez que ele prosperasse.

⁶Ozias partiu para guerrear contra os filisteus e derrubou as muralhas de Gat, de Jabne e de Azoto. E reconstruiu cidades na região de Azoto e dos filisteus. ⁷Deus o ajudou contra os filisteus, contra os árabes que moravam em Gur-Baal e contra os

---

aumente o poder. Não adianta buscar o favor e a graça do Deus verdadeiro, se a luta não acontece em favor do povo de Deus.

26,1-23: Grande perigo para quem exerce o poder é manipular a religiosidade do povo em favor de projetos políticos pessoais. Ozias começa seu governo

meunitas. ⁸Os amonitas pagaram tributo a Ozias. E a fama dele se espalhou até às fronteiras do Egito, pois ele se tornou muito poderoso.

⁹Ozias construiu torres em Jerusalém, junto à porta do Ângulo, junto à porta do Vale e na Esquina, e as fortificou. ¹⁰Construiu torres no deserto. Cavou muitos poços para seus numerosos rebanhos, que tinha na Planície e no Planalto. Possuía lavradores e vinhateiros na região montanhosa e nas terras de cultivo, porque gostava da agricultura.

¹¹Ozias tinha um exército treinado e pronto para a guerra, agrupado em batalhões, conforme o recenseamento feito pelo secretário Jeiel e pelo comissário Maasias. O exército estava sob as ordens de Hananias, um dos oficiais do rei. ¹²Era de dois mil e seiscentos o número total dos chefes de família desses valentes guerreiros. ¹³Sob o comando deles havia um exército bem treinado, composto de trezentos e sete mil e quinhentos homens aptos para a guerra, com força e coragem para defender o rei contra os inimigos. ¹⁴E para todo o exército, Ozias providenciou escudos, lanças, capacetes, couraças, arcos, pedras e fundas. ¹⁵Em Jerusalém, mandou fazer máquinas especialmente inventadas para colocar nas torres e ângulos, a fim de atirar flechas e pedras grandes. Assim, a fama de Ozias se espalhou até bem longe, pois a ajuda maravilhosa de Deus o fez poderoso.

¹⁶Tornando-se poderoso, seu coração ficou cheio de orgulho, até se perder. Foi infiel a Javé seu Deus, e entrou no Santo de Javé para queimar incenso no altar dos perfumes. ¹⁷O sacerdote Azarias e oitenta corajosos sacerdotes de Javé foram ao encontro dele, ¹⁸colocaram-se frente a frente com o rei Ozias e lhe disseram: "Ozias, não é sua função queimar incenso para Javé. Somente os sacerdotes, descendentes de Aarão, foram consagrados para essa função. Saia do santuário, porque você pecou e já não tem direito à glória de Javé Deus!"

¹⁹Ozias, que já estava com o incensório na mão, ficou indignado. Na mesma hora em que ele se indignava diante dos sacerdotes, no Templo de Javé, junto ao altar dos perfumes, a lepra surgiu em sua testa. ²⁰O sumo sacerdote Azarias e os outros sacerdotes olharam e viram que a testa dele estava coberta de lepra. Imediatamente o expulsaram daí. O próprio Ozias se apressou em sair, porque Javé o havia castigado. ²¹O rei Ozias ficou leproso até o fim da vida. Por isso, permaneceu fechado num quarto, e foi proibido de entrar no Templo de Javé. Seu filho Joatão era chefe do palácio e governava o povo.

²²O resto da história de Ozias, do começo ao fim, foi escrito num livro pelo profeta Isaías, filho de Amós. ²³Ozias morreu e foi enterrado com seus antepassados no campo do cemitério real, pois diziam: "Ele é leproso". E seu filho Joatão lhe sucedeu no trono.

27 *Corrupção religiosa de Joatão*

– ¹Joatão tinha vinte e cinco anos quando subiu ao trono. E reinou dezesseis anos em Jerusalém. Sua mãe se chamava Jerusa, e era filha de Sadoc. ²Fez o que Javé aprova e imitou em tudo o comportamento de seu pai Ozias, mas não entrou no santuário de Javé. Entretanto, o povo continuava se corrompendo. ³Joatão construiu a porta Superior do Templo de Javé e fez muitas construções na muralha do Ofel. ⁴Construiu cidades na região montanhosa de Judá, e também fortalezas e torres nas terras cultivadas. ⁵Guerreou contra o rei dos amonitas e o venceu. Nesse ano, os amonitas pagaram o tributo de três mil e quatrocentos quilos de prata, cinco mil sacas de trigo e cinco mil de cevada. Isso foi o que os amonitas tiveram de pagar nesse ano e nos dois anos seguintes. ⁶Joatão adquiriu esse poder porque seu caminho era firme diante de Javé, seu Deus.

⁷O resto da história de Joatão, suas guerras e obras, tudo está escrito no Livro dos Reis de Israel e de Judá. ⁸Ele tinha vinte

---

buscando o bem e o conforto do povo. Seu reinado assinala grande progresso material para o reino de Judá. O povo sente-se bem e seguro. Ozias, porém, se deixa iludir pelo sucesso. Para evitar as críticas de lideranças religiosas, o rei tenta presidir as celebrações no Templo, submetendo sacerdotes e levitas.

Segundo os cronistas, por causa desse ato sacrílego Deus lhe tirou a saúde, e Ozias teve de se retirar do governo.

27,1-9: Com o reinado de Joatão, inicia-se a corrupção religiosa de graves consequências. Começam os sinais de que só uma grande reforma religiosa salvará o povo de um desastre total.

e cinco anos quando subiu ao trono. E reinou dezesseis anos em Jerusalém. ⁹Depois, Joatão morreu e foi sepultado na Cidade de Davi. E seu filho Acaz lhe sucedeu no trono.

28 Traições religiosas de Acaz –
¹Acaz subiu ao trono com vinte anos. E reinou dezesseis anos em Jerusalém. Não fez, como seu antepassado Davi, o que Javé aprova. ²Imitou o comportamento dos reis de Israel, fazendo estátuas para os ídolos. ³Queimou incenso no vale dos Filhos de Enom e chegou até a sacrificar seus filhos no fogo, conforme os costumes abomináveis das nações que Javé tinha expulsado diante dos israelitas. ⁴Ofereceu sacrifícios e queimou incenso nos lugares altos, nas colinas e debaixo de qualquer árvore frondosa. ⁵Javé, seu Deus, o entregou nas mãos do rei de Aram, que o derrotou, capturou muitos prisioneiros e os levou para Damasco. Javé também o entregou nas mãos do rei de Israel, que lhe causou grande derrota. ⁶Faceia, filho de Romelias, matou em Judá cento e vinte mil valentes guerreiros num só dia, porque eles tinham abandonado Javé, Deus de seus antepassados. ⁷Zecri, valente de Efraim, matou Maasias, filho do rei, e Ezricam, chefe do palácio, e também Elcana, o segundo do rei. ⁸Os israelitas capturaram, dentre seus irmãos, duzentos mil prisioneiros, entre mulheres, filhos e filhas, além de se apoderarem de muitos despojos, que levaram para Samaria.

⁹Aí havia um profeta de Javé, chamado Oded. Ele foi ao encontro do exército que estava chegando a Samaria, e disse: "Na sua cólera contra Judá, Javé, o Deus de seus antepassados, os entregou nas mãos de vocês. Mas o furor com que vocês os massacraram chegou até o céu. ¹⁰E vocês ainda pretendem que os habitantes de Judá e Jerusalém se tornem seus escravos e escravas! Será que não são vocês os principais responsáveis pelas faltas cometidas contra Javé, seu Deus? ¹¹Agora me escutem: devolvam os prisioneiros que vocês capturaram dentre seus irmãos, porque o furor da ira de Javé ameaça vocês!" ¹²Então alguns chefes efraimitas tomaram a iniciativa. Eram eles: Azarias, filho de Joanã; Baraquias, filho de Mosolamot; Ezequias, filho de Selum; e Amasa, filho de Hadali. Eles se colocaram contra os que estavam voltando da guerra, ¹³e disseram: "Não tragam para cá esses prisioneiros, porque seríamos culpados diante de Javé. Vocês procuram aumentar ainda mais nossos pecados e faltas, quando nossa culpa já é pesada e o furor da ira de Javé ameaça Israel!" ¹⁴Então os soldados entregaram os prisioneiros e despojos para os chefes e para toda a comunidade, ¹⁵que indicaram nominalmente homens para cuidarem dos prisioneiros. Com as roupas e sandálias dos despojos, eles vestiram os que estavam nus; deram comida e bebida para eles, curaram seus ferimentos, montaram em burros todos os que não podiam andar e os levaram até Jericó, a cidade das palmeiras, para junto dos irmãos deles. Em seguida, voltaram para Samaria.

¹⁶Nessa época, o rei Acaz mandou pedir ajuda ao rei da Assíria. ¹⁷Os edomitas tinham invadido Judá e capturado prisioneiros. ¹⁸Também os filisteus tinham feito incursões nas cidades da Planície e no Negueb de Judá. Haviam tomado Bet-Sames, Aialon, Gederot e Soco, com seus arredores, além de Tamna com seus arredores, e Ganzo com seus arredores. E ocuparam todos esses territórios. ¹⁹De fato, Javé estava humilhando Judá, por causa de Acaz, rei de Judá, pois ele levava o povo a extraviar-se, e era infiel a Javé. ²⁰No entanto, chegou Teglat-Falasar, rei da Assíria, não para ajudar, mas para o agredir e cercar. ²¹Acaz tinha tomado parte dos bens do Templo de Javé, do palácio e dos altos funcionários, para dar ao rei da Assíria, mas isso não foi de nenhuma ajuda. ²²Mesmo durante o cerco, o rei Acaz continuou na sua infidelidade a Javé, ²³oferecendo sacrifícios aos deuses de Damasco que o haviam derrotado. Acaz dizia: "Os

---

28,1-27: No reinado de Acaz, houve total ruptura entre Judá e Javé. O rei assume a religião dos opressores assírios, que exige inclusive sacrifício de crianças. Samaria, capital do reino de Israel, já tinha caído em mãos dos assírios. É importante notar que os cronistas preservam aqui a memória do profeta Oded, fiel seguidor de Javé que mora em Samaria. Este profeta assume a defesa dos prisioneiros judeus cativos em Samaria. O texto pode ter inspirado a parábola do bom samaritano, em Lc 10,29-37.

deuses dos reis de Aram os ajudam na guerra. Por isso, eu ofereço sacrifícios a eles para que eles me ajudem também". Esses deuses acabaram tornando-se uma armadilha para Acaz e para todo Israel. ²⁴Acaz juntou todos os objetos do Templo de Deus e quebrou tudo. Mandou fechar as portas do Templo de Javé e construiu altares em todas as esquinas de Jerusalém. ²⁵Construiu lugares altos em todas as cidades de Judá, para queimar incenso aos deuses estrangeiros, provocando assim a ira de Javé, o Deus de seus antepassados. ²⁶O resto da história de Acaz, e tudo o que ele fez, do começo ao fim, tudo está escrito no Livro dos Reis de Judá e de Israel. ²⁷Acaz morreu e foi enterrado na cidade de Jerusalém, mas não o colocaram no sepulcro dos reis de Judá. Seu filho Ezequias lhe sucedeu no trono.

VII. AS GRANDES REFORMAS RELIGIOSAS

29 A reforma religiosa de Ezequias

– ¹Ezequias tinha vinte e cinco anos quando subiu ao trono. E reinou vinte e nove anos em Jerusalém. Sua mãe se chamava Abia, e era filha de Zacarias. ²Fez o que Javé aprova, seguindo em tudo o seu antepassado Davi.

³No primeiro ano do seu reinado, no primeiro mês, Ezequias mandou abrir e restaurar as portas do Templo de Javé. ⁴Chamou os sacerdotes e levitas, reuniu-os na praça do Oriente, ⁵e lhes disse: "Atenção, levitas! Agora, purifiquem-se e purifiquem o Templo de Javé, o Deus de seus antepassados. Retirem do santuário as abominações, ⁶porque nossos antepassados foram infiéis e fizeram o que Javé nosso Deus reprova. Eles o abandonaram, descuidaram completamente da moradia de Javé e voltaram as costas para ele. ⁷Além disso, fecharam as portas do Vestíbulo, apagaram as lâmpadas e pararam de queimar o incenso e de oferecer holocaustos no santuário, em honra do Deus de Israel. ⁸Isso provocou a indignação de Javé contra Judá e Jerusalém, fazendo com que eles se tornassem objeto de terror, espanto e zombaria, como vocês podem ver com seus próprios olhos. ⁹É por isso que nossos antepassados caíram mortos pela espada, e nossos filhos, filhas e mulheres foram feitos prisioneiros. ¹⁰Agora, eu tenho a intenção de fazer uma aliança com Javé, o Deus de Israel, para que ele afaste de nós o ardor de sua ira. ¹¹Meus filhos, não sejam omissos, pois foi a vocês que Javé escolheu para ficar na presença dele, para o servir, para ser seus ministros e queimar para ele o incenso".

¹²Apresentaram-se, então, os seguintes levitas: Da família de Caat: Maat, filho de Amasai, e Joel, filho de Azarias. Da família de Merari: Cis, filho de Abdi, e Azarias, filho de Jalaleel. Da família de Gérson: Joá, filho de Zema, e Éden, filho de Joá. ¹³Da família de Elisafã: Samri e Jeiel. Da família de Asaf: Zacarias e Matanias. ¹⁴Da família de Emã: Jaiel e Semei. Da família de Iditun: Semeías e Oziel. ¹⁵Esses reuniram seus irmãos, purificaram-se e entraram para purificar o Templo de Javé, conforme havia ordenado o rei por ordem de Javé. ¹⁶Os sacerdotes entraram no Templo para o purificar e levaram para o pátio do Templo de Javé todos os objetos impuros que encontraram no Santo de Javé. Depois, os levitas levaram esses objetos e os jogaram fora, no vale do Cedron. ¹⁷Eles começaram a purificação no dia primeiro do primeiro mês e, no dia oito do mês, chegaram ao Vestíbulo de Javé. Durante oito dias, purificaram o Templo de Javé. Terminaram tudo no dia dezesseis do primeiro mês. ¹⁸Em seguida, apresentaram-se ao rei Ezequias e lhe disseram: "Purificamos todo o Templo de Javé, o altar dos holocaustos e todos os seus utensílios, a mesa dos pães consagra-

---

29,1-35,27: Depois de governos infiéis, retoma-se a Aliança mediante reformas promovidas por Ezequias e Josias, reis piedosos que buscam recuperar a religiosidade perdida. Os cronistas se inspiram nas narrativas de 2Rs 18-23, ampliando-as e enriquecendo-as com detalhes que demonstram preocupação com a centralidade do Templo e com as funções sagradas ao encargo dos sacerdotes e levitas. Mas, seguindo o enredo de 2Rs, mesmo essas reformas não conseguem impedir o desastre do exílio. Ambos os reis vão se envolver em alianças internacionais e pôr em risco a religião de Javé.

29,1-36: Esta reforma vem descrita de maneira sucinta em 2Rs 18,1-3. Aqui, os cronistas ampliam bastante a narrativa. O destaque é dado aos sacerdotes e levitas, encarregados pelo rei de promoverem um ritual cujo objetivo é a purificação geral do Templo.

dos e todos os seus utensílios. ¹⁹Também consertamos e purificamos os utensílios que o rei Acaz profanou durante seu ímpio reinado, e os recolocamos no lugar. Estão lá diante do altar de Javé".

²⁰Na manhã seguinte, bem cedo, o rei Ezequias reuniu os chefes da cidade e foi com eles ao Templo de Javé. ²¹Levaram sete bezerros, sete carneiros, sete cordeiros e sete bodes para o sacrifício pelo pecado, na intenção da realeza, do santuário e de Judá. Imediatamente, Ezequias mandou que os sacerdotes, descendentes de Aarão, os oferecessem sobre o altar de Javé. ²²Então sacrificaram os bezerros. E os sacerdotes derramaram o sangue sobre o altar. Em seguida, sacrificaram os carneiros e derramaram o sangue sobre o altar. Sacrificaram os cordeiros e derramaram o sangue sobre o altar. ²³Depois, levaram os bodes do sacrifício pelo pecado diante do rei e da comunidade, que impuseram as mãos sobre os animais. ²⁴Então os sacerdotes os sacrificaram e derramaram o sangue deles sobre o altar, a fim de obter o perdão pelo pecado de todo Israel, pois o rei tinha ordenado que tanto o holocausto como o sacrifício pelo pecado deviam ser feitos em favor de todo Israel.

²⁵O rei instalou os levitas no Templo de Javé, com címbalos, liras e cítaras, conforme as prescrições dadas por Davi, por Gad, o vidente do rei, e pelo profeta Natã. De fato, a ordem de Javé tinha sido dada através de seus profetas. ²⁶Assim, estavam aí presentes os levitas com os instrumentos de Davi, e os sacerdotes com as trombetas. ²⁷Então Ezequias mandou oferecer o holocausto sobre o altar. No momento em que começou o holocausto, começaram também o cântico para Javé e o toque das trombetas, acompanhados pelos instrumentos de Davi, rei de Israel. ²⁸Toda a assembleia permaneceu prostrada em adoração. O cântico se prolongou e as trombetas tocaram. Tudo isso até que terminou o holocausto. ²⁹Quando acabou, o rei e toda a sua comitiva se ajoelharam e se prostraram. ³⁰Em seguida, o rei Ezequias e os chefes ordenaram aos levitas que louvassem Javé com as palavras de Davi e do vidente Asaf. E eles o fizeram de coração alegre. Depois se ajoelharam e se prostraram. ³¹Então Ezequias tomou a palavra e disse: "Agora vocês estão consagrados a Javé! Venham e ofereçam sacrifícios de ação de graças pelo Templo de Javé". A assembleia ofereceu sacrifícios de ação de graças, e os que tinham coração generoso levaram holocaustos. ³²A quantidade de vítimas oferecidas pela assembleia foi de setenta bezerros, cem carneiros, duzentos cordeiros, tudo em holocausto para Javé. ³³Além disso, foram sacrificados seiscentos bois e três mil ovelhas. ³⁴Como os sacerdotes eram poucos e não davam conta de degolar todas as vítimas, seus irmãos, os levitas, lhes deram ajuda até terminar o serviço e até que os sacerdotes se purificassem. De fato, os levitas estavam mais dispostos para se purificar do que os sacerdotes. ³⁵Além disso, houve muitos holocaustos, gordura de sacrifícios de comunhão e libações para os holocaustos. Assim, foi restabelecido o culto no Templo de Javé. ³⁶Ezequias e todo o povo ficaram alegres, vendo tudo o que Deus havia realizado em favor do povo, pois tudo tinha sido feito de improviso.

30 Páscoa: memória da libertação e da fraternidade

– ¹Ezequias convidou todo Israel e Judá, inclusive enviando cartas para Efraim e Manassés, a fim de que fossem ao Templo de Javé, em Jerusalém, para celebrar a Páscoa em honra de Javé, o Deus de Israel. ²O rei, as autoridades e toda a assembleia de Jerusalém decidiram celebrar a Páscoa no segundo mês. ³De fato, eles não tinham podido celebrá-la no tempo certo, porque ainda restavam muitos sacerdotes para se purificar e o povo não se havia reunido em Jerusalém. ⁴A proposta foi bem aceita pelo rei e por toda a assembleia. ⁵Decidiram, então, avisar todo Israel, desde Bersabeia até Dã, convidando para que fossem a

---

30,1-27: Ponto importante na reforma de Ezequias, segundo Crônicas, foi a volta da celebração pascal, memorial que revive o mistério da ação libertadora de Deus. Aqui, a Páscoa está associada à libertação do povo frente ao perigo assírio. Ezequias convoca todas as tribos de Israel e Judá para esta celebração. Nesta releitura pós-exílica, a Páscoa se torna também o grande momento de reviver os ideais originais do povo de Deus e o sinal perene da ação libertadora divina que garante vida para as gerações futuras.

Jerusalém celebrar uma Páscoa em honra de Javé, o Deus de Israel, porque poucos a celebravam como está prescrito.

⁶Então os mensageiros partiram, levando as cartas escritas pelo rei e pelas autoridades para todo Israel e Judá, com a seguinte ordem do rei: "Israelitas, voltem para Javé, o Deus de Abraão, de Isaac e de Israel, e ele se voltará para vocês que sobreviveram, escapando do poder dos reis da Assíria. ⁷Não façam como seus pais e irmãos, que foram infiéis a Javé, o Deus de seus antepassados, e que por ele foram entregues à ruína, como vocês mesmos podem ver. ⁸Não tenham cabeça dura como seus pais. Comprometam-se com Javé, dirijam-se para o santuário dele, que ele mesmo consagrou para sempre. Sirvam a Javé, o Deus de vocês, e ele afastará de vocês o ardor de sua ira. ⁹Se vocês se voltarem para Javé, seus irmãos e filhos vão encontrar a compaixão daqueles que os levaram para o exílio, e estes deixarão que eles voltem para esta terra. Porque Javé, o Deus de vocês, tem piedade e compaixão. Ele jamais voltará as costas para vocês, se vocês se converterem para ele".

¹⁰Os mensageiros passaram de cidade em cidade pela região de Efraim, Manassés e Zabulon. Mas as pessoas riam e zombavam deles. ¹¹Somente alguns de Aser, Manassés e Zabulon foram humildes e se dirigiram para Jerusalém. ¹²Em Judá, o poder de Deus agiu, fazendo com que todos concordassem em cumprir a ordem do rei e das autoridades, conforme a palavra de Javé. ¹³No segundo mês, grande multidão se reuniu em Jerusalém, para celebrar a festa dos Pães Ázimos. A assembleia era muito numerosa. ¹⁴Destruíram os altares para sacrifícios que havia em Jerusalém e eliminaram os altares de incenso. Jogaram tudo no vale do Cedron. ¹⁵No dia catorze do segundo mês, imolaram a Páscoa. Os sacerdotes e levitas confessaram seus pecados, se purificaram e levaram os holocaustos ao Templo de Javé. ¹⁶Cada um assumiu seu posto, de acordo com a Lei de Moisés, homem de Deus. Os sacerdotes derramavam em libação o sangue recebido das mãos dos levitas. ¹⁷Como na assembleia havia muita gente que não se havia purificado, os levitas se encarregaram de imolar as vítimas pascais de todos aqueles que não estavam purificados, para consagrá-las a Javé. ¹⁸Muita gente, principalmente de Efraim, Manassés, Issacar e Zabulon, não se havia purificado e comeu a Páscoa, sem obedecer ao que estava determinado. Por isso, Ezequias rezou por eles, dizendo: "Javé, em sua bondade, perdoe o pecado ¹⁹dos que buscam de coração a Javé, o Deus de seus antepassados, mesmo que não tenham a pureza exigida para as coisas santas". ²⁰Javé ouviu Ezequias e não afligiu o povo. ²¹Os israelitas que se encontravam em Jerusalém celebraram, durante sete dias, a festa dos Pães Ázimos, com grande alegria. Todos os dias, os levitas e sacerdotes louvavam a Javé com grande entusiasmo. ²²Ezequias felicitou todos os levitas por suas boas disposições para com Javé. Passaram os sete dias da festa oferecendo sacrifícios de comunhão e agradecendo a Javé, o Deus de seus antepassados.

²³Toda a assembleia resolveu continuar a festa por mais sete dias. E com alegria a celebraram durante outros sete dias. ²⁴Ezequias, rei de Judá, ofereceu à assembleia mil bezerros e sete mil ovelhas, e as autoridades também ofereceram para a assembleia mil bezerros e dez mil ovelhas. Grande número de sacerdotes se purificou. ²⁵Toda a assembleia de Judá se alegrou, juntamente com os sacerdotes e levitas, com os que tinham vindo de Israel e com os imigrantes vindos de Israel ou que residiam em Judá. ²⁶Foi grande a alegria em Jerusalém, pois desde os tempos de Salomão, filho de Davi, rei de Israel, não acontecia uma coisa assim em Jerusalém. ²⁷Por fim, os sacerdotes levitas puseram-se de pé e abençoaram o povo. A voz deles foi ouvida por Deus e a oração chegou até o céu, sua santa morada.

31 *Partilha: sinal da fraternidade* –

¹Quando as festas terminaram, os israelitas que aí se encontravam percor-

---

31,1-21: Reorganização das ordens sacerdotais e do culto. Os cronistas associam à reforma de Ezequias a partilha de bens, necessária para a manutenção dos sacerdotes e levitas. Essa partilha é especificada na legislação elaborada pela comunidade pós-exílica na época de Neemias (cf. Ne 12,44-47).

reram as cidades de Judá, derrubando as Aserás, demolindo as estelas e destruindo os lugares altos e altares que havia em todo Judá, Benjamim, Efraim e Manassés, até acabar com tudo. Depois, os israelitas voltaram para suas cidades, cada um para sua casa. ²Ezequias organizou os sacerdotes e levitas por classes, cada um com a sua função: sacerdotes e levitas para os holocaustos, para os sacrifícios de comunhão, para o serviço litúrgico, para a ação de graças e os cânticos na porta dos acampamentos de Javé.

³O rei contribuiu com parte de seus recursos para os holocaustos matutinos e vespertinos e para os holocaustos dos sábados, das luas novas e das festas, como está escrito na Lei de Javé.

⁴O rei ordenou aos habitantes de Jerusalém que dessem a parte dos sacerdotes e levitas, para que eles pudessem dedicar-se à Lei de Javé. ⁵Logo que a ordem foi transmitida, os israelitas forneceram com abundância os primeiros frutos do trigo, do vinho, do óleo, do mel e de todos os produtos do campo. E entregaram fartamente o dízimo de tudo. ⁶Os israelitas e judaítas que moravam nas cidades de Judá levaram também o dízimo dos bois e ovelhas. Fizeram montões com o dízimo das coisas consagradas a Javé, seu Deus. ⁷Começaram a fazer montes no terceiro mês e terminaram no sétimo. ⁸Ao verem esses montões, Ezequias e as autoridades bendisseram a Javé e a seu povo Israel. ⁹Em seguida, Ezequias pediu a opinião dos sacerdotes e levitas sobre o que fazer com tudo isso. ¹⁰Azarias, chefe dos sacerdotes, da família de Sadoc, disse ao rei: "Desde que as contribuições começaram a ser trazidas ao Templo de Javé, está sendo possível comermos até ficarmos satisfeitos, e ainda sobra com fartura, pois Javé abençoou o seu povo. E esse montão de coisas é sobra". ¹¹Ezequias mandou, então, construir depósitos no Templo de Javé. E assim fizeram. ¹²Depois, carregaram os donativos, o dízimo e outras oferendas, com toda a honestidade. O chefe da turma era o levita Conenias, ajudado por seu irmão Semei. ¹³Os fiscais eram Jaiel, Azarias, Naat, Asael, Jerimot, Jozabad, Eliel, Jesmaquias, Maat e Banaías. Estavam todos subordinados a Conenias e a seu irmão Semei, sob a supervisão do rei Ezequias e de Azarias, chefe do Templo de Deus. ¹⁴O levita Coré, filho de Jemna, porteiro da entrada oriental, ficou encarregado das ofertas espontâneas que se faziam a Deus. Ele distribuía as ofertas feitas a Javé e as coisas santíssimas. ¹⁵Eram seus auxiliares: Éden, Miniamin, Jesua, Semeías, Amarias e Sequenias. Eles ficaram encarregados das cidades dos sacerdotes, para distribuir as porções aos irmãos, conforme suas classes, a grandes e pequenos indistintamente, ¹⁶e não só aos homens registrados de três anos para cima. Em outras palavras, forneciam provisões para todos os que entravam diariamente no Templo de Javé para exercer o ministério, conforme suas funções e segundo suas classes. ¹⁷Os sacerdotes estavam registrados por família e também os levitas, a partir dos vinte anos, por suas funções e classes. ¹⁸Deviam todos se registrar com a família inteira: mulheres, filhos e filhas e todo o grupo, pois deviam consagrar-se com fidelidade ao que é sagrado. ¹⁹Quanto aos sacerdotes aaronitas que viviam na zona rural de suas cidades, em cada cidade havia homens encarregados de distribuir pessoalmente as porções para todos os sacerdotes e todos os levitas inscritos no registro.

²⁰Assim fez Ezequias em todo Judá. Ele praticou o que é bom, direito e honesto diante de Javé, seu Deus. ²¹Tudo o que ele realizou para a reforma do Templo de Deus, para a aplicação da Lei e dos mandamentos, ele o fez buscando a Deus de todo o coração. Por isso, foi bem-sucedido.

32 Deus salva o seu povo –

¹Depois desses atos de fidelidade, aconteceu que Senaquerib, rei da Assíria, invadiu Judá. Sitiou as cidades fortificadas para conquistá-las. ²Ezequias, vendo que Senaquerib estava se aproximando com

---

32,1-23: Releitura de 2Rs 18,17-37 e de Is 36,1-22. Para os cronistas, a resposta de Deus à reforma de Ezequias foi a salvação do povo diante do perigo dos assírios. Essa vitória é a certeza de que Deus se agradou de tudo o que foi feito na restauração do verdadeiro culto.

intenção de atacar Jerusalém, ³ele com seus oficiais e guerreiros decidiram fechar todas as minas d'água que havia fora da cidade. E todos ajudaram. ⁴Reuniram bastante gente para fechar as nascentes e o riacho que atravessava a cidade. Diziam: "Por que o rei da Assíria deveria encontrar tanta água ao chegar aqui?" ⁵Ezequias mandou reforçar e reformar as muralhas em todos os pontos onde tinham sido derrubadas, levantou as torres e fez ainda outra muralha do lado de fora. Reforçou também os aterros da Cidade de Davi e preparou muitas armas e escudos. ⁶Nomeou comandantes que organizassem o exército para a luta, e os reuniu consigo na praça que existe à porta da cidade. Aí os encorajou, dizendo: ⁷"Sejam fortes e corajosos! Não tenham medo nem receio do rei da Assíria ou dessa multidão de gente que está com ele. Nós contamos com alguém mais poderoso do que ele. ⁸Do lado dele está o poder humano, mas do nosso lado está Javé, o nosso Deus, que vai nos socorrer e guerrear ao nosso lado". E o povo ficou muito animado com as palavras de Ezequias, rei de Judá.

⁹Senaquerib, rei da Assíria, mandou seus ministros a Jerusalém, enquanto estava diante de Laquis com suas tropas. Eles deviam dizer a Ezequias, rei de Judá, e a todo o povo de Judá que estava em Jerusalém: ¹⁰"Assim diz Senaquerib, rei da Assíria: Em quem vocês confiam para continuar numa cidade cercada como Jerusalém? ¹¹Vocês não percebem que Ezequias está enganando vocês e que os levará a morrer de fome e sede? Ele anda dizendo: 'Javé, nosso Deus, nos livrará da mão do rei da Assíria'. ¹²Não foi esse mesmo Ezequias que destruiu os lugares altos e altares de Javé, ordenando a Judá e Jerusalém para adorar e queimar incenso diante de um só altar?! ¹³Por acaso vocês não sabem o que fizemos, eu e os meus antepassados, com o povo de todos os outros países? Por acaso os deuses dessas nações foram capazes de livrar seus territórios de minhas mãos? ¹⁴Qual dos deuses dessas nações, que meus pais consagraram ao extermínio, foi capaz de livrar o seu povo das minhas mãos? Será que o Deus de vocês vai conseguir livrá-los das minhas mãos? ¹⁵Não se deixem enganar e iludir por Ezequias. Não acreditem nele! Os deuses de nenhuma outra nação ou reino foram capazes de livrar seu povo das minhas mãos ou das mãos de meus antepassados. O Deus de vocês também não os livrará de minhas mãos!"

¹⁶Os ministros de Senaquerib falaram ainda muito mais coisas contra Javé Deus e contra o seu servo Ezequias. ¹⁷Senaquerib escreveu também mensagens insultando Javé, o Deus de Israel. Ele dizia: "Assim como os deuses das outras nações não livraram seus povos da minha mão, o Deus de Ezequias também não livrará o seu povo da minha mão". ¹⁸Depois passaram a gritar bem alto, em língua judaica, para o pessoal que estava sobre as muralhas, para o amedrontar e intimidar, e assim tomarem posse da cidade. ¹⁹Falaram do Deus de Jerusalém, como se ele fosse igual aos deuses dos outros povos do mundo, que são produto de mãos humanas.

²⁰Nessa situação, o rei Ezequias começou a rezar, junto com o profeta Isaías, filho de Amós, pedindo socorro aos céus. ²¹Então Javé enviou um anjo, que exterminou todos os soldados, chefes e oficiais do acampamento do rei da Assíria. Este voltou derrotado para seu país e, ao entrar no templo de seu deus, aí mesmo foi assassinado por seus próprios filhos. ²²Foi assim que Javé salvou Ezequias e os habitantes de Jerusalém das mãos de Senaquerib, rei da Assíria, e das mãos de todos os outros. E deu-lhes tranquilidade em todas as fronteiras. ²³Depois disso, muita gente levou ofertas a Javé em Jerusalém e presentes para Ezequias, rei de Judá, que adquiriu grande prestígio aos olhos de todas as nações.

Dificilmente um rei é justo – ²⁴Nessa ocasião, Ezequias ficou gravemente doente e implorou a Javé, que o ouviu e o agraciou com um milagre. ²⁵Ezequias, porém, não

---

24-33: O fim do reinado de Ezequias é narrado de forma melancólica. Dificilmente um rei consegue permanecer totalmente voltado para as coisas de Deus. Apesar de sua virtude, Ezequias demonstra orgulho nas relações internacionais, e esse pecado de um rei, mesmo santo como Ezequias, atrai a cólera divina.

correspondeu a esse benefício. Pelo contrário, encheu-se de orgulho e atraiu a ira de Javé sobre si, sobre Judá e sobre Jerusalém. ²⁶Ezequias, porém, se arrependeu do seu orgulho. O mesmo fizeram os habitantes de Jerusalém. Por isso, a ira de Javé não caiu sobre eles durante a vida de Ezequias. ²⁷Ezequias tinha enorme riqueza e muitos bens. Construiu depósitos para prata, ouro, pedras preciosas, perfumes, joias, objetos de valor e todo o tipo de coisas preciosas. ²⁸Construiu ainda armazéns para as safras de trigo, de vinho e de óleo; estábulos para o gado e currais para as ovelhas. ²⁹Comprou jumentos e grande quantidade de bois e ovelhas, porque Deus lhe concedeu muitos bens.

³⁰Foi Ezequias quem fechou a saída superior das águas do Gion e as desviou, por um subterrâneo, para a parte ocidental da Cidade de Davi. Ezequias foi bem-sucedido em tudo o que fez. ³¹Mas, quando os chefes de Babilônia lhe enviaram mensageiros para se informarem sobre o milagre acontecido no país, Deus o abandonou para colocá-lo à prova e conhecer suas intenções.

³²O resto da história de Ezequias e sua fidelidade estão escritos nas visões do profeta Isaías, filho de Amós, e no livro dos Reis de Judá e de Israel. ³³Ezequias morreu e foi sepultado na parte mais alta dos túmulos dos filhos de Davi. Judá em peso e os habitantes de Jerusalém lhe prestaram muitas homenagens por ocasião da sua morte. Seu filho Manassés lhe sucedeu no trono.

33 Pecado e arrependimento de Manassés –
¹Manassés tinha doze anos quando subiu ao trono. E reinou cinquenta e cinco anos em Jerusalém. ²Fez o que Javé reprova, imitando as abominações das nações que Javé tinha expulsado diante dos israelitas. ³Reconstruiu os lugares altos que seu pai Ezequias havia destruído. Ergueu altares para os baais. Levantou Aserás, e prostrou-se diante de todo o exército do céu, que ele adorou. ⁴Construiu também altares no Templo de Javé, sobre o qual Javé havia dito: "É em Jerusalém que o meu Nome estará para sempre". ⁵Construiu altares em honra de todo o exército do céu, nos dois pátios do Templo de Javé. ⁶Sacrificou no fogo seus próprios filhos no vale dos filhos de Enom. Praticou adivinhação e magia, estabelecendo feiticeiras e adivinhos. Provocou a ira de Javé, multiplicando as ações que Javé reprova. ⁷Chegou até ao ponto de pegar a imagem de um ídolo que tinha mandado fazer e a colocou no Templo de Deus, do qual o próprio Deus tinha dito a Davi e a seu filho Salomão: "Farei residir para sempre o meu Nome neste Templo em Jerusalém, cidade que eu escolhi entre todas as tribos de Israel. ⁸Não deixarei mais que o pé de Israel se torne errante, longe da terra que dei a seus antepassados, contanto que cumpram o que lhes ordenei, segundo toda a Lei, os estatutos e as normas transmitidos por Moisés". ⁹Manassés, porém, levou o povo de Judá e de Jerusalém a cometer erros maiores que os erros das nações que Javé tinha arrasado diante dos israelitas. ¹⁰Javé falou a Manassés e ao seu povo, mas eles não o atenderam.

¹¹Então Javé fez vir contra eles os generais do rei da Assíria, que algemaram Manassés, o acorrentaram e o levaram para a Babilônia. ¹²Ao ver-se em apuros, Manassés procurou agradar Javé, seu Deus, humilhando-se profundamente diante do Deus de seus antepassados. ¹³Suplicou a Javé, e este se comoveu. Javé ouviu sua súplica e o trouxe de volta para Jerusalém, para o seu reino. Foi assim que Manassés reconheceu que Javé é o verdadeiro Deus.

¹⁴Depois disso, Manassés reconstruiu a muralha externa da Cidade de Davi, a oeste do Gion, no vale, até a porta dos Peixes. A muralha rodeava o Ofel, e Manassés a fez bem alta. Também colocou comandantes militares em todas as cidades fortificadas de Judá. ¹⁵Fez desaparecer do Templo de Javé os deuses estrangeiros e a estátua do ídolo. Tirou da cidade todos os altares que havia construído no monte do Templo

---

33,1-20. Releitura sacerdotal de 2Rs 21,1-18. Defensores da teologia da retribuição e da bênção, os cronistas tentam justificar o longo reinado do ímpio rei Manassés. No entanto, embora pudesse parecer sinal do favor divino, esse reinado mais longo que o de Davi caracteriza-se pela violência promovida pelo sanguinário

e em Jerusalém. ¹⁶Reconstruiu o altar de Javé e imolou sobre ele sacrifícios de comunhão e de ação de graças. Deu ordens ao povo de Judá para prestar culto a Javé, o Deus de Israel. ¹⁷Mas o povo continuou oferecendo sacrifícios nos lugares altos, embora fossem para Javé, o Deus deles.

¹⁸O resto da história de Manassés, a súplica que fez ao seu Deus e os oráculos dos videntes que lhe falavam em nome de Javé, o Deus de Israel, tudo está escrito nas Atas dos Reis de Israel. ¹⁹Sua súplica e como ele foi atendido, seu pecado e rebeldia, os locais onde ele havia construído lugares altos e erguido Aserás e ídolos antes de se converter, tudo está escrito na História de Hozai. ²⁰Manassés morreu e foi sepultado no seu palácio. Seu filho Amon lhe sucedeu no trono.

Amon: golpe de Estado e revolta dos camponeses – ²¹Amon tinha vinte e dois anos quando subiu ao trono. E reinou dois anos em Jerusalém. ²²Fez o que Javé reprova, como seu pai Manassés: ofereceu sacrifícios e prestou culto a todos os ídolos que seu pai Manassés tinha feito. ²³Ele, porém, não se humilhou diante de Javé como seu pai Manassés; pelo contrário, aumentou as próprias culpas. ²⁴Seus ministros tramaram contra ele, e o mataram no seu próprio palácio. ²⁵O povo da terra, porém, matou todos os que tinham conspirado contra o rei Amon, e proclamou rei o seu filho Josias, no lugar dele.

34 Descoberta do livro e reforma de Josias

– ¹Josias tinha oito anos quando subiu ao trono. E reinou trinta e um anos em Jerusalém. ²Fez o que Javé aprova e seguiu em tudo o comportamento de seu antepassado Davi, sem se desviar, nem para a direita, nem para a esquerda.

³No oitavo ano de seu reinado, sendo ainda adolescente, começou a buscar o Deus de seu antepassado Davi. E no seu décimo segundo ano de reinado, começou a purificar Judá e Jerusalém dos lugares altos, das Aserás e dos ídolos de madeira e de metal. ⁴Por sua ordem, destruíram os altares dos baais, e ele próprio destruiu os altares de incenso que estavam sobre os altares, despedaçou as Aserás, os ídolos de madeira e de metal e, reduzindo-os a pó, espalhou o pó sobre os túmulos de quem lhes havia oferecido sacrifícios. ⁵Queimou nesses altares os ossos dos sacerdotes, e assim purificou Judá e Jerusalém. ⁶Nas cidades de Manassés, de Efraim, de Simeão, e até de Neftali, em todos os lugares, ⁷derrubou os altares e as Aserás, quebrou e esmigalhou os ídolos e destruiu todos os altares de incenso em todo o país de Israel. Depois voltou para Jerusalém.

⁸No décimo oitavo ano de seu reinado, para purificar o país e o Templo, Josias mandou Safã, filho de Aslias, com Maasias, prefeito da cidade, e o arquivista Joá, filho de Joacaz, para reformarem o Templo de Javé, seu Deus. ⁹Eles procuraram o sumo sacerdote Helcias, e lhe deram o dinheiro trazido para o Templo de Deus. Esse dinheiro tinha sido coletado pelos levitas, guardiães do pátio, entre o pessoal de Manassés, de Efraim e de todo o resto de Israel, como também de Judá e Benjamim e dos habitantes de Jerusalém. ¹⁰Esse dinheiro foi entregue aos encarregados dos trabalhos e mestres de obras do Templo de Javé, que deviam pagar os trabalhos feitos na restauração e reforma do Templo. ¹¹O dinheiro foi entregue aos carpinteiros e pedreiros para comprar pedras lavradas, vigas e traves de madeira para a estrutura e as vigas das construções que os reis de Judá tinham deixado cair em ruínas. ¹²Esses homens executaram fielmente o trabalho. Tinham como inspetores Jaat e Abdias, levitas descendentes de Merari, e Zacarias e Mosolam, levitas descendentes de Caat, assim como outros levitas que sabiam tocar instrumentos musicais. ¹³Esses fiscalizavam também os carregadores e dirigiam todos os que trabalhavam na obra, segundo a especialidade de cada um. Outros levitas eram secretários, inspetores e porteiros.

Manassés. Sua conversão após um período de prisão na Babilônia é narrada nesta releitura para convidar à conversão do povo após o exílio.

21-25: Pequena nota que relê 2Rs 21,19-26.

34,1-18: Os cronistas releem e ampliam a narrativa de 2Rs 22,1-23,30, dando uma visão sacerdotal da reforma, cujas alterações significativas são fruto da busca do rei sobre "o Deus de seu antepassado Davi". Por isso, em

¹⁴Ao retirarem o dinheiro que tinha sido depositado no Templo de Javé, o sacerdote Helcias encontrou o livro da Lei de Javé transmitida por Moisés. ¹⁵Então Helcias disse ao secretário Safã: "Encontrei no Templo de Javé o Livro da Lei!" E entregou o livro a Safã. ¹⁶Então Safã levou o livro para o rei e lhe informou: "Seus servos fizeram tudo o que você ordenou. ¹⁷Estão empregando o dinheiro recolhido no Templo de Javé para pagar os mestres e os trabalhadores da obra." ¹⁸Ao mesmo tempo, o secretário Safã informou ao rei: "O sacerdote Helcias me entregou um livro". E começou a ler o livro para o rei.

Será que o livro é autêntico? – ¹⁹Ao ouvir o conteúdo da Lei, Josias rasgou as roupas. ²⁰E imediatamente ordenou a Helcias, a Aicam, filho de Safã, a Abdon, filho de Micas, ao secretário Safã e a Asaías, ministro do rei: ²¹"Vão consultar Javé por mim e pelos que restam de Israel, e por Judá, a respeito do livro que foi encontrado. Javé deve estar enfurecido conosco, porque nossos antepassados não obedeceram à palavra de Javé e não agiram conforme o que está escrito neste livro".

²²Então Helcias e os mensageiros do rei foram procurar a profetisa Hulda, mulher de Selum, guarda dos vestiários, filho de Técua, neto de Haraas. Ela morava em Jerusalém, no Bairro Novo. Expuseram para ela o caso. ²³E ela respondeu: "Assim diz Javé, o Deus de Israel: Digam a quem enviou vocês até mim: ²⁴Assim diz Javé: 'Vou fazer cair uma desgraça sobre este lugar e seus habitantes, vou enviar todas as maldições que estão nesse livro que o rei de Judá leu. ²⁵Eles me abandonaram e queimaram incenso a outros deuses, e me irritaram com toda a obra de suas mãos. Por isso, minha ira se inflamou contra esse lugar, e não se apagará'. ²⁶Digam ao rei de Judá, que os enviou para consultar Javé: 'Assim diz Javé, o Deus de Israel: Por ter ouvido essas palavras ²⁷com dor de coração, humilhando-se diante de Deus ao ouvir suas ameaças contra este lugar e seus habitantes, porque você se humilhou diante de mim, rasgou suas roupas e chorou em minha presença, eu também escuto você – oráculo de Javé. ²⁸Vou reunir você a seus antepassados, e você será sepultado em paz. Seus olhos não verão todos os males que eu enviarei sobre este lugar e seus habitantes' ". Então eles levaram essa resposta ao rei.

O Livro da Lei se torna lei de Estado – ²⁹O rei convocou todos os anciãos de Judá e Jerusalém para uma reunião. ³⁰Depois, subiu para o Templo de Javé com todos os homens de Judá e todos os habitantes de Jerusalém: sacerdotes, levitas e o povo todo, adultos e crianças. Leu para eles as palavras do Livro da Aliança encontrado no Templo de Javé. ³¹De pé sobre o estrado, o rei concluiu, diante de Javé, a aliança para seguir a Javé, obedecendo a seus mandamentos, testemunhos e estatutos, de todo o coração e de toda a alma, cumprindo todas as palavras da aliança escritas nesse livro. ³²Em seguida, fez todos os que se encontravam em Jerusalém e em Benjamim se comprometerem com a aliança. A partir daí, os moradores de Jerusalém começaram a agir de acordo com a aliança do Deus de seus antepassados.

³³Josias retirou todas as abominações de todos os territórios pertencentes aos israelitas e obrigou todos os que encontrou em Israel a prestarem culto a Javé, o seu Deus. Durante toda a vida de Josias, eles não se afastaram de Javé, o Deus de seus antepassados.

35 *A alegria de recomeçar* – ¹Josias celebrou em Jerusalém uma Páscoa em honra de Javé. A Páscoa foi imolada no dia catorze do primeiro mês. ²Josias restabeleceu os sacerdotes em suas funções, e os confirmou no serviço do Templo de Javé. ³Josias disse aos levitas que instruíam o povo e eram consagrados

---

Crônicas, os ritos sacerdotais de purificação do Templo e a destruição dos ídolos são mais importantes que a descoberta do Livro da Lei.

19-28: Releitura sacerdotal de 2Rs 22,11-20. O Livro da Lei, confirmado pela profetisa, na narrativa de Reis se refere apenas ao Deuteronômio; aqui em Crônicas significa toda a Torá ou Pentateuco.

29-33: Nesta releitura sacerdotal de 2Rs 23,1-3, o povo, liderado pelos sacerdotes e levitas, assume solenemente a observância da Torá.

35,1-19: Ampliação sacerdotal de 2Rs 23,21. Repetindo o gesto de Ezequias (cf. 30,1-27), aqui Josias comemora a reforma, fazendo uma celebração da Páscoa, precedida de uma restauração e organização do

a Javé: "Coloquem a arca santa no Templo construído por Salomão, filho de Davi, rei de Israel. Vocês não precisam mais transportá-la nos ombros. Dediquem-se agora a servir a Javé, seu Deus, e a seu povo Israel. 4Organizem-se em turnos por famílias, conforme Davi, rei de Israel, e seu filho Salomão determinaram por escrito. 5Ocupem seus postos no santuário, dividindo suas famílias, de tal forma que cada grupo de levitas esteja encarregado de uma família do povo. 6Imolem a Páscoa, purifiquem-se e preparem tudo para os seus irmãos, fazendo tudo de acordo com a palavra de Javé, que foi transmitida por Moisés".

7Aos homens do povo, Josias forneceu cordeiros e cabritos necessários para a celebração da Páscoa de todos os que se encontravam em Jerusalém. Foram trinta mil cabeças de gado miúdo, além dos três mil bois, tudo vindo das propriedades do rei. 8As autoridades fizeram uma oferta generosa ao povo, aos sacerdotes e levitas: Helcias, Zacarias e Jeiel, administradores do Templo de Deus, entregaram aos sacerdotes duas mil e seiscentas cabeças de gado miúdo para a celebração da Páscoa, e ainda trezentas cabeças de bois. 9Conenias, Semeías, seu irmão Natanael, Hasabias, Jeiel e Jozabad, chefes dos levitas, ofereceram aos levitas cinco mil cabeças de gado miúdo para a Páscoa e quinhentos bois. 10Quando a cerimônia estava preparada, os sacerdotes ocuparam seus postos, e os levitas começaram a funcionar por classes, de acordo com as determinações do rei. 11E imolaram a Páscoa. Os sacerdotes sangravam e os levitas tiravam o couro. 12Separaram a parte que devia ser queimada, entregando o restante aos diversos ramos de famílias, da gente do povo, a fim de que todos pudessem fazer ofertas a Javé, conforme está escrito no livro de Moisés. O mesmo fizeram com os bois. 13Assaram os cordeiros pascais na brasa, de acordo com a regra, e cozinharam em panelas, caldeirões e caçarolas os outros alimentos sagrados, e levaram rapidamente para toda a gente do povo. 14Em seguida, prepararam a Páscoa para si e para os sacerdotes da família de Aarão. Estes ficaram ocupados até o anoitecer com os holocaustos e as gorduras. Foi por isso que os levitas prepararam os cordeiros da Páscoa para si e para os sacerdotes da família de Aarão. 15Os cantores da família de Asaf estavam em seu lugar, segundo as ordens deixadas por Davi. Nem Asaf, nem Emã, nem Iditun, nem o vidente do rei, nem os porteiros tiveram de deixar suas funções, pois seus irmãos levitas prepararam tudo para eles.

16Toda a celebração para Javé foi feita no mesmo dia: celebrou-se a Páscoa e se imolaram holocaustos no altar de Javé, tudo conforme a determinação do rei Josias. 17Foi nessa época que os israelitas presentes celebraram a Páscoa e, durante sete dias, a festa dos Pães Ázimos. 18Nunca se havia celebrado em Israel uma Páscoa como essa, desde o tempo do profeta Samuel. Nenhum rei de Israel tinha celebrado uma Páscoa como a que Josias celebrou com seus sacerdotes, levitas, todo Judá, os israelitas presentes e os moradores de Jerusalém. 19Foi celebrada no décimo oitavo ano do rei Josias.

O erro e a morte de Josias – 20Tempos depois de Josias ter restaurado o Templo, Necao, rei do Egito, foi guerrear em Carquemis, à margem do rio Eufrates. Josias saiu para enfrentá-lo. 21Então Necao mandou-lhe mensageiros com este recado: "Não se intrometa em meus assuntos, rei de Judá. Não vim lutar contra você. Eu estou em guerra contra outra dinastia. Deus me mandou fazer isso imediatamente. Não queira atrapalhar a ação de Deus. Ele está comigo. Senão, ele acabará com você!" 22Josias, porém, não desistiu de atacá-lo, pois estava decidido a guerrear. E não deu atenção ao que Necao lhe dizia em nome de Deus. E foi guerrear contra ele no vale de Meguido. 23Os atiradores acertaram flechas no rei Josias, que disse a seus aju-

---

sacerdócio. Os ritos pascais são presididos pelos sacerdotes sadoquitas, auxiliados pelos levitas. Os detalhes desta Páscoa, muito centralizada no Templo de Jerusalém, mostram a celebração do período pós-exílico.

20-27: Releitura sacerdotal de 2Rs 23,29-30. A trágica morte de Josias, causada por um erro político, marca o fim das reformas religiosas em Judá. Numa releitura a partir da teologia da retribuição, os cronistas interpretam essa morte como sinal de que o piedoso rei Josias

dantes: "Tirem-me do combate, porque estou gravemente ferido". ²⁴Os ajudantes tiraram Josias do carro, o puseram em outro e o levaram para Jerusalém, onde ele morreu. Foi sepultado no túmulo dos seus antepassados, e todo Judá e Jerusalém fizeram luto por ele. ²⁵Jeremias compôs uma lamentação em honra de Josias, e até hoje cantores ainda cantam essa lamentação por Josias. Tornou-se um cântico tradicional em Israel e se encontra nas Lamentações. ²⁶O resto da história de Josias, sua fidelidade a tudo o que está escrito na Lei de Javé, ²⁷suas obras, do começo ao fim, tudo está escrito no Livro dos Reis de Israel e de Judá.

VIII. O EXÍLIO NÃO É O FIM DA HISTÓRIA

36 *Joacaz e a dominação egípcia* – ¹O povo da terra pegou o filho de Josias, chamado Joacaz, e o colocou como rei em Jerusalém, no lugar de seu pai. ²Joacaz tinha vinte e três anos quando subiu ao trono, e reinou três meses em Jerusalém. ³O rei do Egito tirou Joacaz de Jerusalém e impôs ao país um tributo de três toneladas e meia de prata, e trinta e quatro quilos de ouro. ⁴Depois, o rei do Egito colocou Eliaquim, irmão de Joacaz, como rei de Judá e Jerusalém, mudando o nome dele para Joaquim. Quanto a Joacaz, o faraó Necao o prendeu e levou para o Egito.

Joaquim e a dominação babilônica – ⁵Joaquim tinha vinte e cinco anos quando subiu ao trono. E reinou onze anos em Jerusalém. Fez o que Javé, seu Deus, reprova. ⁶Nabucodonosor, rei da Babilônia, guerreou contra ele, o algemou e levou para a Babilônia. ⁷Dos objetos do Templo de Javé, Nabucodonosor levou uma parte para guardá-la em seu palácio, na Babilônia.

⁸O resto da história de Joaquim, as abominações que praticou e tudo o que lhe aconteceu, tudo está escrito no Livro dos Reis de Israel e de Judá. Seu filho Jeconias lhe sucedeu no trono.

Jeconias e o primeiro exílio na Babilônia – ⁹Jeconias tinha dezoito anos quando subiu ao trono. E reinou três meses e dez dias em Jerusalém. Fez o que Javé reprova. ¹⁰Na passagem do ano, o rei Nabucodonosor mandou prendê-lo e levá-lo para a Babilônia com os objetos preciosos do Templo de Javé. Como rei sobre Jerusalém e Judá, colocou Sedecias, irmão de Jeconias.

Sedecias: um rei sem rumo – ¹¹Sedecias tinha vinte e um anos quando subiu ao trono. E reinou onze anos em Jerusalém. ¹²Fez o que Javé, seu Deus, reprova, e não se humilhou diante do profeta Jeremias, que lhe falava em nome de Javé. ¹³Além disso, revoltou-se contra o rei Nabucodonosor, ao qual tinha jurado fidelidade em nome de Deus. Ele se obstinou e não quis converter-se para Javé, o Deus de Israel. ¹⁴As autoridades, os sacerdotes e o povo também aumentaram os crimes que cometiam, imitando as abominações das nações. E profanaram o Templo, que Javé tinha consagrado para si em Jerusalém. ¹⁵Javé, o Deus de seus antepassados, enviou seus mensageiros, uns após outros, pois queria poupar seu povo e sua habitação. ¹⁶Mas eles caçoavam dos mensageiros de Deus, não levavam a sério suas palavras, zombavam dos profetas, até que a ira de Javé contra seu povo chegou a tal ponto que não houve mais remédio. ¹⁷Então Javé mandou contra eles o rei dos caldeus, que matou nossa gente à espada, até no Templo sagrado, sem poupar rapazes ou moças, adultos ou velhos. Deus

---

não foi totalmente fiel aos preceitos de Javé. Não temos nenhum registro de lamentação do profeta Jeremias sobre o corpo do rei (v. 25; cf. Jr 22,15-16).

36,1-23: Crônicas é bastante sucinto na descrição da tragédia que culminou com o exílio do povo na Babilônia. Não interessa aos cronistas narrar a derrota da Casa de Davi, com a destruição da cidade e do Templo. Após rápidos registros inspirados em 2Rs 23,31-25,30 sobre os últimos reis de Judá, os cronistas narram a chegada de Ciro ao trono da Pérsia. Concluem a narrativa transcrevendo o conhecido decreto real que permitiu a volta dos exilados para Judá. Este final do livro coincide com o início do livro Esdras-Neemias (cf. Esd 1,1-3).

1-4: Releitura sacerdotal de 2Rs 23,31-35.
5-8: Releitura sacerdotal de 2Rs 23,36-24,7. As informações aqui não coincidem com o relato de Reis.
9-10: Releitura sacerdotal de 2Rs 24,8-17.
11-21: Releitura sacerdotal de 2Rs 24,18-20 (cf. Jr 52,1-3). Os cronistas relatam rapidamente as mortes, execuções e destruições promovidas pelos caldeus. Nada falam do rebaixamento de Jerusalém, da transferência da capital para Masfa e do governo de Godolias.

entregou todos nas mãos dele. ¹⁸O rei dos caldeus levou para a Babilônia todos os objetos pequenos e grandes do Templo de Javé, e também os tesouros do Templo de Javé, os tesouros do rei e de seus oficiais. ¹⁹Em seguida, os caldeus puseram fogo no Templo de Deus, derrubaram as muralhas de Jerusalém, incendiaram todas as suas mansões e destruíram todos os objetos de valor. ²⁰Levaram para o exílio na Babilônia todos os que escaparam da espada, a fim de servirem como escravos para eles e seus descendentes, até que chegou o reino persa. ²¹Dessa forma, cumpriu-se o que Javé tinha dito por meio do profeta Jeremias: "Até que a terra desfrute seus sábados, ela descansará durante todos os dias da desolação, até que se tenham passado setenta anos".

Existe uma esperança para o povo – ²²No primeiro ano do reinado de Ciro, rei da Pérsia, Javé, cumprindo o que tinha dito por meio do profeta Jeremias, despertou a consciência de Ciro, rei da Pérsia. Este proclamou por todo o império, a viva voz e por escrito, o seguinte: ²³"Ciro, rei da Pérsia, decreta: Javé, o Deus do céu, entregou a mim todos os reinos do mundo. Ele me encarregou de construir para ele um Templo em Jerusalém, na terra de Judá. Todos os que pertencem a esse povo e vivem entre nós, podem voltar para lá. E que Javé, seu Deus, esteja com eles".

22-23: Os cronistas encerram o livro com o decreto de Ciro (Esd 1,1-3). O Livro de Crônicas se dirige à comunidade dos judeus que voltaram do exílio e estão empenhados na reconstrução de Judá. Após todos os erros de seus reis, o povo conseguiu retornar por bênção e graça de Javé. Dessa forma, a história precisa ser lida de maneira positiva: Javé é o Senhor da história. Nada acontecerá ao povo, enquanto o culto a Javé, celebrado no Templo de Jerusalém, continuar a existir. Preservar a nação e o culto se tornará a grande tarefa histórica do povo, liderado pelos sacerdotes e levitas.

ESDRAS E NEEMIAS

A RECONSTRUÇÃO DE JUDÁ

Introdução

Chamamos de "pós-exílio" o longo período histórico entre o decreto do rei persa Ciro, permitindo a volta dos exilados (538 a.C.), e a chegada dos romanos (63 a.C.). Poucos são os livros bíblicos que narram os acontecimentos dessa etapa da História do Povo de Deus. São quase quinhentos anos, em que se copia e se escreve muito sobre as épocas passadas, mas pouco se reflete ou se escreve sobre o momento presente. Parece que nada dessa época ficou registrado com clareza. A ausência de dados chama a atenção para uma etapa marcada por grande esforço literário. No pós-exílio acontece, por exemplo, a redação definitiva do Pentateuco e da Obra Deuteronomista, bem como o desenvolvimento da literatura sapiencial. Por que foi tão difícil registrar a história da pequena província persa de Judá? Essa lacuna de informações torna fundamental a leitura do livro de Esdras-Neemias. Afinal, é a única fonte que temos sobre esse período bíblico.

Originalmente, os dois livros surgiram como um só, para descrever, em narrativa bastante tendenciosa, a reconstrução de Judá durante o período da dominação dos persas (539-331 a.C.). Ainda que redigido, quase todo, a partir de um relatório do governador Neemias, o livro reúne também informações provenientes de relatórios oficiais, arquivos governamentais, além das crônicas sacerdotais preservadas no Templo de Jerusalém. Assim, fornece valiosas informações sobre o povo de Judá num momento singular. Desde o decreto de Ciro até a conquista de Alexandre Magno, Judá é uma pequena província que pertence ao maior império até então construído no antigo Oriente Médio. O livro fala também da situação das comunidades judaicas no exílio, tanto em Babilônia como em Susa.

Esdras-Neemias tem, como fio condutor, a missão dos grandes agentes da reconstrução de Judá. Começa com a missão do governador Zorobabel e do sumo sacerdote Josué (Esd 1-6), passa pela missão do sacerdote e escriba Esdras (Esd 7-10 e Ne 8), e chega à missão do governador Neemias (Ne 1-7.9-13).

Dentro desse esquema literário, percebe-se que o livro foi escrito na visão da Golá, o grupo de exilados que retorna à sua antiga pátria, iniciando o projeto de reconstrução. A narrativa dá a impressão de que todo o povo de Israel tinha ido para a Babilônia. Dessa forma, outro tema importante é a relação entre os retornados e o grande número de remanescentes que não tinham ido para o exílio. Os retornados, vindos da Babilônia ou da Pérsia, buscavam reconstruir Judá a partir do modelo existente na época dos antigos reis. Os que ficaram, o chamado "povo da terra", buscavam manter sua religião, suas estruturas governamentais e, principalmente, as terras que adquiriram com o exílio da antiga elite.

Problemas cronológicos

Sempre houve intensa discussão sobre a cronologia de Esdras-Neemias. A narrativa mostra que os dois personagens principais, o escriba Esdras e o governador Neemias, trabalharam juntos em Judá. No entanto, admite-se hoje que essa coincidência tem apenas motivos redacionais. O livro na verdade deve ser lido dentro de uma possível cronologia da era persa:

597: Exílio da casa real e dos sacerdotes. Judá mantém as estruturas políticas com um rei vassalo (Sedecias).

586: Exílio da elite e dos artesãos. Destruição de Jerusalém. O governo local é transferido para o santuário de Masfa.

Godolias é nomeado governador da província babilônica de Judá.

582: Assassinato de Godolias por gente da casa de Davi. Fuga de Jeremias para o Egito.

561: O novo rei babilônico Evil-Merodac anistia o rei Joaquin. Última informação da Obra Histórica Deuteronomista.

539: O rei persa Ciro toma Babilônia.

538: Decreto de Ciro permite a volta dos exilados da Babilônia para Judá.

537: Sasabassar comanda o primeiro grupo que volta para Judá.

536: Recomeço da reconstrução do Templo em Jerusalém. As resistências internas e externas param a obra.

520: Novo grupo de exilados retorna sob o comando de Zorobabel. Atuação dos profetas Ageu e Zacarias. O sumo sacerdote Josué retoma a construção do Templo.

518: As obras de reconstrução param novamente. Decreto de Dario autoriza a reconstrução.

517: Festa da dedicação do Templo.

445: Neemias é nomeado governador de Judá. Começa a reconstrução das muralhas de Jerusalém, que volta a ser a capital de Judá. Os retornados vencem a disputa interna contra o povo da terra.

433: Fim do primeiro governo de Neemias.

430: Retorno de Neemias ao governo em Jerusalém. Leitura da Lei e promulgação da Aliança em toda a província de Judá. Início da compilação do Pentateuco.

428: Neemias volta para Susa.

425-404: Parte dos remanescentes abandona o santuário de Masfa e constrói o templo no monte Garizim, em Samaria.

390: Época da missão de Esdras. Jerusalém firma-se como Cidade Santa. O Pentateuco é adotado como legislação político-religiosa pelo Templo de Jerusalém. Surge o judaísmo.

Essa cronologia dá uma chave de leitura importante para a época. Existe um conflito entre os distintos projetos de reconstrução em Judá. O principal grupo, a Golá, é formado pelos que retornaram da Babilônia. Querem que o centro político e religioso do país volte a ser Jerusalém. Do outro lado, temos o povo que permaneceu na terra e desde a época babilônica se organizou de maneira mais descentralizada, tendo como centro de referência o antigo santuário de Masfa. Uma série de governadores manteve tal organização durante todo o período do império neobabilônico (586-539 a.C.). Com a chegada dos persas, os exilados começaram a retornar. Tinham como projeto a restauração das antigas glórias, buscando fazer de Jerusalém a cidade santa, com o templo reconstruído servindo como lugar de referência para todos os judeus dispersos. Mas, para colocar em funcionamento esse projeto, necessitavam conquistar a hegemonia dentro da província persa de Judá.

O livro de Esdras-Neemias conta a história narrada pelos retornados. Está clara a maneira como conseguiram a hegemonia dentro de Judá: colocando-se a serviço do império persa. É sintomático que a pessoa símbolo dessa vitória seja Neemias, que fez carreira política na corte persa em Susa, como ministro da total confiança do imperador. Chegou a Judá com muita força e determinação. Venceu as resistências internas e reconstruiu as muralhas de Jerusalém, que assim reconquistou sua condição de capital da província. Também conseguiu a centralização jurídica de Judá, fazendo do Templo de Jerusalém um tribunal de primeira instância. Com isso, o santuário de Masfa perde importância. Grande parte do povo da terra acaba aderindo ao projeto dos retornados, não sem muitas resistências (cf. Is 56-66). Os remanescentes que permaneceram fiéis ao antigo santuário migraram para Samaria. No alto do monte Garizim construíram um Templo, que será o santuário daqueles que, mais tarde, serão conhecidos como os "samaritanos".

Esquema

Originalmente Esdras-Neemias formava um único livro. Bem mais tarde foi separado em dois, primeiramente denominados 1 Esdras e 2 Esdras. Posteriormente, o segundo passa a chamar-se com o nome atual, Neemias. Eis o esquema geral:

1. A reconstrução do Templo e a resistência dos vizinhos (Esd 1,1 a 6,22).
2. O compromisso dos retornados e a Aliança (Esd 7,1 a 10,44).

3. A reconstrução das muralhas e a resistência do povo da terra (Ne 1,1 a 7,4).
4. O compromisso dos retornados e a Aliança (Ne 7,5 a 10,40).
5. Término de toda a reconstrução – Jerusalém volta a ser a capital (Ne 11,1 a 12,47).
6. A imposição da Aliança a todos os habitantes de Judá (Ne 13,1 a 13,31).

Percebem-se na redação três relatos distintos: 1. missão de Zorobabel (Esd 1-6); 2. missão de Esdras (Esd 7-10); 3. missões de Neemias (Ne 1-13).

ESDRAS

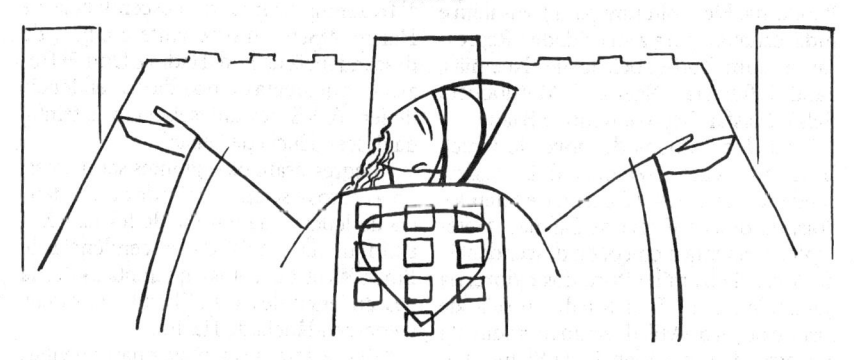

I. VOLTA DO EXÍLIO E RESISTÊNCIA DOS VIZINHOS

1 *A esperança dos deportados se realiza* – ¹No primeiro ano do reinado de Ciro, rei da Pérsia, Javé, cumprindo o que tinha dito pelo profeta Jeremias, despertou a consciência de Ciro, rei da Pérsia, que proclamou por todo o império, a viva voz e por escrito, o seguinte: ²"Ciro, rei da Pérsia, decreta: Javé, o Deus do céu, entregou-me todos os reinos do mundo. Ele me encarregou de construir para ele um Templo em Jerusalém, na terra de Judá. ³Quem de vocês provém do povo dele? Que o seu Deus esteja com ele. Volte para Jerusalém, na terra de Judá, para reconstruir o Templo de Javé, o Deus de Israel. Ele é o Deus que reside em Jerusalém. ⁴Todos os sobreviventes, de todo lugar para onde tiverem imigrado, receberão da população local prata e ouro, bens e animais, além de ofertas espontâneas para o Templo de Deus que está em Jerusalém".

⁵Então todos os que se sentiram movidos por Deus – chefes de família de Judá e Benjamim, sacerdotes e levitas – puseram-se a caminho para reconstruir o Templo de Javé em Jerusalém. ⁶Os vizinhos lhes deram de tudo: prata e ouro, bens, animais e joias, além de ofertas espontâneas.

⁷O rei Ciro entregou também os objetos do Templo de Javé, que o rei Nabucodonosor tinha tirado de Jerusalém e colocado no templo do deus dele. ⁸Ciro entregou esses objetos por intermédio do tesoureiro Mitrídates, que os contou todos diante de Sasabassar, príncipe de Judá. ⁹Eram trinta cálices de ouro, mil cálices de prata, vinte e nove facas, ¹⁰trinta copos de ouro, qua-

---

1,1-11: A narrativa se abre anunciando uma nova época histórica para o povo de Israel. O decreto de Ciro marca o fim do exílio na Babilônia, e o retorno começa em 538 a.C. Historicamente, era do interesse persa manter uma população confiável na fronteira com o Egito. Os judeus serão repatriados com a ajuda financeira do império persa. Auxílio que será interpretado como indenização aos que foram forçados a trabalhar na Babilônia. Ao mesmo tempo, a devolução dos objetos sagrados mostra que a comunidade dos repatriados terá como centro o Templo de Jerusalém. O primeiro líder dos repatriados é Sasabassar, príncipe da Casa de Davi. Ele recebeu autorização para reconstruir o Templo e reorganizar o culto. Mas o nome dele não consta entre os líderes nas duas listas de repatriados: Esd 2,2 e Ne 7,7.

trocentos e dez copos de prata e mil outros objetos, ¹¹que davam no total cinco mil e quatrocentos objetos de ouro ou prata. Sasabassar levou tudo isso junto com os exilados que voltaram da Babilônia para Jerusalém.

2 *Lista dos repatriados* – ¹Lista dos que pertenciam à província de Judá e que tinham sido levados para o cativeiro na Babilônia, por Nabucodonosor, rei da Babilônia. Eles voltaram para Jerusalém e Judá, cada um para a sua cidade. ²Regressaram com Zorobabel, Josué, Neemias, Saraías, Raelaías, Naamani, Mardoqueu, Belsã, Mesfar, Beguai, Reum e Baana.

Lista dos homens do povo de Israel: ³Dois mil, cento e setenta e dois, da descendência de Faros. ⁴Trezentos e setenta e dois, da descendência de Safatias. ⁵Setecentos e setenta e cinco, da descendência de Area. ⁶Dois mil, oitocentos e doze, da descendência de Faat-Moab, ou seja, de Josué e de Joab. ⁷Mil, duzentos e cinquenta e quatro, da descendência de Elam. ⁸Novecentos e quarenta e cinco, da descendência de Zetua. ⁹Setecentos e sessenta, da descendência de Zacai. ¹⁰Seiscentos e quarenta e dois, da descendência de Bani. ¹¹Seiscentos e vinte e três, da descendência de Bebai. ¹²Mil, duzentos e vinte e dois, da descendência de Azgad. ¹³Seiscentos e sessenta e seis, da descendência de Adonicam. ¹⁴Dois mil e cinquenta e seis, da descendência de Beguai. ¹⁵Quatrocentos e cinquenta e quatro, da descendência de Adin. ¹⁶Noventa e oito, da descendência de Ater, isto é, de Ezequias. ¹⁷Trezentos e vinte e três, da descendência de Besai. ¹⁸Cento e doze, da descendência de Jora. ¹⁹Duzentos e vinte e três, da descendência de Hasum. ²⁰Noventa e cinco, da descendência de Gebar. ²¹Cento e vinte e três, da descendência de Belém. ²²Cinquenta e seis homens, de Netofa. ²³Cento e vinte e oito homens, de Anatot. ²⁴Quarenta e dois, da descendência de Azmot. ²⁵Setecentos e quarenta e três, da descendência de Cariat-Iarim, Cafira e Berot. ²⁶Seiscentos e vinte e um, da descendência de Ramá e Gaba. ²⁷Cento e vinte e dois homens, de Macmas. ²⁸Duzentos e vinte e três, de Betel e Hai. ²⁹Cinquenta e dois, da descendência de Nebo. ³⁰Cento e cinquenta e seis, da descendência de Megbis. ³¹Mil, duzentos e cinquenta e quatro, da descendência de outro Elam. ³²Trezentos e vinte, da descendência de Harim. ³³Setecentos e vinte e cinco, da descendência de Lod, Hadid e Ono. ³⁴Trezentos e quarenta e cinco, da descendência de Jericó. ³⁵E três mil, seiscentos e trinta, da descendência de Senaá.

³⁶Regressaram os seguintes sacerdotes: novecentos e setenta e três, da descendência de Jedaías, da família de Josué. ³⁷Mil e cinquenta e dois, da descendência de Emer. ³⁸Mil, duzentos e quarenta e sete, da descendência de Fasur. ³⁹E mil e dezessete, da descendência de Harim.

⁴⁰Regressaram setenta e quatro levitas, da descendência de Josué e Cadmiel, filhos de Odovias.

⁴¹Cantores, descendentes de Asaf: cento e vinte e oito.

⁴²Da descendência de Selum, de Ater, de Telmon, de Acub, de Hatita e de Sobai, famílias de porteiros: cento e trinta e nove.

⁴³Regressaram também doados, das seguintes descendências: Sia, Hasufa, Tabaot, ⁴⁴Ceros, Siá, Fadon, ⁴⁵Lebana, Hagaba, Acub, ⁴⁶Hagab, Semlai, Hanã, ⁴⁷Cidel, Gaer, Raaías, ⁴⁸Rasin, Necoda, Gazam, ⁴⁹Uza, Fasea, Besai, ⁵⁰Asena, meunitas, nefusitas, ⁵¹Bacbuc, Hacufa, Harur, ⁵²Baslut, Maida, Harsa, ⁵³Bercos, Sísara, Tema, ⁵⁴Nasias e Hatifa.

⁵⁵Regressaram ainda descendentes dos escravos de Salomão, das seguintes famílias: Sotai, Soferet, Feruda, ⁵⁶Jaala, Darcon, Gidel, ⁵⁷Safatias, Hatil, Foqueret-Assebaim e Ami. ⁵⁸Os doados e os des-

---

2,1-70: Lista detalhada que se repete em Ne 7,6-72. Aponta para as sucessivas caravanas de famílias que retornam do cativeiro dispostas a reconstruir um novo Israel. Inicia com o nome de doze homens (Esd 2,2 e Ne 7,7) de diferentes épocas e que exerceram liderança entre os repatriados. São os doze patriarcas do novo povo de Deus, reunido ao redor do Templo de Jerusalém, a Casa de Deus. Esses repatriados se entendem como o resto fiel de todo Israel (cf. 6,16) que volta para reconstruir as glórias do passado. A divisão dentro da lista mostra uma organização a partir das funções no Templo: as várias famílias de judeus segundo o lugar de origem; os sacerdotes da casa de Sadoc; os levitas conforme suas funções no culto; os "doados", ou seja, aqueles que faziam os serviços mais simples e humildes no Templo (cf. Js 9,12-27); e por fim os descendentes dos "escravos de Salomão". Os que não conseguiram provar suas origens judaítas foram excluídos da comunidade.

cendentes dos escravos de Salomão perfaziam um total de trezentas e noventa e duas pessoas.

⁵⁹Os que regressaram de Tel-Mela, Tel-Harsa, Querub, Adon e Emer, e não puderam provar que suas famílias eram de origem israelita, são os seguintes: ⁶⁰seiscentos e cinquenta e dois, da descendência de Dalaías, de Tobias e de Necoda, ⁶¹além do pessoal das famílias de sacerdotes, descendentes de Habias, de Acos e de Berzelai. Este último se casara com uma filha do galaadita Berzelai, do qual adotou o nome. ⁶²Todos esses procuraram o registro da sua genealogia, mas não encontraram. Foram assim excluídos do sacerdócio como impuros. ⁶³O governador deu ordem para eles não comerem dos alimentos sagrados, até aparecer um sacerdote que consultasse o *Urim* e o *Tumim*.

⁶⁴O grupo todo que se reuniu era de quarenta e duas mil, trezentas e sessenta pessoas, ⁶⁵sem contar os sete mil, trezentos e trinta e sete escravos e escravas. Entre eles havia duzentos cantores e cantoras. ⁶⁶Tinham setecentos e trinta e seis cavalos, duzentos e quarenta e cinco mulas, ⁶⁷quatrocentos e trinta e cinco camelos, e seis mil, setecentos e vinte jumentos.

⁶⁸Vários chefes de família, ao chegarem ao Templo de Javé, que está em Jerusalém, fizeram suas ofertas espontâneas, para que o Templo fosse reconstruído no mesmo lugar. ⁶⁹Conforme cada um podia, deram para o tesouro do culto sessenta e uma mil dracmas de ouro, cinco mil minas de prata e cem túnicas sacerdotais.

⁷⁰Os sacerdotes, os levitas e parte do povo passaram a morar em Jerusalém, enquanto os cantores, porteiros e doados, com todos os israelitas, foram morar cada um na sua cidade.

3 Começando a reconstrução do Templo –

¹Quando chegou o sétimo mês, os israelitas já estavam em suas cidades, e todo o povo se reuniu em Jerusalém como se fosse uma só pessoa. ²Então Josué, filho de Josedec, com seus irmãos sacerdotes, e Zorobabel, filho de Salatiel, com seus irmãos, começaram a reconstruir o altar do Deus de Israel, para nele oferecerem holocaustos, conforme está escrito na Lei de Moisés, homem de Deus. ³Apesar do medo que tinham dos povos da terra, reconstruíram o altar no seu antigo lugar e, em cima dele, ofereceram a Javé holocaustos matutinos e vespertinos. ⁴Celebraram a festa das Tendas, conforme está determinado, e ofereceram holocaustos diários, de acordo com o número marcado para cada dia. ⁵Depois, além do holocausto permanente, ofereceram os holocaustos que estão previstos para os sábados e as luas novas, para todas as festas consagradas a Javé e todos os sacrifícios espontâneos que cada um quisesse oferecer a Javé. ⁶No dia primeiro do sétimo mês, começaram a oferecer holocaustos em honra de Javé, apesar de não estarem ainda colocados os alicerces do santuário.

⁷Conforme a autorização de Ciro, rei da Pérsia, contrataram cortadores de pedra e carpinteiros. Com cereais, bebidas e óleo, pagaram aos sidônios e tírios para que transportassem madeira de cedro do Líbano até Jafa, por via marítima. ⁸Dois anos após terem chegado ao Templo de Deus em Jerusalém, Zorobabel, filho de Salatiel, e Josué, filho de Josedec, juntamente com seus irmãos sacerdotes e levitas, e todos os que tinham voltado do cativeiro para Jerusalém, começaram a construção no segundo mês. Aos levitas com mais de vinte anos, confiaram a direção dos trabalhos de construção do Templo de Javé. ⁹Então, Josué com seus filhos e irmãos, Cadmiel com seus filhos, e Odovias com seus filhos, começaram a dirigir os operários que trabalhavam no Templo de Deus. ¹⁰Quando os pedreiros acabaram de fazer os alicerces do Templo de Javé, os sacerdotes, paramentados e com trombetas, e os levitas descendentes de Asaf, com címbalos, se apresentaram para louvar a Javé, conforme Davi, rei de Israel, tinha

---

3,1-13: Começa a reconstrução do Templo. As lideranças agora são Zorobabel e o sumo sacerdote Josué. Sabemos também da atuação dos profetas Ageu e Zacarias. Os repatriados começam a sentir a resistência do *povo da terra* (3,3), ou seja, a grande maioria que não tinha ido para a Babilônia. Delineia-se logo no início da narrativa o grande conflito por trás do livro de Esdras-Neemias: os *repatriados* que querem realizar seu projeto de reconstrução do novo Israel encontram a resistência do *povo da terra*. O texto narra que a reconstrução foi bem sucedida, apesar de toda essa oposição.

ordenado. ¹¹Louvaram e agradeceram a Javé, "porque ele é bom, porque o seu amor é para sempre" em favor de Israel. Todo o povo erguia fortes gritos, dando louvores a Javé, porque os alicerces do Templo de Javé tinham sido lançados. ¹²Enquanto isso, muitos sacerdotes e levitas, e também chefes de família mais idosos, todos os que tinham conhecido o Templo antigo, ao verem os alicerces do Templo atual, ficaram chorando alto, enquanto outros davam gritos de alegria. ¹³No meio do povo, ninguém conseguia distinguir entre os gritos de alegria e o clamor do choro, porque o povo vibrava em alvoroço, e de longe se ouvia o rumor.

4 *Conflitos e resistência* – ¹Os adversários de Judá e Benjamim ouviram falar que o pessoal vindo do exílio estava construindo o Templo de Javé, o Deus de Israel. ²Então foram procurar Zorobabel, Josué e os chefes de família. E lhes disseram: "Queremos colaborar com vocês na construção, porque nós buscamos o mesmo Deus que vocês e lhe oferecemos sacrifícios, desde que Asaradon, rei da Assíria, nos instalou aqui". ³Zorobabel, Josué e os chefes de família de Israel responderam: "Não construiremos juntos o Templo do nosso Deus. Nós construiremos sozinhos um Templo para Javé, o Deus de Israel, pois foi isso que Ciro, rei da Pérsia, nos ordenou". ⁴Então o povo da terra começou a desmoralizar os judeus e a intimidá-los, para que interrompessem a construção. ⁵Subornaram conselheiros para que fizessem fracassar os projetos dos judeus. E isso durante todo o tempo de Ciro, até o reinado de Dario, rei da Pérsia. ⁶Logo no começo do reinado de Xerxes, o povo da terra escreveu uma carta, acusando os habitantes de Judá e Jerusalém.

⁷No tempo de Artaxerxes, Mitrídates, Tabel e outros companheiros seus escreveram para Artaxerxes, rei da Pérsia, cartas contra os judeus de Jerusalém. O texto do documento foi redigido em escrita e língua aramaicas. ⁸Depois, o governador Reum e o secretário Samsai escreveram ao rei Artaxerxes, contra Jerusalém, uma carta nos seguintes termos: ⁹"O governador Reum, o secretário Samsai, colegas juízes, legados e funcionários persas, povo de Uruc, Babilônia, Susa, ou seja, Elam, ¹⁰e outros povos que o grande Assurbanípal deportou das suas terras e instalou nas cidades da Samaria e em outros lugares da Transeufratênia". E assim por diante.

¹¹O texto da carta que mandaram é o seguinte: "Ao rei Artaxerxes. Saudações da parte de seus súditos que moram na Transeufratênia. ¹²Comunicamos ao rei que os judeus, vindos de junto de Vossa Majestade e que voltaram para Jerusalém, estão reconstruindo a cidade rebelde e perversa, estão consertando suas muralhas e já refizeram os alicerces. ¹³Que o rei tome conhecimento: se reconstruírem a cidade e consertarem as suas muralhas, eles nunca mais pagarão impostos, tributos e pedágio, e o rei ficaria prejudicado. ¹⁴Dado que nós vivemos às custas da coroa, não podemos tolerar essa ofensa ao rei. Por isso lhe comunicamos o que está acontecendo. ¹⁵Investiguem os Anais de seus predecessores, e o rei poderá ver que esta cidade é rebelde e causa prejuízo aos reis e províncias, e que dentro dela se pratica a subversão, desde os tempos mais antigos. Por isso é que esta cidade foi destruída. ¹⁶Queremos que o rei saiba de uma coisa: se essa cidade for reconstruída e suas muralhas forem reformadas, ele perderá logo os territórios da Transeufratênia".

4,1-24: A reconstrução do Templo inicia um processo de separação em Judá. De um lado, a comunidade dos *repatriados* ou *Golá*, os que voltaram da Babilônia com apoio político e financeiro do império persa. De outro, o *povo da terra*, judeus pobres que viviam da agricultura em terras que tinham recebido com o exílio da antiga elite do reino de Judá (cf. 2Rs 25,12). Os repatriados não aceitam a ajuda do povo da terra e vão reconstruir sozinhos o Templo, afastando do culto tanto o povo da terra como os antigos israelitas que moravam em Samaria.

Este capítulo mostra certa confusão de datas e reinados. Tudo parece acontecer no reinado de Dario I (521-486 a.C.), mas citam-se aqui cartas aos reis persas Xerxes (486-465 a.C.) e Artaxerxes (465-423 a.C.). Nota-se que a narrativa original se interrompe em 4,5 e é retomada 4,24. Duas cartas relacionadas à missão de Neemias (cf. Ne 2,19) foram inseridas no texto. A troca de correspondência mostra que o povo da terra também tinha suas instâncias de governo e organização, e que a resistência ao projeto dos repatriados foi intensa.

¹⁷O rei mandou a seguinte resposta: "Saudações ao governador Reum, ao secretário Samsai e aos outros seus colegas que moram na Samaria e em todos os lugares da Transeufratênia. ¹⁸Foi lida para mim uma tradução da carta que vocês me escreveram. ¹⁹Mandei investigar o caso, e de fato descobriram que essa cidade, desde os tempos mais antigos, se rebelava contra os reis e aí se praticavam a revolta e a subversão. ²⁰Em Jerusalém, houve reis poderosos que dominaram toda a região da Transeufratênia, cobrando impostos, tributos e pedágio. ²¹Ordenem, portanto, que esses homens sejam proibidos de reconstruir a cidade, até nova ordem. ²²Fiquem pois atentos, para não descuidarem de fazer isso, a fim de que o mal não cresça, nem venha a causar problemas para os reis". ²³Logo que a carta do rei Artaxerxes foi lida diante do governador Reum, do secretário Samsai e dos outros seus colegas, eles correram para Jerusalém à procura dos judeus e, com a força das armas, fizeram que eles interrompessem os trabalhos. ²⁴Foi assim que os trabalhos de construção do Templo de Deus em Jerusalém foram interrompidos, e a construção ficou parada até o segundo ano de governo de Dario, rei da Pérsia.

5 Reconstrução e dedicação do Templo

– ¹Os profetas Ageu e Zacarias, filho de Ado, começaram a profetizar aos judeus de Judá e Jerusalém, falando em nome do Deus de Israel, que os inspirava. ²Nessa época, Zorobabel, filho de Salatiel, e Josué, filho de Josedec, começaram a reconstruir o Templo de Deus em Jerusalém, acompanhados e incentivados pelos profetas de Deus. ³Tatanai, porém, governador da Transeufratênia, juntamente com Setar-Buzanai e outros companheiros seus, foram a eles e perguntaram: "Quem lhes deu permissão para reconstruir esse Templo e restaurar essas paredes? ⁴Como se chamam os homens responsáveis por essa construção?" ⁵Deus, porém, velava pelos anciãos dos judeus, que não se viram obrigados a interromper o trabalho, enquanto não chegasse a Dario um relatório e ele não mandasse uma ordem oficial sobre a questão.

⁶Texto da carta que Tatanai, governador da Transeufratênia, e Setar-Buzanai com outros colegas, autoridades da província, mandaram ao rei Dario. ⁷O relatório que mandaram dizia assim: "Saudações ao rei Dario. ⁸Saiba o rei que nós fomos ao distrito de Judá, ao Templo do grande Deus. O Templo está sendo reconstruído em pedra talhada, as paredes são revestidas de madeira; trabalha-se com cuidado e a construção progride. ⁹Procuramos aqueles senhores e perguntamos quem lhes tinha dado ordens para reconstruir o Templo e restaurar suas paredes. ¹⁰Pedimos também o nome das pessoas e tomamos por escrito o nome dos chefes, para informar o rei. ¹¹Esta foi a resposta deles: Nós somos servidores do Deus do céu e da terra, e estamos reconstruindo um Templo que, no passado, esteve de pé por muitos anos, construído que foi por um grande rei de Israel, o qual levantou as paredes e fez o acabamento. ¹²Mas, como os nossos antepassados irritaram o Deus do céu, ele os entregou nas mãos do caldeu Nabucodonosor, rei da Babilônia, que destruiu o Templo e exilou o povo na Babilônia. ¹³Entretanto, no primeiro ano do seu reinado em Babilônia, o rei Ciro promulgou um decreto, mandando reconstruir este Templo de Deus. ¹⁴Até os objetos de ouro e prata que eram do Templo de Deus e que Nabucodonosor tinha tirado do Templo de Jerusalém para o templo da Babilônia, o rei Ciro retirou do templo da Babilônia e entregou a Sasabassar, a quem nomeou governador, ¹⁵dizendo-lhe: Pegue esses objetos, coloque-os no Templo de Jerusalém e reconstrua o Templo de Deus no mesmo lugar. ¹⁶Sasabassar veio e lançou os alicerces do Templo de Deus em Jerusalém. Desde aquela época até agora, o Templo está sendo reconstruído, mas ainda não o terminamos.

5,1-6,18: Temos aqui o relato detalhado sobre a reconstrução do Templo, no reinado de Dario I, entre os anos 520-515 a.C. O texto mistura narrativas históricas, intervenções proféticas, cartas acusatórias e documentos oficiais. Esta história se completa com as profecias de Ageu e Zacarias. O texto destaca a junção entre poder civil (Zorobabel) e poder religioso (Josué). São as "duas oliveiras" de que fala Zacarias

¹⁷Portanto, se o rei achar conveniente, que se faça uma pesquisa nos arquivos reais da Babilônia, para ver se é verdade que o rei Ciro mandou reconstruir o Templo de Deus em Jerusalém. Depois, comuniquem a nós a decisão do rei".

6 ¹Em vista disso, o rei Dario mandou investigar o tesouro da Babilônia, que também servia de arquivo. ²Verificou-se então que em Ecbátana, fortaleza da província da Média, havia um rolo onde estava escrito o seguinte: ³"Memorando. No primeiro ano de seu governo, o rei Ciro promulgou o seguinte decreto: Templo de Deus em Jerusalém. O Templo deverá ser reconstruído para ser um lugar onde se ofereçam sacrifícios, e seus alicerces devem ser restaurados. O Templo terá trinta metros de altura e trinta de largura. ⁴Terá três fileiras de pedras talhadas e uma fileira de madeira. A despesa correrá por conta do palácio do rei. ⁵Também os objetos de ouro e prata do Templo de Deus, retirados do Templo de Jerusalém por Nabucodonosor e trazidos para a Babilônia, serão devolvidos. Desse modo, tudo voltará ao seu lugar no santuário de Jerusalém, e será colocado no Templo de Deus".

⁶"Agora, pois, Tatanai, governador da Transeufratênia, junto com Setar-Buzanai e os companheiros e autoridades do território ocidental do Eufrates, afastem-se de lá. ⁷Deixem o governador de Judá e os anciãos dos judeus trabalhar no Templo de Deus. Eles podem reconstruir o Templo de Deus no seu antigo lugar. ⁸A respeito do trabalho que os anciãos dos judeus estão executando na reconstrução do Templo de Deus, ordeno que se pague tudo o que esses homens gastarem, pontualmente e sem interrupção, usando para isso as rendas reais dos impostos recolhidos na região da Transeufratênia. ⁹Todos os dias, sem falta, seja fornecido a eles o necessário para os holocaustos em honra do Deus do céu, isto é, bezerros, carneiros e cordeiros, e também trigo, sal, vinho e óleo, conforme os sacerdotes de Jerusalém pedirem. ¹⁰Desse modo, eles poderão oferecer ao Deus do céu sacrifícios de odor agradável. E que eles rezem pela vida do rei e de seus filhos. ¹¹Se alguém desrespeitar o que está nesta carta, ordeno que seja tirada de sua própria casa uma viga de madeira, que será fincada no chão, para que a pessoa seja nela enforcada. Depois, transformem a casa dessa pessoa num monte de ruínas. ¹²E o Deus que aí fez habitar o seu Nome, destrua todo rei e todo o povo que ouse modificar ou destruir o Templo de Deus em Jerusalém. Eu, Dario, dei esta ordem. Que seja fielmente cumprida".

¹³Tatanai, governador da Transeufratênia, com Setar-Buzanai e seus companheiros, fizeram tudo exatamente como o rei Dario tinha mandado. ¹⁴Os anciãos dos judeus puderam então levar avante a construção. Tudo correu bem, graças ao incentivo das palavras inspiradas dos profetas Ageu e Zacarias, filho de Ado. Terminaram a construção conforme a ordem do Deus de Israel e segundo o decreto de Ciro, Dario e Artaxerxes, reis da Pérsia. ¹⁵Terminaram a construção no dia três do mês de Adar, no sexto ano do reinado de Dario.

¹⁶Cheios de alegria, os israelitas, ou seja, sacerdotes, levitas e outros repatriados, celebraram a dedicação do Templo de Deus. ¹⁷Nessa ocasião, ofereceram em sacrifício cem bezerros, duzentos carneiros, quatrocentos cordeiros e, como sacrifício pelo pecado de todo Israel, doze bodes, de acordo com o número das tribos de Israel. ¹⁸Estabeleceram também os sacerdotes, divididos conforme suas classes, e os levitas, segundo seus turnos, para servirem no culto de Deus em Jerusalém, como manda a Lei de Moisés.

Marco de um novo tempo – ¹⁹Os repatriados celebraram a Páscoa no dia catorze do primeiro mês. ²⁰Os levitas se haviam purificado em conjunto; por isso estavam puros. Então imolaram a Páscoa para todos os repatriados, para seus irmãos

---

(cf. Zc 4,11-14). Os repatriados são apoiados oficialmente pela corte persa. Os documentos estão relacionados com o decreto de Ciro que autoriza a reconstrução do Templo em Jerusalém. O relato conclui com a dedicação do Templo e a celebração da Páscoa, festas celebradas apenas pela comunidade dos repatriados.

6,19-22: Texto acrescentado pelo redator cronista. O povo da terra começa a aderir à proposta religiosa dos repatriados (cf. v. 21).

sacerdotes e para si próprios. ²¹Comeram a Páscoa os israelitas que tinham voltado do exílio e todos os que evitaram contaminar-se com o povo da terra, e que se uniram aos israelitas para aderir a Javé, o Deus de Israel. ²²Durante sete dias, celebraram alegremente a festa dos Pães Sem Fermento. Festejaram a Javé, porque Javé, mudando a atitude do rei da Assíria, lhes deu forças para trabalhar no Templo do Deus de Israel.

II. MISSÃO DE ESDRAS: ALIANÇA A PARTIR DOS RETORNADOS

7 *A lei de Javé é a lei do rei* – ¹Anos mais tarde, durante o reinado de Artaxerxes, rei da Pérsia, Esdras partiu da Babilônia. Ele era filho de Saraías, filho de Azarias, filho de Helcias, ²filho de Selum, filho de Sadoc, filho de Arquitob, ³filho de Amarias, filho de Azarias, filho de Maraiot, ⁴filho de Zaraías, filho de Ozi, filho de Boci, ⁵filho de Abisue, filho de Fineias, filho de Eleazar, que era filho do sumo sacerdote Aarão. ⁶Esdras era um escriba especialista na lei de Moisés, dada por Javé, o Deus de Israel. A mão de Javé, o seu Deus, estava com ele e por isso o rei lhe concedeu tudo o que ele pediu. ⁷No sétimo ano do reinado de Artaxerxes, também voltaram para Jerusalém muitos israelitas sacerdotes, levitas, cantores, porteiros e doados. ⁸Esdras chegou a Jerusalém no quinto mês do sétimo ano do reinado de Artaxerxes. ⁹Esdras saiu da Babilônia no dia primeiro do primeiro mês, e chegou a Jerusalém no dia primeiro do quinto mês. A mão bondosa do seu Deus estava sobre ele, ¹⁰porque Esdras se havia dedicado a estudar a Lei de Javé, a fim de praticar e ensinar seus estatutos e normas em Israel.

¹¹Texto da carta que o rei Artaxerxes entregou ao sacerdote escriba Esdras, especialista nos mandamentos de Javé e nos estatutos que ele deu para Israel:

¹²"Artaxerxes, rei dos reis, deseja toda a paz a Esdras, sacerdote e doutor na lei do Deus do céu. ¹³Determino que podem ir com você israelitas, incluindo sacerdotes e levitas, que se encontram no meu reino e desejam voltar para Jerusalém. ¹⁴O rei e seus sete conselheiros enviam você para verificar como está sendo cumprida em Judá e Jerusalém a lei do seu Deus, a qual está em suas mãos. ¹⁵E você levará também a prata e o ouro que o rei e seus conselheiros oferecem para o Deus de Israel que mora em Jerusalém, ¹⁶e ainda todo ouro e prata que você receber em toda a província da Babilônia, além dos donativos espontâneos que o povo e os sacerdotes oferecem para o Templo do seu Deus em Jerusalém. ¹⁷Com esse dinheiro, você comprará bezerros, carneiros e cordeiros, bem como as oblações e libações que os acompanham, e os oferecerá no altar do Templo do seu Deus em Jerusalém. ¹⁸E o que sobrar da prata e do ouro, empreguem tudo como você e seus irmãos acharem melhor, de acordo com a vontade do Deus de vocês. ¹⁹Os objetos do culto do Templo de Deus que lhe foram entregues, você os levará de volta para o lugar da presença do seu Deus em Jerusalém. ²⁰Tudo o mais que for necessário para o Templo do seu Deus, e que ainda ficaria para você arrumar, tudo lhe será fornecido pelo tesouro do rei. ²¹Eu mesmo, o rei Artaxerxes, determino a todos os tesoureiros da Transeufratênia: Façam tudo o que lhes pedir o sacerdote Esdras, doutor da lei do Deus do céu, ²²até o limite de três mil e quatrocentos quilos de prata, cem sacos de trigo, cem barris de vinho, cem de azeite e sal à vontade. ²³Façam exatamente tudo o que o Deus do céu ordenar em relação ao seu

---

7,1-26: A ruptura literária entre 6,22 e 7,1 mostra que começa aqui uma nova narrativa. É outra época, na qual a personagem principal é Esdras, apresentado como sacerdote especialista na Lei de Deus. Ele volta para Jerusalém com muitos poderes conferidos pelo rei da Pérsia. Traz um código de leis elaborado pela comunidade dos exilados na Babilônia, provavelmente o atual Pentateuco. Lei esta que servirá de base para a jurisdição do Templo de Jerusalém, por vontade do rei da Pérsia: a Lei de Deus é a lei do rei! (cf. 7,26). A estadia de Esdras em Jerusalém supõe a presença de Neemias (cf. Ne 8,1). No entanto, sua missão é antecipada literariamente. Sinal de que o poder religioso se sobrepõe ao poder civil. Por isso, a reforma religiosa de Esdras e a legislação do Pentateuco vêm antes da reconstrução das muralhas e do repovoamento feito por Neemias. É como se a missão de Esdras viesse reafirmar a teologia do Deuteronômio: Jerusalém deve ser reconstruída, porque é o lugar que Javé escolheu como sua morada.

Templo, para que a ira dele não caia sobre o império deste rei e de seus filhos. ²⁴Faço também saber que nenhum imposto, tributo ou pedágio deverá ser cobrado dos sacerdotes, levitas, cantores, porteiros, doados, enfim, de todos os que servem no Templo de Deus. ²⁵Quanto a você, Esdras, de acordo com a sabedoria do seu Deus, a qual você tem nas mãos, nomeie magistrados e juízes, que apliquem a justiça para todo o povo do lado ocidental do rio Eufrates, para todos os que conhecem a lei do seu Deus. E a ensine para os que não a conhecem. ²⁶Quem não obedecer a lei do seu Deus, que é a lei do rei, será castigado rigorosamente, com morte ou exílio, multa ou prisão".

Um novo êxodo – ²⁷Seja bendito Javé, o Deus de nossos antepassados, que abriu o coração do rei para honrar o Templo de Javé em Jerusalém, ²⁸e que me concedeu o favor do rei, de seus conselheiros e de todas as autoridades militares. Fiquei, assim, cheio de coragem, porque senti que estava comigo a força de Javé, meu Deus. Então reuni alguns chefes de Israel para me acompanharem na viagem.

8 ¹Lista dos chefes de família – cada qual com a sua genealogia – que voltaram comigo da Babilônia durante o reinado de Artaxerxes: ²Descendente de Fineias: Gersam. Descendente de Itamar: Daniel. Descendente de Davi: Hatus, ³filho de Sequenias. Descendente de Faros: Zacarias, com quem estavam registrados cento e cinquenta homens. ⁴Descendente de Faat-Moab: Elioenai, filho de Zaraías, e mais duzentos homens. ⁵Descendente de Zetua: Sequenias, filho de Jaaziel, e mais trezentos homens. ⁶Descendente de Adin: Abed, filho de Jônatas, e mais cinquenta homens. ⁷Descendente de Elam: Isaías, filho de Atalia, e mais setenta homens. ⁸Descendente de Safatias: Zebedias, filho de Miguel, e mais oitenta homens. ⁹Descendente de Joab: Abdias, filho de Jaiel, e mais duzentos e dezoito homens. ¹⁰Descendente de Bani: Salomit, filho de Josfias, mais cento e sessenta homens. ¹¹Descendente de Bebai: Zacarias, filho de Bebai, e mais vinte e oito homens. ¹²Descendente de Azgad: Joanã, filho de Ectã, e mais cento e dez homens. ¹³Descendentes de Adonicam: os mais novos, cujos nomes são: Elifalet, Jeiel e Semeías, e mais sessenta homens. ¹⁴Descendente de Beguai: Utai, filho de Zabud, e mais setenta homens.

¹⁵Reuni todo esse pessoal à margem do rio que desce para Aava e aí acampamos por três dias. Consegui descobrir gente do povo e sacerdotes, mas não encontrei nenhum levita. ¹⁶Então mandei procurar Eliezer, Ariel, Semeías, Elnatã, Jarib, Elnatã, Natã, Zacarias e Mosolam, homens sábios, ¹⁷e os mandei para Ado, que era chefe do lugar chamado Casfia, dando-lhes um recado que iriam transmitir a Ado e seus irmãos, residentes em Casfia. Pedi que nos mandassem ministros para o Templo do nosso Deus. ¹⁸Dado que a mão bondosa do nosso Deus estava conosco, eles nos mandaram Serebias, homem equilibrado, filho de Mooli e descendente de Levi, filho de Israel. Ele com seus filhos e irmãos somavam o total de dezoito homens. ¹⁹Mandaram também Hasabias e Isaías, da família de Merari. Os dois irmãos com seus filhos somavam vinte homens. ²⁰Mandaram ainda duzentos e vinte doados, daqueles que Davi e os chefes tinham colocado a serviço dos levitas. Todos foram registrados nominalmente. ²¹Junto ao rio Aava, proclamei um jejum como penitência diante do nosso Deus, a quem pedimos uma boa viagem para nós, para nossas crianças e todos os nossos bens. ²²Ficamos com vergonha de pedir ao rei uma escolta e cavalaria para nos

---

7,27-8,36: Relatos das Memórias de Esdras. O próprio Esdras narra sua viagem de volta, a serviço do rei, como se estivesse vivendo um novo êxodo. Com ele voltam mais famílias de repatriados, formando uma caravana com quase mil e quinhentas pessoas. Novamente se destaca o nome de doze homens (8,24), símbolo patriarcal deste novo êxodo. Esdras se apresenta como o líder espiritual dessa caravana, como se fosse um novo Moisés, conduzindo o povo em segurança para a Terra Prometida. Ele não pede escolta militar nem cavalaria persa. Fizeram uma longa travessia, caminhando unicamente sob a proteção do próprio Javé. O novo êxodo de Esdras aponta para uma nova etapa na história do povo de Deus. No lugar dos israelitas, temos agora os judeus. No lugar dos reis, temos os sumos sacerdotes. No lugar da profecia, temos a sabedoria e a apocalíptica. O critério básico de pertença ao povo deixará de ser a família e passará a ser a sujeição às normas e aos mandamentos da Torá.

proteger de inimigos durante a viagem. Ao contrário, tínhamos declarado ao rei: "Nosso Deus protege aqueles que o servem, mas o poder e a ira dele recaem sobre todos aqueles que o abandonam". ²³Então jejuamos e suplicamos ao nosso Deus nessa intenção. E ele nos ouviu.

²⁴Escolhi doze chefes dos sacerdotes, que eram Serebias e Hasabias, com mais dez de seus irmãos. ²⁵Pesei diante deles a prata, o ouro e os objetos preciosos que o rei, seus conselheiros, príncipes e todos os israelitas aí presentes tinham oferecido para o Templo do nosso Deus. ²⁶Pesei e entreguei a eles vinte e dois mil quilos de prata, cem objetos de prata pesando sessenta e oito quilos, três mil e quatrocentos quilos de ouro, ²⁷vinte taças de ouro valendo mil dáricos, e dois vasos de bronze fino dourado, preciosos como se fossem de ouro. ²⁸Depois eu disse a eles: "Vocês são consagrados a Javé. Também os objetos são sagrados. Esta prata e este ouro foram entregues a Javé, o Deus dos antepassados de vocês. ²⁹Tenham, portanto, muito cuidado e guardem bem todas essas coisas, até poderem pesá-las diante dos chefes dos sacerdotes, dos levitas e dos chefes de famílias de Israel, em Jerusalém, nas salas do Templo de Javé". ³⁰Os sacerdotes e levitas assumiram a responsabilidade pela prata, pelo ouro e pelos objetos que lhes foram entregues para serem levados ao Templo do nosso Deus em Jerusalém.

³¹No dia doze do primeiro mês, deixamos o rio Aava e partimos para Jerusalém. Nosso Deus nos protegeu durante a viagem e nos livrou de inimigos e assaltantes. ³²Tendo chegado a Jerusalém, descansamos três dias. ³³No quarto dia, a prata, o ouro e os objetos foram pesados no Templo do nosso Deus e entregues ao sacerdote Meremot, filho de Urias, ajudado por Eleazar, filho de Fineias, e pelos levitas Jozabad, filho de Josué, e Noadaías, filho de Benui. ³⁴A quantidade e o peso estavam certos, e o peso total foi registrado.

³⁵Os repatriados, que tinham voltado do cativeiro, ofereceram holocaustos ao Deus de Israel: doze bezerros por todo o Israel, noventa e seis carneiros, setenta e dois cordeiros, e como sacrifício pelo pecado, doze bodes. Tudo foi queimado sobre o altar em honra de Javé.

³⁶Mais tarde, entregaram os decretos do rei aos sátrapas e governadores da Transeufratênia. Eles então passaram a dar apoio ao povo e ao Templo de Deus.

9 Medida drástica contra os matrimônios mistos

– ¹Depois disso, os chefes me procuraram e disseram: "O povo de Israel, os sacerdotes e os levitas cometeram as mesmas abominações que o povo da terra, formado de cananeus, heteus, ferezeus, jebuseus, amonitas, moabitas, egípcios e amorreus: ²eles e seus filhos casaram com as filhas deles, e a raça santa misturou-se com o povo da terra. Os chefes e os magistrados foram os primeiros a praticar essa infidelidade".

³Ao receber tal notícia, rasguei as roupas e o manto, arranquei os cabelos da cabeça e da barba e me sentei desolado. ⁴Todos os que respeitavam a lei do Deus de Israel reuniram-se comigo, por causa da infidelidade dos repatriados. Fiquei sentado e angustiado até a hora da oblação da tarde. ⁵Na hora da oblação da tarde, levantei-me da minha desolação e, com a roupa e o manto rasgados, caí de joelhos e levantei as mãos para Javé, meu Deus, ⁶e disse: "Meu Deus,

---

9,1-10,17: Nestes dois capítulos, Esdras enfrenta o mesmo problema que Neemias enfrentará (cf. Ne 13): tomar medidas para os repatriados não se misturarem com o povo da terra e com os povos vizinhos. Para isso, tomarão esta medida drástica: os casamentos com mulheres do povo da terra ou com mulheres dos povos vizinhos ficam proibidos, e os casamentos já realizados devem ser desfeitos. Medida que visa, antes de tudo, manter unida a comunidade dos repatriados, com suas devoções e tradições. Uma das razões, demonstrada na constatação de Neemias, é o fato de a mãe ser em casa a única educadora: como pode uma criança ser educada dentro das tradições judaicas, se a mãe é estrangeira ou não pertence ao grupo dos repatriados? Ainda que baseada em livros da Lei (cf. Ex 34,15-16; Dt 7,1-4), tal medida vai muito além do que estes ensinam. Medida realmente brutal, que excluiu definitivamente o povo da terra, reforçando o isolamento da comunidade dos fiéis repatriados reunida ao redor do Templo de Jerusalém. A determinação de Esdras e de Neemias marca assim a vitória política e religiosa dos repatriados contra o povo da terra. Por outro lado, fez com que a comunidade dos repatriados ficasse totalmente dependente do apoio oficial do império persa.

estou envergonhado e sem jeito de levantar o rosto para ti, porque os nossos pecados ultrapassam nossa cabeça, e a nossa culpa chega até o céu. ⁷Desde o tempo de nossos antepassados até hoje, uma grande culpa pesa sobre nós: por causa dos nossos pecados, nós, nossos reis e nossos sacerdotes, fomos todos entregues na mão dos reis de outros países, fomos vítimas da espada, do cativeiro, do saque e da vergonha. E essa é a situação atual. ⁸Mas agora Javé, o nosso Deus, nos concedeu um momento de graça, deixando-nos um resto de sobreviventes e nos abrigando em seu lugar santo. Desse modo, o nosso Deus dá brilho aos nossos olhos, e nós sentimos um pouco de vida no meio da escravidão. ⁹Éramos escravos, mas o nosso Deus não nos abandonou na escravidão. Ao contrário, deu-nos o favor dos reis da Pérsia e nos concedeu vida para reconstruirmos o Templo do nosso Deus e restaurarmos suas ruínas. Ele nos deu assim um abrigo em Judá e Jerusalém.

¹⁰Mas agora, Deus nosso, o que podemos dizer depois disso? Abandonamos os mandamentos ¹¹que nos deste por meio dos teus servos, os profetas, dizendo: 'A terra que vocês vão possuir é uma terra impura, por causa da imundície do povo da terra e das abominações com que a encheram de um extremo a outro com suas impurezas. ¹²Portanto, não entreguem suas filhas aos filhos deles, nem casem seus filhos com as filhas deles. Não contribuam para a prosperidade e o bem-estar deles. Desse modo, vocês se tornarão fortes, comerão os frutos da terra e a deixarão como herança aos filhos de vocês para sempre'.

¹³Depois de tudo o que nos aconteceu por causa do mal que praticamos e por causa dos nossos grandes crimes, tu, nosso Deus, ainda nos poupaste. Não levaste em consideração nossos pecados, e deixaste este grupo sobreviver. ¹⁴Será que ainda assim poderíamos violar teus mandamentos e nos aliar a esta gente abominável? Não te irritarás contra nós até acabar com tudo, sem deixar um resto de vida? ¹⁵Javé, Deus de Israel, este resto, que hoje continua vivo, é uma prova de que tu és justo! Estamos diante de ti como réus, porque não podemos ficar em tua presença depois do que aconteceu!"

10 ¹Enquanto Esdras rezava e fazia essa confissão, chorando e prostrado diante do Templo de Deus, foi-se reunindo em torno dele uma grande multidão de israelitas, homens, mulheres e crianças, todos chorando sem parar. ²Então Sequenias, filho de Jaiel, descendente de Elam, disse a Esdras: "Fomos infiéis ao nosso Deus, casando-nos com mulheres estrangeiras, tomadas do povo da terra. Apesar disso, ainda há esperança para Israel. ³Nós nos comprometemos, com o nosso Deus, a despedir todas as mulheres estrangeiras e os filhos que tivemos com elas, conforme o conselho do meu senhor e dos que observam o mandamento do nosso Deus. Que a lei seja cumprida! ⁴Levante-se, porque este assunto compete a você. Estamos do seu lado. Coragem e mãos à obra!"

⁵Esdras se levantou e convidou os chefes dos sacerdotes e dos levitas, e todo Israel, a jurar que agiriam conforme o que fora dito. E eles juraram. ⁶Então Esdras saiu do Templo de Deus e foi ao aposento de Joanã, filho de Eliasib, onde pernoitou. Ficou sem comer e sem beber, porque estava de luto por causa da infidelidade dos repatriados. ⁷Proclamaram, em Judá e Jerusalém, que todos os repatriados se reunissem em Jerusalém. ⁸Quem não comparecesse dentro de três dias, conforme a orientação dos chefes e dos anciãos, teria seus bens confiscados para Javé e seria expulso da comunidade dos repatriados. ⁹No terceiro dia, todos os homens de Judá e de Benjamim estavam reunidos em Jerusalém. Era o dia vinte do nono mês. Todo o povo estava na praça do Templo de Deus, tremendo por causa do assunto, e porque chovia forte. ¹⁰Então o sacerdote Esdras se levantou e declarou: "Vocês foram infiéis ao se casarem com mulheres estrangeiras, agravando a culpa de Israel. ¹¹Agora, confessem isso a Javé, o Deus de seus antepassados, cumpram a vontade dele, e separem-se do povo da terra e das mulheres estrangeiras". ¹²Toda a comunidade respondeu em alta voz: "Faremos o que você está dizendo. ¹³No

entanto, somos muitos, é tempo de chuva e ninguém aguenta ficar ao relento. O problema não se resolve num dia ou dois, porque somos muitos que cometemos essa rebeldia. ¹⁴Seria melhor que nossos chefes representassem toda a comunidade. Todo aquele que, em qualquer de nossas cidades, estiver casado com mulher estrangeira, virá aqui na data marcada, acompanhado dos anciãos e dos juízes de sua cidade, até que afastemos a ira de nosso Deus, que provocamos com esse comportamento".

¹⁵Só Jônatas, filho de Asael, e Jaasias, filho de Tícua, ficaram contra a proposta, e foram sustentados por Mosolam e pelo levita Sebetai. ¹⁶Os repatriados, porém, agiram conforme a proposta. O sacerdote Esdras escolheu alguns chefes de família, um por família, designados nominalmente. No dia primeiro do décimo mês, começaram a examinar os casos ¹⁷e, no dia primeiro do primeiro mês, terminaram todos os processos dos homens que se haviam casado com mulheres estrangeiras.

Os divórcios forçados – ¹⁸Descobriu-se que os seguintes sacerdotes estavam casados com mulheres estrangeiras: Maasias, Eliezer, Jarib e Godolias, que eram filhos de Josué, filho de Josedec, e dos irmãos de Josué. ¹⁹Eles se comprometeram a mandar embora suas mulheres e a oferecer um carneiro em reparação pelo pecado. ²⁰Outros sacerdotes que tinham mulheres estrangeiras: Hanani e Zabadias, descendentes de Emer. ²¹Maasias, Elias, Semeías, Jaiel e Ozias, descendentes de Harim. ²²Elioenai, Maasias, Ismael, Natanael, Jozabad e Elasa, descendentes de Fasur. ²³Entre os levitas: Jozabad, Semei, Celaías ou Calita, Petaías, Judá e Eliezer. ²⁴Entre os cantores: Eliasib e Zacur. Entre os porteiros: Selum, Telém e Uri. ²⁵Entre os israelitas: Remeías, Jezias, Melquias, Miamin, Eleazar, Melquias e Banaías, descendentes de Faros. ²⁶Matanias, Zacarias, Jaiel, Abdi, Jerimot e Elias, descendentes de Elam. ²⁷Elioenai, Eliasib, Matanias, Jerimot, Zabad e Aziza, descendentes de Zetua. ²⁸Joanã, Hananias, Zabai e Atlai, descendentes de Bebai. ²⁹Mosolam, Meluc, Adaías, Jasub, Saal e Jerimot, descendentes de Beguai. ³⁰Ednas, Calal, Banaías, Maasias, Matanias, Beseleel, descendentes de Faat-Moab. ³¹Eliezer, Jesias, Melquias, Semeías, Simeão, ³²Benjamim, Meluc e Semerias, descendentes de Harim. ³³Matanai, Matatias, Zabad, Elifalet, Jermai, Manassés e Semei, descendentes de Hasum. ³⁴Maadai, Amram, Joel, ³⁵Banaías, Badaías, Quelias, ³⁶Vanias, Meremot, Eliasib, ³⁷Matanias, Matanai e Jasi, descendentes de Beni. ³⁸Semei, ³⁹Selemias, Natã e Adaías, descendentes de Benui. ⁴⁰Sisai, Sarai, ⁴¹Azareel, Selemias, Semerias, ⁴²Selum, Amarias e José, descendentes de Zacai. ⁴³Jeiel, Matatias, Zabad, Zabina, Jedu, Joel e Banaías, descendentes de Nebo. ⁴⁴Todos esses que se haviam casado com mulheres estrangeiras mandaram embora essas mulheres e seus filhos.

10,18-44: Texto acrescentado pelo redator cronista, com a lista dos que se divorciaram.

NEEMIAS

I. RECONSTRUÇÃO DE JERUSALÉM E RESISTÊNCIA DOS VIZINHOS

1 *A missão de Neemias* – ¹Memórias de Neemias, filho de Hacalias.

No mês de Casleu do vigésimo ano, eu estava na fortaleza de Susa, ²quando chegou meu irmão Hanani com alguns homens de Judá. Pedi logo notícias dos judeus repatriados, e também de Jerusalém. ³Eles me disseram: "Os sobreviventes do cativeiro que estão lá, na província, vivem uma situação muito miserável e vergonhosa. As muralhas de Jerusalém estão em ruínas e suas portas foram devoradas pelo fogo". ⁴Ao ouvir tais notícias, sentei-me, chorei e fiquei de luto vários dias, jejuando e rezando ao Deus do céu. ⁵Eu disse: "Javé, Deus do céu, grande e terrível, fiel à aliança e misericordioso com aqueles que te amam e observam teus mandamentos! ⁶Estejam teus ouvidos atentos e teus olhos abertos para atender à súplica do teu servo. Dia e noite suplico a ti em favor dos israelitas, teus servos, confessando os pecados que nós, israelitas, cometemos contra ti. Também eu e a família do meu pai pecamos! ⁷Nós agimos muito mal contigo, e não guardamos os mandamentos, estatutos e normas que transmitiste a teu servo Moisés. ⁸Lembra-te, porém, do que disseste a teu servo Moisés: 'Se vocês forem infiéis, vou espalhá-los entre as nações. ⁹Contudo, se vocês voltarem para mim e observarem e colocarem em prática meus mandamentos, ainda que seus exilados estejam espalhados pelos confins do mundo, eu os recolherei de lá e os reconduzirei ao lugar que escolhi para fazer que aí habite o meu Nome'.

¹⁰Eles são teus servos e teu povo. Tu os resgataste com grande poder e mão forte! ¹¹Que teus ouvidos, Senhor nosso, estejam atentos à súplica do teu servo e dos outros servos teus, que desejam temer o teu Nome! Faze, então, que eu tenha sucesso e possa conquistar a boa vontade deste homem!"

Eu era, então, copeiro do rei.

1,1-2,10: Começo das Memórias do governador Neemias. A maior parte do livro que leva seu nome são trechos de outro realmente escrito por ele e que pode ser um relatório oficial ou livro de memórias preservado em Jerusalém (cf. Eclo 49,13). Por isso, a narrativa quase toda está na primeira pessoa do singular.

Iniciando o relato, Neemias lembra sua trajetória política. Sendo alto funcionário na corte, tinha acesso fácil ao rei da Pérsia devido ao cargo de confiança. Do rei recebe a missão de governar a província persa de Judá. Ainda que ele mesmo dê sentido espiritual à sua missão, Neemias tem os mesmos interesses políticos dos repatriados: fazer de Jerusalém o centro político-religioso da província de Judá. Desde o início do exílio, Jerusalém tinha perdido, para o antigo santuário de Masfa, a condição de capital (cf. 2Rs 25,23). Necessitavam de uma pessoa politicamente forte que conseguisse autorização real para a reconstrução das muralhas e o repovoamento da cidade, duas condições necessárias para os repatriados triunfarem sobre os povos da terra. Neemias parte para a missão com o apoio político e financeiro do império persa. Sabe que irá enfrentar a resistência de outras figuras políticas dentro da satrapia da Transeufratênia: o fiscal imperial Sanabalat; o judeu Tobias, que governava a província de Amon; e Gosem, que chefiava os povos árabes do sul da Judeia. Mais tarde se juntarão a esses também as cidades do litoral (Azoto) e principalmente os comerciantes de Tiro, que temiam ver seus interesses comerciais e políticos em Judá prejudicados pelo triunfo dos retornados.

2 ¹No mês de Nisã do vigésimo ano do reinado de Artaxerxes, como era eu o responsável pela bebida, peguei o vinho e fui servir ao rei. Eu nunca me havia apresentado triste na presença dele. ²Então o rei me perguntou: "Por que você está com o rosto abatido? Você não está doente, mas tem o coração angustiado". Eu me assustei, ³mas respondi ao rei: "Viva o rei para sempre! Como não iria ficar triste, quando a cidade onde estão enterrados meus antepassados está em ruínas e suas portas devoradas pelo fogo?" ⁴O rei então me disse: "O que você gostaria de fazer?" Rezei ao Deus do céu, ⁵e respondi: "Se Vossa Majestade concorda e está satisfeito com seu servo, deixe-me ir para Judá, a fim de reconstruir a cidade onde estão enterrados meus antepassados". ⁶O rei e a rainha, que estava sentada ao lado dele, me perguntaram: "Quanto tempo vai durar sua viagem? Quando voltará?" Marquei uma data. O rei concordou e me deixou ir. ⁷Então acrescentei: "Se Vossa Majestade estiver de acordo, dê-me cartas de recomendação para os governadores da Transeufratênia, a fim de que me facilitem a viagem até Judá. ⁸Dê-me também uma carta para Asaf, guarda do parque florestal do rei, a fim de que ele me forneça a madeira necessária para reformar as portas da fortaleza do Templo, as portas da muralha e também a casa onde vou morar". O rei me deu as cartas, porque a mão bondosa do meu Deus estava do meu lado.

⁹Cheguei até os governadores da Transeufratênia, e apresentei as cartas do rei. E o rei me concedeu também uma escolta formada por oficiais e cavaleiros do exército. ¹⁰Quando o horonita Sanabalat e o ministro amonita Tobias souberam da minha chegada, ficaram aborrecidos porque alguém chegava para trabalhar em benefício dos israelitas.

Exemplo de estratégia militar – ¹¹Cheguei a Jerusalém e descansei três dias. ¹²Depois me levantei à noite, acompanhado de alguns homens, sem falar a ninguém o que Deus me havia inspirado fazer em Jerusalém. Levava comigo apenas o jumento que eu montava. ¹³Saí de noite pela porta do Vale, e fui até a fonte do Dragão e a porta do Esterco. Comprovei que as muralhas de Jerusalém estavam cheias de brechas e as portas consumidas pelo fogo. ¹⁴Segui para a porta da Fonte e o reservatório de água do rei. Como não havia espaço para o animal, ¹⁵continuei a pé córrego acima, pela noite adentro. Observei as muralhas, entrei de novo pela porta do Vale, e voltei para casa.

¹⁶As autoridades não ficaram sabendo por onde eu tinha andado ou que coisa pensava fazer. Eu ainda não tinha contado nada aos judeus, nem aos sacerdotes, nem aos nobres, nem às autoridades ou responsáveis pelas obras. ¹⁷Mais tarde, falei a eles: "Vocês estão vendo a miséria em que nos encontramos. Jerusalém está em ruínas e suas portas foram queimadas. Vamos reconstruir as muralhas de Jerusalém, e essa vergonha acabará". ¹⁸Então contei de que maneira o meu Deus me ajudava, e tudo o que o rei me havia dito. Eles disseram: "Vamos começar o trabalho". E arregaçaram as mangas para realizar esse bom projeto.

¹⁹Quando o horonita Sanabalat, o ministro amonita Tobias e o árabe Gosem souberam do fato, começaram a caçoar e a fazer pouco caso de nós, dizendo: "Que negócio é esse que vocês estão fazendo? Querem se revoltar contra o rei?" ²⁰Mas eu lhes respondi: "O Deus do céu nos dará sucesso. Nós, servos de Deus, continuaremos reconstruindo. Vocês, porém, não terão terrenos, nem direitos, nem lembrança em Jerusalém".

2,11-20: Ao contrário de Esdras, Neemias era chefe político e militar. O texto omite se ele começou seu governo a partir de Masfa. Ao chegar a Jerusalém, faz logo uma espécie de inspeção militar noturna, para conhecer a situação precária que deverá enfrentar. Percebe que a cidade não tem defesas e as muralhas precisam de reparos urgentes. Também desconfia das instâncias de poder na cidade: os sacerdotes, os nobres leigos e os funcionários responsáveis pelos serviços públicos, que nada ficam sabendo da vistoria. Neemias enfrenta essas autoridades, e, valendo-se da ajuda de Deus e do apoio do rei persa, as convoca para os trabalhos de reconstrução. Ao expor seus planos aos repatriados, o governador deixa claro que seus adversários políticos Sanabalat, Tobias e Gosem perderão "terrenos, direitos e lembranças" em Jerusalém. No v. 16, os repatriados começam a ser chamados de "judeus".

3 Providenciando a defesa da cidade

— ¹O sumo sacerdote Eliasib e seus irmãos sacerdotes começaram a reconstruir a porta das Ovelhas. Montaram os portais, colocaram os batentes, as fechaduras e as trancas, reformaram a muralha até a torre dos Cem e a torre de Hananeel. ²Ao lado de Eliasib trabalharam os homens de Jericó e também Zacur, filho de Imri.

³O pessoal de Asená reconstruiu a porta dos Peixes, montou os portais, colocou os batentes, as fechaduras e as trancas. ⁴Ao lado deles trabalhavam na restauração Meremot, filho de Urias, da família de Acus, Mosolam, filho de Baraquias, da família de Mesezebel, e também Sadoc, filho de Baana. ⁵O povo de Técua reformou o trecho seguinte das muralhas, porém os notáveis do lugar não se submeteram aos mestres de obras.

⁶Joiada, filho de Fasea, e Mosolam, filho de Besodias, reformaram a porta do bairro Novo. Montaram os portais e colocaram os batentes, as fechaduras e as trancas. ⁷Reformaram o trecho seguinte: Meltias de Gabaon e Jadon de Meronot, gente de Gabaon e Masfa, onde estava a jurisdição do governador da Transeufratênia. ⁸Ao lado deles trabalhavam Oziel, que era ourives, e Hananias, que era perfumista; esses puseram Jerusalém em ordem até a muralha larga. ⁹Ao lado deles trabalhava Rafaías, filho de Hur, chefe de um subdistrito de Jerusalém. ¹⁰Jedaías, filho de Haromaf, reformou a parte da muralha que fica em frente da sua casa. Hatus, filho de Hasebonias, reformou o trecho ao lado.

¹¹O trecho seguinte, até a torre dos Fornos, foi reformado por Melquias, filho de Herem, e por Hasub, filho de Faat-Moab. ¹²Outro chefe de subdistrito em Jerusalém, Selum, filho de Aloés, acompanhado de seus filhos, reformou o trecho ao lado. ¹³A porta do Vale foi reformada por Hanun e pelos moradores de Zarroe. Eles a reconstruíram, colocaram os batentes, as fechaduras e as trancas, e reconstruíram também quinhentos metros da muralha até a porta do Esterco. ¹⁴O chefe do distrito de Bet-Acarem, de nome Melquias, filho de Recab, foi quem retocou a porta do Esterco. Ele a reconstruiu, colocou os batentes, as fechaduras e as trancas.

¹⁵O chefe do distrito de Masfa, Selum, filho de Col-Hoza, reformou a porta da Fonte. Refez o teto da entrada, colocou os batentes, as fechaduras e as trancas. Reconstruiu também as muralhas desde o reservatório de água de Siloé, ao lado do Jardim do Rei, até a escada que desce da Cidade de Davi.

¹⁶Daí para a frente, Neemias, filho de Azboc e chefe do subdistrito de Betsur, continuou o trabalho até o cemitério de Davi, onde se encontra a cisterna escavada, até perto da Casa dos Heróis. ¹⁷O trecho seguinte ficou para os levitas Reum, filho de Bani, e Hasabias, que era também chefe de um subdistrito de Ceila, para a parte que atingia a sua jurisdição. ¹⁸Daí em frente, trabalharam outros levitas seus irmãos: o chefe de outro subdistrito de Ceila, Benui, filho de Henadad, ¹⁹com o chefe de Masfa, Azer, filho de Jesua, reformando a parte ao lado. Eles refizeram totalmente a área da curva que fica na Esquina, em frente à subida do Arsenal.

²⁰Seguindo em frente, Baruc, filho de Zabai, restaurou a parte que vai da Esquina até a porta da casa do sumo sacerdote Eliasib. ²¹A parte da muralha que vai da porta até o fim da casa de Eliasib foi totalmente refeita por Meremot, filho de Urias, da família de Acus. ²²O pedaço seguinte foi reconstruído pelos sacerdotes que moravam na periferia: ²³Benjamim e Hasub reformaram a parte que fica de frente para as suas casas; Azarias, filho de Maasias, filho de Ananias, reformou a parte que fica ao lado de sua casa. ²⁴A parte seguinte, desde a casa de Azarias até a Esquina e até o Ângulo, foi totalmente reconstruída por Benui, filho de Henadad. ²⁵Falel, filho de Ozi, reformou a parte que fica em frente

---

3,1-32: Descrição bem documentada sobre a reconstrução das muralhas e sobre os vários grupos responsáveis. Fonte provável é o relatório que o governador Neemias deve ter escrito ao governo persa. Detalhes topográficos importantes dão uma ideia de Jerusalém nessa época, bem como das diversas divisões distritais da província. As famílias das aldeias são convocadas para o trabalho em Jerusalém. Note-se a resistência dos chefes do distrito de Técua (v. 5), principalmente de Masfa, que está perdendo a condição de capital da província (v. 7). As comunidades interioranas do povo da terra não apoiam os projetos políticos de Neemias.

à Esquina, diante da Torre que se destaca acima do palácio do rei e que dá para o pátio da prisão. Depois vem a parte retocada por Fadaías, filho de Faros, ²⁶até em frente à porta das Águas, do lado oriental, em frente à dita grande Torre.

²⁷Desde essa grande Torre até o muro do Ofel, os moradores de Técua cuidaram da construção. ²⁸A partir da porta dos Cavalos, os sacerdotes cuidaram das reformas, cada um fazendo a parte que estava em frente à própria casa. ²⁹Assim foi que Sadoc, filho de Hemer, reformou a muralha em frente à sua casa, e o mesmo fez Semaías, filho de Sequenias, que era guarda da porta Oriental. ³⁰Hananias, filho de Selemias, e Hanun, sexto filho de Selef, fizeram outro pedaço da muralha, no trecho seguinte. O próximo trecho foi reformado por Mosolam, filho de Baraquias, bem na frente da sua casa. ³¹Em seguida, o ourives Melquias consertou a parte que vai até a casa dos doados e dos comerciantes, em frente à porta do Vigia, até a sala alta do Ângulo. ³²Da sala alta do Ângulo até a porta das Ovelhas, a reforma correu por conta dos ourives e dos comerciantes.

A colaboração enfrenta resistência – ³³Quando ouviu falar que nós estávamos reconstruindo as muralhas, Sanabalat ficou furioso, e irritado começou a zombar dos judeus, ³⁴dizendo à sua gente e aos poderosos de Samaria: "O que é que esses judeus miseráveis estão fazendo? Reconstruir as muralhas e oferecer sacrifícios? Vão querer terminar tudo num dia? Vão querer dar vida nova às pedras desses montes de cacos que sobraram do incêndio?" ³⁵O amonita Tobias estava ao lado dele, e completou: "Deixe que eles construam! Basta uma raposa subir aí, que a muralha vem abaixo!"

³⁶"Escuta, nosso Deus, como caçoam de nós! Devolve a essa gente o insulto que fazem! Manda-os para longe, para a escravidão, para que outros caçoem deles. ³⁷Não perdoes o pecado deles. Não tires da tua vista o crime deles, pois estão ofendendo os que trabalham na reconstrução".

³⁸Continuamos reconstruindo a muralha, que foi restaurada por completo até sua meia altura. O povo trabalhava com disposição.

4 ¹Quando ouviram contar que a reforma das muralhas de Jerusalém estava indo em frente e que as brechas começavam a ficar fechadas, Sanabalat, Tobias, os árabes, o pessoal de Amon e o pessoal de Azoto ficaram irritados. ²Combinaram atacar Jerusalém e espalhar confusão dentro dela. ³Então invocamos nosso Deus e colocamos guardas dia e noite para proteger a cidade.

⁴Os judeus diziam: "Os carregadores estão esgotados e as ruínas são muitas. Sozinhos, não conseguiremos reconstruir a muralha!" ⁵Enquanto isso, nossos inimigos comentavam: "Vamos nos infiltrar entre eles, sem que percebam. Nós os mataremos, e a construção ficará paralisada". ⁶Alguns judeus, que viviam entre eles, chegavam de diversos lugares e frequentemente nos contavam que aqueles iriam atacar-nos. ⁷Então organizei o povo por famílias, todos armados de espadas, lanças e arcos, e os coloquei em trincheiras por trás das muralhas e nos lugares abertos. ⁸Notando que o povo estava assustado, chamei a atenção dos nobres, das autoridades e de todo o povo, dizendo: "Não tenham medo deles! Lembrem-se de que o nosso Senhor é grande e terrível! E lutem por seus irmãos, filhos, filhas, mulheres e casas".

⁹Quando nossos inimigos perceberam que nós sabíamos de tudo, e que Deus tinha derrubado o plano deles, todos nós pudemos voltar para a reforma das muralhas, cada um para sua tarefa. ¹⁰A partir desse dia, porém, metade de meus homens trabalhava, enquanto a outra metade ficava de prontidão com lanças, escudos, arcos e couraças, porque andavam atrás de todos os judeus ¹¹que reconstruíam a muralha. Os carregadores também estavam arma-

---

3,33-4,17: A tensão aumenta com a resistência explícita dos líderes políticos oposicionistas. Começa uma guerra de propaganda contra a reconstrução das muralhas. Logo surge em Jerusalém a notícia de uma possível invasão dos descontentes. Neemias assume então a estratégia militar de armar os operários, enquanto trabalham rapidamente nos muros. Com a diminuição da tensão, ele coloca metade dos trabalhadores na construção e a outra metade no exército, convocado às pressas e posto sob o comando do seu irmão (7,2). O governo e toda a população ficam de prontidão, à espera de um possível ataque dos adversários.

dos: com uma das mãos faziam o serviço e com a outra seguravam a arma. ¹²Todos os construtores tinham a espada na cintura enquanto trabalhavam. A meu lado ficava sempre um tocador de trombeta, ¹³porque eu havia dito aos nobres, às autoridades e ao povo: "Temos muito trabalho, e numa extensão muito grande! Nós estamos muito espalhados, cada qual num ponto da muralha, longe um do outro. ¹⁴Quando vocês ouvirem a trombeta, estejam onde estiverem, corram para se reunir conosco. Nosso Deus vai combater por nós". ¹⁵E assim continuamos, uns trabalhando e outros empunhando as lanças, desde o raiar da aurora até surgirem as primeiras estrelas. ¹⁶Nessa ocasião, eu disse ainda ao povo: "Todos pernoitarão em Jerusalém com seus serventes. De noite montaremos guarda e de dia trabalharemos". ¹⁷Eu, meus irmãos, meus serventes e meus guarda-costas dormíamos vestidos e com a arma ao alcance da mão.

5 *A crise das dívidas agrárias* – ¹O povo pobre, sobretudo as mulheres, começou a protestar fortemente contra seus irmãos judeus. ²Uns diziam: "Fomos obrigados a vender nossos filhos e filhas para comprar trigo, e assim comer e não morrer de fome". ³Outros diziam: "Passamos tanta fome que precisamos hipotecar nossos campos, vinhas e casas para conseguir trigo". ⁴Outros ainda diziam: "Tivemos de pedir dinheiro emprestado, penhorando nossos campos e vinhas, para podermos pagar os impostos ao rei. ⁵Pois bem! Nós somos iguais aos nossos irmãos, e nossos filhos são como os filhos deles! Apesar disso, somos obrigados a sujeitar nossos filhos e filhas à escravidão. E algumas de nossas filhas já foram reduzidas à escravidão, e não podemos fazer nada, pois nossos campos e vinhas já pertencem a outros".

A saída política – ⁶Fiquei indignado ao ouvir essas queixas e o que estava acontecendo. ⁷Não me contive e repreendi os nobres e os magistrados, dizendo: "Vocês estão agindo como usurários em relação a seus irmãos!" Convoquei contra eles uma assembleia geral, ⁸e lhes disse: "Nós, à medida que pudemos, resgatamos nossos irmãos judeus que se tinham vendido aos estrangeiros. Vocês, porém, vendem seus irmãos para que os resgatemos". Eles não acharam resposta e ficaram calados. ⁹Eu continuei: "O que vocês fazem não está certo. Vocês não querem agir conforme o temor de nosso Deus, para que as nações inimigas não caçoem de nós? ¹⁰Eu, meus irmãos e meus ajudantes também emprestamos dinheiro e trigo para essas pessoas. Pois bem! Vamos perdoar essa dívida. ¹¹Devolvam-lhes hoje mesmo os campos, vinhas, olivais e casas. Perdoem também a penhora em dinheiro, trigo, vinho e óleo, que vocês tomaram deles". ¹²Eles disseram: "Vamos devolver tudo, sem cobrar nada. Faremos como você propôs". Então chamei os sacerdotes e, na presença destes, fiz com que eles jurassem manter a palavra. ¹³Depois, sacudi a dobra do meu manto, e disse: "Que Deus sacuda para fora de sua própria casa e de seus bens todo aquele que não mantiver a palavra. Será sacudido e despojado". Toda a assembleia respondeu: "Amém", e louvou a Javé. E eles cumpriram o que haviam prometido.

Um modelo de governador – ¹⁴Desde o dia em que o rei me nomeou governador da

---

5,1-5: Durante seu governo, Neemias enfrentou a grave crise social causada pelas dívidas que o povo da terra contraiu com os que retornaram do exílio em boas condições de vida, com muito apoio do império e da colônia judaica que permaneceu na Babilônia. Os empréstimos feitos ao povo da terra estavam levando muitas famílias à ruína. Para quitar parte das dívidas, muitos já tinham vendido filhos e filhas como escravos e penhorado suas terras. A isso acrescentavam-se os impostos cobrados pelo império persa. Muitas famílias estão na miséria. Surge então do meio deste povo pobre, principalmente das mulheres, um grito por justiça contra seus irmãos "judeus". Grito de revolta e protesto que chega ao governador.

6-13: Neemias sabe que os impostos continuarão a ser cobrados pelo império. Busca saída no perdão das dívidas contraídas pelo povo da terra. Para isso, terá que convencer de usura a rica elite dos retornados, convocando contra ela uma assembleia geral. Mas, ao se colocar como exemplo, o governador reconhece que ele próprio e seus familiares também concederam empréstimos ao povo da terra. Pede então anistia geral de toda a dívida agrária: a devolução das terras penhoradas e o perdão das dívidas em dinheiro ou em espécie. O acordo é confirmado no recinto do Templo de Javé, diante dos sacerdotes. Assim, o Templo volta a ser o espaço de vigência da Lei de Deus, e os sacerdotes são as testemunhas jurídicas que velam pela observância do acordo.

14-19: Neste desabafo de Neemias diante de Deus, nota-se que ele não é o primeiro governador de Judá. Comparando-se com os do passado, se apresenta como

província de Judá, isto é, do vigésimo ao trigésimo segundo ano do rei Artaxerxes, por doze anos, eu e meus irmãos jamais comemos às custas dos impostos. ¹⁵Os governadores antes de mim exploravam o povo, exigindo diariamente quatrocentos gramas de prata, além de alimento e vinho. E até seus subordinados se aproveitavam do povo. Eu, por temor de Deus, não fiz nada disso. ¹⁶Além do mais, trabalhei pessoalmente na reconstrução da muralha, embora não fosse proprietário de terreno, e meus empregados passavam o dia na obra. ¹⁷À minha mesa comiam cento e cinquenta, entre judeus e magistrados, além de outras pessoas dos povos vizinhos que nos vinham visitar. ¹⁸Todo dia, às minhas custas, na minha casa, eram preparados um boi, seis ovelhas gordas e muitas aves. De dez em dez dias se renovava com fartura o estoque de toda espécie de vinho. E, com isso tudo, eu nunca cobrei a manutenção de governador, pois o encargo de impostos já pesava muito sobre o povo. ¹⁹Em meu favor, ó Deus, lembra-te de tudo o que fiz de bom para este povo.

6 Intrigas políticas em Judá

¹Sanabalat, Tobias, o árabe Gosem e outros inimigos nossos souberam que eu tinha reconstruído a muralha e que não havia mais brecha nenhuma. Eu só não tinha colocado as folhas das portas. ²Então Sanabalat e Gosem me mandaram dizer: "Venha nos encontrar em Cefirim, no vale de Ono". Eles, porém, tinham más intenções, ³e eu lhes mandei responder: "Estou com muito trabalho e não posso ir. Não vou parar a obra para me encontrar com vocês". ⁴Quatro vezes eles mandaram o mesmo recado, e quatro vezes eu dei a mesma resposta. ⁵Na quinta vez, Sanabalat mandou o mesmo recado, através de um empregado seu que trazia na mão uma carta aberta. ⁶Nessa carta estava escrito: "Entre as nações corre a notícia – e Gosem confirma – segundo a qual você e os judeus estão querendo promover uma revolução, e por isso você está reconstruindo as muralhas. Conforme os rumores, você seria o rei ⁷e já teria nomeado profetas para proclamarem aí em Jerusalém que há um rei em Judá. Esses boatos vão chegar aos ouvidos do rei. Então, venha, e conversaremos sobre o assunto". ⁸Eu lhe mandei dizer: "Esses boatos não têm fundamento. São pura invenção sua". ⁹Na verdade, eles nos queriam amedrontar, pensando que iríamos abandonar a obra, deixando-a sem acabar. Mas aí é que eu colocava mais coragem no trabalho.

¹⁰Certo dia, fui à casa de Semaías, filho de Delaías, da família de Metabeel, que se encontrava recolhido. Ele me disse: "Vamos ao Templo de Deus, dentro do santuário. Vamos fechar bem as portas, porque estão vindo para matar você. Eles pensam em matá-lo esta noite". ¹¹Mas eu lhe respondi: "Um homem como eu não foge, nem se esconde no Templo para salvar a vida. Não vou". ¹²Percebi que não era Deus que o tinha mandado fazer essa profecia. Tobias e Sanabalat é que tinham pago para ele fazer isso, ¹³a fim de que eu ficasse com medo e fizesse o que eles queriam. Cometendo um erro, eu iria estragar o meu nome, e eles me poderiam desmoralizar.

¹⁴Lembra-te, meu Deus, do que Tobias e Sanabalat fizeram! Lembra-te também da profetisa Noadias e dos outros profetas que tentaram amedrontar-me.

¹⁵As muralhas ficaram prontas no dia vinte e cinco do mês de Elul, após cinquenta e dois dias de trabalho. ¹⁶Quando nossos inimigos souberam e as nações vizinhas viram isso, ficaram muito admirados e reconheceram que nosso Deus era o autor dessa obra.

¹⁷Nesse tempo, os nobres de Judá mantinham muita correspondência de cartas

---

exemplar, preocupado em não onerar o povo, com seus próprios gastos pessoais, e evitando cobrar o salário estipulado para a "manutenção do governador". O texto não deixa claro quem pagava o sustento do governo e dos funcionários que participavam da "mesa do governador", ou seja, de todas as pessoas sustentadas pelo dinheiro público.

6,1-19: Nos cinquenta e dois dias, que durou a reconstrução das muralhas, a administração de Neemias foi marcada por muitas intrigas políticas. Os adversários, vendo seu êxito, buscam agora prejudicá-lo a até mesmo matá-lo. Muitos profetas populares, como a profetisa Noadias, estão no partido contrário a Neemias. O chefe da oposição é Tobias, de importante família judaica aliada do império persa. Durante o governo de Neemias, Tobias governa a vizinha província de Amon, mas não esconde suas alianças e interesses políticos em Judá e Jerusalém.

com Tobias, ¹⁸que tinha muitos aliados em Judá, pois era genro de Sequenias, filho de Area, e seu filho Joanã era casado com a filha de Mosolam, filho de Baraquias. ¹⁹Eles o elogiavam muito na minha presença e contavam a ele tudo o que eu dizia. E Tobias continuava sempre mandando cartas para me intimidar.

7 Proteger a nova capital – ¹Quando a muralha ficou pronta e eu coloquei as portas, foram nomeados os porteiros, cantores e levitas. ²Confiei a administração de Jerusalém ao meu irmão Hanani e a Hananias, chefe da fortaleza, homem fiel e que temia a Deus como poucos. ³Eu lhes disse: "Não abram as portas de Jerusalém antes que o sol comece a esquentar. À tarde, com o sol ainda alto, fechem e tranquem as portas. Formem também corpos de guarda com os habitantes de Jerusalém, uns vigiando em seus postos e outros diante de sua própria casa".

Repovoamento de Jerusalém – ⁴A cidade era espaçosa e grande, mas o povo que aí morava era minguado e as casas ainda não estavam reconstruídas. ⁵Então Deus me inspirou a reunir os nobres, os chefes e o povo, a fim de fazer o recenseamento das famílias. Encontrei o registro das famílias dos primeiros repatriados, e achei escrito o seguinte:

⁶Estes são os cidadãos da província que regressaram do cativeiro. São aqueles que Nabucodonosor, rei da Babilônia, tinha deportado, e que voltaram para Jerusalém e Judá, cada qual para sua cidade. ⁷Eles vieram com Zorobabel, Josué, Neemias, Azarias, Raamias, Naamani, Mardoqueu, Belsã, Mesfarat, Beguai, Naum e Baana.

Lista dos israelitas: ⁸Duas mil, cento e setenta e duas pessoas, da descendência de Faros. ⁹Trezentas e setenta e duas pessoas, da descendência de Safatias. ¹⁰Seiscentas e cinquenta e duas, da descendência de Area. ¹¹Duas mil, oitocentas e dezoito, da descendência de Faat-Moab, isto é, da família de Josué e Joab. ¹²Mil, duzentas e cinquenta e quatro pessoas, da descendência de Elam. ¹³Oitocentas e quarenta e cinco, da descendência de Zetua. ¹⁴Setecentas e sessenta, da descendência de Zacai. ¹⁵Seiscentas e quarenta e oito, da descendência de Benui. ¹⁶Seiscentas e vinte e oito, da descendência de Bebai. ¹⁷Duas mil, trezentas e vinte e duas pessoas, da descendência de Azgad. ¹⁸Seiscentas e sessenta e sete, da descendência de Adonicam. ¹⁹Duas mil e sessenta e sete, da descendência de Beguai. ²⁰Seiscentas e cinquenta e cinco, da descendência de Adin. ²¹Noventa e oito, da descendência de Ater, ou seja, de Ezequias. ²²Trezentas e vinte e oito, da descendência de Hasum. ²³Trezentas e vinte e quatro, da descendência de Besai. ²⁴Cento e doze, da descendência de Haref. ²⁵Noventa e cinco, descendentes de Gabaon. ²⁶Cento e oitenta e oito homens de Belém e de Netofa. ²⁷Cento e vinte e oito homens de Anatot. ²⁸Quarenta e duas pessoas originárias de Bet-Azmot. ²⁹Setecentas e quarenta e três pessoas de Cariat-Iarim, Cafira e Beerot. ³⁰Seiscentas e vinte e uma da Ramá e Gaba. ³¹Cento e vinte e duas de Macmas. ³²Cento e vinte e três de Betel e Hai. ³³Cinquenta e duas pessoas originárias de outro Nebo. ³⁴Mil, duzentas e cinquenta e quatro, da descendência de outro Elam. ³⁵Trezentas e vinte, da descendência de Harim. ³⁶Trezentas e quarenta e cinco, descendentes de Jericó. ³⁷Setecentas e vinte e uma, de Lod, Hadid e Ono. ³⁸Três mil, novecentas e trinta, descendentes de Senaá.

³⁹Sacerdotes: novecentos e setenta e três, descendentes de Jedaías, ou seja, da família de Josué. ⁴⁰Mil e cinquenta e dois, descendentes de Emer. ⁴¹Mil, duzentos e quarenta e sete, descendentes de Fasur. ⁴²Mil e dezessete, descendentes de Harim.

⁴³Levitas: setenta e quatro, descendentes de Josué e Cadmiel, filhos de Odovias.

⁴⁴Cantores: cento e quarenta e oito, descendentes de Asaf.

⁴⁵Porteiros: cento e trinta e oito, descendentes de Selum, Ater, Telmon, Acub, Hatita e Sobai.

7,1-3: Com os muros prontos, começam as nomeações administrativas para a segurança de Jerusalém e de seus habitantes. Neemias nomeia seu irmão como prefeito da cidade, e um homem de sua confiança comanda a fortaleza que protege a cidade. A prontidão militar da população continua, diante das ameaças dos adversários, que têm muitos aliados na cidade.

4-72a: Outra lista dos repatriados (cf. nota a Esd 2,1-70) é colocada agora, após o relato das Memórias de Neemias, justamente quando as muralhas de Jeru-

⁴⁶Doados: descendentes de Siaá, Hasufa, Tabaot, ⁴⁷Ceros, Sia, Fadon, ⁴⁸Lebana, Hagaba, Selmai, ⁴⁹Hanã, Gidel, Gaar, ⁵⁰Raaías, Rasin, Necoda, ⁵¹Gazam, Oza, Fasea, ⁵²Besai, meunitas e nefusitas. ⁵³Descendentes de Bacbuc, Hacufa, Harur, ⁵⁴Baslut, Meida, Harsa, ⁵⁵Bercos, Sísara, Tema, ⁵⁶Nasias e Hatifa.

⁵⁷Descendentes dos escravos de Salomão: descendentes de Sotai, Soferet, Feruda, ⁵⁸Jaala, Darcon, Gidel, ⁵⁹Safatias, Hatil, Foqueret-Assebaim e Amon. ⁶⁰Os doados e os descendentes dos escravos de Salomão eram ao todo trezentas e noventa e duas pessoas.

⁶¹As seguintes pessoas que voltaram de Tel-Mela, Tel Harsa, Querub, Adon e Emer não puderam provar que sua família e sua raça eram de origem israelita: ⁶²Seiscentos e quarenta e dois, descendentes de Dalaías, Tobias e Necoda, ⁶³além do pessoal de família sacerdotal, descendentes de Hobias, Acos e Berzelai. Este se casara com uma filha do galaadita Berzelai, e adotara o nome dele. ⁶⁴Todos eles procuraram o registro da sua genealogia, mas não encontraram. Foram afastados do sacerdócio como impuros. ⁶⁵Sua Excelência os proibiu de comer os alimentos sagrados, até aparecer um sacerdote que consultasse o *Urim* e o *Tumim*.

⁶⁶No total, a comunidade era de quarenta e duas mil, trezentas e sessenta pessoas, ⁶⁷sem contar os sete mil, trezentos e trinta e sete escravos. Entre eles, havia também duzentos e quarenta e cinco cantores e cantoras. ⁶⁸Tinham quatrocentos e trinta e cinco camelos, e seis mil, setecentos e vinte jumentos.

⁶⁹Alguns chefes de família trouxeram donativos para as obras. Sua Excelência depositou no cofre mil dracmas de ouro, cinquenta cálices e trinta túnicas para os sacerdotes. ⁷⁰Alguns chefes de família depositaram, no cofre das obras, vinte mil dracmas de ouro e duas mil e duzentas minas de prata. ⁷¹Os donativos feitos pelo restante do povo alcançaram a soma de vinte mil dracmas de ouro, duas mil minas de prata e sessenta e sete túnicas para os sacerdotes.

⁷²ᵃOs sacerdotes, levitas e parte do povo passaram a morar em Jerusalém, enquanto os cantores, porteiros e doados, como todos os israelitas, foram morar cada um na sua cidade.

II. COMPROMISSO DOS RETORNADOS E ALIANÇA

A comunidade reunida em torno da Lei – ⁷²ᵇOs israelitas se haviam estabelecido em suas cidades. No sétimo mês,

8 ¹todo o povo, como se fosse uma única pessoa, se reuniu na praça que fica em frente à porta das Águas. O povo pediu que Esdras, doutor da Lei, levasse o livro da Lei de Moisés, que Javé tinha dado a Israel. ²Então o sacerdote Esdras levou o livro da Lei até a presença da assembleia. Era o dia primeiro do sétimo mês, e estavam reunidos homens, mulheres e todos os que tinham uso da razão. ³Na praça diante da porta das Águas, desde o amanhecer até o meio-dia, Esdras leu o livro para todos os homens e mulheres e para todos os que tinham o uso da razão. Todo o povo seguia com atenção a leitura do livro da Lei.

⁴Esdras, doutor da Lei, estava sobre um palanque de madeira, feito para a ocasião. À sua direita se encontravam Matatias,

---

salém já estão reconstruídas, conforme o projeto que assegurava aos repatriados a hegemonia política e religiosa em Judá. É um sinal de que a cidade voltou a ser o centro da nova comunidade judaica, formada pelos repatriados, que se apresentam assim como o verdadeiro Israel de Deus.

7,72b-8,12: O texto narra uma importante ação litúrgica. Embora Neemias esteja presente, a figura principal passa a ser Esdras. Reunindo o povo numa praça em Jerusalém, o escriba-sacerdote preside esta solene liturgia, que se faz em torno do livro da Lei de Deus, provavelmente o núcleo do atual Pentateuco. A comunidade dos repatriados, o novo Israel, professa sua fé no conteúdo desse Livro. Surge assim o que chamamos de *judaísmo*, religião centrada na observância da *Torá*, nome dado ao conjunto dos cinco livros do Pentateuco. Nela se narra a caminhada do povo de Deus, incluindo nessa trajetória histórica as normas religiosas e legais que regerão a vida social, política e religiosa da comunidade judaica, cujo núcleo central são agora os repatriados. Centrado nesses escritos, o judaísmo, até os dias de hoje, professa que a Palavra de Deus se fez livro. Torna-se assim a *Religião do Livro*. Depois que o Templo de Jerusalém foi destruído (70 d.C.), a religião judaica sobreviveu exclusivamente pela leitura, comentários e observância da Torá. A celebração mostra que a leitura em hebraico não é compreendida. Cabe aos escribas e levitas o trabalho de *traduzir* essa Palavra para o aramaico, e tudo *explicar*, atualizando e aplicando à situação concreta do momento. A comunidade se reúne ao redor da Palavra, buscando traduzir em suas práticas diárias os mandamentos de vida e liberdade concretizados na partilha. Essa proposta de vida é celebrada com muita alegria, festa e comida.

Sema, Anias, Urias, Helcias, Maasias. À esquerda estavam Fadaías, Misael, Melquias, Hasum, Hasbadana, Zacarias e Mosolam. ⁵Esdras abriu o livro à vista do povo todo, pois estava em lugar mais alto. Quando ele abriu o livro, o povo ficou de pé. ⁶Esdras bendisse a Javé, o grande Deus, e todo o povo, com as mãos erguidas, respondeu: "Amém! Amém!" Depois se ajoelharam e se prostraram com o rosto por terra diante de Javé.

⁷Os levitas Josué, Bani, Serebias, Jamin, Acub, Sabatai, Hodias, Maasias, Celita, Azarias, Jozabad, Hanã e Falaías explicavam a Lei para o povo, que permanecia em pé. ⁸Liam o livro da Lei de Deus, traduzindo-o e dando explicações, para que o povo entendesse a leitura. ⁹O governador Neemias, o sacerdote Esdras, doutor da Lei, e os levitas que instruíam o povo, vendo que as pessoas choravam ao escutar a leitura da Lei, disseram: "Hoje é dia consagrado a Javé, Deus de vocês! Não fiquem tristes e parem de chorar!" ¹⁰Em seguida, Esdras falou: "Vão para casa, façam uma bela refeição, bebam um bom vinho e repartam com os que não têm nada, porque hoje é dia consagrado a nosso Senhor. Ninguém fique triste, pois a alegria de Javé é a força de vocês". ¹¹Os levitas também acalmavam o povo, dizendo: "Fiquem tranquilos, porque é dia santo. Não fiquem tristes". ¹²E o povo foi para casa comer e beber. Repartiram com quem não tinha nada e fizeram uma grande festa, porque haviam compreendido a mensagem que lhes tinha sido explicada.

A grande festa – ¹³No dia seguinte, os chefes de família de todo o povo, com os sacerdotes e os levitas, se reuniram com Esdras, doutor da Lei, para estudar o livro da Lei. ¹⁴Encontraram escrito na Lei que Javé, por meio de Moisés, tinha mandado os israelitas ficar morando em tendas, durante a festa do sétimo mês. ¹⁵Então anunciaram em todas as cidades e em Jerusalém: "Vão até o monte e tragam ramos de oliveira, pinheiro, murta, palmeira e outras árvores que dão muitos ramos, para fazer tendas, conforme está prescrito". ¹⁶O povo foi, trouxe os ramos e fez tendas, uns no terraço de suas casas, outros nos pátios do Templo de Deus, na praça em frente à porta das Águas ou na praça da porta de Efraim. ¹⁷Assim a comunidade inteira dos que tinham voltado do cativeiro fez tendas e nelas acampou. Os israelitas não tinham feito isso desde os tempos de Josué, filho de Nun. Houve uma grande festa. ¹⁸Todos os dias, do primeiro ao último, Esdras leu o livro da Lei de Deus. A festa durou sete dias e, no oitavo dia, foi feita uma assembleia solene, conforme está prescrito.

9 *Confessar a verdade e converter-se* –
¹No dia vinte e quatro desse mesmo mês, os israelitas se reuniram para um jejum, vestidos de pano de saco e com a cabeça coberta de pó. ²As pessoas de origem israelita se separaram de todos os estrangeiros e, de pé, puseram-se a confessar os próprios pecados e as culpas de seus antepassados. ³Num quarto do dia, o povo ficava de pé onde estava, e era feita a leitura da Lei de Javé seu Deus. No outro quarto do dia, confessavam seus pecados, prostrando-se diante de Javé seu Deus. ⁴Josué, Benui, Cadmiel, Sebanias, Buni, Serebias, Bani e Canani subiram ao palanque dos levitas e invocaram a Javé seu Deus. ⁵Os levitas Josué, Cadmiel, Bani,

---

8,13-18: A comunidade dos retornados celebra durante oito dias a festa das Tendas (cf. Dt 16,1-17). A memória desta festa é o "tempo de Josué", ou seja, a conquista da terra e a instalação do povo após a travessia do deserto, mediante a constituição de uma comunidade justa e fraterna. Tendo sobrevivido ao exílio, a comunidade celebra agora um novo começo na terra prometida, assumindo o compromisso de viver a justiça conforme a Lei do Senhor.

9,1-37: A celebração continua com o ritual penitencial comunitário. A prática do jejum, o vestir-se de sacos e o colocar cinzas na cabeça faziam parte dos rituais de lamento, celebrados nas antigas ruínas de Jerusalém (cf. Zc 8,1-18). Pedindo perdão pelos antepassados, a comunidade restaurada celebra o novo começo. O salmo aqui colocado (vv. 5-37) segue a espiritualidade deuteronomista, que tem como eixo a sequência *pecado-castigo-conversão-graça*, e faz uma revisão de toda a história do povo de Deus, desde a criação até o momento. Ao declarar a total fidelidade de Deus à aliança e a contínua infidelidade do povo em suas várias etapas de atribulada e tortuosa história, a celebração torna-se o momento da conversão definitiva da comunidade dos retornados. O momento que vivem, desde o regresso até a restauração do Templo, do culto e da cidade, mostra que Deus mais uma vez os perdoou e agraciou. Mas, o final da oração mostra que a liberdade não é total. O Império persa é uma realidade histórica. Mesmo novamente na terra prometida, o povo ainda é escravo, e os frutos da terra servem para pagar os impostos. Pedindo perdão, a comunidade espera para um futuro próximo a graça da liberdade total e da vida plena.

Hasabneias, Serebias, Hodias, Sebanias e Fetaías disseram: "Levantem-se e bendigam a Javé seu Deus".

Bendito sejas tu, Javé nosso Deus,
desde sempre e para sempre.
Bendito seja o teu Nome glorioso,
que supera toda bênção e louvor!
⁶Javé, tu és o único Deus!
Fizeste o céu e o mais alto dos céus,
e todos os seus exércitos.
Fizeste a terra e o que ela contém.
Fizeste os mares e o que neles existe.
Dás vida a tudo isso,
e o exército do céu te adora.
⁷Tu és Javé, o Deus que escolheu Abrão.
Tu o tiraste de Ur dos caldeus
e lhe deste o nome de Abraão.
⁸Viste que o coração dele era fiel a ti,
e com ele fizeste aliança,
para dar a ele e à sua descendência
a terra dos cananeus, heteus e amorreus,
dos ferezeus, jebuseus e gergeseus.
E cumpriste tua promessa,
porque tu és justo.
⁹Viste a aflição de nossos antepassados no Egito,
ouviste o clamor deles
junto ao mar Vermelho.
¹⁰Realizaste sinais e prodígios
contra o faraó,
contra seus ministros e todo o povo
do país,
pois sabias que tinham oprimido
nossos antepassados,
e ganhaste a fama que dura até hoje.
¹¹Abriste o mar diante deles,
e atravessaram o mar a pé enxuto.
Jogaste no abismo seus perseguidores,
como pedra em águas profundas.
¹²De dia, tu os guiaste na coluna
de nuvem,
e de noite, na coluna de fogo,
para iluminar na frente deles
o caminho que deviam percorrer.
¹³Desceste ao monte Sinai,
e do céu falaste com eles.
Tu lhes deste normas justas
e leis verdadeiras,
estatutos e mandamentos excelentes.
¹⁴Revelaste a eles teu santo sábado,
e, por meio do teu servo Moisés,
tu lhes deste mandamentos, estatutos
e a Lei.
¹⁵Quando tinham fome,
tu lhes deste o pão do céu.
Quando tinham sede,
fizeste brotar água do rochedo.
Tu os mandaste tomar posse da terra,
que tinhas jurado dar a eles.
¹⁶Nossos antepassados, porém,
se encheram de orgulho,
se tornaram altivos e desobedeceram
aos teus mandamentos.
¹⁷Não quiseram ouvir nem lembrar
as maravilhas que realizaste
em favor deles.
Ficaram altivos
e se empenharam em voltar
para a escravidão do Egito.
Tu, porém, és o Deus que perdoa,
cheio de piedade e compaixão,
lento para a cólera e cheio de amor,
e não os abandonaste.
¹⁸Fizeram um bezerro de metal
e disseram:
"Este é o seu Deus que tirou você
do Egito!"
Cometeram uma ofensa terrível.
¹⁹Tu, porém, com grande compaixão,
não os abandonaste no deserto.
Não se afastou deles a coluna
de nuvem,
que os guiava de dia pelo caminho,
nem a coluna de fogo,
que de noite lhes iluminava o caminho
que deviam percorrer.
²⁰Deste a eles teu bom espírito
para torná-los prudentes.
Não lhes tiraste da boca o maná,
e, na sede, lhes deste água.
²¹Quarenta anos tu os sustentaste
no deserto,
e de nada sentiram falta.
Suas roupas não se gastaram
e seus pés não ficaram inchados.
²²A eles entregaste reinos e povos,
e entre eles repartiste o território.
Tomaram posse da terra de Seon,
rei de Hesebon,
e da terra de Og, rei de Basã.
²³Multiplicaste seus filhos
como as estrelas do céu,
e os introduziste na terra, cuja posse
tinhas prometido a seus antepassados.
²⁴Os filhos invadiram a terra
e tomaram posse,

e tu derrotaste diante deles
os cananeus que moravam no país.
Tu os entregaste na mão deles,
e também os reis e os povos do país,
para que os tratassem como
bem entendessem.
²⁵Eles conquistaram cidades fortificadas
e terra fértil.
Tomaram posse de casas
bem abastecidas,
cisternas prontas, vinhas e olivais,
e muitas árvores frutíferas.
Eles comeram, se fartaram
e engordaram,
desfrutando dos teus dons generosos.
²⁶Depois disso, ficaram indóceis
e se revoltaram contra ti.
Desprezaram tua Lei
e mataram os profetas
que os advertiam a se converterem
para ti.
E cometeram graves ofensas.
²⁷Então tu os entregaste aos inimigos
que os oprimiram.
Na angústia, porém, eles clamaram a ti,
e do céu tu os escutaste.
Com tua grande compaixão enviaste
salvadores
que os libertaram dos inimigos.
²⁸Mas logo que recuperavam a paz,
faziam de novo aquilo que reprovas,
e tu os abandonavas aos inimigos
que os oprimiam.
De novo, eles clamavam a ti,
e do céu tu os escutavas.
Tu os libertaste muitas vezes,
por causa de tua grande compaixão.
²⁹Chamaste a atenção deles,
a fim de que voltassem para a tua Lei.
Mas eles se encheram de orgulho
e não obedeceram
aos teus mandamentos.
Pecaram contra as tuas normas,
que dão vida a quem as observa.
Voltaram as costas com rebeldia,
ficaram altivos e não obedeceram.
³⁰Por muitos anos foste paciente com eles,
e teu espírito os advertiu
por meio dos profetas,
mas eles não prestaram atenção.
Por isso, os entregaste aos povos
pagãos.
³¹Tu, porém, com tua grande compaixão,
não os aniquilaste,
nem os abandonaste,
pois és um Deus de piedade
e compaixão.
³²E agora, Deus nosso, Deus grande,
poderoso e terrível, fiel à aliança
e ao amor,
não fiques indiferente às aflições
que se abateram sobre nossos reis,
sobre nossos chefes,
sacerdotes e profetas,
sobre nossos antepassados
e todo o teu povo,
desde o tempo dos reis da Assíria
até o dia de hoje.
³³És inocente de tudo o que
nos aconteceu,
porque tu agiste com fidelidade,
enquanto nós praticávamos o mal.
³⁴Sim! Nossos reis, chefes, sacerdotes
e nossos antepassados não seguiram
tua Lei,
nem deram atenção
aos teus mandamentos,
nem às advertências com que
os avisavas.
³⁵Mesmo durante o reinado deles,
apesar dos bens que lhes concedias
e da terra vasta e fértil que lhes deste,
não serviram a ti, nem se converteram
de seu mal.
³⁶Por isso, agora estamos escravizados.
Hoje nós somos escravos
na terra que deste a nossos antepassados
para gozarem de seus frutos e bens.
³⁷Seus produtos abundantes
vão para os reis,
aos quais tu nos sujeitaste
por causa dos nossos pecados.
Eles dominam como querem,
tanto a nós como a nossos rebanhos.
Estamos em grande aflição!

10 *O compromisso da comunidade*

¹Por tudo isso, assumimos por escrito um compromisso sério. O documento foi assinado por nossos chefes, nossos levitas e sacerdotes.

10,1-40: A comunidade dos retornados celebra o compromisso, que é registrado em documento e assinado pelas lideranças. Sacerdotes, levitas e chefes assumem solenemente: observar os mandamentos da

²O documento foi assinado por Neemias, filho de Hacalias, por Sedecias, ³Saraías, Azarias, Jeremias, ⁴Fasur, Amarias, Melquias, ⁵Hatus, Sebanias, Meluc, ⁶Harim, Meremot, Abdias, ⁷Daniel, Genton, Baruc, ⁸Mosolam, Abias, Miamin, ⁹Maazias, Belgai e Semeías, que eram sacerdotes.

¹⁰Os levitas que assinaram foram: Josué, filho de Azanias, Benui, dos filhos de Henadad, Cadmiel ¹¹e seus irmãos, Sequenias, Odovias, Celita, Falaías, Hanã, ¹²Micas, Roob, Hasebias, ¹³Zacur, Serebias, Sebanias, ¹⁴Odias, Bani e Canani.

¹⁵Os chefes do povo que assinaram foram: Faros, Faat-Moab, Elam, Zetu, Bani, ¹⁶Buni, Azgad, Bebai, ¹⁷Adonias, Beguai, Adin, ¹⁸Ater, Ezequias, Azur, ¹⁹Adias, Hasum, Besai, ²⁰Haref, Anatot, Nebai, ²¹Megfias, Mosolam, Hazir, ²²Mesezebel, Sadoc, Jedua, ²³Feltias, Hanã, Anaías, ²⁴Oseias, Hananias, Hasub, ²⁵Aloés, Falea, Sobec, ²⁶Reum, Hasabna, Maasias, ²⁷Aías, Hanã, Anã, ²⁸Meluc, Harim, Baana.

²⁹O resto do povo, os sacerdotes, os levitas, os porteiros, os cantores, os doados e todos os que se separaram da população local para se converter à Lei de Deus, junto com suas mulheres, filhos, filhas e todos os que tinham uso da razão, ³⁰uniram-se a seus irmãos e chefes, e se comprometeram solenemente a proceder segundo a Lei de Deus, dada por Moisés, servo de Deus, e a praticar todos os mandamentos, normas e estatutos de Javé nosso Deus. ³¹Não daremos mais nossas filhas ao povo da terra e não casaremos mais nossos filhos com as filhas deles. ³²Não compraremos em dia de sábado e dias de festa as mercadorias, principalmente o trigo que o povo da terra vende no dia de sábado. A cada sete anos, vamos renunciar à colheita e perdoar qualquer tipo de dívida.

³³Nós nos comprometemos também a entregar todo ano a terça parte de um siclo para o culto do Templo do nosso Deus. ³⁴Isso servirá para os pães oferecidos a Deus, para a oferta diária, para o holocausto diário, para as solenidades dos sábados, luas novas e festas, para as consagrações e sacrifícios pelo pecado de Israel, e para todo o serviço do Templo do nosso Deus. ³⁵Nós, sacerdotes, levitas e povo, divididos por famílias, tiramos sorte para ver quem ofereceria a lenha a ser levada ao Templo nas épocas certas, todos os anos, a fim de acender o fogo no altar de Javé nosso Deus, conforme está escrito na Lei. ³⁶Nós nos comprometemos também a levar para o Templo de Javé, todos os anos, os primeiros frutos de nossas lavouras, os primeiros frutos de todas as árvores frutíferas, ³⁷e os primogênitos de nossos filhos e rebanhos, conforme está escrito na Lei; e a entregar aos sacerdotes, que servem no Templo, os primogênitos de nossos rebanhos graúdos e miúdos.

³⁸A flor de nossa farinha de trigo, nossas ofertas, toda espécie de frutas, nosso vinho e óleo, também vamos levar para os sacerdotes aos armazéns do Templo do nosso Deus. Daremos o dízimo de nossa terra aos levitas. Os próprios levitas recolherão esse dízimo nos lugares cultivados por nós. ³⁹Um sacerdote, da descendência de Aarão, estará com os levitas, quando estes estiverem recolhendo o dízimo. Os levitas levarão um décimo do dízimo para a sala do tesouro do Templo de Deus. ⁴⁰É para essas mesmas salas do Templo de Deus que os israelitas e levitas levarão as oferendas de trigo, vinho e óleo. É aí também que ficam os objetos sagrados e os sacerdotes encarregados de guardá-los, além dos porteiros e cantores. Nunca mais nos descuidaremos do Templo do nosso Deus.

III. JERUSALÉM VOLTA A SER A CIDADE DA ALIANÇA

11 *Jerusalém, o centro religioso* – ¹Os chefes do povo ficaram morando em Jerusalém. O resto do povo tirou sorte para que um de cada dez morasse na cidade santa de Jerusalém, e os outros nove nas outras cidades. ²O povo abençoou a todos os que se ofereceram para morar em Jerusalém.

Lei; não aceitar na comunidade o povo da terra, evitando casamentos mistos; observar o descanso sabático; oferecer o dízimo e as oferendas necessárias para o culto divino; consagrar as primícias e observar o ano sabático. E concluem com o juramento de nunca mais descuidar do Templo de Deus. Esse compromisso trouxe consequências sociais graves: uma parte do povo da terra, sentindo-se desprezada e marginalizada, abandonará o culto no Templo de Jerusalém e manterá suas práticas religiosas na Samaria.

11,1-36: As notícias deste capítulo vieram de algum arquivo do Templo de Jerusalém, onde se relata o repovoa-

³São estes os chefes de família da província que ficaram morando em Jerusalém. Os sacerdotes, levitas, doados e descendentes dos escravos de Salomão ficaram morando nas várias cidades de Judá, cada qual na sua propriedade.

⁴Em Jerusalém ficaram morando os descendentes de Judá e Benjamim. Descendentes de Judá: Ataías, filho de Ozias, filho de Zacarias, filho de Amarias, filho de Safatias, filho de Malaleel, descendente de Farés. ⁵Maasias, filho de Baruc, filho de Col-Hoza, filho de Hazias, filho de Adaías, filho de Joiarib, filho de Zacarias, descendente de Sela. ⁶Total dos descendentes de Farés que ficaram morando em Jerusalém: quatrocentos e sessenta e oito homens valentes.

⁷Descendentes de Benjamim: Salu, filho de Mosolam, filho de Joed, filho de Fadaías, filho de Calaías, filho de Maasias, filho de Eteel, filho de Isaías, ⁸com seus irmãos Gabai e Salai. Ao todo, novecentos e vinte e oito.

⁹Joel, filho de Zecri, era chefe deles. Como segunda autoridade na cidade, ficou Judá, filho de Senua.

¹⁰Sacerdotes: Jedaías, filho de Joaquim, ¹¹filho de Saraías, filho de Helcias, filho de Mosolam, filho de Sadoc, filho de Maraiot, filho de Aquitob, chefe do Templo de Deus, ¹²e seus irmãos que exerciam suas funções no Templo. Ao todo, oitocentos e vinte e dois. Além desses, havia ainda Adaías, filho de Jeroam, filho de Felelias, filho de Amsi, filho de Zacarias, filho de Fasur, filho de Melquias, ¹³com seus irmãos, chefes de família. Ao todo, duzentos e quarenta e dois. Ficaram ainda: Amasai, filho de Azareel, filho de Aazi, filho de Mosolamot, filho de Emer, ¹⁴e seus irmãos, perfazendo um total de cento e vinte e oito homens valentes. O chefe deles era Zabdiel, filho de Agadol.

¹⁵Levitas: Semeías, filho de Asub, filho de Ezricam, filho de Hasabias, filho de Buni, ¹⁶Sabatai e Jozabad, entre os chefes levitas, eram os encarregados dos serviços externos do Templo de Deus; ¹⁷Matanias, filho de Micas, filho de Zabdi, filho de Asaf, dirigia os hinos e cantava a ação de graças na oração; Becbecias, que era o segundo da família, e Abdias, filho de Samua, filho de Galal, filho de Iditun. ¹⁸Havia duzentos e oitenta e quatro levitas na cidade santa. ¹⁹Porteiros: Acub, Telmon e seus irmãos. Ao todo, cento e setenta e dois, que montavam guarda nas portas.

²⁰Os outros israelitas, sacerdotes e levitas, ficaram espalhados pelas cidades de Judá, cada qual na sua propriedade. ²¹Os doados ficaram morando no Ofel. À frente deles estavam Sia e Gasfa. ²²O chefe dos levitas em Jerusalém era Ozi, filho de Bani, filho de Hasabias, filho de Matanias, filho de Micas. Ele fazia parte dos filhos de Asaf, cantores encarregados do serviço no Templo de Deus. ²³Uma ordem do rei e um regulamento fixavam a tarefa diária dos cantores. ²⁴Fetaías, filho de Mesezebel, descendente de Zara, filho de Judá, estava a serviço do rei, para todos os assuntos relativos ao povo. ²⁵Também nas aldeias e campos moravam judeus. Os descendentes de Judá ficaram morando em Cariat-Arbe e suas aldeias, em Dibon e suas aldeias, em Cabseel e suas aldeias, ²⁶em Jesua, Molada, Bet-Falet, ²⁷Haser-Sual, Bersabeia e suas aldeias, ²⁸em Siceleg, Mecona e suas aldeias, ²⁹em En-Remon, Saraá, Jarmut, ³⁰Zanoe, Odolam e suas aldeias, em Laquis e seus campos, em Azeca e suas aldeias. Eles ocuparam toda a região, desde Bersabeia até o vale de Enom. ³¹Os descendentes de Benjamim ficaram morando em Gaba, Macmas, Aía, Betel e suas aldeias, ³²em Anatot, Nob, Ananias, ³³Hasor, Ramá, Getaim, ³⁴Hadid, Seboim, Nebalat, ³⁵Lod e Ono, e no vale dos Artesãos. ³⁶Um grupo de levitas ficou morando na região de Judá e Benjamim.

12 Os levitas depois do exílio

¹Lista dos sacerdotes e levitas que chegaram com Zorobabel, filho de Salatiel, e com Josué: Saraías, Jeremias, Esdras, ²Amarias, Meluc, Hatus, ³Sequenias, Reum, Meremot, ⁴Ado, Genton, Abias, ⁵Miamin, Madias, Belga, ⁶Semeías, Joiarib, Jedaías,

---

mento da cidade a partir da lista dos retornados. A cidade oferecia condições precárias de vida, e por isso a maioria dos habitantes preferia viver nas aldeias do interior. Poucos se apresentavam espontaneamente para viver em Jerusalém (cf. vv. 2.25-36). Grande parte dos que ficam morando na cidade está ligada aos serviços no Templo.

12,1-26: Também este texto parece provir dos arquivos do Templo. Reúne material disperso de várias

⁷Salu, Amoc, Helcias, Jedaías. Esses eram os chefes dos sacerdotes e seus irmãos, no tempo de Josué.

⁸Os levitas eram: Josué, Benui, Cadmiel, Serebias, Judá e Matanias; este com seus irmãos dirigiam os hinos de ação de graças, ⁹enquanto os outros seus irmãos Becbecias e Ani ficavam em frente deles para entoar os cânticos.

¹⁰Josué era pai de Joaquim; Joaquim, pai de Eliasib; Eliasib, pai de Joiada; ¹¹Joiada, pai de Joanã; e Joanã, pai de Jedua.

¹²No tempo de Joaquim, os chefes das famílias sacerdotais eram: Maraías, chefe da família de Saraías; Hananias, da família de Jeremias; ¹³Mosolam, da família de Esdras; Joanã, da família de Amarias; ¹⁴Jônatas, da família de Meluc; José, da família de Sebanias; ¹⁵Ednas, da família de Harim; Helci, da família de Maraiot, ¹⁶Zacarias, da família de Ado; Mosolam, da família de Genton; ¹⁷Zecri, da família de Abias; ... da família de Miniamin; Felti, da família de Moadias; ¹⁸Samua, da família de Belga; Jônatas, da família de Semeías; ¹⁹Matanai, da família de Joiarib; Ozi, da família de Jedaías; ²⁰Celai, da família de Selai; Héber, da família de Amoc; ²¹Hasabias, da família de Helcias; e Natanael, da família de Zedaías.

²²No tempo de Eliasib, Joiada, Joanã e Jedua, foi feita uma lista dos chefes das famílias sacerdotais até o começo do reinado de Dario, o persa.

²³Levitas: os chefes das famílias estão registrados no Livro das Crônicas, mas só até o tempo de Joanã, neto de Eliasib.

²⁴Eram eles: Hasabias, Serebias, Josué, Benui, Cadmiel e seus irmãos, que ficavam em frente deles para entoar os hinos de louvor e ação de graças, conforme as determinações de Davi, homem de Deus, um grupo alternando com outro. ²⁵Esses eram Matanias, Becbecias e Abdias. Mosolam, Telmon e Acub eram porteiros, que ficavam vigiando os armazéns perto das portas da cidade.

²⁶Esse pessoal é do tempo de Joaquim, filho de Josué, filho de Josedec, do tempo do governador Neemias e do sacerdote Esdras, doutor da Lei.

Festa da restauração – ²⁷Por ocasião da dedicação das muralhas de Jerusalém, os levitas foram convocados de todos os lugares onde moravam, para ir a Jerusalém e celebrar a dedicação com festa e ação de graças, ao som de címbalos, cítaras e harpas. ²⁸Reuniram-se, então, levitas encarregados dos cânticos, vindos do distrito de Jerusalém e redondezas, das cidades de Netofa, ²⁹de Bet-Guilgal, da zona rural de Gaba e de Azmot, pois os cantores tinham construído aldeias nos arredores de Jerusalém.

³⁰Os sacerdotes e levitas se purificaram, e depois purificaram o povo, as portas e a muralha. ³¹Então mandei que os chefes de Judá subissem à muralha. E organizei duas grandes alas. Uma deveria caminhar pela direita, na direção da porta do Esterco. ³²Atrás dela, iam Osaías e a metade dos chefes de Judá. ³³Iam também Azarias, Esdras, Mosolam, ³⁴Judá, Benjamim, Semeías e Jeremias, ³⁵pertencentes ao coro dos sacerdotes com as trombetas. Depois, vinham Zacarias, filho de Jônatas, filho de Semeías, filho de Matanias, filho de Micas, filho de Zacur, filho de Asaf, ³⁶com os seus irmãos Semeías, Azareel, Malalai, Galalai, Maai, Natanael, Judá e Hanani, levando os instrumentos musicais de Davi, homem de Deus. Esdras, doutor da Lei, ia na frente deles. ³⁷Passaram pela porta da Fonte e, seguindo em linha reta, subiram as escadas da Cidade de Davi, e desceram pela encosta da muralha, junto ao palácio de Davi, até a porta das Águas, ao leste.

³⁸A outra ala ia pela esquerda. Eu seguia com a outra metade dos chefes do povo. Fomos por cima da muralha, passamos pela torre dos Fornos e chegamos à muralha larga. ³⁹Em seguida, passamos por cima da porta de Efraim, da porta

---

origens. O objetivo é mostrar as listas familiares de sacerdotes e levitas que retornaram do exílio, bem como sua posição na nova comunidade de culto. O papel reservado aos levitas é animar e catequizar as comunidades rurais ao redor de Jerusalém, que dessa forma reconheceriam o Templo como único e verdadeiro lugar de culto a Javé, e garantiriam as oferendas necessárias para os serviços litúrgicos.

27-43: Retomam-se as Memórias de Neemias. O governador descreve a solene dedicação das muralhas de Jerusalém. Ele mesmo organiza as procissões em duas alas, que percorreriam as muralhas e se encontrariam no recinto sagrado do Templo. Com a celebração, encerram-se as obras de restauração do Templo. Este informe conclui as Memórias do primeiro mandato de Neemias como governador de Judá, que durou de 445 a

Velha, da porta dos Peixes, da torre de Hananeel, da torre dos Cem, da porta das Ovelhas, e paramos na porta da Guarda. ⁴⁰Depois, as duas alas entraram no Templo de Deus. Junto comigo estava a metade dos chefes, ⁴¹e também os sacerdotes Eliaquim, Maasias, Miniamin, Micas, Elioenai, Zacarias e Hananias, que levavam trombetas, ⁴²e também Maasias, Semeías, Eleazar, Ozi, Joanã, Melquias, Elam e Ezer. Os cantores entoaram um hino sob a direção de Jezraías. ⁴³Nesse dia, oferecemos sacrifícios solenes. E o povo festejou, pois Deus lhe havia dado grande motivo de alegria. Até as mulheres e crianças se alegraram com a festa. Ouvia-se ao longe o barulho da alegria em Jerusalém.

Uma época ideal – ⁴⁴Nesse tempo foram nomeados alguns homens para guardar as salas reservadas para as provisões, donativos, primeiros frutos e dízimo. Aí esses homens deviam recolher, da zona rural das cidades, as partes reservadas segundo a Lei aos sacerdotes e levitas. Os judeus estavam contentes com a função dos sacerdotes e levitas, ⁴⁵pois estes se ocupavam do culto do seu Deus e do ritual de purificação, conforme as instruções de Davi e de seu filho Salomão. Também estavam contentes com os cantores e porteiros. ⁴⁶Desde os tempos de Davi e Asaf, havia um chefe dos cantores e dos cânticos de louvor e ação de graças a Deus. ⁴⁷É por isso que, nos tempos de Zorobabel e Neemias, os israelitas proviam diariamente às necessidades dos cantores e porteiros. Também faziam ofertas aos levitas que, por sua vez, entregavam aos descendentes de Aarão a parte que lhes era devida.

13 Defender a comunidade de influências estrangeiras

– ¹Nesse tempo, lendo ao povo o livro de Moisés, encontramos escrito o seguinte: "O amonita e o moabita nunca poderão entrar na assembleia de Deus, ²porque não foram com pão e água ao encontro dos filhos de Israel. Contrataram Balaão para os amaldiçoar, mas o nosso Deus transformou a maldição em bênção". ³Quando ouviram a Lei, separaram de Israel todas as pessoas estrangeiras que com ele estavam misturadas.

⁴Antes disso, porém, o sacerdote Eliasib tinha sido encarregado das salas do Templo do nosso Deus. Sendo parente de Tobias, ⁵arranjou para este uma sala bem grande, onde antes se colocavam as ofertas, o incenso e os objetos do culto, o dízimo do trigo, do vinho e do azeite, isto é, as partes que cabiam aos levitas, aos cantores e aos porteiros, e o que era reservado para os sacerdotes. ⁶Enquanto isso acontecia, eu estava fora de Jerusalém, pois no trigésimo segundo ano de Artaxerxes, rei da Babilônia, eu tinha voltado para junto do rei. Depois de algum tempo, pedi licença ao rei, ⁷e voltei para Jerusalém. Então fiquei sabendo do mal que Eliasib tinha cometido para favorecer Tobias, cedendo-lhe uma sala nas dependências do Templo de Deus. ⁸Fiquei indignado, e joguei na rua toda a mobília de Tobias. ⁹Mandei purificar a sala e depois recolocar nela os objetos do Templo de Deus, as ofertas e o incenso. ¹⁰Também fiquei sabendo que não estavam mais dando aos levitas as contribuições devidas, e que os levitas e cantores, encarregados do culto, tinham fugido, cada qual para a sua propriedade. ¹¹Enfrentei os magistrados e lhes disse: "Por que o Templo de Deus está abandonado?" Reuni de novo os levitas e os reintegrei em suas funções. ¹²Então, todos os judeus começaram a trazer de novo para os armazéns o dízimo do trigo, do vinho e do azeite. ¹³Como encarregados dos armazéns, coloquei o sacerdote Selemias, o escrivão Sadoc e o levita Fadaías,

---

433 a.C. Cumprida a missão, ele voltou para Susa, capital do império persa.

44-47: Reflexão feita pelo redator do livro, que considera os governos de Zorobabel e Neemias tempos ideais, onde tudo estava bem e o povo era feliz. De certa forma, é uma avaliação idealizada, semelhante às avaliações dos reinados de Davi e Salomão, ou de Ezequias e Josias. São vistos como tempos em que havia paz, a Lei era observada com rigor e o povo vivia em comunhão com Deus. Esta transição, feita pelo redator, abre caminho para as reformas que Neemias fará em seu segundo mandato.

13,1-14: Neemias volta a falar de seu segundo mandato, que recebeu ainda no reinado de Artaxerxes I, falecido em 424 a.C. Seu principal adversário político, Tobias, continua mostrando poder em Jerusalém, sendo inclusive parente de sacerdotes importantes e tendo ampla liberdade de movimentos no recinto do santuário.

ajudados por Hanã, filho de Zacur, filho de Matanias, pois eles tinham fama de ser íntegros. A função deles era distribuir as porções para seus irmãos. ¹⁴Por tudo isso, lembra-te de mim, ó meu Deus. Não deixes apagar da tua lembrança as boas ações que realizei pelo Templo de Deus e pelo seu culto.

O dia de Deus e do homem – ¹⁵Nessa ocasião, vi em Judá gente pisando uvas no tanque, em dia de sábado; gente que transportava trigo e o colocava sobre jumentos, e também vinho, uva, figo e toda espécie de carga, e levavam isso para Jerusalém em dia de sábado! Chamei a atenção deles, para que não vendessem seus produtos. ¹⁶Havia em Jerusalém até gente de Tiro, que trazia peixe e outras mercadorias, que eram vendidas aos judeus em dia de sábado.

¹⁷Repreendi os nobres de Judá, dizendo-lhes: "Vocês estão fazendo uma coisa abominável, profanando o dia de sábado. ¹⁸Não foi isso que seus antepassados fizeram? Por isso é que Deus mandou toda essa desgraça sobre nós e sobre esta cidade. Com essa profanação do sábado, vocês estão aumentando a ira de Deus contra Israel". ¹⁹Mandei que fechassem as portas de Jerusalém ao cair da tarde, antes do sábado, com ordem de não abri-las enquanto o sábado não tivesse passado. Coloquei alguns de meus homens perto das portas da cidade, para não deixar que entrasse nenhum carregamento na cidade durante o sábado. ²⁰Por uma ou duas vezes, alguns mascates e negociantes de mercadorias tiveram de passar a noite do lado de fora de Jerusalém. ²¹Então eu os avisei: "Por que vocês estão dormindo ao pé da muralha? Se vocês fizerem isso de novo, vou prendê-los". Daí por diante, não voltaram mais aos sábados. ²²Mandei também que os levitas se purificassem e vigiassem as portas da cidade, para santificar o dia de sábado.

Por tudo isso, lembra-te de mim, ó meu Deus, e tem piedade de mim, por tua grande misericórdia.

Preservar a identidade original do povo – ²³Nessa mesma ocasião, notei que os judeus estavam se casando com mulheres azotitas, amonitas e moabitas. ²⁴Metade de seus filhos falava a língua de Azoto e outras línguas estrangeiras, e não sabiam mais falar a língua dos judeus. ²⁵Eu os reprovei e amaldiçoei, bati em alguns, arranquei cabelos de outros e os fiz jurar em nome de Deus que não dariam suas filhas em casamento aos filhos deles, nem tomariam as filhas deles para seus filhos ou para si próprios. ²⁶Eu disse: "Não foi esse o pecado de Salomão, rei de Israel? Entre numerosas nações, não havia um rei como ele. E Deus o amava tanto que o tornou rei de todo Israel. Pois até a ele as mulheres estrangeiras o fizeram pecar! ²⁷E agora, casando-se com mulheres estrangeiras, vocês cometem esse grande crime de trair nosso Deus!"

²⁸Um dos filhos de Joiada, filho de Eliasib, o sumo sacerdote, se tornara genro do horonita Sanabalat. Expulsei-o para longe.

²⁹Lembra-te, ó meu Deus, da profanação que essa gente cometeu contra o sacerdócio e contra a aliança dos sacerdotes e levitas.

³⁰Então purifiquei o povo de todo costume estrangeiro, e restabeleci as funções dos sacerdotes e levitas, determinando a tarefa de cada um. ³¹Também dei as normas sobre o fornecimento de lenha no tempo certo, e sobre os primeiros frutos.

Lembra-te de mim, ó meu Deus, para o meu bem.

15-22: Sacralização do sábado. Neemias impõe o descanso sabático conforme a rigidez da legislação sacerdotal. O sábado não é apenas o dia do descanso semanal; passa a ser também o dia do culto a Javé. Para tanto, Neemias proíbe os mercadores e negociantes de entrar na cidade, e enfrenta a resistência da nobreza, interessada no comércio e nos lucros.

23-31: Novamente a proibição dos casamentos mistos. Aqui, porém, o motivo não é a preservação da pureza racial, e sim a realidade da educação caseira. As mães estrangeiras já não ensinam a língua hebraica aos filhos e filhas. Neemias se preocupa com a identidade cultural da comunidade. As crianças educadas pelas mulheres estrangeiras, deixando de falar a língua hebraica e abandonando as tradições religiosas do povo, colocariam em risco o futuro da unidade cultural e do projeto social da nova comunidade judaica. As últimas informações das Memórias de Neemias relatam seus problemas políticos com Sanabalat e suas últimas medidas administrativas. Ele conclui seu relato com o tradicional refrão: "Lembra-te de mim, ó Deus".

TOBIAS

ENSINAMENTOS PARA OS JUDEUS DISPERSOS

Introdução

Tobias é uma historieta popular inspirada em textos legislativos, proféticos e sapienciais, sobretudo em lições do sábio assírio Aicar, com o objetivo de transmitir ensinamentos aos judeus dispersos em meio a outros povos. O autor narra a história de duas famílias deportadas em Nínive e Ecbátana, ambas na região da Mesopotâmia. Tobit, pai de Tobias, fiel seguidor da Lei, acaba perdendo os bens e a visão; e Sara, filha de Ragüel, possuída por um demônio que lhe arruinou sete tentativas de casamento. A historieta ou novela deixa uma ideia de precisão histórica, devido a informações sobre lugares, pessoas e fatos entre 734 e 612 a.C. No entanto, parece que o autor não conhece muito os reis da Assíria nem a região mencionada. Por exemplo, o rei que deportou a tribo de Neftali para a Assíria foi Teglat-Falasar III (745-727 a.C.), e não Salmanasar V (726-722 a.C.). A intolerância contra os costumes judaicos leva até à dominação sob os generais selêucidas. A presença de judeus na corte palaciana, que aparece nos livros de Daniel e Ester, se reflete também no de Tobias, pois este se mostra familiarizado com os sucessos da corte: Tobit é provedor do rei, seus opositores fazem que sua propriedade seja confiscada, e Aicar o restabelece em seu posto original.

Tobias foi provavelmente escrito em aramaico na cidade de Antioquia, uma das grandes do mundo helênico e capital do reino selêucida, no séc. II a.C., em meio à grande processo migratório na região, o que resultou na presença de outras culturas na Judeia e na diáspora ou dispersão de judeus em outras regiões. Tal mobilidade trouxe novas ideias e concepções sobre a saúde, a enfermidade e o problema do mal. Para que os judeus da diáspora se mantenham fiéis a Deus e à Lei, o autor apresenta-lhes a história de famílias íntegras, praticantes de boas obras, como esmolas e hospitalidade, e confiantes no Deus misericordioso e justo (Tb 1,3; 3,15), respeitosas das antigas tradições (2,1; 14,9.12-14), observantes da Lei de Moisés (1,6.8; 4,5; 6,13; 7,12), das prescrições sobre o Templo de Jerusalém (1,6; 5,14; 13,13-18), os dízimos, as oferendas e a festa das primícias (1,6-8), os rituais de purificação, do matrimônio e do sepultamento (1,9.11.17-19; 2,3-4.7-9; 3,15; 4,3-4.12-13; 6,11-16; 7,9-14; 12,12-13; 14,2.9.11-13). O relato contém orações de louvor e súplica (3,2-6.11-15; 8,5-8.15-17; 11,14; 13,1-18), ensinamentos (4,3-19; 12,6-20) e cenas pitorescas, como o choro de Ana ao despedir-se do filho (5,17-23), o cão que acompanha Tobias (6,1; 11,4), a serva que espia os noivos dormindo (8,13) e a impaciente espera pela volta do filho (10,1-7).

Transparece no livro o ambiente de Jerusalém, marcado por relações econômicas e comerciais centradas no pagamento das ofertas e tributos do Templo e no depósito de talentos de prata no estrangeiro (cf. 1,14; 4,1-2.20; 5,2-3; 9,3.5). Nessa perspectiva, Tobit é apresentado como judeu que exerce suas obrigações com as ofertas e tributos do Templo, fiel à lei da pureza e à teologia da retribuição.

É provável que a narrativa histórica (1-12) tenha sido composta ao redor do ano 165 a.C., durante o reinado de Antíoco IV Epífanes. O salmo do capítulo 13 foi composto depois que os romanos destruíram o Templo de Jerusalém, em 70 d.C. O epílogo no capítulo 14 foi redigido entre os anos 70 e 115 d.C.

1

Título – ¹Livro das palavras de Tobit, filho de Tobiel, filho de Ananiel, filho de Aduel, filho de Gabael, dos descendentes de Asiel, da tribo de Neftali. ²Ele, nos dias de Salmanasar, rei da Assíria, foi exilado de Tisbé, que fica ao sul de Cedes, em Neftali, na Galileia do norte, acima de Hasor, a ocidente, ao norte de Sefat.

I. DRAMA DE TOBIT E DE SARA

Vida exemplar de Tobit no exílio – ³Eu, Tobit, todos os dias de minha vida, andei pelos caminhos da verdade e da justiça. Fiz muitas esmolas a meus irmãos e compatriotas, deportados comigo em Nínive, no país da Assíria. ⁴Quando eu era jovem e estava na minha terra, no país de Israel, toda a tribo de Neftali, meu pai, se separou da casa de Davi, meu pai, e de Jerusalém, cidade escolhida por Deus, entre todas as tribos de Israel, para os sacrifícios. Aí foi construído e consagrado o Templo para ser a morada perpétua de Deus. ⁵Todos os meus irmãos e a casa de Neftali, meu pai, ofereciam sacrifícios ao bezerro que Jeroboão, rei de Israel, tinha colocado em Dã, sobre todas as montanhas da Galileia.

⁶Muitas vezes eu também peregrinava sozinho para Jerusalém, por ocasião das festas, como está escrito em todo Israel, no preceito eterno dos primeiros frutos, da décima parte dos produtos e das primeiras lãs das ovelhas, ⁷e os dava aos sacerdotes, filhos de Aarão, para o altar, e aos levitas que estavam exercendo função em Jerusalém. Eu entregava o dízimo do trigo, do vinho, do óleo, das romãs, dos figos e das frutas. Por seis anos consecutivos, eu converti o segundo dízimo em dinheiro e o gastava a cada ano em Jerusalém. ⁸O terceiro dízimo, eu dava para os órfãos, as viúvas e os estrangeiros convertidos que viviam com os israelitas, e o dava a eles de três em três anos. Então nós comíamos juntos, conforme a Lei de Moisés e a orientação que nos deixou Débora, mãe do nosso pai Ananiel, pois meu pai tinha morrido, deixando-me órfão. ⁹E me tornei homem adulto, e tomei como mulher uma parente nossa de nome Ana. Ela me deu um filho, a quem chamei com o nome de Tobias.

1,1-2: Tobit (em grego *Tōbeith*), pai de Tobias, é uma abreviação de *Tobiyah*, que significa: "Javé é bom". O autor situa o personagem da novela entre os exilados por Salmanasar, rei da Assíria (726-722 a.C.). A tribo de Neftali, no entanto, foi deportada por Teglat-Falasar em 733-732 a.C. (cf. 2Rs 15,29).

1,3-3,17: Tobit é israelita temente a Deus, cativo em Nínive, que segue fielmente os mandamentos, observa os deveres para com os mortos e dá esmolas. Ele desafia os reis, ao enterrar compatriotas executados; por isso tem de fugir, é criticado e seus bens são confiscados. Em meio a suas ações de piedade, fica cego e entra em conflito com a esposa Ana. Em Ecbátana vive Sara, que enfrenta o drama de ter sido oferecida em casamento sete vezes, e seus maridos terem morrido na noite de núpcias, por obra do demônio Asmodeu. Diante de seus dramas, Tobit e Sara rezam a Deus pedindo a morte, e recebem a resposta divina por meio do anjo Rafael.

1,3-22: A piedade de Tobit, enquanto praticante das "obras de justiça", serve para apresentar o modelo do judeu fiel, observante da Lei na diáspora: ele dá esmola (vv. 3.16), peregrina a Jerusalém, paga os dízimos aos sacerdotes e levitas (vv. 6s; cf. Dt 14,22s), evita casamentos mistos e a contaminação de alimentos impuros (vv. 9s), e dá sepultura aos compatriotas sacrificados (v. 17s; 4,3s; 6,15; 14,12s; cf. Dt 21,22s; 1Rs 14,11; Ez 29,5). Várias menções a Aicar (1,22; 2,10; 11,18; 14,10; cf. Jt 5,5) se relacionam com o Livro de Aicar, antiga obra conhecida sob diversas formas, que contém sentenças sapienciais ao redor de conflitos palacianos e que se tornou o centro de uma coleção de provérbios e historietas assírios. O v.

¹⁰Exilado na Assíria, levado como prisioneiro, cheguei a Nínive. Meus irmãos e compatriotas comiam pães das nações, ¹¹mas eu tomei cuidado para não fazer o mesmo. ¹²Porque permaneci fiel a Deus com todo o meu coração, ¹³o Altíssimo me fez ganhar o favor de Salmanasar, e cheguei a ser procurador dele. ¹⁴Até sua morte, eu costumava ir à Média e aí fazia as compras na casa de Gabael, irmão de Gabri, em Rages, na Média, onde deixei em depósito algumas sacolas com trezentos quilos de prata.

¹⁵Depois, Salmanasar morreu, e seu filho Senaquerib lhe sucedeu no trono. Os caminhos para a Média foram fechados, e eu não pude mais viajar para lá. ¹⁶No tempo de Salmanasar, dei muita esmola a meus compatriotas. ¹⁷Eu dava meu próprio alimento para os que estavam com fome, roupa aos que estavam mal vestidos, e quando via o cadáver de algum compatriota jogado fora das muralhas de Nínive, eu o enterrava. ¹⁸Também sepultei os que Senaquerib matou quando voltou fugindo da Judeia, por ocasião do castigo que o Rei do céu lhe aplicou por causa das blasfêmias que ele disse. Nessa ocasião, enfurecido, ele matou muitos israelitas. Eu recolhia os corpos às escondidas e os enterrava. Senaquerib mandava procurá-los, mas não os encontrava. ¹⁹Alguém de Nínive foi denunciar ao rei que era eu quem os enterrava às escondidas. Quando fiquei sabendo que o rei estava informado a meu respeito e que me procuravam para me matar, fiquei com medo e fugi. ²⁰Tudo o que eu possuía foi confiscado, e nada restou que não fosse levado para o tesouro do rei. Só ficaram minha mulher Ana e meu filho Tobias.

²¹Não se passaram quarenta dias, e os dois filhos de Senaquerib o assassinaram e fugiram para os montes de Ararat. Seu filho Asaradon lhe sucedeu no trono. Asaradon nomeou Aicar, filho de meu irmão Anael, para dirigir toda a economia do país, de modo que ele tinha poder sobre toda a administração. ²²Então Aicar interferiu em meu favor, e eu pude voltar para Nínive. O fato é que Aicar tinha sido chefe dos copeiros, chanceler, administrador e encarregado das finanças durante o governo de Senaquerib, rei da Assíria. Por isso, Asaradon o manteve no cargo. Aicar era meu sobrinho, um dos meus parentes.

2 *Tobit cego* –
¹Durante o reinado de Asaradon, eu pude voltar para minha casa e ter de novo minha mulher Ana e meu filho Tobias. Em nossa festa de Pentecostes, isto é, na festa das Sete Semanas, foi-me preparado um belo almoço e eu me sentei à mesa para comer. ²Enquanto serviam a mesa e preparavam vários pratos, eu disse a meu filho Tobias: "Filho, vá ver se encontra algum pobre entre nossos compatriotas exilados em Nínive, alguém que permanece fiel a Deus de todo o coração, e traga-o aqui para almoçar conosco. Vou esperar você voltar, meu filho!" ³Então Tobias foi procurar um pobre entre nossos compatriotas. Ao voltar, disse: "Meu pai!" E eu perguntei: "O que foi, meu filho?" Ele continuou: "Pai, assassinaram um compatriota nosso. Foi estrangulado e jogado na praça do mercado. Ainda está lá". ⁴Imediatamente deixei a mesa, sem ao menos provar o almoço. Fui buscar o corpo e o coloquei num quarto, esperando o pôr do sol para enterrá-lo. ⁵Voltando, lavei-me e fui almoçar cheio de tristeza, ⁶lembrando-me das palavras que o profeta Amós disse contra Betel: "As festas de vocês vão se transformar em luto, e seus cânticos alegres em lamentações". ⁷E comecei a chorar. Logo que o sol se pôs, saí de casa, fiz uma cova e enterrei o corpo. ⁸Meus vizinhos caçoavam de mim, dizendo: "Ele não tem mais medo! Por esse motivo, já foi procurado para ser morto. Da primeira vez conseguiu fugir. Agora está aí de novo enterrando os mortos!"

⁹Nessa mesma noite, depois de tomar banho, fui para o pátio de minha casa e

---

18 pode comparar-se com a descrição de 2Mc 9 acerca do castigo ao perseguidor.

2,1-14: Convidar pobres para a festa segue as prescrições de Dt 16,1-17, e lavar as mãos após contato com cadáver é prescrito em Lv 5 e Nm 19,11-13. Ana questiona Tobit e a teologia da retribuição, pois o marido foi afligido com cegueira, passava necessidades e, mesmo assim, continuava com ações de misericórdia e piedade. As palavras de Ana se assemelham ao protesto da mulher de Jó (Jó 2,9), e uma adição na antiga Vulgata (vv. 12-18, suprimida na Nova Vulgata) compara a perseverança de Tobit com a de Jó.

deitei-me junto ao muro do pátio, com o rosto descoberto por causa do calor. ¹⁰Não tinha notado, porém, que havia uns pardais no muro, bem acima de mim. Caiu excremento quente nos meus olhos, produzindo neles manchas brancas. Fui aos médicos para me tratar. Porém, quanto mais pomadas aplicavam, mais as manchas aumentavam, até que fiquei impossibilitado dos meus olhos. Fiquei cego durante quatro anos. Todos os meus irmãos lamentaram muito a minha sorte. Aicar me sustentou por dois anos, até que se mudou para Elimaida.

¹¹Nessa situação, minha mulher Ana começou a trabalhar para ganhar dinheiro. Fiava lã e recebia tela para tecer. ¹²Entregava as encomendas, e os fregueses lhe pagavam o trabalho. No dia sete do mês Distros, ela terminou uma dessas encomendas e a entregou aos fregueses. Eles lhe pagaram tudo e ainda lhe deram um cabrito para o almoço. ¹³Quando ela chegou em casa e o cabrito começou a berrar, eu a chamei e lhe perguntei: "De onde veio esse cabrito? Será que não foi roubado? Devolva ao dono! Não podemos comer nada que seja roubado!" ¹⁴Ana me respondeu: "Eles me deram o cabrito, além do pagamento". Eu não acreditei, e insisti para que devolvesse o cabrito aos donos. Eu estava envergonhado por causa dela. Então ela me disse: "Onde estão as suas esmolas? Onde está o bem que você fez? Está vendo a que ponto chegou?!"

3 Oração de Tobit –
¹Muito entristecido com isso tudo, soluçando e chorando, comecei a rezar:

²"Senhor, tu és justo, e tuas obras todas
   são justas.
Todos os teus caminhos são graça
   e verdade.
Tu és o juiz do mundo.
³Agora, Senhor, lembra-te de mim
   e olha para mim.
Não me castigues pelos pecados
   e erros,
meus e de meus antepassados.
Pois pecamos em tua presença
⁴e não demos ouvido
   aos teus mandamentos.
Tu nos entregaste ao saque,
   ao cativeiro e à morte,
como zombaria, desprezo e ultraje
de todas as nações por onde
   nos espalhaste.
⁵Sim, todas as tuas sentenças são justas,
   quando me tratas segundo minhas
      faltas,
porque não cumprimos
   teus mandamentos,
nem procedemos lealmente
   em tua presença.
⁶Agora, faze de mim o que desejares.
Manda que me tirem a vida,
e eu desaparecerei da face da terra,
e em pó me transformarei.
Sim, é melhor morrer que viver,
pois sofro ultrajes que não mereço,
e há muita tristeza dentro de mim.
Manda, Senhor, que eu seja liberto
   dessa prova.
Deixa-me partir para a morada eterna,
e não afastes teu rosto de mim, Senhor.
Sim, é melhor morrer que viver
aguentando esta prova e ouvindo
   tantos ultrajes".

Drama de Sara – ⁷Nesse mesmo dia, Sara, filha de Ragüel, que morava na Média, em Ecbátana, também teve de suportar os insultos de uma empregada do seu pai. ⁸Sara tinha-se casado com sete homens, porém Asmodeu, o pior dos demônios, tinha matado cada um deles, antes que tivessem relações conjugais com ela. A empregada lhe dizia: "É você mesma que mata seus maridos. Já se casou com sete homens, e nenhum deles consumou o casamento! ⁹Você quer nos castigar pela morte de seus maridos? Pois vá com eles, e que nunca você tenha filho ou filha".

3,1 6: Lamento semelhante às orações encontradas em Daniel (Dn 3,27-32; 9,5-6) e Baruc (Br 1,17-18; 2,4s; 3,8). O pedido para morrer pode ser comparado com os pedidos de Moisés (Nm 11,15), Elias (1Rs 19,4), Jonas (Jn 4,3.8) e Jó (Jó 7,15).

7-10: O autor apresenta a situação de Sara em Ecbátana, antiga capital da Média e residência de verão dos reis persas (Esd 6,2; Jt 1,1-4). A morte dos sete maridos se deve à ação de Asmodeu ("aquele que faz perecer"), demônio persa da ira e da violência. Na Bíblia, ele pode estar relacionado ao anjo destruidor (cf. 2Sm 24,26; Sb 18,25; Ap 9,11). O desejo de enforcar-se é rejeitado por Sara; fora do contexto de guerra, isso é raro na Bíblia (cf. 2Sm 17,23).

¹⁰Então Sara, abatida, começou a chorar e subiu ao quarto do pai, pensando em se enforcar. Depois, refletiu melhor e pensou: "Ainda vão jogar isso na cara de meu pai. Vão dizer que sua única e querida filha se enforcou de tanta infelicidade! Desse jeito, eu causaria tanta dor à velhice de meu pai, que ele desceria à morada dos mortos. Em vez de me enforcar, é melhor pedir que o Senhor me tire a vida, e eu nunca mais terei de ouvir esses insultos".

Oração de Sara – ¹¹Nesse momento, estendendo as mãos para a janela, Sara suplicou assim:

"Bendito sejas tu, Deus misericordioso!
Bendito seja o teu Nome eternamente,
e que tuas obras te bendigam para sempre.
¹²Para ti levanto meu rosto e meus olhos.
¹³Manda que eu desapareça da terra,
para não ouvir mais insultos.
¹⁴Senhor, tu sabes que eu estou pura
e que homem algum me tocou.
¹⁵Nunca desonrei meu nome,
nem o nome de meu pai,
na terra do meu exílio.
Sou filha única,
e meu pai não tem outro filho
como herdeiro,
nem irmão ou parente próximo
com quem eu possa me casar.
Já perdi sete maridos.
Para que viver mais?
Se não me quiseres tirar a vida, Senhor,
trata-me na compaixão,
para que eu não ouça mais insultos".

Deus ouve Tobit e Sara – ¹⁶No mesmo instante, o Deus da glória escutou a oração dos dois, ¹⁷e mandou Rafael para curá-los: tirar as manchas dos olhos de Tobit, a fim de que pudesse ver a luz de Deus; e fazer com que Sara, filha de Ragüel, se casasse com Tobias, filho de Tobit, livrando-a de Asmodeu, o pior dos demônios. De fato, Tobias tinha direito de casar-se com ela, mais do que todos os outros pretendentes.

No mesmo momento, Tobit voltava do pátio para dentro de casa, e Sara, filha de Ragüel, descia do quarto do pai.

II. DEUS CURA TOBIT E SARA

4 Conselhos de Tobit ao filho Tobias – ¹Nesse dia, Tobit lembrou-se do dinheiro que tinha deixado com Gabael em Rages, na Média, ²e pensou: "Eu pedi a morte. Por que não chamar meu filho Tobias e não informá-lo sobre esse dinheiro, antes de morrer?" ³Então chamou o filho Tobias e lhe disse: "Quando eu morrer me dê uma sepultura digna. Honre sua mãe, e não a abandone nunca, enquanto ela viver. Faça sempre o que for do agrado dela, e por nada lhe cause tristeza. ⁴Lembre-se, meu filho, de que ela passou muitos perigos por sua causa, quando você estava no ventre dela. Quando ela morrer, sepulte-a junto comigo, no mesmo túmulo.

⁵Meu filho, lembre-se do Senhor todos os dias. Não peque, nem transgrida seus mandamentos. Pratique a justiça todos os dias da vida, e jamais ande pelos caminhos da injustiça. ⁶Se você agir conforme os que praticam a verdade, será bem-sucedido em tudo o que fizer, como todos os que praticam a justiça.

⁷Dê esmolas daquilo que você possui, e não seja mesquinho. Se você vê um pobre,

---

11-15: Voltada para Jerusalém ("mãos estendidas para a janela", como em Dn 6,11; cf. 1Rs 8,38-48), Sara apresenta sua súplica a Deus e, diante das injúrias, pede a morte, como faz Tobit (vv. 13.15). O v. 15 tem como pano de fundo a lei do levirato (Dt 25) e a herança para as filhas (cf. Nm 36). A Vulgata acrescenta cinco versículos à oração e lhe dá um final bem diferente, demonstrando, em tom de piedade, que tudo o que aconteceu está nos desígnios de Deus.

16-17: O anjo Rafael ("Deus cura") é enviado como resposta às súplicas de Tobit e Sara (cf. 5,4). Ele restituirá a saúde (6,8s.17; 11,7s), em oposição ao demônio Asmodeu (cf. 8,3).

4,1-11,18: Nestes capítulos se exalta a ação de Deus em favor dos que se mantêm fiéis. A trama gira em torno da grande viagem de ida e volta, na qual Tobit recupera o dinheiro depositado com Gabael em Rages;

Sara e Tobit são curados; e por fim Tobias e Sara se casam. A viagem tem três momentos: primeiro, a viagem de Nínive a Ecbátana (4,1-6,18), marcada pelos conselhos de Tobit a Tobias, a contratação de um guia e o encontro com Sara; segundo, a estada em Ecbátana (7,1-9,6); e terceiro, a viagem de retorno a Nínive (10, 1-11,19).

4,1-21: Conselhos para a prática da piedade: honrar pai e mãe, garantindo digna sepultura, e obediência às instruções e ensinamentos; praticar a justiça e a esmola (cf. 12,8-10); não se casar com mulher de fora da tribo; não reter o salário do trabalhador. Tais preceitos se assemelham aos que encontramos em Dt (15,7-8.10-11; 24,15; 26,14), Pr (19,17; 23,22) e Eclo (3,30; 4,1-6; 7,27; 29,19). A oferta aos mortos era reprovada pela Lei; no entanto, o livro de Tobias ressalta a prática das esmolas em honra aos mortos, com base no preceito que vem

não desvie o rosto, e Deus não afastará de você o rosto dele. ⁸Que sua esmola seja proporcional aos bens que você possui: se você tem muito, dê muito; se você tem pouco, não tenha receio de dar conforme esse pouco. ⁹Assim você estará guardando um tesouro para o dia da necessidade, ¹⁰pois a esmola livra da morte e não deixa cair nas trevas. ¹¹Quem dá esmola, apresenta uma boa oferta ao Altíssimo.

¹²Meu filho, afaste-se de qualquer união ilegal. Em primeiro lugar, escolha uma esposa que pertença à família de seus antepassados. Não se case com mulher estrangeira, que não seja da tribo do seu pai, porque somos filhos de profetas. Lembre-se de Noé, Abraão, Isaac e Jacó, nossos antepassados mais antigos. Todos eles se casaram com mulheres da sua parentela, foram abençoados em seus filhos, e sua descendência possuirá a terra como herança. ¹³Meu filho, ame seus parentes. Não se mostre orgulhoso diante de seus irmãos, os filhos e filhas do seu povo, e escolha entre elas a sua mulher. De fato, o orgulho é causa de ruína e muita inquietação. A preguiça traz pobreza e miséria, porque a preguiça é a mãe da fome.

¹⁴Não atrase o pagamento a todo homem que trabalha para você. Pague sem demora, e se você estiver sendo justo, Deus o recompensará. Meu filho, seja reservado em tudo o que fizer, e bem-educado em todo o seu comportamento. ¹⁵Não faça para ninguém aquilo que você não gosta que façam para você. Não beba vinho até se embriagar, e não deixe que a embriaguez seja sua companheira de caminho. ¹⁶Reparta seu pão com quem tem fome e suas roupas com quem está nu. Dê como esmola tudo o que você tem de supérfluo, e não seja mesquinho. ¹⁷Ofereça seu pão e vinho sobre o túmulo dos justos, ao invés de dá-los aos infiéis. ¹⁸Procure aconselhar-se com pessoas sensatas, e nunca despreze um conselho útil.

¹⁹Bendiga ao Senhor Deus em todas as circunstâncias. Peça que ele guie você em todos os caminhos, e que ele faça você ter sucesso em todas as iniciativas e projetos, pois nenhum povo possui a sabedoria. Somente o Senhor é quem dá seus bens a cada um. Segundo o projeto do Senhor, é ele quem exalta ou rebaixa até o fundo da mansão dos mortos. Portanto, meu filho, lembre-se destas normas, e não permita que elas desapareçam de sua memória. ²⁰Meu filho, quero ainda contar-lhe que deixei trezentos quilos de prata com Gabael, filho de Gabri, na cidade de Rages, na Média. ²¹Não tenha medo, meu filho, se nós ficamos pobres. Se você temer a Deus, se evitar todo tipo de pecado e se fizer o que agrada ao Senhor seu Deus, você terá uma grande riqueza".

5 Anjo Rafael, companheiro de viagem

– ¹Então Tobias respondeu a seu pai Tobit: "Meu pai, vou fazer tudo o que o senhor me mandou. ²Mas como posso recuperar esse dinheiro? Gabael não me conhece e eu não o conheço. Que sinal posso dar-lhe para que ele me reconheça, acredite em mim e me entregue o dinheiro? Além disso, não conheço o caminho para ir até a Média". ³Tobit, respondendo a seu filho Tobias, disse: "Gabael me deu um documento e eu dei outro a ele. Dividi o documento em duas partes, e cada um ficou com uma delas. Uma parte, eu deixei lá com o dinheiro, e a outra está comigo. Já se passaram vinte anos desde que eu depositei esse dinheiro! Agora, meu filho, vá procurar uma pessoa de confiança que possa acompanhá-lo na viagem, e nós pagaremos a ela quando vocês voltarem. Vá e recupere esse dinheiro que está com Gabael".

⁴Tobias saiu para procurar uma pessoa que pudesse ir com ele até a Média e conhecesse o caminho. Logo que saiu, encontrou o anjo Rafael bem à sua frente, mas não sabia que era um anjo de Deus.

---

da tradição de Aicar (1,21). O texto traz a marca de um modelo de testamento (cf. Gn 49,1-27; Dt 33,1-29; Js 24,1-27; 1Rs 2,1-9; 1Mc 2,49-68), onde Tobit é apresentado como ancião e mestre de sabedoria.

5,1-17a: Nas antigas tradições de Israel, anjos ou "filhos de Deus" são aparências visíveis de Deus (cf. Gn 16,7; Jó 1,6; 5,1; Sl 29,1; 103,21; 148,2) e mensageiros enviados por Deus para percorrer a terra (cf. Jó 1). Em alguns textos são destruidores (Ex 12,23; 2Rs 19,35; Ez 9,1; Sl 78,49), enquanto em outros são protetores (Ex 23,20; Dn 10,13). Aqui, o anjo Rafael é enviado a missão de ser o guia de Tobias (cf. 3,17). O desejo de saber a origem genealógica do jovem mostra uma das preocupações dos judeus na diáspora (cf. Esd e Ne).

⁵Tobias lhe perguntou: "Jovem, de onde você é?" Ele respondeu: "Sou israelita, seu compatriota, e estou aqui procurando trabalho". Tobias lhe perguntou: "Você sabe o caminho para a Média?" ⁶Ele respondeu: "Sim. Já estive lá muitas vezes e conheço bem todos os caminhos. Fui muitas vezes à Média, e me hospedei na casa do nosso compatriota Gabael, que mora em Rages, na Média. São dois dias de viagem de Ecbátana até Rages, pois Rages fica na região montanhosa e Ecbátana fica na planície". ⁷Tobias disse: "Espere aqui, jovem, enquanto vou contar isso a meu pai. Estou precisando que você viaje comigo. Eu lhe pago depois". ⁸Rafael disse: "Está bem. Ficarei esperando, mas não demore".

⁹Tobias entrou em casa e contou a seu pai Tobit: "Pai, encontrei um dos filhos de Israel, que é nosso compatriota!" Tobit lhe disse: "Chame-o para que eu saiba de que família e tribo ele é, e se é de confiança para viajar com você, meu filho".

¹⁰Tobias saiu, o chamou e disse: "Jovem, meu pai está chamando você!" O anjo entrou na casa, e Tobit se apressou em cumprimentá-lo. O anjo disse: "Desejo-lhe muita alegria". Tobit respondeu: "Que alegria ainda posso ter? Sou cego, não enxergo a luz do dia, vivo na escuridão com os mortos, que já não enxergam a luz. Escuto a voz das pessoas, mas não posso vê-las". Rafael lhe disse: "Coragem! Em breve Deus vai curá-lo. Tenha confiança". Tobit disse a ele: "Meu filho Tobias quer ir até a Média. Você pode ir com ele para ensinar o caminho? Eu lhe pagarei por isso, meu irmão". Ele respondeu: "Posso ir. Conheço todas as estradas. Muitas vezes viajei até a Média e já percorri todas as suas planícies e montanhas, e conheço todos os caminhos por lá". ¹¹Tobit lhe perguntou: "Meu irmão, de que família e tribo você é? Conte para mim". ¹²O anjo respondeu: "Para que você quer saber sobre minha família e tribo?" Tobit insistiu: "Gostaria de saber de quem você é filho e qual é seu nome". ¹³Rafael respondeu: "Sou Azarias, filho do grande Ananias, um compatriota seu". ¹⁴Tobit disse: "Seja bem-vindo, meu irmão. Não leve a mal se eu procuro saber exatamente seu nome e sua família. Acontece que você é irmão meu e vem de uma família honesta e honrada. Conheço bem Ananias e Natã, os dois filhos do grande Seméias. Eles costumavam ir comigo a Jerusalém, para juntos adorarmos a Deus. Eles nunca se desviaram do caminho certo. Seus parentes são homens de bem. Seja bem-vindo, porque você vem de uma raiz muito boa". ¹⁵E acrescentou: "Vou lhe pagar uma dracma por dia, além do necessário para você e meu filho. ¹⁶Acompanhe meu filho, que depois eu ainda posso lhe aumentar o pagamento". ¹⁷ªO rapaz respondeu: "Vou com ele. Não tenha medo. Iremos e voltaremos sãos e salvos. O caminho é seguro". Tobit disse: "Deus lhe pague, meu irmão". Então Tobit chamou o filho e recomendou: "Filho, prepare o necessário para a viagem e parta com o seu parente. Que o Deus do céu proteja vocês e os traga sãos e salvos. Que seu anjo os acompanhe com sua proteção, meu filho".

A despedida – ¹⁷ᵇTobias beijou seu pai e sua mãe, e partiu para a viagem, enquanto Tobit lhe dizia: "Boa viagem!" ¹⁸Sua mãe começou a chorar e disse a Tobit: "Por que você mandou o meu filho? Ele era nosso apoio e sempre estava perto de nós! ¹⁹O dinheiro não vale nada em comparação com nosso filho. ²⁰O que Deus nos dava era o bastante". ²¹Tobit disse: "Não se preocupe! Nosso filho partiu e voltará são e salvo. Você verá com seus próprios olhos, quando ele voltar são e salvo. ²²Não se preocupe nem se atormente, minha irmã. Um anjo bom o acompanhará, lhe dará uma viagem tranquila e o trará são e salvo". ²³Então ela parou de chorar.

6 *Viagem de Nínive a Ecbátana* – ¹Tobias partiu com o anjo, e o cachorro ia com eles. Caminharam até o anoitecer e acamparam junto ao rio Tigre.

17b-23: Na bênção de Tobit transparece uma releitura do pedido de Abraão para que Deus acompanhe seu filho (Gn 24; cf. Ex 23,20 e Sl 91,11). O choro de Ana forma a moldura do texto nos vv. 18 e 23 ("começou a chorar" e "parou de chorar"), e reproduz os perigos encontrados em longas viagens.

6,1-19: O autor entrelaça a cura e o casamento nesta primeira parte da viagem, incorporando opiniões

²Tobias foi lavar os pés no rio, quando um grande peixe saltou da água, tentando devorar-lhe o pé. Tobias deu um grito. ³Mas o anjo lhe disse: "Pegue o peixe. Não o deixe fugir". Tobias conseguiu agarrar o peixe e o tirou para fora da água. ⁴O anjo lhe disse: "Abra o peixe, tire o fel, o coração e o fígado e os guarde. Jogue fora as tripas. O fel, o coração e o fígado desse peixe são excelentes remédios". ⁵Tobias então abriu o peixe e tirou o fel, o coração e o fígado. Depois assou um pedaço, comeu e salgou o resto. ⁶E continuaram a viagem até chegarem perto da Média. ⁷Tobias perguntou ao anjo: "Azarias, meu irmão, que remédio se pode fazer do fígado, do coração e do fel desse peixe?" ⁸Ele respondeu: "O coração e o fígado servem para serem queimados na presença de homem ou mulher atacados por algum demônio ou espírito mau. A fumaça espanta o mal e faz o demônio desaparecer para sempre. ⁹Se uma pessoa tem mancha branca nos olhos, basta passar o fel. Depois se sopra sobre as manchas, e a pessoa fica curada".

¹⁰Quando entraram na Média e estavam perto de Ecbátana, ¹¹Rafael disse: "Irmão Tobias!" Ele respondeu: "O que foi?" O anjo continuou: "Hoje devemos passar a noite em casa de Ragüel. Ele é parente seu e tem uma filha chamada Sara. ¹²Ela é filha única. Você é o parente mais próximo, tem mais direitos sobre ela do que os outros. Por isso, é justo que seja você o herdeiro dos bens do pai dela. A moça é séria, corajosa e muito bonita, e o pai dela é de boa posição". ¹³E continuou: "Você tem o direito de se casar com ela. Preste atenção, meu irmão: hoje à noite vou falar com o pai dela, pedindo que lhe dê sua filha em casamento. Quando voltarmos de Rages, faremos o casamento. Eu lhe garanto que Ragüel não vai poder negar a filha para você, fazendo-a casar-se com outro. Nesse caso, ele seria réu de morte, conforme a sentença do Livro de Moisés, pois ele sabe que você tem direito de se casar com a filha dele, mais do que outro homem qualquer. Portanto, preste atenção, meu irmão: vamos falar esta noite sobre a moça, e pedir a mão dela. Quando voltarmos de Rages, nós a receberemos e a levaremos para sua casa".

¹⁴Tobias porém respondeu a Rafael: "Azarias, meu irmão, ouvi dizer que ela já foi dada em casamento a sete homens, e que todos eles morreram no quarto, durante a noite de núpcias, quando iam se unir com ela. Ouvi dizer que foi um demônio que os matou a todos. ¹⁵E agora eu tenho medo. O demônio não faz nada para a moça, porém mata qualquer um que se aproxime dela. Sou filho único. Tenho medo de morrer e levar a vida de meu pai e de minha mãe à sepultura, pelo desgosto de me perderem. Eles não têm outro filho que possa enterrá-los".

¹⁶Então o anjo falou a Tobias: "Você não se lembra de que seu pai lhe disse para você se casar com uma mulher da sua família? Pois preste atenção, meu irmão: não se preocupe com o demônio, e case com ela. Eu tenho certeza de que esta noite ela vai ser dada a você em casamento. ¹⁷Quando você for para o quarto nupcial, pegue o fígado e o coração daquele peixe e coloque-os no queimador de incenso. Quando a fumaça começar a subir e o demônio sentir o cheiro, ele fugirá e nunca mais aparecerá perto dela. ¹⁸Antes de se unir a ela, levantem-se os dois e rezem, pedindo ao Senhor do céu que tenha misericórdia e os proteja. Não tenha medo. Ela foi destinada a você desde a eternidade, e você é quem vai salvá-la. Ela irá com você, e eu estou certo de que lhe dará filhos, que serão como irmãos. Não se preocupe!" ¹⁹Quando Tobias ouviu o que Rafael lhe dizia e soube que a moça era parente sua, da mesma família do seu pai, ficou tão enamorado que seu coração não conseguia separar-se dela.

---

populares sobre as partes do peixe e a aplicação das leis de casamento e de herança, interpretadas no pós-exílio (Nm 27,8-11; 36,6-9; cf. Dt 7,3-4; Nm 15,30-31). Tobias é apresentado como parente próximo de Sara e tem direito de resgate sobre os bens de Ragüel. Sua atitude pode comparar-se com o gesto de Isaac (Gn 24,66) e Jônatas (1Sm 18). Sara aqui é a esposa ideal, segundo Eclo 26 (cf. Pr 31).

7 Casamento de Tobias e Sara

¹Quando entraram em Ecbátana, Tobias disse: "Azarias, meu irmão, leve-me logo até a casa de nosso irmão Ragüel". O anjo o levou até a casa de Ragüel, que estava sentado junto ao portão. Eles o cumprimentaram primeiro, e Ragüel respondeu: "Como vão, irmãos? Sejam bem-vindos!" E os fez entrar em casa. ²E foi logo dizendo para sua mulher Edna: "Como esse rapaz é parecido com meu irmão Tobit!" ³Edna lhes perguntou: "De onde são vocês, meus irmãos?" Eles responderam: "Somos da tribo de Neftali e estamos exilados em Nínive!" ⁴Ela perguntou: "Vocês conhecem nosso irmão Tobit?" Eles responderam: "Conhecemos, sim!" Ela continuou: "Ele está bem?" ⁵Eles responderam: "Sim. Está vivo e passando bem". E Tobias acrescentou: "Tobit é meu pai!" ⁶Ragüel se levantou, deu um beijo em Tobias e disse chorando: "Deus o abençoe, meu filho! Você tem um pai justo e bom! Que infelicidade ficar cego um homem tão justo e bom!" E, lançando-se ao pescoço de Tobias, desatou a chorar. ⁷Sua mulher Edna e sua filha Sara também começaram a chorar. ⁸Em seguida, Ragüel mandou matar um cordeiro do rebanho, e deu-lhes calorosa recepção.

⁹Depois de se lavarem e se banharem, sentaram-se à mesa. Tobias disse então a Rafael: "Azarias, meu irmão, peça a Ragüel que me dê minha irmã Sara em casamento!" ¹⁰Ragüel ouviu a conversa e disse ao rapaz: "Coma, beba e fique à vontade esta noite, pois, além de você, meu irmão, não há outro homem que tenha direito de se casar com minha filha Sara. Eu nem tenho o direito de entregá-la a outro, porque você é meu parente mais próximo. Mas vou ser franco com você, meu filho. ¹¹Já dei minha filha em casamento a sete homens parentes nossos, e todos morreram na noite em que entraram no quarto dela. Mas agora, meu filho, coma e beba. O Senhor cuidará de vocês". ¹²Tobias disse: "Não vou comer nem beber antes que o senhor me dê uma decisão!" Ragüel respondeu: "Vou fazer o que você me pede. Minha filha lhe será dada em casamento, conforme a sentença que está no Livro de Moisés, e como Deus mandou fazer. Receba então sua irmã. Vocês, a partir de agora, são marido e mulher. Ela pertence a você de hoje para sempre. Que o Senhor do céu os ajude esta noite, e lhes conceda sua misericórdia e sua paz".

¹³Então Ragüel chamou sua filha Sara, que se apresentou. Ele a tomou pela mão e a entregou a Tobias, dizendo: "Receba Sara. Conforme a Lei e a sentença que está escrita no Livro de Moisés, ela é dada a você como esposa. Receba-a e volte são e salvo para a casa de seu pai. Que o Deus do céu os acompanhe com sua paz". ¹⁴Então chamou a mãe da moça e mandou trazer uma folha de papiro. Escreveu o contrato de casamento, segundo o qual concedia a própria filha como esposa a Tobias, conforme a sentença da Lei de Moisés. Depois disso, começaram a comer e beber.

Cura de Sara na noite de núpcias

¹⁵Ragüel chamou sua esposa Edna e disse: "Irmã, prepare o outro quarto e leve nossa filha para lá". ¹⁶Ela foi preparar a cama no quarto e levou a filha para lá. Depois começou a chorar pela filha, enxugou as lágrimas e disse: ¹⁷"Tenha bom ânimo, filha! Que o Senhor do céu transforme sua tristeza em alegria. Tenha bom ânimo, filha!" E saiu.

7,1-14: O interrogatório de Edna aos visitantes tem semelhança com o diálogo entre Jacó e os pastores de Labão (Gn 29). Como também o banquete de acolhida se assemelha a outras cenas (cf. Gn 18,4-7; 19,2-3; 24,32-33; 43,24; Jz 6,19; 19,21). O casamento se insere nos rituais judaicos da diáspora: do pedido de casamento (cf. Gn 24,49; 34,4.8-12; Jz 14,1-3) até à redação do contrato conforme a Lei de Moisés (v. 13). Nesta porém não aparece nenhuma referência a contratos matrimoniais, a não ser os contratos de divórcio e cartas de repúdio (Dt 24,1-3; cf. Is 50,1; Jr 3,8; Mc 10,4; Mt 19,7). Certamente o contrato de que o texto fala espelha a sociedade pós-exílica e se refere à disposição dos bens e condições da herança (cf. Tb 8,21; 10,10).

7,15-8,18: Os preparativos para as núpcias são marcados pela dramática morte dos maridos causada por Asmodeu (cf. Tb 6,8-9). Alguns textos apresentam o deserto como lugar dos espíritos maus (Is 13,21; 34,14; Br 4,35; Mt 12,43-44; Mc 5,2-3.10). Sob influência de rituais alheios à cultura judaica, os autores descrevem o emprego do fel, fígado e coração do peixe como meios para influenciar Deus e afugentar magicamente o demônio. A imagem da perseguição, aprisionamento e acorrentamento do demônio é retomada em Mt 12,29; Mc 3,27; Lc 11,21-22; 2Pd 2,4; Jd 6 e Ap 20,2. A narração é

8 ¹Quando terminaram de comer e beber, foram dormir. Acompanharam o rapaz até o quarto. ²Tobias lembrou-se do que Rafael tinha dito: pegou o fígado e o coração do peixe, que estavam na sua sacola, e colocou no queimador de incenso. ³O cheiro do peixe expulsou o demônio, que fugiu pelos ares até o Egito. Rafael imediatamente o perseguiu, o pegou e o acorrentou.

⁴Os outros tinham saído e fechado a porta do quarto. Tobias levantou-se e disse a Sara: "Levante-se, minha irmã! Vamos rezar e suplicar ao Senhor que nos conceda misericórdia e salvação". ⁵Então ela se levantou, e os dois começaram a rezar, pedindo que Deus os protegesse. Eles diziam:

"Bendito sejas tu,
Deus de nossos antepassados,
e bendito seja teu Nome
para todo o sempre!
Que o céu e tuas criaturas todas
te bendigam para todo o sempre.
⁶Tu criaste Adão
e, como ajuda e apoio,
criaste Eva, sua mulher,
e dos dois nasceu a raça humana.
Tu mesmo disseste:
'Não é bom que o homem fique só.
Façamos para ele uma auxiliar
que lhe seja semelhante'.
⁷Se eu me caso com minha prima,
não é para satisfazer minha paixão.
Eu me caso com reta intenção.
Por favor, tem piedade de mim e dela,
e faze que juntos cheguemos à velhice".

⁸E os dois disseram juntos: "Amém! Amém!" ⁹Depois dormiram a noite inteira.

¹⁰Ragüel porém se levantou e chamou os empregados que tinha em casa para cavarem uma sepultura. Ele pensava assim: "Se eu não fizer isso e ele morrer, nós vamos ser objeto de riso e caçoada". ¹¹Quando acabaram de cavar a sepultura, Ragüel entrou em casa, chamou a mulher ¹²e disse: "Mande uma empregada entrar no quarto deles e ver se Tobias está vivo. Se tiver morrido, vamos sepultá-lo imediatamente, para que ninguém fique sabendo". ¹³Mandaram a empregada, acenderam um lampião e abriram a porta. A empregada entrou e encontrou os dois deitados juntos e dormindo. ¹⁴Saindo do quarto, ela contou que ele estava vivo e que nada de mal parecia ter acontecido. ¹⁵Ragüel deu graças ao Deus do céu, dizendo:

"Bendito sejas tu, ó Deus,
com todo o louvor mais sincero!
Sejas bendito para sempre!
¹⁶Bendito sejas tu,
pela alegria que me deste,
pois não aconteceu o mal que eu temia.
Tu nos trataste
segundo tua grande misericórdia
¹⁷Bendito sejas tu,
que tiveste compaixão
de dois filhos únicos.
Tem piedade deles, Senhor,
e concede-lhes tua salvação.
Faze com que eles cheguem
ao fim da vida
em meio à alegria e à graça".

¹⁸Em seguida, Ragüel mandou os empregados taparem a sepultura, antes que amanhecesse.

Festa de núpcias – ¹⁹Ragüel disse à sua mulher para fazer muitos pães. Foi ao curral, escolheu dois bois e quatro carneiros, e mandou preparar tudo. E começaram os preparativos. ²⁰Depois chamou Tobias e lhe disse: "Durante catorze dias você não sairá daqui, mas ficará em minha casa, comendo e bebendo comigo e alegrando o coração da minha filha, que estava tão abatida. ²¹Depois você pegará a metade do que é meu e voltará são e salvo para seu pai. Quando eu e minha mulher morrermos, também a outra metade será de vocês. Tenha bom ânimo, filho! Eu sou seu pai e Edna é sua mãe. De hoje em diante, nós pertencemos a você e à sua esposa. Tenha bom ânimo, filho".

9 *Tobias recebe de Gabael o depósito* – ¹Tobias então chamou Rafael e lhe disse: ²"Azarias, meu irmão, leve com vo-

---

apresentada em meio às orações de Tobias e Sara (8,5-9) e de Ragüel (8,15-17).

8,19-21: Os casamentos eram celebrados durante sete dias, e nesse ínterim o noivo pagava o dote ao pai da noiva (cf. Gn 24; 29; 34; Jz 14; 1Sm 18). Este relato porém traz algumas diferenças: Ragüel promete catorze dias de festa e garante pagar o dote ao noivo.

9,1-6: O objetivo principal da viagem aparece agora em segundo plano: a recuperação do dinheiro depositado na casa de Gabael (cf. 4,1-2.20). Nestas ações se

cê quatro criados e dois camelos, ³vá até Rages e procure a casa de Gabael. Entregue-lhe o documento, receba dele o dinheiro e o convide a vir até aqui para a festa de casamento. ⁴Você sabe que meu pai está contando os dias, e se eu atrasar um dia que seja, vou lhe causar muita preocupação. E você sabe também que não posso quebrar o compromisso com Ragüel".

⁵Então Rafael partiu para Rages, acompanhado dos quatro criados e levando os dois camelos. Hospedaram-se na casa de Gabael. E Rafael lhe entregou o documento, deu-lhe a notícia de que Tobias, filho de Tobit, se casara e que o convidava para a festa de casamento. Gabael foi depressa pegar as sacolas ainda lacradas e as contou na presença de Rafael. Depois, carregaram tudo sobre os camelos. ⁶Os dois madrugaram, e juntos partiram para a festa de casamento. Ao entrarem na casa de Ragüel, encontraram à mesa Tobias, que se levantou imediatamente para cumprimentá-lo. Então Gabael o abençoou chorando e dizendo: "Bom filho de um homem excelente, justo e bom! Que Deus lhe dê a bênção do céu, a você e à sua esposa, ao pai e à mãe de sua esposa. Bendito seja Deus, porque vejo em você o retrato vivo de meu primo Tobit".

10 *Inquietação pela demora do filho* – ¹Enquanto isso, Tobit ficava contando, um por um, os dias da viagem de Tobias, quantos eram necessários para a ida e quantos para a volta. Quando porém terminou esse prazo e seu filho não chegou, ²ele ficou pensando: "Quem sabe ele teve algum contratempo! Será que Gabael morreu e não lhe quiseram entregar o dinheiro?" ³E começou a ficar preocupado. ⁴Ana, sua mulher, dizia: "Meu filho morreu, não faz mais parte do mundo dos vivos". E começou a chorar e a se lamentar por causa do filho. Dizia: ⁵"Que desgraça para mim! Filho meu, por que deixei você partir? Você que era a luz dos meus olhos!" ⁶Tobit porém disse: "Fique calma! Não se preocupe, irmã! Ele está bem. Talvez tenha tido algum imprevisto. O companheiro dele é de confiança, é um de nossos irmãos. Não se preocupe, minha irmã. Logo ele estará aqui". ⁷Ela respondeu: "Não me fale assim, não queira me enganar! Meu filho morreu mesmo!" E todos os dias ela saía e ficava olhando a estrada por onde o filho tinha partido. Não acreditava em mais ninguém. Somente ao pôr do sol ela voltava para casa, e passava a noite inteira em claro, chorando e se lamentando.

Viagem de volta a Nínive – ⁸Passados os catorze dias da festa de casamento que Ragüel tinha mandado fazer para sua filha, Tobias dirigiu-se a ele, dizendo: "Deixe-me partir. Estou certo de que meu pai e minha mãe já perderam a esperança de me rever. Por favor, pai, deixe-me voltar para casa. Já lhe expliquei em que situação os deixei". ⁹Ragüel insistiu: "Fique, meu filho, fique comigo! Mandarei um mensageiro dar notícias suas a seu pai Tobit". Mas Tobias respondeu: "De maneira nenhuma! Por favor, deixe-me voltar imediatamente para a casa de meu pai". ¹⁰Então Ragüel entregou a esposa de Tobias e a metade de todos os seus bens: empregados e empregadas, bois e ovelhas, jumentos e camelos, roupas, dinheiro e utensílios. ¹¹E os deixou partir em paz. Despedindo-se de Tobias, disse-lhe: "Passe bem, meu filho! Vá em paz. Que o Senhor do céu conduza você e sua esposa Sara pelo bom caminho. Quem sabe, antes de morrer, eu possa ver os filhos de vocês". ¹²E disse para a filha Sara: "Vá para a casa de seu sogro, pois a partir de agora eles são seus pais, da mesma forma como nós que lhe demos a vida. Vá em paz, minha filha! Que eu tenha sempre boas notícias de você durante toda a minha vida". E saudando-os despediu-se deles. ¹³Edna disse a Tobias: "Meu filho Tobias, meu irmão querido, que o Senhor um dia o traga de volta e que,

---

entreveem negociações e intercâmbios econômicos na diáspora.

10,1-7: As inquietações de Tobit e Ana pela demora de Tobias têm motivações distintas. Tobit supõe a dificuldade do filho em recuperar o dinheiro, sobretudo porque se temiam os ataques e saques em rotas comerciais. Ana teme que o filho esteja morto.

8-14: Viagem marcada por saudações e bênçãos de despedida. A designação dos sogros com o qualificativo de "pai" e "mãe", bem como os termos "irmão" e "irmã", são utilizados para indicar o grau de parentesco e a ampliação do clã ("compatriotas" em 1,3 e "parentes próximos" em 6,18; cf. a expressão "irmãos de Jesus" em Mt 12,46-50).

antes de morrer, eu possa ver os filhos seus e de minha filha Sara. Diante do Senhor, eu confio a você minha filha Sara. Não lhe cause tristeza durante todos os dias de sua vida. Vá em paz, filho. A partir de agora eu sou sua mãe e Sara é sua irmã. Que bom se pudéssemos viver todos juntos e felizes por toda a vida!" Em seguida, beijou os dois e os deixou partir.

[14]Assim Tobias partiu feliz da casa de Ragüel, cantando e louvando ao Senhor do céu e da terra, ao rei de todas as coisas, pelo sucesso da viagem. Ao se despedir de Ragüel e Edna, Tobias disse: "Que eu seja digno de vocês todos os dias da minha vida".

11 Reencontro de Tobias com seus pais –
[1]Quando estavam perto de Caserin, já defronte a Nínive, Rafael disse: [2]"Você sabe em que estado deixamos seu pai. [3]Vamos na frente, antes de sua esposa, para preparar a casa, enquanto os outros vão chegando". [4]Então os dois foram juntos, na frente. O anjo disse a Tobias: "Leve com você o fel do peixe". E o cachorro ia atrás deles.

[5]Ana estava sentada, olhando a estrada pela qual o filho tinha partido. [6]Percebendo antes de todos a chegada dele, disse ela a Tobit: "Seu filho está chegando com o companheiro dele!"

[7]Antes de chegarem à casa do pai, Rafael disse a Tobias: "Eu tenho certeza de que os olhos dele vão se abrir! [8]Coloque o fel do peixe nos olhos dele. O remédio vai fazer com que as manchas brancas se encolham e se soltem. Então seu pai vai recuperar a vista e poderá enxergar".

[9]Ana correu e lançou-se ao pescoço do filho, dizendo: "Vi você de novo, meu filho! Agora posso morrer". E começou a chorar. [10]Tobit se levantou e, tropeçando, conseguiu chegar até o portão. [11]Tobias foi ao seu encontro, levando na mão o fel do peixe. Soprou nos olhos do pai enquanto o abraçava e disse: "Tenha bom ânimo, pai!" Aplicou-lhe o remédio nos olhos e segurou um pouco. [12]Depois, com as duas mãos, tirou uma pele dos cantos dos olhos do pai. [13]Tobit então lançou-se ao pescoço do filho, chorou e disse: "Estou vendo você, meu filho, luz dos meus olhos!" [14]E continuou: "Bendito seja Deus! Bendito seja seu Nome grandioso! Benditos sejam seus santos anjos! Que seu Nome glorioso nos proteja. Porque, num momento ele me castigou, mas depois se compadeceu, e agora estou vendo meu filho Tobias!" [15]Em seguida, Tobias entrou feliz em casa, bendizendo a Deus em voz alta. Depois, contou a seu pai que a viagem tinha dado certo. Estava trazendo o dinheiro e tinha casado com Sara, a filha de Ragüel. Ela estava chegando às portas de Nínive. [16]Tobit saiu então em direção à porta de Nínive, para ir ao encontro da nora. Ele estava alegre e dando graças a Deus. Os ninivitas ficaram admirados ao vê-lo caminhando com passo firme, sem ninguém que o ajudasse. Tobit testemunhava para todos que Deus tinha tido misericórdia para com ele e lhe havia devolvido a visão. [17]Ao se aproximar de Sara, esposa de seu filho Tobias, deu-lhe a bênção e disse: "Seja bem-vinda, minha filha! Bendito seja seu Deus, que trouxe você para nós! Bendito seja seu pai, e abençoado seja também meu filho Tobias! Bendita seja você, minha filha! Seja bem-vinda a esta sua casa. Fique alegre e esteja à vontade. Entre, minha filha".

[18]Nesse dia, todos os judeus que viviam em Nínive fizeram grande festa. [19]Aicar e Nadab, primos de Tobit, foram participar da alegria dele. E, durante sete dias, festejaram alegremente o casamento de Tobias.

III. EPÍLOGOS

12 O anjo Rafael se revela –
[1]Terminada a festa do casamento, Tobit chamou seu filho Tobias e lhe disse: "Filho,

---

11,1-19: O encontro de Ana e Tobias tem elementos de reencontros familiares (Gn 33,4; 45,14; 46,29-30; cf. Lc 15,20). E o bendito, pronunciado por Tobit depois de ser curado pelo filho, traz elementos da teologia da retribuição, segundo a qual a recuperação da vista é sinal da compaixão de Deus, em contraposição à cegueira, considerada sinal de castigo e habitação nas trevas (Tb 5,10.21; cf. 13,2 5-6 9).

12,1-14,15: A parte final do livro não é homogênea e apresenta três possíveis conclusões: a primeira, com as palavras do anjo Rafael e a manifestação de sua verdadeira identidade para a família de Tobias (12,1-22); a segunda, com o hino de louvor de Tobit em honra a Deus e a Jerusalém (13,1-14,1); e a terceira, com o final feliz da novela e dos protagonistas Tobit e Tobias (14,2-15).

12,1-22: Fechamento do contrato com Azarias (cf. 5,15-16) e revelação da identidade de Rafael com exortações sapienciais e uma descrição de suas funções e personalidade. A exortação recomenda o louvor, a prática do bem, a oração, o jejum e a esmola (cf. Tb

está na hora de você pagar a esse homem que o acompanhou e dar-lhe também alguma gratificação". ²Tobias respondeu: "Pai, quanto devo dar a ele? Ainda que eu dê a ele a metade dos bens que trago comigo, não me faria falta. ³Ele me conduziu são e salvo, libertou minha mulher, resgatou o dinheiro e ainda curou o senhor. Como é que vou lhe pagar?" ⁴Tobit disse: "Filho, ele bem merece a metade de tudo o que você trouxe!" ⁵Então Tobias o chamou e disse: "Como pagamento, pegue metade de tudo o que você trouxe e vá em paz". ⁶Mas ele chamou os dois à parte e disse: "Bendigam a Deus e proclamem diante de todos os seres vivos os benefícios que ele concedeu a vocês. Bendigam e cantem ao seu Nome. Anunciem a todos os homens, como convém, as obras de Deus. E não se cansem de lhe agradecer. ⁷É bom manter oculto o segredo do rei, mas é necessário revelar e manifestar as obras de Deus. Pratiquem o bem, e não lhes acontecerá nenhuma desgraça. ⁸Vale mais a oração com jejum e a esmola com justiça, do que a riqueza adquirida com a injustiça. É melhor praticar a esmola do que acumular ouro. ⁹A esmola livra da morte e purifica de todo pecado. Quem pratica esmola, terá vida longa. ¹⁰Os pecadores e injustos são inimigos de si próprios.

¹¹Vou revelar-lhes toda a verdade, sem ocultar nada. Já lhes expliquei que é bom manter oculto o segredo do rei, mas as obras de Deus devem ser proclamadas publicamente. ¹²Quando você e Sara rezavam, era eu quem apresentava o memorial da súplica de vocês diante do Senhor glorioso. A mesma coisa eu fazia quando você sepultava os mortos. ¹³Quando você não teve dúvidas em deixar o almoço, a comida, para ir esconder um morto, eu fui mandado para provar sua fé. ¹⁴Da mesma forma, fui mandado para curar você e sua nora Sara. ¹⁵Eu sou Rafael, um dos sete anjos que estão sempre prontos para entrar na presença do Senhor glorioso".

¹⁶Os dois ficaram assustados e caíram com o rosto por terra, cheios de medo. ¹⁷Rafael porém lhes disse: "Não tenham medo! Que a paz esteja com vocês! Bendigam a Deus para sempre. ¹⁸Se eu estive com vocês, não foi por vontade minha, mas de Deus. É a ele que vocês devem sempre bendizer e cantar hinos. ¹⁹Vocês pensavam que eu comia, mas era só aparência. ²⁰Agora, bendigam ao Senhor na terra, e agradeçam a Deus. Volto para aquele que me enviou. Escrevam tudo o que lhes aconteceu".

E o anjo desapareceu. ²¹Quando se levantaram, não o puderam ver mais. ²²Então louvaram a Deus e entoaram hinos, agradecendo-lhe as maravilhas que ele tinha realizado, porque o anjo de Deus lhes havia aparecido.

13 *Salmo de louvor* – ¹Tobit disse:
²"Bendito seja Deus
que vive eternamente.
E bendito o seu reino,
que dura para sempre,
pois é ele quem castiga e tem piedade.
Ele faz descer à mansão dos mortos
e subir da grande perdição.
E ninguém pode fugir de sua mão.
³Celebrem a Deus, israelitas,
diante das nações,
porque ele dispersou vocês entre elas,
⁴para lhe proclamar a grandeza.
Exaltem a Deus diante de todo ser vivo,
porque ele é o nosso Deus.
Ele é o nosso Pai.
Ele é Deus para todo o sempre.
⁵Se ele castiga vocês
por causa das injustiças,
também terá compaixão
de todos vocês,
e os reunirá de todas as nações,
entre as quais foram espalhados.
⁶Se vocês se voltarem para ele
com todo o coração e com toda a alma,
para praticar a verdade diante dele,
então ele se voltará para vocês,
e nunca mais lhes esconderá sua face.

4,13-19; Dn 9,3; Jt 4,11-13; Est 4,15-16; 1Mc 3,46-47; 2Mc 13,12; Mt 6). São ações que apresentam o judeu fiel do período helenístico na diáspora e visam manter o povo eleito e fortalecer a piedade em Jerusalém.

13,1-14,1: Salmo de ação de graças: exalta a providência divina (cf. Ex 15,1-18; Jt 16,1-17), reforça a ideia de

que Deus castiga e tem compaixão, apresenta um apelo à conversão (cf. Dt 4; 30,1-4.8-10; Jr 29,12-14; Zc 1,3) e, inspirado em Is 60, traz um hino a Jerusalém (vv. 9-17). O salmo funciona como um tipo de moldura ao livro, pois reforça a posição dos judeus teocráticos de Jerusalém, com sua teologia da retribuição e da fidelidade.

⁷Considerem o que ele fez por vocês
e lhe agradeçam em alta voz.
Bendigam o Senhor da justiça,
e exaltem o rei dos séculos.
⁸Eu o celebro na terra do meu exílio,
e mostro sua força e grandeza
a um povo de pecadores.
Voltem-se para ele, pecadores,
e diante dele pratiquem a justiça.
Talvez ele seja favorável a vocês,
e os trate com misericórdia.
⁹Eu exalto o meu Deus,
minha alma louva o rei do céu
e se alegra com sua grandeza.
¹⁰Que todos o louvem
e em Jerusalém o celebrem.
Jerusalém, cidade santa,
Deus castigou você
pelas obras de seus filhos,
mas de novo terá piedade do povo justo.
¹¹Celebre dignamente o Senhor
e bendiga o rei dos séculos,
para que o Templo dele
seja reconstruído com alegria;
¹²para que alegre em você
todos os exilados,
e em você ame todos os infelizes,
por todas as gerações futuras.
¹³Uma luz brilhante
iluminará todas as regiões da terra.
De longe, povos numerosos virão a você,
e habitantes de todos os extremos da terra
virão visitar o Nome do Senhor Deus,
com ofertas para o rei do céu.
Gerações sem fim
cantarão sua alegria em você,
e o nome da Eleita
permanecerá pelas gerações futuras.
¹⁴Malditos os que insultarem você!
Malditos os que arruinarem você!
Malditos os que lhe derrubarem
as muralhas,
demolirem as torres e incendiarem
as casas!
Benditos para sempre
aqueles que a reconstruírem!
¹⁵Então você exultará e se alegrará
por causa do povo justo,
pois todos se reunirão em você,
para bendizer o Senhor dos séculos.
Felizes os que amam você!
Felizes os que lhe desejam a paz!
¹⁶Felizes os que sofrem
com as desgraças de você!
Com você, eles se alegrarão
vendo sua perpétua alegria.
Bendiga, ó minha alma, ao Senhor,
ao rei soberano,
¹⁷porque Jerusalém será reconstruída,
e seu Templo aí estará para sempre.
Feliz de mim,
se restar alguém do meu sangue
para ver a glória de Jerusalém
e louvar o rei do céu.
As portas de Jerusalém
serão reconstruídas
com safiras e esmeraldas,
e todas as suas muralhas
com pedras preciosas.
As torres de Jerusalém
serão construídas de ouro,
e de ouro puro seus baluartes.
As ruas de Jerusalém serão calçadas
com turquesas e pedras de Ofir.
¹⁸As portas de Jerusalém
ressoarão com cantos de júbilo,
e em todas as suas casas aclamarão:
Aleluia!
Bendito seja o Deus de Israel!
Benditos aqueles que bendizem
seu Nome santo, para todo o sempre!"

14 ¹Aqui terminam as palavras do cântico de Tobit.

Últimos acontecimentos – ²E Tobit morreu em paz com a idade de cento e doze anos, e foi sepultado em Nínive com todas as honras. Tinha sessenta e dois anos quando ficou cego e, depois que recuperou a vista, viveu feliz, praticou a esmola e continuou a bendizer a Deus e celebrar sua grandeza. ³Quando estava para morrer, chamou seu filho Tobias e lhe deu estas recomendações: "Filho, você vai ajuntar seus filhos ⁴e mandar-me para a Média, pois eu creio na palavra de Deus a respeito de Nínive, pronunciada pelo profeta Naum. Vai se cumprir e se realizar tu-

---

14,2-15: Resumo das ações e descrição da morte de Tobit e Tobias. Segundo a novela, são ambos contemporâneos do avanço assírio e testemunham a situação de deportação e a ruína de Nínive (cf. Sf 2,13-15; Na 2,12-14; 3,4-7).

do o que os profetas de Israel, enviados por Deus, anunciaram contra a Assíria e contra Nínive. Nada ficará sem se realizar. Tudo acontecerá no tempo certo. Haverá mais segurança na Média do que na Assíria ou na Babilônia. Pois eu sei e acredito que vai acontecer tudo o que Deus disse, e não falhará uma só palavra do que foi dito.

Nossos irmãos que estão na terra de Israel serão recenseados e exilados para longe de sua bela pátria. Toda a terra de Israel se transformará num deserto. Samaria e Jerusalém ficarão desertas. O Templo será incendiado e ficará algum tempo em ruínas. ⁵Mas Deus terá novamente misericórdia do seu povo e vai levá-lo de volta para a terra de Israel. Eles reconstruirão o Templo, menos belo que o primeiro, até que chegue o tempo determinado. Então todos voltarão do exílio, reconstruirão Jerusalém em seu esplendor, e o Templo de Deus será reconstruído, como os profetas de Israel anunciaram. ⁶Todas as nações da terra se converterão e temerão a Deus com sinceridade. Eles todos abandonarão os ídolos, que os enganaram com mentiras, e bendirão, como é justo, o Deus dos séculos. ⁷Nesse dia, todos os israelitas que se salvarem se lembrarão de Deus com sinceridade. Irão reunir-se em Jerusalém, e daí por diante habitarão com segurança na terra de Abraão, que será propriedade deles. E aqueles que amam a Deus com sinceridade serão felizes. Mas todos os que praticam o pecado e a injustiça serão eliminados da terra.

⁸Agora, meus filhos, eu lhes recomendo: Sirvam a Deus com sinceridade e façam sempre o que ele aprova. Ensinem a seus filhos a prática da justiça e da esmola, e a se lembrarem de Deus e louvarem seu Nome por todo o tempo, com sinceridade e com todas as forças.

⁹Quanto a você, meu filho, saia de Nínive, não fique aqui. No dia em que você sepultar sua mãe junto comigo, não pernoite mais nesta região. Aqui existe muita injustiça, acontecem muitas fraudes e ninguém se sente envergonhado. ¹⁰Veja, meu filho, quanta coisa Nadab fez para Aicar, seu pai de criação! Não é verdade que ele queria colocá-lo vivo debaixo da terra? No entanto, Deus fez o criminoso pagar sua injustiça diante da sua própria vítima, pois Aicar voltou à luz, enquanto Nadab desceu às trevas eternas, castigado por atentar contra a vida de Aicar. Por causa de suas boas obras, Aicar escapou da armadilha mortal que Nadab havia preparado para ele, enquanto Nadab caiu na armadilha e morreu. ¹¹Portanto, meus filhos, vejam quais são os frutos da esmola, e quais são os frutos da injustiça, que mata! Estou perdendo a respiração..." Então deitaram Tobit na cama. E ele morreu e foi sepultado com honra.

¹²Quando sua mãe morreu, Tobias a sepultou junto com o pai. Em seguida, partiu para a Média com a mulher e os filhos, e ficou morando com seu sogro Ragüel, em Ecbátana. ¹³Cuidou, como devia, da velhice dos sogros e os sepultou em Ecbátana, na Média. Herdou o que era da família de Ragüel e também o que era de seu pai Tobit. ¹⁴Cercado de respeito, Tobias morreu em Ecbátana, na Média, com cento e dezessete anos. ¹⁵Antes da sua morte, porém, viu e ouviu falar da destruição de Nínive. Viu os prisioneiros ninivitas serem levados para o exílio na Média por Ciáxares, rei da Média. Tobias bendisse a Deus pelo castigo dos ninivitas e assírios. Antes de morrer, ele ainda pôde alegrar-se com a desgraça de Nínive, e bendisse o Senhor Deus para todo o sempre.

JUDITE

DEUS É O SENHOR QUE ESMAGA AS GUERRAS

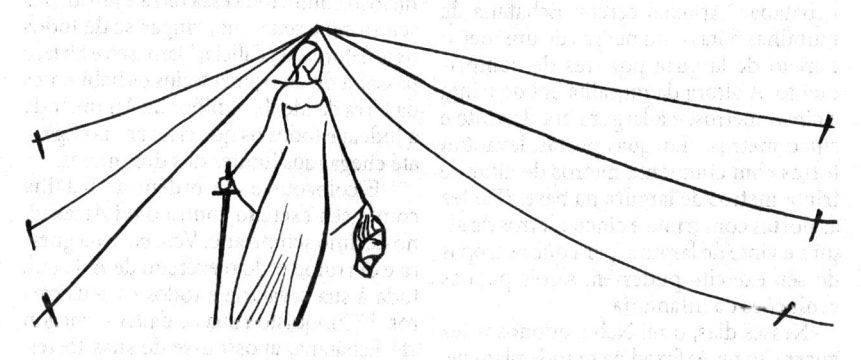

Introdução

Por volta de 167 a.C., Antíoco IV, apoiado pelo grupo helenizante, decretou o fim da Lei judaica e transformou o Templo de Jerusalém em lugar de oração para os estrangeiros (2Mc 6,1-2). A perseguição religiosa provocou o levante dos Macabeus. Então os assideus, grupo formado de homens piedosos fiéis à Lei e defensores das tradições antigas, se uniram nessa luta a outros grupos, com o objetivo de restaurar a Lei e purificar o Templo. Em torno de 164 a.C., Judas Macabeu com seu exército consegue retomar o Templo e restabelecer a Lei.

Quando os Macabeus assumem, de maneira ilegítima, o cargo de sumo sacerdote, entram em conflito com os assideus.

João Hircano, Aristóbulo e Alexandre Janeu, reis asmoneus, assumiram a política de conquista semelhante à dos reis helenistas. No tempo de João Hircano (134-104 a.C.) e Alexandre Janeu (104-76 a.C.), há sérios conflitos com os fariseus, que descendem dos assideus.

Por trás do livro de Judite, há o protesto do grupo fariseu, descontente com a liderança da época. Enquanto os homens não fazem nada para salvar seu povo, a mulher, no momento crítico da história, assume a liderança da guerra. A literatura por volta do ano 100 a.C. enfatiza a crença no Deus único e na fidelidade à Lei. São diversas as datas para o livro de Judite, desde o período persa, de 539-333 a.C., até o séc. II d.C. Um grupo que se opunha à dinastia dos asmoneus ampliou, por volta do ano 100 a.C., a história oral que exaltava uma heroína local.

A narrativa de Judite pode dividir-se em duas partes: caps. 1-7 e 8-16. A primeira descreve as ações do exército de Nabucodonosor, cujo comandante-chefe é Holofernes: a campanha militar parte da conquista de várias regiões até chegar à Judeia, concluindo com o desespero dos habitantes de Betúlia. Na segunda parte, Judite entra em cena, com suas estratégias de guerra, que vão culminar na decapitação do general inimigo, na vitória do povo de Israel e no cântico ao verdadeiro vencedor da guerra, o Senhor todo-poderoso.

Embora o livro de Judite apresente algumas inversões sociais, a ação da mulher está no mundo ideal construído pela invenção literária, mas não no mundo real. A mulher entra na esfera pública somente em situação emergencial, mas não permanece nesse espaço: uma vez cumprida a missão, ela deve voltar à esfera privada. O texto de Judite mantém o modelo patriarcal: no final da narrativa, ela retorna à sua propriedade, assumindo seu tradicional papel de viúva.

I. AMEAÇA CONTRA ISRAEL

1 *Guerra de Nabucodonosor contra Arfaxad* – ¹Era o décimo segundo ano do reinado de Nabucodonosor, rei da Assíria, em Nínive, a grande cidade. Nesse tempo, Arfaxad reinava sobre os medos em Ecbátana. ²Arfaxad cercou Ecbátana de muralhas feitas com pedras de um metro e meio de largura por três de comprimento. A altura da muralha era de trinta e cinco metros, e a largura era de vinte e cinco metros. ³Em suas portas, levantou torres com cinquenta metros de altura e trinta metros de largura na base. ⁴Ele fez as portas com trinta e cinco metros de altura e vinte de largura, para que as tropas do seu exército pudessem sair, e para as evoluções da infantaria.

⁵Nesses dias, o rei Nabucodonosor fez guerra ao rei Arfaxad na grande planície, que fica no território de Ragau. ⁶Uniram-se a ele todos os habitantes da montanha, todos os habitantes das margens dos rios Eufrates, Tigre e Hidaspes, e os que viviam nas planícies de Arioc, rei dos elimeus. Muitas nações fizeram aliança para a batalha dos filhos de Queleud.

⁷Nabucodonosor, rei dos assírios, enviou embaixadores a todos os habitantes da Pérsia e a todos os habitantes do Ocidente; aos habitantes da Cilícia, Damasco, Líbano e Antilíbano; a todos os habitantes do litoral; ⁸aos povos do Carmelo, de Galaad, da Alta-Galileia, da grande planície de Esdrelon; ⁹a todos os que viviam na Samaria e suas cidades; aos que habitavam além do Jordão até Jerusalém, em Batana, Queluz, Cades, o rio do Egito, Táfnis, Ramsés e toda a terra de Gessen, ¹⁰até chegar além de Tânis e de Mênfis; e a todos os egípcios, até a fronteira da Etiópia. ¹¹Todos os habitantes de toda a terra, porém, desprezaram a palavra de Nabucodonosor, rei dos assírios, e não se aliaram a ele para a guerra, pois não o temiam. Fizeram oposição a ele como homem isolado e mandaram de volta os mensageiros dele, de mãos vazias e humilhados. ¹²Nabucodonosor ficou muito furioso contra toda essa terra e jurou, por seu trono e seu reino, vingar-se de todos os territórios da Cilícia, Damasco e Síria, e passar a fio de espada todos os habitantes da terra de Moab, os filhos de Amon, toda a Judeia e todos os que estavam no Egito, até chegar aos limites dos dois mares.

¹³E colocou-se em ordem de batalha com o seu exército contra o rei Arfaxad, no décimo sétimo ano. Venceu-o na guerra e derrotou todo o exército de Arfaxad, toda a sua cavalaria e todos os seus carros. ¹⁴Conquistou suas cidades e chegou até Ecbátana, apossou-se de suas torres, saqueou suas praças e transformou seu esplendor em vergonha. ¹⁵Depois, prendeu Arfaxad nas montanhas de Ragau, e o atravessou com suas lanças. Nesse dia o eliminou. ¹⁶Então voltou para Nínive com seu exército, imensa multidão de guerreiros. Ficaram despreocupados, descansando e banqueteando-se durante cento e vinte dias.

2 *Vingança contra o ocidente* – ¹No dia vinte e dois do primeiro mês do ano décimo oitavo, no palácio de Nabucodonosor, rei dos assírios, falou-se em vingança contra toda a terra, conforme o rei havia dito. ²Convocou então todos os seus ministros e conselheiros, expôs seu plano secreto e por sua própria boca decretou a destruição de todos esses territórios. ³Decidiram exterminar toda carne, todos os que não haviam escutado a palavra de sua boca. ⁴Quando terminou a reunião, Nabucodonosor, rei dos assírios, chamou Holofernes, comandante-chefe

---

1,1-7,32: Descrição das ações do exército de Nabucodonosor, cujo comandante-chefe é Holofernes. A campanha militar parte da conquista de várias regiões do ocidente até chegar às fronteiras de Israel, concluindo com o desespero dos habitantes de Betúlia.

1,1-16: Nabucodonosor era rei da Babilônia (604-562 a.C.), e não da Assíria nem de Nínive, destruída em 612 a.C. A história não registra nenhum rei com o nome Arfaxad. Ecbátana era a capital dos medos. Judite não é narrativa histórica, mas simples novela construída com elementos fictícios (cf. Jn, Est, Tb). O livro inicia com o confronto entre duas grandes potências já então destruídas, na esperança de que o inimigo atual também seja eliminado.

2,1-13: O ano dezoito de Nabucodonosor corresponde à data da destruição de Jerusalém, do Templo e da deportação para Babilônia (587 a.C.). Nisan, primeiro mês do ano, era o início da primavera, período em que os reis saíam para a guerra. "Assim diz o grande rei" (v. 5): fórmula própria do discurso profético. Os títulos "grande rei" e "senhor de toda a terra" eram atributos divinos. O autor apresenta assim a pretensão com

do seu exército, o segundo homem no reino, e lhe disse: ⁵"Assim diz o grande rei, o senhor de toda a terra: Ao sair de minha presença, tome consigo homens seguros de sua força, cerca de cento e vinte mil de infantaria e grande número de cavalos, com doze mil cavaleiros. ⁶Você sairá contra toda a região ocidental, porque desobedeceram à palavra de minha boca. ⁷Dê-lhes ordem para colocar à disposição terra e água, porque vou avançar com fúria contra eles. Vou cobrir toda a face da terra com os pés do meu exército e entregá-los para serem saqueados. ⁸Seus feridos encherão os vales e as torrentes, e os rios se encherão de seus mortos. ⁹E os prisioneiros eu levarei para os confins da terra. ¹⁰Quando você sair, conquiste todos os territórios deles para mim. Se eles se renderem, guarde-os para o dia em que eu os castigarei. ¹¹Seu olho não poupará os rebeldes, entregando-os à matança e ao saque em toda a terra. ¹²Pela minha vida e pelo poder de meu reinado, o que eu disse eu o farei com minhas próprias mãos. ¹³Quanto a você, não desobedeça a nenhuma ordem do seu senhor. Faça tudo conforme eu lhe ordenei, e sem demora".

Campanha contra o ocidente – ¹⁴Holofernes saiu da presença de seu senhor e chamou todos os príncipes, os generais e os oficiais do exército da Assíria. ¹⁵Em seguida, contou homens escolhidos para o combate, conforme seu senhor havia ordenado: cento e vinte mil homens e doze mil arqueiros a cavalo. ¹⁶E os organizou em grupos, como se organiza um exército. ¹⁷Tomou então grande quantidade de camelos, jumentos e mulas para carregar as bagagens, e também muitas ovelhas, bois e cabras para o abastecimento. ¹⁸Cada homem recebeu abundante provisão e muito ouro e prata do palácio do rei.

¹⁹E Holofernes saiu com todo o seu exército à frente do rei Nabucodonosor, para cobrir toda a face da terra, no ocidente, com carros, cavaleiros e tropas escolhidas. ²⁰Com eles foi ainda numerosa multidão, incontável como os gafanhotos e como a areia da terra. ²¹Saíram de Nínive, num caminho de três dias, em direção à planície de Bectilet. Acamparam fora de Bectilet, perto da montanha que está ao norte da Alta-Cilícia. ²²Daí Holofernes partiu com todo o seu exército, feito por infantaria, cavalaria e carros, e partiu para a região montanhosa. ²³Devastou Fut e Lud, e saqueou todos os filhos de Rassis e os filhos de Ismael, que vivem na beira do deserto, ao sul de Queleon. ²⁴Passou o Eufrates, atravessou a Mesopotâmia e arrasou todas as cidades fortificadas que estão junto ao riacho Abrona, até chegar ao mar. ²⁵Apoderou-se dos territórios da Cilícia, destruiu todos os que resistiram e foi até os territórios de Jafé, no sul, diante da Arábia. ²⁶Cercou todos os filhos de Madiã, incendiou suas tendas e saqueou seus estábulos. ²⁷A seguir, desceu para a planície de Damasco nos dias da colheita do trigo, e incendiou todas as plantações, destruiu ovelhas e bois, saqueou as cidades, devastou as plantações e passou ao fio da espada todos os jovens. ²⁸Medo e pavor tomaram conta dos habitantes do litoral, dos que viviam em Sidônia e Tiro, dos habitantes de Sur, Oquina e Jâmnia. Também os habitantes de Azoto e Ascalon ficaram tomados pelo terror.

3 ¹Enviaram a ele mensageiros com palavras de paz, dizendo: ²"Aqui estamos, os servos do grande rei Nabucodonosor, e nos prostramos diante de você: faça de nós o que achar melhor. ³Estão à sua disposição nossos estábulos, nosso território, os campos de trigo, as ovelhas e os bois, e todos os nossos acampamentos. Sirva-se como achar melhor. ⁴Nossas cidades e seus habitantes são seus escravos. Venha e trate-as como lhe parecer melhor". ⁵Então os homens chegaram a Holofernes, e lhe anunciaram essas palavras.

⁶Quanto a ele, desceu com seu exército para o litoral, deixou guarnições nas ci-

---

que Nabucodonosor quer identificar-se com Deus. A formação do exército com múltiplos de doze indica plenitude e perfeição.

2,14-3,10: No relato, alguns lugares são conhecidos, outros são de localização distante ou imaginária, como Bectilet, cujo sentido pode ser "casa da matança". Os números de integrantes do exército representam o ideal de um exército perfeito. Holofernes é recebido com honrarias próprias de heróis e não de conquistadores (cf. Ex 15,20; 1Sm 18,6-7). Os reis assírios, babilônios e

dades fortificadas e recrutou nelas homens escolhidos para servirem de tropas auxiliares. ⁷Por toda a região o receberam com coroas, danças e tamborins. ⁸Mas ele destruiu todo o território deles e cortou suas árvores sagradas: ele tinha a tarefa de exterminar todos os deuses da terra, para que todas as nações adorassem apenas a Nabucodonosor, e todas as línguas e tribos o invocassem como deus. ⁹Chegou às proximidades de Esdrelon, perto de Dotaia, aldeia que está diante da grande serra da Judeia. ¹⁰Acamparam então entre Geba e Citópolis, e aí ficaram durante um mês, recolhendo provisões para o exército.

4 *O povo clama ao Senhor* – ¹Os filhos de Israel habitantes da Judeia ouviram tudo o que Holofernes, comandante-chefe de Nabucodonosor, rei dos assírios, tinha feito com as nações, atacando seus templos e entregando-os à destruição. ²Então ficaram muito aterrorizados com sua presença, e temeram por Jerusalém e pelo Templo do Senhor seu Deus. ³Eles tinham voltado do exílio fazia pouco tempo, e todo o povo da Judeia se havia reunido novamente. Os utensílios, o altar e o Templo haviam sido recentemente purificados da profanação.

⁴Então enviaram mensageiros por todo o território da Samaria, Cona, Bet-Horon, Belmain, Jericó, Coba, Aisora e vale de Salém. ⁵Ocuparam todos os topos das montanhas mais altas, fortificaram as aldeias que se encontravam nelas e ajuntaram provisões para a guerra, pois nesse tempo tinham acabado de fazer a colheita em seus campos. ⁶O sumo sacerdote Joaquim, que nesses dias estava em Jerusalém, escreveu aos habitantes de Betúlia e Betomestaim, que estão diante de Esdrelon, em frente da planície próxima de Dotain, ⁷para que ocupassem as passagens da serra, porque era por aí que passava o caminho para a Judeia. Desse modo seria fácil impedir que o inimigo avançasse, porque o desfiladeiro era tão estreito que somente podiam passar dois homens por vez. ⁸Os filhos de Israel fizeram como lhes havia ordenado o sumo sacerdote Joaquim e o conselho dos anciãos de todo o povo de Israel, que tinham sede em Jerusalém.

⁹Cada israelita suplicou insistentemente a Deus, e todos se humilharam diante dele. ¹⁰Eles e suas mulheres, suas crianças e rebanhos, e todos os forasteiros, mercenários e escravos se vestiram com pano de saco. ¹¹Todos os homens de Israel, as mulheres e os filhos, que habitavam em Jerusalém, se prostraram diante do Templo, com cinza na cabeça, e apresentaram seus panos de saco diante do Senhor. ¹²Envolveram o altar com panos de saco e clamaram, a uma só voz e com ardor, ao Deus de Israel, para que não entregasse suas crianças ao saque, nem suas mulheres ao exílio, nem as cidades que tinham herdado à destruição, nem as coisas santas à profanação e às zombarias humilhantes das nações. ¹³O Senhor ouviu a voz deles e levou em conta a sua tribulação.

O povo estava jejuando fazia dias, em toda a Judeia e em Jerusalém, diante do lugar santo do Senhor Todo-poderoso. ¹⁴O sumo sacerdote Joaquim e todos os que ficam diante do Senhor, sacerdotes e ministros do culto do Senhor, estavam vestidos com panos de saco, e ofereciam o holocausto diário, as ofertas e os dons voluntários do povo. ¹⁵Tinham cinza em seus turbantes, e clamavam com toda a força ao Senhor, para que protegesse toda a casa de Israel.

5 *Aquior apresenta a história de Israel* – ¹Anunciaram a Holofernes, comandante-chefe do exército assírio, que os filhos de Israel estavam se preparando para

---

persas não eram cultuados como deuses. Isso é mais bem atestado sob Antíoco I no período helenístico, onde se situa o nosso texto (cf. 2Mc 9,12; Dn 3,6).

4,1-15: A cidade de Jerusalém e o Templo representam o poder religioso e político de Israel. Não é possível identificar Betúlia, apresentada como cidade do norte, e seu nome é semelhante a *betulah* ("virgem", em hebraico). O povo clama ao Senhor, que não é insensível ao sofrimento das pessoas. A mesma expressão se encontra no livro do Êxodo (cf. Ex 2,23-25).

5,1-21: De acordo com a Lei judaica, moabitas e amonitas estão excluídos do Templo (cf. Dt 23,4), provavelmente porque lutaram ao lado dos exércitos de Nabucodonosor contra Jerusalém (cf. 2Rs 24,2). Na contramão da visão oficial, que não aceita os amonitas, o autor, através de um amonita, faz a apresentação religiosa da história de Israel a partir das origens até a volta do exílio da Babilônia. Jerusalém e o Templo estão no centro dessa história. Aquior em hebraico significa "meu irmão é luz". O título "Deus do céu" é do período

a guerra. Disseram-lhe que eles haviam fechado as passagens da montanha, fortificado os topos das montanhas mais altas e preparado obstáculos nas planícies. ²Ele ficou enfurecido e chamou todos os chefes de Moab, os generais de Amon e todos os governadores do litoral, ³e lhes disse: "Digam-me, filhos de Canaã, que povo é esse que vive nas montanhas? Em que cidades habitam? Qual é o tamanho do exército deles? Em que consiste seu poder e força? Que rei governa suas tropas? ⁴E por que se recusaram a vir ao meu encontro, como fizeram todos os que habitam no ocidente?"

⁵Aquior, chefe de todos os filhos de Amon, lhe disse: "Que meu senhor escute a palavra que sai da boca deste seu servo. Vou lhe contar a verdade sobre esse povo que vive nesta região montanhosa e habita aqui perto. Não haverá mentiras na boca de seu servo. ⁶Esse povo é descendente dos caldeus. ⁷Primeiro habitaram como estrangeiros na Mesopotâmia, porque não quiseram seguir os deuses de seus antepassados, que viviam na terra dos caldeus. ⁸Eles se afastaram do caminho de seus antepassados e adoraram o Deus do céu, que reconheceram como Deus. Foram expulsos da presença de seus deuses, e fugiram para a Mesopotâmia, e aí habitaram como estrangeiros por muito tempo. ⁹O Deus deles disse que saíssem daí e fossem para a terra de Canaã. Eles habitaram aí e se enriqueceram com ouro, prata e rebanhos numerosos. ¹⁰Por causa de uma fome que atingia a terra de Canaã, desceram ao Egito e aí habitaram como estrangeiros enquanto havia alimento. Aí cresceram muito e se transformaram em povo numeroso. ¹¹O rei do Egito, porém, levantou-se contra eles e os explorou no trabalho de preparação de tijolos. E eles foram humilhados e feitos escravos. ¹²Eles clamaram ao seu Deus, que feriu toda a terra do Egito com pragas incuráveis. Os egípcios então os expulsaram da sua presença. ¹³Deus fez secar o mar Vermelho diante deles ¹⁴e os conduziu pelo caminho do Sinai e de Cades Barne. Eles expulsaram todos os habitantes do deserto, ¹⁵estabeleceram-se na terra dos amorreus, e destruíram com sua própria força todos os habitantes de Hesebon. Depois atravessaram o Jordão, ocuparam toda a região montanhosa, ¹⁶expulsando de sua vista os cananeus, ferezeus, jebuseus, siquemitas e todos os gergeseus, e aí habitaram por muito tempo. ¹⁷Enquanto não pecaram contra o seu Deus, tudo ia bem para eles, porque o Deus que está com eles odeia a injustiça. ¹⁸Mas, quando se afastaram do caminho que Deus lhes havia indicado, uma parte deles foi completamente exterminada em muitas guerras, e a outra foi levada prisioneira para uma terra desconhecida. O Templo do Deus deles foi arrasado e suas cidades foram conquistadas pelo inimigo. ¹⁹Agora, eles se voltaram para o Deus deles, retornaram da dispersão, dos lugares em que viviam. Ocuparam Jerusalém, onde está o lugar sagrado deles, e repovoaram a região montanhosa, que havia ficado deserta. ²⁰Agora, soberano senhor, se existe algum desvio nesse povo, se pecaram contra o Deus deles, vamos comprovar esse tropeço. Então podemos subir e atacá-los. ²¹Mas, se não houver iniquidade no meio do povo deles, é melhor que meu senhor vá adiante. Caso contrário, o Senhor e Deus deles os protegerá, e seremos motivo de vergonha diante de toda a terra".

Reação ao discurso de Aquior – ²²Quando Aquior acabou de falar, todo o povo que estava ao redor da tenda protestou. Os oficiais de Holofernes, os habitantes do litoral e de Moab queriam matar Aquior. ²³E diziam: "Não vamos ficar com medo dos filhos de Israel. É um povo que não tem força nem poder para enfrentar um combate duro. ²⁴Por isso, vamos subir. Eles serão presa fácil para todo o seu exército, soberano Holofernes".

---

persa. Na exortação final, há um reconhecimento do poder de Deus, capaz de destruir tanto seu próprio povo como o inimigo.

5,22-6,21: Nabucodonosor é imagem de Antíoco IV Epífanes (175-164 a.C.). Holofernes despreza Aquior e os mercenários de Efraim, uma das tribos mais importantes do norte e que às vezes se refere à totalidade dessas mesmas tribos (cf. Os 9,13; 11,8). As autoridades Ozias, Cabris e Carmis são personagens fictícios com nomes simbólicos. Ozias significa "minha força é Javé", e pertence à tribo de Simeão, mesma tribo de Judite. Cabris significa "é meu amigo", e Carmis "é minha vinha".

6 ¹Quando cessou o tumulto entre os homens que assistiam à reunião, Holofernes, comandante-chefe do exército assírio, disse a Aquior, na frente de toda a tropa estrangeira e de todos os filhos de Moab: ²"Quem é você, Aquior, e esses mercenários de Efraim, para profetizar dessa forma entre nós, e dizer que não lutemos contra os israelitas, porque o Deus deles vai protegê-los? Quem é Deus, a não ser Nabucodonosor? Ele enviará sua força e os exterminará da face da terra. E o Deus deles não os salvará. ³Nós, servos de Nabucodonosor, os esmagaremos como se fossem um só homem. Não poderão resistir à força de nossos cavalos. ⁴Nós os queimaremos em sua própria terra. Seus montes ficarão embriagados com o sangue deles, e suas planícies ficarão repletas de seus mortos. Eles não poderão ficar de pé diante de nós. Todos morrerão, diz o rei Nabucodonosor, o senhor de toda a terra. Ele assim falou, e suas palavras não serão revogadas. ⁵Quanto a você, Aquior, mercenário dos filhos de Amon, você disse essas frases num momento de loucura. Por isso, não voltará a me ver antes que eu castigue essa gente que saiu do Egito. ⁶Então, a espada de meus soldados e a lança de meus oficiais atravessarão suas costelas, e você cairá entre os feridos deles, quando eu voltar. ⁷Meus servos vão levar você para a montanha e deixá-lo em alguma cidade dos desfiladeiros. ⁸Você só morrerá quando for destruído com eles. ⁹Se você ainda tem a esperança de que eles não serão capturados, não deveria ficar abatido! Nada do que eu disse deixará de realizar-se".

¹⁰Holofernes ordenou aos servos, que estavam diante da sua tenda, que pegassem Aquior, o levassem a Betúlia e o entregassem aos filhos de Israel. ¹¹Os servos o agarraram e o levaram para fora do acampamento, na direção da planície. Daí se dirigiram para a montanha e chegaram às fontes que estão abaixo de Betúlia. ¹²Quando os homens da cidade os viram no alto da montanha, tomaram as próprias armas, saíram da cidade e foram para o cume da montanha, enquanto os atiradores de funda jogavam pedras, para impedir a subida deles. ¹³Abrigando-se na encosta do monte, amarraram Aquior e o deixaram ao pé do monte. E voltaram para junto do seu senhor. ¹⁴Então os filhos de Israel desceram da cidade e foram até Aquior, o desamarraram e o levaram a Betúlia, para apresentá-lo aos chefes da cidade. ¹⁵Nesses dias, os chefes eram: Ozias, filho de Micas, da tribo de Simeão; Cabris, filho de Gotoniel; e Carmis, filho de Melquiel. ¹⁶Estes convocaram todos os anciãos da cidade, e reuniram também os jovens e as mulheres para a assembleia. Colocaram Aquior no meio de todo o povo, e Ozias lhe perguntou sobre o que havia acontecido. ¹⁷Então Aquior contou-lhes as palavras do conselho de Holofernes, e as palavras dele mesmo aos chefes dos filhos dos assírios e as expressões arrogantes de Holofernes contra a casa de Israel. ¹⁸O povo então se prostrou, adorou a Deus e clamou: ¹⁹"Senhor Deus do céu, olha o orgulho deles e tem piedade da humilhação de nossa gente. Acolhe com boa vontade, neste dia, a presença daqueles que são consagrados a ti". ²⁰Depois, animaram Aquior e o elogiaram muito. ²¹Ozias o levou da assembleia para sua própria casa e fez um banquete para os anciãos. Durante toda essa noite, invocaram o auxílio do Deus de Israel.

7 *O cerco de Betúlia e o medo do povo* – ¹No dia seguinte, Holofernes ordenou a todas as suas tropas, e a todo o povo que se havia apresentado para a coalizão, que levantassem acampamento, avançassem contra Betúlia, ocupassem as passagens da montanha e fizessem guerra aos filhos de Israel. ²Nesse dia, todo homem forte levantou acampamento. O exército deles era de cento e setenta mil homens de guerra e doze mil cavaleiros, sem contar a bagagem e a grande multidão que ia com eles a pé.

Diante da realidade de sofrimento, o povo se une ainda mais e acredita que Deus protege os humildes (6,19; cf. 1Sm 2,4; Sl 138,6).

7,1-32: O controle das fontes era estratégia de guerra para enfraquecer o inimigo (2Rs 20,20). As principais vítimas da guerra são os anciãos, as mulheres e as crianças. Fome, falta d'água, queixa contra a autoridade, o colocar Deus à prova e a salvação do povo, recordam Ex 17,1-7. Os conselheiros de Holofernes (chefes de Edom, de Moab e do litoral) são os povos vizinhos

³Penetraram no vale perto de Betúlia, em direção à fonte, e se estenderam em profundidade desde Dotain até Belbain, e em extensão de Betúlia até Quiamon, que está diante de Esdrelon. ⁴Quando os filhos de Israel viram essa multidão, ficaram profundamente aterrorizados e comentavam: "Agora eles vão engolir a face de toda a terra. Nem os montes mais altos, nem os precipícios, nem as colinas suportarão o peso deles". ⁵Cada um tomou suas próprias armas. Acenderam fogueira nas torres e ficaram de guarda toda essa noite.

⁶No segundo dia, Holofernes fez a cavalaria avançar diante dos filhos de Israel que estavam em Betúlia. ⁷Inspecionou as subidas que levavam até a cidade. Examinou as fontes de água e as ocupou, deixando nelas postos de guerreiros. Depois, voltou para junto de seu exército. ⁸Todos os chefes dos filhos de Esaú, todos os comandantes do povo de Moab e os generais do litoral foram a Holofernes e lhe disseram: ⁹"Soberano nosso, ouça nossa sugestão, para que não haja nenhum arranhão em seu exército. ¹⁰Esse povo dos filhos de Israel não confia tanto nas armas, e sim na altura das montanhas onde vivem, porque não é fácil escalar o topo dessas montanhas. ¹¹Então, soberano, não combata contra eles como se faz em campo aberto, e nenhum homem do seu povo cairá. ¹²Fique no acampamento com todo o seu exército e deixe que seus servos ocupem a fonte que brota ao pé da montanha. ¹³É dela que todos os habitantes de Betúlia tiram água. A sede os levará a entregar a cidade. Nós e nosso povo subiremos ao topo das montanhas vizinhas e vigiaremos para que ninguém saia da cidade. ¹⁴Eles serao tomados pela fome, e também suas mulheres e filhos. Antes que a espada os atinja, eles cairão sozinhos pelas ruas da sua própria cidade. ¹⁵Assim eles pagarão caro por terem resistido e não terem vindo pacificamente ao encontro de você".

¹⁶Essas palavras agradaram a Holofernes e seus oficiais, e ele decidiu fazer conforme a sugestão dada. ¹⁷Então uma tropa de filhos de Amon avançou, e com ela cinco mil dos filhos de Assur. Acamparam no vale e ocuparam as minas e fontes dos filhos de Israel. ¹⁸Os filhos de Esaú e os filhos de Amon subiram, acamparam na montanha diante de Dotaim e enviaram destacamentos para o sul e para o leste, diante de Egrebel, perto de Cuch, sobre a torrente de Mocmur. O restante do exército dos assírios acampou na planície, cobrindo toda a região. As tendas e as bagagens formavam um acampamento enorme, pois a multidão era imensa.

¹⁹Os filhos de Israel clamaram ao Senhor seu Deus, porque o ânimo deles ficou abatido com o cerco de todos os inimigos e sem nenhuma possibilidade de escapar. ²⁰Todo o acampamento de Assur, com infantaria, cavalaria e carros, manteve o cerco por trinta e quatro dias. A reserva de água de todos os habitantes de Betúlia se esgotou, ²¹e os poços ficaram vazios. Não tinham água para saciar a sede um dia que fosse, porque a água estava racionada. ²²As crianças desmaiavam e as mulheres e jovens, desfalecendo de sede, caíam pelas ruas e na saída das portas da cidade, completamente esgotados. ²³Então todo o povo, com os jovens, mulheres e crianças, se reuniu contra Ozias e os chefes da cidade, gritando em alta voz e dizendo a todos os anciãos: ²⁴"Que o Senhor seja juiz entre nós e vocês, porque vocês fizeram um grande mal a nós, ao não negociar a paz com os filhos de Assur. ²⁵Agora, já não há socorro para nós. Deus nos entregou nas mãos deles e estamos caindo diante deles, pela sede, em completa destruição. ²⁶Agora, chamem os assírios e entreguem a cidade inteira, para que o povo de Holofernes e seu exército a saqueiem. ²⁷É melhor para nós que nos saqueiem. Seremos escravos deles, mas salvaremos nossa vida, e não veremos nossas crianças morrer e nossas mulheres e filhos perecer. ²⁸Chamamos o céu e a terra, o nosso Deus e Senhor de nossos pais, como testemunhas contra vocês, para que procedam de acordo com estas palavras. Ele nos está castigando por causa de nossos pecados e pelos pecados

---

de Israel e seus inimigos tradicionais (Ab; Sl 137). Na mentalidade religiosa da época, o povo acreditava que a situação do momento era consequência do pecado dos pais (v. 28; Lm 5,7).

de nossos pais". ²⁹Levantou-se um pranto geral no meio da assembleia, e todos clamavam em alta voz ao Senhor Deus.

³⁰Então Ozias lhes disse: "Tenham confiança, irmãos. Vamos resistir por mais cinco dias. O Senhor nosso Deus terá compaixão de nós. Ele não nos vai abandonar para sempre. ³¹Se passar esse prazo e ele não nos socorrer, farei o que vocês estão dizendo". ³²Então dispersou o povo, cada um para seu lugar: os homens foram para as muralhas e torres da cidade, e enviaram as mulheres e crianças para casa. A cidade estava tomada pela humilhação.

II. A SALVAÇÃO PELA MÃO DE UMA MULHER

8 *Judite confronta as autoridades da cidade* – ¹Nesses dias, ouviu isso tudo Judite, filha de Merari, filho de Ox, filho de José, filho de Oziel, filho de Elquias, filho de Ananias, filho de Gedeão, filho de Rafaim, filho de Aquitob, filho de Elias, filho de Helcias, filho de Eliab, filho de Natanael, filho de Salamiel, filho de Surisadai, filho de Israel. ²Seu marido Manassés era da mesma tribo e família, e já tinha morrido durante a colheita da cevada. ³Quando estava dirigindo os que amarravam feixes no campo, ele teve uma insolação. Caiu de cama e morreu em Betúlia, sua cidade. Enterraram-no junto com seus pais no campo situado entre Dotain e Balamon. ⁴Judite vivia em sua casa, desde quando ficara viúva fazia três anos e quatro meses. ⁵Ela fizera para si um quarto no terraço da casa. Vestia pano de saco e usava roupas de viuvez. ⁶Desde a sua viuvez, jejuava diariamente, menos no dia de sábado e na véspera, no primeiro e último dia do mês, nas festas e comemorações da casa de Israel. ⁷Era muito bonita e atraente. Manassés, seu marido, lhe havia deixado ouro e prata, escravos e escravas, rebanhos e terras. Tudo isso ela mesma administrava. ⁸Não havia quem fizesse contra ela a menor crítica, pois era muito temente a Deus.

⁹Judite ouviu as palavras duras que o povo tinha dito ao chefe, porque estava desanimado com a falta de água. Ouviu também todas as palavras que Ozias tinha dirigido ao povo, e como havia jurado entregar a cidade aos assírios dentro de cinco dias. ¹⁰Então Judite mandou sua ama, que cuidava de seus bens, chamar Cabris e Carmis, anciãos da cidade.

¹¹Eles foram ao encontro dela, que lhes disse: "Ouçam-me, chefes dos habitantes de Betúlia. Não é correta a palavra que vocês dirigiram ao povo. Vocês fizeram um juramento, obrigando-se diante de Deus a entregar a cidade aos nossos inimigos, caso o Senhor não socorra vocês dentro de cinco dias. ¹²Quem são vocês para tentar a Deus no dia de hoje, colocando-se acima dele no meio dos filhos dos homens? ¹³Agora vocês estão colocando à prova o Senhor Todo-poderoso, vocês que nunca compreenderão coisa alguma!

¹⁴Se são incapazes de sondar a profundidade do coração humano e entender as razões dos pensamentos dele, como podem sondar o Deus que fez tudo, compreender sua mente e entender seu projeto? Não, irmãos, não irritem o Senhor nosso Deus. ¹⁵Se ele não quiser socorrer-nos nesses cinco dias, ele tem poder para nos proteger no dia que quiser, ou nos destruir diante de nossos inimigos. ¹⁶Não queiram garantias sobre os planos do Senhor nosso Deus, porque Deus não é como um homem, nem como um filho de homem que possa ser intimidado ou então pressionado. ¹⁷Por isso, enquanto esperamos pacientemente a salvação que vem dele, vamos suplicar-lhe que venha em nosso auxílio. Se ele quiser, vai ouvir nossa voz.

8,1-16,25: Diante do desespero geral, Judite entra em cena, ocupando o papel principal. Ela traça um plano para salvar Israel. Esta segunda parte do livro tem como pontos culminantes a decapitação do general inimigo, a vitória do povo de Israel e o cântico ao verdadeiro vencedor da guerra, o Senhor Todo-poderoso (16,5).

8,1-36: Judite é apresentada como filha de Merari, grupo sacerdotal encarregado de zelar pela estrutura do Templo (Nm 3,36-37). Esta genealogia tem como objetivos relacionar Judite ao povo de Israel e apresentá-la como modelo de fidelidade à Lei; por isso, é abençoada com riqueza, beleza e sabedoria (cf. Jó 1-2). Seu nome significa "a Judia", feminino de Judas (Macabeu). O tempo de viuvez, três anos e quatro meses, totaliza quarenta meses, número simbólico para recordar o tempo no deserto (cf. Dt 8,2-4). Judite pode representar um grupo fiel às leis judaicas, que acredita em Deus e dele espera a salvação.

¹⁸É verdade que em nosso tempo, e hoje mesmo, não tem havido nenhuma de nossas tribos, famílias, povos ou cidades que tenha adorado deuses feitos por mãos humanas, como acontecia no passado. ¹⁹Foi essa a razão de nossos pais terem sido entregues à espada e ao saque, caindo miseravelmente diante de seus inimigos. ²⁰Mas nós não conhecemos outro Deus além dele. Por isso, confiamos que ele não nos desprezará, nem se afastará de nossa gente. ²¹Se formos capturados, acontecerá a mesma coisa com toda a Judeia, e nossas coisas santas serão saqueadas. E nós seremos responsáveis por essa profanação. ²²A morte de nossos irmãos, o cativeiro da terra e a devastação da nossa herança serão responsabilidade nossa, nas nações onde estivermos como escravos. Seremos assim motivo de zombaria e desprezo diante de nossos dominadores. ²³Nossa escravidão não nos fará ganhar nenhum benefício, mas o Senhor nosso Deus a transformará em desonra para nós. ²⁴Agora, irmãos, vamos mostrar aos nossos irmãos que a vida deles depende de nós, e que de nós depende a defesa das coisas santas, do Templo e do altar. ²⁵Vamos agradecer tudo isso ao Senhor nosso Deus, porque ele nos está pondo à prova, assim como fez com nossos pais. ²⁶Lembrem-se do que ele fez com Abraão, como colocou Isaac à prova, e o que aconteceu com Jacó, na Mesopotâmia da Síria, quando apascentava os rebanhos de Labão, irmão de sua mãe. ²⁷Deus os provou com fogo para avaliar o coração deles, e não está agindo com vingança contra nós. O Senhor açoita os que dele se aproximam, não para se vingar, mas para despertar a atenção deles".

²⁸Ozias então lhe disse: "Tudo o que você disse vem de um coração bom, e não haverá quem conteste suas palavras. ²⁹Não é de hoje que sua sabedoria se mostra. Desde pequena, todo o povo conhece sua inteligência e como é bom seu coração. ³⁰Mas o povo estava morrendo de sede e nos obrigou a fazer como dissemos, e nos comprometeu com um juramento que não podemos violar. ³¹Agora, suplique por nós, você que é mulher piedosa. O Senhor enviará uma chuva forte para encher os poços, e nós não morreremos". ³²Judite lhes disse: "Escutem-me. Realizarei uma obra que será comentada de geração em geração pelos filhos de nossa gente. ³³Esta noite vocês ficarão na porta da cidade. Eu sairei com minha ama e, antes do prazo que vocês marcaram para entregar a cidade ao inimigo, pela minha mão o Senhor virá socorrer Israel. ³⁴Quanto a vocês, não procurem saber o que vou fazer. Não vou dizer nada antes de o ter feito". ³⁵Ozias e os chefes lhe disseram: "Vá em paz, e o Senhor Deus esteja com você, para que possa castigar nossos inimigos". ³⁶E, deixando o aposento dela, voltaram para seus postos.

9 Oração de Judite – ¹Judite caiu com o rosto por terra. Colocou cinza sobre a cabeça, tirou as roupas até ficar apenas com o pano de saco que estava vestindo. Era o momento em que se oferecia o incenso da tarde em Jerusalém, na casa de Deus. Em alta voz ela clamou ao Senhor, dizendo: ²"Senhor, Deus de meu pai Simeão, a quem deste uma espada, para vingar-se dos estrangeiros que desataram o cinto de uma virgem para humilhá-la, tiraram suas roupas para envergonhá-la, e profanaram o seio dela para desonrá-la. E tu havias dito: 'Não façam isso'. Mas eles o fizeram. ³Por isso, entregaste seus chefes à morte. E o leito deles, manchado pela sedução, pela sedução ficou ensanguentado. Feriste os servos junto com os poderosos, e os poderosos em seus tronos. ⁴Entregaste suas mulheres à pilhagem e suas filhas ao cativeiro. Todos os seus despojos foram entregues à partilha, em favor dos teus filhos amados, que, ardendo de zelo por ti, abominaram a mancha do sangue deles e invocaram teu socorro. Deus, meu Deus, escuta-me a mim que sou viúva. ⁵Foste tu que fizeste o passado, o que vem agora e

---

9,1-14: Judite representa o povo fiel que confia na força do "Deus que esmaga as guerras" (9,7; Ex 15,3; Is 42,3), quebra o braço dos guerreiros e destrói as armas (v. 8; Ez 30,24; Os 2,20; Sl 37,17; Jó 38,15). Ao pedir força para a mão de uma viúva, lábios que enganam e palavra sedutora para ferir e matar (vv. 9.10.13), bem como a eliminação do inimigo pela mão de uma mulher (cf. 9,10; 13,15; 16,5), o autor reforça a disparidade de forças; ao mesmo tempo, destaca a fraqueza feminina. Esse pensamento reflete a mentalidade patriarcal da época. A ação de Judite continua em suspense, prendendo assim a atenção de quem lê a história.

o que virá depois. Projetas o presente e o futuro, e o que pensaste acontece. ⁶Teus projetos se apresentam e dizem: 'Aqui estamos'. Pois teus caminhos estão todos preparados, e teu julgamento foi feito de antemão. ⁷Aí estão os assírios! Eles se apoiam em seu exército, orgulham-se de seus cavalos e cavaleiros, e se gloriam com a força de sua infantaria. Eles confiam no escudo e na lança, no arco e na funda, e não reconhecem que tu és o Senhor que esmaga as guerras. ⁸Teu nome é: 'Senhor'! Quebra a força deles com teu poder, despedaça o domínio deles com tua cólera. Porque eles decidiram profanar tuas coisas santas, manchar a tenda onde repousa teu Nome de glória e derrubar a ferro os chifres do teu altar. ⁹Olha a soberba deles e envia tua ira sobre suas cabeças. Dá força à minha mão de viúva para o que planejei. ¹⁰Com o engano de meus lábios, fere o servo junto com o chefe e o chefe com seu servo. Esmaga a arrogância deles pela mão de uma mulher. ¹¹Tua força não está no número, nem teu poder nos fortes. Mas tu és o Deus dos humildes, o socorro dos pequenos, o amparo dos fracos, o abrigo dos abandonados, o salvador dos desesperados. ¹²Sim, sim, Deus de meu pai, Deus da herança de Israel, soberano dos céus e da terra, criador das águas, rei de toda a criação, escuta minha súplica. ¹³Dá-me uma palavra sedutora para ferir e matar os que planejaram uma crueldade contra tua aliança, contra tua santa habitação, o monte Sião, e contra a casa de teus filhos. ¹⁴Dá a conhecer a todo o povo e a todas as tribos que tu és Deus, o Deus de toda força e de todo poder, e que o povo de Israel não tem outro defensor senão a ti".

10 Da oração para a ação –

¹Quando parou de clamar ao Deus de Israel e terminou todas as suas palavras, ²Judite se levantou de sua prostração, chamou sua ama e desceu para a casa em que ficava nos dias de sábado e de festa. ³Tirou o pano de saco e as vestes de viuvez, lavou seu corpo com água, ungiu-o com óleo perfumado, penteou os cabelos, colocou um diadema na cabeça e se vestiu com as roupas de festa que usava enquanto seu marido Manassés era vivo. ⁴Calçou sandálias nos pés e enfeitou-se com braceletes, colares, anéis, brincos e todos os seus adornos. Embelezou-se toda, para seduzir os olhos dos homens que a vissem. ⁵Depois, entregou à sua ama uma vasilha de vinho e uma jarra de óleo, encheu uma sacola com farinha de cevada, bolos de frutas secas e pães puros; embrulhou todos os recipientes e os entregou a ela. ⁶Saíram então para a porta da cidade de Betúlia e aí encontraram Ozias e os anciãos da cidade Cabris e Carmis. ⁷Quando a viram com o rosto transformado e as vestes mudadas, ficaram muito admirados com sua grande beleza, e lhe disseram: ⁸"O Deus de nossos pais lhe conceda encontrar graça e realizar seu plano, para orgulho dos filhos de Israel e exaltação de Jerusalém". ⁹Ela adorou a Deus e lhes disse: "Mandem abrir para mim a porta da cidade. Eu sairei para cumprir as palavras que vocês acabam de dizer". Eles ordenaram que os jovens abrissem, conforme ela tinha pedido. ¹⁰Assim fizeram, e Judite saiu com sua escrava. Os homens da cidade a observavam enquanto ela descia a montanha, até que atravessou o vale. E não a viram mais.

¹¹Estavam caminhando em linha reta pelo vale, quando as sentinelas dos assírios vieram ao encontro delas. ¹²Detiveram-na e lhe perguntaram: "De que povo você é? De onde vem, e para onde vai?" Judite respondeu: "Sou filha de hebreus, e estou fugindo deles, porque estão a ponto de se entregar a vocês como presa. ¹³Quero ir à presença de Holofernes, comandante-chefe do exército de vocês, para lhe comunicar palavras verdadeiras. Vou mostrar-lhe um caminho por onde poderá passar e conquistar toda a região montanhosa, sem que se perca nenhum de seus homens". ¹⁴Enquanto os homens ouviam suas palavras, observavam o ros-

---

10,1-23: A campanha de Judite é fabulosa: numa só noite, sua beleza lhe abre as portas e ela chega ao comandante-chefe do exército. A primeira menção à beleza é feita pelo narrador (8,7); em seguida, por um grupo de homens: as autoridades da cidade, os guardas assírios, os soldados do acampamento, o chefe do acampamento e seus oficiais (10,7.14.19.23). Quem lê a história se diverte com as ironias contra o inimigo,

to dela, e estavam admirados com tanta beleza. E lhe disseram: ¹⁵"Você salvou sua vida, vindo ao encontro do nosso senhor. Agora vá até a tenda dele. Alguns dos nossos vão escoltá-la até que você seja entregue a ele. ¹⁶Quando estiver diante dele, não tenha medo. Diga-lhe o que disse a nós, e ele a tratará bem". ¹⁷Então escolheram cem homens, que escoltaram Judite e sua ama até a tenda de Holofernes.

¹⁸Houve uma agitação em todo o acampamento com a notícia da chegada de Judite. Todos a rodearam, enquanto ela estava do lado de fora da tenda de Holofernes, esperando ser anunciada. ¹⁹Estavam admirados com sua beleza, e admiravam os filhos de Israel por causa dela. E comentavam: "Não podemos desprezar um povo que tem mulheres como esta. Não podemos poupar nenhum homem deles. Os que ficassem, seriam capazes de conquistar o mundo inteiro". ²⁰Os guarda-costas de Holofernes e todos os oficiais saíram e fizeram Judite entrar na tenda. ²¹Holofernes estava descansando em sua cama, debaixo de um mosquiteiro de púrpura e ouro, bordado com esmeraldas e pedras preciosas. ²²Anunciaram Judite. Então ele veio para a entrada da tenda, precedido de tochas de prata. ²³Quando Judite ficou diante dele e de seus oficiais, todos ficaram admirados com a beleza do rosto dela, e ela se prostrou diante dele. Mas os escravos dele a levantaram.

11 Judite vence a primeira batalha

¹Holofernes disse a Judite: "Coragem, mulher. Não tenha medo, porque eu nunca tratei mal ninguém que estivesse disposto a servir a Nabucodonosor, rei de toda a terra. ²Agora mesmo, seu povo que habita na montanha, se não me tivesse desprezado, eu não teria levantado contra ele a lança. Eles fizeram mal a si mesmos. ³Agora, diga-me: Por que você fugiu e veio para junto de nós? Você salvou a própria vida. Pode confiar. Você viverá, esta noite e depois dela. ⁴Não haverá quem lhe faça mal. Todos a tratarão bem, como acontece com quem serve a meu senhor, o rei Nabucodonosor".

⁵Então Judite lhe disse: "Aceite as palavras de sua escrava, e que sua serva possa falar na sua presença. Nesta noite não mentirei a meu senhor. ⁶Se seguir as palavras de sua escrava, Deus fará uma grande obra em seu favor, e meu senhor não fracassará em seus planos. ⁷Viva Nabucodonosor, rei de toda a terra, que enviou o senhor para restaurar a ordem entre todos os viventes, e viva o poder dele. Por ação de você, não apenas os homens servem ao rei, mas pela sua força também as feras selvagens, os rebanhos e as aves do céu viverão em favor de Nabucodonosor e da casa dele. ⁸Ouvimos falar de sua sabedoria e de sua astúcia. É conhecido de todos que o senhor é o melhor em todo o reino, poderoso por seu conhecimento e admirável nas campanhas de guerra. ⁹Quanto às palavras de Aquior e sua reunião, ficamos sabendo delas, porque os homens de Betúlia o pouparam, e ele lhes contou tudo o que lhe havia dito. ¹⁰Por isso, soberano senhor, não despreze a opinião dele, mas guarde-a em seu coração, pois é verdadeira: nossa gente não sofre castigo e a espada não a domina, a não ser que peque contra Deus. ¹¹Agora, para que meu senhor não seja rejeitado nem fique frustrado, a morte cairá sobre eles. Um pecado tomou conta deles, e por ele irritam ao seu Deus, agora que vão afastar-se do caminho. ¹²Quando lhes faltaram alimentos e acabou toda a água, decidiram lançar mão do rebanho e consumir tudo o que Deus, por suas leis, lhes havia proibido de comer. ¹³Até os primeiros frutos do trigo e os dízimos do vinho e do azeite eles decidiram consumir, coisas consagradas aos sacerdotes que atuam em Jerusalém diante do nosso Deus, e que nenhum leigo pode jamais

---

que se deixa enganar por uma mulher. Nas entrelinhas, porém, permanece a ideia patriarcal de que a mulher bela seduz e engana (cf. Eclo 9,8b).

11,1-12,9: O autor enfatiza a Lei, cuja observância se apresenta como condição para Deus castigar seu povo (vv. 10-13). Assume assim posicionamento contrário ao grupo dos Macabeus, que, em vista da sobrevivência, decide transgredir a lei do sábado (cf. 1Mc 2,34-41). A sabedoria de Judite, elogiada pela autoridade máxima da cidade, é aqui reconhecida por Holofernes e seus oficiais (vv. 20-21; cf. 8,28-29). Ela usa, em próprio favor, o orgulho e a arrogância do inimigo, a tal ponto que o comandante-chefe se declara disposto a cultuar o Deus de Israel (v. 23): grande ironia.

tocar. ¹⁴Enviaram emissários a Jerusalém, onde os habitantes de Jerusalém já estão fazendo a mesma coisa, para conseguirem a autorização do conselho dos anciãos. ¹⁵Logo que receberem a permissão e a colocarem em prática, nesse dia cairão em seu poder para serem destruídos. ¹⁶Quando eu, sua serva, compreendi tudo isso, tratei de fugir deles. Deus me enviou para realizar com meu senhor façanhas que assombrarão todos os que na terra ficarem sabendo delas. ¹⁷Sua serva é piedosa e dia e noite presta culto ao Deus do céu. Agora, eu permanecerei junto com meu senhor. Sua serva sairá à noite pelo vale. Rezarei a Deus, e ele me dirá quando eles cometerem pecado. ¹⁸Então, eu virei e lhe contarei, e então o senhor sairá com todo o seu exército, e ninguém deles poderá resistir. ¹⁹Eu o conduzirei através da Judeia, até chegar diante de Jerusalém, e colocarei seu trono no meio da cidade. Então o senhor os conduzirá como ovelhas sem pastor, e não haverá nem mesmo um cão para latir contra o senhor. Todas essas coisas, eu já estou prevendo. Tais coisas me foram ditas antecipadamente. Foram-me anunciadas, e fui enviada a comunicá-las ao senhor". ²⁰As palavras de Judite agradaram a Holofernes e seus oficiais. Eles ficaram admirados com a sabedoria dela, e disseram: ²¹"De um lado a outro da terra, não existe mulher tão bonita e que fale tão bem". ²²Holofernes lhe disse: "Deus fez bem ao enviá-la na frente do povo, para que o poder esteja em nossas mãos e haja destruição para todos os que desprezam o meu senhor. ²³Pois bem: você é bela de aspecto e fala muito bem. Se você fizer o que me disse, seu Deus será o meu Deus. Você viverá no palácio do rei Nabucodonosor e será famosa em toda a terra".

12 ¹A seguir, mandou levá-la para o lugar onde estavam suas peças de prata, e ordenou que servissem a ela da mesma comida e do mesmo vinho que ele tomava. ²Mas Judite lhe disse: "Não comerei nada disso, para não cair em pecado. Vou servir-me daquilo que trouxe comigo". ³Holofernes lhe disse: "E se acabar o que você trouxe, como poderemos arrumar comida igual? Entre nós, não há ninguém da sua gente". ⁴Judite respondeu: "Por sua vida, meu senhor, o que eu, sua serva, tenho comigo não se esgotará antes que o Senhor realize seu plano por minha mão".

⁵Os oficiais de Holofernes levaram Judite para a tenda, e ela repousou até a meia-noite. Antes do amanhecer ela se levantou ⁶e enviou a Holofernes este recado: "Meu senhor, ordene que deixem sua serva sair para rezar". ⁷Holofernes ordenou aos guardas que não a impedissem de sair. Judite permaneceu três dias no acampamento. De noite, ela saía na direção do vale de Betúlia e tomava banho na fonte, no posto avançado. ⁸Enquanto subia, ela pedia ao Senhor Deus de Israel que lhe orientasse o caminho, para reerguer os filhos do seu povo. ⁹E voltava purificada para a tenda, e aí ficava até a hora em que seu alimento lhe era trazido à tarde.

Comida, bebida e morte – ¹⁰No quarto dia, Holofernes ofereceu um banquete apenas para seus servos, e não chamou nenhum de seus oficiais. ¹¹E disse a Bagoas, seu eunuco, que cuidava de suas coisas: "Vá convencer essa mulher hebreia, que está sob seus cuidados, para que venha comer e beber conosco. ¹²Seria vergonhoso não aproveitar a ocasião de ter relações com essa mulher. Se não a conquistar, ela irá zombar de nós". ¹³Bagoas saiu da presença de Holofernes, foi até Judite, e lhe disse: "Que esta escrava tão bela venha logo à presença de meu senhor para ser honrada, para beber conosco e alegrar-se e viver este dia como uma das filhas dos filhos de Assur que vivem na casa de Nabucodonosor". ¹⁴Judite lhe disse: "Quem sou eu para me opor a meu senhor? Tudo o que for agradável a ele eu o farei, e isso para mim será

12,10-13,10: Holofernes e Judite têm planos diferentes. Ele quer seduzi-la; ela quer salvar o próprio povo (cf. 8,32-34). O grande general age ingenuamente, enquanto a mulher age com sabedoria, prudência e astúcia. Diante da beleza de Judite, Holofernes perde o controle de si. O relato da decapitação de Holofernes é rápido e preciso (13,6-9). A narrativa tem como inspiração Jz 4,17-23 (Jael) e 1Sm 17 (Davi que enfrenta Golias), ambos terminando com a fuga do exército, ou ainda 1Mc 7,39-50 (batalha de Judas Macabeu contra Nicanor). São narrativas

uma recordação feliz até o dia da minha morte". ¹⁵Então Judite se levantou e se enfeitou com suas roupas e com todos os adornos femininos. Sua serva foi à frente e estendeu no chão, diante de Holofernes, as peles que Bagoas lhe havia dado para seu uso diário, para que se reclinasse enquanto comia. ¹⁶Judite entrou e se acomodou. O coração de Holofernes ficou agitado por ela. E ele ficou impulsionado com o forte desejo de se unir a ela, pois desde a primeira vez que a viu, aguardava uma ocasião para seduzi-la. ¹⁷E Holofernes disse a Judite: "Beba e alegre-se conosco". ¹⁸Judite respondeu: "Beberei sim, senhor, porque hoje é o dia mais importante de toda a minha vida". ¹⁹E Judite comeu e bebeu, diante de Holofernes, daquilo que sua serva lhe havia preparado. ²⁰Holofernes se entusiasmou com ela e bebeu vinho em grande quantidade, como jamais havia feito antes, em toda a vida.

13 ¹Quando ficou tarde, os servos de Holofernes se retiraram. Bagoas fechou a tenda por fora, e afastou de seu senhor aqueles que estavam por perto. Todos foram repousar, cansados pelo excesso de bebida. ²Mas Judite foi deixada na tenda, a sós com Holofernes caído na cama, completamente embriagado. ³Judite disse à sua serva que ficasse do lado de fora do quarto e a esperasse sair, como nos outros dias. Falou que iria sair para a oração. E também tinha falado sobre isso com Bagoas. ⁴Todos saíram de sua presença, desde o maior até o menor. Ninguém ficou no quarto. Judite, de pé e junto ao leito de Holofernes, disse em seu coração: "Senhor Deus de toda a força, olha nesta hora para as obras de minhas mãos, para exaltação de Jerusalém. ⁵Pois agora é o tempo de socorrer tua herança e de realizar meu plano, para ferir os inimigos que se levantaram contra nós". ⁶Então Judite se dirigiu à coluna da cama, que ficava junto à cabeça de Holofernes, e pegou a espada dele. ⁷Depois, chegou perto da cama, agarrou a cabeleira de Holofernes e pediu: "Dá-me força neste dia, Senhor Deus de Israel". ⁸Acertou dois golpes no pescoço de Holofernes, com toda a força, e lhe cortou a cabeça. ⁹Rolou o corpo dele do leito e tirou o mosquiteiro das colunas. Então saiu e entregou à sua ama a cabeça de Holofernes, ¹⁰que a jogou na sacola de alimentos. As duas saíram juntas, como de costume, para a oração. Atravessaram o acampamento, rodearam o vale, subiram a montanha de Betúlia e chegaram às suas portas.

Judite e sua ama voltam para Betúlia – ¹¹De longe, Judite disse aos que guardavam as portas: "Abram! Abram a porta! Deus, nosso Deus está conosco, para mostrar sua força em Israel e seu poder contra o inimigo. Ele acabou de fazer isso". ¹²Quando os homens da cidade ouviram sua voz, desceram rapidamente até a porta e reuniram os anciãos. ¹³E se reuniram todos, pequenos e grandes, pois sua chegada parecia inacreditável. Eles abriram a porta e as receberam. Logo fizeram uma fogueira para poderem ver, e se colocaram ao redor delas. ¹⁴Judite começou a falar, em alta voz: "Louvem a Deus! Louvem, louvem a Deus que não retirou sua misericórdia da casa de Israel. Nesta noite, ele esmagou nossos inimigos por minha mão". ¹⁵Então Judite tirou a cabeça de Holofernes que estava na sacola, mostrou-a e lhes disse: "Esta é a cabeça de Holofernes, comandante-chefe do exército da Assíria. Este é o mosquiteiro, debaixo do qual ele dormia embriagado. O Senhor o feriu pela mão de uma mulher. ¹⁶Viva o Senhor, que me protegeu no caminho que trilhei. Meu rosto seduziu Holofernes, para sua destruição, mas ele não cometeu nenhum pecado que viesse a manchar me ou desonrar-me". ¹⁷Todo o povo ficou muito surpreso e, inclinando-se para adorar a Deus, disse a uma só voz: "Bendito sejas, nosso Deus, que no dia de hoje reduziste a nada os inimigos do teu povo!" ¹⁸E Ozias lhe disse: "Você é bendita entre todas as mulheres da terra diante do Deus Altíssimo. E bendito é o Senhor Deus, que criou o céu e a terra, e guiou você para cortar a cabeça do chefe

---

feitas para reforçar a teologia que apresenta Deus como Senhor de todo o poder, que salva seu povo por meio dos fracos e socialmente desprezados.

13,11-20: Acabou-se o tempo do luto (8,4-6). O Senhor elimina o inimigo "pela mão de uma mulher". Ao mesmo tempo que ridiculariza a derrota do inimigo,

de nossos inimigos. ¹⁹Esta confiança que você transmite jamais será esquecida por quem se recordar desta façanha de Deus. ²⁰Que Deus a exalte para sempre e lhe dê prosperidade, porque você não teve medo de expor a própria vida por causa da humilhação de nossa gente. Você veio em socorro de nossa ruína, caminhando retamente diante do nosso Deus". E todo o povo disse: "Amém! Amém!"

14 *A vitória de Israel* – ¹Judite lhes disse: "Irmãos, me escutem. Peguem esta cabeça e a pendurem no parapeito da muralha. ²Virá a aurora e o sol se levantará sobre a terra. Então cada um de vocês pegue suas armas, e todos os homens fortes saiam da cidade. Escolham um chefe diante de vocês, como se fossem descer para a planície contra as sentinelas dos filhos dos assírios. Mas não desçam. ³Eles pegarão suas armas, e irão ao acampamento para despertar os oficiais do exército da Assíria. Irão correndo à tenda de Holofernes e não o encontrarão. O medo vai tomar conta deles, e eles vão fugir de vocês. ⁴Nessa hora, vocês e os habitantes de todo o território de Israel sairão atrás deles para abatê-los em seus caminhos. ⁵Mas, antes de fazerem isso, chamem Aquior, o amonita, para que ele veja e reconheça aquele que caçoava da casa de Israel, e que o enviou a nós como um condenado a morrer". ⁶Então chamaram Aquior, que veio da casa de Ozias. Quando ele chegou e viu a cabeça de Holofernes na mão de um homem na assembleia do povo, caiu com o rosto por terra e desmaiou. ⁷Quando o levantaram, ele se jogou aos pés de Judite, prostrou-se diante dela e disse: "Você é bendita em todas as tendas de Judá e em todos os povos! Quem ouvir seu nome ficará perturbado. ⁸Agora, conte-me o que você fez nesses dias". Então Judite, no meio do povo, contou tudo o que havia feito, desde o dia de sua partida até o momento em que estava falando. ⁹Quando terminou de falar, todo o povo gritou em alta voz e encheu a cidade com gritos de alegria. ¹⁰Vendo Aquior tudo o que o Deus de Israel tinha feito, acreditou firmemente em Deus, apresentou-se para a circuncisão e foi aceito entre os israelitas até o dia de hoje. ¹¹Quando surgiu a aurora, penduraram a cabeça de Holofernes na muralha. Cada homem tomou suas armas e saiu, formando grupos, para as encostas da montanha. ¹²Quando os filhos da Assíria os viram, informaram seus chefes, e estes comunicaram a seus generais, comandantes e oficiais. ¹³Chegaram à tenda de Holofernes e disseram ao mordomo: "Acorde nosso senhor, porque esses escravos ousaram descer para nos atacar. Serão completamente exterminados". ¹⁴Bagoas entrou e bateu na cortina, supondo que Holofernes estivesse dormindo com Judite. ¹⁵Como ninguém respondia, ele afastou as cortinas, entrou no quarto e encontrou Holofernes morto, estendido; sua cabeça tinha sido separada dele. ¹⁶Bagoas clamou em alta voz com lamentos, gemidos e forte grito, e rasgou as roupas. ¹⁷Entrou na tenda onde Judite se alojava, e não a encontrou. Então correu em direção ao seu povo, clamando: ¹⁸"Esses escravos nos enganaram. Uma única mulher dos hebreus envergonhou a casa do rei Nabucodonosor. Holofernes está lá, estendido, com a cabeça cortada". ¹⁹Ao ouvirem essas palavras, os chefes do exército da Assíria rasgaram os mantos e ficaram inteiramente perturbados. Seus gritos e clamores ressoaram por todo o acampamento.

15 ¹Os que ainda estavam nas tendas, ao ouvirem, ficaram espantados com o que havia acontecido. ²O pânico e o medo tomaram conta deles, e não conseguiram ficar um ao lado do outro. Então debandaram todos pelos caminhos da planície e da montanha. ³Os que estavam acampados na montanha, ao redor de Betúlia, também fugiram. Então os filhos de Israel, cada homem que podia guerrear, lançaram-se contra eles.

---

reforça a fragilidade da mulher, que atua como instrumento de uma divindade masculina (cf. 9,10; 13,15; 16,5). Judite é celebrada como heroína da nação e recebe uma bênção semelhante à de Jael por ter matado Sísara, e à de Maria (v. 18; Jz 5,24; Lc 1,42).

14,1-15,7: Expor a cabeça do adversário vencido era prática comum nas guerras (cf. 1Sm 31,9-10; 2Rs 10,7-8; 1Mc 7,47). A derrota dos assírios foi vergonhosa, pois o golpe principal veio de uma mulher. A conversão de Aquior e sua aceitação no judaísmo é posicionamento

⁴Ozias enviou mensageiros a Betomestaim, a Bebai, a Cobe, a Cola e a todo o território de Israel, para avisar o que tinha acontecido e pedir que todos atacassem o inimigo e o exterminassem. ⁵Quando os filhos de Israel souberam disso, caíram sobre eles, atacando-os até Coba. Os habitantes de Jerusalém e todos os da montanha também souberam do que havia acontecido no acampamento dos inimigos, e vieram ajudar. Também os de Galaad e da Galileia os atacaram pelos flancos, com muitos golpes, até perto de Damasco e de suas fronteiras. ⁶Os outros habitantes de Betúlia atacaram o acampamento da Assíria e o saquearam, enriquecendo-se muito. ⁷Ao voltarem da matança, os filhos de Israel se apossaram do resto. As aldeias e povoados da serra e da planície tomaram posse de muitos despojos, pois eram encontrados em enorme quantidade.

Judite é celebrada como heroína – ⁸O sumo sacerdote Joaquim e o conselho de anciãos dos filhos de Israel que habitavam em Jerusalém vieram admirar os benefícios que o Senhor tinha feito em favor de Israel, e também para conhecer Judite e desejar-lhe a paz. ⁹Quando a encontraram, todos a bendisseram a uma só voz e lhe disseram: "Você é a glória de Jerusalém! Você é a grande honra de Israel! Você é o grande orgulho de nossa gente! ¹⁰Você fez todas essas coisas com sua própria mão. Trouxe benefícios para Israel, e Deus se alegrou com isso. Você é bendita pelo Senhor Todo-poderoso, para todo o sempre!" E todo o povo disse: "Amém!"

¹¹O povo saqueou o acampamento durante trinta dias. Deram a Judite a tenda de Holofernes, com todos os objetos de prata, leitos, vasilhas e os seus móveis. Ela recolheu e colocou tudo sobre sua mula. Atrelou suas carretas e empilhou tudo em cima delas. ¹²Todas as mulheres de Israel correram para ver Judite e abençoá-la. Algumas organizaram uma dança em sua homenagem. Judite pegou ramos e os repartiu com as mulheres que estavam com ela. ¹³Judite e suas companheiras coroaram-se com folhas de oliveira. Ela ia à frente de todos, conduzindo a dança de todas as mulheres. Os homens de Israel as acompanhavam, armados, coroados e cantando hinos. ¹⁴No meio de todo Israel, Judite entoou este cântico de agradecimento, e todo o povo acompanhava em alta voz este louvor.

16

Cântico de Judite – ¹Judite disse:
"Louvem a meu Deus
  com tamborins.
Cantem ao Senhor com címbalos
Componham para ele salmo e hino.
Exaltem e invoquem seu nome.
²O Senhor é um Deus que esmaga
  as guerras.
Ele colocou seus acampamentos
  no meio do povo,
arrancou-me da mão dos que me
  perseguiam.
³A Assíria chegou das montanhas
  do norte, veio com os milhares
  de seu exército.
A multidão deles cercou as torrentes e
  seus cavalos cobriram as colinas.
⁴Disse que incendiaria meus territórios
e mataria meus jovens pela espada,
jogaria no chão minhas crianças de
  peito,
tomaria como pilhagem minhas
  crianças
e raptaria minhas jovens.
⁵Mas o Senhor Todo-poderoso repeliu-os
  pela mão de uma mulher.
⁶O comandante deles não caiu por
  meio de jovens,

---

contrário à Lei (cf. Dt 23,4) e mostra a pluralidade do judaísmo no séc. I a.C.

15,8-14: As autoridades de Jerusalém vão a Betúlia e abençoam Judite, cuja exaltação é uma forma de criticar o governo dos asmoneus. A celebração da vitória continua com os saques ao acampamento inimigo (v. 11). Ramos de tirsos eram utilizados nas festas em honra ao deus Dionísio, mas pouco a pouco foram adaptados às práticas judaicas (cf. 2Mc 10,7). A oliveira é símbolo de fecundidade, vida, paz e alegria (Jr 11,16; Os 14,7; Sl 128,3).

16,1-12: Este cântico é um resumo dos caps. 1-15. A imagem da viúva representa a realidade de aflição, sofrimento e fragilidade de Israel. O inimigo é enfraquecido pela beleza de uma mulher e de seus adornos. O autor ironiza assim a guerra e seus heróis tradicionais, mas reforça a concepção da mulher como perigosa e sedutora. O v. 5 anuncia o acontecimento e deixa claro que o verdadeiro herói da guerra é Deus Todo-poderoso. Judite é serva da divindade e seu instrumento. A introdução e a conclusão confirmam que o vencedor da guerra é o Senhor (16,1-2.12c).

nem foi ferido por filhos de titãs
ou atacado por gigantes enormes.
Judite, filha de Merari,
com a beleza de seu rosto,
foi quem o paralisou.
⁷Ela despojou-se de sua veste de viuvez,
para exaltação dos aflitos de Israel.
Ungiu o rosto com perfume,
⁸prendeu os cabelos com diadema,
se vestiu de linho para seduzi-lo.
⁹Sua sandália roubou o olhar dele.
Sua beleza tornou cativa a vida dele.
A espada lhe cortou o pescoço!
¹⁰Os persas estremeceram
com a ousadia dela,
e os medos ficaram confundidos
com sua audácia.
¹¹Então meus humildes lançaram o grito
de guerra,
e eles tiveram medo.
Meus fracos lançaram seu grito,
e eles ficaram horrorizados.
Levantaram a voz, e eles fugiram.
¹²Filhos de meninas jovens os transpassaram
e os feriram como a filhos de desertores.
E eles pereceram na batalha do meu
Senhor.

Um cântico novo

¹³Cantarei ao meu Deus um canto novo.
Senhor, tu és grande e glorioso,
admirável em tua força, invencível!
¹⁴Que toda a criação sirva a ti,
porque disseste
e os seres passaram a existir.
Enviaste teu espírito, e ele os construiu.
E não há quem possa resistir à tua voz.
¹⁵As montanhas serão sacudidas
pelas águas desde seus fundamentos.
Diante de ti, as rochas se derreterão
como cera.
Mas para aqueles que te temem,
tu serás favorável.

¹⁶Os sacrifícios de odor agradável valem
pouco,
e a gordura dos holocaustos é um
nada.
Mas quem teme o Senhor sempre será
grande.
¹⁷Ai das nações que atacam meu povo!
O Senhor Todo-poderoso as castigará
no dia do julgamento.
Ele porá fogo e vermes na carne deles,
e eles chorarão de dor para sempre".

Celebração em Jerusalém – ¹⁸Quando chegaram a Jerusalém, adoraram a Deus. E depois que o povo se purificou, ofereceram seus holocaustos, apresentaram suas ofertas e dádivas. ¹⁹Judite consagrou ao Senhor todos os objetos de Holofernes, aqueles que o povo lhe tinha dado, e também o mosquiteiro que ela mesma havia tomado do leito dele. ²⁰O povo continuou festejando em Jerusalém, diante do santuário, durante três meses. E Judite ficou com eles.

Conclusão – ²¹Depois desses dias, cada um voltou para sua herança. Judite retornou para Betúlia e continuou vivendo em sua propriedade. Enquanto viveu, ficou muito famosa em toda a terra. ²²Teve muitos pretendentes, mas, desde que seu marido Manassés morreu e se reuniu a seu povo, ela não conheceu homem algum durante todos os dias de sua vida. ²³E a fama de Judite crescia sempre mais. Viveu na casa de seu marido até a idade de cento e cinco anos. Deu liberdade à sua ama e morreu em Betúlia, sendo enterrada na sepultura de seu marido Manassés. ²⁴A casa de Israel fez luto por ela durante sete dias. Antes de morrer, Judite repartiu seus bens entre os parentes de seu marido Manassés e seus próprios parentes. ²⁵E não houve quem amedrontasse os filhos de Israel nos dias de Judite, nem por muito tempo depois de sua morte.

13-17: Acréscimo que retoma o Sl 33,6-9, para afirmar que Deus dirige a história e que a salvação que vem dele é definitiva. O tema do julgamento final pode ter sido inspirado em Is 66,24. Fogo, vermes e dor podem ser alusões à morte de Antíoco IV Epífanes (cf. 2Mc 9,4-9.28).
18-20: Celebração da vitória em Jerusalém, centro da vida religiosa e civil do povo de Israel. A purificação fazia parte dos rituais religiosos (cf. Nm 19,11-22; 31,19-24). Como nas grandes festas, todos fazem seus sacrifícios. Judite oferece ao Senhor o mosquiteiro de Holofernes, sinal da vitória que humilhou o inimigo.
21-25: A história termina elogiando os últimos dias de Judite e exaltando sua fidelidade à Lei: é abençoada com fama, riqueza e vida longa (cf. Sl 21,5; 91,16). Tal como nas conclusões do livro dos Juízes (Jz 3,11.30; 5,31; 1Mc 7,50), com Judite chegou a paz para Israel. Sua força e independência como mulher, após sua morte são colocadas sob o controle patriarcal.

ESTER

O PODER A SERVIÇO DA JUSTIÇA

Introdução

Após o exílio na Babilônia, o povo de Judá se espalhou por muitos países e regiões do império. Alguns grupos permaneceram onde estavam assentados, mantendo o projeto de retornar à pátria para reconstruir o Templo e reviver os antigos costumes e tradições. Neste segundo ambiente surge a novela de Ester, que descreve a vida dos judeus radicados na cidade persa de Susa, que leem a própria vida a partir de outros momentos históricos. O livro procura retratar as situações do presente, construindo um passado distante ou próximo dos leitores, situando-os no ambiente do governo de Xerxes (486-465 a.C.) ou Artaxerxes (465-423 a.C.). Porém, ao tratar da ameaça de extermínio decretada pelo rei, demonstra que estamos em épocas posteriores ao séc. II a.C. Nesse período, o projeto de extermínio de judeus tem marcas da política econômica helênica e lembra as intrigas palacianas do livro de Daniel (Dn 1-6) e da história de José no Egito (Gn 37-50). Ester é um conto sobre a situação da comunidade judaica que sofre perseguição e ameaça dos impérios. No entanto, trata-se de uma novela ou historieta com a mesma característica de outros textos sapienciais. Nada sabemos sobre o autor do livro, nem do tempo histórico dos acontecimentos. Quem é o rei Assuero? Rei da Pérsia? General grego? Só podemos levantar hipóteses a partir da tradução grega, que talvez esteja falando do rei Artaxerxes (cf. 1,1.2.9.10; 3,1.6.7.12.13; 8,1.12; 9,20).

Temos duas versões do livro de Ester, uma hebraica e outra grega, ambas compiladas possivelmente no séc. II a.C. Conforme 2Mc 15,36, os judeus celebravam "o dia de Mardoqueu", talvez uma referência para a festa dos Purim, o que aponta para a história de Ester e Mardoqueu, ao redor de 160 a.C. A presente tradução mantém o texto grego em caracteres itálicos e numeração especial, intercalado com a narrativa hebraica.

A novela traz uma descrição dos costumes persas e deixa transparecer um cunho sapiencial. De fato, exalta as figuras de Mardoqueu e Ester como modelos de sabedoria, pela vida íntegra e repleta de fé no seu Deus, que agirá para mudar o rumo dos acontecimentos. Nessa perspectiva, o texto hebraico apresenta a história dos judeus que vivem sérios problemas para seguir sua lei e tradições. No entanto, encontramos poucas referências a Deus e às instituições religiosas de Israel. Por sua vez, a versão grega procura enfatizar mais a intervenção divina do que a coragem e ação libertadora de Mardoqueu e Ester.

1

O sonho de Mardoqueu – ¹ᵃNo segundo ano do reinado do rei Assuero, o Grande, no primeiro dia do mês de Nisã, Mardoqueu teve um sonho. Ele era filho de Jair, filho de Semei, filho de Cis, da tribo de Benjamim. ¹ᵇEra judeu que vivia na cidade de Susa, pessoa importante ligada à corte do rei. ¹ᶜEra do número dos exilados que Nabucodonosor, rei da Babilônia, havia trazido cativos de Jerusalém, junto com Jeconias, rei de Judá.

¹ᵈO sonho foi assim: Gritos e tumulto, trovões e terremotos, agitação sobre toda a terra. ¹ᵉEntão, dois enormes dragões avançam, prontos para a luta, lançando grande rugido. ¹ᶠAo ouvirem isso, todas as nações se preparam para a guerra, a fim de combater o povo dos justos. ¹ᵍÉ um dia de trevas e escuridão. Sobre a terra se veem tribulação e aflição, maldade e pavor. ¹ʰTodo o povo justo fica transtornado, temendo por causa de seus males, e prepara-se para ser destruído, e invoca a Deus. ¹ⁱE do clamor do povo brota, como de pequena fonte, um grande rio com muita água. ¹ʲA lua e o sol se levantam: os humildes são elevados e devoram os poderosos.

¹ᵏE quando Mardoqueu acordou e se deu conta do sonho e do que Deus tinha decidido fazer, guardou isso no coração e ficou até à noite tratando de lhe decifrar de alguma forma o sentido.

¹ˡMardoqueu vivia na corte com Bagatã e Tares, dois eunucos do rei, guardas do palácio. ¹ᵐOuviu as conversas deles e suas tramas, e assim veio a saber que estavam preparando um atentado contra o rei Assuero. Então os denunciou ao rei. ¹ⁿE o rei interrogou os dois eunucos, que confessaram e foram condenados. ¹ᵒDepois, o rei escreveu a respeito desses fatos para servir de lembrança; Mardoqueu também escreveu sobre isso. ¹ᵖEm seguida, o rei ordenou que Mardoqueu trabalhasse na corte e lhe deu presentes como recompensa pelo que fez. ¹ᵠAmã, porém, filho de Amadates, o agagita, muito orgulhoso, tinha grande influência junto ao rei, e buscava maneira de prejudicar Mardoqueu, por causa dos dois eunucos do rei.

O banquete de Assuero – ¹Eis o que aconteceu no tempo de Assuero, aquele Assuero que reinou desde a Índia até a Etiópia, sobre cento e vinte e sete províncias. ²Naqueles tempos, o rei Assuero tinha seu trono na fortaleza de Susa. ³No terceiro ano de seu reinado, Assuero deu um banquete para todos os seus oficiais e servos: o exército da Pérsia e da Média, os nobres e os oficiais das províncias vieram até o rei. ⁴Então ele lhes mostrou as riquezas e a glória do seu reino, e o brilho esplêndido de sua grandeza, e isso por muitos dias, cento e oitenta ao todo. ⁵Passados esses dias, o rei deu um banquete a todo o povo que estava na fortaleza de Susa, desde o maior até o menor, por sete dias. Isso ocorreu no pátio do jardim do palácio do rei. ⁶Havia rendas brancas e azuis suspensas em cordões de linho fino, e púrpura em anéis de prata e colunas de mármore; e ainda divãs de ouro e prata sobre um piso em forma de mosaico, feito de jade, mármore e madrepérola. ⁷Para beber, havia taças de ouro, umas diferentes das outras, e o vinho do reino era abundante, conforme a liberalidade do rei. ⁸Bebia-se à vontade, porque o rei tinha decretado a todos os empregados de sua casa que cada qual podia fazer o que quisesse.

O banquete de Vasti – ⁹Também a rainha Vasti ofereceu um banquete para as mulheres no palácio real de Assuero. ¹⁰No sétimo dia, o coração do rei estava alegre por causa do vinho, e ordenou a Maumã, Bazata, Harbona, Abgata, Bagata, Zetar e Carcas, sete eunucos que serviam ao rei Assuero, ¹¹que lhe trouxessem a rainha Vasti, com a coroa real, para exibir a beleza dela ao povo e aos oficiais, pois a rainha era muito bonita. ¹²Mas a rainha Vasti se

---

1,1a-1q: O livro na versão grega tem como abertura a narrativa do sonho de Mardoqueu (1a-1k), sonho que ressalta, em tons apocalípticos, a intervenção de Deus, a exaltação dos pobres e a derrocada dos poderosos. A segunda narrativa (1l-1r) descreve a ação de Mardoqueu, enquanto membro da corte de Assuero (Artaxerxes) que resultará na salvação do rei diante das intrigas palacianas. Mardoqueu é nome pagão (Marduk).

1,1-8: Ester também é nome pagão (Ishtar). O cenário inicial da história de Ester é marcado pelos dois banquetes oferecidos pelo rei Assuero. O primeiro (vv. 3-4), com a duração de cento e oitenta dias, e com a participação da nobreza e dos altos funcionários da corte, destaca a segurança e honra do rei. O segundo banquete (vv. 5-8), com a duração de sete dias, reúne várias classes sociais que se encontravam na cidadela de Susa, procurando encobrir a exploração e manter em ordem e calmo o outro estrato da ordem social.

9-22: Diferente é o banquete oferecido por Vasti às mulheres, e tudo indica que a rainha e as mulheres não

negou a aceitar a ordem do rei transmitida pelos eunucos. E o rei ficou muito irritado, e sua ira só aumentava. ¹³Então o rei falou aos sábios, conhecedores dos tempos, pois toda questão real devia ser tratada diante de todos os peritos na lei e no direito. ¹⁴Estavam com ele Carsena, Setar, Admata, Társis, Mares, Marsana e Mamucã, os sete oficiais da Pérsia e da Média, que viam pessoalmente o rei e ocupavam os primeiros postos no reino. ¹⁵O rei perguntou: "Segundo a lei, o que se deve fazer com a rainha Vasti por não ter obedecido à ordem do rei Assuero, transmitida pelos eunucos?" ¹⁶Mamucã respondeu diante do rei e dos oficiais: "Não foi somente contra o rei que a rainha Vasti agiu mal, mas também contra todos os oficiais e todo o povo de todas as províncias do rei Assuero. ¹⁷De fato, essa atitude da rainha será divulgada a todas as mulheres, que com isso desprezarão seus maridos, dizendo: 'O rei Assuero mandou que a rainha Vasti se apresentasse a ele, e ela não veio'. ¹⁸Hoje mesmo, as mulheres dos oficiais da Pérsia e da Média, que venham a saber da atitude da rainha, falarão sobre isso com todos os oficiais do rei, e haverá muito desprezo e discórdia. ¹⁹Se o rei achar por bem, que se proclame um decreto real, que será inscrito nas leis da Pérsia e da Média, e que não venha a ser alterado: que Vasti nunca mais se apresente ao rei Assuero e que o rei dê o título de rainha a outra, que seja melhor do que ela. ²⁰O decreto real será ouvido em todo o vasto reino, e assim todas as mulheres respeitarão seus maridos, desde o maior até o menor". ²¹A sugestão pareceu boa ao rei e aos oficiais, e o rei Assuero fez como Mamucã tinha dito. ²²Mandou cartas a todas as províncias reais, na escrita e na língua de cada povo, ordenando que o marido fosse o chefe da casa e que falasse a língua de seu povo.

2 Ester é escolhida como rainha

¹Depois desses acontecimentos, a ira do rei se acalmou, e ele se lembrou de Vasti, do que ela havia feito e do que tinha sido determinado contra ela. ²Então os servos que atendiam o rei lhe disseram: "Que sejam procuradas para o rei jovens virgens e belas. ³Que o rei nomeie supervisores em todas as províncias de seu reino, e eles reúnam todas as jovens virgens e belas na fortaleza de Susa, no harém de mulheres aos cuidados de Egeu, eunuco do rei. E que seja dado a elas o necessário para seus enfeites. ⁴A jovem que mais agradar ao rei reine em lugar de Vasti". A proposta pareceu boa ao rei, e assim se fez.

⁵Havia um judeu que vivia na fortaleza de Susa. Chamava-se Mardoqueu, e era filho de Jair, filho de Semei, filho de Cis, da tribo de Benjamim. ⁶Fora exilado de Jerusalém, junto com os cativos que tinham sido deportados com Jeconias, rei de Judá, por Nabucodonosor, rei da Babilônia. ⁷Mardoqueu tinha criado Hadassa, que é Ester, sua prima, pois ela era órfã de pai e mãe. Era jovem, muito bela e atraente e, quando os pais dela morreram, Mardoqueu adotou-a como filha. ⁸Aconteceu que o decreto do rei chegou ao conhecimento geral, e muitas jovens se reuniram na fortaleza de Susa, sob os cuidados de Egeu. Também Ester foi levada ao rei, aos cuidados de Egeu, o guarda das mulheres. ⁹A jovem lhe agradou e logo teve sua proteção: ele se apressou a lhe dar seus enfeites e suas porções de comida, dando-lhe sete jovens, todas escolhidas do palácio real. Depois a transferiu com as jovens servas para o melhor aposento dentro do harém. ¹⁰Ester não declarou a que povo ou família pertencia, porque assim Mardoqueu lhe havia determinado. ¹¹E todos os dias Mardoqueu passeava pelo pátio do harém, para saber como estava Ester e o que acontecia com ela. ¹²Conforme a determinação para as mulheres, cada uma das jovens devia apresentar-se ao rei Assuero depois de doze meses de cuidados com sua beleza. Durante seis meses utilizavam óleo de mirra, e nos outros seis meses, perfumes e cremes femininos. ¹³Depois, a jovem se apresentava

---

participaram dos banquetes oferecidos por Assuero. Talvez o v. 9 queira dizer que Vasti e outras mulheres não estavam sob o controle do rei e do palácio. O "agir mal" de Vasti: a desobediência às ordens do rei e aos poderes estabelecidos abala a ordem vigente e revela a resistência das mulheres ao patriarcado.

2,1-18: Busca de uma nova rainha, que seja obediente, dócil, delicada, entre outros atributos que representam submissão. A versão hebraica apresenta a genealogia de Mardoqueu: um judeu da dispersão e de tradição benjaminita (vv. 5-6). Ester, jovem bonita e agradável, cujo nome hebraico é Hadassa (murta), após

ao rei, levando tudo o que pedisse ao sair do harém rumo ao palácio. ¹⁴Ela ia à tarde, e na manhã seguinte passava para um segundo harém, confiado a Sasagaz, eunuco real encarregado das concubinas. E não voltava mais para junto do rei, a não ser que ele se agradasse dela e a chamasse pelo nome. ¹⁵Quando chegou para Ester, filha de Abiail, tio de Mardoqueu, que a tinha adotado como filha, o momento de apresentar-se ao rei, ela nada pediu além do que lhe fora indicado por Egeu, eunuco real responsável pelas mulheres. Ester atraía a simpatia de todos os que a viam. ¹⁶Foi levada até o rei Assuero, em seu palácio, no décimo mês, o mês de Tebet, no sétimo ano do seu reinado. ¹⁷E o rei preferiu Ester a todas as outras mulheres. Ela alcançou a simpatia e o favor do rei, mais que todas as moças. E assim o rei lhe colocou na cabeça a coroa real e a nomeou rainha, em lugar de Vasti. ¹⁸E logo o rei deu um grande banquete para todos os seus oficiais e servos, o banquete de Ester. Concedeu um dia de descanso a todas as províncias, e distribuiu presentes com sua liberalidade régia.

Mardoqueu contra Amã – ¹⁹Quando as moças se reuniram uma segunda vez, Mardoqueu ficava sentado junto à porta do rei. ²⁰Mas Ester não disse a qual povo ou família pertencia, de acordo com a ordem de Mardoqueu. Ela continuava a obedecer-lhe, como quando estava sob seus cuidados. ²¹Nesses dias, quando Mardoqueu estava sentado junto à porta do rei, Bagatã e Tares, dois eunucos do rei que guardavam a porta, estavam descontentes e tramavam um atentado contra o rei Assuero. ²²Mardoqueu ficou sabendo do plano e informou à rainha Ester. E esta, por sua vez, tratou de contar ao rei, em nome de Mardoqueu. ²³O assunto foi investigado e confirmado. Os dois eunucos foram enforcados, e o acontecimento foi registrado nos anais daqueles dias, na presença do rei.

3 ¹Depois desses acontecimentos, o rei Assuero promoveu Amã, filho de Amadates, do país de Agag, à mais alta dignidade, e lhe deu uma função mais importante que a de todos os oficiais que atuavam com ele. ²Todos os servos do rei, que estavam junto da sua porta, dobravam os joelhos em homenagem a Amã, porque assim o rei havia ordenado. Mardoqueu, porém, não se inclinava, nem dobrava os joelhos diante de Amã. ³Os servos do rei, que trabalhavam junto à porta do rei, perguntavam a Mardoqueu: "Por que você está desobedecendo à ordem do rei?" ⁴Perguntavam-lhe isso todos os dias, porém Mardoqueu não dava importância a isso. Então eles informaram a Amã, para ver se Mardoqueu manteria sua atitude, já que lhes havia dito que era judeu. ⁵Amã viu que Mardoqueu não se inclinava diante dele, nem dobrava os joelhos, e se encheu de fúria. ⁶Mas achou pouco atentar só contra Mardoqueu, pois lhe haviam declarado a qual povo Mardoqueu pertencia. Assim Amã planejou destruir o povo de Mardoqueu, todos os judeus que havia em todo o reino de Assuero.

Decreto para exterminar os judeus – ⁷No primeiro mês, o de Nisã, no décimo segundo ano do rei Assuero, foi lançado o "Pur", isto é, a sorte, dia por dia, mês por mês. A sorte caiu no décimo segundo mês, o de Adar. ⁸E Amã disse ao rei Assuero: "Há um povo que está à parte, espalhado em meio aos povos de todas as províncias do seu reino. Suas leis são diferentes de todos os outros, inclusive da lei do rei. Não convém deixá-los tranquilos. ⁹Se parecer bem ao rei, que sejam destruídos, e eu entregarei aos funcionários trezentas e quarenta toneladas de prata, para o

---

a morte dos pais é adotada por Mardoqueu. O nome Ester pode estar associado à deusa *Ishtar*, ou também ao termo persa *stareh* (estrela); ou ainda, como é entendido nos textos rabínicos, ser derivado do verbo hebraico *'str* (esconder, ocultar), presente nos textos sapienciais e proféticos.

2,19-3,6: Outra versão do que foi narrado em 1,1l-1r sobre a conspiração contra o rei. Aqui, porém, encontramos a mediação de Ester e não há nenhuma menção à recompensa dada a Mardoqueu. Pelo contrário, o engrandecido pelo seu feito será Amã, um comandante agagita, de Agag, país na Média e nome de um rei amalecita (Nm 24,7; 1Sm 15,8; 1Rs 15,9). Em 8,12j, Amã é apresentado como macedônio, o que demonstra o conhecimento que os autores têm do período dominado pelos gregos.

3,7-15: Nos vv. 13a-13g temos a versão grega do decreto do rei, marcado por contradições; de um lado, utiliza termos gregos como estes: mundo habitado, tranquilidade, moderação e benevolência; e de outro, uma ordem arbitrária de extrema violência contra o povo, com extermínio sem piedade, inclusive de mulheres e crianças. A terrível ameaça aos judeus se deve a seu

tesouro real". ¹⁰Então o rei tomou o anel de sua própria mão e o deu a Amã, filho de Amadates, do país de Agag, inimigo dos judeus. ¹¹O rei lhe disse: "Fique com a prata, e faça com esse povo o que lhe parecer melhor". ¹²Então os escribas do rei foram convocados no décimo terceiro dia do primeiro mês. E foi escrito, conforme as ordens de Amã, aos sátrapas do rei, aos governadores de cada província e aos oficiais de cada povo, conforme a escrita de cada província e a língua de cada povo, em nome do rei Assuero e com o selo real. ¹³E foram enviadas cartas, por meio de correios, a todas as províncias do rei, que ordenavam destruir, matar e exterminar todos os judeus, desde o jovem até o velho, crianças e mulheres, e saquear todos os seus bens num só dia, o décimo terceiro dia do décimo segundo mês, o de Adar.

O decreto do rei – ¹³ᵃEste é o texto do decreto:

"O Grande Rei Assuero escreve aos governadores das cento e vinte e sete províncias que vão da Índia até a Etiópia, e aos chefes de distrito, seus subordinados: ¹³ᵇEmbora eu seja chefe de muitas nações e senhor de toda a terra habitada, procuro não me embriagar com o orgulho do poder, mas governar com moderação e benevolência, para que meus súditos possam ter sempre uma vida sem sobressaltos. Já que meu reino oferece os benefícios da civilização e a livre circulação dentro de nossas fronteiras, procuro estabelecer a paz, um desejo de todos. ¹³ᶜPor isso consultei meus conselheiros, para saber como poderia atingir esse objetivo. Um deles é Amã, que se distingue por sua prudência, homem de dedicação incomparável, de fidelidade inabalável, e cujas prerrogativas seguem-se imediatamente às do rei. ¹³ᵈEle nos informou que entre todas as tribos do mundo habitado existe um povo mal-intencionado, que por suas leis se opõe a todas as nações e constantemente despreza as ordens reais, a ponto de ser um obstáculo à política reta e irrepreensível que realizamos. ¹³ᵉAssim, considerando que tal povo, que é inimigo de toda a humanidade e completamente diferente por suas leis, que é prejudicial a nossos interesses, comete os piores crimes a ponto de ameaçar a estabilidade de nosso reino, ¹³ᶠordenamos que no dia décimo quarto do décimo segundo mês, que é Adar, do presente ano, todas as pessoas que forem indicadas na carta de Amã, o responsável pela administração, e que é como nosso segundo pai, sejam completamente exterminadas com mulheres e crianças, pela espada de seus inimigos, sem piedade ou consideração alguma. ¹³ᵍDessa maneira, lançando na sepultura, de uma só vez, esses inimigos de hoje e de ontem, seja garantido ao Estado avançar com estabilidade e tranquilidade".

¹⁴Foi publicada a cópia do escrito, que devia ser considerado decreto para todas e cada uma das províncias, a fim de que todos se preparassem para esse dia. ¹⁵Por causa da palavra do rei, os correios saíram rapidamente. E o decreto foi promulgado na fortaleza de Susa. E, enquanto o rei e Amã bebiam, a cidade de Susa sentia-se sem rumo.

4 *Mardoqueu e Ester contra o projeto de Amã* – ¹Quando Mardoqueu soube de tudo o que estava acontecendo, rasgou suas roupas, vestiu-se de saco, jogou cinza na cabeça e saiu pela cidade, dando grandes clamores de dor. ²E veio até a porta do rei, porque não se podia passar por ela vestido com roupa de saco. ³Em cada província e lugar em que o decreto do rei chegava, produzia-se intenso luto entre os judeus: faziam jejum, choravam e se lamentavam. Saco e cinzas eram a cama de muitos. ⁴As jovens e os eunucos de Ester contaram tudo a ela. A rainha foi tomada de intensa dor, e enviou roupas para Mardoqueu, para que ele depusesse os panos de saco. Mardoqueu, porém, não aceitou. ⁵Então Ester chamou Atac, um dos eunucos do rei que a serviam, e mandou que fosse perguntar a Mardoqueu: "O que é isso?" "Por que isso?" ⁶Atac foi conversar com Mardoqueu, que estava na praça, diante da porta do rei.

---

crescimento político e econômico, pois estes, com seus costumes e leis, e com o projeto de viverem separados, se tornaram um perigo, e suas ações poderiam influenciar outros grupos locais.

4,1-17: Mardoqueu reage com sinais de penitência (cf. Is 14,11; 37,1; 58,5; Sl 138,8; Jt 4,10; 1Mc 3,47), ainda que o autor do texto hebraico evite qualquer referência a Deus e às coisas sagradas. O jejum representa a busca de

⁷E Mardoqueu lhe informou sobre o que havia acontecido, sobre o valor em prata que Amã tinha oferecido para o tesouro real, para que pudesse destruir os judeus. ⁸Também lhe deu uma cópia do decreto de extermínio, publicado em Susa, para que fosse mostrado a Ester e ela ficasse informada de tudo, e assim se apresentasse ao rei para interceder diante dele em favor do seu próprio povo. ⁸ᵃE lhe dizia: "Lembre-se dos dias de sua humilhação, quando eu lhe dava de comer. Amã, a segunda pessoa do reino, pediu ao rei a nossa morte. ⁸ᵇInvoque o Senhor, fale com o rei a nosso respeito, e livre-nos da morte".

⁹Atac voltou e relatou a Ester as palavras de Mardoqueu. ¹⁰Então Ester mandou este recado a Mardoqueu por meio de Atac: ¹¹"Todos os servos do rei e o povo das províncias do reino sabem que só há uma lei para qualquer homem ou mulher que se apresente ao rei no pátio interno, sem ter sido chamado: a morte. A não ser que o rei lhe estenda o cetro de ouro: só assim poderá viver. E nestes trinta dias eu não fui chamada a me apresentar ao rei". ¹²Comunicaram a Mardoqueu as palavras de Ester. ¹³Ele pediu que respondessem a ela: "Não fique pensando que você será a única dos judeus a escapar, pelo fato de viver na casa do rei. ¹⁴Se você se calar agora, a salvação e a libertação dos judeus virão de outro lugar, mas você e sua família morrerão. E quem sabe se você não chegou ao reino exatamente para esta ocasião?" ¹⁵Então Ester ordenou que respondessem a Mardoqueu: ¹⁶"Vá, reúna todos os judeus que vivem em Susa, e jejuem por mim. Não comam nem bebam durante três dias e três noites. Também eu e minhas jovens faremos jejum. E então me apresentarei ao rei, indo contra o que a lei determina. Se for preciso morrer, morrerei". ¹⁷Mardoqueu se foi e fez tudo o que Ester lhe havia mandado.

Oração de Mardoqueu – ¹⁷ᵃE orou ao Senhor, lembrando-se de todas as suas obras: ¹⁷ᵇ"Senhor, Senhor, Rei Todo-poderoso, tudo está sujeito ao teu poder e não há quem se oponha à tua vontade de salvar Israel. ¹⁷ᶜTu fizeste o céu e a terra e todas as maravilhas que estão debaixo do céu. És o Senhor de tudo, e não há quem possa se opor a ti, Senhor. ¹⁷ᵈTu conheces tudo! Tu sabes que não foi por arrogância, orgulho ou vaidade que eu me recusei a prostrar-me diante do orgulhoso Amã. De boa vontade eu beijaria os pés dele, se fosse para a salvação de Israel! ¹⁷ᵉMas fiz isso para não colocar a glória de um homem acima da glória de Deus. E não vou prostrar-me diante de ninguém, a não ser diante de ti, Senhor, e não agirei assim por orgulho. ¹⁷ᶠE agora, Senhor Deus, Rei, Deus de Abraão, poupa o teu povo! Pois tramam nossa morte e desejam destruir tua herança, que vem desde o início. ¹⁷ᵍNão desprezes tua porção, que para ti resgataste da terra do Egito. ¹⁷ʰOuve minha oração, tem piedade da tua herança e transforma nosso luto em alegria, para que vivos cantemos hinos ao teu nome, Senhor. Não deixes emudecer a boca dos que te louvam". ¹⁷ⁱE todos os israelitas clamavam, com a força que possuíam, porque a morte estava diante de seus olhos.

Oração de Ester – ¹⁷ʲTambém a rainha Ester refugiava-se no Senhor, já que estava num combate mortal. Deixou as roupas de sua majestade e se vestiu com roupas de aflição e luto. Em lugar de perfumes finos, cobriu a cabeça com cinzas e poeira. Ela humilhou fortemente seu corpo e as tranças dos cabelos que lhe cobriam esse corpo que antes tinha o prazer de enfeitar. E suplicou desta forma ao Senhor, o Deus de Israel: ¹⁷ᵏ"Meu Senhor, nosso Rei, tu és único! Protege-me, pois estou só e não tenho outra proteção além de ti, porque o perigo está em minhas mãos. ¹⁷ˡDesde meu nascimento ouvi na tribo de meus pais que

---

intercessão em favor de todo o povo diante da ameaça de morte e uma introdução para as negociações entre Ester e Mardoqueu (Lv 16,29; 23,27; Nm 29,7). Nas entrelinhas transparece o projeto redacional de apontar, já dentro do palácio, possibilidades de salvação para o povo. Na versão grega (vv. 8a-8b), Mardoqueu pede para Ester invocar o Senhor e interceder em favor do povo diante do rei.

17a-17i: Oração de um judeu piedoso apontando para sua prática fiel, a ponto de não se prostrar diante de Amã. A preocupação do suplicante é justificar suas ações, desrespeitosas aos propósitos dos governantes. Muitas expressões vêm de textos da tradição do êxodo (Ex 3,6; 19,5), da profecia (Is 38,18-20; 40,21-26; 41,10-16; Jr 10,16) e das orações (Sl 6,6; 33,12; 47,10; 74; 79; 115,17s).

17j-17y: A oração de Ester (cf. Jt 9) tem uma introdução narrativa que destaca a sua confiança em Deus e seus gestos de penitência: deixa as roupas reais e se veste de luto, pano de saco, e se cobre de cinzas (cf. Gn 37,34; Js 7,6; 2Sm 1,11; 3,31; Jr 7,29; 48,37; Ez 7,16; Esd 9,3; Jó

tu, Senhor, escolheste Israel entre todos os povos, e nossos pais entre todos os seus antepassados, para serem tua herança perpétua. E fizeste o que lhes havias dito. [17m]E agora pecamos contra ti, e nos entregaste em mãos de nossos inimigos, porque adoramos os deuses deles. Tu és justo, Senhor! [17n]Mas eles não se contentaram com a amargura da nossa escravidão. Puseram suas mãos nas mãos dos ídolos para anular a ordem saída dos teus lábios, para fazer desaparecer tua herança e emudecer as bocas que te louvam, para eliminar teu altar e a glória de tua casa; [17o]para abrir os lábios dos pagãos e fazê-los louvar os ídolos e adorar para sempre um rei de carne. [17p]Senhor, não entregues teu cetro àqueles que não existem. Que eles não zombem de nossa ruína. Mas volta seus projetos contra eles próprios; apresenta como exemplo o primeiro que nos atacou. [17q]Lembra-te, Senhor, manifesta-te no dia da nossa tribulação e dá-me coragem, Rei dos deuses e dominador de toda autoridade. [17r]Coloca na minha boca palavras atraentes, quando eu estiver diante do leão; muda o coração dele para odiar aquele que faz guerra contra nós, para que este pereça junto com todos os seus cúmplices. [17s]Salva-nos com tua mão e vem em meu auxílio, pois estou sozinha. E não tenho ninguém, a não ser a ti, Senhor. [17t]Tu tens conhecimento de tudo, e sabes que odeio a glória dos ímpios, e que me horroriza o leito dos incircuncisos e de qualquer estrangeiro. [17u]Tu conheces minha angústia, sabes que eu detesto o sinal da minha grandeza, que está em minha cabeça quando apareço em público. Eu o detesto como trapo imundo, e não o uso nos dias comuns. [17v]Tua serva não comeu à mesa de Amã, não apreciou o banquete do rei, nem bebeu o vinho das libações. [17x]Tua serva não se alegrou desde o dia em que veio para cá até hoje, a não ser em ti, Senhor Deus de Abraão. [17y]Ó Deus, mais forte que todos os poderosos, ouve a voz dos desesperados, livra-nos da mão dos malfeitores, e livra-me do meu medo!"

5 **Ester se apresenta ao rei** – [1]No terceiro dia, Ester se vestiu com as roupas de rainha e se pôs no meio do pátio da casa real, em frente ao aposento do rei. E o rei estava sentado no trono de seu reino, no aposento real, em frente à porta de seu aposento. [1a]Em seu esplendor, invocou o Deus que cuida de todos e os salva. Tomou consigo duas servas: em uma delas se apoiava como se estivesse enfraquecida, enquanto a outra a acompanhava e segurava a cauda de seu vestido. [1b]No auge da sua beleza, Ester caminhava ruborizada e tinha o rosto alegre, como se ardesse de amor. Seu coração, porém, gemia de medo. [1c]Ultrapassando todas as portas, Ester se pôs na presença do rei. Ele estava sentado no trono real, revestido de todos os enfeites majestosos de suas aparições solenes, resplandecendo em ouro e pedras preciosas, e tinha aspecto terrível. [1d]Ele ergueu o rosto incendiado de glória, e olhou num momento de cólera. A rainha sucumbiu, apoiou a cabeça na serva que a acompanhava, ficou pálida e desmaiou. [1e]Deus, porém, mudou o coração do rei e o inclinou à mansidão. Ele ficou ansioso, saiu do trono e tomou Ester nos braços, até que ela se recuperasse, e a reconfortou com palavras tranquilizadoras: [1f]"O que foi, Ester? Eu sou seu irmão. Coragem! Você não vai morrer. Nossa ordem é só para as pessoas comuns. Venha". [2]E quando o rei viu a rainha Ester, que estava no pátio, ela encontrou favor a seus olhos. O rei estendeu para Ester o cetro de ouro que tinha na mão. Ester se aproximou e tocou em sua extremidade. [2a]Ester lhe disse: "Senhor, eu o vi semelhante a um anjo de Deus, e meu coração se perturbou diante de seu esplendor. O senhor é admirável e seu rosto é cheio de encantos". [2b]Enquanto falava, Ester desmaiou. O rei ficou perturbado e todos os cortesãos pro-

---

1,20). Gestos que normalmente são acompanhados por lamentos, gritos e orações. O texto apresenta Ester como a judia que está no palácio e justifica as características dos judeus que têm vantagens econômicas.
5,1-14: Primeira intervenção de Ester. Aproxima-se do palácio para pedir ao rei em favor do seu povo, e para convidar o rei e Amã ao seu banquete (cf. Mc 6,23).

O conflito entre Amã e Mardoqueu retoma o tema das intrigas palacianas (Est 1). Na versão grega Ester é apresentada de maneira mais frágil: invoca a Deus, e o rei a tranquiliza. As intenções de Amã serão descritas pelo autor do livro de modo irônico, pois ele morrerá na forca que tinha mandado construir para enforcar Mardoqueu (7,10).

curavam reanimá-la. ³E o rei lhe disse: "O que está acontecendo, rainha Ester? E qual é seu pedido? Ainda que seja a metade do meu reino, será sua!" ⁴Ester respondeu: "Se parecer bem ao rei, venha hoje com Amã ao banquete que lhe preparei". ⁵O rei disse: "Chamem rapidamente Amã, para cumprir a palavra de Ester". O rei e Amã foram ao banquete que Ester havia preparado. ⁶Enquanto bebiam vinho, o rei disse outra vez a Ester: "Qual é seu desejo? Eu lhe concederei! Qual é seu pedido? Ainda que seja a metade do meu reino, será sua!" ⁷Ester lhe respondeu: "Meu desejo, meu pedido é este: ⁸se o rei quiser fazer-me um favor, se quiser aceitar meu desejo e satisfazer meu pedido, que venha com Amã ao banquete que lhes vou preparar amanhã. Então eu farei conforme a palavra do rei". ⁹Nesse dia, Amã saiu alegre, com o coração em festa. Mas, quando viu Mardoqueu na porta do rei sem se levantar ou se mover do local, ficou furioso contra Mardoqueu, ¹⁰mas se conteve e foi para casa. Aí chamou seus amigos e Zares, sua mulher. ¹¹E lhes falou da glória de suas riquezas, de seus muitos filhos e de tudo com que o rei o havia engrandecido, elevando-o acima de seus oficiais e servos. ¹²E disse ainda: "Além disso, a rainha Ester convidou somente a mim e ao rei para um banquete que ela preparou. E há mais: para amanhã tenho outro convite dela, eu e o rei. ¹³Mas tudo isso nada significa para mim, cada vez que vejo o judeu Mardoqueu sentado à porta do rei". ¹⁴Então sua mulher Zares e seus amigos disseram: "Mande fazer uma forca de vinte e cinco metros, e pela manhã peça ao rei que Mardoqueu seja nela enforcado. Então você poderá ir contente para o banquete, junto com o rei". Amã considerou esta uma boa ideia e mandou erguer a forca.

6 Honrarias do rei a Mardoqueu –

¹Nessa noite, o rei não conseguiu dormir. Então mandou que lhe trouxessem o livro dos Anais, das Crônicas diárias. E o leram para ele. ²Aí estava escrito sobre como Mardoqueu havia denunciado Bagatã e Tares, dois eunucos do rei, guardas da porta, que planejavam um atentado contra o rei Assuero. ³E o rei perguntou: "Que prêmio ou honraria foi dada a Mardoqueu pelo que fez?" Os jovens que serviam ao rei responderam: "Não lhe deram nada". ⁴E o rei perguntou: "Quem está no pátio?" Era Amã que estava chegando ao pátio da casa do rei, para lhe pedir que mandasse enforcar Mardoqueu, na forca que ele havia mandado preparar. ⁵Os jovens do rei responderam: "É Amã quem está no pátio". O rei ordenou: "Mandem que ele entre". ⁶Amã entrou, e o rei lhe perguntou: "O que se deve fazer a um homem a quem o rei quer honrar?" Amã pensou consigo mesmo: "E quem o rei vai querer honrar, senão a mim?" ⁷E respondeu: "Se o rei quer honrar alguém, ⁸que lhe tragam vestes reais como as que o rei usa, um cavalo que o rei tenha montado, e que uma coroa real seja colocada em sua cabeça. ⁹E deem as vestes e o cavalo a um dos funcionários mais importantes, e esse mesmo vestirá com tal roupa o homem a quem o rei quer honrar. Depois disso, que o conduza a cavalo pela praça da cidade, gritando à sua frente: 'É assim que deve ser tratado o homem que o rei quer honrar' ". ¹⁰Então o rei disse a Amã: "Depressa. Pegue a roupa e o cavalo, como você falou, e faça dessa maneira em favor do judeu Mardoqueu, que está sentado junto à porta do rei. Não omita nenhum detalhe do que você falou". ¹¹Amã pegou a roupa e o cavalo, vestiu Mardoqueu e o conduziu a cavalo pela praça da cidade, gritando à sua frente: "É assim que deve ser tratado o homem que o rei quer honrar". ¹²Depois disso, Mardoqueu voltou para seu posto, enquanto Amã corria para casa, lamentando-se e cobrindo o rosto. ¹³Contou à sua mulher Zares e aos amigos tudo o que havia acontecido. E lhe disseram, seus sábios e sua mulher Zares: "Se Mardoqueu é do povo judeu, você começou a cair diante dele. Você não poderá nada contra ele. Ao contrário, você cairá completamente diante dele". ¹⁴Ainda

---

6,1-14: A historieta de Ester, em tom irônico, começa a descrever a inversão dos fatos: Mardoqueu, que corria risco de ser enforcado a pedido de Amã, será honrado pelo rei. E é justamente Amã que irá vesti-lo de honra e fazer o anúncio na praça (cf. Gn 41,42). Enquanto o texto hebraico não faz nenhuma menção à intervenção divina, o texto grego acrescenta: "o Deus vivo está com ele".

estavam falando, quando chegaram os eunucos do rei e logo levaram Amã para o banquete preparado por Ester.

7 O rei e Amã no banquete de Ester –

[1]O rei com Amã foram ao banquete da rainha Ester. [2]E no segundo dia, enquanto bebiam vinho, outra vez o rei disse a Ester: "Qual é seu desejo, rainha Ester? Eu lhe concederei. Qual é seu pedido? Eu lhe darei até a metade do meu reino". [3]A rainha Ester lhe respondeu: "Se encontrei favor diante de seus olhos, e se lhe parecer bem, meu desejo é que me seja concedida a vida, e meu pedido é em favor do meu povo. [4]Porque fomos vendidos, eu e meu povo, para sermos exterminados, mortos e aniquilados. Se nos tivessem vendido para sermos escravos e escravas, eu ficaria calada, mas o perseguidor não compensará este prejuízo para o rei". [5]Então o rei Assuero perguntou à rainha Ester: "Quem é e onde está o homem que planeja fazer isso?" [6]Ester respondeu: "O perseguidor e inimigo é este perverso Amã". Então Amã ficou perturbado diante do rei e da rainha. [7]Enfurecido, o rei se levantou, deixou o banquete com os vinhos e foi para o jardim do palácio. Mas Amã ficou implorando junto à rainha por sua vida, pois viu que o rei já tinha decidido sua ruína. [8]O rei voltou do jardim do palácio para a sala do banquete dos vinhos, e encontrou Amã caído sobre o divã, onde estava Ester. E o rei disse: "E você ainda quer violentar a rainha diante de mim, em minha casa!" O rei ordenou que imediatamente cobrissem o rosto de Amã. [9]Harbona, um dos eunucos do rei, sugeriu a ele: "Na casa de Amã há uma forca de vinte e cinco metros, que Amã havia preparado para Mardoqueu, aquele que falou em defesa do rei". E o rei disse: "Enforquem nela Amã". [10]Então enforcaram Amã na forca que ele havia preparado para Mardoqueu. E a ira do rei se acalmou.

8 Edito do rei em favor dos judeus –

[1]Nesse mesmo dia, o rei deu à rainha Ester a casa de Amã, o perseguidor dos judeus. E Mardoqueu foi apresentado ao rei, pois Ester lhe havia declarado o que ele era para ela. [2]O rei tirou o anel que tinha tomado de Amã e o entregou a Mardoqueu. E Ester entregou a Mardoqueu os cuidados da casa de Amã. [3]Ester voltou a falar com o rei. Caiu diante de seus pés, chorando e suplicando que fosse afastada a maldade de Amã, o agagita, e o plano que havia tramado contra os judeus. [4]Logo o rei estendeu o cetro de ouro, e Ester se levantou, colocando-se em pé na presença do rei. [5]E disse: "Se parecer bem ao rei, se alcancei favor diante de seus olhos, se lhe parecer justo meu pedido e se lhe pareço agradável, que sejam revogadas por escrito as cartas que Amã, filho de Amadates, o agagita, mandou escrever ordenando que fossem exterminados os judeus de todas as províncias do rei. [6]Como poderia eu contemplar o mal que atingiria meu povo? Como poderia contemplar a destruição da minha gente?" [7]O rei Assuero respondeu à rainha Ester e ao judeu Mardoqueu: "Eu já dei a Ester a casa de Amã e mandei enforcá-lo, porque ele queria prejudicar os judeus. [8]Agora, em nome do rei, escrevam aos judeus o que vocês acharem melhor, e selem o escrito com o anel do rei. Todo documento redigido em nome do rei e selado com seu anel, é irrevogável". [9]Então os escribas do rei foram convocados, no dia vinte e três do terceiro mês chamado Sivã. E, seguindo as ordens de Mardoqueu, foi redigido um documento dirigido aos judeus, aos sátrapas, governadores e oficiais das províncias, cento e vinte e sete províncias, que se estendiam desde a Índia até a Etiópia. O documento foi mandado a cada província na escrita de cada uma e a cada povo em sua língua, e aos judeus em sua escrita e língua. [10]Foi escrito em

---

7,1-10: Segunda intervenção de Ester. Denuncia ao rei o projeto de Amã, que mandou exterminar os judeus. As palavras se repetem como no primeiro banquete (5,5-8), acrescentando a denúncia contra o decreto de massacre e a apelação de Ester, afirmando que tal decreto é uma violação dos interesses de Estado. Além disso, o v. 4 faz alusão irônica às 340 toneladas de prata de 3,9. O fim de Amã reforça as expressões sapienciais: quem prepara armadilhas para outros,

nelas acaba caindo (Pr 26,27; 28,10; Ecl 10,8; Eclo 27,26; Sl 7,16; 9,16; 35,7 8; 57,7).

8,1-12: As honrarias para Ester e Mardoqueu (cf. 6,10-11) estão atreladas à execução de Amã e ao confisco de seus bens. O texto mostra a nova intervenção de Ester, que pede anulação do decreto assinado por Amã. Novamente a ironia: o novo decreto selado pelo rei será promulgado por Mardoqueu, que ocupa o lugar de Amã.

nome do rei Assuero e selado com o anel real. E cartas com ele foram levadas por correios montados em cavalos velozes da estrebaria real. ¹¹Nelas o rei concedia aos judeus, em toda cidade onde estivessem, o direito de se reunir e defender suas vidas, de exterminar, matar e aniquilar qualquer pessoa armada, de qualquer povo ou província, que os atacasse, a eles e a suas crianças e mulheres. Permitia-lhes ainda saquear-lhes os bens. ¹²Isso ocorreria num único dia, em todas as províncias do rei Assuero, isto é, no décimo terceiro dia do décimo segundo mês chamado Adar.

Decreto real – ¹²ªEste é o texto do documento: ¹²ᵇ"O grande rei Assuero, aos sátrapas das cento e vinte e sete províncias, que se estendem da Índia à Etiópia, e aos que são fiéis aos nossos interesses. Saudações. ¹²ᶜMuitos homens, quanto mais honrados pela suma generosidade dos benfeitores, mais se ensoberbecem e procuram não só fazer o mal a nossos súditos, mas, incapazes de se contentarem, tratam de tramar contra seus próprios benfeitores. ¹²ᵈEles não só eliminam a gratidão do meio dos homens, mas, embriagados pelos elogios de quem ignora o bem, julgam que podem fugir de Deus, que tudo vê, e de sua justiça que odeia o mal. ¹²ᵉMuitas vezes, aconteceu que um conselho dessas pessoas, a quem foi confiado o controle dos assuntos públicos, tornou muitos daqueles que detêm o poder cúmplices de derramamento de sangue inocente, responsáveis por calamidades irremediáveis. ¹²ᶠCom raciocínios enganosos e cheios de maldade, eles enganaram toda a boa-fé dos soberanos. ¹²ᵍNão é necessário recorrer a antigas histórias; basta abrir os olhos e examinar as ações hoje realizadas por tantos governantes injustos. ¹²ʰPara o futuro, procuraremos assegurar, em favor de todos os homens, um reino sem perturbações, em paz, ¹²ⁱfazendo mudanças oportunas e julgando com firmeza e equidade os casos que nos forem apresentados. ¹²ʲIsso foi o que ocorreu com o macedônio Amã, filho de Amadates, na verdade um estrangeiro em relação ao sangue dos persas e muito afastado da nossa bondade. Ele foi acolhido por nós como hóspede, ¹²ᵏrecebeu a amizade que dedicamos a todos os povos, a ponto de até ser chamado 'nosso pai' e ver todos se ajoelhando diante dele, como aquele que é o segundo junto ao trono do rei. ¹²ˡPorém ele não foi capaz de conter seu orgulho, e planejou tirar-nos o poder e a vida. ¹²ᵐCom raciocínios sutis, mas falsos, ele pediu a morte para Mardoqueu, nosso salvador e benfeitor constante, e também para Ester, irrepreensível companheira no trono, juntamente com todo o seu povo. ¹²ⁿEle achava que assim nos isolaria e passaria o governo dos persas para os macedônios. ¹²ᵒMas nós achamos que os judeus, condenados ao desaparecimento por esse criminoso terrível, não são malfeitores e vivem segundo leis justíssimas. ¹²ᵖEles são filhos do Deus Altíssimo, do excelso Deus vivo, que dirige o reino de modo maravilhoso em nosso favor e de nossos antepassados. ¹²ᵠEntão vocês farão bem não obedecendo ao decreto enviado por Amã, filho de Amadates, porque seu autor foi executado junto às portas de Susa, com todos os seus familiares. Este foi o digno castigo que Deus, aquele que governa todos os acontecimentos, rapidamente fez recair sobre ele. ¹²ʳPubliquem cópias desta carta em todo lugar, e deixem os judeus continuarem a seguir livremente suas próprias leis. Além disso, apoiem os judeus para que eles possam defender-se de todos aqueles que os atacarem no tempo da aflição, isto é, no dia décimo terceiro do décimo segundo mês chamado Adar. ¹²ˢPorque Deus, Senhor de todas as coisas, transformou esse dia de tragédia em dia de alegria para o povo escolhido. ¹²ᵗE quanto a vocês, judeus, celebrem esse dia memorável com toda a solenidade, entre as festas de vocês, para que, hoje e no futuro, ele seja uma salvação para nós e para os amigos dos persas, e uma lembrança de ruína para os nossos inimigos. ¹²ᵘToda cidade e região que não seguir estas disposições, será totalmente devastada pela espada e pelo fogo, e será proibida aos homens e evitada pelos animais e pássaros".

12a-12u: O segundo decreto do rei não tem características de ordem administrativa; é uma carta de considerações religiosas e filosóficas. O vocabulário remete ao período das tentativas de negociação entre os lágidas e os selêucidas, pelos anos 240-163 a.C. Duas apresentações na carta: de um lado, Amã, como macedônio e promotor de intrigas e sofismas, tenta executar a morte dos judeus; de outro lado, Mardoqueu ("salvador" e "benfeitor") e Ester ("irrepreensível companhia de nossa realeza").

O dia dos Purim – ¹³O texto do decreto, com força de lei para cada uma das províncias, se tornaria público, para que os judeus se preparassem, a fim de se vingarem de seus inimigos nesse dia. ¹⁴Os correios montaram cavalos reais e partiram rapidamente para executar a ordem do rei, e o decreto foi promulgado na fortaleza de Susa. ¹⁵Mardoqueu saiu da presença do rei com vestes reais, de cor violeta e branca, uma grande coroa de ouro e um manto de linho fino e de púrpura. E a cidade de Susa saltava de alegria. ¹⁶Para os judeus foi um dia de luz e alegria, júbilo e triunfo. ¹⁷Em cada província e em cada cidade, aonde chegava a palavra do rei e seu decreto, os judeus se alegravam com banquetes e festas. Muitos dos povos da terra se tornavam judeus, porque o temor dos judeus havia caído sobre eles.

9 ¹No décimo terceiro dia do décimo segundo mês, o mês de Adar, quando se devia executar o decreto do rei, no dia em que os inimigos dos judeus esperavam destruí-los, aconteceu o contrário: foram os judeus que destruíram seus inimigos. ²Os judeus se concentraram em suas cidades, em todas as províncias do rei Assuero, para atacar os que buscavam seu mal. Ninguém se opôs a eles, porque o medo tomou conta de toda a população. ³Todos os oficiais das províncias, os sátrapas, os governadores e os que trabalhavam para o rei apoiaram os judeus, porque temiam a Mardoqueu. ⁴De fato, Mardoqueu era importante na casa do rei, e sua fama se espalhava por todas as províncias. Mardoqueu se tornava cada vez mais poderoso. ⁵Os judeus passaram a fio de espada todos os seus inimigos, com muita morte e extermínio, fazendo com seus inimigos o que queriam. ⁶Na fortaleza de Susa, os judeus mataram e exterminaram quinhentos homens, ⁷além de Farsandata, Delfon, Esfata, ⁸Forata, Adalia, Aridata, ⁹Fermesta, Arisai, Aridai, Jezata ¹⁰e dez filhos de Amã, filho de Amadates, o perseguidor dos judeus. Mas não realizaram o saque. ¹¹No mesmo dia foi comunicado ao rei o número de mortos na fortaleza de Susa. ¹²E o rei disse à rainha Ester: "Na fortaleza de Susa, os judeus mataram e exterminaram quinhentos homens e dez filhos de Amã. O que terão feito nas outras províncias do reino? E agora, qual é seu desejo? Eu lhe concederei. E seu pedido? Será realizado". ¹³Ester respondeu: "Se parecer bem ao rei, permita que os judeus de Susa possam praticar amanhã o que o decreto prevê para hoje. E que os dez filhos de Amã sejam pendurados na forca". ¹⁴O rei ordenou que assim fosse feito: prorrogou o decreto em Susa, e os dez filhos de Amã foram colocados na forca. ¹⁵Assim os judeus de Susa se juntaram também no dia catorze do mês de Adar e mataram mais trezentos homens, mas não realizaram o saque. ¹⁶Também os demais judeus, das outras províncias do rei, se juntaram para defender suas vidas, eliminando seus inimigos. Mataram setenta e cinco mil adversários, mas não realizaram o saque.

A festa dos Purim – ¹⁷Assim foi o dia treze do mês de Adar, e no dia catorze descansaram, transformando-o em dia de festa e alegria. ¹⁸Mas os judeus de Susa se reuniram nos dias treze e catorze. No dia quinze descansaram, transformando-o em dia de comida e alegria. ¹⁹É por isso que os judeus das aldeias, que vivem nas cidades sem muro, fazem do dia catorze do mês de Adar um dia de alegria, comida e festa, e trocam presentes. ¹⁹ª*Para os judeus das grandes cidades, o dia festivo é o dia quinze do mês de Adar, quando mandam presentes para seus vizinhos.*

²⁰Mardoqueu escreveu essas coisas, e mandou cartas a todos os judeus que viviam nas províncias do rei Assuero, próximas ou distantes, ²¹ordenando lhes que celebrassem todo ano os dias catorze e quinze do mês de Adar, ²²porque esses foram os dias em que os judeus se livraram de seus inimigos, e nesse mês sua tristeza foi transformada em alegria e seu luto em festa. Que fosse um dia de festa, com muita comida, troca de presentes e doações aos

---

8,13-9,16: O autor apresenta um contraste: alegria na cidadela de Susa frente à sua consternação diante do primeiro edito (3,15); e expressão de alegria, regozijo e festas diante da penitência, luto, jejum e lamentações por causa do iminente projeto de extermínio (4,1-3). O triunfo dos judeus sobre seus inimigos (9,1-16), e a grandeza de Mardoqueu e Ester no palácio e o controle da cidadela de Susa podem ter como pano de fundo as batalhas no período dos Macabeus. A festa dos Purim representa a inversão dos fatos em favor dos oprimidos.

9,17-32: A primeira menção da festa dos Purim é marcada pela confusão na data: um dia para os judeus

pobres. ²³Os judeus, que já haviam começado a praticar tudo isso, assumiram o que Mardoqueu lhes escreveu. ²⁴De fato, Amã, filho de Amadates, o agagita, inimigo de todos os judeus, tinha tramado contra eles e lançado o "pur", isto é, as sortes, para eliminá-los e destruí-los. ²⁵Mas, quando Ester se apresentou ao rei, este ordenou, com documento escrito, que a perversa trama contra os judeus recaísse sobre o próprio Amã, e que ele e seus filhos fossem postos na forca. ²⁶Por isso, esses dias receberam o nome de "Purim", termo que vem da palavra "pur". Por causa das palavras dessa carta, e de acordo com o que viram e ficaram sabendo por notícias, ²⁷os judeus assumiram para si, para seus descendentes e para todos os que a eles se juntassem, o compromisso de celebrar todo ano esses dois dias, de acordo com esse documento e nas datas fixadas. ²⁸Esses dias haveriam de ser lembrados e celebrados em todas as gerações, em todas as famílias, em todas as províncias e em todas as cidades. Estes dias dos "Purim" nunca desaparecerão do meio dos judeus, e a memória deles jamais morrerá entre seus descendentes. ²⁹A rainha Ester, filha de Abiail, e o judeu Mardoqueu escreveram, com toda a sua autoridade, para confirmar esta segunda carta a respeito dos "Purim". ³⁰Cartas foram enviadas a todos os judeus das cento e vinte e sete províncias do reino de Assuero, com palavras de paz e fidelidade. ³¹Nelas confirmavam a celebração dos "Purim" nos dias determinados, de acordo com as indicações do judeu Mardoqueu e da rainha Ester, e como os próprios judeus haviam estabelecido para si e sua descendência em termos de jejuns e súplicas. ³²E a ordem de Ester fixou estas normas referentes aos "Purim", e foi registrada por escrito.

10 Elogio de Mardoqueu –

¹O rei Assuero impôs tributo aos habitantes do continente e das ilhas do mar. ²Toda sua obra em termos de poder e valor, bem como o relato extenso de como o rei conferiu grandeza a Mardoqueu, podem ser lidos nos Anais do reino da Média e da Pérsia. ³Porque o judeu Mardoqueu era o primeiro depois do rei Assuero, grande entre os judeus e amado por toda sua gente, pois procurava o bem do seu povo e falava de paz para toda a sua descendência.

³ᵃE Mardoqueu disse: "Todas estas coisas são obra de Deus. ³ᵇLembro-me do sonho que tive sobre tudo isso, e nada foi omitido: ³ᶜa pequena fonte que se tornou rio, a luz, o sol e a água abundante. O rio é Ester: o rei se casou com ela e a transformou em rainha. ³ᵈOs dois dragões somos eu e Amã. ³ᵉAs nações são aquelas que se juntaram para destruir o nome dos judeus. ³ᶠMeu povo é Israel, aqueles que clamaram a Deus e foram salvos. O Senhor salvou seu povo, o Senhor nos libertou de todos esses males. Deus realizou sinais e prodígios, como nunca havia ocorrido entre as nações. ³ᵍPor isso, ele estabeleceu duas sortes: uma para o povo de Deus, e outra para todas as nações. ³ʰEssas duas sortes se realizaram na hora, no tempo e no dia do julgamento diante de Deus, e em todas as nações. ³ⁱDeus se lembrou do seu povo e fez justiça para sua herança. ³ʲE esses dias do mês de Adar, o décimo quarto e o décimo quinto, serão dias para todas as gerações se reunirem, se alegrarem e se contentarem diante de Deus, em seu povo Israel, para sempre".

³ᵏNo quarto ano de Ptolomeu e de Cleópatra, Dositeu, que se dizia sacerdote e levita, e seu filho Ptolomeu, trouxeram esta carta sobre os "Purim". Eles a julgaram autêntica e traduzida por Lisímaco, filho de Ptolomeu, que era da comunidade de Jerusalém.

---

das aldeias e outro para os judeus das grandes cidades. O redator trata de resolver o caso, apresentando a mesma festa nos dias 14 e 15 de Adar. Vale lembrar que a celebração foi utilizada para suplantar progressivamente a festa em que se comemorava a vitória sobre Nicanor, derrotado pelo exército macabeu no dia 13 de Adar, como lemos em 1Mc 7,49; 2Mc 15,36 e *Antiguidades Judaicas* XII, 10,5. Mas, o redator da historieta de Ester trabalha com a concepção da festa dos Purim como uma das sortes, apoiando-se no gesto de Amã, que consulta as sortes para saber o dia exato para executar o massacre (3,7).

10,1-3k: O texto hebraico enfatiza o engrandecimento de Mardoqueu na corte do rei Assuero, por se tratar de um judeu fiel e amado por seu povo. Não se faz aqui menção da rainha Ester; daí por que a tradição lembra o escrito como "Livro de Mardoqueu" (cf. 9,4). No entanto, o texto grego retoma o sonho de Mardoqueu (1,1d-1l), apresentando uma interpretação das imagens apocalípticas e destacando a intervenção de Deus ao fazer justiça a seu povo. Justiça que deve celebrar-se nos dias 14 e 15 do mês de Adar. O apêndice (v. 3l) demonstra que a comunidade judaico-egípcia recebeu da comunidade de Jerusalém uma cópia do livro de Ester por volta de 114 a.C., levando em conta que o Ptolomeu mencionado no texto seja o VIII, e sua mulher Cleópatra (cf. 2Mc 2,14-16).

PRIMEIRO LIVRO DOS MACABEUS

MEMÓRIAS DE GUERRA

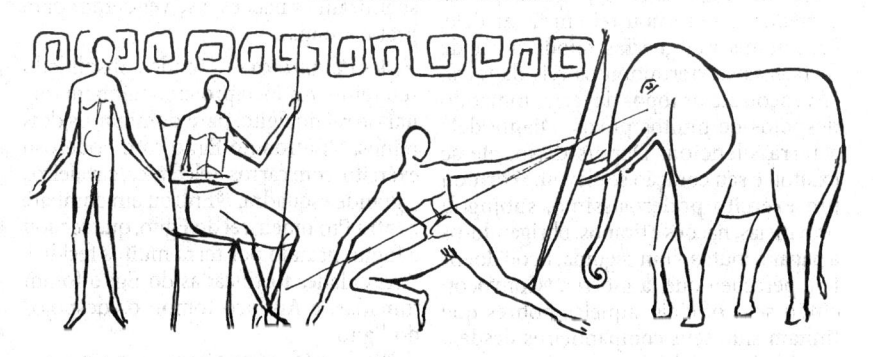

Introdução

A dominação grega sobre a Judeia vai desde Alexandre Magno (333 a.C.) até o governo dos generais selêucidas da Síria e ptolomeus do Egito. Por volta de 175 a.C., a Judeia enfrentava a política de Antíoco IV Epífanes. Este foi quem se tornou o grande estopim para a guerra dos Macabeus, porque, na busca de saldar dívida com os romanos, tentou transformar Jerusalém numa pólis ou cidade helênica (2Mc 11,2), tributar o Templo (2Mc 11,3) e pôr à venda, ano após ano, a função de sumo sacerdócio (2Mc 11,3). Nessa direção estava o projeto de "privatização" da cobrança de impostos e tributos. Assim, quem tinha mais poder econômico e político adquiria maior espaço religioso, com o direito até de ser sumo sacerdote (cf. 1Mc 7 e 2Mc 4).

Em meio a essa disputa de forças, aparecem as marcas da divisão interna e as tendências religiosas. De um lado, deparamos com grupos que exigem a preservação das leis e tradições antigas (1Mc 2,19-20), destacando-se os que se revoltam abertamente contra o rei (1Mc 2,19-20; 2,34.46; 4,47). Do outro lado, os que seguem o rei (1Mc 2,19; 6,21-23; 9,23-25; 10,14), abraçando o projeto de helenização. 1Mc 2,42; 7,13 e 2Mc 14,6 dao informações sobre a existência dos assideus ou hassidim. Tudo indica que estes no início apoiaram a luta dos Macabeus, porém depois acabaram se afastando, ao perceberem a mudança de rumos e interesses.

Nas entrelinhas do Primeiro Livro dos Macabeus, transparecem os conflitos no governo dos asmoneus, por volta do ano 100 a.C. Um grupo impunha regras morais e determinações raciais, implicando na exclusão e expulsão de todos os que não se encaixavam nesses critérios. Outro grupo buscava a expansão territorial, pois as divisões de terra e as inúmeras conquistas revelam esse projeto político-econômico da dinastia asmoneia. Nessa perspectiva, o presente livro enfatiza a memória dos grandes heróis, mesmo em meio a fracassos, deslizes e enfraquecimento das operações militares. A obra foi compilada provavelmente entre os anos 100 e 63 a.C., por escribas de grupos que estavam na liderança política do país. A intenção era sem dúvida apresentar uma narração oficial dos fatos, a partir dos interesses do grupo que estava no poder. Uma história, portanto, encomendada pelos asmoneus.

De modo geral, o livro se concentra na apresentação dos acontecimentos sob a liderança dos Macabeus Judas, Jônatas e Simão.

I. AÇÃO DOS DOMINADORES

1 *Poder de Alexandre e seus sucessores –* ¹Aconteceu que, depois de sair da terra de Cetim, Alexandre, filho de Filipe, o Macedônio, que antes já tinha dominado a Hélade, golpeou Dario, rei dos persas e medos, e se tornou rei em lugar dele. ²Fez numerosas guerras, apoderou-se de fortalezas e exterminou os reis da terra. ³Avançou até os topos da terra, tomando despojos de muitos povos. Diante dele a terra silenciou. Depois disso, ele se exaltou e seu coração se elevou. ⁴Formou um exército poderosíssimo, subjugou províncias, nações e tiranos, obrigando-os a pagar tributos. ⁵Em seguida, ficou doente e percebeu que ia morrer. ⁶Convocou então seus oficiais, aqueles nobres que tinham sido seus companheiros desde a mocidade, e ainda vivo repartiu seu reino com eles. ⁷Alexandre reinou doze anos, e morreu. ⁸Seus oficiais assumiram o poder, cada um na região que lhe coube. ⁹Todos eles puseram diademas e depois passaram a coroa para os filhos durante muitos anos. E os males se multiplicaram na terra.

Antíoco Epífanes e os ímpios – ¹⁰Deles brotou um rebento ímpio, Antíoco Epífanes, filho do rei Antíoco. Ele estivera em Roma como refém, mas, no ano cento e trinta e sete da dominação grega, tornou-se rei. ¹¹Nessa época, brotou em Israel uma geração de ímpios, que persuadiram muitas pessoas, dizendo: "Vamos, decretemos pacto com as nações ao redor, porque, depois que nos separamos delas, muitos males nos aconteceram". ¹²Essa proposta agradou a muita gente. ¹³Alguns do povo tomaram a iniciativa e foram até o rei, que lhes deu permissão para introduzir os costumes das nações. ¹⁴Foi assim que construíram em Jerusalém um ginásio conforme os costumes das nações. ¹⁵E para si mesmos fizeram coberturas para o prepúcio e renegaram a Aliança santa. E se uniram às nações e se venderam para praticar o mal.

Ações de Antíoco – ¹⁶Tendo consolidado seu reino, Antíoco projetou também tornar-se rei do Egito, para dominar os dois reinos. ¹⁷Entrou no Egito com poderoso exército, com carros e elefantes, cavaleiros e grande esquadra. ¹⁸Entrou em combate contra Ptolomeu, rei do Egito, que recuou e fugiu, ficando por terra muitos feridos. ¹⁹As cidades fortificadas do Egito foram tomadas, e Antíoco tomou os despojos do Egito.

²⁰Voltando no ano cento e quarenta e três, após ter vencido o Egito, Antíoco atacou Israel e Jerusalém com poderoso exército. ²¹Depois de entrar com arrogância no santuário, Antíoco levou embora o altar de ouro, o candelabro com todos os seus acessórios, ²²a mesa da proposição, as vasilhas para libações, as taças, os incensórios de ouro, a cortina, as coroas e as placas de ouro que ornavam a fachada do Templo. Saqueou tudo. ²³Levou também a prata, o ouro, os objetos de valor e até as riquezas escondidas que conseguiu encontrar. ²⁴Pegou tudo e foi para sua terra, depois de provocar muitas mortes e falar palavras de extrema arrogância.

Antíoco e seus instrumentos de opressão – ²⁵Por todo Israel, em todos os lugares, houve grande lamentação: ²⁶"Chefes e anciãos gemeram, virgens e moços perderam seu vigor, e murchou a beleza das

---

1,1-9: Nota introdutória com pouco fundamento histórico, exaltando o grande general macedônio Alexandre, que morreu em 323 a.C. Só por volta de 306 é que seu reino foi efetivamente dividido (cf. Dn 8,21-22).

10-15: Antíoco tem o título de Epífanes ("manifestação de Deus") e é qualificado como "rebento ímpio". Seu reinado começa em 175 a.C. Os autores do livro criticam os judeus que seguem os costumes helênicos e que representam uma abominação para os judeus fiéis. A expressão "geração de ímpios" (ou "transgressores da Lei") aponta para o conflito com os judeus helenistas, que tinham o apoio de Antíoco IV Epífanes.

16-24: Projeto de dominar o Egito, embora estando as regras e o controle da região em poder dos romanos (cf. 1Mc 8). A invasão e saque de Jerusalém são descritos com pompa e poder. A campanha de Ptolomeu Filométor é narrada com maior clareza em Dn 11,25-39. A utilização dos elefantes em combates é prática originária da Índia.

25-64: Os lamentos e cânticos fúnebres denunciam os instrumentos de opressão e desumanização: violência, muitas mortes, saques, incêndio e destruição. A cidade de Davi foi transformada em fortaleza e cidade helênica ou pólis, com a finalidade de aumentar a arrecadação de produtos e integrá-la à rede comercial grega. Os vv. 60-64 apontam para a resistência do povo e das mulheres. Aparece pela primeira vez no livro a expressão "abominação da desolação" para designar o altar de Baal-Shamem ou Zeus Olímpico, erguido sobre o altar de Javé (cf. Dn 8,13; 9,27; 11,31; 12,11; 1Mc 1,54).

mulheres. ²⁷Todo recém-casado entoou um cântico fúnebre e a esposa ficou de luto no seu quarto de casal. ²⁸A terra tremeu por causa de seus habitantes, e toda a casa de Jacó se cobriu de vergonha".

²⁹Dois anos depois, o rei mandou às cidades de Judá o princípe dos tributos, que entrou em Jerusalém acompanhado de poderoso exército. ³⁰E falou-lhes palavras de paz com falsidade, ganhou a confiança dos habitantes; e de repente caiu sobre a cidade, aplicando-lhe violento golpe e provocando a morte de muita gente em Israel. ³¹Saqueou a cidade, incendiou-a, e destruiu suas casas e muralhas. ³²Levaram mulheres e crianças como prisioneiras, e roubaram todos os animais de carga.

³³Em seguida construíram ao redor da Cidade de Davi uma alta e resistente muralha, além das torres de guarda bem reforçadas, de modo que ela ficou sendo a fortaleza deles. ³⁴Colocaram nela gente ímpia, homens cruéis, que aí se instalaram. ³⁵Abasteceram a fortaleza com armas e alimentos, e aí depositaram o que haviam saqueado de Jerusalém. Desse modo, eles se transformaram num grande perigo, ³⁶em armadilha contra o santuário e ameaça contínua para Israel. ³⁷Derramaram sangue inocente ao redor do santuário e profanaram o lugar santo. ³⁸Por causa deles, os moradores de Jerusalém fugiram, e Jerusalém se transformou em morada de estrangeiros. A cidade tornou-se estranha à sua própria gente, e seus filhos a abandonaram. ³⁹Seu santuário se tornou como deserto, suas festas se transformaram em luto, seus sábados em vergonha e sua honra em humilhação. ⁴⁰Sua humilhação foi tão grande quanto seu antigo prestígio, e seu esplendor se transformou em luto. ⁴¹O rei baixou um decreto, determinando que o reino inteiro formasse um povo só, ⁴²e cada qual deixasse de lado seus costumes particulares. Todas as nações obedeceram ao decreto do rei. ⁴³E muitos em Israel gostaram do serviço de culto do rei e passaram a oferecer sacrifícios aos ídolos e a profanar o sábado. ⁴⁴Além disso, através de mensageiros, o rei mandou a Jerusalém e às cidades de Judá um documento com várias ordens: tinham de adotar a legislação estrangeira; ⁴⁵proibia oferecer holocaustos, sacrifícios e libações no santuário e também guardar os sábados e festas; ⁴⁶mandava contaminar o santuário e objetos sagrados, ⁴⁷construindo altares, templos e oratórios para os ídolos, e sacrificar porcos e outros animais impuros; ⁴⁸ordenava que não circuncidassem os filhos e que profanassem a si próprios com todo tipo de impurezas e abominações, ⁴⁹esquecendo a Lei e mudando todos os costumes. ⁵⁰Quem não obedecesse à ordem do rei, morreria.

⁵¹O rei mandou documentos escritos que continham as ordens para todo o seu reino. Nomeou fiscais sobre todo o povo e determinou que as cidades de Judá, uma após outra, deveriam oferecer sacrifícios. ⁵²Muita gente do povo passou para o lado deles, todos traidores da Lei. Começaram a praticar o mal no país, ⁵³e obrigaram Israel a se esconder em lugares secretos e em todo tipo de refúgio.

⁵⁴No dia quinze do mês de Casleu do ano cento e quarenta e cinco, Antíoco colocou sobre o altar dos holocaustos a abominação da desolação. Pelas cidades de Judá em derredor, construíram-se também outros altares. ⁵⁵Passaram a queimar incenso até na porta das casas e pelas praças. ⁵⁶Rasgavam e queimavam os livros da Lei que encontravam. ⁵⁷Quando encontravam um livro da Aliança em poder de alguém, ou se alguém concordasse em seguir a Lei, o decreto do rei condenava essa pessoa à morte. ⁵⁸Dado que tinham poder, faziam isso cada mês contra todos de Israel que encontravam pelas cidades. ⁵⁹No dia vinte e cinco de cada mês, ofereciam-se sacrifícios no altar colocado sobre o altar dos holocaustos. ⁶⁰De acordo com o decreto, matavam as mulheres que tinham circuncidado seus filhos, ⁶¹juntamente com as criancinhas que elas carregavam no colo, com os familiares e com as pessoas que tinham feito a circuncisão. ⁶²Muitos em Israel, porém, permaneceram firmes, e não havia quem os fizesse comer coisa nenhuma que fosse impura. ⁶³Preferiam morrer a se contaminar com esses alimentos e profanar a santa Aliança. E muitos morreram. ⁶⁴Desencadeou-se assim uma grande ira sobre Israel.

II. REVOLTA DE MATATIAS: GERME DA RESISTÊNCIA ARMADA

Matatias e seus filhos – ²¹Nesses dias, levantou-se Matatias, filho de João, filho de Simeão, sacerdote, dos filhos de Joiarib, e saiu de Jerusalém para se estabelecer em Modin. ²Tinha cinco filhos: João, que tinha o apelido de Gadi; ³Simão, conhecido por Tasi; ⁴Judas, chamado Macabeu; ⁵Eleazar, chamado Auarã; e Jônatas, chamado Afus. ⁶Vendo as blasfêmias que estavam acontecendo em Judá e Jerusalém, ⁷disse: "Ai de mim! Para que fui nascer? Só para ver a desgraça do meu povo e da Cidade Santa? Para ficar aí sentado, enquanto ela vai sendo entregue nas mãos dos inimigos, enquanto seu santuário sagrado cai nas mãos de estrangeiros? ⁸Seu santuário tornou-se como homem não glorioso: ⁹os adornos magníficos que o enfeitavam foram levados como saque; suas crianças foram assassinadas nas praças, e seus jovens foram mortos pela espada do inimigo. ¹⁰Qual foi a nação que não invadiu seus palácios e não tomou posse de seus despojos? ¹¹Tudo o que servia de enfeite foi roubado; era livre, e agora se tornou escrava! ¹²Eis o nosso lugar santo, que era nossa beleza e nossa glória: foi devastado e profanado pelas nações! ¹³Para que continuar vivendo?" ¹⁴Matatias e seus filhos rasgaram as vestes, vestiram-se com pano de saco e fizeram grande luto.

Revolta de Matatias – ¹⁵Chegaram da parte do rei os encarregados de forçar a apostasia na cidade de Modin, para procederem aos sacrifícios. ¹⁶Muitos de Israel aderiram a eles, porém Matatias e seus filhos se reuniram à parte. ¹⁷E responderam os que vieram da parte do rei, dizendo para Matatias: "Você é chefe ilustre e de grande honra nesta cidade, apoiado por filhos e irmãos. ¹⁸Aproxime-se por primeiro para cumprir a ordem do rei, como fizeram todas as nações, os homens de Judá e os deixados em Jerusalém. Assim você e seus filhos passarão a fazer parte dos amigos do rei e serão honrados com prata, ouro e muitos presentes". ¹⁹Matatias respondeu em voz alta: "Ainda que todas as nações que estão na casa do reino ouçam as ordens do rei, colocando-se cada qual fora do serviço de seus pais para se conformarem com as determinações dele, ²⁰eu, meus filhos e meus irmãos continuaremos vivendo de acordo com a aliança de nossos pais. ²¹Deus nos livre de abandonar a Lei e os preceitos! ²²Não! Nós não ouviremos as palavras do rei. Não vamos nos desviar do nosso serviço, nem para a direita nem para a esquerda".

²³Terminando de falar todas essas palavras, aos olhos de todos aproximou-se um homem judeu para sacrificar no altar de Modin, conforme as ordens do rei. ²⁴Vendo isso, Matatias, cheio de zelo e estremecendo seus rins, correu e o matou sobre o altar. ²⁵No mesmo instante matou também o emissário do rei, que obrigava o povo a oferecer o sacrifício, e demoliu o altar. ²⁶Ele estava agindo por amor à Lei, do mesmo modo como Finéias para com Zambri, filho de Salu. ²⁷Depois disso, Matatias saiu gritando pela cidade: "Quem tiver amor pela Lei e quiser permanecer na aliança, que me acompanhe". ²⁸Ele e seus filhos fugiram para as montanhas, abandonando na cidade tudo o que possuíam.

O grupo que não se defendeu em dia de sábado – ²⁹Muitos que amavam a justiça e o direito desceram para o deserto e aí ficaram ³⁰com seus filhos, mulheres e rebanhos, pois a perseguição contra eles aumentava. ³¹Denunciaram aos oficiais do rei e à guarnição estabelecida em Jerusalém, na Cidade de Davi, que algumas

---

2,1-14: De acordo com o redator, a revolta armada tem início em Modin, vilarejo próximo de Jerusalém, a 12 km de Lida. Apresentação dos personagens da resistência, com seus nomes e significados: Matatias (presente de Javé) e seus filhos: João (Javé foi benevolente), que tinha o apelido de Gadi (minha fortuna); Simão (Deus ouviu), conhecido por Tasi (zeloso); Judas (Deus guiará), chamado Macabeu (martelo, designação de Javé); Eleazar (Deus ajudou), chamado Auarã (o desperto); e Jônatas (dado por Deus), chamado Afus (o favorecido ou astuto).

15-28: Promessas para aqueles que aderiam ao projeto régio de helenização: serem considerados amigos do rei; direito a regalias, méritos e isenções; acesso fácil junto ao soberano; ocupação de importantes cargos no reino (3,38; 7,8; 10,16.20.60.65; 11,27.57; 14,39; 15,28; 2Mc 8,9). Segundo o redator, Matatias age com zeloso amor à Lei, tal como Finéias (Nm 25; Eclo 45,23-26).

29-41: Começam a surgir aqui e acolá grupos em oposição às ordens do general selêucida. O grupo fiel é apresentado como amante da justiça e do direito; em resposta ao que está acontecendo no país, se refugia em

pessoas tinham desobedecido às ordens do rei e descido para as cavernas do deserto. ³²Muitos desses homens do rei correram atrás deles e os alcançaram. Acamparam em volta deles e se organizaram para atacá-los num dia de sábado. ³³Tudo pronto, lhes disseram: "Agora chega! Saiam daí, façam aquilo que o rei mandou, e a vida de vocês estará salva". ³⁴Eles responderam: "Não sairemos, nem cumpriremos a ordem do rei, profanando o dia de sábado". ³⁵Então aqueles começaram a atacá-los. ³⁶Eles, porém, não reagiram, não atiraram uma única pedra, nem mesmo fecharam a entrada de seus esconderijos. ³⁷Disseram apenas: "Vamos morrer com a consciência limpa. O céu e a terra são testemunhas de que vocês nos estão matando injustamente". ³⁸Assim mesmo, os homens do rei os atacaram em dia de sábado. E eles morreram, com suas mulheres, crianças e rebanhos. Eram cerca de mil pessoas.

Adesão dos assideus – ³⁹Ao saber do caso, Matatias e seus companheiros choraram amargamente. ⁴⁰E comentavam entre si: "Se nós todos fizermos como esses nossos irmãos, se não lutarmos contra as nações por nossa vida e nossas tradições, em breve nos eliminarão da face da terra". ⁴¹Nesse mesmo dia, tomaram esta decisão: "Lutaremos abertamente contra todo aquele que nos atacar em dia de sábado. Assim não morreremos todos, como nossos irmãos em seus esconderijos".

⁴²Nesse tempo, uniu-se a eles a sinagoga dos assideus, que em Israel eram fortes em poder e devotados à Lei. ⁴³Todos os que fugiam das coisas más se uniam a eles e tornaram-se apoio para eles. ⁴⁴Desse modo, organizaram um exército, e descarregaram sua ira contra os pecadores e sua raiva contra os homens sem lei. E os demais fugiram, buscando salvação entre as nações. ⁴⁵Depois disso, Matatias e seus companheiros fizeram incursões pelo país, derrubando os altares ⁴⁶e circuncidando à força os meninos que encontravam sem circuncisão no território de Israel. ⁴⁷Começaram a perseguir os soberbos, e a campanha teve sucesso. ⁴⁸Defenderam a Lei diante da prepotência dos povos e reis, e não deram poder ao pecador.

Testamento e morte de Matatias – ⁴⁹Quando foi chegando perto da morte, Matatias disse a seus filhos: "Agora, a insolência e o ultraje estão tendo muita força. É um tempo de destruição e de ódio violento. ⁵⁰Portanto, meus filhos, cuidem de cumprir a Lei com zelo e deem suas vidas para defender a aliança de nossos pais. ⁵¹Lembrem-se de como agiram nossos pais em seu tempo, e vocês conseguirão honra sem par e fama para sempre. ⁵²Abraão não foi fiel na prova? E isso lhe foi considerado como justiça. ⁵³José observou os mandamentos no tempo do perigo, e chegou a ser senhor do Egito. ⁵⁴Nosso pai Finéias recebeu o encargo do sacerdócio eterno, por causa de seu grande zelo. ⁵⁵Josué tornou-se juiz de Israel, por ter obedecido à palavra. ⁵⁶Caleb recebeu uma terra em herança, por ter dado testemunho diante da assembleia. ⁵⁷Davi recebeu o trono de rei para sempre, por causa de sua bondade. ⁵⁸Elias foi arrebatado ao céu, por causa de seu ardente zelo pela Lei. ⁵⁹Ananias, Azarias e Misael foram salvos da fornalha, por causa de sua fé. ⁶⁰Daniel ficou livre da boca dos leões, por causa de sua sinceridade.

⁶¹E assim, repassando as gerações, vocês compreenderão que jamais fraquejam aqueles que esperam em Deus. ⁶²Não temam as ameaças de um pecador, pois a glória dele se transformará em esterco e podridão. ⁶³Hoje ele é exaltado, mas amanhã desaparecerá: voltará ao pó de onde veio, e seu projeto fracassará.

⁶⁴Meus filhos, sejam fortes e se apeguem firmemente à Lei, pois ela será a glória de vocês. ⁶⁵Aí está Simeão, irmão de vocês.

---

cavernas do deserto. Este caso é utilizado pelo redator para justificar a guerra no sábado e dar sentido à paixão e morte do justo.

42-48: Os assideus fazem resistência aos projetos de helenização, e são apresentados como israelitas fortes, corajosos e fiéis à Lei. É grupo de grande influência na interpretação da Lei e na defesa da tradição, e não se subordinou à política dos asmoneus. Neste grupo de piedosos está provavelmente a origem dos fariseus e essênios (1Mc 2,42; 7,13; 2Mc 14,6).

49-70: As palavras de Matatias utilizam a teologia oficial da história de Israel (Templo, leis de pureza e aliança) para legitimar a guerra dos Macabeus e justificar a liderança de Jônatas e Simão. Esse discurso em forma de testamento é bem próximo do elogio aos antepassados em Eclo 44-50.

Eu sei que ele é homem equilibrado. Obedeçam sempre a ele, e ele será um pai para vocês. ⁶⁶Judas Macabeu, homem corajoso desde moço, será o comandante do exército de vocês e dirigirá a guerra contra os povos. ⁶⁷Procurem reunir em torno de vocês todos os que praticam a Lei, para vingar o povo. ⁶⁸Façam as nações pagarem pelo mal que fizeram, e observem sempre os mandamentos da Lei".

⁶⁹Depois Matatias os abençoou e se reuniu com seus pais. ⁷⁰Morreu no ano cento e quarenta e seis, e foi sepultado em Modin, no túmulo de seus pais. Todo Israel lamentou muito a sua morte.

III. AÇÃO DE JUDAS MACABEU, LÍDER DA RESISTÊNCIA (166-160 a.C.)

3 *Elogio a Judas Macabeu* – ¹No lugar de Matatias, ficou seu filho Judas, apelidado Macabeu. ²Seus irmãos e todos os que tinham ficado do lado de seu pai lhe deram apoio e partiram com entusiasmo, lutando por Israel. ³Judas alargou a fama do seu povo. Vestiu a couraça como gigante, empunhou as armas e sustentou muitas batalhas, defendendo o acampamento com a espada. ⁴Por suas façanhas parecia um leão, um filhote de leão rugindo em cima da presa. ⁵Perseguia os iníquos, e queimava os que oprimiam seu povo. ⁶Com medo de Judas, os iníquos fugiram amedrontados e os malfeitores ficaram confundidos. Por meio dele, a libertação foi realizada. ⁷Ele causou dissabores a muitos reis, porém alegrou Jacó com suas façanhas, e sua memória será sempre elogiada. ⁸Percorreu as cidades de Judá, exterminando os injustos, e afastou de Israel a ira divina. ⁹Sua fama percorreu todo o país, porque ele reuniu um povo que estava morrendo.

Batalha contra Apolônio e Seron – ¹⁰Apolônio reuniu nações e um forte contingente militar da Samaria, a fim de lutar contra Israel. ¹¹Ao saber disso, Judas saiu para enfrentá-lo. Conseguiu vencer e matar Apolônio, do qual muitos soldados tombaram mortos, e o resto fugiu. ¹²Ao recolher os despojos, Judas pegou a espada de Apolônio e, daí para a frente, passou a lutar sempre com ela.

¹³Seron, general do exército sírio, ouviu falar que Judas tinha reunido em torno de si grande número de partidários, formado de homens fiéis e dispostos para a guerra. ¹⁴E pensou: "Vou ficar famoso e ganhar prestígio no reino, lutando contra Judas e seus partidários, que desprezam as ordens do rei". ¹⁵Então Seron se preparou, e a ele se juntou grande exército de gente ímpia, que subiu com ele para vingar-se dos filhos de Israel. ¹⁶Seron avançou até a subida de Bet-Horon, onde Judas foi enfrentá-lo com pouca gente. ¹⁷Ao ver a multidão que vinha se aproximando para enfrentá-los, os homens de Judas lhe disseram: "Somos poucos. Como é que podemos enfrentar essa multidão forte e armada? Além disso, estamos cansados. Hoje ainda não comemos nada". ¹⁸Judas respondeu: "Não é difícil que muitos caiam nas mãos de poucos. Não faz diferença para o Céu salvar com poucos ou salvar com muitos. ¹⁹A vitória na guerra não depende da multidão de soldados, mas da força que vem do Céu. ²⁰Eles vêm contra nós cheios de insolência e injustiça, para eliminar a nós, nossas mulheres e nossos filhos, e levar tudo o que temos. ²¹Nós, porém, lutamos por nossa vida e nossas leis. ²²Por isso, Deus vai esmagá-los diante de nós! Não tenham medo". ²³Judas terminou de falar e os atacou de surpresa. E Seron com seu exército foram esmagados diante de Judas. ²⁴Os homens de Judas perseguiram o inimigo pela baixada de Bet-Horon, até a planície. Seron perdeu oitocentos homens, e o resto fugiu para a região dos filisteus. ²⁵Então Judas e seus companheiros começaram a ser temidos, e o pavor dominou as nações vizinhas. ²⁶Sua fama chegou até o rei,

---

3,1-9,22: Este conjunto apresenta as façanhas, a liderança e as vitórias de Judas Macabeu. Na abertura um elogio a Judas, e no fechamento a descrição de sua morte. A parte central contém os relatos de guerra: contra Apolônio, Seron, Lísias e Górgias; contra os povos vizinhos; libertação na Galileia e em Galaad; dispersão dos inimigos e última batalha contra Nicanor. Também apresenta relatos de fortalecimento do grupo, restauração do Templo, estratégias, solidariedade e alianças.

3,1-9: A liderança de Judas Macabeu como guerreiro causa dissabor aos generais Antíoco IV Epífanes, Antíoco V Eupátor e Demétrio I. Esta exaltação de Judas como libertador e reunificador contrasta com 2Mc 8,1-7.

10-26: Judas Macabeu derrota Apolônio, que sofre saques e é obrigado a fugir. Tomar a espada de Apolônio é

porque todas as nações comentavam as batalhas de Judas.

Exército de Antíoco – ²⁷Logo que soube disso, o rei Antíoco ficou furioso e mandou concentrar todas as forças do reino, formando um exército poderosíssimo. ²⁸Abriu seu tesouro e adiantou o soldo de um ano para todo o exército, ordenando que ficasse de prontidão para qualquer eventualidade. ²⁹Percebeu, porém, que as reservas do tesouro não bastavam e as entradas que vinham das províncias eram poucas, por causa das revoltas e ruínas que ele mesmo tinha espalhado no país, para acabar com as leis antigas. ³⁰E ficou com medo de não ter, como já havia acontecido outras vezes, o suficiente para as despesas e para os presentes que costumava distribuir mais que os reis anteriores. ³¹Vendo-se em apuros, resolveu recorrer à Pérsia, para recolher os tributos daquelas províncias e juntar grande soma de dinheiro. ³²Antes disso, deixou Lísias, membro distinto da família real, à frente dos negócios do rei, desde o rio Eufrates até a fronteira do Egito. ³³Encarregou-o de cuidar de seu filho Antíoco, até sua volta. ³⁴Colocou sob o comando dele a metade de suas tropas, inclusive os elefantes, e o encarregou de tudo o que estava querendo, especialmente com relação aos habitantes da Judeia e de Jerusalém. ³⁵Lísias deveria mandar um exército para derrotar e destruir o exército de Israel e o que ainda restasse em Jerusalém, fazendo assim desaparecer desse lugar a lembrança dessa gente. ³⁶Em seguida, Lísias deveria colocar estrangeiros em todo o território e dividir o país em lotes. ³⁷Levando a metade de suas tropas, o rei partiu de Antioquia, capital do seu reino, no ano cento e quarenta e sete. Depois de atravessar o rio Eufrates, percorreu as províncias do planalto.

Górgias e Nicanor invadem a Judeia – ³⁸Lísias escolheu Ptolomeu, filho de Dorímenes, e Nicanor com Górgias, homens poderosos e influentes no reino, ³⁹e os enviou com quarenta mil homens de infantaria e sete mil cavaleiros, a fim de invadir o país de Judá e arrasá-lo, conforme as determinações do rei. ⁴⁰Puseram-se em marcha com todo o exército e acamparam na planície, perto de Emaús. ⁴¹Quando os mercadores da região souberam da notícia, correram para o acampamento com grande quantidade de prata, ouro e correntes, a fim de comprar os filhos de Israel como escravos. Ao exército juntaram-se ainda tropas edomitas e filisteias.

⁴²Judas e seus companheiros perceberam que a situação estava se agravando muito: o exército inimigo já estava acampado na região. Eles ficaram também sabendo que o rei tinha dado ordens para destruir e exterminar o povo. ⁴³E comentaram: "Vamos reerguer da ruína o nosso povo. Vamos lutar pelo nosso povo e pelo santuário". ⁴⁴Então foi convocada uma assembleia, a fim de que todos pudessem estar preparados para a luta e também para rezar, pedindo a Deus piedade e compaixão.

⁴⁵Jerusalém estava despovoada como um deserto. Nenhum de seus filhos entrava nem saía. O santuário foi pisoteado. E as nações ocupavam a fortaleza, transformada em hospedaria de nações. Jacó perdeu a alegria, e não se ouviam mais nem a flauta nem a lira.

Judas reúne os judeus em Masfa – ⁴⁶Reuniram-se todos e foram para Masfa, lugar que fica bem defronte a Jerusalém, porque aí foi o primeiro lugar de oração em Israel. ⁴⁷Nesse dia, eles jejuaram, vestiram-se de luto, puseram cinza na cabeça e rasgaram as roupas. ⁴⁸Depois, desenrolaram o livro da Lei, para consultá-lo, da mesma forma

---

ação semelhante à de Davi guerreiro (1Sm 17 e 21). A outra batalha é contra Seron, general do exército selêucida (vv. 13-24), que buscava ganhar fama e prestígio. As palavras de Judas têm estilo deuteronomista. cf. Dt 1,29s; 3,18-22.

27-37: Antíoco IV Epífanes organiza poderoso exército, abre os cofres e adianta o salário de um ano para os soldados, mas se vê em apuros e com problemas financeiros. Seu projeto depende de Lísias, provável "parente do rei" ou alguém que ocupa cargo de honra na corte (1Mc 10,89; 2Mc 11,1).

38-45: No confronto em Emaús, a 30 km de Jerusalém, Lísias pretende comprar os israelitas como escravos; escolhe para tanto dois homens poderosos e influentes de seu exército: Ptolomeu, estratego da província da Celessíria e Fenícia, e Górgias, chefe das operações militares (1Mc 7,26 e 2Mc 8,8-9).

46-60: Judas Macabeu convoca uma assembleia, a fim de preparar todos para a luta e para pedir a Deus compaixão e piedade. A preparação tem perspectiva sacerdotal, e a organização militar é inspirada nas antigas

que as nações consultavam seus ídolos. ⁴⁹Levaram também as vestimentas dos sacerdotes, os primeiros frutos e os dízimos, e convocaram os nazireus que tinham terminado o tempo do seu voto. ⁵⁰Todos levantaram a voz para o Céu, gritando: "O que podemos fazer com essa gente? Para onde os levaremos? ⁵¹Teu santuário foi pisoteado e profanado, teus sacerdotes estão de luto e humilhados! ⁵²Vê! As nações se uniram contra nós, para nos aniquilar. Tu bem sabes o que eles planejam contra nós. ⁵³Como poderemos resistir, se tu não nos ajudares?" ⁵⁴Em seguida, tocaram as trombetas e levantaram grande clamor.

⁵⁵Então Judas nomeou os comandantes do exército: comandantes de mil, de cem, de cinquenta e de dez. ⁵⁶Mandou voltar para casa os que estavam construindo, os que tinham acabado de se casar, os que estavam plantando lavoura de uvas e os que andavam com medo, tudo conforme a Lei ordena. ⁵⁷Então o exército levantou acampamento e foi acampar ao sul de Emaús. ⁵⁸Judas ordenou: "Preparem-se. Sejam firmes e corajosos e estejam prontos para amanhã entrar em combate contra essas nações. Eles se aliaram contra nós, com a intenção de nos destruir, a nós e ao nosso lugar santo. ⁵⁹É melhor morrer na batalha do que ficar olhando a desgraça do nosso povo e do nosso santuário. ⁶⁰Seja feita a vontade do Céu".

4 *Judas Macabeu contra Górgias* – ¹Górgias pegou cinco mil soldados de infantaria e mil cavaleiros escolhidos. Saiu de noite ²para atacar de surpresa o acampamento dos judeus e acabar com eles de uma vez. O pessoal da fortaleza serviu-lhes de guia. ³Sabendo do plano, Judas levantou acampamento com seu exército e foi atacar a parte do exército do rei que tinha ficado em Emaús, ⁴enquanto alguns batalhões estavam longe do acampamento.

⁵Quando Górgias chegou, de noite, ao acampamento de Judas, não encontrou ninguém. Então começou a procurá-los pelas montanhas, pensando que tivessem fugido. ⁶Ao amanhecer, Judas chegou à planície com três mil homens, mas sem escudos e espadas suficientes. ⁷Quando viram que o acampamento das nações era forte e estava bem guardado, rodeado de cavaleiros treinados para a guerra, ⁸Judas disse a seus homens: "Não tenham medo da quantidade deles, nem se apavorem com seu ataque. ⁹Lembrem-se de como nossos pais foram salvos no mar Vermelho, quando o faraó com seu exército os perseguia. ¹⁰Vamos gritar ao Céu para que nos ajude e se lembre da aliança com nossos pais, e derrote hoje esse exército que está à nossa frente. ¹¹Então todas as nações reconhecerão que existe alguém que resgata e liberta Israel".

¹²Quando os estrangeiros levantaram os olhos e os viram chegando pela frente, ¹³saíram do acampamento para a batalha. Os homens de Judas tocaram a trombeta ¹⁴e atacaram. As nações foram derrotadas e fugiram para a planície. ¹⁵Os que estavam na retaguarda foram mortos à espada. E os perseguiram até Gazara e até as planícies da Iduméia, de Azoto e de Jâmnia. E o inimigo perdeu cerca de três mil homens.

¹⁶Ao voltar da perseguição aos fugitivos, ¹⁷Judas falou aos soldados: "Não fiquem cobiçando os despojos, pois temos mais um combate pela frente: ¹⁸Górgias e seu batalhão estão no monte aqui perto de nós. Sejam firmes contra nossos inimigos e lutem contra eles. Depois poderão recolher os despojos com toda a tranquilidade". ¹⁹Judas ainda falava, quando se avistou uma patrulha deles espionando do alto do monte. ²⁰A patrulha viu que os companheiros tinham fugido e que o acampamento estava incendiado: a fumaça que se via denunciava o que tinha acontecido. ²¹Ao ver isso, ficaram completamente apavorados. E quando viram o exército de Judas na planície, preparado para o confronto, ²²fugiram todos para a região dos filisteus. ²³Então Judas voltou para saquear o acampamento: pegou muito ouro e prata, tecidos de púrpura comum e de púrpura marinha, e muita coisa de valor. ²⁴Voltaram cantando hinos e louvando a Deus, "porque ele é bom e seu

---

lutas tribais e na monarquia pré-exílica (cf. Ex 18,13-21; Nm 31,48; Dt 1,15; 2Sm 18,1; 2Rs 1,9-14).

4,1-25: Lembrança do êxodo, da aliança e das narrativas triunfantes sobre a conquista da terra, como

amor é para sempre". ²⁵E, nesse dia, Israel conseguiu uma grande vitória.

Judas Macabeu contra Lísias – ²⁶Os estrangeiros que fugiram foram contar a Lísias tudo o que tinha acontecido. ²⁷Ao ouvir a notícia, ele ficou transtornado e abatido, pois as coisas contra Israel não tinham acontecido como ele esperava, e o resultado era o contrário do que o rei havia previsto.

²⁸No ano seguinte, recrutou sessenta mil homens combatentes e cinco mil cavaleiros, a fim de subjugar os judeus. ²⁹Foram para a Idumeia e acamparam em Betsur, mas Judas saiu para enfrentá-los com dez mil homens. ³⁰Ao ver tão poderoso exército, Judas rezou: "Bendito sejas tu, Salvador de Israel, que derrotaste a força de um gigante pela mão de teu servo Davi, e que entregaste o exército dos filisteus nas mãos de Jônatas, filho de Saul, e de seu escudeiro. ³¹Assim também, entrega esse exército nas mãos de teu povo Israel, e que seus soldados e cavaleiros fiquem envergonhados. ³²Amedronta-o e quebra o orgulho de seu poderio, para que sejam afogados pela derrota. ³³Derruba-os com a espada dos que te amam, para que todos os que conhecem teu Nome te celebrem com hinos".

³⁴Avançaram uns contra os outros, e cerca de cinco mil do exército de Lísias caíram na luta corpo a corpo. ³⁵Ao ver a derrota de seu exército e a coragem do grupo de Judas, disposto corajosamente a viver ou morrer, Lísias foi para Antioquia e começou a recrutar um exército ainda mais numeroso, a fim de voltar à Judeia.

Purificação e dedicação do Templo – ³⁶Judas e seus companheiros fizeram esta proposta: "Agora que derrotamos o inimigo, vamos purificar e consagrar o lugar santo". ³⁷O exército inteiro se reuniu e subiu ao monte Sião. ³⁸Aí viram o santuário abandonado, o altar profanado, as portas incendiadas, o mato crescendo nos pátios, como se fosse em campo aberto ou nas montanhas, e os aposentos destruídos. ³⁹Então rasgaram as roupas e fizeram grande luto, jogando cinza na cabeça ⁴⁰e prostrando-se por terra. Depois, tocaram a trombeta e clamaram ao Céu.

⁴¹Judas destacou alguns homens para que contivessem os que estavam na fortaleza, enquanto se purificava o santuário. ⁴²Para isso, escolheu sacerdotes sem defeito físico e que seguiam a Lei. ⁴³Eles purificaram o Templo e jogaram num lugar impuro as pedras que o contaminavam. ⁴⁴Puseram-se então a discutir a respeito do altar dos holocaustos que tinha sido profanado, ⁴⁵e tiveram a ideia de destruí-lo. Assim não ficariam envergonhados pelo fato de as nações o terem profanado. Demoliram o altar ⁴⁶e puseram as pedras no monte do Templo, num lugar conveniente, até que aparecesse um profeta e resolvesse o caso. ⁴⁷Então pegaram pedras brutas, conforme manda a Lei, e com elas construíram um altar novo, igual ao anterior. ⁴⁸Restauraram o Templo e consagraram a parte interna do santuário e os pátios. ⁴⁹Fizeram novos objetos de culto, e colocaram dentro do Templo o candelabro, o altar do incenso e a mesa. ⁵⁰Queimaram incenso sobre o altar e acenderam as lâmpadas do candelabro, para que iluminassem o Templo. ⁵¹Colocaram os pães em ordem sobre a mesa, penduraram as cortinas e deram por terminado todo o trabalho.

⁵²Na madrugada do dia vinte e cinco do nono mês, chamado Casleu, do ano cento e quarenta e oito, ⁵³ofereceram um sacrifício de acordo com a Lei, sobre o novo altar dos holocaustos que tinham construído. ⁵⁴Exatamente no mesmo dia e mês em que as nações o tinham profanado, o altar foi

---

encontramos no livro de Josué. É a descrição da batalha em meio a um cenário litúrgico e sacerdotal, com hinos, cantos de louvor e refrões. Antes do combate, as exortações seguem o costume prescrito em Dt 20 (cf. 2Mc 8,16-20).

26-35: Nos vv. 30-33, encontra-se a oração de Judas, que pede a Deus a entrega do exército inimigo em mãos de Israel, a exemplo de lutas desiguais no passado: Davi que derrota a força de um gigante e o exército dos filisteus entregue em mãos de Jônatas, filho de Saul (1Sm 14 e 17).

36-61: A narrativa aqui encaixada interliga dois textos: um trata da guerra por independência política e econômica, e outro fala das questões religiosas. A comemoração da vitória é descrita em dois momentos: a purificação do Templo (vv. 36-51) e a grande alegria da festa (vv. 52-59). Objetivo do grupo macabeu era construir muralhas e torres fortes ao redor de Sião. Em termos militares, cidade forte, torre ou cidadela é o lugar permanente de guarnições e destacamento de soldados. A festa da dedicação do Templo é conhecida como *Hanuká* (2Mc 1-2; 10,1-18).

consagrado em meio a cânticos e música ao som de cítaras, harpas e címbalos. ⁵⁵Todo o povo se prostrou por terra, adorando e louvando ao Céu, que lhes tinha dado sucesso. ⁵⁶Celebraram a consagração do altar durante oito dias, oferecendo alegremente holocaustos com sacrifícios de comunhão e ação de graças. ⁵⁷Enfeitaram a fachada do Templo com coroas douradas e escudos. Consagraram os portais e os aposentos, onde colocaram portas. ⁵⁸A alegria do povo foi muito grande. Assim estava cancelada a afronta imposta pelas nações. ⁵⁹Judas, com seus irmãos e toda a assembleia de Israel, determinou que se comemorasse anualmente a nova consagração do altar, com festas solenes durante oito dias, a partir do dia vinte e cinco do mês de Casleu.

⁶⁰Nessa ocasião construíram, em volta do monte Sião, muralhas altas com torres bem fortes, para que as nações nunca mais entrassem e as destruíssem, como haviam feito antes. ⁶¹Judas deixou aí um destacamento, para defender o monte. Também fortificou Betsur, para que o povo ficasse protegido contra a Iduméia.

5 *Campanhas de Judas Macabeu contra os idumeus e amonitas* – ¹Quando as nações vizinhas souberam que os judeus tinham reconstruído o altar e consagrado novamente o santuário como antes, ficaram muito irritadas. ²Resolveram acabar com os descendentes de Jacó que viviam no meio delas, e começaram a matar e eliminar as pessoas do povo judeu. ³Então Judas atacou os descendentes de Esaú, moradores da Iduméia, na região de Acrabatena, que estavam cercando Israel. Judas derrotou-os fragorosamente, humilhou-os e carregou seus despojos. ⁴Em seguida, Judas lembrou-se das maldades da gente de Beã, que era permanente armadilha e obstáculo para o povo, por causa das emboscadas que armavam pelos caminhos. ⁵Ele os obrigou a se refugiarem nas próprias torres. Depois que os cercou, os destruiu: incendiou as torres com tudo e todos que estavam dentro delas. ⁶Em seguida, marchou contra os amonitas, e aí enfrentou um exército numeroso e bem armado, comandado por Timóteo. ⁷Teve de enfrentar muitas batalhas. No final, porém, aqueles foram derrotados por Judas, que os esmagou. ⁸Depois de se apossar de Jazer com seus distritos, Judas voltou para a Judeia.

Campanhas na Galileia e em Galaad – ⁹Os povos que moravam em Galaad também se aliaram contra os de Israel que viviam em seus territórios, querendo eliminá-los. Estes, porém, se refugiaram na fortaleza de Datema, ¹⁰e mandaram esta carta a Judas e seus irmãos, dizendo: "As nações se reuniram ao nosso redor contra nós, e querem destruir-nos. ¹¹Já estão prontos para vir tomar a fortaleza onde nos refugiamos. O comandante do exército deles é Timóteo. ¹²Venha livrar-nos das mãos deles, pois muitos dos nossos já tombaram. ¹³Todos os nossos irmãos que moravam no distrito de Tobias foram mortos. Suas mulheres e filhos foram levados prisioneiros e seus bens foram saqueados. Cerca de mil pessoas já morreram".

¹⁴O pessoal de Judas ainda estava lendo a carta, quando chegaram outros mensageiros vindos da Galileia. Estavam com as roupas rasgadas e traziam esta notícia: ¹⁵"Todos de Ptolemaida, Tiro, Sidônia e da Galileia dos estrangeiros se uniram contra nós, para nos aniquilar". ¹⁶Logo que Judas e os soldados ouviram contar tudo isso, foi convocada uma grande assembleia para resolver o que fazer em favor dos irmãos em dificuldade e perseguidos. ¹⁷Judas disse a seu irmão Simão: "Escolha os homens que você quiser e vá libertar os irmãos que estão na Galileia. Eu e meu irmão Jônatas vamos para Galaad". ¹⁸Para defender a Judeia, deixou o resto do exército sob o comando de José, filho de Zacarias, e Azarias, chefe do povo.

5,1-8: No ano 163 a.C. acontecem estas primeiras campanhas contra povos vizinhos: a Iduméia ou Edom na região da Acrabatena, e os filhos de Beã, tribo semi-nômade que atacava os viajantes na rota de Jerusalém a Jericó (cf. Nm 20,23; 34,4; Js 15,3; 2Mc 10,15-23). Campanhas que têm como objetivo delimitar o território político e as fronteiras. Transparece aqui a leitura da expansão do território na dinastia dos asmoneus no ano 100 a.C.

9-54: Galaad, na época helenística, é o planalto sírio. A região de Amã, com muitas colônias de judeus, era governada pela família dos tobíadas (Ne 2,10; 6,17s; 13,8; 2Mc 12,17s). A região de Arbates fica entre a Samaria e a Galileia. A exemplo de Moisés no

¹⁹Recomendou-lhes: "Comandem as tropas, mas não entrem no combate contra as nações, enquanto não voltarmos". ²⁰A tropa de Simão era de três mil homens, que deviam ir para a Galileia; a tropa de Judas era de oito mil, que deviam ir para Galaad.

Expedições à Galileia e Galaad – ²¹Simão foi para a Galileia, onde travou várias batalhas contra as nações. Enfrentou, esmagou as nações ²²e perseguiu-as até as portas de Ptolemaida. Tombaram cerca de três mil deles, e Simão recolheu os despojos. ²³Em seguida, tomou os judeus da Galileia e de Arbates, juntamente com as mulheres, filhos e pertences, e com grande alegria os levou para a Judeia.

²⁴Enquanto isso, Judas Macabeu e seu irmão Jônatas atravessaram o rio Jordão e caminharam três dias pelo deserto. ²⁵Aí cruzaram com os nabateus, que foram ao encontro deles amigavelmente e lhes contaram tudo o que havia acontecido a seus irmãos em Galaad: ²⁶"Muitos deles estão cercados em Bosora, Bosor, Alimas, Casfo, Maced e Carnain, cidades grandes e fortificadas. ²⁷Outros se reuniram nas restantes cidades de Galaad, e o inimigo decidiu atacar amanhã as fortalezas, conquistá-las e exterminar, num só dia, todos os que nelas se encontram". ²⁸Imediatamente Judas e seu exército mudaram de direção e tomaram o rumo de Bosora, atravessando o deserto. Tomou a cidade, matou todos os homens à espada, recolheu os despojos e incendiou a cidade. ²⁹Partiram daí à noite e foram até a fortaleza. ³⁰Ao amanhecer, avistaram um grande exército, carregando escadas e máquinas de guerra, para conquistar a fortaleza, e já estavam começando a atacar. ³¹Percebendo que a luta já tinha começado e que a gritaria da cidade subia até o Céu em meio ao som das trombetas e de intenso clamor, ³²Judas falou a seus homens: "Lutem hoje por seus irmãos". ³³Distribuiu o pessoal em três alas, por trás dos inimigos, tocando as trombetas e rezando aos gritos. ³⁴Ao perceber que era o Macabeu, o exército de Timóteo fugiu em debandada, sofrendo uma grande derrota. Nesse dia caíram mortos cerca de oito mil soldados do exército de Timóteo.

³⁵Daí Judas se dirigiu para Alimas, atacou e tomou a cidade, matou os homens, recolheu os despojos e incendiou a cidade. ³⁶Daí foi para Casfo, Maced, Bosor e outras cidades de Galaad, e as tomou todas.

³⁷Algum tempo depois desses acontecimentos, Timóteo organizou outro exército e acampou defronte a Rafon, do outro lado do córrego. ³⁸Judas mandou espionar o acampamento dele, e recebeu estas informações: "Todas as nações vizinhas se aliaram a Timóteo, formando um exército muito grande. ³⁹Também os árabes estão contratados para ajudá-los, e estão todos acampados do outro lado do córrego, prontos para atacar você". Então Judas saiu para enfrentá-los. ⁴⁰No momento em que Judas e seu exército iam se aproximando do córrego, Timóteo disse a seus oficiais: "Se ele atravessar primeiro em nossa direção, não poderemos resistir, porque ele certamente vencerá. ⁴¹Mas, se ele ficar com medo e acampar do lado de lá, então nós atravessaremos e o venceremos". ⁴²Quando chegou à beira d'água, Judas colocou em forma os oficiais de recrutamento ao longo da margem do córrego, e deu-lhes esta ordem: "Não deixem ninguém acampar. Façam todos atravessar". ⁴³O próprio Judas foi o primeiro a atravessar na direção do inimigo, e todo o exército o acompanhou. Derrotaram as nações, que largaram as armas e se refugiaram no templo de Carnain. ⁴⁴Os judeus tomaram a cidade e puseram fogo no templo, queimando todos os que estavam dentro. Destruída Carnain, ninguém mais opôs resistência a Judas.

⁴⁵Em seguida, Judas reuniu todo o Israel que vivia em Galaad, grandes e pequenos, com mulheres, filhos e pertences, uma grande multidão, para levá-los à Judeia. ⁴⁶Assim chegaram a Efron, cidade importante e bem fortificada, que ficava no caminho. Não havia jeito de se desviar da cidade,

---

Egito, Judas Macabeu é apresentado como grande libertador que recebe a missão de conduzir o povo para a realização da promessa. Esta comparação demonstra a leitura que se fazia sobre Moisés e a Lei aí pelo ano 100 a.C. (época da composição do livro) e que enfatizava o aspecto impositivo da Lei e a violência exercida contra aqueles que não se encaixavam nos critérios da conquista.

nem por um lado nem por outro; era preciso passar por dentro dela. ⁴⁷O pessoal da cidade fechou as portas e reforçou-as com pedras. ⁴⁸Judas mandou uma embaixada, com esta mensagem de paz: "Precisamos atravessar o território de vocês, para voltarmos à nossa terra. Ninguém vai lhes fazer mal. Só queremos atravessar". Eles, porém, não abriram as portas. ⁴⁹Então Judas mandou avisar pelo acampamento que entrassem todos em forma para o combate, no lugar onde estivessem. ⁵⁰Ficaram todos de prontidão; em seguida, começaram a lutar contra a cidade. O combate durou o dia e a noite toda, até que a cidade se rendeu. ⁵¹Mataram à espada todos os homens, demoliram a cidade, recolheram os despojos e atravessaram a cidade, passando por cima dos cadáveres. ⁵²Depois, atravessaram o rio Jordão, em direção à grande planície que fica diante de Betsã. ⁵³Judas ficava reunindo os que estavam atrasados e animava o povo por toda a viagem, até chegar à terra de Judá. ⁵⁴Então subiram felizes e alegres ao monte Sião, e ofereceram holocaustos, pois tinham conseguido voltar em paz, sem que ninguém morresse.

Derrota em Jâmnia – ⁵⁵Enquanto Judas e Jônatas estavam em Galaad, e seu irmão Simão se encontrava na Galileia, diante de Ptolemaida, ⁵⁶os dois comandantes do exército, José, filho de Zacarias, e Azarias, ficaram sabendo das façanhas que eles tinham realizado. ⁵⁷E comentaram: "Vamos nós também ficar famosos! Vamos lutar contra as nações vizinhas". ⁵⁸Mandaram avisar os soldados do exército que estava sob o comando deles, e se puseram em marcha contra Jâmnia. ⁵⁹Górgias e seus homens saíram da cidade para enfrentá-los. ⁶⁰Aconteceu que José e Azarias foram derrotados e perseguidos até a fronteira da Judeia. Nessa ocasião, morreram cerca de dois mil homens das tropas de Israel. ⁶¹Foi uma grande derrota para o exército, causada pelo fato de José e Azarias não terem obedecido a Judas e seus irmãos. Eles queriam ficar famosos, ⁶²mas não eram da descendência dos homens destinados a libertar Israel.

Vitória contra os idumeus e filisteus – ⁶³O valente Judas e seus irmãos tinham grande prestígio diante de todo Israel e também diante das outras nações, aonde chegava a sua fama. ⁶⁴As pessoas se aglomeravam em torno deles para aplaudi-los. ⁶⁵Judas e seus irmãos marcharam para lutar contra os descendentes de Esaú, na região que fica ao sul. Tomaram Hebron e seus distritos, destruíram suas fortificações e incendiaram as torres que as rodeavam. ⁶⁶Daí partiram para a região dos filisteus, passando por Marisa. ⁶⁷Foi nessa ocasião que alguns sacerdotes morreram na guerra, pois quiseram mostrar valentia e entraram em combate imprudentemente. ⁶⁸Judas dirigiu-se para Azoto, região dos filisteus, e aí destruiu os altares, queimou as imagens dos deuses deles e saqueou a cidade. Depois, voltou para a terra de Judá.

6 ***Derrota e morte de Antíoco Epífanes*** – ¹Quando percorria as províncias do planalto, o rei Antíoco ouviu falar que havia na Pérsia uma cidade chamada Elimaida, famosa por sua riqueza em prata e ouro. ²Diziam que o templo dessa cidade era muito rico e que havia nele cortinas tecidas de ouro, couraças e armas aí deixadas pelo rei Alexandre, o Macedônio, filho de Filipe, que foi o primeiro rei do império grego. ³Antíoco dirigiu-se para o local, pretendendo tomar e saquear a cidade. Mas não conseguiu, porque o pessoal da cidade, sabendo da sua pretensão, ⁴preparou-se para a guerra e o enfrentou. Antíoco teve de fugir, e foi com grande tristeza que deixou o lugar, a fim de voltar para a Babilônia. ⁵Ele ainda estava na Pérsia, quando recebeu a

---

55-62: Jâmnia, cidade importante da faixa marítima ao sul de Jafa (1Mc 10,69; 15,38.40; 2Mc 10,8), é palco da morte de dois mil homens da tropa de Israel (vv. 55-62). Neste momento, Górgias é estratego e governador da faixa marítima e da Idumeia (cf. 2Mc 12,32).

63-68: Ao sul do país, ocorre a luta contra os edomitas e os idumeus, descendentes de Esaú, situados talvez entre o sul do mar Morto e o golfo de Acabá. No caminho que vai de Hebron à Filisteia, os redatores descrevem a queda de vários sacerdotes na região de Marisa, cidade helenizada da Idumeia a 20 km de Hebron (Js 15,44; 2Mc 12,35). Aqui temos a política expansionista dos asmoneus, marcada por extrema violência.

6,1-17: Narrativa aqui inserida para demonstrar o fracasso dos planos de Antíoco IV Epífanes, cuja morte é apresentada numa versão bem diferente das que encontramos em 2Mc 1,14-17 e 9,1-29. O autor trabalha com a confusão de dados sobre as mortes de Antíoco III e deste Antíoco IV Epífanes, ambas em Elimaida, cidade na região de Susa, antiga capital

notícia de que as tropas enviadas contra a Judeia tinham sido derrotadas ⁶e que Lísias tinha tomado a iniciativa de enfrentar os judeus com poderoso exército, mas teve de recuar. Soube também que os judeus ficavam mais perigosos por causa da quantidade de armas, além de outros recursos e despojos que tomavam dos exércitos que iam derrotando. ⁷Contaram também que os judeus tinham tirado a abominação que ele havia colocado sobre o altar de Jerusalém, e que tinham cercado o santuário com muralhas altas como antigamente, fazendo o mesmo em Betsur, cidade que pertencia ao rei. ⁸Ao ouvir essas notícias, o rei ficou apavorado e totalmente atordoado, e caiu de cama, doente de tristeza, pois nada estava acontecendo como ele queria. ⁹Ficou aí muito tempo, pensando. Percebendo que ia morrer, ¹⁰chamou todos os amigos e lhes disse: "O sono sumiu de meus olhos, meu coração está abatido de tanta aflição. ¹¹Eu disse a mim mesmo: 'A que grau de aflição me vejo reduzido! Como é grande a onda em que estou me debatendo. Eu que era feliz e estimado quando estava no poder! ¹²Agora, porém, estou lembrando os males que fiz a Jerusalém, de onde tirei todos os objetos de prata e ouro que nela havia. Lembro-me dos habitantes de Judá que mandei matar sem motivo. ¹³Reconheço que é por causa de tudo isso que hoje me acontecem essas desgraças. Agora estou morrendo, cheio de tristeza e em terra estrangeira'". ¹⁴Chamou Filipe, um de seus amigos, e passou-lhe a autoridade sobre todo o seu reino. ¹⁵Entregou-lhe a coroa, o manto e o anel, a fim de que levasse esses objetos para seu filho Antíoco, a quem deveria educar e preparar para ser o rei. ¹⁶E aí mesmo o rei Antíoco morreu, no ano cento e quarenta e nove. ¹⁷Logo que soube da morte do rei, Lísias proclamou como novo rei o filho Antíoco, a quem o mesmo Lísias tinha educado desde criança. E lhe deu o nome de Eupátor.

Cerco à cidadela de Jerusalém – ¹⁸A tropa aquartelada na fortaleza impedia sempre a passagem de Israel para o santuário, e os prejudicava de todas as formas, dando assim apoio às nações. ¹⁹Então Judas resolveu desalojá-los daí. E convocou todo o exército para cercá-los. ²⁰Reuniram-se todos, e no ano cento e cinquenta fizeram o cerco da fortaleza: prepararam rampas e máquinas de assalto. ²¹Alguns, porém, conseguiram escapar do cerco, e a eles se aliaram os ímpios de Israel, ²²que foram juntos procurar o rei e dizer-lhe: "Quando é que o senhor vai fazer justiça e vingar nossos irmãos? ²³Nós nos submetemos voluntariamente a seu pai, seguindo as orientações e obedecendo fielmente às ordens dele. ²⁴O resultado é que nossos compatriotas cercaram a fortaleza e nos tratam como estranhos. Mais ainda: mataram todos os nossos que lhes caíram nas mãos e saquearam nossas propriedades. ²⁵E não é só contra nós que eles estão erguendo a mão, mas também contra o território que pertence a você. ²⁶Hoje, por exemplo, estão cercando a fortaleza de Jerusalém para tentar tomá-la, e já fortificaram o santuário e a cidade de Betsur. ²⁷Se não os surpreender rapidamente, farão coisas ainda piores, e você não será mais capaz de segurá-los".

Ação de Antíoco V – ²⁸Ao ouvir isso, o rei se inflamou. Reuniu todos os seus amigos, os generais do exército e os comandantes da cavalaria. ²⁹Foram convocadas também tropas mercenárias, vindas de outros reinos e até das ilhas do mar. ³⁰O contingente chegou a cem mil soldados de infantaria, vinte mil de cavalaria e trinta e dois elefantes treinados para a guerra. ³¹Atravessaram a Iduméia, acamparam perto de Betsur e lutaram contra a cidade por muitos dias. Construíram máquinas de guerra, mas os judeus saíam da cidade, queimavam as máquinas e lutavam corajosamente.

³²Então Judas deixou a fortaleza de Jerusalém e foi acampar em Bet-Zacarias,

---

da Pérsia (Ne 1,1). O autor descreve a morte de Antíoco IV numa cidade desconhecida, tendo como pano de fundo as informações sobre a morte de Antíoco III (cf. Dn 11).
18-27: O cerco à fortaleza de Jerusalém ocorre entre os anos 163-162 a.C.; é acompanhado da perda de Betsur, antiga cidade fortificada por Judas Maca-

beu para proteger Jerusalém, a 28 km (4,61; 6,7; cf. Js 15,58).
28-63: Novas estratégias de luta em Bet-Zacarias, 9 km ao norte de Betsur: homens encarregados das rédeas dos carros, tropas mercenárias, elefantes adestrados para a guerra e excitados com suco de uva e amora (cf. Ex 14,7; 15,4; 2Rs 10,25).

defronte ao acampamento do rei. ³³Foi quando o rei se levantou de madrugada e transferiu o exército com todo o seu contingente para o caminho de Bet-Zacarias. Aí os dois exércitos se prepararam para a batalha e tocaram as trombetas. ³⁴Mostravam aos elefantes suco de uvas e de amoras, a fim de incentivá-los para o combate. ³⁵Distribuíram esses animais no meio das alas do exército. Junto de cada elefante colocaram mil homens encouraçados com malhas de ferro e capacetes de bronze. Além disso, quinhentos cavaleiros escolhidos foram destacados para cada elefante; ³⁶aonde o elefante ia, eles iam também, sem nunca se separar do animal. ³⁷Sobre cada elefante havia uma forte torre de madeira, toda coberta, que era presa ao animal por correias. Em cada torre, além do indiano, iam três soldados que combatiam de cima do animal. ³⁸O restante da cavalaria, protegida pela infantaria, ia nos dois lados do exército, para atacar o inimigo e dar cobertura às alas. ³⁹Quando o sol começou a brilhar nos escudos de ouro e bronze, a montanha inteira ficou brilhando e faiscando por causa dos escudos, que pareciam tochas acesas. ⁴⁰Parte do exército do rei se havia colocado no ponto mais alto dos montes; a outra parte estava mais abaixo. Eles marchavam compacta e ordenadamente. ⁴¹Quem ouvia o vozerio de tanta gente, o tropel dessa multidão e o ruído das armas, ficava apavorado, pois era realmente um exército muito numeroso e bem armado. ⁴²Judas, porém, foi em frente com seu exército, a fim de lutar. Do exército do rei caíram seiscentos homens. ⁴³Eleazar, o Abaron, viu um dos elefantes revestido com as insígnias reais, mais alto do que os outros elefantes. Crendo que o rei devia estar aí, ⁴⁴resolveu dar a vida para salvar o povo, esperando assim conquistar fama eterna: ⁴⁵corajosamente, ele se foi enfiando pelo meio das alas do exército, matando à direita e à esquerda. E estes afastavam-se dele para os lados. ⁴⁶Acabou chegando bem debaixo do elefante, cravou nele a espada e o matou. O elefante, porém, caiu por cima de Eleazar, e este morreu aí mesmo. ⁴⁷Ao ver a força do rei e a capacidade dos seus exércitos, os judeus bateram em retirada.

Tomada de Betsur e cerco a Sião – ⁴⁸Os soldados do exército do rei foram em direção a Jerusalém, para lutar contra os judeus. O rei cercou a Judeia e o monte Sião. ⁴⁹Fez também um acordo com os habitantes de Betsur. Estes saíram da cidade, porque já não tinham provisões para resistir ao cerco, pois era o ano sabático, o repouso da terra. ⁵⁰Foi assim que o rei tomou Betsur. Instalou aí uma guarnição para defender a cidade. ⁵¹Ele ficou acampado em volta do santuário por muitos dias. Construiu rampas e diversas máquinas de assalto, lança-chamas, atiradeiras, escorpiões para atirar projéteis e fundas. ⁵²Mas os judeus também fizeram máquinas de guerra que combatiam as do rei, e ficaram lutando por muitos dias. ⁵³Nos depósitos não havia mais alimentos, por ser o ano sabático e também porque os que tinham escapado das outras nações para a Judeia consumiram o que tinha sobrado de mantimentos. ⁵⁴Ficaram poucos homens no Templo, pois a maioria se dispersou, forçada pela fome, voltando cada qual para a própria terra.

O rei concede liberdade religiosa ao povo – ⁵⁵Lísias recebeu a notícia de que Filipe, aquele que o rei Antíoco antes de morrer tinha encarregado de educar o filho Antíoco para fazê-lo rei, ⁵⁶estava de volta da Pérsia e da Média, acompanhado dos exércitos que tinham ido com o rei. A intenção de Filipe era assumir o poder. ⁵⁷Lísias ficou aflito e deu a entender que era preciso sair desse lugar. Disse ao rei, aos generais e aos soldados: "Dia a dia estamos ficando mais fracos. Nossas provisões já são poucas e o lugar que estamos cercando está bem armado. Além disso, os assuntos do reino estão esperando por nós. ⁵⁸Vamos estender a mão para essa gente e fazer um acordo com eles e com todos os de sua nação. ⁵⁹Vamos reconhecer o direito deles de viver conforme suas leis, como faziam antigamente, pois eles se inflamaram e fizeram tudo isso por causa de suas leis, que nós quisemos abolir". ⁶⁰A proposta agradou ao rei e aos generais. Então Lísias mandou aos judeus propostas de paz, que eles aceitaram. ⁶¹O rei e os generais confirmaram o acordo sob juramento, e os que estavam cercados na fortaleza puderam sair sob essas condições. ⁶²Quando o rei chegou ao monte Sião, viu as fortificações do lugar. Mas, quebrando o juramento que havia feito, demoliu a muralha que havia ao redor de Sião. ⁶³Em seguida, partiu às pressas para Antioquia, onde encontrou Filipe, que se havia apoderado da cidade. Lutou contra ele e tomou a cidade pela força.

7 **Conflitos internos** – ¹No ano cento e cinquenta e um, Demétrio, filho de Seleuco, partiu de Roma e desembarcou com poucos homens numa cidade do litoral, e aí se proclamou rei. ²Logo que entrou no palácio real dos seus pais, os militares prenderam Antíoco juntamente com Lísias, a fim de apresentá-los a Demétrio. ³Ao saber do caso, porém, Demétrio disse: "Não quero que vocês me mostrem o rosto desses indivíduos!" ⁴Então mataram os dois, e Demétrio ocupou o trono do seu reino.

⁵Alguns homens iníquos e ímpios do povo de Israel, conduzidos por Alcimo, que aspirava ao cargo de sumo sacerdote, se apresentaram ⁶e acusaram o seu povo diante do rei, dizendo: "Judas e seus irmãos mataram todos os partidários do rei, e nos expulsaram de nosso país. ⁷Mande alguém de sua confiança para examinar a devastação que Judas causou a nós e à província do rei. Castigue a todos eles e àqueles que os apoiam".

⁸O rei escolheu Báquides, um de seus amigos, governador das regiões do outro lado do rio Eufrates, homem importante no reino e da confiança do rei. ⁹E o mandou com o ímpio Alcimo, confirmado no cargo de sumo sacerdote, dando-lhe ordem para castigar os filhos de Israel. ¹⁰Eles partiram para a Judeia com grande exército. Báquides mandou alguns mensageiros a Judas e seus irmãos, com falsas propostas de paz. ¹¹Estes, porém, não deram ouvido às palavras deles, porque perceberam que tinham vindo com muitos soldados. ¹²Apesar de tudo, um grupo de escribas se reuniu com Alcimo e Báquides, para buscar uma solução justa. ¹³Os assideus foram os primeiros dos filhos de Israel a pedir a paz. ¹⁴Pensavam assim: "Quem veio com o exército é um sacerdote da descendência de Aarão. Ele não nos vai trair". ¹⁵Báquides conversou amigavelmente com eles e até jurou: "Nós não vamos fazer nenhum mal, nem a vocês nem a seus amigos!" ¹⁶Os assideus acreditaram neles. Porém Alcimo prendeu sessenta deles e matou-os no mesmo dia, conforme a passagem da Escritura: ¹⁷"Espalharam em volta de Jerusalém os cadáveres e o sangue dos seus devotos, e não havia ninguém para os sepultar". ¹⁸A partir daí, o medo e o pavor tomaram conta do povo. Diziam: "Eles não têm sinceridade nem honradez. Faltaram à palavra e ao juramento".

¹⁹Báquides saiu de Jerusalém e foi acampar em Bet-Zet. Aí mandou prender muitos homens que tinham passado para o seu lado e mais alguns do povo. Em seguida, os matou a todos e atirou na cisterna grande. ²⁰Depois confiou a região a Alcimo, deixou com ele o exército, a fim de lhe dar força, e voltou para junto do rei. ²¹Alcimo batalhava pelo cargo de sumo sacerdote. ²²Em torno dele reuniram-se todos os agitadores do povo: conseguiram dominar a Judeia e fizeram estrago enorme em Israel. ²³Judas notou que o mal provocado por Alcimo e seus companheiros entre os filhos de Israel era muito maior que o provocado pelas nações. ²⁴Percorreu, então, todo o território da Judeia, castigando os traidores e impedindo-os de fazer incursões pelo país. ²⁵Ao ver que Judas e seus companheiros estavam ficando mais fortes, e reconhecendo-se incapaz de resistir a eles, Alcimo voltou para o rei e os acusou de muitas maldades.

Fim de Nicanor – ²⁶Então o rei mandou Nicanor, um de seus generais mais importantes, inimigo mortal de Israel, para exterminar o povo. ²⁷Nicanor chegou a

---

7,1-25: Alcimo ou Eliacim, descendente de Jacim, chefe de uma das doze classes sacerdotais, era sacerdote favorável aos helenistas (cf. 1Cr 24,12). Conquistou o sumo sacerdócio depois da morte de Menelau e era inimigo dos Macabeus (2Mc 14,3). Por isso, para os autores de 1Mc, Alcimo causou muitos males a Israel, em sua busca incessante pelo sumo sacerdócio (v. 23): "fez o mal aos olhos de Javé", e recebeu o qualificativo de homem ímpio. Os assideus se afastaram do grupo dos Macabeus devido à mudança nos rumos da guerra; daí por que dialogam com Báquides e se aproximam de Alcimo.

26-50: Confronto contra Nicanor em Cafarsalama ("aldeia da paz") perto de Gabaon (7,40; 2Mc 14,16). Sua morte em Adasa, entre Bet-Horon e Jerusalém, é

Jerusalém com numeroso exército e mandou falsas mensagens de paz a Judas e seus irmãos. Dizia: ²⁸"Não é preciso haver guerra entre mim e vocês! Vou aí com poucos homens para fazer-lhes uma visita de amigo". ²⁹E foi procurar Judas. Os dois se cumprimentaram amavelmente, mas os inimigos estavam preparados para sequestrar Judas. ³⁰No entanto, Judas percebeu que a visita de Nicanor era uma armadilha, e ficou com tal medo, que não quis tornar a vê-lo. ³¹Nicanor também percebeu que suas intenções tinham sido descobertas, e partiu para enfrentar Judas em Cafarsalama. ³²Tombaram cerca de quinhentos homens de Nicanor, e os outros fugiram para a Cidade de Davi.

³³Depois disso, Nicanor subiu ao monte Sião. Alguns sacerdotes e anciãos do povo saíram do lugar santo para cumprimentá-lo cordialmente e mostrar-lhe o holocausto que era oferecido na intenção do rei. ³⁴Nicanor, porém, caçoou, ridicularizou, cuspiu neles e disse as maiores insolências. ³⁵E jurou, com raiva: "Se vocês não me entregarem agora mesmo Judas e seu exército, juro que incendiarei esta casa quando eu voltar vitorioso". E saiu daí, furioso. ³⁶Os sacerdotes entraram no Templo, ficaram de pé diante do altar e do santuário, e começaram a clamar a Deus, chorando: ³⁷"Tu escolheste esta casa para que teu Nome fosse invocado sobre ela, para que fosse uma casa de oração e prece para teu povo. ³⁸Executa a vingança contra esse indivíduo e seu exército: que morram à espada! Lembra-te das suas blasfêmias, e não lhes concedas descanso".

³⁹Nicanor saiu de Jerusalém e foi acampar em Bet-Horon. Aí veio juntar-se a ele um exército da Síria. ⁴⁰Judas acampou em Adasa, com três mil homens, e rezou assim: ⁴¹"Quando os mensageiros do rei disseram insolências, o teu anjo foi ao acampamento deles e matou cento e oitenta e cinco mil homens. ⁴²Da mesma forma, esmaga hoje esse exército que aí está à nossa frente, para que todos fiquem sabendo que Nicanor blasfemou contra teu Templo. Condena-o na medida do mal que ele praticou!" ⁴³Os exércitos se enfrentaram no dia treze do mês de Adar, e o exército de Nicanor foi derrotado. Ele foi o primeiro a tombar em combate. ⁴⁴Os soldados, quando viram que Nicanor tinha caído morto, deixaram as armas e fugiram. ⁴⁵Os judeus os perseguiram durante um dia, desde Adasa até perto de Gazara, tocando as trombetas atrás deles, com toque de alarme. ⁴⁶De todos os povoados da Judeia que ficavam próximos, o povo saía e os cercava, de modo que uns se voltavam contra os outros. Dessa forma, caíram todos mortos à espada, sem sobrar nenhum. ⁴⁷Recolheram os despojos e fizeram o saque. Cortaram a cabeça e a mão direita de Nicanor, que ele tinha levantado com desprezo, e as levaram para mostrar ao povo, em Jerusalém. ⁴⁸O povo ficou muito alegre e comemorou esse dia como dia de festa. ⁴⁹Resolveram celebrar esta data anualmente, no dia treze de Adar. ⁵⁰Assim a Judeia ficou tranquila por algum tempo.

8 Aliança com os romanos

¹Judas ouviu falar da fama dos romanos, que eram poderosos e valentes. Diziam que eram bons para com seus aliados e ofereciam acordo de amizade a quem os procurasse. ²Falaram-lhe também das guerras e proezas que eles tinham realizado entre os gauleses, como os tinham derrotado e obrigado a pagar-lhes tributo. ³Falavam também do que eles tinham realizado na região da Espanha, para se apossarem das minas de prata e ouro que havia por lá. ⁴E, ainda, como dominavam todos os lugares com prudência e persistência, mesmo que algum lugar ficasse muito distante deles. Falavam também dos reis que tinham vindo do outro lado do mundo para guerrear contra eles, e que foram derrotados fragorosamente; outros simplesmente lhes pagavam tributo todos os anos. ⁵As notícias falavam também de Filipe e Perseu, reis dos macedônios, e também de outros que tentaram revoltar-se contra os romanos, mas foram subjugados. ⁶Diziam ainda que também Antíoco, o Grande, rei da Ásia, tinha enfrentado

---

descrita como castigo pela profanação do santuário (Js 15,37; 2Mc 14,15).

8,1-32: Aprova-se a aliança entre Judas Macabeu e os romanos. Os redatores apresentam uma cópia do

os romanos com cento e vinte elefantes, cavalaria e carros de guerra, além de numerosa infantaria, e tinha sido esmagado por eles. ⁷Os romanos o pegaram vivo e determinaram que ele e seus sucessores pagariam altos tributos e entregariam reféns e territórios. ⁸Tomaram as regiões da Lícia, Mísia e Lídia, as mais belas da Ásia, e as entregaram ao rei Eumenes. ⁹Os gregos planejaram lutar contra eles e derrotá-los, ¹⁰mas o plano deles foi descoberto pelos romanos, que mandaram contra eles um general apenas. Um número imenso deles tombou, mulheres e crianças foram presas. Os romanos saquearam o que eles possuíam, subjugaram o país, destruíram suas fortalezas, e os fizeram escravos, até o dia de hoje. ¹¹Outros reinos e ilhas que foram capazes de resistir a eles em outra ocasião, por fim foram derrotados e escravizados. Com seus amigos, porém, e com todos os que confiavam em seu apoio, os romanos sempre conservaram sua amizade. ¹²Eles dominaram reis, tanto de perto quanto de longe. Todos os que ouviam seu nome ficavam com medo. ¹³Aqueles a quem eles querem ajudar em suas pretensões ao trono, chegam a ser reis. A quem querem depor, eles depõem. Estão no auge do poder. ¹⁴Apesar de tudo, nenhum deles usa coroa ou manto de púrpura para se engrandecer com essas coisas. ¹⁵Eles organizaram um senado de trezentos e vinte senadores. Diariamente estão se consultando uns aos outros a respeito do povo e da melhor maneira de governá-lo. ¹⁶Para cada ano, confiam a um deles o encargo de dirigir o Senado e governar o país. Todos obedecem a esse único homem, e não existe inveja nem rivalidade entre eles.

¹⁷Judas escolheu Eupolemo, filho de João, de Acos, e Jasão, filho de Eleazar, e mandou os dois a Roma para firmar um acordo de amizade e mútua defesa, ¹⁸com a intenção de sacudir a dominação grega, pois sentiam que o reino dos gregos estava reduzindo Israel à escravidão. ¹⁹Eles partiram para Roma e, depois de longa viagem, entraram no Senado e disseram: ²⁰"Judas Macabeu, seus irmãos e todo o povo judeu nos enviaram a Vossas Excelências, a fim de estabelecer entre nós um acordo de amizade e mútua defesa, e para sermos contados entre seus amigos e aliados". ²¹Os senadores aprovaram o pedido. ²²Segue a resposta que mandaram escrever em placas de bronze e enviaram a Jerusalém, para ficar aí entre os judeus, documentando o acordo de amizade e mútua defesa:

²³"Bem-estar aos romanos e aos judeus, em terra e mar, para sempre. Longe deles a espada inimiga. ²⁴Sempre que Roma for atacada, ou algum de seus aliados, em todos os seus domínios, ²⁵o povo judeu lutará a seu lado, conforme lhe for possível na ocasião, mas com toda a boa vontade. ²⁶Por decisão de Roma, aos agressores ninguém dará ou fornecerá trigo, armas, dinheiro ou navios. E observarão esses compromissos sem receber nada em troca. ²⁷Da mesma forma, se o povo judeu for atacado, os romanos lutarão a seu lado com todo o interesse, conforme lhes for possível na ocasião. ²⁸Por decisão de Roma, aos agressores ninguém dará ou fornecerá trigo, armas, dinheiro ou navios. E observarão esse compromisso lealmente. ²⁹Isso é o que ficou combinado entre romanos e judeus. ³⁰Além do mais, se alguma das partes quiser acrescentar ou tirar alguma coisa, só se fará de comum acordo, e o que for acrescentado ou retirado terá força de lei. ³¹Quanto aos estragos que o rei Demétrio está provocando aos judeus, nós já lhe escrevemos, nestes termos: 'Por que você oprime tiranicamente os judeus, nossos amigos e aliados? ³²Se eles vierem outra vez queixar-se de você, nós defenderemos os direitos deles, atacando você por terra e mar' ".

9 Derrota e morte de Judas Macabeu –
¹Ao ouvir que Nicanor e seu exército tinham sucumbido no combate, Demétrio

---

acordo: Roma e Judeus devem socorro mútuo, caso um deles seja agredido. O apoio de Roma busca enfraquecer os generais selêucidas e lágidas, bem como impor o pesado tratado de Apameia e reduzir a Grécia e seus domínios a província romana (cf. 2Mc 3,1ss).

9,1-22: Em Masalot (região de grutas que serviam de refúgio, a oeste do lago de Tiberíades), o exército avança contra o acampamento de Beerzet ou Bereia, a 20 km de Jerusalém. São as primeiras baixas no exército judeu, entre elas a morte do grande líder Judas Macabeu, por volta de 160 a.C.

resolveu mandar novamente Báquides e Alcimo até a Judeia, com a ala direita do exército. ²Eles tomaram o caminho da Galileia e acamparam perto de Masalot, no território de Arbelas. Tomaram a cidade e mataram muita gente. ³No primeiro mês do ano cento e cinquenta e dois, acamparam diante de Jerusalém. ⁴Depois, saíram daí e foram em direção de Beerzet, com vinte mil homens de infantaria e dois mil de cavalaria. ⁵Judas estava acampado em Elasa, com três mil homens escolhidos. ⁶Ao ver o tamanho do exército inimigo, muitos deles começaram a ficar com medo e abandonaram o acampamento, ficando apenas oitocentos homens. ⁷Judas viu que seu exército estava se desfazendo, e que a batalha era iminente. Ficou desencorajado, porque não era mais possível reunir novamente os companheiros. ⁸Então disse aos que tinham ficado: "Vamos lutar contra o inimigo, se é que ainda podemos lutar contra ele!" ⁹Os companheiros tentavam convencê-lo: "Não conseguiremos. Vamos agora salvar nossas vidas. Depois voltaremos com nossos irmãos, e então lutaremos contra eles. Agora somos muito poucos!" ¹⁰Judas respondeu: "Fugir deles? De maneira nenhuma! Se nossa hora chegou, vamos morrer com coragem, em favor dos nossos irmãos! Não vamos deixar mancha nenhuma em nossa fama!"

¹¹Enquanto isso, o exército inimigo saiu do acampamento e se colocou na frente dos judeus. Dividiram a cavalaria em duas alas, enquanto os atiradores de funda e os arqueiros marchavam à frente de todo o exército, com os mais valentes na primeira fila. Báquides estava na ala direita. ¹²E o exército avançou dos dois lados, tocando trombetas. Os do lado de Judas também tocaram as trombetas, ¹³e o solo tremeu com o barulho dos dois exércitos. Houve uma batalha sem trégua, desde o amanhecer até a tarde.

¹⁴Ao ver que Báquides e a parte mais forte de seu exército estavam do lado direito, Judas reuniu junto de si os que estavam com maior disposição, ¹⁵e com eles atacou a ala direita. Conseguiu persegui-los até a serra de Azara. ¹⁶Os da ala esquerda, quando viram que a ala direita estava em apuros, perseguiram Judas e seus companheiros, e os atacaram por trás. ¹⁷A batalha ficou mais feroz ainda, e de ambos os lados caíram muitos mortos. ¹⁸Judas também caiu, e os outros fugiram.

¹⁹Jônatas e Simão, irmãos de Judas, pegaram o corpo dele e o sepultaram no túmulo de seus pais em Modin, ²⁰chorando muito. Todo Israel fez muitas lamentações por ele, e guardou luto por muitos dias, dizendo: ²¹"Como pôde morrer o herói, aquele que salvava Israel?" ²²O resto das ações de Judas, suas batalhas e façanhas e sua grandeza não foram escritas, pois seria assunto demais.

IV. JÔNATAS ASSUME A LIDERANÇA (160-143 a.C.)

Tempo de tribulação – ²³Depois da morte de Judas, os ímpios começaram a levantar-se, e reapareceram todos os malfeitores por todo o território de Israel. ²⁴Nessa época, alastrou-se uma fome terrível, de modo que o país inteiro aderiu a eles. ²⁵Então Báquides escolheu alguns ímpios e colocou-os como chefes do país. ²⁶Eles procuravam os partidários de Judas, para levá-los a Báquides, que os castigava e humilhava. ²⁷Israel caiu numa tribulação tão grande como nunca tinha havido, desde que os profetas desapareceram.

²⁸Então todos os partidários de Judas se reuniram e disseram a Jônatas: ²⁹"Desde que seu irmão Judas morreu, não surgiu outro homem igual para tomar todas as iniciativas na luta contra os nossos inimigos, especialmente esse Báquides e aqueles que odeiam o nosso povo. ³⁰Por isso, elegemos você no lugar dele como nosso chefe e guia, para dirigir nossa luta". ³¹Assim Jônatas assumiu o comando no lugar de seu irmão Judas.

9,23-12,53: O redator apresenta dois aspectos da luta nos dias de Jônatas: a crescente influência e poder dos grupos helenistas, e as sucessivas disputas pelo poder. O jeito como descreve as disputas internas e a forte ênfase nas alianças parece justificar a centralização do poder em mãos dos asmoneus.

9,23-31: Os helenizantes, no texto apelidados de ímpios, começaram a reaparecer em todo o território.

Luta sob o comando de Jônatas

– ³²Báquides soube disso e procurava matar Jônatas. ³³Porém Jônatas, seu irmão Simão e todos os que estavam do seu lado, ao ficarem sabendo disso, fugiram para o deserto de Técua e acamparam perto das águas da cisterna de Asfar. ³⁴Ao saber disso, Báquides foi, num sábado, com todo o seu exército, para o outro lado do rio Jordão.

³⁵Jônatas mandou seu irmão João à frente da tropa para pedir a seus amigos nabateus que cuidassem de toda a bagagem dele, que era muita. ³⁶O pessoal de Iambri, porém, vindo de Mádaba, atacou e agarrou João e tudo o que ele tinha, e se foi, carregando a presa. ³⁷Depois disso, contaram a Jônatas e Simão que o pessoal de Iambri faria uma grande festa de casamento e, com muita solenidade, estavam trazendo de Nabata a noiva, que era filha de um dos grandes senhores de Canaã. ³⁸Lembrando-se do assassínio do seu irmão João, eles subiram ao monte e aí se esconderam. ³⁹Observando, notaram um tropel e grande aparato: era o noivo que vinha, acompanhado de seus amigos e irmãos, para encontrar a noiva, ao som de tamborins e outros instrumentos, e trazendo muitas armas. ⁴⁰Os judeus, saindo do esconderijo, os atacaram e mataram. Muitos caíram feridos, e os outros fugiram para os montes. Os judeus recolheram os despojos que eles haviam abandonado. ⁴¹Assim, a festa de casamento se transformou em velório, e o som de suas músicas em cântico fúnebre. ⁴²Após ter vingado a morte do seu irmão, voltaram para as margens pantanosas do rio Jordão. ⁴³Ao saber disso, Báquides foi, num sábado, com todo o seu exército, para o outro lado do rio Jordão. ⁴⁴Jônatas disse aos que estavam com ele: "Vamos lutar pela nossa própria vida, pois hoje não é como das outras vezes. ⁴⁵Vamos ter luta pela frente e pelas costas, pois temos as águas do Jordão de um lado, e brejo e matagal do outro. Não há por onde escapar. ⁴⁶Portanto, clamemos ao Céu, pedindo que possamos salvar-nos da mão de nossos inimigos". ⁴⁷Travou-se a batalha. Jônatas esteve a ponto de atingir Báquides, mas este escapou, desviando-se para trás. ⁴⁸Então Jônatas e seus companheiros se jogaram no rio Jordão e o atravessaram a nado, mas o pessoal de Báquides não atravessou o rio para persegui-los. ⁴⁹Nesse dia, Báquides perdeu cerca de mil homens.

⁵⁰Báquides voltou para Jerusalém e passou a construir cidades fortificadas na Judeia. Construiu fortalezas em Jericó, Emaús, Bet-Horon, Betel, Tamnata, Faraton e Tefon, todas com muralhas bem altas, portões e trancas. ⁵¹Em cada uma delas colocou um pelotão de soldados para combater contra Israel. ⁵²Fortificou também as cidades de Betsur, Gazara e a fortaleza, colocando aí contingentes militares e mantimentos. ⁵³Tomou os filhos dos dirigentes do país como reféns e deixou-os presos na fortaleza, em Jerusalém.

Morte de Alcimo e cerco de Bet-Basi

– ⁵⁴No segundo mês do ano cento e cinquenta e três, Alcimo mandou derrubar o muro do pátio interno do santuário. Ele pretendia destruir o que os profetas tinham feito, mas apenas começou a executar a demolição. ⁵⁵Na mesma ocasião, ele caiu doente, e suas obras foram interrompidas. Sua boca ficou paralisada, de modo que não podia falar nem dirigir sua casa. ⁵⁶Pouco depois, morreu no meio de grandes sofrimentos. ⁵⁷Báquides, ao saber da morte de Alcimo, voltou para junto do rei, e a Judeia ficou tranquila por dois anos.

⁵⁸Todos os ímpios se reuniram em conselho e combinaram: "Vejam como Jônatas e seus companheiros estão vivendo tranquilos e seguros! Vamos trazer Báquides de volta, e ele será capaz de prendê-los todos numa só noite". ⁵⁹Então foram conversar com Báquides. ⁶⁰Este marchou com grande exército, e ao mesmo tempo mandou instruções secretas a todos os seus colaboradores na Judeia, para que

---

Diante da fome e falta de liderança, muita gente passou a segui-los. Eram escolhidos por Báquides como chefes do país e perseguiam os partidários de Judas para castigá-los e humilhá-los. Um tempo de tribulação se instaurou em Israel após a morte de Judas.

32-53: Primeiro relato de luta liderada por Jônatas. Transparecem duas ações: o confronto com os interesses econômicos e o projeto de controle sobre as cidades fortificadas.

54-69: A morte de Alcimo é descrita como castigo por derrubar o muro do átrio interno do santuário e por destruir a obra dos profetas do pós-exílio. Houve então um tempo de repouso. Em Bet-Basi, entre Belém e Técua, estão as primeiras façanhas de Jônatas e Simão contra Bá-

ajudassem a pegar Jônatas e seus companheiros. Mas nada conseguiram, pois o plano deles foi descoberto. ⁶¹Os companheiros de Jônatas prenderam e mataram uns cinquenta homens do território, que eram os cabeças dessa traição.

⁶²Jônatas, Simão e seus companheiros fugiram para Bet-Basi, na região do deserto. Reconstruíram e fortificaram o lugar. ⁶³Logo que soube disso, Báquides juntou toda a sua tropa, mandou avisar o pessoal da Judeia ⁶⁴e foi cercar Bet-Basi. Lutou contra a cidade por muito tempo e fez até máquinas de assalto. ⁶⁵Jônatas deixou o irmão Simão na cidade, e saiu para campo aberto com número reduzido de companheiros. ⁶⁶Derrotou Odomer e seus irmãos, e também o pessoal de Faziron, que estava no acampamento. Assim eles começaram a vencer e foram crescendo em forças. ⁶⁷Enquanto isso, Simão e os que tinham ficado com ele saíram da cidade e puseram fogo nas máquinas de assalto. ⁶⁸Em seguida, lutaram diretamente contra Báquides, e o derrotaram. Báquides ficou muito humilhado, porque seu plano e a campanha tinham sido inúteis. ⁶⁹Ficou furioso contra os ímpios, que lhe tinham aconselhado a fazer essa expedição. Matou muitos, e resolveu voltar para sua terra.

Negociações – ⁷⁰Ao saber da decisão de Báquides, Jônatas mandou embaixadores para propor-lhe a paz e a troca de prisioneiros. ⁷¹Ele aceitou, fez o que Jônatas propôs e jurou que nunca mais iria prejudicá-lo durante toda a vida. ⁷²Devolveu os prisioneiros que tinha feito na Judeia, voltou para sua terra e nunca mais fez incursões no território judaico.

⁷³Assim Israel ficou livre da guerra. Jônatas foi morar em Macmas, começou a governar o povo e fez desaparecer os ímpios do meio de Israel.

10 *Disputas pelo poder* – ¹No ano cento e sessenta, Alexandre, filho de Antíoco Epífanes, embarcou, tomou posse de Ptolemaida, foi bem recebido, e aí começou a reinar. ²Ao receber a notícia, o rei Demétrio reuniu enorme exército e partiu para enfrentá-lo. ³Demétrio enviou a Jônatas uma carta com palavras amigas, prometendo engrandecê-lo muito. ⁴Ele pensava: "Vamos fazer logo um acordo com ele, antes que ele faça acordo com Alexandre e contra nós. ⁵Caso contrário, ele poderá lembrar todo o mal que nós lhe fizemos, a ele, a seus irmãos e a toda a sua gente". ⁶Nessa carta, dava-lhe autoridade para recrutar exército, fabricar armas e ser aliado seu, além de ordenar que lhe fossem entregues os reféns que estavam na fortaleza.

⁷Jônatas foi até Jerusalém e leu a carta para todo o povo, de modo que pudessem ouvir também os que estavam na fortaleza. ⁸Todos ficaram muito assustados ao ouvir que o rei lhe tinha dado autorização para recrutar exército. ⁹Os que estavam na fortaleza entregaram-lhe os reféns, que Jônatas devolveu aos seus parentes. ¹⁰Jônatas passou a morar em Jerusalém, e começou a reconstruir e restaurar a cidade. ¹¹Aos que estavam executando a reforma das muralhas, em volta do monte Sião, mandou que usassem pedras quadradas, para torná-lo mais resistente. Eles assim fizeram. ¹²Então os estrangeiros que estavam nas fortalezas construídas por Báquides fugiram. ¹³Cada um abandonou o posto e foi embora para sua terra. ¹⁴Somente em Betsur ficaram alguns ímpios que tinham abandonado a Lei e os mandamentos. Aí era o refúgio deles.

¹⁵O rei Alexandre soube das promessas que Demétrio tinha feito a Jônatas. Contaram-lhe também as batalhas e façanhas que Jônatas e seus irmãos tinham realizado as dificuldades que tinham superado. ¹⁶Ele comentou: "Nunca iremos encontrar homem igual a esse! Vamos fazer dele um amigo e aliado nosso!" ¹⁷Enviou-lhe então uma carta nestes termos: ¹⁸"Do rei Alexandre a seu irmão Jônatas. Saudações! ¹⁹Estamos bem informados a seu respeito e

---

quides, Odomer e as tribos árabes nômades descendentes de Faziron, que serviam como tropas mercenárias.

70-73: O texto mais parece uma leitura dos redatores do que a realidade do governo de Jônatas. O v. 73 tem conotação mais teológica que política, pois conclui a descrição dos combates no mesmo estilo que o livro dos Juízes. Descreve a libertação; circunscreve a sede do governo em Macmas, a sudeste de Betel e nordeste de Jerusalém; e declara o grande feito libertador de Jônatas, que "fez desaparecer os ímpios do meio de Israel". À luz do livro de Juízes, o redator quis dizer que nos dias de Jônatas "a região ficou em paz".

10,1-21: Ao redor de 152 a.C., Alexandre, conhecido pelo nome de Balas, se apresenta como filho de Antíoco

sabemos que você é homem corajoso e forte, com qualidades para ser nosso amigo. ²⁰Por isso, nós o nomeamos hoje sumo sacerdote do seu povo, e terá o título de amigo do rei. Nós confiamos que você estará conosco em nossos objetivos e que será sempre nosso amigo". E lhe mandou um manto de púrpura e uma coroa de ouro. ²¹Na festa das Tendas, no sétimo mês do ano cento e sessenta, Jônatas começou a usar as vestes sagradas. Enquanto isso, ia também recrutando soldados e fabricando muitas armas.

Carta de Demétrio I a Jônatas – ²²Demétrio ouviu falar disso e ficou muito contrariado. Pensou: ²³"O que será que fizemos para Alexandre conseguir passar à nossa frente e conquistar a amizade dos judeus? ²⁴Também eu vou escrever-lhes palavras de encorajamento, de elogios e com promessa de donativos, para ficarem do meu lado". ²⁵E mandou-lhes uma carta redigida nestes termos:

"Do rei Demétrio ao povo judeu. Saudações! ²⁶Ficamos muito contentes ao saber que vocês estão observando os acordos feitos conosco, e que continuam nossos amigos fiéis, sem passar para o lado de nossos inimigos. ²⁷Continuem sendo fiéis a nós e retribuiremos com benefícios tudo aquilo que fizerem por nós: ²⁸isentaremos vocês de muitos impostos e concederemos favores. ²⁹A partir de agora, eu libero e isento todos os judeus de pagar o tributo e o imposto sobre o sal e sobre o ouro da coroa. ³⁰Renuncio à terça parte da produção de plantações anuais e à metade do fruto das árvores a que eu teria direito. A partir de hoje e para todo o sempre, deixo de recolher tudo isso da Judeia, com seus três distritos anexos da Samaria e da Galileia. ³¹Jerusalém seja uma cidade santa e isenta, junto com seu território, sem dízimos e sem impostos.

³²Renuncio também ao poder sobre a fortaleza que está em Jerusalém, passando-a para o sumo sacerdote, a fim de que coloque aí homens por ele escolhidos para guardá-la. ³³Dou gratuitamente a liberdade a todo prisioneiro de guerra que tenha sido levado da Judeia para qualquer parte do meu reino. Todos ficarão livres de qualquer tributo, inclusive sobre os animais. ³⁴Todos os dias de festa, sábados, luas novas, dias santos, como também os três dias antes e três dias depois de cada festa, serão dias de isenção e anistia de impostos para todos os judeus que moram no meu reino. ³⁵Ninguém estará autorizado a perturbar ou incomodar nenhum judeu por nenhum motivo. ³⁶Serão recrutados cerca de trinta mil judeus para os exércitos do rei, e eles receberão o mesmo pagamento que as outras tropas reais. ³⁷Alguns deles serão destacados para as maiores fortalezas do rei, e outros serão nomeados para cargos de confiança no reino. Seus chefes e comandantes serão escolhidos entre eles, e todos poderão viver de acordo com suas próprias leis, conforme o rei determina para toda a Judeia.

³⁸Quanto aos três distritos da província da Samaria que foram anexados à Judeia, sejam com ela considerados dependentes de um só governo e não estejam debaixo de nenhuma outra autoridade que não seja a do sumo sacerdote. ³⁹Faço doação de Ptolemaida e sua região para o Templo de Jerusalém, a fim de cobrir as despesas do culto. ⁴⁰Farei também a cada ano um donativo pessoal de quinze mil moedas de prata, tiradas dentre as rendas do rei, que serão recolhidas em localidades mais convenientes. ⁴¹E o que ainda devo, isto é, o que não foi pago pelos meus encarregados, como se fazia no começo, agora será tudo entregue para as obras do Templo. ⁴²Além disso, as cinco mil moedas de prata que eram recolhidas, a cada ano, das rendas do Templo, vou deixar de recolher, porque pertencem aos sacerdotes oficiantes. ⁴³Ficam anistiados

---

IV Epífanes e toma posse de Ptolemaida. Os conflitos entre Alexandre e Demétrio, bem como as divisões internas na Judeia, acompanham com a proposta de aliança feita por Alexandre a Jônatas. Aliança que o constitui sumo sacerdote com plenos direitos de governante, sendo ele descendente de Joiarib (7,9; 2Mc 4,24; cf. 2,1.54). Nasce então o conflito com a família sacerdotal dos oníadas.

22-45: Proposta de acordo, com oferta de privilégios para os judeus, que ficariam livres de pagar a taxa do sal e o tributo das coroas de ouro (13,37; 2Mc 10,4). O imposto do sal era cobrado sobre a produção do mar Morto; daí a pretensão de selêucidas e ptolomeus de controlar a região, mediante alianças com a aristocracia local.

todos os que fugirem para o Templo ou para sua área por causa de impostos reais ou por qualquer outra cobrança, assim como lhes fica também garantida a posse de tudo o que é seu, dentro do meu reino. ⁴⁴As despesas com a reconstrução e restauração do santuário ficam por conta do tesouro real. ⁴⁵Também sairão do tesouro real as despesas para a reconstrução das muralhas de Jerusalém e para as fortificações ao seu redor. E a mesma coisa para se reerguerem outras muralhas na Judeia".

Aliança entre Jônatas e Alexandre – ⁴⁶Jônatas e o povo ouviram as propostas de Demétrio, mas não acreditaram, nem as aceitaram, pois estavam muito bem lembrados do grande mal que ele tinha feito contra Israel e como os havia oprimido. ⁴⁷Preferiram Alexandre, que foi o primeiro a dirigir-se a eles em gratificações, e tornaram-se aliados permanentes dele.

⁴⁸Então o rei Alexandre reuniu grande exército e partiu para lutar contra Demétrio. ⁴⁹Os dois reis travaram combate, mas o exército de Demétrio acabou fugindo. Alexandre foi em sua perseguição e o derrotou. ⁵⁰A batalha foi muito dura e demorou até o pôr do sol. E, nesse dia, Demétrio morreu.

Casamento de Alexandre: aliança com Ptolomeu – ⁵¹Alexandre enviou embaixadores a Ptolomeu, rei do Egito, com a seguinte mensagem: ⁵²"Após voltar para o meu reino, e depois de me sentar no trono real de meus pais e assumir o poder, esmaguei Demétrio e recuperei nosso território. ⁵³Travei batalha contra ele e seu exército, e o derrotei. Em seguida, sentei-me no trono real dele. ⁵⁴Agora, façamos aliança entre nós: dê-me sua filha como esposa, e eu me tornarei seu genro. Para você e para ela darei presentes dignos de você".

⁵⁵O rei Ptolomeu respondeu: "Feliz o dia em que você voltou para a terra de seus pais, e se assentou no trono real! ⁵⁶Farei o que você propôs na carta, mas venha a meu encontro em Ptolemaida, para que possamos ver-nos pessoalmente. Aí eu me tornarei seu sogro, como você pediu".

⁵⁷Ptolomeu partiu do Egito, levando consigo a filha Cleópatra, e foi até Ptolemaida, no ano cento e sessenta e dois. ⁵⁸O rei Alexandre foi a seu encontro. Ptolomeu entregou-lhe sua filha Cleópatra e celebrou o casamento em Ptolemaida, com grandes solenidades, como os reis costumam fazer. ⁵⁹O rei Alexandre escreveu também para Jônatas, convidando-o a ir a seu encontro. ⁶⁰Jônatas foi a Ptolemaida com todo o aparato, e aí encontrou os dois reis. Deu prata, ouro e muitos presentes a eles e seus amigos. Foi muito bem tratado por eles. ⁶¹Juntou-se contra ele, porém, a peste de Israel, alguns ímpios prontos para acusá-lo. Mas o rei não lhes deu atenção. ⁶²Ao contrário, mandou Jônatas trocar as roupas, e o revestiram com púrpura. E assim foi feito. ⁶³Em seguida, o rei fez com que ele se sentasse a seu lado. E falou aos oficiais: "Saiam com ele pela cidade e anunciem para que ninguém o acuse de nada nem o perturbe por motivo nenhum". ⁶⁴Quando os acusadores viram o prestígio de Jônatas, as proclamações do arauto e a púrpura com que estava vestido, fugiram todos. ⁶⁵E o rei lhe deu honra ainda maior, colocando-o entre seus maiores amigos, e o nomeou general e governador. ⁶⁶Jônatas voltou para Jerusalém tranquilo e feliz.

Derrota do governador da Celessíria – ⁶⁷No ano cento e sessenta e cinco, Demétrio, filho de Demétrio, foi de Creta para a terra de seus pais. ⁶⁸Ao saber disso, o rei Alexandre ficou muito preocupado e voltou para Antioquia. ⁶⁹Entretanto, Demétrio nomeou, como seu general, Apolônio, governador da Celessíria. Este reuniu grande exército e acampou perto de Jâmnia. E mandou dizer ao sumo sacerdote Jônatas: ⁷⁰"Você é o único que se revoltou contra nós e me deixou em posição ridícula. Por que você conta vantagem contra nós entre as montanhas? ⁷¹Se você

46-50: A aliança com Alexandre Balas representa o acordo de paz e o fortalecimento por meio de gratificações.

51-66: Em 150 a.C., Cleópatra Teia, filha de Ptolomeu VI Filométor, casa-se com Alexandre Balas. Nesse momento, Jônatas é nomeado estratego, com poderes de controlar uma estrategia ou província, e também meridarca, que governa uma mérida, ou seja, parte de uma grande região (cf. At 16,12).

67-89: Entre as façanhas de Jônatas e sua aliança com Alexandre Balas, o redator descreve os confrontos com Apolônio, constituído governador por Demétrio II. A

confia em seu exército, desça contra nós na planície. Vejamos quem pode mais, porque do meu lado estão as forças das cidades. ⁷²Pergunte, e você ficará sabendo quem sou eu e quem são meus aliados. Vão dizer-lhe que vocês não serão capazes de ficar de pé diante de nós, pois seus pais fugiram duas vezes no seu próprio país. ⁷³Vocês não serão capazes de resistir à cavalaria e a este exército tão numeroso, na planície onde não existem pedras, pedreiras, nem lugar para onde fugir".

⁷⁴Ao receber o recado de Apolônio, Jônatas ficou alterado, escolheu dez mil homens e saiu de Jerusalém. Seu irmão Simão juntou-se a ele com reforços. ⁷⁵Jônatas acampou diante de Jope. Como aí estava uma guarnição de Apolônio, o pessoal da cidade fechou as portas. Então Jônatas atacou a cidade. ⁷⁶Os que estavam dentro ficaram com medo, abriram as portas e Jônatas tomou Jope. ⁷⁷Ao saber disso, Apolônio convocou três mil cavaleiros, além de poderoso exército, e partiu na direção de Azoto, como se quisesse atravessar a região. Ao mesmo tempo, porém, contando com sua numerosa cavalaria, avançou pela planície. ⁷⁸Jônatas marchou atrás dele, na direção de Azoto, e os dois exércitos se enfrentaram. ⁷⁹Apolônio tinha deixado mil cavaleiros escondidos na retaguarda, ⁸⁰porém Jônatas sabia que tinha uma emboscada atrás de si. Deixou seu exército ficar cercado e permitiu que atirassem flechas contra eles desde o amanhecer até o entardecer. ⁸¹Os soldados resistiram de acordo com as instruções de Jônatas, até que os cavaleiros de Apolônio se cansaram. ⁸²Quando a cavalaria se cansou, Simão avançou com as tropas e atacou. Os inimigos foram derrotados e começaram a fugir. ⁸³Os cavaleiros ficaram perdidos pela planície. Depois fugiram para Azoto e entraram em Bet-Dagon, templo do seu ídolo, tentando colocar-se a salvo. ⁸⁴Jônatas, porém, incendiou Azoto e as cidades vizinhas, após recolher os despojos. Incendiou também o templo de Dagon com todos os que se haviam refugiado dentro dele. ⁸⁵Aqueles que tombaram a fio de espada ou morreram queimados chegaram a oito mil. ⁸⁶Jônatas partiu daí, e acampou diante de Ascalon. Os habitantes da cidade saíram e o receberam com grande festa. ⁸⁷Daí Jônatas e seus companheiros voltaram para Jerusalém, carregando muitos despojos.

⁸⁸O rei Alexandre ouviu contar esses fatos e resolveu conceder mais honrarias a Jônatas. ⁸⁹Mandou-lhe, então, uma fivela de ouro, que é costume oferecer aos parentes do rei, e concedeu-lhe também, a título de doação, a propriedade de Acaron e todo o seu território.

11 Morte de Alexandre –

¹O rei do Egito reuniu um exército tão numeroso como a areia da praia, e muitos navios. Ele pretendia dar um golpe para tomar o reino de Alexandre e anexá-lo ao seu. ²Partiu para a Síria com propostas de amizade. O pessoal de cada cidade abria as portas e saía ao encontro dele, porque Alexandre tinha ordenado que o acolhessem, pois se tratava do seu sogro. ³Porém, logo que entrava numa cidade, Ptolomeu deixava aí uma guarnição militar. ⁴Quando chegou perto de Azoto, mostraram-lhe o templo de Dagon todo incendiado, Azoto e seus arredores em ruínas, cadáveres espalhados e corpos queimados por Jônatas durante a guerra, pois eles tinham sido amontoados ao longo do caminho. ⁵Contaram ao rei tudo o que Jônatas tinha feito, esperando que o reprovasse, mas ele não disse nada. ⁶Entretanto, Jônatas foi ao encontro dele em Jope, com toda a pompa. Os dois se cumprimentaram e aí passaram a noite. ⁷Depois, Jônatas acompanhou o rei até o rio Elêutero. Em seguida, voltou para Jerusalém. ⁸O rei Ptolomeu, de sua parte, foi tomando todas as cidades da orla marítima, até chegar a Selêucida, junto ao mar. Eram maus seus planos contra Alexandre. ⁹Mandou emissários ao rei Demétrio com este recado: "Venha, vamos fazer uma aliança: eu lhe dou como esposa minha filha que está com Alexandre, e será você de fato o rei no reino do seu pai. ¹⁰Estou arrependido de ter dado minha filha como esposa a Alexandre,

---

vitória garante a Jônatas a fivela de ouro como símbolo de alta dignidade.

11,1-19: Sem dar muitos detalhes, o autor narra o jogo político que envolve Ptolomeu, Demétrio II e Ale-

porque agora ele está querendo me matar". ¹¹Ptolomeu caluniou Alexandre, porque estava interessado no seu reino. ¹²Depois de lhe raptar a filha, a entregou a Demétrio. Foi assim que ele mudou de atitude com relação a Alexandre, e a inimizade entre os dois se tornou pública. ¹³A seguir, Ptolomeu entrou em Antioquia e se fez coroar como rei da Ásia. Ficou com duas coroas reais: do Egito e da Ásia.

¹⁴Enquanto isso, o rei Alexandre estava na Cilícia, porque o povo dessas regiões se havia revoltado. ¹⁵Ao tomar conhecimento do que estava acontecendo, foi lutar contra Ptolomeu. No entanto, este o enfrentou com forças maiores e o derrotou. ¹⁶Alexandre fugiu para a Arábia, a fim de se esconder, enquanto o rei Ptolomeu recebia homenagens. ¹⁷O árabe Zabdiel cortou a cabeça de Alexandre e a mandou a Ptolomeu. ¹⁸Entretanto, o rei Ptolomeu morreu três dias depois, e os soldados que ele tinha deixado nas fortalezas foram mortos pelo pessoal que morava nessas cidades fortificadas. ¹⁹Desse modo, Demétrio começou a reinar no ano cento e sessenta e sete.

Demétrio II e Jônatas – ²⁰Nessa mesma época, Jônatas reuniu os soldados da Judeia para atacar a fortaleza em Jerusalém, e mandou construir muitas máquinas de assalto para essa luta. ²¹Uns maus patriotas, ímpios, foram dizer ao rei Demétrio que Jônatas tinha cercado a fortaleza. ²²Ao ouvir isso, Demétrio ficou furioso, e resolveu partir imediatamente para Ptolemaida. Escreveu a Jônatas, ordenando que suspendesse o cerco à fortaleza e fosse o mais breve possível a seu encontro em Ptolemaida. ²³Ao receber a carta, Jônatas mandou continuar o cerco. Em seguida, escolheu alguns anciãos de Israel e sacerdotes, e foi pessoalmente enfrentar o perigo. ²⁴Levando prata e ouro, roupas e outros presentes, apresentou-se ao rei em Ptolemaida, e este o recebeu bem. ²⁵Alguns ímpios continuaram falando contra Jônatas, ²⁶mas o rei Demétrio tratou-o da mesma forma que os reis anteriores, elogiando-o diante de todos os amigos. ²⁷Confirmou-o como sumo sacerdote e nos outros cargos importantes que tinha antes, e o considerou como um de seus principais amigos. ²⁸Jônatas pediu ao rei que isentasse de impostos a Judeia e os três distritos da Samaria; em compensação, lhe mandaria trezentos talentos. ²⁹O rei concordou, e sobre isso lhe escreveu a seguinte carta:

Decreto em favor dos judeus – ³⁰"Do rei Demétrio a seu irmão Jônatas e à nação dos judeus. Saudações! ³¹Aqui transcrevemos cópia da carta que escrevemos a respeito de vocês ao nosso parente Lástenes, a fim de que possam dela tomar conhecimento: ³²Do rei Demétrio a seu pai Lástenes. Saudações! ³³Nós achamos bom favorecer a nação dos judeus, que são nossos amigos e observam tudo o que nos parece justo, por causa das suas boas intenções a nosso respeito. ³⁴Nós confirmamos para eles a posse do território da Judeia e dos três distritos de Aferema, Lida e Ramataim, que eram da Samaria e foram anexados à Judeia, com tudo o que lhes pertence, em benefício dos sacerdotes de Jerusalém, como compensação pelos impostos que pagavam anualmente ao rei sobre a produção das plantações e dos frutos das árvores. ³⁵Outros tributos que são devidos a nós como dízimo, o imposto das salinas e as coroas que nos devem, a partir de hoje nós dispensamos os judeus de tudo isso. ³⁶Nenhuma dessas disposições será revogada, a partir de agora e para todo o sempre. ³⁷Cuide-se, pois, de fazer uma cópia deste documento, que será entregue a Jônatas, a fim de que o coloque em lugar bem visível na montanha santa".

---

xandre Balas. Entre os anos 147-145 a.C., em Oinoparos, perto de Antioquia, Demétrio II disputa com Alexandre Balas a posse da Síria e se casa com Cleópatra Teia. Por isso, a morte de Alexandre Balas e de Ptolomeu VI lhe garante o reinado.

20-29: O autor não apresenta uma visão crítica a respeito das negociações entre Jônatas e Demétrio II. Pelo contrário, Jônatas oferece ouro, prata e muitos presentes ao rei em Ptolemaida, e pela isenção dos impostos em favor da Judeia promete compensá-lo com trezentos talentos de prata, cerca de nove toneladas, valor devido anualmente ao sumo sacerdote (cf. 2Mc 4,8). A relação entre Demétrio II e Jônatas tem como marco o aluguel do direito de cobrar impostos.

30-37: Jônatas é saudado como irmão no decreto de Demétrio II, o que explica a nomeação de "parente do rei" (v. 30; cf. 10,89). A carta de Demétrio II é dirigida a Lástenes, chefe dos mercenários trazidos de Creta e

Revolta liderada por Trifão – ³⁸O rei Demétrio sentiu que o país estava em calma e que ninguém mais lhe fazia oposição. Dispensou, então, suas forças armadas, voltando cada um para sua casa, menos os batalhões mercenários recrutados entre as ilhas das nações. Todos os contingentes, porém, que eram do tempo de seus pais, voltaram-se contra ele. ³⁹Trifão, antigo partidário de Alexandre, notou que todos os quartéis estavam reclamando contra Demétrio, e foi à procura do árabe Jâmlico, que estava criando o menino Antíoco, filho de Alexandre. ⁴⁰Pediu que lhe entregasse o menino para fazê-lo rei no lugar do pai Alexandre. Contou-lhe tudo o que Demétrio tinha feito e como suas tropas o odiavam. E Trifão permaneceu aí muitos dias.

⁴¹Nesse meio-tempo, Jônatas mandou pedir ao rei Demétrio que retirasse as guarnições da fortaleza de Jerusalém e das outras fortalezas, pois estavam continuamente provocando Israel. ⁴²Demétrio mandou a Jônatas esta resposta: "Não farei somente isso por você e pela sua nação. Logo que me for dada oportunidade, darei muito prestígio a você e a seu povo. ⁴³No momento, eu gostaria que me mandasse alguns homens para lutar a meu lado, porque todas as minhas tropas me abandonaram". ⁴⁴Então Jônatas mandou três mil homens valentes para Antioquia. Quando se apresentaram ao rei, este ficou muito contente. ⁴⁵A população da cidade se aglomerou no centro: eram cerca de cento e vinte mil pessoas querendo matar o rei. ⁴⁶Ele fugiu para dentro do palácio, enquanto o povo tomava conta das ruas e começava a atacar. ⁴⁷Então o rei pediu ajuda aos judeus, que se reuniram todos do lado dele. Depois, foram se espalhando pela cidade, e nesse dia mataram cerca de cem mil pessoas. ⁴⁸Nesse mesmo dia, incendiaram a cidade, recolheram muitos despojos e salvaram o rei. ⁴⁹Os revoltosos viram que os judeus foram capazes de dominar a cidade como quiseram, e perderam a coragem. Começaram a gritar para o rei, dizendo: ⁵⁰"Vamos fazer as pazes, e que os judeus parem de nos atacar, a nós e à nossa cidade. ⁵¹Depuseram as armas e fizeram um acordo. Então os judeus cresceram em prestígio diante do rei e de todos os que viviam no seu reino. E voltaram para Jerusalém, levando muitos despojos. ⁵²Então o rei Demétrio ocupou o trono, e o país ficou em paz sob o seu governo. ⁵³Demétrio, porém, não cumpriu nenhuma das promessas: distanciou-se de Jônatas e, em lugar de retribuir os serviços que este lhe havia prestado, começou a causar-lhe muitos dissabores.

⁵⁴Depois de tudo isso, Trifão voltou, trazendo Antíoco, ainda muito jovem. Antíoco foi proclamado rei e passou a usar a coroa. ⁵⁵Todos os contingentes militares que Demétrio tinha dispensado passaram para o lado de Antíoco e lutaram contra Demétrio, que foi derrotado e teve de fugir. ⁵⁶Trifão se apossou dos elefantes e tomou a cidade de Antioquia.

Aliança com Antíoco VI – ⁵⁷Então o jovem Antíoco escreveu uma carta para Jônatas, dizendo: "Eu o confirmo como sumo sacerdote, lhe entrego o governo dos quatro distritos e o faço um dos amigos do rei". ⁵⁸Mandou-lhe taças de ouro e talheres completos, dando-lhe o direito de beber em taças de ouro, de vestir o manto de púrpura e usar a fivela de ouro. ⁵⁹Colocou o irmão dele, Simão, como comandante da região que ia desde a Escada de Tiro até a fronteira com o Egito. ⁶⁰Jônatas partiu em expedição pelas cidades do outro lado do rio, e as tropas da Síria se reuniram a seu lado para o auxiliar nos combates. Chegou assim até Ascalon, e o pessoal da cidade o

---

ministro do rei. Esta carta confirma, em favor dos judeus, a posse de vários territórios: a Judeia e os distritos de Aferema (Efraim ou Efra; cf. Js 18,23; 2Sm 13,23), Lida (Lod; 1Cr 8,11) e Ramataim (Romá, 15m 1,1; corresponde a Arimateia; cf. Mt 27,57). O decreto faz concessão de direito dos tributos, mas não menciona uma concessão referente aos trezentos talentos (cf. v. 28).

38-56: Trifão era um general cheio de ambição, que esteve a serviço de Alexandre Balas e do próprio Demétrio II. Seu intuito era educar o jovem Antíoco para nomeá-lo rei em lugar do mesmo Demétrio II. Em meio a esta revolta, Jônatas fornece homens para as batalhas e para socorrer o rei em Antioquia. Mas o recolhimento de despojos feito pelos judeus e a exigência do pagamento de tributos provocarão rupturas entre Jônatas e o rei Demétrio II. Talvez aqui esteja um dos dissabores mencionados pelo texto (v. 53).

57-74: O jovem rei confirma Jônatas no cargo de sumo sacerdote e governador dos quatro distritos; segundo 5,3, o quarto distrito é provavelmente Acrabatena ou

recebeu com festas. ⁶¹Daí foi para Gaza, mas os habitantes da cidade trancaram as portas. Então Jônatas cercou a cidade, saqueou e incendiou seus arredores. ⁶²Os habitantes de Gaza pediram paz a Jônatas. Ele a concedeu, mas prendeu os filhos de seus governantes como reféns, e os mandou para Jerusalém. Em seguida, atravessou o país até chegar a Damasco.

⁶³Jônatas ouviu falar que os generais de Demétrio estavam perto de Cedes na Galileia, com forte exército, pretendendo cortar-lhe o caminho. ⁶⁴Então marchou para enfrentá-los, deixando seu irmão Simão no país. ⁶⁵Simão acampou em frente a Betsur, lutou muitos dias contra a cidade e, por fim, conseguiu fechar-lhe todas as saídas. ⁶⁶Os habitantes pediram paz e ele a concedeu. Contudo, obrigou-os a abandonar a cidade, ocupou-a, e nela colocou uma guarnição. ⁶⁷Enquanto isso, Jônatas e seu exército acamparam perto do lago de Genesar, e de manhã cedo rumaram para a planície de Asor. ⁶⁸O exército dos estrangeiros enfrentou-os na planície, mas deixaram nos montes uma emboscada contra Jônatas. Enquanto os primeiros o atacavam pela frente, ⁶⁹os da emboscada saíram e começaram também a lutar. ⁷⁰Todos os companheiros de Jônatas fugiram. Ficaram apenas Matatias, filho de Absalão, e Judas, filho de Calfi, que eram generais do exército. ⁷¹Diante disso, Jônatas rasgou as roupas, cobriu a cabeça de terra e rezou. ⁷²Depois saiu para a luta contra os inimigos e os derrotou, fazendo-os fugir. ⁷³Seus companheiros, que estavam fugindo, tornaram a se unir com Jônatas e perseguiram os inimigos até Cedes, onde estava o acampamento inimigo. Aí chegando, acamparam. ⁷⁴Nesse dia, morreram cerca de três mil soldados estrangeiros. E Jônatas voltou para Jerusalém.

12 Aliança com romanos e espartanos –

¹Vendo que o tempo estava trabalhando em seu favor, Jônatas escolheu alguns homens e os mandou a Roma, para confirmar e renovar a amizade com os romanos. ²Para Esparta e outros lugares, enviou cartas com a mesma finalidade. ³Tendo chegado a Roma, os mensageiros de Jônatas entraram no Senado e disseram: "O sumo sacerdote Jônatas e a nação dos judeus nos mandaram aqui para renovar o acordo de amizade e mútua defesa, como antigamente". ⁴Os romanos deram-lhes salvo-conduto, para que pudessem chegar à Judeia sãos e salvos.

⁵Cópia da carta que Jônatas escreveu aos espartanos: ⁶"Do sumo sacerdote Jônatas, do conselho da nação, dos sacerdotes e do povo judeu em geral, aos irmãos espartanos. Saudações! ⁷Já no passado foi enviada ao sumo sacerdote Onias uma carta da parte de Ario, rei de vocês, dizendo que vocês são nossos irmãos. Anexamos uma cópia dessa carta. ⁸Onias recepcionou com honras o portador da carta e aceitou a carta onde se falava de amizade e aliança. ⁹Nós, porém, não precisamos disso, pois temos o apoio dos livros santos que estão em nossas mãos. ¹⁰Mesmo assim, estamos tentando renovar a fraternidade e a amizade nossa com vocês, para não nos tornarmos estranhos uns aos outros, pois já faz muito tempo que vocês nos mandaram a carta. ¹¹Durante todo esse tempo, sem qualquer interrupção, nas festas e outros dias estabelecidos, nos lembramos de vocês durante os sacrifícios que oferecemos e nas orações, como é necessário fazer quando a gente se lembra dos irmãos. ¹²Estamos contentes com o sucesso de vocês. ¹³Nós, porém, estamos cercados de dificuldades e enfrentando muitas tribulações e guerras, pois os reis nossos vizinhos nos atacaram. ¹⁴Não quisemos incomodá-los com essas guerras, como de resto a nenhum dos outros nossos amigos e aliados, ¹⁵porque nós temos a ajuda do Céu. Desse modo, nos livramos de nossos inimigos, que foram humilhados. ¹⁶Agora, escolhemos Numênio, filho de Antíoco, e Antípatro, filho de Jasão, como embaixadores nossos junto aos romanos, a fim de renovar nossa antiga amizade e aliança com eles.

Acrabata. Além disso, Jônatas é nomeado estratego da Celessíria, e Simão será estratego da faixa marítima. Estas nomeações representam o principado asmoneu e sua força política e socioeconômica. Como estratego,

Jônatas tem plenos direitos de controlar a cidadela de Betsur e manter aí uma guarnição.

12,1-23: Jônatas envia cartas formalizando e/ou renovando aliança com os romanos, os espartanos e diversas

¹⁷Determinamos também que eles mesmos fossem transmitir a vocês nossos cumprimentos e levar esta carta, que tem por objetivo renovar nossa fraternidade. ¹⁸Finalmente, gostaríamos de receber uma resposta de vocês ao que nós aqui dizemos".

¹⁹Cópia da carta que eles tinham mandado a Onias: ²⁰"De Ario, rei dos espartanos, ao grande sacerdote Onias. Saudações! ²¹Em documento sobre os espartanos e os judeus, foi descoberto que são parentes, descendentes de Abraão. ²²Assim, a partir do momento em que tivemos conhecimento disso, ficamos desejando muito que vocês nos escrevessem, falando da sua situação atual. ²³De nossa parte, queremos afirmar que o gado e as riquezas de vocês são nossos, da mesma forma que é de vocês tudo o que é nosso. Determinamos que lhes fosse levada uma mensagem nesse sentido".

Jônatas edifica fortalezas na Judeia –

²⁴Jônatas ouviu falar que os generais de Demétrio tinham voltado para atacá-lo, trazendo um exército mais numeroso que o anterior. ²⁵Então saiu de Jerusalém e foi enfrentá-los na região de Amatite, para que não lhe invadissem o território. ²⁶Jônatas mandou espiões ao acampamento inimigo. Ao voltar, contaram que os generais de Demétrio estavam preparados para cair de surpresa sobre os judeus nessa mesma noite. ²⁷Logo que o sol se pôs, Jônatas deu ordens para que seus companheiros ficassem vigiando e estivessem armados, preparados para lutar a noite toda, e colocou sentinelas em torno do acampamento. ²⁸Quando os inimigos souberam que Jônatas e seus companheiros estavam preparados para a batalha, ficaram com medo e se acovardaram. Acenderam fogueiras no acampamento e se retiraram. ²⁹Jônatas e seus companheiros, porém, não notaram nada até de manhã, pois viam as fogueiras acesas. ³⁰Foi quando saíram em perseguição contra eles, mas não conseguiram alcançá-los, porque já tinham atravessado o rio Elêutero. ³¹Jônatas voltou-se, então, para o lado dos árabes, chamados zabadeus, exterminou-os e recolheu os despojos.

³²Em seguida, levantou acampamento e foi para Damasco, percorrendo toda a região. ³³Também Simão partiu para a luta. Atravessou até Ascalon e outros lugares fortificados. Depois, foi para Jope e tomou a cidade. ³⁴De fato, ele tinha recebido notícia de que estavam querendo entregar essa fortaleza aos partidários de Demétrio. Por isso, deixou aí um batalhão de guarda para vigiar a cidade.

³⁵Jônatas voltou e, em seguida, convocou a assembleia dos anciãos do povo para resolver com eles sobre a construção de lugares fortificados na Judeia, ³⁶a elevação da muralha de Jerusalém e a construção de uma alta muralha entre a fortaleza e a cidade. Desse modo, haveria separação entre ambas, para que a fortaleza ficasse isolada e seus ocupantes não pudessem vender nem comprar. ³⁷Então se reuniram para reconstruir a cidade. O muro junto do córrego ao lado oriental caíra, e Jônatas reconstruiu essa parte chamada Cafenata. ³⁸Simão, por seu lado, reconstruiu na planície a cidade de Adida, fortificou-a e colocou portões e trancas.

Derrota de Jônatas –

³⁹Trifão ambicionava tornar-se rei da Ásia, usar coroa e eliminar o rei Antíoco, ⁴⁰mas temia que Jônatas não lhe permitisse ou que o atacasse. Por isso, procurava maneiras de o pegar e matar. Levantou acampamento e foi para Betsã. ⁴¹Jônatas partiu para enfrentá-lo em Betsã, levando quarenta mil homens escolhidos para combate ordenado. ⁴²Quando Trifão viu que Jônatas vinha com poderoso exército, teve medo de prendê-lo.

---

cidades (cf. 14,18.22). O objetivo do texto está na carta aos espartanos (vv. 5-18) e na carta que os espartanos tinham enviado a Onias I, sumo sacerdote contemporâneo de Alexandre Magno e governador da Judeia entre 323-300 a.C. Ario I foi rei em Esparta de 309-265 a.C.

24-38: A perseguição dos generais de Demétrio II tem como marco o rio Elêutero, hoje Nahr el-Kebir, que separa o Líbano da Síria, limite portanto entre as províncias da Celessíria e Fenícia (cf. 11,7). As fortalezas dominadas pelos generais selêucidas e pto-lomeus são recuperadas e agora reedificadas por Simão e Jônatas: Jope, cidadela de Jerusalém; Cafenata, quarteirão novo a sudoeste do Templo (cf. 2Rs 22,14); e Adida, 6 km ao nordeste de Lida (cf. Esd 2,33; 1Mc 13,13). Estas reconquistas mostram a força e o poderio dos asmoneus, dos quais os redatores são simpatizantes.

39-53: O redator minimiza a derrota de Jônatas, ao atribuí-la a um plano sedutor, mentiroso e enganador apresentado por Trifão. Os versículos finais (52-53) tratam da provável morte do líder, como tentativa de

⁴³Preparou-lhe então uma recepção festiva, apresentando-o a todos os seus amigos. Deu-lhe muitos presentes e mandou que seus amigos e todas as suas tropas lhe obedecessem, como se fosse a ele próprio. ⁴⁴E perguntou a Jônatas: "Para que você está dando trabalho a um exército tão grande, quando não há ninguém lutando contra nós? ⁴⁵Mande esse pessoal voltar para casa. Escolha apenas alguns homens e vamos comigo até Ptolemaida. Vou entregar a você a cidade com as outras fortalezas, o restante do exército e os encarregados de negócios. Em seguida, voltarei para casa. Foi para isso que vim até aqui". ⁴⁶Jônatas acreditou nele e fez o que ele propôs: dispensou o exército, que voltou para a Judeia, ⁴⁷e ficou com três mil homens apenas. Deixou dois mil na Galileia, e mil foram com ele. ⁴⁸Logo que Jônatas entrou em Ptolemaida, o pessoal da cidade fechou as portas, prendeu Jônatas e matou à espada todos os seus acompanhantes. ⁴⁹Em seguida, Trifão mandou o exército e a cavalaria até a Galileia e a grande planície, para acabar com todos os companheiros de Jônatas. ⁵⁰Estes, porém, souberam que Jônatas e seus companheiros tinham sido presos e mortos. Animaram-se mutuamente e foram em coluna cerrada, prontos para entrar em luta. ⁵¹Seus perseguidores viram que eles estavam dispostos a arriscar a vida, e voltaram para trás. ⁵²Assim, todos puderam voltar tranquilamente para o país de Judá. Choraram Jônatas e seus companheiros e ficaram com muito medo. E todo Israel fez grande luto. ⁵³As nações vizinhas começaram a pensar em acabar com os judeus, dizendo assim: "Eles não têm mais chefe, nem onde se apoiar! Vamos atacá-los e apagar a lembrança deles do meio da humanidade".

V. CONQUISTA DA INDEPENDÊNCIA POLÍTICA SOB A LIDERANÇA DE SIMÃO (143-134 a.C.)

13 *Primeiras ações de Simão Macabeu* – ¹Simão ouviu falar que Trifão tinha reunido poderoso exército para devastar a Judeia. ²Viu que o povo estava apavorado e inquieto. Subiu então a Jerusalém, reuniu as tropas ³e procurou animá-las, dizendo: "Vocês sabem o que eu e meus irmãos, a casa do meu pai, já fizemos por causa da Lei e do santuário, e conhecem nossas guerras e dificuldades. ⁴Todos os meus irmãos morreram pela causa de Israel. Sobrei somente eu. ⁵Longe de mim, contudo, a ideia de poupar minha vida, em momento nenhum de tribulação, pois não sou mais do que meus irmãos. ⁶Pelo contrário, vingarei meu povo, o santuário, as mulheres e crianças de vocês, pois todas as nações, movidas pelo ódio, se reuniram para nos esmagar". ⁷Ao ouvir essas palavras, todos se encorajaram ⁸e gritaram em alta voz: "Você é nosso comandante no lugar de seus irmãos Judas e Jônatas! ⁹Dirija nossa guerra, e nós faremos tudo o que você nos mandar". ¹⁰Simão convocou então todos os homens em condições de lutar, mandou terminar a muralha de Jerusalém e fortificar todo o contorno da cidade. ¹¹Depois enviou Jônatas, filho de Absalão, para Jope, com um grupo considerável. Jônatas expulsou os que estavam ocupando a cidade e nela se estabeleceu.

Confronto com Trifão – ¹²Trifão saiu de Ptolemaida com poderoso exército, a fim de ir à Judeia, levando Jônatas como prisioneiro. ¹³Simão tinha acampado em Adida, diante da planície. ¹⁴Ao saber que Simão tinha assumido o lugar de seu ir-

---

fechar o ciclo de Jônatas com a menção de que seus homens voltaram para Jerusalém com grande medo e fizeram luto. Mas, é no ciclo liderado por Simão que o redator vai encaixar outra narrativa, com a morte de Jônatas numa batalha (13,12-30).

13,1-16,22: A liderança de Simão representa uma nova fase da luta macabaica: o governo dos asmoneus, com a independência política de Jerusalém e da Judeia, e com a tomada da fortaleza. A conquista do poder e da independência se enquadra num movimento progressivo de decadência dos poderes da Síria (selêucidas) e do Egito (lágidas), através de lutas para conquistar a região. As ações de Simão representam o fortalecimento de grupos hegemônicos, que, aproveitando o enfraquecimento do poder grego e a vitória dos líderes macabeus, instauram uma política centralizada no Templo e em Jerusalém.

13,1-11: Introdução ao ciclo de Simão Macabeu. É o último dos irmãos macabeus que restou, pois Eleazar morreu esmagado por um elefante (6,43-48), Judas morreu no campo de batalha (9,14-18), João caiu e foi morto por traição (9,35-42) e Jônatas é dado por morto (12,50-52). Sua dinastia tem dois propósitos: uma política judaizante e a reconquista das fortalezas.

12-30: Três fatos marcam o confronto de Trifão com Simão: a dívida de Jônatas, os acordos para libertar as crianças reféns, e a nevasca que impede o avanço da tropa de Trifão. Nos relatos de Josué e Juízes, o agua-

mão Jônatas, e que se preparava para combatê-lo, Trifão mandou mensageiros com este recado: ¹⁵"Mantemos preso seu irmão Jônatas por causa do dinheiro que ele deve ao tesouro real, pelos cargos que exercia. ¹⁶Mande cem talentos de prata, com dois filhos dele como reféns, para que Jônatas não fique contra nós, quando for libertado. Então nós o soltaremos". ¹⁷Simão percebeu que falavam de má-fé. No entanto, mandou entregar o dinheiro e as crianças, a fim de não provocar mal-estar entre o povo, ¹⁸já que poderiam dizer: "Jônatas morreu porque Simão não mandou o dinheiro nem os filhos para Trifão". ¹⁹Então mandou as crianças e os cem talentos. Trifão, porém, faltou à palavra e não soltou Jônatas. ²⁰Depois disso, Trifão marchou para invadir e saquear a região, rodeando pelo caminho de Adora. Simão e seu exército o seguiam por toda a parte. ²¹Os que estavam na fortaleza enviavam recados a Trifão, solicitando que fosse encontrar-se com eles através do deserto, e que lhes mandasse alimentos. ²²Trifão preparou toda a sua cavalaria, mas nessa noite nevou demais. Então ele se afastou da região e foi para Galaad. ²³Quando chegou perto de Bascama, matou Jônatas e aí o enterrou. ²⁴Em seguida, voltou para a sua terra.

²⁵Mais tarde, Simão mandou recolher os ossos de seu irmão Jônatas e sepultou-os em Modin, cidade de seus pais. ²⁶Todo Israel chorou muito por ele, e ficou de luto durante muitos dias. ²⁷Simão construiu um túmulo no lugar onde estavam sepultados seu pai e seus irmãos. Fez um monumento alto, vistoso, com pedras polidas de um lado e do outro. ²⁸Fez também sete pirâmides voltadas umas para as outras, em memória do seu pai, de sua mãe e de seus quatro irmãos. ²⁹Para isso construiu adornos artísticos, rodeados de grandes colunas, e colocou armaduras nas colunas, para recordação perpétua. Junto das armaduras fez umas figuras de navios, que podiam ser vistas por quem estivesse navegando no mar. ³⁰Esse túmulo que ele construiu em Modin existe até o dia de hoje.

Independência econômica e política – ³¹Trifão agiu com falsidade também com o jovem rei Antíoco, e mandou matá-lo. ³²Reinou em lugar dele, usou a coroa de rei da Ásia, e acabou provocando enorme desgraça no país. ³³Simão reconstruiu as fortalezas da Judeia, cercou-as de altas torres e grandes muralhas com portões e trancas, e as abasteceu com mantimentos. ³⁴Depois, escolheu alguns homens e mandou-os ao rei Demétrio, para conseguir a isenção de impostos para o país, pois tudo o que Trifão fazia era roubar. ³⁵O rei Demétrio respondeu-lhe com esta carta: ³⁶"Do rei Demétrio ao sumo sacerdote Simão, amigo dos reis, aos anciãos e à nação dos judeus. Saudações! ³⁷Recebemos a coroa de ouro e a palma que vocês nos mandaram, e estamos prontos para fazer com vocês uma paz duradoura e escrever aos encarregados dos nossos negócios para que isentem vocês de impostos. ³⁸Continua em vigor o que nós já determinamos em favor de vocês. As fortalezas que vocês construíram ficam em seu poder. ³⁹Perdoamos os erros e falhas que vocês cometeram até a presente data, assim como o imposto real que nos devem. Caso devam alguma contribuição em Jerusalém, isso não será exigido. ⁴⁰Se alguns de vocês estiverem dispostos a se alistar em nossa guarda pessoal, venham alistar-se. E reine a paz entre nós!"

⁴¹Corria o ano cento e setenta, quando Israel ficou livre do jugo das outras nações. ⁴²A partir daí, o povo passou a escrever assim as datas em documentos e contratos: "Ano um de Simão, o Gran-

---

ceiro é o grande aliado nas lutas contra os reis de Canaã (Jz 5; Js 10). A morte de Jônatas se dá na volta de Trifão e seu exército. Os vv. 25-30 descrevem o sepultamento de Jônatas no túmulo da família em Modin. Cem talentos equivalem a cerca de três toneladas de prata (vv. 16.18).

31-42: A Judeia respira ares de independência política e econômica. A construção das muralhas não só visava a defesa do país, mas também dos mantimentos que Simão estava armazenando. Os vv. 41-42 querem apresentar a Boa-Nova para o povo: Israel ficou livre do jugo das outras nações! Deu-se no ano 142 a.C. e não é por menos que Simão recebe três títulos: sumo sacerdote (poder religioso), general (poder militar) e chefe dos judeus (poder político), representando assim a concentração de poder na dinastia asmoneia.

de, sumo sacerdote, general e chefe dos judeus..."

Avanço e solidificação do poder – ⁴³Nesses dias, Simão acampou contra Gazara, e com seu exército a sitiou. Construiu uma torre móvel, chegou perto da cidade, atacou uma de suas torres e conseguiu tomá-la. ⁴⁴Os que estavam na torre móvel saltaram para dentro da cidade, provocando grande agitação. ⁴⁵Os homens da cidade subiram na muralha com suas mulheres e filhos. Rasgando a roupa, pediam paz a Simão em grandes gritos: ⁴⁶"Não nos trate segundo nossa maldade, mas segundo sua misericórdia!" ⁴⁷Simão não fez mal à população e suspendeu o ataque. Obrigou-os, porém, a sair da cidade e purificou as casas onde havia ídolos. Depois, entrou na cidade entre hinos, cânticos e ações de graças. ⁴⁸Tirou daí tudo o que havia de impuro, e levou, para residir nesse lugar, gente que praticava a Lei. Fortificou a cidade e aí construiu uma casa para si. ⁴⁹O batalhão aquartelado na fortaleza em Jerusalém estava impedido de sair pela vizinhança para comprar ou vender. Passavam muita fome e muitos morriam. ⁵⁰Eles clamaram a Simão, pedindo que lhes concedesse a paz. Simão concordou, mas expulsou-os daí e purificou a fortaleza de todas as abominações. ⁵¹Os judeus puderam entrar na fortaleza no dia vinte e três do segundo mês do ano cento e setenta e um. Entraram aos gritos e levando ramos, tocando cítaras, címbalos e harpas, entoando hinos e cânticos, pois acabava de ser derrotado o maior inimigo de Israel. ⁵²Simão determinou que esse dia fosse comemorado todos os anos com muita alegria. Fortificou ainda mais o monte do Templo, ao lado da fortaleza, e aí ficou residindo, ele com os de sua casa. ⁵³Notando que seu filho João era homem feito, nomeou-o comandante de todas as forças militares. E João foi morar em Gazara.

14 ¹No ano cento e setenta e dois, o rei Demétrio reuniu suas tropas e foi para a Média, a fim de conseguir ajuda para a guerra contra Trifão. ²Arsaces, rei da Pérsia e da Média, soube que Demétrio lhe tinha invadido o território e mandou um dos seus generais prendê-lo vivo. ³Ele foi, derrotou o exército de Demétrio, o prendeu e o levou à presença de Arsaces, que o colocou na prisão.

Façanhas militares de Simão – ⁴Durante toda a vida de Simão, a Judeia ficou em paz. Simão buscou o bem-estar de seu povo, que aprovou sempre seu governo e sua glória. ⁵Ele gloriosamente tomou Jope e fez dela seu porto, abrindo o caminho para as ilhas do mar. ⁶Alargou os limites da nação e manteve o campo sob controle. ⁷Ajuntou grande número de prisioneiros e dominou Gazara, Betsur e a fortaleza. Delas retirou as impurezas, e ninguém lhe pôde resistir. ⁸Cada um pôde cultivar em paz seus campos, a terra dava suas colheitas, e as árvores da planície seus frutos. ⁹Os anciãos se assentavam nas praças, todos falando da prosperidade, enquanto os jovens se revestiam de glória, usando suas vestimentas de guerra. ¹⁰Abasteceu as cidades de alimentos, e destinou armamentos de defesa para cada uma. E a fama de seu nome chegou até o extremo da terra. ¹¹Consolidou a paz na terra, e trouxe grande felicidade para Israel. ¹²Cada um podia ficar sentado debaixo de sua parreira e de sua figueira, sem que ninguém o incomodasse. ¹³Eliminou do país aqueles que lhe faziam guerra, e nesses dias os reis foram vencidos. ¹⁴Protegeu os pobres de seu povo, foi observante da Lei e eliminou os ímpios e perversos. ¹⁵Cobriu de esplendor o santuário e multiplicou seus utensílios sagrados.

Relações diplomáticas – ¹⁶A notícia da morte de Jônatas chegou até Roma e Esparta, e todos lamentaram muito. ¹⁷Soube-

---

13,43-14,1: A tomada de Gazara ou Gezer, a 30 km de Jerusalém (cf. 14,7; 15,28; 16,21; 2Mc 10,32s) e da cidadela de Jerusalém representou a consolidação do poder em Simão, com as características de um domínio sacerdotal, pois as casas eram purificadas, entoavam hinos e cânticos, e aí permaneciam os que eram considerados praticantes da Lei. A tomada da cidadela de Jerusalém marca o fim da ocupação selêucida.

14,4-15: A exemplo do elogio a Judas Macabeu (3,1-9), o relato ressalta as façanhas militares de Simão, principalmente a tomada de Jope e Jerusalém. O poema é construído a partir de vários textos que justificam seu poder monárquico (cf. Lv 26,4; Zc 8,4.12; Ez 34,27; Is 52,1; 1Rs 4,25; Mq 4,4; Is 27,5-6).

16-24: A renovação da aliança com Roma e Esparta é solicitada por Simão em 142 a.C., e tem alto custo (v. 24). A resposta dada por Roma está em 15,16s.

ram, porém, que em lugar dele seu irmão Simão se tornara sumo sacerdote, e que tinha o controle de todo o país e das cidades que dele faziam parte. ¹⁸Escreveram-lhe em placas de bronze, renovando com ele a amizade e a aliança que outrora tinham contraído com seus irmãos Judas e Jônatas. ¹⁹O texto foi lido em Jerusalém na presença da comunidade.

²⁰Cópia da carta que os espartanos mandaram: "Dos magistrados e da cidade toda dos espartanos, ao grande sacerdote Simão, aos anciãos, aos sacerdotes e ao povo judeu em geral. Saudações aos irmãos! ²¹Os embaixadores que vocês enviaram ao nosso povo falaram a respeito do prestígio de vocês e do respeito que vocês impõem. Ficamos muito contentes com a vinda deles. ²²O que foi dito por eles, nós transcrevemos desta forma nos registros do povo: 'Numênio, filho de Antíoco, e Antípatro, filho de Jasão, embaixadores dos judeus, vieram até nós para renovar conosco o acordo de amizade. ²³O povo acha conveniente receber esses homens com todas as homenagens e transcrever nos livros de Atas Públicas tudo o que eles disseram, a fim de que o povo de Esparta possa conservar a memória desses fatos' ". E transcreveram uma cópia de tudo para o sumo sacerdote Simão.

²⁴Depois, Simão mandou Numênio a Roma, levando um enorme escudo de seiscentos quilos de ouro, a fim de confirmar o acordo de amizade com eles.

Documento em favor de Simão – ²⁵Ao ouvir contar tudo isso, o povo se perguntava: "Como é que vamos pagar a Simão e a seus filhos? ²⁶Ele e seus irmãos, a casa de seu pai, tornaram-se fortes, combateram os inimigos, assegurando a liberdade para Israel!" Então gravaram uma inscrição em bronze e a colocaram sobre colunas, no monte Sião. ²⁷O texto da inscrição é este: "No dia dezoito de Elul do ano cento e setenta e dois, que corresponde ao terceiro ano de Simão como sumo sacerdote em Asaramel, ²⁸por ocasião de uma grande assembleia que reuniu sacerdotes, povo, autoridades e anciãos do país, observou-se o seguinte: ²⁹Como estavam acontecendo muitas guerras no país, o sacerdote Simão, da família de Joarib, filho de Matatias, e seus irmãos arriscaram a vida e enfrentaram os adversários de seu povo para salvar o Templo e a Lei, e cobriram seu povo de glórias. ³⁰Jônatas, depois de unificar o país e exercer a função de sumo sacerdote, foi juntar-se a seus pais. ³¹Então os inimigos dos judeus quiseram invadir o país e apoderar-se do Templo. ³²Simão, porém, levantou-se contra eles e lutou em favor de sua nação. Gastou muito do seu dinheiro para armar os homens do seu exército e pagar-lhes o soldo. ³³Fortificou as cidades da Judeia, inclusive Betsur, que fica no limite do país, antigo quartel inimigo, e aí deixou uma guarnição judaica. ³⁴Fortificou também Jope, no litoral, e Gazara, na região de Azoto, onde antes ficavam os adversários. Aí estabeleceu colônias judaicas, providenciando o necessário para que funcionassem bem. ³⁵Vendo a fidelidade de Simão e seu interesse para engrandecer a pátria, o povo o nomeou chefe e sumo sacerdote, em vista de tudo o que fizera, por causa da justiça e honestidade com que fortalecia a nação e procurava por todas as formas exaltar mais e mais seu povo. ³⁶Em seu tempo, expulsou as nações da região ocupada e os que estavam em Jerusalém, na Cidade de Davi. Esses tinham construído aí a fortaleza, de onde saíam para profanar as vizinhanças do santuário, contra cuja pureza faziam grave atentado. ³⁷Simão colocou na fortaleza soldados judeus para maior segurança do país e da cidade, e elevou as muralhas de Jerusalém. ³⁸Por isso, o rei Demétrio o confirmou como sumo sacerdote, ³⁹o incluiu entre seus amigos e o cumulou de grande glória, ⁴⁰pois soube que os judeus estavam sendo chamados pelos romanos de amigos, aliados e irmãos. Soube também que os próprios romanos tinham recebido os embaixadores de Simão com todas as honras. ⁴¹Os sacerdotes e os judeus resolveram,

---

25-49: O documento em favor de Simão tem data e local: setembro de 140 a.C., no pátio exterior do Templo (Asaramel: "átrio do povo de Deus"; cf. v. 48; 9,54). Este texto reforça as alianças feitas por Simão e o seu poder (v. 26) ao se tornar chefe e sumo sacerdote (v. 41), até que apareça um profeta. O v. 47 mostra seus poderes:

portanto, considerar Simão como governante e como sumo sacerdote para sempre, até que surgisse um profeta legítimo. ⁴²Além disso, resolveram que ele seria o comandante de suas tropas, para cuidar do santuário, nomear um administrador para obras públicas, outro para dirigir o país, e outro para responsabilizar-se pelas armas e comandar as fortalezas. ⁴³Ele teria toda a responsabilidade sobre o santuário, e todos lhe deveriam obedecer. Os documentos oficiais seriam todos escritos em seu nome, e ele vestiria o manto de púrpura com ornamentos de ouro. ⁴⁴Ninguém do povo ou dos sacerdotes poderá desobedecer a nenhum desses pontos, ou contradizer as ordens que ele der, ou convocar reuniões no país sem sua autorização, vestir-se de púrpura ou usar a fivela de ouro. ⁴⁵Será considerado passível de pena quem agir contra ou revogar qualquer dessas decisões".

⁴⁶Foi do agrado de todo o povo conferir a Simão o direito de agir de acordo com essas resoluções. ⁴⁷Simão aceitou e assumiu de boa vontade as funções de sumo sacerdote, de comandante das tropas e chefe da nação dos judeus, inclusive dos sacerdotes, para ficar à frente de todos. ⁴⁸Mandaram gravar esse documento em placas de bronze e colocá-lo no recinto do santuário, em lugar bem visível. ⁴⁹Uma cópia do texto devia ficar no tesouro do Templo, à disposição de Simão e de seus filhos.

15 *Propósitos de Antíoco VII* –

¹Antíoco, filho do rei Demétrio, enviou, das ilhas do mar, uma carta a Simão, sumo sacerdote e chefe da nação dos judeus, e a toda a nação. ²Este era o teor da carta: "Do rei Antíoco a Simão, sumo sacerdote e chefe da nação, e a todo o povo judeu. Saudações! ³Certos indivíduos, verdadeiras pragas, tomaram o reino dos meus pais. Agora, estou querendo recuperar o reino para restabelecê-lo na situação em que antes se encontrava. Recrutei grande exército e equipei navios de guerra, ⁴pois quero percorrer o país e acertar as contas com aqueles que arruinaram a nossa terra e devastaram tantas cidades do meu reino. ⁵Agora, pois, eu lhe confirmo todas as isenções de impostos concedidas pelos reis meus antecessores, como também todas as outras isenções que lhe foram outorgadas. ⁶Permito a você cunhar moeda própria como dinheiro oficial do seu país. ⁷Jerusalém e o Templo ficam livres de qualquer imposto. Todas as armas que você fabricou e as fortalezas que construiu e estão sob seu controle ficam em seu poder. ⁸Tudo o que você deve ao imposto real, e o que seria devido daqui em diante, fica cancelado para todo o sempre. ⁹Após reconquistar nosso reino, homenagearemos você, seu povo e o Templo com honrarias tais, que o prestígio de vocês alcançará toda a terra".

¹⁰No ano cento e setenta e quatro, Antíoco partiu para a terra dos seus pais. Os contingentes militares passaram para o lado dele, de modo que poucos ficaram com Trifão. ¹¹Antíoco o perseguiu. Trifão, porém, fugiu dele e foi para Dora, cidade à beira-mar, ¹²pois estava vendo que a desgraça lhe caía por cima, porque suas tropas o haviam abandonado. ¹³Antíoco acampou perto de Dora, tendo sob seu comando cento e vinte mil soldados de infantaria e oito mil cavaleiros. ¹⁴Cercou a cidade, enquanto os navios a atacavam por mar. Rodeou a cidade por terra e mar, e não deixou ninguém entrar nem sair.

Aliança com os romanos – ¹⁵Enquanto isso, Numênio e seus companheiros chegaram de Roma, levando cartas para os reis dos vários países. Nelas se dizia: ¹⁶"De Lúcio, cônsul dos romanos, ao rei ptolo-

---

sumo sacerdote em sucessão aos oníadas; alto cargo na suserania selêucida (estratego); e chefe de uma etnia dentro do império (etnarca).

15,1-41: Antíoco VII, filho do rei Demétrio, recebeu o nome de Antíoco Sidetes. Em algumas inscrições tem o nome de Antíoco Evergetes. Ele inclui em suas cartas as taxas devidas pelos três distritos (15,30s; 11,34). Aqui encontramos a resposta dos romanos à proposta de aliança apresentada por Simão (14,16-24). A permissão de cunhar moeda própria não tem nenhuma comprovação no tempo de Simão. É uma dimensão da política econômica dos asmoneus desde o tempo de João Hircano. O cerco de Dora, cidade portuária ao sul do Carmelo (cf. 1Rs 4,11), acontece por terra e por mar. Também os acordos com os romanos e a renovação de antigas alianças e acordos de proteção militar resultarão no pagamento de muitos talentos e quilos de ouro: oferta de um escudo de mil minas ou 44 quilos de ouro no v. 18; quinhentos talentos, ou dezessete toneladas no v. 31. A política de guerra de Simão para reconquistar Jope e Gazara tem como característica a cobrança de tributos.

meu. Saudações! ¹⁷Vieram até nós, como amigos e aliados, alguns embaixadores dos judeus, enviados pelo sumo sacerdote Simão e pelo povo judeu, a fim de renovar nossa antiga amizade e aliança. ¹⁸Trouxeram um escudo de ouro de mil minas. ¹⁹Quisemos escrever aos reis dos vários países, a fim de que não lhes causem dano algum, nem façam guerra contra eles, contra suas cidades e seu território, nem se aliem com os inimigos deles. ²⁰Achamos conveniente aceitar o escudo que eles nos ofereceram. ²¹Portanto, se alguns indivíduos perniciosos fugirem do país deles para o seu, vocês deverão entregá-los ao sumo sacerdote Simão, para que ele os julgue de acordo com sua própria Lei".

²²Escreveram a mesma coisa para o rei Demétrio, para Átalo, Ariarates, Arsaces ²³e para todos os países: para Sampsames, Esparta, Delos, Mindos, Sicônia, Cária, Samos, Panfília, Lícia, Halicarnasso, Rodes, Fasélis, Cós, Side, Arados, Gortina, Cnido, Chipre e Cirene. ²⁴E mandaram uma cópia dessas cartas ao sumo sacerdote Simão.

Ataque à cidade de Dora – ²⁵O rei Antíoco mantinha o ataque contra Dora, na parte nova da cidade, atacando-a com seus batalhões e construindo máquinas de assalto. Cercou Trifão, de maneira que não se podia sair nem entrar. ²⁶Simão mandou dois mil homens escolhidos para lutarem sob o comando de Antíoco, além de prata, ouro e muitos equipamentos. ²⁷Antíoco, porém, não aceitou. Ao contrário, deixou de lado tudo o que antes tinha combinado com Simão, rompendo com ele. ²⁸Mandou-lhe Atenóbio, um de seus amigos, para conferenciar com ele e dizer: "Vocês tomaram Jope, Gazara e também a fortaleza de Jerusalém, que são cidades do meu reino. ²⁹Arruinaram suas vizinhanças, provocaram enorme desgraça por todo o país e tomaram muitas cidades do meu reino. ³⁰Agora, entreguem as cidades que vocês tomaram e também os impostos sobre os lugares que vocês dominaram fora do território da Judeia. ³¹Caso contrário, me darão em troca quinhentos talentos de prata, e mais quinhentos talentos como indenização por danos e prejuízos, e pelos impostos das cidades. Se não, faremos guerra contra vocês".

³²Atenóbio, o amigo do rei, chegou a Jerusalém e aí pôde ver o luxo em que Simão vivia, os talheres de ouro e prata, o rico mobiliário, e ficou admirado. Transmitiu a Simão o recado do rei. ³³Simão respondeu: "Não tomamos terra de ninguém, nem nos apoderamos do que não era nosso! Somente recuperamos a herança de nossos pais. Dela, por certo tempo, nossos inimigos se haviam apoderado injustamente. ³⁴Apenas aproveitamos a oportunidade que tivemos de recuperar a herança de nossos pais. ³⁵Quanto a Jope e Gazara, que você reclama, elas eram fonte de mal-estar para nosso povo e nosso país. Contudo, pagaremos por elas três toneladas e meia de prata". ³⁶Atenóbio nada respondeu. Furioso, voltou para junto do rei e contou-lhe tudo, falando do luxo de Simão e de tudo o que tinha visto. E o rei ficou enfurecido.

Ação do governador Cendebeu – ³⁷Trifão conseguiu embarcar de navio e fugir para Ortosia. ³⁸O rei nomeou Cendebeu como comandante-chefe do litoral e confiou-lhe as tropas de infantaria e cavalaria. ³⁹Mandou-o acampar nas proximidades da Judeia, reconstruir a cidade de Quedron, fortalecer suas portas e iniciar a guerra contra o povo, enquanto o rei perseguia Trifão. ⁴⁰Cendebeu acampou perto de Jâmnia e começou a provocar o povo, a invadir a Judeia, fazer prisioneiros e matar. ⁴¹Reconstruiu Quedron e nela instalou a cavalaria e a infantaria, para que fizessem incursões e patrulhas pelas estradas da Judeia, conforme o rei lhe tinha ordenado.

16

Luta sob a liderança de João Hircano – ¹João deixou Gazara e foi contar a seu pai Simão o que Cendebeu estava fazendo. ²Simão chamou seus dois filhos mais velhos, Judas e João, e lhes disse: "Eu, meus irmãos e toda a casa de meu pai combatemos os inimigos de Israel desde nossa juventude até hoje, e com nosso esforço conseguimos libertar Israel muitas vezes. ³Agora, porém, es-

---

16,1-10: A transferência do poder de Simão para Judas e João Hircano lembra o testamento de Matatias no início do livro (2,49s; cf. também 2,66; 12,15; 13,3; 14,26.36).

tou ficando velho, enquanto vocês, pela misericórdia de Deus, estão em idade madura. Ocupem meu lugar e do meu irmão, e saiam para combater em favor de nossa nação. Que o Céu os ajude!" ⁴João escolheu no país vinte mil homens de infantaria e cavalaria, e foi com eles enfrentar Cendebeu. Pernoitaram em Modin, ⁵levantaram-se de madrugada, saíram para a planície e viram o enorme exército de infantaria e cavalaria pronto para enfrentá-los. Entre os dois exércitos que estavam para se enfrentar havia um rio. ⁶João acampou com seu exército bem à frente do inimigo. Percebendo que seus soldados estavam com medo de atravessar o rio, ele atravessou primeiro. Vendo isso, os soldados também atravessaram. ⁷Então ele organizou o exército, colocando a cavalaria no meio da infantaria, porque a cavalaria do inimigo era numerosa demais. ⁸Tocaram então as trombetas. Cendebeu e seu exército foram derrotados, caíram muitos feridos entre eles, e os que conseguiram escapar fugiram para a fortaleza. ⁹Nessa ocasião, Judas, irmão de João, ficou ferido. João perseguiu o exército de Cendebeu até chegar a Quedron, que tinha sido reconstruída por Cendebeu. ¹⁰Alguns fugiram para as terras que existem ao redor de Azoto. João incendiou a cidade, causando duas mil baixas para o inimigo. Em seguida, João retornou em paz para a Judeia.

Morte de Simão e seus filhos – ¹¹Ptolomeu, filho de Abubo, tinha sido nomeado comandante da planície de Jericó, e possuía muita prata e muito ouro, ¹²pois era genro do sumo sacerdote. ¹³Enchendo-se com ideias de grandeza, quis tomar posse do país e começou a tramar a morte de Simão e seus filhos. ¹⁴Simão estava inspecionando as cidades no interior do país, ocupado com os problemas administrativos delas. Chegou a Jericó acompanhado dos filhos Matatias e Judas, no ano cento e setenta e sete, no décimo primeiro mês, chamado Sabat. ¹⁵O filho de Abubo, que planejava uma traição, os recebeu na fortaleza chamada Doc, que ele próprio tinha construído. Ofereceu-lhes um grande banquete, colocando aí alguns homens de emboscada. ¹⁶Quando Simão e seus filhos já estavam embriagados, Ptolomeu e seus companheiros se levantaram, puxaram de suas armas, atacaram Simão na sala do banquete e o mataram, juntamente com seus dois filhos e alguns da sua comitiva. ¹⁷Assim Ptolomeu praticou um grande crime, pagando o bem com o mal.

Carta de Ptolomeu e reação de João – ¹⁸Em seguida, Ptolomeu escreveu ao rei, contando o acontecido e pedindo que lhe mandasse tropas, a fim de ajudá-lo a tomar o país e suas cidades. ¹⁹Mandou outros a Gazara para eliminar João. Enviou cartas aos generais, convidando-os a passarem para o seu lado, com a promessa de lhes dar prata, ouro e presentes. ²⁰Mandou outros, enfim, tomar Jerusalém e a montanha do Templo. ²¹No entanto, alguém foi correndo contar a João em Gazara que seu pai e seus irmãos tinham sido mortos, e que Ptolomeu tinha mandado matar também a ele. ²²Ao ouvir isso, João ficou muito perturbado, prendeu os homens que foram para matá-lo e mandou executá-los, pois sabia que estavam atentando contra sua vida.

Conclusão – ²³Os outros atos de João, suas guerras e as proezas que praticou, a reforma das muralhas que executou, tudo o que ele fez, ²⁴está escrito no livro das atas do seu sumo sacerdócio, a partir de quando ele se tornou sumo sacerdote no lugar de seu pai.

11-17: Ptolomeu como estratego de Jericó já demonstra a nova divisão de poder estabelecida pelos asmoneus. Jericó será mais tarde uma das toparquias herodianas. A morte trágica de Simão e de seus filhos Matatias e Judas acontece à maneira helenística, num banquete.

18-22: Ptolomeu pede ao rei o envio de tropas para tomar o país e as cidades. Porém é preciso exterminar João, filho de Simão, que estava em Gazara, lugar de sua habitação, segundo 13,53.

23-24: A conclusão do livro deixa entrever a elaboração de uma história para ressaltar o projeto dos asmoneus, fazendo alusão aos acontecimentos e façanhas de João Hircano: guerras, reforma das muralhas, sumo sacerdócio. Os Livros dos Reis terminam as narrativas da mesma forma, remetendo o leitor aos anais das crônicas reais. Aqui o autor remete o leitor ao livro de atas do sumo sacerdócio de João Hircano, o que pressupõe sua morte depois de 104 a.C.

SEGUNDO LIVRO DOS MACABEUS

OS RUMOS DA LUTA POR INDEPENDÊNCIA

Introdução

O Segundo Livro dos Macabeus não é continuação do Primeiro. São obras independentes, distintas e completas em si. De fato, os primeiros capítulos de 2 Macabeus tratam de eventos anteriores àqueles com que 1 Macabeus começa. Além disso, 2 Macabeus se encerra quando Judas ainda é o líder da rebelião, enquanto 1 Macabeus vai adiante, tratando de Jônatas e Simão (1Mc 9,23-16,24).

2 Macabeus se apresenta como resumo de uma obra maior, em cinco volumes, escrita por Jasão de Cirene (2,23), de quem nada sabemos, nem do seu livro. Há quem o associe ao personagem Jasão, enviado por Judas Macabeu a Roma junto com Eupolemo (1Mc 8,17). Este Jasão era judeu de Alexandria do Egito e grande conhecedor da história dos selêucidas e dos costumes helênicos.

A presente obra critica os Macabeus quanto aos rumos da luta por independência. De fato, se por um lado essa guerrilha fortalecia o grupo sacerdotal, por outro, a luta contra os helenistas resultou na imposição de projetos e leituras sacerdotais, tais como proibições morais, alimentares e cultuais, códigos de pureza e sacrifícios. O livro não menciona as ações de Jônatas e Simão, mas apresenta sinais da crítica aos asmoneus, que dominaram o povo com política semelhante à de seus antigos dominadores selêucidas. Enquanto em 1 Macabeus transparece a leitura dos acontecimentos no contexto dos asmoneus, em 2 Macabeus os fatos são lidos a partir de testemunhos que mostram a orientação de grupos fiéis e piedosos.

O contexto é marcado por conflitos entre grupos com poder sacerdotal e os oníadas excluídos do sumo sacerdócio. Neste sentido, Judas Macabeu é apresentado como líder que não assumiu a função de sumo sacerdote. Um fato se percebe claramente: os autores, ou estão fora dos círculos sacerdotais, ou fazem parte de um sacerdócio à margem dos oníadas e outros grupos que, sem pertencer às famílias sacerdotais, adquiriam a função pelo poderio econômico e pela aliança com generais que detinham direitos de escolha e concessão.

O livro se baseia em duas fontes. Primeira, são as cartas (1,1-2,18), cuja intenção é ajudar os judeus do Egito a conhecer os fatos ocorridos na Judeia durante a perseguição dos selêucidas. É provável que tais cartas foram encaixadas neste Segundo Livro dos Macabeus por se relacionarem perfeitamente com seu conteúdo e plano geral. Assim, o autor utilizou essa ponte para confirmar suas posições e sua leitura dos acontecimentos. Segunda fonte é a desconhecida obra de cinco volumes de Jasão de Cirene, da qual este livro faz um resumo (2,19-32).

O livro se abre com as citadas cartas (1,1-2,18) e uma introdução que contém o resumo dos acontecimentos, com ênfase nas ações de Judas Macabeu (2,19-32). Vem a seguir o episódio de Heliodoro (3,1-40), que aponta para a luta contra a profanação do espaço sagrado. A seguir, a primeira parte do livro (4,1-10,8) é marcada pela festa da Hanuká (10,8 e 1Mc 4,59), que culmina com a morte do profanador Antíoco Epifanes. A segunda parte (10,9-15,36) descreve as novas batalhas de Judas Macabeu e também termina descrevendo a morte do perseguidor Nicanor. A conclusão (15,37-39) vislumbra a Jerusalém santificada e observante dos mandamentos, governada na paz por judeus.

Na leitura de 1 e 2 Macabeus, é fácil perceber duas importantes diferenças. Primeira, a apresentação de narrativas que ilustram os testemunhos de seguimento, conversão e fidelidade às tradições: o caso de Heliodoro (3,1-40), o martírio de Eleazar (6,18-31), o martírio da mãe e seus sete filhos (7,1-42). Segunda diferença são os temas, que serão trabalhados em tradições posteriores: a ressurreição dos mortos (7; 12,38-46; 14,46; cf. Dn 12,2-3), a prece pelos mortos (12,41-46), o mérito dos mártires (6,18-7,41) e a intercessão dos santos (15,12-16; cf. Sl 16,10; 49,16). Vale destacar a intenção do autor expressa em 15,39: apresentar uma narrativa de leitura agradável.

I. CARTAS PARA OS JUDEUS QUE VIVEM NO EGITO

1 *Primeira carta* – ¹Aos irmãos judeus que estão no Egito. Saudações! Os irmãos judeus que moram em Jerusalém e na Judeia lhes desejam paz e prosperidade. ²Deus conceda suas graças a vocês e se lembre da aliança que fez com Abraão, Isaac e Jacó, seus servos fiéis. ³Que ele dê a todos vocês coração capaz de honrá-lo e de praticar sua vontade, coração generoso e espírito decidido. ⁴Que lhes abra o coração para sua lei e seus mandamentos, e lhes conceda a paz. ⁵Que ele escute suas orações, se reconcilie com vocês e não os abandone no tempo da desgraça.

⁶Nós estamos rezando por vocês, aqui e agora.

⁷Durante o reinado de Demétrio, no ano cento e sessenta e nove, nós, judeus, tínhamos escrito a vocês o seguinte: "No meio da grande tribulação que caiu sobre nós, nesses anos em que Jasão e seus companheiros traíram a terra santa e o reino, ⁸quando incendiaram o portal do Templo e mataram inocentes, nós oramos ao Senhor, e ele nos ouviu. Então oferecemos um sacrifício e uma oblação de flor de farinha, acendemos as lâmpadas e apresentamos os pães". ⁹Portanto, celebrem a festa das Tendas do mês de Casleu.

¹⁰ᵃAno cento e oitenta e oito.

Segunda carta – ¹⁰ᵇOs judeus que moram em Jerusalém e na Judeia, o conselho dos anciãos e Judas, para Aristóbulo, mestre do rei Ptolomeu e membro da família dos sacerdotes ungidos, e também para todos os judeus que vivem no Egito. Saudações e saúde.

¹¹Libertados por Deus dos maiores perigos, nós agradecemos muito a ele, como a alguém que lutou junto conosco contra o rei, ¹²pois Deus expulsou os que se haviam entrincheirado contra a cidade santa. ¹³De fato, o chefe deles foi para a Pérsia acompanhado de um exército que parecia invencível, mas que acabou destroçado no templo de Naneia, por uma cilada armada pelos sacerdotes da deusa. ¹⁴Antíoco foi para esse lugar, junto com os amigos que o acompanhavam, pretendendo casar-se com a deusa, a fim de pegar, a título de dote, as grandes riquezas que havia nesse lugar. ¹⁵Os sacerdotes do templo de Naneia lhe mostraram as riquezas, e ele entrou no recinto sagrado com alguns poucos companheiros. Logo que Antíoco entrou, os sacerdotes fecharam o templo, ¹⁶abriram a porta secreta do forro e mataram o rei a pedradas. Esquartejaram o rei e jogaram a cabeça dele para os que estavam do lado de fora. ¹⁷Por tudo isso, bendito seja nosso Deus, que entregou esses ímpios à morte.

¹⁸Estando para celebrar a purificação do Templo, no dia vinte e cinco de Casleu, achamos que seria bom comunicar-lhes isso, para que vocês também a comemorem de maneira semelhante à festa das Tendas e à festa do Fogo, que apareceu quando Neemias ofereceu os sacrifícios, depois da reconstrução do Templo e do altar. ¹⁹De fato, quando nossos pais foram levados para a Pérsia, alguns sacerdotes piedosos pegaram fogo do altar e secretamente o

---

1,1-10a: O livro começa com uma carta do ano 124 a.C., recordando outras dirigidas aos judeus do Egito, tal como a de 169 a.C., que denunciava as desgraças no período de Jasão. O motivo desta é convidar a comunidade, talvez de Elefantina ou de Leontópolis, para celebrar a festa das Tendas ou Dedicação, instituída depois que o Templo foi purificado das profanações praticadas por Antíoco Epífanes (cf. 1Mc 4,52-59; 2Mc 10,1-8).

1,10b-2,18: A segunda carta, mais antiga e mais extensa que a primeira, foi escrita quando os judeus estavam para "celebrar a purificação do Templo" em 164 a.C. (1,18; 2,16). Mais uma vez, é endereçada à

esconderam num poço seco. Deixaram a coisa tão segura, que ninguém ficou sabendo onde era esse lugar. ²⁰Passados muitos anos, quando aprouve a Deus, Neemias, o enviado do rei da Pérsia, mandou os descendentes dos sacerdotes procurar o fogo que tinham escondido. Segundo nos contam, eles não encontraram o fogo, mas somente um líquido grosso. Neemias mandou que tirassem e trouxessem tal líquido. ²¹Depois de colocarem em cima do altar tudo o que fazia parte do sacrifício, Neemias ordenou aos sacerdotes que molhassem com esse líquido a lenha e tudo o que estava em cima. ²²Feito isso e passado algum tempo, o sol, até então encoberto pelas nuvens, começou a brilhar, e um fogo forte logo se acendeu, de tal maneira que todos ficaram admirados. ²³Enquanto o sacrifício era queimado, os sacerdotes rezavam com todo o povo presente. Jônatas entoava e todos os outros respondiam junto com Neemias. ²⁴A oração era assim: "Senhor, Senhor Deus, Criador de todas as coisas, terrível, forte, justo, misericordioso, único rei, único bom, ²⁵único generoso, único justo, todo-poderoso e eterno, tu que salvas Israel de todo o mal, tu que tornaste escolhidos os nossos pais e os santificaste, ²⁶aceita o sacrifício em favor de todo o teu povo Israel. Guarda e santifica a tua herança. ²⁷Reúne os nossos dispersos. Liberta os que são escravos no meio das nações. Olha para os que são marginalizados e desprezados. Assim as outras nações ficarão sabendo que tu és o nosso Deus. ²⁸Castiga aqueles que nos oprimem, que nos humilham com soberba. ²⁹Planta o teu povo em teu lugar santo, conforme disse Moisés".

³⁰Enquanto isso, os sacerdotes entoavam os hinos. ³¹Logo que o sacrifício foi consumado, Neemias mandou jogar o resto do líquido em cima de grandes pedras. ³²Feito isso, brilhou uma chama, que logo se apagou, enquanto o fogo sobre o altar continuava aceso. ³³Logo que o fato se tornou conhecido, contaram ao rei dos persas que, no lugar onde os sacerdotes exilados tinham escondido o fogo, aparecera uma água, com a qual os companheiros de Neemias purificaram as oferendas do sacrifício. ³⁴Confirmado o fato, o rei mandou cercar o lugar e o declarou sagrado. ³⁵Daí se tiravam muitos lucros, que eram repartidos entre os favorecidos do rei. ³⁶Os companheiros de Neemias deram então a esse líquido o nome de "neftar", que significa purificação. Muitos, porém, o chamam de "nafta".

2 ¹Nos documentos se lê que o profeta Jeremias mandou que os deportados levassem o fogo, conforme foi explicado acima. ²Dando-lhes a Lei, Jeremias mandou que não esquecessem os mandamentos do Senhor, nem deixassem o próprio pensamento se desviar, ao verem as imagens de ouro ou de prata, ou seus enfeites. ³Dizendo muitas coisas desse tipo, recomendou que não afastassem do coração a Lei. ⁴Nesse documento, também se encontra que o profeta, avisado por oráculo, mandou que a Tenda e a Arca o acompanhassem, quando ele foi à montanha, sobre a qual Moisés subiu para contemplar a herança de Deus. ⁵Ao chegar, Jeremias encontrou uma espécie de gruta, onde colocou a Tenda, a Arca e o altar do incenso. Em seguida, tapou a entrada. ⁶Mais tarde, alguns dos que tinham acompanhado Jeremias foram até aí para indicar o caminho, mas não conseguiram encontrar a gruta. ⁷Quando soube, Jeremias repreendeu-os dizendo: "O lugar ficará desconhecido, até que Deus se mostre misericordioso e reúna novamente toda a comunidade do povo. ⁸Então o Senhor mostrará esses objetos. A glória do Senhor e a nuvem também vão aparecer, como apareceram no tempo de Moisés e quando Salomão pediu que Deus santificasse grandiosamente o lugar".

⁹Contava-se que Salomão, com toda a sua sabedoria, ofereceu o sacrifício de consagração e inauguração do Templo. ¹⁰Da mesma forma que Moisés rezou ao Senhor e desceu um fogo do céu para queimar o sacrifício, assim também Salomão rezou, e o fogo desceu do alto e queimou os holocaustos. ¹¹Moisés disse

---

comunidade judaica no Egito e ao mestre Aristóbulo, membro de família sacerdotal e residente no Egito.

Trata-se de uma leitura de textos do passado, a partir do Templo.

também: "O sacrifício oferecido pelo pecado foi devorado pelo fogo, porque não foi comido". ¹²Da mesma forma, também Salomão ofereceu os oito dias de festa.

¹³Além dessas coisas, também se conta, nos escritos e memórias de Neemias, como ele fundou uma biblioteca e reuniu os Anais dos Reis, os escritos dos profetas e de Davi, e também as cartas dos reis sobre as oferendas consagradas. ¹⁴Também Judas reuniu os escritos, que estavam espalhados por causa da guerra que sofremos. Agora está tudo conosco. ¹⁵Se precisarem de alguma coisa, mandem alguém buscar.

¹⁶Nós estamos escrevendo a vocês porque queremos celebrar a purificação do Templo. Vocês farão bem se celebrarem esses dias. ¹⁷Deus é quem salva todo o seu povo e dá a todos a herança, o reino, o sacerdócio e a santificação, ¹⁸como ele mesmo prometeu através da Lei. Por isso, esperamos que Deus em breve tenha misericórdia de nós e nos reúna, de todas as partes da terra, no lugar santo. Ele nos livrou dos maiores males e purificou o lugar santo.

II. PREFÁCIO DO AUTOR

Objetivo do livro – ¹⁹Vou falar sobre o que aconteceu com Judas Macabeu e seus irmãos, sobre a purificação do Templo grandioso e a consagração do altar. ²⁰Falarei também das guerras contra Antíoco Epífanes e seu filho Eupátor. ²¹Contarei as aparições celestes que tiveram aqueles que corajosamente realizaram as maiores proezas em favor do judaísmo. Eles eram poucos, e no entanto conseguiram recuperar o país inteiro, perseguiram multidões de inimigos violentos, ²²retomaram o Templo, que é famoso no mundo inteiro, libertaram a cidade de Jerusalém e colocaram novamente em vigor as leis que estavam sendo abolidas. É que o Senhor, com toda a consideração, foi muito misericordioso para com eles. ²³Tudo isso é contado por Jasão de Cirene em cinco livros, mas nós tentaremos resumir tudo num livro só.

²⁴São muitos os números, e também a matéria é muito vasta. Por isso, quem deseja embrenhar-se numa narrativa desses fatos encontra dificuldades. ²⁵Nossa preocupação foi proporcionar prazer aos que buscam leitura agradável, facilitar o trabalho aos que a querem guardar na memória, e trazer enfim algum proveito para todos os que tiverem esta obra nas mãos. ²⁶A nós, porém, que nos dedicamos ao sacrifício de fazer este resumo, o trabalho não foi leve. Ao contrário, custou suores e noites em claro. ²⁷Não é fácil preparar um banquete; quem o faz, procura agradar a todos. Assim também, foi com prazer que nos dedicamos a essa tarefa, esperando o reconhecimento de grande número de pessoas. ²⁸Para o historiador deixamos o julgamento sobre cada pormenor. Nós nos demos a esse trabalho, buscando seguir as normas de resumo. ²⁹É como o construtor de uma casa nova, que zela pelo conjunto da estrutura, enquanto o encarregado da pintura e dos arremates procura cuidar do material certo para o acabamento. É esse, penso eu, o nosso caso. ³⁰Aprofundar e percorrer os fatos, discutindo os pormenores de cada parte, é coisa própria do historiador. ³¹Quem faz resumo tem o direito de procurar a síntese de tudo o que se conta, deixando de lado o desenvolvimento de cada fato. ³²Agora, pois, vamos dar início à nossa narrativa, só ajuntando o seguinte ao que já foi dito: seria tolice prolongar-se em considerações sobre a narrativa, para depois resumir a própria narrativa.

III. HELIODORO E A PROFANAÇÃO DO TEMPLO

3 ***Heliodoro em Jerusalém*** – ¹A cidade santa vivia na mais completa paz, e os mandamentos eram observados da melhor maneira possível, por causa da santidade do sumo sacerdote Onias, e de

---

2,19-32: O autor procura resumir a obra volumosa de certo Jasão de Cirene sobre as ações do líder popular Judas Macabeu, destacando a purificação do Templo e as guerras contra os inimigos do povo e de sua religião. Assim, excetuando-se o episódio do capítulo 3, o livro corresponde mais ou menos a 1Mc 1-7: trata dos fatos ocorridos entre 175 a.C., quando Antíoco Epífanes se torna rei, e 161 a.C., com a morte de Nicanor.

3,1-40: Narração lendária com panorama da cidade santa em paz e observante dos mandamentos. É um recado aos que profanam o santuário: no lugar sagrado existe uma força divina que ninguém pode vencer. Onias

sua firme oposição a tudo o que havia de mal. ²Os próprios reis respeitavam o lugar santo, e homenageavam o Templo com os mais belos donativos. ³Até Seleuco, rei da Ásia, com seus próprios recursos sustentava todas as despesas necessárias para as funções dos sacrifícios.

⁴Um tal de Simão, porém, da tribo de Bilgá, e que era administrador do Templo, desentendeu-se com o sumo sacerdote a propósito da administração da cidade. ⁵Como não conseguiu derrotar Onias, foi então procurar Apolônio de Tarso que, nessa ocasião, era o comandante da Celessíria e da Fenícia. ⁶Contou-lhe que o tesouro do Templo em Jerusalém estava cheio de riquezas, tantas que nem dava para falar, e que a quantidade de dinheiro era incalculável. Disse-lhe também que isso não era necessário para os sacrifícios e poderia muito bem cair em poder do rei. ⁷Apolônio, ao ter uma audiência com o rei, contou-lhe tudo o que lhe tinha sido relatado. Então o rei destacou Heliodoro, encarregado da administração, e deu-lhe ordem para ir e retirar as tão faladas riquezas. ⁸Heliodoro partiu imediatamente. Dava a entender que estava apenas percorrendo as cidades da Celessíria e da Fenícia, mas o que ia mesmo executar era a tarefa que o rei lhe tinha confiado. ⁹Chegando a Jerusalém, foi recebido amigavelmente pelo sumo sacerdote da cidade. Falou a este da informação recebida, explicou o motivo de sua presença, e perguntou-lhe se as coisas eram realmente assim. ¹⁰O sumo sacerdote, de sua parte, explicou que as coisas aí depositadas eram de viúvas e órfãos, ¹¹e que algumas coisas pertenciam a Hircano, filho de Tobias, homem poderoso e de alta posição. Diversamente do que estava sendo espalhado pelo irreverente Simão, disse também que havia um total de catorze toneladas de prata e sete de ouro. ¹²Disse ainda ser inconcebível que se cometesse tal injustiça contra os que confiaram no lugar santo, na sagrada inviolabilidade do Templo, venerado no mundo inteiro.

Reação da cidade – ¹³Heliodoro, porém, seguindo as ordens recebidas do rei, afirmou resolutamente que tudo isso devia ser transferido para o tesouro real. ¹⁴Marcou uma data e se apresentou para fazer um inventário das riquezas. Isso provocou enorme agitação em toda a cidade. ¹⁵Os sacerdotes, com suas vestes sagradas e prostrados no chão diante do altar, invocavam o céu, cuja lei tinha determinado esses donativos e segundo a qual se deviam conservar intatos os bens em favor daqueles que os tinham depositado. ¹⁶Quem olhasse para o sumo sacerdote ficava de coração partido, pois o olhar e a palidez do seu rosto mostravam a agonia que lhe ia na alma. ¹⁷Ele estava tomado de pavor, e o tremor do seu corpo mostrava a todos os que o viam o sofrimento que levava no coração.

¹⁸Em grupos, vinham as pessoas correndo de suas casas para as rogações públicas, por causa do ultraje que ameaçava o lugar santo. ¹⁹Com saias de pano grosseiro, as mulheres se amontoavam pelas ruas. As moças, que costumavam ficar fechadas em casa, saíam para as portas de casa, ou subiam ao muro, ou se debruçavam na janela. ²⁰Todas, porém, erguiam as mãos para o céu e faziam suas preces. ²¹Era comovente a apreensão do povo em geral e a ansiedade do sumo sacerdote, tomado de profunda angústia. ²²Pediam ao Senhor Todo-poderoso para guardar intatos e em segurança os depósitos em favor daqueles que os tinham depositado. ²³Heliodoro, porém, procurava executar o que havia decidido.

Castigo de Heliodoro – ²⁴Acompanhado de seus guardas, Heliodoro já estava junto à sala do tesouro, quando o Senhor dos Espíritos e do Poder manifestou-se com tal esplendor, que todos os que se arriscaram a entrar aí, ficaram desfalecidos e em pânico, atingidos pela força de Deus. ²⁵Apareceu-lhe um cavalo encilhado com belíssimo arreio e montado por terrível cavaleiro. Ele avançou bruscamente, e o cavalo começou a dar patadas em Heliodoro. O cavaleiro parecia ter armadura

---

III, filho de Simão II, recebe elogios (cf. 4,5s e 15,12), demonstrando que o redator reconhece a linhagem dos chefes sacerdotais oníadas, que provém do sacerdote

Josué, no período persa (Ne 12,10s), descendente de Sadoc (cf. 2Sm 8,17 e 1Cr 5,27s). No livro de Zacarias, esse Josué vem apresentado com vestes purificadas (Zc 3,1-7).

de ouro. ²⁶Apareceram também para Heliodoro outros dois jovens extraordinariamente fortes, muito belos e com roupas magníficas. Puseram-se aos lados de Heliodoro e começaram a chicoteá-lo, dando-lhe muitos golpes. ²⁷Heliodoro caiu logo no chão. Envolto em densa escuridão, tiveram de levantá-lo e colocá-lo na maca. ²⁸Foi assim que retiraram daí, inteiramente sem ação, aquele mesmo que tinha entrado até a sala do tesouro com todo o acompanhamento e toda a sua guarda pessoal. Foram obrigados a reconhecer que o poder de Deus se havia manifestado com toda a clareza. ²⁹Heliodoro, prostrado pelo poder de Deus, estava sem fala e sem qualquer esperança de salvação. ³⁰Enquanto isso, os judeus davam louvores a Deus, que tinha glorificado o seu lugar santo. Até há pouco o Templo estava cheio de pavor e preocupação. Agora, por causa da manifestação do Senhor Todo-poderoso, estava repleto de alegria e ações de graças. ³¹Alguns da comitiva de Heliodoro pediram que Onias invocasse o Altíssimo, suplicando pela vida de quem já estava, sem dúvida, agonizando. ³²Preocupado e com medo de que o rei fosse imaginar que os judeus tinham armado algum ato criminoso contra Heliodoro, o sumo sacerdote ofereceu um sacrifício pela saúde do homem. ³³No momento em que o sacerdote oferecia o sacrifício de expiação, os mesmos jovens apareceram de novo a Heliodoro, vestidos com o mesmo traje. De pé, eles lhe disseram: "Você deve agradecer muito ao sumo sacerdote Onias, porque é em consideração a ele que o Senhor lhe concede a vida. ³⁴Você foi chicoteado pelo céu. Agora anuncie a todos o grandioso poder de Deus". E ao dizerem isso, desapareceram.

³⁵Heliodoro ofereceu um sacrifício ao Senhor, fez grandes promessas ao Deus que lhe havia devolvido a vida, despediu-se de Onias, e voltou com seu exército para junto do rei. ³⁶A todos ia dando testemunho das obras do Deus supremo, que ele tinha visto com os próprios olhos. ³⁷Quando o rei lhe perguntou quem seria a pessoa mais indicada para ser mandada outra vez a Jerusalém, ele respondeu: ³⁸"Se Vossa Majestade tem algum inimigo, alguém que se opõe a seus atos de governo, mande-o para lá, e vai recebê-lo de volta devidamente castigado, caso consiga escapar. Naquele lugar existe realmente uma força divina. ³⁹Aquele que mora no céu é o guarda e protetor daquele lugar. Ele fere e mata quem se aproxima do Templo com más intenções".

⁴⁰Foi o que aconteceu com Heliodoro e com a conservação do tesouro do Templo.

IV. INFIDELIDADE E MARTÍRIO

4 *Disputas pelo poder* – ¹O mesmo Simão, que foi traidor das riquezas e da pátria, começou a difamar Onias, como se fosse este quem tinha ferido e causado males a Heliodoro. ²Ele teve coragem de chamar de agitador da ordem pública ao benfeitor da cidade, ao protetor da sua gente e fervoroso cumpridor das leis. ³O clima de inimizade foi crescendo tanto, que alguns agentes de Simão acabaram cometendo assassínios. ⁴Onias percebeu o perigo dessa rivalidade. Vendo que Apolônio, filho de Menesteu e comandante da Celessíria e da Fenícia, apoiava as más intenções de Simão, ⁵foi procurar o rei. Não foi denunciar cidadão nenhum, mas batalhar pelo bem comum e privado de todo o povo. ⁶Ele percebeu que, se o rei não tomasse providência, seria impossível alcançar a paz na vida pública, e que Simão não pararia com suas loucuras.

⁷Depois que Seleuco morreu, subiu ao trono o rei Antíoco, chamado Epífanes. Foi quando Jasão, irmão de Onias, conseguiu, com suborno, o cargo de sumo

---

4,1-7,42: A primeira parte do livro discorre sobre a festa instituída para comemorar a purificação do Templo, realizada por Judas Macabeu. Essa parte trata da profanação do Templo e das violências cometidas contra quem não quer abandonar os preceitos e a Lei. Finalmente celebram-se as vitórias que permitiram a volta ao culto no lugar sagrado. Os acontecimentos entre os caps. 4-7 situam-se entre os anos 175-167, quando começa a resistência às violentas arbitrariedades praticadas pelo general selêucida Antíoco IV Epífanes (cf. 1Mc). A narração ocorre em três momentos: corrupção e abandono das tradições, o que leva a uma situação de calamidade (4,1-6,11); alerta do escritor (6,12-17); martírio de Eleazar e dos sete irmãos com sua mãe, torturados e mortos por não cederem às exigências do rei (6,18-7,42).

4,1-50: A situação de infidelidade segue a narrativa dos conflitos entre Onias e Simão (3,1-6). "Príncipe ungido", em Dn 9,25s, ou "príncipe de uma aliança", em Dn 11,22, é este Onias, cuja morte ocorreu em 170 a.C. e constitui fato determinante entre a cessação do

sacerdote. ⁸Numa audiência com o rei, Jasão lhe prometeu treze toneladas de prata, mais três toneladas de outros rendimentos. ⁹Além disso, daria mais cinco toneladas, se o rei lhe desse permissão para construir uma praça de esportes e uma escola para jovens, além de fazer o recenseamento dos cidadãos antioquenos em Jerusalém. ¹⁰Com o consentimento do rei e após tomar posse do cargo, Jasão passou imediatamente a fazer os seus irmãos de raça adotarem o estilo de vida dos gregos. ¹¹Anulou os favores que o rei concedera aos judeus, graças à intervenção de João, pai de Eupolemo. Este Eupolemo é o mesmo que negociou o pacto de amizade e mútua defesa com os romanos. Jasão também aboliu as leis da constituição e procurava introduzir práticas contrárias à Lei. ¹²Foi com satisfação que construiu uma praça de esportes abaixo da Acrópole, e levou os melhores jovens a usar o chapéu chamado pétaso. ¹³Era o auge do helenismo, a exaltação do modo de viver dos estrangeiros. Tudo por causa da corrupção do ímpio e falso sumo sacerdote Jasão. ¹⁴A coisa chegou a tal ponto, que os sacerdotes já não se interessavam pelas funções do altar. Deixavam de lado o Templo e, sem se preocupar com os sacrifícios, logo que era anunciado o lançamento de discos, corriam para a praça de esportes, a fim de participar dos jogos contrários à Lei. ¹⁵Ninguém ligava mais para as tradições nacionais e achavam muito mais importantes as glórias gregas. ¹⁶Por causa da própria cultura grega, acabaram se colocando numa situação crítica: aqueles mesmos, cujos costumes eles procuravam promover e a quem procuravam em tudo se assemelhar, tornaram-se seus inimigos e carrascos. ¹⁷Porque desrespeitar as leis divinas não é coisa sem importância, como se verá no episódio seguinte.
¹⁸Realizavam-se em Tiro os jogos quinquenais, com a presença do rei. ¹⁹O abominável Jasão mandou alguns espectadores antioquenos de Jerusalém, encarregando-os de levar trezentas moedas de prata para o sacrifício em honra de Hércules. Os encarregados, porém, acharam melhor não usar esse dinheiro para o sacrifício, coisa inconveniente, mas empregá-lo em outras despesas. ²⁰Assim, o dinheiro que tinha sido enviado para o sacrifício em honra de Hércules, por iniciativa dos portadores foi usado para a construção de navios a remo.

Aclamação de Antíoco Epífanes em Jerusalém – ²¹Quando Apolônio, filho de Menesteu, foi enviado ao Egito para a festa de casamento do rei Filométor, Antíoco soube que esse rei estava fazendo projetos contrários aos seus interesses. Por isso, passou por Jope e chegou a Jerusalém. ²²Aí foi recebido com toda a pompa por Jasão e pela cidade, à luz de tochas e sob aclamações. Em seguida, partiu com seu exército para a Fenícia.

Menelau e a disputa pelo sumo sacerdócio – ²³Três anos depois, Jasão mandou Menelau, irmão do já mencionado Simão, levar o dinheiro para o rei e apresentar o relatório sobre alguns assuntos importantes. ²⁴Menelau, porém, apresentou-se ao rei dando mostra de ser homem poderoso e, com adulações, conseguiu para si o posto de sumo sacerdote, oferecendo dez toneladas de prata a mais do que Jasão. ²⁵Depois de receber a nomeação do rei, ele voltou, sem levar consigo coisa alguma que fosse digna de sumo sacerdote. Pelo contrário, levava em si o furor de um tirano cruel e a fúria de animal selvagem. ²⁶E Jasão, que tinha suplantado seu próprio irmão, foi por sua vez suplantado por outro, e teve que fugir para a região dos amonitas. ²⁷Menelau assumiu o poder, mas não tomou nenhuma providência com relação ao dinheiro que tinha prometido ao rei, ²⁸apesar das cobranças feitas por Sóstrato, comandante da Acrópole, a quem cabia a questão dos tributos. Por essa razão, os dois foram convocados pelo rei.

---

sacrifício no Templo e a instalação da "abominação da desolação". O irmão de Onias, que se chama Jesus ou Josué, assume o nome de Jasão para seguir o helenismo. Além de comprar o cargo de sumo sacerdote, Jasão tenta transformar Jerusalém numa cidade helênica, construindo uma efébia, para exercícios físicos e leitura, para jovens de dezoito a vinte anos. O termo "antioquenos de Jerusalém" se refere a grupos empenhados em transformar a cidade sagrada numa pólis grega. O autor critica as disputas sacerdotais entre Onias, Jasão, Menelau e Lisímaco, quando a busca do sacerdócio era determinada pela maior ou menor quantia de talentos oferecida ou pela implantação de práticas helênicas no Templo.

²⁹Menelau deixou seu irmão Lisímaco como substituto no sumo sacerdócio, enquanto Sóstrato deixou em seu lugar Crates, comandante dos soldados cipriotas.

Assassinato de Onias – ³⁰Enquanto isso, as cidades de Tarso e de Malos estavam em plena rebelião, por terem sido dadas de presente a Antioquide, concubina do rei. ³¹Então o rei partiu rapidamente com o intuito de normalizar a situação. No seu lugar, deixou Andrônico, um de seus altos ministros. ³²Achando que era boa oportunidade para tanto, Menelau tirou do Templo alguns objetos de ouro e os deu de presente a Andrônico. Além disso, vendeu outra parte em Tiro e nas cidades vizinhas. ³³Onias se abrigara num lugar de refúgio em Dafne, perto de Antioquia. Ao saber com certeza do que Menelau tinha feito, Onias o desaprovou. ³⁴Por causa disso, Menelau sugeriu secretamente a Andrônico que desse fim a Onias. Então Andrônico procurou Onias e tentou convencê-lo com mentiras, dando-lhe até a mão direita como juramento. Embora Onias tivesse suspeitas, foi convencido por Andrônico a sair do refúgio. Este o matou imediatamente, sem respeito algum pela justiça. ³⁵Por isso, não somente os judeus, mas também muitos de outras nações ficaram indignados e condenaram totalmente o assassínio desse homem.

³⁶Quando o rei voltou dos citados lugares da Cilícia, os judeus da capital se reuniram em torno dele, junto com os gregos, para denunciar o crime cometido contra Onias. ³⁷Antíoco ficou profundamente amargurado e, tocado de compaixão, chorou por causa do equilíbrio e moderação do falecido. ³⁸Inflamado em ira, mandou imediatamente tirar de Andrônico o manto de púrpura, rasgar-lhe as roupas, conduzi-lo por toda a cidade, levá-lo para o mesmo local onde tinha cometido o crime contra Onias, e aí executar o assassino. O Senhor estava assim aplicando a Andrônico o merecido castigo.

Morte de Lisímaco – ³⁹Nesse meio-tempo, muitos furtos de objetos sagrados foram cometidos por Lisímaco em Jerusalém, sob a conivência de Menelau. Quando a notícia se espalhou, muitos objetos de ouro já tinham sido desviados, e o povo se revoltou contra Lisímaco. ⁴⁰Realmente, o povo estava revoltado e enfurecido. Então Lisímaco armou cerca de três mil homens e começou uma violenta repressão, comandada por certo Aurano, homem avançado em idade e muito mais em loucura. ⁴¹Quando perceberam o ataque de Lisímaco, alguns pegaram pedras, outros se armaram de bastões, outros ainda recolhiam punhados de terra do lugar e avançaram contra os homens de Lisímaco. ⁴²Dessa forma, feriram a muitos, mataram alguns e puseram todos a correr. Quanto ao ladrão dos objetos sagrados, conseguiram matá-lo ao lado da sala do tesouro.

Absolvição de Menelau – ⁴³A propósito desses fatos, foi aberto processo contra Menelau. ⁴⁴Quando o rei estava em Tiro, três emissários do conselho dos anciãos foram defender, junto ao rei, a causa do povo. ⁴⁵Menelau, sentindo-se perdido, prometeu grande soma de dinheiro a Ptolomeu, filho de Dorimeno, para que ele convencesse o rei a seu favor. ⁴⁶Ptolomeu levou o rei para a sacada, como se fosse para tomar um pouco de ar, e conseguiu fazê-lo mudar de ideia. ⁴⁷Foi assim que o rei absolveu Menelau, o causador de toda essa desgraça, e condenou à morte os três infelizes, que teriam sido absolvidos como inocentes até mesmo diante de tribunal bárbaro. ⁴⁸A injusta condenação foi imediatamente executada contra aqueles que estavam apenas defendendo a cidade, o povo e os objetos sagrados. ⁴⁹Por isso, alguns de Tiro, revoltados, providenciaram generosamente tudo o que era preciso para a sepultura deles. ⁵⁰Enquanto isso, Menelau, graças à ganância dos poderosos, continuou no poder, aumentando sempre mais sua própria crueldade e tornando-se o maior inimigo de seus compatriotas.

5

Opressões sobre o povo – ¹Nesse tempo, Antíoco preparava sua segunda expedição contra o Egito. ²Aconteceu

---

5,1-27: O autor chama a atenção para as ações opressoras de Antíoco, provocadas por uma rebelião em Jerusalém, e para a tirania exercida por grupos que desejavam o poder na Judeia. As expedições de An-

então que, durante quase quarenta dias, começaram a aparecer no ar, pela cidade inteira, cavaleiros vestidos de ouro, armados de lanças, organizados em pelotões e empunhando espadas. ³Viam-se brigadas de cavalaria em linha cerrada, ataques e contra-ataques de um lado e do outro, movimento de escudos, multidões de lanças, lançamento de projéteis, faiscar de adornos dourados e todo tipo de couraças. ⁴Todos pediam para que essa aparição fosse de bom agouro.

⁵Correu então um falso boato de que Antíoco tinha morrido. Jasão reuniu mais de mil homens e atacou a cidade de surpresa. Ao serem derrotados aqueles que estavam na muralha e consumando-se a tomada da cidade, Menelau refugiou-se na Acrópole. ⁶Enquanto isso, Jasão promovia impiedosamente a matança dos seus próprios concidadãos, sem compreender que uma vitória sobre seus irmãos era sua maior derrota. Ele pensava estar triunfando sobre inimigos e não sobre compatriotas. ⁷Contudo, não conseguiu tomar o poder. O resultado foi a humilhação que lhe veio por causa do seu motim, e teve de fugir novamente para a região dos amonitas. ⁸Seu comportamento perverso teve triste fim: denunciado a Aretas, rei dos árabes, foi perseguido e teve de ficar fugindo de cidade em cidade, detestado por todos como traidor das suas leis, repelido como inimigo da própria nação e dos próprios compatriotas e, por isso, enxotado para o Egito. ⁹Dessa forma, Jasão, que tinha exilado tantos de sua pátria, também foi morrer no exílio, já que se refugiou na terra dos lacedemônios, com a esperança de receber proteção devido aos laços de parentesco. ¹⁰Ele que havia deixado muitos mortos sem sepultura, morreu sem que alguém chorasse por ele. Não teve nenhum tipo de funeral, nem foi sepultado junto a seus pais.

¹¹Quando chegou ao rei a notícia desses acontecimentos, ele pensou que a Judeia se houvesse revoltado. Voltando furioso do Egito, ocupou militarmente a cidade. ¹²Mandou os soldados matar sem piedade quantos encontrassem, e trucidar os que procurassem refúgio nas casas. ¹³Houve grande matança de jovens e velhos, massacre de homens, mulheres e crianças, carnificina de moças e bebês. ¹⁴Em três dias, pereceram oitenta mil pessoas: quarenta mil foram assassinadas, e os vendidos como escravos não foram menos do que os mortos.

¹⁵Não satisfeito com isso tudo, Antíoco ainda teve a ousadia de entrar no Templo mais sagrado do mundo, tendo por guia Menelau, traidor das leis e da pátria. ¹⁶Com suas mãos impuras, Antíoco pegou as vasilhas sagradas e, com suas mãos sacrílegas, levou embora os donativos aí depositados por outros reis para engrandecimento, glória e honra do lugar santo. ¹⁷Antíoco foi arrogante, sem perceber que o Senhor se havia irritado durante breve tempo, por causa dos pecados dos habitantes da cidade. Era por isso que o Senhor se descuidava do lugar santo. ¹⁸De fato, se eles não se tivessem envolvido em tantos pecados, Antíoco seria imediatamente barrado no seu atrevimento a poder de chicotadas, logo que chegasse, como aconteceu com Heliodoro, enviado pelo rei Seleuco para fiscalizar o tesouro. ¹⁹Contudo, o Senhor não escolheu o povo para o lugar santo, mas o lugar santo para o povo. ²⁰Por isso é que o lugar santo, havendo participado das desgraças que ocorreram ao povo, depois participou também da felicidade do povo. Ficou abandonado no momento de ira do Todo-poderoso, mas foi restaurado em toda a sua glória, quando o Senhor novamente se reconciliou. ²¹Depois de ter roubado sessenta e duas toneladas de ouro do Templo, Antíoco voltou imediatamente para Antioquia. Em seu orgulho e insolência, acreditava que poderia navegar em terra firme e andar a pé dentro do mar. ²²No entanto, deixou alguns superintendentes, para continuarem a maltratar o povo. Em Jerusalém colocou Filipe, de origem frígia, de caráter mais bárbaro do que aquele

---

tíoco ao Egito em 169-168 a.C. produzem o saque do Templo (cf. 1Mc 1,16-24) e a repressão do misarca Apolônio contra a rebelião (cf. 1Mc 1,29-35). Judas Macabeu e seus companheiros são apresentados como pertencentes ao grupo dos hassidim (cf. nota em 1Mc 2, 39-48).

que o havia nomeado para o cargo. ²³No Garizim, deixou Andrônico. Além desses, deixou também Menelau, que era pior que os outros na opressão contra seus próprios compatriotas.

Cheio de ódio profundo contra os cidadãos judeus, ²⁴o rei enviou o comandante Apolônio com vinte e dois mil soldados e com ordens para matar todos os adultos e vender as mulheres e os mais jovens. ²⁵Ao chegar a Jerusalém, Apolônio, simulando atitude pacífica, aguardou o dia santificado do sábado. Surpreendeu os judeus em repouso, mandando os soldados fazer um desfile militar. ²⁶Ordenou então que matassem todos os que saíam para ver o desfile. Depois, percorrendo a cidade com armas, provocou terrível massacre.

²⁷Então Judas, chamado Macabeu, reuniu cerca de dez homens, retirou-se para o deserto e, como os animais selvagens, passou a viver nas montanhas com seus companheiros. Para não se contaminarem com alimentos impuros, comiam ervas apenas.

6 **Profanação do santuário** – ¹Não muito tempo depois, o rei mandou um ancião ateniense convencer os judeus a que abandonassem as leis dos pais e deixassem de se governar segundo as leis de Deus. ²Mandou também profanar o Templo de Jerusalém e dedicá-lo a Zeus Olímpico, e também dedicar o templo do monte Garizim a Zeus Hospitaleiro, conforme pediam os moradores do lugar.

³Até para a massa do povo, era difícil e insuportável o crescimento dessa maldade. ⁴De fato, o Templo ficou cheio de libertinagem e orgias das nações, que aí se divertiam com prostitutas e mantinham relações com mulheres no recinto sagrado do Templo, além de levarem para dentro objetos proibidos. ⁵O próprio altar estava repleto de ofertas proibidas pela Lei. ⁶Não se podia celebrar o sábado, nem as festas tradicionais, nem mesmo se declarar judeu. ⁷Todo mês eram forçados a participar do banquete sacrifical, que se realizava no dia do aniversário do rei. Quando chegavam as festas de Dionísio, eram obrigados a participar da procissão em honra a Dionísio, com ramos de hera na cabeça. ⁸Por sugestão dos habitantes de Ptolemaida, foi decretado que as cidades gregas vizinhas também seguissem as mesmas disposições contra os judeus, obrigando-os a comer a carne dos sacrifícios, ⁹e matassem os que não quisessem aceitar os costumes gregos. Podia-se perceber a calamidade que estava para chegar.

¹⁰Duas mulheres foram presas por terem circuncidado seus filhos. Depois de fazê-las percorrer publicamente a cidade com os filhos pendurados ao seio, as jogaram muralha abaixo. ¹¹Outros, que tinham saído juntos para os arredores da cidade, para as cavernas, a fim de aí celebrar às escondidas o sábado, após serem denunciados a Filipe, foram queimados juntos, pois ficaram com escrúpulo de reagir, por respeito à santidade do dia.

Aviso do autor – ¹²Recomendo àqueles que lerem este livro, que não fiquem perturbados por causa de tais calamidades. Ao contrário, pensem que esses castigos não vieram para destruir, mas apenas para corrigir nossa gente. ¹³É sinal de grande bondade não deixar por muito tempo sem castigo aqueles que cometem injustiça, mas aplicar-lhes logo a merecida punição. ¹⁴O Senhor não age conosco como faz com os outros povos, esperando pacientemente o tempo de castigá-los, até que os pecados deles cheguem ao máximo. Ele quis agir dessa forma conosco, ¹⁵para não chegarmos primeiro ao extremo dos nossos pecados, e só então nos castigar. ¹⁶Significa que ele nunca retira de nós sua misericórdia. Mesmo quando nos corrige com desgraças, não está abandonando seu povo. ¹⁷O que acabamos de dizer fique apenas como aviso. Agora vamos passar logo para a narrativa.

Martírio e testemunho de Eleazar – ¹⁸Eleazar era um dos principais doutores da Lei,

---

6,1-11: Antíoco IV Epífanes profana o Templo de Jerusalém, ao dedicá-lo a divindades que se equiparam ao deus sírio Baal-Shamem. Esse culto pagão no altar dos holocaustos é denominado "abominação da desolação" (cf. Dn 8,13; 9,27; 11,31; 12,11; 1Mc 1,54). Os vv. 10-11 relatam dois casos de resistência ao decreto do rei (cf. 1Mc 2,29-38).

12-17: Este aviso teológico serve de ponte entre as abominações de Antíoco com seus comparsas (4,1-6,11) e o testemunho dos mártires (6,18-7,42).

homem de idade avançada, mas com rosto de traços ainda belos. Queriam obrigá-lo a comer carne de porco, enfiando-a boca adentro. ¹⁹Ele, porém, que preferia morte honrada a viver envergonhado, dirigiu-se espontaneamente para a tortura do tímpano, ²⁰tendo antes cuspido fora o que lhe estava na boca. Assim é que devem fazer os que corajosamente querem resistir ao que não é permitido comer, nem mesmo por amor à própria vida. ²¹Os que dirigiam esse sacrifício proibido, velhos amigos de Eleazar, o chamaram de lado e lhe propuseram que pegasse carne permitida, por ele mesmo preparada, fingindo que comia a carne do sacrifício ordenado pelo rei. ²²Se ele assim fizesse, estaria livre da morte e, pela antiga amizade que havia entre eles, o tratariam com benevolência. ²³Ele, porém, tomou uma nobre decisão, coerente com sua idade e com o respeito da velhice, coerente com a dignidade de seus cabelos brancos e a vida correta que levava desde a infância; acima de tudo, coerente com as santas leis dadas pelo próprio Deus. E respondeu prontamente: "Podem mandar-me para a mansão dos mortos. ²⁴Em minha idade não fica bem fingir, senão muitos dos mais moços pensarão que um velho de noventa anos chamado Eleazar passou para os costumes estrangeiros. ²⁵Com meu fingimento, por causa de um pequeno resto de vida, eles seriam enganados, e eu só ganharia mancha e desprezo para minha velhice. ²⁶Ainda que no presente eu me livrasse do castigo humano, nem vivo nem morto conseguiria escapar das mãos do Todo-poderoso. ²⁷É por isso que me mostrarei digno da minha idade, se eu passar corajosamente para a outra vida. ²⁸Para os mais moços posso deixar um exemplo honrado, mostrando como se deve morrer corajosa e dignamente pelas veneráveis e santas leis". Dito isso, foi imediatamente para o suplício.

²⁹Seus torturadores, que pouco antes queriam ser amáveis com ele, então se tornaram cruéis por causa do que ele havia dito, considerando tudo aquilo uma loucura. ³⁰Já quase morto, em meio às torturas, Eleazar ainda falou entre gemidos: "O Senhor, que possui a santa sabedoria, sabe que eu, podendo escapar da morte, suporto em meu corpo as dores cruéis da tortura, mas em minha alma estou alegre, porque sofro por causa do temor a ele". ³¹E assim terminou sua vida. Sua morte deixou, não só para os jovens, mas também para todo o restante do povo, exemplo memorável de heroísmo e virtude.

7
Martírio da mãe com os sete filhos – ¹Aconteceu também que sete irmãos foram presos junto com sua mãe. Espancando-os com relhos e chicotes, o rei pretendia obrigá-los a comer carne de porco, que era proibida. ²Um deles, falando em nome dos outros, disse: "O que você quer perguntar ou saber de nós? Estamos prontos a morrer, antes que desobedecer às leis de nossos pais". ³Enfurecido, o rei mandou esquentar assadeiras e caldeirões. ⁴Logo que ficaram quentes, mandou cortar a língua, arrancar o couro cabeludo e decepar as extremidades daquele que tinha falado pelos outros, e tudo diante dos irmãos e da mãe. ⁵Já mutilado de todos os membros e enquanto ainda vivia, o rei mandou que o pusessem no fogo para assar. Da assadeira subia grande volume de fumaça. E os seus irmãos com a mãe se animavam entre si para enfrentarem corajosamente a morte, dizendo: ⁶"O Senhor Deus nos observa e certamente terá compaixão de nós, conforme afirmou claramente Moisés em seu cântico: 'Ele terá compaixão de seus servos' ".

18-31: Em 1Mc 1,62-63 se lê que muitos permaneceram firmes, preferindo morrer a se contaminar com os alimentos impuros e profanar a santa Aliança. A referência à idade e velhice do doutor da Lei e escriba Eleazar enfatiza sua coerência com as tradições. A compreensão de Eleazar diante da Lei e da Aliança (7,30-36; 8,15; 10,26; 12,40; 15,9; cf. 1Mc 2,20) é contraposta aos rituais da cultura grega ensinada aos jovens que impunha comer carne de porco, coisa proibida pela Lei (Lv 11,7; Dt 14,8), abominada (Is 65,4; 66,3) e considerada como rito pagão (6,21s).

7,1-42: Esta narrativa servia de modelo para muitas atas de mártires. Apresenta inclusive argumentos para uma teologia do martírio. Mãe e filhos se animam, entoando cantos ao Deus libertador e afirmando que ele fará justiça e terá misericórdia de seus servos. É uma releitura da tradição do êxodo à luz de Dt 32,36 e Sl 135,14. Em meio à perseguição de Antíoco, o autor aponta para a fé na ressurreição do justo (7,9.11.14.23.29.36; 12,38-46; 14,46; Dn 12,2-3), não somente como doutrina da imortalidade, mas também da sobrevida para os que são fiéis às leis e tradições (cf. Sb 3,1-5.16).

⁷Depois que o primeiro morreu, levaram o segundo para a tortura. Após lhe arrancarem o couro cabeludo, perguntaram: "Você gostaria de comer, antes que seu corpo seja torturado membro por membro?" ⁸Ele, porém, respondeu em sua língua materna: "Não". Foi então submetido às mesmas torturas do primeiro. ⁹Antes de dar o último suspiro, ainda falou: "Você, bandido, nos tira desta vida presente, mas o rei do mundo nos fará ressuscitar para uma ressurreição eterna de vida, a nós que agora morremos pelas leis dele".

¹⁰Depois desse, também o terceiro foi levado para a tortura. Intimado, colocou imediatamente a língua para fora e apresentou corajosamente as mãos, ¹¹dizendo com dignidade: "De Deus eu recebi estes membros, e agora, por causa das leis dele, eu os desprezo, pois espero que ele os devolva para mim". ¹²O rei e aqueles que o rodeavam ficaram admirados da coragem com que o rapaz enfrentava os sofrimentos, como se nada fossem.

¹³Logo que esse morreu, começaram a torturar da mesma forma o quarto irmão. ¹⁴Estando para morrer, ele falou: "Vale a pena morrer pela mão dos homens, quando se espera que o próprio Deus nos ressuscite. Para você, porém, não haverá ressurreição para a vida".

¹⁵Imediatamente apresentaram o quinto, e passaram a torturá-lo. ¹⁶Olhando bem para o rei, ele afirmou: "Mesmo sendo simples mortal, você faz o que quer, porque tem poder sobre os homens. Mas não pense que nosso povo foi abandonado por Deus. ¹⁷Espere um pouco, e verá como o grande poder dele vai torturar você e sua descendência".

¹⁸Depois desse, trouxeram também o sexto. Quando estava morrendo, ele ainda falou: "Não se iluda! Nós estamos sofrendo tudo isso por nossa culpa, porque pecamos contra o nosso Deus. Por isso nos acontecem essas coisas espantosas. ¹⁹Quanto a você, que se atreveu a lutar contra Deus, não pense que ficará sem castigo".

²⁰Extraordinariamente admirável, porém, e digna da mais respeitável lembrança, foi a mãe. Ela, vendo morrer seus sete filhos num só dia, suportou tudo corajosamente, esperando no Senhor. ²¹Ela encorajava cada um dos filhos, na língua de seus pais. Com atitude nobre, e animando sua ternura feminina com força viril, assim falava com os filhos: ²²"Não sei como vocês apareceram no meu ventre. Não fui eu que dei a vocês o espírito e a vida, nem fui eu que dei forma aos membros de cada um de vocês. ²³Foi o Criador do mundo, que modela a humanidade e determina a origem de tudo. Ele, na sua misericórdia, lhes devolverá o espírito e a vida, se vocês agora se sacrificarem pelas leis dele".

²⁴Antíoco pensou que a mulher o enganava e desconfiou que ela o estava insultando. Restava, porém, o filho mais novo. E o rei tentava convencê-lo, e até lhe garantia, sob juramento, que, se renegasse as tradições dos pais, ele o tornaria rico e feliz, o teria como amigo e lhe daria cargos importantes. ²⁵Entretanto, o menino não lhe deu a menor atenção. Por isso, o rei chamou a mãe e pedia que ela aconselhasse o menino para o seu próprio bem. ²⁶Depois de muita insistência do rei, ela aceitou falar com o filho. ²⁷Abaixou-se e, enganando esse rei cruel, usou a língua dos pais e falou assim: "Meu filho, tenha dó de mim. Eu carreguei você no meu ventre durante nove meses. Eu amamentei você por três anos. Eduquei, criei e tratei você até esta idade! ²⁸Meu filho, eu lhe imploro: olhe o céu e a terra, e observe tudo o que neles existe. Deus criou tudo isso do nada, e a humanidade teve a mesma origem. ²⁹Não fique com medo desse carrasco. Ao contrário, seja digno de seus irmãos e enfrente a morte. Desse modo, eu recuperarei você junto com seus irmãos, no tempo da misericórdia".

³⁰Apenas ela acabou de falar, o rapazinho disse: "O que vocês estão esperando? Eu não obedeço às ordens do rei. Obedeço às determinações da Lei que foi dada a nossos pais por meio de Moisés. ³¹Quanto a você, que está procurando fazer aos hebreus tudo o que há de mal, você não vai conseguir escapar das mãos de Deus. ³²Nós estamos sofrendo por causa de nossos pecados. ³³Por um pouco de tempo, o Senhor vivo está irado conosco e nos castiga e nos corrige, mas ele voltará a se

reconciliar com seus servos. ³⁴Quanto a você, ímpio e pior criminoso do mundo, não fique se exaltando à toa ou gritando esperanças que não têm fundamento, enquanto ergue as mãos contra os servos do Céu. ³⁵Você ainda não escapou do julgamento do Deus Todo-poderoso, que tudo vê. ³⁶Depois de suportar um sofrimento passageiro, meus irmãos já estão participando da vida eterna, na aliança com Deus. Em troca, no julgamento de Deus, você receberá o castigo justo por sua soberba. ³⁷Quanto a mim, da mesma forma que meus irmãos, entrego meu corpo e minha vida em favor das leis de meus pais, suplicando que Deus se compadeça logo de meu povo. Enquanto isso, você, à custa de castigos e flagelos, terá de reconhecer que ele é o único Deus. ³⁸Suplico que a ira do Todo-poderoso, que se abateu com toda a justiça contra seu povo, se detenha em mim e em meus irmãos".

³⁹O rei, sentindo-se envenenado pelo sarcasmo, ficou furioso, e tratou o menino com crueldade ainda mais feroz do que tinha feito com os outros. ⁴⁰E o menino morreu sem mancha, confiando totalmente no Senhor.

⁴¹A mãe morreu por último, depois dos filhos.

⁴²Por ora, basta o que contei sobre as refeições sacrificais e as incríveis crueldades.

V. VITÓRIA DO POVO SOBRE O OPRESSOR

8 Judas Macabeu – ¹Nesse meio-tempo, Judas, chamado Macabeu, com seus companheiros se infiltravam nas aldeias. Convocando os compatriotas e recrutando os que continuavam fiéis ao judaísmo, reuniram cerca de seis mil pessoas. ²Suplicaram ao Senhor que olhasse para o povo, pisoteado por todos, e tivesse compaixão do Templo, profanado por ímpios; ³que tivesse misericórdia da cidade de Jerusalém já destruída e em vias de ser nivelada ao solo; que escutasse o clamor do sangue que subia até ele; ⁴que se lembrasse do criminoso massacre de crianças inocentes e das blasfêmias contra seu Nome, e pusesse em ação sua vingança.

⁵Quando conseguiu organizar o pessoal, o Macabeu tornou-se invencível para as nações. Dessa forma, a ira do Senhor transformou-se em misericórdia. ⁶Judas chegava de surpresa e incendiava cidades e povoados, tomava os pontos estratégicos e afugentava muitos inimigos. ⁷Para esses ataques, escolhia de preferência a noite como sua aliada. E a fama de sua valentia se espalhava por toda parte.

Luta contra Nicanor e Górgias – ⁸Quando viu que Judas ia pouco a pouco chegando ao sucesso, e subindo firmemente de vitória em vitória, Filipe escreveu a Ptolomeu, comandante da Celessíria e da Fenícia, pedindo que fosse socorrer os interesses do rei. ⁹Ptolomeu imediatamente escolheu Nicanor, filho de Pátroclo, um dos principais amigos do rei, e colocou sob o comando dele mais de vinte mil homens de todas as nações, com ordem de liquidar com a raça dos judeus. Junto com ele, mandou o comandante Górgias, homem experiente em questões de guerra. ¹⁰Nicanor planejou vender escravos

---

8,1-10,8: Este momento retratado pelo livro representa uma virada no rumo da história. Até aqui o povo fiel a Deus está sendo derrotado e humilhado. A perseguição não poupa ninguém. Agora vem a resistência e o quadro se modifica: o líder começa conseguindo vitórias importantes, o rei ímpio morre de forma horrível, a cidade santa é reconquistada e o Templo é purificado. O autor entrelaça sua narrativa com fatos narrados em 1Mc, contrapondo as estratégias militares de Nicanor e Górgias às de Judas Macabeu. O destino dos fiéis é totalmente diverso do destino dos fiéis, pois é intenção do autor mostrar que a vitória está na fidelidade à Lei.

8,1-7: Continua a descrição da liderança de Judas Macabeu, retomando 5,27. Recorda-se o testemunho dos mártires (vv. 2-4) e se narram as táticas de guerrilha. Aqui, o autor entrelaça dados da ação de Matatias com o início da atividade de Judas Macabeu (1Mc 2-3).

8-36: Destaca o caráter religioso da resistência, com exortação, súplica e celebração do sábado, mostrando o auxílio de Deus na vitória sobre o opressor. A primeira batalha tem referência nas Escrituras (Is 36-37 e 2Rs 19), enquanto da segunda não se tem notícia. Em toda a narrativa, parece que os vv. 21-22 são a única característica de organização militar. O v. 24 fala do confronto em tom teológico: a luta contou com o auxílio de Deus, justificando o nome de Eleazar ("Deus ajudou") e a relação com os mártires (cf. 2Mc 6,18-7,42). O texto atenta para a distribuição dos despojos, principalmente em favor dos mais pobres que sofrem os efeitos da guerra: perda de pais e maridos, além dos ferimentos graves. Por isso, as viúvas, os órfãos e os mutilados têm a primazia na distribuição dos despojos. A intenção de Nicanor e Górgias está na manutenção de uma importante fonte de renda: a captura e venda de escravos.

judeus, para levantar a quantia de setenta toneladas de prata para o tributo que o rei devia aos romanos. ¹¹Por isso, antes de mais nada, mandou alguém às cidades do litoral oferecer escravos judeus, propondo o preço de noventa escravos por trinta e cinco quilos de prata. Ele não imaginava o castigo que o Todo-poderoso lhe reservava.

¹²A notícia da vinda de Nicanor chegou até Judas, que preveniu os companheiros sobre a aproximação do inimigo. ¹³Os medrosos e aqueles que não confiavam na justiça de Deus abandonavam suas posições e fugiam para se salvar. ¹⁴Os outros venderam tudo o que possuíam, e juntos suplicaram ao Senhor que os libertasse, pois já tinham sido vendidos como escravos pelo ímpio Nicanor. ¹⁵Pediam que Deus os atendesse, se não por causa deles próprios, pelo menos em vista da aliança feita com os seus pais e também por causa do próprio Nome sagrado e grandioso que estava sendo invocado. ¹⁶O Macabeu reuniu os seus companheiros em número de seis mil. Procurou animá-los, dizendo para não se apavorarem, nem se sentirem inferiorizados pela grande quantidade de pagãos que vinham fazer guerra injusta contra eles, mas que lutassem com bravura. ¹⁷Que tivessem diante dos olhos o desrespeito criminoso com que os inimigos trataram o nosso lugar santo, a vergonha da cidade humilhada e também a abolição das tradições dos nossos antepassados. ¹⁸Judas falou: "Os inimigos confiam nas armas e nos seus atos de bravura. Nós, porém, confiamos no Deus Todo-poderoso. Ele, com um simples gesto, é capaz de derrubar nossos inimigos e até o mundo inteiro". ¹⁹Lembrou-lhes também o socorro que tinha vindo de Deus para os antepassados, como no caso de Senaquerib, quando morreram cento e oitenta e cinco mil. ²⁰Lembrou-lhes também a batalha contra os gálatas na Babilônia, quando todos os que estavam em combate eram oito mil, além de quatro mil macedônios. Como os macedônios estivessem em dificuldade, os oito mil mataram cento e vinte mil com a ajuda que lhes veio do céu, e ainda recolheram muitos despojos.

²¹Depois de encorajá-los com essas palavras e torná-los prontos para morrer pelas leis e pela pátria, Judas repartiu o exército em quatro divisões aproximadamente iguais. ²²Como comandantes de cada uma das divisões nomeou seus irmãos Simão, José e Jônatas, ficando cada um com cerca de mil e quinhentos homens, ²³e também Eleazar. Lido o livro sagrado e dada a palavra de ordem: "Ajuda de Deus", Judas partiu contra Nicanor, comandando a primeira divisão. ²⁴Como o Todo-poderoso se tornou seu aliado, eles liquidaram mais de nove mil, enquanto feriram e mutilaram mais da metade do exército de Nicanor, obrigando todos os outros a fugir. ²⁵Tomaram o dinheiro dos que tinham vindo com a intenção de comprá-los. Perseguiram os fugitivos por longo tempo, mas desistiram por estar ficando tarde, ²⁶pois era véspera de sábado. Por isso, não continuaram a persegui-los. ²⁷Após terem tomado as armas deles e despojado os cadáveres dos inimigos, celebraram o sábado de maneira extraordinária, louvando e agradecendo ao Senhor que nesse dia os libertou, marcando assim o início da sua misericórdia para com eles. ²⁸Passado o sábado, repartiram os despojos dos inimigos entre os mutilados, viúvas e órfãos. Repartiram entre si e seus filhos tudo o que sobrou. ²⁹Depois disso, fizeram uma súplica coletiva, pedindo ao Senhor misericordioso que se reconciliasse totalmente com seus servos.

Derrota de Timóteo e Báquides – ³⁰Em seguida, atacaram o pessoal de Timóteo e de Báquides. Mataram mais de vinte mil deles e, com muita facilidade, tomaram algumas fortalezas em pontos elevados. Dividiram então muitos despojos em partes iguais, entre si e com os mutilados, órfãos, viúvas e velhos. ³¹Recolheram cuidadosamente as armas dos inimigos, colocaram todas em lugares convenientes e levaram para Jerusalém o resto dos despojos que tinham recolhido. ³²Conseguiram matar o comandante da guarda pessoal de Timóteo, homem sanguinário que tinha feito os judeus sofrer muito. ³³Quando estavam celebrando na pátria a festa da vitória, queimaram vivos aqueles que tinham incendiado os portais sagrados e também o tal de Calístenes, que se havia refugiado numa casa. Assim esses receberam o castigo merecido pela profanação que tinham cometido.

Fuga de Nicanor – ³⁴O bandido Nicanor, que tinha trazido mil negociantes para a venda de judeus, ³⁵foi humilhado, com a ajuda do Senhor, por aqueles mesmos que ele considerava os últimos. Teve de abandonar suas roupas suntuosas, e fugiu pelo campo como escravo, chegando a Antioquia sem nada, em situação mais feliz que seu exército derrotado. ³⁶Assim, aquele que se havia responsabilizado em saldar o tributo devido aos romanos, mediante a venda de prisioneiros de Jerusalém, passou a proclamar que os judeus têm um Defensor e que, por essa razão, são invulneráveis, porque seguem as leis determinadas por ele.

9 **Fim de Antíoco IV Epífanes** – ¹Por essa mesma ocasião, Antíoco foi forçado a voltar desordenadamente das regiões da Pérsia. ²Entrou em Persépolis, tentou despojar o templo e tomar a cidade. Diante disso, o povo se revoltou e recorreu às armas. Foi quando Antíoco, derrotado e perseguido pelos habitantes, teve de bater em vergonhosa retirada. ³Quando estava perto de Ecbátana, chegou-lhe a notícia do que tinha acontecido a Nicanor e ao pessoal de Timóteo. ⁴Então, furioso, pensava em cobrar dos judeus a injúria sofrida diante daqueles que o tinham posto em fuga. Por isso, mandou seu cocheiro tocar a carruagem, seguindo em frente sem parar. Entretanto, o julgamento do Céu já o estava alcançando. De fato, em sua arrogância, ele tinha dito: "Vou transformar Jerusalém num cemitério de judeus. Basta eu chegar lá!" ⁵O Senhor Deus de Israel, porém, que tudo vê, mandou-lhe uma doença incurável e invisível. Pois logo que acabou de dizer essas palavras, lhe veio uma forte dor de barriga, uma terrível cólica de intestinos. ⁶Era uma coisa justa, porque ele havia torturado as entranhas de outros com muitas e refinadas torturas. ⁷Mas nem assim sua arrogância diminuiu. Ao contrário, ficou ainda mais exaltado, e mandou tocar mais depressa, furioso de raiva contra os judeus. Aconteceu então que ele caiu da carruagem que corria precipitadamente e, por causa da queda violenta, todos os seus membros se quebraram. ⁸Aquele que pouco antes, com insolência até desumana, se achava com poderes de dar ordens para as ondas do mar, e que se imaginava pesando em balança as altas montanhas, ficou estendido no chão, e teve de ser carregado numa padiola. Assim, para todos ele dava mostras evidentes do poder de Deus. ⁹A coisa foi tal, que do corpo desse renegado brotavam vermes. Ainda vivo, em meio a sofrimentos e dores, suas carnes se soltavam do corpo. Por todo o acampamento não se aguentava o mau cheiro de sua podridão. ¹⁰Aquele que pouco antes parecia capaz de tocar as estrelas do céu, agora ninguém era capaz de o carregar, por causa do mau cheiro insuportável. ¹¹Em tal situação, prostrado por sua doença, Antíoco começou a ceder em sua arrogância. Atormentado cada vez mais pelas dores, chegou a reconhecer o castigo divino, ¹²e já não podendo suportar seu próprio cheiro, disse: "É justo que o mortal se submeta a Deus e não queira igualar-se à divindade". ¹³Mas esse criminoso rezava ao Soberano, que já não se compadecia dele. Então jurou ¹⁴que proclamaria livre a cidade santa, contra a qual antes caminhava apressadamente, a fim de arrasá-la e transformá-la em cemitério. ¹⁵Jurou que daria os mesmos direitos dos atenienses a todos os judeus, sobre quem havia decretado que não mereciam sepultura, mas que fossem jogados com seus filhos para servir de comida às feras e aves de rapina. ¹⁶Jurou que enfeitaria, com os mais belos donativos, o Templo santo, que ele mesmo tinha despojado. Jurou que devolveria, em número maior, todos os objetos sagrados. Jurou que manteria, com suas rendas pessoais, todas as despesas necessárias para os sacrifícios. ¹⁷Além de tudo isso, jurou que se tornaria judeu

---

9,1-29: Destino trágico dos que detêm o poder e o utilizam para oprimir e perseguir o povo fiel. Antíoco morreu em novembro de 164 a.C. na cidade de Tabe. Como as verdadeiras circunstâncias de sua morte não

e percorreria todos os lugares habitados do mundo, anunciando o poder de Deus.

Carta de Antíoco – ¹⁸Como as dores não passassem, pois a justa condenação de Deus o tinha atingido, e perdendo as esperanças de cura, Antíoco escreveu aos judeus, em tom de súplica, a seguinte carta: ¹⁹"Aos ilustríssimos cidadãos judeus. O rei e governador Antíoco lhes manda muitas saudações e deseja saúde e bem-estar. ²⁰Espero, graças ao Céu, que vocês e seus filhos estejam bem, e seus negócios corram segundo seus desejos. ²¹Lembro com carinho o respeito e os bons sentimentos de vocês.

Ao voltar da Pérsia, contraí uma grave doença e julguei necessário pensar na segurança pública. ²²No meu caso, não perdi a esperança. Ao contrário, espero escapar desta doença. ²³Eu me lembro de que meu pai, toda vez que partia em campanha para a região do planalto, indicava seu futuro sucessor. ²⁴Desse modo, se acontecesse algo inesperado ou se chegasse alguma notícia má, os habitantes da terra não iriam agitar-se, pois já saberiam a quem tinha sido confiado o governo. ²⁵Além disso, considerando que os soberanos próximos e vizinhos de nosso reino estão à espera de uma oportunidade e observando o que acontece, nomeio como rei meu filho Antíoco. É ele que tantas vezes tenho recomendado a muitos de vocês, ao me ausentar para as províncias do norte. A ele escrevi a carta que segue abaixo. ²⁶Assim, pois, eu os exorto e lhes peço que conservem para com meu filho a mesma boa vontade demonstrada para comigo, lembrados de tudo de bom que fiz por vocês, seja em comum para todos, seja em particular para cada um. ²⁷Estou plenamente convencido de que meu filho, seguindo minha decisão, os tratará com muita compreensão e cordialidade".

²⁸E assim esse assassino e blasfemo, entre dores atrozes, morreu nas montanhas, em terra estrangeira. Seu final foi desastroso, da mesma forma como ele havia tratado a outros. ²⁹Filipe, seu companheiro de infância, transportou seus restos. Mas, com medo do filho de Antíoco, Filipe foi para o Egito, para junto de Ptolomeu Filométor.

10 **Purificação do templo e comemoração** – ¹O Macabeu com seus companheiros, guiados pelo Senhor, reconquistaram o Templo e a cidade de Jerusalém. ²Demoliram os altares construídos pelos estrangeiros na praça pública e seus templos. ³Depois de purificar o santuário, construíram novo altar para os holocaustos. Tiraram fogo das pedras e ofereceram sacrifícios, após uma interrupção de dois anos. Acenderam também o fogo do altar do incenso e as lâmpadas, e apresentaram os pães. ⁴Em seguida se prostraram por terra e suplicaram ao Senhor que nunca mais os deixasse cair em tais desgraças. Caso voltassem a pecar, que ele os corrigisse com moderação, sem serem entregues em mãos de bárbaros e blasfemadores. ⁵A purificação do Templo aconteceu na mesma data em que tinha sido profanado pelos estrangeiros, isto é, no dia vinte e cinco do mês de Casleu. ⁶Durante oito dias, fizeram uma comemoração semelhante à das Tendas, para lembrar que pouco tempo antes, durante a festa das Tendas, eles tiveram de andar pelos montes e cavernas, vivendo como animais selvagens. ⁷Por isso, carregando folhagens, ramos novos e folhas de palmeira, cantaram hinos ao Deus que lhes tinha dado a graça de purificar o seu lugar sagrado. ⁸Na ocasião, editaram um decreto público, confirmado por votação e aprovação geral, mandando que todo o povo judeu celebrasse essa data todos os anos.

---

eram conhecidas, é possível entender as diferentes versões em 1Mc e 2Mc, se comparadas com a narração da morte de Herodes em Flávio Josefo e do fim de Herodes Antipas nos Atos dos Apóstolos (*Antiguidades Judaicas* XVII, 169; At 12,23).

10,1-8: Estes versículos devem ser lidos depois de 8,8-29, pois é intenção do autor descrever a comemoração, entremeando a narração dos acontecimentos com liturgia, súplicas e orações. A festa da Dedicação celebra a retomada do culto a Javé no Templo de Jerusalém, culto esse restabelecido por Judas Macabeu no dia 25 de Casleu de 148 da era selêucida, ano 164 a.C. Era também conhecida como Festa das Tendas de Casleu e tinha a duração de oito dias (cf. 2Mc 1,9.18). Durante a festa cantavam-se salmos, de modo especial os Sl 30 e 115-118, e acendiam-se luzes. É uma antiga festa celebrada por reis e profetas, agora comemorada com muita alegria pelo povo como sinal da total purificação do lugar santo (cf. 1Rs 8,62-66; Esd 6,15-18).

VI. EPISÓDIOS NO TEMPO DE ANTÍOCO V

Reinado de Antíoco Eupátor – ⁹Esse foi o fim de Antíoco, chamado Epífanes. ¹⁰Vamos relatar agora os fatos ligados a Antíoco Eupátor, filho desse ímpio, procurando resumir os males causados pelas guerras. ¹¹Logo que tomou posse do reino, Eupátor nomeou como encarregado da administração um tal de Lísias, até então governador e comandante da Celessíria e da Fenícia. ¹²Entretanto, Ptolomeu, chamado Macron, que tinha tomado a iniciativa de tratar com justiça os judeus, a fim de reparar a injustiça contra eles cometida, projetava conduzir tranquilamente todos os assuntos que a eles se referiam. ¹³Por isso, Ptolomeu foi acusado diante de Eupátor pelos amigos deste rei. Ele era a todo momento chamado de traidor, por ter abandonado Chipre, que lhe tinha sido confiada por Filométor, e por ter passado para o lado de Epífanes. Não conseguindo exercer o poder com toda a dignidade, ele se suicidou, tomando veneno.

¹⁴Nesse meio-tempo, Górgias tornou-se comandante dessas regiões. Ele mantinha um exército mercenário e estava continuamente provocando guerras contra os judeus. ¹⁵Da mesma forma os idumeus, que ocupavam fortalezas bem situadas, viviam provocando os judeus e atiçavam o clima de guerra, acolhendo refugiados de Jerusalém. ¹⁶Os companheiros do Macabeu, depois de fazer preces públicas e suplicar a Deus que se aliasse a eles, atacaram as fortalezas dos idumeus. ¹⁷Assaltaram vigorosamente as fortalezas e conseguiram tomar essas posições, vencendo os inimigos que lutavam de cima da muralha. Mataram a quantos estavam a seu alcance e eliminaram pelo menos vinte mil. ¹⁸Entretanto, pelo menos nove mil conseguiram escapar para duas torres solidamente fortificadas e que tinham tudo para aguentar cerco prolongado. ¹⁹O Macabeu deixou aí Simão e José, e também Zaqueu com seus companheiros, o suficiente para manter o cerco, enquanto ele foi para outros lugares, onde sua presença era mais necessária. ²⁰Os companheiros de Simão, porém, cheios de ganância por dinheiro, foram subornados por alguns que estavam nas torres: receberam setenta mil dracmas e os deixaram fugir. ²¹Denunciaram ao Macabeu o que tinha acontecido. Então ele reuniu os chefes do exército e os acusou de terem vendido seus irmãos por dinheiro, deixando sair livres os inimigos que combatiam contra eles. ²²Mandou matar os traidores e, sem mais, ocupou as duas torres. ²³O Macabeu tinha sucesso em todas as lutas armadas, e só nessas duas fortalezas eliminou mais de vinte mil homens.

Confronto com Timóteo – ²⁴Já antes derrotado pelos judeus, Timóteo reuniu numeroso e variado exército estrangeiro, recrutou numerosa cavalaria da Ásia e apareceu para ocupar militarmente a Judeia. ²⁵Os companheiros do Macabeu se reuniram com ele para rezar a Deus. Cobriram de pó a cabeça, vestiram-se com panos de saco ²⁶e, prostrados no degrau que fica em frente do altar, suplicaram que Deus fosse favorável a eles, que se tornasse inimigo de seus inimigos e adversário de seus adversários, como a Lei diz claramente. ²⁷Terminada a oração, pegaram em armas e se afastaram bastante da cidade. Entretanto, ao chegarem perto dos que vinham combater contra eles, pararam. ²⁸Mal raiou a madrugada, uns e outros se lançaram à luta. Uns, além da boa disposição, tinham como garantia de êxito e de vitória a proteção do Senhor. Os outros lutaram guiados por seu próprio furor. ²⁹No auge do combate, os inimigos viram

---

10,9-13,26: Descrição da realidade dos judeus sob as ordens de Antíoco V Eupátor, com as novas batalhas de crescente resistência travadas por Judas e seus companheiros. O redator oferece uma lista aleatória dos inimigos, sem seguir uma linha geográfica das batalhas.

10,9-23: Apresentado como "filho desse ímpio", Antíoco Eupátor conta com o comando de Lísias e o exército mercenário de Górgias. O redator, com muita ousadia, descreve a corrupção entre os Macabeus (cf. v. 20), o que dificilmente encontraríamos em 1Mc.

24-38: O confronto com Timóteo é marcado, em primeiro lugar, por um momento de penitência e oração. A conclusão do Código da Aliança é o texto de referência para construir todo esse ambiente religioso do confronto e da intervenção divina (Ex 23,22-23). Esta luta, que conta com o auxílio de Javé, segue as características das "guerras santas" descritas em Js 2; 6; Jz 5 e em outros relatos sobre a formação dos exércitos de Israel. Este confronto é um dos feitos de Simão em 142 a.C., que o autor intencionalmente atribui a Judas Macabeu, pois

no céu cinco homens resplandecentes, montados em cavalos com rédeas de ouro, que se puseram como comandantes dos judeus. ³⁰Colocaram o Macabeu no meio deles e o protegeram com seus escudos, tornando-o invulnerável, enquanto atiravam setas e raios contra os adversários. Desorientados por não poderem enxergar, os inimigos dos judeus se dispersaram totalmente confusos. ³¹Dessa forma, foram eliminados vinte mil e quinhentos homens, além de seiscentos cavaleiros. ³²Timóteo, porém, conseguiu refugiar-se na fortaleza chamada Gazara, que era muito bem fortificada e cujo comandante era Quéreas. ³³Os companheiros do Macabeu, cheios de entusiasmo, cercaram a fortaleza durante quatro dias. ³⁴Os que estavam dentro, confiando na segurança que o lugar oferecia, multiplicavam as blasfêmias, dizendo palavras ímpias. ³⁵Ao amanhecer do quinto dia, porém, vinte jovens dos companheiros do Macabeu, inflamados por causa dessas blasfêmias e cheios de coragem, atacaram a muralha e, com furor selvagem, matavam quem chegasse a seu alcance. ³⁶Os demais subiram por outro lado e, surpreendendo os de dentro, incendiaram as torres, provocando fogueiras e queimando vivos os que blasfemavam. Enquanto isso, os primeiros arrebentaram as portas, abrindo caminho para o restante do exército. E conquistaram então a fortaleza. ³⁷Mataram a Timóteo, que se havia escondido numa cisterna, e também seu irmão Quéreas e Apolófanes. ³⁸Depois de tudo isso, com hinos e ação de graças louvaram ao Senhor, que tinha feito tão grande benefício em favor de Israel, concedendo a eles essa vitória.

11

Confronto com Lísias – ¹Pouco tempo depois, Lísias, tutor e parente do rei, além de encarregado dos negócios, não suportou o que tinha acontecido. ²Reuniu oitenta mil soldados com toda a cavalaria, e partiu para enfrentar os judeus. Sua intenção era transformar Jerusalém em morada de gregos, ³submeter o Templo a pagar tributo como os outros santuários das nações e, todos os anos, pôr à venda o cargo de sumo sacerdote. ⁴Confiando somente nas dezenas de milhares de seus soldados de infantaria, em seus milhares de cavaleiros e em seus oitenta elefantes, nem lhe ocorria pensar no poder de Deus.

⁵Logo que entrou na Judeia, aproximou-se da fortaleza de Betsur, a umas cinco léguas de Jerusalém, e a cercou. ⁶Quando os companheiros do Macabeu souberam que Lísias estava cercando as fortalezas, suplicavam ao Senhor, junto com o povo, entre gemidos e lágrimas, que mandasse um anjo bom para salvar Israel. ⁷O próprio Macabeu foi o primeiro a pegar em armas e pôr-se à frente de todos. Assim convenceu os outros a enfrentar junto com ele o perigo, a fim de levar ajuda aos irmãos. Unidos e cheios de coragem, puseram-se em marcha. ⁸Estavam ainda perto de Jerusalém, quando apareceu, marchando à frente deles, um cavaleiro vestido de branco e empunhando armas de ouro. ⁹Todos juntos agradeceram ao Deus misericordioso, e ficaram tão animados e corajosos que iam dispostos a atacar não somente homens, mas até as feras mais selvagens e as muralhas de ferro. ¹⁰Iam de armas em punho e com um aliado vindo do céu, pois o Senhor se havia compadecido deles. ¹¹Como leões, atacaram o inimigo e deixaram mortos onze mil soldados de infantaria e mil e seiscentos da cavalaria. Os outros foram obrigados a fugir. ¹²Muitos deles, depois de feridos, abandonavam as armas e escapavam. O próprio Lísias, para sair com vida, teve de fugir vergonhosamente.

Perigo dos acordos – ¹³Como não era tolo, Lísias refletiu sobre a humilhação que

---

não é de seu interesse exaltar as ações em favor dos asmoneus (1Mc 13,43-48).

11,1-12: Lísias, grande tutor, parente do rei e chefe dos negócios, tenciona transformar Jerusalém em moradia dos gregos, submeter o Templo e outros santuários ao pagamento de tributos, e anualmente colocar à venda o cargo do sumo sacerdote. Em tom apocalíptico, o autor descreve a aparição de um cavaleiro vestido de branco, que transmite coragem aos combatentes. O exército age como um bando de leões contra os inimigos, matando muitos e pondo outros em fuga. Estes acontecimentos situam-se em 164 a.C., e deveriam seguir as narrações de 8,36, no tempo de Antíoco IV Epifanes.

13-38: Quatro cartas: uma de Lísias, visando a persuadir os judeus helenizantes (vv. 16-21); outra, do rei para Lísias, propondo concessões e conciliações (vv.

tinha sofrido, e percebeu que os hebreus eram invencíveis, porque o Deus Todo-poderoso lutava ao lado deles. ¹⁴Então mandou representantes, propondo acordo em termos justos e prometendo convencer o rei a tornar-se amigo deles. ¹⁵O Macabeu, pensando no bem comum, concordou com o que Lísias propunha. E o rei concedeu tudo o que o Macabeu pediu por escrito a Lísias em favor dos judeus. ¹⁶A carta enviada por Lísias aos judeus dizia o seguinte: "De Lísias ao povo judeu. Saudações! ¹⁷João e Absalão, mensageiros de vocês, me entregaram o documento, solicitando o que aí é proposto. ¹⁸Expliquei ao rei tudo o que era preciso ser explicado. Ele aprovou tudo o que se podia aceitar. ¹⁹Se vocês conservarem boa vontade para com a administração pública, eu também me esforçarei, de ora em diante, para ser advogado dos seus interesses. ²⁰Ordenei aos seus mensageiros e aos meus que tratem com vocês as questões em pormenores. ²¹Estejam bem! Dia vinte e quatro de Dióscoro do ano cento e quarenta e oito".

²²A carta do rei dizia o seguinte: "Do rei Antíoco ao seu irmão Lísias. Saudações! ²³Depois que nosso pai se mudou para junto dos deuses, decidimos que os habitantes do nosso reino podem cuidar dos seus interesses sem sofrerem a menor perturbação. ²⁴Ouvimos falar que os judeus não concordaram com a mudança para os costumes gregos, querida por meu pai, mas que preferem sua própria maneira de viver. E eles estão pedindo autorização para seguir o que é conforme à sua própria Lei. ²⁵Desejando também que esse povo viva sem temores, decidimos que o Templo seja devolvido a eles e que possam governar-se de acordo com os costumes de seus antepassados. ²⁶Por isso, você fará muito bem, se mandar alguém até eles para fazer as pazes, a fim de que eles, tomando conhecimento destas nossas disposições, se sintam satisfeitos e alegres, e cuidem apenas de seus assuntos particulares".

²⁷A carta do rei ao povo dizia o seguinte: "Do rei Antíoco ao conselho dos anciãos dos judeus e a todos os judeus. Saudações! ²⁸Esperamos que vocês estejam passando bem. Nós também vamos indo bem. ²⁹Menelau nos fez ver que vocês desejam voltar para cuidar de suas coisas. ³⁰Garantimos a imunidade para todos os que voltarem para casa até o dia trinta do mês de Xântico. Dou permissão ³¹para que esses judeus façam uso de seus alimentos próprios e também de suas leis, como faziam antigamente. E que nenhum deles seja molestado por causa de faltas cometidas por ignorância. ³²Menelau é meu mensageiro para levar a vocês minha aprovação. ³³Estejam bem! Dia quinze do mês de Xântico do ano cento e quarenta e oito".

³⁴Os romanos também enviaram aos judeus uma carta que dizia: "De Quinto Mêmio, Tito Manílio e Mânio Sérgio, legados romanos, ao povo dos judeus. Saudações! ³⁵Nós concordamos com o que Lísias, parente do rei, lhes concedeu. ³⁶Agora, quanto aos pontos que ele determinou levar ao conhecimento do rei, mandem logo alguém, depois de tudo bem analisado por vocês, para nos falar sobre isso, a fim de que possamos apresentar as coisas conforme convém a vocês, pois nós estamos indo para Antioquia. ³⁷Por isso, andem depressa e mandem alguém para tomarmos conhecimento de suas propostas. ³⁸Estejam bem! Dia quinze do mês de Xântico do ano cento e quarenta e oito".

12 Confrontos em Jope, Jâmnia e Caspin

¹Feitos esses acordos, Lísias voltou para junto do rei, e os judeus voltaram para seus trabalhos no campo. ²Os governadores locais, como Timóteo e

---

22-26); a terceira, do rei para o povo, propondo anistia aos rebeldes (vv. 27-33); e a última, dos romanos para os judeus, apresentando-se como benevolentes (vv. 34-38). A ordem das quatro segue os objetivos do redator, pois foram escritas em épocas diferentes; provavelmente só a segunda é do reinado de Antíoco V; as demais remetem ao reinado de Antíoco IV.

12,1-16: Os três fatos narrados demonstram o fracasso dos acordos de paz. O primeiro caso (vv. 3-9) é a armadilha preparada pelos habitantes de Jope, que afundam em alto-mar um barco com cerca de duzentos judeus. Tais incursões aconteceram em 164 a.C., quando Antíoco IV se encontrava na Pérsia. O segundo caso (vv. 10-12) é um ataque aos árabes nabateus em 163 a.C. (cf. 1Mc 5,25). O terceiro (vv. 13-16) é o ataque à cidade helenista de Caspin, situada entre os vales, tendo grande muralha de proteção. A descrição da vitória sobre Caspin, tão protegida, tem como pano de fundo a conquista de Jericó pelas tribos comandadas por Josué (Js 2 e 6).

Apolônio, filho de Geneu, e também Jerônimo e Demofonte, bem como Nicanor, governador de Chipre, não os deixavam tranquilos, nem viver em paz. ³Além disso, os habitantes de Jope chegaram ao extremo da maldade: sem apresentar a menor intenção hostil, convidaram os judeus que viviam com eles a entrarem com suas mulheres e filhos em barcos que eles mesmos tinham preparado. ⁴Como se tratava de decreto oficial da cidade, e já que os judeus desejavam viver em paz e não tinham nenhuma suspeita, estes aceitaram o convite. Quando, porém, o barco chegou em alto-mar, aqueles o afundaram. Eram pelo menos duzentas pessoas.

⁵Quando soube da crueldade praticada contra seus compatriotas, Judas mandou que seus companheiros se preparassem. ⁶Depois de invocar a Deus, o justo juiz, foi atacar os assassinos de seus irmãos. À noite incendiou o porto, queimou as barcas, depois de ter passado a fio de espada os que aí se haviam refugiado. ⁷Como a cidade estava fechada, Judas foi embora, com planos de voltar e eliminar toda a população de Jope. ⁸Entretanto, foi informado que os habitantes de Jâmnia queriam fazer o mesmo com os judeus que moravam na cidade. ⁹Então ele atacou Jâmnia de surpresa, também à noite, incendiou o porto e as embarcações, de modo que o clarão do incêndio foi visto até em Jerusalém, a quarenta e cinco quilômetros de distância.

Ampliando fronteiras – ¹⁰Judas se havia afastado dois quilômetros daí para enfrentar Timóteo, quando pelo menos cinco mil árabes com quinhentos cavaleiros o atacaram. ¹¹Aconteceu então uma luta violenta, e os companheiros de Judas, com a ajuda de Deus, ainda que menos numerosos, venceram. Os nômades pediram a paz a Judas. E prometeram dar-lhe gado e ajudá-lo em tudo o mais. ¹²Judas, percebendo que eles seriam realmente úteis em muitas coisas, achou conveniente fazer as pazes com eles. Assim, depois de darem as mãos, eles foram embora para as suas tendas.

¹³Judas tomou uma cidade, chamada Caspin, que era protegida por vales, rodeada de muralhas e habitada por gente de todas as raças. ¹⁴Os que estavam dentro da cidade, confiando na firmeza das muralhas e nos alimentos que tinham de reserva, foram ficando cada vez mais provocadores contra os companheiros de Judas: caçoavam, blasfemavam e diziam palavrões. ¹⁵O pessoal de Judas, porém, depois de invocar o grande Soberano do universo, que sem aríetes ou máquinas de guerra derrubou os muros de Jericó no tempo de Josué, avançaram como feras contra a muralha. ¹⁶Após tomar a cidade por vontade de Deus, fizeram indescritível matança. Um lago vizinho, com mais de quatrocentos metros de largura, parecia cheio do sangue que havia escorrido.

Confronto em Cáraca – ¹⁷Distanciando-se uns cento e quarenta quilômetros daí, chegaram a Cáraca, onde viviam os judeus chamados tubianos. ¹⁸Não encontraram Timóteo nessa região, porque este, não havendo conseguido nada até então, tinha partido, deixando no lugar apenas uma guarnição bem munida. ¹⁹Dositeu e Sosípatro, oficiais do exército do Macabeu, desviaram-se para esse lugar e mataram o pessoal deixado por Timóteo na fortaleza. E eliminaram mais de dez mil homens. ²⁰O Macabeu dividiu seu exército em grupos e colocou os dois na chefia desses grupos. Em seguida, partiu para atacar Timóteo, que tinha sob seu comando cento e vinte mil soldados de infantaria e dois mil e quinhentos cavaleiros. ²¹Ao saber que Judas vinha atacá-lo, Timóteo mandou, na frente, para o lugar chamado Cárnion, as mulheres e as crianças com as bagagens. A posição era impossível de conquistar, e o local inacessível por causa dos muitos desfiladeiros que havia por aí. ²²Logo que apareceu o primeiro grupo do exército de Judas, os inimigos ficaram tomados de medo e apoderou-se deles o pânico,

---

17-37: Confronto militar entre Judas e o poderoso exército de Timóteo. Os tubianos da fortaleza de Cáraca contavam com um corpo de cavaleiros bem treinados. A volta para Jerusalém é marcada pela festa das Semanas ou Pentecostes. Depois das festividades, marcharam para enfrentar Górgias, governador de Idumeia (vv. 32-37). É a primeira vez que o redator de 2Mc fala da morte de judeus em combate (v. 34).

causado pela manifestação daquele que tudo vê. Fugiram então desabaladamente, uns tropeçando nos outros, muitas vezes atrapalhando os próprios companheiros e ferindo-se gravemente com suas próprias espadas. ²³Judas perseguiu-os com toda a energia, fustigou esses criminosos e eliminou cerca de trinta mil homens. ²⁴O próprio Timóteo caiu nas mãos dos soldados de Dositeu e Sosípatro. Com esperteza, Timóteo pediu que o deixassem partir com vida, afirmando que tinha em seu poder os parentes e irmãos de muitos deles, e poderia acontecer que eles fossem mortos. ²⁵Conseguiu convencer os soldados com muitas palavras, prometendo que devolveria os prisioneiros sãos e salvos. Então lhe deram a liberdade em troca da libertação dos irmãos.

²⁶Em seguida, Judas marchou contra Cárnion e o santuário de Atargates, e matou aí vinte e cinco mil homens.

²⁷Depois dessa reviravolta e matança, Judas dirigiu-se para o lado de Efron, cidade fortificada, onde moravam Lisânias e uma população de todas as raças. Jovens bem fortes ficavam na frente da muralha para lutar com bravura. Dentro havia máquinas de guerra e muitos projéteis. ²⁸Após invocarem o Soberano, que com seu poder esmaga as forças inimigas, tomaram a cidade e mataram vinte e cinco mil dos que aí moravam.

²⁹Afastando-se daí, foram atacar Citópolis, a mais de cem quilômetros de Jerusalém. ³⁰Contudo, os judeus que moravam nessa cidade disseram que os cidadãos do lugar demonstravam grande simpatia para com eles e sempre os ajudavam nos momentos difíceis. ³¹Então Judas e seus companheiros agradeceram a eles e pediram que continuassem tendo para o futuro a mesma consideração para com seus irmãos de raça. Depois, voltaram para Jerusalém, bem próximo da festa das Semanas.

³²Após a festa denominada Pentecostes, atacaram Górgias, governador da Iduméia. ³³Este saiu para enfrentá-los, co- mandando três mil soldados de infantaria e quatrocentos cavaleiros. ³⁴Começaram a luta, e alguns judeus caíram mortos. ³⁵Um tal de Dositeu, dos tubianos, fortíssimo soldado de cavalaria, enfrentou Górgias, agarrou-o pelo manto e o foi arrastando com força, querendo pegar vivo o amaldiçoado. Um cavaleiro trácio, porém, atacou Dositeu e lhe cortou o ombro. Dessa forma, Górgias pôde fugir para Marisa. ³⁶Os soldados de Esdrin já estavam exaustos de tanto lutar. Então Judas invocou o Senhor, suplicando-lhe que se mostrasse aliado e comandante dessa batalha. ³⁷Em seguida, lançou o grito de guerra na língua materna e, cantando hinos, lançou-se de surpresa contra os soldados de Górgias, obrigando-os a fugir.

Oração e sacrifício pelos mortos – ³⁸Após reunir seu exército, Judas chegou até a cidade de Odolam. No sétimo dia, depois de se purificarem conforme o costume, celebraram o sábado. ³⁹No dia seguinte, como a tarefa era urgente, os homens de Judas foram recolher os corpos daqueles que tinham morrido na batalha, a fim de sepultá-los ao lado dos parentes, nos túmulos de seus pais. ⁴⁰Foi então que encontraram, por baixo das roupas de cada um dos mortos, objetos consagrados aos ídolos de Jâmnia, coisa que a Lei proibia aos judeus. Então ficou claro para todos o motivo da morte deles. ⁴¹E todos louvaram a maneira de agir do Senhor, que julga com justiça e coloca às claras as coisas escondidas. ⁴²Puseram-se em oração, suplicando que o pecado cometido fosse totalmente cancelado. O nobre Judas pediu ao povo para ficar longe do pecado, pois acabava de ver, com seus próprios olhos, o que tinha acontecido por causa do pecado daqueles que tinham morrido na batalha. ⁴³Então fizeram uma coleta individual, reuniram duas mil moedas de prata e mandaram a Jerusalém, a fim de que fosse oferecido um sacrifício pelo pecado. Ele agiu com grande retidão e nobreza, pensando na ressurreição. ⁴⁴Se não tivesse esperança na ressurreição dos que tinham

---

38-45: Depois da festa e da purificação, a tarefa de Judas e seus companheiros é recolher os corpos dos que tombaram na batalha e dar-lhes sepultura digna junto com seus antepassados (cf. Js 7). A oração pelos mortos e os sacrifícios para remissão do pecado dos falecidos indicam uma nova tendência teológica, que ressalta a boa obra dos vivos visando à purificação dos mortos.

morrido na batalha, seria coisa inútil e tola rezar pelos mortos. ⁴⁵Mas, considerando que existe uma bela recompensa guardada para aqueles que são fiéis até à morte, então esse é um pensamento santo e piedoso. Por isso, mandou oferecer um sacrifício pelo pecado dos que tinham morrido, para que fossem libertados do pecado.

13 Campanha de Antíoco V e Lísias –

¹No ano cento e quarenta e nove, chegou até ao pessoal de Judas a notícia de que Antíoco Eupátor estava se aproximando com grande exército para lutar contra a Judeia. ²Com ele vinha Lísias, que era o seu tutor e primeiro ministro. Os dois comandavam um exército grego de cento e dez mil soldados de infantaria, cinco mil e trezentos cavaleiros, vinte e dois elefantes e trezentos carros armados de foices.

³Menelau juntou-se a eles, e com muita bajulação encorajava Antíoco, não pensando na pátria, mas em recuperar o poder. ⁴O Rei dos reis, porém, provocou o ódio de Antíoco contra esse criminoso, quando Lísias mostrou que era Menelau o causador de todas essas desgraças. Então o rei mandou levá-lo para a Bereia e aí matá-lo, segundo o costume do lugar, ⁵onde existe uma torre de vinte e cinco metros de altura, cheia de cinzas, provida de máquina giratória inclinada de todos os lados em direção à cinza. ⁶Aí são jogados para a morte os condenados por roubo de coisas sagradas ou por outros crimes maiores. ⁷Foi dessa forma que Menelau encontrou a morte, sem merecer nem mesmo a terra da sepultura. ⁸E isso com plena justiça, pois ele tinha cometido muitos pecados contra o altar, onde não só o fogo, mas até a cinza é pura. E na cinza ele encontrou a morte. ⁹O rei vinha com fúria de bárbaro, querendo mostrar aos judeus coisas ainda piores que as acontecidas no tempo de seu pai. ¹⁰Sabendo disso, Judas mandou que o povo invocasse dia e noite ao Senhor, para que agora também, como em outras vezes, socorresse os que estavam para ser privados da Lei, da pátria e do Templo sagrado; ¹¹e não permitisse que pagãos blasfemos submetessem o povo que mal começava a respirar. ¹²Todos juntos fizeram isso, suplicando ao Senhor misericordioso com lágrimas, jejuns e prostrados no chão, por três dias sem parar. Depois, Judas lhes disse que deviam preparar-se. ¹³Privadamente se reuniu com os anciãos e decidiu que iria sair para a luta, a fim de decidir a questão com a ajuda de Deus, em vez de esperar que o rei invadisse a Judeia com seu exército e tomasse a cidade.

¹⁴Confiando o êxito ao Criador do mundo, animou seus companheiros a lutarem nobremente até a morte, pela Lei, pelo Templo, pela cidade, pela pátria e pelos seus direitos de cidadãos. Em seguida, acampou perto de Modin. ¹⁵Deu a seus comandados a palavra de ordem: "Vitória de Deus!" À noite, acompanhado de alguns jovens escolhidos entre os mais valentes, atacou a tenda do rei em seu próprio acampamento. Matou cerca de dois mil homens e também o maior dos elefantes, juntamente com o soldado que ficava na torrinha em cima do elefante. ¹⁶Em resumo, encheram de terror e confusão o acampamento deles. E foram bem-sucedidos, ¹⁷quando o dia já começava a raiar. Isso aconteceu por causa da proteção do Senhor, que auxiliou Judas. ¹⁸Depois de perceber uma amostra da ousadia dos judeus, o rei tentou apoderar-se de posições deles, valendo-se de astúcia. ¹⁹Marchou contra Betsur, uma segura e bem armada fortaleza dos judeus. Mas foi diversas vezes rechaçado, derrotado e vencido. ²⁰Judas conseguia mandar, para os que estavam dentro da fortaleza, tudo aquilo de que precisavam. ²¹Entretanto, um tal de Rôdoco, das fileiras judaicas, estava passando os segredos de guerra para os inimigos. Foi então procurado, preso e executado. ²²Pela segunda vez, o rei conferenciou com os que estavam em Betsur. Ofereceu a paz, aliou-se com eles

---

13,1-26: Em 163 a.C., acontece mais uma invasão síria: Lísias e Antíoco V marcham com forte exército contra a Judeia. A morte de Menelau é narrada tendo como base a pena do talião (cf. v. 8; 4,26; 9,5-6). Sua história é recontada a partir de uma intervenção da justiça divina que age mediante a cólera de Lísias. Atacando o exército invasor com muitas estratégias e obtendo vitória, Judas é apresentado como grande herói, ainda que em meio a vários incidentes de guerra, como o ataque de Antíoco a Betsur (cf. 1Mc 6,31.49-50).

e retirou-se. Atacou os companheiros de Judas, mas foi derrotado. ²³O rei ficou sabendo que Filipe, deixado na administração do governo em Antioquia, se revoltara. Desolado, entrou em negociação com os judeus, aliou-se com eles e jurou respeitar todas as condições justas. Feito o acordo, ofereceu um sacrifício, honrou o Templo e teve consideração para com o lugar sagrado. ²⁴Acolheu o Macabeu e deixou Hegemônida como comandante da região que vai desde Ptolemaida até o país dos gerrênios. ²⁵Em seguida, foi para Ptolemaida. Os cidadãos do lugar andavam descontentes com os acordos, pois estavam irritados com aqueles que queriam abolir seus privilégios. ²⁶Lísias subiu ao palanque, defendeu-se o melhor que pôde, convenceu-os, acalmou-os, conseguiu a adesão deles e partiu para Antioquia. Assim terminou a expedição e a volta do rei.

VII. FORÇA DOS QUE LUTAM E VITÓRIA CONTRA O INIMIGO

14

Apoio do sumo sacerdote Alcimo – ¹Três anos depois, os companheiros de Judas souberam que Demétrio, filho de Seleuco, tinha desembarcado no porto de Trípoli com grande exército e uma frota de navios, ²e que tinha tomado o país, depois de eliminar Antíoco e seu tutor Lísias. ³Esse Alcimo, que tinha sido sumo sacerdote e se contaminara voluntariamente por ocasião da revolta, percebeu que para ele não haveria mais salvação, e que nunca mais lhe seria permitido aproximar-se do altar sagrado. ⁴Por volta do ano cento e cinquenta e um, procurou o rei Demétrio, levando-lhe uma coroa de ouro, um ramo de palmeira e alguns dos ramos de oliveira que é costume oferecer no Templo. E nesse dia não pediu nada.

⁵Encontrou, porém, uma oportunidade favorável para a sua loucura, quando Demétrio o chamou diante do conselho. Interrogado sobre a disposição e intenções dos judeus, respondeu: ⁶"Os judeus chamados assideus, dirigidos por Judas Macabeu, fomentam a guerra e provocam revoltas, impedindo que o reino alcance sua desejada estabilidade. ⁷Por isso, depois de ter perdido o cargo que recebi dos meus antepassados, isto é, o cargo de sumo sacerdote, aqui me apresento agora. ⁸Estou sinceramente querendo, em primeiro lugar, os interesses do rei, e em segundo os interesses de meus concidadãos, porque é pela falta de bom senso dos mencionados homens que nosso povo está sofrendo muito. ⁹Desejo que o senhor rei se informe de tudo isso em pormenores e, segundo sua bondade compreensiva para com todos, assuma o cuidado do país e de nosso povo, que está rodeado de perigos. ¹⁰Enquanto Judas viver, será impossível alcançar a paz".

¹¹Dito isso, logo os outros amigos do rei, irritados com os sucessos de Judas, começaram a inflamar Demétrio, ¹²que escolheu então Nicanor, comandante do batalhão dos elefantes, nomeou-o governador da Judeia e para aí o mandou. ¹³Deu-lhe ordens para matar Judas, dispersar seus companheiros e colocar Alcimo como sumo sacerdote do Templo máximo. ¹⁴Os pagãos da Judeia, que tinham fugido de Judas, se ajuntaram em torno de Nicanor, imaginando que o malogro e a desgraça dos judeus reverteriam em felicidade para eles.

Combate contra Nicanor e traição de Alcimo – ¹⁵Logo que ouviram falar da expedição de Nicanor e que também os pagãos estavam contra eles, os judeus cobriram a cabeça de terra, começaram a rezar a Deus, que tinha feito deles seu

---

14,1-15,36: Terceira parte do livro. No primeiro embate com Judas Macabeu, Nicanor conta com o apoio de Alcimo, porém não consegue livrar-se da ira do povo e de Deus (cf. 14,1-36). Assim, foi derrotado, e partes de seu corpo foram expostas em frente ao Templo, como sinal da ação de Deus contra aqueles que ousam profanar seu Nome e seu santuário. Outra parte da narrativa apresenta o testemunho e a orientação dos que foram fiéis. É a história de Razis e a aparição de Onias III e Jeremias a Judas, dando-lhe força para o combate.

14,1-14: Na disputa pelo trono selêucida, Demétrio I, filho de Seleuco IV, sai vitorioso. A partir daí, começam novas negociações com os judeus que abraçaram a prática helenizante em Jerusalém. Tentando recuperar o cargo de sumo sacerdote, Alcimo acusa os assideus.

15-36: O início da desestabilização do tratado de paz se dá com a traição de Alcimo, que acusa o fiel general de Demétrio I de estar agindo contra o rei, ao nomear o grande agitador Judas como sucessor do próprio Demétrio. Daí a carta do rei para Nicanor, condenando o

povo para sempre, e que sempre se manifestava em socorro daqueles que eram sua herança. ¹⁶Em seguida, a uma ordem do comandante, saíram imediatamente daí e foram enfrentar os homens de Nicanor no povoado de Dessau. ¹⁷Simão, irmão de Judas, enfrentou Nicanor. Contudo, foi obrigado a ceder por causa do aparecimento inesperado do inimigo. ¹⁸Apesar disso, ouvindo falar da coragem que os companheiros de Judas tinham e da disponibilidade que demonstravam em lutar pela pátria, Nicanor ficou receoso de resolver a questão com derramamento de sangue. ¹⁹Por isso, mandou Posidônio, Teódoto e Matatias para negociar a paz com os judeus.

²⁰Depois de amplo debate sobre as condições, cada chefe as comunicou à sua tropa, e todos concordaram com o tratado de paz. ²¹Marcaram a data para uma entrevista privada dos chefes em local determinado. De ambos os lados se adiantou uma liteira, e dispuseram cadeiras de honra. ²²Judas, entretanto, tinha distribuído homens armados em lugares estratégicos, prontos para intervir, se o inimigo cometesse alguma traição. A entrevista se realizou normalmente.

²³Nicanor passou a viver em Jerusalém, mas nada fez de inconveniente. Ao contrário, licenciou as tropas, que em massa se haviam juntado a ele. ²⁴Judas comparecia todos os dias à presença de Nicanor, que era interiormente muito favorável a Judas. ²⁵Nicanor chegou a aconselhar Judas a se casar e ter filhos. E Judas se casou e viveu feliz como cidadão comum. ²⁶Alcimo, vendo a amizade entre os dois, pegou uma cópia do acordo que tinham feito e foi procurar Demétrio, para lhe dizer que Nicanor estava com intenções contrárias a seu governo, pois até havia nomeado como seu sucessor a Judas, o agitador do reino. ²⁷O rei ficou furioso e, provocado pelas acusações desse perverso, escreveu uma carta a Nicanor, condenando o acordo feito e dizendo que mandasse imediatamente o Macabeu preso para Antioquia.

²⁸Ao receber essas ordens, Nicanor ficou inteiramente perdido. Era muito difícil para ele desfazer um acordo realizado com uma pessoa que nada tinha praticado de injusto. ²⁹Contudo, como não podia contrariar as ordens do rei, ficou esperando uma ocasião para cumprir a ordem usando de estratagema. ³⁰Judas, porém, percebeu que Nicanor o estava tratando com mais frieza, e que as relações normais se haviam tornado difíceis. Desconfiando que esse comportamento ríspido não era sinal de boa coisa, reuniu bom número de companheiros e escapou de Nicanor secretamente. ³¹Nicanor, ao perceber que tinha sido habilmente enganado por Judas, dirigiu-se imediatamente ao grandioso e santo Templo, e deu ordem aos que estavam apresentando os sacrifícios de praxe, que entregassem Judas. ³²Eles disseram e juraram que não sabiam onde se poderia encontrar o homem que ele procurava. ³³Então, erguendo a mão na direção do santuário, Nicanor jurou: "Se vocês não me entregarem Judas preso, eu destruirei esta morada de Deus, demolirei o altar e erguerei aqui um belo templo para Dionísio". ³⁴Dito isso, retirou-se. Os sacerdotes, então, ergueram as mãos para o céu e invocaram a Deus, que sempre luta em favor de nossa nação, dizendo: ³⁵"Tu, Senhor, que de nada necessitas no mundo, julgaste bom colocar no meio de nós o Templo onde moras. ³⁶Agora, Senhor santo e fonte de toda santidade, conserva sempre sem contaminação esta casa que acaba de ser purificada".

Morte de Razis – ³⁷Razis, membro do conselho de anciãos em Jerusalém, foi denunciado a Nicanor. Ele era defensor de seus concidadãos, homem de muito boa fama e, por causa da sua bondade, era chamado "pai dos judeus". ³⁸Já fazia algum tempo, na época da revolta, que ele também tinha sido acusado de praticar o judaísmo e se havia entregue ao judaísmo de corpo e alma, sem reservas. ³⁹Nicanor, querendo mostrar hostilidade contra os judeus, mandou mais de quinhentos

---

acordo e ordenando que Judas fosse preso e levado para Antioquia. O acordo entre Judas e Nicanor não se encontra em 1Mc, onde a relação entre os dois é de total oposição.

37-46: O autor ressalta a coragem de Razis. Seu testemunho é semelhante ao de Eleazar e da mãe com os sete filhos (cf. 2Mc 6 e 7).

soldados para prender esse homem. ⁴⁰Calculava que estaria aplicando duro golpe nos judeus com a prisão dele. ⁴¹Quando as tropas estavam quase tomando a torre e já forçavam a porta do pátio, foi dada a ordem de trazer fogo para incendiar as portas. Então Razis, sentindo-se cercado por todos os lados, atirou-se sobre a própria espada. ⁴²Cheio de brio, ele preferiu morrer a cair em mãos desses criminosos e ter sua dignidade insultada da maneira mais baixa. ⁴³Mas, como o ferimento não foi tão certeiro por causa da precipitação da luta, e como o batalhão já entrava pelos pórticos, ele correu corajosamente até a muralha e valentemente se jogou contra o pelotão de soldados. ⁴⁴Todos recuaram rapidamente, abrindo um espaço, onde ele caiu. ⁴⁵Capaz ainda de respirar, e com o ânimo inflamado, levantou-se, perdendo sangue aos borbotões e, por mais agudas que fossem as dores, correu pelo meio do batalhão. Depois, subindo a uma pedra íngreme, ⁴⁶já completamente sem sangue, arrancou os próprios intestinos e com as duas mãos os atirou no pelotão de soldados. Suplicou ao Senhor da vida e do espírito que os devolvesse a ele novamente. E morreu.

15 Blasfêmias, derrota e morte de Nicanor

¹Nicanor soube que os homens de Judas estavam na Samaria. Então planejou atacá-los de modo seguro no dia do repouso. ²Alguns judeus, que estavam sendo forçados a acompanhá-lo, disseram: "Não os mate de maneira tão bárbara e selvagem! Respeite esse dia, que foi honrado com o nome de dia santo por aquele que olha por todas as coisas". ³Mas o bandido perguntou se existe alguém poderoso no céu, que tenha determinado celebrar o dia de sábado. ⁴Eles responderam sem vacilar: "Sim. É o Senhor vivo, o Soberano do céu. Ele mandou celebrar o dia do sábado". ⁵O outro continuou: "Eu sou o soberano da terra. E ordeno pegar em armas e defender os interesses do rei". Apesar de tudo, ele não conseguiu levar seu projeto maligno até o fim. ⁶Nicanor, cheio de arrogância, pretendia fazer um troféu coletivo com as coisas que tomaria dos homens de Judas. ⁷Enquanto isso, o Macabeu não perdia a confiança, esperando receber do Senhor o socorro. ⁸Procurou animar seus companheiros, para que não tivessem medo do ataque dos pagãos, mas que lembrassem os auxílios que o Céu lhes tinha concedido, e esperassem também agora a vitória que o Todo-poderoso lhes concederia. ⁹Em seguida, animou-os com textos da Lei e dos Profetas, e, recordando também as lutas pelas quais já tinham passado, tornou-os ainda mais entusiasmados. ¹⁰Depois de os animar, deu-lhes instruções, chamando a atenção deles para a falta de palavra dos pagãos que tinham violado os acordos.

¹¹Tendo armado cada um dos seus soldados, não tanto com a segurança oferecida pelos escudos e lanças, mas principalmente com a força das boas palavras, Judas ainda lhes contou um sonho digno de fé, uma espécie de visão, que muito os alegrou. ¹²No sonho, ele viu o seguinte: Onias, o antigo sumo sacerdote, homem correto e bom, respeitoso no encontro com as pessoas, manso no comportamento, precavido e delicado no falar, e bem-educado desde criança em todo o seu comportamento virtuoso, esse homem, de mãos erguidas, rezava em favor de toda a comunidade judaica. ¹³Da mesma forma, apareceu outra personagem extraordinária pela sua velhice e dignidade, envolta num clarão de majestade maravilhosa. ¹⁴Então Onias disse: "Este é o amigo de seus irmãos, que está sempre rezando muito pelo povo e pela cidade santa. É Jeremias, o profeta de Deus". ¹⁵Então Jeremias estendeu a mão direita e entregou a Judas uma espada de ouro, dizendo: ¹⁶"Receba a espada santa, dom de Deus. Com ela, você destruirá os inimigos".

¹⁷Animados com as palavras de Judas, realmente belas e capazes de encorajar e encher de valentia o ânimo dos jovens, os judeus resolveram não continuar acampados, mas tomar ousadamente a ofensiva.

15,1-36: Nicanor planeja atacar Judas e seus compatriotas em dia de sábado, esperando não encontrar resistência. Mas, o grupo de Judas se anima e se fortalece para a luta em defesa das tradições com três leituras: a Lei, os Profetas e a memória das lutas.

Assim, lutando com toda a valentia, resolveram decidir a questão com as armas, pois tanto a cidade como a religião e o Templo corriam perigo. ¹⁸A preocupação deles não eram tanto suas mulheres e crianças, irmãos e parentes. Eles se preocupavam sobretudo com o Templo consagrado. ¹⁹Entretanto, não era menor a preocupação dos que tinham ficado na cidade, com medo da batalha em campo aberto. ²⁰Enquanto todos estavam esperando o desfecho iminente, o inimigo se concentrava, alinhando o exército para a batalha, colocando os elefantes em pontos estratégicos e distribuindo a cavalaria pelas alas. ²¹Ao ver as divisões do exército se apresentando, os vários tipos de armas e o aspecto selvagem dos elefantes, o Macabeu elevou as mãos para o céu e suplicou ao Senhor que faz prodígios, certo de que ele concede a vitória aos que dela são dignos, não pelas armas, mas pelo meio que ele mesmo deseja. ²²Em sua oração, Judas disse: "Senhor, tu mandaste, em favor do rei Ezequias de Judá, o teu mensageiro que eliminou do acampamento de Senaquerib cento e oitenta e cinco mil homens. ²³Agora, Soberano do céu, envia um anjo bom à nossa frente para provocar terror e tremor. ²⁴Que a grandeza do teu braço quebre aqueles que blasfemaram contra o teu povo santo". E assim terminou a sua oração.

²⁵Os homens de Nicanor marchavam ao som das trombetas e gritos de guerra. ²⁶Os de Judas, ao contrário, foram se infiltrando no meio dos inimigos, fazendo invocações e preces. ²⁷Combatiam com as mãos e rezavam com o coração, deixando mais de trinta e cinco mil homens estendidos por terra. E transbordaram de alegria pela clara manifestação de Deus.

²⁸Terminada a batalha, quando já se retiravam cheios de alegria, reconheceram Nicanor caído, com sua armadura. ²⁹Em meio a gritarias e alvoroço, louvavam o Senhor na língua materna. ³⁰Judas, que sempre tinha sido, de corpo e alma, o primeiro na luta por seus concidadãos, e que nunca tinha perdido a afeição juvenil para com seus compatriotas, mandou cortar a cabeça e o braço inteiro de Nicanor, levando-os para Jerusalém.

³¹Chegando a Jerusalém, convocou os concidadãos e sacerdotes. E de pé, diante do altar, mandou chamar os que ocupavam a fortaleza. ³²Então mostrou a cabeça do imundo Nicanor e a mão que o blasfemador tinha erguido, com toda a arrogância, contra a morada santa do Todo-poderoso. ³³Arrancou a língua do desalmado Nicanor e mandou cortá-la em pedaços para os passarinhos. O braço, símbolo da sua loucura, mandou pendurar na frente do Templo. ³⁴Todos elevaram os olhos ao céu, louvando o Senhor glorioso e dizendo: "Bendito seja aquele que conservou sem contaminação o seu lugar sagrado".

³⁵Judas mandou pendurar na fortaleza a cabeça de Nicanor, como prova visível e clara da ajuda do Senhor. ³⁶Então todos decidiram, de comum acordo, que esse dia nunca mais passaria despercebido, mas que seria sempre comemorado no dia treze do mês doze, em aramaico o mês de Adar, ou seja, na véspera do dia de Mardoqueu.

Conclusão – ³⁷Assim terminou a história de Nicanor. A partir desse tempo, a cidade passou a ser governada pelos hebreus. Por isso, aqui encerro minha narrativa. ³⁸Se ficou boa e literariamente agradável, era o que eu queria. Se está fraca e medíocre, é o que fui capaz de fazer. ³⁹É desagradável beber só vinho ou só água, ao passo que vinho misturado com água é agradável e delicioso. O mesmo acontece numa obra literária, onde o tempero do estilo é um prazer para o ouvido do leitor. E assim termino.

37-39: O autor considera desnecessário continuar, agora que "a cidade passou a ser governada pelos hebreus" (v. 37). Tudo voltou ao que era no início da narrativa, quando "a cidade santa vivia na mais completa paz, e os mandamentos eram observados da melhor maneira possível" (3,1). Pela leitura de 1Mc, sabemos que os conflitos continuariam. Mas, para o autor de 2Mc, o que importava era mostrar Jerusalém libertada.

LIVROS SAPIENCIAIS

Introdução

A terceira parte da Bíblia na tradição judaica são os "Escritos" (Ketubim). Eles falam do cotidiano do povo, suas convicções, incertezas, espiritualidade e experiências, com orientações para a vida. Os provérbios nascem da observação da realidade e do comportamento das pessoas. São os tijolos com que se foi construindo a casa da sabedoria. Um provérbio reflete a experiência de grupos e representa o esforço do ser humano para defender a vida. A sabedoria, portanto, nasce dos constantes desafios.

Seus assuntos, de modo geral, tratam da vida diária e giram em torno da casa e do clã: na roda de conversa, na beira do fogão ou do poço, onde se trocam experiências. Apresentam conselhos e sábias orientações para o enfrentamento dos problemas domésticos e comunitários. No fundo, têm o objetivo de condensar as mais variadas experiências e ajudar o povo a refletir e analisar a realidade vivida, bem como ajudar a tomar posições e descobrir caminhos. O povo então vai aprendendo da experiência e da vida a distinguir o que ajuda a caminhar e o que atrapalha.

Os textos de sabedoria estão relacionados com as palavras dos sábios, com os ambientes de culto e com as rodas de conversa nas vilas e aldeias camponesas. Deixam transparecer uma função bem didática: fazem o ouvinte pensar, exortam a mudanças no agir e ajudam na conservação dos ensinamentos e tradições, através de fórmulas introdutórias (cf. Pr 1,8; 4,1; Eclo 3,1), conselhos (cf. Pr 4,10.13-15), perguntas didáticas (Pr 6,27-29; 17,16; 31,10; Eclo 2,10; 22,14), bem-aventuranças (Pr 14,1; 16,20; Sl 1; 128; 146; Eclo 14,1), repetição de palavras ou frases com a finalidade de equiparar (Pr 21,13; 1,8; 4,24; 19,6; Eclo 13,1), diferenciar (Pr 10,1-2; 11,19; 13,7; 19,1; 21,9), reforçar uma ideia ou pensamento (Pr 15,30), sintetizar (Sl 94,14) e criar oposições (Pr 16,8; 18,23; 25,24; Sl 37,37-38). Aí encontramos canções de amor (Cântico dos Cânticos), súplicas coletivas e individuais (que perpassam praticamente todo o saltério), cânticos sobre os acontecimentos históricos (Sl 21; 45; 74; 79; 80; 105-107), cânticos de romaria e peregrinação (Sl 120-134), entre outros.

Os livros de Jó, Eclesiastes e Sabedoria, nos ambientes do pós-exílio, trazem questionamentos sobre a justiça, os problemas sociais, o sofrimento humano, a riqueza, a exploração do trabalho e a natureza da sabedoria. Sobretudo em Jó, encontramos séria crítica à teologia da retribuição, que legitimava situações desiguais.

O livro dos Salmos é uma coleção de 150 poemas, compostos em diferentes épocas e colecionados aos poucos, até o séc. II a.C. São cantos ou poemas de vários gêneros literários, que expressam em oração a fé, a vivência religiosa e a teologia do povo.

Através da experiência, os livros sapienciais procuram resgatar a noção da palavra criadora e salvadora de Deus, que expressa a própria sabedoria divina.

JÓ

O GRITO DO INOCENTE

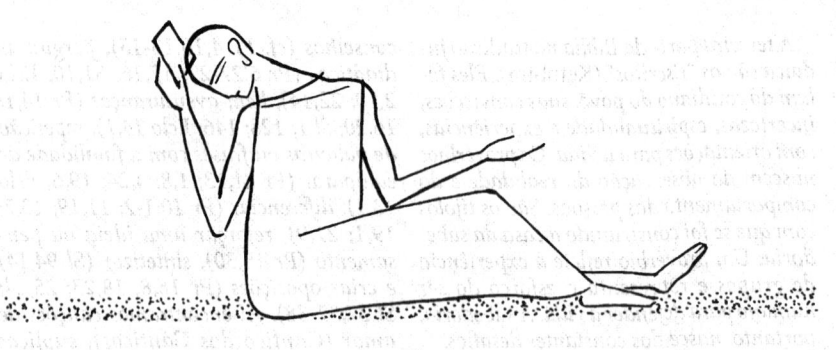

Introdução

O livro de Jó é uma obra-prima da literatura sapiencial. É uma dramática ficção histórica sobre o homem justo sempre fiel às leis e tradições. O autor ou autores entrelaçam prosas e poemas com os mais variados temas teológicos e sociais, como o sofrimento humano, a transformação humana e social, o bem e o mal, a doutrina da retribuição, entre outros.

Os caps. em prosa 1-2 (prólogo) e 42,7-17 (epílogo) formam a moldura do livro, descrevendo a vida feliz e cheia de riquezas do personagem Jó. Este é inesperadamente provado em sua fidelidade, ao ser arruinado nos bens e na família, atormentado pelo sofrimento e pela doença. Ao se manter fiel, Jó recebe de volta filhos e filhas, e os bens em dobro. A narrativa de Jó ilustra muito bem a teologia da retribuição, segundo a qual o justo fiel é recompensado por Deus (cf. Dt 24,16; 28; Lv 26, Jr 31,29-30; 2Rs 14,6 e Ez 18; Rm 2).

O corpo do livro (3,1-42,6) é formado de poemas. Reúne discursos e longos monólogos entre Jó e os três amigos Elifaz, Baldad e Sofar que vão visitá-lo, um discurso de Eliú, as respostas de Jó, um hino à sabedoria, e por fim a manifestação de Deus. Justificar o sofrimento através da teologia da retribuição é uma das questões fundamentais do livro. Nesse sentido, os discursos dos amigos de Jó e o de Eliú argumentam que o justo não sofre (4,6-8), e que as dificuldades enfrentadas por Jó são fruto do seu pecado (5,8; 8,4; 22,23). Jó recusa todas as provocações de seus amigos (21,30-34). O pecado e a retribuição eram temas que preocupavam os sábios, sobretudo quando os bons sofrem e não alcançam a felicidade, enquanto os ímpios triunfam na vida, gozando de riquezas e prazeres (cf. Jr 12). Segundo a teologia da retribuição, Deus dá a riqueza para alguns e a pobreza para outros; ou seja, os ricos são ricos porque justos, e os pobres são pobres porque pecadores.

Jó lamenta e protesta contra a incontestável justiça divina. Depois do lamento inicial de Jó (cap. 3), o autor procurou na primeira parte (4-27) apresentar três momentos da discussão entre Jó e seus amigos (4-14; 15-21 e 22-27), intercalando as intervenções dos amigos e as respostas de Jó: discursos de Elifaz (4-5; 15 e 22), respostas de Jó (6-7; 16-17 e 22-24); discursos de Baldad (8; 18 e 25,1-6; 27,13-23), respostas de Jó (9-10; 19 e 26,1-14; 27,1-12); discursos de Sofar (11; 20; 24,18-24; 27,13-23), respostas de Jó (12-14 e 21). O cap. 28 separa os discursos com o hino de louvor à sabedoria. Nos caps. 29-31 temos o grande monólogo de Jó, e em seguida a intervenção de Eliú nos caps. 32-37. Os discursos se concluem com a manifestação de Deus (38,1-41,26) e a última resposta de Jó (42,1-6).

O livro tem muitas afinidades e paralelos com textos da Bíblia hebraica, seja nas frases idênticas ou nas metáforas usadas por outros livros, como Pr, Sl, Lm, Ecl, Jr e Is 40-55. O louvor à majestade de Deus em Jó 5,9.16; 9,5-13; 10,8-12; 11,7-11 e 12,13-25 tem paralelos com Is 40,12-14.25-26; 42,5 e 43,15.

O vocabulário e os estilos literários mostram que o livro tem várias camadas redacionais. A primeira é antiquíssima, e consiste no conto folclórico que corresponde às partes em prosa (1-2 e 42,7-17); nesse conto, é provável que a figura de Satã tenha sido inserida mais tarde, para evitar que a tentação fosse atribuída diretamente a Deus. A segunda camada, que pode datar se entre os sécs. V e IV a.C., compreende grande parte do poema inserido entre as partes em prosa, camada que constitui a série de discursos dos amigos e de Jó; nela se acha o núcleo do livro, ou seja, o confronto teológico entre Jó e seus amigos, e a intervenção de Deus. A terceira camada consiste nas passagens com mitos sobre a origem do mundo, em particular aquelas relativas aos monstros Leviatã e Beemot, também provenientes de fontes muito antigas, e aqui inseridas e reelaboradas no conjunto de poemas. A quarta camada é o discurso de Eliú, introduzido no texto por volta do séc. IV a.C. para suavizar o debate entre Jó e seus três amigos. A quinta camada está no elogio da Sabedoria (cap. 28), acrescentado entre os sécs. III e II a.C. e contemporâneo à compilação dos outros livros sapienciais.

I. PRÓLOGO

1 Jó, homem íntegro e reto – ¹Havia um homem chamado Jó, que vivia na terra de Hus. Era homem íntegro e reto, que temia a Deus e se afastava do mal. ²Nasceram-lhe sete filhos e três filhas. ³Possuía também sete mil ovelhas, três mil camelos, quinhentas juntas de bois, quinhentas jumentas e grande número de criados. Jó era o homem mais importante de todos os filhos do Oriente.

⁴Os filhos de Jó costumavam fazer banquetes na casa uns dos outros, cada dia na casa de um, e convidavam suas três irmãs para comer e beber com eles. ⁵Quando terminavam os dias de festa, Jó os mandava chamar, a fim de purificá-los. E levantando-se bem cedo, oferecia um holocausto em favor de cada um deles, dizendo: "Talvez meus filhos tenham cometido pecado, desprezando a Deus em seu coração". E Jó costumava fazer assim todos os dias.

Deus autoriza a prova – ⁶Certo dia, os filhos de Deus foram apresentar-se diante de Javé, e entre eles foi também Satã. ⁷Então Javé perguntou a Satã: "De onde você vem?" Satã lhe respondeu: "Eu estava rodeando a terra e andando por ela". ⁸E disse Javé para Satã: "Você já prestou atenção no meu servo Jó? Na terra não existe nenhum outro como ele: é homem íntegro e reto, que teme a Deus e se desvia do mal". ⁹Satã respondeu a Javé: "É em troco de nada que Jó teme a Deus? ¹⁰Porventura tu mesmo não o cercaste de proteção, a ele, a sua casa e a tudo o que ele tem? Abençoaste os trabalhos de suas mãos, e seus rebanhos crescem por toda a terra. ¹¹Estende, porém, a tua mão e toca em tudo o que ele possui. Aposto que ele te amaldiçoará na cara!" ¹²Então

---

1-2: Narrativa popular que focaliza diferentes aspectos da situação de Jó e das ações de Deus e de Satã. Descreve a piedade e felicidade de Jó (cf. 1,1-5); a decisão de submeter sua piedade à prova, num diálogo no céu (cf. 1,6-2,6); o ataque à sua saúde (cf. 2,7-10); e por fim a visita dos três amigos (cf. 2,11 13). Este prólogo e o epílogo (42,7-17) se assentam na teologia da retribuição através da penitência e fidelidade de Jó.

1,1-5: Jó (cf. Ez 14,14.20; Tg 5,11) é apresentado como habitante de Hus, que fica ao sul de Edom (cf. Gn 22,21; 36,28; Lm 4,21). Daí a possibilidade de ter este antigo relato a sua origem na tradição edomita (cf. o termo "filhos do Oriente", v. 3 e Gn 29,1; Jz 6,3.33; 7,12; 8,10; 1Rs 5,10). O oferecimento de holocaustos e a purificação dos filhos tem por objetivo apresentar Jó como modelo do justo sempre fiel e piedoso.

6-12: No céu, Javé se reúne com os "filhos de Deus" (ou anjos, cf. 2,1; 38,7; Gn 6,1-4; 1Rs 22,19s; Sl 29,1; 82,1; 89,7; Tb 5,4), os quais têm a função de inspecionar a terra. Entre estes anjos está Satã (cf. Zc 3,1-2), entendido muitas vezes como adversário político-militar ou acusador nos tribunais (cf. 1Sm 29,4; 2Sm 19,22; 1Rs 5,4; Nm 22,22.32). A narrativa tem como objetivo comprovar se Jó teme a Deus em troca de nada. Em textos tardios, Satã

Javé disse a Satã: "Pois bem! Faça o que você quiser com o que ele possui. Só não estenda a mão contra ele". E Satã saiu da presença de Javé.

Primeiras desgraças e firmeza de Jó – ¹³Chegou o dia em que os filhos e filhas de Jó comiam e bebiam vinho na casa do irmão primogênito. ¹⁴Um mensageiro chegou à casa de Jó e lhe disse: "Os bois estavam arando e as jumentas pastando perto deles. ¹⁵De repente, os sabeus caíram sobre eles, mataram os empregados a fio de espada e tomaram todo o gado. Só eu escapei para lhe contar o que aconteceu". ¹⁶Ele ainda estava falando, quando chegou outro e disse: "Um fogo de Deus caiu do céu, queimando as ovelhas e os jovens, consumindo a todos. Só eu escapei para lhe contar o que aconteceu". ¹⁷Ele ainda estava falando, quando chegou outro e disse: "Os caldeus, formados por três bandos, caíram sobre os camelos e os tomaram, depois de matar os jovens a fio de espada. Só eu escapei para contar o que aconteceu". ¹⁸Ele ainda estava falando, quando chegou outro e disse: "Seus filhos e filhas estavam comendo e bebendo vinho na casa do irmão primogênito. ¹⁹Eis então que um vento forte soprou do meio do deserto, atingindo a casa pelos quatro lados, e ela desabou sobre os jovens e os matou. Só eu escapei para lhe contar o que aconteceu".

²⁰Então Jó se levantou, rasgou a roupa, rapou a cabeça, caiu por terra, prostrou-se ²¹e disse: "Nu eu saí do ventre de minha mãe, e nu para lá eu voltarei. Javé deu, Javé tomou. Bendito seja o nome de Javé".

²²Em tudo isso, Jó não pecou nem protestou contra Deus.

2 Segunda prova bem maior – ¹Certo dia, os filhos de Deus foram apresentar-se diante de Javé, e entre eles foi também Satã. ²Então Javé perguntou a Satã: "De onde você vem?" Satã respondeu: "Estive vagando pela terra e percorrendo-a". ³Javé disse a Satã: "Você já prestou atenção no meu servo Jó? Na terra não existe nenhum outro como ele: é homem íntegro e reto, que teme a Deus e se desvia do mal. Ele permanece firme na sua integridade. E você, a troco de nada, me lançou contra ele para o destruir". ⁴Satã respondeu a Javé: "Pele por pele! O homem dá tudo o que possui para salvar sua vida. ⁵Estende, porém, a tua mão e toca-o na carne e nos ossos. Aposto que ele te amaldiçoará na cara!" ⁶Então Javé disse a Satã: "Pois bem! Faça com ele o que você quiser, mas poupe a vida dele". ⁷Satã saiu da presença de Javé e cobriu Jó de feridas malignas, da planta dos pés até o alto da cabeça. ⁸Então Jó pegou um caco de argila para se coçar e sentou-se no meio da cinza. ⁹Sua mulher lhe disse: "E você ainda permanece firme na sua integridade? Amaldiçoe a Deus e morra de uma vez!" ¹⁰Jó, porém, lhe respondeu: "Você fala como uma tola! Se aceitamos de Deus os bens, não devemos também aceitar os males?" E, apesar de tudo isso, Jó não pecou com os lábios.

Os amigos de Jó – ¹¹Ora, quando três amigos de Jó ficaram sabendo de todas as desgraças que o tinham atingido, foram visitá-lo. Eram eles: Elifaz de Temã, Baldad de Suás, e Sofar de Naamat. Cada um partiu de sua terra, e se reuniram para compartilhar a dor de Jó e o consolar. ¹²Ainda longe, levantaram os olhos,

---

é um espírito sinistro e maligno (cf. 1Cr 21,1; Sb 2,24; Tb 3,8). Os redatores utilizam essa figura para diminuir as responsabilidades de Javé diante do sofrimento do justo.

13-22: Jó sofre quatro desgraças relacionadas a seus bens. Sabeus e caldeus referem-se a grupos de arameus nômades bem organizados que praticavam saques e pilhagens. O autor ressalta a reação de Jó diante do luto e da penitência (cf. Gn 37,34; Js 7,6; 2Sm 1,11; 3,31; Jr 7,29; 48,37; Ez 7,16; Esd 9,3) e o ficar nu, ações para representar os limites da ação humana (cf. Sl 22,10; 49,17; 139,15; Is 44,2; Ecl 5,14-15.18; Eclo 11,14; 40,1; 1Tm 6,7).

2,1-10: O termo "pele" pode referir-se a vestes de pele ou de couro, e a expressão "pele por pele" indica proverbialmente uma troca, também comercial: é a relação entre perder a pele-veste (bens) e salvar a própria pele (vida). As enfermidades e feridas (cf. Dt 28,35) representam a segunda prova para Jó. Duas reações aparecem no texto: a negação, na palavra da mulher de Jó (v. 9), e a aceitação da teologia da retribuição, na resposta de Jó ao chamar sua mulher de tola (nebalat em hebraico pode significar insensatez, loucura, idiotice ou indicar alguém desprezado por Deus; cf. Is 32,6; Sl 14,1; 74,18.22; Dt 32,21).

11-13: Se nos diálogos os amigos repreenderão a Jó, aqui nesta primeira apresentação eles vêm para compartilhar a dor e trazer conforto. O autor apresenta a origem de cada um deles: Temã (cf. Gn 36,11.15; Jr 49,7; Ez 25,13), Suás (cf. Gn 25,2-3) e Naamat, cidades da região da Iduméia e Edom, conhecidas como lugares de sabedoria (cf. 1Rs 5,10-11; 10,1-3; Pr 30,1; Jr 49,7; Ab 8;

mas não o reconheceram. Começaram a chorar em alta voz, rasgaram a roupa e jogaram pó para o alto sobre a própria cabeça. ¹³Depois, sentaram-se no chão ao lado dele, por sete dias e sete noites. E, sem dizer palavra alguma, viram como era grande o sofrimento de Jó.

II. DIÁLOGOS DE JÓ COM OS TRÊS AMIGOS

3 *Lamentação de Jó* – ¹Então Jó abriu a boca e amaldiçoou o seu dia. ²Ele respondeu dizendo: ³"Pereça o dia em que nasci e a noite em que se disse: 'Um menino foi concebido'. ⁴Que esse dia se transforme em trevas. Que Deus, lá do alto, não o procure, nem brilhe sobre ele a luz. ⁵Que as trevas e a sombra da morte tomem conta dele, que uma nuvem pouse sobre ele e um eclipse o apavore! ⁶Que a escuridão se apodere dessa noite, e que tal noite não traga alegria aos dias do ano e não entre no número dos meses. ⁷Sim, que essa noite fique solitária e que não cheguem a ela os gritos de alegria! ⁸Que a maldigam os que amaldiçoam o dia, os que sabem despertar Leviatã. ⁹Que as estrelas da sua aurora se tornem trevas, que espere pela luz que não chega, e que as pálpebras não vejam o amanhecer. ¹⁰Porque ela não fechou as portas do ventre onde eu estava, nem escondeu tanta miséria da minha vista.

¹¹Por que não morri eu ainda no útero, ou não pereci ao sair do ventre materno? ¹²Por que dois joelhos me receberam, e por que dois peitos me amamentaram? ¹³Assim, eu agora me deitaria e dormiria tranquilo para descansar, ¹⁴junto com os reis e conselheiros da terra, que constroem monumentos para si, ¹⁵ou com os nobres, donos do ouro, que encheram de prata suas casas. ¹⁶Ou, como aborto escondido, eu não existiria, como crianças que jamais viram a luz. ¹⁷Aí os ímpios param de se agitar, e aí repousam os que estão esgotados. ¹⁸Esses descansam com os prisioneiros, e não ouvem mais a voz do carcereiro. ¹⁹Aí o pequeno e o grande são iguais, e o escravo fica liberto do seu senhor.

²⁰Para que doar a luz a quem sofre com o trabalho, e a vida a quem vive na amargura? ²¹Esperam pela morte que não chega, e a procuram mais do que a um tesouro escondido, ²²e se alegram tanto e exultam ao encontrarem uma sepultura. ²³Por que, a um homem que tem oculto o seu caminho, Deus o protege de todos os lados com uma cerca? ²⁴Meus soluços são o meu pão, e meus gemidos transbordam como água. ²⁵Pois o terror que me apavorava caiu sobre mim, e o que me deixava com medo me atingiu. ²⁶Não tenho sossego, nem tranquilidade e descanso: só agitação me visita".

PRIMEIRO CICLO DE DISCURSOS
Discurso de Elifaz

4 *A fé no Deus da justiça* – ¹Então, Elifaz de Temã tomou a palavra e disse: ²"Você suportaria se alguém lhe falasse? Como conseguiria permanecer calado? ³Veja! Você instruiu muita gente e fortaleceu braços enfraquecidos. ⁴Com suas palavras, você ergueu quem estava caído, e sustentou os joelhos encurvados. ⁵Agora que chegou a sua vez, você vacila? Basta ser atingido, e você entra em pânico? ⁶O temor de Deus não era a sua confiança, e a sua esperança não era uma conduta in-

---

Br 3,22-23). Prantos, rasgar as vestes e jogar pó sobre a cabeça são rituais de penitência e luto (Js 7,6; 2Sm 13,19; Ez 27,30; Est 4,1).

3-27: Os diálogos estão organizados em três ciclos (4-14; 15-21 e 22-27) com discursos de cada um dos amigos e respectivas respostas de Jó. O cap. 3 faz a grande abertura, com a lamentação de Jó. Estes diálogos têm como tema a impaciência de Jó e seus questionamentos frente à teologia da retribuição, pois os amigos vêm para convencê-lo de que o sofrimento representa o castigo de Deus. Tanto a lamentação inicial quanto as palavras de Jó tentam desconstruir a imagem que Elifaz, Baldad e Sofar apresentam sobre Deus.

3,1-26: Jó rompe o silêncio, amaldiçoando o dia de seu nascimento (cf. Jr 20,14-18) e revoltando-se contra Deus (no hebraico *Eloá*, Senhor do dia, da noite e da fecundidade, no v. 4; cf. Gn 20,18; 29,31s; 30,22; 1Sm 1,5). A menção a reis, conselheiros e funcionários (vv. 14-15) corresponde à administração persa (cf. Esd 2,69; 8,25). Leviatã é um monstro da mitologia fenícia; representava o caos primitivo (cf. Jó 26,13; 40,25; 41,1-34; Is 27,1; 51,9; Am 9,3; Sl 74,14; 104,26; Ap 12,3), ao engolir o sol e causar a quebra da ordem existente.

4-14: Os discursos insistem sobre o sofrimento e o problema do mal. Com habilidade, o autor contrapõe a impaciência de Jó à teologia tradicional da retribuição apoiada por Elifaz, Baldad e Sofar.

4,1-21: Defesa da teologia da retribuição, tendo como base a fé na justiça providencial de Deus diante das ações boas e más. Elifaz começa bem seu discurso,

tegra? ⁷Lembre-se: houve algum inocente que tenha perecido? Onde jamais se viu pessoas retas serem destruídas? ⁸Pelo que eu já vi, os que cultivam a iniquidade e semeiam a miséria são também aqueles que as colhem. ⁹Ao sopro de Deus eles perecem, e ao sopro de sua ira eles são consumidos. ¹⁰O rugido do leão e o rosnar do leopardo, e os dentes dos filhotes são quebrados: ¹¹por falta de presa, o leão acaba morrendo, e os filhotes da leoa se dispersam.

¹²Uma palavra secreta chegou até mim, e meu ouvido percebeu seu murmúrio: ¹³nas meditações de visões noturnas, quando profundo sono cai sobre os homens, ¹⁴fui tomado de terror e calafrio, e todos os meus ossos estremeceram. ¹⁵Depois, um vento passou por meu rosto, provocando arrepios por todo o meu corpo. ¹⁶Alguém estava de pé, mas eu não o reconhecia. Uma figura apareceu diante de mim, houve um silêncio, e então ouvi uma voz: ¹⁷'Pode um mortal ser mais justo do que Deus? Ou pode o homem ser mais puro do que seu criador? ¹⁸É certo que Deus não confia nem mesmo em seus próprios servos, e até em seus anjos encontra erros. ¹⁹Quanto mais aqueles que moram em casas de barro construídas sobre o pó! Serão esmagados antes da traça; ²⁰serão destruídos entre o amanhecer e o entardecer. Perecem para sempre, sem ninguém perceber. ²¹As cordas de sua tenda não foram arrancadas? Morrem sem a sabedoria'.

5 Admoestação

¹Clame agora, para ver se alguém lhe responde. A qual dos santos você vai recorrer? ²Porque a cólera mata o tolo, e a inveja causa a morte do estulto. ³Vi um tolo lançar raízes, e logo lhe amaldiçoei a casa. ⁴Seus filhos ficarão sem socorro, e serão esmagados junto à Porta, sem ter ninguém para salvá-los. ⁵O faminto lhe devorou a colheita e a recolheu junto com espinhos. Quem tem sede lhe sugou os bens. ⁶Pois a desgraça não nasce do pó, e a fadiga não brota da terra. ⁷E o homem nasce para a fadiga, como as fagulhas que voam para cima.

⁸Mas, por mim, eu procuraria a Deus, e poria minha causa sob seus cuidados. ⁹Ele faz coisas grandiosas e insondáveis, e maravilhas sem conta: ¹⁰é ele quem dá chuva para a terra, e irriga a superfície dos campos, ¹¹para elevar os que estão embaixo, e fazer chegar aos aflitos a salvação. ¹²Ele frustra os planos dos espertos, para que as obras de suas mãos fracassem. ¹³Apanha os sábios na astúcia deles, e desmonta o conselho dos espertos. ¹⁴Em pleno dia, esses caem nas trevas, e ao meio-dia andam tateando como se fosse à noite. ¹⁵Mas ele salva o pobre da espada, da boca dos inimigos e da garra do poderoso. ¹⁶Desse modo, o pobre tem esperança, e a injustiça fecha a boca. ¹⁷Veja: feliz o homem a quem Deus corrige! Por isso, não despreze a lição de Shadai. ¹⁸Pois é ele quem causa dor e cuida do ferimento, é ele quem fere e cura com sua própria mão. ¹⁹É ele quem salva você de seis angústias, e na sétima o mal não o atingirá mais. ²⁰Em tempo de fome, ele salvará você da morte, e na guerra o protegerá do poder da espada. ²¹Você ficará a salvo do açoite da língua, e não temerá quando a desgraça chegar. ²²Você rirá da desgraça e da fome, e não temerá os animais selvagens. ²³Você fará aliança com as pedras do campo, e viverá em paz com as feras. ²⁴Então você conhecerá a paz em sua tenda e, ao visitar suas pastagens, verá que nada falta. ²⁵Conhecerá também que sua descendência é numerosa, e seus filhos serão como a erva do campo. ²⁶Entrará na sepultura em avançada velhice, como colheita empilhada no tempo certo. ²⁷Veja! Foi isso que observamos. E é assim! Escute bem, e tire proveito".

---

reconhecendo a solidariedade de Jó com os fracos (vv. 3-4). No entanto, repreende os questionamentos dele e reforça a ideia da fragilidade humana diante de Deus. Segundo essa lógica, a Jó resta apenas apegar-se ao temor de Deus (v. 6) e observar como Deus age, por um lado com os justos, por outro com os que praticam a iniquidade (cf. 5,2-7; 8,8-19; 11,20; 15,17-35; 18,5-21; 20,4-29; 22,15-18; 24,18-24; 27,13-23).

5,1-27: Conselhos para que Jó recorra a algum santo ou anjo protetor (cf. 4,18; 15,15; 16,19-21; 33,23-24; Zc 1,12; 14,5; Dn 4,10.14.20; 8,13; Tb 12,12), busque a Deus (5,17; cf. Pr 31,11-12) e confie na recompensa assegurada aos justos (cf. 8,5-7.20-22; 11,13-19; 22,21-30). O autor recorre a uma tradição antiga sobre o pedido de um fiel para que a sua divindade o defenda na assembleia dos deuses (cf. Sl 82). Elifaz apresenta a imagem de um

Discurso de Jó

6 **Protesto e imprecações** – ¹Então Jó respondeu, dizendo: ²"Se pudessem pesar a minha aflição, e colocassem na balança a minha dor! ³Seriam mais pesadas que a areia da praia! Por isso, as minhas palavras são confusas. ⁴Pois as flechas de Shadai foram cravadas em mim, e o meu espírito bebe o veneno delas. Os terrores de Deus se enfileiram contra mim. ⁵Por acaso o asno selvagem relincha quando tem capim? Ou o boi muge junto à forragem? ⁶Alguém come sem sal algo que não tem gosto? Há algum sabor na seiva da malva? ⁷Minha garganta recusa engolir: são agora alimentos repugnantes para mim.

⁸Tomara que se cumpra o que eu pedi, e que Deus me conceda o que espero. ⁹Que ele se digne esmagar-me, e solte sua mão para me quebrar! ¹⁰Para mim, seria pelo menos uma consolação e, mesmo torturado sem piedade, eu exultaria por não ter renegado as palavras do Santo! ¹¹Que forças ainda me restam, para ter esperança? E qual é o meu fim, para continuar minha vida? ¹²Por acaso tenho a força das pedras? E minha carne é forte como bronze? ¹³Será que não encontro apoio em mim mesmo, e que toda ajuda me abandonou?

Contra o abandono dos amigos – ¹⁴A pessoa que está aflita merece a compaixão do seu amigo; senão, abandonará o temor de Shadai. ¹⁵Meus irmãos me enganaram como rio temporário, como curso de riachos que desaparecem: ¹⁶no tempo do degelo, suas águas se tornam escuras, e se enchem quando a neve se derrete; ¹⁷mas, quando chega a estação da seca, perdem o volume, e com o calor, desaparecem do seu lugar. ¹⁸As caravanas se desviam de suas rotas, sobem pelo deserto e se perdem. ¹⁹As caravanas de Temã os observam, e os mercadores de Sabá contam com eles. ²⁰Ficam envergonhados porque tiveram confiança e, chegando a esse lugar, se confundem. ²¹Assim são vocês para mim agora! Ao ver algo terrível, vocês ficam com medo.

²²Por acaso eu pedi que vocês me dessem alguma coisa? Ou que me oferecessem suborno tirado da fortuna de vocês? ²³Pedi que me livrassem das mãos do inimigo, ou que me resgatassem das mãos de tiranos? ²⁴Esclareçam-me, e eu ficarei em silêncio. Mostrem-me onde foi que eu errei. ²⁵Como seriam agradáveis as palavras da justiça! O argumento de vocês prova o quê? ²⁶São palavras, o que vocês buscam censurar? As palavras do desesperado se dirigem ao vento! ²⁷Vocês seriam capazes de sortear um órfão e pôr à venda o seu próprio amigo. ²⁸Agora, olhem para mim com atenção, pois eu não vou mentir diante de vocês. ²⁹Voltem atrás e não sejam injustos! De novo, voltem atrás, pois minha causa é justa. ³⁰Por acaso existe injustiça em minha língua? E minha boca, será que não sabe mais distinguir a desgraça?

7 **Queixas de Jó** – ¹Um mortal não vive na terra para cumprir um serviço militar? E seus dias não são como os do diarista? ²Como escravo que deseja sua sombra, e como diarista que aguarda seu salário, ³assim minha herança são meses de nada, e a mim restauram noites de fadiga. ⁴Ao me deitar, pergunto: 'Quando me levantarei?' Mas a noite é muito longa, e fico rolando na cama até a aurora. ⁵Minha carne está coberta de vermes e crostas, minha pele se rompe e verte pus.

Deus que liberta continuamente os pobres frente aos opressores (5,4.11.15-16), porém dentro da rígida teologia da retribuição: Deus liberta apenas os pobres piedosos.

6,1-13: Jó insiste na própria inocência e volta a lamentar a sua situação (cf. 16,12-13; Sl 38,2; 8,16). Com impaciência, afirma que somente ele pode avaliar sua miserável condição (vv. 2-7). Queixa-se de Shadai, o Deus Todo-poderoso, que quer esmagá-lo (v. 9), e com metáforas militares e ligadas à caça exprime a convicção de que Deus é a causa de seu sofrimento (cf. 7,14; 9,34; 16,9; 19,6-12.11). Mas o autor utiliza as imagens da pedra e do bronze como símbolos de dureza (em comparação ao ferro), para exprimir resistência (cf. 20,24; 28,2; 40,18; 41,16; Jr 1,19; 15,20).

14-30: Jó compara a consolação dos amigos com a experiência de viajantes que se perdem no deserto e se deixam enganar por miragens (vv. 14-21). Desafia os amigos a lhe apontar os erros ou inadvertências (vv. 22-30; cf. Lv 4; Nm 15,22-29; Sl 19,3).

7,1-21: Crítica às aflições do trabalhador obrigado à corveia, de modo especial no serviço militar (14,14) e no duro trabalho de diarista (cf. Dt 24,15; Mt 20,8). A queixa de Jó contra Deus por tratá-lo com injustiça e violência é carregada de imagens da morada dos mortos, o Xeol (cf. 10,21; 14,7.22; 16,22; 2Sm 12,23; Sl 88,11) e traz a comparação com o monstro marinho (cf. 3,8; 9,13; 26,12; 40,25s; Sl 65,8; 74,13-14; 77,17; 89,10-11; 93,3-4; 104,7.26; 107,29; 148,7; Is 27,1; 51,9). No entanto, o final da oração,

⁶Meus dias correm mais rápido do que a lançadeira, e se consomem sem qualquer esperança. ⁷Lembra-te: minha vida é apenas um sopro, e meus olhos nunca mais verão a felicidade. ⁸Já não me enxergarão os olhos que me viam; e quando teus olhos me procurarem, eu já não existirei. ⁹Como nuvem que passa e logo se desfaz, assim é quem desce à morada dos mortos, para nunca mais subir. ¹⁰Nunca mais retornará à sua casa, e sua morada não mais o reconhecerá.

¹¹Por isso, não ficarei mais calado; falarei na angústia do meu espírito e me queixarei na amargura da minha alma. ¹²Por acaso sou o Mar ou o Monstro marinho, para que coloques vigilância sobre mim? ¹³Quando digo: 'Meu leito me consola e minha cama aliviará a minha queixa', ¹⁴então tu me assustas com sonhos e me aterrorizas com visões. ¹⁵Eu preferiria morrer estrangulado: antes a morte que esses meus ossos! ¹⁶Eu detesto isso. Não vou viver para sempre! Deixa-me em paz, pois os meus dias são um sopro!

¹⁷O que é um mortal, para que dês importância a ele, e fixes nele tua atenção, ¹⁸para que o examines a cada manhã e o coloques à prova todo momento? ¹⁹Por que não te afastas de mim, nem me deixas ao menos engolir a saliva? ²⁰Se eu pequei, o que foi que eu te fiz, guardião da humanidade? Por que me tomaste por alvo, tornando-me um peso para mim mesmo? ²¹Por que não perdoas o meu pecado, e não removes a minha culpa? Agora, já estou deitado no pó: tu procurarás por mim tateando, e eu não existirei mais".

Discurso de Baldad

8 Justiça de Deus e destino dos injustos – ¹Então Baldad de Suás tomou a palavra e disse: ²"Até quando você vai falar essas coisas? As palavras de sua boca são como furacão. ³Acaso Deus distorce o direito? E pode Shadai distorcer a justiça? ⁴Se os seus filhos pecaram contra Deus, ele já os entregou ao poder dos próprios crimes. ⁵Mas, se você buscar a Deus, se suplicar a Shadai ⁶e se conservar puro e reto, certamente que ele cuidará de você e há de restaurar a habitação do seu justo. ⁷Seu passado terá sido pouco em comparação com a grandeza do seu futuro.

⁸Pergunte às gerações passadas e se firme sobre a experiência de seus antepassados. ⁹Nós somos de ontem e nada sabemos, pois nossos dias são uma sombra sobre a terra. ¹⁰Mas eles vão instruí-lo e falarão a você. E de suas próprias memórias tirarão sentenças. ¹¹Por acaso pode o papiro brotar fora do pântano, e o junco crescer sem água? ¹²Ainda em flor, e sem ser colhido, ele seca antes de qualquer erva. ¹³Assim é o destino de quem se esquece de Deus, e a esperança do hipócrita desaparecerá. ¹⁴Sua confiança é um fio que se rompe, e sua segurança é uma teia de aranha: ¹⁵se alguém nela se apoia, ela cai; se alguém nela se agarra, ela não fica de pé. ¹⁶Fica cheio de seiva ao sol, e estende seus ramos sobre todo o jardim. ¹⁷Entrelaça suas raízes entre as pedras e procura os vãos das rochas. ¹⁸Mas, se alguém o arranca do seu lugar, este o renega, dizendo: 'Nunca vi você!' ¹⁹Eis a alegria do seu destino, e outros brotarão do mesmo chão. ²⁰Ora, Deus não rejeita o homem íntegro, nem apoia os malfeitores. ²¹Ele há de encher-lhe a boca de riso e os lábios com gritos de alegria. ²²Seus inimigos ficarão cobertos de vergonha, e a tenda dos ímpios desaparecerá".

Discurso de Jó

9 Pode alguém justificar-se diante de Deus? – ¹Então Jó respondeu dizendo: ²"Eu sei realmente como são as coisas.

---

em linguagem muito próxima ao Sl 8, busca ridicularizar a imagem falsa que seus amigos fazem de Deus.

8,1-22: Baldad retoma o discurso da retribuição; tomando a situação da perda dos filhos por pecarem contra Deus, procura demonstrar que a justiça de Deus é implacável. Aconselha Jó a tomar caminho diferente: buscar e suplicar a Shadai, ser puro na súplica e reto na conduta. É um discurso que se fundamenta na tradição e no ensino dos pais e dos sábios. A imagem da teia de aranha quer mostrar a vida inconstante e insegura dos ímpios e daqueles que esquecem Deus. Sugere, na lógica da retribuição, que o sofrimento é consequência do pecado.

9,1-14: O questionamento inicial de Jó retoma o discurso de Elifaz acerca de quem pode entrar em disputa judicial com Deus. À luz da profecia e da sabedoria, apresenta um hino ao Deus criador das montanhas, do sol e das estrelas, com seu poder de abalar a terra e as montanhas (cf. 1Sm 2,8; Am 4,13; Mq 1,3; Jó 5,9; 38,6; Sl 75,4; 104,5). Raab, monstro do caos, é a personificação

Como pode alguém ser justo diante de Deus? ³Se alguém quisesse disputar com Deus, ele não lhe responderia uma só vez entre mil. ⁴Qual é o sábio ou forte que o enfrentou e prosperou? ⁵Ele remove as montanhas, sem que elas percebam; em sua ira as arranca do lugar. ⁶Ele sacode a terra do seu lugar, e faz estremecer seus pilares. ⁷Ele ordena ao sol que não se levante, e esconde as estrelas sob lacre. ⁸Ele sozinho estende o céu, e caminha sobre as elevações do mar. ⁹Ele fez a Ursa e o Órion, as Plêiades e as constelações do Sul. ¹⁰Ele faz grandezas insondáveis e maravilhas que não é possível contar.

¹¹Ele caminha ao meu lado, e eu não o vejo; ele passa por mim, e eu não o percebo. ¹²Se ele pegar algo, quem poderá impedi-lo? Quem lhe perguntará: 'O que estás fazendo?' ¹³Deus não reprime sua ira, e debaixo dele se curvam os aliados de Raab. ¹⁴Muito menos eu lhe poderei responder, ou escolher palavras contra ele.

Será que Deus é arbitrário? – ¹⁵Ainda que eu fosse justo, não responderia, mas teria de implorar misericórdia ao meu juiz. ¹⁶Ainda que eu chamasse e ele me respondesse, não creio que teria escutado minha voz. ¹⁷Pois ele me esmagaria na tempestade, e sem razão multiplicaria meus ferimentos. ¹⁸Ele não me deixaria nem ao menos tomar fôlego, e me encheria de amargura.

¹⁹Se eu recorrer à força, ele é mais forte! Se eu apelar ao direito, quem o intimará? ²⁰Ainda que eu fosse justo, minha boca me condenaria; mesmo que eu fosse inocente, ele me declararia perverso. ²¹Sou inocente? Eu mesmo já nem sei! Desprezo minha vida. ²²Por isso, eu disse que tudo é a mesma coisa: ele destrói o inocente e também o ímpio. ²³Quando uma punição causa a morte de repente, ele zomba da aflição do inocente. ²⁴A terra foi entregue na mão do ímpio. Ele esconde o rosto para seus juízes: se não for ele, então quem é?

Queixa e lamento diante de Deus – ²⁵Meus dias correm mais rápidos que um atleta, e fogem sem ver o que é a felicidade; ²⁶deslizam como barcos de junco, como águia que se lança sobre a presa. ²⁷Se eu disser: 'Vou esquecer meu lamento, abandonar a tristeza do meu rosto e me alegrar', ²⁸fico com medo de todos os meus tormentos, pois eu sei que ele não me absolverá. ²⁹Se por acaso sou culpado, por que me cansar à toa? ³⁰Ainda que eu me lavasse com água da neve, ou limpasse as mãos com sabão, ³¹ainda assim tu me atirarias na fossa, e minhas roupas me detestariam. ³²Porque ele não é um humano como eu, para que eu lhe possa responder: 'Vamos comparecer juntos no julgamento'. ³³Se houvesse entre nós um juiz que pusesse as mãos sobre nós dois, ³⁴ele afastaria de mim o chicote de Deus, e seu terror não me apavoraria mais. ³⁵Então eu lhe falaria sem medo; mas não é assim, e estou só.

10 ¹Minha alma está cansada dessa vida! Vou me entregar aos lamentos e falar na amargura da minha alma. ²Direi a Deus: 'Não me condenes! Deixa-me conhecer tuas queixas contra mim'. ³Por acaso tu te divertes em me oprimir, desprezando a obra de tuas mãos, para favorecer os conselhos dos maus? ⁴Por acaso teus olhos são de carne, e enxergas como o homem enxerga? ⁵Teus dias são como os dias de um mortal, e teus anos são como os anos de um homem, ⁶para sondares minha falta e investigares meu pecado, ⁷mesmo sabendo que não sou culpado, e que ninguém me pode livrar da tua mão?

Deus criador – ⁸Tuas mãos me modelaram, me moldaram, e juntas me envolveram. E agora queres me destruir? ⁹Lem-

---

mítica das águas primitivas (cf. 7,12; 26,12; Sl 87,4; 89,11; Is 30,7; 51,9). As suspeitas e questionamentos de Jó buscam quebrar a concepção que vincula sofrimento e culpa.

15-24: A teologia da retribuição não consegue responder por que Deus aniquila justos e injustos. No séc. V a.C., grupos de elite judaíta utilizavam a tradicional teologia da retribuição para justificar suas posses e riquezas. Daí o questionamento neste discurso quanto à riqueza e felicidade de alguns e à pobreza e sofrimento de muitos.

9,25-10,7: Depois de questionar a imagem de um Deus distante do sofrimento, agora Jó deseja um árbitro entre Deus e o ser humano (cf. Is 1,18; Jr 2,22; Sl 91,9), ou que Deus mesmo seja o árbitro e conciliador (cf. Sl 139,5). Daí o protesto: Deus não precisa torturar o justo para provar sua inocência e integridade deste, ou para saciar a própria vingança. Ironicamente, agindo assim, Deus não passaria de simples ser humano.

10,8-22: Estas palavras de Jó são muito próximas ao Sl 139,13-15. Novo questionamento à teologia do séc.

bra-te, eu peço: fizeste-me do barro, e agora queres que eu volte ao pó? ¹⁰Não me derramaste como leite e me coalhaste como queijo? ¹¹Cobriste-me de pele e carne, e me teceste de ossos e nervos. ¹²Concedeste-me vida e amor, e tua providência conservou meu sopro. ¹³Contudo, tens escondido essas coisas em teu coração. Agora eu sei que esta é tua intenção: ¹⁴se eu pecasse, tu me apanharias em flagrante, e não deixarias minhas faltas sem punição! ¹⁵Se eu fosse culpado, ai de mim! Se eu fosse inocente, não levantaria a cabeça, pois estou cheio de vergonha e posso ver minha miséria. ¹⁶Se me levanto, tu me caças como leão, e voltas a repetir teus prodígios contra mim. ¹⁷Tu renovas tuas testemunhas contra mim, lanças sobre mim tua ira, e contra mim exércitos se revezam.

¹⁸Por que me tiraste do ventre materno? Se eu tivesse morrido, olho nenhum me teria visto. ¹⁹Eu seria como alguém que nunca existiu, levado do ventre para o túmulo. ²⁰Não são poucos os meus dias? Que Deus então pare e me deixe só, para que eu tenha um pouco de prazer, ²¹antes que eu me vá, para nunca mais voltar, para a terra das trevas e da sombra da morte, ²²uma terra onde a aurora é como a escuridão, sombra da morte e desordem, e onde a claridade é como a escuridão".

Discurso de Sofar

11 *Sabedoria de Deus e promessas para o justo* – ¹Então Sofar de Naamat tomou a palavra e respondeu: ²"Será que esse palavreado vai ficar sem resposta? E o falador acabará tendo razão? ³Sua falação será suficiente para calar as pessoas? Vai ficar zombando, sem que ninguém o envergonhe? ⁴Você falou: 'Minha doutrina é pura, e sou puro diante dos teus olhos'. ⁵Ah, se ao menos Deus pudesse falar! Se abrisse os lábios para lhe falar! ⁶Ele ensinaria a você os segredos da sabedoria, que confundem o entendimento, e você saberia que Deus esquece parte das suas faltas.

⁷Por acaso você pretende sondar a profundeza de Deus, ou penetrar os limites de Shadai? ⁸Ela é mais alta que o céu. O que pode você fazer? Ela é mais profunda que a morada dos mortos. O que pode você saber? ⁹Ela é mais vasta que a extensão da terra e mais larga que o mar. ¹⁰Se ele se apresenta para aprisionar e reunir o tribunal, quem poderá opor-se? ¹¹Será que ele conhece as pessoas falsas e vê a mentira, sem nada decidir? ¹²O homem estúpido ganhará sabedoria quando um asno selvagem nascer como ser humano.

¹³Se você preparar o coração e estender as mãos para Deus; ¹⁴se você afastar a maldade de suas mãos e não deixar que a injustiça habite em sua tenda: ¹⁵então poderá levantar o rosto sem mancha, ficará firme e não terá medo. ¹⁶Pois você esquecerá seu sofrimento, ou dele se lembrará como águas passadas. ¹⁷A vida surgirá como a luz do meio-dia, e sua escuridão será como a aurora. ¹⁸Você terá certeza de que há esperança e, olhando ao redor, descansará tranquilo. ¹⁹Você se deitará sem ter ninguém para incomodá-lo, e muitos vão suplicar seus favores. ²⁰Mas os olhos dos maus ficarão cegos e não encontrarão refúgio. A esperança deles será o último suspiro".

Discurso de Jó

12 *Experiência contra retribuição* – ¹Então Jó tomou a palavra e respondeu: ²"Realmente, são vocês a voz do

---

V a.C., que apresenta um Deus bastante preocupado com as regras de pureza e obcecado pelo pecado. Jó critica a imagem de um Deus que como leão persegue e caça sua presa.

11,1-20: Sofar submete Jó a um interrogatório e lhe ridiculariza a oração. Critica-o por achar que tem uma doutrina pura diante de Deus. Para Sofar, Jó deveria reconhecer que Deus o castigou menos do que sua iniquidade merecia (v. 6), e portanto deveria reconhecer-se culpado e pecador, pois Deus descobre tudo o que está escondido, conhece os falsos e discerne as iniquidades. Para ressaltar a impossibilidade de Jó se converter, Sofar usa um provérbio que compara o insensato com o asno (v. 12; cf. Gn 16,12), e apela para o arrependimento como condição para Jó salvar-se, ter velhice tranquila e repousar sem ser perturbado (cf. Is 17,2).

12,1-25: A experiência de sofrimento e a observação dos acontecimentos são capazes de combater a teologia da retribuição individual. Contra o pretenso monopólio do saber de seus amigos, Jó apela para seu direito de pensar e julgar, contrapondo-se ao provérbio do asno (cf. 11,12) e à teologia moral dos sábios que expulsavam os fracos e doentes do convívio social, por considerarem a doença como maldição divina. Apresentando, em forma inversa, as obras criadas de Gn 1, Jó descreve o poder de Deus ao construir e destruir, ao soltar e reter as águas

povo! E junto com vocês vai morrer a sabedoria! ³Mas eu também tenho inteligência, e não sou inferior a vocês. Quem não sabe essas coisas? ⁴Eu me tornei motivo de zombaria dos amigos, eu que gritava a Deus e ele me respondia. Motivo de zombaria – o justo e íntegro. ⁵'Desprezo para a desgraça!' é o que diz o ímpio aos pés que tropeçam. ⁶Nas tendas de ladrões reina a paz, e quem provoca a Deus vive tranquilo, mesmo quem traz nas mãos um deus. ⁷Então, pergunte aos animais, e eles ensinarão você. Pergunte às aves do céu, e elas lhe falarão. ⁸Ou fale com a terra, e ela ensinará você, e os peixes do mar lhe contarão tudo. ⁹Entre todos esses seres, quem não sabe que foi a mão de Javé que fez tudo isso? ¹⁰Pois nas mãos dele está a vida de todos os seres vivos e o sopro de toda carne humana. ¹¹Não é o ouvido que examina as palavras, e o paladar que saboreia os alimentos? ¹²A sabedoria está com os mais velhos e a longevidade traz a inteligência.

¹³Nele estão a sabedoria e a força, o conselho e a inteligência lhe pertencem. ¹⁴Ora, o que ele destrói, ninguém reconstrói; o homem que ele aprisiona não escapa. ¹⁵Se ele retém as águas, tudo resseca; mas, se ele as libera, elas destroem a terra. ¹⁶Ele possui força e inteligência, e a ele pertencem o enganado e o enganador. ¹⁷Ele desorienta os conselheiros e fere de loucura os juízes. ¹⁸Ele desata o domínio dos reis, e amarra um cinto em torno dos rins. ¹⁹Ele desorienta os sacerdotes, e derruba os poderosos. ²⁰Ele tira a palavra dos confiantes e o discernimento dos anciãos. ²¹Ele derrama desprezo sobre os nobres, e afrouxa o cinturão dos poderosos. ²²Ele revela o que está escondido nas trevas, e traz para a luz a escuridão. ²³Ele engrandece as nações, e em seguida as destrói; dispersa as nações, e depois as conforta. ²⁴Ele remove o coração dos chefes do povo da terra, e os faz vaguear sem rumo no caos. ²⁵Sem luz, eles saem tateando a escuridão, e Deus os faz cambalear como bêbados.

13 Jó se defende

– ¹Sim, meus olhos viram tudo isso, meus ouvidos ouviram e compreenderam: ²o que vocês sabem, eu também sei, pois não sou inferior a vocês. ³Mas eu vou falar a Shadai, quero debater com Deus. ⁴Vocês são manipuladores de mentiras, e todos vocês não passam de charlatães. ⁵Se vocês ao menos ficassem calados! Esta seria sua sabedoria! ⁶Ouçam agora a minha defesa, prestem atenção aos apelos de meus lábios. ⁷Vocês pretendem falar a Deus com injustiça e usando palavras enganosas? ⁸Vocês querem tomar o partido de Deus e defender a causa dele? ⁹Não seria melhor que ele examinasse vocês? Ou vocês o enganariam como se engana a um mortal? ¹⁰Ele certamente os reprovará, se vocês tomarem partido em segredo. ¹¹A majestade de Deus não lhes causa medo? O terror dele não cai sobre vocês? ¹²As lembranças que vocês têm são provérbios de cinzas, e suas defesas são defesas de argila! ¹³Calem-se! Deixem-me! Agora sou eu que vou falar, não importa o que vai me acontecer. ¹⁴Porque tomarei minha carne entre os dentes, e minha vida em minhas mãos. ¹⁵Ainda que ele queira me matar, não tenho outra esperança, a não ser a defesa de minha conduta diante dele. ¹⁶É o que já seria salvação para mim, pois nenhum hipócrita pode apresentar-se diante dele.

¹⁷Escutem bem as minhas palavras, e que a minha declaração esteja em seus ouvidos: ¹⁸Eis que eu preparei o julgamento, e sei que vou sair inocente. ¹⁹Quem quer discutir comigo? Agora ficarei calado e estou pronto para morrer. ²⁰Poupa-me de duas coisas apenas, e então eu não me esconderei de tua presença: ²¹afasta de mim a tua mão e não me amedrontes com teu

---

(cf. Sl 36,7; 72,2-3; 85,12; Jl 2,23), com a intenção de demonstrar que reis, sacerdotes, juízes, chefes e tiranos não serão poupados por Deus.

13,1-28: Jó denuncia a perversidade de seus amigos em suas mentiras (cf. Sl 119,69) e falsidades (cf. Jr 14,14; Zc 11,7; Is 2,8; 10,10; Hab 2,18; Ez 30,13), e confia que a justiça de Deus aconteça em seu favor contra os adversários. Com audácia, pede silêncio e demonstra indiferença diante da morte, arriscando a própria vida

(cf. v. 14; Jz 12,3; 1Sm 19,5; 28,21; Sl 119,109). Utilizam-se fórmulas jurídicas para falar do processo entre Deus e Jó, a exemplo dos desafios lançados por Javé ao povo (Is 1,18; Os 2,4; Mq 6,1-2; Is 50,8). O desafio é marcado pelo encontro com Deus, que permanece em silêncio, e pelas interrogações que o acusado faz a Deus, partindo da apresentação de inocência. As imagens da podridão e da veste roída pelas traças representam a fraqueza humana (cf. Os 5,12; Pr 12,4; 14,30).

terror. ²²Em seguida, podes me chamar, e eu responderei. Ou então, eu falarei, e tu me responderás. ²³Quantas são as minhas faltas e os meus pecados? Mostra-me a minha transgressão e o meu pecado. ²⁴Por que escondes tua face, e me consideras como teu inimigo? ²⁵Queres assustar uma folha caída ao vento e perseguir uma palha seca? ²⁶Pois rediges contra mim sentenças amargas e me fazes assumir as faltas de minha juventude; ²⁷prendes meus pés no tronco, cuidas de todos os meus caminhos e investigas as pegadas de meus passos. ²⁸O homem se consome como podridão e como veste corroída pela traça.

14 *A condição humana* – ¹O homem, nascido de mulher, tem vida curta e cheia de inquietação. ²Ele se abre como flor, e logo é cortado; foge como sombra, e não dura. ³E tu abres teus olhos sobre alguém assim, e me levas em julgamento contigo? ⁴Quem pode tirar o puro do impuro? Ninguém! ⁵Se os dias dele já foram fixados, se o número de seus meses já está determinado, se lhe puseste um limite que não se pode ultrapassar, ⁶afasta-te dele e deixa-o em paz, para que ele possa gozar o seu dia como assalariado.

⁷Pois há esperança para uma árvore: mesmo ao ser cortada, voltará a brotar e seus ramos continuarão a crescer. ⁸Embora suas raízes envelheçam na terra e seu tronco esteja morto no solo, ⁹basta o cheiro da água, e ela solta brotos e produz folhagem como planta nova. ¹⁰O varão, porém, morre e se vai. Para onde vai o ser humano quando expira? ¹¹As águas do mar podem desaparecer, os rios podem baixar e secar, ¹²mas o homem que jaz não pode levantar-se; até não existirem mais os céus, o homem não vai despertar, nem acordar do seu sono.

¹³Se me guardasses escondido na habitação dos mortos, se me escondesses até passar a tua ira, e marcasses um prazo para te lembrares de mim! ¹⁴Pois quando alguém morre, poderá viver novamente? Eu ficaria esperando durante todos os dias do meu serviço, até que chegasse a hora da troca de turno. ¹⁵Tu me chamarias e eu responderia; desejaria a obra de tuas mãos. ¹⁶Pois agora tu contas os meus passos, e não olhas mais para o meu pecado. ¹⁷Minha transgressão ficaria lacrada numa bolsa e passarias cal sobre minhas faltas.

¹⁸Mas a montanha desmorona ao cair, e a rocha é removida do seu lugar; ¹⁹a água corrente desgasta as pedras, a enxurrada abre sulcos no pó da terra, e tu destróis a esperança do homem! ²⁰Tu o atacas para sempre, e ele se vai. Transformas o rosto dele e o expulsas. ²¹Seus filhos recebem honras, mas ele não sabe; são desprezados, e ele nem percebe. ²²Ele apenas sofre o tormento na sua própria carne, e se lamenta na sua própria alma".

SEGUNDO CICLO DE DISCURSOS
Discurso de Elifaz

15 *A fraqueza humana* – ¹Elifaz de Temã tomou a palavra e respondeu: ²"Por acaso um sábio responderá com ciência de vento, e encherá o ventre com o vento leste, ³argumentando com discursos inúteis e palavras sem nenhum sentido? ⁴Você está destruindo a religião e trata com descaso a meditação diante de Deus! ⁵Pois sua boca pronuncia sua própria iniquidade, e você prefere a linguagem dos astutos. ⁶É sua boca que o

---

14,1-22: Poema em quatro estrofes sobre o tema da morte e fragilidade humana. A impureza do homem é utilizada no sentido de fraqueza existencial e moral (cf. Jó 4,17; 22,11; Is 6,5; Sl 51,12; Pr 22,11), e não no sentido ritual e cerimonial, como aparece no livro do Levítico. A morte e o fim das coisas não são considerados segundo a teologia da retribuição, mas de acordo com a teologia da criação e a exigência do amor de Deus. Este discurso realça que Jó tenta recuperar a confiança de Deus e obter o perdão (cf. Is 6,7; Sl 51,2s).

15-21: Este segundo ciclo de discursos utiliza vários recursos da literatura sapiencial, tais como provérbios, comparações e metáforas sobre os enigmas da humanidade. Continuando os discursos do primeiro ciclo, trata da morte em meio à situação de exclusão e violência.

As respostas de Jó, porém, expressam a fé e esperança em Deus como sinal de resistência das camadas pobres da sociedade, excluídas pela teologia oficial do Templo e pela lei de pureza da raça. O objetivo é desmascarar a ideologia que está por trás da teologia da retribuição.

15,1-16: Elifaz nega a sabedoria de Jó e considera a revolta dele como ameaça para suas próprias crenças. As palavras de Jó anulam o temor de Deus e invalidam sua aliança (cf. Jz 2,1; Jr 14,21; Jó 4,6; 5,12). À luz de Pr 8,25, Elifaz alude ao mito de Adão (Gn 2-3) para questionar se Jó recebeu alguma revelação, já que não faz parte do conselho de sábios e anciãos (cf. Pr 11,13; 15,22; 20,19; 25,9; Sl 25,15; 64,3; 83,4; 89,8; 111,1; Am 3,7; Jr 23,18; Eclo 3,19).

condena, e não eu. Seus próprios lábios testemunham contra você. ⁷Por acaso, foi você o primeiro ser humano a nascer? Você veio à luz antes das colinas? ⁸Você foi ouvido no conselho secreto de Deus para se apropriar da sabedoria? ⁹O que sabe você, que nós não sabemos? O que você entende, que nós não entendemos? ¹⁰Entre nós há idosos, há anciãos, gente bem mais velha do que seu pai. ¹¹Será que as consolações de Deus são insuficientes para você? E as palavras que ele dirige a você não são suaves? ¹²Por que a paixão arrebata você e seus olhos piscam, ¹³quando você volta seu espírito contra Deus, deixando as palavras saltarem da própria boca? ¹⁴Que é o homem para ser puro, e como pode ser justo quem nasceu de mulher? ¹⁵Deus não confia nem mesmo em seus próprios santos, e os céus, aos olhos dele, não são puros. ¹⁶Tanto menos quem é detestável e corrompido, o homem que bebe iniquidade como água.

Destino do injusto – ¹⁷Eu vou instruí-lo, escute-me! Vou contar-lhe o que vi, ¹⁸aquilo que os sábios contaram de seus antepassados, e que nada esconderam. ¹⁹Somente a eles foi dada a terra, sem que nenhum estrangeiro passasse no meio deles. ²⁰O ímpio vive todos os dias em sofrimento, e alguns anos são reservados ao tirano. ²¹Gritos de medo lhe ressoam nos ouvidos, e quando está em paz, o bandido o assalta. ²²Não acredita que possa voltar das trevas, pois é esperado pela espada. ²³Sai vagando em busca de alimento. Mas onde? Sabe que o dia das trevas se aproxima. ²⁴Tribulação e angústia o deixam apavorado, e caem sobre ele como rei pronto para o ataque. ²⁵Porque estendeu a mão contra Deus e desafiou Shadai. ²⁶Investiu contra ele com o pescoço protegido por escudo, ²⁷pois cobriu o rosto de gordura e ungiu os rins com banha. ²⁸Habitará cidades destruídas, casas desabitadas que estão a ponto de cair. ²⁹Não se enriquecerá, sua fortuna não vai durar, e ele não alcançará sucesso sobre a terra. ³⁰Não escapará das trevas. Uma chama secará seus brotos, e ele se afastará do sopro de sua boca.

³¹Não confie na falsidade que engana, pois a falsidade será sua recompensa. ³²Isso será realizado antes do tempo, e seus ramos já não ficarão verdes. ³³Será como vinha que deixa cair as uvas ainda verdes, e como oliveira que perde a florada. ³⁴Pois a comunidade dos hipócritas é estéril, e o fogo devorará as tendas da corrupção. ³⁵Quem concebe a maldade gera a desgraça, e prepara no próprio ventre a mentira".

Discurso de Jó

16 **Consolações inoportunas** – ¹Então Jó tomou a palavra e respondeu: ²"Já ouvi tantas coisas desse tipo. Todos vocês são consoladores inconvenientes! ³Chegaram ao fim as suas palavras vazias? O que é que leva você a responder assim? ⁴Também eu falaria igual a vocês, se estivessem no meu lugar. Eu montaria discursos contra vocês, e contra vocês eu balançaria a cabeça. ⁵Eu os confortaria com minha boca, e os movimentos de meus lábios acalmariam vocês. ⁶Ainda que eu fale, a minha dor não para; ainda que eu me cale, ela não me deixa.

⁷Agora, porém, ela me deixou cansado, e destruiu toda a minha comunidade. ⁸Ela me encheu de rugas, e se tornou testemunha contra mim; e minha magreza me denuncia na cara. ⁹Ele me devora com sua ira e me detesta, range os dentes contra mim, crava em mim olhos inimigos. ¹⁰Eles abrem a boca contra mim para me humilhar, me batem na face e todos se

---

17-35: Elifaz apela para visões (cf. Am 1,1; 7,12; Is 1,1; Ez 12,27) e tradições dos antepassados, a fim de garantir que a prosperidade dos maus é ilusória e que eles estão destinados à morte violenta e repentina. Usa para isso a imagem do confronto entre Deus e um guerreiro mítico (cf. Is 14,5-21; Ez 28,2-10.11-19). O rosto coberto refere-se aos antigos costumes guerreiros de usar máscaras ou maquiar o rosto para mostrar aparência feroz.

16,1-22: Grito de Jó contra as falsas consolações de seus amigos, aqui comparadas com o trabalho forçado (cf. 3,10; 5,7; 11,16; Jr 20,18; Sl 10,14; 73,5). Jó utiliza a imagem de um animal feroz que dilacera a presa, para explicar que a origem de seu sofrimento está na hostilidade de Deus ou num inimigo que o persegue sem motivo. O verbo "perseguir", "ser hostil" (*satan* em hebraico), relacionado ao termo Satã, remete ao prólogo do livro. O poema apresenta a reação de Jó frente à destruição de toda a sua comunidade e frente às acusações falsas e às flechas de Deus: de um lado, práticas de piedade e purificação, e de outro, a imagem de Deus como defensor e testemunha que ouve o clamor do sangue justo (cf. Gn 4,10; 37,26; Is 26,21; Ez 24,8; Sl 5,11; Mt 23,35).

juntam contra mim. ¹¹Deus me entregou a um perverso, e me atirou nas mãos dos ímpios. ¹²Eu vivia tranquilo, e ele me esmagou. Agarrou-me pela nuca e me estraçalhou, fazendo de mim o seu alvo. ¹³Seus arqueiros me cercaram. Ele atravessa meus rins sem piedade, e derrama por terra o meu fel. ¹⁴Ele me destrói com brecha em cima de brecha, e investe como guerreiro contra mim.

¹⁵Costurei um pano de saco sobre minha pele, e mergulhei o rosto no pó. ¹⁶Minha face está vermelha de tanto chorar, e sobre minhas pálpebras está a sombra da morte, ¹⁷apesar de não haver violência em minhas mãos, e minha oração ser sincera.

¹⁸Ó terra, não cubra meu sangue, nem se encontre lugar para meu lamento. ¹⁹Agora eu tenho uma testemunha nos céus, e está o meu fiador lá nas alturas. ²⁰Meus amigos zombam de mim, mas meus olhos derramam lágrimas para Deus. ²¹Que o homem possa defender sua causa junto a Deus, como qualquer um deveria fazer junto a seu semelhante. ²²Pois o número dos meus anos está chegando ao fim, e eu vou tomando o caminho sem volta.

17 *Lamentação* – ¹Meu espírito está abatido, meus dias se extinguem, o sepulcro me espera. ²Não há dúvida que estou rodeado de zombadores e sobre suas provocações pousam meus olhos. ³Sejas meu fiador em favor de ti mesmo, pois quem mais aceitaria ser meu fiador? ⁴Tu fechaste o coração deles para o entendimento, e por isso não poderão triunfar. ⁵É como alguém que convida os amigos para uma partilha, enquanto os olhos de seus próprios filhos se enfraquecem.

⁶Eu me tornei motivo de desprezo entre os povos; sou para todas as faces um horror. ⁷Meus olhos se apagam irritados, e todos os meus membros são como sombra. ⁸As pessoas retas ficarão espantadas diante disso, e o inocente ficará indignado contra o hipócrita. ⁹Mas o justo persiste em seu caminho, e quem tem mãos puras cresce na coragem. ¹⁰Voltem todos e venham, pois eu não vou encontrar nenhum sábio entre vocês. ¹¹Meus dias passaram, meus projetos e até os desejos do meu coração fracassaram. ¹²Eles trocam a noite pelo dia, dizendo que a luz está próxima, quando as trevas já estão chegando. ¹³Não espero mais nada. A morada dos mortos é minha casa, e nas trevas estendi minha cama. ¹⁴Eu grito à sepultura: 'Você é meu pai', e aos vermes: 'Você é minha mãe e minha irmã'. ¹⁵Onde está então a minha esperança? Minha esperança, quem a viu? ¹⁶Ela descerá comigo à morada dos mortos, quando juntos nos afundarmos no pó".

Discurso de Baldad

18 *A morte do injusto* – ¹Baldad de Suás tomou a palavra e respondeu: ²"Até quando você vai impedir as palavras? Reflita, e depois vamos conversar. ³Por que você nos considera como animais, e passamos por idiotas diante de seus olhos? ⁴Você se devora com sua própria raiva. Será que a terra vai ficar abandonada por sua causa, ou a rocha removida de seu lugar?

⁵Sim, a luz do mau se apagará, e a chama do seu fogo não brilhará mais. ⁶A luz de sua tenda escurecerá, e a lâmpada que está sobre ele se apagará. ⁷Os seus passos, que eram firmes, ficarão curtos, e o seu próprio conselho o destruirá. ⁸Pois ele é atirado numa rede pelos seus próprios pés, e caminha sobre armadilha! ⁹Uma rede o prenderá pelo calcanhar, e um laço o segurará firme. ¹⁰Uma corda escondida no chão o aguarda, e uma armadilha o espera em seu caminho. ¹¹Os terrores o amedrontam à sua volta, perseguindo-o em seus passos. ¹²A fome o dominará em sua plena força, e a desgraça estará de prontidão ao seu lado. ¹³A doença devorará partes da sua pele, o primogênito da morte devorará sua própria pele. ¹⁴Ele

---

17,1-16: Lamento que descreve a situação do aflito em estado de perturbação mental, diante das zombarias que continuam e dos coveiros que se aproximam. Resta apenas o pedido para que Deus estenda a mão e receba a fiança (v. 3): é apelo de cunho jurídico, onde o devedor era substituído pelo fiador, impedindo assim a penhora (cf. Is 38,14; Sl 119,122; Pr 6,1; 17,18; 22,26; Eclo 29,14-20).

18,1-21: O discurso retoma o tema da infelicidade dos injustos (8,11-19), apoiando-se na imagem da luz enquanto símbolo de vida e felicidade (cf. 3,20; 11,17; 17,1; Pr 13,9; 24,20). A causa da ruína de Jó está nele mesmo, e não em Deus. "Primogênito da morte" (v. 13) refere-se à peste, e "rei dos terrores" (v. 14) é imagem mitológica que evoca o chefe do mundo infernal e pode

será arrancado da segurança de sua tenda e conduzido à presença do rei dos terrores. ¹⁵Poderá habitar na tenda que não lhe pertence mais, espalhando-se enxofre na sua moradia. ¹⁶Por baixo suas raízes secarão, e por cima seus ramos serão cortados. ¹⁷Sua lembrança desaparecerá da terra, e seu nome não será lembrado nas ruas. ¹⁸Será lançado da luz para as trevas, e expulso para fora do mundo. ¹⁹Ele não terá descendente nem posteridade entre seu povo, e não deixará sobrevivente em sua habitação. ²⁰Os ocidentais ficarão espantados com o destino dele, e os orientais ficarão horrorizados. ²¹Essa é certamente a habitação dos maus, esse é o lugar de quem não reconhece a Deus".

Discurso de Jó

19 *A mão de Deus me feriu* – ¹Então Jó tomou a palavra e respondeu: ²"Até quando vocês continuarão a me atormentar e a triturar-me com palavras? ³Já por dez vezes vocês me ofenderam, e não se envergonham de caçoar de mim? ⁴Mesmo sendo verdade que eu errei, o erro diz respeito a mim. ⁵Se vocês querem se engrandecer às minhas custas, julgando-me pelo que me envergonha, ⁶saibam agora que foi Deus quem violou meu direito e me apanhou em sua armadilha.

⁷Eis que eu grito: 'Violência!' Mas ninguém me responde. Eu imploro, e não se faz justiça. ⁸Ele cercou meu caminho para me impedir de passar, e colocou trevas na minha estrada. ⁹Despojou-me de minha honra e me tirou a coroa da cabeça. ¹⁰Ele me destruiu em redor e tenho de ir embora, arrancou a minha esperança como se arranca uma árvore. ¹¹Ele acendeu sua ira contra mim e me trata como um de seus inimigos. ¹²Suas tropas chegam unidas, abrem caminho até mim e acampam ao redor da minha tenda.

¹³Ele afastou de mim os meus irmãos, e meus conhecidos se tornaram estranhos para mim. ¹⁴Meus vizinhos desapareceram, e meus amigos me esqueceram. ¹⁵Os hóspedes de minha casa e minhas servas me tratam como estranho: tornei-me um estrangeiro diante de seus olhos. ¹⁶Chamei o meu servo, mas ele não responde, ainda que eu lhe implore com minha própria boca. ¹⁷Meu hálito causa nojo à minha mulher, e minha súplica enoja meus próprios filhos. ¹⁸Até os jovens me desprezam e, quando tento me levantar, eles falam contra mim. ¹⁹Todas as pessoas íntimas me detestam, e aqueles que eu mais amo se voltam contra mim. ²⁰Meus ossos grudam na minha pele e na minha carne; escapei com a pele dos meus dentes.

²¹Piedade de mim, tenham piedade de mim, meus amigos, porque a mão de Deus me tocou. ²²Por que vocês me perseguem como Deus, e não ficam saciados com minha carne?

²³Oxalá estas minhas palavras fossem escritas agora! Oxalá fossem gravadas num livro; ²⁴com cinzel de ferro e com chumbo fossem escritas na rocha para sempre! ²⁵Eu sei que o meu protetor está vivo e que no fim se levantará sobre o pó. ²⁶E ainda que tenham cortado minha pele, na minha carne eu verei a Deus. ²⁷Então, eu mesmo o verei! Meus olhos poderão vê-lo, e não um estranho. Meus rins se consomem dentro de mim.

²⁸E se vocês disserem: 'Como vamos persegui-lo? Que pretexto encontraremos para acusá-lo?', ²⁹temam a espada, pois a ira é punida com a espada. Então vocês saberão que existe julgamento".

Discurso de Sofar

20 *A ira de Deus* – ¹Sofar de Naamat tomou a palavra e respondeu: ²"Por isso, meus pensamentos me levam a res-

---

estar associada a Nergal, divindade dos mortos entre os assírios e babilônios (cf. Is 56,9).

19,1-29: Lamento profético (cf. Hab 1,2; Jr 20,8; Lm 3,8) que acusa Deus de falsear a justiça e agir como os reis que exploram e exercem violência. Apresenta como consequência a solidão e a hostilidade dos membros da comunidade, do círculo de relações familiares e dos amigos íntimos (cf. 15,8.17; Jr 23,18-22; Am 3,7; Pr 11,13; 20,19; 25,9). A religião centrada no Templo e nos sacrifícios, na doutrina da retribuição e nos pecados morais, é incapaz de gerar solidariedade e aprofunda a concepção de que o sofrimento é castigo divino. O apelo de Jó se dirige ao "protetor" (*qo'el*, v. 25). Este termo pode significar o parente próximo enquanto redentor do sangue (2Sm 14,11) e da herança (Dt 25,5-10; Rt 2,20; 3,9; 4,4s; Lv 25,25; Nm 5,8); o defensor diante dos inimigos (Pr 23,10-11); ou o Deus que liberta os hebreus do Egito (Ex 6,6; 15,13; Sl 74,2) e resgata os exilados na Babilônia (Is 41,14; 43,1).

20,1-29: O mal é visto como iguaria de efeitos mortais (vv. 15-16). Os vv. 17-20 desenvolvem duas ideias: a

ponder, pois essa inquietação me domina. ³Ouço uma lição que me insulta, e por isso minha razão me leva a responder. ⁴Você não sabe que desde sempre, desde que o homem foi colocado sobre a terra, ⁵o triunfo dos maus torna-se breve e a alegria do hipócrita dura apenas um instante? ⁶Ainda que sua estatura se eleve até o céu e toque as nuvens com a cabeça, ⁷ele perecerá para sempre como seu próprio excremento, e aqueles que o viam, agora perguntam: 'Onde está ele?' ⁸Desapareceu como sonho, e não o encontram; será posto em fuga como visão noturna. ⁹O olho que o via não tornará a vê-lo, nem sua morada o reconhecerá mais. ¹⁰Seus filhos terão de indenizar os pobres; suas próprias mãos terão de devolver suas riquezas. ¹¹Seus ossos, ainda cheios de sua juventude, se deitarão com ele no pó. ¹²Já que o mal é doce na sua boca, ele o esconde debaixo da língua; ¹³conserva-o sem o largar, segurando-o no céu da boca. ¹⁴O alimento se corrompe no seu intestino e se transforma em veneno de cobra. ¹⁵Engoliu riquezas, mas novamente as vomitará. Deus as arranca do ventre dele, ¹⁶que sugará veneno de cobra, e a língua da víbora o matará. ¹⁷Não verá mais os riachos, os rios e as torrentes de mel e nata. ¹⁸Terá de devolver o fruto do seu trabalho, e não o engolirá. Não desfrutará das riquezas de seus negócios. ¹⁹Porque oprimiu e abandonou os pobres, roubou casas, em vez de construí-las. ²⁰Porque não soube acalmar a cobiça em seu interior, não salvará nada de suas riquezas. ²¹Nada escapava à sua fome voraz; por isso, sua prosperidade não durará. ²²Em plena abundância, sofrerá com a miséria, e toda a força da sua desgraça cairá sobre ele. ²³Quando ele tiver o bastante para encher o ventre, Deus lhe enviará sua grande ira, e fará chover flechas por sobre a carne dele. ²⁴Se conseguir escapar da arma de ferro, um arco de bronze o atravessará. ²⁵Arranca a flecha, e ela sai de seu corpo, depois que o brilho da ponta lhe atravessou o fígado, enchendo-o de pavor. ²⁶Todas as trevas se ocultam em seus esconderijos, e um fogo não aceso o devorará, ferindo os sobreviventes em sua própria tenda. ²⁷Os céus revelarão sua falta e a terra se levantará contra ele. ²⁸A riqueza de sua casa se vai como a água que escorre no dia da ira de Deus. ²⁹Essa é a porção que Deus reserva para o homem mau, a herança que Deus lhe preparou".

Discurso de Jó

21 *Impaciência frente ao bem-estar dos injustos* – ¹Então Jó tomou a palavra e respondeu: ²"Escutem, prestem atenção nas minhas palavras, e que isso sirva de conforto para vocês. ³Tenham paciência, e eu vou falar. E quando eu terminar, vocês poderão zombar de mim. ⁴Por acaso estou me queixando de algum homem? E por que eu não ficaria impaciente? ⁵Voltem-se para mim, e vocês ficarão espantados e colocarão a mão sobre a boca. ⁶E se me lembro disso, fico assustado e um calafrio toma conta do meu corpo.

⁷Por que os ímpios continuam vivos e crescem no poder à medida que envelhecem? ⁸Sua descendência se firma na presença deles, e guardam os filhos diante dos olhos. ⁹Suas casas estão em paz, livres do medo, e a vara de Deus não as atinge. ¹⁰Seu touro fecunda sem falhar, e sua vaca dá cria sem abortar. ¹¹Eles deixam ir suas crianças como ovelhas, e seus pequenos dançam livremente. ¹²Cantam com o tamborim e a harpa, e se divertem ao som da flauta. ¹³Passam seus dias na felicidade, e num rápido instante descem à morada dos mortos.

¹⁴Eles diziam a Deus: 'Afasta-te de nós, pois não queremos conhecer os teus caminhos. ¹⁵Quem é Shadai, para o servirmos? O que é que ganhamos invocando-o?' ¹⁶Acaso eles não têm nas mãos a própria felicidade? O conselho do ímpio está longe de mim. ¹⁷Quantas vezes a lâmpada dos ímpios se apaga e a desgraça cai sobre

---

brevidade dos prazeres dos ímpios e a retribuição pelos ganhos obtidos com a opressão contra os pobres. Ao comparar o ímpio ao *'adam*, "homem" (cf. vv. 4.29; 15,7-8; 27,13; 36,22; Pr 11,7), o discurso reforça a noção de que a culpa é a causa da desgraça e que as obras criadas por Deus são instrumentos morais que demonstram a justiça divina.

21,1-34: Partindo da constatação de que os injustos permanecem impunes, Jó se opõe às ideias de Sofar. A teologia da retribuição não pode provar a justiça divina, pois a morte é a mesma para justos e injustos. Os injustos continuam fortes, com posteridade feliz e numerosa e com a garantia da fertilidade dos animais (vv. 9-12), mesmo ignorando e não reconhecendo a Deus

eles? Deus não lhes distribui os sofrimentos em sua ira? ¹⁸Eles se tornam como palha ao vento, ou como debulho levado pela tempestade. ¹⁹Deus castiga os filhos pela iniquidade dos pais? Que o próprio culpado pague para saber. ²⁰Que ele veja com seus olhos sua própria desgraça, e beba da ira de Shadai. ²¹Pois o que lhe importa a sua casa depois dele, quando o número de seus meses já se completou?

²²Será que se pode ensinar a Deus o conhecimento, a ele que governa lá do alto todas as coisas? ²³Uma pessoa chega à morte em seu pleno vigor, sempre tranquila e serena, ²⁴com seus lados cheios de gordura e a medula de seus ossos ainda fresca. ²⁵Outra pessoa morre cheia de amargura, sem nunca ter saboreado as coisas boas. ²⁶Ambas se deitam juntas no pó, e ficam cobertas de vermes.

²⁷Eu conheço os pensamentos de vocês e as más ações que tramam contra mim. ²⁸Pois vocês ainda dizem: 'Onde está a casa do benfeitor e a tenda onde moram os ímpios?' ²⁹Mas vocês perguntaram aos viajantes e não conhecem seus sinais? ³⁰Pois o mau é poupado no dia da desgraça, e será levado no dia da ira. ³¹Quem lhe vai jogar na cara sua conduta? Quem irá recompensá-lo pelo que ele fez? ³²Pois ele será levado ao cemitério, e velarão sobre o seu túmulo. ³³Os torrões do vale tornam-se suaves para ele. Todos os homens o acompanham e são incontáveis os que vão à frente dele. ³⁴Por que vocês querem me consolar em vão, já que suas respostas são apenas falsidade?"

TERCEIRO CICLO DE DISCURSOS

Discurso de Elifaz

22 *Deus castiga com justiça* – ¹Elifaz de Temã tomou a palavra e respondeu: ²"Será que um homem pode ser útil a Deus, enquanto o sábio só pode ser útil a si próprio? ³O que importa a Shadai se você é justo? O que ganha ele, se você aperfeiçoa seus próprios caminhos? ⁴Será que ele corrige você por medo, e entra com você para o julgamento? ⁵Pois a maldade de você é grande e suas faltas são infinitas. ⁶Sem motivo você penhorava os bens de seus irmãos e os despia de suas roupas até deixá-los nus. ⁷Você não oferecia água ao exausto e negava pão ao faminto. ⁸O homem poderoso possuía a terra, e aí se instalavam os favorecidos. ⁹Você despedia as viúvas de mãos vazias e quebrava os braços dos órfãos. ¹⁰Por isso é que você está cercado de armadilhas e é perturbado por terror repentino; ¹¹ou então, a escuridão não deixa você enxergar, e uma abundância de água o cobre.

¹²Mas não está Deus lá no alto dos céus? Veja o arco do céu estrelado, como é alto! ¹³E você ainda diz: 'O que Deus pode saber? Será ele capaz de julgar através de nuvens escuras? ¹⁴As nuvens formam uma barreira que o impede de ver, enquanto ele percorre os limites do céu'. ¹⁵Por acaso você quer seguir o caminho de sempre, por onde andaram homens perversos? ¹⁶Foram tirados antes do tempo, e seus alicerces são um rio a transbordar. ¹⁷Eles diziam a Deus: 'Afasta-te de nós. O que poderia Shadai fazer a eles?' ¹⁸Mas Deus tinha enchido a casa deles de bens. Que o conselho dos maus se afaste de mim. ¹⁹Os justos verão e se alegrarão, o inocente zombará deles: ²⁰'Certamente que nossos inimigos são destruídos, e seus lucros são devorados pelo fogo!'

²¹Reconcilie-se agora com Deus, e terá paz. Assim você vai ser novamente feliz. ²²Aceite a instrução dos lábios de Deus e guarde no coração as palavras dele. ²³Se voltar para Shadai, você será restabelecido e afastará a injustiça de sua tenda. ²⁴Jogue, pois, seu ouro ao pó, e o ouro de Ofir ao cascalho dos rios. ²⁵Então Shadai será seu ouro; ele será para você prata em abundância. ²⁶Então você se alegrará com Shadai, e elevará o rosto para Deus. ²⁷Quando você suplicar a Deus, ele o ouvirá, e você

(cf. 8,13; 18,21; Is 4,18-19; Sl 73,3-12). Jó critica o caráter hereditário da retribuição (cf. 8,4; Ez 18) e ironiza a morte igual para justos e injustos (cf. Ecl 3).

22-27: Conjunto de textos com características diferentes dos ciclos anteriores. A ausência do discurso de Sofar e a brevidade do discurso de Baldad (25,1-6) apontam para o trabalho de escribas. Neste ciclo de discussões se busca suavizar as duras críticas de Jó à piedade religiosa.

22,1-30: Não é possível o ser humano interferir na liberdade de Deus, nem fazer que recaia sobre Deus a responsabilidade pelo sofrimento dos inocentes e pela

só terá de cumprir seus votos. ²⁸O que você decidir vai se realizar, e a luz brilhará sobre seu caminho. ²⁹Porque ele humilha os orgulhosos e salva os de olhar humilde. ³⁰Ele liberta o homem inocente, e você será livrado pela pureza de suas próprias mãos".

Discurso de Jó

23 *À procura de Deus* –
¹Então Jó tomou a palavra e respondeu: ²"Também hoje minha queixa é uma revolta. Minha mão pesa por causa do meu gemido. ³Oxalá eu soubesse como encontrá-lo, e eu chegaria até seu trono! ⁴Eu apresentaria minha causa diante dele, com a boca cheia de argumentos. ⁵Eu saberia com que palavras ele me responde, e compreenderia o que ele tem a me dizer. ⁶Será que ele usaria de violência para discutir comigo? Não, ele ao menos teria de me dar atenção. ⁷Então um homem reto discutiria com ele, e eu escaparia para sempre do meu juiz. ⁸Mas, se vou para o oriente, aí ele não está; se vou para o ocidente, não o percebo. ⁹Ele está ocupado no norte, e não o percebo. Ele se esconde no sul, e não o vejo.
¹⁰Ele, porém, conhece qual é o meu caminho. Se ele me colocar à prova, eu sairei puro como ouro. ¹¹Meus pés seguiram seus passos, guardei o seu caminho e não me desviei. ¹²Não me afastei dos mandamentos de seus lábios, e guardei suas leis como palavras de sua boca. ¹³Ele toma uma decisão: quem pode fazê-lo voltar atrás? Ele faz tudo o que quer. ¹⁴Ele executará a sentença a meu respeito, e muitas outras que guarda consigo. ¹⁵Por isso, fico perturbado em sua presença, e tenho medo só de pensar. ¹⁶Deus tornou dócil o meu coração, Shadai me aterrorizou. ¹⁷Pois não fui destruído diante das trevas, e ele não cobriu minha face com a escuridão.

24 *Será que Deus aprova a injustiça?*
– ¹Por que os tempos do julgamento não permanecem ocultos a Shadai? E por que seus fiéis não veem os dias dele?
²Muitos mudam os marcos das divisas, roubam os rebanhos e os levam a pastar. ³Levam embora o jumento que pertence ao órfão, e penhoram o boi que é da viúva. ⁴Eles desviam os indigentes para fora do caminho, e todos os pobres da terra têm de se esconder. ⁵Como asnos selvagens no deserto, eles saem para o trabalho; desde o amanhecer vão em busca de alimento, e a estepe dá o pão para seus filhos. ⁶Fazem a colheita no campo, e recolhem as sobras na vinha do ímpio. ⁷Passam a noite nus por falta de roupa, e não têm coberta para se proteger contra o frio. ⁸Ficam molhados com as chuvas das montanhas e se apertam entre os rochedos por falta de abrigo. ⁹Arrancam o órfão do peito materno e penhoram quem é pobre. ¹⁰Estes andam nus por falta de roupa, e os famintos carregam feixes. ¹¹Eles espremem azeite no moinho, e os que pisam a uva passam sede. ¹²Na cidade os mortais gemem e os feridos pedem socorro, mas Deus não dá importância a essa infâmia.
¹³São eles que se revoltam contra a luz, não conhecem os caminhos de Deus, nem frequentam suas estradas. ¹⁴O assassino se levanta ainda de madrugada, para matar o pobre e o indigente, e durante a noite vem como ladrão. ¹⁵O olho do adúltero aguarda o anoitecer, dizendo: 'Ninguém me verá', e esconde o rosto com máscara. ¹⁶Eles arrombam as casas na escuridão, e durante o dia se escondem os que não querem conhecer a luz. ¹⁷Pois a aurora é escuridão para eles, e estão acostumados com o terror das trevas".

---

felicidade dos maus. Elifaz apresenta uma lista de atos desumanos de Jó frente a seus irmãos (vv. 6-10; cf. 19,13; 29,11-17; 31; Ex 22,25-27; Ez 18,7; Is 58,7; Mt 25,42s). Em seguida, afirma que os maus, em sua ingratidão, não reconhecem que a felicidade vem de Deus. Daí o convite a que Jó se converta e se reconcilie com Deus.

23,1-17: Discurso sobre a falta de resposta de Deus aos apelos dos oprimidos (vv. 2-17; cf. 24,1-25). Se anteriormente Jó via Deus como caçador (6,4; 10,16), soldado (7,12; 9,17.31) e assassino (13,15), agora simplesmente declara que o ignora. Jó se apresenta como errante à procura de Deus (vv. 8-12) e critica sutilmente a idolatria, ao utilizar a ideia de que Deus despreza a Lei que o fiel observa.

24,1-17.25: Crítica social ao roubo feito aos pobres pela classe dominante, cujos agentes são designados como ímpios e malvados. O autor retoma o tema profético do "dia de Javé" (cf. Am 5,18; Is 2,12; Jr 46,10) e demonstra conhecimento da legislação sobre a penhora (Ex 22,25-27; Dt 24,12-13; Am 2,8), sobre o deslocamento dos marcos (cf. Dt 24,17; 19,14; 27,17; Os 5,10; Pr 22,28; 23,10) e sobre a proteção a viúvas e órfãos (Ex 22,21; Dt 24,17). Este texto evoca a situação de opressão ao trabalhador, as dívidas e o processo

Discurso de Sofar

A sorte dos malvados – ¹⁸"Ele flutua sobre a água, sua porção é amaldiçoada na terra, e ninguém mais passa por sua vinha. ¹⁹A aridez e o calor consomem as águas da neve; assim também a morada dos mortos consome aqueles que pecaram. ²⁰O útero materno se esquece dele, e dele se fartam os vermes. Nunca mais será lembrado, e a injustiça será cortada como se corta uma árvore. ²¹Ele maltratou a estéril que não tem filhos e não prestou socorro à viúva. ²²Mas aquele que com sua força prende os poderosos se levanta e tira-lhe a certeza da vida. ²³Ele o deixava apoiar-se numa falsa segurança; mas seus olhos lhe observam os caminhos. ²⁴Exaltados por pouco tempo, deixam de existir. Caem por terra como tudo o que se colhe, e são cortados como as espigas".

²⁵"Se não for assim, quem irá me desmentir ou reduzir a nada as minhas palavras?"

Discurso de Baldad

25 *Onipotência de Deus* – ¹Baldad de Suás tomou a palavra e respondeu: ²"A Deus pertencem o domínio e o temor. Ele mantém a paz no alto dos céus. ³Alguém pode contar o número de suas tropas? E sobre quem não se levanta sua luz? ⁴Pode um mortal ser justificado diante de Deus? Como pode ser puro quem nasceu de mulher? ⁵Se até mesmo a lua perde seu brilho, e as estrelas não são puras aos olhos dele, ⁶o que dizer de um mortal, essa larva, e do ser humano, esse verme?"

Discurso de Jó

26 *Ironia* – ¹Então Jó tomou a palavra e respondeu: ²"Como você sabe ajudar quem não tem força, e socorrer um braço sem vigor! ³Como você sabe aconselhar quem não tem sabedoria e exibe um conhecimento tão abundante! ⁴A quem você dirigiu a palavra? De quem é a inspiração que brota de você?"

Discurso de Baldad

A onipotência de Deus – ⁵"Os mortos estremecem debaixo das águas e de seus habitantes. ⁶A morada dos mortos está nua diante dele, e o abismo está sem véu. ⁷Ele estendeu o norte sobre o vazio e suspendeu a terra sobre o nada. ⁸Ele recolhe as águas sobre nuvens espessas, e a nuvem não se rasga com o peso. ⁹Ele encobre a face do seu trono, estendendo sua nuvem sobre ela. ¹⁰Traçou um círculo sobre a superfície das águas, até o limite entre a luz e as trevas. ¹¹As colunas dos céus estremecem, e ficam assustadas com a ameaça dele. ¹²Com seu poder ele acalmou o mar, com sua inteligência esmagou Raab. ¹³Com seu sopro deu beleza aos céus, e sua mão traspassou a Serpente fugitiva. ¹⁴Essas são apenas as bordas do seu caminho, e dele só percebemos um frágil eco. Quem poderia compreender o estrondo do seu poder?"

Discurso de Jó

27 *Jó afirma sua inocência até o fim* – ¹Então Jó continuou seu discurso e disse: ²"Pelo Deus vivo, que me nega justiça, por Shadai, que torna amarga

---

de escravização no período dos projetos de Esdras e Neemias (Ne 5,1-5).

18-24: Na organização do livro, temos apenas dois discursos de Sofar. É possível que o terceiro esteja em palavras atribuídas a Jó em 24,18-24 e 27,13-23, sobre a sorte dos malvados. Como palha, o ímpio é levado pela inundação (cf. 20,28; Sl 1), sua propriedade é amaldiçoada (cf. 15,28) e seu nome não é lembrado; sua desgraça é vista como sinal da intervenção de Deus. A queda dos malvados é comparada à queda da fruta madura e à espiga de trigo que se corta (cf. v. 24).

25,1-6: Louvor à grandeza divina. Utilizando as imagens da larva e do verme (cf. Is 14,11; Sl 22,7), Baldad opõe a imperfeição do ser humano à majestade de Deus (cf. 4,17-19; 15,14-16).

26,1-4: Jó aprova o belo hino de louvação ao poder de Deus, porém ironiza as palavras de Baldad e questiona a procedência e inspiração de seu belo discurso, que não traz força, coragem, sabedoria e solidariedade para com os desvalidos. Esta ironia radical aos conhecedores da Lei no séc. V, também a encontramos nas entrelinhas de Rute e Jonas.

5-14: Discurso que deve ser lido em sequência ao hino de 25,1-6. "Mortos", no v. 5, pode referir-se tanto aos falecidos quanto aos fracos e incapazes (cf. Dt 1,28; Sl 88,10-11; Is 14,9; 26,14). Raab é monstro que personifica o mal e a destruição. A partir da criação, o autor procura exaltar o poder de Deus.

27,1-12: Novamente Jó defende sua inocência, ironizando os discursos de seus amigos que persistem com banalidades e fecham os olhos às evidências.

minha vida, ³enquanto eu puder respirar e o espírito de Deus estiver em minhas narinas, ⁴meus lábios não dirão injustiças e minha língua não pronunciará mentiras. ⁵Longe de mim querer justificar vocês! Vou manter minha inocência até o último suspiro. ⁶Vou me agarrar à minha justiça, e não a largarei! Minha consciência não reprova nenhum dos meus dias. ⁷Que meu inimigo se torne como o ímpio, e meu adversário, como o malfeitor! ⁸Pois, que vantagem o hipócrita poderá esperar quando Deus lhe tirar a vida? ⁹Será que Deus vai lhe ouvir o grito, quando sobre ele cair a desgraça? ¹⁰Se ele se tivesse alegrado em Shadai, será que teria invocado a Deus em algum momento? ¹¹Vou ensinar vocês sobre o poder de Deus; não esconderei os projetos de Shadai. ¹²Se todos vocês já perceberam, então por que se distraem com coisas sem valor?"

Discurso de Sofar

A sorte dos malvados – ¹³"Esta é a porção que Deus reserva para o ímpio, a herança que os opressores receberão de Shadai: ¹⁴Se tiver muitos filhos, serão para a espada, e aos seus descendentes faltará o pão. ¹⁵Os sobreviventes serão sepultados pela peste, e suas viúvas não chorarão por eles. ¹⁶Ele acumula a prata como pó e amontoa roupas como se fossem argila. ¹⁷Que amontoe! Mas é o justo quem irá vesti-las, e o inocente é quem dividirá a prata. ¹⁸Ele constrói sua casa como faz a traça, como cabana feita por um guarda. ¹⁹Ele se deita rico, mas não aumenta a riqueza; e, ao abrir os olhos, não tem mais nada. ²⁰Os terrores o alcançam como águas, e de noite a tempestade o assalta. ²¹O vento leste o leva para longe e o faz desaparecer, arrancando-o do seu lugar. ²²Ele é arremessado sem piedade pelo vento, enquanto tenta escapar de suas mãos. ²³Saúdam com palmas sua ruína, e assobiam contra ele em sua própria casa".

III. ELOGIO DA SABEDORIA

28 *O mistério da sabedoria* – ¹Pois a prata é encontrada nas minas, e o ouro tem o lugar onde é refinado. ²O ferro é extraído da terra, e da pedra fundida sai o bronze. ³Põe-se um fim às trevas e investigam-se todos os limites: a pedra escura e a sombra da morte. ⁴Abriram-se canais longe de lugares habitados; aí os pés não alcançam, e balançam suspensos longe dos humanos. ⁵A terra que dá o pão foi revirada por dentro como pelo fogo. ⁶Suas pedras são jazidas de safira, e aí se encontra o pó do ouro.

⁷As aves de rapina não conhecem o caminho, e o olho do abutre não consegue enxergá-lo. ⁸As feras não percorrem esse caminho, nem o leão feroz passa por ele. ⁹Ele estende a mão contra a rocha, e revira as montanhas pela raiz. ¹⁰Abriu galerias no meio das rochas, e seus olhos viram tudo o que é precioso. ¹¹Estancou as nascentes dos rios, e trouxe à luz o que estava escondido.

De onde vem a sabedoria – ¹²Mas a sabedoria, onde é que pode ser encontrada? Onde está a inteligência? ¹³O homem não pode conhecer seu valor, e ela não pode ser encontrada na terra dos vivos. ¹⁴O abismo diz: "Ela não está em mim". E o mar diz: "Ela não está comigo". ¹⁵Não pode ser trocada pelo ouro mais puro, nem comprada a preço de prata. ¹⁶O ouro de Ofir não paga seu valor, nem o ônix precioso ou a safira. ¹⁷O ouro e o cristal não se igualam a ela, nem é possível trocá-

---

13-23: Atribuído a Sofar, este discurso descreve a sorte dos malvados, segundo a teologia da retribuição. Várias imagens descrevem a situação de decadência, instabilidade e morte (cf. 18,13; Jr 15,2; 43,11; Ap 6,8). Muitos estudiosos sugerem que 24,18-24 seja lido depois deste trecho, formando um único discurso de Sofar.

28,1-28: Parte intermediária entre os discursos. Apresenta a sabedoria como uma das criaturas de Deus, sendo portanto inacessível ao ser humano. Este elogio tem grande proximidade com o hino à sabedoria de Pr 8,22-31 e será retomado na oração de Br 3,9-4,4.

28,1-11: O avanço da metalurgia no período persa impulsiona a busca de lucros, o progresso do conhecimento e a superioridade humana sobre os animais na interferência sobre a natureza (v. 11). Para o autor, esse avanço está distante da sabedoria e é um perigo para os que são obrigados ao trabalho manual de explorar os metais preciosos nas minas. Os termos "sabedoria" e "inteligência" referem-se à experiência dos sábios e ao discernimento (vv. 12.20.28; cf. Pr 1-9), que superam o poder do homem na conquista da natureza.

12-22: Para adquirir a sabedoria, as riquezas (ouro, prata e pedras preciosas) não são suficientes (cf. Pr 4,5-7); mesmo as riquezas oferecidas e acumuladas em templos e santuários com seus ritos são incapazes de mostrar de onde ela vem.

-la por vasos de ouro fino. ¹⁸Os corais e os cristais, então, nem se fala! É melhor pescar a sabedoria do que pérolas. ¹⁹O topázio de Cuch não se iguala a ela, nem é possível trocá-la pelo ouro mais puro. ²⁰De onde vem a sabedoria? Onde está a inteligência? ²¹Ela está oculta aos olhos de todos os seres vivos, e escondida aos pássaros do céu. ²²O abismo e a morte dizem: "Sua fama chegou até nossos ouvidos".

A sabedoria consiste em temer o Senhor – ²³Deus conhece o caminho para a sabedoria. Só ele sabe onde ela está. ²⁴Pois ele contempla os confins do mundo e vê tudo debaixo dos céus, ²⁵quando fez um peso para o vento e fixou a medida das águas, ²⁶quando deu uma lei para a chuva e um caminho para o clarão do trovão. ²⁷Então ele a viu e descreveu, a estabeleceu e também a examinou. ²⁸E depois disse ao homem: "A sabedoria está em temer o Senhor, e a inteligência está em afastar-se do mal".

IV. DISCURSO DE JÓ

29 *Lembrança dos tempos antigos* – ¹Então Jó continuou seu discurso e disse: ²"Quem me dera reviver os tempos passados, como os dias em que Deus cuidava de mim; ³quando a sua lâmpada brilhava sobre a minha cabeça, e com a sua luz eu andava no meio da escuridão; ⁴como eu era nos dias do meu outono, quando Deus era íntimo em minha tenda, ⁵quando Shadai ainda estava comigo, e meus filhos em redor de mim; ⁶quando eu banhava os pés na coalhada, e a rocha me dava rios de azeite; ⁷quando eu saía para a porta da cidade, e na praça preparava o meu assento, ⁸e ao ver-me os jovens se escondiam, os anciãos se levantavam e ficavam de pé, ⁹os príncipes paravam de falar e cobriam com a mão a boca, ¹⁰a voz dos nobres emudecia e a língua deles se colava ao céu da boca.

¹¹O ouvido que me ouvia me chamava feliz, e o olho que me via dava testemunho de mim, ¹²pois eu livrava o pobre que implorava por ajuda e o órfão que não tem quem o socorra. ¹³A bênção do moribundo descia sobre mim, e eu alegrava o coração da viúva. ¹⁴Vestia-me de justiça como de uma túnica, e o meu direito era o meu turbante. ¹⁵Eu era os olhos para o cego e os pés para o coxo. ¹⁶Eu era o pai dos pobres, e investigava a causa de um desconhecido. ¹⁷Eu quebrava o queixo do malvado e arrancava a presa dos seus dentes. ¹⁸Então eu disse: 'Morrerei em meu ninho, e multiplicarei meus dias como a fênix. ¹⁹Minhas raízes chegarão até as águas, e o orvalho passará a noite sobre os meus ramos. ²⁰Minha honra encontrará sempre o frescor, e meu arco renovará a força de minha mão'. ²¹Ouviam-me com atenção e, em silêncio, esperavam meu conselho. ²²Depois que eu falava, ninguém replicava, e minhas palavras gotejavam sobre eles. ²³Esperavam por mim como se espera pela chuva, e abriam a boca como para a chuva tardia. ²⁴Se eu sorria para eles, não acreditavam, e não perdiam nenhum sinal do meu rosto. ²⁵Eu lhes mostrava o seu caminho, sentava como chefe e morava como rei no meio das tropas, como quem consola os enlutados.

30 *O sofrimento presente* – ¹Agora, porém, zombam de mim os que são mais jovens que eu, cujos pais eu teria

---

23-28: O elogio da sabedoria termina colocando os ritos e as riquezas em contraste com a participação na sabedoria. Temer a Deus é afastar-se do mal, e não simplesmente viver uma piedade familiar. O homem não é capaz de adquirir a sabedoria (vv. 12-13 e 20-21), porque ela é uma qualidade que está sob a posse de Deus. Aqui transparece uma leitura do que foi descrito na apresentação de Jó: homem íntegro, temente a Deus e que se afasta do mal (cf. 1,1).

29,1–31,40: Discurso que contrasta a situação feliz de Jó com seu estado atual. Ao que parece, não são palavras dirigidas aos amigos, e sim meditação a partir do lamento inicial do cap. 3. Meditação sobre o passado feliz (29,1-30,2), o sofrimento presente (30,3-24.27-31) e o juramento de inocência moral diante das faltas contra a justiça (30,25-36; 31,1-40).

29,1-25: A lembrança dos dias felizes traz a imagem do justo como modelo de integridade, segundo a doutrina da retribuição. Com imagens do ambiente agrícola seminômade e das festas de fertilidade, o autor apresenta Deus e a providência como lâmpada, fonte de felicidade e garantia de vigor (cf. vv.2-6.18-20; 18,5-6; 21,17; Gn 49,24; Os 1,5; Jr 49,35; Sl 1,1-3; 127,3-5; 128,1-3). Esta bênção se manifesta no poder exercido pelo homem íntegro junto à porta da cidade, principalmente na prática da justiça, da equidade e da piedade junto aos pobres e doentes (cf. Is 11,4-5; 59,17; Sl 72,12s; 132,9; Pr 29,7; 30,14).

30,1-31: Diante dos escárnios e insultos, Jó lamenta sua situação, comparando-a com uma cidade cercada e saqueada, na qual as pessoas são expulsas e enxotadas (cf. 1Sm 2,36; 26,19; Is 14,1; 16,7). Para o autor,

desprezado, deixando-os entre os cães do meu rebanho. ²De que me serviria o vigor dos braços deles, se já perderam as forças?

³Desolados pela fome e pela miséria, eles fugiam para o deserto em sombria e vasta solidão. ⁴Colhiam malvas entre os arbustos, e a raiz da giesta era seu alimento. ⁵Eram expulsos da sociedade a gritos, como se fossem ladrões. ⁶Moravam em barrancos de rios, em cavernas da terra e nos rochedos. ⁷Do meio dos arbustos saía seu rugido, debaixo dos espinheiros se agrupavam. ⁸Filhos do infame e pessoas sem reputação, expulsos da terra!

⁹Agora, eu me tornei tema de suas melodias e motivo de suas piadas. ¹⁰Eles me abominam, se afastam de mim e não param de cuspir no meu rosto. ¹¹Porque ele soltou a corda do meu arco e me derrubou, e eles se desenfreiam contra mim. ¹²À minha direita os canalhas se levantam, empurram meus pés e me preparam o caminho da destruição. ¹³Eles desfazem minha trilha, trabalham para a minha ruína e não precisam de ajuda. ¹⁴Chegam a mim como por uma larga brecha, e são jogados no meio da destruição. ¹⁵Os terrores se voltam contra mim. Minha dignidade é perseguida como vento, e minha felicidade passa como nuvem.

¹⁶Agora, minha vida escorre dentro de mim. Os dias de aflição apoderam-se de mim. ¹⁷De noite meus ossos são perfurados, e meus nervos não me dão descanso. ¹⁸Ele se disfarça com violência na minha roupa, me amarra pela gola da túnica. ¹⁹Ele me atirou no meio da lama, e eu me tornei como pó e cinzas.

²⁰Eu grito para ti, e tu não me respondes. Eu fico diante de ti, e tu não te importas comigo. ²¹Tu te transformaste em meu carrasco, e me atacas com a força de teu braço. ²²Tu me levantas ao vento, sobre ele me fazes cavalgar e me dissolves no furacão. ²³Pois eu sei que tu me devolves para a morte, para a morada do encontro de todos os seres vivos.

²⁴Quem, na ruína, não estende as mãos, e em seu desastre não grita por socorro? ²⁵Por acaso não chorei junto com os que sofrem? Não fiquei triste junto com o pobre? ²⁶Pois, quando eu esperava o bem, veio o mal; e quando esperava a luz, veio a escuridão. ²⁷As minhas entranhas fervem sem parar, dias de aflição me assaltam. ²⁸Eu caminho no luto, longe do sol. Eu me levanto na assembleia e grito por socorro. ²⁹Tornei-me irmão dos chacais e companheiro dos avestruzes. ³⁰Minha pele escurece e cai, meus ossos se queimam e ressecam. ³¹Por isso, minha harpa se transforma em luto, e minha flauta em choro.

31 Juramento de inocência –

¹Eu tinha feito com meus olhos o pacto de não fixar o olhar numa jovem. ²Pois, qual é a porção que Deus me reserva lá do alto? Que herança Shadai me reserva lá dos céus? ³Será que a ruína não é para o perverso, e a desgraça para os malfeitores? ⁴Será que ele não vê os meus caminhos e não conta todos os meus passos? ⁵Por acaso caminhei junto com a mentira e meu pé se apressou atrás da mentira? ⁶É só pesar-me na balança da justiça, e Deus reconhecerá minha integridade. ⁷Se meus passos se desviaram do caminho, se meu coração seguiu meus olhos, e se uma mancha se colou em minhas mãos, ⁸então, que outro coma o que semeei e que meus descendentes sejam arrancados. ⁹Se meu coração se deixou seduzir por uma mulher e se fiquei à espreita junto à porta do meu vizinho, ¹⁰que minha mulher gire o moinho para um estranho e que outros se debrucem sobre ela. ¹¹Pois isso seria uma infâmia, um crime que deve ser punido pelos juízes. ¹²Seria um fogo que devora até a perdição total, destruindo todos os meus frutos até a raiz.

---

os zombadores e escarnecedores do justo sofredor entendem que a desgraça é resultado da maldição de Deus, cujas ações contra o justo são descritas como ataque militar. O sofrimento, a desintegração física e a exclusão da sociedade é que produzem o grito do inocente, ao passo que a resposta de Deus a esse grito está cada vez mais distante (vv. 20-23; 41,23; Jr 15,1; Ez 24,5; Lm 1,20; 2,11; Sl 10,1; 13,1-5; 22,2-3; 74,1; 88,2-19; 99,6).

31,1-40: Usando linguagem de processo judicial, Jó apresenta seu juramento de inocência moral, tendo como ponto de partida a pureza sexual, o desviar-se da cobiça e das tentações e o não adulterar. Mentira, fraude e desvio do caminho reto são apresentados em sua defesa, como questionamento à ação divina. Que Deus pese as ações do justo em balanças justas! (cf. Lv 19,36; Am 8,5; Ez 45,10; Pr 11,1). As imagens de Deus Criador e Pai são usadas para dizer que Jó atende ao

¹³Se desprezei o direito do meu servo ou da minha serva, nas suas brigas comigo, ¹⁴o que farei eu, quando Deus se levantar? Quando ele me interrogar, o que lhe responderei? ¹⁵Quem me fez no ventre materno, também não fez a eles? Não é o mesmo Deus que nos formou no útero? ¹⁶Será que recusei o desejo do pobre, ou deixei os olhos da viúva enfraquecerem? ¹⁷Comi sozinho o meu pedaço de pão, sem reparti-lo com o órfão? ¹⁸Pois desde a minha infância ele como pai me criou, e desde o seio materno ele me guiou. ¹⁹Por acaso vi alguém perecer por falta de roupa ou algum pobre sem cobertor, ²⁰sem que seus rins me agradecessem, e com a lã das minhas ovelhas ele se aquecesse? ²¹Se levantei a mão contra um órfão, tirando vantagem do apoio que eu tinha no tribunal, ²²que meu ombro caia do meu corpo e meu braço se quebre no cotovelo. ²³Porque a desgraça que vem de Deus me apavora, e diante da sua majestade eu seria consumido.

²⁴Se coloquei minha confiança no ouro, se disse ao ouro puro: 'Você é minha segurança'; ²⁵se me alegrei com a abundância de minhas riquezas ou com a fortuna que minhas mãos ganharam; ²⁶se contemplei o sol quando brilha ou a lua quando caminha radiante, ²⁷e meu coração se deixou seduzir em segredo, e minha mão lhes enviou um beijo da minha boca, ²⁸também isso seria um crime para meu juiz punir, pois eu teria renegado o Deus do alto.

²⁹Por acaso me alegrei com a destruição do meu inimigo e exultei quando a desgraça o atingiu? ³⁰Eu, que não permiti que minha boca pecasse, desejei-lhe a morte por maldição? ³¹As pessoas da minha tenda não disseram: 'A quem você não saciou com sua carne?' ³²O estrangeiro não teve de passar a noite na rua, porque eu abria minha porta ao viajante. ³³Se ocultei minha iniquidade como fazem os homens, ou escondi no peito minha falta, ³⁴por temer a grande multidão ou por medo do desprezo das famílias, por que me manter calado e não mais sair?

³⁵Oxalá houvesse alguém para me ouvir! Esta é a minha última palavra! Que Shadai me responda e que meu adversário escreva a sentença. ³⁶Eu a levarei sobre meus ombros e a usarei como se fosse coroa. ³⁷Eu lhe prestarei contas de todos os meus passos e como príncipe me aproximarei dele.

³⁸Se a minha terra gritou contra mim e meus sulcos choraram junto com ela; ³⁹se eu comi o seu produto sem pagar por ele e reduzi à fome quem o cultivou; ⁴⁰então, que cresçam espinhos em vez de trigo e ervas malcheirosas em vez de cevada".

Fim das palavras de Jó.

V. DISCURSOS DE ELIÚ

32 *Apresentação de Eliú* – ¹Esses três homens não responderam mais nada a Jó, porque ele se considerava justo. ²Mas Eliú, filho de Baraquel, o buzita, da família de Ram, encheu-se de ira. Ficou irritado contra Jó, porque este pretendia ser mais justo do que Deus. ³Ficou irritado também contra os três amigos dele, porque não acharam resposta e ainda queriam condenar Jó. ⁴Ora, Eliú tinha esperado para falar com Jó, porque os outros eram mais velhos do que Eliú. ⁵Ao ver, porém, esses três homens sem resposta na boca, ficou irritado.

Introdução – ⁶Então Eliú, filho de Baraquel, o buzita, tomou a palavra e respondeu: "Eu sou jovem, e vocês são idosos.

---

direito dos pobres e escravos, respeita os indefesos e pratica a hospitalidade.

32-37: Acréscimo posterior, que apresenta um novo personagem, não mencionado na narrativa (caps. 1-2) e no conjunto dos diálogos (caps. 3-31). Aqui temos a introdução (32,1-5), a palavra de Eliú, que justifica a intervenção dos três amigos (32,6-22) e contesta as ideias de Jó sobre o silêncio de Deus e contra a teologia da retribuição (caps. 33-37).

32,1-5: Eliú, que significa "Ele é meu Deus", não é nome desconhecido no antigo Israel (cf. 1Sm 1,1; 1Cr 12,20; 26,7; 27,18). Este Eliú é filho de Baraquel ("Deus abençoa"), da família de Ram, da tribo de Judá (cf. Rt 4,19; 1Cr 2,9-10), e habitante de Buz (cf. Gn 11,26; 22,20; 24,10; Jr 25,23). Ele é assim apresentado como compatriota de Jó. Sua irritação é contra Jó, que condena Deus como injusto, e contra os amigos, que não conseguiram responder a Jó.

6-22: Tentativa de defender a doutrina da retribuição a partir da sabedoria como revelação divina (Pr 21,30). Ou seja, tenta provar que a ligação entre justiça e sabedoria (cf. Pr 1,7; 10,31; 15,33; Sl 119,98-100) depende única e exclusivamente do espírito de Deus, que age na criação e na revelação profética (cf. 33,4; 34,12-15; Gn 1,2; 2,7; Nm 27,18; 2Rs 2,15; Is 29,10; Mq 2,11). A sabedoria é dom de Deus (Pr 2,6; 16,33).

Por isso, eu estava com medo e temor de expor a vocês meu conhecimento. ⁷Dizia comigo: 'Que fale a idade, e os muitos anos ensinem a sabedoria'. ⁸Mas há um espírito no ser humano, um sopro de Shadai que dá inteligência. ⁹Não é a idade avançada que dá sabedoria, nem é a velhice que dá discernimento à justiça. ¹⁰Por isso eu disse: 'Escute-me, e eu também vou mostrar meu saber'. ¹¹Eu esperei pelos discursos de vocês, e prestei atenção aos seus argumentos enquanto examinavam o que dizer. ¹²Tenho prestado atenção em vocês, mas vi que nenhum de vocês conseguiu convencer a Jó nem responder às palavras dele. ¹³Não digam: 'Encontramos uma sabedoria que só Deus pode refutar, e não um homem'. ¹⁴Não foi contra mim que Jó dirigiu suas palavras, e eu não vou responder a ele com os discursos de vocês.

¹⁵Eles estão desconcertados e não respondem mais, porque lhes faltam palavras. ¹⁶Devo ficar esperando, já que eles não falam mais e permanecem aí sem nada responder? ¹⁷Então eu darei minha resposta, e também vou mostrar o que sei. ¹⁸Pois estou cheio de palavras, e um sopro do meu interior me pressiona. ¹⁹Eis que meu interior é como vinho sem respiradouro, como vasilhas novas de couro que estão para se romper. ²⁰Vou falar para encontrar alívio, e abrirei meus lábios para responder. ²¹Que eu não favoreça ninguém, que eu não bajule ninguém, ²²porque não sei bajular e porque meu Criador me eliminaria num instante.

33 Deus não é injusto –

¹E agora, Jó, ouça minhas palavras; preste atenção a tudo o que vou dizer. ²Eis que vou abrir agora minha boca, e minha língua vai falar no céu da boca. ³Meu coração é puro em palavras, e meus lábios com clareza vão falar do conhecimento. ⁴Foi o sopro de Deus que me criou, é o alento de Shadai que me dá vida. ⁵Se você puder, responda-me; prepare-se e apresente-se diante de mim. ⁶Veja: diante de Deus, eu sou igual a você; também eu fui modelado na argila! ⁷Eis que meu temor não deve amedrontar você, nem deve pesar sobre você a minha carga.

⁸Você já falou aos meus ouvidos, e ainda escuto o som de suas palavras: ⁹'Eu sou puro, não tenho culpa alguma; sou inocente, não cometi nenhum pecado. ¹⁰Mas Deus inventa queixas contra mim e me trata como inimigo dele. ¹¹Ele coloca meus pés no tronco e vigia todos os meus passos'. ¹²Eu respondo que nisso você não tem razão, pois Deus é maior do que o homem.

¹³Por que você insiste em acusá-lo, vendo que ele não responde a nenhuma de suas palavras? ¹⁴Deus fala, ora de um modo, ora de outro, e nós não prestamos atenção. ¹⁵Ele fala em sonhos ou em visões noturnas, quando o sono profundo cai sobre o ser humano adormecido em seu leito. ¹⁶Então ele abre os ouvidos do ser humano, e sela as advertências que lhe dirige, ¹⁷a fim de afastar o homem dos seus atos e evitar que o valente se cubra de orgulho. ¹⁸Assim, ele impede que a existência do homem termine no túmulo e sua vida pereça pela espada.

¹⁹Às vezes, ele também repreende o homem com o sofrimento no leito, uma luta sem fim nos ossos. ²⁰O pão lhe causa nojo, e a comida desejada não lhe dá mais apetite. ²¹Sua carne se consome a olhos vistos, e seus ossos, que antes não se viam, começam a aparecer. ²²Pois seu corpo se aproxima do túmulo, e sua vida é entregue aos exterminadores. ²³Contudo, se houver um anjo para ele, um intérprete entre mil que diga ao homem qual o seu direito, ²⁴que tenha compaixão dele e diga: 'Livra-o de descer ao túmulo, pois encontrei um resgate para ele'. ²⁵Então sua carne se tornará como a de uma criança, e ele voltará aos dias de sua juventude. ²⁶Ele suplicará a Deus, que lhe será favorável, e cuja face contemplará com gritos de alegria. A justiça dele será dada ao homem. ²⁷Cantará então diante dos homens, dizendo: 'Eu pequei e violei o direito, mas

---

33,1-33: Eliú contesta a ideia de Jó, de que Deus seja culpado por sua situação, e portanto injusto. Cita as palavras do próprio Jó (cf. 9,21; 10,7; 16,17; 23,10-12; 27,5-6; 31,1s), como se pode observar pela proximidade entre 33,10-11 e 13,24.27. Deus não está em silêncio, pois fala de várias maneiras, especialmente por meio de visões (cf. vv. 14-18). Para Eliú é necessário um mediador (vv. 23s; cf. Is 53,10; Sl 91,11-13; Tb 5,4; 12,12; Mt 18,10;

ele não se iguala a mim. ²⁸Livrou-me de passar pela sepultura, e minha vida poderá contemplar a luz'.

²⁹Veja: Deus realiza tudo isso duas e até três vezes em favor do homem, ³⁰para retirá-lo vivo da sepultura e iluminá-lo com a luz da vida. ³¹Preste atenção, Jó, escute-me: fique calado enquanto eu falo. ³²Se você tem algo a dizer, me responda. Pode falar, pois desejo justificar você. ³³Mas se você não tem nada a dizer, então me escute. Fique calado, e eu lhe ensinarei a sabedoria".

34 Crítica ao fracasso dos três amigos

¹Eliú continuou dizendo: ²"Sábios, escutem minhas palavras, e vocês que sabem, prestem atenção. ³Assim como o ouvido examina as palavras e o paladar saboreia os alimentos, ⁴também nós podemos discernir o que é justo e, entre nós, saber o que é bom. ⁵Eis o que Jó disse: 'Eu sou justo, mas Deus me nega a justiça,' ⁶apesar da minha justiça, passo por mentiroso; e mesmo sem ter pecado, uma flecha mortal me feriu'.

⁷Qual é o homem igual a Jó, que bebe sarcasmo como água, ⁸que anda na companhia dos malfeitores e caminha junto com os perversos? ⁹Pois ele dizia: 'O homem não ganha nada em satisfazer a Deus'.

¹⁰Por isso, escutem-me, homens sensatos. Longe de Deus praticar o mal, e de Shadai praticar a injustiça! ¹¹Ele recompensa o homem conforme as suas obras e dá a cada um conforme a sua conduta. ¹²Em verdade, Deus não pratica o mal, Shadai não viola o direito. ¹³Quem confiou a ele o governo da terra? Quem lhe entregou todo o universo? ¹⁴Se ele pusesse seu coração sobre o ser humano, e recolhesse para si seu espírito e seu sopro, ¹⁵toda carne pereceria de uma só vez, e o ser humano voltaria ao pó. ¹⁶Se você é inteligente, escute isto e preste atenção ao som das minhas palavras. ¹⁷Um inimigo do direito pode governar? Você condenaria o Justo, o Poderoso? ¹⁸Por acaso se diz a um rei: 'Você não vale nada'? E aos príncipes: 'Vocês são maus'? ¹⁹Ele não é parcial em favor dos governantes, nem favorece o rico contra o pobre, porque todos são obras de suas mãos. ²⁰Eles morrem de repente no meio da noite; os povos se agitam e desaparecem, e o poderoso é derrubado sem uso da força. ²¹Pois os olhos de Deus acompanham a conduta do homem e veem todos os seus passos. ²²Não há trevas nem escuridão profunda onde os malfeitores possam esconder-se. ²³Não cabe ao homem marcar o tempo para comparecer diante do tribunal de Deus. ²⁴Ele destrói os poderosos sem interrogá-los, e no lugar deles coloca outros. ²⁵Ele conhece a fundo as obras deles, derruba-os numa noite, e eles são esmagados. ²⁶Ele os açoita como criminosos em público, à vista de todos, ²⁷porque deixaram de segui-lo e não quiseram conhecer todos os caminhos dele, ²⁸fazendo com que o grito do fraco chegasse até ele, e ele ouvisse o clamor dos pobres. ²⁹Se ele fica quieto, quem poderá condená-lo? Se ele esconde o rosto, quem poderá contemplá-lo? Mas ele cuida dos povos e do ser humano, ³⁰para que não reine o hipócrita, e ninguém arme ciladas para o povo.

³¹Alguém poderá dizer a Deus: 'Eu me enganei, não farei mais o mal. ³²Ensina-me o que eu não posso ver, e se pratiquei o mal, não vou mais repeti-lo'. ³³Então você acha que ele deveria retribuir-lhe conforme suas ideias, já que você rejeita o julgamento dele? Pois é você quem escolheu, e não eu. Então diga o que você sabe. ³⁴Os homens sensatos e os sábios que me escutam vão me dizer: ³⁵'Jó não sabe o que está falando, suas palavras não têm sentido'.

³⁶Quero que Jó seja examinado até o fim, por suas respostas dignas de um malvado, ³⁷Porque ao seu pecado ele acrescenta a

---

At 12,15; Ap 8,3s) que interprete ao doente seu mal, abra-lhe os olhos para reconhecer as próprias culpas, e interceda junto a Deus.

34,1-37: Relembrando os protestos de inocência de Jó, Eliú declara que Deus é justo porque criou os seres humanos iguais, não usa de parcialidade e é soberano de todos e de tudo. Às vezes, Deus pode até parecer injusto, ao poupar os maus a fim de conduzi-los ao arrependimento. O v. 11 apresenta o enunciado da teologia da retribuição. A intenção deste discurso é convidar Jó a mudar de atitude, pois sua grande transgressão está em criar dúvidas entre os sábios (cf. Ez 21,17; Jr 31,19; Sl 139,23; Jó 15,4; 20,2; 34,26) e, além de pecar, estar revoltado (v. 37).

revolta. Ele semeia a dúvida entre nós e multiplica suas críticas contra Deus".

35 Deus não é indiferente diante da justiça ou da injustiça

– ¹Eliú continuou, dizendo: ²"Você acha que está no seu direito dizer: 'Sou mais justo do que Deus'? ³Pois você diz: 'O que lhe importa, e o que eu ganho em não pecar?' ⁴Vou responder a você e também a seus amigos. ⁵Olhe atentamente para o céu e veja as nuvens que estão bem acima de você. ⁶Se você pecar, como poderia atingir a Deus? Se você multiplica seus crimes, o que poderia fazer contra ele? ⁷E se você é justo, o que dá a ele? O que é que ele recebe de sua mão? ⁸Sua maldade só pode atingir outro homem igual a você; somente outro ser humano poderia tirar proveito de sua justiça.

⁹O excesso da opressão faz as pessoas gemerem. Elas gritam por socorro por causa da força de muitos. ¹⁰Mas ninguém diz: 'Onde está o Deus que me criou, e que inspira canções durante a noite, ¹¹ele que nos instrui mais do que aos animais da terra, e nos torna mais sábios do que as aves do céu?' ¹²Então, quando eles gritam, ele não responde por causa do orgulho dos malvados. ¹³É claro que Deus não ouve a falsidade, e Shadai não presta atenção a isso. ¹⁴Muito menos quando você diz: 'Eu não o percebo; meu processo foi colocado diante dele, e eu espero'. ¹⁵Ou então: 'A ira dele não castiga; ele não presta atenção à revolta'. ¹⁶Jó abre a boca para futilidades e multiplica palavras sem sentido".

36 O sentido dos sofrimentos de Jó

– ¹Eliú continuou, acrescentando: ²"Espere um pouco e eu vou ensinar a você, porque ainda tenho argumentos em favor de Deus. ³Irei longe para buscar minha ciência, para justificar meu Criador. ⁴Na verdade, minhas palavras não são falsas; diante de você está alguém que sabe.

⁵Veja: Deus é poderoso e não despreza o poder do coração. ⁶Ele não deixa o ímpio viver, e faz justiça aos pobres. ⁷Ele não tira seus olhos dos justos, mas os faz sentar para sempre no trono dos reis, e são exaltados. ⁸E se os prende em correntes e os amarra com laços de aflição, ⁹é porque ele só quer mostrar a eles suas ações e seus pecados causados pela arrogância. ¹⁰Assim, Deus lhes abre os ouvidos para a correção, e pede que se convertam da iniquidade. ¹¹Se eles obedecerem e se submeterem, terminarão seus dias na felicidade e seus anos no bem-estar. ¹²Mas, se não obedecerem, perecerão pela espada e morrerão sem perceber. ¹³Os hipócritas acumulam a ira e não pedem socorro quando ele os aprisiona. ¹⁴Morrem na plena juventude e sua vida termina entre os prostitutos. ¹⁵Mas ele liberta o pobre através da aflição, e lhe abre o ouvido por meio da opressão.

¹⁶Ele também quer tirar você da angústia e levá-lo para um lugar espaçoso, onde nada incomoda, com sua mesa farta de gorduras. ¹⁷Se você está farto do veredicto de condenação, a sentença e a justiça vencerão. ¹⁸Cuidado com a ira, para não ser seduzido pela fartura, nem se deixe perverter por rico suborno. ¹⁹Por acaso sua riqueza terá algum valor? Nem seus minérios, nem todos os esforços! ²⁰Não suspire naquela noite em que os povos serão retirados de seu lugar. ²¹Cuidado para não se voltar para a iniquidade, pois é por causa dela que você escolheu o sofrimento.

HINO À SABEDORIA DIVINA

Deus criador do outono – ²²Veja como Deus é sublime em seu poder! Quem po-

---

35,1-16: Eliú contesta as palavras de Jó: que Deus não tem interesse no bem ou mal praticado pelo ser humano (cf. 7,20; 9,22), e que não socorre os que são atingidos pelas maldades, simplesmente pela falta de fé nele ou pelo próprio orgulho. Na teologia dos sábios, a superação do sofrimento consiste em descobrir em Deus uma advertência ou correção.

36,1-21: Eliú retoma o discurso de Elifaz (5,17; 22,23-30), insistindo sobre a função disciplinar do sofrimento. Ele compara Jó com os reis e os prostitutos sagrados (v. 14; cf. Dt 23,18; 1Rs 14,24; 15,22; 22,47; 2Rs 23,7), porque Jó recusa as lições do sofrimento. Seguindo a lógica da retribuição, porém, se Jó aceitar a provação, poderá ter futuro melhor, restauração da saúde, riqueza e poder.

36,22-37,24: Esta última intervenção de Eliú, talvez produzida por cantores e representantes da aristocracia do Templo, evoca o Deus criador segundo as estações do ano: outono (36,26-37,3), inverno (37,4-13) e verão (37,14-24). A chuva de outono, acompanhada de trovões e relâmpagos, aponta para as festas semíticas que celebram a abundância de alimentos e para a simbologia da intervenção de Deus na história (cf. Sl 18; 29). As tempestades de inverno, com seus ventos dispersan-

derá ensinar como ele? ²³Quem pode determinar a conduta dele, ou quem lhe pode dizer: 'Está praticando a injustiça'? ²⁴Lembre-se de glorificar as obras dele que governam os homens. ²⁵Todos os humanos as contemplam, todos os mortais as admiram de longe.

²⁶Veja: Deus é grande, e não o compreendemos. O número de seus anos é incalculável. ²⁷Ele reúne as gotas d'água, e as destila em chuva para formar riachos. ²⁸As nuvens se derramam do céu, e a chuva cai em abundância sobre o homem. ²⁹Quem poderá compreender a extensão das nuvens e os estrondos do trovão desde a sua tenda? ³⁰Ele espalha sobre si a sua luz, e cobre o fundo do mar. ³¹Por meio das chuvas, ele julga os povos, dando-lhes comida em abundância. ³²Ele enche as mãos com raios e lhes ordena que acertem o alvo. ³³O trovão anuncia a chegada dele, e também os rebanhos pressentem sua aproximação.

37 ¹Ao ver isso, meu coração estremece e salta fora do lugar. ²Ouçam com atenção o tremor de sua voz e o ruído que sai de sua boca. ³Ele o envia por todo o firmamento, e sua luz atinge todas as extremidades da terra.

Deus criador do inverno – ⁴Depois, o rugido de sua voz é um trovão que estronda em sua majestade. Nada detém seus raios, tão logo se faz ouvir sua voz. ⁵Deus troveja com sua voz prodigiosa e realiza grandes maravilhas que não compreendemos.

⁶Pois ele ordena à neve: 'Caia sobre a terra'. E às chuvas torrenciais e aguaceiros: 'Desçam com sua força'. ⁷Ele paralisa as mãos de todos os homens, para que todo mortal reconheça a sua obra. ⁸Os animais entram em seus esconderijos e permanecem em suas tocas. ⁹Da câmara sul sai o furacão, e do vento norte vem o frio. ¹⁰Ao sopro de Deus se forma o gelo, e a superfície das águas se congela. ¹¹Ele também carrega as nuvens pesadas e espalha as nuvens em raios. ¹²É ele quem faz o raio girar em círculo conforme seus conselhos, e assim cumprir tudo o que ele ordenou sobre a face do universo, a sua terra. ¹³Ele o envia à sua terra, seja para corrigir, seja para mostrar seu favor.

Deus criador do verão – ¹⁴Ouça com atenção, Jó. Pare e considere as maravilhas de Deus! ¹⁵Você sabe como Deus comanda suas próprias obras, fazendo um relâmpago brilhar na nuvem? ¹⁶Você sabe algo sobre o equilíbrio das nuvens, maravilhas da sabedoria perfeita? ¹⁷Você, que tem suas roupas aquecidas, quando a terra fica calma por causa do vento sul? ¹⁸Por acaso você pode estender com ele o firmamento, tão duro como espelho de metal fundido? ¹⁹Mostre-nos o que devemos dizer a ele, pois não podemos argumentar por causa das trevas. ²⁰Seria preciso avisar a ele que pretendo falar? Ele deveria ser informado sobre o que um homem diz? ²¹Agora não se vê mais o brilho da luz, obscurecida pelas nuvens. Mas depois passa um vento que as dispersa. ²²Do norte vem o ouro. Deus se envolve de terrível majestade. ²³Shadai é inatingível. Ele é sublime em poder e em julgamento, é abundante em justiça e jamais oprime. ²⁴Por isso, todos os homens o temem. Mas ele não leva em conta os que se consideram sábios de coração".

VI. DISCURSOS DE JAVÉ E RESPOSTA DE JÓ

38 *Organização do universo* – ¹Então Javé, do meio da tempestade, respondeu a Jó e disse: ²"Quem é esse que obscurece meu conselho com palavras sem sentido? ³Cinja seus rins como homem, pois vou interrogá-lo e você me responderá.

---

tes que trazem o frio, são para o cantor um convite a contemplar a soberania de Deus sobre a natureza e a sua vontade que se realiza. O verão evoca a epifania, a manifestação de Deus, ao insistir na afirmação de que "Deus jamais oprime", voltando ao tema de que a aflição é aplicada por Deus com o intuito de educar e advertir (cf. 1Rs 11,39; Dt 8,2-3.16; Sl 88,8; 90,15; 119,75; Is 64,11; Na 1,12; Lm 3,33).

38,1 42,6: A resposta de Deus a partir da tempestade (38,1; 40,6; cf. Ez 1,4; Na 1,3) parece que não responde ao sofrimento do justo nem explica o porquê do sofrimento. A resposta de Deus está distante do longo debate entre Jó e seus amigos, pois ao final se conclui que Jó é realmente inocente e o sofrimento não tem nada a ver com a culpa ou pecado. Assim, o arrependimento final de Jó não representa o reconhecimento de faltas ou pecados, e sim os dores do parto para gerar uma nova realidade (cf. Rm 8, 18-24).

38,1-38: Javé cria e organiza o universo, mas não pelo princípio de justiça e retribuição que marcou o pensamento de Jó e seus amigos. Javé, que conhece

⁴Onde você estava quando eu colocava os fundamentos da terra? Diga-me, se é que você tem tanta inteligência! ⁵Você sabe quem fixou as medidas da terra? Ou quem estendeu a trena sobre ela? ⁶Onde se encaixam suas bases, ou quem foi que assentou sua pedra angular, ⁷enquanto as estrelas da manhã aclamavam juntas e todos os filhos de Deus exultavam de alegria?

⁸Alguém fechou o mar em comportas, quando ele irrompeu do ventre materno, ⁹quando coloquei as nuvens como roupas para ele e um nevoeiro espesso para enfaixá-lo? ¹⁰Quando lhe impus minhas leis e lhe fixei trancas e portas, ¹¹e lhe disse: 'Você vai chegar até aqui, e não passará; aqui termina o orgulho de suas ondas'?

¹²Alguma vez você deu ordens para o amanhecer, ou fez a aurora conhecer o lugar dela, ¹³a fim de que ela agarre a terra pelas bordas, e dela sacuda os ímpios? ¹⁴Ela se transforma como argila debaixo do sinete e se apresenta como veste. ¹⁵Porém, aos ímpios é negada a luz, e quebra-se o braço erguido para atirar.

¹⁶Você já chegou até as fontes do mar, ou caminhou nas profundezas do abismo? ¹⁷Já lhe mostraram as portas da morte? Você já viu os portais da escuridão profunda? ¹⁸Você observou a extensão da terra? Se você sabe tudo isso, então me diga.

¹⁹Qual é o caminho para a morada da luz, e onde é a casa das trevas, ²⁰para que você as leve ao território delas e lhes conheça o caminho de casa? ²¹Então você sabe de tudo isso, pois já havia nascido e era grande o número de seus dias. ²²Você entrou nos depósitos da neve e viu as reservas do granizo, ²³que eu guardei para o tempo da aflição, para os dias de guerra e de batalha? ²⁴Em que direção a luz se divide, e de onde o vento do deserto se espalha sobre a terra? ²⁵Quem foi que abriu um canal para o aguaceiro, e o caminho para o relâmpago e o trovão, ²⁶a fim de fazer que chova em terras desabitadas e no deserto, onde os homens não habitam, ²⁷para saciar o solo deserto e destruído, fazer a relva brotar e crescer? ²⁸Por acaso a chuva tem pai? Quem é que gera as gotas do orvalho? ²⁹De que ventre sai o gelo, e quem dá à luz a geada do céu? ³⁰As águas se escondem como pedra, e a superfície do abismo se consolida.

³¹Você consegue amarrar os laços das Plêiades, ou desatar as cordas de Órion? ³²Você pode fazer sair as constelações do Zodíaco na sua estação própria, ou guiar a Ursa com os seus filhos? ³³Você conhece as leis do céu, ou pode determinar sua ordem na terra? ³⁴Você é capaz de levantar a voz até as nuvens, para que um aguaceiro a cubra? ³⁵Você consegue atirar os raios, para partirem e dizerem a você: 'Aqui estamos'? ³⁶Quem deu sabedoria ao íbis e inteligência ao galo? ³⁷Quem está à altura da sabedoria para contar as nuvens, ou pode derramar os cântaros do céu, ³⁸quando o pó do chão se funde na massa e os terrões se juntam?

Deus criador dos animais – ³⁹É você quem caça a presa para a leoa ou sacia a fome dos leõezinhos, ⁴⁰quando eles se recolhem nas tocas ou ficam de emboscada nas moitas? ⁴¹Quem prepara o alimento para o corvo, quando seus filhotes gritam a Deus e vagueiam por falta de comida?

39 ¹Você sabe quando é o tempo de cria das cabras montesas? Já observou as corças dando à luz? ²Você pode contar os meses da gravidez delas

---

intimamente o universo, a extensão da terra, o caminho para a morada da luz e das trevas, o sistema das estrelas, não tem a tarefa de garantir a ética, a economia e a justiça na sociedade. Este discurso se contrapõe ao lamento inicial de Jó, em 3,1-26. Os autores deste texto concluem que a sabedoria tradicional e a teologia presa às estruturas do Templo e sob o poder dos sacerdotes, são incapazes de ampliar o sentido da vida e da justiça.

38,39-39,30: Deus conhece o ciclo de reprodução das cabras (39,1-3), os instintos migratórios das aves e a irresponsabilidade maternal da avestruz. O Deus criador de toda a terra conta os meses de gestação de cada fêmea selvagem, dando força e vigor aos cavalos; ensina os falcões a voar, providencia carne aos filhotes de águia e aos leõezinhos em suas tocas, orienta o corvo para a caça. Neste discurso, não há nada sobre os humanos e seus problemas sociais, políticos e econômicos. Transparece a crítica dos autores à sociedade judaíta, voltada aos aspectos morais, e à sua teologia excludente, baseada na retribuição.

ou lhes conhece o momento do parto? ³Elas se agacham, dão cria a seus filhotes e ficam livres das dores. ⁴Seus filhotes crescem fortes, saem livres para o campo e não voltam mais.

⁵Quem deu liberdade ao asno selvagem e quem soltou as rédeas do burro xucro, ⁶ao qual dei o deserto como moradia e a terra salgada como habitação? ⁷Ele zomba do tumulto da cidade e não dá atenção aos gritos de quem o arreia. ⁸Ele explora as montanhas, sua pastagem, à procura de todo lugar verdejante.

⁹Será que o búfalo aceitará servir a você e passar a noite em seu estábulo? ¹⁰Você pode amarrar um búfalo no sulco com uma corda, e lavrar os vales atrás de si? ¹¹Sua grande força é o que faz você confiar nele, deixando a ele o trabalho que é seu? ¹²Você acredita que ele voltará para fazer a colheita dos cereais no seu celeiro?

¹³A avestruz bate as asas alegremente, e não tem as penas e plumas de cegonha? ¹⁴Pois ela abandona seus ovos no chão, para chocá-los na areia, ¹⁵sem pensar que algum pé poderia quebrá-los ou alguma fera selvagem poderia pisoteá-los. ¹⁶É cruel com os filhotes, como se não fossem seus, e não se importa que sua fadiga seja inútil, ¹⁷pois Deus a privou de sabedoria e não lhe concedeu inteligência. ¹⁸Mas, quando se levanta e se põe a correr, ela zomba do cavalo e do cavaleiro.

¹⁹É você quem dá força ao cavalo e lhe reveste com crina o pescoço? ²⁰É você quem o faz saltar como gafanhoto? Seu relinchar majestoso causa terror. ²¹Ele escava o vale com os cascos e, cheio de força, se lança ao encontro das armas. ²²Ele zomba do medo, não fica assustado e não volta atrás diante da espada. ²³Sobre ele ressoam a aljava, a lança brilhante e o dardo. ²⁴Ele devora a terra com violência e fúria, e não pode conter o soar da trombeta. ²⁵Ao som da trombeta, ele relincha! De longe ele fareja a batalha, as ordens de comando e os gritos de guerra.

²⁶Será pela sabedoria que você tem, que o falcão levanta voo, estendendo as asas para o sul? ²⁷Por acaso é com sua ordem que a águia levanta voo e constrói seu ninho nas alturas? ²⁸Ela mora nos rochedos e habita sobre o penhasco, numa fortaleza protetora. ²⁹É daí que ela espia a presa e seus olhos a enxergam de longe. ³⁰Seus filhotes bebem o sangue, e onde há cadáveres ela aí está."

40 Interrogações –
¹Javé respondeu a Jó, dizendo: ²"Aquele que disputa, ainda quer discutir com Shadai? Aquele que repreende a Deus poderá responder?"

³Então Jó respondeu a Javé, dizendo: ⁴"Eis que eu sou insignificante. O que poderei responder? Ponho a mão sobre a boca. ⁵Já falei uma vez, e não responderei; falei duas vezes, e não vou acrescentar mais nada".

⁶Javé, do meio da tempestade, respondeu a Jó, dizendo: ⁷"Cinja seus rins como valente. Vou interrogá-lo, e você me responderá. ⁸Você se atreve a anular minha justiça e condenar-me, para justificar a si mesmo? ⁹Você tem um braço como o de Deus? Sua voz troveja como a de Deus? ¹⁰Revista-se agora de majestade e grandeza, cubra-se de esplendor e glória! ¹¹Derrame o furor de sua ira e, com um olhar, humilhe todos os orgulhosos. ¹²Domine, com um só olhar, todos os orgulhosos, e esmague os ímpios no seu lugar. ¹³Esconda-os todos juntos no pó, e amarre os juntos na prisão. ¹⁴Então também eu louvarei a você, porque conseguiu a salvação com sua mão direita.

Beemot – ¹⁵Veja o Beemot que eu criei ao mesmo tempo que criei você! Ele come capim como faz o boi. ¹⁶Veja a força que suas ancas têm, o vigor dos músculos de seu ventre. ¹⁷Ele endurece a cauda como cedro, trançando os tendões de suas coxas. ¹⁸Seus ossos são tubos de bronze, e sua carcaça como barras de ferro. ¹⁹Ele é obra-prima de Deus, e seu criador o proveu de espada. ²⁰As montanhas lhe produzem o fruto; nelas, onde todos os animais do campo se divertem. ²¹Ele se deita

---

40,1-14: As interrogações de Javé a Jó representam o questionamento ao mundo "civilizado", incapaz de reconhecer o julgamento de Deus. Revelam um conceito de vida e justiça que não se enquadra na tradicional sabedoria da sociedade. Aqui os autores do livro colocam em xeque-mate a teologia da retribuição.

15-24: Beemot significa "animal", "cavalo do rio", "quadrúpede". Foi identificado com o elefante, com um

debaixo do lótus, e se esconde entre os juncos e o pântano. ²²Os lótus dão-lhe sua sombra, e os salgueiros da torrente o cobrem. ²³Ainda que o rio o pressione, ele não se apressa. Fica tranquilo, mesmo que o Jordão se lance em sua boca. ²⁴Quem poderá agarrá-lo pelos olhos, ou perfurar-lhe o nariz com um gancho?

Leviatã – ²⁵Por acaso você é capaz de pescar o Leviatã com anzol e amarrar-lhe a língua com uma corda? ²⁶Você é capaz de passar um junco pela narina dele e perfurar-lhe a mandíbula com um gancho? ²⁷Será que ele viria até você com muitas súplicas ou lhe falaria palavras gentis? ²⁸Será que ele faria uma aliança com você, que faria dele seu criado perpétuo? ²⁹Você brincaria com ele como faz com um pássaro, ou o amarraria para suas filhas? ³⁰Os associados o negociariam, ou os comerciantes o dividiriam entre si? ³¹Você conseguiria crivar a pele dele com dardos, ou a cabeça dele com arpão de pesca? ³²Tente colocar a mão em cima dele e, quando você se lembrar da luta, nunca mais a repetirá!

41 ¹Veja; segurança diante dele é só ilusão; só a aparência dele já faz cair por terra. ²Ninguém é tão cruel para provocá-lo. Quem poderia permanecer diante de mim e confrontar-me? ³Quem veio antes de mim, para que eu o recompense? Tudo debaixo do céu me pertence.

⁴Não vou calar os membros dele, nem sua força ou suas palavras. ⁵Quem lhe abriu a veste pela frente, e quem virá com sua dupla armadura? ⁶Quem abriu as duas portas de sua face? Em volta de seus dentes, é só terror. ⁷Seu orgulho são fileiras de escudos, fechados com lacre de pedra; ⁸são tão unidos uns aos outros, que nem ar pode passar entre eles; ⁹cada um é tão ligado ao outro, ficam tão juntos, que não se podem separar. ¹⁰Seus espirros lançam faíscas de luz, e seus olhos são como as pupilas da aurora. ¹¹De sua boca irrompem tochas acesas e escapam centelhas de fogo. ¹²De suas narinas sai fumaça, como de uma caldeira fervente e de junco fumegante. ¹³Seu hálito queima como brasa, e sua boca lança chamas. ¹⁴Em seu pescoço reside a força, e diante dele salta o terror. ¹⁵Os músculos de sua carne estão unidos, são firmes sobre ele e não se movem. ¹⁶Seu coração é duro como rocha e firme como a pedra debaixo do moinho. ¹⁷Quando ele se ergue, os deuses tremem e as ondas do mar se afastam. ¹⁸A espada o alcança, mas não o penetra, nem a lança, nem o dardo, nem o arpão. ¹⁹Para ele, o ferro é como palha, e o bronze como madeira podre. ²⁰A flecha não o afugenta, e as pedras da funda se transformam em palha para ele. ²¹O dardo é para ele como palha, e ele zomba do ruído das lanças. ²²Seu ventre é coberto de cacos pontiagudos, é como grade de ferro que se arrasta sobre o lodo. ²³Ele faz ferver as águas profundas como caldeira, e o mar ferver como chaleira quente cheia de unguentos. ²⁴Atrás de si ele deixa um rastro de luz, e o abismo parece uma cabeleira branca. ²⁵Não há ninguém na terra que se compare a ele, pois foi criado para não ter medo. ²⁶Ele enfrenta todos os seres altivos, e é rei de todos os filhos do orgulho".

42 *Resposta de Jó* – ¹Então Jó respondeu a Javé, dizendo: ²"Eu sei que tudo podes e que nenhum projeto escapa ao teu poder. ³Disseste: 'Quem é esse que obscurece o conselho sem conhecimento?' Por isso, eu falei de coisas que não entendia, e de maravilhas que estão além da minha compreensão. ⁴Disseste: 'Escute-me, porque vou falar. Vou interrogá-lo, e você me responderá'. ⁵Eu te conhecia só de ouvido. Mas agora meus olhos te veem. ⁶Por isso, eu tenho horror de mim e me arrependo sobre o pó e a cinza".

---

búfalo mítico nos textos de Ugarit, ou com o hipopótamo na mitologia egípcia. É apresentado pelo autor como a primeira das obras de Deus, um animal que o Criador domina, mas que o homem não consegue domesticar. O v. 19b faz pensar no rinoceronte.

40,25-41,26: O Leviatã representa o monstro do caos primitivo (cf. 3,8), aplicado ao crocodilo. Simboliza o Egito (Ez 29,3s; 32,2s) e o mal vencido por Javé (cf. 7,12), mas que o homem não consegue subjugar, nem com as mais poderosas armas de guerra.

42,1-6: Jó afirma que conhecia a Deus só de ouvir, mas agora seus olhos o veem. O conhecimento de Deus passa da tradição auditiva para a experiência das visões. O sábio se reveste das marcas da profecia. Na teologia que conclui o livro, Deus não convida Jó a refletir, mas o força a olhar e ver (cf. Gn 3,7; Is 6,5; Ap 21,1).

VII. EPÍLOGO

Intercessão de Jó – ⁷Depois que acabou de dizer essas palavras a Jó, Javé se dirigiu a Elifaz de Temã, dizendo: "Estou irritado contra você e contra seus dois companheiros, porque vocês não falaram de mim com retidão, como fez meu servo Jó. ⁸Peguem agora sete bois e sete carneiros, e vão até o meu servo Jó. Ofereçam, vocês mesmos, os animais em holocausto, e meu servo Jó intercederá em favor de vocês. Em consideração a ele, eu não os tratarei como a insensatez de vocês merece, porque vocês não falaram corretamente de mim, como falou meu servo Jó". ⁹Elifaz de Temã, Baldad de Suás e Sofar de Naamat fizeram como Javé lhes havia ordenado. E Javé teve consideração para com Jó.

A felicidade de Jó é restaurada – ¹⁰Então Javé mudou a sorte de Jó, quando este intercedeu por seus companheiros. Javé ainda deu a Jó o dobro de tudo o que ele tinha antes. ¹¹Seus irmãos e irmãs e todos os seus antigos conhecidos foram visitá-lo. Fizeram refeição com ele, em sua casa. Eles o consolaram e confortaram por toda a desgraça que Javé lhe havia enviado. Cada um ofereceu a Jó uma moeda e um anel de ouro.

¹²Javé abençoou os anos seguintes de Jó, mais do que no início. Agora, ele possuía catorze mil ovelhas, seis mil camelos, mil juntas de bois e mil jumentas. ¹³Teve também sete filhos e três filhas: ¹⁴a primeira chamava-se Yemina, a segunda Cássia e a terceira Keren-Hafuc. ¹⁵Em toda a terra não havia mulheres mais belas do que as filhas de Jó. E seu pai repartiu a herança entre elas, junto com seus irmãos.

¹⁶Depois disso, Jó viveu ainda cento e quarenta anos, e conheceu seus filhos, netos e bisnetos até à quarta geração. ¹⁷E Jó morreu velho, em idade avançada.

42,7-17: Narrativa conclusiva que retoma o prólogo (1,1-2,13), reafirmando a teologia da retribuição. Este epílogo não menciona o conjunto de diálogos nem a revelação de Deus e a conversão de Jó (3,1-42,6), ainda que os vv. 7-9 apresentem o julgamento de Javé aos três amigos. Os vv. 10-17 mostram Jó recebendo em dobro tudo o que havia perdido.

7-9: Os três amigos são reprovados por Javé, e Jó tem o papel de intercessor (cf. Gn 18,22-32; 20,7; Ex 32,11; 1Sm 7,5; 12,19; Am 7,2-6; Jr 11,14; 37,3; Ez 14,14.20; 2Mc 15,14).

10-17: Narrativa que reforça a teologia da retribuição: Jó readquire sua vida social e recebe em dobro os bens que havia perdido. O privilégio econômico e social concedido às filhas está em contradição com o poder patriarcal. Talvez no contexto pós-exílico permaneceu o debate a respeito da herança das filhas (cf. Nm 27,1-11 e 36,1-12).

SALMOS

A LEITURA ORANTE DO POVO DE DEUS

Introdução

Salmos, reunindo 150 orações, é o maior dos livros bíblicos. Nesta síntese orante da caminhada do povo de Deus, encontramos as diversas espiritualidades presentes na história de Israel. A construção poética dos salmos, própria da cultura israelita, coloca lado a lado polos opostos para provocar a reflexão. Assim, temos orações que fazem a releitura da história, ao lado de reflexões sapienciais; súplicas ao lado de louvores; orações de dor misturadas com outras que cantam a alegria, a doença e a cura; o desespero que grita ao lado de orações de esperança; a observância ao lado da gratuidade; a luta que abre espaço para a festa. São experiências de vida contraditórias e antagônicas que se expressam em orações, hinos e cânticos. Os salmos nos trazem orações messiânicas, na sua tríplice dimensão batismal: profética, sacerdotal e régia. Orações que nos ajudam a viver melhor nosso compromisso cristão. Temos também preces que são meditações de espiritualidade sapiencial. Enfim, o povo reza a partir de tudo o que se faz presente na vida e na história, revelando e celebrando a presença de Deus, do começo ao fim de nossa caminhada aqui na terra.

Chamamos este livro de Salmos. O título em hebraico (Tehillim) significa "Louvores". A tradução grega que deu origem ao título atual destaca a musicalidade presente nas liturgias e celebrações. O termo "salmo" vem do instrumento musical de cordas que acompanhava a recitação. De qualquer forma, são palavras que indicam alegria, ação de graças, hinos de louvor que expressam as várias situações vividas pelo povo.

A formação do livro durou longo tempo. Quase mil anos. Reúne orações desde a época de Davi (por volta de 1000 a.C.) até a época das revoltas sob o comando dos macabeus (160 a.C.). Nem sempre é possível saber a época ou lugar em que cada salmo foi escrito. Isso aliás é importante: não sendo de nenhum tempo ou lugar determinado, os salmos são bem acolhidos em qualquer época ou situação, tanto da pessoa que reza quanto do grupo em oração.

O fio condutor que une essas orações tão diferentes é ajudar o povo a viver a Aliança, observando a Lei e os mandamentos, celebrando a certeza da presença de Deus no meio do povo. Por isso, nas orações transparecem os diferentes projetos de vida, meditados diante de Deus através da oração diária. Os salmos rezam a criação, o êxodo, a travessia do deserto, a libertação dos opressores, as dificuldades superadas, o ideal de justiça, a construção da fraternidade, a vivência da justiça, da paz e da alegria.

Nos salmos transparece o rosto de Deus, deixando-nos entrever a experiência que o povo teve de Deus na longa caminhada histórica, e também nas pequenas crises da caminhada cotidiana. Dessa forma, os salmos nos revelam o amor de Deus para com o povo e o amor do povo para com Deus. Inúmeras são as imagens que trazem do rosto de Deus. Em apenas dois versos do Salmo 18 (vv. 2-3), por exemplo, Deus é identificado com o rochedo, a fortaleza, a rocha, a proteção, o escudo, o poder de salvação, o refúgio, o libertador... Quem reza um salmo está sempre perguntando: Quais são os traços do rosto de Deus que transparecem em minha prece? E na minha vida?

SALMO 1
Escolher o caminho da vida

¹Feliz o homem
    que não vai às reuniões dos perversos,
    não frequenta o caminho dos pecadores
    e não participa da assembleia dos difamadores.
²Ao contrário:
    encontra seu prazer na lei de Javé,
    e na sua lei medita dia e noite.
³Será como árvore plantada junto a um riacho
    e que dá fruto no tempo devido;
    sua folhagem não seca jamais;
    encontrará sucesso em tudo o que faz.
⁴Não são assim os perversos!
    Ao contrário:
    são como palha que o vento dispersa.

⁵Porque os perversos não ficarão em pé no julgamento,
    nem os pecadores na assembleia dos justos.
⁶Porque Javé conhece o caminho dos justos,
    mas o caminho dos perversos perecerá.

Sl 1: *Oração de espiritualidade sapiencial.* O livro dos Salmos se abre com a palavra "Feliz". A busca da felicidade que vem de Deus é que orienta a oração. O salmo revela que verdadeiro sábio é quem sabe discernir e escolher o caminho de Deus. Diante do ser humano apresentam-se dois caminhos. A pessoa justa faz a opção de observar a proposta do Senhor, meditando em sua Lei dia e noite. Quem segue o caminho do justo encontrará a verdadeira felicidade. Acolher o projeto de Deus significa romper com as práticas injustas e desumanas. O caminho dos injustos é ilusório, porque eles na certa perecerão. Quem trilha o caminho da injustiça não tem futuro! Oração autêntica consiste em meditar a Lei de Deus para escolher o verdadeiro caminho.

SALMO 2
Você é meu filho

¹Por qual motivo as nações promovem tumultos,
    e os povos se agitam por coisas inúteis?
²Os reis da terra se organizam,
    e os príncipes em segredo se reúnem
    contra Javé e contra o seu Ungido:
³"Arrebentaremos suas algemas,
    lançaremos para longe de nós suas amarras!"

⁴Sorri aquele que habita nos céus.
    O Senhor zomba dos perversos
⁵e em seguida fala para eles com ira,
    espantando-os com sua cólera inflamada:
⁶"Eu ungi o meu rei
    sobre Sião, minha montanha santa!"
⁷Proclamarei o decreto de Javé,
    que disse para mim: "Você é meu filho,
    hoje eu gerei você!"

Sl 2: *Salmo de espiritualidade régia.* Oração que celebra a entronização de um rei em Jerusalém. Cabe a ele governar a partir da vontade de Deus. Deve defender o povo, promover a justiça e difundir o direito. O rei, aqui apresentado como filho de Javé, deverá conduzir o povo com atitudes justas e igualitárias, enfrentando corajosamente as adversidades causadas pelos inimigos dos decretos de Deus. O rei não deve favorecer os que buscam o poder, a injustiça e a opressão. Os cristãos leram este salmo como messiânico, e o aplicaram a Jesus.

⁸Peça-me, e eu lhe darei as nações como herança,
  as extremidades da terra como propriedade sua.
⁹Você as despedaçará com férreo cajado de comando
  e as quebrará como vasos de cerâmica.
¹⁰E agora, reis, reflitam com empenho;
  deixem-se corrigir, juízes da terra.
¹¹Sirvam a Javé com temor,
  alegrem-se diante do seu poder.
¹²Beijem o que é puro,
  para não se irritarem e perderem o caminho,
  pois a ira dele rapidamente se manifesta.
  Felizes todos os que nele encontram abrigo.

SALMO 3
A segurança do justo

¹Salmo de Davi. Momento em que fugia da fúria de seu filho Absalão.

²Javé, como são numerosos meus opressores,
  numerosos os que se levantam contra mim.
³Numerosos são aqueles que dizem a meu respeito:
  "Não há salvação de Deus para você".
⁴Tu, porém, Javé, tu és o escudo que me protege.
  És a minha glória e me elevas a cabeça.
⁵Com minha própria voz invocarei a Javé,
  e ele me responderá de sua montanha santa.
⁶Posso me deitar e adormecer,
  e logo acordar, pois é Javé quem me dá segurança.
⁷Não temerei a multidão de pessoas
  que se coloca ao meu redor.

⁸Levanta-te, Javé! Salva-me, Deus meu!
  Pois destruíste o queixo de todos os meus inimigos,
  quebraste os dentes aos malvados.
⁹De ti, Javé, é que vem a salvação.
  E sobre o teu povo, a tua bênção.

Sl 3: *Oração pessoal de confiança.* Diante das calúnias, provocações e difamações dos injustos, o fiel brada com total confiança ao Deus que pode salvá-lo. O grito reafirma a fé em Javé, o Salvador dos oprimidos, aquele que cala os injustos. O salmo ensina que o sofrimento nos leva a rezar. Cada pessoa sabe onde mais lhe dói e o que lhe causa dor e aflição. Trevas, perseguição, solidão e doenças causam sofrimentos que podem isolar a pessoa, mas que também geram o grito de súplica ao Senhor. Quem não desanima frente às dificuldades da vida é sustentado pela força divina.

SALMO 4
O defensor do pobre

¹Do mestre de canto. Com instrumentos de corda. Salmo. De Davi.

²Quando clamo, responde-me,
  ó Deus da minha justiça!
  Na angústia, tu me fazes sentir aliviado:
  tem piedade de mim e ouve minha oração.
³Até quando os filhos dos homens
    ultrajarão minha honra,
  amando o fracasso e buscando a mentira?
⁴Saibam que Javé privilegia o seu fiel;
  Javé ouve quando eu o invoco.

⁵Tremam e não pequem,
  reflitam no leito e fiquem em silêncio.

Sl 4: *Oração pessoal de confiança.* Na raiz do salmo está a certeza da fé: Deus escuta nosso clamor. O justo vive tranquilo, porque confia totalmente na bondade de Deus. Nesta oração, Javé é apresentado como defensor do pobre. Isso porque Deus ouve o grito de quem suplica por atenção, amparo e presença (cf. Ex 2,24; 3,7). Tal certeza percorre todo o saltério. A oração pede discernimento, quando o orante estiver na dúvida entre invejar a abundância dos ricos ou seguir o projeto divino que traz verdadeira felicidade. Só a presença de Deus nos dá segurança nos caminhos da vida.

⁶Façam sacrifícios justos,
  e tenham confiança em Javé.
⁷Muitos dizem: "Quem nos fará ver a felicidade?"
  Javé, apareça sobre nós a luz da tua face.

⁸Colocaste em meu coração mais alegria
  do que a fartura de vinho e trigo.
⁹Em paz me deito e rápido adormeço,
  porque Javé, somente ele,
    me faz repousar com segurança.

SALMO 5
Deus é o refúgio dos bons

¹*Do mestre de canto. Para flautas. Salmo. De Davi.*

²Javé, presta atenção às minhas palavras,
  discerne o meu murmúrio.
³Leva em conta o meu grito de socorro,
  meu rei e meu Deus,
  pois é para ti que eu rezo!
⁴Javé, pela manhã ouves a minha voz.
  Pela manhã eu te exponho a minha causa
  e fico aguardando.

⁵Porque não és um Deus que se agrada com a injustiça;
  o malvado não pode ser teu hóspede.
⁶O arrogante não ficará de pé diante de teus olhos.
  Tu detestas todas as obras perversas.
⁷Destróis os mentirosos;
  o homem assassino e fraudulento,
  tu o detestas, ó Javé.
⁸Mas eu, por tua grande bondade,
  entrarei em tua casa;
  e me prostrarei em direção ao teu Templo santo,
  eu repleto do teu temor.

⁹Javé, guia-me com tua justiça,
  por causa do meu inimigo.
  Aplaina, diante de mim, o teu caminho.
¹⁰Pois na boca deles não existe nada de verdade,
  em seu interior há somente injustiças,
  sua garganta é um sepulcro escancarado,
  e sua língua só profere divisões.
¹¹Considera-os culpados, ó Deus!
  De dentro de suas maquinações, sejam arruinados;
  com seus muitos crimes, sejam dispersos,
  pois eles se rebelaram contra ti.

¹²Hão de se alegrar todos os que se abrigam em ti;
  para sempre darão gritos de júbilo.
  Estendes tua proteção sobre eles,
  e farão festa os que amam teu nome.
¹³Pois tu, Javé, abençoas o justo,
  e o cercas como escudo em seu favor.

Sl 5: *Oração pessoal de súplica. Injustamente acusado por seus perseguidores e sem possibilidades de apresentar a própria defesa, o inocente pede força e proteção a Javé, que o defende de toda calúnia e injustiça. Então, a comunidade toda se alegra e louva a justiça divina.*
Este salmo sugere a expressão corporal da prostração: gestos como ajoelhar-se, dançar ou colocar-se em romaria, são também importantes para uma boa oração.

SALMO 6
Deus atende aos aflitos

¹Do mestre de canto. Para instrumentos de corda. Sobre a oitava corda. Salmo. De Davi.

²Javé, em tua ira não me repreendas,
  e em teu furor não me castigues.
³Javé, tem piedade de mim, que estou desfalecendo.
  Javé, cura-me, pois meus ossos sentem medo.
⁴Minha alma anda tão perturbada,
  e tu, Javé, até quando?
⁵Volta, Javé! Liberta a minha alma!
  Liberta-me, por tua fidelidade!
⁶Ninguém na morte pode lembrar-se de ti;
  na habitação dos mortos, quem poderá louvar-te?

⁷Estou cansado com o meu lamento;
  todas as noites banho de pranto minha cama,
  e minhas lágrimas dissolvem meu leito.
⁸Meus olhos se consomem por causa do desgosto,
  envelheço diante dos meus inimigos.

⁹Afastem-se de mim, malfeitores todos!
  Porque Javé ouviu a voz do meu pranto.
¹⁰Javé ouviu a minha súplica,
  Javé acolheu a minha oração.
¹¹Os meus inimigos fiquem todos envergonhados e desconcertados;
  que se retirem, num instante, envergonhados.

> **Sl 6:** *Oração pessoal de súplica, por ocasião de grave enfermidade.* O fiel orante pede a cura para seus males e o perdão de seus pecados, clamando pelo dom da vida. Deus manifesta seu amor e bondade, garantindo-lhe a vida, o perdão e a liberdade. O Senhor ouve e acolhe nossas preces confiantes.

SALMO 7
O Senhor é justo

¹Lamento. De Davi, que canta a Javé por ocasião das palavras de Cuch, o benjaminita.

²Javé, meu Deus, em ti eu me abrigo!
  Salva-me de meus perseguidores todos,
    e liberta-me!
³Não seja minha alma apanhada como por um leão,
  e dilacerada, sem que haja alguém para me libertar.

⁴Javé, meu Deus, se fiz isso,
  se existe injustiça em minhas mãos,
⁵se retribuí com o mal a quem vivia em paz comigo,
  e se eu, sem razão,
    tirei algo do meu inimigo,
⁶que o inimigo me persiga e destrua minha alma!
  Que minha vida sobre a terra seja por ele pisoteada
  e minha honra seja atirada na poeira.

⁷Levanta-te, Javé, com tua ira!
  Ergue-te com fúria contra os meus inimigos!
  Desperta, meu Deus!
    Decreta um julgamento!
⁸Que a assembleia dos povos te circunde.
  Assenta-te por sobre ela nas alturas.
⁹É Javé quem julga os povos.

> **Sl 7:** *Oração pessoal de súplica.* Buscando refúgio na casa de Deus, o orante injustamente acusado e perseguido clama por libertação. Busca uma sentença justa e pede castigo para os opressores. A verdadeira justiça manifesta-se na liberdade ao oprimido e na ameaça aos que constroem estruturas mentirosas e violentas que esmagam as pessoas. O fiel conclui com ação de graças, ao receber de Deus a justiça e a liberdade.

Julga-me segundo a minha justiça, ó Javé,
e segundo a minha integridade, ó Altíssimo!
¹⁰Que tenha fim a maldade dos ímpios,
e o justo se estabeleça,
pois tu sondas o coração e os rins,
ó Deus justo.

¹¹Deus é o meu escudo,
ele que salva os corações retos.
¹²Deus é um juiz justo,
um Deus que dita sentenças todos os dias.

¹³Se alguém não se converte, ele afia sua espada,
estica seu arco e aponta.
¹⁴É para esse que ele prepara armas de morte,
e flechas incendiárias.
¹⁵Eis os danos que vêm do malfeitor:
está grávido de maldade
e dá à luz a falsidade.

¹⁶Cava uma cisterna e abre uma cova,
mas cai na mesma sepultura que cavou.
¹⁷Sua maldade retorna sobre sua própria cabeça,
sobre seu próprio crânio desmorona sua violência.
¹⁸Louvarei a Javé por sua justiça
e cantarei ao nome de Javé Altíssimo.

SALMO 8
A grandeza da criação de Deus

¹Do mestre de canto. Segundo a "melodia de Gat". Salmo. De Davi.

²Javé, nosso Senhor,
como é glorioso o teu nome por toda a terra!

Ele divulga teu esplendor acima dos céus.
³Da boca das crianças e daquelas que mamam no peito,
estabeleceste uma força por causa do teu inimigo,
para destruir o adversário e o vingador.

⁴Quando vejo teus céus, obras de teus dedos,
a lua e as estrelas que firmaste,
⁵o que é o homem para dele te lembrares,
um filho de homem para visitá-lo?

⁶Tu o fizeste pouco menos do que um deus,
e de glória e esplendor o coroaste.
⁷Tu o fizeste reinar sobre as obras de tuas mãos,
e tudo colocaste debaixo de seus pés:

⁸milhares de rebanhos, todos eles,
e também as feras do campo,
⁹os pássaros dos céus e os peixes
que percorrem os caminhos dos mares.

¹⁰Javé, nosso Deus,
como é glorioso o teu nome por toda a terra!

Sl 8: *Hino de louvor.* A beleza do universo revela a Palavra de Deus que guia nossos passos. É Palavra que manifesta o poder de Deus ao criar o céu e a terra e tudo o que existe. O que é o ser humano diante da grandeza da criação? O salmo canta a responsabilidade de cada pessoa em colaborar com Deus na manutenção e preservação da natureza. Seremos reis da criação, se soubermos preservar e defender essa grandiosa obra do poder de Deus. Não devemos dominar e manipular a natureza, e sim colaborar com a harmonia da criação, colocando-a a serviço da vida.

SALMO 9
O pobre não será esquecido

¹*Do mestre de canto. Sobre a morte de um filho. Salmo. De Davi.*

²Eu te louvo, Javé, com todo o meu coração,
   e descrevo todas as tuas maravilhas!
³Com júbilo me alegro em ti,
   e faço músicas ao teu nome, ó Altíssimo!

⁴Eis que meus inimigos retrocederam,
   tropeçaram e fracassaram diante de tua face.
⁵Pois defendeste meu direito e minha causa,
   sentado em teu trono, ó justo juiz.

⁶Chamaste a atenção dos pagãos,
   destruíste os perversos
   e apagaste para sempre o nome deles.
⁷Os inimigos morreram, arruinaram-se para sempre,
   suas cidades foram destruídas
   e sua memória desapareceu.

⁸Javé reina para sempre,
   consolida seu trono para julgar.
⁹Ele julga o mundo com justiça,
   governa os povos com retidão.

¹⁰Javé será um refúgio para o oprimido,
   um refúgio no tempo da aflição.
¹¹Em ti confiem os que conhecem o teu nome,
   porque Javé não abandona aqueles que o buscam.

¹²Toquem para Javé! Ele reina em Sião.
   Entre os povos, narrem os seus feitos.
¹³Porque ele se ocupa do assassino
   e não esquece o clamor dos pobres.

¹⁴Javé, tem piedade de mim!
   Vê a minha aflição diante dos que me odeiam,
   tu que me arrancas das portas da morte,
¹⁵para que eu possa cantar sempre o teu louvor
   junto às portas da casa de Sião,
   e me alegrar com tua salvação.

¹⁶Os povos caíram no buraco que cavaram,
   seus pés ficaram presos na rede que esconderam.
¹⁷Saibam eles que Javé apareceu para fazer justiça,
   prendendo-os em suas próprias armadilhas.

¹⁸Retornem os perversos para a morada dos mortos,
   todos os povos que se esquecem de Deus.
¹⁹Porque o pobre não será esquecido para sempre,
   jamais se acabará a esperança dos humildes.

²⁰Levanta-te, Javé! Que não triunfe um mortal!
   Sejam julgados os povos diante de tua face!
²¹Infunde neles o medo, e saibam os povos
   que eles não passam de simples mortais.

Sl 9: *Oração pessoal de ação de graças.* O fiel se dirige ao Deus que defende o pobre em qualquer lugar onde haja opressão. Relendo a história, o orante percebe as intervenções maravilhosas de Deus ao longo da caminhada do povo. Presença divina que se manifesta na luta pela justiça, na defesa do direito dos pobres, no triunfo sobre a injustiça e a maldade. Firme em seu trono, Deus conduz a história, garantindo força e vida ao povo pobre e indefeso. A este cabe confiar, perseverando na luta pela vida, a fim de vencer toda mentira e maldade.

SALMO 10 (9B)
Deus salva os humildes

¹Por que, Javé, por que ficas longe
e te escondes no tempo de aflição?
²O orgulho do perverso se acende contra o humilhado.
Mas que sejam apanhados
nas intrigas que planejaram.
³Por que o perverso se orgulha da ambição de sua alma,
e o homem ambicioso blasfema contra Javé?
⁴O perverso é arrogante de rosto e incapaz de refletir:
"Deus não existe!"
Tudo não passa de devaneios.

⁵Teus projetos estão bem firmes, em todo o tempo,
e bem alto surge tua justiça diante dele.
Todos os adversários são por ele desprezados.
⁶Ele pensa no coração: "Jamais vacilarei.
De geração em geração, nunca sofrerei calamidade".

⁷Eis que sua boca está cheia de enganos e fraudes,
sua língua esconde maldade e opressão.
⁸Ele fica de tocaia no curral,
em lugares secretos, para matar o inocente.

Com os olhos espia quem está na miséria.
⁹Fica de tocaia, como leão no esconderijo.
Espreita para sequestrar o humilde,
sequestra o humilde e o arrasta para sua armadilha.
¹⁰Ele se encolhe, se abaixa,
e com toda a força abate quem vive na miséria.
¹¹Vai dizendo no coração: "Deus me esqueceu.
Escondeu sua face para sempre e não vê nada".

¹²Levanta-te, Javé, ó Deus!
Ergue a mão. Não esqueças os humilhados.
¹³Por que o perverso rejeitou a Deus
dizendo no coração:
"Tu não me questionas"?

¹⁴Tu lhe vês a maldade e a raiva,
e o observas, para lançar sobre ele a mão.
Na miséria, o pobre se abandona confiante em ti,
e tu és a segurança do órfão.

¹⁵Quebra o braço do perverso e do malvado,
e se os perversos te procuram,
não irão encontrar-te.
¹⁶Javé é rei para sempre e eternamente.
Da sua terra desapareceram as nações.

¹⁷Javé ouve o desejo dos pobres,
restaura seu coração e ouve seus clamores,
¹⁸fazendo justiça ao órfão e ao oprimido,
para que nenhum mortal volte a semear o terror.

Sl 10: *Oração pessoal de ação de graças.* Canta a confiança dos pobres na ação libertadora de Deus. O que pode o justo fazer quando cercado de injustos, avarentos e idólatras? Diante da maldade, mentira e esperteza dos injustos, a quem recorrer? Só a Deus mesmo! O salmo canta a certeza de que Deus nunca se esquece do pobre que suplica, pedindo forças para vencer os obstáculos de uma sociedade violenta e injusta. Graças ao grito confiante do pobre, a força de Deus derrota os planos dos ímpios. Para a tradução grega (a Setenta) e a tradução latina (a Vulgata), o Salmo 10 é continuação do 9. Por isso, nessas traduções, o Salmo 11 da Bíblia hebraica passa a ser Salmo 10. Assim se explica a diferença ou descompasso na numeração. Aqui seguimos a Bíblia hebraica. O descompasso termina no salmo 147.

SALMO 11 (10)
Deus é o abrigo dos bons

¹*Do mestre de canto. De Davi.*

Em Javé eu me abrigo.
Como podem vocês dizer-me:
"Foge, pássaro, foge para as montanhas?
²Pois vejam: os perversos curvam o arco,
 ajustando a flecha na corda,
 para atirar ocultamente nos corações retos.
³Se os fundamentos estão destruídos,
 o que pode fazer o justo?"
⁴Javé está no seu Templo santo.
 Javé tem no céu o seu trono.
 Seus olhos contemplam,
 suas pálpebras examinam os filhos dos homens.
⁵Javé examina o justo e o perverso.
 Sua alma odeia quem ama a violência.
⁶Fará chover ciladas, fogo e enxofre sobre os perversos,
 e um vento fortíssimo é a porção de sua taça.
⁷Porque Javé é justo. Ele ama a justiça,
 e os retos lhe contemplarão a face.

Sl 11: *Oração pessoal de confiança.* O justo busca forças em Deus para continuar na luta, esforçando-se para não desanimar diante do aparente triunfo dos injustos. Deus é a única segurança para o pobre que suplica. Como ter certeza de que Deus estará com os pobres, diante de tanta maldade? O fiel deve perseverar no projeto de Deus, com a certeza de que a justiça divina é sempre maior que todas as mentiras e maldades.

SALMO 12 (11)
A palavra sincera

¹*Do mestre de canto. Para instrumentos de oito cordas. Salmo. De Davi.*

²Socorro, Javé!
 Pois acabaram-se os fiéis,
 desapareceu a lealdade entre os filhos dos homens.
³Dizem mentiras uns aos outros,
 falam com lábios falsos e duplicidade de coração.
⁴Que Javé corte os lábios escorregadios,
 a língua que fala com arrogância.
⁵Eles dizem: "Prevaleceremos pela língua.
 Enquanto nossos lábios forem eloquentes,
 quem nos dominará?"

Sl 12: *Oração comunitária de súplica.* O povo de Deus sente-se rodeado de idolatria, corrupção e morte. A mentira propagada pelos poderosos faz com que a justiça desapareça da sociedade. Eles buscam enganar, para vencerem com suas maldades. A Palavra de Deus é a verdade que vence qualquer enganação. Somos chamados a construir o Reino da justiça, o qual se apoia na Palavra de Deus. Ela nos preserva desta geração malvada (v. 8).

⁶"Por causa da opressão sobre os humildes e do lamento dos pobres,
 agora mesmo eu me levanto – Javé o diz –
 e porei a salvo a quem o deseja".

⁷As palavras de Javé são palavras puras
 como prata no crisol, depurada de toda sujeira
 e sete vezes refinada.

⁸Tu, Javé, as guardarás,
 e nos preservarás para sempre desta geração,
⁹mesmo que os perversos circulem livremente,
 enquanto a depravação campeia entre os filhos dos homens.

SALMO 13 (12)
Saber confiar

¹*Do mestre de canto. Salmo. De Davi.*

²Até quando, Javé, continuarás a me esquecer?
Até quando ocultarás de mim a tua face?
³Até quando hei de carregar intrigas em minha alma?
Aflições em meu coração todos os dias?
Até quando meu inimigo triunfará sobre mim?
⁴Olha para mim, meu Deus Javé! Responde-me!
Faze brilhar meus olhos,
para que eu não adormeça na morte.
⁵Que o meu inimigo não diga:
"Triunfei sobre ele!"
Nem meus adversários se alegrem quando eu vacilar.

⁶Quanto a mim, tenho confiado em tua compaixão.
Alegra-se o meu coração em tua salvação.
Cantarei a Javé por todo o bem que ele me fez.

Sl 13: *Oração pessoal de súplica.* O orante se encontra em perigo, ou vivendo grave sofrimento. Desanimado diante do que vê na sociedade, o fiel constata a ausência de bondade e justiça. Então pergunta: "Até quando?" Mergulhado em desespero, volta-se para Javé em busca de resposta. Uma certeza sustenta a pessoa em qualquer situação: a confiança no amor de Deus. "Quanto a mim, tenho confiado em tua compaixão" (v. 6).

SALMO 14 (13)
Aos que buscam a Deus

¹*Do mestre de canto. De Davi.*

Diz o insensato em seu coração:
"Deus não existe".
Os ímpios tiveram
comportamentos perversos, abomináveis.
Não existe sequer um que faça o bem.
²Do alto dos céus, Javé dirige o olhar
sobre os filhos dos homens,
para ver se existe algum sensato,
alguém que procure a Deus.
³Todos se afastaram
e juntos se corromperam.
Não existe quem faça o bem,
nem um sequer.

⁴Eles nada compreendem,
todos eles fazem o que é mau.
Devoram meu povo como se estivessem comendo pão,
e não invocam a Javé.

⁵Então eles sentirão medo,
mesmo sem ter motivo para temer.
Porque Javé está com quem é justo.
⁶Caçoaram do projeto do pobre;
Javé, porém, é a sua defesa.
⁷Ah, que venha de Sião a salvação de Israel!
Quando Javé mudar a situação de seu povo,
Jacó se alegrará,
Israel será alegria plena!

Sl 14: *Salmo de espiritualidade profética.* Uma denúncia contra a sociedade injusta e opressora, apontando a ausência de Deus nas realizações humanas. Uma sociedade que nega a ação de Deus perecerá na certa! Ele age na história, defendendo as vítimas da maldade humana. Não podemos esquecer que Deus está com os justos. O verso 7 foi acrescentado para animar o povo que vivia a dura realidade do exílio.

SALMO 15 (14)
Hospedar-se na casa de Deus

¹Salmo. De Davi.

Javé, quem irá hospedar-se em tua tenda?
Quem há de morar em tua montanha santa?
²Quem tem conduta perfeita
e pratica a justiça;
quem fala a verdade no coração
³e não faz calúnia;
quem não faz o mal a seu próximo,
nem levanta difamação contra seu vizinho;
⁴quem olha com desprezo para quem é ímpio,
porém respeita os que temem a Javé;
quem faz um juramento e não volta atrás,
mesmo que tenha prejuízo;
⁵quem não empresta seu dinheiro a juros altos,
nem pratica a corrupção contra o inocente.

Quem age desse modo jamais vacilará.

> **Sl 15**: *Salmo de espiritualidade sacerdotal*. Oração dialogada com os peregrinos que chegavam ao templo de Jerusalém. Quem está realmente preparado para encontrar-se com Deus na celebração litúrgica? A resposta é clara: O encontro com Deus passa pelo amor ao próximo. Só quem de fato ama ao irmão pode adentrar o recinto sagrado.

SALMO 16 (15)
Junto de Deus, a herança da vida

¹Oração particular. De Davi.

Protege-me, ó Deus, pois em ti busco segurança.
²Eu disse a Javé: Tu és o meu Senhor,
tu és a minha felicidade, e nada existe acima de ti.
³Quanto aos deuses que estão na terra,
eles e os nobres, não me satisfazem.
⁴Multiplicam suas desgraças
aqueles que seguem a um deus estrangeiro.
Eu não farei parte de suas libações de sangue,
nem seus nomes estarão em meus lábios.

⁵Javé, tu és a minha parte na herança e o meu cálice,
tu sustentas a minha sorte.
⁶A corda mediu para mim um lugar agradável.
Sim, é bela a parte da herança que cabe a mim.

⁷Bendigo a Javé que me aconselha,
e mesmo à noite meus rins me ensinam.
⁸Coloco Javé sempre à minha frente,
pois ele estando à minha direita, jamais tropeçarei.

⁹Por isso meu coração se alegra, meu ser exulta de alegria,
e também minha carne repousa em segurança.
¹⁰Pois tu não abandonarás a minha alma
na habitação dos mortos,
nem deixarás que teu fiel veja a sepultura.

¹¹Tu me ensinarás o caminho da vida,
alegria plena diante de tua face,
delícias para sempre à tua direita.

> **Sl 16**: *Oração pessoal de confiança*. O salmo renova no orante a vontade de se entregar totalmente nas mãos de Deus. Mas é preciso discernir: Quem é o verdadeiro Deus? Javé, aquele que nos ensina o caminho da vida! A oração exprime a certeza de que Deus vence a morte. Estar com Deus é mergulhar na fonte da vida. Este salmo fortalece e aprofunda o desejo de viver com Deus para sempre. Era a oração preferida dos levitas que animavam o povo na fé.

SALMO 17 (16)
A confissão do inocente

¹Oração. De Davi.

Ouve, Javé, o meu pedido de justiça,
   atende à minha súplica,
dá ouvidos à minha oração,
   pois em meus lábios não existe mentira.
²Venha de ti a minha justiça,
   e que teus olhos contemplem
      o lugar onde está a retidão.

³Podes examinar meu coração,
   visitar-me durante a noite
   e provar-me junto ao fogo: nada encontrarás.
Nenhuma intriga esteve em minha boca,
⁴como costumam fazer os homens
   com as palavras de seus lábios.

Eu evitei os caminhos do violento,
⁵mantendo meus passos em tuas veredas,
   para que meus pés não vacilassem.
⁶Pois eu te invoquei e tu me respondeste, ó Deus!
   Inclina teus ouvidos, escuta a minha palavra.
⁷Trata-me com preferência,
   por tua misericórdia,
tu que salvas e dás refúgio
   a quem se mantém à tua direita.

⁸Guarda-me como a pupila dos teus olhos,
   esconde-me à sombra de tuas asas,
⁹longe dos perversos que me pisoteiam,
   dos inimigos mortais que me cercam.

¹⁰Eles fecham seus corações com gordura,
   suas bocas falam com arrogância.
¹¹Os passos deles me rodeiam,
   têm os olhos fixos em mim,
   e procuram meios para me atirar no chão.
¹²Seus semblantes são como de leão
   que espreita para dilacerar,
como filhote de leão agachado
   em seu esconderijo.

¹³Levanta-te, Javé!
   Avança diante deles, submete-os!
Com tua espada, preserva do ímpio a minha alma,
¹⁴e com tua mão, ó Javé, livra-me dos mortais,
   dos mortais que neste mundo
      já possuem sua herança em vida.
   Preserva os teus filhos e sacia-lhes a fome,
   dá repouso a suas crianças e faze-as viver.

¹⁵E eu, na justiça verei tua face,
   e me saciarei, ao despertar em tua presença.

Sl 17: *Oração pessoal de súplica.* Prece noturna do fiel que enfrenta julgamento. Ao amanhecer, ele conhecerá a sentença. O momento é de vitória para os inimigos arrogantes, que já celebram a condenação. E o fiel injustamente acusado já não tem defensor. Então se volta para Javé, pedindo justiça. Reafirma inocência diante dele, o justo juiz, pedindo-lhe a maravilhosa intervenção de amor: "Eu me saciarei, ao despertar em tua presença" (v. 15).

SALMO 18 (17)
A vitória do rei justo

¹Do mestre de canto. Do servidor de Javé, Davi, que disse para Javé as palavras deste canto, no dia em que Javé o libertou das mãos de todos os seus inimigos e das mãos de Saul. ²Ele disse:

Eu te amo, Javé, minha força.
³Javé é meu rochedo e minha fortaleza,
    meu libertador e meu Deus.
Ele é minha rocha e nele busco minha proteção,
    é o meu escudo e o poder da minha salvação,
    o meu refúgio.
⁴Digno de louvor! Invoquei a Javé,
    e dos meus inimigos ele me salvou.

⁵Rodeavam-me os laços da morte,
    águas destruidoras me causavam medo.
⁶Rodeavam-me laços da morada dos mortos,
    armadilhas de morte eu tinha à minha frente.

⁷Na minha aflição invoquei a Javé,
    e gritei voltado para o meu Deus.
Do seu Templo ele ouviu a minha voz,
    diante dele, aos seus ouvidos,
        elevei meu grito por socorro.

⁸Tremeu a terra e balançou,
    os fundamentos das montanhas se abalaram
    e tremeram por causa de sua cólera.
⁹Subia fumaça de seu nariz
    e de sua boca um fogo devorador lançava brasas ardentes.
¹⁰Ele inclinou os céus
    e uma nuvem escura desceu a seus pés.
¹¹Cavalgou sobre um querubim e voou,
    planando sobre as asas do vento.
¹²Escondeu-se na escuridão
    e a usou como tenda junto às águas escuras e nuvens espessas.
¹³Diante da claridade de seus olhos,
    as nuvens se transformaram em granizo e brasas de fogo.

¹⁴Javé fazia trovejar nos céus,
    enquanto o Altíssimo lançava sua voz como granizo e brasas de fogo.
¹⁵Lançou suas flechas como inumeráveis relâmpagos,
    deixando-os desorientados.

¹⁶Apareceu o leito do mar
    e revelaram-se os alicerces do mundo,
    por causa da tua reprovação, Javé,
    diante do bramido furioso do sopro de tuas narinas.

¹⁷Das alturas mandou segurar-me,
    e tirou-me das águas torrenciais.
¹⁸Livrou-me de um forte inimigo,
    protegeu-me dos que guardam rancor
    e são mais fortes do que eu.

Sl 18: *Oração de espiritualidade régia.* O salmo inspira-se nas ações políticas de Davi (cf. 2Sm 22). Cabe a este rei, condutor político que é do povo de Deus, usar suas capacidades para promover a paz, a justiça e o direito. Ele não deve buscar fama, prestígio ou privilégios pessoais, abusando do poder. Há de ser o primeiro a invocar a presença de Javé no meio do povo. E o rei, para realizar o projeto de Javé, observará seus caminhos e leis, mantendo mãos puras e integridade nas decisões. Deverá ser o defensor do pobre, eliminando os opressores. A vitória do rei terá o apoio de Javé e o reconhecimento do povo. Como diz o provérbio: "A voz do povo é a voz de Deus".

¹⁹Opuseram-se contra mim no dia do meu infortúnio.
Tu porém, Javé, foste para mim o amparo
²⁰que me levou para lugar espaçoso,
livrou-me por causa de sua preferência por mim.

²¹Javé me retribuiu segundo a minha justiça;
minha recompensa me veio de acordo com a pureza de minhas mãos.
²²Pois pratiquei a palavra de Javé,
não pratiquei o mal diante do meu Deus.
²³Seus julgamentos estiveram sempre à minha frente,
e nunca descuidei de suas leis.
²⁴Mantive-me íntegro com ele,
guardando-me das minhas culpas.

²⁵Javé me retribuiu segundo a minha justiça,
pois a pureza de minhas mãos está à minha frente,
bem diante de seus olhos.
²⁶Com aquele que é fiel, mostras tua fidelidade;
com o homem íntegro, manifestas tua integridade.
²⁷Com quem é sincero, ages com sinceridade;
com quem é desonesto, ages com sagacidade.

²⁸Pois tu salvas o povo oprimido,
e os olhares orgulhosos, tu os humilhas.
²⁹Pois tu, Javé, fazes brilhar a minha lâmpada;
o meu Deus ilumina minha escuridão.
³⁰Pois contigo corro contra uma fortaleza,
e com o meu Deus destruirei todas as muralhas.

³¹Ó Deus, teus caminhos são perfeitos!
Tua palavra, Javé, foi provada no fogo.
És um escudo para todos os que buscam proteção.
³²De fato, quem é Deus, além de Javé?
E quem é Rocha, a não ser o nosso Deus?

³³É ele o Deus que me cinge com poder
e torna seguro o meu caminho.
³⁴Ele ajusta meus pés como os da corça,
e me firma em pé nas alturas.

³⁵Treina minhas mãos para a guerra,
e endireita meu braço para o arco de bronze.
³⁶Tu me dás teu escudo para ser a minha salvação,
e tua mão direita me sustenta.
Tua bondade não tem limites para mim.
³⁷Alargaste o caminho diante de meus passos,
e meus tornozelos não se enfraqueceram.

³⁸Persegui meus inimigos até alcançá-los,
e não retornei sem tê-los aniquilado.
³⁹Eu os esmaguei, e não puderam levantar-se,
caíram todos debaixo de meus pés.
⁴⁰Tu me cingiste de coragem para a guerra,
e os dobraste, sem condição de se levantar debaixo de meus pés.
⁴¹Meus inimigos puseste em fuga,
e calaste os que me odeiam.

⁴²Eles gritaram por socorro, mas não tiveram salvação;
 clamaram voltados para Javé, mas ele não respondeu.
⁴³Eu os esmaguei como se fossem pó espalhado pelo vento,
 e os pisei como barro pelas ruas.

⁴⁴Tu me livraste das contendas do povo,
 e me colocaste como líder das nações.
 Um povo que não conheci tornou-se meu servidor.
⁴⁵Prontamente me obedeceram,
 a mim se submeteram os estrangeiros.
⁴⁶Enfraqueceram-se os estrangeiros,
 e saíram tremendo de suas fortalezas.

⁴⁷Viva Javé, e bendito seja o meu rochedo!
 Seja exaltado o meu Deus salvador!
⁴⁸Deus, que fez por mim desforras,
 submeteu nações abaixo de mim.

⁴⁹Puseste-me a salvo diante de inimigos terríveis.
 Tu me levantaste diante dos agressores,
 e me libertaste do homem violento.

⁵⁰Por esse motivo, eu te louvarei entre as nações,
 tocarei músicas em louvor ao teu nome.
⁵¹Grandes vitórias deste ao teu rei,
 e tiveste misericórdia para com teu ungido,
 para com Davi e sua descendência para sempre.

SALMO 19 (18)
A perfeição da Palavra criadora

¹*Do mestre de canto. Salmo. De Davi.*

²Os céus narram a glória de Deus,
 o firmamento revela as obras feitas por sua mão.
³Um dia comunica a mensagem para o outro dia,
 uma noite a transmite para a outra noite.

⁴Ninguém fala, ninguém diz uma palavra,
 sem antes ouvir a voz deles.
⁵A linha de teu prumo atinge toda a terra,
 aos extremos do mundo chega a tua palavra.
 Aí colocaste tua tenda para o sol.
⁶Ele, como esposo, sai de seu aposento;
 contente como herói, segue o seu destino.
⁷Ele sai de um extremo dos céus,
 seu raio de ação atinge a outra extremidade.
 Não existe nada de oculto ao seu calor.

⁸A lei de Javé é perfeita,
 faz voltar a respiração.
 O mandamento de Javé é sincero,
 sabedoria para quem é simples.

⁹As instruções de Javé são retas,
 trazem alegria ao coração.

Sl 19: Compõe-se de duas orações distintas, porém relacionadas entre si. **1-7**: *Hino de louvor*, em que se canta a magnífica ordem natural. A criação louva silenciosamente o seu Criador, movimentando-se dentro de uma ordem imutável e perfeita. A trajetória diária do sol testemunha essa perfeição maravilhosa que é a criação.

8-15: *Oração de espiritualidade sapiencial*. Assim como existe ordem natural na criação, também deverá existir harmonia na ordem humana, o que virá pela observância da Palavra de Deus. Uma sociedade que acolhe e vive essa Palavra viverá na fraternidade, na justiça e na paz.

O mandamento de Javé é puro,
  ilumina os olhos.

¹⁰O respeito ao Senhor é puro
  e permanece para sempre.
As decisões de Javé são verdadeiras
  e igualmente justas.

¹¹São mais atraentes do que o ouro,
  mais que ouro fino de qualidade especial.
São mais doces do que o mel
  que escorre do favo.

¹²Também teu servo se ilumina com elas,
  e segui-las traz grande recompensa.
¹³Quem é capaz de compreender os próprios erros?
  Absolve-me das faltas ocultas.

¹⁴Preserva dos gestos arrogantes o teu servo,
  para que eles nunca me dominem,
  e assim serei íntegro e inocente de muitas faltas.

¹⁵Sejam agradáveis as palavras de minha boca
  e a meditação feita em meu coração diante de ti,
  Javé, meu rochedo e meu redentor.

SALMO 20 (19)
Deus realiza o que nosso coração deseja

¹Do mestre de canto. Salmo. De Davi.

²Javé te responda no dia do perigo,
  que te proteja o nome do Deus de Jacó.
³Que do seu santuário ele te envie ajuda,
  e desde Sião te apoie.

⁴Que tenha memória de todas as tuas ofertas,
  e aceite com agrado os teus holocaustos.
⁵Conceda tudo o que teu coração deseja,
  e realize todos os teus desejos.

⁶Nós festejaremos a tua vitória,
  levantaremos nossa bandeira
    em nome do nosso Deus.
  Javé cumprirá plenamente todos os teus pedidos.

⁷Agora sei que Javé concede ao seu ungido a vitória,
  e lhe responde de seu santo céu
  com as forças de sua direita vitoriosa.

⁸Uns confiam em carros, outros em cavalos;
  nós invocamos o nome de Javé, nosso Deus.
⁹Eles se curvaram e caíram;
  nós nos levantamos e permanecemos de pé.

¹⁰Javé, concede ao rei a vitória,
  e responde a nós no dia em que te invocarmos.

Sl 20: *Oração de espiritualidade régia*. O povo reza pelo rei que sai em batalha. Quem exerce liderança enfrenta corajosamente os inúmeros inimigos do povo, cuja segurança o rei deve garantir. Segurança que não reside na força militar, mas na presença de Javé.

SALMO 21 (20)
Agradecimento pela vitória do rei

¹Do mestre de canto. Salmo. De Davi.

²Javé, o rei se alegra com teu poder.
    E como se alegra com tua vitória!
³Deste para ele o desejo de seu coração,
    e não recusaste o pedido de seus lábios.
⁴Saíste ao encontro dele com bênçãos grandiosas,
    colocaste em sua cabeça uma coroa de ouro refinado.
⁵Diante de ti ele pediu a vida, e tu a deste para ele,
    longevidade sem limites.
⁶Grande é a glória dele com a tua vitória,
    tu o vestiste de honra e majestade.
⁷Pois tu o firmaste com bênçãos para sempre,
    tu o encheste de alegria em tua presença.
⁸Porque o rei confia em Javé,
    e na fidelidade do Altíssimo jamais fracassará.
⁹Tua mão encontrará todos os teus inimigos,
    tua direita encontrará os teus adversários.
¹⁰Tu os colocarás como em forno aceso no dia de tua face;
    Javé em sua ira os engolirá, o fogo os devorará.
¹¹Destruirás da terra o fruto deles,
    a semente deles dentre os filhos de Adão.
¹²Por mais que estendam contra ti a maldade
    e planejem tramas, nada eles conseguirão.
¹³Pois os colocarás de costas,
    firmando teu arco contra eles.
¹⁴Levanta-te, Javé, com teu poder!
    Nós cantaremos e faremos músicas à tua fortaleza.

Sl 21: *Oração de espiritualidade régia.* O povo reza agradecido pela vitória do rei, cuja força e poder são dons de Deus. Assim, as vitórias do rei são vitórias de Deus. O rei não poderá usar essa força para oprimir o povo ou implantar projetos pessoais. Ele é instrumento de Deus na construção de uma sociedade justa e fraterna. A vitória do rei é a vitória do povo.

SALMO 22 (21)
A esperança do justo sofredor

¹Do mestre de canto. Sobre "A corça da manhã". Salmo. De Davi.

²Meu Deus, meu Deus, por que me abandonaste?
    Longe da minha salvação
        estão as palavras do meu gemido.
³Meu Deus, eu clamo de dia e não me respondes,
    pela noite não encontro nenhuma trégua.
⁴E tu és o Santo,
    tu que habitas entre os louvores de Israel!
⁵Nossos pais confiaram em ti,
    confiaram e tu os colocaste em liberdade.
⁶Eles clamaram a ti e ficaram livres,
    em ti confiaram e não se decepcionaram.
⁷Quanto a mim, sou como verme e não homem,
    humilhação dos homens e desprezo do povo.

Sl 22: *Oração pessoal de súplica.* O inocente perseguido, vivendo profunda experiência de abandono, sente-se esquecido pelo próprio Deus (cf. Mt 27,46). Na angústia, faz memória dos fatos e recorda a presença de Deus na vida dos antepassados. O fiel sente-se longe de tudo e de todos. Será que até Deus se afastou? Ele que socorre sempre quem vive à margem de tudo? Onde está a face de Deus, nessas horas angustiantes? Mas da oração suplicante brota a certeza de que Deus na realidade está presente e vai socorrer o fiel contra os inimigos violentos; ou lhe fazer justiça e devolver-lhe a tranquilidade. Javé ouve o grito do pobre e lhe revela sua face libertadora. A oração ensina a confiar, mesmo quando as trevas da injustiça parecem triunfar. Pregado na cruz, Jesus rezou este salmo (cf. Mc 15,34).

⁸Todos que me veem zombam de mim,
fazem caretas com os lábios e balançam a cabeça.
⁹"Você recorreu a Javé.
Que ele o coloque em liberdade;
que o salve, se é que tem estima por você".

¹⁰Afinal, tu me tiraste do ventre,
fizeste-me confiar nos seios de minha mãe.
¹¹Fui arrancado do ventre e lançado para ti;
desde o ventre de minha mãe, tu és o meu Deus.
¹²Não fiques longe de mim, pois o perigo está perto,
e não há quem me socorra.

¹³Rodeiam-me novilhos sem conta,
touros de Basã me cercam.
¹⁴Abrem contra mim suas bocas,
como leão que esquarteja e ruge.

¹⁵Eu me esparramo como água,
e se desconjuntam todos os meus ossos.
Meu coração se derrete como cera
dentro de minhas entranhas.

¹⁶Está seca como telha a minha garganta
e minha língua cola-se ao céu da boca,
e tu me preparas para o pó da morte.
¹⁷Porque me rodeiam cães numerosos,
cerca-me um bando de malfeitores.
Como leões me ferem as mãos e as pernas.
¹⁸Posso contar todos os meus ossos.
Eles fixam em mim o olhar, eles me observam.
¹⁹Repartem minhas roupas entre si,
e sorteiam minha túnica, definindo meu destino.

²⁰Tu, Javé, não fiques longe!
Minha força, vem depressa em meu socorro!
²¹Livra da espada a minha alma,
e das garras dos cães a minha única vida!
²²Salva-me da goela do leão,
dos chifres de búfalos! E tu me respondeste.

²³Proclamarei teu nome aos meus irmãos,
no meio da assembleia eu te louvarei.
²⁴Vocês que temem a Javé, lhe deem louvor!
Glorifique-o toda a descendência de Jacó!
Tema-o toda a descendência de Israel!

²⁵Porque ele não desprezou a aflição do pobre,
nem escondeu dele a sua face.
Quando o pobre pediu auxílio, ele escutou.

²⁶De ti vem minha oração na grande assembleia.
Cumprirei meus votos diante dos que o temem.
²⁷Os pobres comerão até satisfazer o apetite,
louvarão a Javé os que o buscam.
Que seus corações vivam para sempre!

²⁸Hão de se lembrar todos os confins da terra
e voltarão para Javé,
prostrando-se diante dele todas as famílias das nações.
²⁹Pois a realeza é para Javé.
Ele governa as nações.

³⁰Alimentados, hão de se prostrar diante dele
todos os saciados da terra.
Hão de se curvar todos os que descem ao pó,
pois ninguém conserva a própria vida.

³¹Minha descendência o servirá,
falará do Senhor às futuras gerações.
³²Virá e proclamará sua justiça:
eis a obra que o Senhor realizou!

SALMO 23 (22)
O Senhor é o meu pastor

¹Salmo. De Davi.

Javé é o meu pastor, nada me faltará.
²Em verdejantes pastagens me faz descansar,
e sobre águas tranquilas me conduz.
³Restaura minha alma
e me guia por caminhos plenos de justiça,
por causa do seu nome.

⁴Ainda que eu caminhe por vale tenebroso,
não temerei mal nenhum, porque tu estás junto a mim;
teu bastão e teu cajado me deixam tranquilo.
⁵Preparas a mesa para mim, diante dos meus inimigos;
unges minha cabeça com perfume,
e minha taça transborda.

⁶Sim, bondade e fidelidade me seguem
todos os dias da minha vida,
e habitarei na casa de Javé
por dias sem fim.

Sl 23: *Oração pessoal de confiança.* O orante busca refúgio na casa de Deus, manifestando a confiança da ovelha no seu pastor (1-4) e a segurança do hóspede junto ao hospedeiro (5-6). Tal como a ovelha bem cuidada, o fiel precisa buscar em Deus as forças para continuar. Tal como hóspede bem defendido, o orante sabe que está seguro nas mãos de Deus.

SALMO 24 (23)
Quem entrará no santuário?

¹Salmo. De Davi.

É de Javé tudo o que existe na terra,
o mundo e todos os seus habitantes.
²Pois ele colocou os alicerces da terra sobre os mares,
e sobre os rios a estabeleceu.

³– Quem pode subir à montanha de Javé?
Quem pode permanecer em pé em seu santo lugar?
⁴– Quem tem mãos inocentes e coração puro,
quem não se deixa levar por falsários,
nem faz juramento com base na mentira.

Sl 24: *Oração de espiritualidade sacerdotal*, inspirada na procissão que levou a Arca da Aliança para Jerusalém (cf. 2Sm 5,6-10). Diante das portas da cidade, os romeiros dialogam com os sacerdotes e com os habitantes de Jerusalém. Entrarão na cidade santa os que têm intenção sincera, os que buscam a presença de Deus no templo. "Os puros de coração verão a Deus" (cf. Mt 5,8).

⁵Esse receberá a bênção de Javé
  e a justiça de Deus seu salvador.
⁶– Essa é a geração que o procura,
  que procura tua face, ó Deus de Jacó.
⁷Portas, levantem seus frontões!
  Que sejam erguidas as antigas entradas,
  pois vai chegar o Rei da Glória!
⁸– Quem é esse Rei da Glória?
  – É Javé, o valente guerreiro! Javé, o herói da guerra!
⁹Portas, levantem seus frontões!
  Que sejam erguidas as antigas entradas,
  pois vai chegar o Rei da Glória!
¹⁰– Quem é esse Rei da Glória?
  – É Javé dos Exércitos! É ele o Rei da Glória!

SALMO 25 (24)
Misericórdia divina

¹De Davi.
  A ti, Javé, minha alma se eleva.
²Meu Deus, em ti ponho minha confiança,
  que eu não fique decepcionado.
  Que meus inimigos não cantem vitória sobre mim,
³pois aqueles que em ti confiam não ficam decepcionados.
  Ficam decepcionados os traidores fracassados.
⁴Faze-me conhecer, Javé, os teus caminhos,
  ensina-me as tuas estradas.
⁵Dá-me instrução em tua verdade,
  ensina-me que tu és o meu Deus e o meu Salvador.
  Em ti espero todos os dias.
⁶Lembra-te, Javé, de tua compaixão
  e de tua lealdade, pois elas duram para sempre.
⁷Não leves em conta os pecados de minha mocidade,
  nem minhas transgressões, por tua lealdade.
  Javé, em tua bondade lembra-te sempre de mim.
⁸Bom e reto é Javé,
  pois ensina o caminho aos pecadores.
⁹Ele encaminha os pobres de acordo com o direito,
  e ensina aos pobres o seu caminho.
¹⁰Todos os caminhos de Javé são lealdade e verdade
  para os que guardam sua aliança e seus preceitos.
¹¹Por teu nome, perdoa a minha falta, Javé,
  por grande que ela seja.
¹²Qual é o homem que teme a Javé?
  É Javé quem lhe indica o caminho que deve seguir.
¹³Sua vida residirá na felicidade,
  e sua descendência herdará a terra.

Sl 25: *Oração pessoal de súplica.* Quem reza vive momentos inquietantes. Seus erros voltam-lhe à memória, e sua situação se torna insegura. Solitário e infeliz, o fiel pede confiante o perdão divino. Reafirma a fé na bondade e retidão de Javé, reverenciando seu poder absoluto, que se manifesta na acolhida ao pecador.

¹⁴A intimidade de Javé é para aqueles que o temem,
   e sua aliança lhes dá a conhecer.
¹⁵Meus olhos estão sempre fixos em Javé,
   pois ele retira da rede os meus pés.

¹⁶Volta-te para mim e tem piedade de mim,
   pois estou sozinho e sofrido.
¹⁷Faze morada em meu coração aflito,
   liberta-me das minhas angústias.

¹⁸Presta atenção ao meu sofrimento e fadiga,
   e perdoa todos os meus pecados.
¹⁹Presta atenção nos meus inimigos que se multiplicam,
   e me odeiam com ódio violento.

²⁰Guarda minha vida e liberta-me.
   Que eu não fique envergonhado, pois em ti me abriguei.
²¹Integridade e retidão irão me proteger,
   pois espero em ti.

²²Ó Deus, liberta Israel
   de todos os perigos.

SALMO 26 (25)
Deus atende ao inocente

¹De Davi.
   Javé, julga-me, pois caminhei na minha integridade.
   Eu confio em Javé e não vacilarei.
²Javé, examina-me, põe-me à prova,
   depura meus rins e meu coração.

³Pois tua misericórdia está diante de meus olhos,
   e eu caminho em tua verdade.
⁴Não me assento com pessoas falsas,
   nem convivo com gente mentirosa.

⁵Odeio a assembleia dos que fazem o mal,
   e junto aos ímpios não tomo assento.
⁶Lavo as mãos na inocência,
   e rodeio o teu altar, Javé,

⁷para proclamar minha ação de graças
   e narrar todas as tuas maravilhas.
⁸Javé, eu amo a beleza de tua casa
   e o lugar onde mora a tua glória.

⁹Não me deixes entre os pecadores,
   nem com os homens assassinos.
¹⁰Porque na mão deles encontra-se a infâmia.
   Eles têm a mão direita repleta de subornos.

¹¹Eu, porém, ando na minha integridade.
   Liberta-me e mostra-me a tua graça.
¹²Meus pés estão firmes no caminho reto,
   e nas assembleias eu te louvo, ó Javé.

Sl 26: *Oração pessoal de súplica.* O fiel acusado injustamente recorre à justiça de Javé, refugiando-se no templo. Faz revisão dos próprios atos, reafirmando inocência, com o desejo de continuar trilhando o caminho reto. Preservar a própria integridade é fazer a vontade de Deus.

SALMO 27 (26)
Deus está na luz e na escuridão

¹*De Davi.*
Javé é minha luz e minha salvação:
de quem terei medo?
Javé é o amparo da minha vida:
a quem temerei?

²Quando os perversos se acercam de mim,
para devorarem minha carne,
os meus adversários e meus inimigos,
que vieram contra mim,
eles é que tropeçaram e se arruinaram.

³Ainda que um exército acampe ao meu redor,
meu coração nada temerá.
Ainda que a guerra se levante contra mim,
eu estarei confiante.

⁴Uma coisa peço a Javé, e essa eu busco:
habitar na casa de Javé todos os dias
da minha vida,
para contemplar a beleza de Javé
e meditar no seu santuário.

⁵Porque ele me esconde em sua tenda no dia mau,
ele me oculta no esconderijo da sua tenda,
e me levanta até o alto do rochedo.

⁶Agora minha cabeça se ergue
diante dos inimigos que me rodeiam.
Oferecerei sacrifícios em sua tenda,
sacrifícios de louvor.
Cantarei e tocarei para Javé!

⁷Ouve, Javé, a minha voz quando clamo,
mostra-me tua bondade e responde-me.
⁸Meu coração medita em ti:
"Procurem a minha face!"
É a tua face, Javé, que eu procuro.

⁹Não escondas de mim a tua face.
Não afastes teu servo com ira,
pois tu és o meu socorro!
Não me abandones, nem me desampares,
meu Deus e minha salvação!

¹⁰Pois meu pai e minha mãe me abandonaram.
Javé, porém, me acolhe!
¹¹Guia-me em teus caminhos, ó Javé,
guia-me por trajetória segura,
por causa dos meus inimigos.

¹²Não entregues a minha alma aos meus adversários,
pois se levantaram falsas testemunhas contra mim,
com suspiros de violência.

Sl 27: *Oração pessoal de confiança.* Enfrentando aqueles que o acusam injustamente, o fiel busca na casa de Deus a justiça. Nos versos 1 a 6, transparece o lado luminoso da fé: o orante sente Deus tão perto, que a vida fica iluminada e o coração se enche de coragem para enfrentar qualquer perigo. Nos versos 7 a 14, transparece o lado escuro da fé: pede-se então coragem para os momentos difíceis, quando as trevas cobrem uma face da vida e Deus subitamente desaparece. É hora de reafirmar a esperança e sentir a bondade de Deus aqui na terra dos viventes.

¹³Se não fosse a minha confiança,
eu não veria sobre a terra a bondade de Javé.

¹⁴Espere em Javé, seja forte!
Em seu coração tenha confiança,
e espere em Javé!

SALMO 28 (27)
Deus é a nossa força

¹De Davi.

A ti, Javé, rocha minha, eu clamo.
Não fiques em silêncio à minha frente.
Não emudeças diante de mim.
Que eu não seja comparado aos que descem à cova.

²Ouve o grito das minhas súplicas
quando a ti peço auxílio,
quando levanto as mãos
em direção ao teu santuário.

³Não me arrastes com os ímpios
e com os que praticam fraudes.
Eles falam de paz ao seu próximo,
enquanto a maldade mora em seus corações.

⁴Dá-lhes conforme as suas obras,
segundo a malícia de seus esforços.
Dá-lhes a recompensa,
de acordo com as obras de suas mãos.

⁵Porque eles não discerniram as obras de Javé
e os trabalhos de suas mãos.
Que ele os destrua e não os reconstrua.

⁶Javé seja bendito, ele que ouviu
a voz das minhas súplicas.

⁷Javé é minha força e meu escudo,
nele o meu coração confiou e foi socorrido.
Nele exulta o meu coração,
e com o meu canto eu o louvarei.

⁸Javé é a força para o seu povo,
a proteção que salva o seu ungido.
⁹Salva o teu povo e abençoa a tua herança,
apascenta-o e conduze-o para sempre!

Sl 28: *Oração pessoal de súplica*, ao enfrentar acusação caluniosa que coloca a vida em perigo. De pé, no pátio do templo, com as mãos elevadas e orientadas na direção do santuário, o fiel clama por justiça. Reafirmando a certeza de que a justiça divina triunfará, o orante conclui com ação de graças.

SALMO 29 (28)
Glória ao poder de Deus

¹De Davi.

Prestem a Javé, filhos de Deus,
prestem a Javé glória e poder!
²Prestem glória ao nome de Javé,
adorem a Javé
em seu átrio sagrado!

Sl 29: *Hino de louvor ao Deus da criação*. Oração que celebra a grandiosidade da criação, quando Deus manifesta glória e poder durante alguma tempestade, diante da qual o povo reunido sente-se pequeno. Ao mergulhar no mistério de Deus presente no trovão, o povo reconhece a força divina. Então gritam todos juntos: "Glória!"

³A voz de Javé paira sobre as águas,
   o Deus glorioso troveja.
   Paira Javé sobre as muitas águas.
⁴A voz de Javé tem poder,
   a voz de Javé é majestosa.
⁵A voz de Javé quebra os cedros,
   Javé faz destroçar os cedros do Líbano.
⁶Faz saltar o Líbano como bezerro novo,
   e o Sarion como filhote de búfalo.
⁷A voz de Javé lança labaredas de fogo.
⁸A voz de Javé estremece o deserto,
   Javé faz estremecer o deserto de Cades.
⁹A voz de Javé retorce os carvalhos
   e descasca as florestas.

   No seu Templo todos aclamam: "Glória!"
¹⁰Javé está sentado sobre o dilúvio,
   Javé está sentado como rei para sempre!
¹¹Javé dá força ao seu povo,
   Javé abençoa seu povo com a paz.

SALMO 30 (29)
Agradecimento pela saúde

¹Salmo. Para a dedicação da casa. De Davi.

²Eu te exalto, Javé, porque me livraste,
   e não zombaram de mim os meus inimigos.
³Javé, meu Deus, eu clamei a ti, e tu me curaste.
⁴Javé, fizeste minha vida subir da morada dos mortos,
   fizeste-me reviver diante dos que descem à cova.

⁵Façam músicas para Javé, vocês que são fiéis a ele;
   celebrem a sua santa memória.
⁶Pois sua ira dura um momento,
   e sua graça por toda a vida.
   De tarde vem nos visitar o pranto
   e de manhã gritos de júbilo.

⁷Em minha tranquilidade eu dizia:
   "Não fracassarei jamais!"
⁸Javé, em tua graça me sustentas
   como no alto de fortes montanhas.
   Mas me ocultaste a tua face, e fiquei perturbado.

⁹Javé, eu clamei voltado para ti,
   para meu Deus dirigi uma súplica:
¹⁰"Que proveito tens com meu sangue,
   quando desço à sepultura?

Por acaso pode o pó louvar-te
   e proclamar a tua fidelidade?
¹¹Ouve, Javé, e sente piedade de mim.
   Sejas tu, Javé, o meu socorro!"

Sl 30: *Oração pessoal de ação de graças.* O orante superou uma grave enfermidade e agora agradece a Deus que o libertou desse perigo mortal. O agradecimento é público, porque a recuperação de um doente traz vida nova para toda a comunidade. O fiel, agora curado, compartilha com os amigos a sua experiência, para que todos possam juntos alegrar-se, confiando na força curadora de Javé.

¹²Mudaste o meu lamento em dança,
   tiraste-me das roupas de saco para roupas de festa.
¹³Por isso farei músicas alegres e não me calarei.
   Javé, meu Deus, eu te louvarei para sempre.

SALMO 31 (30)
Em tuas mãos entrego o meu espírito

¹*Do mestre de canto. Salmo. De Davi.*

²Em Javé busquei proteção,
   e jamais ficarei envergonhado.
   Salva-me, em tua justiça!
³Inclina para mim os teus ouvidos,
   liberta-me depressa!

 Sejas uma rocha firme para mim,
   uma fortaleza que me salva.
⁴Porque tu és, para mim, rochedo e fortaleza,
   e por isso teu nome há de me guiar e conduzir.

⁵Tira-me desta armadilha que esconderam contra mim,
   porque tu és o meu abrigo.
⁶Em tuas mãos entrego o meu espírito.
   Tu me resgataste, Javé, Deus verdadeiro.
⁷Detesto os que adoram ídolos vazios;
   quanto a mim, eu confio em Javé.

⁸Fiquei alegre e me regozijei em tua misericórdia,
   pois tu viste minha miséria
   e conheceste a aflição da minha alma.
⁹Não me entregaste nas mãos dos inimigos;
   colocaste meus pés em lugar espaçoso.

¹⁰Javé, tem piedade de mim,
   pois estou angustiado.
 A dor consome meus olhos,
   minha garganta e meu ventre.

¹¹Pois em aflição se esgotou a minha vida,
   e os meus anos em gemidos;
 por minha iniquidade, minha força vacila
   e meus ossos se consomem.

¹²Para todos os meus inimigos tornei-me escândalo;
   para os meus vizinhos um espanto,
   um terror diante dos que me conhecem.
   Os que me veem pela rua fogem de mim.
¹³Fui esquecido como cadáver, como alguém sem coração;
   eu sou como vaso quebrado.

¹⁴Pois ouvi muitas calúnias,
   e o terror me sitia.
 Eles conspiram juntos contra mim,
   fazem intrigas para tirar-me a vida.

¹⁵Quanto a mim, eu confiei em ti, Javé.
   Eu disse: "Tu és o meu Deus!"

Sl 31: *Oração pessoal de súplica.* Como encontrar forças para permanecer fiel, vivendo no meio de pessoas que não querem saber de Deus? Viver no caminho justo exige esforço perseverante. Sentindo que as forças diminuem, o orante se volta diretamente para Deus em busca de apoio. Quem procura ser justo esteja preparado para enfrentar inúmeras dificuldades, como zombarias, calúnias, perseguições e traições. Portanto, é fundamental colocar-se inteiramente nas mãos de Deus, que sempre defende o justo. Por isso é que o salmo conclui com louvor agradecido ao Deus que não se esquece do pobre. Segundo o evangelho de Lucas, Jesus viveu essa experiência ao recitar na cruz o versículo 6 (cf. Lc 23,46).

¹⁶Meus tempos estão em tuas mãos:
 liberta-me da mão dos meus inimigos e perseguidores!
¹⁷Faze brilhar a tua face sobre o teu servo,
 salva-me por tua fidelidade.
¹⁸Javé, que eu não fique desiludido por ter clamado a ti.
 Desiludidos fiquem os ímpios,
 emudeçam em direção à morada dos mortos.
¹⁹Fiquem calados os lábios fraudulentos,
 os que insolentes falam contra o justo,
 com soberba e menosprezo!
²⁰Como é grande a tua bondade!
 Tu a reservaste para os que temem a ti,
 e a concedes para aqueles que em ti buscam refúgio,
 na presença dos filhos dos homens.
²¹Tu os escondes no segredo de tua face,
 longe das intrigas humanas.
 Guarda-os em tua tenda,
 longe das línguas briguentas.
²²Javé seja bendito, ele que por mim
 fez prodígios de bondade em cidade segura.
²³Eu dizia na minha ansiedade:
 "Fui expulso da frente de teus olhos!"
 Tu, porém, ouviste a voz da minha súplica,
 quando gritei por socorro voltado para ti.
²⁴Tenham amor a Javé, todos vocês fiéis a ele.
 Javé protege os seus fiéis,
 porém retribui com rigor
 aos que agem com orgulho.
²⁵Sejam fortes, tenham força em seus corações,
 todos vocês que esperam por Javé!

SALMO 32 (31)
A conversão traz vida nova

¹De Davi. Poema.

Feliz aquele cuja falta é perdoada,
 e cuja culpa é encoberta.
²Feliz o homem no qual Javé não encontra culpa,
 e em cujo espírito não existe falsidade.
³Quando guardei silêncio, meus ossos se consumiram,
 gemendo o dia todo,
⁴pois dia e noite pesava sobre mim a tua mão;
 minha seiva se transformou em mormaço de verão.
⁵A ti declarei o meu pecado,
 não escondi a minha iniquidade.
 Eu disse: "Reconheço, diante de Javé, contra mim,
 as minhas transgressões".
 E tu retiraste a culpa do meu pecado.

Sl 32: *Oração pessoal de ação de graças.* O fiel agradece a Deus o perdão dos pecados. A felicidade humana está em acolher a ação misericordiosa de Deus, que não nos acusa; ao contrário, nos acolhe sempre e perdoa tudo. Quem tenta esconder de Deus os próprios pecados sofre tormentos, porque a consciência o acusa continuamente. Mas o justo que foi perdoado partilha sua alegria com a comunidade.

⁶Por isso, todo fiel há de suplicar-te,
   a tempo de te encontrar.
Ainda que ocorram grandes enchentes,
   elas não o atingirão.

⁷Tu és um refúgio para mim.
   Tu me proteges da angústia,
me envolves, me salvas, entre cantos de libertação.
⁸Eu instruirei você e lhe ensinarei o caminho a seguir;
   com meus olhos sobre você, eu o aconselharei.

⁹Não seja você qual cavalo
   ou mula sem entendimento,
que precisam ser domados com freio e cabresto,
   sem que se aproximem de você.

¹⁰Muitas são as dores do ímpio,
   mas a bondade há de proteger a quem confia em Javé.
¹¹Alegrem-se em Javé, regozijem os justos,
   e deem gritos de alegria todos os retos de coração.

SALMO 33 (32)
Louvor à bondade de Deus

¹Alegrem-se os justos em Javé!
   Aos retos fica bem o louvor.
²Louvem a Javé com a lira de dez cordas,
   façam músicas para ele.
³Cantem para ele um cântico novo,
   toquem com maestria aclamações de alegria.

⁴Porque reta é a palavra de Javé,
   e todas as suas obras são verdadeiras.
⁵Ele ama a justiça e o direito,
   e a bondade de Javé transborda em toda a terra.

⁶Foi pela palavra de Javé que os céus foram feitos,
   e todo o exército dos céus pelo sopro de sua boca.
⁷Ele reúne como em represa as águas do mar,
   em reservatórios os oceanos.

⁸Que a terra inteira tenha temor a Javé,
   que o respeitem os habitantes todos da terra!
⁹Porque ele disse e tudo passou a existir,
   ele ordenou e tudo surgiu.

¹⁰Javé faz desaparecer os projetos das nações,
   frustra os pensamentos dos povos.
¹¹Os planos de Javé duram para sempre,
   os pensamentos do seu coração
      permanecem de geração em geração.

¹²Feliz a nação cujo Deus é Javé,
   o povo que ele escolheu por sua herança.
¹³Javé observa do alto dos céus
   e vê todos os filhos dos homens.

Sl 33: *Hino de louvor ao Deus da vida.* O fiel louva a força da palavra que se manifesta na criação e na caminhada histórica do povo. A Palavra de Deus é eficaz. Ela cria e organiza todo o universo, enchendo-o com seu amor e fidelidade. Ao mesmo tempo, ela propõe justiça, paz e alegria para todas as pessoas que manifestam temor a Deus, acolhendo seu projeto de amor: "Feliz a nação cujo Deus é Javé" (v. 12).

¹⁴Do lugar da sua morada,
ele observa todos os habitantes da terra:
¹⁵ele, sozinho, formou seus corações,
e compreende todos os seus atos.

¹⁶Não existe rei que possa ser salvo pela força de seu exército,
nem guerreiro que possa escapar por sua própria força.
¹⁷O cavalo é um engano para sua salvação,
e a força de seu poder não pode livrá-lo.

¹⁸Eis que os olhos de Javé estão sobre os que o temem,
para os que esperam em seu amor.
¹⁹Para livrar da morte a vida deles,
e fazê-los viver no tempo da fome.

²⁰Nossa alma espera por Javé,
ele é nosso socorro e nosso escudo.
²¹Sim, nele se alegra nosso coração,
em seu nome santo nós confiamos.
²²Tua bondade esteja sobre nós, ó Javé,
da mesma forma que em ti nós esperamos.

SALMO 34 (33)
Louvor à justiça de Deus

¹De Davi. Quando se fingiu de louco diante de Abimelec, e expulso por ele foi embora.

²Eu louvarei a Javé em todo o tempo,
seu louvor estará sempre em minha boca.
³O meu ser se gloria em Javé:
que escutem os pobres e se alegrem.

⁴Engrandeçam a Javé comigo,
juntos enalteçamos o seu nome.
⁵Busquei Javé e ele me respondeu,
livrou-me de todos os meus temores.

⁶Os que olham para ele ficarão radiantes,
o rosto de vocês não ficará envergonhado.
⁷Este pobre clamou e Javé o escutou,
de todas as suas angústias o salvou.

⁸O anjo de Javé acampa
ao redor dos que o temem, e os defende.
⁹Provem e vejam como Javé é bom:
feliz o homem que nele busca proteção.

¹⁰Temam a Javé seus santos todos,
pois não existe penúria para os que o temem.
¹¹Os leõezinhos sentem necessidade e passam fome,
mas nada faltará para os que buscam a Javé, tudo lhes irá bem.

¹²Venham, filhos, prestem atenção:
eu vou lhes ensinar o temor de Javé.
¹³Qual é o homem que não deseja a vida,
e não ama os dias da própria vida para ver a felicidade?

Sl 34: *Oração pessoal de ação de graças.* Após a experiência de libertação, o justo convoca os pobres a se unirem a ele em oração agradecida, na qual também a comunidade é convidada a viver no temor de Javé. É o reconhecimento de nossa pequenez diante de Deus, a demonstração de nossa vontade de realizar o projeto de justiça, construindo a paz e vencendo toda maldade. Viver no temor de Javé é lutar pela vida plena para todos.

¹⁴Guardem da maldade a sua língua,
e da palavra mentirosa os seus lábios.
¹⁵Afastem-se da maldade e pratiquem o bem,
procurem a paz e andem com ela em seus caminhos.
¹⁶Os olhos de Javé estão por sobre os justos,
seus ouvidos sobre aqueles que gritam por socorro.
¹⁷A face de Javé está sobre aqueles que praticam a maldade,
para lhes arrancar da terra a lembrança.
¹⁸Eles clamam e Javé escuta,
e os liberta de todos os perigos.
¹⁹Javé está perto dos corações derrotados,
ele salva os de espírito abatido.
²⁰Muitos são os sofrimentos do justo,
mas de todos eles Javé o protege.
²¹E lhe guarda todos os ossos,
e nenhum será quebrado.
²²A maldade levará o perverso à morte,
os que detestam o justo serão castigados.
²³Javé resgata a vida dos seus servos,
e não serão castigados os que nele buscam proteção.

SALMO 35 (34)
Deus defende o inocente

¹*De Davi.*
Javé, defende-me dos meus inimigos,
combate contra aqueles que me combatem.
²Empunha escudo e armadura,
e levanta-te em meu socorro.
³Tira da bainha a espada e fecha o caminho
dos que gritam e me perseguem!
Dize à minha alma:
"Eu sou a sua salvação".

⁴Que sejam envergonhados e confundidos
os que perseguem a minha vida.
Voltem para trás e fiquem decepcionados
os que planejam a minha desgraça.
⁵Sejam como palha ao vento,
quando o anjo de Javé os empurrar.
⁶Seja escuro e escorregadio o caminho deles,
quando o anjo de Javé os perseguir.
⁷Pois sem razão armaram uma rede contra mim,
sem motivo cavaram um fosso contra a minha vida.
⁸Venha sobre eles a ruína, sem que percebam!
A rede que armaram capture a eles mesmos.
Caiam nela e sejam arruinados!
⁹Então minha alma se alegrará em Javé,
exultará com a sua salvação.

Sl 35: *Oração pessoal de súplica.* Diante de acusações falsas, o fiel clama pela justiça divina. Enfrenta um julgamento onde as testemunhas contrárias não são apenas os adversários, mas o amigo e companheiro que trai a confiança, pagando o bem da amizade com o mal da calúnia. A difamação causada por um amigo é uma das piores experiências pela qual alguém pode passar. Mas Deus é testemunha dessa injustiça e virá em socorro do justo que suplica. Pois ele quer que todos os seus amigos vivam tranquilos e na paz.

¹⁰Todos os meus ossos dirão:
"Javé, quem é igual a ti,
que libertas o pobre daquele que é mais forte que ele,
o pobre e o indigente daquele que é o seu explorador?"

¹¹Levantam-se testemunhas violentas,
perguntam coisas que eu ignoro.
¹²Restituíram-me o mal pelo bem,
minha vida está desamparada.

¹³Quanto a mim, quando eles estavam doentes,
vesti-me com pano de saco,
com jejum humilhava minha alma,
e minha oração retornava sobre meu peito.
¹⁴Como por um amigo, como por um irmão,
andava sombrio e cabisbaixo,
como se estivesse de luto por minha mãe.

¹⁵Eles, porém, alegraram-se com minha queda,
reuniram-se, reuniram-se contra mim,
atacaram-me sem que eu percebesse.
Golpearam-me sem cessar.
¹⁶Como perversos caçoaram,
rangendo os dentes contra mim.

¹⁷Senhor, quando verás isso?
Liberta minha alma da destruição,
e desses leõezinhos o meu único bem.
¹⁸Eu te louvarei na grande assembleia,
eu te darei graças em meio à multidão do povo.
¹⁹Não se alegrem à minha custa
meus inimigos mentirosos e injustos.
Não pisquem os olhos
os que me odeiam sem motivo.

²⁰Pois eles nunca falam de paz,
e contra os pacíficos da terra tramam intrigas.
²¹Escancaram a boca contra mim,
e com desprezo dizem:
"Ah! Ah! Vimos com nossos próprios olhos".

²²Isso tu viste, Javé! Não fiques calado!
Senhor, não fiques longe de mim!
²³Desperta! Levanta-te pelo meu direito,
por minha causa, meu Deus e meu Senhor!
²⁴Julga-me conforme a tua justiça, Javé meu Deus.
Que eles não se alegrem à minha custa.

²⁵Não digam em seus corações:
"Ah! Ah! Conseguimos!"
Que não digam: "Nós o engolimos!"
²⁶Fiquem envergonhados e confusos, todos juntos,
os que se alegram com os meus males.
Sejam revestidos de vergonha e infâmia
os que se engrandecem à minha custa.

²⁷Que gritem de alegria e se alegrem
os que desejam a minha justiça.
Digam sempre: "Javé é grande!
Ele deseja a paz para o seu servo!"
²⁸E minha língua anunciará a tua justiça,
e todos os dias o teu louvor.

SALMO 36 (35)
A bondade de Deus é a fonte da vida

¹Do mestre de canto. Do servidor de Javé. De Davi.

²Oráculo da transgressão do ímpio
   na intimidade do seu coração:
O temor de Deus não existe diante de seus olhos.

³Pois com os olhos ele se ilude a si mesmo,
   em seu rancor não encontra iniquidade.
⁴As palavras de sua boca são falsidade e traição,
   desistiu da sensatez e de fazer o bem.
⁵Em seu leito medita falsidade,
   está firme sobre um caminho que não é bom,
   e não quer afastar-se do mal.

⁶Javé, tua misericórdia está nos céus,
   e tua sinceridade chega até às nuvens.
⁷Tua justiça é comparada às montanhas de Deus,
   e teus julgamentos são como o grande oceano.

Javé, tu salvas homens e animais.
⁸Como é preciosa a tua bondade, ó Deus!
   Os filhos dos homens se abrigam à sombra de tuas asas.
⁹Eles se fartarão com a gordura de tua casa,
   e os farás beber de um rio de delícias.
¹⁰Pois em ti está a fonte da vida,
   e em tua luz nós vemos a luz.

¹¹Conserva tua bondade para os que te conhecem,
   e tua justiça para os retos de coração.
¹²Não venham sobre mim os pés dos soberbos,
   e as mãos dos ímpios não me expulsem.
¹³Aí mesmo se prostraram os que praticam a falsidade,
   caíram e não podem mais se levantar.

Sl 36: *Oração pessoal de súplica.* O orante dá voz ao ímpio, para demonstrar como procede quem se afasta de Deus. O ímpio não reconhece a presença de Deus e se fecha em atitude autossuficiente e egoísta. Dessa forma, suas palavras são mentira e sua prática é falsa. Quem se deixa levar pelo projeto de Deus vê seu rosto no amor, na justiça e na verdade. Em Deus está a fonte da verdadeira vida. Ele é a Luz que ilumina o justo na caminhada: "Em tua luz nós vemos a luz!" (v. 10).

SALMO 37 (36)
Confie em Deus e faça o bem

¹De Davi.

Não se irrite com as obras dos maus,
   nem tenha inveja dos que praticam a injustiça.
²Pois eles são como capim, e rápido secarão;
   como erva verde, logo murcharão.

³Confie em Javé e faça o bem,
   habite a terra e viva com segurança.
⁴Sinta prazer em Javé, e ele dará
   o que você pede no coração.

Sl 37: *Oração de espiritualidade sapiencial.* O salmo faz um confronto entre dois modelos de vida. Vemos de um lado o que se apoia em Javé. São felizes os justos, porque possuirão a terra (vv. 9.11.22.29.34; cf. Mt 5,5). Por outro lado, os injustos levam vida construída de opressão, violência, mentira e falsidade. Quem segue por esse caminho afasta-se do projeto de Deus e não terá futuro. Os ímpios serão excluídos e eliminados desta terra. De que lado eu me coloco?

⁵Recomende seu caminho a Javé,
   confie nele, que ele agirá.
⁶Ele fará reluzir a justiça de você como o sol,
   e o seu direito como a luz do meio-dia.
⁷Silencie diante de Javé, espere nele!
  Não se irrite contra os que triunfam em seus planos,
   contra o homem que faz intrigas.
⁸Abandone a raiva, deixe a ira,
   Não se irrite. Seria um mal a mais.
⁹Pois os ímpios serão suprimidos,
   mas aqueles que esperam em Javé possuirão a terra.

¹⁰Ainda um pouco e o ímpio já não existirá;
   você irá procurar o lugar dele, e terá desaparecido.
¹¹Mas os pobres possuirão a terra,
   sentirão prazer com paz em abundância.

¹²O ímpio faz intriga contra o justo,
   e contra ele range os dentes.
¹³Mas o Senhor se diverte diante dele,
   porque vê como seus dias vão chegando.

¹⁴Os ímpios desembainham a espada,
   preparam o arco para fazer cair o pobre e o indigente,
   para assassinar o homem reto em seu caminho.
¹⁵Mas penetrará no coração deles a espada,
   e se quebrarão os seus arcos.

¹⁶Melhor é o pouco que tem o justo,
   do que a riqueza dos ímpios.
¹⁷Pois os braços dos ímpios serão quebrados,
   mas o apoio dos justos é Javé.

¹⁸Javé conhece os dias dos que são perfeitos,
   e a herança deles permanecerá para sempre.
¹⁹Não se envergonharão nos dias de dificuldade,
   e nos dias de fome serão saciados.

²⁰Pois os ímpios desaparecerão,
   os inimigos de Javé
   são como valiosas pastagens que desaparecem,
   terminam como fumaça.

²¹O ímpio pede emprestado e não devolve,
   mas o justo mostra bondade e faz doação.
²²Os que são abençoados possuirão a terra,
   e os amaldiçoados serão excluídos.

²³De Javé dependem os passos dos homens:
   e lhes dirige o caminho e com este se alegra.
²⁴Ainda que venha a cair, não ficará prostrado,
   porque Javé o ampara com a mão.

²⁵Fui jovem e agora já sou velho,
   e nunca vi um justo ficar abandonado,
   nem sua descendência mendigando pão.

²⁶Todos os dias ele mostra bondade e empresta,
   e sua descendência é abençoada.
²⁷Afaste-se do mal e faça o bem,
   e você terá moradia para sempre.
²⁸Porque Javé ama o direito
   e jamais abandona seus fiéis:
   para sempre os protege.
   Mas a descendência dos ímpios será destruída.
²⁹Os justos possuirão a terra
   e nela habitarão para sempre.
³⁰A boca do justo recita sabedoria
   e sua língua anuncia o direito.
³¹A lei de Deus está em seu coração
   e seus passos não vacilam.
³²O ímpio espreita o justo,
   buscando um meio para matá-lo.
³³Javé não o abandonará em mãos dele,
   nem lhe fará mal quando estiver no julgamento.
³⁴Espere em Javé e se mantenha no caminho dele.
   Ele o exaltará, para você possuir a terra,
   e você verá quando os ímpios desaparecerem.
³⁵Vi o ímpio triunfante
   espalhar-se como árvore nativa e frondosa.
³⁶Mas passou, e eis que já não existe;
   procurei-o, e não mais o encontrei.
³⁷Observe o íntegro, veja o homem direito,
   porque existe uma descendência para o homem pacífico.
³⁸Quanto aos culpados, serão destruídos todos juntos,
   e a descendência dos ímpios será cortada.
³⁹A salvação dos justos vem de Javé,
   ele é o refúgio deles no tempo da angústia.
⁴⁰Javé os socorre e os preserva,
   preserva-os dos ímpios e lhes dará salvação,
   pois nele buscam abrigo.

SALMO 38 (37)
Deus socorre o desamparado

¹Salmo. De Davi. Para a comemoração.
²Javé, não me repreendas com teu furor,
   nem me corrijas com tua cólera.
³Pois em mim penetraram tuas flechas,
   sobre mim abateu-se tua mão.
⁴Não existe parte alguma ilesa em minha carne,
   por causa da tua cólera.
 Nada está inteiro em meus ossos,
   por causa do meu pecado.
⁵Pois minhas iniquidades ultrapassam
      minha cabeça,
   são como fardo pesado sobre mim.

Sl 38: *Oração pessoal de súplica.* Lamento de alguém que passa por grave enfermidade e sente-se abandonado por Deus. O orante descreve sua própria situação, buscando entender os caminhos de Deus. Prostrado pela doença e atacado por adversários, sente-se castigado por causa dos próprios pecados, lamentando o abandono e sofrimento pelo qual está passando. Mas conclui confiando na cura e no perdão de Deus. Por isso, confessa os próprios pecados, certo de que o perdão divino é a condição para superar a doença e outras fraquezas. "Porque em ti, Javé, eu espero!" (v. 16).

⁶Minhas feridas apodrecem e se corrompem,
  por causa da minha estupidez.
⁷Estou encurvado e abatido,
  e todos os dias ando entristecido.
⁸Sim, meus rins ardem de febre,
  e nada está intacto em minha carne.
⁹Estou fraco e completamente abatido;
  como um rugir, assim tem rugido meu coração.
¹⁰Senhor, diante de ti está todo o meu desejo,
  e o meu gemido não está oculto a ti.
¹¹Palpita-me o coração, perco as forças,
  e a luz dos meus olhos, nem ela está comigo.
¹²Meus amigos e companheiros se afastam da minha ferida,
  e meus vizinhos permanecem distantes.
¹³Preparam armadilhas contra mim os que buscam tirar-me a vida.
  Os que buscam o mal contra mim falam em desgraças
  e todos os dias planejam mentiras.
¹⁴Mas eu, como surdo, não escuto;
  qual mudo, não abro a boca.
¹⁵Sou como homem que não ouve,
  e em cuja boca não existe contestação.
¹⁶Porque em ti, Javé, eu espero!
  Tu me responderás, Senhor meu Deus!
¹⁷Pois assim eu peço: "Que não se alegrem à minha custa,
  não triunfem sobre mim, quando minhas pernas vacilarem".
¹⁸Eis que estou pronto para cair,
  meu sofrimento está sempre à minha frente.
¹⁹Sim, eu confesso o meu pecado,
  a minha transgressão me inquieta.
²⁰Meus inimigos estão vivos e são numerosos.
  São muitos os que me detestam sem motivo,
²¹os que retribuem o bem com o mal,
  e me acusam porque procuro o bem.
²²Não me abandones, ó Javé!
  Meu Deus, não fiques longe de mim!
²³Vem depressa socorrer-me,
  Senhor, minha salvação!

SALMO 39 (38)
A vida humana diante de Deus

¹Do mestre de canto. De Iditun. Salmo. De Davi.

²Eu disse: "Vigiarei minha conduta,
  para não pecar com a língua.
  Vou colocar mordaça na boca,
  quando o ímpio estiver na minha frente".
³Eu fiquei mudo, em silêncio,
  calei-me mesmo diante do bem,
  e minha dor piorou.

Sl 39: *Oração pessoal de súplica.* O que pode esperar uma pessoa que, mesmo vivendo o projeto de Deus, sente que a vida é breve e as dificuldades a enfrentar são muitas? O orante acolhe tudo em silêncio. Até que uma hora não pode mais silenciar e lança a Deus um grande desafio: Até quando o Senhor ficará surdo aos meus apelos? Então o lamento se transforma em grito de confiança. Mesmo sem percebermos a presença de Deus, sabemos que ele está conosco.

⁴Ardendo, meu coração queimava dentro de mim;
e quando eu meditava sobre isso,
um fogo se inflamava
e a palavra veio à minha boca:
⁵"Javé, faze-me conhecer o meu fim
e qual é a medida dos meus dias,
para que eu saiba o quanto sou frágil.

⁶Eis que um palmo são os dias que me deste,
e minha duração não é nada diante de ti.
Nada mais que um sopro dura a vida de todo homem!
⁷Sim, apenas sombra é o homem em seu caminho,
nada mais que um sopro a sua preocupação.
Amontoa riquezas e não sabe quem as recolherá".

⁸E agora, Senhor, o que posso esperar?
Minha esperança está em ti!
⁹Liberta-me de todas as minhas transgressões,
não me deixes como deboche do insensato.
¹⁰Eu fiquei mudo e não abro mais a boca,
pois quem age és tu.

¹¹Afasta de mim o teu castigo,
pois desfaleço ao ímpeto de tua mão.
¹²Com reprovações ensinas o homem quanto ao pecado,
e lhe dissolves como traça o tesouro.
Nada mais que um sopro são todos os homens!

¹³Javé, ouve a minha oração,
dá ouvidos aos meus gritos!
Não fiques calado diante do meu pranto,
pois sou estrangeiro junto a ti,
retirante como todos os meus pais.
¹⁴Afasta de mim o teu olhar, e eu me alegrarei,
antes que eu me vá e não mais exista!

SALMO 40 (39)
A esperança confiante

¹Do mestre de canto. De Davi. Salmo.

²Esperando esperei em Javé.
E ele se inclinou para mim e ouviu o meu clamor.
³Ele me fez subir do poço fatal, de um brejo lodoso.
Colocou meus pés sobre a rocha,
e firmou meus passos.
⁴Ele me colocou na boca um cântico novo,
uma oração para o nosso Deus.
Muitos irão ver e sentirão medo,
e confiarão em Javé.

⁵Feliz o homem que confia em Javé,
que não se volta para as idolatrias,
nem para os que se extraviam com a mentira.
⁶São muitas as maravilhas que realizaste,
Javé meu Deus!

Sl 40: Reúne duas orações distintas, porém complementares.
2-11: *Oração pessoal de ação de graças.* Começa com agradecimento pela ação de Deus, que livrou o orante de grave perigo. Livre de seus tormentos, canta louvores a Deus e reafirma o compromisso de fidelidade ao projeto divino. O recuperado se torna sinal da justiça divina diante de toda a comunidade dos fiéis.

E teus planos sobre nós!
Ninguém pode igualar-se a ti!
Quero relatar, falar deles, mas são demais para contar.

⁷Não queres nem sacrifício nem oferta;
por isso me abriste os ouvidos.
Tu não pedes holocausto pelos meus pecados.
⁸Então eu disse: "Eis que venho!"
– como está escrito sobre mim no rolo do livro –
⁹"venho para fazer com alegria a tua vontade;
guardo nas entranhas a tua lei".
¹⁰Anunciei a justiça na grande assembleia.
Porque não fechei os lábios. Javé, tu o sabes.
¹¹A tua justiça não escondi dentro do coração;
falei da tua fidelidade e da tua salvação.
Não ocultei o teu amor e a tua verdade na grande assembleia.

¹²E tu, Javé, não retires tua compaixão
para longe de mim;
tua misericórdia e tua verdade
me guardarão para sempre.
¹³Pois me rodeiam os males, e não há como contá-los.
Meus pecados me prendem, e não posso fugir.
São mais numerosos
que os cabelos da minha cabeça,
e meu coração me abandona.

¹⁴Vem, Javé, vem libertar-me, por favor!
Javé, vem depressa em meu socorro!
¹⁵Sejam envergonhados e confundidos
os que juntos procuram minha vida para eliminá-la.
Recuem e fiquem humilhados
os que têm prazer em me fazer o mal.
¹⁶Fiquem desolados por causa da vergonha
os que se riem de mim.

¹⁷Exultem e alegrem-se contigo
todos os que te procuram.
Que digam sempre os que amam a tua salvação:
"Grande é Javé!"
¹⁸E eu, pobre e indigente, que o Senhor pense em mim.
Tu que és o meu socorro e o meu libertador,
meu Deus, não demores!

> **12-18**: *Oração pessoal de súplica*. A segunda parte do salmo se transforma em súplica a Deus, para que continue atendendo os fiéis que se voltam para ele cheios de confiança. O orante, sentindo-se fraco, pede que Deus o liberte dos adversários que buscam tirá-lo do caminho verdadeiro. "Javé, vem libertar-me, por favor!" (v. 14). "Meu Deus, não demores!" (v. 18).

SALMO 41 (40)
Deus é refúgio do abandonado

¹Do mestre de canto. Salmo. De Davi.
²Feliz quem cuida do explorado:
Javé o colocará a salvo no dia da aflição.
³Javé o protegerá e lhe preservará a vida,
a fim de que tenha felicidade na terra,
e não o deixará aos caprichos dos inimigos.
⁴Javé o sustentará no leito da enfermidade,
e lhe mudará a sorte na cama onde definha.

> **Sl 41**: *Oração pessoal de ação de graças*. O orante agradece a Deus a superação de grave enfermidade. O salmista recorda seus momentos difíceis e agradece a pronta resposta de Deus, que lhe gerou a cura. O recuperado se torna sinal da presença de Deus na comunidade e uma condenação aos que duvidavam.

⁵Eu disse: "Javé, tem piedade de mim!
   Cura minha alma, pois pequei contra ti!"
⁶Meus inimigos blasfemaram contra mim:
   "Quando é que ele vai morrer, e perecer o nome dele?"
⁷Quando algum deles vem me visitar, fala ao vento,
   seu coração é um amontoado de iniquidades,
   e quando vai embora, é disso que fala.

⁸Todos os que me detestam cochicham juntos contra mim.
   Eles, contra mim, planejam o mal:
⁹"Algo perverso o contagiou,
   e agora, estendido na cama, não voltará a se levantar!"
¹⁰Até o amigo no qual eu mais confiava,
   e que comia do meu pão, ergueu contra mim o calcanhar.

¹¹Mas tu, Javé, tem piedade de mim!
   Faze-me levantar, e lhes cobrarei o que me devem.
¹²Então saberei que tens apreço por mim,
   se sobre mim o inimigo não triunfar.
¹³Quanto a mim, és tu quem me sustenta
      na minha honestidade,
   és tu quem me manterá
      para sempre diante da tua face.

¹⁴Seja bendito Javé, o Deus de Israel,
   desde agora e para sempre!
      Amém! Amém!

14: Com este breve louvor, encerra-se o primeiro dos cinco livros que formam o saltério (cf. 72,18-20; 89,52-53; 106,48; 150). Este primeiro livro reúne Sl 1-41. O livro dos Salmos se apresenta assim como o Pentateuco Orante do povo de Deus.

SALMO 42 (41)
Sede do Deus vivo

¹Do mestre de canto. Poema. Dos filhos de Coré.

²Assim como o cervo suspira pelas águas correntes,
   assim minha alma suspira por ti, ó Deus!
³Minha alma tem sede de Deus, do Deus vivo:
   quando terei a alegria de ver a face de Deus?
⁴Minhas lágrimas são o meu pão, dia e noite,
   e o dia todo me perguntam:
      "Onde está o seu Deus?"

⁵Ao me lembrar dessas coisas,
   minha alma se derrete em meu ser:
   quando eu peregrinava, junto com todo o povo,
   e caminhava para a casa de Deus,
      entre gritos alegres e louvores,
      em meio à multidão em festa.

⁶Por que você está encurvada, ó minha alma,
   gemendo dentro de mim?
 Espere em Deus, e eu ainda o louvarei:
   "Meu Deus, salvação da minha face!"

⁷Minha alma se curva dentro de mim,
   e assim me lembro de ti,

Sl 42: Oração pessoal de súplica. Este salmo deve ser lido conjuntamente com o 43. O refrão que aparece em 42,6.12 e 43,5 mostra que ambos formavam um salmo único. O salmista é um sacerdote que foi condenado a viver fora de Jerusalém, sofrendo exílio longe da casa de Deus. A oração faz memória do passado, com saudade das celebrações no templo. Vivendo momentos de angústia profunda, o salmista expressa solidão e abandono em terra estrangeira. Mesmo assim, reforça a esperança de rever a face de Deus no templo.

desde a terra do Jordão e do Hermon,
e do monte Menor.
⁸Um abismo chama por outro abismo,
ao fragor das cascatas;
todas as tuas ondas passaram por cima de mim.
⁹À luz do dia, Javé manda o seu amor,
e pela noite eu cantarei uma oração
ao Deus da minha vida.

¹⁰Digo a Deus, a ele que é o meu rochedo:
"Por que te esqueces de mim?
Por que devo andar de cabeça baixa,
sob a opressão do inimigo?"
¹¹Enquanto quebram os meus ossos,
meus opressores me insultam,
perguntando ao meu redor o dia todo:
"Onde está o seu Deus?"

¹²Por que está encurvada, ó minha alma,
gemendo dentro de mim?
Espere em Deus, e eu ainda o louvarei:
"Meu Deus, salvação da minha face!"

SALMO 43 (42)
Esperança do exilado

¹Julga-me, ó Deus, defende a minha causa
contra uma nação sem piedade!
Liberta-me do homem perverso e fraudulento,
²porque tu és o meu Deus e o meu abrigo.
Por que me rejeitas?
Por que devo andar de cabeça baixa,
sob a opressão do inimigo?

³Envia tua luz e tua verdade:
elas me guiarão e me levarão
ao teu monte santo, ao teu santuário.
⁴Irei até o altar de Deus,
ao Deus da minha alegria e júbilo.
Eu te celebrarei com a harpa, ó Deus, ó meu Deus!

⁵Por que está encurvada, ó minha alma,
gemendo dentro de mim?
Espere em Deus, e eu ainda o louvarei:
"Meu Deus, salvação da minha face!"

Sl 43: *Oração pessoal de súplica.* Este salmo é a continuação do anterior. O sacerdote exilado reza, confiante de que Deus não o abandonará, e que ele será julgado com justiça, será perdoado e voltará a louvar a Deus em sua morada santa.

SALMO 44 (43)
O que está acontecendo conosco?

¹Do mestre de canto. Dos filhos de Coré. Poema.

²Ó Deus, com nossos próprios ouvidos nós ouvimos,
nossos pais nos contaram
as obras que realizaste em seus dias
e nos dias antigos.

Sl 44: *Oração comunitária de súplica.* O povo de Deus, vivendo momentos difíceis, faz a memória histórica de quando caminhava guiado por Javé, cuja presença dava ao povo coragem

³Com tua mão, expulsaste nações
  e plantaste nossos pais.
Quebraste povos
  e espalhaste nossos pais.
⁴Porque não foi pela espada que conquistaram a terra,
  nem foi o braço deles que lhes garantiu a vitória,
mas tua direita e teu braço
  e a luz de tua face, pois os amavas.
⁵Eras tu, meu rei e meu Deus,
  quem comandava a vitória de Jacó.
⁶Contigo investimos contra nossos adversários,
  em teu nome pisamos os que se levantaram contra nós.
⁷Porque não confiarei em meu arco,
  nem é minha espada que me dará a vitória.
⁸És tu que nos salvas de nossos inimigos
  e envergonhas nossos opressores.
⁹Em Deus nos gloriamos o dia todo,
  celebramos o teu nome para sempre.
¹⁰Tu, no entanto, nos rejeitaste, deixando-nos confusos,
  e já não vens com nossos exércitos.
¹¹Tu nos fazes recuar diante do inimigo,
  e nosso adversário nos rouba livremente.
¹²Tu nos entregaste como ovelhas para o corte,
  e nos dispersaste no meio das nações.
¹³Vendeste teu povo por algo sem valor,
  em nada aumentando teu patrimônio.
¹⁴Fazes de nós motivo de humilhação para nossos vizinhos,
  zombaria e gozação dos que nos rodeiam.
¹⁵Fazes de nós o provérbio das nações,
  e os povos balançam sobre nós a cabeça.
¹⁶Minha humilhação está o dia todo à minha frente,
  e a vergonha cobre o meu rosto,
¹⁷por causa dos gritos de insulto e injúria
  diante do inimigo vingativo.
¹⁸Tudo isso nos aconteceu, e não nos esquecemos de ti,
  muito menos violamos a tua aliança.
¹⁹Nosso coração não voltou atrás,
  nem se afastaram do teu caminho os nossos passos.
²⁰Tu nos trituraste onde vivem as feras selvagens,
  e nos cobriste com a escuridão.
²¹Se tivéssemos esquecido o nome do nosso Deus
  e estendido nossas mãos a um deus estrangeiro,
²²por acaso Deus não teria examinado tudo isso,
  ele que conhece os segredos do coração?
²³É por tua causa que nos matam a cada dia,
  e somos tratados como ovelhas de corte.
²⁴Acorda, Senhor! Por que dormes?
  Desperta! Não nos rejeites por todo o sempre!
²⁵Por que escondes tua face de nós,
  e esqueces nossa miséria e opressão?

---

para vencer os obstáculos da caminhada. Javé lhes concedia a certeza de que chegariam à terra prometida. Mas, no momento, o povo vive a angústia do abandono e percebe que os inimigos são fortes e podem destruí-lo. Onde está Deus nestes momentos tão difíceis? Sem Deus, qual é o nosso futuro? Na angústia, o povo clama e pede a Deus que continue agindo: "Sê um socorro para nós! Liberta-nos, por tua fidelidade" (v. 27).

²⁶Porque nossa alma está afundada no pó
e nosso ventre grudado no chão.
²⁷Levanta-te! Sê um socorro para nós!
Liberta-nos, por tua fidelidade!

SALMO 45 (44)
Rei e rainha. Deus e o povo.

¹*Do mestre de canto. Sobre a ária "Os lírios..." Dos filhos de Coré. Poema. Canto de amor.*

²Meu coração fez brotar belas palavras:
eu as dedico ao meu rei.
Minha língua é pena de hábil escritor.
³Você é o mais belo dos filhos dos homens,
a graça flui entre seus lábios,
e por isso Deus o abençoa para sempre.

⁴Cinja a espada sobre a coxa, ó valente,
com sua majestade e seu esplendor.
⁵Seu esplendor invada, cavalgue por causa da verdade,
da mansidão e da justiça.
Sua direita ensine e infunda respeito.
⁶Suas flechas são afiadas, povos caem submissos a você,
os inimigos do rei são atingidos no coração.

⁷O teu trono, ó Deus, é para toda a eternidade!
Cetro de retidão é o cetro do teu reino!
⁸Tu amas a justiça e odeias a iniquidade!
Por isso Deus, o seu Deus, ungiu você
com óleo de alegria, mais que a seus companheiros.

⁹Mirra, aloés e cássia perfumam suas vestes,
desde os palácios de marfim as cordas alegram você.
¹⁰As filhas de reis, com suas preciosas posses, saem a seu encontro.
À direita de você está a rainha com ouro de Ofir.

¹¹Ouça, filha, veja e incline seu ouvido:
esqueça o seu povo e a casa do seu pai,
¹²pois o rei se apaixonou por sua beleza.
Incline-se diante dele, pois ele é o seu senhor.

¹³A filha de Tiro vem com presentes;
seu rosto fará os ricos do povo desfalecer.
¹⁴Ela é toda beleza,
vestida de brocados de ouro.

¹⁵Com bordados a filha do rei é levada para dentro,
na companhia de virgens, suas companheiras,
que lhe vão atrás, até o rei.
¹⁶É conduzida com alegria e júbilo,
e elas entram no palácio do rei.

¹⁷Em lugar de seus pais, estarão seus filhos,
e deles você fará príncipes em toda a terra.
¹⁸Farei recordar o seu nome de geração em geração,
e assim os povos louvarão você para sempre e eternamente.

Sl 45: *Oração de espiritualidade régia.* É o elogio do poeta da corte por ocasião do casamento do rei. O salmo recorda a missão régia de defender o povo de Deus (2-8). O bom governante deve lutar pela verdade e pela justiça em favor dos mais pobres. Em seguida (11-18), o poeta se volta para a princesa que vai casar com o rei. Ela deve agora dedicar-se ao marido, e se prepara para a procissão que a introduzirá na corte. As núpcias reais simbolizam as verdadeiras núpcias da Aliança entre Deus e o povo (cf. Ap 19,7; 21,2.9).

SALMO 46 (45)
Ele está no meio de nós

¹Do mestre de canto. Dos filhos de Coré. Com soprano das jovens. Cântico.

²Deus é nosso refúgio e nossa força.
 Entre muitos perigos,
  nele sempre encontramos socorro.
³Por isso não temermos se a terra treme
 ou se as montanhas afundam no coração dos mares.
⁴Ainda que se agitem e espumejem as águas do mar,
 e estremeçam as montanhas em sua majestade,
⁵um rio e seus canais alegram a cidade de Deus,
 a santa morada do Altíssimo.

⁶Deus está em seu meio, ela não cambaleará.
 Deus lhe dá auxílio desde o clarear da aurora.
⁷Nações se agitam, reinos se abalam,
 mas ele faz ressoar a sua voz e a terra estremece.

⁸Javé dos Exércitos está conosco,
 nosso refúgio é o Deus de Jacó!

⁹Venham, prestem atenção nas obras de Javé,
 os assombros que ele fez na terra.
¹⁰Ele acaba com as guerras
 até a extremidade da terra,
 quebra o arco, destrói a lança
 e ateia fogo nos carros.
¹¹"Acalmem-se e saibam: Eu sou Deus,
 exaltado entre as nações, exaltado na terra".

¹²Javé dos Exércitos está conosco,
 nosso refúgio é o Deus de Jacó!

Sl 46: *Hino de louvor pela vitória do povo.* A oração louva a força criadora de Javé, que mantém estável toda a criação. É a mesma força que sustenta Jerusalém. O refrão (vv. 8.12) louva Javé, que defende sua cidade ante a fúria dos inimigos. Este salmo canta a vitória do povo de Deus contra um inimigo forte e poderoso, provavelmente os exércitos assírios, que não conseguiram destruir a cidade santa (cf. 2Rs 18-19).

SALMO 47 (46)
Louvor ao reinado de Deus

¹Do mestre de canto. Dos filhos de Coré. Salmo.

²Povos todos, batam palmas,
 aclamem a Deus com gritos de alegria!

³Porque Javé é altíssimo e terrível,
 o grande rei sobre toda a terra.
⁴Ele nos submete os povos,
 os povos ele submete debaixo de nossos pés.
⁵Escolheu para nós uma herança,
 o orgulho de Jacó, o seu amado.

⁶Deus subiu entre ovações,
 Javé, ao som da trombeta.
⁷Cantem para Deus, cantem!
 Cantem para o nosso Deus, cantem!

⁸Pois Deus é rei sobre toda a terra,
 cantem com maestria!

Sl 47: *Hino de louvor à realeza de Javé.* O salmo canta o poder de Javé como rei de todas as nações. O reinado de Deus se manifesta na fidelidade de seu povo à Aliança. De fato, o povo é o instrumento de Deus para que o Reino se estabeleça em todo o universo.

⁹Deus reina sobre as nações.
Deus se assenta sobre seu trono santo.

¹⁰Os príncipes dos povos se reúnem
com o povo do Deus de Abraão,
porque de Deus são os escudos da terra,
e ele subiu ao lugar mais alto.

SALMO 48 (47)
Louvor a Sião, cidade de Deus

¹Cântico. Salmo. Dos filhos de Coré.
²Grande é Javé e muito digno de louvor,
na cidade do nosso Deus,
sua montanha sagrada,
³bela colina, alegria de toda a terra;
o monte Sião no extremo norte,
cidade do grande rei.
⁴Entre seus palácios,
Deus se manifesta como refúgio seguro.
⁵Eis que os reis se reuniram,
para juntos atacá-la.
⁶Eles a viram, e eis que ficaram aterrorizados,
sentiram pânico e fugiram apavorados.
⁷Aí mesmo um tremor os invadiu,
como dores de parturiente,
⁸como o vento do oriente,
que destroça os navios de Társis.
⁹De acordo com o que ouvimos,
assim nós vimos,
na cidade de Javé dos Exércitos,
na cidade do nosso Deus;
Deus firmou-a para sempre!
¹⁰Ó Deus, meditamos em tua lealdade,
no meio do teu Templo.
¹¹Tal como o teu nome, ó Deus,
assim o teu louvor
chega aos confins da terra.
Tua direita está repleta de justiça.
¹²O monte Sião se alegra,
exultam as filhas de Judá,
por causa dos teus julgamentos.
¹³Circundem Sião, contornem a cidade
e contem suas torres.
¹⁴Prestem atenção a suas fortificações,
examinem seus palácios,
para contar à geração futura:
¹⁵"Eis que este é Deus,
o nosso Deus para sempre!
Ele nos guiará até à morte!"

Sl 48: *Hino de louvor ao santuário de Sião.* O monte Sião é o símbolo da presença de Deus no meio do seu povo. O salmo canta a força divina presente na cidade santa de Jerusalém, que é indestrutível, por ser habitação de Deus. Os inimigos nada podem contra esta cidade. Desde o seu santuário, Deus governará toda a terra, fazendo triunfar a justiça e o direito.

SALMO 49 (48)
Ilusão das riquezas

¹Do mestre de canto. Dos filhos de Coré. Salmo.

²Escutem isto, todos os povos,
  ouçam, habitantes da terra,
³os filhos de Adão e também os filhos dos homens,
  todos juntos, ricos e pobres!

⁴Minha boca falará com sabedoria,
  e o meditar do meu coração será prudente.
⁵Inclinarei os ouvidos a um provérbio,
  revelarei ao som da lira meu enigma.
⁶Por que hei de temer os dias maus,
  quando meus perseguidores me rodeiam,
⁷eles que confiam em sua fortuna
  e em sua riqueza imensa se gloriam de si mesmos?

⁸Irmão, ninguém pode pagar pelo seu próprio resgate,
  homem nenhum pode pagar o seu preço a Deus.
⁹É tão alto o preço do resgate da vida,
  que seria sempre insuficiente
¹⁰para o homem viver eternamente,
  sem nunca ver o túmulo.

¹¹Pois eis que os sábios morrem,
  perecem junto com o imbecil e o insensato,
  deixando para outros sua fortuna.
¹²No seu íntimo, imaginam que suas casas duram para sempre,
  e suas habitações de geração em geração,
  e dão seus próprios nomes a suas terras.

¹³Mas o homem não permanece com sua glória,
  é comparado aos animais que perecem.
¹⁴Esse é o caminho deles, que, seguros de si,
  andam felizes com a própria sorte.
¹⁵São como ovelhas levadas à mansão dos mortos:
  a morte os apascentará.
  Pela manhã, os retos dominarão sobre eles,
  e suas imagens apodrecerão com eles
    na habitação dos mortos.
¹⁶Quanto a mim, Deus há de resgatar da morada dos mortos
  a minha vida.
  Sim, ele há de me resgatar.

¹⁷Não se alarme quando um homem se enriquece,
  quando aumenta a glória da sua casa.
¹⁸Pois não levará consigo nada quando morrer,
  e sua glória não descerá com ele.
¹⁹Quando ele vivia, assim bendizia a si mesmo:
  "Eles o elogiam, pois tudo vai bem para você!"
²⁰Irá juntar-se à geração de seus pais,
  e jamais verão a luz.
²¹O homem que possui riqueza e não compreende
  é como os animais que perecem.

Sl 49: *Oração de espiritualidade sapiencial.* O salmista reflete sobre a realidade da morte. Todos um dia morrerão, desde os mais poderosos até os mais humildes. Se isso é tão certo, por que as pessoas desperdiçam a vida em projetos inúteis? Por maior que seja o seu poder, ninguém consegue evitar a própria morte. Então, por que refugiar-se na arrogância de suas riquezas, inteligência e poder? Ao contrário, o sábio se coloca sob a proteção de Deus, vivendo sua vida como dom único e oportunidade que não deve desperdiçar.

SALMO 50 (49)
O culto sincero e verdadeiro

¹*Salmo. De Asaf.*

Javé, o Deus dos deuses, fala e convoca a terra
do nascente até o poente.
²De Sião, modelo de beleza, Deus resplandece.
³Ele vem, o nosso Deus, e não se calará.
Diante dele há um fogo devorador,
e ao seu redor violenta tempestade.
⁴Lá do alto, ele convoca os céus
e a terra, para julgar o seu povo.

⁵"Reúnam para mim os meus fiéis,
os que selaram aliança comigo
por um sacrifício".
⁶Proclamem os céus a sua justiça,
pois Deus, ele mesmo, vai julgar.
⁷"Ouve, meu povo, eu vou falar.
Israel, eu mesmo testemunharei contra você.
Eu sou Deus, o seu Deus.
⁸Não o reprovo por seus sacrifícios,
e seus holocaustos estão sempre diante de mim.
⁹Não vou tomar de sua casa nenhum novilho,
nem carneiros de seus currais.
¹⁰Pois são minhas todas as feras da floresta,
e os animais das montanhas aos milhares.

¹¹Eu conheço todos os pássaros das montanhas,
e os animais dos campos estão em minha companhia.
¹²Se eu tivesse fome, não o diria para você,
pois o mundo é meu, e tudo o que nele existe.
¹³Será que eu iria comer carne de touros
e beber sangue de carneiros?
¹⁴Ofereça a Deus um sacrifício de agradecimento
e cumpra seus votos ao Altíssimo.
¹⁵Invoque-me no dia do perigo;
eu o livrarei, e você me dará glória".

¹⁶E, para o ímpio, Deus diz:
"Por que você recita os meus preceitos
e tem na boca a minha aliança,
¹⁷você que detesta a disciplina
e rejeita as minhas palavras?
¹⁸Se vê um ladrão, você se alegra com ele,
e com os adúlteros você tem a sua parte.
¹⁹Sua boca você abre para o mal,
e sua língua se entrelaça com a fraude.
²⁰Você se assenta para falar contra seu próprio irmão,
e desonra o filho de sua própria mãe.
²¹Você age desse modo, e eu me calaria?
Pensa que eu seja igual a você?
Vou reprová-lo.
Vou colocar tudo diante de seus olhos".

Sl 50: *Oração de espiritualidade profética.* A liturgia penitencial deste salmo se completa com o Salmo 51. Do santuário de Sião, Deus convoca todas as forças celestes para submeterem o povo dele a um julgamento, no qual o próprio Deus tomará a palavra que questiona a conduta desse povo. Quem está quebrando a Aliança? Não é suficiente que o culto seja bem conduzido. Deve traduzir-se em ações concretas segundo a Palavra de Deus. O culto existe para que os celebrantes renovem o compromisso da Aliança. Não adianta oferecer animais e louvar com os lábios e na prática rejeitar os mandamentos de Deus. Mesmo louvado com liturgia exuberante, Deus não se calará diante da injustiça e opressão praticadas pelo povo ímpio.

²²Compreendam isso, vocês que esquecem Deus.
Caso contrário, eu vou despedaçá-los,
e não haverá ninguém para os libertar.
²³Quem oferece um sacrifício de gratidão é que me glorifica,
e a quem persevera em seu caminho
eu farei ver a salvação de Deus.

SALMO 51 (50)
Reconheço que pequei

¹*Do mestre de canto. Salmo. De Davi.* ²*Quando o profeta Natã foi encontrá-lo, após ele achegar-se a Betsabeia.*

³Tem piedade de mim, ó Deus,
conforme a tua misericórdia!
Por tua infinita compaixão, apaga a minha culpa!
⁴Lava-me completamente da minha falta,
e purifica-me do meu pecado!

⁵Porque reconheço as minhas transgressões,
e o meu pecado está sempre na minha frente.
⁶Contra ti, somente contra ti é que eu pequei,
eu fiz o que é mau aos teus olhos.

Assim, tu és o justo ao falar,
e sem reprovação no julgamento.
⁷Eis que eu nasci na iniquidade,
e minha mãe me concebeu no pecado.

⁸Sim, desejas a verdade no íntimo do ser,
e em segredo tu me fazes conhecer a sabedoria.
⁹Purifica-me com o hissopo, e ficarei puro.
Lava-me, e ficarei mais branco do que a neve.

¹⁰Faze-me ouvir o júbilo e a alegria,
e que se alegrem os ossos que trituraste.
¹¹Oculta a tua face dos meus pecados,
apaga todas as minhas iniquidades.

¹²Ó Deus, cria em mim um coração puro,
confirma em meu interior um espírito novo.
¹³Não me afastes para longe do teu rosto,
não retires de mim teu santo espírito.

¹⁴Devolve-me o júbilo da tua salvação,
e um espírito generoso me mantenha firme.
¹⁵Ensinarei os teus caminhos aos culpados
e para ti se voltarão os pecadores.

¹⁶Livra-me do sangue, ó Deus,
ó Deus meu salvador,
e minha língua celebrará a tua justiça.
¹⁷Abre-me os lábios, Senhor,
e minha boca anunciará o teu louvor.

¹⁸Pois não queres nenhum sacrifício,
e se te oferto um holocausto, não o aceitas.

Sl 51: *Oração pessoal de súplica*. Este salmo completa a celebração penitencial iniciada no Salmo 50. Diante da acusação de Deus, cabe agora ao ser humano reconhecer os próprios limites e faltas. A pessoa que se sente culpada suplica misericórdia e piedade, e aguarda o justo julgamento de Deus. Ao arrepender-se, o fiel reconhece que apenas Deus é fiel. O perdão divino é a oportunidade que o fiel tem de retomar a proposta da Aliança. O verdadeiro sacrifício não está nas liturgias exuberantes, mas consiste em viver com espírito contrito e simples diante de Deus.

¹⁹Sacrifícios para Deus são espíritos alquebrados.
Corações alquebrados e abatidos,
ó Deus, tu não os desprezas.

²⁰Faze o bem a Sião, por tua bondade;
reconstrói as muralhas de Jerusalém.
²¹Então sentirás prazer nos sacrifícios de justiça,
nos holocaustos e ofertas totais.
E assim se ofertarão novilhos em teu altar.

SALMO 52 (51)
A perdição do arrogante

¹Do mestre de canto. Poema. De Davi. ²Quando Doeg, o edomita, advertiu Saul, dizendo: "Davi entrou na casa de Abimelec".

³Por que você se gloria na maldade, ó homem arrogante?
A misericórdia de Deus é para sempre!
⁴Você medita maldades,
sua língua é como navalha afiada para dizer mentiras.
⁵Você ama o mal, mais do que o bem,
mais a falsidade do que a franqueza.
⁶Você ama palavras que corroem,
ó língua mentirosa!

⁷Por isso Deus arrasará você definitivamente,
colocará você à prova e o arrancará da tenda;
arrancará a sua raiz da terra dos vivos.

⁸Os justos verão e sentirão medo.
Rirão às custas dele, dizendo:
⁹"Eis aqui um orgulhoso que não colocou
Deus como seu refúgio,
mas confiou na grandeza de sua própria riqueza,
para ser forte em meio às calamidades".

¹⁰Eu, porém, como oliveira verdejante
no interior da casa de Deus,
coloquei minha confiança na misericórdia de Deus,
para sempre e eternamente.

¹¹Eu te celebrarei para sempre,
porque agiste.
Eu proclamarei o teu nome diante dos teus fiéis,
porque tu és bom.

Sl 52: *Oração de espiritualidade profética*. A oração denuncia o comportamento arrogante e violento dos ímpios que se gabam de suas maldades, com língua repleta de mentiras e enganações. O justo, ao contrário, confia no amor de Deus e proclama a verdade desse amor que liberta: "Coloquei minha confiança na misericórdia de Deus" (v. 10).

SALMO 53 (52)
Não há quem faça o bem

¹Do mestre de canto. Para a doença. Poema. De Davi.

²Diz no coração o insensato:
"Deus não existe".
Os ímpios tiveram comportamentos
perversos e abomináveis.
Não existe quem faça o bem.

Sl 53: *Oração de espiritualidade profética*. Este salmo é praticamente igual ao Salmo 14 (cf. nota). Existe alguma repetição de salmos (cf. Sl 18; 70; 108) que provavelmente constavam de diferentes coleções antes da formação final do saltério.

³Do alto dos céus, Deus dirige o olhar
para os filhos dos homens,
para ver se existe algum sensato, alguém que procure a Deus.
⁴Todos se afastaram e juntos se corromperam.
Não existe quem faça o bem, nenhum sequer.
⁵Eles nada compreendem,
todos eles fazem o que é mau.
Devoram meu povo como se estivessem comendo pão,
e não invocam a Deus.
⁶Então eles haverão de sentir medo,
mesmo sem ter motivo para se apavorar.
Pois Deus espalha os ossos de quem sitiava você,
e você os envergonha, pois é Deus que os despreza.
⁷Ah, que venha de Sião a salvação de Israel!
Quando Deus mudar a situação de seu povo,
Jacó se alegrará, Israel terá alegria plena.

SALMO 54 (53)
Deus socorre o perseguido

¹Do mestre de canto. Com instrumentos musicais. Poema. De Davi. ²Quando os zifeus foram dizer a Saul: "Não está Davi escondido entre nós?"

³Ó Deus, salva-me por teu nome.
Por teu poder, faze justiça em meu favor.
⁴Ó Deus, ouve a minha oração,
presta atenção às palavras da minha boca.
⁵Porque os estrangeiros se levantam contra mim,
e os agressores perseguem a minha vida:
eles não colocam Deus à sua frente.

⁶Deus, porém, é o meu socorro,
é o Senhor quem sustenta a minha vida.
⁷Que o mal se volte sobre os meus adversários.
Por tua verdade, aniquila-os!

⁸Espontaneamente te oferecerei sacrifícios.
Javé, louvarei o teu nome, porque ele é bom.
⁹Pois de todas as angústias ele me livrou,
e meus olhos viram a derrota dos meus inimigos.

Sl 54: *Oração pessoal de súplica*. Sentindo-se impotente diante dos ataques de ímpios, o justo clama a Deus, em cuja fidelidade confia. A maior alegria do justo é perceber a bondade do Deus que vem para defendê-lo: "Deus é o meu socorro" (v. 6).

SALMO 55 (54)
Lamento do injustiçado

¹Do mestre de canto. Com instrumentos de corda. Poema. De Davi.

²Ó Deus, ouve a minha oração,
não te feches diante da minha súplica.
³Presta atenção e responde-me,
pois estou inquieto em meu lamento.

Fico perturbado ⁴com a voz do inimigo,
diante da opressão do ímpio.
Eles descarregam sobre mim falsidades
e me hostilizam com fúria.

Sl 55: *Oração pessoal de súplica*. Vivendo em meio a crimes, violências e corrupções, o justo pensa em fugir para longe de tudo. Mas fugir é sinal de medo, angústia e desespero. O clamor, por outro lado, gera uma sensação de confiança. Deus na certa atenderá o justo, trazendo-lhe justiça, paz e alegria: "Descarregue seu fardo em Javé, pois ele sustentará você" (v. 23). Os ímpios, que não temem a Deus e vivem segundo os próprios desejos e caprichos, perecerão pela violência que eles mesmos provocaram.

⁵Meu coração dentro em mim se contorce,
  e sobre mim caem pavores mortais.
⁶Temor e tremor me invadem,
  e um calafrio me envolve.

⁷E eu penso:
  Quem me dera ter asas de pomba:
  eu voaria e pousaria...
⁸Então para bem longe eu fugiria,
  buscaria abrigar-me no deserto.
⁹Teria pressa para nele me refugiar
  contra o vento do furacão e da tempestade.

¹⁰Devora, Senhor, e retalha a língua deles.
  Porque na cidade vejo violência e discussão:
¹¹dia e noite rondam sobre as muralhas.
  Em seu interior existem crimes e sofrimentos.
¹²Em seu interior há calamidades,
  e dela não se afastam opressão e fraude.

¹³Vejam! Não é um inimigo que me afronta,
  pois isso eu suportaria.
  Não é quem me odeia e de mim se vangloria,
  pois desse eu me esconderia.

¹⁴Mas é você, homem igual a mim,
  meu companheiro e meu confidente,
¹⁵a quem eu me unia em doce intimidade,
  indo juntos, em alvoroço, para a casa de Deus.

¹⁶Que a morte caia sobre eles,
  desçam vivos à mansão dos mortos,
  pois moram no meio deles a maldade e o terror.
¹⁷Eu, porém, invoco a Deus,
  e Javé me salva.

¹⁸De tarde, pela manhã e ao meio-dia
  eu soluço e gemo, e ele ouve a minha voz.
¹⁹Ele na paz resgata a minha vida
  da guerra que me fazem,
  pois são muitos os que se levantam contra mim.

²⁰Deus me ouça e os humilhe,
  ele que reina desde sempre.
  Pois não querem mudança,
  nem temem a Deus.
²¹Ergue as mãos contra seu próprio amigo,
  violando o pacto que fez com ele.

²²Mais lisa que a manteiga é a sua boca,
  mas a guerra está no seu coração.
  Suas palavras são mais suaves que o óleo,
  porém são punhais desembainhados.

²³Descarregue seu fardo em Javé,
  pois ele sustentará você.
  Ele jamais permitirá que o justo tropece.

²⁴E tu, ó Deus, tu os farás descer ao poço profundo.
Homens sanguinários e traidores
não chegarão à metade dos seus dias!
Eu, porém, confio em ti!

SALMO 56 (55)
Oração confiante do fiel oprimido

¹Do mestre de canto. Sobre "A opressão dos príncipes distantes". De Davi. À meia-voz. Quando os filisteus o capturaram em Gat.

²Tem piedade de mim, ó Deus, porque tantos me oprimem.
O dia todo me agridem e me perseguem.
³O dia todo meus adversários me oprimem.
São muitos os que me atacam do alto das colinas.
⁴No dia em que eu sentir medo, em ti confiarei.
⁵Eu louvo, em Deus, a sua promessa;
em Deus eu confio e não temerei!
O que pode um ser mortal fazer contra mim?
⁶Todo dia eles contrariam as minhas palavras
e planejam o mal contra mim.
⁷Escondem-se e espreitam os meus passos,
observam com avidez a minha vida.
⁸Reserva-os para a desgraça.
Com tua ira, ó Deus, faze desmoronar os povos.
⁹Minha vida errante, tu a tens enumerada:
recolhe os meus prantos em teu odre.
Já não está tudo isso em teu livro?
¹⁰Meus inimigos recuarão no dia em que eu te invocar,
e assim saberei que Deus está ao meu lado.
¹¹Eu louvo, em Deus, a promessa,
a promessa eu louvo em Javé.
¹²Em Deus eu confio e não temerei!
O que pode um ser mortal fazer contra mim?

¹³Mantenho os meus votos feitos a Deus,
e cumprirei diante de ti os sacrifícios de gratidão.
¹⁴Porque livraste da morte a minha vida
e do tropeço os meus pés,
para que eu ande na presença de Deus,
na luz dos viventes.

Sl 56: *Oração pessoal de súplica.* Sentindo-se perseguido e atormentado pelos ímpios, o justo reafirma a confiança em Deus. Ainda que sua vida seja cheia de dificuldades e problemas, o justo não desanima. Confiante, renova o desejo de trilhar os caminhos do projeto de Deus. "Eu louvo, em Deus, a sua promessa; em Deus eu confio e não temerei!" (v. 5).

SALMO 57 (56)
Manter firme a fé

¹Do mestre de canto. "Não destruas". De Davi. À meia-voz. Quando ele fugiu de Saul, na caverna.

²Tem piedade de mim, ó Deus,
tem piedade de mim,
pois em ti me refugio,
à sombra de tuas asas me abrigo,
até que passe a calamidade.

Sl 57: *Oração pessoal de súplica.* Sofrendo injusta acusação, o justo se refugia na casa de Deus em busca de segurança. É onde suplica o amor e a fidelidade de Deus. Esta é a sua grande esperança. Por isso mesmo, mantém o coração firme no temor do Senhor. Como Jesus (Mc 1,35), o salmista levanta antes da aurora para rezar (v. 9).

³Clamo ao Deus Altíssimo,
   ao Deus que me faz tudo de bom.
⁴Dos céus ele enviará a minha salvação,
   ultrajando os meus opressores.
Deus enviará seu amor e sua fidelidade!

⁵Estou deitado no meio de leões
   que devoram os seres humanos:
seus dentes são lanças e flechas,
   sua língua é espada afiada.

⁶Eleva-te acima dos céus, ó Deus,
   e tua glória paire sobre toda a terra!

⁷Eles armaram uma rede contra meus pés,
   e minha alma está toda encurvada;
na minha frente cavaram um fosso,
   mas eles é que nele caíram.

⁸Meu coração está firme, ó Deus,
   meu coração está firme.
   Cantarei e tocarei!
⁹Desperta, glória minha!
   Despertem, ó cítara e harpa!
   Eu irei despertar a aurora!

¹⁰Vou louvar-te entre os povos, Senhor!
   Tocarei para ti diante das nações,
¹¹pois a tua fidelidade é maior do que os céus,
   e bem maior que as nuvens a tua verdade.

¹²Eleva-te acima dos céus, ó Deus,
   e tua glória paire sobre toda a terra!

SALMO 58 (57)
A justiça de Deus alegra os justos

¹*Do mestre de canto. "Não destruas". De Davi. À meia-voz.*

²Poderosos, é verdade que vocês dão sentenças justas?
   Será que vocês julgam com retidão os seres humanos?
³Não! Do fundo do coração vocês cometem injustiças,
   e na terra suas mãos se inclinam para a violência.

⁴Os ímpios se extraviam desde o ventre materno,
   desde o ventre falam falsidades.
⁵Seu veneno é como veneno de serpente;
   são como víbora encantada que fecha os ouvidos
⁶para não ouvir a voz do encantador,
   do mais hábil na prática do encantamento.

⁷Ó Deus, quebra-lhes os dentes na boca!
   Javé, arranca desses leõezinhos suas presas!
⁸Sejam desprezados como água que escorre,
   e murchem como erva pisada;
⁹sejam como lesma que se dissolve ao andar,
   como aborto humano que não chegou a ver o sol.

Sl 58: *Oração profética de denúncia e súplica*. O que pode o povo quando os magistrados e governantes provocam violência e exploração? Como se defender da injustiça e opressão provocadas pelos poderosos? O povo, indefeso diante das maldades deles, clama a Deus pedindo que do céu venha a justiça sobre a terra. A esperança dos fracos e oprimidos é a certeza de que existe um Deus que faz justiça!

¹⁰Antes que brotem, como espinhos no espinheiro,
  verdes ou secos, sejam arrasados pelo incêndio.

¹¹Alegre-se o justo ao ver a vingança,
  e lave os pés no sangue do ímpio.
¹²E os homens comentem:
  "Sim! O honrado tem o seu fruto,
  pois existe um Deus que faz justiça na terra".

SALMO 59 (58)
Deus zomba dos injustos

¹*Do mestre de canto. "Não destruas". De Davi. À meia-voz. Quando Saul mandou vigiar sua casa, para o matar.*

²Meu Deus, livra-me dos meus inimigos,
  defende-me dos meus agressores.
³Livra-me daqueles que praticam a maldade,
  salva-me dos homens sanguinários!
⁴Porque eles espreitam a minha vida,
  os poderosos me assediam,
  sem que eu tenha delito ou pecado, Javé.
⁵Eles se precipitam, sem que eu tenha culpa.

  Desperta! Vem ao meu encontro e olha!
⁶Tu, Javé, Deus dos Exércitos, Deus de Israel,
  desperta e destrói essas nações!
Não tenhas piedade de nenhum
    dos enganadores e mentirosos!

⁷Eles voltam pela tarde, uivando como cães
  e rondando pela cidade.
⁸Sim, sua boca espumeja,
  e há punhais em seus lábios:
  "Alguém nos está ouvindo?"

⁹Tu porém, Javé, tu te ris deles,
  zombas de todas as nações.
¹⁰Força minha, eu espero em ti!
  Sim, Deus é o meu refúgio.

¹¹Ó Deus, teu amor segue à minha frente.
  Deus me faça enfrentar os inimigos
    que me espreitam.
¹²Não os mates, para que meu povo não se esqueça.
  Faze-os andar sem rumo
    e derruba-os com tua força,
  ó Senhor, nosso escudo!

¹³O pecado de suas bocas
  são as palavras de seus lábios.
  Fiquem presos no seu orgulho,
  na maldição e mentira que proferem.

¹⁴Destrói com fúria, destrói!
  Que eles deixem de existir,

Sl 59: *Oração pessoal de súplica. O justo enfrenta acusação falsa e denúncia caluniosa. Quem persevera na justiça, em meio a uma sociedade corrupta, torna-se alvo de zombaria, desprezo e mentira. O justo busca em Deus forças para perseverar nos caminhos da justiça e da paz. De Deus virá a justiça que castiga os ímpios e liberta o inocente: "Tu foste um refúgio no dia da angústia" (v. 17).*

e saberão que Deus governa em Jacó
e até os confins da terra.

¹⁵Pela tarde, voltam uivando como cães
que rondam pela cidade.
¹⁶Perambulam atrás de comida,
e, enquanto não ficam saciados, põem-se a uivar.

¹⁷Eu, porém, cantarei a tua força;
pela manhã, aclamarei a tua fidelidade;
pois tu foste um refúgio para mim,
um abrigo seguro no dia da angústia.

¹⁸Força minha, vou tocar para ti,
pois Deus é o meu refúgio,
meu Deus e minha fidelidade!

SALMO 60 (59)
Responde-nos, ó Deus

¹*Do mestre de canto. Sobre "O lírio do testemunho". À meia-voz. De Davi. Para ensinar.*
²*Quando ele lutou na Mesopotâmia e contra os arameus de Soba; quando Joab voltou e feriu doze mil homens de Edom no vale do Sal.*

³Ó Deus, tu nos rejeitaste e desmantelaste;
estavas irritado. Restaura-nos!
⁴Fizeste a terra tremer e a partiste:
restabelece-a da calamidade, pois ela vacila!

⁵Mostraste ao teu povo coisas difíceis,
e nos fizeste beber um vinho que dá vertigem.
⁶Deste aos teus fiéis um estandarte,
para fugirem perante o arco.

⁷Para que teus amados sejam libertos,
salva-os com tua direita! Responde-nos!
⁸Deus falou em seu santuário:
"Com canto de vitória repartirei Siquém,
e o vale de Sucot eu medirei.

⁹Meu é Galaad, meu é Manassés,
Efraim é a defesa da minha cabeça,
Judá é o meu bastão de comando.
¹⁰Moab é a bacia onde me banho.
Contra Edom atiro minha sandália,
e canto vitória sobre a Filisteia".

¹¹Quem me levará a uma cidade fortificada,
quem me conduzirá até Edom,
¹²a não ser tu, ó Deus, que nos rejeitaste,
um Deus que já não sai com nossos exércitos?

¹³Concede-nos o teu socorro contra o inimigo,
pois o socorro humano é inútil.
¹⁴Com Deus faremos proezas:
ele pisoteará nossos inimigos!

Sl 60: *Oração comunitária de súplica.* O povo passa por momentos difíceis. Foram para a guerra e voltaram derrotados. O inimigo foi mais forte. Será que Deus os abandonou? Pedindo que Deus restaure a segurança do país, eles relembram o antigo oráculo, no qual Deus garante vencer todos os inimigos históricos do povo e manter firmes as fronteiras de Israel. Esse oráculo reafirma a certeza de que Deus marchará novamente com as tropas do povo, e os inimigos serão definitivamente vencidos.

SALMO 61 (60)
Deus é refúgio e proteção

¹Do mestre de canto. Com instrumentos de corda. De Davi.

²Ó Deus, escuta o meu grito,
   presta ouvidos à minha oração.
³Dos confins da terra eu te invoco
   de coração desfalecido.
   Leva-me até à rocha! Conduze-me!
⁴Pois tu foste um refúgio para mim,
   uma fortaleza poderosa diante do inimigo.
⁵Quero hospedar-me para sempre em tua tenda,
   refugiar-me e ocultar-me sob tuas asas.
⁶Porque tu, ó Deus, escutaste os meus votos,
   e me deste a herança dos que temem o teu nome.

⁷Acrescenta dias aos dias do rei,
   sejam seus anos gerações e gerações.
⁸Que ele reine para sempre diante de Deus,
   e que a fidelidade e a verdade o protejam.
⁹Então eu tocarei ao teu nome para sempre,
   dia a dia cumprindo os meus votos.

Sl 61: *Oração pessoal de súplica.* Um levita exilado para longe do santuário pede a Deus que lhe conceda a alegria de retornar ao templo. Suplica também que o rei possa reinar sempre com justiça na presença de Deus. Com o brado suplicante deste levita, o povo reza, aguardando clemência na época do exílio.

SALMO 62 (61)
Deus retribui com amor

¹Do mestre de canto. Iditun. Poema. De Davi.

²Só em Deus está o repouso da minha alma,
   dele vem a minha salvação.
³Só ele é minha rocha e minha salvação,
      o meu refúgio.
   Jamais vacilarei!

⁴Até quando vocês se lançarão contra um homem,
   todos juntos, para assassiná-lo,
   como se fosse uma parede que vacila,
   ou muro a ser derrubado?
⁵Só pensam em derrubar-me da minha dignidade,
   e se alegram com a falsidade.
   Com os lábios abençoam,
      mas no íntimo lançam maldições.

⁶Só em Deus está o repouso da minha alma,
   dele vem a minha esperança.
⁷Só ele é minha rocha e minha salvação,
      o meu refúgio.
   Não vacilarei!

⁸Em Deus está minha salvação e minha glória;
   minha rocha firme,
      meu refúgio está em Deus.
⁹Confie nele, ó povo, em todo o tempo;
   derrame diante dele o coração,
   pois Deus é um refúgio para nós.

Sl 62: *Oração pessoal de confiança.* O fiel relembra as dificuldades por que passou, enfrentando tudo e todos. Onde encontrará forças para vencer as dificuldades? Em sua fé firme e forte. O refrão do salmo (2-3 e 6-7) é uma profissão de fé, que traduz plena confiança na ação libertadora de Deus: "Só em Deus está o repouso da minha alma!" (v. 2).

¹⁰Nada mais que um sopro são os homens comuns,
   simples mentira os filhos
       dos homens importantes.
Se juntos subissem na balança,
   seriam mais leves que um sopro.
¹¹Não confiem na opressão,
   e não se iludam com o roubo.
Quando aumentam as riquezas de vocês,
   não depositem nelas o coração.

¹²Deus disse uma palavra,
   e duas eu escutei:
"Eis que o poder pertence a Deus,
¹³e a ti, Senhor, pertence a fidelidade,
   pois retribuis a cada homem
   conforme as suas obras".

SALMO 63 (62)
Meu Deus, ansiosamente te procuro

¹*Poema. De Davi. Quando estava no deserto de Judá.*

²Ó Deus, tu és o meu Deus,
       ansiosamente te procuro.
   Minha alma tem sede de ti.
Por ti desfalece a minha carne,
   como terra seca e exausta sem água.
³Assim eu te contemplo no santuário,
   ao ver tua força e tua glória.

⁴Tua fidelidade vale mais do que a vida,
   e por isso meus lábios te louvarão.
⁵Sim, vou te bendizer enquanto eu viver,
   e em teu nome levantarei as mãos.
⁶Como de manteiga e gordura,
       assim fica saciada a minha alma,
   e com lábios exultantes minha boca
       te louvará.

⁷Quando no leito me recordo de ti,
   meditando em ti passo as vigílias noturnas.
⁸Pois tu foste um socorro para mim,
   e à sombra de tuas asas me alegrarei.
⁹A minha vida se apega a ti,
   e a tua direita me sustenta.

¹⁰Eles, que procuram destruir minha vida,
   irão para as profundezas da terra;
¹¹serão entregues à espada
   e se tornarão pasto das raposas.
¹²Mas o rei se alegrará em Deus,
   e se gloriarão todos os que juram por ele,
   quando for fechada a boca dos mentirosos.

Sl 63: *Oração pessoal de súplica.* Prece atribuída a um levita que vive em situação de exílio. Longe do santuário, como pode ele viver a proposta da Aliança? Alimentando a esperança de um dia voltar ao templo, recorda o amor de Deus que o socorre, mesmo longe da terra prometida. Deus não se prende ao santuário, mas estará onde houver alguém que grite por ajuda! O salmo termina com violento pedido de vingança (vv. 10-11). Jesus, ao contrário, rezando por seus carrascos, ajuda-nos a superar a vingança com o amor (Lc 23,34).

SALMO 64 (63)
Desabafo do inocente

¹Do mestre de canto. Poema. De Davi.
²Escuta, ó Deus, a voz do meu lamento!
 Do terror do inimigo protege a minha vida.
³Esconde-me da conspiração dos malvados,
 e do motim dos que praticam a maldade.
⁴Eles afiam a língua como espada,
 apontam flechas, palavras amargas,
⁵para ocultamente lançá-las contra o inocente
 e subitamente as disparam sem nenhum temor.
⁶Eles se fortalecem em obras perversas,
 às ocultas planejam armar ciladas,
 e dizem: "Quem nos poderá ver?"
⁷Eles projetam injustiças, ocultam intrigas inventadas.
 É profundo abismo o coração de cada homem.
⁸Deus lança uma flecha contra eles,
 e de repente se encontrarão feridos.
⁹Ele os faz cair por causa da própria língua,
 e todos aqueles que os veem sacodem a cabeça.
¹⁰Todo homem sentirá medo,
 e ao comprovar a ação de Deus, entenderá o que este faz.
¹¹O justo se alegra em Javé e nele busca abrigo.
 E se gloriam todos os retos de coração.

Sl 64: *Oração pessoal de súplica.* Como pode alguém manter-se fiel e justo, quando o ambiente é de traições, calúnias e mentiras? Pode um justo viver em meio político corrompido? O fiel tem consciência de que vive em ambiente degradante e desumano. Para vencer todas as tentações e manter sua integridade, o justo se volta para Deus. Os que se conservam íntegros encontrarão a felicidade.

SALMO 65 (64)
Ação de graças ao Criador

¹Do mestre de canto. Poema. De Davi. Cântico.
²Ó Deus, a ti se deve o louvor em Sião.
 A ti se cumprem os votos,
³porque tu escutas a oração.
 As pessoas todas vêm a ti
⁴por causa de suas iniquidades.
 Nossas transgressões triunfam sobre nós,
 mas tu perdoas nossas culpas.
⁵Feliz aquele que tu eleges e fazes aproximar-se
 para repousar em teus átrios.
 Estamos saciados com os bens de tua casa,
 com os dons sagrados do teu Templo.
⁶Tu nos respondes com terríveis feitos de justiça,
 ó Deus, nosso salvador.
 Tu és a esperança dos confins da terra
 e dos mares mais distantes.
⁷Com tua força sustentas as montanhas,
 cingido de poder.
⁸Tu acalmas o estrondo do mar,
 o estrondo de suas ondas e o tumulto dos povos.

Sl 65: *Oração comunitária de ação de graças*, por ocasião das festas da Colheita em Jerusalém. O povo agradece a Deus o perdão e a fartura de bens. A ação de graças dirige-se ao Criador, que mantém estável a natureza, garantindo a bênção das chuvas e permitindo ao povo boas colheitas. Com as chuvas, o trabalho é recompensado, e da terra generosa surge um brado de alegria.

⁹Os habitantes das mais longínquas terras
   sentem medo diante de teus sinais.
Tu fazes gritar de alegria
   as portas do nascente e do poente.

¹⁰Visitas a terra e a regas,
   e a enriqueces com fartura.
Os riachos de Deus estão cheios d'água,
   e irrigas os trigais.

Assim os preparas:
¹¹regas seus sulcos, nivelas os terrões e fazes cair chuviscos
   afofando a terra, abençoando seus brotos.
¹²Coroas o ano com teus bens,
   e teus carros gotejam fartura por onde passam.

¹³Destilam pastagens pelo deserto,
   e os montes se enfeitam de júbilo.
¹⁴As pastagens se cobrem de rebanhos
   e os vales se vestem de grãos.
Com cânticos dão vivas de alegria!

SALMO 66 (65)
Vejam os prodígios do Senhor

¹*Do mestre de canto. Cântico. Poema.*

Aclame a Deus, ó terra inteira,
²faça músicas em honra do seu nome,
   dê glória ao seu louvor.
³Digam a Deus: "Como são terríveis as tuas obras!
   Por teu infinito poder, teus inimigos te adulam!"

⁴A terra toda se prostre diante da tua presença!
   Toquem para ti, toquem para o teu nome.
⁵Venham, vejam os prodígios de Deus,
   proezas terríveis em favor dos homens:
⁶ele transformou o mar em terra firme,
   e a pé enxuto atravessaram o rio.
Então nos alegramos com ele,
⁷que reina com seu poder para sempre.
   Seus olhos esprcitam as nações,
   para que os indóceis não se enalteçam.

⁸Povos, bendigam o nosso Deus,
   façam ressoar a voz do seu louvor.
⁹É ele que nos mantém vivos,
   e não deixa nossos pés tropeçarem.

¹⁰Sim, ó Deus, tu nos provaste,
   e nos refinaste como se refina a prata.
¹¹Fizeste-nos cair na armadilha,
   pusestes uma carga sobre nossas costas:
¹²deixaste que homens cavalgassem sobre nossas cabeças.
   Passamos pelo fogo e pela água,
   mas tu nos fizeste sair para a fartura.

Sl 66: *Oração comunitária de ação de graças.* O povo canta as maravilhas de Javé ao longo da caminhada histórica, desde a saída do Egito até a conquista da terra prometida. Passando por inúmeras provações, o povo foi se purificando para viver melhor a proposta da Aliança. Agora se sente seguro para proclamar a todos os povos a justiça que vem de Deus: "É ele que nos mantém vivos!" (v. 9).

¹³Eu entro em tua casa com holocaustos,
para cumprir os votos que fiz a ti,
¹⁴votos que meus lábios prometeram
e minha boca na angústia pronunciou.
¹⁵Oferecerei a ti holocaustos cevados
com perfumada fumaça de carneiros;
imolarei bois e cabritos.

¹⁶Venham, escutem todos vocês que temem a Deus.
Eu lhes contarei tudo o que ele fez por minha vida.
¹⁷Minha boca clamou em direção a ele,
e com a língua eu o exaltei.

¹⁸Se eu tivesse o mal em meu coração,
o Senhor não me ouviria.
¹⁹Mas realmente Deus me escutou,
atendeu a voz da minha oração.
²⁰Bendito seja Deus,
que não rejeitou minha oração,
nem retirou de mim sua misericórdia.

SALMO 67 (66)
Ação de graças pela colheita

¹*Do mestre de canto. Com instrumentos de corda. Poema. Cântico.*

²Deus tenha piedade de nós e nos abençoe.
Faça brilhar a sua face sobre nós,
³para que se conheça na terra o teu caminho,
e em todas as nações a tua salvação.

⁴Que os povos te celebrem, ó Deus!
Que todos os povos te celebrem!

⁵Alegrem-se, deem gritos de júbilo as nações,
porque julgas os povos com justiça,
reges os povos com retidão,
diriges em toda a terra as nações.

⁶Que os povos te celebrem, ó Deus!
Que todos os povos te celebrem!

⁷A terra deu sua colheita,
e Deus, o nosso Deus, nos abençoa.
⁸Deus nos abençoe,
e o temam todos os confins da terra!

Sl 67: *Oração comunitária de ação de graças.* O povo agradece os dons da colheita farta, sinal de que Deus garantiu as chuvas, para que a terra produzisse os frutos e sementes. Por isso mesmo, até os confins da terra devem reconhecer o poder de Deus: "Que todos os povos te celebrem, ó Deus!" (cf. vv. 4.6).

SALMO 68 (67)
História orante do povo de Deus

¹*Do mestre de canto. De Davi. Poema. Cântico.*

²Deus se levanta: seus inimigos se dispersam,
aqueles que o detestam fogem de sua frente.
³Como se dissipa a fumaça, assim tu os dissipas;
como cera que se desfaz diante do fogo,
assim perecem os ímpios diante de Deus.

Sl 68: *Oração comunitária de ação de graças.* Salmo cantado em romaria ao templo de Jerusalém, lembrando as etapas da caminhada histórica do povo, cujo Deus volta o rosto para os fracos, indefesos e oprimidos. Como guia, Javé abateu

⁴E os justos se alegram,
   fazem festa diante de Deus e dançam de alegria.
⁵Cantem a Deus, façam músicas ao seu nome,
   aplainem um caminho para os carros no deserto.
   O nome dele é Javé. Exultem diante dele.
⁶Pai dos órfãos e juiz das viúvas,
   assim é Deus em sua santa habitação.
⁷Deus faz os solitários habitar em casa,
   faz sair das cadeias os encarcerados,
   porém os revoltosos moram em terra seca.

⁸Ó Deus, quando saías à frente do teu povo,
   avançando pelo deserto,
⁹a terra tremeu, e até os céus se derreteram
   diante do Deus do Sinai,
   diante de Deus, o Deus de Israel.

¹⁰Derramaste chuva generosa, ó Deus,
   e tua herança que estava fatigada, tu a firmaste,
¹¹e o teu rebanho habitou a terra
   que tua bondade, ó Deus, preparou para o pobre.

¹²O Senhor deu uma palavra de ordem,
   anúncio de exército numeroso.
¹³Os chefes dos exércitos fogem, fogem,
   e a dona da casa reparte os despojos.

¹⁴Enquanto repousam entre os apriscos,
   as asas da Pomba se cobrem de prata,
   e sua plumagem como ouro esverdeado.
¹⁵Enquanto Shadai dispersa os reis,
   vai caindo a neve no monte Sombrio.

¹⁶A montanha de Deus é a montanha de Basã,
   montanha escarpada é a montanha de Basã.
¹⁷Por que vocês invejam as montanhas escarpadas,
   a montanha por Deus escolhida para aí habitar?
   Sim, Javé nela habitará para sempre.

¹⁸Os carros de Deus são milhares, milhares de miríades;
   o Senhor vem do Sinai para o santuário.
¹⁹Subiste a colina para fazer prisioneiros,
   e recebeste homens como presente,
   mesmo sendo revoltosos,
   para que Javé Deus tivesse onde se instalar.

²⁰Bendito seja o Senhor a cada dia!
   Ele nos sustenta! Ele é o nosso Deus salvador!
²¹Nosso Deus é um Deus de libertações,
   e do Senhor Javé são as portas da morte.
²²Sim, Deus esmaga a cabeça do inimigo,
   o crânio cabeludo de quem teima no próprio delito.
²³O Senhor disse: "Eu o farei voltar de Basã,
   farei voltar das profundezas do mar,
²⁴para que você banhe os pés no sangue,
   e a língua de seus cães tenha parte no sangue dos inimigos".

todos os inimigos que impediam o povo de chegar à terra prometida. A partir do v. 16, a procissão chega diante do templo em Jerusalém. Canta-se a certeza de que Deus habita nessa montanha sagrada, de onde continuará aliviando a carga que pesa sobre os fracos. Nessa procissão, todas as tribos se reúnem para renovar seu compromisso de manter a Aliança. O salmo conclui fazendo convite a todos os povos da terra, para que se juntem ao povo de Deus e reconheçam a força de Javé, o Deus que acaba com todas as guerras e conflitos.

²⁵Viram as tuas procissões, ó Deus,
as procissões do meu Deus, do meu rei, para o santuário:
²⁶à frente os cantores, depois os tocadores,
no meio as jovens tocando pandeiros.
²⁷Nas assembleias bendizem a Deus:
"Javé, tu és a origem de Israel!"
²⁸Na frente, lá no comando, segue Benjamim, o mais novo,
os príncipes de Judá em comitivas,
os príncipes de Zabulon, os príncipes de Neftali.

²⁹Comanda, ó Deus, conforme tua força,
este poder, ó Deus, com que agiste em nosso favor.
³⁰Ao teu Templo, que está em Jerusalém,
os reis levarão o seu tributo.

³¹Reprime a fera dos caniços,
o bando de touros, os bezerros do povo.
Que se prostrem com lingotes de prata.
Dispersa os povos que apreciam a guerra.
³²Os magnatas virão do Egito,
a Etiópia estenderá a mão para Deus.

³³Reinos da terra, cantem para Deus,
toquem para o Senhor,
³⁴que cavalga pelos céus, os céus antigos.
Reparem! Ele ergue a voz, sua voz poderosa:
³⁵reconheçam a força de Deus.

Sua majestade está sobre Israel,
e sobre as nuvens o seu poder.
³⁶Desde o seu santuário, Deus é terrível.
Ele é o Deus de Israel,
que dá força e poder a seu povo.
Bendito seja Deus!

SALMO 69 (68)
Lamento do perseguido

¹*Do mestre de canto. "Sobre os lírios..." De Davi.*

²Salva-me, ó Deus, porque as águas
já chegam ao meu pescoço.
³Estou afundando em lodo profundo,
e não encontro onde firmar os pés.
Vou afundando na profundeza das águas
e a correnteza me arrasta.

⁴Estou cansado de gritar,
minha garganta queima e meus olhos se consomem
de tanto aguardar pelo meu Deus.
⁵São mais numerosos que os cabelos da minha cabeça
os que me detestam sem piedade.
Mais duros que meus ossos
são meus inimigos mentirosos.
Acaso deveria devolver algo que não roubei?

Sl 69: *Oração pessoal de súplica.* Uma pessoa injustamente acusada de roubo recorre a Deus pedindo justiça. O acusado provavelmente será julgado no recinto do templo, lugar onde reside o Deus que é justo e que defende os necessitados. Se nem mesmo nesse lugar o justo encontrar justiça, todos desanimarão! Se uma pessoa que mantém firme sua fé e sua fidelidade não conseguir justiça, o que será do povo? O salmista reconhece que Deus é a última esperança dos justos. "Quanto a mim, pobre e sofredor, que tua salvação, ó Deus, me levante!" (v. 30).

⁶Ó Deus, tu bem conheces minha imprudência,
e meus delitos não há como ocultá-los de ti.
⁷Por minha causa, não fiquem desiludidos
os que esperam em ti, Javé dos Exércitos.
Por minha causa, não fiquem envergonhados
os que buscam o Deus de Israel.

⁸Eis que por tua causa suporto sarcasmo,
e a vergonha cobre meu rosto.
⁹Eu me tornei como estranho para meus irmãos,
como forasteiro para os filhos de minha mãe.
¹⁰Porque o zelo pela tua casa me devora,
e os insultos daqueles que te insultam recaem sobre mim.
¹¹Chorei, minha alma está em jejum,
e isso tornou-se motivo de ofensa contra mim.
¹²Quando me visto de saco,
sou para eles motivo de zombaria.
¹³Sobre mim cochicham, sentados na porta,
e até os bêbados fazem canções.

¹⁴Eu porém, Javé, a ti dirijo minha oração
no tempo favorável, ó Deus.
Responde-me, pelo teu imenso amor,
pela tua verdade salvadora.

¹⁵Retira-me deste lodo, e não afundarei.
Que eu fique livre dos que me odeiam
e da profundeza das águas.
¹⁶Não me arraste a correnteza das águas,
nem me engula a profunda,
nem o poço feche a boca sobre mim.

¹⁷Javé, responde-me,
pois tua fidelidade é benfazeja;
por tua infinita compaixão,
volta-te para mim!
¹⁸Não escondas do teu servo a tua face,
pois estou em apuro.
Responde-me depressa!
¹⁹Aproxima-te da minha vida, resgata-me!
Liberta-me dos meus inimigos!

²⁰Tu conheces a ofensa contra mim,
a minha vergonha e o insulto que sofro.
Todos os meus opressores estão à tua frente.
²¹A ofensa me partiu o coração e desfaleço.
Espero por compaixão, mas ela não existe!
Por consolação, mas não a encontro!

²²Colocaram veneno na minha comida,
e quando senti sede me deram vinagre.
²³Que a mesa à frente deles seja um laço,
e o bem-estar uma armadilha.
²⁴Que seus olhos escureçam e não enxerguem mais,
e seu dorso fraqueje sempre!

²⁵Derrama sobre eles a tua cólera,
e tua ira inflamada os atinja.
²⁶Fique devastado o acampamento deles,
e em suas tendas não haja mais habitante.
²⁷Porque eles perseguem a quem tu feriste,
e contam o sofrimento de tua vítima.

²⁸Acusa-os, crime por crime,
e não venham a gozar da tua justiça.
²⁹Sejam suprimidos do livro da vida,
e não sejam escritos entre os justos.

³⁰Quanto a mim, pobre e sofredor,
que tua salvação, ó Deus, me levante!
³¹Com cânticos louvarei o nome de Deus,
e o engrandecerei com ações de graças.
³²Isso há de ser mais agradável a Javé do que um touro,
mais do que um novilho com chifres e cascos.

³³Os pobres veem e se alegram:
os que procuram a Deus tenham vida em seus corações!
³⁴Porque Javé escuta os indigentes,
e não despreza os seus cativos.
³⁵Os céus e a terra o louvem,
o mar e tudo o que nele se move!

³⁶Pois Deus salvará Sião,
reconstruirá as cidades de Judá!
Nela habitarão e a possuirão!
³⁷A descendência dos seus servos a receberá em herança,
e nela residirão os que amam o nome dele.

SALMO 70 (69)
Deus liberta o pobre

¹*Do mestre de canto. De Davi. Para comemorar.*

²Ó Deus, liberta-me!
Apressa-te em meu socorro, ó Javé!

Sl 70: *Oração pessoal de súplica.* Salmo bem semelhante ao Sl 40,14-18 (cf. notas).

³Fiquem todos envergonhados e derrotados,
os que buscam a minha vida!
Recuem e sejam confundidos
os que desejam meu sofrimento.
⁴Recuem por causa de suas derrotas
os que dizem: "Bem-feito! Muito bem!"

⁵Exultem e se alegrem contigo,
todos os que te buscam.
E os que amam tua salvação
digam sempre: "Deus é grande!"

⁶Quanto a mim, sou pobre e indigente:
apressa-te, ó Deus, em meu socorro!
Tu és meu auxílio e salvação.
Javé, não demores!

SALMO 71 (70)
Deus protege o ancião

¹Javé, em ti busco minha proteção,
que eu não fique envergonhado para sempre.
²Em tua justiça, protege-me! Que eu seja salvo!
Inclina para mim os teus ouvidos! Salva-me!

³Sejas para mim qual rocha de refúgio
onde eu possa sempre me abrigar,
pois o rochedo e fortaleza da minha salvação és tu!
⁴Meu Deus, salva-me da mão desonesta
e do punho criminoso e violento,
⁵pois tu, Senhor Javé, és minha esperança
e minha confiança desde a minha juventude.

⁶Em ti me apoio desde o ventre materno;
foste tu que me tiraste do ventre de minha mãe.
Em ti está sempre o meu louvor.
⁷Para muitos, eu não passo de um acaso,
mas tu és o meu refúgio poderoso.
⁸Minha boca está cheia do teu louvor
e do teu esplendor o dia todo.

⁹Não me rejeites no tempo da velhice,
e quando minha força estiver se esgotando, não me abandones!
¹⁰Pois os ímpios falam contra mim,
e os que espreitam a minha vida, juntos fazem planos.
¹¹Dizem: "Deus o abandonou, persigam-no!
Agarrem-no! Pois não há quem possa libertá-lo!"

¹²Ó Deus, não te afastes da minha presença.
Meu Deus, apressa-te em meu socorro!
¹³Fiquem todos envergonhados e arruinados
os adversários da minha vida.
Cubram-se de infâmia e insultos
os que buscam fazer o mal contra mim.

¹⁴Eu, porém, sempre esperarei em ti,
e intensificarei sempre mais o teu louvor.
¹⁵Minha boca narrará tua justiça,
e o dia todo a tua salvação,
mesmo não sendo capaz de enumerá-las.

¹⁶Virei com as forças do Senhor Javé,
e lembrarei a tua justiça, a tua somente.
¹⁷Deus é quem me ensina desde a juventude,
e até aqui descrevo as tuas maravilhas.

¹⁸E agora que já sou velho e de cabelos brancos,
ó Deus, não te descuides de mim,
até que eu proclame o teu braço à geração de hoje,
e o teu poder às gerações futuras,
¹⁹e a tua justiça, ó Deus, no alto das nuvens!

Tu fizeste grandes maravilhas.
Ó Deus, quem é igual a ti?

Sl 71: *Oração pessoal de súplica.* Uma pessoa idosa e doente sente que suas forças estão se esgotando. Afinal, velhice é bênção ou castigo? Vale a pena ter vida longa em meio a sofrimentos e angústias? O justo passou a vida sob a proteção de Deus e reconhece que nada lhe faltou. Agora, na velhice, enfrenta inimigos que se valem de sua fraqueza; por isso, pensa que a velhice é sinal do abandono de Deus. O salmo conclui afirmando que, enquanto houver vida, se deve louvar ao Senhor.

²⁰Tu me fizeste ver muitas aflições e muitos males.
Tu voltarás para me dar vida normalmente,
e me farás subir dos abismos da terra.
²¹Aumentarás a minha força,
e de novo me consolarás.
²²Quanto a mim, vou celebrar-te com a harpa,
por tua verdade, meu Deus.
Com harpa tocarei para ti,
ó Santo de Israel!
²³Meus lábios exultarão, quando eu fizer músicas para ti,
e também minha vida que remiste.
²⁴Assim também a minha língua
medita a tua justiça o dia todo,
pois ficaram envergonhados e foram derrotados
os que buscam fazer o mal contra mim!

SALMO 72 (71)
Oração por um bom governante

¹De Salomão.

Ó Deus, concede ao rei teu julgamento
e tua justiça ao filho do rei.
²Que ele julgue teu povo com justiça,
e teus pobres conforme o direito.
³Que as montanhas e colinas tragam a paz
com justiça para o povo.
⁴Que aos pobres do teu povo ele faça justiça,
salve os filhos dos indigentes
e esmague o opressor.
⁵Que ele dure como o sol e a lua,
por geração de gerações.
⁶Que ele seja como a chuva sobre a erva,
como a chuva mansa que irriga a terra.
⁷Que floresça em seus dias a justiça,
e muita paz até o fim das luas.
⁸Que ele domine de mar a mar,
do Grande Rio até os confins da terra.

⁹Diante dele seus adversários dobrem os joelhos,
e seus inimigos lambam o pó do chão.
¹⁰Que os reis de Társis e das ilhas lhe paguem tributo.
Que os reis de Sabá e Seba lhe tragam presentes.
¹¹Todos os reis se prostrarão diante dele,
e todas as nações hão de lhe servir.

¹²Porque ele liberta o indigente que grita por socorro,
e o pobre que não tem quem o possa socorrer.
¹³Ele tem piedade do fraco e do indigente,
e a vida dos indigentes ele salva.
¹⁴É ele quem os liberta da crueldade e violência,
porque o seu sangue é valioso aos olhos dele.

Sl 72: *Oração de espiritualidade régia.* Lembra ao rei sua missão de governar bem o povo, lutando pela justiça e estabelecendo o direito, para que o povo viva na paz. O rei deve manifestar, em atos e ações, que está realizando a vontade de Deus. Quando o governo é exercido com justiça, o povo reza para que a vida do rei se prolongue e a prosperidade do povo seja contínua. Os cristãos aplicaram este salmo a Jesus, sobretudo os vv. 12-14.
Os vv. 18-20 formam o hino de louvor que encerra, no saltério, o segundo livro, formado por Sl 42-72 (cf. nota ao Sl 41,14).

¹⁵Que ele viva, e lhe deem o ouro de Sabá.
Que rezem por ele continuamente
e o bendigam a cada dia.
¹⁶Haja fartura de trigo no campo,
ondulando no topo das montanhas.
Seus frutos floresçam como o Líbano,
e as espigas brotem como a relva no campo.
¹⁷O nome dele permaneça para sempre,
e se propague o seu nome diante do sol.
Que ele seja uma bênção,
e todas as nações o proclamem feliz!
¹⁸Bendito seja o Deus Javé, o Deus de Israel,
porque só ele faz maravilhas!
¹⁹Bendito seja para sempre o seu nome glorioso!
Que toda a terra se encha da sua glória!
Amém! Amém!
²⁰(Aqui se concluem as orações de Davi, filho de Jessé.)

SALMO 73 (72)
Não me deixes cair em tentação

¹*Salmo. De Asaf.*

Sim, Deus é bom para Israel,
para os puros de coração.
²Quanto a mim, por pouco meus pés tropeçavam,
quase dei um passo em falso,
³porque senti inveja dos arrogantes,
vendo a prosperidade dos ímpios.
⁴Pois para eles não existem sofrimentos,
até ao morrer seus corpos são robustos e sadios.
⁵A fadiga dos mortais não os atinge,
nem conhecem a aflição dos outros homens.
⁶Por isso seu colar é o orgulho,
e se cobrem com as vestes da violência.
⁷Saem da gordura os seus olhos,
e seus corações se derramam em projetos maldosos.
⁸Zombam e falam com maldade,
com orgulho falam de opressão.
⁹Eles com a boca insultam os céus,
e sua língua percorre a terra toda.
¹⁰Por isso, seu povo se volta para eles,
e águas em abundância sobre eles se derramam.
¹¹Eles dizem: "Deus não sabe de nada.
E nada o Altíssimo vai descobrir!"
¹²Realmente, são assim os ímpios,
e sempre satisfeitos aumentam suas riquezas.
¹³Sim, inutilmente tenho mantido puro o coração,
e tenho lavado as mãos na inocência.
¹⁴Na verdade, todos os dias tenho sido golpeado,
e castigado a cada manhã.

Sl 73: *Oração de espiritualidade sapiencial.* Reflexão do justo que busca entender a prosperidade dos ímpios. Como permanecer fiel, quando os ímpios enriquecem e vivem melhor do que os outros? Os que buscam manter íntegras suas vidas correm o perigo de cair na forte tentação de ser como os ímpios: ricos, com boa saúde, invejados, em atitudes soberbas e arrogantes. Os ricos vivem tranquilos, garantindo que "Deus não sabe de nada" (v. 11). Ao rever a própria vida, dificuldades e limites, o justo sofre a tentação de concluir que não vale a pena continuar fiel (vv. 13-15). Mas falar assim seria negar a fé dos irmãos de comunidade. O que fazer então? A solução está em buscar a justiça divina. A presença de Deus é garantia de vida para o justo. Manter essa fidelidade traz a certeza de que vale a pena viver, mesmo rodeado de ímpios ricos e tranquilos. A presença de Deus dá mais segurança do que todas as riquezas. "Se estou contigo, nada mais me satisfaz na terra!" (v. 25).

¹⁵Se eu dissesse: "Vou falar como eles",
   estaria enganando a geração de teus filhos.
¹⁶Refleti para compreender isso,
   mas foi difícil aos meus olhos.
¹⁷Até que um dia entrei no santuário de Deus,
   e compreendi qual é o destino deles.
¹⁸Tu na certa os colocas na direção da ladeira,
   e os lanças para a destruição.
¹⁹Como num instante são reduzidos a ruínas!
   Deixam de existir, terminam em terrores!
²⁰Tal como um sonho, ao despertares, ó Deus,
   ao levantares, tu menosprezas a imagem deles.
²¹Quando meu coração se azedava,
   e sentia pontadas nos rins,
²²é porque eu era estúpido e não sabia,
   eu era como animal diante de ti.

²³Eu estou sempre contigo,
   e tu me agarraste pela mão direita.
²⁴Tu me guias com o teu conselho,
   e depois me levarás para a tua glória.
²⁵O que haveria para mim no céu?
   Se estou contigo, nada mais me satisfaz na terra!
²⁶Meu corpo e meu coração desfalecem,
   mas é Deus o apoio do meu coração,
   minha herança para sempre.
²⁷Sim, os que se afastam de ti encontram a ruína.
   Tu destróis todos os que te abandonam e se prostituem.
²⁸Mas, para mim, é bom estar perto de Deus.
   Em Javé Deus coloquei o meu refúgio,
   para contar todas as tuas obras.

SALMO 74 (73)
Lamento do povo diante da violência

¹Poema. De Asaf.

Por que nos rejeitas para sempre, ó Deus,
   mostrando tua cólera contra as ovelhas
       de tua pastagem?
²Recorda tua comunidade,
   que adquiriste desde a origem,
   a tribo que reuniste como herança tua,
   esta montanha de Sião onde moras.
³Levanta teus passos em direção às ruínas incontáveis,
   contra todo o mal feito pelo inimigo no santuário.
⁴Rugiram teus opressores no interior de tua assembleia,
   colocaram suas bandeiras como sinal.
⁵Parecem aqueles que avançam com machados
   contra as árvores da floresta.
⁶E agora, todas as esculturas
   são destruídas com machados e martelos.

Sl 74: *Oração comunitária de súplica.* O povo clama a Deus durante uma calamidade, provavelmente o exílio na Babilônia. Os invasores foram mais fortes e destruíram a cidade e o templo, e levaram o povo em cativeiro para longe da terra prometida. Como pôde Deus permitir tudo isso? O salmista relembra então a força criadora de Deus. Força que mantém o universo em harmonia e conduz a história. Deus na certa se lembrará de fazer justiça a seu povo oprimido e humilhado pelos inimigos. Oprimir o povo de Deus é blasfemar contra o próprio Deus. "Levanta-te, ó Deus! Defende a tua causa!" (v. 22).

⁷Lançaram fogo no teu santuário,
profanaram até o chão a morada do teu nome.
⁸Diziam no coração:
"Destruamos de uma vez".
Incendiaram todos os lugares da assembleia de Deus na terra.
⁹Nossos símbolos não foram mais vistos,
já não existem profetas;
entre nós ninguém sabe até quando isso vai durar.
¹⁰Até quando, ó Deus, o inimigo irá blasfemar?
O inimigo vai ultrajar para sempre o teu nome?
¹¹Por que afastas tua mão protetora?
Retira tua direita do teu peito e extermina-os.

¹²Ó Deus, tu és o meu Rei desde a origem,
realizas a salvação ao longo da terra.
¹³Com teu poder dividiste o mar,
despedaçaste a cabeça dos monstros das águas.
¹⁴Esmagaste a cabeça do Leviatã,
dando-o como alimento aos monstros do mar.
¹⁵Abriste fontes e torrentes de águas,
secaste rios caudalosos.
¹⁶A ti pertencem o dia e a noite;
tu firmaste a lua e o sol.
¹⁷Estabeleceste todas as fronteiras da terra;
verão e inverno, tu os modelaste.

¹⁸Lembra-te disto: o inimigo afrontou Javé,
um povo insensato que despreza o teu nome.
¹⁹Não entregues à fera a vida de tua rola,
não esqueças até o fim a vida dos teus pobres.
²⁰Recorda a aliança,
pois os esconderijos da terra estão repletos,
são antros de violência.
²¹Que o oprimido não volte humilhado,
que o pobre e o indigente louvem o teu nome.
²²Levanta-te, ó Deus! Defende a tua causa!
Lembra-te do insensato que te blasfema o dia todo.
²³Não te esqueças do vozerio dos teus inimigos,
do tumulto sempre crescente dos que se rebelam contra ti.

SALMO 75 (74)
O julgamento universal

¹Do mestre de canto. "Não destruas". Salmo. De Asaf. Cântico.

²Nós te louvamos, ó Deus, nós te louvamos.
Pois o teu nome está bem perto,
narrando tuas maravilhas.

³"Quando eu tiver determinado,
eu mesmo julgarei com retidão.

Sl 75: *Oração de espiritualidade profética.* Anuncia o julgamento divino contra os arrogantes e injustos. Deus vem como juiz, e cada um será tratado segundo a própria conduta. Em seu julgamento, Deus arrasará a soberba dos injustos, para que os justos possam triunfar. "Os poderes do justo se erguerão" (v. 11).

⁴Desmoronem a terra e todos os seus habitantes,
eu mesmo firmei suas colunas".

⁵Eu disse aos arrogantes:
"Não sejam arrogantes".
E aos ímpios:
"Não levantem a fronte,
⁶não ergam a fronte com orgulho,
não falem com o pescoço em posição de arrogância".

⁷Porque não é do oriente, nem do ocidente,
nem do deserto das montanhas,
⁸que Deus vem como juiz.
A um ele exalta, a outro ele humilha.
⁹Porque Javé tem na mão uma taça de vinho fermentando,
cheio de mistura, e faz todos beberem dele.
É certo: desse vinho beberão todos os ímpios da terra.

¹⁰E eu o proclamarei para sempre,
farei músicas ao Deus de Jacó.
¹¹Arrancarei todo o poder dos ímpios,
e os poderes do justo se erguerão.

SALMO 76 (75)
Deus defende os pobres da terra

¹Do mestre de canto. Com instrumentos de corda. Salmo. De Asaf. Cântico.

²Deus é conhecido em Judá,
seu nome é grande em Israel.
³Sua tenda está em Salém
e sua moradia em Sião.
⁴Foi aí que ele quebrou os relâmpagos dos arcos,
os escudos, as espadas e as armas de guerra.
⁵Tu és esplêndido e majestoso
pelos montes de despojos.
⁶Os valentes de coração, que foram despojados,
dormem seu sono.
Nenhum guerreiro encontrou suas próprias mãos.
⁷Diante da tua reprovação, Deus de Jacó,
carro e cavalo ficaram como adormecidos.

⁸Tu, tu impões medo. Quem pode resistir
diante de tua ira?
⁹Dos céus fizeste ouvir teu julgamento,
a terra tremeu e se calou,
¹⁰quando Deus se levantou para julgar
e salvar todos os pobres da terra.

¹¹Pois a raiva do homem proclama tua glória,
a raiva dos sobreviventes é tua vestimenta.
¹²Façam votos para Javé, o Deus de vocês, e os cumpram.
Todos vocês que estão ao seu redor, levem tributos ao Terrível.
¹³Ele esmaga o espírito dos orgulhosos,
faz tremer os reis da terra.

Sl 76: *Hino de louvor à cidade santa*, que Deus escolheu para sua morada. A partir deste seu santuário, Deus proclamará a paz, destruindo toda força militar. Diante de Deus, qualquer exército é fraco e impotente. De seu trono, Deus proclama a libertação de todos os pobres, com a vitória sobre a arrogância e orgulho dos poderosos. Ele se mostra terrível para os que querem dominar a terra toda.

SALMO 77 (76)
Como acolher as surpresas de Deus?

¹Do mestre de canto. Iditun. De Asaf. Salmo.

²Com minha voz clamo a Deus.
  Minha voz a Deus eu elevo, e ele me ouve.
³No dia da minha aflição procuro o Senhor,
  minha mão estendo durante a noite,
    sem desfalecer,
  e minha alma rejeita ser consolada.
⁴Lembro-me de Deus e fico perturbado,
  preocupo-me e meu respirar desfalece.
⁵Sustentas as pálpebras de meus olhos,
  fico perturbado e nem consigo falar.
⁶Penso nos dias antigos,
  nos anos passados,
⁷no coração recordo os meus cânticos ao longo das noites,
  preocupo-me e em meu ser questiono:
⁸"Será que o Senhor vai me rejeitar para sempre,
  e já não me será favorável?
⁹Terminou, por todo o sempre, sua bondade?
  Acabou-se a promessa feita de geração em geração?
¹⁰Será que Deus se esqueceu de ter piedade,
  ou fechou as entranhas com ira?"
¹¹Então eu digo: "Este é o meu mal:
  o Altíssimo mudou sua direita".
¹²Lembro-me das obras de Javé.
  Sim, recordo tuas antigas proezas.
¹³Medito em toda a tua obra,
  em todos os teus feitos eu medito.

¹⁴Ó Deus, teu caminho é santo!
  Que deus haverá tão grande como Deus?
¹⁵Tu és o Deus que realiza façanhas,
  manifestando teu poder junto aos povos.
¹⁶Com teu braço redimiste teu povo,
  os filhos de Jacó e de José.

¹⁷As águas te viram, ó Deus,
  as águas te viram e tremeram.
¹⁸As nuvens derramaram suas águas,
  nuvens espessas trovejaram,
  e tuas flechas caíram de um lado a outro.

¹⁹O estrondo do teu trovão rodeava,
  teus relâmpagos iluminavam o mundo,
  a terra abalou-se e estremeceu.
²⁰Teu caminho era o mar,
  tuas estradas passaram entre grandes águas,
  e tuas pegadas ninguém pôde conhecer.
²¹Como pastor conduziste o teu povo,
  pela mão de Moisés e de Aarão.

Sl 77: *Oração comunitária de súplica.* O povo vive momentos tristes, provavelmente enfrentando a dura realidade do exílio. Como entender tal situação? Será que Deus se esqueceu de sua Aliança, entregando o povo à fúria dos inimigos? Onde estão a misericórdia, o amor e o perdão de Deus? A dor do momento presente faz com que o salmista se volte para o passado e se lembre das proezas de Javé. Será que tudo isso vai se repetir? Deus estará mesmo caminhando com seu povo, como fazia no tempo dos antepassados ilustres? Diante da terrível calamidade do exílio, o que sustenta os fiéis é a esperança de que Deus volte a realizar seus gestos maravilhosos em defesa do seu povo.

SALMO 78 (77)
O que nossos pais nos contaram

¹*Poema. De Asaf.*

Povo meu, preste atenção à minha lei,
dê ouvido às palavras da minha boca.
²Abrirei a boca em provérbios,
explicarei os enigmas do passado.
³O que ouvimos e conhecemos,
e nossos pais nos contaram,
⁴nós não o esconderemos de seus filhos,
às gerações futuras
contaremos os louvores de Javé,
as façanhas e maravilhas que realizou.

⁵Foi ele que estabeleceu uma norma para Jacó,
uma lei ele firmou para Israel,
ordenou a nossos pais
que a fizessem conhecer a seus filhos,
⁶a fim de que a conheçam as futuras gerações
dos filhos que irão nascer.
Que se levantem e narrem a seus filhos.
⁷Que ponham em Deus sua confiança,
não se esqueçam das obras de Deus
e observem os seus mandamentos.
⁸Não sejam como os pais de vocês,
geração insubordinada e desobediente,
geração de coração inconstante
e sem espírito de firmeza em Deus.

⁹Os filhos de Efraim, armados de arcos,
recuaram no dia da batalha,
¹⁰não guardaram a aliança de Deus,
recusaram-se a andar em sua lei.
¹¹Esqueceram-se das obras dele,
e das maravilhas que lhes mostrara.
¹²Diante de seus pais ele fez a maravilha
na terra do Egito, no campo de Tânis.
¹³Dividiu o mar e os fez atravessar,
represou as águas como num dique.
¹⁴Durante o dia os guiou com a nuvem,
e a noite toda com o resplendor do fogo.
¹⁵Fendeu as rochas do deserto,
e deu-lhes de beber como grande manancial.
¹⁶Fez sair fontes dos rochedos,
e fez correr águas como rio.
¹⁷Mesmo assim, continuaram a cometer pecado contra ele,
rebelando-se no deserto contra o Altíssimo.
¹⁸Tentaram a Deus em seus corações,
pedindo comida para sobreviverem.
¹⁹Falaram contra Deus e disseram:
"Poderá Deus preparar a mesa no deserto?"
²⁰Ele então feriu o rochedo, fez destilar água,
torrentes transbordaram.

Sl 78: *Salmo de espiritualidade sapiencial.* Oração em que se faz memória da longa caminhada histórica do povo de Deus. O salmo ensina que a oração supõe a memória dos feitos de Deus. Sem esquecer as falhas e quedas do povo, a quem ele ensinou através de fatos bem concretos, expressos em parábolas ou enigmas que o povo precisa interpretar para viver melhor o projeto de Deus. Os acontecimentos do dia a dia nos fazem refletir sobre a presença divina lado a lado conosco. Essa história deve ser vivida e celebrada de geração em geração. Ler e reler a própria história é participar ativamente do processo da revelação de Deus. Se há uma certeza, da qual não podemos duvidar, é a de que realmente Deus caminha conosco, fazendo parte de nossa história.

"Poderá ele dar também pão
e preparar carne para seu povo?"
²¹Javé ouviu isso e irritou-se,
acendeu fogo contra Jacó,
e levantou também sua ira contra Israel,
²²pois eles não tinham fé em Deus,
nem confiaram em sua salvação.
²³Mesmo assim, ordenou às nuvens do alto
e abriu as portas dos céus,
²⁴fazendo chover sobre eles maná para comer,
e lhes deu trigo dos céus.
²⁵Cada qual comeu o pão dos Fortes,
e enviou-lhes comida com fartura.
²⁶Fez soprar nos céus o vento do oriente,
e com sua força conduziu o vento sul.
²⁷Fez chover sobre eles carne como pó,
aves numerosas como areias do mar,
²⁸fazendo-as cair no meio do seu acampamento,
ao redor de suas tendas.
²⁹Eles comeram e ficaram bem satisfeitos,
saciando os seus caprichos.
³⁰Não tinham satisfeito o apetite,
e ainda tinham comida na boca,
³¹quando a ira de Deus desceu sobre eles:
massacrou os mais fortes
e submeteu os jovens de Israel.

³²E todos eles continuaram a pecar,
por não terem fé nas maravilhas de Deus.
³³Então ele, num sopro, lhes consumiu os dias,
e os anos num repente.
³⁴Quando os fazia morrer, eles o procuravam
e voltavam, procurando a Deus com prontidão.
³⁵Lembravam que Deus é a sua rocha,
e o Deus Altíssimo, o seu vingador.
³⁶Eles o adulavam com os lábios,
e com a língua o enganavam.
³⁷Seus corações não eram sinceros com ele,
nem foram fiéis na sua aliança.
³⁸Ele porém, compassivo,
perdoava as iniquidades
e não os destruía; muitas vezes aplacava sua ira
e não demonstrava todo o seu furor.
³⁹Pois se lembrava de que vocês eram apenas carne,
um sopro que vai e não volta.

⁴⁰Quantas vezes o provocaram no deserto
e o irritaram na estepe!
⁴¹Eles voltavam e tentavam a Deus,
importunavam o Santo de Israel.
⁴²Não se lembravam das mãos dele,
no dia em que os libertou do inimigo,
⁴³quando realizou seus sinais no Egito,
seus prodígios nos campos de Tânis,

⁴⁴quando mudou em sangue seus canais
e seus riachos, para que não bebessem.
⁴⁵Contra eles enviou moscas para picá-los
e rãs para arruiná-los.
⁴⁶Entregou à larva a colheita deles,
e o trabalho deles ao gafanhoto.
⁴⁷Destruiu com chuva de pedra a vinha deles,
e seus sicômoros com chuvarada.
⁴⁸Entregou à chuva de pedra o gado deles,
e seu rebanho aos relâmpagos.
⁴⁹Lançou sobre eles a sua ira:
raiva, indignação e aflição,
como mensageiros de desgraças.
⁵⁰Preparou um caminho breve para sua ira:
não os preservou da morte,
mas entregou suas vidas à peste.
⁵¹Feriu todo primogênito no Egito,
e as primícias da sua virilidade nas tendas de Cam.
⁵²Fez sair seu povo como ovelhas,
guiando-os como a um rebanho no deserto.
⁵³Guiou-os para um lugar seguro,
e nada temeram,
e o mar cobriu seus inimigos.
⁵⁴Ele os fez chegar à sua fronteira sagrada,
a este monte que a direita dele conquistou.
⁵⁵Expulsou da frente deles as nações,
delimitou com o cordel uma herança,
instalando em suas tendas as tribos de Israel.
⁵⁶Eles, porém, desafiaram,
colocaram à prova o Deus Altíssimo,
não guardaram seus preceitos.
⁵⁷Retrocederam, voltaram a ser infiéis como seus pais,
falharam como arco traiçoeiro.
⁵⁸E fizeram que ele perdesse a calma;
com seus lugares altos e ídolos
lhe provocaram ciúmes.
⁵⁹Deus ouviu e se indignou,
rejeitando Israel completamente.
⁶⁰Por isso, desprezou sua morada em Silo,
a tenda estabelecida entre os homens.
⁶¹E deu a sua força ao cativeiro,
enfeitando com adorno a mão do inimigo.
⁶²Entregou seu povo à espada,
irritando-se contra sua herança.
⁶³Seus jovens foram devorados pelo fogo,
e suas donzelas não receberam galanteios.
⁶⁴Seus sacerdotes caíram pela espada,
e suas viúvas não derramaram lágrimas.
⁶⁵O Senhor despertou como alguém que dorme,
como valente vencido pelo vinho.
⁶⁶Feriu seus inimigos pelas costas,
impondo-lhes uma vergonha para sempre.

⁶⁷Rejeitou a tribo de José,
e não escolheu a tribo de Efraim.
⁶⁸Escolheu a tribo de Judá
e o monte Sião, que ele ama.
⁶⁹Edificou seu santuário em lugar elevado,
como a terra que estabeleceu para sempre.
⁷⁰Escolheu Davi como seu servo,
e o tirou dos apriscos das ovelhas.
⁷¹Da guarda das ovelhas que amamentam o fez sair
para pastorear Jacó, seu povo,
e Israel, sua herança.
⁷²Ele os pastoreou com integridade de coração
e os guiou com mãos de sabedoria.

SALMO 79 (78)
O grande lamento do povo de Deus

¹*Salmo. De Asaf.*

Ó Deus, as nações invadiram tua herança,
profanaram teu Templo santo,
reduziram Jerusalém a ruínas.
²Deram os restos mortais de teus servos
em comida aos pássaros dos céus,
e a carne de teus fiéis aos animais da terra.
³Derramaram o sangue deles
como água ao redor de Jerusalém,
sem ninguém para sepultá-los.
⁴Nós nos tornamos caçoada para nossos vizinhos,
sátira e zombaria
diante dos que habitavam ao nosso redor.

⁵Até quando ficarás irado, Javé? Será para sempre?
Teu zelo queimará como fogo?
⁶Derrama teu furor sobre as nações que não te conhecem,
e sobre os reinos que não invocam teu nome.
⁷Porque eles devoraram Jacó
e destruíram suas casas.
⁸Não recordes contra nós os erros passados.
Tua piedade nos alcance depressa,
pois estamos muito enfraquecidos.
⁹Socorre-nos, ó Deus, nosso salvador,
pela palavra gloriosa do teu nome.
Livra-nos e perdoa nossas culpas,
por causa do teu nome.

¹⁰Por que diriam as nações:
"Onde está o Deus deles?"
Que as nações conheçam,
diante de nossos olhos,
a vingança do sangue derramado de teus servos.
¹¹Cheguem à tua presença os gemidos do cativo;
pelo poder do teu braço,
preserva da morte os filhos.

Sl 79: *Oração comunitária de súplica.* O salmo é um lamento do povo exilado, diante das invasões inimigas. Lamento que começa descrevendo o rastro da terrível destruição deixado pelos invasores e mostrando que o próprio Deus é quem foi atingido em seu poder e glória. Se ele deixa que seu povo seja humilhado, como poderão as nações reconhecê-lo como o Deus verdadeiro? O lamento pede então que ele assuma seu papel de redentor e libertador. Certo de que será atendido, o povo renova o compromisso de permanecer fiel a Deus.

¹²Retribui aos nossos vizinhos sete vezes mais
  pelas ofensas com que te ofenderam, Senhor!
¹³E nós, teu povo, ovelhas do teu rebanho,
  te celebraremos para sempre,
  e de geração em geração cantaremos teu louvor.

SALMO 80 (79)
Deus reconstrói o seu povo

¹*Do mestre de canto. Sobre a ária "Os lírios são testemunhas". Salmo. De Asaf.*

²Ó pastor de Israel, dá ouvidos,
  tu que diriges como pastor a José,
  e estás assentado sobre os querubins, resplandece
³à frente de Efraim, Benjamim e Manassés!
  Desperta tua força e vem salvar-nos!

⁴Ó Deus, faze-nos voltar!
  Mostra-nos teu rosto radiante, e seremos salvos!

⁵Javé, Deus dos Exércitos, até quando ficarás irado
  enquanto o teu povo faz oração?
⁶Tu o sustentas com pão de lágrimas,
  e lhe sacias a sede com lágrimas em abundância.
⁷Fazes de nós objeto de disputa entre nossos vizinhos,
  e nossos inimigos zombam dos nós.

⁸Deus dos Exércitos, faze-nos voltar!
  Mostra-nos teu rosto radiante, e seremos salvos!

⁹Arrancaste do Egito uma videira,
  expulsaste as nações e a plantaste.
¹⁰Preparaste diante dela um terreno para enraizar,
  e suas raízes encheram a terra.
¹¹Suas sombras cobriram as montanhas,
  e sua ramagem, como cedros de Deus.
¹²Ela estendia suas ramagens até o mar,
  e até o rio os seus brotos.

¹³Por que lhe quebraste as cercas,
  permitindo que os viajantes arranquem suas uvas,
¹⁴os porcos do mato a devastem,
  e as feras do campo a usem como pasto?
¹⁵Deus dos Exércitos, volta atrás, agora!
  Olha dos céus e vê, visita esta vinha,
¹⁶o ramo que plantaste à tua direita,
  o filho que fortaleceste para ti.
¹⁷Ela foi cortada e queimada no fogo.
  Que pereçam diante de tua face que reprova.
¹⁸Esteja tua mão sobre o homem da tua direita,
  o filho do homem que fortaleceste para ti.
¹⁹Não nos separaremos mais de ti!
  Devolve-nos a vida, e teu nome invocaremos.

²⁰Javé, Deus dos Exércitos, faze-nos voltar!
  Mostra-nos teu rosto radiante, e seremos salvos.

Sl 80: *Oração comunitária de súplica.* Diante da invasão do inimigo, a oração pede que Deus mantenha a integridade do povo, reconstruindo as ruínas deixadas pela guerra. Israel aqui é visto como vinha devastada, a se restaurar pelo poder divino. Esse pedido aparece no refrão (vv. 4.8.20), onde o nome de Deus vai se ampliando. Javé é o Deus restaurador, o Deus dos Exércitos, que fará brilhar sua face sobre a ruína de Israel, assim como fez ao longo da história. "Mostra-nos teu rosto radiante, e seremos salvos!" (v. 4).

SALMO 81 (80)
Cântico de libertação

¹Do mestre de canto. Sobre a lira de Gat. De Asaf.

²Deem gritos de alegria a Deus, nossa proteção.
  Aclamem o Deus de Jacó.
³Toquem música, soem o pandeiro,
  a cítara agradável com a harpa.
⁴Soem a trombeta na lua nova,
  para os dias de nossa festa na lua cheia.
⁵Pois é um preceito para Israel,
  uma ordem do Deus de Jacó,
⁶um testemunho que ele ordenou a José,
  quando saiu contra a terra do Egito.

  Não compreendo o que ouço:
⁷"Retirei o peso de seus ombros,
  e suas mãos livraram-se do cesto.
⁸Vocês clamaram na angústia, e eu os livrei.
  Escondido no trovão, eu lhe respondi,
  e o provei nas águas de Meriba.
⁹Ouça, meu povo, vou chamar sua atenção!
  Quem dera Israel me ouvisse!
¹⁰Nunca tenha com você um deus estranho,
  e nunca se prostre diante de um deus estrangeiro.
¹¹Eu sou Javé, o seu Deus,
  que fez você subir da terra do Egito.
  Abra bem a boca, e eu a encherei.

¹²Mas meu povo não escutou a minha voz,
  Israel não me aceitou.
¹³Então eu os entreguei à teimosia do seu coração.
  Que sigam seus próprios caprichos!
¹⁴Ah, se meu povo me escutasse,
  e Israel andasse pelos meus caminhos...
¹⁵Aos poucos, seus inimigos eu humilharia,
  e voltaria minha mão contra seus adversários.
¹⁶Os que guardam ódio contra Javé o adulariam,
  e o tempo deles passaria para sempre.
¹⁷Eu alimentaria você com a flor do trigo,
  eu o fartaria com o mel que sai do rochedo".

Sl 81: Oração de espiritualidade profética. Esta prece por ocasião da festa das Tendas traz uma acusação grave: o povo não está sendo fiel ao Deus libertador que o tirou do Egito. O salmo recorda os fatos históricos que selaram o compromisso entre Javé e seu povo: a libertação da escravidão, a travessia do deserto e a revelação no Sinai. Deus permanece fiel a seu compromisso. Mas, e o povo? A oração conclui com a triste constatação: não existe fidelidade do povo ao compromisso com Deus. Por que o povo deixou de escutar a palavra de Javé? "Ah, se meu povo me escutasse!..." (v. 14).

SALMO 82 (81)
Solene advertência contra os juízes injustos

¹Salmo. De Asaf.

  Deus se mantém de pé
    no meio da assembleia divina,
  em meio aos deuses ele julga:
²"Até quando vocês julgarão injustamente,
  sustentando a causa dos ímpios?
³Julguem a causa do fraco e do órfão,
  façam justiça ao pobre e ao necessitado.

Sl 82: Oração de espiritualidade profética. Diante da corrupção de seus governantes, o povo grita pedindo justiça. Os poderosos, aqui ironicamente chamados de "deuses", não cumprem os desígnios do Deus verdadeiro, que manifesta sua verdade ao tomar a defesa dos pobres: o fraco, o órfão, o necessitado. A injustiça abala os fundamentos da terra, ou seja, coloca em risco toda a criação de Deus (cf. Os 4,4).

⁴Ponham em liberdade o fraco e o indigente,
 e os livrem da mão dos ímpios".

⁵Eles não sabem, não entendem, vagueiam em meio a trevas,
 e todos os fundamentos da terra se abalam.
⁶Eu disse: "Vocês são deuses.
 São todos filhos do Altíssimo.
⁷E no entanto vocês morrerão como qualquer homem,
 cairão como qualquer um dos príncipes".
⁸Levanta-te, ó Deus, julga a terra,
 pois todas as nações pertencem a ti!

SALMO 83 (82)
Deus defende o seu povo

¹*Salmo. Cântico. De Asaf.*

²Ó Deus, não te cales!
 Não fiques mudo, não fiques calado, ó Deus!
³Porque os teus inimigos se amotinam,
 guardam ódio contra ti e levantam a cabeça.
⁴Sobre o teu povo maquinam conselhos,
 tramando contra os teus protegidos.
⁵Eles disseram: "Venham,
 vamos exterminá-los do meio das nações,
 e que ninguém mais se lembre do nome de Israel".
⁶Sim, unidos num só coração, eles maquinam contra ti,
 fazem uma aliança para destruir-te:
⁷as tendas de Edom e os ismaelitas,
 Moab e os agarenos, ⁸Gebal, Amon e Amalec,
 a Filisteia e o povo que habita em Tiro.
⁹Também Assur aliou-se a eles,
 tornando-se reforço dos filhos de Ló.

¹⁰Faze contra eles como a Madiã e Sísara,
 como a Jabin na torrente de Quison,
¹¹quando foram arrasados em Endor,
 tornando-se esterco para a terra.
¹²Trata seus nobres como Oreb e Zeb,
 como Zebá e Sálmana, e todos os seus príncipes,
¹³eles que disseram:
 "Vamos tomar posse das propriedades de Deus".

¹⁴Meu Deus, trata-os como palha
 que roda agitada pelo vento,
¹⁵como fogo que devora a floresta,
 como chama que queima inteiramente as montanhas.
¹⁶Sim, persegue-os com a tua tempestade,
 amedronta-os com o teu vendaval.
¹⁷Cobre de vergonha a sua face,
 para que busquem o teu nome, ó Javé!
¹⁸Que eles sejam envergonhados e perturbados para sempre,
 fiquem confundidos e arruinados.
¹⁹Assim saberão que só tu tens o nome de Javé,
 e que tu és o Altíssimo sobre toda a terra.

Sl 83: *Oração comunitária de súplica. O salmo reza o temor diante da força militar dos inimigos. Sentindo-se fraco e desprotegido, o povo clama a Deus, para que venha em socorro. Os fiéis lembram que os inimigos do povo são também inimigos do próprio Deus. A memória das batalhas com que o povo conquistou a terra lembra que foi Deus quem o conduziu à vitória. Agora, a súplica é para que Deus se faça presente outra vez, destruindo os inimigos e salvando o seu povo, realizador do seu projeto. Assim, as nações reconhecerão o único Deus verdadeiro: "Saberão que só tu tens o nome de Javé" (v. 19).*

SALMO 84 (83)
Felizes os que caminham para Deus

¹Do mestre de canto. Segundo a "melodia de Gat". Dos filhos de Coré. Salmo.

²Como são atraentes as tuas moradas,
  ó Javé dos Exércitos!
³Minha alma sente saudade e desfalece
  pelos átrios de Javé.
Meu coração e minha carne
  exultam pelo Deus Vivo.

⁴Até o pássaro encontrou uma casa,
  e a andorinha, um ninho para si,
  onde põe os seus filhotes:
os teus altares, Javé dos Exércitos, meu rei e meu Deus!

⁵Felizes os que habitam em tua casa:
  eles te louvam para sempre!
⁶Felizes os homens que encontram sua força em ti,
  e em seus corações guardam as romarias:

⁷quando atravessam o vale da Amoreira,
  eles o transformam em manancial,
  como se as chuvas de outono os cobrissem de bênçãos.
⁸Eles caminham com entusiasmo sempre crescente,
  até serem vistos por Deus em Sião.

⁹Javé, Deus dos Exércitos, ouve a minha oração,
  dá ouvidos, ó Deus de Jacó.
¹⁰Vejas, ó Deus, tu és o nosso escudo,
  contempla a face do teu ungido.

¹¹Pois vale mais um dia em teus átrios,
  do que mil à minha maneira.
Prefiro permanecer no umbral da casa de Deus,
  a morar nas tendas do ímpio.

¹²Porque Javé é sol e escudo,
  Deus dá favor e glória.
Javé não nega nenhum bem
  aos que andam na integridade.

¹³Javé dos Exércitos, feliz o homem que confia em ti!

Sl 84: *Hino dos romeiros que chegam a Jerusalém.* O desejo de encontrar Deus no templo anima os romeiros, que aí vão experimentar e celebrar a presença dele. O templo é o lugar onde o povo se sente em casa. Os recém-chegados pedem pelos que residem e trabalham na casa de Deus, e oram para que esse encontro gere bênçãos, como a chuva traz vida nova. Que Deus abençoe o rei, o "ungido" que também reside em Jerusalém, para que haja paz e justiça no país. A romaria é ocasião de renovar a fé na presença de Deus. "Feliz o homem que confia em ti!" (v. 13).

SALMO 85 (84)
A salvação está próxima

¹Do mestre de canto. Dos filhos de Coré. Salmo.

²Favoreceste, Javé, a tua terra,
  fizeste voltar os cativos de Jacó.
³Perdoaste a culpa do teu povo,
  encobriste todos os seus pecados.
⁴Retiraste toda a tua raiva,
  acalmaste o furor da tua ira.

⁵Faze-nos retornar, ó Deus, nosso salvador,
  e anula a tua raiva contra nós!

Sl 85: *Oração comunitária de súplica.* Este salmo reza a volta dos exilados. O povo está livre para voltar à sua terra. Mas, será que se converteu realmente, depois de tudo o que sofreu? A missão é reconstruir o país. Mas, será que o próprio povo está realmente restaurado? Situação difícil! Quais são os alicerces da verdadeira restauração? O salmo aponta: amor e fidelidade, justiça e paz! Se o povo se reorganizar a partir desses fundamentos, Javé manifestará a própria glória, mandando a chuva e outras bênçãos, para que todos possam viver felizes na terra prometida.

⁶Estarás irado contra nós para sempre?
　　Prolongarás a tua ira de geração em geração?
⁷Não vais restituir as nossas vidas,
　　para que teu povo se alegre em ti?
⁸Javé, manifesta o teu amor,
　　e concede-nos a tua salvação.

⁹Escutarei o que Javé Deus está dizendo:
　　"Eis que ele anuncia a paz a seu povo e seus fiéis,
　　aos que voltam de coração ao Senhor".
¹⁰Sim! A salvação está próxima dos que o temem,
　　e a glória habitará em nossa terra.
¹¹Fidelidade e verdade se encontram,
　　justiça e paz se beijam.
¹²A verdade brotará da terra,
　　e a justiça se inclinará lá dos céus.

¹³Javé, ele mesmo, nos dará o que é bom,
　　e nossa terra dará sua colheita.
¹⁴A justiça andará à frente dele,
　　a fim de lhe preparar o caminho para seus passos.

SALMO 86 (85)
Deus é o guardião da nossa vida

¹*Oração. De Davi.*

Inclina teu ouvido, Javé, e responde-me,
　　porque sou pobre e indigente!
²Guarda a minha vida, porque sou fiel;
　　salva o teu servo que confia em ti!

³Tem piedade de mim, Senhor,
　　pois é em tua direção que eu clamo o dia todo!
⁴Alegra a vida do teu servo,
　　pois é em tua direção, Senhor, que elevo minha alma!
⁵Porque tu és bom e clemente, Senhor,
　　e repleto de misericórdia com todos os que clamam a ti!
⁶Javé, escuta a minha oração,
　　presta atenção à voz da minha súplica.

⁷No dia da minha angústia clamo a ti,
　　porque tu me respondes.
⁸Não existe entre os deuses ninguém semelhante a ti,
　　nada que se iguale às tuas obras, ó Deus!

⁹Todas as nações que criaste virão a ti
　　e diante de ti se prostrarão, Senhor,
　　e glorificarão o teu nome;
¹⁰pois tu és grande, ó Deus, e fazes maravilhas.
　　Tu, somente tu és Deus!

¹¹Ensina-me o teu caminho, Javé,
　　e eu andarei em tua verdade.
　Conserva íntegro o meu coração
　　no temor do teu nome.

Sl 86: *Oração pessoal de súplica.* O fiel vive momentos de perigo e perseguição, pelo fato de manter sua fidelidade ao Deus verdadeiro. Com suas súplicas, o orante renova a certeza de que Javé escutará seus lamentos e virá em seu socorro. A certeza de ser atendido faz com que o justo encontre forças para manter-se íntegro diante da perseguição. Pedindo que Deus realize um sinal de bondade, o fiel espera que seus inimigos se convertam. "Tu, Senhor, lento para a cólera, repleto de amor e fidelidade..." (v. 15).

¹²Eu te celebrarei, Senhor, meu Deus, com todo o coração,
vou glorificar teu nome para sempre.
¹³Pois é grande teu amor para comigo,
tu livraste a minha alma das profundezas da morada dos mortos.
¹⁴Ó Deus, arrogantes se levantam contra mim,
um bando de agressores persegue minha vida,
e não te colocam diante de si.
¹⁵Tu porém, Senhor, Deus compassivo e misericordioso,
lento para a cólera, repleto de amor e fidelidade,
¹⁶volta-te para mim, tem piedade de mim.

Concede ao teu servo a tua força,
salva o filho da tua serva.
¹⁷Realiza um sinal da tua bondade em mim.
Meus inimigos verão e ficarão envergonhados,
porque tu, Javé, me socorres e me consolas.

SALMO 87 (86)
A casa de Deus é a casa de todos

¹Dos filhos de Coré. Salmo. Cântico.

Suas fundações estão sobre as montanhas sagradas.
²Javé ama as portas de Sião,
mais do que todas as moradas de Jacó.

³Dizem de você coisas maravilhosas,
ó cidade de Deus!
⁴"Eu faço registro de Raab e Babel
entre aqueles que me conhecem;
eis a Filisteia, Tiro e Etiópia:
Este nasceu aí".

⁵Mas de Sião será dito:
"Todo homem nasceu nela.
Ele, o Altíssimo, foi quem a estabeleceu".
⁶Javé registra por escrito os povos:
"Este nasceu aí".
⁷Enquanto dançam, cantarão:
"Todos os meus mananciais estão em você".

Sl 87: *Hino a Sião, berço da humanidade.* Canta a cidade de Jerusalém como mãe de todo o povo, e que poderá ser a mãe da humanidade inteira. Em Jerusalém se encontra a morada do Deus que é vida para todos. Aí as nações o deverão reconhecer como fonte de vida.

SALMO 88 (87)
Lamento do desamparado

¹Cântico. Salmo. Dos filhos de Coré. Do mestre de canto. Para a doença. Para a aflição. Poema. De Emã, o ezraíta.

²Javé, Deus da minha salvação,
de dia eu te suplico e de noite
permaneço em tua presença.
³Chegue diante de ti minha oração,
inclina teu ouvido ao meu clamor.

⁴Pois minha alma está saturada de males,
e minha vida já se aproxima
da morada dos mortos.

Sl 88: *Oração pessoal de súplica.* O fiel vive em angústia mortal, causada por doença incurável que o torna impuro aos olhos de todos, inclusive parentes e amigos. A situação é de total abandono. Daí o seu lamento como se estivesse entre os mortos. Já que todos o abandonaram e se mantêm afastados, o enfermo clama a Deus. A oração termina com aparente brado de desesperança: "A minha companhia são as trevas" (v. 19). Apenas aparente, pois não estaria rezando se não tivesse esperança: "Javé, eu grito em tua direção... Por que me rejeitas?" (vv. 14.15).

⁵Sou considerado entre os que descem à cova,
   sinto-me como homem sem força,
⁶entregue entre os mortos,
   semelhante aos corpos profanados que descem ao túmulo,
   dos quais já não se faz memória,
   porque foram arrancados de tua mão.

⁷Tu me colocaste no mais profundo da cova,
   nas escuridões mais fundas.
⁸Sobre mim sustentas tua fúria
   e pesam todas as tuas enormes ondas.

⁹Tu afastaste de mim os meus conhecidos,
   tornaste-me para eles uma abominação;
   fui aprisionado e não posso sair.
¹⁰Meus olhos desfalecem de aflição,
   e clamo a ti, Javé, o dia todo.
   Estendo as mãos em tua direção:

¹¹"É para os mortos que fazes maravilhas?
   Acaso os defuntos se levantarão para te louvar?
¹²Poderão narrar na sepultura a tua fidelidade,
   e falar da tua sinceridade na habitação dos mortos?
¹³Por acaso conhecem nas trevas as tuas maravilhas,
   e a tua justiça na terra do esquecimento?"

¹⁴Mas eu, ó Javé, eu grito em tua direção,
   e logo pela manhã tu vens ao encontro da minha oração.
¹⁵Javé, por que me rejeitas
   e escondes de mim a tua face?

¹⁶Sou infeliz e moribundo desde a minha juventude,
   suportei o teu terror, e desfaleço.
¹⁷Sobre mim passaram teus furores,
   e teus horrores me fizeram emudecer.

¹⁸Eles me rodeiam como água o dia todo,
   circundam ao meu redor todos juntos.
¹⁹Afastaste de mim o amor e a amizade,
   e a minha companhia são as trevas.

SALMO 89 (88)
Para sempre o protegerei no meu amor

¹Poema. De Etã, o ezraíta.

²Cantarei para sempre o amor de Javé,
   minha boca anunciará
      tua fidelidade de geração em geração.
³Então eu disse:
      "O amor foi edificado para sempre,
   nos céus fixaste a tua fidelidade".

⁴"Firmei uma aliança com o meu escolhido,
   prestei juramento ao meu servo Davi:
⁵Estabeleci tua descendência para sempre,
   e construí teu trono de geração em geração".

Sl 89: *Oração de espiritualidade régia.* Este longo salmo canta a aliança entre Javé e a dinastia de Davi (cf. 2Sm 7). O rei passa por perigos e a nação pode ser destruída. Ele então reza, lembrando a Deus a promessa feita à dinastia de Davi, quando lhe garantiu o trono em Jerusalém (1-5). O rei entoa um hino (6-19) louvando a realeza de Javé, o Deus que, por "amor e fidelidade", mantém a criação e conduz a história. Também o rei assim deverá governar, se quiser manter a estabilidade do reino e a felicidade do povo. Afinal, Deus escolheu a dinastia de Davi para ser instrumento de justiça e paz

⁶Os céus celebram as tuas maravilhas, Javé,
assim como na assembleia dos santos
a tua fidelidade.
⁷Pois quem, sobre as nuvens, se iguala a Javé?
Dentre os filhos dos deuses, quem é como Javé?

⁸Deus é temido no conselho dos santos,
muito respeitado por todos os que o rodeiam.
⁹Javé, Deus dos Exércitos, quem é igual a ti?
Tu és poderoso, Javé, e tua fidelidade te envolve.

¹⁰Tu governas a fúria do mar,
tu acalmas as ondas quando se levantam.
¹¹Reduziste Raab a pó, como a um cadáver;
com a força de teu braço dispersaste teus inimigos.

¹²A ti pertencem os céus, e a ti pertence também a terra.
Puseste o alicerce ao mundo
e a tudo o que nele existe.
¹³Tu criaste o Norte e o Sul,
o Tabor e o Hermon festejam teu nome.

¹⁴Tu tens um braço poderoso,
tua esquerda é forte, tua direita é sublime.
¹⁵Justiça e direito sustentam o teu trono,
amor e verdade estão diante de tua face.

¹⁶Feliz o povo que sabe aclamar-te com alegria:
esse caminhará, Javé, na luz da tua face.
¹⁷Em teu nome ele se alegra o dia todo,
e se orgulha em tua justiça.

¹⁸Porque tu és para ele honra e poder,
e na tua vontade levantas a nossa fronte.
¹⁹Sim, é Javé o nosso escudo,
o Santo de Israel é o nosso rei.

²⁰Outrora falaste numa visão aos teus fiéis, dizendo:
"Prestei socorro a um valente,
exaltei o meu escolhido dentre o povo.
²¹Encontrei Davi, o meu servo,
e com meu óleo santo o ungi.

²²Que minha mão esteja com ele e o sustente,
e meu braço o fortaleça.
²³O inimigo não poderá enganá-lo,
nem o filho da maldade poderá humilhá-lo.

²⁴Esmagarei diante dele seus opressores
e ferirei seus adversários.
²⁵Minha fidelidade e amor estarão com ele,
e o poder dele crescerá em meu nome.

²⁶Estenderei sua mão sobre o mar,
e sobre os rios a sua mão direita.
²⁷Ele me invocará: 'Tu és o meu pai,
o meu Deus e o meu rochedo salvador!'

(20-30). Essa aliança se manterá para além de quaisquer dificuldades (31-38), desde que a casa do rei se conserve fiel aos mandamentos e à Lei de Deus (39-46).

²⁸E assim farei dele o meu primogênito,
 o soberano entre os reis da terra.
²⁹Eu o protegerei para sempre no meu amor,
 e minha aliança com ele será duradoura.
³⁰Estabelecerei para sempre sua descendência
 e seu trono como os dias dos céus.
³¹Se os filhos dele se descuidarem da minha lei
 e não andarem segundo as minhas normas,
³²se violarem minha legislação
 e não guardarem meus mandamentos,
³³eu castigarei com vara seus delitos,
 e com açoite suas transgressões.
³⁴Jamais, porém, vou romper com ele a minha amabilidade,
 jamais violarei a minha fidelidade.
³⁵Jamais anularei a minha aliança,
 e não mudarei as palavras que saíram de meus lábios.
³⁶Na minha santidade, prestei juramento uma vez.
 Por acaso menti para Davi?
³⁷Sua descendência durará para sempre,
 seu trono será como o sol à minha frente,
³⁸como a lua, firme para sempre,
 testemunha estável nas nuvens".

³⁹Tu, porém, rejeitaste e desprezaste,
 ficaste encolerizado com teu ungido.
⁴⁰Repudiaste a aliança com teu servo,
 e profanaste por terra o seu diadema.
⁴¹Tu abriste brechas em todas as suas cercas,
 colocaste suas fortificações em ruínas.
⁴²Todos os passantes o saquearam,
 e ele se tornou escárnio para seus vizinhos.
⁴³Exaltaste a direita dos seus adversários,
 alegraste todos os seus inimigos.
⁴⁴Fizeste ficar sem corte a espada dele,
 e não o sustentaste durante o combate.
⁴⁵Interrompeste seu esplendor,
 e seu trono derrubaste por terra.
⁴⁶Tu encurtaste os dias da sua juventude,
 e o envolveste de vergonha.

⁴⁷Até quando, Javé, ficarás escondido? Para sempre?
 Arderá como fogo tua cólera?
⁴⁸Lembra-te de como é breve a minha existência,
 e como são frágeis todos os homens que criaste!
⁴⁹Qual é o homem que viverá sem ver a própria morte?
 Quem pode livrar a própria vida das mãos da morada dos mortos?
⁵⁰Onde estão, Senhor, tuas graças de outrora,
 que a Davi juraste em tua fidelidade?
⁵¹Senhor, lembra-te do insulto contra teus servos,
 e de que carrego no peito todas as ofensas dos povos.

⁵²Javé, com elas teus inimigos insultaram,
insultaram as pegadas do teu ungido!
⁵³Javé seja bendito para sempre!
Amém! Amém!

53: Esta fórmula de glorificação encerra o terceiro livro do saltério, que reúne Sl 73-89 (cf. nota ao Sl 41,14).

SALMO 90 (89)
O tempo da vida passa depressa

¹Oração. De Moisés, homem de Deus.

Senhor, foste um refúgio para nós
de geração em geração.
²Antes que nascessem as montanhas,
a terra e o mundo se formassem,
desde sempre e para sempre tu és Deus.
³Fizeste o homem voltar ao pó, ao dizer:
"Voltem, filhos de Adão!"
⁴Pois mil anos diante de teus olhos
são como o dia de ontem que passou,
como uma vigília durante a noite.

⁵Tu os arrastas para o sono.
São como relva que se renova:
⁶ela floresce e se renova pela manhã,
mas pela tarde murcha e seca.

⁷Eis que tua ira nos consumiu,
tua irritação nos deixou aterrorizados.
⁸Puseste diante de ti nossas culpas,
e nossos segredos na luz da tua face.

⁹Eis: diante de tua cólera passam todos os nossos dias,
nossos anos terminam como um gemido.
¹⁰Setenta podem ser os anos de nossa existência;
oitenta anos, se ela for vigorosa.
Mas a maior parte deles é agitação, cansaço e ilusão,
pois passam depressa, e nós voamos.

¹¹Quem conhece a força da tua ira,
e quem sentiu o pavor da tua fúria?
¹²Ensina-nos, assim, a contar os nossos dias,
para que possamos adquirir sensatez.

¹³Volta-te, Javé! Até quando?
Tem piedade dos teus servos.
¹⁴Sacia-nos pela manhã com teu amor,
e exultaremos e nos alegraremos todos os nossos dias.
¹⁵Alegra-nos pelos dias que passamos humilhação,
pelos anos que sofremos na desgraça.

¹⁶Que os teus servos possam ver a tua obra,
e sobre os teus filhos venha a tua glória.
¹⁷Que esteja sobre nós a tua graça, Senhor nosso Deus!
Consolida sobre nós as obras de nossas mãos!
Consolida a obra de nossas mãos!

Sl 90: *Oração comunitária de súplica.* Este único salmo atribuído a Moisés constata a frágil brevidade da vida humana. Diante da perene criação de Deus, a vida do ser humano não passa de um sopro. O que a torna mesquinha e inútil é a triste realidade do pecado. De fato, cheia de pecados, a vida nada vale diante da justiça divina. O ser humano não tem argumentos para obter que ela se prolongue, já que decorre entre a maldade e a tristeza. Os fiéis suplicam a misericórdia de Deus, a fim de viverem na alegria: "Sacia-nos com teu amor" (v. 14).

SALMO 91 (90)
Viver sob a proteção de Deus

¹Você que habita no esconderijo do Altíssimo
 e se abriga na sombra de Shadai,
²diga para Javé:
 "Meu refúgio, minha rocha protetora,
 meu Deus, eu confio em ti!"
³Pois é ele que livrará você da rede do caçador,
 da peste mortal.
⁴Ele cobrirá você com suas plumagens,
 e debaixo de suas asas você encontrará refúgio.
 Seu braço é escudo e armadura.

⁵Não tema o espanto durante a noite
 nem a flecha lançada durante o dia,
⁶nem a peste que se propaga pela noite,
 nem a epidemia que devasta ao meio-dia.
⁷Caiam mil ao seu lado, dez mil à sua direita.
 Quanto a você, nada poderá atingi-lo.
⁸Basta que você olhe com os próprios olhos,
 para ver a retribuição aos ímpios.

⁹Pois você fez de Javé o seu refúgio,
 tomou o Altíssimo por morada.
¹⁰Mal nenhum poderá cair sobre você.
 Doenças graves não se aproximarão da sua tenda.
¹¹Porque ele ordenou a seus anjos
 que guardem você em todos os seus caminhos.
¹²Eles o conduzirão na palma da mão,
 para que seus pés não tropecem nas pedras.
¹³Você caminhará sobre leões e serpentes,
 esmagará leõezinhos e dragões.
¹⁴"Já que se apegou a mim, eu o porei a salvo.
 Eu o defenderei, pois você conhece o meu nome.
¹⁵Quando ele me invocar, eu responderei.
 Eu o protegerei no perigo. Eu o glorificarei.
¹⁶Vou saciá-lo por longos dias,
 e mostrarei a ele a minha salvação".

Sl 91: *Oração de espiritualidade sapiencial.* Um justo busca refúgio no templo, a fim de estar sob a proteção de Deus, o qual lhe garante a vida e lhe dá forças para superar qualquer dificuldade ou tentação. É sabedoria buscar refúgio junto a quem pode garantir tal proteção. Ora, Javé é o nosso único refúgio; nele podemos confiar totalmente. Ele o promete: "Eu o defenderei, pois você conhece o meu nome" (v. 14). O nome "Javé" aparece mais de 650 vezes só nos Salmos. Nenhuma desgraça poderá atingir a pessoa que se coloca inteiramente nas mãos de Deus e invoca o seu nome.

SALMO 92 (91)
Como é bom cantar ao Senhor

¹*Salmo. Cântico. Para o dia de sábado.*

²É bom celebrar a Javé,
 e fazer músicas em teu nome, ó Altíssimo;
³anunciar pela manhã a tua graça
 e a tua fidelidade pela noite;
⁴com a lira de dez cordas
 e com os arranjos da harpa.
⁵Pois teus feitos, Javé, são a minha alegria;
 darei gritos de alegria pelas obras de tuas mãos.

Sl 92: *Oração pessoal de ação de graças.* O fiel agradece todas as ações de Deus em sua vida. Deus é fiel e manifesta sempre o seu amor, garantindo para os justos uma vida de paz e alegria. Os ímpios não entendem nada disso, e na certa perecerão em meio a suas próprias maldades. O justo, ao contrário, viverá firme e sereno, como árvores que crescem à beira d'água; mesmo na velhice, darão frutos de bondade.

⁶Como são grandes, ó Javé, as tuas obras,
 e os teus planos, como são insondáveis!

⁷O ignorante não compreende,
 o insensato nada disso entende.
⁸Ainda que brotem os ímpios como a erva,
 e floresçam todos os malfeitores,
 serão destruídos para sempre.

⁹Tu, porém, Javé,
 tu és o sublime para sempre!
¹⁰Eis que teus inimigos, Javé,
 eis que teus inimigos fracassarão,
 todos os que praticam o mal se dispersarão.

¹¹Mas tu me ergues a fronte,
  como a de um búfalo,
 e me unges com óleo puro.
¹²Meus olhos observam os meus inimigos.
 Quando os malfeitores
  se levantarem contra mim,
 meus ouvidos escutarão.

¹³O justo florescerá como a palmeira,
 crescerá como o cedro que há no Líbano.
¹⁴Plantado na casa de Javé,
 florescerá nos átrios de nosso Deus.

¹⁵Mesmo no tempo da velhice darão frutos,
 serão cheios de seiva e verdejantes,
¹⁶para anunciar que Javé é retidão,
 ele é o meu rochedo,
  e nele não existe injustiça.

SALMO 93 (92)
O reinado de Deus

¹Javé reina! Está vestido de majestade.
 Javé está vestido e cinge-se de poder.
 Assim a terra está firme e não cambaleia.
²O teu trono está firme desde o princípio,
 e desde sempre tu existes.

³Levantam os rios, ó Javé,
 os rios levantam sua voz,
 os rios levantam seu estrondo.
⁴Muito mais do que o estrondo
  das águas caudalosas,
  muito mais potente
   do que o choque das águas do mar,
 é a grandeza de Javé nas alturas.

⁵Teus preceitos são consistentes,
 e tua casa é graciosa em santidade,
  por dias sem fim, ó Javé!

Sl 93: *Hino à realeza universal de Javé*, o qual mantém a estabilidade de toda a natureza. Assim também sua Lei, quando observada, manterá a sociedade estável e na paz.

SALMO 94 (93)
Deus é o Juiz da humanidade

¹Javé, Deus das vinganças!
　Ó Deus das vinganças, resplandece!
²Levanta-te, ó juiz da terra,
　devolve aos orgulhosos o que eles merecem.

³Até quando os ímpios, ó Javé,
　até quando os ímpios cantarão vitória?
⁴Derramam discursos insolentes,
　e se vangloriam todos os malfeitores.

⁵Eles esmagam, Javé, o teu povo,
　eles humilham a tua herança:
⁶assassinam a viúva e o estrangeiro,
　e matam os órfãos.

⁷E comentam: "Javé não vê nada!
　O Deus de Jacó nem toma conhecimento!"
⁸Compreendam, ó estúpidos do povo!
　Insensatos, quando é que vão aprender?

⁹Acaso quem fez o ouvido não escutará?
　Quem formou o olho não enxergará?
¹⁰Quem educa as nações não castigará?
　Quem ensina o homem não saberá?
¹¹Javé conhece os pensamentos dos homens,
　porque eles não passam de sopro vazio.

¹²Feliz o homem a quem repreendes, ó Javé,
　a quem educas diante da tua lei:
¹³darás a ele repouso em seus dias de angústia,
　enquanto para o ímpio se prepara uma cova.

¹⁴Porque Javé não abandona o seu povo,
　e da sua herança ele não descuida.
¹⁵Porque o justo encontrará o direito,
　e para os retos de coração haverá um futuro.

¹⁶Quem irá levantar-se em meu favor
　　contra os maus?
　Quem estará em pé, ao meu lado,
　　contra os malfeitores?
¹⁷Se não fosse o socorro de Javé,
　minha vida já estaria residindo no silêncio.

¹⁸Quando eu digo: "Meus pés estão cambaleando",
　teu amor, Javé, me sustenta.
¹⁹Embora sejam muitas as preocupações em meu íntimo,
　tuas consolações acalmam a minha alma.

²⁰Por acaso se associa a ti um tribunal de mentiras,
　orquestrando a iniquidade como lei estabelecida?
²¹Eles em bando se atiram contra a vida do justo,
　e condenam à morte o sangue inocente.

Sl 94: *Oração comunitária de súplica.* O povo implora por justiça, diante de uma sociedade caótica, governada pelos ímpios. Eles abandonaram a Lei, oprimem os pobres, e ainda se vangloriam de seus próprios malfeitos, blasfemando contra Deus. Quem pode viver numa sociedade sem Deus? Por outro lado, os justos clamam a Javé, o Deus que tudo sabe, cujos olhos veem a injustiça e cujos ouvidos estão atentos ao clamor dos pobres. Fiel à sua Palavra, Javé virá em defesa deles, destruindo toda maldade e injustiça. Então o povo viverá tranquilo e feliz, sustentado pelo amor de Deus. "Teu amor, Javé, me sustenta" (v. 18).

²²Javé, porém, será uma fortaleza para mim.
O meu Deus será o meu rochedo onde me refugio.
²³Sobre eles fará recair suas próprias maldades,
e os destruirá por suas próprias iniquidades.
Javé nosso Deus irá destruí-los!

SALMO 95 (94)
Não fechem o coração

¹Vinde! Exultemos em Javé,
aclamemos o Rochedo da nossa salvação.
²Vamos ao encontro dele
com cantos de ação de graças,
demos a ele gritos de alegria.

³Porque Javé é um Deus grande,
rei admirável acima de todos os deuses.
⁴Porque nas mãos dele estão as profundezas da terra,
e as alturas das montanhas lhe pertencem.
⁵O mar é dele, pois foi ele quem o fez,
e a terra firme, foram suas mãos que a modelaram.

⁶Entremos, prostremo-nos, dobremos os joelhos,
bendigamos diante de Javé, que nos fez.
⁷Pois ele é o nosso Deus,
e nós somos o povo do seu rebanho,
a ovelha conduzida por suas mãos.

Oxalá vocês escutem hoje a sua voz:
⁸"Não fechem o coração,
como aconteceu em Meriba,
como no dia de Massa, no deserto,
⁹quando os pais de vocês me puseram à prova
e me tentaram, apesar de terem visto as minhas obras.

¹⁰Quarenta anos aquela geração me desgostou.
Então eu disse:
'É um povo de coração extraviado,
que não reconhece os meus caminhos'.
¹¹Por isso eu jurei na minha ira:
eles não entrarão no meu repouso".

Sl 95: *Oração de espiritualidade profética*. Este hino de louvor traz grave advertência profética: Será que a Aliança está sendo observada neste momento? Ou será que o povo ainda é teimoso como os antepassados, que murmuravam continuamente contra Deus, durante a travessia do deserto? A oração pede que o povo viva a Aliança e não volte a ser uma geração perversa: "Jurei na minha ira: eles não entrarão no meu repouso" (v. 11).

SALMO 96 (95)
Deus é nosso Rei e Juiz

¹Cantem para Javé um cântico novo!
Cante para Javé, ó terra inteira!
²Cantem para Javé, bendigam o seu nome!
Proclamem, dia após dia, a sua vitória.
³Narrem entre as nações a sua glória,
em meio a todos os povos as suas maravilhas.

⁴Eis que Javé é grande e muito digno de louvor,
mais temido do que todos os deuses!

Sl 96: *Hino à realeza de Javé*. Canta o reinado de Deus como triunfo da justiça. Ele é o verdadeiro Juiz que vence as propostas idolátricas, e em seu reinado todos serão julgados com fidelidade e retidão. Caberá às nações de toda a terra reconhecer nele o Rei verdadeiro, a fonte da justiça universal. Este salmo é o início de uma liturgia comunitária que celebra o Reino de Deus (Sl 96-100).

⁵Pois todos os deuses dos povos não passam de ídolos,
   ao passo que Javé fez os céus.
⁶Majestade e esplendor estão à sua frente,
   força e ornamento em seu santuário.

⁷Tributem a Javé, famílias de povos!
   Tributem a Javé glória e poder!
⁸Tributem a Javé a glória do seu nome!
   Tragam ofertas e entrem nos seus átrios,
⁹adorem a Javé em comportamento de santidade.
   Terra inteira, trema na presença dele.
¹⁰Anunciem às nações: Javé é Rei!
   Sim, ele firmou o mundo, que não cambaleará.
   Ele julga as nações com retidão.

¹¹Alegrem-se os céus e exulte a terra.
   Estrondem o mar e tudo o que nele existe.
¹²Celebrem a campina e tudo o que existe nela.
   Gritem, plenas de alegria,
      todas as árvores da floresta,
¹³na presença de Javé, pois ele vem.
   Sim, ele vem para administrar a justiça na terra:
   ele julgará o mundo com justiça,
   e as nações com sua lealdade.

SALMO 97 (96)
Hino ao triunfo de Deus

¹Javé é Rei! Exulta a terra,
   e as ilhas numerosas ficam contentes.
²Nuvem densa e escuridão o envolvem,
   justiça e direito são os alicerces do seu trono.

³Diante dele o fogo avança
   para queimar ao redor seus inimigos.
⁴Seus relâmpagos iluminam o mundo,
   e a terra ao contemplá-los estremece.

⁵Diante de Javé as montanhas se derretem como cera,
   na presença do Senhor de toda a terra.
⁶Os céus manifestam sua justiça,
   e todos os povos contemplam sua glória.

⁷Os que cultuam estátuas e se gloriam de seus ídolos
   ficam todos envergonhados.
   Todos os deuses se prostram diante dele.
⁸Sião ouviu e se alegrou,
   as povoações de Judá festejaram,
   por causa das sentenças de Javé.

⁹Pois tu és, ó Javé, o Altíssimo sobre toda a terra,
   o mais elevado acima de todos os deuses.
¹⁰Detestem o mal os que são amados de Javé,
   pois ele guarda a vida de seus fiéis
   e os liberta da mão dos ímpios.

Sl 97: *Hino à realeza de Javé, cujo trono se apoia na justiça e no direito. Javé é o Deus que faz justiça para a terra inteira, vencendo todos os projetos idolátricos. No reino de Javé, todos os justos se alegram, ao passo que os ímpios fogem todos envergonhados.*

¹¹Uma luz se levanta para o justo,
  e existe alegria para os retos de coração.
¹²Justos, alegrem-se em Javé,
  celebrem sua santa memória!

SALMO 98 (97)
A vitória do nosso Deus

¹Salmo.
Cantem para Javé um cântico novo,
  pois ele fez maravilhas:
  sua direita e seu braço santo lhe garantiram a vitória.
²Javé fez conhecer sua salvação,
  e aos olhos das nações manifestou sua justiça.
³Ele se lembrou de seu amor e fidelidade
  para com os filhos de Israel.
Os confins de toda a terra
  viram a salvação do nosso Deus.

⁴Terra inteira, aclame a Javé,
  grite de alegria, festeje e faça músicas!
⁵Toquem para Javé com a harpa,
  com a harpa, ao som da melodia.
⁶Com trombetas, ao som da corneta,
  aclamem diante do Rei Javé!

⁷Estronde o mar e tudo o que nele existe,
  o mundo e seus habitantes.
⁸Batam palmas os rios,
  e as montanhas juntas aclamem de alegria,
⁹diante de Javé, pois ele vem
  para governar a terra.
Ele julgará o mundo com justiça,
  e os povos com retidão.

Sl 98: *Hino à realeza de Javé,* cuja vitória é universal. A terra inteira aclama o seu reinado, porque ele faz triunfar a justiça, por amor e fidelidade a seu povo. Também o louvor deve ser universal, como o Reino de Javé, onde todos vivem na paz e harmonia.

SALMO 99 (98)
Santo! Santo! Santo!

¹Javé reina: os povos estremecem!
  Sentado sobre querubins: a terra treme!
²Javé é grande em Sião,
  elevado acima de todos os povos.
³Proclamem seu nome grande e terrível:
  "Ele é Santo!"

⁴Tu és o rei poderoso que ama a justiça.
  Tu estabeleceste a retidão,
  e em Jacó tu administras a justiça e o direito.
⁵Exaltem a Javé, nosso Deus,
  e prostrem-se perante o suporte de seus pés:
  "Ele é Santo!"

⁶Moisés e Aarão, com seus sacerdotes,
  e Samuel, com os que invocavam o seu nome,
  clamavam a Javé, e ele respondia.

Sl 99: *Hino à realeza de Javé.* Celebra o reinado de Javé, exaltando-lhe três vezes a santidade (vv. 3.5.9), que se manifesta na justiça e no direito. Deus é justo, e a verdade se revela em seus julgamentos. O povo de Deus, simbolizado em Moisés, Aarão e Samuel, é a manifestação desse Reino, desde que persevere no testemunho e viva a Aliança.

⁷Deus falava com eles da coluna de nuvem,
   e eles guardavam seus preceitos e a ordem que lhes dera.
⁸Javé, nosso Deus, tu lhes respondias.
   Um Deus de perdão foste para eles,
   um vingador de seus maus comportamentos.
⁹Exaltem a Javé, nosso Deus,
   e prostrem-se perante sua montanha santa:
   "Javé, nosso Deus, é Santo!"

SALMO 100 (99)
Louvor a Javé, o nosso Deus

¹Salmo. Para a ação de graças.
   Terra inteira, aclame a Javé!
²Sirva a Javé com alegria,
   vá até ele com gritos de alegria!

³Reconheça que só Javé é Deus:
   ele nos fez e a ele pertencemos;
   somos o seu povo, a ovelha do seu rebanho.

⁴Entrem por suas portas com ação de graças,
   em seus átrios com orações,
   celebrem e bendigam o seu nome.

⁵"Porque Javé é bom:
   sua bondade é para sempre,
   e sua fidelidade de geração em geração".

Sl 100: *Hino de louvor a Javé*, o único Deus vivo. Encerra-se aqui a liturgia que celebra o Reino de Deus (Sl 96-100). O povo está entrando no santuário, onde vai renovar seu compromisso com a Aliança. Esse povo fiel é amostra do que Deus quer para todas as nações.

SALMO 101 (100)
Compromisso de um governante

¹De Davi. Salmo.
   Eu cantarei a bondade e o direito.
   A ti, ó Javé, farei músicas.
²Desejo seguir pelo caminho perfeito:
   quando virás a mim?
   Andarei na boa-fé do meu coração,
   no interior da minha casa.

³Não colocarei diante de meus olhos
   nada que seja infame.
Fico aborrecido com as ações dos pervertidos:
   elas não me atrairão.
⁴Esteja longe de mim o coração desleal:
   não quero ocupar-me com a maldade.
⁵Quem calunia seu próximo em segredo,
   eu o farei calar.
Olhar altivo e coração orgulhoso
   eu não suportarei.

⁶Meus olhos estão com os leais da terra,
   para que permaneçam junto comigo.
Quem anda no caminho da perfeição,
   este será o meu ministro.

Sl 101: *Oração de espiritualidade régia*. O rei apresenta a Javé seu plano de governo. O bom rei tem a consciência de ser instrumento da vontade de Deus nas políticas públicas. Por isso, não pode corromper-se, e sim manter integridade e viver honestamente. Nas decisões políticas, deverá buscar conselho de servidores leais e honestos, fazendo calar a voz dos corruptos e malfeitores.

⁷Não habitará no interior da minha casa
  quem pratica fraudes.
Quem fala mentira não permanecerá
  diante de meus olhos.
⁸A cada manhã farei calar
  todos os ímpios da terra,
para extirpar da cidade de Javé
  todos os malfeitores.

SALMO 102 (101)
Lamento de um enfermo

¹Oração de um necessitado que, por estar enfraquecido, derrama sua lamentação diante de Javé.

²Javé, ouve minha oração,
  chegue a ti o meu grito por socorro!
³Não escondas de mim a tua face
  no dia da minha angústia.
Inclina teu ouvido para mim
  e, no dia em que eu clamar a ti,
  responde-me depressa!
⁴Porque meus dias se consomem na fumaça,
  meus ossos queimam como fogueira.
⁵Pisoteado como a relva que perde a força,
  assim está o meu coração,
  e até me esqueço de comer o meu pão.
⁶Pela voz do meu gemido,
  meus ossos já se juntam à minha pele.
⁷Sou comparado ao pelicano do deserto,
  à coruja dos escombros.
⁸Passo a noite em vigília,
  sou como pássaro solitário no telhado.
⁹Meus inimigos me insultam o dia todo,
  me perturbam e amaldiçoam.
¹⁰Porque eu como cinza em lugar de pão,
  e com lágrimas misturo minhas bebidas,
¹¹por causa da tua ira e do teu furor,
  pois me elevaste e depois me lançaste ao chão.
¹²Meus dias são como sombra que se alonga,
  sou como relva que vai secando.
¹³Tu, porém, ó Javé, permaneces para sempre.
  Tua lembrança perdura de geração em geração.
¹⁴Tu te levantarás e te sentirás compadecido de Sião,
  pois já é tempo de ter piedade dela.
  Sim, o momento chegou,
¹⁵pois teus servos estimam suas pedras
  e se comovem com a ruína delas.
¹⁶Todas as nações temerão o nome de Javé,
  e todos os reis da terra a tua glória.
¹⁷Quando Javé reconstruir Sião,
  ele manifestará a sua própria glória:

> **Sl 102:** *Oração pessoal de súplica.* Lamento de alguém que sofre grave enfermidade e implora ao Senhor, o Deus da vida, que lhe venha em socorro na angústia e desespero, quando doença física se mistura com solidão e abandono. Nesse clamor, renova a certeza de que Deus sempre ouve o grito do necessitado e o socorre. Os vv. 14-23 foram acrescentados, para fazer com que o grito do enfermo se transforme na súplica do povo que vive a dura realidade do exílio.

¹⁸ele se voltará para a oração do indefeso,
e não lhe menosprezará a prece.
¹⁹É o que será escrito para a geração futura,
e um povo recriado louvará a Javé.

²⁰Javé dirigiu o olhar do alto do seu santuário,
e dos céus contemplou a terra,
²¹para ouvir o lamento dos prisioneiros
e libertar os condenados à morte;
²²para proclamar em Sião o nome de Javé,
e o seu louvor em Jerusalém,
²³quando juntos se reunirem todos os povos e reinos,
para servir a Javé.

²⁴Ele fez diminuir a minha força pelo caminho,
encurtou os meus dias.
²⁵Então eu disse: "Meu Deus,
não me arrebates na metade dos meus dias.
Teus anos duram de geração em geração".
²⁶Em tempos passados, tu firmaste a terra,
os céus são obra de tuas mãos.

²⁷Eles perecerão, mas tu permaneces.
Todos eles são como roupa que se desgasta com o tempo,
são como veste que se troca, ficarão mudados.
²⁸Tu, porém, tu és o mesmo,
e teus anos jamais terão fim.
²⁹Os filhos de teus servos habitarão seguros,
e a descendência deles há de se manter à tua frente.

SALMO 103 (102)
Um bendito ao amor de Deus

¹De Davi.

Bendiga a Javé, ó minha alma,
e todo o meu interior bendiga seu nome santo!
²Bendiga a Javé, ó minha alma,
e não se esqueça de nenhum de seus favores!

³Ele perdoa todas as suas culpas,
ele cura todas as suas enfermidades.
⁴Ele resgata a sua vida da sepultura,
com seu amor e compaixão ele coroa você.
⁵Ele sacia de bens os seus anos,
e renova a sua mocidade, como da águia.

⁶Javé faz ações justas,
exerce julgamentos contra todos os opressores.
⁷Ele deu a conhecer seus caminhos a Moisés,
e suas proezas aos filhos de Israel.

⁸Javé é compassivo e clemente,
lento para a cólera e repleto de amor.
⁹Ele não disputará perpetuamente,
nem ficará rancoroso para sempre.

Sl 103: *Hino de louvor ao Deus que nos ama.* Canta o amor de Deus pelo ser humano. Amor que se concretiza no perdão misericordioso, na justiça para com os oprimidos, na compaixão sem medida. Deus nos ama porque nos conhece profundamente, sabe de nossos limites e fraquezas. Mesmo assim, quer caminhar conosco e participar de nossas vidas, assim como o pai acompanha de perto os passos do filho.

¹⁰Ele não nos trata segundo nossas faltas,
nem nos retribui segundo nossas iniquidades.

¹¹Assim como o sol se eleva por sobre a terra,
seu amor triunfará sobre aqueles que o temem.
¹²Como o oriente está distante do ocidente,
assim ele afasta para longe de nós as nossas transgressões.

¹³Como um pai sente compaixão dos filhos,
assim Javé sente compaixão daqueles que o temem.
¹⁴Porque ele conhece a nossa condição,
ele se lembra do pó de que somos feitos.

¹⁵Os dias do homem são como a relva,
como a flor do campo que floresce;
¹⁶pois o vento soprando sobre ela a faz desaparecer,
e ninguém mais identifica o seu lugar.

¹⁷Mas a bondade de Javé existe desde sempre,
e para sempre existirá sobre aqueles que o temem.
A justiça dele é para os filhos dos filhos,
¹⁸para os que guardam a sua aliança
e se lembram de praticar os seus preceitos.

¹⁹Javé estabeleceu nos céus o seu trono,
e sua realeza governa todo o universo.
²⁰Bendigam a Javé, anjos seus,
valentes e fortes realizadores da sua palavra,
e ao som da sua palavra obedientes.

²¹Bendigam a Javé todos os seus exércitos,
ministros realizadores da sua vontade.
²²Bendigam a Javé, todas as suas obras,
em todos os lugares que ele governa.
Bendiga a Javé, ó minha alma!

SALMO 104 (103)
Hino ao Criador

¹Bendiga a Javé, ó minha alma!
Javé, meu Deus, como és verdadeiramente grande!
Tu estás revestido de honra e majestade,
²revestido de luz como de um manto,
estendendo os céus como tenda,
³armando sobre as águas tuas altas moradas.
Fazes das nuvens a tua carruagem,
e caminhas sobre as asas do vento.
⁴Dos ventos fazes teus mensageiros,
e das labaredas teus ministros.

⁵Assentaste a terra sobre suas bases;
ela é inabalável para sempre e eternamente.
⁶Envolveste a terra com o manto do oceano,
e as águas ficaram acima das montanhas.
⁷Mas elas fugiram diante da tua repreensão;
precipitaram-se ao ruído do teu trovão.

Sl 104: *Hino de louvor ao Deus da vida.* Exalta a grandeza de Deus revelada na criação. O salmo segue a mesma ordem descrita em Gn 1. A grandeza de Deus se manifesta na grandeza e ordem do universo. O ser humano, sabendo observar os ciclos da natureza, há de louvar o Criador. E a criação é continuamente renovada pela presença do sopro divino, do Espírito que faz novas todas as coisas. "Envias teu sopro e eles são criados, e assim renovas a face da terra" (v. 30).

⁸Elas subiram as montanhas e desceram os vales,
  em direção ao lugar que havias estabelecido para elas.
⁹Traçaste um limite, impossível de atravessar,
  a fim de não voltarem a cobrir a terra.

¹⁰Tu fazes nascer veios de água pelos vales,
  e eles correm por entre as montanhas.
¹¹Dão de beber a todas as feras do campo,
  e neles matam a sede os asnos selvagens.
¹²Perto deles vivem as aves do céu,
  que entre as ramagens soltam seus cantos.

¹³De tuas altas moradas vais regando as montanhas,
  e a terra se farta com os frutos de tuas obras.
¹⁴Fazes brotar o capim para o gado
  e plantas úteis para o trabalho do homem,
  para que ele tire o pão da terra
¹⁵e o vinho que alegra o coração do homem,
  o azeite que dá brilho ao seu rosto,
  e o pão que reanima o coração do homem.

¹⁶As árvores de Javé se fartam,
  os cedros do Líbano que ele plantou.
¹⁷É aí que os pássaros se aninham,
  e em suas copas a cegonha encontra sua casa.
¹⁸As altas montanhas são para as cabras-monteses;
  os penhascos, um abrigo para as marmotas.

¹⁹Tu fizeste a lua para marcar os tempos,
  o sol conhece o seu poente.
²⁰Mandas as trevas e vem a noite,
  nela rondam todos os animais selvagens;
²¹os leõezinhos rugem em busca da presa,
  reclamando seu alimento a Deus.

²²Ao nascer o sol, eles se recolhem,
  e dentro de suas tocas se abrigam.
²³O homem sai para o trabalho,
  e em seu trabalho permanece até o entardecer.

²⁴Como são numerosas as tuas obras, Javé!
  Todas elas as fizeste com sabedoria.
  A terra está repleta das tuas criaturas.

²⁵Eis o vasto mar, com braços imensos,
  onde se movem seres incontáveis
  de animais pequenos e grandes.
²⁶Por aí circulam os navios,
  e o Leviatã que fizeste para com ele brincares.

²⁷Todos esperam por ti,
  para que dês a eles comida no tempo certo.
²⁸Tu a lanças e eles a recolhem,
  abres tuas mãos e eles se fartam.

²⁹Quando escondes tuas mãos, eles ficam apavorados;
  se lhes retiras a respiração, perecem, voltando ao pó.

³⁰Envias teu sopro e eles são criados,
e assim renovas a face da terra.

³¹Que a glória de Javé seja para sempre!
Que ele se alegre com suas obras!
³²Ele olha a terra e ela estremece,
ele toca nas montanhas e elas lançam fumaça.

³³Cantarei a Javé enquanto eu viver,
farei músicas para o meu Deus enquanto eu existir.
³⁴Que o meu poema lhe seja agradável,
e me alegrarei em Javé.
³⁵Que os pecadores desapareçam da terra,
e os ímpios não existam mais.

Bendiga a Javé, ó minha alma! Aleluia!

SALMO 105 (104)
Testemunho histórico das maravilhas de Deus

¹Celebrem a Javé, invoquem seu nome,
anunciem suas façanhas entre os povos!
²Cantem para ele, façam músicas,
reflitam sobre todas as suas maravilhas!
³Gloriem-se do seu nome santo,
alegre-se o coração dos que buscam Javé!

⁴Procurem Javé e sua força,
busquem sempre sua face.
⁵Recordem as maravilhas que ele fez,
seus prodígios e as sentenças de sua boca.

⁶Descendência de Abraão, seu servo,
filhos de Jacó, seus escolhidos,
⁷ele é Javé, o nosso Deus,
e por toda a terra estão seus julgamentos!

⁸Ele se lembra para sempre da sua aliança,
da palavra empenhada por mil gerações.
⁹Da aliança que selou com Abraão,
e do juramento feito a Isaac,

¹⁰sustentado como lei para Jacó,
como aliança eterna para Israel,
¹¹ao dizer: "Eu lhe darei a terra de Canaã,
como sua parte na herança".

¹²Quando vocês eram poucos, era possível contar
um punhado de gente vivendo no meio de estrangeiros,
¹³quando andavam de um lado a outro, de nação em nação,
de um reino para um povo diferente.

¹⁴Ele não deixou que homem algum os oprimisse.
Pelo contrário, castigou até reis:
¹⁵"Não toquem nos meus ungidos,
não maltratem os meus profetas!"

Sl 105: *Hino que celebra a caminhada histórica do povo, a quem Deus se revela caminhando junto, agindo em seu favor e lhe garantindo a terra como herança perpétua. Aí habitará um povo de sacerdotes e profetas, povo livre que proclamará a todos os povos as maravilhas operadas por Deus no Egito, na travessia do deserto e na conquista da terra prometida. Com Deus a seu lado, o povo está confiante no futuro.*
Esta leitura da história procura suscitar fé e esperança nas pessoas. Ela se complementa com a leitura feita no salmo seguinte, que busca despertar arrependimento e conversão.

¹⁶Ele chamou a fome para a terra
e cortou todo o sustento de pão.
¹⁷Enviou um homem à sua frente,
José, que foi vendido como escravo.

¹⁸Torturaram-lhe os pés com grilhões
e entre ferros colocaram seu pescoço,
¹⁹até que sua previsão se cumpriu,
e a promessa de Javé o justificou.

²⁰O rei mandou colocá-lo em liberdade,
o soberano dos povos o libertou;
²¹estabeleceu-o proprietário da sua casa
e soberano de todas as suas posses,

²²para sujeitar ao seu gosto os príncipes,
e ensinar sabedoria aos anciãos.
²³Então Israel entrou no Egito,
e Jacó residiu na terra de Cam.

²⁴Deus tornou muito fecundo o seu povo,
um povo muito mais forte que seus opressores.
²⁵Ele mudou o coração deles,
para que odiassem o seu povo
e usassem de esperteza contra seus servos.

²⁶Enviou Moisés, seu servo,
e Aarão, a quem escolhera.
²⁷Contra eles fizeram os sinais que ele predissera,
prodígios na terra de Cam.

²⁸Ele mandou trevas e tudo escureceu,
mas eles resistiram diante das suas palavras.
²⁹Ele mudou suas águas em sangue,
fazendo morrer seus peixes.

³⁰A terra deles fervilhou de rãs,
até nos aposentos reais.
³¹Ele falou e vieram insetos,
mosquitos por sobre todo o território.

³²Em lugar de chuva, deu-lhes granizo,
chamas de fogo em sua terra.
³³Ele danificou suas vinhas e figueiras,
quebrou as árvores do território deles.

³⁴Ele falou e vieram gafanhotos,
uma variedade inumerável de saltadores,
³⁵que devoraram toda a erva do seu campo
e comeram todos os frutos da sua terra.

³⁶Ele feriu todos os primogênitos da sua terra,
a primícia de toda a sua virilidade.
³⁷Fez sair seu povo com prata e ouro,
e entre suas tribos não havia ninguém que perdesse a força.

³⁸O Egito se alegrou quando eles saíram,
porque sobre ele havia caído o terror deles.

³⁹Estendeu uma nuvem para cobri-los,
e um fogo para lhes iluminar a noite.
⁴⁰Pediram, e ele fez vir codornizes,
e se fartaram com o pão do céu.
⁴¹Ele fendeu o rochedo e brotou água,
que correu como rio pelo solo ressequido.
⁴²Então se lembrou da sua palavra sagrada
selada com Abraão, seu servidor.
⁴³Ele fez seu povo sair com alegria,
seus eleitos com gritos jubilosos.

⁴⁴Deu-lhes a terra das nações,
e eles tomaram posse do trabalho dos povos,
⁴⁵a fim de que observassem seus decretos
e guardassem suas leis. Aleluia!

SALMO 106 (105)
Testemunho histórico das fraquezas do povo

¹Aleluia! Celebrem a Javé, porque ele é bom,
porque eterno é seu amor!
²Quem poderá falar das proezas de Javé,
e fazer compreender todo o seu louvor?

³Feliz quem observa o direito
e pratica a justiça em todo o tempo!
⁴Javé, lembra-te de mim, por amor ao teu povo.
Visita-me com a tua salvação,
⁵para que eu possa ver a bondade dos teus eleitos,
me alegre com a euforia do teu povo,
e me glorie com a tua herança.

⁶Nós pecamos com nossos pais,
temos cometido maldades e impiedades.
⁷Nossos pais, no Egito,
não compreenderam tuas maravilhas.
Não se lembraram do teu grande amor,
e se rebelaram contra o Altíssimo,
junto ao mar Vermelho.

⁸Mas ele salvou-os por causa do seu nome,
para manifestar as suas proezas.
⁹Ele ameaçou o mar Vermelho e ele secou;
ele os fez andar pelas profundezas como se anda no deserto.
¹⁰Salvou-os da mão do adversário,
resgatando-os da mão do inimigo.

¹¹As águas encobriram seus agressores
e deles ninguém sobreviveu.
¹²Então acreditaram na sua palavra,
e cantaram o seu louvor.

¹³Depressa esqueceram as obras dele,
não esperaram por seu conselho:

Sl 106: *Hino que celebra a eterna misericórdia de Deus.* Em celebração penitencial comunitária, o povo repete a memória histórica do salmo anterior, relembrando agora os momentos de queda e fraqueza e assumindo a responsabilidade pelas sucessivas quebras da Aliança. Partindo da saída do Egito e ao longo do deserto, o hino mostra que o povo não depositou confiança em Deus. Por maiores que fossem as maravilhas presenciadas, logo as esquecia e ameaçava retornar ao Egito. O hino relembra sete pecados: o pavor junto ao mar Vermelho (7-12); a queixa por ocasião do maná (13-15); a revolta de Datã (16-18); a construção do bezerro de ouro (19-23); o medo de entrar na terra prometida (24-27); o retorno às práticas idolátricas (28-31); e o pior, o fato de duvidarem da presença de Deus caminhando junto (32-43). Apesar de tudo, Deus continua companheiro de jornada, pronto para perdoar qualquer pecado. A parte final do salmo mostra que esta liturgia, reunindo Sl 105-106, foi elaborada na época do exílio.

¹⁴no deserto foram avarentos em seus caprichos,
  desafiaram a Deus em suas andanças pelo deserto.
¹⁵Ele lhes deu tudo o que haviam pedido,
  mas enviou uma cólica que lhes definhou a vida.
¹⁶Tiveram inveja de Moisés no acampamento,
  e de Aarão, o santo de Javé.

¹⁷Então a terra se abriu e tragou Datã,
  e encobriu o grupo de Abiram.
¹⁸Acendeu-se o fogo contra o grupo dele,
  e uma chama consumiu os ímpios.

¹⁹Em Horeb, eles fabricaram um bezerro
  e adoraram um objeto de fundição.
²⁰Eles trocaram a sua glória
  pela imagem de um touro que come capim.

²¹Esqueceram o Deus que os salvou,
  que fez grandes coisas no Egito,
²²maravilhas na terra de Cam,
  coisas de intimidar junto ao mar Vermelho.

²³Ele pensava em exterminá-los,
  se não fosse Moisés, seu escolhido,
    ter intercedido
  diante dele, na fenda da rocha,
  para lhe conter a ira destruidora.

²⁴Eles desprezaram uma terra invejável,
  não deram crédito à palavra dele:
²⁵murmuraram dentro de suas tendas
  e não escutaram a voz de Javé.

²⁶Ele então levantou a mão contra eles,
  para deixá-los morrer no deserto,
²⁷atirando a descendência deles no meio das nações,
  dispersando-os entre diferentes regiões.

²⁸Uniram-se mais tarde com Baal de Fegor,
  e comeram sacrifícios feitos a divindades mortas.
²⁹Com sua conduta provocaram a Deus,
  e uma praga irrompeu entre eles.

³⁰Mas levantou-se Finéias e fez justiça,
  e acabou-se a praga.
³¹Tais fatos lhe foram atribuídos como justiça
  de geração em geração, para sempre.

³²Em seguida, eles o provocaram junto às águas de Meriba
  e por sua causa veio um sofrimento para Moisés:
³³contra o ânimo dele foram insolentes,
  e ele, com seus próprios lábios, falou sem pensar.

³⁴Eles não exterminaram os povos,
  como Javé lhes havia falado.
³⁵Pelo contrário, aparentaram-se com as nações
  e aprenderam seus costumes.

³⁶Prestaram culto aos ídolos delas,
  o que foi armadilha para eles.
³⁷Sacrificaram seus filhos e filhas
  aos demônios.

³⁸Derramaram sangue inocente,
  sangue de seus filhos e suas filhas,
  que sacrificaram a seus ídolos em Canaã,
  profanando a terra com homicídios.

³⁹Mancharam-se com suas próprias obras,
  prostituíram-se com suas próprias práticas.
⁴⁰Javé enfureceu-se contra o seu povo,
  sentiu náusea da sua própria herança.

⁴¹Ele os entregou na mão das nações,
  e seus adversários os dominaram.
⁴²Seus inimigos os reprimiram,
  e debaixo de suas mãos foram humilhados.

⁴³Muitas vezes ele os libertou!
  Mas eles, obstinados em suas opiniões,
  pereciam por suas próprias iniquidades.
⁴⁴Ele porém viu a angústia deles,
  e escutou os seus clamores.

⁴⁵Recordou-se da sua aliança contraída com eles,
  e, na sua imensa bondade, teve compaixão deles.
⁴⁶Fez com que tivessem piedade
  aqueles que os tinham deportado.

⁴⁷Salva-nos, Javé, nosso Deus!
  Congrega-nos dentre as nações,
  para celebrarmos teu nome santo,
  gloriando-nos com teu louvor.

⁴⁸Seja bendito Javé, Deus de Israel,
  desde agora e para sempre!
  E todo o povo dirá: Amém! Aleluia!

48: Esta glorificação indica o final do quarto livro do saltério: reúne Sl 90-106.

SALMO 107 (106)
Deus atende ao brado dos aflitos

¹Celebrem a Javé, porque ele é bom,
  porque eterno é seu amor!

²Recitem isso os remidos de Javé,
  aqueles que ele resgatou das mãos do inimigo,
³os que ele reuniu vindos de outras regiões,
  do oriente e do ocidente, do norte e do sul.

⁴Eles andaram a esmo no deserto solitário,
  sem achar o caminho
    para uma cidade habitada.
⁵Estavam famintos e sedentos,
  a vida deles já desfalecia.

Sl 107: *Oração comunitária de ação de graças*. Temos aqui quatro vezes a mesma estrutura: dificuldade dos fiéis, clamor a Deus, sua ação libertadora, agradecimento ao amor de Deus, e a conclusão. Foram situações difíceis: andar perdidos no deserto (4-9); prisão e escravidão (10-16); doença (17-22); e navegação (23-32). Deus inverte tais situações, transformando-as em alegrias: mostra um caminho seguro (7); rompe os grilhões dos cativos (14); cura os enfermos (20); e acalma as tempestades (30). Com tantas ações maravilhosas, o Senhor liberta seus eleitos.

⁶Na sua angústia clamaram por Javé,
  que os libertou de suas tribulações.
⁷Ele os conduziu por caminho seguro,
  para que andassem na direção de alguma cidade habitada.

⁸Que eles celebrem a Javé por seu amor,
  pelas maravilhas que fez em favor dos filhos dos homens!
⁹Porque ele saciou a garganta ressequida
  e encheu de bens a garganta faminta.

¹⁰Habitavam nas trevas e nas sombras da morte,
  prisioneiros da desgraça e do ferro,
¹¹por se terem revoltado contra as ordens de Deus,
  rejeitando os desígnios do Altíssimo.
¹²Ele humilhou seus corações com fadigas.
  Fracassaram, e não havia ninguém para socorrê-los.

¹³Na sua angústia clamaram por Javé,
  que os salvou de suas tribulações.
¹⁴Ele os tirou das trevas e das sombras da morte,
  e arrebentou as amarras.

¹⁵Que eles celebrem a Javé por seu amor,
  pelas maravilhas que fez em favor dos filhos dos homens!
¹⁶Porque ele quebrou as portas de bronze,
  e arrancou as trancas de ferro.

¹⁷Imprudentes em seus caminhos de transgressão
  e iniquidade, sentiram-se humilhados.
¹⁸Suas gargantas sentiram nojo de todo tipo de alimento,
  a ponto de chegarem às portas da morte.

¹⁹Na sua angústia clamaram por Javé,
  que os livrou de suas tribulações.
²⁰Ele enviou sua palavra para curá-los,
  e colocá-los a salvo diante do desastre.

²¹Que eles celebrem a Javé por seu amor,
  pelas maravilhas que fez em favor dos filhos dos homens!
²²Ofereçam sacrifícios de gratidão,
  descrevam suas obras em brados de alegria.

²³Os que se lançavam aos mares em navios
  e navegavam em comércio na imensidão das águas
²⁴viram as obras de Javé,
  suas maravilhas em alto-mar.

²⁵Ele ordenou, e levantou-se um vento tempestuoso
  que elevou as ondas do mar.
²⁶Elas subiam até os céus e baixavam até às profundezas,
  eles de estômago revolto com a maré.
²⁷Rodavam, cambaleando como bêbados,
  e mesmo com toda a sua destreza se perderam.

²⁸Na sua angústia clamaram por Javé,
  que os retirou de suas tribulações.
²⁹Desafiou a tempestade e houve uma leve brisa,
  silenciaram-se as ondas.

³⁰Então se alegraram com a calmaria,
   e ele os guiou ao porto que desejavam.

³¹Que celebrem a Javé por seu amor,
   pelas maravilhas que fez
      em favor dos filhos dos homens!
³²Que o exaltem na assembleia do povo,
   e ele seja louvado no conselho dos anciãos.

³³Ele mudou rios em deserto,
   mananciais em agreste.
³⁴Uma terra frutuosa em salina,
   por causa da maldade de seus habitantes.

³⁵Transformou o deserto em tanques de água,
   a terra seca em mananciais,
³⁶e aí fez residir os famintos,
   que estabeleceram uma cidade para morar.

³⁷Eles semearam campos e plantaram vinhas,
   que deram frutos na colheita.
³⁸Ele os abençoou e eles multiplicaram-se;
   não permitiu que seu rebanho diminuísse.

³⁹Depois diminuíram, encolheram
   diante da opressão, do mal e da desgraça.
⁴⁰Ele lança o desprezo contra os poderosos,
   que andam a esmo, no vazio,
      onde não existe caminho.

⁴¹Mas ele ergue da miséria o indigente
   e multiplica famílias como rebanhos.
⁴²Os corretos o veem e se alegram,
   e toda injustiça fecha a boca.

⁴³Quem é sábio? Observe essas coisas,
   e saiba compreender a bondade de Javé!

SALMO 108 (107)
Grande é o amor de Deus para conosco

¹*Cântico. Salmo. De Davi.*

²Meu coração está firme, ó Deus!
   Eu cantarei e farei músicas, ó glória minha!
³Despertem, harpa e cítara,
   que eu vou despertar a aurora!

⁴Vou louvar-te entre os povos, ó Javé,
   e fazer músicas para ti entre as nações,
⁵pois teu amor é maior que os céus,
   e tua fidelidade chega até as nuvens.

⁶Eleva-te acima dos céus, ó Deus,
   e tua glória domine sobre toda a terra,
⁷para que teus amados sejam libertos,
   e tua mão direita salvadora responda por nós.

Sl 108: *Oração comunitária de súplica, tomada dos dois salmos anteriores. Os versos 2-6 são tirados do Sl 57,8-12, e os versos 7-14 são tirados do Sl 60,7-14 (veja as notas correspondentes).*

⁸Deus falou em seu santuário:
"Entre cantos de vitória dividirei Siquém
e medirei o vale de Sucot.
⁹A mim pertence Galaad, meu é Manassés.
Efraim é o capacete da minha cabeça
e Judá é meu cetro de comando.
¹⁰Moab é a bacia onde me lavo,
sobre Edom deposito minhas sandálias,
e sobre a Filisteia solto gritos de alegria".

¹¹Quem me levará até a cidade fortificada,
quem me guiará até Edom,
¹²se tu, ó Deus, nos rejeitaste,
e já não sais com nossos exércitos?

¹³Venhas em nosso socorro contra o inimigo,
pois o auxílio do homem é ilusão!
¹⁴Com Deus faremos proezas.
Ele pisoteará nossos inimigos!

SALMO 109 (108)
Lamento no desespero

¹*Do mestre de canto. De Davi. Salmo.*

Deus do meu louvor, não fiques mudo.
²Porque boca maldosa e boca enganadora
abriram-se contra mim.
Falam comigo com língua mentirosa,
³e palavras rancorosas me rodeiam,
atacam-me sem motivo.

⁴Em troca da minha amizade eles me acusam,
enquanto eu faço oração.
⁵Eles me fazem o mal em lugar do bem,
o ódio em lugar do amor.

⁶Desperta contra ele algum perverso,
um denunciador que esteja de prontidão à sua direita.
⁷Saia do julgamento como culpado,
e sua oração torne-se como crime.

⁸Que seus dias não tenham valor nenhum,
e que outro assuma o seu cargo.
⁹Seus filhos fiquem órfãos,
e sua mulher se torne viúva.
¹⁰Seus filhos se extraviem e passem a mendigar,
e procurem suas próprias ruínas.
¹¹Que alguém se apodere de todos os bens dele,
e um estrangeiro lhe roube as posses.

¹²Que ninguém lhe mostre compaixão,
nem sinta piedade de seus órfãos.
¹³Que sua descendência seja extirpada,
e seu nome desapareça numa só geração.

¹⁴Que Javé se recorde da iniquidade de seus pais,
e o pecado de sua mãe jamais seja apagado.

Sl 109: *Oração pessoal de súplica.* Imprecações de um fiel inocente que enfrenta falsa acusação de amigos bem próximos. Diante de tamanha traição, calúnia e maldade, o justo emprega linguagem violenta e vingativa, para amaldiçoar os inimigos (6-15). O motivo da vingança é um profundo sentimento de justiça (16). Traído por gente de inteira confiança e fazendo a experiência de profunda solidão, só resta ao justo recorrer à ternura e ao amor de Javé (21).

¹⁵Que Javé os tenha sempre em conta,
e da face da terra seja cortada a lembrança deles.

¹⁶Porque não se lembrou de agir com bondade,
perseguiu o pobre e o indigente,
e até à morte um coração abatido.

¹⁷Ele amou a maldição: que ela recaia sobre ele!
Não desejou a bênção: que ela se distancie dele!

¹⁸Ele se vestiu de maldição como de um manto:
que ela penetre como água em suas vísceras,
e seja como óleo em seus ossos.

¹⁹Seja como roupa que o envolve,
como cinturão que o aperta.

²⁰Assim pague Javé aos que me acusam,
aos que proferem o mal contra minha vida.

²¹Tu, porém, Javé, meu Deus, trata-me segundo o teu nome.
Liberta-me, pois o teu amor é favorável!

²²Porque sou pobre e indigente,
e dentro em mim há um coração que foi ferido.

²³Como sombra que se estende, assim vou passando,
preso e atirado para longe como gafanhoto.

²⁴Por causa de tanto jejum, meus joelhos vacilam;
meu corpo emagrece pela falta de gordura.

²⁵Para eles, eu não passo de uma infâmia,
e os que me veem sacodem a cabeça.

²⁶Javé, meu Deus, socorre-me!
Salva-me, por tua bondade!

²⁷Então eles hão de saber que tudo isso provém de tuas mãos;
que és tu, Javé, quem o fizeste!

²⁸Eles amaldiçoam, mas tu abençoarás.
Que se elevem, mas ficarão envergonhados,
enquanto teu servo se alegrará.

²⁹Vistam-se de infâmia meus inimigos,
e que os cubra a confusão como manto.

³⁰Eu celebrarei a Javé com toda a força da minha voz.
No meio da multidão eu o louvarei,

³¹pois ele conservou sua direita sobre o indigente,
para dos juízes lhe salvar a vida.

SALMO 110 (109)
A autoridade do rei

¹*De Davi. Salmo.*

Oráculo de Javé ao meu senhor:
"Sente-se à minha direita,
até que eu faça dos seus inimigos
um suporte para seus pés".

²Desde Sião, Javé estenderá o poder
do seu bastão de comando:
"Domine seus inimigos na batalha.

Sl 110: *Oração de espiritualidade régia*, durante a coroação do rei messias, que assume o governo ouvindo as recomendações de Javé. Cabe a ele defender o povo dos inimigos e ser sacerdote intermediário entre Javé e o mesmo povo. Antes da entronização, o rei participava de um ritual, onde devia beber da água sagrada, provavelmente da fonte de Gion (cf. 1Rs 1,33). Este salmo foi lido pelos cristãos como revelação de Jesus Messias.

³Seu exército é de voluntários
  para o dia da manifestação do seu poder.
 As honrarias sagradas são para você
  desde o ventre materno, e fecundidade na sua juventude".

⁴Javé prestou um juramento e não se arrependerá:
  "Você é sacerdote para sempre,
  segundo a ordem de Melquisedec".
⁵O Senhor está à sua direita:
  no dia da sua ira, ele esmaga os reis.
⁶Ele julgará as nações, repletas de cadáveres:
  esmagará cabeças por toda a imensidão da terra.
⁷Pelo caminho beberá da torrente,
  e por isso erguerá a cabeça.

SALMO 111 (110)
Deus se revela em suas obras

¹Aleluia! Celebro a Javé de todo o coração,
  no conselho dos retos e na comunidade.
²São grandes as obras de Javé,
  dignas de estudo para quem as deseja.

³Sua ação é esplendor e majestade,
  sua justiça permanece para sempre.
⁴Ele fez maravilhas memoráveis,
  Javé é clemente e compassivo:
⁵dá sustento aos que o temem,
  sempre se lembrando da sua aliança.

⁶Manifesta ao seu povo a força de suas obras,
  para lhes dar a herança das nações.
⁷Verdade e justiça são as obras de suas mãos,
  e merecem confiança todas as suas ordens:
⁸são firmes para sempre e eternamente,
  vão realizar-se com verdade e retidão.

⁹Enviou a libertação para seu povo,
  declarando para sempre sua aliança.
  Santo e terrível é o seu nome.
¹⁰O princípio da sabedoria é o temor de Javé,
  e todos os que a praticam têm juízo.
  Seu louvor permanece para sempre.

Sl 111: *Hino de louvor aos feitos de Javé.* Canta as obras maravilhosas de Javé em favor de seu povo. São obras de "justiça e verdade", manifestações de sua compaixão e amor no processo de libertação de seu povo.

SALMO 112 (111)
A felicidade do justo

¹Aleluia! Feliz o homem que teme a Javé,
  e sente-se feliz em seus mandamentos.
²Sua descendência será grande na terra,
  a geração dos retos será abençoada.

³Riqueza existe e fartura em sua casa,
  e sua justiça permanece para sempre.

Sl 112: *Oração de espiritualidade sapiencial.* Reflexão de um sábio a respeito do temor de Deus, temor que se manifesta no comportamento do justo. Não conseguindo ser como este, o ímpio range os dentes de raiva e inveja, sem esperanças de futuro bom.

⁴Nas trevas ele brilha como luz para os retos,
   ele é piedade, compaixão e justiça.

⁵Feliz o homem que tem piedade e empresta,
   e administra seus negócios com justiça.
⁶Pois ele jamais vacilará.
   A memória do justo é para sempre.

⁷Não teme notícias más:
   seu coração está firme, confiante em Javé.
⁸Seu coração está seguro, e por isso nada teme
   ao enfrentar seus adversários.

⁹Ele distribui e oferece aos indigentes,
   sua justiça permanece para sempre.
   Sua dignidade se exalta com sua glória.
¹⁰O ímpio observa e sente raiva,
   range os dentes e definha.
   A ambição dos ímpios fracassará.

SALMO 113 (112)
Louvado seja o teu nome

¹Aleluia! Louvem, servos de Javé,
   louvem o nome de Javé!
²Seja bendito o nome de Javé,
   desde agora e para sempre.
³Desde o nascer do sol até o poente,
   louvado seja o nome de Javé!

⁴Javé se eleva sobre todas as nações,
   sua glória está acima dos céus.
⁵Quem é como Javé, nosso Deus,
   que se eleva para sentar em seu trono,
⁶e se abaixa para olhar
   os céus e a terra?

⁷Ele ergue da poeira o fraco
   e tira do lixo o indigente,
⁸fazendo-o sentar-se com os nobres,
   ao lado dos nobres do seu povo.
⁹Ele faz a estéril sentar-se em sua própria casa,
   na companhia alegre dos seus filhos. Aleluia!

Sl 113: *Hino de louvor ao nome de Javé. Lembrado como o Libertador do povo oprimido no Egito, Javé é o grande Deus que habita nas alturas; ao mesmo tempo, vive lado a lado com o fraco, exalta o indigente e rebaixa os poderosos. Este hino abre a coleção do Hallel ou "Aleluia" (Sl 113-118), que era cantado pelos judeus nas grandes festas de romaria e na ceia pascal (cf. Mc 14,26).*

SALMO 114 (113 A)
A celebração da Páscoa

¹Quando Israel saiu do Egito,
   e a casa de Jacó de um povo
      de linguagem incompreensível,
²Judá se tornou o seu santuário,
   e Israel o seu domínio.

³O mar viu e fugiu,
   o Jordão voltou atrás.

Sl 114: *Hino de louvor ao Deus libertador. De maneira simbólica, exalta as proezas de Javé ao libertar seu povo. O mar simboliza a libertação no Egito, e o Jordão representa a conquista da terra prometida, onde Israel se torna sinal da presença de Deus. Toda a criação treme e dança diante da passagem de Javé.*

⁴As montanhas saltaram como carneiros,
  e as colinas como cordeirinhos.

⁵Ó mar, o que há com você para fugir assim?
  E você, Jordão, para voltar atrás?
⁶E as montanhas, para saltarem como carneiros?
  E as colinas, como cordeirinhos?

⁷Diante do Senhor a terra estremece,
  na presença do Deus de Jacó,
⁸que transforma a rocha em lago,
  a pedreira em fonte de água.

SALMO 115 (113 B)
Ao Deus vivo e verdadeiro

¹Não é para nós, ó Javé, não é para nós!
  Dá glória, sim, para o teu nome,
  por tua bondade e tua fidelidade.
²Por que disseram as nações:
  "Onde está o Deus deles?"

³O nosso Deus está nos céus,
  e ele fez tudo o que desejou.
⁴São de prata e ouro os ídolos deles,
  e foram feitos por mãos humanas:

⁵esses têm boca e não falam,
  têm olhos e não veem;
⁶têm ouvidos e não escutam,
  têm nariz e não cheiram;
⁷têm mãos e não apalpam,
  têm pés e não andam,
  nem sua garganta produz
    sussurro algum.
⁸Iguais a eles são aqueles que os fabricam,
  todos aqueles que neles confiam.

⁹A casa de Israel confia em Javé:
  ele é seu socorro e seu escudo.
¹⁰A casa de Aarão confia em Javé:
  ele é seu socorro e seu escudo.
¹¹Os que temem a Javé confiam em Javé:
  ele é seu socorro e seu escudo.

¹²Javé se lembre de nós e nos abençoe:
    abençoe a casa de Israel,
    abençoe a casa de Aarão,
¹³abençoe os que temem a Javé,
    os pequenos e os grandes.

¹⁴Que Javé os multiplique,
    a vocês e a seus filhos!
¹⁵Sejam abençoados por Javé,
    ele que fez os céus e a terra.

Sl 115: *Oração comunitária de confiança.* Vivendo a dura realidade do exílio, o povo de Deus reafirma sua confiança. Deixando clara a rejeição aos ídolos, todos falsos e mortos, o povo proclama sua fé no Deus vivo e verdadeiro, cuja presença lhe dá coragem para vencer as dificuldades e o desânimo na situação de cativeiro, na qual era enorme a propaganda dos ídolos.

¹⁶Os céus pertencem a Javé,
   mas a terra ele a deu para os filhos de Adão.
¹⁷Os mortos não podem louvar a Javé,
   nem aqueles que descem ao silêncio.
¹⁸Quanto a nós, nós bendizemos a Javé,
   desde agora e para sempre! Aleluia!

SALMO 116 (114-115)
Obrigado, Senhor!

¹Eu amo Javé, pois ele presta atenção
   à minha voz suplicante.
²Ele inclina seus ouvidos para mim,
   no dia em que o invoco.
³Rodeavam-me os laços da morte,
   atingiam-me as redes da morada dos mortos,
   e experimentei perigo e aflição
⁴Então clamei pelo nome de Javé:
   "Ah, Javé, salva a minha vida".
⁵Javé é clemente e justo,
   nosso Deus é compassivo.
⁶Ele guarda os simples:
   eu me senti sem forças, e ele me salvou.

⁷Volte para o lugar de descanso,
   ó minha alma,
   pois Javé foi bondoso com você:
⁸ele libertou da morte a minha vida,
   meus olhos das lágrimas
   e meus pés do tropeço.
⁹Eu caminharei diante de Javé,
   na terra dos viventes.

¹⁰Eu tinha fé, mesmo quando disse:
   "Como sou infeliz!"
¹¹Na minha perturbação eu dizia:
   "Todos os homens são enganadores!"

¹²Como haverei de retribuir a Javé
   por todo o bem que me fez?
¹³Erguerei o cálice da salvação
   e invocarei o nome de Javé.
¹⁴Vou cumprir meus votos a Javé
   na presença de todo o seu povo!
¹⁵É custosa aos olhos de Javé
   a morte de seus fiéis.

¹⁶Ah, Javé, eis-me aqui: sou teu servo!
   Sou teu servo, filho de tua serva.
   Tu rompeste as minhas amarras.
¹⁷Vou te oferecer um sacrifício de agradecimento,
   e invocarei o nome de Javé.

Sl 116: *Oração pessoal de ação de graças*. O justo dirige seu agradecimento a Deus, depois de violentas provações, talvez alguma grave enfermidade. Agradece a pronta resposta de Deus ao seu grito, no momento em que fraquejava. Uma vez atendido, eleva o hino de ação de graças, reafirmando a fé e a vontade de continuar nos caminhos de Javé. O ritual de erguer o cálice invocando o nome de Javé (v. 13) era a fórmula litúrgica de compromisso público com o projeto divino.

¹⁸Cumprirei meus votos a Javé,
  na presença de todo o seu povo,
¹⁹nos átrios da casa de Javé,
  em seu centro, ó Jerusalém! Aleluia!

SALMO 117 (116)
Vamos todos louvar a Javé

¹Louvem a Javé, nações todas,
  e todos os povos o glorifiquem.
²Pois seu amor por nós é firme,
  e a fidelidade de Javé é para sempre. Aleluia!

Sl 117: *Hino de louvor ao Deus fiel.* Este breve resumo do saltério é um convite a todos os povos a se unirem no único e vibrante hino de louvor à fidelidade e amor de Javé.

SALMO 118 (117)
Agradeçamos sempre ao Senhor

¹Celebrem a Javé, porque ele é bom,
  porque eterno é o seu amor!
²A casa de Israel agora diga:
  eterno é o seu amor!
³A casa de Aarão agora diga:
  eterno é o seu amor!
⁴Os que temem a Javé agora digam:
  eterno é o seu amor!

⁵No perigo, clamei a Javé,
  e Javé me respondeu com generosidade.
⁶Javé está comigo: jamais temerei!
  O que um homem me poderia fazer?
⁷Javé está comigo, ele é meu socorro,
  e enfrentarei os meus inimigos.

⁸É melhor abrigar-se em Javé,
  do que confiar no homem.
⁹É melhor abrigar-se em Javé,
  do que confiar nos poderosos.

¹⁰Todas as nações me cercaram:
  em nome de Javé, eu as eliminei!
¹¹Cercaram-me, rodearam-me por todos os lados:
  em nome de Javé, eu as eliminei!
¹²Cercaram-me como abelhas,
  ardendo como fogo nos espinheiros:
  em nome de Javé, eu as eliminei!
¹³Empurravam-me para me derrubar;
  Javé, porém, me socorreu.
¹⁴Minha força e meu canto é Javé,
  ele foi a minha salvação.

¹⁵Há gritos de alegria e salvação
  nas tendas dos justos:
  "A direita de Javé faz proezas!
¹⁶A direita de Javé é sublime!
  A direita de Javé faz proezas!"

Sl 118: *Oração comunitária de ação de graças.* Celebração litúrgica que encerra os salmos do *Hallel* ou "Aleluia", cantados quando os romeiros entravam no santuário. Começava com as invocações de um solista, às quais a comunidade respondia com o refrão: "eterno é o seu amor!" (1-4). Em seguida, narravam-se diversas experiências de perigo, em que os fiéis se haviam refugiado no santuário diante de Javé (5-14). A comunidade então cantava a certeza da vitória divina sobre todos os perigos (15-21). Os fiéis entravam no santuário, onde eram acolhidos pelos sacerdotes (22-29). Este salmo, na tradição cristã, passou a ser usado na Vigília Pascal, para celebrar a ressurreição de Cristo.

¹⁷Eu não morrerei, mas viverei
e narrarei as obras de Javé.
¹⁸Javé me castigou duramente,
mas não me entregou à morte!
¹⁹Abram para mim as portas da justiça:
entrarei por elas celebrando a Javé.
²⁰Esta é a porta de Javé,
e os justos por ela entrarão.
²¹Eu te celebro porque me respondeste
e foste a minha salvação!
²²A pedra que os construtores rejeitaram
tornou-se a pedra angular.
²³Isso vem de Javé,
e é maravilha aos nossos olhos.
²⁴Este é o dia em que Javé agiu:
exultemos e alegremo-nos com ele.
²⁵Ah, Javé, por favor, salva-nos!
Ah, Javé, por favor, liberta-nos!
²⁶Bendito aquele que vem em nome de Javé!
Desde a casa de Javé,
nós abençoamos vocês.
²⁷Javé é Deus: ele nos ilumina!
Formem uma procissão com ramos,
até os ângulos do altar.
²⁸Tu és o meu Deus, eu te celebro.
Meu Deus, eu te exalto!
²⁹Celebrem a Javé, porque ele é bom,
porque eterno é o seu amor!

SALMO 119
A tua Palavra no meu coração

¹Felizes os que têm conduta perfeita,
os que andam na lei de Javé.
²Felizes os que observam seus preceitos,
e o procuram de todo o coração,
³os que não cometem injustiça,
mas andam nos caminhos dele!
⁴Tu decretaste os teus preceitos,
para serem observados com todo o rigor.
⁵Oxalá estejam firmes os meus caminhos,
para que eu observe os teus decretos.
⁶Assim, não sentirei vergonha
de observar todos os teus mandamentos.
⁷Eu te celebrarei de coração sincero,
instruindo-me em teus justos mandamentos.
⁸Observarei os teus decretos.
Não me abandones nunca.

⁹Como poderá um jovem manter puro o seu caminho?
Observando a tua palavra.

Sl 119: *Oração de espiritualidade sapiencial.* É o mais longo dos salmos. Uma reflexão sapiencial, composta de 22 estrofes, cada uma iniciando com as letras do alfabeto hebraico. O fio condutor desta meditação é fazer profundo elogio à Lei de Deus. Em cada verso, a Lei recebe um sinônimo diferente: palavra, testemunho, preceito, norma, estatuto, mandamento, caminho, promessa, vontade. O objetivo da longa reflexão é despertar os fiéis para o verdadeiro sentido da vida: caminhar na vontade de Javé. Assim alcançarão a felicidade, a segurança e a paz. O salmista começa meditando sobre a Lei de Deus (vv. 1-3), mas logo se volta para Deus diretamente (vv. 4-176), ao descobrir que sua maior paixão não é propriamente a Lei, mas o próprio Deus, autor da Lei!

¹⁰Eu te procuro de todo o coração:
não me deixes desencaminhar dos teus mandamentos.
¹¹Em meu coração guardei tuas promessas,
a fim de não pecar contra ti.
¹²Sejas bendito, Javé!
Ensina-me os teus decretos.
¹³Com os lábios eu recito
todas as normas de tua boca.
¹⁴Eu me alegro no caminho dos teus testemunhos,
mais do que em todos os bens.
¹⁵Sobre as tuas ordens meditarei,
prestarei atenção em teus caminhos.
¹⁶Eu me encanto com as tuas ordens,
e não esqueço as tuas palavras.

¹⁷Retribui o bem ao teu servo,
e eu viverei observando a tua palavra.
¹⁸Abre os meus olhos para contemplar
as maravilhas da tua lei.
¹⁹Eu sou estrangeiro na terra:
não escondas de mim os teus mandamentos.
²⁰Minha alma se consome de desejo
por tuas normas o tempo todo.
²¹Reprovas os insolentes amaldiçoados
que se desencaminharam dos teus mandamentos.
²²Retira de mim a infâmia e o desprezo,
pois conservo os teus testemunhos.
²³Os príncipes podem reunir-se e falar contra mim,
mas o teu servo meditará em teus preceitos.
²⁴Sim, teus testemunhos são meus encantos,
são meus conselheiros.

²⁵Minha alma está colada na poeira:
conserva minha vida, por tua palavra.
²⁶Eu enumero os meus caminhos e tu me respondes.
Ensina-me os teus preceitos.
²⁷Faze-me entender os caminhos de tuas ordens,
e meditarei em tuas maravilhas.
²⁸Minha alma chora de tristeza.
Conforta-me, segundo a tua palavra.
²⁹Afasta-me do caminho da mentira,
e por tua lei concede-me a graça.
³⁰Eu preferi o caminho da sinceridade,
e me conforto em tuas normas.
³¹Eu me apego em teus testemunhos.
Javé, não me deixes envergonhado.
³²Eu corro nos caminhos dos teus mandamentos,
porque engrandeceste o meu coração.

³³Javé, ensina-me o caminho dos teus decretos,
que vou conservar como recompensa.
³⁴Faze-me entender e observar a tua lei.
Eu a guardarei de todo o coração.
³⁵Faze-me seguir a trilha dos teus mandamentos,
pois nela está o meu prazer.

³⁶Inclina meu coração para os teus testemunhos,
e não para os gestos interesseiros.
³⁷Afasta meus olhos de ver o que é inútil,
e em teu caminho faze-me viver.
³⁸Confirma teu servo em tuas promessas:
elas existem para os que temem a ti.
³⁹Desvia de mim o sarcasmo que tanto temo,
pois tuas normas são ótimas.
⁴⁰Porque desejo as tuas ordens,
reanima-me com a tua justiça.

⁴¹Javé, que venham sobre mim o teu amor
e a tua salvação, conforme a tua promessa.
⁴²Eu responderei aos que te afrontam,
pois confio em tua palavra.
⁴³Não me tires da boca jamais a palavra sincera,
pois espero em tuas normas.
⁴⁴Vou observar, continuamente, a tua lei,
para todo o sempre.
⁴⁵Andarei por caminho largo,
porque busco as tuas ordens.
⁴⁶Falarei dos teus testemunhos diante dos reis,
e não sentirei vergonha.
⁴⁷Encanto-me com os teus mandamentos:
eu os amo tanto!
⁴⁸Levantarei as mãos para os teus mandamentos
que amo, e meditarei as tuas normas.

⁴⁹Lembra-te da palavra dirigida ao teu servo,
sobre a qual tanto me fazes esperar.
⁵⁰Este é o meu conforto na aflição:
é a tua palavra que me faz reviver.
⁵¹Sem limites, zombam de mim os orgulhosos,
mas eu não me afasto da tua lei.
⁵²Eu me lembro, Javé, dos preceitos do passado,
e me consolo.
⁵³Fico indignado contra os ímpios;
eles abandonam a tua lei.
⁵⁴Teus decretos são o motivo das minhas canções
em país estrangeiro.
⁵⁵De noite me lembro, Javé, do teu nome,
para observar a tua lei.
⁵⁶Esta é a parte que me cabe:
observar as tuas ordens.

⁵⁷Minha parte, Javé, eu o digo,
é guardar as tuas palavras.
⁵⁸Vou buscando a tua face de todo o coração.
Tem piedade de mim, segundo a tua palavra.
⁵⁹Em meus caminhos vou meditando,
e volto meus passos para os teus testemunhos.
⁶⁰Tenho pressa e não me atraso
em observar teus mandamentos.
⁶¹Os laços dos ímpios me envolvem,
mas eu não esqueci a tua lei.

⁶²No meio da noite me levanto
para celebrar teus justos decretos.
⁶³Sou companheiro de todos os que temem a ti
e guardam os teus decretos.
⁶⁴Tua bondade, Javé, preenche a terra toda.
Ensina-me as tuas normas.

⁶⁵Agiste bem com teu servo, ó Javé,
segundo a tua palavra.
⁶⁶Ensina-me o discernimento e a ciência,
pois eu acredito em teus mandamentos.
⁶⁷Até aqui tenho vivido na aflição e imprudência,
mas agora guardo a tua promessa.
⁶⁸Tu és bom e benfeitor:
ensina-me as tuas normas.
⁶⁹Os orgulhosos me encharcam de mentiras,
mas eu, de todo o coração, zelo por tuas ordens.
⁷⁰O coração deles é denso como a gordura do leite,
mas eu me encanto com a tua lei.
⁷¹Para mim, é bom passar pela provação,
pois assim aprendo as tuas normas.
⁷²A lei de tua boca é um bem para mim,
mais do que milhões em ouro e prata.

⁷³Tuas mãos me fizeram e me firmaram.
Ensina-me, para que eu possa entender teus mandamentos.
⁷⁴Os que temem a ti me olham e se alegram,
pois deposito minha esperança em tua palavra.
⁷⁵Eu sei, Javé, que tuas normas são justas,
e por fidelidade me provaste.
⁷⁶Peço que teu amor me conforte,
segundo a promessa feita ao teu servo.
⁷⁷Que tua misericórdia venha a mim, e viverei,
pois tua lei é o meu prazer.
⁷⁸Os orgulhosos sintam-se envergonhados,
pois me prejudicam com mentiras.
Eu medito em tuas ordens!
⁷⁹Voltem-se para mim aqueles que temem a ti,
e que conheçam os teus testemunhos.
⁸⁰Que o meu coração seja íntegro em teus decretos,
a fim de que eu não passe vergonha.

⁸¹Minha alma se consome com a tua salvação.
Em tua palavra coloco a minha esperança.
⁸²Meus olhos se consomem pela tua palavra,
e eu digo: "Quando me confortarás?"
⁸³Pois me sinto como odre na fumaça,
mas tuas normas não esqueço.
⁸⁴Quantos serão os dias do teu servo?
Quando hás de fazer justiça contra os meus perseguidores?
⁸⁵Os arrogantes fizeram covas para mim,
eles que não aceitam a tua lei.
⁸⁶Todos os teus mandamentos são sinceros.
Eles, porém, mentirosos me perseguem: Socorre-me!

⁸⁷Por pouco eles não me aniquilam por terra,
  mas eu não deixei de buscar socorro em teus preceitos.
⁸⁸Pois teu amor me faz viver,
  e eu observarei o testemunho de tua boca.
⁸⁹Javé, tua palavra é para sempre,
  é mais firme do que os céus.
⁹⁰Tua fidelidade perdura de geração em geração.
  Firmaste a terra, e ela permanece.
⁹¹Por tuas normas, tudo existe até hoje.
  Porque o universo todo está ao teu serviço.
⁹²Se não fosse a tua lei que me encanta,
  eu já teria perecido na minha miséria.
⁹³Jamais vou esquecer as tuas normas,
  pois nelas é que me fazes reviver.
⁹⁴Eu sou teu: salva-me,
  pois eu procuro as tuas ordens.
⁹⁵Podem os ímpios aguardar pela minha ruína:
  eu refletirei teus testemunhos.
⁹⁶Eu vi o limite de qualquer perfeição,
  porém vastos e sem fim são os teus mandamentos.

⁹⁷Como eu amo a tua lei!
  O dia todo ela é a minha meditação.
⁹⁸Teus mandamentos me tornam mais sábio que meus inimigos,
  pois estarão para sempre comigo.
⁹⁹Tornei-me mais sábio do que todos os mestres,
  pois reflito em teus testemunhos.
¹⁰⁰Sou mais sagaz do que os anciãos,
  porque observo as tuas ordens.
¹⁰¹Proíbo meus pés de andar em mau caminho,
  para assim observar a tua palavra.
¹⁰²De tuas normas não me afasto,
  pois és tu que me ensinas.
¹⁰³Como é suave ao meu paladar a tua palavra:
  é mais doce do que o mel.
¹⁰⁴Eu observo as tuas normas,
  e por isso detesto o caminho fraudulento.

¹⁰⁵Tua palavra é lâmpada para os meus pés
  e luz para o meu caminho.
¹⁰⁶Eu prometi e cumprirei:
  observar os teus justos mandamentos.
¹⁰⁷Estou por demais humilhado, Javé.
  Faze-me reviver, conforme a tua palavra.
¹⁰⁸Javé, aceita as ofertas de minha boca,
  e ensina-me as tuas normas.
¹⁰⁹Minha vida está sempre em perigo,
  mas eu não me esqueço da tua lei.
¹¹⁰Os ímpios preparam armadilha contra mim,
  mas eu não me extravio das tuas ordens.
¹¹¹Teus testemunhos são minha herança para sempre:
  são a alegria do meu coração.
¹¹²Inclino meu coração para realizar os teus decretos,
  para sempre, até o fim.

105: Este versículo, o mais conhecido do salmo, marca o ponto alto da oração: a Palavra de Deus é a luz verdadeira que nos ensina a descobrir o caminho da vida. Segundo o Prólogo do evangelho de João, é Jesus esta Palavra que se faz carne, é ele a Luz verdadeira que ilumina a todos (cf. Jo 1,9.14).

¹¹³Detesto os incoerentes
  e amo a tua lei.
¹¹⁴Tu és meu refúgio e meu escudo:
  em tua palavra deposito minha esperança.
¹¹⁵Afastem-se de mim, perversos,
  porque eu observarei os mandamentos do meu Deus.
¹¹⁶Sustenta-me, segundo a tua promessa, e viverei.
  Não deixes que eu sinta vergonha da minha esperança.
¹¹⁷Apoia-me, e estarei a salvo:
  prestarei sempre atenção em tuas normas.
¹¹⁸Rejeitas todos os que se desviam das tuas normas,
  pois seus pensamentos são mentira e falsidade.
¹¹⁹Consideras como esterco todos os ímpios da terra,
  e por isso eu amo os teus testemunhos.
¹²⁰Minha carne sente calafrios com temor de ti,
  e tenho respeito por tuas normas.

¹²¹Eu pratico o direito e a justiça.
  Não me abandones nas mãos de meus opressores.
¹²²Sejas tu a garantia do teu servo para o bem,
  e que os orgulhosos não me oprimam.
¹²³Meus olhos se consomem pela tua salvação
  e pela palavra da tua justiça.
¹²⁴Procede com teu servo conforme o teu amor,
  e ensina-me as tuas normas.
¹²⁵Sou teu servo: ensina-me a compreender,
  e conhecerei os teus testemunhos.
¹²⁶É tempo de Javé agir:
  eles violaram a tua lei.
¹²⁷Por isso eu amo teus mandamentos,
  mais do que o ouro, o ouro mais puro.
¹²⁸Por isso sigo retamente tuas ordens todas,
  e detesto todos os caminhos da mentira.

¹²⁹Maravilhosos são os teus testemunhos,
  e por isso os observo em minha vida.
¹³⁰A explicação da tua palavra ilumina,
  traz conhecimento aos simples.
¹³¹Abro a boca e respiro,
  pois anseio por teus mandamentos.
¹³²Volta-te para mim, tem piedade de mim,
  pois o direito é para aqueles que amam teu nome.
¹³³Consolida meus passos em tua promessa,
  e não deixes nenhum tipo de maldade dominar sobre mim.
¹³⁴Liberta-me da opressão humana,
  e guardarei as tuas ordens.
¹³⁵Faze brilhar a tua face ao teu servo,
  e ensina-me as tuas normas.
¹³⁶Rios de lágrimas descem de meus olhos,
  pois não guardam a tua lei.

¹³⁷Tu és justo, Javé,
  e reto é o teu julgamento.
¹³⁸Ordenaste teus testemunhos com justiça,
  com fidelidade sem limites.

¹³⁹Meu zelo me consome,
   porque meus inimigos esqueceram tuas palavras.
¹⁴⁰Inteiramente pura é a tua promessa,
   e por isso teu servo tem amor a ela.
¹⁴¹Sou pequeno e sem importância,
   mas não esqueço tuas ordens.
¹⁴²Tua justiça é justiça para sempre,
   e tua lei é verdadeira.
¹⁴³Perigo e aflição me atingiram,
   os teus mandamentos são os meus encantos.
¹⁴⁴Teus testemunhos são justos para sempre.
   Faze-me compreender, e viverei.

¹⁴⁵Clamo de todo o coração. Javé, responde-me!
   Vou guardar as tuas normas.
¹⁴⁶Clamo a ti: Salva-me!
   Guardarei os teus testemunhos.
¹⁴⁷Venho antes da aurora e peço socorro,
   colocando minha esperança em tua promessa.
¹⁴⁸Meus olhos antecipam as vigílias da noite,
   para meditar em tuas palavras.
¹⁴⁹Escuta a minha voz, por teu amor, Javé.
   Faze-me viver conforme as tuas normas.
¹⁵⁰Infames perseguidores se aproximam.
   Eles se distanciam da tua lei.
¹⁵¹Tu estás bem perto, Javé,
   e todos os teus mandamentos são verdadeiros.
¹⁵²Há muito tempo conheço os teus testemunhos,
   que estabeleceste para sempre.

¹⁵³Olha para a minha pobreza e liberta-me,
   pois eu não esqueço tua lei.
¹⁵⁴Defende minha causa, resgata-me,
   faze-me viver por tua promessa.
¹⁵⁵Os ímpios estão longe da salvação,
   pois não procuram as tuas normas.
¹⁵⁶Javé, tua compaixão é sem limites:
   faze-me viver conforme as tuas normas.
¹⁵⁷São muitos os meus perseguidores e inimigos,
   mas eu não abandonei os teus testemunhos.
¹⁵⁸Ao ver meus inimigos, senti repugnância:
   eles não observam a tua palavra.
¹⁵⁹Vê, Javé, como eu amo as tuas ordens!
   Conforme o teu amor, faze-me viver.
¹⁶⁰O compêndio da tua palavra é verdadeiro,
   tuas justas normas são para sempre.

¹⁶¹Príncipes me perseguem sem motivo,
   porém o meu coração respeita as tuas palavras.
¹⁶²Alegro-me com tua promessa,
   como alguém que encontra rico troféu.
¹⁶³Odeio e detesto a mentira,
   pois eu amo a tua lei.
¹⁶⁴Eu te louvo sete vezes ao dia,
   por causa de tuas justas normas.

¹⁶⁵Quem ama a tua lei tem muita paz:
não existe para ele ocasião de tropeço.
¹⁶⁶Eu espero, Javé, em tua salvação,
e pratico os teus mandamentos.
¹⁶⁷Observo os teus testemunhos,
e os amo intensamente.
¹⁶⁸Guardo tuas normas e teus testemunhos,
pois diante de ti estão todos os meus caminhos.

¹⁶⁹Que meu grito chegue à tua presença, Javé.
Dá-me entendimento, conforme a tua palavra.
¹⁷⁰Chegue minha súplica diante de ti.
Liberta-me, conforme a tua promessa.
¹⁷¹Dos meus lábios brotem orações,
pois me ensinas as tuas normas.
¹⁷²Minha língua cante a tua promessa,
porque todos os teus mandamentos são justos.
¹⁷³Venha tua mão em meu socorro,
pois escolhi as tuas normas.
¹⁷⁴Javé, eu desejo a tua salvação,
e tua lei me encanta.
¹⁷⁵Que eu possa viver para te louvar,
e tuas normas me auxiliem.
¹⁷⁶Vaguei como ovelha perdida:
vem à procura do teu servo,
pois não esqueço teus mandamentos.

SALMO 120 (119)
Eu quero a paz

¹Cântico das romarias.
Em minha aflição clamei por Javé,
e ele me respondeu.
²Javé, liberta minha vida dos lábios mentirosos,
da língua enganadora.
³O que lhe será dado e o que lhe será acrescentado,
ó língua enganadora?
⁴Flechas afiadas de guerreiro,
com brasas de giesta.

⁵Ai de mim! Sou como desterrado de Mosoc,
morador nas tendas de Cedar!
⁶Há muito tempo que moro
com os que odeiam a paz.
⁷Eu sou pela paz, mas quando falo em paz,
eles são pela guerra.

Sl 120: *Oração pessoal de súplica.* Vivendo no exílio, em meio aos ídolos e suas liturgias mentirosas, o justo vê suas melhores intenções de "paz" rejeitadas pelos opressores que pedem "guerra". Com este salmo começa a coleção dos 15 Cânticos de Romaria (Sl 120-134), executados pelos peregrinos que subiam para as festas em Jerusalém, simbolizando a subida para Deus.

SALMO 121 (120)
Deus guarda o seu povo

¹Cântico das romarias.
Levanto os olhos para os montes:
de onde virá o meu socorro?
²Meu socorro vem com Javé,
que fez os céus e a terra.

Sl 121: *Oração pessoal de confiança.* Os peregrinos enfrentavam muitos perigos na viagem. Aqui pedem a proteção de Deus, ao atravessarem montanhas e estradas perigosas enquanto se dirigem para Jerusalém, na romaria que simboliza a caminhada ao longo da vida.

³Ele não deixará suas pernas fraquejar,
  o seu guarda não cochilará.
⁴Claro, não cochilará
  nem dormirá o guarda de Israel.
⁵Javé é seu guarda,
  Javé é sua sombra protetora que está à sua direita.
⁶Durante o dia o sol não lhe fará mal,
  nem a lua durante a noite.
⁷Javé guarda você de todo o mal,
  ele guarda a sua vida.
⁸Javé guarda você na partida e na chegada,
  desde agora e para sempre.

SALMO 122 (121)
Que haja paz entre nós

¹*Cântico das romarias. De Davi.*
Fiquei contente quando me disseram:
  "Vamos à casa de Javé!"
²Nossos pés já se detêm
  às tuas portas, Jerusalém.

³Jerusalém, construída como cidade,
  onde tudo ao redor
    se converge em unidade...
⁴para onde sobem as tribos, as tribos de Javé,
  segundo a aliança de Israel,
  para celebrar o nome de Javé.
⁵Porque estão aí os tribunais da justiça,
  os tribunais da casa de Davi.

⁶Peçam a paz para Jerusalém:
  que vivam tranquilos os que amam você.
⁷Haja paz entre suas muralhas,
  e segurança entre seus edifícios.
⁸Por meus irmãos e meus amigos
  eu digo: "A paz esteja com você!"
⁹Pela casa de Javé, nosso Deus,
  eu suplico:
    "Toda a prosperidade para você".

Sl 122: *Hino dos romeiros a caminho de Jerusalém. Durante a peregrinação, entoam este cântico em louvor à cidade santa, meta final da viagem. A alegria os invade, desde o convite inicial a participar da romaria. O grande desejo de todo romeiro é viver na justiça e na paz, o que só Javé pode garantir.*

SALMO 123 (122)
De olhos fixos em Deus

¹*Cântico das romarias.*
Para ti levanto os olhos.
  Para ti, que habitas nos céus.
²Como os olhos dos escravos
  em direção às mãos do seu senhor,
  como os olhos da escrava
  em direção às mãos da sua patroa,
  assim nossos olhos se erguem

Sl 123: *Oração comunitária de súplica. Enquanto caminham, os romeiros confessam seu desânimo diante dos poderosos. Porém, cheios de esperança, pedem a compaixão de Javé e sua intervenção poderosa, para eliminar os opulentos e opressores.*

em direção a Javé, nosso Deus,
até que ele mostre a sua bondade.

³Mostra-nos tua bondade, Javé,
mostra-nos tua bondade!
Pois estamos fartos de tanto desprezo!
⁴Nossas vidas estão fartas de tanto desprezo!
O desprezo é para os que se sentem satisfeitos.

SALMO 124 (123)
O Libertador de Israel

¹Cântico das romarias. De Davi.

Se Javé não estivesse ao nosso lado,
Israel que o diga!
²Se Javé não estivesse ao nosso lado,
quando homens nos atacaram...

³Eles nos teriam devorado vivos,
no seu ódio contra nós.
⁴As águas nos teriam afogado,
a enchente teria levado nossas vidas.
⁵As águas turbulentas teriam passado
sobre nossas vidas.

⁶Seja bendito Javé,
que não nos entregou a eles como presa de seus dentes.
⁷Nossas vidas, como pássaro,
foram libertas da armadilha.
Fizeram armadilha, mas ela se quebrou,
e nós escapamos.
⁸Nossa proteção está no nome de Javé,
que fez os céus e a terra!

Sl 124: *Oração comunitária de ação de graças. A romaria é cheia de perigos. Aqui os romeiros agradecem a Deus depois de terem superado um perigo, provavelmente de salteadores. Apoiados pela presença de Deus, conseguem escapar, como pássaros que fogem dos caçadores.*

SALMO 125 (124)
Deus protege os seus amigos

¹Cântico das romarias.

Aqueles que confiam em Javé
são como o monte Sião:
não vacila e está firme para sempre.
²Assim como Jerusalém é rodeada pelos montes,
Javé rodeia seu povo, desde agora e para sempre.

³Sim, o bastão de comando do ímpio não repousará
sobre o destino dos justos,
para que as mãos dos justos não se estendam
em direção à maldade.

⁴Javé, faze o bem aos bons,
aos retos de coração.
⁵E os que se desviam por caminhos tortuosos,
que Javé os elimine com os malfeitores.
Paz sobre Israel!

Sl 125: *Oração comunitária de confiança. Os romeiros reafirmam sua confiança total em Javé, cuja presença protetora na romaria lhes dá segurança. A oração conclui com o pedido de julgamento contra os malfeitores, para que haja paz no país.*

SALMO 126 (125)
Grandes coisas Javé fez por nós

¹Cântico das romarias.

Quando Javé fez regressar os exilados de Sião,
   parecia que estávamos sonhando.
²Nossas bocas então se encheram de sorrisos,
   e nossas línguas com gritos de alegria.
Até entre as nações se dizia:
   "Grandes coisas Javé fez por eles!"
³Grandes coisas Javé fez por nós,
   e estamos alegres.

⁴Javé, faze regressar nossos cativos,
   como as torrentes no Negueb.
⁵Os que semeiam entre lágrimas,
   com alegria colherão.
⁶Ao partir, partem chorando,
   carregando suas sacolas de sementes.
Ao voltar, voltam com alegria,
   carregando seus feixes.

Sl 126: *Oração comunitária de súplica.* A romaria canta a esperança do povo ao voltar do exílio. Foram muitas as dificuldades e desafios que os retornados enfrentaram e venceram. Em todo esse processo de libertação, foi tão manifesta a ação do nome de Javé, o libertador do povo, que todas as nações testemunharam essa vitória. O salmo conclui lembrando a grande distância entre a semeadura e a colheita. Por isso, o povo não pode desanimar nunca!

SALMO 127 (126)
Confiar na Providência

¹Cântico das romarias. De Salomão.

Se Javé não constrói a casa,
   em vão trabalham nela os construtores.
Se Javé não guarda a cidade,
   em vão vigiam os guardas.
²É inútil vocês levantarem de madrugada
   e retardarem o repouso,
para comer o pão com fadigas,
   se aos seus amados ele o dá enquanto dormem.
³Sim, os filhos são a herança de Javé,
   o fruto do ventre é a recompensa.
⁴Como flechas em mãos de um guerreiro,
   assim são os filhos da mocidade.
⁵Feliz o homem que encheu sua aljava com elas.
   Ele não será derrotado
   ao debater com seus inimigos no tribunal.

Sl 127: *Oração de espiritualidade sapiencial.* Ao entoar este salmo, os romeiros reafirmam sua confiança em Deus. Os projetos humanos são inúteis, quando Javé não está participando. O v. 2 lembra que o projeto de Deus é a partilha. O salmo conclui lembrando que os descendentes são a grande bênção de Deus. Assim, não se perderá a memória do projeto divino, transmitida de geração em geração.

SALMO 128 (127)
A bênção de Deus para a família

¹Cântico das romarias.

Felizes todos os que temem a Javé
   e andam em seus caminhos.
²Do suor dos trabalhos de sua mão você comerá,
   será feliz e tudo lhe irá bem.
³Sua esposa será como vinha fértil,
   na intimidade de sua casa,

Sl 128. *Oração de espiritualidade sapiencial.* O que buscam as pessoas que vão em romaria? A bênção para a vida familiar. Os que trilham o caminho de Javé terão vida longa e tranquila em suas casas, partilhando com os seus a alegria da bênção que receberão quando chegarem ao santuário.

e seus filhos como galhos de oliveira,
   ao redor de sua mesa.
⁴Assim será abençoado
   o homem que teme a Javé.
⁵Que Javé o abençoe desde Sião,
   e você possa ver o bem de Jerusalém,
   todos os dias de sua vida.
⁶E que você veja os filhos de seus filhos.
   Paz sobre Israel!

SALMO 129 (128)
A resistência do povo fiel

¹Cântico das romarias.

Muitos me afligiram desde a minha juventude,
   Israel que o diga!
²Muitos me afligiram desde a minha juventude,
   mas não foram capazes de me derrotar!

³Sobre minhas costas lavraram os lavradores,
   alongando seus sulcos.
⁴Javé, porém, é justo:
   ele cortou as correias dos ímpios.

⁵Voltem atrás, derrotados,
   todos os que odeiam Israel.
⁶Sejam como erva nos telhados,
   que seca antes mesmo da colheita,
⁷e que não enche a palma da mão do ceifador,
   nem a braçada de quem faz o feixe.
⁸E não digam os passantes:
   "A bênção de Javé esteja sobre vocês".

Nós abençoamos vocês em nome de Javé.

Sl 129: *Oração comunitária de confiança.* Lembrando-se das dificuldades da vida passada, os romeiros reafirmam sua confiança em Javé. Sua vida, aliás, sempre foi difícil, repleta de injustiças e opressões. A única certeza que leva os oprimidos a suportar e vencer o mal é a presença de Javé; sua justiça corta o mal pela raiz. Confiantes, os romeiros pedem que os ímpios sejam eliminados e não deixem rastros na história.

SALMO 130 (129)
Eu espero no Senhor

¹Cântico das romarias.

Do fundo do meu ser eu clamo a ti, Javé.
²Senhor, ouve a minha voz!
   Estejam teus ouvidos atentos à voz
      da minha súplica.
³Se levas em conta as iniquidades, ó Javé,
   Senhor, quem poderá manter-se?
⁴Pois em ti se encontra o perdão,
   e assim infundes respeito.

⁵Eu espero em Javé,
   minha vida espera, aguarda pela sua palavra.
⁶Minha vida espera pelo Senhor,
   como os sentinelas anseiam pela aurora.

Sl 130: *Oração pessoal de súplica.* Muitos em romaria viveram momentos difíceis por causa de doenças graves. Na época, a doença era associada ao pecado. Pedir a cura era o mesmo que pedir perdão dos pecados. Mergulhado nas trevas da noite, o enfermo pede que a luz da manhã lhe traga também a luz divina que tudo perdoa. Dessa forma, o fiel será curado e perdoado pela bondade de Deus.

⁷Israel, espere por Javé,
pois em Javé está a misericórdia,
nele a redenção sem limites.
⁸Ele redimirá Israel
de todas as suas culpas.

SALMO 131 (130)
A maturidade da fé

¹Cântico das romarias. De Davi.
Javé, meu coração não é arrogante,
nem soberbo é o meu olhar.
Não ando atrás de grandezas,
nem de coisas que estão além de minhas forças.
²Pelo contrário! Moderei e fiz calar meus desejos.
Como criança desmamada no colo de sua mãe,
como criança desmamada, assim está a minha alma.
³Israel, espere em Javé,
desde agora e para sempre!

Sl 131: *Oração pessoal de confiança.* Traduz maturidade espiritual. Viver o projeto de Deus exige opções claras, para dizer vigoroso "não" à soberba, à arrogância e a todos os desejos capazes de desviar do caminho de Deus. A maturidade exige espírito de confiança, como a criança sabe ter ao sentir-se satisfeita e protegida no colo de sua mãe.

SALMO 132 (131)
A presença de Deus no meio de nós

¹Cântico das romarias.
Javé, lembra-te de Davi
e de todas as suas aflições,
²do juramento que ele prestou a Javé,
da promessa que fez ao Poderoso de Jacó:

³"Não entrarei na tenda, na minha habitação,
nem deitarei na cama onde descanso.
⁴Não darei repouso aos meus olhos,
nem descanso às minhas pálpebras,
⁵antes que eu encontre um lugar para Javé,
uma habitação para o Poderoso de Jacó".

⁶Eis que nós ouvimos falar dela em Éfrata,
nós a encontramos nos Campos de Jaar.
⁷Entremos na habitação de Javé,
prostremo-nos diante do estrado de seus pés.

⁸Levanta-te, Javé, para o teu repouso,
tu e a arca de teu poder.
⁹Teus sacerdotes revistam-se de justiça,
e teus fiéis exultem de alegria.
¹⁰Por causa de Davi, teu servo,
não retires tua face diante de teu ungido.

¹¹Javé fez um juramento para Davi,
uma verdade que jamais será contradita:
"Será um fruto do teu ventre
que eu colocarei em seu trono.
¹²Se os seus filhos guardarem minha aliança
e estes meus testemunhos que lhes ensinei,
também os filhos deles, para sempre,
sentarão em seu trono".

Sl 132: *Oração de espiritualidade régia.* O que faz de Jerusalém a cidade santa é a presença de Deus no santuário e a dupla promessa de Davi a Javé (1-10) e de Javé a Davi (11-18). Chegando à cidade, os romeiros lembram tais promessas. Rezando por Davi, lembram esse grande líder popular que viveu a aliança entre Javé e o povo. Ao levar a arca para Jerusalém, Davi fez desta cidade a morada de Javé (cf. 2Sm 6). Por isso, ele e sua família receberam a promessa de reinar, desde que "guardassem a aliança" (12).

¹³Porque Javé escolheu Sião,
  escolheu-a para ser sua habitação.
¹⁴"Este será para sempre o meu lugar de repouso,
  aqui habitarei, porque eu a escolhi.
¹⁵Abençoarei com fartura os seus celeiros,
  e a seus pobres saciarei de pão.
¹⁶Vestirei seus sacerdotes de triunfo,
  e seus fiéis darão gritos de alegria.
¹⁷Aí farei germinar uma descendência para Davi,
  preparei uma lâmpada para o meu Messias.
¹⁸Vestirei seus inimigos de vergonha,
  mas sobre ele brilhará o seu diadema".

SALMO 133 (132)
A vida comunitária

¹*Cântico das romarias. De Davi.*

Vejam como é bom e agradável
  morar entre irmãos, viver todos unidos!
²É como o óleo perfumado
  que se derrama sobre a cabeça,
  que desce sobre a barba, a barba de Aarão,
  que desce sobre a gola de suas vestes.
³É como o orvalho do Hermon,
  que desce sobre as montanhas de Sião.
Pois é para onde Javé envia a bênção,
  a vida para sempre.

Sl 133: *Oração de espiritualidade sapiencial.* Os romeiros chegam a Jerusalém e acampam ao redor da cidade. O salmo celebra a união e fraternidade do povo reunido para a festa; exerce assim sua função sacerdotal, ao celebrar e proclamar a presença de Javé, cuja bênção traz vida para sempre.

SALMO 134 (133)
A bênção noturna

¹*Cântico das romarias.*

Vejam! Bendigam a Javé,
  servos todos de Javé,
vocês que permanecem na casa de Javé
  durante as noites!
²Elevem as mãos em direção ao lugar santo
  e bendigam a Javé!
³Javé o abençoe desde Sião,
  ele que fez os céus e a terra.

Sl 134: *Hino de bênção para o povo.* De noite, os romeiros se dirigem ao santuário e fazem breve celebração, dialogando com os sacerdotes. Votos de bênção se trocam entre os dois grupos.

SALMO 135 (134)
O Criador conduz a história

¹Aleluia! Louvem o nome de Javé,
  louvem, servos de Javé,
²vocês que estão a serviço da casa de Javé,
  nos átrios da casa de nosso Deus.

³Louvem a Javé, porque ele é bom.
  Façam músicas ao seu nome,
  porque é agradável.

Sl 135: *Hino de louvor ao Criador e Senhor da história.* Diante dos romeiros e da população, tem início a solene liturgia em Jerusalém. Os Salmos 135 e 136, construídos a partir de outros salmos, fazem parte do grande louvor. O hino começa exaltando o nome de Javé (1-2), cuja bondade se manifesta na criação (3-7) e na caminhada histórica do povo de Israel (8-18). Os ídolos são rejeitados (15-18) e o povo fiel renova a fé em Javé, o Deus de Sião e de Jerusalém (19-21).

⁴Pois foi para si que ele escolheu Jacó,
  Israel como sua propriedade.
⁵Sim, eu sei que Javé é grande,
  que nosso Deus supera todos os outros deuses.
⁶Javé faz tudo o que deseja, nos céus e na terra,
  nos mares e em todos os abismos.
⁷Ele faz subir nuvens da extremidade da terra,
  produz relâmpagos para que haja tempestade
  e retira o vento dos seus reservatórios.
⁸Ele feriu os primogênitos do Egito,
  desde os homens até os animais.
⁹Enviou sinais e prodígios em seu meio, ó Egito,
  contra o faraó e todos os seus servos.
¹⁰Ele feriu muitas nações,
  e exterminou reis poderosos:
¹¹Seon rei dos amorreus, Og rei de Basã,
  e todos os reinos de Canaã.
¹²Deu como herança a terra deles,
  como herança ao seu povo Israel.
¹³Javé, teu nome é para sempre!
  Javé, tua lembrança permanece
  de geração em geração.
¹⁴Javé faz justiça ao seu povo,
  e se compadece de seus servos.
¹⁵Os ídolos das nações são de prata e ouro,
  e foram feitos por mãos humanas:
¹⁶eles têm boca e não falam,
  têm olhos e não veem,
¹⁷têm ouvidos e não escutam,
  nem existe sopro em sua boca.
¹⁸Iguais a eles são aqueles que os fabricam,
  todos os que neles confiam.
¹⁹Casa de Israel, bendiga a Javé!
  Casa de Aarão, bendiga a Javé!
²⁰Casa de Levi, bendiga a Javé!
  Vocês que temem a Javé,
  bendigam a Javé!
²¹Javé seja bendito em Sião,
  ele que habita em Jerusalém. Aleluia!

SALMO 136 (135)
Eterno é o seu amor

¹Celebrem a Javé, porque ele é bom,
  porque eterno é o seu amor!
²Celebrem ao Deus dos deuses,
  porque eterno é o seu amor!
³Celebrem ao Senhor dos senhores,
  porque eterno é o seu amor!

Sl 136: *Hino de louvor ao amor infinito de Deus*. A liturgia prossegue neste hino de louvor em forma de diálogo. O solista canta cada verso, dando os motivos para louvar, e o povo responde sempre com o mesmo refrão: "porque eterno é o seu amor!" São vários esses motivos: o Deus Criador (4-9); o Deus Libertador (10-15); o Deus Doador da terra (16-22). E o hino termina rezando pela situação que o povo vive, pedindo pão e forças para todos.

⁴Só ele fez grandes maravilhas,
   porque eterno é o seu amor!
⁵Ele fez os céus com inteligência,
   porque eterno é o seu amor!
⁶Ele estabeleceu a terra sobre as águas,
   porque eterno é o seu amor!

⁷Ele fez os grandes luminares,
   porque eterno é o seu amor!
⁸O sol para governar o dia,
   porque eterno é o seu amor!
⁹A lua e as estrelas para governar a noite,
   porque eterno é o seu amor!

¹⁰Ele feriu o Egito em seus primogênitos,
   porque eterno é o seu amor!
¹¹Ele fez Israel sair do meio deles,
   porque eterno é o seu amor!
¹²Com mão forte e braço estendido,
   porque eterno é o seu amor!

¹³Ele dividiu o mar Vermelho em duas partes,
   porque eterno é o seu amor!
¹⁴Ele fez Israel atravessar por entre elas,
   porque eterno é o seu amor!
¹⁵Ele atirou no mar Vermelho o faraó
      e seu exército,
   porque eterno é o seu amor!

¹⁶Ele fez caminhar seu povo no deserto,
   porque eterno é o seu amor!
¹⁷Ele feriu reis poderosos,
   porque eterno é o seu amor!
¹⁸Ele matou reis famosos,
   porque eterno é o seu amor!
¹⁹Seon, rei dos amorreus,
   porque eterno é o seu amor!
²⁰Og, rei de Basã,
   porque eterno é o seu amor!

²¹Ele deu a terra deles como herança,
   porque eterno é o seu amor!
²²Como herança a seu servo Israel,
   porque eterno é o seu amor!

²³Ele se lembrou de nós
      em nossa humilhação,
   porque eterno é o seu amor!
²⁴Ele nos livrou de nossos opressores,
   porque eterno é o seu amor!

²⁵Ele dá alimento a todo ser vivo,
   porque eterno é o seu amor!
²⁶Celebrem ao Deus dos céus,
   porque eterno é o seu amor!

SALMO 137 (136)
Lamento dos exilados

¹À beira dos rios da Babilônia,
 aí nos sentamos e choramos,
 com saudades de Sião.
²Nos salgueiros que por aí havia
 penduramos nossas harpas.

³Lá, aqueles que nos deportaram pediam canções,
 nossos opressores queriam diversão:
 "Cantem para nós um canto de Sião".
⁴Como cantaremos um canto de Javé,
 em terra estrangeira?

⁵Se eu me esquecer de você, Jerusalém,
 que resseque a minha mão direita.
⁶Que minha língua se cole ao palato,
 se eu não me lembrar de você,
 se eu não elevar Jerusalém
 ao mais alto da minha alegria!

⁷Javé, lembra aos filhos de Edom
 o dia de Jerusalém, quando eles diziam:
 "Arrasem a cidade!
  Arrasem até os alicerces!"

⁸Ó devastadora capital da Babilônia,
 feliz quem retribuir a você
 o mesmo castigo com que fomos castigados.
⁹Feliz quem agarrar e fizer em pedaços
 seus nenês contra a rocha.

Sl 137: *Oração comunitária de súplica.* Lamento dos exilados na Babilônia. Longe de Jerusalém, choram, lembrando as liturgias em Sião. Como provocação e para se divertirem, os babilônios pedem cantos de alegria. Como cantar para um opressor cânticos que celebram o êxodo, a liberdade e a independência? O pedido dos opressores gera revolta e raiva nos exilados, porque lhes faz lembrar o dia em que Jerusalém caiu. Em lugar de canções alegres, os exilados entoam maldições para que a Babilônia não tenha futuro.

SALMO 138 (137)
Deus exalta os humildes

¹*De Davi.*

Eu te celebro com todo o coração.
 Diante dos deuses tocarei para ti.
²Eu me prostro em direção ao teu Templo santo
 e celebro o teu nome,
 por causa do teu amor e da tua verdade,
 pois exaltaste tua promessa
  muito acima de tua fama.
³No dia em que clamei, tu me respondeste
 e aumentaste o vigor da minha alma.

⁴Celebrem-te, ó Javé, todos os reis da terra,
 porque eles ouvem as palavras de tua boca.
⁵Eles cantarão os caminhos de Javé,
 pois é grande a glória de Javé!
⁶Sim, Javé é sublime, mas ele olha para o humilde,
 e conhece de longe o soberbo.

Sl 138: *Oração pessoal de ação de graças.* O fiel agradece a Deus as graças recebidas. Passando por dificuldades, o justo gritou e foi atendido. Feliz, agora convida todos, até os reis, para entoarem hinos de louvor. O justo reconhece que Deus é uma presença certa. Por isso, quem está com Javé nada temerá.

⁷Quando ando entre perigos, tu me proteges a vida.
Diante do ódio do inimigo, tu me estendes a mão,
e tua direita me salva.
⁸Javé fará tudo por mim.
Javé, o teu amor é para sempre!
Não abandones a obra de tuas mãos!

SALMO 139 (138)
Quem és tu e quem sou eu?

¹Do mestre de canto. De Davi. Salmo.

Javé, tu me sondas e me conheces.
²Tu conheces quando me sento e quando me levanto,
e discernes de longe meus pensamentos.
³Por dispersos que sejam meu caminhar
e meu descansar,
todos os meus caminhos te são familiares.

⁴Eis que a palavra mal chegou à minha língua,
e tu, Javé, já a conheces inteira.
⁵Tu me proteges por detrás e pela frente,
e colocas sobre mim a tua mão.
⁶É um conhecimento maravilhoso que me ultrapassa,
tão sublime que não posso alcançá-lo.

⁷Para onde irei, longe do teu espírito?
Para onde fugirei, longe de tua face?
⁸Se subo aos céus, tu aí estás.
Se me deito na mansão dos mortos, aí te encontras.
⁹Se me elevo com as asas da aurora
ou me instalo nos confins do mar,
¹⁰também aí tua mão me alcançará
e tua direita me sustentará.

¹¹Se eu disser: "Cubram-me as trevas,
e que a luz se transforme em noite diante de mim",
¹²mesmo as trevas não serão escuras diante de ti,
e a noite será clara como o dia.
¹³Sim! Tu formaste os meus rins,
e me teceste no ventre da minha mãe.
¹⁴Eu te celebrarei por incríveis maravilhas:
maravilhosas são as tuas obras!

Conheces profundamente a minha alma,
¹⁵e meus ossos não podem ficar escondidos diante de ti.
Quando lentamente eu era formado, em segredo,
modelado no interior da terra,
¹⁶teus olhos viam o meu embrião.
E tudo isso está escrito em teu livro:
os meus dias já estavam todos formados,
antes mesmo de chegar o primeiro.

¹⁷Para mim, como são difíceis, ó Deus, teus pensamentos!
Como é imensa a soma deles!

Sl 139: *Oração de espiritualidade sapiencial*. Esta meditação parte das descobertas feitas por alguém que passa por tribulações. O orante percebe que Javé o conhece melhor do que ele a si próprio. Não adianta fugir da onisciência de Javé: ele sabe tudo de todos! O justo sente que nada pode escapar a Javé, a presença total em sua vida. Compenetrado dessa manifestação misteriosa de Deus, o orante se volta para dentro de si mesmo e pergunta: O que é o ser humano diante de Deus, que não apenas o criou, mas lhe define a vida, os passos e o destino? A pessoa descobre então que todos somos aquilo que somos diante de Deus, e nada mais! O salmo conclui com o pedido de justiça e vingança contra os ímpios, e reafirma o desejo de perseverar no caminho de Deus.

¹⁸Contá-los... são mais numerosos que os grãos de areia!
E, quando desperto, ainda estou contigo!

¹⁹Ó meu Deus, se matasses o ímpio!
Se os assassinos se afastassem de mim!
²⁰Eles falam de ti com má intenção,
inutilmente se levantam contra ti!
²¹Acaso eu não odiaria, Javé, aqueles que te odeiam?
Eu não detestaria aqueles que se rebelam contra ti?
²²Eu os odeio com ódio sem limites!
São para mim como inimigos!

²³Sonda-me, ó Deus, e conhece meu coração!
Prova-me, e conhece minhas preocupações!
²⁴Vê se não ando por um caminho de desgraça,
e guia-me pelo caminho eterno.

SALMO 140 (139)
Deus é a força que nos salva

¹*Do mestre de canto. Salmo. De Davi.*

²Javé, livra-me do homem perverso,
defende-me do homem violento:
³eles planejam maldades no coração,
e todos os dias provocam contendas;
⁴afiam suas línguas como serpentes,
há um veneno de víbora debaixo de seus lábios.

⁵Javé, protege-me da mão do perverso,
defende-me do homem violento:
eles planejam lançar tropeços para meus pés;
⁶os soberbos escondem armadilhas contra mim,
criminosos estendem cordas e redes,
armando ciladas contra mim.

⁷Mas eu digo a Javé: "Tu és o meu Deus".
Javé, ouve a minha voz suplicante.
⁸Senhor Javé, meu forte salvador,
que proteges minha cabeça no dia da batalha!
⁹Javé, não deixes acontecer os desejos do perverso,
não favoreças o êxito de seus planos.

¹⁰Aqueles que estão ao redor deles não levantem a cabeça,
e o mal proferido por seus lábios se volte contra eles.
¹¹Chovam sobre eles brasas acesas,
caiam em covas e não tenham forças para se levantar!
¹²Que homens de língua caluniadora
não se firmem sobre a terra,
e homens violentos e perversos
sejam sitiados pela desgraça repentina!

¹³Eu sei que Javé faz justiça ao pobre
e defende o direito dos indigentes.
¹⁴Então, os justos celebrarão o teu nome,
e os retos habitarão em tua presença.

Sl 140: *Oração pessoal de súplica.* Lamento entoado por um inocente perseguido. A prece inicia descrevendo as ações violentas de ímpios contra justos. Cheio de confiança, o orante dirige a Javé um grito suplicante, pedindo justiça contra os que o acusam injustamente. A conclusão renova a certeza de que Javé fará justiça, defendendo o indigente. "Eu sei que Javé faz justiça ao pobre" (v. 13).

SALMO 141 (140)
Ouve a minha voz

¹Salmo. De Davi.

Javé, eu te chamo, vem depressa em meu socorro!
  Ouve a minha voz quando eu clamo a ti!
²Suba a minha oração como incenso em tua presença,
  minhas mãos elevadas como oferenda da tarde.

³Javé, coloca em minha boca uma guarda,
  protege a porta dos meus lábios.
⁴Não deixes meu coração inclinar-se
    para palavras mentirosas,
  para cometer danos junto a homens perversos,
    em atos de falsidade.
  Não tomarei parte em seus banquetes.

⁵Que o justo me repreenda,
    que o homem piedoso me acuse.
  Que o óleo do perverso jamais perfume
    a minha cabeça,
  pois minha oração se opõe às suas maldades.
⁶Seus chefes foram lançados rochedo abaixo,
  embora tenham ouvido minhas agradáveis palavras.
⁷Como estilhaços de pedra por terra,
  assim ficarão seus ossos espalhados
    na habitação dos mortos.

⁸Sim, para ti, Javé, elevo os olhos.
  Em ti me abrigo: não me deixes indefeso.
⁹Guarda-me das armadilhas preparadas contra mim,
  das ciladas armadas pelos malfeitores.
¹⁰Caiam em suas próprias redes os ímpios,
    todos juntos,
  enquanto eu escapo, em liberdade.

Sl 141: *Oração pessoal de súplica.* O justo pede forças para resistir ao desejo de ser igual aos ímpios. Como não cair em tentação, vendo a felicidade do arrogante e a prosperidade dos injustos? Por que Deus permite que os injustos tenham vida tão boa? E por que não ser igual a eles? Só mesmo a força de Deus é capaz de levar o justo a perseverar no caminho certo. "Em ti me abrigo: não me deixes indefeso" (v. 8).

SALMO 142 (141)
A perseverança do justo

¹Poema. De Davi. Quando estava na caverna. Oração.

²Com minha voz eu grito a Javé,
  com minha voz eu suplico a Javé.
³Derramo diante dele minhas preocupações,
  diante dele relato meus perigos,
⁴enquanto o meu espírito desfalece.

  Mas tu conheces meus caminhos.
  Neste caminho por onde ando,
    eles ocultaram armadilha contra mim.
⁵Examina à direita e vê:
    não há ninguém que me reconheça,
  lugar nenhum onde me refugiar,
    ninguém que se preocupe com minha alma.

Sl 142: *Oração pessoal de súplica.* O justo perseguido pede forças para resistir à cilada dos malvados. Quem persevera no caminho de Javé atrapalha os planos de malfeitores. Eles tentam eliminar aqueles cujo comportamento correto se torna verdadeira denúncia. Sentindo-se fraco diante da violência dos ímpios, o justo pede a Deus força e proteção.

⁶Eu grito a ti, Javé, e digo:
"Tu és o meu refúgio,
a minha parte na terra dos viventes".
⁷Presta atenção ao meu clamor,
porque estou por demais esgotado.
Liberta-me dos meus perseguidores,
que são mais fortes do que eu.
⁸Tira a minha vida da prisão,
para que eu possa celebrar o teu nome.
Ao meu redor se reunirão os justos,
por causa do bem que me fizeste.

SALMO 143 (142)
Prece dos humildes perseguidos

¹*Salmo. De Davi.*

Javé, ouve a minha oração!
Presta atenção às minhas súplicas!
Em tua fidelidade e em tua justiça,
responde-me!
²Não entres em julgamento contra teu servo,
pois diante de ti nenhum ser vivo
será declarado justo.

³Sim, o inimigo me persegue:
ele esmaga por terra a minha vida
e me faz habitar nas trevas,
como aqueles que estão mortos para sempre.
⁴Desfalece meu espírito em mim,
e meu coração se espanta em meu íntimo.

⁵Recordo-me dos dias passados:
medito todas as tuas ações
e fico refletindo sobre as obras de tuas mãos.
⁶Estendo as mãos para ti:
como terra seca,
minha alma tem sede de ti.

⁷Javé, responde-me depressa,
meu fôlego se extingue!
Não escondas de mim a tua face.
Que eu não seja como os que descem à cova.
⁸Faze-me ouvir pela manhã o teu amor,
pois confio em ti.
Faze-me conhecer o caminho a seguir,
pois a ti elevo a minha alma.

⁹Javé, livra-me dos meus inimigos,
pois em ti me refugio.
¹⁰Ensina-me a fazer a tua vontade,
pois tu és o meu Deus.
Teu bom espírito me guie
por terra plaina.

Sl 143: *Oração pessoal de súplica.* O justo perseguido pede misericórdia a Javé. Injustiçado e caluniado, recorre à justiça divina, já que a humana irá condená-lo. Angustiado, faz revisão da própria vida e pede que Deus continue a lhe dar forças. Sentindo-se já derrotado pelos inimigos, o fiel busca refúgio na bondade de Javé, o único que lhe pode garantir a vida, destruindo os adversários: "Javé, por tua justiça, tira-me da aflição" (v. 11).

¹¹Javé, por causa do teu nome, conserva-me a vida.
  Por tua justiça, tira-me da aflição.
¹²Por teu amor, emudece meus inimigos,
  e aniquila todos os agressores da minha vida,
  porque sou teu servo!

SALMO 144 (143)
A vitória provém de Deus

¹De Davi.

Javé, meu rochedo, seja bendito,
  ele que me adestra a mão para o combate
  e meus dedos para a guerra;
²minha força, minha fortaleza,
  minha cidadela, meu libertador,
meu escudo e meu abrigo,
  ele que submete a mim o meu povo.

³Javé, o que é o homem para que o conheças,
  o filho de um mortal,
    para que o leves em consideração?
⁴O homem é como um sopro,
  seus dias são como o passar de uma sombra.

⁵Javé, inclina os teus céus e desce,
  toca as montanhas para que fumeguem.
⁶Espalha os raios fumegantes,
  atira tuas flechas e dispersa-os.
⁷Estende a mão aí do alto e liberta-me;
  protege-me das águas torrenciais
  e das mãos dos estrangeiros,
⁸cuja boca só fala mentiras,
  e cuja mão direita é mão de fraudes.

⁹Ó Deus, cantarei para ti um canto novo,
  tocarei para ti na harpa de dez cordas.
¹⁰Tu que dás a vitória aos reis
  e proteges da espada perversa o teu servo Davi,
¹¹liberta-me, protege-me da mão dos estrangeiros,
  cuja boca só fala mentiras
  e cuja mão direita é mão de fraudes.

¹²Nossos filhos sejam como plantas,
  desenvolvidos desde a adolescência.
 Nossas filhas sejam quais colunas esculpidas
  da estrutura do Templo.
¹³Nossos celeiros estejam repletos,
  providos de bens de toda espécie.
 Nossos rebanhos se multipliquem
  aos milhares em nossos campos;
¹⁴nossos animais sejam fecundos;
  não haja acidentes nem fugas,
  nem pranto de dor em nossas praças.

¹⁵Feliz o povo quando isso acontece!
  Feliz o povo cujo Deus é Javé!

Sl 144: *Oração de espiritualidade régia.* Como defensor e guia do povo, o rei pede a Javé que o ajude no desempenho da missão, derrotando os inimigos. No hino da segunda parte (9-15) o rei agradece, ao ver o povo vivendo em paz, harmonia e prosperidade. Aliás, esse é o objetivo de todo bom governante.

SALMO 145 (144)
Sinais do Reino de Deus

¹*Louvor. De Davi.*

Eu te exalto, meu Deus e Rei,
  e bendigo teu nome para sempre e eternamente.
²Todos os dias eu te bendirei,
  louvarei teu nome para sempre e eternamente.
³Grande é Javé, muito digno de louvor.
  Sua grandeza é insondável.
⁴Uma geração narra para outra as tuas obras,
  anunciando as tuas façanhas.
⁵Tua fama é esplendor de glória:
  eu meditarei os relatos das tuas maravilhas.
⁶Divulgarão tuas terríveis proezas,
  e eu recontarei tuas grandezas.
⁷Difundirão a lembrança da tua imensa bondade,
  darão gritos de alegria em tua justiça.
⁸Javé é clemente e compassivo,
  lento na cólera e repleto de amor.
⁹Javé é bom para com todos,
  compassivo com todas as suas criaturas.
¹⁰Celebrem-te, Javé, todas as tuas obras,
  e teus fiéis te bendigam.
¹¹Que eles falem da glória do teu reino
  e narrem as tuas proezas,
¹²fazendo conhecer aos homens tuas façanhas,
  e a glória majestosa do teu reino.
¹³Teu reino é um reino para toda a eternidade,
  e teu governo se estende de geração em geração.
¹⁴Javé é o amparo para todos os que caíram,
  ele endireita todos os que foram encurvados.
¹⁵Os olhos de todos esperam em ti,
  e tu lhes dás a comida no tempo certo.
¹⁶Abres a mão
  e sacias o desejo de todo ser vivo.
¹⁷Javé é justo em todos os seus caminhos,
  é fiel em todas as suas obras.
¹⁸Javé está perto de todos aqueles que o invocam,
  de todos os que sinceramente o invocam.
¹⁹Ele realiza os desejos daqueles que o temem,
    ouve deles o grito por socorro,
      e lhes dá salvação.
²⁰Javé guarda todos aqueles que o amam,
  mas destrói todos os ímpios.
²¹Minha boca anuncie o louvor de Javé,
  e todo ser vivente bendirá seu santo nome
  para sempre e eternamente!

Sl 145: *Hino de louvor ao nome do Senhor.* A assembleia dos fiéis faz memória de todos os acontecimentos históricos, de geração em geração. Tudo acontece porque Deus ama seu povo e é fiel às promessas. O hino se encerra no convite a que "todo ser vivente" bendiga o santo nome do Senhor. As estrofes deste hino, tiradas de outros salmos, começam com as letras do alfabeto hebraico. Aqui tem início a celebração final do saltério, que se conclui com o louvor universal do Salmo 150.

SALMO 146 (145)
As bem-aventuranças do Reino

¹Aleluia! Louve a Javé, ó minha alma!
²Louvarei a Javé durante a vida toda.
  Farei músicas ao meu Deus enquanto eu existir.

³Não confiem nos poderosos,
  no homem que não pode salvar!
⁴Quando sai o seu espírito, ele volta ao pó,
  e no mesmo dia seus planos se acabam.

⁵Feliz aquele que tem como apoio o Deus de Jacó,
  quem espera em Javé seu Deus!
⁶Foi ele quem fez os céus e a terra,
  o mar e tudo o que nele existe;
  ele mantém sua fidelidade para sempre.

⁷Ele faz justiça aos que são oprimidos,
  ele dá pão aos famintos.
  Javé solta os prisioneiros.
⁸Javé abre os olhos dos cegos.
  Javé endireita os encurvados.
  Javé ama os justos.

⁹Javé protege os estrangeiros,
  ele ampara o órfão e a viúva,
  mas arrasa o caminho dos ímpios.
¹⁰Javé reina para sempre,
  o Deus de Sião, de geração em geração! Aleluia!

SI 146: *Hino de louvor ao Deus fiel.* Canta a fidelidade de Deus aos pobres. Fidelidade que se manifesta na criação e na justiça em favor dos oprimidos. Javé garante sua presença onde a vida humana se vê ameaçada. O Reino de Deus traz alegria para os pobres e é transtorno para os poderosos. Este salmo é um retrato falado do rosto de Deus, o que a prática libertadora de Jesus irá confirmar.

SALMO 147 (146-147)
É bom cantar ao nosso Deus

¹Aleluia! É bom tocar para o nosso Deus.
  É agradável um belo louvor.

²Javé reconstrói Jerusalém,
  reúne os dispersos de Israel.
³Ele cura os corações dilacerados
  e lhes pensa as feridas.
⁴Ele conta o número das estrelas
  e chama cada uma pelo nome.
⁵Grande é o nosso Deus e muito poderoso,
  sua destreza é incalculável.
⁶Javé sustenta os pobres,
  mas rebaixa os ímpios até o chão.

⁷Entoem ação de graças para Javé,
  toquem harpa para o nosso Deus.

⁸Ele cobre os céus com as nuvens,
  prepara a chuva para a terra.
  Ele faz brotar erva sobre as montanhas
  e plantas úteis para o trabalho do homem.

SI 147: *Hino de louvor ao Deus libertador.* Canta a alegria do povo ao retornar do exílio. Deus lhe restaura as forças, trazendo-o de volta à terra prometida. O hino revela o rosto do Deus criador, o libertador de Israel, o defensor dos pobres. Sob a proteção da providência divina, o povo pode habitar tranquilo em sua terra. Com este Salmo 147 termina o descompasso na enumeração dos salmos, entre o texto original hebraico e as demais traduções (veja nota no Salmo 10).

⁹Ele dá alimento ao gado
  e aos filhotes do corvo que grasnam.

¹⁰Ele não dá importância ao poder dos cavalos,
  nem estima os músculos do homem.
¹¹Javé aprecia aqueles que o temem
  e esperam em sua misericórdia.

¹²Glorifique a Javé, Jerusalém,
  louve o seu Deus, ó Sião.
¹³Porque ele reforçou as trancas de seus portões
  e abençoou a fecundidade de seus filhos.
¹⁴Ele estabeleceu a paz em suas fronteiras,
  saciou você com a flor do trigo.

¹⁵Ele envia suas ordens para a terra,
  e rapidamente sua palavra a percorre.
¹⁶Ele envia a neve como lã,
  e espalha a geada como pó.

¹⁷Ele lança o gelo em migalhas:
  diante da geada quem poderá resistir?
¹⁸Ele envia sua palavra e elas se dissolvem,
  faz soprar seu vento e se destilam como água.

¹⁹Ele proclama sua palavra a Jacó,
  seus preceitos e decretos a Israel.
²⁰Com nenhuma nação ele agiu assim,
  fazendo conhecer seus decretos. Aleluia!

SALMO 148
O louvor da criação

¹Aleluia! Louvem a Javé nos altos céus,
  louvem a Javé nas alturas!
²Louvem a Javé, seus anjos todos!
  Louvem a Javé, seus exércitos todos!

³Louvem a Javé, sol e lua,
  louvem a ele, astros luminosos todos!
⁴Louvem a Javé, céus dos céus,
  e águas todas que estão acima dos céus!

⁵Louvem o nome de Javé,
  pois ele ordenou e foram criados.
⁶Ele os estabeleceu para sempre e eternamente,
  deu-lhes uma lei que jamais passará.

⁷Louvem a Javé na terra,
  monstros marinhos e profundezas todas,
⁸raio e granizo, neve e nevoeiro,
  ciclones realizadores da sua palavra,
⁹montanhas e colinas todas,
  árvores frutíferas e todos os cedros,
¹⁰feras e animais domésticos,
  répteis e aves que voam,

Sl 148: *Hino de louvor universal.* Sete vezes se faz o convite a todas as criaturas a se unirem no louvor a Javé, o Senhor, o Deus do universo. Que todas lhe reconheçam a força e poder. Este salmo, até hoje, é a oração matutina do povo de Israel.

¹¹reis da terra e todos os povos,
   poderosos e juízes da terra,
¹²rapazes e donzelas,
   os idosos com as crianças!

¹³Louvem o nome de Javé,
   porque o seu nome é sublime!
   Sua majestade domina os céus e a terra!
¹⁴Ele eleva o vigor do seu povo,
   louvor de todos os seus fiéis,
   dos filhos de Israel, seu povo íntimo. Aleluia!

SALMO 149
O cântico novo

¹Aleluia! Cantem para Javé um cântico novo,
   seu louvor na assembleia dos fiéis!
²Alegre-se Israel com seu Criador,
   os filhos de Sião alegrem-se com seu Rei!

³Louvem seu nome com danças,
   toquem para ele com tambor e cítara.
⁴Porque Javé se agrada com seu povo
   e exalta os pobres com a salvação!

⁵Que os fiéis façam festa com glória,
   aclamem com alegria desde os seus leitos!
⁶Exaltem a Deus com toda a garganta,
   tendo nas mãos espadas de dois gumes,
⁷para fazer vingança contra os povos
   e executar a punição contra as nações,
⁸para aprisionar seus reis com algemas
   e pessoas influentes com grilhões de ferro.
⁹Executar neles a sentença prescrita
   é uma honra para todos os seus fiéis! Aleluia!

Sl 149: *Hino de louvor que celebra a vitória de Deus.* Neste cântico novo, a assembleia dos fiéis proclama o triunfo do Reino, no qual se realiza o amor de Deus pelo povo. O triunfo de Deus significa a definitiva queda de todos os poderes desumanos.

SALMO 150
Louvor universal

¹Aleluia! Louvem a Deus no seu templo,
   louvem a ele no seu poderoso firmamento!
²Louvem a ele por seus feitos poderosos,
   louvem a ele por sua grandeza imensa!
³Louvem a ele com o toque da trombeta,
   louvem a ele com cítara e harpa!
⁴Louvem a ele com pandeiro e dança,
   louvem a ele ao som de cordas e flauta!
⁵Louvem a ele com címbalos sonoros,
   louvem a ele com címbalos vibrantes!
⁶Todo ser que respira louve a Javé! Aleluia!

Sl 150: *Hino de louvor universal.* Glorificação que encerra não apenas o quinto livro (Sl 107-150), mas todo o saltério. A imensa grandeza do Senhor deve ser proclamada no "templo", lugar onde o povo se reúne, no "poderoso firmamento" que manifesta o poder criador de Deus, e "nos feitos poderosos" que mostram a sua ação libertadora na história. Os diversos instrumentos da orquestra acompanham a melodia de louvor. A unidade surge da mais ampla diversidade. Este é o convite final do saltério: "Todo ser que respira louve a Javé!" (v. 6).

PROVÉRBIOS

O DOM DE VIDA DA SABEDORIA

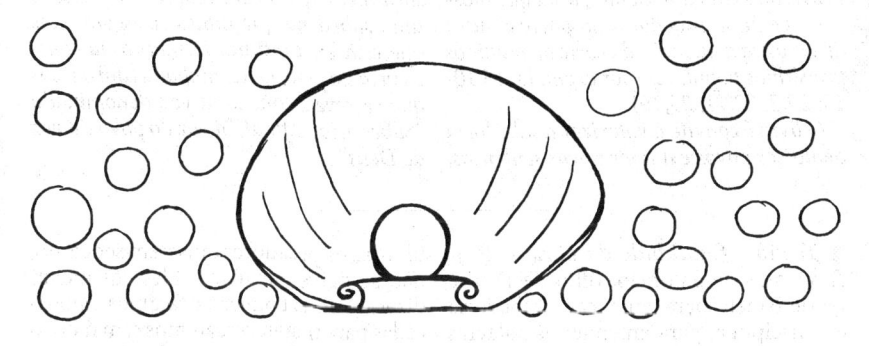

Introdução

O livro dos Provérbios reúne nove coleções de conselhos, instruções e ditados populares de épocas diversas. Cada coleção é fruto do trabalho dos sábios profissionais da corte, que recolhem a sabedoria do povo e a registram por escrito, para que seja ensinada às futuras gerações. A redação vai desde o tempo do rei Salomão (950 a.C.) até o período após o exílio (cerca de 400 a.C.). Identificamos o início das coleções maiores pelas apresentações em 1,1; 10,1; 22,17; 24,23; 25,1; 30,1; 31,1. A introdução geral (caps. 1-9), escrita por último, apresenta o rei Salomão como autor de toda a obra. Era um modo de homenagear o patrono da sabedoria em Israel, o rei com fama de sábio (1Rs 3-5), além de dar maior credibilidade à obra.

Quando o livro foi concluído, após o exílio, os judeus viviam um tempo de reavaliação da história, depois de terem sido dominados pelos grandes impérios babilônico, persa e grego. Buscavam razões para continuar acreditando no Deus que os havia escolhido e tirado da escravidão do Egito. Buscavam um sentido e ordem em meio à confusão e às derrotas. Este desejo de ordem o encontramos em Provérbios, que até no aspecto formal se preocupa em fazer coincidir o valor de alguns nomes com o número de provérbios. As consoantes do nome "Salomão", por exemplo, têm valor 375, que é o número de provérbios de uma linha encontrados em 10,1-22,16. As consoantes de "Ezequias" equivalem a 140, que é o número de linhas dos caps. 25-29. Os três nomes que aparecem em 1,1 (Salomão, Davi e Israel) têm valor 930, que é o número de linhas de todo o livro.

Nesse período após o exílio, os sábios profissionais ensinavam a sabedoria aos jovens nas escolas. Era o modo de manter viva na memória das futuras gerações a experiência de vida dos antepassados. No entanto, apesar de ensinada em escolas, a sabedoria aqui tem a ver com a experiência concreta de vida, não com teorias e abstrações. De fato, é na vida real, no encontro com pessoas, animais e coisas, com todo o criado, que o ser humano encontra a divinamente inspirada sabedoria da vida, ou seja, o sentido profundo da própria existência. Daí por que, nos provérbios, mais que conceitos que trazem teorias, encontramos coisas concretas e fatos que trazem lições de vida. É como se reuníssemos hoje os ditados populares, que trazem a sabedoria do povo e ensinam a bem viver consigo mesmo, com os outros e com Deus. E não é à toa que os primeiros escritores cristãos chamavam o livro dos Provérbios de "Sabedoria", tal como os livros do Eclesiástico e da Sabedoria.

Quando os sábios profissionais reúnem os ditos populares, estão a serviço de reis e governantes, que por sua vez têm os próprios interesses. É preciso portanto ler Provérbios com duas lentes, uma que mostra a genuína sabedoria do povo, e outra que mostra a intenção da corte ao reunir os provérbios populares (por exemplo, 16,10-15; 20,8; 22,11; 29,19).

O livro é convite a valorizar a sabedoria de nossos povos e a criar novas sentenças, conselhos e instruções. As técnicas utilizadas no livro podem ser um bom começo: com imagens concretas, usando números, contraposições, paralelos, sinônimos... Os provérbios não são frases de conteúdo fechado. São como alfinetadas que necessariamente provocam reações. Expressam uma sabedoria que nunca se esgota, mas que está em contínua formação na consciência do povo, na caminhada com o Deus que se revela com uma voz denominada "Sabedoria". Afinal, "a voz do povo é a voz de Deus"...

1

Título e finalidade da obra – ¹Provérbios de Salomão, filho de Davi e rei de Israel: ²para conhecer a sabedoria e a disciplina, para entender as palavras profundas, ³para receber disciplina e inteligência, justiça, direito e retidão, ⁴para ensinar a prudência aos ingênuos, dar conhecimento e astúcia aos mais jovens. ⁵Que o sábio escute, pois assim aumentará o seu saber, e o homem prudente adquirirá conselhos inteligentes ⁶para entender provérbios e parábolas, as palavras dos sábios e os seus enigmas. ⁷O temor de Javé é o princípio do saber, porém os tolos desprezam a sabedoria e a disciplina.

INTRODUÇÃO:
A VOZ DA SABEDORIA

A armadilha dos pecadores – ⁸Meu filho, escute a disciplina de seu pai, e não abandone o ensinamento de sua mãe, ⁹porque serão uma coroa formosa na sua cabeça e colares em torno do seu pescoço. ¹⁰Meu filho, se os pecadores quiserem seduzi-lo, não se deixe enganar. ¹¹Eles costumam dizer: "Venha conosco e faremos emboscadas para matar, cercaremos sem motivo o inocente; ¹²nós o engoliremos vivo, como faz a sepultura, inteiro como aqueles que descem à cova. ¹³Conseguiremos todos os bens preciosos e encheremos nossas casas com as coisas roubadas. ¹⁴Reparta sua sorte com o nosso grupo e faremos uma bolsa comum". ¹⁵Meu filho, não ande no caminho dessa gente, evite pôr seus pés nas trilhas deles,¹⁶porque os pés deles correm para o mal, e eles se apressam para derramar sangue. ¹⁷É inútil preparar a armadilha quando o pássaro estiver olhando. ¹⁸Suas ciladas são mortais para eles próprios, agem contra suas próprias vidas. ¹⁹Este é o caminho do ganancioso: a cobiça acaba com a vida do seu dono.

A Sabedoria repreende e convida – ²⁰A Sabedoria proclama pelas ruas e levanta a voz nas praças. ²¹Grita na entrada dos

---

1,1-7: O rei Salomão é apresentado como autor do livro, mas não foi ele quem o escreveu; trata-se de homenagem ao rei que instalou na corte de Israel uma escola de sabedoria, e que por isso é considerado seu patrono (cf. 1Rs 3-5). O livro propõe um caminho de sabedoria para alcançar vida plena, com princípios éticos de justiça, direito e retidão. Mas o "princípio" deste caminho é religioso e se traduz no temor de Javé, atitude básica de quem nunca se esquece de que Deus é o Criador e nós somos criaturas suas.

1,8-9,18: Estes capítulos servem de introdução ao livro. É a parte mais recente, escrita provavelmente depois do exílio na Babilônia. Contém basicamente instruções de um mestre-pai/mãe (1,8) para os jovens sobre como percorrer o caminho da sabedoria. A própria Sabedoria, primeira criação de Deus (8,22-31), comunica-se diretamente com as pessoas, apresentando a única oferta autêntica de vida. Nas dez instruções (1,8-19; 2,1-22; 3,1-12; 3,21-35; 4,1-9; 4,10-19; 4,20-27; 5,1-23; 6,20-35; 7,1-27), o ambiente familiar é fundamental para a educação e o aprendizado da sabedoria.

8-19: O sábio instrui não tanto como mestre, mas sobretudo como pai e mãe, alertando para o caminho injusto dos gananciosos: a violência e a morte em que eles se acham envolvidos voltam-se contra eles próprios, enquanto o conselho do sábio faz fugir como pássaro dessa armadilha mortal.

20-33: A sabedoria, voz da experiência, em tom profético repreende os ingênuos, zombadores e tolos. Seguir a voz da sabedoria é o mesmo que temer a Javé: reconhecê-lo como Criador e agir como criaturas dele dependentes (v. 7). Cada um colhe os frutos do que planta e deles se alimenta, para a vida ou para a morte. A Sabedoria volta a se apresentar personificada no cap.

portões da cidade e anuncia nas praças públicas: ²²"Até quando, ó ingênuos, vocês vão amar a ingenuidade? E vocês, zombadores, até quando terão prazer em zombarias? E vocês, tolos, até quando odiarão o conhecimento? ²³Voltem-se para ouvir minha advertência, pois eu vou derramar meu espírito sobre vocês, para lhes comunicar as minhas palavras. ²⁴Porque eu chamei, e vocês recusaram; estendi a mão, e vocês não prestaram atenção. ²⁵Vocês rejeitaram meus conselhos e não aceitaram minha advertência. ²⁶Por isso, eu também vou rir da desgraça de vocês. Vou zombar, quando o medo os dominar. ²⁷Quando sobre vocês o medo cair como tempestade, quando a desgraça chegar como furacão, e quando sobre vocês caírem angústia e aflição, ²⁸aí vão me chamar, mas eu não responderei. Vocês vão me procurar, mas não me encontrarão! ²⁹Porque vocês odiaram o conhecimento e não escolheram o temor de Javé. ³⁰Não aceitaram meu conselho e desprezaram todas as minhas advertências. ³¹Por isso, vocês comerão o fruto de sua própria conduta e serão saciados com seus próprios conselhos. ³²Sim, a revolta dos ingênuos vai levá-los à morte, e a despreocupação acabará com os tolos. ³³Mas aquele que me obedece viverá tranquilo. Estará seguro, e nenhum mal temerá".

2 *A sabedoria é dom de Deus* – ¹Meu filho, se você aceitar minhas palavras e conservar meus mandamentos, ²dando ouvidos à sabedoria e inclinando o coração ao entendimento; ³se você invocar a inteligência e chamar o entendimento; ⁴se você buscar a sabedoria como dinheiro e a explorar como tesouro escondido; ⁵então você entenderá o temor de Javé e alcançará o conhecimento de Deus.

⁶Pois é Javé quem dá a sabedoria; de sua boca vêm o conhecimento e o entendimento. ⁷Ele guarda a sensatez para os retos, é um escudo protetor para os que caminham na integridade. ⁸Ele protege as trilhas do direito e guarda o caminho de seus fiéis. ⁹Então você entenderá a justiça e o direito, a retidão e todos os caminhos do bem. ¹⁰Porque a sabedoria virá ao seu coração, e o conhecimento será agradável à sua vida. ¹¹A prudência protegerá você, e o entendimento o guardará, ¹²para livrá-lo do mau caminho e do homem que fala falsidades; ¹³dos que abandonam as trilhas da retidão para andar nos caminhos das trevas; ¹⁴dos que se alegram com a prática da maldade e se satisfazem com as falsidades do mau; ¹⁵suas trilhas são falsas, e desviados seus caminhos. ¹⁶A sabedoria livrará você da mulher estrangeira, da gentia que seduz com sua fala suave; ¹⁷que abandona o amigo de sua juventude e esquece a aliança do seu Deus. ¹⁸A casa dela se curva para a morte, e suas trilhas levam à mansão dos mortos. ¹⁹Os que aí entram não voltarão mais, nem alcançarão as trilhas da vida. ²⁰Por isso, você deverá andar no caminho dos bons e observar as trilhas dos justos, ²¹porque os retos habitarão a terra e os íntegros permanecerão nela. ²²Os injustos, porém, serão expulsos da terra, e os infiéis serão arrancados dela.

3 *Sabedoria é temer a Deus* – ¹Meu filho, não esqueça o meu ensinamento. Guarde no coração meus mandamentos, ²porque eles acrescentarão longos dias para você, muitos anos de vida e prosperidade. ³Que o amor e a fidelidade não o abandonem; amarre-os em volta do pescoço e escreva-os na tábua do coração. ⁴Assim você alcançará favor e entendimento diante de Deus e dos homens. ⁵Confie em Javé com todo o coração, e não se apoie em sua própria inteligência. ⁶Reconheça-o em todos os seus caminhos,

---

8 e em 9,1-6. É compreensível que os sábios apresentassem aos jovens aprendizes como uma bela mulher que conduz para a vida, e revestida com os mesmos atributos de Deus. A senhora Sabedoria, na verdade, é um modo de falar de Deus no feminino, rompendo as barreiras teológicas da sociedade patriarcal.

2,1-22: A sabedoria não é fruto de esforços humanos, mas dom divino. Daí o convite a temer a Deus, que protege os fiéis e os ajuda a discernir o bom caminho. Cabe ao ser humano a decisão de aceitar ou não esse dom. Com a sabedoria, vem também o dom da terra (compare 2,21-22 com Sl 37 e Mt 5,5). Sensatez é livrar-se tanto

do homem falso e mau quanto da mulher estrangeira (quase sempre adúltera nos caps. 1-9), que despreza a aliança com Deus. Enquanto a senhora Sabedoria oferece vida (1,33; 8,35; 9,6), o caminho da mulher estrangeira conduz à morte (2,18; 5,5.23; 7,22.5; 9,18).

3,1-12: Novo convite a temer a Deus, confiando nele mediante a prática da lei e dos preceitos (ensinamento e mandamentos, v. 1) deixados no Êxodo. A fidelidade ao Deus da aliança é o reconhecimento das próprias limitações humanas e que tornam alguém sábio para Deus. A prosperidade é a paz (vida digna e abundante) que Deus deseja para todos.

e ele aplainará suas trilhas. ⁷Não se considere sábio diante de si mesmo, tema a Javé e desvie-se do mal. ⁸Isso há de ser remédio para seu ventre e alívio para seus ossos. ⁹Honre a Javé com suas riquezas e com os primeiros frutos de todas as suas colheitas. ¹⁰Assim seus celeiros ficarão sempre cheios, seus tonéis repletos de vinho novo.

¹¹Meu filho, não despreze a disciplina de Javé, nem se canse de suas advertências; ¹²porque Javé corrige aqueles a quem ele ama, como o pai corrige o filho preferido.

Árvore da vida – ¹³Feliz é a pessoa que encontrou a sabedoria e alcançou o entendimento! ¹⁴Porque a sabedoria é mais valiosa do que a prata, e rende mais do que o ouro puro. ¹⁵Ela é mais preciosa do que as pérolas; nenhum objeto desejado a ela se compara. ¹⁶Na mão direita ela tem vida longa, e na mão esquerda, riqueza e honra. ¹⁷Seus caminhos são agradáveis e todas as suas direções levam à paz. ¹⁸Ela é árvore de vida para os que a adquirem; são felizes aqueles que a possuem. ¹⁹Javé alicerçou a terra com sabedoria, e com entendimento firmou o céu. ²⁰Com o saber que a sabedoria tem, foram abertos os abismos e as nuvens gotejam o orvalho.

Proteção de Deus – ²¹Meu filho, não perca de vista a inteligência e conserve o discernimento: ²²eles serão vida para você e enfeite para seu pescoço. ²³Você seguirá seu próprio caminho com tranquilidade, e seus pés não tropeçarão. ²⁴Quando se deitar, você não sentirá medo, e dormindo, seu sono será tranquilo. ²⁵Você não se assustará com o terror inesperado, nem com a desgraça que cai sobre os malvados. ²⁶Porque Javé será sua confiança e protegerá seu pé da armadilha.

Solidariedade, justiça e paz – ²⁷Não negue um favor a alguém necessitado, se você pode fazê-lo. ²⁸Não diga a seu próximo: "Vá embora e volte depois, que amanhã eu lhe darei", quando você já tem algo na mão. ²⁹Não planeje o mal contra seu vizinho, pois ele mora a seu lado e confia em você. ³⁰Não brigue com ninguém sem motivo, se a pessoa não lhe fez mal algum. ³¹Não tenha inveja do homem violento, e não escolha nenhum dos caminhos dele; ³²porque Javé abomina o perverso, mas é amigo dos justos. ³³Javé amaldiçoa a casa do malvado, mas abençoa a morada dos justos. ³⁴Ele zomba dos zombadores, mas favorece os humildes. ³⁵Os sábios terão a honra como herança, mas os tolos receberão a vergonha.

4 *O passado ensina* – ¹Filhos, obedeçam à disciplina de um pai, e fiquem atentos para conhecer a inteligência. ²Porque eu lhes dou uma boa doutrina; não abandonem meus ensinamentos. ³Pois eu também fui filho de meu pai, e cercado da ternura única de minha mãe. ⁴Ele também me instruiu dizendo: "Conserve no coração meus conselhos, observe meus mandamentos, e você viverá. ⁵Adquira a sabedoria, adquira a inteligência, e não se esqueça delas, nem se afaste de minhas palavras. ⁶Não abandone a sabedoria, e ela o guardará. Ame-a, e ela o protegerá. ⁷O princípio da sabedoria é este: adquira a sabedoria! Use tudo o que você possui para adquirir a inteligência. ⁸Honre a sabedoria, e ela o exaltará. Abrace-a, e ela o honrará. ⁹Ela colocará em sua cabeça um belo diadema, e o cingirá com uma coroa brilhante".

O melhor caminho – ¹⁰Escute, meu filho, e receba meus conselhos, pois eles multiplicarão os anos de sua vida. ¹¹Estou lhe mostrando o caminho da sabedoria e guiando você pelos caminhos da retidão. ¹²Ao caminhar, seus passos não terão dificuldades, e ao correr você não tropeçará.

13-20: Com uma bem-aventurança se faz o elogio da sabedoria. Ela é mais valiosa que todos os bens (enumeram-se sete, nos vv. 14-16); é árvore que produz vida longa e paz. Para "árvore de vida", cf. Eclo 24,12-17; Gn 3,1-13; Ez 47,12; Ap 2,7; 22,2.

21-26: Caminhar com sabedoria é andar com Deus. Daí vêm a tranquilidade e a segurança verdadeiras, que só Deus pode dar. Cf. Sl 4,9; 139,3.

27-35: O texto mostra o esforço dos mestres de sabedoria em Israel, nos tempos da reconstrução, para unir a sabedoria com a fé em Javé. Esta fé empenha o sábio na construção de uma sociedade solidária e fraterna, de partilha, justiça e paz. Ainda que os perversos e violentos pareçam prosperar, não devem ser invejados, pois Deus está com os justos.

4,1-9: O princípio da sabedoria consiste em adquirir sabedoria. Sabedoria não se compra, mas se adquire, recordando o passado para agir melhor no presente. Daí a importância de conhecer, valorizar e atualizar as lições dos antepassados. Cf. Jó 8,8-10; Sl 78,3-7.

10-27: Convite a afastar-se do caminho tenebroso dos injustos e a seguir o caminho luminoso da sabedoria. Caminhos bons e maus podem até se encontrar (v. 15), mas o sábio cresce discernindo o que é melhor. A sabe-

¹³Agarre-se à disciplina, e não a largue; proteja a disciplina, pois ela é sua vida. ¹⁴Não ande na companhia dos injustos, nem siga pelo caminho dos maus. ¹⁵Evite esse caminho, e não o atravesse. Afaste-se dele, e siga em frente. ¹⁶Pois os injustos não dormem sem ter feito o mal; perdem o sono, enquanto não fazem alguém tropeçar. ¹⁷Eles comem o pão da maldade e bebem o vinho da violência. ¹⁸Mas o caminho dos justos brilha como a aurora, e sua luz vai ficando mais forte até o nascer do dia. ¹⁹O caminho dos ímpios é escuro. Eles não sabem no que irão tropeçar.

²⁰Meu filho, esteja atento às minhas palavras e dê ouvidos às minhas sentenças. ²¹Não deixe que elas se afastem de seus olhos; guarde-as bem dentro do coração. ²²Pois são vida para quem as encontra e remédio para todo o seu corpo. ²³Guarde seu coração acima de tudo, porque dele brota a vida. ²⁴Afaste-se da boca enganosa e fique longe dos lábios perversos. ²⁵Que seus olhos olhem adiante, e que seu olhar se dirija à sua frente. ²⁶Cuide bem do lugar onde você coloca os pés, para que todos os seus caminhos sejam firmes. ²⁷Não se desvie nem para a direita nem para a esquerda, e afaste seus passos do mal.

5 *Sedução que leva à morte* – ¹Meu filho, fique atento à minha sabedoria, dê ouvidos ao meu entendimento. ²Assim você conservará o discernimento, e seus lábios guardarão o conhecimento.

³Porque dos lábios da estrangeira escorre o mel e seu paladar é mais suave que o azeite. ⁴Mas, no final, ela é amarga como fel e afiada como espada de dois gumes. ⁵Os pés dela levam para a morte, e seus passos conduzem para o túmulo. ⁶Ela não segue o caminho da vida, e sem saber se desvia de suas trilhas.

⁷Portanto, meus filhos, me escutem, e não se afastem das minhas palavras. ⁸Afaste-se do caminho da estrangeira, e não se aproxime da porta da casa dela. ⁹Não dê sua glória a estranhos, nem seus anos a gente cruel, ¹⁰para que não sejam saciados com seu vigor os estranhos, nem com seus suores a casa do estrangeiro. ¹¹Você vai lamentar-se quando chegar seu fim, quando se consumir a carne de seu corpo. ¹²Então você dirá: "Por que odiei a disciplina, e meu coração recusou a advertência? ¹³Não obedeci à voz de meus mestres, nem inclinei os ouvidos para ouvir meus educadores. ¹⁴Por pouco não cheguei ao cúmulo da desgraça, no meio da assembleia e da comunidade".

Esposa que mata a sede – ¹⁵Beba a água de sua própria cisterna, a água que jorra do seu poço. ¹⁶Não derrame pelas ruas a água de suas nascentes, nem pelas praças a água dos seus riachos. ¹⁷Que elas sejam somente para você, e não para os estrangeiros que estão com você. ¹⁸Seja bendita sua fonte, alegre-se com a esposa de sua juventude: ¹⁹ela é uma gazela amada, uma mulher formosa; que seus seios o embriaguem sempre, e o amor dela o encante continuamente.

²⁰Meu filho, por que se entregar a uma estranha e abraçar o peito de uma estrangeira? ²¹Pois os olhos de Javé observam os caminhos do homem e vigiam todas as suas trilhas. ²²O malvado é prisioneiro de suas próprias faltas, e é apanhado pelos laços de seu pecado; ²³ele morrerá por falta de disciplina, e perecerá por causa de sua grande estupidez.

6 *Prudência* – ¹Meu filho, se você foi fiador de seu próximo e apertou as mãos de um estrangeiro num acordo; ²se você se comprometeu com a palavra e ficou preso por ela, ³faça o seguinte para se livrar, meu

---

doria de andar pelo caminho da vida envolve a pessoa toda em todas as ações (vv. 20-27). Jesus se apresenta como o caminho de fidelidade que leva à vida (Jo 14,6).

5,1-14: Instrução para o jovem não se deixar seduzir por mulher estrangeira. Os vv. 7-10 fazem pensar numa organização estrangeira que explora a prostituição. No pós-exílio, era fundamental manter viva a identidade do povo, evitando casamento com estrangeiras, pois estas, com seus costumes, levavam a práticas idolátricas (cf. Dt 7,1-6). Os costumes estrangeiros seduzem, mas a experiência de Israel mostra que tais costumes levam à dependência e à morte.

15-23: Somente o abraço amoroso da própria esposa pode matar a sede do homem. Simbolicamente, o "beber da própria cisterna" de um casamento fiel é não se deixar prostituir com práticas estrangeiras de nações e impérios que seduzem e exploram. É preciso então rever este provérbio: "O que é do outro é sempre melhor"... Cf. Ct 2,16; 6,3.9.

6,1-19: Quatro instruções para uma vida sábia interrompem o discurso, que será retomado em 6,20.

1-5: Os acordos de empréstimo eram feitos com aperto de mão, valendo a palavra dada. O conselho à prudência ao se tornar fiador vem da época em que os

filho, já que você caiu nas mãos de seu próximo: vá, insista e incomode seu próximo. ⁴Não se deixe dominar pelo sono, nem dê descanso a seus olhos. ⁵Livre-se, como a gazela das mãos do caçador e como o passarinho da armadilha.

Responsabilidade – ⁶Ande, preguiçoso, olhe a formiga, observe os hábitos dela, e se torne sábio. ⁷Ela não tem chefe nem guia nem governante. ⁸Apesar disso, no verão ela prepara seu alimento e reúne sua comida durante a colheita. ⁹Até quando você vai continuar dormindo, preguiçoso? Quando é que vai se levantar da cama? ¹⁰Um pouco você dorme, outro pouco cochila; e mais um pouco ainda, cruza os braços para descansar. ¹¹Então cairá sobre você a pobreza do vagabundo, e a indigência como homem armado o atacará.

Maldade traz desgraça – ¹²Um homem de Belial, pessoa maldosa, emprega palavras enganadoras, ¹³pisca o olho, balança os pés e faz sinal com os dedos. ¹⁴A falsidade está em seu coração, planeja sempre a maldade e semeia discórdias. ¹⁵Mas sobre ele a desgraça cairá de repente, e subitamente o quebrará sem remédio.

Coisas que Deus detesta – ¹⁶Javé detesta seis coisas, e a sétima ele abomina: ¹⁷olhos orgulhosos, língua mentirosa, mãos que derramam sangue inocente, ¹⁸coração que maquina planos malvados, pés que correm para o mal, ¹⁹testemunha falsa que profere mentiras, e aquele que semeia discórdia entre irmãos.

Adultério é fogo que destrói – ²⁰Meu filho, guarde os mandamentos de seu pai e não abandone os ensinamentos de sua mãe. ²¹Conserve-os sempre atados ao coração, amarre-os no pescoço. ²²Assim, quando você caminhar, eles o guiarão; quando você descansar, eles o guardarão; e quando despertar, eles falarão com você. ²³Porque o mandamento é uma lâmpada, a instrução é uma luz, e a advertência que disciplina é caminho de vida. ²⁴Eles protegerão você da mulher má e da língua suave da estrangeira. ²⁵Não cobice no coração a beleza dela, nem se deixe prender por seus olhares. ²⁶Pois uma prostituta se satisfaz com um pedaço de pão, mas a mulher casada vai à caça de uma vida preciosa.

²⁷Pode alguém carregar fogo no peito sem queimar a roupa? ²⁸Pode alguém caminhar por cima de brasas e não queimar os pés? ²⁹Assim acontece com aquele que procura a mulher do próximo: quem nela toca não ficará sem punição. ³⁰O ladrão não fica difamado quando rouba para matar a fome; ³¹mas, se for apanhado, deverá pagar sete vezes mais e entregar todos os bens de sua casa. ³²Quem comete adultério com uma mulher não tem juízo: quem age assim, arruína a própria vida. ³³Receberá golpes e passará vergonha, e sua infâmia não desaparecerá. ³⁴Pois o ciúme provocará a raiva do marido, que não terá piedade no dia da vingança; ³⁵não aceitará compensações, e recusará qualquer indenização, ainda que você ofereça presentes.

7 *A sedução da estrangeira* – ¹Meu filho, observe minhas palavras e guarde com você meus mandamentos. ²Observe meus mandamentos, e você viverá. Que meu ensinamento seja a pupila de seus olhos. ³Amarre-o em seus dedos e escreva-o na tábua de seu coração. ⁴Diga à sabedoria: "Você é minha irmã". Trate a inteligência como amiga, ⁵para que ela o proteja da mulher estrangeira, e da estranha que atrai com palavras.

---

israelitas começam a sentir o perigo de cair em mãos de estrangeiros e ser explorados por eles.

6-11: O sábio tira lições também do comportamento dos animais (cf. Jó 12,7-9). Com a formiga, que trabalha para o próprio bem (que é o bem do grupo), aprende-se o valor da responsabilidade. Quando se trabalha por convicção, com responsabilidade, dispensam-se ordens e chefes. A pobreza é fruto de injustiças sociais e também da negligência e irresponsabilidade pessoal.

12-15: A falsidade do malvado não dura para sempre, e seu fim é a desgraça. Os gestos descrevem, na cultura do povo da Bíblia, a intenção de fazer o mal (cf. Eclo 27,22).

16-19: Pinta-se o quadro do malvado, com coisas e ações que Deus detesta. A fórmula proverbial utilizada (x + 1, aqui 6 + 1) era comum nos meios sapienciais para provérbios numéricos, chamando a atenção para o último elemento (cf. Pr 30; Eclo 25-26).

20-35: Advertência contra o adultério, que é pior do que a prostituição. Enquanto a prostituta se limita ao pagamento, a adúltera destrói a vida do homem, sua família e sua honra. Enquanto o amor da esposa é água que dá vida (5,15-19), o amor adúltero é fogo que destrói (vv. 24-29, num jogo de palavras entre homem/mulher/fogo, em hebraico 'ish/'éshet/'esh).

7,1-27: Instrução para não se entregar a mulher estrangeira e casada, que seduz e leva à destruição. No

⁶De fato, eu olhava através das grades da janela de minha casa. ⁷Vi jovens ingênuos e notei que um entre eles não tinha juízo. ⁸Passava pela rua do mercado, perto da esquina, e se dirigia à casa dela, ⁹ao entardecer, no meio da noite ou na escuridão. ¹⁰E eis que uma mulher foi ao encontro dele, vestida como prostituta e com malícia no coração. ¹¹Era barulhenta e rebelde, e seus pés não paravam em casa: ¹²ora estava na rua, ora nas praças, em toda esquina, pronta para a emboscada. ¹³Então ela o agarrou e o beijou, e depois lhe disse descaradamente: ¹⁴"Preparei um sacrifício de agradecimento, pois hoje estou cumprindo uma promessa. ¹⁵Por isso eu saí para encontrar você, ansiosa para ver sua face, e finalmente o encontrei! ¹⁶Cobri minha cama com colchas, com tecidos coloridos e fios de linho do Egito. ¹⁷Já perfumei meu quarto com mirra, aloés e cinamomo. ¹⁸Venha, vamos nos entregar às carícias até o amanhecer, e juntos deleitar-nos em amores, ¹⁹pois meu marido saiu para uma longa viagem e não está em casa. ²⁰Ele levou consigo a bolsa com dinheiro, e não voltará até a lua cheia". ²¹Ela o apanhou com toda essa fala, e o seduziu com lábios enganadores. ²²No mesmo instante ele a seguiu, como boi levado ao matadouro, como alguém preso ao castigo do tolo, ²³até que uma flecha lhe penetre no lado. Foi como o pássaro que voa para a arapuca, sem saber que sua vida está em risco.

²⁴Agora, filhos, me escutem, prestem atenção às palavras de minha boca. ²⁵Não deixe que seu coração se extravie pelos caminhos dela, nem se perca por suas trilhas. ²⁶Pois foram numerosos os feridos que ela fez cair, e os mais fortes que ela matou. ²⁷A casa dela é o caminho para o túmulo, uma descida para as mansões da morte.

8 *A voz da sabedoria* –

¹A Sabedoria não está chamando? O Entendimento não levanta sua voz? ²Nos lugares altos, ao longo do caminho, nas encruzilhadas das estradas, ³junto às portas na entrada da cidade, diante dos portões, ela proclama: ⁴"Homens, eu me dirijo a vocês e minha voz se dirige aos filhos de humanos, ⁵para que os ingênuos aprendam a sagacidade, e os tolos tenham coração inteligente. ⁶Escutem bem, porque vou dizer coisas importantes, vou abrir meus lábios com palavras de retidão. ⁷Pois o céu da minha boca proclama a verdade, e meus lábios abominam a maldade. ⁸Todas as palavras de minha boca são justas. Nenhuma delas é falsa ou perversa. ⁹São todas verdadeiras para quem sabe discernir, e retas para quem encontra o conhecimento. ¹⁰Acolham minha disciplina, e não o dinheiro; prefiram o conhecimento, e não o ouro puro, ¹¹porque a Sabedoria vale mais do que as pérolas, e nenhuma joia desejada a ela se compara".

Da sabedoria vem a justiça – ¹²Eu, a Sabedoria, moro com a sagacidade, tenho o conhecimento e o discernimento. ¹³O temor a Javé é odiar o mal. Eu odeio o orgulho e a arrogância, o mau comportamento e a boca falsa. ¹⁴O conselho e o bom senso me pertencem; tenho a inteligência e a fortaleza. ¹⁵É através de mim que os reis governam e os príncipes decretam leis justas. ¹⁶É através de mim que os governantes governam e os nobres fazem decretos justos. ¹⁷Eu amo os que me amam, e os que madrugam à minha procura logo me encontrarão. ¹⁸Comigo estão a riqueza e a honra, a fortuna abundante e a justiça. ¹⁹Meu fruto vale mais do que o ouro, do que o ouro mais puro, e meus produtos valem mais do que prata selecionada. ²⁰Eu ando no caminho da justiça e nas vias do direito, ²¹para

---

âmbito social, esta sedução se dava quando a comunidade israelita aceitava a mentalidade e os costumes gregos. A estrangeira adúltera simboliza portanto toda ação imperialista que seduz, promete vida boa e fácil, mas acaba por arruinar a vida das pessoas. A ironia é que o jovem, convidado a participar do banquete do sacrifício (v. 14), acaba se transformando em vítima.

8,1-11: A sabedoria anuncia profeticamente sua mensagem, fazendo ressoar a voz de Deus na experiência do povo, em meio às atividades do cotidiano, nos caminhos, encruzilhadas, portas e praças. Ter "coração inteligente" é resultado de um saber entre verdade/retidão e falsidade/maldade. Como seriam as relações, se a busca da sabedoria estivesse sempre acima da corrida ao dinheiro? Cf. Jó 28; Sl 19,8-11.

12-21: Conseguem governar com justiça somente as lideranças que agem com sabedoria. Esta é que concede as qualidades atribuídas por Is 11,1-9 ao Rei-Messias. Quanto à prosperidade material, só é legítima quando consequência da busca da sabedoria.

conceder riqueza aos que me amam e encher seus tesouros.

A sabedoria criadora – 22Javé me adquiriu como origem do seu caminho, o começo das suas obras mais antigas. 23Fui estabelecida desde a eternidade, desde o princípio, antes que a terra começasse a existir. 24Fui gerada quando as profundezas ainda não existiam, e antes que existissem as nascentes das águas. 25Fui gerada antes que as montanhas e colinas fossem implantadas, 26quando ele ainda não tinha feito a terra e os campos, nem as primeiras partículas que formaram o mundo. 27Eu estava lá quando ele fixava o céu e traçava um círculo sobre as faces do abismo. 28Eu já estava presente quando ele formava as nuvens do alto e quando as fontes do abismo mostravam sua força; 29quando impôs suas leis para o mar, para que as águas não ultrapassassem seus limites; e também quando assentava os fundamentos da terra. 30Eu estava junto dele, como mestre de obras. Eu era sua alegria todos os dias, e brincava o tempo todo em sua presença. 31Eu brincava com o mundo, sua terra, e me deliciava com a humanidade.

32Agora, meus filhos, me escutem: felizes aqueles que seguem meus caminhos. 33Obedeçam à disciplina, e vocês se tornarão sábios. Não a desprezem. 34Feliz o homem que me obedece, que persiste todos os dias em minha porta, à espera, na entrada de minha casa. 35Pois quem me encontra, encontra a vida, e goza do favor de Javé. 36Quem peca contra mim, arruína a si mesmo. Todos os que me odeiam, amam a morte.

9 ***A escolha fundamental*** – 1A Sabedoria construiu sua casa, talhando suas sete colunas. 2Abateu seus animais, misturou seu vinho e preparou a mesa. 3Enviou suas criadas para anunciar nos lugares mais altos da cidade: 4"Quem for ingênuo venha até aqui. Quero falar a quem não tem juízo. 5Venham comer do meu pão e beber do vinho que misturei. 6Deixem de ser ingênuos, e vocês viverão; sigam o caminho da inteligência".

7Quem corrige o zombador, atrai a vergonha; e quem repreende o malvado, atrai sua imperfeição. 8Não repreenda o zombador, porque ele odiará você. Repreenda o sábio, que ele o amará. 9Dê instrução ao sábio, e ele se tornará mais sábio ainda. Ensine o justo, e ele aprenderá ainda mais. 10O princípio da sabedoria é o temor de Javé, e o conhecimento do Santo é inteligência. 11Através de mim, seus dias serão multiplicados, e prolongados os anos de sua vida. 12Se você for sábio, o será para seu próprio benefício; mas, se for zombador, a responsabilidade será apenas sua.

13A senhora Insensatez é irritadiça; é ingênua e não sabe nada. 14Fica sentada na porta de sua casa, numa cadeira que se eleva no alto da cidade. 15Daí, ela chama os que passam e os que estão seguindo pelo caminho reto: 16"Quem for ingênuo venha até aqui. Quero falar a quem não tem juízo. 17A água roubada é mais doce, e o pão comido às escondidas tem mais sabor". 18Eles, porém, não sabem que os mortos aí estão, e que os convidados vão para as profundezas do túmulo.

I. PRIMEIRA COLEÇÃO DE PROVÉRBIOS DE SALOMÃO

10 ***Sabedoria e insensatez, justiça e injustiça*** – 1Provérbios de Salomão. O filho sábio alegra o pai, o filho tolo entristece a mãe.

22-36: A sabedoria se apresenta como a primeira criatura de Deus. Ela, como mestre de obras, o ajudou a criar o mundo, dando alegria ao próprio Criador e às criaturas. A sabedoria é o sentido e o dinamismo de vida com que Deus marcou as criaturas. O Novo Testamento vê em Jesus a Sabedoria de Deus, e o evangelho de João o apresenta como Palavra encarnada (cf. Jo 1,1-18).

9,1-18: Ao final da primeira parte do livro, diante de dois convites opostos, da Sabedoria (vv. 1-6) e da Insensatez (vv. 13-18), os jovens devem fazer a escolha fundamental. A Sabedoria, trabalhadora, constrói a casa e oferece verdadeiro banquete de carne e vinho. A Insensatez, vagabunda, quer imitar o convite da Sabedoria, mas só sabe seduzir, oferecendo às escondidas o que é roubado. Somente no banquete da Sabedoria se pode encontrar a vida, pois nele está a própria experiência de vida do povo. Os vv. 7-12 são conselhos para viver bem a opção fundamental pela Sabedoria, opção baseada no temor de Javé.

10,1-22,16: Esta parte do livro foi talvez elaborada no tempo do rei Josias (cerca de 620 a.C.; cf. 2Rs 22-23), reunindo provérbios de diversas épocas e ambientes, sobre vários assuntos, a respeito da sabedoria e do modo justo de proceder. São apresentados como "provérbios de Salomão", o patrono dos sábios em Israel. Era tempo de transição: o império assírio

²Tesouros injustos não trazem proveito, mas a justiça livra da morte.

³Javé não deixa o justo passar fome, mas reprime a ambição dos ímpios.

⁴A mão preguiçosa causa a pobreza, mas o braço trabalhador enriquece.

⁵Quem armazena no outono é filho prudente; quem dorme na colheita é filho da vergonha.

⁶As bênçãos descem sobre a cabeça do justo, mas a boca dos ímpios esconde a violência.

⁷A memória do justo é bendita, mas o nome dos ímpios apodrece.

⁸O sábio de coração aceita os mandamentos, mas o estúpido é punido por seus lábios.

⁹Quem caminha na integridade caminha com segurança; quem segue caminho tortuoso acaba descoberto.

¹⁰Quem pisca o olho para fingir, causa tristeza; o estúpido é punido por seus próprios lábios.

¹¹A boca do justo é uma fonte de vida, mas a dos ímpios esconde a violência.

¹²O ódio provoca brigas, mas o amor encobre todas as ofensas.

¹³A sabedoria pode ser encontrada nos lábios do sábio; a vara é para as costas do insensato.

¹⁴Os sábios entesouram o conhecimento, mas a boca do tolo é um perigo iminente.

¹⁵A fortuna do rico é sua proteção, mas a ruína dos pobres é sua miséria.

¹⁶O salário do justo conduz para a vida, mas o ganho do ímpio leva ao pecado.

¹⁷Quem observa a disciplina caminha para a vida; mas quem despreza a correção se extravia.

¹⁸Quem disfarça seu ódio tem lábios mentirosos; quem espalha a calúnia é insensato.

¹⁹Não falta pecado em quem fala demais; é prudente quem põe freio na própria boca.

²⁰A boca do justo é prata selecionada; o coração dos ímpios não vale nada.

²¹Os lábios do justo alimentam muita gente, mas os tolos morrem por falta de juízo.

²²É a bênção de Javé que faz prosperar; a nossa aflição nada lhe acrescenta.

²³O insensato se diverte praticando o mal; o homem inteligente cultiva a sabedoria.

²⁴Ao ímpio acontece o que ele teme; aos justos porém será dado o que eles desejam.

²⁵Quando vem a tempestade, o ímpio desaparece; mas o justo permanece sempre firme.

²⁶Como vinagre nos dentes e fumaça nos olhos, assim é o preguiçoso para quem o envia.

²⁷O temor de Javé prolonga os dias, mas os anos dos ímpios serão abreviados.

²⁸A expectativa dos justos é alegria, mas a esperança dos ímpios acaba em fracasso.

²⁹O caminho de Javé é refúgio para o íntegro, mas é ruína para os malfeitores.

³⁰O justo nunca vacilará, mas os ímpios não habitarão a terra.

³¹A boca do justo faz crescer a sabedoria, mas a língua perversa será cortada.

³²Os lábios do justo sabem agradar, mas a boca dos ímpios é perversa.

11 ¹Javé abomina as balanças que enganam e aprecia o peso justo.

²Depois do orgulho virá a desonra, mas a sabedoria está com os humildes.

³A integridade guia as pessoas retas, mas a mentira destrói os traidores.

⁴A riqueza é inútil no dia da ira, mas a justiça livra da morte.

⁵A justiça aplaina o caminho dos íntegros, mas o ímpio cai por sua maldade.

⁶A justiça dos retos os salva, mas os traidores são presos em sua própria cobiça.

⁷Quando o ímpio morre, acaba sua esperança, e a expectativa nas riquezas se acaba também.

---

havia caído e estava surgindo o império babilônico. Os provérbios querem animar o povo de Israel, que havia sofrido a violência da invasão estrangeira, recordando que os justos não sofrerão mais a violência e a morte.

10,1-15,33: Quase todos estes provérbios são redigidos com a técnica do "paralelismo antitético": apresentam, em cada provérbio, duas realidades concretas que se contrapõem. Entre os diversos temas contrapostos, sobressaem sabedoria/insensatez e justiça/impiedade. Assimilando a perspectiva do Deuteronômio, nestes provérbios é sábio quem caminha na justiça em direção à vida, e insensato é quem caminha na injustiça em direção à morte. Vale a pena recordar ou criar provérbios atuais com os temas aqui propostos, usando a mesma técnica do paralelismo antitético: opção pela vida (trabalho, justiça, sabedoria, temor de Javé) ou pela morte (preguiça, impiedade, insensatez, maldade), com as respectivas consequências.

⁸O justo escapa da angústia, e o ímpio ocupa o lugar dele.

⁹O hipócrita destrói seu próximo com a boca, mas os justos se salvam pelo conhecimento que possuem.

¹⁰A cidade se alegra com a prosperidade dos justos, e canta de alegria quando os ímpios perecem.

¹¹A cidade prospera com a bênção dos retos, mas se destrói pela boca dos ímpios.

¹²Quem despreza o próximo não tem juízo; o homem inteligente fica calado.

¹³Quem fala demais revela segredos, mas quem tem espírito de confiança guarda o assunto.

¹⁴Quando falta conselho, o povo se arruína; mas com muitos conselheiros o povo se salva.

¹⁵Quem serve de fiador para um estrangeiro, acaba se dando mal; quem detesta compromissos assegura a tranquilidade.

¹⁶A mulher formosa adquire a honra; os violentos adquirem a riqueza.

¹⁷O homem misericordioso faz bem a si mesmo; quem é cruel maltrata sua própria carne.

¹⁸O ímpio tem lucros enganosos; quem semeia a justiça tem recompensa segura.

¹⁹Sim, quem pratica a justiça encontra a vida, mas quem procura o mal encontra a morte.

²⁰Javé detesta os corações perversos, mas aprecia a conduta íntegra.

²¹É certo que o mau não ficará sem punição, mas a descendência dos justos será salva.

²²Anel de ouro em focinho de porco é a mulher bonita, se não tem bom senso.

²³O desejo dos justos é somente o bem; a esperança dos ímpios é a ira.

²⁴Há quem doa com generosidade, e sua riqueza aumenta ainda mais; e há quem acumula injustamente, e acaba sem nada.

²⁵A pessoa abençoada prosperará; quem dá de beber não passará sede.

²⁶O povo amaldiçoa quem retém os alimentos, mas existe bênção para quem os põe à venda.

²⁷Quem madruga em busca do bem, alcançará favor; mas quem procura o mal, será vítima do mal.

²⁸Quem confia na própria riqueza cairá, mas os justos florescerão como a folhagem.

²⁹Quem cria desordem em sua própria casa, terá o vento como herança; e o tolo será escravo do sábio de coração.

³⁰O fruto do justo é uma árvore de vida; o sábio cativa as pessoas.

³¹Se o justo recebe sua paga aqui na terra, quanto mais o ímpio e o pecador!

12 ¹Quem ama a disciplina, ama o saber; quem detesta a advertência é um estúpido.

²O homem de bem alcança o favor de Javé; mas o homem mal-intencionado, Javé o condena.

³Ninguém se firma sobre a maldade, mas a raiz dos justos não sofrerá abalo.

⁴A mulher corajosa é a coroa do marido, mas a mulher de má fama é como cárie em seus ossos.

⁵Os planos dos justos são retos; os conselhos dos ímpios são traiçoeiros.

⁶As palavras dos ímpios são armadilhas mortais, mas a boca dos retos salva do perigo.

⁷Os ímpios são derrubados e desaparecem, mas a família dos justos continua firme.

⁸O homem é elogiado por seu bom senso; quem tem coração perverso é desprezado.

⁹É melhor ser modesto com apenas um servo, do que se vangloriar sem ter pão.

¹⁰O justo sabe das necessidades de seus animais, enquanto no interior dos ímpios só há crueldade.

¹¹Quem cultiva seu campo ficará saciado de pão; quem corre atrás de futilidades não tem bom senso.

¹²A cobiça do ímpio é uma rede de males, mas a raiz dos justos é que prospera.

¹³O mau cai na armadilha de sua própria calúnia, mas o justo escapa da angústia.

¹⁴O homem se satisfaz com aquilo que diz, mas a paga é pelo que suas mãos fazem.

¹⁵O caminho do tolo parece reto a seus próprios olhos, mas é sábio quem obedece ao conselho.

¹⁶O tolo mostra logo sua raiva, mas a pessoa esperta esconde a ofensa.

¹⁷Quem proclama a verdade anuncia a justiça, mas a testemunha falsa proclama a mentira.

¹⁸Há quem use a língua como ponta de espada, mas a língua dos sábios produz a cura.

¹⁹O lábio sincero permanece para sempre, mas a língua mentirosa dura um momento apenas.

²⁰A mentira está no coração dos que planejam o mal; porém os conselheiros da paz desfrutam a alegria.

²¹Nada de mal acontece ao justo, mas os ímpios vivem cheios de desgraças.

²²Javé detesta lábios que mentem; porém os que praticam a verdade têm dele o favor.

²³O homem esperto esconde o que sabe, o coração dos tolos proclama sua própria estupidez.

²⁴Mãos ativas comandam com autoridade, enquanto a mão preguiçosa leva ao trabalho escravo.

²⁵A angústia no coração deprime o homem, enquanto a boa palavra o reanima.

²⁶O justo mostra o caminho a seu próximo, porém o caminho dos ímpios extravia a eles próprios.

²⁷O preguiçoso nem sequer cozinha sua caça, mas o trabalhador é um bem precioso.

²⁸A vida se encontra no caminho da justiça, em cuja direção não existe morte.

13

¹Filho sábio aceita a instrução do pai; o zombador não escuta a repreensão.

²Do fruto de sua própria boca o homem tira o bom alimento, mas a vida dos infiéis se alimenta de violência.

³Quem vigia a própria boca protege sua vida; quem não controla sua língua caminha para a ruína.

⁴O preguiçoso deseja muito e não tem nada; mas a fome de quem trabalha é saciada.

⁵O justo detesta a mentira, mas o ímpio causa difamação e vergonha.

⁶A justiça protege quem é íntegro em seu caminho, mas o pecado leva o ímpio à ruína.

⁷Há quem se finge de rico e não tem nada; há quem se faz de pobre e possui muitos bens.

⁸O resgate da vida de um homem é sua riqueza, mas o pobre nem ouve a repreensão.

⁹A luz dos justos enche de alegria, mas a lâmpada dos ímpios logo se apaga.

¹⁰O orgulho só provoca discórdia, mas a sabedoria acompanha os que se deixam aconselhar.

¹¹Riqueza conseguida sem esforço vai diminuindo; quem ajunta aos poucos se enriquece.

¹²Esperança que tarda, deixa doente o coração; desejo que se realiza, é uma árvore de vida.

¹³Quem despreza a palavra se arruinará; quem respeita o mandamento será recompensado.

¹⁴O ensinamento do sábio é fonte de vida, para evitar as armadilhas da morte.

¹⁵O bom senso alcança favor; o caminho dos infiéis é áspero.

¹⁶Quem é prudente, age com conhecimento de causa; mas o tolo se entrega à própria estupidez.

¹⁷O mensageiro malvado cai na desgraça, mas o mensageiro fiel traz a cura.

¹⁸Miséria e vergonha para quem recusa a disciplina; honra para quem observa a advertência.

¹⁹Desejo realizado é doçura para a alma, enquanto os tolos detestam afastar-se do mal.

²⁰Quem caminha com os sábios, torna-se sábio; quem se junta com os tolos, torna-se mau.

²¹A maldade persegue os pecadores, mas o bem é a recompensa dos justos.

²²O homem de bem deixa herança aos filhos de seus filhos; a riqueza do pecador permanece guardada para o justo.

²³A lavoura dos pobres dá alimento em abundância, mas pode arruinar-se por falta de justiça.

²⁴Quem poupa a vara, odeia seu filho; mas quem o ama lhe aplica a disciplina.

²⁵O justo come e se sacia, mas o ventre dos ímpios passa necessidade.

14

¹A mulher sábia constrói sua casa, mas a tola a destrói com as próprias mãos.

²Quem caminha na retidão teme a Javé; quem se desvia de seus caminhos o despreza.

³Da boca do tolo brota o orgulho, mas os lábios dos sábios os protegem.

⁴Sem bois, o cereal fica na manjedoura; mas é a força do touro que traz grande colheita.
⁵A testemunha verdadeira não mente; a testemunha falsa respira mentiras.
⁶O zombador busca a sabedoria e não a encontra, mas o conhecimento é fácil para quem é inteligente.
⁷Fuja da companhia do homem tolo, porque nos lábios dele você não encontrará conhecimento.
⁸A sabedoria do homem sagaz é compreender seu próprio caminho, mas a estupidez do tolo engana.
⁹Os estúpidos zombam da culpa, mas os retos alcançam favor.
¹⁰O coração conhece sua própria amargura, e de sua alegria nenhum estranho pode participar.
¹¹A casa dos ímpios é destruída, mas a tenda dos retos prospera.
¹²Às vezes um caminho pode parecer reto para alguém, mas no final são caminhos que levam para a morte.
¹³Também no meio de risos o coração se entristece, e a alegria acaba em pesares.
¹⁴O extraviado ficará farto de sua conduta, mas o homem bom encontrará satisfação em suas próprias obras.
¹⁵O ingênuo acredita em tudo o que lhe dizem; o homem esperto conhece bem o caminho por onde anda.
¹⁶O sábio teme o mal e dele se afasta; o tolo segue em frente, e seguro de si mesmo.
¹⁷Quem se irrita comete estupidez, e o homem mal-intencionado torna-se odiado.
¹⁸Os ingênuos recebem a estupidez como herança, mas os espertos se coroam de conhecimento.
¹⁹Os maus se curvarão diante dos bons, e os malvados diante das portas dos justos.
²⁰O pobre é detestado até por seu próprio companheiro, mas o rico é amado por muitos.
²¹Quem despreza seu próximo peca; mas quem é bondoso com o pobre é feliz.
²²Não acaba se extraviando aquele que planeja o mal? Não goza de amor e fidelidade quem planeja o bem?
²³Todo trabalho traz seu proveito, mas o palavrório só produz miséria.
²⁴A coroa dos sábios é sua riqueza, o colar dos tolos é a estupidez.
²⁵A testemunha verdadeira salva vidas, mas quem diz mentiras é um falsário.
²⁶A confiança do forte está no temor a Javé, que para seus filhos é um refúgio.
²⁷O temor a Javé é fonte de vida, para evitar as ciladas da morte.
²⁸Povo numeroso é glória para o rei, e a falta de gente é ruína para o príncipe.
²⁹A pessoa paciente é repleta de entendimento, mas a impulsiva exalta sua própria estupidez.
³⁰Um coração bondoso é vida para o corpo, mas a inveja é cárie para os ossos.
³¹Quem oprime o pobre, ofende seu Criador; mas presta-lhe honra quem tem misericórdia do indigente.
³²O ímpio cai por sua própria maldade, mas o justo se mantém confiante até a morte.
³³A sabedoria repousa tranquila no coração inteligente, mas a estupidez é facilmente reconhecida no meio dos tolos.
³⁴A justiça faz um povo prosperar, mas o pecado envergonha as nações.
³⁵O rei favorece o servo prudente, mas sua ira recai sobre o infame.

15

¹Resposta suave aplaca a ira; palavra que fere incita a cólera.
²A língua dos sábios torna agradável o conhecimento, mas a boca dos tolos vomita ignorância.
³Os olhos de Javé estão por toda parte observando os maus e os bons.
⁴A língua saudável é árvore de vida; a língua enganosa despedaça o espírito.
⁵O tolo despreza a disciplina paterna, mas é esperto quem observa a advertência.
⁶A casa do justo é uma grande riqueza, mas o lucro do ímpio só traz inquietação.
⁷Os lábios do sábio espalham conhecimento, mas o coração dos tolos não é assim.
⁸Javé detesta o sacrifício dos ímpios, mas aprecia a oração dos homens retos.
⁹Javé detesta a conduta dos ímpios, e ama quem procura a justiça.
¹⁰Quem abandona o caminho será severamente corrigido, e quem odeia a correção morrerá.
¹¹O túmulo e o abismo estão diante de Javé; quanto mais o coração humano!

¹²O zombador não gosta de quem o repreende, nem anda na companhia dos sábios. ¹³Coração contente alegra o rosto, mas coração triste deixa o espírito abatido. ¹⁴Coração inteligente procura o conhecimento, mas a boca dos tolos se alimenta de ignorância. ¹⁵Os dias são todos ruins para o pobre, mas o coração contente está sempre em festa. ¹⁶Mais vale o pouco com temor de Javé, do que grandes tesouros com preocupação. ¹⁷Mais vale um prato de verdura com amor, do que um boi engordado com ódio. ¹⁸Homem irado provoca disputas; homem paciente acalma a briga. ¹⁹O caminho do preguiçoso é como cerca de espinhos, mas a trilha dos retos é estrada plana. ²⁰O filho sábio alegra o pai, mas o filho tolo despreza sua mãe. ²¹A ignorância é alegria para quem não tem bom senso, mas o homem inteligente anda no caminho plano. ²²Os projetos fracassam por falta de consulta, mas se realizam quando há muitos conselheiros. ²³É alegria para o homem saber dar uma resposta! Como é boa uma palavra no tempo oportuno! ²⁴O caminho da vida leva o prudente para o alto, afastando-o do reino dos mortos. ²⁵Javé destrói a casa dos orgulhosos, e fixa os marcos do terreno da viúva. ²⁶Javé detesta os planos perversos, mas as palavras amáveis são puras. ²⁷Quem lucra com ganhos desonestos perturba sua própria casa, mas quem odeia ofertas de suborno viverá. ²⁸O coração dos justos, antes de responder, pensa bem; mas a boca dos ímpios vomita maldades.

²⁹Javé se afasta dos ímpios, mas ouve a prece dos justos. ³⁰O brilho dos olhos alegra o coração; a boa notícia reanima as forças. ³¹Ouvido que escuta a advertência sadia habitará no meio dos sábios. ³²Quem rejeita a disciplina despreza a si mesmo, mas quem escuta a advertência adquire entendimento. ³³O temor de Javé é disciplina de sabedoria, e antes da honra vem a humildade.

16 *A prática da justiça que Deus deseja* –
¹O homem faz projetos no coração, mas é de Javé que vem a resposta. ²Todos os caminhos do homem parecem limpos a seus olhos, mas é Javé quem examina os espíritos. ³Entregue suas obras aos cuidados de Javé, e seus projetos se realizarão. ⁴Tudo o que Javé realizou tem seu propósito, até mesmo o ímpio para o dia da desgraça. ⁵Javé detesta todo coração orgulhoso, que certamente não ficará sem castigo. ⁶Com amor e fidelidade perdoa-se a culpa, e com o temor de Javé desvia-se do mal. ⁷Quando a conduta de alguém agrada a Javé, ele o reconcilia até mesmo com os inimigos. ⁸Mais vale o pouco com justiça, do que muitos ganhos violando o direito. ⁹O coração humano planeja seu caminho, mas é Javé quem dirige seus passos. ¹⁰Há um oráculo nos lábios do rei; sua boca não erra no julgamento. ¹¹A balança com seus pratos justos pertencem a Javé; todos os pesos da bolsa são realizações dele. ¹²Os reis detestam a prática do mal, porque é na justiça que o trono se firma. ¹³Lábios justos agradam aos reis; eles gostam de quem fala com retidão. ¹⁴A ira do rei é mensageira da morte, mas o homem sábio consegue aplacá-la.

16,1-22,16: Na maioria, estes provérbios foram produzidos com a técnica do "paralelismo sintético", ou "paralelismo progressivo": a segunda parte prolonga ou desenvolve o pensamento da primeira, com nova ideia ou observação. Mais que nos capítulos anteriores, aqui se insiste na importância da prática da justiça como expressão do temor de Javé. São provérbios criados em ambientes e circunstâncias diferentes, desde a vida prática e sofrida do povo pobre até os palácios de reis e tribunais de juízes. Também aqui vale a pena o exercício de recordar ou criar provérbios seguindo a técnica do paralelismo progressivo, com os mesmos temas: a riqueza como fruto da injustiça (16,8; 17,1; 20,21; 21,6), o pobre dominado pelos ricos (18,23; 22,7), Deus como protetor dos pobres (21,13; 22,9.16).

¹⁵No rosto sereno do rei está a vida; seu favor é como nuvem que traz a chuva da primavera.
¹⁶Mais vale adquirir sabedoria do que ouro fino, e adquirir discernimento é melhor do que a prata.
¹⁷O caminho das pessoas retas é desviar-se do mal, e quem vigia seu caminho, protege a própria vida.
¹⁸Antes da ruína vem o orgulho, e antes da queda a arrogância.
¹⁹É melhor ser humilde com os pobres, do que repartir despojos com os orgulhosos.
²⁰Quem mede as palavras encontra sucesso, e é feliz quem confia em Javé.
²¹Um coração sábio será chamado inteligente; a doçura dos lábios faz aumentar o saber.
²²A inteligência é uma fonte de vida para quem a possui, mas a tolice será a disciplina dos estúpidos.
²³O coração do sábio instrui sua boca, e seus lábios lhe fazem aumentar o saber.
²⁴Palavras amáveis são favo de mel: doce ao paladar, saúde para os ossos.
²⁵Às vezes um caminho pode parecer reto para alguém, mas no final são caminhos que levam para a morte.
²⁶A fome do trabalhador o faz trabalhar, pois sua boca o obriga.
²⁷O homem de Belial trama o mal, e seus lábios são como fogo devorador.
²⁸O homem perverso espalha discórdias, e quem calunia separa os amigos.
²⁹O homem violento seduz seu próximo e o arrasta pelo mau caminho.
³⁰Quem pisca o olho planeja fraudes, e quem aperta os lábios já praticou o mal.
³¹Coroa de honra são os cabelos brancos que se encontram no caminho da justiça.
³²A paciência vale mais do que a força; o domínio de si mesmo vale mais do que a conquista de uma cidade.
³³Jogam-se dados num estojo para tirar a sorte, mas é de Javé que vem toda sentença.

17

¹É melhor um pedaço de pão seco na tranquilidade, do que uma casa cheia de banquetes e com brigas.
²O servo prudente dará ordens ao filho indigno e terá parte na herança com os irmãos.
³Fornalha para a prata e forno para o ouro, mas é Javé quem prova os corações.
⁴O malfeitor olha atento para os lábios que enganam; o mentiroso dá ouvido à língua maliciosa.
⁵Quem zomba do pobre insulta o Criador; quem se alegra com a desgraça não ficará sem castigo.
⁶Os netos são a coroa dos avós, e os pais são a honra dos filhos.
⁷Linguagem elevada não fica bem para o imbecil; menos ainda a língua mentirosa para o príncipe.
⁸Suborno é pedra preciosa aos olhos de seu dono: para qualquer lado que se volta, consegue o que deseja.
⁹Quem busca amizade esconde a ofensa; quem a repete, afasta o amigo.
¹⁰Mais vale uma repreensão para o inteligente do que cem golpes para o tolo.
¹¹O rebelde só procura o mal, mas um mensageiro cruel será enviado contra ele.
¹²É melhor topar com uma ursa que perdeu seus filhotes, do que com um tolo dizendo idiotices.
¹³Quem retribui o bem com o mal, terá sempre o mal em casa.
¹⁴O começo de uma briga é como deixar a água correr; é melhor desistir antes que a briga se agrave.
¹⁵Inocentar o ímpio e condenar o justo: são duas coisas que Javé detesta.
¹⁶De que adianta o dinheiro em mãos de um tolo? Para comprar sabedoria, se ele não aprende nada?
¹⁷Amigo ama em qualquer tempo; irmão nasce para o tempo do perigo.
¹⁸Não tem bom senso a pessoa que aperta a mão como fiador de seu próximo.
¹⁹Quem ama a transgressão ama a briga, e quem se mostra orgulhoso está buscando a ruína.
²⁰Coração falso não encontrará felicidade, e língua perversa cairá na desgraça.
²¹Quem gera um tolo terá sofrimentos, e o pai de um imbecil não terá alegria.
²²Coração alegre ajuda a sarar, mas espírito abatido resseca os ossos.
²³O ímpio aceita suborno às escondidas, para desviar os caminhos do julgamento.
²⁴A sabedoria está diante de quem tem inteligência, mas os olhos do tolo se fixam nos confins do mundo.

⁲⁵Filho tolo é desgosto para o pai e amargura para a mãe.

²⁶Não é bom punir um inocente, nem é correto bater em pessoas generosas.

²⁷É sábio quem poupa as palavras; o homem inteligente é aquele que mantém a calma.

²⁸Até um tolo, quando se cala, passa por sábio, e aquele que fecha a boca passa por inteligente.

18 ¹Quem se isola, busca seus próprios desejos e vai contra qualquer conselho.

²O tolo não gosta da inteligência, mas de propagar o que pensa.

³Onde entra o ímpio, entra também o desprezo, e com a desonra vem a vergonha.

⁴As palavras da boca de um homem são águas profundas, riacho transbordante e fonte de sabedoria.

⁵Não é bom favorecer o ímpio, para prejudicar o justo no julgamento.

⁶Os lábios do tolo provocam brigas, e sua boca chama para agressões.

⁷A boca do tolo é sua própria ruína, e seus lábios são armadilha para sua vida.

⁸As palavras do difamador são como guloseimas que descem até o fundo do ventre.

⁹O relaxado em seu trabalho é também irmão daquele que destrói.

¹⁰Torre fortificada é o nome de Javé: o justo corre para ela e fica protegido.

¹¹A fortuna do rico é sua fortaleza, e ele a imagina como alta muralha.

¹²Antes da ruína, o coração humano se enche de orgulho, mas antes da honra vem a humildade.

¹³Quem responde alguma coisa antes de ouvir mostra que é tolo e passa vergonha.

¹⁴O espírito humano dá sustento na doença; mas, quem levantará o espírito abatido?

¹⁵Um coração inteligente adquire saber; o ouvido dos sábios busca o conhecimento.

¹⁶Dar presente abre caminho para a pessoa, e a conduz à presença dos grandes.

¹⁷O primeiro que se defende num processo é sempre justo, até que chegue outro e fale o contrário.

¹⁸Tirar a sorte põe fim às brigas e decide entre os poderosos.

¹⁹Irmão ofendido é pior que uma fortaleza, e as brigas são como o ferrolho de um castelo.

²⁰A pessoa sacia o estômago com o que diz a boca; suas palavras o saciam.

²¹Morte e vida dependem da língua; aqueles que a amam comerão de seu fruto.

²²Quem encontra uma esposa, encontra a felicidade e alcança o favor de Javé.

²³O pobre fala suplicando, e o rico responde com dureza.

²⁴Muitos amigos levam para a ruína, mas existem amigos mais queridos que um irmão.

19 ¹Mais vale um pobre que caminha na integridade, do que alguém com falsidade nos lábios e tolo.

²Não é bom agir sem refletir, pois quem apressa os passos acaba no erro.

³A tolice de uma pessoa perverte seu caminho, e depois seu coração fica irritado com Javé.

⁴A riqueza multiplica o número de amigos, mas o pobre até por seu amigo é abandonado.

⁵A testemunha falsa não ficará impune, e quem diz mentiras não se livrará.

⁶Muitos bajulam uma pessoa importante, e todo mundo é amigo de quem dá presente.

⁷Se o pobre é odiado até por seus próprios irmãos, quanto mais os amigos se afastarão dele, que procura palavras e não encontra.

⁸Quem adquire coração sábio ama a si mesmo; quem cuida da inteligência encontrará a felicidade.

⁹A testemunha falsa não ficará impune, e quem diz mentiras perecerá.

¹⁰Ao tolo não convém viver no prazer, e menos ainda a um escravo dar ordens aos príncipes.

¹¹O homem inteligente é lento para a ira, e sua honra é passar por cima da ofensa.

¹²A ira do rei é como rugido de leão, e seu favor é como orvalho sobre a relva.

¹³Filho tolo é desgraça para o pai, e mulher que se queixa é uma goteira sem fim.

¹⁴Casa e fortuna são herança dos pais, e mulher de bom senso é dom de Javé.

¹⁵A preguiça faz cair no sono profundo, e o preguiçoso passará fome.

¹⁶Quem observa o mandamento conserva a vida, mas quem despreza a própria conduta morrerá.

¹⁷Quem doa ao pobre empresta a Javé, que lhe dará a recompensa.

¹⁸Castigue seu filho enquanto há esperança, mas não se descontrole a ponto de matá-lo.

¹⁹Pessoa com raiva deve ser punida; se você a poupar, ela se tornará pior.

²⁰Escute o conselho e aceite a disciplina, para que no futuro você possa ser sábio.

²¹Existem muitos projetos no coração humano, mas é o conselho de Javé que se mantém firme.

²²O que se espera de alguém é a bondade; um pobre vale bem mais que um mentiroso.

²³O temor de Javé conduz para a vida; a pessoa repousará satisfeita e não será perturbada com o mal.

²⁴O preguiçoso põe a mão no prato, mas não é capaz de levá-la até a boca.

²⁵Açoite o zombador, e o ingênuo ficará esperto; repreenda o inteligente, e ele ganhará conhecimento.

²⁶Quem maltrata o pai e expulsa a mãe, é um filho que causa desonra e vergonha.

²⁷Meu filho, se você deixa de seguir a disciplina, irá desviar-se das palavras sábias.

²⁸Uma testemunha de Belial zomba do direito, e a boca dos ímpios alimenta-se da desgraça.

²⁹Para o zombador há julgamentos preparados, e açoites para as costas do tolo.

20

¹O vinho causa zombaria, e a bebida alcoólica produz barulho: quem com eles se embriaga não chega a ser sábio.

²O temor de um rei é como rugido de leão: quem o irrita põe em risco a própria vida.

³É uma honra para o homem viver sem brigas, mas o tolo se arrebenta em rixas.

⁴Por causa do inverno, o preguiçoso não ara a terra, mas na colheita ele procura e nada encontra.

⁵Os conselhos são como águas profundas no coração humano, e o homem inteligente sabe como buscá-los.

⁶Muitas pessoas se gabam de sua própria bondade; mas quem encontrará um homem fiel?

⁷O justo caminha com integridade: felizes os filhos que lhe vierem depois.

⁸O rei sentado no tribunal, com o olhar dispersa todo mal.

⁹Quem poderá dizer: purifiquei meu coração e estou livre do meu pecado?

¹⁰Dois pesos e duas medidas são coisas que Javé detesta.

¹¹Um jovem é logo conhecido por seus atos, se vai ser puro e correto em suas ações.

¹²Foi Javé quem fez o ouvido para escutar e o olho para ver.

¹³Não ame o sono, senão você ficará pobre; abra os olhos, e terá pão à vontade.

¹⁴"Não presta, não presta", diz o comprador. Mas, depois que sai, gaba-se do que comprou.

¹⁵Existe ouro e muitas pérolas, porém a coisa mais preciosa são os lábios com conhecimento.

¹⁶Tome a roupa dele, pois se tornou fiador de um estranho e em favor de uma estrangeira.

¹⁷É saboroso para o homem o pão ganho com a mentira, mas depois sua boca fica cheia de grãos de areia.

¹⁸Tome conselhos para preparar seus planos e faça a guerra com cálculos cuidadosos.

¹⁹Quem revela segredos acaba cometendo calúnias; não se junte com quem fala demais.

²⁰Quem amaldiçoa pai e mãe, verá sua lâmpada apagar-se no meio das trevas.

²¹Fortuna muito rápida no início, não será abençoada no final.

²²Nunca diga: "Vou retribuir o mal que me fizeram". Espere em Javé, e ele o salvará.

²³Javé detesta dois pesos, e balança falsa não é coisa boa.

²⁴É Javé quem dirige os passos do homem. Como poderia alguém compreender seu próprio caminho?

²⁵É armadilha alguém fazer um voto sem pensar, e refletir só depois da promessa feita.

²⁶O rei sábio peneira os ímpios e faz passar sobre eles a roda.

²⁷O espírito humano é uma lâmpada de Javé, que sonda as profundezas do ser.

²⁸Amor e fidelidade protegem o rei; é no amor que seu trono se sustenta.

²⁹A beleza dos jovens está em sua força, e a honra dos anciãos em seus cabelos brancos.
³⁰Feridas e chagas purificam do mal, e os golpes purificam as profundezas do ser.

21

¹Como canais de água, assim é o coração do rei nas mãos de Javé, o qual, para onde quiser, o encaminha.
²Todo caminho parece correto aos olhos humanos, mas é Javé quem pesa os corações.
³Para Javé, a prática da justiça e do direito vale mais que os sacrifícios.
⁴Olhar orgulhoso e coração arrogante: a lâmpada dos ímpios é o pecado.
⁵Os projetos do empreendedor visam apenas o lucro; toda precipitação leva à miséria.
⁶Adquirir tesouros por meio de língua mentirosa, é ilusão fugaz de pessoas que procuram a morte.
⁷A violência dos ímpios os arrebata, porque eles se negam a praticar o direito.
⁸O caminho do homem criminoso é tortuoso, mas a ação do inocente é reta.
⁹É melhor morar num cantinho do terraço que em casa junto com mulher briguenta.
¹⁰O prazer do ímpio é desejar o mal; diante de seus olhos nem seu próximo encontra graça.
¹¹Pelo castigo aplicado ao zombador é que o ingênuo se torna sábio; é pela instrução do sábio que se alcança o conhecimento.
¹²O justo observa a casa do ímpio, e assim arrasta os ímpios para a ruína.
¹³Quem tapa o ouvido ao clamor do fraco, também não terá resposta quando clamar.
¹⁴Presente dado em segredo aplaca a ira, e suborno disfarçado acalma o furor.
¹⁵Praticar o direito é alegria para o justo e ruína para os malfeitores.
¹⁶Quem se desvia do caminho do bom senso irá repousar na assembleia dos mortos.
¹⁷Quem ama o prazer acabará pobre; quem ama vinho e carne boa nunca ficará rico.
¹⁸O ímpio servirá de resgate para o justo, e o infiel para os homens retos.
¹⁹É melhor morar em terra deserta do que em companhia de mulher briguenta e irritadiça.

²⁰Na casa do sábio há tesouros preciosos e óleos finos, enquanto o tolo dá cabo a tudo o que tem.
²¹Quem busca justiça e amor encontrará vida, justiça e honra.
²²O sábio escala uma cidade bem defendida, e destrói a fortaleza em que ela confiava.
²³Quem vigia a boca e a língua protegerá sua vida das angústias.
²⁴Soberbo e orgulhoso, seu nome é zombador! Ele age com orgulho transbordante.
²⁵Os desejos do preguiçoso lhe causam a morte, porque suas mãos se negam a trabalhar.
²⁶Ele passa o dia inteiro cobiçando, mas o justo distribui sem nada reter.
²⁷O sacrifício dos ímpios é detestável, e mais ainda quando oferecido com má intenção.
²⁸A testemunha mentirosa perecerá, mas a palavra de alguém que sabe ouvir durará para sempre.
²⁹O ímpio assume ares de firmeza, mas reto é quem conhece o próprio caminho.
³⁰Não há sabedoria nem inteligência nem conselho que prevaleçam diante de Javé.
³¹O cavalo está preparado para o dia da batalha, mas de Javé depende a vitória.

22

¹Boa fama é melhor que muita riqueza, e ser estimado vale mais que ouro e prata.
²Rico e pobre se encontram: foi Javé quem fez os dois.
³O esperto vê o mal e se esconde, mas os ingênuos avançam e por isso são punidos.
⁴Os frutos da humildade são o temor de Javé, a riqueza, a honra e a vida.
⁵Há espinhos e armadilhas no caminho do perverso; quem quer proteger a própria vida fica longe dele.
⁶Eduque o jovem no caminho que deverá seguir, e até a velhice ele não se desviará.
⁷O rico domina sobre os pobres, e quem toma emprestado é escravo de seu credor.
⁸Quem semeia injustiça colherá desgraça, e a vara de sua ira desaparecerá.
⁹Quem tem olhar generoso será abençoado, porque reparte seu pão com o pobre.
¹⁰Expulse o zombador, e a disputa vai acabar: as brigas e ofensas desaparecerão.

¹¹Quem ama um coração puro e tem a graça nos lábios, terá o rei como amigo. ¹²Os olhos de Javé protegem o saber e confundem as palavras do traidor. ¹³O preguiçoso diz: "Lá fora tem um leão, e eu serei morto no meio da rua!" ¹⁴A boca das estrangeiras é cova profunda, e nela cairá quem Javé reprova. ¹⁵A tolice é natural no coração de um jovem, mas a vara da disciplina a afastará dele. ¹⁶Quem oprime o pobre fica rico, e quem dá ao rico fica pobre.

II. PALAVRAS DOS SÁBIOS

Educar-se na sabedoria – ¹⁷Dê ouvidos e escute com atenção as Palavras dos Sábios, aplicando o coração ao meu saber. ¹⁸Pois você terá prazer em guardá-las dentro de si, todas prontas e reunidas em seus lábios. ¹⁹Para que esteja sua confiança em Javé, vou hoje instruir também a você. ²⁰Para você escrevi trinta máximas sobre conselhos e conhecimento, ²¹para que possa aprender as palavras verdadeiras, e responder com palavras fiéis a quem o enviar.

– 1 –

²²Não explore o fraco por ser fraco, nem oprima o pobre no tribunal, ²³porque Javé disputará em defesa da causa deles, e tirará a vida daqueles que os tiverem oprimido.

– 2 –

²⁴Não se torne amigo de pessoa colérica, nem saia na companhia de gente irascível, ²⁵para que você não se acostume com o jeito delas e crie para sua própria vida uma armadilha.

– 3 –

²⁶Não seja como aqueles que, com aperto de mão, facilmente se tornam fiadores de dívidas. ²⁷Se você não tiver com que pagar, lhe tomarão a cama onde você dorme.

– 4 –

²⁸Não desloque um antigo marco de divisa que seus antepassados colocaram.

– 5 –

²⁹Você já viu um homem perito em seu trabalho? Ele será apresentado para servir a reis, e não a pessoas sem importância.

– 6 –

23 ¹Quando se assentar para comer com um chefe, preste atenção em quem está na sua frente. ²Se tiver muita fome, ponha uma faca em sua própria garganta, ³e não cobice as guloseimas dele, porque é alimento enganador.

– 7 –

⁴Não se empenhe em adquirir riqueza, e não ocupe sua inteligência com isso. ⁵Basta você olhar, e ela já se foi: pois a riqueza criará asas e voará pelo céu como águia.

– 8 –

⁶Não coma o pão do invejoso, nem lhe cobice as guloseimas, ⁷pois ele só pensa em si mesmo. Assim diz ele: "Coma e beba!" Mas não é sincero com você. ⁸Então você vomitará o bocado que acabou de comer e desperdiçará as palavras gentis dele.

– 9 –

⁹Não perca tempo falando aos ouvidos de um tolo, porque ele vai desprezar a sabedoria das suas palavras.

– 10 –

¹⁰Não desloque um antigo marco de divisa, nem invada o campo dos órfãos, ¹¹pois o libertador deles é forte, e lhes defenderá a causa contra você.

– 11 –

¹²Oriente seu coração para a disciplina e seus ouvidos para as palavras do conhecimento.

– 12 –

¹³Não deixe o jovem sem disciplina. Se você o corrigir com vara, ele não morrerá. ¹⁴Corrigindo o jovem com vara, você o livrará da morada dos mortos.

– 13 –

¹⁵Meu filho, se o seu coração se tornar sábio, meu coração também se alegrará. ¹⁶Exultarei de alegria quando seus lábios falarem com retidão.

22,17-24,22: São trinta sentenças que foram reunidas provavelmente no tempo do rei Salomão, inspiradas na sabedoria egípcia da "Instrução de Amenemope", que no ano 1000 a.C. já devia ser conhecida no Oriente Antigo. São instruções que um pai ou ancião oferece aos mais jovens, para que estes, aprendendo com a experiência dos mais velhos, se eduquem na sabedoria. Os escribas, ao reunir ins-

– 14 –

¹⁷Que seu coração não tenha inveja dos pecadores, mas tenha sempre o temor de Javé, ¹⁸pois é certo que haverá um futuro, e sua esperança não será destruída.

– 15 –

¹⁹Escute, meu filho, torne-se sábio, e guie bem seu coração pelo caminho. ²⁰Não se junte aos bebedores de vinho nem aos comilões de carne, ²¹pois o beberrão e o comilão caem na pobreza, e o dorminhoco se veste com farrapos.

– 16 –

²²Dê ouvidos a seu pai, porque ele gerou você, e não despreze sua mãe na velhice. ²³Compre a verdade e não venda a sabedoria, a disciplina e a inteligência. ²⁴O pai de um justo saltará de alegria, e quem gera um filho sábio, com ele se alegrará. ²⁵Que seu pai e sua mãe se alegrem, e exulte de alegria aquela que gerou você.

– 17 –

²⁶Meu filho, preste atenção em mim, e que seus olhos observem meus caminhos, ²⁷pois a prostituta é cova profunda, e a estrangeira é poço estreito. ²⁸Como um ladrão, ela também fica à espreita e multiplica traições entre os homens.

– 18 –

²⁹Para quem são os gemidos? Para quem os ais? Para quem as brigas? Para quem as queixas? Para quem os ferimentos sem motivo? Para quem os olhos vermelhos? ³⁰São para aqueles que bebem vinho até tarde e saem à procura de bebidas misturadas. ³¹Não fique contemplando o vinho, sua cor vermelha e seu brilho, enquanto escorre suavemente no copo. ³²No fim ele morde como a cobra e dá picadas como a víbora. ³³Então seus olhos verão coisas estranhas, e seu coração o fará dizer coisas absurdas. ³⁴Você vai ser como quem está deitado em alto-mar, ou deitado no topo de um mastro. ³⁵"Eles bateram em mim, mas eu não fiquei ferido! Eles me espancaram, e eu nem percebi! Quando irei acordar? Vou pedir mais!"

– 19 –

24 ¹Não tenha inveja dos maus, nem deseje viver com eles, ²porque o coração deles planeja a violência, e seus lábios só falam maldades.

– 20 –

³Com a sabedoria se constrói a casa, e no entendimento ela se firma. ⁴Pelo conhecimento, os quartos ficam repletos com todo tipo de bens preciosos e agradáveis.

– 21 –

⁵O homem sábio é forte, e o homem de conhecimento confirma a própria força. ⁶Pois é mediante conselhos que você deve fazer a guerra, e a vitória depende do número de conselheiros.

– 22 –

⁷Para o tolo a sabedoria é coisa inacessível, e na porta da cidade não abrirá a boca.

– 23 –

⁸Aquele que planeja o mal será chamado chefe da astúcia. ⁹O propósito do tolo é o pecado, e o zombador é detestado.

– 24 –

¹⁰Se você fraqueja no dia da angústia, então sua força é bem pequena.

– 25 –

¹¹Liberte os condenados à morte, e salve os que são arrastados ao suplício. ¹²Pois você poderá dizer: "Eis que não temos nada a ver com isso!" Mas não existe alguém que pesa os corações? Sim, sabe tudo aquele que vigia sobre sua vida, e pagará a cada um conforme as obras que tiver feito.

– 26 –

¹³Meu filho, coma mel, porque faz bem; o favo de mel é uma doçura na sua boca. ¹⁴Saiba que assim será a sabedoria para sua vida: se você a encontrar, terá futuro, e sua esperança não fracassará.

– 27 –

¹⁵Ó ímpio, não arme emboscada junto à morada do justo, nem lhe destrua a moradia, ¹⁶porque o justo pode cair sete vezes mas se levanta, enquanto os ímpios tropeçam na desgraça.

---

truções e provérbios populares, acabam por assimilá-los ao ambiente da corte, como manual para que governantes e funcionários reais ajam com sabedoria.

– 28 –

¹⁷Não fique alegre quando seu inimigo cair, e não exulte seu coração quando ele tropeçar, ¹⁸pois Javé poderia ver isso, ficar descontente e desviar sua ira para longe dele.

– 29 –

¹⁹Não fique irritado por causa dos maus, nem tenha inveja dos ímpios, ²⁰porque não haverá futuro para o mau, e a lâmpada dos injustos logo se apagará.

– 30 –

²¹Meu filho, tema a Javé e ao rei, e não se misture com os rebeldes, ²²pois a desgraça deles vai surgir de repente, e quem pode conhecer a ruína deste ou daquele?

III. OUTRAS PALAVRAS DOS SÁBIOS

Contra julgamentos parciais, revides e preguiça – ²³Também estas são Palavras dos Sábios. Não é bom ser parcial no julgamento. ²⁴Quem diz que o ímpio é justo, será amaldiçoado pelos povos e detestado pelas nações. ²⁵Para os que repreendem haverá felicidade, e sobre eles virá uma bênção feliz.

²⁶Resposta honesta é como dar beijo nos lábios.

²⁷Organize seu negócio lá fora e prepare-o no campo, para depois construir sua casa.

²⁸Não testemunhe sem motivo contra seu próximo, e não o engane com os lábios. ²⁹Nunca diga: "Vou fazer para o outro o mesmo que ele me fez. Vou retribuir a cada um conforme o seu agir!"

³⁰Passei pelo campo de um preguiçoso e pela vinha de um homem sem juízo, ³¹e eis que tudo estava cheio de espinheiros, a superfície coberta de espinhos e o muro de pedras em ruínas. ³²Vendo isso, comecei a refletir com atenção, vi e tirei esta lição: ³³durma um pouco, cochile mais um pouco, depois cruze os braços para descansar ainda mais um pouco, ³⁴e cairá sobre você a miséria do vagabundo, e a indigência o atacará como homem armado.

IV. SEGUNDA COLEÇÃO DE PROVÉRBIOS DE SALOMÃO

25 ¹Também estes são provérbios de Salomão, que foram recolhidos pelos funcionários de Ezequias, rei de Judá.

A sabedoria na convivência social – ²A glória de Deus é ocultar uma coisa, e a glória dos reis é examiná-la.

³A altura do céu, a profundidade da terra e o coração dos reis, ninguém consegue examinar.

⁴Tire a escória da prata, e sairá um jarro para o ourives; ⁵tire o malvado da presença do rei, e seu trono se firmará na justiça.

⁶Não se vanglorie na frente do rei, nem ocupe o lugar de pessoas importantes. ⁷Pois é melhor que lhe digam: "Suba até aqui", do que você ser humilhado na presença de um nobre que seus olhos viram.

⁸Não se apresse a depor em processo, pois o que fará você no fim, caso seu próximo o ponha em apuros?

⁹Discuta sua causa diretamente com seu próximo, mas não revele o segredo de outra pessoa, ¹⁰para que os ouvintes não difamem você e a calúnia deles não se torne irreparável.

¹¹Maçãs de ouro com enfeites de prata é como dizer uma palavra no momento oportuno. ¹²Anel de ouro e colar de ouro puro, assim é a correção do sábio para ouvidos atentos.

¹³Como a neve fresca em tempo de colheita, é o mensageiro fiel para quem o envia: ele reanima a vida do seu senhor.

24,23-34: Estes versículos, acrescentados posteriormente às Palavras dos Sábios, são instruções contra o falso testemunho, a lei do talião ("olho por olho, dente por dente"), difundida em todo o Oriente Antigo (vv. 28-29; cf. 20,22; Ex 21,23-25; Mt 5,38-42) e a preguiça, que leva à miséria.

25,1-29,27: Coleção de 127 sentenças, reunidas no reinado de Ezequias (728-699 a.C.), que governou no sul (Judá) logo depois que os assírios tomaram o reino do norte (Israel) em 722 a.C. Aproveitando a decadência assíria após 705 a.C., Ezequias buscou apoio do Egito e da Babilônia para uma reforma política e religiosa que unificasse os reinos de Israel e Judá como na época de Davi e Salomão. Uma das táticas de Ezequias foi reunir numa só coleção a sabedoria popular do sul e do norte, presente nestes provérbios compilados pelos sábios da corte. (Para compreender este período, cf. 2Rs 18-20 e 2Cr 29-32. Em Is 20,1-6; 30,1-7; 36,4-10 temos a crítica profética à aliança com o Egito e a Babilônia.) É interessante notar aqui presentes tanto a visão popular da sabedoria (mais nos caps. 25-27) quanto a visão da corte, regulada pelos sábios do rei (mais nos caps. 28-29).

25,2-27,27: Provérbios dirigidos ao povo em geral, com imagens concretas para exortar a viver sabiamente em sociedade.

¹⁴Nuvens e ventos, mas nada de chuva, é aquele que promete um presente, mas não o dá.

¹⁵Com paciência pode-se convencer a um magistrado, e a língua macia pode quebrar ossos.

¹⁶Se você encontrou mel, coma apenas o suficiente, para não ficar enjoado e vomitar.

¹⁷Não frequente demais a casa de seu próximo, para que ele não se canse de você e lhe tenha ódio.

¹⁸Clava, espada e flecha aguda é como aquele que dá falso testemunho contra o próximo.

¹⁹Dente bambo e pé sem firmeza é como confiar no traidor em tempo de angústia.

²⁰Tirar a roupa em dia frio e jogar vinagre na soda é como entoar canções para um coração aflito.

²¹Se o seu inimigo tem fome, dê-lhe de comer; se tem sede, dê-lhe de beber. ²²Assim você o deixará corado de vergonha, e Javé recompensará você.

²³O vento norte traz chuva, e um rosto irritado gera uma língua fingida.

²⁴É melhor morar num cantinho do terraço que dentro de casa com mulher briguenta.

²⁵Água fresca em garganta sedenta, assim é a boa notícia de uma terra distante.

²⁶Fonte turvada e nascente poluída, assim é o justo que treme diante do ímpio.

²⁷Não é bom comer muito mel, e buscar a própria honra não é a coisa mais importante.

²⁸Cidade destruída e sem muralhas, assim é o homem que não tem controle sobre si mesmo.

26

¹Como neve no verão e chuva na colheita, assim também a honra não convém ao tolo.

²Como pássaro em fuga e andorinha que voa, a maldição injusta não atinge sua meta.

³Chicote para o cavalo, freio para o jumento e vara para as costas dos tolos.

⁴Não responda ao tolo conforme a insensatez dele, para que você não se iguale a ele.

⁵Responda ao tolo conforme a insensatez dele, para que ele não se considere sábio.

⁶Corta os próprios pés e bebe violência quem manda mensagem por meio do tolo.

⁷As pernas do coxo são bambas como o provérbio na boca dos tolos.

⁸Como amarrar pedra no estilingue, assim é aquele que presta homenagem ao tolo.

⁹Como galho de espinhos em mãos de um bêbado, assim é o provérbio na boca dos tolos.

¹⁰Um arqueiro sai ferindo a todos; e dar emprego a um tolo é como dar emprego a quem está de passagem.

¹¹Como cão que volta ao próprio vômito, assim é o tolo que repete sua estupidez.

¹²Você já viu alguém que se considera sábio? Deve-se esperar mais de um tolo do que desse tal.

¹³O preguiçoso diz: "Uma fera está no caminho e um leão está nas ruas".

¹⁴A porta gira nas dobradiças, e o preguiçoso rola na cama.

¹⁵O preguiçoso põe a mão no prato, mas acha cansativo levá-la até a boca.

¹⁶O preguiçoso se considera mais sábio que sete pessoas que dão respostas com sentido.

¹⁷Agarra um cão pelas orelhas quem, ao passar, se mete em briga alheia.

¹⁸Como alguém que se faz de louco e atira setas ardentes, flechas e morte, ¹⁹assim é o homem que engana seu próximo e depois diz: "Eu estava apenas brincando!"

²⁰Sem lenha se apaga o fogo, sem difamador acaba-se a briga.

²¹Carvão para as brasas e lenha para o fogo: assim é o briguento provocando briga.

²²As palavras do difamador são como guloseimas que descem até o fundo do ventre.

²³Escórias de prata que revestem a argila: assim são os lábios que elogiam com má intenção.

²⁴Quem odeia disfarça com a boca, mas no interior guarda a mentira. ²⁵Se a voz dele é suave, não lhe dê confiança, pois há sete abominações em seu coração. ²⁶Ainda que mascare o ódio com a mentira, sua maldade será descoberta na assembleia.

²⁷Quem abre uma cova, dentro dela cairá; quem rola uma pedra, para cima dele ela voltará.

²⁸A língua mentirosa odeia a quem ela mesma fere, e a boca que elogia leva à ruína.

27

¹Não se vanglorie pelo dia de amanhã, porque você não sabe o que o dia de hoje vai produzir. ²Que um desconhecido elogie você, e não sua própria boca; que seja um estrangeiro, e não seus próprios lábios.

³A pedra é pesada e a areia é uma carga, mas a cólera do tolo pesa mais que as duas.

⁴O furor é cruel e a ira é inflamada; mas quem consegue permanecer diante da inveja?

⁵É melhor uma repreensão aberta do que um amor disfarçado.

⁶Os golpes de um amigo são leais, mas os beijos de um inimigo são abundantes.

⁷Quem está saciado despreza o favo de mel; quem está com fome acha doce o que é fel.

⁸Como o pássaro que voa longe do ninho, assim é o homem vagando longe do lar.

⁹Óleo e perfume alegram o coração, e a doçura de um amigo vale mais que o conselho.

¹⁰Não abandone seu amigo, nem o amigo de seu pai; e em dia de apuro não vá à casa do seu irmão, pois vale mais o vizinho perto que o irmão distante.

¹¹Seja sábio, meu filho, e alegre meu coração, e eu poderei responder a quem me ofende.

¹²O esperto vê o perigo e se esconde; já os ingênuos vão em frente e acabam punidos.

¹³Tome a roupa dele, pois se tornou fiador de um estranho e em favor de uma estrangeira.

¹⁴Cumprimentar o vizinho em alta voz, de manhã bem cedo, é o mesmo que amaldiçoá-lo.

¹⁵Goteira pingando sem parar em dia chuvoso e mulher briguenta são coisas iguais. ¹⁶Querer segurá-la é o mesmo que segurar o vento ou pegar o óleo com a mão direita.

¹⁷O ferro se afia com o ferro, e a pessoa se afia com a presença de seu próximo.

¹⁸Quem cuida de sua figueira comerá de seus frutos; e quem cuida de seu senhor será honrado.

¹⁹O rosto se reflete na água, e o homem se reflete nas decisões de seu coração.

²⁰Abismo e perdição são insaciáveis, e também insaciáveis são os olhos humanos.

²¹A prata é provada na fornalha, o ouro no forno, e o homem na boca que o elogia.

²²Ainda que você soque no pilão o tolo em meio aos grãos, a tolice não se separará dele.

²³Conheça bem o estado de suas ovelhas, e preste atenção em seus rebanhos, ²⁴porque as riquezas não duram para sempre, nem a coroa de geração em geração. ²⁵Corte o capim, e quando o broto aparecer, ajunte o feno das montanhas. ²⁶Assim, você terá ovelhas que lhe darão roupa e cabritos para comprar um campo, ²⁷e as cabras darão leite suficiente para alimentar você, sua família e suas criadas.

28 *A sabedoria ao governar*

¹O ímpio foge mesmo sem ser perseguido, mas os justos se sentem seguros como um leão.

²Quando o país é dominado pela transgressão, seus governantes são numerosos; mas quando o homem é sábio, o direito se prolonga.

³O homem pobre que explora os fracos é chuva devastadora que deixa sem pão.

⁴Aqueles que abandonam a Lei elogiam o ímpio; mas lutam contra ele os que observam a Lei.

⁵Os homens maus nada compreendem do direito, mas os que buscam a Javé compreendem tudo.

⁶É melhor um pobre que caminha na integridade, do que alguém rico em caminhos perversos.

28,1-29,27: Provérbios destinados à formação dos altos funcionários da corte. Espécie de manual a ser utilizado nas escolas de sabedoria, com máximas destinadas à formação do futuro rei, de seus assessores e funcionários. Para bem governar, deve-se buscar a sabedoria, submetendo-se à autoridade de Javé e agindo com justiça, sobretudo em favor dos pobres (cf. Is 32,1-8).

⁷Quem observa a Lei é filho inteligente, mas o amigo de corruptos envergonha seu pai.

⁸Quem multiplica seus bens com lucros e juros, acumula-os para quem se compadece dos fracos.

⁹Quem desvia o ouvido para não escutar a Lei, até mesmo sua oração se tornará detestável.

¹⁰Quem desvia os retos para o mau caminho cairá em sua própria cova, mas os íntegros terão o bem como herança.

¹¹O rico parece sábio a seus próprios olhos, mas o pobre inteligente o desmascara.

¹²Quando os justos triunfam, a alegria é grande; quando os ímpios se levantam, todo mundo se esconde.

¹³Quem esconde as próprias faltas jamais tem sucesso; mas quem as confessa e abandona, alcança misericórdia.

¹⁴Feliz o homem que vive sempre no temor, pois aquele que endurece o coração cai na desgraça.

¹⁵Como leão rugindo e urso pulando, assim é o ímpio governando um povo fraco.

¹⁶O príncipe sem inteligência multiplica as extorsões; mas quem odeia o lucro prolongará seus dias.

¹⁷O homem culpado de assassinato fugirá até chegar ao túmulo: ninguém tente segurá-lo!

¹⁸Quem vive na integridade, será salvo; mas quem segue dois caminhos, num deles cairá.

¹⁹Quem cultiva seu campo se saciará de pão; quem corre atrás de ilusões se saciará de miséria.

²⁰O homem leal receberá muitas bênçãos; mas quem busca se enriquecer depressa, não ficará impune.

²¹Não é bom fazer distinção de pessoas; mas, por um pedaço de pão, o homem comete transgressão.

²²O homem invejoso corre atrás da riqueza, sem saber que a miséria cairá sobre ele.

²³Quem repreende uma pessoa, no fim encontrará mais favor do que alguém que a elogia.

²⁴Quem rouba seu pai e sua mãe, dizendo que não é pecado, torna-se amigo de bandido.

²⁵A pessoa ambiciosa provoca disputas, mas quem confia em Javé prospera.

²⁶Quem confia em si mesmo é tolo, mas quem age com sabedoria permanece a salvo.

²⁷Quem dá ao pobre não passa necessidade; mas quem fecha os olhos para ele terá muitas maldições.

²⁸Quando os ímpios se levantam, todo mundo se esconde; mas quando eles perecem, os justos se multiplicam.

29

¹O homem que é teimoso quando repreendido, será destruído de repente e sem remédio.

²Quando os justos são muitos, o povo se alegra; mas quando o ímpio governa, o povo se queixa.

³Quem ama a sabedoria alegra seu pai; mas quem frequenta prostitutas desperdiça seus bens.

⁴O rei administra a terra com base no direito, mas quem só exige impostos a destrói.

⁵O homem que adula o próximo, estende para ele uma rede debaixo dos pés.

⁶No crime do malvado há uma cilada, mas o justo canta e se alegra.

⁷O justo conhece a causa dos fracos, mas o ímpio não é capaz de reconhecê-la.

⁸Os zombadores agitam a cidade, mas os sábios afastam a ira.

⁹Quando um sábio move processo contra um tolo, pode ficar zangado ou rir, mas nunca terá sossego.

¹⁰Os assassinos odeiam o homem íntegro, mas os homens retos o procuram.

¹¹O tolo libera todas as suas paixões, mas o sábio as domina e acalma.

¹²Se um chefe dá atenção a palavras mentirosas, todos os seus ministros se tornarão maus.

¹³O pobre e o opressor se encontram, mas é Javé quem concede a luz aos olhos de ambos.

¹⁴Um rei que julga os fracos segundo a verdade, terá seu trono firme para sempre.

¹⁵Vara e repreensão produzem sabedoria, mas o jovem entregue a si mesmo envergonha sua mãe.

¹⁶Quando os ímpios se multiplicam, também o crime se multiplica; mas os justos verão a ruína deles.

¹⁷Corrija seu filho, pois ele o deixará tranquilo e lhe trará muitas alegrias.

¹⁸Quando não há profecia, o povo perece; mas quem observa a Lei é feliz.

¹⁹Não é com palavras que se corrige a um servo, pois ele até entende, mas não obedece.

²⁰Você já viu alguém sempre rápido no falar? Espera-se mais de um tolo que desse tal!

²¹Quem mima um servo desde criança, mais tarde acabará por fazer dele seu chefe.

²²O homem irado provoca briga, e o homem enfurecido multiplica os crimes.

²³O orgulho de um homem o deixará humilhado, mas o espírito humilde sustenta a própria honra.

²⁴Quem partilha com um ladrão odeia a si mesmo: ouve a maldição, mas não o denuncia.

²⁵O medo do homem o faz cair na armadilha, mas está seguro quem confia em Javé.

²⁶Muitos buscam o favor do chefe, mas é só de Javé que vem o direito do homem.

²⁷O homem injusto é uma abominação para os justos, e o homem reto uma abominação para os ímpios.

V. PALAVRAS DE AGUR

30 *"Apenas meu pedaço de pão"* – ¹Palavras de Agur, filho de Jaces, de Massa.

Oráculo do homem: Estou cansado, ó Deus, estou cansado, ó Deus, e desfalecido! ²Porque sou o mais ignorante dos homens, e não tenho inteligência humana. ³Não aprendi a sabedoria nem compreendi a ciência do Santo. ⁴Quem subiu até o céu e de lá desceu? Quem já recolheu o vento com as mãos? Quem recolheu o mar com uma túnica? Quem fixou todas as extremidades da terra? Qual é o nome dele, e o nome de seu filho? Você sabe? ⁵Cada palavra de Deus é comprovada; ele é escudo para quem nele se abriga. ⁶Não acrescente nada às palavras dele, porque ele o repreenderia e o faria passar por mentiroso.

⁷Duas coisas eu te peço. Não me negues o seguinte antes de eu morrer: ⁸afasta de mim a falsidade e a mentira; não me dês nem riqueza nem pobreza. Concede-me apenas meu pedaço de pão; ⁹pois, saciado, eu poderia te renegar, dizendo: "Quem é Javé?" Ou então, na miséria, chegaria a roubar e profanar o nome do meu Deus.

¹⁰Não calunie um servo diante do seu patrão, pois o servo amaldiçoaria você, e você é que levaria a culpa.

¹¹Existe geração que amaldiçoa o próprio pai e não abençoa a própria mãe; ¹²geração que se considera pura, mas que não se lavou da imundície! ¹³Geração de olhos altivos e olhar orgulhoso; ¹⁴geração que tem dentes como espadas e queixos como punhais, para eliminar da terra os pobres e do meio dos homens os indigentes!

VI. PROVÉRBIOS NUMÉRICOS

Aprendendo com pessoas, animais e coisas – ¹⁵A sanguessuga tem duas filhas: "Me dá", "Me dá". Existem três coisas insaciáveis, e uma quarta que nunca diz "chega": ¹⁶a morada dos mortos, o útero estéril, a terra sempre sedenta de água, e o fogo que nunca diz "chega".

¹⁷O olho que zomba de seu pai e recusa obediência a sua mãe, deve ser arrancado pelos corvos do vale e devorado pelas águias.

¹⁸Existem três coisas que me encantam, e uma quarta que não compreendo: ¹⁹o caminho da águia no céu, o caminho da serpente na rocha, o caminho do navio em alto-mar e o caminho do homem com uma jovem.

²⁰Assim é a conduta da mulher adúltera: ela come, limpa a boca e depois diz: "Eu não fiz nada de mau".

30,1-14: Diante das injustiças que vê no mundo (vv. 11-14), o estrangeiro Agur lança severa crítica às escolas tradicionais de sabedoria (vv. 1-6; cf. Ecl 1,3.14), segundo as quais o aprendizado da sabedoria era a condição para o ser humano se realizar. O sentido da vida, para Agur, vem de dois pedidos a Deus: uma vida sincera e sóbria. A sabedoria de Agur consiste na correção pessoal da própria vida: que cada um se preocupe com o pão para todos, rejeitando tanto a miséria da maioria quanto a opulência de uns poucos. Cf. a oração do Pai-nosso, em Lc 11,2-4.

15-33: Provérbios de origem estrangeira sobre vários temas. Resultam da observação da natureza e do comportamento humano. A maioria deles usa o estilo numérico, elencando alguns elementos e acrescentando um último, sobre o qual se chama a atenção. Vale a pena o exercício de criar provérbios com temas atuais no mesmo estilo.

²¹Existem três coisas que fazem a terra tremer, e a quarta ela não pode suportar: ²²um servo que se torna rei, um idiota que se enche de comida, ²³a mulher desprezada que encontra um marido, e a serva que ocupa o lugar da patroa.

²⁴Existem quatro seres pequeninos na terra, que são mais sábios que os sábios: ²⁵as formigas, povo fraco, mas que recolhe sua comida no verão; ²⁶as marmotas, povo sem força, mas que faz suas tocas nos rochedos; ²⁷os gafanhotos, que não têm rei, mas saem todos em bando; ²⁸as lagartixas, que a gente pode pegar com a mão, mas entram até em palácios de reis.

²⁹Existem três seres com belo porte, e um quarto de belo andar: ³⁰o leão, o mais valente dos animais, que não foge diante de nada; ³¹o cavalo de rins poderosos, ou o bode; e o rei contra o qual não se faz rebelião.

³²Se você cometeu a estupidez de se exaltar a si mesmo e depois refletiu, coloque a mão na boca. ³³Porque batendo o leite sai manteiga, apertando o nariz sai sangue, e apertando a ira sai briga!

VII. PALAVRAS DE LAMUEL

31 *Ensinamentos de uma mãe* – ¹Palavras de Lamuel, rei de Massa, que lhe foram ensinadas por sua mãe.

²O que é isso, meu filho? O que é isso, filho de minhas entranhas? O que é isso, filho de minhas promessas? ³Não entregue sua força às mulheres, nem seus caminhos àqueles que corrompem os reis. ⁴Não convém aos reis, ó Lamuel, não convém aos reis beber vinho, nem aos príncipes gostar de bebidas alcoólicas. ⁵Pois, se eles bebem, acabam se esquecendo das leis e pervertem a justiça dos pobres. ⁶Dê bebida alcoólica a quem vai morrer e vinho aos amargurados, ⁷porque bebendo eles esquecerão sua pobreza e não mais se lembrarão de suas labutas. ⁸Abra a boca em favor do mudo e em defesa dos abandonados. ⁹Abra a boca e julgue com justiça, defendendo a causa do pobre e do indigente.

CONCLUSÃO:
A MULHER DE VALOR

Poema da mulher forte – ¹⁰Quem poderá encontrar uma mulher de valor? Ela vale muito mais do que pérolas. ¹¹Seu marido confia nela, e a ele não faltam riquezas. ¹²Ela traz para ele a felicidade e não a desgraça, em todos os dias da vida. ¹³Ela procura a lã e o linho, e suas mãos realizam o trabalho com dedicação. ¹⁴Ela é como navios mercantes, que de longe lhe trazem o alimento. ¹⁵É noite ainda quando ela se levanta, para preparar o alimento de sua família e para dar ordens às criadas. ¹⁶Ela examina um terreno e o compra, e com o fruto de seu trabalho planta uma vinha. ¹⁷Ela cinge os rins de força, e torna forte a ação de seus braços. ¹⁸Ela sabe que seus negócios vão bem, e mesmo de noite sua lâmpada não se apaga. ¹⁹Ela estende a mão ao fuso e com a palma da mão segura a roca. ²⁰Ela abre a mão para o pobre e estende o braço para o indigente. ²¹Ela não teme por sua família quando cai a neve, porque todos usam roupas forradas. ²²Ela tece colchas para usar e se veste de linho e púrpura. ²³Seu marido é respeitado nas reuniões, quando se assenta com os anciãos da cidade. ²⁴Ela fabrica tecidos para vender, e fornece cinturões para os comerciantes. ²⁵Ela se veste de coragem e dignidade, e sorri para o amanhã. ²⁶Ela abre a boca com sabedoria, e sua língua ensina com bondade. ²⁷Ela supervisiona o andamento da casa, e não come o pão da preguiça. ²⁸Seus filhos se levantam para proclamá-la feliz, e seu marido a elogia: ²⁹"Existem muitas mulheres de valor, mas você superou a todas elas!"

³⁰A graça é enganadora e a beleza é passageira, mas a mulher que teme a Javé merece louvor. ³¹Deem a ela o fruto de seu trabalho, e que suas obras a louvem nos portões da cidade.

31,1-9: A mãe, mestra de sabedoria, deixa ao filho conselhos para governar com justiça, defendendo os mais fracos.

10-31: O livro conclui com a imagem da mulher ideal, empreendedora e dedicada aos negócios e interesses da família. Realizando tarefas que na sociedade machista eram próprias dos homens, ela rompe preconceitos e traz felicidade a todos. Aliás, é o marido que se define em relação a ela, e não o contrário. A mulher forte e de valor representa a própria sabedoria: ambas merecem louvor. Na casa da Sabedoria (Pr 9,1-6) há trabalho, justiça, honra, prosperidade e vida para todos.

ECLESIASTES

ALEGRIA É VIVER O PRESENTE E DESFRUTAR DO PRÓPRIO TRABALHO

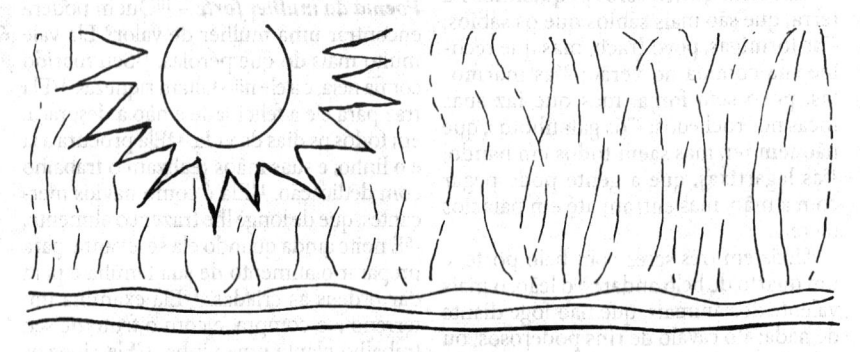

Introdução

O livro de Coélet, ou Eclesiastes, foi escrito provavelmente em finais do século III a.C., talvez em Jerusalém, por um mestre que se dedicou "a buscar a sabedoria, observando todas as tarefas que se realizam na terra" (8,16). Ao longo dos séculos injustamente tachado de pessimista, o Eclesiastes são reflexões críticas e realistas de uma época de instabilidade, quando a Palestina estava sob a dominação do império grego dos ptolomeus, cujo centro se encontrava no Egito. Estes eram auxiliados pela família palestinense dos tobíadas, que ganhava na arrecadação de pesados tributos e acabava controlando internamente a economia, a política e o comércio.

Usando termos comerciais e questionando a sabedoria tradicional, o autor lança dura crítica aos valores que as mudanças na política e na economia estavam produzindo na sociedade. Com os impostos devendo ser pagos em dinheiro, e não mais em produtos, aumenta a distância entre os pequenos proprietários e a elite dominante e latifundiários. Muitos, endividando-se, vendiam-se como escravos. Os valores baseados nos laços familiares vão dando espaço a relações mais individualistas e materialistas, com semelhantes lutando entre si (4,4). Nessa época de mudanças e incertezas, Coélet olha para o povo sofredor com compaixão, e critica como segurança ilusória a lógica econômica dos gregos, fundada no lucro e no acúmulo de riquezas.

Nesse tempo, em que os tributos eram causa de crescente endividamento e escravização dos judeus, falar em viver do próprio trabalho soa como crítica severa tanto à dominação estrangeira quanto à exploração realizada pelos tobíadas, que mantinham todo o aparato estatal dos tributos: "Se numa província você vir o pobre oprimido, o direito e a justiça violados, não se surpreenda. Cada autoridade tem uma autoridade superior, e uma autoridade suprema vigia sobre todas" (5,7). Quando a tirania se exerce em todos os níveis, como pode o ser humano encontrar o único sentido que lhe resta na vida?

Influenciado pelas culturas grega, egípcia e mesopotâmica, é difícil definir o livro pelo conteúdo, gênero literário, composição ou estrutura. Aliás, a divisão aqui proposta em três partes é artificial. Encontramos nele o espírito crítico radical e inconformado do autor, para quem nada pode ser compreendido satisfatoriamente, pois as teorias e ensinamentos só têm sentido quando experimentados na prática. Coélet reflete sobre as contradições da realidade, que ele experimenta na própria vida. Contradições que são as nossas hoje também, quando queremos compreender objetivamente e explicar os fatos com a razão. Tudo, porém, escapa como fumaça, deixando o angustioso sentimento do vazio. De fato, na moldura da obra (1,2 e 12,8), o autor põe em xeque a tradição sapiencial do seu tempo, ao dizer que "tudo é ilusão" e "corrida atrás do vento". Resta à vida das pessoas apenas um sentido parcial, porém alegre, encontrado na possibilidade de comer, beber e aproveitar dos frutos do próprio trabalho (2,24; 3,12s.22; 5,17; 8,15; 9,7-9).

O realismo aqui destoa do otimismo da tradição sapiencial de Israel. Enquanto a sabedoria procura dar sentido à existência e aos acontecimentos, Coélet não o encontra sequer em suas próprias palavras: "Quanto mais palavras, mais ilusão" (6,11).

Longe de cair no desespero, o autor reconhece o Deus que deseja a felicidade das pessoas e está presente na possibilidade humana de viver o próprio presente. Coélet experimentou realizar-se com o poder, as riquezas, o prestígio, o conhecimento, mas em nada encontrou sentido. Definir o autor seria trair a contrariedade de sua existência e sua mensagem, que continua fugindo, quando pensamos compreendê-la. Coélet é todo ser humano inconformado, que busca a explicação da própria vida e nunca se dá por satisfeito.

I. ILUSÕES DA VIDA

1 **Título** – ¹Palavras de Coélet, filho de Davi, rei em Jerusalém.

"Tudo é ilusão" – ²Ilusão das ilusões, diz Coélet, ilusão das ilusões, tudo é ilusão!

A mesmice cansa – ³Que lucro tem o ser humano em todo o duro trabalho com que se cansa debaixo do sol? ⁴Uma geração vai, outra geração vem, e a terra permanece sempre a mesma. ⁵O sol se levanta, o sol se põe, e se apressa para voltar ao seu lugar, de onde volta a sair. ⁶O vento vai para o sul, gira para o norte, gira e gira, e assim vai o vento. ⁷Todos os rios correm para o mar, e o mar não se enche; quando chegam ao lugar para onde correm, daí voltam a correr.

⁸Todas as coisas cansam, e ninguém consegue explicá-las. Os olhos não se satisfazem com o que veem, nem os ouvidos com o que ouvem. ⁹O que aconteceu, acontecerá de novo; o que se fez, vai se fazer de novo: não existe nada de novo debaixo do sol! ¹⁰Ainda que alguém diga: "Olhe, isto é novo", já aconteceu em outros tempos, muito antes de nós. ¹¹Ninguém se lembra dos antepassados, e a mesma coisa acontecerá com os que vierem: seus sucessores não se lembrarão deles.

Sabedoria traz sofrimento – ¹²Eu, Coélet, fui rei de Israel em Jerusalém. ¹³Dediquei-me a investigar e explorar com sabedoria tudo o que se faz debaixo do céu. Deus deu aos homens uma triste tarefa para que se ocupem com ela. ¹⁴Examinei todas as ações que se fazem debaixo do sol: tudo é ilusão e corrida atrás do vento. ¹⁵O que é torto não se pode endireitar; o que falta não se pode contar. ¹⁶E pensei comigo mesmo: aqui estou eu, maior e mais sábio que todos os que antes de mim reinaram em Jerusalém; minha mente alcançou muita

---

1,1: Título do livro, acrescentado posteriormente. Apresenta o autor "Coélet" como se fosse o rei Salomão, "filho de Davi", segundo a tradição que via nesse rei o incentivador e modelo da sabedoria. Coélet pode ser nome próprio ou ainda indicar a função de quem reúne uma comunidade e lhe fala.
2: Expressão que abre e fecha o livro original (12,8; cf. nota a 12,9-14). A expressão aqui traduzida "ilusão das ilusões", por influência do latim consagrou-se como "vaidade das vaidades", ou "vazio", muitas vezes lida em sentido moral, traindo o original hebraico: o ser humano não consegue compreender a totalidade das coisas e situações, porque tudo é vazio, escapa e desaparece como fumaça.

3-11: A pergunta do v. 3 é um programa para todo o livro. O ritmo repetitivo da natureza e da história cansa e não traz nada de novo. Na repetição cansativa que é a vida, o autor propõe investigar o sentido da existência, ou seja, o que o ser humano ganha com todas as suas fadigas. A palavra "lucro", que ocorre 10 vezes na obra (1,3; 2,11.13; 3,9; 5,8.15; 7,12; 10,10.11), mostra como o autor usa a linguagem comercial para criticar a mentalidade econômica trazida pela dominação grega: a ilusão da segurança encontrada no acúmulo de bens e riquezas.
12-18: Tendo investigado todas as ações (vv. 13-15), o autor descobre que elas não têm sentido. O conhecimento e a sabedoria (vv. 16-18) também não trazem o sentido da existência, dando apenas a consciência de

sabedoria e conhecimento. ¹⁷E tendo-me esforçado para aprender a sabedoria e o conhecimento, compreendi então que também isso é corrida atrás do vento. ¹⁸Porque com muita sabedoria vem também muito desgosto, e quanto maior o conhecimento, maior o sofrimento.

2 O que sobra da riqueza e do poder?

¹Eu pensei: vamos experimentar a alegria e desfrutar os prazeres! Mas isso também é ilusão. ²Eu disse ao riso: "loucura"; e à alegria: "pra que serve?" ³Na minha busca da sabedoria, resolvi entregar-me ao vinho, e me rendi à insensatez, para descobrir o que existe de bom para o homem fazer debaixo do céu, nos dias contados de sua vida.

⁴Fiz obras grandiosas para mim: construí palácios, plantei vinhas, ⁵formei pomares e parques, onde plantei todo tipo de árvores frutíferas; ⁶fiz reservatórios de água para regar o solo fértil; ⁷comprei escravos e escravas, tinha criados e possuía rebanhos de vacas e ovelhas, mais do que todos os que antes de mim reinaram em Jerusalém. ⁸Também juntei prata e ouro, as riquezas de reinos e províncias. Contratei cantores e cantoras, e tive um harém de concubinas para me deliciar, como costumam os homens. ⁹Fui maior e mais poderoso que todos os que antes de mim reinaram em Jerusalém, e conservei comigo a sabedoria. ¹⁰Dei aos meus olhos tudo o que eles pediam, e não privei meu coração de nenhum prazer. Sabia desfrutar de todas as minhas fadigas, e esta foi a minha porção em todo o meu cansaço. ¹¹Depois, examinei todas as obras de minhas mãos e o cansaço que me custou realizá-las; e eis que tudo era ilusão e corrida atrás do vento, e não havia nada de lucro debaixo do sol.

O lucro da sabedoria

– ¹²Pus-me a examinar a sabedoria, a tolice e a insensatez. "O que fará o sucessor do rei?" Vai fazer o que já foi feito. ¹³E observei que há mais lucro na sabedoria que na insensatez, assim como há mais lucro na luz que na escuridão. ¹⁴O sábio tem os olhos no rosto, mas o insensato caminha na escuridão. No entanto, compreendi também que os dois terão a mesma sorte. ¹⁵Por isso pensei comigo: "O que acontece ao insensato acontecerá também a mim. Então para que me tornei sábio? Qual a vantagem?" E concluí que também isso é ilusão. ¹⁶Porque ninguém vai se lembrar para sempre, nem do sábio nem do insensato, pois nos anos futuros tudo será esquecido. Vão morrer tanto o sábio como o insensato. ¹⁷E assim detestei a vida, pois vi que tudo o que se faz debaixo do sol me desagrada. Tudo é ilusão e corrida atrás do vento.

Alegrar-se com o trabalho é dom de Deus

– ¹⁸E detestei todo o trabalho que fiz com tanto cansaço debaixo do sol, porque terei de deixar tudo para o meu sucessor. ¹⁹E quem sabe se ele vai ser sábio ou insensato? E no entanto, será ele o dono de tudo o que me custou tanto cansaço e sabedoria debaixo do sol. Também isso é ilusão.

²⁰E acabei desenganado de todo o trabalho com que me cansei debaixo do sol. ²¹Pois há quem trabalhe com sabedoria, conhecimento e acerto, e tem de deixar sua porção para alguém que em nada se esforçou. Também isso é ilusão e grande desgraça. ²²Então, o que resta para o homem de todos os trabalhos e preocupações com que se cansou debaixo do sol? ²³De dia sua tarefa é sofrer e penar, e mesmo de noite sua mente não descansa. Também isso é ilusão.

²⁴Não há nada melhor para o homem do que comer e beber e desfrutar do pro-

---

que tornar-se sábio é continuar sofrendo, sem poder acabar com o sofrimento do mundo.

2,1-11: Riquezas, poder e glória também são ilusórios e passageiros. De todas as realizações pessoais e de todo o sofrimento que custaram, o único sentido consiste em poder desfrutar as próprias fadigas.

12-17: Enquanto a sabedoria dá ao sábio olhos que iluminam a vida, a insensatez lança o insensato na escuridão. Mesmo reconhecendo que a sabedoria é melhor, Coélet se aborrece ao constatar a falta de sentido em terem ambos o mesmo destino de morte e esquecimento. Aqui, vale notar que o livro não leva em conta a crença na vida após a morte.

18-26: Uma das poucas certezas do autor é que o trabalho só tem sentido enquanto o trabalhador puder aproveitar os frutos do próprio trabalho, vivendo o momento presente, comendo, bebendo e se alegrando. E se isso acontece, só pode ser um dom de Deus, ainda que não seja possível compreender por que o sábio pareça levar a pior com seus sofrimentos, enquanto o insensato recebe tudo de mão beijada. Portanto, é ilusória, sem sentido e injusta a vida do trabalhador explorado tanto

duto de seu trabalho. E mesmo isso eu vi que vem das mãos de Deus. ²⁵Pois, quem pode comer e quem pode desfrutar, se isso não vier de Deus? ²⁶Deus dá sabedoria, conhecimento e alegria ao homem que lhe agrada. Mas Deus dá como tarefa ao pecador juntar e acumular, para depois dar a quem agrada a Deus. Também isso é ilusão e corrida atrás do vento.

3 *Tempo certo e trabalho* – ¹Para tudo há um momento, e um tempo certo para cada coisa debaixo do céu:
²Tempo para nascer
 e tempo para morrer,
tempo para plantar
 e tempo para arrancar a planta,
³tempo para matar e tempo para curar,
tempo para derrubar
 e tempo para construir,
⁴tempo para chorar e tempo para rir,
tempo para estar de luto
 e tempo para dançar,
⁵tempo para atirar pedras
 e tempo para recolher pedras,
tempo para abraçar
 e tempo para separar-se,
⁶tempo para procurar
 e tempo para perder,
tempo para guardar
 e tempo para jogar fora,
⁷tempo para rasgar
 e tempo para costurar,
tempo para calar e tempo para falar,
⁸tempo para amar e tempo para odiar,
tempo para a guerra
 e tempo para a paz.

⁹Que lucro tem o trabalhador com seus cansaços? ¹⁰Observei a tarefa que Deus confiou aos homens para que se ocupem dela: ¹¹tudo o que Deus fez é apropriado para cada tempo. Também pôs a eternidade no coração do homem, sem que o homem possa abarcar as obras que Deus faz desde o princípio até o fim.

¹²E compreendi que não há nada melhor para o homem que alegrar-se e ter bem-estar na vida. ¹³Mas é também dom de Deus que o homem coma e beba e desfrute o produto de seu trabalho. ¹⁴Compreendi também que tudo o que Deus faz é para sempre: a isso nada se pode acrescentar, e disso nada se pode tirar. Deus fez assim para que o temam. ¹⁵O que existe, já existiu; o que vai existir, já existe. Deus vai em busca do que foge.

A porção humana em meio às injustiças – ¹⁶Observei outra coisa debaixo do sol: em lugar do direito, encontra-se a injustiça; em lugar da justiça, a injustiça. ¹⁷E pensei: Deus julgará o justo e o injusto, porque existe um tempo para cada coisa, e um lugar para cada ação. ¹⁸Quanto aos homens, penso assim: Deus os prova, para que vejam que por si mesmos são animais; ¹⁹pois a sorte de homens e animais é uma só: morre um e morre o outro, todos têm o mesmo sopro de vida, e o homem não supera os animais. Tudo é ilusão. ²⁰Todos caminham para o mesmo lugar, todos vêm do pó e todos voltam ao pó. ²¹Quem é que sabe se o sopro de vida do homem vai para cima e se o sopro de vida do animal vai para baixo da terra?

²²E assim observei que não há nada melhor para o homem do que alegrar-se com suas obras. Essa é a sua porção. De fato, quem pode fazer o homem desfrutar o que virá depois dele?

4 *Violência e competição contra união e sabedoria* – ¹Observei também todas as opressões que se cometem debaixo do sol. Vi os oprimidos chorar sem que ninguém os consolasse, sem que ninguém os apoiasse contra a violência dos opressores.

---

quanto a do patrão explorador ou do herdeiro que nada sofreu e tudo recebeu sem esforço.
3,1-15: Não há nada de novo debaixo do sol e tudo se repete. O desafio é realizar a ação certa no momento certo, como Deus sempre faz (v. 11), ele que "pôs a eternidade no coração do homem", dando-lhe a capacidade de acreditar que a vida vai além dos inexplicáveis problemas e acontecimentos da existência. Temer a Deus, portanto, é reconhecê-lo como o Criador que dá sentido à vida. A ação de Deus, certa para cada tempo, permite compreender algo das ações apropriadas a cada tempo no trabalho humano.

16-22: Observando as injustiças que se cometem e a morte que a todos nivela, o autor não consegue descobrir sequer a vantagem dos homens sobre os animais. Mais uma vez, portanto, o conselho de buscar o sentido parcial da existência na prática, vivendo o momento presente e desfrutando das próprias obras.
4,1-16: Reflexões várias. Tem mais sorte quem ainda não nasceu, pois não vê as injustiças e violências que se cometem (vv. 1-3). As realizações humanas também são ilusórias, porque fundadas na competição entre semelhantes e no desejo de ser e ter mais que os outros; é melhor, portanto, viver com tranquilidade,

²E os mortos, aqueles que já morreram, considerei-os mais felizes que os vivos, aqueles que ainda vivem. ³Mais feliz que os dois, porém, é aquele que ainda não existiu, porque não viu as maldades que se cometem debaixo do sol.

⁴Observei que todo esforço e sucesso nos empreendimentos é resultado da competição do homem frente a seu semelhante. Também isso é ilusão e corrida atrás do vento. ⁵O insensato cruza os braços e se devora. ⁶É melhor um punhado com tranquilidade do que dois punhados com esforço e frustração.

⁷Descobri outra ilusão debaixo do sol: ⁸há quem vive sozinho, sem companheiro, sem filhos nem irmãos; e mesmo assim trabalha sem descanso e nunca está contente com suas riquezas. Mas para quem ele trabalha e se priva de satisfações? Também isso é ilusão e dura tarefa.

⁹É melhor dois juntos do que alguém sozinho, porque melhor será o resultado do que fazem. ¹⁰Se um cair, seu companheiro o levantará. Pobre do solitário se cair, pois não terá quem o levante. ¹¹Além disso, se deitam juntos, podem se aquecer um ao outro; mas alguém que se deita sozinho, como se aquecerá? ¹²Um sozinho é derrotado, mas dois juntos vão resistir. A corda tríplice não arrebenta tão fácil.

¹³Mais valor tem um jovem pobre e sábio, do que um rei velho e insensato, que não aceita mais conselhos. ¹⁴Ainda que tenha saído da prisão para reinar e tenha nascido mendigo para se tornar rei, ¹⁵observei que todos os viventes que se moviam debaixo do sol estavam do lado do jovem, seu sucessor. ¹⁶E ele ficou à frente de uma multidão sem fim. Mas aqueles que virão depois não se alegrarão com ele. Também isso é ilusão e corrida atrás do vento.

Com Deus, falar pouco e ouvir muito – ¹⁷Cuide dos seus passos quando você for à casa de Deus: é melhor aproximar-se para ouvir do que oferecer sacrifício como os insensatos, que agem mal sem perceber.

5 ¹Quando falar com Deus, não o faça sem pensar, nem apressado pelo pensamento. Porque Deus está no céu, e você está na terra. Portanto, fale pouco. ²Assim como o sonho vem das muitas ocupações, a voz dos insensatos vem do falar demais. ³Quando fizer uma promessa a Deus, não demore para cumpri-la, porque Deus não gosta dos insensatos. Cumpra o que você prometeu. ⁴É melhor não fazer promessa do que fazer e não cumprir. ⁵Não deixe que sua boca o leve ao pecado, nem diga ao mensageiro que você errou porque não sabia. Deus se irritaria com o que você diz, e faria fracassar o que você faz. ⁶Quando se multiplicam os sonhos e ilusões, multiplicam-se também as palavras. Você, em vez disso, tema a Deus.

Injustiça legalizada – ⁷Se numa província você vir o pobre oprimido, o direito e a justiça violados, não se surpreenda. Cada autoridade tem uma autoridade superior, e uma autoridade suprema vigia sobre todas. ⁸O lucro do país é para todos, quando o rei está a serviço do campo.

Riqueza não é bênção – ⁹Quem ama o dinheiro nunca está satisfeito com o di-

---

sem falta nem excesso de trabalho (vv. 4-6). A solidão torna tudo mais difícil; os laços familiares, de amizade ou companheirismo, ao invés, dão ao ser humano força para buscar as realizações ou resistir nas dificuldades (vv. 7-12). A sabedoria ajuda a vencer na vida, mas só se adquire em primeira pessoa e não requer dinheiro; idade avançada pode significar tanto sabedoria quanto insensatez adquirida com os anos, e jovens também podem a seu modo ser sábios (vv. 13-16). Interessante notar como Coélet utiliza os números para criticar a economia monetária, baseada no lucro e no acúmulo: "dois" só é melhor ou mais que "um" quando há companheirismo e união (vv. 9-12); com competição e individualismo, "um" é melhor que "dois" (vv. 4-6).

4,17-5,6: Em estilo profético, Coélet afirma que Deus não tem necessidade de sacrifícios, menos ainda quando oferecidos por insensatos. O culto a Deus é assunto sério, baseado na relação que implica para o ser humano ouvir a Deus, mais do que dirigir-lhe palavras sem fim. Falar pouco e ouvir muito é reconhecer nossa incapacidade de compreender o sentido da vida. É o convite a destacar-se das preocupações e ocupações, de modo que Deus fale e ilumine. Longe da insensatez de prometer a Deus e não cumprir, o verdadeiro culto consiste em apresentar-se a ele com sinceridade, pois com Deus não se brinca.

5,7-8: Os versículos refletem a realidade da Palestina dominada pelo império grego dos ptolomeus, auxiliados pela aristocracia palestinense dos tobíadas na arrecadação de tributos e impostos. A tirania se exerce em todos os níveis de poder, até chegar ao poder supremo do rei, aquele que se preocupa com o máximo rendimento dos campos das regiões dominadas. Quando a injustiça é institucionalizada, em benefício de quem se revertem os frutos da terra?

5,9-6,9: De que adianta acumular riquezas se nada levamos ao túmulo? A bênção de Deus, única felicidade para o ser humano, consiste em poder comer, beber e

nheiro, e quem ama a abundância nunca tira proveito dela. Também isso é ilusão. ¹⁰Quando aumentam os bens, aumentam também aqueles que os devoram, e a única vantagem do dono é saber que é rico. ¹¹Coma muito ou coma pouco, o sono do trabalhador é agradável, enquanto a abundância do rico não o deixa dormir.

¹²Há outro mal nocivo à saúde que observei debaixo do sol: riquezas que o dono acumula para a sua própria desgraça. ¹³Basta um mau negócio, para ele perder as riquezas, e se tiver um filho, este ficará de mãos vazias. ¹⁴Nu, como saiu do ventre de sua mãe, assim vai voltar. E não levará nada do trabalho de suas mãos. ¹⁵Também isso é um mal nocivo à saúde: ele terá de ir como veio. E que lucro teve com tanto trabalho? Apenas vento. ¹⁶Consumiu toda a sua vida na escuridão, entre muitos desgostos, doenças e rancores.

¹⁷Concluí então: a felicidade perfeita para o homem é comer, beber e desfrutar todo o trabalho com que se cansa debaixo do sol, nos poucos anos que Deus lhe concede. Porque essa é a sua porção. ¹⁸Se Deus concede a um homem riquezas e bens e a capacidade de comer deles, de receber sua porção e desfrutar os seus trabalhos, isso é um dom de Deus. ¹⁹Ele não vai ficar pensando muito sobre os anos de sua vida, porque Deus lhe enche o coração de alegria.

6 ¹Vi debaixo do sol uma desgraça que pesa sobre os homens: ²Deus concede riquezas, bens e fortuna a um homem, sem que lhe falte nada do que deseja; mas Deus não lhe concede desfrutá-los, porque um estranho os desfruta. Isso é ilusão e sofrimento cruel. ³Mesmo que tal homem tivesse cem filhos e vivesse muitos anos, se não encontrou satisfação nos bens que possuía, nem sequer teve um túmulo, garanto que um aborto é melhor. ⁴Porque um aborto vem inutilmente e parte para a escuridão, e a escuridão sepulta seu nome. ⁵Não viu o sol, não ficou sabendo de nada, nem teve um túmulo, mas ao menos descansa melhor que o outro.

⁶E ainda que o outro vivesse duas vezes mil anos, se não pode desfrutar a vida, não vão todos para o mesmo lugar? ⁷Todo o trabalho cansativo do homem é para a boca, e o estômago nunca fica satisfeito. ⁸Que vantagem tem o sábio sobre o insensato? Quem sabe defender-se na vida, que vantagem tem em relação ao pobre? ⁹É melhor ver com os próprios olhos do que ficar agitado em desejos. Também isso é ilusão e corrida atrás do vento.

II. CRÍTICA À SABEDORIA TRADICIONAL

"O que é melhor para o homem" – ¹⁰O que aconteceu já estava determinado, e o homem não pode enfrentar quem é mais forte do que ele. ¹¹Quanto mais palavras, mais ilusão. E qual a vantagem disso para o homem? ¹²Quem sabe o que é melhor para o homem durante a vida, ao longo dos dias contados de sua vida de ilusão, que passam como sombra? Quem poderá dizer ao homem o que vai acontecer depois dele debaixo do sol?

7 ¹É melhor boa fama que bom perfume, e o dia da morte é melhor que o dia do nascimento. ²É melhor visitar uma casa que está em luto do que uma casa que está em festa, porque esse é o fim de todo homem; e assim, quem está vivo há de refletir. ³É melhor sofrer do que rir, pois a dor de fora cura por dentro. ⁴O sábio pensa na casa que está em luto, o insensato pensa na casa que está em festa. ⁵É melhor escutar a repreensão de um sábio do que ouvir a bajulação dos insensatos, ⁶porque o riso dos insensatos é como os gravetos estalando debaixo da panela. Isso é outra ilusão. ⁷A chantagem torna o sábio insen-

---

desfrutar o fruto do próprio trabalho. Isso faz pensar numa sociedade solidária e fraterna, onde as pessoas não vivem o ilusório círculo vicioso de acumular para saciar ânsias que nunca estarão satisfeitas. Coélet põe em xeque a tradição israelita da bênção como vida longa e muitos filhos. De que adianta viver muito, ter tantos filhos e acumular bens, se não conseguimos aproveitar intensamente cada momento presente? Ou se não podemos alegrar-nos em meio aos cansaços, e se nosso trabalho não serve para nada?

6,10–7,14: Série de reflexões sobre o que é melhor para o ser humano. Embora incapaz de compreender a existência e de saber o futuro, a experiência do autor lhe mostra algumas coisas vantajosas, que caracterizam a vida sábia: ser honrado, ter consciência do sofrimento e da morte refletindo sobre elas, ser humilde para aceitar repreensão, não extorquir ou subornar, não se encolerizar. Criticando sutilmente a sabedoria tradicional (7,1-10), o autor apresenta a sabedoria como o autêntico "lucro" e abrigo para o ser humano.

sato, e o suborno lhe tira o juízo. ⁸É melhor o fim de um assunto que o seu começo, e é melhor a paciência que a arrogância. ⁹Não se deixe tão facilmente tomar pela cólera, porque a cólera se abriga no peito do insensato. ¹⁰Não pergunte: "Por que os tempos passados eram melhores que os de agora?" Essa não é pergunta de sábio.

¹¹Boa é a sabedoria acompanhada de uma herança, vantajosa para aqueles que veem a luz do sol. ¹²Porque a sabedoria é um abrigo, como o dinheiro serve de abrigo. Mas há mais lucro no conhecimento, porque a sabedoria preserva a vida de quem a possui.

¹³Observe a obra de Deus: quem poderá endireitar o que ele torceu? ¹⁴Seja feliz nos dias de prosperidade e reflita nos dias de desgraça: Deus criou os dias contrários, para que o homem nunca possa descobrir nada do seu próprio futuro.

Ser íntegro é temer a Deus – ¹⁵Eu vi de tudo nos dias da minha vida de ilusão. Vi gente justa fracassando na sua justiça, e gente malvada prosperando na sua maldade. ¹⁶Não pretenda ser extremamente justo, nem sábio demais. Por que você iria se destruir? ¹⁷Não insista também em ser malvado, nem queira ser insensato. Para que você iria morrer antes do tempo? ¹⁸É bom que você se apegue a uma coisa sem abandonar a outra. O importante é que você tema a Deus, porque assim se sairá bem tanto numa coisa quanto na outra. ¹⁹A sabedoria torna o sábio mais forte que dez chefes numa cidade. ²⁰Não há no mundo ninguém tão justo que faça o bem sem nunca pecar. ²¹Não dê atenção a tudo o que se fala, e assim não ouvirá seu servo amaldiçoar você. ²²Porque sua própria consciência sabe que muitas vezes você também amaldiçoou a outros. ²³Eu examinei tudo isso com sabedoria, pensando: "Vou me tornar um sábio". Mas fiquei muito longe. ²⁴O que já passou está muito longe e é extremamente obscuro. Quem o descobrirá?

Inventando complicações – ²⁵Comecei a investigar a fundo, buscando a sabedoria e a avaliação correta. Procurei conhecer qual é a pior insensatez, a insensatez mais absurda. ²⁶Então descobri que a mulher é mais amarga do que a morte. Os pensamentos dela são redes e laços, e seus braços são cadeias. Quem agrada a Deus consegue livrar-se dela, mas o pecador fica por ela dominado. ²⁷Veja o que concluí, diz Coélet, examinando coisa por coisa, até chegar a uma conclusão: busquei muito, e nada encontrei. ²⁸Se entre mil homens encontrei apenas um, entre todas as mulheres não encontrei uma sequer. ²⁹E concluí então: Deus fez o homem simples, mas os homens inventam muitas complicações.

8

A sabedoria ilumina – ¹Quem é como o sábio, que consegue compreender o significado de cada coisa? A sabedoria do homem ilumina seu rosto e muda a dureza de sua face. ²Eu digo: obedeça à ordem do rei, por causa do juramento que você fez a Deus. ³Não se perturbe diante do rei, mas ceda. Não resista à sua ameaça, porque ele pode cumpri-la. ⁴A palavra do rei é soberana; quem lhe pedirá contas do que ele faz? ⁵Quem cumpre suas ordens não vai sofrer nenhum mal. ⁶A mente do sábio conhece o tempo e o julgamento. De fato, há um tempo e um julgamento para cada coisa, mas há uma grande infelicidade para o homem: ⁷porque ele não sabe o que vai acontecer, e ninguém pode lhe dizer o que acontecerá depois. ⁸O homem não é dono da própria vida, nem pode prender o próprio alento. Ninguém é dono do dia da morte, e nessa guerra não há trégua. Nem mesmo a maldade deixa sem punição quem a pratica. ⁹Eu vi essas coisas todas, observando tudo o que acontece debaixo do sol, enquanto um homem domina o outro para a própria desgraça.

7,15-24: As contradições da vida servem para evitar extremismos e juízos unilaterais. Vida sábia e íntegra se constrói no caminho do equilíbrio, temendo a Deus, que conhece a totalidade das coisas.

25-29: "A mulher é mais amarga do que a morte": é afirmação típica da sociedade machista onde vive o autor. Tentando compreender o sentido da existência, os seres humanos se complicam nos próprios limites, tornando complexa a vida simples que Deus lhes deu.

8,1-9: Coélet vai além da sabedoria tradicional (apresentada nos vv. 2-5), segundo a qual era privilégio para o sábio ser conselheiro do rei (cf. Eclo 39,4). Sábio é quem consegue discernir o tempo certo na incerteza do futuro. Da morte ninguém escapa, e o poder exercido

Malvados se dão bem e justos sofrem – ¹⁰Vi também sepultarem os malvados: são levados a um lugar sagrado, e o povo caminha louvando-os pelo que fizeram na cidade. ¹¹E esta é outra ilusão: como não se executa logo a sentença contra um crime, os homens são sempre encorajados a praticar o mal. ¹²Embora o pecador pratique o mal cem vezes e prolongue seus dias, também sei que tudo irá bem para os que temem a Deus, exatamente porque o temem. ¹³Eu sei, pelo contrário, que nada irá bem para o malvado, pois quem não teme a Deus será como sombra, não terá vida longa. ¹⁴Mas ainda há outra ilusão na terra: há justos a quem toca a sorte dos malvados, enquanto aos malvados cabe a sorte dos justos. Digo que também isso é ilusão. ¹⁵Portanto, louvo a alegria, porque a única felicidade para o homem debaixo do sol é comer, beber e se alegrar. É isso que vai sobrar de seus trabalhos cansativos, durante os dias da vida que Deus lhe concede viver debaixo do sol.

Limite humano – ¹⁶Dediquei-me a buscar a sabedoria, observando todas as tarefas que se realizam na terra, pois os olhos do homem não repousam nem de dia nem de noite. ¹⁷Depois, observei toda a obra de Deus, e vi que o homem não é capaz de descobrir todas as obras que se realizam debaixo do sol. Por mais que o homem se canse buscando, não as descobrirá. E ainda que um sábio diga que as conhece, nem por isso é capaz de descobri-las.

9 ***Esperança dos vivos*** – ¹Refleti sobre isso tudo e concluí que os justos e os sábios com suas obras estão ambos nas mãos de Deus. O homem não conhece nem o amor nem o ódio de tudo o que espera. ²Tudo é a mesma coisa para todos, porque a todos cabe um destino único: inocente e culpado, puro e impuro, quem oferece sacrifícios e quem não os oferece, justo e pecador, quem jura e quem evita jurar. ³O mal que existe em tudo o que se faz debaixo do sol é que todos têm o mesmo destino. O coração dos homens está cheio de maldade: enquanto vivem, pensam loucuras; e depois morrem!
⁴Para quem está vivo ainda há esperança, pois é melhor um cão vivo que um leão morto. ⁵Os vivos sabem que deverão morrer, enquanto os mortos não sabem nada, nem terão recompensa, porque a lembrança deles cairá no esquecimento. ⁶Seus amores, ódios e paixões já se acabaram, e eles nunca mais vão participar de tudo o que se faz debaixo do sol.

III. SENTENÇAS E CONVITES DE ALEGRIA E AÇÃO

Alegria e amor – ⁷Vá, coma seu pão com alegria e beba contente seu vinho, porque Deus já aceitou suas obras. ⁸Use sempre roupas brancas e nunca falte o perfume em sua cabeça. ⁹Desfrute a vida com a mulher que você ama, enquanto durar essa sua vida de ilusão, todos esses anos de ilusão que lhe concederam debaixo do sol. Porque essa é a sua porção na vida e no trabalho com que você se cansa debaixo do sol. ¹⁰Tudo o que puder fazer, faça-o enquanto tem forças, porque no mundo dos mortos, para onde você vai, não existe ação, nem pensamento, nem ciência, nem sabedoria.

Tempo certo e acaso – ¹¹Observei outra coisa debaixo do sol: não é o mais rápido que ganha a corrida, nem é o mais forte que vence na batalha. O pão não é para os mais sábios, nem as riquezas para os mais inteligentes, nem o favor para os mais cultos, porque tudo depende do tempo e do acaso. ¹²De fato, o homem não conhece o seu tempo. Como peixes

---

arbitrariamente traz desgraça, tanto para os poderosos quanto para os fracos. Cf. nota a 3,1-15.

10-15: Crítica à doutrina da retribuição, segundo a qual cada pessoa recebe prêmio ou castigo segundo suas próprias ações. Na prática, muitas vezes os malvados se dão bem, enquanto os justos acabam perecendo. Mais uma vez, portanto, o convite a desfrutar com simplicidade o fruto do próprio trabalho, comendo, bebendo e se alegrando.

16-17: Buscando entender as ações humanas sobre a terra ou as obras de Deus debaixo do sol, o ser humano se cansa, mas nunca as poderá compreender totalmente.

9,1-6: Apesar de o mal perpassar todas as relações, é preferível manter a esperança, buscando a justiça e a sabedoria, pois os justos e sábios estão nas mãos de Deus.

7-10: Repetição do que já se disse em 2,24; 3,12-13; 5,17 e 8,15. Aqui se acrescenta o amor. Enquanto tem forças, o ser humano pode aproveitar a vida na simplicidade, alegrando-se e amando.

11-12: O ser humano vive na incerteza (não conhece o seu tempo) e na insegurança (é surpreendido por maus

presos na rede, como pássaros pegos na armadilha, os homens são surpreendidos quando um mau momento cai de repente sobre eles.

"A sabedoria vale mais do que a força" – ¹³Vi ainda outra coisa debaixo do sol, e foi uma grande lição para mim: havia uma cidade pequena, com poucos habitantes. ¹⁴Um rei poderoso veio e a sitiou, construindo contra ela fortes máquinas de guerra. ¹⁵Havia na cidade um homem de origem pobre, porém sábio. Com sua sabedoria, conseguiu salvar a cidade. Contudo, ninguém mais se lembrou desse pobre homem. ¹⁶Eu disse então a mim mesmo: a sabedoria vale mais do que a força, só que a sabedoria do pobre é desprezada, e ninguém dá atenção a seus conselhos. ¹⁷As palavras tranquilas de um sábio são mais ouvidas do que os gritos de um capitão de insensatos. ¹⁸Sabedoria vale mais que armas de guerra, mas um só erro pode anular muita coisa boa.

10 ***Insensatez pesa*** – ¹Uma mosca morta estraga um vidro de perfume, e um pouco de insensatez pesa mais que muita sabedoria. ²A mente do sábio vai à sua direita, a mente do insensato vai à sua esquerda. ³Quem não tem juízo segue o próprio caminho chamando todos de insensatos.

A calma cura – ⁴Se quem manda se enfurece contra você, não deixe o seu lugar, pois a calma cura erros graves. ⁵Há um mal que vi debaixo do sol, um erro cometido pelo soberano: ⁶a insensatez é posta nas alturas, e em lugar baixo se assentam os ricos. ⁷Vi escravos a cavalo, enquanto príncipes iam a pé como escravos.

O lucro de quem se empenha – ⁸Quem cava uma cova, nela cairá. Quem abre buracos no muro, a cobra o morderá. ⁹Quem remove pedras, com elas se machucará. Quem corta lenha, com ela se ferirá. ¹⁰Se o machado está cego e não for afiado, será preciso muita força. O lucro de quem se empenha é a sabedoria. ¹¹Se a serpente não se deixa encantar e morde, não há lucro para o encantador.

"O insensato tagarela sem parar" – ¹²O sábio ganha estima com suas palavras, o insensato se arruína com o que fala: ¹³suas palavras começam com insensatez e terminam em tolice maldosa. ¹⁴O insensato tagarela sem parar, mas o homem não sabe o que vai acontecer: quem lhe pode dizer o que virá depois dele? ¹⁵A fadiga do insensato o deixa exausto, como o caminhar de quem não sabe chegar à cidade.

Como os poderosos governam? – ¹⁶Ai de você, país onde reina um jovem e onde seus príncipes madrugam para comer! ¹⁷Feliz de você, país onde reina um nobre e os príncipes comem quando é hora, e não põem sua valentia no beber. ¹⁸A preguiça das mãos faz o teto desabar, e por causa de braços frouxos goteja na casa. ¹⁹Para se divertir, se faz um banquete, e o vinho alegra a vida, mas para tudo é necessário dinheiro.

²⁰Não fale mal do rei, nem mesmo em pensamento, e não fale mal do poderoso, nem dentro de seu próprio quarto, porque um passarinho pode levar até eles a história e um ser alado lhes contar o que foi dito.

11 ***Trabalhar pelos frutos é arriscar-se e ter esperança*** – ¹Jogue seu pão na superfície das águas, e depois de muitos

---

momentos), sempre desafiado a conhecer o tempo certo para cada coisa (cf. 3,1-15).
13-18: A sabedoria é mais poderosa que as armas de guerra. Ainda que o sábio pobre seja sempre esquecido, somente na sua sabedoria desprezada é que os fracos podem encontrar força para vencer os poderosos ou insensatos. Coélet contrapõe a força dos poderosos, baseada nas máquinas de guerra, à sabedoria dos pobres. Essa sabedoria, apesar de desprezada, vale muito mais, pois "a união faz a força" dos pobres.
10,1-3: O insensato, sem saber que está no mau caminho, vê insensatez em tudo e em todos. É igual a mosca morta que estraga o perfume: contamina, arrastando facilmente outros consigo.
4-7: Diante das arbitrariedades do poder, a melhor coisa é manter a calma para curar os "erros graves" da injustiça.

8-11: Em vez de confiar cegamente nas próprias habilidades, é melhor ser prudente e usar a sabedoria, sempre atento ao que se faz e consciente de que algo pode dar errado.
12-15: Quanto mais fala, mais o insensato expõe sua insensatez e se arruína. Fala demais, e se cansa caminhando em vão. O sábio, ao invés, ganha estima falando pouco, porque já sabe: "quanto mais palavras, mais ilusão" (6,11).
16-20: Lideranças honestas são sóbrias e trabalhadoras, e não queimam o dinheiro do povo em comilanças e bebedeiras. O modo como os governantes exercem o poder é fundamental para o destino do povo. Com os poderosos, aliás, é preciso ter cuidado e usar de prudência.
11,1-6: Se a alegria consiste em aproveitar os frutos do próprio trabalho, é preciso continuar trabalhando em vista dos frutos, sem temer o risco e a insegurança

dias você o encontrará de novo. ²Reparta com sete e até mesmo com oito, porque você não sabe que desgraça pode atingir a terra. ³Quando as nuvens estão cheias, derramam a chuva sobre a terra. Quando uma árvore cai, seja para o sul seja para o norte, no lugar onde cai, aí fica. ⁴Quem para olhando o vento nunca vai semear; quem fica olhando as nuvens nunca vai colher. ⁵Assim como você não conhece o caminho por onde o sopro de vida entra nos ossos ainda no ventre da mulher grávida, do mesmo modo você não conhece a Deus que faz todas as coisas. ⁶Espalhe sua semente de manhã e não cruze os braços à tarde, porque você não sabe qual das duas sementes vai brotar, se esta ou aquela, ou se as duas serão boas.

Desfrutar a juventude enquanto é tempo
– ⁷Doce é a luz, e os olhos a desfrutam vendo o sol. ⁸Ainda que o homem viva muitos anos, alegre-se com todos eles, mas lembre-se de que os dias sombrios serão muitos, pois tudo o que acontece é ilusão. ⁹Jovem, alegre-se com sua juventude e seja feliz nos dias da sua mocidade. Deixe-se levar pelo coração e pelo que atrai os olhos. Mas saiba que Deus vai levá-lo a julgamento, para você prestar contas de todas essas coisas. ¹⁰Afaste o sofrimento do seu coração e as dores do seu corpo, porque a juventude e os cabelos escuros são ilusão.

12 *Chegar à velhice lembrando-se do Criador* –
¹Lembre-se do seu Criador durante a juventude, antes que venham os dias infelizes e você chegue aos anos em que dirá: "Não sinto mais prazer". ²Antes que se escureçam a luz do sol, a lua e as estrelas, e antes que voltem as nuvens depois da chuva. ³Nesse dia, os guardas da casa vão tremer e os homens fortes vão se curvar; as mulheres que moem vão parar, uma a uma; as que olham pelas janelas terão a vista ofuscada; ⁴as portas da rua vão se fechar e o barulho do moinho vai se acabar; o canto dos pássaros enfraquecerá; as canções vão se calar; ⁵as alturas darão medo e os caminhos darão sustos. Quando a amendoeira florescer, o gafanhoto ficar pesado e o tempero perder o sabor, é porque o homem caminha para a sua morada eterna, e os que choram sua morte já começam a rondar pelas ruas. ⁶Antes que o fio de prata se rompa e a taça de ouro se parta, antes que o jarro se quebre na fonte e rebente a roldana do poço, ⁷antes que o pó volte à terra que ele era, e o sopro de vida volte a Deus que o concedeu.

⁸Ilusão das ilusões, diz Coélet, tudo é ilusão.

Conclusão: "tema a Deus" –
⁹Além de ser sábio, Coélet ensinou o conhecimento ao povo. Estudou, inventou e corrigiu muitos provérbios. ¹⁰Coélet procurou encontrar palavras agradáveis e escreveu a verdade com acerto. ¹¹As sentenças dos sábios são como ferrões, e como estacas bem cravadas são os ditos das coleções: eles são dados por um só pastor.

¹²Além disso, meu filho, preste atenção: escrever livros é um trabalho sem fim, e muito estudo cansa o corpo.

¹³Em conclusão, e depois de ouvir tudo, tema a Deus e guarde seus mandamentos, porque ser homem é isso. ¹⁴Pois Deus vai julgar todas as ações, também as escondidas, sejam boas, sejam más.

---

de trabalhar por nada. Enquanto o trabalhador se arrisca, não há esperança para quem cruza os braços e fica olhando as nuvens. Diante das inseguranças, a partilha é o melhor caminho (v. 2).

7-10: Convite a se alegrar nos dias da juventude, que são passageiros e ilusórios. Deus pedirá contas de uma juventude desperdiçada, que não encontrou o momento certo para cada coisa (cf. 3,1-15). Deixar-se levar pelo coração e pelo que atrai os olhos nada tem que ver com libertinagem: é um conselho que se une à busca da saúde do espírito e do corpo (v. 10).

12,1-8: Com os anos, a velhice impõe limite ainda maior aos prazeres da vida. Lembrar-se sempre do Criador é não perder de vista que os prazeres desta vida são presentes de Deus, que tudo cria para a felicidade e a simplicidade. A Deus voltará o sopro de vida com o qual vivemos. O clima sombrio do poema expressa o sentimento dos anciãos numa sociedade que começa a ser dominada pela concorrência e insegurança. O livro termina como começou, constatando que "tudo é ilusão" (12,8; cf. 1,2).

9-14: Texto acrescentado posteriormente, talvez por um discípulo do autor, que retoma o convite para temer a Deus (cf. 3,14; 5,6; 7,18; 8,12-13), tendo-o como Criador, doador da vida. É preciso continuar caminhando, como criaturas limitadas, em busca da sabedoria.

CÂNTICO DOS CÂNTICOS

O AMOR É FORTE, UMA FAÍSCA DE JAVÉ

Introdução

Cântico dos Cânticos é um livro de poemas amorosos, organizado ao redor dos anos 400-300 a.C. Poemas assentados de algum modo sobre antigas histórias de amor que circulavam oralmente ou em livretes. Com linguagem explicitamente erótica e irreverente, descreve o corpo do amado e da amada. O judaísmo e o cristianismo, evidentemente, trataram de revestir os poemas com interpretações alegóricas, românticas e espiritualistas. A mais famosa é a que apresenta o amor de Deus (o Amado) pelo povo de Israel (a Amada), ou se refere ao amor entre Cristo e a Igreja. Outras interpretações procuram mostrar a importância do casamento e da família.

De onde provêm estes poemas? Alguns intérpretes afirmam que se originaram nos ambientes palacianos, pela linguagem e imagens usadas. Outros, a partir do ambiente agrário e pastoril, sugerem que tiveram origem nos meios campesinos de Israel/Judá. De certo modo, os autores lhe dão autoria oficial de fácil aceitação; daí serem atribuídos ao rei Salomão. Trata-se portanto de um livro pseudoepigráfico, isto é, de alguém que utiliza algum nome do passado com o objetivo de favorecer a aceitação desses poemas eróticos. Por isso é que são reunidos e compilados sob o título de "Os melhores cânticos" ou "Cantar dos Cantares" "de Salomão".

Entre os anos 400-300 a.C., o povo da Judeia experimentava a política econômica dos persas e já avançava na prática escravagista. Estamos, pois, não somente em ambientes sob dominação persa e grega, mas em momento crucial para a reconstrução e definição da identidade judaica ao redor dos projetos sacerdotais do Templo, na defesa da raça e nas leis de pureza. Vale lembrar que nesse período foi marcante a discussão sobre a herança da terra e sobre os casamentos de judeus com mulheres estrangeiras, como se lê nos livros de Esdras e Neemias. Cântico dos Cânticos, com irreverência e ousadia, fala do amor, do encontro entre o amado e a amada, das relações sexuais, do corpo do homem e da mulher, das festas de fertilidade, em contraposição ao domínio sociorreligioso presente no Templo, na lei de pureza e nos casamentos. Interessante notar que o encontro de amor se estabelece fora dos muros institucionais (casamento, lei e religião) e ressalta a "casa da mãe" como espaço de abertura social, que no período pós-exílico se contrapõe ao domínio político-patriarcal da "casa do pai".

Existem diferentes maneiras de dividir o livro: a partir das falas da amada (1,2-4.1,5-7; 2,8-3,4; 4,16; 5,2-8.10-16; 6,2-3;

7,10-8,4; 8,5b-7), do amado (1,9-11; 3,5; 4,1-15; 5,1; 6,4-12; 7,1c-9), dos coros (1,8; 3,6-11; 5,1d.9; 6,1; 7,1; 8,5a) e do dueto em 1,12-2,7; ou a partir do refrão que aparece em 2,7; 3,5; 5,8 e 8,4. Talvez a maneira mais simples seja seguir o entrelaçamento entre as falas do amado e da amada através dos refrões que suplicam para as filhas de Jerusalém não despertarem o amor. Assim, 1,2-4: pequeno poema introdutório; 1,5-2,7: primeiro poema; 2,8-3,5: segundo poema; 3,6-5,8: terceiro poema; 5,9-8,4: quarto poema; e 8,5-14: poema conclusivo.

Estes cânticos anunciam, no conjunto, uma bela teologia dos corpos enamorados que não se enquadra no rigorismo das teologias oficializadas no Segundo Templo. No entanto, muitos apontam para teologias implícitas no jogo de palavras, que de certa maneira tentam recuperar tradições que foram amarradas em projetos sacerdotais e pela religião institucionalizada. É o que se pode perceber nas palavras: "gazelas" (zebaôt) e "cervas" (ayyalôt), que podem sugerir o nome Elohê zebaôt ou Javé zebaôt (Deus dos exércitos). Em 8,6 encontramos uma possível abreviatura de Javé, ao transformar o termo shal^{e}hebetyah (labareda incandescente) em shal^{e}ha^{e}bot-yah (faísca de Javé).

1

Título – ¹Cântico dos Cânticos. De Salomão.

Poema introdutório

A AMADA ²Que ele me beije com os beijos de sua boca!
Porque seus amores são mais agradáveis que o vinho.
³O cheiro de seus óleos perfumados é suave,
seu nome é como o aroma do óleo que escorre.
Assim são as jovens que por você se apaixonam.
⁴Arraste-me depressa com você e corramos!
Ó rei, leve-me a seus aposentos,
exultemos e alegremo-nos em você!
Recordemos seus amores mais do que o vinho!
Pois agradável é apaixonar-se por você.

A amada: negra e bela

A AMADA ⁵Eu sou negra e bela,
ó filhas de Jerusalém,
semelhante às tendas de Cedar
e como as cortinas de Salma.
⁶Não reparem se eu sou negra:
pois foi o sol que me queimou;
os filhos de minha mãe
indignaram-se contra mim,
fazendo-me guardar as vinhas,
e minha própria vinha eu mesma não guardei!

1,1: Texto atribuído ao rei Salomão, como tantos outros da literatura sapiencial. Ct 1,5; 3,6-11 e 8,11-12 mencionam o rei Salomão e aludem à riqueza e ao luxo característicos de seu reino.

2-4: O verso inicial dá o tom da poesia de amor, com o pedido do beijo e a comparação em estilo proverbial: o amor é melhor que o vinho (vv. 2 e 4). Estes versos também evocam as relações amorosas no âmbito do palácio. Muitos autores partem destes versos iniciais para conjecturar que a amada está entre as mulheres da corte de Salomão.

5-6: A palavra inicial é uma apresentação da amada: negra e bela. Para além do "ser negra", temos a descrição da condição social da mulher: explorada no trabalho da roça sob os efeitos do sol, e impossibilitada de cuidar da sua vinha, isto é, da sua sexualidade. É, portanto, realidade de exploração do corpo das mulheres (1,14; cf. 2,15; 7,13; 8,11-12), especialmente praticada pelos "filhos de minha mãe" (cf. 8,8-9). A beleza da amada se compara às tendas de Cedar e às cortinas de Salma, para representar duas tribos nômades; aqui têm a finalidade de contrapor a rusticidade das tendas

A busca pelo amado

⁷Diga-me, amor da minha vida,
aonde você leva o rebanho para ser alimentado,
onde você deixa o rebanho para descansar ao meio-dia.
Assim, eu não serei confundida com alguém
entre os rebanhos de seus companheiros.

CORO ⁸Se você não o reconhecer,
ó mais bela das mulheres,
pode seguir as pegadas do rebanho
e alimentar suas cabritas
perto das tendas dos pastores.

Busca e elogios

O AMADO ⁹Eu comparo você, ó minha querida amada,
a uma égua atrelada à carruagem do faraó.
¹⁰Agradáveis são suas faces entre os brincos
e seu pescoço ornado de colares.
¹¹Faremos para você colares de ouro
pontuados com prata.

DUETO ¹²– Enquanto o rei repousa em seu leito,
meu nardo exala o seu perfume.
¹³Meu amado é para mim
uma bolsinha de mirra
a repousar entre meus seios.
¹⁴Meu amado é para mim
um cacho de alfena junto à vinha do oásis de Engadi.
¹⁵– Como você é bela, minha querida,
como você é bela!
Seus olhos são como pombas.
¹⁶– Como você é belo, meu amado,
como você é encantador!
Nosso leito é um leito de folhas.
¹⁷– As vigas da nossa casa são de cedro,
nossos tetos são de cipreste.

2 ¹– Eu sou um narciso de Saron,
um lírio dos vales.
²– Como um lírio entre os espinhos,
assim é minha companheira entre as donzelas.
³– Como a macieira entre as árvores de um bosque,
assim é meu amado entre os jovens.
Sentei-me debaixo de sua sombra,
e seu fruto era doce ao meu paladar.
⁴Levou-me à tenda do vinho
e sobre mim levantou
sua bandeira de amor.

---

beduínas à opulência das cortinas de Salomão (cf. Jr 29,28; Ez 27,21).

7-8: A busca pelo amado irá determinar o jogo de encontros e desencontros. Para descrição dos amados e para os elogios, as imagens são tiradas do ambiente agrário e pastoril.

1,9-2,7: A descrição do corpo da amada dispensa ornamentos (1,10-11). Engadi significa "fonte dos cabritos" ou "rocha das cabras monteses": é uma alusão ao aspecto verdejante da região. Ct 1,16b-2,5 descreve a "tenda do vinho" como lugar de encontro dos amados, possivelmente debaixo da parreira, num conjunto de

⁵Sustentem-me com bolos de uva-passa.
Revigorem-me com maçãs,
pois estou doente de amor.
⁶– Sua mão esquerda
cobre minha cabeça,
e com a mão direita ele me abraça.
⁷– Eu suplico a vocês,
ó filhas de Jerusalém,
pelas gazelas e cervos do campo,
que não despertem nem acordem o amor,
até que ele o deseje.

O encontro

A AMADA ⁸Ouçam a voz do meu amado!
Eis que ele está a caminho,
e vem correndo através das montanhas,
saltitante pelas colinas!
⁹Meu amado tem a beleza de uma gazela...
e se compara ao filhote de cervo.
Ei-lo parado atrás da nossa parede,
olhando da janela
e espiando pelos seus vãos.
¹⁰Meu amado responde e me diz:
"Levante-se, ó minha companheira,
formosa minha, venha a mim!
¹¹Eis que o inverno terminou
e a chuva passou, já se foi!
¹²As flores desabrocham na terra,
o tempo de podar se aproxima.
E o cantar da pomba
já é ouvido em nossa terra.
¹³A figueira já anuncia seus figos verdes,
a videira florida exala seu perfume.
Levante-se, minha bela companheira,
venha ao meu encontro.
¹⁴Pomba minha,
que faz seu ninho nas fendas das rochas,
nos lugares escondidos dos penhascos...
Mostre-me sua face
e deixe-me ouvir sua voz,
porque sua voz é doce
e sua face é formosa.
¹⁵Prendam as raposas para nós,
os filhotes de raposas
que destroem as vinhas,
nossas vinhas que já estão floridas!
¹⁶Meu amado é meu e eu sou dele.
Ele apascenta no meio dos lírios.

---

frutas e plantas afrodisíacas, especialmente a *shoshanah*, geralmente traduzida por "lírio", utilizadas em festas de fertilidade.
8-17: O amado é comparado ao gamo ou filhote de gazela junto da amada; vem também o convite para a amada o seguir, pois já está acontecendo a passagem do inverno para a primavera, mudança que representa o momento do amor: florescimento, canto dos pássaros, despontar dos figos na figueira. Aqui transparece a intimidade dos amantes no cenário rural.

¹⁷Antes que a brisa do dia sopre
e as sombras desapareçam,
volte, meu amado! Seja como gazela
ou filhote de cervo
sobre as colinas de Beter.

Desencontros

3 ¹Em meu leito, durante as noites,
saí à procura do amado da minha vida.
Eu o procurei, mas não o encontrei!
²Preciso levantar-me,
dar uma volta pela cidade,
pelas ruas e praças
à procura do amado da minha vida.
Eu o procurei, mas não o encontrei!
³Encontraram-me os guardas
que fazem a ronda pela cidade:
"Acaso vocês viram o amado de minha vida?"
⁴Mal eu havia passado por eles, porém,
quando encontrei o amado da minha vida.
Arrastei-o para mim, para não mais soltá-lo,
até levá-lo à casa de minha mãe,
ao quarto daquela que me deu à luz.

O AMADO
⁵Eu suplico a vocês,
ó filhas de Jerusalém,
pelas gazelas e cervos do campo,
que não despertem nem acordem o amor,
até que ele o deseje.

Quem é essa que sobe do deserto?

CORO
⁶Quem é essa que sobe do deserto,
comparada à coluna de fumaça,
perfumada com mirra e incenso,
e com todas as essências de perfumes dos vendedores?
⁷Eis a liteira de Salomão!
Sessenta soldados valentes montam guarda à sua volta,
dentre os valentes de Israel.
⁸Todos os que seguram a espada
foram treinados na guerra.
Cada um tem sua espada pendurada na cintura
por causa do temor causado na noite.
⁹O rei Salomão
fez para si um assento de honra
com madeiras do Líbano.
¹⁰Também mandou fazer suas pilastras de prata,
com encosto de ouro e assento de púrpura,
seu interior forrado de ébano,
preparado com amor pelas filhas de Jerusalém.

3,1-5: O poema mostra o perigo que irá provocar pouco a pouco os desencontros entre os amados: as raposas e raposinhas a devastar a vinha (2,15), alusão à violência sexual que a amada sofreu e que sofrem as mulheres consideradas "vinhas em flor". Seriam situações de violência sobre as mulheres, implicando até mesmo a "gravidez" forçada.

6-11: A pergunta que abre o poema recebe várias respostas, desde a liteira de Salomão (v. 7) até à descrição da amada (4,1s). Aliás, a partir daqui se apresenta um

¹¹Ó filhas de Sião,
saiam para ver
o rei Salomão,
com a coroa que sua mãe lhe pôs sobre a cabeça
no dia de seu casamento,
dia em que seu coração
transbordava de alegria.

A beleza da amada

O AMADO **4** ¹Como você é bela, minha companheira,
como você é bela!
Seus olhos são pombas atrás do véu.
Seu cabelo é como rebanho de cabras
em forma de cascata nas colinas de Galaad.
²Seus dentes são como rebanho de ovelhas tosquiadas
subindo depois do banho.
Todas elas com seus gêmeos,
e nenhuma sem seus filhos.
³Seus lábios são como fita vermelha,
e sua fala é melodiosa.
Sua face é como metade de romã
escondida atrás do véu.
⁴Seu pescoço se compara à torre de Davi,
construída com cidadelas.
Em torno dela prendem-se mil escudeiros,
todos com armaduras de heróis.
⁵Seus seios são como duas gazelas,
filhotes gêmeos de uma gazela,
que se alimentam entre os lírios.
⁶Antes que a brisa do dia sopre
e as sombras desapareçam,
vou ao monte da mirra
e à colina do incenso.
⁷Você é toda bela, companheira minha,
não tem um único defeito!
⁸Venha comigo do Líbano, noiva minha,
venha comigo do Líbano.
Desça do alto do Amaná,
do topo de Senir e do Hermon,
das tocas dos leões
e das montanhas dos leopardos.
⁹Você seduziu meu coração,
minha irmã, noiva minha!
Você seduziu meu coração
com um só de seus olhares,
com uma única volta de seus colares.

---

conjunto de descrições da amada (4,1-15; 6,5-7; 7,2-10) e do amado (5,10-16), com metáforas da natureza e de lugares importantes na época.

4,1-5,1: A descrição da amada é um retrato alegórico da terra: Galaad, Amaná, Senir, Hermon, Tersa, Jerusalém, Hesebon, Bat-Rabim, Damasco, Carmelo. Este poema recebe influência também dos cantos egípcios, com as imagens do jardim e do pomar. O "pomar" (v. 13) é tradução do hebraico *pardes*, que também pode ser traduzido por "horta" ou "jardim"; provém do persa e significa "parque fechado", "jardim do prazer" ou "jardim das delícias" (cf. Ecl 2,5; Ne 2,8); o termo se associa à romã (Nm 13,23; Dt 8,8), símbolo da fertilidade e do órgão sexual feminino. Além das frutas e plantas, o poema utiliza vários eufemismos para descrever os órgãos sexuais: pés, mãos, buraco da porta.

¹⁰Como são belos seus amores,
minha irmã, noiva minha!
Seus amores são melhores do que o vinho;
o odor de seus bálsamos é mais agradável
do que todos os perfumes.
¹¹Seus lábios destilam mel,
ó noiva minha.
Você tem leite e mel debaixo de sua língua,
e o perfume das suas vestes
é como o perfume do Líbano.
¹²Você é um jardim fechado,
minha irmã, noiva minha;
uma fonte fechada,
uma nascente lacrada.
¹³Seus brotos formam um pomar de romãs
com frutos saborosos, açafrão com nardo.
¹⁴Nardo e açafrão,
canela e cinamomo
com todas as árvores de incenso,
mirra e aloés
com os mais finos perfumes.
¹⁵Uma nascente que rega os jardins,
um poço de água viva que escorre do Líbano.

A AMADA
¹⁶Desperte, vento norte!
Aproxime-se, vento sul!
Soprem no meu jardim
para espalhar seus perfumes.
Que meu amado entre em seu jardim
para comer de seus frutos saborosos!

O AMADO
5 ¹Eu já cheguei ao meu jardim,
minha irmã, noiva minha,
colhi minha mirra com meu bálsamo,
comi meu favo de mel
e bebi meu vinho com meu leite.

CORO
Podem comer, companheiros,
bebam e fiquem embriagados, queridos amigos!

Busca e desencontro

A AMADA
²Eu dormia,
mas meu coração estava desperto
a ouvir a voz do meu amado que batia:
"Abre, minha irmã, companheira minha,
pomba minha sem defeito!
Pois tenho a cabeça cheia de orvalho
e minhas tranças molhadas com as gotas do sereno!"
³"Já despi minha túnica:
devo vesti-la de novo?
Já lavei os pés:
devo sujá-los de novo?"

5,2-8: Como no poema anterior, os autores apresentam novos opositores do encontro entre o amado e a amada: os guardas da cidade, que espancam a amada e lhe tiram as vestes. É o retrato das mulheres violentadas e prostituídas.

⁴Meu amado põe a mão
pelo buraco da porta,
e minhas entranhas se agitam ao ouvi-lo.
⁵Levantei-me
para abrir ao meu amado:
minhas mãos gotejam mirra,
meus dedos são mirra escorrendo
através da maçaneta da fechadura.
⁶Eu abri ao meu amado,
mas meu amado se foi, passou...
Saio atrás dele:
Eu o procuro, mas não o encontro.
Eu o chamo, mas ele não me responde.
⁷Os guardas que fazem a ronda pela cidade
me encontraram.
Eles me bateram, me machucaram.
As sentinelas das muralhas
retiraram de mim o meu manto!
⁸Eu suplico a vocês,
ó filhas de Jerusalém:
se encontrarem meu amado,
o que dirão a ele?
Digam que estou doente de amor!

A beleza do amado

CORO

⁹O que tem seu amado mais do que os outros,
ó mais bela das mulheres?
O que tem seu amado mais do que os outros,
para você assim nos suplicar?

A AMADA

¹⁰Meu amado é branco e rosado.
Ele se destaca entre dez mil.
¹¹Sua cabeça é o mais fino ouro,
seus cabelos são como a copa da palmeira,
pretos como o corvo.
¹²Seus olhos são como pombas
no leito de águas correntes,
que se banham no leite
e descansam à margem.
¹³Suas faces são iguais a um canteiro de bálsamo,
como torres de ervas perfumadas.
Seus lábios são como lírios
a gotejar mirra líquida.
¹⁴Seus braços são braceletes em ouro
enfeitados com pedras de Társis.
Seu ventre é um bloco de marfim polido
e envolto com safiras.
¹⁵Suas pernas são pilares de mármore
erguidas sobre bases de fino ouro.

5,9-6,3: O amado é descrito para terceiros a partir de representações artísticas. Para muitos, que utilizam interpretação alegórica, a descrição do amado lembra o Templo de Jerusalém (5,11.14-15). Em meio às representações da beleza masculina, o amado é apresentado como branco, rosado, de alta estatura, cabelos pretos e belo porte (cf. 1Sm 9,2; 16,12.17.42; 2Sm 14,25-26).

Sua aparência é como o Líbano,
robusto como os cedros.
¹⁶Seu paladar é a mais pura doçura:
tudo nele é uma delícia.
Assim é meu amado,
assim é meu companheiro,
ó filhas de Jerusalém.

CORO

6 ¹Onde anda seu amado,
ó mais bela das mulheres?
Para onde se retirou seu amado?
Nós iremos buscá-lo junto com você!

A AMADA

²Meu amado desceu ao seu jardim,
aos canteiros de bálsamos,
para apascentar nos jardins
e colher lírios.
³Eu sou do meu amado,
e meu amado é meu!
Ele apascenta entre os lírios.

Descrição da amada

O AMADO

⁴Você é bela, companheira minha,
igual à Tersa.
Você é formosa como Jerusalém,
terrível como exército
com bandeiras erguidas.
⁵Afaste seus olhos de mim,
pois eles me perturbam.
Sua cabeleira é como rebanho de cabras
deslizando nas encostas de Galaad.
⁶Seus dentes são como rebanho de ovelhas
subindo depois do banho.
Todas elas com seus gêmeos,
e nenhuma delas sem cria.
⁷Sua face é qual metade de romã
escondida atrás do véu.
⁸Que sejam sessenta as rainhas,
oitenta as concubinas
e incontáveis as donzelas.
⁹Ela é única,
pomba minha, sem defeito.
Ela é única,
a preferida da mãe que a gerou.
Ao vê-la, as filhas a felicitam,
as rainhas e concubinas a louvam.
¹⁰"Quem é essa que surge
como a aurora,
bela como a lua,
brilhante como o sol
e terrível como exército
com bandeiras erguidas?"

6,4-10: A descrição da amada retoma as imagens da vinha e da romãzeira: a vinha é a Sulamita nua, e a romã é sua face. A mesma descrição lembra lugares como Hesebon, cidade dos amoritas famo-

A dança da amada

¹¹Eu desci ao jardim das nogueiras
para ver os brotos do vale,
ver se os ramos da videira floresciam,
e se as romãzeiras abriam seus botões.
¹²Sem que eu conhecesse a mim mesma,
ele fez de mim os carros de Aminadib!

CORO

7 ¹Volte, volte,
Sulamita.
Volte, volte,
pois queremos contemplar você!

O AMADO

"O que vocês contemplam na Sulamita,
quando ela dança entre dois acampamentos?"
²Como são belos
seus pés nas sandálias,
ó filha de nobres!
As curvas de seus quadris parecem joias,
trabalho das mãos de um artista.
³Seu umbigo é uma taça em meia-lua
onde nunca falta o licor.
Seu ventre é um monte de trigo
cercado de lírios.
⁴Seus dois seios são como duas gazelas,
filhotes gêmeos de uma gazela.
⁵Seu pescoço é como torre de marfim;
seus olhos são como as piscinas em Hesebon,
junto à Porta de Bat-Rabin.
Seu nariz é como a Torre do Líbano
voltada em direção a Damasco.
⁶Sua cabeça se eleva como o Carmelo,
e as mechas de seu cabelo são cor de púrpura,
enlaçando um rei em suas tranças.
⁷Como você é bela,
como é encantadora,
um amor em delícias!
⁸Você tem a estatura de uma palmeira,
e seus seios são os cachos.
⁹Pensei comigo: "Vou subir à palmeira
para colher dos seus frutos!"
Sim, seus seios são como cachos de uva,
e o aroma em suas narinas é como o das maçãs.
¹⁰O céu da sua boca é como o melhor vinho,

A AMADA

indo diretamente para o meu amado,
e escorrendo em meus lábios e dentes.

---

sa por sua fertilidade, beleza e riqueza em águas (cf. 7,5s).

6,11–7,10: O poema faz um jogo entre dois nomes: Aminadib, alteração de Abinadab (cf. 1Sm 6; 7,1; 2Sm 6; Ez 37,27), aludindo aos carros de nobres e príncipes, e Sulamita ("a pacificada", nome derivado de *shalôm*; cf. 8,10;

1Rs 1,3.15; 2,17.21), aludindo a Salomão e Abisag, a Sunamita. Aqui, a descrição do corpo da amada vai dos pés à cabeça (de baixo para cima), como no cap. 4. A comparação da amada com uma palmeira (cf. Gn 38,6; 2Sm 13,1; 14,27) graciosa e elegante significa promessa de fruto, água e gozo, além de evocar o símbolo da beleza feminina.

O convite da amada

¹¹Eu sou do meu amado,
seu desejo o traz até mim.
¹²Venha, meu amado,
vamos sair pelo campo
e passar a noite nas aldeias.
¹³Vamos madrugar pelas vinhas,
para ver se a vinha já floriu,
se os botões estão se abrindo
e se as romãzeiras estão florindo:
aí eu lhe darei o meu amor...
¹⁴As mandrágoras exalam seu aroma.
Em nossas portas há todo tipo de frutos:
frutos novos e também envelhecidos,
que eu tinha guardado para você, ó meu amado!

8 ¹Oxalá você fosse meu irmão,
amamentado aos seios de minha mãe!
Se eu encontrasse você lá fora, eu o beijaria,
sem que ninguém me desprezasse.
²Eu guiaria você
e o faria entrar na casa de minha mãe,
e você me iniciaria.
Eu deixaria que você bebesse do vinho aromático
e do suco das minhas romãzeiras.
³Sua mão esquerda
cobre minha cabeça,
e com a mão direita ele me abraça.
⁴Eu suplico a vocês,
ó filhas de Jerusalém,
que não despertem nem acordem o amor,
até que ele o deseje.

Poema conclusivo

CORO   ⁵Quem é essa que sobe do deserto
apoiada em seu amado?

A AMADA Debaixo da macieira eu despertei você,
lá onde sua mãe o concebeu,
concebeu e o deu à luz.
⁶Grave-me
como selo sobre seu coração,
como selo sobre seu braço.

7,11-8,4: O desejo que impulsiona o amor é o inverso do apresentado em Gn 3. O convite da amada ao amado é marcado pelo período primaveril (cf. 2,10-14), quando o jardim é o lugar propício para o amor e as mandrágoras têm a função de excitar o amor e favorecer a fecundidade. No entanto, os frutos secos do outono determinam o tempo da consumação do amor. O poema também apresenta um dos pontos cruciais para o convite: aquele imposto pela lei da raça e do casamento entre os que pertencem ao mesmo clã. A ousadia do convite reside em levar o amado à casa da mãe, num encontro marcado pelo vinho e pelo licor de romãs.

8,5-14: Comparações do amor: a morte, o ciúme, a morada dos mortos (Xeol, abismo), as chamas e a faísca de Javé. Aqui está provavelmente a única alusão a Javé (cf. Intr.; "faísca de Javé" também se poderia traduzir por "labareda incandescente"). O diálogo entre irmãos (vv. 8-9) reproduz as tratativas sobre o casamento e o pagamento de dote. Baal-Hamon tem diferentes interpretações, e pode referir-se a uma localidade incerta ou ser um jogo de palavras que significa "dono de riqueza", "dono de confusão" ou "dono de multidão". O epílogo do livro retoma a figura de Salomão, e com ela propõe a recusa do modelo político-econômico da sua corte.

Pois o amor é forte como a morte.
E o ciúme é cruel como a morada dos mortos.
Suas chamas são chamas de fogo,
uma faísca de Javé.
⁷As águas abundantes jamais conseguirão
extinguir o amor,
nem os rios poderão inundá-lo.
Ainda que alguém pudesse dar
todas as riquezas de sua casa
em troca do amor,
seria desprezado.

⁸Temos uma irmã ainda pequenina
que nem seios tem.
Que faremos de nossa irmãzinha
no dia em que vierem pedi-la?
⁹Se ela fosse uma muralha,
construiríamos sobre ela valas de prata.
Se ela fosse uma porta,
nós a fecharíamos com pranchas de cedro.
¹⁰Eu sou uma muralha
e meus seios são as torres.
Mas, diante de seus olhos, sou
como quem encontra a paz.

¹¹Salomão tinha uma vinha
em Baal-Hamon.
Ele entregou a vinha para os que a guardam.
Por seus frutos
cada um deverá trazer mil moedas de prata.
¹²Minha vinha é só minha.
A você, Salomão, pertencem as mil moedas,
e outras duzentas são para os que guardam o fruto dela.
¹³Você que habita nos jardins,
seus amigos ouvem sua voz com atenção:
faça-me ouvir sua voz!
¹⁴Fuja depressa, meu amado,
como gazela,
como filhote de cervo,
sobre as colinas de bálsamo.

SABEDORIA

A JUSTIÇA APROXIMA DE DEUS E DA SABEDORIA

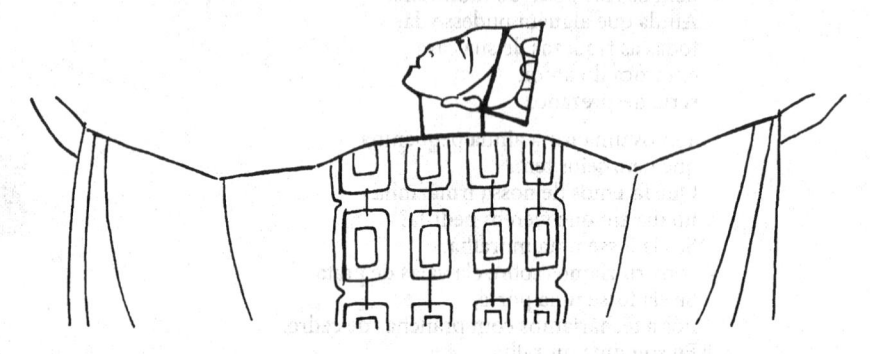

Introdução

O livro deuterocanônico da Sabedoria é o sexto dos sete sapienciais. É desconhecido o seu autor, talvez autores, que se assemelham aos escribas teocratas de Jerusalém, como Ben Sirá, principalmente ao tratarem da Sabedoria e da Lei, embora não falem do Templo, do sacrifício e do sumo sacerdote. Para darem maior credibilidade à obra, os caps. 7-9 atribuem sua autoria a Salomão.

Foi escrito provavelmente em Alexandria do Egito, por volta do ano 30 a.C. O autor conhece a tradição judaica, mas sofre influência grega. Partes do livro fazem sentir o estilo de Fílon de Alexandria. É o único livro da Bíblia que apresenta a visão dualista de corpo e alma, porém diferente do dualismo platônico, pois fala também da ressurreição do corpo (cf. 3,7; 5,15-16; Dn 12,2-3; 2Mc 7,9).

A obra atinge o ápice da reflexão sobre a Sabedoria. Destinatário especial são os governantes, para que ajam sempre com justiça; e também os sábios gregos, para conhecerem a sabedoria de Israel; e por fim os jovens judeus, para que se mantenham na fé e tradição do seu povo. Fazendo uma releitura de Pr 1-9 e Eclo 24, a Sabedoria é analisada em termos femininos e se apresenta como um ente que revela Deus e governa o mundo, assemelhando-se à "Sofia" grega.

Por sua riqueza ao longo do rio Nilo, o Egito foi sempre o grande polo da migração judaica. Segundo a tradição bíblica, Israel nasceu praticamente no Egito. E Alexandria, capital dos Ptolomeus e da administração local romana, era uma segunda Canaã. De acordo com Fílon, dos 500 mil habitantes de Alexandria, 200 mil eram judeus, na maioria pobres e escravos. Fundada por Alexandre Magno em 332 a.C. e localizada no litoral do Mediterrâneo, a cidade era um dos maiores centros culturais e comerciais da época, tanto que aí foi realizada a tradução conhecida como Setenta.

No ano 30 a.C., Alexandria passa a ser administrada por Roma. Os judeus perdem muitos privilégios adquiridos, crescendo com isso a pobreza. A comunidade, longe de Jerusalém, sem Templo e sem sacrifício, se organiza em torno da Lei, da palavra ou memória e da partilha. Para sobreviver, são obrigados a assumir a cultura helenista. Por isso é que muitos não se preocupam em preservar a religião de origem, tema central deste livro.

O texto pode estruturar-se em três partes: 1) 1,1-6,21: convite para a justiça. 2) 6,22-9,18: louvor à Sabedoria. 3) 10,1-19,22: ação da Sabedoria na história e na memória do êxodo.

SABEDORIA 1-2

I. CONVITE PARA A JUSTIÇA

1 *A justiça é imortal* – ¹Amem a justiça, vocês que julgam a terra. Tenham bons pensamentos sobre o Senhor e o busquem na simplicidade do coração; ²porque ele é encontrado por aqueles que não o põem à prova, e se manifesta aos que não recusam crer nele. ³Os pensamentos perversos afastam de Deus, cujo poder, posto à prova, confunde os insensatos. ⁴Porque a Sabedoria não entra na alma que pratica o mal, nem habita em corpo que se dedica ao pecado; ⁵o espírito santo educador foge da fraude e se afasta dos pensamentos sem sentido, e é rejeitado quando chega a injustiça.

⁶A Sabedoria é um espírito amigo dos seres humanos e não deixa impune quem blasfema com os lábios, porque Deus é testemunha dos sentimentos deles e observador atento do seu coração, e está à escuta de sua língua. ⁷Pois o espírito do Senhor enche o universo. Ele, que sustenta tudo o que existe, tem conhecimento de tudo o que se diz. ⁸Por isso, ninguém que diga coisas injustas escapará, e a justiça reprovadora não o poupará. ⁹Haverá investigação dos projetos do ímpio; o eco de suas palavras chegará ao Senhor, e seus crimes serão reprovados; ¹⁰pois ouvido cuidadoso tudo escuta, e o sussurro das murmurações não lhe escapa. ¹¹Então, evitem a murmuração inútil, e preservem da maledicência a língua. Porque mesmo a palavra secreta não fica sem consequência, e a boca mentirosa mata a alma. ¹²Não busquem a morte no erro da vida de vocês, nem provoquem a ruína com as obras que praticam, ¹³pois Deus não fez a morte, nem se alegra com a destruição dos seres vivos. ¹⁴Ele tudo criou para que exista. As criaturas do mundo são sadias, e nelas não há veneno de ruína. O mundo dos mortos não reina sobre a terra. ¹⁵Porque a justiça é imortal.

Pensamento do injusto – ¹⁶Os ímpios, porém, com ações e palavras, invocam a morte. Julgaram que ela seria amiga e, tendo feito aliança com ela, a desejaram intensamente. São mesmo dignos de lhe pertencer.

2 ¹Pensando de forma incorreta, dizem uns aos outros: "Nossa vida é breve e triste, e no fim o ser humano não tem cura, e nada se sabe de alguém que tenha voltado do mundo dos mortos. ²Porque nascemos do acaso e depois seremos como se não tivéssemos existido: o sopro de nossas narinas é fumaça, e o pensamento é uma faísca do pulsar de nossos corações. ³Quando ela se extingue, o corpo se transformará em cinza e o espírito se dissolverá como ar sem consistência. ⁴E com o tempo, nosso nome será esquecido e ninguém se recordará de nossas obras. Nossa vida desaparecerá como nuvem passageira, e se dissipará como neblina expulsa pelos raios do sol e dissolvida por seu calor. ⁵Nosso tempo é a passagem de uma sombra, e não há retorno após nossa morte, porque o tempo estará selado e ninguém retornará.

⁶Vamos então desfrutar dos bens existentes e usar das criaturas com ardor juvenil. ⁷Vamos embriagar-nos com o melhor vinho e com perfumes, e não deixar que passe a flor da primavera. ⁸Vamos coroar-nos com botões de rosa, antes que murchem. ⁹Ninguém de nós fique fora de nossas orgias. Vamos deixar em toda parte sinais de alegria, porque este é o nosso destino e a nossa parte. ¹⁰Vamos oprimir o pobre e o justo, e não poupar as viúvas ou respeitar os cabelos brancos do ancião. ¹¹Nossa força seja a

---

1,1-6,21: O tema da justiça aqui predomina com o seguinte esquema: O ímpio contra o justo. O ímpio pratica a injustiça que produz a morte. O justo realiza a justiça que gera vida. No julgamento escatológico, haverá perdão para o pequeno, e não para o grande. O trecho começa e termina com o mesmo apelo.

1,1-15: Estamos em Alexandria, por volta do ano 30 a.C., quando o Egito se torna colônia romana. Os imigrantes judeus perdem muitos privilégios, e sua pobreza aumenta. Por isso, o autor faz apelo aos mandatários para que governem com justiça. Quem pratica a justiça e busca a Deus encontra a sabedoria. Pois o Deus da vida, claro que não fez a morte (cf. Ez 18,32; 33,11), que é fruto da injustiça. Ao contrário, a justiça é imortal, e conduz para Deus, e consequentemente para a vida.

1,16-2,5: O ímpio é amigo da morte e não tem a esperança numa vida futura. Influenciado por correntes da filosofia grega, o ímpio considera a vida como fruto do acaso, e por isso triste e passageira (vv. 1-5). Para ele, o único sentido da vida consiste em realizar, mesmo com extravagância, todos os desejos, inclusive o de oprimir o pobre e a viúva, fazendo da própria força a lei (vv. 6-11). O justo precisa ser eliminado, porque é um incômodo para o ímpio opressor, cujas ações ele denuncia (vv. 12-20).

lei da justiça, pois o fraco é inútil, não há dúvida. ¹²Vamos preparar ciladas para o justo, pois ele nos incomoda e se opõe a nossas ações. Censura nossas transgressões contra a Lei, e denuncia nossas faltas contra a educação que recebemos. ¹³Ele proclama ter conhecimento de Deus e afirma ser filho do Senhor. ¹⁴Tornou-se uma reprovação para nossas intenções. Vê-lo é desagradável para nós, ¹⁵porque a vida dele é diferente da vida dos outros, e seus caminhos são contrários. ¹⁶Somos considerados por ele como coisa falsa; ele se afasta de nossos caminhos como de impurezas; declara que o destino dos justos é feliz e se alegra em ter Deus como pai. ¹⁷Vejamos se as palavras dele são verdadeiras, vamos verificar como será o seu fim. ¹⁸Se realmente o justo é filho de Deus, Deus o ajudará e o libertará da mão de seus adversários. ¹⁹Vamos submetê-lo a insultos e torturas, para sabermos de sua serenidade e avaliarmos sua resistência. ²⁰Vamos condená-lo a morte humilhante, pois, segundo suas palavras, haverá quem olhe por ele".

Sorte do ímpio e sorte do justo – ²¹Eles pensam em tais coisas, porém se enganam. Sua maldade os deixou cegos. ²²Não conhecem os mistérios de Deus, não esperam a recompensa pela santidade, nem valorizam o prêmio para as vidas inocentes. ²³Porque Deus criou o ser humano para a imortalidade e o fez à imagem da sua própria eternidade. ²⁴Pela inveja do diabo, porém, a morte entrou no mundo, e aqueles que a ela pertencem a experimentam.

3 ¹No entanto, a vida dos justos está nas mãos de Deus e nenhum tormento irá atingi-la. ²Aos olhos dos insensatos, pareciam ter morrido. A partida deles foi considerada como desgraça, ³e como ruína a sua saída do meio de nós; eles porém estão em paz. ⁴Embora aos olhos humanos parecessem sofrer punição, estavam cheios da esperança de imortalidade. ⁵Por conta de pequenas correções, receberão grandes benefícios, porque Deus provou-os e verificou que eram dignos dele. ⁶E os avaliou como ouro no crisol e os aceitou como perfeitas ofertas de sacrifício. ⁷No tempo da visita de Deus, brilharão e se espalharão como fagulhas no meio da palha. ⁸Julgarão nações e governarão povos, e o Senhor deles reinará para sempre. ⁹Os que nele confiaram compreenderão a verdade, e os que lhe são fiéis permanecerão com ele no amor, porque a graça e a misericórdia são para seus eleitos. ¹⁰Os ímpios, porém, terão o castigo adequado aos seus pensamentos, já que desprezaram o justo e se afastaram do Senhor. ¹¹Infeliz de quem despreza a sabedoria e a educação. Sua esperança é vazia, seus esforços são inúteis e suas obras sem valor. ¹²Suas mulheres são insensatas e seus filhos são maus. Sua descendência é infeliz!

A virtude é imortal – ¹³Feliz a mulher estéril que é pura e não conhece união pecaminosa. Terá recompensa no julgamento das almas. ¹⁴Também o eunuco é feliz, ele que não cometeu crime com as próprias mãos, nem pensou o mal em relação ao Senhor. Uma graça especial lhe será dada por conta de sua fé: uma parte destacada no Templo do Senhor. ¹⁵Pois o fruto dos bons esforços é glorioso, e a raiz da sensatez é inabalável, ¹⁶enquanto os filhos de adúlteros não chegarão a seu fim, e a descendência de união ilegítima perecerá. ¹⁷Ainda que tenham vida longa, ninguém lhes dará valor, e no fim sua velhice não será honrada. ¹⁸Se morrerem cedo, não terão esperança nem consolação no dia do julgamento, ¹⁹pois é terrível o fim de uma geração injusta.

4 ¹É melhor a vida sem filhos mas com virtude, pois a memória da virtude é imortal, é conhecida tanto por Deus como pelos humanos. ²Quando a virtude se apresenta, é imitada; quando se ausenta, sentem sua falta. Ela triunfa na eternidade

---

2,21–3,12: No mundo greco-romano, os poderosos oprimiam o pobre e sacrificavam o justo. Como não acreditavam na imortalidade, diziam que o justo era um fracassado. O sábio, porém, garante: no dia do julgamento, no "tempo da visita", o justo há de brilhar; ao contrário, para os opressores não haverá esperança, pois se afastaram de Deus e desprezaram os mais fracos (cf. Eclo 41,5-13).

3,13–4,6: Para o sábio, é melhor uma vida sem filhos, mas com virtude, do que ter filhos adulteriores (cf. Is 56,3-5; Eclo 16,1-4). Por influência da mentalidade grega, os imigrantes judeus no Egito tendiam a viver

com sua coroa, vencedora na luta cujos prêmios são puros.

³Mas a descendência numerosa dos ímpios não terá valor, já que provém de ramos bastardos. Não terá raízes profundas nem base firme. ⁴Ainda que por um tempo seus ramos se tornem verdes, será abalada pelo vento e arrancada pela violência do vendaval, pois está mal fixada no solo. ⁵Seus ramos frágeis serão quebrados, e seus frutos serão inúteis, impróprios para servirem de alimento; não servem para nada. ⁶Pois os filhos nascidos de uniões ilegítimas serão testemunhas da maldade de seus pais, quando estes forem interrogados.

Morte prematura do justo – ⁷O justo, porém, ainda que morra cedo, terá descanso. ⁸Velhice honrada não consiste em vida longa, nem é medida pelo número de anos. ⁹Os cabelos brancos do homem contam pela sua sensatez. E o que importa para a idade avançada é uma vida sem mancha. ¹⁰O justo agradou a Deus, e foi amado por ele; como vivia entre pecadores, foi transferido. ¹¹Foi arrebatado, para que a maldade não lhe pervertesse a compreensão, e para que a fraude não lhe seduzisse a alma. ¹²De fato, o fascínio do vício obscurece as coisas belas, e a força do desejo perverte a mente que não tem malícia. ¹³Aperfeiçoado em pouco tempo, o justo atingiu a plenitude de uma vida longa. ¹⁴Sua alma era agradável ao Senhor; por isso, ele o retirou logo do meio da maldade. Muita gente vê isso e não entende, nem percebe ¹⁵que a graça e a misericórdia estão nos eleitos de Deus, e o olhar dele sobre os seus santos. ¹⁶O justo que morre condena os ímpios que vivem, e a juventude que logo se aperfeiçoou condena a velhice do injusto. ¹⁷Os injustos verão o fim do sábio e não entenderão o que o Senhor queria dele, nem por que o deixou na segurança. ¹⁸Verão e desprezarão, mas o Senhor rirá deles. ¹⁹E depois disso, serão para sempre cadáveres desonrados e infâmia entre os mortos, porque Deus os derrubará de cabeça para baixo, sem que possam dizer palavra alguma, e serão arrancados de seus alicerces. Serão arrasados até o fim, permanecerão na dor, e sua lembrança será destruída.

Julgamento do justo e do opressor – ²⁰Eles virão cheios de medo à prestação de contas de seus pecados, e seus crimes os reprovarão cara a cara.

5 ¹Então o justo estará de pé, cheio de coragem, diante daqueles que o oprimiram e lhe desprezaram os esforços. ²Vendo-o, ficarão perturbados e com medo terrível, e se espantarão diante da inesperada salvação dele. ³E arrependidos dirão uns aos outros, gemendo cheios de ansiedade e dizendo: ⁴"Era esse que julgávamos ser motivo de gozação e de reprovação. Nós é que fomos insensatos: achávamos que a vida dele era uma loucura, e sua morte uma desonra! ⁵Como então agora ele é colocado entre os filhos de Deus, e a sua herança está entre os santos? ⁶Nós nos desviamos do caminho da verdade. A luz da justiça não brilhou para nós, e sobre nós o sol não se levantou. ⁷Cansamo-nos de andar nos caminhos da iniquidade e da perdição. Atravessamos desertos intransitáveis, e ignoramos o caminho do Senhor. ⁸De que nos serviu o orgulho? E a riqueza arrogante, que vantagem nos trouxe? ⁹Tudo isso passou como sombra e como notícia fugaz, ¹⁰como navio que atravessa águas agitadas e não deixa rastros de sua travessia, nem marcas de seu casco em meio às ondas, ¹¹ou como pássaro que voa pelos ares e não deixa nenhum sinal de seu caminho: o golpe das asas atinge o ar leve, que acaba sendo separado pela força das asas em movimento, mas nem assim se encontra vestígio algum desse percurso. ¹²Ou ainda como flecha lançada em direção a seu alvo: o ar por ela

---

uniões ilegítimas, o que era inaceitável para o judaísmo tradicional (cf. Lv 20,18; Ml 2,14-15). Muitos filhos de tais uniões ficavam órfãos e abandonados.

4,7-19: A teologia judaica da retribuição prometia vida longa para o justo (cf. Jó 5,26; Pr 3,2.16; 4,10). Como então justificar a morte prematura do justo na luta pela justiça (cf. Is 57,1-2)? Resposta: Além de ser denúncia contra o opressor, a morte prematura é para o justo uma graça, pois não se deixou corromper. Percebe-se aqui certa mudança na teologia da retribuição.

4,20-5,23: No dia do julgamento, o justo estará de pé diante de seus opressores (cf. Mt 13,43; 25,31-46), que ficarão espantados ao vê-lo entre os filhos de Deus (cf. Dn 7,18) e ao perceberem que sua própria vida foi tremendo e vazio engano: nada restou de seu orgulho e riqueza (2,1-20; cf. Ecl 2,18-23; 5,9-10.12-16). Ficaram

cortado logo volta para si mesmo, e nada mais se sabe de sua trajetória. ¹³Assim também nós: mal nascemos e já desaparecemos, e não deixamos sinal de virtude; fomos consumidos em nossa maldade". ¹⁴Sim, a esperança do ímpio é como palha levada pelo vento, e como geada fina espalhada pela tempestade. É como fumaça dissolvida pelo vento: passou como a lembrança do hóspede de um dia só.

¹⁵Os justos, porém, vivem para sempre, e têm no Senhor a recompensa; o Altíssimo cuida deles. ¹⁶Por isso, receberão das mãos do Senhor a gloriosa coroa real e o diadema do esplendor, porque ele com a mão direita os protegerá, e com o braço os cobrirá. ¹⁷Tomará seu zelo como armadura e transformará a criação em arma para castigar os inimigos. ¹⁸Vestirá a justiça como couraça, e usará como capacete um julgamento que não se pode subornar. ¹⁹Tomará a santidade como escudo invencível. ²⁰Afiará sua ira certeira para que seja como espada, e o mundo combaterá junto a ele contra os insensatos. ²¹Sairão flechas certeiras de raios, que voarão das nuvens para o alvo, como se estivessem partindo de arco bem esticado. ²²E da funda cheia de ira serão lançados granizos indignados. A água do mar se enfurecerá contra eles, e os rios os afogarão sem piedade. ²³Um sopro do poder divino se levantará contra eles, e como furacão os dispersará. A iniquidade devastará toda a terra, e a maldade derrubará os tronos dos poderosos.

6 Nenhum poder é absoluto

¹Escutem, portanto, reis, e compreendam! Aprendam, juízes de toda a terra! ²Prestem atenção, vocês que governam multidões e se orgulham do grande número de súditos! ³O governo que vocês têm nas mãos foi-lhes dado pelo Senhor, e o domínio provém do Altíssimo. Ele examinará as obras que vocês praticam e sondará em vocês as intenções. ⁴Pois embora sejam ministros do reino dele, vocês não julgaram corretamente, não observaram a Lei, e não agiram de acordo com a vontade de Deus. ⁵Ele virá sobre vocês repentinamente e de modo terrível, porque contra os que têm muito poder cabe um julgamento implacável. ⁶Os pequenos serão perdoados com misericórdia, mas contra os poderosos o julgamento será poderoso. ⁷O Senhor de tudo não recuará diante de ninguém, a grandeza não o impressionará; porque ele fez tanto o pequeno como o grande, e ele tem atenção igual para com todos. ⁸Mas os poderosos serão rigorosamente investigados. ⁹Estas minhas palavras são para vocês, soberanos, para que aprendam a sabedoria e não venham a cair. ¹⁰Quem observa santamente as coisas santas será santificado, e quem as aprende encontrará defesa. ¹¹Portanto, desejem e busquem minhas palavras, e vocês serão instruídos.

¹²A Sabedoria é resplandecente e não murcha. Ela se mostra facilmente a quem lhe tem amor, e se deixa encontrar por aquele que a procura. ¹³Ela se adianta para ser conhecida por aquele que a deseja. ¹⁴Quem por ela madruga não se cansará, pois a encontrará sentada junto à porta de casa. ¹⁵Meditar sobre ela, portanto, é a perfeição da inteligência, e quem dela cuida estará logo sem preocupações. ¹⁶Vai por toda parte buscando aqueles que sejam dignos dela; mostra-se a eles bondosamente nos caminhos, e vai a eles em todos os pensamentos. ¹⁷Princípio da Sabedoria é o desejo verdadeiro de instrução. A preocupação pela instrução é o amor. ¹⁸E o amor é a observância das leis da Sabedoria. Guardar as leis garante a imortalidade. ¹⁹E a imortalidade permite estar perto de Deus. ²⁰Assim, o desejo da sabedoria conduz ao reino. ²¹Portanto, soberanos dos povos, se vocês gostam de tronos e cetros, honrem a Sabedoria, para que assim vocês reinem para sempre.

---

apenas seus crimes para acusá-los (4,20). O sol da justiça não brilhou sobre eles.

6,1-21: Retoma-se o início do livro, onde os principais destinatários são os governantes (1,1-2). Em Alexandria, a maioria da população na época era pobre e excluída, como os imigrantes judeus. Do outro lado estavam os cidadãos romanos, ricos e poderosos, que abusavam do poder. O sábio denuncia tal situação, afirmando que todo poder vem de Deus (cf. Dn 2,21; Pr 8,15-16; Rm 1,13) e foi confiado aos reis para governarem com justiça. Ora, dado que estes não agem assim, serão derrubados do trono (v. 5; cf. Lc 1,52), enquanto os pequenos serão tratados com misericórdia.

II. LOUVOR À SABEDORIA

Rei sensato traz bem-estar ao povo – [22]Vou anunciar a vocês o que é a Sabedoria, e como surgiu. Não esconderei de vocês os mistérios dela. Pelo contrário, investigarei desde o início da criação, e mostrarei o seu conhecimento, sem me afastar da verdade. [23]Não estarei acompanhado da inveja devoradora, pois esta nada tem de comum com a Sabedoria. [24]Grande número de sábios é salvação para o mundo, e rei sensato traz bem-estar ao povo. [25]Assim, aprendam com minhas palavras, e disso vocês tirarão proveito.

7 [1]Eu também sou mortal, igual a todos os outros homens, descendente do primeiro ser formado da terra. Fui feito de carne no seio de minha mãe. [2]Durante dez meses cresci em meio ao sangue, fruto do sêmen de um ser humano e do prazer que acompanha o sono. [3]E quando nasci respirei o ar comum e caí sobre a terra, igual a todos, e o primeiro som que produzi foi igual ao dos demais, o choro. [4]Fui envolto em faixas e cercado de cuidados. [5]Nenhum rei teve outro início de vida. [6]A entrada e a saída da vida são iguais para todos.

[7]Por isso pedi, e a inteligência me foi dada; invoquei, e o espírito da sabedoria veio a mim. [8]Preferi a sabedoria aos cetros e aos tronos, e em comparação com ela julguei as riquezas como algo sem valor. [9]Nem a comparei com a pedra mais preciosa, pois diante dela todo o ouro é como um pouco de areia. A seu lado, a prata deve ser considerada como barro.

[10]Amei a sabedoria mais do que a saúde e a beleza, e quis tê-la como luz, pois o seu brilho não se apaga. [11]Por meio dela vieram-me todos os bens; em suas mãos está uma riqueza incalculável. [12]Alegrei-me com todos eles, porque é a Sabedoria que os oferece, mas eu não sabia que ela é que os gerava. [13]Sem malícia, aprendi a sabedoria e agora a reparto sem inveja. Não esconderei sua riqueza, [14]pois ela é um tesouro inesgotável para o ser humano: quem a adquire alcança a amizade de Deus, pois fica recomendado pelos dons da instrução.

Sabedoria, artífice de tudo – [15]Deus me permita falar com conhecimento, e meus pensamentos sejam dignos dos dons que me foram concedidos. Ele é o guia da Sabedoria e o condutor dos sábios. [16]Nós e nossas palavras estamos na mão dele, todo o nosso pensamento e talento. [17]Foi ele que me deu o conhecimento exato sobre o que existe, a compreensão da estrutura do mundo e a propriedade dos elementos, [18]o princípio, o fim e o meio dos tempos, a alternância dos solstícios e a mudança das estações, [19]os ciclos do ano e a posição dos astros, [20]a natureza dos animais e os instintos das feras, as forças dos espíritos e os pensamentos dos homens, a variedade das plantas e a propriedade das raízes. [21]Conheci tudo o que está escondido e o que se pode ver, pois a Sabedoria, artífice de tudo, o ensinou a mim.

Sabedoria, emanação de Deus – [22]Na Sabedoria existe um espírito inteligente, santo, único, múltiplo, leve, móvel, penetrante, sem mancha, límpido, claro, favorável, amigo do bem, penetrante, [23]livre, que faz o bem, amigo do ser humano, sólido, seguro, sereno, que tudo pode e abrange, que penetra todos os espíritos inteligentes e puros, os mais sutis. [24]A Sabedoria é mais ágil que qualquer movimento; atravessa e penetra tudo por causa de sua pureza. [25]Ela é emanação do poder de Deus, emanação pura da glória do Onipotente. Por isso, mancha alguma nela se infiltra. [26]Ela é reflexo da luz eterna, espelho nítido da ação de Deus e imagem de sua bondade. [27]Sendo única, ela tudo pode e tudo renova, permanecendo sempre a

---

6,22-9,18: Longo discurso sobre a Sabedoria, provavelmente escrito por outro autor. O sábio debate com a sabedoria grega, e ao mesmo tempo orienta a comunidade judaica, especialmente os jovens.

6,22-7,14: A sabedoria não é privilégio de alguns, como pensavam os cidadãos gregos e romanos; é direito de todos (6,22-25). Apresentando-se como Salomão, que para a tradição judaica é o patrono da Sabedoria (1Rs 3,5-14), o autor parte do seguinte princípio: todos os seres humanos são iguais, pois nascem e morrem de maneira igual. Fato que esvazia o culto aos imperadores romanos (cf. Is 31,3; Jr 17,5) e a ideologia grega sobre a superioridade dos cidadãos livres frente aos escravos.

7,15-21: O helenismo se orgulhava do grande alcance da ciência na época. O sábio rebate, afirmando que todo conhecimento é dado por Deus (cf. 1Rs 5,13).

7,22-8,1: Descrição da Sabedoria como manifestação de Deus. Ela faz conhecer o próprio ser de Deus, sua beleza, bondade e amor (cf. Pr 8, 35; Hb 1,3). Por isso, não pode ser usada para dominar e oprimir.

mesma. E entrando nas almas santas, através das gerações, forma os amigos de Deus e os profetas. ²⁸Pois Deus ama apenas quem convive com a Sabedoria. ²⁹De fato, ela é mais bela que o sol e está acima de todas as constelações dos astros. Comparada com a luz, ela vence, ³⁰pois a luz dá seu lugar à noite, mas o mal não prevalece contra a Sabedoria.

8 ¹Ela se estende com vigor de uma extremidade à outra, e tudo governa de maneira certa.

Sabedoria, companheira de todos os dias
– ²Eu amei e desejei a Sabedoria desde a juventude, e procurei tê-la como esposa, pois fiquei apaixonado por sua beleza. ³Sua união com Deus mostra a nobre origem que ela tem. O dominador de tudo amou-a. ⁴De fato, ela é iniciada no conhecimento de Deus e na escolha de suas obras. ⁵Se a riqueza é um bem desejável na vida, o que será mais rico que a Sabedoria, ela que faz todas as coisas? ⁶Se o pensamento opera, quem mais do que ela é artífice do que existe? ⁷Se alguém ama a justiça, as virtudes são seus frutos: ela ensina a temperança e a prudência, a justiça e a fortaleza. Na vida não há nada mais útil aos seres humanos. ⁸Se alguém deseja rica experiência, ela conhece as coisas antigas e anuncia as futuras. Compreende os desafios das palavras e as soluções dos enigmas. Ela prevê sinais e prodígios, e os resultados dos momentos e dos tempos. ⁹Decidi então unir nossas vidas, sabendo que ela será conselheira para o bem e exortação nas preocupações e na tristeza. ¹⁰Por causa dela, serei elogiado pelas multidões e, mesmo jovem, serei honrado pelos anciãos. ¹¹No julgamento serei agudo e serei admirado pelos poderosos. ¹²Se eu ficar calado, eles esperarão, e se eu falar, darão atenção; se eu falar ainda mais, levarão a mão à boca. ¹³Por meio dela terei a imortalidade, e deixarei uma lembrança eterna a quem vier depois de mim.

¹⁴Governarei os povos, e as nações estarão submissas a mim. ¹⁵Soberanos temíveis ficarão com medo na minha presença. Mas, para o povo serei bom, e na guerra serei forte. ¹⁶Quando eu voltar para casa, repousarei junto dela, pois sua companhia não traz amargura. A convivência com ela não produz aflição, e sim contentamento e alegria.

Oração para obter a Sabedoria – ¹⁷Refleti sobre essas coisas comigo mesmo e meditei no coração: a imortalidade está na união com a Sabedoria, ¹⁸e na amizade com ela encontra-se a alegria perfeita; nas obras de suas mãos, uma riqueza inesgotável. No contato assíduo com ela consegue-se a prudência, e fama na união com suas palavras. Por isso, eu ia por toda parte buscando conquistá-la para mim. ¹⁹Eu era uma criança de boas qualidades, com alma boa. ²⁰Ou melhor, porque eu era bom, vim a um corpo sem mancha. ²¹Mas, ao saber que não seria virtuoso se Deus não o concedesse a mim – e já era pensamento adequado saber de onde vinha essa graça –, voltei-me para o Senhor e o invoquei, dizendo com todo o meu coração:

9 ¹"Deus dos pais e Senhor de misericórdia, que tudo fizeste com tua palavra, ²e com tua sabedoria preparaste o ser humano para dominar sobre as criaturas que fizeste existir, ³e para governar o mundo com santidade e justiça, e para realizar o julgamento com retidão de alma: ⁴concede-me a sabedoria que se assenta contigo no trono, e não me excluas do número de teus filhos.

⁵Pois eu sou teu servo e filho de tua serva, homem fraco e de vida breve, incapaz de entender os julgamentos e as leis. ⁶Ainda que alguém dos humanos fosse perfeito, se lhe faltasse tua sabedoria, deveria ser considerado um nada. ⁷Tu me escolheste para ser rei de teu povo e juiz de teus filhos e filhas. ⁸Tu me disseste que construísse

---

8,2-16: Em disputa com a filosofia grega, o sábio constrói sua teologia sobre os livros dos Provérbios e do Sirácida (cf. Pr 31,10-31; Eclo 15,2; 51,13-30). Apresenta a Sabedoria como mulher, pela qual ele se sente profundamente apaixonado. Unir-se para sempre a ela é o sonho de sua vida. Com essa figura, o sábio ensina os jovens que estão abandonando a tradição judaica.

8,17–9,18: Sob forte influência da filosofia platônica do dualismo corpo-alma, o autor amplia aqui a oração de Salomão em 1Rs 3,6-9, apresentando-o como rei que fez a grande descoberta: só a união com a Sabedoria conduz a alma para a imortalidade (8,17). Sem a Sabedoria, que é concedida pelo santo espírito de Deus (9,17), o ser humano, em sua fragilidade (vv. 5-6.14-15), não consegue

um templo sobre teu santo monte, e um altar na cidade onde colocaste tua tenda, cópia da tenda santa que havias preparado desde o início. ⁹Contigo está a Sabedoria, que conhece tuas obras e estava presente quando fizeste o mundo. Ela sabe o que é agradável a teus olhos e o que está de acordo com teus mandamentos.

¹⁰Manda esta Sabedoria que está no santo céu, e a envia do teu trono de glória, para que esteja comigo nos trabalhos, e eu conheça o que é agradável a ti. ¹¹Pois ela tudo sabe e compreende, e me conduzirá de forma adequada em minhas ações, e me protegerá com sua glória. ¹²Assim, minhas obras serão agradáveis a ti, julgarei o povo com justiça e serei digno do trono de meu pai.

¹³Quem conhece a vontade de Deus? Ou quem compreenderá o que o Senhor quer? ¹⁴Os pensamentos dos mortais são frágeis, e nossas reflexões são falíveis. ¹⁵Porque um corpo corruptível prejudica a alma, e a tenda terrena oprime a mente que pensa tantas coisas. ¹⁶Com dificuldade acabamos por conhecer as coisas que há na terra. É com trabalho que encontramos o que está ao alcance das mãos. Então, quem irá investigar o que há no céu? ¹⁷Quem conhecerá tua vontade, se tu não lhe deres Sabedoria e não enviares do alto teu santo espírito? ¹⁸Assim foram endireitados os caminhos de quem está na terra. Os homens aprenderam o que te agrada e foram salvos pela sabedoria".

III. AÇÃO DA SABEDORIA NA HISTÓRIA E NA MEMÓRIA DO ÊXODO

10 *A Sabedoria protege o justo: de Adão a Moisés* – ¹A Sabedoria protegeu o pai do mundo, o primeiro ser humano quando foi criado sozinho. Ela o libertou da própria queda, ²deu-lhe força para governar todas as coisas. ³Mas o injusto com sua cólera afastou-se dela, e com sua ira contra o irmão encontrou a ruína. ⁴Por causa dele a terra foi inundada, mas novamente a Sabedoria a salvou, conduzindo o justo numa fraca embarcação.

⁵Quando as nações se encontraram na maldade e se confundiram, ela reconheceu o justo, o manteve sem mancha diante de Deus e o conservou forte na compaixão pelo filho. ⁶Ela salvou o justo que fugia do fogo caído sobre cinco cidades, enquanto os ímpios pereciam. ⁷Como testemunho da maldade desses, o que resta é uma terra devastada e fumegante, cujas plantas produzem frutos que não amadurecem, e uma estátua de sal que serve de lembrança de uma alma incrédula. ⁸Pois, tendo desprezado a Sabedoria, não apenas se prejudicaram desconhecendo o bem, mas também deixaram para a vida uma lembrança da sua insensatez, para que suas faltas não ficassem ocultas.

⁹A Sabedoria, porém, livrou da aflição os que lhe eram fiéis. ¹⁰Ela guiou por caminhos retos o justo que fugia da ira do irmão, mostrou-lhe o reino de Deus e lhe deu o conhecimento das coisas santas, sustentou-o nas tarefas e o enriqueceu nos trabalhos. ¹¹Esteve a seu lado diante da cobiça de seus adversários, e o enriqueceu. ¹²Ela o protegeu dos inimigos e o defendeu dos que lhe preparavam ciladas. E lhe deu a vitória em duro combate, para ele perceber que a piedade é mais forte que tudo. ¹³Ela não abandonou o justo que fora vendido, e o protegeu do pecado. ¹⁴Desceu com ele para uma cisterna e não o deixou em algemas, até alcançar para ele o cetro real e o poder sobre aqueles que o dominavam. Desmascarou aqueles que o haviam caluniado e lhe deu fama eterna. ¹⁵Ela libertou um povo santo, uma semente irrepreensível, do meio de nações de opressores. ¹⁶Entrou na alma de um servo do Senhor, e com prodígios e sinais enfrentou reis temíveis. ¹⁷Aos santos deu

---

atingir a imortalidade. A oração se resume no pedido insistente do rei para obter a Sabedoria.

10,1-19,22: O povo judeu em Alexandria era marginalizado e humilhado. Com o objetivo de o encorajar e manter fiel à tradição, o sábio retoma a experiência do êxodo, mostrando a ação de Deus em favor dos hebreus antigos e contra os egípcios opressores. Como provas desse agir divino, se apresentam sete contrastes, onde Deus utiliza elementos iguais para castigar os opressores e beneficiar os oprimidos.

10,1-11,3: Ação da Sabedoria na história do povo. Foi ela que reergueu Adão após a queda e conduziu a arca do justo Noé no dilúvio provocado pela violência que o injusto Caim introduziu no mundo ao se afastar da Sabedoria, quando matou o próprio irmão (vv. 1-4). Ao contrário da confusão na torre de Babel, a Sabedoria

a recompensa pelos sofrimentos e conduziu-os por um caminho maravilhoso. Tornou-se para eles abrigo durante o dia e esplendor de estrelas à noite. ¹⁸Ela os fez atravessar o mar Vermelho e os guiou no meio de muitas águas. ¹⁹Afogou seus inimigos e os vomitou do fundo do abismo. ²⁰Por isso, os justos despojaram os ímpios e cantaram, Senhor, um hino ao teu nome santo, louvando juntos tua mão protetora. ²¹Porque a Sabedoria abriu a boca dos mudos e soltou a língua dos pequenos.

11 ¹Suas obras foram bem-sucedidas pela mão de um santo profeta. ²Atravessaram o deserto desabitado, e armaram as tendas em lugares inacessíveis. ³Resistiram aos que guerreavam contra eles e repeliram os inimigos.

Água: primeiro contraste – ⁴Tiveram sede e te chamaram, e de uma pedra áspera a água lhes foi dada, uma rocha dura lhes tirou a sede. ⁵Aquilo com que seus inimigos eram castigados tornou-se para eles benefício na aflição. ⁶Em lugar da água de um rio que corria, turvado de sangue podre ⁷como castigo do decreto infanticida, tu lhes deste inesperadamente água abundante. ⁸Através da sede que estavam sentindo, tu mostraste como havias punido seus inimigos. ⁹Porque, quando sofreram provações, embora fossem ensinados com misericórdia, compreenderam como os ímpios eram atormentados e julgados com ira. ¹⁰Porque tu os provaste, como pai que corrige, e castigaste outros como rei severo que condena. ¹¹Distantes e próximos foram atingidos da mesma forma, ¹²porque dupla aflição os atingiu. E gemiam, lembrando-se do que tinha ocorrido com eles. ¹³De fato, quando ouviram que os atormentava a mesma coisa que era fonte de benefício para os outros, sentiram a ação do Senhor. ¹⁴Pois aquele que antes fora rejeitado, exposto e desprezado com zombarias, no final dos acontecimentos foi admirado por eles, ao sentirem uma sede que não era igual à sede dos justos.

Deus, amigo da vida e de tudo o que existe – ¹⁵Por causa dos pensamentos insensatos da injustiça deles, acabaram por errar, e cultuaram répteis que não possuíam razão e animais desprezíveis. Como castigo, enviaste contra eles uma multidão de animais irracionais, ¹⁶para aprenderem que cada um é punido pela mesma coisa em que comete pecado. ¹⁷Não seria difícil para tua mão poderosa, que da matéria sem forma criou o mundo, mandar contra eles um bando de ursos ou leões ferozes, ¹⁸ou feras desconhecidas, recém-criadas, cheias de fúria, que lançassem sopros de fogo ou expelissem fumaça venenosa, ou soltassem pelos olhos faíscas terríveis. ¹⁹Elas poderiam exterminá-los, não apenas com sua maldade, mas também com seu aspecto pavoroso. ²⁰Mesmo sem todas essas coisas, poderiam sucumbir com um sopro apenas, perseguidos pela justiça e abalados pelo sopro do teu poder. Mas tudo dispuseste com medida, número e peso.

²¹Pois agir com a força está sempre a teu alcance: quem poderia opor-se ao poder do teu braço? ²²Porque o mundo todo, diante de ti, é como grão de areia na balança e como gota de orvalho matutino caindo na terra. ²³Tu, porém, tens compaixão de todos, porque tudo podes, e fechas os olhos frente aos pecados dos seres humanos, para que se convertam. ²⁴Tu amas tudo o que existe, e não detestas nada do que fizeste. Se alguma coisa odiasses, não a terias feito. ²⁵Como poderia alguma coisa permanecer, se não a quisesses? Ou como poderia alguma coisa se manter, se não a tivesses chamado? ²⁶Mas tudo poupas, pois tudo é teu, Senhor, amigo da vida.

---

esclareceu Abraão para não sacrificar o filho Isaac. Protegeu Ló na destruição de Sodoma e Gomorra, e defendeu Jacó frente à ira do irmão Esaú (vv. 5-12). Amparou José no conflito com os irmãos (vv. 13-14) e libertou Israel da escravidão egípcia (10,15-11,3).

11,4-14: Começam os contrastes. O primeiro faz memória da água. Ela, para os egípcios, se tornara sangue podre (cf. Ex 7,14-25), como castigo pelo decreto infanticida do faraó (cf. Ex 1,22). Para os israelitas, era água pura que saciava a sede. Deus agia como pai que corrige a uns, e como rei severo que castiga outros (v. 11).

11,15-12,2: O culto a animais e répteis era comum no Egito. Daí que o sábio atribui a essa prática o castigo de Ex 7,26-8,11. Deus os teria punido através dos animais que eles adoravam. Para o sábio, mais que castigo, o agir de Deus foi um corretivo, pois ele não quer a morte de quem se desviou do bom caminho; ele quer a sua conversão, pois ele o ama. Ele quer que o injusto

12 ¹Teu espírito incorruptível está em tudo. ²Por isso, corriges pouco a pouco os que erram e os repreendes, lembrando-lhes aquilo em que pecaram, a fim de que, afastando-se da maldade, acreditem em ti, Senhor.

A morte dos cananeus – ³Aos antigos habitantes de tua santa terra ⁴tu rejeitaste, por causa de suas práticas detestáveis, como magia e ritos inaceitáveis: ⁵impiedosos assassinatos de crianças e banquetes em que se comiam entranhas, carnes humanas e sangue. A esses iniciados em orgias, ⁶pais assassinos de vidas indefesas, tu os quiseste destruir pelas mãos de nossos pais, ⁷para que esta terra, por ti mais estimada que as outras, tivesse uma população digna, feita de filhos de Deus. ⁸Mas, como seres humanos que eram, tiveste consideração para com eles, e enviaste vespas à frente do teu exército, para destruí-los aos poucos. ⁹Poderias entregar os ímpios na mão dos justos, ou destruí-los com feras, ou ainda com palavra implacável. ¹⁰No entanto, deste a eles castigo aos poucos, com tempo para a conversão. Certamente não ignoravas que a origem deles era má e a maldade deles era inata, e que nunca mudariam de pensamento. ¹¹Eram malditos desde a origem.

Não foi por medo de ninguém que deixaste de lhes dar o castigo pelos pecados. ¹²Poderia alguém dizer-te: O que fizeste? Ou quem poderia colocar-se contra tua decisão? Quem te acusaria por teres destruído nações que fizeste? Ou quem se apresentaria diante de ti para defender homens injustos? ¹³Pois não há outro Deus além de ti, que cuide de tudo e a quem devas mostrar que teus julgamentos não são injustos. ¹⁴Nem rei ou soberano poderá confrontar-se contigo em relação àqueles que castigaste.

¹⁵Tu, porém, sendo justo, tudo governas com justiça, e consideras incompatível com teu poder condenar quem não mereça punição. ¹⁶Tua força é princípio de justiça, e o domínio que tens de tudo te faz compreensivo para com todos. ¹⁷Mostras a força a quem não acredita na perfeição do teu poder, e reprovas o atrevimento dos que o conhecem. ¹⁸No entanto, julgas com brandura, dominando tua força. E nos governas com muita clemência, porque exerces o poder quando queres.

O justo é misericordioso – ¹⁹Através dessas obras, ensinaste ao teu povo que o justo deve ser amigo de todo ser humano. E ofereceste esperança aos teus filhos, porque concedes que haja conversão depois dos pecados. ²⁰De fato, se com tanta brandura e indulgência punisse quem merecia a morte, os inimigos dos teus servos, dando-lhes tempo e oportunidade para se converterem da maldade que praticavam, ²¹com que cuidado não julgaste teus filhos, a cujos pais deste com juramento a aliança de tão boas promessas! ²²Então, educando-nos, tu castigas nossos inimigos com moderação, para que nos lembremos de tua bondade quando julgarmos, e para que possamos contar com a misericórdia quando formos julgados.

²³Então, atormentaste aqueles que na insensatez levavam vida injusta. Tu os castigaste com as próprias abominações deles. ²⁴Pois tinham ido muito longe nos caminhos do erro: consideravam deuses os mais desprezíveis e repugnantes animais, deixando-se enganar como crianças que não têm juízo. ²⁵Por isso, deste a eles uma sentença de zombaria, como se eles fossem crianças que não raciocinam. ²⁶Quem não se corrigisse com esses castigos ligeiros, receberia castigo digno de Deus. ²⁷Ao serem castigados com os sofrimentos provocados por animais que eles consideravam deuses, e que agora os castigavam, viram com clareza e reconheceram o Deus verdadeiro, aquele que antes recusavam. Por isso, veio sobre eles a maior das condenações.

---

mude de conduta e aprenda que só Deus é o Senhor, o amigo da vida.

12,3-18: Como justificar a morte dos cananeus causada pela conquista de Israel, narrada no livro de Josué? Se Deus ama todas as criaturas (11,23-26), como pode exterminar nações inteiras? A justificativa é atribuir a culpa aos ritos cananeus, o que serve de advertência aos judeus que simpatizam com os rituais nativos do Egito.

19-27: O sábio exorta os compatriotas a serem misericordiosos, como Deus é misericordioso (cf Mt 5,7; 7,12), e aprenderem a maneira como o próprio Deus julga. Se ele dá aos injustos oportunidade para se converterem

13 *Beleza da criação* – ¹São naturalmente vazios todos os seres humanos que ignoraram a Deus, e através dos bens que se podem ver não chegaram a reconhecer Aquele que existe. Observaram as obras, mas não reconheceram o artífice delas. ²Ao contrário, tomaram como governantes do mundo, como deuses, o fogo, o vento, o ar leve, o ciclo dos astros, a água impetuosa, os luzeiros do céu. ³Se ficam encantados com a beleza dessas coisas e as tomam como se fossem deuses, reconheçam o quanto é superior o Senhor delas. Foi o autor da beleza que as criou. ⁴Se ficam admirados com a força e atividade delas, entendam que é mais forte aquele que as formou. ⁵Realmente, pela grandeza e beleza das coisas criadas se pode pensar, por comparação, naquele que deu origem a elas.

⁶No entanto, a esses cabe pequena repreensão. Talvez se tenham extraviado buscando a Deus e querendo encontrá-lo. ⁷De fato, ocupados com as obras dele, as investigam e ficam fascinados diante das aparências, pois é tão belo o que veem. ⁸Mas, novamente, eles não têm desculpa, ⁹porque, se tiveram condições de saber o suficiente para poderem investigar o universo, como não encontraram mais rapidamente o Senhor dessas coisas?

Crítica aos cultos vazios – ¹⁰Eles, porém, são infelizes, porque suas esperanças estão em coisas mortas. Consideraram como deuses as obras de mãos humanas: peças de ouro e prata trabalhadas com arte, figuras de animais ou de pedra que não tem valor, obra de mão antiga. ¹¹Vamos pensar no carpinteiro. Ele serra um tronco de fácil manejo. Descasca-o cuidadosamente e trabalha com habilidade, fazendo algum objeto útil para as necessidades da vida. ¹²Depois, pega as sobras da madeira e as utiliza para a preparação da comida, e fica saciado. ¹³E a sobra de tudo, completamente inútil, madeira retorcida e cheia de nós, ele a toma para esculpir nos momentos de lazer. E se distrai modelando-a com habilidade, até conseguir a imagem de um ser humano, ¹⁴ou lhe dá a forma de algum animal desprezível. Em seguida, pinta de vermelho, mais de uma vez, e encobre com massa todo defeito que encontra. ¹⁵Faz então um nicho que seja digno e o coloca na parede, prendendo-o com algum prego. ¹⁶Cuida dele para que não caia, sabendo que ele não pode cuidar de si mesmo: de fato, é apenas imagem, e precisa de cuidados. ¹⁷Mas logo lhe faz orações em favor de seus bens, casamentos e filhos, e não se envergonha de falar com algo que não tem vida. Para a saúde, invoca uma coisa tão frágil. ¹⁸Em favor da vida, suplica a um morto. Quanto a um auxílio, procura algo que é imprestável. Já para uma viagem, recorre a quem não pode dar um único passo. ¹⁹Para seus negócios, esforços e trabalhos de suas mãos, pede força a quem não tem força nenhuma nas mãos.

14 *Técnica, fruto da sabedoria divina* – ¹Outro se lança para uma viagem sobre ondas furiosas e invoca um pedaço de madeira mais frágil que o barco que o conduz. ²Realmente foi fabricado pelo desejo de lucro; foi uma sabedoria técnica que o construiu. ³Mas é a tua providência, Pai, que o pilota, porque abriste caminho também no mar, uma rota segura em meio às ondas. ⁴Assim, mostras que és tu quem pode salvar de todos os perigos, e podem as pessoas inexperientes embarcar. ⁵Não queres que as obras de tua Sabedoria fiquem sem utilidade. Por isso é que os seres humanos confiam suas vidas a um simples pedaço de madeira, atravessam as ondas e chegam salvos a seu destino. ⁶De fato, no princípio, quando os soberbos gigantes de antigamente pereceram, a esperança do mundo se refugiou numa embarcação. Ela foi guiada por tua mão e preservou para os tempos seguintes a

---

da própria maldade, igualmente a concede aos justos quando erram.

13,1-9: Em busca de Deus, o ser humano se extraviou, adorando criaturas em lugar do Criador (cf. Gn 1). Se elas fascinam com sua beleza, quanto mais fascinante não será quem as criou! O sábio ironiza a sabedoria grega, incapaz de ver algo acima e além da natureza.

10-19: Nova ironia contra o ímpio que não sabe encontrar o verdadeiro Deus (cf. Ex 3,14) e fabrica e adora seus próprios deuses (cf. Is 44,9-20; Jr 10,3-5; Br 6). E isso o torna infeliz, pois põe sua esperança em coisas que não têm vida.

14,1-11: Elogio às grandes embarcações, que impulsionavam o comércio marítimo. Eram construídas por

semente da vida. ⁷Bendita seja a madeira, pela qual se realiza a justiça! ⁸Mas o ídolo feito por mãos humanas é amaldiçoado, e também aquele que o fez: este, porque o preparou; e a coisa corruptível, porque lhe deram o nome de deus.

⁹Tanto o ímpio quanto a impiedade são da mesma forma desagradáveis a Deus. ¹⁰De fato, a obra será punida juntamente com seu autor. ¹¹Por isso, o julgamento alcançará também os ídolos das nações. Porque, entre as criaturas de Deus, eles se tornaram abomináveis, escândalo para as almas das pessoas e armadilha para os pés dos insensatos.

Crítica contra o culto ao imperador – ¹²O princípio da prostituição está na invenção de ídolos; a descoberta deles trouxe a corrupção da vida. ¹³De fato, eles não existiam desde o início, nem existirão para sempre. ¹⁴Entraram no mundo pela vaidade dos seres humanos, e por isso está decretado o rápido fim deles.

¹⁵Um pai, desconsolado por algum luto prematuro, faz a imagem do filho retirado antes do tempo. Então, o que era apenas um ser humano morto, ele o venera como se fosse deus, e oferece ritos secretos e cerimônias às pessoas de sua casa. ¹⁶Com o tempo impõe-se o ímpio costume e é observado como lei: pelas ordens de soberanos, as estátuas são cultuadas. ¹⁷E como os seres humanos, por viverem longe, não podem honrá-los diretamente, tornaram presente sua figura distante, fazendo uma imagem do rei a ser honrado. Assim, adulavam cuidadosamente o ausente como se ele estivesse presente. ¹⁸A ambição do artista levou os que não conheciam o soberano a espalhar esse culto. ¹⁹De fato, querendo talvez agradar o governante, o artista forçou a imagem para ser mais bela que o original. ²⁰A multidão, atraída pelo encanto da obra, agora julga digno de adoração aquele a quem até há pouco honravam como simples ser humano. ²¹E isso tornou-se armadilha para a vida: os seres humanos, tomados pela desgraça ou pelo poder, impuseram a pedras e pedaços de madeira o nome incomunicável.

Idolatria leva para a injustiça – ²²Não lhes foi suficiente errar a respeito do conhecimento de Deus. Eles ainda estão vivendo na grande guerra da ignorância, e saúdam esses males como se fossem paz. ²³De fato, realizam cerimônias de matança de crianças, ou de mistérios ocultos, ou de orgias frenéticas com ritos estranhos. ²⁴Não conservam puras as vidas e os casamentos. Cada um elimina o outro por traição ou pelo sofrimento do adultério. ²⁵Em toda parte se encontra confusão: sangue e crime, roubo e fraude, corrupção, infidelidade, revolta, perjúrio, ²⁶inversão de valores, esquecimento da gratidão, contaminação das almas, perversão sexual, desordens nos casamentos, adultério e indecência.

²⁷O culto dos ídolos sem nome é o princípio, a causa e o fim de todo mal. ²⁸De fato, eles celebram festas até o delírio, ou profetizam a falsidade, ou vivem de forma injusta, ou perjuram com a maior facilidade. ²⁹Confiando em ídolos que não têm vida, nem pensam no mal que os falsos juramentos lhes trazem. ³⁰No entanto, por duas razões a sentença os atingirá: seguindo os ídolos, eles pensaram mal a respeito de Deus, e juraram com injustiça e falsidade, desprezando a santidade. ³¹De fato, o que atinge a transgressão dos injustos não é o poder dos que receberam os juramentos, e sim o castigo reservado aos pecadores.

15

Fidelidade a Deus – ¹Tu, porém, nosso Deus, és bom e verdadeiro. Paciente, tudo governas com misericórdia. ²De fato, mesmo pecando, nós somos teus e conhecemos teu poder. Sabendo

---

mãos humanas, porém frutos da sabedoria de Deus e pilotadas por sua providência (cf. Sl 107,23-30; Jn 1,9-15). Foi assim com Noé e sua arca (Gn 6-8). O viajante ímpio, porém, invoca a proteção da imagem por ele mesmo esculpida no barco.

12-21: Para o sábio, o culto a outros deuses é o princípio da corrupção. Por isso, critica o costume grego de fazer imagens de filhos mortos e venerá-los como divindades. A crítica mais contundente vai contra o culto ao imperador, de quem se esculpiam imagens mais bonitas que o real, para lhe realçar o culto (cf. Dn 3,1-7). Assim, quem era somente um mortal é elevado ao nível dAquele que é (v. 21; cf. Ex 3,14).

22-31: Os imperadores romanos se faziam cultuar como deuses. Além de confundir as pessoas, corrompiam as relações humanas, praticavam todo tipo de injustiça e perversidade, e ainda diziam que nisso consistia a "paz romana", fruto da violência (v. 22; cf. Rm 1,24-32).

15,1-6: Em meio a tanta injustiça e formas de culto, o povo judeu na diáspora é chamado a permanecer fiel

que te pertencemos, não pecaremos. ³Conhecer-te é a justiça perfeita, e reconhecer o teu poder é a raiz da imortalidade. ⁴De fato, a invenção de maldosa arte humana não nos desviou, nem o trabalho estéril dos pintores que tingem suas figuras com muitas cores. ⁵O olhar para elas desperta a paixão do insensato que fica apegado à forma sem vida de uma imagem morta. ⁶Tanto os autores dos ídolos, como aqueles que os desejam e adoram, têm amor ao que é mau e são dignos das esperanças a eles ligadas.

O oleiro – ⁷O oleiro amassa com esforço a argila mole, modela várias vasilhas para nosso uso. Com o mesmo barro modela tanto vasos para uso nobre como aqueles que se destinam a outros fins. É o oleiro que decide o destino de cada um. ⁸Depois, em trabalho sem valor, com o mesmo barro faz uma divindade falsa, ele que há pouco tinha nascido da terra e em breve para ela há de voltar, quando lhe for tirada a vida que recebeu por empréstimo. ⁹Mas ele não pensa que está destinado a morrer e que sua vida é breve. Pelo contrário, compete com os que trabalham com ouro e prata, imita os que modelam com bronze e se gloria de fazer coisas falsas. ¹⁰O coração dele é cinza, sua esperança é mais vulgar que a terra, e sua vida tem menos valor que o barro, ¹¹porque não reconhece Aquele que o modelou, que lhe infundiu uma alma ativa e lhe inspirou um sopro vital. ¹²Ele considera que nossa existência é um jogo, e a vida seria algo lucrativo. Ele diz: "É preciso aproveitar-se de tudo, até do mal". ¹³Realmente, mais do que todos os outros, ele sabe que está pecando, fabricando, de matéria terrena, tanto vasos frágeis como estátuas de ídolos.

Sincretismo greco-egípcio – ¹⁴Os inimigos, porém, que oprimiram teu povo, são todos insensatos e mais infelizes que a alma de uma criança. ¹⁵Porque eles consideram deuses todos os ídolos das nações. Mas, os olhos desses ídolos não conseguem ver, o nariz deles não respira, os dedos de tais mãos não apalpam e os pés deles não são capazes de andar. ¹⁶Foi um ser humano que os fez. Quem os modelou foi alguém que recebeu de empréstimo a respiração. Nenhum ser humano pode modelar um deus que lhe seja semelhante. ¹⁷Pois, sendo mortal, só é capaz de produzir, com as próprias mãos, um cadáver. De fato, ele é superior aos objetos que adora: pelo menos ele tem vida, os ídolos nunca o terão. ¹⁸No entanto, prestam culto até aos mais repugnantes animais, aos que são mais brutos quando comparados a outros. ¹⁹Todos esses nada têm de beleza que os torne atraentes, se comparados com os outros animais, e ficaram sem a aprovação e bênção de Deus.

16 *Rãs e codornizes: segundo contraste* – ¹Por isso receberam, de seres semelhantes, castigos merecidos, e foram torturados por multidões de feras. ²Em lugar desse castigo, favoreceste teu povo, e para lhe satisfazer o apetite, trouxeste para ele codornizes, um alimento inesperado. ³Assim, enquanto aqueles, ansiosos por alimento, perdiam o apetite natural, cheios de nojo por causa dos bichos que lhes havias mandado, estes dividiam um alimento extraordinário, após breve tempo de necessidades. ⁴De fato, era preciso que aqueles opressores passassem por uma necessidade inevitável. Mas a estes, o teu povo, bastava mostrar como os inimigos estavam sendo torturados.

Gafanhotos, moscas e serpente de bronze: terceiro contraste – ⁵Quando caiu sobre eles a fúria terrível das feras, e morriam pela mordida de serpentes tortuosas, tua ira não permaneceu até o fim. ⁶Foram assustados por pouco tempo e tiveram como

---

ao seu Deus, que sendo bom, paciente e misericordioso, conduz para a justiça e a vida (cf. Ex 34,6-7).

7-13: Como o carpinteiro (13,11-19), também o oleiro modela utensílios, e com a mesma argila fabrica imagens. Oleiro modelado por Deus, agora modela divindades (cf. Is 29,16; Rm 9,20-21), para delas tirar proveito comercial.

14-19: Crítica à diversidade de deuses, que não passam de imagens que não têm vida (cf. Sl 115,4-8; 135,15-18), muito inferiores a quem as fabricou.

16,1-4: Retomam-se os contrastes do êxodo (cf. 11,4-14): castigo para o Egito e benefício para Israel. O autor faz uma interpretação de Ex 7,26-8,11 e 16,1-13 e atribui o castigo contra os egípcios a seus cultos (15,18-19).

5-14: Deus é Senhor da vida e da morte. Enquanto os israelitas picados por serpentes venenosas eram curados (cf. Nm 21,5-9), os egípcios picados por gafanhotos e moscas não tinham remédio (cf. Ex 8,12-28; 10,1-20).

advertência um sinal de salvação, para se lembrarem do mandamento da tua lei. ⁷Quem se voltava para ele era salvo, não pelo que via, mas por ti, o Salvador de todos. ⁸E com isso convenceste nossos inimigos que és tu quem livra de todo mal. ⁹Eles morreram com picadas de gafanhotos e moscas, e não se encontrou remédio para suas vidas, porque deviam ser castigados. ¹⁰Já no caso de teus filhos, nem os dentes das serpentes venenosas os venceram. Tua misericórdia interveio e os curou. ¹¹Para que recordassem tuas palavras, eram mordidos e rapidamente salvos, para que não caíssem no esquecimento profundo, e assim fossem excluídos de tua benevolência. ¹²Não foi a erva nem o unguento que os curou, e sim a tua palavra, Senhor, que tudo cura. ¹³Tu tens poder sobre a vida e sobre a morte, e levas até às portas do mundo dos mortos e daí retiras. ¹⁴O ser humano, com sua maldade, faz morrer, mas não pode fazer que retorne o sopro que se foi, nem liberta a alma recebida entre os mortos.

Granizo, fogo e maná: quarto contraste – ¹⁵É impossível fugir de tua mão. ¹⁶Os ímpios não queriam reconhecer-te, e foram castigados pelo teu braço forte: foram atormentados com chuvas estranhas, granizo, tempestades violentas, e devorados pelo fogo. ¹⁷O mais surpreendente foi que o fogo ardia ainda mais na água que tudo apaga. De fato, o mundo é aliado dos justos. ¹⁸Às vezes, a chama se abrandava para não queimar os animais enviados contra os ímpios; assim, estes podiam ver que estavam sendo perseguidos pelo julgamento de Deus. ¹⁹Outras vezes, mesmo no meio da água, a força desta era maior que a do fogo comum, para destruir a colheita de uma terra injusta. ²⁰Mas, alimentaste o teu povo com alimento de anjos, e lhe ofereceste já preparado um pão celeste que proporcionava todos os sabores, ao gosto de cada um. ²¹Este sustento que oferecias a teus filhos mostrava tua doçura para com eles. Servia ao gosto de quem o comia e se transformava no que cada um queria.

²²Neve e gelo resistiam ao fogo, e não se derretiam. Com isso ficava claro que o fogo, que ardia no meio do granizo e resplandecia debaixo da chuva, destruía os frutos dos inimigos. ²³Mas o mesmo fogo, em outra ocasião, esqueceu-se de sua força, e assim os justos podiam alimentar-se. ²⁴De fato, a criação obedece a ti, que a fizeste, e se inflama para punir os injustos, e recua em benefício daqueles que em ti confiam. ²⁵Por isso, ela também assumia todas as formas e estava a serviço da tua bondade, que alimenta a todos, conforme a vontade dos necessitados, ²⁶para que teus filhos amados, Senhor, aprendessem que não é a produção dos frutos que alimenta o ser humano, mas a tua palavra é que sustenta quem acredita em ti. ²⁷Pois, o que não era devorado pelo fogo, derretia-se com o calor de um simples raio de sol. ²⁸Assim, eles conheceram que é preciso levantar antes do sol para te dar graças, e invocar-te antes da luz do dia. ²⁹Pois a esperança do ingrato se derreterá como a geada do inverno, e escorrerá como água inútil.

17 *Trevas e coluna de fogo: quinto contraste* – ¹Teus julgamentos são grandiosos e inexplicáveis. Por isso, as almas sem instrução se extraviaram. ²Os fora da lei julgavam que podiam oprimir uma nação santa. Eram prisioneiros das trevas, no cárcere de uma longa noite, fechados debaixo de seus tetos e excluídos da eterna providência. ³Quando pensavam estar ocultos com seus pecados secretos, debaixo do véu sombrio do esquecimento, foram dispersos, tomados de medo horrível e aterrorizados por alucinações. ⁴De fato, nem o esconderijo que

---

15-29: Livre interpretação de Ex 9; 16 e Nm 11, para demonstrar o agir de Deus em favor do justo e contra o injusto. Os elementos do céu, como chuva, granizo, fogo e maná, provam que a natureza obedece a Deus, pois é ele quem fixa finalidades precisas a cada elemento. Tudo serve de ensinamento (vv. 26-29). É a palavra de Deus que tudo mantém com seu poder e graça (cf. Dt 8,3; Mt 4,4; Sl 104,27).

17,1-18,4: Recordando Ex 10,21-23; 13,21-22; 14,24, o autor interpreta livremente os fatos com linguagem envolvente de medo, terror e alucinações. Para que oprimiam, trevas e prisão; para os oprimidos, a luz da Lei. Critica a prática de fórmulas mágicas para a cura (17,7-8; cf Ex 9,11) e enaltece a Lei. Longe do Templo e sem sacrifícios, essa Lei era a força da comunidade judaica na diáspora (cf. 2,12; 6,4.18; 9,5; 16,6; 18,4.9).

os abrigava os deixou sem medo. Ruídos apavorantes ressoavam em torno deles, e lhes apareciam fantasmas ameaçadores de rostos sinistros. ⁵Não havia fogo, por maior que fosse, que os conseguisse iluminar. Nem as brilhantes chamas de astros eram capazes de iluminar aquela noite horrível. ⁶Aparecia-lhes apenas um fogo que se acendia por si mesmo, aterrorizante. Apavorados com essa visão que logo desaparecia, julgavam ainda mais terrível o que tinham acabado de ver.

⁷O truque da magia fracassou e sua pretensão de ciência ficou vergonhosamente confundida. ⁸Realmente, os que prometiam expulsar terrores e inquietações da alma enferma, eles próprios caíam vítimas de temor ridículo. ⁹Embora não existisse nada de aterrador que lhes causasse medo, a passagem de pequenos animais e o silvo de cobras os aterrorizavam. Então eles caíam tremendo, e recusavam até o próprio ar, algo impossível de ser evitado.

¹⁰De fato, a maldade é medrosa e se condena pelo seu próprio testemunho. Oprimida pela consciência, pensa sempre o pior. ¹¹Pois o medo não é outra coisa senão a falta dos socorros que provêm da reflexão: ¹²quanto menos esperança houver, mais penoso será desconhecer a causa da tortura.

¹³Naquela noite realmente sem poder, saída das profundezas do mundo dos mortos, eles, entregues ao mesmo sono, ¹⁴ou eram perseguidos por fantasmas monstruosos, ou ficavam paralisados pelo abatimento da alma, pois inesperado e repentino medo tomou conta deles.

¹⁵Assim, qualquer um que por aí caísse, ficaria preso, trancado numa prisão sem trancas. ¹⁶Fosse agricultor ou pastor, ou ainda operário que trabalhava no deserto, ao ser surpreendido caía na fatalidade inevitável, porque todos estavam presos pela mesma corrente de trevas. ¹⁷O assobiar do vento, o canto harmonioso de pássaros na ramagem espessa, o ruído da água que corre impetuosa, o barulho seco das pedras quando caem, ¹⁸a corrida invisível de animais saltitantes, o rugido das feras mais selvagens, o eco retumbante das cavernas de montanhas, tudo os paralisava de medo. ¹⁹De fato, o mundo todo, iluminado por luz brilhante, se dedicava livremente a suas atividades; ²⁰apenas sobre eles se estendia a pesada noite, imagem das trevas que haveriam de recebê-los. No entanto, eles eram para si próprios mais pesados que as trevas.

18

¹Para os teus santos, porém, havia uma luz grandiosa. Os outros, que lhes ouviam a voz, mas não lhes viam a figura, os felicitavam por não terem sofrido como eles. ²E lhes agradeciam porque não tiraram desforra dos maus-tratos que tinham sofrido, e pediam por favor que fossem embora. ³Em lugar de trevas, deste aos teus uma coluna de fogo para os guiar ao longo de itinerário desconhecido, como sol inofensivo na gloriosa migração deles. ⁴Já os outros mereciam ficar sem luz e prisioneiros de trevas, porque haviam aprisionado teus filhos, que iam transmitir ao mundo a luz permanente da Lei.

Morte dos primogênitos e libertação: sexto contraste – ⁵Eles decidiram matar os filhos dos santos, e só um menino se salvou, depois de abandonado. Como castigo, eliminaste uma multidão de filhos deles, e os fizeste morrer em águas impetuosas. ⁶Aquela noite já fora anunciada aos nossos pais, para que tivessem ânimo, cientes da promessa certa na qual tinham acreditado, e se alegrassem. ⁷A salvação era esperada pelo teu povo, bem como a destruição dos inimigos. ⁸De fato, quando punias os adversários, tu nos enchias de glória, chamando-nos para ti.

⁹Ocultamente, os santos filhos dos justos ofereciam sacrifícios, e de comum acordo definiram esta lei divina: os santos participariam de forma solidária dos mesmos bens e dos mesmos perigos. E o fariam, cantando os hinos de seus pais. ¹⁰O grito confuso dos inimigos produzia eco, e ressoava a queixa dos que chora-

---

18,5-19: Menosprezando os egípcios e exaltando os hebreus, o sexto contraste faz um paralelo entre a morte dos recém-nascidos hebreus (cf. Ex 1,15-22) e a morte dos primogênitos egípcios (cf.12,29-30), e também o afogamento do exército no mar Vermelho (cf. Ex 14,26-28). "Aquela noite" (v. 6) da libertação (cf.

vam por seus filhos. ¹¹Tanto o escravo como o patrão sofreram o mesmo castigo. A pessoa comum e o rei tiveram a mesma punição. ¹²Todos tinham mortos sem conta, vítimas do mesmo tipo de morte, e os vivos não eram suficientes para sepultá-los. O melhor da geração deles desapareceu de uma só vez. ¹³Eles realmente desacreditavam de tudo por causa das magias, mas com a morte de seus primogênitos reconheceram que aquele povo era filho de Deus. ¹⁴De fato, quando profundo silêncio envolvia tudo, e a noite estava no meio do seu caminho, ¹⁵tua palavra cheia de poder veio do céu, do trono real, como guerreiro implacável, sobre a terra condenada. E trazia teu decreto taxativo, como espada afiada. ¹⁶Ela parou e preencheu tudo com a morte: tocava o céu e pisava a terra. ¹⁷Então, de repente, fantasmas de sonhos horríveis os aterrorizaram, e medos inesperados tomaram conta deles. ¹⁸Caídos, quase mortos, mostravam por todos os lados a causa de sua própria morte. ¹⁹De fato, os sonhos que os atormentaram já os tinham avisado a respeito, para que não morressem sem saber a razão da sua própria desgraça.

Intercessão do sacerdote Aarão – ²⁰Contudo, a prova da morte atingiu também os justos: no deserto aconteceu uma grande matança. Porém a ira divina não durou muito. ²¹Pois um ser humano irrepreensível tratou logo de os defender: utilizando as armas de seu ministério, a oração e o incenso pelos pecados, ele enfrentou tamanha ira e encerrou a desgraça, mostrando que era teu servo. ²²Venceu a indignação divina, não com a força do corpo, nem com a força das armas, e sim com a palavra que acalmou aquele que castigava, recordando-lhe as promessas feitas aos pais e os juramentos. ²³Quando os mortos já se amontoavam uns por cima dos outros, ele se colocou no meio, conteve a ira e impediu-lhe o caminho, em favor dos que ainda viviam. ²⁴De fato, sobre sua longa veste se achava o mundo inteiro: em quatro fileiras de pedras preciosas estava o nome dos pais, e no diadema de sua cabeça se encontrava a tua majestade. ²⁵Diante de tudo isso, o exterminador temeu e voltou atrás. Uma simples prova da tua ira tinha sido suficiente.

19 *O mar Vermelho: sétimo contraste* – ¹Todavia, contra os ímpios a ira foi implacável até o fim, pois Deus sabia com antecedência o que eles iriam fazer. ²Pois deixariam que os justos saíssem, até incentivariam essa saída, mas depois mudariam de opinião e os perseguiriam. ³De fato, estavam ainda de luto, chorando junto ao túmulo de seus mortos, quando tomaram outra decisão insensata: perseguir, como se fossem fugitivos, aqueles a quem antes tinham suplicado que partissem. ⁴O destino que os tais mereciam os fez chegar a esse ponto, e os levou a esquecerem o que havia acontecido a eles mesmos, e assim acrescentaram aos sofrimentos o castigo que ainda faltava. ⁵Teu povo fazia uma caminhada maravilhosa, enquanto eles haveriam de encontrar morte inesperada. ⁶Pois a criação inteira, obediente a tuas ordens, ia sendo remodelada para que teus filhos permanecessem sãos e salvos.

⁷Apareceu a nuvem que cobria o acampamento, e a terra firme surgiu onde antes havia água. O mar Vermelho tornou-se caminho aberto, e as ondas impetuosas se tornaram campo verdejante. ⁸Todos os que iam protegidos por tua mão passaram pelo meio dele, contemplando prodígios maravilhosos. ⁹Realmente, como cavalos conduzidos à pastagem e como ovelhas que corriam aos saltos, eles cantavam hinos a ti, Senhor, que os tinhas libertado. ¹⁰Eles ainda se lembravam do que lhes tinha acontecido em seu exílio: como a terra produziu mosquitos, em vez de ani-

---

Ex 12,42), noite de cantos hebreus em memória dos antepassados, foi ao mesmo tempo noite de lamento e terror para os egípcios.

20-25: Memória de Nm 17,6-15: descreve a revolta do povo contra seus líderes Moisés e Aarão. Este último, sendo sumo sacerdote, intercede pelo povo e o livra do extermínio, fazendo o ritual de expiação (cf. Ex 32). Para o sábio, porém, o que salvou o povo foi a palavra que lembrou a promessa feita aos patriarcas. Na diáspora,

sem Templo e sem sacrifício, a Lei e a palavra adquirem importância maior.

19,1-21: Este último contraste e muito claro no v. 5. No Egito, muitos hebreus tinham acanhamento de assumir a própria cultura e religião. Então o sábio faz memória da libertação, relatando com euforia o agir de Deus, exaltando o povo judeu e desmerecendo os egípcios. Estes, nos vv. 13-17, são julgados como mais perversos que os habitantes de Sodoma (cf. Gn 19,1-29).

mais, o rio vomitou uma multidão de rãs, em lugar de peixes. ¹¹Mais tarde, viram nova espécie de pássaros, quando seu desejo os levou a pedir alimento caprichado. ¹²Para satisfação deles, subiram codornizes vindas do mar.

¹³E os castigos recaíram sobre os pecadores, não sem antes o aviso antecipado de raios violentos. Sofreram justamente, por causa de seus próprios males e porque odiaram violentamente os estrangeiros. ¹⁴Houve quem não acolhesse visitantes desconhecidos; mas eles escravizaram estrangeiros benfeitores. ¹⁵E ainda mais: se é certo que os primeiros receberão castigo por terem recebido os estrangeiros de maneira hostil, ¹⁶quanto mais estes, que os receberam com festas e lhes permitiram participar dos seus direitos, e depois os atormentaram com trabalhos pesados. ¹⁷Daí por que foram feridos com cegueira, como aconteceu com aqueles que estavam diante da porta do justo: cercados de trevas profundas, cada um tateando buscava o caminho de sua própria porta.

¹⁸Os elementos da natureza trocavam entre si suas propriedades, do mesmo modo que na harpa as notas modificam a natureza do ritmo, mantendo porém a mesma sonoridade. É o que claramente se percebe, quando se olha cuidadosamente para o que aconteceu: ¹⁹animais terrestres se converteram em aquáticos, e os que nadavam subiam para a terra. ²⁰Na água, o fogo aumentava ainda mais a própria força, e a água esquecia seu poder de apagá-lo. ²¹Por outro lado, as chamas não consumiam a carne dos frágeis animais que por aí caminhavam, e não derretiam aquele alimento celeste semelhante ao gelo e fácil de derreter.

Conclusão – ²²Realmente, Senhor, em todas as coisas engrandeceste e glorificaste teu povo. Nunca deixaste de olhar por ele e de o socorrer, em todo tempo e lugar.

22: Resumo do livro: em qualquer tempo e lugar, Deus não se esquece de seu povo humilhado.

ECLESIÁSTICO

SENTENÇAS E PROVÉRBIOS SOBRE A SABEDORIA E O TEMOR DE DEUS

Introdução

O Eclesiástico foi escrito em hebraico e transmitido pelas versões grega, latina e siríaca. Jesus Ben Sirá, mestre de sabedoria (cf. 50,27 e 51,30), reuniu seus ensinamentos neste livro, que seu neto traduziu para o grego em 132 a.C. (cf. Prólogo). É também conhecido como "Sirácida", que vem da assinatura em 51,30. O título "Eclesiástico" provém do seu uso oficial na "Eclesia" (Igreja ou Assembleia).
O sábio é visto como alguém que medita a Lei e busca a sabedoria de seus antecessores, estuda a palavra dos profetas e examina os provérbios e enigmas (cf. 39,1-3). Essa caracterização leva a crer que o autor provenha dos círculos de sábios e escribas. Segundo o Prólogo, é possível situar o autor nos inícios do séc. II, quando começa a transição de poder dos Ptolomeus do Egito para os Selêucidas da Síria. Bem diferente é a situação quando a obra é traduzida. O sumo sacerdócio, por exemplo, já não era transmitido por hereditariedade, e sim adquirido numa espécie de leilão (cf. 2Mc 4). Antíoco IV Epífanes (175-163 a.C.) tentava impor à força os costumes gregos. Esse projeto já ia bem adiantado, através da profanação do Templo (cf. 2Mc 5-6). Nesse ambiente, não é difícil pressupor que Jesus Ben Sirá pertencesse ao círculo de sábios javistas que não se opunham abertamente às correntes helenistas, e que tinham afinidades com os assideus, outro grupo de piedosos que buscavam viver a Lei de Moisés. Daí por que as sentenças e a teologia do Eclesiástico podem ter servido como material de apoio na interpretação da Lei na época dos Macabeus. O interesse por questões sacerdotais e a defesa de doutrinas tradicionais, como a teologia da retribuição, se aproxima dos sacerdotes que, ligados ao Templo, estabelecem espaços de educação sobre a Lei e as tradições.
Muitos temas do livro correspondem ao que encontramos em Jó e Eclesiastes, de modo especial a morte e a teologia da retribuição (cf. 7,17 e Jó 25,6; 17,23; 40,3-4; 50,24). Em muitos aspectos, sua teologia se aproxima também dos essênios e fariseus (cf. 12,6; 16,22; 19,19; 24,22.32). No entanto, sente-se forte a influência de outro livro, os Provérbios. Tudo indica que o autor do Eclesiástico apresenta uma releitura de coleções conhecidas.
Não temos uma organização estruturada do livro, a começar pelos capítulos que contêm ditos proverbiais e sentenças, os quais não seguem uma lógica nos temas. No entanto, é possível que o autor tenha intencionalmente intercalado hinos. Entre o primeiro conjunto de provérbios (caps.

1-23) e o segundo (25-42), temos o hino à Sabedoria (24). O hino ao Criador (42,15-43,33) fecha o segundo volume de sentenças e introduz o terceiro (44-50), que relê a história desde Adão até ao sacerdote Simão. Em 50,27-29, o autor conclui o livro, ao passo que os tradutores acrescentaram os dois salmos do cap. 51.

PRÓLOGO

Recebemos muitos e profundos ensinamentos da Lei, dos Profetas, e dos Escritos que vieram depois deles. Por tudo isso, deve-se louvar a Israel pela sua instrução e sabedoria. Não basta que só os leitores aprendam. Aqueles que se dedicam a estudar devem ser capazes de ajudar os de fora, em palavras e por escrito. Por isso, meu avô Jesus, depois de se dedicar intensamente ao conhecimento da Lei, dos Profetas e dos outros Livros de nossos antepassados, e após alcançar bom domínio sobre eles, decidiu escrever também sobre a instrução e a sabedoria. Desse modo, os que desejam aprender podem ficar familiarizados com essas coisas, progredindo ainda mais na vida de acordo com a Lei.

Sintam-se então convidados a ler com boa vontade e atenção. Desculpem-nos se, apesar do esforço, não conseguimos traduzir bem algumas expressões. De fato, o que é dito originalmente em hebraico não tem a mesma força quando traduzido para outra língua. E não é só neste escrito: acontece a mesma coisa com a Lei, os Profetas e os outros Livros: são muito diferentes na língua original.

No ano trinta e oito do falecido rei Evergetes, cheguei ao Egito e aí passei bom tempo. Pude então encontrar esta obra muito instrutiva, e achei necessário empenhar meu esforço e dedicação em traduzir este livro. Dediquei então muitas noites em claro e todo o meu conhecimento para terminar o trabalho e publicá-lo. Com isso, espero beneficiar quem vive fora da própria terra, deseja aprender e esteja predisposto, por seus costumes, a viver de acordo com a Lei.

I. SENTENÇAS ACERCA DA SABEDORIA

1 *A sabedoria é dom de Deus* – [1]Toda sabedoria vem do Senhor e está com ele para sempre. [2]A areia dos mares, as gotas da chuva e os dias do tempo, quem os pode contar? [3]A altura do céu, a extensão da terra e a profundeza do abismo, quem os pode atingir? [4]A sabedoria foi criada antes de todas as coisas, e a inteligência prudente vem da eternidade. [5]A raiz da sabedoria, a quem foi revelada? E os seus projetos, quem os conhece? [6]Somente um é sábio, e impõe temor quando se assenta em seu trono: [7]o Senhor, ele que criou a sabedoria, a viu, a mediu e a derramou sobre todas as suas obras. [8]Ele a repartiu entre os seres vivos, conforme sua generosidade, e a concedeu àqueles que o amam.

O temor de Deus – [9]O temor do Senhor é glória e honra, alegria e coroa de júbilo. [10]O temor do Senhor alegra o coração, dá alegria, gozo e vida longa. [11]Quem teme ao Senhor acabará bem, e na hora da morte será abençoado. [12]O princípio da sabedoria é temer ao Senhor, e no caso dos fiéis ela é criada já no seio materno. [13]Ela se firma entre os homens com alicerce perene, e permanecerá fielmente com os descendentes deles. [14]A plenitude da sabedoria é temer ao Senhor; com seus frutos, ela os embriaga. [15]Ela enche a casa deles com tesouros, e os celeiros com seus produtos. [16]A coroa da sabedoria é o

---

Prólogo: O tradutor grego apresenta o conteúdo do livro, as dificuldades e o motivo do seu trabalho. É a primeira menção escrita das três partes que compõem a Bíblia Hebraica: Lei (Torá), Profetas e Escritos (vv. 1-2.8-10.24-25; cf. Eclo 39,1; 1Mc 12,9; 2Mc 2,13; Lc 24,44; Rm 1,2; 2Tm 3,15).

1,1–24,32: A primeira parte é uma coleção de sentenças à luz do livro de Provérbios. Seu duplo tema principal é a sabedoria (cf. 1,1-8.18-29 e 24,1-30) e o temor de Deus (1,9-18 e 2,1-18). Entre outros temas, destacam-se: deveres para com os pais (3,1-16; 7,22-28), amizade (6,5-

17; 12,8-18; 22,19-26), prudência e humildade (3,17-24; 8,1-7.10-19; 10,26-31).

1,1-8: O autor declara que Deus ("Senhor" = *Kyrios*, utilizado para traduzir Javé, Elohim e Elion) é a fonte da sabedoria (cf. Pr 1,1-7; 2,6; 8,22-36; Sb 7,25). Em meio aos conflitos culturais do séc. II a.C., a abertura contrapõe sutilmente a sabedoria judaica frente à imposta pelo helenismo. Temas que posteriormente serão desenvolvidos também pelo livro da Sabedoria.

9-17: Como em Pr 1,7 e 9,10, o autor apresenta o temor de Deus como princípio da sabedoria. Essa orien-

temor do Senhor, e ela faz florescer a paz e a saúde. ¹⁷Ele viu e mediu a sabedoria, fez chover a ciência e a inteligência, e exaltou a honra de quem a possui.

Temor de Deus é sabedoria – ¹⁸A raiz da sabedoria é temer ao Senhor, e seus ramos são vida longa. ¹⁹A irritação do injusto não poderá ser justificada, porque o ímpeto da sua irritação provoca ruína. ²⁰O homem paciente resiste até o momento oportuno, e no fim a alegria lhe será devolvida. ²¹Ele esconderá suas palavras até o momento certo, e muitos elogiarão sua prudência. ²²As parábolas do conhecimento estão entre os tesouros da sabedoria, mas o pecador detesta a piedade. ²³Se você deseja a sabedoria, observe os mandamentos, e o Senhor a concederá a você. ²⁴O temor do Senhor é sabedoria e educação; do seu agrado são a fidelidade e a mansidão. ²⁵Não seja desobediente ao temor do Senhor, e não se aproxime dele com coração fingido. ²⁶Não seja hipócrita diante dos homens, e trate de controlar suas próprias palavras. ²⁷Não se eleve, para não cair, atraindo a vergonha sobre si mesmo, ²⁸porque o Senhor revelará as coisas que você esconde e o humilhará no meio da assembleia, ²⁹porque você não procurou o temor do Senhor, e seu coração está cheio de falsidade.

2 **Temor de Deus e misericórdia** – ¹Filho, se você se apresenta para servir ao Senhor, prepare-se para a provação. ²Oriente seu coração, seja constante e não se desvie no tempo da adversidade. ³Una-se ao Senhor e não se separe, para ser exaltado no seu último dia. ⁴Aceite tudo o que lhe acontecer, e resista nas situações de humilhação, ⁵porque o ouro é provado no fogo e as pessoas escolhidas, no forno da humilhação. ⁶Confie no Senhor, e ele o ajudará; oriente seus caminhos e espere nele. ⁷Vocês que temem ao Senhor, esperem na misericórdia dele, e não se desviem, para não caírem. ⁸Vocês que temem ao Senhor, confiem nele, pois ele não lhes negará a sua recompensa. ⁹Vocês que temem ao Senhor, esperem dele os benefícios, a felicidade eterna e a misericórdia. ¹⁰Olhem para as gerações passadas e vejam: Quem confiou no Senhor e ficou desiludido? Quem perseverou no seu temor e foi abandonado? Quem o invocou e não foi atendido? ¹¹Porque o Senhor é compassivo e misericordioso, perdoa os pecados e salva no tempo da aflição. ¹²Ai dos corações covardes, das mãos preguiçosas, e do pecador que anda por dois caminhos! ¹³Ai do coração vacilante por não confiar, porque não terá proteção! ¹⁴Ai de vocês que perderam a paciência! O que vocês farão quando o Senhor lhes pedir contas? ¹⁵Quem teme ao Senhor não desobedecerá às suas palavras, e quem o ama observa seus caminhos. ¹⁶Quem teme ao Senhor procurará agradar-lhe, e quem o ama cumpre a Lei. ¹⁷Quem teme ao Senhor prepara o próprio coração, e diante dele se humilha. ¹⁸Vamos colocar-nos na mão do Senhor, e não na mão dos homens, pois a misericórdia dele é como a sua grandeza.

3 **Deveres para com os pais** – ¹Filhos, escutem-me como ao pai de vocês. Façam dessa forma, para que sejam salvos. ²O Senhor glorifica o pai nos filhos, e confirma a autoridade da mãe sobre os filhos. ³Quem honra o próprio pai tem os pecados perdoados, ⁴e quem respeita sua mãe é como quem ajunta um tesouro. ⁵Quem honra seu pai será respeitado pelos filhos, e quando rezar será ouvido. ⁶Quem honra seu pai terá vida longa, e quem ouve o Senhor dará descanso à sua mãe. ⁷Quem teme ao Senhor, honra seus pais, e serve a eles como se fossem seus senhores. ⁸Honre seu pai com ações e palavras, para que a bênção dele venha sobre você. ⁹Pois a bênção do pai consolida a casa dos filhos, mas a

---

tação produz o discernimento que o pai e a mãe ensinam aos filhos e que garante saúde, paz, prosperidade e bem viver (cf. Pr 1-9).
18-29: A sabedoria é que produz a paciência e a espera pelo tempo oportuno (cf. Mt 5,38-42), e seu tesouro consiste em guardar os mandamentos (a Lei, cf. 19,20; Ecl 12,13; Mt 19,17). Os segredos de Deus são revelados no meio da assembleia, isto é, na sinagoga, espaço fundamental para reunião, instrução e tribunal,

no momento em que o Templo estava sendo profanado (cf. 7,7; 23,24; 31,11; 42,11).
2,1-18: Conselhos aos que servem a Deus, para enfrentarem as provações (cf. Hb 12,4-13; Tg 1,2-4.12-15) e resistirem à provocação e humilhação. Salientam a fidelidade de Deus e a confiança na misericórdia aos que são fiéis à Lei (v. 16).
3,1-16: Leitura e explicação do quarto mandamento (Ex 20,12; Dt 5,16; cf. Ef 6,1-3), ressaltando que obedecer e

maldição da mãe arranca os alicerces. ¹⁰Não se vanglorie com a desonra de seu pai; a desonra de seu pai não traz glória para você. ¹¹Pois a glória do homem vem da honra do seu pai, e a desonra da mãe é vergonha para os filhos. ¹²Filho, cuide de seu pai na velhice, e não o abandone enquanto ele viver. ¹³Se ele perder a lucidez, seja compreensivo e não o desrespeite, enquanto você está com toda a força, ¹⁴pois a compaixão para com o pai não será esquecida, e valerá como reparação pelos pecados que você tenha cometido. ¹⁵No dia de sua aflição, você será lembrado, e seus pecados se derreterão, como o calor derrete a geada. ¹⁶Quem abandona o pai é como blasfemador, e quem irrita sua mãe será amaldiçoado pelo Senhor.

Humildade e orgulho – ¹⁷Filho, realize seu trabalho com mansidão, e será mais estimado que um homem generoso. ¹⁸Quanto mais importante você for, tanto mais seja humilde, e encontrará graça diante do Senhor. ¹⁹Pois o poder do Senhor é grande ²⁰e é glorificado pelos humildes. ²¹Não procure as coisas mais difíceis, e não investigue aquilo que vai além de suas forças. ²²Considere o que lhe foi ordenado, e não se ocupe de coisas escondidas. ²³Não se ocupe em coisas que vão além de suas tarefas, pois o que lhe foi mostrado está além do alcance da inteligência humana. ²⁴As especulações dos homens fizeram com que muitos se perdessem; pensamentos maus fizeram decair o entendimento deles. ²⁵Um coração duro acabará mal, e quem ama o perigo, nele será destruído. ²⁶Um coração duro ficará carregado de sofrimentos, e o pecador vai juntando pecado sobre pecado. ²⁷Não há cura para a adversidade do orgulhoso, porque a planta do mal criou raízes nele. ²⁸O coração inteligente medita a parábola, e o desejo do sábio é ter ouvido atento.

Amor aos pobres – ²⁹A água apaga o fogo que arde, e a esmola apaga os pecados. ³⁰Quem retribui os bens recebidos armazena para o futuro, e no tempo de sua queda encontrará apoio.

4 ¹Filho, não avance sobre a vida do pobre, e não se desvie do olhar de quem esteja necessitado. ²Não ofenda aquele que tem fome, e não oprima a vida de quem está em dificuldade. ³Não perturbe o coração oprimido, e não se negue a dar a quem precisa. ⁴Não recuse acolher quem lhe suplica em aflição, e não desvie seu rosto do indigente. ⁵Não desvie seu olhar daquele que lhe pede alguma coisa, e não dê motivo para que alguém o amaldiçoe. ⁶Se ele, estando amargurado, amaldiçoa você, quem o fez lhe ouvirá a súplica. ⁷Seja simpático na reunião da comunidade, e diante de um grande abaixe a cabeça. ⁸Incline seu ouvido ao indigente e responda de forma pacífica à humildade dele. ⁹Livre o injustiçado da mão do injusto, e não tenha medo de fazer justiça. ¹⁰Seja como pai para os órfãos e qual marido para a mãe deles. Assim, você será como filho do Altíssimo, que amará você mais do que sua mãe.

A sabedoria educa – ¹¹A Sabedoria eleva seus filhos e cuida de quem a busca. ¹²Quem a ama, ama a vida, e os que desde cedo a procuram se encherão de alegria. ¹³Quem a possui, receberá como herança a honra, e aonde quer que for, o Senhor o abençoará. ¹⁴Aqueles que a veneram prestam culto ao Santo, e o Senhor ama os que a amam. ¹⁵Quem a escuta, julga as nações, e quem se dedicar a ela viverá tranquilo. ¹⁶Se alguém confiar nela, vai recebê-la como herança, e seus descendentes conservarão sua posse. ¹⁷Porque inicialmente ela o conduzirá por caminhos tortuosos, provocando-lhe medo e tremor, e vai cau-

---

honrar aos pais resulta em bênção (vv. 8-9), enquanto a desobediência leva à maldição (v. 16). Transparece o choque entre jovens e anciãos diante das influências helênicas.

17-28: Deus cumula de graça os que se humilham (cf. Pr 3,34; Sl 25,14; 1Sm 2,7; Mt 11,25; Lc 1,52). Esse discurso legitima e justifica a dominação e acomodação na sociedade. A advertência contra o orgulho demonstra um dos problemas que a sabedoria judaica estava enfrentando em meio ao helenismo, que apregoava a supremacia do saber especulativo (cf. v. 24).

3,29-4,10: A atenção para com os pobres, principalmente órfãos e viúvas, está prevista em outros textos, como Dt 10,18; 14,29; 15,7-11; 24,19; Pr 3,27s; Sl 68,6; 146,9; Jó 31,16-20. Aqui o autor apresenta o dar esmolas como prática para expiar os pecados, noção bem próxima dos conselhos de Tobit a Tobias (Tb 4,7-11).

4,11-19: Personificação da sabedoria como mãe que educa os filhos (cf. Pr 1,23-25; 8,12-21; 9,1-6). Esta releitura enfatiza a função educadora da sabedoria.

sar-lhe incômodo com sua disciplina, até que ela confie nele e o tenha testado com seus justos preceitos. ¹⁸E então virá diretamente para ele e o alegrará, e lhe revelará seus segredos. ¹⁹Se ele se desviar, ela o abandonará e o entregará nas mãos da própria queda.

O respeito – ²⁰Observe o tempo oportuno e guarde-se do mal, sem se envergonhar de si mesmo. ²¹Existe uma vergonha que conduz ao pecado, e existe uma vergonha que é honra e graça. ²²Não desvie o rosto de si mesmo, e não se envergonhe de sua própria queda. ²³Não deixe de falar no momento necessário, ²⁴pois é no raciocínio que a sabedoria será reconhecida, e na palavra se vê a instrução. ²⁵Não se coloque contra a verdade, mas envergonhe-se de sua ignorância. ²⁶Não se envergonhe de confessar os próprios pecados, nem se oponha à correnteza do rio. ²⁷Não se submeta a alguém que seja insensato, e não tome partido em favor do poderoso. ²⁸Lute até à morte pela verdade, e o Senhor Deus combaterá por você. ²⁹Não seja arrogante no falar, nem preguiçoso e covarde em suas ações. ³⁰Em sua casa não se coloque como leão, fazendo fantasias em relação a seus servos. ³¹Não tenha a mão aberta para receber e fechada quando é hora de dar.

5 ***Não confiar na riqueza*** – ¹Não confie em suas riquezas, nem diga: "São elas o que importa para mim". ²Não siga o seu instinto nem a sua força para satisfazer os desejos do seu coração, ³e não diga: "Quem me poderá dominar?" Porque o Senhor que pune castigará você. ⁴Não diga: "Pequei, e o que foi que me aconteceu?" Pois o Senhor é paciente. ⁵Não deixe de temer, só por causa do perdão, acumulando pecado sobre pecado, ⁶e não diga: "A compaixão dele é grande, e a multidão dos meus pecados será perdoada". Pois ele tem misericórdia e cólera, e sua ira cairá sobre os pecadores. ⁷Não demore para retornar ao Senhor, e não fique adiando de um dia para outro, porque a ira do Senhor virá de repente, e você perecerá no tempo da punição. ⁸Não confie nas riquezas injustas, porque de nada servirão no dia da calamidade.

Bom uso da língua – ⁹Não peneire o grão em qualquer vento, nem ande em qualquer direção, como o pecador que não mantém a palavra. ¹⁰Seja firme no modo de pensar, seja uma só a sua palavra. ¹¹Esteja pronto para ouvir e seja lento para dar a resposta. ¹²Se você entende da questão, responda a seu próximo; caso contrário, fique calado. ¹³Falar pode trazer glória ou desonra, e a língua do homem pode ser a sua ruína. ¹⁴Não crie fama de caluniador, nem use a língua para preparar armadilhas; porque, se para o ladrão existe a vergonha, para o homem que não mantém a palavra vem uma condenação severa. ¹⁵Não falhe nas coisas grandes, nem nas pequenas, e de amigo não se transforme em inimigo.

6 ¹A má fama atrai a vergonha e o desprezo, e essa é a sorte do pecador que não mantém a palavra. ²Não se deixe levar pelos seus próprios desejos, para que você não seja despedaçado como por um touro. ³Você consumirá suas folhas e destruirá seus frutos, e ficará reduzido a uma árvore seca. ⁴A paixão má destrói quem a procura e o torna motivo de zombaria para os inimigos.

A amizade é um tesouro – ⁵Palavras afáveis aumentam os amigos, e fala amável aumenta as atenções. ⁶Que sejam muitos os que lhe desejam a paz; porém confidentes, apenas um entre mil. ⁷Se você quiser um amigo, coloque-o à prova, e não confie rapidamente nele, ⁸pois existe aquele amigo oportunista, que não o atenderá quando você mais precisar. ⁹Existe

---

20-31: Elenco de práticas que estavam levando muitos judeus a dissimular a tradição, os costumes e a piedade, influenciados pela cultura helênica (cf. 1Mc 1,12-15; 2Mc 4,11-16).

5,1-8: Crítica às atitudes dos ricos: confiança na própria riqueza, orgulho, autossuficiência (cf. Eclo 11,24; Sl 62,11). O rico, como o insensato (cf. Sl 53), não poderá contar com a riqueza diante do castigo de Deus (v. 8; cf. Pr 11,4; Jr 17,11).

5,9-6,4: O mau uso da língua traz perigos e desgraças (cf. Pr 18,13-21; 30,32; Tg 1,19; 3,1-12). O texto aponta a prudência e o domínio da palavra como caminho para não cair na desgraça ou ser atraído pelo muito falar da filosofia grega (cf. Eclo 19,4-17 e 20,1-8.18-31).

6,5-17: Amigos verdadeiros são aqueles que permanecem tais em tempos de provação; é o tom deste hino à amizade. Aspecto que será retomado em 9,10-16; 12,8-18 (cf. Pr 17,17; 18,24; Ecl 4,9-12).

amigo que se transforma em inimigo, e revelará suas coisas particulares, para que você fique envergonhado. ¹⁰Existe amigo que é companheiro de mesa, mas não o atenderá quando você mais precisar. ¹¹Quando tudo correr bem com você, ele estará presente, e agirá com liberdade em relação a seus servos. ¹²Mas, se você for humilhado, ficará contra você e se esconderá de sua vista. ¹³Mantenha-se longe de seus inimigos e tome cuidado com os amigos. ¹⁴Amigo fiel é proteção poderosa, e quem o encontra, encontra um tesouro. ¹⁵Amigo fiel não tem preço, não há medida para indicar o seu valor. ¹⁶Amigo fiel é remédio para a vida, e os que temem ao Senhor o encontrarão. ¹⁷Quem teme ao Senhor orienta bem suas amizades; assim como ele é, também será o seu companheiro.

Como adquirir sabedoria – ¹⁸Filho, aceite a instrução desde a juventude, e até a velhice você encontrará a sabedoria. ¹⁹Como um lavrador ou semeador, aproxime-se dela, e espere pelos seus frutos saborosos. Por um pouco de tempo você terá de trabalhar para cultivá-la, mas logo comerá dos seus frutos. ²⁰Para os insensatos, ela é penosa, e nela não permanece quem não tem bom senso. ²¹Ela está sobre ele como pedra pesada, logo vai desfazer-se dela. ²²A sabedoria age de acordo com o nome que tem, pois não se manifesta a muitos. ²³Escute, filho, aceite minha opinião e não rejeite o meu conselho. ²⁴Coloque seus pés nos grilhões da sabedoria e o pescoço em seus laços. ²⁵Incline o ombro para carregá-la, e não se irrite com suas amarras. ²⁶Aproxime-se dela com toda a sua alma, e com todas as suas forças observe os caminhos dela. ²⁷Siga suas pegadas e a busque, e ela se dará a conhecer. Quando você a alcançar, não a deixe mais. ²⁸No fim, você encontrará o repouso que ela oferece, e ela se converterá em alegria para você. ²⁹Os grilhões dela serão uma poderosa proteção para você, e seus laços uma veste preciosa. ³⁰Ornamento de ouro se encontra nela, e seus grilhões são fitas de púrpura. ³¹Você a vestirá como manto de glória, e a terá na cabeça como coroa de alegria. ³²Se você quiser, filho, será instruído, e se você dedicar a sua alma, se tornará hábil. ³³Se você gosta de escutar, vai aprender; e se der ouvido, se tornará sábio. ³⁴Procure a companhia dos anciãos e apegue-se a quem aí for sábio. ³⁵Busque escutar toda palavra divina, e não se descuide dos provérbios sábios. ³⁶Se você encontrar alguém que seja sábio, procure-o desde cedo, e que seus pés gastem a soleira da porta dele. ³⁷Reflita sobre os preceitos do Senhor e medite sem cessar nos mandamentos dele. Então ele lhe fortificará o coração, e o seu desejo de sabedoria ficará saciado.

7

Conselhos vários – ¹Não faça o mal, e o mal não o atingirá. ²Afaste-se do injusto, e ele se afastará de você. ³Filho, não semeie nos sulcos da injustiça, e você não a colherá sete vezes mais. ⁴Não peça ao Senhor o poder, nem ao rei um lugar de honra. ⁵Não queira ser justo diante do Senhor, nem sábio diante do rei. ⁶Não procure tornar-se juiz, se você não é capaz de eliminar a injustiça. Do contrário, você se intimidaria diante de um poderoso, colocando em risco a sua própria integridade. ⁷Não peque contra a assembleia da cidade, e não se rebaixe diante do povo. ⁸Não se ligue duas vezes ao pecado; basta uma vez para não deixar você inocente. ⁹Não diga: "O que importa é a quantidade das minhas ofertas, e quando eu as apresentar ao Deus Altíssimo, ele as aceitará". ¹⁰Não desanime na oração, nem se descuide de dar esmola. ¹¹Não zombe de um homem que está com a alma amargurada, porque existe alguém que humilha e exalta. ¹²Não prepare mentira contra seu irmão, e não aja dessa forma contra seu amigo. ¹³Não queira mentir de maneira nenhuma; essa prática nunca é boa. ¹⁴Não fale demais na

---

18-37: A disciplina é um dos caminhos para adquirir a sabedoria (cf. Pr 22,6). O autor apresenta três exemplos: a paciência do lavrador (vv. 18-22); a aceitação do jugo e submissão do escravo (vv. 23-31); a convivência e participação em reunião com anciãos e sábios (vv. 32-37). E conclui com os conselhos para estudar e meditar a Lei (cf. Sl 1,2).

7,1-21: Na perspectiva da retribuição, o autor aconselha o leitor a se afastar do mal e das injustiças, para não ser atingido pelo mal (vv. 1-3). Adverte o rei ou governante sobre a procura de cargos, poder e honra (vv. 4-5). É uma referência ao grande número de funcionários, tanto na corte selêucida quanto lágida, o que gerava disputas, invejas e busca de honras, para conquistar altos postos.

assembleia dos anciãos, e não repita palavras na oração. ¹⁵Não despreze o trabalho pesado, nem o trabalho no campo, criados pelo Altíssimo. ¹⁶Não se junte à multidão dos pecadores. Lembre-se: a ira não tardará. ¹⁷Humilhe-se profundamente, porque o castigo do injusto é fogo e vermes. ¹⁸Não troque um amigo por dinheiro, nem o irmão fiel pelo ouro de Ofir. ¹⁹Não despreze uma esposa sábia e boa, porque sua graça vale mais que o ouro. ²⁰Não maltrate o empregado que trabalha fielmente, nem o assalariado que dá tudo de si. ²¹Ame como a si mesmo o empregado inteligente, e não lhe recuse a liberdade.

Relações familiares e sociais – ²²Você possui animais? Cuide deles. Se são úteis a você, conserve-os. ²³Você tem filhos? Eduque-os, e desde cedo ensine a eles a obediência. ²⁴Você tem filhas? Cuide do corpo delas, e não seja indulgente com elas. ²⁵Arrume casamento para sua filha, e você terá realizado ação grande; mas, que seja com homem sensato. ²⁶Você tem esposa conforme o seu coração? Não se separe dela. Se você já não lhe tem amor, não confie nela. ²⁷Honre a seu pai de todo o coração, e não se esqueça das dores de sua mãe. ²⁸Lembre-se de que você foi gerado por eles. Como você lhes retribuirá tudo o que eles lhe deram?

Os sacerdotes – ²⁹Tema ao Senhor com toda a sua alma, e respeite os seus sacerdotes. ³⁰Ame com todas as forças aquele que criou você, e não abandone os ministros dele. ³¹Tema ao Senhor e honre o sacerdote, dando-lhe a parte que cabe a ele, como lhe foi ordenado: os primeiros frutos, as ofertas pelo pecado, a oferta das espáduas, o sacrifício de santificação e os primeiros frutos das coisas santas.

Os pobres – ³²Estenda a mão ao pobre, para que sua bênção seja completa. ³³A graça dos seus dons chegue a todos os seres vivos; não negue seu cuidado nem aos mortos. ³⁴Não evite aqueles que choram, e aflija-se com quem está aflito. ³⁵Não tenha receio de visitar um doente; ações como essa farão que você seja amado. ³⁶Em todas as suas palavras, lembre-se do seu fim, e jamais pecará.

8 **A prudência** – ¹Não discuta com nenhum homem poderoso, para não cair nas mãos dele. ²Não brigue com homem rico, para que ele não coloque o peso do dinheiro dele contra você. Pois o ouro já destruiu muita gente e desviou o coração de reis. ³Não discuta com homem falador, não atire lenha no fogo dele. ⁴Não brinque com o ignorante, para que ele não lhe desonre os antepassados. ⁵Não injurie o homem que se converteu do pecado. Lembre-se de que todos temos culpas. ⁶Não despreze o homem em sua velhice, porque alguns de nós ficaremos velhos. ⁷Não se alegre com a morte de ninguém. Lembre-se de que todos nós morreremos. ⁸Não despreze os ensinamentos dos sábios. Ao contrário, medite sempre em seus provérbios, porque deles você aprenderá a instrução e os serviços junto aos grandes. ⁹Não rejeite o ensinamento dos anciãos, porque eles também aprenderam dos próprios pais. É deles que você aprenderá o entendimento e a responder no momento oportuno. ¹⁰Não atice as brasas do peca-

---

22-28: Sentenças patriarcais acerca da mulher: bondosa, sábia, mais valiosa do que o ouro, porém indigna de confiança se não for amada. Em todo o livro aparece a seguinte classificação das mulheres: boa esposa (7,19.26; 25,8; 26,1-4.13-18; 40,19.23), mãe e viúva (3,1-16;4,10; 15,1-3; 35,14-15), mulher má (25,12-24), mulher adúltera e prostituta (9,3-9; 23,22-26; 26,11-12), filha (26,10; 42,9-11). Outro tema é a autoridade dos pais na educação dos filhos (cf. 3,1-16; 26,10-12; 30,1-13; 42,9-11).

29-31: Perante a crise na função dos sacerdotes durante o período helênico, o autor recomenda veneração aos ministros do culto e do sacrifício no Templo (cf. cap. 50). Coloca lado a lado a adoração a Deus e o respeito ao sacerdote, mediante as ofertas prescritas na Lei: primícias (Nm 18,11-18), sacrifícios de reparação (Lv 5,6), oferenda das espáduas (Ex 29,27; Lv 7,32; Dt 18,3), sacrifício de santificação (Lv 2,1-10), e primícias das coisas santas.

32-36: Na mesma direção de Dt 14,28-29, o autor equipara a honra aos sacerdotes e o cuidado para com os pobres, os defuntos que não tinham quem os sepultasse, os aflitos e os doentes. Destaque para o cuidado com o sepultamento dos mortos (cf. 2Sm 21,10-14; Jr 22,19; Is 34,3 e Tb 1,17-18; 12,12) e para as oferendas e preces em honra deles (2Mc 12,38-46).

8,1-19: Admoestações para evitar conflito com os ricos, poderosos, ímpios e autoridades. Transparece uma visão da sabedoria como atributo para manter o servo no "serviço junto aos grandes" (v. 8). Nos vv. 12-13, temos advertências sobre os empréstimos a pessoas mais poderosas, e sobre a fiança acima das posses (Pr 6,1-5; 17,18; 22,26s). Mais adiante, o livro vai dizer que o fiador não deve arriscar-se além do que pode (29,14-20). São admoestações que apontam para conflitos com autoridades e para uma política de endividamento.

dor, para não se queimar no fogo de sua chama. ¹¹Nunca replique ao insolente, para que ele não arme ciladas com aquilo que você diz. ¹²Não faça empréstimo a alguém que seja mais forte que você. Se já emprestou, considere perdido o que emprestou. ¹³Não se torne fiador além de suas possibilidades. E se já fez isso, pense em como irá pagar. ¹⁴Não mova processo contra um juiz; por causa da posição dele, em favor dele decidirão a causa. ¹⁵Não viaje com nenhum aventureiro, para que a situação não fique insuportável para você: ele fará as coisas de acordo com sua própria vontade, e você se perderá por causa da imprudência dele. ¹⁶Não discuta com o violento, nem ande com ele em lugar isolado, porque o sangue para ele não é nada, e ele o matará onde não há socorro. ¹⁷Não peça conselho a uma pessoa insensata, porque ela é incapaz de manter segredo. ¹⁸Diante de um estranho, não faça nada de secreto, pois você não sabe o que pode acontecer. ¹⁹Não abra o seu coração para qualquer pessoa, e não busque seus favores.

9 *As mulheres* – ¹Não tenha ciúmes da mulher que se reclina sobre seu peito, nem lhe ensine algo mau que se volte contra você mesmo. ²Não se entregue a uma mulher, para que ela não o domine. ³Não vá ao encontro da mulher fácil, para não cair em suas armadilhas. ⁴Não se envolva com uma tocadora de lira, para não ficar preso em suas artimanhas. ⁵Não fixe o olhar numa virgem, para não ser castigado com ela. ⁶Não se entregue às prostitutas, para não perder sua própria herança. ⁷Não fique olhando pelas ruas da cidade, nem vagando em lugares isolados. ⁸Desvie o seu olhar de uma mulher bonita e não fite uma beleza que não lhe pertence. Muitos já se desviaram por causa da beleza de uma mulher, porque o amor por ela queima como fogo. ⁹Nunca se assente à mesa ao lado de mulher casada, nem comemore com ela tomando vinho, para você não ficar atraído por ela e acabar caindo na ruína.

Relacionamentos sociais – ¹⁰Não abandone um velho amigo, porque o novo não é como ele. Amigo novo é vinho novo: se envelhecer, poderá bebê-lo com prazer. ¹¹Não inveje o sucesso do pecador, porque você não sabe nada sobre a destruição dele. ¹²Não se alegre com a felicidade dos ímpios. Lembre-se de que eles não ficarão impunes antes de chegarem à morada dos mortos. ¹³Fique longe do homem que pode matar; assim você não se sentirá ameaçado de morte. Se você se aproxima dele, tenha cuidado para não errar, e assim sua vida não lhe seja tirada. Saiba que você está caminhando entre armadilhas e andando sobre as muralhas da cidade. ¹⁴Responda como puder ao seu próximo, e busque conselhos junto aos sábios. ¹⁵Que suas conversas sejam com homens de bom senso, e o assunto seja sempre a lei do Altíssimo. ¹⁶Que seus companheiros de mesa sejam homens justos, e sua alegria esteja no temor do Senhor.

Os governantes – ¹⁷O trabalho é elogiado pela habilidade do artesão, mas o chefe do povo deve ser sábio em suas palavras. ¹⁸O homem falador é um terror na cidade; quem não sabe controlar a palavra será odiado.

10 ¹Um juiz sábio educa o seu povo, e a autoridade de um homem que tem bom senso é bem organizada. ²Da forma como é o juiz do povo, também são seus ministros; da forma como é o chefe da cidade, assim são seus habitantes. ³Um rei sem instrução destrói o seu povo, e uma cidade terá prosperidade com o bom senso dos chefes. ⁴O governo da terra está nas mãos do Senhor, e no momento oportuno ele faz aparecer o homem adequado. ⁵O sucesso de um homem está nas mãos

---

9,1-9: Questões sobre as relações com a esposa já foram tratadas nos vários conselhos do cap. 7. Aqui, o autor começa tratando do ciúme, sem entrar em discussão jurídica (cf. Nm 5,11-31). Relendo Pr 1-9 e Jó 31, apresenta admoestações sobre as cortesãs, prostitutas, jovens da cidade e mulheres formosas.

10-16: Na perspectiva da retribuição, o autor aconselha os jovens a procurarem a companhia e amizade dos sábios, inteligentes e justos, como prática que conserva os velhos amigos (cf. 6,5-17).

9,17-10,5: O texto começa com a máxima que coloca em paralelo a habilidade manual como valor para o trabalhador e a eloquência como instrumento de poder dos chefes e escribas (cf. 38,24-39,11). É o retrato do governante, na visão do escriba (cf. Pr 16,10-15; 25,1-7; 29,12; Sl 101).

do Senhor; é ele quem concede a glória à figura do escriba.

Contra o orgulho – ⁶Seja qual for a ofensa, não guarde ressentimento em relação a seu próximo, e não faça nada levado pela raiva. ⁷A soberba é odiosa ao Senhor e aos homens; para ambos a injustiça é abominável. ⁸O poder passa de uma nação para outra por causa da injustiça, do ódio e das riquezas. ⁹Em que se orgulhará quem é pó e cinza e, ainda vivo, tem podridão nos intestinos? ¹⁰Doença longa desafia o médico, e quem hoje é rei, amanhã está morto. ¹¹Quando o homem morre, recebe de herança répteis, feras e vermes. ¹²O princípio do orgulho humano está em afastar-se do Senhor e manter o coração distante de quem o criou. ¹³Pois o pecado é o princípio do orgulho; quem é dominado por ele espalha abominação. Por isso, o Senhor lhe envia castigos incríveis, e o destrói por completo. ¹⁴O Senhor destrói os tronos dos poderosos e faz com que os mansos se sentem no lugar deles. ¹⁵O Senhor arranca as raízes das nações, e no lugar delas planta os humilhados. ¹⁶O Senhor arruína os territórios das nações e os arrasa até os alicerces. ¹⁷Ele arranca as nações e as arrasa, e faz desaparecer da terra a lembrança delas. ¹⁸O orgulho não foi feito para os homens, nem a ira violenta para os nascidos de mulher.

Os dignos de honra – ¹⁹Qual é a raça digna de honra? A raça dos humanos. Qual é a raça digna de honra? A dos que temem ao Senhor. ²⁰Qual é a raça digna de desprezo? A raça dos humanos. Qual é a raça digna de desprezo? A dos que desobedecem aos mandamentos. ²¹Entre irmãos, presta-se honra ao líder, porém aos olhos do Senhor têm honra aqueles que o temem. ²²Seja ele rico honrado, ou seja pobre, a alegria deles está no temor do Senhor. ²³Não é justo desprezar um pobre que tenha bom senso, e não convém exaltar um homem pecador. ²⁴O nobre, o juiz e o poderoso são respeitados, mas nenhum deles é maior do que alguém que teme ao Senhor. ²⁵Homens livres servem a um escravo sábio, e o homem sábio não se queixa por causa disso.

A humildade – ²⁶Não se julgue sábio ao realizar o seu trabalho, e não se glorie no tempo da necessidade. ²⁷É melhor uma pessoa que trabalha e tem tudo em abundância, do que alguém que anda se gloriando e nada tem para comer. ²⁸Filho, conserve sua honra com modéstia, e saiba reconhecer o seu justo valor. ²⁹Quem dará razão àquele que peca contra si mesmo? Quem estimará aquele que desonra a própria vida? ³⁰O pobre é honrado por seu saber, e o rico por sua riqueza. ³¹Quem é honrado na pobreza, o será ainda mais na riqueza. Mas, quem é desprezado na riqueza, o será ainda mais na pobreza.

11 *Não confiar nas aparências* – ¹A sabedoria do humilde o faz levantar a cabeça e sentar-se entre os grandes. ²Não elogie um homem por sua beleza, e não despreze alguém por causa de sua aparência. ³A abelha é pequena entre os seres que voam, mas o que ela produz é o que há de mais doce. ⁴Não se envaideça por causa de suas roupas, nem se torne soberbo nos dias de glória. Pois as obras do Senhor são admiráveis, mas ficam ocultas diante dos homens. ⁵Muitos soberbos acabaram por ficar sentados no chão, e a coroa deles foi entregue a outro alguém, no qual antes nem se pensava. ⁶Muitos poderosos foram profundamente desprezados, e muitos homens ilustres caíram em mãos de outros.

10,6-18: O v. 8 faz referência à disputa por governo entre Lágidas e Selêucidas, ao redor da batalha de Pânion em 199 a.C. O autor dirá que essas disputas são motivadas por orgulho e dinheiro, e ironiza o poder ao afirmar que o corpo vira pasto de vermes (hoje rei, amanhã defunto), expressão que terá eco na morte de Antíoco IV Epífanes em 2Mc 9. O autor tem uma confiança: Deus derruba do trono os poderosos e assenta os mansos no lugar deles (cf. 1Sm 2,4-8 e Lc 1,51-53).
19-25: A glória e a pertença a uma raça digna de honra não se direcionam aos que têm riqueza e poder; pelo contrário, apoiam-se no temor de Deus e no seguimento de sua Lei.
26-31: Comparações que ressaltam a diferença entre o sábio e o trabalhador, o rico e o pobre (cf. Pr 15,16; Ecl 7,8). A ênfase recai na crítica a quem despreza os trabalhos manuais e na falsa humildade da sociedade helenizada (cf. 7,15).
11,1-6: A sabedoria é comparada ao mel das abelhas. O sábio na sociedade (cf. Pr 24,13s; Jz 14,8-18) segue a advertência de não julgar pelas aparências (cf. 1Sm 16,7) nem pelas mudanças e reviravoltas

Prudência e confiança em Deus – ⁷Não critique antes de examinar; verifique primeiro, e só depois passe ao julgamento. ⁸Não responda antes de ter ouvido, e não interrompa a conversa. ⁹Não brigue por algo que não lhe diz respeito, nem se meta em disputas entre pecadores. ¹⁰Filho, não acumule tantas coisas para fazer. Se você as multiplicar, acabará sem acertar; se correr muito, não alcançará a meta, e se quiser fugir, não conseguirá escapar. ¹¹Há gente que trabalha, se afadiga e se apressa, e mesmo assim fica para trás. ¹²Há quem seja fraco e necessitado de socorro, carente de forças e rico de misérias. O Senhor, porém, olha para tais pessoas com benevolência e as reergue da sua humilhação, ¹³fazendo-as levantar a cabeça, e com isso muitos ficam admirados. ¹⁴Bens e males, vida e morte, pobreza e riqueza, tudo vem do Senhor. ¹⁵Sabedoria, bom senso e conhecimento da Lei provêm do Senhor, e dele procedem o amor e a prática das boas obras. ¹⁶O erro e as trevas foram criados para os pecadores; e os que gostam do mal, no mal envelhecem. ¹⁷O dom do Senhor é assegurado aos piedosos, e o seu favor sempre os conduz. ¹⁸Há quem se enriquece por meio da privação e da economia, e veja o que recebe como recompensa: ¹⁹Quando ele disser a si mesmo: "Encontrei o descanso e agora posso aproveitar dos meus bens", não sabe que vai chegar logo aquele dia, e ele acabará deixando tudo para os outros, porque vai morrer. ²⁰Persevere em seu compromisso, concentre-se nele, e envelheça realizando a obra dele. ²¹Não admire o pecador em suas obras. Confie no Senhor e persevere no seu esforço, pois é fácil, aos olhos do Senhor, enriquecer a um pobre, de repente e de forma rápida. ²²A bênção do Senhor está na recompensa de quem é piedoso, e num instante ele faz florescer a sua bênção. ²³Não diga: "Do que é que eu preciso? Que bens posso ainda conseguir?" ²⁴Não diga: "Tenho tudo de que preciso. O que de mal me poderia acontecer?" ²⁵Num dia de bens nos esquecemos dos males, e no dia dos males não nos lembramos dos bens. ²⁶É fácil para o Senhor, na hora da morte, pagar ao homem de acordo com seus caminhos. ²⁷Uma hora de males faz esquecer o bem-estar, e no destino final do homem suas obras são reveladas. ²⁸Não diga que é feliz uma pessoa antes que ela morra, pois é somente depois, nos seus filhos, que um homem será conhecido.

Prudência na hospitalidade – ²⁹Não deixe qualquer pessoa entrar em sua casa, porque são muitas as ciladas do desonesto. ³⁰O coração do orgulhoso é como a perdiz que serve de isca na gaiola: como espião, ele espera pela queda de você. ³¹Ele arma ciladas, transformando bens em males, e arranja defeitos até nas melhores qualidades. ³²Com uma faísca se acende um grande braseiro; assim também o homem pecador prepara ciladas para derramar sangue. ³³Cuidado com o perverso, pois ele trama o mal, e poderá sujar para sempre o seu nome. ³⁴Acolha um estranho, e ele provocará você com desordens, e o transformará num estranho junto à sua própria gente.

12 Fazer o bem – ¹Se você faz o bem, saiba a quem o faz, e assim terá a gratidão pelo bem que fez. ²Faça o bem ao piedoso, e você encontrará a retribuição; se não for dele, será da parte do Altíssimo. ³Não há benefício para quem permanece no mal, para quem se recusa a dar esmola. ⁴Ajude o homem piedoso, e não colabore com o pecador. ⁵Faça o bem ao humilde e não dê nada ao ímpio. Impeça que lhe deem pão, e você também não o dê a ele, para que ele não tire proveito às suas custas, e você acabe recebendo em dobro os males pelo bem que lhe tiver feito. ⁶O próprio Altíssimo detesta os pecadores, e inflige aos injustos o castigo merecido. ⁷Ajude o homem bom, e não colabore com o pecador.

---

sociais, tão presentes numa sociedade marcada por disputas de poder.

7-28: Deus é apresentado como soberano absoluto, do qual tudo depende na sociedade (cf. 1Sm 2,6s; Is 45,7; Jó 2,10), inclusive a bênção e recompensa reservada aos piedosos (vv. 19-22), e a maldição para os malvados (cf. 7,36; 8,7; Sl 49,17s; Ecl 5,8-9; Lc 12).

29-34: A infiltração da cultura e das ideias helenistas traz a preocupação de não introduzir qualquer pessoa em casa através de contratos matrimoniais, bem como ficar atento contra o astuto, o malvado, o soberbo e o pecador.

12,1-7: Normas a serem seguidas por aquele que busca fazer o bem, ainda em relação aos perigos do

Cuidado com os falsos amigos – ⁸O amigo não se revela na prosperidade, nem o inimigo fica oculto no tempo da dificuldade. ⁹Quando alguém vai bem, os inimigos ficam tristes, mas quando alguém se encontra em má situação, até o amigo vai embora. ¹⁰Não confie nunca em seu inimigo, pois a maldade dele é como metal que enferruja. ¹¹Ainda que ele se humilhe e chegue de cabeça baixa, tome cuidado e desconfie dele; comporte-se com ele como quem limpa o espelho, e então perceberá que a ferrugem dele não resiste muito. ¹²Não o coloque ao seu lado, para que ele não empurre você e tome o seu lugar; não o deixe sentar-se à sua direita, para que ele não venha a ocupar sua cadeira. Caso contrário, você verá que eu tenho razão, mas já será tarde, e ficará arrependido por não ter ouvido minhas palavras. ¹³Quem terá pena de um encantador mordido pela serpente, e de todos os que chegam perto de feras? ¹⁴É o que acontece com quem se junta a um pecador e se envolve nos pecados dele. ¹⁵Por algum tempo ficará com você; mas, quando você tropeçar, ele não lhe dará apoio. ¹⁶O inimigo traz doçura nos lábios, mas no coração planeja como jogar você no buraco. O inimigo tem lágrimas nos olhos, mas na primeira oportunidade não ficará saciado nem com o sangue que tirar de você. ¹⁷Se algum mal acontecer a você, ele será o primeiro a chegar; mas, com a desculpa de ajudar, vai pegar você pelo pé. ¹⁸Vai balançar a cabeça e bater palmas, porém falará muitas coisas e mudará de postura.

13

Cuidado com os ricos e poderosos – ¹Quem mexe com piche acaba se sujando, e quem tem a companhia do orgulhoso torna-se semelhante a ele. ²Não levante peso muito grande para você, e não conviva com alguém mais forte ou mais rico. O que há de comum entre a panela de barro e a de ferro? Elas se chocarão, e a primeira se quebrará. ³O rico pratica injustiça, e ainda reclama; o pobre é injustiçado, e ainda precisa desculpar-se. ⁴Enquanto você for útil, ele vai servir-se de você; mas, quando você precisar, ele o abandonará. ⁵Se você possuir bens, ele estará próximo de você, e o explorará sem remorso. ⁶Enquanto ele tiver necessidade, enganará você, sorrirá e lhe dará esperanças. Dirá coisas bonitas e perguntará: "Do que é que você precisa?" ⁷Fará você ficar confuso nos banquetes dele, até despojar você duas ou três vezes. Enfim, vendo você, passará adiante e sacudirá contra você a cabeça. ⁸Cuidado para você não ser enganado, e para não ficar humilhado em sua própria falta de bom senso. ⁹Quando um poderoso lhe fizer um convite, recuse-o, e ele o convidará com maior insistência. ¹⁰Não se anime demais, para depois não ser rejeitado; nem fique muito longe, para não ficar esquecido. ¹¹Não queira conversar com ele de igual para igual, nem acredite em suas muitas palavras: ¹²com seu palavreado, ele põe você à prova e, mesmo sorrindo, ele o está examinando. ¹³O ímpio não guardará os segredos que você lhe confiar, e não o poupará de maus-tratos e correntes. ¹⁴Tome cuidado e preste atenção, porque você está caminhando na direção do precipício.

Contrastes nas relações – ¹⁵Todo ser vivo gosta de seu semelhante, e todo homem gosta de seu próximo. ¹⁶Todo animal se une com os de sua espécie, e todo homem se associa com seu semelhante. ¹⁷O que há de comum entre o lobo e o cordeiro? A mesma coisa acontece entre o pecador e o piedoso. ¹⁸Que paz pode haver entre a hiena e o cão? E que paz pode haver entre o rico e o pobre? ¹⁹No deserto os asnos selvagens são a presa dos leões, e os pobres são a presa dos ricos. ²⁰Para o orgulhoso a humildade é abominação, e o pobre é a mesma coisa para o rico. ²¹Quando o rico

---

contato com estrangeiros, que pouco a pouco difundem o helenismo.

8-18: Precaução diante dos falsos amigos, que zombam do justo em tempos de infortúnio, sacudindo a cabeça (cf. Sl 22,8; 109,25; Jó 16,4; Mt 27,39) e batendo palmas (cf. Ez 25,6; Na 3,19; Lm 2,15).

13,1-14: Alerta sobre os perigos da convivência do pobre com o rico, a partir de várias imagens (piche, panela de ferro e de barro...). Diante da transformação de Jerusalém numa cidade ao estilo grego ("pólis"), o autor e seus seguidores buscam diferenciar entre o rico explorador e o rico bom, pois este se afasta do pecado (cf. 13,24; Pr 23,1-3; Lc 14,7-14).

15-24: O rico é sempre bem-visto e digno de honrarias, enquanto o pobre é tratado como preguiçoso e imoral. Algumas imagens e comparações descrevem o crescente conflito entre ricos e pobres (cf. Pr 19,4-7; Ecl 5,7-8).

tropeça, seus amigos o sustentam; quando o pobre cai, seus amigos o rejeitam. ²²Quando o rico comete um erro, muitos o defendem; e se ele diz tolices, os outros o aprovam. Quando o humilde erra, todos o condenam; e quando fala com bom senso, não lhe dão atenção. ²³Quando o rico fala, todos se calam e elevam até as nuvens a palavra dele; quando o pobre fala, as pessoas perguntam: "Quem é ele?" E se ele tropeça, o ajudam a cair. ²⁴É boa a riqueza em que não há pecado; mas, na opinião do ímpio, a pobreza é má.

A verdadeira felicidade – ²⁵O coração do homem lhe modifica o rosto, para o bem e para o mal. ²⁶Rosto alegre é sinal de um coração que está bem, mas a descoberta de parábolas exige reflexão dedicada.

14 ¹Feliz o homem que não tropeçou em suas palavras e não é atormentado pelo remorso dos pecados. ²Feliz quem não é acusado por sua consciência e quem não perdeu a esperança.

Contra o acúmulo – ³A riqueza não é boa para o homem mesquinho, e de que servem os bens para o homem invejoso? ⁴Quem se priva para acumular, acumula para os outros. Serão outros que farão uso de seus bens. ⁵Quem é mau para si mesmo, para quem será bom? Não faz uso nem mesmo de seus próprios bens. ⁶Ninguém é pior do que alguém que despreza a si próprio. Essa é a recompensa por sua própria maldade. ⁷Se faz o bem, é por distração; mas ao final mostrará a sua maldade. ⁸Mau é o homem de olhar invejoso, que vira o rosto e faz pouco caso das necessidades alheias. ⁹O olhar do avarento não se contenta apenas com pouco; a injustiça resseca o coração. ¹⁰O olho mau e invejoso só pensa no prato, mas é mesquinho em sua própria mesa. ¹¹Filho, trate-se bem, na medida do que você tem, e apresente ao Senhor as ofertas que deve a ele. ¹²Lembre-se: a morte não demora a vir, e você não sabe em que momento ela virá. ¹³Antes de morrer, faça o bem ao amigo e reparta com ele conforme suas possibilidades. ¹⁴Não se prive de um dia feliz, nem deixe escapar nada de um desejo legítimo. ¹⁵Por acaso você não vai deixar para outros os resultados de seus esforços? E os frutos do seu trabalho não vão ficar para a partilha da herança? ¹⁶Dê e receba, e distraia-se, porque no mundo dos mortos não há como buscar prazer. ¹⁷Todo corpo envelhece como roupa, porque a regra eterna é esta: você vai morrer. ¹⁸Assim como acontece com as folhas verdes em árvore frondosa, umas caem, outras brotam, também ocorre com as gerações humanas: morre uma, nasce outra. ¹⁹Toda obra perecível desaparece, e quem a fez irá junto com ela.

Felicidade do sábio – ²⁰Feliz o homem que se dedicar à sabedoria, que refletir com o bom senso que tem, ²¹que meditar no coração sobre os caminhos dela e com a mente investigar os seus segredos. ²²Sai atrás dela como caçador, põe-se de espreita em seus caminhos! ²³Ele se inclinará para olhar por suas janelas e escutará junto às suas portas. ²⁴Ele vai parar ao lado de sua casa e fixar as estacas dentro de seus muros. ²⁵Ele armará sua tenda junto a ela, e se hospedará na moradia dos bens. ²⁶Ele colocará seus filhos sob a proteção dela e se abrigará debaixo de seus ramos. ²⁷E por ela será protegido do calor, e se hospedará em sua glória.

15 ¹Quem teme ao Senhor agirá dessa forma, e quem é dedicado à Lei alcançará a sabedoria. ²Ela sairá ao seu encontro como mãe, e o acolherá como jovem esposa. ³Ela o alimentará com o pão do entendimento e o saciará com a água da sabedoria. ⁴Ele se apoiará nela, e não vacilará. Nela confiará, e não será confundido. ⁵Ela o elevará acima dos que lhe são próximos e o fará falar no meio da

---

13,25–14,2: Duas notas independentes: uma sobre a diferença de semblante do homem que faz o bem e daquele que faz o mal; a outra, sobre a bem-aventurança do homem que tem coração puro (cf. Sl 1; 32; 41; 119; 128; Mt 5,1-12).
14,3-19: Observações contra a inveja, a avareza e o acúmulo, seguindo a ironia de Ecl 2,21 e 6,1-2. Nos vv.
11-16 seguem-se alguns conselhos que visam à prática da piedade (cf. Ecl 2,24; 3,13; 5,17-18; 8,15; 9,7-10).
14,20–15,10: Elogio à sabedoria em forma de bem-aventurança (cf. Sl 1,1-2; 119,15.23.148). Quem teme a Deus conhece a Lei e alcança a sabedoria. Esta se apresenta como mãe que dá de comer e beber, e exalta seu filho na assembleia (cf. Pr 9,1-6; 31,10-31).

assembleia. ⁶Ele encontrará a alegria, terá uma coroa de contentamento e herdará uma fama eterna. ⁷Os insensatos nunca alcançarão a sabedoria, e os pecadores jamais a contemplarão. ⁸Ela está longe do orgulhoso, e os mentirosos nem se lembram dela. ⁹O louvor não é belo na boca do pecador, pois não lhe foi enviado pelo Senhor. ¹⁰Porque, de fato, é na sabedoria que se expressará o louvor, é o Senhor quem o inspirará.

A liberdade humana – ¹¹Não diga: "Eu me afastei por causa do Senhor". Pois ele não fará o que ele mesmo detesta. ¹²Não diga: "Ele me fez desviar". Porque ele não tem necessidade do pecador. ¹³O Senhor detesta qualquer tipo de abominação, e nenhuma é apreciada pelos que temem ao Senhor. ¹⁴Ele desde o princípio criou a humanidade e a entregou ao poder de suas próprias decisões. ¹⁵Se você quiser, observará os mandamentos, e a fidelidade está em agir de boa vontade. ¹⁶Ele pôs diante de você o fogo e a água, e se você quiser, estenderá a mão para isto ou aquilo. ¹⁷A vida e a morte estão diante dos seres humanos, e o que cada um julgar bom lhe será dado. ¹⁸Pois grande é a sabedoria do Senhor; forte em seu poder, ele tudo vê. ¹⁹Seus olhos estão sobre aqueles que o temem, e ele conhece cada ação humana. ²⁰Ele não mandou ninguém se tornar ímpio, e a ninguém deu permissão para pecar.

16
Castigo dos ímpios – ¹Não deseje ter muitos filhos que sejam inúteis, nem fique alegre com filhos ímpios. ²Se eles se multiplicarem, não fique alegre se neles não houver o temor do Senhor. ³Não confie na vida deles, nem se apoie no seu grande número, porque é melhor um do que mil, e morrer sem filhos do que ter filhos ímpios. ⁴A cidade será povoada por um só que tenha bom senso, mas uma tribo de injustos a deixa deserta. ⁵Meu olho viu muitas coisas assim e meu ouvido já ouviu coisas ainda mais espantosas. ⁶Na reunião dos pecadores um fogo se acende, e a ira se acende contra um povo rebelde. ⁷Deus não se mostrou favorável aos gigantes de outrora, que se revoltaram, aproveitando-se de suas forças. ⁸Ele não poupou os vizinhos de Ló, mas os detestou por causa do orgulho deles. ⁹Não teve compaixão de um povo destinado à destruição, que se exaltava em seus pecados. ¹⁰Assim ele tratou os seiscentos mil que, caminhando para a terra, se uniram na própria obstinação. ¹¹Ainda que houvesse um só que fosse obstinado, seria admirável se ficasse sem castigo. ¹²Pois a misericórdia e a ira provêm do Senhor, poderoso quando perdoa e quando derrama sua ira. ¹³Tão grande quanto sua misericórdia é o seu castigo, ele julga o homem conforme suas obras. ¹⁴O pecador não fugirá com seu roubo, e a paciência de quem é piedoso não ficará frustrada. ¹⁵A quem dá esmola cabe uma recompensa, e cada um será tratado segundo as próprias obras.

Não há como esconder-se de Deus – ¹⁶Não diga: "Vou esconder-me do Senhor. Lá no alto, quem se lembrará de mim? ¹⁷No meio deste grande povo, não serei reconhecido. Quem sou eu nesta imensa criação?" ¹⁸Veja: o céu, o mais alto do céu, o abismo e a terra, tudo tremerá quando Deus fizer sua visita. ¹⁹Também as montanhas e os alicerces da terra se abalarão de pavor quando Deus olhar para eles. ²⁰Mas ninguém reflete sobre essas coisas: quem prestará atenção aos caminhos de Deus? ²¹Assim como o furacão que ninguém vê, a maior parte das obras de Deus fica escondida. ²²Quem anunciará as obras da justiça, ou quem esperará por elas? A aliança, de fato, está longe". ²³Assim pensa quem tem o coração pequeno; o homem ignorante e desviado só pensa em loucuras.

15,11-20: Divagação filosófica que concilia a liberdade humana com a onipotência divina. Deus não é responsável pelo mal moral (cf. Gn 3,12-13; Dt 11, 26-28; 30,11-20; Tg 1,13-15).

16,1-15: O homem é livre e responsável por seus atos; porém, o mal moral que ele pratica não pode ficar sem punição. O autor apresenta uma série de exemplos de ímpios rebeldes que foram castigados (cf.

Gn 6,1-7; 19,1-29; Dt 7,1s; Ex 12,37; Nm 14,21-23; 16,1-30; Ecl 4,9-12; Sb 4,1-6).

16-23: Deus tudo vê, e a ele nada fica oculto. Essa imagem vem acompanhada de objeções típicas dos textos sapienciais (Sl 18,18; 94,7; 139,7-12; Jó 7,17-18; cf. Am 9,1-4). Imagem que reforça o poder dos sacerdotes e o seu controle social que mantém na submissão os pobres e humildes.

A criação – ²⁴Escute-me, filho, e aprenda a ciência. Aplique seu coração às minhas palavras. ²⁵Vou apresentar a instrução de forma precisa, e com exatidão anunciarei a ciência. ²⁶No início, quando o Senhor avaliou as suas obras, depois de havê-las feito, deu a cada uma a sua função. ²⁷Colocou para sempre uma ordem nas suas obras, desde a origem delas até o seu futuro longínquo. Elas não têm fome nem se cansam, e nunca se afastam de suas atividades. ²⁸Nenhuma delas se choca com a outra, e nunca desobedecerão à palavra dele. ²⁹Depois disso, o Senhor olhou para a terra e a encheu com seus bens. ³⁰Cobriu a superfície da terra com todo tipo de animais, e para ela eles voltarão.

17 ¹Da terra o Senhor criou o homem, e para ela o faz voltar novamente. ²Deu aos homens dias contados e tempo certo, e deu-lhes poder sobre todas as coisas que existem na terra. ³Revestiu-os com a sua própria força e os fez à sua imagem. ⁴Infundiu em todos os seres vivos o temor diante deles, para que possam dominar sobre as feras e pássaros. ⁵Deu-lhes discernimento, língua, olhos, ouvidos e coração para pensar. ⁶Encheu-os de ciência e bom senso, e mostrou-lhes o bem e o mal. ⁷Pôs seu olhar no coração deles, para mostrar-lhes a grandeza de suas obras. ⁸E eles louvarão o seu nome santo, proclamando a grandeza de suas obras. ⁹Ele lhes concedeu a ciência e lhes entregou como herança a lei da vida. ¹⁰Fez com eles uma aliança eterna e a eles mostrou suas sentenças. ¹¹Os olhos deles viram a grandeza de sua glória, e seus ouvidos ouviram a glória de sua voz. ¹²E o Senhor lhes disse: "Afastem-se de tudo o que é injusto". E ordenou que cada um procurasse cuidar do próximo. ¹³Os caminhos deles estão sempre diante dele, e jamais ficarão escondidos aos seus olhos. ¹⁴Para cada povo estabeleceu um chefe, mas Israel é a porção que cabe ao Senhor.

O julgamento de Deus – ¹⁵Todas as ações dos seres humanos estão como o sol diante dele, cujos olhos observam continuamente os caminhos deles. ¹⁶As injustiças deles não ficam escondidas para ele, e todos os pecados deles estão diante do Senhor. ¹⁷A esmola que o homem faz é um selo diante de Deus, e ele conservará uma boa obra humana como a uma filha. ¹⁸Depois disso, ele se levantará para recompensá-los, e tal recompensa recairá sobre suas cabeças. ¹⁹Mas a quem se arrepende ele oferece o retorno, e reconforta os que perderam a disposição. ²⁰Converta-se ao Senhor e abandone o pecado. Suplique diante dele e reduza a ofensa que você cometeu. ²¹Volte para o Altíssimo, vire as costas para a injustiça e deteste profundamente aquilo que ele abomina. ²²Quem louvará o Altíssimo na habitação dos mortos, a não ser os vivos e aquele que pode dar-lhe graças? ²³Os mortos são como se não existissem; eles já não louvam; só quem está vivo e tem saúde pode louvar ao Senhor. ²⁴Como é grande a misericórdia do Senhor, e o seu perdão para todos os que se voltam para ele! ²⁵Os seres humanos não podem ter tudo, pois não são imortais. ²⁶Nada é mais luminoso que o sol. Mas ele também desaparece. O ser humano, que é carne e sangue, planeja o mal. ²⁷Deus passa em revista as forças do alto céu, e os seres humanos todos são terra e cinza.

18 *Hino à grandeza de Deus* – ¹Aquele que vive para sempre criou tudo com igualdade. ²Somente o Senhor será considerado justo. ³A ninguém concedeu anunciar as obras dele. E quem é capaz de investigar as suas grandezas? ⁴Quem poderá medir o poder da sua grandeza? Quem ousará detalhar suas ações de misericórdia? ⁵Não é possível diminuir ou acrescentar. Não é possível investigar as maravilhas do Senhor. ⁶Quando alguém chega ao fim, então é que está começan-

---

16,24–17,14: Deus manifesta sua sabedoria por meio da criação. Este hino inicia como Pr 2,1-2; é um comentário aos primeiros capítulos do Gênesis e realça o temor de Deus posto no coração humano.

17,15-27: Leitura da história de Israel muito próxima da dinâmica deuteronomista e de Ezequiel, apontando para Israel incapaz de se afastar do mal e mudar seu co-

ração de pedra em coração de carne (cf. Ez 11,19; 36,26). Reforça-se a ideia de que Deus vê, castiga, recompensa, perdoa e salva. É um convite motivado pela esperança de que Deus adia a morte do pecador para que se converta (cf. Sl 6,6; 30,10; Is 38,18).

18,1-14: A justiça e a misericórdia de Deus serão exercidas para todos sem distinção de raça (cf. Jn 4,11;

do; e quando para, então fica sem saber o que pensar. ⁷O que é o ser humano, e para que serve? Qual é o seu bem e qual é o seu mal? ⁸A duração de sua vida é de cem anos, quando muito. ⁹Como gota no mar e grão na areia, tais são os seus poucos anos frente a um dia da eternidade. ¹⁰É por isso que o Senhor tem paciência com os seres humanos, e sobre eles derrama sua misericórdia. ¹¹Ele vê e reconhece que o fim deles é miserável; por isso multiplica seu perdão. ¹²A misericórdia humana é em favor de seu próximo, mas a misericórdia do Senhor é para todos os seres vivos. ¹³Ele repreende, corrige, ensina e dirige, como o pastor cuida de seu rebanho. ¹⁴Ele tem misericórdia dos que aceitam a instrução e dos que se esforçam para cumprir suas sentenças.

Bondade e prudência do sábio – ¹⁵Filho, quando você faz um bem, não repreenda, nem pronuncie palavras tristes ao fazer alguma oferta. ¹⁶O orvalho não abranda o calor? Da mesma forma, a palavra é melhor que o presente. ¹⁷De fato, não vale mais a palavra do que o presente? O homem generoso junta as duas coisas. ¹⁸O insensato é insensível e insulta, e o presente do invejoso fere os olhos. ¹⁹Aprenda antes de falar, e tenha cuidado com as doenças. ²⁰Examine-se antes do julgamento, e no momento da sentença você encontrará perdão. ²¹Humilhe-se antes de ficar doente, e quando pecar arrependa-se. ²²Não demore a cumprir uma promessa; não espere até a morte para cumpri-la. ²³Prepare-se antes de fazer uma promessa, não se comporte como alguém que tenta o Senhor. ²⁴Lembre-se da ira que virá nos últimos dias, do tempo da vingança, quando ele desviar o rosto. ²⁵No tempo da abundância, lembre-se da carestia; e da pobreza e da miséria, nos dias de riqueza. ²⁶Entre o amanhecer e a tarde, o tempo muda, e tudo é passageiro diante do Senhor. ²⁷Quem é sábio age sempre de forma cuidadosa, e evitará a negligência nos dias em que o pecado se espalhar. ²⁸Toda pessoa de bom senso conhece a sabedoria, e presta homenagem a quem a encontrou. ²⁹Quem tem sensatez nas palavras torna-se sábio e derrama como chuva provérbios exatos.

O domínio de si – ³⁰Não vá atrás de suas paixões. Coloque freio em seus desejos. ³¹Se você permite satisfazer a paixão, ela fará de você motivo de zombaria para seus inimigos. ³²Não se entregue a uma vida de prazeres, para que depois você não tenha de dar conta dos gastos. ³³Não se empobreça festejando com dinheiro emprestado, quando você não tem nada no bolso.

19 ¹Operário beberrão nunca ficará rico, e quem despreza o pouco, pouco a pouco cairá. ²Vinho e mulheres fazem perder o bom senso, e quem anda com prostitutas torna-se cada vez mais atrevido. ³Podridão e vermes tomarão conta dele, porque seu atrevimento provocará sua ruína.

Cuidado no falar – ⁴Quem confia muito depressa não tem juízo; e quem peca prejudica a si mesmo. ⁵Quem tem prazer com o mal será condenado, ⁶e quem detesta a tagarelice escapa do mal. ⁷Não repita um boato, e você não será prejudicado em nada. ⁸Não conte nada, nem de amigo, nem de inimigo; não revele nada, a não ser que isso o coloque em pecado. ⁹Pois, se alguém ouviu, não confiará mais em você, e no momento oportuno lhe mostrará ódio. ¹⁰Você ouviu alguma coisa? Que isso morra com você. Seja firme, porque isso não vai explodir você. ¹¹Por causa de uma palavra, o insensato se agita, como a mulher grávida no momento do parto. ¹²Como flecha cravada na coxa, assim é uma palavra no interior do insensato.

Sl 145,9). Com uma série de dons que o ser humano recebe, o autor mostra a fragilidade humana diante da grandeza de Deus. Esta é só misericórdia, é ação que admoesta, corrige e reconduz o povo, como o pastor que guia o rebanho (cf. 2Mc 6,13-16; Sb 12,19-22).

15-29: O homem caridoso consegue unir a esmola com o bom uso da palavra. A doença (vv. 19-21) era vista como castigo do pecado, enquanto a conversão e o arrependimento eram meios para combater a doença.

18,30–19,3: Condenação da cobiça, luxúria, gula, desperdício e desejo, tão presentes em banquetes promovidos por cidades helenizadas. O autor quer ajudar seus seguidores a se afastar de tais vícios, através do autocontrole e domínio de si (cf. Pr 23,20-21; 31,3-5; Sl 49).

19,4-12: Comentário sobre o mandamento de não dar testemunho fraudulento contra o próximo. Controlar a própria língua é o grande meio de evitar calúnias e julgamentos indevidos (cf. Pr 25,9-10).

Corrigir o próximo – ¹³Pergunte a seu amigo: talvez ele não tenha feito o que estão dizendo dele; ou, se fez, não continuará fazendo. ¹⁴Pergunte ao próximo: talvez ele não tenha falado o que estão dizendo; ou, se falou, não o repetirá mais. ¹⁵Pergunte ao amigo: porque muitas vezes se trata de calúnia. Não acredite em qualquer palavra. ¹⁶Às vezes, a pessoa comete um deslize sem querer. Quem é que nunca pecou com a língua? ¹⁷Pergunte ao seu próximo, antes de ameaçá-lo; dessa forma, você estará dando espaço para a lei do Altíssimo.

Verdadeira e falsa sabedoria – ¹⁸Toda a sabedoria está no temor do Senhor, e em toda a sabedoria existe a prática da Lei. ¹⁹Não há sabedoria no conhecimento do mal, e o conselho dos pecadores não é prudência. ²⁰Existe habilidade que é abominável, e quem não tem sabedoria é insensato. ²¹É melhor ter menos bom senso, mas com temor, do que ser muito inteligente, mas transgressor da Lei. ²²Existe uma habilidade certeira, no entanto injusta; e há quem faça uso de desvios para aparentar retidão. ²³Existe malvado que anda curvado de tristeza, mas por dentro está cheio de falsidade: ²⁴oculta o rosto e finge ser surdo; mas, quando não estiver sendo percebido, passará à frente de você. ²⁵Se ele, por falta de força, não pecar contra você, na primeira oportunidade lhe fará o mal. ²⁶Pode-se conhecer o homem pelo semblante, e pelo aspecto do rosto se conhece a pessoa inteligente. ²⁷A roupa de um homem, seu sorriso e seu jeito de andar revelam quem ele é.

20

O silêncio e a prudência – ¹Há repreensões inoportunas, e há quem se cala, mostrando que é prudente. ²É melhor repreender do que se irritar, ³mas quem reconhece a própria falta evita o castigo. ⁴Como o eunuco que tenta violentar uma jovem, assim é aquele que quer fazer justiça com violência. ⁵Há quem se cala e é percebido como sábio, e há quem é odiado porque fala demais. ⁶Há quem se cala por não ter resposta para dar, e há quem se cala porque sabe qual é a hora certa. ⁷Quem é sábio fica em silêncio até o momento certo, mas o falador e o insensato deixam passar a ocasião. ⁸Quem fala demais acaba por se tornar detestável, e quem procura se impor será odiado.

Contrastes – ⁹É possível ao homem fazer bom proveito dos males que lhe acontecem, mas a fortuna pode ser prejudicial. ¹⁰Há presentes que não servem de nada para você, e outros que merecem recompensa em dobro. ¹¹Há ruínas que vêm da glória, e há quem foi humilhado, mas levanta a cabeça. ¹²Há quem compra muitas coisas com pouco dinheiro, e acaba pagando por elas sete vezes mais. ¹³Com suas palavras o sábio é estimado, mas as gentilezas dos insensatos serão derramadas inutilmente. ¹⁴O presente do insensato não lhe servirá de nada, porque seus olhos, em vez de dois, são muitos. ¹⁵Ele dá pouco e reclama muito, gritando alto como leiloeiro; hoje faz um empréstimo, e amanhã exigirá de volta. Esse tipo de gente é odioso. ¹⁶O insensato diz: "Não tenho amigos. Ninguém vê as coisas boas que faço". ¹⁷Até os que comem junto com ele o criticam, e muitas vezes zombam dele.

O uso da língua – ¹⁸É melhor escorregar no chão do que no falar, pois a queda dos maus chegará logo. ¹⁹Pessoa grosseira é como história contada fora de hora, algo que se repete na boca de gente ignorante. ²⁰Parábola que sai da boca de insensato será rejeitada, porque ele não sabe dizê-la no momento certo. ²¹Há quem fique preservado de pecar por causa da sua pobreza, e então pode descansar sem remorso. ²²Há quem se destrói por causa da sua timidez, e há quem se destrói por causa de um insensato. ²³Há quem por timidez faz promessas a um amigo, e com isso o transforma em

---

13-17: Palavras falsas podem pôr fim a qualquer amizade. Como ação concreta, o autor propõe a investigação. O v. 17 faz referência à Lei, indicando o caminho para o irmão em pecado: repreendê-lo, sem ódio nem rancor (cf. Lv 19,17-18; Ecl 7,21; Mt 18,15-18).

18-27: A verdadeira sabedoria está relacionada ao cumprimento da Lei (cf. 1,16.18; Jó 28,28; Sl 111,10; Pr 1,7; 9,10; 15,33).

20,1-8: Retomam-se dois temas: cuidado com as palavras (19,4-12) e correção do próximo (19,13-17). Silêncio e prudência são distintivos de quem sabe o momento certo de se calar (cf. Pr 4,24; 17,27-28; Ecl 3,1-14).

9-17: A glória pode produzir humilhação, e o rebaixamento conduzir à exaltação (cf. 1Sm 2,4; Lc 1,52).

18-31: A honra do sábio está no bom uso da língua, e o grande perigo está na aparência do insensato. A

inimigo. ²⁴A mentira é mancha perversa no ser humano, e se mantém na boca dos ignorantes. ²⁵É melhor um ladrão do que alguém que permanece na mentira, mas os dois terão como herança a destruição. ²⁶O costume do mentiroso é uma desonra, e a sua vergonha está sempre com ele. ²⁷O sábio se promove com suas palavras, e quem tem prudência agrada aos poderosos. ²⁸Quem cultiva a terra consegue boa colheita, e quem agrada os poderosos consegue perdão para a injustiça. ²⁹Favores e presentes cegam o sábio: são mordaça na boca, porque impedem as repreensões. ³⁰Sabedoria escondida e tesouro oculto: que utilidade há neles? ³¹É melhor alguém que esconde sua insensatez do que alguém que esconde a própria sabedoria.

21 *Fugir do pecado* – ¹Filho, você pecou? Não torne a pecar, e peça perdão pelas faltas passadas. ²Fuja do pecado como de uma serpente, porque, se você se aproximar, será mordido. Seus dentes são dentes de leão, e destroem vidas humanas. ³Toda injustiça é como espada de dois gumes, e sua ferida não tem cura. ⁴Crueldade e arrogância destroem a riqueza; assim, a casa do orgulhoso será destruída. ⁵A súplica do pobre sai de sua boca e vai direto aos ouvidos de Deus, do qual vem sem demora o julgamento. ⁶Quem detesta a correção está no caminho do pecador, mas quem teme ao Senhor se volta para ele de todo o coração. ⁷A gente conhece de longe quem fala demais; porém, aquele que reflete sabe reconhecer quando tropeça. ⁸Quem constrói a sua casa com dinheiro de outros, ajunta pedras para o inverno. ⁹A reunião dos injustos é monte de estopa; seu destino são as chamas do fogo. ¹⁰O caminho dos pecadores é bem pavimentado com pedras, mas vai terminar nas profundezas da morada dos mortos.

O sábio e o insensato – ¹¹Quem observa a Lei controla seus pensamentos, e a sabedoria é a perfeição do temor ao Senhor. ¹²Não será instruído quem não for esperto, mas existe esperteza que aumenta a amargura. ¹³A ciência do sábio se espalha como inundação, e seu conselho é como fonte de vida. ¹⁴A mente do insensato é como vasilha quebrada: não guardará nenhum conhecimento. ¹⁵Quando alguém inteligente ouve uma palavra sábia, a recebe e a enriquece. O imbecil a ouve e a despreza, e por isso a deixa de lado. ¹⁶A explicação dada pelo insensato é como fardo no caminho, mas na boca de quem tem bom senso se encontrará a graça. ¹⁷A palavra de quem seja sensato é procurada numa assembleia, e o que ele diz será refletido profundamente. ¹⁸Como casa em ruínas é a sabedoria para quem é tolo, e a ciência do insensato são palavras incompreensíveis. ¹⁹Para o imbecil, a instrução é como corrente nos pés e algema na mão direita. ²⁰O insensato ri alto, levantando a voz; o homem prudente sorri pouco e de forma discreta. ²¹Para o sábio, a instrução é como joia de ouro, é como bracelete no braço direito. ²²O insensato põe os pés numa casa apressadamente, mas quem é experiente é modesto ao se apresentar. ²³O imbecil espia da porta o que há dentro da casa, mas o homem educado ficará do lado de fora. ²⁴É falta de educação ficar ouvindo atrás da porta, e o homem prudente terá vergonha de fazer isso. ²⁵Os lábios dos tagarelas repetirão o que os outros dizem, enquanto que as palavras de quem é prudente são colocadas na balança. ²⁶Na boca dos insensatos está seu coração; o coração dos sábios é sua boca. ²⁷Quando o ímpio amaldiçoa Satanás, está amaldiçoando a si mesmo. ²⁸Quem fala mal dos outros prejudica a si próprio, e será detestado pela vizinhança.

22 *Insensatez* – ¹Como pedra suja de lodo é o preguiçoso, e todos zombam dele com desprezo. ²O preguiçoso parece um monte de esterco: quem toca nele, vai logo sacudir a mão. ³Filho sem instrução é vergonha para o pai, e se for

---

referência aqui é aos que disfarçavam a própria fé e prática judaica, adotando posturas helênicas.

21,1-10: A injustiça, a crueldade e a arrogância são graves pecados a evitar. Em linguagem paterna, o sábio incute no discípulo o caminho do arrependimento, pois o caminho fácil dos pecadores e perversos leva à perdição (cf. Pr 14,12; 16,25) e à morada dos mortos (Is 50,11; 66,24).

11-28: O autor contrapõe o sábio e o insensato com várias imagens. No v. 27 encontramos, no Eclesiástico, a única menção a Satanás, aqui referido como ser pessoal maléfico (cf. Jó 1-2; 1Cr 21,1).

22,1-18: Comparações para criticar os insensatos e combater a sedução das novas ideias do helenismo. A referência à filha sem-vergonha (v. 4) deixa trans-

uma filha, ela é sua ruína. ⁴Filha sensata arranja marido; filha sem-vergonha é desgraça para os pais. ⁵Filha insolente envergonha o pai e o marido, e é desprezada pelos dois. ⁶Advertência fora de hora é como música festiva em velório; vara e instrução, porém, são sabedoria em qualquer momento. ⁷Ensinar o insensato é como emendar cacos ou acordar alguém que está dormindo sono profundo. ⁸Falar com insensato é como falar a quem está cochilando; no fim ele pergunta: "O que é mesmo?" ⁹Chore pelo morto, porque ele perdeu a luz; chore pelo imbecil, porque ele perdeu o bom senso. ¹⁰É menos triste chorar pelo morto que agora descansa, porque a vida do insensato é pior que a morte. ¹¹O luto pelo morto dura sete dias, mas pelo insensato e pelo ímpio dura a vida inteira deles. ¹²Não multiplique palavras com o imbecil, e não caminhe com o insensato. ¹³Fique longe dele, para que você não fique incomodado e não se suje no contato com ele. Afaste-se dele, e você terá descanso, e não ficará irritado com a ignorância dele. ¹⁴O que é mais pesado que o chumbo? E qual é o seu nome, senão "insensato"? ¹⁵Areia, sal e barra de ferro são mais fáceis de carregar do que um insensato. ¹⁶Casas bem construídas com viga de madeira não virão abaixo quando vier o terremoto; da mesma forma, o coração que decide após longa reflexão não se deixará abalar no momento de dificuldade. ¹⁷Coração apoiado em reflexão sensata é como enfeite caprichado em muro polido. ¹⁸Estacas colocadas no alto não resistem ao vento; da mesma forma, coração que vacila diante de opiniões insensatas não resiste a nenhuma ameaça.

Amizade – ¹⁹Quem machuca os olhos faz correr lágrimas, e quem machuca um coração faz aparecer os sentimentos. ²⁰Quem atira pedra nos pássaros acaba por afugentá-los, e quem ofende um amigo perde a amizade. ²¹Se você já tiver empunhado a espada contra o amigo, não se desespere, porque ainda há possibilidade de reconciliação. ²²Ainda que já tenha aberto a boca contra o amigo, não se apavore, porque pode haver entendimento. Mas a ofensa, a arrogância, a violação de segredos e a traição, tudo isso são coisas que afugentam qualquer amigo. ²³Conquiste a confiança do próximo quando ele está na pobreza, para que você possa desfrutar quando ele estiver na prosperidade. Fique do seu lado quando ele estiver em momentos de dificuldade, para que você possa compartilhar de sua herança. ²⁴Assim como antes do fogo há fumaça e vapor, da mesma forma antes do sangue vêm os insultos. ²⁵Não me envergonharei de defender um amigo, e não me escondo da sua presença; ²⁶mas, se algum mal me ocorrer por causa dele, quem ficar sabendo tomará cuidado com ele.

Vigilância – ²⁷Quem me dará um guarda para a minha boca e um selo para os meus lábios, para que eu não caia por culpa destes, e a minha língua não venha a me destruir?

23 ¹Senhor, pai e soberano da minha vida, não me abandones ao capricho deles, não me deixes cair por causa deles. ²Quem dará chicotadas em meus pensamentos e a instrução da sabedoria a meu coração, para que meus erros não sejam poupados e as culpas deles não sejam toleradas? ³Dessa forma, não se multiplicará a minha ignorância, e não aumentarão os meus pecados; não cairei diante dos adversários, e o inimigo não se alegrará às minhas custas. ⁴Senhor, pai e Deus da minha vida, não deixes que meu olhar seja arrogante. ⁵Afasta de mim os maus desejos. ⁶Que a sensualidade e a luxúria não me dominem. Não me entregues ao desejo vergonhoso.

Juramentos e palavras ilícitas – ⁷Filhos, escutem como instruir a boca. Quem agir

---

parecer os preconceitos do poder patriarcal frente à mulher. Os castigos corporais na educação era prática defendida pelos escribas (cf. Pr 13,24; 19,18; 22,15; 23,13-14; 29,15.17).

19-26: Voltando ao tema da amizade (cf. 6,5-17; 12,8-18), o autor mostra como ela pode ser destruída pela traição, pelos insultos e pela arrogância (Pr 11,13; 20,19).

22,27-23,6: Súplica do sábio pedindo a Deus que o preserve dos pecados da língua, da ignorância e da fraqueza (Sl 141,3-5). É a única vez que o autor se refere a Deus como pai (vv. 1 e 4; cf. Sb 2,16; 11,10; 14,3).

23,7-15: Siracida insiste no cuidado que se deve ter com as palavras, chamando a atenção para os juramentos não cumpridos. Interessante que no v. 12 se

assim não será surpreendido. ⁸O pecador será apanhado por seus próprios lábios, e o maldizente e o orgulhoso tropeçarão neles. ⁹Não acostume sua boca com juramentos, nem fique repetindo o nome do Santo. ¹⁰Assim como o servo, que está sempre sob controle e não fica livre das marcas dos golpes, quem jura e repete o nome de Deus por qualquer coisa nunca ficará purificado do pecado. ¹¹O homem que vive fazendo juramentos se enche de iniquidades, e o chicote não se afastará da sua casa. Se ele jura, o pecado está nele. Se não cumpre o juramento, peca duas vezes. Se jura em falso, não será perdoado, e sua casa ficará cheia de calamidades. ¹²Há um modo de falar comparável à morte, e que não deveria ser encontrado entre os descendentes de Jacó. Isso deve ficar longe das pessoas piedosas, e com isso elas não se envolverão em pecados. ¹³Não acostume sua boca a grosserias, porque nelas há sempre ocasião de pecado. ¹⁴Lembre-se de seu pai e de sua mãe, quando você se assentar entre os grandes. Nunca os esqueça quando estiver diante deles; não seja tão tolo em seu comportamento; você acabaria desejando não ter nascido, e amaldiçoaria o dia de seu nascimento. ¹⁵Quem se acostuma a pronunciar palavras ofensivas ficará incorrigível o resto da vida.

Crimes de impureza – ¹⁶Dois tipos de coisas multiplicam os pecados, e uma terceira provoca a ira: ¹⁷a paixão que arde como fogo aceso e que não se apaga enquanto não for saciada; quem se entrega à impureza em seu próprio corpo e não para enquanto o fogo não o queimar (a esta pessoa todo alimento é doce, e não se satisfaz enquanto não morrer); ¹⁸quem trai o seu leito, e diz para si mesmo: "Quem me vê? As trevas me encobrem, as paredes me escondem, e ninguém me vê; o que vou temer? O Altíssimo não se lembrará dos meus pecados". ¹⁹Ele só tem medo do que olhos humanos veem, e não sabe que os olhos do Senhor são dez mil vezes mais luminosos que o sol, porque veem todos os caminhos dos seres humanos e penetram os lugares mais escondidos. ²⁰Já antes de ser criado, tudo era conhecido dele, e assim continua, mesmo depois de concluído. ²¹Esse homem será punido na praça da cidade, e preso onde não esperaria. ²²O mesmo acontece com a mulher que trai o marido e lhe oferece um herdeiro gerado de outro homem. ²³Em primeiro lugar, ela desobedece à lei do Altíssimo; em segundo lugar, ofende o seu marido; em terceiro, se prostitui com adultério e concebe filhos de um estranho. ²⁴Ela será arrastada diante da assembleia, e será feita uma avaliação sobre seus filhos. ²⁵Eles não criarão raízes e seus ramos não darão frutos. ²⁶A memória dela será entregue à maldição, e sua infâmia nunca se apagará. ²⁷Os sobreviventes saberão que nada é melhor do que o temor do Senhor, e nada é mais doce do que praticar seus mandamentos.

24 Autoelogio da Sabedoria

¹A Sabedoria faz o seu próprio elogio e se alegrará no meio do povo. ²Ela abre a boca na assembleia do Altíssimo e se glorificará diante do poder dele: ³"Eu saí da boca do Altíssimo e como névoa cobri a terra. ⁴Armei minha tenda nas alturas, e o meu trono ficava sobre uma coluna de nuvens. ⁵Só eu rodeei a abóbada do céu e percorri a profundeza dos abismos. ⁶Adquiri para mim as ondas do mar, a terra inteira, todos os povos e nações. ⁷Em todos eles procurei descanso, uma herança onde pudesse viver. ⁸Então o Criador de tudo me ordenou; aquele que me criou armou minha tenda, e disse: 'Coloque sua tenda em Jacó, tome Israel como heran-

---

faça referência a um modo de falar distante dos piedosos (cf. Mt 5,34; Ef 5,3-4; Tg 5,12). No séc. II a.C., os assideus representavam importante grupo de piedosos que resistiu às imposições helênicas nos inícios da guerra macabaica (cf. 1Mc 2,42; 7,13; 2Mc 14,6).

16-27: Provérbio numérico (cf. Pr 30,15-33) sobre os crimes de impureza: sensualidade, prostituição e adultério. O pano de fundo são os mandamentos de não cobiçar a mulher do próximo e não cometer adultério (cf. Ex 20,14.17; Dt 5,18.21; Lv 19,20; 20,10; Nm 5,11-31). O autor descreve o processo de julgamento do adultério junto à assembleia, processo que culmina com a expulsão dos filhos ilegítimos (cf. Dt 23,3) e reafirma o castigo por apedrejamento na praça (cf. Lv 20,10; Dt 22,22).

24,1 21: Hino e discurso da sabedoria personificada; é semelhante a outros discursos. Pr 1,20-33; 8,1-36; 9,1-6; Jó 28; Br 3,9-4,4. Identifica a sabedoria com a palavra criadora de Gn 1, com a presença de Deus numa coluna

ça'. ⁹Ele me criou desde o princípio, antes dos séculos, e eu nunca deixarei de existir. ¹⁰Prestei culto na Tenda santa, na presença dele, e assim me estabeleci em Sião. ¹¹Ele me fez repousar na cidade amada, em Jerusalém está o meu poder. ¹²Coloquei raízes no meio de um povo glorioso, na parte que cabe ao Senhor, na sua herança. ¹³Cresci como cedro no Líbano e como cipreste nas montanhas do Hermon. ¹⁴Cresci como palmeira de Engadi e como mudas de roseira em Jericó, como oliveira formosa na planície, e cresci como plátano. ¹⁵Tenho exalado perfume como cinamomo e acanto aromático, como mirra escolhida, como gálbano, ônix, estoraque e como fragrância de incenso na Tenda. ¹⁶Estendi meus ramos como terebinto, e estes são ramos de glória e graça. ¹⁷Como videira fiz brotar a graça, e minhas flores são frutos de glória e riqueza. ¹⁸Venham a mim todos vocês que me desejam, e fiquem saciados com meus frutos. ¹⁹Lembrar-se de mim é mais doce que o mel, e ter a mim como herança é mais doce que o favo de mel. ²⁰Os que se alimentam de mim terão mais fome ainda, e os que bebem de mim terão ainda mais sede. ²¹Quem me ouve não ficará envergonhado, e os que trabalham por mim não pecarão".

A sabedoria e o sábio – ²²Tudo isso é o livro da Aliança do Deus Altíssimo, a Lei que Moisés nos deu como herança para as sinagogas de Jacó. ²³Ela transborda de sabedoria como o Fison, e como o Tigre nos dias dos primeiros frutos. ²⁴Ela inunda de bom senso como o Eufrates e como o Jordão nos dias da colheita. ²⁵Ela espalha instrução como o Nilo e como o Geon nos dias da vindima. ²⁶O primeiro não terminou de conhecê-la, e o último também não conseguiu examiná-la completamente. ²⁷De fato, o pensamento dela é mais vasto do que o mar, e seu conselho é maior do que o abismo. ²⁸Eu sou como o canal de um rio, um aqueduto que saiu para o paraíso. ²⁹Eu disse: "Vou regar meu jardim e inundar meus canteiros". Mas o meu canal se tornou um rio, e o meu rio se transformou em mar. ³⁰Então farei que a minha instrução resplandeça como aurora, e ilumine até bem longe. ³¹Derramarei o ensinamento como profecia e o transmitirei para as gerações futuras. ³²Vejam que eu não trabalhei somente para mim, mas para todos os que procuram a sabedoria.

II. A SABEDORIA E AS QUESTÕES FAMILIARES E SOCIAIS

25 *Provérbios* – ¹Com três coisas me satisfaço e permaneço bela diante do Senhor e dos seres humanos: entendimento entre irmãos, amizade entre vizinhos e mulher vivendo em harmonia com o marido. ²Mas há três tipos de pessoas que eu detesto e cujo modo de viver me irrita profundamente: o pobre orgulhoso, o rico mentiroso e o ancião adúltero e que não tem bom senso.

Anciãos – ³Se você não ajuntou nada na juventude, como poderia encontrar alguma coisa em sua velhice? ⁴Como é belo para os cabelos brancos saber julgar, e para os mais velhos saber dar conselhos! ⁵Como é bela a sabedoria dos anciãos, e o discernimento e o conselho das pessoas honradas! ⁶A coroa dos anciãos é uma importante experiência, e a alegria deles é o temor do Senhor.

Bem-aventurança – ⁷Há nove coisas que me deixam com o coração feliz, e a décima eu proclamo com a minha boca: ver alguém que se alegra com seus filhos, e que vive para ver a ruína de seus inimigos;

---

de nuvens de Ex 13,21-22 (cf. vv. 3-6), e com a mãe que convida à mesa de seus frutos, a exemplo do banquete da mulher sábia em Pr 9.

22-32: A sabedoria se identifica com a Lei; ambas são os tesouros procurados pela humanidade e a herança das sinagogas (assembleias). A fertilidade da Lei e da sabedoria se mostra com a imagem dos rios. Por meio da disciplina e da profecia, o sábio se torna canal de rio (cf. Gn 2-3; Ez 47,1-12; Br 4,1).

25,1-43,33: A segunda parte do livro é uma coleção de sentenças proverbiais e ensinamentos paralelos à primeira parte, destacando-se a obediência à Lei como caminho de sabedoria. Seu desfecho está no hino que louva a sabedoria de Deus na criação.

25,1-2: Provérbios numéricos ressaltam práticas que favorecem a boa convivência na comunidade e advertem acerca de comportamentos antissociais (cf. Pr 6,16-19; 30,15).

3-6: Elogio à sabedoria do ancião nos julgamentos, nos conselhos e na experiência. Tudo isso é temor de Deus (cf. Sb 4,8-9).

7-11: Provérbio numérico em forma de bem-aventurança: desde a felicidade do pai até ao temor de Deus (cf. 40,18-25).

⁸feliz quem vive com uma mulher de bom senso; aquele que não põe para trabalhar juntos o boi e o burro; aquele que não peca por palavra; aquele que não serve a um senhor indigno; ⁹feliz aquele que encontrou a prudência; e aquele que pode falar para alguém que escuta. ¹⁰Como é grande quem encontrou a sabedoria! Mas ninguém está acima de quem teme ao Senhor. ¹¹O temor do Senhor é mais importante do que tudo. Quem o possui, a que será comparado?

As mulheres – ¹²Que venha qualquer ferida, mas não a do coração; venha qualquer maldade, mas não aquela provocada pela mulher! ¹³Que venha qualquer desgraça, mas não aquela causada por quem nos odeia; venha qualquer vingança, mas não aquela provocada pelos inimigos. ¹⁴Não há veneno pior do que o veneno da serpente, nem ira pior que a do inimigo. ¹⁵Prefiro morar com um leão ou com um dragão, a morar com mulher perversa. ¹⁶A maldade da mulher modifica a sua fisionomia, e seu rosto fica sombrio como de um urso. ¹⁷Seu marido vai sentar-se em meio aos vizinhos, e suspirar amargamente ao ouvi-los. ¹⁸Qualquer maldade é pouca diante da maldade da mulher: que caia sobre ela o destino dos pecadores! ¹⁹Como ladeira coberta de areia para os pés de um velho, assim é a mulher faladeira para um marido tranquilo. ²⁰Não se deixe levar pela beleza de uma mulher, nem se deixe atrair por uma mulher. ²¹É irritante, desprezível e motivo de grande vergonha que uma mulher sustente seu marido. ²²Coração humilhado, rosto triste e ferida no coração, é isso a obra da mulher má. ²³Mãos sem ação e joelhos vacilantes, é a mulher que não torna feliz o seu marido. ²⁴Foi pela mulher que o pecado começou, e é por culpa dela que todos nós morremos. ²⁵Não deixe a água escapar, nem deixe que a mulher má fale livremente. ²⁶Se ela não anda de acordo com as indicações que você dá, separe-se dela.

26 Mulher má e mulher virtuosa –

¹Feliz o marido de uma boa mulher; isso duplica a duração de sua vida. ²Mulher virtuosa é alegria para seu marido, que estará em paz durante todos os anos que tiver para viver. ³Uma boa mulher é uma sorte grande, que será reservada aos que temem ao Senhor. ⁴Rico ou pobre, ele terá bondade no coração e a todo tempo terá rosto alegre. ⁵De três coisas meu coração tem medo, e uma quarta me assusta: calúnia espalhada pela cidade, ajuntamento do povo e acusação falsa. Tudo isso é pior que a morte. ⁶Mas a grande dor e aflição é uma mulher com ciúme de outra. A maldade de sua língua atinge a todos. ⁷Mulher má é canga de boi mal-ajeitada, e querer dominá-la é como pegar escorpião. ⁸Mulher embriagada provoca grande indignação, pois não consegue esconder sua vergonha. ⁹A má conduta da mulher se manifesta no seu olhar descarado, e será percebida em suas pálpebras. ¹⁰Reforce a vigilância sobre a filha impetuosa, para que ela não venha a se aproveitar da fraqueza que você tem. ¹¹Cuidado com o olhar desavergonhado, e não se admire se ela cair em falta em relação a você. ¹²Como viajante sedento, ela abre a boca e bebe de qualquer água que encontre; ela se coloca diante de qualquer tenda e abre a aljava para qualquer flecha. ¹³Mulher graciosa alegra o marido, e o conhecimento que ela tem é grande força para ele. ¹⁴Mulher discreta é dom do Senhor, e a que tem instrução não tem preço. ¹⁵Mulher modesta é a graça das graças, e não há valor que pague a vida de uma pessoa casta. ¹⁶Como o sol levantando-se até as alturas do Senhor, assim é a beleza da mulher em sua casa bem-arrumada. ¹⁷Como lâmpada brilhando no candelabro sagrado, assim é um belo rosto num corpo bem-acabado. ¹⁸Colunas de ouro sobre bases de prata, assim são as belas pernas sobre calcanhares firmes.

12-26: Imagens e termos na perspectiva patriarcal. De início, alude-se a uma disputa de marido ou intriga feminina. Os vv. 21-22 parecem tratar de herdeiras ou viúvas ricas à procura de marido. O v. 24 faz uma leitura de Gn 2-3, a qual mais tarde se tornará usual no ambiente judaico-cristão, atribuindo o pecado à mulher (cf. 2Cor 11,3; 1Tm 2,14). O v. 26 é uma referência à lei do divórcio (cf. Dt 24,1-4; Mt 19,3-9).

26,1-18: Bem-aventurança para o marido é a mulher virtuosa (vv. 1-4 e 13-18), apresentada como dom de Deus e cheia de atrativos morais e físicos (cf. Pr 31,10s). No centro, a advertência sobre a mulher que está fora

Coisas que entristecem – [19]Duas coisas entristecem meu coração, e uma terceira me dá raiva: soldado reduzido à miséria, homens sábios tratados com desprezo, e quem passa da justiça para o pecado: a este o Senhor o destinará à morte pela espada. [20]Dificilmente um comerciante fica isento de culpa e um negociante fica livre de pecado.

27 [1]Muitos pecam por amor ao lucro, e quem busca ficar rico se faz de cego. [2]Da mesma forma que entre as junções das pedras se finca a estaca, também entre a compra e a venda se infiltra o pecado. [3]Quem não se apegar com firmeza ao temor do Senhor, terá sua casa destruída rapidamente. [4]Quando se sacode a peneira, ficam as sobras, e quando a pessoa discute aparecem seus defeitos. [5]Como o forno prova os vasos do oleiro, assim a prova do homem está no seu raciocínio. [6]O fruto da árvore mostra a terra em que ela foi cultivada; da mesma forma, a palavra manifesta os sentimentos do coração de uma pessoa. [7]Nunca elogie um homem antes que ele fale; aí é que as pessoas são testadas.

Sabedoria do homem piedoso – [8]Se você procura a justiça, certamente vai alcançá-la, e a vestirá como roupa de festa. [9]Os pássaros se juntam com aqueles da mesma espécie, e a verdade se volta para aqueles que a praticam. [10]O leão espreita a presa; da mesma forma, o pecado espreita aqueles que praticam a injustiça. [11]A sabedoria está em toda reflexão do homem piedoso, mas o insensato muda como a lua. [12]Meça seu tempo quando estiver no meio de insensatos, mas demore-se quando estiver entre pessoas inteligentes. [13]A reflexão dos insensatos é detestável, e a risada deles é um deboche pelo pecado. [14]A conversa de quem vive jurando arrepia os cabelos, e suas discussões obrigam a tapar os ouvidos. [15]Conflitos entre orgulhosos leva a derramamento de sangue, e os insultos que trocam são difíceis de ouvir.

Lealdade na amizade – [16]Quem revela segredos destrói a confiança, e nunca mais encontrará um amigo segundo o seu coração. [17]Ame seu amigo e seja fiel a ele. Mas, se você revelou os segredos dele, não vá atrás dele nunca mais. [18]Pois assim como se perde uma pessoa quando ela morre, da mesma forma você perdeu a amizade do seu próximo. [19]Como pássaro que escapa da sua mão, você deixou o seu próximo, e não conseguirá mais recuperá-lo. [20]Não o procure, pois ele já foi para longe, fugindo como gazela que escapou da armadilha. [21]Uma ferida pode ser tratada, e há perdão para um insulto, mas para quem revelou segredos não há mais esperança.

A hipocrisia – [22]Aquele que pisca um olho está planejando maldade, e ninguém o afastará disso. [23]Na sua presença ele fala com doçura e elogia as palavras que você diz, mas por detrás ele muda a forma de falar, e prepara ciladas com as palavras que você mesmo disse. [24]Eu detesto muitas coisas, mas nada tanto quanto a ele, e também o Senhor o detesta. [25]Quem atira pedra para alto, a joga sobre sua própria cabeça; um golpe traiçoeiro espalha os ferimentos. [26]Quem cava um buraco, nele cairá; quem prepara uma armadilha, ficará preso nela. [27]O mal se voltará contra quem o pratica, e sem que a pessoa saiba de onde ele virá. [28]Sarcasmo e insulto são próprios do orgulhoso, mas a vingança o espreita como faz o leão. [29]Serão pegos na armadilha aqueles que se alegram com a queda dos piedosos; a dor os destruirá, antes que eles morram.

---

dos padrões patriarcais (vv. 5-12): esposa má, cheia de ciúmes e depravações.

26,19-27,7: Reflexão sobre a mudança de valores: do poder para a miséria, da honra para o desprezo, da justiça para as injustiças – assim acontece ao comerciante com seu apego ao lucro. Sobre as palavras que revelam o pensamento, cf. Pr 11,1; Ecl 5,8-9; Mt 7,16.

27,8-15: Contrapondo justiça e injustiça, o autor ressalta a sabedoria do homem piedoso frente ao insensato que muda como a lua (cf. Ecl 7,3-6).

16-21: Conselhos para não revelar segredos (cf. Pr 25,8-10). Novamente o tema dos bons amigos: só com fidelidade a amizade se mantém.

22-29: Advertência contra a falsidade (cf. Pr 6,2-15), a fim de apresentar os benefícios para quem busca a honestidade e os castigos para quem peca (cf. Sb 11,16). Segundo a tradição, o ímpio deve receber seu castigo antes da morte (cf. Jó 21,20-21). As imagens que o texto utiliza para tratar da retribuição também se encontram em Ecl 10,8-9; Pr 26,27; Sl 7,6; 9,16; 35,7-8.

Rancor e perdão – ³⁰Rancor e fúria são coisas abomináveis, mas o pecador procura dominá-las.

28 ¹Quem se vinga encontrará a vingança do Senhor, que lhe pedirá contas rigorosas de seus pecados. ²Perdoe a injustiça que seu próximo cometeu e, quando você pedir, seus pecados serão perdoados. ³Se uma pessoa guarda rancor contra outra, como poderá pedir que Deus a cure? ⁴Se não tem misericórdia de seu semelhante, como se atreve a pedir algo em relação aos próprios pecados? ⁵Se ela, que é carne, guarda rancor, quem perdoará seus pecados? ⁶Lembre-se do seu fim, e pare de odiar. Pense na corrupção e na morte, e permaneça na observância dos mandamentos. ⁷Lembre-se dos mandamentos, e não guarde rancor contra seu próximo. Lembre-se da aliança com o Altíssimo, e passe por cima da ofensa que lhe fizeram.

Contendas – ⁸Mantenha-se longe das discussões, e com isso você evitará o pecado, porque o homem raivoso esquenta a briga. ⁹O homem pecador provoca perturbação entre os amigos e cria divisão entre os que vivem na paz. ¹⁰Quanto mais lenha para o fogo, mais ele queimará. Quanto mais teimosia na disputa, mais ela esquentará. Quanto maior a força de alguém, tanto maior seu furor. E sua fúria cresce conforme sua riqueza. ¹¹A luta inesperada acende o fogo, e a briga violenta derrama sangue. ¹²Se você soprar uma fagulha, ela se inflamará; e se em cima dela você cuspir, ela se apagará. E as duas coisas saem da sua boca.

Difamação – ¹³Amaldiçoo o difamador e quem não mantém a palavra: essa gente destrói muitos que vivem na paz. ¹⁴A língua que se intromete abala muitos, fazendo-os fugir de nação em nação; ela destrói cidades fortes e derruba as casas dos poderosos. ¹⁵A língua que se intromete faz com que mulheres de valor sejam rejeitadas, e assim privadas do fruto de seus trabalhos. ¹⁶Quem presta atenção a ela, não encontra mais descanso, nem poderá viver com tranquilidade. ¹⁷O golpe do chicote deixa marcas; porém, o golpe da língua quebra os ossos. ¹⁸Muitos já caíram pelo fio da espada, mas não foram tantos como os que caíram pela língua. ¹⁹Feliz de quem se protege dela e não se expõe ao seu furor, quem não arrastou seu jugo, nem foi preso em suas cadeias. ²⁰De fato, o jugo dela é de ferro, e suas cadeias são cadeias de bronze. ²¹A morte que ela provoca é morte horrível, e é preferível já estar morto. ²²Ela, porém, não dominará sobre os piedosos, que não se queimarão em sua chama. ²³Os que abandonam o Senhor cairão sob o domínio dela, e ela os consumirá sem se apagar; avançará contra eles como leão, e como pantera os despedaçará. ²⁴Veja: trate de proteger sua propriedade com cerca de espinhos, e guarde bem sua prata e ouro. ²⁵Prepare também balança e peso para suas palavras, e faça porta e tranca para sua boca. ²⁶Cuidado para não tropeçar com a língua, para não cair diante de quem está espreitando você.

29 **Empréstimos e esmola** – ¹Quem pratica misericórdia faz empréstimos ao próximo, e quem lhe estende a mão observa os mandamentos. ²Empreste ao próximo quando ele tiver necessidade, e devolva ao próximo no tempo combinado. ³Mantenha a palavra dada e conserve a confiança dele, e em qualquer momento você encontrará aquilo de que precisa. ⁴Muitos consideram o empréstimo como coisa encontrada, e deixam em dificuldade aqueles que os socorreram. ⁵Antes de receberem, beijam a mão do seu próximo e fazem voz humilde para conseguir os bens de que precisam. Na hora de devolver, porém, adiam a data, respondem com palavras de descaso e usam as circunstâncias como desculpa. ⁶Se eles podem pagar, com dificuldade o credor recuperará a metade, e pode considerar

---

27,30-28,7: Outro aspecto da retribuição está no perdão (cf. Lv 19,17-18; Ex 23,4-5; Pr 20,22; Mt 6,14-15; Lc 11,4): quem perdoa as injustiças do próximo também recebe o perdão de Deus. Esta máxima aparece no Talmude, que reúne leis e tradições judaicas.

28,8-12: Advertências contra rixas e disputas (cf. Pr 15,18; 26,20-21).

13-26: Discurso mais eloquente sobre o tema da língua (cf. Pr 16,28; Tg 3,2-10): começa com a maldição contra o murmurador e o homem de duas falas, e termina com exortações aos fiéis.

29,1-20: Os empréstimos estavam prescritos na Lei (Ex 22,24; Lv 25,35-36; Dt 15,7-11; cf. Mt 5,42); mas, postos sob as diretrizes do helenismo, o povo se de-

isso como um achado. Caso contrário, ficou sem os bens que emprestou, e sem motivo ainda ganhou um inimigo. Este vai devolver-lhe maldições e injúrias e, em lugar de agradecer, vai desprezá-lo. [7]Por isso, e não por mal, muitos se recusam a fazer empréstimos, com medo de perder os bens por nada.

[8]Com o humilhado, porém, seja generoso, e não o deixe esperando por sua esmola. [9]Por causa do mandamento, socorra o pobre. Considere a necessidade que ele tem, e não o despeça de mãos vazias. [10]Com o irmão e com o amigo, gaste seu dinheiro, para que este não acabe enferrujado debaixo de uma pedra. [11]Use de acordo com os mandamentos do Altíssimo os bens que você tem, e eles serão para você mais úteis que o ouro. [12]Dê esmola daquilo que está nos seus celeiros, e ela o livrará de toda maldade. [13]Mais do que forte escudo e melhor do que lança pesada, ela combaterá por você diante do inimigo.

[14]Um homem bom se dispõe a ser fiador do seu próximo, mas aquele que perdeu a vergonha o abandona. [15]Não se esqueça dos benefícios prestados pelo seu fiador, pois ele se expôs pessoalmente por você. [16]O pecador se aproveita dos bens do seu fiador, e o ingrato de coração abandona quem o salvou. [17]Uma fiança já destruiu muitos que prosperavam, e como ondas do mar os agitou. [18]Ela já colocou para fora de casa homens poderosos, que foram obrigados a vagar em meio a outras nações. [19]O pecador que se apressa em ser fiador para buscar lucro, acabará nos tribunais. [20]Ajude seu próximo conforme você puder, mas tenha cuidado para você mesmo não cair.

Vida de migrante – [21]As primeiras necessidades da vida são estas: água, pão, roupa e casa para preservar a própria intimidade. [22]É melhor viver vida de indigente embaixo do próprio teto de madeira, do que saborear comidas requintadas em casa alheia. [23]Com pouco ou muito, esteja contente, e você não sofrerá insultos quando estiver fora de sua terra. [24]É vida dura andar de casa em casa; você ficará perambulando fora de sua terra e não poderá abrir a boca. [25]Você será considerado estranho, beberá constrangido, e ainda vai ter de ouvir coisas desagradáveis: [26]"Venha, forasteiro, arrume a mesa e, se tiver alguma coisa com você, dê-me para comer". [27]Ou então: "Vá embora, forasteiro! Dê o lugar para alguém mais importante. Meu irmão vem hospedar-se comigo, preciso da casa". [28]São coisas duras para alguém de bom senso: a censura do dono da casa e o insulto do credor.

30 **Educação dos filhos** – [1]Quem ama o próprio filho, usa bastante as chicotadas, para no fim se alegrar. [2]Quem educa o próprio filho, depois terá satisfação com ele, e se orgulhará dele na frente dos conhecidos. [3]Quem ensina o seu filho causa inveja no inimigo, e ficará alegre diante dos amigos. [4]Se o pai vem a morrer, é como se não tivesse morrido, pois deixa depois de si alguém semelhante a ele. [5]Durante a vida, sentiu alegria ao vê-lo, e na hora da morte não terá o que lamentar. [6]Pelo contrário: ele deixa alguém que faça vingança diante de seus inimigos e retribua os favores a seus amigos. [7]Se você mimar o seu filho, depois terá de cuidar das feridas dele, e toda vez que ele gritar, as entranhas em você estremecerão. [8]O cavalo não domado se torna intratável, e o filho entregue a si mesmo acaba ficando impossível. [9]Dê muito mimo a seu filho, e ele trará angústias para você; seja brando com ele, e ele depois lhe trará tristezas. [10]Não ria com ele, para com ele não ter de chorar, para você no fim não acabar tendo de ranger os dentes. [11]Não lhe dê autoridade na juventude. [12]Bata em suas costas enquanto ele é menino, para que não cresça teimoso e acabe por desobedecer a você. [13]Instrua seu filho e torne-o responsável, para que depois você não venha a lamentar o comportamento inconveniente dele.

---

para com muitos problemas. O autor apresenta conselhos sobre o bom uso do dinheiro (empréstimo e fiança), com forte conotação religiosa ao tratar da esmola e da fiança, que devem ter por motivação a caridade.

21-28: Descrição dos problemas enfrentados pelo migrante, que necessita de água, pão e roupa, e que depende da hospitalidade.

30,1-13: Texto que reforça a disciplina e se apoia nas máximas de Pr 3,11-12; 13,24; 29,15 (cf. Hb 12). A

Saúde e alegria – ¹⁴É melhor um pobre sadio e robusto do que um rico de corpo castigado. ¹⁵Saúde e vigor valem mais do que todo ouro, e é melhor um corpo robusto do que fortuna imensa. ¹⁶Não há riqueza maior que a saúde do corpo, nem maior alegria do que um coração contente. ¹⁷É melhor a morte do que a vida com amargura, e o descanso eterno vale mais do que doença crônica. ¹⁸Boa comida diante de boca fechada é como oferta de alimentos em cima de um túmulo. ¹⁹Que benefício traz oferecer frutos ao ídolo? Ele não come nem sente cheiro. Assim acontece com aquele que está sendo perseguido pelo Senhor: ²⁰fica observando e suspirando, como suspira o eunuco abraçado a uma jovem. ²¹Não se entregue à tristeza, nem se aflija com seus projetos. ²²Alegria do coração é vida para o ser humano, e a satisfação prolonga a vida do homem. ²³Anime-se, console o coração e afaste a tristeza para longe. Pois a tristeza já destruiu muita gente, e não tem utilidade nenhuma. ²⁴Inveja e fúria abreviam os dias, e a preocupação traz a velhice antes do tempo. ²⁵Coração alegre favorece o bom apetite e faz sentir o gosto da comida.

31

As riquezas – ¹A insônia provocada pela riqueza consome o corpo, e a preocupação trazida por ela afasta o sono. ²As preocupações do dia dificultam o adormecer, como doença grave que impede o sono. ³O rico se desgasta para acumular riquezas e, quando descansa, se satisfaz em prazeres. ⁴O pobre se desgasta por causa das necessidades da vida e, quando descansa, cai na miséria. ⁵Quem ama o ouro não se manterá justo, e quem corre atrás do lucro, por causa dele se perderá. ⁶Muitos caíram por causa do ouro, cuja destruição ocorreu diante de seus próprios olhos. ⁷É armadilha para quem com ele se entusiasma, e todo insensato é apanhado nela. ⁸Feliz o rico que se conserva sem mancha e não vai atrás do ouro. ⁹Quem é ele? Vamos felicitá-lo, porque realizou algo maravilhoso no meio do seu povo. ¹⁰Quem foi provado nesse sentido e foi considerado perfeito? Tal fato será para ele motivo de alegria. Quem podia violar a lei, e não a violou? Quem podia fazer o mal, e não o fez? ¹¹Seus bens serão garantidos, e a assembleia celebrará a sua generosidade.

Os banquetes e o vinho – ¹²Você está sentado diante de mesa farta? Não avance sobre ela, nem diga: "Quanta coisa!" ¹³Lembre-se: olhar que cobiça é coisa má. Pior que o olho, o que é que poderia ser criado? É por isso que ele chora por qualquer motivo. ¹⁴Para onde outro estiver olhando, não estenda a mão, nem avance junto com ele para o mesmo prato. ¹⁵Olhe para o seu próximo a partir de você mesmo, e atue de forma refletida em tudo o que fizer. Pense naquilo que desagrada a você. ¹⁶Coma de forma educada o que lhe for oferecido e não devore a comida, para não ser desagradável. ¹⁷Por educação, seja o primeiro a acabar e não seja guloso, e assim não passará má impressão. ¹⁸Se estiver sentado entre muitos convidados, não estenda a mão antes dos outros. ¹⁹Bem pouca coisa é suficiente para quem é educado! Quando está em sua cama, não se sente sufocado. ²⁰Sono saudável depende de estômago moderado: quem assim age, se levanta cedo e tem boa disposição. Já quem não se controla é sempre acompanhado por mal-estar, insônia, náusea e cólica. ²¹Mas, se você foi forçado a comer muito, levante-se, vá vomitar, e ficará aliviado. ²²Escute-me, filho, e não me despreze, e depois você vai entender as mi-

---

severidade tem por objetivo fazer que o pai se livre de remorsos e humilhações. O v. 7 faz referência aos ferimentos recebidos por filhos desordeiros.
14-25: Recomendações sobre o valor da saúde, pois a doença era considerada como castigo e manifestação da ira divina (cf. v. 17; Dt 28,21-22; Ecl 4,2; Tb 3,1-6). A saúde é mais importante que as riquezas. Os vv. 21-25 apontam a alegria como fruto da sabedoria.
31,1-11: O autor insiste que a riqueza, o ouro e o lucro desviam da justiça e da caridade (cf. Mt 6,24; Lc 16,9.11.13). Certamente Siracida e seus discípulos fazem parte de grupos que detêm posses e riquezas. A bem-aventurança para os ricos está relacionada ao seu desapego e integridade, bem como ao elogio que recebem, ao terem seus nomes celebrados na assembleia (v. 11; cf. 27,1; Ecl 5,11; Pr 28,20). Alusão ao costume de divulgar os nomes dos benfeitores nas paredes da sinagoga.
12-31: Como deve o convidado proceder no banquete e beber vinho com moderação? Porque a comida e o vinho podem causar tanto alegria quanto amargura. Alusões aos costumes helênicos presentes na sociedade (cf. Pr 23,1-3.6-8; 13,25).

nhas palavras. Seja moderado em tudo o que fizer, e nenhuma doença o atingirá. ²³Quem é generoso ao dar banquetes receberá elogios, e tais testemunhos são dignos de confiança. ²⁴Por outro lado, a cidade toda critica quem é mesquinho ao dar banquete, e é justo o testemunho sobre a mesquinhez dele. ²⁵Não se julgue forte em relação ao vinho, porque ele já destruiu a muitos. ²⁶A fornalha comprova a têmpera do metal; da mesma forma, o vinho esquenta os corações, quando orgulhosos estão em rixa. ²⁷O vinho traz vida para as pessoas, mas apenas se você o beber com moderação. Que vida existe quando falta vinho? Ele foi criado para alegrar as pessoas. ²⁸Se for bebido em tempo certo e na medida certa, o vinho trará alegria para o coração e satisfação para a alma. ²⁹Mas, se for bebido em excesso, por provocação ou desafio, o vinho trará amargura para a alma. ³⁰A embriaguez aumenta a fúria do insensato, para sua própria ruína; diminui suas forças e lhe produz ferimentos. ³¹Num banquete com vinho, não repreenda o próximo, nem zombe por ele estar alegre; não lhe diga palavras ofensivas, nem o deixe aflito com reclamações.

32 *Os banquetes* – ¹Pediram que você presida o banquete? Não fique envaidecido, mas se comporte com os outros como se fosse um deles. Cuide de cada um, e sente-se apenas depois disso. ²Após ter providenciado aquilo de que cada um precisa, tome seu lugar para se alegrar com eles e receber a coroa pelo seu bom desempenho. ³Fale, ancião, pois isso convém a você, mas fale com conhecimento e não atrapalhe a música. ⁴Durante o espetáculo, não fique falando, e não exiba sua sabedoria fora de hora. ⁵Como pedra de rubi em anel de ouro, assim é uma audição musical durante um banquete com vinho. ⁶Como esmeralda engastada em ouro, assim é uma ária musical acompanhando o vinho delicioso.

⁷Fale, jovem, se tiver necessidade, mas não mais de duas vezes, quando você for interrogado. ⁸Resuma o que você tem a dizer, e diga muito em poucas palavras. Seja como alguém que sabe, mas se cala. ⁹Quando você estiver no meio dos grandes, não fique procurando impor-se; e enquanto outro estiver falando, não insista em falar demais. ¹⁰Antes do trovão vem o relâmpago, e a graça precede o homem modesto. ¹¹Quando chegar a hora levante-se, e não fique por último. Volte logo para casa, em vez de ficar vagando. ¹²Aí você poderá divertir-se e fazer o que desejar, mas não peque falando de forma orgulhosa. ¹³Por tudo isso, bendiga aquele que fez você e com seus bens o inebria.

Temor de Deus – ¹⁴Quem teme ao Senhor aceitará a instrução, e aqueles que o buscam encontram seu favor. ¹⁵Quem busca a Lei ficará saciado com ela, mas para o hipócrita ela será motivo de queda. ¹⁶Os que temem ao Senhor encontrarão a justiça, e suas ações justas brilharão como a luz. ¹⁷Mas o pecador recusa ser corrigido, e encontra sempre justificativa para agir de acordo com a própria vontade. ¹⁸O homem prudente não despreza a reflexão; já o estrangeiro e o orgulhoso não conhecem o temor. ¹⁹Não faça nada sem antes refletir, e não mude de ideia enquanto está em atividade. ²⁰Não ande por caminho com obstáculos, e você não tropeçará nas pedras. ²¹Mas não confie no caminho que não tem obstáculos, ²²e seja cauteloso com seus filhos. ²³Em tudo o que fizer, acredite em você mesmo, porque também isso é observar os mandamentos. ²⁴Quem acredita na Lei, observa os mandamentos; quem tem confiança no Senhor, não sofrerá dano algum.

33 ¹Quem teme ao Senhor não sofrerá nenhum mal; mesmo se passar por alguma tentação, ficará livre dela. ²O homem sábio não odeia a Lei, mas quem finge amá-la é como barco na tempesta-

---

32,1-13: Conselhos para os anciãos, jovens e comensais em banquetes. Pelas recomendações aqui apresentadas, pode-se pressupor uma boa difusão de banquetes suntuosos na Judeia, com mestre de cerimônias escolhido por sorteio ou eleição (cf. 2Mc 2,27; Jo 2,8).

32,14-33,6: Insistência na estreita relação entre temor de Deus e prática da Lei, mediante julgamento e discernimento (cf. 1,1-21; 4,11-19; 6,18-37; 14,20-15,10; 16,24-18,14; 24,1-34). Daí o confronto entre o homem prudente e o estrangeiro orgulhoso, entre o sábio e aquele que finge observar a Lei. O v. 2 traz uma possível

de. ³Quem tem bom senso confia na Lei; para ele, a Lei é tão digna de confiança quanto a resposta de um oráculo. ⁴Prepare seu discurso, e você será ouvido; organize a instrução, e então poderá responder. ⁵Os sentimentos do insensato são como roda de carro, e seu raciocínio é como eixo que gira. ⁶Amigo zombador é como cavalo no cio: relincha sempre, seja quem for o cavaleiro que nele esteja montado.

Desigualdade de condições – ⁷Por que um dia é mais importante que o outro, se vem sempre do sol a luz de cada dia do ano? ⁸Eles foram separados no pensamento do Senhor, que estabeleceu a diferença entre os tempos e as festas. ⁹Elevou e consagrou alguns deles, e deixou outros para serem dias comuns. ¹⁰Todos os seres humanos vêm do mesmo solo, e da terra Adão foi criado. ¹¹Mas o Senhor, na sua grande sabedoria, os diferenciou, e diversificou os caminhos deles. ¹²A uns ele abençoou e exaltou, os consagrou e os trouxe para perto de si; a outros amaldiçoou e humilhou, e os derrubou de suas posições. ¹³Como argila na mão do oleiro, que a modela conforme sua vontade, assim são os seres humanos nas mãos de quem os fez, e que lhes retribui segundo o seu julgamento. ¹⁴Diante do mal está o bem, e diante da morte está a vida; da mesma forma, diante do piedoso está o pecador. ¹⁵Então verifique todas as obras do Altíssimo: elas estão duas a duas, uma diante da outra.

Admoestação – ¹⁶Quanto a mim, eu sou o último a ficar acordado, como aquele que colhe uvas atrás dos vindimadores. ¹⁷Com a bênção do Senhor, atingi a meta, e como vindimador enchi o tanque com as uvas a serem pisadas. ¹⁸Notem que não foi só para mim que eu me afadiguei, mas para todos aqueles que procuram a instrução. ¹⁹Escutem-me, chefes do povo, e ouçam-me, líderes da assembleia.

Autoridade paterna – ²⁰Enquanto viver, não dê poderes, sobre você mesmo, a seu filho, mulher, irmão ou amigo. Não dê seus bens a outro, para que depois você não tenha de se arrepender e pedi-los de volta. ²¹Enquanto estiver vivo e lhe restar um sopro de vida, não se entregue ao poder de ninguém. ²²É melhor que seus filhos peçam a você, do que você ficar na dependência deles. ²³Em tudo o que você faz, mantenha sempre sua autoridade, e não deixe que seu nome seja manchado. ²⁴Quando chegar o fim de seus dias, de sua vida, no momento da morte, reparta a herança.

Os escravos – ²⁵Para o asno, forragem, vara e carga; para o servo, pão, instrução e trabalho. ²⁶Faça-o trabalhar com disciplina, e você encontrará sossego. Deixe-o com as mãos livres, e ele buscará a liberdade. ²⁷Jugo e rédea fazem dobrar o pescoço; para o servo mau, torturas e castigo. ²⁸Mande-o para o trabalho, para que não fique ocioso, porque a ociosidade ensina muitos males. ²⁹Obrigue-o ao trabalho que cabe a ele; e se não obedecer, prenda-o em correntes. ³⁰Entretanto, não cometa excessos com ninguém, e não faça nada que vá contra a justiça. ³¹Se você tem só um servo, que ele seja como você mesmo, pois você o comprou a preço de sangue. ³²Se você tem só um servo, trate-o como irmão, porque você precisa dele, assim como de você mesmo. ³³Se você o maltratar, ele fugirá, e por qual caminho você irá buscá-lo?

---

alusão às novas correntes que o helenismo espalhou no judaísmo.

33,7-15: Com sua leitura da criação (Gn 1), o autor retoma um tema já discutido (15,11-20), assinalando contrastes e desigualdades entre as pessoas diante da sabedoria e liberdade do Deus criador. Para isso, utiliza a imagem do barro na mão do oleiro (Is 45,9; Jr 18,1-6; Rm 9,12.24).

16-19: Admoestação aos chefes e líderes da assembleia (cf. 15,5; 21,17; 23,24; 24,2; 26,5; 31,11; 33,19; 38,33; 39,10; 44,15; 50,13.20) para que busquem a instrução.

20-24: Advertência ao chefe de família já idoso, que corre o risco de perder tudo ao confiar, ainda em vida, a administração dos bens aos mais jovens. Alude-se à tradição de transmitir a herança na forma de testamento (cf. Gn 27; Dt 33; Tb 4,1-21).

25-33: Versículos escritos em período turbulento de guerras, que resultavam no tráfico de escravos (cf. 2Mc 8,10-11). O texto é muito rígido e aprega a disciplina, o pão e o trabalho como medidas para controlar e dominar o escravo, tal qual a forragem, a vara e a carga para o asno. Em sociedades antigas, os servos eram tratados com rigor, pois representavam bens de produção, embora muitas leis garantissem a eles algum direito (cf. Ex 21,1-6; Lv 25,46; Dt 15,12-18). Aqui, deixa-se transparecer que em parte a interpretação dessas leis entrava em choque com os interesses do tráfico de escravos e com a política de guerra.

34 Os sonhos

[1] As esperanças do homem insensato são vazias e enganosas, e os sonhos dão asas aos imbecis. [2] Quem dá atenção aos sonhos está agarrando sombras e perseguindo o vento. [3] A visão dos sonhos é um simples reflexo, é como imagem do rosto diante do espelho. [4] Do impuro, o que se pode tirar de puro? E da mentira, que verdade poderá ser extraída? [5] Adivinhações, presságios e sonhos são coisas inúteis, como as imaginações da mulher em dores de parto. [6] Com o coração não lhes dê atenção, a não ser que sejam enviados pelo Altíssimo em alguma de suas visitas. [7] Os sonhos já enganaram a muitos, e tantas pessoas que neles esperaram acabaram caindo. [8] A Lei é perfeita sem essas mentiras, e a sabedoria é perfeita na boca de quem acredita.

As viagens e a proteção divina

[9] O homem que muito viajou conhece muitas coisas, e aquele que tem muita experiência fala com inteligência. [10] Quem não foi provado conhece pouco, mas quem muito viaja aumenta sua habilidade. [11] Tenho visto muitas coisas em minhas viagens, e meus conhecimentos vão além das minhas palavras. [12] Muitas vezes estive em perigo de morte, mas fui salvo graças à minha experiência. [13] O espírito daqueles que temem ao Senhor viverá; a esperança deles está em alguém que pode salvá-los. [14] Quem teme ao Senhor não terá medo de nada nem se assustará, porque ele é a sua esperança. [15] Feliz aquele que teme ao Senhor. Em quem se apoia? Quem é o seu sustento? [16] Os olhos do Senhor estão voltados para aqueles que o amam. Ele é escudo poderoso e sustentáculo forte, proteção contra o vento sufocante e sombra contra o ardor do meio-dia, proteção contra os obstáculos e socorro contra as quedas. [17] Ele eleva a alma e ilumina os olhos, concedendo saúde, vida e bênção.

O sacrifício

[18] Sacrifício de oferendas injustamente adquiridas é deboche, e as ofertas dos ímpios não são agradáveis. [19] O Altíssimo não se agrada com as ofertas dos injustos, e não é pela quantidade de vítimas que ele perdoa os pecados. [20] Como quem imola o filho na presença do próprio pai, assim é aquele que oferece sacrifícios com os bens dos pobres. [21] O pão dos indigentes é a vida dos pobres, e quem a impede é sanguinário. [22] Mata o próximo quem lhe tira os meios necessários para a vida, e derrama sangue quem priva o trabalhador de seu salário. [23] Um constrói e outro derruba. Que proveito tiram disso, além da fadiga? [24] Um abençoa, outro amaldiçoa. Qual das vozes será ouvida pelo Senhor? [25] Um se purifica do contato com cadáver, e depois o toca de novo. De que terá servido sua purificação? [26] Assim é aquele que jejua por seus pecados, depois vai e os comete novamente. Quem ouvirá sua oração? Para que serviu sua humilhação?

35 Os sacrifícios aceitos

[1] Observar a Lei vale mais do que oferecer sacrifícios, e observar os mandamentos é como oferecer sacrifício de salvação. [2] Retribuir um favor é como oferecer flor de farinha, e dar esmola é como oferecer sacrifício de louvor. [3] O que agrada ao Senhor é afastar-se do mal, e sacrifício pelo pecado é afastar-se da injustiça. [4] Não se apresente de mãos vazias diante do Senhor, pois tudo isso é previsto nos mandamentos. [5] A oferta do justo alegra o altar, e o perfume dela chega até ao Altíssimo. [6] O sacrifício de um homem justo é aceito, e seu memorial

---

34,1-8: Os sonhos muitas vezes são recursos para instruir (Gn 28,10-17; 31,10-13.24; 37,5-11; 41,1-36); em outros textos, são censurados pelos profetas e pela Lei (Jr 29,8; Ecl 5,6; Lv 19,26; Dt 13, 2-6; 18,9-14); na apocalíptica, aguçam o imaginário popular e dão coragem nos tempos de perseguição (Dn 2; 4 e 7). Aqui, o autor segue a linha deuteronomista, que condena os sonhos e as adivinhações como práticas idolátricas, e por isso os trata como enganadores. A perfeição está na sabedoria e na Lei.

9-17: Sentenças sobre o temor de Deus e a sua proteção para aqueles que o amam (cf. Sl 3,4; 18,3; 27,1.5; 28,7; 31,21; 33,20). É muito difícil precisar o caráter das viagens a que o autor se refere, mas podemos pressupor que, na qualidade de escriba, ele tenha percorrido países estrangeiros a serviço de governantes (cf. 39,4).

18-26: Em estilo profético, denuncia os sacrifícios oferecidos com bens mal-adquiridos, ainda que muito apreciados pelo Templo e pelos sacerdotes. O autor chama o rico de assassino, por explorar o pobre, privando-o de pão. Ou seja, o sacrifício oferecido pelos ricos é resultado de seus ganhos iníquos (cf. Am 5,21; Tg 5,1-6). Na tradição cristã, este texto contribuiu para a conversão de Bartolomeu de las Casas, que percebeu a contradição entre o culto e a prática colonizadora na América.

35,1-10: Retoma-se a lei que exige sacrifícios (Lv 1-7): a prática da Lei em si já é um culto a Deus. O texto contrasta com o anterior, ao deixar claro que se refere

não ficará esquecido. ⁷Glorifique o Senhor com generosidade, e não seja mesquinho quanto aos primeiros frutos que saem de suas mãos. ⁸Alegre-se o seu rosto em tudo o que oferecer, e consagre o dízimo com satisfação. ⁹Ofereça ao Altíssimo conforme o dom que ele lhe fez; dê com generosidade, conforme suas possibilidades. ¹⁰Porque o Senhor é alguém que retribui, e lhe retribuirá sete vezes mais.

O grito do pobre – ¹¹Não tente corromper o Senhor com presentes, porque ele não os aceitará. Não confie num sacrifício injusto, ¹²porque o Senhor é juiz que não faz distinção de pessoas. ¹³Ele não dá preferência a ninguém contra o pobre, e escuta a súplica do injustiçado. ¹⁴Ele não despreza a súplica do órfão, nem a viúva que apresenta suas queixas. ¹⁵Será que as lágrimas da viúva não descem pela sua face, e seu clamor não se levanta contra quem a faz chorar? ¹⁶Quem serve ao Senhor será recebido de boa vontade, e sua súplica chegará até as nuvens. ¹⁷A súplica do humilde penetra as nuvens, e ele não descansará enquanto ela não chegar até lá. ¹⁸E não desistirá, até que o Altíssimo intervenha para fazer justiça aos justos e realize o julgamento. ¹⁹O Senhor não tardará, nem terá paciência com os injustos, ²⁰enquanto não quebrar as costas dos que não têm piedade e realizar a vingança sobre as nações; ²¹enquanto não exterminar a multidão dos arrogantes e quebrar o cetro dos injustos; ²²enquanto não retribuir a cada um de acordo com suas ações, e as ações humanas segundo as intenções de cada um; ²³enquanto não realizar a justiça em favor do seu povo e o alegrar com sua misericórdia. ²⁴A misericórdia é bem-vinda no tempo da aflição, como as nuvens de chuva no tempo da seca.

36 *Prece pela libertação e restauração de Israel* – ¹Tem misericórdia e olha por nós, Senhor Deus do universo. Infunde teu temor em todas as nações. ²Levanta a mão contra as nações estrangeiras: que elas vejam teu poder. ³Como diante delas tu mostraste em nós tua santidade, agora diante de nós mostra nelas tua grandeza. ⁴Desse modo, elas reconhecerão, como também nós reconhecemos, que não existe Deus além de ti, Senhor. ⁵Realiza sinais e outros prodígios. Glorifica tua mão e teu braço direito. ⁶Desperta teu furor e derrama tua ira, destrói o adversário e aniquila o inimigo. ⁷Apressa o tempo e lembra-te do juramento, e teus grandes feitos serão divulgados. ⁸Quem sobreviver seja devorado pela fúria do fogo, e os que maltratam teu povo encontrem a destruição. ⁹Esmaga a cabeça dos chefes inimigos que dizem: "Não há ninguém como nós!" ¹⁰Reúne todas as tribos de Jacó e dá-lhes a herança, como no princípio. ¹¹Senhor, tem piedade do povo que é chamado com o teu nome; de Israel, que trataste como teu primogênito. ¹²Tem compaixão de tua cidade santa, Jerusalém, lugar do teu repouso. ¹³Enche Sião com a narração de tuas maravilhas, e o teu povo com tua glória. ¹⁴Dá testemunho em favor das tuas criaturas, que existem desde o princípio, e realiza as profecias feitas em teu nome. ¹⁵Dá a recompensa àqueles que em ti permanecem, e teus profetas sejam dignos de crédito. ¹⁶Senhor, ouve a oração da gente que te suplica, segundo a bênção de Aarão sobre o teu povo. ¹⁷E todos os que vivem na terra reconheçam que tu, Senhor, és o Deus dos séculos.

Discernir e escolher a esposa – ¹⁸O estômago consome todo tipo de alimento, mas um alimento é melhor do que outro. ¹⁹O paladar distingue o gosto da caça, e o coração sábio identifica as palavras mentirosas. ²⁰Coração perverso trará tristeza, mas quem tiver experiência lhe dará o revide. ²¹A mulher aceita qualquer marido, mas

---

ao sacrifício do justo, apoiando-se na teologia da retribuição (vv. 12-13).
11-24: Advertências a respeito da exploração dos pobres, órfãos e viúvas. Podem ter sido dirigidas tanto aos dominadores selêucidas quanto aos judeus helenistas. Aos dois grupos o autor ressalta a opção de Deus pelos oprimidos, ao escutar suas súplicas (cf. Ex 22,21-22; Pr 22,22-23; 23,10-11). A ideia de que Deus é juiz e não faz acepção de pessoas é muitas vezes expressa no AT (cf.

por ex. Dt 10,17; 2Cr 19,7) e retomada no NT (1Pd 1,17; At 10,34; Rm 2,11; Gl 2,6).
36,1-17: Prece inspirada nos salmos e na oração judaica das Dezoito Bênçãos. Oração que pede a libertação do povo e o esmagamento dos opressores (cf. Sl 79; Eclo 51). O esmagamento da cabeça dos inimigos pode estar visando o Antíoco III o Grande, ou Antíoco IV Epifanes.
18-27: Conselhos sobre escolhas e discernimentos, usando no início imagens do paladar, e retornando ao

uma jovem é melhor que outra. ²²A beleza da mulher alegra o rosto e supera todos os desejos do homem. ²³Se nos lábios dela existe bondade e doçura, o seu marido não é como os demais seres humanos. ²⁴Quem adquire esposa tem o começo da fortuna, pois ela é uma auxiliar semelhante a ele e uma coluna de apoio. ²⁵Onde não há cerca, a propriedade é atacada, e onde não há mulher, o homem vagueia lamentando-se. ²⁶Quem é que confia em ladrão ousado que corre de cidade em cidade? ²⁷Assim é o homem que não tem ninho e se abriga onde a noite o surpreende.

37 *Falsos amigos* –
¹Todo amigo garante: "Eu também sou amigo". Mas existe amigo que o é só de nome. ²Por acaso, não é uma tristeza semelhante à morte o companheiro e amigo que se transforma em inimigo? ³Ó inclinação perversa! De onde saiu você para cobrir a terra com enganos? ⁴Há companheiro que se alegra com o amigo na felicidade, mas no momento da aflição se volta contra ele. ⁵O companheiro se esforça com o amigo por interesse, mas no momento do conflito toma o escudo. ⁶Em seu coração, não se esqueça do amigo; não se esqueça dele quando você estiver na prosperidade.

O bom conselheiro – ⁷Todo conselheiro dá conselhos, mas há quem dá conselho pensando em seu próprio interesse. ⁸Seja cauteloso em relação ao conselheiro, e procure saber quais são as necessidades dele. Pois ele pode aconselhar em seu próprio benefício e não lançar a sorte em favor de você. ⁹Ele poderá dizer: "Você está em bom caminho". Depois, ele fica a distância, vendo o que vai acontecer a você. ¹⁰Não peça conselhos a quem olha você com desconfiança, e esconda as suas intenções de todos os que têm inveja de você. ¹¹Nunca peça conselhos a uma mulher sobre a rival dela; nem a um covarde sobre a guerra; nem a um comerciante sobre o negócio; nem a um comprador sobre a venda; nem a um invejoso sobre a gratidão; nem a um egoísta sobre a bondade; nem a um preguiçoso sobre qualquer tipo de trabalho; nem a um assalariado sobre o fim da tarefa; nem a um servo preguiçoso sobre um grande trabalho. Não procure nenhuma dessas pessoas para receber delas tipo algum de conselho. ¹²Ao contrário, busque sempre o homem piedoso, a quem você conhece como praticante dos mandamentos, que tenha o mesmo ânimo seu, e que sofrerá junto, quando você cair. ¹³Siga o conselho do seu próprio coração, porque não há ninguém mais fiel a você do que ele. ¹⁴O íntimo do homem frequentemente o avisa melhor do que sete sentinelas colocadas em lugar alto para vigiar. ¹⁵Além disso tudo, peça ao Altíssimo que dirija o seu caminho de acordo com a verdade.

Verdadeira e falsa sabedoria – ¹⁶A reflexão é o princípio de qualquer obra, e antes de agir é preciso discernimento. ¹⁷A raiz dos pensamentos é o coração, e ele produz quatro ramos: ¹⁸bem e mal, vida e morte. Mas quem decide sobre eles é a língua. ¹⁹Existe o homem que é capaz de instruir muitas pessoas, mas é inútil para si mesmo. ²⁰Existe quem ostenta sabedoria, mas é detestado por suas palavras e é privado de todo alimento. ²¹Porque não lhe é concedida a graça do Senhor, ele fica desprovido de qualquer sabedoria. ²²Existe quem é sábio só para si, e os frutos confiáveis de sua inteligência estão em sua própria boca. ²³O homem sábio instrui o seu povo. E os frutos de sua inteligência são confiáveis. ²⁴O homem sábio terá suas bênçãos multiplicadas, e todos os que o virem o proclamarão feliz. ²⁵A vida do homem tem os dias contados, porém os dias de Israel são incontáveis. ²⁶O sábio gozará de confiança junto ao seu povo, e seu nome viverá para sempre.

Temperança – ²⁷Filho, prove a si mesmo durante a vida. Veja o que é prejudicial,

---

tema da mulher (cf. 25,12-26,18) desde a perspectiva patriarcal, na qual é o homem que escolhe a esposa.

37,1-6: Tema tratado em vários momentos: 6,5-17; 9,10; 12,8-18; 22,19-26. Aqui, o autor focaliza o discernimento que não se deixa levar pelas aparências (cf. Pr 18,24; 27,6).

7-15: O piedoso e o bom conselheiro que tem ação desinteressada e que é fiel ao Deus Altíssimo (cf. Pr 16,9; Tb 4,19).

16-26: Acentua-se a interioridade do ser humano, do homem sagaz que tem cuidado ao falar e é cheio de sabedoria. Quanto ao confronto dos sábios (vv. 19-21), é uma alusão ao aparecimento de filósofos gregos que andavam fazendo demonstrações de sabedoria.

27-31: Disciplina e autodomínio do sábio, tema já trabalhado em 6,2-4; 18,30-32 e 31,19-22.

e evite-o. ²⁸Nem tudo convém a todos, nem todos se agradam de tudo. ²⁹Não seja insaciável de prazeres, nem se lance sobre os pratos de comida. ³⁰Porque o excesso de comida provoca doenças, e a gula é acompanhada de cólicas. ³¹Muitos morreram por causa da gula, mas quem sabe se controlar vive muito tempo.

38 *Médico e doença* – ¹Honre os médicos por seus serviços, pois também o médico foi criado pelo Senhor. ²Do Altíssimo vem a cura, e o médico receberá do rei o pagamento. ³A ciência do médico o faz levantar a cabeça, e por isso será admirado pelos grandes. ⁴Foi da terra que o Senhor criou os remédios, e o homem de bom senso não os despreza. ⁵Não foi por um pedaço de madeira que as águas foram adoçadas e assim manifestaram seu poder? ⁶Ele deu aos seres humanos a ciência, para que pudessem glorificá-lo por causa das maravilhas dele. ⁷Com elas, a dor é curada e eliminada, e o farmacêutico prepara as fórmulas. ⁸Assim as obras de Deus não têm fim, e dele vem o bem-estar para toda a terra. ⁹Filho, se você ficar doente, não seja descuidado. Suplique ao Senhor, e ele o curará. ¹⁰Evite as faltas, lave as mãos e purifique o coração de todo pecado. ¹¹Ofereça incenso e um memorial de flor de farinha, e faça uma oferta de óleo, conforme suas possibilidades. ¹²E dê lugar para o médico, pois também a ele o Senhor o criou. Não o afaste, porque você precisa dele. ¹³Há momentos em que a cura está nas mãos dele. ¹⁴Os médicos também suplicam ao Senhor, a fim de que lhes conceda o dom de aliviar e curar, garantindo a continuação da vida. ¹⁵Quem peca contra seu Criador caia nas mãos de um médico.

O luto – ¹⁶Filho, derrame lágrimas pelo morto, e entoe lamentação como alguém que sofre profundamente. Depois, enterre o cadáver segundo o costume, e não se descuide do túmulo dele. ¹⁷Chore amargamente, faça a lamentação e observe o luto proporcional à dignidade do morto, de um ou dois dias, para evitar os comentários; e depois console-se de sua tristeza. ¹⁸Porque da tristeza vem a morte, e a tristeza do coração consome as forças. ¹⁹Também na desgraça a tristeza permanece, e a vida do pobre é triste ao coração. ²⁰Não entregue seu coração à tristeza, mas afaste-a, pensando no fim que você terá. ²¹Não se esqueça: da morte não há retorno. Você não será útil ao morto, e acabará se prejudicando. ²²Lembre-se: "Meu destino será também o seu. Eu ontem, e você hoje". ²³Quando o morto repousar, deixe de recordar-se dele. Console-se com a partida do espírito dele.

Profissões manuais – ²⁴A sabedoria do escriba é adquirida em momentos favoráveis. Quem diminui suas atividades se tornará sábio. ²⁵Como poderá tornar-se sábio aquele que manobra o arado e se orgulha em manejar o ferrão? Como poderá tornar-se sábio aquele que conduz bois, não abandona suas ocupações e só sabe falar das crias das vacas? ²⁶Ele coloca seu coração nos sulcos que abre, fica com insônia, preocupado com o alimento dos bezerros. ²⁷A mesma coisa acontece com todo artesão e construtor, que estão ocupados tanto de noite como durante o dia: aqueles que fazem entalhes para os selos esforçam-se para variar o desenho; tentam reproduzir o modelo e ficam sem dormir até terminar o trabalho. ²⁸Da mesma forma, o ferreiro se assenta diante da bigorna e se põe a trabalhar o ferro: o vapor do fogo seca-lhe a carne, e ele se debate com o calor do forno; o barulho do martelo o ensurdece e seus olhos se fixam no modelo a ser trabalhado. Ele se esforça em acabar o trabalho e fica sem

---

38,1-15: Como a doença era considerada castigo pelo pecado (Sl 32,3-5; Jó 4,7-9; Lv 26,14-16; Jo 9,2), muitos judeus piedosos consideravam o recurso aos médicos como afronta a Javé (2Cr 16,12). O livro, ao contrário, considera o médico e suas aptidões como provenientes de Deus. O conselho para os filhos diante da doença (vv. 9-11) consiste na oração, na penitência e nos sacrifícios.

16-23: As cerimônias em honra aos mortos eram cheias de requinte, sujeitas a regras, e duravam sete dias (Jr 9,17-18; Am 5,16; Ez 24,15-24; Mt 9,23; Mc 5,38). O autor, porém, recomenda evitar excessos.

24-34: Trecho que pode ser comparado ao texto egípcio "Sátira dos ofícios", onde os trabalhos manuais são desprezados, com a intenção de afirmar a superioridade do escriba pela sua arte de interpretar e escrever. Destaca cinco profissões (lavrador, construtor, joalheiro, ferreiro e oleiro) e conclui que estes trabalhadores são competentes no ofício, mas

dormir para retocá-lo, até ficar perfeito. ²⁹Assim também acontece com o oleiro, quando se assenta para fazer o trabalho, girando a roda com os pés e dedicando total cuidado à sua obra. Todas as suas atividades estão calculadas. ³⁰Por isso, com o braço ele modelará a argila e com os pés quebrará sua resistência; ele se preocupa em acabar o polimento e fica sem dormir até limpar o forno. ³¹Todos esses confiam em suas próprias mãos, e cada um é sábio em sua profissão. ³²Sem eles, não seria possível construir uma cidade, e ninguém poderia habitar ou andar nelas. ³³Mas eles não serão procurados para o conselho do povo, não terão lugar especial na assembleia, não se sentarão na cadeira do juiz e não compreenderão as decisões legais. ³⁴Eles não se destacam pela instrução, nem pelo julgamento, e não se encontrarão em meio a parábolas. Entretanto, são eles que sustentarão tudo o que foi criado, e a oração deles está na dedicação ao próprio trabalho.

39 *Sabedoria do escriba* – ¹Diferente é o caso de quem se dedica a meditar sobre a Lei do Altíssimo. Investigará a sabedoria de todos os antigos e se aplicará ao estudo das profecias. ²Preservará as narrativas dos homens famosos e penetrará na sutileza das parábolas. ³Buscará o sentido oculto dos provérbios e se ocupará com os enigmas das parábolas. ⁴Desempenhará funções em meio aos grandes e marcará presença nas reuniões dos chefes. Percorrerá a terra de outros povos, para verificar as coisas boas e más que existem na humanidade. ⁵Aplicará o coração em levantar-se cedo e dirigi-lo ao Senhor que o fez, e rezará diante do Altíssimo, abrindo a boca em oração e implorando pelos próprios pecados. ⁶Se for da vontade do supremo Senhor, ficará repleto do espírito de inteligência e fará chover palavras de sabedoria, e na sua oração agradecerá ao Senhor. ⁷O Senhor lhe orientará o conselho e a ciência, e ele meditará nos mistérios do Senhor. ⁸Fará brilhar a instrução do seu próprio ensinamento e se alegrará na Lei da Aliança do Senhor. ⁹Muitos elogiarão sua inteligência, e ele jamais será esquecido. Sua lembrança não desaparecerá, e seu nome viverá de geração em geração. ¹⁰Os povos falarão da sua sabedoria e a assembleia proclamará seu louvor. ¹¹Se viver por muito tempo, deixará um nome mais famoso que mil outros, e se morrer, isso lhe será suficiente.

Hino ao Deus criador – ¹²Quero falar ainda outra vez, depois de ter feito minhas reflexões, pois estou repleto delas como a lua cheia. ¹³Escutem-me, filhos santos, e cresçam como roseira plantada à beira da água corrente. ¹⁴Espalhem bom perfume como incenso e floresçam como lírio. Espalhem boa fragrância e entoem um cântico, bendizendo ao Senhor por todas as suas obras. ¹⁵Deem ao nome do Senhor a grandeza merecida, e proclamem os louvores dele com os cantos que saem de seus lábios e com as cítaras. Vocês o proclamarão assim: ¹⁶as obras todas do Senhor são muito belas, e todas as suas ordens são executadas no momento certo. Não é necessário dizer: "O que é isto? Por que aquilo?" Todas as coisas serão esclarecidas na hora certa. ¹⁷Pela palavra dele a água se juntou como numa represa, e pela voz de sua boca formaram-se os reservatórios de água. ¹⁸Pela sua ordem, tudo o que ele deseja se realiza, e não há quem possa impedir sua obra de salvação. ¹⁹Todas as obras humanas estão diante dele, e não é possível esconder coisa alguma de seus olhos. ²⁰Seu olhar se estende de eternidade em eternidade, e não há nada de espantoso para ele. ²¹Não é preciso dizer: "O que é isto? Por que aquilo?" Pois todas as coisas foram criadas segundo suas finalidades. ²²A bênção é como rio que transborda, e como dilúvio que inunda a terra seca. ²³Da mesma forma, as nações receberão como herança a ira dele, tal e qual ele transformou as águas em salmoura. ²⁴Seus

---

inferiores ao escriba. Influenciada pela visão grega, esta comparação reforça as divisões entre senhores e escravos, cidadãos e servos.

39,1-11: O escriba busca a sabedoria através da meditação da Lei e mediante o estudo da sabedoria dos Escritos. Por isso, conserva as Escrituras, encarregando-se de explicá-las e de interpretar enigmas, parábolas e provérbios (cf. Pr 1,6; Esd 7,6; Sl 1,2).

12-35: Hino de louvor a Deus criador, que governa o mundo com sua sabedoria. Reforça a ideia de que todas as coisas criadas são boas, conforme o refrão de Gn 1 (cf. Eclo 33,7-15). Alude-se aos vários milagres referentes à

caminhos são retos para quem é santo, mas para os injustos estão cheios de obstáculos. ²⁵Desde o princípio, as coisas boas foram criadas para os bons, assim como os males foram criados para os pecadores. ²⁶Para a vida humana, são coisas de primeira necessidade: água, fogo, ferro, sal, farinha de trigo, leite, mel, suco de uva, óleo e roupa. ²⁷Todas essas coisas são boas para os piedosos, mas para os pecadores se converterão em males. ²⁸Há ventos que foram criados para castigar, e na sua fúria se tornam flagelo. Quando chegar o fim, eles desencadearão sua força, e aplacarão a ira de quem os fez. ²⁹Fogo e granizo, fome e morte: isso tudo foi criado para castigar. ³⁰Os dentes das feras, os escorpiões, as cobras e a espada vingadora existem para arruinar os ímpios; ³¹a uma ordem do Senhor, essas coisas se alegrarão e estarão preparadas na terra para qualquer necessidade. No tempo certo, não transgredirão a ordem que receberam. ³²Por isso, desde o início tive certeza e, depois de refletir, coloquei por escrito: ³³"As obras do Senhor, todas elas são boas, e ele atende a todas as necessidades na hora certa". ³⁴Não se pode dizer: "Isto é pior do que aquilo". Porque cada coisa será vista como boa, mas no momento certo. ³⁵Agora, cantem hinos com todo o coração e com a boca, e bendigam o nome do Senhor.

40 *Miséria humana* – ¹Grandes dificuldades foram criadas para cada ser humano, e jugo pesado foi imposto sobre os filhos de Adão, desde o dia em que saem do ventre materno até o dia de voltar para a mãe de todos. ²Suas reflexões e o temor do seu coração avaliam o que os espera: o dia da morte. ³Desde aquele que se assenta em trono glorioso, até o mendigo humilhado na terra e na cinza; ⁴desde aquele que veste púrpura e tem coroa na cabeça, até quem está coberto de panos grosseiros, tudo é raiva, inveja, ansiedade, inquietação, medo da morte, ressentimento e discórdia ⁵– mesmo quando no momento de descanso, na cama, o sonho noturno muda suas preocupações. ⁶Por um pouco de tempo, quase nada, ele repousa. Mas no sonho, como em pleno dia, fica perturbado pelos fantasmas de seu coração, como quem fugiu do campo de batalha. ⁷No momento da necessidade, acorda, e fica maravilhado porque não havia nenhum motivo para ter medo. ⁸Isso acontece a toda criatura, desde o ser humano até o animal, mas ao pecador ocorre sete vezes mais: ⁹morte, sangue, discórdia, espada, calamidades, fome, destruição e flagelos. ¹⁰Todos esses males foram criados para os injustos, e foi por causa destes que aconteceu o dilúvio. ¹¹Tudo o que vem da terra volta para a terra, e tudo o que vem da água retorna ao mar.

Máximas e sentenças – ¹²Todo suborno e injustiça desaparecerão, e a fidelidade permanecerá para sempre. ¹³A riqueza dos injustos secará como torrente, como grande trovão que ribomba na tempestade. ¹⁴Assim como o abrir as mãos traz alegria, também os transgressores cairão na ruína. ¹⁵Os brotos dos ímpios não multiplicarão seus ramos; são como raízes impuras sobre pedra dura. ¹⁶São como caniço na beira da água, às margens do rio, que é arrancado antes de qualquer outra erva. ¹⁷A bondade é como paraíso de bênçãos, e a generosidade permanece para sempre. ¹⁸A vida de quem é autônomo e do trabalhador será doce. No entanto, acima dos dois está aquele que encontra um tesouro. ¹⁹Os filhos e a construção de uma cidade perpetuam o nome, porém acima dos dois está a mulher irrepreensível. ²⁰Vinho e música alegram o coração, mas acima dos dois está o amor pela sabedoria. ²¹Flauta e harpa tornam agradável a melodia, mas acima dos dois está a voz suave. ²²A graça e a beleza agradarão aos olhos, mas acima delas está o verde dos campos. ²³O amigo e o companheiro são encontrados no mo-

---

água: criação (Gn 1,9), dilúvio (Gn 7,11), passagem do mar (Ex 14,21-22) e travessia do Jordão (Js 3,16).
40,1-11: Contrastando com o capítulo anterior, o autor descreve a miséria humana como consequência do castigo (cf. Jó 7,1). O v. 11 ressalta a igualdade de todos na morte (Ecl 3,21; 12,7; Sl 104,29): não há distinção entre bons e maus, ricos e pobres.

12-27: Máximas proverbiais criticando a corrupção, as injustiças e a riqueza dos injustos, que secarão como torrente, em contraposição à perene alegria do justo. Na escala de valores, o mais elevado é o temor de Deus. O v. 19 critica a prática dos soberanos helênicos que perpetuam seus nomes através de cidades como as diversas Alexandrias e Antioquias.

mento oportuno, mas acima dos dois está a mulher com o homem. ²⁴Irmãos e ajuda são importantes no tempo da aflição, mas acima dos dois está a esmola que liberta. ²⁵Ouro e prata darão firmeza aos pés, mas acima dos dois se apreciará um conselho. ²⁶Riquezas e força engrandecerão o coração, mas acima delas está o temor do Senhor. Com o temor do Senhor nada falta, e com isso não é preciso buscar outra ajuda. ²⁷O temor do Senhor é qual paraíso de bênçãos, e sua proteção está acima de qualquer glória.

Mendicância e morte – ²⁸Filho, não leve vida de mendigo; é melhor morrer do que mendigar. ²⁹O homem que fica olhando para a mesa dos outros vive de uma forma que não deve ser chamada de vida. Ele suja a garganta com alimentos estrangeiros, mas o homem sábio e instruído evita fazer isso. ³⁰Na boca de quem não se envergonha, mendigar é agradável. Mas, no seu ventre, isso lhe queima como fogo.

41 ¹Ó morte, como é amarga a sua lembrança para quem vive tranquilo no meio de seus bens, para quem se sente seguro, para quem tudo vai bem, e enquanto tem forças para experimentar o prazer! ²Ó morte, sua sentença é bem-vinda para quem se encontra indigente e vê as próprias forças diminuindo, para quem está em idade avançada e se preocupa com muita coisa, que se encontra revoltado e perdeu a paciência! ³Não tema a sentença da morte. Lembre-se dos que vieram antes de você e dos que virão depois. ⁴Essa é a sentença do Senhor para todo ser vivo. Por que revoltar-se contra a vontade do Altíssimo? Quer você viva dez, cem ou mil anos, na habitação dos mortos não haverá discussão sobre a vida.

O castigo dos ímpios – ⁵Os filhos dos pecadores tornam-se filhos abomináveis que frequentam a casa dos ímpios. ⁶A herança dos filhos dos pecadores será destruída, e a injúria permanecerá com a descendência deles. ⁷Os filhos censurarão o pai injusto, porque sofrem injúrias por causa dele. ⁸Ai de vocês, homens ímpios, que abandonaram a Lei do Deus Altíssimo! ⁹Se vocês nascem, é para a perdição que nasceram. Se vocês morrem, estão destinados à perdição. ¹⁰Tudo o que vem da terra voltará para a terra, e os ímpios irão da maldição para a destruição. ¹¹O luto que se costuma fazer é por cadáveres humanos; mas o nome dos pecadores, que não é bom, será esquecido. ¹²Cuide bem do seu próprio nome, pois ele acompanhará você mais do que mil tesouros de ouro. ¹³Mesmo a vida feliz tem seus dias contados, porém o bom nome permanece para sempre.

Verdadeira e falsa vergonha – ¹⁴Filhos, conservem a instrução em paz, pois a sabedoria escondida e o tesouro invisível, que utilidade eles têm? ¹⁵Mais vale alguém esconder sua insensatez do que alguém esconder sua sabedoria. ¹⁶Envergonhe-se apenas nos casos que vou apresentar, porque não é bom cultivar nenhum tipo de vergonha, e nem tudo é avaliado com fidelidade por todos. ¹⁷Envergonhe-se da prostituição diante do pai e da mãe, e da mentira diante de um chefe e de um poderoso. ¹⁸Envergonhe-se de um crime diante do juiz e do magistrado, e da iniquidade diante da assembleia e do povo. ¹⁹Envergonhe-se da injustiça perante o companheiro e o amigo, e do roubo diante da vizinhança onde você mora como estranho. ²⁰Diante da verdade e da aliança de Deus, envergonhe-se de apoiar os cotovelos sobre os pães. ²¹Envergonhe-se de receber ou dar alguma coisa com desdém, e de ficar em silêncio quando alguém o cumprimenta. ²²Envergonhe-se de ficar olhando para uma prostituta, e de evitar a companhia de um parente. ²³Envergonhe-se

---

40,28-41,4: O Sirácida não aconselha a pobreza como ideal de vida, pois viver de esmolas é uma afronta ao homem educado e instruído (cf. 29,24-28). Diante da morte (cf. 38,16-23; 40,1-11), ele incute no discípulo a aceitação da vontade divina e a serenidade.

41,5-13: O castigo dos ímpios tem como referência a teologia da retribuição, segundo a qual os ímpios, na morte, serão amaldiçoados pelos filhos, e os filhos insultados por causa dos pais. O sábio, ao invés, perpetuará o próprio nome, pensamento este oposto a Ecl 8,15. Para o autor que defende o sacerdócio, os "homens ímpios" podem representar os que usurparam o cargo de sumo sacerdote e são partidários da helenização, tais como Menelau e Jasão (cf. 1Mc 1 e 2Mc 4).

41,14-42,8: As várias situações de que se envergonhar podem referir-se às dificuldades de convivência na diáspora (cf. 4,20-28; 5,14; 6,1; 20,22-23; 25,22;

de apropriar-se de uma herança ou doação, e de volver para mulher casada olhares cobiçosos. ²⁴Envergonhe-se de ter intimidades com uma escrava – não se aproxime do leito dela. ²⁵Envergonhe-se de dizer palavras ofensivas aos amigos – não ofenda ninguém depois de lhe ter dado alguma coisa. ²⁶Envergonhe-se de repetir uma palavra que você ouviu, e de revelar segredos. ²⁷Dessa forma, você terá a verdadeira vergonha e será estimado por todos.

42 ¹Contudo, não sinta vergonha das seguintes coisas, e não se deixe influenciar pelas pessoas a ponto de pecar. ²Não se envergonhe da Lei do Altíssimo, nem da Aliança, nem do julgamento que condena os ímpios. ³Não se envergonhe de fazer as contas com os companheiros ou colegas de viagem, nem de partilhar a herança com outras pessoas. ⁴Não se envergonhe da exatidão da balança e dos pesos, nem de adquirir muito ou pouco. ⁵Não se envergonhe de ganhar na discussão com o comerciante a respeito de preço, nem da instrução severa para os filhos, nem de ensanguentar as costas do servo mau. ⁶Com mulher curiosa, é bom usar lacres; e onde houver muitas mãos, use fechadura. ⁷O que você entregar para depósito, conte e pese bem, e coloque por escrito tudo o que der ou receber. ⁸Não se envergonhe de corrigir o insensato, o imbecil e o idoso que compete com os jovens. Dessa forma, você mostrará que é verdadeiramente instruído, e será bem visto por todos.

Cuidados do pai para com a filha – ⁹A filha é para o pai uma preocupação secreta, e o cuidado por ela tira o sono dele: quando jovem, que ela não ultrapasse o tempo de se casar, e depois de casada, que não seja repudiada; ¹⁰se é virgem, que não seja seduzida e acabe ficando grávida ainda na casa dos pais; se tem marido, que não erre; e sendo casada, que não seja estéril. ¹¹Em torno da filha atrevida, prepare cuidadosa vigilância, para que ela não faça de você objeto da zombaria dos inimigos, assunto da cidade, deboche do povo, envergonhando você diante de todos.

Cuidado com as mulheres – ¹²Não leve em conta a beleza de nenhum ser humano, nem se assente no meio das mulheres, ¹³porque é da roupa que sai a traça, e é da mulher que vem a malícia feminina. ¹⁴É melhor a maldade do homem do que a bondade da mulher: a mulher que se desonra é motivo de injúria.

Hino à sabedoria de Deus na criação

Sabedoria de Deus em toda a natureza – ¹⁵Vou recordar agora as obras do Senhor, vou contar tudo o que vi. Com suas palavras, o Senhor fez as suas obras. ¹⁶O sol que brilha contempla todas as coisas, e a obra do Senhor está cheia de sua glória. ¹⁷Não foi possível aos anjos do Senhor contar todas as maravilhas dele, tudo o que o Senhor Todo-poderoso estabeleceu para consolidar tudo em sua glória. ¹⁸Ele sonda o abismo e o coração, e penetra em todos os seus segredos. Pois o Altíssimo conhece a ciência toda e fixa o olhar nos sinais do tempo, ¹⁹anunciando as coisas passadas e futuras e revelando os vestígios das coisas ocultas. ²⁰Nenhum pensamento lhe escapa e nenhuma palavra lhe fica escondida. ²¹Ele dispôs em ordem as obras grandiosas de sua sabedoria, porque só ele existe antes dos séculos e para sempre. Nada lhe pode ser acrescentado e nada lhe pode ser tirado, e ele não precisa do conselho de ninguém. ²²Todas as suas obras são desejáveis, ainda que delas possamos ver apenas uma faísca! ²³Todas essas coisas vivem e permanecem para sempre em todas as necessidades, e todas lhe obedecem. ²⁴Todas as coisas existem aos

---

29,14), sobretudo no que diz respeito à prática de dar o pão ao faminto (v. 20). Em 42,2, a difícil posição de administrar a justiça e absolver um ímpio ou estrangeiro.

42,9-11: Descrição dos cuidados permanentes que uma filha inspira ao pai. Texto patriarcal sem nenhuma consideração pela filha (cf. Dt 24,1).

12-14: Julgamento pessimista sobre a mulher, tendo como referência os perigos que a companhia das mulheres casadas traz para um jovem (v. 12; cf. 9,1-9; Ecl 7,26-28).

42,15-43,33: Hino da criação a partir da palavra de Deus (cf. 43,26; Gn 1; Sl 33,6; Sb 9,1-2; Jo 1,1). Na visão do Sirácida, os astros foram criados para indicar que Deus tem o controle do futuro (cf. Jr 10,2). O Deus de Israel é o Deus que tudo criou (18,1; 24,8; 39,21; 43,27.33; cf. Is 44,24), o Deus de tudo (36,1; 45,23), o Deus que dá sabedoria aos piedosos.

pares, uma diante da outra, e ele nada fez de incompleto. ²⁵Uma coisa complementa a bondade da outra. Quem se cansaria de contemplar a glória dele?

43

O sol – ¹O firmamento limpo é o orgulho das alturas; que espetáculo no céu, uma visão de glória! ²Ao aparecer, o sol proclama: "Que coisa maravilhosa é a obra do Altíssimo!" ³Ao meio-dia, ele resseca a terra: quem pode resistir ao seu calor? ⁴Costuma-se acender a fornalha para produzir calor em algum trabalho, mas o sol queima as montanhas três vezes mais, exala vapores quentes, projeta raios e deslumbra os olhos. ⁵Grande é o Senhor que o fez; com as palavras dele, o sol avança mais rapidamente.

A lua e as estrelas – ⁶Também a lua é exata em suas fases, indica as datas e marca o tempo. ⁷Da lua vem a indicação para as festas, ela que vai diminuindo a claridade até desaparecer. ⁸É dela que o mês recebe o nome, enquanto ela cresce admiravelmente em suas fases. Ela é o farol dos exércitos no alto, brilhando no firmamento do céu. ⁹A beleza do céu é a glória das estrelas, enfeite que ilumina nas alturas do Senhor. ¹⁰Elas estarão às ordens, conforme as palavras do Santo; não deixam seus postos de guarda.

Maravilhas no céu, na terra e no mar – ¹¹Veja o arco-íris e bendiga aquele que o fez. Ele é muito belo em seu esplendor. ¹²Ele traça no céu um círculo de glória, estendido pelas mãos do Altíssimo. ¹³Por sua ordem, faz cair a neve e lança os raios do seu julgamento. ¹⁴Assim se abrem seus tesouros, e as nuvens voam como pássaros. ¹⁵Por seu poder, condensa as nuvens, e as pedras de granizo se fragmentam. ¹⁶Quando ele aparece, os montes se abalam, e por sua vontade sopra o vento do sul: ¹⁷é a voz do seu trovão que faz a terra tremer, da mesma forma que o furacão do norte e o turbilhão do vento. ¹⁸Como pássaros que pousam, assim ele derrama a neve, e ela cai como pousam os gafanhotos. O olhar ficará admirado com a beleza de sua brancura, e o coração se extasiará ao vê-la caindo. ¹⁹Ele derrama sobre a terra a geada como sal, que endurece formando pontas de espinho. ²⁰O vento frio do norte põe-se a soprar, e o gelo se forma sobre a água; pousa sobre a água parada, e a reveste como se fosse uma couraça. ²¹Esse vento devora as montanhas e abrasa o deserto, consumindo como fogo o verde das plantas. ²²A névoa úmida, depois do verão, é remédio para tudo; e o orvalho, que chega após o forte calor, traz alegria. ²³Com sua palavra, o Senhor dominou o abismo, e aí plantou as ilhas. ²⁴Os que navegam nos mares falam dos seus perigos, e nós ficamos admirados com o que ouvimos: ²⁵aí existem coisas estranhas e maravilhosas, animais de todo tipo e monstros marinhos. ²⁶Graças a ele, o seu mensageiro chega ao fim de seu caminho, e pela sua palavra tudo se ajusta.

Louvor ao Deus que tudo criou – ²⁷Poderíamos falar muitas coisas e nunca terminaríamos. Então concluímos estas palavras dizendo: "Ele é tudo". ²⁸Onde vamos encontrar forças para glorificá-lo? Ele é o Grande, e está acima de todas as suas obras. ²⁹O Senhor é terrível e imensamente grande, e seu poder é maravilhoso. ³⁰Glorifiquem e exaltem o mais que puderem ao Senhor, porque ele estará sempre mais alto. Ao exaltá-lo, redobrem a própria força, e não se cansem, porque nunca chegarão ao fim. ³¹Quem o viu, para poder descrevê-lo? Quem o engrandecerá como se deve? ³²Existem muitos mistérios maiores do que esses, pois vimos poucas coisas de suas obras. ³³De fato, o Senhor fez todas as coisas, e aos piedosos deu a sabedoria.

III. ELOGIO AOS ANTEPASSADOS

44

Elogio aos pais – ¹Vamos fazer o elogio dos homens ilustres, nossos antepassados ao longo das gerações.

44,1-50,26: Elogio aos ilustres da história, tendo como marco a maneira como o judeu piedoso do séc. II a.C. compreendia a história de Israel. Palavra-chave desta historiografia é fidelidade aos mandamentos e aliança com o Deus único. A seleção de nomes feita pelo escriba tem como objetivo justificar a prática de piedade dos seus seguidores, em contraposição ao elogio dos heróis gregos. Começa exaltando os homens piedosos (assideus, cf. 44,10) por serem praticantes do bem e da justiça (cf. 44,1-15); passa para a tradição dos patriarcas com Henoc e Noé (cf. Gn 5,21-24; 6-9) como exemplos de conversão; realça a figura de Aarão como representante do culto (cf. 45,6-22); e conclui a listagem com Simão II, último sumo sacerdote da linhagem sadoquita.

²Grandiosa glória criou neles o Senhor, e mostrou a grandeza deles desde os tempos mais antigos. ³Alguns tiveram autoridade em reinados e outros ganharam fama por sua força. Outros ainda, por sua inteligência, se tornaram conselheiros, e fizeram anúncios em profecias. ⁴Uns guiaram o povo com suas decisões, e para instruí-lo com palavras sábias mostravam o próprio entendimento sobre os costumes do povo. ⁵Outros compuseram melodias musicais e escreveram narrativas poéticas. ⁶Alguns desses homens ficaram ricos e com grande poder, vivendo na paz em suas casas. ⁷Todos, porém, foram glorificados por seus contemporâneos e já exaltados enquanto viviam. ⁸Alguns deles legaram um nome que é proclamado com elogios. ⁹E houve aqueles que não deixaram nenhuma lembrança e desapareceram como se não tivessem existido. Foram-se embora como se não tivessem estado aqui, eles e os seus filhos. ¹⁰Mas, aqueles que vamos lembrar eram homens de bem, cujos atos de justiça não foram esquecidos. ¹¹Na sua descendência fica uma boa herança, que é a sua posteridade. ¹²Seus descendentes permanecem fiéis às alianças, e depois deles os seus netos. ¹³A descendência deles permanecerá para sempre, e sua glória jamais desaparecerá. ¹⁴Seus corpos foram sepultados em paz, e o nome deles viverá através das gerações. ¹⁵Os povos proclamarão a sabedoria deles, e a assembleia proclamará o seu louvor.

Henoc e Noé – ¹⁶Henoc agradou ao Senhor e foi arrebatado, tornando-se assim modelo de conversão para as gerações. ¹⁷Noé foi reconhecido como alguém perfeito e justo, e no tempo da ira alcançou a reconciliação: por conta disso, quando aconteceu o dilúvio, um resto permaneceu na terra. ¹⁸Alianças eternas foram firmadas com ele, para que os seres vivos não fossem mais destruídos por um dilúvio.

Abraão, Isaac e Jacó – ¹⁹Abraão foi o grande pai de muitos povos, e ninguém teve glória semelhante à dele. ²⁰Observou a Lei do Altíssimo e assumiu com ele uma aliança. Confirmou essa aliança em sua própria carne, e na provação foi encontrado fiel. ²¹Por isso, Deus lhe garantiu com juramento abençoar os povos que fossem de sua descendência, e multiplicá-lo como o pó da terra, exaltando essa descendência como os astros. Prometeu ainda dar-lhe como herança a terra que vai de um mar a outro, desde o rio Eufrates até as extremidades da terra. ²²Também a Isaac foi dada a mesma certeza, por causa de seu pai Abraão. ²³A bênção de todos os homens e a aliança pousaram sobre a cabeça de Jacó. Ele foi confirmado com as bênçãos que recebeu; a ele foi dada a herança, que foi dividida em várias partes e distribuídas entre as doze tribos.

45

Moisés – ¹De fato, fez surgir de Jacó um homem de bem, estimado por todos, amado por Deus e pelos homens: foi Moisés, cuja lembrança é uma bênção. ²Deus o tornou semelhante em glória aos santos e o engrandeceu, pelo temor que provocava entre os inimigos. ³Pela palavra dele, fez cessar os prodígios, e o glorificou diante dos reis. Por meio dele, deu os mandamentos para seu povo e lhe mostrou uma parte da sua glória. ⁴Ele o consagrou pela fidelidade e mansidão, e o escolheu dentre todos os viventes. ⁵Fez que ele ouvisse sua voz e o conduziu à nuvem escura. Deu-lhe, face a face, os mandamentos, a lei da vida e da ciência, para ensinar sua aliança a Jacó e suas sentenças a Israel.

Aarão – ⁶Da tribo de Levi, o Senhor elevou Aarão, santo como seu irmão. ⁷Confirmou com ele uma aliança eterna e lhe entregou o sacerdócio do povo. Tornou-o feliz por sua boa conduta e o cobriu com veste gloriosa. ⁸Revestiu-o com magnificência perfeita e o fortaleceu com ricos ornamentos: túnicas, mantos e o efod. ⁹Rodeou sua veste com romãs e muitas campainhas de ouro, para que tilintassem a cada passo seu, e dessa forma o som pudesse ser ouvido no santuário como sinal para os filhos do seu povo. ¹⁰Entregou-lhe ainda uma veste sagrada, feita de ouro, de jacinto e de púrpura, obra de artista. Confiou-lhe o peitoral do julgamento com os oráculos da verdade, feito de carmesim retorcido, obra de tecelão. ¹¹Nesse peitoral havia pedras preciosas engastadas em forma de selo e incrustadas em ouro, obra de joalheiro, com palavras gravadas para servirem de lembrança, segundo o número das tribos de Israel. ¹²Sobre o turbante, trazia uma coroa de ouro, na qual se encontrava a inscrição sagrada, uma insígnia de honra, obra impressionante, ornamentos que deliciam os olhos. ¹³Antes dele, ninguém tinha visto algo assim tão belo, e nenhum estrangeiro usou coisa igual; apenas seus filhos e seus descendentes, para sempre. ¹⁴Os sacrifícios oferecidos por ele serão consumidos inteiramente duas vezes por dia, sem interrupção. ¹⁵Moisés consagrou as mãos dele e o ungiu com o óleo santo. Isso tornou-se uma aliança eterna para ele e para seus descendentes, em todos os dias de existência do céu, para que eles celebrem o culto, exerçam o sacerdócio e abençoem o povo com o nome santo. ¹⁶O Senhor o escolheu dentre todos os viventes, para que lhe apresentasse como oferenda o incenso e como memorial o perfume, e para que oferecesse o sacrifício de expiação em favor do seu povo. ¹⁷Entregou-lhe o poder sobre as prescrições legais dos seus mandamentos, para ensinar seus testemunhos a Jacó, e com sua Lei iluminar Israel. ¹⁸Os estrangeiros conspiraram contra ele e o invejaram no deserto: homens de Datã e de Abiram, e o grupo de Coré, com ódio e fúria. ¹⁹O Senhor viu e isso não lhe agradou, e eles foram aniquilados pelo furor da sua ira. Realizou prodígios contra eles, devorando-os com a chama do seu fogo. ²⁰Ele aumentou a glória de Aarão e lhe deu uma herança: reservou para ele as ofertas dos primeiros frutos e principalmente lhe assegurou pão em abundância. ²¹Pois eles se alimentam dos sacrifícios do Senhor, dados a ele e aos seus descendentes. ²²Mas, ele não receberá uma herança na terra do povo, nem há para ele uma parte no meio do povo, pois o Senhor diz: "Eu mesmo sou a sua parte e a sua herança".

Fineias – ²³Fineias, filho de Eleazar, é o terceiro em glória, pelo seu zelo no temor do Senhor. Quando o povo se revoltou, ele se manteve firme com generosa coragem; assim, obteve o perdão para Israel. ²⁴Por isso, foi estabelecida com ele uma aliança de paz, para que estivesse à frente das coisas santas e do povo. A ele e a seus descendentes foi reservada a grandeza do sacerdócio para sempre. ²⁵Houve também uma aliança com Davi, filho de Jessé, da tribo de Judá: a herança do rei passava do filho a um dos seus filhos. Mas, a herança de Aarão passa a todos os seus descendentes. ²⁶Que o Senhor conceda ao coração de vocês a sabedoria, para governarem o povo com justiça, a fim de que os bens de Aarão não desapareçam e a glória dele passe para seus descendentes.

46

Josué e Caleb – ¹Valente na guerra foi Josué, filho de Nun, sucessor de Moisés na atividade profética. Conforme o significado do seu nome, ele foi grande para a salvação dos escolhidos do Senhor, para castigar os inimigos revoltados e então dar a Israel a posse de seu território. ²Que glória ele alcançou ao levantar os braços e manejar a espada contra as cidades! ³Quem foi, antes dele, assim tão firme? Ele comandava as guerras do Senhor. ⁴Não foi por meio dele que o sol parou e um dia se transformou em dois? ⁵Ele invocou o Altíssimo poderoso, quando os inimigos em volta o afligiam. O grande Senhor o escutou, lançando pedras de granizo com força enorme. ⁶Ele caiu sobre a nação inimiga, e na encosta destruiu os que lhe resistiam, para que as nações reconhecessem a força de suas armas e que ele realizava a guerra diante do Senhor. ⁷De fato, Josué andou nos caminhos do Deus poderoso e, no tempo de Moisés, agiu com misericórdia, assim como Caleb, filho de Jefoné. Eles resistiram à multidão, impediram que o povo pecasse e fizeram desaparecer a murmuração perversa. ⁸Só eles dois foram salvos entre seiscentos mil homens de infantaria, para serem introduzidos na sua herança, na terra onde corre leite e mel. ⁹O Senhor deu a Caleb a força que permaneceu com ele até a velhice. Ele subiu para os lugares mais altos daquela terra, e sua descendência os conservou como herança, ¹⁰a fim de que todos os filhos de Israel soubessem que é bom seguir o Senhor.

Os Juízes – ¹¹Depois temos os Juízes, cada um com seu nome: os corações deles não se deixaram seduzir, nem se afastaram do Senhor. Que a lembrança deles seja abençoada! ¹²Que seus ossos refloresçam em seus túmulos e o nome deles, sempre glorificado, possa ser renovado nos seus filhos.

Samuel – ¹³Samuel foi amado pelo seu Senhor; ele era seu profeta. Ele instituiu a monarquia e consagrou chefes para seu povo. ¹⁴Governou Israel conforme a Lei do Senhor, e o Senhor visitou Jacó. ¹⁵Por sua fidelidade, mostrou que era profeta, e por suas palavras foi reconhecido como vidente digno de confiança. ¹⁶Quando os inimigos em torno dele provocavam aflição, ele invocou o Senhor poderoso, oferecendo um cordeiro recém-nascido. ¹⁷Então, do céu o Senhor trovejou, e com grande estrondo fez ouvir sua voz, ¹⁸aniquilando os comandantes inimigos e todos os príncipes dos filisteus. ¹⁹E antes da hora de repousar para sempre, deu testemunho diante do Senhor e do seu ungido: "Não tomei nada de ninguém, nem dinheiro, nem sandálias". E ninguém o acusou. ²⁰Mesmo depois de sua morte, ele profetizou e anunciou ao rei o seu fim. De dentro da terra elevou a voz, numa profecia, para apagar a iniquidade do povo.

47 ***Natã e Davi*** – ¹Depois disso apareceu Natã, profetizando no tempo de Davi. ²Da mesma forma que se separa a gordura no sacrifício de salvação, assim Davi foi separado dos filhos de Israel. ³Ele brincou entre leões como se estivesse no meio de cabritos, e com ursos como se fossem cordeiros. ⁴Não foi ele que na juventude matou o gigante e retirou a humilhação? Ele levantou a mão com a pedra na funda, e derrubou a arrogância de Golias. ⁵Ele invocou o Senhor Altíssimo, que deu força à sua mão direita, para eliminar um homem treinado no combate e reerguer a força do seu povo. ⁶Então o glorificaram pelos seus dez mil e o louvaram bendizendo o Senhor, oferecendo-lhe um diadema de glória. ⁷Porque ele exterminou os inimigos à sua volta, aniquilou os adversários filisteus e abateu até hoje o poder deles. ⁸Em todas as suas obras, ele reconheceu o Santo Altíssimo com palavras de glória. Cantou hinos de todo o coração e amou aquele que o havia feito. ⁹Colocou diante do altar cantores de salmos, para que fizessem ressoar suaves melodias. ¹⁰Deu esplendor às festas e distribuiu com perfeição os tempos das solenidades, fazendo louvar o santo nome e enchendo de harmonia o santuário desde o amanhecer. ¹¹O Senhor perdoou os pecados que ele cometeu e elevou para sempre o poder dele, concedendo-lhe uma aliança real e um trono de glória em Israel.

Salomão – ¹²Depois dele veio um filho sábio que exerceu, graças ao pai, amplo domínio. ¹³Salomão reinou em dias de paz. Deus lhe concedeu tranquilidade nos arredores. Isso a fim de que ele construísse uma casa para seu nome e lhe preparasse um santuário eterno. ¹⁴Como você foi sábio na juventude e transbordou de bom senso como rio! ¹⁵Seu nome se espalhou pela terra, você a encheu com parábolas e enigmas. ¹⁶Seu nome chegou até às ilhas distantes, e você foi amado em sua paz. ¹⁷Todas as nações o admiraram por seus cânticos, provérbios, parábolas e interpretações. ¹⁸Em nome do Senhor Deus, chamado Deus de Israel, você juntou ouro como estanho e multiplicou a prata como chumbo. ¹⁹No entanto, você entregou-se a mulheres, e dessa forma ficou dominado em seu corpo. ²⁰Com isso, você manchou a sua glória e profanou a sua descendência, a ponto de atrair a ira sobre seus filhos, fazendo que estes sofressem com a própria insensatez. ²¹O reino foi dividido em duas partes, e instalou-se em Efraim um reino rebelde. ²²Mas o Senhor não desistiu de sua misericórdia e não cancelou nenhuma de suas palavras. Não deixou desaparecer a posteridade do seu eleito, nem destruiu a descendência daquele que o tinha amado. Deixou um resto para Jacó, e a Davi uma raiz que dele saiu.

Roboão e Jeroboão – ²³Salomão repousou com seus pais e deixou depois de si um descendente. Foi Roboão, o mais insensato do povo e sem qualquer inteligência. Este, com sua decisão, provocou a revolta do povo. ²⁴Jeroboão, filho de Nabat, fez Israel pecar e ensinou a Efraim o caminho do pecado. Dessa forma, os pecados de Efraim se multiplicaram tanto, que acabou sendo expulso para longe do seu país. ²⁵Praticaram todo tipo de mal, até que o castigo caiu sobre eles.

48 ***Elias*** – ¹Então surgiu o profeta Elias como fogo, e sua palavra queimava como tocha. ²Fez vir a fome para eles e, por causa de seu zelo, os reduziu a pequeno número. ³Pela palavra do Senhor, ele fechou o céu e daí fez cair o fogo por três vezes. ⁴Elias, como você se tornou glorioso com seus prodígios! Quem pode orgulhar-se de ser semelhante a você? ⁵Pela palavra do Altíssimo, você fez um homem levantar-se da morte e da morada dos mortos. ⁶Você levou reis à destruição e tirou do leito gente importante. ⁷Você ouviu censuras no Sinai e sentenças de vingança no Horeb. ⁸Você ungiu reis para irem à desforra, e profetas para lhe sucederem. ⁹Você foi arrebatado num turbilhão de fogo, num carro puxado por cavalos de fogo. ¹⁰Nas ameaças para os tempos futuros, você foi indicado para apaziguar a ira antes do furor, a fim de reconduzir o coração dos pais para os filhos e restabelecer as tribos de Jacó. ¹¹Felizes aqueles que o viram e os que adormeceram no amor, porque nós também possuiremos a vida.

Eliseu – ¹²Quando Elias foi envolvido pelo turbilhão, Eliseu ficou repleto do espírito dele, e durante toda a vida não ficou intimidado diante dos poderosos, e ninguém conseguiu dominá-lo. ¹³Nada era difícil demais para ele, e até na morte seu corpo profetizou. ¹⁴Durante a vida realizou prodígios e, depois de morto, suas obras foram maravilhosas. ¹⁵Mesmo com tudo isso, o povo não se converteu nem se afastou de seus pecados, até que foi exilado de sua terra e disperso por todos os lados. ¹⁶Restou um povo pouco numeroso e um chefe da casa de Davi. Alguns deles fizeram o que deviam, mas outros multiplicaram os pecados.

Ezequias e Isaías – ¹⁷Ezequias fortificou sua cidade e trouxe água para dentro dela. Cavou com ferro um canal na rocha e construiu reservatórios de água. ¹⁸Na sua época, Senaquerib quis fazer guerra e enviou Rabsaces. Este veio e levantou a mão contra Sião, com muita arrogância em seu orgulho. ¹⁹Então seus corações e mãos estremeceram, e sentiram dores como as mulheres na hora do parto. ²⁰Invocaram o Senhor misericordioso e estenderam as mãos para ele. E lá do céu o Santo logo os escutou e os libertou por meio de Isaías. ²¹O Senhor feriu o acampamento dos assírios, e seu anjo os exterminou. ²²Ezequias fez o que era desejo do Senhor e andou firme nos caminhos de seu pai Davi, conforme lhe ordenou Isaías, o profeta grande e verdadeiro em suas visões. ²³Nessa época o sol recuou, e ele prolongou a vida do rei. ²⁴Com grande inspiração, viu o fim dos tempos e consolou os aflitos de Sião. ²⁵Revelou o que vai acontecer até o fim dos tempos, e as coisas ocultas antes de acontecerem.

49

Josias – ¹A lembrança de Josias é mistura de incenso, preparada pelo trabalho do perfumista; é como o mel, que é doce em todas as bocas, e como a música num banquete com vinho. ²Ele se dedicou à conversão do povo e eliminou as abominações da iniquidade. ³Dirigiu seu coração para o Senhor e, em dias de iniquidade, fortificou a piedade.

Últimos reis e profetas – ⁴Com exceção de Davi, Ezequias e Josias, todos os reis acumularam erros. Os reis de Judá abandonaram a Lei do Altíssimo e desapareceram. ⁵Eles entregaram seu poder a outros, e sua glória a uma nação estrangeira. ⁶Então a santa cidade escolhida foi incendiada, e suas ruas ficaram desertas, ⁷conforme o que tinha sido dito por Jeremias, a quem eles fizeram mal, embora ele tivesse sido consagrado profeta desde o seio materno, para arrancar, destruir e arruinar, mas também para construir e plantar. ⁸Ezequiel foi aquele que teve uma visão da glória, que lhe foi mostrada sobre o carro dos querubins, ⁹e também se lembrou de Jó na tempestade, aquele que andou por caminhos corretos. ¹⁰Que os ossos dos doze profetas floresçam nos sepulcros, porque eles consolaram Jacó e o resgataram na fidelidade da esperança.

Zorobabel, Josué e Neemias – ¹¹Como vamos engrandecer Zorobabel? Ele é como o sinete na mão direita. ¹²Da mesma forma Josué, filho de Josedec. Eles, em sua época, construíram o Templo e ergueram ao Senhor um santuário consagrado, destinado a uma glória eterna. ¹³Também a memória de Neemias é grande. Foi ele que reconstruiu para nós as muralhas que estavam em ruínas, restaurou portas e ferrolhos, e reergueu nossas casas.

Alguns patriarcas – ¹⁴Ninguém na terra foi criado igual a Henoc, pois ele foi elevado da terra. ¹⁵Nem igual a José, que se tornou chefe dos irmãos e apoio do povo. Até mesmo seus ossos foram visitados. ¹⁶Sem e Set foram glorificados entre os seres humanos; acima, porém, de todos os vivos na criação, está Adão.

50

O sumo sacerdote Simão – ¹Simão, filho de Onias, o sumo sacerdote, durante a vida restaurou o Templo e, em sua época, fortificou o santuário. ²Os alicerces do edifício duplo foram colocados por ele, o alto contraforte da muralha do Templo. ³No seu tempo, foi cavado o reservatório de água, um tanque cujo tamanho era como o mar. ⁴Preocupado em evitar a ruína do seu povo, ele fortificou a cidade para o caso de um cerco. ⁵Como ele era majestoso, acompanhado pelo povo, quando saía do santuário, vindo de detrás da cortina! ⁶Ele era como a estrela da manhã no meio das nuvens, como a lua nos dias em que está cheia, ⁷como o sol brilhando sobre o Templo do Altíssimo e como o arco-íris brilhando entre nuvens de glória, ⁸como flor das roseiras em dias de primavera, como lírio junto às fontes de água, como vegetação do Líbano em dias de verão, ⁹como fogo e incenso no turíbulo, como vaso de ouro maciço adornado com todo tipo de pedras preciosas, ¹⁰como oliveira cheia de frutos e como cipreste elevando-se até as nuvens. ¹¹Quando vestia seus paramentos gloriosos e se revestia com roupas esplendorosas, quando subia ao altar sagrado e enchia de glória o espaço interno do santuário, ¹²ao receber das mãos dos sacerdotes as porções do sacrifício, de pé, junto ao braseiro do altar, ele estava cercado de uma coroa de irmãos, como brotos de cedros do Líbano, que o rodeavam como troncos de palmeiras! ¹³Todos os filhos de Aarão, em sua glória, tendo nas mãos as ofertas para o Senhor, estavam diante de toda a assembleia de Israel. ¹⁴Terminando a liturgia no altar, e para deixar mais bela a oferta ao Altíssimo Todo-poderoso, ¹⁵ele estendia a mão sobre a taça e fazia a libação com o sangue da uva, derramando-o sobre as bases do altar, como perfume agradável ao Altíssimo, Rei do universo. ¹⁶Então os filhos de Aarão aclamavam, tocavam as trombetas de metal maciço, fazendo ouvir um som grandioso como memorial diante do Altíssimo. ¹⁷Então todo o povo se prostrava junto com ele, caindo com o rosto em terra, para adorar o Senhor deles, o Altíssimo Deus Todo-poderoso. ¹⁸Os cantores entoavam cantos de louvor, uma doce melodia era entoada em alto som. ¹⁹O povo suplicava ao Senhor Altíssimo, em oração diante do Misericordioso, até que terminasse o culto do Senhor e a liturgia chegasse ao fim. ²⁰Nesse momento, Simão descia do altar e estendia as mãos sobre toda a assembleia dos filhos de Israel, para dar, com os lábios, a bênção do Senhor e para ter a honra de pronunciar o seu nome. ²¹Então o povo se prostrava de novo em adoração, para receber a bênção que vem do Altíssimo.

Exortação – ²²E agora, bendigam o Deus de tudo o que existe, que realiza por toda parte obras grandiosas. Ele exaltou nossos dias desde o seio materno, e age conosco de acordo com sua misericórdia. ²³Que ele nos dê a alegria do coração e conceda a paz aos nossos dias em Israel, e que assim seja para sempre. ²⁴Que sua misericórdia permaneça fielmente conosco, e nos resgate ainda em nossos dias.

Provérbio – ²⁵Há duas nações que eu detesto, e uma terceira que nem mesmo é nação: ²⁶os habitantes da montanha de Seir, os filisteus e o povo insensato que habita em Siquém.

Conclusão – ²⁷Jesus, filho de Sirá e neto de Eleazar de Jerusalém, gravou neste livro uma instrução de conhecimento e ciência, que derrama como chuva a sabedoria do seu coração. ²⁸Feliz quem se dedicar a tudo isso, pois quem coloca esses ensinamentos no coração se tornará sábio. ²⁹Se os colocar em prática, será forte em tudo, porque a luz do Senhor é o seu caminho.

50,27-29: Conclusão, identificando o autor e apontando sua intenção. Bem-aventurança para aqueles que querem ser sábios. O caminho da sabedoria está no temor de Deus.

APÊNDICE

51 **Hino de ação de graças** – ¹Eu te agradecerei, Senhor Rei, e te louvarei, meu Deus Salvador, e glorifico o teu nome, ²porque foste para mim abrigo e socorro, e libertaste meu corpo da destruição, do laço da língua caluniadora e dos lábios que produzem a mentira. Na presença dos meus adversários, tu foste meu socorro e me libertaste, ³conforme a grandeza da tua misericórdia e do teu Nome. Tu me libertaste das mordidas daqueles que estavam prestes a me devorar, da mão dos que procuravam tirar-me a vida e das numerosas aflições que enfrentei, ⁴do fogo que me rodeava, do meio de um fogo que não acendi, ⁵das profundas entranhas da morada dos mortos, da língua impura e da palavra mentirosa, ⁶da calúnia de uma língua injusta, calúnia que havia chegado ao rei. Estive perto da morte e minha vida chegou junto à porta da morada dos mortos. ⁷Cercavam-me de todos os lados, e não havia quem me ajudasse. Procurei socorro humano, e não havia. ⁸Então me lembrei da tua misericórdia, Senhor, e das tuas obras feitas desde a eternidade, porque tu libertas os que em ti esperam e os salvas da mão dos inimigos. ⁹Fiz subir da terra a minha oração, e pedi que me libertasses da morte. ¹⁰Invoquei o Senhor, Pai do meu senhor: "Não me abandones no dia da aflição, no tempo do desamparo causado pelos orgulhosos. Eu vou louvar para sempre o teu nome e cantar para ti hinos de agradecimento". ¹¹Meu pedido foi ouvido, e tu me salvaste da destruição, e me livraste do tempo mau. ¹²Por isso, eu te agradecerei e te louvarei, e bendirei o nome do Senhor.

A busca da sabedoria – ¹³Quando era mais jovem, antes de viajar, em minha oração procurei abertamente a sabedoria. ¹⁴Diante do santuário, eu a pedi, e até o fim vou buscá-la. ¹⁵Meu coração se alegrava em sua flor, como na uva que amadurece. Meu pé andou pelo caminho reto, pois desde a juventude segui suas pegadas. ¹⁶Inclinei um pouco meus ouvidos e a recebi, e encontrei muita instrução para mim. ¹⁷Nela alcancei progresso, e por isso darei glória a quem me dá a sabedoria. ¹⁸Eu resolvi colocá-la em prática, e fui dedicado ao bem, e não serei confundido. ¹⁹Apeguei-me profundamente a ela, e dediquei-me a observar cuidadosamente a Lei. Estendi as mãos para o alto, deplorando a minha ignorância a respeito da Lei. ²⁰Orientei para ela o meu anseio, e na pureza a encontrei. Apliquei a ela o meu coração desde o princípio, e por isso não serei abandonado. ²¹Minhas entranhas se comoveram quando eu a procurava, e por isso alcancei um bem precioso. ²²Em recompensa, o Senhor me deu uma língua, com a qual o louvarei. ²³Venham para junto de mim, vocês que não têm instrução, e frequentem a casa da instrução. ²⁴Por que vocês dizem estar necessitados dessas coisas, e estão sedentos delas? ²⁵Abro a boca e digo: "Comprem a sabedoria sem dinheiro. ²⁶Coloquem o pescoço debaixo do seu jugo e recebam a instrução. Ela está próxima, para ser encontrada. ²⁷Vejam com os próprios olhos: eu trabalhei pouco, e encontrei para mim profundo descanso. ²⁸Comprem a instrução, ainda que com muito dinheiro, e com ela vocês ganharão muito ouro. ²⁹Que vocês se alegrem com a misericórdia do Senhor, e não se envergonhem de louvá-lo. ³⁰Realizem o trabalho de vocês antes do dia previsto, e neste dia ele lhes dará a recompensa".

[Assinatura:] Sabedoria de Jesus Ben Sirá.

51,1-30: Apêndice composto de dois salmos. Vv. 1-12: salmo de ação de graças a Deus pelo livramento diante dos perigos de perseguição e calúnia (cf. 34,10-13). Deus é invocado como "Rei" (cf. Sl 5,3; 44,5; 47,7-8; 68,25; 93,1; 96,10; 97,1; 99,1), "Salvador" (Sl 18,47; 51,16; 88,2) e "Pai do meu senhor" (cf. Ex 15,2). Vv. 13-30: salmo alfabético para obter sabedoria, com exortação aos que não têm instrução a frequentarem a "casa da instrução", a escola rabínica.

LIVROS PROFÉTICOS

Introdução

No tempo de Jeroboão II, rei do norte, por volta do ano 750 a.C., Amós se nega a pertencer aos grupos proféticos oficiais que trabalham pela manutenção do regime de injustiças: "Eu não sou profeta, nem discípulo de profeta. Eu sou criador de gado e cultivador de sicômoros" (Am 7,14). Mais tarde, no reino do sul, Miqueias acusa de corrupção os profetas da corte: "Javé assim diz contra os profetas que extraviam meu povo, que anunciam a paz quando têm algo para mastigar, mas declaram guerra contra os que nada lhes põem na boca" (Mq 3,5).

Em Israel, a profecia ganha maior expressão a partir do surgimento da monarquia. Os profetas são seres humanos concretos, e havia muitos profetas e profetisas. Seus valores, atos, teologia, até mesmo suas emoções, são condicionados pelo chão de sua terra, pela geografia, natureza, história, realidade, cultura e religiosidade de sua região. Suas atividades são fruto de interesses sociais do grupo em que eles se formam, trabalham, defendem e se apoiam. Por isso, há basicamente dois modos de exercer a profecia: a) trabalhar para manter e legitimar privilégios e poderes das elites; b) propor reformas ou mudanças na sociedade para promover a justiça e a dignidade dos oprimidos. A compreensão de uma profecia, portanto, implica conhecer a história e a sociedade em que ela se apresenta.

Na história de Israel, foram muitos os que denunciaram as injustiças, exigindo a conversão da sociedade e a implantação de uma sociedade justa, misericordiosa e solidária, semeando e fortalecendo, no meio do povo, a esperança e a fé no Deus da vida. A Bíblia registra apenas alguns profetas da palavra escrita, os chamados "profetas clássicos": Amós, Oseias, Isaías, Miqueias, Naum, Sofonias, Jeremias, Ezequiel, Habacuc, Abdias, Ageu, Zacarias, Malaquias e Joel. Seus livros não nasceram de uma hora para outra. Quase sempre um livro é fruto de longo processo redacional e passa por várias releituras. O processo de redação do livro de Isaías, por exemplo, levou mais de 500 anos. Diferentes grupos, em épocas e lugares distintos, releem os escritos de comunidades que vivem experiências semelhantes. Então, a partir das necessidades e interesses da própria realidade, os novos grupos aproveitam ensinamentos e ideias do passado que trazem luz e força para o momento presente.

ISAÍAS

Introdução

Com 66 capítulos, Isaías é o mais extenso livro profético da Bíblia. Mas não foi escrito de uma única vez. O tipo de linguagem, as palavras escolhidas, as personagens, os nomes de reis, os lugares citados, os grupos que aparecem, entre outros dados, mostram situações históricas de épocas e lugares bem diferentes. Em linhas gerais, o livro está dividido em três livretes: o Primeiro, o Segundo e o Terceiro Isaías.

Primeiro Isaías (Is 1-39). É um profeta da corte que presenciou e vivenciou a injustiça, a exploração e as guerras provocadas pela política interna e internacional da elite dirigente e o consequente sofrimento do povo. De acordo com sua fé em "Javé dos exércitos" (1,9), o "Santo de Israel" (5,19) – expressões muito usadas por ele para falar de Deus todo-poderoso e absoluto –, Isaías, sensível aos pobres, denunciou: "Que direito têm vocês de oprimir meu povo e esmagar a face dos pobres?" (3,15). Ele requer justiça dentro da monarquia davídica. Filho de seu contexto histórico-social, acredita que um rei justo e bom pode criar uma sociedade humana e fraterna (9,1-6).

Segundo Isaías (Is 40-55). É um grupo profético de levitas que procura alimentar a esperança do povo nos últimos anos do exílio na Babilônia. Grupo que consola o povo sofrido e faz uma nova leitura do êxodo e da criação, renovando a certeza de que Deus, o "Santo de Israel" (41,14), libertará novamente e recriará seu povo. Ao descrever as características da liderança no novo êxodo, o Segundo Isaías propõe a figura do "servo sofredor" (42,1-9), uma liderança que brote do amor solidário e do compromisso com os pequenos, e que atue na contramão do regime injusto e opressor, sem uso da força e da violência.

Terceiro Isaías (Is 56-66). Embaladas pelo sonho de um novo êxodo e de uma nova sociedade, as pessoas voltam para Jerusalém. No entanto, a elite judaica, apoiada pelos persas, impõe seu projeto: a reconstrução do Templo e da sociedade teocrata. O Templo e a lei do puro e do impuro se tornam mecanismos de arrecadação de tributos para a manutenção das autoridades de Jerusalém, agora aliadas ao império persa na opressão e exploração do povo. Porém o sonho da nova sociedade continua vivo. O grupo do Terceiro Isaías procura manter o projeto de "um novo céu e uma nova terra" baseado no direito e na justiça.

PRIMEIRO ISAÍAS

O SANTO DE ISRAEL

Introdução

Isaías nasceu no reino de Judá, sob o reinado de Ozias (781-740 a.C.). Educado em Jerusalém, foi profeta do Templo e conselheiro de três reis: Joatão (740-736 a.C.), Acaz (736-716 a.C.) e Ezequias (716-687 a.C.). Seus oráculos eram baseados na teologia davídica: Javé, Deus absoluto e transcendente; a escolha divina de Jerusalém-Sião; a eleição divina da dinastia davídica; o rei como filho de Deus e defensor dos pobres. Com essa convicção, Isaías enfrentou os grupos dominantes: anciãos, juízes, latifundiários e a elite de Jerusalém (5,8-24). Defendeu com todo o vigor os oprimidos, os órfãos e as viúvas (10,1-4), e condenou a aliança com as grandes potências (Assíria e Egito), que disputavam a hegemonia da Síria-Palestina. Seus oráculos não foram bem recebidos no meio dos governantes com os quais trabalhava e se relacionava; ao contrário, provocaram descrédito, desprezo e condenação (8,11-15; 28,7-13).

Os oráculos produzidos ao longo da atividade profética de Isaías foram contados, escritos, reescritos e agrupados no livro do Primeiro Isaías. Eram oráculos muito usados em comunidades após a morte do profeta. Por isso mesmo, passaram por inúmeras releituras e receberam acréscimos, conforme as necessidades e circunstâncias de quem os relia, sobretudo os grupos do Segundo Isaías no exílio, e do Terceiro Isaías no pós-exílio. Assim sendo, entre os caps. 1-39, vários versículos e capítulos – e com grande probabilidade os caps. 13-14, 21, 24-27 e 32-39 – são de outra época histórica. O conjunto atual de capítulos pode ser subdividido em seis unidades:
 a. Oráculos sobre Israel e Judá: caps. 1-12.
 b. Oráculos contra as nações: caps. 13-23.
 c. Grande apocalipse: caps. 24-27.
 d. Oráculos sobre Israel e Judá: caps. 28-33.
 e. Pequeno apocalipse: caps. 34-35.
 f. Apêndice histórico: caps. 36-39.

O agrupamento dos oráculos não segue a ordem cronológica da vida profética de Isaías, cujo contexto histórico, dividido em quatro momentos, facilitará a compreensão de seus oráculos.

Tempo de prosperidade (740-736 a.C.)

Durante os longos reinados de Ozias e de seu filho Joatão, Judá viveu tempos de independência política, prosperidade e expansão (cf. 2Cr 26,1-27,9). O território judaíta chegou até Elat, no mar Vermelho, fronteira com o Egito, controlando duas grandes rotas: o caminho do Mar e a estrada dos Reis. De onde vinham os recursos para manter a expansão ativa do país com seu exército fortemente armado? (2,4). Só podia ser através do trabalho forçado e do tributo extorquidos do camponês, afetuosamente chamado de "meu povo" pelo profeta Isaías, que constatou as injustiças e arbitrariedades dos juízes, a corrupção dos governantes, a cobiça e luxo dos grandes, tudo acobertado com falsa religião (1,10-20).

> **Oráculos do primeiro momento**
> 1,10-20; 1,21-26; 2,6-22; 3,1-15; 3,16-24; 5,1-7; 5,8-24; 10,1-4.

Guerra siro-efraimita (735-734 a.C.)

Prosperidade e independência de Judá iam sendo pouco a pouco ameaçadas, para se agravarem no final do governo de Joatão. Começava o expansionismo do império assírio, sob o comando de Teglat-Falasar III (745-727 a.C.; cf. 2Rs 15,19-20). Em 735 a.C., Israel (Efraim) fez aliança com o rei de Aram (Síria) para enfrentar o avanço da Assíria. Os dois reinos tentaram incluir Judá nessa trama. Porém Acaz, filho de Joatão, não aceitou a proposta; consequentemente, Israel e Aram moveram guerra contra Judá. Acaz pediu proteção à

Assíria, que não perdeu a oportunidade de ampliar seu império (cf. 2Rs 16,5-9), arrasando Damasco, capital de Aram, e tomando posse das cidades estratégicas de Israel (cf. 2Rs 15,29). Foi a chamada guerra siro-efraimita. Nessa conjuntura internacional, Isaías proclamou vários oráculos contra Israel e Aram, e criticou a aliança com a Assíria. Seu apelo aos dirigentes da nação insistia em que confiassem apenas em Javé, o Deus que fez aliança com o povo por intermédio de Davi e tinha Jerusalém como sua santa morada (2Sm 7; Is 7-8). Por isso, Isaías foi ignorado e silenciado (8,16-18).

Oráculos do segundo momento
5,25-30; 7,1-9; 7,10-17; 7,18-25; 8,1-4; 8,5-8; 8,9-10; 8,11-15; 8,16-23a; 9,7-20; 17,1-11.

Movimento antiassírio (727-711 a.C.)

Teglat-Falasar III, grande imperador da Assíria, morreu em 727 a.C. Os pequenos reinos vassalos, encabeçados pelo rei Oseias de Israel, e estimulados pelo Egito e Babilônia, começaram o movimento antiassírio. Acaz, rei de Judá, não entrou nesse movimento e permaneceu fiel vassalo, pagando tributo à Assíria, cujo imperador Salmanasar V, de 726 a 722 a.C., invadiu Israel em 724 a.C. e sitiou Samaria. Seu filho Sargon II (725-705 a.C.) apoderou-se da cidade e em 722 a.C. deportou parte de seus habitantes (cf. 2Rs 17,3-4). Em 713 a.C., as cidades-estado filisteias promoveram nova rebelião. Desta vez, o jovem rei de Judá, Ezequias, filho de Acaz, aliou-se aos rebeldes, apesar das insistências de Isaías para confiar em Javé, o Santo de Israel, e desconfiar da ajuda egípcia (18,1-6). Em 711 a.C., Sargon II conseguiu controlar os estados rebeldes. Judá escapou desse destino porque se retirou da coligação em tempo, e mais uma vez se submeteu à Assíria, pagando pesados impostos.

Oráculos do terceiro momento
8,23b-9,6; 14,28-31; 18,1-6; 19,1-15; 20,1-6; 28,1-4.

Novo movimento antiassírio (705-701 a.C.)

Em 705 a.C., morreu Sargon II, que foi substituído por Senaquerib (704-681). Ezequias encabeçou novo movimento antiassírio. Enviou mensageiros ao Egito, pedindo ajuda. Isaías condenou violentamente essa política (30,1-5; 31,1-3). Para o profeta, fazer aliança com o Egito era trocar Javé pelo faraó. Era voltar à antiga escravidão no Egito. Isaías foi desprezado, ridicularizado e silenciado (28,7-13; 30,8-17). Senaquerib rechaçou o Egito, invadiu Judá, conquistou 46 cidades-fortalezas, cercou Jerusalém e, em 701 a.C., exigiu a rendição de Judá (2Rs 18,13-16). O iminente perigo de destruição da cidade santa, Jerusalém, mudou a atitude de Isaías quanto ao império assírio, no qual antes via um instrumento de Deus para educar o povo (5,26-29; 10,5-6; 28,2); agora porém, diante da atitude prepotente da Assíria que tenta invadir a cidade santa, lança contra ela oráculos de condenação (10,24-27).

Oráculos do quarto momento
1,2-8; 10,5-16; 10,24-27; 14,24-27; 17,12-14; 22,1-14; 22,15-23; 28,7-13; 28,14-22; 29,1-12; 29,13-14; 29,15-16; 30,1-7; 30,8-17; 30,27-33; 31,1-3; 31,4-9.

1 *Título* – ¹Visão de Isaías, filho de Amós, que ele teve a respeito de Judá e Jerusalém, no tempo de Ozias, Joatão, Acaz e Ezequias, reis de Judá.

I. ORÁCULOS SOBRE ISRAEL E JUDÁ

Judá, nação infiel – ²Escutem, céus; ouça, ó terra! Javé é quem fala: Eu criei e eduquei filhos, mas eles se revoltaram contra mim. ³O boi conhece o seu proprietário, e o jumento a manjedoura de seu dono, mas Israel não conhece nada, meu povo não entende.

⁴Ai de vocês, nação pecadora, povo carregado de crimes, raça de perversos, filhos renegados. Vocês abandonaram Javé, desprezaram o Santo de Israel, e voltaram para trás. ⁵Se vocês continuam na rebelião, em que parte ainda podem levar pancadas? A cabeça é uma chaga só, o coração está enfermo. ⁶Da sola dos pés até o alto da cabeça, nada está sadio: contusões, ferimentos, chagas vivas, não espremidas nem atadas, nem aliviadas com pomada.

⁷A terra de vocês está devastada, as cidades incendiadas; o solo é devorado por estrangeiros, bem diante dos olhos de vocês. É a desolação como devastação de estrangeiros. ⁸Jerusalém, a filha de Sião, ficou isolada como rancho numa vinha, como choça em meio à plantação de pepinos, como cidade cercada pelo inimigo. ⁹Se Javé dos exércitos não nos tivesse deixado um resto, seríamos como Sodoma, ficaríamos parecidos com Gomorra.

O culto hipócrita – ¹⁰Escutem a palavra de Javé, chefes de Sodoma; preste atenção ao ensinamento do nosso Deus, ó povo de Gomorra: ¹¹Que me interessa a quantidade dos seus sacrifícios? – diz Javé. Estou farto dos holocaustos de carneiros e da gordura de novilhos. Não gosto do sangue de bois, carneiros e cabritos. ¹²Quando vocês vêm à minha presença e pisam meus átrios, quem exige algo da mão de vocês? ¹³Parem de trazer ofertas inúteis. O incenso é coisa nojenta para mim; luas novas, sábados, assembleias... não suporto injustiça junto com solenidade. ¹⁴Eu detesto suas luas novas e solenidades. Para mim se tornaram um peso que eu não suporto mais. ¹⁵Quando vocês erguem para mim as mãos, eu desvio o olhar. Ainda que multipliquem as orações, eu não escutarei. As mãos de vocês estão cheias de sangue.

¹⁶Lavem-se, purifiquem-se, tirem da minha vista as maldades que vocês praticam. Parem de fazer o mal, ¹⁷aprendam a fazer o bem: busquem o direito, socorram o oprimido, façam justiça ao órfão, defendam a causa da viúva. ¹⁸Então venham e discutiremos – diz Javé. Ainda que seus pecados sejam vermelhos como púrpura, ficarão brancos como a neve; ainda que sejam vermelhos como escarlate, ficarão como a lã. ¹⁹Se vocês estiverem dispostos a obedecer, comerão os frutos da terra; ²⁰mas, se vocês recusam e se revoltam, serão devorados pela espada. Assim fala a boca de Javé.

Jerusalém, cidade infiel – ²¹Como se transformou em prostituta a cidade fiel! Antes era cheia de direito, e nela morava

---

1-12: A primeira parte do livro é uma seleção de oráculos proferidos em períodos diferentes. É importante situar cada um deles em seu contexto histórico (cf. Intr. ao Primeiro Isaías). Nestes doze capítulos confirma-se a formação teológica de Isaías: a fé em Javé dos exércitos como o poderoso rei celeste (6,1-5); Jerusalém, a cidade fiel, onde habita Javé (1,26); o rei justo, descendente de Davi, como representante do Senhor na terra (9,6).

1,1: O nome Isaías significa "salvação de Javé". O profeta era casado com uma profetisa, com quem teve dois filhos (8,3).

2-9: Ao invés de confiar na palavra e na força do "Santo de Israel", o rei Ezequias e seus conselheiros procuram aliar-se aos países vizinhos com seus deuses, buscando auxílio no Egito e na Babilônia contra a Assíria, o que provocou a invasão de Senaquerib, um desastre nacional no ano 701 a.C. (vv. 7-8). Isaías, usando linguagem jurídica ("os céus e a terra"; cf. Dt 4,26; 32,1), condena a infidelidade de Judá, dirigida por governantes que ambicionam poder e lucro (1,23; 3,12). O v. 9 é um acréscimo e relembra o tema do "resto de Israel" (cf. 10,17-23).

10-20: Os vv. 10-26 situam-se provavelmente no reinado de Joatão (740-736 a.C.). Lua nova era uma festa religiosa celebrada no início do mês lunar (cf. Lv 23,23-25). Apesar da proibição de transações comerciais, as santas assembleias, como a festa da lua nova e o dia de sábado (Ex 20,8-11), tornaram-se meios de exploração para os dirigentes corruptos (cf. Am 8,4-6). Eles estão com as mãos cheias de sangue pela prática da injustiça (cf. Os 4,2; Jr 7,6; Mq 3,10) e não respeitam nem o órfão e a viúva, pessoas que deviam ser protegidas, segundo a tradição israelita (cf. Ex 22,21-22; Dt 10,18;14,29;27,19; Ez 22,7).

21-28: De acordo com o profeta Isaías, a cidade de Jerusalém e seus governantes devem ser instrumentos do Senhor Javé para construir um reino de direito e justiça (cf. 9,1-6). Mas eles a transformaram em "escória" (cf. Ez

a justiça; agora está cheia de criminosos! ²²Sua prata se tornou escória, seu vinho ficou aguado. ²³Seus chefes são bandidos, cúmplices de ladrões: todos eles gostam de suborno, correm atrás de presentes. Não fazem justiça ao órfão, e a causa da viúva nem chega até eles. ²⁴Pois bem! Ai de vocês! – oráculo do Senhor Javé dos exércitos, o Poderoso de Israel. Eu me vingarei de meus inimigos e pedirei satisfação a meus adversários. ²⁵Voltarei minha mão contra você, limparei suas escórias com soda e tirarei todas as suas impurezas. ²⁶Darei a você juízes como os de antes e conselheiros como os de antigamente. Então você se chamará Cidade da Justiça e Cidade Fiel.

²⁷Sião será resgatada com o direito, e os repatriados com a justiça. ²⁸A ruína virá tanto para os rebeldes como para os pecadores. Os que abandonam Javé perecerão.

As árvores sagradas – ²⁹Vocês se envergonharão por causa das árvores sagradas que tanto apreciavam. Terão remorso por causa dos jardins de que vocês tanto gostavam. ³⁰Vocês ficarão como carvalho de folhas secas, como jardim sem água. ³¹O valente se tornará como estopa, e sua obra como faísca: os dois juntos queimarão, e não haverá quem os apague.

2 **Jerusalém, cidade escatológica** – ¹Visão de Isaías, filho de Amós, sobre Judá e Jerusalém: ²No final dos tempos, o monte do Templo de Javé estará firmemente plantado no mais alto dos montes, e será mais alto que as colinas. Para lá correrão todas as nações. ³Para lá irão muitos povos, dizendo: "Venham! Vamos subir à montanha de Javé, vamos ao Templo de Deus de Jacó, para que ele nos mostre seus caminhos, e possamos caminhar em suas estradas". Pois de Sião sairá a lei, e de Jerusalém a palavra de Javé. ⁴Então ele julgará as nações e será o árbitro de povos numerosos. De suas espadas fabricarão enxadas, e de suas lanças farão foices. Nenhuma nação pegará em armas contra outra, e ninguém mais vai se treinar para a guerra. ⁵Venha, casa de Jacó: vamos caminhar à luz de Javé.

O Dia de Javé – ⁶Rejeitaste teu povo, a casa de Jacó, pois eles estão cheios de adivinhos orientais, de feiticeiros como os filisteus, e fizeram aliança com estrangeiros. ⁷Sua terra está cheia de ouro e prata, seus tesouros não têm fim. Sua terra está cheia de cavalos, seus carros de guerra não têm conta. ⁸Sua terra está cheia de ídolos: eles adoram a obra de suas próprias mãos, aquilo que seus próprios dedos fabricaram. ⁹Por isso, o homem será dobrado e o mortal será rebaixado, pois tu não os perdoarás. ¹⁰Fuja para os rochedos e esconda-se no pó, diante do terror de Javé e do esplendor de sua majestade. ¹¹Os olhos orgulhosos serão abaixados, a arrogância humana será humilhada. Nesse dia, somente Javé será exaltado.

¹²Pois haverá um dia de Javé dos exércitos contra todo orgulhoso e arrogante, contra todo aquele que se eleva e se engrandece; ¹³contra todos os cedros do Líbano, altos e elevados, e contra todos os carvalhos de Basã, ¹⁴contra todos os altos montes, contra todas as colinas elevadas; ¹⁵contra todas as torres altas, contra todas as muralhas invencíveis, ¹⁶contra todos os navios de Társis, contra todos os barcos de luxo. ¹⁷O orgulho do homem será abatido, a arrogância humana será humilhada. Nesse dia, somente Javé será exaltado.

¹⁸Os ídolos desaparecerão completamente. ¹⁹Escondam-se nas grutas de rochedos e nas fendas da terra, diante do terror de Javé e do esplendor de sua majestade,

---

22,18-19) e cidade prostituída (cf. Ez 16,23-29). Nela não há justiça nem mesmo para o órfão e a viúva. Por isso, a purificação se torna urgente. Deus, o "Poderoso de Israel" (cf. Gn 49,24; Is 49,26; 60,16; Sl 132,2.5), castiga para "limpar as escórias" (cf. Pr 25,4; Ml 3,3). Os vv. 27-28 são provavelmente um acréscimo, e relembram o tema da reconstrução de Sião e a volta dos "espalhados" (cf. 27,12-13; 33,17-24; 35,1-10).

29-31: O redator posterior utiliza como exemplo os cultos de fertilidade, simbolizados por árvores e jardins sagrados, para criticar a autossuficiência dos poderosos (cf. Dt 12,2, Is 27,11; 47,14).

2,1-5: Como em Mq 4,1-3, este oráculo, que é de origem pós-exílica, contém a visão escatológica do Antigo Testamento: os povos estrangeiros convertidos para Javé; a peregrinação ao Templo de Jerusalém, centro do universo; a paz entre as nações (cf. 56,6-8; 60,11-14; Zc 8,1-23; 9,10; Sl 46,9-10; 76,4).

6-22: Oráculo provavelmente do reinado de Joatão. A irresponsabilidade, arrogância e maldade, manifestadas na religiosidade hipócrita e na prosperidade voltada para o interesse da classe dirigente, provocam a autodestruição da nação e da terra, descritas como um dia de castigo de Javé contra Israel (cf. Am 5,18-20; Os 4,1-3).

quando ele se levantar para aterrorizar a terra. ²⁰Nesse dia, o homem atirará aos ratos e morcegos seus ídolos de prata e ouro, que fez para adorar; ²¹e se esconderá nos buracos de rochedos e nas fendas de penhascos, diante do terror de Javé e do esplendor de sua majestade, quando ele se levantar para aterrorizar a terra.

²²Deixem de confiar no homem, que não passa de um sopro no nariz: o que é que ele pode valer?

3 ***Contra Jerusalém e Judá*** – ¹Vejam! O Senhor Javé dos exércitos tira de Jerusalém e de Judá toda e qualquer sustentação: toda reserva de pão e provisão de água. ²Tira o valente e o guerreiro, tira o juiz e o profeta, o adivinho e o ancião, ³o comandante e o notável, o conselheiro, o mago e o perito nos encantamentos.

⁴Colocarei adolescentes como chefes de vocês e meninos para governá-los. ⁵O povo usará violência: um contra outro, indivíduo contra indivíduo. O jovem se revoltará contra o ancião e o plebeu contra o nobre. ⁶Um indivíduo pegará seu irmão na casa do próprio pai, e dirá: "Pelo menos um manto você tem. Seja nosso chefe, tome conta dessa ruína". ⁷Nesse dia, ele se levantará para dizer: "Não sou médico. Na minha casa falta pão e roupa. Não me ponham como chefe do povo".

⁸Jerusalém está desmoronando e Judá se desmonta, pois o que eles dizem e fazem a Javé não passa de insulto à sua majestade. ⁹A expressão do rosto os condena: como Sodoma, eles fazem propaganda do seu pecado e nem sequer o escondem. Infelizes! Preparam o mal para si mesmos. ¹⁰Feliz o justo, porque tudo lhe correrá bem: comerá o fruto de suas ações. ¹¹Ai do injusto, porque tudo lhe correrá mal: será tratado como suas ações o merecem.

¹²Meu povo é oprimido por crianças e governado por mulheres! Povo meu, seus dirigentes o desnorteiam, invertem a direção do seu caminho.

¹³Javé se levanta para julgar, fica em pé para dar a sentença contra seu povo. ¹⁴Javé está vindo para fazer um julgamento contra os anciãos e contra os chefes do seu povo: "Vocês devoraram a vinha e está na casa de vocês tudo o que foi roubado aos pobres. ¹⁵Que direito têm vocês de oprimir meu povo e esmagar a face dos pobres?" – oráculo do Senhor Javé dos exércitos.

Contra as filhas de Sião – ¹⁶Diz Javé: Por causa do orgulho das filhas de Sião, que andam de cabeça erguida e olhos cobiçosos, e que vão pisando miúdo, tilintando os anéis do tornozelo, ¹⁷o Senhor cobrirá de sarna a cabeça das filhas de Sião. Javé desnudará a fronte delas. ¹⁸Nesse dia, Javé arrancará delas os enfeites: anéis de tornozelo, testeiras e lunetas; ¹⁹brincos, braceletes e véus; ²⁰grinaldas, correntinhas de pé e cintos; caixinhas de perfume e broches; ²¹anéis e pingentes para o nariz; ²²vestidos de gala e mantas; xales, bolsas, ²³espelhos, túnicas, chapéus e mantilhas. ²⁴E então, no lugar do perfume, haverá podridão; no lugar do cinto, estará uma corda; no lugar das tranças, uma cabeça raspada; pano de saco em vez de roupas luxuosas; e marca de ferro em brasa em vez de beleza.

Jerusalém dizimada pela guerra – ²⁵Seus homens vão tombar, mortos pela espada; seus valentes todos morrerão em combate. ²⁶Vão levantar-se lamentos e gemidos em suas portas; e você, desabitada, se assentará no pó.

4 ¹Nesse dia, sete mulheres agarrarão um só homem, dizendo: "Nós mesmas nos sustentaremos, nós mesmas compraremos nossas roupas. De você só queremos seu nome. Tire-nos dessa situação vergonhosa".

3,1-15: O trecho tem seu contexto no final do reinado de Joatão, nos inícios de Acaz, por volta de 735 a.C. O país atravessa grande instabilidade política e a crescente ameaça da Assíria, sob o comando de Teglat-Falasar III (vv. 1-9). Aproveitando-se da crise, o dirigente vai extorquindo e oprimindo o povo pobre (vv. 12-15: cf. Mq 2,1-2; 3,1-3). Os vv. 10-11 são provavelmente um acréscimo com o tema sapiencial: justo e ímpio (cf. Pr 11,21; 16,5).

16-24: A irresponsabilidade dos aristocratas na crise interna e externa do país agora é descrita com a metafórica ostentação das orgulhosas filhas de Sião (cf. 32,9-14; Am 4,1-3).

3,25-4,1. Oráculo de lamentação (cf. Am 5,1-3) que descreve, de modo doloroso, a destruição de Jerusalém e a situação de suas mulheres em 587 a.C. (Lm 2,3). Mostra sete mulheres (grande número) em situação desesperadora, que agarram um só homem para sobreviver. Situação que mostra uma lei da vida no mundo patriarcal e androcêntrico: mulher sem homem (não casada), sem filho, sem nome e sem família, não

A salvação do resto – ²Nesse dia, o rebento de Javé será honra e glória, fruto da terra, motivo de orgulho e esplendor para os sobreviventes de Israel. ³Aqueles que em Sião restarem, e os sobreviventes de Jerusalém, serão chamados santos: todos os que estiverem marcados para permanecerem vivos em Jerusalém. ⁴Quando Javé tiver lavado a sujeira das filhas de Sião e limpado o sangue que foi derramado dentro de Jerusalém, com vento justiceiro e sopro abrasador, ⁵então Javé criará, em toda a área do monte Sião e sobre toda a assembleia do povo, uma nuvem de dia, como fumaça brilhante, e à noite um fogo chamejante. Pois a glória de Javé será semelhante a uma cobertura sobre todas as coisas. ⁶Será uma tenda a proteger contra o calor do dia, um abrigo para a gente se esconder dos temporais e da chuva.

5 ***Cântico da vinha*** – ¹Cantarei, em nome do meu amigo, um canto de amor à sua vinha. Meu amigo tinha uma vinha em fértil colina. ²Capinou a terra, tirou as pedras e plantou nela videiras de uvas vermelhas. No meio, construiu uma guarita e fez um tanque de pisar uvas. Esperava que produzisse uvas boas, mas ela produziu uvas azedas. ³E agora, moradores de Jerusalém e homens de Judá, eu lhes peço: façam o julgamento entre mim e a minha vinha. ⁴O que mais eu deveria ter feito pela minha vinha, que não fiz? Quando esperei que desse uvas boas, por que ela me deu uvas azedas? ⁵Pois agora vou dizer-lhes o que farei com minha vinha: vou arrancar sua cerca para que sirva de pasto. Derrubarei seu muro para que seja pisada. ⁶Vou fazer dela um matagal: ficará sem podar e sem capinar; só mato e espinhos crescerão nela; e às próprias nuvens eu mandarei que não chovam sobre ela. ⁷A vinha de Javé dos exércitos é a casa de Israel, e sua plantação preferida são os homens de Judá. Eu esperava deles o direito, e produziram injustiça; esperava justiça, e aí estão gritos de desespero!

Seis "ais" contra os poderosos de Judá – ⁸Ai daqueles que juntam casa com casa e emendam campo a campo, até que não sobre mais espaço e sejam os únicos a habitarem no meio da terra. ⁹Javé dos exércitos jurou no meu ouvido: Suas muitas casas serão arrasadas, seus palácios luxuosos ficarão desabitados; ¹⁰um alqueire de videiras dará apenas um barril, e dez medidas de semente produzirão uma só.

¹¹Ai daqueles que madrugam procurando bebidas fortes e se esquentam com vinho até o anoitecer. ¹²Em seus banquetes, eles têm harpas e liras, tambores e flautas, e vinho para suas bebedeiras. E ninguém presta atenção na atividade de Deus, e ninguém vê o que a mão dele faz.

¹³É por falta de conhecimento que meu povo foi exilado; seus nobres morrem de fome e seus plebeus ardem de sede. ¹⁴É por isso que a morada dos mortos alarga sua garganta e abre sua boca desmedida: para lá descem seus nobres e sua plebe, o tumulto e a alegria da cidade.

¹⁵O ser humano será abatido, o homem será humilhado; os olhos dos soberbos serão rebaixados. ¹⁶No julgamento, Javé dos exércitos será exaltado, o Deus santo mostrará sua santidade através da justiça. ¹⁷Os cordeiros vão pastar em seus pastos e os cabritos vão comer sobre as ruínas.

¹⁸Ai dos que arrastam a culpa com as cordas da mentira, e o pecado com tirantes de uma carroça, ¹⁹e dizem: "Que ele ande depressa e faça logo sua obra, para que a gente possa ver. Apareça e se realize o plano do Santo de Israel, para que o conheçamos!" ²⁰Ai dos que dizem que o mal é bem e o bem é mal, dos que transformam as trevas em luz e a luz em trevas, dos que mudam o amargo em doce e o doce em

---

tem acesso ao direito de posse e proteção, à honra e à felicidade (cf. Ex 21,10).

4,2-6: Acréscimo feito no final do exílio na Babilônia ou logo depois. A comunidade atualiza o tema do "resto de Israel" (cf. 10,17-22) para manter no povo a esperança da restauração: Javé salvará e fará prosperar os sobreviventes das "filhas de Sião" (população de Jerusalém), para se tornar um povo novo e glorioso. O termo "rebento" é aplicado à pessoa do Messias (cf. Jr 23,5; 33,15; Zc 3,8; 6,12).

5,1-7: Este cântico pode situar-se no início da atividade profética de Isaías. Denuncia os governantes como vinha que produz "uvas azedas" de injustiça, violência e exploração dos pobres, com "gritos de desespero" (Ex 3,7-9; Sl 9,13; Jó 24,12). A imagem da vinha, aplicada ao povo eleito e depois rejeitado, retorna com frequência na Bíblia: cf. Is 27,2-5; Sl 80,9-17; Jr 2,21; 5,10; 6,9; 12,10; Ez 15,1-8; 17,3-10; 19,10-14; Os 10,1; Mt 21,33-44; Jo 15,1-2.

8-24: A maioria dos oráculos introduzidos por "ai" (cf. Am 6,1-6; Jr 22,13-19; Hab 2,6-20; Lc 6,24-26) parece

amargo! ²¹Ai dos que são sábios a seus próprios olhos e inteligentes diante de si mesmos! ²²Ai dos que são fortes para beber vinho e valentes para misturar bebidas, ²³dos que absolvem o injusto a troco de suborno e negam fazer justiça ao justo! ²⁴Por isso, como a chama devora a palha, e o capim seco se incendeia e se consome, assim a raiz dessa gente apodrecerá, e seus brotos voarão como poeira, pois eles rejeitaram a lei de Javé dos exércitos e desprezaram a palavra do Santo de Israel.

Invasão dos assírios – ²⁵Por isso, a ira de Javé se inflamou contra seu povo, e ele estendeu a mão para castigá-lo. As montanhas tremeram e seus cadáveres estão pelas ruas como lixo. Apesar de tudo isso, a ira dele não se acalmou, e sua mão continua estendida. ²⁶Javé dará um sinal para um povo distante, assobiará para ele do extremo da terra. Vejam! Esse povo chega veloz e ligeiro. ²⁷No meio dele, ninguém se cansa, ninguém tropeça; ninguém tem sono, ninguém cochila; ninguém desaperta o cinturão, ninguém desamarra a correia das sandálias. ²⁸Suas flechas estão afiadas e todos os arcos bem esticados; os cascos de seus cavalos parecem de pedra, e as rodas de seus carros são como furacão. ²⁹Seu rugido é como da leoa, ruge como leão novo; ruge enquanto agarra sua presa: segura, e ninguém a toma dele. ³⁰Naquele dia, rugirá contra ele, como o barulho das ondas do mar. Olhe para a terra: tudo é escuridão e angústia, a luz se transformou em trevas por causa das nuvens.

6 ***Vocação de Isaías*** – ¹No ano em que o rei Ozias morreu, eu vi o Senhor sentado num trono alto e elevado. A barra do seu manto enchia o Templo. ²De pé, acima dele, estavam serafins, cada um com seis asas: com duas cobriam o rosto, com duas cobriam os pés, e com duas voavam. ³Eles clamavam uns para os outros: "Santo, Santo, Santo é Javé dos exércitos! A sua glória enche toda a terra". ⁴Com o barulho das aclamações, os batentes das portas tremeram e o Templo se encheu de fumaça. ⁵Então eu disse: "Ai de mim, estou perdido! Sou homem de lábios impuros e vivo no meio de um povo de lábios impuros, e meus olhos viram o Rei, Javé dos exércitos".

⁶Nesse momento, um dos serafins voou até onde eu estava, trazendo na mão uma brasa que havia tirado do altar com uma tenaz. ⁷Com a brasa tocou-me os lábios, e disse: "Veja, isto aqui tocou seus lábios: sua culpa foi removida, seu pecado foi perdoado".

⁸Ouvi então a voz do Senhor que dizia: "Quem é que vou enviar? Quem irá por nós?" Eu respondi: "Aqui estou. Envia-me!" ⁹Ele me disse: "Vá, e diga a esse povo: Escutem com os ouvidos, mas não entendam; olhem com os olhos, mas não percebam! ¹⁰Torne insensível o coração desse povo, ensurdeça seus ouvidos, cegue seus olhos, para que ele não veja com os olhos nem ouça com os ouvidos, nem compreenda com o coração, nem se converta, de modo que eu não o perdoe". ¹¹E eu perguntei: "Até quando, Senhor?" Ele respondeu: "Até que as cidades desmoronem, despovoadas; até que as casas fiquem desabitadas e o solo devastado e desolado. ¹²Porque Javé expulsará os homens e o abandono crescerá na terra. ¹³E se nele sobrar apenas uma décima parte, tornará a ser cortado como o carvalho e o

---

denunciar a autossuficiência, a subversão moral e as injustiças e violências cometidas por poderosos de Judá no "tempo de prosperidade". A sétima maldição continua em Is 10,1-4. O v. 17 pode ser um acréscimo que descreve a desolação a que Judá foi reduzido no exílio. A comparação de Is 5,8-10 com Mq 2,1-4 ajuda a compreender a formação, à linguagem e o ponto de vista de Isaías.

25-30: É talvez um dos oráculos de Isaías contra o reino de Israel, pouco antes da guerra siro-efraimita, que forma conjunto com Is 9,7-20. O refrão "sua mão continua estendida" (v. 25) se encontra em 9,11.16.20 e 10,4. Para Isaías, profeta da corte e conhecedor da conjuntura política da época, será iminente a invasão da Assíria nos países do movimento antiassírio. Ele considera a Assíria como instrumento de Deus para condenar os dirigentes do norte. A imagem de leão poderoso e feroz (Os 5,14; 13,7; Am 3,12) é um dos emblemas do exército assírio, com seu excelente equipamento militar (vv. 27-28).

6,1-13: A consagração de Isaías acontece no Templo de Jerusalém, onde Javé, "Santo, Santo, Santo", manifesta sua presença (cf. Ex 19,16-18; 1Rs 8,10-12; Ez 10,3-5; Ap 4,8). Com a fé na santidade de Javé, Deus poderoso, absoluto e o transcendente de Israel, Isaías orienta seu ministério profético na corte, exigindo a confiança absoluta em Javé e a pureza na ética. Serafins: cf. notas a Ez 1 e 10. Os vv. 11-13 podem ser um acréscimo e relembram o exílio e o "toco" (resto) de Israel. O redator utiliza assim o tema do "resto" para moderar os oráculos severos (4,2-3; 10,20 etc.).

terebinto. Depois de cortados, restará apenas um toco. Esse toco será uma semente santa".

7 Intervenção de Isaías com seu filho Sear-Jasub –

¹Acaz, filho de Joatão, filho de Ozias, era rei de Judá. Rason, rei de Aram, e Faceia, filho de Romelias, rei de Israel, subiram contra Jerusalém para tomá-la de assalto, mas não conseguiram atacá-la, ²pois a casa de Davi foi avisada de que Aram tinha feito aliança com Efraim. Com isso, o coração do rei e de todo o povo ficaram agitados como árvores do bosque agitadas pelo vento.

³Então Javé disse a Isaías: "Vá ao encontro de Acaz, você e seu filho Sear-Jasub. Acaz está no fim do canal do reservatório superior, no caminho que leva ao campo do Pisoeiro. ⁴Diga a ele: Tenha cuidado, mas fique calmo! Não tenha medo nem vacile seu coração por causa dessas duas achas fumegantes, isto é, por causa da raiva de Rason de Aram e do filho de Romelias. ⁵Pois Aram, Efraim e o filho de Romelias tramaram fazer o mal contra você, dizendo: ⁶Vamos atacar Judá, vamos devastá-lo e ocupá-lo, vamos colocar como rei deles o filho de Tabeel. ⁷Assim fala o Senhor Javé: Isso não irá em frente, isso não acontecerá. ⁸Pois a capital de Aram é Damasco, e o chefe de Damasco é Rason. Dentro de sessenta e cinco anos, Efraim será arrasado e deixará de ser povo. ⁹A capital de Efraim é Samaria, e o chefe de Samaria é o filho de Romelias. Mas, se vocês não acreditam, não se manterão firmes".

O sinal de Emanuel – ¹⁰Javé falou de novo a Acaz, dizendo: ¹¹"Peça para você um sinal a Javé seu Deus, nas profundezas da morada dos mortos ou na sublimidade das alturas". ¹²Acaz respondeu: "Não vou pedir! Não vou tentar Javé!" ¹³Disse-lhe Javé: "Escute, herdeiro de Davi, será que não basta a vocês cansarem a paciência dos homens? Precisam cansar também a paciência do próprio Deus? ¹⁴Pois saibam que Javé mesmo lhes dará um sinal: A jovem concebeu e dará à luz um filho, e o chamará pelo nome de Emanuel. ¹⁵Ele vai comer coalhada e mel, até que aprenda a rejeitar o mal e escolher o bem. ¹⁶Mas, antes que o menino aprenda a rejeitar o mal e escolher o bem, o solo desses dois reis que lhe estão causando medo será arrasado. ¹⁷Javé há de trazer para você, para seu povo e para a casa do seu pai dias de felicidade como nunca houve, desde o dia em que Efraim se separou de Judá".

Invasões – ¹⁸Nesse dia, Javé assobiará para as moscas da foz do rio do Egito e para as abelhas da terra da Assíria. ¹⁹Elas virão todas e pousarão nas grotas dos morros e nas fendas das rochas, em todas as moitas de espinhos e em todos os bebedouros. ²⁰Nesse dia, o Senhor raspará, com uma navalha alugada além do rio Eufrates, a cabeça e o pelo das pernas; até a barba ele há de tirar. ²¹Nesse dia, cada um criará uma novilha e duas ovelhas. ²²E como haverá fartura de leite, todos comerão coalhada. Comerão coalhada com mel todos os que ficarem na terra. ²³Nesse dia, todo lugar onde houver mil videiras, no valor de mil moedas de prata, será transformado em espinheiro e matagal. ²⁴Aí entrarão os que estiverem armados de arco e flecha, pois toda a terra se transformará em espinheiro e matagal. ²⁵E em todos os montes capinados com enxada, você terá medo de entrar, por causa dos espinheiros e do matagal; servirão de pasto para os bois e serão pisados pelas ovelhas.

7,1-9: Israel e Aram movem guerra contra Judá, para destronar o rei Acaz e estabelecer em seu lugar o filho de Tabeel, um príncipe arameu da corte de Damasco (cf. 2Rs 16,5). Diante da ameaça, Isaías intervém e aconselha Acaz a depositar sua confiança em Deus. O nome do filho de Isaías, Sear-Jasub, cujo sentido é "um resto retornará", serve de sinal profético do poder de Deus: quem nele confia sobreviverá. A data "dentro de sessenta e cinco anos" (por volta de 670 a.C.) não se refere à destruição de Samaria em 722 a.C., mas provavelmente à campanha egípcia de Asaradon, rei da Assíria, em 671 a.C. (Esd 4,2.10).

10-17: O segundo sinal de que a casa davídica permanecerá para sempre é o nascimento do próprio filho de Acaz, com o nome de Emanuel, isto é, "Deus conosco". No contexto histórico, a jovem é a rainha, e o menino é o futuro rei Ezequias. O tema do nascimento de um messias como rei davídico (cf. 2Sm 7,12-16) será renovado mais tarde por grupos davídicos (cf. Ez 34,23; Ag 2,23), em contraste com um messias como "servo sofredor" (cf. Is 42,1-9). No v. 14, a Bíblia grega dos LXX traduziu o termo hebraico *'almah* (menina, jovem, donzela) por "virgem", tradução aplicada à maternidade virginal de Maria (Mt 1,23).

18-25: Apesar dos conselhos contrários de Isaías, o rei Acaz busca a proteção da Assíria. O profeta reage e anuncia: abrir a porta do país a insetos imperialistas (Egito e Assíria) provocará a devastação do campo. O

8 *O segundo filho de Isaías* – ¹Javé me disse: "Pegue uma tábua grande e escreva nela com estilete comum: 'Pronto-saque-rápida-pilhagem'". ²Então eu tomei testemunhas de confiança: o sacerdote Urias com Zacarias, filho de Baraquias. ³Em seguida, eu me uni à profetisa e ela concebeu e deu à luz um filho. Javé disse-me: "Dá-lhe o nome de 'Pronto-saque-rápida-pilhagem', ⁴pois antes que o menino aprenda a falar 'papai, mamãe', as riquezas de Damasco e os despojos de Samaria serão levados perante o rei da Assíria".

As águas de Siloé – ⁵Javé continuou falando comigo: ⁶"Já que este povo desprezou as águas de Siloé que correm mansamente, apavorado diante de Rason e do filho de Romelias, ⁷o Senhor vai trazer para ele as águas torrenciais e impetuosas do rio Eufrates (o rei da Assíria com toda a sua força): elas enchem o leito, transbordam por todas as margens, ⁸invadem Judá, o inundam e lhe sobem até o pescoço". Suas asas abertas cobrirão toda a extensão da sua terra, ó Emanuel!

Emanuel, sinal de proteção – ⁹Povos, fiquem sabendo que vocês serão derrotados. Atenção, terras distantes: armem-se quanto quiserem, que vocês sairão derrotados. ¹⁰Façam planos à vontade, que fracassarão. Façam ameaças: elas não se cumprirão, porque Deus está conosco.

Javé, pedra de tropeço – ¹¹Assim me disse Javé, enquanto me segurava pela mão e me proibia de seguir o caminho desse povo: ¹²Não chamem de conspiração tudo o que esse povo chama de conspiração. Não participem do medo deles e não se apavorem. ¹³Chamem Santo somente a Javé dos exércitos. Dele sim, tenham temor e terror. ¹⁴Ele será um santuário, mas poderá ser uma pedra de tropeço, um obstáculo que derruba, para as duas casas de Israel; um laço e uma armadilha para os habitantes de Jerusalém. ¹⁵Muitos tropeçarão nela, cairão, se quebrarão, serão presos e capturados.

Instrução de Isaías silenciado – ¹⁶Feche esse atestado e lacre essa instrução junto aos meus discípulos. ¹⁷Eu confio em Javé, que esconde sua face à casa de Jacó, e nele espero. ¹⁸Agora, eu e os filhos que Javé me deu, somos para Israel sinais e presságios de Javé dos exércitos, que mora no monte Sião ¹⁹Quando disserem a vocês: "Consultem os espíritos e adivinhos, que sus surram e murmuram fórmulas; por acaso um povo não deve consultar seus deuses e consultar os mortos em favor dos vivos?", ²⁰comparem com a instrução e o atestado: se o que disserem não estiver de acordo com o que aí está, então não haverá aurora para eles. ²¹Ele atravessará o país aflito e faminto e, enfurecido pela fome, amaldiçoará seu rei e seu Deus. Olhará para alto, e ²²de novo olhará para a terra: tudo é aperto e escuridão sem saída, angústia e densas trevas, sem aurora. ²³ᵃNão haverá saída para a terra angustiada.

Nascimento do Príncipe da Paz – ²³ᵇNo passado, ele humilhou a terra de Zabulon e Neftali; mas no futuro tornará glorioso o caminho do mar, o Além-Jordão, Galileia das nações.

---

rei da Assíria é comparado a uma navalha que raspa, ou seja, controla toda a nação. Os vv. 21-22 talvez sejam um acréscimo, enquadrando-se bem no tema do "resto" de Israel.

8,1-4: O nome do segundo filho de Isaías, "Pronto-saque-rápida-pilhagem", em hebraico *Maer-Salal Has-Baz*, anuncia simbolicamente o ataque iminente dos assírios contra Damasco e Samaria. Historicamente, os dois reinos foram invadidos pela Assíria em 732 a.C.

5-8: Em hebraico, Siloé significa emissário, canal, túnel (cf. Jo 9,7.11) Trata-se aqui de um escoadouro das águas de Gion (7,3), única fonte de Jerusalém, que é tradicionalmente considerada como símbolo da presença de Deus (cf. Ez 47,1-12; Ap 22,1-5). São as águas que servem até para a consagração dos reis davídicos (1Rs 1,38). A busca da proteção da Assíria na guerra siro-efraimita é comparada à rejeição das águas de Siloé. Provocará castigo de Deus por meio da invasão da Assíria, descrita como inundação do rio Eufrates.

9-10: Trata-se de um oráculo contra os países da liga siro-efraimita, que tentam invadir Judá. Seu plano ambicioso fracassará, porque Deus é Emanuel: Deus-conosco. Ele protegerá Judá.

11-15: Isaías se opõe à aliança com a Assíria e por isso é chamado de conspirador contra o rei Acaz (v. 12). Mas o profeta não desiste de anunciar que a confiança deve ser depositada em Javé dos exércitos, e não na Assíria. Javé é "santuário" (Ez 11,16) para quem nele confia e "pedra de tropeço" para quem o rejeita (Is 28,16).

16-23: Isaías silenciado escreve a instrução de confiança e esperança em Javé. Apresenta também o destino daqueles que não consultam Javé nem confiam nele: devastação, fome e falta de perspectivas para o futuro. Um pouco antes da invasão de Senaquerib, em 701 a.C., acontecerá outro período de silêncio na vida de Isaías (cf. Is 30,8-17).

8,23b–9,6: Oráculo pronunciado talvez na entronização do jovem rei Ezequias, para as regiões do norte da

9 ¹O povo que andava nas trevas viu uma grande luz, e uma luz brilhou para os que habitavam uma terra tenebrosa. ²Multiplicaste sua alegria, aumentaste seu prazer. Vão alegrar-se diante de ti, como na alegria da colheita, como no prazer dos que repartem despojos de guerra. ³Porque, como no dia de Madiã, quebraste a canga de suas cargas, a vara que batia em suas costas e o bastão do capataz de trabalhos forçados. ⁴Porque toda bota que pisa com barulho e toda capa empapada de sangue serão queimadas, devoradas pelas chamas.

⁵Pois nasceu para nós um menino, um filho nos foi dado: sobre seu ombro está o manto real, e ele se chama "Conselheiro Maravilhoso", "Deus Forte", "Pai para sempre", "Príncipe da Paz". ⁶Grande será seu domínio, e a paz não terá fim sobre o trono de Davi e seu reino, firmado e reforçado com o direito e a justiça, desde agora e para sempre. O zelo de Javé dos exércitos é quem realizará isso.

Contra o reino do norte – ⁷O Senhor enviou uma ameaça contra Jacó, e ela atingiu Israel. ⁸O povo todo ficou sabendo, Efraim e os moradores de Samaria. Cheios de soberba e presunção, eles dizem: ⁹"Os tijolos caíram? Nós reconstruiremos com pedras. Derrubaram o madeiramento de sicômoro? Nós o substituiremos com cedro". ¹⁰Javé, porém, sustenta contra esse povo seu adversário Rason e incita contra ele seus inimigos: ¹¹os arameus pelo oriente e os filisteus pelo ocidente, que devoram Israel com grandes mordidas. Apesar de tudo isso, a ira dele não se acalma e sua mão continua estendida! ¹²Mas o povo não se volta para quem o castiga, não procura Javé dos exércitos!

¹³Então Javé corta de Israel a cabeça e a cauda, a palma e o junco, num só dia. ¹⁴O ancião e dignitário são a cabeça; e o profeta, mestre de mentiras, é a cauda. ¹⁵Os que dirigem esse povo o extraviam, e os que se deixam guiar ficam aniquilados. ¹⁶É por isso que Javé não terá piedade dos jovens, nem se compadecerá dos órfãos e viúvas, pois são todos injustos e malvados, e toda boca só diz loucuras. Apesar de tudo isso, a ira dele não se acalma, e sua mão continua estendida.

¹⁷Pois a impiedade queima como fogo, devorando espinheiro e matagal, incendiando a mata fechada, e fazendo subir colunas de fumaça. ¹⁸Pela ira de Javé dos exércitos, a terra queima e o povo se torna pasto do fogo: ninguém tem pena do próprio irmão. ¹⁹Morde à direita, e continua com fome; devora à esquerda, mas não fica satisfeito: cada um devora a carne do seu próximo. ²⁰Manassés devora Efraim e Efraim devora Manassés, e os dois se juntam contra Judá. Apesar de tudo isso, a ira de Javé não se acalma, e sua mão continua estendida!

10 *Sétimo "ai" contra os poderosos de Judá* – ¹Ai daqueles que fazem decretos iníquos e daqueles que escrevem apressadamente sentenças de opressão, ²para negar a justiça ao fraco e fraudar o direito dos pobres do meu povo, para fazer das viúvas sua presa e despojar os órfãos. ³O que farão vocês no dia do castigo, quando chegar a tempestade que vem de longe? O apoio de quem vocês irão procurar e onde deixarão suas riquezas, ⁴para não saírem encurvados junto com os prisioneiros e para não caírem no meio dos cadáveres? Apesar de tudo isso, a ira de Javé não se acalma, e sua mão continua estendida!

"Ai" contra a Assíria – ⁵Ai da Assíria, vara da minha ira, bastão do meu furor posto em suas mãos. ⁶Contra uma nação ímpia

---

Palestina, que foram devastadas pela Assíria, em 724-722 a.C. Como a vitória de Gedeão sobre os madianitas (cf. Jz 7,1-25), a libertação do povo humilhado será realizada pelo novo rei davídico, um ideal rei "Emanuel", anunciado em Is 7,14. Aqui os quatro títulos aplicados ao menino (v. 5) seguem o protocolo egípcio da entronização do novo faraó. As comunidades cristãs citam Is 8,23–9,1 para descrever a esperança que o povo sofrido deposita na mensagem e prática de Jesus, "rei" dos necessitados e excluídos (Mt 4,12-25).

9,7-20: Oráculo datado antes ou pouco depois da guerra siro-efraimita (Is 5,25-30). Com a exigência de Damasco (Rason) e dos filisteus, o reino do norte participa do movimento antiassírio, ataca Judá e é derrotado pela Assíria. Apesar da derrota e devastação, os dirigentes de Israel continuam arrogantes e afastados de Deus. Por isso, quem corre o perigo de se arruinar é o povo, aqui representado por Manassés e Efraim, duas principais tribos do norte.

10,1-4: Continuação da série de "ais" que tem início em Is 5,8-24. Isaías condena a irresponsabilidade e o crime governantes por não defenderem as pessoas que carecem de meios para viver com dignidade.

5-16: Em 701 a.C. o exército da Assíria invade Judá e cerca Jerusalém, a cidade santa. Para Isaías, o todo-poderoso e absoluto Deus Javé usa até um exército

eu a enviei, eu lhe dei ordens contra o povo da minha cólera, para que o saqueie e o despoje, e o pise como se fosse lama da rua. ⁷Mas ela não tinha essa intenção, e seu coração não se apegou a esse plano. Pelo contrário, ela só pensava em exterminar e destruir bom número de nações. ⁸De fato, ela dizia: "Por acaso meus príncipes não são todos reis? ⁹Calane não teve a mesma sorte de Carquemis, Emat não teve a mesma sorte de Arfad, e Samaria não teve a mesma sorte de Damasco? ¹⁰Ora, se minha mão alcançou aqueles reinos de ídolos, cujas imagens eram mais numerosas que em Jerusalém e Samaria, ¹¹não farei com Jerusalém e suas imagens o mesmo que fiz com Samaria e seus ídolos?"

¹²Pois bem! Quando o Senhor terminar tudo o que está fazendo no monte Sião e em Jerusalém, ele vai dar o castigo ao rei da Assíria, conforme a soberba dos seus pensamentos e a arrogância do seu olhar. ¹³Pois ele disse: "Foi com a força da minha mão que eu fiz o que fiz. Agi com sabedoria porque sou inteligente. Mudei as fronteiras das nações e saqueei seus tesouros. Como herói derrubei os que se sentavam em tronos. ¹⁴Como de um ninho, minha mão apanhou as riquezas dos povos: como se recolhem ovos abandonados, recolhi a terra inteira, e não houve quem batesse asas, ninguém que desse um pio".

¹⁵Acaso o machado se gloria contra aquele que o segura? Ou a serra se engrandece contra aquele que a maneja? Como se o bastão pudesse balançar quem o ergueu, ou a vara levantar aquele que não é madeira! ¹⁶Por isso, o Senhor Javé dos exércitos vai mandar magreza à gordura dele. Em lugar de sua glória, haverá um incêndio, como incêndio provocado por fogo.

O resto de Israel – ¹⁷A luz de Israel se tornará um fogo, e seu Santo uma labareda, que há de devorar e consumir num só dia seus espinheiros e matagal. ¹⁸Como se fosse um doente que definha, vai se extinguir toda a beleza de suas matas e de seus bosques. ¹⁹Tão poucas árvores sobrarão na floresta, que até uma criança poderá contá-las.

²⁰Nesse dia, o resto de Israel, os da casa de Jacó que escaparem, não vão mais procurar apoio naquele que os fere. Vão se apoiar, com toda a fidelidade, em Javé, o Santo de Israel. ²¹O resto, o resto de Jacó voltará para o Deus forte. ²²Israel, ainda que seu povo fosse tão numeroso como a areia do mar, a verdade é que de todo ele só um resto voltará, pois foi decretada a destruição: a justiça transborda. ²³Sim, a destruição foi decretada: o Senhor Javé dos exércitos vai executá-la no meio de toda a terra.

Não ter medo da Assíria – ²⁴Por isso, assim diz o Senhor Javé dos exércitos: Povo meu que habita em Sião, não tenha medo da Assíria. Ela lhe bate com um bastão, levanta contra você sua vara no caminho do Egito. ²⁵Só mais um pouco de tempo, e meu furor chegará ao fim. Minha ira os destruirá. ²⁶Javé dos exércitos puxará o relho contra eles, como quando atacou Madiã perto da rocha de Oreb, ou como quando ergueu sua vara contra o mar no caminho do Egito.

²⁷Nesse dia, será retirada a carga dos ombros de vocês e a canga de seu pescoço, e o jugo será destruído por causa da unção.

Invasão – ²⁸Ele chega a Aiat, passa por Magron e deixa sua bagagem em Macmas. ²⁹Atravessam o desfiladeiro e acampam em Gaba. Ramá estremece, Gabaá de Saul

---

inimigo como instrumento para castigar e educar Judá, o povo infiel (cf. Is 13,5; Jr 51,20). Mas agora a Assíria, com poder e audácia desenfreados, deve ser castigada porque ousa atacar o monte Sião, a morada de Deus. Calane e Arfad são as cidades do território da Síria conquistadas pelos assírios na época de Isaías (cf. Am 6,2: 2Rs 18,34; Is 36,19). O castigo contra a Assíria é um dos temas importantes de Isaías (Is 14,24-27; 29,1-8; 30,27-33; 31,4-5).

17-23: Acréscimo feito durante o exílio na Babilônia, ou logo em seguida. Com a destruição de Jerusalém em 587 a.C., a expressão "resto" designa os sobreviventes (dispersos) da catástrofe, tanto em Jerusalém (cf. 4,3; 6,13; Jr 24,8; 39,9) como na Babilônia e em outras na-

ções (cf. Jr 23,3; Ez 11,13-21). Após o fim do exílio, o resto representa os retornados que se agrupam ao redor de Jerusalém (cf. Mq 4,7; Ag 1,12; Zc 8,6; Esd 1,4; Ne 1,2).

24-27: Estes vv. ficariam melhor depois de Is 10,5-16. Isaías encoraja o povo apavorado diante do ataque de Senaquerib em 701 a.C. Insiste que Javé derrotará o exército da Assíria, como fez com o exército do faraó (cf. Ex 14,16) e dos madianitas (Is 9,3; cf. Jz 7,25). A unção com óleo é um rito sagrado na consagração de reis e profetas, ato que simboliza a força do Espírito de Deus (cf. 1Sm 16,13; Is 61,1).

28-34: O texto apresenta a lista de cidades localizadas numa rota ideal para uma invasão procedente do norte, como esta da Assíria (Is 14,31). Alguns pensam

põe-se em retirada. ³⁰Levante a voz, Bat--Galim! Esteja atenta, Laísa! Responda--lhe, Anatot! ³¹Madmena foge e os moradores de Gabim procuram esconderijo. ³²Ainda hoje, parando em Nob, com a mão ele ameaça o monte da filha de Sião, a colina de Jerusalém. ³³Vejam! Com terrível violência o Senhor Javé dos exércitos vai podar a ramagem: os galhos mais altos serão cortados, os ramos de cima serão abatidos; ³⁴o grosso da floresta será cortado a ferro, e o Líbano majestoso cairá.

11 *Um novo Davi* – ¹Do tronco de Jessé sairá um ramo, um broto nascerá de suas raízes. ²Sobre ele pousará o espírito de Javé: espírito de sabedoria e inteligência, espírito de conselho e fortaleza, espírito de conhecimento e temor de Javé. ³Sua inspiração estará no temor de Javé. Ele não julgará pelas aparências, nem dará a sentença só por ouvir. ⁴Ele julgará os fracos com justiça, dará sentenças retas aos pobres da terra. Ele ferirá o violento com o cetro de sua boca, e matará o injusto com o sopro de seus lábios. ⁵A justiça é a correia de sua cintura, e a fidelidade é a correia de seus rins.

⁶O lobo será hóspede do cordeiro, o leopardo se deitará ao lado do cabrito. O bezerro e o leãozinho pastarão juntos, e um menino os guiará. ⁷Pastarão juntos o urso e a vaca, e suas crias ficarão deitadas lado a lado. E o leão comerá capim como o boi. ⁸A criança de peito brincará no buraco da cobra venenosa, a criancinha colocará a mão no esconderijo da serpente. ⁹Ninguém agirá mal nem provocará destruição em meu monte santo, pois a terra estará cheia do conhecimento de Javé, como as águas enchem o mar.

Retorno dos exilados – ¹⁰Nesse dia, a raiz de Jessé se erguerá como estandarte para os povos. Para ela correrão as nações, e sua moradia será gloriosa. ¹¹Nesse dia, o Senhor tornará a estender a mão para resgatar o resto do seu povo, o que sobrou na Assíria e no Egito, em Patros, em Cuch e Elam, em Senaar, em Emat e nas ilhas do mar. ¹²Ele erguerá um estandarte para as nações, a fim de reunir os israelitas exilados, para ajuntar os judeus dispersos dos quatro cantos da terra. ¹³O ciúme de Efraim vai acabar, e terminará o rancor de Judá: Efraim não terá mais ciúmes de Judá, nem Judá terá rancor de Efraim. ¹⁴Voarão sobre o litoral dos filisteus pelo lado do mar, e juntos saquearão do outro lado os povos do oriente. Porão suas mãos em Edom e Moab, e aos filhos de Amon imporão obediência. ¹⁵Javé fará secar o golfo do mar do Egito, e com a força do seu sopro estenderá a mão contra o rio Eufrates, reduzindo-o a sete braços que podem ser atravessados de sandálias. ¹⁶Haverá uma estrada para o resto do seu povo, para o que sobrar na Assíria, da mesma forma como houve uma estrada para Israel no dia em que saiu da terra do Egito.

12 *Ação de graças* – ¹Nesse dia, você dirá: "Eu te agradeço, Javé, porque estavas irado contra mim, mas tua ira se acalmou e me consolaste. ²Sim, Deus é minha salvação! Eu confio e nada tenho a temer, porque minha força e meu canto é Javé: ele é a minha salvação. ³Com alegria vocês todos poderão beber água nas fontes da salvação".

⁴E, nesse dia, vocês dirão: "Agradeçam a Javé, invoquem seu nome, contem aos povos as façanhas que ele fez, proclamem que seu nome é sublime. ⁵Cantem hinos a

---

que a invasão não é da Assíria, e sim do exército siro-efraimita no ano 735 a.C. Os vv. 33-34 provavelmente são um acréscimo que serve de fundo desolador a 11,1-9.

11,1-9: Jessé, pai de Davi (1Sm 16,1), é o antepassado de todos os reis da dinastia davídica. Para o grupo de Isaías, ligado a ela, o espírito de Javé deverá estar com o "messias rei" e estabelecer um reino de justiça e paz no mundo (cf. Jr 23,5; Is 2,2-4; 65,25; Ef 6,14; 2Ts 2,8). Mais tarde, também o Segundo Isaías apresentará o "messias servo" representando o povo sofredor como sujeito da história que tenta construir uma sociedade baseada no direito, na justiça, na solidariedade e não-violência (cf. 42,1-9; 49,1-6; 50,4-11).

10-16: Oráculo provavelmente do final do exílio na Babilônia ou logo após (540-530 a.C.). Apresenta-se como o novo êxodo, o grande retorno dos exilados com o estandarte da casa davídica (cf. 49,22; 62,10; Ez 37,24-28; Esd 1-3). Os países mencionados no texto são as regiões para onde foram dispersos os judeus, e representam os "quatro cantos da terra": Assíria, Egito, Patros (alto Egito), Cuch (Etiópia), Elam e Senaar (vale do Tigre e do Eufrates), Emat (Síria), as ilhas do mar (Mediterrâneo-Grécia). Para esta última região, muitos judeus foram vendidos como escravos pelos fenícios (Jl 4,6).

12,1-6: Salmo de ação de graças ao Deus que liberta e restaura o povo (cf. Ex 15,2; Sl 105,1-5). Com este salmo, o redator encerra a primeira parte (Is 1-12).

Javé, pois ele fez proezas. Que toda a terra as reconheça. ⁶Grite de alegria e exulte, ó habitante de Sião, porque grande é em seu meio o Santo de Israel".

II. ORÁCULOS CONTRA AS NAÇÕES

13 *Contra a Babilônia* – ¹Oráculo contra a Babilônia, recebido em visão por Isaías, filho de Amós. ²Ergam um estandarte em cima do morro pelado, gritem para eles. Deem sinal com a mão, e eles virão até a Porta dos Nobres. ³Eu já dei ordem a meus guerreiros consagrados, e também já chamei meus valentes a serviço de minha ira, eles que gostam de louvar minha grandeza.

⁴Um barulho nas montanhas, semelhante ao rumor de uma grande multidão; alvoroço de reinos, de nações reunidas: Javé dos exércitos passa em revista o seu exército para o combate. ⁵Eles vieram de terras longínquas, do horizonte mais distante. É Javé com os instrumentos de sua ira para acabar com toda aquela terra.

⁶Gritem, porque o dia de Javé está chegando. Ele vem com a violência de Shadai. ⁷Por isso, os braços desfalecem, e toda coragem humana se enfraquece. ⁸Todo mundo está apavorado, cheio de dores e aflições, contorcendo-se como a mulher ao dar à luz. Cada um olha espantado para o outro, com o rosto vermelho de vergonha. ⁹Eis que chega implacável o dia de Javé, com o furor e o calor da sua ira, para fazer do país um deserto, para exterminar os pecadores. ¹⁰As estrelas do céu e suas constelações deixarão de irradiar sua luz, o sol já nascerá escuro e a lua não terá mais seu clarão. ¹¹Vou cobrar a maldade do mundo inteiro, os crimes dos injustos. Porei um fim ao orgulho dos soberbos e rebaixarei a vaidade dos prepotentes. ¹²Farei que o homem seja coisa mais rara que o ouro, mais difícil de encontrar que o ouro de Ofir. ¹³É assim que vou balançar os céus, e a terra vai tremer em suas bases na hora da ira de Javé dos exércitos, no dia do calor de sua ira.

¹⁴Então, como cabritinha assustada ou como ovelha que ninguém consegue achar, cada qual voltará para seu povo, cada um vai se esconder em sua própria terra. ¹⁵Quem for encontrado será transpassado; quem for alcançado morrerá ao fio da espada. ¹⁶Suas crianças serão despedaçadas diante de seus olhos; suas casas serão saqueadas e suas mulheres serão violentadas.

¹⁷É assim que eu vou atirar contra eles o povo da Média, gente que não se importa com a prata nem se preocupa com o ouro. ¹⁸Com seus arcos matam os jovens, não têm compaixão dos frutos do ventre. O olhar deles não se comove diante das crianças.

¹⁹Então Babilônia, a pérola dos reinos, o enfeite e orgulho dos caldeus, será transformada em ruínas, como aquelas que Deus provocou em Sodoma e Gomorra. ²⁰Nunca mais será habitada. Gerações após gerações, ela não será jamais ocupada; os árabes não armarão aí suas tendas, nem os pastores irão aí descansar com seus rebanhos. ²¹Aí se abrigarão os animais do deserto: as casas da cidade estarão povoadas de corujas. Aí vão dormir filhotes de avestruz, e por aí os bodes saltarão. ²²Hienas vão ulular em suas torres, e os chacais uivarão nos edifícios luxuosos. A hora da Babilônia está chegando. Seus dias não serão prorrogados.

14 *Fim do exílio* – ¹Javé terá compaixão de Jacó e escolherá ainda Israel e o restabelecerá em sua terra. Os

---

13-23: Nos capítulos 13-23, o redator reuniu vários oráculos contra as nações que tiveram conflitos com Judá: Egito, Assíria, Babilônia, Filisteia, Moab, Damasco, Israel, Edom e Arábia. Em destaque, os três primeiros impérios que disputavam a hegemonia da Síria-Palestina e invadiram Judá. A maioria dos oráculos representa a visão histórica, política e teológica de Isaías e de seus seguidores: Javé como Deus verdadeiro e poderoso e Senhor da história, e Judá como povo eleito de Javé. Quem se opõe ao caminho do "Santo de Israel" e o desvia será castigado e destruído.

13,1-22: Este oráculo data do final do exílio, talvez pouco depois. Descreve o dia de Javé contra Babilônia, capital do antigo império (21,1-12; 46,1-47,15) que destruiu Jerusalém, a cidade santa, e se tornou símbolo do mal (cf. Sl 137; Ap 14,8); deve ser castigado como Sodoma e Gomorra (cf. Gn 18,17-19,29; Is 1,9; Am 4,11; Sf 2,9, Rm 9,29). Babilônia foi invadida por Ciro, rei dos medos e persas, em 539 a.C. Para o redator, como a Assíria para Isaías (10,5-15), Ciro e seu exército deverão ser instrumento da ira de Deus (v. 5; cf. 44,28; 45,1).

14,1-2: Anuncia o fim do exílio e a restauração do povo eleito. Os estrangeiros subjugados e convertidos a Javé, Senhor da história, fazem parte do povo de Israel, mesmo como servos, segundo a visão escatológica (2,1-5; 10,20-23; 49,22-26; 61,5; 66,20).

estrangeiros se juntarão a eles e serão incorporados na casa de Jacó. ²Alguns povos virão buscá-los, a fim de levá-los para a sua terra. A casa de Israel, porém, se apossará deles na terra de Javé e os fará escravos e escravas. Farão cativos aqueles que queriam colocá-los em cativeiro e dominarão aqueles que os haviam oprimido.

Sátira contra o rei da Babilônia – ³Quando Javé livrar você do sofrimento, do desespero e da dura escravidão que lhe foi imposta, ⁴você deverá cantar esta canção contra o rei da Babilônia: Como terminou o opressor, como acabou sua arrogância! ⁵Javé quebrou a vara dos injustos, o cetro dos dominadores, ⁶aquele que castigava os povos com furor, que feria com golpes sem fim, que dominava as nações com ira, com opressão implacável. ⁷Agora toda a terra repousa tranquila e dá gritos de alegria. ⁸Até os ciprestes e os cedros do Líbano riem de você: "Depois que você caiu deitado, ninguém mais se levantou para vir nos cortar. ⁹Nas profundezas, a morada dos mortos se agita por sua causa, prepara para você uma recepção. Para você, ela desperta os mortos, todos os dominadores da terra, e faz todos os reis das nações levantar-se de seus tronos".

¹⁰E todos eles falam, perguntando: "Também você foi derrubado como nós, e ficou igual a nós?"

¹¹O esplendor dele foi atirado na habitação dos mortos, junto com a música de suas harpas. Debaixo de você há um colchão de podridão. Seu cobertor é feito de vermes. ¹²Como é que você caiu do céu, estrela da manhã, filho da aurora? Como é que você foi jogado por terra, agressor das nações? ¹³Você dizia: "Vou subir até o céu. Vou colocar meu trono acima das estrelas de Deus. Vou sentar-me na montanha da Assembleia, no cume da montanha celeste. ¹⁴Subirei até as alturas das nuvens e me tornarei igual ao Altíssimo". ¹⁵E agora, aí está você precipitado na habitação dos mortos, nas profundezas do abismo.

¹⁶Quem o vê, fica olhando e observando: "Esse homem abalou a terra, fez tremer os reinos, ¹⁷fez do mundo um deserto, destruindo suas cidades, e não soltava seus prisioneiros!"

¹⁸Todos os reis das nações são sepultados com honras, cada qual no seu túmulo. ¹⁹Mas você foi jogado fora da sepultura como ramo nojento. Você está rodeado por mortos transpassados pela espada e atirados sobre as pedras da cova, como cadáver pisoteado. ²⁰Você não será reunido com eles numa sepultura, pois você destruiu sua própria terra e assassinou seu próprio povo.

A descendência dos malfeitores jamais será nomeada. ²¹Decretem a matança dos filhos, por causa dos pecados de seus pais. Do contrário, eles voltam a se levantar, tornam-se donos da terra e acabam enchendo de ruínas o mundo.

²²Eu me levantarei contra eles – oráculo de Javé dos exércitos – para cortar da Babilônia o nome e os sobreviventes, a família e a geração – oráculo de Javé. ²³Farei dela uma propriedade de ouriços e região de brejo. Vou varrer a Babilônia com a vassoura da destruição – oráculo de Javé dos exércitos.

Contra a Assíria – ²⁴Assim jurou Javé dos exércitos: É certo, o que eu projetei se cumprirá; aquilo que eu decidi se realizará: ²⁵liquidarei a Assíria dentro da minha terra; no alto da minha montanha pisarei no seu pescoço. A canga que a Assíria colocou sobre o meu povo desaparecerá. A carga que ela impôs em você sobre os ombros será removida.

²⁶Esse é o plano elaborado contra a terra inteira. Essa é a mão estendida contra todas as nações. ²⁷Javé dos exércitos assim decidiu: quem o impedirá? Se ele estendeu a mão, quem a afastará?

3-23: O texto é uma sátira (cf. Mq 2,4; Hab 2,6) e descreve a queda da Babilônia e a morte deprimente do seu rei arrogante que será rebaixado à profundeza da morada ou mundo inferior e nojento dos mortos (cf. Ez 28,1-10): como castigo maior de Deus, sofrerá o fato de seu corpo não ser sepultado (cf. Dt 28,26; Jr 22,19; 36,30). Os reis da Assíria e da Babilônia exploram os ciprestes e cedros no Líbano, castigando o povo e devastando a terra (v. 8; cf. 37,24; Hab 2,17).

24-27: É provavelmente o oráculo proferido diante das ameaças do exército de Senaquerib em 701 a.C., e mais tarde retocado para adaptá-lo à época do exílio (17,12-14; 30,27-33; 31,4-9). A inexplicável retirada dos assírios deve ter fortalecido a fé no poder de Javé,

Contra a Filisteia – ²⁸No ano em que o rei Acaz morreu, foi comunicado este oráculo: ²⁹Não se alegre, Filisteia inteira, por ter sido quebrada a vara que feria você, pois do corpo da serpente surgirá uma víbora, e seu fruto será como serpente voadora. ³⁰Os primogênitos dos fracos terão pastagem e os indigentes repousarão com segurança, mas a raiz de você eu a farei perecer de fome e matarei o resto. ³¹Gema, ó porta; grite, ó cidade! Trema, Filisteia inteira! Porque do Norte se levanta uma nuvem de fumaça, e ninguém abandona o seu posto. ³²Que resposta darão aos mensageiros desta nação? Foi Javé quem fundou Sião. Aí se abrigarão os mais pobres do seu povo.

15 Contra Moab – ¹Oráculo contra Moab. Numa só noite foi devastada, Ar-Moab foi destruída! Numa só noite foi devastada, Quir-Moab foi destruída! ²O povo de Dibon subiu aos lugares altos para chorar. Nos montes de Nebo e Medaba, Moab se lamenta. Rasparam a cabeça e cortaram a barba. ³O povo nas ruas está vestido de pano de saco. Nos terraços e nas praças todos se lamentam, derramando-se em lágrimas. ⁴Hesebon e Eleale gritam, e seus gritos chegam até Jasa. Por isso, tremem as entranhas de Moab, e sua alma estremece. ⁵Meu coração geme por Moab. Seus fugitivos já estão em Segor e em Eglat-Selísia. Chorando, sobe-se a ladeira de Luit. Da estrada de Horonaim saem gritos de aflição. ⁶Esgotou a água de Nemrim. O pasto secou, a erva murchou, e de verde nada mais existe. ⁷Por isso, reuniram o que ainda conseguiram salvar dos seus bens e o transportaram para além da torrente dos Salgueiros. ⁸O clamor espalhou-se por todo o território de Moab, e seus gritos chegam até Eglaim e Beer-Elim, ⁹pois a água de Dimon está cheia de sangue. Mas eu ajuntarei mais uma desgraça a Dimon: um leão para os que escaparem de Moab e para os que restam no seu solo.

16 ¹De Sela do deserto enviem ao monte da filha de Sião cordeiros para o soberano da terra. ²Como pássaros espantados, como ninhada dispersa, tais são as filhas de Moab junto às passagens do rio Arnon.

³Forme um conselho e tome uma decisão: estenda sua sombra como noite em pleno meio-dia, para esconder os refugiados, para manter em segredo os fugitivos. ⁴Receba em sua terra os refugiados moabitas. Seja para eles um abrigo contra aqueles que os perseguem. Quando terminar a opressão, quando a destruição tiver chegado ao fim e desaparecer da terra o opressor, ⁵então haverá na tenda de Davi um trono fundado no amor e na fidelidade: nele se assentará um juiz zeloso do direito e solícito na justiça.

⁶Ouvimos falar do orgulho de Moab, da soberba desmedida da sua vaidade, arrogância e ira, e do vazio de sua ostentação. ⁷Por isso, os moabitas se lamentam por Moab, todos se lamentam. É por causa dos bolos de uvas passas de Quir-Hareset que vocês gemem tão tristes. ⁸Pois os campos de Hesebon estão murchando, e também os vinhedos de Sábama, cujo vinho embriagava os senhores das nações. Seus ramos se estendiam até Jazer, espalhavam-se pelo deserto e estendiam-se livremente, indo além do mar. ⁹Por isso é que eu choro juntamente com Jazer, pelos vinhedos de Sábama. Inundo vocês com minhas lágrimas, Hesebon e Eleale, pois os gritos de alegria desapareceram de suas colheitas e ceifas. ¹⁰Alegria e contentamento sumiram dos pomares. Nas vinhas não há canções alegres nem gritos de júbilo. No tanque de esmagar uvas não há mais ninguém trabalhando. Terminaram os gritos de alegria. ¹¹Por isso minhas entranhas vibram como cítara por Moab. Por isso meu coração palpita por Quir-Hares. ¹²Moab vai se cansar de comparecer aos lugares altos, vai se

---

cujo projeto inabalável há de realizar-se (cf. 2Rs 19,35; Is 37,33-38).

28-32: Em 714 a.C., as cidades-estado filisteias, apoiadas pelo Egito, arrastam Judá para uma coligação contra a Assíria. Alertando os filisteus e os judaítas contra o poderio da Assíria, o "Norte", Isaías compara os reis dela a perigosos animais venenosos que se perpetuam.

Os vv. 30a e 32 são um acréscimo e mostram Sião como local inviolável de refúgio para os pobres.

15-16: O texto menciona uma lista de cidades moabitas destruídas. É difícil determinar quando isso aconteceu. Alguns pensam na campanha de Assurbanípal da Assíria contra a Arábia do noroeste, em 639-637 a.C., que devastou Moab, região conhecida como produtora de

cansar de ir em procura dos santuários para rezar, mas nada conseguirá. ¹³Essa é a mensagem que em outro tempo Javé dirigiu a Moab. ¹⁴Mas agora Javé diz: Dentro de três anos, como anos de um assalariado, a glória de Moab será reduzida a nada, com toda a sua numerosa população. Apenas um resto pequeno e impotente vai permanecer.

17 Contra Damasco e o reino do norte

¹Oráculo contra Damasco. Damasco deixará de ser cidade e se transformará num montão de ruínas. ²Abandonadas para sempre, suas cidades estarão entregues a rebanhos que aí descansarão sem ser incomodados. ³Efraim perderá sua fortaleza e Damasco perderá seu poderio. O resto de Aram terá o mesmo destino que a glória dos filhos de Israel – oráculo de Javé dos exércitos.

⁴Nesse dia, a glória de Jacó ficará pobre, e desaparecerá a gordura do seu corpo. ⁵Acontecerá como quando o ceifeiro colhe o trigo, como quando seus braços apanham as espigas. Acontecerá como quando alguém respiga no vale de Rafaim. ⁶Sobrará apenas um restolho, como quando se chacoalha a oliveira: ficam apenas duas ou três azeitonas nos ramos mais altos, quatro ou cinco nos outros galhos – oráculo de Javé, Deus de Israel.

⁷Nesse dia, o homem se voltará para seu criador, voltará seus olhos para o Santo de Israel. ⁸Não se fixará nos altares construídos por suas próprias mãos, trabalhados por seus próprios dedos, e também não vai olhar para as Aserás, nem para os altares de incenso.

⁹Nesse dia, até as cidades de refúgio ficarão abandonadas, como o foram as florestas e os matagais, que ficaram abandonados com a chegada dos filhos de Israel. Tudo se tornará um deserto. ¹⁰Porque você esqueceu o Deus que o salva e não se lembrou da rocha que o protege. Você planta jardins de delícias e enxerta ramos estrangeiros. ¹¹Quando você planta, você os vê crescer. E, na manhã seguinte, você os vê florescer, mas a colheita se esvai num dia de doença e de dor incurável.

Derrota do exército dos assírios – ¹²Ah! O tumulto de povos numerosos, qual barulho das ondas do mar, o alarido das nações ecoa como estrondo de águas tumultuosas. ¹³O alarido das nações ecoa como estrondo de muitas águas. No entanto, Javé as ameaça e elas fogem para longe. Voam sobre os montes como palhas dispersas pelo vento, como cisco no redemoinho. ¹⁴Ao anoitecer provocam espanto, mas ao amanhecer já não existem. Tal é o destino dos que nos saqueiam, a sorte daqueles que nos despojam.

18 Contra a Etiópia

¹Ai da terra dos insetos zumbidores, que se acha entre os rios da Etiópia, ²que manda embaixadores pelo mar, em barcos de papiro sobre as águas! "Partam, mensageiros velozes, para uma nação de gente alta e bronzeada, a um povo temido em toda a parte, a um povo forte e dominador, cuja terra é cortada por rios". ³Todos vocês, habitantes do mundo e moradores todos da terra, quando se levantar nas colinas um estandarte, olhem para ele; quando tocar a trombeta, escutem-na. ⁴Pois Javé me disse: "Eu fico quieto e observando,

---

vinho. Para o redator, a destruição de Moab se deveu à sua arrogância contra a dinastia de Davi, esta sim fundada na fidelidade e na justiça. A Bíblia registra a história de hostilidades e conflitos entre Israel e Moab (cf. 2Sm 8,2; 2Rs 13,20; 14,25; 24,2).

17,1-11: Trata-se da guerra siro-efraimita. Damasco e o reino do norte (Efraim ou Jacó) serão totalmente destruídos. As plantas de delícias aludem ao mundo mediterrâneo, que costumava construir jardins de plantas efêmeras (cevada, trigo, alface) em honra de Tamuz-Adônis, divindades da vegetação e da fertilidade (cf. Ez 8,14; Is 1,29-31). Os vv. 7-8 são provavelmente acréscimo que anuncia a conversão do povo para o Santo de Israel (27,6-9).

12-14: Apesar do seu exército reforçado por numerosos mercenários de vários povos, Senaquerib, rei da Assíria, não consegue conquistar Jerusalém (14,24-27). Atribui-se tal retirada da Assíria à intervenção de Javé (29,5-7; 37,36), como as águas do caos controladas pelo Senhor Criador (cf. Sl 65,8; 93,3-4; Is 51,9-10).

18,1-7: Situada no vale do rio Nilo (norte do atual Sudão), a Etiópia (Cuch ou Núbia), de povo negro ("gente alta e bronzeada"), acabou de conquistar o Egito em 715 a.C.; mandou então embaixadores ao rei Ezequias, a fim de arrastar Judá para uma coligação contra a Assíria (14,28-31). Isaías adverte o rei de que não deve aderir a essa aliança, e anuncia a derrota da Etiópia junto com o Egito. Este de fato será logo em seguida invadido e submetido aos reis da Assíria: Senaquerib (701 a.C.), Asaradon (671 a.C.) e Assurbanípal (668-663 a.C.). O v. 7 é um acréscimo para falar da conversão escatológica dos etíopes com outros povos estrangeiros (2,1-5).

aqui da minha morada, como calor sufocante à luz do sol ou como nuvem de neblina ao calor da colheita". ⁵Pois antes da colheita das uvas, ao terminar a florada, quando as uvas granadas começarem a amadurecer, seus ramos serão cortados com a foice podadeira e seus brotos serão arrancados. ⁶Tudo será abandonado aos urubus dos montes e às feras selvagens. No verão, sobre eles estarão as aves de rapina, e sobre eles todas as feras selvagens passarão o inverno.

⁷Nesse tempo, um povo alto e bronzeado trará ofertas para Javé dos exércitos, um povo temido por toda a parte, um povo forte e dominador, cuja terra é cortada por rios. Essas ofertas serão levadas lá onde é invocado Javé dos exércitos, sobre o monte Sião.

19 *Contra o Egito* – ¹Oráculo contra o Egito. Olhem Javé montado numa nuvem ligeira, entrando no Egito! Com sua presença, os deuses do Egito estremecem, e o coração dos egípcios se derrete no peito.

²Atiçarei egípcios contra egípcios, e assim cada um vai guerrear contra seu irmão: um indivíduo contra seu próximo, uma cidade contra outra, um reino contra outro. ³O espírito dos egípcios se desfará no peito, e eu aniquilarei sua política. Eles irão consultar os ídolos, pedir conselho aos magos, aos que invocam os mortos e adivinhos. ⁴Vou entregar os egípcios nas mãos de um ditador; um rei prepotente dominará sobre eles – oráculo de Javé dos exércitos. ⁵As águas do mar secarão, o rio ficará sem água e árido, ⁶os canais de irrigação acabarão cheirando mal, os braços do rio Nilo vão diminuir e secar, e as canas e juncos murcharão. ⁷Vai secar e desaparecer a erva das margens do Nilo, e tudo o que cresce junto ao Nilo será varrido pelo vento. ⁸Os pescadores gemerão, os que lançam o anzol no Nilo se lamentarão, e os que jogam a rede na água ficarão desanimados. ⁹Aqueles que trabalham com o linho ficarão desiludidos, e os fiandeiros e tecelões empalidecerão. ¹⁰Aqueles que preparam bebidas ficarão abatidos, e os fabricantes de cerveja ficarão desconsolados.

¹¹Como são loucos os chefes de Tânis, os sábios que dão ao faraó conselhos estúpidos. Como ousam vocês dizer ao faraó: "Sou filho de sábios, filho de reis antigos"? ¹²E agora, onde estão os sábios de vocês? Já que sabem tanto, que eles anunciem o que Javé dos exércitos planeja contra o Egito. ¹³Os chefes de Tânis se tornaram estúpidos, os chefes de Mênfis estão iludidos. Os próprios chefes de suas tribos desorientam o Egito. ¹⁴Javé espalhou entre eles um espírito de confusão: eles, com todos os seus empreendimentos, desencaminham o Egito, como um bêbado que vai trançando os pés e vomitando. ¹⁵O Egito não conseguirá ter sucesso em obra nenhuma: cabeça ou cauda, palma ou junco.

Conversão do Egito – ¹⁶Nesse dia, os egípcios se tornarão como mulheres, cheios de pavor e medo diante da mão de Javé dos exércitos, a mão que se agita contra eles. ¹⁷A terra de Judá será um terror para os egípcios. Toda vez que alguém falar de Judá, eles vão entrar em pânico por causa daquilo que Javé dos exércitos planeja contra o Egito.

¹⁸Nesse dia, haverá umas cinco cidades na terra do Egito que estarão falando a língua de Canaã, e que jurarão por Javé dos exércitos. Uma delas vai se chamar Cidade do Sol.

¹⁹Nesse dia, haverá um altar para Javé no meio da terra do Egito e, na fronteira, um obelisco em honra a Javé. ²⁰Tudo isso será, na terra do Egito, um sinal e um testemunho para Javé dos exércitos. Então, quando clamarem por ele diante de

---

19,1-15: Oráculo que amplia o tema de 18,1 7. A guerra civil, a dominação estrangeira e a seca constituem o grande desastre que atinge todas as atividades dos egípcios: agricultura, pesca, produção de tecidos, política e religião. Até os famosos sábios (Ex 7,11.22) são confundidos por Javé, o Deus verdadeiro montado numa nuvem (cf. Dt 33,26; Sl 18,10-11; 68,5). Tânis e Mênfis são as principais cidades do Baixo Egito.

16-25: Trecho em prosa. É um acréscimo com mensagem universalista: a conversão do Egito e da Assíria (18,7). Estes versículos supõem um período posterior ao profeta Isaías, quando os judeus refugiados formarão várias comunidades no Egito (cf. Jr 44,1), tornando-se sinal da salvação em terra estrangeira. Por volta de 600 a.C., Elefantina, no Alto Egito, é uma das colônias judaicas mais conhecidas.

alguém que os oprime, Javé há de lhes mandar um salvador e defensor que os liberte. ²¹Javé será conhecido no Egito, e nesse dia os egípcios reconhecerão Javé. Oferecerão sacrifícios e oferendas, e até farão promessas a Javé, e hão de cumpri-las. ²²Javé ferirá os egípcios. Ele vai ferir, e depois curar. Os egípcios se voltarão para Javé, e então ele os vai escutar e curar.

²³Nesse dia, haverá uma estrada do Egito para a Assíria. Os assírios poderão ir ao Egito e os egípcios poderão ir até a Assíria. Os egípcios servirão junto com a Assíria.

²⁴Nesse dia, Israel será mediador entre o Egito e a Assíria, e será uma bênção no meio da terra, ²⁵porque Javé dos exércitos o abençoa, dizendo: "Bendito seja o Egito, meu povo, a Assíria, obra das minhas mãos, e Israel, minha herança".

20 Contra a Filisteia, o Egito e a Etiópia

– ¹No ano em que o chefe do exército da Assíria, mandado pelo rei Sargon, veio até Azoto, cercou e tomou a cidade. ²Então Javé falou por meio de Isaías, filho de Amós, como já lhe havia dito antes: "Vamos! Tire do corpo esse pano de saco e as sandálias dos pés". Assim fez Isaías, que começou a andar nu e descalço.

³Depois Javé disse: Assim como Isaías, meu servo, andou nu e descalço por três anos, esse fato será um sinal e um exemplo para o Egito e a Etiópia. ⁴Pois é assim que o rei da Assíria vai levar os cativos do Egito, os exilados da Etiópia, jovens ou velhos: estarão nus e descalços, com as nádegas de fora, a vergonha do Egito. ⁵Estarão aterrorizados e envergonhados por causa da Etiópia, sua esperança; por causa do Egito, seu orgulho. ⁶Os habitantes deste litoral dirão: "Vejam como ficou nossa esperança, aquele a quem procurávamos em busca de ajuda para nos livrar das ameaças do rei da Assíria! Quem vai nos livrar agora?"

21 Queda de Babilônia

– ¹Oráculo contra o deserto do mar.

Como os furacões que percorrem o Negueb, assim ele vem do deserto, da terra terrível. ²Uma visão pavorosa me foi revelada: "O traidor trai e o devastador devasta. À luta, Elam! Ao cerco, Média! Eu faço cessar toda espécie de gemido. ³Então meu corpo inteiro começa a tremer. Vou sentindo uma aflição como de mulher que está para dar à luz. Uma tontura não me deixa ouvir, um tremor não me deixa ver! ⁴Minha cabeça gira, o pavor toma conta de mim. E o entardecer tão esperado se torna terror para mim. ⁵Preparem a mesa, estendam a toalha para comer e beber. De pé, comandantes: preparem os escudos". ⁶Pois assim me falou Javé: "Vá, coloque um vigilante para que ele conte tudo o que vê. ⁷Se ele vê gente montada, dois cavaleiros montados em jumentos ou camelos, que preste atenção, muita atenção". ⁸E o vigilante gritou: "Meu senhor, estou de prontidão o dia inteiro no meu posto de guarda. Passo as noites a postos no lugar de onde estou vigiando. ⁹Eis: o que vem vindo são homens em caravanas e cavaleiros aos pares". Ele acrescentou: "Caiu, caiu Babilônia! As estátuas de seus deuses estão despedaçadas no chão".

¹⁰Meu esmagado, filho de minha eira, eu anuncio a você o que ouvi de Javé dos exércitos, o Deus de Israel.

Contra Duma – ¹¹Oráculo contra Duma.

De Seir alguém me chama: "Guarda, quanto falta para acabar a noite? Guarda, quanto falta para acabar a noite?" ¹²O guarda responde: "O amanhecer vai chegar, mas a outra noite também. Se quiserem perguntar, perguntem. Voltem de novo".

20,1-6: Azoto, cidade filisteia que liderou um movimento antiassírio apoiado pelo Egito e pela Etiópia, foi invadida por Sargon II em 711 a.C. Este acontecimento serve de grande oportunidade para Isaías alertar seus próprios dirigentes sobre o perigo de confiar na aliança com as nações estrangeiras, em vez de se apoiar em Javé dos exércitos. A ação simbólica de Isaías, "andar nu e descalço", como prisioneiro indefeso, ilustra que o Egito e a Etiópia se tornariam prisioneiros da Assíria (cf. Mq 1,8).

21,1-10: Acréscimo pós-exílico que descreve a destruição de Babilônia ("deserto do mar": cf. 13,21-22; 27,10), causada por Ciro, rei dos medos e persas (Elam e Média), em 539 a.C. O fato gera nos exilados israelitas a expectativa da libertação e restauração (cf. 25-27; 47; Jr 50-51; Ap 18).

11-12: O oráculo parece descrever o processo que divulga a notícia sobre a queda de Babilônia, notícia que passa por Duma (Gn 25,14), cidade-oásis no norte da Arábia, nas proximidades de Seir/Edom, até chegar

Contra a Arábia – ¹³Oráculo contra a Arábia.

No matagal, na Arábia, vocês passam a noite, caravanas de dadanitas. ¹⁴Levem água para os que estão passando sede. Habitantes da terra de Tema, levem pão para os fugitivos, ¹⁵porque eles estão fugindo da espada, da espada desembainhada, do arco esticado e da dureza da guerra.

¹⁶Pois isto me falou Javé: "Daqui a um ano, contado como ano de assalariado, vai acabar todo o poderio de Cedar. ¹⁷O que sobrar dos numerosos atiradores de flechas do exército de Cedar será muito pouco, pois quem falou foi Javé, Deus de Israel".

22 ***Contra Jerusalém*** – ¹Oráculo sobre o vale da Visão.

O que foi que aconteceu a vocês, para subirem todos aos terraços, ²festivos, cidade cheia de agitação, população em festa? Suas vítimas não caíram mortas pela espada, nem morreram no combate. ³Seus chefes fugiram todos juntos, e sem um disparo de arco caíram prisioneiros. Todos os que foram encontrados se tornaram prisioneiros, quando se afastavam em fuga. ⁴É por isso que eu digo: Não olhem para mim, porque choro amargamente. E não queiram me consolar da derrota sofrida pela filha do meu povo. ⁵Na verdade, Javé dos exércitos enviou um dia de luto, de angústia e tormento.

No vale da Visão, os muros eram cavados e se ouviam gritos pelos montes. ⁶Elam trazia a caixa de flechas em carros atrelados e montados; Quir tirava a capa do escudo. ⁷Seus melhores vales estavam cheios de carros e os cavaleiros tomavam posição junto à porta. ⁸Foi assim que se abriu a defesa de Judá.

Nesse dia, vocês olharam para as armas da Casa da Floresta. ⁹E aí viram que eram muitas as brechas na cidade de Davi. E então vocês cuidaram para reservar água no reservatório inferior. ¹⁰Depois, vocês contaram as casas de Jerusalém e demoliram casas para poderem reforçar os muros da cidade. ¹¹Entre as duas muralhas, vocês fizeram um depósito para a água do reservatório velho. Vocês só não olharam para aquele que fez tudo isso. Só não enxergaram aquele que de longe planejou tudo isso.

¹²Nesse dia, Javé dos exércitos tinha chamado para chorar e bater no peito, para raspar a cabeça e vestir luto. ¹³Em vez disso, o que se viu foi divertimento e alegria, matança de bois e abate de ovelhas, gente comendo carne e bebendo vinho: "Comamos e bebamos, que amanhã morreremos". ¹⁴Javé dos exércitos disse ao meu ouvido: Juro que esse pecado não será reparado até a morte de vocês – disse Javé dos exércitos.

Sobna e Eliacim – ¹⁵Assim diz Javé, Deus dos exércitos: Vá procurar esse Sobna, ministro do palácio, ¹⁶que está fazendo para si um túmulo em lugar alto, que está cavando uma sepultura na rocha. Diga-lhe: "O que você tem aqui, e quem você tem aqui? Por que está preparando aqui um túmulo para você? ¹⁷Pois Javé vai atirar você longe e com força. Ele apanhará você ¹⁸e o fará rolar como bola para uma terra de vasta extensão. Aí você morrerá com seus carros elegantes, uma vergonha para a casa do seu patrão. ¹⁹Vou remover você do seu cargo, vou afastá-lo da sua função.

²⁰Nesse mesmo dia, vou convocar meu servo Eliacim, filho de Helcias. ²¹Vou vesti-lo com a túnica que pertencia a você, vou firmar-lhe a cintura com o cinturão que você usava. Colocarei nas mãos dele o poder que era de você. E ele será como um pai para os habitantes de Jerusalém e para a casa de Judá. ²²Colocarei a chave da

---

aos edomitas. A noite pode referir-se ao tempo em que Babilônia domina.

13-17: Provável fragmento de uma descrição da queda de Babilônia: os soldados derrotados fogem para Tema, importante cidade-oásis na Arábia (Jr 25,23). Cedar, tribo do norte da Arábia, que trabalhou a serviço de Babilônia e ganhou poderio com a estada do rei Nabônides em Temã por volta de 550 a.C., e irá enfraquecer-se rapidamente com a derrota de Babilônia.

22,1-14: Originalmente, o oráculo foi proferido na retirada do exército de Senaquerib, em 701 a.C. (cf. 2Rs 19,36). Isaías esperava que o recuo do exército assírio fosse um alerta para os dirigentes de Jerusalém mudarem o rumo de suas ações e confiarem mais em Javé. Ao contrário, reforçaram a própria defesa e fizeram festa exagerada.

15-25: Diante do movimento antiassírio em 705-701 a.C., a corte do rei Ezequias ficou dividida em dois grupos: um chefiado por Sobna, o outro por Eliacim. O alto funcionário Sobna, apoiando-se nas forças egípcias, queria combater a Assíria. Eliacim, nome que significa "Deus suscitou", apoiava o conselho de Isaías de não aliança com

casa de Davi sob a responsabilidade dele: quando ele abrir, ninguém poderá fechar; quando ele fechar, ninguém poderá abrir. ²³Vou fincá-lo como prego em lugar firme, e o desempenho do seu cargo será de prestígio para a casa do seu pai. ²⁴Dele estará pendente tudo o que há de importante na família do seu pai: os galhos e os ramos, todos os objetos miúdos, desde as taças até os jarros. ²⁵Nesse dia – oráculo de Javé dos exércitos – o prego fincado em lugar firme vai ceder, sair do lugar e cair. Então, tudo o que estava dependurado nele também virá ao chão, porque Javé falou".

23 Contra Tiro e Sidônia –

¹Oráculo contra Tiro. Uivem, navios de Társis, pois ela está destruída, sem casas! A notícia chegou da ilha de Chipre. ²Fiquem quietos, habitantes do litoral, comerciantes de Sidônia, cujos representantes atravessavam o mar, ³as águas imensas. Os cereais do Delta, as colheitas do vale do Nilo eram sua fonte de renda, e eles vendiam para o mundo inteiro.

⁴Sidônia, fortaleza dos mares, encha-se de vergonha, pois o mar está dizendo: "Não tive dores de parto nem dei à luz ninguém. Não criei meninos nem eduquei meninas". ⁵Quando se ouvir falar disso no Egito, eles sofrerão com as notícias de Tiro.

⁶Vocês, habitantes do litoral, vão uivando para Társis. ⁷Será essa a cidade feliz, que teve origem nos tempos antigos e cujos pés a levavam longe para aí fixar morada? ⁸Quem foi que planejou isso contra Tiro, a distribuidora de coroas? Seus comerciantes eram capitães, e seus negociantes eram os nobres da terra. ⁹Foi Javé dos exércitos quem assim planejou, para rebaixar todo orgulho e esplendor, para humilhar os nobres da terra.

¹⁰Agora, trate de lavrar a terra como a região do Nilo, ó filha de Társis, pois seu porto não existe mais. ¹¹Javé estendeu a mão sobre o mar e fez tremer os reinos. Ele mandou destruir as fortalezas de Canaã. ¹²Ele disse: Não continue mais a se exaltar, ó virgem violentada, filha de Sidônia. Vamos! Vá para Cetim. Nem aí haverá paz para você. ¹³Olhe a terra dos caldeus, esse povo que não existia. Os assírios a entregaram às feras, levantaram torres de vigia, destruíram seus palácios e fizeram de tudo uma ruína. ¹⁴Uivem, navios de Társis, porque o refúgio de vocês foi destruído.

¹⁵Nessa ocasião, Tiro ficará esquecida durante setenta anos – a duração da vida de um rei – e no final dos setenta anos poderá ser aplicada a Tiro aquela canção da prostituta: ¹⁶"Pegue a cítara, percorra a cidade, prostituta esquecida. Toque com habilidade, cante muitas canções, para ver se alguém ainda se lembra de você".

¹⁷Então, no final dos setenta anos, Javé dará novamente atenção a Tiro. Ela voltará aos seus ganhos de prostituta e se venderá a todos os reinos da face da terra. ¹⁸Seu lucro, seu ganho de prostituta, será consagrado a Javé, de modo que ela não vai ajuntar dinheiro nem se enriquecer, pois será tudo daqueles que moram na presença de Javé, para eles comerem, beberem e se vestirem com todo o luxo.

III. GRANDE APOCALIPSE

24 Julgamento de Javé –

¹Javé arrasará a terra e a devastará. Lançará confusão em toda a sua superfície e dispersará seus habitantes. ²O mesmo acontecerá ao povo e ao sacerdote, ao escravo e ao patrão, à escrava e à sua senhora, ao comprador e ao vendedor, ao que empresta e

---

o Egito. Os vv. 24-25 são acréscimo que condena Eliacim por favorecimento à própria família: "galhos e ramos".

23,1-18: Tiro e Sidônia eram as importantes cidades portuárias da Fenícia, grande potência marítima e comercial no Mediterrâneo que possuía várias colônias, como Cetim (Chipre) e Társis (Espanha), estendendo sua influência até a costa norte da África. As cidades fenícias sofreram com as campanhas dos reis assírios (vv. 4-14) Senaquerib (701 a.C.) e mais tarde Asaradon (677 e 673 a.C.). Os vv. 15-18 mostram o reaquecimento da atividade marítima e comercial, a "prostituição" de Tiro no início do séc. IV (cf. Ez 26-28). "Setenta anos", número redondo (dez vezes sete), refere-se a um período ideal (cf. Jr 25,11-12; 29,10; 2Cr 36,21).

24-27: Estes capítulos agrupam uma série de oráculos, que recebem comumente o nome de "Grande Apocalipse de Isaías". Surgiram no período pós-exílico, depois que o "resto" de Israel passou pela catástrofe do exílio como ação de Javé, Senhor da história, em seu plano eterno: o julgamento, a devastação, a vitória contra os tiranos, a restauração de Israel. O texto, marcado pela linguagem figurada e pela mensagem apocalíptica (cf. Dn; Zc), desperta, na comunidade perseguida e sofredora, a fé e a esperança em Deus.

24,1-6: O julgamento não é ato isolado: sua execução é consequência da quebra da aliança de Israel com Javé. A violação da lei e a maldade de Israel atingem a terra

a quem toma emprestado, ao devedor e ao credor. ³De fato, a terra será devastada e despojada, porque foi Javé quem pronunciou essa sentença. ⁴A terra está de luto e perecendo; o mundo se acaba pouco a pouco e morre; o povo da terra aos poucos se acaba. ⁵A terra está profanada debaixo dos pés de seus habitantes: eles violaram as leis, mudaram o estatuto e quebraram a aliança eterna. ⁶Por isso a maldição devorou a terra, e seus moradores recebem o castigo. Por isso os habitantes da terra desaparecem, e poucos são os que restam.

Cidade devastada – ⁷O vinho novo se enfraquece e a videira murcha; gemem todos os que estavam de coração alegre. ⁸Acabou o som festivo dos tambores, cessou a algazarra das pessoas em festa, parou o som alegre das harpas. ⁹Já não se bebe vinho entre canções, a bebida forte ficou amarga para quem bebe. ¹⁰A Cidade da Desordem está arruinada: as casas estão fechadas, não entra mais ninguém. ¹¹Há gritos pelas ruas, porque não há vinho; o riso terminou, a alegria foi expulsa da terra. ¹²Na cidade só restaram escombros, a porta ficou reduzida a ruínas.

¹³No meio da terra e entre os povos sucederá o que acontece quando se sacode a oliveira ou quando se colhe o resto das uvas depois da vindima.

Cântico de louvor: Glória ao Justo! – ¹⁴Eles erguerão a voz, celebrando a glória de Javé. E gritam do lado do mar: ¹⁵"Glorifiquem, portanto, a Javé; do lado do oriente, das ilhas do mar, celebrem o nome de Javé, Deus de Israel. ¹⁶ᵃDo extremo da terra, ouvimos o cântico: 'Glória ao Justo' ".

Combate escatológico – ¹⁶ᵇMas eu digo. "Infeliz de mim! Infeliz de mim! Ai de mim!" Os traidores traíram, tramaram traições. ¹⁷Terror, cova e laço é o que espera por você, habitante da terra. ¹⁸Quem fugir do grito de terror, acabará caindo na cova. Se for capaz de sair do fundo da cova, será pego no laço. Pois as comportas do céu se abrirão e a terra tremerá na base. ¹⁹A terra será toda arrasada, a terra será sacudida violentamente, a terra será fortemente abalada. ²⁰A terra cambaleará como bêbado, balançará como tenda. Sua culpa lhe pesará nas costas: ela cairá e nunca mais se levantará.

²¹Nesse dia, Javé no céu julgará o exército do céu; e na terra os reis da terra. ²²Serão todos reunidos e presos na cadeia, ficarão fechados na prisão, e só depois de muito tempo é que serão julgados. ²³A lua ficará envergonhada, o sol se cobrirá de vergonha, pois Javé dos exércitos reina no monte Sião e em Jerusalém, e será glorificado diante dos seus anciãos.

25 Cântico de louvor: fim dos tiranos

– ¹Javé, tu és o meu Deus. Eu te exalto, e louvo teu nome, pois realizaste projetos maravilhosos, concebidos desde os tempos antigos com toda a fidelidade. ²Transformaste a cidade em monte de pedras, a cidade fortificada em ruína, e a fortaleza na mão do estrangeiro já nem é cidade, e nunca mais será reconstruída. ³É por isso que um povo forte te dá glória, a capital das nações tirânicas te respeita. ⁴Porque te tornaste uma proteção para o fraco, um apoio para o indigente na hora do seu aperto, um esconderijo no tempo das águas e uma sombra no sol forte. Porque o ímpeto dos tiranos é como chuva de inverno, ⁵o tumulto dos estrangeiros como calor de verão. Tu alivias o sol forte com a sombra de uma nuvem e fazes calar o canto dos tiranos.

Banquete escatológico – ⁶Javé dos exércitos vai preparar no alto deste monte, para

---

toda (33,7-9; cf. Os 4,1-3); mas a terra continuará por meio do "resto" (10,20-23; 11,10-16).
7-13: É provável que este trecho tenha sido inspirado na catástrofe de Jerusalém em 587 a.C. A devastação incluirá o fim da festa (Lm 1,4) e de toda atividade socioeconômica e judicial, representada pela "porta" (v. 12; cf. Am 5,10-12). A alegria da vida ("vinho"; Zc 10,7) parece se acabar.
14-16a: Javé não abandona o justo, e no Oriente desperta o instrumento da libertação: o exército de Ciro, rei da Pérsia (41,1-7; 45,1-8). A vinda da libertação provoca o grito de louvor a Javé entre os judeus dispersos em todos os cantos da terra (11,10-16).

16b-23: O julgamento atinge os traidores (Babilônia; cf. 21,1-10). Javé combate não só contra os reis da terra, mas também contra o exército do céu. O sol e a lua representam as duas grandes divindades no oriente, como na religião babilônica (Jr 8,2). Após o combate, a glória de Javé pousa e reina sobre o monte sagrado de Sião (cf. 46,13; 51,11; 52,7-8; Ap 4,2-4).
25,1-5: A queda de Babilônia, a fortificada cidade dos tiranos, suscita o canto de ação de graças e acende a esperança da comunidade no Deus dos fracos e indigentes (cf. 49,22-26).
6-12: No monte sagrado de Sião acontecerá o banquete universal para festejar o triunfo da vida sobre a

todos os povos do mundo, um banquete de carnes gordas, um banquete de vinhos finos, de carnes suculentas, de vinhos refinados. ⁷Neste monte, Javé arrancará o véu que cobre todos os povos, o véu que esconde todas as nações; ⁸ele destruirá para sempre a morte. O Senhor Javé enxugará as lágrimas de todas as faces, e eliminará da terra inteira a vergonha do seu povo – porque foi Javé quem falou. ⁹Nesse dia se dirá: "Vejam o nosso Deus! É nele que esperávamos para que nos salvasse: celebremos e festejemos sua salvação". ¹⁰A mão de Javé pousará sobre este monte, enquanto Moab será esmagado no chão, como se pisa a palha no lodo da esterqueira. ¹¹Aí Moab estenderá as mãos, como faz o nadador ao nadar. Mas seu orgulho acabará caindo, apesar da agilidade de suas mãos. ¹²Javé vai abater e demolir a fortaleza altíssima de seus muros e arrasá-la até o chão.

26 *Cântico pela vitória: a cidade forte* – ¹Nesse dia se cantará este cântico na terra de Judá: "Nós temos uma cidade forte. Para salvá-la, Javé a protegeu com muro e contramuro. ²Abram as portas para que entre o povo justo, que se mantém fiel. ³De modo firme, tu garantirás a paz, porque ela confia em ti. ⁴Confiem sempre em Javé, pois Javé é uma rocha para sempre. ⁵Ele rebaixou os habitantes das alturas, a cidade inatingível. Abateu-a até o solo, arrasou-a no pó. ⁶Ela será calcada aos pés pelos pobres e pisada pelos fracos".

Oração pela salvação – ⁷O caminho do justo é reto, tu aplainas a trilha do justo. ⁸Sim, Javé, no caminho de tuas sentenças esperamos em ti, nossa alma suspira pelo teu nome e tua lembrança. ⁹Por ti suspira minha alma a noite toda, no meu íntimo o meu espírito madruga por ti, pois sempre que tuas sentenças chegam à terra, os habitantes do mundo aprendem a justiça. ¹⁰Se absolvemos o malvado, ele nunca aprende a justiça. Sobre a terra ele distorce as coisas direitas e não vê a grandeza de Javé. ¹¹Embora ergas a mão, Javé, eles não a percebem. Que vejam teu ciúme por este povo, que se envergonhem e sejam devorados pelo fogo preparado para teus inimigos. ¹²Javé, tu nos governarás na paz, pois és tu que realizas tudo o que fazemos. ¹³Javé, nosso Deus, outros senhores nos dominaram. Nós, porém, só invocamos o teu nome. ¹⁴Os mortos não vão reviver, as sombras não se levantarão, porque tu os castigaste, destruíste e fizeste com que não fossem mais lembrados. ¹⁵Fizeste o povo crescer, Javé, fizeste a nação crescer, e manifestaste tua glória. Alargaste as fronteiras desta terra. ¹⁶Javé, no aperto recorríamos a ti e gritávamos a ti no castigo com que nos corrigias. ¹⁷Como a mulher grávida na hora de dar à luz, contorcendo-se e gemendo nas dores do parto, assim nos encontrávamos, ó Javé, em tua presença. ¹⁸Nós engravidamos, chegamos às dores do parto, mas parimos vento. Não trouxemos salvação para a terra, não nasceram novos habitantes para o mundo. ¹⁹Mas os teus mortos hão de reviver e seus cadáveres se levantarão. Os que dormem no pó vão acordar e cantar, pois o teu orvalho é orvalho de luz, e a terra das sombras dará à luz.

Castigo de Leviatã – ²⁰Corra, meu povo, entre no seu quarto, feche a porta por dentro e fique escondido por um pouco, até passar esta cólera. ²¹Porque Javé está saindo de sua casa para castigar os crimes dos habitantes da terra. A terra devolverá o sangue derramado, não poderá mais esconder suas vítimas.

---

morte: será a festa da salvação (cf. 55,1-2; Mt 8,11; 22,2-10; Lc 14,15-24; Ap 19,9). O termo "véu", *apocalipse* em grego, significa "revelação". Javé dos exércitos revela sua salvação a todos os povos. O acréscimo dos vv. 10b-12 descreve Moab como exemplo de grupo excluído do banquete por sua arrogância (16,6). Autossuficiência provoca autodestruição.

26,1-6: O texto é a conclusão de 25,1-10a. Ao mesmo tempo em que fortifica e protege Jerusalém, a cidade do "povo justo", Javé abate e arrasa Babilônia, a "cidade inatingível" dos "moradores das alturas" (cf. Gn 11,1-9). Restaura a verdadeira paz: terra, comida, família, saúde, bem-estar (cf. Sl 128). É a vitória dos pobres e fracos que confiam em Javé.

7-19: Babilônia nunca aprendeu a justiça e causou o sofrimento ("dor de parto") do povo de Israel (cf. vv. 17-18; cf. 42,14); será por isso castigada e cairá no esquecimento (v. 14; cf. Sl 88,11-13). Ao contrário, o povo que invoca o nome de Javé e segue sua justiça (v. 13) será lembrado e ressurgirá do pó do sofrimento e da morte (v. 19; cf. Ez 37,1-14; Os 13,13-14).

26,20-27,1: Enquanto Javé realiza o julgamento e o castigo definitivo contra Babilônia ("os habitantes da terra"), o resto de Israel ("meu povo") aguarda

27

¹Nesse dia, com sua espada dura, grande e forte, Javé castigará Leviatã, serpente escorregadia, Leviatã, serpente tortuosa, e matará o dragão do mar.

Cântico da vinha – ²Nesse dia, cantarão para a vinha formosa: ³Eu, Javé, sou responsável por ela. Eu a rego com frequência. Para que ninguém venha estragá-la, eu a vigio dia e noite. ⁴Eu não estou encolerizado. Se alguém produzisse nela espinhos e ervas daninhas, eu me lançaria contra ele para queimá-lo. ⁵Quem buscar minha proteção, fará as pazes comigo. Sim, comigo fará as pazes.

Renovação de Israel – ⁶No futuro, Jacó criará raízes, Israel dará botões e flores, e seus frutos cobrirão a terra. ⁷Por acaso, Javé feriu a Jacó como feriu àqueles que ferem Jacó? Ou será que o matou, como matou seus assassinos? ⁸Javé os castigou na medida certa, ao expulsá-los de sua terra, ao jogá-los longe com vento forte, como em dia de vento oriental. ⁹Pois é assim que a culpa de Jacó será apagada. Será esse o fruto de ter-se afastado de seu próprio pecado, quando reduzir todas as pedras do altar a pedras de cal que se transformam em pó, quando não mais erguer Aserás e altares para o incenso.

Cidade deserta – ¹⁰A fortaleza se transformou em lugar de solidão, em tapera largada, abandonada como o deserto: aí pastam bezerros, deitam-se e devoram seus ramos. ¹¹O galho seco quebra, vêm as mulheres e o recolhem para acender o fogo.

Pois este não é um povo inteligente. Por isso não conseguiu que seu Criador se compadecesse dele, que seu formador tivesse piedade.

Restauração final de Israel – ¹²Nesse dia, Javé debulhará as espigas desde o grande rio até o riacho do Egito. E vocês, os filhos de Israel, serão recolhidos um a um. ¹³Nesse dia, soará a grande trombeta e virão os que estão espalhados na terra da Assíria e os exilados no Egito. E todos se ajoelharão diante de Javé, no monte santo, em Jerusalém.

IV. ORÁCULOS SOBRE ISRAEL E JUDÁ

28

Contra Samaria – ¹Ai da coroa soberba dos bêbados de Efraim, da flor murcha que usam como enfeite e que cresce no alto do vale fértil! Ai dos que estão encharcados de vinho! ²Vejam! Um homem forte e robusto, enviado pelo Senhor com chuva de pedras, como furacão devastador, como chuva torrencial que alaga tudo: com a mão, ele o joga ao chão ³e pisa com os pés a coroa soberba dos bêbados de Efraim ⁴e a flor murcha que usam como enfeite e que cresce no alto do vale fértil. É como figo temporão: quem o vê, o devora logo que o tem na mão.

⁵Nesse dia, Javé dos exércitos será uma coroa esplêndida, uma grinalda majes-

---

a ação de Deus nos quartos de portas fechadas (cf. Gn 7,16; Ex 12,22-23). Responsável pelo sangue dos inocentes, Babilônia há de ser castigada: ela é o mal personificado no monstro do caos primitivo: Leviatã (Sl 74,14) e o dragão do mar (51,9; Jr 51,34), na mitologia fenícia e babilônica.

27,2-5: Enquanto Javé proclama o julgamento contra os homens injustos de Judá em 5,1-7, o mesmo Deus, como vinhateiro, assume a responsabilidade pela paz e proteção da "vinha", o seu povo, no tempo escatológico. Agirá sempre na manutenção da paz contra os opressores: "espinhos e ervas daninhas" (cf. Jz 9,14-15).

6-9: Provavelmente, "aqueles que ferem" são os tiranos de Babilônia. O exílio na Babilônia foi um castigo para Judá, que abandonou o Deus verdadeiro para se apoiar em divindades falsas.

10-11: Acréscimo, como em 25,10b-12, para descrever a destruição da cidade fortificada do povo perverso. Alguns pensam que esse povo seria o samaritano, que se tornou inimigo de Judá no tempo pós-exílico. Sendo então distrito da província da Samaria, Judá lutou pela autonomia, entrando em conflito com o governo central (28,1-6; cf. Esd 4,6-23).

12-13: O "Grande Apocalipse de Isaías" encerra-se com a restauração de Israel, que volta a Javé no "monte santo" (24,14-16a). O som da "trombeta" é o sinal de convocação para várias ocasiões (cf. Ex 19,16-19; Nm 10,2-10; Jz 3,27; Is 18,3; Jr 42,14); aqui é um toque litúrgico de peregrinação a Jerusalém no juízo final (cf. Jl 2,1; Mt 24,31; 1Cor 15,52; 1Ts 4,16; Ap 11,15).

28-33: Esta seção agrupa diversos oráculos sobre Israel e Judá. A maioria deles refere-se aos acontecimentos críticos no reinado de Ezequias, como a aliança com o Egito contra a Assíria e a consequente invasão de Senaquerib.

28,1-b: Os governantes de Efraim movem guerra, em 727 a.C., contra o rei da Assíria, "homem forte e robusto". Isaías foi radicalmente contra e chamou-os de "bêbados" (5,11.22), que não estavam percebendo o real perigo da destruição de Samaria ("coroa soberba"). Os vv. 5-6 são um acréscimo pós-exílico. Depois do momento catastrófico, espera-se a restauração: um resto do povo ainda continua confiando na justiça e força de Javé (11,2-4).

tosa para o resto do seu povo: ⁶será um inspirador de justiça para aqueles que se assentam para julgar, e será força para os que rechaçam o ataque à porta da cidade.

Contra os chefes religiosos de Judá – ⁷Também estes andam tontos de vinho, também eles cambaleiam pelo efeito da bebida forte. Sacerdote e profeta estão confusos pela bebida, estão tomados pelo vinho. Divagam sob o efeito da bebida, andam confusos em suas visões, divagam em suas sentenças. ⁸As mesas estão cheias de vômito e sujeira: não há nenhum lugar limpo. ⁹A quem vai ele ensinar o conhecimento? A quem vai explicar a mensagem? A crianças desmamadas, que mal largaram de mamar? ¹⁰Ele diz: "çav laçav, çav laçav; cav lacav, cav lacav; zeer sham, zeer sham". ¹¹De fato, é com lábios balbuciantes e em língua estranha que se falará a este povo. ¹²Ele lhes tinha dito: "Este é o descanso; deixem os cansados descansar; este é um lugar tranquilo". Mas eles não quiseram ouvir. ¹³Diante disso, para eles virá a palavra de Javé: "çav laçav, çav laçav; cav lacav, cav lacav; zeer sham, zeer sham". Isso para que, ao andarem, acabem caindo para trás, sejam derrotados, laçados e presos.

Contra a aliança com a morte – ¹⁴Escutem a palavra de Javé, homens arrogantes, governantes desse povo que está na cidade de Jerusalém. ¹⁵Vocês dizem: "Fizemos aliança com a morte, com a morada dos mortos fizemos um acordo: quando o flagelo destruidor passar, não nos vai atingir, pois temos um abrigo na falsidade, nós nos esconderemos debaixo da mentira".

¹⁶Por isso, assim diz o Senhor Javé: Eu vou assentar no monte Sião uma pedra, pedra escolhida, angular, preciosa e bem firme; quem nela confiar, não será abalado. ¹⁷Vou estabelecer o direito por medida e a justiça como fio de prumo; a chuva de pedras arrasará o falso esconderijo de vocês e a tromba d'água lhes alagará o abrigo. ¹⁸A aliança de vocês com a morte será quebrada, e cairá o acordo de vocês com a morada dos mortos. Quando o flagelo destruidor passar, pisará sobre vocês. ¹⁹Cada vez que ele passar, os arrebentará. E ele passará a cada manhã, de dia e de noite. Então a angústia fará aprender a lição. ²⁰E a cama vai ser muito curta para alguém dormir nela. E o cobertor estreito demais para que possa cobrir alguém.

²¹Como aconteceu na montanha de Farasim, Javé vai se levantar. Como aconteceu no vale de Gabaon, vai ficar enfurecido para completar seu trabalho, um trabalho diferente; para acabar sua tarefa, uma tarefa muito estranha. ²²Não fiquem zombando, senão eles apertarão mais as algemas de vocês, pois ouvi falar da destruição que atingirá toda a terra – é coisa decidida pelo Senhor Javé dos exércitos.

Parábola agrícola – ²³Ouçam bem e escutem minha voz. Prestem atenção e deem ouvidos às minhas palavras. ²⁴Será que o lavrador fica todos os dias arando seu terreno para o plantio, abrindo sulcos e gradeando seu solo? ²⁵Por acaso não aplaina a superfície, não espalha a semente de endro e não semeia o cominho? Depois, não planta o trigo, a cevada, o centeio e a aveia numa faixa lateral? ²⁶É o Deus dele

---

7-13: Sacerdotes e profetas oficiais usavam o discurso religioso para legitimar o movimento antiassírio, em 705-701 a.C. Ao chamá-los de bêbados, Isaías faz alusão aos banquetes rituais, em que tais sacerdotes e profetas, embriagados pela ganância e pelo poder (cf. Am 2,8; Is 57,2), deixam de cumprir sua função de mediadores do ensinamento do Senhor (vv. 7-8). Eles ridicularizam Isaías, porque este quer dar-lhes aulas, como se fossem crianças alfabetizandas (vv. 9-10). Isaías refuta a zombaria e usa o mesmo jogo de palavras incompreensíveis, para anunciar o castigo de Deus (vv. 11-13): eles hão de sofrer a invasão de inimigos que falam língua estranha (33,19).

14-22: Egito e Babilônia são chamados de "morte" e "morada dos mortos", porque ambos davam grande importância ao culto aos mortos. Na visão do profeta, fazer pacto com o Egito e a Babilônia é trocar o Deus de Sião ("pedra angular": cf. Sl 118,22; Is 31,5; Ef 2,20; 1Pd 2,6) pelo deus da morte (guerra, tributo, opressão, fome etc.). Como os inimigos derrotados na montanha de Farasim (2Sm 5,17-20) e no vale de Gabaon (Js 10,10), Deus castigará o Egito, a Babilônia e o próprio Judá, por meio da Assíria, "o flagelo destruidor" (cf. Ex 12,13).

23-29: Sabedoria popular (1,3): Tempo de arar, semear e colher. Tempo de plantar o trigo, a cevada, o centeio e a aveia. O lavrador realiza cada coisa em seu tempo. Assim também Deus, que vê o conjunto da história, instrui o povo no momento certo (cf. Ecl 3; Jr 1,10).

que o instrui e lhe ensina as regras. ²⁷Não é na debulhadeira que se bate o endro, nem se passam as rodas de uma carroça sobre o cominho, pois o endro se debulha com vara e o cominho com bastão. ²⁸Não se tritura o trigo, não se debulha continuamente, mas passa-se sobre ele a carroça que o debulha sem o triturar. ²⁹Tudo isso provém de Javé dos exércitos. Ele é maravilhoso para dar conselhos e grandioso em sabedoria.

29 *Cerco e salvação de Jerusalém* – ¹Ai de Ariel, Ariel, cidade onde Davi acampou. Juntem ano a ano, que o ciclo das festas complete seu giro. ²Eu, então, vou apertar Ariel, e só haverá choro e lágrimas. Você será para mim como Ariel. ³Vou acampar ao redor de você, vou cercá-la com trincheiras, e contra você levantarei torres de assédio. ⁴Humilhada, você estará falando desde o chão. E sua palavra sairá abafada pela poeira, e sua voz subirá da terra como sussurro de um fantasma da tumba. Sua palavra será como um murmúrio que brota do chão. ⁵Pois a multidão dos seus inimigos será como a poeira mais fina, e a multidão dos seus tiranos será como a palha que voa.

Mas, de repente, sem avisar, ⁶Javé dos exércitos virá em seu auxílio, com relâmpagos e trovões, ribombos colossais, temporal e furacão, e chamas de fogo devorador. ⁷Será como um sonho, uma visão noturna, essa multidão de povos atacando Ariel, todos atacando, agredindo e apertando. ⁸Será como alguém que está com fome e sonha que está comendo: depois acorda e está de estômago vazio. Ou como aquele que está com sede e sonha que está bebendo: quando acorda, está com a garganta cansada e seca. É isso que vai acontecer a essa multidão de nações que atacam o monte Sião. ⁹Espantem-se e fiquem assombrados; fiquem cegos, sem visão; fiquem bêbados, mas não de vinho; fiquem tontos, mas não de bebida forte, ¹⁰porque Javé derrama sobre vocês um espírito embriagador, que lhes fecha os olhos e lhes cobre a cabeça.

¹¹Toda essa visão será para vocês como palavras de um livro lacrado. Se alguém dá esse livro a uma pessoa que sabe ler e lhe diz: "Por favor, leia isso", ela responderá: "Não posso; ele está lacrado!" ¹²Se derem o livro para alguém que não sabe ler, dizendo-lhe: "Por favor, leia isso", ele responderá: "Eu não sei ler".

Crítica ao culto nacional – ¹³O Senhor disse: Esse povo se aproxima de mim só com palavras, e somente com os lábios me glorifica, enquanto seu coração está longe de mim. O culto que me prestam é tradição humana e rotina. ¹⁴Por isso, eu continuarei a realizar maravilhas e prodígios. A sabedoria dos seus sábios fracassará e a inteligência dos seus inteligentes se apagará.

Maldição: barro e oleiro – ¹⁵Ai daqueles que procuram esconder-se de Javé para ocultar seus próprios projetos. Agem nas trevas, dizendo: "Quem nos vê? Quem nos conhece?" ¹⁶Malditos vocês! O barro vai querer se comparar com o oleiro? Poderá uma obra qualquer dizer a seu fabricante: "Não foi você que me fez"? E o pote, será que pode dizer a seu oleiro: "Você não entende nada"?

A restauração – ¹⁷Muito em breve, não será o Líbano transformado em pomar, e

---

29,1-12: Por volta de 701 a.C., a Assíria cercou e humilhou Jerusalém ("Ariel": cidade de Deus), deixando-a como defunto que fala no meio do pó. O exército assírio porém foi obrigado a levantar o cerco, talvez por causa de um conflito interno do império. Isaías atribui o fato à intervenção de Javé (cf. 10,5-16.24-27; 17,12-14; 37,36-38). O castigo atinge também os governantes judaítas que não depositam confiança no plano salvífico de Deus. Eles se tornam cegos e bêbados, e não compreendem os propósitos divinos descritos no "livro" da história (vv. 9-12; cf. 34,16; Sl 139,16).

13-14: No momento da derrota dos aliados filisteus e do Egito em 701 a.C., os sacerdotes e a elite de Jerusalém fizeram um culto nacional para que Javé contivesse a Assíria. No entanto, já estavam decididos a lutar até o fim e queriam apenas justificar essa decisão. Por isso, tratava-se de um culto de formalismo vazio: "tradição humana e rotina" (cf. 1,10-20; Mt 15,8-9; Mc 7,6-7).

15-16: É provavelmente oráculo de maldição contra os governantes, que fizeram aliança com o Egito em 702 a.C. (28,15). Eles, quais deuses, tentam determinar o destino da nação em vista de seus próprios interesses (cf. Gn 2,7; Is 45,9; 64,7; Jr 18,1-12; 19,1-11; Eclo 33,13; Sb 12,12; Rm 9,20-21). Mãe de todos os males é a pretensão de ser como Deus, o "oleiro".

17-24: Este oráculo é um acréscimo posterior. No futuro, Deus restaurará a natureza destruída e as deficiências físicas (35,1-6; 42,18-19; 44,23), e fará desaparecer os

o pomar não parecerá um bosque? ¹⁸Nesse dia, os surdos ouvirão as palavras do livro. E os olhos do cego, libertos da escuridão e das trevas, tornarão a ver. ¹⁹Os pobres voltarão a se alegrar com Javé, e os indigentes da terra ficarão felizes com o Santo de Israel. ²⁰Pois não haverá mais tirano, e aquele que zombava de todos desaparecerá. E todos os que tramam o mal serão eliminados; ²¹os que acusam alguém no processo, os que no tribunal fazem armadilha para o juiz e, por um nada, reprimem o justo.

²²Por isso, assim diz Javé, Deus da casa de Jacó, ele que resgatou Abraão: Jacó não ficará envergonhado, seu rosto não ficará pálido, ²³porque, vendo o trabalho de minhas mãos no meio deles, santificará meu nome, santificará o Santo de Jacó e temerá o Deus de Israel. ²⁴Aqueles que haviam perdido a cabeça compreenderão, e aqueles que protestavam aprenderão a lição.

30 Contra a aliança com o Egito

– ¹Ai de vocês, filhos rebeldes! – oráculo de Javé. Vocês fazem planos que não nascem de mim, fazem acordos sem a minha inspiração, de maneira que amontoam erros e mais erros. ²Descem a caminho do Egito sem perguntar minha opinião. Pedem a proteção do faraó e querem se abrigar à sombra do Egito. ³No entanto, a proteção do faraó será para vocês um fracasso, e abrigar-se à sombra do Egito será uma decepção. ⁴Quando as autoridades de vocês chegarem a Soã, quando os embaixadores tiverem chegado a Hanes, ⁵todos serão enganados por um povo inútil, do qual não vem ajuda nem proveito, mas só fracasso e decepção.

⁶Oráculo contra as bestas do sul. Através de uma terra dura e difícil, de onde vêm leoas e leões rugidores, víboras e serpentes voadoras, levam a um povo inútil suas riquezas em lombos de burros, e seus tesouros em corcovas de camelos. ⁷O Egito é vazio e inútil. Por isso eu lhe dei o nome de Raab, o inútil.

Testamento de Isaías – ⁸Agora, vá e escreva isto numa tabuinha; vá e registre tudo num livro, para que no futuro seja algo que os esteja sempre acusando. ⁹Pois esse povo é rebelde, é gente mentirosa, que não quer ouvir a lei de Javé. ¹⁰Eles dizem aos videntes: "Não tenham visões". Dizem aos profetas: "Não profetizem com sinceridade; falem para nós somente coisas agradáveis; profetizem ilusões; ¹¹afastem-se do caminho, retirem-se da estrada; parem de querer colocar diante de nós o Santo de Israel". ¹²Por isso, diz o Santo de Israel: Já que vocês desprezaram essa mensagem e querem se apoiar na opressão e na maldade, colocando aí sua esperança, ¹³então esse pecado será para vocês como rachadura que aparece, provocando saliência numa parede alta, e esta de repente, num segundo, vem abaixo, ¹⁴e a parede se espatifa como pote de barro, sem dó nem piedade, e dele não se acha nem mesmo um caco para tirar uma brasa do fogão ou um gole d'água do poço.

¹⁵Pois assim diz o Senhor Javé, o Santo de Israel: Na conversão e na calma está a salvação de vocês, e a força de vocês consiste em confiar e ficar tranquilos. Mas vocês não quiseram ¹⁶e até chegaram a dizer: "Não! Vamos fugir a cavalo". Pois então fujam. "Nós montamos cavalos ligeiros". Pois seus perseguidores serão mais velozes. ¹⁷Mil fugirão diante da ameaça de um só. E diante da ameaça de cinco, vocês todos vão fugir, sem ficar ninguém para trás, como poste no topo de um monte ou estandarte no alto de uma colina.

Tempos de perdão e restauração – ¹⁸Entretanto, Javé espera a hora de mostrar

---

tiranos, restabelecendo a justiça e a vida para os justos e os pobres (32,15-20). O povo de Israel, "resgatado" por Javé (35,10; 51,11; Jr 31,11; Zc 10,8), não será humilhado e caminhará junto com seu Deus, o "Santo de Jacó".

30,1-7: O texto retoma o tema de 28,14-22 e 29,15-16. Para Isaías e seus discípulos, a aliança com o Egito significava divinizar o faraó e trair a aliança com Javé. "Descer a caminho do Egito" era o mesmo que retornar à escravidão. As "bestas do sul" são os embaixadores enviados ao Egito ("Raab": nome simbólico do Egito; cf. Sl 89,11; Jó 9,13).

8-17: Agora, Isaías silenciado (8,16-18) deixa em testamento (29,11) uma crítica à maldade e à opressão dos governantes que manipulam e apropriam até os videntes e profetas (vv. 9-14; cf. Mq 3,9-11), alimentando a falsa confiança no exército do Egito ("cavalos ligeiros"). Confiar mais na aliança com o Egito do que na aliança com Javé trará como resultado o desastre e o isolamento.

18-26: Continua o tema de 29,17-24, que se aprofunda a partir da situação dos exilados. Javé perdoa e restaura o povo de Sião, à medida que este sai da

piedade. Ele toma a iniciativa de mostrar compaixão para com vocês, pois Javé é um Deus justo. Felizes todos os que nele confiam.

¹⁹Povo de Sião que habita em Jerusalém, você não terá mais de chorar, pois ele vai se compadecer do clamor da sua súplica. Basta ele ouvir, que responderá. ²⁰O Senhor lhes dará o pão de aflição e a água de opressão, mas aquele que instrui você não tornará a esconder-se, e os olhos de vocês estarão vendo aquele que instrui vocês. ²¹Se vocês se desviarem para um lado ou para outro, ouvirão uma voz atrás: "O caminho é este; é por aqui que vocês devem ir". ²²E vocês terão como coisa impura suas imagens de madeira revestidas de prata e seus ídolos recobertos de ouro. Vocês vão jogá-las fora como coisa impura, dizendo: "Fora daqui". ²³Deus enviará chuva para as sementes que vocês semearem na terra, de modo que o alimento produzido pela terra será farto e saboroso.

Nesse dia, o gado de vocês vai pastar em pastagens bem espaçosas. ²⁴Os bois e os animais que aram a terra comerão ração fermentada, abanada com pá e forcado. ²⁵No topo de cada monte, no alto de cada colina, haverá riachos e fontes, no dia da grande mortandade, quando as torres caírem. ²⁶No dia em que Javé enfaixar as feridas do seu povo e lhe curar as chagas, a lua vai brilhar como o sol, e o brilho do sol será sete vezes maior, como o brilho de sete dias reunidos.

Contra a Assíria – ²⁷Eis que vem de longe o nome de Javé! Sua ira é ardente e seu furor é intolerável. Seus lábios estão cheios de indignação e sua língua é fogo abrasador. ²⁸Seu sopro é como o rio na enchente que sobe até o pescoço. Ele vai sacudir as nações na peneira da calamidade, e vai colocar na boca dos povos um freio que os desencaminhe. ²⁹Vocês, ao contrário, estarão cantando como em noite de festa, terão o coração alegre como quem dança ao som da flauta, enquanto caminham para a montanha de Javé, para a rocha de Israel. ³⁰Javé fará ouvir sua voz majestosa e mostrará seu braço que golpeia com ira ardente em meio a um fogo abrasador, raios, tempestade e chuva de pedras. ³¹A Assíria ficará apavorada com a voz de Javé, pois ele vai feri-la com seu bastão. ³²Cada vez que Javé a golpear com o bastão do castigo, será acompanhado de tamborins e harpas; Javé combaterá contra a Assíria com guerra sagrada. ³³Porque já faz tempo que Tofet está preparado e também está pronto para o rei. Profunda e larga é a fogueira, com fogo e lenha em abundância: como rio de enxofre, o sopro de Javé vai acendê-la.

31 **Não confiar no Egito** – ¹Ai daqueles que vão até o Egito em busca de ajuda e procuram apoio nos cavalos. Eles confiam nos carros porque são numerosos e nos cavaleiros porque são muito fortes, em vez de levar em consideração o Santo de Israel, em vez de consultar a Javé. ²No entanto, ele também é sábio, ele é capaz de fazer que venha o mal. Ele só não é capaz de faltar com a palavra. Ele vai levantar-se contra a casa dos maus, contra a ajuda dos malfeitores. ³O egípcio é um homem e não um deus. Seus cavalos são carne e não espírito. Javé estenderá a mão: o protetor tropeçará, o protegido cairá e os dois perecerão.

Contra a Assíria – ⁴Pois foi assim que Javé me falou. Da mesma forma como ruge o leão ou seu filhote com a presa, enquanto a

---

alienação e se afasta dos deuses de ouro e prata que justificam uma sociedade de injustiça (vv. 21-22; cf. 31,7; 40,18-20; 44,9-20). Então haverá água, semente, terra, animais, alimento, saúde para todo o povo (55,1-2). Descrever a transformação da natureza é muito comum na literatura escatológica (cf. 32,15; 35,1-2; 60,19-20; Ml 3,20).

27-33: É provavelmente o oráculo proferido diante do ataque assírio em 701 a.C. Foi mais tarde retocado para adaptar-se à destruição do império em 612 a.C. Isaías anuncia o castigo contra a Assíria e a libertação de Jerusalém, nos moldes da libertação do povo no Egito (cf. Ex 12-15;19). O agir de Javé é descrito de maneira teofânica (cf. 28,2; Jz 5,4-5; Sl 68,8-9). Agora

é Javé quem toma o "bastão do castigo" (10,24). O rei da Assíria será queimado no Tofet, vale que cerca Jerusalém pelo oeste e pelo sul, lugar onde era queimado o lixo. Segundo tradições antigas, nesse local se ofereciam sacrifícios humanos a deuses da fertilidade (cf. Jr 7,31; 32,35).

31.1-3: Continua a polêmica contra a aliança com o Egito (29,15-16; 30,1-17). A segurança está em Javé (cf. 30,15-17; Ex 19,4; Dt 32,11-12), e não nos cavalos (cf. Dt 17,16; Os 14,4), que representam a força militar do Egito ("protetor").

4-9: Como em 30,27-33, o profeta prega ao povo para não ter medo da Assíria. Os inimigos fugirão apavorados diante do "estandarte", sinal da convocação para a

turma de pastores apronta contra ele uma gritaria, mas ele não fica com medo dos gritos, nem dá atenção à barulheira dos pastores, assim também Javé dos exércitos descerá para combater sobre o monte Sião e sua colina.

⁵Como ave que abre as asas, assim Javé dos exércitos protegerá Jerusalém. Ele a protegerá, e ela será salva. Ele a poupará, e ela será liberta. ⁶Filhos de Israel, convertam-se a ele desde o fundo da rebeldia de vocês.

⁷Nesse dia, ninguém mais vai querer saber dos ídolos de prata ou de ouro que suas mãos pecaminosas fabricaram. ⁸A Assíria cairá ao fio de uma espada que não pertence a nenhum homem, será devorada por uma espada que não é de nenhum ser humano. E se seus jovens escaparem da espada, cairão em trabalhos forçados. ⁹A rocha deles fugirá apavorada e seus chefes abandonarão o estandarte – oráculo de Javé. O fogo dele está em Sião e sua fornalha em Jerusalém.

32 Um reino de justiça

¹Um rei reinará conforme a justiça, e os chefes governarão conforme o direito. ²Cada um deles será abrigo contra o vento, um refúgio contra a tempestade. Será como córrego em terra seca ou sombra de uma grande pedra no deserto. ³Os olhos daqueles que veem não se fecharão mais, os ouvidos daqueles que escutam estarão atentos. ⁴A mente precipitada aprenderá a discernir, e a língua dos gagos falará com facilidade e clareza. ⁵Já não se chamará de nobre a um tolo, nem se dirá que o trapaceiro é ilustre, ⁶pois o tolo diz tolices, e no seu coração planeja o crime, pratica a impiedade e afirma coisas erradas contra Javé; deixa vazio o estômago do faminto e sem água o sedento. ⁷O trapaceiro faz trapaças perversas e maquina suas intrigas; prejudica os pobres com mentiras e os indigentes que defendem o próprio direito. ⁸O nobre, ao invés, planeja coisas nobres e age sempre com nobreza.

Mulheres desatentas – ⁹Mulheres despreocupadas, levantem-se e escutem minha voz. Senhoras tranquilas, prestem atenção ao que vou falar. ¹⁰Daqui a um ano e alguns dias, vocês que hoje se sentem tão seguras ficarão abaladas, porque a produção de uvas estará perdida e não haverá mais colheita. ¹¹As despreocupadas comecem a tremer, as tranquilas fiquem abaladas, completamente nuas, e coloquem uma roupa de saco na cintura. ¹²Batam no peito por causa das roças bonitas, por causa das parreiras carregadas de cachos, ¹³por causa das terras do meu povo, onde só crescerão espinhos e ervas daninhas, por causa das casas alegres e da cidade festiva. ¹⁴Porque o palácio está abandonado, a cidade populosa está deserta, o monte Ofel e a Torre de Vigia serão para sempre um campo vazio, alegria dos jumentos e pasto dos rebanhos de cabras.

O Espírito de Deus – ¹⁵Será derramado outra vez sobre nós um espírito que vem do alto. Então o deserto se tornará um jardim, e o jardim será considerado um bosque. ¹⁶No deserto habitará o direito, e a justiça habitará no jardim. ¹⁷O fruto da justiça será a paz. De fato, o trabalho da justiça se tornará tranquilidade e segurança permanentes. ¹⁸Meu povo habitará em lugar pacífico, em moradas seguras, em habitação tranquila, ¹⁹ainda que o bosque venha abaixo sob o granizo e a cidade seja arrasada. ²⁰Felizes de vocês que semeiam à beira de todas as águas e deixam soltos o boi e o jumento.

---

guerra santa (13,2; 18,3; 30,17). Como "ave que abre as asas" (8,8; cf. Ex 19,4; Dt 32,11), Javé protege e defende Jerusalém, a cidade escolhida. A presença de Deus em Sião é força e segurança para o povo.

32,1-33,24: Nos capítulos 32-33, provavelmente escritos no pós-exílio, predominam visões escatológicas (cf. 34-35).

32,1-8: A restauração de Israel é caracterizada pela presença de governantes justos e de um povo atento à liderança. Deve-se discernir o verdadeiro governante ("nobre"), que reina com justiça e gera paz para o povo (cf. 11,3-5; Jr 23,5-6; Sl 72). "Tolo" é o governante que não respeita nem Deus nem o direito dos pobres (cf. Pr 17,7.21).

9-14: As mulheres da alta sociedade, que vivem na mordomia à custa dos pobres, tornam-se metáfora para os governantes cheios de arrogância (cf. 3,16-24; Am 4,1-3). Quando estes não se preocupam com o povo de Israel ("vinha": cf. 5,1-7), produzem "espinhos e ervas daninhas" e o desastre nacional. Monte Ofel é a parte sul da antiga colina de Jerusalém (cf. 2Cr 27,3; Ne 3,26-27).

15-20: A vinda do Espírito de Deus (cf. Jl 3,1-2; At 2,17) devolve à terra a fertilidade como nova criação (cf. 29,17;

33

Súplica pela salvação – ¹Ai de você que destrói quando você mesmo não foi destruído, que rouba quando você mesmo não foi roubado. Pois quando acabar de destruir, você é que será destruído; quando terminar de roubar, então você também será roubado. ²Javé, tem piedade de nós, pois esperamos em ti! Sê nosso braço pela manhã e nossa salvação no perigo. ³Os povos fogem do barulho que tu provocas; quando tu te ergues, as nações se dispersam. ⁴Ajuntam-se os teus despojos como se amontoam gafanhotos, avançam sobre eles como bandos de gafanhotos.

⁵Javé é exaltado porque mora nas alturas e enche Sião de direito e justiça. ⁶Nisto estará a segurança dos teus dias: as riquezas que salvam serão a sabedoria e o conhecimento, e o temor de Javé será o tesouro dele.

Lamentação – ⁷Escutem! Os arautos gemem nas ruas, os mensageiros da paz choram amargamente! ⁸As estradas estão desertas e ninguém passa por aí. A aliança foi quebrada, as testemunhas são desprezadas e ninguém é respeitado. ⁹A terra murcha em luto, o Líbano perde a cor e seca, o Saron parece um deserto, caem as folhas de Basã e do Carmelo.

Julgamento – ¹⁰Javé diz: Agora eu me levanto, agora eu me ergo, agora eu me elevo. ¹¹Vocês conceberam capim e deram à luz palha. Meu sopro como um fogo consumirá vocês. ¹²Os povos serão queimados como cal, irão para o fogo como galhos de espinho cortados. ¹³Vocês que estão longe, ouçam o que eu fiz. Os que estão perto, reconheçam minha força.

¹⁴Os pecadores em Sião ficam apavorados, um tremor tomou conta dos malodosos. Eles dizem: "Quem de nós poderá se hospedar junto ao calor desse fogo? Quem de nós poderá se hospedar nesse braseiro que não se apaga?" ¹⁵Quem age com justiça, quem fala com retidão, quem recusa o lucro da opressão, quem sacode a mão recusando o suborno, quem tapa os ouvidos a propostas sanguinárias, quem fecha os olhos para não ver o mal. ¹⁶Esse vai morar nas alturas: fortaleza sobre a rocha será seu refúgio, com abundância de pão e reserva de água.

Restauração de Jerusalém – ¹⁷E seus olhos contemplarão o rei com todo o seu esplendor: você verá uma terra de grande extensão. ¹⁸E seu coração irá relembrar tais sustos: "Onde está aquele que contava? Onde está aquele que pesava? Onde está aquele que contava as torres?" ¹⁹Você não terá mais que ver o povo arrogante, de língua complicada e incompreensível, de língua estranha que ninguém entende. ²⁰Olhe bem para Sião, a cidade das nossas festas: seus olhos verão Jerusalém, a morada tranquila, tenda que não será removida, cujas estacas não serão arrancadas, e cujas cordas não se soltarão. ²¹É aí que Javé será poderoso para nós, em lugar de rios e de vastos canais, mas onde não navegarão barcos de remo, nem passará nenhum navio magnífico. ²²Pois Javé é nosso juiz, Javé é nosso legislador, Javé é nosso rei: ele nos salvará. ²³As cordas de vocês estão bambas e não conseguem firmar o mastro nem abrir a vela. Então serão tantas as conquistas a repartir, que até os aleijados pegarão sua parte. ²⁴Nenhum morador dirá: "Estou doente". O povo que mora em Jerusalém será perdoado de suas culpas.

Gn 1,1-2,4a). A restauração de Israel implica a construção do mundo de justiça e paz (cf. 61,1-3; 65,16-25).

33,1-6: Oráculo provavelmente proferido contra a Babilônia. O império devorador de despojos deve ser despojado e destruído por Javé, que restaura Sião no direito e na justiça (32,15-20). A súplica pela salvação é expressa aqui com o temor de Javé, temor que é fonte da sabedoria (Pr 1,7).

7-9: Descreve-se a destruição e desgraça de Jerusalém por causa da infidelidade dos governantes (Lm 2,9). O Líbano é símbolo da fertilidade por causa de suas florestas, cuja destruição ilustra o grau da desgraça e da morte (29,17).

10-16: O julgamento como fogo (31,9; 66,15) atinge todos os povos: os pecadores e malvados são queimados, e salva-se apenas quem age com justiça (cf. Sl 15; 24; Ez 18,5-13). O resto justo de Israel tem acesso à vida (cf. 55,1-2; Ap 21,6; 22,17).

17-24: Terminando a unidade dos capítulos 32-33, o redator pós-exílico salienta o tema principal: Jerusalém restaurada por Deus, o rei de Israel. Ele derrota as nações estrangeiras (v. 19; cf. Ez 3,5) e restabelece Sião, proporcionando-lhe segurança, riqueza e saúde (cf. Ez 47,1-12). Nenhuma potência estrangeira ("navio magnífico") conseguirá promover invasão contra Sião (cf. Nm 24,24).

V. PEQUENO APOCALIPSE

34 Julgamento de Edom

¹Aproximem-se, nações, para ouvir. Povos, prestem atenção. Que a terra escute e os que nela habitam, o mundo e tudo o que ele produz, ²pois Javé está irado contra todas as nações e enfurecido contra todos os seus exércitos. Já os consagrou todos à eliminação total, já entregou todo mundo à matança. ³Seus mortos são jogados fora, dos cadáveres exala mau cheiro, e os montes se alagam com o seu sangue. ⁴O exército do céu se desmancha, o céu se enrola como pergaminho, e todo o seu exército fenece como caem as folhas da parreira, como caem as folhas da figueira, ⁵pois minha espada ficou embriagada no céu. Vejam: ela se precipita sobre Edom, povo que destinei para a destruição. ⁶A espada de Javé está pingando sangue, está banhada de gordura, cheia do sangue de cordeiros e cabritos, da gordura do lombo dos carneiros, para que se ofereça um sacrifício a Javé em Bosra, uma enorme matança na terra de Edom. ⁷Com eles morrem também búfalos, bezerros junto com touros. Sua terra se empapa de sangue, o chão está banhado de gordura, ⁸pois esse é um dia de vingança para Javé, é um dia de acerto de contas em favor de Sião.

⁹Seus córregos se transformarão em piche, o pó da sua terra em breu, e seu chão ficará como piche fervente. ¹⁰Passam dias e noites e o chão não se esfria, fica soltando sua fumaça para sempre. De geração em geração fica no abandono, e era após era ninguém mais passa por aí. ¹¹Seus herdeiros são o pelicano e o ouriço; a coruja e o urubu fazem aí sua morada. Javé estenderá aí o prumo do caos e o nível da confusão. ¹²Não haverá nobres para proclamar um rei, seus chefes desaparecerão. ¹³Crescerão espinhos em seus palácios, e ervas daninhas e urtigas em suas fortalezas. Será morada de chacais, esconderijo dos filhotes de avestruz. ¹⁴Aí vão se encontrar o gato do mato e a hiena, o cabrito selvagem chamará seus companheiros. Aí Lilit vai descansar, encontrando um lugar de repouso. ¹⁵Aí vai se aninhar a cobra, que botará, chocará seus ovos e recolherá sua ninhada em sua sombra. Aí se reunirão as aves de rapina, cada qual com sua companheira.

¹⁶Pesquisem o livro de Javé e leiam: não faltará nenhum deles, nenhum estará sem seu companheiro, porque assim ordenou a boca de Javé, e seu sopro os reuniu. ¹⁷Foi ele mesmo quem tirou a sorte, foi o próprio Deus quem pegou a corda para medir as divisas de cada um. Serão eles os proprietários para sempre. De geração em geração eles aí vão morar.

35 Volta de Sião

¹Alegrem-se o deserto e a terra seca, o campo floresça de alegria. ²Como o narciso, cubra-se de flores, transbordando de contentamento e alegria, pois lhe será dado o esplendor do Líbano, a beleza do Carmelo e do Saron. Todos verão a glória de Javé, a beleza de nosso Deus. ³Fortaleçam as mãos cansadas. Firmem os joelhos cambaleantes. ⁴Digam aos corações desanimados: "Sejam fortes! Não tenham medo! Vejam o Deus de vocês: ele vem para vingar, ele traz um prêmio divino, ele vem para salvar vocês". ⁵Então os olhos dos cegos vão se abrir, e se abrirão também os ouvidos dos surdos; ⁶os aleijados saltarão como cervo, e a língua do mudo cantará, porque jorrarão águas no deserto e rios na terra seca. ⁷A terra seca se mudará em várzeas, e o chão seco

---

34-35: Seguindo o "grande apocalipse" (24-27), o texto apresenta aqui o julgamento contra as nações opressoras, particularmente contra Edom, protótipo dos inimigos de Israel, e a restauração do povo de Deus em Jerusalém. Expressa a esperança popular de que Javé derrubará os poderosos e restaurará a liberdade e alegria da vida (cf. 56-66).

34,1-17: Quando Jerusalém foi atacada e destruída pela Babilônia, seus aliados edomitas aproveitaram a situação, roubando e escravizando os judeus fugitivos (cf. Lm 4,21-22; Ab 11-14). Agora Edom, com sua capital Bosra (Jr 49,13), será julgado e arrasado (63,1-6). Sua "fortaleza" se tornará morada de animais selvagens (13,21) e de demônios como Lilit, divindade feminina da Mesopotâmia. Para o redator, tudo isso estava anunciado no "livro de Javé" (29,11; Ap 20,12), que seriam textos como Sf 1,14-18; Ab 1-15; Jr 49,7-22 e Ez 25,12-14.

35,1-10: Javé prepara a volta dos exilados na Babilônia: transformando o deserto em terra verde; revigorando o povo abatido; e preparando o caminho seguro de volta para Sião (cf. 40,1-11; 43,19-20; 62,10-12). Na literatura apocalíptica, a restauração do povo incluía a recuperação das deficiências físicas (cf. 29,18-19; Mt 11,5).

se encherá de fontes. E onde viviam os chacais, a erva se transformará em juncos e papiros. ⁸Haverá aí uma estrada, um caminho, que chamarão de caminho santo. Impuro nenhum passará por ele, e os bobos não vão errar o caminho. ⁹Aí não haverá leão, nenhum animal selvagem poderá alcançar esse caminho. Por ele só andarão os que foram redimidos ¹⁰e os que foram resgatados por Javé. Cantando, irão voltar e chegar até Sião: carregarão uma alegria sem fim e serão acompanhados de prazer e alegria. A tristeza e o pranto fugirão.

VI. APÊNDICE HISTÓRICO

36 *Ameaça de Senaquerib* – ¹No décimo quarto ano do rei Ezequias, Senaquerib, rei da Assíria, atacou todas as cidades fortificadas de Judá e se apossou delas. ²De Laquis, o rei da Assíria mandou até Jerusalém, ao rei Ezequias, o chefe dos copeiros acompanhado de poderoso destacamento. O alto funcionário parou perto do canal que leva água para o reservatório superior, no caminho do campo do Pisoeiro. ³Saíram ao encontro dele Eliacim, filho de Helcias, administrador do palácio, e o escriba Sobna, além do secretário Joaé, filho de Asaf. ⁴O chefe dos copeiros do rei da Assíria falou: "Digam o seguinte a Ezequias: Assim diz o grande rei, o rei da Assíria: Que confiança é essa em que você se apoia? ⁵Você está pensando que a estratégia e a valentia militares são questão de palavras. Em quem você está se apoiando para resistir a mim? ⁶Ah! Você se apoia no Egito, esse bambu rachado que machuca as mãos quando alguém se apoia nele, e lhe finca lascas. O faraó, rei do Egito, é isso para quem nele confia. ⁷Ou você me diz: 'É em Javé nosso Deus que nós confiamos!' No entanto, não eram dedicados a ele os lugares altos e os altares que Ezequias eliminou, dizendo a Judá: 'É só aqui em Jerusalém, diante deste único altar, que vocês devem adorar a Deus'? ⁸Faça então uma aposta com meu senhor, o rei da Assíria: eu lhe darei dois mil cavalos, se você for capaz de arrumar cavaleiros para montar em todos eles. ⁹Então, como é que você será capaz de derrotar um só governador, o menor dos servos do meu senhor? Você está confiando no Egito para ter carros e cavaleiros! ¹⁰Você pensa que foi sem a vontade de Javé que eu subi para atacar esta terra, a fim de destruí-la? Foi Javé quem me disse: 'Ataca e devasta essa terra' ".

¹¹Eliacim, Sobna e Joaé disseram ao chefe dos copeiros assírio: "Fale com seus servos em aramaico, pois nós entendemos. Não fale em judaico, senão o pessoal que está em cima das muralhas vai entender". ¹²O chefe dos copeiros assírio respondeu: "Por acaso foi somente ao senhor de vocês ou só a vocês que meu senhor mandou trazer esta mensagem? Pois foi também para esse pessoal que está assentado na muralha, condenado juntamente com vocês a comerem as próprias fezes e beberem a própria urina".

¹³Então o chefe dos copeiros assírio tomou posição e falou bem alto em judaico: "Escutem as palavras do grande rei, o rei da Assíria. ¹⁴Assim diz o rei: Não deixem Ezequias enganá-los, pois ele não é capaz de salvar vocês. ¹⁵Que Ezequias não faça vocês terem confiança em Javé, dizendo: 'Javé nos livrará e não entregará esta cidade ao rei da Assíria'. ¹⁶Não deem ouvidos a Ezequias, porque assim fala o rei da Assíria: Rendam-se e façam a paz comigo. Então cada um poderá comer tranquilamente os frutos da própria parreira e da própria figueira, e beber a água do próprio poço. ¹⁷Isso até que eu venha levá-los para uma terra igual à terra de vocês, terra de trigo e de mosto, terra de pão e de vinhedos. ¹⁸Não deixem Ezequias enganar vocês, dizendo: 'Javé nos livrará'. Por acaso os deuses das nações foram capazes de libertar sua própria terra das mãos do rei da Assíria? ¹⁹Onde estão

---

36-39: Ao acrescentar o "apêndice histórico", uma repetição quase integral de 2Rs 18,13-20,19 (cf. 2Cr 32,1-21), no final do Primeiro Isaías, o redator quer mostrar a importância do papel de Isaías, sobretudo a veracidade de seus oráculos nos momentos críticos da história de Judá.

36,1-37,9a: Em 701 a.C., Senaquerib invadiu Judá, apoderou-se das cidades fortificadas e amedrontou Ezequias e os habitantes de Jerusalém (2Rs 18,13-19,37). As ameaças de Senaquerib partiram de Laquis, grande fortaleza situada 48 km a sudoeste de Jerusalém. O redator omite o relato sobre a submissão e a entrega

os deuses de Emat e Arfad? Onde estão os deuses de Sefarvaim? Eles foram capazes de livrar Samaria de minha mão? ²⁰Qual dos deuses de todas essas terras foi capaz de livrar sua terra de minhas mãos? Como Javé livrará Jerusalém de minha mão?" ²¹Todos ficaram calados. Ninguém respondeu coisa alguma, pois o rei tinha dado ordens, dizendo para não responder. ²²Eliacim, filho de Helcias, administrador do palácio, o escrivão Sobna e o secretário Joaé, filho de Asaf, depois de rasgarem suas próprias roupas, foram contar a Ezequias tudo o que o chefe dos copeiros assírio tinha dito.

37 ¹Ao acabar de ouvir tudo isso, o rei Ezequias rasgou as próprias roupas, vestiu-se de pano de saco e foi para o Templo de Javé. ²Mandou Eliacim, o administrador do palácio, o escrivão Sobna e os sacerdotes que eram seus conselheiros, todos vestidos de pano de saco, procurarem o profeta Isaías, filho de Amós. ³Disseram a Isaías: "Assim diz Ezequias: Hoje é dia de angústia, castigo e humilhação. Chega a hora de nascer a criança, mas falta força para dar à luz. ⁴Tomara que Javé, seu Deus, tenha ouvido o que falou o chefe dos copeiros que o rei da Assíria mandou para insultar o Deus vivo. E assim Javé, o Deus de você, o castigue pelas palavras que ouviu. Faça uma oração em favor do resto que ainda vive". ⁵Quando os funcionários do rei Ezequias chegaram ao lugar onde estava Isaías, ⁶este lhes deu a seguinte resposta: "Vocês irão falar a seu senhor da seguinte maneira: Assim diz Javé: Não fique com medo por causa das palavras com que os servos do rei da Assíria me injuriaram. ⁷Eu vou colocar nele um espírito. Ele voltará para sua terra logo que ouvir um boato, e eu o farei morrer à espada". ⁸O chefe dos copeiros do rei da Assíria voltou e encontrou o rei lutando em Lebna, pois tinha ouvido falar que o rei se havia afastado de Laquis. ⁹ᵃDe fato, o rei tinha recebido a notícia de que Taraca, rei da Etiópia, saíra em guerra contra ele.

Nova ameaça – ⁹ᵇSenaquerib tornou a mandar mensageiros a Ezequias com este recado: ¹⁰"Digam a Ezequias, rei de Judá: Que o seu Deus, em quem você confia, não o engane dizendo que não vai entregar Jerusalém nas mãos do rei da Assíria. ¹¹Você já ouviu falar da maneira como fizeram os reis da Assíria a todas as terras, condenando-as à destruição total. E você, será que vai escapar? ¹²Por acaso os deuses das nações, que meus antepassados destruíram, puderam livrá-las? É o caso de Gozã, de Harã, de Resef e dos filhos de Edem que povoavam Telbasar. ¹³Onde está o rei de Emat? E o rei de Arfad? E o de Lair? Onde estão os reis de Sefarvaim, de Ana e de Ava?"

¹⁴Ezequias recebeu a carta da mão dos mensageiros, leu e foi para o Templo de Javé. Aí Ezequias abriu a carta na presença de Javé. ¹⁵Então Ezequias fez a Javé esta prece: ¹⁶"Javé dos exércitos, Deus de Israel, sentado sobre os querubins: tu és o único Deus de todos os reinos da terra. Tu fizeste o céu e a terra. ¹⁷Fique atento o teu ouvido, Javé, e escuta; abre os teus olhos, Javé, e vê. Ouve tudo o que Senaquerib manda dizer para insultar o Deus vivo. ¹⁸É verdade, Javé: os reis da Assíria devastaram todas as nações e as suas terras. ¹⁹Ele queimou todos os seus deuses, porque não são deuses, mas coisa produzida pela mão do homem, objetos de madeira ou de pedra que puderam ser destruídos. ²⁰Agora tu, Javé nosso Deus, livra-nos das mãos dele, para que todos os reinos da terra saibam que só tu, Javé, és Deus".

Intervenção de Isaías – ²¹Então Isaías, filho de Amós, mandou dizer a Ezequias: "Assim diz Javé, Deus de Israel: Já que você dirigiu sua prece a mim por causa de Senaquerib, rei da Assíria, ²²aqui está a mensagem que Javé manda contra ele: A virgem, filha de Sião, despreza você, ela

---

do tributo de Ezequias ao rei da Assíria (2Rs 18,14-16). Salienta a arrogância do império e o papel importante de Isaías como consultor de Ezequias.

37,9b-20: Ao descrever a nova ameaça do rei da Assíria, o redator ilustra a guerra das nações como guerra dos deuses contra a fé do povo de Israel em Javé, o único Deus de todos os reinos: é Javé quem criou o céu e a terra (2Rs 19,9-19).

21-38: O texto reproduz 2Rs 19,20-37. Para o redator, que assume a teologia davídica, o fato de Jerusalém ter

zomba de você; atrás de você, a filha de Jerusalém abana a cabeça. ²³A quem você desafiou e insultou? Contra quem você ergueu a voz e levantou os olhos para o alto? Contra o Santo de Israel! ²⁴Por meio de seus servos, você insultou o Senhor, dizendo: 'Com a multidão de meus carros eu subi ao topo dos montes, até aos lugares inacessíveis do Líbano. Eu lhe cortei os mais altos cedros e os mais belos ciprestes. Cheguei a seu ponto mais alto, a seus bosques mais fechados. ²⁵Eu mesmo furei o poço, eu mesmo bebi a água, água estrangeira. Com a sola do meu pé eu sequei todos os rios do Egito'. ²⁶Por acaso você nunca ouviu dizer? Desde há muito tempo, eu o decidi. Nos tempos antigos, eu o preparei e agora o realizo. Você, a sua parte era fazer das cidades fortificadas um montão de ruínas; ²⁷deixar seus habitantes de mãos atadas, morrendo de medo e vergonha. Eram como erva dos campos, grama dos prados, capim no telhado, grão queimado pelo vento leste. ²⁸Eu sei quando você se senta e se levanta, quando entra e quando sai. ²⁹Já que você me odeia e sua arrogância chegou a meus ouvidos, eu vou prender uma argola no seu nariz e um freio na sua boca, para levá-lo de volta pelo mesmo caminho que o trouxe até aqui.

³⁰E isto servirá de sinal para você, Ezequias: Este ano, comerão do que nascer sem plantar; no ano que vem, do que brotar sem semear; no terceiro ano, porém, vão semear e colher, plantarão vinhas e comerão seus frutos. ³¹O resto que sobrar da casa de Judá criará raízes debaixo do chão e dará frutos por cima. ³²Pois de Jerusalém deverá sair um resto, os sobreviventes do monte Sião. O zelo de Javé dos exércitos fará isso. ³³Assim diz Javé sobre o rei da Assíria: Ele não vai entrar nesta cidade, nem atirar uma só flecha, nem se armar de escudo, nem mesmo se entrincheirar contra ela. ³⁴Voltará pelo caminho por onde veio. Nesta cidade ele não entrará – oráculo de Javé ³⁵Eu mesmo vou proteger esta cidade, a fim de salvá-la, por minha causa e também por causa do meu servo Davi".

³⁶Nessa mesma noite, o Anjo de Javé feriu no acampamento dos assírios cento e oitenta e cinco mil homens. De manhã, ao acordar, havia só cadáveres. ³⁷Senaquerib, rei da Assíria, levantou acampamento, foi-se embora e voltou para Nínive, e aí permaneceu. ³⁸Certo dia, quando ele estava de bruços fazendo sua adoração no templo do seu deus Nesroc, seus filhos Adramelec e Sarasar o assassinaram à espada, e em seguida fugiram para a terra de Ararat. Asaradon, seu outro filho, reinou em seu lugar.

38 Doença e cura de Ezequias –

¹Nessa ocasião, Ezequias adoeceu de uma enfermidade mortal. O profeta Isaías, filho de Amós, foi visitá-lo e lhe disse: "Assim diz Javé: Ponha em ordem sua casa porque você vai morrer, não vai escapar". ²Então Ezequias virou o rosto para a parede e fez esta prece a Javé: ³"Ah! Javé! Não te esqueças: eu procurei sempre andar na tua presença com toda a fidelidade e de coração limpo, e procurei sempre fazer o que era bom a teus olhos". E Ezequias começou a chorar convulsivamente.

⁴Então a palavra de Javé veio a Isaías com esta mensagem: ⁵"Vá falar a Ezequias: Assim diz Javé, o Deus de seu pai Davi: Ouvi sua oração e vi suas lágrimas. Eu vou aumentar em quinze anos a duração de sua vida. ⁶Vou também livrá-lo das mãos do rei da Assíria, a você e a esta cidade. Eu mesmo vou proteger esta cidade". ⁷Isaías respondeu: "O sinal de que Javé vai cumprir o que prometeu é este: ⁸No relógio de sol de Acaz farei com que a sombra volte para trás os dez degraus que avançou". E o sol voltou os dez degraus que já tinha avançado no relógio.

Oração de Ezequias – ⁹Cântico de Ezequias, rei de Judá, por ocasião de sua doença e da cura que obteve.

---

sido preservada e seu rei mantido no trono foi manifestação clara do poder e proteção de Javé, o Santo de Israel.
38,1-8: A cura milagrosa de Ezequias reflete, na religiosidade oficial de Judá, a importância do arrependimento, da conversão, da oração e da subida ao Templo de Javé (2Rs 20,1-11).
9-22: Provável fragmento de salmo pós-exílico, com estrutura bastante conhecida (cf. Sl 6; 30): um enfermo

¹⁰Eu dizia: "Bem no meio da minha vida, eu me vou. Pelo resto dos meus anos, ficarei postado à porta da morada dos mortos". ¹¹Eu dizia: "Não verei mais a Javé na terra dos vivos, nem verei mais ninguém entre os habitantes da terra. ¹²Minha morada foi arrancada e levada para longe de mim como tenda de pastor. Como tecelão, eu tecia minha vida e me cortaram os fios. Dia e noite foste acabando comigo. ¹³Clamo até o amanhecer. Como leão, ele quebra todos os meus ossos; dia e noite tu me consumias. ¹⁴Estou piando como andorinha, arrulhando como pomba. Meus olhos estão cansados de olhar para o alto. Estou oprimido: ajuda-me, Senhor! ¹⁵Que direi, que poderei falar, se foi ele quem fez isso? Hei de passar todos os anos da minha vida com alma amargurada. ¹⁶Aqueles que Deus protege vivem. E entre eles viverá o meu espírito: tu me curaste e me fizeste reviver. ¹⁷Minha amargura se transformou em paz, quando arrancaste minha vida da tumba vazia e voltaste as costas para todos os meus pecados. ¹⁸De fato, a morada dos mortos não te louva; não é a morte que entoa hinos a ti. Quem baixa à cova já não espera pela tua fidelidade. ¹⁹Quem está vivo é que vai te louvar, como eu estou fazendo agora. O pai ensina a seus filhos tua fidelidade. ²⁰Salva-me, ó Javé, e tocaremos nossas harpas todos os dias da nossa vida no Templo de Javé".

²¹Isaías ordenou: "Tragam um emplastro de figos e o coloquem sobre a ferida, para que ele recupere a saúde". ²²Ezequias disse: "Qual é o sinal de que subirei ao Templo de Javé?"

39 Embaixada da Babilônia e intervenção de Isaías –

¹Nessa ocasião, o rei da Babilônia, Merodac-Baladã, filho de Baladã, mandou cartas e um presente a Ezequias, pois tivera notícia de sua enfermidade e de sua convalescença. ²Ezequias ficou muito satisfeito com isso e mostrou aos embaixadores toda a sua riqueza: a prata, o ouro, os perfumes, o óleo fino, como também toda a casa de armas; enfim, tudo o que havia nos seus depósitos. Ezequias não deixou nada sem mostrar, de tudo o que havia no seu palácio e nas suas dependências.

³O profeta Isaías foi procurar o rei Ezequias e lhe perguntou: "O que disseram esses indivíduos? De onde vieram eles?" Ezequias respondeu: "Eles vieram de uma terra muito distante. Vieram da Babilônia". ⁴Isaías perguntou: "O que é que eles viram no seu palácio?" Ezequias respondeu: "Eles viram tudo o que existe no meu palácio. Não há nada do meu tesouro que eu não lhes tenha mostrado". ⁵Isaías disse então a Ezequias: "Escute a palavra de Javé dos exércitos: ⁶Chegará um dia em que a Babilônia levará tudo o que existe no seu palácio, tudo o que seus pais foram ajuntando até os dias de hoje. Não vai sobrar nada – diz Javé. ⁷Alguns dos filhos que saíram de você, que você gerou, serão levados para que sirvam como eunucos no palácio do rei da Babilônia". ⁸Ezequias disse a Isaías: "É de felicidade a palavra de Javé que você me transmite". Pois ele pensava assim: "Pelo menos durante a minha vida haverá paz e segurança".

---

exprime sua aflição (vv. 9-16) e em seguida louva a Deus pela cura obtida (vv. 17-20). Num tempo em que não se conhecia o ensinamento oficial sobre a ressurreição (cf. 2Mc 7,9), o salmo ressalta cada momento da vida como dom de Deus.

39,1-8: O redator retoca 2Rs 20,12-19 e o adapta à época do exílio na Babilônia (vv. 5-8). Ao inserir esta alusão à Babilônia no final do Primeiro Isaías, ele quer mostrar a continuidade do Primeiro com o Segundo Isaías (Is 40–55), tendo como protagonistas os exilados na Babilônia.

SEGUNDO ISAÍAS

CONSOLEM, CONSOLEM O MEU POVO!

Introdução

A profecia do Segundo Isaías (40-55) surgiu no final do exílio na Babilônia, por volta de 540 a.C., entre sacerdotes que exerciam funções secundárias no Templo (cf. 2Rs 23,8-9), provavelmente levitas exilados na segunda deportação (587 a.C.; cf. 2Rs 25,8-12).

Por volta de 550 a.C., Ciro, imperador da Pérsia, começou a dominar os povos vizinhos e tinha a pretensão de chegar à Babilônia. Os persas tinham como estratégia política manter em sua própria terra os povos dominados, concedendo-lhes liberdade religiosa e cultural em troca de submissão política e pagamento de impostos.

Por isso, com o avanço de Ciro, o grupo profético do Segundo Isaías sentiu-se esperançoso (cf. 45,1-8). Em sua profecia transparece grande entusiasmo com a possível derrota do império babilônico e o consequente fim do exílio.

A mensagem desse grupo se dirige a pessoas cansadas, enfraquecidas e sem esperança (cf. 40,29; 42,3), escravizadas, espoliadas, saqueadas e perseguidas (cf. 42,7.22; 47,6; 50,6), pobres e miseráveis (cf. 41,17; 49,13; 55,1-2); enfim, socialmente desprezadas e rejeitadas (cf. 53,3). Havia ainda os que carregavam o peso da religião, pois acreditavam que o exílio era castigo de Deus pelo pecado (cf. 40,2; 42,24).

Para fortalecer a fé do povo judeu, carinhosamente chamado de "meu servo", o grupo do Segundo Isaías, prevendo o possível retorno para Jerusalém, reavivou a memória do êxodo e a fé em Javé, o único Deus e Criador (cf. 43,15-21; 44,1-8). Ponto de partida é a libertação do exílio. Nesse novo êxodo, Javé irá à frente do seu povo, tendo como liderança o servo de Javé (cf. 40,1-11; 42,1-9).

A preocupação do Segundo Isaías, no contexto do exílio, é animar e manter viva a fé e esperança das pessoas oprimidas em meio às divindades do império. Daí a insistência sobre Javé como Deus único (cf. 43,5-7). Neste livro, encontramos as mais antigas afirmações do monoteísmo em Israel.

O Segundo Isaías pode ser dividido em duas partes, além da introdução e conclusão:

40,1-11: Introdução. O novo êxodo e a palavra de Deus.

40,12-48,22: Primeira parte. Libertação e retorno a Jerusalém, tendo como modelo o êxodo. Insistência em Javé como único Deus da história.

49,1-55,5: Segunda parte. Projeto de reconstruir Jerusalém. Predominam a figura do servo e a cidade de Jerusalém.

55,6-13: Conclusão e resumo. O poder da palavra de Deus e a realização do novo êxodo.

---

40 **A libertação se aproxima** – ¹Consolem, consolem o meu povo, diz o Deus de vocês. ²Falem ao coração de Jerusalém, gritem para ela que já se completou o tempo de sua servidão, que seu crime já foi perdoado, que ela já recebeu da mão de Javé o castigo em dobro por todos os seus pecados.

³Uma voz grita: "Abram no deserto um caminho para Javé. Na região da terra seca, aplainem uma estrada para nosso Deus. ⁴Que todo vale seja aterrado, e todo

---

40,1-11: O tema do novo êxodo percorre o livro todo e será retomado na conclusão (cf. 55,12-13). O profeta exorta à confiança, pois é preciso acreditar na palavra de Javé, o pastor que caminha junto com seu povo (v. 11; cf. Sl 23). A "voz" do v. 3 é aplicada a João Batista (Mt 3,3; Mc 1,3; Jo 1,23), segundo o texto na versão grega da LXX ("voz do que clama no deserto").

monte e colina sejam nivelados. Que o terreno acidentado se transforme em planície, e as elevações em lugar plano. ⁵Então se revelará a glória de Javé, e toda carne, de uma só vez, a verá, pois assim falou a boca de Javé".

⁶Uma voz me diz: "Grite!" Eu respondo: "O que devo gritar?" E a voz me diz: "Toda carne é erva e toda sua beleza é como a flor do campo: ⁷a erva seca, a flor murcha, quando sopra sobre elas o vento de Javé. Verdadeiramente, o povo é erva. ⁸A erva seca, a flor murcha, mas a palavra de nosso Deus se realiza sempre. ⁹Suba a um monte alto, mensageira de Sião. Levante bem alto sua voz, mensageira de Jerusalém. Levante-a, não tenha medo. Diga às cidades de Judá: 'Aqui está o Deus de vocês!' ¹⁰Vejam: o Senhor Javé chega com poder, e com seu braço ele detém o governo. Ele traz consigo o prêmio, e seus troféus o precedem. ¹¹Como um pastor, ele cuida do rebanho, e com seu braço o reúne. Leva os cordeirinhos no colo e guia mansamente as ovelhas que amamentam".

A força do Deus criador – ¹²Quem mediu toda a água do mar na concha da mão? Quem mediu a palmos o tamanho do céu? Quem mediu numa vasilha o pó da terra? Quem pesou as montanhas na balança e as colinas em seus pratos? ¹³Quem dirigiu o espírito de Javé, quem lhe sugeriu seu projeto? ¹⁴A quem pediu conselho para se instruir, para lhe ensinar o caminho do direito, para lhe ensinar a ciência e lhe indicar o caminho da inteligência? ¹⁵Vejam: as nações são gotas num balde, e não valem mais que poeira num prato da balança. Vejam: as ilhas pesam quanto um grão de areia. ¹⁶O Líbano não bastaria para a fogueira, e suas feras não bastariam para um só holocausto. ¹⁷Diante de Javé todas as nações são como nada, não passam de coisa vazia e nula. ¹⁸Com quem vocês poderão comparar Deus? Que figura podem arrumar para representá-lo?

¹⁹O escultor faz uma estátua. Vem o ourives e a cobre de ouro e lhe solda correntes de prata. ²⁰Quem faz uma oferta pobre, escolhe madeira que não apodreça e procura um escultor hábil para fazer uma estátua que não se mova.

²¹Vocês não sabem? Nunca ouviram falar? Não lhes foi avisado desde o começo? Vocês não entendem os fundamentos da terra? ²²Javé se assenta sobre o círculo da terra, cujos habitantes parecem bando de gafanhotos. Ele desdobra o céu como toldo, e o estende como tenda que sirva para morar. ²³Ele reduz a nada os príncipes e aniquila os juízes da terra. ²⁴Apenas são plantados, logo que são semeados ou sua muda ainda não está com raízes no chão, e Deus sopra por cima deles e eles secam, e a primeira ventania os carrega como palha. ²⁵Vocês, por acaso, podem me comparar com alguém que se pareça de verdade comigo? – pergunta o Santo. ²⁶Ergam os olhos para o alto e observem: quem criou tudo isso? Aquele que organiza e põe em marcha o exército das estrelas, chamando cada uma pelo nome. Tão grande é seu poder e tão firme é sua força, que ninguém deixa de se apresentar.

²⁷Jacó, por que você anda falando, e você, Israel, por que anda dizendo: "Javé desconhece meu caminho e meu Deus ignora minha causa"? ²⁸Pois você não sabe? Acaso não ouviu falar? Javé é o Deus eterno. Foi ele quem criou os confins da terra. Ele não se cansa nem se afadiga, e sua inteligência é insondável. ²⁹Ele dá ânimo ao cansado e recupera as forças do enfraquecido. ³⁰Até os jovens se afadigam e cansam, e os moços também tropeçam e caem. ³¹Mas, os que esperam em Javé renovam suas forças, criam asas como águias. Correm e não se afadigam, podem andar que não se cansam.

41 *Javé suscita um libertador* – ¹Ilhas, calem-se diante de mim, e que os povos se reanimem. Depois, então, ve-

---

12-31: Diante das objeções dos exilados (v. 27), o autor apresenta uma série de respostas em nome de Javé, afirmando que é ele o Criador e Senhor de tudo, o Incomparável, com poder para acabar com os opressores e reerguer os oprimidos (cf. 41,8-16; 44,21-23). Nos vv. 21 e 28, um apelo a Israel para acreditar no poder de Javé, o Deus que está com os fracos e abatidos.

41,1-7: A informação sobre a ascensão de Ciro (vv. 2-3) faz renascer a esperança entre os judaítas exilados (cf. 45,1-8). A expressão "Eu sou Javé" lembra Ex 3,14

nham falar. Compareçamos juntos para o julgamento. ²Quem despertou no oriente aquele que a vitória segue a cada passo? Quem lhe entrega as nações e quem lhe põe os reis debaixo dos pés? Quem faz com que para sua espada os outros reis sejam como poeira, e para seu arco como cisco que voa? ³Ele os persegue e passa adiante tranquilamente, por uma vereda que seus pés mal tocam. ⁴Quem fez e executou tudo isso? Aquele que desde o princípio chamou as gerações à existência: eu, eu sou Javé, o primeiro, e serei com os últimos. ⁵Ilhas, vejam isso e tremam, e os confins da terra estremeçam. Aproximem-se e adiantem-se.

⁶Cada um anima seu companheiro, dizendo-lhe: "Coragem!" ⁷O escultor anima o ourives. Aquele que forja com martelo anima a quem bate na bigorna, falando da solda: "Ela está boa". Depois, firma a estátua com pregos, para que não se mova.

Israel é o povo escolhido – ⁸Mas você, Israel, é meu servo. Eu escolhi você, Jacó, descendente do meu amigo Abraão. ⁹Desde os confins do mundo eu tomei você e o chamei dos extremos da terra. Eu lhe disse: "Você é meu servo. Eu o escolhi e jamais o rejeitei". ¹⁰Não tenha medo, pois eu estou com você. Não precisa olhar com desconfiança, pois eu sou o seu Deus. Eu fortaleço você, eu o ajudo e o sustento com minha direita vitoriosa. ¹¹Ficarão envergonhados e confundidos todos os que se enfurecem contra você. Serão reduzidos a nada e perecerão os que lutam contra você. ¹²Você vai procurar, mas não encontrará aqueles que o combatem. Serão reduzidos a nada e deixarão de existir os que guerreiam contra você, ¹³porque eu sou Javé, o seu Deus, que o sustento pela mão direita e lhe digo: "Não tenha medo. Eu mesmo o ajudarei". ¹⁴Não tenha medo, vermezinho Jacó, bichinho Israel. Eu mesmo o ajudarei – oráculo de Javé. Seu protetor é o Santo de Israel. ¹⁵Eu vou fazer de você uma debulhadora de trigo, bem afiada, nova e de muitas pontas. Você vai debulhar as montanhas até reduzi-las a pó, e converterá as colinas em palha. ¹⁶Você as abanará, e o vento levará tudo embora, o vendaval as dispersará. E você se alegrará com Javé e se orgulhará do Santo de Israel.

O deserto se transforma em paraíso – ¹⁷Os pobres e os indigentes buscam água, mas não a encontram. Estão com a língua seca de sede. Eu mesmo, Javé, lhes responderei. Eu, o Deus de Israel, não os abandonarei. ¹⁸Pois eu vou abrir córregos em colinas secas e fontes pelos vales. Transformarei o deserto num lago e a terra seca em minas de água. ¹⁹No lugar do deserto colocarei cedro, acácia, mirto e oliveira. Na terra seca plantarei ciprestes, olmeiros e pinheiros, ²⁰para que todos vejam e saibam, reflitam e aprendam que a mão de Javé fez isso, e quem o criou foi o Santo de Israel.

Somente Javé é Deus – ²¹Apresentem seus argumentos – diz Javé. Tragam suas razões – diz o Rei de Jacó. ²²Adiantem-se e nos anunciem o que vai acontecer. Contem-nos suas profecias passadas, e nós prestaremos atenção. E nos anunciem o futuro, para que comprovemos sua realização. ²³Contem o que vai acontecer no futuro, e saberemos que vocês são mesmo deuses. Façam alguma coisa, boa ou má, para que a vejamos e os respeitemos. ²⁴Vocês não têm existência e seus feitos são de nada. E quem escolhe vocês é uma abominação.

²⁵Eu o despertei no norte, e ele veio. Do lado do nascer do sol, eu o chamei pelo

---

(cf. 43,10.13; 46,4; 48,12; 52,6; Dt 32,39; Sl 102,28). Os vv. 6-7, considerados acréscimos, são ironia contra os ídolos.

8-16: A realidade faz o povo se sentir pequeno e frágil. Nesse contexto, o grupo profético apresenta Javé como o protetor do povo (cf. Lv 25,23-25; Nm 35,19; Rt 2,20). "Não tenha medo": é oráculo que aparece muitas vezes no Segundo Isaías (cf. 41,10.13-14; 43,1.5; 44,2.8; 51,7; 54,4).

17-20: Da mesma forma que Javé, por meio de Moisés, fez brotar água da rocha (cf. Ex 17,1-7), novamente providenciará água para seu povo. E o deserto será transformado em paraíso. Aos poucos, o povo reconstrói o sonho de retornar à pátria, certo de que Javé caminha à frente (cf. 52,11-12). O título "Santo de Israel", usado no Primeiro Isaías, continua presente no Segundo (cf. 43,3.14; 45,11; 47,4; 48,17; 54,5).

21-29: A capacidade de anunciar o futuro é usada como prova de que Javé é Deus (vv. 25-27). Ciro, rei dos persas, como emissário de Javé, é anunciado com muita antecedência (cf. 13,17). O silêncio e incapacidade dos ídolos são sinais de sua não existência.

nome. Ele pisará os governantes como se fossem lama, como o oleiro que está amassando argila. ²⁶Quem anunciou isso desde o começo, para que ficássemos sabendo? Quem falou isso antes de acontecer, para que disséssemos: "É isso mesmo"? Ninguém o anunciou, ninguém o proclamou, ninguém ouviu as palavras de vocês. ²⁷Eu o anunciei primeiro em Sião, e enviei a Jerusalém um mensageiro com boas notícias. ²⁸Procurei, mas não encontrei ninguém. Entre eles, ninguém era capaz de dar um conselho, ninguém a quem eu pudesse perguntar e que me desse uma resposta. ²⁹Todos eles não valem coisa alguma. O que eles fazem é um nada, e suas imagens fundidas são vento e vazio.

42 *Primeiro cântico do servo* –
¹Vejam meu servo, a quem eu sustento. Ele é o meu escolhido, nele tenho o meu agrado. Eu coloquei sobre ele meu espírito, para que promova o direito entre as nações. ²Ele não gritará nem clamará, nem fará ouvir sua voz na praça. ³Não quebrará a cana já rachada, nem apagará o pavio que ainda fumega. Promoverá fielmente o direito. ⁴Não desanimará nem se abaterá, até implantar o direito na terra e a instrução que as ilhas esperam.

⁵Assim diz o Deus Javé, que criou o céu e o estendeu, que firmou a terra e tudo o que ela produz. Ele dá o alento ao povo que nela habita e o sopro aos que sobre ela caminham: ⁶"Eu, Javé, chamei você para a justiça, tomei-o pela mão, e lhe dei forma. E o coloquei como aliança de um povo e luz para as nações, ⁷para você abrir os olhos dos cegos, para tirar os presos da cadeia, e do cárcere os que vivem no escuro. ⁸Eu sou Javé: esse é o meu nome. Não vou dar para outro minha glória, nem vou ceder minha honra para os ídolos. ⁹As primeiras coisas já aconteceram. Coisas novas é o que eu agora anuncio: antes que elas brotem, eu as comunico a vocês".

Cântico novo – ¹⁰Cantem a Javé um cântico novo! Que o louvem até os confins da terra. Que o celebrem o mar e tudo o que nele existe, as ilhas com seus habitantes. ¹¹Que o deserto e suas cidades se alegrem, exultem as aldeias habitadas por Cedar. Que os habitantes de Petra aclamem e gritem do topo das montanhas. ¹²Deem glória a Javé e anunciem seu louvor nas ilhas. ¹³Javé avança como herói. Como guerreiro, acende seu ardor. Solta gritos de guerra, mostrando-se forte contra seus inimigos.

Javé conduzirá seu povo – ¹⁴Há muito tempo estou calado. Permaneci quieto e aguentei. Agora vou gritar como a mulher que dá à luz, vou gemer e suspirar. ¹⁵Vou acabar com as montanhas e as colinas. Vou secar o que elas têm de verde. Transformarei os rios em terra seca e secarei os lagos. ¹⁶Guiarei os cegos por um caminho que eles não conhecem. Vou levá-los por uma estrada que não conhecem. Diante deles, transformarei as trevas em luz, e os caminhos pedregosos em terreno plano. Eu mesmo vou fazer tudo isso, e não deixarei de fazê-lo. ¹⁷Recuarão cobertos de vergonha aqueles que confiam nos ídolos, que dizem às imagens fundidas: "Vocês são os nossos deuses".

Israel é cego e surdo – ¹⁸Surdos, escutem; cegos, olhem e vejam! ¹⁹Quem é cego, senão meu servo? Quem é surdo, senão o mensageiro que eu enviei? Quem é cego como aquele do qual fiz meu amigo, e

---

42,1-9: Primeiro poema do "servo de Javé" (cf. 49,1-9a; 50,4-11; 52,13-53,12). O termo "servo" implica relacionamento de aliança. Sua missão é realizar a justiça e promover na fidelidade o direito entre as nações (42,1.3.4). Seu poder não nasce da violência, mas do amor e do serviço, da ternura e do compromisso com as pessoas enfraquecidas. Nos caps. 40-48, é frequente a identificação do servo com Israel (cf. 41,8-9; 42,19; 43,10; 44,1-2.21; 44,26; 45,4; 48,20). A autocompreensão de Israel, baseada no serviço, é diferente de um novo rei Davi, baseado no poder oficial da monarquia (cf. Ez 37,21-28).

10-13: A boa notícia deve chegar aos exilados que se encontram em todas as ilhas e nações. A imagem de "ilhas com seus habitantes" indica as regiões mais distantes da Babilônia (cf. 40,15; 41,1.5; 42,4). A expressão "cântico novo" lembra aqui a intervenção salvífica de Javé na vida da pessoa ou do povo (cf. Sl 33,3; 40,4; 96,1; Jt 16,13).

14-17: Segundo a teologia da época, o exílio e a dominação opressora aconteceram por causa da infidelidade do povo a Javé (cf. 2Rs 24,2-4; Is 40,2; Ez 20). O momento do novo êxodo compara-se à mulher que está para dar à luz. Na cidade dos opressores, cheia de rios e canais, haverá seca, e o caminho dos exilados será aplainado (cf. 40,4).

18-25: Diante da opressão e dos saques vivenciados, o povo acusa Javé de lhe ser insensível aos sofrimentos. Em resposta às queixas de alguns exilados, o grupo

surdo como o servo de Javé? ²⁰Você viu muitas coisas, e nada percebeu; abriu os ouvidos, e nada ouviu! ²¹Por causa de sua própria justiça, Javé queria engrandecer e glorificar sua lei. ²²Mas seu povo é um povo espoliado e roubado, todos presos em cavernas, trancados em prisões. Era saqueado, e ninguém o libertava. Despojado, e ninguém dizia: "Devolvam isso". ²³Quem de vocês vai escutar isso tudo e prestar atenção para ouvir daqui por diante? ²⁴Quem foi que entregou Jacó ao saque e Israel ao despojo? Não foi Javé, contra quem pecamos, não querendo andar em seus caminhos nem seguir sua lei? ²⁵Então Javé despejou sobre eles todo o ardor de sua ira e o furor da guerra: as chamas dele os rodeavam, mas eles não compreenderam. Eram queimados, mas nem fizeram caso.

43 Javé protege e liberta seu povo

¹Agora, porém, assim diz Javé, aquele que criou você, Jacó, aquele que formou você, ó Israel: Não tenha medo, porque eu o protegi e o chamei pelo nome. Você é meu. ²Quando você atravessar a água eu estarei com você, e os rios não o afogarão. Quando você passar pelo fogo não se queimará, e a chama não o alcançará, ³pois eu sou Javé seu Deus, o Santo de Israel, seu Salvador. Para pagar sua liberdade, eu dei o Egito, Cuch e Sebá em troca de você, ⁴porque você é precioso a meus olhos, é digno de estima e eu o amo. Dou homens em troca de você, e povos em troca de sua vida. ⁵Não tenha medo, pois eu estou com você. Lá no oriente vou buscar sua descendência, e do ocidente eu reunirei você. ⁶Direi ao norte: "Entregue-o". E ao sul: "Não o retenha". Traga de longe meus filhos, traga dos confins da terra minhas filhas, ⁷e todos os que são chamados pelo meu nome, os que criei para minha glória, os que formei e fiz.

Javé é o Deus único – ⁸Faça sair esse povo que é cego, embora tenha olhos; esse povo surdo, embora tenha ouvidos. ⁹Todas as nações se reúnam, e os povos se coloquem todos juntos. Qual deles anunciou isso e nos fez ouvir as coisas passadas? Apresentem suas testemunhas e se justifiquem, para que possamos ouvir e depois dizer: "É verdade!" ¹⁰Minhas testemunhas são vocês – oráculo de Javé. Vocês são meu servo, aquele que eu escolhi, para que vocês fiquem sabendo e acreditem em mim, e compreendam que eu sou: nenhum Deus existiu antes de mim, e depois de mim nenhum outro existirá. ¹¹Eu, eu sou Javé, e fora de mim não existe salvador. ¹²Anunciei e salvei. Anunciei, e não havia outro para vocês. Vocês são minhas testemunhas – oráculo de Javé. Eu sou, ¹³e o sou para sempre. Não há quem possa livrar-se de minha mão. E quem poderá desfazer o que eu faço?

Proteção de Javé – ¹⁴Assim diz Javé, o protetor de vocês, o Santo de Israel: Em favor de vocês eu mandei alguém a Babilônia. Arranquei todas as trancas de suas prisões; e os cânticos dos caldeus, nesses navios, mudarão os gritos em lamentações. ¹⁵Eu sou Javé, o Santo de vocês, o criador de Israel, o rei de vocês.

¹⁶Assim diz Javé, aquele que abriu um caminho no mar, uma passagem entre as ondas violentas, ¹⁷aquele que fez sair o carro e o cavalo, o exército e os valentes. Eles caíram para não mais se levantar, apagaram-se como pavio que se extingue. ¹⁸Não fiquem lembrando o passado, não pensem nas coisas antigas. ¹⁹Vejam que estou fazendo uma coisa nova: ela está

---

profético, segundo a teologia da época, reforça que o castigo de Javé é consequência das ações deles mesmos (cf. Ez 34,1-10).

43,1-7: De acordo com a tradição, Javé protegeu Jacó, o conduziu e lhe deu nome novo, e lhe suscitou uma descendência. No momento presente, Javé renova a mesma ação com o povo e lhe dá forças para superar os perigos. Salvar em meio à água e ao fogo lembra o êxodo (Sl 66,12). A menção de dois povos distantes, Cuch e Sebá, duas regiões da África ao sul do Egito, atribui a Javé caráter nacionalista: Javé é o único Deus criador universal (cf. 45,14; Sl 72,10-11).

8-13: "Meu servo": a expressão, usada dezesseis vezes neste livro, designa o povo de Israel que permanece fiel. Diante do grande número de divindades, o grupo afirma que não existe outro Deus além de Javé (cf. Dt 32,39; Os 13,4).

14-21: A ênfase na teologia de Javé como protetor e criador reaviva a esperança de libertação (cf. 41,14; 43,1). O título de rei para Javé está em oposição a Marduc, rei dos deuses babilônicos. É importante deixar claro, para os exilados, quem é que tem o poder (cf. 42,21). Os vv. 16-17 recordam poeticamente os acontecimentos do êxodo (cf. Ex 13-14).

brotando agora, e vocês não percebem? Abrirei um caminho no deserto, rios em lugar seco. ²⁰As feras me glorificarão, como os lobos e avestruzes, porque eu oferecerei água no deserto e rios na terra seca para matar a sede do meu povo, do meu escolhido, ²¹o povo que eu formei para mim, para que proclame o meu louvor.

Denúncia dos pecados de Israel – ²²Mas você não me invocava, Jacó. Você se cansou de mim, Israel. ²³Não me trazia cordeiros para o holocausto nem me honrava com seus sacrifícios. Eu não o fiz servo exigindo oferendas, e nunca o perturbei pedindo-lhe incenso. ²⁴Você não me comprava canela com dinheiro, nem me saciava com a gordura de seus sacrifícios, mas me dava trabalho com seus pecados e me cansava com suas culpas. ²⁵Era eu mesmo, por minha conta, quem acabava limpando suas transgressões e não me lembrava mais de seus pecados. ²⁶Desperte minha memória, vamos colocar nosso caso em julgamento. Apresente suas razões, para que você possa se justificar. ²⁷Seu primeiro pai já pecou. Seus chefes se revoltaram contra mim. ²⁸Por isso, eu profanei os oficiais do meu santuário. Por isso, eu entreguei Jacó à destruição e Israel à caçoada.

44 Javé abençoa seu povo

– ¹Agora escute, Jacó, meu servo. Preste atenção, Israel, meu escolhido. ²Assim diz Javé, que o fez, que o formou no ventre materno e o auxilia: Não tenha medo, meu servo Jacó, Jesurun, meu escolhido. ³Vou derramar água no chão seco e córregos na terra seca. Vou derramar meu espírito sobre seus filhos e minha bênção sobre seus descendentes. ⁴Crescerão como plantas junto à fonte, como árvores na beira dos córregos. ⁵Um vai dizer: "Eu pertenço a Javé". Outro se chamará com o nome de Jacó. Outro ainda escreverá na palma da mão: "De Javé". E como sobrenome tomará o nome de Israel.

O único Deus – ⁶Assim diz Javé, o Rei de Israel, seu protetor, Javé dos exércitos: Eu sou o primeiro, eu sou o último. Fora de mim não existe outro Deus. ⁷Existe alguém como eu? Que fale, que o explique e o exponha a mim. Quem anunciou o futuro de antemão, quem nos predisse o que vai acontecer? ⁸Não tenham medo, não tremam. Por acaso desde aqueles tempos eu já não predisse e anunciei? Vocês são minhas testemunhas: existe outro Deus além de mim? Pelo que eu saiba, não existe nenhuma outra Rocha.

De nada valem os ídolos – ⁹Os fabricantes de estátuas são todos um nada e suas coisas preferidas não têm valor. Seus devotos nada veem nem conhecem, e por isso acabam sendo enganados. ¹⁰Quem formaria um deus ou fundiria uma imagem, senão para conseguir alguma vantagem? ¹¹Vejam: seus devotos todos são enganados, porque os escultores não são mais que homens. Que eles todos se reúnam para comparecer: ficarão apavorados e envergonhados.

¹²O ferreiro trabalha o ídolo com a fornalha e o modela com o martelo. Forja-o com a força de seu braço. Mas, em dado momento, fica com fome e perde a força, ou então tem sede e fica exausto. ¹³O carpinteiro mede a madeira, desenha a lápis uma figura, e a trabalha com o formão e lhe aplica o compasso. Faz a escultura com medidas do corpo humano e com rosto de homem, para que essa imagem possa habitar numa casa. ¹⁴Corta cedros, esco-

---

22-28: Na visão do grupo profético, Javé inicia um processo contra Israel que corre atrás de outras divindades. O exílio é visto como castigo devido às transgressões do povo. O grupo acredita que Javé entrará em ação para apagar esses pecados. O novo julgamento acusa as lideranças de Israel de serem culpadas pelo exílio.

44,1-5: Após a ameaça de destruição, segue-se um oráculo de salvação em tom carinhoso e relacional. Israel receberá o derramamento da água e do espírito de Javé, imagens que representam fecundidade e força para fazer brotar o povo novo (cf. Nm 20,7-11). A promessa da bênção soa como renovação da aliança entre Deus e o seu povo (Gn 12,1-3), cuja identidade consiste na pertença a Javé.

6-8: Pela terceira vez, Javé recebe o título de rei (cf. 41,21; 43,15), significativo para reafirmar sua unicidade. O título "Javé dos exércitos" é usado aqui pela primeira vez no Segundo Isaías (cf. 45,13; 47,4; 48,2; 51,15; 54,5), cujos autores querem convencer as pessoas de que somente Javé, o único Deus, é capaz de salvar. "Rocha" também é um título divino (cf. Dt 32,4.15.30.31; Sl 18,2).

9-20: O texto ironiza o processo de fabricação dos ídolos e nega valor às divindades dos povos opressores (cf. 40,19-20; 41,6-9; 42,17; 44,16-17; 46,1-7; Sl 115,4-8). As plantas citadas neste texto são próprias de Canaã ou do norte da Síria, e isso pode indicar que o texto não foi produzido na Babilônia.

lhe um cipreste ou carvalho, deixando-os crescer no meio das árvores da floresta. Planta um pinheiro e a chuva o faz crescer. ¹⁵Tudo isso serve para queimar. O próprio escultor usa parte dessa madeira para se esquentar e assar o seu pão. E também fabrica um deus e diante dele se ajoelha, esculpe uma imagem para se ajoelhar diante dela. ¹⁶Com a metade, ele acende o fogo, assa a carne na brasa e mata a fome. Também se esquenta ao fogo e diz: "Que coisa boa! Eu me esquento, enquanto olho as chamas!" ¹⁷Depois, com o resto ele faz um deus, uma imagem esculpida. Em seguida, ajoelha-se diante dela e faz uma oração, dizendo: "Salva-me, porque tu és meu deus". ¹⁸Eles não sabem e não entendem, porque seus olhos estão grudados para não ver, e sua inteligência não pode mais compreender. ¹⁹Nenhum deles cai em si, ninguém percebe nem compreende, para dizer: "Com a metade eu acendi o fogo, assei pão nas suas brasas, cozinhei um pedaço de carne e comi. E com o resto eu iria fazer uma coisa abominável? Vou ajoelhar-me diante de um pedaço de madeira?" ²⁰Esse homem se alimenta de cinza. Seu coração enganado o iludiu, de modo que ele não consegue salvar a própria vida nem é capaz de dizer: "Não será apenas uma mentira isso que tenho nas mãos?"

Javé é o protetor – ²¹Jacó, lembre-se disso; Israel, lembre que você é meu servo. Eu o formei, e você é meu servo. Não vou esquecê-lo, Israel. ²²Limpei suas transgressões como se fossem névoa, e seus pecados como se fossem nuvem. Volte para mim, porque eu sou seu protetor.

²³Céus, gritem de alegria, porque Javé agiu. Exultem, profundezas da terra. Gritem de alegria, montanhas, junto com a floresta e todas as suas árvores, porque Javé protegeu Jacó e demonstrou seu poder em Israel.

Javé é o Senhor da história – ²⁴Assim diz Javé, seu protetor, que formou você desde o ventre de sua mãe: Eu sou Javé, que faço tudo: sozinho, eu estendi o céu e firmei a terra. Quem estava comigo? ²⁵Eu embaralho os sinais dos feiticeiros e os adivinhos ficam bobos. Faço voltar atrás os que são sábios e transformo seu conhecimento em tolice. ²⁶Mas confirmo a palavra do meu servo e executo o projeto de meus mensageiros. Eu digo para Jerusalém: "Você será habitada". E para as cidades de Judá: "Vocês serão reconstruídas. Vou reerguer suas ruínas". ²⁷Eu digo para o oceano: "Esgote-se, porque faço seus rios ficarem secos". ²⁸Eu digo a Ciro: "Meu pastor". Ele realizará tudo o que eu quero, dizendo a Jerusalém: "Você será reconstruída", e ao Templo: "Você será reedificado desde os alicerces".

45 *Ciro, o ungido de Javé* – ¹Assim diz Javé a Ciro, seu ungido, que ele tomou pela mão, para dobrar as nações diante dele e desarmar os reis, para abrir diante dele as portas, para que os portões não sejam fechados. ²Eu mesmo vou na frente de você, aplainando as subidas. Arrombo as portas de bronze e arrebento as trancas de ferro. ³Vou lhe entregar os tesouros escondidos e as riquezas encobertas, para que você fique sabendo que eu sou Javé, o Deus de Israel, que chama você pelo nome. ⁴Por causa de meu servo Jacó, e de Israel, meu escolhido, eu chamei você pelo nome e lhe dei um sobrenome, embora você não me conheça. ⁵Eu sou Javé, e não existe outro. Fora de mim não existe Deus algum. Eu armei você, ainda que você não me conheça, ⁶para que

---

21-23: De acordo com a concepção profética, Israel será capaz de esquecer Javé, que jamais esquecerá o seu povo (cf. 49,14-16). Israel já foi perdoado. Os acontecimentos de 587 a.C. pertencem ao passado. O projeto de Javé consiste em libertar o povo, realizando novo êxodo (cf. 44,1-5; 43,16-21). A natureza toda é convocada a louvar Javé por sua atuação na história (cf. Sl 96,11-13).

24-28: Como Senhor de todo o universo, Javé dispõe de um rei estrangeiro para garantir a vitória ao povo de Israel. É a primeira vez que o nome de Ciro é mencionado no Segundo Isaías (44,28; 45,1). Não é Ciro quem irá reconstruir Jerusalém, mas terá poder para ordenar que isso seja feito – o que coincide com a tradição do edito de Ciro (cf. 2Cr 36,23; Esd 1,2-4). A referência às cidades de Judá e à reconstrução de Jerusalém são releituras do período persa (v. 28b; cf. 40,9).

45,1-7: Os reis eram ungidos com rito de consagração (1Sm 10,1; Sl 2,7-9; 18,51). É a única vez que um rei estrangeiro recebe o título de ungido. A função deste texto é transmitir esperança aos exilados, fazendo-os acreditar que as campanhas militares de Ciro estavam sob a proteção de Javé, Criador, único Deus e Senhor da história. Ele é o autor tanto da paz (bem-estar, salvação) como do mal.

fiquem sabendo, desde o nascer do sol até o poente, que fora de mim não existe nenhum outro. Eu sou Javé, e não existe outro. ⁷Eu formo a luz e crio as trevas. Sou o autor da paz e crio a desgraça. Eu, Javé, faço todas essas coisas.

Bênçãos divinas – ⁸Céus, gotejem lá de cima, e as nuvens chovam a justiça. Que a terra se abra e produza a salvação, e junto com ela brote a justiça. Eu, Javé, eu as criei.

O poder de Javé – ⁹Ai daquele que, sendo apenas um vaso de barro, se atreve a discutir com aquele que o modelou! Por acaso a argila dirá àquele que a modela: "Que é isso que você está fazendo? Essa vasilha não tem cabo?" ¹⁰Ai daquele que diz a seu pai: "O que você está pondo no mundo?" Ou para uma mulher: "O que você está dando à luz?" ¹¹Assim diz Javé, o Santo de Israel, aquele que o modelou: Vocês querem, por acaso, saber as coisas futuras a respeito de meus filhos e dar ordens a respeito da obra de minhas mãos? ¹²Eu fiz a terra e criei nela o homem. Minhas mãos estenderam os céus e dei ordens para todo o exército dos astros. ¹³Na minha justiça, eu despertei este homem, e vou tornar retos os seus caminhos. Ele reconstruirá minha cidade, libertará meus exilados, não por preço nem por suborno – diz Javé dos exércitos.

Deus justo e salvador – ¹⁴Assim diz Javé: O produto do Egito, o lucro de Cuch, bem como os sabeus, homens de alta estatura, passarão para você e serão seus. Irão caminhando atrás de você, acorrentados, se ajoelharão a seus pés e suplicarão, dizendo: "Deus está somente com você e não existe nenhum outro, não existem outros deuses". ¹⁵De fato, tu és o Deus escondido, o Deus de Israel, o salvador.

¹⁶Todos eles ficarão envergonhados e confundidos, ficarão humilhados todos os que fabricam ídolos. ¹⁷Israel, porém, será salvo por Javé, e será uma salvação para sempre. Vocês nunca mais ficarão envergonhados ou confundidos. ¹⁸Porque assim diz Javé, que criou os céus, ele, o Deus que modelou e fez a terra. Ele a estabeleceu, não a criou para ser vazia, mas a modelou para ser habitada. Eu sou Javé, e não existe outro. ¹⁹Não falei em segredo, ou em algum canto escuro da terra. Eu não disse à descendência de Jacó: "Procurai-me no caos!" Eu sou Javé, que proclamo a justiça e anuncio o que é reto. ²⁰Vocês, que escaparam das nações, reúnam-se, venham, cheguem mais perto, todos juntos. Esses que carregam suas imagens de madeira são ignorantes: dirigem suas preces a um deus que não pode salvar. ²¹Declarem, tragam suas provas, façam conselho entre si. Alguém proclamou isso desde os tempos antigos? Quem o anunciou desde aquele tempo? Não fui eu, Javé? Fora de mim não existe outro Deus. Não existe Deus justo e salvador, a não ser eu. ²²Voltem-se para mim e vocês serão salvas, ó extremidades todas da terra, pois eu sou Deus e não existe outro. ²³Eu juro por mim mesmo: o que sai da minha boca é justiça, uma palavra que não volta atrás. Diante de mim se dobrará todo joelho, e toda língua jurará por mim, ²⁴dizendo: "Só em Javé se encontra justiça e força". A ele virão, envergonhados, todos os que se irritaram contra ele. ²⁵Mas toda a descendência de Israel alcançará a justiça em Javé, e nele se gloriará.

46

Javé é o único salvador – ¹O Bel se encurva, o Nebo se abaixa, seus ídolos são entregues às feras e às bestas de carga. A carga que vocês carregavam é um peso para a besta cansada. ²Esses deuses se

---

8: Trata-se de um fragmento que reconhece as bênçãos divinas como fonte de vida para o povo (cf. Sl 72,1-4). Aqui, "salvação" significa libertação dos exilados frente à opressão dos conquistadores.

9-13: No exílio, as pessoas se sentem desoladas, deprimidas, como vasilhas rompidas ou malformadas (cf. Jr 18,1-6). Nesse contexto, surgem críticas contra Javé e dificuldades de acreditar em seu poder. O grupo profético reafirma que Javé é o Senhor de todo o universo. Este oráculo é um convite a acreditar na libertação que acontecerá por meio de Ciro.

14-25: Apresentar outros povos que acreditam em Javé tem como objetivo convencer os exilados de que o Deus de Israel é o único capaz de salvá-los. A pessoas que perderam a fé e assimilaram a religião do império, o texto enfatiza que Javé é único: foi ele quem criou a terra para ser habitada (Gn 1,9). E a terra é apresentada como lugar da vida (cf. 42,5; 45,12.18). O anúncio de Javé se dá no meio do povo, e sua fala expressa justiça e retidão (vv. 19.21.23.24.25).

46,1-13: O autor ironiza Bel e Nebo, divindades do império, que necessitam ser transportadas em pro-

abaixam e se encurvam, não conseguem salvar essa carga. Eles próprios vão para o exílio.

³Ouçam-me, casa de Jacó, resto da casa de Israel, vocês que eu carrego desde que nasceram, e carrego no colo desde o ventre materno. ⁴Até à velhice de vocês eu serei o mesmo. Até que vocês se cubram de cabelos brancos, eu continuarei a carregá-los. Já fiz isso e continuarei a fazê-lo: eu os carregarei e os salvarei.

⁵Que semelhança vocês vão arranjar para mim? Com o que vão me comparar? Com alguma coisa com a qual eu me pareça? ⁶Alguns tiram o ouro da bolsa, pesam na balança certa quantidade de prata, contratam um ourives e mandam fazer um deus. Depois se ajoelham e o adoram. ⁷Põem o deus nos ombros e o carregam, depois o colocam num suporte e o firmam bem, para que ele não venha a sair do seu lugar. Por mais que alguém o invoque, ele nada responde e não livra ninguém de suas dificuldades. ⁸Lembrem-se bem disso e fiquem firmes. Levem a sério, vocês que são rebeldes. ⁹Lembrem-se das coisas há muito tempo passadas, pois eu sou Deus, e não existe outro. Eu sou Deus, e não existe outro igual a mim. ¹⁰Eu anuncio desde o começo aquilo que acontecerá depois. Desde o passado eu já falava daquilo que ainda não havia acontecido. Eu digo: "Meu projeto se cumprirá. Eu realizarei tudo o que desejo". ¹¹Estou chamando do oriente uma ave de rapina, de uma terra distante estou convocando o homem que está no meu projeto. Eu o disse, eu o cumprirei. Tomei esse propósito e o realizarei. ¹²Escutem o que eu digo, homens de coração de pedra, que estão longe da justiça; ¹³Eu faço chegar minha justiça. Ela não está longe. Minha salvação não tardará. Darei a Sião a salvação e a Israel minha honra.

47 *Discurso contra Babilônia* – ¹Desça e sente-se no pó, virgem filha de Babel. Sente-se por terra, filha dos caldeus, pois não há mais trono e nunca mais chamarão você de terna e delicada. ²Pegue o moinho e moa a farinha. Tire o véu, levante a saia, mostre as pernas, atravesse os rios. ³Seja descoberta sua nudez, apareça também sua vergonha. "Eu vou me vingar, e ser humano algum se oporá". ⁴Aquele que nos protege, seu nome é Javé dos exércitos, o Santo de Israel. ⁵Assente-se calada, entre nas trevas, filha dos caldeus, pois você nunca mais será chamada rainha dos reinos. ⁶Eu estava irado contra meu povo, profanei minha herança na humilhação, e então o entreguei em suas mãos. Mas você não teve compaixão dele, e colocou um jugo pesado nos ombros dos anciãos. ⁷Você dizia: "Serei rainha para sempre". Mas você não levou em conta esses acontecimentos, nem pensou qual seria o fim. ⁸Agora escute, sensual, você que estava sentada tranquila e segura, pensando: "Só eu e ninguém mais além de mim. Nunca vou ficar viúva e nunca vou saber o que é perder filhos". ⁹Pois bem, as duas coisas acontecerão a você num só instante, no mesmo dia. Viuvez e perda de filhos chegarão para você num só dia, apesar da multidão de seus feitiços, apesar da quantidade enorme de seus encantamentos. ¹⁰Você estava confiante na sua maldade, e dizia: "Ninguém me vê". Sua sabedoria e ciência desviaram você. Apesar disso, você pensava: "Só eu, e ninguém mais além de mim". ¹¹Porém, chegará uma desgraça que você não saberá conjurar. Chegará uma calamidade que você não poderá evitar. Aparecerá de repente uma catástrofe que você não previa. ¹²Fique, pois, com seus encantamentos, com a multidão de seus feitiços, pelos quais você se afadigou desde a juventude. Quem sabe você vai tirar algum proveito! Quem sabe você poderá amedrontar! ¹³Você se cansou de seus numerosos conselheiros: que se apresentem, então, e a salvem os astrólogos que observam as estrelas e a cada mês fazem prognósticos do que vai acontecer a você. ¹⁴Veja! Eles são como

---

cissões, ao contrário de Javé, que carrega, sustenta e salva seu povo. Afirmar que as divindades estão indo para o cativeiro é uma alusão à derrota dos babilônios (cf. Jr 50,2). Os vv. 6-7 voltam a criticar os que fabricam imagens, visto que os exilados acreditam nas divindades do império e não no poder de Javé (vv. 8.12; Ez 22,4). A ave de rapina é uma alusão à rapidez do avanço de Ciro.

47,1-15: O texto descreve a queda de Babilônia, personificada numa virgem (cf. 37,22; Jr 46,11; Am 5,2). Em

palha: o fogo os consome, e nenhum deles consegue livrar-se das chamas, pois não são brasas para aquecer, nem fogo para a gente sentar-se junto dele. ¹⁵É isso o que acontece a seus adivinhos, com os quais você se afadigou desde a juventude: cada um vai para um lado e ninguém a salvará.

48 Vocês são povo de Javé –

¹Escutem isto, casa de Jacó, vocês que receberam o nome de Israel, que saíram das águas de Judá, que juram pelo nome de Javé e invocam o Deus de Israel, mas sem fidelidade e sem justiça. ²Vocês são conhecidos pelo nome da Cidade Santa e se apoiam no Deus de Israel: o seu nome é Javé dos exércitos. ³Há muito tempo eu tinha anunciado as coisas passadas, coisas que saíram de meus lábios, coisas que eu fiz ouvir. De repente, eu agi e elas aconteceram. ⁴Eu sabia que você era teimoso, que seu pescoço era uma barra de ferro e que sua testa era de bronze. ⁵Por isso eu lhe falei tudo há tanto tempo, eu lhe contei antes que acontecesse, para que você não dissesse: "Isso foi feito por meu ídolo, foi minha estátua ou imagem quem ordenou isso". ⁶Tudo isso você viu e ouviu. Por que não o anuncia? Agora eu lhe falo coisas novas, segredos que você não conhece. ⁷Foram criadas neste momento e não em tempos antigos. Antes do dia de hoje, você nunca ouviu falar delas. Do contrário, você poderia dizer: "Eu já sabia disso tudo!" ⁸Você não ouviu falar, não soube, e isso nunca chegou a seus ouvidos, pois eu sei muito bem o quanto você é pérfido e que desde o ventre de sua mãe você tem o nome de rebelde. ⁹Por causa do meu nome, eu retardo minha ira. Por causa da minha honra, eu me contenho para não aniquilar você. ¹⁰Olhe! Eu o refinei, não como prata; eu o provei na fornalha do sofrimento. ¹¹Por minha causa, só por minha causa é que eu fiz isso, porque meu nome não há de ser profanado, e a ninguém cederei a minha glória.

¹²Escute-me, ó Jacó, e você, ó Israel, a quem eu chamei! Eu sou, eu sou o primeiro e sou também o último. ¹³Minha mão fundou a terra, minha direita estendeu os céus. Basta eu chamá-los, e eles compareçam juntos. ¹⁴Que todos se reúnam e escutem: Quem dentre eles anunciou estas coisas? Aquele que Javé ama executará minha vontade contra Babilônia e contra o povo dos caldeus. ¹⁵Eu, eu mesmo falei, e pessoalmente chamei você. Eu lhe quero bem e torno feliz o seu caminho.

É preciso acreditar em Javé –
¹⁶Aproximem-se, escutem isto: Desde o começo, nunca falei às escondidas. A partir de quando as coisas iam acontecendo, eu aí estava. – E agora, o Senhor Javé me enviou com seu espírito. – ¹⁷Assim diz Javé, seu protetor, o Santo de Israel: Sou eu, Javé, o seu Deus, quem ensino você para o seu bem e o guio pelo caminho que você deve seguir. ¹⁸Se você tivesse obedecido aos meus mandamentos, sua paz seria como rio e sua justiça como ondas do mar. ¹⁹Seus descendentes seriam como areia, seus filhos seriam numerosos como grãos de areia. Seu nome não seria eliminado nem destruído diante de mim.

O novo êxodo –
²⁰Saiam de Babilônia, fujam dos caldeus. Anunciem e proclamem isso com gritos de alegria, espalhem a no-

---

539 a.C., Babilônia foi dominada por Ciro, rei da Pérsia. A escravidão que ela impunha sobre os outros, agora ela é que tem de suportar (cf. Ex 11,5; Jz 16,21-31). A imagem da violência praticada pelos homens contra as mulheres na guerra é usada para falar da ação de Deus contra Babilônia (cf. 3,17-26; Jr 13,22-26; Ez 16,35-39; 23,10.26-29; Os 2,4-5.11-12; Na 3,5-7.13; Zc 14,1-3; Ap 18). Mulheres, crianças e idosos são as principais vítimas da guerra.

48,1-15: Os acontecimentos se referem à deportação de 587 a.C., e a intenção é evidenciar que o exílio na Babilônia aconteceu por ordem de Javé. Ele poderia destruir seu povo, que o abandonou e buscou outras divindades, porém não o faz, e isso não por compaixão ou graça, mas para proteger seu próprio nome (vv. 9.11; cf. Ez 20,9.14.22.44). Javé é apresentado como o único Deus, e Ciro é quem executará o projeto divino de libertação (44,28; 45,1).

16-19: Diante da mensagem anunciada, é importante legitimar a mediação profética. Por isso, Javé é nomeado como o único mestre e guia (v. 17). Alguns grupos de exilados não confiam em Javé e buscam outras divindades, mas o grupo profético não desanima e espera que o povo se volte para Javé (cf. 48,5; Sl 81,14-17).

20-22: O convite para sair da Babilônia é insistente, porque o seu império vai ser derrotado pelos persas. Relembrando a travessia do deserto (cf. Ex 17,1-6; Sl 78,15-16), o texto traz a memória histórica de Javé como protetor do povo. O v. 22 foi acrescentado no pós-exílio.

tícia até os confins da terra. Digam assim: "Javé protegeu seu servo Jacó. ²¹Quando os levou pelo deserto, eles nunca passaram sede. Fez brotar água da pedra. Bateu na rocha e a água correu". ²²Javé diz: "Não existe paz para os maus".

49 Segundo cântico do servo –
¹Ilhas, escutem; prestem atenção, povos distantes. Eu ainda estava no ventre materno, e Javé me chamou. Eu ainda estava nas entranhas de minha mãe, e ele fez menção do meu nome. ²Ele fez da minha língua uma espada afiada e me escondeu com a sombra de sua mão. Ele me transformou numa seta pontiaguda e me guardou na sua caixa de flechas. ³Ele me disse: "Você é meu servo, Israel, em quem eu me glorificarei". ⁴Eu então respondi: "Cansei-me inutilmente, gastei minhas forças à toa, por vento. Enquanto isso, quem defendia meus direitos era Javé. Minha recompensa estava na mão de Deus". ⁵Agora fala Javé, que desde o ventre me modelou para ser seu servo, para eu lhe trazer de volta Jacó e reunir Israel para ele. Serei glorificado aos olhos de Javé. Meu Deus é minha força. ⁶Ele diz: "É muito pouco você se tornar meu servo, só para reerguer as tribos de Jacó, só para trazer de volta os sobreviventes de Israel. Faço de você uma luz para as nações, para que minha salvação chegue até os confins da terra". ⁷Assim diz Javé, o protetor e Santo de Israel, para aqueles cuja vida não vale nada, que são desprezados pelas nações, que são escravos dos poderosos: "Os reis verão e ficarão de pé, os chefes se ajoelharão, porque Javé é fiel, e o Santo de Israel escolheu você".

⁸Assim diz Javé: Na ocasião favorável eu respondi a você, e no dia da salvação eu o ajudei. Guardei-o e coloquei-o para ser a aliança do povo, para reerguer a terra, para redistribuir as propriedades desoladas, ⁹ᵃpara dizer aos cativos: "Saiam!" E aos que estão nas trevas: "Venham para fora!"

Volta do exilados – ⁹ᵇEles pastarão nos caminhos, em todos os montes escalvados encontrarão pastagem. ¹⁰Não passarão fome nem sede. Não serão molestados pelo calor nem pelo sol, pois aquele que se compadece deles os conduzirá e os guiará para onde há fontes de água. ¹¹Transformarei meus montes em caminhos, minhas estradas serão niveladas. ¹²Vejam! Uns vêm de longe, outros do norte e do ocidente, e outros da terra de Siene. ¹³Céus, gritem de alegria! Terra, alegre-se! Montanhas, rompam em aclamações, pois Javé consola seu povo e se compadece dos seus pobres.

¹⁴Sião dizia: "Javé me abandonou, o Senhor me esqueceu!" ¹⁵Mas pode a mãe se esquecer do seu nenê? Pode ela deixar de ter amor pelo filho de suas entranhas? Ainda que ela se esqueça, eu não me esquecerei de você. ¹⁶Veja! Eu tatuei você na palma da minha mão. Suas muralhas estão sempre diante de mim. ¹⁷Aqueles que vão reconstruir você apertam o passo. Os que a derrubaram e destruíram já foram embora. ¹⁸Lance um olhar ao redor e veja: todos se reúnem para vir até você. Por minha vida – oráculo de Javé –, todos eles serão para você como veste preciosa, como vestido de noiva. ¹⁹Seus lugares desolados, suas ruínas, a terra devastada, serão estreitos demais para seus habitantes, enquanto já vão longe aqueles que devoravam você. ²⁰Os filhos que você havia perdido ainda falarão ao seu ouvido: "Meu lugar é muito estreito. Aumente um pouco para que eu tenha onde morar". ²¹Você então dirá em seu coração: "Quem gerou esses filhos

---

49,1-9a: Neste segundo cântico, o servo toma consciência de sua missão profética e se apresenta como escolhido desde o ventre materno, protegido e separado para comunicar algo importante (cf. Jr 1,5). A imagem do servo representa tanto o povo de Israel quanto o profeta, que também era chamado de servo (cf. 41,8; 44,1.21; 45,4; Jr 25,4). O servo é chamado a ser "luz para as nações", a reunir os dispersos que se encontram em outras regiões (cf. 11,12; 49,12). Apesar da situação de desânimo e fraqueza do servo, Javé lhe garante sua presença (vv. 4.7).

9b-26: A memória do êxodo renova a esperança e certeza de que Javé irá novamente guiar os exilados em seu retorno para Jerusalém. Retorno que está chegando: e tema presente na profecia tardia (cf. Jr 30,3.10.18; 31,8.10-12; Ez 11,17; 34,13-16; Zc 7,14; 8,13; 9,11-12). No exílio, a afirmação de que Javé salva tem para os judeus sentido todo especial (v. 25; cf. 43,3.11.12; 45,15.17.21-22; 46,13; 49,6.8). O amor de Javé se apresenta de maneira incondicional: ele tem gravada nas mãos a vida do seu povo. Além de protetor, Javé recebe o título de "o Poderoso de Jacó" (v. 26; 1,24; 60,16; cf. Gn 49,24; Sl 132,2.5).

para mim? Pois eu perdi meus filhos e sou estéril, estava no cativeiro e rejeitada. Quem os criou para mim? Deixaram-me sozinha. E estes, de onde vieram?" ²²Assim diz o Senhor Javé: "Olhe! Levanto a mão para as nações, ergo um estandarte para os povos. E então, no colo e nos ombros, eles trarão os filhos e as filhas que pertencem a você. ²³Os reis serão para você tutores, e as princesas serão amas de leite. Com o rosto por terra, prestarão homenagem a você, lamberão a poeira de seus pés, e você ficará sabendo que eu sou Javé. Os que confiam em mim nunca fracassam.

²⁴Pode alguém tirar de um valente aquilo que ele agarrou, ou livrar um prisioneiro da mão do vencedor? ²⁵Assim diz Javé: O prisioneiro será tirado da mão do homem valente, e aquele que o violento agarrou vai lhe escapar. Pois eu discutirei com aqueles que discutem com você, e eu mesmo salvarei os filhos que lhe pertencem. ²⁶Farei seus opressores comerem a própria carne. E com o próprio sangue eles se embriagarão, como de vinho novo. Então toda carne saberá que eu sou Javé, o seu salvador, e que o seu protetor é o Poderoso de Jacó.

50 Exílio e escravidão –
¹Assim diz Javé: Onde está a carta de divórcio, provando que eu repudiei a mãe de vocês? A qual de meus credores eu vendi vocês? Pois bem! Vocês foram vendidos por causa de seus próprios pecados. A mãe de vocês foi repudiada por causa das transgressões que vocês cometeram. ²Então, por que eu não encontro ninguém quando venho, e ninguém responde quando eu chamo? Será que minha mão ficou tão curta que eu não posso libertar? Ou será que não tenho mais força para livrar? Vejam! Com minha ameaça eu seco o mar e transformo os rios em deserto. Seus peixes apodrecem por falta d'água e acabam morrendo de sede. ³Eu visto os céus de preto, e lhes dou saco como roupa de luto.

Terceiro cântico do servo – ⁴O Senhor Javé me deu língua de discípulo, para que eu saiba ajudar o desanimado com uma palavra de coragem. De manhã em manhã ele faz meus ouvidos ficarem atentos, para que eu possa ouvir como discípulo. ⁵O Senhor Javé abriu-me o ouvido, e eu não fui rebelde nem recuei. ⁶Entreguei minhas costas para aqueles que me queriam bater e ofereci minha face aos que me queriam arrancar a barba. Não escondi meu rosto dos insultos e escarros. ⁷O Senhor Javé vem em meu auxílio. Por isso não me sinto humilhado. Endureço meu rosto como pedra, porque sei que não vou me sentir envergonhado. ⁸A meu lado está aquele que me defende. Quem vai demandar contra mim? Vamos juntos ao tribunal! Quem abriu um processo contra mim? Que venha me enfrentar! ⁹Vejam! O Senhor Javé me auxilia: quem vai me condenar? Pois todos se desgastarão como roupa velha, roída pela traça.

¹⁰Quem de vocês respeita Javé e escuta o que diz o servo dele? Aquele que anda no escuro, sem uma luz que o alumie, ponha a confiança no nome de Javé, e se apoie em seu Deus. ¹¹Atenção! Todos vocês que acendem uma fogueira e sopram suas brasas, caminhem nas chamas da sua fogueira e nas brasas que vocês mesmos acenderam. Minha própria mão os tratará assim, e vocês serão consumidos no sofrimento.

51 Justiça e salvação –
¹Escutem-me, vocês que procuram a justiça e que buscam a Javé. Olhem bem para a rocha de onde vocês foram tirados. Reparem bem o talho de onde vocês foram cortados. ²Observem Abraão, pai de vocês, e também Sara, que os deu à luz. Quando eu o chamei, ele era um só. Mas eu o abençoei e multipliquei.

50,1-3: A carta de divórcio apresenta Israel como esposa infiel (cf. Dt 24,1-4; Jr 3,1.8). O texto salienta o poder de Javé e sua presença salvadora no meio do povo.

4-11: No terceiro cântico, a missão do servo é marcada pela escuta da palavra de Deus, pela fidelidade no anúncio, pela perseguição e resistência. Ter a barba arrancada e ser cuspido no rosto: são gestos dolorosos e humilhantes (cf. 2Sm 10,4). A expressão "endurecer o rosto como pedra" mostra a insistência do servo (Jr 1,17-18; Ez 3,8-9). Este texto se aproxima das confissões de Jeremias (cf. Jr 11,18-19; 15,10-21; 17,14-18; 18,18-23; 20,7-18). Os vv. 9b-11 foram acrescentados na redação final.

51,1-8: Nas culturas antigas, o termo "rocha" é aplicado às divindades (cf. Dt 32,18; Jr 2,27). Em função do presente, retoma-se a tradição de Sara e Abraão, para renovar a promessa de restauração da terra e do culto (cf. 35,10; Ez 36,35; Jr 33,11; Sl 51,10). A fé na justiça e salvação de Javé animou a caminhada dos judeus exilados.

³Javé consolou Sião, consolou suas ruínas: ele transformará o deserto dela num paraíso, a secura num jardim de Javé. Aí haverá alegria e festa, ações de graças e hinos de louvor. ⁴Preste atenção, povo meu. Dê-me ouvidos, gente minha. De mim provém a lei, e meu direito é luz para os povos. ⁵Minha justiça está perto, minha salvação já brotou, meu braço governará os povos: as ilhas esperam por mim e colocam em meu braço sua esperança.

⁶Levantem os olhos para o céu, deem uma olhada na terra cá embaixo: o céu se desmancha como fumaça, a terra se desgasta como roupa velha, e seus habitantes morrem como moscas. Só a minha salvação é eterna, só a minha justiça não tem fim. ⁷Escutem o que eu digo, vocês que conhecem a justiça, gente que traz minha lei no coração: Não tenham medo dos insultos dos homens, nem se rebaixem com suas caçoadas, ⁸pois eles serão roídos pela traça como roupa, serão comidos pela barata como pedaços de lã. Minha justiça porém é eterna, e minha salvação permanece de geração em geração.

Javé protege seu povo – ⁹Desperta! Desperta! Reveste-te de força, braço de Javé! Desperta como nos dias do passado, das gerações antigas. Não foste tu que cortaste em pedaços o monstro e transpassaste o dragão? ¹⁰Não foste tu que secaste o mar, as águas do grande abismo, tu que fizeste um caminho pelo fundo do mar para que os protegidos pudessem atravessar?

¹¹Os resgatados de Javé voltarão! Entrarão em Sião, cantando e com alegria sem fim sobre suas cabeças. Serão acompanhados de alegria e contentamento. Tormento e aflição ficaram para trás. ¹²Eu, sou eu aquele que consola vocês. Quem é você para ter medo de um ser humano, de uma criatura humana que acabará como erva? ¹³Você se esqueceu de Javé que o fez, que estendeu o céu e fundou a terra. Você teme continuamente diante da fúria do opressor, como se ele estivesse pronto para destruí-lo. Onde está a fúria do seu opressor? ¹⁴O preso logo sairá livre. Não morrerá na cadeia nem lhe faltará pão. ¹⁵Eu é que sou Javé, o seu Deus, que agito o mar, e suas ondas estrondam. Meu nome é Javé dos exércitos. ¹⁶Eu pus minha palavra na sua boca e escondi você na sombra da minha mão: para plantar os céus, para fundar a terra e para dizer a Sião: "Você é meu povo!"

Aproxima-se a libertação – ¹⁷Desperte! Desperte! Coloque-se de pé, Jerusalém! Você que bebeu da mão de Javé a taça cheia do seu furor, um cálice de vertigem que você bebeu e esvaziou.

¹⁸Ela, que gerou tantos filhos, não encontrou ninguém que dela cuidasse. De todos os filhos que pôs no mundo, não houve um que lhe desse a mão. ¹⁹Duas coisas acontecerão a você. Quem vai se compadecer? Destruição e ruína, fome e guerra. Quem a consolará? ²⁰Seus filhos estão caídos pelas esquinas, totalmente entregues e desfalecidos, tal como a caça que caiu na armadilha, repletos do furor de Javé e da ameaça do seu Deus.

²¹Por isso escute, ó humilhada, embriagada, mas não de vinho! ²²Assim diz seu Senhor Javé, seu Deus, que toma a defesa de seu povo: Eis que tiro de sua mão o cálice de vertigem. Você nunca mais beberá na taça do meu furor. ²³Eu colocarei essa taça nas mãos de seus opressores, daqueles que lhe diziam: "Curve-se para que passemos por cima de você". E você fazia de suas próprias costas um piso para eles lhe passarem por cima.

52 *Revista-se de força, Sião* – ¹Desperte! Desperte! Revista-se de força, Sião! Vista a roupa de festa, Jerusalém,

---

9-16: O povo exilado faz apelo ao Senhor para agir com a força do seu braço, como fez no primeiro êxodo (vv. 9-11; cf. Ex 15,6; Sl 89,11). Na Babilônia, a divindade que derrotou o monstro marinho e criou os céus e a terra foi Marduc. Atribuir esses atos a Javé tem a força de reavivar a fé dos judeus exilados, ao afirmar Javé como o Criador com poder para resgatá-los e protegê-los (v. 16; 49,2; 59,21).

17-23: É comum no livro das Lamentações a descrição do sofrimento e dificuldades do exílio (vv. 19-20; cf. Lm 1,16-17; 2,1-8.12; 3,40-47). O v. 23 retrata a brutalidade dos conquistadores (cf. 47,2-3; Js 10,24). Entretanto, Jerusalém pode alegrar-se, pois Javé lhe assume a causa e lhe promete o fim da escravidão (v. 22).

52,1-6: A cidade é comparada à mulher vestida de luto; mas seu lamento está no fim, pois o tempo agora

cidade santa! Pois nunca mais entrarão em você o incircunciso e o impuro. ²Sacuda a poeira, levante-se, Jerusalém cativa! Solte a corrente do pescoço, cativa filha de Sião, ³porque assim diz Javé: Vocês foram vendidos de graça, e sem pagar eu os resgatarei. ⁴Pois assim diz o Senhor Javé: No princípio, meu povo foi para o Egito e aí residiu como estrangeiro. Depois, foi a Assíria que o oprimiu sem motivo. ⁵E agora, o que é que eu faço? – oráculo de Javé. Pois meu povo foi pego de graça e aquele que o domina dá gritos de alegria – oráculo de Javé – e meu nome é insultado continuamente todos os dias. ⁶Por isso meu povo reconhecerá meu nome. Nesse dia compreenderá o que eu dizia: "Aqui estou".

A Boa-Nova da salvação – ⁷Como são belos sobre os montes os pés do mensageiro que anuncia a paz, que traz a boa notícia, que anuncia a salvação, que diz a Sião: "Seu Deus reina". ⁸Ouça! Seus guardas levantam a voz, juntos cantam de alegria, pois estão vendo frente a frente Javé que volta para Sião. ⁹Rompam juntas em cantos de alegria, ruínas de Jerusalém, porque Javé consolou seu povo e resgatou Jerusalém. ¹⁰Javé descobriu seu braço santo diante de todas as nações. Todos os confins da terra verão a salvação do nosso Deus.

Saiam da Babilônia – ¹¹Vamos, vamos, saiam daí. Não toquem em nada do que seja impuro. Saiam do meio dela, purifiquem-se, vocês que levam os utensílios de Javé. ¹²Ninguém sairá apressado, ninguém correrá como se estivesse fugindo, pois Javé caminha à sua frente. Atrás de vocês vem o Deus de Israel.

Quarto cântico do servo – ¹³Vejam! Meu servo vai ter sucesso, será exaltado e elevado grandemente. ¹⁴Assim como muitos ficaram espantados diante dele – pois não parecia mais gente, tinha perdido toda a sua aparência humana –, ¹⁵assim também as nações numerosas levarão um susto. Diante dele os reis vão fechar a boca, pois verão uma coisa que nunca ouviram contar e compreenderão o que jamais ouviram.

53 ¹Quem acreditou naquilo que ouvimos? Para quem foi mostrado o braço de Javé? ²Ele cresceu como broto na presença de Javé, como raiz em terra seca. Ele não tinha aparência nem beleza para atrair nosso olhar, nem simpatia para que pudéssemos apreciá-lo. ³Desprezado e rejeitado pelos homens, homem do sofrimento e experimentado na dor; como indivíduo de quem a gente esconde o rosto, ele era desprezado e nem tomamos conhecimento dele. ⁴Na verdade, são nossas doenças que ele carregou, são nossas dores que ele levou em suas costas. E nós achávamos que ele era um homem castigado, um homem ferido por Deus e humilhado. ⁵Mas ele estava sendo transpassado por causa de nossas transgressões, esmagado por nossos pecados. Caiu sobre ele o castigo que nos deixaria em paz, e por suas feridas é que nos veio a cura. ⁶Todos nós estávamos perdidos como ovelhas: cada

---

é de festa. O incircunciso e o impuro representam os estrangeiros opressores, que serão eliminados. Israel foi escravizado pelo Egito, Assíria e Babilônia, e Javé nada recebeu em troca; por isso, a libertação de Israel será gratuita. Segundo a mentalidade da época, os deuses dos vencidos eram considerados inferiores pelos vencedores (cf. Jl 2,17; Mq 7,10; Sl 42,4.11; 79,10; 115,2).

7-10: "Descobrir o braço" tem o mesmo sentido de "cingir os rins" (cf. Ez 4,7): Javé agirá em favor dos exilados. Paz, boa notícia e salvação representam a sobrevivência social e econômica do povo (cf. Sl 128). A notícia de que Deus reina garante o fim da Babilônia. Todos os grupos de exilados em todas as nações verão a salvação de Deus (cf. 48,20; Sl 98,1-4).

11-12: Texto pós-exílico, baseado no código da pureza ritual que se exige das pessoas ligadas ao Templo (cf. 2Rs 25,14-15; Esd 1,7-11). A presença de Javé como guia e proteção no caminho lembra a nuvem de fogo no primeiro êxodo (cf. Ex 13,21-22).

52,13-53,12: No início e no fim, a palavra de Javé (52,12-15 e 53,11-12) confirma a missão do servo; e no centro um grupo de espectadores analisa a situação dele: desfigurado pela dor e sofrimento. Os espectadores, provavelmente pessoas ligadas ao sistema do Templo, acreditam que Deus precisa de uma vítima expiatória para salvá-los (sacrifício de expiação é termo próprio do pós-exílio; cf. Lv 12,7; 16,11.32-34). Ora, também a morte de Jesus muitas vezes foi entendida como sacrifício expiatório. Aqui, ao contrário da teologia oficial, o texto insiste na substituição do sacrifício pela prática da solidariedade (cf. 53,10). É possível que a última redação do quarto cântico do servo tenha surgido no contexto da dominação persa (539-333 a.C.), como crítica à opressão religiosa e política dos governantes de Jerusalém, aliados à Pérsia (cf. Esd 7,25-26). O sofrimento e a morte do servo são consequências de sua missão, tal como será a morte de Jesus (cf. Mt 26,24; Mc 14,24; Lc 22,37; 24,25-27; At 8,30-35; Rm 4,24-25; 1Cor 15,3-5; Fl 2,6-11; At 8,30-35).

qual se desviava pelo seu próprio caminho. E Javé fez cair sobre ele os pecados de todos nós. ⁷Oprimido, ele se humilhou, não abriu a boca. Como cordeiro levado ao matadouro, como ovelha muda diante do tosquiador, ele não abriu a boca. ⁸Foi preso, julgado injustamente. E quem se preocupou com a vida dele? Pois foi cortado da terra dos vivos e ferido de morte por causa da transgressão do meu povo. ⁹A sepultura dele foi colocada junto à dos criminosos, e seu túmulo junto com o dos ricos, embora nunca tivesse cometido injustiça e nunca a mentira estivesse em sua boca. ¹⁰No entanto, Javé queria esmagá-lo com o sofrimento: se ele entrega sua vida em reparação pelos pecados, então conhecerá seus descendentes, prolongará sua existência, e o projeto de Javé triunfará por meio dele. ¹¹Pelas amarguras suportadas, ele verá a luz e ficará saciado. Pelo seu conhecimento, meu servo justo devolverá a muitos a verdadeira justiça, pois carregou o pecado deles. ¹²Por isso, eu lhe darei sua parte nas multidões, e com os poderosos repartirá o despojo, pois ele se entregou à morte e foi contado entre os pecadores, carregou os pecados de muitos e intercedeu pelos transgressores.

54 Jerusalém restaurada –

¹Grite de alegria, estéril que não dava à luz. Exulte com alegre canto, você que não tinha dores de parto, porque a mulher desolada terá mais filhos que a casada, diz Javé. ²Aumente o espaço de sua tenda, estenda sem medo a lona, estique as cordas, finque as estacas, ³porque você vai se estender para a direita e para a esquerda, sua descendência terá nações como herança e povoará cidades desoladas.

⁴Não tenha medo, pois você não ficará envergonhada. Não se envergonhe, pois você não sofrerá humilhação. Você esquecerá a vergonha que passou na juventude, e nunca mais se lembrará da vergonha do seu tempo de viúva. ⁵Pois aquele que a desposa é seu criador: o nome dele é Javé dos exércitos. Aquele que a protege é o Santo de Israel. Ele é chamado o Deus de toda a terra. ⁶Javé chama você como uma mulher abandonada e abatida, como a mulher da juventude, a repudiada, diz o seu Deus. ⁷Por um instante eu abandonei você, mas com imensa compaixão volto a reuni-la. ⁸Num ímpeto de ira, por um momento eu escondi de você meu rosto. Agora, com amor eterno, volto a me compadecer de você, diz Javé, o seu protetor. ⁹Como no tempo de Noé, agora faço a mesma coisa: jurei que as águas de Noé nunca mais iriam cobrir a terra. Da mesma forma, agora eu juro que não deixarei minha ira se inflamar contra você e que nunca mais vou castigá-la. ¹⁰Ainda que os montes se retirem e as colinas vacilem, meu amor nunca vai se afastar de você. Minha aliança de paz não vacilará, diz Javé, que se compadece de você.

¹¹Ó aflita, açoitada pela tempestade e desconsolada! Veja! Eu assento seus muros sobre pedras preciosas e faço de safira a base. ¹²As muralhas eu faço de rubi, e as portas de esmeralda. Toda a sua muralha eu faço de pedras preciosas. ¹³Seus filhos todos serão discípulos de Javé. Será grande a paz de seus filhos. ¹⁴Você será estabelecida com justiça, longe da opressão, e não terá o que temer. Ficará longe do terror, que nunca mais se aproximará de você. ¹⁵Se por acaso alguém atacar você, não será por minha ordem. Quem atacar você, já está derrotado. ¹⁶Veja! Fui eu quem criou o ferreiro que sopra as brasas no fogo e produz ferramentas de trabalho. Mas também fui eu quem criou o exterminador para destruir. ¹⁷Qualquer ferramenta forjada contra você jamais terá sucesso. A língua que acusar você no tribunal, você mesma provará que a culpada é ela. Essa será a herança dos servos de Javé, a justiça que de mim receberão – oráculo de Javé.

54,1-17: Jerusalém é descrita com a figura da mulher estéril que será mãe de muitos filhos. E a desolação aplica-se a uma cidade (cf. 49,8.19; Ez 36,4; 1m 1,13.16). No v. 5 aparecem seis títulos de Javé, dois deles novos: "aquele que desposa Jerusalém" e "Deus de toda a terra" (este era aplicado a Marduc). Retomando a tradição de Gn 9,8-17, o autor reafirma a promessa de que Javé nunca mais abandonará Jerusalém e os opressores não prevalecerão contra ela. A nova Jerusalém do Apocalipse é inspirada no Segundo Isaías (Ap 21-22). A expressão "servos de Javé" é própria do Terceiro Isaías (56,6; 63,17; 65,8.15; 66,14).

55

Venham às águas – ¹Atenção! Todos os que estão com sede, venham às águas. E os que não têm dinheiro, venham. Comprem e comam sem dinheiro, e bebam vinho e leite sem pagar. ²Por que gastar dinheiro com aquilo que não é pão, e o produto do trabalho com aquilo que não traz fartura? Ouçam-me com atenção, e comerão bem e saborearão pratos suculentos. ³Deem ouvidos a mim, venham para mim, me escutem, que vocês viverão. Farei com vocês uma aliança definitiva, serei fiel à minha amizade com Davi. ⁴Fiz dele uma testemunha para os povos, um chefe que dá ordem aos povos. ⁵Agora você vai convocar uma nação desconhecida. Uma nação que não conhecia correrá para procurá-lo. Tudo por causa de Javé seu Deus, por causa do Santo de Israel, pois ele o cobrirá de esplendor.

Voltem para Javé – ⁶Procurem Javé enquanto ele se deixa encontrar. Chamem por ele, agora que está perto. ⁷Que o mau abandone seu caminho e o homem injusto mude seus projetos. Que volte para Javé, e ele terá compaixão. Que volte para nosso Deus, pois ele é rico em perdão.

⁸Meu pensamento não é o pensamento de vocês, e os caminhos de vocês não são os meus caminhos – oráculo de Javé. ⁹Tanto quanto o céu está acima da terra, assim meus caminhos estão acima dos caminhos de vocês, e meu pensamento está acima do pensamento de vocês. ¹⁰E como a chuva e a neve que caem do céu, para lá não voltam sem antes molhar a terra, tornando-a fecunda e fazendo-a germinar, a fim de produzir semente para o semeador e alimento para quem come, ¹¹assim acontece com a minha palavra, que sai de minha boca. Ela não volta para mim sem efeito, sem ter realizado o que eu quero, e sem ter cumprido com sucesso a missão para a qual eu a enviei.

O novo êxodo – ¹²Vocês sairão com alegria e serão conduzidos em paz. Na presença de vocês, colinas e montes explodirão em cantos de alegria, e todas as árvores do campo baterão palmas. ¹³Em lugar dos espinheiros, crescerá o cipreste. No lugar de urtiga, crescerá a murta. Isso trará renome a Javé, um sinal eterno que nunca se apagará.

55,1-5: Oráculo dirigido aos pobres que carecem de alimentos básicos. "Venham às águas": convite a retornar para Javé (cf. Jr 2,13; Jo 7,37-38), cuja proposta é viver a partilha e a solidariedade. O grupo profético faz uma releitura da tradição davídica, afirmando a dimensão comunitária da aliança: Javé faz aliança diretamente com o povo. O poder é entregue à comunidade que vive na prática da justiça e no cuidado amoroso com a vida ameaçada.

6-11: Voltar para Javé, porque ele está próximo: tema profético bem conhecido (cf. 31,1; Jr 29,13-14; Os 10,12; Am 5,4-6). A palavra de Deus se compara à chuva, que garante à população camponesa as condições para ter pão. O mesmo acontece com a palavra de Deus, que é eficaz e possibilita a libertação do povo (cf. 40,6-8; 45,23).

12-13: A saída da Babilônia é descrita como procissão solene. O novo êxodo será realizado com grande alegria e segurança (cf. 35,10; 51,3.11; 52,7). A celebração das montanhas e colinas é comum nos hinos (44,23; 49,13). Mensagem final do Segundo Isaías: não haverá mais destruição, porque Javé é o Deus da libertação (54,9; 55,13b).

TERCEIRO ISAÍAS

DIREITO E JUSTIÇA: NOVOS CÉUS E NOVA TERRA

Introdução

O Terceiro Isaías, inspirado pelo Segundo, retoma as profecias do exílio na Babilônia, concluído em 538 a.C., e as atualiza no contexto do pós-exílio. A partir de 539 a.C., os persas fundam um novo império. Uma de suas estratégias políticas é dar liberdade cultural e religiosa aos povos dominados, nomeando príncipes ou lideranças da própria região para governá-los.
Em 520 a.C., a Pérsia incentiva a reconstrução do Templo de Jerusalém sob a liderança de Zorobabel, descendente da casa davídica, e de Josué, descendente dos sacerdotes sadoquitas, que contam com o apoio dos profetas Ageu e Zacarias (Ne 12,1; Ag 1,2-4; 2,23; Zc 4,9). Quem volta do cativeiro julga-se o verdadeiro Israel e legítimo dono da terra. Ao chegar a Judá, o grupo de repatriados exige seus direitos, entrando em conflito com os pobres que haviam ficado na terra durante o período do exílio. Apesar dos vários protestos, o Templo é reconstruído em 515 a.C.
Por volta de 450 a.C., Neemias, judeu bem-sucedido na corte persa, chega a Jerusalém com a missão de reconstruir as muralhas e fazer da cidade uma fortaleza militar, especialmente para conter o império egípcio, inimigo dos persas. Para consolidar a identidade do povo judeu, Neemias expulsa os estrangeiros e proíbe casamentos com eles, sobretudo com as mulheres, tendo em vista a apropriação da terra (cf. Ne 13,23-27); exige a entrega dos tributos para sustento dos sacerdotes e levitas (cf. Ne 13,10-14); e fortalece a observância do sábado (cf. Ne 13, 15 22).

Em seguida, Esdras é enviado pelos persas com a missão de reforçar a organização do povo em torno da Lei, que se torna lei do rei persa. Desobedecê-la implica castigos, multas e até pena de morte (Esd 7,25-26). O sistema do Templo e a teologia do puro e do impuro são reforçados. Segundo essa teologia, uma pessoa impura fica excluída do Templo, e para voltar a participar precisa oferecer sacrifícios (Lv 11-14). Os sacerdotes e todas as pessoas envolvidas na administração do Templo sobrevivem da arrecadação dos tributos exigidos pela Lei. Além disso, as elites dirigentes pagam alto tributo para a Pérsia. A grande maioria – pobres, humilhados e feridos – vive à mercê do desmando e corrupção das autoridades (cf. Is 57,1-2; 58,7; 66,2).

---

56 **Casa de Oração para todos os povos** – ¹Assim diz Javé: Observem o direito e pratiquem a justiça, pois minha salvação está para chegar e minha justiça vai se manifestar. ²Feliz o homem que assim se comporta e o filho de Adão que nisso persevera, que observa o sábado sem profaná-lo e preserva sua mão de fazer qualquer mal.
³Não diga o filho do estrangeiro que aderiu a Javé: "Claro que Javé vai me separar do seu povo." Nem o eunuco diga: "Sou uma árvore seca". ⁴Pois assim diz Javé: Os eunucos que observam meus sábados, que escolhem o que me agrada e ficam firmes na minha aliança, ⁵eu lhes darei na minha casa, dentro de minhas muralhas, um lugar e um nome que valem mais do que filhos e filhas. Darei a eles um nome eterno que nunca desaparecerá.
⁶Aos filhos dos estrangeiros que aderiram a Javé para prestar-lhe culto, para amar a

---

56,1-8: Na contramão da teologia oficial, sustentada por Neemias e Esdras (cf. Esd 9,1-2; Ne 13,30-31), o grupo profético do Terceiro Isaías propõe a inclusão de eunucos e estrangeiros no Templo de Javé (Dt 23,2-9). O termo hebraico usado para "estrangeiro" refere-se ao "forasteiro", àquele que está de passagem, desprovido

Javé e serem seus servos, que observam o sábado sem profaná-lo e ficam firmes na minha aliança, ⁷eu os levarei para minha montanha santa. Vou fazê-los felizes na minha casa de oração. Seus holocaustos e sacrifícios serão aceitos com agrado no meu altar, pois minha Casa será chamada Casa de Oração para todos os povos. ⁸Oráculo do Senhor Javé, que reúne os israelitas dispersos: Com aqueles que já foram reunidos, eu reunirei ainda outros.

Contra os líderes do povo – ⁹Feras selvagens, venham comer, feras todas da selva. ¹⁰Os guardas estão cegos e nada percebem. São cães mudos incapazes de latir. Sonham deitados e seu prazer é dormir. ¹¹São cães com fome insaciável. São pastores, mas incapazes de entender. Cada um segue seu caminho e procura seus interesses, todos eles sem exceção. Eles dizem: ¹²"Venham! Eu vou buscar vinho. Vamos nos embriagar com bebidas fortes. Amanhã faremos o mesmo, pois há muita provisão".

57 ¹O justo perece, e não há quem leve isso em conta no próprio coração. Os homens de bondade são eliminados, e ninguém se importa. Porque o justo é levado antes que venha o mal, ²para que entre na paz: aquele que procede com sinceridade descansa em seu leito.

Contra outros cultos – ³Venham aqui vocês, filhos de feiticeira, descendência de adúltera e de prostituta. ⁴De quem vocês estão zombando, fazendo careta e mostrando a língua? Vocês não são crianças ilegítimas, prole bastarda? ⁵Não são vocês que buscam a ardência do sexo ao pé dos carvalhos ou debaixo de qualquer árvore frondosa? Vocês sacrificam crianças à beira dos córregos e na fenda das rochas. ⁶As pedras lisas do córrego serão para vocês a herança. Serão elas a parte que lhes toca: em honra delas você derramava vinho em libação, e nelas você oferecia sacrifícios. ⁷Você ajeitava sua cama na colina alta e elevada, e aí subia para oferecer sacrifícios. E você ainda acha que me agrada com essas coisas? ⁸Atrás da porta e do portal você colocava seu emblema. Sem me levar em conta, você se despia, subia no leito e o alargava para os adúlteros. Tirava partido dos seus amantes, com os quais você gostava de ter relações. E olhando a nudez deles, você fornicava sem parar. ⁹Você procurava Melec com óleo, multiplicando seus próprios perfumes. Enviava seus mensageiros para longe, até as profundidades da morada dos mortos. ¹⁰Cansada de tanto andar, você nunca dizia: "Chega!" Ao contrário, achava sempre um jeito de reanimar as forças, e não esmorecia. ¹¹E você, de quem tinha medo? Quem é que lhe impunha tanto respeito, para você mentir assim? De mim você nem se lembrava, nem se preocupava comigo. O fato é que eu me calava e disfarçava. Por isso você não me temia. ¹²Mas eu denunciarei sua tal justiça e suas obras. Elas para nada lhe valerão. ¹³Quando você gritar por socorro aos que estão junto de você, o vento os levará todos. Um simples sopro os levará embora. Mas aquele que busca minha proteção terá como herança a terra e possuirá meu monte santo.

Javé cura, guia e consola – ¹⁴Então se dirá: Aplainem, aplainem! Abram um cami-

---

de direito e vítima de exploração (Ex 12,43; Dt 14,21; Ez 44,7-9). A construção de uma sociedade justa exige a superação de toda forma de exclusão.

56,9–57,2: As elites dirigentes são incapazes de cuidar do povo (guardas cegos, cães mudos e vorazes; cf. Ez 34,1-10). Na tradição judaica, chamar alguém de cão equivale a dizer que a pessoa é desprezível e sem valor (2Rs 8,13). Os cães são temidos porque comem tudo o que está a seu redor (Jr 15,3; Sl 22,17.21). Os justos estão morrendo em consequência da ambição e da ganância de seus líderes. Pobreza e morte prematura não são castigos de Deus, conforme ensinava a teologia oficial, mas consequências de uma sociedade injusta (Jó 24,1-12).

57,3-13: Crítica contra o culto a outras divindades e contra o abandono de Javé. O carvalho e a árvore frondosa estão relacionados à fertilidade e à vida (cf. 1,29; Os 4,13). Arqueologia e textos antigos comprovam o sacrifício de crianças no antigo Israel; é atribuído a outros cultos, e condenado (v. 5; cf. Lv 18,21; 20,2-4; Jr 7,31; 32,35). O culto a outros deuses é apresentado como prostituição. A promessa da terra e do lugar, no v. 13b, indica que há pessoas sem terra e sem possibilidade de participar do Templo (cf. 56,3-8).

14-21: Aquele que está no alto e mora na eternidade também está junto com os oprimidos e humilhados. Esta compreensão de Deus está muito próxima do êxodo (cf. Ex 3,7-8; Fl 2,6-11). Em meio a várias divindades que curavam, o autor afirma que esta virtude pertence a Javé (cf. 53,5b; Os 5,13; 6,1). Paz (*shalôm*) pode significar integridade, plenitude e totalidade. Não a encontra quem não pratica a justiça (vv. 20-21).

nho! Arranquem as pedras do caminho do meu povo! ¹⁵Pois assim diz aquele que está no alto, lá em cima, aquele que mora na eternidade e tem nome santo: Eu moro na altura santa, mas estou com os oprimidos e humilhados, para reanimar o espírito dos humilhados e reanimar o coração dos oprimidos. ¹⁶Eu não vou ficar demandando eternamente. Não vou ficar irado o tempo todo. Senão a vida humana evaporaria na minha presença e seria destruído o espírito que eu criei. ¹⁷Eu estava indignado com a injustiça de suas ganâncias, e de tocaia eu estava irritado. Ele ia seguindo rebelde o caminho do seu próprio coração. ¹⁸Eu vi o caminho dele, mas vou curá-lo, guiá-lo e oferecer-lhe consolação. E aos que fazem luto por meu povo, ¹⁹farei brotar de seus lábios este canto: "Paz! Paz para quem está longe e para quem está perto. Eu o curarei, diz Javé". ²⁰Os ímpios, porém, parecem mar agitado que nunca pode acalmar-se. E as águas que eles agitam são lama e lodo. ²¹Para os ímpios não existe paz, diz o meu Deus.

58 *O jejum que agrada a Javé* – ¹Grite a plenos pulmões, sem parar. Solte como trombeta o som da sua voz. Mostre a meu povo seus crimes e faça a casa de Jacó conhecer seus pecados. ²Dia após dia, eles parecem me procurar. Mostram desejo de conhecer meus caminhos. Parecem povo que pratica a justiça e nunca se esquece do direito do seu Deus. Eles vêm me pedir as regras da justiça. Eles querem estar perto de Deus. ³E dizem: "Por que jejuamos, e tu não viste? Por que nos humilhamos totalmente, e nem tomaste conhecimento?" Acontece que vocês, mesmo quando estão jejuando, só cuidam dos próprios interesses e continuam explorando quem trabalha para vocês. ⁴Vejam! Vocês jejuam entre rixas e discussões, golpeando sem piedade. Não é jejuando dessa forma que vocês farão chegar a sua voz lá em cima. ⁵Vejam! O jejum que eu escolhi, o dia em que uma pessoa procura se humilhar, não deve ser desta maneira: curvar a cabeça como se fosse uma vara, deitar sobre pano de saco e cinza... É isso que vocês chamam de jejum e dia agradável a Javé?

⁶Por acaso o jejum que eu escolhi não é este: romper as amarras da injustiça, desfazer as correntes da canga, pôr em liberdade os oprimidos e despedaçar qualquer canga? ⁷Por acaso não é repartir seu pão com quem passa fome, hospedar em casa os pobres sem abrigo, vestir aquele que se encontra nu, e não se fechar diante daquele que é sua própria carne? ⁸Se assim você fizer, sua luz brilhará como a aurora, a cura de suas feridas se realizará rapidamente, a justiça que você pratica irá à sua frente, e a glória de Javé virá acompanhando você. ⁹Então você clamará, e Javé responderá. Chamará por socorro, e Javé responderá: "Estou aqui!" Isso, se você tirar do seu meio o jugo, o gesto que ameaça e a linguagem injuriosa. ¹⁰Se você der seu pão ao faminto e matar a fome do oprimido. Então sua luz brilhará nas trevas e a escuridão será para você como a claridade do meio-dia. ¹¹Javé será sempre seu guia e lhe dará fartura até mesmo em terra deserta. Ele fortificará seus ossos e você será como jardim irrigado, qual mina borbulhante, onde nunca falta água. ¹²Suas ruínas antigas serão reconstruídas. Você levantará paredes em cima dos alicerces de tempos passados. Vão chamá-lo Reparador de brechas e Restaurador de caminhos, para que se possa habitar.

Observar o sábado – ¹³Se você evitar o desrespeito ao sábado e não tratar de seus negócios no meu dia santo; se você chamar o sábado de Delícia, e de Venerável o santo dia de Javé; se você o respeitar, deixando de viajar, de buscar seu próprio interesse e de tratar de negócios, ¹⁴então a sua delícia será Javé. E eu vou fazer que você venha a ser levado de carro até os

---

58,1-12: Jejum, oração e esmola são práticas de piedade que no exílio serviam para garantir a identidade dos judeus exilados. No pós-exílio, a partir da reconstrução do Templo (515 a.C.), o rito de jejuar é institucionalizado (cf. Zc 8,19). A crítica profética denuncia o ritualismo: as pessoas seguem a lei do jejum, mas não praticam a justiça. O culto agradável a Javé é a prática da justiça: só assim ele se fará presente no meio das pessoas que o invocarem (v. 9; Mt 25,34-40).

13-14: A consagração do sábado se fundamenta em duas diferentes tradições: na libertação da escravidão (cf. Dt 5,12-15) e na criação (cf. Gn 2,1-3; Ex 20,8-11). Andar de carro é característico dos reis, e andar nas alturas é privilégio especial que pode indicar a bênção

lugares mais altos da terra. Eu sustentarei você com a herança de seu pai Jacó. Assim falou a boca de Javé.

59 *Liturgia penitencial* – ¹Veja! A mão de Javé não ficou curta para salvar, nem seus ouvidos ficaram surdos para ouvir. ²Ao contrário, foram as culpas de vocês que acabaram se transformando num abismo que os separa do seu Deus. Por causa dos pecados de vocês, Javé escondeu o rosto, para não os ouvir. ³Vocês estão com as mãos sujas de sangue, estão com os dedos manchados de crimes. Seus lábios só falam mentira e suas línguas sussurram maldade. ⁴Não há ninguém que acuse com justiça, não há quem faça um processo com honestidade. Todos confiam no nada e só falam o que não é verdade. Concebem fadiga e geram iniquidade. ⁵Chocam ovos de serpente e tecem teias de aranha. Quem comer esses ovos morrerá. E se a casca se quebrar, de dentro deles sairá uma serpente. ⁶As teias que eles tecem não servem para fazer roupa. Eles não conseguem se cobrir com o produto de suas obras. Suas obras são obras criminosas, e suas mãos praticam a violência. ⁷Seus passos levam para o mal, e eles correm para derramar sangue inocente. Seus planos são criminosos, sua estrada é feita de ruína e destruição. ⁸Eles não conhecem os caminhos da paz. Não existe o direito em seus passos. Fazem para si trilhos tortuosos: quem neles caminha não conhece a paz.

⁹É por isso que o direito está longe de nós e a justiça nunca chega ao nosso alcance. Estávamos esperando luz, e o que veio foram trevas. Aguardávamos claridade, e no entanto caminhamos na escuridão. ¹⁰Como cegos, vamos apalpando a parede, tateando como alguém que não enxerga. Tropeçamos em pleno dia, como se já tivesse escurecido. Em pleno vigor, estamos como mortos. ¹¹Estamos todos rugindo como ursos, gemendo como pombas. Esperávamos o direito, e nada. Esperávamos a salvação, e ela ficou longe. ¹²Sim, nossos atos de rebeldia multiplicaram-se diante de ti. Nossos pecados estão depondo contra nós. Sim, nossos atos de rebeldia nos acompanham. Reconhecemos nossas culpas: ¹³revoltar-nos, negar Javé, afastar-nos do nosso Deus, praticar violência e revolta, conceber e planejar a mentira. ¹⁴Por isso, o direito se retirou e a justiça se manteve longe, porque a verdade tropeçou na praça e a sinceridade não tem acesso. ¹⁵Com isso, a verdade sumiu, e quem se desvia do mal acaba sendo roubado. Javé viu tudo isso e lhe pareceu mau, pois o direito não existe mais. ¹⁶Viu que não havia ninguém. Espantou-se, porque não havia quem fizesse uma intervenção. Então, seu próprio braço lhe trouxe a vitória, e sua própria justiça o sustentou. ¹⁷Ele se vestiu de justiça como de couraça, e colocou na cabeça o capacete da salvação. Revestiu-se com a veste da vingança, e por manto envolveu-se na indignação. ¹⁸Pagará a cada um de acordo com o que merece: ódio contra seus adversários, castigo para seus inimigos. ¹⁹Então, desde o ocidente se temerá o nome de Javé, e desde o oriente honrarão sua glória, pois ele virá como rio impetuoso, que é conduzido pelo espírito de Javé. ²⁰Mas até Sião virá um protetor para os convertidos dos crimes contra Jacó – oráculo de Javé. ²¹De minha parte, esta é minha aliança com eles, diz Javé: Meu espírito está sobre você, e minhas palavras, que eu coloquei em sua boca, jamais dela se afastarão, nem da boca de seus filhos, nem da boca dos filhos dos seus filhos, desde agora e para sempre, diz Javé.

60 *Jerusalém ilumina o mundo* – ¹Levante-se, Jerusalém! Brilhe, pois chegou sua luz. A glória de Javé brilha sobre você. ²Sim, as trevas cobrem

---

do Deus das montanhas e a promessa da terra (cf. Dt 32,9b; Is 57,13).

59,1-21: Liturgia penitencial em três partes: acusação dos pecados do povo (vv. 1-8), confissão (vv. 9-15a), reconciliação e promessa de aliança (vv. 15b-21). É uma resposta às queixas de que Javé não escuta o clamor do seu povo. O grupo profético explica: Javé se ausenta e se distancia por causa da maldade e violência do povo, cujas mãos se acham manchadas de sangue (cf. Is 1,15; 50,1-2; Jr 5,25). Apesar do rompimento, Javé seguirá propondo a aliança através da palavra dos profetas (cf. v. 20b; 52,10).

60,1-22: Hino que exalta Jerusalém, colocando-a no centro religioso e econômico para todos os povos (cf. 33,17-24). Esta cidade futura, descrita em Is 54-55, será o lugar da paz, ou seja, da segurança, felicidade, bem-

a terra e a escuridão os povos, mas sobre você Javé se levanta, e a glória dele aparece sobre você. ³Os povos caminharão para a sua luz, e os reis andarão ao brilho do sol nascente. ⁴Lance um olhar em volta e veja: todos esses que aí se reúnem vieram procurá-la. Seus filhos vêm de longe, suas filhas vêm carregadas no colo. ⁵Então bastará você ver, e seu rosto se iluminará. Seu coração parecerá explodir de emoção, porque estarão trazendo para você os tesouros do mar, estarão chegando a você as riquezas das nações. ⁶Uma multidão de camelos a cobrirá, camelos novos de Madiã e Efa. Todos virão de Sabá trazendo ouro e incenso, anunciando os louvores de Javé. ⁷Vão reunir para você todas as ovelhas de Cedar, os carneiros de Nabaiot estarão à sua disposição e se tornarão um sacrifício agradável sobre o altar, e eu glorificarei a casa da minha glória.

⁸Quem são esses que voam como nuvem, como pombas para o pombal? ⁹Em mim esperam as ilhas, os navios de Társis na frente, para trazer de longe seus filhos com sua prata e seu ouro, por causa do nome de Javé seu Deus, pelo Santo de Israel que a glorifica. ¹⁰Os filhos do estrangeiro lhe reconstruirão suas muralhas, e os reis deles serão empregados dela, porque na minha ira eu a machuquei, mas na minha graça eu a perdoei. ¹¹Suas portas ficarão sempre abertas. Nem de dia nem de noite serão fechadas, para que as riquezas das nações entrem até você, e com elas sejam conduzidos os seus reis. ¹²Pois a nação e o reino que não a servirem serão destruídos, e as nações serão reduzidas à ruína. ¹³Virá para você a glória do Líbano. Pinheiros, olmeiros e ciprestes virão juntos para enfeitar meu santuário. Assim vou encher de glória o lugar onde apoio meus pés. ¹⁴Os filhos daqueles que a oprimiam virão procurá-la. Inclinando-se, vão se prostrar a seus pés aqueles que riram de você, e a proclamarão Cidade de Javé, Sião do Santo de Israel.

¹⁵Ao invés de ser abandonada e odiada, sem alguém que passe por você, eu a transformarei em motivo de orgulho para sempre, em alegria de geração em geração. ¹⁶Você sugará o leite das nações, sugará a riqueza dos reis. Então você ficará sabendo que eu sou Javé, que a salva, seu Protetor, o Forte de Jacó. ¹⁷Em vez de bronze, vou trazer ouro. Em vez de ferro, trarei prata. Em vez de madeira, bronze. E, em vez de pedra, trarei ferro. Vou dar-lhe como inspetor a paz, e como capataz a justiça. ¹⁸Não se ouvirá mais falar de violência em sua terra, nem de opressão ou terror em seu território. Você dará o nome de "Salvação" a suas muralhas, e de "Louvor" a suas portas.

¹⁹O sol não será mais a luz do seu dia, e de noite não será a lua a iluminá-la. O próprio Javé será para você uma luz permanente, e seu Deus será seu esplendor. ²⁰Seu sol jamais vai se pôr, e sua lua não terá mais minguante, pois o próprio Javé será para você uma luz permanente. Acabaram-se os dias de seu luto. ²¹E seu povo, todo formado de justos, terá a terra como herança para sempre, como um broto de minha própria plantação, como obra de minhas mãos, para minha glória. ²²O pequeno crescerá até mil, e o menor se tornará uma nação numerosa. Eu sou Javé. No tempo certo, farei isso prontamente.

61 *Anúncio da Boa-Nova aos pobres –* ¹O espírito do Senhor Javé está sobre mim, porque Javé me ungiu. Ele me enviou para dar a boa notícia aos pobres, para curar os corações feridos, para proclamar a libertação dos escravos e pôr em liberdade os prisioneiros, ²para proclamar o ano da graça de Javé, o dia da vingança do nosso Deus, e para consolar todos os que estão enlutados, ³para transformar sua cinza em coroa, óleo de alegria em vez de luto, veste de festa em vez de espírito abatido.

Eles serão chamados de carvalhos da justiça, plantação de Javé para a glória

---

-estar econômico e espiritual. Cidade onde não haverá mais violência nem destruição (cf. Ap 21). Na realidade do período exílico e pós-exílico, é compreensível o sonho de uma Jerusalém restaurada e tornada centro do universo; pregar esta visão hoje, porém, provocaria exclusão e violência.

61,1-11: Diante da exploração econômica e escravidão, o grupo profético anuncia a esperança e certeza da intervenção de Javé para inverter a realidade. "Espírito" ou sopro (*rúah* em hebraico), associado ao nome de Javé, significa sopro vital ou força criadora (cf. Sl 104,30). O "ano da graça de Javé" faz parte das antigas leis do

deles. ⁴Reconstruirão as ruínas antigas, erguerão novamente em pé os velhos escombros. Renovarão de geração em geração as cidades arruinadas e os escombros. ⁵Estrangeiros apascentarão os rebanhos deles. Filhos de forasteiros serão para vocês agricultores e vinhateiros. ⁶Vocês hão de ser chamados sacerdotes de Javé, ministros do nosso Deus. Vocês comerão as riquezas das nações e se vangloriarão com a glória delas. ⁷Em vez da vergonha que vocês sofreram, receberão porção dobrada. Em vez da humilhação, terão gritos de júbilo como porção. É por isso que vocês receberão na sua terra uma porção dupla e gozarão de alegria sem fim.

⁸Pois eu sou Javé, que amo o direito e detesto o roubo e a injustiça. Eu lhes darei a recompensa e estabelecerei com eles uma aliança eterna. ⁹Sua posteridade será conhecida entre as nações e sua descendência no meio dos povos. Todos aqueles que os virem reconhecerão que são a semente que Javé abençoou.

¹⁰Transbordo de alegria em Javé, e minha vida se regozija no meu Deus, porque me vestiu com vestes de salvação. Cobriu-me com o manto da justiça, como o noivo que se enfeita com o turbante qual sacerdote, e a noiva que se adorna com joias. ¹¹Pois, como a terra faz brotar uma nova planta e o jardim faz germinar suas sementes, assim o Senhor Javé faz brotar a justiça e o louvor diante de todas as nações.

62 Transformação de Jerusalém –

¹Por causa de Sião, não ficarei em silêncio. Por causa de Jerusalém, não ficarei quieto, enquanto a justiça não surgir para ela como aurora e sua salvação como tocha acesa. ²As nações verão sua justiça e todos os reis verão sua glória. Você então será chamada com nome novo, que a boca de Javé indicou. ³Você será uma coroa magnífica na mão de Javé, um diadema real na palma do seu Deus. ⁴Ninguém a chamará Abandonada, e sua terra não terá mais o nome de Desolada. Pelo contrário, você será chamada Minha Delícia, e sua terra terá por nome Desposada, porque Javé vai amar você, e sua terra será desposada. ⁵Pois, como o jovem se casa com uma virgem, seus filhos se casarão com você. Como o esposo que se alegra com a esposa, seu Deus se alegrará com você.

⁶Sobre suas muralhas, ó Jerusalém, coloquei guardas para vigiá-la durante o dia todo e a noite inteira. Eles jamais se calarão. Vocês, que estão sempre lembrando as promessas de Javé, não descansem, ⁷e também não concedam descanso a Javé, até que ele restabeleça Jerusalém e faça dela o louvor sobre a terra. ⁸Javé jurou com sua direita e com seu braço poderoso: "Nunca mais darei seu trigo como alimento aos inimigos. Nunca mais os estrangeiros beberão o vinho pelo qual você trabalhou. ⁹Mas aqueles que colhem o trigo também o comerão, louvando a Javé. Aqueles que colhem as uvas também beberão o vinho nos átrios do meu santuário".

¹⁰Passem, passem pelas portas, abram caminho para o povo. Aplainem, aplainem a estrada e a calcem com pedras. Ergam uma bandeira para os povos. ¹¹Javé envia esta mensagem até os confins da terra: "Digam à filha de Sião: Veja! Sua salvação chegou. Eis com ele o salário de você, e sua recompensa diante dele. ¹²Serão chamados de Povo Santo, Protegidos de Javé. E você terá por nome Procurada, Cidade Não Abandonada".

63 Javé é o defensor de Israel –

¹Quem é este que vem de Edom, que vem de Bosra, com as roupas manchadas de vermelho? Quem é este, assim vestido de gala, e que avança cheio de força? "Sou eu que proclamo a justiça e sou poderoso

---

povo de Israel e tem como objetivo garantir a sobrevivência do clã e da tribo. São leis que protegem a vida, especialmente das pessoas empobrecidas (cf. Dt 15,2).

62,1-12: Com a mesma temática dos caps. 60 e 61, este trecho celebra a transformação de Jerusalém, com a promessa de refazer a aliança e recomeçar o relacionamento amoroso entre a cidade e seu esposo Javé. É uma resposta às acusações de que Javé não age em favor de seu povo. Ter nome novo significa ter novo destino (cf. Ez 48,1ss). O gesto de levantar a mão era característico do juramento (cf. Gn 14,22; Ex 6,8; Ez 20,5). E o juramento de Javé indica uma promessa fundamental: acabar com os impostos estrangeiros, de modo que o povo possa usufruir os frutos do próprio trabalho (vv. 8-9). Esperança que continua sendo renovada até nossos dias.

63,1-6: Bosra é a capital de Edom, país apresentado com hostilidade nos textos do pós-exílio, por ter invadido as terras de Judá. Aqui, Edom representa as nações inimigas de Israel (cf. Jl 4,19; Ag). O "dia da vingança" refere-se

para salvar". ²Por que esse vermelho em suas roupas? E por que sua túnica é como de alguém que andou esmagando uvas? ³"Eu sozinho pisei no lagar dos povos, e homem nenhum me acompanhou. E eu pisei com toda a minha ira, esmaguei com todo o meu furor. Por isso espirrou o sumo deles na minha túnica e manchou toda a minha roupa. ⁴Pois chegou o dia da vingança que estava no meu coração, o ano da minha redenção. ⁵Mas eu olhei, e não havia quem me ajudasse. Observei admirado, e não havia quem me apoiasse. Quem me valeu foi meu próprio braço, meu furor me deu força. ⁶Em minha ira pisei os povos, inebriei-os com meu furor, derramei por terra o sumo deles".

Relembrando a história – ⁷Vou lembrar os benefícios de Javé, celebrar os louvores de Javé por tudo o que ele fez em nosso favor. Ele é grande em bondade para com a casa de Israel. Ele nos tratou conforme a sua compaixão e o grande número de seus benefícios. ⁸Ele disse: "De fato, eles são meu povo, filhos que não mentirão". Então ele se tornou seu salvador ⁹em todas as aflições.

Quem os salvou não foi um enviado ou mensageiro, mas a própria face que os salvou. Em seu amor e em sua compaixão, ele os protegeu, tomou-os e carregou-os em todos os dias do passado. ¹⁰Mas eles se rebelaram e lhe entristeceram seu santo espírito. Então se tornou inimigo deles e contra eles se pôs em guerra. ¹¹Mas seu povo se lembrou dos dias do tempo de Moisés. Onde está aquele que os fez sair do mar, o pastor do seu rebanho? Onde está aquele que nele colocou seu santo espírito? ¹²Aquele que caminhou à direita de Moisés, guiando-o com seu braço glorioso? Aquele que abriu as águas diante da face deles para fazer um nome eterno para si? ¹³Que fez o povo caminhar entre as ondas como cavalo no deserto, sem tropeçar, ¹⁴como gado que desce para a planície? O espírito de Javé os guiava para o repouso. Assim guiaste teu povo, para fazer um nome glorioso para ti. ¹⁵Olha do céu e observa da tua morada santa e gloriosa. Onde estão teu ciúme e poder? A comoção de tuas entranhas e tua compaixão para comigo foram recolhidas? ¹⁶Pois tu és nosso pai. Ainda que Abraão não nos reconhecesse mais e Israel não tomasse conhecimento de nós, tu, Javé, és nosso pai. Teu nome é, desde sempre, Nosso Protetor. ¹⁷Javé, por que nos deixas desviar de teus caminhos? Por que fazes nosso coração endurecer, e assim perdermos teu temor? Volta atrás, por amor de teus servos e das tribos que são tua herança. ¹⁸Por pouco tempo teu povo santo possuiu a herança; nossos inimigos pisaram teu lugar sagrado. ¹⁹Estamos como outrora, quando ainda não nos governavas, quando sobre nós teu nome nunca tinha sido invocado. Quem dera rasgasses o céu para descer! Diante de ti as montanhas se derreteriam.

64 ¹Como o fogo queima os ramos secos e faz ferver águas, assim o fogo destrua teus adversários, para que teu nome seja conhecido entre teus inimigos. Assim hão de tremer as nações diante de tua face, ²ao realizares coisas terríveis que não esperávamos. Tu desceste, e diante de tua face os montes se derreteram. ³Desde os tempos antigos nunca se ouviu falar, nunca se soube e o olho jamais viu um Deus, além de ti, que tenha feito tanto por aqueles que nele confiam. ⁴Tu vais ao encontro daqueles que praticam a justiça com alegria e sempre se lembram dos teus caminhos. Acontece, porém, que ficaste irritado conosco, porque há muito tempo pecamos contra ti e fomos rebeldes. ⁵Todos juntos nos tornamos como coisa impura. Nossa justiça é como pano de menstruação. Nós todos murchamos co-

---

ao agir de Javé contra os opressores do seu povo Israel (cf. 34,8; 61,2; 63,4; Ap 19,15b). Javé é tomado como vingador do sangue (Nm 35,9-29; Dt 9,11-14). Devido ao sofrimento que o povo sentiu, é aceitável que ele pense dessa forma, apesar da imagem desconcertante pela violência. Permanece assim o desafio de pensar na divindade que, por meios pacíficos, salva inclusive o opressor.

63,7 64,11: Recordação da ação amorosa e libertadora de Javé ao longo da história de Israel. Segundo a mentalidade da época, a situação de desgraça é provocada pelo pecado do povo, que no entanto pede perdão e novamente suplica a intervenção de Deus (Lm). Os termos "meus filhos", "amor" e "lembrar" (cf. 63,7.9.11) indicam o contexto de aliança, no qual "não mentir" significa não transgredir o juramento de fide-

mo folhas secas, e nossos pecados nos arrastaram como vento. ⁶Não há quem invoque teu nome. Ninguém acorda para apoiar-se em ti, pois escondeste de nós tua face e nos entregaste ao poder da nossa culpa. ⁷Mas agora, Javé, tu és nosso pai. Nós somos o barro, e tu és nosso oleiro. Todos nós somos obra de tuas mãos. ⁸Não fiques irado para sempre, Javé, nem fiques lembrando sempre nossa culpa. Vê! Todos nós somos teu povo. ⁹Tuas cidades santas viraram deserto. Sião se tornou um deserto, e Jerusalém uma desolação. ¹⁰Nossa casa santa e cheia de glória, onde nossos pais celebravam teu louvor, está agora destruída pelo fogo. Todas as nossas coisas preciosas foram destruídas. ¹¹Depois de tudo isso, permanecerás ainda insensível, Javé? Será que vais ficar calado e aumentar ainda mais nossa humilhação?

65 Crítica a outras práticas religiosas

– ¹Deixei-me procurar por aqueles que não perguntavam por mim. Deixei-me encontrar por aqueles que não me buscavam. A uma nação que não invocava o meu nome, eu disse: "Aqui estou, aqui estou!" ²Estendi minha mão todos os dias a um povo desobediente, que andava por caminho mau, seguindo seus próprios caprichos. ³A um povo que me irrita sempre, bem na minha cara, sacrificando em jardins e queimando incenso em cima de tijolos, ⁴que habita em cemitérios, passando a noite em grutas, comendo carne de porco e pondo em seus pratos alimentos impuros. ⁵Eles dizem: "Fique longe de mim! Não se aproxime de mim, pois eu lhe infundiria minha santidade". Esses tais são como fumaça no meu nariz, fogo que arde o dia inteiro. ⁶Eis que tudo isso está escrito diante de mim. Não me calarei até que tenha pago, e pago em seu seio, ⁷as culpas de vocês e de seus pais, diz Javé. Eles queimaram incenso nos lugares altos e me ultrajaram sobre as colinas. Eu lhes darei o pagamento em seu seio, por causa de suas obras antigas.

Javé é fiel e justo – ⁸Assim diz Javé: Quando alguém encontra o suco em algum cacho de uvas, diz: "Não vamos destruí-lo, porque tem uma bênção!" O mesmo farei eu, por causa de meus servos, para não destruir tudo. ⁹De Jacó farei brotar uma descendência, de Judá sairá o herdeiro de minhas montanhas. Meus escolhidos as terão como herança, e aí meus servos hão de morar. ¹⁰Para meu povo que me buscar, o monte Saron se tornará pasto de ovelhas, e o vale de Acor, invernada para o gado. ¹¹Mas vocês, que abandonam Javé e se esquecem da sua montanha santa, vocês que oferecem a mesa em honra de Gad, vocês que enchem taças em honra de Meni, ¹²eu destinei vocês para morrerem pela espada, sem que ninguém escape da matança. E todos vocês dobrarão os joelhos para serem degolados. Pois eu chamei e ninguém respondeu, falei e ninguém obedeceu. E vocês ainda praticaram tudo o que é mau perante mim e escolheram só o que me desagradava.

¹³Por isso, assim diz o Senhor Javé: Meus servos comerão, e vocês passarão fome. Meus servos beberão, e vocês passarão sede. Meus servos farão festa, e vocês ficarão envergonhados. ¹⁴Meus servos cantarão por terem o coração alegre, e vocês gritarão com dor no coração, e uivarão pela angústia de espírito. ¹⁵Vocês deixarão o próprio nome aos meus escolhidos, como fórmula de maldição: "Assim o Senhor Javé o faça morrer!" Mas meus servos terão

---

lidade (cf. Sl 44,18; 89,34). Referir-se a uma divindade como pai era comum no antigo Oriente Próximo (cf. Dt 32,6; Jr 31,9; Os 11,1-4).

65,1-7: Crítica contra alguns membros da comunidade judaica que praticam outros cultos religiosos. A menção dos sacrifícios realizados em jardins pode aludir aos cultos em honra de Tamuz ou Aserá (cf. 1,29; 17,10). Outra prática citada: a consulta aos mortos (necromancia), prática proibida pela lei de Lv 19,31 e Dt 18,11. Segundo o código da pureza, a carne de porco era considerada impura (Lv 11,7). Para Javé, tudo está escrito: a expressão remete à crença de que há um livro onde se registram as ações humanas (cf. Jr 17,1; Dn 7,10; Ap 20,12).

8-16: "Meus servos" e "meus eleitos": são títulos relacionados com a pertença ao povo da aliança. Saron e Acor são duas regiões férteis não pertencentes à província de Judá. Saron é a planície costeira do Carmelo até Jafa, e o vale de Acor fica ao sul de Jericó (Js 7,24-26). Pode-se ver aqui uma promessa de bem-estar na posse da terra destinada ao "meu povo" (cf. Ez 47,13-23). As divindades Fortuna (Gad) e Destino (Meni) são citadas aqui pela primeira vez no Antigo Testamento, o que pode indicar influência grega. Em resposta, o grupo profético afirma que o verdadeiro Senhor dos destinos é Javé. Há por fim uma projeção para os fiéis: eles terão comida, bebida, alegria e identidade, o contrário da realidade presente.

outro nome, ¹⁶de tal modo que nesta terra, quem quiser ser abençoado, será abençoado pelo Deus verdadeiro. Se alguém quiser jurar nesta terra, é pelo Deus verdadeiro que há de jurar. Pois aquelas angústias antigas serão esquecidas e desaparecerão de minha vista.

A nova sociedade – ¹⁷Vejam! Eu vou criar céus novos e terra nova. As coisas antigas não serão lembradas, nem subirão ao coração. ¹⁸Por isso, fiquem para sempre alegres e contentes, por causa do que vou criar; pois eis que eu estou criando para Jerusalém uma alegria, e para seu povo um regozijo. ¹⁹Exultarei com Jerusalém e me alegrarei com o meu povo. E nela nunca mais se ouvirá choro ou clamor. ²⁰Aí não haverá mais crianças de peito que vivam alguns dias apenas, nem ancião que não chegue a completar seus dias, pois o jovem morrerá com cem anos, e o pecador só aos cem anos será amaldiçoado. ²¹Construirão casas e nelas habitarão, plantarão vinhas e comerão seus frutos. ²²Não construirão para outro habitar, não plantarão para outro comer, porque a vida do meu povo será longa como a das árvores, meus escolhidos poderão gastar o produto de suas mãos. ²³Não se fatigarão inutilmente, não gerarão filhos para a desgraça, porque todos serão a descendência dos abençoados de Javé, juntamente com seus filhos. ²⁴Acontecerá que, antes de me chamarem, eu lhes responderei; quando começarem a falar, eu já terei ouvido. ²⁵O lobo e o cordeiro pastarão juntos, o leão comerá capim como o boi, mas o alimento da cobra é o pó da terra. Não se fará mal nem destruição em todo o meu monte santo, diz Javé.

66 **O Templo é relativizado** – ¹Assim diz Javé: O céu é meu trono e a terra é o estrado para meus pés. Que tipo de casa vocês poderiam construir para mim? Que lugar poderia servir para meu descanso? ²Tudo isso foi minha mão que fez, tudo o que existe me pertence – oráculo de Javé. Eu olho para o aflito e aquele de espírito abatido, e também para aquele que estremece diante da minha palavra. ³Há quem mata um boi, e depois fere um homem. Há quem sacrifica um carneiro no altar, e é como se degolasse um cão. Há quem apresenta uma oferenda, e é como se fosse sangue de porco. Há quem faz uma invocação com incenso, e é como se louvasse um ídolo. Todos eles escolheram seu próprio caminho e se alegram com suas abominações. ⁴Por isso, eu também escolherei seus castigos e farei cair sobre eles exatamente o que eles mais temem. Pois eu chamei, e ninguém respondeu. Falei, e ninguém obedeceu. E vocês ainda praticaram tudo o que é mau diante de meus olhos, e escolheram o que me desagradava.

Renascimento do povo – ⁵Ouçam a palavra de Javé, vocês que veneram a palavra dele. Os irmãos de vocês, que os odeiam, e por causa do meu nome os rejeitam, dizem: "Que Javé mostre a sua glória, para que vejamos a alegria de vocês". Pois eles é que ficarão envergonhados. ⁶Uma voz barulhenta vem da cidade, uma voz vem do Templo. É a voz de Javé que dá o pagamento a seus inimigos.

17-25: A partir das situações de falta de vida experimentadas no cotidiano, nasce o sonho de uma nova sociedade sediada em Jerusalém (v. 18). As bênçãos de Javé se realizarão: vida longa; casa, terra e comida; descendência e possibilidade de usufruir dos frutos do próprio trabalho (vv. 19-23). Aqueles que vivem a prática da justiça poderão contar com a presença constante de Javé. Condições para a realização da nova sociedade são a igualdade e a solidariedade (vv. 24-25). O leão é imagem tradicional da violência do império (cf. Mq 5,7; Jr 2,30), e a serpente é um ser hostil (Sl 58,5). São duas figuras que lembram o império persa. A imagem do lobo era usada para representar as autoridades do povo (cf. Ez 22,27). Os chefes são as elites dirigentes, em especial os sacerdotes, que se utilizam da religião para arrancar a produção do povo em forma de tributos. O boi e o cordeiro são imagens usadas para representar o povo. A consolidação da nova sociedade exige o compromisso com o direito e a justiça (cf. 58,9). Ideal que continua vivo em nossa vida e comunidades.

66,1-4: Oráculo contra o abusivo culto centralizado no Templo (vv. 1-2a; cf. 1Rs 8,27; Jr 7). Deus habita o universo todo, não exclusivamente os templos construídos por seres humanos. No v. 2b, o autor reforça o temor profundo e o estremecimento diante da palavra de Javé; de fato, sem a prática da palavra e da sua justiça, o ritualismo dos sacrifícios é como o culto de outros povos (cf. cap. 58).

5-17: Bloco composto por vários fragmentos de oráculos. O v. 5 apresenta dois grupos em oposição, e isso evidencia que em Jerusalém os pobres são oprimidos e explorados (cf. 59,15). O v. 6 descreve sinais da manifestação de Deus, que intervirá contra os inimigos de seu povo e em favor de seus servos (vv. 14b-16). Em

⁷Antes dos trabalhos de parto, ela deu à luz. Antes de chegarem as dores, ela pôs no mundo um menino. ⁸Quem já ouviu falar uma coisa dessas? Quem já viu coisa assim? Pode uma terra nascer num só dia? Pode alguém dar à luz uma nação inteira de uma só vez? Pois, ao sentir as dores, Sião deu à luz seus filhos. ⁹"Será que eu, eu que faço abrir o útero, não faço nascer os filhos?", diz Javé. "Se sou eu que faço nascer, como eu haveria de fechar?", diz o Deus de vocês.

¹⁰Alegrem-se com Jerusalém, façam festa com ela, todos os que a amam. Participem de sua enorme alegria todos os que participaram do seu luto. ¹¹Assim poderão amamentar-se nela até ficarem satisfeitos com a consolação que ela tem. Vocês sugarão e se deliciarão em seus peitos fecundos. ¹²Porque assim diz Javé: Estou fazendo correr para Jerusalém a paz como um rio, e a riqueza das nações como córregos que transbordam. Sereis amamentados e carregados no colo, e acariciados sobre os joelhos. ¹³Como aquele que sua mãe consola, assim eu vou consolar vocês. Em Jerusalém, vocês serão consolados. ¹⁴Ao verem isso, vocês ficarão de coração alegre, e seus ossos florescerão como um campo. A mão de Javé se manifestará para seus servos, mas sua cólera a seus inimigos. ¹⁵Porque Javé vem com fogo, e seus carros parecem furacão, para transformar sua ira em furor e sua ameaça em chamas de fogo. ¹⁶É com fogo que Javé fará o julgamento com sua espada sobre toda a carne, e são muitas as vítimas de Javé. ¹⁷Os que se santificam e se purificam para celebrar seus ritos em jardins de culto, ficam atrás um do outro, bem no meio, e os que comem carne de porco, de animais abomináveis e ratos, todos juntos perecerão – oráculo de Javé.

Todos serão reunidos em Jerusalém – ¹⁸Eu virei para reunir todas as nações e línguas. Elas virão e verão minha glória. ¹⁹Colocarei neles um sinal. E os que entre eles sobreviverem, eu os mandarei para as nações de Társis, Fut, Lud, Mosoc, Tubal e Javã, para as ilhas distantes, para aqueles que nunca ouviram falar de mim, que nunca viram minha glória. Eles anunciarão minha glória entre as nações. ²⁰Do meio das nações hão de trazer, como oferta para Javé, todos os irmãos de vocês que aí estiverem. Vou trazê-los a cavalo, de carroça, de charrete, montados em mulas ou camelos, até Jerusalém, minha santa montanha, diz Javé. Será como quando os filhos de Israel levam até o altar suas ofertas em vasilhas consagradas do Templo de Javé. ²¹Do meio deles escolherei também alguns como sacerdotes e levitas, diz Javé.

²²Da mesma forma como durarão para sempre diante de mim os céus novos e a terra nova que farei – oráculo de Javé –, assim também durarão a descendência e o nome de vocês. ²³E acontecerá que de lua nova em lua nova, e de sábado em sábado, toda carne virá prostrar-se diante de mim, diz Javé. ²⁴Ao sair, eles verão os cadáveres daqueles que se revoltaram contra mim, porque o verme que os corrói não morre jamais, e o fogo que os consome jamais se apaga. Eles serão um horror para toda carne.

---

seguida, apresenta-se um oráculo de salvação dirigido a Jerusalém, aqui representada na mulher-cidade (cf. cap. 47; 49,14-26; 51,17-52,2 e 54,1-17). O v. 13 afirma que Javé consolará seu povo, assumindo papel materno. O v. 17 é uma condenação a outros cultos (cf. Lv 7,21; 11,10-11.29).

18-24: Acréscimo posterior para concluir o livro de Isaías, apresentando uma visão universal (cf. 2,1-5; Zc 8,1-23): todos os povos se converterão, e os dispersos de Israel serão reconduzidos como oferta ao Templo de Jerusalém. Entre eles, alguns serão escolhidos para exercerem o sacerdócio.

JEREMIAS

A DEFESA DA VIDA

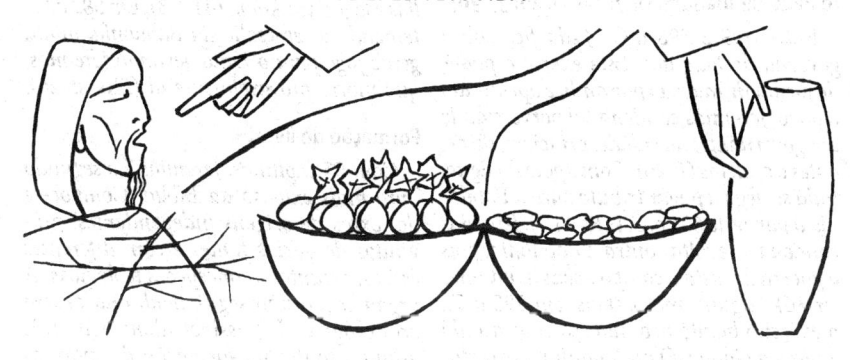

Introdução

O profeta Jeremias nasce por volta do ano 650 a.C., em Anatot, pequena aldeia levita da tribo de Benjamim (1,1), cerca de 6 km ao nordeste de Jerusalém. É provável descendente de família sacerdotal ligado às tradições dos levitas do norte. Este grupo se caracteriza pela fé no Deus da vida, em oposição ao Javé oficial do Templo, e também por defender os interesses da população camponesa contra as injustiças da monarquia (26,11-18). A linguagem de Jeremias utiliza imagens do campo (2,20 27; 14,4-5), e sua profecia brota da preocupação com o sofrimento dos camponeses (10,17-25).

Exerce sua atividade profética entre os anos 627 e 582 a.C., acompanhando o reinado de cinco reis: Josias, Joacaz, Joaquim, Joaquin e Sedecias (1,1-3). Período de grande turbulência na história de Judá. O profeta leva vida cheia de conflitos e sofrimentos por combater toda espécie de injustiças: "Ai de mim, minha mãe, pois a senhora me gerou!" (15,10; cf. as cinco confissões: 11,18-12,6; 15,10-21; 17,14-18; 18,18-23; 20,7-18). Para facilitar a leitura contextualizada da atividade de Jeremias, apresentamos breve cronologia.

1º período (627-622): atividade inicial de Jeremias (Jr 1-5)

Desde 722 a.C., Israel deixa de existir como reino. A Assíria destrói Samaria, ocupa o território e implanta populações e religiões de outras nações, como sinal de dominação. A vida do povo é desoladora. Muitas pessoas estão sofrendo no exílio. O profeta proclama a fidelidade e o amor de Deus pelo povo do norte e o conclama à conversão: "Voltem, filhos rebeldes, e eu os curarei da sua rebeldia" (3,22).

2º período (622-609): reforma de Josias

Com a Assíria em declínio, o rei Josias promove, nos anos 622-609 a.C., a reforma religiosa e política segundo as leis deuteronomistas: concentração exclusiva do culto em Jerusalém, supressão dos santuários locais e dominação sobre o norte (cf. 2Rs 22-23). Jeremias, que vive e prega a tradição dos levitas do norte, se opõe a essa política centralizadora (8,8-9); por isso, é perseguido pelos "homens" ou guardas de Josias residentes em Anatot (11,18-23). Segundo o grupo de Jeremias, a reforma deve ser baseada na participação, no direito e no respeito pelos pobres explorados (cf. Sf 2,1-3). Após a morte de Josias, provocada pelo enfrentamento com o Egito, seu filho Joacaz assume o trono. Três meses depois, o faraó do Egito depõe e aprisiona o novo rei, que é levado ao Egito, e coloca no trono Joaquim, irmão de Joacaz, impondo pesado tributo sobre o território de Judá. Esse domínio dura pouco tempo. Em 605 a.C., o exército de Nabucodonosor, rei da Babilônia, derrota o Egito e torna-se senhor da Síria e da Palestina (46,2).

3º período (609-598):
reinado de Joaquim (Jr 7; 19-20; 26; 35-36)

Entre 609 e 598 a.C., Judá fica sob o governo de Joaquim. Este exerce o poder de forma tirânica, explorando e oprimindo o povo. Jeremias condena tal perversidade dos governantes da cidade: príncipes, sacerdotes e profetas (Jr 26). Com apoio do Egito, Judá se nega a pagar tributo para a Babilônia a partir de 601 a.C. (2Rs 24,1). Jeremias condena a revolta contra a Babilônia, pois a guerra devasta o campo e seus habitantes (Jr 36). Alguns anos depois, em 598 a.C., o exército babilônico marcha contra Judá e cerca a cidade. O rei Joaquim morre durante o cerco (22,19; 36,30) e seu filho Joaquin (Jeconias) é entronizado (2Rs 24,8). Três meses depois, Jerusalém é invadida e sua liderança política e militar vai exilada para a Babilônia. É a primeira deportação.

4º período (597-587):
reinado de Sedecias (Jr 21; 27-29; 34; 37-38)

Para governar Judá, os babilônios escolhem Matanias, irmão de Joaquim, mudando-lhe o nome para Sedecias (2Rs 24,17). Com o tempo, o novo rei e seus oficiais, por causa de suas ambições nacionalistas, tentam aliar-se ao Egito para se libertarem do jugo da Babilônia. Jeremias alerta o rei que ir contra os babilônios é colocar a vida do povo em risco (21,8; 28,14; 38,2). Mas a corte judaica se rebela contra o exército de Nabucodonosor em 589 a.C. (37-38). O exército babilônico ataca e cerca a cidade de Jerusalém por quase dois anos.

5º período (587-582):
após a queda de Jerusalém (Jr 39-44; 52)

Em julho de 587 a.C., os babilônios invadem e destroem Jerusalém e o Templo (9,20-21; 52,4-30; cf. 2Rs 25,1-21). Em Judá ficam a população camponesa e alguns moradores de Jerusalém (52,16; cf. 2Rs 25,12). Para governar Judá, os babilônios nomeiam Godolias, natural de Jerusalém, mas sem ligação com a linhagem davídica. Jeremias, para sobrevivência do povo, faz aliança com o novo governador (40,6; cf. 2Rs 25,22). Ambos procuram reconstruir a vida do povo pobre, fazendo uma redistribuição da terra (39,10). A vida começa a prosperar, e se consegue colheita abundante (40,11-12). Mas um grupo ligado à monarquia mata Godolias e foge para Amon (41,1-3). Em 582 a.C., temendo a represália da Babilônia, muita gente foge para o Egito, levando Jeremias, que morre provavelmente aí (2Rs 25,26).

Formação do livro

Com 52 capítulos, Jeremias é o segundo livro mais extenso da Bíblia. Compõe-se de textos de origens independentes, provindos de várias fontes e com diferentes estilos, assuntos e concepções teológicas. A organização não segue nenhuma ordem cronológica. É possível identificar três grandes fontes na formação do livro: a) oráculos de advertência e de lamentação pronunciados por Jeremias em forma poética; b) narrações sobre Jeremias redigidas por seus discípulos, especialmente Baruc; c) poesias, discursos e narrações segundo o estilo do grupo deuteronomista exílico e pós-exílico, redigidos por ex-funcionários da corte e do Templo de Jerusalém. Este grupo combate a infidelidade à aliança com o Javé do Templo, e considera a destruição de Jerusalém e o exílio na Babilônia como castigos de Deus pela prática dos cultos idolátricos. O processo de formação do livro é longo; só termina após o período da tradução grega das Escrituras hebraicas, a chamada Setenta (séc. III a.C.), que usou uma base textual provavelmente mais antiga que o texto hebraico atualmente em voga.

Para explicar a destruição de Jerusalém e incentivar sua reconstrução, o redator deuteronomista colecionou, interpretou, adaptou e aumentou os oráculos do profeta e de seus seguidores que tinham anunciado a queda da capital. As releituras trazem a marca da teologia deuteronomista: Javé como Deus único e exclusivo; a intolerância ao sincretismo religioso em Judá (13,17); a eleição de Sião como cidade santa; o Templo de Jerusalém como único local de culto (7,1-15); a eleição da dinastia davídica (23,5); e o rei como defensor dos pobres (33,15). A intenção e a teologia do redator se refletem na formação do livro:

I. 1-25	II. 26-29	III. 30-33	IV. 34-45	V. 46-51	Apêndice: 52
Contra Israel, Judá e as nações estrangeiras	Relatos sobre Jeremias	Oráculos da restauração	Relatos sobre Judá e Jeremias	Contra as nações estrangeiras	As profecias realizadas

Ao inserir os oráculos da restauração, o redator procura animar o povo sofrido e legitimar o projeto de reconstruir Judá ao redor de Sião (31,6) e da casa davídica (33,17). Projeto que Jeremias não teria seguido. Por isso, o leitor deve estar atento à autoria e redação dos textos.

1 *Título* – ¹Palavras de Jeremias, filho de Helcias, um dos sacerdotes que residiam em Anatot, no território de Benjamim. ²É a palavra de Javé que veio a ele no décimo terceiro ano do reinado de Josias, filho de Amon, rei de Judá. ³E também no tempo de Joaquim, filho de Josias, rei de Judá, até o final do décimo primeiro ano de Sedecias, filho de Josias, rei de Judá, ou seja, até a deportação de Jerusalém, que aconteceu no quinto mês.

I. ORÁCULOS CONTRA ISRAEL, JUDÁ E AS NAÇÕES ESTRANGEIRAS

Vocação de Jeremias – ⁴A palavra de Javé veio a mim nestes termos: ⁵"Antes de formar você no ventre de sua mãe, eu o conheci. Antes que você fosse dado à luz, eu o consagrei, para fazer de você profeta das nações". ⁶Mas eu respondi: "Ah, Senhor Javé, eu não sei falar, porque sou jovem". ⁷Javé, porém, me disse: "Não diga 'sou jovem', porque você irá para aqueles a quem eu o mandar e anunciará aquilo que eu lhe ordenar. ⁸Não tenha medo deles, pois eu estou com você para protegê-lo! – oráculo de Javé". ⁹Então Javé estendeu a mão, tocou em minha boca e me disse: "Veja: estou colocando minhas palavras em sua boca. ¹⁰Hoje eu estabeleço você sobre nações e reinos, para arrancar e arrasar, para demolir e destruir, para construir e plantar".

A amendoeira e a panela fervendo – ¹¹A palavra de Javé veio a mim: "O que você está vendo, Jeremias?" Respondi: "Estou vendo um ramo de amendoeira". ¹²Javé continuou: "Você viu bem, Jeremias, porque eu estou vigiando para cumprir minha palavra". ¹³Veio a mim de novo a palavra de Javé: "O que você está vendo?" Respondi: "Estou vendo uma panela fervendo, inclinada do norte para cá". ¹⁴Javé continuou: "Do lado norte se derramará a desgraça sobre todos os habitantes da terra. ¹⁵Vou convocar todas as tribos dos reinos do norte – oráculo de Javé. Elas virão e cada qual colocará seu trono diante das portas de Jerusalém, contra suas muralhas e contra todas as cidades de Judá. ¹⁶Eu então

---

1,1-3: Jeremias nasceu e se formou em Anatot, santuário da tribo de Benjamim, para onde outrora fora exilado Abiatar (1Rs 2,26), sacerdote descendente de Eli e atuante no santuário de Silo (1Sm 1-4; 14,3; 22,6-23). A origem de Jeremias explica a influência que a tradição profética (das aldeias) do norte, principalmente de Amós e Oseias, exerceu sobre sua crítica contra a monarquia davídica e a cidade de Jerusalém, a favor dos camponeses (1,18; 6,6).

1,4-25,38: Esta parte contém os oráculos contra Israel, Judá e as nações estrangeiras, que foram colecionados e reelaborados por redatores posteriores. O leitor terá de perguntar sempre: quais os oráculos que possivelmente pertencem ao grupo de Jeremias, e em qual período de sua atividade?

1,4-10: "Palavra de Javé" é expressão fundamental da teologia que molda e constitui a vida de Jeremias (20,8). Diante da missão profética, Jeremias é apresentado nos mesmos moldes de Moisés, que fala da própria inexperiência (cf. Ex 4,10-12). Deus, porém, lhe garante sua presença libertadora: "Eu estou com você" (cf. Ex 3,12; Is 41,10; Mt 28,20; Rm 8,31; sobre a vocação profética, cf. Am 7,10-15; Is 6; Ez 2-3). "Colocar a mão na boca" é um gesto da instituição do profeta (cf. Is 6,5-7; Ez 3,1-3). "Demolir e destruir, para construir e plantar" é a expressão redacional que sintetiza toda a atividade de Jeremias (cf. 45,4).

1,11-19: A amendoeira (*sheqed* em hebraico) floresce mais cedo do que todas as árvores, e por isso é considerada a árvore que vigia (*shaqad*) a chegada da primavera. Do mesmo modo, Javé sempre vigia a realização da sua própria palavra. A visão da "panela fervendo" evoca a punição iminente que vem do norte contra o reino de Judá, governado por maus dirigentes: "reis, chefes, sacerdotes e o povo da terra". Este último é o grupo de grandes proprietários que defende implacável a dinastia

pronunciarei minhas sentenças contra eles, por causa de todas as maldades que cometeram, abandonando-me para sacrificar a outros deuses e adorar o trabalho de suas próprias mãos. ¹⁷Quanto a você, arregace as mangas, levante-se e diga a eles tudo o que eu mandar. Não tenha medo. Senão, eu é que farei você ter medo deles. ¹⁸Eu hoje faço de você uma cidade fortificada, uma coluna de ferro e uma muralha de bronze contra a terra inteira: contra os reis de Judá e seus chefes, contra os sacerdotes e contra o povo da terra. ¹⁹Eles farão guerra contra você, mas não o vencerão, pois eu estou com você para protegê-lo" – oráculo de Javé.

2 *Javé e Israel, a esposa infiel* – ¹A palavra de Javé veio a mim: ²"Vá e grite aos ouvidos de Jerusalém: Assim diz Javé: Eu me lembro do seu afeto de juventude, do seu amor de noiva, quando você me acompanhava pelo deserto, numa terra sem plantação. ³Israel era santo para Javé, era o primeiro fruto da sua colheita; aqueles que dele se alimentavam tornavam-se culpados, e a desgraça caía sobre eles" – oráculo de Javé.

⁴Escutem a palavra de Javé, casa de Jacó e todas as tribos da casa de Israel: ⁵Assim diz Javé: "Qual foi a injustiça que os pais de vocês encontraram em mim, para de mim se afastarem? Correram atrás do vazio, e se esvaziaram. ⁶Eles não perguntaram: 'Onde está Javé que nos fez sair da terra do Egito e nos conduziu pelo deserto, por estepes e barrancos, por uma terra seca e sombria, terra que ninguém atravessa e onde ninguém mora?' ⁷Depois, eu fiz vocês entrarem numa terra de pomares, para que comessem seus frutos. Mas vocês entraram e contaminaram a minha terra, transformaram minha herança em abominação. ⁸Os sacerdotes não perguntaram: 'Onde está Javé?' Os doutores da Lei não me reconheceram, os pastores se rebelaram contra mim, os profetas profetizaram em nome de Baal, seguindo deuses que não servem para nada. ⁹Por isso, vou novamente demandar contra vocês – oráculo de Javé – e vou entrar em processo contra os filhos dos seus filhos.

¹⁰Atravessem o mar até as ilhas de Cetim, e vejam. Mandem alguém para Cedar, e observem atentamente. Vejam se já aconteceu alguma coisa semelhante: ¹¹Por acaso algum povo já trocou seus deuses? – e eles nem deuses são! Pois meu povo trocou aquilo que era sua glória por uma coisa que não vale nada. ¹²Que o próprio céu fique admirado com uma coisa dessas, fique assustado e espantado – oráculo de Javé –, ¹³pois meu povo praticou dois crimes: abandonaram a mim, fonte de água viva, e cavaram para si poços, poços rachados que não seguram a água.

Israel escravo – ¹⁴Por acaso Israel é escravo ou nasceu na escravidão? Como então se tornou presa ¹⁵de leões novos, que rugiram contra ele com grandes urros? Arrasaram sua terra, incendiaram suas cidades, deixando-as desabitadas. ¹⁶Até os filhos de Mênfis e Táfnis chegaram a raspar-lhe a cabeça. ¹⁷Será que não foi você mesmo quem fez isso, deixando de lado Javé seu Deus, quando conduzia você pelo caminho? ¹⁸Então, por que tomar o caminho do Egito, para beber água do Nilo? Por que tomar o caminho da Assíria,

---

davídica e que instituiu o rei Josias (cf. 2Rs 21,23-24; Jr 34,19). Diferentemente dos "pobres da terra", o povo explorado e sofrido (cf. Sf 2, 3; Jr 40,7).

2,1-4,4: Série de oráculos que apontam o abandono de Deus como a causa da destruição do reino do norte, Israel (2,4), e convidam à conversão: a volta ao Deus libertador do êxodo (2,6). Mais tarde o redator deuteronomista foi quem provavelmente ampliou e aplicou os oráculos de Jeremias ao reino do sul (Judá), que seguirá o mesmo caminho do norte (2,2.28; 3,6-11. 14b-18; 4,3-4).

2,1-13: O texto contém o pensamento do redator final que usa expressões características: "contaminar" (cf. Dt 21,23) e "abominação" (cf. Dt 13,15). Como Os 2,4-22, o oráculo usa a imagem matrimonial, onde o Javé do êxodo do Egito é chamado de marido de Israel (cf. Os 2,16; Ez 16,1-14; Is 54,5). O povo abandona seu Deus, "água viva" (cf. Os 14,6), por outros deuses ("vazio"; "Baal", marido em hebraico; cf. Os 9,10). Quem quebra a aliança matrimonial (principalmente os governadores, sacerdotes e profetas da corte; v. 8) é processado e castigado de forma jurídica (cf. Os 2,4; 4,1; Is 3,13).

14-19: Mênfis e Táfnis são cidades importantes do Egito (cf. 44,1), que por várias vezes interveio e humilhou Israel e Judá (cf. 1Rs 14,25). A expressão "raspar a cabeça" designa o ato de humilhação (cf. 48,37). "O caminho do Egito e o da Assíria" são as metáforas da política de Israel em sua busca de ajuda das grandes potências (cf. Os 7,8-12). É o ato, condenado como "rebeldia", que o leva à escravidão.

para beber água do Eufrates? ¹⁹Seja você castigado por sua própria maldade, seja corrigido pela sua própria rebeldia. Que você acabe compreendendo e vendo como é ruim e amargo abandonar Javé seu Deus, e não mais temer a mim" – oráculo do Senhor Javé dos exércitos.

Infidelidade de Israel – ²⁰"Já faz muito tempo que eu quebrei sua canga, arrebentei seu cabresto, e você dizia: 'Não quero servir'. Porque você se deitava e se prostituía no alto de qualquer colina mais elevada ou debaixo de qualquer árvore frondosa. ²¹Eu havia plantado você como lavoura especial, com mudas legítimas. E como é que você se transformou em ramos degenerados de vinha sem qualidade? ²²Ainda que você se esfregue com soda e use muito sabão, a mancha de sua culpa continua diante de mim – oráculo do Senhor Javé. ²³Como você se atreve a dizer que nunca se contaminou, que nunca procurou Baais? Olhe o rastro que você deixou no vale, reconheça o que você fez, camela leviana de caminhos extraviados, ²⁴jumenta selvagem, habituada ao deserto, farejando o vento no calor do cio. Quem domará sua paixão? Quem for procurá-la não vai ter trabalho, pois vai encontrá-la sempre no mês do seu cio. ²⁵Evite que seus pés fiquem descalços e sua garganta sedenta. No entanto, você diz: 'De jeito nenhum! Eu gosto dos estrangeiros. É a eles que eu vou seguir!' ²⁶Como a vergonha de um ladrão pego em flagrante, assim será a vergonha da casa de Israel: de seus reis, oficiais, sacerdotes e profetas. ²⁷Eles dizem a um pedaço de madeira: 'Tu és nosso pai!' E a uma pedra: 'Tu nos geraste!' Eles voltam para mim as costas, e não o rosto. Mas, na hora do aperto, eles me dizem: 'Vem! Salva-nos!' ²⁸Onde estão os deuses que você fabricou para si? Que venham eles salvar você no dia do aperto, pois você, Judá, tem tantos deuses quantas cidades. ²⁹Por que vocês querem me processar, quando todos vocês é que foram rebeldes? – oráculo de Javé. ³⁰Eu feri seus filhos inutilmente, e eles não aprenderam a lição. Como leão violento, a espada de vocês acabou com os profetas.

³¹Vocês desta geração, vejam a palavra de Javé: Por acaso, eu fui para Israel um deserto, ou terra escura? Então, por que meu povo diz: 'Nós nos emancipamos e não voltaremos para ti'? ³²Será que uma virgem esquece seus enfeites ou uma noiva esquece seu cinto? No entanto, meu povo se esqueceu de mim por dias sem conta. ³³Como você ajeitou bem seus caminhos para procurar o amor! Você chegou a ensinar até as mulheres perdidas! ³⁴Na barra de sua roupa há sangue de pobres inocentes que não foram surpreendidos no ato de roubar. Apesar de tudo isso, ³⁵você ainda diz: 'Eu sou inocente! A ira de Deus nunca me alcançará'. Pois bem! Eu vou condenar você, por ter dito que não pecou. ³⁶Com que facilidade você muda de rumo! O Egito será uma decepção para você, como a Assíria também foi. ³⁷Também de lá você vai voltar, pondo as mãos na cabeça, pois Javé desprezou aqueles em quem você confia, e com eles nada vai dar certo.

3 **Ainda a infidelidade** – ¹Se um homem dá o divórcio à sua mulher, e ela se separa dele e casa com outro, por acaso o primeiro terá direito de voltar a ela? Não estaria totalmente profanada essa terra? Você se prostituiu com muitos amantes, e ousa voltar para mim? – oráculo de Javé. ²Olhe bem para o cimo dos morros e me diga: Onde é que você não se prostituiu? Como o árabe no deserto, você se sentava à beira dos caminhos, à disposição deles, profanando a terra com suas prostituições e maldades. ³Por isso faltaram as chuvas, e não houve chuvas tardias. No entanto, você continuou com seu jeito de prostituta, e nem com isso criou vergonha. ⁴Agora você me invoca, dizendo: 'Meu Pai, tu és o amigo da minha mocidade. ⁵Guardarás teu rancor para sempre, ou conservarás tua

---

20-37: É a infidelidade que se manifesta na prática "vergonhosa" das autoridades: confiar na aliança com as grandes potências e nos seus deuses; assassinar os profetas; derramar o sangue dos inocentes. "Pôr as mãos na cabeça" é um gesto de luto e dor (cf. 2Sm 13,19). Posteriormente, o oráculo é cooptado e adaptado pelo redator deuteronomista para enfatizar o aspecto religioso: culto a outros deuses.

3,1-5: Dt 24,1-4 proíbe que o marido retome a esposa divorciada, caso ela esteja com outro homem. Se ele o fizer, comete "ato abominável", pecado tão grave que contamina até a terra, herança divina. Mesmo assim, é

irritação continuamente?' " É isso que você fala, mas continua praticando maldade.

As irmãs infiéis: Israel e Judá – ⁶No tempo do rei Josias, Javé me disse: "Você viu o que fez Israel, essa rebelde? Ela andou por todos os altos montes e se prostituiu à sombra de toda árvore frondosa. ⁷Eu dizia a mim mesmo que ela, depois de ter feito tudo isso, voltaria para mim. Mas não voltou. Então sua irmã Judá, a infiel, viu tudo. ⁸Viu que eu rejeitei a rebelde Israel exatamente por causa de todos os seus adultérios, entregando-lhe o documento de divórcio. Mas a infiel Judá, sua irmã, não teve medo: também ela caiu na prostituição. ⁹Com sua prostituição fácil, desonrou a terra, cometendo adultério com pedras e árvores. ¹⁰Apesar de tudo isso, a rebelde Judá, irmã de Israel, não voltou para mim de todo o coração, mas apenas de mentira" – oráculo de Javé.

¹¹Então Javé me disse: "A rebelde Israel é mais correta que a infiel Judá. ¹²Vá, pois, e grite lá do norte esta mensagem: Volte, Israel rebelde! – oráculo de Javé. Eu não mostrarei a você uma face indignada, porque sou amoroso – oráculo de Javé – e não guardo rancor eterno. ¹³Vamos, reconheça sua culpa, porque você foi infiel a Javé seu Deus: você se prostituiu com estrangeiros à sombra de toda árvore frondosa, e me desobedeceu – oráculo de Javé.

Jerusalém, trono de Javé – ¹⁴Voltem, filhos rebeldes – oráculo de Javé –, pois eu sou o Senhor de vocês e posso pegar um de cada cidade e dois de cada clã, para levar a Sião. ¹⁵Pois aí eu vou lhes dar pastores de acordo com meu coração, e eles guiarão vocês com conhecimento e sensatez. ¹⁶Quando crescerem e se multiplicarem na terra – oráculo de Javé –, então ninguém mais falará na arca da aliança de Javé. Ninguém mais pensará nela, e dela não se lembrará. Não sentirão sua falta, e ela não será refeita. ¹⁷Nesse tempo, Jerusalém será chamada 'Trono de Javé'. Todos os povos aí se reunirão em nome de Javé, e não seguirão mais a dureza do seu coração malvado. ¹⁸Nesse dia, a casa de Judá irá ao encontro da casa de Israel, e juntas virão da região do norte para a terra que eu dei como herança aos seus pais.

Circuncidem o coração – ¹⁹Eu dizia: Como gostaria de contar você entre os filhos, dar-lhe uma terra invejável, a pérola das nações como herança, esperando que você me chamasse 'Meu Pai' e não se afastasse de mim. ²⁰Mas, semelhante à mulher que trai seu marido, assim me traiu a casa de Israel – oráculo de Javé. ²¹Do alto dos montes vem um vozerio: é o choro e os pedidos de piedade dos filhos de Israel, que torceram seu caminho, esquecidos de Javé, seu Deus. ²²Voltem, filhos rebeldes, e eu os curarei da sua rebeldia! 'Vê: nós estamos de volta para ti, porque tu, Javé, és o nosso Deus. ²³De fato, são mentira as colinas e os barulhos dos montes. Só Javé nosso Deus é a salvação de Israel. ²⁴Desde a juventude, a vergonha devorou o fruto do trabalho de nossos pais: vacas e ovelhas, filhos e filhas. ²⁵Vamos nos deitar envergonhados, cobertos de humilhação, porque pecamos contra Javé nosso Deus, nós e nossos pais, desde a juventude até o dia de hoje, e desobedecemos a Javé nosso Deus'.

4 ¹Se você quiser voltar, Israel, volte para mim – oráculo de Javé. Se você se afastar de seus horrores, não andará mais errante. ²Seu juramento será este:

---

possível Judá, esposa infiel e repudiada, voltar a Javé? O tema continua em Jr 3,19-4,4. Com a imagem matrimonial (marido e esposa divorciada), o autor utiliza linguagem da vigilância da sociedade patriarcal sobre as mulheres, para descrever a relação de Javé com Judá.

6-13: As desgraças de Israel, destruído pela Assíria em 722/721 a.C. (cf. 2Rs 17), serviria de lição para Judá. Mas este continua se prostituindo com "estrangeiros à sombra de toda árvore frondosa": aliança com as grandes potências e adoração a seus deuses (cf. Dt 12,2-3).

14-18: Trata-se de um oráculo de restauração messiânica, acrescentado no tempo pós-exílico. Símbolo da presença de Deus no meio do povo, a arca, apropriada por Davi (cf. 2Sm 6,1-19) e aprisionada no Templo (cf. 1Rs 8,1-9), possivelmente foi queimada durante a destruição de Jerusalém em 587 a.C. Ainda assim, o redator deuteronomista, vinculado à casa davídica, insiste na restauração de governantes, na centralidade da Jerusalém futura como "trono de Javé", e na unidade do reino (Israel e Judá). Teologia igual a essa é encontrada em Ez 37,15-28.

3,19-4,4: O apelo de Deus para a conversão de Israel se acentua com o uso do verbo "voltar". Israel é descrito como filho pródigo arrependido que volta para o "pai" (3,15); essa volta só é possível com "fidelidade, direito e justiça" (4,2; cf. Is 48,1). O texto exemplifica os oráculos de Jeremias reelaborados por redatores posteriores: o tema da conversão das nações (4,2b; cf.

'Pela vida de Javé', com fidelidade, direito e justiça. Então as nações se considerarão abençoadas por você, e de você se orgulharão". ³Assim diz Javé aos homens de Judá e à cidade de Jerusalém: "Cultivem para vocês um campo novo e não semeiem entre espinhos. ⁴Circuncidem-se em honra de Javé, circuncidem o coração, homens de Judá e habitantes de Jerusalém, para que minha ira não saia como fogo e queime, e ninguém possa apagá-la, por causa do mal que vocês praticam".

A invasão vem do norte – ⁵Levem a notícia para Judá, façam que Jerusalém ouça, toquem a trombeta na terra, gritem com toda a força: "Reúnam-se, vamos entrar nas fortalezas. ⁶Levantem o estandarte em direção a Sião. Escondam-se! Não fiquem aí parados! Do norte venho trazendo uma desgraça, uma grande devastação. ⁷O leão sai da sua toca, o demolidor de nações levanta acampamento e sai da sua moradia. Vem fazer da terra de você uma ruína, e suas cidades ficarão destruídas e sem moradores. ⁸Por isso, vistam-se de saco, batam no peito e gritem de dor, porque não conseguimos escapar do fogo da ira de Javé. ⁹Nesse dia – oráculo de Javé – o rei e os oficiais vão perder a coragem, os sacerdotes ficarão perturbados e os profetas abismados. ¹⁰Eu disse: 'Ah, Senhor Javé, realmente enganaste este povo e Jerusalém, dizendo que para nós haveria paz, quando a espada já estava em nossa garganta'".

¹¹Nesse tempo, vão dizer a este povo e a Jerusalém: "Um vento quente, que não serve para abanar nem para separar a palha, sopra das dunas do deserto em direção à filha do meu povo. ¹²É um vento forte que vem a mim lá debaixo. Agora, contra eles vou pronunciar as sentenças. ¹³Ele avança como nuvens, seus carros são como furacão, seus cavalos mais ligeiros do que águias. Ai de nós, estamos perdidos! ¹⁴Jerusalém, lave a maldade do seu coração, para que ela possa salvar-se. Até quando você vai continuar deixando no coração esses pensamentos malignos? ¹⁵Porque um grito se levanta de Dã, e desde a montanha de Efraim anuncia a calamidade. ¹⁶Digam às nações, anunciem contra Jerusalém: chegam inimigos de uma terra distante e dão gritos de guerra contra as cidades de Judá. ¹⁷Como guardas de um campo eles a cercam, pois foi contra mim que você se revoltou – oráculo de Javé. ¹⁸A conduta que você teve e suas ações é que lhe provocaram tudo isso. Como é amarga sua maldade! Ela penetra até seu coração. ¹⁹Minhas entranhas! Minhas entranhas! Tenho de me contorcer! Ó paredes do meu coração! Meu coração pula aqui dentro! Não aguento ficar calado, pois já escutei o som da trombeta e o grito de guerra. ²⁰Anunciam desastre sobre desastre, a terra está sendo destruída. Derrubaram num instante minhas tendas e num minuto meus abrigos. ²¹Até quando verei os estandartes e ouvirei o som da trombeta? ²²Meu povo é tolo. Não me conhecem, são filhos insensatos, que não percebem as coisas. São peritos para fazer o mal, mas não sabem praticar o bem".

²³Olhei para a terra: estava sem forma e vazia. Olhei para o céu, e não havia luz. ²⁴Olhei as montanhas: elas tremiam, e todas as colinas se abalavam. ²⁵Olhei: não havia mais ninguém, e todas as aves do céu haviam fugido. ²⁶Olhei: o Carmelo era um deserto, e todas as cidades tinham sido destruídas por Javé e pelo calor da sua ira. ²⁷Porque assim diz Javé: "A terra inteira vai ser arrasada, mas não vou dar fim a tudo. ²⁸É por isso que a terra fica de luto, e até o céu, lá em cima, se escurece. Pois eu falei, eu decidi, e não vou me arrepender nem voltar atrás".

²⁹Com o grito dos cavaleiros e arqueiros, a cidade inteira fugiu. Entraram mato aden-

---

Gn 22,18; Is 65,16). "Circuncidar o coração" é expressão deuteronomista para indicar a obediência verdadeira a Javé como único Deus (cf. Dt 10,16; 30,6; Rm 2,25-29).
4,5-6,30: Esta parte aprofunda o tema da invasão vinda do norte, já indicado na visão da panela fervendo, em 1,15.
4,5-31: As autoridades de Judá abandonam o projeto da vida (vv. 9.14; cf. 5,1-2; 7,3-9). Por isso, Deus julga e abandona o povo na mão dos invasores do norte. Neste texto, o leão personifica a Babilônia. Como "vento quente e forte" vindo do deserto (cf. Hab 1,8-9), os invasores arrasam o interior, antes de atacar a capital Jerusalém, provocando a catástrofe total sobre o povo, cujo sofrimento se exprime na dor do profeta: "Tenho de me contorcer" (vv. 19-20; cf. Os 11,8). Somente aqui e em Gn 1,2 aparece a expressão "sem forma e vazia" (v. 23) para descrever a ruína de Judá como volta ao caos primordial.

tro e escalaram os rochedos. A cidade inteira está abandonada e sem nenhum habitante. ³⁰E você, devastada, o que está fazendo, ao se vestir de vermelho, enfeitando-se com joias de ouro, alargando os olhos com pintura? Não adianta nada você se arrumar: seus amantes a desprezam e só atentam contra sua vida. ³¹Ouço um grito como de mulher que dá à luz, em aflição como aquela que dá à luz pela primeira vez. É o grito da filha de Sião, que geme e estende as mãos: "Ai de mim, estou desmaiando diante dos assassinos".

5 *Motivo da invasão* – ¹Percorram as ruas de Jerusalém, olhem bem e procurem saber. Procurem também nas praças, tentem achar alguém que esteja praticando o direito e procurando a verdade. Então, eu perdoarei a cidade, diz Javé. ²Quando eles dizem: "Pela vida de Javé!", na verdade estão jurando falso. ³Ó Javé, teus olhos não estão voltados somente para a verdade? Tu os feriste, e eles nem sentiram dor! Acabaste com eles, e não quiseram aprender a lição. O rosto deles ficou mais duro do que a pedra: não quiseram converter-se. ⁴Então eu pensava: "Pobre gente! Eles agem como tolos, porque não conhecem o caminho de Javé, nem o direito do seu Deus. ⁵Vou procurar, então, os grandes, e com eles vou conversar, porque eles conhecem o caminho de Javé e o direito do seu Deus". No entanto, eles também quebraram a canga e soltaram as amarras. ⁶Por isso, o leão da floresta os ataca, o lobo do campo acaba com eles, e uma pantera fica de tocaia nas cidades deles. Quem quiser sair daí acabará estraçalhado, pois suas transgressões se multiplicaram e suas rebeldias não têm conta.

⁷Será que eu poderia perdoar você? Seus filhos me abandonaram, e agora estão jurando por deuses que não existem. Enquanto eu lhes matava a fome, eles estavam cometendo adultério e procurando a casa da prostituta. ⁸São como garanhões fortes e excitados, cada qual relinchando para a mulher do seu próximo. ⁹E eu, será que não vou castigar essas coisas? – oráculo de Javé. Será que não me vingarei de uma nação como esta? ¹⁰Subam para os terraços da vinha, e provoquem a destruição, mas não acabem com tudo: arranquem os sarmentos, porque não são de Javé.

¹¹Quem me traiu de verdade foi a casa de Israel e a casa de Judá – oráculo de Javé. ¹²Eles renegaram a Javé, dizendo: "Javé não existe! Nenhum mal nos atingirá: não veremos nem espada nem fome! ¹³Os profetas não passam de vento. A palavra não está neles. Assim lhes aconteça". ¹⁴Por isso, assim diz Javé, Deus dos exércitos: "Já que falaram uma coisa dessas, vou fazer que minha palavra seja um fogo na boca de você, e este povo seja a lenha que o mesmo fogo vai devorar. ¹⁵Pois eu vou mandar contra vocês, ó casa de Israel, uma nação distante – oráculo de Javé – uma nação invencível e antiga, uma nação cuja língua vocês não conhecem e não entendem o que ela fala. ¹⁶A aljava deles é como sepultura aberta, e seus homens são todos valentes. ¹⁷Ela vai devorar a colheita e o pão de vocês, vai devorar seus filhos e filhas, suas ovelhas e seu gado, suas parreiras e figueiras. Vai destruir pela espada cidades fortificadas em que vocês tanto confiam. ¹⁸Mas mesmo nessa ocasião – oráculo de Javé – eu não vou acabar totalmente com vocês. ¹⁹Aí, quando alguém perguntar a você: 'Por que Javé nosso Deus fez tudo isso com a gente?', você responderá: 'Da mesma forma como vocês me abandonaram para servir a deuses estrangeiros na própria terra de vocês, assim agora vocês estão trabalhando como escravos para estrangeiros numa terra que não é de vocês'.

O não reconhecimento da obra de Deus – ²⁰Anunciem isto à casa de Jacó, façam chegar a Judá esta mensagem: ²¹'Ouçam isto, povo insensato e sem inteligência. Eles têm olhos mas não veem, têm ouvidos mas não ouvem. ²²Nem a mim vocês

---

5,1-19: O texto aprofunda os motivos da invasão: as transgressões generalizadas. Deus percorre as ruas de Jerusalém em busca de um justo, mas a corrupção é geral (cf. Gn 18,16-33), pois as classes dirigentes, que deveriam instruir o povo (vv. 4-5), se pervertem e provocam "rebeldias". Os vv. 7-14.18-19 têm o estilo do redator deuteronomista: abandonar Javé para servir a outros deuses (cf. Dt 11,28).
20-25: Seguindo o estilo deuteronômico (cf. Dt 11,14; 29,3), este acréscimo reflete sobre a desordem social

temem? – oráculo de Javé. Vocês não tremem na minha presença? Fui eu quem fez a areia como limite do mar, uma fronteira eterna que ele não ultrapassa. Suas ondas se agitam, mas nada conseguem: elas estrondam, mas não conseguem ultrapassar'. ²³Este povo, porém, é duro e rebelde de coração: eles se afastaram e foram-se embora. ²⁴Não pensam: 'Vamos temer a Javé nosso Deus, que nos dá a chuva de outono e a chuva de primavera no tempo certo, e ainda guarda para nós as semanas certas para a colheita'. ²⁵As maldades de vocês transtornaram essa ordem, e as faltas de vocês afastaram todos esses bens.

Ainda o motivo da invasão – ²⁶Pois há ímpios no meio do meu povo, espreitando, tal como se agacham os caçadores de passarinhos. Mas preparam armadilhas para pegar gente. ²⁷Como gaiola cheia de passarinhos, assim as casas deles estão cheias de coisas roubadas. Por isso eles progrediram e se tornaram ricos, ²⁸ficaram gordos e reluzentes. A maldade deles passa dos limites: não julgam conforme o direito, não defendem a causa do órfão, nem julgam a causa dos indigentes. ²⁹E eu, será que não vou castigar por causa dessas coisas? – oráculo de Javé. Será que não vou me vingar de uma nação como esta? ³⁰Coisas terríveis e abomináveis acontecem na terra: ³¹os profetas só falam mentiras, os sacerdotes acumulam nas mãos, e meu povo gosta disso! O que vocês vão fazer quando chegar o fim?"

6 ***Ataque contra Jerusalém*** – ¹Benjaminitas, fujam do meio de Jerusalém! Toquem a trombeta em Técua, levantem um mastro em cima de Bet-Acarém, pois do norte vem uma desgraça, uma enorme destruição. ²Vou destruir a bela e delicada filha de Sião. ³Para lá irão pastores, levando seus rebanhos. A seu redor armam suas tendas, e cada um apascenta sua parte. ⁴Declarem guerra santa contra Jerusalém! Vamos, ataquem de dia! Ai de nós, pois o dia chega ao fim, e a noite vai estendendo suas sombras. ⁵Vamos, ataquem de noite! Vamos arrasar seus palácios! ⁶Pois assim diz Javé dos exércitos: "Cortem árvores e façam uma rampa de assalto contra Jerusalém. Ela é uma cidade sentenciada, pois dentro dela só existe opressão. ⁷De dentro dela só brota maldade, como brota água de um poço. Violência e opressão é o que se ouve nela. Ferida e sofrimento estão sempre diante de mim. ⁸Corrija-se, Jerusalém, para que eu não me afaste de você, para que eu não faça de você um lugar arrasado, uma região desabitada".

Ouvido incircunciso – ⁹Assim diz Javé dos exércitos: "Rebusquem o resto de Israel, como se rebusca uma vinha: repassem a mão pelos ramos, como faz o vindimador". ¹⁰A quem vou falar e testemunhar, para que me ouçam? Eles têm ouvidos de incircuncisos, e não são capazes de entender. Para eles, a palavra de Javé é objeto de gozação; não gostam dela. ¹¹Estou cheio da indignação de Javé. Não aguento mais me segurar. "Então descarregue essa raiva em cima das crianças da rua, ou em cima dos jovens. Tanto o homem quanto a mulher serão presos, tanto o ancião quanto o velho no fim da vida. ¹²Suas casas vão passar para estrangeiros, e também suas terras e mulheres, pois eu vou estender a mão contra os habitantes desta terra" – oráculo de Javé. ¹³Porque, do pequeno até o grande, são todos gananciosos. Desde o profeta até o sacerdote, são todos contadores de mentiras. ¹⁴Sem responsabilidade, querem curar a ferida do meu povo, dizendo: "Paz! Paz!", quando não existe paz. ¹⁵Eles deviam envergonhar-se, porque praticaram abominações. Mas não se envergonham, nem sabem o que é sentir vergonha. "Por isso, eles cairão junto

---

como consequência do pecado. O povo não teme a Deus, desconhece sua obra e se afasta da vida.

26-31: Jeremias denuncia a opressão social. Os magistrados, profetas e sacerdotes estão à frente da corrupção generalizada (cf. 26,11-13).

6,1 8: O ataque contra Jerusalém é descrito pelo diálogo dos inimigos que acampam ao redor da cidade (vv. 3-5). É a guerra santa, na qual Deus "visita" a capital para castigar os delitos de seus dirigentes: violência, opressão, ferida e sofrimento (cf. Sf 3,1-4). O corte de árvores e a construção de rampa indicam a preparação de um ataque final (cf. Dt 20,19-20).

9-15: É um dos oráculos de Jeremias reelaborados pelo redator posterior com seu próprio vocabulário: "abominações" (cf. Dt 7,25-26; Ez 5,9.11). Diálogo de Javé com o profeta: Deus lhe ordena uma rebusca de convertidos. Mas não existe conversão: os governantes persistem na maldade, alienam o povo, vendem a paz

com os que tombam. No tempo em que eu os visitar, eles tropeçarão" – disse Javé.

O devastador em marcha – ¹⁶Assim diz Javé: "Parem no caminho e vejam. Informem-se quanto às estradas do passado: qual era o caminho da felicidade? Andem por ele, e vocês encontrarão descanso". Mas eles responderam: "Não caminharemos nele!" ¹⁷"Coloquei sentinelas para guardar vocês! Prestem atenção quando a trombeta tocar!" Mas eles responderam: "Não vamos prestar atenção!" ¹⁸"Por isso escutem, nações; e você, assembleia, conheça o que vai acontecer a eles. ¹⁹Ouça também você, ó terra: Vou trazer uma desgraça para este povo, fruto daquilo mesmo que eles tramaram. Porque não obedeceram às minhas palavras e desprezaram minha lei. ²⁰Que me importa o incenso que vem de Sabá, e a canela perfumada que vem de países distantes? Os holocaustos de vocês não me agradam, seus sacrifícios não são do meu gosto". ²¹Por isso, assim diz Javé: "Vou colocar pedras no caminho deste povo, e eles vão tropeçar. Pais e filhos, vizinhos e amigos vão se acabar todos juntos".

²²Assim diz Javé: "Virá um povo do norte, uma grande nação se levantará dos confins da terra. ²³Eles são fortes no arco e na lança, são cruéis e sem compaixão. O estrondo que fazem parece o das ondas do mar. Vêm todos montados a cavalo, em ordem de batalha, como se fossem um só homem. Eles vêm atacar você, filha de Sião!" ²⁴Só de ouvir a fama deles, nossas mãos amoleceram. Ficamos tomados pela angústia e pela dor, como a mulher que está dando à luz. ²⁵Ninguém saia para o campo, nem ande pela estrada, porque a espada inimiga espalha terror por todos os lados. ²⁶Vista-se de saco, capital de meu povo. Role no chão, ponha-se a chorar como pela morte de um filho único. Faça uma lamentação amarga, porque chega de repente aquele que nos vai destruir.

Prata de refugo – ²⁷Eu nomeio você o examinador do meu povo, para que conheça e examine o comportamento dele. ²⁸Eles todos são revoltosos e semeadores de calúnias. Parecem bronze ou ferro, e estão todos corrompidos. ²⁹O foleiro sopra para atiçar o fogo e derreter o chumbo. Mas o trabalho do fundidor é inútil, pois os maus não são arrancados. ³⁰Prata de refugo é o nome deles, porque Javé os rejeitou.

7 Oráculo sobre o Templo – ¹Palavra que foi dirigida a Jeremias da parte de Javé: ²"Coloque-se na porta do Templo e diga o seguinte: Escutem a palavra de Javé, vocês todos de Judá que entram por esta porta, a fim de adorar a Javé. ³Assim diz Javé dos exércitos, o Deus de Israel: Endireitem seus caminhos e sua maneira de agir, e eu morarei com vocês neste lugar. ⁴Não se iludam com palavras mentirosas, dizendo: 'Este é o Templo de Javé, Templo de Javé, Templo de Javé!' ⁵Se vocês endireitarem seus caminhos e sua maneira de agir; se começarem a praticar o direito cada um com seu próximo; ⁶se não oprimirem o estrangeiro, o órfão e a viúva; se não derramarem sangue inocente neste lugar e não correrem atrás de outros deuses que lhes trazem a desgraça: ⁷então eu continuarei morando com vocês neste lugar, nesta terra que eu dei a seus antepassados há muito tempo e para sempre. ⁸Vocês se iludem com palavras mentirosas que não trazem proveito nenhum. ⁹Não é assim? Roubar, matar, cometer adultério, jurar falso, queimar incenso a Baal, seguir outros deuses que vocês nunca conheceram... ¹⁰E depois vocês se apresentam diante de mim, neste Templo, onde meu nome é invocado, e dizem: 'Estamos salvos!',

---

falsa (cf. Jr 8,10-12; 23,11; Mq 3,5-7) e provocam um desastre nacional.

16-26: Apesar das insistentes advertências de Deus, não acontece a conversão. Em vez disso, as autoridades lhe respondem com cultos formais, sem a prática da justiça social e do amor ao próximo (cf. Am 5,21-24; Is 58,1-8; Os 6,6; Mq 6,5-8; Zc 7,4-6). Por isso, a vinda do devastador será inevitável (cf. Hab 1,5-11).

27-30: O profeta assume a função de fundidor e constata que o povo é impuro como a prata impurificável (cf. Is 1,22.25; Ez 22,18-22).

7,1-8,3: Oráculos de Jeremias no tempo do rei Joaquim. São também oráculos do redator posterior que enfatiza e critica a desobediência a Javé e o seguimento a outros deuses.

7,1-15: Esta passagem parece ser originalmente do julgamento de Jeremias sobre o Templo (26,1-15). É reelaborada pelo redator deuteronomista com seu vocabulário e pensamento teológico: "outros deuses" (cf. Dt 6,14; 13,3) e "abominações" (cf. Dt 27,15). Os governantes transformam o Templo em "abrigo de ladrões" (cf. Is 56,7; Mc 11,17). Uma prática que vitima "o estrangeiro,

para depois continuarem praticando essas abominações. ¹¹Este Templo, onde meu nome é invocado, será por acaso abrigo de ladrões? Estejam atentos, porque eu estou vendo tudo isso – oráculo de Javé.

¹²Agora vão até meu lugar em Silo, onde antes eu fiz habitar meu nome, e vejam o que eu fiz lá por causa da maldade do meu povo Israel. ¹³Mas agora, visto que vocês fizeram tudo o que fizeram – oráculo de Javé –, visto que eu falava sem parar e vocês não me davam atenção, chamava e vocês não me respondiam, ¹⁴vou tratar este Templo, onde é invocado meu nome, no qual vocês tanto confiam, e também este lugar que dei a vocês e a seus antepassados, vou tratá-lo do mesmo modo como tratei Silo. ¹⁵Vou expulsar vocês da minha presença, da mesma forma como expulsei todos os seus irmãos e toda a descendência de Efraim.

Contra o culto idolátrico – ¹⁶Quanto a você, não reze por este povo, não faça preces nem súplicas em favor deles. Não insista comigo, porque eu não vou atender. ¹⁷Você não está vendo o que eles fazem nas cidades de Judá e nas ruas de Jerusalém? ¹⁸Os filhos recolhem lenha, os pais acendem o fogo e as mulheres preparam a massa para fazer broas em honra da rainha do céu; depois derramam vinho em homenagem a outros deuses, só para me insultar. ¹⁹Mas, será a mim que eles ofendem? – oráculo de Javé. Não será a eles mesmos, para sua própria vergonha?" ²⁰Por isso, assim diz o Senhor Javé: "Minha ira ardente se derramará sobre este lugar, sobre as pessoas e os animais, sobre as árvores do campo e os frutos da terra. Minha ira vai pegar fogo, e não se apagará". ²¹Assim diz Javé dos exércitos, o Deus de Israel: "Ajuntem os holocaustos que vocês queimam, com seus sacrifícios, e comam essas carnes. ²²Pois, quando tirei do Egito os pais de vocês, eu não falei nada nem dei ordem alguma sobre holocaustos e sacrifícios. ²³A única coisa que eu lhes falei e mandei, foi isto: Obedeçam-me, e eu serei o Deus de vocês, e vocês serão o meu povo. Andem sempre no caminho que eu lhes ordenar, para que sejam felizes. ²⁴Eles, porém, não obedeceram nem deram ouvidos, e continuaram procedendo conforme a obstinação do seu coração perverso. E, ao invés de voltarem o rosto para mim, voltaram-me as costas. ²⁵Desde o dia em que seus pais saíram da terra do Egito até hoje, todos os dias, estou mandando para eles, sem cansar, meus servos, os profetas. ²⁶Mas não obedeceram a eles, nem me deram ouvidos; ao contrário, endureceram ainda mais a nuca e tornaram-se piores que seus pais. ²⁷Você dirá essas coisas a eles, mas eles não lhe obedecerão; você os convocará, mas eles não responderão. ²⁸Aí, você lhes dirá: Esta é uma nação que nunca obedeceu a Javé seu Deus, nem aceita correção. A fidelidade morreu: foi expulsa da sua boca.

Ameaça de castigo – ²⁹Jerusalém, corte seus cabelos consagrados, e jogue-os fora. Entoe uma lamentação lá no alto dos montes, porque Javé rejeitou e abandonou a geração que incendiou a ira dele. ³⁰Sim, os filhos de Judá praticaram o que é mau a meus olhos – oráculo de Javé. Colocaram esses horrores no Templo, onde meu nome é invocado. ³¹Depois, construíram os lugares altos de Tofet, no vale de Ben-Enom, para queimar no fogo filhos e filhas, coisa que não mandei e que jamais passou pela minha mente. ³²É por isso que chegarão dias – oráculo de Javé – em que não se chamará mais vale de Tofet

---

o órfão e a viúva", para com quem Deus tem o maior cuidado (cf. Dt 16,11.14; 24,19-21; 26,12-13; 27,19).

16-28: Percebe-se a mistura do texto original de Jeremias (oráculo de advertência à prática do holocausto e do sacrifício; vv. 21-28) com o texto do redator deuteronomista (condenação do culto à "rainha do céu", deusa babilônica da fertilidade, que acontecia em Judá, até mesmo no Templo; v. 18: cf. 44,17-25). Jeremias pertence a uma corrente profética para a qual os ritos cúlticos no Templo não são o elemento essencial da religião, e que se opõe à hipocrisia religiosa: muitos acreditam estar com Deus por realizar sacrifícios e jejum. Para o grupo de

Jeremias, Deus se manifesta na prática da justiça social e do amor ao próximo (cf. 6,20; Am 5,21; Os 6,6; Is 58 1-8).

7,29-8,3: Ponto essencial da maldade é a contaminação idolátrica do culto de Javé ("horrores": v. 30; cf. 4,1; 13,27; 16,18; 32,34; Dt 32,34; Ez 11,18.21). A essa contaminação o redator acrescenta os sacrifícios de crianças queimadas no Tofet, no vale de Ben-Enom, perto de Jerusalém (cf. 19,6-14; Lv 18,21; Dt 18,10; 2Rs 21,6; 23,10; Ez 16,20). É o que poderia ter acontecido na invasão babilônica. O castigo será uma maldição perpétua: não sepultamento e profanação de cadáveres (cf. 16,4; 19,7; 34,20; Dt 28,26).

ou de Ben-Enom, mas vale da Matança. Por falta de lugar, vão fazer de Tofet um cemitério, ³³pois os cadáveres desse povo servirão de comida para as aves do céu e para os animais da terra. E ninguém os espantará. ³⁴Nas cidades de Judá e nas ruas de Jerusalém, farei cessar o som da música e os gritos de alegria, a voz do noivo e da noiva, pois o país se transformará numa ruína completa.

8 ¹Nessa ocasião – oráculo de Javé – serão retirados de suas sepulturas os ossos dos reis de Judá, de seus oficiais, dos sacerdotes, dos profetas e dos habitantes de Jerusalém. ²Esses ossos ficarão expostos ao sol, à lua e às estrelas, aos quais amaram e serviram, seguiram, consultaram e adoraram. Ninguém recolherá nem sepultará novamente esses ossos. Ficarão servindo de esterco para o campo. ³O resto que sobrar dessa gente perversa achará bem melhor morrer do que ficar vivo, em qualquer lugar para onde eu os dispersar" – oráculo de Javé dos exércitos.

Jerusalém rebelde e insensata – ⁴"Diga-lhes isto: Assim fala Javé: Por acaso quem cai não se levanta? Quem se desvia do caminho não volta atrás? ⁵Então, por que este povo, Jerusalém, se desvia, continuando sem cessar na rebeldia? Persistem na sua má-fé, recusando converter-se. ⁶Prestei atenção e ouvi: eles não falam como deveriam. Ninguém se arrepende do mal cometido, dizendo: 'O que foi que eu fiz?' Todos voltam à sua corrida, como cavalo que se lança na batalha. ⁷Até a cegonha no céu conhece seu tempo. A rola, a andorinha e o grou observam o tempo da sua volta. Mas meu povo não compreende o direito de Javé'.

⁸Eles dizem: "Somos sábios, temos a Lei de Javé". Mas a caneta falsa do escriba transformou em mentira a Lei de Deus. ⁹Os sábios ficarão confusos, desnorteados, e cairão no laço, pois rejeitaram a palavra de Javé. Que sabedoria podem eles ter? ¹⁰Por isso, vou entregar suas mulheres a outros, e suas terras a conquistadores. Pois, desde o menor até o maior, são todos ávidos de lucro. Do profeta ao sacerdote, todos praticam a mentira. ¹¹Sem responsabilidade, querem curar a ferida de meu povo, dizendo apenas: "Paz! Paz!", quando não existe paz. ¹²Eles deviam envergonhar-se, pois praticam a abominação. Mas não se envergonham. Não sabem o que é sentir vergonha. Por isso cairão com os que tombam. Eles vacilarão no dia da prestação de contas – diz Javé.

Ameaça e lamentação – ¹³Estou decidido a fazer neles uma colheita – oráculo de Javé –, mas não há uvas na parreira nem figos na figueira, e até suas folhas secaram. Eu os entregarei à escravidão. ¹⁴Por que estamos sentados? Reúnam-se! Entremos nas cidades fortificadas para morrermos dentro delas, porque Javé nosso Deus nos faz perecer. Ele nos faz beber água envenenada, pois pecamos contra ele. ¹⁵Esperávamos a paz, e nada de bom aconteceu; tempo para se curar, e aí está o terror. ¹⁶Desde Dã, já se pode ouvir o resfolegar de seus cavalos, e a terra estremece com o relinchar de seus potros. Eles vieram para acabar com a terra e tudo o que nela existe, para acabar com a cidade e os seus habitantes. ¹⁷Vou mandar contra vocês cobras venenosas, contra as quais não existe encantamento, e elas picarão vocês – oráculo de Javé.

¹⁸O sofrimento me acabrunha e meu coração desfalece, ¹⁹pois ouço de longe os gritos da filha do meu povo: "Será que Javé não está mais em Sião? Seu rei não

---

8,4-12,17: Oráculos pronunciados durante os reinados de Josias e Joaquim. Criticam a centralização político-religiosa dos governantes e anunciam o desastre nacional. Alguns deles foram acrescentados pelo redator deuteronomista para explicar a causa do exílio: o povo prestou culto a outros deuses.

8,4-12: O "Livro da Lei" (2Rs 23,24) orienta a reforma de Josias nos anos de 622-609 a.C., com a centralização exclusiva do culto em Jerusalém (cf. Dt 13,7-19). Os sacerdotes insistem: "temos a Lei de Javé". Jeremias, ao contrário, acusa-os de mentirosos, pois a reforma beneficia os governantes da capital, mas oprime e sacrifica o povo do interior (cf. 2Rs 22,4-23,27). A imagem dos pássaros mostra a necessidade de conhecer o caminho e o direito do Deus da vida. Os vv. 10-12 foram acrescentados e repetem a ameaça de 6,12-15.

13-23: Ameaça com a invasão do inimigo e lamenta a consequente "ferida da filha do meu povo". Dã, que se situa no extremo norte, seria o primeiro a sofrer a invasão. Galaad, por sua vez, é reconhecida como a região produtora de ervas terapêuticas (cf. Gn 37,25). O v. 19c é acréscimo do redator deuteronomista para apontar, como causa do desastre, o pecado do povo por seguir deuses estrangeiros.

está mais aqui?" (Por que foi que eles provocaram minha ira com seus ídolos, com seus deuses estrangeiros?) ²⁰Passou a colheita, acabou o verão, e nós não fomos socorridos! ²¹Eu também fiquei ferido por causa do ferimento da filha de meu povo. Fiquei deprimido, e o pavor me agarrou. ²²Será que não existe bálsamo em Galaad? Não há médico por aí? Por que não se cicatriza a ferida da filha de meu povo? ²³Quem fará de minha cabeça uma fonte de água, e de meus olhos uma mina de lágrimas, para que eu possa chorar dia e noite os mortos da filha de meu povo?

9 *O reino da mentira* – ¹Quem poderia dar-me no deserto um abrigo de viajantes? Então eu deixaria meu povo e iria para longe deles, pois todos eles são adúlteros, um bando de traidores. ²Retesam a língua como arco. O que manda na terra é a mentira, e não a verdade. Pois eles saem de um crime para outro, e não me conhecem – oráculo de Javé. ³Cada um se guarde do seu próximo e não confie em nenhum dos irmãos, pois todo irmão engana seu irmão, e todo amigo espalha calúnias. ⁴Todo mundo logra seu próximo, e ninguém fala a verdade. Treinam a língua para falar mentiras, e praticam a injustiça até se cansar. ⁵Vivem no meio da falsidade, e por causa da falsidade recusam conhecer-me – oráculo de Javé. ⁶Por isso, assim diz Javé dos exércitos: Eu os fundirei e os provarei. Que outra coisa poderia eu fazer com a filha de meu povo? ⁷A língua deles é uma flecha envenenada: tudo o que falam é pura tapeação. Cada um fala de paz com o próximo, mas no íntimo está preparando armadilhas. ⁸Não deveria eu puni-los por essas coisas? – oráculo de Javé. Não deveria eu vingar-me de um povo como esse?

Lamentação – ⁹Sobre as montanhas desato a chorar e a gemer. Sobre as pastagens da estepe, meu lamento, pois tudo está queimado. Por aí não passa mais ninguém, já não se escuta o barulho do gado. Desde as aves do céu até os rebanhos, todos fugiram e desapareceram. ¹⁰Vou fazer de Jerusalém um montão de ruínas: ela se tornará esconderijo de chacais. Das outras cidades de Judá, vou fazer um lugar desolado, onde não haja habitante nenhum.

¹¹Quem será sábio para entender tudo isso? A quem foi que Javé falou, para que o explique? Por que a terra ficou destruída, desolada como deserto, por onde não passa ninguém? ¹²Javé responde: Foi porque eles abandonaram a Lei que eu lhes tinha dado, desobedeceram à minha palavra e não a seguiram. ¹³Pelo contrário: seguiram seu coração obstinado, indo atrás dos Baais que seus pais já haviam seguido. ¹⁴Por isso, assim diz Javé dos exércitos, o Deus de Israel: Farei com que esse povo coma absinto e beba água envenenada. ¹⁵Vou espalhá-los no meio de nações que nem eles nem seus pais conheceram. E ainda mandarei a espada persegui-los até que eu consiga acabar com essa gente.

¹⁶Assim diz Javé dos exércitos: Atenção! Chamem as carpideiras, mandem vir as mais hábeis. ¹⁷Que comecem logo e cantem sobre nós uma lamentação. Nossos olhos derramem lágrimas e nossas pálpebras despejem água, ¹⁸porque um grito de dor vem de Sião: "Como fomos arrasados! Nossa vergonha é enorme, pois temos de abandonar a terra, porque destruíram nossas moradias". ¹⁹Portanto, mulheres, escutem a palavra de Javé. Que os ouvidos de vocês recebam a palavra de sua boca. Ensinem a suas filhas como fazer um pranto, cada qual ensine à vizinha uma lamentação: ²⁰"A morte subiu por nossas janelas e entrou em nossos palácios. Matou as crianças nas ruas e os jovens nas praças. ²¹Fale! Assim é o oráculo de Javé: Cadáveres humanos vão caindo como esterco que se joga no chão, e como feixes de trigo atrás daquele que está colhendo, sem haver quem os recolha".

²²Assim diz Javé: Que o sábio não se glorie de sua sabedoria, o forte não se

---

9,1-8: O rei Josias promove uma reforma político-religiosa. A concentração da atividade socioeconômica em Jerusalém e o fechamento dos santuários do interior agravam a desintegração social causada pela mentira, traição, falsidade, desconfiança e matança.

9-23: Oráculo provavelmente escrito após a queda de Jerusalém no ano 587 a.C. Descreve a devastação de Judá e de Jerusalém, no estilo do livro de Lamentações. As "carpideiras" são mulheres contratadas para chorar no enterro (cf. 2Sm 14,2). Os vv. 11-15 são acréscimos

glorie de sua força, e o rico não se glorie de sua riqueza. ²³Se alguém quer gloriar-se, que se glorie de conhecer e compreender que eu sou Javé, que na terra estabeleço o amor, o direito e a justiça, pois é disso que eu gosto – oráculo de Javé.

Circuncisão do coração – ²⁴Eis que chegam dias – oráculo de Javé – em que eu vou castigar todos os circuncisos no prepúcio: ²⁵os egípcios, os judeus, os edomitas, os amonitas, os moabitas, e também aqueles de cabeça raspada que vivem no deserto; pois todos os povos são incircuncisos, e a casa de Israel é incircuncisa de coração.

10 Os ídolos e o verdadeiro Deus –
¹Escutem as palavras que Javé lhes dirige, ó casa de Israel. ²Assim diz Javé: Não imitem o caminho das nações e não fiquem com medo dos sinais do céu, porque as nações costumam ter medo disso. ³Pois os costumes dos povos não passam de um nada, apenas um pedaço de pau cortado no mato, obra de quem trabalha com machado. ⁴Com prata e ouro eles enfeitam o que fizeram. Com pregos e martelo o firmam num lugar, para que não fique balançando. ⁵Os ídolos são como espantalho numa plantação de pepinos: não sabem falar e precisam ser carregados, porque também não sabem andar. Não tenham medo deles, pois nada de mal podem fazer, e não são capazes de fazer o bem.

⁶Eles não são como tu, ó Javé: tu és grande, e grande é o poder de teu nome. ⁷Quem não temeria a ti, ó rei das nações? Isso convém a ti, pois ninguém é igual a ti entre todos os sábios das nações e em todos os seus reinos. ⁸Eles são ignorantes e insensatos: o ensinamento dos ídolos é só madeira. ⁹Eles trazem de Társis prata batida, e de Ofir trazem ouro, tudo trabalho de carpinteiro e de ourives. Roxo e vermelho são as cores de suas roupas, tudo trabalho de mestres no ofício. ¹⁰No entanto, Javé é o Deus verdadeiro. Ele é o Deus vivo e rei eterno. Diante de sua ira a terra estremece, e as nações não suportam seu furor. ¹¹É assim que vocês devem responder a eles: "Os deuses que não fizeram o céu e a terra devem desaparecer da terra e sumir debaixo do céu". ¹²Com seu poder Javé fez a terra. Com sua sabedoria firmou o mundo. E com sua inteligência estendeu o céu. ¹³Ao barulho do seu trovão, as águas no céu se agitam. Ele faz as nuvens subir do extremo da terra, produz os raios para a chuva e faz o vento sair de seus depósitos. ¹⁴Todo mundo fica bobo, sem entender, e todo ourives fica envergonhado com o ídolo que esculpiu, pois sua estátua é mentira e não tem vida. ¹⁵São vazios, uma coisa ridícula. Eles desaparecerão na hora do acerto de contas. ¹⁶A porção de Jacó não é como eles, porque Javé é o formador de todas as coisas, e Israel é a tribo de sua herança. O nome dele é Javé dos exércitos.

Ainda a lamentação – ¹⁷Pegue do chão sua bagagem, você que está cercada pelo inimigo. ¹⁸Porque assim diz Javé: Desta vez vou expulsar os habitantes da terra. E vou apertá-los, para que me encontrem. ¹⁹Ai de mim, por causa de minha ferida. Minha chaga é incurável. Apesar disso, eu dizia: É só uma dor que posso suportar. ²⁰Minha tenda foi derrubada e todas as cordas foram cortadas. Meus filhos foram embora e não existem mais. Não há ninguém para armar minha tenda e estender a lona". ²¹Os pastores perderam o bom senso e deixaram de procurar Javé. Por isso não tiveram sucesso, e o rebanho que eles conduziam se espalhou. ²²Ouçam o barulho que avança com grande estrondo lá da terra do norte. Ele vem fazer das cidades de Judá um lugar arrasado, um abrigo de chacais.

---

do redator deuteronomista: Javé castiga quem abandona a Lei e serve a outros deuses (cf. Dt 28,47-57). Os vv. 22-23 também parecem acréscimos posteriores. Trata-se da verdadeira sabedoria (cf. Pr 8,32-36; 1Cor 1,31).

24-25: Este trecho é de origem pós-exílica. Ser "incircunciso de coração" significa ser desobediente a Javé (cf. Ez 44,7). A respeito da "cabeça raspada" de tribos árabes, cf. Jr 25,23; 49,32.

10,1-16: Acréscimos feitos no final do exílio, no estilo do Segundo Isaías: os ídolos são ridicularizados (vv. 1-5; cf. Is 40,18-20; 41,6-7; 44,9-20); os deuses estrangeiros ("nada": cf. Dt 32,21; Sl 31,7) são comparados a Javé, considerado o verdadeiro Deus (vv. 6-11: Is 41,21-29; 43,8-13); Javé é apresentado e exaltado como o criador (vv. 12-16; cf. Is 40,12-14; 45,11-13).

17-22: Continuação de 9,9-10.16-21. Jeremias lamenta a sorte de seu povo: devastação e exílio (cf. 4,19-20).

Súplica – ²³Javé, eu sei que o homem não é dono do próprio caminho. Que não pertence ao homem caminhante dirigir seus próprios passos. ²⁴Javé, corrige-me, mas com justa medida, e não conforme tua ira, para que não me tornes pequeno demais. ²⁵Derrama teu furor sobre as nações que não te conhecem, e sobre os povos que não invocam teu nome. Porque eles devoraram Jacó, devoraram até acabar com ele, e devastaram seu território.

11 ***Aliança rompida*** – ¹Palavra que veio a Jeremias da parte de Javé: ²"Escute as palavras desta aliança, e as comunique depois aos homens de Judá e aos habitantes de Jerusalém. ³Diga-lhes: Assim diz Javé, o Deus de Israel: Maldito o homem que não escuta as palavras desta aliança, ⁴que eu ordenei a seus pais, quando tirei vocês da terra do Egito, da fornalha de ferro, dizendo: Escutem minha voz e façam tudo como lhes ordenei. Então vocês serão meu povo e eu serei o Deus de vocês. ⁵Dessa forma se há de cumprir o juramento que fiz aos pais de vocês, de dar-lhes uma terra onde corre leite e mel, como está acontecendo hoje". E eu respondi: "Amém, Javé!"

⁶Então Javé me disse: "Proclame tudo isso nas cidades de Judá e nas ruas de Jerusalém, dizendo: Escutem as palavras desta aliança e ponham tudo em prática. ⁷Eu falei com toda a seriedade a seus pais, quando os fiz subir do Egito. E até hoje ainda continuo falando com toda a seriedade e com toda a firmeza: Obedeçam-me! ⁸Eles, porém, não quiseram obedecer, nem se deram ao trabalho de prestar atenção. Ao contrário, cada qual foi seguindo a maldade de seu coração obstinado. Foi então que eu trouxe, para castigo deles, todas as maldições dessa aliança, pois eles não fizeram o que eu lhes ordenei".

⁹Javé então me falou: "Formou-se uma conspiração entre os homens de Judá e os habitantes de Jerusalém: ¹⁰eles voltaram às faltas de seus pais, que não quiseram obedecer-me e seguiram e serviram a outros deuses. As famílias de Israel e de Judá quebraram a aliança que eu tinha feito com seus pais. ¹¹Por isso, assim diz Javé: Para castigo deles, vou trazer uma desgraça, da qual não poderão escapar. Gritarão por mim, e eu não os escutarei. ¹²Então as cidades de Judá e os habitantes de Jerusalém irão pedir socorro aos deuses para os quais costumam queimar incenso, mas eles não serão capazes de livrá-los do tempo da desgraça. ¹³O número de seus deuses, ó Judá, é igual ao número das cidades que você tem; igual ao número de suas ruas, Jerusalém, é o número de altares que você levanta para a Vergonha, altares para queimar incenso a Baal.

¹⁴Você, porém, não interceda por este povo. Não faça por ele nenhuma súplica ou prece. Quando eles clamarem por mim na hora da desgraça, eu não os ouvirei". ¹⁵O que é que minha amada procura em minha casa, com seu comportamento perverso? Poderão, por acaso, as promessas e as carnes sagradas limpar você de sua maldade, para que você possa celebrar com gritos de alegria? ¹⁶Javé chamou você de "oliveira verde com belos frutos", mas com grande barulho ateou fogo em suas folhas, e seus ramos se queimaram. ¹⁷Javé dos exércitos, que a plantou, agora pronuncia uma desgraça contra você, por causa do mal que a casa de Judá e a casa de Israel fizeram a si mesmas quando queimaram incenso a Baal, para me irritar.

Primeira confissão – ¹⁸Javé me ensinou e me fez compreender as intrigas que eles faziam. ¹⁹Como um cordeiro manso eu estava sendo levado para o matadouro. Eu não percebia que eles estavam tramando contra mim, dizendo: "Vamos derrubar esta árvore em pleno vigor, vamos tirá-la da terra dos vivos, e que seu nome nunca

---

O povo (rebanho) é exilado por causa da maldade dos governantes (pastores).

23-25: Acréscimo feito no tempo pós-exílico. O v. 25 é citação do Sl 79,6-7, com pequena variante. Um profeta apela para a justiça de Javé: corrigir o povo com misericórdia e castigar as nações invasoras durante o exílio.

11,1-17: Acréscimo com vocabulário e pensamento teológico do redator deuteronomista: obediência às palavras da aliança com Javé, o Deus único de Israel; desgraça e castigo para os seguidores de outros deuses (cf. Dt 7,7-16).

18-23: Jr 11,18-12,6 é a primeira das cinco confissões de Jeremias; refere-se provavelmente à perseguição sofrida por ocasião da reforma de Josias (cf. 15,10-21; 17,14-18; 18,18-23; 20,7-18). A posição contrária de Jeremias à centralização exclusiva do culto em Jerusalém provoca a hostilidade dos "homens de Anatot", que provavelmente são os guerreiros do rei residentes na cidade de Anatot

mais seja lembrado!" ²⁰Tu, porém, Javé dos exércitos, és um juiz justo. Tu sondas os rins e o coração. Que eu possa ver tua vingança contra eles, pois a ti confio minha causa. ²¹Por isso, assim diz Javé aos homens de Anatot, que atentam contra minha vida, dizendo: "Não profetize em nome de Javé, senão você vai morrer em nossas mãos". ²²Assim diz Javé dos exércitos: Aqui estou eu para castigá-los. Seus jovens morrerão à espada, seus filhos e suas filhas morrerão de fome. ²³Não sobrará ninguém, pois eu vou trazer a desgraça contra os homens de Anatot, no ano do seu castigo.

12 Por que os maus prosperam? –
¹Tu és justo, ó Javé, para que eu possa discutir contigo. No entanto, eu gostaria de fazer-te uma pergunta em questão de direito: Por que o caminho dos ímpios prospera e os traidores vivem todos em paz? ²Tu os plantaste e eles criaram raízes. E agora crescem e produzem frutos. Tu estás perto de sua boca, mas longe de seus rins. ³Mas tu, Javé, me conheces e me vês, e sabes que meu coração está contigo. Arranca-os como ovelhas para o matadouro. Separa-os para o dia da matança. ⁴Até quando a terra ficará de luto, e estará seco tudo o que era verde nos campos? Pela maldade de seus habitantes, perecem os rebanhos e os pássaros. Pois eles dizem: "Deus não vê nosso futuro". ⁵Se correndo com os caminhantes você se cansa, como poderá competir com os cavalos? Se você não se sente seguro numa região pacífica, o que fará na floresta do Jordão? ⁶Porque até seus irmãos e a família do seu pai, até eles traíram você e o caluniaram pelas costas. Não confie neles, mesmo quando falarem coisas boas.

Herança rejeitada – ⁷Eu abandonei minha casa e rejeitei minha herança. Entreguei a amada da minha vida nas mãos de seus inimigos, ⁸porque minha herança se voltou contra mim, rugindo como leão feroz. Por isso, eu comecei a odiá-la. ⁹Minha herança se transformou em hiena e os urubus giram sobre ela: venham, feras selvagens, cheguem perto para devorar. ¹⁰Muitos pastores devastaram minha vinha e pisotearam minha propriedade. Transformaram minha propriedade querida num deserto desolado. ¹¹Dela fizeram um lugar devastado, e a deixaram em estado deplorável. Está desolada diante de mim: a terra inteira foi devastada, e ninguém se preocupa com isso. ¹²Sobre todos os montes de areia do deserto chegam os devastadores, porque Javé empunha uma espada que devora de uma extremidade a outra da terra, e não há paz para ninguém. ¹³Eles semearam trigo e colheram espinhos. E se cansaram sem proveito nenhum. Ficaram envergonhados com a colheita por causa da flamejante ira de Javé.

¹⁴Assim diz Javé a todos os meus vizinhos maus que puseram a mão na minha herança, que eu tinha dado em herança a meu povo Israel: Eu os arrancarei de seus campos e também arrancarei daí a casa de Judá. ¹⁵Depois de arrancá-los, tornarei a compadecer-me deles e farei que voltem, cada um para sua herança, cada um para sua terra. ¹⁶Se eles aprenderem de verdade os caminhos de meu povo e jurarem por meu nome, dizendo: "Pela vida de Javé!", da mesma forma como acostumaram meu povo a jurar por Baal, então eles poderão se estabelecer no meio do meu povo. ¹⁷Mas eu arrancarei e destruirei a nação que não quiser obedecer – oráculo de Javé.

13 O cinto de linho –
¹Assim diz Javé: "Vá comprar para você um cinto de linho e coloque-o logo na cintura, sem molhá-lo". ²Comprei o cinto como Javé ha-

---

(38,4; 39,4; 41,16; 52,7.25). Pois a cidade onde havia santuários dos levitas devia ser controlada permanentemente pelo Estado e seu exército.

12,1-6: A política centralizadora do Estado enriquece os governantes ("ímpios e traidores") e empobrece o povo: por que os maus prosperam? Esta pergunta é frequente no tempo pós-exílico (cf. Jó 21,7; Sl 49; Sl 73,2-12; Ml 3,15).

7-17: Trata-se das campanhas do exército babilônico, quando as várias nações vizinhas (pastores e urubus) se aproveitam para invadir e saquear Judá (cf. 2Rs 24,1-3).

A invasão é considerada como castigo de Javé contra Judá (minha casa, herança, vinha). Os vv. 14-17 são acréscimos posteriores que pedem a conversão dos vizinhos de Judá; caso contrário, serão destruídos (cf. 16,19-21; Is 45,14-16).

13,1-19: Acréscimo feito no tempo do exílio; descreve os eventos relativos à invasão, para ampliar o oráculo de Jeremias em 13,20-26. Segundo o redator, a elite de Jerusalém é exilada, porque abandona Javé e cai na idolatria.

13,1-11: O cinto de linho, usado pelos sacerdotes (cf. Ez 44,17-18), simboliza Judá como povo santo. Cinto que

via ordenado, e o coloquei na cintura. ³De novo a palavra de Javé veio a mim: ⁴"Pegue o cinto que você comprou e que está na cintura, vá até o rio Eufrates e esconda-o na fenda de uma pedra". ⁵Eu fui e escondi o cinto na beira do Eufrates, como Javé me havia ordenado. ⁶Depois de muito tempo, Javé me disse: "Vá até o Eufrates e pegue o cinto que eu mandei você esconder lá". ⁷Fui ao rio Eufrates, procurei e peguei o cinto no lugar onde eu o tinha escondido. Mas o cinto estava podre, não servia mais para nada. ⁸Veio-me, então, a palavra de Javé, dizendo: ⁹"Assim fala Javé: É dessa forma que vou acabar com o orgulho de Judá e com a vaidade desmedida de Jerusalém. ¹⁰Este povo é mau, não quer escutar minhas palavras, tem o coração obstinado e anda atrás de outros deuses para prestar-lhes culto e adorá-los. Esse povo ficará imprestável como esse cinto. ¹¹Da mesma forma como o cinto fica preso na cintura de uma pessoa, assim também eu quis prender a mim a casa de Israel e a casa de Judá, para que eles fossem para mim um povo, um nome, uma honra e um esplendor – oráculo de Javé. Mas eles não me obedeceram".

As vasilhas de vinho – ¹²Você lhes dirá esta palavra: Assim fala Javé, o Deus de Israel: "As vasilhas se enchem de vinho". Eles responderão: "Como se nós não soubéssemos que as vasilhas se enchem de vinho!" ¹³Então você lhes dirá: Assim fala Javé: "Eu mesmo encherei de embriaguez todos os habitantes desta terra: os reis que sentam no trono de Davi, os sacerdotes, os profetas e todos os habitantes de Jerusalém. ¹⁴Assim eu vou quebrá-los, uns contra os outros: os pais contra os filhos – oráculo de Javé. Nem a piedade, nem o perdão, nem a compaixão me impedirão de destruí-los".

Dia de trevas – ¹⁵Escutem, prestem atenção! Não sejam orgulhosos, pois é Javé quem fala. ¹⁶Deem glória a Javé, o Deus de vocês, antes que escureça, antes que os pés de vocês tropecem pelos montes, quando cair a noite. Vocês esperam a luz, mas ele a transformará em trevas e a mudará numa densa escuridão. ¹⁷Se vocês não ouvirem, eu chorarei em segredo diante da soberba de vocês. Meus olhos se derreterão em lágrimas, porque o rebanho de Javé será exilado.

O rei deportado – ¹⁸Diga ao rei e à rainha-mãe: "Sentem-se no chão, pois a coroa real caiu de suas cabeças. ¹⁹As cidades do Negueb estão cercadas, e não há ninguém capaz de romper o cerco. Judá inteiro foi levado para o exílio, numa deportação total".

A vergonha de Jerusalém – ²⁰Levantem os olhos para ver os que estão vindo do norte. Onde foi parar o rebanho que lhe foi dado e as ovelhas maravilhosas que você possuía? ²¹O que você vai dizer, quando sobre você forem colocados como chefes aqueles que você mesma se acostumou a ter como seus amigos? E agora, não é que vai tomando conta de você uma dor como da mulher que está para dar à luz? ²²Talvez você pense: "Por que me acontece tudo isso?" Foi por causa de sua grande maldade que eles levantaram sua saia e violentaram sua intimidade. ²³Pode o etíope mudar a cor de sua pele? Pode o leopardo mudar suas pintas? E podem vocês, viciados no mal, vir um dia a praticar o bem? ²⁴Pois eu vou espalhar vocês como palha soprada pelo vento do deserto. ²⁵É essa a parte que eu lhe dou, na sua exata medida – oráculo de Javé –, porque você se esqueceu de mim para confiar na mentira. ²⁶Agora sou eu que lhe levanto a saia até a altura do seu rosto, para que sua vergonha seja vista. ²⁷Os adultérios que você comete, seus gemidos de prazer, a vergonha da sua prostituição: eu vi seus horrores sobre as colinas e campos. Ai de você, Jerusalém, que não se purifica! Até quando, afinal?

---

apodrece, como esse povo que serve a outros deuses na Babilônia, às margens do rio Eufrates.
12-14: Outra visão simbólica explica o exílio como punição divina. O vinho (a ira de Deus: cf. 25,15-16; Sl 60,5; 75,9) embriaga os governantes, que se quebram uns contra os outros (cf. Is 28,1-4; Is 63,1-6).
15-17: É o "Dia de Javé", dia de trevas e de ira contra os governantes orgulhosos (cf. 14,19; Am 5,18; Sf 1,14-18).

18-19: Joaquin (= Jeconias) foi deportado com sua mãe (Noestã) para a Babilônia em 597 a.C. (cf. 22,24-30; 2Rs 24,15).
20-27: Jeremias adverte que Jerusalém, personificada por uma mulher, será envergonhada: invasão do norte (= Babilônia). A causa do desastre é confiar na "mentira", que aqui designa a falsa conduta dos profetas (cf. 6,13). O v. 27, acrescentado mais tarde pelo redator deutero-

14 A seca

14 ¹Palavra de Javé que veio a Jeremias, por ocasião da seca: ²Judá está de luto e suas cidades desfalecem. Elas se inclinam sombrias para a terra, e Jerusalém lança gritos. ³Os ricos mandam seus servos em busca de água. Eles vão até os poços, mas não encontram água, e voltam com as vasilhas vazias. Envergonhados e frustrados, cobrem a cabeça. ⁴Por causa do chão que está rachando, pois não chove na terra, os lavradores cobrem a cabeça envergonhados e frustrados. ⁵A gazela no mato dá cria e abandona o filhote, pois não há capim. ⁶Os jumentos bravos ficam em pé no alto das colinas, em busca de ar puro, como chacais, porém a vista deles se apaga por falta de capim.

⁷Se nossas maldades depõem contra nós, toma alguma providência, Javé, por causa de teu nome. Nossa rebeldia é muito grande, nós pecamos contra ti. ⁸Ó Esperança de Israel, Salvador na hora da aflição: por que queres ser como estrangeiro na terra, ou como viajante que se desvia para passar a noite? ⁹Por que és como homem surpreendido ou guerreiro que não pode salvar? Tu, porém, Javé, estás em nosso meio, e sobre nós foi invocado teu nome. Não nos abandones!

¹⁰Assim diz Javé a respeito deste povo: "Eles gostam de andar errantes e seus pés não param. Javé por isso não gosta deles, e faz questão de lembrar os erros deles e de lhes castigar os pecados".

¹¹Javé me disse: "Não interceda em favor do bem-estar desse povo. ¹²Ainda que façam jejum, eu não ouvirei a súplica deles. Se oferecerem holocaustos e sacrifícios, não terei prazer nenhum com isso. É com a espada, a fome e a peste que eu os exterminarei".

Os falsos profetas

¹³Então eu disse: "Ah! Senhor Javé, os profetas falam: 'Vocês não verão a espada, não sofrerão a fome, pois eu lhes concederei uma paz perfeita neste lugar' ". ¹⁴Javé me respondeu: "É mentira o que esses profetas falam em meu nome. Eu não os enviei, não lhes dei ordem nenhuma, nem falei com eles. Eles anunciam a vocês visões mentirosas, oráculos vazios e fantasias da imaginação deles. ¹⁵Por isso, assim diz Javé: Os profetas que pregam em meu nome sem que eu os tenha enviado, e afirmam: 'A espada e a fome não existirão na terra', esses profetas cairão pela espada e pela fome. ¹⁶O povo a quem eles pregam ficará jogado pelas ruas de Jerusalém, mortos pela fome e pela espada, e ninguém os sepultará, nem a eles, nem a suas mulheres, filhos e filhas. Farei voltar contra eles o próprio mal que cometeram".

¹⁷Você lhes dirá estas palavras: Que meus olhos derramem lágrimas, noite e dia sem parar, porque a virgem, filha de meu povo, está ferida com grande desgraça, com ferida incurável. ¹⁸Se saio para o campo, aí estão os transpassados pela espada. Se entro na cidade, aí está o horror da fome. Tanto o profeta como o sacerdote percorrem a terra, e não sabem o que fazer. ¹⁹Javé, será que rejeitaste completamente Judá? Será que sentes nojo de Sião? Por que nos feriste, sem que haja quem nos cure? Esperávamos a paz, e nada de bom acontece. Esperávamos o tempo da salvação, e aí está o terror. ²⁰Nós reconhecemos nossa culpa, Javé, e a culpa de nossos pais: nós pecamos contra ti. ²¹Mas, por causa de teu nome, não nos abandones, não humilhes o trono de tua glória. Lembra-te! Não quebres a aliança que fizeste conosco. ²²Entre os ídolos vazios das nações, existe por acaso algum que mande a chuva? Ou é o céu que nos dá sozinho a chuva grossa? Isso, não és tu que o fazes, Javé nosso Deus? Em ti nós esperamos, porque és tu que fazes tudo isso.

---

nomista, denuncia os "horrores" (cultos a outros deuses) sobre colinas e campos (cf. 7,30).

14,1-15,4: Este conjunto é organizado em forma de diálogo entre Javé e o profeta. O núcleo formado pelos vv. 13-16 deve ser atribuído a Jeremias, ainda que o estilo seja do redator deuteronomista. Os outros versículos são acréscimos secundários do redator, com a sua teologia: deuses falsos, pecados e castigos (cf. Dt 28,25-26).

14,1-12: A grande seca é considerada como castigo de Javé (cf. Dt 11,13-17), porque o povo continua correndo atrás de outros deuses.

13-22: As mentiras dos profetas sobre a paz é um dos temas principais de Jeremias (cf. 6,14; 8,11). A verdadeira paz consiste na comunhão com Deus e entre as pessoas. Os vv. 17-22 descrevem o desastre do exílio como consequência do pecado ("ídolos das nações").

15

Castigo irrevogável – ¹Javé me disse: Ainda que Moisés e Samuel se apresentassem na minha frente, nem assim eu me comoveria em favor desse povo. Mande que ele vá embora da minha presença, que saia! ²Se, por acaso, eles perguntarem a você: "Para onde iremos?", você responderá: "Assim diz Javé: Quem está destinado para a morte, vá para a morte. Quem para a espada, vá para a espada. Quem para a fome, vá para a fome. Quem para o exílio, vá para o exílio". ³Vou mandar contra eles quatro espécies de males – oráculo de Javé: a espada para matá-los, os cães para estraçalhá-los, as aves do céu e as feras para devorá-los e destruí-los. ⁴Farei desse povo um objeto de espanto para todos os reinos da terra, por causa de Manassés, filho de Ezequias, rei de Judá, por aquilo que ele fez em Jerusalém.

Calamidades da guerra – ⁵Quem terá pena de você, Jerusalém? Quem terá compaixão de você? Quem se voltará para perguntar como você está passando? ⁶Você me abandonou – oráculo de Javé –, virou as costas para mim. Eu estendi a mão para aniquilar você. Estou cansado de ter piedade. ⁷Eu os espalhei como palha ao vento pelas cidades da terra. Deixei-a sem filhos e destruí meu povo, porque eles não se converteram de sua conduta. ⁸Para mim, suas viúvas tornaram-se mais numerosas que a areia do mar. Em pleno meio-dia, mandei o invasor contra a mãe do jovem guerreiro. Num instante, fiz cair sobre ela o medo e o terror. ⁹Está abatida a mãe de sete filhos, e sua vida desfalece. Ainda é dia, e o sol já se põe. Ela está envergonhada e confusa. Eu entregarei seus sobreviventes à espada, como presa a seus inimigos – oráculo de Javé.

Segunda confissão – ¹⁰Ai de mim, minha mãe, pois a senhora me gerou! Eu sou homem de litígios e discórdias com toda a terra. Ninguém me deve, e eu também não devo nada. No entanto, todos me amaldiçoam.

¹¹Javé, será que eu não te servi do melhor modo possível? No perigo e na desgraça, intercedi em favor de meus inimigos. ¹²Poderá o ferro quebrar o ferro do norte e o bronze? ¹³Por causa de todos os pecados que você cometeu em todo o seu território, eu entregarei de graça à pilhagem suas riquezas e seus tesouros. ¹⁴Farei de você um escravo de seus inimigos, numa terra que você não conhece. Pois o fogo de minha ira se acendeu e arderá contra vocês.

¹⁵Tu bem sabes! Javé, lembra-te de mim, ajuda-me e vinga-me de meus perseguidores. Por tua paciência, não me deixes perecer! Olha como suporto insultos por tua causa. ¹⁶Quando recebi tuas palavras, eu as devorava. Tua palavra era festa e alegria para meu coração, porque eu levava teu nome, ó Javé, Deus dos exércitos. ¹⁷Nunca me sentei numa roda alegre para me divertir. Forçado por tua mão, eu me sentava sozinho, pois me encheste de cólera. ¹⁸Por que será que minha dor não tem fim e minha ferida é tão grave e sem remédio? Ou será que tu te transformaste para mim em rio enganoso e água inconstante?

¹⁹Javé me respondeu: "Se você voltar, eu farei você voltar e estar a meu serviço. Se você separar da escória o metal, você há de ser a minha boca. Que eles procurem você, e não você a eles. ²⁰Vou fazer de você, diante desse povo, qual muralha de bronze invencível. Lutarão contra você, e não o vencerão. Porque eu estou com você para livrá-lo e salvá-lo – oráculo de Javé. ²¹Vou livrar você da mão dos malvados e do punho dos violentos".

16

A vida do profeta como sinal – ¹A palavra de Javé veio a mim: ²Não se case com mulher nenhuma, nem arrume

---

15,1-4: Javé não perdoa o pecado de Manassés, grande promotor da idolatria, apesar da intercessão de Jeremias (cf. 2Mc 15,12-16), que é semelhante à de Moisés (cf. Ex 31,11) e de Samuel (cf. 1Sm 7,9; Sl 99,6; 2Rs 21,1-18). O redator vê a invasão da Babilônia como castigo de Javé: morte, espada, fome, exílio.

5-9: Persistem os temas de denúncia da culpa de Jerusalém e do consequente castigo. Mulher com sete filhos é bênção de Deus (cf. 1Sm 2,5). Agora a situação se inverte: na guerra, é desgraça ter filhos mortos e exilados (cf. Is 41,16).

10-21: É difícil saber com clareza a situação concreta desta e das outras quatro confissões. Cada uma expõe o interior de um homem hostilizado e perseguido por anunciar as palavras do Deus da vida.

16,1-13: Acréscimo redacional que transforma a própria vida do profeta num oráculo de Javé. O não-matrimônio transforma-se num sinal vivo do rompimento

filhos ou filhas neste lugar. ³Porque assim diz Javé a respeito dos filhos e filhas que nascem neste lugar, das mães que os puseram no mundo e dos pais que geraram essas crianças nesta terra: ⁴Morrerão com enfermidades graves, e não serão chorados nem sepultados, mas servirão de adubo para o solo. Morrerão pela espada ou pela fome, e seus cadáveres servirão de comida para as aves do céu e para os animais da terra. ⁵Porque assim diz Javé: Não entre numa casa onde há velório, não chore nem dê os pêsames, pois eu decidi tirar desse povo minha paz, meu amor e compaixão – oráculo de Javé. ⁶Morrerão tanto os grandes como os pequenos nesta terra, e ninguém vai sepultá-los ou chorar por eles, nem vai fazer incisões ou cortar o cabelo em sinal de luto. ⁷Ninguém repartirá o pão no velório, em meio às condolências. Não haverá quem ofereça o cálice de consolação pelo pai ou mãe de alguém. ⁸Também não entre numa casa onde há festa, para sentar-se, comer e beber com eles. ⁹Pois assim diz Javé dos exércitos, o Deus de Israel: Diante dos olhos de vocês e ainda nos seus dias, eu expulsarei deste lugar o som da música e os gritos de alegria, a voz do noivo e da noiva.

¹⁰Quando você anunciar esta mensagem a este povo, eles lhe perguntarão: "Por que Javé nos ameaça com essas desgraças tão grandes? Quais foram os erros ou pecados que cometemos contra Javé nosso Deus?" ¹¹Você então lhes responderá: "É porque os pais de vocês me abandonaram – oráculo de Javé – e seguiram outros deuses, servindo-os e adorando-os. Mas a mim, eles abandonaram e deixaram de cumprir a minha lei. ¹²Vocês, porém, fizeram pior que seus pais: cada um de vocês seguiu a obstinação de seu coração perverso, sem nunca me dar ouvidos. ¹³Por isso, vou expulsá-los desta terra, para outra que nem vocês nem seus pais conheceram. Lá, vocês servirão a outros deuses, dia e noite, porque eu não terei misericórdia de vocês".

Volta dos exilados – ¹⁴Virão dias – oráculo de Javé – quando ninguém mais vai falar assim: "Pela vida de Javé, que fez subir os filhos de Israel do Egito!" ¹⁵Mas dirão: "Pela vida de Javé, que fez os filhos de Israel subirem da terra do norte e de todas as regiões onde os tinha espalhado!" Eu vou trazê-los de volta para a terra que eu tinha dado aos pais deles.

Anúncio da invasão – ¹⁶Enviarei numerosos pescadores para pescá-los – oráculo de Javé. Depois disso, vou mandar numerosos caçadores, que os caçarão pelas montanhas, colinas e até nas fendas das rochas. ¹⁷Porque meus olhos observam todos os seus caminhos: eles não conseguem escondê-los de mim, nem ocultar sua culpa diante de meus olhos. ¹⁸Cobrarei em dobro os erros e pecados desse povo, pois eles profanaram minha terra com os cadáveres de seus horrores e encheram minha herança com suas abominações.

Conversão das nações – ¹⁹Javé, minha força e fortaleza, meu refúgio na hora do perigo, as nações virão procurar-te, e das extremidades da terra virão dizendo: "A herança de nossos pais é mentira, é coisa inútil e sem proveito". ²⁰Pode o homem fabricar deuses? Não serão deuses. ²¹Por isso, vou fazer que eles conheçam. Desta vez eu vou mostrar-lhes de verdade minha mão e minha força. E eles aprenderão que meu nome é Javé.

17 ***O pecado de Judá*** – ¹O pecado de Judá está escrito com estilete de ferro, está gravado com ponta de diamante

---

da aliança de Deus com o povo. O distanciamento em velórios e festas matrimoniais representa o afastamento de Deus. O povo sofre as consequências desse afastamento: guerra, deportação, fome, morte, ausência de sepultura (cf. Ez 29,5). Assim, o redator deuteronomista procura explicar a causa do exílio: o povo afasta-se da lei de Deus e segue outros deuses (vv. 10-13).

14-15: Acréscimo no final do exílio, buscando criar no povo a esperança da volta para sua terra: o novo êxodo (cf. 23,7-8; 24,6).

16-18: Continuação de 16,10-13: quando o povo segue outros deuses (horrores e abominações) será disperso e perseguido pelas nações (pescadores e caçadores). A profanação da terra escolhida é descrita como verdadeira contaminação com cadáveres (cf. Ez 43,7).

19-21: Acréscimo pós-exílico no estilo de Is 45, 14-19: a conversão das nações confirma a superioridade de Javé diante de outros deuses (cf. Mq 4,1-5; Zc 8,20-23).

17,1-4: Versículos acrescentados para explicar a causa do exílio: Judá praticou todo tipo de idolatria. O pecado é tão grave que se grava permanentemente no "coração" (o mais profundo do ser: cf. Jr 17,9-10) e nos "chifres de altares" (o mais sagrado: cf. Ex 27,2; 1Rs 1,50). A tábua

na pedra do seu coração e também nos chifres de seus altares. ²É para que seus filhos se lembrem de seus altares e de suas Aserás debaixo das árvores verdes, sobre as colinas elevadas, ³sobre a minha montanha no campo. Por causa de todos os pecados que você cometeu em todos os seus territórios, vou entregar à pilhagem os bens e todos os tesouros que você possui. ⁴Você terá de renunciar à herança que eu lhe havia dado. Eu o tornarei escravo de seus inimigos numa terra que você não conhece, porque vocês acenderam o fogo de minha ira, que arderá para sempre.

Maldição e bênção – ⁵Assim diz Javé: Maldito o homem que confia no homem e que busca apoio na carne, e cujo coração se afasta de Javé. ⁶Será como a árvore solitária no deserto, que não chega a ver a chuva: habitará no deserto abrasador, na terra salgada e inabitável. ⁷Bendito o homem que confia em Javé, e em Javé deposita sua segurança. ⁸Ele será como a árvore plantada à beira d'água e que solta raízes em direção ao rio. Não teme quando vem o calor, e suas folhas estão sempre verdes. No ano da seca, não se perturba, e não para de dar frutos. ⁹O coração é mais enganador que qualquer outra coisa, e dificilmente se cura: quem de nós pode entendê-lo? ¹⁰Eu, Javé, penetro o coração e examino os rins, para pagar a cada um conforme seu comportamento e segundo o fruto de suas ações.

¹¹Como a perdiz que choca ovos que não pôs, assim é aquele que acumula riquezas, mas sem justiça: no meio de sua vida, deverá deixá-las e no fim parecerá um idiota.

Confiança no Templo – ¹²O lugar de nosso santuário é trono glorioso e altaneiro desde o princípio. ¹³Javé, tu és a esperança de Israel! Todos aqueles que te abandonam ficarão envergonhados. Aqueles que se afastam de ti terão seus nomes escritos na terra, porque abandonaram Javé, a fonte de água viva.

Terceira confissão – ¹⁴Javé, cura-me, e eu ficarei curado. Salva-me, e eu serei salvo, porque tu és meu louvor. ¹⁵Eles me dizem: "Onde está a palavra de Javé? Que ela se cumpra!" ¹⁶Eu nunca insisti contigo pedindo desgraças, nem fiquei desejando um dia de desastre, tu bem o sabes. Tudo o que saiu de meus lábios está diante de ti. ¹⁷Não sejas motivo de medo para mim, pois é em ti que me refugio no dia da desgraça. ¹⁸Que fiquem envergonhados aqueles que me perseguem, e não eu. Fiquem eles com medo, e não eu. Faze chegar para eles o dia da desgraça. Destrói-os com dupla destruição.

Observância do sábado – ¹⁹Assim me falou Javé: Coloque-se junto à porta dos filhos do povo, por onde entram e saem os reis de Judá. Depois, fique junto a todas as portas de Jerusalém. ²⁰Diga então às pessoas: Escutem a palavra de Javé, reis de Judá, todo o povo de Judá e habitantes de Jerusalém, vocês todos que costumam passar por estas portas. ²¹Assim diz Javé: Por amor à vida que vocês têm, tomem cuidado para não carregar nenhum peso em dia de sábado e não entrar com ele pelas portas de Jerusalém. ²²Da mesma forma, não tirem peso nenhum de dentro de suas casas em dia de sábado, e não façam nenhum trabalho. Pelo contrário, santifiquem o dia de sábado, conforme a ordem que dei a seus pais.

²³Mas eles não atenderam nem deram ouvidos, e ainda endureceram o pescoço, para não me obedecer nem aprender a lição. ²⁴Se vocês me obedecerem – oráculo de Javé – e não entrarem mais pelas portas desta cidade carregando peso em

---

do coração (cf. 31,33; Pr 3,3; 7,3; 1Cor 3,3) se opõe às tabuas de pedra (cf. Ex 31,18; 34,1).

5-11: Oráculo de estilo sapiencial com o tema das falsas e verdadeiras confianças. Quando o homem autossuficiente confia em sua própria força e nas riquezas acumuladas, produz injustiça e exploração: a maldição. Ao contrário, a bênção nasce da confiança que segue o projeto do Deus da vida: partilha, justiça e fraternidade (cf. Sl 146,3-9). "A árvore plantada à beira d'água" é expressão que indica vitalidade e bênção de Deus (Sl 1,3; Ez 47, 12).

12-13: Acréscimo posterior, que retoma o tema do Templo de Jerusalém como o trono glorioso de Javé (cf. 3,17; 14,21). Estar "escrito na terra" significa estar na habitação dos mortos, o Xeol (ct. Jn 2,7).

14-18: Sofrido e desanimado por causa da zombaria ou sarcasmo de seus inimigos, o profeta reza pedindo a proteção e o conforto de Deus, e anunciando as desgraças dos inimigos que não atendem à palavra de Javé (cf. 5,26-31).

19-27: Acréscimo pós-exílico que descreve a observância do sábado como a lei fundamental para toda a

dia de sábado, mas santificarem esse dia, e também ficarem sem fazer nenhum outro trabalho, ²⁵então pelas portas desta cidade entrarão reis e príncipes, que se assentarão no trono de Davi, montados em carros e cavalos, tanto os reis como seus oficiais, assim como os homens de Judá e os habitantes de Jerusalém. E esta cidade será habitada para sempre. ²⁶Virá então gente das cidades de Judá, das redondezas de Jerusalém, da terra de Benjamim, da planície, das montanhas e do Neguebe, trazendo ao Templo de Javé holocaustos, sacrifícios, oferendas, incenso e oferendas de ação de graças. ²⁷Mas, se vocês não me obedecerem e não santificarem o sábado, e em dia de sábado carregarem peso ao entrar pelas portas de Jerusalém, então porei fogo nestas portas. Ele queimará os palácios de Jerusalém e nunca mais se apagará.

18 *Jeremias junto do oleiro* – ¹Palavra de Javé que veio a Jeremias: ²"Levante-se e desça até a casa do oleiro. Aí eu farei você ouvir minhas palavras". ³Desci até a casa do oleiro e o encontrei fazendo um objeto no torno. ⁴O objeto que ele estava fazendo se deformou, mas ele aproveitou o barro e fez outro objeto, conforme lhe pareceu melhor. ⁵Então veio a mim a palavra de Javé: ⁶"Por acaso eu não posso fazer com vocês, ó casa de Israel, da mesma forma como agiu esse oleiro? – oráculo de Javé. Como barro nas mãos do oleiro, assim estão vocês em minhas mãos, ó casa de Israel. ⁷De repente, eu falo contra um povo e contra um reino, ameaçando arrancar, derrubar e destruir. ⁸Se esse povo, do qual falei, recua da prática do mal, então eu também desisto do mal que pensei fazer contra ele. ⁹Outras vezes, falo a um povo e a um reino prometendo construir e plantar. ¹⁰Mas, se eles praticam o que é mau diante de mim e não obedecem à minha palavra, então eu desisto de dar a eles aquilo de bom que prometi.

¹¹Agora, diga aos homens de Judá e aos habitantes de Jerusalém: "Assim fala Javé: Vejam: estou preparando uma calamidade e tramando um projeto contra vocês. Cada um procure abandonar seu mau caminho, melhorar seus hábitos e as coisas que pratica". ¹²Mas eles responderão: "Não adianta! Nós continuaremos seguindo nossos projetos". E cada um seguirá a maldade de seu coração obstinado. ¹³Por isso, assim diz Javé: Procurem saber entre as nações: Qual delas ouviu coisa igual? A virgem de Israel praticou coisas horríveis. ¹⁴Será que a neve do Líbano se desvia das rochas escarpadas? Ou secam as águas que vêm de longe, frias e correntes? ¹⁵No entanto, meu povo se esqueceu de mim e queimou incenso para um ídolo vazio. Foi assim que tropeçaram em seus caminhos, caminhos antigos, e foram andando por desvios, por uma estrada não aplanada. ¹⁶Fizeram de sua própria terra um lugar arrasado, motivo de contínua zombaria. Quem passa por aí fica espantado e abana a cabeça. ¹⁷Como vento oriental, eu vou fazer que eles se espalhem diante do inimigo. No dia da derrota, voltarão as costas e não o rosto.

Quarta confissão – ¹⁸Eles disseram: "Vamos tramar um plano contra Jeremias, pois o sacerdote não ficará sem a lei, nem o sábio sem o conselho, nem o profeta sem a palavra. Vamos ferir Jeremias com nossa língua, e não vamos fazer caso de suas palavras".

¹⁹Escuta-me tu, Javé, e ouve o que dizem meus adversários. ²⁰Será que o bem deve ser pago com o mal? Pois eles cavaram um buraco para me pegar. Lembra-te de como eu me coloquei na tua presença, para interceder por eles, para desviar deles a tua ira. ²¹Por isso, agora, entrega à fome os filhos deles, lança-os ao poder da espada. Que as mulheres deles fiquem sem filhos e viúvas. Que seus maridos mor-

---

instituição religiosa. É notável o parentesco com Ne 13,15-22.

18,1-17: O texto é anterior ao ano 598 a.C. O gesto simbólico do oleiro representa Deus o modelador do ser humano e o senhor da história (cf. Gn 2,7-8.19; Is 43,21; 44,2; 64,7; Zc 12,1). Deus oleiro modifica e desfaz a obra cuja qualidade não está de acordo com seu projeto. Os vv. 13-17, acrescentados mais tarde, explicam a causa da "calamidade" (vv. 11-12): os dirigentes servem ao nada (coisas vazias e inúteis: cf. Is 59,4) e fazem o povo tropeçar em seus caminhos.

18-23: Diante da perseguição que sofria por sua crítica contra os dirigentes injustos, Jeremias pede justiça e castigo de Deus. A sentença de castigo mortal exprime a gravidade da situação do profeta: um real perigo de morte (cf. 37,11-16).

ram trucidados pela peste, e seus jovens atingidos pela espada no combate. ²²Que se escutem gritos de socorro vindos de suas casas, quando fizeres de repente cair bandidos sobre eles. Pois eles cavaram um buraco para me pegar, armaram laços para meus pés. ²³Mas tu, Javé, conheces muito bem todos os planos de morte que eles tramam contra mim. Não deixes impune a injustiça, nem tires de tua lembrança os pecados deles. Que tropecem na tua presença. Executa-os no momento da tua ira.

19 *A bilha quebrada* – ¹Assim disse Javé a Jeremias: Vá comprar uma bilha de barro. Leve com você alguns anciãos do povo e alguns sacerdotes, ²e siga em direção ao vale de Ben-Enom, que fica na entrada da porta dos Cacos. Aí você anunciará as palavras que eu vou lhe dizer. ³Você dirá: Escutem a palavra de Javé, ó reis de Judá e habitantes de Jerusalém! Assim fala Javé dos exércitos, o Deus de Israel: Vou mandar contra este lugar uma calamidade tão grande, que zunirá nos ouvidos de quem a ouvir. ⁴Porque eles me abandonaram e profanaram este lugar, queimando incenso a outros deuses, que vocês não conheciam, nem seus pais, nem os reis de Judá. Encheram este lugar com sangue de inocentes, ⁵e construíram lugares altos para Baal, para queimar seus filhos no fogo em holocausto a Baal. Uma coisa dessas eu nunca mandei fazer, nem falei, nem me passou pelo pensamento. ⁶Por isso – oráculo de Javé – virão dias em que este lugar já não se chamará Tofet ou vale de Ben-Enom, mas vale da Matança. ⁷Esvaziarei neste lugar os planos de Judá e de Jerusalém. Vou fazê-los cair ao fio da espada diante do inimigo e por meio daqueles que querem matá-los. Vou entregar seus cadáveres como alimento para as aves do céu e para as feras. ⁸Transformarei esta cidade em lugar deserto e motivo de zombaria. E todos os que por ela passarem ficarão assustados e começarão a assobiar por causa de todos os ferimentos dela. ⁹Farei que eles devorem a carne dos próprios filhos e filhas. Eles se devorarão entre si por causa do cerco e da angústia que seus inimigos vão impor a eles.

¹⁰Então você quebrará a bilha diante dos homens que o acompanharem. ¹¹Depois dirá a eles: Assim fala Javé dos exércitos: Vou quebrar este povo e esta cidade como se quebra o vaso do oleiro, que não tem mais conserto. As pessoas serão enterradas no lugar chamado Tofet, pois não haverá outro lugar para sepultá-las. ¹²É assim que vou fazer contra este lugar – oráculo de Javé – e contra seus habitantes: tornarei esta cidade como Tofet. ¹³Ficarão impuras como Tofet as casas de Jerusalém e as casas dos reis de Judá, todas as casas em cujos terraços queimaram incenso para os exércitos do céu, e onde derramaram vinho em honra de outros deuses.

¹⁴Jeremias foi-se embora de Tofet, aonde Javé o tinha mandado falar em seu nome, e colocou-se no pátio do Templo de Javé. Aí falou a todo o povo: ¹⁵"Assim diz Javé dos exércitos, o Deus de Israel: Vejam que eu farei vir contra esta cidade e contra todas as outras cidades do país, todos os males que anunciei, pois eles endureceram o pescoço e não me obedeceram".

20 *Disputas com Fassur* – ¹O sacerdote Fassur, filho de Emer, que era administrador-chefe do Templo de Javé, ouviu essas palavras de Jeremias. ²Fassur mandou bater no profeta Jeremias e colocá-lo no tronco que fica na porta superior de Benjamim e que dá para o Templo de Javé. ³No dia seguinte, Fassur mandou soltar Jeremias. Então Jeremias lhe disse: "Para Javé, você já não se chama Fassur, mas 'Terror de todos os lados'. ⁴Porque assim diz Javé: Vou transformá-lo em terror para si mesmo e para todos os que lhe são

---

19,1-15: Jeremias realiza mais um gesto simbólico para mostrar o destino de Jerusalém: a bilha quebrada. O texto original deve situar-se no início do reinado de Joaquim (19,1.2b-c.10-11a.14-15). Mais tarde, o texto foi reelaborado e ampliado no estilo de Jr 7,21-8,3. Tofet, termo hebraico que talvez signifique altar ou fogueira (cf. Is 30,33), é o nome do local em Jerusalém denominado vale de Ben-Enom (cf. 2Rs 23,10), onde se praticava sacrifício humano em honra de Moloc (ct. 32,35; Lv 20,2-5). Depois este local foi transformado em lixão público, conhecido como vale da Geena, símbolo de maldição ou inferno (cf. Mt 5,22).

20,1-6: É a primeira vez que se registra, de maneira concreta, um dos vários atos de violência contra Jeremias. A autoridade persegue quem denuncia a injustiça das estruturas da sociedade (cf. 26,1-24).

caros. Estes cairão mortos pela espada de seus inimigos. E você verá isso com seus próprios olhos. Entregarei Judá inteiro nas mãos do rei da Babilônia. Ele os levará cativos para a Babilônia e os matará à espada. ⁵Toda a riqueza desta cidade, toda a sua produção, tudo o que ela tem de valor e também os tesouros dos reis de Judá, eu entregarei nas mãos de seus inimigos. Eles vão saquear, vão se apossar de tudo e levar para a Babilônia. ⁶Você, porém, Fassur, com todos os que habitam em sua casa, terão de ir para o exílio na Babilônia. Aí você morrerá e será sepultado, você e todos aqueles que lhe são caros, para os quais você profetizava mentiras".

Quinta confissão – ⁷Tu me seduziste, Javé, e eu me deixei seduzir. Foste mais forte do que eu e venceste. Sirvo de zombaria o dia todo, e todo mundo caçoa de mim. ⁸Quando falo, é aos gritos, clamando: "Violência! Opressão!" A palavra de Javé ficou sendo para mim motivo de vergonha e gozação o dia todo. ⁹Eu dizia a mim mesmo: "Não pensarei mais nele, não falarei mais no seu nome!" Era como se houvesse em meu coração um fogo ardente, fechado em meus ossos. "Estou cansado de suportar, não aguento mais!" ¹⁰Ouço a calúnia de muitos: "Terror ao redor. Denunciem, vamos denunciá-lo". Todos os meus amigos esperam que eu tropece: "Quem sabe ele se deixe seduzir! Então o dominaremos e nos vingaremos dele". ¹¹Javé, porém, está a meu lado como valente guerreiro. Por isso, aqueles que me perseguem tropeçarão e não conseguirão vencer. Ficarão profundamente envergonhados, porque não terão êxito, e a vergonha deles será eterna e inesquecível. ¹²Javé dos exércitos, tu que examinas o justo e vês os rins e o coração, que eu possa ver tua vingança contra eles, pois foi a ti que confiei a minha causa.

¹³Cantem a Javé, louvem a Javé, pois ele livrou da mão dos malvados a vida do indigente.

¹⁴Maldito seja o dia em que nasci! Que jamais seja bendito o dia em que minha mãe me deu à luz! ¹⁵Maldito o homem que levou a notícia a meu pai, dizendo: "Nasceu um filho homem para você!", enchendo-o de alegria. ¹⁶Que essa pessoa sofra igual às cidades que Javé destruiu sem compaixão. Ouça gritos pela manhã e rumores de guerra ao meio-dia. ¹⁷Por que não me fez morrer no ventre materno? Minha mãe teria sido minha sepultura, e seu ventre estaria grávido para sempre! ¹⁸Por que saí do ventre materno? Só para ver tormentos e dores, e terminar meus dias na vergonha?

21 *Oráculo para o rei Sedecias* – ¹A palavra de Javé veio a Jeremias, quando o rei Sedecias lhe mandou Fassur, filho de Melquias, e o sacerdote Sofonias, filho de Maasias, para lhe dizer: ²"Interceda junto a Javé por nós, porque Nabucodonosor, rei da Babilônia, está em guerra contra nós. Quem sabe Javé faça em nosso favor algum de seus numerosos prodígios, e Nabucodonosor se afaste de nós". ³Jeremias respondeu: Digam a Sedecias: ⁴Assim diz Javé, o Deus de Israel: Veja! As armas com as quais vocês estão guerreando, eu as passarei ao rei da Babilônia e aos caldeus que cercam vocês fora da muralha, e os reunirei no meio desta cidade. ⁵Eu mesmo vou guerrear contra vocês com mão forte e braço estendido, com ira, com ódio e com furor muito grande. ⁶Ferirei os habitantes desta cidade, as pessoas e animais morrerão numa peste violenta. ⁷Depois disso – oráculo de Javé – pegarei Sedecias, rei de Judá, os servos, o povo, os que tiverem escapado da peste, da espada e da fome, e os entregarei nas mãos de Nabucodonosor, rei da Babilônia, nas mãos dos inimigos, daqueles que procuram matar vocês, e eles os matarão a fio de espada, não os pouparão, nem terão piedade ou compaixão.

⁸Para o povo, porém, você dirá: Assim diz Javé: Estou colocando diante de vocês

---

7-18: O texto mostra o drama interno de alguém que se entrega completamente à atividade profética, e sofre hostilidade e perseguição (cf. 38,1-6; Jó 3,3-26). Sua confiança no Deus dos pobres, porém, permanece inabalável (vv. 11-13; cf. Jó 19,15-27; 42,1-6).

21,1-10: Em 588 a.C., o exército de Nabucodonosor invade o reino de Judá e cerca Jerusalém. Diante da supremacia do império, Jeremias anuncia o caminho para sobreviver (cf. 6,16; Dt 30,15): submeter-se à Babilônia para salvar a vida do povo.

o caminho da vida e o caminho da morte. ⁹Quem ficar na cidade morrerá pela espada, pela fome e pela peste. Quem sair e se entregar aos caldeus, que cercam vocês, continuará vivo, e sua vida lhe será deixada como despojo. ¹⁰Pois eu me voltarei contra esta cidade, para a desgraça, e não para a felicidade dela – oráculo de Javé. Ela será entregue nas mãos do rei da Babilônia, e ele a incendiará.

Contra a casa real – ¹¹Você dirá à casa do rei de Judá: Escute a palavra de Javé. ¹²Casa de Davi, assim diz Javé: Vocês, de manhã, administrem o direito e libertem o oprimido da mão do opressor. Senão, minha ira devorará como fogo. Ela se acenderá, e ninguém poderá apagá-la, por causa de tudo o mal que vocês praticam.

¹³Eu estou chegando, Moradora do vale, Rochedo da planície – oráculo de Javé. Vocês dizem: "Quem poderá vir para nos atacar? Quem irá entrar em nossas casas?" ¹⁴Eu castigarei vocês conforme o fruto de suas ações – oráculo de Javé. Na floresta de vocês eu porei fogo, que devorará tudo em volta.

22 ¹Assim diz Javé: Desça à casa do rei de Judá. Chegando aí, diga o seguinte: ²Rei de Judá, você que está sentado no trono de Davi, escute a palavra de Javé. Que seus servos também escutem, como todo o povo que costuma entrar por estas portas. ³Assim diz Javé: Pratiquem o direito e a justiça. Libertem o oprimido da mão do opressor. Não tratem com violência nem oprimam o estrangeiro, o órfão e a viúva. E não derramem sangue inocente neste lugar. ⁴Se vocês obedecerem de verdade a esta ordem, os reis que se sentam no trono de Davi, e também seus servos e todo o seu povo, continuarão entrando pelas portas desta casa, montados em carros e cavalos. ⁵Mas, se vocês não obedecerem a estas palavras, eu juro por mim mesmo – oráculo de Javé – que este palácio se transformará numa ruína.

⁶Assim diz Javé à casa do rei de Judá: Você era para mim como Galaad e o cume do Líbano. Juro que transformarei você num deserto, numa cidade desabitada. ⁷Consagrarei os destruidores que virão contra você, cada um com suas armas: eles cortarão os melhores cedros que você possui e os lançarão no fogo. ⁸Muitas nações atravessarão esta cidade, e as pessoas perguntarão umas às outras: "Por que Javé tratou assim esta grande cidade?" ⁹E responderão: "Foi porque eles abandonaram a aliança de Javé seu Deus, e adoraram outros deuses e os serviram".

Contra Joacaz – ¹⁰Não chorem pelo morto e não façam lamentações por ele. Chorem por quem partiu, pois ele nunca mais voltará para rever sua terra natal. ¹¹Assim diz Javé a respeito de Selum, filho de Josias, rei de Judá, que começou a reinar no lugar de seu pai Josias, e saiu deste lugar. Ele nunca mais voltará aqui. ¹²Ele morrerá no lugar para onde o exilaram, e nunca mais verá esta terra.

Contra Joaquim – ¹³Ai daquele que constrói sua casa sem justiça e seus aposentos sem o direito, que faz o próximo trabalhar por nada, sem dar-lhe o pagamento, ¹⁴e que diz: "Vou construir uma casa grande, com imensos aposentos". E faz janelas, recobre a casa com cedro e a pinta de vermelho. ¹⁵Você pensa que é rei porque tem mais cedro que os outros? Seu pai não comeu e não bebeu? Pois ele fez o que é justo e o que é direito, e em seu tempo tudo correu bem para ele. ¹⁶Ele julgava com justiça a causa do pobre e do indigente. E tudo corria bem para ele!

21,11-23,8: Após o oráculo para o rei Sedecias, o redator deuteronomista apresenta uma avaliação negativa dos reis de Judá. O único deles que recebe o elogio incondicional do deuteronomista é Josias (22,15-16). Este realiza a reforma de centralização político-religiosa sob a orientação do livro da Lei (= Dt 12-26; cf. Dt 28,58-62; 2Rs 22,8; 23,3).

21,11-22,9: Segundo o redator, a casa real deve ser um instrumento de Deus para organizar uma sociedade fundada no direito e na justiça (cf. Sl 72,1-4). Entretanto, os reis abandonaram a aliança com Javé, seguindo outros deuses, e buscaram seus próprios interesses (cf. Dt 17,14-20). Então Javé os castigou, trazendo as nações para devastarem Judá e Jerusalém (cf. Lm 2,1-9).

22,10-12: No mesmo ano da morte de Josias, em 609 a.C., Joacaz (= Selum) foi deportado para o Egito (cf. 2Rs 23,29-34).

13-19: O redator deuteronomista elogia o rei Josias, que impôs a lei da centralização exclusiva do culto em Jerusalém (vv. 15-16; cf. 2Rs 23,24-25). Depois da morte de Josias e da deportação do seu sucessor Joacaz, Joaquim assumiu um país em crise, pagando pesados tributos ao Egito. No entanto, o rei reformou e embelezou o próprio palácio, explorando o povo com brutalidade.

Isto não é conhecer-me? – oráculo de Javé. ¹⁷Mas você não tem olhos nem coração, a não ser para seu lucro, para derramar sangue inocente e para praticar a opressão e a violência. ¹⁸Por isso, assim diz Javé a Joaquim, rei de Judá, filho de Josias: Ninguém vai chorar por ele, dizendo: "Ai, meu irmão! Ai, minha irmã!" Ninguém vai chorar por ele: "Ai, meu senhor! Ai, majestade!" ¹⁹Ele será sepultado como jumento, será arrastado e jogado fora, longe das portas de Jerusalém.

Contra Jerusalém e Jeconias – ²⁰Suba o Líbano e grite por socorro. Em Basã faça ouvir sua voz: grite por socorro desde Abarim, porque foram esmagados todos os seus amantes. ²¹Falei com você quando você estava tranquila, mas você me respondeu: "Não quero te ouvir". É este seu caminho desde a mocidade: você jamais me obedeceu. ²²Todos os seus pastores se tornarão pasto do vento. Seus amantes irão para o exílio. Nessa hora, você se sentirá confusa e envergonhada por causa de toda a sua maldade. ²³Moradora do Líbano, aninhada nos mais altos cedros, você gemerá ao chegarem suas dores, as contrações, como para a mulher no parto. ²⁴Pela minha vida – oráculo de Javé: Jeconias, filho de Joaquim, rei de Judá, ainda que você fosse um anel em minha mão direita, eu o arrancaria. ²⁵Vou entregar você nas mãos daqueles que o querem matar, daqueles de quem você tem medo: Nabucodonosor, rei da Babilônia, e os caldeus. ²⁶Expulsarei você e sua mãe, aquela que o pôs no mundo, para uma terra onde vocês não nasceram. E aí vocês morrerão. ²⁷Mas para a terra aonde eles desejam voltar, não voltarão. ²⁸Será uma vasilha imprestável, quebrada, esse tal de Jeconias, ou é um objeto que ninguém quer? Por que será que ele e sua família foram expulsos e jogados fora para uma terra que não conhecem? ²⁹Terra, terra, terra! Escute a palavra de Javé. ³⁰Assim diz Javé: Registrem esse homem como alguém que não tem filhos, indivíduo sem sucesso na vida, porque ninguém de sua família conseguirá sentar-se no trono de Davi, para governar novamente em Judá.

23 O rei do futuro

¹Ai dos pastores que destroem e dispersam o rebanho da minha pastagem – oráculo de Javé. ²Por isso, assim diz Javé, o Deus de Israel, contra os pastores que apascentam meu povo: Vocês dispersaram e expulsaram minhas ovelhas e não se preocuparam com elas. Pois agora sou eu que vou pedir contas a vocês do mal que praticaram – oráculo de Javé. ³Eu mesmo vou reunir o resto de minhas ovelhas de todas as terras para onde eu as tinha expulsado. Vou trazê-las de volta para seus currais, para que cresçam e se multipliquem. ⁴Vou dar-lhes pastores que cuidem delas, e elas não mais temerão, nem se assustarão, nem se perderão – oráculo de Javé.

⁵Vejam que chegarão dias – oráculo de Javé – em que eu farei brotar para Davi um broto justo. Ele reinará como verdadeiro rei e será sábio, pondo em prática o direito e a justiça na terra. ⁶Em seus dias, Judá estará a salvo e Israel viverá em paz. E lhe darão o nome de "Javé, nossa justiça".

⁷Vejam que chegarão dias – oráculo de Javé – em que não se dirá mais: "Viva Javé, que tirou os israelitas do Egito". ⁸Em lugar disso, dirão: "Viva Javé, que tirou a descendência de Israel da terra do norte e de todas as terras para onde os havia expulsado, trazendo-os de novo para a sua terra".

Contra os falsos profetas – ⁹Sobre os profetas. Meu coração está estraçalhado dentro do peito, meus ossos todos tremem. Pareço um bêbado embriagado de vinho, mas é por causa de Javé e de suas santas palavras. ¹⁰A terra está cheia de adúlteros. Por causa da maldição, toda a terra está de

---

20-30: O oráculo parece referir-se à primeira invasão de Nabucodonosor, em 597 a.C. A Jerusalém personifica-da (cf. Ez 16) é punida por confiar nos "amantes" (aliados judaítas) na rebelião contra a Babilônia (cf. Lm 1,19; Ez 23,5.9.22). Após o retorno do exílio, a casa davídica não foi reconstruída (cf. 36,30; 1Cr 3,16-24; Mt 1,12).

23,1-8: Os reis de Judá (pastores) são castigados por não cumprirem seu dever de conduzir o povo (cf. Ez 34).

No lugar deles, Javé suscitará um rei da casa davídica, o "broto justo" (33,15-16; cf. Is 4,2; Zc 3,8; 6,12).

9-40: O texto original deve ser atribuído à mensagem de Jeremias, ainda que a redação final seja do redator deuteronomista (cf. Dt 13,2-6). As críticas mais severas de Jeremias são dirigidas aos profetas da corte, que enganam o povo, desviando-o do caminho do Deus da vida (cf.14,13-16; Mq 3,5-8).

luto e os pastos dos campos ficaram secos. O caminho deles é a maldade, e sua força é a injustiça. ¹¹Até o profeta e o sacerdote são ímpios, até em minha casa encontrei a maldade deles – oráculo de Javé. ¹²Por isso, o caminho deles se tornará escorregadio, serão empurrados para as trevas e nelas cairão. Pois eu mandarei sobre eles a desgraça, no ano do seu castigo – oráculo de Javé.

¹³Entre os profetas da Samaria vi coisas absurdas: eles profetizam por Baal e extraviam meu povo Israel. ¹⁴Entre os profetas de Jerusalém, o que vi era horrível: cometem adultério e praticam a mentira, dão a mão aos malfeitores, para que ninguém se converta da sua maldade. Para mim, todos eles são como Sodoma, e seus habitantes são como Gomorra. ¹⁵Por isso, assim diz Javé dos exércitos contra os profetas: Farei vocês comerem absinto e beber água envenenada, porque dos profetas de Jerusalém se espalhou a impiedade por toda a terra.

¹⁶Assim diz Javé dos exércitos: Não deem atenção às palavras dos profetas que profetizam para vocês. Eles enganam vocês. A visão que eles anunciam é de seu próprio coração, e não da boca de Javé. ¹⁷Eles dizem aos que desprezam a palavra de Javé: "Vocês terão paz". E aos que seguem a obstinação de seu coração dizem: "O mal nunca atingirá vocês".

¹⁸Quem estava no conselho de Javé? Quem viu e ouviu sua palavra? Quem ouviu sua palavra e obedeceu? ¹⁹Eis a tempestade de Javé. Seu furor se desencadeia, um furacão gira sobre a cabeça dos ímpios. ²⁰A ira de Javé não recuará, enquanto não realizar, enquanto não executar os projetos de seu coração. Nos últimos dias, vocês compreenderão tudo. ²¹Eu não enviei nenhum desses profetas, mas eles foram correndo. Com eles eu nada falei, e no entanto eles profetizam. ²²Se eles tivessem assistido a meu conselho e tivessem levado ao meu povo a minha mensagem, o povo teria recuado do seu mau caminho, teria deixado o mal que praticava. ²³Será que eu sou Deus só de perto? – oráculo de Javé. De longe, eu não sou Deus? ²⁴Pode alguém esconder-se em algum lugar onde eu não possa vê-lo? – oráculo de Javé. Será que eu não ocupo o céu e a terra? – oráculo de Javé.

²⁵Eu ouvi o que dizem os profetas que em meu nome profetizam mentiras, dizendo: "Eu tive um sonho! Eu tive um sonho!" ²⁶Até quando os profetas continuarão profetizando mentiras e fantasias de seu coração? ²⁷Eles pretendem fazer meu povo esquecer meu nome, usando os sonhos que contam uns aos outros, da mesma forma como seus pais me esqueceram por causa de Baal. ²⁸O profeta que teve um sonho, que conte seu sonho. Aquele que recebeu uma palavra minha, que transmita essa palavra fielmente. O que é que a palha tem com o grão? – oráculo de Javé. ²⁹Minha palavra não é como fogo? – oráculo de Javé – ou como martelo que tritura a pedra? ³⁰Por isso, estou contra os profetas – oráculo de Javé – que roubam minha palavra uns dos outros. ³¹Estou contra os profetas – oráculo de Javé – que abrem a boca para soltar oráculos. ³²Estou contra os profetas – oráculo de Javé – que profetizam sonhos mentirosos, depois contam para os outros, e com suas mentiras e seus enganos desorientam meu povo. Eu não enviei nenhum deles, nem lhes dei ordem nenhuma, e eles não têm serventia alguma para esse povo – oráculo de Javé. ³³Se alguém deste povo, seja profeta ou sacerdote, lhe perguntar: "Qual é a carga de Javé?", você lhe responderá: "Vocês é que são a carga de Javé, e eu os rejeitarei" – oráculo de Javé. ³⁴E o profeta, sacerdote ou gente do povo que falar mais uma vez: "Carga de Javé", eu acertarei contas com essa pessoa e sua casa. ³⁵Vocês deverão falar assim uns para os outros, irmão para irmão: "O que foi que Javé respondeu? O que foi que Javé falou?" ³⁶Vocês não deverão mais lembrar esta expressão: "Carga de Javé". A palavra de cada um será sua própria carga, pois vocês mudaram o sentido da palavra do Deus vivo, de Javé dos exércitos, nosso Deus. ³⁷Você perguntará ao profeta: "O que foi que Javé respondeu? O que foi que Javé falou?" ³⁸Se vocês disserem: "Carga de Javé", então eis o que Javé diz: Visto que vocês repetem "Carga de Javé", quando eu lhes mandei que não falassem mais "Carga de Javé", ³⁹exatamente por isso eu carregarei vocês como um peso e os lançarei para longe de minha face, vocês e a

cidade que dei a vocês e a seus pais. ⁴⁰Eu os cobrirei com vergonha eterna e confusão permanente, que nunca serão esquecidas.

24 Os dois cestos de figos –
¹Javé me fez ver dois cestos de figos, colocados na frente do Templo de Javé. Isso aconteceu depois que Nabucodonosor, rei da Babilônia, exilou Jeconias, filho de Joaquim, rei de Judá, com seus oficiais, ferreiros e serralheiros, e os levou para a Babilônia. ²Um dos dois cestos tinha figos muito bons, como do princípio da colheita. O outro continha figos ruins, tão ruins que não serviam nem mesmo para comer. ³Javé me disse: "O que é que você está vendo, Jeremias?" Eu respondi: "Figos. Os figos bons são muito bons, os figos ruins são muito ruins, tão ruins que nem servem para comer". ⁴Então veio a mim esta palavra de Javé: ⁵Assim diz Javé, o Deus de Israel: Eu considero bons, semelhantes a estes figos bons, os exilados de Judá, que expulsei deste lugar para a terra dos caldeus. ⁶Lançarei meu olhar sobre eles, para o bem deles. Vou trazê-los de volta para esta terra, vou restabelecê-los para nunca mais destruí-los, vou plantá-los para nunca mais arrancá-los. ⁷Darei a eles um coração capaz de me conhecer, pois eu sou Javé. Eles serão meu povo e eu serei o Deus deles, se eles se converterem para mim de todo o coração. ⁸Como se trata a estes figos ruins, tão ruins que nem servem para comer – assim diz Javé –, de igual modo tratarei a Sedecias, rei de Judá, a seus oficiais, ao resto de Jerusalém, aos que ficaram na terra e aos que foram habitar na terra do Egito. ⁹Eu os tornarei motivo de espanto para todos os reinos da terra, motivo de vergonha, de provérbio, de caçoada e de maldição em todos os lugares para onde eu os expulsar. ¹⁰Enviarei contra eles a espada, a fome e a peste, até desaparecerem da face da terra que eu tinha dado a eles e a seus pais.

25 Babilônia, instrumento de Deus –
¹Palavra que veio a Jeremias sobre todo o povo de Judá, no quarto ano de Joaquim, filho de Josias, rei de Judá. Foi no primeiro ano do domínio de Nabucodonosor, rei da Babilônia. ²Palavra que o profeta Jeremias anunciou a todo o povo de Judá e aos habitantes de Jerusalém, dizendo: ³Desde o décimo terceiro ano de Josias, filho de Amon, rei de Judá, até hoje, há vinte e três anos, veio a mim a palavra de Javé, e eu a transmiti para vocês sem parar, mas vocês não escutaram. ⁴Javé sempre lhes mandou, sem parar, todos os seus servos, os profetas, mas vocês não quiseram escutar, nem quiseram voltar os ouvidos para ouvir, ⁵quando se dizia a vocês: "Cada um se converta de seus maus caminhos e das maldades que costuma praticar, para continuarem morando na terra que Javé deu a vocês e a seus pais, desde os tempos antigos e para sempre. ⁶Não sigam outros deuses, para servi-los e adorá-los, e não me provoquem com as obras das mãos de vocês, e eu não lhes farei mal. ⁷Mas vocês não me escutaram – oráculo de Javé – e me provocaram com as obras de suas mãos para sua própria desgraça.

⁸Por isso, assim diz Javé dos exércitos: Já que vocês não ouviram minhas palavras, ⁹eu mandarei buscar todas as tribos do norte – oráculo de Javé – e também meu servo Nabucodonosor, rei da Babilônia, para virem contra esta terra, contra seus habitantes e contra todas as nações vizinhas. Vou condenar todos ao extermínio, vou fazer deles um objeto de horror, de vaia e de deserto permanente. ¹⁰Eliminarei do meio deles o som da música, os gritos de alegria, a voz do noivo e da noiva, o barulho do moinho e a luz da lâmpada. ¹¹A terra inteira será entregue à destruição e desolação, e o povo ficará escravo do rei da Babilônia durante se-

---

24,1-10: Acréscimo pós-exílico para alimentar no povo a esperança da restauração. O rei Sedecias e seus partidários favoráveis ao Egito são figos maus, e serão castigados e destruídos (cf. 29,16-20). Ao contrário, os governantes exilados da casa davídica, considerados figos muito bons, serão restaurados e prosperarão (cf. 29,10-14). De fato, após o exílio, este segundo grupo estabelece o governo judaico, ao qual o redator pertence. Sobre os governantes exilados, cf. a introdução a Ezequiel.

25,1-14: No tempo pós-exílico, o redator deuteronomista interpreta e resume a pregação de Jeremias acerca de Judá e do exílio. Para o redator, a causa do desastre nacional e da escravidão de setenta anos (cf. 29,10; 2Cr 36,21; Dn 9,2) é a infidelidade do povo por servir e adorar a outros deuses.

tenta anos. ¹²Depois de completados os setenta anos, eu castigarei o rei da Babilônia e seu povo – oráculo de Javé –, isto é, a terra dos caldeus, por causa de seus crimes. Vou transformá-la em desolação permanente. ¹³Farei vir sobre essa terra todas as palavras que eu disse contra ele, tudo o que está escrito neste livro, e que Jeremias tinha predito contra todas as nações. ¹⁴Estas nações, por sua vez, servirão a muitas nações e a reis poderosos. Eu cobrarei suas ações, as obras de suas mãos.

A taça de vinho – ¹⁵Assim me disse Javé, o Deus de Israel: "Pegue da minha mão esta taça de vinho da minha ira, e faça que bebam dela todas as nações para as quais eu envio você. ¹⁶Elas beberão, ficarão embriagadas e perderão o juízo diante da espada que mandarei para o meio delas." ¹⁷Peguei a taça da mão de Javé e fiz que bebessem dela todas as nações para as quais Javé me enviou: ¹⁸Jerusalém e as cidades de Judá com seus reis e oficiais, para entregá-los à destruição, desolação, vergonha e maldição, como acontece ainda hoje; ¹⁹o faraó, rei do Egito, com seus servos, seus oficiais e todo o seu povo; ²⁰gente de todas as raças e todos os reis da terra de Hus; todos os reis da região dos filisteus: Ascalon, Gaza, Acaron e o resto de Azoto; ²¹Edom, Moab e o povo de Amon; ²²os reis de Tiro, de Sidônia e da ilha que está no além-mar; ²³Dadã, Tema e Buz, todos os de cabeça raspada; ²⁴os reis árabes que moram no deserto; ²⁵todos os reis de Zambri; os reis de Elam e os reis da Média; ²⁶por fim, todos os reis do norte, tanto os mais próximos como os mais distantes. Um depois do outro, eu fiz com que todos os reinos que existem sobre a face da terra bebessem. E o rei da Babilônia beberá depois deles.

²⁷Você dirá a eles: "Assim diz Javé dos exércitos, o Deus de Israel: Bebam até ficar embriagados, até vomitar e cair sem poderem mais se levantar, diante da espada que eu envio para o meio de vocês". ²⁸Se recusarem pegar a taça de sua mão para beber, você dirá a eles: "Assim diz Javé dos exércitos: É claro que vocês beberão! ²⁹Pois, se eu começo a castigar precisamente a cidade sobre a qual é invocado o meu nome, pretendem vocês ficar impunes? Não, vocês não ficarão impunes, pois eu convocarei a espada contra todos os habitantes da terra – oráculo de Javé dos exércitos".

³⁰Você, porém, profetizará todas essas palavras e dirá a eles: Javé ruge lá do alto. De sua santa morada ele faz ouvir a sua voz. Ruge contra a pastagem dele. Como aquele que pisa a uva, ele solta gritos de alegria contra todos os habitantes da terra. ³¹O barulho chega até aos confins da terra, porque Javé entra em processo contra as nações, faz o julgamento de toda criatura e abandona os ímpios à espada – oráculo de Javé. ³²Assim diz Javé dos exércitos: A desgraça passa de nação para nação. Um grande furacão se levanta das extremidades da terra. ³³Nesse dia, as vítimas de Javé cobrirão a terra de ponta a ponta. Ninguém as recolherá, nem as enterrará, nem fará luto por elas: ficarão como esterco sobre o chão.

³⁴Gemam, pastores, gritem! Rolem na poeira, chefes do rebanho! Pois chegou para vocês o dia da matança, o dia de serem expulsos um para cada lado. Vocês cairão como carneiros escolhidos. ³⁵Não há escapatória para os pastores, nem saída para os chefes do rebanho. ³⁶Ouçam os gritos dos pastores, o urro dos chefes do rebanho! Porque Javé destruiu suas pastagens. ³⁷Os prados tranquilos foram devastados, por causa da ardente ira de Javé. ³⁸O leão abandona a toca, pois a terra deles virou um deserto, por causa da espada devastadora, por causa da ardente ira de Javé.

II. RELATOS SOBRE JEREMIAS

26 *Julgamento de Jeremias* – ¹No começo do reinado de Joaquim, filho de Josias, rei de Judá, veio a Jeremias

---

15-38: O texto é, provavelmente, pós-exílico e deve ter acompanhado os outros oráculos contra as nações (cf. caps. 46-51). Jeremias é descrito como receptor da "taça de vinho", a ira de Javé, que destrói seu povo infiel e todas as nações (cf. 13,12-14; Zc 12,2).

26,1-29,32: Na conjuntura política do seu tempo, Jeremias percebe que a revolta contra o império babilônico só serviria para a destruição total do país.
26,1-24: Os discípulos de Jeremias resumem aqui os discursos dele contra o Templo e Jerusalém, discursos

esta palavra de Javé: ²Assim diz Javé: Fique no átrio da Casa de Javé e diga a todos os habitantes de Judá, que vêm prostrar-se na Casa de Javé, todas as palavras que eu estou mandando dizer, sem omitir palavra alguma. ³Quem sabe eles escutem e se convertam, cada um, de sua má conduta, e eu me arrependa do castigo que preparo contra eles, por causa de suas más ações. ⁴Você dirá o seguinte: Assim diz Javé: Se vocês não me obedecerem, seguindo a Lei que promulguei para vocês, ⁵e se não escutarem o que dizem meus servos, os profetas, que eu lhes envio sem cessar, embora vocês não os escutem, ⁶então, eu vou fazer deste Templo o que fiz com o santuário de Silo, e desta cidade farei uma coisa maldita para todas as nações da terra.

⁷Os sacerdotes, os profetas e todo o povo ouviram Jeremias falando isso na Casa de Javé. ⁸Depois que Jeremias terminou de falar tudo o que Javé lhe havia ordenado que dissesse ao povo, os sacerdotes e os profetas o prenderam, dizendo: "Você deve morrer. ⁹Por que você profetizou em nome de Javé, dizendo que vai acontecer a este Templo o que aconteceu com o santuário de Silo, e que esta cidade será destruída e ficará sem habitantes?" E o povo todo se aglomerou na Casa de Javé contra Jeremias.

¹⁰Ao ouvirem falar disso, os oficiais de Judá foram do palácio do rei para a Casa de Javé, e se assentaram no tribunal da porta Nova da Casa de Javé. ¹¹Então os sacerdotes e os profetas disseram aos oficiais e a todo o povo: "Este homem deve ser condenado à morte, pois profetizou contra esta cidade, conforme vocês mesmos ouviram". ¹²Jeremias respondeu aos oficiais e a todo o povo: "Foi Javé quem me mandou profetizar, contra este Templo e contra esta cidade, tudo o que vocês ouviram. ¹³Agora, corrijam sua conduta e suas ações. Obedeçam a Javé, o Deus de vocês, e Javé desistirá das ameaças que proferiu contra vocês. ¹⁴Quanto a mim, eu estou na mão de vocês. Façam de mim o que acharem melhor. ¹⁵Mas fiquem sabendo: se vocês me matarem, estarão jogando a culpa da morte de um inocente sobre vocês mesmos, sobre esta cidade e seus habitantes, pois foi de fato Javé quem me enviou a falar para vocês todas essas palavras".

¹⁶Os oficiais e todo o povo disseram aos sacerdotes e profetas: "Esse homem não deve ser condenado à morte, pois foi em nome de Javé, o nosso Deus, que ele nos falou". ¹⁷Alguns anciãos da terra tomaram então a palavra e, dirigindo-se a todo o povo reunido, disseram: ¹⁸"Miqueias de Morasti foi um profeta no tempo de Ezequias, rei de Judá. Ele disse a todo o povo de Judá: 'Assim diz Javé dos exércitos: Sião será arada como um campo, Jerusalém se tornará um montão de ruínas, e o monte do Templo uma colina cheia de mato'. ¹⁹Por acaso Ezequias, rei de Judá, ou o próprio povo de Judá mataram Miqueias? Por acaso não temeram a Javé e o acalmaram? E Javé não desistiu da ameaça que havia lançado contra eles? Nós, porém, estamos para cometer um grande crime contra nós mesmos".

²⁰Houve também outro profeta que profetizou em nome de Javé: Urias, filho de Semeías, natural de Cariat-Iarim. Ele profetizou contra esta cidade e esta terra, da mesma forma que Jeremias. ²¹O rei Joaquim, seus guardas e oficiais o ouviram, e o rei procurou matá-lo. Mas, ao ouvir isso, Urias ficou com medo e fugiu para o Egito. ²²O rei Joaquim enviou ao Egito Elnatã, filho de Acobor, com alguns homens. ²³Eles trouxeram Urias do Egito e o levaram até o rei Joaquim. O rei mandou matá-lo a fio de espada e jogar seu corpo na vala comum. ²⁴Jeremias, porém, foi protegido por Aicam, filho de Safã, de modo que não foi entregue nas mãos do povo para ser morto.

27 Submissão ao rei da Babilônia

¹No começo do reinado de Sedecias, filho de Josias, rei de Judá, veio a Jeremias esta palavra de Javé: ²Assim me diz Javé: Faça para você cordas e uma

---

que provocaram conflitos com o rei Joaquim e seus colaboradores (cf. 7,1-15). Aicam, filho de Safã (cf. 2Rs 22,8), pertence ao partido favorável à vassalagem à Babilônia. Depois da segunda deportação em 587 a.C.,

Jeremias se une a Godolias, governador nomeado pela Babilônia (cf. Jr 40,7-16).

27,1-22: Diante dos profetas da corte que propagam a rebelião contra o império da Babilônia (cf. 28,2-4),

canga, e coloque-a no pescoço. ³Depois, através dos emissários que vieram a Jerusalém para estar com Sedecias, rei de Judá, mande uma mensagem aos reis de Edom, Moab, Amon, Tiro e Sidônia. ⁴Diga-lhes que informem a seus senhores: Assim diz Javé dos exércitos, o Deus de Israel: Digam a seus senhores: ⁵Eu criei a terra, os homens e todos os animais sobre a face da terra, com minha grande força e braço estendido, e os dou a quem eu quero. ⁶Pois bem! Entrego todas essas terras nas mãos de meu servo Nabucodonosor, rei da Babilônia. Eu colocarei até as feras a serviço dele. ⁷Todas as nações ficarão submetidas a ele, a seu filho e a seu neto, até chegar a hora de a terra dele ser escravizada por numerosas nações e reis poderosos. ⁸Se uma nação e seu reino não se submeterem a Nabucodonosor, rei da Babilônia, e não colocarem o pescoço sob o jugo do rei da Babilônia, eu castigarei essa nação com espada, fome e peste, até entregá-la em suas mãos – oráculo de Javé. ⁹Quanto a vocês, não façam caso de seus profetas e adivinhos, intérpretes de sonhos, feiticeiros e magos, que lhes dizem: "Vocês não ficarão submetidos ao rei da Babilônia". ¹⁰Porque eles profetizam mentiras, para tirar vocês da própria terra e para que eu espalhe e destrua vocês. ¹¹A nação, porém, que dobrar o pescoço e se submeter ao rei da Babilônia, eu a deixarei tranquila em sua terra, para que a cultive e fique habitando nela – oráculo de Javé.

¹²Palavras iguais a essas eu disse também a Sedecias, rei de Judá: Coloquem o pescoço sob a canga do rei da Babilônia, submetam-se a ele e a seu povo, e vocês viverão. ¹³Por que você e seu povo haveriam de morrer pela espada, pela fome e pela peste, como Javé anunciou à nação que não se submeter ao rei da Babilônia? ¹⁴Não façam caso dos profetas que lhes dizem: "Vocês não servirão ao rei da Babilônia", pois é mentira o que eles profetizam. ¹⁵Não fui eu quem os enviou – oráculo de Javé. Eles profetizam mentiras em meu nome, para que eu tenha de expulsar e destruir vocês e os profetas que profetizam para vocês.

¹⁶Aos sacerdotes e a todo o povo eu disse: Assim diz Javé: Não escutem esses profetas que lhes profetizam, dizendo: "Vejam! Logo, logo, os objetos da Casa de Javé serão trazidos de volta da Babilônia". É mentira o que eles profetizam. ¹⁷Não façam caso deles. Aceitem ser servos do rei da Babilônia, que vocês ficarão vivos, e esta cidade não se transformará em ruínas. ¹⁸Se eles são profetas e se a palavra de Javé está com eles, então rezem a Javé dos exércitos para que o resto dos objetos que existem na Casa de Javé e no palácio do rei de Judá e em Jerusalém não sejam levados também para a Babilônia. ¹⁹Pois assim diz Javé dos exércitos a respeito das colunas, do mar de bronze e dos pedestais, de todos os outros objetos que ficaram nesta cidade, ²⁰que não foram levados por Nabucodonosor, rei da Babilônia, quando ele levou para o exílio Jeconias, filho de Joaquim, rei de Judá, transferindo-o de Jerusalém para a Babilônia, com todos os notáveis de Judá e de Jerusalém. ²¹Assim diz Javé dos exércitos, o Deus de Israel, a respeito dos objetos que ficaram na Casa de Javé e no palácio do rei de Judá e em Jerusalém: ²²Serão levados para a Babilônia e aí ficarão até o dia em que eu os visitar – oráculo de Javé. Então eu os trarei de volta e os colocarei de novo neste lugar.

28 Hananias e Jeremias

¹Nesse mesmo ano, ao começar o reinado de Sedecias em Judá, no quarto ano, no quinto mês, Hananias, filho de Azur, que era profeta em Gabaon, falou comigo na Casa de Javé, diante dos sacerdotes e de todo o povo, dizendo: ²"Assim diz Javé dos exércitos, o Deus de Israel: Quebro o jugo do rei da Babilônia. ³Dentro de dois anos vou trazer de volta para este lugar todos os objetos da Casa de Javé que Nabucodonosor, rei da Babilônia, pegou e levou para a Babilônia. ⁴Também vou trazer de volta Jeconias, filho de Joaquim, rei de Judá, e todos os exilados de Judá levados para a

---

Jeremias anuncia o contrário: submeter-se ao império como único meio de sobreviver (cf. 38,17). A rebelião só provocaria violenta repressão do império e consequente devastação do campo (cf. 2Rs 25,13-17; Ez 17,1-24).

28,1-17: Hananias, profeta da corte, interessado na volta imediata dos objetos do Templo e dos governantes deportados, proclama a guerra santa contra a Babilônia, quebrando a canga de madeira com o qual Jeremias

Babilônia – oráculo de Javé – porque vou quebrar o jugo do rei da Babilônia".

⁵Na presença dos sacerdotes e de todo o povo que estava na Casa de Javé, o profeta Jeremias respondeu ao profeta Hananias, ⁶dizendo: "Amém! Que assim faça Javé. Que Javé confirme o que você profetizou, trazendo da Babilônia para cá os objetos da Casa de Javé e todos os exilados. ⁷Entretanto, escute o que vou dizer a você e a todo o povo: ⁸Os profetas que existiram antes de mim e antes de você, desde os tempos antigos, profetizaram guerra, calamidade e peste para muitas nações e reinos poderosos. ⁹E quanto ao profeta que prometia paz, só quando sua profecia se realizar é que ele será reconhecido como profeta realmente enviado por Javé". ¹⁰Então Hananias pegou a canga que estava no pescoço de Jeremias e a quebrou. ¹¹Em seguida, falou diante de todo o povo: "Assim diz Javé: Desta mesma forma, dentro de dois anos, eu quebrarei o jugo de Nabucodonosor, rei da Babilônia, que está no pescoço de todas as nações". E o profeta Jeremias foi embora.

¹²Depois que Hananias quebrou a canga que estava no pescoço de Jeremias, veio a Jeremias a palavra de Javé: ¹³"Vá dizer a Hananias o seguinte: Assim diz Javé: Você quebrou uma canga de madeira, e eu vou substituí-la por uma canga de ferro. ¹⁴Porque assim diz Javé dos exércitos, o Deus de Israel: É uma canga de ferro que eu vou colocar no pescoço de todas as nações, para que estejam subjugadas a Nabucodonosor, rei da Babilônia, como escravas. E até os animais selvagens eu entregarei a ele". ¹⁵Em seguida, o profeta Jeremias falou ao profeta Hananias: "Escute-me, Hananias: não foi Javé quem mandou você, e você está fazendo esse povo acreditar numa mentira. ¹⁶Por isso, assim diz Javé: Mandarei você embora da face da terra. Ainda este ano você morrerá, por ter anunciado revolta contra Javé". ¹⁷E Hananias morreu nesse mesmo ano, no sétimo mês.

29 *Carta aos exilados* – ¹São estas as palavras da carta que o profeta Jeremias enviou de Jerusalém ao resto dos anciãos no exílio, aos sacerdotes, aos profetas e a todo o povo que Nabucodonosor havia deportado de Jerusalém para a Babilônia. ²Ele enviou a carta depois que saíram de Jerusalém o rei Jeconias com a rainha-mãe, os eunucos, os príncipes de Judá e de Jerusalém, os ferreiros e os serralheiros. ³Ele enviou a carta por intermédio de Elasa, filho de Safã, e por intermédio de Gamarias, filho de Helcias, que Sedecias, rei de Judá, tinha enviado à Babilônia em missão junto ao rei Nabucodonosor.

A carta dizia o seguinte: ⁴Assim diz Javé dos exércitos, o Deus de Israel, a todo o povo que levei de Jerusalém para o exílio na Babilônia: ⁵Construam casas para vocês habitarem. Plantem pomares para comerem de suas frutas. ⁶Casem-se, gerem filhos e filhas, arranjem esposas para seus filhos e maridos para suas filhas, e que eles também gerem filhos e filhas. Multipliquem-se aí, não diminuam. ⁷Busquem a paz da cidade para onde eu os exilei e rezem a Javé por ela, pois a paz desse lugar será a paz de vocês.

⁸Assim diz Javé dos exércitos, o Deus de Israel: Não se deixem enganar pelos profetas que existem no meio de vocês. Não escutem os adivinhos nem os sonhos que eles dizem que têm, ⁹pois eles profetizam mentiras em meu nome. Eu não enviei nenhum deles – oráculo de Javé.

¹⁰Assim diz Javé: Quando se completarem setenta anos na Babilônia, eu olharei para vocês e cumprirei minhas promessas, trazendo-os de volta para este lugar. ¹¹Conheço meus projetos sobre vocês – oráculo de Javé: são projetos de paz e não de sofrimento, para dar-lhes um futuro e uma esperança. ¹²Quando vocês me invocarem, rezarão a mim, e eu os ouvirei. ¹³Vocês me procurarão, e me encontrarão, se me buscarem de todo o coração. ¹⁴Eu me deixarei encontrar e

---

simboliza a submissão ao império. Então Jeremias anuncia a "canga de ferro", que representa a repressão mais severa do império. Ele se preocupa, primeiramente, com a vida de seu povo (cf. 27,12). Sobre a veracidade da profecia, cf. Dt 18,9-22.

29,1-32: Jeremias escreve uma carta aos exilados com dois recados: procurar vida e paz na deportação (vv. 4-7), e desmascarar os falsos profetas que prometem o retorno imediato (vv. 8-9.21-32). Os vv. 10-14, com a mensagem de restauração (cf. 24,5-7; 25,12),

mudarei a sorte de vocês – oráculo de Javé. Vou reuni-los de todas as nações e lugares por onde os espalhei – oráculo de Javé – e os farei retornar ao lugar de onde os exilei. ¹⁵Vocês dizem: "Javé suscitou profetas para nós na Babilônia". ¹⁶Pois bem! Assim diz Javé a respeito de seus irmãos que não foram levados junto com vocês para o exílio, isto é, o rei que está no trono de Davi e o povo todo que ainda está habitando nesta cidade: ¹⁷Assim diz Javé dos exércitos: Estou mandando contra eles a espada, a fome e a peste, e estou fazendo com eles o que se faz com figos podres, que de tão ruins não servem para comer. ¹⁸Perseguirei essa gente com a espada, a fome e a peste. Farei deles uma coisa horripilante para todos os reinos da terra, maldição e espanto, objeto de vaia e de vergonha entre todas as nações para onde os expulsei. ¹⁹Isso tudo porque não me obedeceram – oráculo de Javé. Porque eu lhes enviei constantemente meus servos, os profetas, mas eles não escutaram – oráculo de Javé. ²⁰Quanto a vocês, que foram exilados de Jerusalém para a Babilônia, escutem a palavra de Javé. ²¹Assim diz Javé dos exércitos, o Deus de Israel, contra Acab, filho de Colias, e contra Sedecias, filho de Maasias, que profetizam mentiras em meu nome: Vou entregar os dois na mão de Nabucodonosor, rei da Babilônia. Ele vai matar os dois na presença de vocês. ²²Depois surgirá uma nova espécie de maldição entre todos os exilados de Judá na Babilônia. Aí se dirá: "Que Javé faça com você como fez com Acab e com Sedecias, que o rei da Babilônia assou no fogo!" ²³Pois eles fizeram coisas horríveis em Israel: praticaram adultério com as mulheres de seus amigos e falaram mentiras usando meu nome, quando eu não mandei ninguém falar. Eu sei e sou testemunha disso – oráculo de Javé.

²⁴Você falará contra Semeías de Naalam: ²⁵Assim diz Javé dos exércitos, o Deus de Israel: Você mandou cartas por sua conta, especialmente ao sacerdote Sofonias, filho de Maasias, e a todos os sacerdotes, dizendo: ²⁶"Javé o colocou como sacerdote no lugar de Joiada, para você se responsabilizar pela Casa de Javé e para mandar que seja amarrado no tronco e na corrente todo indivíduo visionário e que se faz de profeta. ²⁷Então, por que você não repreendeu esse Jeremias de Anatot, que profetiza para vocês? ²⁸Ele nos mandou uma carta aqui para a Babilônia, dizendo: 'A coisa vai demorar. Construam casas para habitar e plantem pomares para comer frutas' ".

²⁹O sacerdote Sofonias leu essa carta na presença de Jeremias. ³⁰Então a palavra de Javé veio a Jeremias: ³¹Mande a todos os exilados a seguinte mensagem: Assim diz Javé a respeito de Semeías de Naalam: Já que Semeías está profetizando para vocês – e não fui eu quem o enviou – e está fazendo vocês acreditarem na mentira, ³²então assim diz Javé: Castigarei Semeías e seus filhos. Nenhum deles ficará habitando no meio desse povo, nem verá a paz que estou preparando para meu povo – oráculo de Javé –, porque ele pregou rebeldia contra Javé.

III. ORÁCULOS DA RESTAURAÇÃO

30 *Promessa* – ¹Palavra que veio a Jeremias da parte de Javé: ²Assim diz Javé, o Deus de Israel: Escreva num livro tudo o que eu vou lhe dizer, ³pois virão dias – oráculo de Javé – em que mudarei a sorte de meu povo, Israel e Judá, diz Javé. Farei com que voltem à terra que eu dei a seus pais e que tomem posse dela.

⁴São estas as palavras que Javé pronunciou para Israel e Judá: ⁵Assim diz Javé: Ouvimos um grito de pavor, de terror, sem paz. ⁶Informem-se e observem: É possível um homem dar à luz? Como é, então, que eu estou vendo esses homens todos de mãos nos quadris, como se fossem mulhe-

---

e os vv. 15-20, com a de castigo (cf. 24,8-10), são acréscimos.

30,1-33,26: Estes capítulos agrupam os textos dedicados ao tema da restauração de Israel e Judá.

30,1-31,22: Trata-se provavelmente de uma coleção poética pertencente à escola deuteronomista; São como unidade religiosa do povo (30,17; 31,6.12).

Messias davídico (30,9; cf. Ez 34,23; 37,24; Os 3,5; Lc 1,69); os sacerdotes com a gordura do animal sacrificado (31,14). As primeiras poesias foram colecionadas e elaboradas durante a reforma de Josias (2Rs 22-23) para exaltar a volta dos exilados de Israel do norte e sua reunificação com Judá em torno de Sião (31,5-6.15.18.20). Raquel (31,15; Mt 2,18), por exemplo, é matriarca de Isra-

res em trabalho de parto? Por que ficaram todos com o rosto tão pálido? ⁷Ah! Este é o grande dia, e outro igual não existe. É uma hora de aflição para Jacó, mas ele se salvará. ⁸Nesse dia – oráculo de Javé dos exércitos – eu quebrarei o jugo que está no pescoço de vocês e arrebentarei as correntes que os prendem, e vocês não servirão mais a estrangeiros. ⁹Servirão a Javé seu Deus, e também a Davi, o rei que farei surgir para eles. ¹⁰Não tenha medo, meu servo Jacó – oráculo de Javé –, não se apavore, Israel, pois aqui estou eu, libertando você das terras distantes, libertando sua descendência da terra do seu exílio. Jacó voltará e viverá tranquilo e em paz, sem que o perturbem. ¹¹Porque eu estou com você para salvá-lo – oráculo de Javé. Eu destruirei todas as nações por onde havia espalhado você, mas não o destruirei: eu o corrigirei com justiça, mas não deixarei você sem castigo.

¹²Assim diz Javé: Sua ferida é incurável, sua chaga é muito grave. ¹³Não há remédio para sua chaga, nem emplastro para fechar sua ferida. ¹⁴Todos os seus amantes se esqueceram de você e não o procuram mais. Pois eu feri você como se eu fosse inimigo seu, e dei-lhe um castigo terrível, porque eram muitos os seus erros, e seus pecados pesavam demais. ¹⁵Por que você grita por causa de sua ferida? Sua chaga é incurável. Porque seus erros eram muitos e seus pecados pesavam demais, por isso é que eu tratei você dessa maneira. ¹⁶Mas, todos os que devoram você, serão devorados. Todos os seus inimigos serão levados para o exílio. Os que saqueiam você, serão saqueados. Os que despojam você, serão despojados. ¹⁷Eu cicatrizarei sua ferida e curarei suas chagas – oráculo de Javé –, porque chamam você de "Rejeitada", "a Sião de quem ninguém pergunta". ¹⁸Mas assim diz Javé: Agora vou mudar a sorte das tendas de Jacó, terei compaixão de suas moradas. A cidade será reconstruída sobre suas ruínas, e o palácio se erguerá de novo em seu lugar. ¹⁹Daí sairão ação de graças e gritos de alegria. Eu vou multiplicá-los, e eles nunca mais diminuirão. Vou devolver-lhes a honra, e eles nunca mais serão humilhados. ²⁰Seus filhos serão como antigamente e sua assembleia continuará firme diante de meus olhos; mas castigarei todos os seus opressores. ²¹Dela surgirá seu chefe, e do seu meio sairá seu governante. Eu farei que ele se aproxime e chegue até junto a mim. Pois quem iria arriscar a vida, chegando perto de mim? – oráculo de Javé. ²²Vocês serão meu povo e eu serei o Deus de vocês. ²³Eis a tempestade de Javé, seu furor se desencadeia, um furacão gira sobre a cabeça dos ímpios. ²⁴A ira ardente de Javé não recuará enquanto não realizar, enquanto não executar os projetos de seu coração. Nos últimos dias, vocês compreenderão tudo.

31 ¹Nesse tempo – oráculo de Javé – eu serei o Deus de todas as tribos de Israel, e elas serão meu povo.

²Assim diz Javé: O povo que escapa da espada encontra graça no deserto! Israel caminha para seu repouso. ³Javé me apareceu de longe: Eu amei você com amor eterno. Por isso, conservei meu amor por você. ⁴Eu vou reconstruí-la, e você ficará construída, Virgem de Israel. Você será novamente enfeitada com pandeiros, e sairá com o coro dos que dançam. ⁵De novo plantará vinhedos sobre as colinas da Samaria: e os que plantarem, eles mesmos colherão. ⁶Chegará o dia em que os guardas gritarão na montanha de Efraim: "De pé! Vamos a Sião, a Javé nosso Deus". ⁷Porque assim diz Javé: Deem vivas por Jacó, aclamem a primeira das nações! Gritem, louvem e digam: "Javé salvou seu povo, o resto de Israel!" ⁸Eu vou trazê-los de volta lá da terra do norte, vou ajuntá-los das extremidades da terra. No meio deles estarão o cego e o aleijado, a mulher grávida junto com aquela que deu à luz, todos juntos: é uma grande multidão que volta! ⁹Eles voltam em lágrimas e em súplicas eu os trago de volta. Eu os levarei para os córregos de água, por um caminho plano, onde não tropeçarão. Serei um pai para Israel, e Efraim será meu primogênito.

¹⁰Nações, escutem a palavra de Javé. Anunciem às ilhas distantes: "Aquele que espalhou Israel, vai ajuntá-lo de novo e

---

el (Gn 30,22-24; 35,16-20) e sua posteridade sofre com a destruição e o exílio (2Rs 17). O anúncio de retorno e de restauração foi em seguida estendido e ampliado aos exilados na Babilônia (30,3-4.8-9.17; 31,1 etc.).

vai guardá-lo como um pastor guarda seu rebanho". ¹¹Porque Javé resgatou Jacó, e o redimiu das mãos de outro mais forte. ¹²Eles virão festejar na altura de Sião, afluirão para os bens de Javé: trigo, vinho, azeite e crias de ovelhas e de gado. Serão uma horta bem irrigada: não tornarão a desfalecer. ¹³Então a virgem dançará com alegria, os velhos junto com os jovens. Mudarei o luto deles em alegria, vou consolá-los e torná-los felizes, sem aflições. ¹⁴Vou alimentar seus sacerdotes com gordura, e meu povo se fartará com meus bens – oráculo de Javé.

¹⁵Assim diz Javé: Escutem! Ouvem-se gemidos e pranto amargo em Ramá: é Raquel que chora seus filhos e recusa ser consolada por seus filhos, porque eles já não existem. ¹⁶Pois assim diz Javé: Segure os soluços e enxugue as lágrimas, porque há uma recompensa para sua dor – oráculo de Javé: eles voltarão da terra do inimigo. ¹⁷Existe esperança de um futuro – oráculo de Javé: seus filhos voltarão para a pátria. ¹⁸Eu escuto Efraim que se lamenta: "Tu me corrigiste e eu fui corrigido, como um novilho ainda não amansado. Faze-me voltar, e eu voltarei, porque tu és Javé meu Deus. ¹⁹Afastei-me, mas depois me arrependi. E, ao entender, bati no peito. Fracassei, fiquei confuso, pois carrego a vergonha da minha juventude". ²⁰Será que Efraim não é meu filho predileto? Será que não é um filho querido? Quanto mais o repreendo, mais me lembro dele. Por isso, minhas entranhas se comovem, e eu cedo à compaixão – oráculo de Javé.

²¹Coloque marcos na estrada, finque estacas para sua orientação, preste atenção na estrada, no caminho que você percorreu. Volte, Virgem de Israel, volte para as cidades que são suas. ²²Até quando você vai ficar indecisa, filha rebelde? Porque Javé está criando uma coisa nova na terra: a mulher corteja o homem!

A nova aliança – ²³Assim diz Javé dos exércitos, o Deus de Israel: Na terra de Judá e nas suas cidades, quando eu trouxer de volta os exilados, todos voltarão a dizer: "Javé abençoe você, morada da justiça, monte santo!" ²⁴Em Judá e em suas cidades habitarão juntos os lavradores e os que pastoreiam rebanhos, ²⁵pois eu saciarei as gargantas sedentas e satisfarei os famintos. ²⁶Então acordei, e vi que meu sonho era agradável.

²⁷Eis que chegarão dias – oráculo de Javé – em que eu semearei em Israel e Judá semente de homens e semente de animais. ²⁸Assim como os vigiei para arrancar e arrasar, para demolir, desfazer e maltratar, agora vou vigiar para construir e plantar – oráculo de Javé. ²⁹Nesses dias, ninguém mais dirá: "Os pais comeram uva verde e a boca dos filhos ficou amarrada". ³⁰Ao contrário, cada um morrerá por causa de seu próprio pecado. Quem comeu uva verde sente a boca amarrar.

³¹Eis que chegarão dias – oráculo de Javé – em que eu farei uma aliança nova com Israel e Judá: ³²Não será como a aliança que fiz com seus pais, quando os peguei pela mão para tirá-los da terra do Egito; aliança que eles quebraram, embora fosse eu o Senhor deles – oráculo de Javé. ³³A aliança que eu farei com Israel depois desses dias é a seguinte – oráculo de Javé: Colocarei minha lei em seu peito e a escreverei em seu coração. Eu serei o Deus deles, e eles serão meu povo. ³⁴Ninguém mais precisará ensinar seu próximo ou seu irmão, dizendo: "Procure conhecer a Javé". Porque todos, grandes e pequenos, me conhecerão – oráculo de Javé. Pois eu perdoo seus erros e esqueço seus pecados.

³⁵Assim diz Javé, aquele que estabelece o sol para iluminar o dia e ordena à lua e às estrelas para iluminarem a noite, aquele que agita o mar e as ondas rugem, aquele cujo nome é Javé dos exércitos: ³⁶Quando essas leis falharem diante de mim – oráculo de Javé –, então a descendência de Israel também deixará de ser diante de mim uma nação para sempre. ³⁷Assim diz Javé: Quando alguém puder medir o tamanho do céu nas alturas ou examinar

---

31,23-40: O redator deuteronomista aprofunda diversos aspectos da restauração durante e logo após o exílio na Babilônia: o retorno e restabelecimento dos exilados em Jerusalém, "monte santo" (vv. 23-26; Ez 40,1-2); a reunificação de Israel e Judá (vv. 27-29; cf. Ez 37,22); a responsabilidade pessoal pela restauração (vv. 29-30; cf. Ez 18,2); a nova aliança escrita no coração do ser humano (vv. 31-34; Ez 16,59-63); a permanência de Israel (vv. 35-37; cf. Jr 33,20-21); a reconstrução de Jerusalém (vv. 38-40; cf. Ez 48,30-35).

com cuidado os profundos alicerces da terra, só então eu rejeitarei toda a descendência de Israel, por causa de tudo o que ele fez – oráculo de Javé.

³⁸Eis que chegarão dias – oráculo de Javé – em que Jerusalém será reconstruída para Javé, desde a torre de Hananeel até a porta do Ângulo. ³⁹A corda de medir será estendida até a colina do Gareb, e daí até Goa. ⁴⁰Todo o vale dos Cadáveres e das Cinzas, até o vale do riacho do Cedron, até o ângulo da porta dos Cavalos, no lado do oriente, toda essa área estará consagrada a Javé e nunca será arrasada ou destruída.

32 *A compra de um terreno* –

¹Palavra que veio a Jeremias da parte de Javé, no décimo ano de Sedecias, rei de Judá, que corresponde ao décimo oitavo ano de Nabucodonosor. ²Nessa ocasião, o exército do rei da Babilônia estava cercando Jerusalém e o profeta Jeremias estava preso no pátio da prisão que existia no palácio do rei de Judá. ³Sedecias, rei de Judá, o tinha lançado na prisão, acusando-o: "Porque você profetizou nestes termos: 'Assim diz Javé: Eu entregarei esta cidade nas mãos do rei da Babilônia e ele vai tomá-la. ⁴Sedecias, rei de Judá, não escapará das mãos dos caldeus, mas será entregue ao rei da Babilônia, e terá de falar pessoalmente com ele, olhando um nos olhos do outro. ⁵Sedecias será levado para Babilônia e aí ficará até que eu olhe para ele – oráculo de Javé. Se vocês guerrearem contra os caldeus, não vencerão'".

⁶Jeremias respondeu: "Eu recebi de Javé a seguinte palavra: ⁷Hanameel, filho do seu tio Selum, está vindo dizer a você: 'Compre o terreno que eu tenho em Anatot, porque, por direito, você tem a preferência para comprá-lo'. ⁸De acordo com a palavra de Javé, Hanameel, filho do meu tio Selum, foi me procurar onde eu estava, no pátio da prisão, e me disse: 'Vamos! Compre meu terreno em Anatot, no território de Benjamim, pois o direito é seu por herança. Você é que deve ficar com ele. Compre-o então'. Eu entendi que isso era uma palavra de Javé. ⁹Comprei o terreno que meu primo Hanameel tinha em Anatot. Paguei por ele dezessete siclos de prata. ¹⁰Escrevi o contrato, selei, chamei as testemunhas, depois pesei a prata numa balança. ¹¹Em seguida, peguei o contrato de compra fechado, conforme as normas legais, e também o exemplar aberto. ¹²Entreguei o contrato a Baruc, filho de Nerias, neto de Maasias, na presença do meu primo Hanameel, das testemunhas que assinaram o documento e de todos os judeus que estavam no pátio da prisão. ¹³Diante de todos eles, dei a seguinte ordem a Baruc: ¹⁴'Assim diz Javé dos exércitos, o Deus de Israel: Pegue esses dois contratos, o contrato de compra que está fechado e também o exemplar aberto, e coloque-os dentro de um vaso de cerâmica, para que se conservem por muito tempo. ¹⁵Pois assim diz Javé dos exércitos, o Deus de Israel: Nesta terra ainda se comprarão casas, campos e vinhedos'.

¹⁶Depois de entregar o contrato a Baruc, filho de Nerias, rezei a Javé: ¹⁷'Senhor Javé! Tu fizeste o céu e a terra com teu grande poder e com teu braço estendido. Para ti, nada é impossível. ¹⁸Tu praticas o amor para com milhares, mas também castigas a maldade dos pais nas costas dos filhos que vêm depois deles. Deus grande e poderoso, teu nome é Javé dos exércitos. ¹⁹Grande em projetos e poderoso em ações, teus olhos estão abertos sobre a conduta dos homens, para dar a cada um conforme a conduta deles e conforme o que merecem suas ações. ²⁰Tu fizeste sinais e prodígios na terra do Egito, e até hoje ainda os fazes em Israel e entre os homens. Foi assim que ganhaste a fama que tens até hoje. ²¹Tu tiraste Israel, teu povo, da terra do Egito com sinais e prodígios, com mão forte e braço estendido, espalhando grande terror. ²²Deste a eles esta terra, que tinhas prometido com juramento a seus pais, terra onde corre leite e mel. ²³Eles chegaram aqui e tomaram posse da terra, mas não te obedeceram, não se comportaram conforme tua lei, não fizeram nada daquilo que tu lhes tinhas mandado fazer. Por isso, chamaste todas essas desgraças contra eles. ²⁴As trincheiras dos inimigos já estão chegando

---

32,1-44: O ato simbólico de comprar um terreno às vésperas do ataque inevitável significa a fé na promessa de Javé: a terra voltará ao povo de Judá. Os vv. 16-44 apresentam a teologia da escola deuteronomista: o

até a cidade, para a tomarem. Ela cairá nas mãos dos caldeus, que a atacam com espada, fome e peste. O que disseste, está acontecendo, e tu o vês. ²⁵Tu me disseste, Senhor Javé, para comprar um terreno a peso de prata e chamar testemunhas, enquanto a cidade cai nas mãos dos caldeus'.

²⁶A palavra de Javé veio a Jeremias: ²⁷Eu sou Javé, Deus de todas as criaturas. Existe algo impossível para mim? ²⁸Por isso, assim diz Javé: Estou para entregar esta cidade nas mãos dos caldeus, nas mãos de Nabucodonosor, rei da Babilônia, e ele vai tomá-la. ²⁹Os caldeus que estão guerreando contra ela entrarão nesta cidade, atearão fogo nela e queimarão as casas onde nos terraços se queimava incenso a Baal e onde se derramava vinho a outros deuses, para me irritar. ³⁰Pois, desde a juventude, israelitas e judeus só praticaram o que é errado a meus olhos, só me irritaram com as obras de suas mãos – oráculo de Javé. ³¹Esta cidade sempre foi para mim motivo de ira e de cólera, desde que a construíram até o dia de hoje. Terei de afastá-la da minha presença ³²por todo o mal que os israelitas e judeus fazem para me irritar; todos eles: seus reis e oficiais, sacerdotes e profetas, homens de Judá e habitantes de Jerusalém. ³³Eles voltavam para mim as costas, e não o rosto. Eu os ensinava continuamente, e ninguém ouvia para aprender a lição. ³⁴Eles colocavam horrores na Casa que levava meu nome, profanando-a. ³⁵Construíram lugares altos a Baal no vale de Ben-Enom, para aí queimar seus filhos e filhas em honra de Moloc: coisa que eu nunca mandei, nem jamais passou pelo meu pensamento. Eles fizeram abominações desse tipo, ensinando Judá a pecar.

³⁶Agora, assim diz Javé, o Deus de Israel, sobre Jerusalém, cidade que foi entregue, conforme eu disse, nas mãos do rei da Babilônia, pela força da espada, da fome e da peste. ³⁷Vejam! Eu reunirei de todas as terras por onde os espalhei na minha ira, na minha cólera e no meu grande furor. Vou trazê-los de volta para este lugar, e os farei habitar tranquilos. ³⁸Então eles serão meu povo e eu serei o Deus deles. ³⁹Vou dar-lhes um só coração e um só caminho, para que me temam a vida inteira, para o bem deles e dos filhos que vierem depois. ⁴⁰Farei com eles uma aliança eterna e nunca deixarei de fazer-lhes o bem. Colocarei no coração deles meu temor, para que não se afastem de mim. ⁴¹Meu prazer será fazer o bem para eles. Vou plantá-los de maneira estável nesta terra, com todo o meu coração e com toda a minha alma. ⁴²Pois assim diz Javé: Da mesma forma que eu fiz cair sobre este povo essa grande desgraça, eu também lhes enviarei todo o bem que estou prometendo. ⁴³Comprarão campos nesta terra, que vocês dizem estar deserta, sem gente e sem animais, e entregue nas mãos dos caldeus. ⁴⁴Comprarão campos a peso de prata, fazendo contratos, selando e chamando testemunhas. Tudo isso no território de Benjamim e nos arredores de Jerusalém, nas cidades de Judá e nas cidades da Montanha, nas cidades da Planície e nas cidades do Negueb, porque eu vou mudar a sorte deles – oráculo de Javé".

33 Reconstrução da casa de Davi –

¹Quando ainda estava detido na prisão, a palavra de Javé veio pela segunda vez a Jeremias, nestes termos: ²Assim diz Javé, que fez a terra e lhe deu forma, fazendo dela uma coisa firme. O seu nome é Javé: ³Chame por mim, que eu lhe responderei, anunciando coisas grandiosas e sublimes, que você não conhece. ⁴Pois assim diz Javé, o Deus de Israel, sobre as casas desta cidade e os palácios dos reis de Judá, agora arrasados pelas rampas de assalto e pela espada: ⁵Agora os caldeus vêm para guerrear contra a cidade e para cobri-la de cadáveres, porque eu a feri com ira e cólera, e para esta cidade escondi meu rosto, por causa de todas as suas maldades. ⁶Vejam! Eu mesmo vou trazer para ela restabelecimento e cura, e lhe mostrarei abundância de paz e fidelidade. ⁷Mudarei a sorte de Judá e Israel, e vou reconstruí-los como antigamente. ⁸Eu vou

---

exílio é castigo de Deus, o qual entrega aos caldeus o povo que serve a outros deuses ("abominações" e "horrores": cf. 7,29-34).

33,1-26: Mais dois acréscimos feitos logo após o exílio. Os vv. 2-13 desenvolvem o tema da restauração de Jerusalém e outras cidades de Judá (cf. 32,44). A parte

purificá-los de toda injustiça com que pecaram contra mim, e vou perdoar todas as injustiças que cometeram contra mim. ⁹Jerusalém será para mim nome de alegria, louvor e honra, por entre todas as nações da terra que ouvirem falar de todo o bem que eu lhe fiz. Elas serão tomadas de temor e respeito diante de todo o bem e de toda a paz que eu vou dar a Jerusalém.

¹⁰Assim diz Javé: Vocês dizem que as cidades de Judá e as ruas desertas de Jerusalém são lugar arrasado, sem gente e sem animais. Pois bem, neste mesmo lugar se ouvirão novamente ¹¹o som da música, os gritos de alegria, a voz do noivo e da noiva, a voz dos que cantam ao entrar com ação de graças na Casa de Javé: "Agradeçam a Javé dos exércitos, porque ele é bom, porque seu amor é para sempre". Pois eu mudarei a sorte desta terra, farei voltar ao que era antes, diz Javé.

¹²Assim diz Javé dos exércitos: Neste lugar agora arruinado, sem gente e sem animais, e em todas as suas cidades também, haverá pastagens, onde os pastores farão suas ovelhas repousar. ¹³Nas cidades da montanha e nas cidades da planície, nas cidades do Negueb e no território de Benjamim, nos arredores de Jerusalém e nas cidades de Judá, as ovelhas ainda vão desfilar ao alcance da mão de quem as conta, diz Javé. ¹⁴Eis que chegarão dias – oráculo de Javé – em que eu cumprirei as promessas que fiz à casa de Israel e à casa de Judá. ¹⁵Nesses dias e nesse tempo, farei brotar para Davi um broto justo, que exercerá o direito e a justiça na terra. ¹⁶Nesses dias, Judá será salvo e Jerusalém viverá tranquila e será chamada "Javé, nossa justiça". ¹⁷Porque assim diz Javé: Não faltará um descendente de Davi para se assentar no trono da Casa de Israel. ¹⁸Também não faltará um descendente dos sacerdotes e levitas para oferecer em minha presença holocaustos, incensar as ofertas e oferecer sacrifícios todos os dias.

¹⁹A palavra de Javé veio a Jeremias: ²⁰Assim diz Javé: Se vocês puderem romper minha aliança com o dia e com a noite, de modo que não haja mais dia e noite no tempo certo, ²¹também será rompida minha aliança com meu servo Davi, de modo que lhe falte um descendente no trono, e a aliança com os levitas sacerdotes que me servem. ²²Multiplicarei a descendência do meu servo Davi e dos levitas que me servem, como as estrelas do céu que não dá para contar, como a areia da praia que ninguém pode calcular.

²³A palavra de Javé veio a Jeremias: ²⁴Você não ouve o que essa gente diz? Eles dizem: "Javé rejeitou as duas famílias que havia escolhido". Assim desprezam meu povo e não o consideram como nação. ²⁵Assim diz Javé: Como é certo que eu criei o dia e a noite, e estabeleci as leis do céu e da terra, ²⁶também é certo que não rejeitarei a descendência de Javé e de meu servo Davi, deixando de escolher entre seus descendentes os chefes da descendência de Abraão, Isaac e Jacó. Porque eu mudarei a sorte deles, e deles terei compaixão.

IV. RELATOS SOBRE JUDÁ E JEREMIAS

34 *Destino de Sedecias* – ¹Palavra que veio a Jeremias da parte de Javé, quando Nabucodonosor, rei da Babilônia, estava guerreando contra Jerusalém e contra as outras cidades que dela dependiam, acompanhado não só com seu exército, mas também com os reis da terra que ele tinha dominado e com seus exércitos: ²Assim diz Javé, o Deus de Israel: Fale com Sedecias, rei de Judá, e diga-lhe: Assim diz Javé: Eu estou para entregar esta cidade nas mãos do rei da Babilônia, para que a incendeie. ³Você não escapará das mãos dele, mas será preso e entregue nas mãos dele: você terá que olhar nos olhos do rei da Babilônia e falar pessoalmente com ele, e depois será levado para a Babilônia. ⁴Sedecias, rei de Judá, ouça a palavra de Javé: Assim diz Javé: Você não morrerá pela espada. ⁵Morrerá em paz. Da mesma forma como se queimaram perfumes por

---

final (vv. 14-26) apresenta a promessa de restauração da casa davídica com sua instituição religiosa (cf. 23,5-6; 2Sm 7,11b-16; Ez 37,26-28).

34,1-45,5: Esta parte contém relatos sobre as últimas atividades de Jeremias: o último encontro com Sedecias; a queda de Jerusalém; a aliança com Godolias; a fuga para o Egito. A vida toda do profeta é marcada por perseguições, aflições e sofrimentos.

34,1-7: Síntese que introduz os caps. 37-39: a sorte final do reinado de Sedecias.

seus pais, os reis que precederam você, também por você se queimarão perfumes, e também lamentarão por você, cantando: "Ah, Senhor!" Sou eu quem o declaro – oráculo de Javé. ⁶O profeta Jeremias falou tudo isso em Jerusalém ao rei Sedecias, rei de Judá. ⁷O exército do rei da Babilônia estava guerreando contra Jerusalém e outras cidades de Judá: Laquis e Azeca, as duas últimas fortalezas que ainda resistiam.

Escravos não libertados – ⁸Palavra que veio a Jeremias da parte de Javé, depois que o rei Sedecias fez um acordo com todo o povo que havia em Jerusalém, para proclamar a liberdade dos escravos: ⁹cada um deveria dar liberdade a seu escravo ou escrava hebreu ou hebreia, para que nenhum judeu fosse escravo de seu irmão. ¹⁰Os oficiais todos e também todo o povo respeitaram o acordo que tinham feito de cada um dar liberdade a seus escravos e escravas, de modo a não mais escravizarem uns aos outros. Obedeceram e os puseram em liberdade. ¹¹Mas, depois disso, eles mudaram de ideia e fizeram voltar de novo seus escravos e escravas que tinham libertado, e os submeteram de novo à escravidão. ¹²Então a palavra de Javé veio a Jeremias: ¹³Assim diz Javé, o Deus de Israel: Eu mesmo fiz uma aliança com os pais de vocês, quando os tirei da terra do Egito, da casa da escravidão, dizendo: ¹⁴"Ao fim de cada sete anos, todos darão liberdade a seu irmão hebreu, que haviam comprado e que já lhes havia servido durante seis anos. Deve dar-lhe então a liberdade". Mas os pais de vocês não me escutaram nem me obedeceram. ¹⁵Hoje vocês se haviam convertido para fazer o que eu aprovo: cada um proclamar a liberdade do seu próximo e fazer uma aliança sobre isso na minha presença, no Templo em que meu nome é invocado. ¹⁶Mas depois vocês recuaram e profanaram meu nome, ao trazer de volta os escravos e escravas que tinham libertado, submetendo-os de novo à escravidão. ¹⁷Por isso, assim diz Javé: Já que vocês não me obedeceram quando eu mandei que cada um desse liberdade a seu irmão e a seu próximo, então agora eu proclamarei a liberdade – oráculo de Javé – para a espada, a fome e a peste. Vou fazer de vocês uma coisa que causa espanto entre os reinos da terra. ¹⁸Aqueles homens não respeitaram minha aliança: não cumpriram a palavra da aliança que fizeram comigo. Vou fazê-los ter a sorte do novilho que eles cortaram ao meio e passaram entre as duas metades. ¹⁹Quanto aos oficiais de Judá e Jerusalém, aos eunucos, aos sacerdotes e ao povo da terra que passaram entre as metades do novilho, ²⁰vou entregá-los nas mãos de seus inimigos, daqueles que querem a morte deles. Seus cadáveres servirão de comida para as aves do céu e para as feras da terra. ²¹Quanto a Sedecias, rei de Judá, e a seus oficiais, também vou entregá-los nas mãos de seus inimigos, dos que querem a morte deles: o exército do rei da Babilônia, que agora se afastou de vocês. ²²Eu os mandei – oráculo de Javé – e vou trazê-los de volta contra esta cidade, para atacá-la, conquistá-la e incendiá-la. Também transformarei as cidades de Judá num deserto, sem habitante nenhum.

35 *Os recabitas* –

¹Palavra que veio a Jeremias da parte de Javé, no tempo de Joaquim, filho de Josias, rei de Judá: ²"Vá aonde moram os recabitas, converse com eles e traga-os até a Casa de Javé, até uma das salas, para fazê-los beber vinho". ³Tomei, então, Jezonias, filho de Jeremias, neto de Habsanias, junto com seus irmãos e filhos, toda a casa dos recabitas. ⁴Levei-os à Casa de Javé, até a sala de Ben-Joanã, filho de Jegdalias, o homem de Deus, ao lado da sala dos oficiais, em cima da sala de Maasias, filho de Selum, o porteiro. ⁵Coloquei diante dos recabitas jarras cheias de vinho e cálices, dizendo: "Bebam vinho". ⁶Eles responderam: "Não bebemos vinho, pois nosso pai Jonadab, filho de Recab, deu-nos esta ordem: 'Não bebam vinho, nem vocês nem seus filhos,

---

8-22: O episódio situa-se durante o cerco de Jerusalém. Diante da escassez de mantimento, o rei Sedecias e seus partidários libertam os escravos; no entanto, os tomam de volta logo que o exército babilônico levanta o cerco para enfrentar os egípcios. É uma atitude que evidencia os interesses e a ambição dos dirigentes. Sobre a legislação de escravos, cf. nota em Dt 15,12-18.

35,1-19: Apresentando como exemplo vivo a fidelidade dos recabitas à tradição, o redator deuteronomis-

para sempre. ⁷Também não construam casas, nem plantem cereais, nem formem vinhedos. Nada disso vocês terão, pois habitarão em tendas todos os dias da vida, para que assim vivam bastante sobre esta terra, onde vocês vivem como forasteiros'. ⁸Nós obedecemos sempre ao que nos mandou nosso pai Jonadab, filho de Recab: durante a vida toda jamais bebemos vinho, nem nós, nem nossas esposas, nem nossos filhos ou filhas. ⁹Não construímos casas para habitar e não temos vinhedos ou qualquer terreno plantado. ¹⁰Habitamos em tendas, obedecemos e fazemos tudo conforme nos mandou nosso pai Jonadab. ¹¹Agora, quando Nabucodonosor, rei da Babilônia, invadiu a terra, dissemos: 'Vamos entrar em Jerusalém, para fugir do exército dos caldeus e dos arameus'. É por isso que viemos habitar em Jerusalém".

¹²Então a palavra de Javé veio a Jeremias: ¹³Assim diz Javé dos exércitos, o Deus de Israel: Vá dizer ao povo de Judá e aos habitantes de Jerusalém: Será que vocês não vão aprender a lição, nem obedecer à minha palavra? – oráculo de Javé. ¹⁴Cumpre-se a ordem de Jonadab, filho de Recab, que proibiu seus filhos de beberem vinho, e eles não bebem vinho até hoje, porque obedecem às ordens do pai deles. Eu, ao contrário, falei com vocês, tornei a falar, e vocês não me obedecem. ¹⁵Eu tenho mandado continuamente meus servos, os profetas, para dizer a vocês: "Cada um se converta de sua má conduta e corrija suas ações. Não sigam nem sirvam outros deuses. Só assim vocês continuarão habitando na terra que eu dei a vocês e a seus antepassados". Mas vocês não quiseram me escutar, nem me obedeceram. ¹⁶Os filhos de Jonadab, filho de Recab, observam as ordens do pai deles, mas este povo não faz caso de mim. ¹⁷Por isso, assim diz Javé dos exércitos, o Deus de Israel: Farei cair sobre Judá e sobre os habitantes de Jerusalém toda a desgraça com que os ameacei, porque falei com eles e não me obedeceram: chamei-os e não me responderam.

¹⁸Quanto à casa dos recabitas, assim disse Jeremias: "Assim diz Javé dos exércitos, o Deus de Israel: Porque vocês obedecem às ordens de Jonadab, pai de vocês, e observam tudo o que ele ordenou e fazem tudo de acordo com as ordens dele, ¹⁹assim diz Javé dos exércitos, o Deus de Israel: Para Jonadab, filho de Recab, nunca faltará alguém que esteja sempre na minha presença".

36 Os dois rolos de Jeremias – ¹No quarto ano de Joaquim, filho de Josias, rei de Judá, veio esta palavra a Jeremias da parte de Javé: ²Tome um rolo de livro e escreva nele todas as palavras que eu lhe disse sobre Israel, sobre Judá e todas as nações, desde o dia em que comecei a falar com você, no tempo de Josias, até hoje. ³Quem sabe a gente de Judá tome conhecimento de toda a desgraça que eu estou planejando fazer contra eles, para ver se cada um se converte de sua má conduta e eu lhes possa perdoar as faltas e pecados.

⁴Então Jeremias chamou Baruc, filho de Nerias, que escreveu num rolo, conforme o ditado de Jeremias, todas as palavras que Javé lhe tinha dito. ⁵Depois, Jeremias disse a Baruc: "Estou preso e não posso ir à Casa de Javé. ⁶Vá você e leia neste rolo as palavras de Javé, que eu ditei e você escreveu. Leia para que o povo possa ouvir, quando ele estiver na Casa de Javé no dia do jejum. Leia em voz alta também para todos os de Judá que vêm de suas cidades. ⁷Talvez eles se humilhem com súplicas diante de Javé, e cada um se converta de sua má conduta, pois é grande a ira e o furor que Javé demonstra contra esse povo". ⁸Baruc, filho de Nerias, fez como o profeta Jeremias lhe ordenara, e leu na Casa de Javé as palavras de Javé.

⁹No nono mês do quinto ano de Joaquim, filho de Josias, rei de Judá, foi convocado um jejum em honra de Javé, para todo o povo de Jerusalém e todos os que vinham das outras cidades de Judá para Jerusalém. ¹⁰Então Baruc leu, na Casa de Javé, para o povo todo ouvir, as palavras

---

ta sublinha a infidelidade do povo por servir a outros deuses (cf. 25,6; Dt 6,14). Sobre os recabitas, cf. 2Rs 10,15.23.

36,1-32: A exemplo de Moisés (cf. Dt 34,10), Jeremias toma o segundo rolo para reescrever a palavra de Javé (cf. Ex 34,1; Ez 2,8-3,11). O redator contrasta a atitude do

de Jeremias que ele tinha escrito no rolo. Baruc estava no compartimento de Gamarias, filho do escrivão Safã, no balcão de cima, à entrada da porta Nova da Casa de Javé. ¹¹Miqueias, filho de Gamarias e neto de Safã, ouviu as palavras de Javé lidas no rolo. ¹²Em seguida, ele desceu até o palácio do rei e foi ao compartimento do escrivão. Aí encontrou todos os oficiais: o escrivão Elisama; Dalaías, filho de Semeías; Elnatã, filho de Acobor; Gamarias, filho de Safã; Sedecias, filho de Hananias; e outros oficiais. ¹³Miqueias contou-lhes tudo o que tinha ouvido, quando Baruc leu o rolo na presença do povo.

¹⁴Então esses oficiais enviaram Judi, filho de Natanias, e Selemias, filho de Cusi, para dizerem a Baruc que pegasse o rolo que tinha lido para o povo e fosse aonde eles estavam. Baruc, filho de Nerias, pegou o rolo e foi procurá-los. ¹⁵Eles lhe disseram: "Agora sente-se aí e leia para nós". Baruc leu para eles ouvirem. ¹⁶Quando acabaram de ouvir tudo, olharam assustados uns para os outros, e disseram a Baruc: "Temos de contar para o rei tudo o que está escrito aí!" ¹⁷E perguntaram a Baruc: "Conte-nos: como foi que você escreveu todas as palavras?" ¹⁸Baruc respondeu: "Jeremias foi ditando para mim todas estas palavras e eu as escrevi com tinta no rolo". ¹⁹Então os oficiais disseram a Baruc: "Vá e esconda-se com Jeremias. E que ninguém fique sabendo onde vocês estão". ²⁰Depois foram encontrar o rei no pátio do palácio. Deixaram o rolo no compartimento do escrivão Elisama, e contaram tudo ao rei.

²¹Imediatamente o rei mandou que Judi fosse buscar o rolo. Ele pegou o rolo na sala do escrivão Elisama e leu para o rei e para os oficiais que estavam junto dele. ²²O rei estava na ala de inverno do palácio, pois era o nono mês. E havia um braseiro aceso diante do rei. ²³Cada vez que Judi acabava de ler três ou quatro colunas do rolo, o rei as cortava em pedaços com a faca do escrivão e as atirava no fogo do braseiro. Fez assim até que todo o rolo foi queimado no braseiro. ²⁴Ninguém se impressionou, ninguém rasgou as vestes, nem o rei nem seus servos, ao ouvir essas palavras. ²⁵Somente Elnatã, Dalaías e Gamarias pediram ao rei para não queimar o rolo, mas ele não lhes deu ouvidos. ²⁶Por fim, o rei mandou Jeremiel, oficial do palácio, Saraías, filho de Azriel, e Selemias, filho de Abdeel, que fossem prender o escrivão Baruc e o profeta Jeremias. Javé, porém, os escondeu.

²⁷Depois que o rei queimou o rolo que continha as palavras escritas por Baruc e ditadas por Jeremias, a palavra de Javé veio a Jeremias nestes termos: ²⁸Pegue de novo outro rolo e escreva nele todas as palavras que estavam no primeiro rolo que Joaquim, rei de Judá, queimou. ²⁹Você deverá dizer o seguinte a Joaquim, rei de Judá: Assim diz Javé: Você queimou o rolo, dizendo: "Por que você escreveu nele que o rei da Babilônia virá sem dúvida nenhuma destruir esta terra e dela fará desaparecer os homens e os animais?" ³⁰Por isso, assim diz Javé sobre Joaquim, rei de Judá: Ele não terá um descendente no trono de Davi. Seu cadáver ficará exposto ao calor do dia e ao frio da noite. ³¹Eu castigo nele, em sua descendência e em seus servos, os pecados que cometeram. Trarei para eles, para os habitantes de Jerusalém e para os homens de Judá, todas as desgraças de que eu falei e eles não quiseram ouvir.

³²Jeremias pegou então outro rolo e o entregou ao escrivão Baruc, filho de Nerias, que escreveu todas as palavras do rolo que Joaquim, rei de Judá, havia queimado. Acrescentou ainda muitas outras palavras semelhantes.

37 Prisão de Jeremias –

¹Sedecias, filho de Josias, sucedeu no trono a Jeconias, filho de Joaquim. Sedecias foi nomeado rei de Judá por Nabucodonosor, rei da Babilônia. ²Mas nem Sedecias, nem seus servos, nem o povo da terra obedeceram ao que Javé tinha dito por meio do profeta Jeremias.

³O rei Sedecias mandou Jucal, filho de Selemias, e o sacerdote Sofonias, filho de Maasias, levarem a Jeremias o seguinte recado: "Reze por nós a Javé nosso Deus".

---

rei Joaquim com a de Josias, que rasga a roupa e escuta as palavras do livro (cf. 2Rs 22,11-13).

37,1-21: Jeremias é acusado, preso e torturado por pregar a submissão aos babilônios (cf. 21,9; 27,1-15; 38,2);

⁴Jeremias podia andar livremente no meio do povo, pois eles ainda não o tinham posto na prisão. ⁵O exército do faraó tinha saído do Egito, e quando os caldeus, que estavam cercando Jerusalém, ouviram a notícia, abandonaram o cerco da cidade.

⁶Então a palavra de Javé veio ao profeta Jeremias: ⁷"Assim diz Javé, o Deus de Israel: Ao rei de Judá, que mandou me procurar, você dirá: Fique sabendo que o exército do faraó, que se pôs em marcha para vir ajudar vocês, acaba de voltar para sua terra, o Egito. ⁸Os caldeus voltarão para atacar esta cidade, ocupá-la e incendiá-la. ⁹Assim diz Javé: Não se iludam pensando que os caldeus acabarão o cerco, pois eles não irão embora. ¹⁰E ainda que vocês arrasassem todo o exército dos caldeus que está em guerra contra vocês, e só deixassem sobrar feridos, cada um deles se levantaria de sua tenda para incendiar esta cidade".

¹¹Quando o exército dos caldeus se afastou de Jerusalém por causa do exército do faraó, ¹²Jeremias saiu de Jerusalém para ir ao território de Benjamim receber uma herança de seus parentes. ¹³Quando ele se encontrava na porta de Benjamim, estava aí um chefe da guarda chamado Jerias, filho de Selemias, neto de Hananias, que o prendeu, dizendo: "Você está passando para o lado dos caldeus!" ¹⁴Jeremias respondeu: "É mentira! Claro que não estou passando para o lado dos caldeus!" Jerias, porém, não acreditou e prendeu Jeremias, levando-o em seguida aos oficiais. ¹⁵Os oficiais ficaram indignados com Jeremias. Depois de torturá-lo, o prenderam na casa do escrivão Jônatas que eles tinham transformado em cadeia. ¹⁶Jeremias foi levado para um calabouço, onde ficou preso por muito tempo.

¹⁷O rei Sedecias mandou buscar Jeremias. Em seu palácio, secretamente, o rei lhe perguntou: "Você tem alguma palavra de Javé?" Jeremias respondeu: "Tenho: você vai ser entregue nas mãos do rei da Babilônia". ¹⁸Depois Jeremias disse ao rei Sedecias: "Que mal eu fiz a você ou a seus servos, ou a este povo, para que vocês me mandassem colocar na prisão? ¹⁹Onde é que estão os profetas de vocês que diziam: 'O rei da Babilônia não virá contra vocês, nem invadirá a terra'? ²⁰Agora, por favor, que meu senhor me atenda, e que minha súplica chegue até o rei: não me mande de volta para a casa do escrivão Jônatas. Não me deixe morrer aí!" ²¹O rei Sedecias mandou deixar Jeremias no pátio da prisão e dar-lhe todo dia um pão vindo da rua dos padeiros, enquanto houvesse pão na cidade. Foi assim que Jeremias ficou no pátio da prisão.

38 *Jeremias na cisterna* –
¹Safatias filho de Matã, Gedalias filho de Fassur, Jucal filho de Selemias, e Fassur filho de Melquias, ouviram as palavras que Jeremias disse a todo o povo: ²"Assim diz Javé: Quem ficar nesta cidade morrerá pela espada, pela fome e pela peste. Quem passar para os caldeus, será tomado como despojo, mas conservará a vida. ³Assim diz Javé: Esta cidade será entregue nas mãos do exército do rei da Babilônia, para que a conquiste".

⁴Então os oficiais disseram ao rei: "Mande matar esse homem, pois ele, falando assim, está desencorajando os homens guerreiros que ainda restam nesta cidade e também todo o povo. Este homem não busca o bem do povo, e sim a desgraça!" ⁵O rei Sedecias respondeu: "Ele está nas mãos de vocês, pois o rei não tem força nenhuma contra vocês".

⁶Então eles pegaram Jeremias e, com uma corda, o puseram dentro da cisterna do chefe real Melquias, no pátio da prisão. Como na cisterna não havia água, mas só barro, Jeremias ficou atolado no barro. ⁷O etíope Ebed-Melec, que era eunuco e servia no palácio do rei, ouviu falar que eles tinham colocado Jeremias na cisterna. Enquanto o rei estava sentado junto à porta de Benjamim, ⁸Ebed-Melec saiu do palácio e disse ao rei: ⁹"Senhor, esses homens agiram mal contra o profeta Jeremias, jogando-o na cisterna: ali ele vai morrer de fome, pois não existe mais pão na cida-

---

é considerado até como provável desertor (cf. 38,19; 52,15). Defensor dos camponeses, ele tenta evitar a guerra, que devastaria o campo e seus trabalhadores.

38,1-28: O episódio mostra a existência de duas posições conflitantes na corte: optar pelo Egito, rebelando-se contra a Babilônia; ou estar com esta, aceitando a

de". ¹⁰Então o rei ordenou a Ebed-Melec, o etíope: "Leve com você trinta homens e tirem o profeta Jeremias da cisterna, antes que ele morra". ¹¹Ebed-Melec levou os homens, entraram no palácio, foram até o porão, onde pegaram uns trapos e uns panos velhos. Depois jogaram esses trapos na ponta de uma corda para Jeremias. ¹²Ebed-Melec, o etíope, disse a Jeremias: "Coloque esses panos velhos debaixo do braço, onde vai passar a corda". Assim fez Jeremias. ¹³Então puxaram Jeremias pela corda, tirando-o da cisterna. E Jeremias ficou no pátio da prisão. ¹⁴O rei Sedecias mandou buscar o profeta Jeremias na terceira entrada da Casa de Javé. O rei disse a Jeremias: "Vou perguntar-lhe uma coisa: não me esconda nada". ¹⁵Jeremias respondeu: "Se eu lhe falar, você certamente me matará, e se eu lhe der um conselho, você não ouvirá". ¹⁶O rei Sedecias jurou em segredo a Jeremias: "Pela vida de Javé, que nos deu a vida: não o matarei nem o entregarei nas mãos desses homens que estão querendo matá-lo". ¹⁷Então Jeremias disse ao rei Sedecias: "Assim diz Javé dos exércitos, o Deus de Israel: Se você sair da cidade para se entregar aos oficiais do rei da Babilônia, você conservará a vida, e esta cidade não será incendiada. Você e sua casa conservarão a vida. ¹⁸Se você não se entregar aos oficiais do rei da Babilônia, esta cidade cairá nas mãos dos caldeus, que a incendiarão, e você não escapará". ¹⁹O rei Sedecias disse: "Tenho medo dos judeus que passaram para o lado dos caldeus. Temo ser entregue nas mãos deles, e que me maltratem". ²⁰Jeremias disse: "Não vão entregá-lo. Preste atenção nesta palavra de Javé, que eu lhe transmiti: Tenha confiança, e você salvará sua vida. ²¹Se você não estiver disposto a se entregar, este é o oráculo que Javé me comunicou: ²²Todas as mulheres que sobrarem na corte do rei de Judá serão levadas para os oficiais do rei da Babilônia, e cantarão assim: 'Seus bons amigos enganaram você e o venceram. Afundaram os pés de você na lama e foram embora!' ²³As mulheres e os filhos de vocês vão ser levados para os caldeus, e nem você escapará das mãos deles. Pelo contrário, você vai ficar prisioneiro do rei da Babilônia e esta cidade será incendiada". ²⁴Sedecias disse a Jeremias: "Que ninguém fique sabendo dessas palavras, senão você morre. ²⁵Se os oficiais souberem que eu estive conversando com você, e vierem lhe perguntar: 'Conte-nos: o que foi que você disse ao rei e o que ele disse a você? Não esconda nada, que nós não vamos matá-lo', ²⁶você então responderá: 'Eu estava pedindo ao rei que não me mandasse de volta para a casa de Jônatas, para não morrer aí' ".

²⁷Todos os oficiais foram procurar Jeremias para fazer-lhe perguntas, mas ele respondeu tudo de acordo com o que o rei lhe tinha mandado falar. Então eles ficaram quietos, pois a conversa não tinha sido ouvida. ²⁸Jeremias ficou no pátio da prisão até a tomada de Jerusalém.

39 Tomada de Jerusalém –

¹No décimo mês do nono ano de Sedecias, rei de Judá, Nabucodonosor, rei da Babilônia, chegou a Jerusalém com todo o seu exército, e sitiou a cidade. ²Foi no nono dia do quarto mês do décimo primeiro ano de Sedecias que ele conseguiu abrir uma brecha para entrar na cidade. ³Por aí entraram os oficiais do rei da Babilônia, que se colocaram na porta do Meio. Eram eles: Nergalsareser, Samgar-Nabu, Sar-Saquim, chefe dos eunucos, Nergalsareser, grande mago, e todos os outros oficiais do rei da Babilônia.

⁴Sedecias, rei de Judá, e seus homens de guerra, quando viram tudo isso, tentaram fugir. Saíram da cidade à noite pelo jardim do rei, que vai dar na porta entre as duas muralhas, e se dirigiram para o deserto. ⁵Mas o exército dos caldeus os perseguiu, e alcançou Sedecias nas planícies de Jericó. Prenderam o rei Sedecias e o levaram a Nabucodonosor, rei da Babilônia, que estava em Rebla, na região de Emat, e que aí mesmo decretou a sentença de Sedecias. ⁶O rei da Babilônia mandou matar os filhos de Sedecias aí mesmo em

---

vassalagem. O cuchita (etíope) Ebed-Melec e o oficial (eunuco) do rei são contra a política suicida do grupo favorável ao Egito.

39,1-18: O exército de Nabucodonosor, em 587 a.C., devasta Jerusalém. O grupo pró-vassalagem, como Jeremias e Ebed-Melec, é poupado.

Rebla, diante dos olhos de Sedecias. E mandou matar também todos os nobres de Judá. ⁷Em seguida, furou os olhos de Sedecias e o algemou, a fim de levá-lo para a Babilônia.

⁸Quanto ao palácio do rei e às casas particulares, os caldeus incendiaram tudo e derrubaram as muralhas de Jerusalém. ⁹Nabuzardã, chefe da guarda, mandou para a Babilônia o resto da população que ainda tinha ficado na cidade, os desertores que se entregaram a ele e os artistas profissionais que ainda havia. ¹⁰Os mais pobres do povo, os que não possuíam nada, Nabuzardã os deixou na terra de Judá e deu-lhes vinhas e terra para cultivar.

¹¹Quanto a Jeremias, Nabucodonosor, o rei da Babilônia, deu a seguinte ordem a Nabuzardã, chefe da guarda: ¹²"Você mesmo vai buscá-lo e cuidar dele. Não lhe faça mal nenhum. Pelo contrário, faça tudo conforme ele pedir". ¹³Nabuzardã, chefe da guarda, o comandante Nabusezbã, oficial superior, Nergalsareser, grande mago, e os outros oficiais do rei da Babilônia, ¹⁴mandaram tirar Jeremias do pátio da prisão e o entregaram a Godolias, filho de Aicam, neto de Safã, a fim de o levarem para casa. E Jeremias ficou livre no meio do povo.

¹⁵A palavra de Javé veio a Jeremias enquanto ele estava preso no pátio da prisão: ¹⁶"Vá dizer ao etíope Ebed-Melec: Assim diz Javé dos exércitos, o Deus de Israel: Eis que vou cumprir contra esta cidade minhas palavras, para desgraça e não para salvação. Nesses dias, tudo vai se realizar diante de você. ¹⁷No entanto, nesse dia eu livrarei você – oráculo de Javé. E você não cairá nas mãos desses homens, dos quais você tem medo. ¹⁸Farei com que você escape e não caia sob a espada. Você terá sua vida como despojo, porque confiou em mim – oráculo de Javé".

40 *Godolias governador* – ¹Palavra que veio a Jeremias da parte de Javé, depois que Nabuzardã, chefe da guarda, o enviou de volta de Ramá, onde ele estava amarrado na corrente junto com os presos de Judá e Jerusalém, que estavam sendo levados para o exílio na Babilônia. ²O chefe da guarda tomou Jeremias e lhe disse: "Javé, o seu Deus, predisse esta desgraça para este lugar, ³e a realizou. Javé fez conforme havia falado, pois vocês pecaram contra ele e não lhe obedeceram. Foi por esse motivo que aconteceu tudo isso a vocês. ⁴Eu soltei as algemas de seu pulso. Se você acha bom ir para a Babilônia comigo, vamos, que eu olharei por você. Mas, se você não acha bom ir comigo para a Babilônia, pode ficar: a terra inteira está aí à sua frente. Pode ir para onde você achar melhor e mais correto". ⁵Antes de Jeremias tomar um rumo, o chefe da guarda continuou: "Você pode ir para a casa de Godolias, filho de Aicam, neto de Safã, que o rei da Babilônia colocou como governador das cidades de Judá. Pode ficar com ele, no meio do povo. Ou então pode ir para onde achar preferível". O chefe da guarda deu-lhe provisões e presentes, e o deixou livre. ⁶Jeremias foi para a casa de Godolias, filho de Aicam, em Masfa, e ficou com ele, vivendo no meio do povo que tinha ficado na terra.

Os pobres da terra com Godolias – ⁷Os comandantes das guarnições que estavam fora da cidade, juntamente com todos os seus homens, ficaram sabendo que o rei da Babilônia tinha colocado Godolias, filho de Aicam, como governador da terra, e que tinha confiado a ele os homens, mulheres e crianças, e os pobres da terra, que não tinham sido levados para o exílio na Babilônia. ⁸Ismael, filho de Natanias, Joanã e Jônatas, filhos de Carea, Saraías, filho de Tanuemet, os filhos de Ofi de Netofa, e Jezonias, filho de Maacati, foram procurar Godolias em Masfa. Foram eles e seus comandados. ⁹Godolias, filho de Aicam, neto de Safã, jurou para eles e seus homens: "Não tenham medo de servir aos caldeus. Permaneçam na terra

---

40,1-6: Godolias, governador nomeado pela Babilônia, provavelmente pertencia ao grupo aliado à Babilônia. Jeremias fez a opção de permanecer com Godolias para ficar no meio do povo (39,14). É importante notar, no novo governo, a presença de mulheres da elite, "filhas do rei" (41,10; 43,6).

7-12: Masfa, situada a 13 km ao norte de Jerusalém, antigo santuário de Israel pré-monárquico, carrega a memória da sociedade tribal (cf. Jz 20,1; 1Sm 7,5; 10,17). Os "pobres da terra", como era denominada a população explorada e empobrecida (cf. Is 11,4; Am 8,4; Sf 2,3), tiveram acesso à terra e fizeram colheita abundante.

e sirvam ao rei da Babilônia, e tudo irá bem para vocês. ¹⁰Quanto a mim, fiquei aqui em Masfa como responsável diante dos caldeus que vêm até nós. E vocês, vão fazer a colheita do vinho, das frutas e do azeite. Encham suas vasilhas e fiquem nas cidades que vocês estão ocupando".

¹¹Também os judeus que estavam em Moab, entre os amonitas, em Edom e outras regiões, ouviram falar que o rei da Babilônia tinha deixado um resto em Judá e que havia colocado Godolias, filho de Aicam, neto de Safã, como governador deles. ¹²Então começaram a voltar judeus de todos os lugares por onde se haviam espalhado. Entraram em Judá, junto a Godolias, em Masfa, e fizeram uma colheita muito abundante de vinho e frutas.

Godolias assassinado por Ismael – ¹³Joanã, filho de Carea, e os comandantes do exército que estavam no interior, foram procurar Godolias em Masfa. ¹⁴Disseram-lhe: "Você sabe que Baalis, rei dos amonitas, mandou Ismael, filho de Natanias, matar você?" Mas Godolias, filho de Aicam, não acreditou neles. ¹⁵Mesmo assim, Joanã, filho de Carea, falou em particular a Godolias, em Masfa: "Eu vou matar Ismael, filho de Natanias, e ninguém ficará sabendo. Por que ele haveria de matar você? Por que todos esses judeus que se reuniram em torno de você teriam de se espalhar? Por que seria destruído o resto de Judá?" ¹⁶Mas Godolias, filho de Aicam, respondeu a Joanã, filho de Carea: "Não faça isso, pois o que você está falando de Ismael é falso".

41 ¹No sétimo mês, Ismael, filho de Natanias, neto de Elisama, de sangue real, foi com os grandes do rei e dez homens à procura de Godolias, filho de Aicam, em Masfa. E enquanto comiam juntos em Masfa, ²Ismael, filho de Natanias, e os dez homens que estavam com ele atacaram de espada a Godolias, filho de Aicam, neto de Safã. Foi assim que mataram aquele que o rei da Babilônia tinha colocado como governador na terra. ³Ismael matou também todos os judeus que estavam com Godolias em Masfa, bem como os soldados caldeus que aí se encontravam.

⁴No dia seguinte ao assassinato de Godolias, ninguém ainda sabia. ⁵Foram então uns oitenta homens de Siquém, de Silo e de Samaria, com a barba raspada, roupas rasgadas e ferimentos no corpo. Levavam ofertas e incenso para a Casa de Javé. ⁶Ismael, filho de Natanias, saiu de Masfa ao encontro deles, fora da cidade, andando e chorando. Ao encontrá-los, disse: "Venham até onde está Godolias, filho de Aicam". ⁷Logo, porém, que eles chegaram ao centro da cidade, Ismael, filho de Natanias, junto com seus homens, estrangulou-os e mandou jogar os corpos dentro de uma cisterna. ⁸Houve, porém, dez desses homens que disseram a Ismael: "Não nos mate! Nós temos trigo, cevada, azeite e mel escondidos no mato". Então Ismael parou e não matou esses que junto com seus irmãos. ⁹A cisterna onde Ismael jogou os corpos dos homens que ele matou é aquela grande que o rei Asa fizera por medo de Baasa, rei de Israel. Foi essa cisterna que Ismael, filho de Natanias, encheu com os cadáveres dos homens que matou. ¹⁰Em seguida, Ismael aprisionou todo o resto do povo que estava em Masfa: desde as filhas do rei até o povo que ficou em Masfa e que Nabuzardã, chefe da guarda, tinha confiado a Godolias, filho de Aicam. Ismael, filho de Natanias, levou-os como prisioneiros e partiu para passar ao lado dos amonitas.

¹¹Joanã, filho de Carea, e os outros comandantes das guarnições, seus companheiros, ouviram falar de todos os crimes que Ismael, filho de Natanias, havia praticado. ¹²Convocaram, então, todos os seus homens e partiram para atacar Ismael, filho de Natanias. E o alcançaram perto da represa grande de Gabaon. ¹³Todo o pessoal que estava com Ismael, quando viu Joanã, filho de Carea, e todos os comandantes das guarnições que estavam com ele, ficou muito contente. ¹⁴Então todo esse pessoal, que Ismael levava cativo desde Masfa, deu meia-volta e passou para

---

40,13-41,18: Ismael, oficial de descendência davídica, representa os militares que resistem à vassalagem diante da Babilônia. Ele mata Godolias, súdito de Nabucodonosor (cf. 2Rs 25,25).

o lado de Joanã, filho de Carea. ¹⁵Ismael, filho de Natanias, ainda conseguiu escapar de Joanã, junto com oito homens, e foi para junto dos amonitas.

¹⁶Então Joanã, filho de Carea, e todos os comandantes de guarnições que estavam com ele, reuniram todo o resto do povo que Ismael, filho de Natanias, tinha levado como prisioneiro desde Masfa, depois de ter assassinado Godolias, filho de Aicam. Eram homens valentes de guerra, mulheres, crianças e eunucos, que foram libertados em Gabaon. ¹⁷Partiram e fizeram uma parada no refúgio de Camaã, perto de Belém, para depois seguirem a caminho do Egito, ¹⁸pois estavam com medo dos caldeus, porque Ismael, filho de Natanias, tinha matado Godolias, filho de Aicam, que o rei da Babilônia tinha colocado como governador da terra.

42 Fuga para o Egito –

¹Os comandantes de guarnições, junto com Joanã, filho de Carea, e Azarias, filho de Osaías, com todo o povo, grandes e pequenos, foram procurar Jeremias ²e lhe disseram: "Nós lhe suplicamos, por favor: interceda junto a Javé, o seu Deus, por nós e por este resto, pois de muitos sobramos poucos, como você mesmo pode ver. ³Que Javé seu Deus nos mostre o caminho que devemos seguir e o que devemos fazer". ⁴O profeta Jeremias respondeu: "De acordo. Vou interceder junto a Javé, Deus de vocês, conforme vocês estão pedindo. Então toda palavra que Javé mandar responder a vocês, eu falarei, sem esconder coisa alguma". ⁵Eles disseram a Jeremias: "Que o próprio Javé seja testemunha verdadeira e correta contra nós, se não agirmos conforme a palavra que Javé seu Deus mandar você nos dizer. ⁶Seja coisa boa, seja coisa ruim, obedeceremos a Javé nosso Deus, a quem enviamos você, para que tudo nos corra bem, se obedecermos a Javé nosso Deus".

⁷Depois de dez dias, a palavra de Javé veio a Jeremias. ⁸Então ele chamou Joanã, filho de Carea, os comandantes de guarnições que o acompanhavam e também todo o povo, pequenos e grandes, ⁹e disse-lhes: "Assim disse Javé, o Deus de Israel, a quem vocês me mandaram implorar em seu favor: ¹⁰Se vocês permanecerem nesta terra, eu os construirei e não os destruirei, eu os plantarei e não os arrancarei, pois estou arrependido do mal que fiz a vocês. ¹¹Não tenham medo do rei da Babilônia, diante de quem agora vocês têm medo. Não tenham medo – oráculo de Javé –, pois eu estou com vocês para salvá-los e livrá-los das mãos dele. ¹²Eu os tratarei com piedade e ele terá compaixão de vocês e os fará voltar à terra que lhes pertence. ¹³Mas, se vocês desobedecerem à voz de Javé, o Deus de vocês, dizendo: 'Não vamos ficar nesta terra. ¹⁴Pelo contrário, vamos para o Egito, onde não se vê guerra nem se vive escutando o som da trombeta e ninguém passa fome. É lá que nós queremos ficar', ¹⁵nesse caso, resto de Judá, ouça a palavra de Javé: Assim disse Javé dos exércitos, o Deus de Israel: Se vocês decidirem ir para o Egito e se entrarem para lá ficar, ¹⁶a espada que amedronta vocês aqui, irá alcançá-los na terra do Egito. A fome que os assusta aqui, seguirá seus passos no Egito: lá vocês morrerão. ¹⁷Todos os homens que decidirem partir para o Egito e lá permanecer, morrerão pela espada, pela fome e pela peste, sem que seja possível escapar ou fugir da desgraça que eu atrairei sobre eles.

¹⁸Javé dos exércitos, o Deus de Israel, disse ainda: Da mesma forma como derramei minha ira e meu furor sobre os habitantes de Jerusalém, assim também derramarei meu furor sobre vocês, quando entrarem no Egito. Vocês serão objeto de maldição e espanto, desprezo e zombaria, e não voltarão a ver este lugar. ¹⁹É assim que Javé falou para vocês, resto de Judá. Não vão para o Egito. Saibam bem que hoje eu os adverti solenemente. ²⁰Vocês enganaram a si mesmos quando mandaram que eu procurasse Javé, Deus de vocês, dizendo: 'Interceda por nós junto a Javé nosso Deus, e tudo o que Javé nosso Deus lhe disser, anuncie para nós,

---

42,1-43,7: Temendo a represália da Babilônia, Joanã e os oficiais encaminham o povo em direção ao Egito. Contrariam a intervenção de Jeremias em favor da permanência em Judá, com a condição de vassalagem à Babilônia. Táfnis, fortaleza importante, é localizada no ponto fronteiriço no norte do Egito (cf. 2,16; Ez 30,18).

a fim de que possamos fazê-lo". ²¹Pois eu acabo de lhes anunciar hoje, mas vocês não obedecerão a Javé, Deus de vocês, em nada do que ele ordenou a vocês através de mim. ²²E agora saibam bem: vocês morrerão pela espada, pela fome e pela peste no lugar onde quiseram entrar e se estabelecer".

43 ¹Quando Jeremias terminou de comunicar a todo o povo as palavras que Javé, seu Deus, lhe havia mandado falar, ²então Azarias, filho de Osaías, Joanã, filho de Carea, e todos aqueles homens, cheios de petulância, disseram a Jeremias: "É mentira o que você está falando! Javé, nosso Deus, não enviou você para nos dizer: 'Não vão para o Egito, para morar lá'. ³Foi Baruc, filho de Nerias, quem jogou você contra nós, para nos entregar nas mãos dos caldeus, para eles nos matarem ou nos exilarem na Babilônia".

⁴Foi assim que Joanã, filho de Carea, os comandantes e todo o povo não quiseram obedecer a Javé, que lhes havia mandado ficar na terra de Judá. ⁵Joanã, filho de Carea, e os comandantes de guarnições juntaram o resto de Judá e os que tinham voltado das outras nações para onde tinham sido expulsos, a fim de morarem por uns tempos em Judá. ⁶Eram homens, mulheres, crianças, as filhas do rei, enfim, todos os viventes que o chefe da guarda, Nabuzardã, tinha deixado com vida juntamente com Godolias, filho de Aicam, neto de Safã. Levaram também o profeta Jeremias com Baruc, filho de Nerias. ⁷E, desobedecendo a Javé, foram para o Egito, chegando a Táfnis.

Palavras de Javé no Egito – ⁸Em Táfnis, a palavra de Javé veio a Jeremias: ⁹Pegue umas pedras grandes e, na presença dos judeus, enterre essas pedras no barro do pátio que fica à entrada do palácio do faraó, em Táfnis. ¹⁰Em seguida, você dirá a eles: Assim diz Javé dos exércitos, o Deus de Israel: Mandarei buscar meu servo Nabucodonosor, rei da Babilônia,

e colocarei seu trono sobre essas pedras que enterrei. Sobre elas ele estenderá seu dossel. ¹¹Ele virá para atacar o Egito. Quem está destinado para a morte, morrerá. Quem está destinado para o exílio, será exilado. Quem está destinado para a espada, morrerá pela espada. ¹²Ele porá fogo nos templos dos deuses do Egito, os queimará e levará os deuses para o exílio. Ele vai limpar tudo, como o pastor tira os piolhos do seu manto, e sairá daí em paz. ¹³Quebrará as colunas sagradas do Templo do Sol e incendiará os templos de todos os deuses do Egito.

44 ¹Palavra que veio a Jeremias, a respeito dos judeus que estavam morando no Egito, em Magdol, em Táfnis, em Mênfis e na região de Patros: ²Assim diz Javé dos exércitos, o Deus de Israel: Vocês mesmos viram toda a desgraça que eu trouxe sobre Jerusalém e sobre as outras cidades de Judá. Hoje elas estão mortas, sem nenhum habitante. ³Isso aconteceu por causa de todo o mal que eles fizeram, irritando-me, queimando incenso e prestando culto a outros deuses, que nem eles, nem vocês, nem seus pais jamais conheceram. ⁴Apesar disso, eu enviei continuamente meus servos, os profetas, e eles sempre diziam: "Não façam essas abominações, que eu odeio". ⁵Mas eles não escutaram nem quiseram prestar atenção, para não terem de abandonar a sua maldade e para não deixarem de queimar incenso a outros deuses. ⁶Então minha ira e meu furor se alastraram como fogo pelas cidades de Judá e pelas ruas de Jerusalém, e elas se transformaram num deserto e numa desolação até o dia de hoje.

⁷Agora, assim diz Javé dos exércitos, o Deus de Israel: Por que vocês fazem esse mal tão grande a vocês mesmos? Vocês estão acabando com homens, mulheres, crianças e bebês em Judá. Desse modo, não vai ficar um resto entre vocês, ⁸porque vocês me provocam com a obra de suas mãos, queimando incenso a outros deuses nesta

---

43,8-44,30: Temos aqui, sem dúvida, uma releitura pós-exílica. O redator apresenta um discurso em estilo deuteronomista: pecado, castigo e conversão (cf. Dt 29-30). O pecado capital é a adoração à rainha do céu (Ishtar ou Astarte), deusa-mãe da fertilidade, em cujo culto a participação das mulheres é muito ativa (cf. 7,18). O discurso é destinado a todos os judeus residentes no Egito: Magdol, a leste de Táfnis; Mênfis, importante cidade na margem oeste do rio Nilo; Patros, "terra do sul", no Alto Egito.

terra do Egito, onde vocês estão morando. Assim, vocês estão trabalhando para o seu próprio extermínio e se transformando em maldição e vergonha para todas as nações da terra. ⁹Vocês já se esqueceram dos pecados de seus pais, dos reis de Judá, de seus oficiais, dos pecados de vocês e de suas mulheres? Vocês cometeram esses pecados pela terra de Judá afora e pelas ruas de Jerusalém. Já se esqueceram? ¹⁰Até hoje, ninguém baixou a cabeça, ninguém teve medo, ninguém começou a andar de acordo com a instrução e os estatutos que dei a vocês e a seus pais. ¹¹Por isso, assim diz Javé dos exércitos, o Deus de Israel: Volto minha face contra vocês para a desgraça, para exterminar Judá totalmente. ¹²Pegarei o resto de Judá que se empenhou em ir para o Egito e aí morar, e todos eles, pequenos e grandes, morrerão aí no Egito, derrubados pela espada e consumidos pela fome. Morrerão pela espada e pela fome e se tornarão uma coisa maldita, espantosa, desprezível e vergonhosa. ¹³Castigarei os que habitam no Egito, como castiguei Jerusalém: com a espada, a fome e a peste. ¹⁴Desse resto de Judá que foi para o Egito, ninguém conseguirá sobreviver, ninguém escapará, ninguém conseguirá voltar para Judá, aonde anseiam voltar para aí viver. Ninguém voltará, a não ser alguns fugitivos.

¹⁵Os homens que sabiam que suas mulheres queimavam incenso a outros deuses e todas as mulheres que estavam presentes, uma grande multidão, e todo o povo que habitava na terra do Egito e em Patros, disseram a Jeremias: ¹⁶"Nenhum de nós vai obedecer a isso que você acabou de nos falar em nome de Javé. ¹⁷Nós faremos aquilo que prometemos: queimaremos incenso para a rainha do céu e derramaremos vinho em honra dela. Faremos da mesma forma como fizemos, assim como nossos pais, nossos reis e nossos oficiais fizeram nas cidades de Judá ou nas ruas de Jerusalém, quando nos fartávamos de pão, éramos felizes e não conhecíamos a desgraça. ¹⁸Pois, quando paramos de queimar incenso para a rainha do céu e de derramar vinho em sua honra, começou a faltar tudo, e nós morremos pela espada e pela fome".

¹⁹As mulheres disseram: "Quando nós estamos queimando incenso à rainha do céu e derramando vinho em sua honra, é por acaso sem o consentimento de nossos maridos que nós fazemos bolos com a figura dela e derramamos vinho em sua honra?"

²⁰A todo o povo que lhe tinha respondido dessa forma, homens ou mulheres, assim disse Jeremias: ²¹"Será que Javé não se lembra e não tem mais em mente todo o incenso que vocês queimavam nas cidades de Judá e nas ruas de Jerusalém, exatamente como faziam seus pais, reis, oficiais e o povo da terra? ²²Javé não suportou mais a maldade que vocês faziam, as abominações que vocês praticavam. Por isso, a terra se converteu em ruína, espanto e maldição, sem nenhum habitante, até o dia de hoje. ²³Vocês queimaram incenso e pecaram contra Javé, desobedecendo a Javé, não procedendo conforme sua lei, seus estatutos e ordens. Por isso aconteceu a vocês essa desgraça que dura até o dia de hoje".

²⁴Jeremias falou também a todo o povo, especialmente às mulheres: "Ouça a palavra de Javé, Judá inteiro que está no Egito: ²⁵Assim diz Javé dos exércitos, o Deus de Israel: Vocês e suas mulheres não só falaram, mas também cumpriram com suas próprias mãos o que disseram: 'Nós cumpriremos os votos que fizemos de queimar incenso à rainha do céu e de derramar vinho em sua honra'. Mantenham, pois, a promessa e cumpram o voto. ²⁶Contudo, ouçam a palavra de Javé, judeus todos que moram no Egito: Eu juro por meu nome grandioso, diz Javé, que nenhum judeu, em toda a terra do Egito, invocará mais meu nome, dizendo: 'Pela vida do Senhor Javé'. ²⁷Eu os vigiarei para o mal deles, e não para o bem. E todos os homens de Judá que estiverem habitando no Egito vão morrer pela espada e pela fome, até acabarem todos. ²⁸Um pequeno número que escapar da espada voltará do Egito para a terra de Judá. Então o resto de Judá que foi para o Egito saberá qual é a palavra que vai valer, se a deles ou a minha. ²⁹Para vocês ficarem sabendo que minhas palavras de ameaça contra vocês prevalecerão e que eu castigarei vocês neste lugar – oráculo de Javé –, haverá

este sinal: ³⁰Assim diz Javé: Eu entregarei o faraó Hofra, rei do Egito, nas mãos de seus inimigos, daqueles que o querem matar, assim como entreguei Sedecias, rei de Judá, nas mãos de Nabucodonosor, rei da Babilônia, que era inimigo dele e que o queria matar".

45 Palavra de consolação para Baruc

¹Palavra que o profeta Jeremias disse a Baruc, filho de Nerias, quando este escreveu num livro as palavras ditadas por Jeremias, no quarto ano de Joaquim, filho de Josias, rei de Judá: ²Assim diz Javé, o Deus de Israel, para você, Baruc: ³Você disse: "Pobre de mim! Javé soma tristeza à minha dor! Estou cansado de gemer e não tenho descanso!" ⁴Assim você dirá a Baruc: Assim diz Javé: Estou derrubando o que eu mesmo construí, estou arrancando o que eu mesmo plantei, e isso em toda a terra. ⁵E você está preocupado com grandezas? Não as procure. Pois eu já estou fazendo chegar uma desgraça sobre toda carne – oráculo de Javé. Quanto a você, porém, eu lhe darei a vida como despojo, em qualquer lugar para onde você for.

V. ORÁCULOS CONTRA AS NAÇÕES ESTRANGEIRAS

46 Contra o Egito

¹Palavra de Javé que veio ao profeta Jeremias contra as nações.

²Contra o Egito. Contra o exército do faraó Necao, rei do Egito, que esteve em Carquemis, à margem do rio Eufrates, onde foi derrotado por Nabucodonosor, rei da Babilônia, no quarto ano de Joaquim, filho de Josias, rei de Judá:

³Preparem o escudo pequeno e o grande, e avancem para a guerra. ⁴Cavaleiros, selem os cavalos e montem. Apresentem-se com os capacetes, afiem as lanças, vistam a armadura. ⁵Por que eu vi todos apavorados e correndo para trás? Seus valentes foram derrotados e estão fugindo sem olhar para trás. O terror está em toda parte – oráculo de Javé. ⁶Que o ligeiro não escape, nem fuja o valente. Foi lá no norte, à beira do rio Eufrates, que eles tropeçaram e caíram.

⁷Quem é esse que sobe como o rio Nilo e como um rio de águas agitadas? ⁸É o Egito que sobe como o Nilo e como um rio de águas agitadas. Ele diz: "Eu vou subir e cobrir a terra. Vou arrasar cidades com todos os seus habitantes". ⁹Vamos, cavalos. Depressa com os carros. Que partam os guerreiros, etíopes e líbios armados de escudo, e ludianos que retesam o arco. ¹⁰É hoje o dia do Senhor Javé dos exércitos: dia de vingança, para vingar-se de seus inimigos. A espada devora, fica saciada e se embriaga de sangue, porque isso é um sacrifício para o Senhor Javé dos exércitos, na terra do norte, à beira do rio Eufrates. ¹¹Vá até Galaad buscar bálsamo, virgem, filha do Egito. Não adianta multiplicar remédios: não há cura para você. ¹²As nações souberam de sua desonra, seus gritos de dor encheram a terra. O guerreiro tropeçou no guerreiro, e caíram juntos os dois.

Invasão do Egito – ¹³Palavra que Javé disse ao profeta Jeremias quando Nabucodonosor, rei da Babilônia, chegou para derrotar a terra do Egito.

¹⁴Anunciem no Egito, levem a notícia a Magdol, contem tudo em Mênfis e Táfnis. Digam: "Levante-se e prepare-se, porque a espada está devorando tudo ao redor". ¹⁵Por que Ápis fugiu e seu touro sagrado não resiste? Foi porque Javé o derrubou. ¹⁶Ele multiplicou os que tropeçam, um cai por cima do outro. E gritam: "De pé! Voltemos para nosso povo, para nossa terra natal, longe da espada mortífera". ¹⁷Será dado

---

45,1-5: Acréscimo redacional que sintetiza toda a vida do profeta Jeremias: incompreensão, perseguição, tortura, solidão, decepção. A fidelidade à palavra do Deus da vida e ao projeto solidário tornou-se para Jeremias a sua razão de ser, falar, agir e lutar (cf. 15,16).

46-51: Estes capítulos agrupam uma série de oráculos, comumente chamados de "oráculos contra as nações" (cf. Is 13-23; Ez 25-32; Am 1,3-2,3; Sf 2,4-15). São provavelmente acréscimos redacionais que apresentam um Deus guerreiro e vingador, e condenam severamente as intervenções socioculturais dos estrangeiros. Ao contrá-

rio, Jeremias condena o grupo favorável ao Egito e sua insurreição bélica, e prega a vassalagem política à Babilônia.

46,1-12: A série de oráculos começa pelo Egito e termina pela Babilônia (50,1-51,64). São os dois impérios que marcaram a história de Israel. Em 605 a.C., os egípcios foram derrotados pelos babilônios em Carquemis (cf. 2Cr 35,20), importante cidade à margem direita do rio Eufrates. A derrota é interpretada como o dia de Javé (cf. Sf 1,14-18; Ab 15).

13-28: O texto se refere à invasão do Egito pela Babilônia em 568/567 a.C. Ápis é um touro sagrado de Mênfis

ao faraó, rei do Egito, o nome de Trovão-fora-de-hora. ¹⁸Eu juro por mim mesmo – oráculo do Rei, que se chama Javé dos exércitos: Alguém chegará, tão certo como o Tabor está entre as montanhas e o monte Carmelo à beira-mar. ¹⁹Prepare a bagagem para o exílio, habitante do Egito, porque Mênfis será transformada em deserto, será devastada e ficará sem habitantes. ²⁰O Egito parecia uma novilha bonita, mas a mutuca veio do norte e pousou sobre ela. ²¹Seus guerreiros contratados pareciam novilhos de estábulo. Mas também eles viraram para trás e fugiram todos juntos. Não resistiram, porque chegou para eles o dia da desgraça, a hora de seu castigo. ²²Sua voz é como da serpente que silva, porque avançam em bloco. E avançam contra ela como lenhadores com machados. ²³Cortam sua floresta, onde ninguém penetrava – oráculo de Javé. São mais numerosos que gafanhotos, são inumeráveis. ²⁴A filha do Egito foi envergonhada, entregue nas mãos de um povo do norte.

²⁵Javé dos exércitos, o Deus de Israel, é quem diz: Eu castigarei o deus Amon de Tebas, o Egito com seus deuses e reis, o faraó e todos os que nele confiam. ²⁶Vou entregá-los nas mãos daqueles que os querem matar, Nabucodonosor, rei da Babilônia, e seus servos. Depois disso, porém, o Egito será habitado de novo, como nos tempos antigos – oráculo de Javé.

²⁷Não tenha medo, meu servo Jacó! Não se apavore, Israel! Eu o trarei são e salvo das terras longínquas, e sua descendência voltará da terra de seu exílio. Jacó voltará e viverá tranquilo, em paz, sem que o perturbem. ²⁸Não tenha medo, meu servo Jacó – oráculo de Javé –, porque eu estou com você: vou arrasar todas as nações por onde espalhei você. Não vou arrasar você. Vou corrigir você com justiça, mas não o deixarei sem castigo.

47 Contra os filisteus

¹Palavra de Javé que veio ao profeta Jeremias contra os filisteus, antes que o faraó atacasse a cidade de Gaza. ²Assim diz Javé: Olhe para as águas que se avolumam no norte: elas se tornam uma torrente que transborda, alagando a terra e tudo o que nela existe, as cidades e seus habitantes. Todos gritam e os habitantes da terra gemem, ³ouvindo o tropel dos cavalos dos guerreiros mais valentes do inimigo, ouvindo o rumor dos seus carros, o barulho de suas rodas. Os pais, com as mãos fracas, já não olham por seus filhos, ⁴por causa do dia que chegou para destruir todos os filisteus, para cortar de Tiro e Sidônia todo o resto que os possa socorrer: Javé destrói os filisteus, o resto da ilha de Creta. ⁵Em Gaza raspam a cabeça e Ascalon emudece. E você, restante do seu vale, até quando vai ferir o próprio corpo? ⁶Espada de Javé, até quando estará sem descanso? Recolha-se na bainha, pare e se acalme! ⁷Como pode ela descansar, se Javé lhe deu ordens? Contra Ascalon e a costa do mar, para lá ele a convocou.

48 Contra Moab

¹Contra Moab. Assim diz Javé dos exércitos, o Deus de Israel: Pobre de Nebo, que foi arrasado. Cariataim foi vergonhosamente destruída. A fortaleza foi vergonhosamente abatida! ²Acabou a fama de Moab! Em Hesebon tramaram a desgraça contra ela: "Vamos eliminá-la do meio das nações". Também você, Madmena, será reduzida ao silêncio: a espada persegue você. ³De Oronaim se ouve um grito: "Devastação! Desastre imenso!" ⁴Moab foi esmagada: seus pequenos fazem ouvir um grito. ⁵Chorando, sobe-se a ladeira de Luit, e na descida de Oronaim se ouvem gritos de derrota. ⁶Fujam, salvem a vida, como o burro selvagem no deserto. ⁷Já que você pôs a confiança em suas obras e tesouros, você também irá presa, e Camos irá para o exílio junto com seus sacerdotes e oficiais. ⁸Virá um devastador contra toda cidade, e nenhuma escapará. O vale será destruído e o planalto será arrasado, conforme diz Javé. ⁹Deem asas a Moab, para que possa

---

(cf. 44,1). Amon (*No* em hebraico) é o deus principal de Tebas, a grande cidade no Alto Egito. Para o redator nacionalista, quem derrota as grandes cidades do faraó não é Nabucodonosor, mas Javé dos exércitos, o Deus de Israel.

47,1-7: "As águas" do norte são os babilônios, que invadiram e subjugaram os filisteus desde 605 a.C. Segundo a tradição bíblica, a ilha de Creta é considerada como o lugar de origem dos filisteus (Dt 2,23; Js 13,2-5; Am 9,7).

48,1-47: O capítulo retoma várias passagens bíblicas: Is 15-16; Nm 21,27-30; 24,17. Camos é o Deus nacional dos moabitas (cf. 1Rs 11,7.33; 2Rs 23,13).

voar. Suas cidades se tornarão um deserto, porque não haverá nenhum habitante. ¹⁰Maldito aquele que cumpre com negligência a missão que Javé lhe deu. Maldito aquele que poupa sua espada de derramar sangue. ¹¹Desde a juventude, Moab viveu tranquilo, descansava como o vinho com sua borra, sem nunca ser mudado de uma vasilha para outra. Moab nunca foi levado para o exílio. Por isso, conservava seu sabor, e seu perfume não mudava. ¹²Chegarão dias – oráculo de Javé – quando eu mandarei gente para mudar Moab de vasilha. Esvaziarão as antigas vasilhas e as quebrarão. ¹³Então Moab ficará decepcionado com seu deus Camos, como a casa de Israel se decepcionou com Betel, na qual confiava.

¹⁴Como vocês podem dizer: "Nós somos valentes, prontos para a guerra"? ¹⁵Moab será destruído, suas cidades foram invadidas e a nata de sua juventude desceu ao matadouro – oráculo do Rei, que se chama Javé dos exércitos. ¹⁶Está próxima a ruína de Moab, sua desgraça vem depressa. ¹⁷Chorem por ele todos os seus vizinhos, todos aqueles que o conhecem pelo nome. E digam: "Como pôde quebrar um galho tão forte, um ramo tão bonito?" ¹⁸Desça da sua glória e sente no chão árido, ó habitante, filha de Dibon, pois até aí chegou aquele que devastou Moab, e ele destruiu suas fortalezas. ¹⁹Coloque-se no caminho e observe, habitante de Aroer: a quem fugiu ou escapou, pergunte o que foi que aconteceu.

²⁰Moab está envergonhado, porque foi destruído. Gritem e clamem, anunciem sobre o rio Arnon que Moab foi destruído. ²¹O julgamento veio contra a Planície, contra Helon, Jasa, Mefaat, ²²Dibon, Nebo, Bet-Deblataim, ²³Cariataim, Bet-Gamul, Bet-Maon, ²⁴Cariot, Bosra, contra todas as cidades da terra de Moab, tanto as mais vizinhas como as mais distantes. ²⁵Cortaram a força de Moab, quebraram-lhe os braços – oráculo de Javé.

²⁶Embriaguem Moab, pois se levantou contra Javé. Moab cairá sobre seu próprio vômito, tornando-se motivo de caçoada. ²⁷Será que Israel também não foi motivo de caçoada para você? Ou será que Israel foi encontrado no meio de ladrões, para que você abane a cabeça sempre que fala dele?

²⁸Habitantes de Moab, abandonem as cidades, vão morar nos rochedos! Sejam como pomba que constrói seu ninho à beira do abismo. ²⁹Ouvimos falar da soberba de Moab, de seu orgulho sem medida, de sua soberba, vaidade e arrogância, e da altivez de seu coração. ³⁰Conheço sua arrogância – oráculo de Javé –, a inconsistência de suas tagarelices e o vazio de suas obras. ³¹Por isso, eu lamento por Moab, grito de dor por Moab inteiro, gemo pelos habitantes de Quir-Hares. ³²Choro por você mais do que chorei por Jazer, ó vinhedo de Sábama. Seus ramos atingiam o mar e chegavam até Jazer. O invasor caiu sobre sua colheita e sobre as uvas que você apanhou. ³³A alegria e a animação sumiram dos pomares e da terra de Moab. Acabei com o vinho dos lagares. Não há mais ninguém amassando uvas, e não se ouve mais o canto de alegria. ³⁴Os gritos de Hesebon e Eleale chegam até Jasa. O grito vai de Segor até Oronaim e Eglat-Salisia, pois até as águas de Nemrim se tornaram um deserto. ³⁵Farei desaparecer em Moab – oráculo de Javé – quem sacrifica nos lugares altos e aquele que queima incenso a seus deuses. ³⁶Por isso meu coração chora por Moab como flauta, chora como flauta pelos habitantes de Quir-Hares, pois foi destruído tudo o que ela acumulou. ³⁷Sim, toda cabeça foi raspada e toda barba foi cortada. Todos feriram as próprias mãos. Todos se vestiram com panos de saco. ³⁸Em todos os terraços de Moab e em todas as praças estão todos de luto, pois eu quebrei Moab como se fosse uma vasilha inútil – oráculo de Javé. ³⁹Como está arrasado! Chorem! Como Moab voltou vergonhosamente as costas! Como Moab se tornou motivo de caçoada e espanto para seus vizinhos!

⁴⁰Assim diz Javé: Olhem! O inimigo voa como águia, estendendo suas asas sobre Moab: ⁴¹tomou suas cidades, capturou suas fortalezas. Nesse dia, o ânimo dos guerreiros de Moab será como o ânimo da mulher em dores de parto. ⁴²Moab foi arrasado para não ser mais um povo, pois ele quis ser grande diante de Javé. ⁴³Terror, fossa e laço é tudo o que espera

por você, habitante de Moab – oráculo de Javé. ⁴⁴Quem fugir do terror, cairá na fossa. Se conseguir sair da fossa, será pego pelo laço, pois eu faço chegar para Moab o ano do seu castigo – oráculo de Javé. ⁴⁵Os fugitivos pararam perto de Hesebon, já sem forças, pois um fogo subia de Hesebon, labaredas saíam do palácio de Seon. Queimavam as têmporas de Moab e o crânio dos homens turbulentos. ⁴⁶Ai de você, Moab! Você está perdido, povo do deus Camos, pois seus filhos foram levados para o cativeiro, e suas filhas para a escravidão. ⁴⁷Mas nos últimos dias eu mudarei a sorte de Moab – oráculo de Javé.

Aqui termina o julgamento de Moab.

49

Contra Amon – ¹Contra os amonitas. Assim diz Javé: Será que Israel não tem filhos, será que não tem herdeiros? Por que o deus Melcom se apossou das terras de Gad, e o povo dele passou a habitar em suas cidades? ²Chegarão dias – oráculo de Javé – quando eu farei ouvir gritos de guerra em Rabá, capital de Amon. A cidade se tornará um montão de ruínas e os outros povoados serão destruídos pelo fogo. Então Israel herdará dos que dele herdaram, diz Javé. ³Gema, Hesebon, pois o devastador está chegando. Gritem de dor, povoados de Rabá, vistam-se com panos de saco, batam no peito, marquem o próprio corpo, pois o deus Melcom irá para o exílio junto com seus sacerdotes e chefes. ⁴Como você se orgulhava de seu vale, cidade rebelde, confiando em seus tesouros! Você pensava: "Quem virá contra mim?" ⁵Veja! Eu vou mandar contra você o terror – oráculo do Senhor Javé dos exércitos –, o terror que virá de todos os lados: cada um fugirá numa direção e ninguém reagrupará os fugitivos. ⁶Depois disso, porém, eu mudarei a sorte dos amonitas – oráculo de Javé.

Contra Edom – ⁷Contra Edom. Assim diz Javé dos exércitos: Será que não existe mais sabedoria em Temã? Será que desapareceu o conselho dos homens prudentes e jogaram fora a sabedoria? ⁸Fujam, partam, escondam-se bem, habitantes de Dadã, porque eu trarei para Esaú a desgraça que lhe cabe, a hora do seu castigo. ⁹Se os vindimadores vierem até você, não deixarão sobrar nada. Se ladrões vierem à noite, saquearão à vontade. ¹⁰Porque eu pretendo tirar pelos de Esaú e descobrir seus esconderijos. E ele não poderá esconder-se. Sua descendência acabou, bem como seus parentes e vizinhos. Ele não existe mais!

¹¹Deixe seus órfãos, e eu os farei viver. Suas viúvas podem confiar em mim. ¹²Porque assim diz Javé: Se aqueles que não mereciam beber este cálice acabaram bebendo, será que você vai ficar sem esse castigo? Não! Você não ficará impune, mas deverá bebê-lo. ¹³Juro por mim mesmo – oráculo de Javé – que Bosra será objeto de espanto e zombaria. Será ruína e maldição, e suas cidades todas se transformarão em ruína eterna.

¹⁴Eu ouvi uma mensagem de Javé, um mensageiro foi enviado às nações: "Reúnam-se e marchem contra Edom! Levantem-se para a guerra". ¹⁵Veja! Eu o tornarei pequeno em meio às nações e desprezado entre os homens. ¹⁶O terror que você provoca e a arrogância de seu coração o enganaram: você mora nos cumes da rocha e se agarra nos picos da montanha! Ainda que você faça seu ninho no alto como águia, eu o jogarei de lá de cima – oráculo de Javé. ¹⁷Edom se tornará objeto de espanto: todos os que por aí passarem assobiarão, espantados, ao ver suas feridas. ¹⁸Será como na destruição de Sodoma e Gomorra e cidades vizinhas, diz Javé: "Aí ninguém mais vai habitar, nenhum homem vai morar nela". ¹⁹Como leão que sobe do deserto do Jordão para os pastos verdes, assim, de repente, eu os expulsarei daí. E, em seu lugar, colocarei quem for escolhido.

Quem é como eu? Quem poderá desafiar-me? Qual é o pastor que pode resistir a mim? ²⁰Por isso, escutem a decisão de Javé, decisão que ele tomou sobre Edom. Escutem o plano que ele traçou contra

---

49,1-6: Amon, com a capital Rabá, situa-se ao norte de Moab, na Transjordânia. Os amonitas saquearam Judá no momento da invasão de Nabucodonosor, em 587

a.C. Melcom é o Deus nacional de Amon (cf. 2Rs 23,13). **7-22**: Texto paralelo a Ab 1-9. Edom participou da invasão de Jerusalém (cf. Is 34,1-17).

os habitantes de Temã: As menores ovelhas serão arrastadas para longe e as pastagens desaparecerão diante delas! ²¹Com o barulho de sua queda, a terra vai tremer, e seu grito de dor será ouvido no mar Vermelho. ²²O inimigo voa como águia, estendendo suas asas sobre Bosra. Nesse dia, o ânimo dos guerreiros de Edom será como o ânimo da mulher em dores de parto.

Contra Damasco – ²³Contra Damasco. Emat e Arfad estão cobertas de vergonha, porque ouviram uma notícia terrível. Elas se agitam de aflição como o mar, e não podem acalmar-se. ²⁴Damasco desfalece e prepara a fuga. O medo se apodera dela: está possuída de angústia e dores, como a mulher que está dando à luz. ²⁵Está abandonada a cidade famosa, a cidade da alegria! ²⁶Nesse dia, seus jovens cairão pelas praças e a morte calará seus homens de guerra – oráculo de Javé dos exércitos. ²⁷Porei fogo nas muralhas de Damasco, para incendiar os palácios de Ben-Adad.

Contra Cedar e Hasor – ²⁸Contra Cedar e os reinos de Hasor, que Nabucodonosor, rei da Babilônia, derrotou. Assim diz Javé: Vamos! Para a luta contra Cedar! Vamos destruir os filhos do oriente. ²⁹Peguem suas tendas e seus rebanhos, suas lonas e objetos, carreguem seus camelos e gritem contra eles: "Terror de todos os lados!"

³⁰Fujam, corram depressa, escondam-se bem, habitantes de Hasor – oráculo de Javé –, pois Nabucodonosor, rei da Babilônia, tomou uma decisão, traçou um plano contra vocês: ³¹"Vamos! Para a guerra contra essa nação tranquila, que vive tão segura. Eles não têm portas nem trancas e vivem isolados. ³²Seus camelos serão uma presa e seus numerosos rebanhos um despojo". Espalharei por todos os ventos essas cabeças raspadas, e de todos os lados vou levar a ruína para eles – oráculo de Javé. ³³Hasor se tornará abrigo de chacais e deserto para sempre. Aí ninguém mais vai habitar, nenhum homem vai morar nela.

Contra Elam – ³⁴Palavra de Javé que veio ao profeta Jeremias contra Elam, no início do reinado de Sedecias, rei de Judá: ³⁵Assim diz Javé dos exércitos: Olhe! Eu vou quebrar o arco de Elam e o melhor de seu poder. ³⁶Vou trazer sobre Elam quatro ventos, dos quatro cantos do céu. Espalharei seu povo na direção desses ventos, e não haverá nação no mundo onde não se encontre alguém expulso de Elam. ³⁷Farei que os elamitas tremam diante de seus inimigos, diante daqueles que querem matá-los. Vou trazer a desgraça sobre eles, o furor de minha ira – oráculo de Javé. Mandarei a espada persegui-los até que acabe com eles. ³⁸Colocarei meu trono em Elam e exterminarei aí reis e oficiais – oráculo de Javé. ³⁹Mas, nos últimos dias, mudarei a sorte de Elam – oráculo de Javé.

50 **Contra a Babilônia** – ¹Palavra que Javé falou contra a Babilônia, terra dos caldeus, por meio do profeta Jeremias: ²Anunciem entre as nações, façam ouvir, levantem o estandarte, façam ouvir, não se calem; digam: "Babilônia foi tomada, o deus Bel fracassou, Merodac foi arrasado, seus ídolos foram derrotados e suas imagens destruídas". ³Porque uma nação do norte atacou a Babilônia e transformará a terra num lugar arrasado, onde não habita ninguém. Homens e animais fugiram todos, foram-se embora.

⁴Nesses dias e nesse tempo – oráculo de Javé – os filhos de Israel virão chorando juntamente com os filhos de Judá, à procura de Javé, o Deus deles. ⁵Perguntarão por Sião, e a face deles estará voltada para ela: "Venham! Vamos fazer com Javé uma aliança eterna, que jamais será esquecida!" ⁶Meu povo era um rebanho perdido, que seus pastores deixavam extraviar-se pelos montes. Andavam dos montes para as colinas, e esqueceram seu curral. ⁷E quem

---

23-27: As cidades do reino de Aram: Damasco (capital), Emat e Arfad, foram invadidas pelos babilônios pouco depois da batalha de Carquemis, em 605 a.C.
28-33: Cedar ("escuro": cor da tenda) e Hasor ("cercado") são nomes coletivos para designar os árabes seminômades (cf. 25,23-24; Is 21,13-17; Ez 27,21).
34-39: A ira de Javé chega até Elam, país situado a leste da Mesopotâmia (cf. Is 11,11; 21,2; Ez 32,24). É a imagem da teologia pós-exílica sobre um Deus universal, poderoso e castigador.
50,1-51,64: Longo julgamento contra a Babilônia. Com a destruição do império, o redator sonha com a restauração e reunificação de Israel e Judá (50,4-7; cf. 3,18; 23,6; Is 11,10-12; Os 2,2; Zc 10,6).

encontrava minhas ovelhas, as agarrava para comer, dizendo: "Nós não somos culpados. Foram eles que pecaram contra Javé, morada da Justiça, a esperança de seus pais!"

⁸Fujam da Babilônia, da terra dos caldeus. Saiam como cabritos, na frente do rebanho. ⁹Pois eu farei levantar-se e vir contra a Babilônia um grupo de nações poderosas, vindas do norte, organizadas contra ela. E elas tomarão a terra pelo norte. Suas flechas são como de guerreiro bem treinado, que não volta de mãos vazias. ¹⁰Os caldeus se tornarão objeto de saque, e seus saqueadores se fartarão – oráculo de Javé.

¹¹Juntem-se, triunfem, devastadores da minha herança! Pulem como novilhas no pasto, relinchem como potros. ¹²A mãe de vocês está envergonhada, aquela que os gerou está coberta de vergonha. Vejam! É a última das nações, é um lugar descampado, seco e deserto. ¹³Por causa do furor de Javé, ela nunca mais será habitada: a terra inteira será uma ruína só. E quem passar pela Babilônia assobiará, assustado com tanta desgraça.

¹⁴Arqueiros todos, estejam a postos para atacar a Babilônia por todos os lados. Atirem contra ela, sem poupar suas flechas, pois ela pecou contra Javé. ¹⁵Gritem contra ela por todos os lados. Ela já ergueu as mãos: seus pilares caíram, suas muralhas foram derrubadas, porque esta é a vingança de Javé: vinguem-se dela. Façam com ela o mesmo que ela fez. ¹⁶Eliminem da Babilônia o lavrador que planta e o que puxa a foice na hora da colheita. Diante da espada devastadora, cada um volte para seu povo, cada qual fuja para sua terra.

¹⁷Israel era uma ovelha desgarrada, que os leões afugentaram. Quem primeiro a devorou foi o rei da Assíria. Em seguida, Nabucodonosor, rei da Babilônia, quebrou-lhe os ossos. ¹⁸Por isso, assim diz Javé dos exércitos, o Deus de Israel: Olhem! Eu vou castigar o rei da Babilônia e sua terra, como castiguei o rei da Assíria. ¹⁹Farei Israel voltar para sua pastagem, a fim de pastar no Carmelo e em Basã. Ele ficará saciado na montanha de Efraim e em Galaad. ²⁰Nesses dias e nesse tempo – oráculo de Javé – procurarão a culpa de Israel, mas ela não existirá mais. Procurarão os pecados de Judá, mas não serão encontrados, porque eu perdoarei o que eu mesmo tiver deixado como resto.

²¹Avancem contra a terra de Merataim, subam contra ele e contra os habitantes de Facud. Massacre-os, extermine-os até o último – oráculo de Javé. Faça tudo conforme eu lhe ordenei.

Queda da Babilônia anunciada em Jerusalém

– ²²Barulho de guerra na terra. É uma grande derrota! ²³Como foi quebrado e destruído o martelo de toda a terra? Como Babilônia se tornou espanto entre as nações? ²⁴Preparei uma armadilha para você, Babilônia, e você ficou presa sem o perceber. Você foi surpreendida e dominada, porque se rebelou contra Javé. ²⁵Javé abriu seu arsenal e tirou as armas de sua ira, pois há um serviço para o Senhor Javé dos exércitos na terra dos caldeus. ²⁶Venham a ela do extremo da terra, abram os celeiros, amontoem seus feixes e destruam tudo, sem deixar nada. ²⁷Matem todos os seus touros: que venham ao matadouro. Ai deles! Chegou o dia e a hora do seu castigo.

²⁸Ouçam os fugitivos que escaparam da terra da Babilônia! Eles levam a Sião a notícia da vingança de Javé, nosso Deus, a vingança de seu Templo. ²⁹Convoquem para a Babilônia os arqueiros, aqueles que sabem manejar o arco. Fechem o cerco: que ninguém escape. Cobrem dela seus atos. Façam com ela tudo o que ela fez, porque foi arrogante contra Javé, contra o Deus santo de Israel. ³⁰Por isso, nesse dia, seus jovens ficarão caídos pelas praças, e a morte vai calar seus homens guerreiros – oráculo de Javé. ³¹Aqui estou eu contra você, ó Arrogante – oráculo de Javé dos exércitos –, pois chegou o dia, a hora do seu castigo. ³²A Arrogante tropeçará, cairá, e ninguém a levantará. Porei fogo em suas cidades para queimar tudo ao redor.

Javé, o redentor de Israel

– ³³Assim diz Javé dos exércitos: Os filhos de Israel e de Judá sofrem juntos a opressão, e aqueles que os exilaram os retêm e se negam a soltá-los. ³⁴Mas o Redentor deles é forte: Javé dos exércitos é seu nome. Ele cuidará da causa deles, tornará a terra tranquila, abalando os habitantes da Babilônia.

³⁵Espada contra os caldeus – oráculo de Javé –, contra os habitantes da Babilônia, contra seus oficiais e contra seus sábios. ³⁶Espada contra seus adivinhos, para que enlouqueçam. Espada contra seus valentes, para que se amedrontem. ³⁷Espada contra seus cavalos e carros, e contra toda a multidão que aí existe, para que fiquem como as mulheres. Espada contra seus tesouros, para que sejam saqueados. ³⁸Espada contra seus canais, para que fiquem secos, porque é uma terra de ídolos, que se gloria de seus espantalhos. ³⁹Por isso, aí habitarão chacais, hienas e avestruzes. Não será mais habitada nem povoada de geração em geração. ⁴⁰Como quando Deus destruiu Sodoma e Gomorra e cidades vizinhas – oráculo de Javé –, ninguém mais habitará aí, nem homem algum nela residirá. ⁴¹Vejam! Um povo está chegando do norte, uma grande nação e reis numerosos surgem das extremidades da terra: ⁴²armados de arcos e dardos, são violentos e sem compaixão. Seus gritos ressoam como o mar, avançam a cavalo, formados em ordem de batalha, como se fossem um só homem, contra você, Babilônia. ⁴³Ao ouvir a fama deles, o rei da Babilônia se acovarda. Cada vez em maior aperto, sofre como se estivesse dando à luz. ⁴⁴Como leão que sobe da planície do Jordão para pastos verdes, assim, de repente, eu os expulsarei daí da Babilônia. E, no seu lugar, colocarei quem for escolhido.

Quem é como eu? Quem poderá me desafiar? Qual é o pastor que pode resistir a mim? ⁴⁵Por isso, escutem a decisão de Javé, decisão que ele tomou sobre a Babilônia. Escutem o plano que ele traçou contra a terra dos caldeus: As menores ovelhas serão arrastadas para longe, e as pastagens desaparecerão diante delas! ⁴⁶Com o barulho de sua queda, a terra vai tremer, e seu grito de dor será ouvido pelas nações.

51 Novamente contra a Babilônia –
¹Assim diz Javé: Levantarei contra a Babilônia e os caldeus um vento destruidor. ²Mandarei contra a Babilônia abanadores que a abanarão e esvaziarão sua terra, porque de todos os lados virão contra ela, no dia da desgraça. ³Que o arqueiro não deponha o arco nem tire a couraça. Não tenham compaixão dos mais jovens. Exterminem o exército dela. ⁴Feridos estarão tombados pela terra dos caldeus afora, espalhados pelas ruas da cidade, ⁵porque Israel e Judá não são viúvas de seu Deus Javé dos exércitos, enquanto a terra dos caldeus é devedora ao Santo de Israel. ⁶Fujam da Babilônia. Salve-se quem puder! Não morram pelo crime dela, porque é a hora da vingança de Javé, é o pagamento que a Babilônia merece.

⁷Nas mãos de Javé, a Babilônia era uma taça de ouro que embriagava toda a terra. As nações beberam do seu vinho, e por isso enlouqueceram. ⁸De repente, a Babilônia caiu e se quebrou. Gemam por ela, ponham bálsamo em sua ferida, para ver se ela sara. ⁹Nós tratamos a Babilônia, mas ela não sara. Vamos deixá-la! Vamos embora, cada um para a sua terra, pois a sentença contra a Babilônia chegou até o céu e sobe até as nuvens. ¹⁰Javé fez brilhar nossas justiças. Vamos contar em Sião tudo o que Javé nosso Deus fez.

¹¹Afiem as flechas e encham com elas as aljavas. Javé instigou os reis dos medos, porque ele quer destruir a Babilônia: é a vingança de Javé, a vingança de seu Templo. ¹²Levantem o estandarte contra as muralhas da Babilônia, reforcem a guarda, ponham sentinelas, preparem armadilhas, porque assim como planejou, Javé executará tudo o que disse contra os habitantes da Babilônia.

¹³Moradora da beira dos grandes canais, rica em tesouros, seu fim atingiu a medida de suas rapinas. ¹⁴Javé dos exércitos jura por sua própria vida: "Eu vou enchê-la de homens como gafanhotos, e eles cantarão vitória sobre você". ¹⁵Com seu poder, Javé fez a terra; com sua sabedoria, firmou o mundo; e, com sua inteligência, estendeu o céu. ¹⁶Ao barulho de seu trovão, as águas se agitam no céu, no horizonte ele faz subir as nuvens. Produz raios para derramar a chuva e faz o vento sair de seus reservatórios.

¹⁷Todo homem se torna ignorante e não entende nada. O ourives fica desiludido com o seu ídolo: sua estátua é de mentira, nela não existe vida. ¹⁸Os ídolos são vazios e ilusórios. Na hora do acerto de contas serão destruídos. ¹⁹Não é assim a herança de Jacó, pois ele formou todas as coisas, e

Israel é a tribo de sua herança. E o nome dele é Javé dos exércitos.

O martelo de Javé – ²⁰Você, Babilônia, foi o martelo, minha arma de guerra: com você martelei nações, com você destruí reinos, ²¹com você martelei cavalo e cavaleiro, com você martelei carro e cocheiro, ²²com você martelei homens e mulheres, com você martelei velhos e jovens, com você martelei moços e moças, ²³com você martelei pastores e rebanhos, com você martelei lavradores e juntas de bois, com você martelei governadores e prefeitos. ²⁴Mas eu devolverei à Babilônia e a todos os caldeus, bem diante dos olhos de vocês, todo o mal que eles fizeram a Sião – oráculo de Javé.

²⁵Aqui estou eu contra você, montanha devastadora, que exterminou a terra inteira – oráculo de Javé. Levantarei minha mão contra você, e a farei rolar da altura das rochas, e a transformarei em montanha queimada. ²⁶Nunca mais tirarão de você uma pedra angular, nem pedra de alicerce, porque você será transformada em ruína eterna – oráculo de Javé.

Queda da Babilônia – ²⁷Ergam o estandarte na terra, toquem a trombeta entre as nações, convocando para a guerra santa. Convoquem contra ela os reinos de Ararat, Meni e Asquenez. Nomeiem contra ela um general. Que os cavalos avancem como gafanhotos espinhosos. ²⁸Convoquem as nações para a guerra santa: os reis da Média com seus governadores, todos os seus prefeitos com os territórios que eles governam. ²⁹A terra tremerá e se retorcerá, quando se cumprir o plano de Javé contra a Babilônia, quando a Babilônia se transformar em deserto despovoado. ³⁰Os guerreiros da Babilônia desistem de lutar: estão sentados dentro de seus quartéis; acabou a valentia, tornaram-se mulheres. As casas da Babilônia foram incendiadas, suas trancas foram arrebentadas. ³¹Um correio vai correndo, alcança o outro, e um mensageiro alcança o outro, para levar ao rei da Babilônia a notícia de que sua cidade foi tomada de todos os lados: ³²fecharam as passagens, puseram fogo nos quartéis e os soldados ficaram tomados de pânico.

³³Assim diz Javé dos exércitos, o Deus de Israel: A filha da Babilônia é como a eira no tempo em que é pisada: logo chegará para ela o tempo da colheita.

Vingança de Javé – ³⁴Nabucodonosor, rei da Babilônia, me devorou, rapou tudo, deixou-me como prato limpo. Como dragão ele me engoliu, ficou de barriga cheia e me vomitou. ³⁵"Recaiam sobre a Babilônia meu sofrimento e minha carne ferida", diz o habitante de Sião. "Recaia meu sangue sobre os caldeus", diz Jerusalém. ³⁶Por isso, assim diz Javé: Aqui estou eu para defender sua causa e executar sua vingança. Secarei o mar da Babilônia e esgotarei suas fontes. ³⁷Então a Babilônia se tornará um montão de ruínas, um esconderijo de chacais, motivo de espanto e caçoada, e sem habitantes. ³⁸Como leões, rugirão em coro, rugirão como filhotes de leão. ³⁹Quando estiverem bem quentes, farei com que bebam até se embriagarem e caírem no sono, um sono eterno, para nunca mais acordarem – oráculo de Javé. ⁴⁰Farei com que desçam para o matadouro como cordeiros, como carneiros e bodes.

Canto fúnebre sobre a Babilônia – ⁴¹Como a Babilônia foi conquistada, capturado esse orgulho do mundo! Como a Babilônia se transformou num espanto para as nações! ⁴²Parece que o mar subiu até a Babilônia, e ela foi coberta pelas ondas impetuosas. ⁴³Suas cidades ficaram desoladas como terra seca e deserta, terra que ninguém habita, que nenhum mortal atravessa. ⁴⁴Acertarei contas com o deus Bel na Babilônia. Tirarei da sua boca tudo o que ele engoliu. Nunca mais as nações irão para ele. Até as muralhas da Babilônia cairão.

⁴⁵Saia daí, povo meu! Salve-se da ardente ira de Javé. ⁴⁶Não fiquem desanimados, nem tenham medo por causa dos boatos que se escutam na terra. Cada ano é um boato: violência na terra, um tirano depois do outro. ⁴⁷Porque chegarão dias em que acertarei contas com os ídolos da Babilônia: a terra ficará confusa, e cadáveres ficarão caídos no meio dela. ⁴⁸O céu e a terra e o que neles existe clamarão contra a Babilônia, quando do norte vierem sobre ela os destruidores – oráculo de Javé.

⁴⁹A Babilônia cairá por causa das vítimas de Israel, como por causa da Babilônia caíram as vítimas da terra inteira. ⁵⁰Vocês que escaparam da espada, vão embora, não fiquem aí parados. Mesmo de longe, invoquem a Javé, lembrando-se de Jerusalém: ⁵¹"Nós estamos envergonhados, pois ouvimos falar do desaforo, e a desonra nos faz cobrir o rosto, pois estrangeiros chegaram a entrar no lugar mais santo do santuário de Javé". ⁵²Por isso, dias chegarão – oráculo de Javé – em que eu acertarei contas com seus ídolos: então na Babilônia inteira haverá feridos gemendo. ⁵³Ainda que a Babilônia suba até o céu, ainda que ponha sua fortaleza fora do alcance lá nas alturas, eu lhe mandarei destruidores – oráculo de Javé.

⁵⁴Da Babilônia saem gritos por socorro, uma grande derrota na terra dos caldeus, ⁵⁵porque Javé destrói a Babilônia e põe fim a seus gritos, por mais que suas ondas estrondem como oceano e ressoe o barulho de suas vozes. ⁵⁶Sim, chegou a destruição para a Babilônia: seus guerreiros serão presos e seus arcos se romperão, porque Javé é o Deus que recompensa e lhes dará seu pagamento. ⁵⁷Embriagarei seus oficiais e conselheiros, governadores, prefeitos e militares. Eles dormirão um sono eterno, e nunca mais acordarão – oráculo do Rei, cujo nome é Javé dos exércitos.

⁵⁸Assim diz Javé dos exércitos: Os muros da imensa Babilônia serão arrancados pela base e suas altas portas serão devoradas pelo fogo. Os povos trabalharam por nada, e as nações se cansaram para o fogo.

Oráculo jogado no Eufrates – ⁵⁹Ordem dada pelo profeta Jeremias a Saraías, filho de Nerias, neto de Maasias, quando Saraías viajou para a Babilônia com Sedecias, rei de Judá, no quarto ano de seu reinado. Saraías era o chefe dos camareiros. ⁶⁰Jeremias escreveu num livro todas as desgraças que iriam acontecer à Babilônia, tudo o que foi escrito sobre a Babilônia. ⁶¹Depois disse a Saraías: "Logo que você chegar à Babilônia, leia em voz alta tudo o que aí está. ⁶²Em seguida, você dirá: 'Javé, tu ameaçaste destruir este lugar até deixá-lo desabitado, sem gente e sem animais, transformando-o em desolação perpétua'. ⁶³Quando terminar de ler o livro, você o amarrará numa pedra e o jogará no rio Eufrates, ⁶⁴dizendo: 'Assim afundará a Babilônia e não se levantará mais, por causa das desgraças que eu envio contra ela' ".

Aqui terminam as palavras de Jeremias.

APÊNDICE

52 ***Realização das profecias*** – ¹Sedecias tinha vinte e um anos de idade quando começou a reinar. Foi rei em Jerusalém por onze anos. Sua mãe chamava-se Hamital e era filha de Jeremias de Lebna. ²Ele praticou o que é mau aos olhos de Javé, da mesma forma que o rei Joaquim. ³Isso aconteceu em Jerusalém e Judá por causa da ira de Javé, a ponto de Javé expulsá-los de sua presença.

Sedecias revoltou-se contra o rei da Babilônia. ⁴No décimo dia do décimo mês do nono ano do reinado de Sedecias, Nabucodonosor, rei da Babilônia, chegou com todo o seu exército a Jerusalém, acampou perto da cidade e construiu torres de assalto em torno dela. ⁵A cidade ficou sitiada até o décimo primeiro ano do reinado de Sedecias. ⁶No nono dia do quarto mês, a fome dominava a cidade e já não havia comida para o cidadão comum. ⁷Então abriu-se uma brecha na cidade. Todos os homens guerreiros fugiram de noite, pela porta que fica entre as duas muralhas junto ao jardim do rei. Havia caldeus vigiando a cidade por todos os lados. E os soldados tomaram o caminho do deserto. ⁸Mas o exército dos caldeus saiu em perseguição ao rei e alcançou Sedecias nos campos de Jericó, enquanto suas tropas se espalharam, abandonando-o. ⁹Prenderam o rei e o levaram até o rei da Babilônia, que estava em Rebla, no território de Emat, para que este decretasse a sentença contra ele.

¹⁰O rei da Babilônia matou os filhos de Sedecias diante de seus olhos. Matou também em Rebla todos os oficiais de Judá. ¹¹Depois furou os olhos de Sedecias,

---

52,1-34: Texto paralelo a 2Rs 24,18-25,21 (cf. Is 36-39), que mostra a realização das profecias de Jeremias (cf. Dt 18,18.21-22; Jr 28,9).

prendeu-o com algemas e mandou-o para a Babilônia, onde o colocou na prisão até a morte.

¹²No décimo dia do quinto mês – que corresponde ao décimo nono ano do reinado de Nabucodonosor, rei da Babilônia – chegou a Jerusalém Nabuzardã, funcionário da corte do rei da Babilônia e chefe da guarda. ¹³Ele pôs fogo na casa de Javé, no palácio do rei e nas casas de Jerusalém, e incendiou todas as casas dos grandes. ¹⁴A guarnição do exército dos caldeus, que acompanhava o chefe da guarda, derrubou as muralhas que rodeavam Jerusalém. ¹⁵Nabuzardã, chefe da guarda, mandou para o exílio os pobres da terra e o resto que sobrou do povo na cidade, os que tinham passado para o lado do rei da Babilônia e o resto da multidão. ¹⁶Só deixou ficar uma parte dos pobres da terra como trabalhadores das vinhas e pequenos lavradores.

¹⁷Os caldeus quebraram as colunas de bronze que estavam no Templo de Javé, os suportes e o mar de bronze que estavam no Templo de Javé, e levaram todo o bronze para a Babilônia. ¹⁸Levaram também as panelas, pás, facas, aspersórios e bandejas; enfim, todos os outros objetos de bronze utilizados no culto. ¹⁹O próprio chefe da guarda levou os copos, braseiros, aspersórios, panelas, castiçais, bandejas e cálices, que eram de ouro ou de prata. ²⁰Nem dá para calcular o peso do bronze que tinham esses objetos, que o rei Salomão havia mandado fazer para o Templo de Javé: as duas colunas de bronze, o mar de bronze com os doze bois que o sustentavam e que também eram de bronze. ²¹Cada coluna tinha cerca de oito metros de altura, mais de dois metros e meio de circunferência e oito centímetros de espessura, e era oca. ²²Sobre ela havia um capitel de bronze de dois metros e meio de altura, enfeitado com trançados e romãs ao redor. A outra coluna era igual. ²³Havia noventa e seis romãs nos quatro lados, perfazendo o total de cem romãs em volta do trançado.

²⁴O chefe da guarda prendeu também o chefe dos sacerdotes, chamado Saraías, o segundo sacerdote, Sofonias, e três porteiros. ²⁵Da cidade ele prendeu um eunuco do palácio que comandava os homens guerreiros, sete homens do serviço pessoal do rei que se encontravam na cidade, o escrivão-chefe que alistava o povo da terra no exército, e ainda sessenta homens do povo da terra que foram encontrados dentro da cidade. ²⁶Nabuzardã, chefe da guarda, os levou ao rei da Babilônia, que estava em Rebla. ²⁷E o rei mandou matá-los aí em Rebla, na região de Emat. Assim Judá foi exilado de sua terra.

²⁸O número de pessoas que Nabucodonosor levou embora da terra foi o seguinte: no sétimo ano do seu reinado, três mil e vinte e três judeus; ²⁹no décimo oitavo ano, oitocentas e trinta e duas pessoas; ³⁰no vigésimo terceiro ano, o chefe da guarda Nabuzardã levou setecentos e quarenta e cinco judeus. Total: quatro mil e seiscentas pessoas.

³¹No trigésimo sétimo ano do exílio de Joaquin, rei de Judá, no vigésimo quinto dia do décimo segundo mês, Evil-Merodac, rei da Babilônia, no ano em que começava a reinar, anistiou o rei Joaquin e o tirou da prisão. ³²Tratou-o com simpatia e colocou seu assento acima de todos os outros reis que habitavam com ele na Babilônia. ³³Joaquin deixou sua roupa de prisioneiro e passou a tomar refeições na presença do rei, permanentemente, até o fim da vida. ³⁴O rei da Babilônia lhe garantiu o sustento, sem falhar, até o fim da vida.

LAMENTAÇÕES

"OLHA A MINHA DOR!"

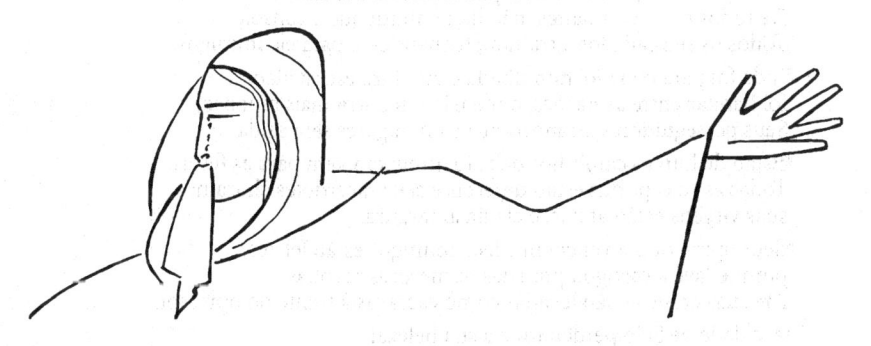

Introdução

O livro das Lamentações reúne cantos sobre a tomada de Jerusalém, a destruição do Templo e das outras cidades de Judá, em 587 a.C., por Nabucodonosor, imperador da Babilônia. São cantos que descrevem a catástrofe nacional e suas consequências trágicas: saques, incêndios, matanças, deportação, violência física e sexual, fome, sede... bem como a situação de Jerusalém, arruinada pela invasão inimiga: "O monte Sião está devastado" (5,18).

Mais do que narrar a tragédia, as Lamentações exprimem, de modo doloroso e poético, o sentimento dos sobreviventes de Jerusalém: lamento, humilhação, angústia, abandono, revolta, vingança, dúvida, arrependimento, pedido de perdão e esperança. Os sentimentos vão do desespero à confiança no Deus do Templo. Por isso, é provável que o autor deste livro não seja o profeta Jeremias (defensor dos camponeses, contestador do Templo e partidário pró-babilônico), a quem certa tradição atribui a autoria (cf. 2Cr 35,25). O grupo de funcionários (cantores e escribas) do Templo de Jerusalém é que o devem ter escrito.

A partir da queda de Jerusalém, o grupo, de acordo com sua teologia, teria composto, selecionado, sintetizado e editado os cantos. As cinco Lamentações exprimem as seguintes preocupações: 1) a desgraça nacional é consequência da infidelidade do povo à aliança com o Deus do Templo; 2) o Deus justo não compactua com o pecado e castiga severamente os injustos; 3) Deus exige do povo pecador profunda conversão e penitência; 4) a esperança em Javé, o Deus glorioso e poderoso.

O forte acento no ato penitencial (1,8.18; 2,18-19; 3,40-42; 4,6; 5,16) leva a datar a redação final desse livro no período pós-exílico, no qual o culto penitencial a Javé, o Deus nacional, era usado para reorganizar o povo em torno do Templo de Jerusalém (cf. Ne 9; Sl 32). Isso não diminui a importância da memória dos sobreviventes da catástrofe que perderam seus referenciais: Jerusalém, a cidade santa (1,1-4; 2,8; 5,18); o Templo (1,10; 2,7); e a monarquia (4,20; 5,16). O sofrimento físico é profundamente existencial. Mas o povo não perde a força de gritar sua dor. Gritos que ecoam por todo o livro. As Lamentações mostram também o clamor pela vida de todo ser humano: "Vocês todos que passam pelo caminho, olhem e prestem atenção: haverá dor semelhante à minha dor?" (1,12).

Primeira Lamentação:
"Haverá dor semelhante à minha dor?"

1 ¹Ai! Como está solitária a Cidade populosa!
A primeira entre as nações está como viúva;
a princesa entre as províncias, agora sujeita a trabalhos forçados.

²Banhada em lágrimas a face, passa a noite chorando.
De todos os seus amantes, não há nenhum que a console.
Todos os seus aliados a traíram, tornando-se para ela inimigos.

³Judá foi para o exílio, humilhada e em dura escravidão;
foi habitar entre as nações, onde não encontra mais repouso.
Seus perseguidores alcançaram-na em lugares sem saída.

⁴Estão de luto os caminhos de Sião: ninguém vem para as festas.
Todas as suas portas estão desertas e seus sacerdotes choram;
suas virgens estão aflitas, e ela na amargura.

⁵Seus opressores a venceram, seus inimigos estão felizes,
porque Javé a castigou por suas numerosas revoltas.
Até suas crianças são levadas como escravas à frente do opressor.

⁶A cidade de Sião perdeu toda a sua beleza!
Seus oficiais parecem animais que não acham pastagem;
caminham sem forças à frente do perseguidor.

⁷Jerusalém recorda os dias de miséria e aflição,
quando seu povo caía em mãos do inimigo e ninguém o socorria.
Ao vê-la, seus inimigos riam de sua queda.

⁸Jerusalém pecou gravemente e tornou-se impura.
Os que antes a honravam, a desprezam vendo-lhe a nudez.
Até ela, gemendo, vira-se de costas.

⁹Leva suas impurezas na veste, sem pensar no futuro.
Caiu de modo espantoso e não há quem a console.
"Javé, olha meu sofrimento e o triunfo do meu inimigo!"

¹⁰O inimigo estendeu as mãos para lhe agarrar todos os tesouros.
Jerusalém viu nações invadindo o Templo sagrado,
apesar de as teres proibido de entrar na tua assembleia.

¹¹Gemendo, o povo labuta em busca de pão;
trocam suas joias por comida que os possa reanimar.
"Olha, Javé, e presta atenção: como estou rebaixada!

¹²Vocês todos que passam pelo caminho, olhem e prestem atenção:
haverá dor semelhante à minha dor? Quanto me maltrataram!
Javé me castigou no dia do furor de sua ira.

¹³Do céu ele jogou um fogo que entrou até os meus ossos.
Armou um laço para agarrar-me pelo pé e puxou-me para trás.
De mim ele fez qual mulher arruinada, deprimida o dia todo.

¹⁴Javé fez de minhas culpas um fardo e com sua mão o amarrou;
colocou-o nos meus ombros, abatendo minha força.
Javé entregou-me nas mãos deles, e eu não consigo me levantar.

1,1-22: "Javé pisou, como num lagar": simboliza o derramamento de sangue como suco de uva (v. 15; cf. Is 63,3). A dor é maior, pois os povos vizinhos de Judá ("amantes" ou "aliados"), como Edom, auxiliaram o exército babilônico a saquear Jerusalém (4,21; cf. Jr 4,30; 30,14; Ez 16,37; 36,37; Ab 12). As imagens de Jerusalém conquistada, descrita como mulheres sofridas, perpassam todo o livro: viúva solitária (1,1); mulher traída (1,2.19); impura (1,8-9.13); sem filhos (1,20); virgens aflitas (1,4); mulheres violentadas (5,11). São imagens que descrevem a vida das mulheres no mundo patriarcal e reforçam estereótipos e precon-

¹⁵Javé dispersou todos os meus valentes que estavam comigo.
Convocou contra mim grande multidão, para triturar meus jovens.
Javé pisou, como num lagar, a virgem, a filha de Judá.

¹⁶Por isso, choro e meus olhos se derretem,
pois não tenho perto alguém que me console, alguém que me reanime.
Meus filhos estão desolados, porque o inimigo venceu!"

¹⁷Sião estende as mãos, e ninguém a consola.
Javé ordenou que os opressores atacassem Jacó;
Jerusalém ficou no meio deles como coisa imunda.

¹⁸"No entanto, Javé é justo, porque me revoltei contra sua palavra.
Prestem atenção, povos todos, vejam minha dor:
minhas virgens e meus jovens foram levados como escravos.

¹⁹Chamei meus amantes, e eles me traíram.
Meus sacerdotes e anciãos morreram na cidade,
enquanto procuravam comida para reanimar as forças.

²⁰ Vê, Javé, como estou angustiada: minhas entranhas fervem;
meu coração se transtorna dentro de mim, pois desobediente desobedeci.
Lá fora, a espada tira-me os filhos, e aqui dentro, a morte.

²¹Escutem como estou gemendo, e não há quem me console.
Os inimigos comemoram minha derrota, que tu mesmo causaste!
Traze então aquele dia que prometeste, em que eles passarão o que eu passei.

²²Chegue à tua presença a maldade deles:
trata-os como trataste a mim, por causa das minhas revoltas,
pois meus gemidos se multiplicam e meu coração desfalece".

Segunda Lamentação:
"Javé arrasou sem piedade".

2 ¹Ai! Em sua ira, Javé escureceu a filha de Sião.
Do céu atirou por terra o esplendor de Israel!
No dia da sua ira, esqueceu-se do estrado de seus pés.

²O Senhor arrasou sem piedade todas as moradas de Jacó;
em seu furor, destruiu as fortalezas da filha de Judá;
lançou por terra, desonrados, o reino e os chefes.

³No ardor da sua ira, cortou o poder de Israel;
cruzou os braços, quando o inimigo atacava;
acendeu Jacó como tocha, tudo queimando em volta.

⁴Como inimigo, disparou suas flechas, puxando com a direita;
como invasor, destruiu a flor da juventude;
nas tendas da filha de Sião, atiçou o fogo da sua ira.

⁵O Senhor era como inimigo, ao destruir Israel.
Demoliu todos os seus palácios e derrubou suas fortalezas;
na filha de Judá multiplicou a lamentação e o pranto.

---

ceitos contra elas (cf. Jr 3,25-4,1; Ez 16,1-43; 23,1-49; Lv 12,5; 15,25-30).
2,1-22: Crua descrição da invasão babilônica, que arrasa desde o "jardim" (Galileia: v. 6; Jl 2,3) e a "cabana" (Jerusalém: v. 6; cf. Is 1,8), até "o lugar da assembleia" ou "estrado de seus pés" (Templo: vv. 1.6; cf. Is 66,1). A tragédia resultou da política governamental pró-Egito, defendida pelos profetas do rei Sedecias, e que resistiu, a todo custo, ao ataque babilônico (v. 14; cf. Jr 37,1-16). No governo, não há sacerdotes que administram a Lei (v. 9; cf. Dt 33,10; Os 4,6), nem profetas que orientam o povo (cf. Sl 74,9; Jr 5,31; 6,13; Ez 7,23-27). "Batendo palmas, assobiam e balançam a cabeça": são gestos de zombaria (v. 15; 3,14.63; cf. 1Rs 9,8; Sl 22,8; Jó 27,23).

⁶Devastou sua cabana e também o jardim, arrasou o lugar da assembleia;
Javé fez cair no esquecimento sábados e festas em Sião;
indignado e cheio de ira, rejeitou rei e sacerdote.

⁷O Senhor rejeitou seu próprio altar, desprezou seu santuário;
entregou as muralhas de seus palácios na mão do inimigo;
e este soltou a voz no Templo de Javé, como em dia de festa.

⁸Javé decidiu arrasar as muralhas da filha de Sião:
esticou o fio de prumo e não retirou sua mão destruidora.
A muralha e a torre estão de luto: juntas, desmoronaram.

⁹Derrubou por terra as portas, quebrou as fechaduras;
seu rei e oficiais estavam entre as nações:
não havia Lei, e os profetas já não recebiam visão de Javé.

¹⁰Sentam-se no chão em silêncio os anciãos da filha de Sião;
jogam poeira na cabeça, vestidos de sacos;
as virgens de Jerusalém baixam a cabeça até o chão.

¹¹Em lágrimas se derretem meus olhos, minhas entranhas fervem;
minha bílis se derrama pelo chão, por causa da ruína da filha do meu povo,
enquanto crianças e bebês desfalecem pelas ruas da cidade.

¹²Perguntavam a suas mães: "Onde há pão e vinho?"
E desmaiavam, como feridos, pelas ruas da cidade,
ou davam o último suspiro no colo de suas mães.

¹³Quem pode se igualar ou comparar a você, filha de Jerusalém?
A quem compararei você para a consolar, ó virgem filha de Sião?
Sua derrota é tão grande quanto o mar: quem vai curá-la?

¹⁴Seus profetas lhe falaram de visões falsas, mentirosas;
nunca mostraram os pecados que você cometeu, para lhe mudar o destino.
Só lhe revelaram visões falsas, sedutoras.

¹⁵Passando pelo caminho, qualquer um a insulta, batendo palmas;
assobiam e balançam a cabeça sobre a filha de Jerusalém:
"É essa a tal cidade formosa, alegria de toda a terra?"

¹⁶Todos os seus inimigos caçoam de você às gargalhadas;
assobiam, rangem os dentes, e vão dizendo: "Acabamos com ela!
Esse é o dia que a gente esperava. Conseguimos e já vimos".

¹⁷Javé realizou seu projeto, cumpriu sua palavra,
que havia dito há muito tempo: destruiu sem compaixão,
exaltou o poderio do adversário, dando ao inimigo o gozo da vitória.

¹⁸Grite de coração ao Senhor, ó muralha da filha de Sião;
derrame rios de lágrimas, dia e noite;
você não deve parar de chorar, nem descansar seus olhos.

¹⁹Levante-se e grite na noite, quando começam as trocas da guarda;
derrame como água seu coração diante do Senhor;
pela vida de seus filhos, levante para ele as mãos.
Eles estão desmaiando de fome pelas esquinas da cidade.

²⁰"Vê, Javé, e considera: a quem já trataste assim?
Quando as mulheres comeram seus próprios filhos, seus bebês que levam ao colo?
Quando assassinaram sacerdotes e profetas no Templo do Senhor?

²¹Velhos e jovens estão prostrados no chão das ruas;
minhas virgens e meus jovens caíram ao fio da espada.
No dia da tua ira, tu mataste, assassinaste sem dó!

²²Convocaste, como para uma festa, terrores que me cercam.
Não houve quem fugisse ou escapasse, no dia da ira de Javé.
Todos aqueles que eu pajeei e criei, o inimigo matou!"

Terceira Lamentação:
"Javé é minha esperança".

3 ¹Eu sou alguém que provou a miséria, sob a vara da sua ira.
²Ele me conduziu e me fez andar nas trevas e não na luz.
³Ele volve e revolve contra mim sua mão, o dia todo.
⁴Consumiu minha carne e minha pele, e quebrou meus ossos.
⁵À minha volta armou um cerco de veneno e amargura,
⁶e me fez habitar nas trevas como os que morreram há muito tempo.
⁷Cercou-me qual muro sem saída e tornou pesadas minhas correntes.
⁸Clamar ou gritar, de nada vale! Ele está surdo à minha súplica.
⁹Com pedras lavradas cercou meus caminhos, obstruiu minhas veredas.
¹⁰Ele foi para mim como urso de tocaia, um leão de emboscada.
¹¹Desviou-me do caminho, despedaçou me e deixou-me arrasado.
¹²Disparou seu arco, fez de mim o alvo de suas flechas.
¹³Em meus rins ele cravou suas flechas, tiradas de sua aljava.
¹⁴Eu me tornei uma zombaria para todos os povos, a cantarola de todo dia.
¹⁵Encheu meu estômago de amargura, embriagou-me de fel.
¹⁶Fez-me dar com os dentes numa pedra, estendeu-me na poeira.
¹⁷Fugiu a paz do meu espírito, a felicidade acabou.
¹⁸Eu digo: "Acabaram minhas forças e minha esperança em Javé".
¹⁹Lembra-te de minha miséria e sofrimento, do fel que me envenena.
²⁰Guardo triste essa lembrança e me sinto abatido.
²¹Mas existe uma coisa que eu lembro e que me dá esperança:
²²a misericórdia de Javé nunca se acaba, e sua compaixão não tem fim.
²³Elas se renovam a cada manhã: "Como é grande tua fidelidade!"
²⁴Digo a mim mesmo: "Javé é minha herança", e por isso nele espero.
²⁵Bom é Javé para os que nele esperam e o procuram.
²⁶Bom é esperar em silêncio a salvação de Javé.
²⁷Bom é para o homem suportar o jugo desde a juventude.
²⁸Que esteja sozinho e calado, quando cai sobre ele a desgraça;
²⁹que ponha sua boca no pó: talvez haja esperança;
³⁰que entregue a face a quem o fere até fartar-se de insultos,
³¹porque o Senhor não rejeita para sempre.
³²Embora ele castigue, se compadecerá com grande amor,
³³porque é contra seu desejo humilhar e castigar os filhos do homem,
³⁴esmagar sob os pés os prisioneiros todos da terra,
³⁵negar o direito do homem diante do Altíssimo,
³⁶lesar um homem no processo: o Senhor não aprova essas coisas.
³⁷Quem mandou que acontecesse, se não foi o Senhor que ordenou?
³⁸Não é da boca do Altíssimo que vêm o mal e o bem?
³⁹Por que se queixa um ser vivo, um homem, pelo castigo do seu pecado?

3,1-66: Este trecho é uma lamentação individual. Sofrimentos, choros, oração e esperança de um homem, representando o povo, andam juntos. A unidade, situada no centro do livro, seria, de certa forma, o comentário e o resumo das outras unidades, e contém uma reflexão mais elaborada do redator: "Bom é esperar em silêncio a salvação de Javé" (v. 26; cf. Sl 16; 37,3-9; Rm 4,18), porque ele é Deus de amor, compaixão e fidelidade (cf.

⁴⁰Observemos e olhemos nosso caminho e voltemos para Javé.
⁴¹Levantemos, com nossas mãos, o coração para o Deus do céu.
⁴²Nós pecamos, fomos rebeldes, e tu não nos perdoaste.
⁴³Envolto em ira, tu nos perseguiste e mataste sem piedade.
⁴⁴Tu te cercaste de uma nuvem para que nossas súplicas não te alcancem.
⁴⁵Fizeste de nós o desprezo e o lixo no meio dos povos.
⁴⁶Todos os nossos inimigos riem de nós.
⁴⁷Assaltam-nos terrores e espantos, desgraças e fracassos.
⁴⁸Derramo rios de lágrimas pela destruição da filha do meu povo.
⁴⁹Meus olhos se diluem sem trégua nem descanso,
⁵⁰até que Javé apareça e me veja lá do céu.
⁵¹Meus olhos estão doendo por causa de todas as filhas da minha cidade.
⁵²Caçaram-me como pássaro os que sem motivo são meus inimigos.
⁵³Jogaram-me vivo na fossa e puseram uma pedra em cima.
⁵⁴Subiu água até meu pescoço, e eu pensei: "Estou perdido!"
⁵⁵Do fundo da fossa invoquei teu nome, ó Javé.
⁵⁶Ouve minha voz, não feches o ouvido ao meu apelo.
⁵⁷Tu vieste na hora em que eu chamei, e respondeste: "Não tenha medo".
⁵⁸Tu te encarregaste de defender minha causa e resgatar minha vida.
⁵⁹Tu viste, Javé, que sofro injustiça: julga minha causa.
⁶⁰Viste a vingança deles contra mim;
⁶¹ouviste, Javé, os insultos, tudo o que tramam contra mim,
⁶²o que dizem e tramam contra mim continuamente.
⁶³Estejam eles sentados ou de pé, vê que sou o objeto de suas zombarias.
⁶⁴Tu lhes pagarás, Javé, como tuas obras merecem.
⁶⁵Dá-lhes um coração endurecido, e sobre eles caia tua maldição.
⁶⁶Persegue-os com ira e arrasa-os debaixo do céu.

Quarta Lamentação:
"Está cumprida a pena".

4 ¹Ai! Como se escureceu o ouro! O ouro mais puro, como se alterou!
Esparramaram-se as pedras sagradas por todas as esquinas das ruas.

²Os nobres filhos de Sião, avaliados a peso de ouro fino,
são agora tratados como potes de barro, trabalho de oleiro.

³Até os chacais dão o peito para amamentar os filhotes;
mas a filha de meu povo tornou-se cruel como os avestruzes no deserto.

⁴De sede, a língua dos bebês gruda no céu da boca;
as crianças pedem pão, e ninguém lhes dá.

⁵Os que comiam coisas finas estão caindo de fome pelas ruas;
quem cresceu vestido de púrpura está encolhido no lixo.

⁶O pecado da filha do meu povo foi na certa maior que o de Sodoma,
pois Sodoma foi destruída de uma vez, sem ninguém agredi-la.

Ne 9,31). Para o redator, somente Deus pode agir em todo o mundo e em toda a humanidade (vv. 41.50.66; cf. Is 63,15; Sl 14,2; 102,20-21).

4,1-22: O estado de abandono, impiedade e crueldade é expresso pela imagem do avestruz, conhecido por abandonar seus ovos no chão para serem chocados pelo sol (v. 3; cf. Jó 39,13-18). Os profetas e os sacerdotes haviam sido os maiores culpados por essa tragédia (v. 13; cf. 2,14; Jr 14,13-15; 26,11). Eles, junto com "o ungido de Javé" (o rei Sedecias), se revoltaram e resistiram à Babilônia, confiando em "uma nação incapaz de salvar" (Egito: cf. Jr 2,18). Quanto a "nazireus" no v. 7, cf. Nm 6 e Dt 33,16.

⁷Seus nazireus eram mais limpos que a neve, mais brancos que o leite;
eram mais rosados que o coral, com veias de azul-safira.

⁸Hoje estão mais escuros que o carvão, e na rua ninguém os reconhece;
a pele enrugada sobre os ossos, seca como lenha.

⁹Mais felizes os que morreram pela espada do que os mortos pela fome.
Aqueles foram apunhalados e perderam o sangue;
estes caíram por falta dos frutos do campo.

¹⁰As mãos de mulheres delicadas cozinham seus próprios filhos;
são eles o alimento delas na ruína da filha do meu povo.

¹¹Javé libertou seu ódio, derramou sua ira,
em Sião acendeu uma fogueira que devora até os alicerces.

¹²Mas nunca os reis da terra ou todos os habitantes da terra acreditariam
que um inimigo ou invasor pudesse entrar pelas portas de Jerusalém.

¹³Pelos pecados dos profetas e pelos crimes dos sacerdotes
é que derramaram sangue inocente dentro da cidade.

¹⁴Vagavam como cegos pelas ruas, cobertos de sangue:
ninguém podia tocar em suas roupas.

¹⁵"Para trás!" – gritavam. – "Estou impuro! Para trás! Não me toquem".
Enquanto fugiam e andavam errantes, diziam entre as nações:
"Não podem ser nossos hóspedes".

¹⁶Javé os espalhou e já não cuida deles.
Não há mais respeito com o sacerdote, nem compaixão com os idosos.

¹⁷Nossos olhos se consomem, em vão esperando por socorro:
esperamos, vigilantes, uma nação incapaz de salvar.

¹⁸Sem parar sondavam nossos passos, já nem andávamos pelas praças.
Chegava o nosso fim, o termo de nossos dias.

¹⁹Nossos perseguidores eram mais velozes que as águias do céu;
sobre os montes corriam atrás de nós e punham armadilhas no deserto.

²⁰O ungido de Javé, nosso alento, caiu preso na armadilha;
dele dizíamos: "À sua sombra viveremos entre as nações".

²¹Vibre de alegria e faça festa, filha de Edom, que habita em Hus,
pois você também terá o seu cálice: vai se embriagar e ficar nua.

²²Está cumprida a sua pena, filha de Sião: você não continuará no exílio.
Ele castigará sua falta, filha de Edom, e seu pecado há de aparecer.

Quinta Lamentação:
"Javé permanece para sempre".

5 ¹Lembra-te, Javé, do que aconteceu!
Olha bem para ver a vergonha que passamos!

²Nossa herança passou a estranhos,
e nossas casas a estrangeiros.

5,1-22: É oração a Javé que brota de uma situação de crueldade: perda de casa e terra; órfãos e viúvas abandonados; trabalho de escravidão; violência física e sexual, matança, fome, fim de festa... Apesar disso tudo, é uma oração de esperança e confiança no Deus libertador, em seu olhar (v. 1; cf. Ex 3,7) e em seu trono (v. 19; cf. Sl 46,5-8). A imagem de Javé é de um Deus Rei poderoso (cf. Sl 102,13) que castiga quem peca (v. 16; cf. Jr 14,16-22). A teologia da retribuição e da responsabilidade coletiva está presente na compreensão do castigo (v. 7), teologia essa contestada por Ez 18.

³Agora somos todos órfãos, pois perdemos nosso pai;
nossas mães ficaram viúvas.

⁴Temos de comprar a água que bebemos
e pagar a lenha que usamos.

⁵Com o jugo no pescoço somos empurrados;
estamos exaustos, pois eles não dão folga.

⁶Ao Egito já estendemos nossas mãos pedindo ajuda,
já suplicamos à Assíria que nos desse de comer.

⁷Nossos pais pecaram e já morreram,
e nós pagamos por suas culpas.

⁸Escravos dominam sobre nós;
não há quem possa libertar-nos de sua mão.

⁹Arriscamos a própria vida pelo pão,
enfrentando em campo aberto a espada inimiga.

¹⁰Nossa pele queima como forno,
torturada pela fome.

¹¹Violentaram as mulheres em Sião
e as virgens nas cidades de Judá.

¹²Com suas mãos esganaram os chefes
e não respeitaram os anciãos.

¹³Forçaram os jovens a girar o moinho,
os rapazes sucumbiram sob o peso da lenha.

¹⁴Os anciãos já não participam do Conselho
e os jovens deixaram seus instrumentos de corda.

¹⁵Acabou a alegria que nos enchia o coração,
nossa dança se mudou em luto.

¹⁶Caiu a coroa da nossa cabeça.
Ai de nós, porque pecamos!

¹⁷Por isso, nosso coração está doente
e nossos olhos embaçados.

¹⁸Porque o monte Sião está devastado
e por ele passeiam as raposas.

¹⁹Mas tu, Javé, permaneces para sempre;
teu trono permanece de geração em geração.

²⁰Então, por que haverias de esquecer-nos para sempre,
e deixar-nos abandonados por tanto tempo?

²¹Faze que voltemos para ti, Javé, e voltaremos;
renova os tempos passados.

²²Ou será que nos rejeitaste de uma vez;
será que tua cólera não tem limites?

BARUC

RELEITURA DO EXÍLIO: CRIATIVIDADE NA CRISE

Introdução

Quem é Baruc? É o escriba de Jeremias (Jr 32; 36; 43 e 45)? É um filho de sacerdotes no tempo de Neemias (Ne 3,20; 10,7)? É um chefe tribal que se estabeleceu em Jerusalém nos dias de Neemias (Ne 11,5)? Baruc quer dizer "abençoado", e a sua genealogia visa a comprovar a proximidade do autor do livro com o discípulo e escriba do profeta Jeremias (Jr 32; 36; 43 e 45). Assim o autor, ao escrever um documento e lê-lo aos exilados em Babilônia, apresenta Baruc como protagonista (1,1.3). Assim também, este é quem vai recolher os utensílios do templo e enviá-los a Jerusalém junto com uma carta (1,8). O autor utiliza o recurso do pseudônimo, ou seja, o livro é atribuído a Baruc, personagem importante do passado. Também os destinatários e a situação enunciada no texto são diferentes. Com isso, podemos dizer que o texto é produzido num ambiente de crise em que vive o leitor (comunidade ou grupo), e essa realidade é projetada para os momentos cruciais da história do povo, reportando-se ao exílio da Babilônia. O livro é produzido numa conjuntura de opressão, perseguição e inúmeros conflitos sociais.

É comum situar o livro nos ambientes da diáspora judaica, em que os textos mais antigos são contemporâneos ou pouco posteriores aos acontecimentos de 164 a.C. Isso indica que o escrito provém de grupos que estão vivendo a experiência de exílio e junto com as comunidades da diáspora fazem uma releitura das deportações promovidas por Nabucodonosor. Exemplo disso são os grupos ligados a Onias, que sofreram com a política de helenização promovida pelos partidários de Menelau, assim como sofrem, desde 267 a.C., as constantes guerras e batalhas entre o Egito e a Síria. As lutas entre os generais ptolomeus e selêucidas, com seus saques, tributos e comércio, têm a Judeia como alvo de seus interesses econômicos e políticos.

O livro contém diferentes gêneros literários: narrativa, poesia, salmo e exortação profética. Estes gêneros determinam a divisão do livro. Uma introdução histórica (1,1-14) situa o texto cinco anos depois da destruição de Jerusalém, por volta de 582 a.C. Esta narrativa histórica representa uma primeira releitura dos acontecimentos que marcaram a vida do povo de Judá. É o retrato de uma comunidade que vive longe de Jerusalém e quer ficar perto por meio da lembrança e da luta contra sua profanação. A intenção teológica perpassa pela visão do exílio como acontecimento decorrente da infidelidade do povo, e a possível saída está na conversão. A primeira parte, em prosa, é uma confissão de pecados e uma súplica (1,15-3,8) que fazem uma releitura orante da situação de crise. É um grande mosaico de citações bíblicas, e talvez seja a oração de uma comunidade judaica da diáspora que deseja imensamente a volta do seu povo para Deus. São apelos de conversão e transformação de vida diante das crises provocadas pelo projeto dos lágidas e selêucidas, ou diante da profanação do santuário e da cultura popular, promovidos por Antíoco Epífanes IV. A segunda parte, em poesia, é uma exortação sapiencial (3,9-4,4) que incentiva o povo a resistir, ouvindo os sábios conselhos para a vida. Apresenta a sabedoria como caminho para a lei. Por fim, a terceira parte contém um oráculo profético em vista da restauração de Jerusalém e do povo (4,5-5,9) à luz das profecias de Is 40-55.

A Carta de Jeremias (Br 6) é um texto totalmente independente do livro de Baruc, tanto que nas edições gregas ela aparece após o livro das Lamentações. Vem da Vulgata a tradição de associar esta carta ao livro de Baruc, constituindo-a como sexto capítulo. A carta tem por objetivo descrever as atitudes de um judeu diante dos deuses estrangeiros. É uma leitura crítica da idolatria. É provável que a sátira contra a idolatria tenha sido produzida por um autor anônimo na diáspora, tendo como base a Carta de Jeremias aos desterrados de Jr 29, a crítica aos ídolos de Jr 10,1-16, e textos de Is 44,9-20 e 46,1-9.

1

Introdução – ¹Eis as palavras do livro escrito por Baruc, filho de Nerias, filho de Maasias, filho de Sedecias, filho de Asadias, filho de Helcias, na Babilônia, ²no quinto ano, no dia sete do mês, no tempo em que os caldeus tomaram Jerusalém e a fizeram passar pelo fogo. ³Baruc leu as palavras deste livro na presença de Jeconias, filho de Joaquim, rei de Judá, e também na presença de todo o povo que veio ouvir a leitura: ⁴autoridades, filhos do rei, anciãos, o povo todo, pequenos e grandes, que estavam residindo na Babilônia, às margens do rio Sud. ⁵Então todos começaram a chorar, a jejuar e a fazer preces ao Senhor. ⁶Fizeram também uma coleta em dinheiro, dando cada um o que podia, ⁷e mandaram a soma para Jerusalém, ao sacerdote Joaquim, filho de Helcias, filho de Salom, e aos outros sacerdotes e ao povo que com ele tinha ficado em Jerusalém. ⁸Isso foi quando Baruc, no décimo dia do mês de Sivã, recuperou os objetos da casa do Senhor, tirados do Templo, e os mandou de volta para a terra de Judá. Eram os objetos de prata que Sedecias, filho de Josias, rei de Judá, tinha mandado fazer, ⁹depois que Nabucodonosor, rei da Babilônia, tinha levado para o exílio na Babilônia o rei Jeconias, os chefes, os prisioneiros, as autoridades e o povo da terra de Jerusalém.

¹⁰Eis o que escreveram: "Nós estamos enviando dinheiro. É para vocês comprarem com ele vítimas para o holocausto e vítimas expiatórias, para o incenso e para as ofertas. Ofereçam tudo isso sobre o altar do Senhor nosso Deus, ¹¹rezem pela vida de Nabucodonosor, rei da Babilônia, e pela vida do seu filho Baltazar, a fim de que os dias deles sejam tão longos como os dias do céu. ¹²O Senhor nos conceda forças e nos ilumine, para vivermos à sombra de Nabucodonosor, rei da Babilônia, e à sombra do seu filho Baltazar, trabalhando para eles por muito tempo e gozando do seu favor. ¹³Rezem também por nós ao Senhor nosso Deus, pois pecamos contra o Senhor nosso Deus, e até hoje a ira e o furor do Senhor não se afastaram de nós. ¹⁴Leiam este livro que enviamos a vocês,

---

1,1-14: O autor toma como base Jr 51-52 e 2Rs 24-25 para a leitura da invasão babilônica. A menção ao quinto ano indica que o autor elaborou a leitura sobre o exílio a partir da tradição do quinto aniversário da tomada de Jerusalém (cf. Zc 7,3). Em outras palavras, a história agora é marcada pelo tempo anterior ou posterior à destruição da cidade e do Templo. A carta (vv. 10-14) informa que está sendo remetido algum dinheiro; e o que os destinatários devem fazer com ele é uma alusão às ordens de Artaxerxes em Esd 7,11-26. Rezar pela saúde do rei pode estar fundamentado em Jr 29 e implica na sobrevivência dos judeus espalhados dentro do império. O v. 14 justifica a leitura desta carta na festa das Tendas (cf. Ex 23,14-16; Lv 23,35s; Os 9,5).

para que o proclamem na Casa do Senhor, no dia da festa e nos dias oportunos".

CONFISSÃO E ORAÇÃO DO POVO EXILADO

Confissão dos pecados – ¹⁵Eis o que vocês dirão: "Ao Senhor nosso Deus pertence a justiça, e a nós cabe hoje a vergonha no rosto, a nós, homens de Judá e habitantes de Jerusalém, ¹⁶aos nossos reis e autoridades, aos sacerdotes, aos profetas e aos nossos pais, ¹⁷porque pecamos contra o Senhor, ¹⁸desobedecemos, não ouvimos a voz do Senhor nosso Deus, deixamos de seguir as orientações que ele nos colocou diante dos olhos. ¹⁹Desde o dia em que o Senhor tirou nossos pais do Egito até hoje, nós só desobedecemos ao Senhor nosso Deus e não fizemos caso de ouvir a sua voz. ²⁰Assim nos acompanham até os dias de hoje desgraças e maldições, com que o Senhor ameaçou o seu servo Moisés, quando tirou nossos pais do Egito para nos dar uma terra onde corre leite e mel. ²¹Nós, porém, nunca demos atenção à voz do Senhor nosso Deus, que nos falava pela palavra dos profetas que ele nos enviava. ²²Pelo contrário, cada um de nós seguia suas más inclinações, prestando culto aos outros deuses e praticando o que é mau aos olhos do Senhor nosso Deus.

2 ¹Por isso, o Senhor cumpriu a palavra que havia pronunciado contra nós e contra nossos juízes que governavam Israel, contra nossos reis, nossos chefes e todos os homens de Israel e Judá. ²Debaixo do céu, jamais aconteceu coisa igual a tudo o que aconteceu em Jerusalém, conforme está escrito na lei de Moisés: ³que indivíduos iriam comer a carne de seus próprios filhos e filhas. ⁴O Senhor entregou os israelitas em mãos de todos os reinos ao redor e deixou desolado o território deles, tornando-os objeto de caçoada e desprezo dos povos, entre os quais o Senhor os espalhou. ⁵Foi assim que se tornaram vassalos e não senhores, pois pecamos contra o Senhor nosso Deus, quando deixamos de dar atenção à sua voz.

⁶Ao Senhor nosso Deus pertence a justiça; mas a nós e aos nossos pais, a vergonha no rosto, como acontece hoje. ⁷Todas as ameaças, que o Senhor havia pronunciado contra nós, caíram sobre nós; ⁸contudo, não suplicamos a face do Senhor, para cada um de nós se afastar dos pensamentos do seu coração perverso. ⁹Por isso, o Senhor prestou atenção e nos enviou as desgraças com que nos havia ameaçado. O Senhor foi justo em tudo o que fez contra nós, ¹⁰porque não lhe obedecemos, colocando em prática o que nos havia mandado.

Súplica – ¹¹Senhor, Deus de Israel, que tiraste o teu povo do Egito com mão poderosa, com sinais e prodígios, com grande força e braço estendido, criando para ti uma fama que dura até hoje: ¹²nós pecamos, não guardamos respeito, praticamos a injustiça, ó Senhor nosso Deus, contra todos os teus mandamentos. ¹³Afasta de nós a tua ira, pois nos tornamos um pequeno resto entre as nações por onde nos espalhaste. ¹⁴Ouve, Senhor, a nossa prece e a nossa súplica, libertando-nos por causa da tua honra. Faze com que ganhemos o favor daqueles que nos exilaram, ¹⁵a fim de que a terra fique sabendo que tu és o Senhor nosso Deus, pois o teu nome foi invocado sobre Israel e seus descendentes. ¹⁶Senhor, do alto da tua santa morada, olha para nós. Inclina o teu ouvido, Senhor, e escuta. ¹⁷Abre, Senhor, os teus olhos e observa: não são os mortos na habitação dos mortos, com seus corpos já sem espírito, que darão glória e justiça ao Senhor. ¹⁸Mas quem geme sob o peso, andando encurvado e esgotado, olhos baixos, passando fome, esse é que reconhece a tua glória

---

1,15–2,10: A justiça de Deus e a vergonha do povo costuram esta oração de confissão: 1,15; 2,6.10. Seguindo a teologia deuteronomista, os erros do povo são a causa da destruição e do exílio. Esta oração entrelaça em camadas paralelas a confissão, o reconhecimento do pecado, as ameaças de castigo e a certeza de que o Senhor Deus é justo. As lembranças do êxodo vêm acompanhadas de ameaças e provações, como lemos em Lv 26 e Dt 28. Há muita afinidade com Esd 9, Ne 9 e de modo especial com Dn 9.

2,11–3,8: Esta súplica de perdão começa invocando o grande evento histórico na tradição de Israel: a libertação dos hebreus no Egito. Lembra a mão poderosa de Deus nos sinais e prodígios. Esta invocação tem paralelos em Ex 7,3-5; Dt 4,34; 6,21-22; 7,19; 26,8; Jr 32,20-21 e Dn 9,15. O pedido de perdão (vv. 13-18) descreve a experiência da opressão e morte no exílio (provavelmente o grupo de Onias) e ao mesmo tempo evoca a promessa e a aliança, as palavras da profecia de Jeremias (Jr 25,8-12.29; 7,10-11.14.30.34; 16,9; 8,1-3; 21,7.9; 24,10; 27,11-12;

e a tua justiça, Senhor. ¹⁹Não é apoiados naquilo que os nossos pais ou os nossos reis praticaram de bom que nós vimos implorar a tua misericórdia, Senhor nosso Deus. ²⁰O furor e a ira que derramaste sobre nós estão de acordo com o que falaste por meio dos profetas, teus servos. Eles disseram: ²¹'Assim fala o Senhor: Curvem os ombros e submetam-se ao rei da Babilônia, para ficarem na terra que dei aos pais de vocês. ²²E se vocês desobedecerem ao Senhor e não se submeterem ao rei da Babilônia, ²³deixarei desertos os povoados de Judá e tirarei de Jerusalém os gritos de alegria, o barulho da festa, a voz do noivo e da noiva, e o país se transformará em lugar deserto e sem habitante'. ²⁴Nós, porém, não obedecemos à tua ordem de nos submetermos ao rei da Babilônia, e tu cumpriste a tua palavra anunciada pelos profetas, teus servos: foram arrancados do seu lugar os ossos de nossos reis e pais, ²⁵e ficaram expostos ao calor do dia e ao frio da noite. Muitos morreram em situações terríveis: de fome, ao fio da espada ou de peste. ²⁶Por causa da maldade da casa de Israel e da casa de Judá, reduziste ao estado em que se encontra hoje o Templo sobre o qual foi invocado o teu nome.

²⁷No entanto, agiste conosco, Senhor nosso Deus, em conformidade com a tua imensa piedade e compaixão, ²⁸conforme falaste por meio do teu servo Moisés, quando o mandaste escrever a tua lei na presença de Israel, dizendo: ²⁹'Se vocês deixarem de ouvir a minha palavra, esta grande multidão ficará reduzida a uns poucos no meio das nações para onde a espalharei. ³⁰Eu sei que eles não vão me obedecer, porque são todos um povo que não abaixa a cabeça. Contudo, no exílio eles voltarão o seu coração ³¹e reconhecerão que eu sou o Senhor Deus deles. Então lhes darei inteligência e ouvidos dóceis, ³²e na terra do seu exílio me louvarão e se lembrarão do meu nome. ³³Eles se converterão do seu pescoço enrijecido e do seu comportamento, pois se lembrarão do caminho dos seus pais que pecaram contra o Senhor. ³⁴Então eu os levarei de volta para a terra que jurei dar aos seus pais Abraão, Isaac e Jacó. Eles a possuirão, eu os farei crescer, e eles nunca mais diminuirão. ³⁵Farei com eles uma aliança eterna: eu serei o Deus deles e eles serão o meu povo. Nunca mais vou expulsar o meu povo Israel da terra que lhe dei'.

3 ¹Senhor Todo-poderoso, Deus de Israel: é uma alma angustiada e um espírito aflito que clama por ti. ²Ouve, Senhor, tem piedade, pois pecamos contra ti. ³Tu reinas para sempre, e nós morremos para sempre. ⁴Senhor Todo-poderoso, Deus de Israel, ouve as preces daqueles que já estão mortos em Israel e as súplicas dos filhos daqueles que pecaram contra ti: eles desobedeceram ao Senhor seu Deus, e nós somos perseguidos pelas desgraças. ⁵Não te lembres das injustiças dos nossos pais; lembra-te, neste tempo, do teu poder e do teu nome. ⁶Sim, porque tu és o nosso Deus, e nós te louvamos, ó Senhor. ⁷Pois foi para isso que puseste o teu temor em nossos corações, para que invocássemos o teu nome. Nós te louvamos agora no exílio, pois afastamos do nosso coração toda a injustiça dos nossos antepassados que pecaram contra ti. ⁸Hoje estamos no exílio, para onde nos expulsaste, a fim de sofrermos vergonha, maldição e insultos, para pagarmos por todas as injustiças dos nossos pais que se revoltaram contra o Senhor nosso Deus".

A sabedoria de Israel
"Ouça, Israel, os mandamentos da vida!"

⁹Ouça, Israel, os mandamentos
da vida, preste atenção para conhecer
a prudência.
¹⁰Diga, Israel: por que você está numa
terra inimiga, envelhecendo numa
terra estrangeira?
¹¹Por que você se contamina com
os mortos e é contado entre os que vão
para a morada dos mortos?

28,14; 32,24.36; 34,22 e outros) e a palavra de Moisés: elementos praticamente tirados de Lv 26 e Dt 28 e 30.

3,9–4,4: Este poema apresenta uma leitura sapiencial do exílio. Dois grandes temas se entrelaçam: a sabedoria e o caminho. Em perspectiva deuteronomista, o autor indica às comunidades na diáspora que o seguimento dos mandamentos é garantia de uma vida feliz (cf. Dt 30,15-16).

3,9-14: Escutar os mandamentos da vida e aprender a prudência são indicações para encontrar vida longa. Esta poesia inicial pode ter como fundamento Dt 4,1.6; Jó 28 e Eclo 24. No entanto, a grande referência está em

¹²É porque você abandonou a fonte
da sabedoria!
¹³Se você tivesse andado nos caminhos
de Deus, teria vivido sempre em paz.
¹⁴Aprenda agora onde está a prudência,
a força e a inteligência,
para compreender onde está a vida
longa, onde está a luz dos olhos e a paz.

Onde se encontra a sabedoria, e quem pode alcançá-la?

¹⁵Mas quem descobriu a morada
da sabedoria? Quem penetrou
em seus tesouros?
¹⁶Onde estão os chefes das nações,
os que dominam as feras da terra?
¹⁷Onde estão os que se divertem com
as aves do céu, os que ajuntam prata
e ouro, riquezas em que os homens
confiam e a cuja posse
não põem limites?
¹⁸Onde estão os que lavram a prata
e a cinzelam, sem revelar o segredo
dos seus trabalhos?
¹⁹Desapareceram, desceram à morada
dos mortos, e outros surgiram
e tomaram o seu lugar.
²⁰Novas gerações viram a luz e vieram
habitar a terra, mas não conheceram
o caminho da sabedoria,
²¹nem aprenderam suas estradas; nem
mesmo seus filhos a puderam alcançar;
pelo contrário, afastaram-se
do caminho dela.
²²Em Canaã, jamais se ouviu falar
da sabedoria, e em Temã ela nunca
foi vista.
²³Nem mesmo os filhos de Agar,
que procuram a sabedoria em toda a terra,
ou os comerciantes de Merrã e Temã,
os que contam histórias
e os que buscam o saber,
nem eles conheceram
os caminhos da sabedoria,
nem se lembraram das suas estradas.
²⁴Como é grande, ó Israel, a casa de Deus!
Como é espaçoso o lugar
do seu domínio;
²⁵grande e sem fim, alto e sem medidas!
²⁶Aí surgiram os famosos gigantes
dos tempos antigos, de enorme estatura
e treinados para a guerra.
²⁷Não foi a eles, porém, que Deus escolheu,
nem lhes ensinou o caminho
do conhecimento:
²⁸morreram, porque não tinham
prudência; pereceram
por falta de reflexão.

Deus conhece a sabedoria

²⁹Quem subiu até o céu, para tomar a
sabedoria e fazê-la descer das nuvens?
³⁰Quem atravessou o mar para
encontrá-la, e comprá-la
a preço de ouro puro?
³¹Ninguém conhece o caminho dela,
nem compreende as suas estradas.
³²Aquele que tudo sabe conhece
a sabedoria; com sua inteligência,
nela se aprofundou.
Aquele que criou a terra para sempre
e a encheu de animais quadrúpedes;
³³ele envia a luz, e ela vai; ele a convoca
de volta, e ela obedece com tremor.
³⁴As estrelas brilham alegres, cada uma
em seu lugar;
³⁵ele as convoca, e elas respondem:
"Presente!" E brilham de alegria
para aquele que as criou.
³⁶Este é o nosso Deus, e nenhum outro
a ele se compara.
³⁷Descobriu o caminho da sabedoria
e o deu ao seu filho Jacó
e ao seu amado Israel.
³⁸Por isso, ela apareceu sobre a terra
e viveu entre os homens.

Pr 1-9, que ensina a ouvir os ensinamentos do pai, não abandonar a lei, guardar as palavras no coração (cf. Pr 4,1.20-21; 5,1-2 e 8,5-6).

15-28: Em estilo sapiencial, o autor contrapõe a sabedoria da casa e a sabedoria do palácio. A sabedoria vale mais do que ouro, prata e objetos preciosos (cf. Jó 28,15-19; Pr 3,13-15; Sb 7,7-14; 8,6-15). Na situação do escravismo implantado na Judeia, quando produtor e produtos são igualados como simples mercadoria, estes textos sapienciais querem ajudar as comunidades da diáspora a perceber que no comércio jamais encontrarão a sabedoria; daí a referência a Temã, Canaã e Merrã; muito menos a sabedoria está no poder das armas de guerra. Tudo indica que Canaã é uma referência aos fenícios (cf. Ez 28,4-5; Zc 9,2). Temã representaria os idumeus (cf. Jr 49,7; Ab 8-9), e os filhos de Agar indicariam os ismaelitas e madianitas (cf. Gn 16,15).

3,29–4,4: Estes versículos apresentam uma releitura de Dt 30,11-13, enfatizando a prática dos mandamentos como caminho para viver a justiça. O autor substitui "mandamentos" e "preceitos" do texto de Deuteronômio por "sabedoria", porque, para a comunidade e/ou grupo que recebe o livro, o caminho da sabedoria está na lei. À luz de Pr 8,22-36, apresentam

4 ¹Ela é o livro dos mandamentos de Deus, a lei decretada para sempre: os que a praticam viverão, os que a abandonam morrerão. ²Volte atrás, Jacó, e a receba; caminhe na claridade do seu esplendor; ³não entregue a outros a glória que pertence a você, nem sua dignidade a um povo estrangeiro. ⁴Felizes somos nós, Israel, pois conhecemos o que agrada a Deus.

Releitura profética: Restauração e esperança

"Coragem, meu povo!" – ⁵Coragem, meu povo, você que leva o nome de Israel! ⁶Vocês foram vendidos às nações, mas não para serem destruídos; e sim porque vocês provocaram a ira de Deus, e então foram entregues aos inimigos. ⁷Vocês irritaram o seu criador, sacrificando aos demônios, e não a Deus. ⁸Vocês esqueceram o Deus eterno que os alimentou, e provocaram a tristeza de Jerusalém que lhes deu sustento.

Jerusalém: a viúva abandonada – ⁹Jerusalém viu cair sobre vocês a ira de Deus. Então ela disse: "Escutem, cidades vizinhas de Sião! Deus me trouxe um grande sofrimento: ¹⁰Eu vi a prisão dos meus filhos e filhas, trazida pelo Eterno. ¹¹Com alegria eu os tinha criado, deles me despedi chorando e gemendo. ¹²Ninguém mais se alegre comigo, pois agora estou viúva e abandonada. Se agora fiquei só e vazia, foi por causa dos pecados dos meus filhos, que se desviaram da lei de Deus. ¹³Eles não entenderam os mandamentos dele, não andaram pelos caminhos da lei de Deus, e não entraram pelos trilhos da disciplina e da justiça. ¹⁴Venham, cidades vizinhas de Sião: lembrem-se da prisão de meus filhos e filhas, trazida pelo Eterno. ¹⁵Pois ele reuniu em torno de meus filhos um povo distante, um povo cruel e de linguagem estranha, que não respeitou os velhos nem teve dó das crianças. ¹⁶Levaram embora os filhos queridos da viúva, e a deixaram sozinha e sem filhas".

"Coragem, meus filhos!" – ¹⁷E eu, que posso fazer por vocês? ¹⁸Somente aquele que lhes enviou a desgraça poderá libertá-los do inimigo. ¹⁹Vão embora, filhos meus, vão embora, enquanto eu fico sozinha. ²⁰Tirei o manto da paz e vesti a roupa de mendiga. Ficarei a vida inteira clamando ao Deus eterno. ²¹Coragem, meus filhos! Clamem a Deus, e ele os livrará da opressão e das mãos dos inimigos. ²²De minha parte, espero da mão do Eterno a salvação de vocês; já chegou para mim a alegria que vem do Santo, porque o Eterno, o seu salvador, logo terá misericórdia de vocês. ²³Entre lágrimas e gemidos, eu me despedi de vocês. Deus, porém, os fará voltar para mim, com festa e alegria que nunca irão terminar. ²⁴Da mesma forma que as cidades vizinhas de Sião viram há pouco vocês serem presos, assim, dentro em breve, elas verão a salvação que a vocês Deus concederá, pois é com grande glória e brilho do Eterno que ela virá a vocês. ²⁵Filhos meus, suportem com paciência a ira de Deus que se voltou contra vocês. O inimigo os perseguiu; mas vocês logo verão a derrota deles e lhes pisarão no

---

o Deus da criação como a fonte da sabedoria (cf. Pr 8,31 e Eclo 24,12).

4,5-5,9: O exílio se tornou tempo de recordar circunstâncias do passado e dar crédito à palavra dos profetas. Nesse sentido, este conjunto quer animar e encorajar o povo à luz da profecia de Is 40-55 e 56-66. O autor utiliza a imagem de uma viúva abandonada e sem recursos (Is 50,1; 51,18 e 54,4) para representar a cidade de Jerusalém. É Jerusalém personificada como mãe que conforta os filhos e recebe a consolação da profecia (cf. Is 49,14-26; 54; 66,7-14). Fica evidente a influência dos textos do Segundo Isaías (Is 40-55) e do Terceiro Isaías (Is 56-66). O livro apresenta Deus com os atributos de Eterno e Santo (4,8.10.14.22.24; 5,2; Ex 39,30; Sb 18,24; Is 61,10; 62,3), exprimindo a sua santidade, a sua diferença em relação ao ser humano infiel, e a dimensão messiânica.

4,5-8: Novamente o autor aponta o sofrimento no exílio como consequência da infidelidade do povo a Deus. Ânimo e coragem para aqueles que carregam o nome de Israel. Aqui já se anuncia um novo nome para a cidade de Jerusalém, de acordo com 4,30-5,9. O povo sendo vendido às nações é tomado de Is 50,1 e 52,3, e a descrição dos erros do povo é citação livre de Dt 32,13-18.

9-16: Descrição do cativeiro e da deportação, a partir dos filhos aprisionados e das mães viúvas abandonadas que choram na despedida. Com forte teor deuteronomista, o autor apresenta Jerusalém como viúva desolada, devido aos pecados dos filhos (cf. Lm 1,1-2).

17-29: O autor utiliza a imagem de Jerusalém como mãe que consola os filhos e espera por consolação. Claramente as palavras desta profecia de restauração têm as ressonâncias do Livro da Consolação de Is 40-55 e da teologia do "resto de Israel". Sobressai nesta profecia a

pescoço. ²⁶Meus filhos tão queridos passaram por caminho pedregoso, tocados pelo inimigo como gado roubado. ²⁷Coragem, meus filhos, clamem a Deus! Ele mesmo, que os provou, se lembrará de vocês. ²⁸Da mesma forma como um dia lhes veio a ideia de abandonar a Deus, agora voltem a procurá-lo dez vezes mais. ²⁹Aquele que lhes enviou tanta desgraça, lhes mandará também a alegria eterna da salvação.

"Jerusalém, tenha coragem!" – ³⁰Jerusalém, tenha coragem! Aquele que lhe deu um nome a consolará. ³¹Infelizes daqueles que fizeram mal a você ou ficaram contentes com a sua derrota! ³²Infelizes daquelas cidades que escravizaram os filhos de você! E infeliz também aquela que os recebeu. ³³Pois, da mesma forma que se alegrou com a derrota de você e fez festa pela sua queda, assim também ela há de chorar por causa da sua própria destruição! ³⁴Tirarei dela a alegria de ser muito povoada, e o seu atrevimento se mudará em luto. ³⁵Sobre ela virá, para durar muito tempo, um fogo mandado pelo Eterno, e os demônios nela habitarão por longos anos.

³⁶Olhe para o nascente, Jerusalém, e veja a alegria que Deus lhe manda. ³⁷Olhe! Estão voltando os filhos que você viu partir: reunidos pela palavra do Santo, desde o nascente até o poente, eles vêm festejando a glória de Deus.

5 ¹Jerusalém, retire o traje de luto e de aflição, e vista para sempre o esplendor da glória que vem de Deus. ²Vista o manto da justiça de Deus, e ponha na cabeça a coroa gloriosa do Eterno, ³pois Deus mostrará o esplendor de você a todos os que vivem debaixo do céu. ⁴Deus lhe dará um nome para sempre: Paz-da-Justiça e Glória-da-Piedade. ⁵Levante-se, Jerusalém, tome posição em lugar alto, olhe para o nascente, e contemple os seus filhos, reunidos desde o ocidente até o oriente pela voz do Santo e que invocam alegremente a Deus. ⁶Eles partiram a pé, levados pelo inimigo. Deus porém os traz de volta, em triunfo, como sobre um trono real. ⁷Deus mandou cortar toda colina alta ou monte antigo e aterrar os vales mais profundos, para aplainar o chão, a fim de que Israel possa passar com segurança, guiado pela glória de Deus. ⁸Por ordem de Deus, as matas e todas as plantas aromáticas darão sombra a Israel, ⁹porque Deus, à luz da sua glória, guiará Israel na alegria, com a misericórdia e a justiça que dele procedem.

Carta de Jeremias aos exilados

Cópia da carta que Jeremias mandou aos prisioneiros que estavam para ser levados para a Babilônia pelo rei da Babilônia, a fim de transmitir-lhes a mensagem da qual Deus o havia encarregado.

6 *"Vocês verão na Babilônia deuses de prata..."* – ¹Por causa dos pecados que vocês cometeram contra Deus é que estão sendo levados prisioneiros para a Babilônia, sob as ordens de Nabucodonosor, rei da Babilônia. ²Vocês chegarão à Babilônia, aí ficarão por muitos anos, por longo tempo, ou seja, durante sete gerações; depois disso, eu vou tirar vocês daí em paz. ³Durante esse tempo, vocês verão na Babilônia deuses de prata, de ouro e de madeira, que costumam ser carregados nos ombros e provocam temor entre as nações. ⁴Cuidado para não ficarem vocês também parecendo com esses estrangeiros, nem se

---

teologia do Eterno e do Santo, atributos fundamentais de Deus diante da infidelidade da elite de Jerusalém.

4,30-5,9: As palavras finais do livro são carregadas de maldições contra os que afligiram Jerusalém. Maldições aliás seguidas de um convite para que a cidade tire os trajes de luto, em linguagem muito próxima da profecia de restauração em Is 40-55. O novo nome da cidade é o grande tema desta profecia, que se fundamenta em outros textos jerusalemitas, tais como Is 1,21-26; Jr 33,16; Is 60,14.18; 62,4.12; Ez 48,35 e Salmos de Salomão 11,1-9. O autor faz um jogo com as palavras *shalom* (paz); *yeru-shalem* (cidade da paz); *çedeq* (justiça); *doxa* (glória/esplendor) e *theosebeia* (temor de Deus), dando a seguinte conotação: a glória (esplendor) da cidade está no temor de Deus, e a prática da justiça garantirá a paz.

6,1-72: A intenção desta carta é indicar as atitudes de um judeu perante os deuses estrangeiros. Não tem a preocupação de descrever a situação do exílio, nem de fazer memória da profecia de Jeremias. No entanto, os textos de Jeremias são utilizados como ponto de partida para uma análise sobre o choque entre a cultura helênica e a defesa da tradição. Nesse sentido, a inscrição inicial funciona como título da obra e quer indicar ao leitor que se trata de um texto dirigido por Jeremias aos exilados na Babilônia, com as ordens de Deus.

1-6: Descrição das causas do exílio, cujo longo tempo de duração é indicado com o número simbólico de "sete gerações". Alusão a Jr 25,11-12 e 29,10, que apontam a duração do cativeiro em setenta anos. Em Dn 9,25 encontramos a indicação de sete semanas de anos. Esta

deixarem influenciar pelo temor desses deuses. ⁵Quando vocês virem as multidões ajoelhadas na frente e atrás deles, pensem dentro de si mesmos: "É só a ti, Senhor, que devemos adorar". ⁶Pois o meu anjo estará sempre com vocês, e ele pediria contas da vida de vocês.

Deuses que não servem para nada – ⁷A língua desses deuses foi feita por um carpinteiro; ela está coberta de prata ou de ouro, mas é de mentira e não pode falar. ⁸Como se faz com a moça que gosta de enfeites, pegam ouro e fazem uma coroa para colocar na cabeça de seus deuses. ⁹De vez em quando, os sacerdotes retiram ouro e prata dos seus deuses em proveito próprio, e os dão até a prostitutas do terraço. ¹⁰Eles enfeitam com roupas, como se fossem gente, a esses deuses de prata, de ouro ou de madeira. Mas eles não podem livrar-se da ferrugem nem do caruncho. ¹¹Depois de tê-los vestido com roupas caras, são obrigados a limpar-lhes a cara, por causa da poeira que do templo lhes caiu em cima.

¹²Um deus fica com o cetro na mão, como se fosse uma autoridade na região, mas não é capaz de destruir quem o ofende. ¹³Outro tem uma faca ou machadinha na mão, e não é capaz de se defender de inimigos ou ladrões. ¹⁴Por aí se vê que eles não são deuses, e vocês não devem temê-los.

¹⁵Como vasilha que se quebra e perde a serventia, assim também são esses deuses, instalados nos templos deles. ¹⁶Os olhos desses deuses vivem cheios de poeira levantada pelos pés daqueles que entram. ¹⁷Da mesma forma como se fecham com segurança todas as portas por trás de alguém que ofendeu o rei e fica preso e condenado à morte, assim também os sacerdotes fecham os templos com portas, trancas e ferrolhos, para que os seus deuses não sejam roubados por ladrões. ¹⁸Acendem mais lâmpadas para eles que para si mesmos, embora esses deuses não sejam capazes de ver nenhuma delas. ¹⁹Como o madeiramento do templo, cujo cerne dizem estar caruncado por cupins saídos do chão, assim também esses deuses nada sentem quando suas roupas ou eles próprios são corroídos. ²⁰O rosto deles fica escuro por causa da fumaça do templo. ²¹Em volta deles, por cima de suas cabeças, voam morcegos, andorinhas e outros passarinhos, e até gatos saltam. ²²Por aí se vê que não são deuses, e vocês não devem temê-los.

Deuses sem vida – ²³Quanto ao ouro de que são cobertos para ficarem bonitos, não brilha, se ninguém lhes dá lustre. Eles próprios, nem quando foram fundidos, sentiram coisa alguma. ²⁴Embora não tenham vida, eles foram comprados por preço muito caro. ²⁵Sem pés, são carregados aos ombros, mostrando às pessoas sua falta de valor. Até a pessoa que cuida deles passa vergonha, pois se um desses deuses cai no chão, ela é que tem de levantá-lo. ²⁶E quando alguém os coloca erguidos e de pé, eles não são capazes de andar por si mesmos; se ficam inclinados, não conseguem se endireitar. Os dons são oferecidos a eles como a mortos. ²⁷Para proveito próprio, os sacerdotes vendem o que foi sacrificado a esses deuses; a outra parte, as mulheres salgam, sem dar nada aos pobres e necessitados. Até a mulher menstruada ou que acaba de dar à luz toca nesses sacrifícios. ²⁸Vocês, portanto, sabendo que não são deuses, não tenham medo deles.

Deuses fabricados – ²⁹Como poderiam ser deuses? São mulheres que oferecem sacrifícios a esses deuses de prata, de ouro e de madeira. ³⁰Nos templos deles, os sacerdotes circulam com a roupa rasgada, a barba

---

primeira estrofe da carta apresenta em linhas gerais um primeiro alerta para o povo: "tomem cuidado".

7-22: Descrição irônica do poder dos deuses: língua fabricada por um carpinteiro; os seus enfeites e roupas é que têm o poder de transformá-los em governantes e pessoas; não conseguem defender-se dos inimigos; são vasilhas que se quebram, perdendo a serventia; não enxergam e não têm medo de ser roubados (cf. Sl 135; Is 40,19s; 44; 46,6s; Jr 10,9).

23-28: Para criticar os deuses, o autor emprega aspectos acerca da impureza nas leis levíticas. Em Lv 12, não era permitido às mulheres após o parto frequentar o templo. Lv 15 menciona a impureza menstrual. Lv 21 aponta o contato com corpo morto entre as proibições sacerdotais. No entanto, a grande contraposição a esses deuses sem vida está na ritualização e oferecimento de sacrifícios, sem reservar nada para os pobres e necessitados.

29-51: Descreve-se a incapacidade dos deuses de salvar e ter compaixão, pois não ouvem e são criações de escultores e ourives. Esta descrição tem muita semelhança com a crítica aos deuses da Babilônia em Is 44 e com a crítica aos ídolos no Sl 115 e em Jr 2,5. A principal

e o cabelo cortados, e a cabeça descoberta, em sinal de luto. ³¹Urram e gritam diante dos seus deuses, como alguns fazem nas cerimônias fúnebres. ³²Para vestirem suas mulheres e crianças, os sacerdotes tiram a roupa dos deuses. ³³E esses deuses, favorecidos ou prejudicados por alguém, não são capazes de retribuir. Não podem nomear nem destronar reis. ³⁴Eles também não são capazes de dar a ninguém riqueza alguma, nem sequer uma única moeda. Se alguém lhes faz uma promessa e depois não cumpre, eles não podem reclamar. ³⁵Não podem salvar ninguém da morte, nem podem livrar o fraco das mãos do poderoso. ³⁶Não são capazes de devolver a vista ao cego, ou de livrar ninguém do perigo; ³⁷não têm compaixão pela viúva, nem prestam ajuda nenhuma ao órfão. ³⁸Esses deuses de madeira prateada ou dourada parecem pedras tiradas do morro: quem se ocupa deles só vai passar vergonha. ³⁹Como, então, pensar ou dizer que são deuses? ⁴⁰Até mesmo os caldeus os desrespeitam. Quando veem alguém mudo, incapaz de falar, eles o apresentam ao deus Bel, pedindo que o faça falar, como se ele fosse capaz de ouvir. ⁴¹Mas, porque não têm bom senso, eles são incapazes de refletir nisso e de abandonar esses deuses. ⁴²Mulheres põem uma corda na cintura e sentam-se à beira do caminho, queimando farelo como incenso. ⁴³Quando uma delas é levada por algum homem que passa, a fim de dormir com ele, começa a desprezar a companheira, que não teve a mesma sorte, nem arrebentou a corda. ⁴⁴Tudo o que fazem com eles é falso. Então, como é que se vai pensar ou dizer que são deuses?

⁴⁵Esses deuses foram fabricados por carpinteiros e fundidores, e não podem ser nada mais do que os seus artífices queriam que eles fossem. ⁴⁶Aqueles que os fizeram não vivem muitos anos; então, como poderia ser deus aquilo que eles fizeram? ⁴⁷Deixaram apenas mentira e vergonha para seus descendentes. ⁴⁸Quando surge uma guerra ou desgraça muito grande, os sacerdotes discutem a maneira de se esconderem juntamente com esses deuses. ⁴⁹Assim, dá para entender que não são deuses, pois não são capazes de se livrarem a si mesmos durante uma guerra ou catástrofe. ⁵⁰Não sendo mais que objetos de madeira, dourados ou prateados, por aí fiquem todos sabendo que são de mentira. Que eles não são deuses fique claro para todos os povos e reis; são apenas criação do trabalho humano, e neles não existe nenhuma ação divina. ⁵¹Então, quem não vê que não são deuses?

Deuses que não podem fazer nada ⁵²Esses deuses nunca farão surgir um rei para uma região, nem mandarão chuva para os homens. ⁵³Jamais defenderão a própria causa, nem libertarão injustiçado algum, pois são impotentes, são como gralhas que voam entre o céu e a terra. ⁵⁴Se aparecer um fogo no templo desses deuses de madeira, dourados ou prateados, seus sacerdotes poderão fugir para se salvar, mas eles serão queimados junto com o madeiramento. ⁵⁵Eles não são capazes de resistir a um rei ou aos inimigos. ⁵⁶Então, como é que se vai aceitar ou imaginar que são deuses?

Mais vale a natureza do que esses deuses – ⁵⁷Esses deuses de madeira, deuses dourados ou prateados, não podem escapar nem dos ladrões ou assaltantes. Mais fortes, os ladrões arrancam-lhes o ouro ou a prata e vão-se embora carregando as roupas que esses deuses vestiam, sem que estes possam acudir a si mesmos. ⁵⁸Mais vale um rei que mostra bravura, ou mesmo um objeto de utilidade em casa, do qual o dono pode se servir, do que esses deuses

---

crítica a esses deuses incapazes de retribuir se apoia no Deus dos empobrecidos, que livra o fraco da mão dos poderosos, devolve a vista aos cegos, livra quem corre perigo e defende a causa da viúva e do órfão.

52-56: Os deuses são impotentes para instituir ou destituir monarquias, em 1Sm 2,10; 15-16; 2Sm 7,14; 1Rs 14,14; Jó 36,7; enviar chuva boa, em Lv 26,3-4; Dt 11,14; 1Rs 8,36; Jr 5,24; 10,3; resolver questões judiciais, em Nm 16,31-32; 2Sm 6,7-8; Sl 7,9; 94,2; 96,10; ou livrar-se do fogo e impedir a destruição de seus templos.

57-72: Em tom comparativo ("mais vale... do que..."), o autor mostra a inutilidade desses deuses. Os versículos finais expõem os deuses falsos ao ridículo, utilizando imagens comparativas: o espantalho na plantação; o espinheiro no jardim e o cadáver jogado em cova escura. Estas comparações têm como ponto de partida a imagem de Jr 10,5. Enfim, a carta afirma que os ídolos não criam, não praticam a justiça, a sua fala produz mentiras e os seus olhos são incapazes de enxergar.

falsos. Mais vale uma porta que protege numa casa tudo o que está dentro, do que esses falsos deuses. Mais vale uma coluna de madeira no palácio, do que esses falsos deuses. ⁵⁹O sol, a lua e as estrelas, brilhando, cumprem naturalmente a missão de ser úteis. ⁶⁰O relâmpago, quando aparece, é bem visível. O próprio vento sopra em qualquer terra. ⁶¹As nuvens obedecem, quando Deus as manda percorrer o mundo inteiro. O raio, mandado lá de cima para devastar montes e matas, cumpre o que lhe é determinado. ⁶²Esses deuses, porém, não podem ser comparados com essas coisas, nem na aparência nem na força. ⁶³Portanto, como é possível pensar que sejam deuses ou chamá-los assim? São incapazes de promover a justiça ou de fazer qualquer coisa boa para os homens. ⁶⁴Portanto, sabendo que não são deuses, não tenham medo deles.

⁶⁵Esses deuses não podem amaldiçoar nem abençoar os reis; ⁶⁶não podem servir às nações como sinais no céu, pois nem brilham como o sol, nem são claros como a lua. ⁶⁷Até as feras valem mais do que eles, pois as feras podem fazer alguma coisa por si mesmas, ao menos fugindo para um esconderijo. ⁶⁸Então, em nada eles mostram ser deuses. Por isso, não tenham medo deles.

⁶⁹Como espantalho que nada vigia em plantação de pepinos, assim são esses deuses de madeira, dourados ou prateados. ⁷⁰Esses deuses de madeira, dourados ou prateados, se parecem com espinheiro no jardim, onde os passarinhos vêm pousar, ou então com cadáver jogado em cova escura. ⁷¹Pelas roupas de púrpura ou linho que vão apodrecendo em cima deles, vocês já podem saber que não são deuses. Ao contrário, eles também serão comidos e se tornarão vergonha para o país. ⁷²Então, é melhor a condição do homem justo que não tem ídolos, pois assim não terá do que se envergonhar.

EZEQUIEL

"EU SOU JAVÉ"

Introdução

No ano 597 a.C., Ezequiel foi levado junto com o rei Joaquin para a Babilônia e se estabeleceu em Tel-Abib, no canal do rio Cobar, um dos afluentes do Eufrates (1,3; 3,15). Exerceu sua atividade no meio dos primeiros exilados, altos oficiais e anciãos (cf. 2Rs 24,14-16; Jr 29,1-23), entre os anos 593 e 571 a.C. (1,1; 29,17). Formado em Jerusalém, de família sacerdotal, Ezequiel se parece com Isaías, profeta da corte, ao pregar os mesmos temas: o poderoso, glorioso e transcendente Deus de Israel; Davi como rei ideal; a monarquia davídica e seus governantes como defensores da justiça; e a reunificação de Israel com Judá. Contudo, na missão em favor da sobrevivência e interesse dos exilados, a mensagem de Ezequiel apresenta novidades em relação à teologia oficial até então. Antes da queda de Jerusalém, destacam-se os oráculos contra o governo de Sedecias, tio de Joaquin, que foi instalado pela Babilônia para reinar em Jerusalém.

a) O rei Sedecias tenta recorrer ao Egito para sacudir o jugo da Babilônia. Ezequiel condena a rebeldia contra esta (17,5-21). Qualquer tentativa de se opor ao império colocaria em risco a vida dos exilados junto com o rei Joaquin, além de causar a destruição ainda mais devastadora de Jerusalém.

b) Oráculos contra o governo de Sedecias, acusando-o de praticar injustiça e profanar o Templo e Jerusalém (16; 22; 23).

c) Javé abandona o Templo e Jerusalém, a cidade santa, exila-se na Babilônia e está no meio dos exilados com o rei Joaquin (10,18-22; 11,22-25). Os exilados é que são o verdadeiro povo de Deus (11,14-18).

Mais tarde, depois da destruição de Jerusalém em 587, o grupo de Ezequiel tenta animar e conscientizar os primeiros exilados, proclamando insistentemente Javé como o Deus de Israel: "Eu sou Javé" (7,9).

a) A infidelidade dos governantes de Jerusalém foi a causa da catástrofe que arruinou a nação (34). A destruição é o castigo de Deus, que utiliza a Babilônia para executar sua sentença (11,9): Javé se apresenta como Deus ciumento, violento e castigador que pune cruelmente quem segue outros deuses, seguimento considerado ato abominável (20,1-21,37).

b) A responsabilidade individual (18,1-32; 33,10-20): cada um será julgado e condenado por Deus segundo seus próprios pecados. Portanto, os primeiros exilados não são culpados pela destruição de Jerusalém; terão acesso à salvação se, convertidos, seguirem individualmente os estatutos de Deus.

c) Devem manter-se "puros" no meio dos estrangeiros, observando os estatutos e normas de Deus (37,23). Na época pós-exílica, a ideia de pureza se torna o cerne da teologia dos teocratas: o povo eleito, a lei do puro e do impuro etc. (cf. Esd 9,1-10,17; Lv 17,1-24,23).
d) Deus não abandonará os exilados e os trará de volta à terra de seus pais (11,17-21; 20,42).
e) Os pobres remanescentes na Judeia (2Rs 25,12; Jr 39,10) são criticados por pretenderem ser os únicos herdeiros da terra prometida (11,15; 33,23-29), para onde os exilados retornarão no futuro.
f) Restauração do novo Israel: a reunificação dos dois reinos sob o único pastor, o novo Davi (37,15-22); o estabelecimento da aliança eterna com Deus (16,60; 37,26); e a restauração do novo "santuário" no meio do povo (37,26-28).

O livro e sua formação

O livro de Ezequiel apresenta uma série de trabalhos redacionais de vários grupos: repetições (3,17-21 = 33,1-9; 18,25-29 = 33,17-20); deslocamentos (3,22-27; 4,4-8; 24,15-27; 33,21.22); acréscimos posteriores (38-39 e 40-48). Existem pelo menos três grandes grupos: a) *oráculos e visões de Ezequiel*, conservados, reinterpretados e acrescentados por seus discípulos; seu estilo e teologia se parecem com o grupo deuteronomista, sobretudo nas questões da idolatria e das abominações, e pecados como causas do desastre nacional; b) *instituição e legislação da nova Jerusalém*, escritas pelo grupo sacerdotal, os "teocratas" do tempo pós-exílico (40-48); c) *confronto entre Israel, povo santo, e as potências do mal*, em perspectiva escatológica (38-39).

O atual livro demonstra uma organização clara nas grandes linhas:

I. 1,1-3,21	II. 3,22-24,27	III. 25-32	IV. 33-39	V. 40-48
Vocação do profeta	Oráculos sobre a destruição de Jerusalém	Oráculos contra as nações	Oráculos de salvação para Israel	Visão da nova Jerusalém e do povo restaurado

Ao inserir no centro os oráculos contra as nações, o redator final procura animar os exilados a retornarem e legitimarem seu projeto de reconstruir Jerusalém, pois Javé, o Poderoso, aniquila todos os inimigos de Israel.

I. VOCAÇÃO DO PROFETA

1 *Introdução* – ¹No dia cinco do quarto mês do ano trinta, estando eu junto com os exilados à beira do rio Cobar, de repente se abriram os céus e eu tive visões divinas. ²No dia cinco do mês, no ano cinco do exílio do rei Joaquin, ³a palavra de Javé veio ao sacerdote Ezequiel, filho de Buzi, na terra dos caldeus, às margens do rio Cobar. Aí Javé colocou a mão sobre ele.

Visão do carro: a glória de Javé – ⁴Eu vi o seguinte: Do lado norte soprava um forte vento. Foi então que vi uma grande nuvem e um turbilhão de fogo. Havia claridade em torno da nuvem e, no centro, um brilho faiscante, bem no meio do fogo. ⁵Do meio da nuvem surgiu algo parecido com quatro seres vivos, e cada um lembrava também uma forma humana. ⁶Cada um tinha quatro rostos e quatro asas. ⁷Suas pernas eram retas e seus cascos pareciam cascos de boi, só que eram brilhantes como bronze polido. ⁸Debaixo das asas saíam mãos humanas pelos quatro lados. Seus rostos e asas

---

1,1-3: Ezequiel significa "El (Deus supremo) fortaleça" ou "El é forte". Era sacerdote do Templo de Jerusalém e iniciou sua atividade profética no meio dos primeiros judeus deportados para Babilônia, "no dia cinco do mês, no ano cinco do exílio do rei Joaquin", portanto 31 de julho de 593 a.C. A expressão "a mão de Javé" (o Espírito de Deus) é frequente em Ez (3,14.22; 8,1; 33,22; 37,1; 40,1).

4-28: O texto utiliza o gênero literário da teofania (manifestação de Deus), que é descrita como "vento forte", "grande nuvem" e "relâmpagos" (cf. Zc 9,14; Hab 3,4.7). A visão dos "quatro seres vivos", atrelados

também estavam voltados para as quatro direções. ⁹A asa de cada um encostava na asa do outro. Ao se movimentarem, não se viravam, mas cada um ia para a frente. ¹⁰O rosto deles era parecido com o rosto de um homem. Do lado direito tinham aparência de leão, e do lado esquerdo tinham aparência de touro. Os quatro tinham também aparência de águia. ¹¹As asas abriam-se para cima. Duas chegavam a encostar na asa do outro, e duas cobriam o corpo. ¹²Todos se moviam para a frente, seguindo a direção para a qual o vento os conduzia. Enquanto se moviam, nunca se voltavam para os lados.

¹³No meio dos seres vivos havia uma coisa parecida com brasas acesas, queimando como tocha. Esse fogo se movia entre os quatro seres vivos, era brilhante, e dele saíam relâmpagos. ¹⁴Os seres vivos, no seu vaivém, pareciam coriscos.

¹⁵Observando os seres vivos, vi uma roda no chão, ao lado de cada um dos quatro seres vivos. ¹⁶No aspecto e estrutura, as rodas tinham o brilho do topázio. O formato de uma era o formato das quatro; o aspecto e estrutura delas eram como se uma roda estivesse no meio da outra. ¹⁷Rodavam para os quatro lados sem precisar virar. ¹⁸O aro delas era muito grande e estava cheio de olhos por toda a volta. E isso, nas quatro rodas. ¹⁹Quando os seres vivos se moviam, as rodas se moviam junto com eles; quando os animais se levantavam, as rodas também se levantavam. ²⁰Na direção para onde ia o vento, iam as rodas. Elas subiam junto com os seres vivos, porque o espírito dos seres vivos estava nas rodas. ²¹Quando os seres vivos andavam, as rodas andavam também; quando os animais paravam, as rodas também paravam; quando eles se levantavam do chão, as rodas também se levantavam, porque o espírito dos animais estava nas rodas.

²²Por cima da cabeça dos seres vivos havia uma coisa semelhante a uma cúpula de cristal brilhante, estendida por cima da cabeça dos animais. ²³Sob a cúpula, suas asas ficavam voltadas uma para a outra, e cada um tinha suas asas cobrindo-lhe o corpo. ²⁴O barulho de suas asas, que eu escutei, parecia o estrondo de águas torrenciais, como a voz de Shadai. Quando se moviam, ouvia-se um barulho como de tempestade, como de acampamento militar. E quando paravam, abaixavam as asas. ²⁵Ouviu-se um barulho. ²⁶Por cima da cúpula que ficava sobre suas cabeças havia algo parecido com pedra de safira, em forma de trono. E nele, bem no alto, algo parecido com um ser humano. ²⁷Vi em volta dele algo como brilho faiscante, parecendo fogo, bem junto dele. Daquilo que parecia ser a cintura para cima, e também para baixo, havia algo brilhante como fogo, em toda a volta. ²⁸Esse brilho em torno dele parecia o arco-íris, que aparece nas nuvens em dia de chuva. Era a aparência visível da glória de Javé. Quando vi, caí imediatamente com o rosto no chão, e ouvi a voz de alguém que falava comigo.

2 Visão do livro: a missão do profeta –

¹Ele me disse: "Filho do homem, fique de pé, pois eu vou falar com você". ²Foi só ele falar assim, e entrou em mim um espírito que me fez ficar de pé. Então pude ouvir aquele que falava comigo. ³Ele me disse: "Filho do homem, vou mandar você aos filhos de Israel, a esse povo rebelde, que se rebelou contra mim. Eles e seus pais se revoltaram contra mim até o dia de hoje. ⁴Os filhos são arrogantes e têm coração de pedra. Eu envio você a eles, e você lhes falará da seguinte forma: Assim diz o Senhor Javé. ⁵Eles podem escutar ou não, porque são uma casa de rebeldes. De qualquer modo, ficarão sabendo que existe um profeta aqui no meio deles. ⁶Filho do homem, não tenha medo deles, nem de suas palavras. Mesmo quando você ficar rodeado de espinhos e se assentar sobre escorpiões, não fique com medo de suas palavras, nem se assuste com o rosto deles, porque são uma casa de rebeldes.

---

ao carro de Javé, lembra as estátuas dotadas de quatro rostos, presentes na entrada dos templos e palácios da Mesopotâmia (cf. Is 6,2; Ap 4). O termo "glória" é usado onze vezes em Ezequiel, sempre para descrever Deus na sua majestade e totalidade (3,12.23; 8,4; 9,3 etc.).

2,1–3,15: A expressão "Filho do homem" é usada 93 vezes para designar Ezequiel. Reforça o contraste entre a criatura humana e o Deus poderoso e transcendente. Em Dn 7,13, assume a conotação de título messiânico (cf. Mt 8,20). Ezequiel é descrito como Isaías (Is 6,9-13)

⁷Escutem eles ou não, você continuará transmitindo-lhes minha palavra, porque são uma casa de rebeldes.
⁸Mas você, filho do homem, obedeça ao que vou lhe dizer. Não seja rebelde como essa casa de rebeldes. Abra a boca e coma o que vou lhe dar". ⁹Então notei que certa mão se estendia para mim com um rolo de pergaminho. ¹⁰A mão desenrolou o pergaminho diante de mim: estava escrito por dentro e por fora, e o que nele estava escrito eram lamentações, gemidos e gritos de dor.

3 ¹Ele me disse: "Filho do homem, coma isso. Coma esse rolo, e depois vá falar à casa de Israel". ²Então abri a boca e ele me deu o rolo para comer. ³E continuou: "Filho do homem, que seu estômago e sua barriga se saciem com este rolo escrito que estou lhe dando". Eu comi, e pareceu doce como mel para meu paladar. ⁴Depois, ele tornou a falar: "Filho do homem, vá procurar a casa de Israel para levar-lhe minhas palavras. ⁵Não é para um povo de idioma estranho ou de língua difícil que você está sendo enviado, mas para a casa de Israel. ⁶Não é também para povos numerosos de idioma estranho e língua difícil, cujas palavras você não entenderia. Se eu enviasse você para esses, na certa o escutariam; ⁷mas a casa de Israel não escutará você, porque não quer escutar a mim. Eles têm cabeça dura e coração de pedra. ⁸Em compensação, eu farei com que seu rosto fique duro como o deles, e sua cabeça dura como a deles. ⁹Eu farei que a cabeça deles seja dura como diamante, que é mais duro do que pedra, para você não ter medo deles, nem se assustar com o rosto deles, ainda que eles sejam uma casa de rebeldes". ¹⁰Ele me disse ainda: "Filho do homem, escute atentamente todas as palavras que eu vou lhe dizer, e guarde na memória. ¹¹Depois, procure os exilados, os filhos do seu povo, e diga-lhes: Assim diz o Senhor Javé, quer vocês escutem, quer não".

¹²Depois, o espírito me ergueu, e ouvi atrás de mim o barulho de estrondo muito grande, enquanto a glória de Javé ia deixando o lugar e subindo para o alto. ¹³O barulho desse grande estrondo era provocado pelas asas dos seres vivos, que tocavam uma na outra, e também pelas rodas que estavam junto deles. Era como estrondo de grande terremoto. ¹⁴O espírito me ergueu e me arrebatou. Amargurado e irritado em meu espírito, eu fui, pois a mão de Javé pesava sobre mim. ¹⁵Cheguei lá onde estavam os exilados de Tel-Abib, que moravam às margens do rio Cobar. Fiquei aí sentado sete dias, atordoado no meio deles.

Profeta como sentinela – ¹⁶Passados sete dias, a palavra de Javé veio a mim nestes termos: ¹⁷"Filho do homem, estou colocando você como sentinela para a casa de Israel. É de minha boca que você ouvirá a palavra. E deverá adverti-los de minha parte. ¹⁸Se digo ao injusto que ele deve morrer, e você não o avisar e não lhe falar, ensinando-lhe a deixar seu mau caminho para que possa continuar vivo, ele morrerá. Mas eu cobrarei de você o sangue dele. ¹⁹Se você, porém, avisar o injusto, mas ele não voltar atrás de seu mau caminho, ele morrerá por causa de sua própria injustiça. Mas você ficará com a vida a salvo. ²⁰E se o justo se afastar de sua justiça e praticar a injustiça, eu colocarei um tropeço diante dele, e ele morrerá. Porque você não o avisou, ele morrerá por seu pecado; porque se desviou, eu não me lembrarei do bem que praticou. Mas vou cobrar de você o sangue dele. ²¹Se você, porém, chamou a atenção do justo para que não pecasse, e ele não pecou, então ele conservará a própria vida, porque foi orientado. E você também terá sua própria vida a salvo."

II. ORÁCULOS SOBRE A DESTRUIÇÃO DE JERUSALÉM

Ezequiel mudo – ²²Ali mesmo a mão de Javé pousou sobre mim, e ele me disse:

---

e Jeremias (Jr 1,17-19): têm dificuldades ao assumir a missão no meio de um povo rebelde.

3,16-21: O redator apresenta Ezequiel como sentinela (Is 52,8; Jr 6,17; Os 9,8) para iniciar a primeira etapa de atividade profética: avisar e conscientizar o povo sobre o julgamento de Deus (33,1-9). "A palavra de Javé veio a

mim": usada 46 vezes no livro, a expressão, com "filho do homem" e "eu sou Javé", marca a unidade da redação.

22-27: O texto, continuação de 3,15, introduz as profecias sobre o cerco e destruição de Jerusalém. O profeta fica mudo enquanto o povo, "uma casa de re-

"Siga para o vale, e aí eu vou falar com você". ²³Fui para o vale, e aí estava a glória de Javé, da maneira como eu a tinha visto junto às margens do rio Cobar. Então caí com o rosto por terra, ²⁴mas o espírito entrou em mim e me colocou de pé e começou a conversar comigo. Ele me disse: "Vá para casa e fique trancado aí, ²⁵porque vão amarrar você com cordas, filho do homem, a fim de que você não possa ir para o meio deles. ²⁶Farei que sua língua se cole no céu da boca. Então você ficará mudo e não poderá repreendê-los, porque são uma casa de rebeldes. ²⁷Quando eu falar com você e lhe abrir a boca, então você lhes dirá: Assim diz o Senhor Javé. Quem quiser ouvir, ouça; quem não quiser ouvir, não ouça, pois eles são uma casa de rebeldes".

4 *O tijolo cercado* – ¹"Filho do homem, pegue um tijolo, coloque-o na sua frente, e desenhe nele uma cidade, Jerusalém. ²Depois, faça contra ela um cerco, construa torres de assalto, faça uma rampa, coloque acampamentos e assente máquinas de guerra em torno da cidade. ³Em seguida, pegue uma chapa de ferro e a coloque como muro de ferro entre você e a cidade. Firme seu olhar nela, e a cidade ficará cercada. De fato, você a terá cercado. Isso será um sinal para a casa de Israel".

O profeta deitado – ⁴"Deite-se sobre o lado esquerdo, e eu colocarei sobre você a culpa da casa de Israel. Você carregará a culpa de Israel durante todos os dias em que ficar assim deitado. ⁵Marcarei para você o número de dias, conforme o número de anos da culpa deles. Por trezentos e noventa dias você pagará a culpa da casa de Israel. ⁶Depois disso, você se deitará do lado direito e carregará a culpa da casa de Judá durante quarenta dias, um dia por ano, conforme eu marquei. ⁷Firme seu olhar e estenda o braço nu para o cerco de Jerusalém, e profetize contra ela. ⁸Eu mesmo vou amarrá-lo com cordas, para que você não fique virando de um lado para outro, até terminarem os dias do cerco".

A comida escassa – ⁹"Pegue trigo, cevada, favas, lentilhas, milho miúdo e espelta. Coloque tudo numa vasilha, e com isso faça pão para você. Deverá comê-lo durante o número de dias em que terá de ficar deitado de um lado, isto é, durante trezentos e noventa dias. ¹⁰Por dia, e várias vezes, você comerá cerca de duzentos e cinquenta gramas. ¹¹Beberá água medida: somando as várias vezes que tomar água, você deverá beber cerca de um litro. ¹²As broas de cevada que você comer serão assadas sobre fezes humanas, à vista de todos". ¹³E Javé completou: "É dessa forma que os filhos de Israel hão de comer pão impuro no meio das nações por onde eu os espalhei". ¹⁴Então eu disse: "Ah! Senhor Javé, eu nunca me contaminei! Desde pequeno, jamais comi carne de animal morto de morte natural ou estraçalhado por alguma fera. Até agora, carne estragada nunca entrou em minha boca!" ¹⁵Javé me respondeu: "Está bem. Para assar seu pão, deixo que você use estrume de vaca em lugar de fezes humanas". ¹⁶Depois, ele me disse: "Filho do homem, cortarei os suprimentos de pão em Jerusalém; então eles com medo comerão pão racionado, e assustados beberão água sob medida. ¹⁷Com a falta de pão e de água, vão desmaiar uns por cima dos outros e irão se acabando por causa da culpa deles mesmos".

5 *Os cabelos queimados* – ¹"Filho do homem, pegue uma espada afiada, como navalha de barbeiro, e raspe o cabelo e a barba. Depois, pegue uma balança e divida em partes os pelos cortados. ²Queime a terça parte deles bem no meio da cidade, quando terminar o cerco da cidade. Corte a outra terça parte com a espada, em redor da cidade. Espalhe ao vento a última terça parte deles, e eu os perseguirei de espada em punho. ³Recolha um punhado e guarde na barra de sua roupa. ⁴Desse punhado,

---

beldes" (12,2; 17,12; 24,3), não escuta a palavra de Javé. "Senhor Javé": título de Deus, favorito para Ezequiel, que o emprega 217 vezes e que aparece outras 107 vezes no restante do Antigo Testamento. "Senhor" (*adonay* em hebraico) enfatiza a majestade e a soberania.

4,1-5,17: Com gestos simbólicos, o texto descreve o cerco e destruição de Jerusalém: tijolo cercado = cidade sitiada (vv. 1-3); profeta deitado = povo no exílio (vv. 4-8); comida escassa = fome (vv. 9-17); cabelos queimados e espalhados = habitantes atacados e dispersos (5,1-17).

pegue um pouco e jogue no fogo para queimar. Deles sairá um fogo para toda a casa de Israel. ⁵Assim diz o Senhor Javé: Isso aí é Jerusalém, que eu coloquei no meio das nações e das terras que estão ao redor dela. ⁶Mas ela se rebelou contra minhas normas, de maneira ainda mais criminosa que as outras terras. Ela desobedeceu aos meus estatutos, pior que as outras nações que estão à sua volta, pois desprezou minhas normas e não andou de acordo com meus estatutos. ⁷Por isso, assim diz o Senhor Javé: Dado que vocês se mostraram mais rebeldes comigo do que as nações que estão a seu redor, não andando conforme meus estatutos e deixando de pôr em prática minhas normas, nem cumprindo as normas das nações que estão a seu redor, ⁸assim diz o Senhor Javé: Eu também me coloco contra você. Vou executar meus julgamentos no seu meio, diante das nações. ⁹Farei com você o que nunca fiz e nunca mais farei, tudo por causa de suas abominações. ¹⁰Por isso, em seu meio, os pais vão devorar os próprios filhos, e os filhos devorarão os próprios pais. É assim que vou executar os meus julgamentos contra você. E tudo o que sobrar de você, vou espalhar aos quatro ventos. ¹¹Por isso, por minha vida, oráculo do Senhor Javé: Por terem profanado meu Templo com seus horrores e abominações, eu também rejeitarei vocês: não terei compaixão, nem perdoarei. ¹²Desse modo, uma terça parte de você, Jerusalém, morrerá de peste ou vai se acabar de fome dentro da cidade; outra terça parte será morta pela espada ao seu redor; a última terça parte, eu a espalharei aos quatro ventos, perseguindo-os de espada em punho. ¹³Só assim derramarei minha ira. Vou satisfazer minha indignação contra eles e me darei por satisfeito. E quando eu tiver derramado minha ira contra eles, então ficarão sabendo que eu, Javé, eu falei, porque sou ciumento. ¹⁴Transformarei você em ruínas e motivo de caçoada para as nações vizinhas, diante de todos os que passam. ¹⁵Você será motivo de zombaria e insulto, advertência e espanto para as nações vizinhas, quando eu executar minha sentença, com ira e indignação, na hora dos castigos implacáveis. Fui eu, Javé, quem falou. ¹⁶Quando eu atirar as setas malignas da fome contra vocês – e é para destruir que eu atiro, para acabar com vocês –, então redobrarei o peso da fome sobre vocês, ao lhes cortar sua reserva de pão. ¹⁷Enviarei fome e animais selvagens, que acabarão com os filhos de vocês; a peste e o sangue passarão por aí, e eu trarei a guerra contra você. Fui eu, Javé, quem falou".

6 *Contra os lugares altos* – ¹A palavra de Javé veio a mim nestes termos: ²"Filho do homem, volte seu rosto para os montes de Israel e profetize contra eles. ³Diga-lhes: Montes de Israel, escutem a palavra do Senhor Javé. O que o Senhor Javé diz às montanhas e serras, aos vales e baixadas, é o seguinte: Eu estou trazendo a espada contra vocês, para destruir seus lugares altos. ⁴Seus altares ficarão arrasados, seus altares de incenso serão quebrados. Eu farei que seus guerreiros, feridos pela espada, caiam diante de seus próprios ídolos imundos. ⁵Jogarei os cadáveres dos filhos de Israel bem diante desses ídolos, esparramando os ossos de vocês em volta de seus altares. ⁶Em todos os lugares onde vocês habitam, as cidades serão destruídas e os lugares altos serão arrasados, de maneira que os altares de vocês serão derrubados e demolidos, seus ídolos imundos serão quebrados e destruídos, seus altares de incenso serão arrasados, tudo o que vocês fizeram será eliminado. ⁷Quando no meio de vocês começar a cair gente morta pela espada, vocês ficarão sabendo que eu sou Javé. ⁸Deixarei um resto, para que alguns escapem da espada, a fim de que vivam em outras nações, espalhados pelas terras. ⁹Quando eu arrancar de você o coração

---

"Quarenta dias" referem-se aos 40 anos do exílio de Judá. Por sua vez, "trezentos e noventa dias" seriam os 390 anos entre a construção do Templo de Salomão e a queda de Jerusalém.

6,1-14: "Lugar alto": santuário construído no topo dos montes (cf. 1Sm 9,12), condenado pelo movimento deuteronomista, que concentrava o culto em Jerusalém (cf. 2Rs 23,8-9.14). O termo "ídolos" encontra-se 47 vezes no Antigo Testamento, 38 delas no livro de Ezequiel. É fortemente inserido na teologia deuteronomista, que condena o seguimento de outros deuses (cf. Dt 29,17; 1Rs 21,26; 2Rs 23,24).

de prostituta, que faz com que eles me atraiçoem, e também seu olhar de prostituta, que está sempre voltado para esses ídolos imundos, então os sobreviventes se lembrarão de mim, no meio das nações para onde foram levados como cativos. Aí terão nojo de si mesmos, por causa do mal que praticaram com todas essas abominações. ¹⁰Então eles ficarão sabendo que eu sou Javé, e que não foi em vão que ameacei trazer-lhes essa desgraça.

¹¹Assim diz o Senhor Javé: Bata palmas e sapateie, lamente todas as abominações da casa de Israel, pois tudo cairá pela espada, pela fome e pela peste. ¹²Aquele que está longe, morrerá pela peste; aquele que está perto, morrerá pela espada; aquele que sobreviver, morrerá de fome. Assim, eu derramarei minha ira contra eles. ¹³Então ficarão sabendo que eu sou Javé, quando começarem a aparecer as vítimas da guerra no meio de seus ídolos imundos, em volta dos altares de tais ídolos, sobre toda colina elevada, no cume de todos os montes, debaixo das árvores copadas e carvalhos viçosos, e nos lugares onde costumam oferecer incenso para apaziguar seus ídolos imundos. ¹⁴Estenderei a mão contra eles e transformarei toda essa terra, de ponta a ponta, em deserto vazio, desde o deserto até Rebla, onde quer que eles habitem. E eles ficarão sabendo que eu sou Javé".

7 O dia final – ¹A palavra de Javé veio a mim nestes termos: ²"Filho do homem, diga: Assim diz o Senhor Javé para a terra de Israel: Chegou o fim! O fim para os quatro cantos da terra. ³É agora seu fim! Vou derramar minha ira contra você, vou julgá-la de acordo com seu comportamento e pedir contas de todas as suas abominações. ⁴Não terei compaixão, nem a perdoarei. Ao contrário, farei cair seu próprio comportamento sobre você, e suas abominações estarão bem no seu meio. Então vocês ficarão sabendo que eu sou Javé.

⁵Assim diz o Senhor Javé: Vem chegando uma desgraça depois da outra. ⁶O fim chegou! Chegou o fim! Ele desperta contra você, já está chegando. ⁷Sua sorte foi lançada, habitante da terra. Chegou a hora, o dia está próximo! Nos montes haverá ruínas, e não alegria. ⁸Num instante vou derramar minha ira e desafogar minha cólera contra você. Vou julgá-la de acordo com seu comportamento, e pedir contas de todas as suas abominações. ⁹Não terei compaixão, nem a perdoarei. Ao contrário, farei cair seu próprio comportamento sobre você, e suas abominações estarão bem no seu meio. Então vocês ficarão sabendo que eu sou Javé, aquele que fere.

¹⁰O dia está próximo, já está chegando! Chegou sua vez! A injustiça floresce, amadurece a insolência ¹¹e triunfa a violência, que é bastão do injusto! Sem demora e sem atraso, ¹²chega a hora, o dia se aproxima. Que o comprador não se alegre e o vendedor não fique triste, pois o furor atingirá a todos. ¹³O vendedor não vai recuperar o que vendeu e o comprador não reterá o que comprou, porque o furor atingirá a todos. Cada um pagará por seu próprio crime, e ninguém mais terá chance. ¹⁴Tocam as trombetas, preparam as armas, mas ninguém vai para o combate, porque meu furor atingirá a todos.

¹⁵Por fora a espada, por dentro a peste e a fome. Quem estiver no campo morrerá pela espada. Quem estiver na cidade será devorado pela fome ou pela peste." ¹⁶Alguns sobreviventes escaparão para os montes, como as pombas do vale, mas todos eles morrerão, cada um pela sua falta. ¹⁷Todos estarão de braços caídos e todos os joelhos se molharão. ¹⁸Então eles se cingirão de sacos, cobertos de medo; estarão com o rosto envergonhado e as cabeças rapadas. ¹⁹Jogarão fora a prata, e seu ouro irá para o lixo. Prata e ouro não serão capazes de livrá-los, no dia da ira de Javé; com eles não poderão matar a fome, nem encher o estômago, porque prata e ouro foram à causa de seus pecados. ²⁰A beleza de suas joias foi motivo de orgulho para eles. Foi com elas que fizeram seus horrores. Por isso, eu transformarei tudo em lixo. ²¹Farei que sua riqueza seja tomada pela mão dos estrangeiros e saqueada

---

7,1-27: Existem duas causas principais para o dia da ira de Javé, o dia da destruição: a injustiça social (vv. 10-13; cf. Dt 25,13-16) e o culto a outras divindades (vv. 20-22; cf. Dt 7,25; 1Rs 14,23). O termo "abominação"

pelos criminosos da terra. Eles a profanarão. ²²Desses eu desviarei meu olhar, para que possam violar meu tesouro, para que os assaltantes possam entrar aí e profanar o que quiserem.

²³Prepare correntes, porque a terra está cheia de crimes de sangue, a cidade está cheia de violência. ²⁴Vou trazer as piores nações para se apossarem das casas. Acabarei com o orgulho dos valentes, e seus santuários serão profanados. ²⁵Quando chegar o desespero, eles procurarão a paz, mas não haverá. ²⁶Virá uma desgraça em cima da outra, um alarme atrás do outro. Pedirão ao profeta uma visão. O sacerdote não será capaz de dar instruções, nem os anciãos serão capazes de dar conselhos. ²⁷O rei ficará de luto, o príncipe vestirá a decepção, e o povo da terra estará com as mãos tremendo. Agirei com eles de acordo com seu comportamento. Conforme eles costumam julgar, assim eu vou julgá-los. Então ficarão sabendo que eu sou Javé".

8 Visão das abominações no Templo

¹No dia cinco do sexto mês do ano seis, eu estava sentado em casa, com os anciãos de Judá sentados em minha presença, quando sobre mim pousou a mão do Senhor Javé. ²Tive nesse momento uma visão: era uma figura com aparência de homem. Daquilo que seria sua cintura para baixo, parecia fogo; e da cintura para cima, algo que parecia um brilho faiscante. ³Ele estendeu uma espécie de mão e me pegou pelos cabelos. O espírito me carregou entre o céu e a terra e, em visões divinas, levou-me a Jerusalém, até o lado de dentro da porta que dá para o norte, lá onde estava a estátua rival que tanto provocava o ciúme. ⁴Aí estava a glória do Deus de Israel, tal como eu tinha visto no vale. ⁵Ele me disse: "Filho do homem, olhe para o lado norte". Olhei na direção do norte, e aí estava, ao norte da porta, bem na entrada, o altar do ídolo que provoca ciúme. ⁶Então Javé me disse: "Filho do homem, você está vendo o que eles fazem? As abominações que cometem aqui para me afastar do meu santuário? E você ainda verá abominações bem mais monstruosas".

⁷Então ele me levou até à porta de entrada, e eu vi que havia um furo na parede. ⁸Ele me disse: "Filho do homem, abra um buraco na parede". Abri um buraco na parede e vi uma porta. ⁹Ele me disse: "Entre para ver as abominações que eles praticam aí". ¹⁰Entrei e vi imagens com formato de toda espécie de répteis e animais nojentos, todos os ídolos imundos da casa de Israel gravados nas quatro paredes. ¹¹Havia também setenta homens, anciãos da casa de Israel. Jezonias, filho de Safã, era um deles. Estavam todos de pé, de frente para aquelas coisas, cada um com o turíbulo na mão queimando incenso. Subia uma nuvem perfumada. ¹²Ele me disse: "Você está vendo bem, filho do homem, o que os anciãos da casa de Israel fazem às escondidas? Cada um tem um oratório cheio de imagens, pois eles dizem: 'Javé não nos vê; ele já abandonou a terra' ". ¹³Então ele falou mais uma vez comigo: "Você vai vê-los fazendo abominações ainda piores".

¹⁴Depois, ele me levou até à entrada da porta do Templo de Javé, que dá para o norte, e aí estavam mulheres sentadas, chorando pelo deus Tamuz. ¹⁵Ele me disse: "Você viu, filho do homem? Pois você verá abominações piores que essas!" ¹⁶Então ele me levou para o lado de dentro do Templo de Javé, e aí, junto à entrada do Templo de Javé, entre a entrada do santuário e o altar, estavam vinte e cinco homens de costas para o Templo de Javé, virados para o oriente. Eles se prostravam em direção ao oriente, diante do sol. ¹⁷Ele me disse: "Você está vendo, filho do homem? E a casa de Judá acha pouco praticar todas essas abominações que fazem aqui! Eles ainda enchem a terra de violência, provocando minha ira. E aí estão eles levando o raminho ao nariz. ¹⁸Por isso, eu também vou agir com

---

encontra-se 117 vezes no Antigo Testamento, 43 delas em Ezequiel. É pejorativo e muito usado pelo redator deuteronomista (cf. Dt 13,15).

8,1-18: "No dia cinco do sexto mês do ano seis", 17 de setembro de 592, no reinado de Sedecias, o Templo de Jerusalém estava repleto de divindades estrangeiras: a "estátua rival" (Aserá, Astarte, Rainha do céu; cf. 2Rs 21,7); as imagens gravadas em paredes; "Tamuz" (deus mesopotâmico, talvez rei divinizado, ligado à divindade feminina da fertilidade; cf. Dn 11,37); "o culto ao sol" (cf.

ira. Não terei compaixão nem pouparei ninguém. Então eles invocarão aos gritos, mas eu não lhes darei ouvidos".

9 *Visão do castigo da cidade* – ¹Então Javé gritou aos meus ouvidos com toda a força: "Aproximem-se os carrascos da cidade, cada um com sua arma mortal". ²Então foram chegando seis homens pelo lado da porta de cima, que dá para o norte, cada qual com sua arma na mão. Um deles estava vestido de linho, com o estojo de escrivão na cintura. Chegaram e ficaram de pé ao lado do altar de bronze. ³A glória do Deus de Israel saiu de cima do querubim, onde se encontrava, para o limiar da porta do Templo. Chamou o homem que estava vestido de linho e com o estojo de escrivão na cintura. ⁴Javé falou com ele: "Percorra a cidade de Jerusalém e marque com um sinal a testa dos indivíduos que estiverem se lamentando e gemendo por causa das abominações que se fazem no meio dela". ⁵Ouvi quando ele dizia para os outros: "Percorram a cidade atrás dele, para matar sem dó nem piedade. ⁶Matai velhos, moços, moças, crianças e mulheres, matai-os todos, até o extermínio. Só não matem os homens marcados com o sinal. Comecem pelo meu Templo". E eles começaram pelos anciãos que estavam diante do Templo. ⁷Ele ainda falou: "Profanem o Templo, encham de cadáveres o seu interior, e saiam pela cidade para matar".

⁸Enquanto eles estavam matando, fiquei sozinho. Então caí com o rosto por terra, clamando: "Ah! Senhor Javé, vais destruir o resto de Israel, derramando teu furor sobre Jerusalém?" ⁹Ele me respondeu: "É grande demais a injustiça da casa de Israel e de Judá! A terra está cheia de sangue e a cidade cheia de injustiça. E eles pensam: 'Javé abandonou a terra e não está vendo nada!' ¹⁰Por isso, não terei dó nem piedade, mas sobre eles farei cair as consequências de seu próprio comportamento". ¹¹Nessa hora, o homem vestido de linho e com o estojo de escrivão na cintura tomou a palavra e disse: "Acabei de fazer o que mandaste".

10 *A glória de Javé deixa o Templo* – ¹Na cúpula que estava sobre as cabeças dos querubins, vi uma espécie de safira com aparência de trono. ²Javé disse ao homem vestido de linho: "Chegue ali entre as rodas debaixo do querubim e, do meio dos querubins, encha as mãos com brasas, que você espalhará por cima da cidade". Eu vi que ele foi até lá. ³Os querubins estavam de pé, do lado direito do Templo. Quando o homem entrou, uma nuvem enchia o interior do Templo. ⁴A glória de Javé saiu de cima dos querubins e foi até o limiar da porta do Templo, que estava tomado pela nuvem, e o brilho da glória de Javé ocupava todo o recinto. ⁵O barulho das asas dos querubins chegava até o pátio exterior. Era como a voz de El Shadai quando fala. ⁶Logo que Javé o mandou pegar o fogo entre as rodas no meio dos querubins o homem vestido de linho se colocou perto das rodas. ⁷O querubim levou a mão ao fogo que havia no meio deles, pegou as brasas e encheu as mãos do homem vestido de linho. Este pegou e saiu. ⁸Então, debaixo das asas dos querubins apareceu algo parecido com mão humana. ⁹Olhando bem, notei quatro rodas junto dos querubins, cada uma junto de um deles. E as rodas pareciam ter o brilho do topázio. ¹⁰As quatro rodas tinham a mesma aparência. Sua estrutura era como se uma roda estivesse encaixada dentro da outra, ¹¹para que pudessem rodar nas quatro direções, sem ter de girar, pois já estavam orientadas na direção em que rodavam; enquanto avançavam, não se viravam. ¹²Todo o corpo dos querubins, costas, mãos, asas e também as rodas,

---

Dt 4,19). Os anciãos eram provavelmente pessoas ricas, notáveis e influentes da primeira deportação (8,1; 14,1; 20,1; cf. 1Rs 21,8; Is 3,14).

9,1-11: O castigo de Deus vem do norte (Babilônia; cf. Jr 4,6). Segundo o texto, Jerusalém será devastada por causa de suas "abominações". A visão retoma de Ex 12 (cf. Ap 7) o exterminador e o sinal de proteção. No tempo exílico e pós-exílico, o Deus oficial do Templo é absolutamente transcendente, poderoso e vingador, que pune e salva, muito diferente do Deus de Jesus (cf. Lc 12,22-31).

10,1-22: Os "seres vivos", presentes no cap. 1, são identificados aos querubins, cujo nome hebraico *Kerub* corresponde ao dos Karibu assírios e babilônicos, servos dos deuses (Ex 25,18; 1Rs 6,23-28). "Brasas-fogo": sinal de punição (cf. 15,6-7; 16,41; Gn 19,24; Lv 21,9), de purificação (cf. Is 6,6) e da presença de Deus (cf. Ex 13,21).

tudo estava cheio de olhos por todo lado. ¹³Conforme escutei, as rodas foram chamadas de turbilhão. ¹⁴Os quatro querubins tinham quatro faces cada um: a primeira era de querubim, a segunda de homem, a terceira de leão, a quarta de águia. ¹⁵Os querubins podiam elevar-se do chão. Eram os mesmos seres vivos que eu tinha visto às margens do rio Cobar. ¹⁶Quando os querubins se movimentavam, as rodas iam junto. Quando batiam asas para se elevarem do chão, as rodas não saíam de junto deles. ¹⁷Quando paravam, as rodas também paravam; quando subiam, elas subiam junto, porque o espírito dos seres vivos estava também nelas.

¹⁸Em seguida, a glória de Javé deixou o limiar da porta do Templo e foi pousar em cima dos querubins. ¹⁹Então os querubins abriram as asas e se elevaram do chão, à minha vista. Quando saíram, as rodas foram junto. Pararam junto à porta oriental do Templo de Javé. E sobre eles pousou a glória do Deus de Israel. ²⁰Esses eram os seres vivos que eu tinha visto debaixo do Deus de Israel, às margens do rio Cobar. E reconheci que eram querubins. ²¹Cada um tinha quatro faces e quatro asas. E debaixo das asas havia algo parecido com mãos humanas. ²²A forma de suas faces era a mesma que eu tinha visto às margens do rio Cobar. E cada um só ia para a frente.

11 Castigo contra os maus conselheiros –

¹O espírito me pegou e me levou para a porta oriental do Templo de Javé, isto é, a porta que dá para o oriente. E aí estavam, à entrada da porta, vinte e cinco homens. Entre eles, vi Jezonias, filho de Azur, e Feltias, filho de Banaías, oficiais do povo. ²Então Javé me disse: "Filho do homem, são esses os homens que tramam o crime e planejam a desgraça nesta cidade. ³Eles dizem: 'Agora não é hora de construir casas. Isto aqui é uma panela, e nós somos a carne'. ⁴Por isso, profetize contra eles. Profetize, filho do homem".

⁵Então, sobre mim pousou o espírito de Javé e me disse: "Diga: Assim diz Javé: É isso que vocês dizem, casa de Israel! Eu conheço suas tramas. ⁶Vocês fizeram um número muito grande de mortos na cidade, e encheram as ruas de cadáveres. ⁷Por isso, assim diz o Senhor Javé: Esses mortos que vocês puseram no meio dela é que são a carne, enquanto a cidade é a panela, mas eu vou tirar vocês dela. ⁸Estão com medo da espada? Pois eu vou trazer a espada contra vocês – oráculo do Senhor Javé. ⁹Tirarei vocês dessa panela e os entregarei nas mãos de estranhos. É assim que vou executar minha sentença. ¹⁰Vocês cairão atingidos pela espada dentro do território de Israel. Eu julgarei vocês! E vocês ficarão sabendo que eu sou Javé. ¹¹Jerusalém não será para vocês uma panela, nem vocês vão ser carne guardada dentro dela. É no território de Israel que eu julgarei vocês. ¹²Então vocês ficarão sabendo que eu sou Javé, cujos estatutos vocês não seguiram e cujas normas não cumpriram. Ao contrário, vocês imitaram os costumes das nações vizinhas".

¹³Mal acabei de profetizar, e morreu Feltias, filho de Banaías. Então caí com o rosto por terra e gritei bem alto: "Ah! Senhor Javé, tu estás acabando com o resto de Israel!"

Promessa de retorno aos exilados –

¹⁴A palavra de Javé veio a mim nestes termos: ¹⁵"Filho do homem, os habitantes de Jerusalém dizem a seus irmãos, a seus parentes e a toda casa de Israel: 'Vocês estão longe de Javé. Foi para nós que Javé deu a terra como herança'. ¹⁶Por isso, diga-lhes: Assim diz o Senhor Javé: Dado que eu os levei para longe, para o meio das nações, e por algum tempo os espalhei pelas terras, eu mesmo serei para eles um santuário em qualquer terra para onde tenham ido. ¹⁷Diga, portanto: Assim diz o Senhor Javé: Eu vou recolher vocês do meio dos povos, vou ajuntá-los de todas as terras para as quais foram levados, e lhes darei depois a terra de Israel. ¹⁸Logo que aí chegarem, eles removerão dela todos os seus horrores e abominações. ¹⁹Darei a eles um coração

---

11,1-13: "Vinte e cinco homens": são os conselheiros daqueles que permaneceram em Jerusalém depois da primeira deportação e que se dizem seguros na cidade, como carne dentro da panela (v. 3; cf. 24,3-6).

14-21: Trata-se de texto inserido para justificar a santidade dos exilados (v. 16) e a posse da terra, da qual se apropriaram após o exílio (vv. 15.17; cf. 33,23-29; 45,1-8). "Eles serão o meu povo, e eu serei o Deus deles"

íntegro, e colocarei no íntimo deles um espírito novo. Tirarei do peito deles o coração de pedra e lhes darei um coração de carne. ²⁰Tudo isso, para que sigam meus estatutos e ponham em prática minhas normas. Então eles serão o meu povo, e eu serei o Deus deles. ²¹Mas, se o coração deles for atrás de seus horrores e abominações, eu farei que sofram as consequências de suas ações – oráculo do Senhor Javé".

A glória de Javé deixa Jerusalém – ²²Então os querubins levantaram as asas junto com as rodas. E a glória do Deus de Israel estava sobre eles. ²³A glória de Javé saiu de cima da cidade e foi pousar no monte que fica ao oriente da cidade.

²⁴O espírito me ergueu e me levou de volta para a Caldeia, para junto dos exilados, numa visão inspirada pelo espírito de Deus. E a visão desapareceu. ²⁵Depois, contei aos exilados tudo o que Javé me havia revelado.

12 *Gestos simbólicos anunciam o exílio* –

¹A palavra de Javé veio a mim nestes termos: ²"Filho do homem, você está habitando numa casa de rebeldes. Eles têm olhos para ver, mas não veem; têm ouvidos para ouvir, mas não ouvem; são de fato uma casa de rebeldes. ³Pois bem, filho do homem, arrume sua bagagem de exilado e vá para o exílio, em pleno dia, à vista deles. Caminhe de um lugar para outro, à vista deles. Quem sabe eles percebam que são uma casa de rebeldes. ⁴Arrume sua bagagem como se fosse bagagem de exilado, em pleno dia, à vista deles. À tarde, à vista deles, saia como quem está indo para o exílio. ⁵E, à vista deles, faça um buraco no muro e saia por aí. ⁶Ainda à vista deles, coloque nas costas a bagagem: você vai partir na escuridão, e cobrirá os olhos para não ver a terra. Farei de você um sinal para a casa de Israel". ⁷Então fiz tudo o que me fora mandado. Durante o dia, tirei minha bagagem como se fosse bagagem de exilado. E, à tarde, sem ferramenta, fiz um buraco no muro, e parti ao escurecer, levando a bagagem nas costas, bem à vista deles.

⁸Na manhã seguinte, a palavra de Javé veio a mim nestes termos: ⁹"Filho do homem, a casa de Israel, essa casa de rebeldes, não perguntou: 'O que é que você está fazendo aí?' ¹⁰Pois então diga a eles: Assim diz o Senhor Javé: Este oráculo se refere ao príncipe em Jerusalém e a toda a casa de Israel que vive nela. ¹¹Diga também: Eu sou um sinal para vocês. Conforme eu fiz, assim acontecerá com eles. Irão cativos para o exílio. ¹²Até o príncipe que há no meio deles carregará suas coisas nas costas e sairá de noite pelo buraco que será feito no muro para ele poder sair. Ele cobrirá o rosto para não ver a terra. ¹³Vou jogar em cima dele a minha rede, vou pegá-lo na minha armadilha e conduzi-lo para a Babilônia, a terra dos caldeus. Mas ele não chegará a essa terra, pois morrerá antes. ¹⁴Espalharei aos quatro ventos todo o seu cortejo, sua guarda e suas tropas, e os perseguirei de espada em punho. ¹⁵Quando eu os dispersar entre as nações e os espalhar por todas as terras, eles ficarão sabendo que eu sou Javé. ¹⁶Pouparei certo número dos que escaparem da espada, da fome e da peste, para que contem suas abominações entre as nações, pelas quais se espalharem, e assim elas ficarão sabendo que eu sou Javé".

¹⁷A palavra de Javé veio a mim nestes termos: ¹⁸"Filho do homem, coma seu pão com medo, beba sua água com preocupação e angústia. ¹⁹Depois, diga ao povo da terra: Assim diz o Senhor Javé para os habitantes de Jerusalém que estão na terra de Israel: Eles comerão seu pão angustiados e beberão sua água apavorados, porque outros devastarão e despovoarão sua terra, por causa da violência dos seus habitantes. ²⁰As cidades habitadas serão arrasadas e a terra se transformará num deserto. Então vocês saberão que eu sou Javé".

(v. 20; cf. Jr 7,23; Zc 8,8): a nova aliança prometida aos exilados com a condição de observarem leis e ordens apresentadas no Deuteronômio.

22-25: Javé abandona o Templo (cf. 10,18-22) e Jerusalém para estar com os exilados. Assim diz a teologia oficial renovada, para assegurar a legitimidade dos exilados da primeira deportação; por outro lado, a mesma teologia condena, como impuros e sem Deus, os que continuam vivendo em Judá (cf. 2Rs 24,14; 25,12).

12,1-20: Acréscimo posterior que relembra a fuga e morte do rei Sedecias. São dois gestos simbólicos relacionados com o exílio (vv. 1-16) e o consequente medo (vv. 17-20). A visão retoma várias descrições deuteronomistas sobre a vida do rei Sedecias: fazer um

Ezequiel é contestado – ²¹A palavra de Javé veio a mim nestes termos: ²²"Filho do homem, que provérbio é esse que corre pela terra de Israel? 'Os dias vão passando e a visão não se realiza!' ²³Pois bem! Diga-lhes: Assim diz o Senhor Javé: Acabarei com esse provérbio, e ninguém mais vai repeti-lo em Israel. Pelo contrário, diga para eles: 'O dia está chegando e a visão vai se realizar!' ²⁴Não haverá mais visão inútil ou previsão enganosa na casa de Israel. ²⁵Pois eu, Javé, eu mesmo falarei. E o que eu disser, estará dito e se realizará sem demora. Será agora, no tempo de vocês, casa de rebeldes, que eu direi uma palavra e a cumprirei – oráculo do Senhor Javé".

²⁶A palavra de Javé veio a mim nestes termos: ²⁷"Filho do homem, veja o que a casa de Israel está dizendo: 'A visão que ele tem é para daqui a muitos anos. Ele profetiza para um tempo distante'. ²⁸Pois bem! Diga-lhes: Assim diz o Senhor Javé: Minhas palavras não tardarão mais a se realizar. E o que eu disser, estará dito e acontecerá – oráculo do Senhor Javé".

13 *Contra os profetas e profetisas* – ¹A palavra de Javé veio a mim nestes termos: ²"Filho do homem, profetize contra os profetas de Israel. Profetize, e diga aos que profetizam conforme seus próprios interesses. Diga-lhes: Escutem a palavra de Javé! ³Assim diz o Senhor Javé: Ai desses profetas estúpidos, que inventam profecias, coisas que nunca viram, seguindo seu próprio espírito! ⁴Seus profetas, Israel, parecem raposas no meio de ruínas. ⁵Vocês não taparam as brechas da muralha, nem construíram muralha para que a casa de Israel pudesse resistir na guerra, no dia de Javé. ⁶Têm visões inúteis e previsões enganosas, esses que andam dizendo: 'Oráculo de Javé', quando não foi Javé quem os enviou. E ainda ficam esperando que se cumpra a palavra deles! ⁷E não é que vocês continuam tendo visões inúteis e fazendo previsões erradas? E ainda dizem que é oráculo de Javé, quando para vocês eu não falei coisa alguma. ⁸Por isso, assim diz o Senhor Javé: Dado que vocês vivem falando coisas à toa e tendo visões falsas, então eu me colocarei contra vocês – oráculo do Senhor Javé. ⁹Minha mão pesará em cima desses profetas que têm visões mentirosas e fazem previsões erradas: eles nunca tomarão parte no conselho do meu povo, nem estarão registrados no livro da casa de Israel, nem voltarão para a terra de Israel. Assim, vocês saberão que eu sou o Senhor Javé. ¹⁰Tudo isso porque eles desviaram meu povo, falando de paz, quando não havia paz. Basta o povo levantar um muro, e lá estão eles rebocando com massa. ¹¹Diga a esses que vivem rebocando com massa: 'Vai desabar uma tempestade, vai cair uma chuva de pedra e soprar uma forte ventania'. ¹²Quando o muro cair, irão perguntar: 'Onde é que está o reboco, aquele com que vocês rebocaram?'

¹³Por isso, assim diz o Senhor Javé: Em minha ira, mandarei um furacão, com meu furor mandarei uma tempestade e, no auge da minha fúria, uma chuva de pedra. ¹⁴Assim derrubarei o muro que vocês rebocaram com massa; vou fazê-lo cair por terra. Porei à mostra seus alicerces. Ele cairá, e debaixo dele vocês morrerão. Então vocês saberão que eu sou Javé. ¹⁵Derramarei minha ira sobre o muro e sobre aqueles que o rebocaram com massa. Depois, direi a vocês: Já não existe muro, não há mais rebocadores. ¹⁶São esses os profetas de Israel, que profetizam para Jerusalém, anunciando visões de paz, quando não existe paz – oráculo do Senhor Javé.

¹⁷Filho do homem, volte o rosto para as filhas do seu povo, que profetizam conforme seus próprios interesses. Profetize contra elas, ¹⁸dizendo: Assim diz o Senhor Javé: Ai daquelas que costuram nos punhos fitas mágicas e preparam véus para a cabeça de pessoas de todo tamanho, para seduzir os outros! Vocês

---

buraco no muro para fugir (v. 5; cf. 2Rs 25,4) e os olhos para não ver. V. 6; cf. 2Rs 25,7).

21-28: O provérbio popular foi invertido para confirmar as visões de Ezequiel (cf. 18,2; Hab 2,3; 2Pd 3,3-10). Sobre os profetas contestados, cf. Am 7,10-15; Mq 2,6-11; Jr 20,7-10.

13,1-23: O redator coleciona quatro profecias contra os profetas e profetisas que pregam a falsa segurança ("paz") diante da destruição iminente da nação (vv. 1-9.10-16.17-21.22-23). A coleção é marcada com o refrão "vocês saberão que eu sou (o Senhor) Javé" (vv. 9.14.21.23). Adivinhação e magia são severamente proi-

pretendem seduzir as pessoas do meu povo e garantir sua própria subsistência? ¹⁹Vocês me profanam diante do meu povo, por um punhado de cevada ou por um pedaço de pão, destinando à morte quem não devia morrer, e destinando à vida quem não devia viver. Desse modo, vocês enganam meu povo que dá ouvidos à mentira. ²⁰Por isso, assim diz o Senhor Javé: Aqui estou eu contra as fitas com que vocês caçam pessoas como pássaros. Eu vou arrancá-las de seus braços e soltar as pessoas que vocês aprisionaram como se fossem pássaros. ²¹Arrancarei também os véus que vocês prepararam, e livrarei meu povo da mão de vocês. Ele não ficará mais na mão de vocês como se fosse caça. Então vocês saberão que eu sou Javé. ²²Vocês, com suas mentiras, perturbaram o coração do justo, quando eu não queria perturbá-lo. Vocês deram todo o apoio ao injusto, para ele não deixar seus maus caminhos e poder viver. ²³Por isso, vocês nunca mais terão visões falsas, nem farão predições. Eu livrarei meu povo da mão de vocês. Então vocês saberão que eu sou Javé".

14 *Contra os anciãos e o profeta de Israel* – ¹Alguns anciãos de Israel foram me procurar e sentaram-se à minha volta. ²Então eu recebi a seguinte mensagem de Javé: ³"Filho do homem, esses homens puseram ídolos em seus corações. Eles colocam diante de si o obstáculo que os fará pecar. E você acha que eu vou permitir que eles me consultem? ⁴Pelo contrário, diga a eles: Assim diz o Senhor Javé: Todo homem da casa de Israel que põe seus ídolos no próprio coração, que coloca diante de si o obstáculo que o fará pecar e, em seguida, vai ao profeta, eu, Javé, eu mesmo lhe darei a resposta. Quando ele vier, eu lhe responderei de acordo com a multidão de seus ídolos. ⁵Desse modo, agarrarei pelo coração a casa de Israel que se afastou de mim por causa de todos os seus ídolos.

⁶Diga, portanto, à casa de Israel: Assim diz o Senhor Javé: Convertam-se, abandonem seus ídolos, voltem as costas para todas as suas abominações. ⁷Eu, Javé, eu mesmo responderei a qualquer homem da casa de Israel ou estrangeiro que vive em Israel, que se distancia de mim, que põe seus ídolos no próprio coração e coloca diante de si o obstáculo que o fará pecar, e em seguida vai consultar o profeta. ⁸Vou enfrentar tal homem e fazer dele um exemplo proverbial. Vou cortá-lo do meio do meu povo. E vocês ficarão sabendo que eu sou Javé. ⁹Se o profeta se deixa enganar e diz qualquer coisa, eu, Javé, o deixarei no seu engano; estenderei a mão contra ele e o eliminarei de Israel, o meu povo. ¹⁰São todos culpados. O castigo do profeta será o mesmo castigo de quem o consulta. ¹¹Assim, a casa de Israel não vai se desviar de mim, nem se manchará com seus crimes. Então eles serão meu povo e eu serei o Deus deles – oráculo do Senhor Javé".

Responsabilidade individual – ¹²A palavra de Javé veio a mim nestes termos: ¹³"Filho do homem, se uma terra peca contra mim, cometendo algum delito, eu estenderei a mão contra ela: vou tirar-lhe os suprimentos de pão e mandar a fome; vou acabar com homens e animais. ¹⁴Ainda que estes três homens, Noé, Daniel e Jó, se encontrassem no meio desta terra, só eles salvariam a própria vida, por serem justos – oráculo do Senhor Javé. ¹⁵Se eu soltasse animais ferozes pela terra, a fim de deixá-la sem filhos, e o lugar ficasse deserto, sem ninguém a passar por ele com medo dos animais ferozes, ¹⁶e esses três homens estivessem na terra, por minha vida – oráculo do Senhor Javé –, eles não conseguiriam salvar seus filhos e suas filhas. A terra inteira se transformaria num lugar arrasado, e só eles se salvariam. ¹⁷Se eu trouxesse espada para essa terra e dissesse: 'Espada, atravesse essa terra eliminando os humanos e animais que houver por aí'; ¹⁸e se esses três homens

---

bidas pelo movimento deuteronomista (cf. Dt 18,10-14). A respeito de um "verdadeiro profeta" segundo o grupo deuteronomista, cf. Dt 18,15-22.

14,1-11: Continua o tema precedente com o mesmo refrão (v. 8). Deus Javé é um só e há de combater outras divindades, chamadas pelo redator de "ídolos" ou "abominações" (cf. 8,1-18). A pena contra os profetas de "ídolos" é a exclusão e a morte (vv. 8-9: cf. Dt 13, 2-19).

12-23: Noé, Daniel e Jó: exemplos de homens justos. O mal praticado em Jerusalém é tão grande que nem mesmo esses homens podem salvar a cidade (v. 20). O exemplo aponta para a teologia da retribuição: Deus

estivessem na terra, juro por minha vida – oráculo do Senhor Javé – juro que eles não conseguiriam salvar seus filhos e suas filhas; só eles se salvariam. ¹⁹Ou ainda, se eu mandasse uma peste para essa terra e derramasse sobre ela minha cólera com sangue, eliminando dessa terra os humanos e animais, ²⁰se Noé, Daniel e Jó estivessem na terra, por minha vida – oráculo do Senhor Javé – eles não conseguiriam salvar seus filhos e filhas; só eles conseguiriam salvar-se, por serem justos. ²¹Portanto, assim diz o Senhor Javé: Ainda que eu mande os meus quatro piores castigos – a espada, a fome, os animais ferozes e a peste – para acabar com os humanos e animais que existem em Jerusalém, ²²sobrará nela um resto de filhos e filhas, trazidos para fora, que conseguirão escapar. Eles irão sair à procura de vocês. E vocês poderão ver o comportamento deles e seus atos. Então vocês se sentirão aliviados por toda a desgraça que fiz cair sobre Jerusalém, por tudo o que mandei para ela. ²³Eles aliviarão vocês, pois quando virem o comportamento deles e seus atos, vocês compreenderão que não foi à toa que eu fiz tudo o que fiz para Jerusalém – oráculo do Senhor Javé".

15 **Parábola da videira inútil** – ¹A palavra de Javé veio a mim nestes termos: ²"Filho do homem, o que existe de especial na videira, que a faz diferente das plantas do bosque? ³Será que tiram dela madeira para fazer algum objeto? Ou alguém tira dela uma trave, onde possa pendurar alguma coisa? ⁴Veja! Ela é jogada no fogo para queimar, e o fogo devora as duas extremidades, e também o meio fica queimado. Será que vai servir para alguma coisa? ⁵Se quando ela estava inteira não servia para nada, quanto mais agora que o fogo a consumiu e ela ficou queimada! ⁶Por isso, assim diz o Senhor Javé: Como aconteceu com a videira que joguei no fogo para ser queimada, assim tratarei os habitantes de Jerusalém. ⁷Vou enfrentá-los. Escaparam do fogo? Pois o fogo vai devorá-los. Então vocês ficarão sabendo que eu sou Javé, quando eu enfrentar vocês. ⁸Vou fazer da terra deles um lugar deserto, porque só praticaram a maldade – oráculo do Senhor Javé".

16 **História simbólica de Jerusalém** – ¹A palavra de Javé veio a mim nestes termos: ²"Filho do homem, faça Jerusalém tomar consciência de suas abominações. ³Diga-lhe: Assim diz o Senhor Javé a Jerusalém: Por sua origem e nascimento, você é da terra de Canaã. Seu pai era amorreu e sua mãe era heteia. ⁴Quando você nasceu, quando veio a este mundo, não lhe cortaram o cordão umbilical, nem a lavaram em água para ser purificada, nem esfregaram o seu corpo com sal, nem a enfaixaram. ⁵Ninguém teve compaixão de você ou pensou em fazer alguma coisa, com pena de você. Já no dia do nascimento, você foi jogada fora, ao desabrigo, tal era a repugnância que sentiam por você. ⁶Depois, eu passei por aí, e vi você se debatendo em seu próprio sangue. Vendo-a ensanguentada, eu lhe disse: 'Continue vivendo'. ⁷Então eu fiz você se tornar como erva do campo. Você cresceu, ficou grande e chegou à flor da juventude, os seios firmes e os pelos nascendo. Mas você estava nua e desprotegida. ⁸Passei por aí, e vi você. Notei que estava na idade do amor. Então joguei meu manto em seus ombros, para cobrir sua nudez. Fiz um juramento e me comprometi com você em aliança – oráculo do Senhor Javé –, de modo que você passou a ser minha. ⁹Em seguida, dei-lhe um banho, lavei o sangue que estava em seu corpo e a ungi com óleo. ¹⁰Depois, eu a vesti com roupas bordadas, calcei-a com

---

recompensa com a salvação, de acordo com o mérito de cada pessoa (cf. 18; 33,10-20).

15,1-8: Israel é considerado como videira fértil, amada e escolhida de Javé (cf. Os 10,1; Is 5,1; Jr 2,21). Ezequiel iguala os habitantes de Jerusalém à videira infiel e inútil, que será consumida pelo fogo, isto é, pelo exército babilônico. As "duas extremidades" (v. 4) representam Israel derrotado em 722, e Judá em 597 a.C. O "meio" seria a própria Jerusalém, destruída em 587 a.C.

16,1-43: Esta alegoria narra toda a história de Jerusalém como esposa infiel de Javé (cf. Os 2,4-25; Is 1,21; Jr 2,2). Jerusalém, desposada (v. 8; cf. Rt 3,9) e elevada à realeza por Javé (vv. 9-14), se alia às nações, comete adultério, servindo a outras divindades; por isso será castigada com a pena de morte (vv. 15-43: cf. Dt 22,22). A linguagem, que descreve a infidelidade de Jerusalém a Javé, revela o olhar masculino sobre as mulheres prostituídas.

sapatos de couro fino, coloquei em você um laço de linho e a cobri com um véu de seda. ¹¹Enfeitei-a toda: coloquei pulseiras em seus pulsos e colares em seu pescoço; ¹²coloquei argola no seu nariz, brincos nas orelhas e uma coroa belíssima na cabeça. ¹³Suas joias eram de ouro e prata; você se vestia de linho, seda e bordados; sua alimentação era farinha de primeira, mel e azeite. Você se tornava cada dia mais bonita e ia tomando jeito de rainha. ¹⁴Sua fama corria o mundo, pois sua beleza era perfeita, com o esplendor daquilo que a recobria – oráculo do Senhor Javé. ¹⁵Você, porém, confiou demais em sua beleza. Sua fama a tornou prostituta, e você passou a se entregar ao prazer com todos os que apareciam. ¹⁶Você pegou suas roupas e com elas enfeitou com várias cores os lugares altos, onde você se prostituía, como jamais se fez nem se fará. ¹⁷Pegou também as joias de ouro e prata que lhe dei, e com elas fez imagens de homens, com as quais você se prostituiu. ¹⁸Depois, você pegou seus vestidos bordados para cobrir essas estátuas, e a elas ofereceu meu incenso e meu azeite. ¹⁹Também o alimento que lhe dei, a flor de farinha, o azeite e o mel, que lhe dei para comer, você o ofereceu para essas estátuas, como perfume para aplacá-las – oráculo do Senhor Javé. ²⁰Você pegou até seus próprios filhos e filhas, que você havia gerado para mim, e sacrificou-os, para que essas estátuas os devorassem. Como se suas prostituições não fossem o bastante, ²¹você ainda matou meus filhos, e os entregou para serem queimados em honra dessas estátuas. ²²No meio de todas essas abominações e de todas as suas prostituições, você não se lembrou do seu tempo de criança, quando estava nua e desprotegida e se debatia em seu próprio sangue. ²³Mas, para cúmulo de todas as suas maldades, ai de você! – oráculo do Senhor Javé –, ²⁴por todo canto você fez um nicho e um lugar alto. ²⁵Construiu um lugar de pecado nas encruzilhadas, desonrando sua beleza, abrindo as pernas para qualquer transeunte e multiplicando assim seus atos de prostituição. ²⁶Você se entregou também aos egípcios, seus vizinhos corpulentos, só para aumentar suas prostituições e para me insultar.

²⁷Então eu estendi a mão contra você, reduzi seus alimentos e a entreguei nas mãos de suas inimigas, as filhas dos filisteus. Até elas se envergonharam do seu comportamento indecente. ²⁸Depois, você se tornou prostituta dos assírios, porque ainda não estava satisfeita. Por mais que se entregasse à prostituição, você não se saciava. ²⁹Com os caldeus você aumentou ainda mais sua prostituição na terra de Canaã, mas nem com isso você se dava por satisfeita. ³⁰Como era fraco seu coração – oráculo do Senhor Javé – quando você fazia tudo isso, prostituta descarada! ³¹Quando você construía lugares altos nas encruzilhadas, lugares de pecado nas praças, você nem parecia uma prostituta que recebe pagamento, ³²mas mulher adúltera que recebe estranhos no lugar do marido. ³³Para as prostitutas se costuma pagar. Você, porém, é que pagava a todos os seus amantes. Você é que lhes pagava para que eles, de todos os lados, fossem à sua casa procurá-la como prostituta. ³⁴Você fazia o contrário das outras prostitutas: ninguém a procurava; era você que pagava, não eram eles que lhe pagavam. Você era mesmo diferente das outras! ³⁵Pois bem, prostituta, escute a palavra de Javé: ³⁶Assim diz o Senhor Javé: Você esbanjou seu dinheiro e, nas suas prostituições, mostrou sua nudez a seus amantes e a seus ídolos abomináveis. Além disso, você ofereceu para eles o sangue de seus filhos. ³⁷Pois bem! Vou reunir todos os seus amantes, com quem você manteve relações, tanto aqueles de quem você gostava como aqueles de quem você não gostava. De todas as partes vou reuni-los contra você. Descobrirei sua nudez, para que eles vejam suas partes íntimas. ³⁸Condenarei você ao castigo das adúlteras e assassinas, descarregando sobre você minha ira e meu ciúme. ³⁹Nas mãos deles eu vou entregá-la. E eles vão destruir em você os lugares de pecado, derrubar seus lugares altos, arrancar sua roupa, pegar suas joias e deixá-la completamente nua. ⁴⁰Eles vão alvoroçar a multidão contra você, para apedrejá-la e atravessar você com espadas. ⁴¹Colocarão fogo nas casas de você e aplicarão a você o castigo na presença de muitas mulheres.

Então você vai parar com a prostituição, e nunca mais pagará o preço. ⁴²Só então eu aplacarei minha ira contra você. Meu ciúme irá embora, eu me acalmarei e não ficarei mais indignado. ⁴³Já que você não quis lembrar-se do tempo de criança, e me provocou com todas essas coisas, eu farei você sofrer as consequências do seu comportamento – oráculo do Senhor Javé. Você não acrescentará outras infâmias a suas abominações.

Jerusalém é pior que Samaria e Sodoma

– ⁴⁴Os que inventaram provérbios proferirão este a respeito de você: 'Tal mãe, tal filha.' ⁴⁵Você é bem a filha da sua mãe, que detestava o marido e os filhos. Você é bem irmã das suas irmãs, que também detestavam os maridos e os filhos. Sua mãe era heteia, e seu pai era amorreu. ⁴⁶À sua esquerda habita sua irmã mais velha, Samaria, com as filhas que dela dependem. À sua direita, sua irmã mais moça, que é Sodoma, com as cidades dependentes. ⁴⁷Você não apenas seguiu o caminho delas e imitou suas abominações. Isso era pouco: você ganhou delas em depravação! ⁴⁸Juro por minha vida – oráculo do Senhor Javé – que sua irmã Sodoma, com suas filhas, nunca agiram como você e suas próprias filhas. ⁴⁹O pecado de sua irmã Sodoma foi este: ela e as filhas estavam cheias de soberba, abundância e despreocupação, mas não deram a mão para fortalecer o pobre e o indigente. ⁵⁰Eram orgulhosas e faziam coisas abomináveis. Por isso, eu as eliminei, como você viu. ⁵¹Samaria não cometeu a metade dos seus pecados; você comete mais abominações do que ela. Com todas as abominações que pratica, você até faz suas irmãs parecerem santas. ⁵²Então, assuma a responsabilidade pela sua falta de vergonha, porque, com seus pecados, você reabilitou suas irmãs. Você se tornou pior do que elas; perto de você, elas são inocentes. Crie vergonha, carregue o peso do descaramento, porque você fez suas irmãs parecerem justas.

⁵³Eu vou mudar o destino delas: o destino de Sodoma e das filhas que dela dependem, o destino de Samaria e de suas filhas; e, no meio delas, também vou mudar o destino de você. ⁵⁴Assim você carregará o peso do seu descaramento e ficará envergonhada por tudo o que fez; isso as consolará. ⁵⁵Então sua irmã Sodoma com suas filhas voltarão ao que eram no passado. Samaria e suas filhas também voltarão a ser o que eram antes. E até você, com suas filhas, voltará a ser o que era antigamente. ⁵⁶Sua irmã Sodoma era alvo de suas críticas, no tempo em que você era orgulhosa, ⁵⁷antes que suas próprias vergonhas fossem desnudadas. Pois bem! Agora você é objeto de zombaria das filhas de Edom e de todas as vizinhas, das filhas dos filisteus que a insultam por todos os lados. ⁵⁸Você arcará com suas próprias infâmias e abominações – oráculo do Senhor Javé.

A nova aliança

– ⁵⁹Assim diz o Senhor Javé: Vou agir com você do mesmo modo como você agiu: você desprezou o juramento e quebrou a aliança! ⁶⁰No entanto, eu me lembrarei da aliança que fiz com você, quando você era jovem, e farei com você uma aliança eterna. ⁶¹Então você se lembrará do seu comportamento e se envergonhará, quando você acolher suas irmãs mais velhas e mais novas, pois vou dá-las a você como cidades dependentes, mesmo que isso não faça parte da aliança que fiz com você. ⁶²Eu mesmo farei aliança com você, e você ficará sabendo que eu sou Javé. ⁶³Isso para que se lembre e se envergonhe e, humilhada, nem queira mais falar, quando eu a perdoar de tudo o que você praticou – oráculo do Senhor Javé".

17 Alegoria das águias

– ¹A palavra de Javé veio a mim nestes termos: ²"Filho do homem, faça um enigma e conte uma parábola para a casa de Israel, ³dizendo: Assim diz o Senhor Javé: Uma

---

44-58: Este oráculo parece posterior à destruição de Jerusalém. As "abominações" da capital são piores que as de Sodoma (cf. Gn 19) e Samaria (cf. Jr 3,6-10).

59-63: Acréscimo pós-exílico: Javé perdoa o pecado de Jerusalém e estabelece nova aliança com ela (cf. 37,26; Jr 31,31-34).

17,1-24: Ezequiel critica a política do rei Sedecias, que será castigado por se revoltar contra a "grande águia" (Nabucodonosor, v. 3) e procurar aliança com a segunda "grande águia" (o Egito, v. 7). Os vv. 22-24 são provavelmente acréscimo posterior, que aponta para a esperança messiânica (cf. Jr 23,5; Zc 3,8).

grande águia de asas enormes, de corpo comprido, coberta de penas e plumagem coloridas, chegou até o Líbano. Agarrando a copa de um cedro, ⁴arrancou-lhe o ramo mais alto. Depois o levou para a terra dos negociantes e depositou esse ramo na cidade dos comerciantes. ⁵Em seguida, pegou um ramo do chão e foi deixá-lo em terreno de plantio, onde havia muita água. Enterrou o ramo como se plantasse um salgueiro. ⁶Ele soltou brotos e se tornou igual a uma vinha que se esparrama, pouco elevada. As pontas de seus ramos se voltaram para a águia e suas raízes ficaram debaixo da águia. Tornou-se como vinha, soltou ramos, formou galhos. ⁷Mas havia também outra grande águia, de grandes asas e farta plumagem. Logo essa vinha estendeu suas raízes para o lado da águia e esticou para ela os seus ramos, desde o canteiro onde estava, para que a águia a regasse. ⁸Numa terra boa, onde havia muita água, ela estava plantada, soltando ramos, produzindo frutos, como vinha bem viçosa. ⁹Diga: Assim diz o Senhor Javé: Será que a vinha vai progredir? Ou será que a águia vai arrancar suas raízes, apanhar seus frutos e secar seus ramos mais tenros? Assim não será preciso muita força, nem grande multidão, para arrancá-la pelas raízes. ¹⁰Será que ela não vai murchar, quando bater o vento leste, no mesmo canteiro onde ela brotou?"

¹¹A palavra de Javé veio a mim nestes termos: ¹²"Fale assim a essa casa de rebeldes: Será que vocês não sabem o que significam essas coisas? E responda: O rei da Babilônia foi a Jerusalém, pegou seu rei e seus oficiais e os levou para a Babilônia. ¹³Pegou alguém de sangue real, e com ele fez um acordo, obrigando-o a fazer um juramento, e levando consigo os grandes da terra. ¹⁴Assim, o reino ficaria reprimido, sem ninguém que pudesse levantar a cabeça, obediente aos acordos que tinha estabelecido. ¹⁵Mas ele se revoltou contra o rei da Babilônia e mandou mensageiros procurar o Egito, para que o Egito lhe fornecesse cavalos e batalhões. Será que ele vai conseguir? Será que vai escapar quem faz uma coisa dessas? Quem rompe um acordo, será que ainda consegue escapar? ¹⁶Juro por minha vida – oráculo do Senhor Javé – que ele morrerá na Babilônia, país do rei que lhe tinha dado um reino; porque ele não fez caso do juramento e rompeu o acordo. ¹⁷Não será com a ajuda de grande exército e numerosa tropa que o faraó poderá agir em seu favor na hora do combate, na hora em que fizerem aterros e construírem torres de assalto para massacrar tantas vidas humanas. ¹⁸Ele não fez caso do juramento, rompeu o acordo; assumiu um compromisso e voltou atrás. Não vai escapar! ¹⁹Por isso, assim diz o Senhor Javé: Juro por minha vida que vou castigá-lo por ter desprezado meu juramento e quebrado minha aliança. ²⁰Atirarei contra ele meu laço, e ele ficará preso na minha rede. Vou levá-lo para a Babilônia, e aí acertarei contas com ele, por causa de todas as suas traições. ²¹Até os mais escolhidos comandos do seu exército cairão mortos em combate. E aqueles que por acaso sobrarem, irão espalhar-se pelos quatro ventos. Então vocês saberão que fui eu quem lhes falou, eu, Javé.

²²Assim diz o Senhor Javé: Eu mesmo vou tirar da copa daquele cedro um broto; da ponta cortarei um ramo bem viçoso, e eu mesmo vou plantá-lo no alto de um monte elevado. ²³É nas alturas da montanha de Israel que vou plantá-lo. Vai soltar ramos e produzir frutos, e se transformará em cedro gigante. Os passarinhos farão nele seus ninhos, e os pássaros se abrigarão à sombra de seus ramos. ²⁴E todas as árvores do campo saberão que sou eu, Javé, que rebaixo a árvore alta e elevo a árvore baixa, seco a árvore verde e faço brotar a árvore seca. Eu, Javé, falo e faço".

18 *Responsabilidade individual* – ¹A palavra de Javé veio a mim nestes termos: ²"Que sentido tem para vocês este

---

18,1-32: Este texto, com 14,12-23 e 33,10-20, desenvolve a doutrina moral, já tratada em Dt 24,16, sobre a responsabilidade individual (cf. 2Rs 14,6; Jr 31,29-30). Doutrina essa que se contrapõe à responsabilidade coletiva, na qual o indivíduo, considerado como integrado à família e à tribo, é salvo ou castigado junto com os demais membros (cf. Rt 1,16-17). Segundo o redator, a não observância dos estatutos e normas (vv. 9.21) justifica, em nome de Deus, a condenação à morte (vv. 23.32; cf. 33,11).

provérbio que se repete na terra de Israel: 'Os pais comeram uva verde, e a boca dos filhos ficou amarrada'? ³Juro por minha vida – oráculo do Senhor Javé – que vocês não vão mais repetir esse provérbio em Israel. ⁴Todas as vidas são minhas, tanto a vida do pai como a vida do filho. Quem peca é que deverá morrer. ⁵Se o homem é justo e pratica o direito e a justiça; ⁶se não come nos montes, adorando os ídolos imundos da casa de Israel; se não desonra a mulher do seu próximo, nem procura mulher menstruada; ⁷se não explora ninguém, mas devolve o penhor de uma dívida; se não rouba de ninguém, mas dá seu pão a quem tem fome e veste quem não tem roupa; ⁸se não empresta com usura, nem cobra juros; se evita praticar a injustiça e procura fazer julgamento justo entre as pessoas; ⁹se age de acordo com meus estatutos e guarda minhas normas, praticando corretamente a verdade, esse indivíduo é justo, e certamente permanecerá vivo – oráculo do Senhor Javé.

¹⁰Contudo, se ele tiver um filho violento e assassino ou que pratica alguma dessas coisas, ¹¹mesmo que o pai não faça nada disso; mas ele come sobre os montes; desonra a mulher do próximo; ¹²explora o pobre e o indigente; rouba e não devolve o penhor; adora ídolos imundos e comete abominação; ¹³empresta com usura e cobra juros, é claro que não permanecerá vivo por ter praticado todas essas abominações: ele certamente morrerá e será responsável por seus próprios crimes.

¹⁴Acontece, porém, que esse indivíduo tem um filho que vê tudo de errado que seu pai faz. Ele vê, mas não faz igual: ¹⁵não come sobre os montes; não adora os ídolos imundos da casa de Israel; não desonra a mulher do próximo; ¹⁶não explora ninguém; não exige penhor; não rouba, mas dá seu pão a quem tem fome e veste quem está sem roupa; ¹⁷evita praticar injustiça; não aceita usura nem cobra juros; observa minhas normas e age segundo meus estatutos, esse indivíduo não vai morrer por causa dos pecados do seu pai; pelo contrário, permanecerá vivo. ¹⁸O pai dele, que praticou a violência, que roubou e maltratou seu povo, este sim deverá morrer por causa do seu próprio pecado.

¹⁹Mas vocês ainda perguntam: 'Por que é que o filho não levará o castigo pelo pecado do seu pai?' Ora, o filho praticou o direito e a justiça, guardou meus estatutos e os colocou em prática. Por isso, ele permanecerá vivo. ²⁰Quem peca é que deve morrer. O filho nunca será responsável pelo pecado do pai, nem o pai será culpado pelo pecado do filho. O justo receberá a justiça que merece, e o injusto pagará por sua injustiça.

²¹Se o injusto se arrepende de todos os erros que praticou e passa a guardar meus estatutos e a praticar o direito e a justiça, então ele permanecerá vivo, não morrerá. ²²Tudo de mau que ele praticou não será mais lembrado, e ele permanecerá vivo, por causa da justiça que praticou. ²³Por acaso eu sinto prazer com a morte do injusto? – oráculo do Senhor Javé. O que eu quero é que ele se converta dos seus maus caminhos e viva.

²⁴Contudo, se o justo renuncia à sua própria justiça e pratica o mal, seguindo todas as abominações que o injusto pratica, será que ele vai fazer isso e continuar vivo? Não! Toda a justiça que ele praticou vai ser esquecida. Ele morrerá por causa das injustiças que passou a praticar, pelos erros que cometeu. ²⁵Mas, se vocês ainda disserem: 'A maneira do Senhor agir não é justa!' Escute aqui, casa de Israel: Será que não é justa a minha maneira de agir, ou é a maneira de agir de vocês que não é justa? ²⁶Se o justo deixa de ser justo e começa a praticar a injustiça, ele morrerá por causa disso, morrerá por causa da injustiça que praticou.

²⁷Quando o injusto renuncia à sua injustiça e começa a praticar o direito e a justiça, ele está salvando a própria vida. ²⁸Se ele perceber e abandonar todo o mal que vinha praticando, viverá e não morrerá. ²⁹E, no entanto, a casa de Israel diz: 'A maneira do Senhor agir não é justa!' Eu pergunto: É minha maneira de agir que não é justa, ó casa de Israel, ou é a maneira de vocês agirem que não é justa?

³⁰Assim, casa de Israel, eu vou julgar cada um de vocês de acordo com a sua própria maneira de viver – oráculo do Senhor Javé. Convertam-se e abandonem toda a injustiça, e a injustiça não provo-

cará mais a ruína de vocês. ³¹Libertem-se de todas as injustiças cometidas e formem um coração novo e um espírito novo. Por que vocês haveriam de morrer, ó casa de Israel? ³²Eu não sinto prazer com a morte de ninguém – oráculo do Senhor Javé. Convertam-se e terão a vida".

19 Lamentação sobre os últimos reis de Judá –
¹"Entoe uma lamentação sobre os chefes de Israel: ²Sua mãe, quem era ela? Era uma leoa no meio de leões, deitada com os leõezinhos à sua volta, amamentando seus filhotes. ³Um de seus filhotes, ela o criou até que ele se tornou leão adulto. Ele aprendeu a estraçalhar a presa e começou a devorar gente. ⁴As nações tramaram contra ele, que acabou caindo na armadilha delas. Preso por uma argola, elas o levaram para a terra do Egito. ⁵A leoa sentiu-se decepcionada, e sua esperança se perdeu. Então ela pegou mais um de seus filhotes e fez dele um leão adulto. ⁶Ele começou a andar no meio dos leões e tornou-se um leão adulto. Aprendeu a estraçalhar a presa e começou a devorar gente, ⁷a derrubar seus palácios e destruir suas cidades. A terra e a população toda ficavam apavoradas a um simples rugido seu. ⁸Contra ele reuniram-se as nações, todas as regiões vizinhas. Armaram contra ele sua rede, e ele caiu na armadilha delas. ⁹Depois o puseram na jaula, com uma argola no focinho. Assim o levaram para o rei da Babilônia, e o conduziram à prisão, para que ninguém ouvisse seu rugido nos montes de Israel.

Lamentação sobre a morte da videira
– ¹⁰Sua mãe era como videira plantada à beira d'água. Produzia bastante e ficava frondosa, porque havia boa umidade. ¹¹Seus ramos eram fortes, bons para se tornarem cetros reais. Sua altura sobressaía por cima das copas, sua imponência se destacava pela quantidade de ramos. ¹²Ela, porém, foi arrancada com raiva e jogada ao chão. O vento leste acabou de secá-la e seus frutos despencaram. Seus fortes ramos secaram e foram destruídos pelo fogo. ¹³Agora ela está plantada no deserto, em terra dura e seca. ¹⁴O fogo sai do seu tronco e queima seus ramos e frutos. Nela não há mais ramo forte, um cetro para governar".

Essa é uma lamentação, e como lamentação se deve cantar.

20 Rebeldia na história de Israel –
¹No dia dez do quinto mês do ano sete, alguns anciãos de Israel foram consultar Javé e sentaram-se diante de mim. ²Então a palavra de Javé veio a mim nestes termos: ³"Filho do homem, você vai falar da seguinte forma aos anciãos de Israel: Assim diz o Senhor Javé: Será que vocês vieram mesmo para me consultar? Juro por minha vida, não vou permitir que vocês me consultem – oráculo do Senhor Javé. ⁴Você é quem vai julgá-los, filho do homem. Denuncie as abominações dos pais deles. ⁵Diga-lhes: Assim diz o Senhor Javé: No dia em que escolhi Israel, quando ergui a mão para a descendência de Jacó, eu me revelei a eles na terra do Egito. Ergui a mão em juramento, dizendo: 'Eu sou Javé, o Deus de vocês'. ⁶Nesse dia, ergui a mão jurando tirá-los da terra do Egito, a fim de levá-los para outra terra que eu mesmo explorei para eles, terra onde corre leite e mel, e que é o encanto de todos os países. ⁷Eu lhes havia dito: 'Joguem fora os horrores que os seduzem, e não se contaminem com os ídolos do Egito, porque eu sou Javé, o Deus de vocês'. ⁸Mas eles foram rebeldes comigo e não quiseram obedecer-me. Não jogaram fora os horrores que os seduziam, nem abandonaram os ídolos do Egito. Pensei então em derramar minha ira contra eles, desafogar neles meu ódio, dentro mesmo da terra do Egito. ⁹Mas eu tomei outra atitude, por causa do meu nome, para que meu nome não fosse profanado diante das nações, no meio das quais eles

---

19,1-9: Alusão a Joacaz (cf. 2Rs 23,30-34) e Sedecias (cf. 24,18-25,7). A leoa representa Jerusalém, capital de Judá, ou a rainha Hamital, mãe de dois reis (cf. 2Rs 23,31; 24,18).

10-14: Outra alegoria sobre a destruição de Judá ("videira", cf. Is 5,1-7). A "mãe" é Jerusalém e o "vento leste" é Nabucodonosor com seu exército (cf. 17,10).

20,1-44: Descreve-se a história de Israel, marcada pelo pecado de rebelião contra Javé no Egito (vv. 5-9), no deserto (vv. 10-26) e na terra prometida (vv. 27-31). Depois de castigar e eliminar os rebeldes, Javé repatriará os exilados (vv. 32-40). Aqui, mais uma vez, nota-se a insistência em reconhecer Javé, o Deus de Israel, e observar seus estatutos, como o sábado.

estavam. Diante delas eu me havia revelado a eles, para tirá-los da terra do Egito. ¹⁰Então eu os tirei da terra do Egito e os levei para o deserto. ¹¹Aí lhes dei meus estatutos e comuniquei minhas normas, que dão vida a quem os pratica. ¹²Dei-lhes também meus sábados, para que fossem um sinal entre mim e eles, um sinal que fizesse o povo aprender que eu, Javé, é que santifico o povo. ¹³Mas a casa de Israel me desobedeceu no deserto: não andaram de acordo com meus estatutos e desprezaram minhas normas, que dão vida a quem os pratica, e profanaram meus sábados. Pensei então em derramar minha ira contra eles e acabar com eles no deserto. ¹⁴Mas fiz diferente por causa do meu nome, para que meu nome não fosse profanado diante das nações, sob cujo olhar eu os havia tirado do Egito.

¹⁵No deserto, eu também ergui a mão, jurando que não haveria de deixar que eles entrassem na terra que eu lhes tinha dado, terra do leite e do mel, encanto de todas as terras. ¹⁶No entanto, eles desprezaram minhas normas, não andaram de acordo com meus estatutos e profanaram meus sábados, porque o coração deles estava apegado a seus ídolos. ¹⁷Mas eu me compadeci deles e não os destruí, nem os exterminei no deserto. ¹⁸A seus filhos eu disse, ainda no deserto: 'Não andem de acordo com os estatutos de seus pais, não obedeçam a suas normas, nem se contaminem com seus ídolos. ¹⁹Eu é que sou Javé, o Deus de vocês. É de acordo com meus estatutos que vocês devem andar, a minhas normas é que vocês devem obedecer, e praticá-las. ²⁰Vocês guardarão também meus sábados, para que eles sejam um sinal entre nós, e vocês aprendam que eu sou Javé, o Deus de vocês'.

²¹Esses filhos, porém, se rebelaram, não andaram de acordo com meus estatutos, não guardaram nem puseram em prática minhas normas, que dão vida a quem as pratica, e ainda profanaram meus sábados. Pensei em derramar minha ira contra eles, em desafogar meu ódio contra eles no deserto. ²²Mas eu recolhi minha mão e fiz outra coisa, por causa do meu nome, para que meu nome não fosse profanado diante das nações, sob cujo olhar eu os havia tirado do Egito.

²³No deserto, ergui a mão, jurando-lhes que os haveria de espalhar entre as nações, de os semear pelas terras, ²⁴porque não praticaram minhas normas e desprezaram meus estatutos, profanaram meus sábados e se tornaram admiradores dos ídolos de seus pais. ²⁵Por acaso dei a eles estatutos que não eram bons e normas que não lhes dariam vida? ²⁶Por acaso os contaminei com as ofertas que faziam, quando imolavam todos os primogênitos? Por acaso eu os amedrontei, para que reconhecessem que eu sou Javé?

²⁷Por isso, filho do homem, diga à casa de Israel; Assim diz o Senhor Javé: Seus pais ainda me insultaram com as deslealdades que continuam praticando. ²⁸Fiz que entrassem na terra que eu, de mão erguida, tinha prometido dar a eles. Mas, quando viam qualquer monte elevado ou qualquer árvore frondosa, aí ofereciam seus sacrifícios e apresentavam suas ofertas irritantes; aí colocavam seus perfumes agradáveis e derramavam vinho em honra dos ídolos. ²⁹Então lhes perguntei: 'Que lugar alto é esse para onde vocês vão?' E daí nasceu o nome 'lugar alto', que ficou até o dia de hoje.

³⁰Por isso, diga à casa de Israel: Assim diz o Senhor Javé: Vocês se contaminam como seus pais, e se prostituem com seus próprios horrores, ³¹trazem suas ofertas, oferecem seus filhos, queimando-os no fogo, e continuam até o dia de hoje a se contaminar com seus ídolos. E eu iria ainda atender vocês, ó casa de Israel? Juro por minha vida – oráculo do Senhor Javé – que eu não atenderei vocês, de maneira nenhuma!

³²Não se realizará a ideia que lhes vem ao pensamento, quando vocês dizem: 'Queremos ser iguais às outras nações, iguais aos povos de outras terras, que prestam culto à madeira e à pedra'. ³³Juro por minha vida – oráculo do Senhor Javé – que, com mão forte e braço estendido, ou derramando minha ira, eu serei o rei de vocês. ³⁴Pois eu vou tirá-los dentre os povos, vou reunir vocês do meio das terras por onde estão espalhados, com mão forte e braço estendido, ou derramando minha

ira. ³⁵Depois, eu os levarei para o deserto da Síria, onde acertarei contas com vocês, frente a frente. ³⁶Da mesma forma como acertei contas com os pais de vocês no deserto do Egito, assim agora vou acertar contas com vocês – oráculo do Senhor Javé. ³⁷Farei vocês passarem debaixo do cajado e entrar, um a um, pelo aro da aliança. ³⁸Excluirei os rebeldes que se revoltam contra mim. Farei que eles saiam da terra onde estão exilados, mas não entrarão na terra de Israel. Então vocês ficarão sabendo que eu sou Javé.

³⁹Quanto a vocês, casa de Israel, assim diz o Senhor Javé: Cada um vá servir seus ídolos, se não me quiser obedecer, mas não continue profanando meu nome santo com suas ofertas e seus ídolos. ⁴⁰Pois será na minha santa montanha, no mais alto monte de Israel – oráculo do Senhor Javé –, será aí, na sua terra, que toda a casa de Israel me prestará culto. Aí eu os aceitarei, aí buscarei suas ofertas e os melhores dons, juntamente com suas coisas santas. ⁴¹Aceitarei vocês como perfume agradável, depois que eu os retirar do meio dos povos e os reunir do meio das terras por onde foram espalhados e, diante das nações, mostrar em vocês que eu sou santo. ⁴²Vocês ficarão sabendo que eu sou Javé, quando eu os levar de volta para a terra de Israel, terra que jurei, com mão erguida, dar a seus pais. ⁴³Aí vocês se lembrarão de todos os seus caminhos e de todas as más ações com que se contaminaram, e passarão a sentir nojo de vocês mesmos, por todo o mal que praticaram. ⁴⁴Então vocês ficarão sabendo que eu sou Javé, quando eu fizer isso, não por causa dos seus maus caminhos nem levando em conta a baixeza de suas faltas de respeito, mas só por causa do meu nome, ó casa de Israel – oráculo do Senhor Javé".

21 *A espada contra Israel* – ¹A palavra de Javé veio a mim nestes termos: ²"Filho do homem, volte seu rosto para a direita, fale voltado para o sul, profetize contra a floresta do Negueb. ³Para a floresta do Negueb você dirá: Ouça a palavra de Javé! Assim diz o Senhor Javé: Estou pronto para atear fogo em você, um fogo que queimará todas as árvores verdes e secas. Ninguém conseguirá apagar a labareda e todos os rostos se queimarão, desde o Negueb até o norte. ⁴Então toda criatura verá que eu, Javé, acendi esse fogo, e ele não se apagará". ⁵Então eu disse: "Ah! Senhor Javé, eles estão comentando a meu respeito: Não é ele que anda falando em parábolas?"

⁶A palavra de Javé veio a mim nestes termos: ⁷"Filho do homem, volte seu rosto para o lado de Jerusalém, fale voltado para o santuário, profetizando contra a terra de Israel. ⁸Você dirá à terra de Israel: Assim diz Javé: Agora estou contra você. Vou tirar da bainha a minha espada para matar tanto o justo como o injusto. ⁹Já que vou matar tanto o justo como o injusto, então minha espada sairá da bainha contra toda criatura, de norte a sul. ¹⁰Assim, toda criatura ficará sabendo que fui eu, Javé, que tirei a espada da bainha, e que ela não voltará atrás. ¹¹Você, filho do homem, deve gemer encurvado, deve chorar com toda a amargura, bem diante deles. ¹²Então eles vão lhe perguntar: 'Por que você está gemendo?' Aí você responderá: 'Porque todos os corações se derreterão quando chegar uma notícia, todas as mãos desfalecerão, todos os ânimos vacilarão e todos os joelhos fraquejarão. A notícia está chegando e vai se cumprir – oráculo do Senhor Javé'".

¹³A palavra de Javé veio a mim nestes termos: ¹⁴"Filho do homem, profetize e diga a eles: Assim diz Javé: Espada, espada afiada e polida! ¹⁵Afiada para matar de verdade, e polida, também para brilhar... ¹⁶Ela foi bem polida, pronta para ser empunhada. Ele afiou a espada e também a poliu, para colocá-la na mão do carrasco. ¹⁷Clame e grite, filho do homem, porque ela vai contra meu povo, contra todos os príncipes de Israel. Eles foram entregues à espada junto com meu povo. Ponha a mão na cabeça, ¹⁸porque é uma provação... – oráculo do Senhor Javé.

21,1-22: Sedecias se aliou ao Egito e se revoltou contra a Babilônia em 589 a.C. Essa política dos governantes ("o injusto", "os príncipes de Israel") provocou a invasão babilônica ("minha espada") e a destruição de Jerusalém, resultando na morte de milhares de pessoas ("o justo", "o meu povo").

¹⁹Filho do homem, profetize e bata palmas. Que a espada se duplique e se triplique; é a espada que massacra, a grande espada do massacre que os mantém encurralados. ²⁰Dessa forma, o coração palpita e as vítimas se multiplicam: em toda porta coloquei a morte pela espada, espada feita para brilhar, polida para matar. ²¹Golpeie à direita, golpeie à esquerda, vire o corte para onde for preciso. ²²Eu também vou bater palmas e derramar minha ira. Eu, Javé, eu falei".

A espada do rei da Babilônia – ²³A palavra de Javé veio a mim nestes termos: ²⁴"Filho do homem, trace dois caminhos para a passagem da espada do rei da Babilônia. Os dois caminhos sairão da mesma terra. Na entrada de cada caminho, coloque uma seta que mostre o rumo para uma cidade. ²⁵Trace um caminho para que a espada chegue a Rabá dos amonitas e também a Judá, que tem sua fortaleza em Jerusalém. ²⁶Isso porque o rei da Babilônia está na encruzilhada, para tirar a sorte. Ele agita as flechas, consulta os terafim e examina um fígado. ²⁷Na mão direita tem a sorte de Jerusalém, pronto para proclamar a matança, lançar gritos de guerra, colocar máquinas de arrombar contra as portas, fazer rampas e construir torres de assalto. ²⁸Para os habitantes de Jerusalém, isso parece uma resposta falsa, pois fizeram juramento solene. O rei da Babilônia, porém, os acusa de infidelidade e os faz prisioneiros. ²⁹Por isso, assim diz o Senhor Javé: Vocês provocaram a lembrança do seu próprio crime, quando as revoltas de vocês foram descobertas, quando os pecados de vocês se tornaram visíveis em tudo o que faziam. Por isso, vocês atraíram a atenção sobre si mesmos e serão capturados à força. ³⁰Quanto a você, príncipe de Israel, ímpio e perverso, seu dia chegou, chegou a hora do castigo final. ³¹Assim diz o Senhor Javé: Tirem dele o turbante, arranquem dele a coroa. Nada vai continuar como antes. O que é baixo será elevado e o que é alto será rebaixado. ³²Ruína! Ruína! Transformo tudo em ruínas! Mas isso não acontecerá enquanto não chegar aquele que deverá realizar o julgamento. É a ele que eu confiei tudo isso.

A espada contra os amonitas – ³³Filho do homem, profetize, dizendo: Assim diz o Senhor Javé contra os amonitas e seus insultos: Espada! Espada fora da bainha para matar! Espada polida para o massacre, polida para brilhar! ³⁴Para cortar a cabeça dos injustos, dos maus, cujo dia está chegando na hora do castigo final. Enquanto isso, você cultiva visões ilusórias e recebe adivinhações mentirosas.

³⁵Coloque de novo a espada na bainha. Vou julgar você no lugar em que foi criado, na terra onde nasceu. ³⁶Derramarei meu furor sobre você, soprarei sobre você o fogo da minha ira. Vou entregar você nas mãos de homens bárbaros, especialistas em destruir. ³⁷Você vai ser devorado pelo fogo, seu sangue será espalhado pela terra, e ninguém mais se lembrará de você. Eu, Javé, eu falei".

22 *As abominações de Jerusalém* – ¹A palavra de Javé veio a mim nestes termos: ²"Filho do homem, você não vai julgar a cidade sanguinária? Denuncie todas as suas abominações, ³dizendo: Assim diz o Senhor Javé: Ai da cidade que derrama sangue dentro de si mesma e faz chegar sua própria hora! Que fabrica seus ídolos, para com eles se contaminar! ⁴O sangue que você derramou é uma condenação para você. Ao fabricar ídolos, você se contaminou, e assim apressou seus dias e fez chegar o fim de seus anos. Por isso, eu farei você passar vergonha entre as nações e ser objeto da zombaria de todas as terras. ⁵Tanto os de perto como os de longe, todos vão rir de você, cidade mal-

---

23-32: "Príncipe de Israel" indica o rei Sedecias. Amon (com sua capital Rabá, hoje Amã) foi um dos reinos vizinhos de Judá a participar da rebelião contra o poder babilônico em 589 a.C. (cf. Jr 27,1-3).

33-37: Este acréscimo lembra o castigo contra os amonitas. No v. 33, "seus insultos" refere-se ao ataque dos amonitas contra Judá após a queda de Jerusalém, desrespeitando o pacto firmado entre os dois (cf. 25,1-7).

22,1-31: Descrevem-se as abominações de Jerusalém na religião, e sobretudo na prática da justiça. Para Ezequiel, formado na corte de Judá, Jerusalém era a cidade santa e seus governantes deviam promover a justiça, a fraternidade e a paz (cf. Is 1,21). A cidade, porém, tornou-se "escória", por causa do culto a outras divindades, da imoralidade, violência, mentira e opressão contra os pobres (cf. Sf 3,1-4). O termo "escória" encontra-se em Is (1,22.25), Ez (22,18.19), Sl (119,119) e Pr (25,4; 26,23).

-afamada e cheia de desordens. ⁶Aí estão os príncipes de Israel, cada um conforme seu poder, desafiando-se dentro de você para derramar sangue. ⁷No meio de você são desprezados o pai e a mãe, em seu seio o estrangeiro é oprimido, a viúva e o órfão são explorados. ⁸Você desprezou as coisas sagradas e profanou meus sábados. ⁹No meio de você existem homens que caluniam para derramar sangue, que comem sobre os montes e praticam ações criminosas. ¹⁰No meio de você se descobre a nudez do pai e se violenta a mulher em estado de impureza. ¹¹Um pratica abominação com a mulher do seu próximo, outro desonra sua nora, outro violenta a própria irmã, a filha do seu pai. ¹²Aí existe quem aceita suborno para derramar sangue. Você cobra juros com usura, explora o próximo com violência e se esquece de mim – oráculo do Senhor Javé. ¹³Aqui estou eu batendo palmas contra os lucros que você conseguiu e contra o sangue que corre em seu meio. ¹⁴Será que seu coração vai aguentar, será que suas mãos estarão firmes na hora em que eu vier para acertar as contas com você? Eu sou Javé. Eu digo e faço. ¹⁵Vou espalhar você entre as nações e dispersá-la pelas terras, até deixá-la completamente limpa de suas imundícies. ¹⁶Você será profanada diante das nações, mas ficará sabendo que eu sou Javé".

¹⁷A palavra de Javé veio a mim nestes termos: ¹⁸"Filho do homem, para mim a casa de Israel se transformou em escória: todos eles são escória de cobre, estanho, ferro e chumbo dentro de uma fornalha. ¹⁹Por isso, assim diz o Senhor Javé: Vocês todos são escória, e eu os reunirei no meio de Jerusalém. ²⁰Como se ajuntam prata, cobre, ferro, chumbo e estanho dentro da fornalha, para atear fogo e derreter tudo, assim também, com furor e ira, eu reunirei vocês e os destruirei. ²¹Juntarei todos e soprarei o fogo da minha indignação para os derreter no meio da cidade. ²²Da maneira como derretem a prata na fornalha, assim também vocês serão derretidos no meio da cidade, e ficarão sabendo que eu, Javé, derramei minha ira sobre vocês".

²³A palavra de Javé veio a mim nestes termos: ²⁴"Filho do homem, diga a Jerusalém: Você é uma terra que não foi purificada, nem recebeu chuva no dia da cólera. ²⁵Seus chefes parecem leões que rugindo estraçalham suas presas: devoram as pessoas, pegam toda a riqueza, tudo o que tem valor, e multiplicam o número de viúvas dentro da cidade. ²⁶Seus sacerdotes violam minha lei e profanam meus santuários. Não sabem distinguir entre coisa santa e coisa profana, não sabem separar coisa impura de coisa pura, não fazem caso de meus sábados, e eu mesmo sou profanado entre eles. ²⁷Seus oficiais parecem lobos que estraçalham a presa, fazendo correr sangue e destruindo vidas para se enriquecerem. ²⁸Seus profetas mascaram tudo isso com visões falsas e adivinhações mentirosas, dizendo: 'Assim diz o Senhor Javé', quando Javé não falou nada. ²⁹O povo da terra explora e rouba, oprime o pobre e o indigente, e explora o imigrante violando seus direitos. ³⁰Procurei entre eles um homem que fizesse barreira, que ficasse firme na brecha diante de mim por esta terra, para não deixar que eu o destruísse, mas não encontrei ninguém. ³¹Por isso, vou derramar sobre eles minha cólera, acabar com eles no fogo do meu furor, e fazer que sofram as consequências do seu comportamento – oráculo do Senhor Javé".

23 As irmãs Oolá e Ooliba – ¹A palavra de Javé veio a mim nestes termos: ²"Filho do homem, havia duas mulheres, filhas da mesma mãe. ³Elas se prostituíram no Egito, prostituíram-se na sua juventude. Desde que caíram na prostituição, deixaram estranhos acariciar seus seios e apalpar seus peitos virginais. ⁴A mais velha se chamava Oolá e a mais

---

Evidencia-se a forte ligação entre Isaías e Ezequiel, ambos formados em Jerusalém.

23,1-49: Alegoria sobre alianças políticas de Samaria (Israel) e Jerusalém (Judá) com o Egito, a Assíria e a Babilônia (cf. Jr 3,6-11). Da aliança com as grandes potências provém a imposição de deuses e cultos; aliança vista como prostituição e infidelidade a Javé (cf. 16; 20).

Oolá significa "sua tenda" (o santuário de Samaria), e Ooliba quer dizer "minha tenda nela" (o santuário de Jerusalém). Outra identificação de Samaria e Jerusalém com mulheres adúlteras é forte metáfora que condena preconceitos contra a mulher (cf. 16,35-42). A respeito da "taça" nos vv. 31-33, cf. Jr 25,15-38 ("taça de ira").

nova Ooliba. Elas eram minhas esposas e tiveram filhos e filhas. Oola é Samaria, e Ooliba é Jerusalém. ⁵Oola ainda estava comigo quando se prostituiu, deixando-se seduzir por seus amantes, os assírios, militares ⁶vestidos de púrpura, chefes e governantes, todos jovens e sedutores, montados a cavalo. ⁷Ela se entregou como prostituta para toda a elite dos filhos da Assíria, para todos aqueles por quem se deixou seduzir, e acabou se contaminando com seus ídolos imundos. ⁸Ela não tinha esquecido seu tempo de prostituta no Egito, quando, ainda criança, já dormiam com ela, apertavam seus seios virginais e tinham relações com ela. ⁹Por isso, eu a entreguei nas mãos de seus amantes, nas mãos dos filhos da Assíria, com quem ela se deixou seduzir. ¹⁰Eles puseram à mostra as partes íntimas dela, agarraram seus filhos e filhas, e a mataram ao fio da espada. Ela se tornou caso famoso entre as mulheres, por causa do castigo que sofreu.

¹¹Sua irmã Ooliba viu tudo. E suas paixões foram ainda mais indecentes que as dela, e suas prostituições foram ainda piores que as de sua irmã. ¹²Ela também se deixou seduzir pelos assírios, chefes e governantes, militares impecavelmente vestidos, montados a cavalo, todos jovens e sedutores. ¹³Então eu vi que o caminho de uma era tão imundo quanto o da outra. ¹⁴Mas Ooliba multiplicou ainda mais suas prostituições. Ela viu desenhadas na parede figuras de caldeus, pintadas de vermelho, ¹⁵com cinturões e turbantes, com aparência de escudeiros, fiel retrato dos babilônios, naturais da Caldeia. ¹⁶Ela se deixou seduzir pelas figuras que lhe causaram grande impressão, e mandou mensageiros à Caldeia. ¹⁷Então os filhos de Babilônia vieram dormir com ela e a contaminaram com suas prostituições. Ela se contaminou com eles e depois sentiu nojo deles. ¹⁸Ela revelou seu temperamento de prostituta e mostrou sua nudez. Então eu tive nojo dela, como tinha sentido nojo de sua irmã. ¹⁹A partir daí, ela só foi aumentando suas prostituições, lembrando os dias de sua juventude, quando era prostituta na terra do Egito ²⁰e se entregava apaixonadamente a seus homens, que têm pênis como de jumentos e orgasmo como de garanhões. ²¹Você voltou à sua juventude devassa no Egito, quando apertavam seu peito e apalpavam seus seios de adolescente. ²²Por isso, Ooliba, assim diz o Senhor Javé: De repente, eu levantarei contra você os amantes de quem você teve nojo. Vou trazê-los de todos os lados: ²³os filhos da Babilônia com todos os caldeus, as tribos de Facud, de Soa e de Coa, todos os filhos da Assíria, jovens sedutores, chefes e governantes, capitães e oficiais, todos montados a cavalo. ²⁴Do norte virão contra você carros e carruagens. Uma multidão de povos, com escudos grandes e pequenos e com capacetes, vai atacá-la de todos os lados. Então eu apresentarei diante deles a causa, e eles julgarão você conforme suas leis. ²⁵Descarregarei meu ciúme contra você, e eles a tratarão com ira, cortando-lhe o nariz e as orelhas, e os sobreviventes morrerão ao fio da espada. Pegarão seus filhos e filhas, e jogarão no fogo o que restar de você. ²⁶Vão arrancar-lhe as roupas e pegar seus enfeites. ²⁷Assim, acabarei com sua devassidão, com sua vida de prostituta desde o tempo do Egito. Você não olhará mais para eles, nem se lembrará mais do Egito.

²⁸Assim diz o Senhor Javé: Vou entregar você nas mãos daqueles de quem você não gosta mais, nas mãos daqueles de quem você agora tem nojo. ²⁹Eles a tratarão com ódio. Pegarão para eles tudo o que você ganhou com o próprio trabalho, e depois abandonarão você nua e sem roupa, ficando descoberta a indecência de sua vida de prostituta. ³⁰Sua devassidão e prostituição provocaram tudo isso, pois você se prostituiu com as nações e se contaminou com os ídolos delas. ³¹Você seguiu o mesmo caminho da sua irmã. Por isso, eu colocarei na sua mão a mesma taça dela. ³²Assim diz o Senhor Javé: Você beberá a mesma taça da sua irmã, uma taça funda e larga. Você vai se tornar motivo de caçoada e zombaria, tão grande é sua taça. ³³Você ficará cheia de embriaguez e náusea. A taça da sua irmã Samaria é uma taça de pavor e destruição. ³⁴Você a beberá e esvaziará até a última gota. Depois, você sugará os cacos, rasgando seu próprio peito, porque assim eu falei – oráculo do Senhor Javé. ³⁵Por isso, assim diz o Senhor Javé: Dado

que você se esqueceu de mim e me virou as costas, agora carregue também sua devassidão e prostituições".

³⁶Javé me disse ainda: "Filho do homem, você é quem vai julgar Oolá e Ooliba. Denuncie suas abominações! ³⁷Elas cometeram adultério e têm sangue nas mãos. Cometeram adultério com seus ídolos e ainda puseram no fogo, para queimar em honra deles, seus próprios filhos, que elas tinham gerado de mim. ³⁸E ainda me fizeram isto, naquele dia: profanaram meu santuário e violaram meus sábados. ³⁹Depois de terem matado seus próprios filhos em honra de seus ídolos, ainda no mesmo dia entraram no meu santuário e o profanaram. Foi isso que elas fizeram dentro da minha Casa! ⁴⁰Além disso, mandaram buscar alguns homens de longe; mandaram mensageiros, e eles vieram. Você tomou banho, pintou os olhos e se enfeitou para eles. ⁴¹Depois se assentou num leito magnífico, tendo à frente uma bem preparada mesa e sobre ela meu incenso e meu azeite. ⁴²Ouvia-se o vozerio de uma despreocupada multidão. A ela se juntou grande número de homens, vindos de todos os pontos do deserto. Eles colocavam pulseiras nos braços dela e uma coroa preciosa na sua cabeça. ⁴³Então eu disse a essa que era usada pelos adúlteros: 'Agora é ela quem se entrega às suas prostituições!' ⁴⁴Foram ao encontro dela, como se vai a uma prostituta. É assim que procuraram Oolá e Ooliba, essas duas mulheres depravadas. ⁴⁵Mas homens justos é que julgarão essas duas, e a sentença contra elas será a condenação que se dá a mulheres adúlteras e assassinas, porque elas cometeram adultério e estão com as mãos manchadas de sangue. ⁴⁶Por isso, assim diz o Senhor Javé: Convoquem uma assembleia contra elas, e que sejam entregues ao terror e ao saque. ⁴⁷A assembleia as apedreje e as mate pela espada. Que seus filhos e filhas sejam assassinados, e suas casas sejam incendiadas. ⁴⁸Assim, eu acabarei com a devassidão dessa terra, e todas as mulheres receberão uma advertência, e não imitarão as devassidões delas. ⁴⁹Vocês duas receberão as consequências de sua própria devassidão. Vão suportar o peso dos pecados de idolatria, e ficarão sabendo que eu sou o Senhor Javé".

24 Parábola da panela – ¹No dia dez do décimo mês do ano nove, a palavra de Javé veio a mim nestes termos: ²"Filho do homem, anote com precisão o dia de hoje, porque exatamente hoje o rei da Babilônia atacou Jerusalém. ³Conte uma parábola para essa casa de rebeldes, dizendo: Assim diz o Senhor Javé: Coloque a panela no fogo e a encha com água. ⁴Ajunte os pedaços dentro dela, os melhores pedaços: coxa e lombo. Encha a panela com ossos escolhidos. ⁵Pegue o melhor do rebanho. Depois, coloque um feixe de lenha debaixo da panela, cozinhe os pedaços e ferva os ossos. ⁶Pois assim diz o Senhor Javé: Ai da cidade sanguinária! Ai dessa panela enferrujada: sua ferrugem não sai! Tire dela pedaço por pedaço, sem fazer nenhuma escolha. ⁷Pois o sangue que nela foi derramado, ela o jogou sobre a pedra nua, não o derramou na terra, para que o pó o cobrisse. ⁸Então, para provocar minha ira e para me vingar, eu coloquei o sangue dela sobre a pedra nua e não o cobri.

⁹Por isso, assim diz o Senhor Javé: Ai da cidade sanguinária! Eu também vou fazer uma grande fogueira. ¹⁰Amontoe bastante lenha, acenda o fogo, cozinhe bem a carne, prepare os temperos e que os ossos sejam queimados. ¹¹Coloque a panela vazia em cima das brasas, para que ela esquente até o ferro ficar vermelho, para que a sujeira se derreta e a ferrugem desapareça. ¹²Por mais que alguém se esforce, nem com fogo a ferrugem se descola. ¹³A devassidão é a sua sujeira; eu quis purificar você, mas você não se deixou purificar. Por isso, você não será purificada de sua sujeira enquanto eu não derramar sobre você minha ira. ¹⁴Eu, Javé, o digo, e assim acontece. Não deixo por menos, não me compadeço, nem me arrependo. Eu julgarei você conforme sua conduta e suas más ações – oráculo do Senhor Javé".

24,1-14: Em dezembro de 589 ou janeiro de 588 a.C., Nabucodonosor começou o cerco à cidade de Jerusalém e a destruiu em agosto de 587 a.C. Na parábola (cf. 11,3-13), o cerco é o fogo, Jerusalém é a panela enferrujada, e seus habitantes são a carne. O "melhor do rebanho" é a elite que "enferruja" com suas más ações a cidade

Morte da esposa do profeta – ¹⁵A palavra de Javé veio a mim nestes termos: ¹⁶"Filho do homem, de repente eu vou tirar de você aquela que é o encanto de seus olhos. Não vista luto, nem se lamente, nem derrame lágrimas. ¹⁷Gema em silêncio, e não faça o luto dos mortos. Use turbante, calce sandálias, não cubra a barba e não aceite pão dos vizinhos". ¹⁸Nessa mesma manhã, falei com o povo, e pela tarde minha mulher morreu. Na manhã seguinte, fiz tudo o que Javé tinha mandado. ¹⁹Então o povo me perguntou: "Você não vai explicar para nós o que significa tudo isso?" ²⁰Eu respondi: "A palavra de Javé veio a mim nestes termos: ²¹Diga à casa de Israel: Assim diz o Senhor Javé: Vou profanar meu santuário, que é o orgulho da força de você, o encanto de seus olhos e a esperança de sua vida. Os filhos e filhas que vocês abandonaram serão mortos pela espada. ²²Então vocês farão a mesma coisa que eu fiz: não cobrirão a barba, nem aceitarão pão dos vizinhos; ²³usarão turbante, calçarão sandálias, não vestirão luto, nem chorarão. Vocês vão se acabar por causa de sua própria culpa e se lamentarão uns com os outros. ²⁴Ezequiel será um sinal para vocês: façam o mesmo que ele fez. E quando isso acontecer, vocês ficarão sabendo que eu sou o Senhor Javé".

Ezequiel mudo – ²⁵"Filho do homem, no dia em que eu tirar a força deles, o prazer da sua glória, o encanto de seus olhos e a delícia de suas vidas, isto é, seus filhos e filhas, ²⁶nesse dia chegará até você um fugitivo para lhe dar uma notícia. ²⁷Nesse dia, sua boca se abrirá, e você poderá falar, e não continuará mudo. Você será um sinal para eles, e eles ficarão sabendo que eu sou Javé".

III. ORÁCULOS CONTRA AS NAÇÕES

25 *Contra Amon* – ¹A palavra de Javé veio a mim nestes termos: ²"Filho do homem, volte seu rosto para os amonitas e profetize contra eles. ³Diga aos amonitas: Escutem a palavra do Senhor Javé! Assim diz o Senhor Javé: Você ficou alegre quando meu santuário foi profanado, quando a terra de Israel foi arrasada e quando a casa de Judá foi levada para o exílio. ⁴Pois bem! Vou entregar você como herança aos filhos do oriente. Eles instalarão em você as fortificações deles e montarão o próprio acampamento em você. Comerão os frutos e beberão o leite que você produziu. ⁵Transformarei Rabá em pasto de camelos e as outras cidades amonitas em curral de ovelhas. Assim, vocês ficarão sabendo que eu sou Javé. ⁶Pois assim diz o Senhor Javé: Você bateu palmas e sapateou de alegria, cheio de desprezo pelo que estava acontecendo com a terra de Israel. ⁷Pois bem! Vou estender a mão contra você e entregá-lo como presa das outras nações. Vou eliminá-lo do meio dos povos, apagá-lo do meio dos países e destruí-lo completamente. Assim você ficará sabendo que eu sou Javé".

Contra Moab – ⁸"Assim diz o Senhor Javé: Moab e Seir disseram que a casa de Judá é igual a qualquer outra nação. ⁹Pois bem! Vou abrir as encostas de Moab, vou privá-lo das cidades mais esplêndidas, de suas cidades fronteiriças, Bet-Jesimot, Baal-Meon até Cariataim. ¹⁰Junto com

---

santa (cf. Is 1,22). A ferrugem é tão grave e forte que nada poderá purificá-la (cf. Jr 6,27-30). Jerusalém enferrujada será destruída.

15-24: Outra profecia mediante ação simbólica (cf. 3,22-27; 12,1-20). A não observância de ritos fúnebres pela morte da esposa ("o encanto de seus olhos", vv. 16.21) serve de orientação para os primeiros deportados, quando da destruição de Jerusalém em 587 a.C. Os "filhos e filhas" (v. 21) são os familiares deixados na deportação de 597 a.C.

25-27: Acréscimo inserido no final dos oráculos sobre a destruição de Jerusalém (3,22-24,27). Com essa notícia, o profeta fica livre da mudez (3,22-27; 33, 21-22).

25-32: Oráculos proclamados contra as seis nações vizinhas e o Egito. Como em Jr 47-51, o texto é acréscimo que condena os tradicionais inimigos de Israel, concebido como povo eleito de Javé, o Senhor do universo. O redator soube poupar a crítica contra a Babilônia, para harmonizar com a posição do grupo de Ezequiel, cuja política era de submissão à Babilônia. "Eu sou Javé": expressão usada 70 vezes em Ez, e outras 37 no restante do Antigo Testamento, para salientar Javé como Deus único e poderoso.

25,1-7: Amon se encontrava ao leste do Jordão. Os "filhos do oriente" talvez sejam as tribos dos beduínos do deserto siro-arábico. Sobre Amon, cf. notas a Jr 49,1-6; Am 1,13-15; Sf 2,8-11.

8-11: Moab estava situado ao sul de Amon e ao leste do mar Morto. Sobre Moab, cf. notas a Is 15-16 e Jr 48. Seir é frequentemente posto em paralelo com Edom (cf. Gn 32,4; Nm 24,18).

Amon, eu as darei para os filhos do oriente como herança, para que ninguém mais se lembre delas entre as nações. ¹¹Farei justiça contra Moab, e eles ficarão sabendo que eu sou Javé".

Contra Edom – ¹²"Assim diz o Senhor Javé: Edom foi sempre vingativo para com a casa de Judá e se tornou criminoso ao vingar-se dela. ¹³Por isso, assim diz o Senhor Javé: Vou estender a mão contra Edom, eliminando homens e animais. Vou deixá-lo deserto, porque desde Temã até Dadã morrerão todos pela espada. ¹⁴Confiarei a meu povo Israel minha vingança contra Edom. Israel tratará Edom de acordo com minha ira e minha cólera, e os edomitas conhecerão minha vingança – oráculo do Senhor Javé".

Contra os filisteus – ¹⁵"Assim diz o Senhor Javé: Os filisteus são vingativos e se vingaram com o coração cheio de ódio, destruindo por causa do antigo rancor. ¹⁶Por isso, assim diz o Senhor Javé: Vou estender a mão contra os filisteus, vou acabar com os cereteus e destruir o resto dos habitantes do litoral. ¹⁷Vou tirar uma vingança terrível contra eles, com violento castigo, para que saibam que eu sou Javé, quando tirar minha vingança contra eles".

26 **Contra Tiro** – ¹No primeiro dia do mês do ano onze, recebi a seguinte mensagem de Javé: ²"Filho do homem, Tiro falou assim a respeito de Jerusalém: 'Viva! A porta dos povos foi arrombada e caiu em meu poder; sua riqueza foi devastada!' ³Por isso, assim diz o Senhor Javé: Olhe, aqui estou eu contra você, cidade de Tiro. Levanto contra você muitas nações, como faz o mar que levanta as ondas. ⁴Elas arrebentarão as muralhas de Tiro e derrubarão suas torres. Varrerei sua poeira e a transformarei em pedra nua.

⁵Ela ficará como secadouro de redes no meio do mar, porque eu falei – oráculo do Senhor Javé. Tiro se tornará presa fácil para outras nações. ⁶Suas filhas no campo serão liquidadas pela espada. E assim eles ficarão sabendo que eu sou Javé.

⁷Assim diz o Senhor Javé: Do norte, contra Tiro eu mando Nabucodonosor, rei da Babilônia, o rei dos reis, com cavalos, carros, cavaleiros e exército imenso. ⁸Ele matará pela espada as filhas de você no campo; construirá trincheiras contra você, levantará aterros e armará um paredão de escudos. ⁹Golpeará suas muralhas com aríetes, com suas máquinas de guerra. ¹⁰A multidão de seus cavalos cobrirá você de poeira. Suas muralhas tremerão com o tropel dos cavalos e o barulho dos carros, que entrarão por suas portas, como se entrassem na cidade por uma brecha da muralha. ¹¹Ele pisoteará suas ruas com as patas dos cavalos. Matará seu povo pela espada e jogará por terra suas colunas sagradas. ¹²Saquearão suas riquezas, roubarão suas mercadorias, destruirão suas muralhas, demolirão seus esplêndidos palácios e jogarão no meio do mar suas pedras, madeiras e escombros. ¹³Acabarei com o rumor de seus cânticos, e nunca mais se ouvirá a música de suas liras. ¹⁴Transformarei você em pedra nua. E você ficará como secadouro de redes, e nunca mais será reconstruída, porque eu, Javé, assim falei – oráculo do Senhor Javé.

¹⁵Assim diz o Senhor Javé para Tiro: As ilhas tremerão com o estrondo da sua queda, o gemido de seus feridos e a morte violenta dos que aí tombarão. ¹⁶Todos os príncipes do mar descerão de seus tronos, tirarão seus mantos e se despojarão de suas roupas bordadas. Vão se vestir de terror e sentar-se no chão, tremendo de susto, apavorados por causa de você.

12-14: Temã, possivelmente localizada na região de Petra, é parte de Edom. A tribo árabe de Dadã situa-se ao sul de Edom (cf. 27,20; 38,18: Is 21,13). Sobre este último, ct. notas a Is 34,1-17; 63,1-6; Jr 49,7 22; Ab 10-15; Sl 137,7.

15-17: Os filisteus viviam na costa sul de Canaã, e foram tradicionalmente inimigos de Israel. Sobre eles, cf. notas a Is 14,28-32; Jr 47,1-7; Am 1,6-8; Sf 2,1-7.

26,1-28,19: Tiro, principal cidade portuária da Fenícia, se localizava na costa mediterrânea, ao norte de Israel, hoje Líbano. Junto com as outras cidades fenícias,

Tiro se alegrou com a devastação de Judá e a destruição de Jerusalém, pois com isso aumentaram seu controle do comércio e sua influência na região.

26,1-21: Nabucodonosor, rei da Babilônia, iniciou o cerco de Tiro em 585 a.C., o qual durou até 572 a.C. e levou Tiro e as cidades costeiras (as "filhas no campo") a ficarem gravemente enfraquecidas (29,17-21). A destruição da cidade e sua descida à cova (a "morada dos mortos": cf. 32,18; Is 14,11) são descritas como castigo de Deus. Historicamente, Tiro foi devastada mais tarde, em 332 a.C., por Alexandre Magno.

¹⁷E falando de você, vão entoar esta lamentação: 'Como você desapareceu dos mares, cidade famosa, poderosa sobre os mares! Ela e seus moradores impunham terror sobre todo o continente! ¹⁸Agora, no dia da sua queda, as ilhas tremem, as ilhas do mar se apavoram com o fim que você teve!'

¹⁹Assim diz o Senhor Javé: Quando eu fizer de você uma cidade destruída, igual às cidades onde ninguém mora; quando eu fizer que se levante contra você o oceano, e quando as ondas enormes a cobrirem, ²⁰eu farei você descer, como aqueles que baixam à cova para se juntarem às gerações passadas. Farei você morar no fundo da terra, nas ruínas perpétuas, como os que baixam à cova. Assim, você não voltará a reinar, nem a enfeitar a terra dos vivos. ²¹Farei de você um objeto de espanto, e você deixará de existir. Vão procurar você, mas nunca mais a encontrarão – oráculo do Senhor Javé.'

27 Canto fúnebre sobre Tiro –

¹A palavra de Javé veio a mim nestes termos: ²"Filho do homem, entoe uma lamentação sobre Tiro. ³Diga a Tiro, que está situada à beira-mar e que faz comércio com povos e numerosas ilhas: Assim diz o Senhor Javé: Tiro, você dizia: 'Eu sou um navio de beleza perfeita!' ⁴O coração do mar era seu território, e seus construtores capricharam em sua beleza. ⁵Fizeram com pinho de Sanir seu madeiramento, e com cedros do Líbano fizeram seus mastros. ⁶Fabricaram seus remos com carvalhos de Basã. Seu convés era de marfim, incrustado em madeira de cipreste trazida das ilhas de Cetim. ⁷Suas velas eram de linho bordado do Egito, formando seu estandarte. Sua cobertura era de púrpura e escarlate das ilhas de Elisa. ⁸Cidadãos de Sidônia e Arvad eram seus remadores. Os sábios de Tiro eram seus pilotos. ⁹Os anciãos de Gebal e seus sábios estavam com você para consertar seus estragos.

Todos os navios do mar e seus marinheiros estavam com você para comercializar suas mercadorias. ¹⁰Persas, lídios e líbios eram guerreiros do seu exército: penduravam seus escudos e capacetes em você, e lhe garantiam a força. ¹¹Os de Arvad com seu exército ficavam ao redor de suas muralhas. Os gamadeus lhe vigiavam as torres e penduravam seus escudos ao longo das muralhas, coroando-lhe a beleza. ¹²Társis era seu fregúês por causa das riquezas que você possuía; trocavam prata, ferro, estanho e chumbo por suas mercadorias. ¹³Javã, Tubal e Mosoc negociavam com você, trocando escravos e objetos de bronze por mantimentos. ¹⁴De Bet-Togorma traziam cavalos, corcéis e jumentos. ¹⁵Os dadanitas negociavam com você. Muitas ilhas eram suas clientes, trazendo os chifres de marfim e ébano como tributo. ¹⁶Edom era seu fregúês por causa da variedade de seus produtos; em troca, trazia turquesa, púrpura escarlate, linho, coral e rubis. ¹⁷Judá e o país de Israel também negociavam com você, fornecendo trigo de Minit, perfumes, mel, azeite e bálsamo. ¹⁸Também Damasco era sua cliente, por causa da riqueza que você possuía e pela variedade de suas mercadorias; em troca, trazia vinho de Helbon e lã de Saar. ¹⁹Dã e Javã forneciam de Uzal ferro trabalhado, cássia e cana aromática, em troca de suas mercadorias. ²⁰Dadã negociava artigos de montaria. ²¹Também a Arábia e os príncipes de Cedar eram seus clientes, negociando com você cordeiros, carneiros e cabritos. ²²Os comerciantes de Sabá e de Reema também negociavam com você, fornecendo toda espécie de perfumes, pedras preciosas e ouro, em troca de suas mercadorias. ²³Harã, Quene e Éden, os comerciantes de Sabá, da Assíria e de Quelmad, negociavam com você. ²⁴No seu mercado, eles trabalhavam com tecidos caros: mantos de púrpura, bordados, tapetes coloridos e cordas retorcidas e fortes. ²⁵Os navios de Társis transportavam as mercadorias de você.

Assim, você se tornou rica e gloriosa no meio do mar. ²⁶Foram seus remadores que levaram você por vastos mares,

---

27,1-36: Tiro é apresentada como luxuoso navio envolvido em comércio intenso (cf. Is 23). Sua ostentação de riqueza e grandeza, porém, torna-se alvo do "vento oriental" (o castigo de Deus: cf. 17,10; 19,12; Sl 48,8; Jn 4,8). O texto fornece informações importantes sobre o comércio da época (cf. Ap 18).

Mas o vento oriental quebrou você no meio do mar, ²⁷e suas riquezas, artigos e mercadorias, marinheiros e pilotos, oficiais de reparação e vendedores, todos os guerreiros e toda a tripulação de bordo afundarão no meio do mar, no dia do seu naufrágio. ²⁸As praias vão tremer com o grito dos marinheiros. ²⁹Todos os remadores saltarão de seus navios. Marinheiros e capitães ficarão em terra. ³⁰Farão lamentações por você e gritarão amargamente; jogarão cinza na cabeça e rolarão no pó. ³¹Por você, rasparão a cabeça e se vestirão de luto. Por você, chorarão amargurados, com tristeza de funeral. ³²Por você, entoarão uma lamentação e cantarão, dizendo: 'Quem era como Tiro, fortaleza no meio do mar?' ³³Trazendo mercadorias de além-mar, você abastecia muitos povos. Com preciosidades e produtos, você enriquecia os reis da terra. ³⁴Agora, você está despedaçada no meio do mar, dentro das águas profundas; sua carga e seus tripulantes afundaram com você. ³⁵Todos os habitantes das ilhas ficam espantados, e seus reis ficam com o rosto transtornado, com arrepios de pavor. ³⁶Os mercadores de todas as nações assobiam assustados, porque você se tornou objeto de espanto, e nunca mais existirá".

28 Contra o rei de Tiro

¹A palavra de Javé veio a mim nestes termos: ²"Filho do homem, diga ao príncipe de Tiro: Assim diz o Senhor Javé: O orgulho se apoderou do seu coração e você disse: 'Eu sou um deus, sentado em trono divino, bem no coração do mar'. Mas você é apenas homem e não deus. Você acreditava que era igual aos deuses. ³Você, de fato, é mais sábio que Daniel, e nenhum mistério é obscuro para você. ⁴Com sua sabedoria e inteligência, você adquiriu riqueza e acumulou ouro e prata em seus tesouros. ⁵Sua esperteza no comércio é tão grande, que você multiplicou sua fortuna e se elevou com a força da riqueza. ⁶Por isso, assim diz o Senhor Javé: Você igualou seu coração ao coração de Deus. ⁷Pois bem! Vou trazer contra você estrangeiros, os mais ferozes dentre as nações: eles desembainharão a espada contra sua bela sabedoria e profanarão seu esplendor; ⁸farão você descer à cova, e você morrerá de morte violenta, bem no coração do mar. ⁹Será que você ousará dizer diante de seus matadores: 'Sou um deus'? Mas você é apenas homem e não deus, entregue ao poder de quem o matará. ¹⁰Você terá a morte de um incircunciso na mão de estrangeiros, porque eu falei – oráculo do Senhor Javé".

¹¹A palavra de Javé veio a mim nestes termos: ¹²"Filho do homem, entoe uma lamentação contra o rei de Tiro, e diga: Assim diz o Senhor Javé: Você era um modelo de perfeição, cheio de sabedoria e beleza perfeita. ¹³Você morava em Éden, no jardim de Deus, coberto de pedras preciosas de todas as espécies: rubi, topázio, diamante, crisólito, cornalina, jaspe, lápis-lazúli, turquesa e berilo; e de ouro eram trabalhados seus pingentes e joias. Tudo isso lhe vinha sendo preparado desde o dia da sua criação. ¹⁴Fiz de você um querubim protetor de asas abertas. Você ficava na alta montanha de Deus, passeando entre pedras de fogo. ¹⁵Desde quando foi criado, você era perfeito em todos os seus passos, até que se encontrou a maldade em você. ¹⁶De tanto negociar, você encheu-se de violência e pecados. Então eu o expulsei da montanha de Deus e o fiz perecer, ó querubim protetor, no meio das pedras de fogo. ¹⁷Seu coração se exaltou com sua beleza, e sua sabedoria se corrompeu por causa do seu esplendor. Por isso, eu o atirei por terra, fazendo de você um espetáculo para os reis. ¹⁸Por causa da sua grande injustiça e do seu comércio desonesto, você profanou seu santuário. Por isso, fiz brotar dentro de você um fogo para o devorar. Eu o reduzi a cinzas no chão, diante dos que admiravam você. ¹⁹Todos os povos que o conheceram ficaram espantados diante de você, porque você se tornou objeto de espanto, e nunca mais existirá".

Contra Sidônia

²⁰A palavra de Javé veio a mim nestes termos: ²¹"Filho do homem, volte o rosto para Sidônia e profetize con-

---

28,1-19: A queda do rei de Tiro se apresenta como a de Adão e Eva (cf. Gn 2-3): a arrogância de se considerar deus produz injustiça, violência e opressão.

20-23: Sidônia, na Fenícia, é a cidade portuária rival de Tiro. Ela participou da embaixada conjunta de reinos vizinhos, que envolveram Sedecias, rei de Judá, na re-

tra ela, ²²dizendo: Assim diz o Senhor Javé: Aqui estou eu contra você, Sidônia. Serei glorificado dentro de você; por isso, ficarão sabendo que eu sou Javé, quando eu fizer justiça contra você, manifestando minha santidade. ²³Mandarei a peste contra você, e o sangue escorrerá por suas ruas. Dentro de você, os feridos irão morrendo, cercados pela espada do inimigo. Então eles ficarão sabendo que eu sou Javé.

Promessa para Israel – ²⁴Para a casa de Israel não haverá mais espinho que machuque ou ferrão doloroso, entre todos os seus vizinhos que a desprezam. Então eles ficarão sabendo que eu sou Javé. ²⁵Assim diz o Senhor Javé: Quando eu reunir os israelitas do meio dos povos por onde se espalharam, vou mostrar entre os israelitas minha santidade diante das nações. Então eles voltarão para sua terra, a terra que dei a meu servo Jacó. ²⁶Nela habitarão com segurança, construirão casas e plantarão videiras. Habitarão com segurança, quando eu executar minha sentença contra os vizinhos que os ameaçam. Então eles ficarão sabendo que eu sou Javé, o Deus deles".

29 Contra o Egito
– ¹No dia doze do décimo mês do ano dez, a palavra de Javé veio a mim nestes termos: ²"Filho do homem, volte o rosto para o faraó, rei do Egito, e profetize contra ele e contra todo o Egito. ³Diga: Assim diz o Senhor Javé: Aqui estou eu contra você, faraó, rei do Egito, enorme dragão deitado no meio do rio Nilo. Você afirma: 'O Nilo é meu, fui eu que o fiz'. ⁴Pois bem! Cravarei arpões em seu queixo e grudarei os peixes do rio nas escamas de você. Depois, puxarei você para fora do rio com todos os peixes grudados em suas escamas. ⁵Vou atirá-lo no deserto, você com todos os peixes do seu rio. E você cairá em pleno campo, e não será recolhido nem sepultado. Transformarei você em pasto para os animais do campo e as aves do céu. ⁶Os habitantes do Egito ficarão sabendo que eu sou Javé, porque você foi muleta de caniço para a casa de Israel. ⁷Quando pegaram você na mão, você rachou e furou a mão deles. Quando em você eles se apoiaram, você quebrou, fazendo-lhes fraquejar os quadris. ⁸Por isso, assim diz o Senhor Javé: Olhe! Vou trazer contra você a espada e eliminar homens e animais. ⁹A terra do Egito se tornará um deserto de ruínas. Então eles ficarão sabendo que eu sou Javé. Você disse: 'O Nilo é meu, fui eu que o fiz'. ¹⁰Pois bem! Aqui estou eu contra você e contra o seu rio Nilo. Entregarei a terra do Egito à ruína e à destruição, desde Magdol até Siene, na fronteira da Etiópia. ¹¹Pelo Egito não passará pé humano ou casco de animal, e ficará despovoado por quarenta anos. ¹²Vou fazer do Egito a mais desolada de todas as terras. Por quarenta anos, suas cidades ficarão mais arrasadas do que todas as cidades em ruínas. Vou espalhar os egípcios no meio das nações e dispersá-los pelas terras.

¹³Assim diz o Senhor Javé: Depois de quarenta anos, reunirei os egípcios do meio de todos os povos por onde foram espalhados. ¹⁴Mudarei a sorte do Egito, trazendo seus cativos de volta para a região de Patros, sua terra de origem, onde formarão um reino insignificante. ¹⁵Será o menor dos reinos, e nunca mais sobressairá entre as nações. Farei que ele seja reduzido, para que não volte a dominar sobre outras nações. ¹⁶O Egito também nunca mais poderá servir de apoio para a casa de Israel. Pelo contrário, estará lembrando o pecado dela por ter pedido ajuda ao Egito. Então eles ficarão sabendo que eu sou Javé".

---

belião contra Nabucodonosor (cf. Jr 27,3). Rebelião que arrastou Judá para a ruína.

24-26: Acréscimo que finaliza os oráculos contra os reinos vizinhos de Judá (25,1-28,24). Com os julgamentos e destruições desses reinos, Judá ficaria em paz (cf. Sl 144). Esta forma de pensar, porém, leva a uma espiral de violência sem fim.

29,1-32,32: Historicamente, os governantes de Judá fizeram aliança com o Egito contra a Assíria por volta de 703-702 a.C. (cf. Is 19,1-15; 30,1-7) e contra a Babilônia nos anos 588-587 a.C. (Jr 37,5-11). Tais alianças acabaram arrastando Judá ao desastre nacional (cf. Jr 27,6-15). No período persa, o Egito, com o apoio do império, tornou-se o principal inimigo do governo teocrata de Judá.

29,1-16: O faraó é comparado ao "grande dragão", personagem mitológico semelhante ao crocodilo (cf. Sl 74,13; Jó 7,12). Em dezembro de 588 e janeiro de 587 (v. 1), o Egito guerreou contra a Babilônia para socorrer Judá, mas foi derrotado. Essa aliança de Judá com o império egípcio foi condenada, e o império castigado com a perda de domínio (cf. Jr 46,2-28).

Nabucodonosor conquistará o Egito – ¹⁷No dia primeiro do primeiro mês do ano vinte e sete, a palavra de Javé veio a mim nestes termos: ¹⁸"Filho do homem, Nabucodonosor, rei da Babilônia, impôs a seu exército um trabalho muito difícil na guerra contra Tiro. Diante de Tiro, ficaram todos carecas e com o ombro esfolado, sem conseguir nenhuma recompensa de Tiro, nem para ele, nem para seu exército, apesar de todo o esforço empenhado contra essa cidade. ¹⁹Por isso, assim diz o Senhor Javé: Vou entregar a terra do Egito a Nabucodonosor, rei da Babilônia. Ele carregará as riquezas do Egito, saqueará e roubará o que puder, para pagar o próprio exército. ²⁰Pelo trabalho que tiveram lá em Tiro, vou lhes dar a terra do Egito, pois trabalharam para mim – oráculo do Senhor Javé.

²¹Nesse dia, farei brotar uma força na casa de Israel e farei que você abra a boca no meio deles. E assim ficarão sabendo que eu sou Javé".

30 *O dia de Javé contra o Egito –* ¹A palavra de Javé veio a mim nestes termos: ²"Filho do homem, profetize: Assim diz o Senhor Javé: Gritem: 'Ai! Que dia!' ³Porque o dia está chegando, está chegando o dia de Javé; o tempo das nações será dia de nuvens escuras. ⁴A espada chegará ao Egito. A agitação estará em Cuch, quando multidões de feridos começarem a tombar no Egito, quando carregarem a riqueza dele, e os alicerces ficarem arrasados. ⁵Cuch, Fut, Lud, toda essa mistura de povos, Lub e os filhos da terra da aliança cairão com eles pela espada. ⁶Assim diz Javé: Os aliados do Egito cairão, e sua força presunçosa ruirá por terra. Desde Magdol até Siene, todos morrerão pela espada – oráculo do Senhor Javé. ⁷O Egito será um deserto entre terras devastadas, e suas cidades estarão entre cidades desoladas. ⁸Então eles ficarão sabendo que eu sou Javé, quando eu incendiar o Egito, e quando todos os seus ajudantes forem estraçalhados. ⁹Nesse dia, alguns mensageiros, enviados por mim, irão de navio, para perturbar a tranquilidade de Cuch. Eles tremerão no dia do Egito, porque o dia está chegando. ¹⁰Assim diz o Senhor Javé: Pela mão de Nabucodonosor, rei da Babilônia, eu vou acabar com a multidão do Egito. ¹¹Ele com seu povo, o povo mais violento que existe, estão chegando para arrasar a terra. Puxarão da espada contra o Egito, e encherão a terra de mortos. ¹²Transformarei o rio Nilo em deserto. Venderei a terra a criminosos. Pelas mãos de estrangeiros arrasarei a terra e seus produtos. Fui eu, Javé, fui eu que falei. ¹³Assim diz o Senhor Javé: Derrubarei os ídolos imundos e acabarei com os deuses de Mênfis, e nunca mais existirão príncipes na terra do Egito. Espalharei o terror na terra do Egito. ¹⁴Arrasarei Patros, incendiarei Tânis e farei justiça contra Tebas. ¹⁵Derramarei meu furor sobre Sin, a fortaleza do Egito, e acabarei com a multidão de Tebas. ¹⁶Incendiarei o Egito: Sin se torcerá de dor, Tebas será arrombada e Mênfis será inundada. ¹⁷Os jovens de Heliópolis e Bubaste morrerão pela espada, e a população dessas cidades irá para o exílio. ¹⁸Em Táfnis haverá trevas ao meio-dia, quando eu quebrar as cangas do Egito. Acabarei com o orgulho da sua força: uma nuvem a cobrirá, e suas filhas serão levadas para o exílio. ¹⁹Ao executar minha sentença contra o Egito, eles ficarão sabendo que eu sou Javé".

²⁰No dia sete do primeiro mês do ano onze, a palavra de Javé veio a mim nestes termos: ²¹"Filho do homem, eu quebrei o braço do faraó, rei do Egito. Mas seu braço não foi enfaixado, não lhe aplicaram remédio nem lhe puseram atadura, para que pudesse recobrar sua força e assim manejar a espada. ²²Por isso, assim diz o Senhor Javé: Estou contra o faraó, rei do Egito. Vou quebrar seus braços, tanto aquele que está firme, como aquele que já está quebrado, e assim farei a espada lhe cair da mão. ²³Espalharei os egípcios entre as nações e os dis-

---

17-21: A data de março-abril de 571 (v. 17) corresponde ao fim do cerco de Nabucodonosor, rei da Babilônia, contra Tiro (26,1-21). Cerco esse que durou treze anos e terminou sem grande vantagem para os agressores. Por isso, para o redator, Javé deveria recompensar a Babilônia, seu instrumento de castigo contra o Egito. Historicamente, Nabucodonosor não chegou a conquistar totalmente o Egito. O v. 21 é acréscimo que destaca o poder de Javé e confirma a profecia de Ezequiel (cf. Jr 28,8-9).

30,1-26: O dia do julgamento volta-se contra as principais cidades do extremo norte e extremo sul do

persarei pelas terras. ²⁴Darei força ao braço do rei da Babilônia e colocarei minha espada na sua mão. Quebrarei os braços do faraó, e ele gemerá de dor, derrotado, aos pés do rei da Babilônia. ²⁵Fortalecerei os braços do rei da Babilônia, e os braços do faraó fraquejarão. Eles ficarão sabendo que eu sou Javé, quando eu colocar minha espada na mão do rei da Babilônia e ele atacar com ela a terra do Egito. ²⁶Espalharei os egípcios entre as nações e os dispersarei pelas terras. Então eles ficarão sabendo que eu sou Javé".

31 Queda do grande cedro, o faraó –

¹No dia primeiro do terceiro mês do ano onze, a palavra de Javé veio a mim nestes termos: ²"Filho do homem, diga ao faraó, rei do Egito, e à sua multidão: Com quem você se parece em sua grandeza? ³Você é como cedro do Líbano, com bela ramagem, sombra espaçosa, de tronco alto, com a ponta entre as nuvens. ⁴A água alimentou o cedro, o abismo lhe deu altura, enviando seus rios ao solo onde ele estava plantado, e mandando suas fontes para todas as árvores do campo. ⁵Por isso, ele superou em altura todas as árvores do campo. Seus galhos se multiplicaram e seus ramos se estenderam, por causa das águas que lhe deram crescimento. ⁶Entre seus ramos, as aves do céu fizeram seus ninhos; debaixo de seus galhos, as feras do campo tinham suas crias, e à sua sombra se assentaram as grandes nações. ⁷De tão grande, ele era bonito, com seus ramos tão compridos, pois tinha suas raízes em lugar de muitas águas. ⁸Nenhum cedro o igualava no jardim de Deus. Nenhum cipreste se podia comparar à ramagem dele. Os pinheiros não se comparavam nem mesmo a um de seus ramos. Não havia uma só árvore no jardim de Deus que pudesse comparar-se à sua beleza. ⁹Fui eu que o fiz assim bonito e multipliquei seus ramos. Por isso, o invejavam todas as árvores de Éden, que estavam no jardim de Deus.

¹⁰Por isso, assim diz o Senhor Javé: Ele se tornou tão alto, colocou sua ponta entre as nuvens e se encheu de soberba, por causa da sua grandeza. ¹¹Pois bem! Vou entregá-lo nas mãos do dominador das nações, para que o trate de acordo com a injustiça dele: eu o expulsei. ¹²Estrangeiros, os mais temíveis dentre as nações, o cortaram e jogaram barranco abaixo: seus ramos caíram pelos vales, sua copa se desgalhou pelas correntezas da terra. Todos os povos da terra fugiram de sua sombra e o deixaram abandonado. ¹³Todos os pássaros do céu se aninham sobre seus restos e todas as feras selvagens se abrigam debaixo de seus galhos. ¹⁴Isso tudo para que as árvores bem regadas não fiquem muito altas, nem cheguem até as nuvens, nem confiem na sua altura as árvores bem aguadas. Porque todas vão morrer e descer ao fundo da terra, junto com os filhos do homem que descem à cova.

¹⁵Assim diz o Senhor Javé: Quando o cedro desceu à morada dos mortos, por causa dele decretei luto às águas subterrâneas: parei seus córregos, e as águas torrenciais se estancaram. Por causa dele, fiz o Líbano ficar de luto e todas as árvores do campo murcharam. ¹⁶Com o barulho da sua queda, fiz tremer as nações, quando o atirei à morada dos mortos, junto com os que baixam à cova. Ficaram todos contentes no fundo da terra: as árvores de Éden, o que há de mais belo no Líbano e todas as árvores bem regadas. ¹⁷Elas também desceram com ele para a morada dos mortos, com os mortos pela espada; pereceram os que cobiçavam sua sombra no meio das nações. ¹⁸Com que árvores de Éden você competia em glória e grandeza? Também será atirado, com as árvores de Éden, ao fundo da terra, e ficará entre os incircuncisos e entre aqueles que foram mortos pela espada. É isso que vai acontecer ao faraó e a toda a sua multidão – oráculo do Senhor Javé".

32 Canto fúnebre sobre o faraó – ¹No primeiro dia do décimo segundo mês do ano doze, a palavra de Javé veio a mim nestes termos: ²"Filho do homem,

---

Egito ("desde Magdol até Siene") e contra seus aliados Cuch, Fut, Lud e Lub, povos africanos. Durante o exílio, o dia de Javé é visto como punição contra todos os opressores de Israel (cf. Is 13,6; Jr 46,10; ver nota a Am 5,18-20).

31,1-18: A queda do poderoso e orgulhoso faraó é descrita como o abatimento de um grande e frondoso cedro (cf. Dn 4).

32,1-16: O dia de Javé (v. 7) atinge o faraó, comparado a um dragão (ou crocodilo) do Nilo. Na visão

entoe uma lamentação para o faraó, rei do Egito, dizendo: Você parecia um leão entre as nações, mas era como um dragão em pleno mar, agitando seus canais. Você turvava as águas com as patas e emporcalhava os rios. ³Por isso, assim diz o Senhor Javé: Jogarei sobre você minha rede com ajuntamento de muitos povos, e puxarão você na minha rede. ⁴Vou largá-lo na terra e abandoná-lo em campo aberto. Farei que toda ave do céu pouse em você, e saciarei de você as feras selvagens de toda a terra. ⁵Espalharei suas carnes pelos montes e encherei os vales com seus restos. ⁶Regarei a terra com seu sangue, que correrá pelos montes e inundará o leito dos riachos. ⁷Quando eu apagar você, cobrirei o céu, escurecerei as estrelas, taparei o sol com as nuvens, e a lua não dará mais seu clarão. ⁸Por sua causa, apagarei todos os astros do céu e deixarei sua terra em plena escuridão – oráculo do Senhor Javé. ⁹Quando eu levar até as terras desconhecidas a notícia de sua ruína no meio das nações, farei que muitos povos se entristeçam por sua causa. ¹⁰Farei que muitos povos se apavorem e seus reis tremam com o que terá acontecido com você, quando eu, na frente deles, puxar da minha espada. No dia em que você cair, eles tremerão assustados pela própria vida.

¹¹Assim diz o Senhor Javé: Até aí chegará a espada do rei da Babilônia. ¹²Matarei a multidão do Egito com a espada dos soldados da mais violenta das nações. Eles abaterão o orgulho do Egito, e toda a sua multidão será exterminada. ¹³Eliminarei todos os animais à beira do grande rio. Sua água não será mais turvada pelos pés de nenhum homem, nem o casco de nenhum animal tornará a sujá-la. ¹⁴Então sua água ficará tranquila e sua correnteza escorrerá como óleo – oráculo do Senhor Javé. ¹⁵Quando eu transformar o Egito em deserto e deixar a terra despovoada, quando eu matar todos os seus habitantes, eles ficarão sabendo que eu sou Javé. ¹⁶Essa é a lamentação que deverá ser cantada pelas filhas das nações. Elas a cantarão sobre o Egito e sobre toda a sua multidão – oráculo do Senhor Javé".

Descida do faraó à morada dos mortos – ¹⁷No dia quinze do primeiro mês do ano doze, a palavra de Javé veio a mim nestes termos: ¹⁸"Filho do homem, entoe uma lamentação sobre a multidão do Egito. Faça que ela desça, junto com as filhas das nações famosas, até o fundo da terra, para junto daqueles que descem à cova. ¹⁹Em que coisa você é diferente dos outros? Desça e deite-se com os incircuncisos. ²⁰Cairão entre os mortos pela espada. A espada já foi entregue. Arrastem o Egito com toda a sua multidão. ²¹Na habitação dos mortos, seus aliados, guerreiros valorosos, lhe dirão: 'Desça e repouse com seus aliados entre os incircuncisos mortos pela espada'. ²²Aí está a Assíria com toda a sua multidão rodeando seu sepulcro; todos caíram mortos pela espada. ²³Porque os túmulos deles estão no fundo da fossa, e sua multidão ao redor do seu túmulo; eles todos foram mortos pela espada, por terem aterrorizado a terra dos vivos. ²⁴Aí está Elam com toda a sua multidão rodeando seu sepulcro; todos caíram mortos pela espada, desceram incircuncisos para o fundo da terra, por terem aterrorizado a terra dos vivos. Carregam sua vergonha com os que baixam à cova. ²⁵O sepulcro deles está entre os mortos pela espada e seus exércitos ao redor do seu túmulo; todos incircuncisos, mortos pela espada, por terem aterrorizado o mundo dos vivos. Carregam sua vergonha com os que baixam à cova em meio aos que morreram pela espada. ²⁶Aí estão Mosoc e Tubal com toda a sua multidão rodeando-lhes o sepulcro; todos incircuncisos, mortos pela espada, por terem aterrorizado a terra dos vivos. ²⁷Eles não repousam como os heróis, que morreram no passado e que desceram à morada dos mortos com as armas de guerra, com a espada debaixo da cabeça e o escudo sobre o corpo, porque esses heróis eram terror para a terra dos vivos. ²⁸Mas você será despedaçado no reino dos incircuncisos e com os mortos pela espada. ²⁹Aí está Edom, com seus reis

---

do redator, a Babilônia estará realizando a punição de Deus (cf. 29,17-21).

17-32: Com o enterro do faraó, o redator conclui os oráculos contra as nações e apresenta a salvação de

e chefes. Apesar de sua valentia, foram colocados entre os mortos pela espada e descansam com os incircuncisos e com os que baixam à cova. ³⁰Por causa do terror provocado pela sua valentia, aí estão os comandantes do norte e todos os sidônios que desceram junto com os mortos pela espada. Repousam envergonhados, incircuncisos que são, com os mortos pela espada, carregando a vergonha deles junto com os que descem à cova. ³¹Ao vê-los, o faraó se conformará com toda a sua multidão. O faraó e todo o seu exército serão mortos pela espada – oráculo do Senhor Javé. ³²É como ele espalhou o terror pela terra dos vivos, repousará entre os incircuncisos, junto com os mortos pela espada, sim, o faraó com toda a sua multidão – oráculo do Senhor Javé".

IV. ORÁCULOS DE SALVAÇÃO PARA ISRAEL

33 *Profeta como sentinela* – ¹A palavra de Javé veio a mim nestes termos: ²"Filho do homem, diga aos filhos do seu povo: Quando eu mando a espada contra uma terra, o povo da terra escolhe um dos homens da região e o coloca como sentinela. ³Se esse homem vê a espada chegando, toca a trombeta para avisar o povo. ⁴Se alguém ouve a trombeta e não fica de prontidão, a espada virá e o apanhará. E seu sangue cairá sobre sua própria cabeça, ⁵porque ouviu o toque da trombeta, mas não se preveniu, e terá de responder com seu próprio sangue; se tivesse ficado de prontidão, teria salvado a própria vida. ⁶Se a sentinela vê a espada chegando e não toca a trombeta, e o povo não fica de prontidão, a espada chega e surpreende alguém do povo; este homem morre por causa de sua própria culpa, mas é da sentinela que eu pedirei contas do sangue.

⁷Filho do homem, eu o coloquei como sentinela da casa de Israel. Quando você ouvir minha mensagem, você precisa avisá-los. ⁸Se para o injusto eu digo: 'Injusto, é certo que você vai morrer', se você não avisa o injusto para que mude de comportamento, o injusto morrerá por causa de sua própria culpa, mas é a você que eu pedirei contas do sangue dele. ⁹Ao contrário, se você prevenir o injusto para que mude de comportamento, e ele não mudar, ele morrerá por causa de sua própria culpa, mas você terá salva sua própria vida.

Responsabilidade individual – ¹⁰Filho do homem, diga à casa de Israel: Vocês andam dizendo: 'Nós já temos muitos crimes e pecados nas costas. Por causa deles, estamos nos acabando. Como é que ainda poderemos sobreviver?' ¹¹Diga-lhes: Juro por minha vida – oráculo do Senhor Javé: Não sinto nenhum prazer com a morte do injusto. O que eu quero é que ele mude de comportamento e viva. Convertam-se, convertam-se do seu mau comportamento. Por que vocês querem morrer, ó casa de Israel?

¹²Filho do homem, diga ao seu povo: Nem a justiça do justo o salvará no dia em que ele pecar, nem a injustiça do injusto o arruinará quando ele se converter de sua injustiça. Portanto, o justo não poderá viver por sua justiça, no dia em que pecar. ¹³Se eu disser que o justo vai sobreviver, e ele, confiando no que já fez de correto, começar a praticar a injustiça, tudo o que ele tiver feito de bom não será mais lembrado; ele morrerá por causa da injustiça cometida. ¹⁴Se eu disser ao injusto que ele vai morrer, mas ele se converter do seu pecado e praticar o direito e a justiça, ¹⁵devolvendo o penhor recebido, restituindo o que roubou, passando a viver conforme os preceitos que dão vida, de modo a não praticar mais a injustiça, ele sobreviverá e não morrerá. ¹⁶Ninguém vai lembrar a ele os pecados que cometeu; se fez o que é justo e direito, ele continuará vivo.

¹⁷Os filhos do seu povo retrucarão: 'Não é justa a maneira do Senhor agir!' Pelo contrário: a maneira de vocês agirem é que não é justa. ¹⁸Quando aquele que era

---

Israel como nova etapa da história (caps. 33-37). O uso frequente do termo "incircunciso" (cf. Lv 26,41) reforça a origem pós-exílica deste oráculo. Para "morada dos mortos", ver nota a Nm 16,33.

33,1-9: Após os oráculos de julgamento contra Jerusalém (3,22-24,27) e contra as nações (25,1-32,32), o redator apresenta novamente Ezequiel como sentinela, abrindo nova etapa na atividade do profeta (3,16-21): anunciar e animar os exilados de Judá para a esperança da salvação.

10-20: Este oráculo retoma o tema de 18,21-32. Cada pessoa tem a possibilidade de se converter para a vida. Deus quer a vida e não a morte.

justo desiste do seu viver honesto e começa a praticar a injustiça, ele merece morrer, por causa da injustiça que passou a praticar. ¹⁹Quando aquele que é mau desiste de suas maldades e começa a praticar o que é justo e honesto, ele merece continuar vivo por causa disso. ²⁰Mas vocês continuam dizendo: 'A maneira de agir do Senhor não é justa!' Pois bem, casa de Israel! Eu vou julgar vocês de acordo com a maneira de viver de cada um".

Tomada de Jerusalém – ²¹No dia cinco do décimo mês do ano doze do nosso exílio, um fugitivo de Jerusalém veio procurar-me para dizer que a cidade tinha sido destruída. ²²Na tarde anterior, antes que o fugitivo me procurasse, o poder de Javé tinha pousado sobre mim, e abriu minha boca de manhã, quando ele me procurou. Minha boca se abriu e não voltei a ficar mudo.

Contra os remanescentes na Judeia – ²³Então a palavra de Javé veio a mim nestes termos: ²⁴"Filho do homem, os habitantes das ruínas na terra de Israel estão dizendo: 'Abraão era um só e foi dono desta terra. Pois nós agora somos muitos, e com maior razão recebemos esta terra como propriedade!' ²⁵Pois diga-lhes: Assim diz o Senhor Javé: Vocês comem em cima do sangue, levantam seus olhos para seus ídolos e derramam sangue. E ainda vão continuar donos da terra? ²⁶Vocês se apoiam nas espadas, praticam abominações, cada um desrespeita a mulher do seu próximo. E vão ainda continuar donos da terra? ²⁷Pois diga-lhes: Assim diz o Senhor Javé: Juro por minha vida: aqueles que estão entre as ruínas serão mortos pela espada, aqueles que estão no campo serão alimento para as feras, e aqueles que estão em grutas e cavernas vão morrer de peste. ²⁸Farei da terra um lugar arrasado e deserto. O orgulho da sua força vai se acabar e os montes de Israel ficarão desertos, sem nenhum transeunte. ²⁹Quando eu fizer de Israel um lugar arrasado e deserto, por causa de todas as abominações que praticaram, eles ficarão sabendo que eu sou Javé".

Ezequiel diante dos exilados – ³⁰"Filho do homem, os filhos do seu povo vivem falando a seu respeito ao longo das muralhas e junto à porta das casas. Vivem comentando entre si: 'Vamos ver qual é a palavra que Javé vai mandar para nós!' ³¹Depois, em bandos eles vêm procurar você, sentam-se à sua frente e ouvem o que você diz. Mas não praticam nada. Praticam as mentiras que eles mesmos falam. E o coração deles só quer saber de lucro. ³²Para eles, você é uma canção de amor: voz bonita e acompanhamento agradável. Eles ouvem o que você diz e não colocam nada em prática. ³³Mas, quando se realizar o que você diz, e isso vai ser logo, eles vão ficar sabendo que havia um profeta no meio deles".

34 ***Contra os pastores de Israel*** – ¹A palavra de Javé veio a mim nestes termos: ²"Filho do homem, profetize contra os pastores de Israel, dizendo: Assim diz o Senhor Javé: Ai dos pastores de Israel que são pastores de si mesmos! Não é do rebanho que os pastores deveriam cuidar? ³Vocês bebem o leite, vestem a lã, sacrificam as ovelhas gordas, mas não cuidam do rebanho. ⁴Vocês não procuram fortalecer as ovelhas fracas, não curam as que estão doentes, não tratam as feridas daquelas que sofrem fratura, não trazem de volta aquelas que se desgarraram e não procuram aquelas que se extraviaram. Pelo contrário, vocês dominam sobre elas com violência e opressão. ⁵Por falta de pastor, minhas ovelhas se espalharam e se tornaram pasto de feras selvagens. ⁶Minhas ovelhas se espalharam e vagaram sem rumo pelos montes e morros. Minhas

---

21-22: A tomada de Jerusalém foi anunciada a Ezequiel em janeiro de 585 a.C. A notícia pôs fim ao silêncio do profeta sentinela que inicia nova missão: anunciar a salvação (cf. 3,24-27; 24,27).

23-29: O profeta critica os remanescentes que permaneceram na Judeia (2Rs 25,12; Jr 39,10), por pretenderem ser herdeiros únicos da terra prometida (11,15; cf. Dt 26,5), e acusa-os de praticarem abominações.

30-33: Ezequiel tentou convencer os primeiros exilados a respeito da queda de Jerusalém (3,22-24,27).

Profecia difícil de compreender, porque eles nutriam a esperança de um retorno imediato à cidade santa.

34.1-10: No Antigo Oriente, o rei é comparado ao pastor escolhido pela divindade para dar atenção aos fracos (cf. Sl 23). Em vez de apascentar o rebanho, os pastores de Israel (reis e governantes) exploraram o povo e causaram a guerra, a destruição e o exílio (cf. Jr 23,1-4). A maior condenação deve recair sobre o governo de Sedecias, por sua desastrosa política de enfrentar Nabucodonosor.

ovelhas se espalharam por toda a terra, e ninguém as procura para cuidar delas. ⁷Por isso, vocês, pastores, ouçam a palavra de Javé: ⁸Juro por minha vida – oráculo do Senhor Javé: Minhas ovelhas se tornaram presa fácil e servem de pasto para as feras selvagens. Elas não têm pastor, porque meus pastores não se preocupam com meu rebanho; ficam cuidando de si mesmos, em vez de cuidarem do meu rebanho. ⁹Por isso, pastores, ouçam a palavra de Javé! ¹⁰Assim diz o Senhor Javé: Vou me colocar contra os pastores. Vou pedir contas a eles sobre meu rebanho, e não deixarei mais que eles cuidem do meu rebanho. Desse modo, os pastores não ficarão mais cuidando de si mesmos. Eu lhes arrancarei da boca as minhas ovelhas, e elas não servirão mais de pasto para eles.

Javé, o Bom Pastor – ¹¹Assim diz o Senhor Javé: Eu mesmo vou procurar minhas ovelhas para cuidar delas. ¹²Como o pastor conta seu rebanho quando está no meio de suas ovelhas que se haviam dispersado, eu também contarei minhas ovelhas, e as reunirei de todos os lugares por onde se haviam dispersado, nos dias nebulosos e escuros. ¹³Eu as retirarei do meio dos povos e as reunirei das outras terras, e as trarei de volta para sua própria terra. Aí, eu próprio cuidarei delas como pastor, nos montes de Israel, nos vales dos córregos e em todas as regiões habitáveis da terra. ¹⁴Vou levá-las para pastar nas melhores invernadas, e seu curral ficará no mais alto dos montes de Israel. Aí elas poderão repousar em curral bom, e terão pastos abundantes sobre os montes de Israel. ¹⁵Eu mesmo conduzirei minhas ovelhas para o pasto e as farei repousar – oráculo do Senhor Javé. ¹⁶Procurarei aquela que se perder, trarei de volta aquela que se desgarrar, curarei a que se machucar, fortalecerei a que estiver fraca. Quanto à ovelha gorda e forte, eu a guardarei. Apascentarei conforme o direito.

Julgamento das ovelhas – ¹⁷Quanto a você, rebanho meu, assim diz o Senhor Javé: Vou julgar entre ovelha e ovelha, entre carneiros e bodes. ¹⁸É pouco para vocês pastarem o melhor pasto? Por que ainda pisoteiam o resto do pasto? É pouco beberem a água limpa? Por que ainda sujam o resto com os pés? ¹⁹Depois de tudo, minhas ovelhas têm de pastar o que vocês pisotearam e beber a água que os pés de vocês sujaram. ²⁰Por isso, assim diz o Senhor Javé: Vou me colocar como juiz entre a ovelha gorda e a ovelha magra. ²¹Com as ancas e com os ombros, vocês empurram as ovelhas mais fracas e ainda lhes dão chifradas, até expulsá-las para longe. ²²Pois bem! Vou salvar minhas ovelhas, e elas não serão mais saqueadas. Eu serei o juiz entre ovelha e ovelha.

O pastor messiânico e a nova aliança – ²³Providenciarei um só pastor para cuidar de minhas ovelhas. Será o meu servo Davi. Ele cuidará delas, e será seu pastor. ²⁴Eu, Javé, serei o Deus delas, e meu servo Davi será seu príncipe. Fui eu, Javé, que falei.

²⁵Vou fazer com elas uma aliança de paz: acabarei com as feras, de modo que poderão habitar com segurança no deserto e dormir com tranquilidade no meio dos bosques. ²⁶Farei da terra e da minha montanha uma bênção. Mandarei chuva no tempo certo, e será uma chuva abençoada. ²⁷A árvore do campo dará seu fruto, a terra produzirá e todos estarão seguros, morando na própria terra. Quando eu quebrar as cangas do seu jugo e os libertar do poder dos tiranos, eles ficarão sabendo que eu sou Javé. ²⁸Eles não serão mais presa fácil das nações, e as feras nunca mais irão devorá-los. Habitarão tranquilamente, sem que ninguém os amedronte. ²⁹Eu lhes

---

11-16: O próprio Javé se apresenta como pastor (cf. Is 40,11; Sl 80,2; Jo 10,1-15) que juntará as ovelhas dispersas, para conduzi-las aos "montes de Israel", à cidade santa (20,37-40). De fato, os exilados são insistentemente (14 vezes) chamados de "minhas ovelhas", o que enfatiza a teologia do povo eleito (37,23).

17-22: Acréscimo feito no pós-exílio. A condenação recai não só sobre os governantes (pastores), mas também sobre os poderosos (ovelhas gordas) que oprimem os pobres (ovelhas fracas). Nota-se aqui um esboço da parábola do julgamento final (Mt 25,32-34).

23-31: Trecho também de origem pós-exílica. Os vv. 23-24 parecem provir do mesmo círculo de Ez 37, 24-25: haverá na terra um só pastor com o título de "príncipe" descendente de Davi (cf. Jr 23,5-6). Finalmente, Javé renova a aliança com seu povo para realizar o reino escatológico de paz e prosperidade (vv. 25-30; cf. Lv 26,3-13).

darei uma lavoura farta, e não haverá mais mortos de fome na terra, nem terão mais de se humilhar diante das outras nações. ³⁰Então eles ficarão sabendo que eu, Javé, estou com eles, e que eles, a casa de Israel, são meu povo – oráculo do Senhor Javé. ³¹Vocês são minhas ovelhas, ovelhas do meu rebanho. E eu sou o Deus de vocês – oráculo do Senhor Javé".

35 Contra os montes de Edom

¹A palavra de Javé veio a mim nestes termos: ²"Filho do homem, volte seu rosto para o monte Seir e profetize contra ele. ³Diga: Assim diz o Senhor Javé: Aqui estou eu contra você, monte Seir. Vou estender a mão contra você, e vou fazer de você um deserto, um lugar desabitado. ⁴Transformarei suas cidades em ruínas, e você num deserto. Então você ficará sabendo que eu sou Javé. ⁵Você cultivou ódio eterno e entregou os filhos de Israel ao fio da espada, no tempo em que estavam na desgraça, no dia do castigo final. ⁶Pois bem! Juro por minha vida – oráculo do Senhor Javé: Eu cobrirei você de sangue, e o sangue o perseguirá. Você não gosta de sangue? Pois o sangue o perseguirá. ⁷Farei do monte Seir um deserto desabitado e eliminarei dele todo transeunte. ⁸Encherei seus montes de feridos, e os mortos pela espada cairão em seus morros, vales e baixadas. ⁹Transformarei você em ruínas eternas, e suas cidades nunca mais serão habitadas. Desse modo, vocês ficarão sabendo que eu sou Javé.

¹⁰Você disse: 'As duas nações, as duas terras serão minhas. Tomaremos posse delas, mesmo que Javé esteja aí'. ¹¹Pois bem! Juro por minha vida – oráculo do Senhor Javé: Agirei contra você com a mesma ira e o mesmo ciúme com que você os tratou no seu ódio contra eles. E pela maneira com que eu julgar você, eles me reconhecerão. ¹²Então você ficará sabendo que eu, Javé, ouvi todos os insultos que você falou contra os montes de Israel, dizendo: 'Estão como um deserto! Eles foram entregues a nós para que os devoremos'. ¹³Vocês tiveram a ousadia de levantar a voz contra mim, e contra mim multiplicaram suas injúrias. Eu escutei tudo. ¹⁴Pois bem! Assim diz o Senhor Javé: Para alegria da terra inteira, vou fazer de você um deserto. ¹⁵Você se alegrou quando a herança da casa de Israel ficou deserta. Pois bem! Vou fazer o mesmo com você. O monte Seir ficará deserto, junto com todo o território de Edom. Então ficarão sabendo que eu sou Javé".

36 Oráculo sobre os montes de Israel

¹"Filho do homem, profetize para os montes de Israel, dizendo: Montes de Israel, escutem a palavra de Javé: ²Assim diz o Senhor Javé: Seus inimigos disseram contra vocês: 'Viva! Esses lugares altos e eternos são propriedade nossa'. ³Pois bem! Profetize, dizendo: Assim diz o Senhor Javé: Vocês foram devastados e perseguidos pelos vizinhos, que queriam torná-los propriedade das outras nações. Vocês se tornaram motivo de boatos e calúnias dos povos. ⁴Pois bem, montes de Israel, ouçam a palavra do Senhor Javé! Assim diz o Senhor Javé aos montes, colinas, precipícios, vales, ruínas desertas e cidades abandonadas, entregues ao saque e à caçoada das nações vizinhas. ⁵Assim diz o Senhor Javé: Com ciúme ardente, eu falo contra as outras nações e contra Edom inteiro, porque se apoderaram da minha terra, com o coração todo cheio de alegria e com sentimento de ódio por causa das pastagens disponíveis para o saque.

⁶Por isso, profetize à terra de Israel e diga aos montes, colinas, precipícios e vales: Assim diz o Senhor Javé: Eu falo com ciúme e ira: vocês suportaram o insulto das nações. ⁷Por isso, assim diz o Senhor Javé: Levanto a mão e juro que as nações vizinhas terão de suportar sua própria vergonha. ⁸Quanto a vocês, montes de Israel, abram seus ramos e produzam frutos para meu povo Israel, pois ele está para voltar. ⁹Eu estou com vocês, agindo em seu favor: vocês serão lavrados e semeados. ¹⁰Multiplicarei seus habitantes, toda a casa de Israel. As cidades serão habitadas e as ruínas serão reconstruídas. ¹¹Multiplicarei os homens e

---

35,1-15: Este oráculo estaria melhor entre os dirigidos contra as nações (25,12-14). É paralelo ao oráculo seguinte, e ressalta a promessa de salvação para Israel.

36,1-15: Javé irá restaurar os montes de Israel invadidos e destruídos por nações vizinhas. A terra recuperará a paz, fecundidade e vida para receber os exilados, cuja

seu rebanho. Eles crescerão e serão fecundos. Farei que vocês sejam habitados como antes; a vocês eu darei mais bens do que antigamente. Desse modo, vocês ficarão sabendo que eu sou Javé. ¹²Farei com que os homens do meu povo Israel tomem posse de vocês. Eles tomarão posse de vocês, e vocês serão para eles uma herança, e eles não voltarão a ficar sem filhos.

¹³Assim diz o Senhor Javé: Estão dizendo que você devora os homens e deixa a nação sem filhos. ¹⁴Pois bem! Você não voltará a devorar os homens, nem deixará a nação sem filhos – oráculo do Senhor Javé. ¹⁵Farei com que você nunca mais ouça os insultos das nações, nem sofra a caçoada dos povos, nem volte a deixar a nação sem filhos – oráculo do Senhor Javé".

Coração de pedra e coração de carne – ¹⁶A palavra de Javé veio a mim nestes termos: ¹⁷"Filho do homem, a casa de Israel, quando habitava em sua terra, tornou-a impura com seu comportamento e suas ações. O comportamento dela para comigo foi como a impureza da mulher que está com regras. ¹⁸Por isso, derramei minha ira sobre eles, por causa do sangue que espalharam na terra e por causa dos ídolos com que a contaminaram. ¹⁹Eu os espalhei entre as nações, e eles foram dispersos pelas terras. Julguei-os conforme a conduta e as ações deles. ²⁰Chegando ao meio das nações para onde foram, profanaram meu nome santo, pois os outros diziam: 'É o povo de Javé! E tiveram de sair da terra deles!' ²¹Então me preocupei com meu nome santo, que a casa de Israel profanou no meio das nações para onde foram. ²²Por isso, diga à casa de Israel: Assim diz o Senhor Javé: Não é por causa de vocês que estou agindo assim, ó casa de Israel, mas por causa do meu nome santo, que vocês profanaram no meio das nações onde foram parar. ²³Vou santificar meu nome grandioso, que foi profanado entre as nações, porque vocês o profanaram entre elas. Então as nações ficarão sabendo que eu sou Javé – oráculo do Senhor Javé – quando eu mostrar minha santidade em vocês diante deles. ²⁴Vou pegar vocês do meio das nações, vou reuni-los de todas as terras e levá-los para sua própria terra. ²⁵Derramarei sobre vocês uma água pura, e vocês ficarão purificados. Purificarei vocês de todas as suas imundícies e de todos os seus ídolos. ²⁶Darei a vocês um coração novo, e colocarei um espírito novo dentro de vocês. Tirarei de vocês o coração de pedra, e lhes darei um coração de carne. ²⁷Colocarei dentro de vocês o meu espírito, para fazer com que vivam de acordo com meus estatutos, e observem e coloquem em prática minhas normas. ²⁸Então vocês habitarão na terra que dei a seus pais: vocês serão meu povo, e eu serei o Deus de vocês. ²⁹Livrarei vocês de todas as suas impurezas. Convocarei o trigo e o multiplicarei. Nunca mais vou lhes mandar a fome. ³⁰Multiplicarei os frutos das árvores e a produção das roças para que vocês não passem mais a vergonha da fome entre as nações. ³¹Então vocês se lembrarão de seu comportamento perverso e de suas más ações, e sentirão nojo de si próprios, por causa de suas maldades e abominações. ³²Saibam que não é por causa de vocês que estou fazendo isso – oráculo do Senhor Javé. Fiquem envergonhados e confusos, por causa do seu comportamento, ó casa de Israel.

³³Assim diz o Senhor Javé: Quando eu purificar vocês dos seus pecados, farei com que suas cidades sejam habitadas e suas ruínas reconstruídas. ³⁴A terra devastada será de novo cultivada, depois de ter ficado deserta à vista de todos os que passavam. ³⁵Quem passar por aí, dirá: 'Esta terra que estava deserta, agora parece o jardim de Éden! As cidades que estavam destruídas, arruinadas e demolidas, estão agora habitadas como se fossem fortalezas!' ³⁶As nações que sobrarem na sua vizinhança ficarão sabendo que eu, Javé, reconstruo o que estava demolido e cultivo de novo o que estava deserto. Eu, Javé, digo e faço.

---

descendência se multiplicará como sinal da bênção de Javé (cf. Gn 1,28; Sl 69,36-37).

16-38: Resumo da teologia de Ezequiel na descrição de seus seguidores. Para estes, a destruição e exílio de Israel aconteceram, não porque Javé fosse incapaz de proteger seu povo, mas devido aos pecados do próprio povo (20,27-36). Também a restauração de Israel só acontecerá pelo poder de Javé, que purifica o povo pecador, transformando o "coração de pedra" em "coração de carne". Com "espírito novo", cada pessoa é capaz de andar nos "estatutos" de Deus e receber dele a bênção (18,30-32).

³⁷Assim diz o Senhor Javé: Ainda farei isto por eles: Permitirei que a casa de Israel suplique minha intervenção em seu favor. Multiplicarei os homens como rebanho, ³⁸como rebanho de ovelhas consagradas. Como ovelhas em Jerusalém durante a festa, assim se encherão de rebanho de gente as cidades arrasadas. Então ficarão sabendo que eu sou Javé".

37 Ossos secos e túmulos –

¹A mão de Javé pousou sobre mim, e o espírito de Javé me levou e me deixou num vale cheio de ossos. ²E o espírito me fez circular em torno deles, por todos os lados. Notei que havia grande quantidade de ossos espalhados pelo vale e que estavam todos secos. ³Então Javé me disse: "Filho do homem, será que esses ossos poderão reviver?" Eu respondi: "Meu Senhor Javé, és tu que sabes". ⁴Então ele me disse: "Profetize, dizendo: Ossos secos, ouçam a palavra de Javé! ⁵Assim diz o Senhor Javé a esses ossos: Vou infundir um espírito, e vocês reviverão. ⁶Vou cobrir vocês de nervos, vou fazer com que vocês criem carne e se revistam de pele. Em seguida, infundirei o meu espírito, e vocês reviverão. Então vocês ficarão sabendo que eu sou Javé".

⁷Profetizei de acordo com a ordem que havia recebido. Enquanto eu estava profetizando, ouvi um barulho e vi um movimento entre os ossos, que começaram a se aproximar um do outro, cada um com o seu correspondente. ⁸Observando bem, vi que apareciam nervos, que iam sendo cobertos de carne e que a pele os recobria; mas não havia espírito neles. ⁹Então Javé acrescentou: "Profetize ao espírito, filho do homem, profetize e diga: Assim diz o Senhor Javé: Espírito, venha dos quatro ventos e sopre nestes cadáveres, para que revivam". ¹⁰Profetizei conforme ele havia mandado. O espírito penetrou neles, e reviveram, colocando-se de pé. Era um exército imenso.

¹¹Em seguida, Javé me disse: "Filho do homem, esses ossos são toda a casa de Israel. Eles dizem: 'Nossos ossos estão secos e nossa esperança se foi. Para nós, tudo acabou'. ¹²Pois bem! Profetize e diga: Assim diz o Senhor Javé: Vou abrir seus túmulos, tirar vocês de seus túmulos, povo meu, e vou levá-los para a terra de Israel. ¹³Povo meu, vocês ficarão sabendo que eu sou Javé, quando eu abrir seus túmulos, e de seus túmulos eu tirar vocês. ¹⁴Colocarei em vocês o meu espírito, e vocês reviverão. Eu os colocarei em sua própria terra, e vocês ficarão sabendo que eu, Javé, digo e faço – oráculo de Javé".

Judá e Israel reunidos em um só reino –

¹⁵A palavra de Javé veio a mim nestes termos: ¹⁶"Filho do homem, pegue uma vara e escreva nela: 'Judá e os filhos de Israel que estão com ele'. Depois, pegue outra vara e escreva nela: 'José, vara de Efraim, e toda a casa de Israel que está com ele'. ¹⁷Em seguida, junte as duas, de modo que formem uma vara só e fiquem unidas em sua mão. ¹⁸Os filhos do seu povo perguntarão: 'Você não vai explicar o que significa isso?' ¹⁹Então você responderá para eles: Assim diz o Senhor Javé: Pegarei a vara de José, que está na mão de Efraim, e as tribos de Israel que estão com ele, e juntarei com a vara de Judá, de modo que fiquem unidas em minha mão e formem uma vara só. ²⁰Pegue na mão as varas escritas e, diante deles, ²¹diga: Assim diz o Senhor Javé: Tirarei os filhos de Israel do meio das nações para onde foram levados, e os reunirei de todos os povos, e os levarei de volta para sua terra. ²²Farei deles uma só nação na terra, nos montes de Israel, e um só rei governará sobre todos eles. Não serão mais duas nações, nem dois reinos separados. ²³Não se contaminarão mais com seus ídolos, com seus horrores e com seus crimes. Vou libertá-los das revoltas que os levaram a pecar. Vou purificá-los, e eles serão meu povo e eu serei o Deus

---

37,1-14: Duas imagens descrevem a condição de um povo morto, quais ossos espalhados em campo de batalha ou sepultados, e anunciam a restauração de Israel. Precisamente quando já não resta esperança de vida, o espírito de Deus sopra, recriando e restaurando o povo que a guerra e o exílio tanto abateram (cf. Gn 1,2; 2,7). "Espírito", "sopro" e "vento" são a mesma palavra em hebraico (*ruah*).

15-28: Com a imagem das duas varas de madeira amarradas entre si, vem o anúncio da reunificação de Judá e Israel num só reino após o exílio. Segundo o grupo de Ezequiel, não pode haver restauração plena sem a renovada aliança do povo com Javé: um só reino sob um só rei, o novo Davi, e com um só santuário, a nova Jerusalém (34,23; cf. Jr 33).

deles. ²⁴Meu servo Davi reinará sobre eles, e haverá um só pastor para todos. Eles viverão segundo minhas normas, observarão meus estatutos e os colocarão em prática. ²⁵Eles habitarão na terra que dei a meu servo Jacó, onde já habitaram seus pais. Aí eles vão habitar em definitivo, junto com seus filhos e os filhos de seus filhos, para sempre, enquanto meu servo Davi será o príncipe deles para sempre. ²⁶Farei com eles uma aliança de paz, que será uma aliança para sempre. Vou estabelecê-los e multiplicá-los, e colocarei meu santuário no meio deles para sempre. ²⁷Aí será minha habitação. Eu serei o Deus deles, e eles serão meu povo. ²⁸Quando eu colocar meu santuário no meio deles para sempre, as nações ficarão sabendo que eu sou Javé, aquele que consagra Israel".

38 Contra Gog, rei de Magog

¹A palavra de Javé veio a mim nestes termos: ²"Filho do homem, volte o rosto para o lado de Gog, na terra de Magogue. Ele é o príncipe e cabeça de Mosoc e Tubal. Profetize contra ele, ³dizendo: Assim diz o Senhor Javé: Eu estou contra você, Gog, príncipe e cabeça de Mosoc e Tubal. ⁴Vou tirá-lo para fora, colocar arpões no seu queixo e puxar você com todo o seu exército: cavalos e cavaleiros, todos completamente armados, um grande exército com escudos grandes e pequenos, e todos empunhando espada. ⁵Junto com eles, a Pérsia, Cuch e Fut, todos com escudo e capacete; ⁶Gomer, com todas as suas tropas; Bet-Togorma, situada no extremo norte, com todas as tropas; muitos povos que estão com você. ⁷Apronte-se e prepare-se com todo o exército que você recrutou, e fique à minha disposição. ⁸Após muito tempo, você receberá uma tarefa: daqui a muitos anos você irá para uma terra cuja população escapou da espada e foi reunida do meio dos povos sobre os montes de Israel, após terem ficado muito tempo em ruínas. Depois que foram tirados do meio dos povos, estão agora todos habitando tranquilamente. ⁹Você, porém, junto com seu exército e incontáveis tropas aliadas, se levantará como tempestade e avançará como nuvem, até cobrir a terra.

¹⁰Assim diz o Senhor Javé: Nesse dia, você terá um pensamento mau e fará um plano perverso: ¹¹'Vou atacar essa terra que não tem barreiras, invadir a casa de um povo despreocupado, gente que habita confiante, sem muralhas, sem trancas e sem portas. ¹²Vou saquear e roubar, vou lançar a mão sobre essas ruínas repovoadas, sobre esse povo que foi reunido do meio das outras nações, e que agora está criando gado e bens, habitando no centro do mundo'. ¹³Sabá, Dadã, seus negociantes de Társis e todos os seus mercadores perguntarão: 'Você vai mesmo saquear? É para roubar que você reuniu seu exército? É para roubar prata e ouro, para tomar rebanhos e bens, para fazer um grande saque?'

¹⁴Filho do homem, profetize e fale para Gog: Assim diz o Senhor Javé: Exatamente nesse dia, quando meu povo Israel estiver habitando tranquilamente, você será despertado. ¹⁵Você virá da sua terra no extremo norte, junto com incontáveis tropas aliadas, todos montados em carros de guerra, formando um grande exército. ¹⁶Você subirá contra meu povo Israel e cobrirá como nuvem a terra. No fim dos dias, farei você entrar na minha terra, para que as outras nações me reconheçam quando, à custa de você, Gog, eu manifestar minha santidade à vista delas. ¹⁷Assim diz o Senhor Javé: Você é aquele de quem falei, nos tempos antigos, pela boca dos meus servos, os profetas de Israel. Esses profetas, naqueles tempos e por muitos anos, profetizaram que eu haveria de trazer você contra eles.

¹⁸Quando Gog atacar a terra de Israel – oráculo do Senhor Javé – minha cólera vai transbordar. Em minha ira, ¹⁹em meu ciúme e no ardor da minha indignação, eu declaro: Nesse dia, haverá um grande terremoto na terra de Israel. ²⁰Por medo de mim, vão tremer os peixes do mar, as aves do céu, as feras selvagens, os répteis que se arrastam pelo chão e todo ser humano que existe sobre a terra. Os montes serão arrasados, tudo o que é alto virá abaixo e

---

38,1-39,20: Escritos no pós-exílio, estes capítulos descrevem com linguagem apocalíptica as lutas do mal contra o bem (cf. Is 24-27; Zc 9-14; Dn 7-12). O inimigo vindo do norte, com todo o poderio militar, invade a

as muralhas cairão por terra. ²¹Por sobre todas as minhas montanhas, eu chamarei contra Gog toda espada – oráculo do Senhor Javé. Cada um manejará a espada contra seu próprio irmão. ²²Vou castigá-lo com a peste e o sangue. Mandarei tempestade, chuva de pedra, fogo e enxofre contra ele, contra seus exércitos e suas incontáveis tropas aliadas. ²³Mostrarei minha grandeza e minha santidade, e me revelarei aos olhos de muitas nações. E ficarão sabendo que eu sou Javé.

39 ¹Filho do homem, profetize contra Gog: Assim diz o Senhor Javé: Eu estou contra você, Gog, príncipe e cabeça de Mosoc e Tubal. ²Vou fazê-lo voltar e vou conduzi-lo do extremo norte para os montes de Israel. ³Aí, vou quebrar o arco da sua mão esquerda e fazer cair as flechas da sua direita. ⁴Você cairá sobre os montes de Israel, junto com seu exército e suas incontáveis tropas aliadas. Entregarei você como pasto a todas as aves de rapina e às feras selvagens. ⁵Você cairá em pleno campo de batalha, pois fui eu quem falou – oráculo do Senhor Javé. ⁶Mandarei fogo contra Magog e contra os que tranquilos habitam nas ilhas, para que fiquem sabendo que eu sou Javé. ⁷Farei que meu nome santo seja conhecido no meio do meu povo Israel, e não permitirei que meu santo nome seja profanado. Então as outras nações ficarão sabendo que eu sou Javé, o Santo de Israel. ⁸Vejam bem que o dia está chegando – oráculo do Senhor Javé. Está chegando o dia do qual falei. ⁹Os habitantes das cidades de Israel sairão e, para fazer fogo, queimarão armas, escudos grandes e pequenos, arcos, flechas e lanças. Terão com que acender fogo durante sete anos. ¹⁰Não precisarão catar lenha fora da cidade ou cortar no mato, pois acenderão fogo com as armas. Eles saquearão aqueles que os saquearam e despojarão aqueles que os despojaram – oráculo do Senhor Javé. ¹¹Nesse dia, sepultarei Gog num lugar famoso de Israel: no vale dos Transeuntes, ao leste do mar, o vale que barra os passantes. Aí serão sepultados Gog e todo o seu exército. E o vale se chamará vale do Exército de Gog. ¹²A casa de Israel sepultará o exército de Gog durante sete meses, para purificar a terra. ¹³Todo o povo da terra ajudará a sepultar, e isso será uma honra para cada um, quando se manifestar a minha glória – oráculo do Senhor Javé. ¹⁴Será nomeada uma patrulha, que deverá percorrer a terra e sepultar os que tiverem ficado sem sepultura, a fim de purificar a terra. Eles deverão começar a procurar cadáveres sem sepultura, depois de passados os sete meses. ¹⁵Quando um desses que devem percorrer o país enxergar uma ossada humana, deverá levantar junto dela um marco de pedras, para que os encarregados de sepultar venham sepultá-la no vale do Exército de Gog, ¹⁶a fim de purificar a terra.

¹⁷Filho do homem: Assim diz o Senhor Javé: Diga a todas as espécies de aves e feras: Reúnam-se e venham! Ajuntem-se de todos os lados para o sacrifício que eu lhes preparei, um grande sacrifício sobre os montes de Israel. Vocês comerão carne e beberão sangue. ¹⁸Comerão a carne dos valentes e beberão o sangue dos príncipes da terra. São todos cordeiros, carneiros, cabritos e bois gordos de Basã. ¹⁹Vocês comerão carnes gordas até ficarem satisfeitos, e beberão sangue até ficarem embriagados com o sacrifício que estou oferecendo para vocês. ²⁰Na minha mesa, vocês vão matar a fome, comendo a carne dos cavalos e cavaleiros, dos soldados e de todos os guerreiros – oráculo do Senhor Javé.

Conclusão – ²¹Vou manifestar minha glória entre as nações, e todas as nações verão o julgamento que vou executar e a mão que colocarei sobre elas. ²²Desde esse dia e para todo o sempre, a casa de Israel ficará sabendo que eu sou Javé, o seu Deus. ²³As outras nações ficarão sabendo que a casa de Israel foi para o exílio por causa do seu próprio pecado. Eles foram infiéis comigo, e por isso afastei deles o meu rosto, entregando-os em mãos de seus inimigos. Foi assim que eles caíram

---

terra de Israel e trava luta desigual contra o "resto" de Israel (38,8), mas no final o poderoso inimigo será destruído por Deus (39,17-20; cf. Ap 19,17-18; 20,7-10).

39,21-29: Outro resumo da mensagem de Ezequiel, quase repetindo 36,16-38: o próprio Javé fez o povo, por seus crimes, ir para o exílio, e agora faz os exilados

mortos pela espada. ²⁴Para castigá-los por seu descaramento e por seus crimes, afastei deles o meu rosto. ²⁵No entanto, assim diz o Senhor Javé: Agora vou mudar o cativo de Jacó, vou tratar com misericórdia a casa de Israel, porque sou ciumento do meu santo nome. ²⁶Quando eles estiverem habitando tranquilamente em seu solo, sem ninguém para os incomodar, eles se envergonharão de todas as revoltas que cometeram. ²⁷Quando eu os trouxer de volta do meio dos outros povos, e os reunir das terras de seus inimigos e manifestar neles minha santidade aos olhos de muitas nações, ²⁸eles ficarão sabendo que eu sou Javé, o Deus deles. Eu os exilei entre as nações, mas agora eu os reúno de novo em sua própria terra, sem deixar ninguém de fora. ²⁹Nunca mais esconderei deles o meu rosto, porque vou derramar o meu espírito sobre a casa de Israel – oráculo do Senhor Javé".

V. VISÃO DA NOVA JERUSALÉM E DO POVO RESTAURADO

40 *A cidade sobre o monte* – ¹No dia dez do começo do ano vinte e cinco do nosso exílio, ou seja, catorze anos depois da tomada de Jerusalém, exatamente nesse dia, a mão de Javé pousou sobre mim, levando-me para Jerusalém. ²Através de um êxtase, Javé me levou para a terra de Israel e me fez pousar num monte muito alto, sobre o qual havia uma cidade construída do lado sul. ³Ele me fez entrar na cidade, e encontrei aí um homem que parecia de bronze. Tinha um cordão de linho na mão e uma vara de medir. O homem estava de pé junto ao pórtico. ⁴Ele me disse: "Filho do homem, olhe e ouça bem, preste atenção a tudo o que lhe vou mostrar, pois você foi trazido aqui para que eu lhe mostrasse tudo. Depois, você contará para a casa de Israel tudo o que viu".

A muralha externa – ⁵Havia uma muralha externa que cercava o Templo por todos os lados. O homem tinha na mão uma vara de medir de seis côvados, de côvados equivalentes a um côvado e um palmo cada um. O homem mediu a muralha com a vara: tinha três metros de espessura e três metros de altura.

O pórtico do lado leste – ⁶O homem foi até o pórtico, cuja frente olha para o leste. Subiu os degraus e mediu o limiar do pórtico: tinha três metros de profundidade. ⁷O cubículo tinha três metros de comprimento e três de largura; o pilar entre os cubículos tinha dois metros e meio; o limiar do pórtico, junto ao vestíbulo do pórtico, para o lado de dentro, tinha três metros. ⁸Mediu o vestíbulo do pórtico, do lado de dentro, e deu três metros. ⁹Em seguida, mediu o vestíbulo do pórtico: quatro metros; e o seu pilar: um metro. O vestíbulo do pórtico ficava do lado de dentro. ¹⁰Os cubículos do pórtico oriental eram três de um lado e três do outro, todos com a mesma medida. Os pilares também tinham a mesma medida, tanto de um lado como do outro. ¹¹Depois, o homem mediu a entrada do pórtico: tinha cinco metros de largura; o comprimento do pórtico media seis metros e meio. ¹²Diante dos cubículos havia um parapeito de meio metro, tanto de um lado como do outro; o cubículo tinha três metros de cada lado. ¹³Mediu também a largura do pórtico, do fundo de um cubículo até o fundo do outro: era de doze metros e meio, com uma entrada em frente da outra. ¹⁴O vestíbulo, que ele mediu, tinha dez metros. O pátio cercava o pórtico de todos os lados. ¹⁵Des-

---

retornarem à terra santa, em honra do santo nome de Javé (v. 29; cf. 11,19; 18,31).

40-48: Descrição, com esplêndida visão utópica, do novo Templo de Jerusalém, bem organizado com seu altar, ministros, festas e sacrifícios (40,1-46,24). Em torno ao Templo, assentam-se as tribos, e seus territórios se estendem até o mar Mediterrâneo (47-48). O mais importante é a glória de Javé que retorna à cidade santa (43,1-9; cf. 10,18-22; 11,22-25) e nela permanece: "Javé aí está" (48,35). O texto atual de Ez 40-48 é resultado de sucessivos acréscimos, e sua redação final situa-se no pós-exílio, quando o Templo se torna centro do poder socioeconômico do governo teocrata (cf. Esd 5,1-6,22). Por exemplo, a expressão "Eu sou Javé", frequente em Ez, não é utilizada nenhuma vez nos caps. 40-48, e isso comprova que esse bloco é de redação posterior.

40,1-49: Esse "homem", que acompanha o filho do homem, é um mensageiro ou "anjo", cuja função de guia se desenvolve na tradição tardia (Gn 16,7; Zc 1,8; Dn 8,16; Ap 1,1). Compare-se esta descrição do Templo (40-42) com a do Tempo de Salomão (1Rs 6) e da tenda no deserto (Ex 26-36). O Templo como habitação de Deus ganha importância maior no pós-exílio.

de a fachada do pórtico, junto à entrada, até a frente do vestíbulo do pórtico interior, eram vinte e cinco metros. ¹⁶Havia janelas com grades nos cubículos e sobre os seus pilares, voltadas ao redor para o interior do pórtico; também havia janelas iguais em torno do vestíbulo, e palmeiras sobre os pilares.

O pátio externo – ¹⁷Depois, o homem conduziu-me para o pátio externo, onde havia câmaras abertas e um pavimento em torno do pátio. Havia ao todo trinta câmaras. ¹⁸Ao lado dos pórticos ficava o pavimento, correspondendo à profundidade dos pórticos. Esse era o pavimento inferior. ¹⁹Em seguida, mediu a largura do pavimento, desde a fachada do pórtico inferior até a fachada do pátio interno, pelo lado de fora: eram cinquenta metros.

O pórtico do lado norte – ²⁰Depois, mediu o comprimento e a largura do pórtico que olha para o norte, junto ao pátio externo. ²¹Seus cubículos eram três de cada lado. Seus pilares e vestíbulos tinham a mesma medida que o primeiro pórtico, isto é, vinte e cinco metros de comprimento e doze metros e meio de largura. ²²Suas janelas, o vestíbulo e as palmeiras tinham as mesmas dimensões que as do pórtico que olhava para o oriente. Subia-se até ele por sete degraus, e o seu vestíbulo ficava voltado para dentro. ²³O pátio interno tinha um pórtico fronteiro ao pórtico que olhava para o norte e ao pórtico que olhava para o oriente. Ele mediu a distância que havia de um pórtico até o outro: era de cinquenta metros.

O pórtico do lado sul – ²⁴O homem conduziu-me para o lado sul, onde havia um pórtico voltado para o sul. Mediu seus cubículos, pilares e vestíbulos, que tinham a mesma dimensão. ²⁵O pórtico e o vestíbulo tinham janelas ao redor com as mesmas medidas que as outras, isto é, vinte e cinco metros de comprimento e doze metros e meio de largura. ²⁶Sua escada tinha sete degraus. O vestíbulo ficava para dentro, com uma palmeira de cada lado nos pilares. ²⁷Havia um pórtico no pátio interno, voltado para o sul. A distância de pórtico a pórtico, na direção sul, era de cinquenta metros.

O pátio interno e o pórtico do lado sul – ²⁸Então o homem conduziu-me para o pátio interno, pelo pórtico do lado sul. Mediu o pórtico, e tinha a mesma medida. ²⁹Os cubículos, os pilares e o vestíbulo tinham também a mesma medida dos anteriores. Tanto o pórtico como seus vestíbulos tinham janelas ao redor, com vinte e cinco metros de comprimento e doze metros e meio de largura. ³⁰Os seus vestíbulos em toda a volta mediam doze metros e meio de comprimento e dois metros e meio de largura. ³¹O pátio externo tinha um vestíbulo com palmeiras sobre os pilares, e sua escada possuía oito degraus.

O pórtico do lado leste – ³²Então o homem conduziu-me até o pátio interno que dava para o lado leste. Mediu o pórtico, que tinha a mesma medida dos outros. ³³Os cubículos, os pilares e o vestíbulo também apresentavam a mesma medida. O pórtico e seu vestíbulo tinham janelas ao redor, medindo vinte e cinco metros de comprimento e doze metros e meio de largura. ³⁴Seu vestíbulo dava para o pátio externo e tinha palmeiras nos seus pilares, de um lado e do outro; sua escada tinha oito degraus.

O pórtico do lado norte – ³⁵Em seguida, o homem conduziu-me para o pórtico do lado norte e o mediu, obtendo as mesmas dimensões. ³⁶Os cubículos, os pilares e o vestíbulo também tinham a mesma dimensão. O pórtico tinha janelas ao redor, medindo vinte e cinco metros de comprimento e doze metros e meio de largura. ³⁷Seu vestíbulo dava para o pátio externo e tinha palmeiras nos seus pilares, de um lado e do outro; sua escada tinha oito degraus.

Anexos dos pórticos – ³⁸Havia uma câmara com a entrada no vestíbulo do pórtico. Aí era lavado o holocausto. ³⁹No vestíbulo do pórtico se encontravam duas mesas de um lado e duas do outro, para a imolação do holocausto, do sacrifício pelo pecado e do sacrifício de expiação. ⁴⁰Do lado de fora de quem subia pela entrada do pórtico, na direção do norte, estavam duas mesas, e do outro lado do vestíbulo também havia duas mesas. ⁴¹Havia assim quatro mesas de um lado e quatro do outro, junto ao pórtico, ou seja, ao todo oito mesas em que se fazia a imolação. ⁴²Além disso, havia quatro mesas para o holocausto, feitas de pedras de cantaria, cujo comprimento era de setenta e cinco centímetros, a largura de setenta e cinco centímetros e a altura era de meio metro. Sobre essas mesas eram depositados os instrumentos com que eram imolados o holocausto e o sacrifício. ⁴³Pelo lado de dentro, ao redor, havia rebordos de um palmo de comprimento. Sobre as mesas ficava a carne da oblação.

⁴⁴Depois, o homem conduziu-me para o pátio interno, onde havia duas câmaras: uma, do lado do pórtico norte, olhava para o sul; a outra, do lado do pórtico sul, olhava para o norte. ⁴⁵O homem disse-me: "Essa câmara, que olha para o sul, é reservada aos sacerdotes que fazem o serviço do Templo. ⁴⁶A câmara que olha para o norte pertence aos sacerdotes que fazem o serviço do altar. São os filhos de Sadoc que, dentre os filhos de Levi, se aproximam de Javé para o servirem".

⁴⁷Mediu em seguida o pátio: era quadrado e tinha cinquenta metros de comprimento por cinquenta de largura. E o altar ficava diante do Templo.

O vestíbulo do Templo – ⁴⁸Depois, o homem conduziu-me para o vestíbulo do Templo, e mediu os pilares do vestíbulo. Tinha dois metros e meio de um lado e dois metros e meio do outro; a largura do pórtico tinha um metro e meio de um lado e do outro. ⁴⁹O comprimento do vestíbulo era de dez metros, e a largura media seis metros. Havia dez degraus para subir até ele. Junto aos pilares havia colunas, uma de cada lado.

41 O Santo
– ¹Em seguida, o homem conduziu-me para o Santo, e mediu os pilares: três metros de largura de um lado e três metros do outro. ²A largura da entrada era de cinco metros, enquanto as ombreiras da entrada tinham dois metros e meio de ambos os lados. Mediu também o Santo: tinha vinte metros de comprimento e dez metros de largura.

O Santo dos Santos – ³Ele me conduziu para dentro do Santo dos Santos e mediu: o pilar da entrada tinha um metro, a entrada três metros, e as ombreiras da entrada três metros e meio. ⁴Depois, mediu o Santo dos Santos: tanto o comprimento como a largura tinham dez metros, do lado do Santo. Ele comentou: "Este é o Santo dos Santos".

As celas laterais – ⁵Em seguida, o homem mediu a parede do Templo: tinha três metros. A largura da ala lateral era de dois metros, ao redor do Templo. ⁶As celas ficavam superpostas em três andares, com trinta celas cada um. As celas se ajustavam à parede do Templo, isto é, as celas que ficavam em torno, servindo de suportes, mas não existiam suportes nas paredes do Templo. ⁷A largura das celas ia aumentando de andar em andar, conforme o aumento que recebia sobre a muralha, de andar em andar, em torno do Templo.

⁸Vi que o Templo tinha uma rampa, que o rodeava todo e que formava a base das celas laterais. Sua medida era de uma vara, isto é, três metros. ⁹A espessura da parede externa das celas laterais era de dois metros e meio. Havia uma passagem entre as celas do Templo ¹⁰e as câmaras, com a largura de dez metros, em torno de todo o Templo. ¹¹Como entrada das celas laterais, havia na passagem uma entrada para o lado norte e outra para o lado sul. A largura da entrada era de dois metros e meio.

O edifício ocidental – ¹²O edifício que limitava com o pátio do lado ocidental tinha trinta e cinco metros de largura, enquanto a parede do edifício que ficava em torno tinha dois metros e meio de espessura e quarenta e cinco metros de comprimento. ¹³O homem mediu também o Templo: tinha cinquenta metros; o comprimento do pátio, do edifício e de suas paredes era de cinquenta metros. ¹⁴Depois, mediu a largura da fachada do Templo e do pátio para o oriente: era de cinquenta metros. ¹⁵Por fim, mediu o comprimento do edifício junto ao pátio, por trás, bem

---

41,1-26: O Templo propriamente dito é composto de três partes: o "vestíbulo", saguão de entrada; o "Santo", grande sala de culto; o "Santo dos santos", o lugar mais sagrado, onde outrora repousava a arca da aliança,

como sua galeria de um lado e do outro, obtendo também cinquenta metros.

Ornamentação interior – O interior do Santo e os vestíbulos dos pátios, ¹⁶os limiares, as janelas de grades e as galerias dos três lados, em frente do limiar, estavam revestidos de madeira em volta, desde o chão até as janelas, e as janelas eram gradeadas. ¹⁷Desde a entrada até o interior do Templo, bem como por fora, sobre toda a parede em volta, tanto por dentro como por fora, ¹⁸estavam esculpidos querubins e palmeiras, uma palmeira entre dois querubins. Cada querubim tinha duas faces: ¹⁹de um lado, uma face de homem voltada para a palmeira, e do outro lado uma face de leão voltada para a palmeira. Isso em torno de todo o Templo. ²⁰Os querubins e as palmeiras estavam esculpidos sobre as paredes, desde o chão até o alto da entrada. ²¹As ombreiras da porta do Santo eram quadradas.

O altar de madeira – Diante do santuário, havia algo com aspecto ²²de altar de madeira, e tinha um metro e meio de altura, um metro de comprimento e um metro de largura. Tinha cantos, base e lados, tudo de madeira. O homem disse-me: "Essa é a mesa que fica na presença de Javé".

As portas – ²³O Santo tinha duas portas, e o santuário ²⁴duas portas. Ambas as portas eram de dois batentes: dois batentes pertenciam a uma das portas, e dois à outra. ²⁵Sobre as portas do Santo estavam esculpidos querubins e palmeiras, como os que se encontravam sobre as paredes. Do lado de fora, na frente do vestíbulo, havia um anteparo, ²⁶bem como janelas gradeadas e palmeiras, de um lado e do outro, sobre os lados do vestíbulo, nas celas do Templo e nos anteparos.

42 ***Câmaras dos sacerdotes*** – ¹Então o homem levou-me para o pátio externo, para o lado norte e para junto da câmara que fica na frente do pátio, na frente do edifício do lado norte. ²A fachada da câmara media cinquenta metros de comprimento para o lado norte, e vinte e cinco metros de largura. ³Em frente aos vestíbulos do pátio interno e em frente ao pavimento do pátio externo, havia uma galeria em frente à tríplice galeria. ⁴Em frente à câmara, havia uma passagem que tinha cinco metros de largura para dentro, e cinquenta metros de comprimento. Suas entradas davam para o norte. ⁵As câmaras superiores eram menores do que as de baixo e do meio, porque as galerias tomavam espaço maior do que as de baixo e do meio. ⁶De fato, elas se dividiam em três andares, e não tinham colunas como o pátio. Por isso, eram mais estreitas do que as de baixo e do meio, a partir do chão. ⁷A parede do lado de fora, junto às câmaras, voltadas para o pátio exterior, em frente às câmaras, tinha vinte e cinco metros de comprimento. ⁸Portanto, o comprimento das câmaras do pátio externo era de vinte e cinco metros, ao passo que o comprimento das que ficavam em frente do Santo era de cinquenta metros. ⁹Por baixo dessas câmaras estava a entrada do lado oriental, pela qual se tinha acesso a partir do pátio externo.

¹⁰Junto à largura da parede do pátio, do lado sul, em frente ao pátio e ao edifício, havia câmaras. ¹¹Fronteiro a elas ficava um caminho, como para as câmaras que estavam do lado norte. Tinham elas comprimento e largura idênticos, e também eram iguais as saídas, a disposição e as entradas. ¹²Por baixo das câmaras que ficavam para o lado sul, havia uma entrada, no começo de cada caminho, em frente à parede correspondente, do lado do oriente, junto à entrada. ¹³O homem disse-me: "As câmaras do norte e as câmaras do sul, que ficam fronteiras ao pátio, são as câmaras do santuário, onde os sacerdotes que se aproximam de Javé comem as coisas santíssimas. Aí depositarão as coisas

---

segundo a tradição bíblica (1Rs 6,19), e onde somente o sumo sacerdote podia entrar, uma única vez por ano, por ocasião da grande expiação (cf. Lv 16).

42,1-14: São ofertas essenciais no Segundo Templo: "sacrifício pelo pecado" (Lv 15,15) e "sacrifício de expiação" (Lv 7,1). Os teocratas (sacerdotes, levitas e escribas) associaram o pecado até com as doenças, manchas e defeitos do corpo humano, fortalecendo a distinção entre o puro e o impuro. Para os impuros entrarem na esfera da santidade de Deus, é indispensável que ofereçam sacrifícios de animais (Lv 12,8; 14,21). O custo elevado dessa oferta mantém os pobres em estado de impureza. Este será o ponto central da crítica de Jesus aos doutores da Lei (cf. Mc 2,1-12).

santíssimas, a oblação, o sacrifício pelo pecado e o sacrifício de expiação, porque o lugar é santo. ¹⁴Depois de entrarem aí, os sacerdotes não sairão diretamente do santuário para o pátio externo, mas primeiro depositarão aí as vestes com que tiverem exercido suas funções litúrgicas, porque são santas. Colocarão outras vestes, e só então poderão dirigir-se ao local destinado ao povo".

Dimensões do pátio – ¹⁵Tendo acabado de medir o interior do Templo, o homem conduziu-me para fora, em direção ao pórtico que dá para o oriente. E mediu todo o pátio ao redor. ¹⁶Mediu todo o lado do oriente com a vara de medir: tinha duzentos e cinquenta metros. ¹⁷Em seguida, mediu o lado norte: tinha duzentos e cinquenta metros ao redor. ¹⁸Depois, mediu o lado sul: também era de duzentos e cinquenta metros. ¹⁹Finalmente, mediu com a vara todo o lado ocidental: duzentos e cinquenta metros. ²⁰Pelos quatro lados, mediu toda a parede ao redor. Seu comprimento era de duzentos e cinquenta metros, e a largura de duzentos e cinquenta metros, e servia de separação entre a parte sagrada e a profana.

43

Retorno de Javé – ¹Então o homem levou-me para o pórtico oriental. ²E eu vi a glória do Deus de Israel: ela vinha do oriente. Fazia um barulho de águas torrenciais e a terra refletia sua glória. ³A visão que tive era como a visão que eu tinha contemplado quando vim para a destruição da cidade, e também como a visão que eu havia tido às margens do rio Cobar. Então caí com o rosto por terra. ⁴A glória de Javé entrou no Templo pelo pórtico oriental. ⁵Então o espírito me arrebatou e levou para o pátio interno: a glória de Javé enchia o Templo.

⁶Enquanto o homem continuava do meu lado, ouvi alguém que falava comigo de dentro do Templo, ⁷e me dizia: "Filho do homem, este é o lugar do meu trono e o lugar onde pousam meus pés, onde habitarei para sempre no meio dos filhos de Israel. A casa de Israel, o povo e seus reis, nunca mais profanarão meu nome santo com suas prostituições e com os cadáveres de seus reis com seus túmulos. ⁸Colocando a soleira de seus túmulos junto da minha soleira, e os batentes de suas portas junto aos meus, deixando apenas uma parede entre mim e eles, acabaram profanando meu nome santo com as abominações que praticaram. Por isso, minha ira os consumiu. ⁹Agora, porém, eles afastarão para longe de mim suas prostituições e os cadáveres de seus reis. E eu habitarei para sempre no meio deles.

A lei do Templo – ¹⁰Quanto a você, filho do homem, mostre para a casa de Israel o projeto do Templo, e eles ficarão envergonhados de suas culpas. Ao medir o projeto, ¹¹ficarão envergonhados de tudo o que fizeram. Então você ensinará para eles a forma do Templo, suas disposições, suas entradas e saídas, suas normas, regulamentos, regras e leis. Coloque tudo por escrito à vista deles, para que observem todas essas normas e coloquem em prática todos esses regulamentos. ¹²Esta é a lei do Templo que está construído no alto do monte: todo o espaço que está ao redor é santíssimo. Essa é a lei do Templo.

O altar – ¹³São estas as medidas do altar em côvados iguais a um côvado e um palmo: a base tinha meio metro de altura

---

15-20: Conclusão das medidas do Templo, lugar da habitação de Deus. O pátio interno (40,32) é separado do pátio externo (40,17) pelo muro (42,10). O Templo todo é separado do resto da cidade pelo muro do pátio externo (40,5). É a lei que separa entre o puro e o impuro, entre o sagrado e o profano (v. 20). Jesus trabalhará no meio dos pobres e doentes, condenados como profanos por essa lei (cf. Mc 1,29-31).

43,1-9: A glória de Javé volta ao lugar de onde partiu, para acompanhar e consagrar os primeiros exilados na Babilônia (10,18-22; 11,16,23). Para os teocratas, os ex-exilados descendentes de ex-governantes não podem realizar plenamente a restauração de Israel sem a presença de Javé (Esd 2,1-70), que deve ocupar seu trono de rei de Israel (v. 7). Sua habitação sagrada,

o Templo, que era próxima ao palácio do rei (1Rs 7,8), deve ser separada dos edifícios profanos (7b-8; 45,7-8). É a teocracia: o sagrado reina por meio dos sacerdotes.

10-12: A lei do Templo se converte em norma de vida para o povo. A sociedade, ditada e controlada pela lei do puro e do impuro (44,23), produz os "santos", e ao mesmo tempo os "endemoninhados"; com estes conviverá Jesus de Nazaré (cf. Mc 1,32-34).

13-27: Compare-se com Ex 20,22-26. O altar (40,47), situado em frente ao vestíbulo do Templo no pátio interno, tem a forma de torres piramidais de cinco metros de altura. Do átrio externo, o povo pode ver o fogo e a fumaça dos sacrifícios oferecidos. Como os zigurates dos babilônios (cf. Gn 11,1-9), o altar é o elo entre o sagrado e o profano, por meio do culto com sacrifícios. Nesta

por meio metro de largura; o espaço junto ao rego que contornava o altar era de um palmo. Essa era a base do altar. ¹⁴Da base até o pedestal inferior, o altar tinha um metro, e a largura era de meio metro; do pedestal menor até o pedestal maior, tinha dois metros por meio metro de largura. ¹⁵A lareira tinha dois metros, e acima da lareira havia quatro chifres. ¹⁶A lareira era quadrada, com seis metros de comprimento por seis metros de largura. ¹⁷O pedestal também era quadrado, com sete metros de comprimento por sete metros de largura. A borda em torno dele tinha vinte e cinco centímetros, e a medida da base em torno era de meio metro. Os degraus davam para o oriente. ¹⁸Ele me disse: "Filho do homem, assim diz o Senhor Javé: Esses aí são os estatutos referentes ao altar, para o dia em que o construírem para oferecer sobre ele o holocausto e sobre ele derramar o sangue. ¹⁹Você dará aos sacerdotes levitas, aos da linhagem de Sadoc, que se aproximam de mim para me servirem – oráculo do Senhor Javé –, um novilho para o sacrifício pelo pecado. ²⁰Então você pegará sangue do novilho e colocará sobre os quatro chifres, sobre os quatro cantos do pedestal e sobre a borda em torno. Com isso você purificará o altar e fará a expiação por ele. ²¹Em seguida, você tomará o novilho da oferta pelo pecado e o queimará no lugar do Templo que foi destinado para isso, fora do santuário. ²²No segundo dia, você oferecerá um bode perfeito como sacrifício pelo pecado, e com ele o altar se purificará do pecado, tal como foi feita a purificação com o novilho. ²³Acabando de fazer a purificação do pecado, você oferecerá um novilho perfeito e um carneiro perfeito. ²⁴Você os oferecerá diante de Javé, e os sacerdotes espalharão sal sobre eles, oferecendo-os em holocausto a Javé. ²⁵Durante sete dias, diariamente, você sacrificará um bode pelo pecado e, além disso, sacrificarão também um novilho e um carneiro do rebanho, todos perfeitos, ²⁶durante sete dias. Assim, farão a expiação pelo altar, e o purificarão e consagrarão. ²⁷No fim desse período, do oitavo dia em diante, os sacerdotes oferecerão sobre o altar os seus holocaustos e sacrifícios de comunhão, e eu serei propício para vocês – oráculo do Senhor Javé".

44 *Uso do pórtico oriental* – ¹Então ele me conduziu para o pórtico externo do santuário, que dava para o oriente e que estava fechado. ²Javé me disse: "Esse pórtico ficará fechado. Não será aberto e ninguém entrará por ele, porque por ele entrará Javé, o Deus de Israel. Por isso, permanecerá fechado. ³Contudo, o príncipe se sentará aí para comer pão na presença de Javé. Ele entrará pelo lado do vestíbulo do pórtico e sairá pelo mesmo lado".

Condições de admissão no Templo – ⁴Depois, o homem levou-me para o lado do pórtico do norte, para a frente do Templo. Olhei daí, e eis que a glória de Javé enchia o Templo. Então eu me prostrei com o rosto por terra. ⁵Javé me disse: "Filho do homem, preste atenção, fixe os olhos e escute bem tudo o que lhe vou dizer. Preste atenção a todos os estatutos do Templo de Javé, a todas as suas leis, às condições de admissão ao Templo e de exclusão do santuário. ⁶Diga a esses rebeldes, à casa de Israel: Assim diz o Senhor Javé: Chega de abominações, casa de Israel! ⁷Você introduziu estrangeiros, incircuncisos de coração e incircuncisos de carne, permitindo que se instalassem no meu santuário e profanassem o meu Templo, quando vocês ofereceram meu pão, a gordura e o sangue, rompendo minha aliança, com as abominações de vocês. ⁸Em vez de exercerem o ministério do santuário, vocês encarregaram qualquer um para exercer o ministério em meu santuário, no lugar de vocês. ⁹Assim diz o Senhor Javé: Nenhum estrangeiro, incircunciso de

---

espiritualidade, o sagrado está no ritual do Templo, mas não no cotidiano do povo.

44,1-3: Sobre o "príncipe", ver nota a 45,7-12. "Comer pão": refere-se à refeição sagrada em certos sacrifícios, sobretudo nos sacrifícios de comunhão (cf. Lv 7,11-15).

4-9: A crítica ao "ministério do santuário" (v. 8) alude ao serviço dos estrangeiros no Primeiro Templo (Esd 2,55; 8,20). No tempo pós-exílico, a circuncisão consolidou-se como sinal da pertença ao povo eleito (Lv 12,3; 2Mc 6,10), excluindo e amaldiçoando os incircuncisos (cf. Is 56,6-7).

coração e incircunciso de carne, entrará no meu santuário, dentre os estrangeiros que vivem no meio dos filhos de Israel.

Os levitas – ¹⁰Levarão sobre si a culpa os levitas que se afastaram de mim, quando Israel se desviou de mim para correr atrás de seus ídolos imundos. ¹¹Eles vão continuar no meu santuário, encarregando-se dos serviços de guarda junto às portas do Templo; prestarão serviço ao Templo. Matarão as vítimas para o holocausto e para o sacrifício pelo povo, e estarão postados junto do povo para lhe prestar serviço. ¹²Contudo, visto que estiveram a serviço do povo diante dos seus ídolos imundos, tornando-se motivo de tropeço para a casa de Israel, eu jurei solenemente – oráculo do Senhor Javé – que eles levarão sobre si a culpa. ¹³De fato, não tornarão a aproximar-se de mim para exercer meu sacerdócio, nem tocarão em nenhuma das minhas coisas santas, nem nas coisas santíssimas: levarão sobre si a vergonha e as abominações que praticaram. ¹⁴Farei que sejam encarregados do serviço do Templo, confiando a eles as tarefas que aí se executam.

Os sacerdotes – ¹⁵Os sacerdotes levitas, filhos de Sadoc, realizaram o serviço do meu santuário quando os filhos de Israel se desviaram de mim. Por isso, poderão aproximar-se de mim para exercer meu ministério e poderão estar em pé na minha presença, para me oferecer a gordura e o sangue – oráculo do Senhor Javé. ¹⁶Eles entrarão no meu santuário e se aproximarão da minha mesa para me servir, exercendo meu ministério. ¹⁷Sempre que entrarem pelas portas do pátio interno, usarão vestes de linho e não vestirão nada de lã, enquanto estiverem exercendo seu ministério junto aos pórticos do pátio interno e no Templo. ¹⁸Usarão turbantes de linho na cabeça e calções de linho sobre os quadris, e não vestirão nada que faça transpirar. ¹⁹Antes de saírem para o pátio externo, para junto do povo, tirarão as vestes com que serviram e as deixarão nas câmaras do santuário; colocarão outras vestes, para não transmitirem ao povo nenhuma influência sagrada. ²⁰Não raparão a cabeça, nem deixarão o cabelo crescer à vontade, mas usarão o cabelo bem aparado. ²¹Nenhum sacerdote beberá vinho nas ocasiões em que entrar no pátio interno. ²²Os sacerdotes não se casarão com viúva ou repudiada, mas somente com virgem da casa de Israel. Contudo, poderão casar-se com a viúva de um sacerdote. ²³Deverão ensinar meu povo a distinguir entre sagrado e profano, e farão que ele conheça a diferença entre puro e impuro. ²⁴Quando houver contenda, estarão presentes para julgar, julgando de acordo com o meu direito. Em todas as minhas assembleias solenes, observarão meus estatutos e minhas leis, e santificarão meus sábados. ²⁵Não se aproximarão de um morto, para não se tornarem impuros. Contudo, podem tornar-se impuros pelo pai, mãe, filho ou filha, irmão ou irmã, contanto que esta não seja casada. ²⁶Depois de se purificar da contaminação, deverão contar sete dias. ²⁷Em seguida, no dia em que entrar no santuário, no pátio interno, para servir, oferecerá seu sacrifício pelo pecado – oráculo do Senhor Javé. ²⁸Os sacerdotes não receberão herança, porque eu serei a herança deles. Para eles, não darei propriedades em Israel: a propriedade deles serei eu. ²⁹Eles comerão a oblação, o sacrifício pelo pecado e o sacrifício de expiação. A eles pertence tudo quanto se consagra como anátema em Israel. ³⁰Será também dos sacerdotes a primeira porção de todas as primícias, bem como de todas as suas ofertas, sejam elas quais forem. Vocês darão ao sacerdote também a primeira porção da massa de pão, para que a bênção repouse sobre a casa de vocês. ³¹Os sacerdotes não comerão nenhum animal que tenha morrido por si ou tenha sido dilacerado por uma fera, tanto ave como qualquer outro animal".

10-14: Os levitas, que estiveram a serviço dos santuários ou lugares altos do interior, pela reforma de Josias foram reduzidos ao serviço inferior no Primeiro Templo (2Rs 23,8-9). No Segundo Templo, continuam afastados do serviço do altar, sendo encarregados de serviços gerais.

15-31: Os sacerdotes filhos de Sadoc (43,19; 1Rs 4,2), sempre ligados ao serviço do Primeiro Templo (cf. 1Rs 2,27-35), foram os primeiros a ser exilados na Babilônia junto com o rei Joaquin e o profeta Ezequiel. Na volta do exílio, com apoio da Pérsia, obtiveram privilégios cultuais, materiais e políticos ao ocuparem o serviço

45 Divisão da terra: a parte de Javé

– ¹"Quando vocês distribuírem ao povo a posse da terra por sorteio, ofereçam a Javé uma parte sagrada da terra, que terá doze mil e quinhentos metros de comprimento por dez mil metros de largura. Essa parte será sagrada em toda a sua extensão. ²Dessa parte, um quadrado de duzentos e cinquenta metros ficará reservado para o santuário, com terreno marginal de vinte e cinco metros em torno dele. ³Dessa área, separe também doze mil e quinhentos metros de comprimento por cinco mil metros de largura, onde ficarão o santuário e o Santo dos Santos. ⁴Essa área será a porção sagrada da terra, que se reserva para os sacerdotes que ministram no santuário e que se aproximam de Javé para o servir. Ela se destinará para suas casas e para o santuário. ⁵Outros doze mil e quinhentos metros por cinco mil metros de largura pertencerão aos levitas, que são encarregados do serviço no Templo, juntamente com as cidades para residência deles. ⁶Como patrimônio da cidade, deixem uma área de dois mil e quinhentos metros de largura por doze mil e quinhentos metros de comprimento, junto à porção reservada para o santuário. Essa parte pertencerá a toda a casa de Israel.

Divisão da terra: a parte do príncipe

– ⁷De um lado e do outro da parte reservada para o santuário, e do patrimônio da cidade, o príncipe terá uma área fronteira à parte reservada ao santuário e ao patrimônio da cidade, do lado ocidental e do lado oriental. Será uma área de comprimento igual a cada uma das partes, desde o limite ocidental até o limite oriental ⁸da terra. Tal será a propriedade do príncipe em Israel, para que meus príncipes não voltem a explorar meu povo, mas deixem a terra para a casa de Israel e para suas tribos.

⁹Assim diz o Senhor Javé: Chega, príncipes de Israel! Afastem-se do roubo e da exploração. Pratiquem a justiça e o direito. Parem com as violências praticadas contra meu povo – oráculo do Senhor Javé. ¹⁰Usem balanças justas, efá justo e bat justo. ¹¹O efá e o bat terão a mesma medida, equivalendo o bat a um décimo de ômer, e o efá a um décimo de ômer. A medida de ambos será fixada a partir do ômer. ¹²O siclo deverá equivaler a vinte geras: vinte siclos mais vinte e cinco siclos, mais quinze siclos, farão uma mina.

Ofertas para o culto

– ¹³Vocês deverão apresentar a seguinte oferta: sete litros e meio a cada quatrocentos e cinquenta litros de trigo, e sete litros e meio a cada quatrocentos e cinquenta litros de cevada. ¹⁴A norma para o óleo é esta: quarenta e cinco litros de óleo a cada quatrocentos e cinquenta litros, porque quarenta e cinco litros são um décimo de quatrocentos e cinquenta litros. ¹⁵Um cordeiro a cada duzentos cordeiros do rebanho de Israel será destinado à oblação, ao holocausto e ao sacrifício de comunhão, para fazer a expiação por vocês – oráculo do Senhor Javé. ¹⁶Todo o povo de Israel fica obrigado a essa oferta para o príncipe de Israel. ¹⁷O príncipe será o encarregado dos holocaustos, da oblação e da libação durante as festas, luas novas e sábados. Por ocasião de todas as assembleias solenes, ele fará o sacrifício pelo pecado, a oblação, o holocausto e os sacrifícios de comunhão, para fazer a expiação pela casa de Israel.

A festa da Páscoa

– ¹⁸Assim diz o Senhor Javé: No primeiro mês, no dia primeiro

---

principal do Segundo Templo: realizar o serviço do altar (40,46); ter direito particular sobre as oferendas (vv. 29-30); e instruir o povo (vv. 23-25). A crítica contra os sacerdotes do Segundo Templo é registrada no livro de Malaquias.

45,1-6: O termo técnico "parte" (v. 1), usado como "tributo sagrado" aos sacerdotes (44,30; cf. Nm 18,11), aqui designa a "parte" ou território reservado para Javé e seus ministros (cf. 48,8-22).

7-12: A parte privilegiada do território é reservada ao "príncipe", descendente de Davi e pastor de Israel: figura ambígua que representa Israel (45,16); seu palácio está distante do Templo (43,8) e sua conduta é controlada (45,9-12; 46,16-18). Talvez esse príncipe seja o sumo sacerdote na teocracia judaica (45,22), controlada pelo imperador persa (Esd 7,26).

13-17: O povo todo é obrigado a levar ofertas ao Templo. Oblação: as primícias do produto do solo (cf. Lv 2,1-16). Holocausto: sacrifício com a vítima inteiramente consumida (cf. Lv 1,1-17). Sacrifício de comunhão: vítima repartida entre Deus e o ofertante. A melhor parte é atribuída aos sacerdotes (cf. Lv 7,28-34). No tempo de Jesus, o povo é obrigado a comprar animais para o sacrifício, pagando com moeda do Templo (Mc 11,15).

18-24: "Páscoa": ver as notas a Ex 12,1-14.21-28. No tempo de Jesus, segundo o historiador Flávio Josefo,

do mês, pegue um novilho perfeito para remover o pecado do santuário. ¹⁹O sacerdote pegará sangue da vítima oferecida pelo pecado, e com ele cobrirá a soleira da porta do Templo, os quatro cantos do pedestal do altar e as soleiras dos pórticos do pátio interno. ²⁰Faça o mesmo no dia sete do mês, pelo homem que tiver pecado por inadvertência ou irreflexão. Desse modo, vocês farão a expiação pelo Templo.

²¹No dia catorze do primeiro mês, realizem a festa da Páscoa: durante sete dias comam Pães Sem Fermento. ²²Nesse dia, o príncipe oferecerá um novilho como sacrifício pelo pecado, por si e por todo o povo. ²³E, durante os sete dias da festa, oferecerá diariamente sete novilhos e sete carneiros perfeitos como holocausto a Javé e também um bode como sacrifício pelo pecado. ²⁴Oferecerá também como oblação quarenta e cinco litros de farinha por novilho, quarenta e cinco por carneiro e sete litros e meio de óleo a cada quarenta e cinco litros de farinha.

A festa das Tendas – ²⁵No dia quinze do sétimo mês, por ocasião da festa, durante os sete dias, oferecerá o sacrifício pelo pecado, o holocausto, a oblação e o óleo".

46 *Outros regulamentos* – ¹"Assim diz o Senhor Javé: O pórtico do pátio interno, que dá para o oriente, permanecerá fechado nos seis dias de trabalho, mas ficará aberto no sábado e no dia da lua nova. ²Nesses dias, o príncipe entrará pelo vestíbulo do pórtico externo e ficará junto à soleira, enquanto os sacerdotes estiverem oferecendo o holocausto e os sacrifícios de comunhão. Depois, ele se prostrará na soleira do pórtico e sairá. Contudo, o pórtico permanecerá aberto até à tarde. ³Também o povo da terra se prostrará à entrada desse pórtico, diante de Javé, tanto nos sábados como nos dias de lua nova.

⁴O holocausto que o príncipe deve oferecer no dia de sábado consistirá em seis cordeiros e um carneiro, todos perfeitos. ⁵Oferecerá também uma oblação de quarenta e cinco litros de farinha por carneiro; uma oblação pelos cordeiros, de acordo com suas possibilidades; e sete litros e meio de óleo a cada quarenta e cinco litros de farinha. ⁶No dia da lua nova, as ofertas deverão ser: um novilho perfeito, seis cordeiros e um carneiro, todos perfeitos. ⁷Como oblação, oferecerá quarenta e cinco litros de farinha pelo novilho e quarenta e cinco litros pelo carneiro. Quanto aos cordeiros, oferecerá o que for possível. A oblação do óleo serão sete litros e meio a cada quarenta e cinco litros.

⁸O príncipe deverá entrar pelo vestíbulo do pórtico, e por ele deverá sair. ⁹O povo da terra entrará para comparecer na presença de Javé por ocasião das assembleias solenes. Aqueles que entraram pelo pórtico do norte para se prostrarem, sairão pelo pórtico do sul; aqueles que entraram pelo pórtico do sul sairão pelo pórtico do norte. Ninguém sairá pelo mesmo pórtico por onde tiver entrado; deverá sair pelo lado oposto. ¹⁰O príncipe estará no meio deles: entrará com eles, e com eles sairá.

¹¹Nos dias de festa e nas assembleias solenes, a oblação será de quarenta e cinco litros de farinha por novilho e quarenta e cinco litros por carneiro; a oblação pelos cordeiros será feita na medida do possível. Quanto ao óleo, serão sete litros e meio a cada quarenta e cinco litros de farinha. ¹²Sempre que o príncipe oferecer a Javé um holocausto voluntário ou um sacrifício de comunhão, será aberta para ele a porta que dá para o oriente, e aí oferecerá o seu holocausto e o seu sacrifício de comunhão, conforme costuma fazer no dia de sábado. Em seguida sairá, e o pórtico será fechado. ¹³Diariamente, isto é, a cada manhã, oferecerá em holocausto um cordeiro perfeito de um ano. ¹⁴Juntamente com o cordeiro, oferecerá em oblação sete litros e meio de farinha e dois litros e meio de óleo, para umedecer a farinha. Será uma oblação para Javé, de acordo com estatuto perpétuo, estatuto que durará para sempre. ¹⁵O cordeiro, a oblação e o óleo serão oferecidos cada manhã, para sempre.

255.600 animais eram imolados no Templo de Jerusalém durante a semana de Páscoa.
25: É a festa da colheita, no fim da estação dos frutos (azeitonas e uvas): cf. Jz 9,27; Dt 16,13; Lv 23,34-36.39-43).

46,1-15: Orientações para a abertura das portas (vv. 1-3.8-10.12) e para as ofertas (vv. 4-7.11.13-15). Lua nova era a festa que marcava o início do mês (v. 1; cf. 1Sm 20, 5-26).

Direitos dos príncipes – ¹⁶Assim diz o Senhor Javé: Se o príncipe der um presente tirado de sua herança para um de seus filhos, o presente será propriedade do filho como herança. ¹⁷Mas, se o príncipe der um presente a um de seus servos, o presente pertencerá ao servo até o ano de sua alforria, voltando para o príncipe nessa data. De fato, sua herança pertencerá unicamente a seus filhos. ¹⁸O príncipe não poderá pegar nada da herança do povo, tirando-lhe a posse do que lhe pertence; ele só poderá dar como herança a seus filhos daquilo que é propriedade sua, para que meu povo não seja desapropriado daquilo que lhe pertence".

As cozinhas do Templo – ¹⁹Depois, o homem levou-me, pela entrada que fica junto ao pórtico, para as câmaras do Lugar Santo que pertencem aos sacerdotes e que dão para o norte. Atrás dessas câmaras, havia um lugar que dava para o ocidente. ²⁰Ele me disse: "Este é o lugar em que os sacerdotes cozinharão as vítimas destinadas ao sacrifício de expiação e ao sacrifício pelo pecado. Aí eles devem assar a oblação, sem que tenham de levá-la para o pátio externo, para não transmitirem ao povo nenhuma influência sagrada". ²¹Em seguida, o homem levou-me para fora, para o pátio externo, fazendo-me passar pelos quatro cantos do pátio, onde havia outros pátios em cada canto, ²²isto é, quatro pátios menores nos quatro cantos do pátio principal. Esses pátios eram iguais e tinham vinte metros de comprimento por quinze metros de largura. ²³Eram cercados por muro de pedra, com fornos construídos ao pé do muro. ²⁴Ele me explicou: "Esses são os fornos onde os servidores do Templo cozinham os sacrifícios do povo".

47
A fonte do Templo – ¹Então o homem levou-me de novo para a entrada do Templo, onde eu vi água que escorria de sob a soleira do Templo para o lado do oriente, pois a frente do Templo dava para o oriente. A água escorria de sob o lado direito do Templo, ao sul do altar. ²Depois, o homem fez-me sair pelo pórtico do norte e rodear por fora até o pórtico externo que dá para o oriente, onde a água estava escorrendo do lado direito. ³O homem dirigiu-se para o lado do oriente com um cordel na mão, medindo quinhentos metros. Ele me fez atravessar a água, que dava pelos tornozelos. ⁴Tornou a medir quinhentos metros, e me fez atravessar outra vez a água, que agora dava pelos joelhos. Mediu de novo quinhentos metros, e me fez atravessar novamente a água, que agora dava na cintura. ⁵Mediu outros quinhentos metros, e agora era uma torrente que eu já não podia atravessar, a não ser nadando. ⁶Então o homem disse-me: "Você viu, filho do homem?" E me fez voltar para a margem da torrente. ⁷Quando voltei, havia nas margens, de um lado e de outro, árvores abundantes. ⁸Ele me disse: "Essa água que escorre para o lado oriental desce para a Arabá e entra no mar. Ao entrar no mar, a sua água se torna potável. ⁹Por isso, em todo lugar por onde passar a torrente, os seres vivos que a povoam terão vida. Haverá abundância de peixes, pois aonde quer que essa água chegue, ela levará vida, de modo que haverá vida em todo lugar que a torrente atingir. ¹⁰Nas suas margens existirão pescadores, e desde Engadi até En-Eglaim haverá lugares para jogar as redes. Haverá muito peixe, das mesmas espécies de peixes do mar Mediterrâneo. ¹¹Contudo, os brejos e pântanos não serão de água potável; serão deixados como reservas de sal. ¹²Nas margens da torrente, de um lado e do outro, haverá toda espécie de árvores com frutos comestíveis, cujas folhas e frutos não se esgotarão. Essas árvores produzirão novos frutos de mês em mês, porque a água da torrente provém do santuário. Por isso, os frutos servirão de alimento e as folhas de remédio.

16-18: Com a nova organização do governo teocrata, o príncipe deve garantir a divisão da terra (herança) como dom de Deus, uma vez que a sustentação econômica do governo consiste basicamente em cultos, festas e tributos arrecadados da herança do povo (cf. 45,16-17; Ml 3,6-12).

19-24: São as cozinhas reservadas aos sacerdotes para evitar impurezas no contato com o povo (44,19).

47,1-12: Através de um canal subterrâneo, o rei Ezequias conduziu a água de Gion para o reservatório de Siloé (1Rs 1,33; 2Rs 20,20). Na visão, esta água nasce do Templo e se torna poderoso rio que atravessa e fertiliza a região seca da terra, produzindo peixes, árvores, frutos e folhas medicinais (cf. Gn 2,10-14; Jl 4,18; Zc 14,8; Ap 22,1; Jo 4,14; 19,34). De fato, no judaísmo pós-exílico,

Fronteiras da terra prometida – [13]Assim diz o Senhor Javé: São estes os limites da terra que vocês repartirão como herança entre as doze tribos de Israel, dando duas porções a José. [14]Vocês a repartirão dando a todos porção igual da terra que jurei solenemente dar a seus pais, de modo que ela chegasse a ser herança para você. [15]Os limites da terra são os seguintes: Do lado norte, desde o mar Mediterrâneo, o caminho de Hetalon até a entrada de Emat, Sedada, [16]Berota, Sabarim, que fica na fronteira de Damasco e de Emat, e Haser-Ticon, junto à fronteira de Aurã. [17]Os limites irão desde o mar até Haser-Enã, tendo ao norte o território de Damasco e o território de Emat. Isso quanto à fronteira ao norte. [18]Do lado leste, entre Aurã e Damasco, entre Galaad e a terra de Israel, o Jordão servirá de fronteira até o mar oriental e até Tamar. Tal será a fronteira oriental. [19]Do lado sul, em direção ao meio-dia, será desde Tamar até as águas de Meriba de Cades, seguindo a torrente até o mar Mediterrâneo. Será essa a fronteira ao sul. [20]Do lado oeste, até em frente à entrada de Emat, o mar Mediterrâneo servirá de fronteira. Tal será a fronteira ocidental. [21]Essa é a terra que vocês repartirão entre as tribos de Israel. [22]Vocês deverão repartir a terra como herança entre vocês e entre os imigrantes que residem no meio de vocês e que tiverem gerado filhos no meio de vocês. Vocês deverão tratá-los como os nativos da terra, os filhos de Israel. Eles receberão por sorteio a própria herança, junto com vocês, no meio das tribos de Israel. [23]Na tribo onde o imigrante estiver residindo, aí lhe darão sua herança – oráculo do Senhor Javé".

48

As partes das tribos do norte – [1]"São estes os nomes das tribos. Dã receberá uma porção no extremo norte, em direção a Hetalon, junto à entrada de Emat e Haser-Enã, limitando com Damasco ao norte, bem junto de Emat, desde o limite oriental até o limite ocidental. [2]Aser receberá uma porção junto ao território de Dã, desde o limite oriental até o limite ocidental. [3]Neftali receberá uma porção junto ao território de Aser, desde o limite oriental até o limite ocidental. [4]Manassés receberá uma porção junto ao território de Neftali, desde o limite oriental até o limite ocidental. [5]Efraim receberá uma porção junto ao território de Manassés, desde o limite oriental até o limite ocidental. [6]Rúben receberá uma porção junto ao território de Efraim, desde o limite oriental até o limite ocidental. [7]Judá receberá uma porção junto ao território de Rúben, desde o limite oriental até o limite ocidental.

Parte sagrada – [8]Junto ao território de Judá, desde o limite oriental até o limite ocidental, ficará a porção que vocês separarão como reserva, tendo doze mil e quinhentos metros de largura e de comprimento, isto é, a mesma dimensão que as outras porções, desde o limite oriental até o limite ocidental. No meio dessa reserva ficará o santuário.

[9]A reserva que vocês separarão para Javé terá doze mil e quinhentos metros de comprimento por cinco mil metros de largura. [10]A porção sagrada que pertencerá aos sacerdotes terá doze mil e quinhentos metros de extensão do lado norte, medirá cinco mil metros de largura para o oeste e cinco mil metros de largura para o lado leste; seu comprimento do lado sul será de doze mil e quinhentos metros. No centro ficará o santuário de Javé. [11]Essa porção pertencerá aos sacerdotes consagrados dentre os filhos de Sadoc, os quais guardaram fielmente meu ministério, não se desviando com os filhos de Israel, como os

---

o Templo é a fonte da bênção de Deus. O povo deve oferecer sacrifícios e dízimos a Javé, a fim de atrair sua bênção sobre as colheitas (cf. Ag 2,15-19).

13-23: São as fronteiras da terra prometida do Israel ideal (cf. Nm 34,3-12). A descrição se move segundo a ordem dos quatro pontos cardeais: norte (costa fenícia do Mediterrâneo), leste (rio Jordão), sul (Meriba, riacho do Egito), e oeste (Mediterrâneo).

48,1-7: A terra prometida é distribuída entre as doze tribos: sete ao norte e cinco ao sul da parte sagrada onde se encontra o Templo (cf. Nm 2; Js 14,19). A localização de Judá, filho de Lia, é mais próxima da cidade e do Templo. Dã e Neftali, filhos de Bala, serva de Raquel, e Aser, filho de Zelfa, serva de Lia, são distribuídos no extremo norte (cf. Gn 29,15-30,24).

8-22: A dimensão da parte sagrada de Deus e de seus ministros (45,1-6) salienta a grandeza do Israel ideal organizado pelo sagrado. No pré-exílio, os levitas não podiam ter sua própria terra (Nm 18,20; 26,62; Dt 10,9; 12,12; Js 13,14); aqui recebem área igual à dos sacerdotes.

levitas fizeram. ¹²A eles caberá uma parte da porção mais santa da terra, reservada junto ao território dos levitas. ¹³O território dos levitas terá exatamente a mesma medida que o território dos sacerdotes: doze mil e quinhentos metros de comprimento por cinco mil metros de largura; o comprimento total será de doze mil e quinhentos metros, e a largura terá cinco mil metros. ¹⁴Desse território, nada poderá ser vendido ou permutado, nem os primeiros frutos da terra poderão ser transferidos para outros, porque são consagrados para Javé. ¹⁵Quanto à sobra de dois mil e quinhentos metros de largura, que resta dos doze mil e quinhentos metros, será uma porção profana que se destina à cidade, servindo para moradias e pastagens. No centro dessa porção ficará a cidade. ¹⁶As dimensões da cidade são as seguintes: dois mil, duzentos e cinquenta metros de cada lado, ao norte, sul, leste e oeste. ¹⁷O pasto da cidade terá cento e vinte e cinco metros de cada lado, ao norte, sul, leste e oeste. ¹⁸Ao longo da parte sagrada, restará uma extensão de cinco mil metros para o oriente, e cinco mil metros para o ocidente, e o produto dessa extensão servirá para o sustento dos trabalhadores da cidade. ¹⁹Esse terreno será cultivado pelos trabalhadores da cidade, vindos de todas as tribos de Israel. ²⁰Ao todo, a parte reservada será um quadrado de doze mil e quinhentos metros. Da parte sagrada, separem um quadrado que pertencerá à cidade. ²¹Ao príncipe pertencerá o que restar de um lado e do outro da porção sagrada e da propriedade reservada para a cidade. Terá doze mil e quinhentos metros para o ocidente, até o limite ocidental, e doze mil e quinhentos metros para o oriente, até o limite oriental. Essa parte, paralela às demais, pertencerá ao príncipe. No seu centro, estarão a reserva sagrada e o santuário do Templo. ²²Assim, a porção do príncipe ficará entre a propriedade dos levitas e o terreno da cidade, que ficam no meio da porção pertencente ao príncipe, entre os limites de Judá e Benjamim.

As partes das tribos do sul – ²³Porções das demais tribos, desde o limite oriental até o limite ocidental: Benjamim terá uma porção. ²⁴Simeão receberá uma porção junto ao território de Benjamim, desde o limite oriental até o limite ocidental. ²⁵Issacar receberá uma porção junto ao território de Simeão, desde o limite oriental até o limite ocidental. ²⁶Zabulon receberá uma porção junto ao território de Issacar, desde o limite oriental até o limite ocidental. ²⁷Gad receberá uma porção junto ao território de Zabulon, desde o limite oriental até o limite ocidental. ²⁸Junto ao território de Gad, no extremo sul, a fronteira irá de Tamar até as águas de Meriba de Cades, seguindo a torrente até o mar Mediterrâneo. ²⁹Essa é a terra que vocês sortearão em herança para as tribos de Israel. E essas serão suas porções – oráculo do Senhor Javé.

As portas da cidade – ³⁰As saídas da cidade são as seguintes: Do lado norte, meçam dois mil, duzentos e cinquenta metros. ³¹As portas da cidade terão o nome de cada tribo de Israel. Três portas ficarão ao norte: as portas de Rúben, Judá e Levi. ³²Do lado leste, a extensão será de dois mil, duzentos e cinquenta metros, com três portas: de José, Benjamim e Dã. ³³Do lado sul, meçam a extensão de dois mil, duzentos e cinquenta metros, tendo três portas: de Simeão, Issacar e Zabulon. ³⁴Do lado oeste, a extensão será também de dois mil, duzentos e cinquenta metros, com três portas: de Gad, Aser e Neftali. ³⁵O contorno todo da cidade medirá, portanto, nove mil metros.

A partir desse dia, o nome da cidade será este: 'Javé está aí'".

23-29: Benjamim, filho de Raquel, é localizado mais perto da parte sagrada. E Gad, filho de Zelfa, está no extremo sul. Segundo a lei do puro e do impuro, os descendentes das escravas devem ser removidos para longe do Templo.

30-35: O redator termina o livro confirmando a presença de Javé na cidade santa. Este é o ponto central da teologia dos governantes teocratas do judaísmo pós-exílico.

DANIEL

RESISTÊNCIA E VITÓRIA DO FIEL

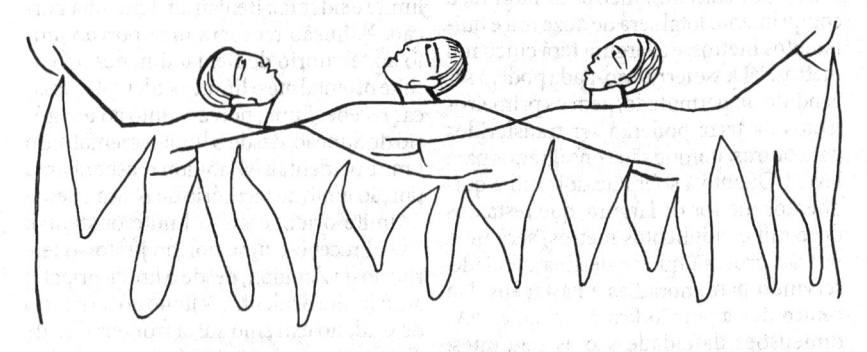

Introdução

O livro de Daniel, escrito no segundo século a.C., representa importante obra da literatura apocalíptica. Circulou entre os que procuravam ser fiéis às tradições de Israel e desejavam o fim da dolorosa situação instaurada pelos generais selêucidas, de modo especial Antíoco Epífanes IV. A apocalíptica representa uma releitura da profecia e da sabedoria, pois surge quando a profecia parece extinta (cf. 1Mc 14,41; Sl 79,9). No entanto, ela continua bem viva nas visões e revelações, expressas em alegorias, símbolos e narrativas que interpretam criativamente a história, ajudando o povo a enfrentar os momentos de crise e tribulação. Esses vários gêneros literários interpretam a realidade presente e auxiliam a compreensão dos ouvintes. Assim, composto por visões, sonhos e contos populares, conservados por tradição oral, o livro de Daniel aguçou o imaginário e encheu de coragem e firmeza o povo que esperava o fim do império. É uma obra que aponta para os sinais de esperança presentes na ação de Deus ao longo da história, para a restauração da vida degradada e violentada que busca consolação diante das situações de crise.

Tempos difíceis para o povo. Eram os interesses econômicos e a política de perseguição e dominação promovida pelos generais selêucidas, que buscavam hegemonia e controle da região contra os generais ptolomeus. Por seu lado, as forças de resistência começaram a vislumbrar possíveis saídas para o povo. Nas entrelinhas transparecem as influências desse momento, de modo especial a esperança dos grupos que resistem, refugiados no deserto (1Mc 2,29-38; 2Mc 6,11). Podemos perceber a proximidade entre os contos de Daniel e a resistência dos judeus fiéis, liderada pelos assideus: estes formavam o grupo dos zelosos pela Lei que se juntaram aos macabeus na resistência frente à profanação instaurada por Antíoco Epífanes IV (1Mc 2,42; 7,13; 2Mc 14,6). Tudo indica que a redação do livro de Daniel foi concluída por grupos da elite de Jerusalém que buscavam legitimar o poder conquistado. Tais grupos, nesse momento de conflitos, esperavam a intervenção de Deus em favor dos que permaneciam fiéis à Lei e à tradição.

Em Daniel encontramos três livretes. O primeiro (2,4b-3,23; 3,98-7,28) é um conjunto em aramaico de narrativas populares, sonhos e visões, que evocam a prática penitente como um dos caminhos para enfrentar os tribunais e as execuções de morte. No processo de martírio, o texto anima a enfrentar fornalhas e covas de leões. Em hebraico, o segundo livrete (1,1-2,4a; 8,1-12,13) é composto de visões que descrevem os impérios da época, sua derrocada e a vitória dos que resistem. Provavelmente em hebraico já traduzido para o grego, o terceiro livrete (3,24-90; 13,1-14,42), em contraposição à idolatria e à infidelidade, apresenta o canto dos jovens que vencem a fornalha, o caso de Susana e as narrativas de Bel e do dragão. São narrativas que reforçam a sabedoria de Daniel. Este último livrete apresenta-se em itálico nesta nossa edição.

Na Bíblia hebraica, o livro de Daniel se localiza entre os escritos sapienciais e não contém os textos em grego. Aliás, na Bíblia grega situa-se entre os livros proféticos no período do exílio na Babilônia, logo após os livros de Jeremias e Ezequiel. Outro aspecto importante está na referência a Deus: aparece pouco o nome de Javé, que na maioria das vezes é substituído por Adonai (Senhor) e Eloim (em aramaico Elain).

I. NARRATIVAS DE APOIO À RESISTÊNCIA

1 *Daniel na corte* – ¹No terceiro ano do reinado de Joaquim, rei de Judá, Nabucodonosor, rei da Babilônia, foi até Jerusalém e sitiou a cidade. ²O Senhor lhe entregou nas mãos Joaquim, rei de Judá, e parte dos objetos da casa de Eloim. Ele então levou tudo para a casa do seu Eloim, na terra de Senaar, e guardou os objetos na sala do tesouro da casa do seu Eloim.

³Depois, o rei deu ordem a Asfenez, chefe dos eunucos, para escolher, entre os filhos de Israel, da família real e de outras famílias importantes, ⁴alguns jovens sem nenhum defeito físico, de boa aparência, instruídos em toda espécie de sabedoria, práticos em conhecimento, gente de ciência, capazes de servir na corte do rei; deu também ordem para que se ensinassem a eles os escritos e a língua dos caldeus. ⁵O próprio rei marcou para eles uma ração diária da comida e do vinho da mesa real. Deveriam ser preparados durante três anos; depois estariam a serviço do rei. ⁶Entre eles estavam Daniel, Ananias, Misael e Azarias, que eram judeus. ⁷A esses o chefe dos eunucos deu outros nomes: Daniel passou a chamar-se Baltassar; Ananias, Sidrac; Misael, Misac; e Azarias, Abdênago.

⁸Daniel resolveu que não iria contaminar-se com as comidas e o vinho da mesa real. Pediu ao chefe dos eunucos permissão para não aceitar essas comidas. ⁹E Eloim fez com que Daniel ganhasse a amizade e simpatia do chefe dos eunucos. ¹⁰Este lhe disse: "Tenho medo do rei, o meu senhor, que determinou pessoalmente o que vocês devem comer e beber. Se ele perceber que o rosto de vocês está mais pálido que o de outros jovens da mesma idade, vocês acabarão me tornando culpado de um crime de morte aos olhos do rei". ¹¹Daniel disse ao funcionário, a quem o chefe dos eunucos havia confiado Daniel, Ananias, Misael e Azarias: ¹²"Faça uma experiência com seus servos: durante dez dias vocês nos darão de comer só vegetais e só água para beber. ¹³Depois, você compara nossa aparência com a dos outros jovens que comem da mesa do rei. Então sim, faça conosco o que achar melhor". ¹⁴O funcionário aceitou

---

1-6: As várias narrativas aqui compiladas lembram a situação de crise e perda de identidade, vividas pelo povo durante o exílio de 597-538 a.C. Tais narrativas surgem no ambiente do séc. II a.C., marcado pela violência e dominação de Antíoco IV, em 175-164 a.C. Descrevem a luta interna pelo poder, ao narrarem a presença de judeus no poder e a serviço de cortes estrangeiras. Nessa perspectiva, o livro focaliza grupos helenistas reconquistando o poder. Estes capítulos apresentam vários contos ao redor de Daniel, o qual é apresentado como um sábio que interpreta sonhos e desobedece às ordens do rei e da corte, em defesa da cultura, dos costumes e da identidade do povo. Por certo, os autores que compilaram essas narrativas levam os leitores a lembrar as histórias de José, que interpretara os sonhos do faraó, decifrara muitos enigmas e acabou conquistando poder no Egito.

1,1-21: Este capítulo introduz o livro de Daniel. Descreve os desmandos do rei e a sua imposição cultural. Três fatos são aqui tratados: a prisão de adolescentes e jovens em idade militar; o recrutamento e adequação para o serviço do rei; por fim, a mudança dos nomes como forma de descrever a perda de identidade; assim, Daniel (*Meu juiz é Deus*, cf. Ez 14,14.20; 1Mc 2,60) passa a se chamar Baltassar (*Bel proteja o rei*). Ananias (*Javé é benevolente*, cf. Jr 28,1.5.10-17; 37,13; 1Mc 2,59) recebe o nome de Sidrac (*Comando de Aku*, o deus-lua). Misael (*Aquele que é de Deus*, cf. Ex 6,22; Lv 10,4; 1Mc 2,59) agora tem o nome de Misac (*Que está junto de Aku*). Azarias (*Javé ajuda*, cf. 1Cr 2,39; 5,35.40; 9,11; Ne 12,33; 1Mc 2,59) se torna Abdênago (*Servo de Nabu*). As proibições e prescrições alimentares, impostas pelos grupos helenizados e que são negadas pelos judeus fiéis, deixam transparecer nas entrelinhas o grupo de Daniel:

a proposta e fez a experiência por dez dias. ¹⁵No final dos dez dias, estavam com boa aparência e corpo mais saudável que todos os jovens que comiam da mesa do rei. ¹⁶Então o funcionário tirou definitivamente a comida e o vinho da mesa dos moços e passou a lhes dar somente vegetais. ¹⁷A esses quatro jovens, Eloim concedeu o conhecimento e a compreensão de todos os escritos e também sabedoria. A Daniel, especialmente, deu o dom de interpretar visões e sonhos.

¹⁸Terminado o tempo que o rei havia fixado para os rapazes serem apresentados, o chefe dos eunucos levou-os à presença de Nabucodonosor. ¹⁹O rei conversou com eles e não encontrou ninguém melhor do que Daniel, Ananias, Misael e Azarias. A partir daí, eles entraram para o serviço do rei. ²⁰Por tudo o que procurou saber deles em termos de sabedoria e inteligência, o rei achou que eram dez vezes mais capazes que todos os magos e adivinhos que havia no seu reino. ²¹Daniel ficou aí até o primeiro ano do reinado de Ciro.

O sonho de Nabucodonosor e a interpretação de Daniel

2 *A grande estátua* – ¹No segundo ano do seu reinado, Nabucodonosor teve um sonho, e o seu espírito ficou tão perturbado que ele chegou a perder o sono. ²Mandou chamar os magos, os adivinhos, os encantadores e os caldeus para lhe interpretarem o sonho. Chegaram e foram colocados na sua presença. ³Então o rei lhes disse: "Tive um sonho que me perturbou o espírito, e quero entendê-lo". ⁴Os caldeus disseram em aramaico ao rei: "Viva o rei para sempre! Conte o sonho para seus servos, e lhe daremos a interpretação". ⁵O rei respondeu aos caldeus: "Esta é a minha decisão: se não me contarem o sonho que tive, nem me derem a interpretação dele, vocês serão esquartejados, e suas casas serão transformadas em ruínas. ⁶Porém, se me contarem qual foi o meu sonho e qual é a sua interpretação, vocês receberão de mim presentes, recompensa e grande honra. Digam qual foi o meu sonho e qual é a sua interpretação". ⁷Os caldeus disseram: "Ó rei, conte o sonho para nós, e daremos a interpretação". ⁸O rei respondeu: "Estou percebendo claramente que vocês querem ganhar tempo. Vocês sabem que dei uma ordem, ⁹e se não me contarem o meu sonho, terão todos a mesma sentença. Vocês combinaram falar mentira e tapear, esperando que a situação mude. Basta dizerem qual foi o meu sonho, e eu terei certeza de que serão capazes de interpretá-lo". ¹⁰Os caldeus disseram ao rei: "Não há homem no mundo que possa fazer o que o rei está pedindo. Nenhum rei, governador ou chefe jamais pediu uma coisa dessas a qualquer mago, adivinho ou caldeu. ¹¹O que o rei exige é sobre-humano. Somente Eloim, que não habita com os mortais, pode dizer isso ao rei". ¹²Por causa disso, o rei ficou furioso e mandou matar todos os sábios da Babilônia. ¹³Quando foi publicado o decreto que condenava à morte todos os sábios, procuraram Daniel e os seus companheiros, a fim de executá-los também. ¹⁴Imediatamente Daniel falou com inteligência e bons modos a Arioc, o chefe da guarda do rei, encarregado de matar todos os sábios da Babilônia. ¹⁵E lhe disse: "Por que um decreto tão rigoroso do rei?" Então Arioc contou o caso a Daniel. ¹⁶Daniel então mandou pedir ao rei que lhe fosse dado um prazo, a fim de que pudesse dar a interpretação do sonho. ¹⁷Imediatamente Daniel voltou para casa e contou o fato aos companheiros Ananias, Misael e Azarias. ¹⁸Disse para pedirem ao

---

grupo que se mantém irredutível às regras alimentares (cf. Lv 11; 1Mc 1; 2Mc 6).

2,1-49: A descrição alegórica do sonho de Nabucodonosor apresenta de forma velada a crítica aos impérios. O julgamento utiliza o cenário da crise instaurada pela invasão assírio-babilônica, para analisar as dominações imperiais a partir do séc. IV. De modo sutil, a narrativa descreve a destruição da estátua como fim dos impérios; ao mesmo tempo, alimenta no povo a expectativa da vitória.

2,1-28a: O império estrangeiro que se impõe faz promessas e ameaças aos sábios que estão na corte. O termo "caldeu" aqui designa a classe dos adivinhos e astrólogos. O grupo de Daniel evoca a piedade e a oração penitente de confiança no Deus que revela segredos e mistérios. A expressão "Deus dos céus", como nos vv. 18-19.37.44, é comum nos textos pós-exílicos e representa uma fórmula para designar o Deus de Israel/Judá em ambientes estrangeiros (cf. Esd 5,11; 6,9.10; Jt 5,8; Ne 1,4; 2,4.20; Tb 7,12). O hino dos vv. 17-23 recolhe expressões

Deus dos céus a graça de desvendar o segredo, para não serem mortos com os outros sábios da Babilônia. ¹⁹Então o mistério foi revelado a Daniel numa visão noturna. E ele glorificou ao Deus dos céus: ²⁰"Que o nome de Deus seja bendito,
  desde agora e para sempre,
pois a ele pertencem a sabedoria e a força.
²¹Ele muda os tempos e estações,
  depõe e entroniza os reis,
  dá sabedoria aos sábios
  e conhecimento aos entendidos.
²²Ele revela os segredos mais profundos
  e sabe o que as trevas esconder,
  pois com ele mora a luz.
²³A ti, ó Deus de nossos pais,
  eu louvo e glorifico,
  porque me deste sabedoria e força.
Tu me revelaste o que te pedimos
  e me revelaste o caso do rei".

²⁴Depois disso, Daniel procurou Arioc, a quem o rei tinha encarregado de matar os sábios da Babilônia. Chegando a ele, disse-lhe: "Não precisa matar os sábios. Leve-me até o rei, e eu interpretarei o sonho que ele teve".

²⁵Mais que depressa, Arioc levou Daniel à presença do rei, dizendo-lhe: "Encontrei este homem entre os judeus aqui exilados, e que é capaz de interpretar o sonho do rei". ²⁶O rei perguntou a Daniel, cujo nome era Baltassar: "Você é mesmo capaz de me contar e interpretar o sonho que tive?" ²⁷Daniel respondeu ao rei: "Os sábios, astrólogos, magos e adivinhos não são capazes de desvendar o segredo que o rei lhes propôs. ²⁸ªMas há no céu um Deus que revela os segredos. Ele contou ao rei Nabucodonosor o que acontecerá nos últimos dias.

Daniel descreve e interpreta o sonho –
²⁸ᵇEste é o sonho do rei, que o rei viu quando estava deitado: ²⁹O rei estava em sua cama e pensava no que iria acontecer no futuro. Aquele que revela os segredos lhe fez saber o que acontecerá. ³⁰Eu desvendo essa questão, não é porque tenho sabedoria maior do que outros homens; é apenas para que eu possa dar-lhe, ó rei, a explicação e interpretação das imagens que lhe povoam a mente.

³¹O rei teve uma visão: era uma estátua. Era grandiosa essa estátua, e o seu esplendor era extraordinário. Ela estava em pé diante do rei, e a sua aparência era terrível. ³²A cabeça dela era de ouro bom; o seu peito e braços, de prata; o seu ventre e as coxas, de cobre; ³³as suas pernas, de ferro; e os seus pés, parte de ferro e parte de barro. ³⁴O rei estava vendo isso, quando uma pedra foi cortada sem auxílio de mãos e atingiu a estátua nos pés de ferro e barro, e os esmigalhou. ³⁵Então se esmigalharam juntamente o ferro, o barro, o bronze, a prata e o ouro. Ficou tudo como se fosse palha no terreiro em final de colheita, palha que o vento leva sem deixar sinal. Depois, a pedra que tinha atingido a estátua se transformou numa enorme montanha e encheu toda a terra. ³⁶O sonho foi esse. Vamos agora dar ao rei a interpretação.

³⁷Vossa Majestade é o rei dos reis, porque o Deus dos céus lhe deu o reino e o poder, a força e a honra. ³⁸E onde quer que habitem, entregou-lhe os filhos dos homens, os animais do campo e as aves do céu, para que o rei domine tudo isso. Assim, o rei é a cabeça de ouro. ³⁹Depois de Vossa Majestade, vai aparecer outro reino na terra, menor que o seu. Em seguida, um terceiro reino, o de bronze, que dominará toda a terra. ⁴⁰O quarto reino será forte como o ferro; pois, assim como o ferro esmaga e esmigalha tudo, assim também ele quebrará e esmigalhará todos os outros. ⁴¹E os pés e os dedos, parte de barro e parte de ferro, que o rei viu, significam um reino dividido. Ele tem a dureza do ferro, pois o rei viu ferro misturado com barro. ⁴²Os dedos dos pés, metade de ferro e metade de barro, significam um reino firme por um lado, mas fraco por outro. ⁴³O ferro que o rei viu misturado com barro significa que as pessoas se juntarão por

---

de outras orações: Sl 41,14; 72,18-19; 78; 89,53; 106,48; 113,2; 1Cr 16,36; 29,10; Ne 9,5.
28b-45: Os cinco elementos que formam as diversas partes do corpo da estátua representam a história dividida em períodos; é uma forma de descrever a sucessão de impérios (Assíria-Babilônia, Média, Pérsia, Grécia e Egito-Síria); sucessão desde o poder mesopotâmico, que instaurou a grande dispersão do povo através de constantes exílios, até a ação dos generais lágidas e selêucidas, instaurados pela dominação de Alexandre

casamentos, porém não se ligarão umas com as outras, assim como o ferro não faz liga com o barro. ⁴⁴Durante este último reinado, o Deus dos céus fará aparecer um reino que nunca será destruído. Será um reino que não passará para as mãos de outro povo; ao contrário, humilhará e liquidará todos os outros reinos, enquanto ele mesmo continuará firme para sempre. ⁴⁵Esse reino é a pedra que rolou do monte sem ninguém tocar nela, e esmigalhou o que era de barro, ferro, bronze, prata e ouro. O grande Deus mostrou ao rei o que acontecerá daqui para a frente. O sonho é seguro, e a sua interpretação é digna de confiança".

O rei engrandece Daniel e os seus companheiros – ⁴⁶Então o rei Nabucodonosor prostrou-se com o rosto por terra na frente de Daniel, mandando oferecer-lhe sacrifícios e queimar-lhe incenso. ⁴⁷E o rei falou a Daniel: "De fato, o Deus de vocês é o Deus Eloim, o Senhor dos reis. Ele revela os mistérios, pois só você foi capaz de desvendar esse segredo". ⁴⁸Em seguida, o rei promoveu Daniel: deu-lhe uma quantidade enorme de presentes e quis fazer dele o governador de todas as províncias da Babilônia e o chefe geral de todos os sábios do país. ⁴⁹Daniel, porém, pediu ao rei que nomeasse Sidrac, Misac e Abdênago para a administração das províncias. Quanto a Daniel, ficou servindo na antessala do rei.

O livramento dos jovens na fornalha

3 *Adoração da estátua de ouro* – ¹O rei Nabucodonosor mandou fazer uma estátua de ouro com trinta metros de altura por três metros de diâmetro. E a colocou na planície de Dura, província da Babilônia. ²Depois, mandou reunir os sátrapas, os magistrados, os governadores, os conselheiros, os tesoureiros, os juízes, os juristas e as autoridades das províncias para assistirem à inauguração da estátua que o rei Nabucodonosor havia erguido. ³Reuniram-se os sátrapas, os magistrados, os governadores, os conselheiros, os tesoureiros, os juízes, os juristas e as autoridades das províncias, para a inauguração da estátua construída pelo rei Nabucodonosor. Todos estavam de pé em frente à estátua. ⁴Então o porta-voz do rei gritou forte: "Esta é a mensagem para todos os povos, nações e línguas: ⁵Quando ouvirem o som da trombeta, da flauta, da cítara, da sambuca, do saltério, da gaita de foles e outros instrumentos musicais, todos devem cair de joelhos para adorar a estátua de ouro erguida pelo rei Nabucodonosor. ⁶Quem não o fizer, será jogado na mesma hora dentro da fornalha ardente". ⁷Quando todo mundo ouviu o som da trombeta, da flauta, da cítara, da sambuca, do saltério, da gaita de foles e outros instrumentos musicais, todos os povos, nações e línguas caíram de joelhos, adorando a estátua de ouro erguida pelo rei Nabucodonosor.

⁸Entretanto, alguns homens caldeus foram denunciar os judeus. ⁹Procuraram o rei Nabucodonosor e disseram: "Viva o rei para sempre! ¹⁰O rei decretou que todo homem que ouvisse o som da trombeta, da flauta, da cítara, da sambuca, do saltério, da gaita de foles e outros instrumentos musicais, deveria imediatamente cair de joelhos, adorando a estátua de ouro. ¹¹E quem não se ajoelhasse para adorar, seria jogado na fornalha ardente. ¹²Pois bem! Alguns homens judeus que o rei nomeou administradores das províncias da Babilônia – e são eles: Sidrac, Misac

---

Magno. Estes versículos fazem uma leitura crítica sobre a sucessão dos impérios; e o sonho aponta para a fragilidade do governo de Antíoco.

46-49: Esta conclusão reforça a imagem do Deus que revela segredos e mistérios. Por sua vez, a ascensão de um israelita na corte tem paralelo nos relatos sobre José em Gn 37-50.

3,1-98: Este capítulo faz parte do gênero literário "atas de martírio", ao descrever a vitória dos inocentes contra a repressão aplicada pelo poder sobre os que desobedeciam aos decretos reais. Em 167 a.C., Antíoco IV Epífanes coloca, no Templo de Jerusalém, uma estátua de Júpiter, e obriga os judeus a lhe oferecerem sacrifícios (cf. 1Mc 1,41-64; 2Mc 6-7; Dn 9,27; 11,31; 12,11). Em paralelo com o episódio da mãe e dos sete filhos que são interrogados, torturados e condenados por Antíoco, essa narrativa de Daniel é contada para fortalecer a resistência diante das ordens do rei.

1-23: No v. 2, a lista de autoridades convocadas para a inauguração da estátua reflete uma organização política bem distante da dominação babilônica. A descrição deste caso se insere na conjuntura dos conflitos na Judeia em inícios do séc. II a.C., durante a guerra dos macabeus. O Templo e a cidade de Jerusalém são alvos da disputa entre os grupos helênicos e os não helênicos, lembrando também a aliança entre a elite de Jerusalém

e Abdênago –, esses homens, ó rei, não obedecem à sua ordem. Eles não veneram os deuses nem adoram a estátua de ouro erguida pelo rei".

¹³Nabucodonosor, com raiva e ódio, mandou buscar Sidrac, Misac e Abdênago. Eles chegaram à presença do rei, ¹⁴que lhes perguntou: "Sidrac, Misac e Abdênago, é verdade que vocês não veneram meus deuses nem adoram a estátua de ouro que eu ergui? ¹⁵Agora, fiquem preparados, e quando ouvirem o som da trombeta, da flauta, da cítara, da sambuca, do saltério, da gaita de foles e outros instrumentos musicais, vocês cairão de joelhos para adorar a estátua de ouro que eu fiz. Se não adorarem, na mesma hora serão jogados na fornalha ardente. E quero ver qual é o Deus que livrará vocês de minha mão". ¹⁶Sidrac, Misac e Abdênago responderam ao rei: "Não precisamos responder nada a essa ordem. ¹⁷Existe o nosso Deus, a quem adoramos, e que nos pode livrar da fornalha ardente, libertando-nos da sua mão, ó rei. ¹⁸Mesmo que isso não aconteça, fique Vossa Majestade sabendo que nós não adoraremos o seu deus, nem adoraremos a estátua de ouro construída pelo rei". ¹⁹Nabucodonosor ficou tão furioso contra Sidrac, Misac e Abdênago, que o seu rosto empalideceu. Então mandou acender na fornalha um fogo sete vezes mais forte que o de costume. ²⁰Depois, mandou que os soldados mais fortes do seu exército amarrassem Sidrac, Misac e Abdênago e os jogassem na fornalha ardente. ²¹Então os amarraram, vestidos com suas túnicas, calções, gorros e outras roupas, e os atiraram na fornalha ardente. ²²Como a ordem do rei era rigorosa e o fogo da fornalha era extremamente forte, aconteceu que as labaredas de fogo mataram aqueles que foram jogar aí Sidrac, Misac e Abdênago.

²³Os três homens, porém, foram cair, amarrados, dentro da fornalha ardente.

Oração de Azarias e cântico dos três jovens –
²⁴Sidrac, Misac e Abdênago ficaram passeando no meio das labaredas, cantando hinos a Deus e louvando o Senhor. ²⁵Azarias, de pé, soltando a voz no meio do fogo, rezou assim:

²⁶"Bendito sejas tu, Senhor,
Deus de nossos pais!
Tu és digno de louvor,
e o teu nome é glorificado para sempre!
²⁷Porque tu és justo em tudo o que nos fizeste,
e todas as tuas obras são verdadeiras;
os teus caminhos são retos,
e todos os teus julgamentos são justos.
²⁸Foi justa a sentença que decretaste,
todo o sofrimento que mandaste
para nós e para Jerusalém,
a cidade santa dos nossos antepassados.
Pois é segundo a verdade e o direito
que fizeste acontecer para nós
   todas essas coisas,
por causa dos nossos pecados.
²⁹Sim! Pecamos, cometendo um crime
ao nos afastarmos de ti.
Sim, pecamos gravemente em tudo.
Não obedecemos aos teus mandamentos,
³⁰nem os observamos,
nem agimos conforme nos ordenavas,
para que tudo nos corresse bem.
³¹Por isso, o que fizeste acontecer para nós,
tudo o que tu mesmo nos fizeste,
foi com julgamento justo que o fizeste.
³²Tu nos entregaste em mãos dos nossos
   inimigos,
a uma gente sem lei,
aos piores dos ímpios,
a um rei injusto, o mais malvado
de toda a terra.
³³Nesta hora, não nos deixam nem abrir
a boca.

---

e o império. O dominador grego cumula de honras e benefícios aqueles que o reconhecem; dá-lhes poder sobre muitos e reparte a terra entre eles, como em Dn 11,39; quanto àqueles que desobedecem, sucumbem sob a espada, as chamas e o cativeiro, sendo espoliados e destruídos, como em Dn 11,33; 1Mc 1,41-53.

24-90: As versões grega, siríaca e latina do livro de Daniel trazem a oração de Azarias (vv. 24-45) e o cântico dos três jovens na fornalha (vv. 46-90). Oração e cântico carregados de referências bíblicas, especialmente dos Salmos 103, 106, 134, 135, 136 e 148. Provavelmente esta oração e cântico fizeram parte da liturgia sobre a libertação de Jerusalém, a purificação e a consagração do Templo em 164 a.C. (cf. 1Mc 4,36-59; 2Mc 10,1-8). Oração e cântico que reforçam a imagem do Deus que julga, realizando maravilhas e agindo com misericórdia. A causa das aflições está nos pecados e na desobediência aos mandamentos (vv. 28-29). A espiritualidade deste grupo de fiéis está na prática dos mandamentos, na oferta dos sacrifícios (v. 38) e no Templo como lugar de santidade por excelência (vv. 40.53).

A decepção e a vergonha chegaram
sobre os teus servos
e sobre os que te adoram.
³⁴Não nos entregues para sempre,
não rejeites a tua aliança,
por causa do teu nome.
³⁵Não retires de nós a tua misericórdia,
por amor a Abraão, teu amigo,
por amor a Isaac, teu servo,
e a Israel, teu santo.
³⁶A eles tu falaste, prometendo
que a descendência deles seria
tão numerosa como as estrelas do céu
e como a areia que existe à beira-mar.
³⁷No entanto, Senhor,
nós estamos diminuídos
em meio a todas as nações;
estamos hoje humilhados na terra inteira,
por causa dos nossos pecados.
³⁸Neste nosso tempo,
não há chefe, profeta ou dirigente,
nem holocausto, sacrifício, oferenda
ou incenso;
não existe lugar onde te oferecer
os primeiros frutos
e alcançar misericórdia.
³⁹Mas, com alma despedaçada
e espírito humilhado,
sejamos aceitos como se viéssemos
com holocaustos de carneiros, touros
e milhares de gordos cordeiros.
⁴⁰Seja esse o sacrifício que te oferecemos,
e, diante de ti, que ele seja completo,
pois jamais haverá decepção
para os que confiam em ti.
⁴¹Mas agora, nós vamos seguir-te
de todo o coração;
nós vamos temer a ti
e procurar a tua face.
⁴²Ah! Não nos deixes decepcionados,
mas age conosco com toda a tua bondade
e conforme a abundância
da tua misericórdia.
⁴³Liberta-nos, segundo as tuas maravilhas,
e glorifica o teu nome, Senhor.
⁴⁴Fiquem envergonhados
aqueles que prejudicam os teus servos;
que fiquem cobertos de vergonha,
privados de todo o seu poder,
e que seja esmagada a força deles.
⁴⁵Fiquem eles sabendo
que tu és o único Senhor Deus,
glorioso sobre toda a terra habitada".

⁴⁶Contudo, os funcionários do rei, que tinham jogado os três jovens na fornalha, não paravam de alimentar o fogo com nafta, piche, estopa e gravetos, ⁴⁷tanto que as labaredas subiam uns vinte e dois metros acima da fornalha, ⁴⁸alcançando e queimando os caldeus que estavam por perto.

⁴⁹O Anjo do Senhor, porém, desceu na fornalha para perto de Azarias e seus companheiros. Tocou para fora da fornalha as labaredas de fogo, ⁵⁰e formou no meio da fornalha um vento úmido refrescante. O fogo nem tocou neles, nem lhes causou sofrimento algum ou incômodo.

⁵¹Os três cantavam hinos, glorificavam e louvavam a Deus a uma só voz, dentro da fornalha:

⁵²"Bendito és tu, Senhor,
    Deus dos nossos pais;
 a ti, glória e louvor para sempre.
 Bendito é o teu nome santo e glorioso;
 a ele, glória e louvor para sempre.
⁵³Bendito és tu no teu Templo santo
    e glorioso;
 a ti, glória e louvor para sempre.
⁵⁴Bendito és tu no trono do teu reino;
 a ti, glória e louvor para sempre.
⁵⁵Bendito és tu, que sondas os abismos,
    sentado sobre os querubins;
 a ti, glória e louvor para sempre.
⁵⁶Bendito és tu, no firmamento do céu;
 a ti, glória e louvor para sempre.
⁵⁷Bendigam o Senhor todas as obras
    do Senhor;
 exaltem o Senhor com hinos para sempre.
⁵⁸Anjos do Senhor, bendigam o Senhor;
 louvem e exaltem o Senhor para sempre.
⁵⁹Céus, bendigam o Senhor;
 louvem e exaltem o Senhor para sempre.
⁶⁰Águas todas acima do céu,
    bendigam o Senhor;
 louvem e exaltem o Senhor para sempre.
⁶¹Todos os poderes bendigam o Senhor;
 louvem e exaltem o Senhor para sempre.
⁶²Sol e lua, bendigam o Senhor;
 louvem e exaltem o Senhor para sempre.
⁶³Estrelas do céu, bendigam o Senhor;
 louvem e exaltem o Senhor para sempre.
⁶⁴Chuva e orvalho, bendigam o Senhor;
 louvem e exaltem o Senhor para sempre.
⁶⁵Ventos todos, bendigam o Senhor;
 louvem e exaltem o Senhor para sempre.

⁶⁶Fogo e calor, bendigam o Senhor;
    louvem e exaltem o Senhor para sempre.
⁶⁷Frio e ardor, bendigam o Senhor;
    louvem e exaltem o Senhor para sempre.
⁶⁸Orvalhos e aguaceiros,
    bendigam o Senhor;
    louvem e exaltem o Senhor para sempre.
⁶⁹Gelo e frio, bendigam o Senhor;
    louvem e exaltem o Senhor para sempre.
⁷⁰Geada e neve, bendigam o Senhor;
    louvem e exaltem o Senhor para sempre.
⁷¹Noites e dias, bendigam o Senhor;
    louvem e exaltem o Senhor para sempre.
⁷²Luz e trevas, bendigam o Senhor;
    louvem e exaltem o Senhor para sempre.
⁷³Relâmpagos e nuvens, bendigam o Senhor;
    louvem e exaltem o Senhor para sempre.
⁷⁴Terra, bendiga o Senhor;
    louve e exalte o Senhor para sempre.
⁷⁵Montanhas e colinas, bendigam o Senhor;
    louvem e exaltem o Senhor para sempre.
⁷⁶Tudo o que brota do chão, bendiga o Senhor;
    louve e exalte o Senhor para sempre.
⁷⁷Fontes, bendigam o Senhor;
    louvem e exaltem o Senhor para sempre.
⁷⁸Mares e rios, bendigam o Senhor;
    louvem e exaltem o Senhor para sempre.
⁷⁹Baleias e peixes, bendigam o Senhor;
    louvem e exaltem o Senhor para sempre.
⁸⁰Aves do céu, bendigam o Senhor;
    louvem e exaltem o Senhor para sempre.
⁸¹Animais selvagens e domésticos,
    bendigam o Senhor;
    louvem e exaltem o Senhor para sempre.
⁸²Filhos dos homens, bendigam o Senhor;
    louvem e exaltem o Senhor para sempre.
⁸³Israel, bendiga o Senhor;
    louve e exalte o Senhor para sempre.
⁸⁴Sacerdotes do Senhor, bendigam o Senhor;
    louvem e exaltem o Senhor para sempre.
⁸⁵Servos do Senhor, bendigam o Senhor;
    louvem e exaltem o Senhor para sempre.
⁸⁶Espíritos e almas dos justos,
    bendigam o Senhor;
    louvem e exaltem o Senhor para sempre.
⁸⁷Santos e humildes de coração,
    bendigam o Senhor;
    louvem e exaltem o Senhor para sempre.
⁸⁸Ananias, Azarias e Misael,
    bendigam o Senhor;
    louvem e exaltem o Senhor para sempre.

Porque ele nos tirou da morada
    dos mortos
e nos salvou do poder da morte;
livrou-nos da chama da fornalha ardente
e retirou-nos do meio do fogo.
⁸⁹Deem graças ao Senhor,
    porque ele é bom,
    porque a sua misericórdia é para sempre.
⁹⁰Todos os que adoram o Senhor,
    o Deus dos deuses,
    bendigam o Senhor:
    louvem e deem graças ao Senhor,
    porque a sua misericórdia é para sempre".

O rei reconhece o Deus Altíssimo – ⁹¹Nabucodonosor ficou muito admirado. Levantou-se depressa e disse aos seus ministros: "Não foram três os homens que jogamos amarrados na fornalha?" Eles responderam ao rei: "Certamente, ó rei". ⁹²Então ele disse: "Como é que estou vendo quatro homens soltos e andando dentro da fornalha ardente, sem qualquer incômodo, e a aparência do quarto é de um filho de Eloim?".

⁹³Nabucodonosor chegou à boca da fornalha ardente e disse: "Sidrac, Misac e Abdênago, servos do Deus Altíssimo, saiam daí". Imediatamente os três jovens saíram da fornalha. ⁹⁴Reuniram-se os sátrapas, os magistrados e os ministros do rei para ver os homens. A fornalha não teve força nenhuma sobre os corpos deles, nem os cabelos de suas cabeças ficaram queimados, nem suas roupas sofreram coisa alguma, nem mesmo o cheiro da fumaça os atingiu.

⁹⁵Nabucodonosor disse então: "Bendito seja o Deus de Sidrac, Misac e Abdênago, que mandou o seu anjo libertar os seus servos que nele confiaram! Eles não fizeram caso do decreto do rei e entregaram o próprio corpo, pois não cultuam nem adoram nenhum outro deus que não seja o Deus deles. ⁹⁶Faço, pois, um decreto, mandando que qualquer povo, raça ou língua que disser uma blasfêmia contra o Deus de Sidrac, Misac e Abdênago, seja esquartejado, e a sua casa seja totalmente destruída, pois Deus igual a este, capaz de salvar, não existe outro". ⁹⁷E promoveu

---

91-97: Este breve hino posto na boca do rei é uma louvação ao Deus Altíssimo e um olhar admirado para a desobediência dos três judeus. O quarto homem como "filho de Eloim" é entendido como um deus ou anjo

Sidrac, Misac e Abdênago a novos cargos públicos na província da Babilônia.

A grande árvore

⁹⁸"O rei Nabucodonosor a todos os povos, nações e línguas que existem na terra: Cresça a vossa paz! ⁹⁹Tantos sinais e prodígios fez comigo o Deus Altíssimo, que me pareceu bom publicá-los. ¹⁰⁰Como são grandiosos os seus sinais, quanta força nos seus prodígios! O seu reino é eterno e o seu poder de geração em geração!

4 ¹Eu, Nabucodonosor, vivia tranquilo em casa, feliz no meu palácio. ²Então tive um sonho que me assustou. As imaginações que me vieram enquanto estava na cama, e as visões que me passaram pela mente me perturbaram. ³Por isso, publiquei um decreto em que mandava trazer à minha presença todos os sábios da Babilônia, para que me dessem a interpretação do meu sonho. ⁴Vieram os magos, adivinhos, caldeus e astrólogos. Eu lhes contei o meu sonho, mas eles não foram capazes de dar a interpretação. ⁵Então veio Daniel, chamado Baltassar em honra do meu deus. Ele tinha o espírito do Eloim santo. Contei-lhe, então, o meu sonho:

⁶Baltassar, chefe dos magos, eu sei que você possui o espírito do Eloim santo e que nenhum segredo é difícil para você. Escute a visão que tive em sonho; e depois, dê-me a interpretação dele. ⁷Na cama, eu estava observando as imagens que me vinham à cabeça, quando vi: Havia uma árvore gigantesca bem no centro da terra. ⁸A árvore cresceu e ficou forte, e a sua copa chegou até o céu: podia ser vista até o extremo da terra. ⁹A sua folhagem era bonita e tinha frutos com fartura; nela havia alimentos para todos. À sua sombra se abrigavam os animais do campo e nos seus galhos se aninhavam as aves do céu. Dela se alimentava todo ser vivo. ¹⁰Eu estava na cama, observando as imagens que se formavam em minha cabeça, quando apareceu um Vigilante, um santo que descia do céu. ¹¹Com voz forte, ele gritou: 'Derrubem a árvore, cortem os galhos, arranquem as folhas, e joguem fora os seus frutos. Feras, fujam da sua sombra; pássaros, fujam dos seus galhos. ¹²Mas deixem na terra o toco com as raízes, preso a uma corrente de ferro e bronze, no meio da grama do campo. Que ele seja banhado pelo sereno do céu e que a erva do campo seja a sua parte com as feras da terra. ¹³Perderá o instinto de homem e adquirirá instinto de fera. E ficará desse jeito durante sete tempos. ¹⁴Esta é a sentença dos vigilantes, é o que anunciam os santos, para que todo ser vivente reconheça que o Altíssimo domina sobre os reinos dos homens. Ele concede o reino a quem ele quer e coloca no trono o mais humilde'. ¹⁵Esse foi o sonho que tive, eu, o rei Nabucodonosor. Agora você, Baltassar, é que vai me dar a interpretação desse sonho. Nenhum sábio do meu reino foi capaz de me dar essa explicação, mas você pode, porque tem o espírito do Eloim santo".

¹⁶Daniel, que tinha também o nome de Baltassar, ficou assustado e perturbado nos seus pensamentos. O rei lhe disse: "Baltassar, não deixe que esse sonho ou o seu significado o assustem". Baltassar respondeu:

"Meu senhor, que o sonho valha para os seus inimigos, que o seu significado seja para os seus adversários. ¹⁷O rei viu uma árvore muito grande e forte. A sua copa atingia o céu e podia ser vista de toda a terra; ¹⁸a sua folhagem era bonita e tinha frutos abundantes para alimentar o mundo todo; à sombra dela viviam os animais do campo, e nos seus galhos se aninhavam

---

protetor (cf. v. 95), retratando a presença salvadora de Deus no fogo, na escravidão, no desespero do seu povo, conforme Dt 4,20; Ex 2s; Sl 91,15 etc.

3,98–4,34: A abertura desta narrativa tem elementos em comum com o cap. 2. A diferença consiste na sua apresentação como carta ou testamento do rei, tratando da sua estranha visão. A imagem da grande árvore no centro da terra é uma releitura de Ez 31,3-17. Descreve o poder centralizado na Babilônia, uma das grandes maravilhas do mundo antigo, poder esse representado, para os grupos de resistência, como habitação das bestas, contrapondo-se à Jerusalém celeste, conforme Ap 14,8; 16,19; 17,5; 18,2.10.21. O rei terá de aprender que o Altíssimo domina sobre o reino dos homens e dá o poder a quem ele quer (v. 14). A única saída para o rei está no conselho de Daniel: caminhar na justiça e desfazer as iniquidades, usando de misericórdia para com os pobres (v. 24). O santo vigilante que proclama a derrubada da árvore (vv. 10.20) representa um ente celeste ou anjo a serviço de Deus, como aparece nos textos apócrifos e apocalípticos (cf. Henoc; Dn 8,13; Zc 14,5; Sl 89,6).

as aves do céu. ¹⁹Pois bem! Essa árvore é Vossa Majestade, o rei tão grandioso e magnífico. O seu domínio alcança o céu e o seu império chega até os confins da terra. ²⁰O rei viu também um Vigilante, o santo, descendo do céu e dizendo: 'Derrubem e destruam a árvore. Mas deixem na terra o toco com as raízes, preso a uma corrente de ferro e bronze, no meio da grama do campo. Que ele seja banhado pelo sereno do céu e que a erva do campo seja a sua parte com os animais da terra. E ficará desse jeito durante sete tempos'. ²¹Esta é a explicação, ó rei, e são estes os decretos do Altíssimo que se referem ao rei, meu senhor: ²²O rei será tirado da companhia dos homens e irá morar com os animais do campo. Comerá capim como os bois e ficará molhado pelo sereno. E assim ficará por sete tempos, até aprender que o Altíssimo domina sobre os reinos dos homens e dá o poder a quem ele quer. ²³Mandaram deixar o toco com as raízes, porque você voltará a reinar quando reconhecer que Deus é o soberano. ²⁴Agora lhe dou um conselho: repare os seus pecados com obras de justiça e os seus crimes socorrendo os pobres. Talvez assim a sua felicidade possa durar".

²⁵Tudo isso aconteceu ao rei Nabucodonosor. ²⁶Doze meses depois, estava ele passeando no terraço do seu palácio em Babilônia. ²⁷Dizia: "Aí está a grande Babilônia que eu construí para moradia do rei, com o poder da minha autoridade e para esplendor da minha glória!" ²⁸Estava ainda falando, quando uma voz do céu lhe disse: "Rei Nabucodonosor, é com você que estou falando: você perderá o reino ²⁹e será tirado da companhia dos homens, viverá no meio dos animais do campo, comerá capim como os bois, ficará molhado pelo sereno e assim viverá por sete tempos, até reconhecer que o Altíssimo é quem domina sobre os reinos dos homens e dá o poder a quem ele quer". ³⁰Na mesma hora, essa palavra se cumpriu para Nabucodonosor, que foi retirado da companhia dos homens, passou a comer capim como boi e a viver no sereno. O seu cabelo ficou comprido como penas de águia e as suas unhas cresceram como garras de ave de rapina.

³¹"Passado o tempo, eu Nabucodonosor levantei os olhos para o céu e recuperei a razão. Então passei a bendizer o Altíssimo, a louvar e glorificar Aquele que vive eternamente, dizendo: 'O seu domínio é eterno e o seu reino atravessa gerações. ³²Os habitantes da terra diante dele nada valem. Ele trata como quer os astros do céu e os habitantes da terra. Ninguém pode atentar contra ele ou pedir-lhe contas do que faz'. ³³Nessa hora, recuperei a razão, e para o esplendor da minha autoridade de rei, também voltaram a minha glória e majestade. Os meus conselheiros e ministros foram me procurar, e eu fui restabelecido na minha autoridade de rei, e o meu poder ficou ainda maior. ³⁴Agora, eu Nabucodonosor louvo, exalto e glorifico o Rei do céu, porque as suas obras são justas e os seus caminhos são retos, e a quem anda com soberba ele sabe rebaixar".

A mão que escreve na parede

5 ¹O rei Baltazar fez um grande banquete para mil altos funcionários seus e se pôs a beber vinho na presença desses mil. ²Tocado pelo vinho, Baltazar mandou buscar os cálices de ouro e prata, que o seu pai Nabucodonosor havia tirado do Templo de Jerusalém, para neles beberem o rei, os altos funcionários, as suas concubinas e as mulheres de serviço. ³Buscaram os cálices de ouro tirados do Templo da casa de Deus em Jerusalém. Então o rei, os altos funcionários, as concubinas e as mulheres de serviço começaram a beber nesses cálices. ⁴Bebiam vinho e louvavam os seus deuses de ouro, prata, bronze, ferro, madeira e pedra.

⁵De repente, surgiram dedos de mão humana riscando, por detrás do candelabro, na cal da parede do palácio do rei. O rei viu a mão rabiscando ⁶e mudou de cor; os seus pensamentos se embaralharam, a

---

5,1-6,1: Baltazar, filho de Nabônides, último rei da Babilônia, de 556 a 539 a.C., desempenha, nas narrativas do livro de Daniel, o papel de Antíoco. As palavras "contado" (*menê*), "pesado" (*teqel*) e "dividido" (*parsin*) querem descrever o fim do império (vv. 25-28). No imaginário apocalíptico que resiste à opressão, está a certeza de que o império de Antíoco terá o mesmo fim do império de Baltazar. O banquete e o roubo das vasilhas do Templo denunciam as profanações de Antíoco IV em Jerusalém (cf. 1Mc 1,23s; 2Mc 5,21; 6,4.7).

espinha desconjuntou e os joelhos batiam um no outro. ⁷Aos gritos, ele chamou os adivinhos, os caldeus e os magos, e disse aos sábios da Babilônia: "O homem que conseguir decifrar essa escrita e dar a sua interpretação, vestirá o manto vermelho com o cordão de ouro no pescoço, e será a terceira autoridade do reino". ⁸Chegaram todos os sábios da Babilônia, mas ninguém conseguia decifrar a escrita, nem dar a sua interpretação. ⁹Com isso, o rei ficava cada vez mais desorientado e pálido, e os seus funcionários, perdidos de susto.

¹⁰Foi então que a rainha, atraída pelos gritos do rei e funcionários, entrou na sala do banquete e disse: "Viva o rei para sempre! Não deixe embaralhar as suas ideias, nem fique pálido desse jeito! ¹¹Existe um homem no seu reino que tem o espírito do Eloim santo. No tempo do rei seu pai, achavam que ele tinha uma luz e uma sabedoria parecidas com a sabedoria de Eloim. O seu pai, o rei Nabucodonosor, fez dele o chefe dos magos, adivinhos, caldeus e astrólogos. ¹²Pois bem! Já que esse Daniel, a quem o rei deu o nome de Baltassar, tem tanto espírito, conhecimento e luz para interpretar sonhos, decifrar enigmas e resolver problemas, seja ele convocado para que dê a interpretação disso".

¹³Daniel foi levado à presença do rei, que lhe perguntou: "Então você é Daniel, um dos judeus exilados que o meu pai trouxe de Judá? ¹⁴O que se ouve falar é que você tem o espírito de Eloim, muita luz, muita inteligência e muita sabedoria. ¹⁵Compareceram à minha presença os sábios e adivinhos para decifrar a escrita e dar a interpretação, mas não foram capazes de mostrar o significado de coisa nenhuma. ¹⁶Ouvi falar que você é capaz de interpretar e resolver problemas. Se for capaz de decifrar a escrita e explicar o seu significado, vestirá o manto vermelho com o cordão de ouro no pescoço, e será a terceira autoridade no reino".

¹⁷Daniel respondeu ao rei: "Fique com os seus presentes e dê para outros os seus prêmios. No entanto, eu vou decifrar a escrita e explicar o seu significado. ¹⁸Ó rei, o Deus Altíssimo deu império e poder, glória e honra ao seu pai Nabucodonosor. ¹⁹Por causa da grandeza que Deus lhe deu, todos os povos, nações e línguas temiam e tremiam diante dele, pois ele possuía poder de vida e morte, exaltava e humilhava conforme queria. ²⁰Mas, quando ficou com ideias de grandeza e espírito soberbo, tornando-se orgulhoso, foi derrubado do seu trono real e perdeu a dignidade. ²¹Foi afastado da companhia dos seres humanos, e com instinto de animal passou a morar com burros selvagens e a se alimentar de capim como os bois, enquanto o sereno lhe banhava o corpo. Assim ficou até reconhecer que o Deus Altíssimo domina sobre os reinos dos homens e dá o trono a quem ele quer. ²²Você, porém, Baltazar, filho dele, mesmo sabendo de tudo isso, não quis se humilhar. ²³Você se revoltou contra o Senhor do céu e trouxe para cá os cálices do Templo, para que você, os seus funcionários, as suas concubinas e as suas mulheres de serviço bebessem vinho neles, louvando deuses de prata, ouro, bronze, ferro, madeira e pedra, deuses que não enxergam, não escutam, não entendem. Você não glorificou o Deus em cujas mãos está a sua vida e todo o seu caminho. ²⁴Por isso, Deus mandou essa mão escrever isso. ²⁵Eis o que está escrito: '*Menê, teqel, parsin*'. ²⁶A explicação é a seguinte: 'Contado': Deus contou os dias do seu reinado e já marcou o limite. ²⁷'Pesado': você foi pesado na balança e faltou peso. ²⁸'Dividido': o seu reino será dividido e entregue aos medos e persas".

²⁹Baltazar mandou vestir Daniel com o manto vermelho e colocar-lhe o cordão de ouro no pescoço, proclamando-o terceira autoridade no reino. ³⁰Nessa mesma noite, porém, Baltazar, rei dos caldeus, foi morto.

6 ¹E Dario, o medo, lhe sucedeu no trono, com a idade de sessenta e dois anos.

Daniel na cova dos leões

²Dario decidiu nomear, em todo o reino, cento e vinte sátrapas com autoridade.

6,2-29: A narrativa mostra detalhes acerca da pressão exercida pelas autoridades, a fim de forçar o povo a romper com a fidelidade a Deus e a prestar culto ao soberano divinizado. A desobediência a tal decreto resul-

³Acima deles havia três ministros, a quem os sátrapas deviam prestar contas, para que o rei não fosse fraudado. Um dos três era Daniel. ⁴Contudo, Daniel estava tão acima dos outros ministros e sátrapas por causa do seu espírito extraordinário, que o rei decidiu dar-lhe autoridade sobre todo o império. ⁵Então os ministros e sátrapas procuraram uma oportunidade para pegar Daniel em algum deslize nas coisas de interesse do império. Mas nada conseguiram encontrar de errado, pois ele era muito honesto, e nada conseguiram achar de incorreto. ⁶Então esses homens disseram: "Não encontraremos coisa alguma em que pegar Daniel, a não ser em assunto da lei do seu Deus".

⁷Então os ministros e sátrapas foram correndo dizer ao rei: "Viva o rei Dario para sempre! ⁸Todos os ministros, magistrados, sátrapas, conselheiros e governadores estão de acordo que seja determinado um decreto, segundo o qual toda pessoa que, no prazo de trinta dias, fizer alguma prece a outro deus ou homem que não seja a Vossa Majestade, tal pessoa seja jogada na cova dos leões. ⁹Agora, pois, ó rei, sancione essa lei, assinando este documento, para que ela não possa mais ser alterada ou revogada, de acordo com a legislação dos medos e persas". ¹⁰E o rei Dario assinou o documento, sancionando a lei.

¹¹Ao saber que o rei tinha assinado o documento, Daniel subiu para casa. No andar de cima havia uma janela que dava para o lado de Jerusalém. Três vezes por dia, ele se ajoelhava aí para rezar e louvar o seu Deus; e assim fazia sempre. ¹²Aqueles homens correram até aí e pegaram Daniel rezando e fazendo preces ao seu Deus. ¹³Depois foram dizer ao rei: "Vossa Majestade não assinou um decreto, segundo o qual todo homem que, no prazo de trinta dias, fizer alguma prece a outro deus ou homem que não seja a Vossa Majestade, tal pessoa será jogada na cova dos leões?"

O rei respondeu: "A decisão é definitiva e não pode ser revogada, em conformidade com a legislação dos medos e persas".

¹⁴Eles disseram ao rei: "Daniel, um dos exilados da Judeia, não deu importância ao seu decreto, ó rei, nem fez caso da lei que Vossa Majestade assinou, e continua fazendo suas orações três vezes ao dia".

¹⁵Ao ouvir essa notícia, o rei sentiu-se mal e ficou preocupado com Daniel, querendo salvá-lo. Até o pôr do sol, ficou tentando livrá-lo. ¹⁶Aqueles homens foram procurar o rei e disseram: "Lembre-se, ó rei, que a lei dos medos e persas determina que não pode ser modificado nenhum decreto sancionado pelo rei". ¹⁷Então o rei mandou trazer Daniel e jogá-lo na cova dos leões. E o rei disse a Daniel: "O seu Deus, a quem você adora, vai livrá-lo".

¹⁸Levaram uma pedra para fechar a entrada da cova. Em seguida, o rei lacrou a pedra com a sua marca e a marca dos seus secretários, para que ninguém pudesse alterar nada em favor de Daniel. ¹⁹O rei voltou para o palácio e ficou em jejum toda essa noite. Não aceitou nenhum divertimento e perdeu o sono.

²⁰No dia seguinte, levantou-se bem cedo e foi depressa à cova dos leões. ²¹Ao chegar à cova onde estava Daniel, o rei gritou aflito: "Daniel, servo do Deus vivo! O seu Deus, a quem você sempre adora, foi capaz de livrá-lo dos leões?" ²²Daniel disse ao rei: "Viva o rei para sempre! ²³O meu Deus mandou o seu anjo para fechar a boca dos leões, e eles não me incomodaram, pois fui considerado inocente diante dele, como também nada fiz de errado contra o rei". ²⁴E o rei ficou muito contente e mandou que tirassem Daniel da cova. Quando o tiraram, não encontraram nele nenhum arranhão, pois tinha confiado no seu Deus. ²⁵Então o rei mandou buscar aqueles homens que tinham caluniado Daniel e mandou jogá-los na cova dos leões junto com os seus filhos e mulheres.

---

taria em martírio. Em 169 a.C., o rei Antíoco Epífanes IV obrigou seus súditos a participar do culto ao deus Baal Shamém, identificado com o deus grego Zeus Olimpo, do qual Antíoco se considerava a manifestação (Epífanes = deus manifestado). Os decretos promulgados pelo imperador em Dn 3,5-7.96; 6,8-10.27 representam a defesa da religião oficial, marcada pela divinização do soberano, e a extrema violência contra aqueles que desobedecem aos decretos reais. A vitória dos inocentes (Dn 3,91-97; 6,20-29; 2Mc 3,25-31; 7,1-42) é uma descrição marcada pela ironia e pelo testemunho de coragem frente à repressão. A saída de Daniel da cova dos leões pode ser considerada uma releitura do Salmo 57; a imagem está presente em 1Mc 2,60; é também lembrada em Hb 11,33-34.

Antes que chegassem ao fundo, os leões já os tinham agarrado e despedaçado. ²⁶Então o rei Dario escreveu a todos os povos, nações e línguas da terra: "Cresça a paz de vocês! ²⁷Estou promulgando o seguinte decreto: Por toda parte onde chega o poder da minha autoridade de rei, todos estão obrigados a temer e respeitar o Deus de Daniel, pois ele é o Deus vivo que permanece para sempre. O seu reino nunca será destruído e o seu domínio não conhecerá fim. ²⁸Ele salva e liberta, realiza sinais e prodígios no céu e na terra. Ele salvou Daniel das garras dos leões". ²⁹Daniel teve muito sucesso, no reinado tanto de Dario como de Ciro, rei dos persas.

II. AS VISÕES DE DANIEL
Visão dos quatro animais

7 ¹No primeiro ano de Baltazar, rei da Babilônia, Daniel, deitado no seu leito, teve um sonho e visões que lhe vieram à cabeça. Imediatamente escreveu o sonho. ²Daniel fez o seguinte relato. Durante a noite, tive esta visão: Os quatro ventos reviravam o mar imenso. ³Quatro enormes feras surgiram do meio do mar, cada uma diferente da outra. ⁴A primeira parecia um leão com asas de águia. Eu estava olhando, quando lhe arrancaram as asas, enquanto as patas foram se erguendo da terra: ela ficou de pé como um homem, e lhe deram um coração de homem. ⁵Depois, apareceu uma segunda fera, que parecia urso. Estava em pé de um lado só e tinha na boca três costelas entre os dentes. Disseram-lhe: "Vamos! Coma bastante carne". ⁶Em seguida, vi outra fera parecida com leopardo. Tinha no lombo quatro asas de ave e quatro cabeças. E lhe deram o poder.

⁷Depois, tive outra visão noturna: Vi uma quarta fera, que era medonha, terrível e muito forte. Tinha enormes dentes de ferro, com os quais comia e triturava tudo, e esmagava com os pés o que sobrava. Era diferente das outras feras, porque tinha dez chifres. ⁸Eu observava esses chifres, quando no meio deles outro chifre pequeno apontou. Foram então arrancados os três chifres que estavam mais perto deste, para lhe ceder o lugar. Nesse chifre havia olhos humanos e uma boca que falava com arrogância. ⁹Eu continuava olhando: Uns tronos foram instalados e um Ancião se assentou, vestido de veste branca como a neve, cabelos claros como a lã. O seu trono era como labaredas de fogo, com rodas de fogo em brasa. ¹⁰Um rio de fogo brotava na frente dele. Milhares e milhares o serviam e milhões estavam às suas ordens. Começou a sessão e os livros foram abertos.

¹¹Eu continuava olhando, atraído pelos insultos que aquele chifre gritava. Vi que mataram a fera, fazendo-a em pedaços e jogando-a no fogo. ¹²Quanto às outras feras, o poder delas foi tirado, mas foi-lhes dado um prolongamento de vida até um tempo determinado.

¹³Em imagens noturnas, tive esta visão: Entre as nuvens do céu vinha alguém como um filho de homem. Chegou perto do Ancião e foi conduzido à sua presença. ¹⁴Foi-lhe dado poder, glória e reino, e todos os povos, nações e línguas o serviram. O seu poder é um poder eterno, que nunca lhe será tirado. E o seu reino é tal que jamais será destruído. ¹⁵Eu Daniel me senti com o espírito perturbado dentro de mim. As visões da minha mente me deixaram apavorado. ¹⁶Cheguei perto de um dos presentes e lhe perguntei o que era tudo

---

7-12: Estes capítulos contêm sonhos e visões apocalípticas sobre o futuro dos perseguidos e dos impérios. A leitura da história tem como pano de fundo a releitura das profecias, e o seu ponto de partida é o fim de Antíoco IV Epífanes, na visão do carneiro e do bode.

7,1-28: Esta visão descreve os impérios como animais estranhos: o leão é o império babilônico; o urso é o império medo; o leopardo é o império persa; a fera medonha é o império de Alexandre Magno. Dn 7 é paralelo a Dn 2 no jeito de descrever os impérios e de periodizar a história. A visão nos convida a dar maior atenção ao chifre pequeno representando Antíoco IV Epífanes, que reinou de 175 a 163 a.C. Sobre o quarto animal e o seu chifre pequeno, a visão assegura que será morto e seu corpo destruído e queimado. Estas imagens serão retomadas no cap. 13 do Apocalipse, ao descrever a besta. A descrição sobre o fim dos animais pode-se comparar com as descrições da morte de Antíoco nos livros dos Macabeus (1Mc 6,1-17; 2Mc 1,11-17; 9). A visão de Daniel contrapõe, ao poder dos animais, o julgamento que terá como grande agente o "filho de homem", no v. 13, representando o povo fiel que recebe de Deus o reino que não terá fim. No livro de Ezequiel, a figura do "filho de homem" é uma forma de representar o profeta. As primeiras comunidades cristãs viram em Jesus esse "filho de homem" (Mt 8,20; 12,8; 13,37; 24,30; Mc 9,31; Lc 7,33-34; At 1,9-11). No v. 25, "um tempo, tempos e metade de um tempo" equivalem a três anos e meio, em 12,7.

isso. Ele me respondeu, dando-me a explicação completa: ¹⁷"As quatro feras enormes são os quatro reinos que surgirão na terra. ¹⁸Porém os santos do Altíssimo é que receberão o reino e o possuirão para sempre".

¹⁹Depois, eu quis saber o que significava a quarta fera, que era diferente das outras: medonha, com enormes dentes de ferro e unhas de bronze, que comia, esmagava e triturava todo o resto com os pés. ²⁰Quis saber também o que significavam os dez chifres que havia na cabeça dela, e aquele outro chifre que foi aparecendo e fazendo cair os três que lhe estavam mais perto, e que tinha olhos e uma boca que falava com arrogância e tinha envergadura maior que a dos outros chifres. ²¹Observando, vi que esse chifre fazia guerra contra os santos e os derrotava, ²²até chegar o Ancião para fazer justiça aos santos do Altíssimo. E chegou a hora, quando os santos tomaram posse do reino. ²³Então ele disse: A quarta fera será na terra um quarto reino, que será diferente dos outros reinos. Ele devorará toda a terra, e depois a pisará e esmagará. ²⁴Os seus dez chifres são dez reis que surgirão nesse reino. Depois deles surgirá outro rei, que será diferente dos dez primeiros e derrubará do trono três reis. ²⁵Blasfemará contra o Altíssimo e perseguirá os santos do Altíssimo. Pretenderá modificar os tempos e a lei, e os santos lhe serão entregues nas mãos por um tempo, tempos e metade de um tempo. ²⁶O tribunal, porém, se instalará e lhe retirará o poder, e esse rei será destruído e aniquilado até o fim. ²⁷O reino, o império e a grandeza de todos os reinos que existem debaixo do céu serão entregues ao povo dos santos do Altíssimo. O reino deste será um reino eterno, e todos os impérios o servirão e lhe prestarão obediência".

²⁸Aqui termina a história. Eu Daniel fiquei com os pensamentos embaralhados, empalideci e guardei tudo no coração.

Visão de Daniel sobre o carneiro e o bode

8 ¹No terceiro ano do reinado de Baltazar, eu Daniel tive uma visão, depois daquela que já havia tido. ²Observando, vi que estava em Susa, a cidadela da província de Elam. Estava olhando e vi que me encontrava junto ao rio Ulai. ³Levantei os olhos e vi, junto ao rio, um carneiro em pé diante da porta. Tinha chifres altos, e um era mais alto que o outro, e esse mais alto foi o que apareceu por último. ⁴Notei que o carneiro dava chifradas para o poente, para o norte e para o sul. E nenhum animal lhe resistia. Ninguém escapava dele, pois fazia o que queria, e se tornava sempre mais forte.

⁵Eu pensava nisso, quando apareceu um bode, vindo do poente, sobrevoando o mundo inteiro sem tocar o chão. O bode tinha um chifre bem visível entre os olhos. ⁶Veio na direção do carneiro de dois chifres, que eu vira postado junto ao rio Ulai, e se atirou contra ele com toda a fúria. ⁷Eu vi que o bode atacou o carneiro, agredindo-o furiosamente e quebrando-lhe os dois chifres. O carneiro não teve forças para resistir. O bode derrubou o carneiro no chão, pisou-lhe em cima e não houve quem livrasse do seu poder o carneiro. ⁸O bode se fortaleceu muito mais ainda. Porém, no auge da sua grande força, o seu grande chifre se quebrou, e no lugar dele brotaram quatro chifres, cada um voltado para os quatro ventos do céu. ⁹De um desses chifres nasceu um chifre pequeno, que depois cresceu muito na direção sul, para o nascer do sol e para o lado do meu Esplendor. ¹⁰Cresceu até as alturas do exército do céu e derrubou no

---

8,1-27: Esta visão toma como localização Susa, cidade muito importante para os persas; até aí Daniel foi transportado em espírito (cf. Ne 1,1; Est 1,2; 3,5; Dn 14,36; Ez 8,3). A atenção desta visão se volta para a história desde o período persa até o domínio grego. Assim, o carneiro pode ser entendido como os reis da Média e da Pérsia, e o bode simbolizando Alexandre Magno, que reinou de 336 a 323 a.C. Os quatro chifres representam a subdivisão do reino, especialmente os poderes da Macedônia-Grécia, Ásia Menor, Síria e Egito. Mas a visão tenciona predizer o fim de Antíoco IV, ironizando e estilizando-lhe a figura. Importante referência ao momento histórico é a expressão "ídolo abominável", em 9,27; 11,31; 1Mc 1,54, utilizada para descrever as abominações cometidas por Antíoco, de modo especial a estátua-ídolo de Júpiter no altar dos sacrifícios. Talvez os autores do livro tenham como referência a festa da Hanuká (festa da Dedicação do Templo), instituída em 164 a.C., depois que Judas Macabeu purificou o Templo (cf. 2Mc 10,1-8; 1Mc 4,36-59). O v. 26 mostra uma das características dos textos apocalípticos: as revelações devem ser guardadas em segredo, conforme 12,4.

chão algumas estrelas desse exército e pisou em cima delas. ¹¹Até contra o Príncipe do exército ele quis se engrandecer, abolindo o sacrifício permanente e abalando as bases do santuário. ¹²Entregaram-lhe o exército e o sacrifício cotidiano e expiatório; ele jogou por terra a verdade; e tudo o que ele fez prosperou.

¹³Ouvi dois santos que conversavam. Um perguntava: "Quanto tempo vai durar a visão do sacrifício cotidiano e expiatório, do ídolo abominável, do santuário e do exército calcados aos pés?" ¹⁴O outro respondeu: "Vai durar duas mil e trezentas tardes e manhãs. Depois, será feita justiça ao santuário".

¹⁵Eu Daniel estava olhando e procurando entender a visão, quando de repente apareceu em pé diante de mim a figura de um homem. ¹⁶Então, vinda do rio Ulai, ouvi uma voz que gritava: "Gabriel, explique para ele a visão". ¹⁷Gabriel então se dirigiu para o lugar onde eu estava. Quando se aproximou, eu me assustei e caí de bruços por terra. Ele disse: "Filho de homem, entenda que a visão se refere ao tempo final". ¹⁸Ele falava comigo, e eu desmaiado continuava de bruços no chão. Tocou em mim e me fez ficar em pé como estava antes. ¹⁹Depois continuou: "Eu vou lhe explicar o que acontecerá no tempo final da ira, porque é do tempo final que se trata. ²⁰O carneiro de dois chifres que você viu é o reino dos medos e persas. ²¹O bode é o rei da Grécia, e o chifre enorme que tinha entre os olhos é o primeiro rei. ²²Quebrado este, os quatro chifres que cresceram no lugar dele são os quatro reis que substituirão o primeiro, mas não com o mesmo poder. ²³E, no final dos seus reinados, depois de se completarem os seus crimes, surgirá um rei ousado e esperto nas intrigas, ²⁴de força indomável, prodigiosamente destruidor e bem-sucedido em tudo o que faz. Destruirá poderosos e também o povo dos santos. ²⁵Com a sua astúcia, fará triunfar a fraude em suas ações. Ele se engrandecerá aos seus próprios olhos, surpreendendo e destruindo muita gente. Até contra o Chefe dos chefes ele se colocará; mas, sem ninguém fazer nada, ele será destruído. ²⁶A visão das tardes e manhãs é verdadeira. Você, porém, guardará em segredo a visão, porque é coisa para daqui a muito tempo".

²⁷Eu Daniel desmaiei e fiquei doente por alguns dias. Depois, levantei-me e continuei cuidando dos assuntos do rei. Ainda estava assustado com a visão e sem compreendê-la.

Oração de Daniel

9 ¹No primeiro ano do reinado de Dario, filho de Xerxes, da linhagem dos medos, que fora entronizado como rei dos caldeus; ²no primeiro ano do seu reinado, eu Daniel tentava entender nos escritos do livro as palavras de Javé ao profeta Jeremias, a respeito do número de anos que Jerusalém devia permanecer em ruínas: eram setenta anos. ³Voltei o rosto para o Senhor Eloim, procurando fazer preces e súplicas com jejum, vestido de estopas e coberto de cinzas. ⁴Então fiz uma oração para Javé meu Eloim, confessando e dizendo: "Ah! Senhor, Deus grande e terrível, cumpridor da aliança e do amor para com os que te amam e observam os teus mandamentos! ⁵Pecamos, praticamos crimes e impiedades, fomos rebeldes e nos desviamos dos teus mandamentos e das tuas sentenças. ⁶Não quisemos escutar os profetas, teus servos, que em teu nome falavam aos nossos reis e autoridades, aos nossos pais e a todos os cidadãos. ⁷Senhor, do teu lado está a justiça, e para nós fica a vergonha que hoje estamos passando, tanto o cidadão de Judá como o habitante de Jerusalém, e de Israel todo: tanto os que estão perto,

---

9,1-27: As setenta semanas é uma releitura da profecia dos setenta anos em Jr 25,11; 29,10, com a intenção de animar os que resistem à perseguição instaurada por Antíoco IV. Essa releitura acerca dos setenta anos do exílio salienta que a opressão e perseguição em andamento terão logo o seu fim. Como também a releitura da profecia das setenta semanas tem como ponto de partida a profecia de Jeremias, concluindo com a volta dos exilados e a restauração de Jerusalém, conforme 2Cr 36,22-23 e Esd 1,1-3. A restauração tem seu início no decreto de Ciro em 538 a.C. Os vv. 26-27 deixam transparecer dois acontecimentos. Primeiro: o "ungido inocente" que "será eliminado" parece indicar o sumo sacerdote Onias III, que foi assassinado em meio às disputas pelo poder e controle do sacerdócio (cf. 11,22; 2Mc 4,1-6.30-38). Segundo: o "ídolo abominável" é o culto a Júpiter Olímpico imposto por Antíoco em 167 a.C. (cf. Dn 7,25; 8,14; 12,11; 1Mc 1,37; 2Mc 6).

quanto os que estão longe, por todos os países por onde tu os espalhaste, por causa dos crimes que praticaram contra ti. ⁸Sim, ó Javé, para nós, para os nossos reis, as nossas autoridades e os nossos pais, só fica a vergonha que estamos passando, pois pecamos contra ti. ⁹Do Senhor nosso Eloim é a compaixão e o perdão, porque nos revoltamos contra ele. ¹⁰Não obedecemos a Javé nosso Eloim, para andarmos de acordo com as leis que ele nos deu por meio dos seus servos, os profetas. ¹¹Israel todo desrespeitou a tua lei e se afastou para não escutar a tua voz. Então caíram sobre nós as maldições e ameaças que estão escritas na lei de Moisés, servo de Eloim, pois pecamos contra o Senhor. ¹²O Senhor cumpriu as palavras que falou contra nós e contra os nossos governantes, mandando sobre Jerusalém uma calamidade como jamais aconteceu debaixo do céu. ¹³Toda essa desgraça nos veio tal e qual está escrita na lei de Moisés, mas nós não procuramos agradar a Javé nosso Eloim, arrependendo-nos dos nossos pecados e levando a sério a sua fidelidade. ¹⁴Javé se encarregou dessa desgraça e fez que ela chegasse até nós, pois Javé nosso Eloim nos trata com justiça, porque não lhe obedecemos.

¹⁵Agora, Senhor nosso Eloim, tu que tiraste o teu povo da terra do Egito com mão forte, criando para ti essa fama que dura até hoje, nós pecamos e praticamos a impiedade. ¹⁶Senhor, conforme a tua justiça, afasta de Jerusalém, tua cidade, e do teu santo monte, a ira e a cólera. Por causa dos nossos pecados, por causa das ofensas dos nossos pais, Jerusalém e o teu povo são desprezados pelos povos vizinhos. ¹⁷Agora, nosso Eloim, ouve a oração e as súplicas do teu servo, faze brilhar a tua face sobre o teu santuário destruído, em atenção a ti mesmo, Senhor. ¹⁸Meu Eloim, inclina o ouvido e escuta-me; abre os olhos e vê a desolação, e olha para a cidade sobre a qual foi invocado o teu nome, porque não é confiando em nossa justiça que te pedimos misericórdia, mas sim na tua imensa compaixão. ¹⁹Ouve, Senhor! Perdoa, Senhor! Atende, Senhor! E começa a agir sem demora, por causa da tua honra, meu Eloim, pois o teu nome foi invocado sobre esta cidade e sobre o teu povo".

A profecia é interpretada pelo anjo Gabriel – ²⁰Eu ainda falava, fazendo a minha prece, confessando o meu pecado e do meu povo Israel; eu estava apresentando a minha súplica a Javé meu Eloim, em favor do monte santo do meu Eloim; ²¹eu ainda estava fazendo a minha súplica, quando Gabriel, o homem que eu tinha visto no começo da visão, veio voando rápido para perto de mim. Era a hora em que se faz a oferta da tarde. ²²Ele chegou e me disse: "Daniel, eu vim dar-lhe uma explicação. ²³Quando você começou a sua súplica, foi pronunciada uma sentença e eu vim lhe contar, porque você é querido. Preste atenção na mensagem e compreenda a visão: ²⁴Setenta semanas foram determinadas para o seu povo e a sua cidade santa, para fazer cessar a transgressão, lacrar o pecado, expiar o crime, para trazer uma justiça perene, até se realizarem a visão e a profecia e para ungir o Santo dos santos. ²⁵Fique sabendo: Desde que foi decretada a volta e a reconstrução de Jerusalém, até o príncipe ungido, sete semanas se passarão. Em sessenta e duas semanas, praças e muralhas serão reconstruídas, mas em tempos de calamidade. ²⁶Depois das sessenta e duas semanas, o ungido inocente será eliminado, e a cidade e o santuário serão destruídos por um príncipe que virá, cujo fim será no cataclismo, e até o fim estão decretadas guerra e destruição. ²⁷Com muitos ele fará uma aliança que durará uma semana; e durante meia semana fará cessar ofertas e sacrifícios. Colocará sobre a nave do Templo o ídolo abominável, até que chegue para o destruidor o fim decretado".

Aparição do anjo a Daniel

10 ¹No terceiro ano de Ciro, rei da Pérsia, certa mensagem foi revelada a Daniel, apelidado Baltassar Era mensagem autêntica e falava de uma grande

---

10,1-11,1: Alusão às guerras helenísticas (cf. Dn 11,5-45) ou aos confrontos militares que resultaram na guerra liderada pelos Macabeus. O texto descreve a aparição de um homem vestido de linho, provavelmente o anjo Gabriel, que traz a revelação de Deus para encorajar Daniel (cf. 8,16; 9,21; 12,6). "Príncipe dos reis da Pérsia"

luta. Ele compreendeu a mensagem, graças à visão.

²Nessa ocasião, eu Daniel fiquei de luto por três semanas. ³Não comi nada que tivesse algum sabor, nem carne nem vinho entraram na minha boca, nem usei tipo algum de perfume durante três semanas completas. ⁴No vigésimo quarto dia do primeiro mês do ano, eu estava à beira do grande rio Tigre, ⁵quando, de repente, levantei os olhos e vi: era um homem vestido de linho e tendo na cintura um cinturão de ouro puro. ⁶O corpo dele era como pedra preciosa e o rosto como relâmpago; os olhos eram como tochas de fogo acesas, e os braços e pernas tinham o brilho do bronze polido; a voz parecia o clamor de grande multidão.

⁷Só eu Daniel vi a aparição. Os outros que estavam comigo não viram nada. Mesmo assim, caiu sobre eles um medo tão grande que fugiram para se esconder. ⁸Fiquei sozinho. Ao ver essa magnífica aparição, me senti desfalecer, o meu rosto empalideceu e eu não conseguia me controlar. ⁹Ouvi o som de palavras, e ao ouvi-lo caí sem sentidos com o rosto por terra. ¹⁰A mão de alguém me tocou e sacudiu, fazendo-me ficar de joelhos, com a palma das mãos no chão. ¹¹Ele me disse: "Daniel, homem querido, entenda a mensagem que vou lhe transmitir. Fique de pé, porque é para você que fui enviado". Ele falou e eu me levantei tremendo. ¹²Ele continuou: "Daniel, não tenha medo, pois desde o primeiro dia em que você começou a meditar para entender e se humilhou diante de Deus, as suas palavras foram ouvidas, e é por causa delas que eu vim. ¹³Durante vinte e um dias o príncipe dos reis da Pérsia me resistiu, porém Miguel, um dos príncipes supremos, veio em minha ajuda. Eu o deixei lá enfrentando os reis da Pérsia, ¹⁴e vim explicar a você o que acontecerá ao seu povo nos últimos dias, pois ainda existe para esses dias uma visão".

¹⁵Enquanto ele me dizia essas coisas, caí de bruços e fiquei sem fala. ¹⁶Alguém com aparência de ser humano me tocou os lábios. Abri a boca e falei para aquele que estava à minha frente: "Meu senhor, a visão me fez retorcer de dor e não consegui me controlar. ¹⁷Como poderia o servo do meu senhor falar com o meu senhor, se as minhas forças tinham sumido e eu tinha perdido até o fôlego?" ¹⁸De novo, alguém semelhante a um homem tocou em mim e me deu forças. ¹⁹Ele me disse: "Não tenha medo, homem querido. Tenha calma e seja forte". Foi só ele falar comigo, e eu me senti mais forte. Então eu disse: "Fale então o meu senhor que me devolveu as forças". ²⁰Ele disse: "Muito bem! Você sabe por que vim procurá-lo? Agora preciso voltar para combater contra o príncipe da Pérsia. Quando eu tiver partido, o príncipe da Grécia chegará. ²¹Vou contar a você o que está escrito no livro da verdade. Ninguém me dá forças na luta contra eles, a não ser Miguel, o príncipe de vocês,

11 ¹assim como eu estive ao lado dele, dando-lhe forças e ajudando-o no primeiro ano do reinado de Dario.

Alexandre e os seus sucessores – ²Agora vou lhe contar a verdade. Ainda surgirão três reis na Pérsia, mas o quarto rei que virá depois será o mais rico de todos e empregará toda a sua força e toda a sua riqueza contra os reis da Grécia. ³Depois aparecerá um rei guerreiro, que terá grande domínio e poder absoluto. ⁴Mas, logo que ele surgir, o seu reino será dividido e

---

provavelmente se refere à figura dos anjos tutelares ou protetores contra os inimigos (cf. Js 5,14; Eclo 17,17; Is 24,21; Zc 3,1-3; Ap 2-3; 12). A descrição de uma luta entre os anjos equivale a uma guerra entre as nações. Assim, Miguel juntamente com Gabriel e Rafael fazem parte desses anjos protetores de Israel contra os povos inimigos.

11,2-45: O texto apresenta outro período da história. Trata-se da sucessão dos reis na época persa (539 a.C.) até a grande divisão no império, as tentativas de aliança e os conflitos entre os lágidas do Egito e os selêucidas da Síria. A tentativa de aliança, no v. 6, refere-se ao casamento de Antíoco II Téos com Berenice, filha de Ptolomeu II Filadelfo, em 252 a.C. Essa tentativa resultará em fracassos e no aumento dos conflitos. Os vv. 10ss relatam as conquistas de Antíoco, o Grande, o "rei do norte", conquistas que resultam numa tentativa de acordo através do casamento de Cleópatra, filha de Antíoco, com Ptolomeu, em Ráfia, no ano 194 a.C. (v. 7). Os vv. 21-45 descrevem os anos turbulentos e as sangrentas campanhas militares do "pequeno chifre", Antíoco IV Epífanes, que reinou de 175 a 164 a.C. No v. 33 temos uma dimensão do grupo apocalíptico por trás destas visões e a sua leitura dos acontecimentos: é o grupo dos esclarecidos que darão compreensão a muitos.

repartido pelos quatro ventos do céu. E os seus descendentes não herdarão o seu reino, o qual já não será tão poderoso; e o seu reino será entregue a outros.

⁵O rei do sul será forte, mas um dos seus generais ficará mais forte do que ele e terá um império maior que o dele. ⁶Depois de alguns anos, os dois farão aliança, e a filha do rei do sul se casará com o rei do norte, para confirmar acordos. Mas ela não será capaz de sustentar a própria força nem a do seu filho, e acabará derrotada com a sua comitiva, com o seu menino e com o marido que ia dar-lhe forças. A seu tempo, porém, ⁷surgirá das mesmas raízes dela um rebento que ficará em seu lugar. Ele irá com o exército até o esconderijo do rei do norte, e aí vai tratá-lo com dureza. ⁸Até os deuses deles, as suas estátuas com os seus objetos preciosos de ouro e prata, ele os levará como troféu para o Egito. Em seguida, por alguns anos, deixará em paz o rei do norte. ⁹Este tentará invadir o reino do rei do sul, mas será obrigado a voltar para a sua terra.

¹⁰Contudo, os filhos do rei do norte vão se armar, reunindo exército numeroso e forte, e um deles avançará, passando como enchente; e voltará a lutar contra o rei do sul na própria fortaleza deste. ¹¹Então, irado, o rei do sul sairá para lutar contra ele. O rei do norte procurará resistir com numeroso exército, mas toda essa multidão cairá em poder do rei do sul. ¹²E, aniquilada essa multidão, o seu coração se exaltará. E ainda que faça cair milhares, ficará sem forças.

¹³O rei do norte montará outro exército mais numeroso ainda, e no final de algum tempo, alguns anos, ele virá com imenso poderio e muitos recursos. ¹⁴Durante esse tempo, muitos se levantarão para enfrentar o rei do sul, e os violentos do povo de vocês se levantarão para cumprirem a visão, mas fracassarão. ¹⁵Então virá o rei do norte, fará um aterro e tomará a cidade cercada de muralhas. As forças do sul não poderão resistir, nem a tropa de elite, à qual faltarão forças para lhe resistir. ¹⁶Depois da invasão, o rei do norte fará o que bem quiser e ninguém será capaz de opor-lhe resistência. Ele se estabelecerá na terra do Esplendor, e esta será completamente sua. ¹⁷O rei do norte terá em mente conquistar todo o reino do sul. Fará um acordo com o rei do sul, e para tentar arruiná-lo lhe dará a própria filha em casamento. Mas o projeto não terá êxito. ¹⁸Então ele se voltará contra as cidades do litoral e conquistará muitas delas. Contudo, um chefe dará fim à sua arrogância, sem que ele seja capaz de retrucar. ¹⁹Aquele se voltará então para o lado das fortalezas do seu próprio país, mas tropeçará e desaparecerá. ²⁰No posto dele surgirá outro rei, que vai mandar um cobrador para requisitar o tesouro do Templo. Mas, depois de alguns dias, será derrotado sem ira e sem guerra.

²¹No lugar dele sucederá um miserável, a quem não se dariam as honras da realeza. Mas ele virá sorrateiramente, e com intrigas tomará o poder. ²²Varrerá exércitos inimigos, aniquilando-os, e vencendo também o príncipe da Aliança. ²³Embora dispondo de pouca gente, com os seus cúmplices e à força de traições, pouco a pouco se tornará forte. ²⁴Sorrateiramente entrará nas regiões mais férteis da província, fazendo o que nem os seus pais nem os seus avós fizeram: entre os seus amigos repartirá os saques, despojos e riquezas, e com tramas atacará as fortalezas. Mas isso vai durar pouco tempo. ²⁵Em seguida, contando com a sua força e o seu coração, ele atacará o rei do sul. Este se aprontará para a guerra com exército muito grande e muito forte, mas não poderá resistir, porque cairá vítima de conspirações: ²⁶os mais íntimos, os que comem com ele, é que o derrotarão. O seu exército será arrasado, e muitos morrerão. ²⁷Os dois reis, com o pensamento voltado para a prática do mal, se assentarão à mesa para falar mentiras. Mas não vão conseguir nada, porque o fim vai esperá-los no prazo marcado. ²⁸Depois, o rei do norte voltará para a sua terra com muitas riquezas. O seu pensamento estará voltado contra a santa Aliança. Depois de fazer o que planejava, retornará para a sua terra.

²⁹No prazo marcado, ele invadirá novamente o sul, mas desta vez não será como da primeira. ³⁰Os navios de Cetim lhe virão contra, e ele ficará com medo e voltará atrás para descarregar a sua cólera

contra a santa Aliança. Ele favorecerá os que abandonaram a santa Aliança. ³¹As tropas enviadas por ele se porão em guerra e profanarão o santuário da fortaleza. Abolirão o sacrifício cotidiano e aí instalarão um ídolo abominável. ³²Com lisonjas, perverterá os que violam a Aliança, mas o povo dos que reconhecem o seu próprio Deus agirá com firmeza. ³³Os homens esclarecidos entre o povo farão muitos compreenderem, mas acabarão mortos pela espada, em fogueiras, castigados com a prisão e o confisco dos bens, por longos dias. ³⁴Quando aqueles caírem na desgraça, poucos serão os que virão ajudá-los, e muitos se ajuntarão a eles por adulação. ³⁵A desgraça de alguns desses homens esclarecidos servirá para purificar, lavar e alvejar, até que chegue o fim, pois o prazo está marcado.

³⁶Esse rei fará o que bem entender: ele se engrandecerá e se exaltará acima de todos os deuses, e dirá coisas arrogantes até mesmo contra o Deus dos deuses. Terá sucesso até à hora da vingança, porque se cumprirá o que está determinado. ³⁷Ele não respeitará o Eloim dos seus pais, nem o favorito das mulheres, nem qualquer outra divindade, pois se julgará superior a todos esses. ³⁸No lugar deles, cultuará o deus das fortalezas. A esses deuses, que os seus pais não conheceram, cultuará com ouro, prata, pedras preciosas e joias. ³⁹Para reforçar as suas próprias fortalezas, estabelecerá o povo desse deus estrangeiro. A esses preferidos seus, ele vai enriquecer muito, vai dar-lhes autoridade sobre muita gente, e entre eles repartirá terras como recompensa.

⁴⁰No tempo final, o rei do sul pretenderá lutar contra o rei do norte, mas o rei do norte se lançará contra ele com carros de guerra, cavalos e numerosos navios, invadindo as suas terras como enchente. ⁴¹Invadirá também a terra do Esplendor, e muitos cairão. Escaparão de suas mãos os edomitas, os moabitas e o restante dos filhos de Amon. ⁴²Ele lançará mão de todos os países; nem o Egito escapará dele. ⁴³Passará a ser dono das riquezas em ouro e prata, e de tudo o que houver mais valioso no Egito. Até os líbios e etíopes formarão a sua comitiva. ⁴⁴Contudo, notícias chegadas do oriente e do norte virão assustá-lo. Ele se porá em marcha, cheio de fúria e raiva, para matar e liquidar muita gente. ⁴⁵Armará as tendas da sua nobre residência entre o mar e a montanha do santo Esplendor. Então chegará o seu fim, e ninguém o defenderá.

Tempo de salvação e ressurreição

12 ¹Nesse tempo se levantará Miguel, o grande príncipe que protege o povo a que você pertence. Será uma hora de grandes apertos, tais como jamais houve, desde que as nações começaram a existir, até o tempo atual. Então o seu povo será salvo, todos os que estiverem inscritos no livro. ²Muitos que dormem no pó despertarão: uns para a vida eterna, outros para a vergonha e infâmia eternas. ³Os homens esclarecidos brilharão como brilha o firmamento, e os que ensinam a muitos a justiça brilharão para sempre como estrelas. ⁴Você Daniel guarde em segredo esta mensagem, lacre este livro até o tempo final. Muitos o examinarão, e o conhecimento deles aumentará. ⁵Eu Daniel vi também outros dois homens em pé, à beira do rio, um do lado de cá e outro do lado de lá. ⁶Um deles disse ao homem vestido de linho que estava sobre as águas do rio: "Quando se realizarão essas coisas maravilhosas?" ⁷Ouvi o homem vestido de linho que estava sobre as águas do rio. Ele ergueu as duas mãos ao céu e jurou por Aquele que vive eternamente: "Será por um tempo, tempos e metade de um tempo. Quando acabar a opressão sobre o

---

12,1-13: São palavras dos homens esclarecidos (mártires piedosos; cf. 11,33-35) que confortam e edificam com seus ensinamentos e testemunhos, como em Pr 4,18; Mt 13,43, à espera de um tempo de livramento para todos os que estiverem inscritos no Livro, pois o tempo de perseguição será de três anos e meio: "um tempo, tempos e metade de um tempo", de 7,25. Provavelmente estes homens esclarecidos (*maskilim*) formam o grupo de sábios, escribas e entendidos que compilaram os textos hebraico e aramaico de Daniel (cf. 1,4.17; 8,25; 9,13.22.25; 11,33.35; 12,3.10). A recompensa final (v. 13) é a ressurreição com a vida eterna e gloriosa junto aos justos e mártires (cf. Mq 2,5; Sl 1,5). A ressurreição dos corpos dos mártires da fé israelita diante da perseguição (11,35; 12,2) contrasta com a morte vergonhosa dos malvados (cf. Is 66,24; Ap 2,11.20; 6,14; 21,8). Este tema aparece em textos pós-exílicos, tais como 2Mc 7,9-23; Ez 37,1-14; Is 26,14-19; 53,10-14; Ecl 3,18-22.

povo santo, aí é que se realizará tudo isso". ⁸Eu ouvi, mas não entendi. E perguntei: "Meu senhor, como é que tudo isso vai terminar?" ⁹Ele respondeu: "Vá, Daniel! Essa mensagem ficará guardada e lacrada até o tempo final. ¹⁰Muitos ainda serão separados, limpos e acrisolados, enquanto os ímpios continuarão praticando a injustiça. Os ímpios não entenderão essas coisas, mas os sábios as compreenderão. ¹¹A partir do dia em que acabar o sacrifício cotidiano e for instalado no Templo o ídolo abominável, passarão mil, duzentos e noventa dias. ¹²Feliz de quem souber esperar com perseverança, alcançando mil, trezentos e trinta e cinco dias. ¹³Quanto a você, vá em frente, até que chegue o seu fim e repouse: você se levantará para receber a sua parte no final dos dias".

A história de Susana

13 ¹Havia um morador de Babilônia chamado Joaquim. ²Ele tinha casado com uma mulher de nome Susana, filha de Helcias, e que era muito bonita e temente a Deus. ³Os pais dela eram justos e tinham instruído a filha na lei de Moisés.

⁴Joaquim era muito rico e tinha um grande bosque ao lado de sua casa. Os judeus costumavam reunir-se aí, porque Joaquim era o mais respeitado de todos eles. ⁵Nesse ano, tinham sido nomeados como juízes dois chefes de família conselheiros do povo, esses de quem o Senhor falou: "A injustiça brotou na Babilônia, vinda dos velhos juízes que passam por guias do povo". ⁶Eles frequentavam a casa de Joaquim, e era aí que as pessoas iam procurá-los quando tinham alguma questão para resolver.

⁷Sempre que o povo ia embora, por volta do meio-dia, acontecia que Susana entrava e passeava no jardim do marido. ⁸Todos os dias, os dois anciãos viam quando Susana entrava e passeava. Foi assim que começaram a desejá-la. ⁹Eles procuraram desviar o próprio pensamento para não olharem o Céu, nem se lembrarem de seus justos julgamentos. ¹⁰Ambos estavam transtornados por causa dela, mas um não contava para o outro o próprio tormento, ¹¹pois tinham vergonha de falar dos seus próprios desejos; e o que eles queriam era manter relações com ela. ¹²Todos os dias ficavam esperando ansiosamente a hora em que ela passeava. ¹³Certo dia, disseram um para o outro: "Vamos para casa, que já é hora do almoço". Saíram, e cada um foi para um lado. ¹⁴Mas, logo em seguida, deram meia-volta e chegaram de novo ao mesmo lugar. Então foram obrigados a falar um ao outro o motivo por que tinham voltado, e acabaram confessando a própria paixão. A partir daí, combinaram procurar juntos uma boa oportunidade para pegá-la sozinha.

¹⁵Os dois estavam esperando ocasião oportuna, quando certo dia ela saiu sozinha com duas empregadas, como nos outros dias, e teve vontade de tomar banho no jardim, porque estava fazendo calor. ¹⁶Não havia mais ninguém, a não ser os dois senhores que estavam escondidos, observando Susana. ¹⁷Ela disse às empregadas: "Tragam óleo e perfume e fechem as portas do jardim, pois eu vou tomar banho". ¹⁸Fazendo o que a patroa tinha dito, as empregadas fecharam os portões do jardim e saíram por uma porta lateral, a fim de irem buscar o que lhes tinha sido mandado, sem verem os dois senhores que estavam bem escondidos.

¹⁹Foi só as empregadas saírem que os dois senhores deixaram o esconderijo e foram ao encontro de Susana. ²⁰E lhe disseram: "Olhe! Os portões do jardim estão fechados e ninguém está vendo a gente. Nós estamos desejando você. Concorde conosco, vamos manter relações. ²¹Se não concordar, nós acusaremos você, dizendo que um jovem estava aqui em sua companhia, e que por

---

13,1-64: A história de Susana remonta a um original semítico de crítica à corrupção dos governantes asmoneus e saduceus, ao relatar a vida de uma judia que segue os valores da cultura e é fiel à Lei de Moisés. Critica a apropriação do corpo da mulher e o abuso de poder das autoridades patriarcais. O relato é totalmente crítico frente aos dois anciãos e aliados, na qualidade de autoridades iníquas, que representam o patriarcalismo e seus mecanismos de dominação, e também o Sinédrio, autoridade sustentada pelos asmoneus e pela política econômica. Por sua vez, o povo e os outros anciãos reunidos em assembleia representam os fiéis à Lei de Moisés. Daniel é o jovem representando a voz da profecia, que resiste contra as autoridades oficiais, e por isso recebe o direito de ancianidade. No entanto, Susana depende unicamente da defesa que provém de Deus.

isso você mandou as empregadas saírem". ²²Susana deu um suspiro e disse: "A coisa está complicada para mim de todos os lados: se eu fizer isso, estou condenada à morte; se não fizer, sei que não conseguirei escapar das mãos de vocês. ²³Mas eu prefiro dizer 'não!' e cair nas mãos de vocês. É melhor do que cometer um pecado contra Deus". ²⁴Em seguida, gritou bem forte, mas os dois senhores também gritaram, falando contra ela. ²⁵Um dos dois correu e abriu os portões do jardim. ²⁶O pessoal que estava dentro de casa, ao ouvir os gritos no jardim, entrou correndo pela porta lateral, para ver o que tinha acontecido com Susana. ²⁷Então os dois anciãos contaram a sua história. Os servos ficaram envergonhados, porque nunca se ouvira falar uma coisa dessas contra Susana.

²⁸No dia seguinte, quando o povo se reuniu na casa de Joaquim, marido dela, os dois anciãos chegaram com a cabeça cheia de planos malvados contra Susana, a fim de condená-la à morte. ²⁹Na presença do povo, disseram: "Chamem Susana, a filha de Helcias, mulher de Joaquim". Foram buscá-la. ³⁰Ela chegou, e com ela chegaram também os seus pais, os seus filhos e todos os seus parentes. ³¹Ela era mulher muito delicada, bela de ver. ³²Aqueles fora da lei mandaram tirar-lhe o véu, pois Susana estava com o rosto coberto, só para poderem se inebriar com a sua beleza. ³³Toda a família dela e todos os que a estavam vendo começaram a chorar. ³⁴Os dois anciãos se levantaram no meio do povo e puseram as mãos sobre a cabeça de Susana. ³⁵Chorando, ela olhava para o céu, pois o seu coração confiava no Senhor. ³⁶Os dois anciãos disseram: "Nós dois estávamos passeando a sós pelo jardim, quando chegou Susana acompanhada das duas escravas. Logo depois, ela fechou os portões do jardim e mandou as escravas embora. ³⁷Então um jovem foi ao seu encontro e se deitou com ela. ³⁸Estávamos em outro canto do bosque, e ao ver essa imoralidade corremos para o lado deles. ³⁹Nós os vimos ter relação, mas não pudemos segurar o jovem, que era mais forte do que nós. Ele conseguiu abrir o portão e fugir. ⁴⁰Seguramos Susana e lhe perguntamos quem era o jovem, ⁴¹mas ela não quis contar. Disso nós somos testemunhas". A assembleia acreditou neles, porque eram anciãos e juízes do povo, e condenou Susana à morte. ⁴²Então Susana disse em alta voz: "Deus eterno, que conheces o que está escondido e tudo vês antes que aconteça! ⁴³Tu sabes muito bem que eles deram falso testemunho contra mim. Vou morrer, mas sem ter feito nada disso de que me acusam".

⁴⁴O Senhor escutou a voz dela. ⁴⁵Ao ser conduzida para a morte, Deus suscitou o santo espírito de um adolescente de nome Daniel, ⁴⁶que gritou forte: "Eu não tenho nada a ver com a morte dessa mulher. Sou inocente". ⁴⁷Todo o povo se voltou para ele. E lhe perguntaram: "O que é que você está dizendo?" ⁴⁸Em pé, no meio deles, Daniel disse: "Como vocês são idiotas, filhos de Israel! Sem julgamento e sem uma ideia clara, vocês acabam de condenar à morte uma filha de Israel! ⁴⁹Voltem para o tribunal, porque foi falso o testemunho desses homens contra ela".

⁵⁰Todo o povo voltou correndo. Os senhores do Conselho, chefes de família, disseram a Daniel: "Por favor! Sente-se aqui conosco para nos explicar melhor tudo isso, pois Deus já lhe deu ancianidade". ⁵¹Daniel disse: "Afastem um para longe do outro, que eu vou interrogá-los". ⁵²Depois de terem separado um do outro, Daniel disse a um deles: "Homem envelhecido em anos e crimes, agora os seus pecados vão aparecer, e tudo o que você já praticava, ⁵³quando dava sentenças injustas, condenando o inocente e deixando livre o culpado. Quando o Senhor disse a você: 'Cuidado para não condenar à morte o inocente e o justo'. ⁵⁴Se você viu mesmo, diga-me: debaixo de que árvore viu os dois ter relações?" Ele respondeu: "Debaixo de um lentisco". ⁵⁵Daniel disse: "Muito bem! Você já mentiu direto contra a sua própria cabeça. O anjo de Deus já recebeu ordem de Deus para arrebentar você ao meio". ⁵⁶Depois de mandá-lo embora, Daniel pediu para buscarem o outro. E lhe disse: "Raça de Canaã, e não de Judá. A beleza da mulher fez você perder o rumo, a paixão embaralhou o seu coração. ⁵⁷Isso vocês faziam com as mulheres de Israel, e elas, com medo, se entregavam a vocês; mas esta filha de Judá resistiu à imoralidade de vocês. ⁵⁸Diga-me: debaixo de que árvore

você viu os dois ter relações?" Ele respondeu: "Debaixo de um carvalho". ⁵⁹Daniel disse: "Você acaba de mentir direto contra a sua própria cabeça. Com a espada na mão, o anjo de Deus está esperando para cortá-lo ao meio e acabar com os dois".

⁶⁰Toda a assembleia começou a aclamar, dando louvores a Deus que salva os que nele confiam. ⁶¹Depois, todos se ergueram contra os dois velhos, pois de suas próprias bocas Daniel tinha provado que eles estavam mentindo. Fizeram com eles o que eles queriam fazer contra Susana, ⁶²de acordo com a Lei de Moisés. E foi assim que, nesse dia, eles condenaram os dois à morte e salvaram uma pessoa inocente.

⁶³Por causa da sua filha Susana, Helcias e a sua mulher, juntamente com Joaquim, marido de Susana, e todos os parentes, puseram-se a louvar a Deus, pois nada de vergonhoso encontraram nela. ⁶⁴A partir desse dia, Daniel teve grande prestígio entre o povo.

Bel e o dragão: crítica à idolatria

14 ¹Quando o rei Astíages foi colocado no sepulcro da família, Ciro, o Persa, lhe sucedeu no trono. ²Daniel era amigo do rei, e era quem tinha mais prestígio que os outros amigos.

³Os babilônios tinham um ídolo chamado Bel, com o qual gastavam diariamente doze sacas da melhor farinha de trigo, quarenta ovelhas e seis barricas de vinho. ⁴O rei adorava esse ídolo e lhe prestava culto todos os dias. Daniel, ao contrário, só adorava o seu próprio Deus.

⁵Um dia o rei lhe perguntou: "Por que você não presta culto a Bel?" Daniel respondeu: "Porque eu não adoro imagens fabricadas pelo homem, mas só ao Deus vivo que criou o céu e a terra e é Senhor de todo ser vivo". ⁶O rei disse: "E você acha que Bel não é um deus vivo? Não vê quanta coisa ele come e bebe todos os dias?" ⁷Daniel sorriu e disse: "Não se deixe enganar, ó rei! Por dentro Bel é de barro e por fora é de bronze; ele jamais comeu ou bebeu coisa alguma". ⁸Furioso, o rei mandou chamar os sacerdotes de Bel e lhes disse: "Se vocês não me disserem quem come toda essa comida, eu mato vocês. Se me provarem que é Bel quem come tudo isso, então Daniel morrerá, por ter dito uma blasfêmia contra o deus Bel". ⁹Daniel disse ao rei: "Faremos o que Vossa Majestade diz". Eram setenta os sacerdotes de Bel, sem contar mulheres e crianças.

¹⁰O rei foi com Daniel ao templo de Bel. ¹¹Os sacerdotes de Bel disseram ao rei: "Nós nos retiramos para fora do templo e Vossa Majestade deposita aí a comida e o vinho, e depois fecha a porta do templo, lacrando-a com o carimbo do seu anel. No dia seguinte, se ao voltar ao templo Vossa Majestade não encontrar tudo devorado por Bel, estaremos prontos para morrer. Do contrário, Daniel é que morrerá, por nos ter caluniado". ¹²Eles estavam muito seguros, porque tinham feito uma entrada secreta por baixo da mesa, por onde eles entravam para comer os alimentos.

¹³Depois que eles saíram, o rei colocou os alimentos para o deus Bel. ¹⁴Daniel mandou os seus empregados trazerem cinza e esparramá-la por todo o templo, à vista apenas do rei. Saíram, fecharam a porta, puseram o lacre com o carimbo do anel do rei e foram embora. ¹⁵À noite, como de costume, foram os sacerdotes com suas mulheres e crianças para comer e beber tudo.

¹⁶No dia seguinte, o rei e Daniel madrugaram à porta do templo. ¹⁷O rei perguntou a Daniel: "O lacre está intacto?" Daniel respondeu: "Está perfeito, Majestade". ¹⁸Logo que abriram as portas, o rei olhou para a mesa e exclamou: "Tu és grande, Bel! Contigo não existe tapeação nenhuma". ¹⁹Daniel apenas sorriu e gritou para que o rei não entrasse. E lhe disse: "Olhe para

---

14,1-42: Este capítulo apresenta três relatos que de certo modo releem as narrativas da primeira parte do livro de Daniel, nos caps. 1-6: ironizam o culto aos ídolos, ressaltando que Deus protege os fiéis que arriscam a vida pela fé (cf. Sl 115,4-8; 135,15-18; Br 6; Sb 15-16). O primeiro relato (vv. 1-22) satiriza as práticas idolátricas ao deus Bel, que corresponde a Baal, Bel-Merodac ou Marduc, em Is 46,1 e Jr 50,2. O segundo relato (vv. 23-30) mostra Daniel vencendo o dragão e seu culto através do alimento envenenado que mata a divindade, comprovando diante do rei que o dragão não é Deus, é sim uma farsa. Não se tem notícia de culto a serpentes ou dragões na Babilônia; no entanto, era prática bem conhecida no Egito (cf. Sb 15,18; Rm 1,23). O terceiro relato (vv. 31-42) é outra versão de Daniel lançado na cova dos leões (Dn 6), apresentando-o como empecilho para a continuação da prática idolátrica dos babilônios.

o chão e procure descobrir de quem são essas pegadas". ²⁰O rei disse: "Estou vendo pegadas de homens, mulheres e crianças!" ²¹Irado, o rei mandou trazer presos os sacerdotes com as mulheres e crianças, e eles tiveram de lhe mostrar a passagem secreta por onde entravam para comer o que estava à mesa. ²²Depois o rei mandou matá-los e entregou o ídolo a Daniel, que o destruiu junto com o seu templo.

²³Havia um dragão enorme adorado pelos babilônios. ²⁴O rei disse a Daniel: "Você não vai me dizer que ele é de bronze; está vivo, come e bebe. Você não pode negar que é um deus vivo. Então, adore-o também".

²⁵Daniel respondeu: "Só adoro ao Senhor meu Deus, porque ele é o Deus vivo. Se Vossa Majestade permitir, eu mato este dragão sem espada nem bastão". ²⁶O rei disse: "A licença está concedida". ²⁷Daniel pegou piche, sebo e crinas, cozinhou tudo junto, fez com isso uns bolos e jogou na boca do dragão, que engoliu os bolos e se arrebentou. Então Daniel disse: "Vejam o que vocês adoravam!"

²⁸Quando os babilônios ouviram falar disso, ficaram muito indignados e revoltados contra o rei, e diziam: "O rei virou judeu! Quebrou Bel, matou o dragão e assassinou os sacerdotes". ²⁹E foram dizer ao rei: "Entregue-nos Daniel, senão nós matamos Vossa Majestade com toda a sua família". ³⁰O rei sentiu que a pressão era muita, e forçado lhes entregou Daniel.

³¹Eles jogaram Daniel na cova dos leões, onde ficou seis dias. ³²Nessa cova havia sete leões, e diariamente jogavam dois condenados e duas ovelhas para eles. Nessa ocasião, não lhes deram nada, para que devorassem Daniel.

³³Na Judeia vivia o profeta Habacuc. Este fez um cozido, partiu uns pães numa gamela e ia saindo para o campo, a fim de levar essa comida para os ceifeiros. ³⁴O anjo do Senhor disse a Habacuc: "Esse almoço que você tem aí, leve para Daniel, lá na Babilônia, na cova dos leões". ³⁵Habacuc disse: "Meu senhor, eu nunca vi Babilônia, nem conheço essa tal cova!" ³⁶O anjo do Senhor pegou-o pelo alto da cabeça, carregou-o pelos cabelos e, com a rapidez do vento, colocou-o à beira da cova. ³⁷Habacuc gritou: "Daniel, Daniel! Pegue o almoço que Deus lhe envia". ³⁸Daniel disse: "Tu te lembraste de mim, ó Deus, e nunca abandonas aqueles que te amam". ³⁹Então Daniel pegou o almoço e comeu. Imediatamente o anjo do Senhor colocou Habacuc de novo no mesmo lugar onde estava antes.

⁴⁰No sétimo dia, o rei foi chorar a morte de Daniel. Chegou à beira da cova, e aí estava Daniel sentado tranquilamente. ⁴¹Então o rei exclamou em alta voz: "Tu és grande, ó Senhor Deus de Daniel! Além de ti não existe outro Deus". ⁴²O rei mandou retirar Daniel da cova e jogou nela aqueles que pretendiam matá-lo. E foram devorados num instante, na presença do rei.

OSEIAS

DEUS NÃO ABANDONA O SEU POVO

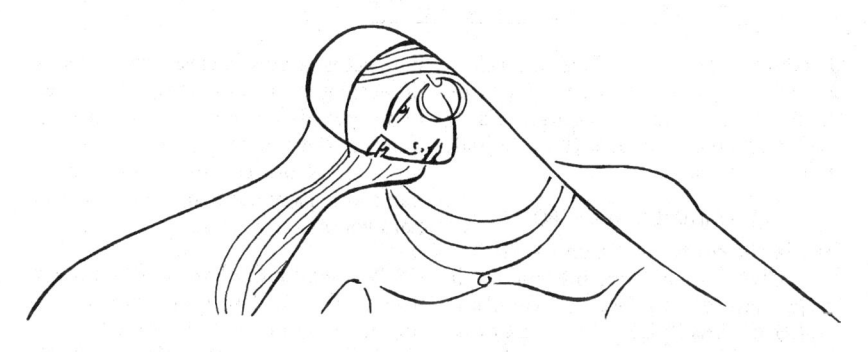

Introdução

Oseias viveu e profetizou no reino do norte (Israel) nos últimos anos de Jeroboão II (783-743 a.C.), até pouco antes da invasão dos assírios em 722 a.C. É possível que fosse membro, talvez até dirigente de uma comunidade profética levita, ajudando na organização das aldeias e do culto (cf. 4,4-14). A sua mensagem condena a situação de violência, corrupção e assassinatos, e propõe a reorganização da sociedade com estruturas justas (cf. 4,1-3).

O período de Jeroboão II foi de grande prosperidade e expansão para Israel (cf. 2Rs 14,25). No entanto, sua morte coincidiu com a ascensão da Assíria, cuja política de vassalagem e ganância de seus governantes geraram intrigas na corte e guerras internas (cf. 7,3-7). Na tentativa de se livrar da Assíria, Israel fez aliança com a Síria e pediu que Judá participasse dessa coalizão. Diante da recusa, Israel e Síria entraram em guerra contra Judá, movimento conhecido como guerra siro-efraimita (734-732 a.C.). Judá pediu o socorro da Assíria, que prontamente interveio. A Síria foi dominada, várias cidades estratégicas do norte foram tomadas, e Judá se tornou um reino vassalo da Assíria (5,8-10). A vassalagem provocou conflitos internos, e formou dois grupos em Israel: um favorável e outro contrário à Assíria. Em duas décadas, Israel teve seis reis, quatro deles assassinados.

O livro de Oseias é formado por textos de vários períodos históricos, e o leitor deve estar atento para perceber os contextos literários e socioeconômicos. São etapas mais importantes da redação:
a) o tempo da profecia no reino do norte, entre os anos 750 e 724 a.C.;
b) a primeira redação, por volta de 700 a.C., no reino do sul. Os oráculos de Oseias foram guardados, colecionados e editados por seus discípulos, após a destruição do reino do norte;
c) a segunda redação, por volta de 620 a.C. Os escribas da corte do rei Josias, que ficaram conhecidos como deuteronomistas, escreveram a história de Israel. Os oráculos de Oseias foram relidos e ampliados com novos textos, especialmente os que se referiam à eliminação de outras divindades, favorecendo assim o projeto de centralização socioeconômica, política e religiosa do rei (cf. 2,4-15; 4,15-19; 5,6; 8,1.5-6.11-14; 9,5-6.10b; 10,1-10.15; 13,1-8; 13,12-14,1; 14,4b);
d) a redação exílica e pós-exílica retomou esses oráculos, fez uma releitura e acrescentou textos para reacender a esperança do povo (cf. 1,1.7; 2,1-3.16-25; 3,1-5; 5,12-15; 6,1.4b.6.11; 11,10-11; 13,9-11; 14,2-10).

É possível estruturar Oseias em três partes: a primeira (1-3) e a segunda (4-11) apresentam duas comparações para falar do relacionamento entre Deus e Israel (10,1-10); a terceira parte (12-14) procura sintetizar o casamento e a rebeldia do filho, e conclui afirmando que Javé garante a vida. Este profeta é citado cerca de dezessete vezes no Novo Testamento, o que comprova a importância de seus oráculos (cf. Mt 2,15; 9,13; 12,7; Lc 23,30).

1

Título – ¹Palavra de Javé que veio a Oseias, filho de Beeri, na época de Ozias, Joatão, Acaz e Ezequias, reis de Judá, enquanto Jeroboão, filho de Joás, era rei de Israel.

I. REALIDADE DA NAÇÃO

Denúncia contra o Estado – ²Início das palavras de Javé por intermédio de Oseias. Javé disse a Oseias: "Vá! Tome mulher de prostituição e filhos da prostituição, porque a terra se prostituiu, afastando-se de Javé". ³Então Oseias foi e tomou Gomer, filha de Deblaim. Ela ficou grávida e lhe deu um filho. ⁴Javé disse a Oseias: "Dê-lhe o nome de Jezrael, pois logo eu pedirei contas à casa de Jeú pelo sangue de Jezrael, e destruirei a realeza de Israel. ⁵Nesse dia, quebrarei o arco de Israel no vale de Jezrael". ⁶Ela ficou grávida de novo e deu à luz uma menina. Javé disse a Oseias: "Dê-lhe o nome de 'Não-Compadecida', pois não terei mais compaixão da casa de Israel e não a perdoarei. ⁷Eu, porém, me compadecerei da casa de Judá e a salvarei, porque sou Javé, seu Deus. Não lhes darei a salvação, nem pelo arco, nem pela espada ou guerra, nem pelos cavalos ou cavaleiros". ⁸Depois de desmamar a 'Não-Compadecida', ela ficou grávida de novo e deu à luz um menino. ⁹Javé disse a Oseias: "Dê-lhe o nome de 'Não-Meu-Povo', porque vocês não são mais meu povo, e 'Eu Não Sou' para vocês".

2

Renovação da aliança – ¹O número dos filhos de Israel será como a areia do mar, que ninguém pode contar nem medir. Então, onde lhes diziam: "Vocês não são meu povo", nesse mesmo lugar serão chamados "Filhos do Deus vivo". ²Os filhos de Judá e os filhos de Israel se reunirão, nomearão para si um só chefe e se levantarão da terra, porque será grande o dia de Jezrael. ³Digam a seus irmãos: "Meu-Povo", e às suas irmãs: "Compadecida".

Repreensões e ameaças – ⁴Processem a mãe de vocês, processem! Pois ela não é mais minha esposa e eu não sou mais seu marido. Que ela tire do rosto as suas prostituições e dentre os seios os seus adultérios. ⁵Senão, eu a deixarei completamente nua, como no dia em que nasceu.

1,1: Oseias significa "Javé salva". Profetizou no reino de Israel, mas a inscrição de seu livro prioriza os reis de Judá, omitindo o nome de seis reis de Israel e citando apenas Jeroboão II. Faz entender que este versículo foi editado no sul, possivelmente durante o exílio na Babilônia, ou depois.

1,2-3,5: A primeira parte reúne textos de redações diferentes. Em linguagem simbólica, os autores apresentam o casamento de Oseias com Gomer e o nascimento de crianças, para denunciar a situação do Estado e de suas instituições. Pela primeira vez, a imagem do casamento é empregada para representar as relações entre Javé e seu povo, na linha de outros profetas (cf. Is 1,21; 50,1; 54,6-12; Jr 2,2; 3,1; Ez 16).

1,2-9: "Mulher de prostituição" é a imagem do Israel infiel. O primeiro filho recebe o nome de Jezrael ("Deus semeia"), lugar onde Jeú exterminou a casa de Omri (cf. 1Rs 21; 2Rs 9-10). A filha "Não-Compadecida" representa a desolação, e o filho "Não-Meu-Povo" indica o rompimento da aliança (cf. Ex 6,7; Lv 26,12-13; Jr 11,4). "Quebrar o arco de Israel" significa destruir o poder militar, com o fim da guerra e o início de uma era de paz (Sl 46,10). O v. 7 pressupõe um período em que Judá experimentou a destruição e agora necessita de uma mensagem de esperança, provavelmente no exílio da Babilônia (587-538 a.C.).

2,1-3: Esta profecia, no pós-exílio, apresenta a esperança de salvação, iniciando com a retomada da bênção patriarcal, traduzida em descendência numerosa (cf. Gn 13,16; 15,5). A mudança do nome das crianças indica a renovação da aliança. O texto retoma o antigo sonho político de reunificação de Israel e Judá (2,2; cf. 3,5; Ez 37,22).

4-15: O texto inicia com uma fórmula jurídica de divórcio, comum nas sociedades do Antigo Oriente (cf. Os 4,1.4; 12,3; Is 3,13; 50,1; Mq 6,1). A mulher (o povo) será afastada de seus amantes (outras divindades), sendo obrigada a voltar para seu marido (Javé). A seca é considerada como o castigo de Javé provocado pela infidelidade do povo (vv. 5b.14; cf. Dt 11,17). A redação

Farei dela um deserto, a transformarei em terra seca. Farei que ela morra de sede. ⁶Não terei compaixão de seus filhos, porque são filhos de prostituição. ⁷A mãe deles se prostituiu, e aquela que os gerou se tornou desonrada. Ela dizia: "Eu vou com meus amantes. Eles me dão meu pão e minha água, minha lã e meu linho, meu vinho e meu azeite". ⁸Por isso, vou fechar com espinheiros seu caminho, vou cercá-lo com uma barreira, para que ela não encontre suas estradas. ⁹Ela correrá atrás de seus amantes sem poder alcançá-los. Vai procurá-los, mas não os encontrará. Então dirá: "Quero voltar para o meu primeiro marido. Naquele tempo eu era bem mais feliz do que agora". ¹⁰Ela não reconheceu que era eu quem lhe dava o trigo, o vinho e o azeite; quem lhe multiplicava a prata e o ouro, que eles usavam para fazer um Baal. ¹¹Por isso, retomarei meu trigo e meu vinho na época da safra. Retomarei minha lã e meu linho, que cobriam sua nudez. ¹²Porei a nu sua vergonha ante os olhares de seus amantes. Desta vez ninguém vai arrancá-la de minhas mãos. ¹³Acabarei com sua alegria, suas festas da lua nova, com seus sábados e com as celebrações solenes. ¹⁴E devastarei sua videira e sua figueira, das quais ela dizia: "Esta é a paga que recebi de meus amantes". Vou transformá-las em matagal, e as feras darão fim a elas. ¹⁵Pedirei contas de quando ela oferecia incenso aos Baais, de quando se enfeitava de anel e colar, para correr atrás de seus amantes, e se esquecia de mim – oráculo de Javé.

Renovação da aliança – ¹⁶Agora, sou eu que vou seduzi-la, vou levá-la ao deserto e falarei ao seu coração. ¹⁷Aí eu lhe darei suas videiras, e o vale de Acor se transformará em Porta da Esperança. Aí ela vai me responder como nos dias de sua mocidade, como no dia em que saiu da terra do Egito. ¹⁸Acontecerá naquele dia – oráculo de Javé – que você me chamará "Meu marido" e não mais "Meu Baal". ¹⁹Vou tirar de seus lábios o nome dos Baais, e esses nomes nunca mais serão lembrados. ²⁰Naquele dia, farei em favor deles uma aliança com os animais do campo, com as aves do céu e com os répteis da terra. Eliminarei da terra o arco, a espada e a guerra. Então, vou fazê-los dormir na segurança. ²¹Eu me casarei com você para sempre. Eu me casarei com você na justiça e no direito, no amor e na ternura. ²²Eu me casarei com você na fidelidade, e você conhecerá Javé. ²³Naquele dia – oráculo de Javé – eu responderei ao céu, e o céu responderá à terra. ²⁴A terra responderá ao trigo, ao vinho e ao azeite, e eles responderão a Jezrael. ²⁵Eu a semearei na terra, terei compaixão da 'Não-Compadecida' e direi ao 'Não-Meu-Povo': "Você é meu povo". E ele responderá: "Meu Deus".

3 *"Vá de novo e ame"* – ¹Javé me disse: "Vá de novo e ame uma mulher que ama outro homem e que é adúltera, da mesma forma como Javé ama os filhos de Israel, apesar de irem eles atrás de outros deuses que apreciam bolos de uvas passas". ²Então eu a comprei por quinze moedas de prata e uma carga e meia de cevada, ³e lhe disse: "Por um bom tempo você ficará em sua casa para mim, sem se prostituir, sem relação com homem nenhum, e eu farei a mesma coisa por você". ⁴Porque os filhos de Israel ficarão por muito tempo sem rei e sem príncipe, sem sacrifícios e sem monumentos sagrados, sem adivinhação e sem imagens de ídolos. ⁵Depois, eles voltarão para procurar Javé seu Deus, e Davi seu rei. Tremendo, voltarão, nos dias futuros, a Javé e a seus bens.

---

deste oráculo possivelmente surgiu no tempo de Josias, que fez a centralização socioeconômica em Jerusalém (cf. 2Rs 22,4 14; 23,24 25).

16-25: No exílio, em meio à desolação e destruição, o grupo profético anima a esperança, anunciando a nova aliança que unirá Javé, Israel e toda a natureza. A consequência dessa aliança é a volta para Javé, a desmilitarização e a abundância de bens necessários à sobrevivência (cf. Ez 34,25-29). Mesmo Acor, considerado vale da desgraça, será transformado em lugar de esperança (cf. Js 7,24-26).

3,1-5: A imagem do homem que ama novamente a mulher amada por outro, é utilizada para expressar a insistência de Javé no relacionamento com seu povo, que busca outras divindades (cf. Jr 7,18; 44,19). Não ter contato com homem algum é aplicado à situação de Israel no exílio, que está privado de suas instituições civis e religiosas. Os vv. 4-5 são considerados acréscimos pós-exílicos.

II. PROCESSO CONTRA OS HABITANTES DA TERRA

4 *A vida está ameaçada* – ¹Ouçam a palavra de Javé, filhos de Israel! Javé abre um processo contra os habitantes da terra, pois não há mais fidelidade, nem amor, nem conhecimento de Deus na terra. ²Há juramento falso e mentira, assassínio e roubo, adultério e violência, e sangue derramado se ajunta a sangue derramado. ³Por isso, a terra geme e seus habitantes desfalecem; os animais do campo, as aves do céu e até os peixes do mar estão desaparecendo.

Contra os sacerdotes – ⁴Ainda que ninguém acuse, que ninguém conteste, eu levanto acusação contra você, sacerdote! ⁵Você tropeça de dia, o profeta tropeça com você de noite, e você faz perecer sua própria mãe. ⁶Meu povo está morrendo por falta de conhecimento. Porque você rejeita o conhecimento, eu também o rejeitarei como meu sacerdote. Você esqueceu a lei do seu Deus. Eu também esquecerei os filhos de você. ⁷Quanto mais se multiplicaram, tanto mais pecaram contra mim. Trocarei a boa fama deles pela desonra. ⁸Esses sacerdotes vivem do pecado do meu povo e querem que o povo continue pecando. ⁹Acontecerá a mesma coisa ao povo e ao sacerdote: vou castigar cada um por seu mau procedimento. Vou fazer cada um pagar por todos os seus atos. ¹⁰Comerão sem ficar satisfeitos, vão se dar à prostituição sem tirar nenhum proveito, pois eles abandonaram Javé para entregar-se à prostituição.

Uso da religião para enganar o povo – ¹¹O vinho e o licor tiram a razão. ¹²Meu povo consulta um pedaço de madeira, e seu bastão lhe dá uma resposta, porque um espírito de prostituição os extravia e eles se prostituem, afastando-se do seu Deus. ¹³Vivem oferecendo sacrifícios no alto dos montes, queimando incenso sobre as colinas ou debaixo de um carvalho, de um salgueiro ou de um terebinto, cuja sombra lhes agrade. Por isso, as filhas de vocês se prostituem e suas noras cometem adultério. ¹⁴Eu não vou castigar suas filhas por se prostituírem, nem suas noras por cometerem adultério, pois vocês mesmos andam com prostitutas e sacrificam com as prostitutas sagradas. Um povo sem entendimento caminha para a perdição.

Israel caminha para a destruição – ¹⁵Ainda que você se prostitua, ó Israel, que Judá não caia na mesma culpa! Deixem de fazer romarias a Guilgal, não subam a Bet-Áven, não jurem pela vida de Javé. ¹⁶Se Israel é arisco como novilha rebelde, como é que Javé irá guiá-lo como a um cordeiro para pastar em campo aberto? ¹⁷Efraim se aliou aos ídolos, ¹⁸e se fez acompanhar de beberrões. Entregaram-se à prostituição, preferiram ter desonra a ter dignidade. ¹⁹Um furacão levará tudo em suas asas, e eles se envergonharão de seus sacrifícios.

5 *Contra os sacerdotes e a casa do rei* – ¹Ouçam isto, sacerdotes! Preste atenção, casa de Israel! E que a casa do rei possa ouvir! Contra vocês é o julgamento!

4,1-11,11: Neste bloco, encontramos partes da profecia de Oseias. Trata-se de um processo de Javé contra os habitantes da terra de Israel, mas em lugar de rompimento, como era de esperar, a proposta é renovar a aliança (cf. 11,8-9; Dt 21,18-21). Nesta parte, há vários oráculos de denúncia contra a política e o culto em Israel.

4,1-3: Os crimes denunciados violam os mandamentos de Deus, ameaçando todas as formas de vida (cf. Ex 20,7-17; Lv 19,11-13). O Estado invade a casa das famílias, confisca filhos, produtos e muitas vezes a própria terra. Na visão do profeta, os sacerdotes e seus aliados justificam, por meio da religião, a corrupção e a tirania do Estado. A realidade de destruição é consequência das ações criminosas em Israel (cf. Mq 6,1-15).

4-10: A acusação contra os sacerdotes, principais responsáveis pela situação do povo, atinge seus aliados profetas, que comungam do mesmo projeto. A mãe destes é imagem que personifica a nação (4,5). O livro de Oseias utiliza o verbo "prostituir" para se referir a relações sexuais ilícitas, à corrupção das elites políticas e à infidelidade religiosa (cf. 1,2; 3,3; 4,12; 6,10; 9,1).

11-14: O pedaço de madeira é uma referência aos ídolos (cf. Dt 4,28; 28,36; Jr 2,27). A prostituição, o adultério e os ritos religiosos com prostitutos e prostitutas sagradas acontecem à sombra das árvores, nos lugares da colheita (cf. 4,13-14). A crítica profética não atinge as mulheres, mas se dirige contra a apropriação que os sacerdotes fizeram da religião.

15-19: Guilgal e Betel são antigos santuários do reino do norte. O nome Betel ("casa de Deus") foi trocado por Bet-Áven ("casa do pecado"). As rivalidades e hostilidades em torno de tais santuários são próprias dos redatores do tempo de Josias ("Judá", v. 15) que apontavam o Templo de Jerusalém como único lugar de culto.

5,1-7: Oráculo contra a corrupção das lideranças políticas e religiosas, a qual provoca um clima de prostituição

Vocês se tornaram armadilha preparada em Masfa, rede armada sobre o Tabor, ²e fosso profundo em Sitim. Mas sou eu quem castigo a todos. ³Conheço bem Efraim, e Israel não me é estranho! Efraim caiu na prostituição, e Israel se contaminou. ⁴Suas ações não permitem que eles se convertam ao seu Deus. Um espírito de prostituição está dentro deles, e por isso não conhecem a Javé. ⁵O orgulho de Israel o condena. Israel e Efraim tropeçam na sua própria maldade. E também Judá acaba tropeçando com eles. ⁶Irão procurar a Javé, levando carneiros e bezerros, mas não poderão encontrá-lo, porque se afastou deles. ⁷Enganaram Javé, gerando filhos bastardos. A festa da lua nova vai acabar com suas propriedades.

Castigo de Efraim e Judá – ⁸Toquem a trombeta em Gabaá, toquem a corneta em Ramá, soem o alarme em Bet-Áven. Estão atrás de você, Benjamim! ⁹Efraim será uma ruína no dia do castigo. É uma coisa certa que eu estou proclamando contra as tribos de Israel. ¹⁰Os chefes de Judá são como aqueles que deslocam os marcos: sobre eles derramo a água da minha ira. ¹¹Efraim é um opressor, passa por cima do direito, corre atrás da mentira. ¹²Pois eu vou ser uma traça para Efraim; como cárie, vou roer a casa de Judá. ¹³Efraim percebeu a sua doença, Judá viu a sua ferida. Efraim foi procurar a Assíria, Judá enviou mensageiros ao grande rei. Mas não é este quem lhes dará saúde, não é ele quem vai curar as feridas de vocês. ¹⁴Pois eu serei um leão para Efraim, um filhote de leão para a casa de Judá. Estraçalho tudo e vou-me embora, carrego minha presa e ninguém vai tirá-la de mim.

"Procurem a Javé" – ¹⁵Vou-me embora, volto para minha casa, até que reconheçam sua culpa e venham procurar minha face. Na hora do aperto, eles virão me procurar.

6 ¹Venham, voltemos a Javé: ele nos despedaçou, mas nos vai curar; ele nos feriu, mas vai atar nossa ferida. ²Em dois dias ele nos fará reviver, e no terceiro dia nos fará levantar. E passaremos a viver na sua presença. ³Esforcemo-nos para conhecer a Javé. Sua chegada é certa como a aurora. Ele virá a nós como a chuva, como o aguaceiro que ensopa a terra.

⁴O que farei com você, Efraim? O que farei com você, Judá? O amor de vocês é como a neblina da manhã, como o orvalho que logo cedo se evapora. ⁵Por isso, eu os castiguei por meio dos profetas e os massacrei com as palavras de minha boca, e minha sentença brotou como a luz. ⁶Pois eu quero amor e não sacrifício, conhecimento de Deus mais do que holocaustos.

Crimes de Israel – ⁷Em Adam, eles violaram a aliança; aí, eles me traíram. ⁸Galaad é uma cidade de malfeitores, cheia de rastros de sangue. ⁹Como bandidos na emboscada, um bando de sacerdotes assassinam pelo caminho de Siquém e cometem horrores. ¹⁰Na casa de Israel, também vi coisas horríveis: foi aí que Efraim se prostituiu e Israel se contaminou. ¹¹Quanto a você, Judá, eu reservo uma colheita, quando eu mudar a sorte de meu povo.

---

em toda a nação (vv. 3-4). Javé não se deixa encontrar em situações de injustiça e opressão. A metáfora da traição a Javé por Israel e a geração de filhos bastardos pode ser uma alusão aos reis ilegítimos (v. 7a; cf. 8,4). Por isso, a lua nova, que deveria ser dia de festa e culto, será dia de desgraça (cf. Os 2,13).

8-14: Em 738 a.C., Manaém, rei do norte, também apelidado reino de Efraim, paga tributo a Teglatfalasar III para se manter no poder (cf. 2Rs 15,19), como faz também Acaz, rei do sul, na guerra siro-efraimita em 734-732 a.C. (cf. 2Rs 16,7-9). A devastação de Efraim é considerada como castigo do Senhor, devido ao duplo pecado da aliança com a Síria (5,11) e do ataque a Judá, reino irmão. Este é reprovado, porque seus chefes militares retomaram não só o que já era seu (Gabaá e Ramá), mas também Betel, que pertencia a Israel. A menção a Judá e à sua destruição (vv. 12-14) são reflexões exílicas e pós-exílicas.

5,15-6,6: "Em dois dias... e no terceiro" (6,2): a expressão indica a rapidez da cura e a confiança do povo na restauração, tão necessária após as intervenções da Assíria. "Conhecer a Javé" é reconhecer o agir dele na história passada e no presente, ação que exige fidelidade do seu povo. Para voltar a Javé, é necessária uma conversão radical: amor incondicional e conhecimento de Deus. 5,15 e 6,1.4b são releituras do exílio, e 6,6 carrega a crítica contra o ritualismo da religião no pós-exílio (cf. Mt 9,13; 12,7).

6,7-7,2: Ao descrever a violência de Galaad, o profeta alude ao golpe de Faceia, em 737 a.C. (cf. 2Rs 15,25). Us sacerdotes do culto oficial de Israel (cf. Am 7,10-17) viam com maus olhos a peregrinação dos fiéis ao santuário de Siquém, único do norte que não recebeu condenação do profeta. O v. 11 é considerado acréscimo posterior, e a expressão "mudar a sorte de meu povo" se refere em geral à volta dos exilados (cf. Jr 30,3; Sl 14,7; 53,7).

7 ¹Quando estou para curar Israel, aparecem a culpa de Efraim e a maldade de Samaria, pois essa gente só pratica a mentira. O ladrão invade a casa, enquanto uma quadrilha assalta do lado de fora. ²E nem lhes passa pelo coração que eu vou me lembrar de toda a sua maldade. Agora mesmo os rodeiam seus crimes, que estão todos bem diante de meus olhos.

Conspirações políticas – ³Com sua maldade alegram o rei, e com suas mentiras divertem os chefes. ⁴São todos adúlteros. Ardem como forno aceso, quando o padeiro atiça o fogo, depois que amassou o pão e espera que ele cresça. ⁵No dia de nosso rei, os chefes o afogam no calor do vinho, e ele se compromete com os rebeldes. ⁶O coração deles está cheio de tramoias: é como um forno. De noite sua ira dorme, de manhã se incendeia como fogueira. ⁷Todos eles ficam acesos como forno, e acabam queimando seus próprios governantes. Foi assim que caíram todos os seus reis, e não há ninguém que me invoque.

Política exterior de Israel – ⁸Efraim se mistura com os povos. Efraim é um pão queimado de um lado só. ⁹Os estrangeiros acabam com a força dele, e ele nem percebe. Seus cabelos brancos vão aumentando, e ele não nota. ¹⁰O orgulho de Israel testemunha contra ele mesmo, e nem assim eles se convertem a Javé, seu Deus. Apesar de tudo, não o procuram. ¹¹Efraim é uma pomba ingênua, sem inteligência: pedem ajuda ao Egito, vão à Assíria. ¹²Enquanto forem, atirarei sobre eles minha rede, e os derrubarei como passarinhos, castigando-os por sua maldade.

"Eles não clamam por mim" – ¹³Ai deles, fugiram de mim! Infelizes, por se revoltarem contra mim! Eu os libertaria, mas eles dizem mentiras contra mim. ¹⁴Não clamam por mim em seus corações, quando gemem nos seus leitos. Para o trigo e o vinho se juntam, e se afastam de mim. ¹⁵Fui eu quem lhes renovou as forças, mas eles tramam contra mim. ¹⁶Eles não se voltam para o alto. São como arco frouxo. Seus príncipes morrerão pela espada, por causa do veneno de suas línguas. E isso é motivo de caçoada na terra do Egito.

8 *Fabricação de reis e deuses* – ¹Ponha a trombeta na boca! A desgraça mergulha como águia sobre a casa de Javé. Eles quebraram minha aliança, rejeitaram minha lei. ²Eles gritam: "Meu Deus, nós, Israel, te conhecemos!" ³No entanto, Israel recusou o bem, e o inimigo o perseguirá. ⁴Nomearam reis sem meu consentimento, escolheram príncipes sem eu ficar sabendo. Com sua prata e ouro fizeram ídolos para sua perdição. ⁵Eu rejeito seu bezerro, ó Samaria! Minha ira se inflamou contra ele. Até quando vocês serão incapazes de inocência, ó filhos de Israel? ⁶Esse bezerro foi fabricado por um escultor: ele não é Deus. O bezerro de Samaria será feito em pedaços. ⁷Semeiam ventos, colherão tempestades. Talo sem espiga não pode dar farinha, e ainda que desse, os estrangeiros é que iriam comer.

7,3-7: "Dia do rei": é uma descrição do aniversário de Faceia, quando os conspiradores alegraram o rei e os príncipes com vinho, e ao término da festa o assassinaram. A imagem do forno descreve a voracidade dos conspiradores. O profeta mostra os distúrbios políticos e as mudanças de reis e da corte na época da guerra siro-efraimita (8,1; 9,15-16; 10,6.15; 13,9-12).

8-12: As alianças com outras nações fazem Israel perder a identidade. A consequência da guerra siro-efraimita é que Efraim teve de pagar pesados tributos à Assíria e suportar em seu território a presença de tropas arameias (cf. Is 7,2). As imagens dos cabelos brancos e da pomba ingênua mostram que as elites governantes assumem políticas equivocadas. A ingenuidade de Efraim está no fato de acreditar que as alianças com o Egito ou a Assíria irão salvá-lo (cf. 2Rs 17,3-4).

13-16: Israel corre atrás de quem não pode curar e age falsamente com Javé: golpes de Estado, alianças com povos estrangeiros e diversos cultos (7,8-12). A destruição de Israel será motivo da caçoada e escárnio daqueles em quem ele confiou cegamente, e de quem Javé o libertara no passado. Trigo e vinho (v. 14) referem-se a produtos divinizados, e aludem provavelmente a antigos cultos agrários dos cananeus (1Mc 10,84).

8,1-14: A águia (cf. Jr 48,40) representa a ameaça da Assíria sobre o país de Israel (cf. 9,15). O touro de Samaria é uma referência à imagem do bezerro de ouro colocada em Betel (cf. Os 4,15; 6,10; 10,5.15; 1Rs 12,28-29). Tanto o culto como os reis e príncipes de Samaria-Efraim não servem para nada, pois foram produzidos por seres humanos. O v. 8 refere-se às deportações de grande número dos habitantes, cujos territórios estão em grande parte nas mãos de estrangeiros (cf. 2Rs 15,29). O v. 9 alude à decisão do rei Oseias de submeter-se a Teglat-Falasar III, pagando importante tributo, cujo resultado será por pouco tempo (v. 10). Os vv. 1.5-6.11-14 são provavelmente acréscimos do deuteronomista, que denuncia outros locais de culto e a autossuficiência de Israel e Judá.

⁸Israel foi devorado. Entre as nações, ele agora é objeto sem valor. ⁹Quando foram pedir socorro à Assíria, então Efraim, jumento solitário, tentou contratar amantes para si. ¹⁰Ainda que os contratem dentre as nações, eu agora os reunirei, e eles tremerão sob o peso do rei dos príncipes. ¹¹Efraim multiplicou seus altares para pecar. Só para pecar lhe serviram. ¹²Escrevi muitas leis para ele, mas elas foram consideradas como coisa estranha. ¹³Ainda que ofereçam sacrifícios e comam a carne, não agradarão a Javé, que se lembrará das culpas deles, castigará seus pecados e os mandará de volta para o Egito. ¹⁴Israel se esqueceu de quem o fez, e construiu palácios. Judá, por sua vez, construiu fortalezas. Pois eu porei fogo nas cidades fortificadas e queimarei todos os seus quartéis.

9 *Não há motivos para fazer festa* – ¹Não se alegre, Israel. Não exulte como os outros povos. Ao prostituir-se contra seu Deus, você amava o salário de prostituta sobre todas as eiras de trigo. ²Mas a eira e o tanque de pisar uvas não vão mais garantir o alimento para eles, e o próprio vinho os enganará. ³Eles não habitarão mais na terra de Javé. Ao contrário, Efraim voltará para o Egito, ou comerão coisas impuras na Assíria. ⁴Não farão libações de vinho a Javé, nem lhe oferecerão seus sacrifícios. Seu pão será igual ao que servem nos velórios: quem dele come é considerado impuro. Seu pão só servirá para matar a fome, e não poderá ser oferecido no Templo de Javé. ⁵O que farão vocês nos dias da solenidade, nos dias da festa de Javé? ⁶Pois, se vocês escaparem da devastação, o Egito os recolherá e Mênfis os sepultará. O mato será dono de seus tesouros de prata, e os espinhos crescerão em suas tendas.

O profeta é hostilizado – ⁷Chegaram os dias do castigo, chegou a hora do acerto de contas! Que Israel fique sabendo! O profeta é um tolo, o homem inspirado é um louco. Por causa da grande falta que você cometeu, grande é a hostilidade. ⁸O profeta com seu Deus é a sentinela de Efraim. Mas contra o profeta estendem uma armadilha em todos os caminhos, e até na casa de seu Deus ele encontra hostilidade. ⁹Eles se corromperam profundamente, como nos dias de Gabaá. Deus, porém, lembra-se da culpa deles e castigará seus pecados.

Em Baal Fegor – ¹⁰Encontrei Israel como uva no deserto. Descobri seus pais como figos temporões, mas eles foram até Baal Fegor, se consagraram à Vergonha e se tornaram horrores como aquilo que amavam. ¹¹A honra de Efraim voará como pássaro, sem nascimento, sem gravidez, sem concepção. ¹²Ainda que criem filhos, eu os deixarei sem descendência. Ai deles, quando eu os abandonar! ¹³Efraim, eu o vejo como outra Tiro, plantada em lugares verdejantes. Mas Efraim entregará seus filhos ao carrasco. ¹⁴Dá-lhes, Javé. O que darás? Dá-lhes entranhas estéreis e peitos secos.

Em Guilgal – ¹⁵Toda a maldade apareceu em Guilgal. Foi aí que comecei a detestá-los. Pela maldade que eles colocam em tudo o que fazem, eu os expulsarei de minha casa. Não vou manifestar-lhes meu amor, pois seus chefes são todos rebeldes.

9,1-6: Acréscimo posterior à destruição do reino do norte. "Voltar ao Egito" significa voltar à escravidão, à não-existência, o que acontecerá com a deportação e o exílio na Assíria. A ausência de motivos para festejar é uma forma de apresentar a desintegração, insignificância e deportação. Muitas pessoas que fugiram para o Egito, durante a guerra siro-efraimita, terão o duro castigo de morrer em terra estrangeira (v. 6; cf. Jr 25,33).

7-9: A expressão "hora do acerto de contas", ou seja, o julgamento, é própria de Oseias (cf. 1,4; 2,15; 4,9; 9,9). A reação do povo é considerar como louco o profeta, que por isso é perseguido (cf. Mq 3,5-8). A corrupção e a violência chegam ao extremo, como nos dias de Gabaá (cf. Os 10,9; Jz 17-19). A palavra "sentinela" é atribuída aos profetas do julgamento (cf. Jr 6,17; Ez 3,17; 33,2.6.7).

10-14: A destruição de Israel, considerado povo eleito de Deus, é relida pela redação deuteronomista como consequência de ter abandonado Javé e ter aderido a outras divindades: eles "se consagraram à Vergonha" (v. 10b; cf. Is 30,3.5; Jr 2,26). Tendo presente a catástrofe do norte, o anúncio deste oráculo aponta para seu desaparecimento a partir da raiz (vv. 11-12). O v. 13 é uma referência ao cerco de Samaria pela Assíria (cf. 2Rs 17,3-6). O pedido de seios estéreis pode representar o protesto de mulheres que se recusam a gerar filhos para a destruição (cf. 14,1; 2Rs 8,12).

15-17: A maldade de Guilgal alude aos diversos cultos que aí eram praticados, ou às origens da monarquia (cf. 4,15; 1Sm 11,14-15). A expulsão de casa lembra a deportação do povo para longe de Israel. A expressão "Efraim está ferida" (v. 16) pode referir-se às campanhas de Teglat-Falasar III, supondo a destruição do povo. De acordo com a mentalidade da época, o castigo consiste na dispersão entre as nações (cf. 7,8-9.16; 8,13).

¹⁶Efraim está ferida, suas raízes já secaram. Não dará mais frutos. E mesmo que ainda venham a ter filhos, eu farei morrer o querido fruto de seu ventre. ¹⁷Meu Deus vai rejeitá-los, porque eles não o escutaram. Andarão errantes entre as nações.

10 Destruição do culto e da monarquia –
¹Israel era uma vinha exuberante que produzia uvas com fartura. Quanto mais frutos produzia, mais multiplicava seus altares. Quanto mais rico se tornava o país, mais enriqueciam os monumentos sagrados. ²O coração deles está dividido. Mas agora eles vão pagar: o próprio Deus derrubará seus altares e arrasará seus monumentos sagrados. ³Então eles vão dizer: "Nós não temos um rei, porque não tememos a Javé. Ainda que tivéssemos um rei, o que poderia ele fazer por nós?" ⁴Fazem discursos, falsas promessas, assinam acordos, e enquanto isso crescem os processos como erva venenosa nos sulcos dos campos. ⁵Os moradores de Samaria tremem por causa do bezerro de Bet-Áven. O povo e o sacerdote fazem luto por ele. E se lamentam, porque sua honra foi para o exílio. ⁶Sua honra será levada para a Assíria, como tributo ao grande rei. Efraim colherá vergonha, e Israel se envergonhará de seu plano. ⁷Samaria desaparece com seu rei, como graveto arrastado pela água. ⁸Serão destruídos os lugares altos de Áven, o pecado de Israel. Espinhos e mato crescerão sobre seus altares. Então eles gritarão às montanhas: "Cubram-nos". E às colinas: "Caiam sobre nós". ⁹Desde os dias de Gabaá você pecou, Israel, e aí permaneceu. Você pensa que a guerra contra os filhos da injustiça não os atingirá em Gabaá? ¹⁰Eu mesmo vou castigá-los. Os povos se unirão em guerra contra eles para cobrar-lhes o duplo pecado.

É tempo de procurar a Javé – ¹¹Efraim é uma novilha mansa, que gosta de bater o trigo na eira. Mas eu farei a canga pesar sobre seu belo pescoço. Eu atrelei Efraim. Judá lavrará e Jacó gradeará a terra. ¹²Semeiem conforme a justiça e colham o fruto do amor. Cultivem um campo novo, porque é tempo de procurar a Javé, até que ele venha e faça derramar sobre vocês a justiça. ¹³Vocês cultivaram a impiedade, e por isso colheram a injustiça, comeram o fruto da mentira. Porque você confiou em seus carros e na multidão de seus guerreiros, ¹⁴um clamor de guerra se levantará contra suas cidades, e suas fortalezas serão todas destruídas. Como Sálmana arrasou Bet-Arbel no dia da guerra, em que a mãe foi esmagada por cima dos filhos, ¹⁵assim é que Betel lhes fez, por causa da imensa maldade de vocês. Ao amanhecer, o rei de Israel será totalmente destruído.

11 Deus cuida de seu povo –
¹Quando Israel era menino, eu o amei. Do Egito chamei o meu filho. ²E no entanto, quanto mais eu chamava, mais eles se afastavam de mim: ofereciam sacrifícios aos Baais, queimavam incenso aos ídolos. ³E não há dúvida: fui eu que ensinei Efraim a andar, segurando-o pela mão. Mas eles não perceberam que era eu quem cuidava deles. ⁴Eu os atraí com laços de bondade, com cordas de amor. Fazia com eles como quem levanta até a altura do próprio rosto uma criança. Para dar-lhes de comer, eu me abaixava até eles. ⁵Não voltarão para a terra do Egito. A Assíria será seu rei, porque não quiseram converter-se. ⁶A espada devastará suas cidades, exterminará seus ferrolhos e demolirá suas fortalezas.

⁷O meu povo é apóstata: é chamado a olhar para o alto, mas ninguém levanta

---

10,1-10: Crítica contra o culto a outras divindades, própria do tempo de Josias (620 a.C.). O bezerro, símbolo da divindade, foi levado para a Assíria. A destruição do reino do norte, em 722 a.C., foi considerada como castigo de Deus, devido ao culto a outras divindades. A expressão "os dias de Gabaá", modelo da corrupção de Israel, lembra dois acontecimentos: o estabelecimento da monarquia com Saul (cf. 1Sm 10,26; 14,2; 22,6) e a guerra causada pelo estupro da concubina do levita (cf. Jz 19-21). As nações reunidas contra Israel são consideradas como instrumento da punição de Deus.

11-15: O tributo que o povo devia pagar para a Assíria era verdadeira opressão para Efraim. O v. 13 expõe os motivos do jugo de Efraim: maldade, iniquidade e mentira – a transgressão da aliança. Eram comuns, na guerra, atos desumanos como a matança de mulheres e crianças (cf. 2Rs 8,12; Is 13,18; Am 1,13).

11,1-11: A metáfora do filho é utilizada para Israel (cf. Ex 4,22; Is 1,2; Jr 3,19). Os vv. 1-9 mostram o cuidado amoroso e materno de Javé no processo de crescimento do seu povo. O Egito lembra a experiência da escravidão e da libertação (cf. Dt 15,15). Ao invés de castigar o seu filho, conforme propõe a Lei (cf. Dt 21,18-21), Javé opta pelo perdão. Não são as faltas de Efraim que determinam as ações de Javé. Os vv. 10-11 são acréscimos pós-exílicos e descrevem o retorno dos exilados a Jerusalém.

os olhos. ⁸Como poderia eu abandoná-lo, Efraim? Como haveria de entregar você a outros, Israel? Será que eu poderia tratá-lo como a Adama? Eu poderia tratá-lo como a Seboim? Meu coração salta em meu peito, minhas entranhas se comovem dentro de mim. ⁹Não me deixarei levar pelo ardor de minha ira, não voltarei a destruir Efraim. Eu sou Deus, e não um homem. Eu sou o Santo no meio de você, e não um inimigo devastador. ¹⁰Eles seguirão a Javé. E Javé rugirá como um leão. E quando ele rugir, seus filhos virão do ocidente, ¹¹lá do Egito. Eles virão voando como pássaros. Como pombos, eles virão do país da Assíria. Então eu os farei morar em suas próprias casas – oráculo de Javé.

III. JAVÉ GARANTE A VIDA

12 *Mentira e enganação* – ¹Efraim me cerca de mentiras, a casa de Israel me rodeia de falsidades. (Mas Judá ainda está com Deus e é fiel ao Santo.) ²Efraim se alimenta de vento e corre o dia inteiro atrás dos ventos do oriente. E só faz aumentar a mentira e a violência. Fazem aliança com a Assíria, levam óleo para o Egito. ³Javé move processo contra Judá, e tratará Jacó conforme sua conduta. E lhe devolverá conforme suas ações.

⁴No ventre da mãe, Jacó superou seu irmão, e como adulto lutou com Deus. ⁵Lutou com o anjo e o venceu. Chorou e pediu piedade. Reencontrou Deus em Betel e aí nos falou. ⁶Javé, Deus dos exércitos, seu nome é Javé. ⁷Quanto a você, converta-se ao seu Deus. Observe o amor e o direito, e confie sempre no seu Deus.

⁸Canaã tem nas mãos balanças falsas, e gosta de tapear. ⁹Efraim disse: "Eu sou rico, ajuntei uma fortuna". Mas nada restará de tudo o que ganhou, por causa da falta que cometeu.

¹⁰Eu sou Javé, seu Deus, desde a terra do Egito. Eu farei você morar novamente em tendas, como nos dias de festa solene. ¹¹Falarei aos profetas, multiplicarei as visões, e em parábolas falarei pela boca dos profetas.

¹²Se Galaad é falsidade, eles são apenas um nada. Em Guilgal sacrificaram touros, e por isso seus altares serão transformados em montes de pedras nas baixadas do campo. ¹³Jacó fugiu para os campos de Aram. Israel serviu por causa de uma mulher: para ganhar uma esposa, ele foi guarda de rebanhos.

¹⁴Por meio de um profeta, Javé fez Israel subir do Egito, e por meio de um profeta o guardou. ¹⁵Efraim irritou Javé amargamente. Seu Senhor descarregará sobre ele o sangue derramado e lhe retribuirá o ultraje.

13 *Efraim desaparecerá* – ¹Quando Efraim falava, era um terror em Israel. Mas depois começou a pecar com Baal e morreu. ²Ainda agora, continuam pecando, e com sua prata fazem estátuas fundidas, ídolos que eles inventam, todos trabalho de artesãos. Depois dizem: "Ofereçam sacrifícios a eles". E os homens beijam os bezerros. ³Por isso, eles se tornarão como neblina da manhã, como orvalho que logo cedo se evapora, ou como palha que a gente varre da eira, ou fumaça que sai pela janela.

Javé protege e destrói – ⁴Eu sou Javé, o seu Deus, desde a terra do Egito. Você não conhece outro Deus além de mim, e não há outro salvador além de mim. ⁵Eu conheci você no deserto, numa terra

---

12-14: Nestes capítulos, os redatores unem as duas metáforas usadas anteriormente: do casamento e da rebeldia do filho, que será destruído, a menos que se converta (cap. 13). A mulher arrependida voltará para o seu marido e para o seu país (cap. 12). O reflorescimento da natureza simboliza a reconciliação entre marido e mulher (cf. 14,2-9).

12,1-15: A mentira e o engano de Efraim/Israel se apresentam em paralelo à fraude provocada por seu antepassado Jacó/Israel (cf. Gn 27,35-37; 32,23-33). A aliança com os povos estrangeiros é comparada à fuga de Jacó e seu trabalho por uma mulher, recordando assim o tempo da escravidão no Egito (cf. Dt 5,15). A afirmação de que Judá permanece fiel a Deus e a expressão "irritar Javé amargamente" são próprias dos redatores do sul, que registraram por escrito os oráculos de Oseias (cf. 4,15; 6,11; 12,1.15).

13,1-3: A releitura judaica exalta a importância da tribo de Efraim em Israel e reforça sua culpa: a busca de outras divindades. Para os redatores, este comportamento provocou a corrupção e a destruição do país. O beijo na imagem do bezerro parece que fazia parte do culto a Baal (cf. 1Rs 19,18). Depois de Josias, o culto a Baal e Aserá será considerado idolatria.

4-11: A releitura, a partir da perspectiva do sul, cria a imagem do deserto como o período ideal na história da nação, quando esta seguia somente a Javé (cf. 13,5-6; 11,1-4; Dt 8,15-16). Mas o povo o abandonou, causando sua própria destruição (vv. 7-8). A ação de Deus é comparada à de animais predadores: leoa, pantera e ursa.

muito seca. ⁶Estando na pastagem, eles se saciaram. Uma vez saciados, seu coração se encheu de orgulho, e por isso se esqueceram de mim. ⁷Eu serei para eles como leão, e como pantera os espiarei no caminho. ⁸Vou atacá-los como a ursa da qual roubaram os filhotes, e vou rasgar-lhes o coração, devorando-os como leoa. E as feras vão despedaçá-los.

⁹Eu o destruirei, Israel, e quem poderá socorrê-lo? ¹⁰Onde está agora o seu rei, para que possa salvar você? E onde estão os juízes de suas cidades? Você me pediu: "Dá-me um rei e príncipes". ¹¹Na minha ira eu lhe dei um rei, e no meu furor eu o retomo.

Israel será destruído – ¹²A culpa de Efraim está guardada, seu pecado está conservado. ¹³Chegam-lhe as dores do parto, mas o filho é um imbecil: ao chegar a hora de nascer, ele não sai do seio materno. ¹⁴Será que eu devo resgatá-los das garras da morada dos mortos? Será que eu os redimiria do poder da morte? Onde está, ó morte, a sua praga? Onde está, ó morada dos mortos, a sua peste? A compaixão foge do meu olhar. ¹⁵Ainda que Efraim prospere entre seus irmãos, um vento virá do oriente, um sopro de Javé subirá do deserto, para secar as fontes e esgotar as nascentes. Ele vem para levar o tesouro e todos os objetos de valor.

14 ¹Samaria vai pagar, pois revoltou-se contra o seu Deus: cairão sob a espada, suas crianças de peito serão esmagadas, e suas mulheres grávidas terão seus ventres rasgados.

A vida renasce – ²Israel, volte para Javé, seu Deus, pois você tropeçou em sua própria culpa. ³Preparem as palavras e voltem-se para Javé. Digam-lhe: "Perdoa toda a nossa culpa. Aceita o que é bom, e te ofereceremos o fruto de nossos lábios. ⁴Não é a Assíria que nos salvará. Não montaremos mais cavalos. Jamais chamaremos novamente de nosso Deus a um objeto feito por nossas próprias mãos. Pois é em ti, só junto de ti, que o órfão encontra compaixão".

⁵Eu vou curar sua apostasia, vou amá-los de todo o coração, pois minha ira se apartou deles. ⁶Serei como orvalho para Israel. Ele florescerá como lírio e estenderá raízes como o cedro do Líbano. ⁷Seus galhos crescerão, seu esplendor será como da oliveira, e seu perfume será como do cedro do Líbano. ⁸Voltarão aqueles que habitavam à sua sombra. Farão reviver o trigo, florescerão como videiras e serão famosos como o vinho do Líbano. ⁹Efraim, que tenho eu ainda a ver com os ídolos? Sou eu que tenho uma resposta e olho para você. Sou como cipreste frondoso: o fruto de você, é de mim que ele nasce.

Exortação final – ¹⁰Quem é sábio, entenda essas coisas. Quem é inteligente, que as compreenda. Porque os caminhos de Javé são retos. Por eles caminham os justos, e os maus neles tropeçam.

Os vv. 9-11 são do pós-exílio e criticam a monarquia, que não tem poder para salvar o povo.

13,12–14,1: Conforme a releitura judaica, Javé tem o poder de resgatar Efraim da morte, mas não o fará por causa de suas faltas. O "vento do oriente" (a Assíria) devastará o reino do norte. A violência e atrocidades que atingiram mulheres e crianças são descritas como ação de Javé, porque Efraim se esqueceu do seu Deus. O Javé oficial é um Deus terrível que mata aqueles que não o adoram.

14,2-9: O verbo "voltar", aqui usado três vezes, refere-se à volta do exílio e à retomada da aliança (6,1; cf. Is 55,7; Zc 10,9). Este oráculo denuncia duas culpas de Judá: a busca de outras divindades e a confiança no poder militar estrangeiro. O castigo acabou porque a apostasia foi curada: o amor de Javé, portanto, está condicionado ao arrependimento do povo. Esta ideia se distancia da teologia de Oseias, que anuncia um amor forte, gratuito e incondicional (11,7-9).

10: Versículo acrescentado à edição final do livro, em estilo próprio dos escritos de sabedoria. "Seguir os caminhos de Javé", expressão deuteronômica, significa obedecer aos mandamentos de Deus (cf. Dt 8,6; 11,22.28; 19,9).

JOEL

VOLTEM PARA JAVÉ, O DEUS DO TEMPLO

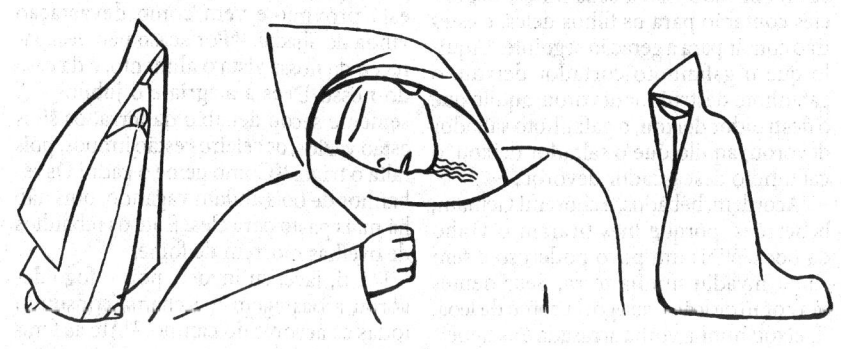

Introdução

O livro de Joel pode datar-se em torno de 400 a.C. Época difícil, quando a vida do povo judeu passa por grave dificuldade causada pela dominação estrangeira (1,6-7; 2,2). Diante das revoltas no Egito e na Síria, o império persa conclui a reconstrução de Jerusalém e das muralhas, por volta de 450 a.C. (2,7.9; cf. Ne 7,1-5). A cidade se transforma em fortaleza, aumentando a presença militar persa, os tributos e o comércio na região, importante corredor entre a Mesopotâmia e o Egito. O povo paga pesados tributos à Pérsia (cf. Ne 5,1-5; 9,36-37) e sofre com o tráfico de escravos judeus feito pelos fenícios, filisteus, gregos (Javã) e árabes (sabeus: 4,4-8; Ez 27,13.22); e ainda sustenta as instituições teocráticas: o Templo, os sacrifícios e a casta sacerdotal (cf. Is 66,1-4). Amargando a injustiça social (cf. Jó 24,1-17) e a calamidade da natureza (pragas, seca e fogo: 1,17-20), o povo se sente abandonado e castigado por Javé, o Deus do universo: "Ah! Que dia! De fato, o Dia de Javé está próximo e vem como devastação vinda de Shadai" (1,15; cf. Is 13,6; Ml 2,17).

A vida dos camponeses e as instituições judaicas por eles sustentadas (dízimo, festa e sacrifício) estão em grave crise (1,9.13), o que faz o autor, como o levita do Templo (cf. Ml 2,4), escrever o livro de Joel. Livro dividido em duas partes, unidas pela conformidade entre o apelo do povo e a resposta de Javé. Na primeira parte (1,1-2,17) se descrevem as invasões de gafanhotos (1,2-12) e de nações inimigas (2,1-11), que deixam Judá devastado e desolado. Diante da calamidade, o profeta convoca todo o povo ao jejum: lamentação, conversão e penitência (1,13-20; 2,12-17). Na segunda parte (2,18-4,21), Javé responde ao apelo do povo através de realizações escatológicas: novos tempos de abundância (2,18-27); povo transformado pela efusão do Espírito (3,1-5); julgamento das nações (4,1-17); restauração de Judá e Jerusalém (4,18-21).

1

Título – ¹Palavra de Javé vinda a Joel, filho de Fatuel.

Invasão de gafanhotos – ²Ouçam isto, anciãos; prestem atenção, habitantes da terra! Já terá acontecido coisa igual no tempo de vocês ou no tempo de seus pais? ³Contem tudo isso a seus filhos; depois, eles contarão para os filhos deles, e estes irão contar para a geração seguinte. ⁴Aquilo que o gafanhoto cortador deixou, o gafanhoto destruidor devorou; aquilo que o destruidor deixou, o gafanhoto saltador devorou; aquilo que o saltador deixou, o gafanhoto descascador devorou.

⁵Acordem, bêbados, e chorem! Gemam, beberrões, porque lhes tiraram o vinho da boca. ⁶Pois um povo poderoso e sem conta invadiu minha terra. Seus dentes são como de leão e sua goela como de leoa. ⁷Deixou minha vinha arrasada e as figueiras reduzidas a galhos secos. Comeu-lhes até a casca e os galhos ficaram brancos.

⁸Suspire como virgem revestida de saco por causa do esposo de sua juventude! ⁹No Templo de Javé não há mais ofertas nem libação de vinho. Os sacerdotes, ministros de Javé, estão todos de luto. ¹⁰O campo foi devastado, a terra está de luto, o trigo se perdeu, o vinho secou, o azeite sumiu. ¹¹Fiquem tristes, lavradores; gemam, cultivadores da vinha, por causa do trigo e da cevada, pois está perdida a colheita dos campos. ¹²A parreira secou, a figueira murchou. Romã, tâmara, maçã, todas as árvores do campo secaram. E até a alegria dos homens desapareceu!

Apelo à penitência – ¹³Vistam-se de luto e chorem, sacerdotes! Gemam, ministros do altar! Venham passar a noite vestidos de saco, ministros de Deus! Pois não há mais ofertas e libação de vinho no Templo do Deus de vocês. ¹⁴Proclamem um jejum, convoquem uma assembleia, reúnam na casa de Javé, Deus de vocês, os anciãos com todos os habitantes da terra. E gritem a Javé.

¹⁵Ah! Que dia! De fato, o Dia de Javé está próximo e vem como devastação vinda de Shadai. ¹⁶Por acaso não desapareceu da nossa vista o alimento, e da casa do nosso Deus a alegria e o júbilo? ¹⁷A semente secou debaixo da terra, os silos estão vazios, os celeiros estão limpos, pois falta o trigo. ¹⁸Como geme o gado! Os rebanhos de bois andam vagando, pois não há mais pasto para eles. E até os rebanhos de ovelhas morrem de fome.

¹⁹A ti, Javé, eu invoco, pois o fogo devorou a pastagem e a chama consumiu todas as árvores do campo. ²⁰Até as feras gritam a ti, pois secou a água dos córregos e o fogo devorou a pastagem.

2

Invasão de nações inimigas – ¹Toquem a trombeta em Sião; deem o alarme no meu santo monte. Tremam todos os habitantes da terra, pois o Dia de Javé está chegando e já está perto. ²Será dia de trevas e escuridão, dia de nuvens e obscuridade. Como o escurecer, estende-se sobre os montes um povo numeroso e forte; nunca houve povo igual a esse e nunca mais haverá, por muitas gerações. ³Diante dele vai um fogo que devora; atrás dele uma chama que incendeia. Diante dele, a terra é um jardim de Éden; atrás dele é um deserto arrasado. Nada se salva! ⁴Seu aspecto é como de cavalos e como cavaleiros que correm. ⁵Seu ruído é como de carros de guerra que vêm sal-

---

1,1: Joel significa "Javé é El", o Deus supremo. Não há nenhuma informação sobre a vida deste profeta. Mas, a partir de seus escritos, nota-se que ele exerce alguma atividade no culto do Templo (1,9.13-14.16; 2,15-17; 4,17-18.20). Sua mensagem destina-se aos habitantes de Jerusalém e de todo Judá, com profunda preocupação pela vida da cidade e do campo (1,9-12; 2,23). É possível que o grupo de Joel seja o mesmo que está por trás do livro de Malaquias: os levitas.

2-12: A terra é devastada pelos gafanhotos, descritos com quatro termos (v. 4) que indicam a destruição total (cf. Am 4,9; Ml 3,11; Sl 105,34-35), destruição comparada com o ataque de um povo guerreiro destruidor (cf. Ap 9,7-11). A devastação do campo afeta a atividade do Templo, que fica sem ofertas e alimentos: trigo, vinho e azeite (Ex 29,38-42; Lv 2; Nm 28,3-8). A situação do povo é crítica, e sua desolação é descrita pela falta de vinho (= alegria: Is 16,10; Zc 10,7) e pela destruição da vinha e da figueira (= paz e felicidade: Jz 9,10-13; Is 36,16; Mq 4,4; Zc 3,10; = povo: Is 5,1-7; Mt 21,19-21).

13-20: Todo o povo é convocado a participar do jejum no Templo (cf. Jn 3,5-9). Segundo a teologia oficial da época (teologia da retribuição), a calamidade com a praga e a seca ("fogo": cf. Am 7,1-6) é atribuída aos pecados de sacerdotes, anciãos e habitantes de Judá (cf. Dt 28,15.38-42). Deus assegura o triunfo dos justos e castiga os pecadores com o "Dia de Javé" (cf. Am 5,18-20; Ml 3,19-21). É necessário que todo o povo se volte para Javé, através de conversão, penitência e súplica de perdão.

2,1-11: Além das calamidades da natureza, a terra é castigada pelas invasões destruidoras de exércitos invencíveis, semelhantes ao ataque de gafanhotos (1,2-12; cf. Na 3,15b-17). A invasão das nações inimigas traz também o julgamento de Deus contra o povo pecador: é o Dia

tando pelos cumes dos montes, estalando como chama que devora a palha, como poderoso exército em ordem de batalha. ⁶Os povos se assustam na presença dele, ficam todos pálidos de medo. ⁷Avançam como soldados valentes, escalam a muralha como guerreiros; cada um vai no seu caminho, sem se desviar da fileira. ⁸Uns não estorvam os outros: cada um segue seu rumo. Ainda que as lanças caiam ao seu lado, eles não se detêm no caminho. ⁹Invadem a cidade, escalam a muralha, sobem nas casas, entram pelas janelas como ladrão. ¹⁰Diante deles, a terra treme e o céu se abala. O sol e a lua se escurecem, e as estrelas perdem o brilho. ¹¹Javé faz ouvir sua voz à frente do seu exército. Seus batalhões são os mais numerosos, e os encarregados de executar a ordem de Deus são valentes. Grandioso e terrível é o Dia de Javé! Quem poderá suportá-lo?

Apelo à penitência – ¹²Pois agora – oráculo de Javé – voltem para mim de todo o coração, fazendo jejum, choro e lamentação. ¹³Rasguem o coração, e não as roupas! Voltem para Javé, o Deus de vocês, pois ele é piedade e compaixão, lento para a cólera e cheio de amor, e se arrepende das ameaças. ¹⁴Quem sabe, ele volte atrás e se arrependa, deixe atrás de si uma bênção, oferta e libação de vinho para Javé, o Deus de vocês.

¹⁵Toquem a trombeta em Sião, proclamem um jejum, convoquem uma assembleia. ¹⁶Reúnam o povo, organizem a comunidade, chamem os anciãos, reúnam os jovens e crianças de peito. O jovem esposo saia do quarto, a jovem esposa deixe seu leito. ¹⁷Os sacerdotes, ministros de Javé, venham chorar entre o pórtico e o altar, e digam: "Javé, tem piedade do teu povo! Não entregues tua herança à vergonha, à caçoada das nações". Por que se deveria dizer entre os povos: "Onde está o Deus deles?"

Prosperidade agrícola – ¹⁸Javé teve ciúmes da sua terra e se compadeceu do seu povo. ¹⁹Javé respondeu a seu povo: Eu lhes mandarei trigo, vinho e azeite em abundância, e nunca mais farei de vocês a vergonha das nações. ²⁰Mandarei para longe o invasor do norte, para um lugar seco e deserto: a vanguarda para o mar do oriente e a retaguarda para o mar do ocidente. Aí, ele vai cheirar mal e feder, porque foi longe demais.

²¹Terra, não tema. Alegre-se e faça festa, pois Javé fez coisas grandiosas. ²²Não temam, animais do campo, pois o verde voltou às pastagens da estepe. As árvores já estão carregadas de frutos, a figueira e a parreira já produzem sua riqueza. ²³Alegrem-se, filhos de Sião, e façam festa a Javé, o Deus de vocês. Pois ele mandou no tempo certo a chuva mansa e fez cair também a chuva forte: as primeiras e as últimas chuvas, tudo como antigamente. ²⁴As eiras estão cheias de cereais, as tinas estão transbordando de vinho e azeite novo. ²⁵Estou compensando os anos que foram devorados pelo gafanhoto, o saltador, o descascador, o cortador, meu poderoso exército que um dia mandei contra vocês. ²⁶Agora vocês poderão comer com fartura e louvar o nome de Javé, o Deus de vocês, pois no meio de vocês ele fez maravilhas. Meu povo nunca mais passará vergonha. ²⁷Vocês ficarão sabendo, então, que eu estou no meio de Israel. Eu sou Javé, o Deus de vocês, e não há outro. Meu povo nunca mais passará vergonha.

3 *Efusão do espírito* – ¹Depois disso, derramarei meu espírito sobre todos os viventes, e os filhos e filhas de vocês se

---

de Javé (cf. Jr 4,5-7; Sf 1,14-18). O exército escatológico conduzido por Javé transforma o "jardim de Éden" (Gn 2,8) em "deserto arrasado" (Jr 12,10-13).
12-17: Como em 1,13-20, a assembleia religiosa de lamentação e penitência é convocada com o toque de trombeta (cf. Nm 10,2-10). É um momento de renovação interior: a conversão do coração (vv. 12-14; cf. Ez 11,19-20; 36,26-27). Se o povo se converte, Javé cessará seu dia de ira e restabelecerá a bênção (prosperidade agrícola). É a condição da retomada plena do culto. A insistência de Joel na realização do culto como manifestação de conversão e bênção contrasta com a atitude de Amós, Oseias, Miqueias, Sofonias, Jeremias e do Terceiro Isaías, que apelam para a prática da justiça (cf. Is 58,1-12).
18-27: Respondendo ao apelo do povo em 1,13-20, Javé afastará o exército de gafanhotos (1,2-12), comparado ao inimigo do norte (cf. Jr 1,13-15), e restabelecerá a abundância agrícola (cf. Ag 2,15-19). A bênção do Senhor voltará à vida do povo. Para Joel, porta-voz do grupo do Templo, a bênção de vida, saúde, paz e prosperidade passa pela conversão profunda e completa ao Javé do Templo, segundo a teologia da retribuição (cf. Dt 7,12-15; 28,1-14; Ml 3,6-12).
3,1-5: O espírito da profecia será derramado sobre todos os habitantes de Jerusalém e Judá, que invocam

tornarão profetas. Entre vocês, os velhos terão sonhos e os jovens terão visões. ²Nesses dias, até sobre os escravos e escravas derramarei o meu espírito! ³Farei prodígios no céu e na terra: sangue, fogo e colunas de fumaça. ⁴O sol vai se mudar em trevas, e a lua em sangue, diante da chegada do Dia de Javé, grandioso e terrível! ⁵Então, todo aquele que invocar o nome de Javé será salvo, pois a salvação estará no monte Sião e em Jerusalém – como disse Javé –, e entre os sobreviventes estarão aqueles que Javé tiver chamado.

4 Julgamento contra as nações inimigas

– ¹Nesses dias, nesse tempo, eu vou mudar a sorte de Judá e Jerusalém. ²Vou reunir todas as nações do mundo e fazê-las descer ao vale de Josafá. Aí abrirei um processo contra elas, por causa de Israel, que é meu povo e minha herança. Pois elas espalharam Israel entre as nações e repartiram entre si minha terra. ³Rifaram meu povo. Trocaram meninos por prostitutas, e meninas a troco de vinho para se embriagarem.

⁴E vocês, o que querem de mim, Tiro, Sidônia e distritos da Filisteia? Vocês, por acaso, vão se vingar de mim? Se pensarem nisso, faço recair essa vingança sobre suas próprias cabeças. ⁵De fato, vocês roubaram minha prata e meu ouro, levaram para seus templos os meus tesouros. ⁶Vocês venderam aos filhos de Javã os filhos de Judá e de Jerusalém, somente para afastá-los da terra deles. ⁷Pois agora, eu vou tirá-los do lugar para onde foram vendidos. Faço voltar contra vocês aquilo que vocês praticaram: ⁸pela mão dos filhos de Judá, venderei os filhos e filhas de vocês, e eles os venderão à distante nação dos sabeus.

Assim falou Javé. ⁹Proclamem isto entre as nações: Preparem uma guerra santa, alistem soldados. Venham, avancem todos os guerreiros! ¹⁰Transformem seus arados em espadas, e as foices em lanças! Diga o covarde: "Eu sou um soldado!" ¹¹Corram, venham todas as nações vizinhas e se reúnam aí. (Javé, manda teus soldados lá do alto.) ¹²Venham, nações, e subam ao vale de Josafá, porque eu me sentarei aí para julgar todas as nações vizinhas. ¹³Lancem a foice, porque a colheita está madura. Venham pisar, pois o lagar está cheio e as tinas transbordando, porque é grande a maldade das nações. ¹⁴Multidões e multidões no vale da Decisão, porque está próximo o Dia de Javé, no vale da Decisão!

¹⁵O sol e a lua se escurecem, e as estrelas perdem seu brilho. ¹⁶Javé ruge desde Sião, desde Jerusalém faz ouvir seu grito: os céus e a terra começam a tremer! Javé, porém, é um esconderijo para seu povo, e um abrigo para os filhos de Israel. ¹⁷Vocês ficarão sabendo que eu sou Javé, o Deus de vocês, que moro em Sião, meu santo monte. E Jerusalém será santa. Estrangeiros nunca mais passarão por dentro dela.

Restauração de Judá – ¹⁸Nesse dia, as montanhas gotejarão vinho novo, das colinas escorrerá leite, e a água correrá em todos os riachos de Judá. Do Templo de Javé brotará uma fonte que irrigará o vale das Acácias. ¹⁹O Egito será uma desolação e Edom será um deserto desolado, por causa da violência contra os filhos de Judá, por terem derramado sangue inocente na terra deles. ²⁰Judá será habitado para sempre, e Jerusalém por todas as gerações. ²¹Vingarei o sangue deles que ainda não foi vingado. E Javé habitará em Sião.

---

o nome do Javé de Sião, ele que é a fonte da salvação (cf. Nm 11,24-30; 12,6; Mq 3,8; Is 32,15-20; Ez 37,1-14; At 2,17-21). A efusão do espírito é, aqui, a manifestação definitiva do perdão e o retorno do Javé do Templo a seu povo: condições prévias para o juízo final contra os inimigos e para a restauração de Judá.

4,1-17: O Dia de Javé destina-se, agora, às nações inimigas: será a batalha universal. Em contexto apocalíptico, Javé derrotará, no vale de Josafá ("Javé é juiz"), os inimigos que escravizaram o povo judeu como no exílio de 597 e 587 a.C. (cf. Intr.). O autor insiste no Dia de Javé

(1,15; 2,1-2.10-11), para confirmar e propagar sua doutrina: Javé é o Deus único e está presente no Templo de Jerusalém, a cidade inviolável (2,27; 4,17; Zc 9,8). Nisso o grupo de Joel é nacionalista e exclusivista.

18-21: Judá restaurado com abundância de vinho, leite e água, que brotam do Templo: é a manifestação escatológica de uma nova era (cf. Am 9,13; Is 30,25; Ez 47,1-12). Centro da argumentação do grupo nacionalista de Joel é a última fase do livro. Javé, o vingador de sangue, permanece para sempre (Nm 35,19; Is 41,14).

AMÓS

O DIREITO DOS POBRES

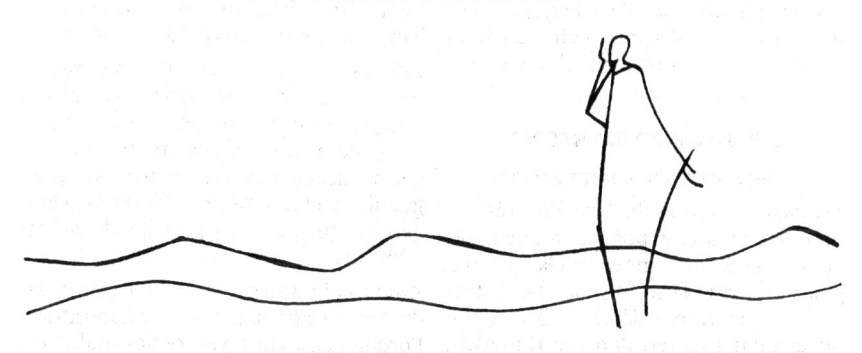

Introdução

Amós é pastor de ovelhas em Técua, a 17 km ao sul de Jerusalém. Não é profeta da corte nem do templo, nem membro de uma associação de profetas. Sua identidade está relacionada à experiência com a população camponesa (3,8). Atua em Israel, reino do norte, sob Jeroboão II (783-743 a.C.). Período de estabilidade e paz para Israel. Jeroboão II faz aliança com Judá, sob Ozias (781-740 a.C.), estendendo suas fronteiras desde Emat até o mar Morto, o que implica o controle da maior rota comercial (cf. 2Rs 14,25). Apesar de ter sido período de prosperidade comercial, a maioria da população enfrenta endividamento, perda da terra e crescente escravidão (4,1; 6,1-6).

Os ricos e os comerciantes crescem à custa de empréstimos usurários feitos aos pobres, com falsificação de pesos e medidas e com suborno aos juízes (5,12). A corrupção também está presente na religião (5,21-24). Nos santuários dedicados a Javé são realizados ritos para aplacar a divindade e garantir a segurança do país. Nesse contexto, surge a profecia de Amós, por volta de 760 a.C., denunciando as situações de injustiça social e exploração por meio da religião: "Eu detesto e desprezo as festas de vocês. Tenho horror dessas reuniões" (5,21).

O livro de Amós pode ser assim estruturado: após o título e oráculo inicial (1,1-2), a primeira parte (1,3-2,16) compõe-se de oito oráculos contra as nações vizinhas e contra Judá e Israel. A segunda parte (3,1-6,14) apresenta as acusações e o anúncio do juízo contra diversos grupos em Israel. A terceira parte (7,1-9,6) é formada pelo relato de cinco visões, que anunciam o fim do reino do norte. A quarta parte (9,7-15) contém um discurso final de salvação.

É complexo o processo de redação e transmissão do livro de Amós. Em geral, acredita-se que suas palavras originais encontram-se na coletânea dos caps. 3 a 6. Em seguida, foram acrescentados os oráculos contra as nações e o relato das visões, provavelmente do mesmo círculo de autores (1-2; 7-9). Esta junção pode ter ocorrido no reino do sul, após a destruição do reino do norte. O acontecimento com Amasias, sacerdote do templo de Betel (7,10-17), e a descrição dos abusos em Israel (8,4-14), foram inseridos por discípulos de Amós. As doxologias podem ter sido incluídas no tempo de Josias, no séc. VII a.C., e aperfeiçoadas posteriormente (4,13; 5,8-9; 9,5-6). No exílio, outros redatores acrescentaram os oráculos contra Tiro, Edom e Judá. E, por último, para suavizar o anúncio de castigo, encontramos uma mensagem de salvação, provavelmente do pós-exílio (9,11-15).

1

Título – ¹Palavras de Amós, um dos criadores em Técua, que teve visões a respeito de Israel, no tempo de Ozias, rei de Judá, e no tempo de Jeroboão, filho de Joás, rei de Israel, dois anos antes do terremoto.

Javé ruge desde Sião – ²Ele disse: Javé ruge de Sião, de Jerusalém faz ouvir sua voz; as pastagens dos pastores murcham, e até o pico do Carmelo seca.

I. JULGAMENTO DAS NAÇÕES

1. Julgamento das nações vizinhas

Damasco – ³Assim diz Javé: Por três crimes de Damasco e por quatro, não voltarei atrás. Porque moeram Galaad com grade de ferro. ⁴Porei fogo na casa de Hazael e queimarei os palácios de Ben-Adad; ⁵arrebentarei os ferrolhos de Damasco; eliminarei os chefes de Biceat-Áven e o dono do poder em Bet-Éden. E o povo de Aram irá cativo para Quir – diz Javé.

Filisteia – ⁶Assim diz Javé: Por três crimes de Gaza e por quatro, não voltarei atrás. Porque deportou um povo inteiro para entregá-lo a Edom. ⁷Porei fogo nas muralhas de Gaza e queimarei seus palácios; ⁸eliminarei o habitante de Asdod e o dono do poder em Ascalon; voltarei minha mão contra Acaron, e o que sobrar dos filisteus será liquidado – diz Javé.

Tiro – ⁹Assim diz Javé: Por três crimes de Tiro e por quatro, não voltarei atrás. Porque deportou um povo inteiro para entregá-lo a Edom, sem respeitar o pacto de irmãos. ¹⁰Porei fogo nas muralhas de Tiro e queimarei seus palácios – diz Javé.

Edom – ¹¹Assim diz Javé: Por três crimes de Edom e por quatro, não voltarei atrás. Porque perseguiram seus irmãos com a espada e não lhes mostraram misericórdia; acenderam sua ira para sempre, guardando furor eterno. ¹²Porei fogo em Temã e queimarei os palácios de Bosra – diz Javé.

Amon – ¹³Assim diz Javé: Por três crimes de Amon e por quatro, não voltarei atrás. Porque rasgaram o ventre das mulheres grávidas de Galaad, só para alargar seu território. ¹⁴Porei fogo nas muralhas de Rabá e queimarei seus palácios, com gritos de guerra no dia da batalha, como vendaval em dia de tempestade. ¹⁵Seu rei irá para o cativeiro, junto com seus oficiais – diz Javé.

2

Moab – ¹Assim diz Javé: Por três crimes de Moab e por quatro, não voltarei atrás. Porque eles queimaram até a cinzas os ossos do rei de Edom. ²Porei

---

1,1: Amós é do sul, mas atua no reino do norte, no período de Jeroboão II, enquanto no reino do sul governa Ozias. A data do terremoto é incerta. Mesmo assim, esse acontecimento é mencionado dois séculos depois (cf. Zc 14,5). O título ou inscrição é obra do redator final.

2: O rugido de Javé indica sua soberania e poder (cf. Jr 25,30; Jl 4,16). A cidade de Sião-Jerusalém é considerada como a origem da Palavra de Javé. Este versículo foi acrescentado por redações posteriores, a partir do sul.

1,3-2,16: As nações localizadas ao redor de Israel e Judá serão julgadas e exterminadas. A justiça de Javé é contra a violência imperialista praticada por todas as nações. Judá e Israel, como as outras nações, serão julgados e castigados. O castigo anunciado atinge as elites governantes – reis, palácios e muralhas.

1,3-5: O julgamento é sobre Aram-Damasco e outros locais não identificados. A destruição de Damasco aconteceu por causa de suas atitudes de violência e dominação. Na guerra siro-efraimita (734-732 a.C.), quando os assírios apoderaram-se de Damasco, parte da população foi deportada para Quir (cf. 2Rs 16,9; Is 17,1-3; Jr 49,23-27).

6-8: Seguindo a mesma forma do oráculo anterior: "Por três crimes e por quatro", o profeta anuncia o castigo contra as cidades filisteias, sendo Gaza a mais importante (cf. Sf 2,4-7). O crime citado é a escravidão e a venda de pessoas para Edom, que as revendia na África ou na Arábia do Sul. A lei de Moisés prescreve pena de morte para quem pratica esse tipo de crime (cf. Ex 21,18).

9-10: Tiro era importante centro comercial, incluindo tráfico de escravos (cf. Jl 4,4-6; Ez 27,13). O crime desta nação é violar o tratado com outra nação irmã (cf. 1Rs 9,13). A partir do séc. VIII a.C., a importância comercial de Tiro diminui. A nação é obrigada a pagar tributo para os babilônios a partir de 574 a.C. Diversos textos proféticos descrevem a queda de Tiro (cf. Is 23; Ez 26-28; Jr 25,15.22).

11-12: Israel submete Edom por diversas vezes (cf. 2Cr 26,2). O controle dessa região é desejado, pois permite o acesso para Elat, no golfo de Ácaba (cf. 2Rs 14,22). Em 587 a.C., os edomitas combateram nas tropas de Nabucodonosor e se aproveitaram da desgraça de Judá. Por isso, há severos oráculos e escritos contra Edom (cf. Is 34; Ez 25,12-14; 35; Jr 49,7-22; Ab 10-16; Sl 137,7).

13-15: As principais vítimas da guerra são os mais fracos: camponeses, mulheres e crianças (cf. 2Rs 8,12; 15,16; Os 10,14; 13,16). O julgamento anunciado pelo profeta é violento, descrito com imagens da tradição de guerra santa (cf. Jr 23,19; Ez 13,13).

2,1-3: Moab queima os ossos do rei de Edom, o que era uma ofensa grave, pois, segundo a mentalidade da época, esse gesto priva o defunto do repouso após a morte e destrói seus últimos restos de forma humilhante (cf. Dt 28,26; Jr 16,4).

fogo em Moab e queimarei os palácios de Cariot. Moab vai morrer em meio ao barulho, entre gritos de guerra e ao som da corneta. ³Eliminarei o juiz que aí existe e, com ele, trucidarei seus oficiais – diz Javé.

Judá – ⁴Assim diz Javé: Por três crimes de Judá e por quatro, não voltarei atrás. Porque desprezaram a lei de Javé e não guardaram seus mandamentos; foram atrás das mentiras que um dia seus pais já tinham seguido. ⁵Porei fogo em Judá e queimarei os palácios de Jerusalém.

2. Julgamento de Israel

⁶Assim diz Javé: Por três crimes de Israel e por quatro, não voltarei atrás. Porque vendem o justo por dinheiro e o indigente por um par de sandálias. ⁷Pisoteiam os fracos no chão e desviam o caminho dos pobres. Pai e filho vão à mesma jovem, profanando assim meu nome santo. ⁸Diante de todos os altares, eles se deitam sobre roupas penhoradas e no templo do seu deus bebem o vinho de juros.

⁹Mas fui eu, diante deles, quem derrotou os amorreus, altos como cedros do Líbano e fortes como carvalhos; os frutos deles, eu cortei por cima, e por baixo suas raízes. ¹⁰Fui eu quem retirou vocês da terra do Egito e, através do deserto, guiei vocês durante quarenta anos, a fim de os tornar proprietários da terra dos amorreus. ¹¹Entre os filhos de vocês escolhi profetas, e entre os jovens de vocês escolhi homens consagrados. Não foi assim, ó filhos de Israel? – oráculo de Javé.

¹²No entanto, vocês embriagaram os homens consagrados e taparam a boca dos profetas. ¹³Eis-me aqui para esmagar vocês no chão, como se pressiona uma carroça carregada de feixes. ¹⁴O mais veloz não conseguirá fugir, a força do valente de nada lhe valerá. O forte não escapará da morte, ¹⁵o arqueiro não ficará de pé, o ligeiro das pernas não escapará, nem mesmo o cavaleiro salvará a própria vida. ¹⁶O mais corajoso dos guerreiros fugirá nu naquele dia – oráculo de Javé.

II. CONTRA AS INJUSTIÇAS SOCIAIS

3 *O povo escolhido será castigado* – ¹Escutem bem esta palavra que Javé diz contra vocês, ó filhos de Israel, e contra toda família que eu fiz subir da terra do Egito: ²De todas as famílias da terra, você foi a única que eu conheci. E é justamente por isso que eu vou lhe pedir contas de todos os seus crimes.

Anúncio profético – ³Será que duas pessoas andam juntas, sem antes estarem de acordo? ⁴Ruge o leão na floresta, sem que tenha uma presa? Solta o leãozinho sua voz no esconderijo, sem que tenha sua caça? ⁵Cai o pássaro por terra, sem que haja armadilha? Levanta-se uma rede do chão, sem que tenha pego alguma coisa? ⁶Soa a trombeta na cidade, sem que a população se alarme? Vem alguma desgraça sobre a cidade, sem que Javé a tenha mandado? ⁷Pois o Senhor Javé não faz coisa alguma sem revelar seu segredo aos profetas, seus servos. ⁸Ruge o leão: quem não temerá? Fala o Senhor Javé: quem não profetizará?

O castigo de Samaria – ⁹Proclamem nos palácios de Asdod e nos palácios da terra do Egito. Digam a eles para se reunirem nas montanhas da Samaria, a fim de verem quantas desordens aí existem e quan-

---

4-5: O reino de Judá é acusado de romper a aliança seguindo ídolos, aqui descritos como mentiras (cf. Jr 7,21-28; Sl 115,4-8).

6-16: O oráculo contra Israel relembra os abusos no tempo de Amós. Diferentes grupos sociais vivem processos de empobrecimento, injustiça e violência. Camponeses empobrecidos: a sandália pode se referir a um processo legal de transmissão do direito de propriedade (cf. Rt 4,7-8; Dt 25,9-10); exploração sexual de jovens; os altares, em vez de lugar de culto, se tornam lugares de injustiça (cf. Ex 22,25; Dt 24,12-13.17). Os nazireus – homens consagrados – são obrigados a tomar vinho, rompendo assim a aliança (cf. Nm 6). Diante desses crimes, o oráculo recorda as ações de Javé na história do êxodo (v. 10). Castigo será a derrota do exército, um dos setores responsáveis pelos crimes em Israel (vv. 13-16).

3,1-6,14: Série de acusações contra o povo de Israel, especialmente contra as elites que oprimem e esmagam os fracos e empobrecidos.

3,1-2: O profeta recorda a tradição do êxodo e a escolha de Israel para ser o povo de Deus (cf. Ex 19,5; Dt 7,6). Entre Israel e Deus há estreito relacionamento (cf. Gn 18,19), mas isso não torna Israel isento de ser julgado por sua infidelidade.

3-8: Assim como é inevitável o medo diante do rugir do leão, o mesmo acontece com o anúncio profético. O v. 7, provavelmente acréscimo tardio, considera o profeta como intermediário entre Deus e o povo (cf. 2Rs 17,13).

9-12: Egípcios e filisteus, tradicionais inimigos do povo de Israel, são convocados para verem o que Javé irá fazer em Samaria, capital do norte desde os tempos de Omri (885-874 a.C.). A principal acusação é que os israelitas

tos oprimidos há em seu meio! ¹⁰Não sabem viver com honestidade – oráculo de Javé – aqueles que em seus palácios acumulam violência e opressão. ¹¹Portanto, assim diz o Senhor Javé: O inimigo cercará o país, derrubará seu poder e saqueará seus palácios. ¹²Assim diz Javé: Como o pastor salva da boca do leão duas patas ou um pedaço de orelha, assim se salvarão os filhos de Israel, que moram em Samaria sobre uma tábua de cama ou sobre uma coberta de Damasco.

Javé intervém contra Israel – ¹³Escutem e testemunhem contra a casa de Jacó – oráculo do Senhor Javé, o Deus dos exércitos. ¹⁴No dia em que eu pedir contas a Israel de seus crimes, pedirei contas pelo altar de Betel. Os chifres do altar serão quebrados e cairão por terra. ¹⁵Vou derrubar a casa de inverno junto com a casa de verão. Serão destruídas as casas de marfim, desaparecerão os palácios de luxo – oráculo de Javé.

4

Acusação contra Samaria – ¹Escutem esta palavra, vacas de Basã, da montanha de Samaria: vocês que oprimem os fracos e esmagam os indigentes, e dizem a seus maridos: "Tragam algo para beber". ²O Senhor Javé jura por sua santidade, que para vocês há de chegar o dia em que serão carregadas com ganchos e seus filhos em arpões. ³Terão de passar, uma atrás da outra, pela brecha da muralha, e para o Hermon serão levadas – oráculo de Javé.

Contra o culto de Betel e Guilgal – ⁴Dirijam-se a Betel, e pequem. Vão a Guilgal, e pequem ainda mais. Ofereçam de manhã seus sacrifícios, e ao terceiro dia levem seus dízimos. ⁵Ofereçam pão fermentado como sacrifício de louvor e proclamem em alta voz as ofertas espontâneas. Pois é disso que vocês gostam, filhos de Israel – oráculo do Senhor Javé.

Javé chama à conversão – ⁶Eu deixei seus dentes limpos em todas as cidades, e de todos os lugares retirei o pão. Mas nem assim vocês voltaram para mim – oráculo de Javé. ⁷De vocês eu escondi a chuva, três meses antes da colheita. Eu mandava chover numa cidade e não fazia chover na outra. Numa roça eu mandava chover, e a outra, onde não chovia, secava. ⁸Duas ou três cidades iam cambaleando beber água em outra cidade, e não conseguiam matar a sede. Mas nem assim vocês voltaram para mim – oráculo de Javé. ⁹Com o carvão e a ferrugem do trigo eu castiguei vocês. Sequei suas hortas e vinhedos, e o gafanhoto comeu suas figueiras e oliveiras. Mas nem assim vocês voltaram para mim – oráculo de Javé. ¹⁰Mandei uma peste sobre vocês, como a do Egito. Matei seus jovens guerreiros à espada, e os cavalos foram levados pelo inimigo. Fiz subir pelas narinas de vocês o mau cheiro do acampamento. Mas nem assim vocês voltaram para mim – oráculo de Javé. ¹¹Eu revirei vocês de cabeça para baixo, como Deus fez com Sodoma e Gomorra, e vocês ficaram como tição puxado do fogo. Mas nem assim vocês voltaram para mim – oráculo de Javé. ¹²Pois é assim que eu tratarei você, Israel. E porque vou tratá-lo assim, prepare-se, Israel, para encontrar-se com seu Deus!

---

aumentam suas posses por meio de violência e roubo. Conforme antigo costume, o pastor, para provar sua inocência, deveria levar os restos do animal dilacerado por uma fera (cf. Ex 22,12). O profeta anuncia que restarão apenas "pedaços" do rebanho para testemunhar a inocência do pastor.

13-15: Javé dos exércitos convoca testemunhas contra a casa de Jacó, outro nome do reino do norte. No tempo da divisão, Jeroboão I transforma Betel em santuário central para fazer oposição ao templo de Jerusalém (cf. Gn 28,19; 1Rs 12,26-33). Os chifres do altar são a parte mais sagrada, sendo proibido matar quem se agarrasse a eles (cf. Lv 16,18; 1Rs 1,50; 2,28). No dia do julgamento, até esse local de refúgio será destruído.

4,1-3: A região de Basã, situada a leste do lago da Galileia, era conhecida por suas belas pastagens e seu gado (cf. Dt 32,14; Mq 7,14). O uso de imagem bovina para representar o povo aparece em outros autores bíblicos (cf. Sl 22,13; Jr 31,18; Os 4,16). Esta metáfora pode ser tanto uma crítica às elites governantes do norte, quanto uma referência às mulheres da elite da Samaria, que viviam na opulência.

4-5: De maneira irônica, o profeta condena os cultos realizados em Betel e Guilgal, centros religiosos do poder estatal, que oprimem e exploram os pobres (cf. 7,13; Os 12,12). De nada valem os sacrifícios, os dízimos e as ofertas voluntárias, se não estiverem acompanhados pela prática da justiça (cf. Jr 7,1-6).

6-12: A expressão "dentes limpos" significa não ter nada para comer (v. 6). Fome, seca, ferrugem, gafanhotos, pestes, espada e destruição eram pragas comuns no Antigo Oriente Próximo (cf. Ex 9,1-7; 10,1-7). De acordo com a mentalidade da época, as diferentes catástrofes são causadas por Deus para que o povo se converta. O povo, porém, não volta para Javé (vv. 6.8.9.10.11).

Hino a Javé – ¹³Vejam: ele forma os montes e cria os ventos. Manifesta seu pensamento para a humanidade. Da aurora produz as trevas, e caminha sobre as alturas da terra: seu nome é Javé, Deus dos exércitos.

5

Lamentação – ¹Escutem esta palavra que vou pronunciar contra vocês. É uma lamentação por você, casa de Israel: ²Caiu, para nunca mais se levantar, a virgem de Israel! Está prostrada no seu próprio chão, não há quem a levante! ³Pois assim diz o Senhor Javé à casa de Israel: A cidade que punha em campo mil guerreiros, ficará apenas com cem. Aquela que saía com cem, ficará apenas com dez.

Javé garante a vida – ⁴Assim diz Javé à casa de Israel: Procurem a mim, e vocês viverão. ⁵Não procurem Betel, não façam romarias a Guilgal, nem corram para Bersabeia. Pois Guilgal irá toda para o exílio e Betel será reduzida a nada. ⁶Procurem a Javé, e vocês viverão. Senão, ele virá como um fogo sobre a casa de José e a queimará, e em Betel não haverá quem o apague. ⁷Ai dos que transformam o direito em veneno e atiram a justiça por terra.

Seu nome é Javé

⁸É ele quem fez as Plêiades e o Órion,
  quem transforma as trevas em manhã,
  o dia em noite escura.
Ele convoca as águas do mar
  para inundar a face da terra.
Seu nome é Javé.

⁹Ele lança a destruição
  sobre quem é forte,
  e a destruição atingirá a fortaleza.

Não há justiça no tribunal – ¹⁰Eles odeiam aqueles que se defendem na porta e têm horror de quem fala a verdade. ¹¹Porque esmagam o fraco, cobrando dele o imposto do trigo. Eles poderão construir casas de pedras lavradas, mas nelas jamais irão morar. Poderão plantar vinhas de ótima qualidade, mas do seu vinho não beberão. ¹²Pois eu sei como são numerosos seus crimes e graves seus pecados: exploram o justo, aceitam subornos e enganam os necessitados junto à porta. ¹³É por isso que nesse tempo o prudente se cala, pois o tempo é de desgraça.

Amem o bem – ¹⁴Procurem o bem e não o mal; então vocês viverão. Quem sabe – como vocês dizem – assim Javé, Deus dos exércitos, estará com vocês. ¹⁵Odeiem o mal e amem o bem; restabeleçam o direito junto à porta. Quem sabe assim Javé, Deus dos exércitos, terá misericórdia do resto de José.

Gemido, choro e lamento – ¹⁶Assim diz Javé, o Senhor Deus dos exércitos: Em todas as ruas haverá lamentação. Em todas as vielas dirão: "Ai, ai!" Chamarão para o luto o lavrador, e para o choro aqueles que sabem lamentar. ¹⁷Em todos os vinhedos haverá panos de saco, porque eu passarei no meio de você – diz Javé.

O Dia de Javé – ¹⁸Ai dos que vivem suspirando pelo Dia de Javé! Como será para vocês o Dia de Javé? Será trevas, e não luz.

13: Fragmento de um hino que celebra Javé como o criador (5,8-9). O texto usa os mesmos verbos que aparecem nos relatos da criação: modelar/formar (cf. Gn 2,7), criar (cf. Gn 1,1) e produzir (cf. Gn 1,26).

5,1-3: Israel é comparado a uma virgem, que jovem sem deixar descendência. No Antigo Israel, vida longa e descendência eram consideradas bênçãos de Deus; morrer jovem e sem deixar descendência eram motivos de desgraça (cf. Jz 11,37; Dt 28,26).

4-7: Condição para que o povo viva é procurar Javé. Nos vv. 15 e 24, o profeta define o sentido de procurar Javé: viver a prática da justiça e do direito (cf. Os 10,12). Betel e Guilgal, principais santuários do reino do norte, serão destruídos. Bersabeia é um santuário do sul de Judá.

8-9: Este fragmento de hino, inserido aqui por outro autor, proclama que Javé é o criador e exerce poder sobre a natureza e a história (cf. 4,13; 9,5-6). O poema inicia falando da criação e termina com a destruição.

10-13: Justiça e direito são duas palavras fundamentais neste capítulo (cf. 5,7.24; 6,12). O tribunal local era realizado na porta da cidade (cf. Is 29,21; Rt 4,1). O profeta denuncia o grupo dos poderosos que não aceita aqueles que se defendem das injustiças no tribunal (cf. Ex 23,1-3; 6-8). Aqueles que esmagam e exploram os fracos serão castigados. Eles não usufruirão das riquezas acumuladas, pois são frutos da exploração (cf. Mq 6,15).

14-15: A condição para Deus se fazer presente é amar o bem, o que implica a prática da justiça e do direito nos tribunais.

16-17: A ruína será total. Os gemidos estarão em todos os cantos, consequência da passagem de Javé, Deus dos exércitos, no meio do seu povo. Até nas vinhas, lugar de festa e de muita alegria, haverá ritos fúnebres (9,10; Jr 10,16-20). Em outro texto bíblico, a passagem de Javé causa a morte dos recém-nascidos egípcios e a proteção para os filhos de Israel (cf. Ex 11,1-10; 12,12.23).

18-20: Na origem, a expressão "Dia de Javé" era o dia da vitória contra os inimigos do povo (cf. Js 7,8; 10,12-14). Diante da possibilidade da invasão da Assíria, a elite dominante de Israel acredita que Deus intervirá

¹⁹Será como o indivíduo que foge do leão e topa com o urso. Ou como a pessoa que, entrando em casa, apoia a mão na parede e é mordida pela cobra. ²⁰Pois o Dia de Javé não será por acaso trevas ao invés de luz, escuridão sem claridade alguma?

O culto que Deus quer – ²¹Eu detesto e desprezo as festas de vocês. Tenho horror dessas reuniões. ²²Ainda que vocês me ofereçam sacrifícios, suas ofertas não me agradarão, nem olharei para as oferendas gordas. ²³Longe de mim o barulho de seus cânticos. Nem quero ouvir a música de suas liras. ²⁴Eu quero, isto sim, é ver brotar o direito como água e correr a justiça como torrente que não seca. ²⁵Vocês por acaso fizeram ofertas ou me ofereceram sacrifícios durante os quarenta anos de deserto, ó casa de Israel? ²⁶Vocês terão de carregar seu próprio rei Sacut, e o ídolo Caivã, imagens de deuses que vocês fizeram para vocês próprios usarem. ²⁷Porque eu vou levar vocês para o exílio, para muito além de Damasco – diz Javé. Deus dos exércitos é seu nome.

6 **A elite dirigente será punida** – ¹Ai dos que estão tranquilos em Sião e se sentem seguros no monte de Samaria, os nobres da primeira dentre as nações, aos quais recorre a casa de Israel! ²Vão a Calane para ver. Daí, passem à grande cidade de Emat. Depois, desçam a Gat dos filisteus. Será que vocês são melhores que esses reinos? E o território de vocês, será maior que o deles? ³Aplicando o poder da violência, vocês pensam que estão afastando o dia fatal. ⁴Deitam-se em camas de marfim. Esparramam-se em cima de sofás, comendo cordeiros do rebanho e novilhos cevados em estábulos. ⁵Cantarolam ao som da lira, inventando, como Davi, instrumentos musicais. ⁶Bebem canecões de vinho, usam os mais caros perfumes, sem se importar com a ruína de José! ⁷Por isso, agora, eles irão acorrentados à frente dos exilados. Acabou-se a festa dos boas-vidas.

A destruição será total – ⁸O Senhor Javé jura por sua vida – oráculo de Javé, Deus dos exércitos: Eu detesto o orgulho de Jacó, eu odeio seus palácios, e entregarei a cidade toda. ⁹Se numa casa sobrarem dez homens, todos morrerão. ¹⁰Pouca gente ficará para tirar da casa os cadáveres. Alguém perguntará ao outro que está no fundo da casa: "Há mais alguém aí com você?" E o outro responderá: "Acabou!" E dirá: "Silêncio!" Porque não se deve mencionar o nome de Javé. ¹¹Aqui está o que Javé ordena: Que se arrebente a casa grande em pedaços e a casa pequena em frangalhos. ¹²No meio de pedras, podem os cavalos correr? No meio do mar, os bois podem arar? No entanto, vocês fizeram do direito um veneno, e do fruto da justiça um amargor! ¹³Vocês fazem festa por causa de Lo-Dabar, e dizem: "Não foi por nossa força que conquistamos Carnaim?" ¹⁴Pois bem, ó casa de Israel: Eu vou levantar contra vocês uma nação que os esmagará desde a entrada de Emat até o riacho da Arabá – oráculo de Javé, Deus dos exércitos.

---

a seu favor. Amós menciona o Dia de Javé em diversas passagens (2,16; 3,14; 4,2; 8,9.11.13; 9,11.13), porém lhe atribui sentido novo: será o dia da ira de Javé contra o povo de Israel (Am 8,9-10). Outros profetas releem a profecia de Amós, aplicando-a para seu contexto (cf. nota a Ml 3,13-21).

21-27: O povo presta culto a Deus, mas os pobres continuam a ser oprimidos (2,6-8; 4,1; 8,4-8). O que Deus quer é a prática da justiça e do direito, condição para a salvação de Israel. Os vv. 25-27 não são do tempo de Amós, pois os nomes citados são de divindades babilônicas, dificilmente cultuadas no tempo dele.

6,1-7: A política estatal de Jeroboão II beneficia apenas a elite dirigente. O luxo e a riqueza são adquiridos à custa da exploração e do empobrecimento da maioria (2,6-8; 4,1-3; 5,11-12; 8,4-6). As cidades Calane, Emat e Gat foram dominadas pela Assíria. Portanto, não há motivos para confiar no poder da capital. É possível que a alusão a Sião, citada duas vezes neste livro (1,2; 6,1), bem como a menção a Davi e ao exílio, sejam acréscimos posteriores (6,5.7).

8-11: Apresentar Deus jurando por sua própria vida reforça a urgência de acabar com a exploração da elite dirigente (4,2). Desde o início do livro, o autor mostra que o inimigo de Israel é Javé. É ele que envia as desgraças contra aqueles que oprimem o povo (3,11; 4,6-9; 6,14; 8,7-10). O v. 10 é uma referência ao costume judaico de retirar os cadáveres e lhes dar sepultura (cf. 1Sm 31,8-13).

12-14: É absurdo transformar a justiça em instrumento de morte. A palavra Lo-Dabar significa "coisa alguma", e Carnaim, "dois chifres" ou poderes. Pode ser uma referência às conquistas de Jeroboão II (cf. 2Rs 14,25-28), porém o profeta ridiculariza o sentimento de segurança do povo. Este oráculo termina com o anúncio do julgamento, descrito como a dominação da Assíria (v. 14b).

III. VISÕES

7 *Primeira visão: gafanhotos* – ¹Isto me mostrou o Senhor Javé: Ele formou uma nuvem de gafanhotos pouco antes da colheita do feno, depois de cortado o feno do rei. ²Quando iam acabar com todo o verde da terra, eu disse: "Por favor, Javé, perdoa! Jacó é tão pequeno! Como poderá resistir?" ³Então Javé se compadeceu, e disse: "Isso não vai acontecer" – diz Javé.

Segunda visão: fogo – ⁴Isto me mostrou o Senhor Javé: O Senhor Javé convocava o fogo para fazer o julgamento. O fogo consumia o grande oceano e devorava as roças. ⁵E eu disse: "Por favor, para, Senhor Javé! Jacó é tão pequeno! Como poderá resistir?" ⁶Javé se compadeceu, e disse: "Nem isso acontecerá" – diz Javé.

Terceira visão: estanho – ⁷Isto me mostrou o Senhor Javé: Javé estava sobre um muro e na mão tinha estanho. ⁸E Javé me disse: "O que é que você está vendo, Amós?" Eu respondi: "Estanho". E ele me disse. "Vou colocar estanho no meio de Israel, meu povo. Não o perdoarei mais. ⁹Serão arrasados os lugares altos de Isaac. Os santuários de Israel serão destruídos, e eu empunharei a espada contra a dinastia de Jeroboão."

Confronto entre o sacerdote e o profeta – ¹⁰Amasias, sacerdote de Betel, mandou falar assim a Jeroboão, rei de Israel: "Amós está tramando contra Vossa Majestade, dentro do reino de Israel. O país não pode mais tolerar suas palavras, ¹¹pois Amós está dizendo que Jeroboão deverá ser morto pela espada e que Israel deverá ir para o exílio, para longe do seu país".

¹²Então Amasias disse a Amós: "Vidente, vá embora daqui. Retire-se para a terra de Judá. Vá ganhar sua vida fazendo lá suas profecias. ¹³Não me venha mais fazer profecias em Betel, pois isto aqui é o santuário do rei, e é templo do reino". ¹⁴Amós respondeu a Amasias: "Eu não sou profeta, nem discípulo de profeta. Eu sou criador de gado e cultivador de sicômoros. ¹⁵Foi Javé quem me tirou de trás do rebanho, e me ordenou: 'Vá profetizar ao meu povo Israel'. ¹⁶Pois bem, escute agora a palavra de Javé! Você está dizendo: 'Não profetize contra Israel, não despeje suas palavras contra a casa de Isaac'. ¹⁷Pois bem, assim diz Javé: 'Sua mulher se prostituirá na cidade. Seus filhos e suas filhas vão morrer a golpe de espada. Sua terra será repartida com uma corda, e você mesmo irá morrer em terra impura. E Israel será levado para o exílio, longe de sua terra' ".

8 *Quarta visão: cesta de frutas maduras* – ¹Isto me mostrou o Senhor Javé: Vi uma cesta de frutas maduras. ²Disse ele: "O que é que você está vendo, Amós?" Eu respondi: "Uma cesta de frutas de fim de verão". Ele me disse: "Chegou o fim para o meu povo Israel. Não o perdoarei mais. ³Naquele dia, as cantoras do santuário gemerão – oráculo do Senhor Javé. Haverá cadáveres atirados por toda a parte. Silêncio!"

Denúncia contra o comércio injusto – ⁴Escutem aqui, exploradores do neces-

---

7,1-9,10: Bloco conhecido como o livro das visões, sendo provavelmente um acréscimo. As cinco visões remontam à destruição do reino do norte. Neste ciclo, o trecho 7,10-17 e 8,4-14 foram inseridos posteriormente por discípulos de Amós.

7,1-3: Os gafanhotos são uma desgraça para a agricultura (cf. Dt 28,38.42; Ex 10,12-15; Jl 1; Am 4,9). Na colheita, parte do primeiro corte do feno era destinado para o tributo ao rei e o segundo para os agricultores. A chegada dos gafanhotos depois do primeiro corte comprometeria a sobrevivência do povo. Israel é personificado em Jacó, um povo pequeno.

4-6: Na segunda visão, uma grande seca é atribuída ao julgamento de Javé pelo fogo, várias vezes citado no livro (1,4.7.10.12.14; 2,2; 5,6). O grande oceano, na concepção dos israelitas, são as águas que envolvem a terra, das quais surgem rios, fontes e poços (cf. Gn 1,2; 7,11; 8,2; 49,25; Jó 38,16; Dt 32,22; Jn 2,0).

7-9: O estanho era usado para fabricar as melhores armas. De acordo com a concepção da época, tudo será destruído por Javé. Diferentemente das visões anteriores, o profeta não intercede. Os mecanismos de opressão – santuários do sul e do norte (cf. Gn 26,23.33; Lv 26,30-31; Am 5,5) e a realeza (Dt 32,25) – serão destruídos. Visão semelhante aparece em Jr 1,11-14.

10-17: O controle da religião no Antigo Israel estava nas mãos do rei e o sacerdote oficial era o administrador do santuário real. Os discípulos de Amós relatam o conflito entre o sacerdote oficial e o profeta em Betel, que pode ter posto fim à missão de Amós.

8,1-3: O tempo do fim poucas vezes é usado para se referir ao fim de um povo (cf. Gn 6,13; Jr 51,13; Lm 4,18; Ez 7,2-4). A morte e a ruína atingirão o templo. Até mesmo as cantoras (carpideiras profissionais) gemerão.

4-8: Denúncia contra os comerciantes que exploram os pobres e os necessitados, violando assim a lei de Moisés (cf. Ex 23,6; Lv 19,10; Dt 15,7-11; 24,12-22). Os opressores são observantes do sábado e da lua nova, mas são ávidos por lucro. Nesse texto, Javé é apresentado como protetor dos pobres (cf. Sl 82; Is 11,4; Dt 24,14-15).

sitado, opressores dos pobres da terra! ⁵Vocês que dizem: "Quando vai passar a festa da lua nova, para podermos pôr à venda nosso trigo? Quando vai passar o sábado, para abrirmos o armazém, para diminuir as medidas, aumentar o peso e viciar a balança, ⁶para comprar os fracos por prata e o necessitado por um par de sandálias, e vender o refugo do trigo?" ⁷Javé jura pelo orgulho de Jacó: Não posso jamais me esquecer de nenhuma de suas ações. ⁸Não é por isso que a terra treme e seus moradores todos se apavoram? Não é por isso que toda ela sobe como o rio Nilo e, como o Nilo do Egito, baixa novamente?

O julgamento está próximo

⁹Naquele dia – oráculo do Senhor Javé – eu farei o sol se esconder ao meio-dia, e em pleno dia escurecerei a terra. ¹⁰Mudarei suas festas em funeral e seus cânticos em gemidos. A todos vestirei com sacos e, no lugar da cabeleira, haverá cabeça raspada. Farei disso como o luto por um filho único, e seu fim será como um dia de amargura. ¹¹Dias virão – oráculo do Senhor Javé – em que vou mandar fome sobre a terra: não será fome de pão, nem sede de água, e sim fome de ouvir a palavra de Javé. ¹²Irão cambaleando de um mar a outro, irão sem rumo do norte ao oriente, à procura da palavra de Javé, e não a encontrarão. ¹³Naquele dia, vão desmaiar de sede as virgens mais belas, e também os rapazes ¹⁴que juram por Asima, deusa da Samaria, e que costumam dizer: "Viva o seu deus, Dã!" Ou: "Viva o seu Bem-Amado, Bersabeia!" E cairão para nunca mais se levantar!

9

Quinta visão: destruição do santuário – ¹Vi o Senhor que estava de pé sobre o altar. Ele me dizia: "Bata no alto das colunas para fazer tremer os umbrais. Quebre a cabeça de cada um, que pelas costas eu mato todos pela espada. Ninguém conseguirá fugir, ninguém conseguirá escapar. ²Se eles se esconderem na habitação dos mortos, daí minha mão os arrancará. Se subirem ao mais alto do céu, daí os farei descer. ³Se conseguirem esconder-se no pico do Carmelo, aí vou procurá-los e pegá-los. Se mergulharem no fundo do mar, aí ordenarei à serpente que os morda. ⁴Se forem caminhando para o exílio diante do inimigo, ordenarei à espada que os mate. Porei neles os meus olhos para o mal, e não para o bem".

Hino a Javé

⁵Javé, Deus dos exércitos, fere a terra,
ela se desmancha
e todos os seus habitantes ficam de luto.
Ela sobe como o rio Nilo,
de novo baixa como o Nilo do Egito.
⁶No céu Deus construiu sua alta morada
e, por cima da terra, firmou sua abóbada.
Ele é quem chama as águas do mar
e as derrama sobre a face da terra.
Javé é o seu nome!

O reino opressor será destruído

⁷Por acaso, filhos de Israel, para mim vocês são diferentes dos cuchitas? – oráculo de Javé. Acaso não tirei Israel da terra do Egito, e de Quir os filisteus de Cáftor e Aram? ⁸Os olhos do Senhor Javé se voltam para a nação pecadora; e eu vou exterminá-la

---

Jurar pelo orgulho de Jacó é afirmar que a decisão de Deus é para sempre (Sl 89,36). O v. 8 é fragmento de um hino, que evoca a intervenção da natureza no dia do julgamento.

9-14: O anúncio do julgamento começa com o eclipse solar. Será um dia de luto e amargura. Outro castigo será o silêncio de Deus (cf. 1Sm 14,37; 28,6; Sl 74,9; Os 5,6; Mq 3,5-7). Não há paralelo sobre o tempo em que a população procurou a palavra do Senhor e não a encontrou. É possível que seja um comentário à recusa de ouvir a mensagem de Amós. Em Samaria, era cultuada a deusa Asima (cf. 2Rs 17,30). Bersabeia e Dã eram antigos locais de culto.

9,1-4: O santuário de Betel é considerado lugar impuro (5,5). Os vv. 1 e 4 falam da espada de Javé como instrumento de morte. A fuga será impossível, pois Deus tem o controle de tudo (cf. Sl 139,7-8; cf. Am 2,14-16). Ele é o soberano e está presente em todo o cosmo, até mesmo na habitação dos mortos (Xeol; cf. 1Sm 2,6; Pr 15,11). Mesmo no fundo do mar, ele dá ordens à serpente, monstro mitológico derrotado por Deus (cf. Sl 74,13-14; 89,11).

5-6: O hino recorda o poder de Deus. Os fragmentos presentes no livro de Amós (4,13; 5,8-9; e 9,5-6) podem ter tido existência independente e foram acrescentados para louvar a Javé, criador e soberano do universo.

7-10: Israel não tem privilégios por ser povo eleito, pois seu comportamento contradiz a aliança com o Deus da vida (5,14; 6,1-3). Os cuchitas são o povo mais distante da África, no Nilo superior (Etiópia); de Cáftor, provavelmente Creta, vieram os filisteus. E de Quir, Ur, na baixa Mesopotâmia, vieram os arameus. A peneira deve ser uma imagem tradicional do julgamento (cf. Is 30,28; Lc 22,31). A afirmação de que a destruição da casa de Jacó não será total pode ter sido acrescentada, posteriormente, por um grupo que constatou a destruição ainda não completa (3,12; 5,3.15).

da face da terra. Mas não exterminarei completamente a casa de Jacó – oráculo de Javé. ⁹Pois eu darei ordem e sacudirei no meio de todos os povos a casa de Israel, como se abana o trigo na peneira, sem deixar que caia no chão um grãozinho sequer. ¹⁰Morrerão à espada todos os pecadores do meu povo, aqueles que dizem: "A desgraça não se aproximará, nunca chegará até nós".

IV. RENOVANDO A ESPERANÇA

¹¹Naquele dia, levantarei a tenda de Davi que caiu. Vou tapar seus buracos, levantar suas ruínas, até reconstruí-la como antes, ¹²a fim de que possam conquistar o resto de Edom e de todas as nações, sobre as quais meu nome foi proclamado – oráculo de Javé, que realiza tudo isso.

¹³Dias virão – oráculo de Javé – nos quais aquele que estiver arando se encontrará com quem estiver colhendo, e quem estiver esmagando a uva com quem estiver semeando. As montanhas destilarão vinho novo, que escorrerá pelas colinas. ¹⁴Farei voltar os exilados do meu povo Israel. Reconstruirão as cidades desoladas, e nelas habitarão. Plantarão vinhedos e beberão seu vinho. Formarão pomares e comerão suas frutas. ¹⁵Eu os plantarei em sua própria terra e jamais serão novamente arrancados dessa terra, que eu mesmo lhes dei – diz Javé, o Deus de vocês.

11-15: Os vv. 11-12 não estão relacionados com o resto do livro de Amós. São acréscimos tardios, feitos por grupos do sul. A linguagem de ruína e reconstrução não aparece no restante do livro de Amós, mas é comum nos escritos exílicos e pós-exílicos (cf. Jr 31,4.28; Is 61,4). A promessa de dominar o resto de Edom pode ser contextualizada após a invasão da Babilônia, em 587 a.C., quando os edomitas aproveitaram para saquear Jerusalém e arredores (cf. Ez 25,12-14; 36,4-12; Ab). O oráculo final (vv. 13-15) anuncia o fim do exílio e a restauração das cidades e propriedades, enfatizando a fertilidade da terra (cf. Lv 26,5; Is 62,8-9; Jl 4,18).

ABDIAS

CONTRA EDOM

Introdução

Abdias, cujo nome significa "servo de Javé", profetiza contra Edom após a queda de Jerusalém, em 587 a.C. Não há informação alguma sobre sua pessoa. Talvez pertença ao grupo que compõe as Lamentações e se identifica com Sião (Jerusalém), proclamando os oráculos de vingança contra Edom, situada ao sul do mar Morto (cf. Lm 4,21-22; Nm 21,4).

Edom viveu muitos conflitos com Judá, que sempre lhe cobiçava o território por seus recursos naturais na região Asiongaber, e pela "estrada real" com saída para o golfo de Ácaba e o mar Vermelho (cf. Nm 20,17). A Bíblia registra várias guerras entre os dois vizinhos, que acumularam ódio e vingança (cf. 2Sm 8,14; 11,17; 1Rs 22,48; 2Rs 8,20-22; 14,7; 16,6; Ez 35,5; Am 1,11). Tal sentimento explode na destruição de Jerusalém, quando os edomitas se juntaram aos babilônios para saqueá-la e zombar dos sofridos habitantes de Judá (v. 11).

A primeira parte do livro condena a traição, violência, ambição e arrogância de Edom, e lhe anuncia a queda no "Dia de Javé" (vv. 1b-15). O tema da condenação se conclui com a destruição de Edom e a salvação no monte Sião (vv. 16-18). Os vv. 19-21 são acréscimos que se enquadram bem no estilo escatológico: a instauração universal do reino de Javé.

Título – ¹Visão de Abdias. Assim o Senhor Javé diz a Edom: Ouvimos uma mensagem de Javé. Ele mandou um mensageiro dizer às nações: Levantem-se! Vamos combater contra ela!

Sentença contra Edom – ²Faço de você a menor das nações, e será entre todas a mais desprezada. ³Quem acabou com você foi a arrogância de seu próprio coração! Você se esconde nas cavernas dos rochedos e se põe de tocaia nas alturas das montanhas, pensando que ninguém será capaz de fazê-la descer à terra. ⁴Entretanto, ainda que você voe como águia,

---

1: Na visão profética e apocalíptica (cf. Mq 3,6; Hab 2,2; Dn 9,21), surge uma liga de "nações", o exército de Javé, contra Edom, para castigar-lhe os crimes cometidos contra Judá (cf. Jr 49,14-22).

2-4: A capital de Edom, chamada também "monte Seir", era a cidade de Petra ("rocha" em grego), construída no alto e no meio das rochas. Diante do território montanhoso que dificulta a manobra militar contra

ou faça seu ninho entre as estrelas, eu a farei descer de onde você estiver – oráculo de Javé.

Aniquilamento de Edom – ⁵Quando os ladrões ou assaltantes da noite vêm até você, eles não roubam apenas o suficiente? E os que colhem, não deixam alguns cachos? ⁶Como Esaú foi devastado! Até seus esconderijos foram revistados! ⁷Seus aliados empurraram você até à fronteira. Seus amigos o enganaram e submeteram. Aqueles que comem junto com você lhe armaram ciladas: "Ele perdeu o juízo!"

⁸E não é que nesse dia – oráculo de Javé – eu vou aniquilar os sábios de Edom, com a inteligência da montanha de Esaú? ⁹ᵃSeus guerreiros, ó Temã, se acovardarão, de tal modo que será exterminado todo homem da montanha de Esaú.

Crimes de Edom – ⁹ᵇPor causa da matança ¹⁰e da violência praticada contra seu irmão Jacó, a vergonha cobrirá você, e você será exterminado para sempre.

¹¹Nesse dia, você estava presente: quando os estranhos derrotaram o exército de Judá, quando os inimigos foram entrando pelas portas e repartiram Jerusalém no sorteio. Você estava presente, como um deles.

¹²"Não olhe com alegria para o dia do seu irmão, o dia da desgraça dele. Não se alegre à custa dos filhos de Judá, no dia da ruína deles. Não fale com insolência, no dia da humilhação deles. ¹³Não entre pela porta do meu povo, no dia de sua infelicidade. Não desfrute você também da desgraça dele, no dia de sua ruína.

Não ponha a mão nas riquezas dele, no dia de sua derrota. ¹⁴Não se esconda nas esquinas, para exterminar os fugitivos. Não entregue seus sobreviventes, no dia do desespero". ¹⁵Pois o Dia de Javé está chegando para todas as nações. Como você fez aos outros, assim será feito a você. Os atos que você praticou cairão sobre sua própria cabeça.

Vingança de Israel sobre Edom – ¹⁶Como vocês de Judá beberam na minha montanha santa, assim também, por sua vez, beberão todas as nações. Vão beber e sorver até o último gole, e desaparecerão como se nunca tivessem existido.

¹⁷No monte Sião haverá sobreviventes. Eles serão santificados. E a casa de Jacó despoja aqueles que a despojaram. ¹⁸A casa de Jacó será o fogo, a casa de José será a labareda, mas a casa de Esaú será a palha. Vão incendiá-la e acabar com ela. Não vai sobrar ninguém da casa de Esaú, porque assim diz Javé.

O novo Israel – ¹⁹Tomarão posse do Negueb, da montanha de Esaú. Tomarão posse da Planície, da Filisteia. Tomarão posse do território de Efraim e do território da Samaria. Benjamim tomará posse de Galaad. ²⁰Os exilados, este exército dos filhos de Israel, ocuparão o que pertenceu aos cananeus até Sarepta. Os exilados de Jerusalém, que estão em Safarad, tomarão posse das cidades do Negueb. ²¹Os salvos subirão a montanha de Sião, para daí governar a montanha de Esaú. E o reino pertencerá a Javé.

Edom, o texto exalta o poder de Javé, que alcança até as "estrelas" (cf. Is 14,13).

5-9a: "Aliados", expressão irônica no estilo do livro de Lamentações ("amantes"; cf. Lm 1,2), indica uma traição contra a orgulhosa e sábia Edom, tal como esta mesmo havia feito com Judá na queda de Jerusalém (cf. Sl 137,7). O aniquilamento atinge até os sábios (anciãos) de Edom (Esaú ou Temã), cuja sabedoria é amplamente conhecida na região (cf. Jó 1,1; 5,1-2; Jr 49,7).

9b-15: Conforme a tradição bíblica, os edomitas eram descendentes de Esaú (cf. Gn 36,1), irmão mais velho de Jacó (cf. Gn 25,24-28); deste teria surgido o povo de Israel. Ao invés de ajudar seus irmãos israelitas, Edom participou do saque, matança e perseguição contra Judá, quando Jerusalém foi destruída (Idumeia: cf. Ez 25,12; 35,12-15).

16-18: Agora Javé não se dirige mais a Edom, e sim a Judá. Como Deus castigou os judeus por sua falta (cf.

Lm 4,21-22), ele condena também Edom por seu crime (cf. Ez 25,12-14). Durante o exílio, o Dia de Javé torna-se julgamento e castigo contra todos os inimigos de Israel (cf. Is 34,1-4; a respeito do verbo "beber", cf. nota a Jr 25,15-16); segurança e esperança (cf. Jl 3,5; 4,17) voltam-se para a casa de Jacó (Judá) e a de José (reino do norte). Na salvação final, os dois reinos são unificados segundo o ideal do reino de Davi (cf. Ez 37,15-19).

19-21: Na visão escatológica, o novo Israel recuperará seus territórios e os estenderá: desde a cidade de Sarepta, no norte da Fenícia, até o Negueb, a região de Edom no sul (cf. Am 9,12, Ez 4/,13-23). Na montanha de Sião, centro de peregrinações dos "salvos" (o povo eleito; cf. Is 2,3), Deus instaura seu reino, que domina o mundo todo para sempre (cf. Sl 22,29). É a consumação da história (cf. Zc 14,6-11; Ap 11,15). O território de Edom (Idumeia) foi conquistado por João Hircano, chefe asmoneu, por volta de 125 a.C.

JONAS

JAVÉ, DEUS COMPASSIVO E CLEMENTE

Introdução

Jonas faz parte da coleção dos livros proféticos. Mas, em lugar de anúncio e denúncia, narra o chamado de um profeta que se opõe à missão que lhe é confiada. É uma historieta ou novela com o objetivo de entreter e instruir os ouvintes ou leitores. Na Bíblia, há outras historietas desse tipo, como a narrativa de Jó (1-2 e 42,7-17), os vários contos no livro de Daniel 1-6, a história de Tobias, Judite e Susana.

É possível que Jonas tenha sido escrito no final do império persa, entre 400 e 350 a.C. Surgiu, provavelmente, entre os sábios de Israel comprometidos com a fé e a vida do povo. Apresenta Javé compadecendo-se dos estrangeiros, numa crítica à corrente judaica oficial na época de Neemias e Esdras.

Nesse período de dominação persa, as principais preocupações eram a reconstrução do Templo e de Jerusalém, a restauração da Lei e das práticas rituais (cf. Lv 7,11-27), a eliminação de influências estrangeiras e a proibição de casamentos mistos, bem como o uso de genealogias, para garantir os direitos do povo eleito e a pertença a ele (cf. Esd 9-10; Ne 13). O autor de Jonas ironiza o comportamento do judeu nacionalista e descreve os estrangeiros como pessoas solidárias que rezam, sacrificam e temem a Deus. Visão que reflete a experiência de muitos judeus da diáspora que valorizam os estrangeiros.

O livro termina com uma pergunta: "E eu, será que não vou ter pena de Nínive?" Não sabemos qual tenha sido a resposta de Jonas. A questão continua em aberto. É um desafio para os ouvintes de todos os tempos. Pergunta que exige resposta de quem lê ou escuta a história.

---

1 **Jonas quer fugir da presença de Javé** – ¹A palavra de Javé veio a Jonas, filho de Amati, dizendo: ²"Levante-se e vá a Nínive, a grande cidade, e anuncie aí que a maldade dela chegou até mim". ³Então Jonas se levantou, mas para fugir em direção a Társis, para longe da presença de Javé. Desceu até Jafa e aí encontrou um navio

---

1,1-3: O nome do profeta foi extraído de 2Rs 14,25. Jonas, em hebraico, significa "pomba", um dos símbolos de Israel (cf. Os 7,11; 11,11), o que torna possível entendê-lo como a personificação de um grupo dentro do povo.

A primeira ironia é o fato de Jonas ir em direção contrária a Nínive, símbolo da cidade opressora: ele vai para Társis, considerada pelos hebreus como o fim do mundo; situa-se no extremo oeste do Mediterrâneo (cf. Is 66,19).

de saída para Társis. Pagou a passagem e embarcou, a fim de ir com eles até Társis, para longe da presença de Javé.

A tempestade no mar – ⁴Javé, porém, mandou sobre o mar um vento forte, que provocou uma grande tempestade e ondas violentas. E o navio estava a ponto de naufragar. ⁵Os marinheiros ficaram com medo e clamaram cada um a seu próprio deus. Jogaram no mar a carga que estava no navio, a fim de lhe diminuir o peso. Jonas, porém, tinha descido ao porão do navio e, deitado, dormia profundamente. ⁶O capitão, ao chegar aonde ele estava, disse-lhe: "O que você faz aí dormindo? Levante-se e invoque seu Deus. Quem sabe ele se lembra de nós e não nos deixa morrer".

⁷Depois, disseram uns aos outros: "Vamos tirar sorte para ver quem é o culpado dessa desgraça que nos está acontecendo". Tiraram a sorte, e ela caiu em Jonas. ⁸Então lhe perguntaram: "Conte para nós por que é que nos está acontecendo essa desgraça. Qual é sua missão? De onde você vem? Qual é sua terra? De que povo é você?" ⁹Jonas respondeu: "Eu sou hebreu. Eu temo a Javé, Deus do céu, que fez o mar e a terra".

¹⁰Os marinheiros tiveram grande temor, e lhe perguntaram: "O que foi que você fez?" Eles tinham percebido que Jonas estava fugindo da presença de Javé, pois ele próprio lhes tinha contado tudo. ¹¹E perguntaram: "O que é que vamos fazer com você, para que o mar se acalme?" Pois o mar estava cada vez mais bravo. ¹²Jonas respondeu: "É só vocês me pegarem e me atirarem ao mar, que ele se acalmará em volta de vocês. Eu sei que foi por minha causa que lhes veio essa grande tempestade".

¹³Os homens tentavam remar, a fim de chegar mais perto da terra firme, mas não conseguiam, pois o mar ia ficando cada vez mais agitado, ventando contra eles. ¹⁴Então invocaram a Javé, dizendo: "Ah! Javé! Não queremos morrer por causa deste homem. Não lances contra nós a culpa de um sangue inocente. Tu és Javé e fazes tudo o que desejas".

¹⁵Pegaram Jonas e o jogaram ao mar. Imediatamente o mar acalmou sua fúria. ¹⁶Os homens foram tomados de grande temor a Javé, ofereceram um sacrifício a Javé e fizeram votos.

2 **Oração de Jonas** – ¹Javé mandou um peixe grande para que engolisse Jonas. E Jonas ficou no ventre do peixe três dias e três noites. ²E Jonas rezou a Javé, seu Deus, das entranhas do peixe. ³Ele disse:

"Na minha angústia invoquei a Javé,
e ele me atendeu.
Desde as entranhas
da morada dos mortos pedi tua ajuda,
e ouviste minha voz.
⁴Jogaste-me nas profundezas,
no coração dos mares,
e a torrente me envolveu.
Passaram sobre mim tuas ondas e vagas.
⁵Então pensei: 'Eu fui expulso
da presença de teus olhos.
Assim mesmo, continuo a olhar
para o teu santo Templo'.
⁶Eu estava cercado de água
até o pescoço, o abismo me rodeava,
as algas se enrolaram
em torno de minha cabeça.
⁷Desci até os fundamentos
das montanhas,
a terra se fechava sobre mim
para sempre.
Mas tu retiraste do abismo
a minha vida, Javé meu Deus!
⁸Quando minha vida enfraquecia,
eu me lembrei de Javé.
E minha oração chegou a ti,
a teu santo Templo.
⁹Aqueles que seguem ilusões vazias,
abandonam o seu amor.
¹⁰Mas eu, entre cânticos
de ação de graças,

4-16: Outra ironia: o fato de os marinheiros tentarem salvar Jonas, fazendo o que ele mesmo deveria fazer, e o ato de oferecerem sacrifício a Javé, coisa que só o sacerdote oficial podia fazer no Templo. O verbo "temer" é usado três vezes para expressar o sentimento dos marinheiros (vv. 5.10.16), que têm certeza de ser a tempestade uma punição divina. Sobre derramar sangue inocente, cf. Dt 21,8-9; Jr 26,15.

2,1-11: Segundo a cultura da época, uma pessoa levava três dias completos para chegar à morada dos mortos, o Xeol (Sl 88,4; cf. Gn 37,35). Permanecer no ventre do peixe é uma oportunidade para Jonas se converter, mas

vou oferecer sacrifícios a ti
e cumprir meus votos.
A salvação pertence a Javé".

¹¹Então Javé disse ao peixe que vomitasse Jonas em terra firme.

3 Conversão de Nínive e compaixão de Deus –
¹A palavra de Javé veio a Jonas uma segunda vez, dizendo: ²"Levante-se e vá a Nínive, a grande cidade, e lhe anuncie o que vou dizer a você". ³Jonas se levantou e foi a Nínive, como Javé lhe tinha ordenado. Nínive se tornou grande até para Deus: eram necessários três dias para atravessá-la. ⁴Jonas entrou na cidade e começou a percorrê-la, caminhando um dia inteiro. Ele dizia: "Dentro de quarenta dias Nínive será destruída".

⁵Os homens de Nínive começaram a acreditar em Deus, e marcaram um dia de penitência, vestindo-se todos de pano de saco, desde os maiores até os menores. ⁶O fato chegou também ao conhecimento do rei de Nínive. Ele se levantou do trono, tirou o manto, vestiu um pano de saco e sentou-se em cima da cinza. ⁷Mandou também publicar e anunciar aos ninivitas um decreto do rei e de seus grandes, nestes termos: "Homens, animais, gado e ovelhas não poderão comer nada, nem pastar, nem beber água. ⁸Deverão vestir panos de saco, tanto homens como animais. E todos clamarão a Deus com toda a força. Cada um deverá converter-se de sua má conduta e da violência que está em suas mãos. ⁹Quem sabe, assim, Deus volte atrás, fique com pena, apague o ardor de sua ira, e a gente consiga escapar".

¹⁰Deus viu o que eles fizeram e como se converteram de sua má conduta. E Deus se arrependeu do mal que ia fazer, e não o fez.

4 Ira de Jonas e resposta de Deus –
¹Jonas ficou muito desgostoso e com grande ira. ²E rezou a Javé: "Ah! Javé! Não era justamente isso que eu dizia quando estava na minha terra? Foi por isso que corri, tentando fugir para Társis, pois eu sabia que tu és um Deus compassivo e clemente, lento para a ira e cheio de amor, e que se arrepende do mal. ³Agora, Javé, tira a minha vida, pois eu acho melhor a morte do que a vida".

⁴Javé lhe respondeu: "Está certo você ficar irado desse jeito?"

⁵Jonas saiu da cidade e ficou no lado do nascer do sol. Aí fez uma cabana e sentou-se na sombra, esperando para ver o que aconteceria com a cidade. ⁶Javé Deus fez nascer uma mamoneira, que cresceu de modo a fazer sombra sobre a cabeça de Jonas e livrá-lo do seu mal. E Jonas ficou muito contente com essa mamoneira. ⁷Então, na madrugada seguinte, Deus enviou um verme que atacou a mamoneira, e ela secou. ⁸Quando o sol nasceu, Deus mandou um vento oriental que açoita. E o sol abrasava a cabeça de Jonas, a ponto de fazê-lo desmaiar. E Jonas tornou a pedir a morte, dizendo: "Prefiro morrer a ficar vivo". ⁹Deus perguntou a Jonas: "Está certo você ficar com tanta ira por causa da mamoneira?" Ele respondeu: "Sim, está certo eu ficar com ira, a ponto de pedir a morte". ¹⁰Javé lhe disse: "Você tem pena de uma mamoneira, que não lhe custou trabalho, que não foi você quem a fez crescer, que brotou numa noite e na outra morreu. ¹¹E eu, será que não vou ter pena de Nínive, esta cidade enorme, onde moram mais de cento e vinte mil pessoas, que não sabem distinguir a direita da esquerda, além de tantos animais?"

---

ele continua nacionalista: seu pensamento está voltado para Jerusalém e o Templo (cf. Sl 5,8; 11,4; 138,2-3). Nos textos bíblicos, o verbo "vomitar" se refere ao impuro ou indesejado que será colocado para fora (cf. Lv 18,25; 20,22; Is 28,8).

3,1-10: Quarenta dias recorda o tempo do dilúvio, o deserto e o exílio na Babilônia (Ez 29,11-16). Diante do anúncio de Jonas, todos os habitantes de Nínive se convertem e acreditam que o perdão de Deus é possível (cf. Jr 18,7-8; Jl 2,13-14). O antigo costume do jejum em Israel está ligado a um rito de penitência e expiação (cf. Ex 34,28; 1Sm 31,13; 2Sm 12,16-23). O ver de Deus tem consequências práticas: ele se compadece e se arrepende do mal que ia fazer (cf. v. 10; Ex 3,7-8a). É mais uma ironia, porque as pessoas ligadas ao Templo esperam que Deus faça vingança contra os estrangeiros (Na 1-3). O texto é convite a uma conversão ética, e não simplesmente religiosa (v. 8b).

4,1-11: O autor revela o motivo da fuga de Jonas: ele sabe que Deus é clemente e misericordioso. A boca de Jonas proclama sua fé em Javé, mas sua vida e prática a negam. Ele prefere morrer a aceitar que Deus seja misericordioso com os estrangeiros. Em sua mentalidade, é justo que somente Israel seja privilegiado. Em 3,10, é a conversão dos ninivitas que move o coração de Deus. Neste capítulo, a compreensão é outra: o amor de Deus é gratuito e incondicional (cf. Lc 15,11-32).

MIQUEIAS

CONTRA AS INJUSTIÇAS SOCIAIS

Introdução

Miqueias atua como profeta provavelmente entre 725-701 a.C. (cf. Jr 26,18). É camponês originário de Morasti (1,1.14), vila no interior de Judá, perto da cidade de Gat, cerca de 33 km a sudoeste da capital Jerusalém. Contemporâneo do profeta Isaías de Jerusalém, Miqueias vive um dos períodos mais conturbados do reino de Judá. Israel e Síria movem guerra contra a Assíria e Judá (guerra siro-efraimita, em 735-734: cf. 2Rs 16,5-16; Is 7,1-9; 8,1-10); pagamento de altos tributos para a Assíria; destruição do reino do norte e grande fluxo de refugiados para o sul em 722 a.C.

Ezequias, rei de Judá de 716-687 a.C., faz a reforma, atacando os santuários ou "lugares altos" do interior (cf. 2Rs 18,3-6). O mesmo rei lidera o movimento antiassírio e faz guerra contra as cidades filisteias (705-701: 2Rs 18,8). Senaquerib, rei da Assíria, invade o reino de Judá (701: 2Rs 18,13-37). Todas essas guerras atingem diretamente o povo de Morasti-Gat, não só por ser uma das fortalezas perto da fronteira com a Filisteia, como também por sua localização na planície de Shefelá, a região mais fértil do país, com numerosa criação de ovelhas e grande produção de trigo e cevada.

Além da violência e espoliação em guerras (1,8-16), o povo sofria diariamente com os militares na fortaleza e a exploração da elite agrária e dos governantes sediados em Jerusalém: formação de latifúndios (2,1-3); apropriação de terras; violência contra mulheres e crianças (2,8-9); pesados tributos, corveia e serviço militar obrigatório; suborno em favor dos grandes em tribunais; profetas e sacerdotes corruptos (3,1-12). Diante das injustiças sociais e religiosas, Miqueias grita contra os ricos e poderosos de Jerusalém: "Vocês são gente que devora a carne do meu povo" (3,3; cf. 3,10). Um camponês profeta, que vive no meio do povo espoliado, exprime sua dor e ira em linguajar duro e forte, semelhante ao de Amós, também profeta do interior. Até no reinado de Joaquim (609-597), as palavras de Miqueias são relembradas pelas pessoas do interior em defesa do profeta Jeremias (Jr 26,17-18).

Como os demais escritos proféticos, o texto de Miqueias também recebeu acréscimos: Mq 2,12-13; 4-5; 6,1-7,7; 7,8-20. O mais antigo é Mq 6,1-7,7, produzido no reino do Norte e levado para o Sul, por ocasião da queda da Samaria (722 a.C.). O texto registra a denúncia do grupo profético de Israel contra os crimes cometidos por governantes como Amri, Acab e respectivos seguidores, em 885-722. A infidelidade e injustiça atingem a casa e as relações familiares mais íntimas (7,5-6). Três outros acréscimos compostos na época pós-exílica:

Mq 2,12-13 e 4-5, com promessas de restauração de Sião, e Mq 7,8-20, um hino de confiança na força e misericórdia de Javé.

Com os acréscimos, o redator final pode ter organizado o livro alternando ameaças (1,2-2,11; 3,11-12; 6,1-7,7) e promessas (2,12-13; 4-5; 7,8-20), moderando a severidade dos oráculos de Miqueias. No livro atual, há marcas de realidades distintas e de várias correntes teológicas.

1

Título – ¹Palavra de Javé que veio a Miqueias de Morasti, nos dias de Joatão, Acaz e Ezequias, reis de Judá, sobre o que ele viu a respeito de Samaria e de Jerusalém.

I. AMEAÇAS CONTRA ISRAEL E JUDÁ

Julgamento contra a Samaria – ²Escutem, povos todos! Prestem atenção, ó terra e tudo o que a povoa! Do seu santo templo, o Senhor Javé seja testemunha contra vocês. ³Olhem! Javé sai de seu lugar e desce, andando pelos lugares altos da terra. ⁴Debaixo de seus pés, as montanhas desmoronam, e os vales se derretem como cera junto ao fogo, como água que corre morro abaixo.

⁵Tudo isso por causa do crime de Jacó, por causa dos pecados da casa de Israel. Qual é o crime de Jacó? Não é Samaria? Quais são os lugares altos de Judá? Não é Jerusalém? ⁶Pois eu vou reduzir Samaria a um campo de ruínas, um lugar para plantação de vinhedos. Jogarei suas pedras no vale e porei seus alicerces a descoberto. ⁷Todos os seus ídolos serão destruídos e suas ofertas serão queimadas. Vou reduzir a pó suas imagens: dado que foram ajuntadas como paga de prostituição, em paga de prostituição elas vão se transformar.

Lamentação – ⁸É por isso que eu bato no peito e gemo, que ando descalço e nu, uivo como os chacais, gemo como filhotes de avestruz, ⁹pois é incurável o golpe de Javé. Sim, ele chegou até Judá, atingiu a porta do meu povo, até Jerusalém.

¹⁰Em Gat não contem nada; em Soco, não chorem; em Bet-Leafra, rolem no pó. ¹¹Passe, ó habitante de Safir, com nudez vergonhosa; o habitante de Saanã não sai da cidade; Bet-Esel perde a base, tiram-lhe os apoios. ¹²O habitante de Marot esperava o bem-estar? Porque a desgraça desceu de Javé até as portas de Jerusalém. ¹³Atrele o cavalo ao carro, morador de Laquis. (Aqui começou o pecado da filha de Sião, porque em você se encontram os crimes de Israel.) ¹⁴Por isso, você paga um dote para que Morasti-Gat seja devolvida. Bet-Aczib é uma decepção para os reis de Israel! ¹⁵O conquistador procura novamente por você, habitante de Maresa. A glória de Israel irá até Odolam!

¹⁶Corte e raspe o cabelo, por causa dos filhos que eram sua alegria. Aumente sua calvície como águia, porque eles foram exilados para longe de você.

2

Contra os exploradores – ¹Ai daqueles que, deitados na cama, ficam planejando a injustiça e tramando o mal! É só o

---

1,1: O nome de Miqueias pressupõe a abreviação de *mikayahu* em hebraico: "Quem é como Javé?" Embora a atividade profética de Miqueias, segundo o título do livro, aconteça durante os reinados de Joatão (740-736), Acaz (736-716) e Ezequias (716-687), é mais provável que tenha atuado entre a tomada da Samaria em 722 a.C. e a invasão de Senaquerib em 701 a.C. (cf. 1,2-16).

1,2-2,11: O profeta Miqueias exerce sua atividade durante o apogeu do império militarista assírio, período de guerras e devastações em Israel e Judá. Em vez de proteger o povo, os governantes da Samaria e de Jerusalém o exploram, a fim de obter mais lucro e poder (cf. Is 28,1-4). Vivendo no campo, o profeta denuncia a situação desesperadora do povo.

1,2-7: Oráculo pronunciado um pouco antes ou logo depois da queda de Samaria, capital de Israel, reino do norte. Para o profeta, a sentença de Javé contra a Samaria é a destruição, pois a cidade se prostituiu ao buscar lucro e poder de maneira desenfreada (cf. Is 1,10-26). O oráculo terá sido aplicado mais tarde ao reino de Judá com a destruição de Jerusalém, em 587 a.C. A menção de Judá e Jerusalém no v. 5c, por exemplo, é obra do redator pós-exílico.

8-16: Em 701 a.C., o exército de Senaquerib invade a Filisteia, devasta o interior do reino de Judá e cerca Jerusalém. Soco, Laquis, Morasti-Gat, Maresa e Odolam são cidades fortificadas que deveriam proteger Jerusalém, capital do reino de Judá (cf. 2Cr 11,5-6). Essas cidades foram atacadas e destruídas pelas tropas assírias na sua rota de invasão desde a Filisteia até Jerusalém. Andar descalço e nu expressam o lamento e o gemido de Miqueias, homem do interior, pela perda de vidas humanas e pela destruição da natureza na guerra (v. 8; cf. Is 20,2). Cortar os cabelos e raspar a cabeça é sinal de luto e aflição (v. 16; cf. Am 8,10; Is 15,2; Jr 16,6). O profeta lamenta por mulheres e homens escravizados e levados para o exílio, conforme o costume da Assíria (cf. 2Rs 18,11).

2,1-5: Cobiçar, roubar, tomar e oprimir a herança (terra e casa) é a expressão forte de quem presencia e

dia amanhecer, já o executam, porque têm o poder nas mãos. ²Cobiçam campos, e os roubam; querem uma casa, e a tomam. Assim oprimem ao varão e à sua casa, ao homem e à sua herança.

³É por isso que Javé diz assim: Vejam! Estou planejando contra esta gente uma desgraça, da qual não poderão esconder o pescoço, nem poderão andar de cabeça erguida. Será um tempo de desgraça. ⁴Nesse dia, vão zombar de vocês, cantando esta lamentação: "Fomos completamente saqueados. A herança do meu povo foi dada para outro. Quem irá devolvê-la? Os invasores é que sorteiam nossos campos". ⁵Por isso, você não terá quem sorteie os lotes na assembleia de Javé.

Reação dos exploradores – ⁶Eles profetizam: "Não profetizem, não profetizem essas coisas! A desgraça não cairá sobre nós. ⁷Porventura a casa de Jacó foi amaldiçoada? Acabou a paciência de Javé? É isso que ele costuma fazer? Por acaso a promessa dele não é de bênção para quem vive com retidão?"

A resposta do profeta – ⁸São vocês os inimigos do meu povo: de cima da túnica, arrancam o manto de quem vive tranquilo ao voltar da guerra. ⁹Vocês expulsam da felicidade da casa as mulheres do meu povo, e tiram dos seus filhos a dignidade que eu lhes tinha dado para sempre. ¹⁰Vamos! Andem! Porque este não é mais um lugar de repouso. Por causa da sua impureza, você provoca a destruição, e a destruição será terrível. ¹¹Se aparecesse um homem contando estas mentiras: "Eu lhes profetizo vinho e bebida forte", este sim seria um profeta para esse povo!

O resto de Israel – ¹²Eu reunirei você todo, ó Jacó. Recolherei o que sobrou de você, ó Israel! Vou colocá-los juntos, como ovelhas num curral, como rebanho reunido no meio do pasto, fazendo barulho longe das pessoas. ¹³Na frente deles, sobe aquele que abre uma brecha. Eles forçam, atravessam a porta e saem por ela. O seu rei vai à frente, Javé é seu chefe.

3 **Contra os chefes e governantes** – ¹Escutem bem, chefes de Jacó, governantes da casa de Israel! Por acaso, não é obrigação de vocês conhecer o direito? ²Inimigos do bem e amantes do mal, vocês arrancam a pele das pessoas e a carne de seus ossos. ³Vocês são gente que devora a carne do meu povo e arranca suas peles; quebra seus ossos e os faz em pedaços, como um cozido no caldeirão. ⁴Depois, vocês gritarão a Javé, mas ele não responderá. Nesse tempo, ele esconderá o rosto, por causa da maldade que vocês praticaram.

Contra os profetas mercenários – ⁵Javé assim diz contra os profetas que extraviam meu povo, que anunciam a paz quando têm algo para mastigar, mas declaram guerra contra os que nada lhes põem na boca:

---

experimenta na pele a exploração da elite agrária contra os pobres do campo, com espoliações e desapropriações injustas da herança (cf. Is 5,8-10). Possivelmente, a perspectiva escatológica presente nos vv. 4-5 é obra do redator pós-exílico (cf. Dt 28,30-33).

6-7: A elite governante da casa de Jacó (= "casa de Judá") contesta as denúncias de Miqueias: "as profecias dele são falsas". A elite insiste em sua conduta conforme a aliança com Javé e na legitimidade de ser o povo eleito e abençoado, que não sofrerá nenhum castigo de Deus.

8-11: O profeta responde, apresentando as provas concretas da realidade do povo oprimido pelos governantes: o direito dos pobres é violado (cf. Dt 24,10-13; Am 2,8); as mulheres são expulsas da casa; as crianças têm seu direito à herança negado. A resposta termina com a denúncia contra os profetas da corte que profetizam com "vinho e bebida forte", ou seja, na alienação e luxo (cf. Is 5,11; 22,13; 28,7-13; 56,12; Am 4,1). O v. 10 é um acréscimo posterior que reflete o exílio da Babilônia (cf. Jr 19,13; Ez 24,13).

12-13: Procurando moderar os oráculos severos que os cercam, estes versículos foram acrescentados por um redator pós-exílico, como oráculo destinado a criar, no povo disperso e sofrido, a esperança da restauração:

Javé como pastor (Mq 4,7; 5,6-7; Is 11,10-16; Jr 23,1-8; Ez 34) reúne, liberta e conduz as "ovelhas", o resto de Israel.

3,1-12: Este bloco é um exemplo do padrão literário normalmente utilizado nos oráculos proféticos: destinatário, denúncia e condenação. Os três oráculos são denúncias contra a sociedade injusta e corrupta, centralizada em Jerusalém, no tempo de Miqueias.

1-4: O profeta denuncia os crimes dos chefes e governantes encarregados da administração jurídica e política (cf. Is 1,21-23): a justiça nos tribunais (cf. Is 5,23); os tributos, a corveia e o recrutamento militar (cf. Dt 16,18-20). Eles buscam o lucro e, para isso, se corrompem, roubam e cometem violência, tomando do povo até os meios de sobrevivência, o que é traduzido no texto pela expressão "arrancar a pele e quebrar os ossos" (cf. Sl 14,4; 27,2). "Esconderá sua face" expressa a atitude de Deus ao romper a relação que era baseada na compaixão e na misericórdia (cf. Sl 22,25; 27,9).

5-8: Denúncia contra os profetas mercenários que proclamam oráculos mediante pagamento (cf. 3,11; Jr 6,14; 8,11; Ez 13,10). O castigo será inevitável. "Cobrir as barbas" (= estar de luto: Lv 13,45; Ez 24,17) significa que serão humilhados. Ao contrário dos falsos profetas, movidos pelo espírito enganador (2,11; cf. Ez 13,3), Miqueias

⁶Por isso, vocês terão noite em lugar de visões; escuridão em vez de oráculo. O sol se esconderá sobre esses profetas, a luz do dia se apagará sobre eles. ⁷Os videntes ficarão envergonhados, os adivinhos ficarão confusos. Todos cobrirão a barba, porque Deus não responderá.

⁸Eu, porém, estou repleto de força, do espírito de Javé, do direito e da fortaleza, para denunciar a Jacó o seu crime e a Israel o seu pecado.

O castigo: ruína de Jerusalém – ⁹Ouçam isto, chefes da casa de Jacó. Prestem atenção, governantes de Israel, vocês que têm horror ao direito e entortam tudo o que é reto, ¹⁰que constroem Sião com sangue e Jerusalém com perversidade. ¹¹Os chefes de vocês proferem sentença a troco de suborno. Seus sacerdotes ensinam a troco de lucro e seus profetas dão oráculos por dinheiro. E ainda ousam apoiar-se em Javé, dizendo: "Por acaso, Javé não está no meio de nós? Nada de mau nos poderá acontecer!" ¹²Por isso, por culpa de vocês, Sião será arada como um campo. Jerusalém se tornará um montão de ruínas, e o monte do Templo será um lugar alto coberto de mato!

II. PROMESSAS A SIÃO

4 *Restauração* – ¹Nos últimos dias, acontecerá que o monte do Templo de Javé ficará firme no topo das montanhas e se elevará acima das colinas. Para lá correrão os povos, ²e até lá irão numerosas nações, dizendo: "Vamos subir para o monte de Javé, para o Templo do Deus de Jacó. Aí aprenderemos seus caminhos, para seguirmos seus rumos". Porque de Sião sairá a lei e de Jerusalém virá a palavra de Javé! ³Ele será o juiz da multidão dos povos, e dará sentença para as nações poderosas, até para as mais distantes. De suas espadas vão fazer enxadas, e de suas lanças farão foices. Um povo não vai mais pegar em armas contra outro, nunca mais aprenderão a fazer guerra. ⁴Cada um poderá sentar-se debaixo de sua vinha e de sua figueira, sem ser perturbado, pois assim disse a boca de Javé dos exércitos.

⁵Todos os povos caminham, cada qual em nome do seu deus. Nós, porém, caminhamos em nome de Javé, nosso Deus para sempre!

O resto reunido – ⁶Naquele dia – oráculo de Javé – ajuntarei as ovelhas mancas, reunirei as que foram dispersadas, e aquelas que eu mesmo castiguei. ⁷Farei das estropiadas um resto, e das dispersas uma nação forte. E, no monte Sião, Javé reinará sobre elas, desde agora e para sempre. ⁸E você, Torre do Rebanho, colina da filha de Sião, a você virá, retornará a soberania de antes, a realeza da filha de Jerusalém.

As dores de parto de Sião – ⁹Mas agora, por que você grita tanto? Você não tem um rei? Será que seus conselheiros morreram, para que sua dor seja assim tão forte como a da mulher que dá à luz? ¹⁰Filha de Sião, contorça-se e gema, como a mulher que dá à luz, pois agora você vai sair da sua cidade para morar no campo. Você irá para a Babilônia. É aí que você será libertada! Aí Javé a resgatará da mão dos inimigos de você.

é guiado pelo espírito de Javé, que leva a denunciar (cf. Is 48,16; 61,1; Zc 7,12).

9-12: As classes dirigentes no tempo de Ezequias "têm horror ao direito" (mesmo verbo usado em Dt 32,16) e fazem tudo por dinheiro (cf. Is 5,23; Am 5,10-12). Elas se vangloriam de Javé, de Sião e do Templo, como fonte de graça e proteção. No entanto, para Miqueias, Jerusalém é edificada com o sangue dos camponeses explorados (cf. Sf 3,1-4; Hab 2,12), e por isso será castigada e destruída.

4,1-5,14: Estes dois capítulos são acréscimos. Refletem o sonho e a confiança do resto de Israel que experimentou o desastre nacional do exílio e agora tenta reconstruir a identidade do povo em torno de Sião e da Lei (cf. Is 51,1-8).

4,1-5: Em 587 a.C., a Babilônia cerca, invade e devasta a cidade de Jerusalém. Para sustentar a esperança do povo sofrido, o grupo profético ligado a Jerusalém (cf. Is 2,2-4) atualiza os oráculos de Miqueias na perspectiva teológica de Sião: Javé Deus poderoso; Jerusalém cidade santa; o resto de Israel. Javé castiga as nações poderosas e restaura a paz. Jerusalém volta a ser o centro de peregrinação dos povos sob a presença de Deus e suas palavras (cf. Is 49,6; 66,18-20; Ag 2,7; Zc 8,20-23). Tendo experimentado a realidade da guerra, brota a esperança: "de suas espadas vão fazer enxadas" e "sentar-se debaixo de sua vinha e de sua figueira" são expressões de prosperidade, segurança e paz (cf. 1Rs 5,5; Zc 3,10; 1Mc 14,12).

6-8: O oráculo apresenta claramente a restauração do resto disperso, sofrido e abatido (2,12-13). Segundo a teologia de Sião, Javé como pastor castigou o rebanho por sua infidelidade, mas novamente o reunirá no monte Sião, em torno do Templo, reconstruído no terreno de Ofel (cf. 2Cr 27,3; Ne 3,26-27).

9-10: O cerco de Sião, a destruição da cidade e o sofrimento do exílio na Babilônia são descritos como dores de parto. Mas ainda está viva a esperança do resgate (cf. Ex 6,6; Dt 7,8; Is 43,1).

A filha de Sião libertada – ¹¹Agora, numerosas nações reúnem-se contra você, dizendo: "Que Sião seja profanada! Vamos apreciar com os nossos olhos!" ¹²Mas acontece que eles não conhecem os pensamentos de Javé! Não entendem os planos dele, pois ele os ajunta como feixes na eira! ¹³Levante-se, filha de Sião! Pise o trigo, pois eu lhe dou chifres de ferro e cascos de bronze, para que você possa esmagar povos numerosos! Os despojos deles, você vai consagrar a Javé, e as riquezas deles, ao Senhor de toda a terra!

O novo juiz de Israel – ¹⁴Mas agora eles se juntam em tropas e nos cercam, e com uma vara batem na face do Juiz de Israel! **5** ¹Mas você, Belém de Éfrata, tão pequena entre os clãs de Judá! É de você que sairá para mim aquele que deve governar Israel! A origem dele é antiga, desde tempos remotos. ²Pois Deus os entrega só até que a mãe dê à luz, e o resto dos irmãos volte aos israelitas. ³De pé, ele apascentará com a própria força de Javé, com a majestade do nome de Javé, seu Deus. E habitarão tranquilos, pois ele estenderá seu poder até as extremidades da terra. ⁴Ele próprio será a paz. Se a Assíria invadir nossa terra e quiser pisar o interior de nossos palácios, contra eles poremos em luta sete pastores e oito comandantes, ⁵que irão governar a Assíria com espada, a terra de Nemrod com punhal. Ele nos livrará da Assíria, se invadirem o nosso território, se atravessarem nossas fronteiras.

O resto vitorioso – ⁶O resto de Jacó estará no meio de povos numerosos, como o orvalho que vem de Javé ou a chuva sobre a grama verde. Esses não colocam sua esperança no homem, e não dependem do ser humano. ⁷O resto de Jacó, no meio de povos numerosos, será como leão entre as feras selvagens, como leãozinho no meio de um rebanho de ovelhas, o qual, quando ataca, logo esmaga e estraçalha, e ninguém pode salvar.

Julgamento – ⁸Erga a mão contra seus adversários, e todos os seus inimigos serão destruídos. ⁹Nesse dia – oráculo de Javé –, eis que eu destruirei do seu meio os cavalos e farei desaparecer todos os seus carros de guerra. ¹⁰Destruirei as cidades de sua terra e derrubarei todas as fortalezas. ¹¹De suas mãos vou tirar os objetos mágicos e você não terá mais adivinhos. ¹²Destruirei as estátuas e as colunas sagradas que existem no meio de você. E você nunca mais vai adorar a obra de suas próprias mãos. ¹³Derrubarei do meio de você Aserás e destruirei suas cidades. ¹⁴Com ira e furor eu me vingo das nações que não me obedecem.

III. NOVAS AMEAÇAS CONTRA ISRAEL

6 *A fidelidade de Javé* – ¹Escutem bem o que Javé fala: Levante-se! Abra um processo diante das montanhas, e que

---

11-13: O cerco de Sião pelas nações é considerado uma estratégia de Javé para reunir todos os inimigos e depois destruí-los de uma só vez. A filha de Sião armada esmaga os inimigos e consagra as "riquezas deles" para Javé. Segundo a compreensão da teologia oficial de Israel, Javé é o senhor de toda a terra e a ele pertence toda a riqueza.

4,14-5,5: "Aquele que deve governar Israel" não sairá de Jerusalém, a cidade de Davi, capital e sede da casa real, mas de Belém-Éfrata, o menor entre os clãs de Judá (cf. Gn 35,19: Raquel, grande matriarca, segundo a tradição tribal, foi enterrada no caminho de Éfrata). Ele, como "juiz pastor" e não como "rei", defenderá seu povo das nações opressoras, como a Assíria e a Babilônia (= terra de Nemrod). Este é o sonho do resto do povo sofrido que rejeita a monarquia militarista (cf. 4,1-5) e deseja voltar ao tempo dos juízes. Nas memórias antigas da história pré-monárquica, Saul e Davi não são chamados de "rei", mas de "juiz" (cf. 1Sm 9,16; 10,1; 2Sm 5,2; 6,21). As comunidades judaicas e cristãs compreenderam este oráculo como anúncio da chegada de um novo juiz messias (cf. Mt 2,5-6).

5,6-7: O resto de Jacó (= Israel) deve abandonar a ilusão da força do ser humano, para se apoiar na força e gratuidade de Javé, simbolizadas pelo "orvalho" (cf. Os 14,6). Dessa forma, Israel se tornará forte como leão e será reconhecido diante dos inimigos (cf. Os 13,7-8).

8-14: Deus destruirá todos os falsos absolutos: "cavalos e carros" (exército opressor); "cidades fortificadas" (projeto militarista; cf. Is 2,7; Os 10,13); "adivinhos e estátuas" (religião não javista; cf. Dt 16,21-22). Para compreender a exigente exclusividade de Javé e sua perseguição violenta contra as outras manifestações religiosas, é preciso retomar o movimento de centralização sociorreligiosa praticada pela dinastia davídica em Jerusalém, ao longo de quase 450 anos (cf. 2Rs 22-23). Para o resto de Israel, Javé é o Deus único, e Jerusalém é a cidade santa, a morada de Deus.

6,1-7,7: O texto provavelmente é produzido no norte e, posteriormente, acrescentado ao livro de Miqueias, por causa da semelhança na linguagem e na denúncia. Apresenta uma situação de violência e de corrupção generalizada no reino do norte. Israel abandona a aliança com o Deus do êxodo, gerando escravidão e morte. Aos que não aceitam a correção de Deus, apresentado como agricultor e pastor, restam humilhação e destruição.

6,1-5: As montanhas, tradicionalmente lugares da manifestação de Deus (cf. Gn 49,26; Ex 19,16-25;

as colinas ouçam a sua voz. ²Escutem, montanhas, a acusação de Javé. Prestem atenção, alicerces da terra: O processo de Javé é contra o seu próprio povo. É contra Israel que ele apresenta a sua queixa: ³Meu povo, o que é que eu fiz contra você? Em que o maltratei? Responda-me! ⁴Pois eu fiz você subir da terra do Egito, o resgatei da casa da escravidão e mandei Moisés, Aarão e Míriam à frente de você. ⁵Povo meu, lembre-se bem do que maquinava Balac, rei de Moab, e do que lhe respondeu Balaão, filho de Beor. Lembre-se do que aconteceu desde Setim até Guilgal, para que você compreenda as justiças de Javé.

A falsa e a verdadeira religião – ⁶Como me apresentarei a Javé? Como é que eu vou me ajoelhar diante do Deus das alturas? Irei a ele com holocaustos, levando bezerros de um ano? ⁷Será que milhares de carneiros ou a oferta de rios de azeite agradarão a Javé? Ou devo sacrificar o meu filho mais velho para pagar meu crime, sacrificar o fruto das minhas entranhas para cobrir meu pecado?

⁸Ó homem, já foi explicado o que é bom e o que Javé exige de você: praticar o direito, amar a misericórdia, caminhar humildemente com o seu Deus.

Injustiças sociais – ⁹A voz de Javé convoca a cidade – ele salvará aqueles que temem o seu nome: Escutem, tribo e assembleia da cidade! ¹⁰Acaso posso tolerar a casa do ímpio com seus tesouros ganhos injustamente, com suas medidas falsificadas e detestáveis? ¹¹Acaso devo desculpar balanças viciadas, sacolas cheias de pesos adulterados? ¹²Os ricos prosperam com a exploração, seus habitantes só falam mentiras e têm na boca uma língua mentirosa. ¹³Pois eu comecei a feri-la e arrasá-la por causa dos seus pecados. ¹⁴Você comerá, mas não matará a fome. E a fome será sua companheira. Você guardará, mas não poderá conservar: sua reserva, eu a entregarei à espada. ¹⁵Você plantará, mas não colherá. Esmagará azeitonas, mas não se ungirá com azeite. Pisará uvas, mas não beberá vinho. ¹⁶Você obedece às ordens de Amri e a todas as práticas da família de Acab, e vive conforme os princípios dela. Por isso, eu entregarei você à destruição, e seus habitantes receberão zombaria. Vocês terão de suportar a desgraça do meu povo.

7 *Infidelidade do povo* – ¹Pobre de mim! Estou na situação de alguém que recolhe no verão, que colhe depois de acabada a colheita. Não há nenhum cacho de uva para eu chupar, nem mesmo um figo temporão para me matar a vontade. ²Não há um só fiel em nossa terra. Não sobrou um único homem justo. Está todo mundo de tocaia, cada um caça um irmão para matar! ³Essa gente tem mãos habilidosas para praticar o mal: o príncipe exige, o juiz se deixa comprar, o grande mostra sua ambição. E assim distorcem tudo. ⁴O melhor deles é como espinheiro, o mais justo deles parece uma cerca de espinhos! O dia anunciado pela sentinela, o dia do castigo chegou: agora é a ruína deles.

⁵E vocês, não acreditem no amigo, não confiem no companheiro. Conserve a boca fechada, mesmo ao lado daquela que dorme no seu ombro. ⁶Pois o filho insulta o próprio pai, a filha se revolta contra a mãe, e a nora contra a sogra. E os inimigos de uma pessoa são da sua própria casa.

⁷Mas eu, eu olho confiante para Javé, espero em Deus, meu salvador, e meu Deus me ouvirá.

1Rs 19,1-18), são apresentadas como testemunhas do processo de Javé contra o povo de Israel, parceiro da aliança. Diante das testemunhas, Javé apresenta sua fidelidade, recordando a ação libertadora para com seu povo desde a saída do Egito, sob a liderança de Moisés, Aarão e Míriam (cf. Ex 12-15; Js 24,5), a caminhada no deserto, com o incidente de Balac e Balaão (cf. Nm 22-24), até a chegada à terra prometida, atravessando o rio Jordão e entrando em Canaã (cf. Js 3,1-5,12). "Setim" e "Guilgal" lembram as duas estações situadas de um lado e de outro do Jordão.

6-8: Deus não aprova um culto separado da vida, indiferente a uma sociedade de escravidão e violência (cf. Os 4,1-2). Ele quer, sim, a prática da justiça, da misericórdia e da fidelidade (Am 5,21-25; Os 2,18-22).

9-16: As injustiças sociais praticadas em Israel são expostas: o ganho ilícito dos governantes; a falsificação no comércio; a desmesurada ambição de ricos violentos e mentirosos. Todos esses seguem a prática de Amri e Acab, considerados os promotores das injustiças sociais da cidade-estado do norte (cf. 1Rs 16,23-34). Por isso, a devastação da sociedade será inevitável.

7,1-7: Deus, como dono da vinha, faz tudo para que o povo produza uvas boas. Mas só encontra uvas de infidelidade (cf. Is 5,1-7; Ez 15,1-8; 17,3-10; 19,10-14). Os principais culpados pela violação da aliança são os governantes autoritários, juízes envolvidos em subornos, e poderosos corruptos e ambiciosos. Eles corrompem toda a sociedade, e a infidelidade invade a casa e as relações familiares.

IV. NOVAS PROMESSAS

Primeiro cântico: conversão – ⁸Não se alegre por minha causa, ó minha inimiga. Pois eu caí, mas me levantarei. Estou morando nas trevas, mas é Javé a minha luz. ⁹Devo suportar a cólera de Javé, porque pequei contra ele, até que ele julgue a minha causa e restabeleça o meu direito, até que me leve para a luz e eu contemple a sua justiça. ¹⁰Minha inimiga verá e ficará coberta de vergonha. Pois ela me dizia: "Onde está o seu Deus Javé?" Meus olhos estarão olhando para ela, quando for pisada como a lama da estrada.

Segundo cântico: reconstrução – ¹¹É o dia de reconstruir seus muros! Nesse dia, suas fronteiras serão mais amplas. ¹²Nesse dia, virão até você desde a Assíria até o Egito, desde o Nilo até o Eufrates, de mar a mar, de monte a monte. ¹³A terra será um lugar abandonado, por causa de seus habitantes, como fruto de suas ações.

Terceiro cântico: confiança no Deus do êxodo – ¹⁴Com tua vara de pastor apascenta teu povo, o rebanho que é tua propriedade, que está sozinho na floresta, no meio dos jardins. Faz com que eles possam pastar em Basã e Galaad, como nos tempos antigos. ¹⁵Como no dia em que nos tiraste do Egito, mostra-nos agora tuas maravilhas. ¹⁶Que, ao ver tuas maravilhas, as outras nações se envergonhem, apesar de toda a sua valentia. Que ponham a mão na boca e tapem os ouvidos. ¹⁷Que fiquem lambendo a poeira como serpentes, como animais que se arrastam pelo chão. Saiam cambaleando de suas trincheiras em direção a Javé, nosso Deus. Que fiquem tremendo e cheios de medo diante de ti.

Quarto cântico: confiança no Deus misericordioso – ¹⁸Qual deus é igual a ti? Qual deus, como tu, tira o pecado e absolve o crime do resto da tua herança? Qual deus que não guarda para sempre sua ira e dá preferência ao amor?

¹⁹Ele nos perdoará de novo: calcará a seus pés nossas faltas e jogará no fundo do mar todos os nossos pecados.

²⁰Conservarás a fidelidade para com Jacó e o amor para com Abraão, como juraste a nossos pais, desde os tempos antigos.

8-20: Esta última parte é acrescentada ao livro pela comunidade pós-exílica, que tenta reconstruir a nação em torno de Jerusalém. O texto contém quatro cânticos, que retomam o tema dos caps. 4-5 (pecado, castigo, conversão e restauração). A ênfase está na conversão: reconhecer os erros passados, retomar a aliança com o Deus do êxodo e caminhar no seu amor e graça.

8-10: A comunidade judaica compreende o sofrimento do exílio como consequência de seu pecado. Expressa sua conversão e confiança na justiça de Javé contra seus inimigos (cf. Ab).

11-13: Com a ajuda do império persa, as muralhas de Jerusalém foram reconstruídas (cf. Ne 1-6). O cântico exprime o tom esperançoso e triunfalista do período de reconstrução de Jerusalém, o desejo de alargar fronteiras, de castigar os inimigos e tornar-se uma grande nação. Nota-se a diferença da profecia com a qual Miqueias anunciou a destruição do Templo e de Jerusalém (3,9-12). O v. 13 originalmente é uma ameaça contra Judá, e não se enquadra bem no cântico. No contexto atual do resto de Israel, esta ameaça é para os povos vizinhos que cercam e ameaçam os judeus.

14-17: Javé, o Deus do êxodo, é o fundamento da fé israelita e de toda esperança de reconstrução. Javé, como pastor e libertador (cf. Ez 34), guia e protege a comunidade de Jerusalém, cercada pelos inimigos (cf. Ne 3,33-4,17).

18-20: O livro de Miqueias termina com o canto de confiança na misericórdia e fidelidade do Deus da aliança (cf. Ex 34,6-7). Neste canto, o redator final busca dar instrução e esperança à comunidade pós-exílica.

NAUM

QUEDA DO IMPÉRIO

Introdução

Naum, sétimo dos profetas menores, é natural de Elcós, provavelmente aldeia do interior de Judá. Seu nome significa "aquele que consola". Seu oráculo é contra Nínive, capital do império assírio (2,9; 3,1.7). A descrição detalhada e a extraordinária vivacidade nas cenas da conquista de Nínive (2,4-3,19) levam a situar a atividade do profeta imediatamente após a queda dessa grande cidade, em 612 a.C.

O apogeu do império assírio começou com a conquista da Babilônia, em 729 a.C., por Teglatfalasar III (746-727 a.C.), chegando até o Egito durante o reinado de Assaradon (681-669 a.C.). Nesse período, Senaquerib (705-681 a.C.) transferiu a capital de Assur para Nínive.

O poder assírio era conhecido por sua crueldade e arrogância. Era comum os líderes rebeldes, assim como os doentes e idosos que não serviam para o trabalho forçado, serem empalados ou esfolados vivos nos portões das cidades. Os povos conquistados eram removidos de suas terras e distribuídos entre as regiões do vasto império. Foi o que aconteceu com Samaria em 722 a.C. (cf. 2Rs 17), quando, conforme os anais assírios, foram deportados 27.900 prisioneiros israelitas. O sucedido a Samaria serviu de exemplo para que Judá se resignasse à sua condição de submissa, pagando pesado tributo.

No entanto, em 653 a.C. o Egito conseguiu a independência, seguido pelas rebeliões da Fenícia e da Babilônia. Em 615 a.C., após uma aliança entre medos e caldeus, Assur é tomada e em 612 a.C. Nínive cai. O profeta Naum descreve com detalhes esses últimos dias, e na sua profecia traz a voz de todo um povo.

O livro pode ser dividido em três partes: 1,2-8; 1,9-2,3; 2,4-3,19. A primeira é um salmo sobre a manifestação de Deus, e foi acrescentado quando o livro já estava em sua fase final. A segunda anuncia a destruição de Nínive e do seu rei, e garante a libertação de Judá. A terceira parte celebra a queda de Nínive.

1

Apresentação – ¹Oráculo contra Nínive. Livro da visão de Naum de Elcós.

I. QUEM RESISTIRÁ À IRA DE JAVÉ?

Javé se vinga e protege

²Javé é um Deus ciumento e vingador!
Javé é vingador e cheio de furor.
Javé se vinga de seus adversários
 e mantém sua ira contra
 seus inimigos.
³ªJavé é lento para a ira
 e muito poderoso,
mas não deixa ninguém sem castigo.

Javé se manifesta na força da natureza

³ᵇBorrasca e tempestade
 fazem o caminho dele;
as nuvens são a poeira de seus passos.
⁴Ameaça o mar, e o mar seca;
ele enxuga todos os rios.
O Basã e o Carmelo secam,
 e murcham as floradas do Líbano.
⁵As montanhas estremecem diante dele
 e as colinas se derretem.
Frente a ele a terra se levanta,
 o mundo e todos os seus habitantes.
⁶Quem resistirá à sua cólera
 e enfrentará o furor da sua ira?
Seu furor se espalha como fogo,
 diante dele as rochas arrebentam.
⁷Javé é bom!
Refúgio seguro no dia da angústia.
Conhece os que nele confiam,
⁸quando acontece uma inundação.
Exterminará o lugar daqueles
 que se levantam contra ele
e perseguirá os inimigos
 até o escurecer.

II. JAVÉ DESTRÓI O OPRESSOR E LIBERTA O OPRIMIDO

Javé quebra a canga do oprimido – ⁹O que vocês tramam contra Javé? Ele reduz tudo a nada: seu adversário não se levantará duas vezes. ¹⁰Aqueles que se embebedam em festas serão consumidos qual monte de espinhos ou montão de palha seca. ¹¹De você saiu o conselheiro de Belial, aquele que trama contra Javé tudo o que é mau.

¹²Assim diz Javé: Apesar de nada terem sofrido e serem numerosos, mesmo assim serão cortados e desaparecerão. E, se um dia eu fiz você sofrer, nunca mais o afligirei. ¹³Agora, eu vou quebrar a canga que pesava em seus ombros e arrebentar suas prisões.

¹⁴Mas é este o decreto de Javé contra você: Não haverá mais descendência de sua raça. Vou acabar com as imagens esculpidas e as imagens fundidas do templo do seu deus. Vou fazer sua sepultura, porque você é abominável.

2

Javé restaura as vinhas de Jacó e Israel – ¹Vejam sobre os montes os passos de um mensageiro que anuncia a paz: "Judá, celebre suas festas, cumpra seus votos, porque Belial nunca mais atravessará você: ele foi totalmente destruído". ²Contra você avança um destruidor! Guarde a fortaleza, vigie o caminho, aperte o cinto, reúna todas as suas forças. ³Javé restaura a vinha de Jacó, e também a vinha de Israel, pois os ladrões a tinham depredado, e até os brotos lhe haviam arrancado.

III. UM REINO CONSTRUÍDO SOBRE A INJUSTIÇA NÃO SE MANTÉM

Conquista de Nínive – ⁴O escudo dos guerreiros se avermelha, os valentes se ves-

---

1,1: O primeiro versículo apresenta todo o livro. Cf. introdução.

1,2-8: Este salmo, diferente do restante do livro, foi acrescentado bem mais tarde. Seu conteúdo não revela nenhum contexto específico e se concentra na manifestação e ação de Javé. Está organizado na ordem alfabética hebraica (como Pr 31,10-31; Sl 9-10; Lm), terminando na letra k (*kaf*), e isso mostra que foi tirado de algum hino maior, cujo resto se perdeu.

1,2-3a: A primeira parte descreve Javé, nome repetido quatro vezes, e três vezes acompanhado da referência à vingança.

1,3b-8: A segunda parte apresenta um Javé guerreiro que se manifesta nos elementos da natureza (cf. 2Sm 22,8-16; Hab 3,1-19; Sl 18, 8-16; Sl 29).

1,9-2,3: Aqui começa no livro o conjunto mais antigo, dividido em duas partes: 1,9-14 e 2,1-3. A primeira anuncia a destruição dos opressores e a segunda, a libertação dos oprimidos.

1,9-14: Quem trama contra Javé oprime o povo e faz festa (vv. 9-10). "Conselheiro de Belial" é Nínive com seu rei (cf. 2Rs 19,4.16; Pr 19,28; 2Cor 6,15). Por isso, a cidade será destruída como o rei, e será quebrada a canga que pesa sobre os ombros do povo.

2,1-3: Possível acréscimo que celebra a volta do exílio (cf. Is 52,7): o mensageiro anuncia a paz, pois o opressor Belial foi destruído. Agora, é o povo quem faz festa.

2,4-3,19: O que foi anunciado anteriormente, acontece agora. O profeta descreve com vivacidade a conquista de Nínive (cf. introdução; Is 10,5-34; 30,27-33; 36-37; 2Cr 32).

2,4-11: A grande Nínive ficava à margem esquerda do rio Tigre e media cerca de 45 km de extensão por 15 km de largura. Em seu interior encontrava-se uma Nínive menor,

tem de escarlate; os carros brilham como fogo, e na hora de montar se agitam as lanças. ⁵Pelas ruas correm carros loucamente, passam correndo pelas praças; parecem tochas de fogo, correndo como coriscos de um lado para outro. ⁶São convocados os mais corajosos, que tropeçam na corrida. Eles se lançam contra a muralha, formando uma cobertura de escudos.

⁷Rompem-se as barragens do rio e o palácio desaba. ⁸A deusa foi exilada, foi levada embora, e suas sacerdotisas gemem como pombas e batem no peito. ⁹Nínive parece uma represa com suas águas vazando. "Parem! Parem!" Mas ninguém volta atrás. ¹⁰"Saqueiem a prata, saqueiem o ouro". O tesouro não tem fim, um montão de objetos de valor. ¹¹Ruína, vazio, solidão! O coração falha, os joelhos tremem, há um calafrio na espinha de todos, e todas as faces empalidecem.

A toca do opressor – ¹²Onde está a toca dos leões? Onde está a caverna dos leõezinhos, para onde ia o leão com a leoa e seus filhotes, sem que ninguém os incomodasse? ¹³Para alimentar seus filhotes o leão estraçalhava, e para suas leoas estrangulava; enchia a caverna de carnes, enchia a toca de caça.

¹⁴Pois eu agora estou contra você! – oráculo de Javé dos exércitos. Seus carros arderão fumegando e a espada devorará seus leõezinhos. Farei desaparecer da terra as suas caças, e nunca mais será ouvida a voz dos seus mensageiros.

3 *O fim da cidade sanguinária* – ¹Ai da cidade sanguinária, cheia de mentira e de rapina, insaciável de despojos!

²Estalo de relhos, ruído de rodas girando, cavalos a galope, carros que pulam, ³potros que empinam, espadas reluzindo, lanças que faíscam! Multidões de feridos, montão de cadáveres, corpos sem conta, tropeça-se nos cadáveres!

⁴Isso por causa das muitas seduções dessa prostituta, formosa e hábil feiticeira, que comprava nações com sua sedução e povos com seus encantamentos.

⁵Por isso, aqui estou eu contra você! – oráculo de Javé dos exércitos. Vou levantar a barra da sua saia até à altura do rosto; vou mostrar às nações sua nudez, e aos reis suas partes vergonhosas. ⁶Jogarei sobre você a desonra, vou fazê-la passar vergonha, farei do seu caso um exemplo. ⁷Então, qualquer um que vir você, fugirá dizendo: "Nínive está arrasada! Quem terá compaixão dela? Onde encontrar quem a console?"

Tebas – ⁸Por acaso você é melhor que Tebas, a cidade sentada entre os canais do Nilo, cercada de águas? A trincheira dela era o mar, e de água a sua muralha. ⁹A Etiópia e o Egito eram a sua força, que não tinha limites. Fut e os líbios eram seus aliados. ¹⁰Pois também esses foram para o exílio como escravos; também suas crianças foram despedaçadas em cada esquina de rua; rifaram suas autoridades, e todos os seus grandes foram acorrentados. ¹¹Você também vai se embriagar e se esconder, procurando algum lugar para onde fugir do inimigo.

Nínive sem poder – ¹²Todas as suas fortalezas parecem figueiras com figos temporões: basta sacudi-las, e eles caem na boca de quem quiser comer. ¹³Veja seu exército: há mulheres em seu meio. As portas do seu país estão abertas, escancaradas para seus inimigos; o fogo consumiu suas trancas.

---

que era a capital, com cerca de 5 km de comprimento por 2,5 km de largura, rodeada de altas muralhas e fossos que a tornavam inconquistável. No entanto, em 612 a.C., Nínive caiu diante da fúria dos guerreiros vermelhos (v. 4), como eram chamados os soldados medos e caldeus (cf. Ez 23,14). Tudo indica que os atacantes romperam as barragens e as águas inundaram a cidade (vv. 7.9). Nínive é saqueada, a deusa da Assíria, *Istar*, com suas sacerdotisas, é levada para o exílio (vv. 8.10) e o pavor toma conta da população (v. 11; cf. Is 13,7-8; Jr 30,6-7).

12-14: O último foco de resistência é a "toca do leão" (v. 12), o palácio do rei. O leão, símbolo do terror assírio, que estraçalhava o mundo para encher de carne a toca da família real (v. 13), é agora caçado pelo próprio Javé (v. 14).

3,1-7: Cai a "cidade sanguinária" (v. 1), e suas seduções e enganos vêm a público (cf. Is 47,1-3; Jr 13,22-26; Ez 16, 35-41; Ap 17). Quem desmascara o império é Javé: "Aqui estou eu contra você!" (v. 5). A comparação com a mulher é fruto das cenas de violência contra as mulheres no cotidiano da guerra.

8-11: A cidade de Tebas, capital do Egito, ficava às margens do rio Nilo (cf. Jr 46,24-25; Ez 30,14-16). Era muito rica e tinha um enorme templo de Amon Ra. Era cercada de água e considerada inconquistável (v. 8). No entanto, em 664 a.C. Tebas foi invadida e saqueada por Assurbanípal, rei da Assíria. A população adulta foi exilada, os nobres escravizados, as crianças que não serviam para o trabalho foram assassinadas, e as mulheres, violentadas (cf. Is 13,16; Sl 137,9).

12-15a: Nínive está indefesa: as fortalezas caem como figos maduros (v. 12), o exército é descrito como sendo de mulheres e os portões são queimados (v. 13).

¹⁴Tire água para quando você estiver cercada; reforce suas torres fortificadas; entre no barreiro, amasse o barro, tome a fôrma. ¹⁵ᵃMesmo assim, o fogo vai devorá-la, a espada vai liquidá-la, e devorarão você como gafanhotos.

Comerciantes e funcionários fogem – ¹⁵ᵇMultiplique-se como os grilos, e torne-se numerosa como os gafanhotos! ¹⁶Você multiplicou o número dos seus comerciantes, mais do que as estrelas do céu. O grilo devora e sai voando. ¹⁷Seus guardas parecem bandos de gafanhotos, e seus funcionários um enxame de insetos que pousa no muro em dia de frio. Mas, quando sai o sol, vão embora, e ninguém mais sabe para onde foram.

O povo faz festa – ¹⁸Ah! Rei da Assíria! Seus pastores cochilaram, seus comandantes dormiram; seu povo se espalhou pela montanha e ninguém consegue reuni-lo novamente. ¹⁹Não há cura para seus ferimentos, sua chaga é incurável. Quem ouve notícias suas, bate palmas. Porque, sobre quem não passou continuamente a maldade de você?

15b-17: Nínive vivia cheia de funcionários reais e de comerciantes, por causa do tributo que vinha dos povos (cf. Ap 18,11-19; Ez 16,28-29; 26-27). Mas, caindo a cidade, todos desaparecem, como gafanhotos quando se acaba a comida.

18-19: No final, Javé aparece frente a frente com o rei, que está sozinho e ferido de morte (1Rs 22,17; Jr 10,19-20; 30,12-15; Ez 32,2). O mundo inteiro celebra: quem não foi vítima da sua maldade? (Ap 19,1-9).

HABACUC

JAVÉ É O SENHOR DA HISTÓRIA

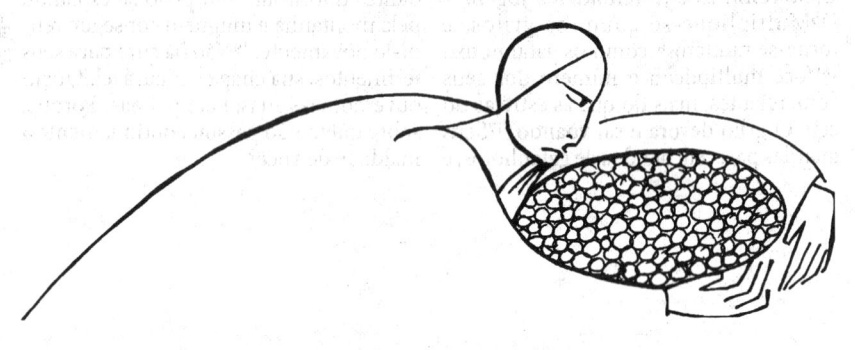

Introdução

A visão do profeta Habacuc mostra a crueldade da Caldeia ou Babilônia e a violência do seu exército (1,5-11). Sabe-se que Judá foi vítima das opressões imperialistas dessa nação. Por isso, deve ter sido Judá o lugar e o período histórico da atuação de Habacuc, entre a queda de Nínive, capital do império assírio, em 612 a.C., e a tomada de Jerusalém durante o reinado do rei Joaquim (608-598 a.C.), mais precisamente em 598/597 a.C.

Joaquim era o filho mais velho do rei Josias, e foi colocado no posto do pai pelo Egito (cf. 2Rs 23,33; Jr 22,10-12), que lhe impôs a condição de pesado tributo em ouro e prata. Para juntar a soma exigida, Joaquim espoliava o povo (cf. 2Rs 23, 33-35; Jr 22,13-19). Em 605 a Babilônia venceu o Egito, na batalha de Carquemis, e fez de Judá um vassalo seu (Hab 1,5-11; 2Rs 24,1). Por volta do ano 601, o rei Joaquim se rebela contra a Babilônia (2Rs 24,1), e esta, com auxílio dos arameus, moabitas e amonitas, sitia Jerusalém. Durante o cerco, o rei Joaquim adoece e morre; seu filho Joaquin (Jeconias) é proclamado rei em seu lugar (2Rs 24,8). Três meses depois, em março de 597, Joaquin se rende; Jerusalém é tomada e sua população deportada.

Portanto, a profecia de Habacuc se situa numa encruzilhada histórica: entre a queda do império assírio, o ressurgimento do império egípcio e a ascensão da coalizão medo-babilônica.

O livro está estruturado em três partes: a) o grito do profeta contra a violenta elite de Judá e contra a Babilônia, e a resposta de Javé (1,2-2,6a); b) cinco "ais" contra os opressores (2,6b-20); c) o salmo que manifesta Javé como o Senhor da história (3,1-19).

Na sua origem, a profecia de Habacuc se resumia na denúncia contra a violência da elite de Judá, em tempos do rei Joaquim, e no anúncio da invasão babilônica. Durante o exílio se fez uma releitura, estendendo a violência ao exército da Babilônia. Depois do exílio, acrescentou-se o salmo do capítulo 3, que muda o tom rebelde do profeta.

1

Apresentação – ¹Oráculo que o profeta Habacuc recebeu em visão.

I. O PROFETA INTERPELA JAVÉ

Violência – ²Até quando, Javé, vou pedir socorro, sem que me escutes? Até quando clamarei a ti: "Violência!", sem que tu me tragas a salvação? ³Por que me fazes ver o crime e contemplar a injustiça? Opressão e violência estão à minha frente; surgem processos e se levantam rixas. ⁴Por isso, a lei perde a força e o direito nunca aparece. O ímpio cerca o justo, e o direito aparece distorcido.

Javé responde – ⁵Olhem as nações, observem bem! Vocês ficarão admirados e espantados, pois ainda nestes dias eu vou fazer uma coisa que, se alguém contasse, vocês não iriam acreditar. ⁶Farei com que se levantem os caldeus, povo cruel e impetuoso que percorre a terra inteira, tomando posse de casas que nunca foram deles.

⁷Ele é terrível e temível; com sua sentença, ele impõe seu direito e vontade. ⁸Seus cavalos são mais ágeis que panteras e mais ferozes que lobos do entardecer. Seus cavalos vêm a galope; os cavaleiros apontam lá longe, voando como águia que mergulha sobre a sua presa. ⁹Eles avançam todos para fazer violência, rosto em frente, amontoando prisioneiros como areia.

¹⁰Ele caçoa dos reis, zomba dos chefes, ri das fortalezas, porque faz um aterro e as toma de assalto. ¹¹Então, ele passa como o vento e segue em frente agredindo; sua força é o seu deus.

A resposta de Javé assusta o profeta – ¹²Não és tu, Javé, desde o princípio, o meu Deus, o meu Santo, aquele que não morre? Javé, tu o escolheste para exercer o direito. Ó Rocha, tu o constituíste para castigar. ¹³Teus olhos são puros demais para ver o mal; tu não podes contemplar a injustiça. Então, por que ficas olhando os traidores, e te calas quando um ímpio devora alguém que é justo? ¹⁴Tratas os homens como peixes do mar, ou como répteis que não têm chefe?

¹⁵Ele pesca a todos com anzol, apanha-os na sua rede, recolhe-os no samburá, e ri satisfeito. ¹⁶Por isso, oferece um sacrifício à sua rede, incensa o samburá, pois fez com eles uma gorda pescaria, e o alimento veio com fartura. ¹⁷E então, ele vai ficar esvaziando sua rede sem parar, massacrando as nações sem dó nem piedade?

2

"O justo viverá por sua fidelidade" – ¹Vou ficar de guarda, em pé sobre a muralha. Vou ficar espiando, para perceber o que Javé vai me falar, para ver como vai responder à queixa que eu lhe fiz.

²Então Javé me respondeu: "Escreva esta visão, grave com clareza em tabuinhas, para que se possa ler facilmente. ³É uma visão sobre um tempo determinado, fala de um prazo e não vai decepcionar. Se demorar, espere-a, pois certamente ela virá e não atrasará. ⁴Aquele que se enche de orgulho não tem vida reta, mas o justo viverá por sua fidelidade". ⁵Na verdade, o vinho é falso: não para em pé o homem arrogante, esse que escancara a garganta como o túmulo, como a morte que nunca se sacia. Ajunta para si todas as nações e se apossa de todos os povos. ⁶ᵃPor acaso, irão todos zombar dele, dizendo contra ele piadas?

II. AI DOS OPRESSORES

Ai dos que penhoram os bens dos pobres – ⁶ᵇVão dizer assim: Ai daquele que

---

1,1: O nome Habacuc (cf. Dn 14,33-39) deriva provavelmente do verbo "abraçar".
1,2-2,6a: Texto em forma de diálogo: a) 1,2-4: clamor do profeta; e 1,5-11: resposta de Javé; b) 1,12-17: lamento do profeta; e 2,1-6a: resposta de Javé.
1,2-4: O profeta denuncia a situação do povo durante o reinado do rei Joaquim: injustiça, crime, opressão, violência e direito distorcido (cf. Jr 22,13-19; Am 3,9-10; 8,4-8; Mq 3,1-3; 7,2-3; Jó 19,7). A palavra-chave é "violência", empregada seis vezes no livro.
5-11: Judá se torna vassalo da Babilônia de maneira muito violenta (cf. 2Rs 24,1-4). Para a teologia da época, foi Javé quem suscitou os babilônios, como resposta à injustiça reinante em Judá.

12-17: Os babilônios oprimem as nações como se fizessem uma grande pescaria. Pode Javé usar da violência do império para castigar seu povo? Para o profeta não, pois os olhos de Javé são puros demais para compactuar com o mal e contemplar a injustiça (v. 13).
2,1-6a: O profeta fica vigilante à espera de Javé (cf. Jó 23), que responde em forma de visão, colocando o orgulhoso e o justo em lados opostos. O orgulhoso tem uma fome de poder que não se sacia, assim como a morte, ao passo que "o justo viverá por sua fidelidade". O v. 4 é o centro do livro, e por isso deve ser escrito em tábuas (cf. v. 2; Rm 1,17; Gl 3,11; Hb 10,38).
6b-20: Destinatários destes cinco ais (cf. Is 5,8-24; Lc 6,24-26) são os opressores denunciados em 1,2-2,6a.

acumula o que não é seu e se carrega de penhores. ⁷Não se levantarão, de repente, seus credores, e seus cobradores não acordarão, para transformar você em presa deles? ⁸Já que você saqueou numerosas nações, o que resta dos povos saqueará você, por causa do sangue humano derramado, da violência feita ao país, à cidade e a seus moradores.

Ai dos que constroem palácios com dinheiro injusto – ⁹Ai de quem ajunta dinheiro injusto para sua casa, para colocar bem alto seu ninho, tentando fugir das garras da desgraça! ¹⁰Você decretou a vergonha para sua própria casa. Destruindo muitos povos, você fez o mal contra si mesmo. ¹¹Pois agora, a pedra da parede gritará e as vigas do telhado responderão.

Ai dos que levantam cidades com sangue – ¹²Ai de quem constrói com sangue uma cidade, e com o crime funda uma capital! ¹³Não provém de Javé dos exércitos que os povos trabalhem para o fogo e que as nações se afadiguem inutilmente? ¹⁴Pois a terra inteira estará repleta do conhecimento da glória de Javé, tal como as águas enchem o mar.

Ai dos que fazem festa às custas da violência – ¹⁵Ai daquele que embriaga seu próximo, misturando drogas no copo, para lhe contemplar a nudez! ¹⁶Você ficou saciado de vergonha, e não de glória. Beba também você e mostre sua incircuncisão. A taça que está na mão direita de Javé será derramada sobre você, e em você a vergonha há de superar a glória. ¹⁷A violência que você praticou no Líbano vai cobrir você mesmo; a mortandade dos animais o encherá de pavor. Tudo por causa do sangue humano derramado, da violência feita ao país, à cidade e a seus moradores.

Ai dos idólatras – ¹⁸De que serve um ídolo, para que um artista se entregue ao trabalho de fazê-lo? De que serve uma imagem, um mestre de mentiras, para que o artista nela confie e continue fabricando ídolos mudos? ¹⁹Ai de quem fala a um pedaço de madeira: "Acorde!" E à pedra muda: "Desperte!" Pode o ídolo ensinar? Veja! Está coberto de ouro e prata, mas dentro dele não existe sopro nenhum de vida.

²⁰Javé, porém, mora no seu Templo santo: que a terra inteira fique em silêncio diante dele!

III. CONFIANÇA NA AÇÃO DE JAVÉ

3 *Apelo a Javé* – ¹Oração do profeta Habacuc, em tom de lamentação.

²Javé, ouvi falar da tua fama;
aprendi a respeitar tuas obras, Javé.
Ao correr dos anos, faze-as reviver;
manifesta-as no curso dos anos.
Na ira, lembra-te de ter compaixão.

Deus do Êxodo – ³Eloá vem lá de Temã,
o Santo vem do monte Farã.
A majestade dele cobre o céu,
e a terra se enche com o seu louvor.

O oráculo foi pronunciado contra a elite de Judá, no tempo do rei Joaquim (vv. 6b-7.9.15; cf. introdução), mas sofreu acréscimos contra a Babilônia durante o exílio (vv. 8.10-14.16-19).

6b-8: Os ricos acumulam riquezas à custa do penhor dos pobres (Ex 22,25-26; Dt 24,17; Am 2,6-8). Mas chegará o dia em que os pobres se levantarão contra seus opressores. O mesmo irá acontecer à Babilônia (v. 9): as nações que ela saqueou vão se levantar contra ela (cf. Jr 50,9-10; Ab 1,1).

9-11: O profeta denuncia o rei Joaquim, que com dinheiro injusto construiu sua casa/palácio bem protegida (v. 9; cf. Jr 22,13-14). No exílio, essa denúncia é relida e aplicada à Babilônia (vv. 10-11).

12-14: Denúncia contra a Babilônia, que construiu cidades fabulosas com o sangue do povo (cf. Mq 3,10; Jr 22,13). Javé vai enviar fogo, que consumirá tudo (cf. Am 1,6-2,5; Jr 51,58; Na 3,13).

15-17: Denúncia contra os banquetes e orgias na corte da Babilônia, que embriagava as pessoas para despi-las e divertir-se à custa delas. Assim também o império será despido por Javé (cf. Is 51,17; Jr 25,15-28).

O v. 17 denuncia a Babilônia, porque desmatou o Líbano para explorar o cedro e depois dizimou os animais através do esporte da caça (Is 14,8; 37,24).

18-20: Diferente dos "ais" anteriores, este é um acréscimo que critica as falsas divindades a partir do Templo (cf. Is 40,19; 44,9-20; Br 6). Algumas edições apresentam o v. 19 antes do v. 18, para dar melhor sentido ao texto.

3,1-19: Este é um salmo antigo que foi acrescentado ao livro e que muda a atitude rebelde e contestadora do profeta para uma espera paciente pelo dia da libertação (3,16). Javé é apresentado como Deus irado e temível que se manifesta na força da natureza (Dt 2,25; Na 1,2-8).

1-2: Os vv. 1 e 2 introduzem o salmo como sendo de Habacuc e trazem o apelo para que Javé volte a agir (Ex 14,5-31; Is 51,9).

3-7: Resquícios de uma tradição antiga, onde Deus é chamado de Eloá (v. 3). A teofania se assemelha ao nascer do sol, que surge no oriente, passa pelos montes Temã e Farã (v. 3), até chegar a Jerusalém. Nesta descrição se esconde uma antiga tradição, segundo a qual o Deus de Israel veio do sul da Transjordânia (cf.

⁴Seu brilho é como o sol,
e sua mão cintila, escondendo seu poder.
⁵À frente dele vai a peste,
e a epidemia segue seu rastro.
⁶Ele para, e a terra treme;
ele olha, e as nações estremecem.
As montanhas eternas desmoronam
e as colinas antigas se prostram:
sempre foi assim seu caminho.
⁷Vejo as tendas de Cusã apavoradas,
e agitadas as tendas de Madiã.

A ira de Javé – ⁸É contra os rios, Javé,
é contra os rios que tua ira se inflama?
É contra o mar que arde teu furor,
quando montas em teus cavalos
e sobes em teus carros vitoriosos?
⁹Levantas teu arco
e carregas de flechas sua corda;
rasgas a terra com torrentes.
¹⁰Ao ver-te, as montanhas estremecem;
uma tromba d'água passa.
O mar profundo estronda,
levantando seus braços para o alto.
¹¹O sol e a lua ficam em casa,
ante o faiscar de tuas flechas que cruzam,
ao clarão do relâmpago de tua lança.
¹²Caminhas furioso pela terra,
com ira esmagas as nações.
¹³Tu sais para salvar teu povo,
para libertar o teu ungido.
Destróis desde o telhado a casa do ímpio,
descobres até à rocha os seus alicerces.
¹⁴Com teus dardos transpassas o chefe,
e suas tropas se dispersam,
quando já estão para devorar
uma vítima às escondidas.
¹⁵Pisas o mar com teus cavalos,
fazendo ferver as águas imensas.

Esperança em Javé – ¹⁶Eu escutei.
Minhas entranhas se comoveram;
ao ouvi-lo, meus lábios estremeceram,
um calafrio entrou-me pelos ossos
e minhas pernas vacilaram.
Eu aguardo paciente
pelo dia de angústia que há de vir
para esse povo que nos ataca.
¹⁷Ainda que a figueira não brote
e não haja fruto na parreira;
ainda que a oliveira negue seu fruto
e o campo não produza colheita;
ainda que as ovelhas desapareçam
    do curral
e não haja gado nos estábulos,
¹⁸eu me alegrarei em Javé
e exultarei em Deus, meu salvador.
¹⁹Meu Senhor Javé é a minha força,
ele me dá pés de gazela
e me faz caminhar pelas alturas.
*Ao mestre de canto. Para instrumentos
de corda.*

Dt 33,2; Sl 104,1-4). A peste e a epidemia que seguem a Deus (v. 5) são também resquícios de antigas tradições cananeias (cf. Sl 78,50).

8-15: Deus continua manifestando-se nas forças da natureza, agora sob o nome de Javé (Ex 19,16-18; Sl 77,17-20). Ele é apresentado como guerreiro violento montado numa nuvem (Dt 33,26-27; Is 19,1), que sai para combater o inimigo. Esses eram atributos de Baal na luta contra o caos (cf. Sl 104,1-28), agora transferidos a Javé.

16-19: Diante das manifestações assustadoras de Javé, o penitente treme de medo (cf. Is 6,5; 21,3; Dn 8,18.27) e espera paciente o dia de punir o opressor. O salmo (3,1-19) domestica o profeta, concluindo o livro de Habacuc de modo bastante diferente em relação aos textos anteriores. Enquanto os caps. 1 e 2 mostram um profeta rebelde que questiona a passividade de Javé diante das injustiças, o cap. 3 apresenta um Deus poderoso e um salmista que espera paciente.

SOFONIAS

OS POBRES DA TERRA

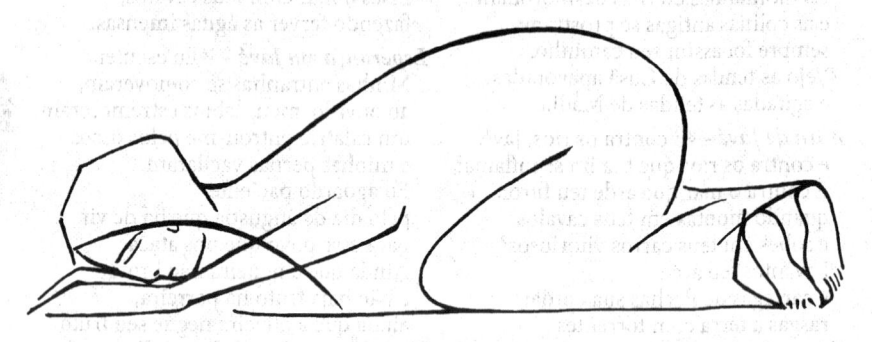

Introdução

A atividade do profeta Sofonias pode situar-se nos anos da menoridade do rei Josias (640-620 a.C.). Foram anos difíceis para o povo de Judá, que sofria sob a dominação do império assírio, e internamente com as elites dirigentes, uma em aliança com a Assíria, a outra com o Egito. A disputa provocou o assassinato do rei Amon, que conseguiu manter-se no trono só dois anos, de 642 a 640 a.C. Em lugar dele, o "povo da terra" colocou o filho Josias (640-609 a.C.), com apenas oito anos de idade (2Rs 21,24; 22,1), mantendo o país sob o domínio da Assíria, refletido nos seus cultos astrais em Jerusalém (1,5; cf. 2Rs 21,5). Mas quem era esse povo da terra, que interferiu diretamente no destino do governo de Jerusalém, e de certa forma assumiu por três vezes a regência durante a menoridade de Josias (2Rs 11,13-20; 21,24; 23,30)?

Este grupo, defensor da dinastia de Davi, era constituído de grandes proprietários da terra, que com outros dirigentes de Jerusalém oprimiam e exploravam o povo (cf. Ez 22,29). A população camponesa tinha de fornecer alimentos para manter o comércio e sustentar o luxo e mordomia da corte e das elites (1,8).

O profeta denuncia com vigor a concentração de riqueza em Jerusalém, com a centralização do excedente agrícola, o controle do comércio e as práticas religiosas. A principal característica dos oráculos de denúncia é o "Dia de Javé" (cf. Am 5,18-20) contra os opressores (1,7.14-18; 2,2). Sofonias é o grito profético do povo explorado. Os pobres da terra, como sujeito histórico, são a única esperança de uma sociedade baseada na justiça, na partilha e solidariedade (2,3): eles são amados e protegidos por Javé. Sofonias, de fato, significa "Deus protege" ou "esconde".

A profecia, a ele atribuída, foi lida e relida no exílio e no pós-exílio. Para os redatores, "o resto da casa de Judá", "o resto do meu povo", "um povo pobre e fraco, o resto de Israel" (2,7.9; 3,12), é sinal de esperança nos tempos difíceis de calamidade nacional: a destruição de Jerusalém, o exílio e a dominação dos babilônios. Pois Deus ama e protege o povo pobre, e está no meio dele (3,5.15.17). O livro, portanto, mistura partes de Sofonias e acréscimos posteriores. Pode-se atribuir aos redatores, com grande probabilidade, o título (1,1); os oráculos contra as nações: Filisteia (2,7), Moab e Amon (2,8-11), Cush (2,12); a lição das nações (3,6-8), e a última parte: promessas salvíficas (3,9-20). O conjunto da profecia foi organizada em quatro agrupamentos:

oráculos contra Judá (1,2-2,3); oráculos contra as nações vizinhas (2,4-15); oráculo contra Jerusalém (3,1-8); e promessa de restauração (3,9-20). O livro segue o clássico esquema profético: advertência, julgamento e promessa.

1 **Título** – ¹Palavra de Javé que veio a Sofonias, filho de Cusi, filho de Godolias, filho de Amarias, filho de Ezequias, no tempo de Josias, filho de Amon, rei de Judá.

I. ORÁCULOS CONTRA JUDÁ

O julgamento universal – ²Eu vou acabar com tudo o que existe sobre a face da terra – oráculo de Javé. ³Acabarei com homens e animais, acabarei com as aves do céu e os peixes do mar; destruirei os perversos. Eliminarei o ser humano da face da terra – oráculo de Javé.

Contra outros deuses – ⁴Estenderei minha mão contra Judá e contra todos os habitantes de Jerusalém. Eliminarei desse lugar o que sobrou de Baal, e o nome dos seus oficiais com os sacerdotes. ⁵Eliminarei aqueles que se ajoelham nos terraços para adorar o exército do céu; aqueles que adoram a Javé, mas juram por Melcom; ⁶aqueles que se afastam de Javé e que não procuram Javé, nem o consultam. ⁷Silêncio diante do Senhor Javé, pois está próximo o Dia de Javé! Javé marcou um sacrifício e já santificou seus convidados.

Contra os altos dignitários – ⁸No dia do sacrifício de Javé, pedirei contas aos oficiais e aos filhos do rei e a todos os que se vestem à moda estrangeira. ⁹Nesse dia, pedirei contas a todos os que saltam a soleira da porta e enchem de violência e trapaça a casa dos seus senhores.

Contra os comerciantes – ¹⁰Nesse dia – oráculo de Javé – um clamor se levantará da Porta dos Peixes, os gemidos da cidade nova, e das colinas um grande lamento.
¹¹Gemam, moradores do bairro de Mactes, porque acabaram os mercadores e foram eliminados todos os cambistas.

Contra os descrentes – ¹²Nesse tempo, revistarei Jerusalém com lanternas, para pedir contas àqueles que, concentrados como o vinho em sua borra, dizem em seus corações: "Javé não faz o bem nem o mal". ¹³Suas riquezas serão saqueadas, suas casas serão demolidas. Construíram casas, mas não habitarão nelas; plantaram videiras, mas não beberão seu vinho.

Dia de Javé – ¹⁴Está próximo o grandioso Dia de Javé. Está próximo e avança com grande rapidez.

1,1: O livro, atribuído a Sofonias, associa a linhagem do profeta ao rei Ezequias, da casa de Davi. Mas é pouco provável que o profeta fosse de ascendência régia. O seu projeto de transformação da sociedade a partir dos "pobres da terra" (2,1-3) está em desacordo com as reformas centralizadoras empreendidas pelos reis Ezequias e Josias (cf. 2Rs 18; 22-23). A menção de Cusi (cushita, etíope) como pai do profeta leva a pensar na sua possível ascendência africana, o que teria melhor coincidência com sua profecia.
1,2-2,3: Sofonias anuncia o "Dia de Javé", dia do julgamento de Deus sobre os dirigentes de Judá que roubam, exploram e oprimem os pobres. Ao mesmo tempo, anuncia que há sinais de esperança: "os pobres da terra" devem praticar a justiça e a solidariedade para restaurar a vida.
1,2-3: Os 4,3 e Jr 7,20 usam linguagem semelhante para descrever a destruição da natureza como consequência dos crimes cometidos por seres humanos.
4-7: A corte de Judá, apoiada pela Assíria, promove práticas religiosas para legitimar o controle e a exploração: Baal, deus da fertilidade (cf. 2Rs 23,4-5); o exército do céu, deus de origem mesopotâmica (cf. Dt 4,19; 2Rs 17,16; 21,3-5; 23,4); Melcom, deus amonita (cf. 1Rs 11,5; 2Rs 23,13). No Dia de Javé, os adoradores de deuses idolátricos serão castigados e imolados como vítimas do seu sacrifício (cf. Is 24,6; 34,6; Jr 46,10; Ez 39,17; Ap 19,17-18).
8-9: "Saltar a soleira" pode significar subir a escadaria do trono ou altar. São os altos dignitários da corte: os filhos do rei, os sacerdotes, os ricos, que vestem roupas importadas, sinal do luxo que os assimila ao modo de pensar, viver e agir dos estrangeiros (cf. 2Mc 4,13-14).
10-11: A Porta dos Peixes estava localizada na muralha nordeste da cidade. Aí eram comercializados os peixes do Jordão e da Galileia (cf. Ne 3,3; 12,39; 2Cr 33,14). Próximo a esse local, situava-se a cidade nova ou superior, a segunda parte construída ao norte da cidade antiga (cf. 2Rs 22,14). Provavelmente, Mactes ("bacia" em hebraico) era a cidade inferior de Jerusalém. A cidade inteira padecerá o castigo divino. Os mercadores (literalmente "o povo de Canaã") com frequência eram alvo da crítica dos profetas (cf. Is 23,8; Os 12,8).
12-13: "Borra" é o material que se separa do vinho no processo de fermentação e fica depositado no fundo dos reservatórios. Como em Am 5,11 e Mq 6,15, o castigo de Javé atingirá a riqueza dos que exploram o povo (cf. Dt 28,30-33; Is 62,8-9).
14-18: Uma sociedade baseada na idolatria do "ouro e prata" provoca guerras, destruição e devastação (cf.

Ouve-se um grito: "É amargo o Dia de Javé!" Nesse dia, o valente grita de medo. ¹⁵Será um dia de cólera, esse dia. Um dia de angústia e aflição, dia de devastação e ruína, dia de trevas e escuridão, dia nublado e tenebroso, ¹⁶dia da trombeta e do grito de guerra contra as cidades fortificadas e contra as torres da muralha. ¹⁷Atormentarei os homens, de tal modo que andem como cegos, porque pecaram contra Javé. O sangue deles se derramará como poeira e suas vísceras como esterco. ¹⁸Nem sua prata nem seu ouro serão capazes de livrá-los. No dia da cólera de Javé, ele incendiará a terra inteira no fogo da sua indignação. Sim, ele acabará exterminando todos os habitantes da terra.

2 *Apelo à conversão* – ¹Reúnam-se, reúnam-se, nação sem-vergonha, ²antes que vocês se espalhem como palha que desaparece num dia, antes que caia sobre vocês o fogo da ira de Javé, antes que caia sobre vocês o dia da ira de Javé. ³Procurem a Javé, como todos os pobres da terra que praticam o direito por ele estabelecido. Procurem a justiça, procurem a pobreza. Quem sabe, assim, vocês acharão um refúgio no dia da ira de Javé.

II. ORÁCULOS CONTRA AS NAÇÕES

Contra os filisteus no oeste – ⁴Gaza será abandonada, Ascalon devastada, Azoto exilada no sul, e Acaron será arrancada. ⁵Ai dos habitantes da beira-mar, a nação dos cereteus! É contra vocês esta palavra de Javé: Canaã, terra dos filisteus, eu vou destruí-la, a ponto de não deixar em você um habitante sequer. ⁶A beira-mar será transformada em abrigo de pastores e curral de ovelhas. ⁷Essa beira vai pertencer ao resto da casa de Judá. Por aí, eles vão pastar e à tarde vão cochilar nas casas de Ascalon, porque Javé, o seu Deus, intervirá por eles e lhes mudará a sorte.

Contra Moab e Amon no leste – ⁸Escutei as ofensas dos moabitas, os desafios dos filhos de Amon, quando ofendiam o meu povo, contando grandezas de sua terra. ⁹Por isso, eu juro por minha própria vida – oráculo de Javé dos exércitos, Deus de Israel! – Moab será outra Sodoma, e os filhos de Amon serão outra Gomorra. Serão como campo de urtigas ou poço de sal, um deserto para sempre. O resto do meu povo os há de saquear, e os sobreviventes da minha gente serão os herdeiros. ¹⁰Esse há de ser o castigo deles pela sua soberba, pois insultaram e desprezaram o povo de Javé dos exércitos. ¹¹Javé se mostrará terrível contra eles, quando acabar com todos os deuses da terra. Então, as nações de todos os continentes vão adorá-lo, cada qual no seu próprio lugar, todas as ilhas das nações.

Contra Cush no sul – ¹²Até vocês, cushitas, serão atravessados pela minha espada.

Contra a Assíria no norte – ¹³Javé vai estender a mão contra o norte e exterminará a Assíria. Fará de Nínive uma terra

---

Ez 7,19). Sobre o Dia de Javé, cf. nota a Am 5,18-20 e introdução a Jl.

2,1-3: Sujeito histórico são os "pobres da terra", convidados a abrir-se para Deus e buscar a "justiça" e a "pobreza" (partilha e solidariedade; cf. Pr 15,33; 18,12; 22,4), para reconstruírem a vida. A mensagem e a linguagem de Sofonias foram influenciadas pelo grupo do profeta Amós (cf. Am 5,14-15), quanto ao "Dia de Javé" (Am 5,20) e aos "pobres da terra" (Am 8,4), ao "direito" e à "justiça" (Am 5,7).

2,4-3,8: Segundo a ordem dos quatro pontos do horizonte: oeste, leste, sul e norte, o redator agrupou os oráculos contra as nações (cf. Is 13-23; Jr 46-51; Ez 25-32; Am 1,3-2,3). O castigo de Javé serve para que todos lhe reconheçam o domínio sobre o mundo e esperem a sua promessa de restaurar o "resto" (vv. 7.9), escolhido como herdeiro dos territórios das nações de todos os continentes (cf. Is 10,20-22).

2,4-7: Os filisteus ("habitantes da beira-mar"), originários de Creta pelo mar Egeu (cf. Dt 2,23; Am 9,7), são um dos tradicionais inimigos de Judá (cf. 1Sm 4-6; 13-14; 31; 2Sm 8,1; 1Rs 15,27; 2Rs 18,8; Is 14,28-32; Jr 25,20). As cidades filisteias sofreram constantes ataques da Assíria (cf. Is 14,28-32) e foram provavelmente saqueadas pelo faraó Necao em 609 a.C. (cf. Jr 47,1-7). O v. 7 é um acréscimo que se enquadra bem no estilo e no pensamento do redator pós-exílico (2,9; 3,13). Sobre o "resto", cf. nota a Is 4,3.

8-11: Os moabitas e amonitas tiraram proveito do povo de Judá derrotado pela Babilônia (cf. Ez 25,1-11). Por isso, esses dois povos descendentes de Ló deverão ser castigados como Sodoma e Gomorra, cuja destruição não atingiu Ló, de acordo com a tradição (cf. Gn 18,30-38). Sobre Moab, cf. nota a Is 15,1; Amon, cf. nota a Jr 49,1.

12: Cush, antigo nome da Etiópia, que governava no Egito (715-663 a.C.; cf. Is 18,1-7), foi derrotado pela Assíria por volta de 670 a.C. O desastre serve de advertência a Judá (cf. Ez 30; 32,17-21).

13-15: Nínive, capital da Assíria, foi tomada e inteiramente destruída pelos babilônios em 612 a.C. Alguns entendem a frase "assobiam e agitam" como alusão a um costume supersticioso e mágico de amaldiçoar e de expulsar os maus espíritos (cf. Jr 19,8; 49,17; 50,13). Sobre os oráculos contra Nínive, cf. Na 2,2-3,19 e notas.

arrasada, árida como o deserto. ¹⁴Bandos de toda espécie de animais passarão a dormir no centro da cidade. Até pelicano e ouriço pousarão à noite no topo das colunas. A coruja piará na janela e o corvo na porta. O madeiramento de cedro foi arrancado. ¹⁵Essa é a cidade alegre, que vivia na segurança, que dizia para si mesma: "Eu, e ninguém mais!" Agora se tornou lugar abandonado, esconderijo de animais. Todos os que passam perto dela, assobiam e agitam a mão.

III. ORÁCULO CONTRA JERUSALÉM

3 *Contra os dirigentes opressores* – ¹Ai da rebelde, da manchada, da cidade opressora! ²Cidade que não escutou o chamado, que não aprendeu a lição. Ela não confiou em Javé, nem se aproximou do seu Deus. ³Seus oficiais são leões que rugem; seus juízes são lobos à tarde, que não comeram nada desde o amanhecer; ⁴seus profetas são uns fanfarrões, mestres de traição; seus sacerdotes profanam as coisas santas e violentam a lei de Deus. ⁵Mas no meio dela está Javé, que é o Justo, que não pratica a injustiça. Todo dia ele dá sua sentença; não há uma só manhã em que ele deixe de comparecer. O criminoso, porém, não reconhece sua própria vergonha.

A lição das nações – ⁶Eu destruí nações inteiras: suas torres de vigia foram arrasadas, fiz suas ruas ficarem desertas, sem nenhum transeunte. As cidades ficaram devastadas, sem ninguém, sem nenhum habitante. ⁷Eu pensava: "Talvez agora ela me tema, aprenda a lição, e sua morada não pereça quando eu lhe pedir contas". Mas eles madrugavam para perverter suas ações. ⁸Por isso – oráculo de Javé! – esperem pelo dia em que eu me levantarei como testemunha! Pois eu decidi reunir as nações e aliar os reinos para despejar contra vocês o meu furor, todo o ardor da minha ira. A terra inteira será consumida pelo fogo do meu ciúme.

IV. PROMESSA DE RESTAURAÇÃO

Conversão dos povos – ⁹Vou purificar os lábios dos povos, para que todos possam invocar o nome de Javé e servir a ele de comum acordo. ¹⁰A oferta, os meus adoradores vão trazê-la do outro lado dos rios da Etiópia.

O resto de Israel – ¹¹Naquele dia, você não precisará mais envergonhar-se das ações com que me ofendeu, porque vou tirar do seu meio seus soberbos fanfarrões, e você não se orgulhará no meu santo monte. ¹²Deixarei em você um resto, um povo pobre e fraco, que se refugiará no nome de Javé. ¹³O resto de Israel não praticará mais a injustiça, nem contará mentiras; não se encontrará mais em suas bocas uma língua mentirosa. Eles poderão pastorear e repousar, e ninguém os incomodará.

Hino de alegria em Sião – ¹⁴Grite de contentamento, filha de Sião! Alegre-se, Israel! Fique alegre e exulte de todo o co-

---

3,1-8: Os oráculos dos profetas estão repletos da advertência de Javé ("lição", vv. 2.7), que anuncia calamidades de todo tipo (cf. Am 6,9-12; Jr 14,1-6; 15,5-9). A lição, porém, não leva à conversão os dirigentes da nação, que continuam violando a lei da vida e transformando Jerusalém numa cidade opressora (cf. Jr 5,3; 6,6-15; Ez 22,23-29).

3,1-5: Reencontra-se aqui o oráculo contra os dirigentes injustos, corruptos e descrentes de Jerusalém (1,8-13), como em vários profetas: Mq 3,1-11; Jr 2,8; Ez 34,1-6. Como Mq 3,11 e Jr 18,18, Sofonias acusa a violação da Lei, os falsos ensinamentos e julgamentos dos dirigentes.

6-8: Trecho acrescentado no pós-exílio para explicar a causa do desastre nacional: a corrupção e a injustiça praticadas pelos dirigentes de Jerusalém (vv. 1-5). Segundo o redator, a advertência à cidade de Jerusalém (vv. 6-7) teria ocorrido, por exemplo, na ocasião das ações militares violentas da Assíria contra as cidades vizinhas de Judá e do Egito, como Tebas, na primeira metade do séc. VII a.C. (cf. Jr 46,25; Ez 30,14-16; Na 3,8).

3,9-20: Texto acrescentado no pós-exílio. A profecia de Sofonias é relida pelo "resto de Israel" que experimentou a catástrofe do exílio e sofreu com as iniquidades de seus governantes em Sião. Por meio desse resto, Javé restaura Israel, onde o povo pobre, humilde e justo vive a vida em plenitude (cf. Am 9,13-15; Is 65,17-25; Ap 21,1-22,5).

9-10: A conversão dos povos é um sinal da chegada do mundo escatológico renovado por Javé (cf. Mq 4,2; Is 11,9; Jr 31,6; Is 66,18-24; Ag 2,7; Zc 8,20). Até os etíopes subirão para Jerusalém a fim de adorar o Deus de Israel (cf. Is 18,7; 19,18-25; 45,14).

11-13: Javé restaura Jerusalém como a cidade da justiça. Essa transformação será feita a partir de "um resto, um povo pobre e fraco", a semente do renovado Israel (cf. 2,3; Jr 40,11).

14-18a: Este hino de alegria em Sião situa-se provavelmente no início da restauração de Jerusalém após o exílio. "Filha de Sião" é personificação dos habitantes de Jerusalém: o resto de Israel. Javé o ama e protege (cf. Is 57,15; 62,5); por isso, está no

ração, ó filha de Jerusalém! ¹⁵Javé mudou a sentença que tinha contra você, eliminou seu inimigo. Javé, o rei de Israel, está no meio de você. E você nunca mais verá a desgraça. ¹⁶Nesse dia, será dito a Jerusalém: Não tenha medo, Sião! Suas mãos não se enfraqueçam. ¹⁷Javé, o seu Deus, o valente libertador, está no meio de você. Por causa de você, ele está contente e alegre, e renova o seu amor por você. Está dançando de alegria por sua causa, ¹⁸ªcomo em dias de festa.

A volta dos dispersos – ¹⁸ᵇAfastarei o mal, para que você não carregue mais o peso da vergonha. ¹⁹Nesse tempo, agirei contra todos aqueles que a oprimem. Salvarei os coxos e reunirei os dispersos. Darei a eles glória e fama na terra onde agora são desprezados. ²⁰Nesse tempo, eu vou guiar vocês. Quando eu os reunir novamente, vou dar-lhes glória e fama entre todos os povos da terra, quando, bem diante dos olhares de vocês, eu trouxer de volta os cativos. Javé o disse.

---

meio dele para restaurar Jerusalém (cf. Is 62,1-9; Zc 2,14).
18b-20: Javé liberta e reúne o povo oprimido, despedaçado e disperso (cf. Mq 4,6-8; Jr 31,10). Agora, o resto de Israel terá fama e glória (cf. Is 61,9). É o sinal de Israel renovado (cf. Is 60,14-15). O livro de Sofonias fica assim à espera da promessa de restauração.

AGEU

RECONSTRUINDO O TEMPLO

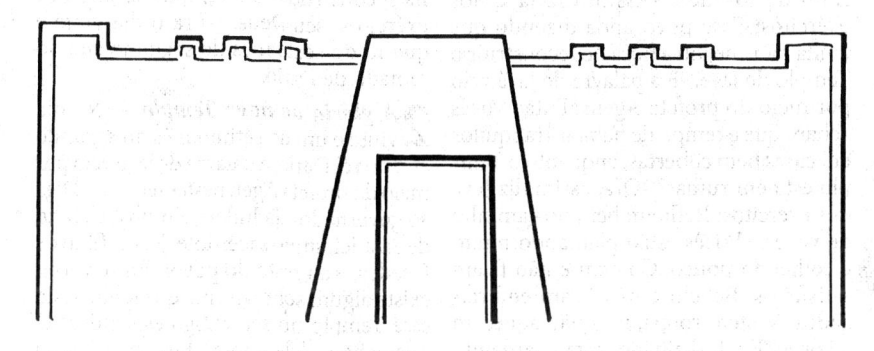

Introdução

O livro de Ageu se situa em 520 a.C., segundo ano do rei Dario I (521-486 a.C.), período delicado na história do povo judeu. 538 a.C. marca o fim do exílio na Babilônia. Um grupo de judeus exilados, a Golá, sob a chefia de Sasabassar, um príncipe de Judá (Esd 1,1.8), representando os ex-governantes deportados, consegue o direito de regressar para Jerusalém (cf. 2Rs 24,10-17; ver Intr. a Ezequiel). O grupo inicia a reconstrução da cidade santa abandonada, com o Templo incendiado e as muralhas derrubadas. Tenta restaurar a cidade gloriosa do passado, como centro de irradiação para todos os judeus dispersos.

Todavia, a obra encontra resistências externas e internas: 1) Samaria (Esd 4,6-23), cidade sede da província à qual pertence o distrito de Judá, tem rivalidade com Jerusalém. 2) Povo da terra (Esd 4,4-5): os pobres remanescentes na Judeia, durante o exílio, organizam-se segundo o sistema "tribal", de forma descentralizada, e ainda tentam manter as terras deixadas pela elite deportada para Babilônia (2Rs 25,12). Com as hostilidades e a falta de recursos, os repatriados se limitam a reconstruir as próprias casas e a trabalhar seus campos (cf. Ag 1,4.9; Esd 4,24).

Passados quinze anos, outro grupo de repatriados, sob a liderança de Zorobabel, neto do rei Joaquin (cf. 2Rs 24,8; 1Cr 3,19), chega a Jerusalém num momento conturbado da Pérsia. Após a morte do imperador Cambises, em 522 a.C., seu sucessor, o jovem rei Dario, enfrenta conflitos internos e revoltas no império. Os repatriados percebem, nessa situação de crise política do império, o momento propício para a reconstrução do reino de Israel, apostando na figura do descendente davídico Zorobabel. Junto com este, o movimento da reconstrução, principalmente do Templo, é conduzido e propagado pelo grupo do profeta Ageu (Haggai), cujo significado provavelmente provém de hag, "festa" do Templo (cf. Ex 34,18-22).

O livro atribuído a Ageu (Esd 5,1-2; 6,14) compõe-se de cinco discursos, com o objetivo bem definido de estimular a reconstrução do Templo. São três mensagens principais: 1. associar a seca e a fome com o desinteresse pela reconstrução do Templo (1,1-15); 2. apontar a reconstrução do Templo como início da intervenção salvífica de Javé (2,1-9); 3. prometer a bênção de Javé aos operários da reconstrução (2,15-19). Sem dúvida, o espírito dessas mensagens foi infundido na comunidade judaica liderada por Josué e Zacarias, sucessores de Zorobabel e Ageu.

AGEU 1-2

1 É tempo de reconstruir o Templo

¹No primeiro dia do sexto mês do segundo ano do reinado de Dario, a palavra de Deus veio, por meio do profeta Ageu, ao governador da Judeia, Zorobabel, filho de Salatiel, e ao chefe dos sacerdotes, Josué, filho de Josedec. ²Assim diz Javé dos exércitos: Esse povo anda dizendo que ainda não chegou a hora de reconstruir o Templo de Javé. ³E a palavra de Javé veio por meio do profeta Ageu: ⁴Então vocês acham que é tempo de habitar tranquilos em casas bem cobertas, enquanto o Templo está em ruínas? ⁵Ora, assim diz Javé dos exércitos: Reflitam bem no caminho de vocês. ⁶Vocês estão plantando muito e colhendo pouco. Comem e não ficam satisfeitos. Bebem e não ficam embriagados. Vestem roupa, mas não aquecem o corpo. E o trabalhador está guardando seu salário em sacola furada. ⁷Assim diz Javé dos exércitos: Reflitam bem no caminho de vocês. ⁸Subam à montanha para cortar madeira e construir o Templo. Eu vou gostar dele e nele manifestarei minha glória – diz Javé. ⁹Vocês esperavam muito: era pouco o que vinha, e eu ainda soprava para longe o que vocês estavam recolhendo. Por que isso? – oráculo de Javé dos exércitos. Porque meu Templo está em ruínas, enquanto cada um de vocês se preocupa com sua própria casa. ¹⁰É por isso que o céu lhes recusa o orvalho e a terra nega seu fruto. ¹¹Eu mandei vir uma seca sobre a terra e os montes, sobre o trigo e o vinho, sobre o azeite e tudo o que a terra produz, sobre homens e animais, sobre todo o produto das mãos de vocês.

¹²Zorobabel, filho de Salatiel, com o chefe dos sacerdotes, Josué, filho de Josedec, e o resto do povo obedeceram à palavra de Javé seu Deus, porque o povo, ouvindo as palavras do profeta Ageu, temeu a Javé. ¹³Ageu, mensageiro de Javé, disse ao povo conforme a mensagem de Javé: Eu estou com vocês – oráculo de Javé.

¹⁴Javé encorajou o governador da Judeia, Zorobabel, filho de Salatiel, sumo sacerdote, Josué, filho de Josedec, e o resto do povo. Então eles puseram mãos à obra na reconstrução do Templo de Javé dos exércitos, seu Deus. ¹⁵Era o dia vinte e quatro do sexto mês do segundo ano do reinado de Dario.

2 A glória do novo Templo

¹No dia vinte e um do sétimo mês do segundo ano do rei Dario, a palavra de Javé veio por meio do profeta Ageu nestes termos: ²Diga ao governador da Judeia, Zorobabel, filho de Salatiel, sumo sacerdote, Josué, filho de Josedec, e ao resto do povo: ³Entre vocês, existe algum sobrevivente que tenha visto esse Templo no seu antigo esplendor? O que acham dele agora? Em comparação com o antigo, não lhes parece que este nem existe? ⁴E agora, coragem, Zorobabel – oráculo de Javé. Coragem, Josué, filho de Josedec, sumo sacerdote! Coragem, povo todo da terra! É o que Javé diz. Mãos à obra, pois eu estou com vocês – oráculo de Javé dos exércitos –, ⁵conforme a palavra da aliança que estabeleci com vocês, quando saíram do Egito. Meu espírito estará com vocês. Não tenham medo!

⁶Porque assim diz Javé dos exércitos: Daqui a pouco tempo eu estarei balançando os céus e a terra, o mar e a terra firme. ⁷Vou sacudir todas as nações, e então as riquezas das nações hão de vir para cá, e assim eu encherei este Templo com minha glória, diz Javé dos exércitos. ⁸Toda a prata é minha, todo o ouro me pertence, diz Javé dos exércitos. ⁹A glória futura deste Templo será bem maior que a de antes, diz Javé dos exércitos. Neste lugar eu estabelecerei a paz, diz Javé dos exércitos.

Consulta aos sacerdotes

¹⁰No dia vinte e quatro do nono mês do segundo ano do

1,1-15: O discurso se destina primeiramente a Zorobabel, a Josué, sumo sacerdote, e aos repatriados ("resto"), que se agrupam ao redor de Jerusalém (cf. Is 10,20-23; Ez 6,8-10). Todos esses, fiéis ao projeto da monarquia, para a qual o Templo é a única habitação de Deus e fonte das condições de vida. Portanto, a seca, as más colheitas, a fome, a pobreza são atribuídas à intervenção de Deus por eles não terem reconstruído o Templo (cf. Lv 26,18-20; Dt 11,13-17; Jr 14,1-12; Os 4,3; Mq 6,14).

2,1-9: A intervenção de Deus na reconstrução do Templo é descrita como momento escatológico, acompanhado de manifestações extraordinárias, qual teofania salvífica de Deus (cf. Ex 19,16-19; Dt 4,10-11; Hab 3,2-12). O novo Templo se encherá com a glória de Deus, glória maior que a antiga (cf. Is 60,1-5), porque dele brotará a paz para sempre (cf. Is 10,5-7; Jr 33,6-9; Zc 8,4-12).

10-14: "Esta nação" e "este povo" são acusados de impuros (cf. Nm 19,11-22). A nação muito provavelmente

reinado de Dario, a palavra de Javé veio ao profeta Ageu nestes termos: ¹¹Assim diz Javé dos exércitos: Peça aos sacerdotes um ensinamento sobre o seguinte caso: ¹²Se alguém, com a barra da veste, toca alguma carne consagrada e depois com ela toca o pão, a comida, o vinho, o azeite ou qualquer outro alimento, essas coisas ficam por acaso consagradas? Os sacerdotes responderam que não. ¹³Ageu continuou: Se alguém, estando impuro por contato com cadáver, toca em todas essas coisas, será que isso se tornará impuro? Os sacerdotes responderam: "Isso se tornará impuro". ¹⁴Então Ageu disse: Pois a mesma coisa acontece com este povo e com esta nação em relação a mim – oráculo de Javé. É isso que acontece com o trabalho de suas mãos. Tudo o que eles me oferecem é impuro.

O novo Templo como fonte da bênção – ¹⁵Agora, pensem no dia de hoje e para o futuro. Antes de vocês colocarem uma pedra em cima da outra para construir o Templo de Javé, ¹⁶qual era a situação de vocês? Uma pessoa ia até um monte de trigo, esperando encontrar vinte medidas, e havia apenas dez. Ia a um tonel para buscar cinquenta barris, e achava apenas vinte. ¹⁷Com o carvão e a ferrugem do trigo e também com a chuva de pedras, eu destruí todo o trabalho das mãos de vocês, mas ninguém voltou para mim – oráculo de Javé. ¹⁸Olhando para trás, prestem atenção daqui em diante, a partir do dia vinte e quatro do nono mês, dia em que foram lançados os alicerces do novo Templo de Javé: ¹⁹Vejam se vai faltar grão na tulha e se a videira, a figueira, a romãzeira e a oliveira não produzirão frutos, pois a partir de hoje eu abençoo vocês.

Promessa a Zorobabel – ²⁰No dia vinte e quatro, pela segunda vez, a palavra de Javé veio a Ageu nestes termos: ²¹Fale a Zorobabel, governador da Judeia: Eu vou balançar os céus e a terra. ²²Vou derrubar os tronos dos reis, vou acabar com a força dos reinos das nações. Derrubarei o carro de guerra com seu condutor. Cavalos e cavaleiros cairão, cada um ferido pela espada de seu próprio companheiro. ²³Nesse dia – oráculo de Javé dos exércitos – eu tomarei você, Zorobabel, meu servo, filho de Salatiel – oráculo de Javé – e farei de você um selo, pois você é meu escolhido – oráculo de Javé dos exércitos.

é Samaria, sede da administração persa da província (cf. Esd 4,1-5). Os remanescentes pobres seriam o povo da terra, que já foi acusado por Ezequiel, ex-sacerdote de Jerusalém, antecessor de Zorobabel e Josué, de praticar abominações e de ocupar a terra deixada pela elite deportada para a Babilônia (cf. Ez 33,23-29). A maioria dos remanescentes pertence à população camponesa pobre, que mantém sua religião e se organiza à maneira comunitária da aldeia. O mesmo projeto se encontra nas mensagens de Amós, Oseias, Miqueias, Sofonias, Jeremias e do próprio Jesus de Nazaré.

15-19: Após a repreensão ao povo da terra e aos samaritanos, o profeta promete aos repatriados, os verdadeiros operários na reconstrução do Templo, a bênção de Javé: prosperidade agrícola, paz e felicidade (cf. Sl 128; Jl 2,21-24).

20-23: As instabilidades do império persa e das nações são interpretadas como sinal da intervenção de Javé para a restauração do reino davídico. Nisso, Zorobabel com o "selo" (Jr 22,24) é apresentado como legítimo sucessor de Davi, filho de Deus (cf. Sl 2,7; 2Sm 7,12-16; Zc 4,1-14). Historicamente, não vingou a pretensão de Zorobabel e Ageu de reconstruir a monarquia. Alguns pensam que os dois foram presos pelo Império persa, que implantou em Judá o governo teocrata (cf. Esd 7,25-26).

ZACARIAS

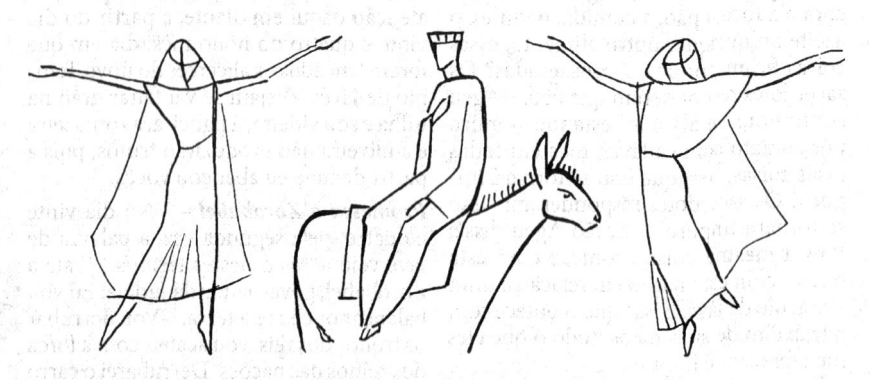

Introdução

O livro que traz o nome de Zacarias pode dividir-se em três grandes partes. Os caps. 1-8, com oito visões, contêm a mensagem de um profeta chamado Zacarias a respeito da reconstrução de Jerusalém logo após a missão de Ageu (520 a.C.). Os caps. 9-11, escritos em poesia no período grego que sucede às conquistas de Alexandre, por volta do ano 300 a.C., apresentam um projeto de esperança e paz, a realizar-se através de um rei justo e humilde como bom pastor. Os caps. 12-14, compostos pelo ano 200 a.C., apresentam em linguagem apocalíptica o final dos tempos em torno de Jerusalém.

PRIMEIRA PARTE
RECONSTRUINDO O TEMPLO E A COMUNIDADE
Introdução

Em 520 a.C., o rei Dario I controla a rebelião no império e restaura a paz. Na Judeia, o movimento de restauração do reino davídico, sob a liderança de Zorobabel, é provavelmente reprimido por Dario. Por isso, o movimento dos judeus repatriados busca outro rumo: estabelecer, com o consentimento da Pérsia, um governo teocrata sob o comando do sumo sacerdote Josué. O processo de consolidação da teocracia na Judeia tem história longa e conflituosa, e se estende até os anos 450 a.C., sucessivos a Neemias e Esdras.

A primeira parte de Zacarias (1-8) nasce com a finalidade de incentivar a reconstrução de Jerusalém ao redor do Templo; ao mesmo tempo, procura esboçar nova organização política. A primeira seção, com três visões (1,2-2,17), descreve a preparação para a restauração de Jerusalém; a seção central, com duas visões (3,1-4,14), apresenta a organização da nova comunidade; a última seção, com três visões (5,1-8,23), salienta as condições da restauração final.

1

Título – ¹No oitavo mês do segundo ano de Dario, a palavra de Javé veio ao profeta Zacarias, filho de Baraquias, filho de Ado, com esta mensagem:

Apelo à conversão – ²Javé irou-se profundamente contra os pais de vocês. ³Então você deverá dizer ao povo de hoje: Assim diz Javé dos exércitos: Voltem para mim – oráculo de Javé dos exércitos – e eu voltarei para vocês, diz Javé dos exércitos. ⁴Não façam como seus pais. Os profetas antigos chamavam a atenção deles, dizendo: "Assim diz Javé dos exércitos: Convertam-se de seus caminhos e de suas más ações". Eles, porém, não me escutaram nem me deram atenção – oráculo de Javé. ⁵Onde estão os pais de vocês? E os profetas, continuam vivendo para sempre? ⁶Agora, a minha palavra e as ordens que dei a meus servos, os profetas, por acaso não atingiram os pais de vocês? Então eles se converteram e disseram: "Javé dos exércitos tratou-nos como havia determinado tratar-nos, de acordo com nossos caminhos e nossas ações".

Primeira visão: os cavaleiros – ⁷No dia vinte e quatro do décimo primeiro mês do segundo ano de Dario, a palavra de Javé veio ao profeta Zacarias, filho de Baraquias, filho de Ado, na seguinte forma: ⁸Tive uma visão durante a noite. Era um homem montado num cavalo avermelhado, parado entre as árvores de murta, no fundo de um abismo. Atrás dele estavam cavalos avermelhados, alazões e brancos. ⁹Então perguntei: "Quem são eles, meu Senhor?" (O anjo que falava comigo respondeu: "Vou mostrar-lhe quem são eles".) ¹⁰O homem parado no meio das árvores de murta respondeu: "Estes são os que Javé enviou para percorrer a terra". ¹¹Eles trouxeram a resposta ao anjo de Javé, que estava parado no meio do arvoredo: "Acabamos de percorrer a terra, e ela toda repousa tranquila". ¹²E o anjo de Javé perguntou: "Javé dos exércitos, até quando ficarás sem mostrar compaixão para com Jerusalém e as outras cidades de Judá, contra as quais estás irado já faz setenta anos?" ¹³Javé respondeu com palavras boas e consoladoras ao anjo que falava comigo. ¹⁴Então o anjo de Javé que falava comigo ordenou: "Proclame: Assim diz Javé dos exércitos: Tenho ciúmes de Jerusalém e de Sião, um ciúme muito grande. ¹⁵E também estou muito irado contra as nações tranquilas, pois quando eu estava apenas um pouco irado, elas continuaram a colaborar com o mal. ¹⁶Por isso, assim diz Javé: Eu me volto para Jerusalém cheio de compaixão: meu Templo será reconstruído – oráculo de Javé dos exércitos – e o cordel de medir será estendido sobre Jerusalém. ¹⁷Proclame ainda: Assim diz Javé dos exércitos: Minhas cidades novamente transbordarão de bens, Javé de novo consolará Sião, e mais uma vez vai escolher a cidade de Jerusalém".

2

Segunda visão: quatro chifres e quatro ferreiros – ¹Levantei os olhos e vi quatro chifres. ²Perguntei ao anjo que falava comigo: "O que significam esses chifres?" Ele respondeu: "São os chifres que dispersaram Judá (Israel) e Jerusalém". ³Depois, Javé me fez ver quatro ferreiros. ⁴Perguntei: "O que eles vão fazer?" Ele respondeu: "(Estes são os chifres que dispersaram Judá, de tal modo que

---

1,1: Zacarias começa sua atividade em outubro-novembro de 520 a.C., poucos meses após a primeira profecia de Ageu. É apresentado como sacerdote filho de Ado (Esd 5,1; 6,14; cf. Ne 12,16). Sua pertença à família sacerdotal pode explicar a importância do sumo sacerdote Josué na nova organização política (cf. 3,1-7; 6,9-15). Os nomes de Zacarias ("memória da ação de Javé": cf. Jr 31,20) e de seu pai Baraquias ("Javé abençoa") enfatizam simbolicamente a importância da bênção de Javé na reconstrução de Jerusalém (cf. Jr 31,33).

2-6: Converter-se à palavra de Deus é fundamental para o caminho de restauração dos judeus repatriados (cf. Dt 30,11.15; Jr 25,4-8). No processo de consolidação da teocracia, a palavra de Deus se identifica cada vez mais com as leis relativas ao culto, à pureza e à santidade (1,6; 7,12; cf. Ne 1,1-11).

7-17: A primeira visão traz a condição favorável à reconstrução. Em meados de fevereiro de 519 a.C. (v. 7), Dario teria sufocado as revoltas no império e restabelecido a paz. Essa tranquilidade (v. 11) é descrita pelos cavaleiros, talvez refletindo as patrulhas do correio persa que percorriam os quatro cantos do império (quatro cores: cf. 6,1-8). Termina o tempo do cativeiro e da escravidão (setenta anos: v. 12; cf. Jr 25,11; 29,10) e começa o novo tempo da reconstrução de Jerusalém (vv. 16-17). Para isso, as "nações tranquilas", inimigas de Judá, deverão ser castigadas, fato anunciado na próxima visão.

2,1-4: Os quatro chifres (símbolo da força e da violência: cf. Dn 8,3-27) representam os inimigos que provocaram a dispersão dos judeus. O mensageiro de Deus, porém, confirma que os inimigos serão aniquilados pelos quatro ferreiros, símbolos da força divina (cf. Mq 4,13).

ninguém podia levantar a cabeça.) Os ferreiros vieram para aterrorizá-los, para cortar fora os chifres dessas nações, que investem o chifre contra a terra de Judá, espalhando sua gente pelo mundo".

Terceira visão: homem e cordel – [5]Levantei os olhos e vi um homem com o cordel de medir. [6]Perguntei: "Aonde você vai?" Ele respondeu: "Vou medir Jerusalém, para ver qual é sua largura e comprimento". [7]Então o anjo que falava comigo deu um passo à frente, e outro anjo veio ao encontro dele. [8]E aquele disse a este: "Corra, vá dizer àquele jovem que Jerusalém deve ficar sem muros, por causa da multidão de homens e animais que ela deverá acolher. [9]Mas eu serei para ela – oráculo de Javé – muralha de fogo ao seu redor e, no meio dela, eu serei sua glória".

Apelo aos exilados – [10]Vamos, vamos! Fujam da Babilônia – oráculo de Javé – pois eu dispersei vocês pelos quatro ventos – oráculo de Javé. [11]Ai, Sião, escape, você que habita com a filha da Babilônia. [12]Porque assim diz Javé dos exércitos, depois que a Glória me mandou às nações que roubaram vocês: Quem fere a vocês, fere a pupila dos meus olhos. [13]Pois eu agito a mão contra eles, e serão despojo para aqueles que eram seus escravos. Assim vocês ficarão sabendo que foi Javé dos exércitos quem me mandou.

O Senhor entra em Jerusalém – [14]Festeje e fique alegre, filha de Sião, pois eu estou vindo para habitar com você – oráculo de Javé. [15]Nesse dia, numerosas nações vão aderir a Javé e passarão a ser o meu povo. Eu virei habitar em seu meio, e você ficará sabendo que foi Javé dos exércitos quem me mandou a você. [16]Javé tomará Judá como sua porção na terra santa e voltará a escolher Jerusalém. [17]Silêncio diante de Javé, criaturas todas, pois ele se levanta em sua habitação santa.

3 **Quarta visão: a veste de Josué** – [1]Depois, ele me fez ver Josué, sumo sacerdote, parado na frente do anjo de Javé. E Satã estava em pé, à direita de Josué, para acusá-lo. [2]E o anjo falou a Satã: "Que Javé reprima você, Satã. Que Javé o reprima, pois ele escolheu Jerusalém. Esse aí não é, por acaso, um tição tirado do fogo?" [3]Josué estava vestido com roupas sujas e parado na frente do anjo. [4]Então o anjo falou aos que estavam de pé, à sua frente: "Tirem dele as roupas sujas". E disse a Josué: "Veja, eu afastarei de você sua culpa e o revestirei com roupas limpas". [5]E acrescentou: "Ponham-lhe na cabeça um turbante limpo". Então lhe puseram na cabeça um turbante limpo e o vestiram com roupas limpas. O anjo de Javé estava de pé [6]e falou solenemente a Josué: [7]"Assim diz Javé dos exércitos: Se você andar em meus caminhos e guardar meus mandamentos, você governará meu Templo e guardará meus átrios, e eu deixarei você entrar entre estes que estão aqui de pé.

A vinda do Rebento – [8]Escute, pois, Josué, sumo sacerdote, você e seus companheiros que estão diante de você, porque eles são homens de presságio: eu estou fazendo vir

---

5-9: O cordel (cf. Ez 40,3) é usado para medir o terreno, com o objetivo de reconstruir Jerusalém como cidade aberta, sem muros. Esse projeto evidencia a posição dos amigos de Zacarias, que não só buscam o apoio da Pérsia, mas também negociam com o povo da terra. Tal posição se diferencia da atitude hostil do grupo de Ageu diante dos opositores (cf. Ag 2,10-14; ver Intr. a Ageu).

10-13: Como em 2,1-4, os inimigos de Judá são castigados, e Sião será salva (cf. Is 51,16). Por isso, os exilados ("a pupila dos meus olhos": Dt 32,10; Sl 17,8) devem acreditar no poder de Javé dos exércitos e voltar para Jerusalém e reconstruí-la. Muitos exilados, já bem instalados na Babilônia, não desejavam regressar.

14-17: Segundo o grupo de Zacarias, Jerusalém, com a presença de Javé em seu meio (Sf 3,14-17), torna-se novamente o centro do mundo, onde todos os povos se reúnem (cf. Is 56,6; 60-62). Tal anúncio universal impulsiona, em vista da reconstrução, os judeus repatriados, desanimados com o desaparecimento de Zorobabel, neto de Joaquin, penúltimo rei de Judá (cf. 2Rs 24,8).

3,1-7: Josué aparece na lista dos judeus repatriados (cf. Esd 2,2.36; Ne 7,7.39). Após o desaparecimento de Zorobabel, esses repatriados tentam reconstruir em Jerusalém, com apoio dos persas, uma teocracia governada pelo sumo sacerdote Josué, o qual é repatriado do exílio ("tição tirado do fogo") e aparece com roupas sujas (sinal de luto ou impureza do exílio). Depois, é purificado (com roupas limpas) e revestido de vestes sacerdotais para ter acesso ao Templo. As várias expressões, como "turbante limpo" (cf. Is 62,3) e "andar em meus caminhos" (1Rs 2,2), confirmam a autoridade do mesmo sumo sacerdote no lugar do rei. Ver nota em Jó 1,6 sobre "Satã", o adversário.

8-10: A vinda do "meu servo Rebento" (cf. Is 42,1; Jr 23,5) significa o sinal da chegada de um novo quadro político com a liderança do sumo sacerdote Josué, instituição que restauraria a paz e a prosperidade (vinha e figueira: Mq 4,4). A "pedra", colocada diante de Josué, talvez seja a pedra fundamental do Templo ou uma pedra fixada na veste do sacerdote (cf. Ex 28,9-

meu servo Rebento. ⁹Aqui está a pedra que coloquei diante de Josué: sobre esta pedra há sete olhos. Eu mesmo gravarei nela uma inscrição – oráculo de Javé dos exércitos – e num só dia tirarei a maldade desta terra.

¹⁰Nesse dia – oráculo de Javé dos exércitos – cada um de vocês poderá convidar seu vizinho para vir debaixo da sua própria vinha e debaixo da sua própria figueira".

4 *Quinta visão: o candelabro e as duas oliveiras* – ¹O anjo que estava conversando comigo voltou e me fez acordar, como se estivesse despertando alguém do sono. ²Ele perguntou: "O que você está vendo?" Respondi: "Vejo um candelabro todo de ouro, tendo na ponta um reservatório de azeite e sete lâmpadas nos sete bicos que há na extremidade. ³E junto dele vejo também duas oliveiras, uma à direita e outra à esquerda do reservatório de azeite". ⁴Então perguntei ao anjo que falava comigo: "O que significam essas coisas, meu senhor?" ⁵O anjo que falava comigo respondeu: "Você não sabe o que significam essas coisas?" Respondi: "Não, meu senhor". ⁶ᵃEntão ele me explicou: ¹⁰ᵇ"Estes são os olhos de Javé que percorrem toda a terra". ¹¹Eu lhe perguntei: "O que significam as duas oliveiras, uma à direita e outra à esquerda do candelabro?" ¹²(E tornei a perguntar: "O que significam esses dois ramos de oliveira que vertem azeite dourado por dois bicos de ouro?") ¹³Ele me respondeu: "Você não sabe o que significam essas coisas?" Eu respondi: "Não, meu senhor". ¹⁴Ele me explicou: "Estes são os dois homens ungidos que estão de pé diante do Senhor de toda a terra".

⁶ᵇEsta é a mensagem de Javé para Zorobabel: Não será com o poder nem com a força, será com o meu espírito, diz Javé dos exércitos. ⁷Quem é você, grande montanha? Diante de Zorobabel, você se tornou apenas uma planície, de onde ele tira a primeira pedra aos gritos: "Graças a ela! Graças a ela!" ⁸A palavra de Javé veio a mim para explicar: ⁹"As mãos de Zorobabel lançaram os fundamentos deste Templo; suas mãos irão terminá-lo. (Assim vocês ficarão sabendo que foi Javé dos exércitos quem me mandou a vocês.) ¹⁰ᵃPois, quem desprezou o dia de pequenos acontecimentos? Que eles se alegrem vendo a pedra de chumbo na mão de Zorobabel".

5 *Sexta visão: o livro voando* – ¹Levantei novamente os olhos e vi um livro voando. ²O anjo que falava comigo perguntou: "O que você está vendo?" Respondi: "Estou vendo um livro que voa. Tem uns dez metros de comprimento por cinco de largura". ³E ele me disse: "É a maldição que se espalha sobre a superfície de toda a terra. E, assim como o livro, todo ladrão será expulso daqui. E todo aquele que jura falso em meu nome será expulso daqui, tal como o livro. ⁴Eu espalharei essa maldição – oráculo de Javé dos exércitos – para que entre na casa do ladrão e na casa daquele que jura falso em meu nome. Ela vai se estabelecer dentro de sua casa e a destruirá, tanto a parte de madeira como a parte de pedra".

Sétima visão: a mulher na vasilha – ⁵O anjo que falava comigo aproximou-se e disse: "Levante os olhos e veja isso que

---

30; 31,6-7). Em ambos os casos está a proteção de Javé ("sete olhos").

4,1-14: Diante do Senhor Javé (candelabro com sete lâmpadas: vv. 10.14), estão presentes os dois ungidos (duas oliveiras com o óleo): Zorobabel, descendente de Davi, e o sumo sacerdote Josué. Este com Zorobabel reconstroem o altar e o Templo (Esd 3,2.8; 5,2). Porém, com a possível intervenção do império persa, desaparecerá de cena Zorobabel, promotor da realeza davídica; então Judá será governada pelos teocratas, com a liderança do sumo sacerdote. Por isso, a quinta visão talvez seja um dos textos mais primitivos, pois reflete a situação política da comunidade judaica que sonha com a instauração da referida dinastia.

5,1-4: O livro, cujas dimensões são as mesmas do pórtico do Templo de Salomão (1Rs 6,3), contém o julgamento de Javé. Para a reconstrução da comunidade judaica, não basta que o Templo seja reconstruído; a comunidade também deve purificar-se da "maldição": o roubo e o falso juramento no tribunal (cf. Lv 19,11-18). Esta preocupação do grupo de Zacarias exprime o conflito pela posse da terra dos exilados que foi entregue aos remanescentes que nela habitam há mais de 50 anos (cf. 2Rs 25,12; Jr 40,11-12). O conflito, que é alvo do processo judicial, estende-se até os anos sucessivos a Neemias (cf. Ne 5,1-5). De certa forma, a sexta visão defende os interesses dos judeus repatriados, que querem ter de volta a posse de suas terras (cf. Ez 33,23-29).

5-11: O tema da purificação continua. A maldade, personificada na figura de uma mulher (cf. Pr 6,24; 12,4; 21,19), ou na imagem de deusa (cf. Jr 44,17-19), deve ser totalmente extirpada; para isso, ela é enviada a Babilônia (Senaar: cf. Gn 10,10; Is 11,11), império do mal (cf. Jr 50-51). Esta visão provavelmente se inspirou

vem vindo". ⁶Eu perguntei: "O que é isso?" Ele respondeu: "É uma vasilha que vem vindo". E acrescentou: "É a maldade que está em toda a terra". ⁷Ergueu-se a tampa de chumbo e havia dentro da vasilha uma mulher sentada. ⁸O anjo disse: "Ela é a maldade". Empurrou-a novamente para dentro da vasilha e fechou-a com a tampa de chumbo. ⁹Olhei de novo e vi: surgiam duas mulheres com asas ao vento. Tinham asas iguais às da cegonha. Elas levantaram a vasilha entre a terra e o céu. ¹⁰Eu perguntei ao anjo que falava comigo: "Para onde elas vão levar a vasilha?" ¹¹Ele respondeu: "Para o templo que lhe irão construir na terra de Senaar; vão fazer-lhe um pedestal e colocá-la em cima".

6 *Oitava visão: os carros* – ¹Levantei os olhos novamente e vi quatro carros. Vinham saindo do meio de duas montanhas, e as montanhas eram de bronze. ²O primeiro carro tinha cavalos vermelhos; o segundo carro, cavalos pretos; ³o terceiro carro, cavalos brancos; e o quarto carro, cavalos malhados. Eram cavalos vigorosos.

⁴Então perguntei ao anjo que falava comigo: "Quem são eles, meu Senhor?" ⁵O anjo me respondeu: "São os quatro ventos do céu, que saem depois de ter estado diante do Senhor de toda a terra. ⁶O carro de cavalos pretos vai para o lado do norte, os cavalos brancos vão atrás deles, e os cavalos malhados vão para o sul". ⁷Vigorosos, eles estavam impacientes para percorrer a terra. E o anjo mandou: "Vão percorrer a terra". E eles percorreram a terra. ⁸Ele me chamou e disse: "Veja: esses que partiram para o norte, farão o meu espírito repousar na terra do norte".

Coroação de Josué – ⁹A palavra de Javé veio a mim, dizendo: ¹⁰"Pegue ouro e prata de alguns exilados que pertencem às famílias de Heldai, de Tobias e de Idaías, e vá até a casa de Josias, filho de Sofonias, que chegou da Babilônia. ¹¹Tome ouro e prata, faça coroas e coloque-as na cabeça do sumo sacerdote Josué, filho de Josedec. ¹²Depois, diga-lhe o seguinte: Assim diz Javé dos exércitos; Aqui está um homem. Seu nome é Rebento, e de onde ele está alguma coisa vai brotar. (Ele reconstruirá o Templo de Javé.) ¹³Sim, ele reconstruirá o Templo de Javé; ele vai receber a majestade, se assentará e governará desde o seu trono. Um sacerdote estará a seu lado e haverá entre os dois um conselho de paz. ¹⁴Para Heldai, Tobias, Idaías e para o filho de Sofonias, essas coroas serão uma lembrança no Templo de Javé. ¹⁵Eles virão de longe e reconstruirão o Templo de Javé. Então vocês ficarão sabendo que foi Javé dos exércitos quem me mandou a vocês. Isso acontecerá se vocês obedecerem a Javé, o Deus de vocês".

7 *Consulta sobre o jejum* – ¹No dia quatro do mês de Casleu, o nono mês, no ano quatro do rei Dario, a palavra de Javé veio a Zacarias. ²Betel enviou Sarasar, alto funcionário do rei, com seus homens, para suplicar a Javé ³e perguntar aos sacerdotes do Templo de Javé dos exércitos e aos profetas: "Eu devo chorar no quinto mês e fazer jejum, como tenho feito há tantos anos?"

Lições do passado: o verdadeiro jejum – ⁴A palavra de Javé dos exércitos veio a mim, dizendo: ⁵"Diga a todo o povo da terra e também aos sacerdotes: Quando vocês, durante setenta anos, jejuaram e ba-

---

na cerimônia da expiação, na qual o sacerdote expulsa para o deserto um bode carregado com os pecados do povo (cf. Lv 16). Usar a figura de mulheres (maldade e cegonha: cf. Lv 11,19; Dt 14,18) expressa os preconceitos do mundo patriarcal, governado pela casta sacerdotal, contra as mulheres (cf. Eclo 42,12-14).

6,1-8: Carros com cavalos que percorrem os quatro cantos do mundo (cf. 1,7-11; Ap 6,2-8) serão enviados à Babilônia ("terra do norte"), a terra dos exilados. Incentivados pelo espírito do Senhor (cf. Ez 8,3; 37,14), os novos repatriados participarão da reconstrução de Jerusalém (2,10-13).

9-15: Aqui, Josué com a coroa assume a função de um rei que toma nas mãos o poder do governo teocrata. No entanto, é muito provável que em 6,11-13 o nome de Zorobabel estivesse originalmente no lugar de Josué (v.

11). Josué (poder religioso), juntamente com Zorobabel (poder civil), governarão a comunidade judaica (v. 13), como na quinta visão. Isso mostra que a formação do livro de Zacarias tem história longa e complicada.

7,1-3: A reconstrução de Jerusalém está em andamento. Em novembro de 518 a.C., uma comitiva, enviada por Sarasar (nome babilônico), representante do rei, levanta a questão sobre a validade do jejum do quinto mês (julho), que lembrava a queda de Jerusalém em 587 a.C. (2Rs 25,8). Talvez a pergunta seja política: este jejum seria o culto nacional pela libertação do povo com a instauração da nação davídica? A resposta está em 8,18-19.

4-14: O texto se insere aqui para explicar o que provocou a desgraça nacional (a queda de Jerusalém: cf. Ez 11,19; 22,7), lembrada pelo jejum do quinto mês.

teram no peito a cada quinto mês e a cada sétimo mês, por acaso foi para mim que vocês jejuaram? ⁶E quando vocês comem e bebem, não é para vocês mesmos que estão comendo e bebendo? ⁷E não foi isso que Javé disse pela boca dos seus profetas antigos, no tempo em que Jerusalém era habitada e vivia tranquila, ela e as outras cidades em volta, quando o Negueb e a Planície eram ainda habitadas?"

⁸(A palavra de Javé veio a Zacarias nestes termos: ⁹"Assim diz Javé dos exércitos:) Façam julgamento verdadeiro, e cada qual trate seu irmão com amor e compaixão. ¹⁰Não oprimam a viúva e o órfão, o estrangeiro e o pobre; e ninguém fique, em seu coração, tramando o mal contra seu irmão". ¹¹Eles, porém, não quiseram prestar atenção. Deram-me as costas e endureceram os ouvidos para não ouvir. ¹²Endureceram seus corações como diamante, para não ouvir a Lei e as palavras que Javé dos exércitos tinha enviado pelo seu espírito, por intermédio dos profetas antigos. Tudo isso fez com que Javé dos exércitos ficasse com grande ira ¹³e dissesse: "Já que eu chamei e eles não escutaram, agora também eles podem gritar que eu não escutarei. ¹⁴Eu os dispersei por todas as nações que não conheciam, e atrás deles a terra ficou vazia, sem transeunte. Eles transformaram num deserto essa terra deliciosa".

8 Promessa escatológica: vida em plenitude – ¹A palavra de Javé dos exércitos veio a mim nestes termos:

²"Assim diz Javé dos exércitos: Tenho muito ciúme de Sião; estou fervendo de ciúmes por sua causa.

³Assim diz Javé dos exércitos: Voltarei a Sião, habitarei em seu meio, Jerusalém. Jerusalém será chamada Cidade Fiel, e a montanha de Javé dos exércitos terá o nome de Montanha Santa.

⁴Assim diz Javé dos exércitos: Anciãos e anciãs ainda se assentarão nas praças de Jerusalém, cada um com seu bastão na mão por causa da idade. ⁵Mas logo as praças da cidade ficarão cheias de meninos e meninas brincando pelas ruas.

⁶Assim diz Javé dos exércitos: Se isso parece impossível aos olhos do resto deste povo, seria impossível também para mim (naqueles dias)? – oráculo de Javé dos exércitos.

⁷Assim diz Javé dos exércitos: Eu estou libertando meu povo da terra do nascer e do pôr do sol. ⁸Eu vou trazê-los de volta para habitar no seio de Jerusalém. Então eles serão meu povo e eu serei o Deus deles, na fidelidade e na justiça.

⁹Assim diz Javé dos exércitos: Coragem, vocês que nestes dias ouvem estas palavras da boca dos profetas, no dia em que foram postos os alicerces para a reconstrução do Templo de Javé dos exércitos. ¹⁰Antes desses dias, não havia pagamento nem pelo trabalho do homem nem pelo trabalho do animal. Não se podia ir e vir tranquilamente, por causa do inimigo. Eu os tinha colocado todos uns contra os outros. ¹¹Mas agora, não vou ser para este resto do povo como fui nos tempos antigos – oráculo de Javé dos exércitos –, ¹²porque a semeadura vai ser em paz. A parreira dará seu fruto, a terra dará seu produto, os céus darão seu orvalho. Darei tudo isso como herança ao resto deste povo. ¹³Então, da mesma forma como vocês foram maldição entre as nações, casa de Judá e de Israel, agora eu salvarei vocês, e vocês serão uma bênção. Não tenham medo. Coragem!

¹⁴Assim diz Javé dos exércitos: Da mesma forma como planejei fazer-lhes mal quando seus pais me aborreceram – diz Javé dos exércitos – e eu não me arrependi, ¹⁵assim também, nesses dias, eu planejarei a felicidade para Jerusalém e para a casa de Judá. Não tenham medo! ¹⁶Vocês praticarão isto: digam a verdade a seu próximo, julguem com integridade nos tribunais de vocês, ¹⁷não tramem

---

O jejum do sétimo mês (setembro) lembrava o assassinato de Godolias (2Rs 25,25). Como em 5,1-4, o grupo de Zacarias insiste na "justiça social" como verdadeiro jejum (cf. Is 58,1-12; Ne 5).

8,1-17: Trata-se de outra tentativa de convencer os judeus exilados ("resto": vv. 6.11.12) a reconstruírem o Templo e a cidade. Se os repatriados de fato se empenharem na reconstrução do Templo (v. 9) e na purificação da comunidade (vv. 16-17), Deus os atenderá e lhes responderá com a promessa escatológica: a renovação da aliança (v. 8: Jr 31,31-34); Javé no meio de Jerusalém, Cidade Fiel (v. 3; Is 1,26; 60,14; Ez 48,35); a vida em plenitude, paz e alegria (vv.4-5: Is 65,20); a prosperidade agrícola (v. 12: Ag 2,15-19; Jl 2,18-27).

o mal contra seu próximo, não amem o falso testemunho, pois eu odeio todas essas coisas – oráculo de Javé".

Resposta à consulta sobre o jejum – [18]A palavra de Javé dos exércitos veio a mim nestes termos, dizendo: [19]"Assim diz Javé dos exércitos: Os jejuns do quarto, quinto, sétimo e décimo mês serão para a casa de Judá um contentamento, uma alegria, uma festa muito feliz. Amem a fidelidade e a paz".

A salvação universal ao redor de Jerusalém – [20]Assim diz Javé dos exércitos: De novo virão povos e habitantes das grandes cidades. [21]Os habitantes de uma cidade irão para outra, dizendo: "Vamos aplacar a Javé. Eu vou com você visitar Javé dos exércitos". [22]Povos numerosos e nações poderosas virão à procura de Javé em Jerusalém, para aplacar a Javé.

[23]Assim diz Javé dos exércitos: Nesses dias, dez homens de todas as línguas faladas pelas nações pegarão um judeu pela barra do manto, dizendo: "Nós queremos ir com você, pois ouvimos falar que Deus está com vocês".

SEGUNDA PARTE
JAVÉ, REI VITORIOSO E BOM PASTOR

Introdução

O rei grego Alexandre Magno vence o rei persa Dario III, na batalha de Issos (333 a.C.), e conquista todo o império persa, desde o Egito até a Índia (326 a.C.: cf. 1Mc 1,1-9). Depois da morte de Alexandre (323 a.C.), seus generais "diádocos" lutam pelos territórios: a Palestina fica na disputa entre os ptolomeus do Egito e os selêucidas da Síria. Guerras, tributos e violência devastam o povo, que por sua vez clama por libertação, confiando nas ações de Javé, conforme a memória do êxodo. É o que se reflete na segunda parte (9-11): Javé, rei vitorioso e bom pastor, julga e destrói as nações opressoras, e liberta seu povo de todas as escravidões.

9 **Contra os povos vizinhos** – [1]Oráculo. A palavra de Javé está na terra de Hadrac, e Damasco é seu lugar de repouso, porque a Javé pertencem a joia de Aram e todas as tribos de Israel; [2]e também Emat, que faz divisa com ela, (Tiro) e Sidônia, que tem muita sabedoria.

[3]Tiro construiu para si uma fortaleza e amontoou prata como areia e ouro como lama da rua. [4]Apesar disso, Javé tomará a cidade, sepultará no mar sua riqueza, e a cidade será devorada pelo fogo.

[5]Ascalon verá e ficará com medo. Gaza também tremerá bastante, e também Acaron, pois sua confiança foi confundida. O rei de Gaza desaparecerá, e Ascalon não será habitada; [6]em Azoto habitará um bastardo; e eu destruirei o orgulho dos filisteus. [7]Tirarei o sangue de sua boca, arrancarei as abominações dentre os seus dentes. Eles também se tornarão um resto para nosso Deus; e serão uma família em Judá, e Acaron será como um jebuseu. [8]Armarei minha tenda na linha de frente da minha casa contra aqueles que vão e vêm. O opressor não passará mais sobre eles, pois agora eu estou vendo com meus próprios olhos.

Javé, rei vitorioso e justo – [9]Dance de alegria, filha de Sião. Grite de alegria, filha de Jerusalém, pois agora seu rei está chegando, justo e vitorioso. Ele é pobre, vem montado num jumento, num jumentinho

---

18-19: O jejum deve ser substituído pela alegria (cf. 7,1-3): é a festa da reconstrução de Jerusalém com o consentimento do rei da Pérsia. Zorobabel, representante do movimento pela instauração da nação davídica, não esteve presente na inauguração do Templo em 515 a.C.

20-23: Ao finalizar a primeira parte, o autor exalta a grandeza de Javé e de sua cidade, reconstruída como centro universal de peregrinação (cf. Is 2,1-5; 60,11-14; Mq 4,1-5).

9,1-8: A guerra de Javé contra os povos vizinhos se inspirou na incursão de Alexandre na costa siro-fenícia; este conquistou a Síria, a região fenícia (Tiro e Sidônia) e a filisteia (Ascalon, Gaza, Acaron e Azoto), até o Egito em 332 a.C. O autor vê nisso a ação de Javé, que derrota os povos opressores e amplia o território do povo eleito (cf. Ez 47,13-23). Depois, Javé purifica os inimigos (v. 7a: cf. Lv 19,26; Ez 18,6; 33,25) e os integra no povo de Deus (7b: 2Sm 5,6-9).

9-10: O rei vitorioso e pobre (Sf 3,12), montado num jumento (Gn 49,11; Jz 5,10; 10,4; 12,14; Mt 21,5), é o Senhor Javé (Is 33,22; Mq 4,7; Sf 3,15). Sua realeza não está no poderoso armamento, como os carros e cavalos dos gregos, e sim na justiça e na solidariedade com o

filho de uma jumenta. ¹⁰Ele destruirá os carros de guerra de Efraim e os cavalos de Jerusalém; quebrará o arco de guerra. Anunciará a paz a todas as nações, e seu domínio irá de mar a mar, do rio Eufrates até os confins da terra.

Javé liberta seu povo – ¹¹Quanto a você, pelo sangue da sua aliança, libertarei os presos do poço sem água. ¹²Prisioneiros cheios de esperança, voltem para a fortaleza, pois hoje lhes anuncio: "Eu retribuirei o dobro a você". ¹³Esticarei Judá como um arco, a flecha que eu armo é Efraim. Atiro seus filhos, ó Sião, contra os filhos de Javã. Faço de você uma espada valente. ¹⁴Javé aparecerá lutando contra eles: as flechas dele voarão como raios. O Senhor Javé toca sua trombeta e avança no vendaval que vem do sul. ¹⁵Quem os protege é Javé dos exércitos. Eles devorarão, pisarão as pedras da funda, beberão o sangue dos inimigos como se fosse vinho; eles se encherão como as bacias do sacrifício, e ficarão ensopados como os cantos do altar. ¹⁶Nesse dia, Javé, o Deus deles, salvará seu povo como a um rebanho. E eles brilharão em sua própria terra como pedras de uma coroa. ¹⁷Que riqueza, que beleza! O trigo trará vigor para os jovens e o vinho para as jovens.

10
Javé, o único Senhor – ¹Peçam a Javé as chuvas temporãs e tardias, pois Javé envia relâmpagos e chuva forte, dando a erva para cada um no seu campo. ²Pois os terafim predizem a falsidade, os videntes só enxergam mentiras, contam sonhos fantásticos e consolam em vão. Por isso, o povo anda vagando, sofrido, como ovelhas sem pastor.

Um novo êxodo – ³Contra os pastores minha ira se inflama, e contra os bodes eu vou mandar o castigo. Javé dos exércitos visitará seu rebanho, a casa de Judá, e dela vai fazer seu valente cavalo de guerra. ⁴De Judá sairá a pedra angular: dela vem o gancho que prende a tenda, e dela o arco de guerra. Dela virão todos os chefes. Juntos, ⁵serão como soldados que na batalha pisam a lama das estradas. Lutarão, porque Javé está com eles, mas aqueles que montam cavalos serão confundidos. ⁶Darei força à casa de Judá, darei vitória à casa de José. Eu os reconduzirei, porque tenho compaixão deles. E serão como se eu não os tivesse rejeitado, porque eu sou Javé, o Deus deles, e vou atendê-los. ⁷Os de Efraim serão como heróis, alegres de coração, como tocados pelo vinho. Seus filhos verão e ficarão contentes, e o coração deles dançará de alegria em Javé. ⁸Com um simples assobio, vou reuni-los de novo, pois eu já os resgatei. E eles serão tão numerosos como antes. ⁹Vou semeá-los entre as nações, e de longe eles se lembrarão de mim. Com seus filhos sobreviverão e retornarão. ¹⁰Vou trazê-los de volta da terra do Egito. Vou ajuntá-los novamente da Assíria. Vou levá-los para a terra de Galaad e do Líbano, onde não haverá para eles lugar suficiente. ¹¹Eles passarão pelo mar estreito (Javé ferirá as ondas do mar), e o leito do rio Nilo ficará seco. Então será derrubado o orgulho da Assíria e será afastado o cetro do Egito. ¹²Eu os tornarei heróis em Javé, e em nome dele marcharão – oráculo de Javé.

11
¹Abra suas portas, ó Líbano, para que o fogo devore seus cedros. ²Chore, cipreste, porque o cedro caiu e as árvores majestosas foram abatidas. Chorem, carvalhos de Basã, porque a floresta fechada já tombou no chão. ³Escutem! Os pastores gemem, porque o esplendor deles foi arrasado. Escutem! Os leõezinhos rugem, porque o orgulho do Jordão foi abatido.

Javé, bom pastor – ⁴Assim diz Javé, o meu Deus: Apascente as ovelhas destinadas ao matadouro. ⁵Aqueles que as compram as

---

povo. Sobre o desarmamento para a paz universal, ver Is 2,2-5; Mq 4,1-3.

11-17: Depois de libertar o povo da prisão na Babilônia (vv. 11-12), Javé transforma seus eleitos em armas contra os gregos ("Javã": Jl 4,6), para realizar a salvação do seu povo ("pedras de uma coroa": Is 61,3), na terra santa com vida e alegria ("vinho": Jl 4,18; Am 9,14; "jovens": Lm 1,18).

10,1-2: O redator insiste: somente Javé controla a natureza e pode dar bênçãos (de fecundidade agrícola): cf. Is 30,18-26). Os pastores (governantes), consultando imagens, adivinhos e videntes, levam o povo ao sofrimento (cf. Ez 22,1-5).

10,3–11,3: À luz do êxodo (v. 11: Ex 14), Javé derrota reis (pastores e leõezinhos) de grandes potências opressoras (cedros: cf. Is 37,24; cipreste, carvalhos: cf. Is 2,13) para Judá (cf. Is 11,11-16). A Assíria e o Egito representam aqui o domínio violento do imperialismo grego.

11,4-17: Como em Ez 34, o autor apresenta alegoricamente a história dos reis opressores (maus

matam, e não são punidos. Aqueles que as vendem, dizem: "Seja louvado Javé, pois eu fiquei rico". E nenhum pastor fica com pena das ovelhas. ⁶Eu também não perdoarei mais os habitantes desta terra – oráculo de Javé. Entregarei os homens, uns nas mãos dos outros, e nas mãos do seu rei. Os reis saquearão a terra e eu não livrarei ninguém das mãos deles. ⁷Eu me tornei pastor de um rebanho que vai para o matadouro – de fato, os pobres do rebanho – e peguei dois bastões. Dei a um o nome de Favor, e a outro chamei de Laços. E continuei sendo pastor do rebanho. ⁸Depois, em um mês, destruí três pastores. Perdi a paciência com eles, e eles foram avaros comigo. ⁹Então eu disse: "Não serei mais pastor de vocês. Quem estiver para morrer, que morra. Quem estiver para sumir, que suma. E os que sobrarem, que se devorem uns aos outros". ¹⁰Depois, peguei o bastão chamado Favor e o quebrei, para romper a aliança que eu tinha feito com todos os povos. ¹¹A aliança foi rompida nesse dia, e assim os pobres do rebanho, que me serviam atentamente, reconheceram que nisso havia uma palavra de Javé. ¹²Então eu disse: "Se estão de acordo, façam meu pagamento; se não, deixem". Então eles pesaram o dinheiro do meu pagamento: trinta siclos de prata. ¹³E Javé me disse: "Envie ao fundidor este preço fabuloso com que fui avaliado por eles". Eu peguei os trinta siclos de prata e os mandei ao fundidor no Templo de Javé. ¹⁴Depois, eu peguei o outro bastão, o Laços, e o quebrei também, para acabar com a fraternidade entre Judá e Israel.

¹⁵Javé me disse: Pegue os apetrechos de um pastor insensato, ¹⁶pois eu farei aparecer nesta terra um pastor que não se preocupa com a ovelha desaparecida, nem procura a que se extraviou, não cura a machucada nem sustenta a que está prenhe, come a carne das gordas e lhes arranca até o casco. ¹⁷Ai do pastor de coisa nenhuma, que abandona o rebanho! Que a espada lhe fira o braço e fure seu olho direito. Que seu braço fique seco de uma vez, e seu olho direito completamente cego.

TERCEIRA PARTE
JERUSALÉM FUTURA
Introdução

Após várias guerras, Antíoco III Selêucida derrota o exército dos ptolomeus em 200 a.C., e controla a Palestina. Procura impor, de forma agressiva, sua própria cultura, religião e comércio, para fortalecer o domínio sobre os povos conquistados. Na Judeia, os selêucidas ameaçam destruir também a organização baseada no Templo de Jerusalém e no culto, na Lei e nos costumes judaicos. Os autores, sacerdotes e escribas de Jerusalém, escrevem então a terceira parte de Zacarias, com o objetivo de enfrentar essa ameaça e defender a teocracia ao redor do Templo. O texto tem forma apocalíptica: Javé contra os inimigos que assaltam Jerusalém; a purificação da capital; a inauguração de uma nova era de paz (cf. Is 24-27; 34-35; 65-66; Jl 3-4).

12 **Libertação de Jerusalém** – ¹Oráculo. Palavra de Javé a respeito de Israel – oráculo de Javé, que estende o céu, firma as bases da terra e forma o espírito dentro do homem: ²Estou fazendo de Jerusalém uma taça de vertigem, para embriagar todos os povos dos arredores. E no cerco contra Jerusalém acontecerá o mesmo também a Judá. ³Então, nesse dia, farei de Jerusalém uma pedra forte contra todos os povos. Quem tentar levantá-la, se machucará gravemente. Contra ela se

---

pastores), que devoram e vendem seu povo (ovelhas) como escravo por trinta siclos de prata (cf. Ex 21,32; Dt 15,18). Além disso, o povo judeu enfrenta a oposição dos samaritanos, que em 328 a.C. teriam fundado um templo no monte Garizim (v. 14: cf. Ez 37,15-22). Por isso, renova-se a esperança de consolidar uma comunidade justa e fraterna sob a realeza de Javé, o bom pastor (cf. Sf 3,18-20). Para os vv. 12-13, cf. Mt 27,3-10.

12,1-8: Na imaginária apocalíptica, Javé julga todos os povos que atacam Jerusalém, a cidade santa de Davi, que é transformada em ira ("taça de vertigem": Jr 25,15-17) e ataque ("pedra forte": Is 28,16; "cegueira":

reunirão todas as nações da terra. ⁴Nesse dia – oráculo de Javé – farei todo cavalo ficar confuso e enlouquecerei os cavaleiros. Mas voltarei meu olhar para a casa de Judá e cegarei toda a cavalaria dos exércitos dos povos. ⁵Então os chefes da casa de Judá pensarão: "A força dos habitantes de Jerusalém está em Javé dos exércitos, o Deus deles". ⁶Nesse dia, farei que os chefes de Judá sejam como bacia de fogo em cima da madeira ou como tocha na palha do trigo. Eles devorarão à direita e à esquerda todos os povos dos arredores. Jerusalém habitará novamente em seu lugar, isto é, em Jerusalém. ⁷Javé salvará primeiro as tendas de Judá, para que a glória da casa de Davi e a glória dos habitantes de Jerusalém não sejam maiores do que a glória do povo de Judá. ⁸Nesse dia, Javé estenderá seu escudo para proteger os habitantes de Jerusalém. Nesse dia, o mais vacilante entre eles será como Davi. E a casa de Davi será como Deus, como o anjo de Javé diante deles.

A purificação e o transpassado – ⁹Nesse dia, procurarei destruir todas as nações que vierem lutar contra Jerusalém. ¹⁰Derramarei um espírito de graça e súplica sobre a casa de Davi e sobre os habitantes de Jerusalém, e eles olharão para mim. Quanto àquele que transpassaram, chorarão por ele como se chora pelo filho único. Vão chorar por ele amargamente, como se chora por um primogênito. ¹¹Nesse dia, a lamentação de Jerusalém será tão grande como a lamentação de Adad-Remon na planície de Meguidon. ¹²A terra vai chorar, cada clã em separado. Assim: o clã da casa de Davi em separado, e em separado as mulheres deles; o clã da casa de Natã em separado, e em separado as mulheres deles; ¹³o clã da casa de Levi em separado, e em separado as mulheres deles; o clã da casa de Semei em separado, e em separado as mulheres deles; ¹⁴todos os outros clãs separadamente, e as mulheres deles em separado.

13 ¹Nesse dia, estará à disposição da casa de Davi e dos habitantes de Jerusalém uma fonte aberta para lavar o pecado e a impureza.

Eliminação dos ídolos – ²Nesse dia – oráculo de Javé dos exércitos – cortarei da terra os nomes dos ídolos, para que nunca mais sejam lembrados. Também expulsarei da terra os profetas e o espírito de impureza. ³Se alguém profetizar novamente, o pai e a mãe que geraram esse indivíduo lhe dirão: "Você não ficará vivo, porque falou mentiras em nome de Javé". O pai e a mãe que o geraram o transpassarão, enquanto estiver profetizando. ⁴Nesse dia, os profetas ficarão com vergonha das próprias visões e de suas profecias, e não vestirão mais o manto de pelo para contar mentiras. ⁵Dirão: "Eu não sou profeta. Sou trabalhador da terra, pois esta terra pertence a mim desde a juventude". ⁶E se lhe perguntarem: "E o que são esses machucados em seu peito?", ele responderá: "Eu me machuquei na casa de meus amigos!"

Aliança renovada – ⁷Espada, desperte contra meu pastor e contra o homem de minha parentela – oráculo de Javé dos exércitos. Fira o pastor, para que as ovelhas se dispersem, pois voltarei minha mão contra os pequenos. ⁸E acontecerá em toda a terra – oráculo de Javé – que dois terços serão eliminados e somente um terço restará. ⁹Farei essa terça parte passar pelo fogo, para apurá-la como se apura a prata, para prová-la como se prova o ouro. Ela invocará meu nome e eu responderei. Eu direi: "Ela é meu povo!" E ela responderá: "Javé é meu Deus!"

Dt 28,28; "fogo": Ab 18) de Javé com poderoso exército de cavaleiros contra os inimigos.

12,9–13,1: A identidade do transpassado é muito discutida. Alguns aplicam o texto ao rei Josias, da casa davídica, morto em Meguidon (ou Meguido) em 609 a.C. (cf. 2Rs 23,29-30). Outros, ao servo (o próprio povo) de Is 52,13–53,12. A morte do transpassado torna-se símbolo do sofrimento purificador da vida do povo (cf. Nm 25,8.13; Ez 36,25-27; Jo 19,37). O processo de purificação é comparado com a cerimônia de Adad-Remon, deus da tempestade e fecundidade (2Rs 5,18), que morto na colheita revive na estação das chuvas.

13,2-6: A purificação plena somente será possível no momento em que o povo eliminar os ídolos e seus profetas (cf. Mq 5,12; Jr 14,15; Dt 13,6), que propagam os costumes gregos. O manto de pelo (2Rs 1,8) e as feridas no corpo (1Rs 18,28; Jr 48,37) são características dos profetas.

7-9: Retrospectiva do passado nacional no exílio. Com a queda da monarquia e a destruição de Jerusalém ("espada": Ez 21,15-22; Lv 26,25), o povo foi levado para Babilônia ("fogo": Ez 21,36). Após a purificação, somente o resto ("um terço") renovou a aliança com Javé (Is 4,3; Jl 3,5). Agora a história se repete com a ameaça do

14 O combate final e a nova Jerusalém

– ¹Eis que um dia virá para Javé, quando no meio de vocês serão repartidos seus despojos. ²Eu reunirei todas as nações para uma guerra contra Jerusalém. A cidade será tomada pelo inimigo. As casas serão saqueadas. As mulheres, violentadas. A metade da cidade irá para o exílio, e apenas um resto do povo não será retirado da cidade.

³Então Javé sairá para guerrear contra essas nações, como quando combate no dia da batalha. ⁴Nesse dia, os pés dele estarão no monte das Oliveiras, que fica em frente a Jerusalém, do lado do nascente. O monte das Oliveiras se rachará ao meio, formando um vale enorme no sentido do nascente para o poente. Metade do monte se desviará para o norte e a outra metade para o sul. ⁵Vocês fugirão pelo vale de minhas montanhas, porque o vale das montanhas chegará até Jasol. Fugirão como por ocasião do terremoto nos dias de Ozias, rei de Judá. Então virá Javé meu Deus, e todos os santos com ele.

⁶Nesse dia, não haverá mais luz, nem frio nem gelo. ⁷Será um dia único – Javé o conhece. Não haverá mais dia e noite, mas ao entardecer a luz brilhará. ⁸Nesse dia, água viva sairá de Jerusalém. Metade correrá para o mar do lado nascente, e metade para o mar do lado poente, tanto no verão como no inverno. ⁹Então Javé será o rei de toda a terra. Nesse dia, Javé será único, e único será o seu Nome. ¹⁰A terra toda se transformará numa planície, desde Gaba até Remon do Negueb. Jerusalém permanecerá elevada e será habitada no seu próprio lugar, desde a porta de Benjamim até o lugar da antiga porta, até a porta dos ângulos, desde a torre de Hananeel até os tanques reais para produção de vinho. ¹¹É aí mesmo que eles vão habitar, e a cidade nunca mais será condenada à destruição. E assim, quem habitar em Jerusalém estará sempre em segurança.

¹²Esta será a praga que Javé mandará contra os povos que combateram contra Jerusalém: enquanto estiverem vivos, Javé fará apodrecer a carne deles. Seus olhos também apodrecerão dentro das pálpebras e a língua ficará podre dentro da boca. ¹³Nesse dia, os inimigos serão tomados por uma grande confusão provocada por Javé. Cada um vai segurar a mão do outro, e a mão de um se levantará contra a mão do outro. ¹⁴Judá, porém, lutará em Jerusalém. Os tesouros de todas as nações serão ajuntados ao redor: ouro, prata, roupas finas, tudo em grande quantidade. ¹⁵Assim será a praga dos cavalos, dos potros, dos camelos, das mulas e de todos os animais que estiverem no acampamento: uma praga como essa.

¹⁶Os sobreviventes dessas nações, que um dia marcharam contra Jerusalém, deverão ir a ela todo ano para adorar o Rei, Javé dos exércitos, e celebrar a festa das Tendas. ¹⁷Qualquer uma das famílias da terra que não fizer romaria a Jerusalém para adorar o Rei, Javé dos exércitos, ficará sem chuva. ¹⁸Por exemplo: se a família do Egito não quiser sair de casa para vir, cairá sobre eles a praga com que Javé vai ferir as nações que não subirem para celebrar a festa das Tendas. ¹⁹Tal será o castigo para o pecado do Egito, e o castigo para todas as nações que não subirem para celebrar a festa das Tendas.

²⁰Nesse dia, até nos chocalhos dos cavalos estará escrito: "Consagrado a Javé". As panelas do Templo de Javé serão como vasos de aspersão. ²¹Mais ainda: as panelas em Jerusalém ou em Judá serão consagradas a Javé dos exércitos. Todos os que oferecerem sacrifício virão pegá-las e usá-las para cozinhar. Nesse dia, não haverá mais comerciantes dentro do Templo de Javé dos exércitos.

---

imperialismo grego. Preservam-se a identidade judaica e a fidelidade a Javé, cujo nome é o único santificado em toda a terra (cf. Ap 11,17-19).

14,1-21: Talvez seja o texto mais recente, escrito nos anos sucessivos ao ataque de Antíoco IV Epífanes contra Jerusalém, em 169 a.C. (cf. 1Mc 1,16-28). No combate escatológico, Javé vencerá e destruirá todos os inimigos que assaltaram Jerusalém (cf. Ez 38-39), e restaurará a cidade santa com a luz gloriosa (cf. Is 60,19-20; Ap 21,23; 22,5) e com a água viva (cf. Ez 47,1-12; Jl 4,18; Ap 22,1-2) de Javé, único Deus do universo (13,2.9; 14,9; cf. Ap 11,15-17). Para Javé, haverá uma peregrinação universal (Is 66,23) na festa das Tendas em Jerusalém (cf. Lv 23,33-44; Jó 7,37). Quem não subir a Jerusalém para participar desta festa será castigado com a praga (cf. Ex 7,8-11,10; Ap 15,5-16,21). Os "comerciantes" simbolizam o espírito grego na sua busca desenfreada de lucro (cf. Ecl 5,7-16; Mc 11,15-19).

MALAQUIAS

CONVERSÃO E FIDELIDADE

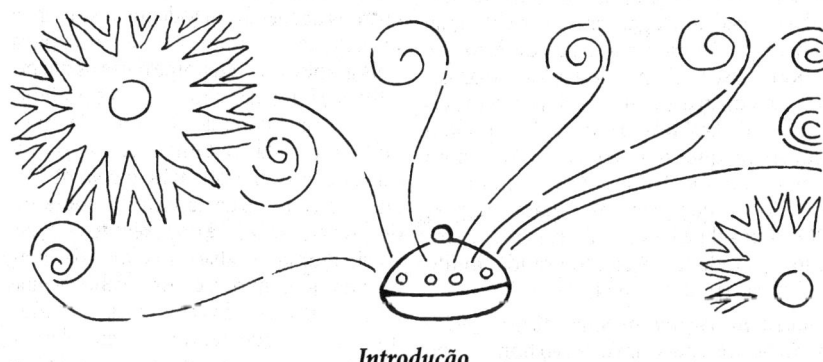

Introdução

O livro de Malaquias encerra a coleção dos livros proféticos. Não traz data; deixa apenas algumas informações sobre o autor. O Templo reconstruído está funcionando, mas já passou o entusiasmo da sua inauguração (520-515 a.C.). O sistema de sacrifícios atravessa forte crise (1,10; 3,3). Os casamentos mistos constituem sério problema (2,10-16), mas ainda não há sinais da legislação oficial surgida com a reforma de Neemias e Esdras, nos anos 445-400 a.C. Também não há distinção clara entre sacerdotes e levitas, como aparece nos livros mais recentes (cf. Nm 16-17; Esd 2; Ne 7,6-72). Tais informações possibilitam situar o livro entre 500 e 445 a.C.: época posterior à de Ageu e Zacarias, e anterior à reforma de Neemias.

O vocabulário, as informações sobre o Templo, as críticas e denúncias e a defesa dos pobres (3,5), indicam que o livro é fruto de um grupo de sacerdotes levitas (2,4.8), em oposição aos sacerdotes de Sadoc atuantes no Templo (2,1).

O grupo levita de Jerusalém é portador, sobretudo, das tradições do Deuteronômio, cujo núcleo antigo, ou "protodeuteronômio" (cf. Dt 12-26), contém leis sobre o culto a Javé, a unicidade do lugar de culto, a defesa dos pobres, o dízimo, o divórcio. (Sobre os levitas levados para Jerusalém na reforma de Josias, cf. nota a 2Rs 23,8-9.)

Partindo dos princípios do Deuteronômio, esse grupo levita quer purificar o Templo e as funções rituais, dando ânimo ao povo. As profecias de Ageu e Zacarias não se tinham realizado como se esperava (cf. Ag 2,7-9; Zc 8,12-13). A dominação do império persa e os desmandos internos da nação fazem aumentar ainda mais o desânimo do povo, que abandona a religião do Templo. Como apelo à conversão, Malaquias apresenta a certeza do grande julgamento no Dia de Javé (2,17-3,5; 3,13-21). Malaquias, em hebraico "meu mensageiro" (1,1), mais do que uma pessoa, indica uma função: manter o povo unido no serviço ao Deus único, na esperança de purificar o Templo (3,3.18), na fidelidade da vida moral, na fiel observância da Lei de Moisés.

O livro contém seis discursos ou oráculos (1,2-5; 1,6-2,9; 2,10-16; 2,17-3,5; 3,6-12; 3,13-21), com alguns acréscimos, como o título (1,1) e o epílogo (3,22-24). A mensagem de cada discurso é apresentada em forma de diálogo com o povo, sobretudo com os sacerdotes, que mantêm o monopólio do Templo, e com a elite que controla a sociedade de Judá.

1

Título – ¹Oráculo. Palavra de Javé a Israel por meio de Malaquias.

O amor de Javé por Judá – ²Javé diz: "Eu amo vocês". E vocês perguntam: "De que jeito nos amas?" Esaú, por acaso, não era irmão de Jacó? – oráculo de Javé. Pois eu amei Jacó ³e odiei Esaú. Eu fiz da montanha de Esaú um lugar arrasado e entreguei a herança dele aos chacais do deserto. ⁴Se Edom disser: "Fomos destruídos, mas vamos reconstruir o que foi derrubado", eis o que fala Javé dos exércitos: Eles podem construir, que eu destruo de novo. Edom vai ter o nome de "território da impiedade", "povo que Javé odiou para sempre". ⁵Os olhos de vocês hão de ver, e vocês dirão: "Javé de fato é muito grande, muito além das fronteiras de Israel".

Acusação contra os sacerdotes – ⁶Um filho honra o pai e um escravo honra o seu senhor. Se eu sou pai, onde está a honra que me é devida? Se eu sou senhor, onde está o respeito que me é devido?

Javé dos exércitos fala a vocês, sacerdotes que desprezam o meu nome. Vocês perguntam: "Como foi que desprezamos o teu nome?" ⁷Vocês colocam no meu altar alimento impuro, e ainda perguntam: "Como foi que te profanamos?" Vocês acham que a mesa de Javé é desprezível, ⁸que trazer um animal cego para oferecer em sacrifício não é um mal, que trazer um animal coxo ou doente, não é um mal também? Ofereçam uma coisa dessas ao governador de vocês: acham que ele vai aceitar e ficar agradecido? – diz Javé dos exércitos.

⁹Agora vocês suplicam a Deus que tenha pena de vocês! Se vocês fazem tais coisas, será que ele deveria ter consideração para com vocês? – diz Javé dos exércitos.

¹⁰Ah! Se houvesse alguém de vocês para fechar as portas do Templo, a fim de que o meu altar não fosse aceso em vão! Vocês não me agradam mais – diz Javé dos exércitos. Eu não aceito a oferta de suas mãos. ¹¹Desde o lugar onde nasce o sol até onde ele se põe, é grande o meu nome entre as nações. E em todo lugar se oferece incenso ao meu nome e uma oferta pura, pois grande é o meu nome entre as nações – diz Javé dos exércitos. ¹²Vocês profanaram o meu nome ao dizerem: "A mesa do Senhor está contaminada e a comida que está em cima dela não tem valor". ¹³E ainda dizem: "Que canseira!" Vocês me desprezam – diz Javé dos exércitos – e oferecem animais roubados, coxos e doentes, e ainda querem que eu os receba de suas mãos? – diz Javé dos exércitos. ¹⁴Maldito o trapaceiro que, tendo em seu rebanho um touro, me oferece em sacrifício um animal defeituoso. Pois eu sou o grande rei – diz Javé dos exércitos – e o meu nome é respeitado entre as nações.

2

¹Agora, sacerdotes, é para vocês a seguinte ordem: ²Se vocês não me escutarem e não tiverem no coração o desejo sincero de glorificar o meu nome – diz Javé dos exércitos –, eu lhes mandarei a maldição, e em maldição transformarei as bênçãos de vocês. E vou amaldiçoá-los, porque nenhum de vocês as leva a sério. ³Vou arrancar o braço de vocês e jogar-lhes estrume na cara, o esterco das vítimas sacrificadas nas festas de vocês; e vou varrer vocês junto com esse estrume. ⁴Assim vocês ficarão sabendo que eu mandei esta ordem, para vocês permanecerem na minha aliança que fiz com Levi – diz Javé dos exércitos. ⁵A minha aliança estava com Levi. Significava vida e paz, e era isso o que

---

1,1: Como Zc 9,1 e 12,1, é atribuído a Malaquias o livro que começa com o título: "Oráculo. Palavra de Javé".

1,2-5: Segundo a lenda, Esaú é considerado o antepassado dos edomitas, povo historicamente inimigo dos judeus descendentes de Jacó (cf. Gn 25,21-34; 36,1; Dt 2,1-8; Rm 9,13). Em 587 a.C., quando Jerusalém é invadida e saqueada, os edomitas invadem o sul de Judá (cf. Lm 4,21-22). Mais tarde, porém, eles sofrem com as invasões dos árabes nabateus, fato lido pelos judeus como exemplo do castigo divino contra os inimigos de Judá (cf. Dt 4,35-38; 7,7-8). No período pós-exílico, as concepções de "Judá, povo eleito" e da "lei do puro e impuro" se consolidam para fortalecer a identidade do povo judeu e a reconstrução da nação, provocando a intolerância contra os estrangeiros e contra os povos que tinham permanecido na terra.

1,6-2,9: Malaquias denuncia o pecado dos sacerdotes, possivelmente descendentes de Sadoc (cf. nota a 2Sm 8,17), que são um dos responsáveis pelo desleixo e corrupção do culto (1,8.12-14; cf. Dt 15,19-23). Há também a depravação do ensino, outra função sacerdotal no período pós-exílico (2,1-9). Para o profeta, esses males só serão superados com o restabelecimento da aliança de Deus com Levi (2,4.8; cf. Dt 18,1-18; 21,5; Ne 13,29), verdadeiro defensor das prescrições cúlticas e éticas do Templo (cf. Lv 22,18-25; Dt 12-26).

eu lhe dava. Significava também respeito, e ele me respeitava e honrava o meu nome. ⁶Um ensinamento fiel estava em sua boca, e nada de errado se encontrava em seus lábios. Levi caminhava comigo na paz e no direito, e fazia muita gente se converter do pecado. ⁷Porque os lábios do sacerdote guardavam o conhecimento, e de sua boca se buscava o ensinamento, pois ele era um mensageiro de Javé dos exércitos. ⁸Vocês, porém, se desviaram do caminho e fizeram muita gente fugir do ensinamento. Vocês quebraram a aliança de Levi – diz Javé dos exércitos. ⁹Por isso, agora eu os tornei desprezíveis e vis diante de todo o povo, porque vocês não seguiram meus caminhos e foram parciais ao ensinar.

Casamentos mistos e divórcios – ¹⁰Por acaso, não temos todos nós um único Pai? Por acaso, não foi um só o Deus que nos criou? Então, por que enganamos uns aos outros, profanando assim a Aliança de nossos pais?
¹¹Judá cometeu uma traição, uma abominação aconteceu em Israel e Jerusalém. Judá profanou o santuário que Javé ama e se casou com a filha de um deus estrangeiro. ¹²Que Javé elimine das tendas de Jacó quem aceitar faz, a testemunha e o defensor, e até mesmo aqueles que trazem ofertas a Javé dos exércitos.
¹³Há uma outra coisa que vocês fazem: cobrem o altar de Javé com lágrimas, prantos e lamentos, porque ele não olha a oferta de vocês, nem aceita com agrado a oferta de suas mãos. ¹⁴E vocês ainda perguntam: "Por que isso?" Porque Javé é testemunha entre você e a mulher de sua juventude, à qual você foi infiel, embora ela fosse sua companheira, a esposa unida a você por uma aliança. ¹⁵Por acaso, Deus não fez dos dois um único ser, dotado de carne e espírito? E o que é que esse único ser procura? Uma descendência que provém de Deus! Portanto, controlem-se para não serem infiéis à esposa de sua juventude. ¹⁶Eu odeio o divórcio – diz Javé, Deus de Israel – e quem cobre sua veste de violência – diz Javé dos exércitos. Controlem-se, e não sejam infiéis.

O Dia de Javé – ¹⁷Vocês cansam a Javé com palavras. E depois dizem: "Como é que nós o cansamos?" É quando vocês dizem coisas assim: "Quem pratica o mal é bom aos olhos de Javé. É desses que ele gosta". Ou ainda: "Onde é que está o Deus que faz justiça?"

3 ¹Vejam! Estou mandando o meu mensageiro para preparar o caminho à minha frente. De repente, vai chegar ao seu Templo o Senhor que vocês procuram, o Anjo da Aliança, aquele que vocês desejam. Olhem! Ele vem! – diz Javé dos exércitos. ²Quem poderá suportar o dia de sua vinda? Quem poderá ficar em pé quando ele aparecer? Pois ele é como o fogo do fundidor, é como o sabão das lavadeiras. ³Ele vai sentar-se como aquele que refina a prata: vai refinar e purificar os filhos de Levi, como ouro e prata, para que possam apresentar a Javé uma oferta que seja de acordo com a justiça. ⁴Então, como nos tempos antigos, como nos anos passados, a oferta de Judá e Jerusalém será agradável a Javé. ⁵Eu virei até vocês para fazer um julgamento: serei uma testemunha atenta contra os feiticeiros e contra os adúlteros, contra todos os que juram falso, que roubam o salário do operário, contra os opressores da viúva e do órfão, e contra os que violam o direito do estrangeiro. Esses não me temem – diz Javé dos exércitos.

Os dízimos do Templo – ⁶Eu sou Javé, e não mudo. Vocês, ao contrário, filhos

---

2,10-16: Para o grupo levita de Malaquias, o casamento misto constitui um perigo para a identidade e a religião oficial do povo judeu, considerado povo eleito de Javé (cf. Dt 7,25-26; 1Rs 11,1-13). A condenação desse casamento ganha força na linha política de Neemias (Ne 13,23-29) e Esdras (Esd 9-10). Bem diferente é a proposta do livro de Rute: aí mulheres israelitas e estrangeiras se unem pela solidariedade e pelo respeito.

2,17-3,5: O mensageiro, ou "Anjo da Aliança" (cf. Ex 23,20), é o precursor que vem preparar o povo para o grande dia da purificação (cf. Jr 6,27-30). O grupo de Malaquias, a partir do seu lugar, tem o coração e o olhar atentos aos pobres oprimidos: são os levitas do Templo que anunciam a chegada de Javé para julgar o comportamento da sociedade injusta (3,5; cf. Lv 19,13; Dt 24,17-21). Mas há o perigo de uma opressão sobre o povo no campo religioso: "feiticeiros" e "adúlteros" são denominações frequentes para condenar as manifestações religiosas que agem fora do sistema reinante no Templo de Jerusalém (cf. Dt 13,2-19; 18,9-12).

3,6-12: A entrega de produtos é fundamental para garantir o sistema do Templo (cf. Lv 27,30-33; Nm 18,21-

de Jacó, vocês não se definem. ⁷Desde o tempo de seus pais, vocês se afastam de meus estatutos e não guardam meus decretos. Voltem para mim, que eu também voltarei para vocês – diz Javé dos exércitos. Mas vocês perguntam: "Em que precisamos voltar? ⁸Pode um homem enganar a Deus?" Pois vocês me enganaram! Vocês perguntam: "Em que te enganamos?" No dízimo e na contribuição. ⁹Vocês estão ameaçados de maldição, e mesmo assim estão me enganando, vocês e a nação inteira! ¹⁰Tragam o dízimo completo para o cofre do Templo, para que haja alimento em meu Templo. Façam essa experiência comigo – diz Javé dos exércitos. Vocês hão de ver, então, se não abro as comportas do céu, se não derramo sobre vocês minhas bênçãos de fartura. ¹¹Acabarei com as pragas das plantações, para que elas não destruam os frutos da terra nem devorem a vinha no campo – diz Javé dos exércitos. ¹²Todas as nações chamarão vocês de felizes, porque vocês hão de ser uma terra de delícias – diz Javé dos exércitos.

Os justos e os ímpios no Dia de Javé – ¹³Vocês usaram palavras duras contra mim – diz Javé. Vocês perguntam: "O que foi que falamos contra ti?" ¹⁴Vocês disseram: "É inútil servir a Deus. Que proveito a gente tira em guardar os mandamentos dele ou andar vestindo luto diante de Javé dos exércitos? ¹⁵Vamos, então, felicitar os soberbos: eles progridem praticando o mal, desafiam a Deus e não são castigados". ¹⁶E assim comentavam os que temem a Javé: "Javé ouviu com atenção, diante dele um livro foi escrito para lembrar todas as coisas que são a favor dos que o temem e honram seu nome". ¹⁷Esses – diz Javé dos exércitos –, no dia em que eu agir, serão minha propriedade particular. Terei compaixão deles como um pai tem compaixão do filho que lhe presta serviço. ¹⁸Então vocês hão de se converter e verão a diferença que existe entre o justo e o ímpio, entre um que serve a Deus, e outro que não lhe serve. ¹⁹Vejam! O Dia está para chegar, ardente como forno. Então os soberbos e todos os que cometem injustiça serão como palha. Quando chegar o Dia, eles serão incendiados – diz Javé dos exércitos. E deles não vão sobrar nem raízes nem ramos. ²⁰Mas, para vocês que temem a Javé, brilhará o sol da justiça, que cura com seus raios. E vocês todos poderão sair pulando livres, como saem os bezerros do curral. ²¹Vocês pisarão os maus como poeira debaixo da sola de seus pés, no Dia que eu estou preparando – diz Javé dos exércitos.

A volta de Elias – ²²Lembrem-se da Lei do meu servo Moisés, que eu mesmo lhe dei no monte Horeb, estatutos e normas para todo Israel. ²³Vejam! Eu mandarei a vocês o profeta Elias, antes que venha o grandioso e terrível Dia de Javé. ²⁴Ele há de fazer que o coração dos pais volte para os filhos e o coração dos filhos para os pais; e assim, quando eu vier, não condenarei a terra à destruição total.

32; Ne 10, 33-40). Também é condição para que os levitas continuem prestando serviço aos pobres. Provavelmente no ano em que foi pronunciado este oráculo, devia estar acontecendo uma coincidência de dízimos anuais e trienais, sobrecarregando o povo (cf. Dt 14,22-29; 26,12-15), que tinha dificuldades para entregar tantas ofertas (cf. Ne 10,40). Nesse contexto, o grupo de Malaquias invoca a teologia da retribuição, reforçando a ideia de que a fidelidade ao compromisso do dízimo terá um retorno eficaz nas plantações (cf. Dt 28,1-15). O mesmo grupo, a partir do seu lugar social, o Templo, defende os pobres, mas ao mesmo tempo apoia o sistema que causa grande parte da pobreza. É grupo de oposição à situação vigente, mas não chega a ser uma resistência com proposta de mudança, como por exemplo a comunidade do Terceiro Isaías (cf. Is 58,1-12; 66,1-3).

13-21: O Dia de Javé foi anunciado por Amós (cf. Am 5,18) e passou por várias etapas de compreensão. Para Amós, o Dia de Javé é a manifestação da ira de Deus contra os governantes de Israel. No tempo do exílio, o Dia de Javé passa a significar o castigo que Deus dará às nações inimigas (cf. Ab 15; Jr 46,10). No pós-exílio, o Dia de Javé é o grande julgamento contra quem não observa a Lei. O sol da justiça de Deus irá manifestar quem é justo e quem é ímpio (cf. Jl 2,10-18; Jó 21,30; Pr 11,4). Cada um receberá a recompensa que merece.

22-24: Acréscimo posterior que associa Elias, arrebatado aos céus (cf. 2Rs 2,11-12), com o mensageiro, o precursor do Dia de Javé (3,11). Elias voltará para converter à Lei de Moisés o povo desobediente. A comunidade cristã aplica o texto a João Batista (cf. Mc 6,14-15; Mt 11,13-14).

NOVO TESTAMENTO

O MUNDO DO NOVO TESTAMENTO

Jesus viveu em Israel, pequena faixa de 20 mil quilômetros quadrados em média, com 240 de comprimento por 85 de largura. Uma área pequena, que não chega à metade do estado do Rio de Janeiro, tendo a oeste o mar Mediterrâneo e a leste o rio Jordão. A população era relativamente densa, com cerca de 600 mil habitantes distribuídos em três regiões. Ao sul a Judeia, região montanhosa, onde se criavam ovelhas e cabras, e se cultivava oliveira; aí está a capital Jerusalém, cidade de 25 a 30 mil habitantes que nas grandes festas chegava a receber 180 mil peregrinos. Ao norte a Galileia, com terras férteis para a agricultura dos galileus, gente que os judeus do sul tratavam como ignorante; aí Jesus viveu a maior parte da vida. Nessa região se cultivavam cereais, como trigo, centeio e cevada; vinhedos, olivais, legumes; frutas, como figos, tâmaras e romãs. Também se criava gado de grande porte, bois e jumentos. Entre a Galileia e a Judeia está a Samaria, onde viviam os samaritanos, que os judeus, sobretudo do sul, consideravam impuros, pois se julgava que eles se haviam misturado com outros povos, assimilando as tradições culturais e religiosas deles.

Entre outras atividades que garantiam a sobrevivência da população, estava a pesca, bastante comum, pois o peixe era mais importante do que a carne. Praticava-se no mar Mediterrâneo, no lago de Genesaré e no rio Jordão. Os pescadores eram bem organizados e possuíam até indústria de salgar peixes. Havia também o artesanato, que se desenvolvia tanto nas aldeias quanto nas cidades. Os artesãos trabalhavam ferro, bronze, pedra, madeira, argila, lã e couro. Os fabricantes vendiam suas mercadorias diretamente aos fregueses. Em Jerusalém, o artesanato se destinava sobretudo ao Templo.

Os trabalhadores do campo e artesãos formavam a grande classe trabalhadora em Israel. As técnicas eram bastante rudimentares, e o trabalho manual era valorizado, diferentemente da mentalidade grega, que o desprezava. Os trabalhadores geralmente passavam a profissão de pai para filho e se organizavam em associações. E como todos deviam ter uma profissão, havia doutores da Lei com profissões de padeiro, curtidor, fabricante de sandálias, arquiteto, alfaiate. Também os médicos eram considerados artesãos. Já o comércio se concentrava nas cidades, exercido pelos grandes proprietários de terra. Nas aldeias o comércio era menor, utilizando-se quase sempre o sistema de troca. Para pagamento usavam-se vários tipos de moedas. Nas feiras e mercados locais, os fiscais examinavam pesos e medidas. Em Jerusalém se encontravam os grandes mercados, onde se comercializava de tudo. Importavam-se produtos como bronze, aromas e pedras preciosas, trigo e madeira, e se exportavam frutas, cereais, bálsamo e óleo.

Sobre essa terra, com tantos grupos e atividades, em 63 a.C. tropas comandadas pelo general Pompeu impõem novo domínio: o temível poder romano se implanta com a força de suas legiões, prontas para agir diante de qualquer sinal de rebelião e servindo-se do apoio de grupos influentes na região. Inicia-se mais um longo período de subjugação. Mas também nascem inúmeras manifestações e movimentos que mostram um povo nada resignado. Pelo contrário, sua voz e seus anseios se expressaram das mais variadas formas. Por outro lado, em Israel existiam vários grupos políticos e religiosos, entre as elites e no meio do povo. Considere-se ainda a dispersão de comunidades israelitas por várias regiões dominadas pelo império. Nesse cenário complexo e conflitivo nasce Jesus, são dados os primeiros passos do cristianismo e se produzem os escritos que formarão o Novo Testamento. É preciso levar em conta esse ambiente, para uma boa compreensão da mensagem que tais escritos comunicam, e também do testemunho que por meio deles os primeiros grupos seguidores de Jesus nos transmitiram. Afinal de contas, os evangelhos, ao anunciar a pessoa e a mensagem de Jesus, o apresentam como Filho de Deus encarnado, vivendo numa terra e época distantes das nossas, e marcado por uma sociedade diferente.

1. A violenta "paz romana"

"Se você quer a paz, prepare a guerra". Este provérbio revela bem o clima implantado em todos os cantos onde os romanos iam impondo seu domínio. Tratava-se de estabelecer a submissão a qualquer custo. A violência política e militar era a marca desses tempos. Multidões de assassinados e escravizados resultavam do terrorismo que Roma exercia sobre as nações que ia conquistando, ajudada pelos poderes locais. Em Israel, um fiel aliado de Roma foi Herodes, que tinha o título de "rei dos judeus". Ele é apresentado pelo Evangelho segundo Mateus como assassino frio e inescrupuloso (2,13-18), em contornos semelhantes aos do faraó do Egito no episódio do êxodo. O historiador judeu Flávio Josefo, nascido poucos anos após a crucificação de Jesus, narra com detalhes como o poder de Herodes, que reinou de 37 a 4 a.C., foi exercido com muitas manifestações de violência contra o povo e suas lideranças. Entre outras coisas, expulsou boa parte da população de suas terras e as entregou a lideranças importantes do império, em troca de apoio político. Em consequência do êxodo rural daí surgido, mandou restaurar o Templo de Jerusalém, além de se envolver na construção de outras grandes obras, com isso permitindo ocupação para essa massa de desempregados. Depois da morte de Herodes, o poder foi dividido entre seus filhos, mas logo a Judeia e a Samaria (e depois a Galileia) passaram para o domínio direto dos romanos, através de procuradores que deviam responder diretamente à autoridade central do império. Pôncio Pilatos, o responsável por condenar Jesus à morte de cruz, era um desses procuradores. No tempo de Jesus, a Galileia ainda era governada por Herodes Antipas, um dos filhos de Herodes.

O domínio romano se sustentava na estrutura de cobrança de impostos. Nela se encontra o elemento fundamental para se entender a situação de pobreza em que vivia o povo no tempo de Jesus. Pelos Atos dos Apóstolos (5,37), ficamos sabendo de um protesto da população contra o recenseamento que os romanos ordenaram fazer, realizado exatamente em vista da arrecadação de impostos. A Judeia sozinha devia pagar anualmente a Roma 600 talentos (seis milhões de denários, o que corresponde a seis milhões de dias de trabalho). Esses impostos romanos eram de vários tipos: sobre os produtos do campo, pagos parte em produto e parte em dinheiro; sobre as pessoas, com várias taxas, uma relativa à propriedade, que variava de pessoa a pessoa, e uma taxa pessoal, igual para todos, incluindo mulheres e escravos (que eram considerados posse), isentando apenas crianças e anciãos. Havia também impostos cobrados sobre a circulação de mercadorias, recolhidos em fronteiras, em barreiras na entrada de cidades, e como pedágio em pontes e encruzilhadas. Parte dos impostos indiretos era arrecadada pelos "publicanos", como soma anual fixa por distrito. Seus chefes costumavam sobrecarregar arbitrariamente os contribuintes para que a arrecadação ultrapassasse a soma arrendada e se convertesse em ganho pessoal (cf. o caso de Zaqueu, em Lc 19,1-10). Os publicanos eram por isso odiados pelo povo. Havia ainda os impostos próprios de Israel: além do destinado ao Templo, para manutenção do santuário e dos sacerdotes, havia outros, em forma de dízimo ou décima parte, cobrados sobre os produtos da terra e sobre o gado.

Ainda há mais. Com a presença romana, se agravou a situação das famílias camponesas. O processo de concentração de terras acelerou-se. As parábolas de Jesus permitem perceber muitos aspectos da difícil luta do povo pela sobrevivência, devido às condições muito precárias. Era crescente o número de pessoas endividadas que perdiam as heranças, juntando-se aos que, sem posses, procuravam sobreviver arrendando terras como meeiros.

Assim, na sociedade israelita da época, era pequena a classe rica e poderosa: os príncipes e membros da família real de Herodes, os grandes da corte e as famílias poderosas de sacerdotes, de grandes proprietários, de comerciantes maiores e de cobradores de impostos. A reduzida classe média praticamente só existia em Jerusalém, porque vivia em função do Templo e dos peregrinos: pequenos comerciantes e artesãos, donos de hospedarias e sacerdotes de categoria inferior. A classe pobre era a grande maioria da população, formada por trabalhadores assalariados, pescadores, escravos e muitos mendigos. O número de escravos não era tão alto: eles estavam basicamente nas cidades, a serviço dos ricos e da corte de Herodes. No entanto, muitos tentavam sobreviver como diaristas, recebendo um denário por dia e alimentação, em época de grande desemprego no campo. Os numerosos mendigos sobreviviam com esmolas e se concentravam principalmente em Jerusalém. O grande abismo entre ricos e pobres dava a estes poucas possibilidades de mudança significativa nas condições de sobrevivência.

Os romanos chamavam de "paz" a esta situação que impunham sobre os povos dominados. A "pax romana" era construída por guerras e massacres, garantida pela escravização dos milhares de vencidos, sustentada pela estrutura econômica, pelos saques e pela imposição de uma justiça que só beneficiava os vencedores. O nascimento e principalmente a coroação do imperador eram apresentados pela propaganda oficial como certeza de melhores dias, como "evangelho", ou boa notícia. Veja-se o que diz uma inscrição encontrada há algum tempo, a respeito do nascimento de César Augusto, imperador na época em que nasceu Jesus: "Cada um pode, com razão, considerar esse evento como origem de sua vida e existência, como tempo a partir do qual já não nos devemos lastimar de ter nascido" Um pouco adiante: "A Providência suscitou e adornou maravilhosamente a vida humana, dando-nos Augusto... tornando-o benfeitor dos homens, nosso salvador, para nós e para aqueles que vierem depois de nós... O dia do nascimento do deus [Augusto] foi, para o mundo, o começo das boas notícias [evangelhos!] recebidas graças a ele..." Finalmente, Augusto é apresentado como aquele "que fez cessar as guerras e colocará tudo em ordem". Como diz Horácio, poeta romano de alguns anos antes de Jesus: "Movido por nossas orações, [o deus Apolo] desviará do povo e do príncipe César, para os persas e bretões, a guerra cheia de lágrimas, a fome lastimável e a peste". Persas e bretões são inimigos que os romanos têm nas fronteiras do império: a destruição deles é, para o poeta, a certeza da paz de Roma e dos romanos.

O Novo Testamento resulta do testemunho de pessoas convencidas de que o Evangelho que dá sentido a suas vidas tem outra origem e outra destinação: a paz doada por Jesus é de outra ordem (Jo 14,27).

2. Resistências

Mesmo com toda a violência que os romanos utilizavam para reprimir qualquer sinal de protesto, a resistência à dominação se manifestou de muitas formas. Tais manifestações foram inúmeras e intensas, particularmente no meio do povo de Israel, em defesa da própria cultura, tradições e religião. Josefo informa, por exemplo, que Calígula (rei entre 37 e 41 d.C.), achando que os judeus não o respeitavam, mandou colocar no Templo de Jerusalém uma estátua do deus romano Júpiter, com a fisionomia do imperador. Milhares de pessoas reagiram para impedir que isso acontecesse. Sofreriam o martírio, se necessário: "Antes morrer que violar nossas leis", diziam. A estátua só não foi colocada porque chegou logo a notícia do assassinato do imperador. Ainda antes, o emissário, que temia avançar no cumprimento da determinação imperial, tinha recebido a ordem de se suicidar. Isso ocorreu cerca de dez anos depois de Pilatos ter ordenado a crucificação de Jesus. O mesmo Josefo comenta inúmeros movimentos populares que se expressavam como formas de resistência e busca de alternativas para a delicada situação. Alguns reagiam aos abusivos impostos cobrados pelos romanos; outros saqueavam mansões e palácios, celeiros e fortalezas; profetas conduziam o povo, recordando as ações libertadoras de Moisés, Josué e Elias, anunciando o fim da Jerusalém corrompida e de seus grupos dirigentes, bem como a recriação do êxodo libertador; diversos messias apareceram, recuperando a memória de Davi e Salomão, e proclamando-se "rei dos judeus", convocando o povo a expulsar o invasor da terra abençoada. Outras lideranças se dedicavam a atividades curandeiras, sensíveis que eram às dores do povo. E a repressão romana, em quase todos esses casos, agiu com a brutalidade que a caracterizava.

Muitas vezes, tais manifestações da violência imperial aconteceram na época das festividades religiosas, especialmente na comemoração da Páscoa, que fazia memória da libertação diante da opressão do Egito. Josefo informa sobre milhares de mortos em mais de uma dessas celebrações reprimidas. Porém os momentos mais trágicos dessa história se deram quando da destruição de Jerusalém no ano 70 d.C. Foi o fato decisivo, inclusive para se compreender o processo de separação dos seguidores e seguidoras de Jesus diante do judaísmo, que se viu forçado a se reorganizar depois da catástrofe. A destruição de Jerusalém foi o episódio mais importante de uma guerra que opôs grande parte da população judaica aos romanos, durante cerca de oito anos. O massacre na Cidade Santa foi generalizado: centenas de zelotas foram mortos ao tentarem impedir que o Templo fosse profanado pelos invasores. Josefo descreve uma cena terrível, quando finalmente os romanos conseguiram entrar na cidade: os fugitivos, ao serem capturados, eram "açoitados cruelmente depois da peleja e, atormentados de muitas formas antes de morrer, eram finalmente pregados numa cruz diante da muralha". Eram cerca de quinhentos por dia: "os soldados romanos crucificavam os judeus de diversas formas; com ira e com ódio, faziam-lhes muitas injúrias; já haviam crucificado tanta gente, que faltava lugar para pôr as cruzes, e ainda faltavam cruzes para tantos presos". Essa guerra teve início em 66 e foi além da destruição de Jerusalém. O último grupo cedeu apenas em 73, na fortaleza de Massada, perto do mar Morto, preferindo suicidar-se a ter de se submeter. Outra guerra dos judeus contra os romanos termina em 135 d.C., com a destruição definitiva de Jerusalém e uma última dispersão dos judeus pelo mundo.

3. Grupos políticos e correntes religiosas em Israel

Essas guerras foram apenas a explosão de um estado de coisas que se vinha agravando desde pelo menos os tempos de Herodes, ainda antes do nascimento de Jesus. Mas, na época em que surgiram Jesus e o cristianismo, a terra de Israel estava marcada pela ação de outros grupos organizados, alguns mais atuantes, outros menos; uns com grande poder junto aos romanos, outros com maior penetração popular. Os saduceus, por exemplo, situavam-se no interior dos grupos dirigentes e dos grandes proprietários de terra, mas pouco sabemos a respeito deles. Os sacerdotes pertencentes a esse grupo julgavam-se descendentes do sacerdote Sadoc, que vivera no tempo de Davi e Salomão. Aliás, parece que os sumos sacerdotes eram escolhidos dentre esse grupo. Os saduceus davam lugar especial à Torá de Moisés, o Pentateuco. Não acreditavam na ressurreição (cf. Mc 12,18-27). Se as referências dos evangelhos aos "chefes dos sacerdotes" e "anciãos" de Jerusalém são realmente alusões aos saduceus, então se pode suspeitar que eles de alguma forma terão participado do processo que culminaria na morte de Jesus. De toda forma, eles desaparecem no meio dos conflitos em Jerusalém, no contexto da guerra que haveria de destruir a cidade.

Já os herodianos (cf. Mc 3,6; 12,13) constituíam um grupo de funcionários de Herodes Antipas, o responsável pela morte de João Batista e por algumas ameaças a Jesus (Lc 13,31s). Os herodianos supervisionavam, em nome do rei, as aldeias da Galileia.

Os fariseus (palavra que quer dizer "separados") formavam um grupo bem mais numeroso. Eram provavelmente os continuadores de um grupo denominado "assideus" (os "piedosos"), mencionado em 1Mc 2,42, formado por pessoas bastante dedicadas à observância da Torá de Moisés. Com efeito, o que caracteriza os fariseus é sua dedicada atenção aos detalhes da Lei mosaica, bem como às tradições dos antepassados: era preciso a todo custo estar entre os justos, e não ao lado dos pecadores. Ao contrário dos saduceus, os fariseus acreditavam na ressurreição dos mortos. Eram muito populares, e exerciam liderança nas inúmeras sinagogas espalhadas por Israel. Paulo, o principal missionário cristão do séc. I, aprofundou-se na fé judaica em roteiros indicados por fariseus. Depois da destruição de Jerusalém, eles terão papel importante na reconstrução da vida social e religiosa de Israel.

Também os essênios poderiam ser descendentes dos "assideus". Contudo, ao menos uma parte deles vivia retirada, pois considerava que o culto e o Templo de Jerusalém estavam em condição de ilegitimidade e impureza. Eles podem ter sido os fundadores da comunidade de Qumrã, cuja biblioteca foi encontrada em 1947, revelando preciosidades do mundo social, político e religioso do tempo de Jesus. Ao menos os essênios dessa comunidade dedicavam-se ao estudo da Torá e à sua observância cuidadosa, e o estilo de vida aí era muito severo. Seus cultos substituíam os de Jerusalém. Tanto essênios como fariseus apostavam na vinda do Messias, expectativa não compartilhada pelos saduceus. As compreensões a respeito de qual seria o perfil desse Messias variavam de acordo com o grupo e com seu entendimento das tradições da Escritura a esse respeito. Os essênios o aguardavam como o "Mestre da justiça".

No interior desses vários grupos, e também fora, havia os escribas, isto é, eruditos conhecedores da Escritura, capazes de copiá-la e/ou explicá-la. Conheciam o direito e se dedicavam ao ensino. Também os encontramos em atividades administrativas.

O maior poder em Jerusalém estava nas mãos do sumo sacerdote, que presidia o Sinédrio, o Grande Conselho dos judeus. Formado por 71 membros, era um tipo de tribunal que decidia as questões políticas, religiosas e criminais do povo judeu, de acordo com a Lei judaica. Era formado de sacerdotes, anciãos e escribas. Além do Sinédrio, havia em cada cidade um conselho local, e em cada povoado um conselho de anciãos, ambos funcionando nas sinagogas. Quando entravam em jogo interesses romanos, geralmente por questões políticas, o representante do império era quem decidia.

É preciso mencionar ainda os samaritanos, habitantes da Samaria, região central de Israel. Sua relação com os judeus era problemática (cf. Jo 4,9), o que se manifestava claramente no templo a Javé construído no monte Garizim, para rivalizar com o de Jerusalém. O templo de Garizim foi destruído por um rei de Jerusalém, em 128 a.C., mas a gente samaritana continuava a subir a montanha que considerava sagrada, para aí cultuar a Javé. Aceitavam como livro sagrado apenas a Torá (numa versão modificada em alguns versículos). O Messias que deveria vir, segundo os samaritanos, seria um profeta nos moldes de Moisés (cf. Jo 4,25). Numerosos samaritanos, em 67 d.C., foram massacrados pelos romanos no alto do Garizim.

O quadro que acabamos de desenhar vale principalmente para os anos anteriores à guerra contra os romanos entre 66 e 73. Depois dela, o quadro se modifica substancialmente. Na prática, todos os grupos desaparecem, com exceção de notável parte dos fariseus. Jesus viveu e o cristianismo nasceu antes dessa guerra. Mas só depois dela é que os evangelhos são escritos (com exceção, talvez, do Evangelho segundo Marcos). Entre lideranças judaicas dessa época e grupos seguidores de Jesus, tensões tenderão a se agravar, o que se reflete, por exemplo, nos Evangelhos segundo Mateus e João.

4. As instituições religiosas em Israel

No contexto religioso em que Jesus viveu, existiam duas instituições fundamentais: a sinagoga e o Templo.

A sinagoga (palavra que significa "reunião") era o local onde se realizavam os encontros aos sábados, quando os letrados (quase sempre fariseus) instruíam o povo na Lei e nas tradições de Israel. Toda comunidade judaica tinha sua sinagoga, que costumava ser construída fora da cidade, perto da margem de um rio ou junto ao mar, para permitir a todos o rito das abluções. Fora dos sábados, a sinagoga funcionava como escola para crianças e jovens. Além de ser local de oração e estudo da Escritura, aí se discutiam os assuntos da comunidade, que eram julgados pelo conselho de anciãos. Mas no tempo de Jesus era muito comum que a sinagoga representasse um espaço de reunião da comunidade, e não tanto uma construção específica.

O chefe da sinagoga era eleito provavelmente entre os anciãos. A oração de sábado tinha o seguinte esquema: recitação do "Escuta, Israel" (Dt 6,4-9), oração, leitura da Lei e dos Profetas, pregação sobre as leituras e bênção. A sinagoga era de fundamental importância para a vida de Israel. Sobretudo por meio do ensinamento dos fariseus, os judeus eram formados na religião e nos assuntos da vida social, desde aprender a ler e escrever, até o estudo aprofundado da Lei. Havia também muitas sinagogas fora da terra de Israel. Nelas se reuniam os filhos do povo que há muito viviam espalhados em numerosas outras cidades e regiões do império romano.

O Templo que Jesus encontrou em Jerusalém era esplendoroso. Sua reconstrução havia começado no ano 20 a.C., por ordem de Herodes, e durou até cerca de 64 d.C. Para os judeus, o Templo de Jerusalém era o lugar onde Deus habitava. Aí se celebrava o culto diário, com o sacrifício público de dois animais, um pela manhã e outro pela tarde, além dos sacrifícios privados. Nas grandes festas (Páscoa, Pentecostes e Tendas ou Tabernáculos), o culto no Templo chegava ao auge, pois todos os judeus, a partir dos treze anos, deviam peregrinar até ele e participar das festas. Os maiores de vinte anos, também os que moravam fora da terra de Israel, tinham de pagar para o Templo o imposto anual, equivalente a dois dias de trabalho (dois denários, cf. Mt 17,24). O Templo, de fato, se sustentava com esses impostos. Um mês antes da Páscoa, por exemplo, instalavam-se por todo o país as mesas dos cobradores, e dez dias depois elas se espalhavam também pelo Templo, com o objetivo de recolher os impostos, que deviam ser pagos em moeda legítima (sem a figura do imperador). Impostos pagos em outras moedas tinham acréscimo de dois por cento, cobrado pelos cambistas, que viviam da troca de moedas para o Templo. Também se permitia a troca da quantia do imposto por moedas de ouro. O Templo recebia ainda a prata pelo resgate de primogênitos e pelos votos ou promessas, além do dízimo dos frutos da terra e outros, sem contar os donativos e esmolas abundantes de pessoas ricas. O comércio de animais para o sacrifício também rendia recursos. O Tesouro do Templo funcionava como o maior banco da época, pois guardava o dinheiro dos impostos, bem como os bens que a elite de Jerusalém aí depositava, como o valor de propriedades urbanas e campos. Os sumos sacerdotes, além de serem os responsáveis pelo centro da religião e da política interna de Israel, eram assim administradores de uma grande empresa econômica, que controlava a vida dos judeus servindo aos interesses da dominação romana e aos próprios. Também por isso Jesus mantinha atitude crítica em relação ao Templo de Jerusalém, que de casa de oração se havia transformado em abrigo de ladrões (cf. Mc 11,15-18).

5. Fora de Israel

É importante ainda considerar que havia mais israelitas fora de sua terra, espalhados em várias cidades e regiões, do que dentro dela. Viviam, como se dizia então, na "diáspora", ou seja, na dispersão. Esses grupos há bom tempo estavam em contato com outras culturas, particularmente a grega, manifestada de muitas formas, como língua e costumes. E já vinha de muito tempo a simpatia que a vivência da fé provocava em pessoas e grupos das cidades onde os filhos de Israel se encontravam inseridos, a ponto de tais simpatizantes serem conhecidos como "tementes a Deus"; embora sem aderir plenamente à religião judaica celebrada na sinagoga, reconheciam e valorizavam o culto ao Deus único e os apelos à justiça e à solidariedade surgidos da Lei mosaica. É nesse contexto, marcado por judeus e gente simpatizante da religião do Deus de Israel, que surgirão assembleias de Jesus Cristo crucificado, ressuscitado por Deus, em quem todos são uma só coisa e todas as hierarquias e divisões entre os humanos perdem sua razão de ser (cf. Gl 3,28). Efetivamente, sem se levar em conta o ambiente, fica impossível compreender a atividade de Paulo e o significado dos problemas que ele discute em suas cartas, dirigidas às assembleias que foi estabelecendo por onde passava, na Grécia e Ásia Menor. Esse é também o ambiente em que floresceram as comunidades que receberam o livro do Apocalipse (Ap 2-3). Na verdade, a grande maioria dos escritos que formam o Novo Testamento surgiu de comunidades formadas a partir da diáspora, com gente que simpatizava com a herança de Israel.

6. O Reino de Deus está chegando

Setores significativos da vida social e religiosa de Israel estavam marcados por uma concepção da vida e do mundo que se costuma denominar "apocalíptica". Concepção alimentada de comunicações que se acreditavam vindas do alto para proporcionar aos fiéis um contato com o divino, com sua majestade e seus desígnios para o mundo. Geralmente, as mensagens apocalípticas carregavam indicações sobre o fim próximo dos tempos, que encerraria a realidade atual, marcada pela cisão entre Deus e Satanás, anjos e diabos, os santos de Javé e os homens de Belial. Os caps. 2 e 7-12 do livro de Daniel são as primeiras expressões claramente apocalípticas que se encontram nas Escrituras. Conceitos como "Reino de Deus", tão marcante na pregação de Jesus, derivam desse universo. A esperança da ressurreição e a vinda do Filho do Homem como juiz da humanidade também se inspiram em textos como de Daniel e outros.

A visão apocalíptica do mundo, e as experiências religiosas que se deram nesse contexto, são fatores decisivos para se compreender o surgimento do cristianismo. Jesus viveu e atuou em ambiente profundamente marcado por essas vivências e esperanças. Figuras como as de João Batista e de Paulo não podem ser entendidas adequadamente sem esse pano de fundo apocalíptico.

7. O Novo Testamento

Jesus nada escreveu, mas sua rápida atividade, brutalmente interrompida pela cruz dos romanos, impactou profundamente a vida das pessoas que se convenceram da relevância de suas palavras, da gratuidade de seus gestos em favor dos pobres e doentes, e creram que ele teve seu caminho confirmado por Deus, ao ressuscitá-lo dos mortos. A continuidade desse projeto, inspirado pelo Espírito, o levou a inúmeros lugares e regiões, onde as memórias a respeito do profeta de Nazaré, a Palavra de Deus feita carne, foram comunicadas, postas na vida e celebradas.

Dessas experiências emergiram vários registros escritos, colhendo memórias de palavras e ações de Jesus, indicando caminhos a seguir, refletindo sobre o lugar de Jesus na história humana e nos desígnios de Deus. O Novo Testamento, ou Nova Aliança, é um conjunto de textos, escolhidos entre tantos que circulavam em meio às primeiras comunidades seguidoras de Jesus. Textos que trazem o anúncio da pessoa de Jesus: o que ele fez e falou, o que fizeram e falaram os que com ele conviveram, e também a experiência das primeiras comunidades que se iam formando e, em meio a vários conflitos, compreendendo a nova aliança inaugurada nele. Aliança com toda a humanidade, recriada pelo Cristo e agora chamada a construir relações de fraternidade e a comprometer-se com a vida plena e digna para todos: nele já não existe distinção entre judeu e grego, escravo e livre, homem e mulher (cf. Gl 3,28).

Assim sendo, estamos diante de testemunhos primordiais a respeito de como pessoas e grupos, ao tomarem contato com a pessoa de Jesus, e depois com as memórias de suas palavras e ações, o reconheceram como o definitivo enviado de Deus e se comprometeram com ele, bem como com o caminho de vida e libertação que ele com sua prática apontava. Esse reconhecimento se fez de diversas formas, a partir das Escrituras judaicas e dos elementos da cultura de cada local e região aonde a mensagem evangélica foi chegando. Para dinamizar a vida das comunidades que se iam formando, em Israel e fora, é que se foram produzindo os escritos que hoje formam o Novo Testamento.

Paulo é o primeiro missionário de Jesus de quem conhecemos os textos. São cartas (ou epístolas), escritas ao longo dos anos 50 do séc. I de nossa era, entre vinte e trinta anos após a morte de Jesus. Elas formam parte da intensa atividade de Paulo junto a comunidades que ele foi estabelecendo, para enfrentar problemas, dar orientações, superar desavenças. Em todas as cartas, a certeza de que o anúncio do Cristo morto e ressuscitado é poderoso para dar novos rumos à existência e criar novas formas de convivência entre os seres humanos, em antecipação ao Reino de Deus que está por vir. Outros líderes também se serviram de cartas para animar as comunidades que se viam desafiadas a testemunhar o Cristo em ambientes variados do império romano, diante dos desafios novos que iam surgindo.

Já os Evangelhos começaram a ser escritos um pouco mais tarde, por volta do ano 70. Eles têm estrutura narrativa, mas não são meras biografias. São principalmente quatro apresentações sobre Jesus a comunidades que buscavam inspirar-se na trajetória dele para definir o próprio rumo e opções diante dos desafios que a realidade lhes ia apresentando. Afinal, evangelho quer dizer "boa notícia". Cada um dos quatro evangelhos narra a boa notícia de Jesus, sua vida e missão, a partir das histórias que as comunidades recordavam da vida do Mestre e transmitiam de boca em boca. O objetivo não era mostrar os fatos exatamente como haviam acontecido, e sim manter viva, também para o futuro, a lembrança das ações e palavras de Jesus, de modo que a vida continuasse sendo iluminada por elas. Cada Evangelho foi escrito em vista de determinado público, em tempo e espaço diversos. Daí encontrarmos semelhanças e diferenças, quando comparamos os relatos (os três primeiros são tão parecidos que se denominam "evangelhos sinóticos"). Nos quatro casos, porém, a mesma motivação: fazer do caminho trilhado por Jesus o caminho da comunidade. No Evangelho segundo Lucas, essa ligação entre Jesus e as comunidades fica ainda mais evidente, tanto que vem acompanhado dos Atos dos Apóstolos, livro em que se narram alguns dos primeiros passos do cristianismo, desde Jerusalém até Roma, no sentido de comunicar a boa notícia trazida por Jesus a todos os seres humanos, e convidá-los a assumir e construir uma nova história, transformando radicalmente os modos de viver na sociedade.

Também o Apocalipse de João é endereçado a comunidades (no total sete), com o propósito de animá-las a confiar que no Cristo ressuscitado está a certeza da vitória. Assim, buscarão resistir às hostilidades e perseguições, e não se acomodarão aos esquemas, valores e práticas da vida convencional. Em linguagem que nos traz não poucas dificuldades, com imagens e símbolos do universo cultural da época (especialmente das Escrituras de Israel), o Apocalipse oferece amplo olhar sobre o passado e o presente, apontando a meta: no final, e acima de tudo, está o Cristo, a quem Deus entregou as chaves do livro da história. Trata-se de um livro de profecia, que convida a resistir diante das situações de morte, a denunciar e destruir o mal para anunciar e construir o bem.

Enfim, todo o Novo Testamento expressa o rosto com que lideranças da igreja cristã, em suas origens, pretendiam que ela fosse vista pelas gerações seguintes. Esse intento foi alcançado, indiscutivelmente. Nessa coletânea, como farol, brilha Jesus, a Palavra de Deus feita carne, crucificado pelo império e ressuscitado por Deus. E, como grande anunciador de Jesus, emerge a figura de Paulo, o abridor de horizontes, que apresenta o evangelho como proposta de vida e salvação para toda a humanidade.

***

Com sua atividade em palavras e ações, Jesus selou uma nova aliança com a humanidade, ao propor que o Reino de Deus seja buscado, e que os valores de justiça e fraternidade, marcas do Reino, se tornem realidade no interior da convivência humana. Jesus viveu no Israel do séc. I, e o cristianismo se espalhou por várias regiões no mesmo século, quando o expansionismo militar dos romanos estava próximo de alcançar suas maiores fronteiras. É preciso não perder de vista esse pano de fundo, que tem na cruz de Jesus a expressão mais significativa, por conta da violência terrível que a cruz carrega. A atividade de Jesus e a vivência que ele inspirou nas primeiras gerações, que ousaram comprometer-se com ele e com seu anúncio do Reino de Deus, produziram impacto profundo no contexto da época. É necessário levar isso em conta para podermos, na leitura dos textos do Novo Testamento, discernir adequadamente os desafios que o seguimento de Jesus coloca em nossa realidade atual. E para que se possa, nos termos do apóstolo Paulo, assumir "os mesmos sentimentos que havia em Cristo Jesus", o qual "esvaziou-se a si mesmo e tomou a forma de servo" (Fl 2,5.7).

EVANGELHO SEGUNDO MATEUS

BUSCAR O REINO E A SUA JUSTIÇA

Introdução

O Evangelho segundo Mateus começa com uma genealogia, para salientar que Jesus surge do povo de Israel e o conduz ao ponto alto de sua história. Como "filho de Abraão" (1,1), Jesus deve ser entendido à luz de toda a história contada nas Escrituras. Eis uma chave importante para abrir nosso texto: é a partir da história, das tradições, da cultura do povo de Israel que Jesus será compreendido. Ele é chamado também "filho de Davi" (1,1), o Messias, que vem ensinar a respeito do Reino e realizar a justiça de Deus, da qual se deve ter fome e sede, e em relação à qual não se deve temer a perseguição (5,6.10).

Esse ensinamento é apresentado por uma articulação estreita entre ação e palavra. E isso define a própria estrutura do livro. Com efeito, após a introdução (caps. 1-2), temos cinco blocos, cada um composto de uma seção narrativa e outra discursiva, com suas respectivas conclusões (7,28; 11,1; 13,53; 19,1; 26,1). Finalmente, vem a narração da morte e ressurreição (caps. 26-28). Um olhar cuidadoso mostrará que as cenas da seção narrativa antecipam e preparam o discurso que está por vir. E é o discurso que dá o sentido profundo para a ação e as realizações de Jesus apresentadas anteriormente. Os cinco blocos parecem fazer referência aos cinco livros da Lei de Moisés: o evangelho apresenta Jesus como aquele que comunica a nova Lei, segundo a qual supera-se a justiça dos escribas e fariseus. Afinal de contas, Jesus é o Rabi, o Mestre da comunidade (23,8)!

Em sua proclamação, Jesus aparece indo além da costumeira interpretação da Lei de Moisés. A base para Jesus é a justiça que ultrapassa a ensinada pelos líderes de Israel (5,20). Critério decisivo é a solidariedade com os pobres, como se apresenta de forma dramática na cena do "juízo final" (25,31-46): a comunidade que se forma em torno de Jesus não pode abandonar nenhum dos pequeninos. É a vontade do Pai (18,14).

Ao apresentar Jesus como alguém que leva as tradições de Israel à sua plenitude (5,17), o Evangelho segundo Mateus mostra que Deus se torna visível em Jesus (1,23), cujas palavras e ações indicam o caminho do Reino e são a referência que orienta o povo de Deus em sua trajetória histórica. No empenho de articular em todo o mundo práticas inspiradas na justiça de Deus, o povo pode contar com a presença permanente do Ressuscitado, o qual ilumina e fortalece essa desafiadora missão (28,19-20).

AS ORIGENS DO MESSIAS

1 *Genealogia de Jesus (Lc 3,23-38)* – ¹Livro da origem de Jesus Cristo, filho de Davi, filho de Abraão. ²Abraão foi o pai de Isaac, Isaac foi o pai de Jacó, Jacó foi o pai de Judá e seus irmãos. ³Com Tamar, Judá foi o pai de Farés e Zara, Farés foi o pai de Esrom, Esrom foi o pai de Aram. ⁴Aram foi o pai de Aminadab, Aminadab foi o pai de Naasson, Naasson foi o pai de Salmon. ⁵Com Raab, Salmon foi o pai de Booz; com Rute, Booz foi o pai de Obed, Obed foi o pai de Jessé. ⁶Jessé foi o pai do rei Davi.

Davi, com a mulher de Urias, foi o pai de Salomão. ⁷Salomão foi o pai de Roboão, Roboão foi o pai de Abias, Abias foi o pai de Asa. ⁸Asa foi o pai de Josafá, Josafá foi o pai de Jorão, Jorão foi o pai de Ozias. ⁹Ozias foi o pai de Joatão, Joatão foi o pai de Acaz, Acaz foi o pai de Ezequias. ¹⁰Ezequias foi o pai de Manassés, Manassés foi o pai de Amon, Amon foi o pai de Josias. ¹¹Josias foi o pai de Jeconias e seus irmãos, no tempo do exílio na Babilônia.

¹²Depois do exílio na Babilônia, Jeconias foi o pai de Salatiel, Salatiel foi o pai de Zorobabel. ¹³Zorobabel foi o pai de Abiud, Abiud foi o pai de Eliacim, Eliacim foi o pai de Azor. ¹⁴Azor foi o pai de Sadoc, Sadoc foi o pai de Aquim, Aquim foi o pai de Eliud. ¹⁵Eliud foi o pai de Eleazar, Eleazar foi o pai de Matã, Matã foi o pai de Jacó. ¹⁶Jacó foi o pai de José, o esposo de Maria, da qual nasceu Jesus, que é chamado Cristo.

¹⁷Portanto, o total de gerações de Abraão a Davi são catorze. De Davi até o exílio na Babilônia, catorze gerações. E do exílio na Babilônia até Cristo, catorze gerações.

Nascimento de Jesus (Lc 2,1-7) – ¹⁸O nascimento de Jesus Cristo foi assim: Maria, sua mãe, estava comprometida em casamento com José. Antes de viverem juntos, ela foi encontrada grávida, por obra do Espírito Santo. ¹⁹José, seu esposo, sendo homem justo e não querendo denunciá-la publicamente, resolveu abandoná-la em segredo. ²⁰Enquanto ele tomava essa decisão, eis que um anjo do Senhor lhe apareceu em sonho, dizendo: "José, filho de Davi, não tenha medo de receber Maria como sua esposa, pois o que nela foi gerado provém do Espírito Santo. ²¹Ela dará à luz um filho, e você o chamará com o nome de Jesus, porque ele salvará o seu povo dos seus pecados". ²²Tudo isso aconteceu para que se cumprisse o que o Senhor tinha falado por meio do profeta: ²³"Eis que a virgem vai engravidar e dar à luz um filho, e o chamarão com o nome de Emanuel, que traduzido significa 'Deus conosco' ". ²⁴Quando José despertou do sono, fez como o anjo do Senhor lhe havia ordenado e acolheu sua esposa. ²⁵E não teve relações com ela, até que ela deu à luz um filho. E ele o chamou com o nome de Jesus.

2 *Visita dos magos* – ¹Depois que Jesus nasceu em Belém da Judeia, no tempo do rei Herodes, eis que uns magos do oriente chegaram a Jerusalém, ²perguntando: "Onde está o recém-nascido rei dos judeus? Porque avistamos sua estrela no oriente e aqui vimos para lhe prestar homenagem". ³Ouvindo isso, o rei Herodes ficou abalado, e Jerusalém toda com ele. ⁴Convocou então todos os chefes dos sacerdotes e os doutores do povo, e lhes perguntou onde o Messias deveria nascer. ⁵Eles lhe responderam: "Em Belém da Judeia. Pois assim está escrito por meio do profeta: ⁶'E você, Belém, terra de Judá,

---

1,1-17: Mulheres que reagiram à marginalização acompanham reis e outras lideranças na apresentação da história do povo do qual surge Jesus. Nele, esta trajetória chega a seu ponto alto, e tem continuação na vida de seus discípulos. Ele é o Messias que dá sentido novo a todas as mais profundas esperanças de Israel, especialmente as derivadas de vivências de dor e dominação.

18-25: As dúvidas de José são próprias de quem compreende a religião e a vida em termos de legalismo e individualismo. A intervenção do anjo esclarece o sentido profundo do plano de Deus mostrado nas Escrituras: Deus intervém na história humana a partir dos marginalizados e dos que têm a vida ameaçada. Abre os olhos para sensibilizá-los às necessidades dos outros. A conversão de José a uma justiça que supera o que está escrito na Lei torna possível o nascimento do Messias.

2,1-12: O nascimento de Jesus produz as mais diversas reações. Quem diz conhecer as Escrituras e confia apenas no próprio saber fica incomodado e sem ação: é incapaz de se alegrar com o cumprimento das promessas proféticas. O rei de plantão, apegado a seu próprio poder, e aliado das forças políticas mais importantes do momento, se alarma, achando que surgiu um rival. Já outros, estrangeiros, sensíveis às indicações e à novidade, buscam o Salvador. Como se vê,

não é de modo algum a menor entre as principais de Judá. Porque de você sairá um líder, que apascentará meu povo Israel'". ⁷Então Herodes chamou em segredo os magos e investigou junto a eles sobre o tempo em que a estrela tinha aparecido. ⁸Depois os enviou a Belém e disse: "Vão e procurem obter informações exatas sobre o menino. E me avisem quando o encontrarem, para que eu também vá prestar-lhe homenagem". ⁹Eles ouviram o rei e partiram. Eis que a estrela que tinham visto no oriente ia na frente deles, até que chegou e parou sobre o lugar onde estava o menino. ¹⁰Vendo novamente a estrela, ficaram repletos de extraordinária alegria. ¹¹Ao entrarem na casa, viram o menino com Maria, sua mãe, e se ajoelharam diante dele em homenagem. Abriram então seus cofres e lhe ofereceram presentes: ouro, incenso e mirra. ¹²Depois disso, foram avisados em sonho para não retornarem a Herodes, de modo que voltaram para sua região por outro caminho.

Fuga para o Egito e retorno a Nazaré – ¹³Depois que eles partiram, eis que um anjo do Senhor apareceu em sonho a José, dizendo: "Levante-se, pegue o menino e a mãe dele, e fuja para o Egito. Fique aí até que eu lhe avise, porque Herodes vai procurar o menino para matá-lo". ¹⁴Ele se levantou, e de noite pegou o menino e a mãe dele, e foi para o Egito. ¹⁵E aí ficou até a morte de Herodes, para se cumprir o que o Senhor tinha dito por meio do profeta: "Do Egito chamei o meu filho".

¹⁶Vendo que fora enganado pelos magos, Herodes ficou furioso. Mandou matar todos os meninos de Belém e de todos os seus territórios, de dois anos para baixo, de acordo com o tempo que tinha investigado junto aos magos. ¹⁷Então se cumpriu o que fora dito pelo profeta Jeremias: ¹⁸"Em Ramá se ouviu uma voz, choro e grande lamentação. É Raquel que chora seus filhos; ela não quer consolação, porque eles não existem mais".

¹⁹Quando Herodes morreu, eis que um anjo do Senhor apareceu em sonho a José no Egito, dizendo: ²⁰"Levante-se, pegue o menino e a mãe dele e vá para a terra de Israel. Porque já morreram aqueles que procuravam matar o menino". ²¹Então ele se levantou, pegou o menino e a mãe dele e entrou na terra de Israel. ²²Mas quando soube que Arquelau reinava na Judeia em lugar de seu pai Herodes, ficou com medo de ir para lá. Avisado em sonho, partiu para a região da Galileia. ²³Aí chegando, foi morar numa cidade chamada Nazaré, para que se cumprisse o que fora anunciado pelos profetas: "Ele será chamado Nazareno".

I. O REINO E SUA JUSTIÇA
Narração: A vinda do Reino

3 ***Pregação de João Batista** (Mc 1,2-8; Lc 3,1-18; Jo 1,19-28)* – ¹Nesses dias, João Batista apareceu pregando no deserto da Judeia ²e dizendo: "Arrependam-se, porque o Reino dos Céus está próximo". ³De fato, é de João que o profeta Isaías falou: "Voz que grita no deserto: Preparem o caminho do Senhor, endireitem suas estradas". ⁴Esse João usava uma roupa de pelos de camelo e um cinto de couro na cintura. Sua comida eram gafanhotos e mel silvestre. ⁵E iam a ele habitantes de Jerusalém, de toda a Judeia e de toda a região próxima ao Jordão. ⁶E, confessando seus pecados, eram batizados por ele no rio Jordão.

⁷Ao ver que muitos dentre os fariseus e saduceus iam ao seu batismo, ele lhes disse: "Raça de cobras venenosas! Quem os ensinou a fugir da ira que está para vir? ⁸Produzam, pois, fruto que comprove o seu arrependimento. ⁹E não pensem que basta dizer: 'Temos Abraão por pai'. Porque eu lhes digo que até dessas pedras Deus pode fazer que nasçam filhos para

---

um cenário tenso, que vai marcar toda a atividade de Jesus, até chegar à cruz.

13-23: Enquanto no passado Moisés fugiu "do" Egito, Jesus agora foge "para o" Egito: a terra prometida se tornou o lugar da violência e da opressão. Jesus realiza no início de sua história um trajeto semelhante ao de Moisés, e assim evidencia o sentido de sua ação: tratar-se do Messias de Deus. Deslocando-se para Nazaré da Galileia, a periferia de Israel, começará daí sua atuação libertadora.

3,1-12: A pregação de João Batista prepara a ação de Jesus, convocando a uma mudança radical de vida. Suas palavras incomodam principalmente os fariseus e saduceus, grupos dominantes tanto no plano religioso

Abraão. ¹⁰Agora o machado já está na raiz das árvores. Então, toda árvore que não produz fruto bom será cortada e jogada no fogo. ¹¹Na verdade, eu batizo vocês com água para o arrependimento. Mas aquele que vem depois de mim é mais forte do que eu, e eu não tenho o direito de levar as sandálias dele. Ele batizará vocês com Espírito Santo e com fogo. ¹²A pá está em sua mão, e ele há de limpar sua eira e recolherá seu trigo no celeiro. Mas a palha, ele a queimará no fogo que nunca se acaba".

Batismo de Jesus (Mc 1,9-11; Lc 3,21s; Jo 1, 29-34) – ¹³Nesse tempo, Jesus foi da Galileia para o Jordão, ao encontro de João, para ser batizado por ele. ¹⁴João, porém, tentava impedi-lo, dizendo: "Eu é que preciso ser batizado por ti, e tu vens a mim?" ¹⁵Contudo, Jesus lhe respondeu: "Deixe por enquanto, pois é assim que devemos cumprir toda a justiça". Então João concordou. ¹⁶Batizado, Jesus logo subiu da água. Eis que se abriram para ele os céus, e viu o Espírito de Deus descendo como pomba e vindo sobre ele. ¹⁷E uma voz vinda dos céus dizia: "Este é o meu Filho amado, em quem eu me agrado".

4 **Tentação no deserto (Mc 1,12s; Lc 4,1-13)** – ¹Então Jesus foi conduzido pelo Espírito ao deserto, a fim de ser tentado pelo diabo. ²Jejuou quarenta dias e quarenta noites, e depois sentiu fome. ³Então se aproximou dele o tentador, e lhe disse: "Se és Filho de Deus, ordena que estas pedras se tornem pão". ⁴Jesus, porém, respondeu: "Está escrito: 'O ser humano não vive só de pão, mas de toda palavra que sai da boca de Deus'". ⁵Então o diabo levou Jesus à Cidade Santa, colocou-o no ponto mais alto do Templo, ⁶e lhe disse: "Se és Filho de Deus, atira-te para baixo, pois está escrito: 'Ele dará ordens a seus anjos a teu respeito, e eles te levarão nas mãos, para que teu pé não tropece em nenhuma pedra'". ⁷Jesus lhe respondeu: "Também está escrito: 'Não tente ao Senhor seu Deus'". ⁸De novo o diabo levou Jesus a um monte muito alto e lhe mostrou todos os reinos do mundo e a grandiosidade deles. ⁹Disse-lhe: "Tudo isso eu te darei, se de joelhos me adorares". ¹⁰Então Jesus lhe disse: "Vá embora, Satanás! Pois está escrito: 'Adore o Senhor seu Deus, e somente a ele preste culto'". ¹¹Por fim, o diabo o deixou. E eis que os anjos se aproximaram e se puseram a servi-lo.

Início da pregação, na Galileia (Mc 1,14s; Lc 4,14s) – ¹²Quando ouviu que João tinha sido preso, Jesus voltou para a Galileia. ¹³Deixando Nazaré, foi morar em Cafarnaum, à beira do mar, no território de Zabulon e Neftali, ¹⁴para que se cumprisse o que foi dito pelo profeta Isaías: ¹⁵"Terra de Zabulon e terra de Neftali, caminho do mar, do outro lado do Jordão, Galileia das nações! ¹⁶O povo que estava assentado em trevas viu uma grande luz. A luz se levantou para os que estavam assentados na região sombria da morte". ¹⁷A partir daí, Jesus começou a pregar e a dizer: "Arrependam-se, porque o Reino dos Céus está próximo".

Chamado dos primeiros discípulos (Mc 1,16-20; Lc 5,1-11) – ¹⁸Andando à beira do mar da Galileia, Jesus viu dois irmãos: Simão, chamado Pedro, e seu irmão André. Estavam lançando a rede no lago, pois eram pescadores. ¹⁹Jesus lhes disse: "Venham após mim, e eu farei de vocês pescadores de gente". ²⁰Imediatamente, abandonando as redes, eles o seguiram. ²¹Indo adiante, viu outros dois irmãos: Tiago de Zebedeu e seu irmão João. Estavam na barca com o pai Zebedeu, consertando suas redes, e Jesus os chamou. ²²Imediatamente, abandonando a barca e o pai, eles o seguiram.

---

como político. Com Jesus não será diferente, pois ele vai levar a níveis ainda mais profundos as exigências para se viver de acordo com os princípios do Reino.

13-17: Já no seu batismo Jesus deixa claro que a justiça é o que vai orientar toda a sua ação: ao reconhecer a missão de João, é proclamado pelo Pai como o Filho amado que vai realizar plenamente a missão que lhe cabe.

4,1-11: A ordem das três tentações mostra como Jesus enfrenta desafios que vão desde a satisfação de uma necessidade básica, como a fome, até o desejo de poder, passando pela busca de segurança religiosa. A reação de Jesus diante das tentações que lhe são propostas o mostra em sintonia com a vontade de Deus e contra soluções simples e enganadoras, que ao final produzem dominação e violência. Jesus não tenta manipular a Deus, nem age no sentido de conseguir privilégios.

12-17: Jesus começa sua atividade na Galileia, região distante do centro político e religioso do seu país. A esperança da salvação se mostra justamente numa região da qual nada se espera.

18-22: Cf. nota a Mc 1,16-20.

Pregação e curas na Galileia *(Mc 3,7b-12; Lc 6,17-19)* – ²³Jesus percorria toda a Galileia, ensinando nas sinagogas deles, pregando o evangelho do Reino e curando toda doença e enfermidade do povo. ²⁴Sua fama se espalhou por toda a Síria. E conduziram a ele todos os que estavam doentes, sofrendo com diversas enfermidades e dores, os endemoninhados, epiléticos e paralíticos. E ele os curou. ²⁵Numerosas multidões o seguiram, vindas da Galileia, da Decápole, de Jerusalém, da Judeia e do outro lado do Jordão.

Discurso: Buscar o Reino e sua justiça – Sermão da Montanha

As bem-aventuranças *(Lc 6,20-23)* – **5** ¹Vendo as multidões, Jesus subiu à montanha, sentou-se, e seus discípulos se aproximaram dele. ²E, abrindo a boca, ele os ensinava, dizendo: ³"Felizes os pobres no Espírito, porque deles é o Reino dos Céus. ⁴Felizes os que choram, porque serão consolados. ⁵Felizes os mansos, porque herdarão a terra. ⁶Felizes os que têm fome e sede da justiça, porque serão saciados. ⁷Felizes os misericordiosos, porque encontrarão misericórdia. ⁸Felizes os puros no coração, porque verão a Deus. ⁹Felizes os que promovem a paz, porque serão chamados filhos de Deus. ¹⁰Felizes os perseguidos por causa da justiça, porque deles é o Reino dos Céus. ¹¹Felizes vocês, quando por minha causa os insultarem, perseguirem e, mentindo, disserem todo tipo de mal contra vocês. ¹²Fiquem contentes e alegres, pois grande é a recompensa de vocês nos céus. Porque foi assim que perseguiram aos profetas que vieram antes de vocês".

Sal da terra, luz do mundo *(Mc 9,50; Lc 14,34s; Mc 4,21; Lc 8,16; 11,33)* – ¹³"Vocês são o sal da terra. Ora, se o sal perde o sabor, com que o salgaremos? Não serve mais para nada, senão para ser jogado fora e ser pisado pelas pessoas. ¹⁴Vocês são a luz do mundo. Uma cidade construída sobre um monte não pode ficar escondida. ¹⁵Nem se acende uma lâmpada para ser colocada embaixo de um móvel, mas no candeeiro, e assim ela ilumina todos os que estão na casa. ¹⁶Brilhe do mesmo modo a luz de vocês diante das pessoas, para que elas vejam as boas obras que vocês fazem e glorifiquem o Pai de vocês que está nos céus".

Cumprimento da Lei: a nova justiça – ¹⁷"Não pensem que eu vim abolir a Lei ou os Profetas. Não vim abolir, mas cumprir. ¹⁸Porque eu lhes garanto: Enquanto não passarem o céu e a terra, não se perderá nem mesmo um só i ou vírgula da Lei, sem que tudo seja cumprido. ¹⁹Portanto, quem violar ainda que seja um só desses mínimos mandamentos, e ensinar as pessoas a fazer o mesmo, será considerado o menor no Reino dos Céus. Mas quem os praticar e ensinar, será chamado grande no Reino dos Céus. ²⁰Porque eu lhes digo: Se a justiça de vocês não superar a justiça dos doutores da Lei e fariseus, vocês não entrarão no Reino dos Céus".

23-25: Neste resumo se indicam os componentes principais da ação de Jesus: ensinar, pregar e curar. Seu compromisso com a vida e com a justiça do Reino atrai as pessoas mais necessitadas.

5-7: Jesus se apresenta de maneira ao mesmo tempo semelhante e distinta de Moisés. Este último subiu a montanha para receber de Deus a Lei. Jesus sobe a montanha e, ele mesmo, proclama o ensinamento básico a respeito do Reino.

5,1-12: As bem-aventuranças são anúncios de felicidade, mas principalmente convocam para o não-conformismo e para a ação segundo os valores do Reino. A existência de pobres e aflitos é a mostra de que é preciso ter fome e sede da justiça de Deus. Os pobres que não se conformam com a situação em que se encontram e aceitam a convocação de Jesus são os "pobres no Espírito", sintonizados com o que o Espírito de Deus lhes inspira. Por outro lado, a prática da misericórdia, a luta pela verdadeira paz da fraternidade, mostram a justiça de Deus sendo assumida por quem escuta o desafio apresentado por Jesus. Esse caminho de vida, porém, traz como consequência a perseguição, produzida por aqueles que desejam as coisas continuando como estão.

13-16: A escuta e a acolhida das palavras de Jesus não podem deixar os discípulos em estado de conformismo. O ensinamento do Mestre não se dirige para o bem-estar pessoal, mas para o compromisso com o mundo, a fim de o desafiar e torná-lo melhor e mais justo. Esse compromisso se exercerá mais por obras do que por palavras.

17-20: As Escrituras foram doadas a Israel para ensinar o caminho da justiça. Os discípulos de Jesus não podem ignorar essa riqueza, mas devem interpretá-las de forma generosa e profunda, de maneira a captar o que elas têm a dizer para além da superfície, como fundamento para a vivência da justiça mais ampla, aquela que se articula com a misericórdia.

Compromisso com a vida – ²¹"Vocês ouviram o que foi dito aos antepassados: 'Não mate'. Quem matar terá de responder no tribunal. ²²Mas eu lhes digo: Todo aquele que ficar com raiva de seu irmão, terá de responder no tribunal. Quem chamar seu irmão de 'imbecil', será submetido ao Supremo Tribunal. Quem o chamar de 'idiota', terá de responder no fogo do inferno. ²³Se você estiver levando sua oferenda ao altar, e aí lembrar que seu irmão tem alguma coisa contra você, ²⁴deixe sua oferenda aí diante do altar e vá primeiro reconciliar-se com seu irmão. Só depois vá fazer sua oferenda. ²⁵Entre logo em acordo com seu adversário, enquanto você está a caminho com ele. Senão, ele entregará você ao juiz, o juiz o entregará ao guarda, e você será jogado na cadeia. ²⁶Eu lhe garanto: Daí você não sairá, enquanto não pagar até o último centavo".

Exigência de fidelidade – ²⁷"Vocês ouviram que foi dito: 'Não cometa adultério'. ²⁸Eu, porém, lhes digo: Todo aquele que olha para uma mulher cobiçando-a, já cometeu adultério com ela no coração. ²⁹Se seu olho direito é motivo de escândalo para você, arranque-o e jogue-o fora. Porque é melhor para você perder um de seus membros do que todo o seu corpo ser jogado no inferno. ³⁰Se sua mão direita é motivo de escândalo para você, corte-a e jogue-a fora. Porque é melhor para você perder um de seus membros do que todo o seu corpo ser jogado no inferno".

Compromisso com a palavra dada (Mt 19,9; Mc 10,11-12; Lc 16,18) – ³¹"Foi dito também: 'Quem mandar embora sua esposa, deve dar a ela uma certidão de divórcio'. ³²Eu, porém, lhes digo: Todo aquele que manda embora sua esposa, a não ser em caso de união ilegítima, faz com que ela cometa adultério. E se alguém se casa com ela, comete adultério".

³³"Vocês também ouviram que foi dito aos antepassados: 'Não quebre o juramento, mas cumpra seus juramentos ao Senhor'. ³⁴Eu, porém, lhes digo: Não jurem de maneira nenhuma. Nem pelo céu, porque é o trono de Deus. ³⁵Nem pela terra, porque é o estrado de seus pés. Nem por Jerusalém, porque é a cidade do Grande Rei. ³⁶Nem jure pela sua cabeça, porque você não consegue tornar branco ou preto nem mesmo um só fio de cabelo. ³⁷Que o sim de vocês seja sim, e o não seja não. O que passa disso vem do Maligno".

Violência gera violência (Lc 6,29-30) – ³⁸"Vocês ouviram que foi dito: 'Olho por olho, dente por dente'. ³⁹Eu, porém, lhes digo: Não se coloquem contra o malvado. Pelo contrário, se alguém lhe bater na face direita, ofereça-lhe também a outra. ⁴⁰E a quem quiser mover um processo contra você para lhe tirar a túnica, entregue a ele também o manto. ⁴¹Se alguém obrigar você a caminhar mil passos, vá com ele dois mil. ⁴²Dê a quem lhe pede, e não vire as costas a quem lhe solicita um empréstimo".

Amor aos inimigos (Lc 6,27-28.32-36) – ⁴³"Vocês ouviram que foi dito: 'Ame seu próximo e odeie seu inimigo'. ⁴⁴Eu, porém, lhes digo: Amem seus inimigos e

---

21-26: É fundamental captar o sentido mais profundo da Lei. O preceito "não matar" exprime compromisso radical com a vida, e não apenas em seu plano físico. Daí o compromisso de buscar a reconciliação sempre, mesmo quando a ofensa veio do outro lado: a fraternidade vem antes, e dará significado particular à expressão do rito (a oferta no altar).

27-30: A exigência de fidelidade no amor não fica na superfície, deve ter sua base no interior de cada qual e atingir todos os sentimentos e ações. As palavras de Jesus se dirigem particularmente aos homens, por conta do poder sobre as mulheres que a sociedade reconhecia a eles e que Jesus vem questionar.

31-32: Também aqui Jesus se dirige aos homens, os únicos que, conforme a Lei, podiam decretar o divórcio (cf. 19,3-12), e o faziam principalmente por interesses de honra e vantagens. É preciso amadurecer as decisões, considerando os compromissos assumidos e os efeitos que elas provocam na vida de todos os pessoas envolvidas. A exceção mencionada no v. 32 pode ter a ver com muitas situações: uma delas seria a união entre parentes próximos, que a Lei impedia (Lv 18,6-18).

33-37: Não são juramentos que garantem relações humanas baseadas na verdade e na confiança. A palavra é expressão da pessoa, e por isso tem de ser responsável, e assim valer por si só.

38-42: Relações baseadas na violência e na vingança não têm chance de alcançar bom termo. Para quebrar a espiral da violência é preciso resistir, sem alimentá-la. São necessárias atitudes que a desmontem, e desarmem quem aposta nela como solução para os conflitos.

43-48: Na cultura da época se ensinava que a pessoa bem-educada era generosa tanto no amor aos amigos e membros da família, como no ódio aos inimigos. Jesus reage a essa maneira de limitar o mandamento do amor às fronteiras que os grupos humanos costumam

rezem por aqueles que perseguem vocês, ⁴⁵a fim de que vocês sejam filhos de seu Pai que está no céu. Porque ele faz seu sol nascer sobre malvados e bons, e faz chover sobre justos e injustos. ⁴⁶Pois, se vocês amarem somente aqueles que os amam, que recompensa terão? Até os cobradores de impostos não fazem isso? ⁴⁷Se vocês cumprimentam apenas seus irmãos, o que fazem de mais? Até os gentios não fazem isso? ⁴⁸Portanto, sejam perfeitos como é perfeito o Pai celeste de vocês".

6 *A esmola* – ¹"Cuidado para não praticarem a justiça de vocês diante das pessoas, para serem vistos por elas. Caso contrário, vocês não terão a recompensa do Pai de vocês que está nos céus. ²Quando der esmola, não mande tocar a trombeta à sua frente, como fazem os hipócritas nas sinagogas e nas ruas, para serem glorificados pelas pessoas. Eu lhes garanto: Já receberam sua própria recompensa. ³Mas você, quando der esmola, a sua mão esquerda não saiba o que a sua direita está fazendo, ⁴de modo que a sua esmola seja dada em segredo. E seu Pai, que vê no segredo, recompensará você".

A oração (Lc 11,2-4) – ⁵"Quando rezarem, não sejam como os hipócritas. Eles gostam de rezar em pé nas sinagogas e esquinas das ruas, para serem vistos pelas pessoas. Eu lhes garanto: Já receberam a própria recompensa. ⁶Mas você, quando rezar, entre em seu quarto, feche a porta e reze a seu Pai que está em segredo. Seu Pai, que vê no segredo, recompensará você. ⁷E, ao rezar, não fiquem repetindo palavras inutilmente, como fazem os gentios. Eles pensam que serão ouvidos por causa do exagero de palavras. ⁸Não sejam como eles, porque o Pai de vocês conhece as necessidades de vocês, antes que vocês lhe peçam. ⁹Portanto, rezem assim: 'Pai nosso, que estás nos céus, santificado seja o teu nome, ¹⁰venha o teu Reino, seja feita a tua vontade, assim na terra como no céu. ¹¹O pão nosso de cada dia dá-nos hoje, ¹²perdoa-nos nossas dívidas, assim como nós perdoamos aos que nos devem, ¹³e não nos deixes cair em tentação, mas livra-nos do mal'. ¹⁴Porque, de fato, se vocês perdoarem as faltas das pessoas, também seu Pai celeste perdoará vocês. ¹⁵Mas, se vocês não perdoarem as pessoas, seu Pai também não perdoará as faltas de vocês".

O jejum – ¹⁶"Quando jejuarem, não façam cara de tristeza, como os hipócritas. Porque eles desfiguram o rosto, para que as pessoas vejam que estão jejuando. Eu lhes garanto: Já receberam a própria recompensa. ¹⁷Mas você, quando jejuar, perfume a cabeça e lave o rosto. ¹⁸Assim as pessoas não perceberão que você está jejuando, mas apenas seu Pai, em segredo. E seu Pai, que vê no segredo, o recompensará".

O tesouro (Lc 12,33-34) – ¹⁹"Não ajuntem para vocês riquezas na terra, onde traça e ferrugem corroem, e onde ladrões arrombam e roubam. ²⁰Ajuntem sim para vocês riquezas no céu, onde nem traça nem ferrugem corroem, e onde ladrões não arrombam nem roubam. ²¹Porque, onde está o seu tesouro, aí também estará o seu coração".

---

estabelecer entre si. É essencial aprender de um Deus que é bom para com todos. Com o v. 48 se indica o ideal profundo e ambicioso de todas essas reflexões de Jesus sobre os preceitos da Lei.

6,1-4: No v. 1 se faz uma advertência básica sobre como deve ser praticada a justiça, para que seja autêntica e não mero exibicionismo. A esmola é o primeiro exemplo: ela deve expressar o compromisso com a vida do outro. Qualquer outra motivação transforma essa esmola em promoção de quem a oferece, desvirtuando seu sentido.

5-15: A oração é o segundo exemplo: torna-se falsificada quando feita para manipular a Deus e divulgar que o orante é piedoso. A verdadeira oração é aquela que promove a identificação da própria vontade com a vontade de Deus; por isso aparece aqui o Pai-nosso, mostrando o que verdadeiramente importa a Deus e deve importar a quem se coloca à sua escuta: seu Reino inspirando os modos de agir dos seres humanos, estabelecendo a partilha e o perdão em todos os âmbitos da vida, fortalecendo a resistência às seduções que desviem desse caminho. A insistência final no perdão ressalta as bases do agir que se deixa inspirar pela oração ensinada por Jesus.

16-18: O jejum é o último exemplo: oferecer a si mesmo a possibilidade de optar pela privação, com vistas a saber lidar com ela quando aparecer, é educar-se para a moderação no trato com os bens proporcionados pela criação divina, para que sejam partilhados em favor de todos. Jejuar para parecer piedoso é converter o ato de culto num teatro.

19-21: É fundamental saber onde se encontra o coração, a sede das decisões humanas. Está focado nos valores propostos pela sociedade? Ou é sensível à justiça de Deus, que ele quer ver reinando na terra?

Os olhos *(Lc 11,34-36)* – ²²"A lâmpada do corpo é o olho. Portanto, se o seu olho for bom, seu corpo inteiro ficará iluminado. ²³Porém, se o seu olho for ruim, seu corpo inteiro ficará escuro. E se a luz que existe em você é escuridão, quão grande será a escuridão mesma!"

Ou Deus, ou o dinheiro *(Lc 16,13)* – ²⁴"Ninguém pode servir a dois senhores, pois odiará um e amará o outro, ou se apegará a um e desprezará o outro. Vocês não podem servir a Deus e ao dinheiro".

Aprender das aves e dos lírios *(Lc 12,22-32)* – ²⁵"Por isso eu lhes digo: Não se preocupem com a vida de vocês, em relação ao que vão comer ou beber; nem com o corpo de vocês, em relação ao que vão vestir. Acaso a vida não vale mais que a comida, e o corpo mais que a roupa? ²⁶Observem as aves do céu, que não semeiam, nem colhem, nem ajuntam em celeiros, e o Pai de vocês que está nos céus as alimenta. Por acaso vocês não valem mais que elas? ²⁷Quem de vocês, com suas preocupações, consegue prolongar a própria vida um pouco que seja? ²⁸E quanto à roupa, por que vocês se preocupam tanto? Aprendam com os lírios do campo, como crescem, eles que não trabalham nem fiam. ²⁹E eu digo a vocês que Salomão, com toda a sua majestade, nunca se vestiu como um deles. ³⁰E se Deus assim veste a erva do campo, que hoje existe e amanhã é jogada no fogo, não fará muito mais por vocês, tão fracos na fé? ³¹Portanto, não vivam preocupados, dizendo: 'O que vamos comer? O que vamos beber? Com que nos vestiremos?' ³²Porque são os gentios que se preocupam com todas essas coisas. O Pai de vocês que está nos céus sabe que vocês precisam de tudo isso. ³³Busquem primeiro o Reino de Deus e sua justiça, e todas essas coisas ficarão garantidas para vocês. ³⁴Assim, não se preocupem com o dia de amanhã, pois o dia de amanhã terá suas próprias preocupações. A cada dia basta o seu mal".

7 Não julgar *(Lc 6,37-38.41-42)* – ¹"Não julguem, para não serem julgados. ²Pois vocês serão julgados com o julgamento com que julgarem, e serão medidos com a medida com que medirem. ³Por que você repara no cisco que está no olho de seu irmão, e não percebe a trave que está em seu próprio olho? ⁴Ou como poderá você dizer a seu irmão: 'Deixe que eu tire o cisco de seu olho', quando você tem no seu uma trave? ⁵Hipócrita! Tire primeiro a trave de seu olho, e então você verá bem para tirar o cisco do olho de seu irmão. ⁶Não deem aos cães o que é sagrado, nem joguem as pérolas de vocês aos porcos, para que eles não as pisem e, voltando-se, despedacem vocês".

Confiança na bondade do Pai *(Lc 11,9-13)* – ⁷"Peçam, e lhes será dado. Procurem, e encontrarão. Batam, e lhes será aberto. ⁸Pois todo aquele que pede recebe, quem procura encontra, e a quem bate se abrirá. ⁹Quem dentre vocês, se seu filho lhe pede pão, lhe dará uma pedra? ¹⁰Ou, se lhe pede um peixe, lhe dará uma cobra? ¹¹Então, se vocês que são maus sabem dar coisas boas aos próprios filhos, quanto mais o Pai de vocês que está nos céus dará coisas boas àqueles que lhe pedirem!"

A "regra de ouro" *(Lc 6,31)* – ¹²"Portanto, façam às pessoas o mesmo que vocês desejam que elas façam a vocês. Esta é, de fato, a Lei e os Profetas".

Duas portas, dois caminhos *(Lc 13,24)* – ¹³"Entrem pela porta estreita, porque é largo e espaçoso o caminho que leva para

---

22-23: Um olho bom é aquele que reflete a vontade de Deus acolhida no coração, para que o caminho seja iluminado.

24: Não é possível oferecer lealdade a senhores contrários. O único senhorio digno é o de Deus, que é justiça e misericórdia. O serviço ao dinheiro cria inúmeras servidões, e espalha violência e opressão, escravidão e morte. É preciso decidir.

25-34: A luta pela sobrevivência não pode ser travada com determinados valores estabelecidos na sociedade, os quais propõem o consumismo e a acumulação. A ostentação promovida por Salomão não foi capaz de superar a beleza de uma simples flor.

7,1-6: Continuam as exortações a respeito de uma vida em comunidade guiada pela justiça de Deus. Ela deverá basear-se na convicção da fragilidade e limitação de cada um, o que fará com que a condenação dê lugar à correção fraterna e respeitosa.

7,12: A oração deve ser expressão das efetivas necessidades que a pessoa tem, na consciência de que o Pai as conhece e acolhe, mas principalmente de que ele oferecerá tantas coisas boas a quem a ele se dirige: os ensinamentos de Jesus aos discípulos.

13-14: Os discípulos precisam saber que o caminho a ser trilhado é cheio de obstáculos. Isso ocorre porque eles formam uma comunidade que vive a partir de

a perdição. E são muitos os que tomam esse caminho. ¹⁴Como é estreita a porta e apertado o caminho que leva para a vida! E são poucos os que o encontram".

Atenção com as aparências! *(Lc 6,43-44)* – ¹⁵"Cuidado com os falsos profetas! Eles se aproximam de vocês disfarçados de ovelhas, mas por dentro são lobos ferozes. ¹⁶Vocês os reconhecerão pelos frutos deles. Acaso se colhem uvas de espinheiros ou figos de cardos? ¹⁷Toda árvore boa produz frutos bons, e toda árvore ruim produz frutos ruins. ¹⁸Uma árvore boa não pode dar frutos ruins, nem uma árvore ruim dar frutos bons. ¹⁹Toda árvore que não dá fruto bom é cortada e jogada no fogo. ²⁰De modo que vocês os reconhecerão pelos frutos deles".

O verdadeiro discípulo *(Lc 13,25-27)* – ²¹"Nem todo aquele que me diz 'Senhor, Senhor!' entrará no Reino dos Céus, e sim aquele que faz a vontade do meu Pai que está nos céus. ²²Muitos vão me dizer naquele dia: 'Senhor, Senhor, não foi em teu nome que profetizamos, em teu nome que expulsamos demônios, em teu nome que fizemos tantos milagres?' ²³Então eu vou declarar a eles: 'Nunca conheci vocês. Afastem-se de mim, vocês que praticam a maldade'".

Casa sobre a rocha *(Lc 6,47-49)* – ²⁴"Portanto, quem ouve essas minhas palavras e as põe em prática, será comparado a um homem de juízo que construiu sua casa sobre a rocha. ²⁵A chuva caiu, vieram as enxurradas, os ventos sopraram e bateram contra essa casa, e ela não caiu, porque estava alicerçada sobre a rocha. ²⁶Ao contrário, quem ouve essas minhas palavras e não as põe em prática, será comparado a um homem sem juízo que construiu sua casa sobre a areia. ²⁷A chuva caiu, vieram as enxurradas, os ventos sopraram e bateram contra essa casa, e ela caiu, e foi terrível a sua ruína".

²⁸Quando Jesus terminou essas palavras, as multidões estavam maravilhadas com seu ensinamento. ²⁹Porque ele as ensinava com autoridade, e não como os seus doutores da Lei.

II. MANIFESTAÇÕES DO REINO
Narração: Justiça e misericórdia

8 **Cura do leproso** *(Mc 1,40-45; Lc 5,12-16)* – ¹Quando Jesus desceu da montanha, grandes multidões o seguiam. ²Eis que um leproso se aproximou e prostrou-se diante dele, dizendo: "Senhor, se queres, tens o poder de me purificar". ³Jesus estendeu a mão e, tocando nele, disse: "Eu quero. Fique purificado". Imediatamente ele ficou purificado da lepra. ⁴Então Jesus lhe disse: "Não conte a ninguém. Mas vá apresentar-se ao sacerdote e leve a oferta que Moisés ordenou, como prova para eles".

Cura do criado de um centurião *(Lc 7,1-10; Jo 4,43-54)* – ⁵Quando Jesus entrava em Cafarnaum, aproximou-se dele um centurião, suplicando ⁶e dizendo: "Senhor, meu criado está de cama em casa com paralisia, e sofre terrivelmente". ⁷Jesus lhe disse: "Eu irei, e o curarei". ⁸O centurião respondeu: "Senhor, eu não sou digno de que entres sob meu teto. Basta porém que digas uma palavra, e meu criado ficará curado. ⁹Porque eu também tenho superiores, e tenho

---

ideais e valores que não são os propostos pela sociedade.

15-20: Ideologias e propostas religiosas que afastam dos valores e do caminho do Reino se apresentam de maneira doce e fascinante. Para um discernimento adequado, será preciso avaliar os frutos que elas produzem na sociedade.

21-23: Estas palavras de Jesus provavelmente têm em mente os falsos profetas mencionados nos vv. anteriores, mas se dirigem a toda a comunidade dos discípulos. É muito comum pensar que a adesão a Jesus se define por elementos de ordem litúrgica e ritual. Mas o que confere a eles o verdadeiro sentido são as ações que correspondem à vontade do Pai em relação ao mundo. Estes vv. antecipam 25,31-46, o ponto de chegada de toda a proclamação de Jesus, que explicita aquilo que efetivamente importa a Jesus e a seu Pai.

24-29: Jesus conclui sua primeira proclamação, acentuando, uma vez mais, o valor da justiça de Deus, cuja prática abre as portas do Reino. Ao final, a multidão percebe a autoridade de Jesus na força de suas palavras e no efeito que elas podem produzir na vida de quem as ouve. Em nada sugerem algum benefício para o próprio Jesus, mas indicam o caminho para uma renovação da vida no mundo, a partir do testemunho da comunidade de discípulos que o seguem.

8,1-4: Cf. nota a Mc 1,40-45.

5-13: De alguma forma o centurião, agente das forças romanas que controlam a Galileia, percebe que a salvação de que necessita não pode ser encontrada no império. Da parte de Jesus, sua ação curadora mostra que o Reino por ele anunciado tem dimensões muito mais amplas que aquelas imaginadas por muita gente em Israel. Tudo conflui para o anúncio da vinda do Reino,

soldados sob meu comando. Quando digo a um 'vá!', ele vai. Quando digo a outro 'venha!', ele vem. E quando digo ao meu criado 'faça isso', ele o faz". [10]Ouvindo isso, Jesus ficou admirado e disse aos que o seguiam: "Eu lhes garanto: Em Israel não encontrei ninguém que tivesse tanta fé. [11]Mas eu lhes digo: Muitos virão do oriente e do ocidente e se assentarão com Abraão, Isaac e Jacó no Reino dos Céus, [12]ao passo que os filhos do Reino serão expulsos para a escuridão. Aí haverá choro e ranger de dentes". [13]Então Jesus disse ao centurião: "Vá, e lhe aconteça como você acreditou". E nessa mesma hora o criado ficou curado.

A sogra de Pedro e outras curas (Mc 1,29-34; Lc 4,38-41) – [14]Quando Jesus chegou à casa de Pedro, viu a sogra dele de cama com febre. [15]Jesus pegou a mão dela, e a febre a deixou. Ela se levantou e começou a servi-lo. [16]Ao entardecer, levaram a Jesus muitos endemoninhados. E ele, com uma palavra, expulsou os espíritos e curou todos os que estavam doentes. [17]Assim se cumpriu o que fora anunciado pelo profeta Isaías: "Ele assumiu nossas fraquezas e carregou nossas doenças".

Disposição para o seguimento radical (Lc 9,57-62) – [18]Vendo a multidão ao seu redor, Jesus mandou que partissem para a outra margem. [19]Então um doutor da Lei se aproximou e lhe disse: "Mestre, eu te seguirei aonde quer que fores". [20]Jesus lhe disse: "As raposas têm tocas e as aves do céu têm ninhos, mas o Filho do Homem não tem onde repousar a cabeça". [21]Outro de seus discípulos lhe disse: "Senhor, permite que eu vá primeiro sepultar meu pai". [22]Jesus lhe disse: "Siga-me, e deixe que os mortos enterrem seus mortos".

A tempestade acalmada (Mc 4,35-41; Lc 8,22-25) – [23]Jesus subiu na barca, e seus discípulos o seguiram. [24]Eis que no mar houve uma violenta tempestade, a tal ponto que a barca estava sendo coberta pelas ondas. Jesus, porém, dormia. [25]Então os discípulos se aproximaram e o acordaram, dizendo: "Senhor, salva-nos! Estamos morrendo!" [26]Jesus lhes disse: "Por que vocês são medrosos, tão fracos na fé?" Então, levantando-se, ameaçou os ventos e o lago, e houve grande calmaria. [27]Os homens ficaram espantados e diziam: "Quem é este, a quem até os ventos e o mar obedecem?"

Os endemoninhados de Gadara (Mc 5, 1-20; Lc 8, 26-39) – [28]Chegando ao outro lado, no território dos gadarenos, dois endemoninhados saíram dos túmulos e foram ao encontro dele. Eram tão violentos, que ninguém podia passar por esse caminho. [29]Eis que começaram a gritar: "O que queres de nós, Filho de Deus? Vieste aqui para nos atormentar antes do tempo?" [30]A certa distância deles estava pastando grande manada de porcos. [31]Os demônios lhe suplicavam, dizendo: "Se nos expulsas, manda-nos para a manada de porcos". [32]Jesus lhes disse: "Vão". Eles saíram e entraram nos porcos. E toda a manada lançou-se precipício abaixo em direção ao mar, e morreu nas águas. [33]Os que cuidavam dos porcos fugiram, e chegando à cidade contaram tudo, também o que tinha acontecido com os endemoninhados. [34]Eis que a cidade toda saiu ao encontro de Jesus. Vendo-o, suplicaram-lhe que se retirasse do território deles.

9 *Cura do paralítico (Mc 2,1-12; Lc 5,17-26)* – [1]Jesus entrou numa barca, atravessou para a outra margem e chegou à sua cida

---

que é fartura e vida para todos os que se comprometem com ele.
14-17: O compromisso de Jesus é com a vida livre e abundante. Por isso em suas curas são importantes os gestos: não se trata apenas do resgate da saúde, mas do bem estar por inteiro e da criação de homens e mulheres novos. Assim as Escrituras se veem cumpridas. Jesus realiza sua missão, a serviço de Deus, na solidariedade com os sofredores e oprimidos.
18-22: As exigências mais radicais que o seguimento de Jesus comporta conduzem a rupturas decisivas quanto a laços familiares, bens e outros privilégios.
23-27: Jesus põe sob controle o mar e suas forças. De acordo com a mentalidade da época, o mar era o lugar de onde se originavam as forças caóticas e os poderes promotores do mal (cf. Dn 7; Ap 13). A fraqueza na fé se deve ao fato de os discípulos ainda estarem dominados por estas forças que Jesus vem submeter.
28-34: Em terra estrangeira, Jesus se encontra com pessoas que carregam, de forma profunda, muitos efeitos e formas da dominação. Sua intervenção libertadora envia os poderes do mal para o fundo do mar, recordando o destino do exército egípcio que perseguia os hebreus liderados por Moisés. Mas há tantos tão acostumados com a dominação, que não suportam que alguém como Jesus permaneça entre eles.
9,1-8: Cf. nota a Mc 2,1-12. A missão de Jesus é estendida à comunidade, que deve vivenciar o per

de. ²Eis que levaram a ele um paralítico deitado na maca. Vendo a fé que eles tinham, Jesus disse ao paralítico: "Coragem, filho! Seus pecados estão perdoados". ³Então alguns doutores da Lei diziam consigo: "Ele blasfema". ⁴Conhecendo-lhes o pensamento, Jesus disse: "Por que vocês pensam coisas más em seus corações? ⁵De fato, o que é mais fácil? Dizer: 'Seus pecados estão perdoados', ou dizer: 'Levante-se e ande'? ⁶Para que vocês saibam que o Filho do Homem tem na terra autoridade para perdoar pecados..." Disse então ao paralítico: "Levante-se, pegue sua maca e vá para casa". ⁷Ele se levantou e foi para casa. ⁸Vendo isso, as multidões ficaram com medo e glorificavam a Deus por ter dado às pessoas tão grande autoridade.

Chamado de Mateus e refeição com pecadores (Mc 2,13-17; Lc 5,27-32) – ⁹Tendo partido daí, Jesus viu um homem chamado Mateus sentado na coletoria de impostos. Jesus lhe disse: "Siga-me!" Levantando-se, ele o seguiu. ¹⁰Ora, aconteceu que Jesus estava em casa sentado à mesa. Chegaram muitos cobradores de impostos e pecadores, e sentaram-se à mesa com Jesus e seus discípulos. ¹¹Vendo isso, os fariseus perguntavam aos discípulos de Jesus: "Por que o mestre de vocês come entre cobradores de impostos e pecadores?" ¹²Jesus ouviu e respondeu: "Não são os sadios que precisam de médico, e sim os doentes. ¹³Vão e aprendam o que significa: 'Quero misericórdia e não sacrifício'. Porque eu não vim chamar justos, e sim pecadores".

O jejum (Mc 2,18-22; Lc 5,33-39) – ¹⁴Foi quando os discípulos de João se aproximaram de Jesus dizendo: "Por que nós e os fariseus jejuamos tanto, e os teus discípulos não jejuam?" ¹⁵Jesus lhes disse: "Por acaso os amigos do noivo podem estar de luto enquanto o noivo está com eles? Dias virão em que o noivo será tirado deles. Então sim farão jejum. ¹⁶Ninguém remenda roupa velha com pano novo, porque o remendo repuxa a roupa e o rasgão fica pior. ¹⁷Nem se põe vinho novo em vasilhas de couro velhas, porque assim as vasilhas se romperiam, o vinho se derramaria e as vasilhas se estragariam. Vinho novo se coloca em vasilhas novas, e assim os dois se conservam".

Cura da mulher e ressurreição da menina (Mc 5,21-43; Lc 8,40-56) – ¹⁸Enquanto Jesus lhes dizia essas coisas, eis que chegou um chefe e se ajoelhou diante dele, dizendo: "Minha filha acaba de morrer. Mas vem, impõe a mão sobre ela, e ela viverá". ¹⁹Levantando-se, Jesus o seguiu, ele com seus discípulos.

²⁰Nisso apareceu uma mulher que sofria de hemorragia fazia doze anos. Ela se aproximou por detrás de Jesus e tocou-lhe na barra do manto. ²¹Porque dizia consigo: "Se eu apenas tocar no manto dele, ficarei curada". ²²Então Jesus se voltou e, vendo a mulher, lhe disse: "Coragem, filha! Sua fé salvou você". E a partir desse momento a mulher ficou curada.

²³Jesus chegou à casa do chefe, viu os flautistas e a multidão em alvoroço, ²⁴e disse: "Retirem-se, porque a menina não morreu. Está dormindo". E caçoavam dele. ²⁵Quando a multidão se retirou, Jesus entrou, tomou a menina pela mão, e ela se levantou. ²⁶E a notícia se espalhou por toda essa região.

Cura de dois cegos e do endemoninhado mudo – ²⁷Quando Jesus partiu daí, dois cegos o seguiram, gritando e dizendo: "Filho de Davi, tem piedade de nós!" ²⁸Ao chegar à casa, os cegos se aproximaram dele. Jesus lhes perguntou: "Vocês creem que eu lhes posso fazer isso?" Eles lhe responderam: "Sim, Senhor". ²⁹Então Jesus tocou nos olhos deles, dizendo: "Que lhes aconteça conforme a fé que vocês têm". ³⁰E os olhos deles se abriram. Então

---

dão e comprometer-se em semeá-lo no mundo (cf. 18, 15-18).

9-13: Cf. nota a Mc 2,13-17. Jesus deixa claro que o verdadeiro sentido da Lei só é captado a partir da prática da misericórdia.

14-17: Cf. nota a Mc 2,18-22.

18-26: Cf. nota a Mc 5,21-43.

27-34: A recuperação da vista e a libertação frente ao poder que impede o entendimento e a ação responsável indicam que estamos em novos tempos, os tempos messiânicos (cf. Is 35,5-6; Mt 11,5). No entanto os líderes religiosos, que se consideram senhores do saber e da própria ação de Deus, têm outro argumento para desqualificar a ação de Jesus.

Jesus os advertiu: "Cuidado para que ninguém fique sabendo!" ³¹Mas eles, saindo daí, espalharam sua fama por toda essa região.

³²Logo que eles saíram, eis que levaram a Jesus um endemoninhado mudo. ³³Expulso o demônio, o mudo falou. As multidões ficaram maravilhadas, dizendo: "Nunca se viu algo assim em Israel!" ³⁴Mas os fariseus diziam: "É pelo chefe dos demônios que ele expulsa os demônios".

***Compaixão de Jesus pelas multidões** (Mc 6,34)* – ³⁵Jesus percorria todas as cidades e vilarejos, ensinando nas sinagogas deles, pregando o evangelho do Reino, e curando toda doença e toda enfermidade. ³⁶Vendo as multidões, encheu-se de compaixão por elas, porque estavam angustiadas e abandonadas, como ovelhas que não têm pastor. ³⁷Então disse a seus discípulos: "A colheita é grande, mas os trabalhadores são poucos. ³⁸Portanto, peçam ao Senhor da colheita que envie trabalhadores para a sua colheita".

Discurso: Chamado para a missão

10 ***Escolha dos Doze** (Mc 3,13-19; Lc 6,12-16)* – ¹Chamando seus Doze discípulos, Jesus deu a eles autoridade sobre espíritos impuros para expulsá-los, e para curar toda doença e toda enfermidade. ²São estes os nomes dos Doze apóstolos: primeiro, Simão, também chamado Pedro, e seu irmão André; Tiago, filho de Zebedeu, e seu irmão João; ³Filipe e Bartolomeu; Tomé e Mateus, o cobrador de impostos; Tiago, filho de Alfeu, e Tadeu; ⁴Simão, o cananeu, e Judas Iscariotes, aquele que entregou Jesus.

***Instruções para os Doze** (Mc 6,7-13; Lc 9,1-6)* – ⁵Jesus enviou esses Doze, depois de instruí-los dizendo: "Não tomem o caminho dos gentios e não entrem nas cidades de samaritanos. ⁶Em vez disso, vão às ovelhas perdidas da casa de Israel. ⁷E, durante a viagem, anunciem que o Reino dos Céus está próximo. ⁸Curem enfermos, ressuscitem mortos, purifiquem leprosos, expulsem demônios. Vocês receberam de graça; deem de graça. ⁹Não levem ouro, nem prata, nem cobre em seus bolsos, ¹⁰nem bolsa para o caminho, nem duas túnicas, nem sandálias, nem bastão. Porque o trabalhador tem direito a seu sustento. ¹¹Entrando numa cidade ou vilarejo, procurem saber se aí existe alguma pessoa que seja digna, e aí se hospedem até partirem. ¹²Ao entrar na casa, façam a saudação de paz. ¹³Se a casa for digna, venha sobre ela a paz de vocês. Se não for digna, a paz que vocês lhe desejaram voltará para vocês. ¹⁴Se alguém não os receber nem der ouvido a suas palavras, sacudam o pó dos pés ao saírem dessa casa ou dessa cidade. ¹⁵Eu lhes garanto: No dia do julgamento, haverá menos rigor para a terra de Sodoma e Gomorra do que para essa tal cidade".

***Os discípulos são ovelhas entre lobos** (Mc 13,9-13; Lc 21,12-17)* – ¹⁶"Eis que envio vocês como ovelhas no meio de lobos. Por isso, sejam prudentes como as serpentes e simples como as pombas. ¹⁷Cuidado com as pessoas! Porque elas entregarão vocês aos tribunais e os açoitarão em suas sinagogas. ¹⁸E vocês serão conduzidos à presença de governadores e de reis por minha causa, para darem testemunho diante deles e dos gentios. ¹⁹Quando entregarem vocês, não fiquem preocupados em saber como ou o que irão falar, pois nessa hora lhes será indicado o que vocês deverão falar. ²⁰Por-

---

35-38: Este resumo da atividade de Jesus o mostra sensível às dores e sofrimentos do povo, abandonado por aqueles que se dizem seus líderes. Essas dores é que orientam o agir de Jesus: ensino, pregação e curas (cf. 4,23). O desafio é enorme, e para tanto é necessário que outras pessoas, com a mesma sensibilidade, assumam a continuação da obra.

10,1-4: Os Doze que Jesus separa no interior do grupo de seus seguidores são chamados apóstolos, ou seja, enviados. Eles terão a tarefa de continuar a obra libertadora de Jesus, e para isso receberão o conjunto das instruções que vêm a seguir, especialmente a respeito daquilo que os aguarda: perseguições e hostilidades.

5-15: A obra libertadora de Jesus deve ser difundida por todos os cantos de Israel. Os apóstolos devem anunciar a chegada do Reino, e para isso precisam estar livres de tudo o que seja supérfluo, a fim de se dirigirem aos lugares onde vive o povo.

16-25: A tarefa que os discípulos estão recebendo mexe com interesses, seguranças e tradições. Jesus lhes esclarece que as "ovelhas sem pastor" são ainda atacadas por lobos, e estes os aguardam. Para resistir é necessário espelhar-se naquele que os enviou, e ter a convicção de que a missão é guiada pelo Espírito Santo, sem recuar diante das difamações e hostilidades, e sem fazer uso dos meios empregados por seus opositores.

que não serão vocês que falarão, mas o Espírito de seu Pai é que falará em vocês. ²¹O irmão entregará o irmão à morte, e o pai entregará o filho. Os filhos se levantarão contra os pais e os matarão. ²²E vocês serão odiados por todos, por causa do meu nome. Mas quem perseverar até o fim será salvo. ²³Quando perseguirem vocês numa cidade, fujam para outra. Porque eu lhes garanto: Vocês não terminarão de percorrer todas as cidades de Israel antes que venha o Filho do Homem.

²⁴O discípulo não está acima do mestre, nem o servo acima de seu senhor. ²⁵Basta que o discípulo se torne como seu mestre, e o servo como seu senhor. Se chamaram de Beelzebu ao dono da casa, com que nome haverão de chamar aos familiares dele?"

***Compromisso com Jesus e com a missão** (Lc 12,2-9)* – ²⁶"Portanto, não tenham medo deles. Porque não há nada oculto que não se venha a descobrir, nem escondido que não se venha a revelar. ²⁷O que eu lhes digo às escuras, vocês o digam à luz do dia. O que lhes é dito aos ouvidos, o proclamem sobre os telhados. ²⁸Não tenham medo daqueles que matam o corpo, mas não podem matar a alma. Temam, sim, aquele que pode destruir a alma e o corpo no inferno. ²⁹Não se vendem dois pardais por alguns centavos? No entanto, nenhum deles cai no chão, sem que o Pai de vocês o permita. ³⁰Até mesmo os cabelos da cabeça de vocês estão todos contados. ³¹Portanto, não tenham medo! Vocês valem mais que muitos pardais.

³²Assim, todo aquele que se declarar por mim diante das pessoas, também eu me declararei por ele diante do meu Pai que está nos céus. ³³Aquele, porém, que me renegar diante das pessoas, também eu o renegarei diante do meu Pai que está nos céus".

***Não temer o conflito** (Lc 12,51-53; 14,26-27)* – ³⁴"Não pensem que vim trazer paz à terra. Não vim trazer paz, mas espada. ³⁵De fato, vim pôr o homem contra seu pai, a filha contra sua mãe, a nora contra sua sogra. ³⁶E os inimigos de uma pessoa serão seus próprios familiares. ³⁷Quem ama o pai ou a mãe mais do que a mim, não é digno de mim. E quem ama o filho ou a filha mais do que a mim, não é digno de mim. ³⁸Quem não toma a própria cruz e não me segue, não é digno de mim. ³⁹Quem se apega à própria vida vai perdê-la, mas quem perde a própria vida por mim, vai encontrá-la".

***Ao encontro dos pequenos** (Mc 9,41)* – ⁴⁰"Quem acolhe vocês, está acolhendo a mim. E quem me acolhe, está acolhendo aquele que me enviou. ⁴¹Quem acolhe um profeta por ser profeta, receberá recompensa de profeta. Quem acolhe um justo por ser justo, receberá recompensa de justo. ⁴²E quem der, ainda que seja um copo de água fresca, a um destes pequenos por serem discípulos, eu garanto a vocês: Não perderá a sua recompensa".

III. OS MISTÉRIOS DO REINO
Narração: Acolhida e rejeição do Messias

11 ***Pergunta de João Batista** (Lc 7,18-23)* – ¹Quando Jesus terminou de dar instruções a seus Doze discípulos, partiu daí para ensinar e pregar nas cidades deles.

²João Batista, ouvindo falar na prisão sobre as obras do Messias, enviou-lhe alguns de seus discípulos ³para lhe perguntarem: "És tu aquele que devia vir, ou devemos esperar outro?" ⁴Jesus respondeu-lhes: "Vão e contem a João as coisas que vocês estão ouvindo e vendo: ⁵Cegos recuperam a vista e coxos andam; leprosos são purificados e surdos ouvem; mortos são ressuscitados e pobres recebem a Boa

---

26-33: Apelo à superação do medo e à coragem para testemunhar em toda e qualquer ocasião. Mesmo a morte que possa alcançar o discípulo, por causa do testemunho, não deve ser temida, pois Deus é o Senhor da vida.

34-39: A atividade de Jesus (ensino, pregação e cura) não vai trazer paz, se por esta palavra se entende submissão ao estado em que as coisas se encontram ou conformismo. A ação de Jesus denuncia a injustiça e a falta da verdadeira paz, e exige decisão.

40-42: Os discípulos não agem em nome próprio, mas segundo o mandado de Jesus, o que exige fidelidade total. A missão deles deve inspirar-se nos profetas e nos justos, dos quais a Escritura oferece tantos exemplos. No fim, uma palavra de esclarecimento: os novos discípulos de Jesus deverão ser buscados a começar dos pequenos, com quem ele se identifica radicalmente (cf. 25,40).

11,1-6: Se é pelo fruto que se conhece a árvore, a pergunta de João tem de ser respondida por Jesus não com o mero "sim" ou "não", mas com os resultados de

Notícia. ⁶E feliz aquele que não se escandalizar por minha causa".

Testemunho de Jesus sobre João Batista *(Lc 7,24-35)* – ⁷Quando eles partiram, Jesus começou a falar de João para as multidões: "Vocês saíram ao deserto para ver o quê? Um caniço agitado pelo vento? ⁸Saíram para ver o quê? Um homem ricamente vestido? Mas os que se vestem ricamente estão em palácios de reis. ⁹Então, saíram para ver o quê? Um profeta? Sim, eu lhes digo, e muito mais que um profeta. ¹⁰É dele que está escrito: 'Eis que eu envio o meu mensageiro à frente de você. Ele vai preparar-lhe o caminho na sua frente'. ¹¹Eu lhes garanto: Entre os nascidos de mulher, não apareceu ninguém maior que João Batista. No entanto, o menor no Reino dos Céus é maior do que ele. ¹²Desde os dias de João Batista até agora, o Reino dos Céus sofre violência, e os violentos se apoderam dele. ¹³Porque todos os Profetas e a Lei profetizaram até João. ¹⁴E, se vocês quiserem acreditar, é ele o Elias que devia vir. ¹⁵Quem tem ouvidos, ouça!

¹⁶A quem vou comparar esta geração? É como crianças sentadas nas praças, gritando a outras: ¹⁷'Tocamos flauta para vocês, e vocês não dançaram. Cantamos lamentações, e vocês não choraram'. ¹⁸De fato, veio João, que não come nem bebe, e dizem: 'Ele tem um demônio'. ¹⁹Veio o Filho do Homem, que come e bebe, e dizem: 'Eis um comilão e beberrão, amigo de cobradores de impostos e pecadores'. Mas a Sabedoria é justificada pelas suas obras".

Crítica às cidades impenitentes *(Lc 10, 13-15)* – ²⁰Então Jesus começou a repreender as cidades onde ele havia feito a maioria de seus milagres, mas não se converteram: ²¹"Ai de você, Corazin! Ai de você, Betsaida! Porque, se em Tiro e Sidônia tivessem sido feitos os milagres realizados em vocês, há muito tempo teriam feito penitência com pano de saco e com cinza. ²²Portanto, eu lhes digo: No dia do julgamento, haverá menos rigor para Tiro e Sidônia do que para vocês. ²³E você, Cafarnaum, por acaso será elevada até o céu? Você há de cair no fundo do abismo! Porque, se os milagres realizados em você tivessem sido feitos em Sodoma, ela existiria até hoje. ²⁴Mas eu lhes digo: No dia do julgamento, haverá menos rigor para a terra de Sodoma do que para você".

Revelação aos pequeninos *(Lc 10,21s)* – ²⁵Nessa ocasião, Jesus começou a dizer: "Eu te louvo, ó Pai, Senhor do céu e da terra, porque escondeste essas coisas a sábios e entendidos, e as revelaste aos pequeninos. ²⁶Sim, Pai, porque assim foi do teu agrado. ²⁷Tudo me foi entregue por meu Pai. Ninguém conhece o Filho senão o Pai. E ninguém conhece o Pai senão o Filho e aquele a quem o Filho o quiser revelar. ²⁸Venham a mim, todos vocês que andam cansados e curvados pelo peso do fardo, e eu lhes darei descanso. ²⁹Carreguem minha carga e aprendam de mim, porque sou manso e humilde de coração, e vocês encontrarão descanso para suas vidas. ³⁰Pois minha carga é suave e meu fardo é leve".

---

sua atividade. Os relatos anteriores não mostraram outra coisa, em relação às dores dos pobres e abandonados, senão a compaixão do Messias e sua intervenção em favor da libertação deles. A frase do v. 6 alerta para que isso não seja motivo de escândalo, e supõe que havia compreensões a respeito do Messias que iam em outra direção, quem sabe triunfalista, quem sabe militar.

7-19: Agora é o momento de Jesus esclarecer a identidade de João e seu grande valor, como profeta que com seu exemplo e palavras denuncia o luxo e arrogância dos poderosos. Mas o anúncio que Jesus faz vai além, ao propor a busca do Reino como algo a ser vivido no cotidiano da vida, sob a inspiração da justiça de Deus. Jesus e João têm estilos e projetos muito distintos um do outro, mas ambos atuam em nome de Deus. A rejeição de ambos mostra o receio geral de acolher os enviados de Deus e ter de se comprometer com as exigências que eles comunicam.

20-24. Jesus lamenta que cidades de Israel que puderam contar com sua presença tenham rejeitado a mensagem do Reino e da justiça de Deus, mensagem essa concretizada na atividade de Jesus junto aos pobres. Por isso serão julgadas mais severamente que outras cidades, estrangeiras, denunciadas em textos proféticos, pois afinal estas não tiveram a mesma oportunidade dada às cidades de Israel.

25-30: Deve surpreender que, em sua oração, Jesus agradeça ao Pai porque sábios e entendidos não compreendem sua mensagem sobre o Reino e a justiça de Deus! Se a entendessem, tratariam de desvirtuá-la e moldá-la de acordo com os próprios interesses. Quem a compreende são os pobres, as ovelhas sem pastor que escutam a voz do Espírito (5,3). Eles descobrem que a mensagem do Messias é de libertação dos pesos que impedem a vida plena e dificultam o acesso a Deus.

12 Espigas arrancadas no sábado (Mc 2,23-28; Lc 6,1-5)

– ¹Nessa ocasião, Jesus passou pelas plantações num sábado. Seus discípulos estavam com fome e começaram a arrancar espigas e comê-las. ²Vendo isso, os fariseus disseram a Jesus: "Vê: teus discípulos estão fazendo o que não é permitido no sábado". ³Ele respondeu: "Vocês não leram o que Davi e seus companheiros fizeram quando tiveram fome? ⁴Como entraram na casa de Deus e comeram os pães oferecidos a Deus, coisa que nem a ele nem a seus companheiros era permitido comer, mas somente aos sacerdotes? ⁵Ou vocês não leram na Lei que aos sábados, no Templo, os sacerdotes violam o sábado e ficam sem culpa? ⁶Pois eu lhes digo: Aqui está algo maior que o Templo. ⁷Se vocês tivessem compreendido o que significa: 'Quero misericórdia e não sacrifício', não teriam condenado os inocentes. ⁸Porque o Filho do Homem é senhor do sábado".

Cura da mão paralisada (Mc 3,1-7a; Lc 6,6-11)

– ⁹Partindo desse lugar, Jesus entrou na sinagoga deles. ¹⁰Havia aí um homem que tinha uma das mãos paralisada. Então, para acusarem Jesus, perguntaram-lhe: "É permitido curar em dia de sábado?" ¹¹Jesus respondeu: "Quem de vocês, se tivesse uma ovelha e ela caísse num buraco em dia de sábado, não a pegaria e a tiraria daí? ¹²Ora, uma pessoa vale muito mais que uma ovelha! Portanto, em dia de sábado é permitido fazer o bem". ¹³Então disse ao homem: "Estenda a mão". Ele a estendeu, e a mão ficou boa como a outra. ¹⁴Os fariseus saíram e se reuniram para planejar um modo de matá-lo. ¹⁵ªSabendo disso, Jesus se retirou desse lugar.

Jesus, o Servo de Javé em ação (Mc 3,7b-12; Lc 6,17-19)

– ¹⁵ᵇMuitos seguiram a Jesus, e ele curou a todos. ¹⁶E proibia severamente que divulgassem quem ele era. ¹⁷Isso para que se cumprisse o que fora dito pelo profeta Isaías: ¹⁸"Eis o meu servo, a quem escolhi; o meu amado, no qual minha alma se compraz. Porei sobre ele o meu Espírito, e ele anunciará o julgamento às nações. ¹⁹Ele não discutirá nem clamará, nem sua voz se ouvirá nas ruas. ²⁰Ele não quebrará o caniço rachado, nem apagará o pavio que ainda fumega, até que leve o julgamento à vitória. ²¹E no seu nome as nações terão esperança".

Pecado contra o Espírito Santo (Mc 3,22-30; Lc 11,14-23; 12,10)

– ²²Então levaram a Jesus um endemoninhado cego e mudo. E Jesus o curou, de modo que o mudo falava e enxergava. ²³E todas as multidões, espantadas, diziam: "Acaso não será este o Filho de Davi?" ²⁴Ouvindo isso, os fariseus disseram: "É por Beelzebu, o chefe dos demônios, que ele expulsa os demônios". ²⁵Jesus, porém, conhecendo-lhes o pensamento, lhes disse: "Todo reino dividido contra si mesmo é destruído. E toda cidade ou casa dividida contra si mesma não ficará de pé. ²⁶E se Satanás expulsa Satanás, está dividido contra si mesmo. Como, então, seu reinado poderá ficar de pé? ²⁷Se eu expulso os demônios por Beelzebu, em nome de quem os filhos de vocês os expulsam? Por isso, eles próprios serão juízes de vocês. ²⁸Mas se é pelo Espírito de Deus que eu expulso os demônios, então já chegou para vocês o Reino de Deus. ²⁹Ou, como alguém consegue entrar na casa de um homem forte e roubar seus bens, se primeiro não o amarra? Só então poderá saqueá-lhe a casa. ³⁰Quem não está comigo, está contra mim. E quem não recolhe comigo, espalha. ³¹Por isso eu lhes digo: Todo pecado e blasfêmia serão perdoados às pessoas, mas a blasfêmia

---

12,1-8: Para os fariseus, os discípulos de Jesus cometeram duas infrações: apropriaram-se do que não lhes pertencia, e fizeram isso em dia de sábado. Na resposta, Jesus recorre às Escrituras, e mostra que a própria Lei não é absoluta, e que é preciso compreendê-la partindo de uma postura de misericórdia: diante dela tudo se torna secundário, pois a vida humana está acima de qualquer estrutura.

9-15a: Jesus mostra até onde vão suas exigências: a lei do sábado estará sempre a serviço da vida. Mais ainda: ao curar o doente, ele indica mais uma vez sua opção pelos desprezados e a reviravolta que produz diante dos esquemas mentais e sociais que dominavam a religião e as demais instituições. Mas os grupos dominantes sentem a necessidade de eliminar quem pensa e age em favor dessa novidade, para eles ameaçadora.

15b-21: A ação libertadora de Jesus não tem por objetivo o sucesso ou a popularidade, mas a promoção da vida das pessoas.

22-32: A cura realizada por Jesus é a mostra mais visível da chegada do Reino e da justiça de Deus, que

contra o Espírito não será perdoada. ³²Se alguém disser algo contra o Filho do Homem, isso lhe será perdoado. Mas se alguém disser algo contra o Espírito Santo, não lhe será perdoado, nem no presente nem no futuro".

A força das palavras (Lc 6,43-45) – ³³"Ou a árvore é boa e seu fruto é bom, ou a árvore é ruim e seu fruto é ruim. Pois a árvore se conhece pelo fruto. ³⁴Raça de cobras venenosas! Como podem vocês falar coisas boas, se são maus? Pois a boca fala do que o coração está cheio. ³⁵A pessoa boa tira coisas boas de seu bom tesouro; a pessoa má tira coisas más de seu mau tesouro. ³⁶Eu lhes digo: No dia do julgamento, as pessoas prestarão contas de toda palavra falsa que tiverem dito. ³⁷Porque por suas palavras você será declarado justo, e por suas palavras será condenado".

O sinal de Jonas (Mc 8,11s; Lc 11,29-32) – ³⁸Então alguns doutores da Lei e fariseus tomaram a palavra e disseram: "Mestre, queremos ver um sinal realizado por ti". ³⁹Jesus lhes respondeu: "Uma geração malvada e adúltera busca um sinal. Porém nenhum sinal lhe será dado, a não ser o sinal do profeta Jonas. ⁴⁰Porque, assim como Jonas esteve três dias e três noites na barriga do monstro do mar, também o Filho do Homem estará três dias e três noites no coração da terra. ⁴¹Os habitantes de Nínive se levantarão com esta geração no Julgamento, e a condenarão, porque eles se arrependeram com a pregação de Jonas. E aqui está quem é maior do que Jonas. ⁴²A rainha do sul se levantará com esta geração no Julgamento, e a condenará, porque ela veio dos confins da terra para escutar a sabedoria de Salomão. E aqui está quem é maior do que Salomão".

Retorno do espírito impuro (Lc 11,24-26) – ⁴³"Quando o espírito impuro sai de uma pessoa, anda por lugares desertos à procura de descanso, mas não o encontra. ⁴⁴Então diz: 'Voltarei para minha casa, de onde saí'. Ao chegar, ele a encontra vazia, varrida e arrumada. ⁴⁵Então vai e leva consigo outros sete espíritos piores que ele, e vão habitar aí. E a situação final dessa pessoa torna-se pior que antes. Assim acontecerá a esta geração malvada".

A nova família de Jesus (Mc 3,31-35; Lc 8,19-21) – ⁴⁶Jesus ainda falava para a multidões, e eis que sua mãe e seus irmãos estavam fora, querendo falar com ele. ⁴⁷Alguém disse a Jesus: "Eis que tua mãe e teus irmãos estão ali fora querendo falar contigo". ⁴⁸Respondendo, ele disse à pessoa que o tinha avisado: "Quem é minha mãe e quem são meus irmãos?" ⁴⁹E, apontando com a mão para seus discípulos, disse: "Eis minha mãe e meus irmãos. ⁵⁰Pois aquele que faz a vontade do meu Pai que está nos céus, esse é meu irmão, irmã e mãe".

Discurso: O Reino em parábolas

13 *O semeador (Mc 4,1-9; Lc 8,4-8)* – ¹Nesse dia, Jesus saiu de casa e sentou-se à beira-mar. ²Grandes multidões se reuniram em volta dele. Por isso, entrou numa barca e sentou-se, enquanto toda a multidão estava de pé na margem. ³Jesus falou-lhes muitas coisas com parábolas. "Eis que o semeador saiu para semear. ⁴Ao semear, uma parte da semente caiu à beira do caminho, e as aves foram e a comeram. ⁵Outra parte caiu entre as pedras, onde

---

torna libertos e responsáveis os seres humanos. Cf. nota a Mc 3,22-30.
33-37: Jesus continua falando a esses que não reconhecem em sua ação libertadora a chegada do Reino de Deus: relembra-lhes a força da palavra, para o bem e para o mal, e censura a insensibilidade que está por baixo daquilo que dizem de Jesus e do que ele vem fazendo em favor dos doentes e pobres.
38-42: Os adversários de Jesus lhe pedem que mostre um sinal vindo do céu. Se de nada valiam os tantos gestos que ele vinha realizando em sua ação libertadora, Jesus só tem a indicar um sinal, relacionado a Jonas. Estes adversários devem saber que Jesus, ao se referir assim à sua própria morte e ressurreição, está implicando a eles, que já estão tramando meios para eliminá-lo.

43-45: Jesus continua discutindo com seus adversários. Incapazes de perceber a ação de Deus no bem e na vida proporcionada aos pobres, tornam-se mais duros e insensíveis. Com isso rejeitam de vez o Reino que Jesus vem anunciando e realizando.
46-50: Jesus declara a formação de uma nova família, feita de pessoas que se identificam com ele, por aceitarem fazer a vontade de Deus em suas vidas.
13,1-52: As parábolas aqui reunidas servem de guia para se compreender o Reino. Este é exigente, desinstala, e pressupõe o discernimento e a acolhida da Palavra, para a partir daí trilhar os caminhos da justiça de Deus, identificando as situações de marginalização e violência que é preciso enfrentar.
13,1-9: Cf. nota a Mc 4,1-9.

não havia muita terra. Brotou logo, porque a terra não era profunda. ⁶Mas, quando o sol apareceu, queimou-se e, não tendo raiz, secou. ⁷Outra parte caiu entre os espinhos: os espinhos cresceram e a sufocaram. ⁸Outra parte, enfim, caiu em terra boa e deu fruto: algumas deram cem, outras sessenta, outras trinta. ⁹Quem tiver ouvidos, ouça!"

O porquê das parábolas (Mc 4,10-12; Lc 8,9-10) – ¹⁰Os discípulos se aproximaram de Jesus e lhe perguntaram: "Por que falas a eles em parábolas?" ¹¹Jesus respondeu: "Porque a vocês é dado conhecer os mistérios do Reino dos Céus, mas a eles não. ¹²Pois será dado a quem tem, e lhe será dado em abundância. Mas a quem não tem, mesmo o que tem lhe será tirado. ¹³É por isso que falo a eles em parábolas: porque veem sem ver, e ouvem sem ouvir e entender. ¹⁴Neles então se cumpre aquela profecia de Isaías que diz: 'Vocês ouvirão, mas não entenderão; enxergarão, mas não verão. ¹⁵Porque o coração deste povo ficou insensível. Ouviram de má vontade e fecharam os olhos, para que não vejam com os olhos, não ouçam com os ouvidos, não compreendam com o coração nem se convertam, e assim eu os cure'. ¹⁶Mas felizes são os olhos de vocês, porque veem, e seus ouvidos, porque ouvem. ¹⁷Pois eu lhes garanto: Muitos profetas e justos desejaram ver o que vocês estão vendo, mas não viram. Desejaram ouvir o que vocês estão ouvindo, mas não ouviram".

Explicação da parábola do semeador (Mc 4,13-23; Lc 8,11-17) – ¹⁸"Ouçam, portanto, a explicação da parábola do semeador. ¹⁹Todo aquele que ouve a Palavra do Reino e não a entende, vem o Maligno e leva embora o que foi semeado em seu coração. Essa é a semente semeada à beira do caminho. ²⁰O que foi semeado entre as pedras é aquele que ouve a Palavra e logo a recebe com alegria. ²¹Mas não tem raiz em si mesmo, é de momento. Quando vem uma tribulação ou perseguição por causa da Palavra, logo tropeça e cai. ²²O que foi semeado entre os espinhos é aquele que ouve a Palavra, porém as preocupações do mundo e a sedução da riqueza sufocam a Palavra, e ela não dá fruto. ²³O que foi semeado em terra boa é aquele que ouve a Palavra e a entende. Esse dá fruto: um produz cem, outro sessenta, outro trinta".

O trigo e o joio – ²⁴Jesus lhes contou outra parábola. "O Reino dos Céus é como um homem que semeou boa semente em seu campo. ²⁵Enquanto os homens dormiam, veio o inimigo dele, semeou joio no meio do trigo, e foi embora. ²⁶Quando o trigo cresceu e começou a granar, apareceu também o joio. ²⁷Os servos do proprietário foram até ele e perguntaram: 'O senhor não semeou boa semente em seu campo? Então, como é que tem joio?' ²⁸Ele respondeu: 'Um inimigo é que fez isso'. Os servos lhe perguntaram: 'Quer que vamos arrancá-lo?' ²⁹Ele disse: 'Não! Porque, ao arrancar o joio, vocês poderiam arrancar também o trigo com ele. ³⁰Deixem os dois crescerem juntos até a colheita. No tempo da colheita, direi aos ceifadores: Arranquem primeiro o joio e o amarrem em feixes para ser queimado. Depois, recolham o trigo em meu celeiro' ".

A semente de mostarda (Mc 4,30-32; Lc 13,18-19) – ³¹Jesus lhes apresentou outra parábola: "O Reino dos Céus é como uma semente de mostarda que um homem pegou e semeou em seu campo. ³²É a menor de todas as sementes. Mas, quando cresce, é a maior das hortaliças. Torna-se árvore, a tal ponto que as aves do céu fazem ninhos em seus ramos".

10-17: Para compreender os mistérios do Reino dos Céus, não basta ouvir o que Jesus tem a dizer; é necessário comprometer-se com a justiça de Deus que ele proclama. Só assim haverá mais clareza a respeito daquilo que dificulta a concretização do Reino na história humana.

18-23: Cf. nota a Mc 4,13-23.

24-30: Também aqui a parábola parece estar dirigida à multidão. O que esta ouviu lhe permite pensar em várias direções possíveis: o Reino está sendo comparado com o trabalho de semear o trigo em ambiente sujeito a males e a oposições? O que estaria sendo destacado seria a paciência do dono do campo? Ou Jesus estaria querendo chamar a atenção para o joio, a fim de salientar que o Reino com seus valores representa risco e incômodo para uma sociedade cujos valores são contrários à vida e à justiça? Nos vv. 36-43, Jesus vai explicar a parábola, mas só aos discípulos.

31-32: Cf. nota a Mc 4,30-32.

O fermento *(Lc 13,20-21)* – ³³Contou-lhes outra parábola: "O Reino dos Céus é como o fermento que uma mulher pegou e misturou em três medidas de farinha, até tudo ficar fermentado".

Avançar na compreensão *(Mc 4,33-34)* – ³⁴Jesus falou todas essas coisas às multidões em parábolas. Não lhes falava nada que não fosse em parábolas. ³⁵Isso para se cumprir o que foi dito pelo profeta: "Vou abrir a boca em parábolas. Vou proclamar coisas escondidas desde a fundação do mundo".

Explicação da parábola do trigo e do joio – ³⁶Então, tendo deixado as multidões, Jesus foi para casa. Seus discípulos se aproximaram dele e lhe pediram: "Explica-nos a parábola do joio do campo". ³⁷Ele respondeu: "Quem semeia a boa semente é o Filho do Homem. ³⁸O campo é o mundo. A boa semente são os filhos do Reino. O joio são os filhos do Maligno. ³⁹O inimigo que o semeou é o diabo. A colheita é o fim do mundo. Os ceifadores são os anjos. ⁴⁰Tal como o joio é recolhido e queimado no fogo, assim será no fim do mundo. ⁴¹O Filho do Homem enviará seus anjos. Eles recolherão de seu Reino todos os escândalos e os que praticam o mal, ⁴²e os jogarão na fornalha ardente. Aí haverá choro e ranger de dentes. ⁴³Então os justos brilharão como o sol no Reino de seu Pai. Quem tiver ouvidos, ouça!"

O tesouro e a pérola – ⁴⁴"O Reino dos Céus é como um tesouro escondido no campo. Um homem o descobre e o esconde de novo. Cheio de alegria, ele vai, vende tudo o que possui e compra esse campo. ⁴⁵O Reino dos Céus é também como um comerciante que viaja em busca de pérolas de boa qualidade. ⁴⁶Quando descobre uma pérola de grande valor, ele vai, vende tudo o que possui e a compra".

A rede de pesca – ⁴⁷"E ainda: O Reino dos Céus é como uma rede lançada ao mar, e que recolhe todo tipo de peixe. ⁴⁸Quando está cheia, a puxam para a margem e, sentados, juntam em cestas o que é bom, e jogam fora o que não presta. ⁴⁹Assim será no fim do mundo: Os anjos virão, separarão os maus do meio dos justos, ⁵⁰e os jogarão na fornalha ardente. Aí haverá choro e ranger de dentes".

Tornar-se discípulo no Reino – ⁵¹"Vocês entenderam todas essas coisas?" Eles responderam: "Sim". ⁵²E Jesus lhes disse: "Por isso, todo doutor da Lei que foi instruído no Reino dos Céus é como um dono de casa que tira de seu cofre coisas novas e velhas".

IV. COMPROMISSO COM O REINO

Narração:
O Messias reconhecido e questionado

Jesus é rejeitado em Nazaré *(Mc 6,1-6; Lc 4,16-30)* – ⁵³Quando terminou de contar essas parábolas, Jesus partiu daí. ⁵⁴Voltando para sua terra, ensinava na sinagoga deles, de modo que se maravilhavam e diziam: "De onde lhe vêm essa sabedoria e esses milagres? ⁵⁵Não é ele o filho do carpinteiro? Sua mãe não se chama Maria? Não são seus irmãos Tiago, José, Simão e Judas? ⁵⁶E suas irmãs não vivem todas entre nós? Então, de onde lhe vêm todas essas coisas?" ⁵⁷E se escandalizavam por causa

---

33: Também esta parábola trata do incômodo que a presença do Reino produz na sociedade marcada por critérios e práticas que discriminam e marginalizam as pessoas. Para compreender o impacto da chegada do Reino, é preciso olhar não para o pão, mas para a maneira como ele é feito pela ação da mulher, e para os efeitos do fermento, algo malcheiroso que inclusive era tido como símbolo de corrupção.

34-35: As parábolas permitem, às pessoas que as escutam, desenvolver a compreensão sobre as realidades da vida cotidiana, e perceber de que formas o Reino anunciado e realizado por Jesus convoca para a ação e transformação, em vista da justiça de Deus.

36-43: Jesus toma a parábola contada nos vv. 24-30 como um quadro a respeito da realização do Reino no interior da história humana. O empenho pela justiça de Deus é confrontado, o tempo todo, pela presença do mal e da violência.

44-46: Duas pequenas parábolas ilustram a alegria pela descoberta do Reino e da justiça de Deus. Por esse Reino e essa justiça, todos os esforços têm sentido, vale apostar tudo. O que não vale é ficar na acomodação das coisas, tais como se encontram.

47-50: A última das parábolas de Jesus neste capítulo trata mais uma vez da presença do bem e do mal, da justiça e da injustiça na história humana, nesse conflito que só se resolverá no fim dos tempos. É fundamental fazer a escolha adequada, inspirada no agir de Jesus.

51-52: As parábolas revelam os mistérios do Reino dos Céus e inspiram o agir de acordo com a justiça de Deus. Quem se deixa provocar por elas vai descobrir inspiração para compreender de forma renovada e profunda as riquezas das Escrituras transmitidas ao povo de Israel.

53-58: Cf. nota a Mc 6,1-6a.

dele. Jesus, porém, lhes disse: "Não existe profeta sem honra, a não ser em sua terra e em sua casa". ⁵⁸E Jesus não fez aí muitos milagres, porque eles não tinham fé.

14 *Execução de João Batista (Mc 6, 14-29; Lc 9,7-9)* – ¹Nesse tempo, o tetrarca Herodes ouviu falar da fama de Jesus. ²Disse então a seus oficiais: "Ele é João Batista, que foi ressuscitado dos mortos. É por isso que os milagres se realizam nele". ³É que Herodes havia mandado prender João, acorrentá-lo e colocá-lo na cadeia. Isso por causa de Herodíades, esposa de seu irmão Filipe. ⁴Pois João lhe dizia: "Não lhe é permitido tê-la como esposa". ⁵Herodes queria matá-lo, mas temia o povo, que considerava João um profeta. ⁶Quando chegou o aniversário de Herodes, a filha de Herodíades dançou no meio deles e agradou a Herodes. ⁷Por isso, este prometeu, sob juramento, dar-lhe o que ela pedisse. ⁸E, atiçada por sua mãe, ela disse: "Dê-me aqui, num prato, a cabeça de João Batista". ⁹O rei ficou triste. Mas, por causa do juramento e dos convidados, ordenou que a cabeça fosse dada a ela. ¹⁰E mandou cortar a cabeça de João na cadeia. ¹¹A cabeça foi levada num prato e entregue à jovem, que a levou à sua mãe. ¹²Então os discípulos de João foram, pegaram o cadáver e o sepultaram. Depois foram contar a Jesus o acontecido.

Primeira partilha dos pães e peixes (Mc 6,30-44; Lc 9,10-17; Jo 6,1-14) – ¹³Ouvindo a notícia, Jesus, de barco, se retirou daí para um lugar deserto e afastado. Mas, quando as multidões ficaram sabendo, partiram das cidades e o seguiram a pé. ¹⁴Ao desembarcar, Jesus viu uma grande multidão, encheu-se de compaixão por ela e curou os doentes.

¹⁵Ao entardecer, os discípulos foram a Jesus e lhe disseram: "Este lugar é deserto e já é tarde. Despede as multidões, para que vão aos vilarejos comprar comida para si". ¹⁶Jesus lhes disse: "Não é preciso eles irem. Vocês é que devem dar-lhes de comer". ¹⁷Eles disseram: "Não temos aqui nada mais que cinco pães e dois peixes". ¹⁸Então Jesus disse: "Tragam aqui para mim". ¹⁹Em seguida, mandou que as multidões se sentassem na grama. Tomou os cinco pães e os dois peixes, elevou os olhos para o céu, e, partindo os pães, os abençoou e entregou aos discípulos, e os discípulos para as multidões. ²⁰Todos comeram e ficaram satisfeitos. E, com os pedaços que sobraram, recolheram doze cestos cheios. ²¹Os que comeram eram cerca de cinco mil homens, sem contar mulheres e crianças.

Jesus caminha sobre o mar (Mc 6,45-52; Jo 6,15-21) – ²²Logo em seguida, Jesus obrigou os discípulos a entrar na barca e ir adiante dele para a outra margem, até que ele despedisse as multidões. ²³Depois de despedi-las, Jesus subiu à montanha sozinho para rezar. Quando chegou o fim da tarde, ele estava aí sozinho, ²⁴e a barca já se encontrava bem longe da terra. Era batida pelas ondas, pois o vento era contrário. ²⁵De madrugada, Jesus foi até eles, caminhando sobre o mar. ²⁶Vendo Jesus que caminhava sobre o mar, os discípulos ficaram espantados e disseram: "É um fantasma!" E gritaram de medo. ²⁷Jesus, porém, logo lhes disse: "Coragem! Sou eu. Não tenham medo!" ²⁸Então Pedro lhe pediu: "Senhor, se és tu, manda-me ir ao teu encontro caminhando sobre as águas". ²⁹Jesus disse: "Venha!" Descendo da barca, Pedro caminhou sobre as águas e foi ao encontro de Jesus. ³⁰Mas, sentindo o vento forte, ficou com medo. E, começando a afundar, gritou: "Senhor, salva-me!" ³¹Imediatamente Jesus estendeu a mão e o segurou. E lhe disse: "Homem fraco na fé! Por que você duvidou?" ³²Assim que eles subiram à barca, o vento se acalmou. ³³Os que estavam na barca se ajoelharam diante de Jesus, dizendo: "Tu és verdadeiramente Filho de Deus!"

Curas em Genesaré (Mc 6,53-56) – ³⁴Tendo passado para a outra margem, chegaram a Genesaré. ³⁵Quando os habitantes desse lugar reconheceram Jesus, espalharam

---

14,1-12: Cf. nota a Mc 6,14-29.
13-21: Cf. nota a Mc 6,30-44.
22-33: Pedro desafia Jesus, querendo fazer a mesma coisa que ele. Mas sua falta de fé logo se faz notar: ele ainda não percebeu que a identificação com Jesus tem de ser radical, e não apenas no elemento fantástico e miraculoso. Diante do mal e do perigo, os discípulos são chamados a confiar sem reserva no poder de Deus manifestado em Jesus.
34-36: Cf. nota a Mc 6,53-56.

a notícia por toda a região. E levaram a Jesus todos os doentes, ³⁶pedindo-lhe que os deixasse tocar ao menos na barra de seu manto. E todos os que tocaram nele ficaram curados.

15 Tradições humanas e leis da pureza *(Mc 7,1-23)* – ¹Então foram até Jesus alguns fariseus e doutores da Lei vindos de Jerusalém. Disseram: ²"Por que os teus discípulos desobedecem à tradição dos antepassados? De fato, eles não lavam as mãos quando comem pão". ³Jesus respondeu-lhes: "E por que vocês desobedecem ao mandamento de Deus por causa da tradição de vocês? ⁴Pois Deus disse: 'Honre pai e mãe'. E também: 'Quem amaldiçoar pai ou mãe, deve morrer'. ⁵No entanto, vocês afirmam: Se alguém disser ao pai ou à mãe: 'A ajuda que eu lhe deveria dar foi consagrada a Deus', ⁶tal pessoa não está mais obrigada a honrar seu pai e sua mãe. Vocês assim invalidam a Palavra de Deus, por causa da tradição de vocês! ⁷Hipócritas! Bem que Isaías profetizou a respeito de vocês, quando disse:⁸'Este povo me honra com os lábios, mas seu coração está longe de mim. ⁹É inútil o culto que me prestam, pois a doutrina que ensinam são mandamentos humanos'".

¹⁰E, chamando a multidão para junto de si, disse-lhe: "Escutem e compreendam. ¹¹Não é o que entra pela boca que torna a pessoa impura, mas o que sai da boca; isso sim é que torna impura a pessoa".

¹²Então os discípulos se aproximaram e lhe disseram: "Sabes que os fariseus ficaram escandalizados quando ouviram o que disseste?" ¹³Jesus respondeu: "Toda planta que meu Pai celeste não plantou, será arrancada. ¹⁴Deixem-nos. São cegos guiando cegos. E se um cego guia outro cego, os dois cairão num buraco".

¹⁵Pedro tomou a palavra e lhe disse: "Explica-nos essa parábola". ¹⁶Jesus disse: "Até vocês ainda não entendem? ¹⁷Não percebem que tudo o que entra pela boca passa para o estômago, e é eliminado na fossa? ¹⁸Mas o que sai da boca vem do coração, e é isso que torna a pessoa impura. ¹⁹De fato, é do coração que vêm as más intenções, assassinatos, adultérios, prostituições, roubos, falsos testemunhos e blasfêmias. ²⁰São essas coisas que tornam a pessoa impura. Mas comer sem lavar as mãos não torna impura a pessoa".

A filha da mulher cananeia *(Mc 7,24-30)*
– ²¹Saindo daí, Jesus retirou-se para a região de Tiro e Sidônia. ²²Eis que uma mulher cananeia, que tinha saído dessa região, começou a gritar, dizendo: "Tem piedade de mim, Senhor, Filho de Davi! Minha filha está terrivelmente endemoninhada". ²³Jesus, porém, não lhe respondeu uma palavra sequer. Os discípulos de Jesus, aproximando-se dele, pediam-lhe: "Atende-a, pois ela vem gritando atrás de nós". ²⁴Jesus respondeu: "Eu fui enviado somente às ovelhas perdidas da casa de Israel!" ²⁵Mas ela chegou, ajoelhou-se diante dele e disse-lhe: "Senhor, socorre-me!" ²⁶Ele respondeu: "Não fica bem tirar o pão dos filhos e jogá-lo aos cachorrinhos". ²⁷Ela insistiu: "É verdade, Senhor. Mas também os cachorrinhos comem as migalhas que caem da mesa de seus donos". ²⁸Então Jesus lhe respondeu: "Mulher, é grande a sua fé. Aconteça para você tal como você deseja!" E a partir desse momento a filha dela ficou curada.

Novas curas na Galileia
– ²⁹Partindo daí, Jesus foi para as proximidades do mar da Galileia. Tendo subido a uma montanha, ali se assentou. ³⁰E numerosas multidões foram a ele, levando consigo coxos, cegos, aleijados, mudos e muitos outros. Puseram todos aos pés de Jesus, e ele os curou. ³¹De modo que a multidão ficou maravilhada, ao ver mudos falando, aleijados sadios, coxos andando e cegos enxergando. E deram glória ao Deus de Israel.

Segunda partilha dos pães e peixes *(Mc 8,1-10)*
– ³²Chamando seus discípulos para junto de si, Jesus lhes disse: "Tenho com-

---

15,1-20: Cf. nota a Mc 7,1-23.
21-28: Cf. nota a Mc 7,24-30.
29-31: Antes a montanha tinha sido o lugar da proclamação de Jesus a respeito do Reino e da justiça exigida para entrar nele (caps. 5-7); agora é o espaço onde se reúne a gente marginalizada. A recuperação da dignidade e da vida dessas pessoas é a expressão da glória do Deus de Israel. E mostra que Jesus realiza aquilo que seu próprio nome significa: "Deus salva".
32-39: Na montanha das curas acontece também a dádiva do pão à multidão faminta. A ação de Jesus brota da compaixão que ele tem diante das necessidades

paixão da multidão, porque está comigo há três dias, e não tem o que comer. Não quero deixá-los ir embora com fome, porque poderiam desmaiar pelo caminho". ³³Os discípulos lhe disseram: "Neste deserto, onde conseguiríamos tantos pães para matar a fome de tamanha multidão?" ³⁴Jesus lhes disse: "Quantos pães vocês têm?" Responderam: "Sete, e alguns peixinhos". ³⁵Ele mandou que a multidão se sentasse no chão. ³⁶Tomou os sete pães e os peixes e, depois de dar graças, partiu e entregou aos discípulos, e os discípulos para as multidões. ³⁷Todos comeram e ficaram satisfeitos. E recolheram sete cestos cheios de pedaços que sobraram. ³⁸Os que comeram eram quatro mil homens, sem contar mulheres e crianças. ³⁹Depois de despedir as multidões, Jesus subiu na barca e foi para o território de Magadá.

16 *O sinal de Jonas (Mc 8,11-13; Lc 12, 54-56)* – ¹Os fariseus e saduceus se aproximaram de Jesus e, para pô-lo à prova, pediram que lhes mostrasse um sinal vindo do céu. ²Jesus lhes respondeu: "Ao cair a tarde, vocês dizem: 'Amanhã vai fazer tempo bom, porque o céu está avermelhado'. ³E de manhã dizem: 'Hoje vai chover, porque o céu está vermelho-escuro'. Vocês sabem interpretar a aparência do céu, mas não conseguem interpretar os sinais dos tempos. ⁴Uma geração malvada e adúltera procura um sinal. Mas não lhe será dado outro sinal, a não ser o sinal de Jonas". E, deixando-os, Jesus foi embora.

O fermento dos fariseus e saduceus *(Mc 8,14-21)* – ⁵Ao atravessar para a outra margem, os discípulos se esqueceram de levar pães. ⁶Jesus lhes disse: "Cuidado! Fiquem longe do fermento dos fariseus e saduceus". ⁷Eles discutiam entre si: "É porque não trouxemos pães". ⁸Percebendo isso, Jesus disse: "Gente fraca na fé, por que vocês estão discutindo por não terem pães? ⁹Ainda não compreendem? Não se lembram dos cinco pães para cinco mil homens, e quantos cestos vocês recolheram? ¹⁰Nem dos sete pães para quatro mil homens, e quantos cestos vocês recolheram? ¹¹Não compreendem que eu não estava falando de pães, quando lhes disse: 'Fiquem longe do fermento dos fariseus e saduceus'?" ¹²Então entenderam que ele não tinha falado para ficar longe do fermento dos pães, mas do ensinamento dos fariseus e saduceus.

Pedro professa a fé *(Mc 8,27-30; Lc 9,18-21)* – ¹³Quando chegou à região de Cesareia de Filipe, Jesus perguntou a seus discípulos: "Quem as pessoas dizem que é o Filho do Homem?" ¹⁴Eles disseram: "Alguns dizem que é João Batista; outros dizem que é Elias; outros, que é Jeremias ou algum dos profetas". ¹⁵Perguntou-lhes então: "E vocês, quem vocês dizem que eu sou?" ¹⁶Simão Pedro, respondendo, disse: "Tu és o Messias, o Filho do Deus vivo". ¹⁷Jesus lhe respondeu: "Feliz é você, Simão, filho de Jonas. Porque não foi alguém de carne e sangue quem lhe revelou isso, e sim o meu Pai que está nos céus. ¹⁸Eu também lhe digo: Você é Pedro, e sobre esta pedra construirei a minha igreja. E as portas do inferno não dominarão sobre ela. ¹⁹Eu darei a você as chaves do Reino dos Céus: o que você ligar na terra, será ligado nos céus; o que você desligar na terra, será desligado nos céus". ²⁰Então ordenou que

---

concretas sofridas pela gente que o acompanha. A fome de tantos precisa sensibilizar os discípulos, se quiserem efetivamente ser seguidores de Jesus.

16,1-4: Os fariseus e saduceus querem algum sinal vindo do céu. Embora sejam capazes de compreender os sinais comunicados pela natureza, eles não têm nenhuma sensibilidade para perceber os sinais aqui na terra, aqueles derivados dos atos libertadores realizados por Jesus. Portanto, a eles só resta o sinal de Jonas (12,38-42). E os fariseus estão conscientes do que esse sinal significa para eles, que desde 12,14 estão tramando a morte de Jesus.

5-12: Os discípulos estão preocupados com os pães que não trouxeram, enquanto Jesus quer ir adiante, fazendo compreender as raízes de um sistema que deixa tanta gente com fome e com a vida machucada. Ao final, eles entenderão que os ensinamentos dos fariseus e saduceus corrompem a religião e acabam por reforçar a situação de abandono e desesperança em que o povo se encontra. Sobre o fermento, cf. nota a 13,33.

13-20: Pedro recebe de Jesus elogio especial, por ter reconhecido com firmeza a identidade dele (mas logo a seguir vai ficar claro que seu entendimento não estava de todo adequado). Por isso, como pedra, deve ser fundamento para a comunidade que Jesus está formando, ao redor dele e de sua palavra e ação. Mais do que privilégio, as palavras de Jesus significam para Pedro o enorme compromisso de manter-se fiel ao que lhe está sendo confiado.

os discípulos não dissessem a ninguém que ele era o Messias.

Primeiro anúncio da Paixão *(Mc 8,31-9,1; Lc 9,22-27)* – ²¹Desde esse momento, Jesus começou a mostrar a seus discípulos que era necessário ele ir a Jerusalém, sofrer muito por causa dos anciãos, chefes dos sacerdotes e doutores da Lei, ser morto e ressuscitar no terceiro dia. ²²Então Pedro, levando Jesus à parte, começou a repreendê-lo, dizendo: "Deus não permita tal coisa para ti, Senhor! Jamais te acontecerá isso!" ²³Voltando-se, Jesus disse a Pedro: "Vá para trás de mim, Satanás! Você é para mim uma pedra de tropeço, porque não pensa nas coisas de Deus, e sim nas coisas dos homens".

²⁴Então Jesus disse a seus discípulos: "Se alguém quiser vir após mim, renuncie a si mesmo, tome a sua cruz e siga-me. ²⁵Pois quem quiser salvar a própria vida, a perderá; mas quem perder a própria vida por causa de mim, a encontrará. ²⁶De fato, de que adianta alguém ganhar o mundo inteiro, se destrói a própria vida? Ou o que alguém dará em troca de sua própria vida? ²⁷Porque o Filho do Homem virá na glória de seu Pai, com seus anjos. E então dará a cada um de acordo com o seu comportamento. ²⁸Eu lhes garanto: Dentre os que aqui se encontram, alguns não provarão a morte, sem antes verem o Filho do Homem vindo em seu Reino".

17

A transfiguração *(Mc 9,2-13; Lc 9,28-36)* – ¹Seis dias depois, Jesus tomou Pedro, Tiago e seu irmão João, e os levou a um lugar à parte, a uma alta montanha. ²E se transfigurou diante deles. Seu rosto brilhava como o sol, e suas roupas ficaram brancas como a luz. ³Eis que lhes apareceram Moisés e Elias, conversando com Jesus. ⁴Pedro tomou a palavra e disse a Jesus: "Senhor, é bom estarmos aqui. Se queres, vou fazer aqui três tendas: uma para ti, outra para Moisés e outra para Elias". ⁵Ainda estava falando, quando uma nuvem luminosa os cobriu com sua sombra. E da nuvem uma voz dizia: "Este é o meu Filho amado, em quem encontro o meu agrado. Ouçam-no". ⁶Ao ouvir isso, os discípulos caíram com o rosto por terra e ficaram com muito medo. ⁷Jesus se aproximou, tocou neles e disse: "Levantem-se e não tenham medo". ⁸Eles, erguendo os olhos, não viram mais ninguém, a não ser Jesus.

⁹Quando desciam da montanha, Jesus lhes ordenou: "Não falem com ninguém sobre o que vocês viram, antes que o Filho do Homem ressuscite dos mortos". ¹⁰Os discípulos lhe perguntaram: "Por que os doutores da Lei dizem que Elias deve vir primeiro?" ¹¹Ele respondeu: "É certo que Elias virá e há de restaurar todas as coisas. ¹²Mas eu lhes digo que Elias já veio, e não o reconheceram, mas fizeram com ele tudo quanto quiseram. Assim também, o Filho do Homem deverá sofrer por causa deles". ¹³Então os discípulos entenderam que Jesus lhes tinha falado a respeito de João Batista.

Cura do epilético *(Mc 9,14-29; Lc 9,37-43a)* – ¹⁴Quando voltaram para junto da multidão, um homem se aproximou de Jesus e, de joelhos diante dele, ¹⁵pedia-lhe: "Senhor, tem piedade do meu filho, que é epilético e sofre terrivelmente. Muitas vezes cai no fogo, muitas vezes na água. ¹⁶Eu o trouxe a teus discípulos, mas eles não conseguiram curá-lo". ¹⁷Jesus respondeu: "Oh, geração incrédula e perversa! Até quando estarei com vocês? Até quando irei suportá-los? Tragam aqui o menino". ¹⁸Jesus então o repreendeu, e o demônio saiu dele. E a partir desse momento o menino ficou curado. ¹⁹Então os discípulos se aproximaram de Jesus em particular e disseram: "Por que nós não conseguimos expulsá-lo?" ²⁰Ele então lhes respondeu: "Por causa da sua fraqueza na fé. Porque eu lhes garanto: Se vocês tiverem fé como um grão de mostarda, dirão para essa montanha: 'Desloque-se daí para lá', e ela se deslocará. E para vocês nada será impossível". [21]

21-28: Pedro mostra que não está sintonizado com o caminho que Jesus está trilhando, e que irá levá-lo não ao triunfo à moda dos poderosos, mas ao confronto com o sistema político e religioso, e por fim à cruz. Quem quiser seguir Jesus precisará identificar-se com esse projeto de confronto, sabendo que poderá enfrentar o desafio de entregar a própria vida.

17,1-13: Cf. nota a Mc 9,2-13.

14-21: Mais importante que a própria cura milagrosa do menino, é o entendimento de que somente crescendo

Segundo anúncio da Paixão (Mc 9,30-32; Lc 9,43b-45) – ²²Quando estavam juntos na Galileia, Jesus lhes disse: "O Filho do Homem será entregue nas mãos dos homens, ²³que o matarão. Mas no terceiro dia ele ressuscitará". E eles ficaram muito tristes.

O imposto do Templo – ²⁴Quando chegaram a Cafarnaum, os cobradores do imposto anual do Templo se aproximaram de Pedro e lhe perguntaram: "O mestre de vocês não paga o imposto anual do Templo?" ²⁵Ele respondeu: "Paga, sim". Ao entrar em casa, Jesus se antecipou e lhe disse: "Simão, o que você acha? De quem os reis da terra recebem impostos ou taxas: dos filhos deles ou dos estrangeiros?" ²⁶Pedro respondeu: "Dos estrangeiros". Então Jesus disse: "Portanto, os filhos estão livres. ²⁷Mas, para que não os escandalizemos, vá ao mar e jogue o anzol. Segure o primeiro peixe que subir. Ao lhe abrir a boca, você encontrará uma moeda. Pegue-a e entregue a eles, por mim e por você".

Discurso:
Comunidade comprometida com o Reino e sua justiça

18 **Quem é o maior?** (Mc 9,33-37; Lc 9,46-48) – ¹Nessa hora, os discípulos se aproximaram de Jesus e lhe perguntaram: "Quem é o maior no Reino dos Céus?" ²Ele chamou para junto de si uma criança, colocou-a no meio deles ³e disse: "Eu lhes garanto: Se vocês não se converterem e não se tornarem como as crianças, não entrarão no Reino dos Céus. ⁴Portanto, quem se faz pequeno como esta criança, esse é o maior no Reino dos Céus. ⁵E quem acolhe uma criança como esta por causa do meu nome, é a mim que acolhe".

O escândalo (Mc 9,42-48; Lc 17,1-2) – ⁶"Se alguém escandaliza um destes pequeninos que têm fé em mim, seria melhor que lhe pendurassem no pescoço uma pedra de moinho e fosse atirado no fundo do mar. ⁷Ai do mundo por causa dos escândalos! É inevitável que aconteçam escândalos. Mas ai da pessoa pela qual o escândalo vem! ⁸Se sua mão ou seu pé são para você motivo de escândalo, corte-os e jogue-os fora. É melhor entrar para a vida mutilado ou manco, do que, tendo as duas mãos ou os dois pés, ser atirado no fogo eterno. ⁹Se seu olho é para você motivo de escândalo, arranque-o e jogue-o fora. É melhor entrar para a vida com um olho só, do que, tendo os dois olhos, ser atirado no inferno de fogo".

A ovelha perdida (Lc 15,3-7) – ¹⁰"Cuidado para não desprezar nenhum desses pequeninos. Porque eu lhes digo que no céu os anjos deles contemplam continuamente o rosto do meu Pai que está nos céus. [11] ¹²O que acham disto: Se um homem tem cem ovelhas, e uma delas se perde, por acaso não deixa as noventa e nove nos montes para ir em busca da ovelha que se perdeu? ¹³E, se consegue encontrá-la, eu lhes garanto: Sentirá mais alegria por essa do que pelas noventa e nove que não se perderam. ¹⁴Assim também, não é da vontade do Pai de vocês que está nos céus, que se perca nenhum destes pequeninos".

Correção fraterna e oração em comum (Lc 17,3) – ¹⁵"Se seu irmão pecar, vá e corrija-o

---

efetivamente na fé é que os discípulos poderão intervir de maneira eficaz sobre a realidade maléfica que atinge os seres humanos. V. 21: "Quanto a esse tipo (de demônios), não é possível expulsá-lo senão pela oração e pelo jejum".

22-23: Jesus fala, uma vez mais, a respeito dos conflitos que o levarão à cruz e à ressurreição. Será que os discípulos começam a se dar conta de tudo o que envolve a missão de Emanuel?

24-27: Num cenário de dominação e violência, cabe confiar na resistência, e não simplesmente submeter-se, como sugere a resposta de Pedro. Deus providencia que o imposto não seja pago aos "reis da terra" com o sacrifício dos recursos necessários à sobrevivência.

18: A pergunta dos discípulos é para Jesus ocasião de fazê-los refletir sobre os valores que devem animar a vida da comunidade, ou seja, da igreja, no interior de uma sociedade que costuma organizar-se a partir de referenciais contrários. Várias indicações são dadas, a partir de um eixo fundamental: a comunidade seguidora de Jesus, que busca fazer a vontade do Pai, tem de se organizar em função dos pequeninos, os pobres.

18,1-5: Os discípulos expressam o modo de pensar do seu tempo, em que grandeza se media em termos de riqueza, profissão, sobrenome e poder. A criança, destituída de direitos e ignorada como pessoa, é tanto sinal das formas como Jesus se manifesta, quanto expressão do desafio a ser enfrentado por quem queira ser discípulo seu: romper com os esquemas que colocam as pessoas em mútua competição.

6-9: Do interior da comunidade podem vir males, escândalos e traições. O importante é prestar atenção aos pequeninos e orientar as ações a partir do que a comunidade necessita.

10-14: O pastor, ao perder uma ovelha, deixa num impulso as demais e sai à procura daquela que se perdeu. Assim também a comunidade: não pode deixar nenhum pequenino à margem e no abandono, pois esta é a vontade do Pai. V. 11: "Porque o Filho do Homem veio salvar o que estava perdido".

15-20: O compromisso com a vida comunitária deve inspirar a abordagem de um irmão que, com suas ações, compromete o bem de todos. Os encaminha-

a sós, somente entre vocês dois. Se ele o ouvir, você terá ganho seu irmão. ¹⁶Mas se ele não o escutar, tome mais uma ou duas pessoas com você, a fim de que toda palavra se confirme com o testemunho de duas ou três pessoas. ¹⁷Se ele não as ouvir, avise a igreja. Se também não ouvir a igreja, trate-o como gentio ou cobrador de impostos. ¹⁸Eu lhes garanto: Tudo o que vocês ligarem na terra será ligado no céu, e tudo o que vocês desligarem na terra será desligado no céu. ¹⁹E lhes garanto ainda: Se dois de vocês na terra estiverem de acordo sobre qualquer coisa que pedirem, ela lhes será concedida por meu Pai que está nos céus. ²⁰Pois onde dois ou três estiverem reunidos em meu nome, aí estou eu no meio deles".

Parábola do servo cruel – ²¹Então Pedro se aproximou de Jesus e lhe perguntou: "Senhor, quantas vezes devo perdoar meu irmão que pecar contra mim? Até sete vezes?" ²²Jesus lhe respondeu: "Não lhe digo até sete vezes, mas até setenta vezes sete. ²³Por isso, o Reino dos Céus é como um rei que decidiu acertar as contas com seus servos. ²⁴Começando o acerto, apresentaram-lhe um que lhe devia dez mil talentos. ²⁵Dado que ele não tinha como pagar, o senhor ordenou que o vendessem junto com a mulher, os filhos e todos os seus bens, para pagar a dívida. ²⁶Mas o servo caiu aos pés do senhor e suplicava-lhe de joelhos: 'Tenha paciência comigo, que eu lhe pagarei tudo'. ²⁷Então o senhor, enchendo-se de compaixão por esse servo, o soltou e lhe perdoou a dívida. ²⁸Ao sair, o tal servo encontrou um companheiro que lhe devia cem moedas de prata. Então o agarrou e começou a sufocá-lo, dizendo: 'Pague o que você me deve'. ²⁹O companheiro, caindo a seus pés, lhe suplicava: 'Tenha paciência comigo, que eu lhe pagarei'. ³⁰Mas o outro não quis saber: foi e mandou prendê-lo até que pagasse a dívida. ³¹Quando seus companheiros viram o que acontecera, ficaram muito tristes e foram contar ao senhor tudo o que tinha acontecido. ³²Então o senhor chamou o tal servo à sua presença e lhe disse: 'Servo malvado! Eu lhe perdoei toda aquela dívida porque você me suplicou. ³³Não devia você também ter compaixão de seu companheiro, como eu tive compaixão de você?' ³⁴E, enraivecido, seu senhor o entregou aos torturadores, até que pagasse a dívida toda. ³⁵Assim também fará com vocês o meu Pai celeste, se cada um de vocês não perdoar de coração o seu irmão".

V. DECIDIR-SE PELO REINO
Narração: Os desafios do Reino de Deus

19 *Divórcio e celibato (Mc 10,1-12)* – ¹Quando terminou essas palavras, Jesus partiu da Galileia e foi para a região da Judeia, do outro lado do Jordão. ²Grandes multidões o seguiram, e aí ele as curou. ³E alguns fariseus se aproximaram de Jesus para tentá-lo. Perguntaram: "É permitido divorciar-se da própria mulher por qualquer motivo?" ⁴Ele respondeu: "Vocês não leram que desde o princípio o Criador os fez homem e mulher? ⁵E disse: 'Por isso o homem deixará pai e mãe, e se unirá à sua mulher, e os dois serão uma só carne'? ⁶De modo que já não são dois, mas uma só carne. Portanto, o que Deus uniu, o homem não separe". ⁷Eles disseram: "Então por que Moisés mandou dar a ela a carta de divórcio e mandá-la embora?" ⁸Jesus respondeu: "Moisés permitiu que vocês se divorciassem de suas mulheres, por causa da dureza do coração de vocês. Mas no princípio não era assim. ⁹E eu lhes digo: Quem se divorcia de sua esposa – a não ser em caso de união ilegítima – e casa com outra, comete adultério".

¹⁰Os discípulos disseram a Jesus: "Se é assim a condição do homem em relação à mulher, então não vale a pena casar". ¹¹Ele respondeu: "Nem todos conseguem

---

mentos não podem dar-se à base de autoritarismo, mas a partir da compreensão e do respeito. A comunidade recebe o poder para tomar a decisão final, da mesma forma que Pedro em 16,19. Mas a ação comunitária não pode contentar-se com exclusões; é imperativo construir a unidade que manifesta a presença do próprio Jesus.
21-35: Jesus faz pensar, por meio da parábola, em várias situações cotidianas de violência e pressão dos mais fortes sobre os mais fracos, sem fazer nenhuma avaliação sobre tais situações. 10.000 talentos equivalem a 174 toneladas de ouro, e 100 moedas de prata (ou 100 denários) a menos de 30 gramas de ouro.
19,1-12: Cf. nota a Mc 10,1-12. São dons divinos tanto a vida matrimonial como o celibato livremente assumido em favor do Reino.

compreender essa realidade, mas somente aqueles a quem é concedido. ¹²De fato, há eunucos que assim nasceram do ventre materno, há eunucos que foram feitos assim pelos homens, e há eunucos que se fizeram tais pelo Reino dos Céus. Quem puder compreender, compreenda".

O Reino e as crianças (Mc 10,13-16; Lc 18,15-17) – ¹³Então algumas crianças foram levadas a Jesus, para que impusesse as mãos sobre elas e rezasse. Mas os discípulos as repreendiam. ¹⁴Jesus disse: "Deixem as crianças, e não as impeçam de vir a mim, porque delas é o Reino dos Céus". ¹⁵E, tendo imposto as mãos sobre elas, partiu daí.

O jovem rico (Mc 10,17-31; Lc 18,18-30) – ¹⁶Eis que alguém se aproximou de Jesus e disse: "Mestre, o que devo fazer de bom para ter a vida eterna?" ¹⁷Ele respondeu: "Por que você me pergunta sobre o que é bom? Um só é o Bom. Mas se você quer entrar para a vida, pratique os mandamentos". ¹⁸Ele perguntou-lhe: "Quais?" Jesus respondeu: "Não mate, não cometa adultério, não roube, não levante falso testemunho, ¹⁹honre pai e mãe, e ame ao próximo como a si mesmo". ²⁰O jovem lhe disse: "Tenho praticado todas essas coisas. O que me falta ainda?" ²¹Jesus lhe respondeu: "Se você quer ser perfeito, vá, venda seus bens, doe aos pobres, e terá um tesouro nos céus. Depois, venha e me siga". ²²Ao ouvir isso, o jovem foi embora triste, porque tinha muitos bens.

²³Então Jesus disse a seus discípulos: "Eu lhes garanto: Um rico dificilmente entrará no Reino dos Céus. ²⁴E lhes digo ainda: É mais fácil um camelo passar pelo vão de uma agulha do que um rico entrar no Reino de Deus". ²⁵Ao ouvir isso, os discípulos ficaram muito espantados e disseram: "Então quem conseguirá salvar-se?" ²⁶Olhando para eles, Jesus disse-lhes: "Para os homens isso é impossível, mas para Deus tudo é possível".

²⁷Então Pedro, tomando a palavra, lhe respondeu: "Eis que nós deixamos tudo e te seguimos. O que receberemos?" ²⁸Jesus lhes disse: "Eu lhes garanto, a vocês que me seguiram: Quando todas as coisas forem renovadas, e o Filho do Homem sentar em seu trono de glória, também vocês hão de sentar-se em doze tronos para julgar as doze tribos de Israel. ²⁹E quem tiver deixado casas ou irmãos, irmãs, pai, mãe, filhos ou terras, por causa do meu nome, receberá cem vezes mais, e terá como herança a vida eterna. ³⁰Muitos dos últimos serão os primeiros, e muitos dos primeiros serão os últimos".

20 **Parábola dos trabalhadores da vinha** – ¹"De fato, o Reino dos Céus é como um proprietário que saiu de manhã cedo para contratar trabalhadores para sua vinha. ²Tendo combinado com eles uma moeda de prata por dia, mandou-os para sua vinha. ³Saindo de novo pelas nove horas, viu outros que estavam na praça desocupados, ⁴e lhes disse: 'Vão vocês também para a vinha, e eu lhes darei o que for justo'. ⁵Eles foram. E, saindo de novo ao meio-dia e às três da tarde, fez o mesmo. ⁶Saindo quando caía a tarde, encontrou outros desocupados e lhes perguntou: 'Por que vocês ficam aqui o dia inteiro sem trabalhar?' ⁷Eles lhe responderam: 'Porque ninguém nos contratou'. Então lhes disse: 'Vão vocês também para a vinha'. ⁸Ao anoitecer, o senhor da vinha disse a seu administrador: 'Chame os trabalhadores e pague a eles a diária, começando pelos últimos até os primeiros'. ⁹Chegaram os que tinham sido contratados quando caía a tarde, e receberam uma moeda de prata cada um. ¹⁰Quando chegaram os primeiros, pensaram que iriam receber mais. No entanto, também eles receberam uma moeda de prata cada um. ¹¹E, ao recebê-la, murmuravam contra o proprietário: ¹²'Estes últimos trabalharam uma hora só, e você os igualou a nós, que suportamos o peso do dia e o calor'. ¹³Respondendo a um deles, disse: 'Amigo, não estou sendo injusto com você. Você não combinou comigo uma moeda de prata? ¹⁴Pegue o que é seu e vá. Eu quero dar a este

---

13-15: Cf. nota a Mc 10,13-16.
16-30: Cf. nota a Mc 10,17-31. O próprio julgamento da história terá como critério o empenho por uma nova ordem social, e um novo modo de tratar os bens que a criação divina põe à disposição dos seres humanos.

20,1-16: A chave de compreensão da parábola está no v. 4: o dono da vinha decide pagar aos trabalhadores o que for justo. E a justiça não é definida pelo merecimento, mas pela necessidade que cada trabalhador vive. A perturbação e o ciúme provocados por essa ação

último o mesmo que dei a você. ¹⁵Por acaso não posso fazer o que eu quero com o que é meu? Ou você está com ciúmes porque eu sou bom?' ¹⁶Assim, os últimos serão os primeiros, e os primeiros serão os últimos".

Terceiro anúncio da Paixão e ambição dos filhos de Zebedeu *(Mc 10,32-45; Lc 18,31-34)* – ¹⁷Subindo para Jerusalém, Jesus tomou os Doze à parte e, durante o caminho, lhes disse: ¹⁸"Eis que estamos subindo para Jerusalém, e o Filho do Homem será entregue aos chefes dos sacerdotes e doutores da Lei. Eles o condenarão à morte ¹⁹e o entregarão aos gentios para ser desprezado, açoitado e crucificado. Mas no terceiro dia ele ressuscitará".

²⁰Então a mãe dos filhos de Zebedeu, junto com seus filhos, aproximou-se de Jesus e se inclinou diante dele para fazer um pedido. ²¹Jesus lhe perguntou: "O que você quer?" Ela respondeu: "Ordena que estes meus dois filhos sentem um à tua direita e outro à tua esquerda, no teu Reino". ²²Jesus respondeu: "Vocês não sabem o que estão pedindo. Conseguem beber do cálice que eu vou beber?" Eles responderam: "Conseguimos". ²³Jesus acrescentou: "Sim, vocês beberão do meu cálice. Mas não cabe a mim conceder que sentem à minha direita e esquerda. Será para aqueles a quem meu Pai destinou". ²⁴Quando os dez ouviram isso, ficaram indignados contra os dois irmãos. ²⁵Jesus porém chamou-os e disse-lhes: "Vocês sabem que os governantes das nações as dominam, e os grandes impõem sua autoridade sobre elas. ²⁶Não será assim entre vocês. Ao contrário, quem de vocês quiser tornar-se grande, seja aquele que serve a vocês. ²⁷E quem de vocês quiser ser o primeiro, seja o servo de vocês. ²⁸Assim, o Filho do Homem não veio para ser servido, mas para servir e dar a própria vida como resgate por muitos".

Os cegos de Jericó *(Mc 10,46-52; Lc 18,35-43)* – ²⁹Enquanto saíam de Jericó, uma grande multidão seguiu a Jesus. ³⁰Eis que dois cegos estavam sentados à beira do caminho. Ouvindo que Jesus passava, começaram a gritar: "Tem piedade de nós, Senhor, Filho de Davi!" ³¹A multidão os repreendia, para que se calassem. Mas eles gritavam ainda mais forte: "Tem piedade de nós, Senhor, Filho de Davi!" ³²Jesus parou, chamou-os e disse: "O que desejam que eu faça por vocês?" ³³Responderam-lhe: "Senhor, que nossos olhos sejam abertos!" ³⁴Cheio de compaixão, Jesus tocou nos olhos deles. Imediatamente começaram a enxergar e seguiram a Jesus.

21 *Chegada do Messias a Jerusalém*
(Mc 11,1-11; Lc 19,28-38; Jo 12,12-19) – ¹Quando se aproximaram de Jerusalém e chegaram a Betfagé, junto ao monte das Oliveiras, Jesus enviou dois discípulos, ²dizendo-lhes: "Vão à aldeia que está adiante de vocês, e logo encontrarão uma jumenta amarrada, e um jumentinho com ela. Desamarrem e os tragam para mim. ³Se alguém disser alguma coisa, respondam: 'O Senhor precisa deles'". E imediatamente os enviou. ⁴Isso aconteceu para se cumprir o que o profeta tinha anunciado: ⁵"Digam à filha de Sião: 'Eis que o seu rei vem ao encontro de você: humilde e montado numa jumenta, num jumentinho, filho de um animal de carga'". ⁶Os discípulos foram e fizeram como Jesus lhes tinha ordenado. ⁷Levaram a jumenta e o jumentinho. Puseram seus mantos sobre eles, e Jesus sentou-se sobre os mantos. ⁸A numerosa multidão estendeu seus mantos pelo caminho. Outros cortavam ramos de ár-

---

mostram como a mentalidade e a prática dominantes estão longe dos princípios que regem o Reino e a vida nele. É fundamental comprometer-se, a todo tempo, em realizar na terra a justiça de Deus.

17-28: Pela terceiro vez Jesus comunica aos discípulos o confronto que deverá travar com os poderosos de Jerusalém. Mas o pedido da mãe de Tiago e João, e depois a reação dos outros dez, mostram claramente que eles ainda estão longe de aderir a Jesus e a seu projeto: a preocupação deles é com o poder e os privilégios que Jesus lhes poderia conferir. Esta é a oportunidade para Jesus esclarecer o sentido de sua presença no meio da humanidade (v. 28), e para deixar claro que a comunidade que o segue não pode reproduzir os esquemas de violência e dominação utilizados pelos poderosos. Sua marca tem de ser o serviço desinteressado aos outros.

29-34: Os cegos estão à beira do caminho por conta da marginalização e pobreza que sofrem; por fim, eles se tornam seguidores de Jesus, que agora está quase chegando a Jerusalém para o confronto final com os poderes aí estabelecidos. A cura que Jesus proporciona aos dois é movida pela solidariedade e se expressa pelo compromisso, ou seja, o toque que os converte em discípulos.

21,1-11: Cf. nota a Mc 11,1-11.

vores e os espalhavam pelo caminho. ⁹As multidões que iam à frente de Jesus e as que vinham atrás dele gritavam: "Hosana ao Filho de Davi! Bendito aquele que vem em nome do Senhor! Hosana nas alturas!" ¹⁰Quando ele entrou em Jerusalém, a cidade inteira se agitou e dizia: "Quem é este?" ¹¹E as multidões respondiam: "Este é o profeta Jesus, de Nazaré da Galileia".

Comerciantes expulsos do Templo *(Mc 11,15-19; Lc 19,45-48; Jo 2,13-22)* – ¹²Jesus entrou no Templo e expulsou todos os que aí vendiam e compravam. Derrubou as mesas dos que trocavam moedas e as cadeiras dos que vendiam pombas. ¹³E lhes disse: "Está escrito: 'Minha casa será chamada casa de oração'. Mas vocês a transformaram em abrigo de ladrões". ¹⁴E foram a ele, no Templo, cegos e coxos, e ele os curou. ¹⁵Ao ver os milagres que Jesus fazia e as crianças gritando no Templo: "Hosana ao Filho de Davi!", os chefes dos sacerdotes e os doutores da Lei ficaram indignados. ¹⁶E disseram a Jesus: "Estás ouvindo o que eles dizem?" Jesus lhes respondeu: "Sim. Vocês nunca leram: 'Da boca de bebês e criancinhas de peito tiraste um louvor'?" ¹⁷E, deixando-os, saiu da cidade e foi a Betânia, onde passou a noite.

A figueira, a fé e a oração *(Mc 11,12-14. 20-24)* – ¹⁸De manhã, voltando à cidade, Jesus teve fome. ¹⁹Viu uma figueira à beira do caminho e foi até ela. Mas não encontrou nada, além de folhas. Disse então à figueira: "Nunca mais produza fruto". E no mesmo instante a figueira ficou seca. ²⁰Vendo isso, os discípulos diziam espantados: "Como é que a figueira ficou seca tão de repente?" ²¹Jesus lhes respondeu: "Eu lhes garanto: Se vocês tiverem fé e não duvidarem, não farão apenas o que eu fiz à figueira. Mas, se disserem até mesmo a esta montanha: 'Levante-se e atire-se no mar!', assim acontecerá. ²²E tudo quanto vocês na oração pedirem com fé, o receberão".

Jesus responde às autoridades *(Mc 11,27-33; Lc 20,1-8)* – ²³Jesus foi ao Templo e estava ensinando, quando os chefes dos sacerdotes e os anciãos do povo se aproximaram dele e perguntaram: "Com que autoridade fazes essas coisas? E quem te deu essa autoridade?" ²⁴Jesus lhes respondeu: "Eu também vou lhes perguntar uma coisa. Se vocês me responderem, eu lhes direi com que autoridade faço essas coisas. ²⁵De onde vinha o batismo de João: do céu ou dos homens?" Eles discutiam entre si, dizendo: "Se respondermos: 'Do céu', ele nos dirá: 'Então por que vocês não acreditaram em João?' ²⁶Se respondermos: 'Dos homens', temos medo da multidão, pois todos consideram João um profeta". ²⁷Então, respondendo a Jesus, disseram: "Não sabemos". Então Jesus também lhes disse: "Nem eu lhes digo com que autoridade faço essas coisas".

Parábola dos dois filhos – ²⁸"O que acham disto? Um homem tinha dois filhos. Dirigindo-se ao primeiro, disse: 'Filho, vá trabalhar hoje na vinha'. ²⁹Ele respondeu: 'Não quero'. Mas depois se arrependeu e acabou indo. ³⁰Dirigindo-se ao segundo, disse a mesma coisa. Ele respondeu: 'Eu irei, senhor'. Mas não foi. ³¹Qual dos dois fez a vontade do pai?" Disseram: "O primeiro". Jesus lhes disse: "Eu lhes garanto: Os cobradores de impostos e as prostitutas vão entrar no Reino de Deus antes de vocês. ³²Porque João veio a vocês, no caminho da justiça, e vocês não acreditaram nele. Os cobradores de impostos e as prostitutas acreditaram nele. Mas vocês, mesmo depois de ver isso, não se arrependeram para acreditar nele".

Parábola dos agricultores assassinos *(Mc 12,1-12; Lc 20,9-19)* – ³³"Escutem outra

---

12-17: Cf. nota a Lc 19,45-48. A ação em favor de cegos e coxos manifesta a aversão de Jesus a qualquer tipo de preconceito, especialmente na casa de Deus.

18-22: O destino que Jesus dá à figueira expressa o alcance da sua ação no Templo. A comunidade que se forma a partir das palavras e ação dele pode, então, colocar de lado a montanha (onde o Templo estava construído) e começar um caminho novo, baseado na efetiva confiança em Deus alimentada pela oração.

23-27: As autoridades de Jerusalém vêm tomar satisfações com Jesus, indignadas com o que ele havia feito no dia anterior. Jesus as silencia, porque sabe das contradições que marcam o agir delas, e a distância que as separa do povo.

28-32: É a hora de Jesus tomar a iniciativa. Com três parábolas ele se dirige à elite que pretende desafiá-lo. A primeira parábola denuncia a elite como hipócrita, por se apresentar como realizadora da vontade de Deus, quando de fato não é. Os grupos marginalizados, que acolheram de João a pregação sobre a justiça, são os efetivos herdeiros do Reino.

33-46: Cf. nota a Mc 12,1-12.

parábola. Um proprietário plantou uma vinha. Cercou-a com muro, construiu nela um tanque para pisar a uva e ergueu uma torre de vigia. Arrendou a vinha a uns agricultores e viajou. ³⁴Quando chegou o tempo da colheita, enviou seus servos aos agricultores, para receber sua parte dos frutos. ³⁵Mas os agricultores agarraram os servos, espancaram um, mataram outro e apedrejaram o terceiro. ³⁶Enviou de novo outros servos, em número maior que os primeiros. Mas eles os trataram da mesma forma. ³⁷Finalmente, enviou-lhes o seu próprio filho, pensando: 'Ao meu filho eles respeitarão'. ³⁸Mas os agricultores, ao verem o filho, disseram entre si: 'Esse é o herdeiro. Vamos matá-lo, e a herança dele será nossa!' ³⁹Então o agarraram, o arrastaram para fora da vinha e o mataram. ⁴⁰Quando o dono da vinha vier, o que fará com esses agricultores?" ⁴¹Responderam-lhe: "Mandará matar de modo violento esses malvados, e arrendará a vinha a outros agricultores que lhe entregarão os frutos no tempo certo". ⁴²Jesus lhes disse: "Vocês nunca leram isto nas Escrituras: 'A pedra que os construtores rejeitaram tornou-se a pedra que sustenta a construção; pelo Senhor foi feito isso, e é maravilhoso aos nossos olhos'? ⁴³Por isso eu lhes digo: O Reino de Deus será tirado de vocês e será entregue a um povo que o fará frutificar. ⁴⁴Aquele que cair sobre essa pedra, se despedaçará; e aquele sobre quem ela cair, ficará esmagado".

⁴⁵Os chefes dos sacerdotes e os fariseus, ouvindo essas parábolas, compreenderam que Jesus estava falando deles. ⁴⁶Então procuraram prendê-lo, mas tiveram medo das multidões, porque elas o consideravam um profeta.

22 Parábola do banquete de casamento *(Lc 14,15-24)* –

¹Jesus voltou a falar com eles em parábolas. ²"O Reino dos Céus é como um rei que celebrou o casamento de seu filho. ³Enviou seus servos para chamar os convidados ao casamento, mas estes não quiseram ir. ⁴Enviou de novo outros servos, dizendo: 'Digam aos convidados: Eis que o meu banquete está preparado, meus touros e animais cevados foram abatidos, e tudo está pronto. Venham ao casamento'. ⁵Mas eles não deram atenção e se foram: um para seu campo, outro para seu negócio. ⁶Os demais agarraram os servos, os maltrataram e mataram. ⁷Furioso, o rei enviou suas tropas, destruiu esses assassinos e incendiou a cidade deles. ⁸E disse a seus servos: 'O casamento está preparado, mas os convidados não eram dignos. ⁹Vão, portanto, às encruzilhadas dos caminhos e convidem para o casamento todos os que vocês encontrarem'. ¹⁰E, saindo pelos caminhos, os servos reuniram todos os que encontraram, maus e bons. E a festa de casamento ficou cheia de convidados. ¹¹Quando o rei entrou para ver os convidados, viu aí um homem que não usava roupa de festa. ¹²Disse-lhe: 'Amigo, como você entrou aqui sem a roupa de festa?' Ele ficou mudo. ¹³Então o rei ordenou aos que serviam: 'Amarrem os pés e as mãos dele, e o atirem fora, na escuridão. Aí haverá choro e ranger de dentes'. ¹⁴De fato, muitos são convidados, mas poucos são escolhidos".

O imposto a César (Mc 12,13-17; Lc 20,20-26) –
¹⁵Então os fariseus foram e se reuniram para encontrar um plano de apanhar Jesus em alguma palavra. ¹⁶Enviaram a Jesus os discípulos deles com os herodianos, dizendo: "Mestre, sabemos que tu és verdadeiro e ensinas com fidelidade o caminho de Deus. Não dás preferência a ninguém, porque não consideras a pessoa pelas aparências. ¹⁷Dize-nos, então, o que pensas: É certo ou não, pagar o imposto a César?" ¹⁸Conhecendo a malícia deles, Jesus disse: "Hipócritas, por que vocês me põem à prova? ¹⁹Mostrem para mim a moeda do imposto". Eles lhe apresentaram um denário. ²⁰Jesus disse: "De quem é esta imagem e inscrição?" ²¹Responderam-lhe: "De César". Então Jesus lhes disse: "Pois devolvam a César o que é de César, e a Deus o que é de Deus". ²²Ouvindo isso, eles ficaram admirados e, deixando Jesus, foram embora.

22,1-14: Uma terceira parábola ataca as elites e as apresenta como assassinas e responsáveis pela ruína da cidade santa Jerusalém. O convite divino para a aliança (expresso no banquete preparado pelo rei) se mantém e é endereçado especialmente aos pobres e marginalizados, mas exige comprometimento (expresso na roupa de festa) da parte de quem o aceita.
15-22: Cf. nota a Mc 12,13-17.

A ressurreição dos mortos (Mc 12,18-27; Lc 20,27-40) – ²³Nesse dia, aproximaram-se de Jesus alguns saduceus, que dizem não existir ressurreição. E lhe perguntaram: ²⁴"Mestre, Moisés disse: 'Se alguém morrer sem ter filhos, seu irmão se casará com a viúva e dará descendência para seu irmão'. ²⁵Ora, havia entre nós sete irmãos. O primeiro casou, morreu e, não tendo descendência, deixou para seu irmão a mulher. ²⁶O mesmo aconteceu com o segundo, o terceiro, até o sétimo. ²⁷Depois de todos eles, morreu a mulher. ²⁸Na ressurreição, portanto, de qual dos sete ela será mulher, já que todos a tiveram?" ²⁹Jesus lhes respondeu: "Vocês estão enganados, desconhecendo as Escrituras e o poder de Deus. ³⁰Porque, na ressurreição, nem eles se casam, nem elas se dão em casamento, mas todos são como anjos no céu. ³¹E sobre a ressurreição dos mortos, vocês não leram o que Deus lhes disse? ³²'Eu sou o Deus de Abraão, o Deus de Isaac, o Deus de Jacó'. Ele não é Deus de mortos, mas de vivos". ³³Ouvindo isso, as multidões ficaram maravilhadas com o ensinamento dele.

O maior mandamento (Mc 12,28-34; Lc 10,25-28) – ³⁴Quando ouviram que Jesus havia fechado a boca dos saduceus, os fariseus se reuniram em grupo. ³⁵E um deles, para pôr Jesus à prova, lhe perguntou: ³⁶"Mestre, qual é o maior mandamento da Lei?" ³⁷Ele respondeu: "Ame o Senhor seu Deus com todo o seu coração, com toda a sua alma e com toda a sua mente. ³⁸Esse é o primeiro e maior mandamento. ³⁹E o segundo é semelhante a ele: Ame seu próximo como a si mesmo. ⁴⁰Toda a Lei e os Profetas dependem desses dois mandamentos".

Jesus desafia a sabedoria dos sábios (Mc 12,35-37; Lc 20,41-44) – ⁴¹Estando os fariseus reunidos, Jesus lhes perguntou: ⁴²"O que vocês pensam a respeito do Messias? De quem ele é filho?" Responderam-lhe: "De Davi". ⁴³Jesus disse: "Então como é que Davi, inspirado, o chama de Senhor, ao dizer: ⁴⁴'O Senhor disse ao meu Senhor: Sente-se à minha direita, até que eu ponha seus inimigos debaixo dos seus pés'? ⁴⁵Portanto, se Davi o chama de Senhor, como pode o Messias ser filho dele?" ⁴⁶E ninguém conseguia responder-lhe nada. E, desse dia em diante, ninguém mais se atreveu a fazer-lhe perguntas.

Discurso: Opção pela justiça

23 *Contra a hipocrisia religiosa (Mc 12,38-40; 20,45-47)* – ¹Então Jesus falou às multidões e a seus discípulos: ²"Os doutores da Lei e os fariseus estão sentados na cátedra de Moisés. ³Portanto, façam e observem tudo quanto eles disserem a vocês. Porém não imitem as ações deles, porque dizem mas não fazem. ⁴Amarram fardos pesados e os impõem no ombro das pessoas, mas eles mesmos não estão dispostos a movê-los nem sequer com um dedo. ⁵Praticam todas as suas ações para serem vistos pelas pessoas. De fato, usam faixas largas na testa e nos braços, e põem longas franjas na roupa. ⁶Gostam de ocupar o posto de honra nos banquetes e os primeiros lugares nas sinagogas. ⁷Gostam de ser cumprimentados nas praças e ser chamados de mestres pelas pessoas. ⁸Vocês, porém, não deixem que os chamem de mestres, pois um só é o Mestre de vocês, e vocês todos são irmãos. ⁹Na terra, não chamem ninguém de pai, pois um só é o Pai de vocês, o Celeste. ¹⁰Nem deixem que os chamem de líderes, pois um só é o Líder de vocês, o Messias. ¹¹O maior de vocês será aquele que os serve. ¹²Quem se exalta será humilhado, e quem se humilha será exaltado".

23-33: Cf. nota a Mc 12,18-27.

34-40: Jesus surpreende com sua resposta, definindo a única atitude com dois lados que não se podem separar: o amor a Deus e ao próximo. Por esse movimento, cada ser humano sai de si, tanto para proclamar a grandeza e bondade do Criador, diante de quem reconhece a própria pequenez e limitação, quanto para estabelecer relações de fraternidade e justiça com os semelhantes.

41-46: O enigma que Jesus propõe aos fariseus serve para confundi-los em sua arrogância, e para insistir em que a relação do Messias com Davi é crítica, como aparece desde o início do Evangelho (cf. 1,6): não se baseia em restaurar realezas ou recuperar poderes e privilégios.

23-25: O último discurso de Jesus tem duas partes principais. No cap. 23 são visados principalmente os fariseus e os doutores da Lei, por não se comprometerem com o Reino e com a justiça de Deus. Nos cap. 24-25 Jesus se concentra em alertar os discípulos quanto às exigências radicais que a opção pelo Reino comporta.

23,1-12: Em sua dura crítica aos fariseus e aos doutores da Lei, Jesus inicialmente censura neles o que pode fazer-se presente em qualquer contexto de organização

Sete "ais" contra os escribas e fariseus *(Lc 11,37-52)* – [13]"Ai de vocês, doutores da Lei e fariseus hipócritas, porque vocês fecham o Reino de Deus para as pessoas! Vocês não entram nem deixam entrar aqueles que estão entrando. [14] [15]Ai de vocês, doutores da Lei e fariseus hipócritas! Vocês percorrem o mar e a terra para converter uma pessoa. Mas, quando o conseguem, tornam essa pessoa merecedora do fogo duas vezes mais que vocês! [16]Ai de vocês, guias cegos! Vocês afirmam: 'Quem jura pelo Templo não fica obrigado, mas quem jura pelo ouro do Templo fica obrigado'. [17]Loucos e cegos! O que vale mais: o ouro, ou o Templo que consagra o ouro? [18]Vocês afirmam também: 'Quem jura pelo altar não fica obrigado, mas quem jura pela oferta que está sobre o altar fica obrigado'. [19]Cegos! O que vale mais: a oferta, ou o altar que consagra a oferta? [20]Pois quem jura pelo altar, jura por ele e por tudo o que está sobre ele. [21]E quem jura pelo Templo, jura por ele e por aquele que nele habita. [22]E quem jura pelo céu, jura pelo trono de Deus e por aquele que nele está sentado.

[23]Ai de vocês, doutores da Lei e fariseus hipócritas! Vocês pagam o dízimo da hortelã, da erva-doce e do cominho, mas desprezam as coisas mais importantes da Lei: a justiça, a misericórdia e a fidelidade. Vocês deveriam praticar estas coisas, mas sem deixar de lado as outras. [24]Guias cegos! Vocês coam um mosquito, mas engolem um camelo!

[25]Ai de vocês, doutores da Lei e fariseus hipócritas! Vocês limpam por fora o copo e o prato, mas por dentro estão cheios de roubo e cobiça. [26]Fariseu cego! Limpe primeiro o copo e o prato por dentro, para que fiquem limpos também por fora.

[27]Ai de vocês, doutores da Lei e fariseus hipócritas! Vocês são como sepulcros caiados: por fora parecem bonitos, mas por dentro estão cheios de ossos de mortos e de toda podridão. [28]Assim também vocês: por fora parecem justos para as pessoas, mas por dentro estão cheios de hipocrisia e injustiça.

[29]Ai de vocês, doutores da Lei e fariseus hipócritas! Vocês construem os túmulos dos profetas e enfeitam os monumentos dos justos. [30]E dizem: 'Se tivéssemos vivido nos dias de nossos pais, não nos teríamos juntado a eles para derramar o sangue dos profetas'. [31]E assim vocês testemunham, contra si mesmos, que são filhos daqueles que mataram os profetas. [32]Completem, portanto, a medida de seus pais!

[33]Serpentes! Raça de cobras venenosas! Como vocês escaparão do julgamento ao inferno? [34]Por isso, eis que eu lhes envio profetas, sábios e doutores. Vocês irão matar e crucificar a uns; a outros irão torturar nas sinagogas de vocês, perseguindo-os de cidade em cidade. [35]Assim, sobre vocês cairá todo o sangue inocente derramado sobre a terra, desde o sangue do justo Abel até o sangue de Zacarias, filho de Baraquias, que vocês mataram entre o santuário e o altar. [36]Eu lhes garanto: Tudo isso vai recair sobre esta geração!"

Lamentação sobre Jerusalém *(Lc 13,34-35)* – [37]"Jerusalém, Jerusalém, que mata os profetas e apedreja os que lhe são enviados! Quantas vezes eu quis reunir seus filhos, como a galinha reúne seus pintinhos de baixo das asas, mas você não quis! [38]Eis que sua casa ficará abandonada. [39]Porque eu lhes digo: Vocês não me verão mais, até que digam: 'Bendito aquele que vem em nome do Senhor!' "

24 Destruição do Templo e perseguições *(Mc 13,1-13; Lc 21,5-19)* – [1]Jesus saiu do Templo. Enquanto caminhava, seus

---

religiosa: a arrogância dos que pensam ser mais que os outros, por terem supostamente o conhecimento de Deus e de sua Palavra. A comunidade comprometida com o Reino e com a justiça de Deus não pode tolerar dominações: todos são irmãos, discípulos do mesmo Mestre.

13-36: Jesus condena os líderes que transformam a religião em mecanismo de opressão e controle das pessoas, e que tornam absoluto aquilo que é secundário deixando de lado o que é essencial: a prática da justiça e da misericórdia. Em nome de sua religião, eles chegam a matar os enviados de Deus, como ajudarão a fazer com o próprio Jesus. V. 14: "Ai de vocês, doutores

da Lei e fariseus hipócritas, que devoram os bens das viúvas, com o pretexto de fazer longas orações! Por isso mesmo vocês sofrerão condenação mais severa".

37-39: Jerusalém se tornou o símbolo do sistema religioso acima denunciado por Jesus: perverteu sua condição de cidade santa (cf. Is 1,21ss), e prova disso são os tantos enviados de Deus aí mortos. Com Jesus, tal situação ficará ainda mais evidente.

24,1-14: As palavras deste capítulo se referem à catástrofe que se abateu sobre Israel, com a tomada de Jerusalém pelos romanos e o incêndio do Templo, ocorridos no ano 70, quarenta anos após a morte de

discípulos se aproximaram e lhe mostraram as construções do Templo. ²Ele respondeu-lhes: "Estão vendo tudo isso? Eu lhes garanto: Não ficará aqui pedra sobre pedra que não seja derrubada".

³Estando Jesus sentado no monte das Oliveiras, seus discípulos se aproximaram e lhe disseram em particular: "Dize-nos quando acontecerá isso, e qual será o sinal de tua vinda e do fim do mundo". ⁴Jesus respondeu-lhes: "Cuidado para que ninguém engane vocês. ⁵Pois muitos aparecerão em meu nome, dizendo: 'Eu sou o Messias!' E enganarão a muitos. ⁶E vocês ouvirão falar de guerras e boatos de guerras. Cuidado para não se assustarem. Porque é preciso que tudo isso aconteça, mas ainda não é o fim. ⁷De fato, nação se levantará contra nação, e reino contra reino. Haverá fome e terremotos em vários lugares. ⁸Tudo isso é o começo das dores.

⁹Nesse tempo, entregarão vocês à tortura e os matarão. E vocês serão odiados por todas as nações, por causa do meu nome. ¹⁰Então muitos ficarão escandalizados, farão traições e se odiarão uns aos outros. ¹¹E aparecerão numerosos falsos profetas e enganarão a muitos. ¹²E, crescendo a injustiça, vai esfriar o amor de muitos. ¹³Mas quem perseverar até o fim, esse será salvo. ¹⁴E esta Boa Notícia do Reino será proclamada no mundo inteiro, como testemunho para todas as nações. Então virá o fim".

A grande tribulação (Mc 13,14-27; Lc 21,20-28) – ¹⁵"Portanto, quando vocês virem a abominação da desolação instalada no lugar santo, como falou o profeta Daniel – que o leitor entenda! – ¹⁶então, os que estiverem na Judeia fujam para os montes. ¹⁷E quem estiver no terraço não desça para pegar as coisas de sua casa. ¹⁸Quem estiver no campo não volte atrás para pegar seu manto. ¹⁹Ai daquelas que estiverem grávidas e amamentando nesses dias! ²⁰Rezem para que a fuga de vocês não aconteça no inverno ou no sábado. ²¹Porque naquele tempo haverá tão grande tribulação como nunca houve desde o princípio do mundo até agora, nem haverá depois. ²²E se esses dias não fossem abreviados, vida nenhuma se salvaria. Mas, por causa dos escolhidos, esses dias serão abreviados. ²³Portanto, se alguém lhes disser: 'Aqui está o Messias', ou: 'Está ali', não acreditem. ²⁴Pois hão de aparecer falsos messias e falsos profetas, apresentando grandes sinais e milagres, para enganar, se fosse possível, até os escolhidos. ²⁵Eis que eu preveni vocês. ²⁶Portanto, se lhes disserem: 'Eis que o Messias está no deserto', não saiam. Se disserem: 'Eis que está nos esconderijos', não acreditem. ²⁷Porque, tal como o relâmpago sai do oriente e brilha até o poente, assim será a vinda do Filho do Homem. ²⁸Pois onde estiver o cadáver, aí se reunirão os urubus.

²⁹Imediatamente após a tribulação daqueles dias, o sol escurecerá, a lua não dará seu brilho, as estrelas cairão do céu e os poderes dos céus serão abalados. ³⁰Então aparecerá no céu o sinal do Filho do Homem. E todas as tribos da terra se lamentarão, e verão o Filho do Homem vindo sobre as nuvens do céu, com poder e grande glória. ³¹Ele vai enviar seus anjos, que com grande toque de trombeta reunirão seus escolhidos dos quatro ventos, de uma extremidade à outra dos céus".

Lição da figueira (Mc 13,28-31; Lc 21,29-33) – ³²"Aprendam a parábola da figueira. Quando seus ramos ficam tenros e aparecem as folhas, vocês sabem que o verão está próximo. ³³Da mesma forma, também vocês, quando virem essas coisas acontecendo, saibam que ele está próximo, já às portas. ³⁴Eu lhes garanto: Esta geração não passará antes que todas essas coisas aconteçam. ³⁵O céu e a terra passarão, mas as minhas palavras não passarão".

Vigiar sempre (Mc 13,32-37; Lc 17,26-30.34-36) – ³⁶"Ninguém sabe a respeito desse dia e hora, nem os anjos no céu, nem o Filho,

---

Jesus e alguns anos antes da escrita deste Evangelho. Quem estiver lendo estes fatos (cf. 24,15) deve ter discernimento para entender o que está ocorrendo, e não se esconder do desafio que é proclamar a boa notícia do Reino e da justiça de Deus.

15-31: Cf. nota a Mc 13,14-27.
32-35: Cf. nota a Mc 13,28-31.
36-44: Quatro situações, da Escritura e do cotidiano, alertam para a necessidade da vigilância permanente. Cf. nota a Mc 13,32-37.

mas somente o Pai. ³⁷Porque, como nos dias de Noé, assim será a vinda do Filho do Homem. ³⁸De fato, nos dias antes do dilúvio, as pessoas comiam, bebiam e se casavam, até o dia em que Noé entrou na arca. ³⁹Eles não perceberam nada, até que veio o dilúvio e levou a todos. Assim será a vinda do Filho do Homem. ⁴⁰Dois homens estarão no campo: um será levado, o outro será deixado. ⁴¹Duas mulheres estarão moendo no moinho: uma será levada, a outra será deixada. ⁴²Portanto, estejam vigilantes, porque vocês não sabem qual é o dia em que o Senhor de vocês há de vir. ⁴³Compreendam isto: Se o dono da casa soubesse em que hora da noite viria o ladrão, ficaria vigiando e não permitiria que sua casa fosse arrombada. ⁴⁴Por isso, também vocês estejam preparados, porque o Filho do Homem virá na hora em que vocês não estiverem pensando".

Parábola do servo fiel e prudente (Lc 12,41-48) – ⁴⁵"Quem é então o servo fiel e prudente, que o senhor deixou como responsável sobre sua criadagem, para lhe dar comida no tempo certo? ⁴⁶Feliz do servo que o senhor, ao chegar, encontrar agindo assim. ⁴⁷Eu lhes garanto: Ele o deixará como responsável por todos os seus bens. ⁴⁸Porém, se esse servo mau disser no coração: 'Meu senhor chegará tarde', ⁴⁹e se puser a espancar seus companheiros, a comer e a beber com os bêbados, ⁵⁰o senhor desse servo virá num dia em que ele não o espera e numa hora que ele não sabe. ⁵¹Então o punirá severamente e lhe dará a sorte dos hipócritas. Aí haverá choro e ranger de dentes".

25 *Parábola das dez virgens* – ¹"Então o Reino dos Céus será como dez virgens, que pegaram suas lamparinas e saíram ao encontro do noivo. ²Cinco delas eram sem juízo e cinco prudentes. ³As sem juízo, ao pegarem as lamparinas, não levaram azeite consigo. ⁴As prudentes, junto com as lamparinas, levaram também frascos de azeite. ⁵Como o noivo estava demorando, todas elas cochilaram e dormiram. ⁶À meia-noite, ouviu-se um grito: 'Eis o noivo! Saiam ao seu encontro!' ⁷Então todas aquelas virgens acordaram e prepararam suas lamparinas. ⁸As sem juízo disseram às prudentes: 'Deem-nos do seu azeite, porque nossas lamparinas estão se apagando'. ⁹As prudentes responderam: 'De jeito nenhum. Poderia não ser suficiente para nós e para vocês. É melhor vocês irem até os vendedores para comprá-lo'. ¹⁰Enquanto elas foram comprar azeite, o noivo chegou. As que estavam prontas entraram com ele para a festa de casamento. E a porta foi fechada. ¹¹Finalmente chegaram também as outras virgens, dizendo: 'Senhor, Senhor, abre a porta para nós!' ¹²Ele, porém, respondeu: 'Eu lhes garanto: Não conheço vocês!' ¹³Estejam vigilantes, portanto! Porque vocês não conhecem o dia nem a hora".

Parábola dos talentos (Lc 19,11-27) – ¹⁴"Porque o Reino dos Céus é como um homem que, estando para viajar, chamou seus servos e entregou seus bens para eles. ¹⁵A um ele entregou cinco talentos; a outro, dois; ao terceiro, um; a cada qual segundo a própria capacidade. E partiu. Imediatamente ¹⁶aquele que tinha recebido cinco talentos negociou e com eles ganhou outros cinco. ¹⁷Do mesmo modo, aquele que tinha recebido dois ganhou outros dois. ¹⁸Mas aquele que tinha recebido um foi, cavou um buraco na terra e escondeu o dinheiro de seu senhor. ¹⁹Depois de muito tempo, o senhor desses servos voltou e foi acertar as contas com eles. ²⁰Aproximou-se aquele que tinha recebido cinco talentos e lhe apresentou outros cinco, dizendo: 'O senhor me deu

---

45-51: As lideranças da comunidade estão a serviço, e não têm o direito de agir como bem entendem. Devem orientar para que a vigilância pedida a todos seja vivida até o fim.

25,1-13: Mais uma parábola alerta a respeito da vigilância necessária, que não é só espera. O momento da vinda de Jesus no fim dos tempos é desconhecido. É preciso que todos estejam preparados para ele, mediante a prática dos valores do Reino, na busca da justiça de Deus.

14-30: Um senhor despótico e cruel obriga os servos a fazerem de tudo para dobrar a já enorme riqueza que ele possui. O terceiro servo, aquele em quem o senhor havia depositado a menor confiança, resiste, pois sabe que essa fortuna tinha sido adquirida por meio de fraudes e roubos. E paga caro por sua insubordinação. Sua visão da realidade de opressão lhe impediu agir como seus companheiros de servidão: não lhe era possível agir conforme um sistema que privilegia quem tem, e ainda tira até o pouco de quem já tem pouco. Com

cinco talentos. Aqui estão outros cinco talentos que lucrei'. ²¹O senhor lhe disse: 'Muito bem, servo bom e fiel. Você foi fiel no pouco; eu lhe confiarei muito mais. Entre para participar da alegria de seu senhor'. ²²Aproximou-se o que tinha recebido dois talentos e disse: 'O senhor me deu dois talentos. Aqui estão outros dois talentos que lucrei'. ²³O senhor lhe disse: 'Muito bem, servo bom e fiel. Você foi fiel no pouco; eu lhe confiarei muito mais. Entre para participar da alegria de seu senhor'. ²⁴Aproximou-se também o que tinha recebido um talento e disse: 'Eu sabia que o senhor é um homem severo, que colhe onde não semeou e recolhe onde não espalhou. ²⁵Fiquei com medo, e fui esconder seu talento na terra. Aqui está o que é seu'. ²⁶O senhor lhe respondeu: 'Servo mau e preguiçoso. Você sabia que eu colho onde não semeei e recolho onde não espalhei. ²⁷Então, você devia ter depositado meu dinheiro junto aos banqueiros. Ao voltar, eu receberia com juros o que é meu. ²⁸Portanto, tirem dele o talento e o deem para aquele que tem dez talentos. ²⁹Pois a quem tem lhe será dado, e terá em abundância. Mas, daquele que não tem, até o que ele tem lhe será tirado. ³⁰E o servo inútil, atirem-no fora na escuridão. Aí haverá choro e ranger de dentes' ".

O julgamento das nações – ³¹"Quando o Filho do Homem vier em sua glória, e todos os anjos com ele, então se assentará no trono de sua glória. ³²E diante dele serão reunidas todas as nações. Então ele separará uns dos outros, como o pastor separa as ovelhas dos cabritos. ³³Colocará as ovelhas à sua direita e os cabritos à sua esquerda. ³⁴Então o Rei dirá aos da direita: 'Venham, benditos de meu Pai! Recebam por herança o Reino preparado para vocês desde a criação do mundo. ³⁵Pois tive fome e vocês me deram de comer, tive sede e me deram de beber, era estrangeiro e me acolheram, ³⁶estava nu e me vestiram, estava doente e me visitaram, estava na cadeia e vieram me ver'. ³⁷Então os justos lhe perguntarão: 'Senhor, quando foi que te vimos com fome e te demos de comer, com sede e te demos de beber? ³⁸Quando foi que te vimos estrangeiro e te acolhemos, nu e te vestimos? ³⁹E quando é que te vimos doente ou na cadeia, e fomos visitar-te?' ⁴⁰E, respondendo, o Rei lhes dirá: 'Eu lhes garanto: Todas as vezes que vocês fizeram isso a um desses meus irmãos mais pequeninos, foi a mim que o fizeram'. ⁴¹Em seguida, ele dirá aos da esquerda: 'Afastem-se de mim, malditos, para o fogo eterno, preparado para o diabo e para seus anjos! ⁴²Pois eu tive fome e vocês não me deram de comer, tive sede e não me deram de beber; ⁴³eu era estrangeiro e vocês não me acolheram, estava nu e não me vestiram; estava doente e na cadeia, e vocês não me socorreram'. ⁴⁴Então também esses responderão, dizendo: 'Senhor, quando foi que te vimos com fome ou com sede, estrangeiro ou nu, doente ou na cadeia, e não te servimos?' ⁴⁵Então ele responderá: 'Eu lhes garanto: Todas as vezes que vocês não fizeram isso a um desses mais pequeninos, foi a mim que não o fizeram'. ⁴⁶Então estes irão para o castigo eterno, e os justos para a vida eterna".

MORTE E RESSURREIÇÃO DO MESSIAS

26 ***Complô para matar Jesus*** (Mc 14,1s; Lc 22,1s; Jo 11,45-57) – ¹Quando Jesus terminou todas essas palavras, disse a seus discípulos: ²"Vocês sabem que daqui a dois dias é a Páscoa, e o Filho do Homem será entregue para ser crucificado". ³Então os chefes dos sacerdotes e os anciãos do povo se reuniram na sala do sumo sacerdote que se chamava Caifás. ⁴E se consultaram para combinar uma cilada, a fim de prenderem

---

tal sensibilidade e coragem se poderá agir de maneira diferenciada em favor dos últimos da sociedade e da história, e neles identificar o Cristo presente.

31-46: Se não é quem diz "Senhor, Senhor" que entrará no Reino dos Céus, e sim quem faz a vontade do Pai (7,21), é essencial identificar qual seja essa vontade. Em várias passagens do Evangelho ela foi sendo indicada (cf. 18,12-14). Aqui se aponta, sem lugar para dúvidas, para o critério fundamental a ser adotado no julgamento a que os seres humanos serão submetidos no fim da história: o reconhecimento da presença de Jesus nas pessoas que foram destituídas da própria dignidade. A ação em favor delas é a expressão fundamental da acolhida dos valores do Reino e da opção pela justiça de Deus.

26,1-5: Ao terminar as proclamações que marcaram sua trajetória de acordo com este Evangelho, Jesus confirma aos discípulos seu destino e sua determinação de agir em coerência com o caminho que veio trilhando. Por outro lado, os grupos que exercem o poder precisam eliminar Jesus. Mas o povo é o obstáculo!

Jesus e o matarem. ⁵Mas diziam: "Não durante a festa, para não haver tumulto entre o povo".

Jesus é ungido em Betânia (Mc 14,3-9; Jo 12,1-8) – ⁶Jesus estava em Betânia, na casa de Simão, o leproso. ⁷Quando Jesus estava à mesa, aproximou-se dele uma mulher levando um frasco de alabastro com perfume de mirra muito caro. E derramou o perfume sobre a cabeça de Jesus. ⁸Vendo isso, os discípulos ficaram indignados e disseram: "Por que esse desperdício? ⁹Podia ser vendido bem caro, e o dinheiro ser dado aos pobres". ¹⁰Jesus, porém, sabendo disso, lhes disse: "Por que vocês incomodam esta mulher? Ela praticou uma boa ação para comigo. ¹¹Com efeito, os pobres estão sempre com vocês, mas eu não estou sempre com vocês. ¹²Pois bem, ao derramar esse perfume sobre o meu corpo, ela o fez em vista do meu sepultamento. ¹³E eu lhes garanto: Onde quer que esta Boa Notícia for proclamada, também se falará do que ela fez, em memória dela".

Pacto de Judas (Mc 14,10-11; Lc 22,3-6) – ¹⁴Então um dos Doze, chamado Judas Iscariotes, foi até os chefes dos sacerdotes ¹⁵e lhes disse: "Quanto vocês estão dispostos a me dar, se eu o entregar a vocês?" Fixaram, então, a quantia de trinta moedas de prata. ¹⁶E, a partir desse momento, Judas buscava oportunidade para entregar Jesus.

Preparando a Páscoa (Mc 14,12-16; Lc 22,7-13) – ¹⁷No primeiro dia dos Pães Sem Fermento, os discípulos se aproximaram de Jesus dizendo: "Onde queres que façamos os preparativos para comeres a Páscoa?" ¹⁸Ele respondeu: "Vão à cidade, a um certo homem, e lhe digam: 'O Mestre diz: O meu tempo está próximo, e eu vou celebrar a Páscoa em sua casa com meus discípulos' ". ¹⁹Os discípulos fizeram como Jesus lhes havia ordenado, e prepararam a Páscoa.

Ceia: traição e solidariedade (Mc 14,17-26; Lc 22,14-23; Jo 13,21-30; 1Cor 11,23-25) – ²⁰Ao cair da tarde, ele se pôs à mesa com os Doze. ²¹Enquanto comiam, disse-lhes: "Eu lhes garanto: Um de vocês vai me entregar". ²²Eles ficaram muito tristes e, um a um, começaram a perguntar-lhe: "Por acaso sou eu, Senhor?" ²³Jesus respondeu: "Aquele que se serviu comigo do prato, esse me entregará. ²⁴O Filho do Homem se vai, como está escrito a respeito dele. Mas ai daquele homem por quem o Filho do Homem for entregue! Seria melhor para esse homem não ter nascido". ²⁵Judas, seu traidor, perguntou: "Por acaso sou eu, Mestre?" Jesus respondeu: "Você o disse".

²⁶Enquanto comiam, Jesus tomou um pão e, abençoando, partiu e deu aos discípulos, dizendo: "Tomem, comam, isto é o meu corpo". ²⁷E, tomando um cálice e dando graças, deu a eles, dizendo: ²⁸"Bebam dele todos, pois isto é o meu sangue da Aliança, que é derramado por muitos para o perdão dos pecados. ²⁹Eu lhes digo: De agora em diante, não beberei deste fruto da videira, até o dia em que beberei com vocês o vinho novo no Reino do meu Pai". ³⁰E, tendo cantado o hino, saíram para o monte das Oliveiras.

Jesus prediz a negação de Pedro (Mc 14,27-31; Lc 22,31-34; Jo 13,36-38) – ³¹Então Jesus disse aos Doze: "Nesta noite, todos vocês vão tropeçar e cair por minha causa. Pois está escrito: 'Ferirei o pastor, e as ovelhas do rebanho se dispersarão'. ³²Mas, depois de ressuscitar, irei para a Galileia na frente de vocês". ³³Pedro lhe respondeu: "Ainda que todos tropecem e caiam por tua causa, eu não cairei nunca". ³⁴Jesus lhe disse: "Eu lhe garanto: Nesta noite, antes que o galo cante, você me negará três vezes". ³⁵Pedro lhe disse: "Ainda que eu tenha de morrer contigo, não te negarei". E todos os discípulos disseram a mesma coisa.

Jesus reza e os discípulos dormem (Mc 14,34-42; Lc 22,39-46) – ³⁶Jesus foi com eles a um lugar chamado Getsêmani, e disse aos discípulos: "Sentem-se aqui, enquanto vou ali rezar". ³⁷Levou consigo Pedro e os dois filhos de Zebedeu. E começou a entristecer-se e angustiar-se. ³⁸Então lhes disse: "Minha alma está em aflição de

---

6-13: Cf. nota a Mc 14,3-9.
14-16: Cf. nota a Mc 14,10-11.
17-19: Cf. nota a Mc 14,12-16.

20-30: Cf. nota a Mc 14,17-26.
31-35: Cf. nota a Mc 14,27-31.
36-46: Cf. nota a Mc 14,32-42.

morte. Fiquem aqui e vigiem comigo". ³⁹E, indo um pouco adiante, prostrou-se com o rosto por terra e rezou: "Meu Pai, se é possível, que se afaste de mim este cálice. No entanto, não seja como eu quero, e sim como tu queres". ⁴⁰E, voltando para junto dos discípulos, encontrou-os dormindo e disse a Pedro: "Como assim? Vocês não conseguiram vigiar uma hora comigo? ⁴¹Estejam vigilantes e rezem, para não caírem na tentação. Porque o espírito está pronto, mas a carne é fraca". ⁴²E, afastando-se de novo, Jesus rezou pela segunda vez: "Meu Pai, se não é possível que este cálice passe sem que eu o beba, seja feita a tua vontade". ⁴³Voltando, encontrou-os outra vez dormindo, pois os olhos deles estavam pesados de sono. ⁴⁴Deixando-os de novo, Jesus se afastou e rezou pela terceira vez, dizendo as mesmas palavras. ⁴⁵Aproximou-se então dos discípulos e lhes disse: "Vocês ainda estão dormindo e descansando? Eis que está chegando a hora, e o Filho do Homem está sendo entregue nas mãos dos pecadores. ⁴⁶Levantem-se! Vamos! Vejam: aquele que vai me entregar está perto!"

Jesus é preso e abandonado *(Mc 14,43-52; Lc 22,47-53; Jo 18,1-12)* – ⁴⁷Enquanto Jesus ainda falava, eis que chegou Judas, um dos Doze. E com ele vinha uma grande multidão com espadas e paus, enviada pelos chefes dos sacerdotes e anciãos do povo. ⁴⁸Aquele que o entregava tinha combinado com eles um sinal: "É aquele que eu beijar. Prendam-no". ⁴⁹E logo se aproximou de Jesus e disse: "Salve, Mestre!" E o beijou. ⁵⁰Jesus lhe disse: "Amigo, para que você está aqui?" Então eles se aproximaram, agarraram Jesus e o prenderam. ⁵¹Eis que um dos que estavam com Jesus, estendendo a mão, desembainhou a espada e, ferindo o servo do sumo sacerdote, cortou-lhe a orelha. ⁵²Então Jesus lhe disse: "Guarde a espada no seu lugar. Porque todos os que usam da espada, pela espada morrerão. ⁵³Ou você pensa que eu não poderia pedir a meu Pai, e ele não me enviaria imediatamente mais de doze legiões de anjos? ⁵⁴Mas então, como se cumpririam as Escrituras que dizem que assim deve acontecer?" ⁵⁵E, nessa hora, Jesus disse às multidões: "Vocês saíram com espadas e paus para me prender, como se faz a um bandido. Eu me sentava com vocês no Templo, ensinando todos os dias, e vocês nunca me prenderam. ⁵⁶Mas tudo isso aconteceu para que se cumpram as Escrituras dos profetas". Então todos os discípulos, abandonando Jesus, fugiram.

Jesus diante das autoridades judaicas *(Mc 14,53-65; Lc 22,54s.63-71; Jo 18,13s.19-24)* – ⁵⁷Os que prenderam Jesus o levaram à casa do sumo sacerdote Caifás, onde os doutores da Lei e os anciãos estavam reunidos. ⁵⁸Pedro seguiu Jesus de longe, até o pátio do sumo sacerdote. Entrando, sentou-se com os criados, para ver como tudo iria acabar. ⁵⁹Os chefes dos sacerdotes e todo o Sinédrio procuravam algum falso testemunho contra Jesus, para poderem condená-lo à morte. ⁶⁰Mas nada encontraram, apesar de se terem apresentado muitas testemunhas falsas. Por fim se apresentaram duas ⁶¹e disseram: "Este homem disse: 'Posso destruir o Templo de Deus e reconstruí-lo em três dias' ". ⁶²O sumo sacerdote se levantou e disse a Jesus: "Não respondes nada? O que é que estes afirmam contra ti?" ⁶³Jesus, porém, permaneceu calado. O sumo sacerdote lhe disse: "Eu te conjuro pelo Deus vivo, que nos digas se tu és o Messias, o Filho de Deus". ⁶⁴Jesus lhe respondeu: "Você o disse. Aliás, eu lhes digo: De agora em diante, vocês hão de ver o Filho do Homem sentado à direita do Poder e vindo sobre as nuvens do céu". ⁶⁵Então o sumo sacerdote rasgou as próprias vestes e disse: "Blasfemou! Que necessidade ainda temos de testemunhas? Eis que agora mesmo vocês ouviram a blasfêmia! ⁶⁶O que lhes parece?" Eles responderam: "É réu de morte!" ⁶⁷Então cuspiram no rosto de Jesus e bateram nele. Outros lhe davam socos, ⁶⁸dizendo: "Profetiza para nós, Messias! Quem foi que te bateu?"

Negações de Pedro *(Mc 14,66-72; Lc 22,56-62; Jo 18,15-18.25-27)* – ⁶⁹Pedro estava sen-

---

47-56: Cf. nota a Mc 14,43-52.
57-68: Cf. nota a Mc 14,53-65.

69-75: As negações de Pedro são coerentes com o caminho que veio trilhando, de recusa ao que vinha

tado fora no pátio. Uma criada se aproximou dele e disse: "Você também estava com Jesus, o Galileu". ⁷⁰Mas ele negou diante de todos, dizendo: "Não sei o que você está dizendo". ⁷¹E, saindo para o portão, outra criada o viu e disse aos que aí estavam: "Este homem estava com Jesus, o Nazareno". ⁷²Pedro negou outra vez, jurando: "Não conheço esse homem". ⁷³Pouco depois, aproximaram-se os que aí estavam e disseram a Pedro: "É verdade! Você é um deles, pois o seu sotaque o denuncia". ⁷⁴Então ele começou a maldizer e jurar: "Não conheço esse homem". Imediatamente um galo cantou. ⁷⁵Pedro se lembrou do que Jesus havia dito: "Antes que o galo cante, você me negará três vezes". E, saindo daí, chorou amargamente.

27 *De um julgamento a outro (Mc 15,1; Lc 23,1s; Jo 18,28-32)* – ¹Quando chegou o amanhecer, todos os chefes dos sacerdotes e os anciãos do povo convocaram uma reunião para condenar Jesus à morte. ²Eles o amarraram, o levaram e entregaram ao governador Pilatos.

Morte de Judas (At 1,18s) – ³Então Judas, aquele que entregara Jesus, vendo que ele tinha sido condenado, ficou com remorso e foi devolver as trinta moedas de prata aos chefes dos sacerdotes e anciãos. ⁴Disse: "Pequei, entregando sangue inocente". Eles responderam: "E o que nós temos com isso? O problema é seu!" ⁵Ele atirou as moedas no Templo, retirou-se e foi se enforcar. ⁶Os chefes dos sacerdotes pegaram as moedas e disseram: "Não é permitido depositá-las no Tesouro do Templo, porque é preço de sangue". ⁷E, tendo-se reunido, decidiram comprar com elas o Campo do Oleiro, para sepultar os estrangeiros. ⁸Por isso, até hoje esse terreno é denominado Campo de Sangue. ⁹Assim se cumpriu o que o profeta Jeremias tinha anunciado: "Pegaram as trinta moedas de prata, preço com o qual os filhos de Israel o avaliaram, ¹⁰e as deram pelo Campo do Oleiro, como o Senhor me havia ordenado".

Jesus diante do poderio romano (Mc 15,2-15; Lc 23,3-25; Jo 18,33-19,16) – ¹¹E Jesus foi posto diante do governador, e o governador o interrogou: "Tu és o rei dos judeus?" Ele respondeu: "Você o está dizendo". ¹²E, ao ser acusado pelos chefes dos sacerdotes e pelos anciãos, ele nada respondeu. ¹³Então Pilatos lhe disse: "Não ouves de quantas coisas te acusam?" ¹⁴Jesus, porém, não lhe respondeu uma palavra sequer, de modo que o governador ficou impressionado.

¹⁵Na festa da Páscoa, era costume o governador soltar um prisioneiro, aquele que a multidão desejasse. ¹⁶Tinham então um prisioneiro famoso, chamado Barrabás. ¹⁷Por isso, enquanto eles estavam reunidos, Pilatos lhes perguntou: "Quem vocês querem que eu lhes solte? Barrabás, ou Jesus, a quem chamam de Messias?" ¹⁸De fato, o governador sabia que por inveja é que eles haviam entregue Jesus. ¹⁹Pilatos estava sentado no tribunal, quando sua mulher lhe mandou dizer: "Não se envolva com esse justo, porque esta noite em sonho sofri muito por causa dele". ²⁰Mas os chefes dos sacerdotes e os anciãos convenceram as multidões para pedirem Barrabás e fazerem Jesus morrer. ²¹Então o governador perguntou: "Qual dos dois vocês querem que eu lhes solte?" Eles disseram: "Barrabás!" ²²Pilatos lhes disse: "O que farei então com Jesus, a quem chamam de Messias?" Todos responderam: "Seja crucificado!"

---

sendo indicado por Jesus: sua incapacidade de vigiar (26,40) e de se solidarizar com Jesus o levaram a fugir, junto com seus companheiros, e a negá-lo por três vezes. Mas há sempre tempo de voltar atrás e se recolocar no caminho.

27,1-2: Encerra-se o momento em que Jesus está diante das autoridades religiosas de Jerusalém. O próximo passo é encarar o governador Pilatos, que representa na região os interesses do império.

3-10: O remorso de Judas o leva a enforcar-se, e deixa ainda mais clara a motivação das autoridades: qualquer coisa vale para garantir privilégios. Mata-se a Jesus; que morra também Judas.

11-26: Diante do quase total silêncio de Jesus, arma-se a farsa de um julgamento bem conduzido, respeitoso das leis e atento à vontade popular. Na verdade, as coisas são encaminhadas de maneira a que sejam preservados os interesses dos dominantes, e a população, mais uma vez manipulada, tenha a sensação de que sua vontade foi levada em conta. O episódio de Barrabás só demonstra a profunda ameaça que Jesus representa: o poder religioso local, representado pelos chefes dos sacerdotes, sabe bem disso. E se Pilatos efetivamente pensava que Jesus podia ser inocente (o que seguramente ele não pensava, apesar do sonho revelador tido por sua mulher), sua decisão de mandar crucificá-lo o

²³O governador perguntou: "Mas que mal ele fez?" E eles gritavam mais forte: "Seja crucificado!" ²⁴Pilatos viu que não conseguia nada e que, além disso, poderia haver uma revolta. Então mandou trazer água e lavou as mãos diante da multidão, dizendo: "Eu não sou responsável por este sangue. A responsabilidade é de vocês". ²⁵O povo todo respondeu: "Nós e nossos filhos somos responsáveis pelo sangue dele". ²⁶Então Pilatos soltou-lhes Barrabás, mandou açoitar Jesus e o entregou para ser crucificado.

***Zombaria dos soldados** (Mc 15,16-20; Jo 19,25)* – ²⁷Então os soldados do governador levaram Jesus ao Pretório. E reuniram toda a tropa em torno de Jesus. ²⁸Tiraram a roupa dele e o cobriram com um manto vermelho. ²⁹Trançaram uma coroa de espinhos e a puseram em sua cabeça, e uma vara em sua mão direita. E se ajoelhavam diante dele e zombavam dizendo: "Salve, rei dos judeus!" ³⁰Cuspiam nele, pegavam a vara e com ela batiam-lhe na cabeça. ³¹Depois de caçoarem dele, tiraram-lhe o manto e o vestiram com suas próprias roupas. E o levaram para crucificar.

***A crucifixão** (Mc 15,21-32; Lc 23,26-43; Jo 19,17-24)* – ³²Enquanto saíam, encontraram certo homem de Cirene, chamado Simão, e o obrigaram a carregar a cruz de Jesus. ³³Chegaram a um lugar chamado Gólgota, que significa Lugar da Caveira. ³⁴E lhe deram para beber vinho misturado com fel. Ele provou, mas não quis beber. ³⁵Depois de crucificar Jesus, repartiram suas roupas tirando a sorte. ³⁶E aí sentaram, montando guarda. ³⁷Acima da cabeça dele puseram por escrito o motivo de sua condenação: "Este é Jesus, o Rei dos Judeus". ³⁸Então foram crucificados com ele dois bandidos, um à direita e outro à esquerda. ³⁹Os que passavam insultavam Jesus, balançando a cabeça ⁴⁰e dizendo: "Tu que destróis o Templo e o reconstróis em três dias, salva-te a ti mesmo! Se és Filho de Deus, desce da cruz". ⁴¹Do mesmo modo, também os chefes dos sacerdotes com os doutores da Lei e anciãos caçoavam dele, dizendo: ⁴²"Salvou os outros, mas não consegue salvar a si mesmo. Se ele é rei de Israel, desça agora da cruz, e nós acreditaremos nele. ⁴³Confiou em Deus: que Deus o livre agora, se é que o considera. Pois ele disse: 'Sou Filho de Deus' ". ⁴⁴Até os bandidos crucificados com ele o insultavam.

***Morte de Jesus e ressurreição dos santos** (Mc 15,33-41; Lc 23,44-49; Jo 19,25-30)* – ⁴⁵Do meio-dia até às três horas da tarde, houve escuridão em toda a terra. ⁴⁶Perto das três da tarde, Jesus deu um forte grito: "Eli, Eli, lamá sabactâni?" Quer dizer: "Meu Deus, meu Deus, por que me abandonaste?" ⁴⁷Alguns dentre os que tinham ficado por aí, ouvindo isso, disseram: "Ele está chamando Elias". ⁴⁸Logo um deles correu, pegou uma esponja, a ensopou em vinagre e, prendendo-a numa vara, lhe dava de beber. ⁴⁹Mas os outros diziam: "Deixe, vamos ver se Elias vem salvá-lo". ⁵⁰E de novo Jesus deu um forte grito, e entregou o espírito. ⁵¹Eis que o véu do Santuário foi rasgado em dois, de alto a baixo. A terra tremeu e as pedras se partiram. ⁵²Os túmulos se abriram e muitos corpos de santos falecidos ressuscitaram. ⁵³Saindo dos túmulos, entraram na cidade santa depois da ressurreição de Jesus, e foram vistos por muitas pessoas. ⁵⁴O centurião e os que montavam guarda a Jesus, vendo o terremoto e o que estava acontecendo, ficaram com muito medo. E diziam: "Realmente ele era Filho de Deus!" ⁵⁵Estavam aí muitas mulheres olhando de longe. Elas haviam acompanhado Jesus desde a Galileia, para servi-lo. ⁵⁶Entre elas estavam Maria Madalena, Maria mãe de Tiago e José, e a mãe dos filhos de Zebedeu.

***O sepultamento** (Mc 15,42-47; Lc 23,50-56; Jo 19,38-42)* – ⁵⁷Ao final da tarde, chegou um homem rico de Arimateia, chamado José, que também se tornara discípulo de Jesus. ⁵⁸Ele foi até Pilatos e lhe pediu o corpo de

---

mostra como alguém capaz de qualquer coisa para se manter no poder, até de lavar as mãos e jogar sobre outros a responsabilidade por uma ordem sua.
27-31: Cf. nota a Mc 15,16-20.
32-44: Cf. nota a Mc 15,21-32.

45-56: Cf. nota a Mc 15,33-41. O terremoto e a ressurreição dos mortos são próprios de Mt, a indicar que chegou um tempo novo, o da plena justiça de Deus.
57-61: Cf. nota a Mc 15,42-47.

Jesus. Pilatos ordenou que lhe fosse entregue. ⁵⁹José tomou o corpo, o envolveu num lençol de linho limpo, ⁶⁰e o colocou no túmulo novo que ele havia escavado para si na rocha. Depois, rolando uma grande pedra na entrada do túmulo, foi embora. ⁶¹Estavam aí Maria Madalena e a outra Maria, sentadas diante do sepulcro.

A guarda do túmulo – ⁶²No dia seguinte, ou seja, depois do dia dos preparativos para a Páscoa, os chefes dos sacerdotes e os fariseus foram juntos até Pilatos ⁶³para lhe dizer: "Senhor, estamos lembrados do que disse aquele impostor, quando estava vivo: 'Depois de três dias, eu ressuscitarei'. ⁶⁴Ordene, portanto, que o sepulcro seja guardado com segurança até o terceiro dia. Não aconteça que os discípulos dele venham roubar o corpo e digam ao povo: 'Ele ressuscitou dos mortos'. A última mentira seria, então, pior que a primeira". ⁶⁵Pilatos lhes disse: "Vocês têm uma guarda. Vão e guardem o sepulcro como bem lhes parecer". ⁶⁶Eles foram e puseram o sepulcro em segurança, lacrando a pedra e montando guarda.

28 *A ressurreição (Mc 16,1-8; Lc 24,1-12; Jo 20,1-10)* – ¹Passado o sábado, ao raiar do primeiro dia da semana, Maria Madalena e a outra Maria foram ver o sepulcro. ²Eis que houve um grande terremoto. Porque um anjo do Senhor desceu do céu, aproximou-se, rolou a pedra e sentou-se sobre ela. ³Sua aparência era como um relâmpago, e sua roupa era branca como neve. ⁴Com medo dele, os guardas tremeram e ficaram como mortos. ⁵O anjo disse às mulheres: "Não tenham medo! Porque eu sei que estão procurando Jesus, o Crucificado. ⁶Ele não está aqui, pois ressuscitou, como havia dito. Venham ver o lugar onde ele estava. ⁷E vão depressa dizer aos seus discípulos: 'Ele ressuscitou dos mortos! Eis que ele caminha à frente de vocês para a Galileia. Aí vocês o verão'. É o que eu tenho a lhes dizer". ⁸Partindo depressa do túmulo, elas correram com medo e grande alegria, para dar a notícia aos discípulos dele. ⁹Eis que Jesus foi ao encontro delas e disse: "Alegrem-se!" Elas então se aproximaram, abraçaram-lhe os pés e se ajoelharam diante dele. ¹⁰Então Jesus lhes disse: "Não tenham medo! Vão avisar meus irmãos que se dirijam para a Galileia. Aí eles me verão".

Trama dos chefes – ¹¹Enquanto elas iam, eis que alguns guardas foram à cidade e contaram aos chefes dos sacerdotes tudo o que tinha acontecido. ¹²Estes se reuniram com os anciãos e, depois de se consultarem, deram bastante dinheiro aos soldados, ¹³dizendo: "Digam que os discípulos dele foram de noite e roubaram o corpo, 'enquanto dormíamos'. ¹⁴Se isso chegar aos ouvidos do governador, nós o convenceremos, e deixaremos vocês despreocupados". ¹⁵Eles pegaram o dinheiro e fizeram como tinham sido instruídos. E esse boato se espalhou entre os judeus até o dia de hoje.

Aparição de Jesus na Galileia (Mc 16,14-18; Lc 24,36-49; Jo 20,19-23; At 1,6-8) – ¹⁶Os onze discípulos foram para a Galileia, à montanha que Jesus lhes havia indicado. ¹⁷Ao vê-lo, ajoelharam-se diante dele. No entanto, alguns duvidaram. ¹⁸Jesus se aproximou e lhes disse: "Toda a autoridade me foi dada no céu e sobre a terra. ¹⁹Vão, portanto, e façam que todas as nações se tornem discípulas, batizando-as em nome do Pai e do Filho e do Espírito Santo, ²⁰e ensinando-as a observar tudo o que lhes ordenei. Eis que eu estou com vocês todos os dias, até o fim dos tempos".

62-66: Na insegurança insistente que Jesus, mesmo morto, provoca, mostra-se a aliança entre os diversos grupos que detêm o poder. É preciso garantir que tudo tenha sido feito de forma adequada, para se ter o controle, não só do corpo de Jesus, mas também de sua memória.

28,1-10: A intervenção divina para ressuscitar Jesus confronta o poder dos que o mataram. Às mulheres, porém, essa manifestação é motivo de alegria e confiança: o Mestre que vinha ensinando a justiça de Deus está vivo. A morte e a violência não têm a última palavra, e Deus confirmou o caminho de seu Messias. A aparição de Jesus vem confirmar nelas a certeza que carregavam para anunciar aos discípulos.

11-15: O sistema acostumado a matar e destruir precisa fazer pensar que venceu. Para tanto, usa recursos que está acostumado a manipular: a mentira e o suborno. Tudo vale, para que as coisas se mantenham como estão.

16-20: Se no início do Evangelho se indicava que Deus se faria presente no meio da humanidade por meio de Jesus, agora é Jesus que garante sua presença permanente na comunidade que se compromete a espalhar por todos os cantos, sem preconceitos, a boa notícia do Reino, constituindo novos discípulos que semearão a justiça de Deus.

EVANGELHO SEGUNDO MARCOS

COMO ENTENDER E SEGUIR JESUS

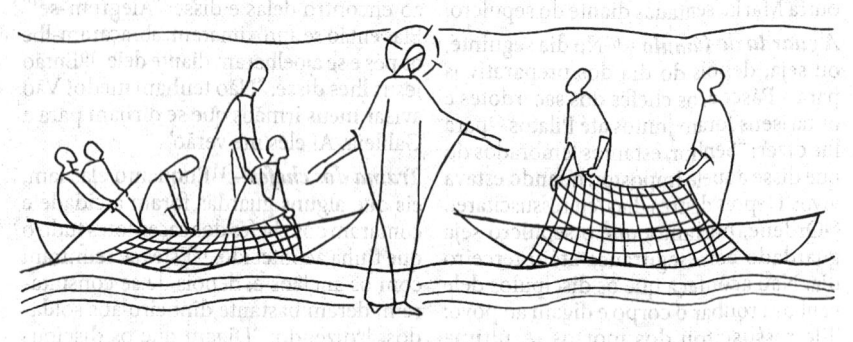

Introdução

Na abertura deste Evangelho lemos que Jesus é Messias e Filho de Deus. Mas não basta saber quem é Jesus. Inclusive é possível ter dele uma compreensão inadequada, mesmo com afirmações corretas a seu respeito. Esta é a grande preocupação do evangelista: levar a comunidade a compreender o sentido profundo do messianismo de Jesus e de sua filiação divina. Para alcançar esse objetivo, ele propõe uma narração da prática de Jesus junto às multidões pobres da Galileia e vizinhanças, e o diálogo com seus discípulos. O desafio é não se fixar na superfície, mas mergulhar fundo no sentido das palavras e ações de Jesus, para descobrir a significação específica de sua identidade.

Mas não basta entender. O caminho que Jesus trilhou, da Galileia até Jerusalém, é aqui apresentado para ser assumido e seguido por quem queira ser discípulo seu. E aqui mora o problema: o texto sugere que é justamente nesse ponto que Jesus não é compreendido, nem pelas multidões, nem pelos discípulos, muito menos pelas lideranças religiosas e políticas da época. Algumas poucas pessoas, porém, o acompanham até o fim, e recebem a tarefa de comunicar que os conflitos que marcaram o caminho dele e o levaram à cruz devem ser o ponto de partida para a compreensão do seu messianismo e do que se exige de seus discípulos. Especialmente, é essencial superar a visão triunfalista a respeito de Jesus: é a morte brutal na cruz, resultante das maquinações do poder político e religioso da época, que permitirá descobrir verdadeiramente que ele é o Filho de Deus (cf. 15,39). Esta morte não é fruto do acaso, nem de um acidente, mas resulta da prática que Jesus veio desenvolvendo em seu caminho, e dos conflitos que foi assumindo nesse percurso.

Quando o Evangelho segundo Marcos foi escrito, a terra de Israel vivia uma terrível guerra contra o poderio romano, e havia em muitos membros da comunidade cristã a expectativa de que Jesus voltasse logo, como rei triunfante (cf. 9,1). Por isso havia certa apatia e pouco caso em relação aos conflitos e problemas do cotidiano: o que importava era que Jesus viesse, na glória (cf. 10,37). O texto do Evangelho acentua que a verdadeira espera pela vinda do Senhor se dá pelo testemunho, na continuação do caminho de Jesus através da própria vida. É por isso que o Evangelho se apresenta apenas como um princípio (1,1), e ao final traz a convocação aos discípulos, para que voltem à Galileia, a fim de refazer o itinerário de Jesus, com seus conflitos, até Jerusalém, o centro do poder. Portanto, a própria sequência do texto acaba mostrando o objetivo principal deste Evangelho: indicar o caminho a ser seguido pelos que querem tornar-se discípulos autênticos de Jesus, crucificado e ressuscitado.

1

¹Princípio do evangelho de Jesus Cristo, Filho de Deus.

Pregação de João Batista *(Mt 3,1-12; Lc 3,1-9.15-17; Jo 1,19-28)* – ²Conforme está escrito no profeta Isaías: "Eis que envio o meu mensageiro à frente dele, para lhe preparar o caminho. ³Uma voz grita no deserto: 'Preparem o caminho do Senhor, endireitem suas estradas' ".

⁴João Batista apareceu no deserto, pregando um batismo de arrependimento para o perdão dos pecados. ⁵E iam até ele todos os da região da Judeia e todos os de Jerusalém, e eram batizados por ele no rio Jordão, confessando os próprios pecados. ⁶João se vestia com pelos de camelo, e se alimentava de gafanhotos e mel silvestre. ⁷Ele pregava: "Depois de mim, vem aquele que é mais forte do que eu. E eu não sou digno de me abaixar para desamarrar a correia de suas sandálias. ⁸Eu batizei vocês com água, mas ele os batizará com Espírito Santo".

Batismo de Jesus *(Mt 3,13-17; Lc 3,21s)* – ⁹Nesses dias, Jesus chegou de Nazaré da Galileia e foi batizado por João no Jordão. ¹⁰Enquanto subia da água, viu os céus se rasgando e o Espírito descendo sobre ele como pomba. ¹¹E uma voz veio do céu: "Tu és o meu Filho amado. Em ti eu me agrado".

PARTE I: QUEM É JESUS?

Tentação no deserto *(Mt 4,1-11; Lc 4,1-13)* – ¹²E logo o Espírito conduziu Jesus para o deserto. ¹³E ele esteve quarenta dias no deserto, sendo tentado por Satanás. Vivia entre as feras, e os anjos o serviam.

Pregação na Galileia *(Mt 4,12-17; Lc 4,14s)* – ¹⁴Depois que João foi preso, Jesus se dirigiu para a Galileia, pregando o evangelho de Deus. ¹⁵Ele dizia: "O tempo se cumpriu, e o Reino de Deus está perto. Arrependam-se e acreditem no evangelho".

Jesus chama os primeiros discípulos *(Mt 4,18-22; Lc 5,1-11)* – ¹⁶Enquanto caminhava na beira do mar da Galileia, Jesus viu Simão e André, o irmão de Simão. Eles estavam lançando a rede ao mar, porque eram pescadores. ¹⁷Jesus lhes disse: "Venham após mim, e farei de vocês pescadores de gente". ¹⁸E, deixando as redes, eles imediatamente o seguiram. ¹⁹Caminhando um pouco mais, viu Tiago, filho de Zebedeu, e seu irmão João, que também estavam no barco, consertando as redes. ²⁰Jesus logo os chamou. E eles, abandonando o pai Zebedeu no barco com os empregados, foram atrás de Jesus.

Cura na sinagoga de Cafarnaum *(Lc 4,31-37)* – ²¹Entraram em Cafarnaum. E, logo

---

1,1: Ao narrar a trajetória de Jesus, esta obra se apresenta como o "princípio" e fundamento da boa notícia que Deus dirige à humanidade. A boa notícia não é aquela vinda do imperador, mas de alguém que foi crucificado. É ele o Messias e Filho de Deus, aquele que inaugura um caminho a ser trilhado por todos os que se comprometem com a mensagem que ele comunica com suas palavras e ações.

2-8: As palavras da profecia (Ml 3,1; Is 40,3) iluminam o sentido da atividade de João: seu batismo exige mudança radical de vida com vistas à chegada do Messias.

9-11: No momento do batismo, revela-se a identidade de Jesus: ele é o Filho de Deus. Mas o entendimento adequado de quem ele é depende da compreensão do sentido de seu agir. O Servo de Javé (Is 42,1-4) é o modelo, com sua ação discreta e solidária.

12-13: Jesus nem iniciou sua missão e já se vê confrontado com o poder do mal. Está no deserto, como Israel no passado (cf. Ex 17,1-7). Esta cena anuncia que o caminho que Jesus vai trilhar será marcado por conflitos. Por assumir esse caminho sem recuar é que ele será crucificado. Mas Deus está com ele e o sustenta.

14-15: O início da missão de Jesus se dá num contexto de tensão e perigo: João foi preso. Mas é preciso ir adiante: as palavras de Jesus resumem o sentido de toda a sua atividade. Não é mais tempo de esperar, pois Deus vem implantar seu Reino entre os seres humanos, como realidade transformadora da vida de todos. É essencial aceitar o desafio da mudança que Deus propõe, pois aí está a boa notícia que Jesus proclamará por suas palavras e ações.

16-20: Jesus convoca algumas pessoas para que assumam o estilo de vida dele, deixem a segurança trazida pelo trabalho e pela família, e tenham a humanidade e o mundo como o espaço de sua ação. Estes primeiros discípulos terão o desafio maior de compreender o sentido da ação de Jesus, e a partir daí descobrir em profundidade quem ele é.

21-28: Jesus ensina na sinagoga, mas não sabemos de suas palavras. Sabemos de uma ação poderosa, que enfrenta o poder do mal. O demônio conhece a identi-

no sábado, tendo ido à sinagoga, aí Jesus ensinava. ²²E se maravilhavam com seu ensinamento, porque os ensinava como quem tem autoridade, e não como os doutores da Lei.

²³Achava-se na sinagoga deles um homem com um espírito impuro, que gritou: ²⁴"O que queres de nós, Jesus de Nazaré? Vieste nos destruir? Eu sei quem tu és: o Santo de Deus". ²⁵Jesus o repreendeu, dizendo: "Cale-se, e saia dele". ²⁶Então o espírito impuro saiu dele, sacudindo-o violentamente e soltando um grande grito. ²⁷E todos se admiraram, a ponto de perguntarem uns aos outros: "O que é isso? Um ensinamento novo, dado com autoridade! Ele dá ordem até aos espíritos impuros, e eles lhe obedecem!" ²⁸E logo sua fama se espalhou por todas as partes, em toda a Galileia.

Jesus cura a sogra de Pedro e outros enfermos (Mt 8,14-17; Lc 4,38-41) – ²⁹E logo, saindo da sinagoga, Jesus foi à casa de Simão e André, com Tiago e João. ³⁰A sogra de Simão estava de cama, com febre. Eles logo contaram a Jesus sobre ela. ³¹Então Jesus se aproximou dela, tomou-a pela mão e a fez levantar-se. A febre a deixou, e ela começou a servi-los.

³²Ao cair da tarde, quando o sol se pôs, levavam a Jesus todos os que estavam doentes e os endemoninhados. ³³A cidade inteira estava reunida na frente da porta. ³⁴E ele curou muitos doentes de várias doenças e expulsou muitos demônios. Mas Jesus não permitia que os demônios falassem, porque eles sabiam quem ele era.

Jesus deixa Cafarnaum (Lc 4,42-44) – ³⁵E tendo-se levantado de madrugada, quando ainda estava escuro, Jesus saiu e foi a um lugar deserto, e aí rezava. ³⁶Simão e seus companheiros o procuraram ansiosos e, ³⁷quando o encontraram, disseram-lhe: "Todos te procuram". ³⁸Jesus lhes disse: "Vamos a outros lugares, às aldeias da vizinhança, para que eu pregue também lá. Porque foi para isso que eu saí". ³⁹E foi pregando nas sinagogas deles por toda a Galileia, e expulsando os demônios.

Cura do leproso (Mt 8,1-4; Lc 5,12-16) – ⁴⁰Um leproso aproximou-se de Jesus, suplicando de joelhos: "Se queres, tens o poder de me purificar". ⁴¹Irado, Jesus estendeu a mão, tocou nele e disse: "Eu quero. Fique purificado". ⁴²Imediatamente a lepra o deixou, e ele ficou purificado. ⁴³E, ameaçando-o severamente, Jesus logo o mandou embora, ⁴⁴dizendo-lhe: "Não conte nada para ninguém. Mas vá mostrar-se ao sacerdote e ofereça pela sua purificação o que Moisés ordenou, como prova para eles". ⁴⁵Ele, porém, tendo saído daí, começou a proclamar com insistência e a divulgar a notícia, tanto que Jesus não podia mais entrar publicamente numa cidade. Ele ficava fora, em lugares desertos, e vinham a ele pessoas de todas as partes.

2

Cura do paralítico (Mt 9,1-8; Lc 5,17-26) – ¹Depois de alguns dias, tendo entrado de novo em Cafarnaum, espalhou-se a notícia de que Jesus estava em casa. ²E juntaram-se tantas pessoas, que não havia espaço nem na frente da porta. E Jesus lhes anunciava a Palavra. ³Levaram então um paralítico, carregado por quatro homens. ⁴Como não conseguiam aproximar-se de Jesus por causa da multidão, descobriram

---

dade de Jesus, mas atua contra. No caminho do Messias dos pobres, surge esse enfrentamento, e a multidão logo percebe que a autoridade de Jesus nada tem a ver com a dos entendidos da Lei, porque é voltada para a promoção da vida digna e livre para todos os seres humanos.

29-34: O compromisso de Jesus é com a vida livre e abundante. Por isso, nas curas que realiza são importantes os gestos: não se trata apenas de resgatar a saúde, mas de produzir o bem-estar por inteiro e de criar homens e mulheres novos. E os demônios, que bem sabem quem é Jesus, se veem ameaçados com a ação libertadora que ele realiza.

35-39: A ação de Jesus visa formar seres humanos livres e responsáveis, que multipliquem o anúncio do Reino de Deus. Por isso ele não se fixa num lugar, e vai ao encontro de quem não conhece sua mensagem. Por outro lado, o sustento na missão será encontrado na oração, no contato com o Pai.

40-45: A ação de Jesus é ao mesmo tempo expressão de sua misericórdia com quem sofre, e de oposição às pessoas e estruturas que produzem a marginalização sofrida pelos leprosos, por razões de saúde e religião (cf. Lv 13). Daí não bastar dizer que o leproso está purificado: será preciso desafiar o sistema político e religioso que mantém tanta gente no abandono e no desprezo. A "ira" de Jesus no v. 41 é própria de Mc. Ao desafiar o sistema político e religioso, o próprio Jesus será visto como impuro, e terá de ficar fora da cidade. No entanto, os marginalizados continuam a procurá-lo.

2,1-12: A ação de Jesus está a serviço da libertação integral do ser humano. Enquanto as autoridades religiosas se preocupam com doutrinas e preceitos, Jesus

o telhado em cima do lugar onde ele estava. Fizeram um buraco e por ele baixaram a maca em que o paralítico estava deitado. ⁵Vendo a fé que eles tinham, Jesus disse ao paralítico: "Filho, seus pecados estão perdoados". ⁶Mas estavam aí sentados alguns dos doutores da Lei. Eles pensavam em seus corações: ⁷"Por que esse homem fala assim? Está blasfemando! Quem pode perdoar pecados, senão Deus?" ⁸Jesus, percebendo logo em seu espírito que eles assim refletiam entre si, disse-lhes: "Por que vocês pensam essas coisas em seus corações? ⁹O que é mais fácil? Dizer ao paralítico: 'Seus pecados estão perdoados', ou dizer: 'Levante-se, pegue sua maca e ande'?" ¹⁰Ora, para que vocês saibam que o Filho do Homem tem autoridade para perdoar pecados sobre a terra, ¹¹eu lhe digo: – falou ao paralítico – levante-se, pegue sua maca e vá para casa". ¹²Ele se levantou, imediatamente pegou o leito e saiu diante de todos. E ficaram todos admirados e glorificavam a Deus, dizendo: "Nunca vimos coisa assim!"

Jesus chama Levi e faz refeição com pecadores *(Mt 9,9-13; Lc 5,27-32)* – ¹³Jesus saiu de novo para a beira-mar. E toda a multidão ia até ele, e ele os ensinava. ¹⁴Ao passar, viu Levi, filho de Alfeu, sentado junto à mesa de coletar impostos, e lhe disse: "Siga-me". E, levantando-se, ele o seguiu. ¹⁵Aconteceu que, estando Jesus sentado à mesa em sua casa, muitos cobradores de impostos e pecadores sentaram-se com Jesus e seus discípulos. De fato, eram muitos os que o seguiam. ¹⁶Os doutores da Lei, do partido dos fariseus, vendo que Jesus comia com os pecadores e cobradores de impostos, diziam aos discípulos dele: "Por que ele come com cobradores de impostos e pecadores?" ¹⁷Ouvindo isso, Jesus lhes disse: "Não são os que têm saúde que precisam de médico, e sim os doentes. Eu não vim chamar justos, e sim pecadores".

O jejum *(Mt 9,14-17; Lc 5,33-39)* – ¹⁸Os discípulos de João e os fariseus estavam jejuando. Então foram e disseram a Jesus: "Por que os discípulos de João e os discípulos dos fariseus jejuam, mas os teus discípulos não jejuam?" ¹⁹Jesus respondeu: "Por acaso os amigos do noivo podem jejuar enquanto o noivo está com eles? Durante o tempo em que tiverem o noivo com eles, não podem jejuar. ²⁰Mas virão dias em que o noivo será tirado do meio deles. Nesse dia, então, eles farão jejum. ²¹Ninguém remenda roupa velha com pedaço de pano novo, porque o remendo novo repuxa o tecido velho, e o rasgo fica maior. ²²Ninguém põe vinho novo em vasilhas de couro velhas, senão o vinho vai romper as vasilhas, e tanto o vinho como as vasilhas se perderão. Ao contrário, vinho novo em vasilhas novas!"

Espigas arrancadas no sábado *(Mt 12,1-8; Lc 6,1-5)* – ²³E aconteceu que Jesus, num sábado, passava pelas plantações. Seus discípulos começaram a abrir caminho, arrancando as espigas. ²⁴Então os fariseus lhe disseram: "Vê! Por que eles fazem no sábado o que não é permitido?" Jesus lhes respondeu: ²⁵"Vocês nunca leram o que fez Davi, quando estava necessitado e sentiu fome, ele e seus companheiros? ²⁶E como entrou na casa de Deus, no tempo do sumo sacerdote Abiatar, e comeu os pães oferecidos a Deus, que só os sacerdotes podem comer, e ainda os

---

está comprometido em fazer com que o paralítico experimente na própria vida o poder de Deus. Consciente de que a doença era entendida como resultado do pecado, Jesus cura para mostrar a profundidade da intervenção de Deus na vida dos seres humanos, para fazê-los livres e responsáveis. A informação de que Jesus estava "em casa" é própria de Mc. Também é dele a referência à admiração das pessoas diante do ato de Jesus.

13-17: Os cobradores de impostos eram considerados pecadores, por exercerem uma profissão que favorecia os interesses do império romano e facilitava a prática do roubo. Por outro lado, em geral pessoas pobres eram as que se submetiam a essa tarefa, na falta de outras possibilidades para sobreviver. Com o chamado a Levi (nomeado Mateus em Mt) e com a reunião em torno de uma mesa, Jesus mostra como rejeita os esquemas que discriminam as pessoas, tanto do ponto de vista social como religioso. Mais ainda: forma com essas pessoas desprezadas a sua comunidade.

18-22: O problema não é o jejum, mas as falsas seguranças que se sustentam nele. Para a comunidade formada em torno de Jesus, a partilha do pão é a marca da novidade por ele trazida aos seres humanos; a partir daí, a Lei será compreendida de forma a promover a justiça. A novidade trazida por Jesus exige bases novas, e as pessoas têm de se dispor a acolhê-la.

23-28: Para os fariseus, os discípulos de Jesus cometeram duas infrações: apropriaram-se do que não lhes pertencia, e fizeram isso em dia de sábado. Jesus recorre às Escrituras (cf. 1Sm 21,1-7) e a um entendimento

deu aos companheiros?" ²⁷E lhes dizia: "O sábado foi feito por causa do homem, e não o homem por causa do sábado. ²⁸Portanto, o Filho do Homem é senhor até do sábado".

3 *Cura da mão paralisada (Mt 12,9-15a; Lc 6,6-11)* – ¹Jesus entrou de novo na sinagoga, e havia aí um homem com a mão paralisada. ²E ficavam de olho para ver se Jesus iria curá-lo em dia de sábado, e assim poderem acusá-lo. ³Jesus disse ao homem da mão paralisada: "Levante-se aqui para o meio". ⁴E lhes perguntou: "É permitido no sábado fazer o bem ou fazer o mal? Salvar uma vida ou matar?" Mas eles nada respondiam. ⁵Então, lançando sobre eles um olhar de indignação e tristeza, por causa da dureza do coração deles, Jesus disse ao homem: "Estenda a mão". Ele a estendeu e sua mão ficou curada. ⁶Logo que saíram daí, os fariseus começaram a consultar os herodianos sobre Jesus, para encontrarem algum modo de matá-lo. ⁷ªE Jesus se retirou com seus discípulos para a beira do mar.

***A multidão segue Jesus** (Mt 12,15b-21; Lc 6,17-19)* – ⁷ᵇE uma grande multidão vinda da Galileia o seguiu. E da Judeia, ⁸de Jerusalém, da Iduméia, da Transjordânia, dos arredores de Tiro e Sidônia, uma grande multidão foi até Jesus, ao saber de todas as coisas que ele fazia. ⁹Então Jesus pediu a seus discípulos que deixassem uma barca preparada para ele, a fim de que a multidão não o comprimisse. ¹⁰Porque Jesus tinha curado muita gente, e todos os que tinham alguma doença se jogavam sobre ele para tocá-lo. ¹¹Os espíritos impuros, quando viam Jesus, caíam a seus pés e gritavam: "Tu és o Filho de Deus!" ¹²E Jesus os repreendia severamente, para que não divulgassem quem ele era.

***Escolha dos Doze** (Mt 10,1-4; Lc 6,12-16)* – ¹³Jesus subiu ao monte e chamou a si os que quis, e esses foram para junto dele. ¹⁴E constituiu Doze, para que ficassem com ele, a fim de enviá-los a pregar, ¹⁵e para que tivessem autoridade para expulsar demônios. ¹⁶E assim constituiu os Doze: a Simão deu o nome de Pedro; ¹⁷a Tiago, filho de Zebedeu, e a seu irmão João, deu o nome de Boanerges, que significa "Filhos do Trovão"; ¹⁸André, Filipe, Bartolomeu, Mateus e Tomé; Tiago, filho de Alfeu, e Tadeu; Simão, o zelota, ¹⁹e Judas Iscariotes, aquele que o entregou.

Conflito na família – ²⁰Jesus foi para casa. E de novo a multidão se aglomerou, de modo que eles não conseguiam nem comer. ²¹Quando souberam disso, os parentes de Jesus foram detê-lo, porque diziam: "Ele ficou louco!"

***Pecado contra o Espírito Santo** (Mt 12,22-32; Lc 11,14-23; 12,10)* – ²²Os doutores da Lei, que tinham descido de Jerusalém, diziam: "Ele está possuído por Beelzebu". E ainda: "É pelo poder do chefe dos demônios que ele expulsa os demônios". ²³Então Jesus os chamou para junto de si e lhes falou em parábolas: "Como pode Satanás expulsar Satanás? ²⁴Se um reino se dividir contra si mesmo, esse reino não conseguirá manter-se. ²⁵E se uma casa se dividir contra si mesma, essa casa não poderá manter-se. ²⁶Ora, se Satanás se levantou contra si mesmo e se dividiu,

---

do sentido do sábado (cf. Dt 5,12-15) para mostrar que diante da fome tudo se torna secundário. A vida humana está acima de qualquer lei ou estrutura.

3,1-7a: Jesus mostra até onde vai sua exigência de que a lei do sábado esteja a serviço da vida. Mais ainda: ao trazer o doente para o centro e curá-lo, indica mais uma vez sua opção pelos desprezados, e a reviravolta que produz diante dos esquemas mentais e sociais que diziam como a religião e demais instituições deveriam agir. Diante disso, os grupos dominantes precisam destruir essa novidade que os ameaça em seu poder. O paralelo de Mc 3,6 menciona os fariseus e herodianos, mostrando que até grupos rivais, como estes dois, se juntam para tentar eliminar Jesus.

7b-12: Depois de rejeitar a autoridade e o saber dos fariseus e doutores da Lei, Jesus se afasta para formar uma nova comunidade, baseada no compromisso com a recuperação de tantas vidas machucadas e no enfrentamento dos poderes do mal.

13-19: Assim como Moisés, no deserto, se fez acompanhar de juízes (Ex 18,13-27), também Jesus escolhe doze entre seus discípulos. A missão deles é a de estarem comprometidos com Jesus em todos os momentos; multiplicar o anúncio que ele vem realizando, e enfrentar até a raiz dos males que impedem a vida plena das pessoas. A sequência do texto mostrará que ao ponto os Doze conseguirão, ou não, ser fiéis ao que lhes está sendo confiado.

20-21: As dificuldades de Jesus em levar adiante sua ação vêm agora de sua própria família: ela não compreende que ele tenha ido tão longe nos enfrentamentos e na radicalidade de sua proposta.

22-30: Depois de mostrar que a acusação dos escribas não tem sentido, Jesus declara o propósito mais

não consegue se manter, mas vai se acabar. ²⁷Ninguém consegue entrar na casa de um homem forte e roubar seus bens, sem antes ter amarrado o homem forte. Aí então poderá roubar a casa. ²⁸Eu garanto a vocês: Tudo será perdoado aos filhos dos homens, os pecados e as blasfêmias que tiverem dito. ²⁹No entanto, quem blasfemar contra o Espírito Santo, jamais tem perdão, mas é culpado de pecado para sempre". ³⁰Porque diziam: "Ele tem um espírito impuro".

A nova família de Jesus (Mt 12,46-50; Lc 8,19-21)

³¹Chegaram então a mãe e os irmãos de Jesus. Ficaram do lado de fora e mandaram chamá-lo. ³²Muita gente estava sentada em volta de Jesus, e lhe disseram: "Olha, tua mãe, teus irmãos e tuas irmãs te procuram lá fora". ³³Ele lhes respondeu: "Quem é minha mãe e meus irmãos?" ³⁴E olhando em volta para os que estavam sentados ao seu redor, Jesus disse: "Eis minha mãe e meus irmãos. ³⁵Pois quem fizer a vontade de Deus, esse é meu irmão, minha irmã e minha mãe".

4 Parábola do semeador (Mt 13,1-9; Lc 8,4-8)

¹Jesus começou de novo a ensinar à beira-mar. E uma grande multidão se reuniu junto a ele, tanto que ele entrou e sentou-se numa barca sobre o mar. E toda a multidão estava em terra, à beira-mar. ²Jesus lhes ensinava muitas coisas com parábolas, e lhes dizia em seu ensinamento: ³"Escutem! Eis que o semeador saiu para semear. ⁴E aconteceu que, ao semear, parte da semente caiu à beira do caminho; os pássaros vieram e a comeram. ⁵Outra parte caiu em terreno cheio de pedras, onde não havia muita terra, e logo nasceu, porque a terra não era profunda. ⁶Mas, quando o sol apareceu, logo se queimou, e como não tinha raiz, secou. ⁷Outra parte caiu entre os espinhos; os espinhos cresceram e a sufocaram, e não deu fruto. ⁸Outra parte caiu em terra boa e deu fruto, brotando e crescendo; rendeu trinta, sessenta e até cem por semente". ⁹E dizia: "Quem tem ouvidos para ouvir, ouça".

O porquê das parábolas (Mt 13,10-17; Lc 8,9-10)

¹⁰Quando Jesus ficou sozinho, os que estavam junto dele com os Doze faziam-lhe perguntas a respeito das parábolas. ¹¹Jesus lhes disse: "A vocês é dado o mistério do Reino de Deus. Aos que estão fora, porém, tudo acontece em parábolas, ¹²a fim de que, ao enxergar, enxerguem mas não vejam; ao escutar, escutem mas não entendam; para que não se convertam e não sejam perdoados".

Jesus explica a parábola do semeador (Mt 13,18-23; Lc 8,11-17)

¹³E Jesus lhes disse: "Vocês não compreendem esta parábola? Então como irão entender todas as parábolas? ¹⁴O semeador semeia a Palavra. ¹⁵Os que estão à beira do caminho são aqueles em quem a Palavra é semeada. Eles a ouvem, mas logo vem Satanás e leva embora a Palavra que foi semeada neles. ¹⁶Do mesmo modo as sementes que foram semeadas em terreno cheio de pedras: são aqueles que ouvem a Palavra e logo a recebem com alegria. ¹⁷Mas esses não têm raiz em si mesmos, são de momento. Quando surge uma tribulação ou perseguição por causa da Palavra, logo tropeçam e caem. ¹⁸Outras sementes, semeadas entre os espinhos, são os que escutaram a Palavra, ¹⁹mas as preocupações do mundo, a sedução da riqueza e as ambições de outras coisas entram neles, sufocam a Palavra e

---

profundo de sua ação: enfrentar até o fim o poder maléfico, destruidor da vida e da liberdade. Quem se coloca na contramão desse projeto, quem se opõe a que os seres humanos possam viver de maneira digna e livre, coloca-se fora e distante da graça de Deus e do perdão que ele concede.

31-35: Agora que seus familiares o estão rejeitando, Jesus declara a formação de uma nova família. Dela participam os que aceitam a vontade de Deus na própria vida e assim se identificam com Jesus.

4,1-34: As parábolas aqui reunidas servem de guia para se entender o sentido da prática de Jesus. Elas aparecem dirigidas à multidão e aos discípulos, e mostram como o anúncio do Evangelho da vida resgatada cria novos conflitos, ou revela os que já existem na sociedade, na vida cotidiana.

4,1-9: A parábola faz pensar na luta de um camponês sem-terra paciente e confiante, que não desiste mesmo diante dos mais difíceis obstáculos, e confia em poder produzir o que é necessário para sobreviver com sua gente.

10-12: Para compreender o mistério do Reino de Deus, é necessário comprometer-se com a nova comunidade formada por Jesus. Quem fica de fora não tem a possibilidade de ir a fundo no sentido da prática desenvolvida por ele.

13-23: O caminho feito pela Palavra é semelhante ao trilhado pelo camponês resistente. Para que ela produza

ela não dá fruto. ²⁰Outras sementes foram semeadas em terra boa. Estes são os que ouvem a Palavra e a acolhem, e dão fruto: um trinta, outro sessenta, outro cem".

²¹E Jesus lhes dizia: "Quem é que traz uma lâmpada para colocá-la debaixo de uma vasilha ou debaixo da cama? Por acaso não a traz para colocá-la no candeeiro? ²²Pois não existe nada de oculto que não venha a ser descoberto, e nada de secreto que não venha a ser conhecido. ²³Se alguém tem ouvidos para ouvir, ouça".

A medida e o Reino (Lc 8,18) – ²⁴E Jesus dizia: "Cuidado com o que vocês ouvem: 'A medida com a qual vocês medirem será usada para medir vocês, e ainda será aumentada. ²⁵Porque a quem tem será dado; mas, a quem não tem, será tirado até o que tem' ".

²⁶E dizia: "Assim é o Reino de Deus: como se um homem tivesse lançado a semente na terra, ²⁷dormisse e acordasse, noite e dia, e a semente germinasse e crescesse, sem que ele soubesse como. ²⁸A terra dá fruto por si mesma: primeiro o caule, depois a espiga, e por fim a espiga cheia de grãos. ²⁹E quando o fruto está no ponto, logo se passa a foice, porque a colheita chegou".

A semente de mostarda (Mt 13,31-32; Lc 13,18-19) – ³⁰E Jesus dizia: "Com que podemos comparar o Reino de Deus? Com que parábola podemos explicá-lo? ³¹É como um grão de mostarda que, quando é semeado na terra, é a menor de todas as sementes da terra. ³²Depois de semeado, porém, ele cresce e se torna a maior de todas as hortaliças. Dá grandes ramos, a tal ponto que as aves do céu se abrigam à sombra dela".

Avançar na compreensão (Mt 13,34-35) – ³³E Jesus lhes anunciava a Palavra com muitas parábolas como essas, conforme podiam entender. ³⁴Não lhes falava nada, a não ser com parábolas. Mas, em particular, explicava tudo a seus discípulos.

A tempestade acalmada (Mt 8,23-27; Lc 8,22-25) – ³⁵Nesse dia, ao cair a tarde, Jesus lhes disse: "Vamos passar para a outra margem do lago". ³⁶Deixando a multidão, eles o levaram consigo na barca, do modo como estava. E havia outras barcas com ele. ³⁷Levantou-se então uma grande tempestade de vento. As ondas se jogavam para dentro da barca, que estava a ponto de afundar. ³⁸Jesus estava na parte detrás da barca, dormindo sobre o travesseiro. Eles o acordaram e lhe disseram: "Mestre, não te importas que morramos?" ³⁹Jesus acordou, ameaçou o vento e disse ao mar: "Silêncio! Quieto!" Então o vento parou, e houve grande calmaria. ⁴⁰Jesus lhes disse: "Por que vocês são medrosos? Ainda não têm fé?" ⁴¹Eles ficaram com muito medo, e diziam uns aos outros: "Mas quem é este, a quem até o vento e o mar obedecem?"

5 *O possesso de Gerasa (Mt 8,28-34; Lc 8,26-39)* – ¹Jesus e seus discípulos chegaram ao outro lado do mar, à região dos gerasenos. ²Assim que Jesus saiu da barca, um homem vindo do cemitério e possuído por um espírito impuro foi ao encontro

---

fruto, é necessário enfrentar e superar obstáculos. Ela precisa ser acolhida em profundidade, com a consciência de que o mal quer impedi-la de frutificar. Os valores promovidos pela sociedade, especialmente a riqueza, são adversários dessa Palavra, porque ela propõe uma reviravolta nos modos comuns de se organizar a vida em coletividade. Não é possível acolher a Palavra de maneira adequada quando se mantém o apego aos valores promovidos pela sociedade. Por outro lado, não se pode ter medo de viver e proclamar a Palavra, só por conta dos obstáculos ou dos conflitos que ela produz ou revela.

24-29: Jesus instrui os discípulos a não se deixarem levar pela ideologia dominante, expressa em provérbios que justificam a dominação e a desigualdade. É fundamental resistir a essa ideologia, na confiança de que o Reino virá, e com ele o julgamento e a vitória sobre as forças do mal.

30-32: Assim como a planta da mostarda costumava brotar como praga em lugares não desejados, também o Reino aflora de maneira incômoda aos sistemas que comandam o mundo. E, mesmo contra a vontade de esquemas poderosos e mentalidades hostis, ele vai crescer e atrair a muitos.

33-34: A compreensão mais profunda dos mistérios do Reino só é possível a quem se torna discípulo de Jesus.

35-41: Para dirigir as parábolas à multidão e aos discípulos Jesus sentou-se "no mar" (v. 1), e com isso mostrou seu poder sobre ele. Agora o submete, mandando que se acalme, juntamente com o vento. De acordo com a mentalidade da época, o mar era o lugar de onde se originavam as forças caóticas e os poderes promotores do mal (cf. Dn 7; Ap 13). A fraqueza na fé se deve ao fato de os discípulos ainda estarem dominados por estas forças que Jesus vem submeter.

5,1-20: Em terra estrangeira, Jesus encontra alguém que reúne em profundidade muitos efeitos e formas da dominação: o espírito que habita essa pessoa se chama Legião, nome das temíveis tropas do exército romano. A

dele. ³Morava em meio aos túmulos, e ninguém conseguia segurá-lo, nem com correntes. ⁴Muitas vezes já o tinham prendido em correntes e algemas, mas ele arrebentava as correntes e quebrava as algemas, e ninguém conseguia dominá-lo. ⁵E estava sempre em meio aos túmulos e pelas montanhas, dia e noite gritando e machucando-se com pedras. ⁶Quando de longe viu Jesus, correu e ajoelhou-se diante dele, ⁷clamando em alta voz: "O que queres de mim, Jesus, Filho do Deus Altíssimo? Por Deus, eu te imploro que não me atormentes". ⁸Porque Jesus lhe dizia: "Espírito imundo, saia desse homem!" ⁹E Jesus lhe perguntou: "Qual é o seu nome?" Ele respondeu: "Meu nome é Legião, porque somos muitos". ¹⁰E suplicava com insistência que Jesus não os expulsasse da região.

¹¹Havia aí uma grande manada de porcos, pastando na montanha. ¹²Então os espíritos impuros suplicavam a Jesus, dizendo: "Manda-nos para os porcos, para que entremos neles". ¹³Jesus permitiu. Os espíritos impuros saíram e entraram nos porcos. E a manada, de uns dois mil, lançou-se em direção ao mar precipício abaixo, e afogou-se no mar. ¹⁴Os que cuidavam dos porcos fugiram para dar a notícia na cidade e nos campos. E as pessoas foram ver o que tinha acontecido. ¹⁵Foram até Jesus e viram o endemoninhado sentado, vestido e no seu perfeito juízo, aquele mesmo que estivera possuído pela Legião. E ficaram com medo. ¹⁶Os que tinham visto o fato lhes contaram o que tinha acontecido ao endemoninhado e aos porcos. ¹⁷Começaram então a pedir que Jesus saísse do território deles. ¹⁸Quando Jesus entrou na barca, o homem que tinha sido endemoninhado pediu que o deixasse ficar com ele. ¹⁹Jesus não deixou, e lhe disse: "Vá para sua casa, para os seus, e lhes anuncie tudo o que o Senhor fez para você, e como teve misericórdia de você". ²⁰Ele partiu e começou a anunciar na Decápole o quanto Jesus tinha feito por ele. E todos ficavam maravilhados.

Cura da mulher e ressurreição da menina
(Mt 9,18-26; Lc 8,40-56) – ²¹Jesus passou novamente de barca para o outro lado, e grande multidão se reuniu em torno dele à beira-mar. ²²Chegou então um dos chefes da sinagoga, chamado Jairo. Ao ver Jesus, caiu a seus pés, ²³suplicando sem parar: "Minha filhinha está morrendo. Vem e põe as mãos sobre ela, para que seja salva e viva". ²⁴Jesus foi com ele. E grande multidão o seguia, apertando-o de todos os lados.

²⁵Ora, havia uma mulher que sofria de hemorragia há doze anos. ²⁶Ela tinha sofrido muito nas mãos de vários médicos, tendo gasto tudo o que possuía. Mas, ao invés de melhorar, estava cada vez pior. ²⁷Tendo ouvido falar de Jesus, ela foi por trás, em meio à multidão, e tocou na veste dele. ²⁸Porque dizia: "Se eu apenas tocar nas vestes dele, ficarei curada". ²⁹Imediatamente a hemorragia parou, e ela sentiu no corpo que estava curada da doença. ³⁰Logo que Jesus percebeu a força que tinha saído dele, voltou-se no meio da multidão e disse: "Quem tocou nas minhas vestes?" ³¹Os discípulos lhe disseram: "Estás vendo a multidão que te aperta, e perguntas: 'Quem tocou em mim?'" ³²Jesus olhava em volta, para ver aquela que tinha feito isso. ³³Então a mulher, com medo e tremendo, percebendo o que lhe havia acontecido, foi e caiu aos pés de Jesus, e lhe contou toda a verdade. ³⁴Então Jesus lhe disse: "Filha, a sua fé salvou você. Vá em paz e fique curada de sua doença".

³⁵Ainda estava falando, quando chegaram alguns da casa do chefe da sinagoga, dizendo: "Sua filha morreu. Por que você ainda incomoda o Mestre?" ³⁶Mas Jesus, tendo ouvido o que falaram, disse ao chefe da sinagoga: "Não tenha medo. Apenas creia". ³⁷E não deixou ninguém acompanhá-lo, a não ser Pedro, Tiago e João, o irmão de Tiago. ³⁸Quando chegaram à

---

intervenção libertadora de Jesus envia a Legião para o fundo do mar, recordando o destino do exército egípcio que perseguia os hebreus liderados por Moisés. Mas há tantos acostumados com a dominação, que não podem suportar que alguém como Jesus permaneça entre eles. Ficará na região o testemunho vivo daquele homem restaurado em sua dignidade, e que se tornará anunciador da libertação proporcionada pela ação de Jesus.

21-43: Tanto no caso da mulher com hemorragia como no da filha do chefe da sinagoga, o encontro

casa do chefe da sinagoga, Jesus viu um alvoroço: gente chorando e se lamentando muito. ³⁹Entrando, ele lhes disse: "Por que esse alvoroço e essa choradeira? A criança não morreu. Está dormindo". ⁴⁰E caçoavam dele. Mas Jesus fez com que todos saíssem. Tomou consigo o pai da criança, a mãe e os que estavam com ele, e entrou onde se encontrava a criança. ⁴¹E, pegando a mão da criança, lhe disse: "Talítha qum", que traduzido significa: "Menina, eu lhe digo, levante-se". ⁴²Imediatamente a menina se levantou e caminhava, pois já tinha doze anos. E ficaram assombrados de grande espanto. ⁴³Então Jesus ordenou expressamente que ninguém soubesse disso. E mandou dar de comer para a menina.

6 Jesus é rejeitado em Nazaré (Mt 13,53-58; Lc 4,16-30)

¹Saindo daí, Jesus foi para sua terra, e seus discípulos o seguiram. ²Quando chegou o sábado, começou a ensinar na sinagoga. Muitos ouvintes ficavam admirados, dizendo: "De onde lhe vem tudo isso? E que sabedoria é essa que lhe foi dada? E esses milagres realizados por suas mãos? ³Este não é o carpinteiro, o filho de Maria e irmão de Tiago, Joset, Judas e Simão? E suas irmãs não vivem aqui entre nós?" E se escandalizavam por causa dele. ⁴E Jesus lhes dizia: "Um profeta só é desprezado em sua terra, entre seus parentes, e em sua casa". ⁵E não conseguia fazer aí nenhum milagre. Curou apenas alguns doentes, impondo as mãos sobre eles. ⁶ᵃE admirava-se da falta de fé que eles tinham.

Missão dos Doze (Mt 10,1.5-15; Lc 9,1-6)

–⁶ᵇJesus percorria os vilarejos vizinhos, ensinando. ⁷Então chamou os Doze e começou a enviá-los dois a dois. E deu-lhes autoridade sobre os espíritos impuros. ⁸Ordenou que não levassem nada pelo caminho, a não ser um bastão apenas; nem pão, nem sacola, nem dinheiro no cinto; ⁹que calçassem sandálias, mas não vestissem duas túnicas. ¹⁰Jesus lhes dizia: "Seja qual for a casa onde vocês entrarem, fiquem nela até partir do lugar. ¹¹E se em algum lugar não receberem nem escutarem vocês, saiam daí sacudindo o pó dos pés, como testemunho contra eles". ¹²E eles, partindo, pregavam para que mudassem de vida. ¹³Expulsavam muitos demônios, e ungiam muitos doentes com óleo, e os curavam.

Execução de João Batista (Mt 14,1-12; Lc 9, 7-9)

– ¹⁴O rei Herodes ficou sabendo dessas coisas, porque a fama de Jesus se espalhava. Diziam: "João Batista foi ressuscitado dos mortos, e por isso os poderes agem através dele". ¹⁵Mas outros diziam: "É Elias". E outros ainda: "É um profeta como os outros profetas". ¹⁶Ouvindo essas coisas, Herodes disse: "João, de quem eu mandei cortar a cabeça, ressuscitou!" ¹⁷De fato, Herodes tinha mandado prender João e acorrentá-lo na prisão por causa de Herodíades, esposa de seu irmão Filipe, com a qual Herodes se casara. ¹⁸É que João dizia a Herodes: "Não lhe é permitido ter a mulher de seu irmão". ¹⁹Então Herodíades odiava João e queria matá-lo, mas não conseguia, ²⁰porque Herodes tinha medo de João e o protegia, sabendo que ele era homem justo e santo. E quando o ouvia, Herodes ficava muito confuso e o escutava com prazer.

²¹Chegou porém um dia oportuno, quando Herodes, por ocasião de seu aniversário, ofereceu um banquete aos seus magnatas, aos oficiais e às grandes personalidades da Galileia. ²²E a filha de Herodíades entrou, dançou e agradou a Herodes e aos convidados. Então o rei disse à menina: "Peça-me o que você quiser, e eu lhe darei". ²³E jurou: "Qualquer coisa que você me pedir, eu lhe darei, ainda que seja a metade do meu reino". ²⁴Ela saiu e

---

corporal com Jesus é promotor da vida plena: a mulher toca em Jesus e é libertada da sua condição de impureza permanente; a menina é tocada por ele e tem a possibilidade de se tornar mulher. A mulher é libertada da condição de morta viva; a menina escapa de morrer antes do tempo.

6,1-6a: Os conterrâneos de Jesus não o podem acolher, pois esperam um Messias diferente, que não seja pobre, mas que apareça triunfal. Não podem compreender como alguém que não estudou, o filho de um simples carpinteiro, tenha uma sabedoria que os entendidos da religião e do poder não possuem, e mostre pelas suas ações onde se manifesta o poder de Deus.

6b-13: A missão dos Doze é continuar a obra libertadora de Jesus, difundindo-a por todos os cantos. Eles devem chegar pobres e livres, para enfrentarem os poderes causadores do mal e restaurarem as vidas tomadas pelas doenças. Mas não se trata de mero assistencialismo, e sim de promover nas pessoas a mudança radical nos modos de pensar e viver a vida.

14-29: De acordo com os profetas, a carne do povo costuma ser devorada nas refeições dos poderosos (cf.

perguntou à mãe: "O que vou pedir?" Ela respondeu: "A cabeça de João Batista". ²⁵Entrando logo, com pressa, na presença do rei, ela pediu: "Quero que me dê agora mesmo, num prato, a cabeça de João Batista". ²⁶O rei ficou muito triste, mas por causa do juramento que tinha feito e dos convidados, não quis deixar de atendê-la. ²⁷Imediatamente o rei mandou um executor, com ordens de trazer a cabeça de João. ²⁸Saindo, ele cortou-lhe a cabeça na prisão, e a levou num prato. Entregou-a para a menina, que a entregou à sua mãe. ²⁹Quando souberam disso, os discípulos de João foram, pegaram o cadáver e o colocaram num túmulo.

***Primeira partilha dos pães e peixes** (Mt 14,13-21; Lc 9,10-17; Jo 6,1-14)* – ³⁰Os apóstolos se reuniram com Jesus e lhe contaram tudo o que tinham feito e ensinado. ³¹Então Jesus lhes disse: "Venham, só vocês, a um lugar deserto, e descansem um pouco". Porque eram tantos os que iam e vinham, que não tinham tempo nem de comer. ³²E foram de barca a um lugar deserto e afastado. ³³No entanto, muitos os viram partir e, sabendo disso, foram até lá a pé, vindos de todas as cidades, e chegaram antes deles. ³⁴Quando Jesus desceu da barca, viu uma grande multidão e se encheu de compaixão, porque eram como ovelhas sem pastor. E começou a ensinar-lhes muitas coisas. ³⁵Como já estivesse ficando tarde, os discípulos se aproximaram de Jesus e lhe disseram: "O lugar é deserto e a hora já está muito avançada. ³⁶Despede-os, para que possam ir aos campos e vilarejos vizinhos, e comprem para si o que comer". ³⁷Jesus lhes respondeu: "Vocês é que devem dar-lhes de comer". Eles lhe disseram: "Devemos ir comprar pão para dar-lhes de comer com o dinheiro de duzentos dias de trabalho?" ³⁸Jesus perguntou: "Quantos pães vocês têm? Vão ver". Eles se informaram e disseram: "Cinco, e dois peixes". ³⁹Então Jesus lhes ordenou que fizessem todos se acomodarem, sentados em grupos, sobre a grama verde. ⁴⁰E sentaram-se, em grupos de cem e de cinquenta. ⁴¹Tomando os cinco pães e os dois peixes, Jesus elevou os olhos para o céu, abençoou, partiu os pães e entregou a seus discípulos, para que servissem a eles. E repartiu entre todos também os dois peixes. ⁴²Todos comeram e ficaram satisfeitos. ⁴³E encheram doze cestos com as sobras dos pães e dos peixes. ⁴⁴Ora, os que comeram dos pães eram cinco mil homens.

***Jesus caminha sobre o mar** (Mt 14,22-33; Jo 6,15-21)* – ⁴⁵Logo em seguida, Jesus obrigou os discípulos a entrar na barca e seguir adiante dele para a outra margem, a Betsaida, até que ele despedisse a multidão. ⁴⁶Depois de despedi-los, foi à montanha para rezar. ⁴⁷Estava escurecendo, a barca estava no meio do mar, e Jesus sozinho em terra. ⁴⁸Os discípulos estavam cansados de remar, porque o vento era contrário. Vendo isso, Jesus foi de madrugada até eles, caminhando sobre o mar, e queria ultrapassá-los. ⁴⁹Vendo-o caminhar sobre o mar, imaginaram que fosse um fantasma, e gritaram, ⁵⁰pois todos o viram e ficaram espantados. Jesus, porém, logo falou com eles, dizendo: "Coragem! Sou eu. Não tenham medo!" ⁵¹E subiu para junto deles, na barca, e o vento se acalmou. Mas eles estavam muito assustados. ⁵²É que não tinham entendido nada a respeito dos pães, porque o coração deles estava endurecido.

***Curas em Genesaré** (Mt 14,34-36)* – ⁵³Quando terminaram a travessia, chegaram a Genesaré e atracaram. ⁵⁴Assim que desceram

---

Mq 3,3). Aqui é um profeta que é eliminado em meio a um banquete em que uma jovem e sua mãe (ao contrário de Ester) estão a serviço da morte. A cabeça de João é oferecida, num prato, para a compor a mesa de Herodes e seus convidados, os grandes da Galileia. A eliminação de João é motivada pelos questionamentos trazidos por sua palavra e ação, e antecipa o destino de Jesus.

30-44: A companhia de Herodes em sua refeição são os poderosos; a companhia de Jesus, ao contrário, são os pobres e famintos. A responsabilidade pelas pessoas não pode ser transferida, nem se pode confiar na lógica da compra e venda; os discípulos precisam agir para que todos tenham o necessário. Na medida em que a partilha dá o tom, chega a sobrar, e isso é sinal para todo o povo (doze cestos): "o pouco com Deus é muito", diz a sabedoria do povo. O pão distribuído a todos é a marca da ação de Jesus, o símbolo maior de sua missão com a gente marginalizada. A partir daqui o sentido da Eucaristia será compreendido de maneira mais profunda.

45-52: Se não se entende o sentido do acontecimento dos pães, não se compreenderá a Jesus, no qual age o Deus do êxodo ("Eu sou", cf. Ex 3,14).

53-56: Jesus continua sua ação libertadora, comprometido com os corpos e com a vida, porque o povo sabe que pode confiar nele, e não deixa de procurá-lo.

da barca, as pessoas logo o reconheceram. ⁵⁵Percorreram toda a região, e começaram a transportar os doentes em suas macas, em todo lugar onde descobrissem que Jesus estava. ⁵⁶Em qualquer lugar onde Jesus entrava, nos vilarejos, nas cidades ou nos campos, colocavam os doentes nas praças. E pediam que Jesus os deixasse tocar pelo menos na barra do seu manto. E todos os que nele tocavam eram salvos.

7 Tradições humanas e lei da pureza (Mt 15,1-20)

– ¹Os fariseus e alguns doutores da Lei, vindos de Jerusalém, se reuniram em volta de Jesus. ²E viram que alguns discípulos de Jesus comiam os pães com mãos impuras, isto é, sem lavá-las. ³Os fariseus e todos os judeus, de fato, conservando a tradição dos anciãos, não comem sem lavar o braço até o cotovelo. ⁴E quando voltam da praça pública, não comem sem antes se lavar. E muitas outras coisas que receberam para observar, como a lavagem de copos, jarros e vasos de metal... ⁵Os fariseus e os doutores da Lei perguntaram a Jesus: "Por que os teus discípulos não se comportam conforme a tradição dos anciãos, mas comem pão com mãos impuras?" ⁶Jesus respondeu: "Isaías bem profetizou a respeito de vocês, hipócritas, como está escrito: 'Este povo me honra com os lábios, mas o seu coração está longe de mim. ⁷Eles me prestam culto inutilmente, ensinando doutrinas que são apenas mandamentos humanos'. ⁸Abandonando o mandamento de Deus, vocês se apegam à tradição dos homens". ⁹E lhes dizia: "Vocês sabem muito bem desprezar o mandamento de Deus para praticar a tradição de vocês. ¹⁰De fato, Moisés disse: 'Honre seu pai e sua mãe'. E também: 'Aquele que amaldiçoar pai ou mãe deve morrer'. ¹¹Mas vocês dizem: 'Se alguém disser a seu pai ou a sua mãe: os bens que eu devia dar para você é *corbã*' – isto é, oferenda sagrada –, ¹²vocês não deixam essa pessoa fazer nada pelo pai ou pela mãe. ¹³Assim, para transmitir sua própria tradição, vocês invalidam a Palavra de Deus. E fazem muitas coisas como essas".

¹⁴Chamando de novo para junto de si a multidão, Jesus lhes dizia: "Ouçam-me todos, e entendam. ¹⁵Não existe nada fora da pessoa que, ao entrar nela, possa torná-la impura. Mas o que sai da pessoa, isso é que a torna impura. ¹⁶Se alguém tem ouvidos para ouvir, ouça". ¹⁷Quando deixaram a multidão e entraram em casa, seus discípulos o interrogaram sobre a parábola. ¹⁸Ele lhes disse: "Então nem vocês entendem? Não compreendem que tudo o que vem de fora e entra na pessoa, não pode torná-la impura, ¹⁹porque nada disso entra no coração, mas no estômago, e vai para a fossa?" Assim ele declarava puros todos os alimentos. ²⁰E dizia: "O que sai da pessoa, isso é que a torna impura. ²¹Porque é de dentro, do coração das pessoas, que saem as más intenções, prostituições, roubos, assassinatos, ²²adultérios, cobiça, maldades, malícia, devassidão, inveja, blasfêmia, arrogância, insensatez. ²³Todas essas coisas más saem de dentro da pessoa e a tornam impura".

A filha da mulher siro-fenícia (Mt 15,21-28)

– ²⁴E, levantando-se daí, Jesus foi para o território de Tiro. Entrou numa casa e não queria que ninguém soubesse, mas não conseguiu ficar despercebido. ²⁵Uma mulher tinha uma filha possuída por um espírito impuro. Logo que ouviu falar de Jesus, veio e atirou-se a seus pés. ²⁶A mulher era grega, nascida na Fenícia da Síria. Ela pedia que Jesus expulsasse de sua filha o demônio. ²⁷Jesus dizia: "Deixe que primeiro os filhos fiquem saciados. Porque não fica bem tirar o pão dos filhos e jogá-lo aos cachorrinhos". ²⁸Ela lhe respondeu: "Senhor, também os cachorrinhos,

---

7,1-23: Jesus diferencia entre a Palavra de Deus e o que são tradições humanas, e denuncia que muitas delas se fazem passar por determinações divinas. Assim, um voto pelo qual as pessoas consagravam seus bens a Deus, entregando-os ao Templo, acabava justificando a falta de solidariedade, exigida pelo Decálogo em favor do pai e da mãe. Jesus denuncia tanto a hipocrisia desse gesto como os interesses por debaixo dele, pois desse modo os sacerdotes acabavam por se enriquecer. Em nome de preservar as tradições, o que essa prática superficial e injusta fazia era criar novas formas de exploração da fé do povo. Em lugar dela, Jesus manda prestar atenção ao coração, de onde surgem as motivações que darão base a uma nova convivência entre as pessoas. É isso que os discípulos deverão entender, se quiserem ser guias de um povo que há de se formar a partir da justiça ensinada e realizada por Jesus de Nazaré. Nada deve impedir a nova convivência entre as pessoas, cuja melhor expressão é a mesa compartilhada (vv. 1-2).

24-30: O mundo em que Jesus atua é marcado por vários tipos de barreiras e preconceitos, de ordem étnica, cultural, econômica, política. Ele é então desafiado

debaixo da mesa, comem as migalhas das crianças". ²⁹Jesus lhe disse: "Por causa do que você falou, vá: o demônio saiu de sua filha". ³⁰E quando ela voltou para casa, encontrou a criança deitada na cama. E o demônio tinha ido embora.

Cura do surdo-gago – ³¹Saindo de novo do território de Tiro, Jesus seguiu em direção ao mar da Galileia, passando por Sidônia e atravessando a região da Decápole. ³²Levaram a Jesus um surdo que falava com dificuldade. E pediram que impusesse a mão sobre ele. ³³Jesus o levou para longe da multidão. Quando estavam sozinhos, colocou os dedos nos ouvidos dele. Depois cuspiu, e com saliva tocou na língua dele. ³⁴E levantando os olhos para o céu, gemeu e lhe disse: "*Efatá!*", que quer dizer: "Abra-se!" ³⁵No mesmo instante seus ouvidos foram abertos, e sua língua foi solta, e ele falava perfeitamente. ³⁶Jesus lhes proibiu de contar o que tinha acontecido. Mas, quanto mais proibia, mais eles contavam. ³⁷Estavam muito maravilhados, e diziam: "Ele fez bem todas as coisas: faz os surdos ouvir e os mudos falar".

8 *Segunda partilha dos pães e peixes (Mt 15,32-39)* – ¹Nesses dias, reuniu-se de novo grande multidão. Como não tinham o que comer, Jesus chamou os discípulos e lhes disse: ²"Tenho compaixão da multidão, porque já faz três dias que estão comigo e não têm o que comer. ³Se eu os mandar para casa com fome, vão desmaiar no caminho, porque alguns deles vieram de longe". ⁴Seus discípulos lhe responderam: "Onde alguém poderia encontrar pães para satisfazer tanta gente, aqui no deserto?" ⁵Jesus perguntou: "Quantos pães vocês têm?" Eles responderam: "Sete". ⁶Então Jesus mandou a multidão sentar-se no chão. E, tomando os sete pães, tendo dado graças, partiu e entregou a seus discípulos, para que servissem. E eles serviram à multidão. ⁷Tinham também alguns peixinhos. Depois de abençoá-los, Jesus mandou que também os servissem. ⁸Eles comeram e ficaram satisfeitos, e recolheram sete cestos com os pedaços que sobraram. ⁹Eram cerca de quatro mil pessoas. Jesus então as despediu. ¹⁰Logo em seguida, entrando na barca com seus discípulos, foi para a região de Dalmanuta.

***Os fariseus pedem um sinal** (Mt 16,1-4)* – ¹¹Os fariseus saíram e começaram a discutir com Jesus. E, para prová-lo, pediam-lhe um sinal vindo do céu. ¹²Suspirando profundamente em seu espírito, ele disse: "Por que esta geração procura um sinal? Eu garanto a vocês: Nenhum sinal será dado a esta geração". ¹³E, deixando-os, Jesus embarcou de novo e foi para a outra margem.

***O fermento dos fariseus e de Herodes** (Mt 16,5-12)* – ¹⁴Os discípulos se esqueceram de levar pães. Tinham na barca apenas um pão. ¹⁵Então Jesus lhes recomendou: "Atenção! Cuidado com o fermento dos fariseus e com o fermento de Herodes". ¹⁶Eles discutiam entre si: "É porque não temos pães". ¹⁷Percebendo isso, Jesus lhes disse: "Por que vocês discutem por não terem pães? Ainda não entendem nem compreendem? Vocês têm o coração endurecido? ¹⁸Vocês têm olhos e não enxergam, têm ouvidos e não escutam? Não se lembram ¹⁹de quando parti os cinco pães entre os cinco mil? Quantos cestos cheios de pedaços vocês recolheram?" Responderam-lhe: "Doze". ²⁰E quando parti os sete para quatro mil? Quantos cestos cheios de pedaços vocês recolheram?" Disseram.

---

pelas palavras insistentes da mulher: a libertação por ele proporcionada não pode ser privilégio de nenhum povo, nem exclusividade de pessoa alguma. A mulher defende os direitos que seu povo tem de ser alcançado pela ação libertadora de Jesus. Nenhum preconceito justifica a criação de barreiras que impeçam o pleno encontro com Deus por meio de Jesus.

31-37: Jesus continua em território estrangeiro. E alguém dessa região é libertado das amarras que lhe impedem ouvir e falar. Curioso é que mais adiante Jesus denuncia a cegueira e a surdez dos discípulos (8,17s). Isso indica que o objetivo das curas de Jesus é bem mais amplo: formar homens e mulheres renovados, que possam viver plenamente, na liberdade e responsabilidade.

8,1-10: A ação de Jesus brota da compaixão que ele tem diante das necessidades concretas sofridas pela gente que o acompanha e vem de longe. A fome de tantos deve sensibilizar os discípulos, se eles querem efetivamente ser seguidores de Jesus.

11-13: Para os fariseus, de nada valiam os tantos gestos surgidos ao longo da atividade de Jesus: a fome saciada, as vidas recuperadas e promovidas. Mas Jesus não tem outra coisa a mostrar: qualquer sinal que viesse a realizar, distinto de tudo o que ele vinha fazendo, trairia sua missão libertadora e confundiria o entendimento a respeito de sua pessoa e ação.

14-21: Os discípulos estão preocupados com os pães que não trouxeram, enquanto Jesus está tratando de

"Sete". ²¹E Jesus lhes disse: "E vocês ainda não compreendem?"

Cura do cego em Betsaida – ²²E chegaram a Betsaida. Levaram a Jesus um cego e pediram-lhe que tocasse nele. ²³Tomando o cego pela mão, Jesus o levou para fora do vilarejo. Cuspindo nos olhos dele e impondo sobre ele as mãos, perguntou: "Está vendo alguma coisa?" ²⁴E ele, erguendo os olhos, disse: "Vejo as pessoas como árvores andando". ²⁵Então Jesus pôs novamente as mãos sobre os olhos dele. Ele enxergou perfeitamente e ficou curado, e podia ver tudo com clareza e de longe. ²⁶E Jesus o mandou para casa, dizendo: "Não entre no vilarejo".

PARTE II: COMO SEGUIR JESUS?

Pedro professa a fé (Mt 16,13-23; Lc 9,18-22) – ²⁷Jesus partiu com seus discípulos para os vilarejos de Cesareia de Filipe. No caminho, questionava seus discípulos, dizendo: "Quem as pessoas dizem que eu sou?" ²⁸Eles lhe responderam: "João Batista. Outros, Elias. Outros ainda, um dos profetas". ²⁹E Jesus lhes perguntava: "E vocês, quem vocês dizem que eu sou?" Pedro respondeu: "Tu és o Messias". ³⁰Então Jesus os repreendeu, para que não falassem com ninguém a respeito dele. ³¹E começou a ensinar-lhes: "O Filho do Homem deve sofrer muito, ser rejeitado pelos anciãos, pelos chefes dos sacerdotes e pelos doutores da Lei, deve ser morto e, depois de três dias, ressuscitar". ³²Dizia isso abertamente. Então Pedro, levando Jesus à parte, começou a repreendê-lo. ³³Mas Jesus, virando-se e olhando para seus discípulos, repreendeu Pedro, dizendo: "Vá para trás de mim, Satanás! Porque você não pensa nas coisas de Deus, e sim nas coisas dos homens".

Primeiro anúncio da Paixão (Mt 16,24-28; Lc 9,23-27) – ³⁴E chamando a multidão com seus discípulos, Jesus lhes disse: "Se alguém quiser seguir após mim, negue-se a si mesmo, carregue sua cruz e me siga. ³⁵Pois quem quiser salvar a própria vida, a perderá. Mas quem perder a própria vida por causa de mim e do evangelho, a salvará. ³⁶De fato, o que adianta uma pessoa ganhar o mundo inteiro e ter a própria vida destruída? ³⁷Pois o que uma pessoa daria em troca da própria vida? ³⁸Se alguém se envergonhar de mim e de minhas palavras, no meio desta geração adúltera e pecadora, também o Filho do Homem se envergonhará dele, quando vier na glória de seu Pai, com os santos anjos".

9 ¹E lhes dizia: "Eu lhes garanto: Dos que estão aqui presentes, alguns não provarão a morte antes de verem o Reino de Deus chegando com poder".

A transfiguração (Mt 17,1-13; Lc 9,28-36) – ²Seis dias depois, Jesus tomou consigo Pedro, Tiago e João, e os levou sozinhos para um lugar retirado, sobre uma alta montanha. E aí foi transfigurado diante deles. ³Suas roupas ficaram brilhantes, extremamente brancas, de uma brancura tal que nenhum lavadeiro sobre a terra as poderia alvejar. ⁴E lhes apareceram Elias com Moisés, que conversavam com Jesus. ⁵Então Pedro, tomando a palavra, disse a Jesus: "Mestre, é bom estarmos

---

ampliar a compreensão e o discernimento sobre aqueles grupos que se opõem ao projeto que ele está desenvolvendo com sua ação: os fariseus e os herodianos (cf. 3,6). É fundamental não se fixar na superfície do gesto realizado por Jesus, mas avançar, a fim de captar sua dimensão mais profunda e seu objetivo mais importante. Sobre o fermento, cf. nota a Mt 13,33.

22-26: Diante dos discípulos chamados de cegos (8,18), Jesus cura um cego, em duas etapas. Não basta o ver físico; é preciso compreender o mundo em que a vida acontece e principalmente entender o sentido profundo da trajetória de Jesus. Percebe-se que os discípulos estão cegos pelas cenas que vêm a seguir, quando Jesus lhes revela o caminho que ele mesmo deve trilhar, e que eles não aceitam (8,27-10,45). Ao final, mais um cego será curado (10,46-52).

27-33: Jesus inicia o caminho que o levará a Jerusalém. Num diálogo, Pedro afirma que Jesus é o Messias. Mas logo se vê que Pedro não compreende a radicalidade da opção messiânica de Jesus: enfrentar os conflitos que sua prática vem suscitando, com as autoridades políticas e religiosas, até o fim, no alto da cruz. O Messias que Pedro e seus companheiros têm na cabeça é glorioso, triunfante, e age como os poderosos deste mundo. Aparece então o desacordo profundo entre o caminho que Jesus sabe que tem de trilhar e os anseios de seus discípulos mais próximos.

8,34-9,1: O projeto messiânico de Jesus implica o conflito com os poderes estabelecidos, religiosos e políticos, que causam e sustentam a dominação e a injustiça. Quem quiser seguir a Jesus precisará identificar-se com esse projeto, sabendo que poderá enfrentar o desafio de entregar a própria vida.

9,2-13: Jesus tem suas vestes mudadas, e agora elas se parecem com as dos mártires (cf. Ap 3,5.18; 7,9.13). Ele está acompanhado de Moisés e Elias, que confir-

aqui! Vamos fazer três tendas: uma para ti, uma para Moisés e uma para Elias". ⁶Ele não sabia o que dizer, porque estavam com muito medo. ⁷E apareceu então uma nuvem, cobrindo-os com sua sombra. E da nuvem surgiu uma voz: "Este é meu Filho amado. Ouçam-no". ⁸E de repente, olhando ao redor, não viram mais ninguém, a não ser Jesus sozinho com eles.

⁹Quando desciam da montanha, Jesus ordenou que eles não contassem a ninguém o que tinham visto, até que o Filho do Homem tivesse ressuscitado dos mortos. ¹⁰Eles guardaram o acontecido para si, perguntando-se o que significaria "ressuscitar dos mortos". ¹¹E perguntaram a Jesus: "Por que os doutores da Lei dizem que Elias deve vir primeiro?" ¹²Ele respondeu: "É certo que Elias vem primeiro para restaurar todas as coisas. Mas então, por que está escrito a respeito do Filho do Homem, que ele deve sofrer muito e ser rejeitado? ¹³Eu, porém, lhes digo: Elias já veio, e fizeram com ele tudo quanto quiseram, como está escrito a respeito dele".

***Cura do epilético** (Mt 17,14-20; Lc 9,37-43a)* – ¹⁴Quando voltaram para junto dos discípulos, viram em volta deles grande multidão, e doutores da Lei discutindo com eles. ¹⁵Assim que toda a multidão viu Jesus, ficaram admirados e correram para saudá-lo. ¹⁶Ele lhes perguntou: "Sobre o que vocês estão discutindo com eles?" ¹⁷Alguém da multidão lhe respondeu: "Mestre, eu trouxe a ti o meu filho, que tem um espírito mudo. ¹⁸Sempre que se apodera dele, atira-o no chão. Ele espuma, range os dentes e fica todo rígido. Pedi aos teus discípulos que o expulsassem, mas eles não conseguiram". ¹⁹Jesus lhes respondeu: "Oh, geração incrédula! Até quando estarei com vocês? Até quando hei de suportar vocês? Tragam o menino para mim". ²⁰E o levaram até ele. Assim que viu Jesus, o espírito sacudiu com violência o menino, que caiu no chão e rolava espumando. ²¹Jesus perguntou ao pai: "Quanto tempo faz que isso acontece com ele?" Ele respondeu: "Desde criança. ²²E muitas vezes o atirou no fogo e na água para o matar. Mas tu, se podes fazer alguma coisa, ajuda-nos e tem compaixão de nós". ²³Jesus lhe disse: "Como assim, 'se podes'? Tudo é possível para quem crê". ²⁴Imediatamente o pai do menino gritou: "Eu creio! Ajuda a minha falta de fé". ²⁵Vendo que a multidão acorria, Jesus repreendeu o espírito impuro: "Espírito surdo e mudo, eu lhe ordeno: saia dele e nunca mais entre nele!" ²⁶E, gritando e agitando-o com violência, saiu. O menino ficou como se estivesse morto, de modo que muitos diziam que ele tinha morrido. ²⁷Jesus porém, tomando-o pela mão, o levantou, e ele ficou de pé. ²⁸Quando Jesus entrou em casa, seus discípulos lhe perguntaram a sós: "Por que nós não fomos capazes de expulsá-lo?" ²⁹Jesus lhes respondeu: "Essa espécie não pode sair de jeito nenhum, a não ser pela oração".

***Segundo anúncio da Paixão** (Mt 17,22-23; 18,1-5; Lc 9,43b-48)* – ³⁰Partindo daí, caminhavam através da Galileia, mas Jesus não queria que alguém ficasse sabendo. ³¹É que ele ensinava os discípulos, e lhes dizia: "O Filho do Homem será entregue nas mãos dos homens, e eles o matarão. E, morto, ressuscitará depois de três dias". ³²Mas eles não entendiam o que isso queria dizer, e tinham medo de lhe perguntar.

³³E chegaram a Cafarnaum. Quando estavam em casa, Jesus lhes perguntou: "O que é que vocês discutiam no caminho?" ³⁴Mas eles ficaram calados, porque no caminho tinham discutido entre si sobre quem era o maior. ³⁵Tendo sentado, Jesus chamou os Doze e lhes disse: "Se alguém

---

mam com suas histórias o caminho de Jesus na direção do conflito final e da cruz. Pedro, porém, toma a cena como se fosse de triunfo, e com sua proposta espera desviar Jesus do trajeto já indicado. Mais uma vez, a voz celeste confirma: quem precisa ser escutado é o Filho, na sua determinação de confrontar os poderosos e apontar o caminho a ser trilhado por quem queira ser discípulo dele.

14-29: Cf. nota a Mt 17,14-20. É fundamental estar em sintonia com Deus na oração. Mas aqui o ambiente é

de desentendimento entre Jesus e os discípulos; estes "não pensam nas coisas de Deus, e sim nas coisas dos homens" (cf. 8,33). Estão mais preocupados com o alcance do seu próprio poder, e menos com a adesão a Deus por meio de Jesus, que caminha para o confronto e a cruz.

30-37: Enquanto Jesus, uma vez mais, fala dos conflitos e da cruz que o aguardam, os discípulos discutem entre si sobre quem seria o maior; estão ligados aos esquemas sociais que criam hierarquias entre as pessoas. Fica claro como estão longe do projeto de Jesus

quiser ser o primeiro, seja o último de todos e o servidor de todos". ³⁶Tomando uma criança, colocou-a no meio deles. E, pegando-a nos braços, disse a eles: ³⁷"Quem acolhe uma destas crianças por causa do meu nome, é a mim que está acolhendo. E quem me acolhe, não é a mim que está acolhendo, mas àquele que me enviou".

Quem está do lado de Jesus? (Lc 9,49-50)
³⁸João disse a Jesus: "Mestre, vimos alguém expulsando demônios em teu nome e lhe proibimos, porque não nos segue". ³⁹Jesus porém disse: "Não lhe proíbam. Pois não há ninguém que faça um milagre em meu nome e logo em seguida possa falar mal de mim. ⁴⁰De fato, quem não está contra nós, está a nosso favor. ⁴¹E quem dá a vocês um copo de água em meu nome, por vocês serem de Cristo, eu lhes garanto: não perderá sua recompensa".

O escândalo e o sal (Mt 18,6-9; Lc 17,1-2) –
⁴²"E se alguém escandalizar um destes pequenos que creem, seria melhor que lhe amarrassem no pescoço uma pedra de moinho e o atirassem ao mar. ⁴³Se a sua mão é motivo de escândalo para você, corte-a. É melhor entrar na vida mutilado do que, tendo as duas mãos, você ir para o inferno, para o fogo que nunca se apaga. [44] ⁴⁵Se o seu pé é para você motivo de escândalo, corte-o. É melhor você entrar coxo na vida do que, tendo os dois pés, ser atirado no inferno, [46] ⁴⁷Se o seu olho é motivo de escândalo para você, arranque-o. É melhor você entrar no Reino de Deus com um só olho do que, tendo os dois olhos, ser atirado no inferno, ⁴⁸onde o verme deles não morre e o fogo não se apaga. ⁴⁹Porque todos serão salgados com fogo. ⁵⁰O sal é bom. Mas se o sal perde o sabor, como fazê-lo readquirir esse sabor? Tenham sal em vocês mesmos, e vivam em paz uns com os outros".

10
O divórcio (Mt 19,1-12) –
¹Partindo daí, Jesus foi para o território da Judeia e para o outro lado do Jordão. E de novo as multidões se reuniram em torno dele, e ele as ensinava, como de costume. ²Alguns fariseus se aproximaram dele e perguntaram, para pô-lo à prova: "É permitido ao marido divorciar-se de sua mulher?" ³Ele respondeu: "O que Moisés lhes ordenou?" ⁴Responderam: "Moisés permitiu escrever a carta de divórcio e mandá-la embora". ⁵Jesus lhes disse: "Ele escreveu esse mandamento por causa da dureza do coração de vocês. ⁶Mas, desde o princípio da criação, Deus os fez homem e mulher. ⁷Por isso o homem deixará seu pai e sua mãe, ⁸e os dois serão uma só carne. E assim já não serão dois, mas uma só carne. ⁹Portanto, o que Deus uniu, o homem não separe". ¹⁰Em casa, os discípulos fizeram de novo perguntas sobre isso. ¹¹Jesus lhes disse: "Quem se divorcia de sua esposa e se casa com outra, comete adultério contra a primeira. ¹²E se ela se divorcia do seu marido e se casa com outro, comete adultério".

O Reino e as crianças (Mt 19,13-15; Lc 18,15-17) –
¹³Levavam crianças a Jesus, para que ele tocasse nelas. Os discípulos, porém, repreendiam essas pessoas. ¹⁴Vendo isso, Jesus ficou indignado e lhes disse: "Deixem as crianças vir a mim. Não as impeçam, porque o Reino de Deus pertence aos que são semelhantes a elas. ¹⁵Eu lhes garanto: Quem não receber o Reino de Deus como uma criança, não entrará nele". ¹⁶E, abraçando-as, ele as abençoava, impondo as mãos sobre elas.

O homem rico (Mt 19,16-30; Lc 18,18-30) –
¹⁷Quando Jesus estava saindo para seguir

---

e incapazes de dar continuidade a esse projeto, que se baseia no serviço e não em pretensões de grandeza, prestígio ou domínio.

38-41: João fala em nome dos outros discípulos e censura aquele que age em nome de Jesus e espalha o bem e a vida. Jesus, ao contrário, não aceita que alguém monopolize a pessoa e a missão dele: está do seu lado e é seu parceiro quem se compromete com os ideais e propostas do seu projeto.

42-50: Assim como o bem pode vir de fora das fronteiras da comunidade (conforme o texto anterior), também do interior dela podem vir males, escândalos e traições. O importante é prestar atenção aos pequenos e orientar as ações a partir do que a comunidade necessita. Os vv. 44 e 46 são repetição do v. 48 e não se encontram nos melhores manuscritos antigos.

10,1-12: Indo contra os direitos exclusivistas que a sociedade da época dava aos homens em relação a suas mulheres, Jesus recupera das Escrituras (cf. Gn 2,24) e afirma a radical igualdade de ambos nos direitos e deveres, e principalmente nos esforços de ambos para criar uma comunidade de vida e amor na família.

13-16: Não é só por ser inocente que a criança aparece como exemplo. E principalmente porque, na época de Jesus, ela não era valorizada e ainda sofria muitas violências, juntando-se então aos numerosos discriminados que no Evangelho aparecem acolhidos.

17-31: Não bastam piedade e observâncias religiosas para ingressar na vida; é essencial que a prática da justiça e da partilha seja a norma. O episódio mostra

caminho, alguém correu, ajoelhou-se diante dele e perguntou: "Bom mestre, o que devo fazer para ter em herança a vida eterna?" ¹⁸Jesus lhe respondeu: "Por que você me chama de bom? Ninguém é bom, a não ser só um: Deus. ¹⁹Você conhece os mandamentos: Não mate, não cometa adultério, não roube, não levante falso testemunho, não engane ninguém, honre seu pai e sua mãe". ²⁰Ele então lhe disse: "Mestre, eu tenho observado todas essas coisas desde a minha juventude". ²¹E Jesus, olhando para ele, o amou e lhe disse: "Só uma coisa lhe falta: Vá, venda tudo o que você tem e dê aos pobres, e você terá um tesouro no céu. Depois, venha e me siga". ²²Mas ele, espantado com essas palavras, foi embora triste, porque tinha muitos bens.

²³Olhando ao redor, Jesus disse a seus discípulos: "Como é difícil os que têm riquezas entrarem no Reino de Deus". ²⁴Os discípulos ficaram admirados com essas palavras dele. Mas Jesus continuou a dizer: "Filhos, como é difícil entrar no Reino de Deus! ²⁵É mais fácil um camelo passar pelo vão de uma agulha, do que um rico entrar no Reino de Deus". ²⁶Eles ficaram mais admirados ainda, e diziam entre si: "E quem conseguirá salvar-se?" ²⁷Olhando para eles, Jesus disse: "Para os homens é impossível, mas não para Deus, porque para Deus tudo é possível".

²⁸Pedro começou a dizer-lhe: "Eis que nós deixamos tudo e te seguimos". ²⁹Jesus respondeu: "Eu lhes garanto: Não há ninguém que tenha deixado casa, irmãos, irmãs, mãe, pai, filhos e campos por causa de mim e do evangelho, ³⁰que não receba agora, no tempo presente, cem vezes mais em casas, irmãos, irmãs, mãe, filhos e campos, com perseguições, e no mundo futuro a vida eterna. ³¹Muitos dos primeiros serão os últimos, e os últimos serão os primeiros".

Terceiro anúncio da Paixão e ambição dos filhos de Zebedeu (Mt 20,17-28; Lc 18,31-34) – ³²Estavam no caminho, subindo para Jerusalém. Jesus ia à frente deles. Estavam assustados, e o seguiam com medo. E, tomando de novo os Doze à parte, começou a contar-lhes as coisas que estavam para acontecer com ele: ³³"Eis que estamos subindo para Jerusalém. O Filho do Homem vai ser entregue aos chefes dos sacerdotes e aos doutores da Lei. Eles vão condená-lo à morte e entregá-lo aos gentios, ³⁴vão zombar dele e cuspir nele, vão açoitá-lo e matá-lo. E, três dias depois, ele vai ressuscitar".

³⁵Tiago e João, filhos de Zebedeu, aproximaram-se de Jesus e lhe disseram: "Mestre, queremos que nos faças o que vamos te pedir". ³⁶Ele perguntou. "O que vocês querem que eu lhes faça?" ³⁷Eles responderam: "Permite que nos sentemos um à tua direita e outro à tua esquerda, na tua glória". ³⁸Jesus lhes disse: "Vocês não sabem o que estão pedindo. Vocês conseguem beber o cálice que eu vou beber, e ser batizados com o batismo do qual eu vou ser batizado?" ³⁹Eles lhe responderam: "Conseguimos". Então Jesus lhes disse: "Vocês beberão o cálice que eu vou beber, e receberão o batismo com o qual eu serei batizado. ⁴⁰Mas sentar-se à minha direita e à minha esquerda, não cabe a mim concedê-lo, porque é para aqueles a quem está reservado".

⁴¹Ouvindo isso, os dez começaram a ficar zangados com Tiago e João. ⁴²Então, chamando-os para junto de si, Jesus lhes disse: "Vocês sabem que aqueles que são vistos como governantes das nações as dominam, e seus grandes as tiranizam. ⁴³Mas entre vocês não deve ser assim. Ao contrário, quem de vocês quiser ser grande, seja o servidor de vocês. ⁴⁴E quem de vocês quiser ser o primeiro, seja o servo

---

como efetivamente a sedução das riquezas é obstáculo praticamente intransponível no caminho para se tornar discípulo de Jesus (cf. 4,18s). Os próprios discípulos não compreendem isso, porque ainda estão com suas consciências marcadas pela mentalidade dominante. Jesus porém não cede, e alerta: quem assumir o caminho apontado por ele precisa saber que perseguições o aguardam. E deve sinalizar com seu testemunho que outra sociedade, com novas relações, é possível.

32-45: Pela terceira vez Jesus comunica aos discípulos o confronto que deverá travar com os poderosos de Jerusalém. Mas o pedido de Tiago e João, e depois a reação dos outros dez, mostram claramente que eles estão longe de aderir a Jesus e a seu projeto: a preocupação deles é com o poder e os privilégios que Jesus lhes poderia conferir. Esta é a oportunidade para Jesus esclarecer o sentido de sua presença no meio da humanidade (v. 45), e para deixar claro que a comunidade que ele veio formar não pode reproduzir os esquemas de violência e opressão utilizados pelos dominadores. Sua marca tem de ser o serviço desinteressado aos outros.

de todos. ⁴⁵Porque o Filho do Homem não veio para ser servido, mas para servir e dar a própria vida como resgate por muitos".

Cura do cego de Jericó (Mt 20,29-34; Lc 18,35-43) –
⁴⁶E chegaram a Jericó. Quando Jesus saía de Jericó com seus discípulos e considerável multidão, Bartimeu, filho de Timeu, um mendigo cego, estava sentado à beira do caminho. ⁴⁷Ao ouvir que era Jesus de Nazaré, começou a gritar: "Jesus, Filho de Davi, tem piedade de mim!" ⁴⁸E muitos o repreendiam para que se calasse. Mas ele gritava ainda mais forte: "Filho de Davi, tem piedade de mim!" ⁴⁹Jesus parou e disse: "Vão chamá-lo". E chamaram o cego, dizendo-lhe: "Coragem! Levante-se! Ele está chamando você". ⁵⁰Jogando fora o manto, ele deu um pulo e foi até Jesus. ⁵¹E Jesus lhe perguntou: "O que deseja que eu faça por você?" O cego respondeu: "Mestre, que eu possa ver novamente". ⁵²Jesus lhe disse: "Vá, sua fé o salvou". E imediatamente ele voltou a enxergar, e seguia a Jesus no caminho.

11 ### Chegada do Messias a Jerusalém (Mt 21,1-11; Lc 19,28-40; Jo 12,12-19) –
¹Quando se aproximaram de Jerusalém, diante de Betfagé e de Betânia, perto do monte das Oliveiras, Jesus enviou dois de seus discípulos, ²dizendo-lhes: "Vão ao vilarejo que está diante de vocês. Entrando nele, vocês logo encontrarão um jumentinho amarrado, no qual ninguém ainda montou. Soltem-no e tragam aqui. ³Se alguém lhes disser: 'Por que fazem isso?', respondam: 'O Senhor precisa dele, mas logo o mandará de volta para cá'". ⁴Eles foram e encontraram um jumentinho na rua, amarrado junto a uma porta, e o soltaram. ⁵Alguns dos que aí estavam perguntaram: "O que estão fazendo, soltando o jumentinho?" ⁶Responderam como Jesus havia dito, e eles os deixaram partir. ⁷Levaram a Jesus o jumentinho, e sobre ele colocaram seus próprios mantos, e Jesus montou nele. ⁸Muitos estenderam seus próprios mantos pelo caminho, e outros estenderam ramos de árvores que tinham cortado no campo. ⁹Os que iam à frente dele e os que o seguiam, gritavam: "Hosana! Bendito o que vem em nome do Senhor! ¹⁰Bendito o Reino que vem, do nosso pai Davi! Hosana nas alturas!" ¹¹E Jesus entrou em Jerusalém, no Templo. Depois de observar tudo ao redor, saiu com os Doze rumo a Betânia, porque já era tarde.

A figueira sem frutos (Mt 21,18-19) –
¹²No dia seguinte, quando saíam de Betânia, Jesus teve fome. ¹³Avistando a distância uma figueira coberta de folhas, foi ver se encontrava algum fruto. Mas não encontrou nada além de folhas, pois não era época de figos. ¹⁴Dirigindo-se à árvore, disse: "Nunca mais alguém coma do seu fruto". E seus discípulos ouviram o que ele disse.

Os comerciantes expulsos do Templo (Mt 21,12-17; Lc 19,45-48; Jo 2,13-22) –
¹⁵Eles chegaram a Jerusalém. Jesus entrou no Templo e começou a expulsar os vendedores e compradores que aí estavam. Derrubou as mesas dos que trocavam moedas e as cadeiras dos que vendiam pombas. ¹⁶E não deixava ninguém transportar nada pelo Templo. ¹⁷Jesus os ensinava, dizendo: "Não está escrito: 'Minha casa será chamada casa de oração para todos os povos'? No entanto, vocês a transformaram em abrigo de ladrões!" ¹⁸Ouvindo isso, os chefes dos sacerdotes e os doutores da Lei procuravam uma maneira de acabar com Jesus. Mas tinham medo dele, porque a multidão toda estava maravilhada com seu ensinamento. ¹⁹Quando entardeceu, eles saíram da cidade.

46-52: No início da cena o cego está "à beira" do caminho; ao final segue a Jesus "no" caminho, justamente quando Jesus está quase chegando a Jerusalém para seu confronto final com os poderes aí estabelecidos. A cura que Jesus proporciona ao pobre marginalizado o converte em modelo de discípulo.

11,1-11: Jesus chega a Jerusalém para seu confronto com os poderes religiosos e políticos, presentes nesta cidade, e que se armam para eliminá-lo. Ele vem como líder popular, não montado em animal de guerra, e é reconhecido por sua gente como vindo da parte de Deus. Nesses dias, quando se iniciava a semana da Páscoa, em outra cerimônia entrava triunfalmente na cidade o governador Pilatos, representante do poderio e da religião imperiais.

12-14: O destino que Jesus dá à figueira ilustra a ação que ele está para realizar no Templo, no dia seguinte ao de sua chegada a Jerusalém.

15-19: O gesto de Jesus não é uma purificação, mas expressa um julgamento do Templo, que deixara de lado as exigências de justiça aos que aí acorriam para cultuar a Javé. Jesus recorre a Jeremias (7,11) para denunciar qualquer tipo de apoio religioso à violência e à corrupção. Não é à toa que as principais autoridades

A figueira, a fé e o perdão *(Mt 21,20-22)* – ²⁰Na manhã seguinte, passando por aí, viram a figueira seca até as raízes. ²¹Pedro se lembrou e disse a Jesus: "Mestre, olha a figueira que amaldiçoaste. Ela secou". ²²Jesus respondeu-lhes: "Tenham fé em Deus. ²³Eu lhes garanto: Se alguém disser a esta montanha: 'Levante-se e atire-se no mar', não duvidar no coração, mas acreditar que se realiza aquilo que está dizendo, assim acontecerá. ²⁴Portanto, eu lhes digo: Tudo o que vocês pedirem rezando, creiam que já o receberam, e assim acontecerá para vocês. ²⁵E quando vocês estiverem rezando, se tiverem alguma coisa contra alguém, o perdoem, para que o Pai de vocês, que está nos céus, também perdoe os pecados de vocês". [26]

Jesus responde às autoridades *(Mt 21,23-27; Lc 20,1-8)* – ²⁷Voltaram a Jerusalém. Enquanto Jesus circulava pelo Templo, aproximaram-se dele os chefes dos sacerdotes, os doutores da Lei e os anciãos. ²⁸E lhe perguntaram: "Com que autoridade fazes essas coisas? Ou quem te deu essa autoridade para fazê-las?" ²⁹Jesus lhes respondeu: "Vou perguntar para vocês uma coisa. Se me responderem, eu direi com que autoridade faço essas coisas. ³⁰O batismo de João era do céu ou era dos homens? Respondam". ³¹Eles discutiam entre si, dizendo: "Se dissermos: 'Do céu', ele vai dizer: 'Então por que vocês não acreditaram nele?' ³²E se dissermos: 'Dos homens'?" Eles tinham medo da multidão, porque todos de fato consideravam João um profeta. ³³Então responderam a Jesus: "Não sabemos". E Jesus lhes disse: "Nem eu lhes digo com que autoridade faço essas coisas".

12 **Parábola dos agricultores assassinos** *(Mt 21,33-46; Lc 20,9-19)* – ¹Jesus começou a falar-lhes em parábolas: "Um homem plantou uma vinha, cercou-a com um muro, fez um tanque para espremer as uvas e construiu uma torre de vigia. Em seguida, arrendou a vinha para alguns agricultores e partiu para o estrangeiro. ²No tempo oportuno, enviou um servo aos agricultores para que recebesse uma parte dos frutos da vinha. ³Eles o agarraram, o espancaram e o mandaram de volta sem nada. ⁴Enviou-lhes de novo outro servo. Bateram-lhe na cabeça e o ofenderam. ⁵Enviou ainda outro, e a esse mataram. Enviou muitos outros. Bateram nuns, mataram outros. ⁶Mas ele ainda tinha alguém: o filho amado. Enviou-o por último a eles, dizendo: 'Respeitarão meu filho'. ⁷Mas aqueles agricultores disseram entre si: 'Este é o herdeiro. Vamos matá-lo, e a herança ficará para nós'. ⁸E o pegaram, mataram e jogaram para fora da vinha. ⁹O que fará então o dono da vinha? Virá, destruirá os agricultores e dará a vinha para outros. ¹⁰Vocês ainda não leram aquele texto da Escritura? 'A pedra que os construtores rejeitaram tornou-se a pedra angular. ¹¹Isso é obra do Senhor, e é maravilha aos nossos olhos' ". ¹²Eles tentavam prender Jesus, porque entenderam que Jesus tinha contado a parábola contra eles. Mas tinham medo da multidão e, deixando-o, foram embora.

O imposto a César *(Mt 22,15-22; Lc 20,20-26)* – ¹³Enviaram então a Jesus alguns dos fariseus e dos herodianos para pegá-lo em alguma palavra. ¹⁴Aproximaram-se e lhe disseram: "Mestre, sabemos que és verdadeiro e não dás preferência a ninguém,

---

religiosas, articuladas com o poder romano, querem a morte de Jesus.

20-26: A figueira secou, expressando o alcance da ação de Jesus no Templo. A comunidade que se forma a partir das palavras e ação de Jesus pode, então, colocar de lado a montanha (onde o Templo estava construído) e começar novo caminho, baseado na efetiva confiança em Deus e na vivência do perdão. V. 26: "Mas se vocês não perdoarem, também o Pai de vocês, que está nos céus, não perdoará as ofensas de vocês".

27-33: As autoridades de Jerusalém vêm tomar satisfações com Jesus, indignadas com o que no dia anterior ele havia feito no Templo. Jesus as silencia, porque sabe das contradições que marcam o agir delas, e a distância que as separa do povo.

12,1-12: É hora de Jesus tomar a iniciativa. Com base em Is 5,1-7, as autoridades de Jerusalém, em geral grandes proprietárias de terra, são denunciadas como aqueles agricultores que se mostram gananciosos e assassinos, e avançam a qualquer custo sobre o que não lhes pertence. A morte de Jesus é compreendida na sequência da eliminação de tantos enviados de Deus, chegando até a João Batista. E o estabelecimento do próprio Jesus como a pedra angular (Sl 118,22-23) tira toda a legitimidade do projeto que essas autoridades representam.

13-17: Aceitar o imposto seria reconhecer a soberania romana sobre a terra que Deus confiou ao povo que era seu. A armadilha preparada para Jesus se volta mais uma vez contra aqueles que a prepararam: a resposta dele vai além, buscando que se devolva a Deus o que foi tirado de Deus. Tal resposta reivindica os direitos de Deus sobre o povo que lhe pertence e sobre a terra a este cedida.

porque não consideras as pessoas pela aparência, mas ensinas com fidelidade o caminho de Deus. É certo ou não, pagar o imposto a César? Pagamos ou não pagamos?" ¹⁵Jesus, porém, conhecendo a hipocrisia deles, disse-lhes: "Por que vocês me põem à prova? Tragam-me uma moeda, para que eu a veja". ¹⁶Eles a levaram, e Jesus perguntou: "De quem é esta imagem e inscrição?" Responderam-lhe: "De César". ¹⁷Então Jesus lhes disse: "Devolvam a César o que é de César, e a Deus o que é de Deus". E ficaram muito admirados com ele.

A ressurreição dos mortos (Mt 22,23-33; Lc 20,27-40) – ¹⁸Então foram até Jesus alguns saduceus – aqueles que afirmam não existir ressurreição – e lhe perguntaram: ¹⁹"Mestre, Moisés nos deixou escrito: 'Se alguém tiver um irmão, e este morrer deixando mulher sem filhos, ele deverá tomar a viúva e dar descendência para seu irmão'. ²⁰Havia sete irmãos: O primeiro casou e morreu sem deixar descendência. ²¹O segundo a tomou e morreu sem deixar descendência. E o mesmo aconteceu ao terceiro. ²²E nenhum dos sete deixou descendência. Por fim, depois de todos, morreu também a mulher. ²³Na ressurreição, quando ressuscitarem, de qual deles ela será esposa? Porque os sete a tiveram como esposa". ²⁴Jesus lhes disse: "Não estão vocês enganados, desconhecendo as Escrituras e o poder de Deus? ²⁵Porque quando ressuscitarem dos mortos, nem eles se casam, nem elas se dão em casamento, mas serão como anjos nos céus. ²⁶Quanto aos mortos que vão ressuscitar, vocês não leram no livro de Moisés, no trecho sobre a sarça, como Deus lhe disse: 'Eu sou o Deus de Abraão, o Deus de Isaac e o Deus de Jacó'? ²⁷Ele não é Deus de mortos, mas de vivos. Vocês estão muito enganados!"

O maior mandamento (Mt 22,34-40; Lc 10,25-28) – ²⁸Um dos doutores da Lei tinha ouvido a discussão. Vendo que Jesus tinha respondido bem, aproximou-se dele e perguntou: "Qual é o primeiro de todos os mandamentos?" ²⁹Jesus respondeu: "O primeiro é: 'Ouça, Israel! O Senhor nosso Deus é o único Senhor. ³⁰Ame o Senhor seu Deus com todo o seu coração, com toda a sua alma, com toda a sua mente, com toda a sua força'. ³¹O segundo é: 'Ame o seu próximo como a si mesmo'. Não existe outro mandamento maior do que estes". ³²O doutor da Lei lhe disse: "Muito bem, mestre. Com razão disseste que Deus é o único, e que não existe outro além dele. ³³E que amá-lo com todo o coração, com toda a inteligência e com toda a força, e amar o próximo como a si mesmo, vale mais que todos os holocaustos e sacrifícios". ³⁴Vendo que ele tinha respondido com inteligência, Jesus lhe disse: "Você não está longe do Reino de Deus". E ninguém mais tinha coragem de fazer perguntas a Jesus.

O Messias não vai pelos caminhos de Davi (Mt 22,41-46; Lc 20,41-44) – ³⁵E, tomando a palavra, Jesus ensinava no Templo: "Como é que os doutores da Lei dizem que o Messias é filho de Davi? ³⁶O próprio Davi disse, movido pelo Espírito Santo: 'O Senhor disse ao meu Senhor: Sente-se à minha direita, até que eu coloque seus inimigos debaixo de seus pés'. ³⁷O próprio Davi o chama de Senhor. Então como pode ele ser seu filho?" E a numerosa multidão o escutava com prazer.

18-27: Os saduceus se importam apenas com este mundo, que eles tentam controlar. Preocupam-se com a manutenção da herança familiar nas mãos dos homens, e daí o problema que colocam a Jesus. Daí também não suportarem a ideia da ressurreição, muito menos a esperança que ela produz de um mundo renovado, onde homens e mulheres não se relacionem em termos de propriedade e dominação deles sobre elas. O apelo de Jesus à cena da sarça ardente (Ex 3) não quer apenas "provar" a doutrina da ressurreição, mas principalmente afirmar que o Deus cujo Reino ele proclama é radicalmente comprometido com a vida para mulheres e homens, em todas as situações.

28-34: Jesus surpreende com sua resposta, definindo a única atitude com dois lados que não se podem separar: o amor a Deus e ao próximo. Por esse movimento, cada ser humano sai de si, tanto para proclamar a grandeza e bondade do Criador, diante de quem reconhece a própria pequenez e limitação, quanto para estabelecer relações de fraternidade e justiça com os semelhantes. O amor a Deus e ao próximo vale mais que todas as manifestações religiosas (cf. Os 6,6). O doutor da Lei parece ter entendido e concordado. Mas não basta: é necessário comprometer-se com aquilo que se afirma.

35-37: Jesus rejeita que o Messias agir como um novo Davi, tratando de restaurar realezas e recuperar poderes e privilégios. Com isso, questiona também esperanças populares, como a que se manifestou em 11,9. O caminho do Messias é outro, como o texto do Evangelho vem mostrando.

Contra a hipocrisia religiosa (Mt 23,1-36; Lc 20,45-47) – ³⁸Em seu ensinamento, Jesus dizia: "Cuidado com os doutores da Lei. Eles gostam de andar por aí com largas túnicas e de serem saudados nas praças públicas. ³⁹Gostam de ocupar os primeiros lugares nas sinagogas e os lugares de honra nos banquetes. ⁴⁰Devoram as casas das viúvas, com a desculpa de fazerem longas orações. Esses receberão condenação mais severa".

A oferta da viúva (Lc 21,1-4) – ⁴¹Sentado diante do Tesouro do Templo, Jesus observava como a multidão depositava moedas no cofre. Muitos ricos depositavam muitas moedas. ⁴²Veio uma viúva pobre e depositou duas moedinhas, que valiam um quadrante. ⁴³Chamando a si os seus discípulos, Jesus lhes disse: "Eu lhes garanto: Esta viúva pobre ofereceu mais que todos os outros que depositaram moedas no cofre. ⁴⁴Porque todos deram do que estava sobrando para eles. Mas ela, na sua extrema pobreza, ofereceu tudo o que possuía, tudo o que tinha para viver".

13 *Destruição do Templo e perseguições (Mt 24,1-14; Lc 21,5-19)* –

¹Quando Jesus saía do Templo, um dos seus discípulos lhe disse: "Mestre, olha que pedras e que construções!" ²Jesus lhe respondeu: "Você está vendo estas grandes construções? Aqui não ficará pedra sobre pedra que não seja demolida".

³Jesus estava sentado no monte das Oliveiras, de frente para o Templo. Então Pedro, Tiago, João e André lhe perguntavam em particular: ⁴"Conta-nos: quando acontecerão essas coisas, e qual é o sinal de que todas elas estão para se cumprir?" ⁵Jesus começou a dizer-lhes: "Cuidado para que ninguém engane vocês. ⁶Muitos aparecerão em meu nome, dizendo: 'Sou eu'. E enganarão a muitos. ⁷Quando vocês ouvirem falar de guerras e boatos de guerras, não fiquem assustados. É preciso que aconteçam, mas ainda não é o fim. ⁸De fato, nação se levantará contra nação, e reino contra reino. Acontecerão terremotos em vários lugares, e haverá fome. Essas coisas serão o começo das dores de parto. ⁹Quanto a vocês, fiquem atentos. Vocês hão de ser entregues aos tribunais e sinagogas, e serão torturados. Serão levados diante de governadores e reis por minha causa, para darem testemunho diante deles. ¹⁰Mas primeiro é preciso que o evangelho seja anunciado a todas as nações. ¹¹E quando levarem e entregarem vocês, não se preocupem com o que irão falar. Digam o que lhes for indicado nessa hora. Porque não são vocês que irão falar, mas o Espírito Santo. ¹²O irmão entregará o próprio irmão à morte, e o pai entregará o próprio filho. Os filhos vão levantar-se contra os pais, e os farão morrer. ¹³E vocês hão de ser odiados por todos, por causa do meu nome. Mas quem perseverar até o fim, esse será salvo".

A grande tribulação (Mt 24,15-31; Lc 21,20-28) – ¹⁴"Quando vocês virem a abominação da desolação colocada onde não deveria estar – que o leitor entenda –, os que estiverem na Judeia fujam para as montanhas. ¹⁵Aquele que estiver no terraço não desça nem entre em casa para pegar nada. ¹⁶Aquele que estiver no campo não volte atrás para pegar seu manto. ¹⁷Ai das que estiverem grávidas e das que estiverem amamentando naqueles dias! ¹⁸Rezem para que isso não aconteça no inverno. ¹⁹Porque naqueles dias haverá uma tribu-

---

38-40: Jesus alerta contra a hipocrisia de quem utiliza o próprio saber religioso para encobrir o oportunismo e a exploração dos pobres. Se a tradição judaica está cheia de exortações sobre o cuidado para com as viúvas, os setores dominantes oprimem.

41-44: Jesus critica a prática do sistema religioso da época, que privou a viúva dos bens necessários à sobrevivência. A relação com a palavra anterior, dirigida aos doutores da Lei, indica que esta viúva é uma daquelas que têm sua casa "devorada" pelos líderes religiosos (cf. v. 40).

13,1-13: As palavras deste capítulo se referem à catástrofe que se abateu sobre Israel, com a tomada de Jerusalém pelos romanos e o incêndio do Templo, ocorridos em 70, quarenta anos após a morte de Jesus, época em que o Evangelho estava sendo escrito. Quem estiver lendo (cf. 13,14) este escrito deverá ter o discernimento suficiente para compreender o que está acontecendo e não se esconder dos desafios: as perseguições, traições e ameaças farão parte da vida de quem quiser ser discípulo de Jesus.

14-27: O texto interpreta o ataque romano a Jerusalém e a profanação do Templo como a "abominação da desolação" apresentada no livro de Daniel (cf. Dn 9,27). São tempos de crise e perturbação: é necessário saber resistir aos temores e a tantos projetos enganadores, e

lação como nunca houve até agora, desde o princípio do mundo que Deus criou, e como nunca mais haverá. ²⁰Se o Senhor não abreviasse esses dias, vida nenhuma se salvaria. Mas, por causa dos eleitos que escolheu, ele abreviou os dias. ²¹Portanto, se alguém lhes disser: 'Aqui está o Messias' ou 'está ali', não acreditem. ²²Aparecerão falsos messias e falsos profetas, apresentando sinais e milagres para enganarem, se possível, até os escolhidos. ²³Quanto a vocês, no entanto, fiquem atentos. Eu os avisei de antemão; ²⁴Naqueles dias, depois dessa tribulação, o sol se escurecerá, a lua não dará seu brilho, ²⁵as estrelas cairão do céu, e os poderes celestes serão abalados. ²⁶Então verão o Filho do Homem vindo entre nuvens com grande poder e glória. ²⁷E nesse momento ele mandará os anjos e reunirá seus eleitos, dos quatro ventos, dos confins da terra aos confins do céu".

A lição da figueira *(Mt 24,32-44; Lc 21,29-33)* – ²⁸"Aprendam a parábola da figueira. Quando seu ramo fica tenro e aparecem as folhas, vocês sabem que o verão está próximo. ²⁹Assim também vocês, quando virem essas coisas acontecerem, saibam que ele está próximo, às portas. ³⁰Eu lhes garanto: Esta geração não passará antes que todas essas coisas aconteçam. ³¹O céu e a terra passarão, mas as minhas palavras não passarão.

Vigiar sempre *(Mt 24,36-44)* – ³²"Ninguém sabe nada a respeito daquele dia e hora, nem os anjos no céu, nem o Filho, mas somente o Pai. ³³Fiquem atentos e vigiem! Porque vocês não sabem quando será o momento. ³⁴Será como um homem que partiu de viagem: deixou sua casa, deu autoridade para seus servos, distribuiu a cada um sua responsabilidade, e ordenou ao porteiro que vigiasse. ³⁵Portanto, estejam vigilantes. Porque vocês não sabem quando o senhor da casa vai voltar: à tarde, à meia-noite, ao canto do galo, ou de manhã. ³⁶Que ele, vindo de repente, não os encontre dormindo. ³⁷O que digo a vocês, digo a todos: Estejam vigilantes!"

14 *Complô para matar Jesus (Mt 26,1-5; Lc 22,1s; Jo 11,45-57)* – ¹Faltavam dois dias para a Páscoa e para a festa dos Pães Sem Fermento. Os chefes dos sacerdotes e os doutores da Lei procuravam alguma cilada para prender Jesus e matá-lo. ²Diziam, de fato: "Não durante a festa, para que não haja tumulto entre o povo".

Jesus é ungido *(Mt 26,6-13; Jo 12,1-8)* – ³Em Betânia, Jesus estava à mesa na casa de Simão, o leproso. Aproximou-se dele uma mulher, levando um frasco de alabastro cheio de perfume de nardo puro e muito caro. Quebrando o frasco, ela derramou o perfume na cabeça de Jesus. ⁴Mas alguns ficaram indignados e diziam entre si: "Para que esse desperdício de perfume? ⁵Esse perfume poderia ser vendido pelo preço de trezentas diárias de trabalho, e ser dado aos pobres. E a repreendiam. ⁶Jesus, porém, disse: "Deixem-na. Por que vocês a incomodam? Ela me fez uma boa ação. ⁷Pois os pobres sempre estão com vocês, e vocês podem fazer-lhes o bem quando quiserem. Mas eu não estou sempre com vocês. ⁸Ela fez o que podia: antecipou-se para ungir meu corpo para a sepultura. ⁹Eu lhes garanto: No mundo inteiro, por toda parte onde o evangelho for anunciado, também o que ela fez será contado, em memória dela".

---

manter o testemunho: os poderes hão de cair. Os olhos devem estar postos na esperança do Filho do Homem, que vem para reunir os membros do povo de Deus.

28-31: A figueira já havia sido apresentada como exemplo de que o sistema político-religioso estabelecido em Jerusalém estava com os dias contados, por conta da injustiça em que se baseava. Aqui se repete a imagem para reforçar a convicção de que as palavras de Jesus guiarão a comunidade diante das tribulações e ameaças.

32-37: A comunidade não deve ficar fazendo cálculos sobre o tempo em que se darão esses eventos que foram anunciados. O que importa é que a esperança depositada no Filho do Homem não leve a comunidade a nenhuma atitude que conduza ao afastamento dos seus compromissos. Daí o apelo à vigilância no v. 37, própria de Mc.

14,1-2: Os grupos que exercem o poder precisam eliminar Jesus, e procuram qualquer forma de realizar esse intento. O povo é o obstáculo!

3-9: De um lado as autoridades conspiram, e de outro Judas logo vai se oferecer para apoiá-las. Enquanto isso, uma mulher anônima reconhece, com seu gesto, o sentido específico da prática de Jesus: ela o unge para a sepultura, isto é, reconhece nele o Messias que vai morrer. A mulher compreendeu que Jesus é o autêntico Messias, que enfrenta os poderes que lhe darão a morte. A proclamação do evangelho não será autêntica se não comunicar aquilo que com seu gesto a mulher expressou. Para completar, a cena ocorre na casa de

Pacto de Judas (Mt 26,14-16; Lc 22,3-6) – ¹⁰Judas Iscariotes, um dos Doze, foi aos chefes dos sacerdotes para lhes entregar Jesus. ¹¹Ao ouvi-lo, eles se alegraram e prometeram dar-lhe dinheiro. E Judas procurava oportunidade para entregar Jesus.

Preparando a Páscoa (Mt 26,17-25; Lc 22,7-13) – ¹²No primeiro dia dos Pães Sem Fermento, quando se imolavam os cordeiros para a Páscoa, os discípulos perguntaram a Jesus: "Onde queres que façamos os preparativos para comeres a Páscoa?" ¹³Então Jesus enviou dois de seus discípulos e lhes disse: "Vão à cidade. Certo homem carregando uma vasilha de água virá ao encontro de vocês. Sigam-no. ¹⁴Na casa onde ele entrar, digam ao dono: 'O Mestre pergunta: onde está a minha sala, na qual poderei comer a ceia de Páscoa com meus discípulos?' ¹⁵E ele vai lhes mostrar uma grande sala arrumada com almofadas, no andar de cima. Preparem aí a ceia para nós". ¹⁶Os discípulos partiram e foram à cidade. Encontraram tudo como Jesus lhes havia dito, e prepararam a Páscoa.

Ceia: traição e solidariedade (Mt 26,20-30; Lc 22,14-23; Jo 13,21-30; 1Cor 11,23-25) – ¹⁷Ao anoitecer, Jesus chegou com os Doze. ¹⁸Quando estavam à mesa comendo, Jesus disse: "Eu lhes garanto: Um de vocês, que come comigo, vai me entregar". ¹⁹Eles começaram a ficar tristes e a perguntar a Jesus, um depois do outro: "Acaso sou eu?" ²⁰Jesus respondeu: "Um dos Doze, que põe a mão no prato comigo. ²¹Porque o Filho do Homem se vai, como está escrito sobre ele. Mas ai daquele homem por quem o Filho do Homem é entregue! Seria melhor para esse homem não ter nascido".

²²Enquanto comiam, Jesus tomou um pão e, abençoando, partiu e entregou a eles, dizendo: "Tomem, isto é o meu corpo". ²³Depois tomou um cálice e, dando graças, entregou-lhes, e todos beberam dele. ²⁴E lhes disse: "Isto é o meu sangue da Aliança, que é derramado em favor de muitos. ²⁵Eu lhes garanto: Não beberei mais do fruto da videira, até aquele dia em que beberei o vinho novo no Reino de Deus". ²⁶E, tendo cantado o hino, saíram para o monte das Oliveiras.

Jesus prediz a negação de Pedro (Mt 26,31-35; Lc 22,31-34; Jo 13,36-38) – ²⁷Então Jesus lhes disse: "Todos vocês tropeçarão e cairão, porque está escrito: 'Ferirei o pastor e as ovelhas se dispersarão'. ²⁸Mas, depois de ressuscitar, irei para a Galileia na frente de vocês". ²⁹Pedro lhe respondeu: "Ainda que todos tropecem e caiam, eu não!" ³⁰Jesus lhe disse: "Eu lhe garanto: Hoje mesmo, nesta noite, você vai me negar três vezes, antes que o galo cante duas vezes". ³¹Mas ele insistia, dizendo: "Ainda que eu tenha de morrer contigo, não te negarei". E todos diziam o mesmo.

Jesus reza e os discípulos dormem (Mt 26,36-46; Lc 22,39-46) – ³²E foram a um lugar chamado Getsêmani. Jesus disse a seus discípulos: "Fiquem aqui sentados, enquanto eu rezo". ³³Levou consigo Pedro, Tiago e João, e começou a ficar apavorado e angustiado. ³⁴E lhes disse: "Minha alma está em aflição de morte. Fiquem aqui e vi-

---

leproso Simão. Jesus, até o fim, desafia as barreiras que discriminam e marginalizam.

10-11: Finalmente as autoridades encontram um colaborador para seus projetos de morte. O pior é que ele aparece dentro do próprio grupo de Jesus. A solidariedade da mulher para com Jesus, ao ungi-lo, não tem preço, enquanto Judas se deixa vender por dinheiro.

12-16: A celebração da Páscoa, memória da libertação do Egito, requer preparação cautelosa. Especialmente porque vai ocorrer não a simples repetição do rito estabelecido, mas algo novo; o chamado ao compromisso de assumir o caminho trilhado por Jesus.

17-26: A descrição da última ceia de Jesus com seus discípulos começa com o triste anúncio da presença de um traidor no interior do grupo. Nesse contexto, não faria sentido a reteição partilhada. Mas então se passa ao gesto maior de doação e intimidade. O pão, que antes sustentou tanta gente faminta, e com o qual Jesus mostrou a radicalidade de sua ação libertadora, é distribuído como sendo o próprio corpo dele. Com seu sangue, que está para ser derramado no Calvário, se institui uma aliança com a humanidade. Com esse rito, Jesus substitui as cerimônias do Templo e vincula pão e vinho ao caminho que veio trilhando e que o conduzirá à cruz: caminho de dom e entrega, enfrentando os conflitos que vêm de uma sociedade baseada na injustiça e no poder de alguns sobre a maioria. Ao comer e beber do que lhes é oferecido, os discípulos participam do Cristo e se comprometem com seu caminho de vida, enfrentando e vencendo a morte.

27-31: Primeiro Pedro, e depois todos os demais discípulos, garantem fidelidade a Jesus. Não vai demorar muito, e todos eles fugirão, deixando Jesus entregue aos poderes que conspiram contra ele. As palavras de fidelidade que dirigem a Jesus não resistirão à angústia dele e à chegada dos que irão prendê-lo.

32-42: A ruptura entre Jesus e os discípulos se consuma. Jesus se dirige três vezes ao Pai em oração, no

giem". ³⁵E, indo um pouco adiante, caiu por terra, e rezava para que passasse dele aquela hora, se fosse possível. ³⁶E dizia: "Abba, Pai! Para ti tudo é possível. Afasta de mim este cálice. Porém, não o que eu quero, mas o que tu queres". ³⁷Voltando, encontrou-os dormindo e disse a Pedro: "Simão, você está dormindo? Não conseguiu vigiar por uma hora? ³⁸Vigiem e rezem, para não caírem na tentação. Porque o espírito está pronto, mas a carne é fraca". ³⁹E, afastando-se de novo, rezava dizendo a mesma coisa. ⁴⁰Voltando, encontrou-os de novo dormindo, porque os olhos deles estavam pesados de sono. E não sabiam o que responder a Jesus. ⁴¹Voltou pela terceira vez e lhes disse: "Vocês ainda estão dormindo e descansando? Basta! A hora chegou! Eis que o Filho do Homem é entregue nas mãos dos pecadores. ⁴²Levantem-se! Vamos! Vejam: aquele que vai me entregar está perto".

***Jesus é preso e abandonado** (Mt 26,47-56; Lc 22,47-53; Jo 18,1-12)* – ⁴³Jesus ainda falava e logo chegou Judas, um dos Doze, e com ele uma multidão com espadas e paus. Vinham da parte dos chefes dos sacerdotes, doutores da Lei e anciãos. ⁴⁴Aquele que o entregava tinha combinado com eles um sinal, dizendo: "É aquele que eu beijar. Vocês o prendam e o levem bem seguro". ⁴⁵Judas chegou e logo se aproximou de Jesus, dizendo-lhe: "Mestre!" E lhe deu um beijo. ⁴⁶Então eles lançaram as mãos sobre Jesus e o prenderam. ⁴⁷Um dos que estavam presentes, puxando da espada, feriu o servo do sumo sacerdote e cortou-lhe a orelha. ⁴⁸Jesus lhes respondeu dizendo: "Vocês saíram para me prender com espadas e paus, como se faz a um bandido. ⁴⁹Eu estive com vocês no Templo, ensinando todos os dias, e vocês não me prenderam. Mas é para que as Escrituras se cumpram". ⁵⁰Então, abandonando Jesus, todos fugiram. ⁵¹Um jovem seguia a Jesus, vestido apenas com um lençol enrolado no corpo. Foram agarrá-lo, ⁵²mas ele, largando o lençol, fugiu nu.

***Jesus diante das autoridades judaicas** (Mt 26,57-68; Lc 22,54s.63-71; Jo 18,13s.19-24)* – ⁵³Levaram Jesus ao sumo sacerdote, e aí se reuniram todos os chefes dos sacerdotes, os anciãos e os doutores da Lei. ⁵⁴Pedro tinha seguido Jesus de longe, até dentro do pátio do sumo sacerdote. Sentado com os criados, aquecia-se junto ao fogo. ⁵⁵Os chefes dos sacerdotes e todo o Sinédrio procuravam algum testemunho contra Jesus, para matá-lo, mas não encontravam. ⁵⁶Porque muitos davam falso testemunho contra ele, mas os testemunhos não coincidiam. ⁵⁷Então alguns, levantando-se, deram falso testemunho contra ele, dizendo: ⁵⁸"Nós o ouvimos dizer: 'Eu vou destruir este Templo feito por mãos humanas, e em três dias vou construir outro, não feito por mãos humanas' ". ⁵⁹Mas nem assim o testemunho deles coincidia. ⁶⁰Então o sumo sacerdote, levantando-se no centro do Sinédrio, perguntou a Jesus: "Não respondes nada? O que é que estes testemunham contra ti?" ⁶¹Mas Jesus ficou calado, e não respondeu nada. De novo o sumo sacerdote lhe perguntou: "Tu és o Messias, o Filho do Bendito?" ⁶²Jesus disse: "Eu sou, e vocês verão o Filho do Homem sentado à direita do Poder e vindo com as nuvens do céu". ⁶³O sumo sacerdote rasgou as próprias vestes e disse: "Para que precisamos de mais testemunhas? ⁶⁴Vocês ouviram a blasfêmia! O que lhes parece?" E todos o julgaram culpado de morte. ⁶⁵Então alguns começaram a cuspir nele, a cobrir-lhe o rosto e a bater nele, dizendo: "Profetiza!" E os criados lhe davam bofetadas.

---

momento da maior angústia. E não conta com a solidariedade dos discípulos, nem mesmo os mais próximos. Enquanto em Jesus conflitam o medo e a compaixão, a solidão e o desejo de fidelidade, nos discípulos se manifestam o descaso, a decepção e a frustração. Por não assumirem o caminho de Jesus, correm o risco de não resistir à tentação, e ceder às forças que dominam o mundo e estão para matar Jesus. A oração de Jesus, que deveria ter sido compartilhada pelos discípulos, indica que a vida dele está encaminhada de acordo com a vontade de Deus, mesmo nas circunstâncias mais extremas e ameaçadoras.

43-52: De um lado o poder, violento e repressor, com a ajuda de um traidor; de outro, os discípulos, que fogem ao menor sinal de perigo. No meio, Jesus, abandonado e preso como um bandido, por fidelidade a um caminho cujo sentido é iluminado pelas Escrituras, que o dominador não pode compreender e os discípulos não querem assumir.

53-65: A meta dos que julgam Jesus não é buscar a justiça, mas garantir que ele seja condenado. Para isso vale qualquer coisa, até falsos testemunhos. Jesus nada responde, pois não quer entrar na farsa aí montada. Mas, ao ser desafiado quanto à sua identidade, indi-

Negações de Pedro *(Mt 26,69-75; Lc 22,56-62; Jo 18,15-18.25-27)* – ⁶⁶Estando Pedro no pátio, veio uma das criadas do sumo sacerdote. ⁶⁷Vendo Pedro, que se aquecia, olhou bem para ele e disse: "Você também estava com Jesus Nazareno". ⁶⁸Pedro negou, dizendo: "Não sei nem entendo o que você está dizendo". E foi para fora, na entrada do pátio, e um galo cantou. ⁶⁹Mas a criada o viu, e começou a dizer de novo para os que estavam aí: "Este é um deles". ⁷⁰Ele negou de novo. Pouco depois, os que estavam aí disseram de novo a Pedro: "Sem dúvida você é um deles, pois também é galileu". ⁷¹Pedro começou a maldizer e a jurar: "Não conheço esse homem de quem vocês estão falando". ⁷²Imediatamente um galo cantou pela segunda vez. E Pedro se lembrou da palavra que Jesus lhe havia dito: "Antes que o galo cante duas vezes, você me negará três vezes". E começou a chorar.

15 **Jesus diante do poderio romano** *(Mt 27,1s.11-26; Lc 23,1-25; Jo 18,28-19,16a)* – ¹Logo pela manhã, os chefes dos sacerdotes se reuniram em conselho com os anciãos, os doutores da Lei e todo o Sinédrio. E, amarrando as mãos de Jesus, o levaram e o entregaram a Pilatos. ²E Pilatos o interrogou: "Tu és o rei dos judeus?" Jesus lhe respondeu: "Você está dizendo isso". ³E os chefes dos sacerdotes o acusavam de muitas coisas. ⁴Pilatos o interrogou de novo, dizendo: "Não respondes nada? Vê de quantas coisas te acusam". ⁵Jesus porém não respondeu mais nada, de modo que Pilatos ficou impressionado. ⁶Por ocasião da Festa, Pilatos costumava libertar um preso que lhe pedissem. ⁷Havia um tal chamado Barrabás, preso com outros rebeldes que, numa revolta, tinham assassinado uma pessoa. ⁸A multidão subiu e começou a pedir que Pilatos lhes fizesse como sempre fazia. ⁹Pilatos lhes respondeu, dizendo: "Querem que eu lhes solte o rei dos judeus?" ¹⁰Porque ele bem sabia que por inveja é que os chefes dos sacerdotes tinham entregue Jesus. ¹¹Porém os chefes dos sacerdotes atiçaram a multidão para que, em vez disso, ele lhes soltasse Barrabás. ¹²Pilatos lhes perguntou novamente: "Então o que vocês querem que eu faça com este que vocês chamam de rei dos judeus?" ¹³Eles gritaram de novo: "Crucifique-o!" ¹⁴Pilatos lhes disse: "Mas que mal fez ele?" E gritavam ainda mais: "Crucifique-o!" ¹⁵Então Pilatos, querendo agradar a multidão, soltou-lhes Barrabás. Mandou açoitar Jesus e o entregou para ser crucificado.

A zombaria dos soldados *(Mt 27,27-31; Jo 19,2s)* – ¹⁶Os soldados levaram Jesus para dentro do palácio, ou seja, ao Pretório, e convocaram toda a tropa. ¹⁷Vestiram-no de púrpura e, tendo feito uma coroa de espinhos, a puseram nele. ¹⁸E começaram a saudá-lo: "Salve, rei dos judeus!" ¹⁹Batiam na cabeça dele com uma vara, cuspiam nele e, dobrando os joelhos, o adoravam. ²⁰Depois de terem caçoado dele, tiraram-lhe a púrpura e o vestiram com as roupas dele. E o levaram para fora, a fim de o crucificarem.

---

cada pelo caminho que percorreu, Jesus não se cala: diante da principal autoridade do Templo, ele passa da condição de réu à de juiz. Assim se apresenta o Filho do Homem em Dn 7,13, passagem citada por Jesus. É com essa autoridade que ele fala pela última vez contra o sistema religioso que colabora com a dominação e o está encaminhando para a morte.

66-72: As negações de Pedro são coerentes com o caminho que veio trilhando, de recusa àquilo que vinha sendo indicado por Jesus: sua incapacidade de vigiar (14,37) e de se solidarizar com o Mestre o conduziu à fuga e a uma tríplice negação. Mas sempre há tempo de voltar atrás; por isso Pedro será chamado a encontrar Jesus, colocando-se no caminho que ele iniciou lá na Galileia (16,7).

15,1-15: Diante do quase total silêncio de Jesus se arma a farsa de um julgamento bem conduzido, respeitoso das leis e atento à vontade popular. Na verdade, as coisas são encaminhadas de maneira a que os interesses dos dominantes sejam preservados e a população, mais uma vez manipulada, tenha a sensação de que sua vontade foi levada em conta. O episódio de Barrabás só demonstra a profundidade da ameaça que Jesus representa: o poder religioso local, representado pelos chefes dos sacerdotes, sabe bem disso. Seguramente não era o caso, mas se Pilatos efetivamente pensava que Jesus pudesse ser inocente, sua decisão de mandar crucificá-lo o mostra como alguém capaz de qualquer coisa para se manter no poder.

16-20: A humilhação, a tortura e o escárnio sobre aqueles que foram vencidos fazem parte dos instrumentos de afirmação do poder. Com Jesus não foi diferente: os soldados romanos, convencidos do próprio triunfo, agem do modo padrão nessas situações, e caçoam dele revestindo-o de todos os símbolos do poder real: é por ser acusado de ser rei que ele será crucificado (Mt 27,11.37; Mc 15,2s.26). Jesus não se envergonha de si mesmo, nem foge de sua missão: sofre a humilhação dos que são alcançados pelo poder tirano e destruidor.

A crucifixão *(Mt 27,32-44; Lc 23,26-43; Jo 19,17-24)* – ²¹Passava por aí certo Simão de Cirene, pai de Alexandre e Rufo. Ele vinha do campo, e o obrigaram a carregar a cruz de Jesus. ²²E levaram Jesus ao lugar denominado Gólgota, que traduzido significa Lugar da Caveira. ²³E lhe deram para beber vinho misturado com mirra, mas ele não tomou. ²⁴Então o crucificaram e repartiram suas roupas, sorteando para ver o que cada um levaria. ²⁵Eram nove horas da manhã, e o crucificaram. ²⁶E havia a inscrição com o motivo da condenação, que trazia escrito: "O Rei dos Judeus". ²⁷E com Jesus crucificaram dois bandidos, um à direita e outro à esquerda dele. [28] ²⁹Os que passavam o insultavam, balançando a cabeça e dizendo: "Ah, tu que destróis o Templo e o reconstróis em três dias! ³⁰Salva-te a ti mesmo, descendo da cruz!" ³¹Do mesmo modo, também os chefes dos sacerdotes com os doutores da Lei o ridicularizavam, dizendo entre si: "Salvou os outros, e não consegue salvar a si mesmo. ³²O Messias, o Rei de Israel... que ele desça agora da cruz, para que vejamos e acreditemos". E também os que tinham sido crucificados com ele o insultavam.

Morte de Jesus *(Mt 27,45-56; Lc 23,44-49; Jo 19,25-30)* – ³³Do meio-dia até as três horas da tarde, houve escuridão sobre toda a terra. ³⁴Às três da tarde, Jesus deu um grande grito: "Eloi, Eloi, lamá sabactâni", que traduzido significa: "Meu Deus, meu Deus, por que me abandonaste?" ³⁵Alguns dos que estavam aí, ao ouvirem isso, diziam: "Veja! Ele está chamando Elias". ³⁶Um deles correu para ensopar uma esponja em vinagre e, prendendo-a numa vara, dava-lhe de beber, dizendo: "Deixem! Vamos ver se Elias vem descê-lo". ³⁷Então Jesus, dando um grande grito, expirou. ³⁸E o véu do Santuário foi rasgado em dois, de alto a baixo. ³⁹O centurião que estava diante de Jesus, vendo-o expirar desse modo, disse: "Realmente este homem era Filho de Deus!"

⁴⁰Também algumas mulheres estavam aí, olhando de longe, entre elas Maria Madalena, Maria mãe de Tiago Menor e de Joset, e Salomé. ⁴¹Elas seguiam e serviam Jesus, quando ele estava na Galileia. E muitas outras, que tinham subido com ele para Jerusalém.

O sepultamento *(Mt 27,57-61; Lc 23,50-56; Jo 19,38-42)* – ⁴²Quando era já o final da tarde, sendo o Dia da Preparação, ou seja, a véspera do sábado, ⁴³chegou José de Arimateia, um respeitado membro do Conselho. Ele também esperava o Reino de Deus. Corajosamente, entrou onde Pilatos estava e lhe pediu o corpo de Jesus. ⁴⁴Pilatos se admirou de que já estivesse morto. Chamando o centurião, perguntou-lhe se fazia tempo que tinha morrido. ⁴⁵Informado pelo oficial, concedeu o cadáver a José. ⁴⁶Tendo comprado um lençol, José o desceu, envolveu-o no lençol e o colocou num túmulo que tinha sido escavado na rocha. Depois fez rolar uma pedra na entrada do túmulo. ⁴⁷Maria Madalena e Maria de Joset observavam onde ele tinha sido colocado.

16

O túmulo vazio: recomeçar, fazendo o caminho de Jesus *(Mt 28,1-8; Lc 24,1-12; Jo 20,1-10)* – ¹Passado o sábado,

---

21-32: Um outro Simão, que não é Pedro, ajuda Jesus a carregar a cruz (cf. Mt 16,24ss; Mc 8,34ss). E finalmente Jesus é submetido à humilhação e à dor mais terríveis, ao ser crucificado. Diante desse quadro, continuam as manifestações de descaso e zombaria, que tentam desqualificar as ações de Jesus, promotoras de libertação e libertação. V. 28: "E se cumpriu a Escritura que diz: 'E ele foi contado entre os malfeitores' ".

33-41: Um grito de Jesus marca seus últimos momentos, grito de abandono total, com as palavras do Sl 22. Com sua morte, rasga-se o véu que separava e ocultava o lugar mais santo do Templo, que Jesus denunciou por ter suas bases na injustiça. Nada mais é obstáculo entre o povo e Deus. Diante desta cena, a mostrar que o Messias trilhou até o fim o caminho que lhe cabia, é que ganha vigor e sentido a proclamação de que ele é Filho de Deus. Ao final, uma surpresa: se até então sabíamos dos discípulos homens, que vieram insistindo na recusa à trajetória do Messias e no fim o abandonaram, temos agora a notícia de que o grupo de Jesus era composto, desde o início, também por algumas mulheres. E elas o acompanharam até o fim. Seria preciso reler o Evangelho e reencontrar, em cada cena de desencontro entre Jesus e Pedro, Tiago ou João, as mulheres discípulas solidárias ao Messias até o fim.

42-47: Pilatos tem total controle do que foi feito a Jesus, e no final autoriza que seja enterrado. Surpreende a disposição de José, alguém de alta posição social, que se mostra comprometido com um crucificado (algo que o restante dos discípulos homens não se atreveu a fazer). Os poderes que agiram em conjunto para dar fim a Jesus atingem o que queriam. Parece que está tudo acabado, que a ação libertadora de Jesus foi de fato reprimida, e com eficácia. Apenas as mulheres se atrevem a duvidar disso...

16,1-8: Com estes versículos, terminava originalmente o Evangelho segundo Marcos: Jesus não está onde os

Maria Madalena, Maria de Tiago, e Salomé compraram perfumes para ir ungi-lo. ²De madrugada, no primeiro dia da semana, elas foram ao túmulo ao nascer do sol. ³Diziam entre si: "Quem vai rolar para nós a pedra da entrada do túmulo?" ⁴Quando levantaram os olhos, viram que a pedra tinha sido removida. Ela era, de fato, muito grande. ⁵Entrando no túmulo, viram um jovem sentado à direita, vestido com uma túnica branca. E se espantaram. ⁶Mas ele lhes disse: "Não se assustem. Vocês procuram Jesus de Nazaré, o Crucificado. Ressuscitou. Não está aqui. Vejam o lugar onde o puseram. ⁷Mas vão e digam aos discípulos dele e a Pedro que ele vai na frente de vocês para a Galileia. Aí vocês o verão, tal como ele lhes disse". ⁸Saindo, elas fugiram do túmulo, pois estavam tomadas de tremor e espanto. E não contaram nada a ninguém. Tinham medo, pois...

APÊNDICE

Aparições do Ressuscitado *(Mt 28,9s.16-20; Lc 24,13-49; Jo 20,11-23; At 1,6-8)* –
⁹Tendo ressuscitado no primeiro dia da semana, Jesus apareceu primeiro a Maria Madalena, da qual havia expulsado sete demônios. ¹⁰Ela foi anunciá-lo aos que tinham estado com ele, e que estavam tristes e chorando. ¹¹Ouvindo que Jesus estava vivo e tinha sido visto por ela, eles não acreditaram. ¹²Depois disso, Jesus apareceu de outra forma a dois deles, enquanto estavam indo para o campo. ¹³Estes foram anunciar aos restantes, mas nem a esses deram crédito. ¹⁴Finalmente, apareceu aos Onze, quando estavam à mesa, e lhes desaprovou a falta de fé e a dureza de coração, porque não tinham acreditado naqueles que o tinham visto ressuscitado. ¹⁵E lhes disse: "Vão pelo mundo todo, proclamem o Evangelho a toda criatura. ¹⁶Quem acreditar e for batizado, será salvo. Quem não acreditar, será condenado. ¹⁷São estes os sinais que hão de acompanhar os que tiverem acreditado: em meu nome expulsarão demônios; falarão novas línguas; ¹⁸pegarão em serpentes; ainda que bebam algum veneno mortal, nenhum mal sofrerão; imporão as mãos sobre os enfermos, e estes ficarão curados". ¹⁹Então o Senhor Jesus, depois de ter falado com eles, foi elevado para o céu e sentou-se à direita de Deus. ²⁰E eles partiram e pregaram por toda parte. O Senhor agia com eles e confirmava a Palavra, por meio dos sinais que a acompanhavam.

---

poderes o deixaram; estes não tiveram a última palavra, e sim o poder de Deus, que o ressuscitou. Mas Jesus não aparece aos discípulos; ao contrário, pelo testemunho das mulheres eles são desafiados a ir encontrá-lo na Galileia. De que forma? Não será com uma manifestação triunfal que Jesus lhes dará a conhecer, mas pela descoberta que os discípulos terão de fazer: o caminho de Jesus, iniciado na Galileia, cheio de conflitos no seu transcorrer, e com a cruz dos poderosos mais adiante, é agora o caminho do discípulo. Cabe recordar que a obra que chamamos Evangelho segundo Marcos se apresenta como apenas o "Princípio do Evangelho" (1,1). Por isso o texto como que termina sem terminar; ou melhor, desafia que sua continuação seja feita na prática e no testemunho da gente que se dispuser a seguir a Jesus, Messias, Filho de Deus, e fazer o caminho que ele por primeiro trilhou.

9-20: Estes versículos foram acrescentados ao texto do Evangelho algum tempo depois. Recolhem informações dos outros evangelhos e dos Atos a respeito das aparições de Jesus aos discípulos, bem como indicações sobre a missão deles no mundo.

EVANGELHO SEGUNDO LUCAS

JESUS, O MESSIAS DOS POBRES

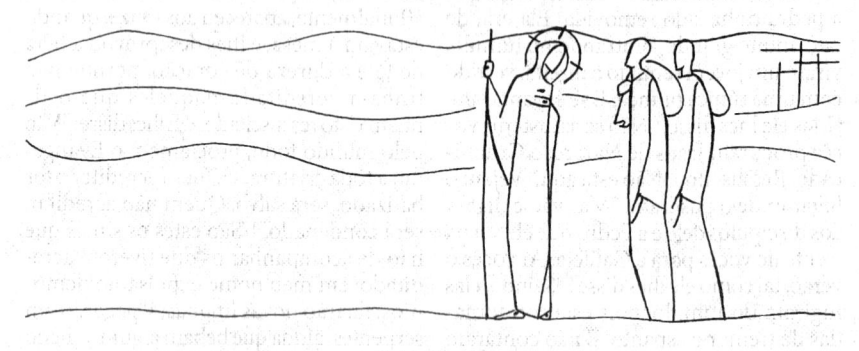

Introdução

O Evangelho segundo Lucas é a primeira parte de uma obra em dois volumes: ele é continuado pelos Atos dos Apóstolos. Em ambos se pensa no caminho de Jesus articulado aos primeiros movimentos das comunidades que trataram de segui-lo, e depois à ação missionária de Paulo. Essa obra foi pensada a partir de uma convicção básica: a presença e a atuação de Jesus no interior da história a transformam de maneira decisiva. Antes dele a trajetória da humanidade, em especial aquela do povo eleito, fora marcada por promessas divinas, feitas desde os tempos de Abraão (1,54s); esse tempo vai até João Batista (16,16). São promessas que se cumprem de forma nova e profunda na atuação de Jesus (4,21). Depois de Jesus vem o tempo do testemunho, quando as comunidades deverão espalhar a Boa-Nova comunicada por ele.

Mas o que tem de tão determinante a atuação de Jesus, capaz de impactar a história? O programa dessa atividade é apresentado na cena de Jesus na sinagoga de Nazaré: ele foi ungido pelo Espírito para agir em favor da libertação dos pobres. E não apenas os pobres de Israel, mas os de todo o mundo. Ele é o Messias dos pobres, nascido pobre, enviado para comunicar uma boa notícia aos pobres (4,18), boa notícia de vida nova porque serão estabelecidas outras relações entre os seres humanos. A expressão mais significativa desse anúncio, e da prática inaugurada com Jesus, é a da partilha do pão, vivida por ele junto aos pobres e pecadores (15,1-2), deixada como sinal da presença dele na eucaristia (24,35) e experimentada no cotidiano da primeira comunidade seguidora, que se formou em Jerusalém (At 2,46).

Por ser voltada radicalmente em favor dos pobres, a atividade de Jesus gera conflitos e tensões. Maria já notava isso ao se referir à ação do Deus de Israel, que veio derrubando poderosos e despedindo ricos de mãos vazias (1,52-53). Nas bem-aventuranças de Jesus dirigidas aos pobres, temos os "ais" endereçados aos ricos e bem-situados na sociedade (6,20-26). E em 19,1-10 temos o ponto alto desse itinerário: Zaqueu, que finalmente se dispôs a partilhar seus bens com os pobres e restituir às vítimas de suas fraudes o que lhes era devido, recebe de Jesus a certeza de que a salvação entrou em sua casa. A abrangência da ação de Deus, apontada na história de Jesus solidário com os pobres, deve se concretizar na vivência da comunidade que o segue.

Dessa forma, ler o Evangelho segundo Lucas (e sua sequência no livro dos Atos) implica aceitar o convite de se engajar, com Jesus e seus primeiros seguidores, no estabelecimento de uma nova história, de novas relações e organizações, em que os pobres tenham lugar, e assim efetivamente todos tenham voz e vez. Nesse caminho há que se ter a certeza de que a pessoa não está fugindo das exigências evangélicas; pelo contrário, são ocupações que interessam ao Pai (cf. 2,49). Enquanto alguns grupos seguidores de Jesus tendiam a se afastar dos compromissos no cotidiano da sociedade, esperando que ele voltasse logo, glorioso, a mensagem do Evangelho segundo Lucas aponta na direção do envolvimento transformador das relações entre os seres humanos todos, sem discriminações ou preconceitos, para que a experiência da salvação vá sendo vivida: salvação que liberta dos inimigos e de todas as expressões e práticas de ódio e violência (cf. 1,71).

INTRODUÇÃO

1 Finalidade da obra – ¹Muitos tentaram escrever a história dos acontecimentos que se cumpriram entre nós, ²tal como nos transmitiram aqueles que desde o princípio foram testemunhas oculares e ministros da Palavra. ³Assim, também eu decidi escrever para você, ilustre Teófilo, uma narração bem ordenada, depois de ter investigado cuidadosamente todas as coisas desde o princípio. ⁴Isso para que você fique certo de que os ensinamentos que recebeu são sólidos.

I. À ESPERA DO NOVO: JOÃO BATISTA E JESUS

Anúncio do nascimento de João Batista – ⁵Nos dias de Herodes, rei da Judeia, havia um sacerdote chamado Zacarias, do grupo de Abias. Sua mulher era descendente de Aarão e se chamava Isabel. ⁶Os dois eram justos diante de Deus, e cumpriam fielmente todos os mandamentos e preceitos do Senhor. ⁷Não tinham filhos, porque Isabel era estéril, e os dois eram bem idosos.

⁸Aconteceu que Zacarias estava exercendo suas funções sacerdotais diante de Deus no turno de seu grupo. ⁹Segundo o costume sacerdotal, coube a ele, por sorteio, entrar no Santuário do Senhor para oferecer incenso. ¹⁰Toda a assembleia do povo estava rezando, do lado de fora, na hora do incenso. ¹¹E um anjo do Senhor apareceu a Zacarias, de pé à direita do altar do incenso. ¹²Quando Zacarias o viu, ficou assustado e cheio de medo. ¹³Mas o anjo lhe disse: "Não tenha medo, Zacarias, porque seu pedido foi ouvido. Sua esposa Isabel vai lhe dar um filho, e você lhe dará o nome de João. ¹⁴Você terá alegria e felicidade, e muitos se alegrarão com o nascimento dele. ¹⁵Porque ele será grande diante do Senhor. Não beberá vinho nem bebida que embebeda. Estará cheio do Espírito Santo, já desde o ventre de sua mãe. ¹⁶E fará muitos dos filhos de Israel voltarem ao Senhor Deus deles. ¹⁷Ele caminhará à frente do Senhor, com o espírito e o poder de Elias, para converter o coração dos pais aos filhos, e os rebeldes à sabedoria dos justos, e para preparar ao Senhor um povo bem-disposto". ¹⁸Zacarias disse ao anjo: "Como posso ter certeza disso? Pois eu sou velho, e minha esposa é bem idosa". ¹⁹O anjo lhe respondeu: "Eu sou Gabriel. Estou na presença de Deus, e fui enviado para falar com você e anunciar-lhe estas boas notícias. ²⁰Eis que você ficará mudo e não poderá falar, até o dia em que estas coisas aconteçam, porque você não acreditou em minhas palavras, que irão cumprir-se no tempo certo".

²¹O povo esperava Zacarias e estava estranhando sua demora no Santuário.

1,1-4: A obra de Lucas (Evangelho e Atos) resulta de uma investigação cuidadosa, baseada nos testemunhos vividos e proclamados no interior das comunidades e nos relatos que começavam a ser feitos a partir desses testemunhos, a começar do Evangelho segundo Marcos.
1,5–2,52: Os nascimentos de João e de Jesus são apresentados de forma semelhante: com eles tomam corpo as esperanças dos pobres de Israel. F enquanto Maria canta os feitos de Deus em favor dos humilhados e famintos, Zacarias e Simeão antecipam o que será o essencial na ação do Messias dos pobres de todos os tempos e lugares.
1,5-25: Zacarias e Isabel vivem a vergonha de serem idosos e não terem filhos. Mas é a eles que o olhar de

²²Quando Zacarias saiu, não lhes podia falar. E entenderam que ele tinha tido uma visão no Santuário. Ele se comunicava por gestos, e continuava mudo. ²³Quando terminaram os dias de seu serviço religioso, voltou para casa. ²⁴Algum tempo depois, sua esposa Isabel engravidou, e ficou escondida por cinco meses, dizendo: ²⁵"Eis o que o Senhor fez por mim, nos dias em que decidiu tirar de mim a humilhação pública".

Anúncio do nascimento de Jesus – ²⁶No sexto mês, o anjo Gabriel foi enviado por Deus a uma cidade da Galileia chamada Nazaré, ²⁷a uma virgem prometida em casamento a um homem chamado José, da casa de Davi. E o nome da virgem era Maria. ²⁸Entrando onde ela estava, o anjo lhe disse: "Alegre-se, cheia de graça: o Senhor está com você!" ²⁹Ao ouvir isso, Maria ficou confusa e se perguntava o que esta saudação queria dizer. ³⁰O anjo lhe disse: "Não tenha medo, Maria, porque você encontrou graça junto de Deus. ³¹Eis que você ficará grávida e dará à luz um filho, e lhe dará o nome de Jesus. ³²Ele será grande, será chamado Filho do Altíssimo. E o Senhor Deus lhe dará o trono de seu pai Davi. ³³Ele reinará para sempre sobre a casa de Jacó, e o seu reinado não terá fim". ³⁴Maria disse ao anjo: "Como acontecerá isso, se eu não vivo com nenhum homem?" ³⁵O anjo lhe respondeu: "O Espírito Santo virá sobre você e o poder do Altíssimo a cobrirá com sua sombra. Por isso o Santo que nascer será chamado Filho de Deus. ³⁶Eis que sua parente Isabel também concebeu um filho na sua velhice. E este é o sexto mês daquela que era chamada estéril. ³⁷Porque para Deus nada é impossível". ³⁸Então Maria disse: "Eis a serva do Senhor. Faça-se em mim como você me disse". E o anjo a deixou.

Visita de Maria a Isabel – ³⁹Nesses dias, Maria partiu apressadamente para a região montanhosa, a uma cidade de Judá. ⁴⁰Entrou na casa de Zacarias e saudou Isabel. ⁴¹Quando Isabel ouviu a saudação de Maria, o bebê pulou de alegria em seu ventre. Isabel ficou plena do Espírito Santo ⁴²e exclamou com voz forte: "Você é bendita entre as mulheres, e bendito é o fruto do seu ventre! ⁴³Como mereço que a mãe do meu Senhor venha me visitar? ⁴⁴Pois quando a voz de sua saudação chegou aos meus ouvidos, o bebê pulou de alegria em meu ventre. ⁴⁵Feliz aquela que acreditou, porque será cumprido o que lhe foi dito da parte do Senhor".

Cântico de Maria – ⁴⁶E Maria disse:
"Minha alma exalta o Senhor,
⁴⁷meu espírito se alegra em Deus,
    meu Salvador,
⁴⁸porque olhou para a humilhação
    de sua serva.
Eis que, de agora em diante, todas as
    gerações me considerarão feliz;
⁴⁹pois o Todo-poderoso fez grandes
    coisas por mim.
Seu nome é santo
⁵⁰e sua misericórdia perdura de geração
    em geração
para aqueles que o temem.
⁵¹Ele agiu com a força de seu braço.
Dispersou os arrogantes de coração.
⁵²Derrubou dos tronos os poderosos
    e exaltou os humildes.
⁵³Encheu de bens os famintos
    e despediu os ricos sem nada.
⁵⁴Socorreu Israel, seu servo,
    lembrando-se de sua misericórdia,
⁵⁵como tinha dito a nossos antepassados,
    em favor de Abraão
    e de sua descendência, para sempre".

⁵⁶Maria ficou com Isabel cerca de três meses, e então voltou para casa.

Deus se volta: deles nascerá o profeta que vai dar fim ao tempo das promessas (cf. 16,16) e preparar os caminhos do Messias libertador dos pobres.
26-38: Agora o olhar de Deus se volta a uma jovem mulher, que se tornará mãe pela ação do Espírito. Ao contrário de Zacarias, que era sacerdote e pouco sensível à novidade da intervenção divina, Maria de Nazaré acolhe o desafio que lhe é proposto: trazer ao mundo aquele que será chamado Filho de Deus.

39-45: A primeira proclamação de quem é o Messias ocorre no encontro solidário entre duas mulheres e futuras mães.
46-56: O cântico de Maria se inspira no de Ana (1Sm 2,1-10) e em alguns salmos. Começa celebrando a ação de Deus que olhou para a humilhação que Maria vivenciava naqueles dias, por ter assumido a maternidade do Messias. Em seguida, recorda a ação de Deus na vida dos pobres de Israel, reorientando o rumo das coisas,

Nascimento de João Batista – ⁵⁷Quando se completou o tempo de Isabel dar à luz, ela teve um filho. ⁵⁸Os vizinhos e parentes ouviram dizer que o Senhor havia tido grande misericórdia para com Isabel, e se alegraram com ela. ⁵⁹E aconteceu que, no oitavo dia, foram circuncidar o menino. E queriam dar-lhe o nome de seu pai, Zacarias. ⁶⁰Mas a mãe disse: "Não, ele se chamará João". ⁶¹Disseram-lhe: "Entre seus parentes não há ninguém com esse nome". ⁶²E com gestos perguntaram ao pai que nome queria dar ao filho. ⁶³Ele pediu uma tabuinha e escreveu: "O nome dele é João". E todos ficaram admirados. ⁶⁴No mesmo instante a boca e a língua dele se soltaram, e ele começou a falar, louvando a Deus. ⁶⁵Todos os vizinhos ficaram tomados de temor, e a notícia se espalhou por toda a região montanhosa da Judeia. ⁶⁶E todos os que ouviam essas coisas, as guardavam em seus corações, dizendo: "O que esse menino vai ser?" E, de fato, a mão do Senhor estava com ele.

Cântico de Zacarias – ⁶⁷Zacarias, seu pai, repleto do Espírito Santo, assim profetizou:

⁶⁸"Bendito o Senhor, Deus de Israel,
porque visitou e libertou seu povo,
⁶⁹e fez surgir para nós uma força
de salvação
na casa de Davi, seu servo,
⁷⁰como tinha dito no passado
pela boca de seus santos profetas:
⁷¹salvação que nos livra
de nossos inimigos,
da mão de todos os que nos odeiam.
⁷²Ele tratou com misericórdia
a nossos pais,
e se lembrou de sua santa aliança,
⁷³e do juramento que fez
a nosso pai Abraão:
de permitir que,
⁷⁴libertos da mão dos inimigos,
o servíssemos sem medo,
⁷⁵em santidade e justiça diante dele,
todos os nossos dias.
⁷⁶E tu, menino, serás chamado profeta
do Altíssimo,
pois irás à frente do Senhor
para preparar os caminhos dele,
⁷⁷e para dar a seu povo o conhecimento
da salvação,
mediante o perdão de seus pecados.
⁷⁸Graças ao coração misericordioso
de nosso Deus,
pelo qual nos visita o Sol
que nasce do alto,
⁷⁹para iluminar os que estão em trevas
e nas sombras da morte,
para guiar nossos passos
por um caminho de paz".

⁸⁰O menino crescia e se fortalecia em espírito. E vivia nos desertos, até o dia em que apareceu em público a Israel.

2 **Nascimento de Jesus** (Mt 1,18-25) – ¹E aconteceu que, nesses dias, saiu um decreto do imperador Augusto, ordenando o recenseamento de todo o mundo. ²Este foi o primeiro recenseamento, feito quando Quirino era governador da Síria. ³E todos iam se alistar, cada um na própria cidade. ⁴Também José subiu da cidade de Nazaré da Galileia para a Judeia, à cidade de Davi, chamada Belém, porque ele era da casa e da família de Davi. ⁵Foi se inscrever com sua esposa Maria, que estava grávida. ⁶Enquanto eles estavam aí, completaram-se os dias para o parto. ⁷Ela deu à luz seu filho primogênito. Envolveu-o em panos e o deitou numa manjedoura, porque não havia lugar para eles na sala.

Visita dos pastores – ⁸Na mesma região, alguns pastores estavam nos campos e

---

recriando a justiça e renovando a esperança animada pelas promessas feitas desde o tempo de Abraão. O cântico indica o rumo que será assumido por Jesus, ungido pelo Espírito para levar a Boa Notícia aos pobres (4,18).

57-66: O nascimento de João (nome que significa "Deus tem piedade") é uma dádiva a seus pais e motivo de alegria para os vizinhos. Mas, principalmente, é razão de esperança: de uma criança algo novo há de vir.

67-80: Diante de seu filho, Zacarias entoa um cântico, que trata da visita de Deus por meio de Jesus. É em Jesus que se encontra a força que vai livrar dos inimigos e formar um povo que viva em santidade e justiça. João irá à frente, proclamando a todos que a visita de Deus ao povo está para ocorrer, com vistas em uma nova história, na direção da paz.

2,1-7: Num contexto de dominação imperial (o recenseamento é feito para a organização da cobrança de impostos), Jesus nasce, e desde o início faz a experiência da pobreza (a falta de um teto), mostrando com quem se identifica e solidariza

8-20: Na época de Jesus, os pastores eram marginalizados, porque não tinham condições de cumprir a

durante a noite cuidavam de seu rebanho. ⁹Um anjo do Senhor apareceu a eles. A glória do Senhor os cercou de luz, e eles ficaram apavorados. ¹⁰Mas o anjo lhes disse: "Não tenham medo! Porque eis que lhes anuncio a Boa Notícia, uma grande alegria para todo o povo: ¹¹Hoje, na cidade de Davi, nasceu para vocês um Salvador, que é o Messias e Senhor. ¹²Isto lhes servirá de sinal: Vocês encontrarão um menino envolto em panos e deitado numa manjedoura". ¹³E de repente uma multidão do exército celeste juntou-se ao anjo, e louvavam a Deus, dizendo: ¹⁴"Glória a Deus nas alturas, e paz na terra aos que ele ama!"

¹⁵Assim que os anjos os deixaram, em direção ao céu, os pastores disseram entre si: "Vamos logo a Belém para ver o que aconteceu, e que o Senhor nos fez saber". ¹⁶Partiram depressa e encontraram Maria, José e o menino deitado na manjedoura. ¹⁷Ao ver o menino, contaram o que lhes tinha sido dito a respeito dele. ¹⁸E todos os que ouviam os pastores ficavam maravilhados com o que eles contavam. ¹⁹Maria, por sua vez, guardava todas essas coisas, meditando-as em seu coração. ²⁰E os pastores voltaram, glorificando e louvando a Deus por tudo o que tinham ouvido e visto, como tinha sido dito a eles.

Circuncisão de Jesus e apresentação no Templo

²¹Quando se completaram os oito dias para circuncidar o menino, deram-lhe o nome de Jesus, tal como tinha sido chamado pelo anjo antes de ser concebido no ventre materno.

²²E quando se completaram os dias para a purificação deles, conforme a Lei de Moisés, levaram o menino a Jerusalém, para apresentá-lo ao Senhor. ²³Tal como está escrito na Lei do Senhor: "Todo primogênito do sexo masculino será consagrado ao Senhor". ²⁴E também para oferecer em sacrifício um par de rolas ou dois pombinhos, como diz a Lei do Senhor.

²⁵E eis que havia em Jerusalém um homem chamado Simeão. Este homem justo e piedoso esperava a consolação de Israel, e o Espírito Santo estava sobre ele. ²⁶O Espírito Santo lhe havia revelado que ele não morreria sem antes ver o Messias do Senhor. ²⁷Movido pelo Espírito, ele foi ao Templo. Quando os pais levaram o menino Jesus para cumprir o costume da Lei a respeito dele, ²⁸Simeão tomou a criança nos braços, louvou a Deus e disse:

²⁹"Agora, Senhor, podes deixar teu servo
　partir em paz,
　segundo a tua palavra.
³⁰Porque meus olhos viram a tua salvação,
³¹que preparaste diante
　de todos os povos,
³²luz para iluminar as nações
　e glória de teu povo Israel".

³³Seu pai e sua mãe estavam admirados com o que diziam dele. ³⁴Simeão os abençoou e disse a Maria, mãe do menino: "Eis que este menino será causa de queda e reerguimento de muitos em Israel. Ele será um sinal de contradição. ³⁵Quanto a você, uma espada vai atravessar sua alma. E assim serão revelados os pensamentos de muitos corações".

³⁶Havia também uma profetisa, Ana, filha de Fanuel, da tribo de Aser. Era já bastante idosa. Tinha casado e vivido com o marido por sete anos. ³⁷Depois ficou viúva, e assim chegou aos oitenta e quatro anos. Não se afastava do Templo, servindo a Deus com jejuns e orações, noite e dia. ³⁸Ela chegou nessa mesma hora. Dava graças a Deus e falava do menino a todos os que esperavam a libertação de Jerusalém.

³⁹Quando acabaram de cumprir todas as coisas segundo a Lei do Senhor, eles voltaram à Galileia, para sua cidade de Nazaré. ⁴⁰E o menino crescia e ficava forte, cheio de sabedoria. E a graça de Deus estava sobre ele.

Jesus com doze anos, sintonizado com o Pai

⁴¹Os pais de Jesus viajavam a Jeru-

---

totalidade da Lei. Mas são eles os primeiros a receber a notícia de que nasceu o Messias dos pobres, ele mesmo pobre.

21-40: O rosto pobre do Messias se mostra na forma de cumprir o que a Lei previa. A oferta de dois pombinhos ou rolas era o que se pedia dos pobres quando nascia o primogênito. E a Boa Notícia que o Messias tem (cf. 4,18ss) será motivo de contestação: ricos e poderosos verão como inimigo e juiz severo, enquanto os pobres verão, em suas palavras e ações, caminhos para a libertação e a vida de todos.

41-52: Desde adolescente, Jesus deixa claro que sua vida e opções serão guiadas pela sintonia com o Pai. O fato de ele crescer e se desenvolver como qualquer

salém todos os anos para a festa da Páscoa. ⁴²Quando ele tinha doze anos, subiram para a festa como de costume. ⁴³Terminados os dias da festa, eles voltaram, mas o menino Jesus ficou em Jerusalém, sem que seus pais tivessem notado. ⁴⁴Pensando que ele estivesse na caravana, caminharam um dia inteiro, e o procuravam entre os parentes e conhecidos. ⁴⁵Como não o encontraram, voltaram a Jerusalém à procura dele. ⁴⁶Três dias depois o encontraram no Templo, sentado em meio aos doutores, escutando-os e fazendo-lhes perguntas. ⁴⁷E todos os que o ouviam ficavam maravilhados com sua inteligência e suas respostas. ⁴⁸Ao verem o menino, seus pais ficaram emocionados. Sua mãe lhe disse: "Filho, por que fizeste isso conosco? Olha que teu pai e eu estávamos angustiados te procurando". ⁴⁹E ele lhes disse: "Por que me procuravam? Não sabiam que eu devo estar ocupado com as coisas de meu Pai?" ⁵⁰Mas eles não compreenderam o que ele lhes tinha dito. ⁵¹Jesus desceu então com os pais para Nazaré e era obediente a eles. Sua mãe guardava todas as coisas em seu coração. ⁵²E Jesus crescia em sabedoria, tamanho e graça, diante de Deus e das pessoas.

II. O MESSIAS DOS POBRES NA GALILEIA

3 *Pregação de João Batista (Mt 3,1-12; Mc 1,1-8; Jo 1,19-28)* – ¹Era o décimo quinto ano do império de Tibério César. Pôncio Pilatos era governador da Judeia, Herodes era tetrarca da Galileia, seu irmão Filipe era tetrarca da Itureia e da Traconítide, e Lisânias era tetrarca de Abilene. ²Anás e Caifás eram sumos sacerdotes. A palavra do Senhor foi então dirigida a João, filho de Zacarias, no deserto. ³João andou por toda a região do Jordão, pregando um batismo de arrependimento para o perdão dos pecados. ⁴Tal como está escrito no livro das palavras do profeta Isaías:

"Voz que grita no deserto: Preparem o caminho do Senhor, endireitem suas estradas. ⁵Todo vale será aterrado, toda montanha ou colina será rebaixada. Os caminhos tortuosos serão endireitados, e as estradas esburacadas serão niveladas. ⁶E todos verão a salvação de Deus".

⁷João dizia às multidões que iam ao seu encontro para serem batizadas por ele: "Raça de cobras venenosas! Quem os ensinou a fugir da ira que está para vir? ⁸Produzam, pois, frutos que comprovem o arrependimento. E não comecem a dizer: 'Temos Abraão por pai'. Porque eu lhes digo que até dessas pedras Deus pode fazer filhos para Abraão. ⁹Agora o machado já está na raiz das árvores. E toda árvore que não produz fruto bom será cortada e jogada no fogo". ¹⁰Então as multidões lhe perguntavam: "O que devemos fazer?" ¹¹Ele respondia: "Quem tem duas túnicas, reparta com quem não tem. E quem tem comida, faça a mesma coisa". ¹²Chegaram também alguns cobradores de impostos para serem batizados. Disseram a João: "Mestre, o que devemos fazer?" ¹³Ele lhes disse: "Não cobrem nada além do que foi estabelecido". ¹⁴Alguns soldados também lhe perguntavam: "E nós, o que devemos fazer?" Disse-lhes: "Não maltratem ninguém com violência ou ameaça, não façam acusações falsas, e fiquem contentes com seu salário".

¹⁵Como o povo estava à espera do Messias, todos se perguntavam em seus corações se João não seria o Messias. ¹⁶João respondeu a todos, dizendo: "Eu batizo vocês com água. Mas está chegando alguém mais forte do que eu. Não tenho o direito de desamarrar a correia de suas sandálias. Ele batizará vocês com Espírito Santo e fogo. ¹⁷A pá está na mão dele para limpar sua eira e para recolher o trigo em seu celeiro. Mas a palha, ele a queimará no fogo que nunca se acaba". ¹⁸E assim, com

---

outro ser humano não o afasta de Deus, nem compromete sua filiação divina. Pelo contrário, é na vivência profunda de sua humanidade que Jesus manifesta sua condição de Filho de Deus.

3,1–9,50: Esta seção do Evangelho apresenta Jesus atuando na Galileia, onde João o precede. Aí ele fará sua proclamação básica, a respeito de si mesmo como Messias ungido pelo Espírito, para levar a Boa Notícia aos pobres (4,16-30), e a respeito das exigências princi-

pais que se colocam a quem queira tornar-se discípulo seu (6,20-49).

3,1-20: O texto situa a ação de João e de Jesus na história humana. A intervenção dos dois não ocorre ignorando o cotidiano das pessoas, nem os problemas de ordem social e política. João prepara a ação de Jesus, convocando a uma mudança radical de vida. O povo em geral se vê convocado, mas são principalmente os que colaboram com o império que se veem tocados pelas

muitas outras exortações, João anunciava ao povo a Boa Notícia.

¹⁹João tinha repreendido o tetrarca Herodes por causa de Herodíades, mulher de seu irmão Filipe, e por causa de todas as maldades que tinha cometido. ²⁰Mas, a tudo o que já tinha feito, Herodes acrescentou algo bem pior: lançou João na cadeia.

Batismo de Jesus (Mt 3,13-17; Mc 1,9-11) – ²¹Todo o povo se fazia batizar, e também Jesus foi batizado. E enquanto estava em oração, o céu se abriu. ²²O Espírito Santo desceu sobre ele em forma corporal, como pomba. E veio uma voz do céu: "Tu és o meu Filho. Eu hoje te gerei".

Genealogia de Jesus (Mt 1,1-17) – ²³Jesus tinha cerca de trinta anos quando começou seu ministério. E era, como se supunha, filho de José, que era filho de Eli, ²⁴filho de Matat, filho de Levi, filho de Melqui, filho de Janai, filho de José, ²⁵filho de Matatias, filho de Amós, filho de Naum, filho de Esli, filho de Nagai, ²⁶filho de Maat, filho de Matatias, filho de Semein, filho de Josec, filho de Jodá, ²⁷filho de Joanã, filho de Ressa, filho de Zorobabel, filho de Salatiel, filho de Neri, ²⁸filho de Melqui, filho de Adi, filho de Cosã, filho de Elmadã, filho de Her, ²⁹filho de Jesus, filho de Eliezer, filho de Jorim, filho de Matat, filho de Levi, ³⁰filho de Simeão, filho de Judá, filho de José, filho de Jonã, filho de Eliacim, ³¹filho de Meleia, filho de Mená, filho de Matatá, filho de Natã, filho de Davi, ³²filho de Jessé, filho de Obed, filho de Booz, filho de Salá, filho de Naasson, ³³filho de Aminadab, filho de Admin, filho de Arni, filho de Esron, filho de Farés, filho de Judá, ³⁴filho de Jacó, filho de Isaac, filho de Abraão, filho de Taré, filho de Nacor, ³⁵filho de Seruc, filho de Ragau, filho de Faleg, filho de Éber, filho de Salá, ³⁶filho de Cainã, filho de Arfaxad, filho de Sem, filho de Noé, filho de Lamec, ³⁷filho de Matusalém, filho de Henoc, filho de Jared, filho de Malaleel, filho de Cainã, ³⁸filho de Enós, filho de Set, filho de Adão, filho de Deus.

4

Tentação no deserto (Mt 4,1-11; Mc 1,12s) – ¹Cheio do Espírito Santo, Jesus voltou do Jordão e, no Espírito, era conduzido pelo deserto. ²Durante quarenta dias, era tentado pelo diabo. Nesses dias, Jesus não comeu nada. Passados esses dias, teve fome. ³O diabo lhe disse: "Se és Filho de Deus, manda que essa pedra se transforme em pão". ⁴Jesus lhe respondeu: "Está escrito: 'O ser humano não vive só de pão'". ⁵Então o diabo levou Jesus a um lugar alto e lhe mostrou num instante todos os reinos do mundo. ⁶E o diabo lhe disse: "Eu te darei todo esse poder e a glória desses reinos. Porque ela foi dada a mim, e eu a dou a quem eu quiser. ⁷Se te ajoelhares diante de mim, toda ela será tua". ⁸Jesus lhe respondeu: "Está escrito: 'Adore somente ao Senhor seu Deus, e somente a ele preste culto'". ⁹E o diabo levou Jesus a Jerusalém, colocou-o no ponto mais alto do Templo e lhe disse: "Se és Filho de Deus, atira-te daqui para baixo. ¹⁰Pois está escrito: 'Deus ordenará a seus anjos a teu respeito, para que te protejam'. ¹¹E também: 'Eles te carregarão nas mãos, para que teu pé não tropece em alguma pedra'". ¹²Jesus lhe respondeu: "Foi dito: 'Não tente o Senhor seu Deus'". ¹³Quando acabou todas as tentações, o diabo se afastou de Jesus, para voltar no tempo oportuno.

Pregação na Galileia (Mt 4,12-17; Mc 1,14-15) – ¹⁴Jesus voltou para a Galileia com a força do Espírito, e sua fama se espalhou por toda a região. ¹⁵Ele ensinava nas sinagogas deles, e era elogiado por todos.

---

palavras de João, que os exorta a mudar de conduta. O incômodo que João produz nos poderosos o leva à cadeia.

21-22: O batismo de Jesus acontece junto com o das pessoas que procuram João. A partir daí Jesus começará sua missão, e o Pai deixa claro que assume o Filho no caminho que este irá trilhar.

23-38: A genealogia deste Evangelho é diferente da que lemos em Mt 1,1-17. Aqui se mostra Jesus assumindo em si, e por completo, as alegrias, esperanças e sofrimentos de toda a humanidade. É o que se salienta com a quantidade de gerações: setenta e sete, número que tem o sentido de totalidade. Pela trajetória histórica de Jesus, filho da humanidade, se compreenderá como e por que ele é Filho de Deus.

4,1-13: A ordem das três tentações difere da Mt, e mostra como Jesus enfrenta desafios que vão desde a satisfação de uma necessidade básica, como a fome, até a busca de segurança religiosa, passando pelo desejo de poder. Cf. nota a Mt 4,1-11.

14-15: A atividade de Jesus será toda animada pelo Espírito de Deus, que o conduz à periferia de Israel, a Galileia, para aí iniciar sua missão.

Jesus na sinagoga de Nazaré (Mt 13,53-58; Mc 6,1-6)

¹⁶Jesus foi para Nazaré, onde tinha sido criado. No sábado entrou na sinagoga, como era seu costume, e se levantou para fazer a leitura. ¹⁷Foi-lhe dado o livro do profeta Isaías. Abrindo o rolo, ele encontrou o lugar onde está escrito: ¹⁸"O Espírito do Senhor está sobre mim, porque ele me ungiu para anunciar a Boa Notícia aos pobres. Enviou-me para anunciar a libertação aos presos e a recuperação da vista aos cegos, para dar liberdade aos oprimidos, ¹⁹e para anunciar o ano da graça do Senhor". ²⁰Depois fechou o livro, o entregou ao ajudante e sentou-se. E todos os olhos na sinagoga estavam fixos nele. ²¹Jesus então começou a dizer-lhes: "Hoje se cumpriu essa passagem da Escritura que vocês acabaram de ouvir". ²²E todos falavam bem dele, e se admiravam com as palavras cheias de graça que saíam de sua boca. E diziam: "Não é este o filho de José?" ²³Jesus lhes disse: "Com certeza vocês vão me dizer aquele provérbio. 'Médico, cura-te a ti mesmo'. Faze também aqui, em tua pátria, todas as coisas que ouvimos dizer que fizeste em Cafarnaum". ²⁴E acrescentou: "Eu lhes garanto: Nenhum profeta é aceito em sua pátria. ²⁵Em verdade, eu lhes digo: Havia muitas viúvas em Israel nos dias de Elias. O céu então ficou fechado por três anos e meio, de modo que houve grande fome sobre toda a terra. ²⁶Mas Elias não foi enviado a nenhuma delas, e sim a uma viúva de Sarepta, na Sidônia. ²⁷E havia muitos leprosos em Israel no tempo do profeta Eliseu, mas nenhum deles foi purificado, a não ser o sírio Naamã". ²⁸Quando ouviram isso, todos na sinagoga ficaram furiosos. ²⁹Levantaram-se e expulsaram Jesus da cidade. E o levaram até o alto do morro sobre o qual a cidade estava construída, para fazê-lo cair lá de cima. ³⁰Jesus, porém, passando pelo meio deles, seguia seu caminho.

Cura do possesso em Cafarnaum (Mc 1,21-28)

³¹Jesus desceu a Cafarnaum, cidade da Galileia, e aos sábados os ensinava. ³²E ficavam maravilhados com seu ensinamento, pois ele falava com autoridade. ³³Havia na sinagoga um homem possuído pelo espírito de um demônio impuro. Ele se pôs a gritar forte: ³⁴"Ah! O que queres de nós, Jesus de Nazaré? Vieste para nos destruir? Eu sei quem tu és: o Santo de Deus". ³⁵Jesus o repreendeu, dizendo: "Cale-se, e saia dele". O demônio o atirou por terra no meio deles, e saiu dele sem lhe fazer mal. ³⁶O espanto tomou conta de todos. E comentavam entre si: "Que palavra é essa? Com autoridade e poder ele dá ordens aos espíritos impuros, e eles saem". ³⁷E sua fama se espalhava por todo lugar da redondeza.

Jesus cura a sogra de Pedro e outros enfermos (Mt 8,14-17; Mc 1,29-34)

³⁸Jesus se levantou, saiu da sinagoga e entrou na casa de Simão. A sogra de Simão estava com febre alta, e pediram a Jesus por ela. ³⁹Jesus se inclinou sobre ela, repreendeu a febre, e a febre a deixou. No mesmo instante a mulher se levantou e começou a servi-los. ⁴⁰Ao pôr do sol, todos os que tinham doentes, com várias enfermidades, os levavam a Jesus. Ele colocava as mãos sobre cada um deles, e os curava. ⁴¹De muitas pessoas saíam demônios gritando: "Tu és o Filho de Deus". Ele os repreendia e não os deixava falar, pois sabiam que ele era o Messias.

Jesus percorre a Judeia (Mc 1,35-39)

⁴²Ao raiar o dia, Jesus saiu e foi para um lugar deserto. As multidões o procuravam, e

---

16-30: De acordo com Lucas, é na proclamação que Jesus faz na sinagoga de Nazaré que se torna claro o sentido da atividade que ele começa a realizar. Jesus "inaugura" sua ação com a leitura de Is 61,1-2, e aplicando a si mesmo essa passagem da Escritura. Porque foi ungido pelo Espírito de Deus, ele tem uma boa notícia a comunicar. Mas tal notícia é boa para os pobres. A libertação deles ante as condições que os escravizam e destroem é o ponto de partida para a criação de uma humanidade renovada. E esta mensagem não tem fronteiras. A ação profética de Elias e Eliseu já indicava que o projeto de Deus não era restrito a um único povo, mas devia atingir a todos, a começar pelos oprimidos: era neles que a chegada do "ano da graça" produzia alegria, pois as dívidas deveriam ser perdoadas, as terras redistribuídas. Mas não demorarão a aparecer aqueles que não verão essa notícia como boa.

31-37: Cf. nota a Mc 1,21-28.

38-41: O compromisso de Jesus é com a vida livre e transbordante. Por isso em suas curas são importantes os gestos. Não se trata apenas de resgatar a saúde, mas o bem-estar por inteiro, a fim de criar homens e mulheres novos. E será preciso enfrentar os demônios, que se colocam contra Jesus justamente dizendo quem ele é!

42-44: A ação realizada por Jesus visa formar seres humanos livres e responsáveis, que assumam e espa-

quando o encontraram, o seguravam para que não fosse embora. ⁴³Mas ele lhes disse: "Eu devo anunciar a Boa Notícia do Reino de Deus também a outras cidades, pois para isso é que fui enviado". ⁴⁴E pregava pelas sinagogas da Judeia.

5 **Chamado dos primeiros discípulos** *(Mt 4,18-22; Mc 1,16-20)* – ¹E aconteceu que Jesus estava à beira do lago de Genesaré. A multidão se apertava ao redor dele para ouvir a Palavra de Deus. ²Jesus viu então duas barcas paradas na margem do lago: os pescadores tinham desembarcado e lavavam as redes. ³Subindo numa das barcas, a de Simão, Jesus pediu que ele se afastasse um pouco da terra. Sentado na barca, Jesus ensinava as multidões.

⁴Quando acabou de falar, disse a Simão: "Avance para águas mais profundas, e joguem as redes para a pesca". ⁵Simão respondeu: "Mestre, trabalhamos duramente a noite toda e não pescamos nada. Mas, por causa da tua palavra, jogarei as redes". ⁶Fizeram isso, e pegaram tanto peixe que as redes se arrebentavam. ⁷Então fizeram sinais aos sócios da outra barca, para que fossem ajudá-los. Eles foram e encheram as duas barcas, a ponto de quase afundarem. ⁸Vendo isso, Simão Pedro atirou-se aos pés de Jesus, dizendo: "Afasta-te de mim, Senhor, pois sou um pecador". ⁹É que o espanto tinha tomado conta de Pedro e dos que estavam com ele, por causa da quantidade de peixes que tinham pescado. ¹⁰Também os sócios de Simão, Tiago e João, filhos de Zebedeu, estavam espantados. E Jesus disse a Simão: "Não tenha medo! A partir de agora você vai ser pescador de gente". ¹¹E, levando as barcas para a terra e deixando tudo, eles seguiram a Jesus.

Cura do leproso *(Mt 8,1-4; Mc 1,40-45)* – ¹²E aconteceu que Jesus estava numa daquelas cidades, quando apareceu um homem cheio de lepra. Ao ver Jesus, ele se prostrou com o rosto por terra e lhe suplicou: "Senhor, se queres, tens o poder de me purificar". ¹³Jesus estendeu a mão e, tocando nele, disse: "Eu quero. Fique purificado". E imediatamente a lepra o deixou. ¹⁴Jesus lhe ordenou que não contasse nada a ninguém: "Vá, porém, apresentar-se ao sacerdote e, pela sua purificação, faça a oferenda que Moisés ordenou, como prova para eles". ¹⁵A fama de Jesus, porém, espalhava-se ainda mais. E numerosas multidões iam a ele, para ouvi-lo e serem curadas de suas doenças. ¹⁶Mas Jesus se retirava para lugares desertos e rezava.

Cura do paralítico *(Mt 9,1-8; Mc 2,1-12)* – ¹⁷Aconteceu que, certo dia, Jesus estava ensinando. Estavam aí sentados fariseus e mestres da Lei, vindos de todos os vilarejos da Galileia, da Judeia e de Jerusalém. E Jesus tinha um poder do Senhor para fazer curas. ¹⁸E eis que chegaram alguns homens carregando um paralítico numa maca. Tentavam levá-lo para dentro e colocá-lo diante de Jesus. ¹⁹Como não encontravam um modo de levá-lo para dentro, por causa da multidão, subiram ao terraço e, entre as telhas, o baixaram com a maca, bem no centro, diante de Jesus. ²⁰Vendo a fé que eles tinham, Jesus disse: "Homem, seus pecados estão perdoados". ²¹Os fariseus e doutores da Lei começaram a pensar: "Quem é esse que fala blasfêmias? Quem pode perdoar pecados, a não ser Deus somente?" ²²Conhecendo os pensamentos deles, Jesus lhes respondeu: ²³"Por que vocês pensam assim em seus corações? O que é mais fácil? Dizer: 'Seus pecados estão perdoados', ou dizer: 'Levante-se e ande'? ²⁴Ora, para que vocês saibam que o Filho

---

lhem a boa notícia aos pobres. Por isso ele não se fixa num lugar, e vai ao encontro de quem não conhece sua mensagem.

5,1-11: Com o episódio de uma pesca grandiosa, Lucas apresenta tanto o chamado dos discípulos como o desafio da missão que os espera. O Mestre que manda lançar as redes é o mesmo que se apresentou ungido pelo Espírito com a boa notícia aos pobres. É necessário ir ao encontro da humanidade em todos os cantos, para difundir a novidade do programa de ação do Messias. Para isso é que Pedro e seus companheiros são chamados.

12-16: A ação de Jesus é ao mesmo tempo expressão de sua misericórdia com quem sofre, e de oposição às pessoas e estruturas que produzem a marginalização sofrida pelos leprosos, por razões de saúde e religião (cf. Lv 13). Daí que não basta declarar que o leproso esteja purificado: será preciso também desafiar o sistema político e religioso que mantém tantas pessoas no abandono e no desprezo. Elas vão ao encontro de Jesus, e ele reforça sua sintonia com o Pai.

17-26: Cf. nota a Mc 2,1-12. A reação das pessoas presentes, gente importante, combina admiração e medo: o que Jesus faz não cabe no esquema mental delas.

do Homem tem autoridade na terra para perdoar pecados" – disse ao paralítico – "eu lhe digo: Levante-se, pegue sua maca e vá para casa". ²⁵No mesmo instante, ele se levantou diante deles, pegou a maca onde estava deitado e foi para casa, glorificando a Deus. ²⁶Todos ficaram maravilhados e glorificavam a Deus. E cheios de medo diziam: "Hoje vimos coisas extraordinárias".

Chamado de Levi e refeição com pecadores (Mt 9,9-13; Mc 2,13-17) – ²⁷Depois disso, Jesus saiu e viu um cobrador de impostos chamado Levi, sentado junto à mesa de cobrar impostos. Disse-lhe: "Siga-me!" ²⁸E, deixando tudo, ele se levantou e seguia a Jesus. ²⁹Então Levi ofereceu a Jesus um grande banquete em sua casa. Estava com eles à mesa um grande número de cobradores de impostos e outras pessoas. ³⁰Os fariseus e seus doutores da Lei se queixavam com os discípulos, dizendo: "Por que vocês comem e bebem com cobradores de impostos e pecadores?" ³¹Jesus lhes respondeu: "Não são os que têm saúde que precisam de médico, e sim os doentes. ³²Eu não vim chamar justos, e sim pecadores, para a conversão".

O jejum (Mt 9,14-17; Mc 2,18-22) – ³³Então eles disseram a Jesus: "Os discípulos de João jejuam com frequência e fazem orações, e assim também os discípulos dos fariseus. Os teus discípulos, porém, comem e bebem". ³⁴Jesus respondeu: "Vocês acham que é possível fazer os amigos do noivo jejuarem, enquanto o noivo está com eles? ³⁵Mas virão dias em que o noivo será tirado do meio deles. Nesses dias, então, eles vão jejuar". ³⁶E Jesus lhes disse ainda uma parábola: "Ninguém rasga um retalho de roupa nova para remendar roupa velha. Porque a roupa nova ficaria rasgada, e o remendo novo não combinaria com a roupa velha. ³⁷E ninguém põe vinho novo em vasilhas de couro velhas. Porque o vinho novo estouraria as vasilhas, se derramaria, e as vasilhas ficariam estragadas. ³⁸Ao contrário, vinho novo se põe em vasilhas novas. ³⁹E ninguém que tomou vinho velho quer vinho novo, pois diz: 'O velho é melhor'".

6 *Espigas arrancadas no sábado (Mt 12,1-8; Mc 2,23-28)* – ¹Certo sábado, Jesus passava pelas plantações. Seus discípulos arrancavam espigas e as comiam, debulhando-as com as mãos. ²Alguns dos fariseus disseram: "Por que vocês fazem o que não é permitido no sábado?" ³Jesus respondeu: "Vocês nunca leram o que fez Davi, quando estava com fome, ele e seus companheiros? ⁴Ele entrou na casa de Deus, pegou os pães oferecidos a Deus, comeu e os deu a seus companheiros. Ora, só os sacerdotes podem comer desses pães!" ⁵E lhes dizia: "O Filho do Homem é senhor do sábado".

Cura da mão paralisada (Mt 12,9-14; Mc 3,1-6) – ⁶Em outro sábado, Jesus entrou na sinagoga e se pôs a ensinar. Estava aí um homem que tinha a mão direita paralisada. ⁷Os doutores da Lei e fariseus observavam Jesus, a fim de ver se ele o curaria no sábado, para assim terem motivo de acusá-lo. ⁸Mas Jesus conhecia os pensamentos deles, e disse ao homem que tinha a mão paralisada: "Levante-se e fique de pé, no centro". Ele se levantou e ficou de pé. ⁹Jesus lhes disse: "Eu pergunto a vocês: No sábado é permitido fazer o bem ou fazer o mal, salvar uma vida ou destruí-la?" ¹⁰E lançando o olhar sobre todos, disse ao homem: "Estenda a mão". Ele obedeceu, e sua mão ficou curada. ¹¹Eles se encheram de raiva, e discutiam entre si sobre o que fariam contra Jesus.

Escolha dos Doze (Mt 10,1-4; Mc 3,13-19) – ¹²E aconteceu que, nesses dias, Jesus foi à montanha para rezar, e passou a noite inteira em oração a Deus. ¹³Quando amanheceu, chamou seus discípulos, escolheu doze dentre eles, e deu-lhes o nome de apóstolos: ¹⁴Simão, a quem chamou também de Pedro, e seu irmão André; Tiago e João, Filipe e Bartolomeu, ¹⁵Mateus e Tomé; Tiago, filho de Alfeu, e Simão, cha-

---

27-32: Cf. nota a Mc 2,13-17. No texto de Lucas, Levi parece ser daqueles que comandam o esquema de arrecadação (como Zaqueu, no cap. 19). O chamado dirigido a ele exige deixar tudo, para comprometer-se com a partilha e com a vida dos pobres.

33-39: Cf. nota a Mc 2,18-22.
6,1-5: Cf. nota a Mc 2,23-28.
6 11: Cf. nota a Mc 3,1-7a.
12-16: Os Doze que Jesus escolhe entre seus discípulos são chamados de apóstolos, ou seja, enviados. Eles

mado Zelota; Judas, filho de Tiago, ¹⁶e Judas Iscariotes, que se tornou traidor.

A multidão segue Jesus *(Mt 4,23-25; 12,15b-21; Mc 3,7b-12)* – ¹⁷Jesus desceu com os discípulos e parou numa planície. Havia aí numerosos discípulos e grande multidão de gente, de toda a Judeia e Jerusalém, do litoral de Tiro e Sidônia. ¹⁸Tinham ido para escutar Jesus e serem curados de suas doenças. Os que eram atormentados por espíritos impuros também ficavam curados. ¹⁹Toda a multidão procurava tocar em Jesus, porque dele saía uma força que curava a todos.

As bem-aventuranças e os "ais" *(Mt 5,1-12)* – ²⁰Elevando os olhos para seus discípulos, Jesus dizia: "Felizes vocês, os pobres, porque de vocês é o Reino de Deus. ²¹Felizes vocês, que agora têm fome, porque serão saciados. Felizes vocês, que agora choram, porque hão de sorrir. ²²Felizes são vocês, quando as pessoas os odeiam, os rejeitam, os insultam e amaldiçoam o nome de vocês por causa do Filho do Homem. ²³Alegrem-se nesse dia e exultem, porque é grande a recompensa de vocês no céu. Pois era assim que os pais deles tratavam os profetas.

²⁴Mas ai de vocês, ricos, porque já têm a própria consolação. ²⁵Ai de vocês, que agora estão saciados, porque terão fome. Ai de vocês, que agora riem, porque vão ficar de luto e chorar. ²⁶Ai de vocês, quando todos os elogiam. Pois era assim que os pais deles tratavam os falsos profetas".

Amor aos inimigos *(Mt 5,38-48; 7,12a)* – ²⁷"Mas eu digo a vocês, que estão me escutando: Amem seus inimigos, façam o bem a quem odeia vocês. ²⁸Falem bem de quem fala mal de vocês. Rezem por aqueles que os caluniam. ²⁹Quando alguém lhe bater numa face, ofereça também a outra. Se alguém tirar de você o manto, deixe que leve também a túnica. ³⁰Dê a todo aquele que lhe pedir, e se alguém pegar o que é seu, não peça de volta. ³¹Tratem as pessoas como vocês gostariam que elas tratassem vocês. ³²Se vocês amam aqueles que os amam, que gratuidade é essa? Até os pecadores amam aqueles que os amam. ³³Se vocês fazem o bem àqueles que lhes fazem o bem, que gratuidade é essa? Até os pecadores fazem isso. ³⁴Se vocês emprestam àqueles de quem esperam receber, que gratuidade é essa? Até os pecadores emprestam a pecadores, para receber o equivalente. ³⁵Ao contrário, amem seus inimigos, façam o bem e emprestem sem esperar nada em troca. Então a recompensa de vocês será grande. E vocês serão filhos do Altíssimo, pois ele é bondoso também para com os ingratos e maus. ³⁶Sejam misericordiosos, como o Pai de vocês é misericordioso".

Misericórdia e gratuidade. Parábola do guia cego *(Mt 7,1-5)* – ³⁷"Não julguem e não serão julgados. Não condenem e não serão condenados. Perdoem e serão perdoados. ³⁸Deem e lhes será dado. Uma boa medida, socada, sacudida e transbordante será colocada na dobra da veste de vocês. Porque a mesma medida que vocês usarem para os outros, será usada para vocês".

³⁹E Jesus lhes disse ainda uma parábola: "Por acaso um cego consegue guiar outro cego? Os dois não cairão num buraco? ⁴⁰O discípulo não está acima do mestre. E todo discípulo bem preparado será como o seu mestre. ⁴¹Por que você repara no cisco que

---

terão a tarefa de continuar a obra de Jesus, o que será mostrado, em alguns episódios, na primeira parte dos Atos dos Apóstolos.

17-19: Em torno de si e dos seus discípulos, Jesus reúne de todas as partes, de modo especial, pessoas doentes e desprezadas. Elas o procuram porque sua ação messiânica as alcança e semeia nelas a esperança de uma vida dignamente vivida.

20-26: As bem-aventuranças são um anúncio de felicidade, mas principalmente fazem uma convocação contra o conformismo. Jesus chama pobres, aflitos e famintos a levantarem a cabeça, na certeza de que o Reino de Deus é deles e que sua situação haverá de se alterar. Mas em Lucas as palavras de Jesus explicitam o outro lado: o da denúncia. Como os antigos profetas, Jesus deixa claro que a consolação dos ricos que produz a pobreza de tantos. A ação e a proclamação realizadas pelo Messias dos pobres alcançam os ricos, no sentido de desafiá-los a que se libertem da prisão das riquezas e se solidarizem com os pobres.

27-36: Cf. nota a Mt 5,43-48. O "sejam perfeitos" de Mt 5,48 corresponde aqui ao "sejam misericordiosos". Relações baseadas na violência e vingança não vão a bom lugar. Para quebrar a espiral da violência, é preciso resistir com atitudes que a desmontem, desarmando quem aposta na violência como solução dos conflitos. Cabe aprender de um Deus que é bom para com todos. Ao fim, o ideal profundo e amplo: que as relações e experiências cotidianas sejam permeadas da misericórdia que se aprende de Deus.

37-42: Cf. nota a Mt 7,1-6.

está no olho de seu irmão, e não percebe a trave que está em seu próprio olho? ⁴²Como pode você dizer a seu irmão: 'Irmão, deixe-me tirar o cisco que está no seu olho', se você não enxerga a trave que está no seu próprio olho? Hipócrita! Tire primeiro a trave do seu próprio olho, e então você verá bem para tirar o cisco do olho do seu irmão".

A árvore e seus frutos (Mt 7,17-20; 12,33-35) – ⁴³"Porque não existe árvore boa que dê fruto mau, nem árvore má que dê fruto bom. ⁴⁴De fato, cada árvore é conhecida pelo seu próprio fruto. Não se colhem figos de espinheiros, nem se apanham uvas de sarças. ⁴⁵Quem é bom, tira o que é bom do bom tesouro do próprio coração. Quem é mau, tira o que é mau do mau tesouro do próprio coração. Pois a boca fala daquilo de que o coração está cheio".

A casa sobre a rocha (Mt 7,21.24-27) – ⁴⁶"Por que vocês me chamam: 'Senhor! Senhor!', mas não fazem o que eu digo? ⁴⁷Vou lhes mostrar com quem se parece todo aquele que vem a mim, ouve as minhas palavras e as põe em prática. ⁴⁸É como um homem que, ao construir uma casa, cavou fundo e colocou o alicerce na rocha. Veio a enchente, a enxurrada bateu contra a casa, mas não conseguiu derrubá-la, porque estava bem construída. ⁴⁹Mas aquele que escuta e não põe em prática, é como um homem que construiu uma casa na terra, sem alicerce. A enxurrada bateu contra a casa, e ela logo desabou. E foi grande a ruína dessa casa".

7

Jesus cura o servo do centurião (Mt 8,5-13; Jo 4,43-54) – ¹Quando terminou de falar todas essas coisas ao povo que o escutava, Jesus entrou em Cafarnaum. ²Certo centurião tinha um servo a quem estimava muito, e que estava doente, em perigo de morte. ³Quando ouviu falar de Jesus, enviou-lhe alguns anciãos dos judeus para lhe pedir que fosse curar seu servo. ⁴Eles chegaram a Jesus e lhe pediam com insistência: "Ele merece esse favor, ⁵porque ama a nossa nação, e até construiu a sinagoga para nós". ⁶Jesus partiu com eles. Não estava longe da casa, quando o centurião enviou alguns amigos para lhe dizer: "Senhor, não te incomodes, porque não sou digno de que entres em minha casa. ⁷Por isso, nem fui pessoalmente ao teu encontro. Mas dize uma palavra, para que meu criado fique curado. ⁸Pois eu também estou sob a autoridade de alguém, e tenho soldados que me obedecem. Eu digo a um: 'Vá', e ele vai. E a outro: 'Venha', e ele vem. E ao meu servo: 'Faça isso', e ele faz'". ⁹Ao ouvir essas palavras, Jesus ficou admirado. Voltou-se e disse à multidão que o seguia: "Eu lhes digo: Nem mesmo em Israel encontrei fé tão grande". ¹⁰Os que tinham sido enviados voltaram para casa, e encontraram o servo curado.

Jesus ressuscita o filho da viúva de Naim – ¹¹Em seguida, Jesus foi a uma cidade chamada Naim. E seus discípulos e uma grande multidão o acompanhavam. ¹²Quando Jesus se aproximou da porta da cidade, levavam para fora um morto, filho único de uma viúva. E uma multidão da cidade acompanhava a viúva. ¹³Quando a viu, Jesus encheu-se de compaixão e lhe disse: "Não chore". ¹⁴Aproximou-se, tocou no caixão, e os carregadores pararam. Então disse: "Jovem, eu lhe ordeno, levante-se". ¹⁵O morto sentou-se e começou a falar. E Jesus o entregou à sua mãe. ¹⁶Todos ficaram com muito medo, e glorificavam a Deus, dizendo: "Um grande profeta apareceu entre nós. Deus visitou o seu povo". ¹⁷E essa notícia se espalhou pela Judeia inteira e por toda a redondeza.

43-45: Não é o nome ou a fama que definem quem uma pessoa é, mas aquilo que ela faz consigo mesma, com seus semelhantes e com a natureza. Assim acontece com as árvores, que são conhecidas pelos frutos que produzem.

46-49: Jesus conclui sua primeira proclamação, acentuando o valor da prática da justiça de Deus, que abre as portas do Reino. Ela sustenta a acolhida das palavras de Jesus. É enganadora a escuta da Palavra que não se traduz em prática concreta.

7,1-10: De alguma forma o centurião, agente das forças romanas que controlam a Galileia, percebe que a salvação não pode ser encontrada no império. Por isso ele já se aproximara da proposta de vida fundada na Lei do Deus de Israel. Da parte de Jesus, a ação curadora mostra que o Reino por ele anunciado tem dimensões muito mais amplas que as imaginadas por muita gente em Israel.

11-17: A "visita" que Deus vem fazer a seu povo se descobre na compaixão de Jesus diante da dor dos

A pergunta de João Batista (Mt 11,2-6) –

¹⁸Os discípulos de João o informaram de todos esses acontecimentos. Então João chamou dois de seus discípulos ¹⁹e os enviou ao Senhor para perguntar: "És tu aquele que deve vir, ou devemos esperar outro?" ²⁰Os homens chegaram a Jesus e lhe disseram: "João Batista nos enviou para te perguntar: 'És tu aquele que deve vir, ou devemos esperar outro?'" ²¹Nessa hora, Jesus curou muitas pessoas de suas doenças, enfermidades e espíritos maus, e devolveu a vista a muitos cegos. ²²Depois lhes respondeu: "Vão e contem a João as coisas que vocês viram e ouviram: cegos recuperam a vista e coxos andam, leprosos são purificados e surdos ouvem, mortos são ressuscitados e pobres recebem a Boa Notícia. ²³E feliz aquele que não se escandalizar por minha causa".

Testemunho de Jesus sobre João Batista (Mt 11,7-19) –

²⁴Quando os enviados de João partiram, Jesus começou a falar às multidões a respeito de João: "Vocês saíram ao deserto para ver o quê? Um caniço agitado pelo vento? ²⁵Saíram para ver o quê? Um homem vestido com roupas finas? Mas os que usam roupas finas e vivem no luxo estão em palácios de reis. ²⁶Então, saíram para ver o quê? Um profeta? Sim, eu lhes digo, e muito mais que um profeta. ²⁷É dele que está escrito: 'Eis que envio à frente de você o meu mensageiro. Ele vai preparar-lhe o caminho na sua frente'. ²⁸Eu lhes digo: Entre os nascidos de mulher, ninguém é maior do que João. No entanto, o menor no Reino de Deus é maior do que ele".

²⁹Todo o povo que o escutou, e os cobradores de impostos, reconheceram a justiça de Deus e receberam o batismo de João. ³⁰Mas os fariseus e mestres da Lei recusaram ser batizados por João e desprezaram os planos de Deus a respeito deles.

³¹"A quem vou comparar as pessoas desta geração? Com quem se parecem? ³²São como crianças sentadas na praça, que gritam para as outras: 'Tocamos flauta para vocês, e vocês não dançaram. Cantamos lamentações, e vocês não choraram'. ³³Porque veio João Batista, que não comia pão nem bebia vinho, e vocês dizem: 'Ele tem um demônio'. ³⁴Veio o Filho do Homem, que come e bebe, e vocês dizem: 'Eis um comilão e beberrão, amigo de cobradores de impostos e pecadores'. ³⁵No entanto, a Sabedoria é justificada por todos os seus filhos".

O amor da pecadora perdoada –

³⁶Um fariseu convidou Jesus para comer com ele. Jesus entrou na casa do fariseu e se pôs à mesa. ³⁷E eis que uma mulher, conhecida na cidade como pecadora, soube que Jesus estava à mesa na casa do fariseu. Ela chegou com um frasco de alabastro cheio de perfume. ³⁸Ficou por detrás, aos pés de Jesus, e chorava. Com as lágrimas, começou a banhar os pés de Jesus, a enxugá-los com os cabelos, a cobrir de beijos os pés dele e a ungi-los com perfume. ³⁹Quando viu isso, o fariseu que tinha convidado Jesus começou a pensar: "Se esse homem fosse profeta, saberia quem é que está tocando nele, e que tipo de mulher é essa, pois é uma pecadora". ⁴⁰Jesus então lhe disse: "Simão, tenho uma coisa para lhe dizer". Ele respondeu: "Fala, Mestre". ⁴¹Disse-lhe Jesus: "Certo credor tinha dois devedores: um lhe devia quinhentas moedas de prata, e o outro devia cinquenta. ⁴²Como eles não tinham com que pagar, ele perdoou a dívida dos dois. Qual deles o amará mais?" ⁴³Simão respondeu: "Suponho que

---

pobres, e na ação que resgata e promove radicalmente a vida, e faz recordar o que Elias fizera em favor da viúva de Sarepta e seu filho (cf. 1Rs 17,17-24).

18-23: É recordando os resultados de sua atividade que Jesus responde a João. Os relatos anteriores não mostraram outra coisa que a compaixão do Messias diante das dores dos pobres e abandonados, e sua intervenção pela libertação deles. O v. 23 alerta para que isso não seja motivo de escândalo, supondo que havia compreensões a respeito do Messias que iam em outra direção, quem sabe triunfalista, quem sabe militar.

24-35: Jesus esclarece a identidade de João e seu grande valor, como profeta que com o exemplo e as palavras denuncia o luxo e arrogância dos poderosos, e acolhe grupos rejeitados da sociedade, indicando-lhes a justiça de Deus. Mas o anúncio que Jesus faz vai além, ao propor a busca do Reino como algo a ser feito e vivido no cotidiano da vida. De toda forma, João e Jesus possuem estilos e projetos muito distintos entre si, mas ambos atuam em nome de Deus. A rejeição de ambos por parte das autoridades mostra o receio geral de acolher os enviados de Deus e de se comprometer com as exigências que eles comunicam. Mas o evangelista faz questão de ressaltar que os desprezados da sociedade os acolheram, particularmente a João!

36-50: Jesus, que acabou de aparecer como "amigo de cobradores de impostos e pecadores", é procurado

é aquele a quem ele perdoou mais". Jesus lhe disse: "Você julgou certo". ⁴⁴E, voltando-se para a mulher, disse a Simão: "Você está vendo essa mulher? Entrei em sua casa e você não me ofereceu água para lavar os pés, mas ela os lavou com lágrimas e os secou com os cabelos. ⁴⁵Você não me deu o beijo de saudação, mas ela não para de beijar meus pés desde que entrei aqui. ⁴⁶Você não derramou óleo em minha cabeça, mas ela ungiu meus pés com perfume. ⁴⁷Por isso eu lhe digo: Os muitos pecados dela estão perdoados, pois ela muito amou. Mas aquele a quem pouco foi perdoado, pouco ama". ⁴⁸E disse a ela: "Seus pecados estão perdoados". ⁴⁹Os que estavam à mesa começaram a comentar entre si: "Quem é esse que até perdoa pecados?" ⁵⁰Então Jesus disse à mulher: "Sua fé a salvou. Vá em paz".

8 *Mulheres discípulas* – ¹Depois disso, Jesus percorria cidades e povoados, pregando e anunciando a Boa Notícia do Reino de Deus. Os Doze iam com ele, ²e também algumas mulheres que tinham sido curadas de espíritos maus e de doenças: Maria, chamada Madalena, da qual tinham saído sete demônios; ³Joana, mulher de Cuza, alto funcionário de Herodes; Suzana e muitas outras, que serviam Jesus com os bens que possuíam.

Parábola do semeador (Mt 13,1-9; Mc 4,1-9) – ⁴Uma grande multidão se reuniu em torno de Jesus, e de todas as cidades iam ao encontro dele. Então Jesus contou uma parábola: ⁵"O semeador saiu para semear sua semente. Ao semear, uma parte da semente caiu à beira do caminho, foi pisada e as aves do céu a comeram. ⁶Outra parte caiu sobre a pedra e, assim que brotou, secou por falta de umidade. ⁷Outra parte caiu entre espinhos, os espinhos cresceram com ela e a sufocaram. ⁸Outra parte ainda caiu em terra boa, brotou e deu fruto na proporção de cem por um". E, ao falar essas coisas, Jesus dizia em voz alta: "Quem tiver ouvidos para ouvir, ouça".

Pergunta sobre a parábola (Mt 13,10-17; Mc 4,10-12) – ⁹Os discípulos perguntaram a Jesus o significado da parábola. ¹⁰Ele disse: "A vocês é dado conhecer os mistérios do Reino de Deus. Mas aos outros por meio de parábolas, para que vendo não vejam e ouvindo não ouçam".

Jesus explica a parábola do semeador (Mt 13,18-23; Mc 4,13-25) – ¹¹"Este é o significado da parábola: A semente é a Palavra de Deus. ¹²As que caíram à beira do caminho são os que a ouvem, mas depois vem o diabo e tira a Palavra do coração deles, para que não creiam e não sejam salvos. ¹³As que caíram sobre a pedra são aqueles que ouvem a Palavra e a acolhem com alegria, mas não têm raiz. Acreditam apenas por um tempo, e quando chega o tempo da tentação, desistem. ¹⁴A parte que caiu entre os espinhos são aqueles que ouvem, mas ao continuar o caminho são sufocados com as preocupações, as riquezas e os prazeres da vida, e seu fruto não amadurece. ¹⁵A parte que caiu em terra boa são aqueles que ouvem a Palavra e a conservam em coração honesto e bom, produzindo frutos com sua perseverança".

¹⁶"Ninguém acende uma lâmpada e a cobre com uma vasilha ou a coloca embaixo da cama, mas a coloca no candeeiro, para que os que entram vejam a luz. ¹⁷Porque não há nada de oculto que não venha a ser revelado, e não há nada de escondido que não venha a ser conhecido e trazido à luz do dia. ¹⁸Estejam atentos ao modo como vocês ouvem. Porque a quem tem será dado; mas a quem não tem, até o que ele pensa ter lhe será tirado".

---

por uma "pecadora": ela sabe a quem buscar; sabe que por meio deste "amigo" chega a acolhida e o perdão de Deus. E ainda mais: Jesus vê o grande amor dessa mulher e o que passa no coração dela. O fariseu, com seus preconceitos, não é capaz de perceber que a ação do Messias remove os obstáculos que impedem as pessoas de se renovarem e fazerem a experiência do amor de Deus.

8,1-3: O grupo que acompanha Jesus não é formado apenas dos apóstolos citados em 6,13-16. Dele fazem parte mulheres, o que chocava a sociedade da época. Jesus inspira um discipulado de homens e mulheres libertados, iguais no desafio de tornar conhecida sua boa notícia dirigida aos pobres.

4-8: Cf. nota a Mc 4,1-9.

9-10: Para compreender o mistério do Reino de Deus, é necessário comprometer-se com Jesus, o Messias pobre.

11-18: Cf. nota a Mc 4,13-23. Quem acolhe a Palavra tem a missão de fazê-la irradiar.

A nova família de Jesus (Mt 12,46-50; Mc 3,31-35)

¹⁹A mãe e os irmãos de Jesus foram até ele, mas não conseguiam chegar perto por causa da multidão. ²⁰E o avisaram: "Tua mãe e teus irmãos estão lá fora e querem te ver". ²¹Ele lhes respondeu: "Minha mãe e meus irmãos são aqueles que ouvem a Palavra de Deus e a praticam".

A tempestade acalmada (Mt 8,23-27; Mc 4,35-41)

²²E aconteceu que, num desses dias, Jesus entrou numa barca com os discípulos e lhes disse: "Vamos atravessar para a outra margem do lago". E partiram. ²³Enquanto navegavam, Jesus dormiu. Desceu então uma tempestade de vento sobre o lago. A barca se enchia de água e eles corriam perigo. ²⁴Foram a Jesus e o acordaram, dizendo: "Mestre, Mestre, estamos morrendo!" Jesus acordou e ameaçou o vento e a fúria das ondas. A tempestade parou e houve grande calmaria. ²⁵Então lhes perguntou: "Onde está a fé que vocês têm?" Com medo e espantados, eles diziam entre si: "Mas quem é este, que manda até nos ventos e nas ondas, e eles lhe obedecem?"

O possesso de Gerasa (Mt 8,28-34; Mc 5,1-20)

²⁶Eles navegaram até a região dos gerasenos, que fica do lado contrário à Galileia. ²⁷Quando Jesus desembarcava em terra, um homem da cidade foi ao seu encontro. Ele tinha demônios, e fazia muito tempo que andava sem roupa e não morava em uma casa, mas em túmulos. ²⁸Quando viu Jesus, atirou-se aos seus pés e começou a gritar, dizendo em alta voz: "O que queres de mim, Jesus, Filho do Deus Altíssimo? Eu te peço: não me atormentes". ²⁹É que Jesus tinha ordenado ao espírito impuro que saísse do homem, porque muitas vezes o espírito o dominava. Para protegê-lo, eles o amarravam com correntes e algemas. Mas ele quebrava as algemas e era levado pelo demônio a lugares desertos. ³⁰Jesus lhe perguntou: "Qual é o seu nome?" Ele respondeu: "Legião". De fato, muitos demônios haviam entrado nele. ³¹E lhe suplicavam que não os mandasse para o abismo.

³²Havia por aí uma grande manada de porcos, pastando na montanha. Pediram então que Jesus os deixasse entrar nos porcos. E ele permitiu. ³³Os demônios então saíram do homem e entraram nos porcos. A manada se atirou precipício abaixo, no lago, e se afogou. ³⁴Vendo o que havia acontecido, os que cuidavam dos porcos fugiram e espalharam a notícia na cidade e nos campos. ³⁵Então as pessoas foram ver o que havia acontecido. Foram até Jesus, e encontraram o homem de quem os demônios tinham saído. Estava sentado aos pés de Jesus, vestido e em seu perfeito juízo. E ficaram com medo. ³⁶Os que tinham visto o acontecido contaram-lhes como o endemoninhado tinha sido salvo. ³⁷Então a população toda do território dos gerasenos pediu que Jesus fosse embora, porque estavam com muito medo. Jesus entrou na barca e voltou. ³⁸O homem de quem os demônios tinham saído pediu para ficar com Jesus. Mas ele o despediu, dizendo: ³⁹"Volte para casa e conte tudo o que Deus fez por você". E o homem foi pela cidade toda, proclamando tudo o que Jesus havia feito por ele.

Jesus cura a mulher e ressuscita a menina (Mt 9,18-26; Mc 5,21-43)

⁴⁰Quando Jesus voltou, a multidão o acolheu, pois todos estavam esperando por ele. ⁴¹E eis que se aproximou um homem chamado Jairo, que era chefe da sinagoga. Atirou-se aos pés de Jesus e pedia com insistência que ele entrasse em sua casa, ⁴²pois sua filha única, de cerca de doze anos, estava morrendo.

Enquanto Jesus caminhava para lá, as multidões o comprimiam. ⁴³Havia uma mulher que sofria de hemorragia há doze anos, e que ninguém tinha conseguido curar. ⁴⁴Ela se aproximou por trás de Jesus e tocou na barra do manto dele. No mesmo instante cessou a hemorragia. ⁴⁵Jesus disse:

19-21: Jesus declara a formação de uma nova família: dela participa quem acolhe a Palavra de Deus e a faz frutificar, enfrentando os desafios apresentados no texto anterior.

22-25: Jesus submete o mar e suas forças, mandando que se acalmem. De acordo com a mentalidade da época, o mar era o lugar de onde se originavam as forças caóticas e os poderes promotores do mal (cf. Dn 7; Ap 13). Jesus questiona os discípulos quanto à fé porque eles ainda estão dominados por estas forças que ele vem submeter.

26-39: Cf. nota a Mc 5,1-20.

40-56: Cf. nota a Mc 5,21-43.

"Quem tocou em mim?" Como todos negassem, Pedro disse: "Mestre, a multidão te aperta e te comprime". ⁴⁶Mas Jesus disse: "Alguém tocou em mim, pois eu percebi que saiu de mim uma força". ⁴⁷Então a mulher percebeu que ia ser descoberta. Aproximou-se tremendo, caiu aos pés de Jesus, e diante de todos explicou por que havia tocado nele e como, no mesmo instante, tinha ficado curada. ⁴⁸Jesus lhe disse: "Filha, sua fé salvou você. Vá em paz".

⁴⁹Ainda estava falando, quando chegou alguém da casa do chefe da sinagoga e disse a este: "Sua filha morreu. Não incomode mais o Mestre". ⁵⁰Jesus ouviu e lhe respondeu: "Não tenha medo. Apenas creia, e ela será salva." ⁵¹Quando chegaram à casa, Jesus não deixou ninguém entrar com ele, a não ser Pedro, João e Tiago, e também o pai e a mãe da menina. ⁵²Todos choravam e faziam luto por ela. Jesus, porém, disse: "Não chorem, porque ela não morreu. Está dormindo". ⁵³Todos caçoavam dele, pois sabiam que estava morta. ⁵⁴Mas ele, pegando-a pela mão, chamou-a dizendo: "Menina, levante-se!" ⁵⁵O espírito dela voltou, e no mesmo instante ela ficou de pé. Jesus mandou que lhe dessem de comer. ⁵⁶Seus pais ficaram espantados. E Jesus ordenou que não contassem a ninguém o que havia acontecido.

9 *Missão dos Doze (Mt 10,5-15; Mc 6,7-13)*

¹Jesus convocou os Doze e lhes deu poder e autoridade sobre todos os demônios e para curar doenças. ²E os enviou para anunciar o Reino de Deus e para curar. ³Disse-lhes: "Não levem nada pelo caminho: nem bastão, nem sacola, nem pão, nem dinheiro, nem tenham duas túnicas. ⁴Quando entrarem numa casa, fiquem aí até partirem do lugar. ⁵Quanto àqueles que não os acolherem, batam a poeira dos pés ao sair de tal cidade, como testemunho contra eles". ⁶E os Doze saíram e percorreram os vilarejos, anunciando a Boa Notícia e realizando curas por toda parte.

Reação de Herodes (Mt 14,1-12; Mc 6,14-29)

⁷O tetrarca Herodes ouviu falar de tudo o que estava acontecendo e ficou todo confuso, porque uns diziam: "João ressuscitou dos mortos". ⁸Outros diziam: "Elias apareceu de novo". E outros ainda: "Um dos antigos profetas ressuscitou". ⁹Mas Herodes disse: "Eu mandei degolar João. Então quem é esse, de quem ouço falar essas coisas?" E queria ver Jesus.

Partilha dos pães e peixes (Mt 14,13-21; Mc 6,30-44; Jo 6,1-14)

¹⁰Os apóstolos voltaram e contaram a Jesus tudo o que tinham feito. Então os tomou consigo e se retirou em direção a uma cidade chamada Betsaida. ¹¹Mas as multidões ficaram sabendo e o seguiram. E Jesus as acolheu, falava-lhes do Reino de Deus e restituía a saúde aos que necessitavam de cura. ¹²O dia já estava chegando ao fim, quando os Doze se aproximaram e lhe disseram: "Despede a multidão, para que possam ir aos vilarejos e campos vizinhos procurar hospedagem e comida, pois estamos num lugar deserto". ¹³Jesus lhes respondeu: "Vocês é que devem dar-lhes de comer". Eles disseram: "Não temos mais que cinco pães e dois peixes. A não ser que vamos comprar comida para todo esse povo". ¹⁴De fato, eram quase cinco mil homens. Jesus disse a seus discípulos: "Façam que eles se assentem por grupos de uns cinquenta". ¹⁵Eles assim fizeram, e todos se assentaram. ¹⁶Tomando os cinco pães e os dois peixes, Jesus elevou os olhos para o céu, os abençoou, partiu e entregou aos discípulos, para que servissem à multidão. ¹⁷Todos comeram e ficaram satisfeitos. E, dos pedaços que sobraram, doze cestos foram recolhidos.

Pedro professa a fé. Primeiro anúncio da Paixão (Mt 16,13-28; Mc 8,27-9,1)

¹⁸Certa

9,1-6: Os apóstolos devem continuar a obra libertadora de Jesus, difundindo-a por todos os cantos. Eles devem chegar pobres e livres, para enfrentar os poderes causadores do mal e restaurar as vidas tomadas pelas doenças. Mas não se trata de assistencialismo: essas ações devem esperar a chegada e a presença do Reino de Deus.

7-9: O povo está inquieto e curioso a respeito de Jesus. Por outro lado, Herodes está perplexo: ele mandou matar João Batista, e agora aparece outro! Seu incômodo vai aos poucos ficando mais evidente (13,31-32).

10-17: Como Moisés no passado, Jesus agora proporciona pão ao povo que se encontra com ele no deserto. Cf. nota a Mc 6,30-44, notando que em Lc não temos o banquete de Herodes.

18-27: Não basta saber que Jesus é o Messias. É fundamental ter consciência de que seu projeto messiânico

vez, Jesus estava rezando sozinho. Os discípulos estavam com ele. Então Jesus lhes perguntou: "Quem as multidões dizem que eu sou?" ¹⁹Eles responderam: "João Batista; outros, Elias; outros dizem que um dos antigos profetas, que ressuscitou". ²⁰Disse-lhes então: "E vocês, quem vocês dizem que eu sou?" Pedro respondeu: "O Messias de Deus". ²¹Então Jesus os repreendeu e mandou que não contassem isso a ninguém, ²²e disse: "O Filho do Homem deve sofrer muito, ser rejeitado pelos anciãos, chefes dos sacerdotes e doutores da Lei, ser morto e ressuscitar ao terceiro dia". ²³E dizia a todos: "Quem quiser vir após mim, renuncie a si mesmo, carregue sua cruz a cada dia e me siga. ²⁴Pois quem quiser salvar a própria vida, a perderá. Mas quem perder a própria vida por causa de mim, a salvará. ²⁵De fato, o que adianta alguém ganhar o mundo inteiro, e perder ou destruir a si mesmo? ²⁶Pois quem se envergonhar de mim e de minhas palavras, o Filho do Homem se envergonhará dele, quando vier na sua glória, na glória do Pai e dos santos anjos. ²⁷Em verdade eu lhes digo: Alguns dos que estão aqui presentes não morrerão antes de terem visto o Reino de Deus".

A transfiguração (Mt 17,1-8; Mc 9,2-8) – ²⁸Uns oito dias após ter dito essas palavras, Jesus tomou consigo Pedro, João e Tiago, e subiu à montanha para rezar. ²⁹Enquanto rezava, seu rosto mudou de aparência e sua roupa ficou branca e brilhante. ³⁰E eis que dois homens conversavam com ele: eram Moisés e Elias, ³¹que apareceram gloriosos e falavam do êxodo dele, que aconteceria em Jerusalém. ³²Pedro e seus companheiros dormiam profundamente. Quando acordaram, viram a glória de Jesus e os dois homens que estavam com ele. ³³Quando os dois iam se afastando, Pedro disse a Jesus: "Mestre, é bom estar aqui! Vamos armar três tendas: uma para ti, uma para Moisés e outra para Elias". Ele não sabia o que estava dizendo. ³⁴Ainda falava, quando veio uma nuvem e os cobriu com sua sombra. Ao entrarem na nuvem, ficaram com medo. ³⁵E veio da nuvem uma voz que dizia: "Este é o meu Filho escolhido. Ouçam-no". ³⁶Assim que a voz se ouviu, Jesus ficou sozinho. Os discípulos ficaram em silêncio, e nesses dias não contaram a ninguém nada do que tinham visto.

Cura do epilético (Mt 17,14-18; Mc 9,14-27) – ³⁷No dia seguinte, quando desceram da montanha, grande multidão foi ao encontro de Jesus. ³⁸E eis que um homem da multidão gritou: "Mestre, eu te peço, olha para meu filho, pois é o único que tenho. ³⁹Um espírito se apodera dele e de repente começa a gritar, o sacode com violência e o faz espumar. E é com dificuldade que o abandona, depois de machucá-lo. ⁴⁰Pedi a teus discípulos para o expulsarem, mas eles não conseguiram". ⁴¹Jesus respondeu: "Oh, geração incrédula e perversa! Até quando estarei com vocês e vou suportá-los? Traga aqui o seu filho". ⁴²O menino estava ainda se aproximando, quando o demônio o atirou no chão, sacudindo-o com violência. Jesus repreendeu o espírito impuro, curou o menino e o entregou a seu pai. ⁴³ᵃE todos se maravilharam com a grandeza de Deus.

Segundo anúncio da Paixão (Mt 17,22-23; Mc 9,30-32) – ⁴³ᵇTodos se admiravam com o que Jesus fazia. Então ele disse a seus discípulos: ⁴⁴"Prestem muita atenção a estas palavras: O Filho do Homem será entregue nas mãos dos homens". ⁴⁵Mas eles não entendiam o que isso queria dizer. O sentido de suas palavras estava encoberto para eles, a fim de que não as

---

implica conflito com os poderes estabelecidos, religiosos e políticos, que causam e sustentam a dominação e a injustiça. Quem quiser seguir a Jesus precisará identificar-se com esse projeto, sabendo que pode ser desafiado a entregar a própria vida.

28-36: Jesus aparece em glória. Pedro e seus companheiros ficam fascinados com o que veem, mas estão enganados: o assunto da conversa entre Jesus, Moisés e Elias é o conflito final em Jerusalém, aqui denominado "êxodo". Com sua proposta, Pedro espera desviar Jesus do trajeto já indicado. Mas a voz celeste confirma: quem precisa ser escutado é o Filho, na sua determinação de confrontar os poderosos e apontar o caminho a ser trilhado por quem queira ser seu discípulo.

37-43a: Mais importante que a própria cura milagrosa do menino é o entendimento das razões que nesse caso estão impedindo os discípulos de intervirem eficazmente contra o mal que atinge os seres humanos. O contexto da cena mostra que eles não estão sintonizados com o caminho de enfrentamento que Jesus mostrou ser necessário fazer.

43b-45: Jesus fala mais uma vez a respeito dos conflitos que o levarão à morte na cruz. Mas os discípulos

entendessem. E tinham medo de lhe fazer perguntas sobre isso.

Quem é o maior? *(Mt 18,1-5; Mc 9,33-37)* – ⁴⁶Houve entre eles uma discussão sobre qual deles seria o maior. ⁴⁷Conhecendo-lhes o pensamento do coração, Jesus pegou uma criança e a colocou a seu lado. ⁴⁸Disse-lhes então: "Quem acolhe esta criança por causa do meu nome, é a mim que está acolhendo. E quem me acolhe, está acolhendo aquele que me enviou. Pois aquele que entre todos vocês for o menor, esse é grande".

Quem está do lado de Jesus? *(Mc 9,38-40)* – ⁴⁹João tomou a palavra e disse: "Mestre, vimos uma pessoa expulsando demônios em teu nome e quisemos impedi-la, porque ela não te segue conosco". ⁵⁰Mas Jesus lhe disse: "Não a proíbam. Pois quem não está contra vocês, está a favor de vocês".

III. O CAMINHO DO MESSIAS EM DIREÇÃO A JERUSALÉM

Um vilarejo samaritano rejeita Jesus – ⁵¹Quando se completaram os dias para ser elevado ao céu, Jesus tomou a firme decisão de partir para Jerusalém. ⁵²Enviou então mensageiros à sua frente. Estes partiram e entraram num vilarejo de samaritanos, a fim de prepararem hospedagem para ele. ⁵³Mas não o receberam, porque estava caminhando para Jerusalém. ⁵⁴Vendo isso, os discípulos Tiago e João disseram: "Senhor, queres que mandemos descer fogo do céu para destruí-los?" ⁵⁵Jesus se voltou e os repreendeu. ⁵⁶E partiram para outro vilarejo.

Exigências para o seguimento *(Mt 8,19-22)* – ⁵⁷Enquanto eles continuavam pelo caminho, alguém disse a Jesus: "Eu te seguirei aonde quer que fores". ⁵⁸Jesus lhe respondeu: "As raposas têm tocas e as aves do céu têm ninhos, mas o Filho do Homem não tem onde repousar a cabeça". ⁵⁹E disse a outro: "Siga-me". Mas ele respondeu: "Senhor, permite que eu vá primeiro sepultar meu pai". ⁶⁰Jesus lhe disse: "Deixe que os mortos enterrem seus mortos. Quanto a você, vá anunciar o Reino de Deus". ⁶¹Um outro também lhe disse: "Eu te seguirei, Senhor. Mas permite que eu vá primeiro me despedir dos que estão em minha casa". ⁶²Jesus porém lhe respondeu: "Quem põe a mão no arado e olha para trás, não serve para o Reino de Deus".

10 **Missão dos setenta e dois discípulos** – ¹Depois disso, o Senhor escolheu outros setenta e dois, e os enviou à sua frente, dois a dois, a toda cidade e lugar aonde ele devia ir. ²E lhes dizia: "A colheita é grande, mas os trabalhadores são poucos. Portanto, peçam ao Senhor da colheita que envie trabalhadores para sua colheita. ³Vão! Eis que envio vocês como ovelhas no meio de lobos. ⁴Não levem bolsa, nem sacola, nem sandálias. E não se demorem para cumprimentar ninguém pelo caminho. ⁵Em qualquer casa onde entrarem, digam primeiro: 'A paz esteja nesta casa!' ⁶Se aí houver um amigo da paz, sobre ele repousará a paz de vocês. Caso contrário, ela voltará para vocês. ⁷Fiquem nessa casa, comendo e bebendo o que tiverem, pois o trabalhador tem direito ao seu salário. Não fiquem passando de casa em casa. ⁸E em qualquer cidade onde entrarem e forem recebidos, comam o que servirem a vocês. ⁹Curem os doentes que nela houver e lhes digam:

---

ainda não conseguem perceber tudo o que envolve a missão do Messias dos pobres.

46-48: Os discípulos ainda estão ligados aos esquemas sociais que criam hierarquias entre as pessoas. Fica claro como eles estão distantes do projeto de Jesus, baseado no serviço e não em pretensões de grandeza o domínio.

49-50: Jesus não aceita que alguém monopolize sua pessoa e missão. Quem está comprometido com os ideais e propostas do seu projeto está do lado de quem é verdadeiramente seu discípulo.

9,51-19,27: Neste Evangelho descreve-se longamente o caminho que Jesus faz até chegar a Jerusalém. Sua postura decidida indica as exigências a serem encaradas por quem queira acolher a ele e a seu anúncio messiâ-nico da Boa Notícia aos pobres. Ao mesmo tempo, vão ficando evidentes os obstáculos colocados por quem rejeita essa proposta. Note-se que a gente samaritana, desprezada como impura, dará o tom: no início, rejeita o atrevimento daquele galileu entrando em suas terras; no final, porém, será um samaritano que manifestará não só a gratidão, mas o reconhecimento da ação de Deus por meio de Jesus (17,11-19).

51-56: Em seu caminho pela Samaria e no contato com sua gente, considerada impura e desprezível, Jesus vai radicalizando seu programa de ação, anunciado na sinagoga de Nazaré (4,16-21).

57-62: Cf. nota a Mt 8,18-22.

10,1-12: O anúncio da Boa Notícia trazida por Jesus só terá efeito se houver uma prática que lhe corresponda.

'O Reino de Deus está próximo de vocês'. ¹⁰Mas em qualquer cidade onde entrarem e não forem recebidos, saiam pelas praças e digam: ¹¹'Até a poeira da cidade de vocês, que se grudou em nossos pés, nós a sacudimos para deixá-la para vocês. Saibam, porém, que o Reino de Deus está próximo'. ¹²Eu lhes digo: Naquele Dia, haverá menos rigor para Sodoma do que para essa tal cidade".

Cidades ingratas (Mt 11,20-24) – ¹³"Ai de você, Corazin! Ai de você, Betsaida! Porque, se em Tiro e Sidônia tivessem sido feitos os milagres realizados em vocês, há muito tempo teriam feito penitência com pano de saco, sentando-se sobre cinza. ¹⁴Portanto, no julgamento haverá menos rigor para Tiro e Sidônia do que para vocês. ¹⁵E você, Cafarnaum, por acaso será elevada até o céu? Você há de cair no fundo do abismo!

¹⁶Quem escuta a vocês, escuta a mim. Quem despreza vocês, despreza a mim. E quem me despreza, despreza aquele que me enviou".

Volta dos setenta e dois – ¹⁷Os setenta e dois voltaram com alegria, dizendo: "Senhor, até os demônios obedecem a nós por causa do teu nome". ¹⁸Jesus lhes disse: "Eu via Satanás cair do céu como um relâmpago. ¹⁹Eis que dei a vocês o poder de pisar serpentes, escorpiões e toda a força do inimigo, e nada poderá fazer mal a vocês. ²⁰No entanto, não se alegrem porque os espíritos obedecem a vocês. Alegrem-se, isto sim, porque seus nomes estão inscritos nos céus".

Revelação aos pequeninos (Mt 11,25-27; 13,16-17) – ²¹Nessa mesma hora, Jesus exultou de alegria no Espírito Santo e disse: "Eu te louvo, Pai, Senhor do céu e da terra, porque escondeste estas coisas aos sábios e entendidos, e as revelaste aos pequeninos. Sim, Pai, porque assim foi do teu agrado. ²²Tudo me foi entregue por meu Pai. Ninguém conhece quem é o Filho, a não ser o Pai. E ninguém conhece quem é o Pai, a não ser o Filho e aquele a quem o Filho o quiser revelar". ²³Jesus voltou-se então para os discípulos e lhes disse em particular: "Felizes os olhos que veem o que vocês estão vendo! ²⁴Pois eu lhes digo: Muitos profetas e reis quiseram ver o que vocês estão vendo, mas não viram; quiseram ouvir o que vocês estão ouvindo, mas não ouviram".

O grande mandamento. Parábola do bom samaritano (Mt 22,34-40; Mc 12,28-34) – ²⁵E eis que um especialista da Lei se levantou e, para pôr Jesus à prova, lhe disse: "Mestre, o que devo fazer para herdar a vida eterna?" ²⁶Jesus lhe respondeu: "O que está escrito na Lei? Como é que você lê?" ²⁷Ele respondeu: "Ame o Senhor seu Deus com todo o seu coração, com toda a sua alma, com toda a sua força, com toda a sua mente, e ao seu próximo como a si mesmo". ²⁸Jesus disse: "Você respondeu certo. Pratique isso, e você viverá".

²⁹Mas ele, querendo justificar-se, perguntou a Jesus: "E quem é o meu próximo?" ³⁰Jesus respondeu: "Certo homem descia de Jerusalém para Jericó. Caiu nas mãos de assaltantes, que lhe tiraram a roupa, o espancaram e foram embora, deixando-o quase morto. ³¹Por coincidência, um sacerdote descia por esse caminho: ele o viu e passou pelo outro lado. ³²Do mesmo modo um levita que chegou a esse lugar: viu e passou pelo outro lado. ³³Mas um certo samaritano, que estava viajan-

---

Por isso, quem assume a missão deve dirigir-se aos lugares onde vive o povo, e aí articular a experiência da partilha do pão com a solidariedade efetiva para com os doentes e abandonados da sociedade. Assim se estabelece o terreno em que fará sentido a comunicação da chegada do Reino, de cuja presença as pessoas já estarão vendo as marcas.

13-16: Cf. nota a Mt 11,20-24.

17-20: A ação dos discípulos produz os efeitos esperados. Mas o poder que eles receberam não deve ser motivo de orgulho e vanglória. O que interessa é a contribuição decisiva que deram para o enfrentamento do mal e para a libertação de tantas pessoas, que tiveram recuperada a dignidade de suas vidas.

21-24: Deve surpreender que, em sua oração, Jesus, tomado pelo Espírito, agradeça ao Pai porque sábios e entendidos não compreendem sua mensagem sobre o Reino! Se a entendessem, tratariam de desvirtuá-la e moldá-la de acordo com seus próprios interesses. Quem a compreende são os pobres, para os quais o Messias tem uma boa notícia de libertação, de vida plena com o acesso a Deus. E Jesus não só reza, mas também chama a atenção dos discípulos para a grandiosidade de sua obra libertadora, que eles estão tendo o privilégio de testemunhar e que deverão espalhar por todos os cantos.

25-37: O especialista da Lei surpreende ao tratar do amor em duas direções que não podem ser separadas: Deus e o próximo. Por esse movimento, cada

do, chegou junto dele, viu e se encheu de compaixão. ³⁴Aproximou-se dele e tratou suas feridas, derramando nelas óleo e vinho. Então colocou o homem em seu próprio animal e o levou a uma pensão, onde cuidou dele. ³⁵No dia seguinte, tirou duas moedas de prata, deu-as ao dono da pensão e disse: 'Cuide dele. Quando eu voltar, lhe pagarei o que você tiver gasto a mais'. ³⁶Qual dos três, na sua opinião, foi o próximo daquele que caiu nas mãos dos assaltantes?" ³⁷Ele respondeu: "Aquele que o tratou com misericórdia". E Jesus lhe disse: "Vá, e faça você também a mesma coisa".

Marta e Maria – ³⁸Enquanto caminhavam, Jesus entrou num vilarejo. Certa mulher, chamada Marta, o recebeu em casa. ³⁹Ela tinha uma irmã, chamada Maria, que ficou sentada aos pés do Senhor e escutava sua palavra. ⁴⁰Marta, porém, estava preocupada porque tinha muito serviço. Ela se aproximou e disse: "Senhor, não te importas que minha irmã me deixe sozinha para fazer o serviço? Fala, pois, para ela me ajudar". ⁴¹O Senhor lhe respondeu: "Marta, Marta, você se preocupa e se agita com tantas coisas. ⁴²No entanto, pouca coisa é necessária, até mesmo uma só. Com efeito, Maria escolheu a melhor parte, que não lhe será tirada".

11 *A oração (Mt 6,9-15; 7,7-11)* – ¹Eis que Jesus estava rezando em certo lugar. Quando terminou, um de seus discípulos lhe pediu: "Senhor, ensina-nos a rezar, assim como João ensinou aos discípulos dele". ²Jesus lhes disse: "Quando vocês rezarem, digam: 'Pai, santificado seja teu nome; venha teu Reino; ³o pão nosso cotidiano dá-nos a cada dia; ⁴perdoa-nos os nossos pecados, pois nós também perdoamos aos nossos devedores; e não nos deixes cair na tentação'".

⁵E disse também: "Imaginem que um de vocês tem um amigo e vai procurá-lo no meio da noite, dizendo: 'Amigo, me empreste três pães, ⁶porque um amigo meu chegou de viagem e não tenho nada para lhe oferecer'. ⁷Lá de dentro, o outro lhe responde: 'Não me incomode. A porta já está trancada, e meus filhos e eu estamos na cama. Não posso me levantar para lhe dar os pães'. ⁸Eu lhes digo: Ainda que ele não se levante para dar os pães por ser seu amigo, vai se levantar ao menos por causa da insistência dele, e lhe dará tudo aquilo de que necessita.

⁹Eu lhes digo ainda: Peçam e lhes será dado. Procurem e encontrarão. Batam e lhes será aberto. ¹⁰Pois todo aquele que pede recebe, o que procura encontra, e a quem bate se abrirá. ¹¹Quem de vocês, sendo pai, se o filho lhe pedir um peixe, em vez do peixe lhe dará uma cobra? ¹²Ou então, se pedir um ovo, lhe dará um escorpião? ¹³Ora, se vocês, que são maus, sabem dar coisas boas a seus filhos, quanto mais o Pai do céu dará o Espírito Santo aos que lhe pedirem!"

Jesus e Beelzebu *(Mt 9,32-34; 12,22-30; Mc 3,20-27)* – ¹⁴Jesus estava expulsando um demônio que era mudo. Quando o demônio saiu, o mudo falou, e as multidões se admiraram. ¹⁵Mas alguns deles disseram: "É por Beelzebu, o chefe dos demônios, que ele expulsa os demônios". ¹⁶Outros, para pôr Jesus à prova, lhe pediam algum sinal do céu. ¹⁷No entanto, Jesus, conhecendo os pensamentos deles, disse-lhes: "Todo reino dividido contra si mesmo acaba em

---

ser humano sai de si, seja para proclamar a grandeza e bondade do Criador, seja para estabelecer relações de fraternidade e justiça com seus semelhantes. Isso vale mais que todas as manifestações religiosas (cf. Os 6,6). Mas, para justificar sua falta de compromisso, o especialista se perde em questões a respeito de quem seja o próximo. Ao apresentar um samaritano que não teme ser visto como impuro por tocar num ferido e corre riscos em terra hostil, Jesus salienta que é da compaixão e da misericórdia que derivam as mais autênticas expressões da solidariedade, capazes de conduzir para a vida.

38-42: A escuta da palavra de Jesus não tira as pessoas da ação; pelo contrário, dá novo sentido e orienta para as adequadas escolhas a respeito do que se deve fazer.

11,1-13: Ao pedido que os discípulos fazem, Jesus apresenta uma oração. Nela se mostra o que verdadeiramente vale diante de Deus e deve importar a quem se coloca à sua escuta: seu Reino inspirando os modos de agir dos seres humanos, estabelecendo a partilha e o perdão em todos os âmbitos da vida, fortalecendo a resistência ante as seduções que possam desviar desse caminho. A oração deve ser expressão das efetivas necessidades, na consciência de que o Pai as conhece e acolhe, mas principalmente de que ele oferecerá o Espírito Santo para fortalecer e guiar no caminho de seguir a Jesus.

14-23: A cura realizada por Jesus é a mostra mais visível da chegada do Reino de Deus, que faz seres

ruínas, e uma casa cai por cima da outra. ¹⁸Também Satanás, se estiver dividido contra si mesmo, como poderá manter seu reino? Pois vocês dizem que é por Beelzebu que eu expulso os demônios. ¹⁹Mas, se é por Beelzebu que eu expulso os demônios, por quem então os filhos de vocês os expulsam? Por isso, eles mesmos é que julgarão vocês. ²⁰No entanto, se é com o dedo de Deus que eu expulso os demônios, então o Reino de Deus chegou para vocês.

²¹Quando um homem forte e bem armado guarda sua residência, seus bens estão seguros. ²²No entanto, quando alguém mais forte o ataca e vence, tira-lhe a armadura na qual confiava e distribui os despojos. ²³Quem não está comigo, está contra mim. E quem não recolhe comigo, espalha".

A volta do espírito impuro (Mt 12,43-45) – ²⁴"Quando o espírito impuro sai de uma pessoa, anda por lugares desertos à procura de descanso, mas não o encontra. Então decide: 'Voltarei para a minha casa, de onde saí'. ²⁵Ao chegar, ele a encontra varrida e arrumada. ²⁶Então vai e leva outros sete espíritos piores que ele, e vão habitar aí. E a situação final dessa pessoa se torna pior que antes".

A verdadeira felicidade – ²⁷Enquanto Jesus falava essas coisas, uma mulher levantou a voz no meio da multidão e lhe disse: "Feliz o ventre que te carregou e os seios que te amamentaram!" ²⁸Jesus respondeu: "Felizes, antes, os que ouvem a Palavra de Deus e a seguem".

O sinal de Jonas (Mt 12,38-42; Mc 8,12) – ²⁹Quando as multidões se reuniram, Jesus começou a dizer: "Esta geração é uma geração malvada: procura um sinal, mas não lhe será dado nenhum sinal, a não ser o de Jonas. ³⁰Porque, assim como Jonas foi um sinal para os ninivitas, do mesmo modo o Filho do Homem será um sinal para esta geração. ³¹A rainha do sul se levantará com os homens desta geração no Julgamento, e os condenará, porque ela veio dos confins da terra para escutar a sabedoria de Salomão. E aqui está quem é maior do que Salomão. ³²Os habitantes de Nínive se levantarão com esta geração no Julgamento, e a condenarão, porque eles se arrependeram com a pregação de Jonas. E aqui está quem é maior do que Jonas".

Acolher a luz (Mt 5,15; 6,22s) – ³³"Ninguém acende uma lâmpada para colocá-la em lugar escondido ou debaixo de uma vasilha, mas para colocá-la no candeeiro, para que os que entram vejam a luz. ³⁴A lâmpada do corpo é o seu olho. Se o seu olho for bom, todo o seu corpo também ficará iluminado. Mas se o seu olho for mau, seu corpo também ficará na escuridão. ³⁵Portanto, veja bem se a luz que existe em você não é escuridão. ³⁶Assim, se todo o seu corpo está iluminado, sem nenhum traço de escuridão, estará todo iluminado, como quando a lâmpada com seu brilho ilumina você".

Contra a hipocrisia religiosa (Mt 23,13-36; Mc 12,38-40; Lc 20,45-47) – ³⁷Enquanto Jesus falava, um fariseu o convidou para fazer refeição em sua casa. Jesus entrou e sentou-se à mesa. ³⁸Vendo isso, o fariseu ficou admirado de Jesus não se ter primeiro lavado antes de comer. ³⁹Então o Senhor lhe disse: "Agora, fariseus, vocês limpam o copo e o prato por fora, mas por dentro vocês estão cheios de roubo e maldade. ⁴⁰Insensatos! Quem fez o que está fora não fez também o que está dentro? ⁴¹Antes, deem como esmola o que vocês têm, e tudo ficará puro para vocês. ⁴²Mas ai de vocês, fariseus, que pagam o dízimo da hortelã, da arruda e de todas as hortaliças, mas deixam de lado a justiça e

---

humanos libertos e responsáveis. Para que isso aconteça plenamente, é preciso enfrentar até o fim o poder maléfico, destruidor da vida e da liberdade. Quem não assume esse compromisso se faz adversário de Jesus.

24-26: Cf. nota a Mt 12,43-45.

27-28: Ouvir a Palavra e colocá-la na própria vida, enfrentando os obstáculos e conflitos que daí virão, é que faz alguém ser efetivamente da família de Jesus; aí está a felicidade que importa (8,19-21).

29-32: Se de nada valem os tantos gestos que vêm aparecendo no decorrer de sua ação libertadora, Jesus só tem a indicar um sinal, relacionado a Jonas. Este provocou, e os ninivitas se deixaram provocar pela palavra do profeta. Jesus só pode continuar chamando à decisão e ao compromisso com sua proposta.

33-36: Os adversários de Jesus o recusam; a indisposição deste vem de seu próprio interior, das opções que vêm fazendo na vida, opções que os afastam da luz e os deixam na escuridão.

37-54: Jesus condena quem transforma a religião em mecanismo de opressão e domínio, tornando absoluto o que é secundário e deixando de lado o essencial: a

o amor de Deus. Vocês deveriam praticar estas coisas, mas sem deixar de lado as outras. ⁴³Ai de vocês, fariseus, que gostam do primeiro lugar nas sinagogas e das saudações nas praças públicas. ⁴⁴Ai de vocês, porque são como sepulcros que não se veem, e que as pessoas pisam sem saber".

⁴⁵Então um dos especialistas da Lei disse a Jesus: "Mestre, falando assim tu nos ofendes também a nós". ⁴⁶Ele respondeu: "Vocês também, especialistas da Lei, ai de vocês! Sobrecarregam as pessoas com cargas insuportáveis, mas vocês mesmos nem com um dedo tocam nessas cargas! ⁴⁷Ai de vocês, que constroem os túmulos dos profetas, e foram os pais de vocês que os mataram! ⁴⁸Assim, vocês são testemunhas e aprovam o que os pais de vocês fizeram. Porque eles mataram os profetas, e vocês constroem os túmulos.

⁴⁹É por isso que a Sabedoria de Deus disse: 'Eu lhes enviarei profetas e apóstolos. Eles matarão e perseguirão alguns deles, ⁵⁰para que se peçam contas a esta geração do sangue de todos os profetas, derramado desde a criação do mundo: ⁵¹desde o sangue de Abel até o de Zacarias, assassinado entre o altar e o santuário. Sim, eu lhes digo, serão pedidas contas a esta geração'. ⁵²Ai de vocês, especialistas da Lei, porque se apoderaram da chave da ciência. Vocês mesmos não entraram, e ainda impediram os que queriam entrar".

⁵³Quando Jesus saiu daí, os doutores da Lei e os fariseus começaram a tratá-lo mal e a provocá-lo para que falasse sobre muitas coisas, ⁵⁴armando ciladas para apanhá-lo de surpresa em alguma palavra que saísse de sua boca.

12

Compromisso com Jesus *(Mt 10,26-33; 12,32; 10,19-20)* – ¹Enquanto isso, milhares de pessoas se ajuntaram, a ponto de uns pisarem nos outros. Jesus começou a falar, primeiro a seus discípulos: "Cuidado com o fermento dos fariseus, que é a hipocrisia. ²Não há nada de encoberto que não venha a se descobrir, nem de escondido que não venha a se conhecer. ³Portanto, tudo quanto vocês disserem na escuridão, será ouvido à luz do dia. E o que disserem nos quartos ao pé do ouvido, será proclamado sobre os telhados.

⁴Meus amigos, eu lhes digo: Não tenham medo daqueles que matam o corpo, e depois não conseguem fazer mais nada. ⁵Eu lhes mostrarei a quem vocês devem temer: Temam aquele que, depois de matar, tem o poder de mandar para o inferno. Sim, eu lhes digo, temam a este. ⁶Não se vendem cinco pardais por dois centavos? E, no entanto, nenhum deles fica esquecido diante de Deus. ⁷Vocês, até mesmo os cabelos da sua cabeça estão todos contados. Não tenham medo, porque vocês valem mais que muitos pardais.

⁸Eu lhes digo: Todo aquele que se declarar por mim diante das pessoas, o Filho do Homem também se declarará por ele diante dos anjos de Deus. ⁹Mas aquele que me negar diante das pessoas será negado diante dos anjos de Deus. ¹⁰Todo aquele que disser alguma coisa contra o Filho do Homem, isso lhe será perdoado. Mas a quem blasfemar contra o Espírito Santo, isso não lhe será perdoado. ¹¹Quando levarem vocês para as sinagogas, diante dos chefes e autoridades, não se preocupem como ou com o que se defenderão, ou com o que dirão. ¹²Porque, nesse momento, o Espírito Santo vai lhes ensinar o que vocês deverão dizer".

Parábola do rico insensato – ¹³Alguém da multidão disse a Jesus: "Mestre, fala para meu irmão repartir a herança comigo". ¹⁴Mas Jesus lhe disse: "Homem, quem foi que me colocou de juiz ou árbitro entre vocês?" ¹⁵E lhes disse: "Cuidado! Evitem todo tipo de ganância, porque ainda que alguém seja muito rico, sua vida não é garantida pelos seus bens". ¹⁶E

---

prática da justiça e a vivência do amor. Em nome da religião, chega-se a matar os enviados de Deus (como ocorrerá com o próprio Jesus).

12,1-12: Alertando contra a hipocrisia dos fariseus, Jesus apela para que ninguém tenha medo de testemunhar o compromisso com o Messias dos pobres em toda e qualquer ocasião. Mesmo a morte, que poderá atingir o discípulo por causa do testemunho, não deve ser temida, pois Deus é o Senhor da vida. Quem se compromete com Jesus tem a convicção de que a missão é guiada pelo Espírito Santo, e que então não precisa recuar diante das difamações e hostilidades, nem fazer uso dos meios empregados pelos opositores.

13-21: A luta pela sobrevivência converte muitas vezes o meio em fim, isto é, faz da busca da riqueza o objetivo maior do indivíduo, com as consequências previsíveis,

contou-lhes uma parábola: "A terra de um homem rico produziu grande colheita. ¹⁷Ele perguntava a si mesmo: 'O que fazer? Não tenho onde recolher minha colheita'. ¹⁸Então pensou: 'Vou fazer o seguinte: vou demolir meus celeiros e construir outros maiores, e aí vou recolher todo o meu trigo e meus bens. ¹⁹Depois direi a mim mesmo: Meu caro, você tem muitos bens guardados para muitos anos. Descanse, coma, beba e se divirta.' ²⁰Mas Deus lhe disse: 'Insensato! Nesta noite, sua vida será pedida de volta. E as coisas que você preparou, de quem serão?' ²¹Assim acontece com quem ajunta tesouros para si, e não é rico para Deus".

Aprender dos corvos e dos lírios (Mt 6,25-34) – ²²Jesus disse a seus discípulos: "Por isso eu lhes digo: Não se preocupem com a vida, em relação ao que vão comer; nem com o corpo, em relação ao que vão vestir. ²³Por acaso a vida não vale mais que a comida, e o corpo mais que a roupa? ²⁴Olhem os corvos: eles não semeiam nem colhem, não têm celeiro nem depósito, e Deus os alimenta. Vocês valem muito mais que as aves. ²⁵Quem de vocês, com as próprias preocupações, consegue prolongar sua vida um pouco que seja? ²⁶Portanto, se as menores coisas estão além do poder de vocês, por que se preocupar com as outras? ²⁷Observem os lírios, como crescem. Não fiam nem tecem. E eu lhes digo: Nem Salomão, com todo o seu esplendor, jamais se vestiu como um deles. ²⁸Ora, se Deus assim veste a erva do campo, que hoje existe e amanhã é jogada no forno, quanto mais não fará por vocês, tão fracos na fé! ²⁹Não fiquem buscando o que comer ou beber, nem se inquietem com isso. ³⁰Porque os gentios deste mundo vivem buscando todas essas coisas, mas o Pai de vocês sabe que vocês necessitam delas. ³¹Em vez disso, busquem o Reino dele, e essas coisas serão dadas a vocês por acréscimo. ³²Não tenha medo, pequeno rebanho, porque foi do agrado do Pai de vocês dar-lhes o Reino. ³³Vendam seus bens e deem esmola. Façam para vocês bolsas que não se gastem, um tesouro nos céus que nunca se acabe, onde o ladrão não chega nem a traça corrói. ³⁴Porque, onde está o tesouro de vocês, aí estará também o seu coração".

Vigiar sempre. O servo fiel e prudente (Mt 24,45-51) – ³⁵"Estejam com os rins cingidos e as lâmpadas acesas. ³⁶Sejam como os que esperam seu senhor voltar de uma festa de casamento, para logo lhe abrir a porta, assim que ele chegar e bater. ³⁷Felizes aqueles servos que o senhor, ao chegar, encontrar acordados. Eu lhes garanto: Ele se cingirá, os fará sentar-se à mesa e, passando, os servirá. ³⁸E se ele chegar pela meia-noite ou já perto da madrugada, felizes serão, se assim os encontrar. ³⁹Compreendam isto: Se o dono da casa soubesse a hora em que viria o ladrão, não deixaria que sua casa fosse arrombada. ⁴⁰Fiquem preparados vocês também, porque o Filho do Homem virá na hora que vocês não imaginam".

⁴¹Pedro então disse: "Senhor, estás contando essa parábola para nós, ou para todos?" ⁴²O Senhor respondeu: "Quem é o administrador fiel e prudente, que o senhor deixará como responsável sobre seu pessoal, para lhe dar a ração de trigo no tempo certo? ⁴³Feliz aquele servo que o senhor, ao chegar, encontrar agindo assim. ⁴⁴Eu lhes garanto: Ele o deixará como responsável sobre todos os seus bens. ⁴⁵Mas se aquele servo disser em seu coração: 'Meu senhor vem tarde', e começar a espancar servos e servas, a comer, a beber e a se embriagar, ⁴⁶o senhor daquele servo virá num dia que ele não espera e numa hora que ele não sabe. Ele o punirá severamente e lhe dará a sorte dos infiéis. ⁴⁷Aquele servo que conheceu a vontade de seu senhor, mas não se preparou nem agiu conforme sua vontade, será chicotea-

---

de egoísmo e violência. A parábola apresenta, de forma irônica, a situação de alguém que viveu apenas para acumular, esquecendo-se de dar sentido adequado à riqueza maior que recebeu, a própria vida, e de se comprometer com os outros.

22-34: Cf. nota a Mt 6,25-34. É fundamental saber onde se encontra o coração, que é a sede das decisões humanas: está focado nos valores propostos pela sociedade, ou na busca pelo Reino de Deus? Essa busca dará sentido novo aos esforços cotidianos por uma vida digna para todos. E, a quem possui bens, indica-se o caminho: a partilha solidária.

35-48: As exortações feitas até agora, a partir do episódio da herança que não foi dividida, ganham sentido

do muitas vezes. ⁴⁸Mas aquele que não a conheceu e tiver feito coisas que merecem castigo, será chicoteado poucas vezes. A quem muito foi dado, muito será pedido. E a quem muito foi confiado, muito mais será exigido".

Fogo e divisão (Mt 10,34-36) – ⁴⁹"Eu vim lançar fogo sobre a terra, e como gostaria que já estivesse aceso! ⁵⁰Tenho um batismo para receber, e como me angustio até que ele esteja realizado! ⁵¹Vocês pensam que eu vim trazer paz à terra? Não, eu lhes digo, mas divisão. ⁵²Porque, de agora em diante, numa casa com cinco pessoas, três estarão divididas contra duas, e duas contra três. ⁵³Ficarão divididos pai contra filho e filho contra pai, mãe contra filha e filha contra mãe, sogra contra nora e nora contra sogra".

Os sinais dos tempos (Mt 16,2-3) – ⁵⁴Jesus também dizia às multidões: "Quando vocês veem uma nuvem aparecer onde o sol se põe, dizem logo: 'Aí vem chuva'. E assim acontece. ⁵⁵Quando sopra o vento do sul, vocês dizem: 'Vai fazer calor', e assim acontece. ⁵⁶Hipócritas! Vocês sabem interpretar a aparência da terra e do céu. Como é que não sabem interpretar o tempo presente?"

Não perder tempo (Mt 5,25-26) – ⁵⁷"Por que vocês não julgam por si mesmos o que é justo? ⁵⁸Quando, pois, você for com seu adversário ao juiz, faça o esforço de entrar em acordo com ele no caminho, para que ele não arraste você até o juiz, o juiz o entregue ao executor, e o executor o atire na cadeia. ⁵⁹Eu lhe digo: Daí você não sairá, enquanto não pagar o último centavo".

13 **Apelo à conversão** – ¹Nesse momento, chegaram algumas pessoas para contar o que tinha acontecido com os galileus. Pilatos os havia matado, misturando o sangue deles com o sangue dos sacrifícios que ofereciam. ²Jesus lhes respondeu: "Vocês pensam que esses galileus, por terem sofrido isso, eram mais pecadores que todos os outros galileus? ³Não, eu lhes digo. Porém, se vocês não se converterem, morrerão todos da mesma forma. ⁴E aqueles dezoito que a torre de Siloé matou ao cair? Vocês pensam que eram mais culpados do que todos os outros habitantes de Jerusalém? ⁵Não, eu lhes digo. Porém, se vocês não se converterem, morrerão todos da mesma forma".

Parábola da figueira estéril – ⁶Jesus contou esta parábola: "Um homem tinha uma figueira plantada em sua vinha. Foi até ela buscar fruto, e não encontrou. ⁷Disse então ao vinhateiro: 'Eis que há três anos venho buscar fruto nesta figueira, e não encontro. Corte-a. Por que deve ela ocupar o terreno inutilmente?' ⁸Ele respondeu: 'Senhor, deixe a figueira ainda este ano, enquanto eu cavo ao redor e coloco adubo. ⁹Pode ser que assim dê fruto. Se não der, o senhor a cortará' ".

Cura da mulher encurvada – ¹⁰Jesus estava ensinando em uma das sinagogas, em dia de sábado. ¹¹Eis que estava aí uma mulher possuída há dezoito anos por um espírito que a mantinha doente. Andava encurvada e não conseguia de modo nenhum endireitar-se. ¹²Jesus a viu, a chamou e lhe disse: "Mulher, você está livre de sua doença". ¹³Impôs as mãos sobre ela,

---

de urgência. Uma nova maneira de lidar com os bens disponibilizados pela criação de Deus, a superação da ganância e dos valores consumistas propostos pela sociedade, e ainda a disposição para a partilha, não podem esperar. Uma disposição semelhante deve inspirar as lideranças da comunidade: elas estão a serviço, e não têm o direito de agir como bem queiram.

49-53: A ação do Messias dos pobres é como fogo: denuncia a injustiça e a falta da paz, e exige decisão – ou aderir a ela ou assumir as consequências que daí provêm, ou permanecer em ambiente de paz ilusória.

54-56: É fundamental as pessoas compreenderem o alcance da ação do Messias dos pobres, do mesmo modo como identificam, pela observação da natureza, as mudanças climáticas.

57-59: Uma exortação à prudência em termos muito práticos permite insistir na necessidade de discernir o que ocorre na realidade, especialmente a partir da atividade de Jesus.

13,1-5: As tragédias que marcam a existência humana não são motivo para alguém se sentir culpado (isso porém não indica que Pilatos seja inocente!). Servem, isso sim, para a reflexão sobre as fragilidades que acompanham a vida, e principalmente para que se oriente o cotidiano na busca constante da conversão, com vistas no comprometimento com Jesus e sua ação messiânica.

6-9: A parábola insiste, ao mesmo tempo, na paciência de Deus e na expectativa de que resulte em frutos concretos o compromisso com Jesus e sua mensagem libertadora.

10-17: O legalismo religioso impede perceber que a ação do Messias liberta de todo tipo de amarras. A cura da mulher eleva o sábado à sua maior grandeza, por manifestar o propósito pleno da criação: a vida libertada

e no mesmo instante ela se endireitou e começou a glorificar a Deus. ¹⁴Mas o chefe da sinagoga ficou indignado porque Jesus tinha feito uma cura no sábado. Tomou a palavra e disse à multidão: "Há seis dias em que se deve trabalhar. Venham portanto nesses dias para serem curados, e não no dia de sábado". ¹⁵O Senhor lhe respondeu: "Hipócritas! Cada um de vocês, no sábado, não solta da manjedoura o seu boi ou asno e não o leva para beber? ¹⁶E esta filha de Abraão, que Satanás prendeu por dezoito anos, não devia ser libertada dessa prisão no dia de sábado?" ¹⁷Essa resposta deixou todos os inimigos de Jesus envergonhados, enquanto toda a multidão se alegrava por todas as maravilhas que Jesus realizava.

***Parábola da semente de mostarda** (Mt 13,31-32; Mc 4,30-32)* – ¹⁸Jesus dizia: "A que é semelhante o Reino de Deus? Com o que eu poderia compará-lo? ¹⁹Ele é como uma semente de mostarda que um homem pegou e lançou em sua horta. Ela cresce, torna-se árvore e as aves do céu fazem ninhos em seus ramos".

***Parábola do fermento** (Mt 13,33)* – ²⁰E disse ainda: "Com o que eu poderia comparar o Reino de Deus? ²¹É como o fermento que uma mulher pegou e misturou em três medidas de farinha, até tudo ficar fermentado".

***A porta estreita** (Mt 7,13s.21-23)* – ²²Jesus atravessava cidades e vilarejos ensinando, enquanto prosseguia o caminho para Jerusalém. ²³Alguém lhe perguntou: "Senhor, são poucos os que se salvam?" Ele lhes respondeu: ²⁴"Esforcem-se para entrar pela porta estreita. Porque eu lhes digo: Muitos procurarão entrar, mas não conseguirão. ²⁵Uma vez que o dono da casa tiver levantado e fechado a porta, vocês ficarão fora e começarão a bater na porta, dizendo: 'Senhor, abre a porta para nós!' Ele lhes responderá: 'Não sei de onde são vocês'. ²⁶Então vocês começarão a dizer: 'Nós comíamos e bebíamos em tua presença, e tu ensinaste em nossas praças'. ²⁷E ele lhes responderá: 'Não sei de onde são vocês. Afastem-se de mim, vocês que praticam a injustiça'. ²⁸Aí haverá choro e ranger de dentes, quando vocês virem Abraão, Isaac, Jacó e todos os profetas no Reino de Deus, e vocês lançados fora. ²⁹Eles virão do oriente e do ocidente, do norte e do sul, e se assentarão à mesa no Reino de Deus. ³⁰Eis que há últimos que serão os primeiros, e primeiros que serão os últimos".

***Mensagem a Herodes. Lamentação sobre Jerusalém** (Mt 23,37-39)* – ³¹Nesse momento, chegaram alguns fariseus para dizer a Jesus: "Parte e vai embora daqui, pois Herodes quer te matar". ³²Jesus lhes respondeu: "Vão dizer a essa raposa: Eis que eu expulso demônios e realizo curas hoje e amanhã, e no terceiro dia terei completado. ³³No entanto, hoje, amanhã e depois de amanhã devo continuar caminhando, porque não convém que um profeta morra fora de Jerusalém. ³⁴Jerusalém, Jerusalém, que mata os profetas e apedreja os que são enviados até você! Quantas vezes eu quis reunir seus filhos, como a galinha reúne seus pintinhos debaixo das asas, mas você não quis. ³⁵Eis que sua casa ficará abandonada. Eu lhes digo: Vocês não me verão mais, até que digam: 'Bendito aquele que vem em nome do Senhor!' "

14 ***Cura do hidrópico*** – ¹Certo sábado, Jesus entrou na casa de um dos chefes dos fariseus para fazer refeição. E eles o observavam. ²Eis que estava diante

---

de homens e mulheres, imagens de Deus. Para deixar claro que a realização do Reino não obedece a esquemas preestabelecidos e atinge interesses e instituições, Jesus introduz a discussão as parábolas que vêm a seguir.

18-19: Cf. nota a Mc 4,30-32.

20-21: Cf. nota a Mt 13,33. Sobre a ação da mulher na parábola, vale notar que Jesus, aqui em Lc, conta esta parábola diante da mulher curada em dia de sábado.

22-30: Em vez de responder à pergunta, Jesus prefere refletir sobre o caminho que proporciona salvação. E aí alerta para que não haja enganos: o critério fundamental é a prática da justiça. Não basta conhecer Jesus; é preciso comprometer a vida com os valores que sua ação messiânica vem destacando.

31-35: Jesus conhece o tipo de pessoas e estruturas que dominam o povo (cf. 22,25). E tem consciência de que sua missão implica enfrentar esses mecanismos que se impõem sobre as pessoas. A própria história de Israel mostra que há tempo Jerusalém se tornara o símbolo desse sistema denunciado por Jesus (cf. Is 1,21ss): matou muitos profetas, assim como fará com Jesus.

14,1-6: Mais uma vez, ao curar um doente, Jesus quebra os esquemas religiosos e dá pleno sentido ao sábado. Da mesma forma que em 13,10-17, a ação de

de Jesus um homem doente de hidropisia. ³Jesus tomou a palavra e disse aos especialistas em leis e fariseus: "É permitido curar no sábado ou não?" ⁴Eles, porém, ficaram calados. Então Jesus tomou o homem pela mão, o curou e despediu. ⁵Depois disse a eles: "Quem de vocês, se o seu filho ou seu boi cai num poço, não o tira imediatamente, ainda que seja sábado?" ⁶E não foram capazes de responder a isso.

Os lugares no banquete – ⁷Jesus contou aos convidados uma parábola, ao notar que eles escolhiam os primeiros lugares. Disse-lhes: ⁸"Quando alguém convidar você para um casamento, não se ponha no primeiro lugar. Alguém mais importante que você pode ter sido convidado por ele, ⁹e quem convidou você lhe dirá: 'Dê o lugar para este'. Então, todo envergonhado, você terá de ocupar o último lugar. ¹⁰Ao contrário, quando você for convidado, ocupe o último lugar. Assim, quando chegar aquele que o convidou, lhe dirá: 'Amigo, venha mais para cima'. Isso será para você uma honra diante de todos os convidados. ¹¹De fato, quem se exalta será humilhado, e quem se humilha será exaltado".

¹²E Jesus disse então a quem o havia convidado: "Quando você oferecer um almoço ou jantar, não convide seus amigos, nem seus irmãos, nem seus parentes, nem os vizinhos ricos. Porque esses poderão, por sua vez, convidá-lo também, e essa já será para você a recompensa. ¹³Pelo contrário, quando você der uma festa, convide pobres, aleijados, coxos e cegos. ¹⁴Você será feliz então, porque esses não têm com que lhe retribuir. E você será recompensado na ressurreição dos justos".

Os convidados ao banquete (Mt 22,1-10) – ¹⁵Ao ouvir isso, um dos convidados disse a Jesus: "Feliz aquele que tomar refeição no Reino de Deus". ¹⁶Jesus lhe respondeu: "Certo homem estava dando um grande banquete e convidou muita gente. ¹⁷Na hora do banquete, mandou seu servo dizer aos convidados: 'Venham, pois tudo já está pronto'. ¹⁸Mas todos começaram a se desculpar, um depois do outro. O primeiro lhe disse: 'Comprei um terreno e preciso ir vê-lo. Peço que me desculpe'. ¹⁹E outro disse: 'Comprei cinco juntas de bois e vou experimentá-las. Peço que me desculpe'. ²⁰E ainda outro disse: 'Casei, e por isso não posso ir'. ²¹O servo voltou e contou tudo ao seu senhor. O dono da casa, indignado, disse a seu servo: 'Vá depressa pelas praças e ruas da cidade, e traga aqui para dentro pobres, aleijados, cegos e coxos. ²²O servo lhe disse: 'Senhor, sua ordem já foi cumprida, e ainda há lugar'. ²³Então o senhor disse ao servo: 'Vá pelos caminhos e trilhas e obrigue as pessoas a entrar, para que minha casa fique cheia. ²⁴Pois eu lhes digo: Nenhum daqueles que tinham sido convidados provará o meu banquete' ".

Exigências para seguir Jesus (Mt 10,37-38) – ²⁵Grandes multidões acompanhavam Jesus. Ele se voltou e lhes disse: ²⁶"Quem vem a mim e não deixa em segundo plano seu próprio pai e mãe, mulher, filhos, irmãos, irmãs e até sua própria vida, não pode ser meu discípulo. ²⁷Quem não carrega sua própria cruz e não vem após mim, não pode ser meu discípulo.

²⁸De fato, quem de vocês, querendo construir uma torre, primeiro não se senta para calcular os gastos e ver se tem o suficiente para terminar? ²⁹Caso contrário, irá pôr o alicerce e não será capaz de acabar. E todos os que virem isso começarão a caçoar dele, ³⁰dizendo: 'Esse homem começou a construir e não foi capaz de acabar'.

Jesus se dá diante dos líderes, para questionar suas posturas e convicções.

7-14: Ao invés de ser momento de partilha e fraternidade, a refeição a que Jesus foi convidado era mais um instrumento para marcar as diferenças sociais entre as pessoas e discriminar as consideradas menos importantes. Bem diferentes são as refeições lideradas por Jesus, realizadas junto aos pobres, aos cobradores de impostos e aos pecadores. É o exemplo de sua prática que ele apresenta ao anfitrião, nos vv. 12-14: que a gratuidade seja a marca nas relações entre as pessoas, em lugar da contínua troca de favores.

15-24: O Reino que Jesus vem anunciando e realizando com sua ação messiânica é apresentado aqui com a figura de um banquete que, ao fim das contas, é partilhado pela gente marginalizada e abandonada. A parábola indica que os interesses econômicos e assemelhados vão na contramão da proposta que o Reino significa e exige.

25-33: A proposta encarnada por Jesus, em sua ação messiânica, não é agradável a quem se deixa levar pelos valores dominantes na sociedade. Ser discípulo implica assumir o caminho indicado por Jesus, caminho que exige rupturas e disposição para enfrentar conflitos

³¹Ou ainda: Qual é o rei que, partindo para guerrear contra outro rei, primeiro não se senta para avaliar se com dez mil homens consegue defender-se contra quem o ataca com vinte mil? ³²Se ele vê que não vai conseguir, quando o outro ainda está longe, envia uma delegação para negociar as condições de paz. ³³Da mesma forma, portanto, qualquer um de vocês, se não renunciar a tudo o que tem, não pode ser meu discípulo".

Ser sal no mundo (Mt 5,13; Mc 9,50) – ³⁴"O sal é bom. Mas se até o sal perder o sabor, com que se há de salgar? ³⁵Não serve nem para a terra nem para adubo: é jogado fora. Quem tiver ouvidos para ouvir, ouça".

15 *Parábola do pastor e da ovelha (Mt 18,12-14)* –

¹Todos os cobradores de impostos e pecadores se aproximavam para ouvir Jesus. ²Mas os fariseus e os doutores da Lei murmuravam: "Esse homem recebe pecadores e come com eles". ³Então Jesus lhes contou esta parábola: ⁴"Quem de vocês, se tiver cem ovelhas e perder uma, não deixa as noventa e nove no deserto e vai atrás daquela que se perdeu, até encontrá-la? ⁵Quando a encontra, todo alegre a coloca nos ombros ⁶e, de volta para casa, chama os amigos e vizinhos, e lhes diz: 'Alegrem-se comigo, porque encontrei minha ovelha perdida'. ⁷Eu lhes digo: Da mesma forma, haverá mais alegria no céu por um só pecador que se converte, do que por noventa e nove justos que não precisam de conversão".

Parábola da mulher e da moeda – ⁸"Ou qual é a mulher que, se tiver dez moedas de prata e perder uma, não acende a lâmpada, varre a casa e procura cuidadosamente, até encontrá-la? ⁹Quando a encontra, chama as amigas e vizinhas, e diz: 'Alegrem-se comigo, porque encontrei a moeda que eu tinha perdido'. ¹⁰Eu lhes digo: Da mesma forma, há alegria entre os anjos de Deus por um só pecador que se converte".

Parábola do pai e seus dois filhos – ¹¹Jesus disse também: "Um homem tinha dois filhos. ¹²O mais novo disse ao pai: 'Pai, me dê a parte da herança que cabe a mim'. Então o pai dividiu os bens entre eles. ¹³Poucos dias depois, o filho mais novo juntou tudo e partiu para uma região distante. E aí esbanjou seus bens, numa vida desregrada. ¹⁴Quando já tinha gasto tudo, houve uma grande fome naquela região, e ele começou a passar necessidade. ¹⁵Foi então até um dos habitantes da região, que o mandou para seus campos, a fim de cuidar dos porcos. ¹⁶Ele queria matar a fome com a comida dos porcos, mas ninguém lhe dava nada. ¹⁷Então, caindo em si, ele disse: 'Quantos empregados de meu pai têm comida de sobra, e eu aqui, morrendo de fome! ¹⁸Vou me levantar, irei até meu pai e lhe direi: Pai, pequei contra o céu e contra o senhor. ¹⁹Já não mereço ser chamado seu filho. Trate-me como um dos seus empregados'. ²⁰Então se levantou e foi ter com seu pai.

Ele ainda estava longe, quando seu pai o viu. Encheu-se de compaixão e, correndo, lançou-se ao pescoço dele e o beijou com ternura. ²¹O filho então lhe disse: 'Pai, pequei contra o céu e contra o senhor. Já

---

com as forças que se opõem a tal proposta de vida e liberdade.

34-35: As exigências acima indicadas se explicam: o discípulo de Jesus é chamado a ser sal, para efetivamente dar outro gosto à própria vida e à vida dos semelhantes.

15,1-7: As três parábolas do cap. 15 são a resposta de Jesus a uma única provocação, colocada por seus adversários: ele se mistura com gente não recomendável e até come junto com ela. Estas parábolas questionam aquilo que se pensava sobre as opções de Deus, opções que vão em linha muito diferente daquela que poderia surgir das leis e convenções da sociedade. Aqui, na "parábola da ovelha perdida", chama a atenção a atitude absurda do pastor, que "deixa" tantas ovelhas para ir em busca de uma única... Esse movimento impulsivo, que vai na contramão da lógica do acúmulo, deve esclarecer sobre as opções de Deus e sobre seu olhar, bem como sobre a prática de Jesus.

8-10: Se na parábola anterior Deus foi apresentado na figura de um pastor, aqui ele aparece na imagem de uma mulher pobre. A alegria compartilhada com as vizinhas, devido à possibilidade aumentada de construir a sobrevivência cotidiana, faz repensar as imagens convencionais sobre Deus e sua forma de considerar os conflitos vividos na sociedade.

11-32: Na relação com as duas parábolas anteriores, esta apresenta a ação do pai que não mede seus movimentos para expressar a alegria pela volta do filho. Com isso, mais uma vez, Jesus argumenta a respeito de sua prática de acolher gente considerada indigna e ser solidário com ela. Mas a parábola vai além: em relação ao filho mais novo, salienta sua decisão de ir procurar o pai, a partir da própria miséria; com

não mereço ser chamado seu filho'. ²²Mas o pai disse a seus servos: 'Tragam rápido a melhor túnica e a vistam nele. Ponham um anel no dedo dele e sandálias nos pés. ²³Peguem o bezerro gordo e o matem. Vamos comer e festejar! ²⁴Porque este meu filho estava morto e voltou a viver, estava perdido e foi encontrado'. E começaram a festejar.
²⁵Seu filho mais velho estava no campo. Quando voltava, já perto de casa, ouviu música e danças. ²⁶Chamou um dos servos e lhe perguntou o que era aquilo. ²⁷Ele lhe disse: 'Seu irmão chegou, e seu pai matou o bezerro gordo, porque o recuperou com saúde'. ²⁸Então ele ficou cheio de raiva e não queria entrar. Seu pai saiu e insistia com ele. ²⁹Mas ele respondeu ao pai: 'Eu sirvo o senhor há tantos anos, e nunca desobedeci a nenhuma ordem sua. E o senhor nunca me deu um cabrito para eu festejar com meus amigos. ³⁰Agora, porém, que veio esse seu filho, que devorou os bens do senhor com prostitutas, o senhor matou para ele o bezerro gordo'. ³¹O pai lhe respondeu: 'Filho, você está sempre comigo, e tudo o que é meu é seu também. ³²Mas era preciso festejar e se alegrar, porque esse seu irmão estava morto e voltou a viver, estava perdido e foi encontrado' ".

16 *Parábola do administrador desonesto* – ¹Jesus dizia aos discípulos: "Um homem rico tinha um administrador que foi acusado de lhe esbanjar os bens. ²Mandou chamá-lo e lhe disse: 'O que é isso que ouço dizer de você? Preste contas de sua administração, pois você não pode mais ser administrador'. ³Então o administrador pensou: 'Meu senhor vai me tirar a administração. O que vou fazer? Trabalhar na terra? Não tenho força. Mendigar? Tenho vergonha. ⁴Já sei o que vou fazer para ter quem me receba na própria casa, quando eu for afastado da administração'. ⁵Chamou então um por um os devedores de seu senhor, e disse ao primeiro: 'Quanto você deve ao meu senhor?' ⁶Ele respondeu: 'Cem barris de óleo'. Disse-lhe então: 'Pegue sua conta, sente-se logo e escreva cinquenta'. ⁷Depois disse a outro: 'E você, quanto deve?' Ele respondeu: 'Cem sacas de trigo'. Disse-lhe: 'Pegue o recibo e escreva oitenta'. ⁸E o senhor elogiou o administrador desonesto, porque agiu com espertaza (pois os filhos deste mundo são mais espertos no trato com sua gente do que os filhos da luz).

⁹E eu lhes digo: Façam amigos com o dinheiro da injustiça para que, quando esse dinheiro faltar, eles recebam vocês nas moradas eternas. ¹⁰Quem é fiel no pouco, é fiel também no muito. Quem é injusto no pouco, é injusto também no muito. ¹¹Portanto, se vocês não foram fiéis com o dinheiro da injustiça, quem lhes confiará a verdadeira riqueza? ¹²Se não foram fiéis nas coisas dos outros, quem lhes confiará o que é de vocês? ¹³Nenhum servo pode servir a dois senhores. Porque, ou odiará um e amará o outro, ou se apegará a um e desprezará o outro. Vocês não podem servir a Deus e ao dinheiro".

Os fariseus, a Lei e o Reino (Mt 11,12s; 5,18.31s) – ¹⁴Os fariseus, que eram amigos do dinheiro, ouviam tudo isso e caçoavam de Jesus. ¹⁵Ele então lhes disse: "Vocês são os que querem passar por justos diante das pessoas. Mas Deus conhece os corações de vocês. Pois o que é importante para as pessoas, é detestável diante de Deus. ¹⁶A Lei e os Profetas chegaram até João. Daí em diante, o Reino de Deus é anunciado, e todos se esforçam para entrar nele a qualquer custo. ¹⁷É mais fácil passar o céu e a terra do que cair um só tracinho da

---

isso destaca o movimento da gente marginalizada, que percebe uma sintonia entre seus anseios de vida e o que a prática de Jesus vem indicando. Por outro lado, o filho mais velho, com sua postura rígida, faz pensar nos líderes a quem Jesus se dirige: convencidos da própria justiça e retidão, perderam a sensibilidade para com as necessidades e carências das demais pessoas.

16,1-13: Por um caminho mais que discutível, o administrador descobre que sua possibilidade de sobrevivência está no cuidado com gente pobre e endividada!

A parábola, mais uma vez, se refere ao uso adequado dos bens e recursos disponibilizados, num cenário de forte desigualdade social. Os vv. 9-13 oferecem algumas sugestões de reflexão e prática a partir da parábola, para concluir que não é possível oferecer lealdade a senhores contrários. O único senhorio digno é o de Deus, que é senhorio de vida e liberdade.

14-18: Os fariseus caçoam de Jesus porque são amigos do dinheiro, e disfarçam esse apego apelando às observâncias da Lei. Jesus reage a essa postura afirmando o

Lei. ¹⁸Todo homem que se divorcia de sua esposa e casa com outra, comete adultério. E quem casa com a que foi divorciada, comete adultério".

O rico esbanjador e o mendigo Lázaro – ¹⁹"Havia um homem rico que se vestia com roupas de púrpura e linho fino, e dava grandes festas todos os dias. ²⁰Um pobre, chamado Lázaro, coberto de feridas, ficava deitado junto à porta do rico. ²¹Queria matar a fome com o que caía da mesa do rico. Em vez disso, até os cães vinham lamber-lhe as feridas. ²²Aconteceu que o pobre morreu e foi levado pelos anjos para junto de Abraão. Também o rico morreu e foi enterrado. ²³Na habitação dos mortos, entre tormentos, ele ergueu os olhos e viu ao longe Abraão, e Lázaro ao lado dele. ²⁴Então gritou: 'Pai Abraão, tenha piedade de mim! Mande Lázaro molhar a ponta do dedo na água para me refrescar a língua, porque estou atormentado neste fogo'. ²⁵Abraão respondeu: 'Filho, lembre-se de que você recebeu seus bens durante a vida, e Lázaro, por sua vez, desgraças. Agora, aqui ele é confortado, e você é atormentado. ²⁶Além disso, existe entre nós e vocês um grande abismo. De modo que os que querem passar daqui para junto de vocês não conseguem, nem atravessar daí até nós'. ²⁷Ele insistiu: 'Eu lhe peço, então, pai, que o mande à casa de meu pai, ²⁸porque eu tenho cinco irmãos. Que Lázaro os alerte, para que não venham também eles para este lugar de tormento'. ²⁹Abraão respondeu: 'Eles têm Moisés e os Profetas. Que os escutem'. ³⁰Ele disse então: 'Não, pai Abraão. Mas se alguém dentre os mortos for até lá, eles se converterão'. ³¹Abraão lhe disse: 'Se não escutam nem a Moisés nem aos Profetas, ainda que alguém ressuscite dos mortos, eles não se convencerão' ".

17

Os escândalos e o perdão (Mt 18, 6s.21s; Mc 9,42) – ¹Jesus disse a seus discípulos: "É inevitável que aconteçam escândalos. Mas ai de quem os provoca! ²Seria melhor para ele ser atirado ao mar com uma pedra de moinho amarrada ao pescoço, do que escandalizar um só destes pequeninos. ³Tenham cuidado! Se o seu irmão pecar, chame a atenção dele. Se ele se arrepender, perdoe-o. ⁴Se ele pecar contra você sete vezes num só dia, e sete vezes voltar, dizendo: 'Estou arrependido', perdoe-o".

Fé e discipulado – ⁵Os apóstolos disseram ao Senhor: "Aumenta em nós a fé". ⁶O Senhor respondeu: "Com a fé que vocês têm, como um grão de mostarda, poderiam dizer a essa amoreira: 'Arranque-se pela raiz e plante-se no mar'. E ela lhes obedeceria.

⁷Se alguém de vocês tem um servo que trabalha a terra ou cuida dos animais, por acaso lhe dirá quando ele volta do campo: 'Venha logo e sente-se à mesa'? ⁸Não lhe dirá, em vez: 'Prepare o jantar para mim, aperte o cinto e me sirva, enquanto eu como e bebo; depois, você poderá comer e beber'? ⁹Será que o senhor vai agradecer ao servo porque cumpriu as ordens dele? ¹⁰Assim também vocês: Quando tiverem cumprido todas as ordens, digam: 'Somos simples servos. Apenas fizemos o que devíamos ter feito' ".

Os dez leprosos – ¹¹Aconteceu que, enquanto estava em caminho para Jerusalém, Jesus atravessava a Samaria e a Galileia. ¹²Ao entrar num vilarejo, dez leprosos foram ao seu encontro. Pararam a certa distância ¹³e gritaram: "Mestre Jesus, tem piedade de nós!" ¹⁴Ele os viu e lhes disse: "Vão e se apresentem aos sacerdotes". E aconteceu que, enquanto iam, ficaram purificados. ¹⁵Um deles, vendo-se curado, voltou atrás, glorificando a Deus

---

valor profundo desta Lei, mas insiste com a ação messiânica dele, entrou-se em uma nova fase da história, que tem seu horizonte no Reino de Deus.

19-31: A Lei, que Jesus acabou de elogiar, oferece inúmeras indicações sobre como os bens disponibilizados pela criação de Deus precisam ser partilhados entre todos, para que não haja o abismo que separa ricos e pobres, dramaticamente apresentado na parábola. É preciso ouvir Moisés e os profetas, para que sejam superadas práticas de acúmulo nas mãos de poucos, diante da pobreza que vem humilhando tantos e tantos Lázaros.

17,1-4: As exortações de Jesus tratam de atitudes a serem adotadas por quem queira ser seu discípulo. O cuidado com os pequeninos, o esforço para evitar escândalos, e o perdão das ofensas são algumas delas.

5-10: O pedido dos apóstolos não deve ser compreendido em termos de privilégios e poder. Quem se coloca no seguimento de Jesus assume o compromisso de dar continuidade a sua ação messiânica libertadora, espalhando-a por toda parte.

11-19: Neste relato de purificação de leprosos, novamente se destaca a postura de um samaritano, que

em alta voz. ¹⁶Jogou-se por terra, aos pés de Jesus, e lhe agradeceu. E este era um samaritano. ¹⁷Então Jesus perguntou: "Não foram dez os purificados? Onde estão os outros nove? ¹⁸Não voltou ninguém para dar glória a Deus, além deste estrangeiro?" ¹⁹E lhe disse: "Levante-se e vá! Sua fé o salvou".

A vinda do Reino e o dia do Filho do Homem (Mt 24,23-28.37-41)

²⁰Os fariseus perguntaram a Jesus quando iria chegar o Reino de Deus. Ele respondeu: "O Reino de Deus não vem de algum modo que se possa observar. ²¹Nem se poderá dizer: 'Vejam, está aqui! Vejam, está ali!' Porque eis que o Reino de Deus está no meio de vocês".

²²E disse aos discípulos: "Virão dias em que vocês desejarão ver pelo menos um dos dias do Filho do Homem, mas não conseguirão ver. ²³Dirão a vocês: 'Vejam, está aqui! Vejam, está ali!' Não saiam nem vão atrás deles. ²⁴Pois, como o relâmpago de repente brilha de um lado do céu até o outro, assim também acontecerá com o Filho do Homem no seu dia. ²⁵Mas primeiro ele deve sofrer muito e ser rejeitado por esta geração.

²⁶E como aconteceu no tempo de Noé, também acontecerá nos dias do Filho do Homem. ²⁷Eles comiam, bebiam, casavam e davam-se em casamento, até o dia em que Noé entrou na arca. Então veio o dilúvio e fez morrer todos. ²⁸Como também aconteceu nos dias de Ló. Eles comiam, bebiam, compravam, vendiam, plantavam e construíam. ²⁹Mas no dia em que Ló saiu de Sodoma, choveu do céu fogo e enxofre, e destruiu a todos. ³⁰O mesmo acontecerá no dia em que o Filho do Homem for revelado. ³¹Nesse dia, quem estiver no terraço e tiver utensílios em casa, não desça para os recolher. Assim também, quem estiver no campo, não volte atrás. ³²Lembrem-se da mulher de Ló! ³³Quem procurar salvar a vida vai perdê-la, e quem perder a vida vai salvá-la. ³⁴Eu lhes digo: Naquela noite, dois estarão na mesma cama; um será tomado e o outro será deixado. ³⁵Duas mulheres estarão moendo juntas; uma será tomada e a outra deixada". [36] ³⁷Então os discípulos lhe perguntaram: "Onde, Senhor?" Ele respondeu-lhes: "Onde estiver o corpo, aí também se ajuntarão os urubus".

18 Parábola do juiz e da viúva

– ¹Jesus contou aos discípulos uma parábola para mostrar a necessidade de rezar sempre e nunca desanimar. ²"Numa cidade, havia um juiz que não temia a Deus e não respeitava ninguém. ³Na mesma cidade, havia uma viúva que ia ter com ele e pedia: 'Faça justiça para mim contra o meu adversário'. ⁴Durante algum tempo, o juiz não quis atendê-la. Mas depois pensou consigo mesmo: 'Eu não temo a Deus e não respeito ninguém. ⁵Mas já que essa viúva está me importunando, vou fazer-lhe justiça, para que ela não venha, por fim, me agredir' ". ⁶E o Senhor acrescentou: "Escutem o que diz o juiz injusto. ⁷E Deus, não fará justiça a seus escolhidos, que clamam a ele dia e noite? Irá demorar para atendê-los? ⁸Eu lhes digo: Deus lhes fará justiça bem depressa. Mas quando o Filho do Homem vier, encontrará a fé sobre a terra?"

O fariseu e o cobrador de impostos

– ⁹Jesus contou esta parábola para alguns que estavam convencidos de serem justos e desprezavam os outros: ¹⁰"Dois homens subiram ao Templo para rezar: um era fariseu e o outro era cobrador de impostos. ¹¹O fariseu, em pé, rezava assim no seu íntimo: 'Ó Deus, eu te agradeço porque não sou como o restante dos homens,

---

manifesta gratidão (cf. 10,25-37). Assim como no caso da pecadora em 7,50 e da mulher com hemorragia em 8,48, também aqui se elogia a fé: alguém considerado impuro reconhece que foi gratuitamente que Jesus, em nome de Deus, concedeu a ele e a seus companheiros o dom da vida recuperada, e trata assim de superar a marginalização em que se encontravam.

20-37: O Reino não é para ser procurado por meio de sinais fantásticos; ele se manifesta nos espaços e oportunidades em que a prática do Messias dos pobres é recriada e difundida. Diante das preocupações quanto ao fim dos tempos, Jesus enfatiza que o mais importante é a firmeza permanente em relação aos compromissos do discipulado, baseados na oferta da vida a serviço dos demais. V. 36: "Dois estarão num campo; um será tomado e o outro deixado".

18,1-8: Jesus ensina como rezar, tomando o exemplo de uma mulher pobre que não se conforma com a injustiça que sofre. Essa insatisfação produz a ação perseverante. E esse o espírito que deve motivar a verdadeira oração, na consciência de que Deus não age como os poderosos deste mundo.

9-14: Não são posturas aparentes e repetidas de piedade que tornam o ser humano digno de estar diante de Deus. Efetivamente, com sua arrogância, o fariseu

ladrões, injustos, adúlteros, nem como este cobrador de impostos. ¹²Faço jejum duas vezes por semana e pago o dízimo de todos os meus rendimentos'. ¹³O cobrador de impostos ficou a distância e não ousava sequer levantar os olhos ao céu. Ele batia no peito, dizendo: 'Ó Deus, tem piedade de mim, pecador'. ¹⁴Eu lhes digo: Este último desceu para casa perdoado, mas o outro não. Pois quem se exalta será humilhado, e quem se humilha será exaltado".

O Reino e as crianças (Mt 19,13-15; Mc 10,13-16) – ¹⁵Levavam a Jesus também as criancinhas, para que tocasse nelas. Os discípulos viram isso e repreendiam essas pessoas. ¹⁶Mas Jesus chamou as crianças e disse: "Deixem as crianças vir a mim. Não as impeçam, porque o Reino de Deus pertence aos que são semelhantes a elas. ¹⁷Eu lhes garanto: Quem não receber o Reino de Deus como uma criança, não entrará nele".

Perigo das riquezas (Mt 19,16-30; Mc 10,17-31) – ¹⁸Um dos chefes perguntou a Jesus: "Bom mestre, o que devo fazer para ter em herança a vida eterna?" ¹⁹Jesus lhe respondeu: "Por que você me chama de bom? Ninguém é bom, mas só um: Deus. ²⁰Você conhece os mandamentos: Não cometa adultério, não mate, não roube, não levante falso testemunho, honre seu pai e sua mãe". ²¹Ele respondeu: "Eu tenho observado todas essas coisas desde a juventude". ²²Ouvindo isso, Jesus lhe disse: "Falta-lhe ainda uma coisa: Venda tudo o que você tem, distribua aos pobres, e você terá um tesouro nos céus. Depois, venha e me siga". ²³Quando ele ouviu isso, porém, ficou triste, pois era muito rico.

²⁴Vendo-o assim triste, Jesus disse: "Como é difícil os que têm riquezas entrarem no Reino de Deus! ²⁵Porque é mais fácil um camelo passar pelo vão de uma agulha, do que um rico entrar no Reino de Deus". ²⁶Os que ouviam disseram: "Então quem conseguirá salvar-se?" ²⁷Ele respondeu: "As coisas impossíveis para as pessoas são possíveis para Deus".

²⁸Pedro então disse: "Eis que nós deixamos nossos bens e te seguimos". ²⁹Jesus lhes disse: "Eu lhes garanto: Não há ninguém que tenha deixado casa, mulher, irmãos, pais ou filhos por causa do Reino de Deus, ³⁰que não receba muito mais neste tempo, e no mundo futuro a vida eterna".

Terceiro anúncio da Paixão (Mt 20,17-19; Mc 10,32-34) – ³¹Jesus levou os Doze à parte e lhes disse: "Eis que estamos subindo a Jerusalém, e vai se cumprir tudo o que os profetas escreveram a respeito do Filho do Homem. ³²De fato, ele será entregue aos gentios, será zombado, insultado, coberto de cusparadas. ³³Depois de açoitá-lo, eles o matarão. E no terceiro dia ressuscitará". ³⁴Mas eles não entenderam nada. Essa palavra era obscura para eles, e não compreendiam o que Jesus dizia.

Cura do cego de Jericó (Mt 20,29-34; Mc 10,46-52) – ³⁵Quando Jesus se aproximava de Jericó, um cego estava sentado à beira do caminho, pedindo esmola. ³⁶Ouvindo a multidão que passava, o cego perguntou o que estava acontecendo. ³⁷Disseram-lhe que Jesus de Nazaré estava passando. ³⁸Ele então começou a gritar: "Jesus, Filho de Davi, tem piedade de mim!" ³⁹Os que iam à frente o repreendiam, para que ficasse calado. Ele porém gritava mais forte: "Filho de Davi, tem piedade de mim!" ⁴⁰Jesus parou e mandou que o cego fosse levado até ele. Quando chegou perto, Jesus lhe perguntou: ⁴¹"O que deseja que eu faça por você?" Ele respondeu: "Senhor, que eu possa ver novamente". ⁴²E Jesus lhe disse: "Veja novamente. Sua fé o salvou". ⁴³No mesmo instante ele voltou a enxergar, e seguia a Jesus, glorificando a Deus. E todo o povo, vendo isso, deu louvores a Deus.

---

se excluiu da graça de Deus. É fundamental recordar sempre a pequenez e a limitação humanas. Isso modificará as relações com Deus, tornando a pessoa mais aberta à ação dele e aos semelhantes, criando espaços de fraternidade e partilha.

15-17: Cf. nota a Mc 10,13-16.
18-30: Cf. nota a Mc 10,17-31.
31-34: Ocorre algo semelhante ao que se lê em 9,43b-45: Jesus fala a respeito dos conflitos que o levarão à morte na cruz, conforme indicado nos profetas, e os discípulos não conseguem compreender o que envolve a missão do Messias dos pobres.

35-43: O cego está à beira do caminho por conta da marginalização e pobreza que sofre; ao final se torna seguidor de Jesus, que agora está quase chegando a Jerusalém para seu confronto final com os poderes aí estabelecidos. A cura que Jesus lhe proporciona o converte em discípulo.

19 *Zaqueu* – ¹Jesus entrou em Jericó e estava passando pela cidade. ²Havia aí um homem, chamado Zaqueu, que era chefe dos cobradores de impostos e muito rico. ³Ele tentava ver quem era Jesus, mas não conseguia por causa da multidão, pois era baixo de estatura. ⁴Então ele foi correndo na frente e subiu numa figueira para ver Jesus, que devia passar por aí. ⁵Quando Jesus chegou ao lugar, olhou para cima e lhe disse: "Zaqueu, desça rápido, porque hoje devo ficar em sua casa". ⁶Ele desceu depressa, e o recebeu com alegria. ⁷Vendo isso, todos reclamavam, dizendo: "Ele foi hospedar-se na casa de um pecador". ⁸Zaqueu então ficou de pé e disse ao Senhor: "Senhor, vou dar a metade de meus bens aos pobres, e se roubei de alguém, vou lhe devolver quatro vezes mais". ⁹Jesus lhe disse: "Hoje a salvação chegou a esta casa, pois também este é um filho de Abraão. ¹⁰Porque o Filho do Homem veio procurar e salvar o que estava perdido".

Parábola das moedas (Mt 25,14-30) – ¹¹Enquanto o escutavam, Jesus acrescentou uma parábola, porque estavam perto de Jerusalém, e eles acreditavam que o Reino de Deus ia se manifestar logo. ¹²Disse: "Um homem nobre partiu para um país distante, a fim de ser nomeado rei e depois voltar. ¹³Chamou então dez de seus servos, entregou cem moedas de prata a cada um e disse: 'Façam com que elas rendam, até que eu volte'. ¹⁴Mas seus concidadãos o odiavam, e enviaram atrás dele alguns representantes para dizer: 'Não queremos que esse homem reine sobre nós'. ¹⁵Mas ele foi nomeado rei e voltou. Mandou então chamar aqueles servos a quem havia dado o dinheiro, para saber o que cada um tinha feito render. ¹⁶Veio o primeiro e disse: 'Senhor, as cem moedas renderam dez vezes mais'. ¹⁷Ele respondeu: 'Muito bem, servo bom. Como você foi fiel no pouco, vai administrar dez cidades'. ¹⁸Veio o segundo e disse: 'Senhor, as cem moedas renderam cinco vezes mais'. ¹⁹Ele respondeu também a este: 'Você vai administrar cinco cidades'. ²⁰Veio o outro e disse: 'Senhor, aqui estão as cem moedas, que guardei num lenço. ²¹Porque eu tinha medo do senhor, que é um homem exigente: retira o que não depositou e colhe o que não semeou'. ²²O rei respondeu: 'Servo mau, eu o julgo pela sua própria boca. Você sabia que sou um homem exigente, que retiro o que não depositei e colho o que não semeei. ²³Por que então você não depositou meu dinheiro no banco? Ao voltar, eu o retiraria com juros'. ²⁴Depois disse aos que estavam aí: 'Tirem as cem moedas dele e as entreguem para aquele que tem mil'. ²⁵Disseram-lhe: 'Senhor, esse já tem mil moedas'. ²⁶'Eu lhes digo: A todo aquele que tem, lhe será dado, mas àquele que não tem, até mesmo o que tem lhe será tirado. ²⁷Quanto a esses meus inimigos, que não queriam que eu reinasse sobre eles, tragam-nos aqui e os matem na minha frente' ".

IV. O MESSIAS DOS POBRES ENFRENTA OS PODERES DE JERUSALÉM

Chegada do Messias a Jerusalém (Mt 21,1-11; Mc 11,1-11; Jo 12,12-19) – ²⁸Tendo dito essas palavras, Jesus caminhava à frente, subindo para Jerusalém. ²⁹Ao se aproximarem de Betfagé e Betânia, perto do monte chamado das Oliveiras, enviou dois dos discípulos, ³⁰dizendo: "Vão ao vilarejo que está adiante. Ao entrar, vocês encontrarão um jumentinho amarrado, que ninguém ainda montou. Desamarrem-no e o tragam

---

19,1-10: O anúncio da boa notícia aos pobres produziu efeito no coração de um rico. Ao contrário daquele da parábola (16,19-31), Zaqueu assume diante de Jesus uma radical mudança de vida: reconhece as fraudes que cometeu para se tornar rico e trata de saná-las, comprometendo-se a dividir seus bens com os pobres. Só então Jesus afirma que Zaqueu ingressou no caminho da salvação. Nesse sentido, ele se torna modelo para a experiência das primeiras comunidades seguidoras de Jesus, apresentadas no livro dos Atos dos Apóstolos (4,32-37).

11-27: Jesus inicia a parábola fazendo memória de um filho do rei Herodes, chamado Arquelau, que viajou para ser coroado rei em Roma. Cf. nota a Mt 25,14-30 (em Mt se fala de um homem, em vez de um nobre a ser coroado rei).

19,28-24,53: Finalmente Jesus chega a Jerusalém para seu confronto com os poderes religiosos e políticos aí estabelecidos, em cumprimento à sua preocupação de se ocupar com as coisas de seu Pai. Jerusalém, a cidade santa, é também a cidade que mata os profetas, e fará o mesmo com Jesus. Mas será também o lugar da vitória sobre a morte, e de onde o evangelho da libertação dos pobres deverá irradiar-se, como mostrarão os Atos dos Apóstolos.

28-44: Jesus chega como líder popular, disposto a encarar os conflitos e enfrentar os grupos que se armam

aqui. ³¹Se alguém perguntar: 'Por que o estão desamarrando?', respondam: 'O Senhor precisa dele'". ³²Os enviados foram e encontraram as coisas como Jesus lhes havia dito. ³³Enquanto desamarravam o jumentinho, os donos lhes perguntaram: "Por que vocês estão desamarrando o jumentinho?" ³⁴Responderam: "O Senhor precisa dele". ³⁵E o levaram a Jesus. Puseram então seus mantos sobre o jumentinho e fizeram Jesus montar. ³⁶Enquanto ele avançava, as pessoas estendiam seus mantos no caminho. ³⁷Quando já estava perto da descida do monte das Oliveiras, toda a multidão dos discípulos começou a louvar a Deus com alegria e voz forte, por todos os milagres que tinham visto. ³⁸Diziam: "Bendito aquele que vem, o Rei, em nome do Senhor! Paz no céu e glória nas alturas!"

³⁹Do meio da multidão, alguns fariseus lhe disseram: "Mestre, repreende os teus discípulos". ⁴⁰Mas ele respondeu: "Eu lhes digo: Se eles se calarem, as pedras gritarão".

⁴¹Quando se aproximou e viu a cidade, Jesus chorou sobre ela, ⁴²dizendo: "Ah, se nesse dia também você conhecesse a mensagem de paz! Mas agora isso está escondido a seus olhos. ⁴³Porque virão dias em que os inimigos cercarão você de trincheiras, e a rodearão e apertarão por todos os lados. ⁴⁴Destruirão você e seus habitantes, e não deixarão em você pedra sobre pedra, porque você não reconheceu o tempo em que foi visitada".

Os vendedores expulsos do Templo (Mt 21,12-17; Mc 11,15-19; Jo 2,13-22) – ⁴⁵Jesus entrou no Templo e começou a expulsar os vendedores, ⁴⁶dizendo-lhes: "Está escrito: 'Minha casa será casa de oração'. Mas vocês a transformaram em abrigo de ladrões". ⁴⁷E Jesus ensinava todos os dias no Templo. Os chefes dos sacerdotes, os doutores da Lei e os chefes do povo procuravam matá-lo. ⁴⁸Mas não sabiam o que fazer, pois o povo todo ficava atraído por ele, ao ouvi-lo falar.

20 **Jesus responde às autoridades** (Mt 21,23-27; Mc 11,27-33) – ¹E aconteceu que, num dos dias em que Jesus ensinava no Templo e anunciava a Boa Notícia ao povo, chegaram os chefes dos sacerdotes e os doutores da Lei com os anciãos. ²E disseram a Jesus: "Dize-nos com que autoridade fazes tais coisas. Quem te deu essa autoridade?" ³Ele lhes respondeu: "Eu também vou lhes fazer uma pergunta, e vocês vão me responder: ⁴O batismo de João era do céu ou era dos homens?" ⁵Eles pensavam entre si: "Se dissermos 'do céu', ele vai dizer: 'Então por que vocês não acreditaram nele?' ⁶Se dissermos 'dos homens', o povo todo vai nos apedrejar, pois estão convencidos de que João era um profeta". ⁷Então responderam que não sabiam de onde era. ⁸E Jesus lhes disse: "Nem eu lhes digo com que autoridade faço essas coisas".

Parábola dos agricultores assassinos (Mt 21,33-46; Mc 12,1-12) – ⁹E Jesus começou a contar ao povo esta parábola: "Um homem plantou uma vinha, arrendou-a para alguns agricultores e partiu para o estrangeiro, onde ficou por muito tempo. ¹⁰No tempo oportuno, enviou um servo aos agricultores, para que lhe pagassem a parte do fruto da vinha. Mas os agricultores bateram no servo e o mandaram de volta sem nada. ¹¹Enviou de novo outro servo, e também neste bateram, o espancaram e mandaram embora sem nada. ¹²Enviou um terceiro, e do mesmo modo o feriram e expulsaram. ¹³Então o dono da vinha disse: 'O que fazer? Vou enviar o meu filho amado. Quem sabe eles o respeitem'. ¹⁴Quando viram o filho, porém, os agricultores

---

para eliminá-lo. Nesses dias, que iniciavam a semana da Páscoa, em outra cerimônia entrava triunfalmente na cidade o governador Pilatos, representante do poderio e da religião imperiais. Jerusalém vive a contradição de ser considerada a cidade santa e ao mesmo tempo abrigar instituições promotoras da dominação; por isso, não consegue identificar na visita de Jesus a ela a possibilidade de trilhar um caminho de paz e justiça.

45-48: O gesto de Jesus não é uma purificação, mas expressa um julgamento do Templo, que deixará de lado as exigências de justiça aos que aí acorriam para cultuar a Javé. Jesus recorre a Jeremias (7,11) para denunciar qualquer tipo de apoio religioso à violência e à injustiça. É preciso dar ao Templo nova direção, para merecer efetivamente a condição de casa de Deus. É o que Jesus faz por meio do seu ensino, que causa o furor das autoridades religiosas e políticas que controlavam aquele espaço.

20,1-8: As autoridades de Jerusalém vêm tomar satisfações com Jesus, indignadas com o que ele fez anteriormente. Jesus as silencia, porque sabe das contradições que marcam o agir delas, e a distância que as separa do povo.

9-19: Cf. nota a Mc 12,1-12.

comentaram entre si: 'Este é o herdeiro. Vamos matá-lo. Assim a herança ficará para nós!' ¹⁵Eles o expulsaram da vinha e o mataram. Pois bem, o que fará com eles o dono da vinha? ¹⁶Virá, destruirá esses agricultores e dará a vinha para outros". Ao ouvir isso, disseram: "Que isso nunca aconteça!" ¹⁷Mas Jesus olhou bem para eles e disse: "O que significa então este texto da Escritura: 'A pedra que os construtores rejeitaram tornou-se a pedra angular'? ¹⁸Quem cair sobre essa pedra ficará despedaçado, e se ela cair sobre alguém, o esmagará". ¹⁹Nessa hora, os doutores da Lei e os chefes dos sacerdotes tentaram prender Jesus, mas tiveram medo do povo. Eles tinham entendido que era contra eles essa parábola que Jesus havia contado.

O imposto a César (Mt 22,15-22; Mc 12,13-17) – ²⁰Começaram então a vigiar Jesus. Enviaram espiões fingindo-se de justos, para apanhá-lo em alguma palavra e assim entregá-lo ao poder e autoridade do governador. ²¹Os espiões lhe perguntaram: "Mestre, sabemos que falas e ensinas retamente, que não te deixas levar pelas aparências, mas ensinas com fidelidade o caminho de Deus. ²²Devemos, ou não, pagar o imposto a César?" ²³Percebendo a malícia deles, Jesus lhes disse: ²⁴"Mostrem-me a moeda. De quem é a imagem e inscrição nesta moeda?" Responderam: "De César". ²⁵Então Jesus lhes disse: "Pois devolvam a César o que é de César, e a Deus o que é de Deus". ²⁶E eles não conseguiram apanhá-lo em nenhuma palavra diante do povo. E, admirados com sua resposta, ficaram calados.

A ressurreição dos mortos (Mt 22,23-33; Mc 12,18-27) – ²⁷Os saduceus dizem que não existe ressurreição dos mortos. Alguns deles se aproximaram ²⁸e perguntaram a Jesus: "Mestre, Moisés nos deixou escrito: 'Se alguém tiver um irmão casado e este morrer sem filhos, deverá casar com a viúva e dar descendência para o irmão'. ²⁹Pois bem, havia sete irmãos. O primeiro casou e morreu sem ter filhos. ³⁰Também o segundo ³¹e o terceiro casaram com ela. E assim os sete, que morreram sem deixar filhos. ³²Por fim, morreu a mulher. ³³Na ressurreição, de quem essa mulher será esposa? Pois os sete a tiveram como esposa". ³⁴Jesus lhes respondeu: "Os filhos deste mundo se casam e se dão em casamento. ³⁵Mas os que forem julgados dignos de participar do outro mundo e da ressurreição dos mortos, não tomam nem mulher nem marido. ³⁶Porque já não podem morrer, pois são como anjos, e são filhos de Deus, sendo filhos da ressurreição. ³⁷O próprio Moisés, na passagem da sarça, mostrou que os mortos ressuscitam, ao dizer que o Senhor é 'o Deus de Abraão, o Deus de Isaac e o Deus de Jacó'. ³⁸Ora, ele não é Deus de mortos, mas sim de vivos, porque para Deus todos vivem". ³⁹Alguns doutores da Lei tomaram a palavra e disseram: "Mestre, falaste bem". ⁴⁰E ninguém mais tinha coragem de lhe fazer perguntas a respeito de coisa alguma.

Enigma sobre o Messias (Mt 22,41-46; Mc 12,35-37) – ⁴¹E Jesus lhes disse: "Como se pode dizer que o Messias é filho de Davi? ⁴²O próprio Davi diz no livro dos Salmos: 'O Senhor disse ao meu Senhor: Sente-se à minha direita, ⁴³até que eu ponha seus inimigos como apoio para seus pés'. ⁴⁴Davi portanto o chama de 'Senhor'. Então como pode o Messias ser filho dele?"

Contra a hipocrisia religiosa (Mt 23,1-36; Mc 12,38-40; Lc 11,37-54) – ⁴⁵Enquanto o povo todo o estava escutando, Jesus falou a seus discípulos: ⁴⁶"Cuidado com os doutores da Lei. Eles sentem prazer em andar por aí com largas túnicas, gostam de saudações nas praças públicas, dos primeiros lugares nas sinagogas e de lugares de honra nos banquetes. ⁴⁷Eles devoram as casas das viúvas, com a desculpa de fazerem longas orações. Esses hão de receber condenação mais severa".

21 *A oferta da viúva (Mc 12,41-44)* – ¹Levantando os olhos, Jesus viu os ricos depositando ofertas no Tesouro do

---

20-26: O cenário de espreita prepara ciladas. Cf. nota a Mc 12,13-17.
27-40: Cf. nota a Mc 12,18-27.
41-44: A questão apresentada por Jesus deixa claro que raciocínios, mesmo baseados nas Escrituras, não são suficientes para alguém compreender profundamente a identidade do Messias dos pobres.
45-47: Cf. nota a Mc 12,38-40.
21,1-4: Cf. nota a Mc 12,41-44.

Templo. ²Viu também uma viúva necessitada depositando duas pequenas moedas. ³Disse então: "Eu lhes garanto: Essa viúva, pobre como é, ofereceu mais que todos. ⁴Porque todos eles depositaram como oferta parte do que tinham de sobra. Mas ela, na sua extrema pobreza, ofereceu tudo o que tinha para viver".

As tribulações dos últimos tempos (Mt 24,1-14; Mc 13,1-13) – ⁵Alguns comentavam a respeito do Templo, que era enfeitado com belas pedras e objetos dados em promessa. Jesus disse: ⁶"Essas coisas que vocês veem, dias virão em que não ficará pedra sobre pedra que não seja demolida".

⁷Perguntaram a Jesus: "Mestre, quando é que vai acontecer isso, e qual será o sinal de que essas coisas estarão para acontecer?" ⁸Ele respondeu: "Cuidado para não serem enganados. Porque muitos virão em meu nome, dizendo: 'Sou eu'. E ainda: 'O tempo está próximo'. Não sigam essa gente. ⁹Não fiquem apavorados quando ouvirem falar de guerras e revoluções. É preciso que tais coisas aconteçam primeiro, mas não será logo o fim". ¹⁰Então lhes disse: "Nação se levantará contra nação, e reino contra reino. ¹¹Haverá grandes terremotos, fome e pestes em todos os lugares. E aparecerão fenômenos terríveis e grandes sinais vindos do céu. ¹²Mas antes disso tudo, eles prenderão vocês, os perseguirão, os levarão para as sinagogas e cadeias, os conduzirão à presença de reis e governadores por causa do meu nome. ¹³Isso acontecerá para que vocês deem testemunho. ¹⁴Tenham presente no coração que vocês não devem preocupar-se com a própria defesa. ¹⁵Porque eu darei a vocês palavras e sabedoria, às quais nenhum dos adversários conseguirá resistir ou rebater. ¹⁶Vocês serão entregues até mesmo pelos próprios pais, irmãos, parentes e amigos. E matarão alguns de vocês. ¹⁷E vocês serão odiados por todos, por causa do meu nome. ¹⁸Apesar disso, nem mesmo um só cabelo da cabeça de vocês será perdido. ¹⁹É permanecendo firmes que vocês conservarão suas vidas".

Destruição de Jerusalém e vinda do Filho do Homem (Mt 24,15-31; Mc 13,14-27) – ²⁰"Quando vocês virem Jerusalém cercada de exércitos, saibam que a destruição dela está próxima. ²¹Então, os que estiverem na Judeia fujam para as montanhas. Os que estiverem dentro da cidade saiam. E os que estiverem nos campos não entrem na cidade. ²²Porque esses serão dias de vingança, quando então se cumprirá tudo o que foi escrito. ²³Ai das que estiverem grávidas e das que estiverem amamentando nesses dias! Porque haverá grande angústia na terra e ira contra este povo. ²⁴Cairão ao fio da espada e serão levados presos para todas as nações. E Jerusalém será pisada pelos gentios, até que se completem os tempos dos gentios.

²⁵Haverá sinais no sol, na lua e nas estrelas. Na terra, as nações ficarão angustiadas, apavoradas com o barulho do mar e das ondas. ²⁶As pessoas vão desmaiar de medo e ansiedade pelo que virá sobre toda a terra, porque os poderes dos céus serão abalados. ²⁷Então verão o Filho do Homem vindo numa nuvem com poder e grande glória. ²⁸Quando essas coisas começarem a acontecer, levantem-se e ergam a cabeça, pois a libertação de vocês está próxima".

Lição da figueira (Mt 24,32-35; Mc 13,28-31) – ²⁹E Jesus lhes contou uma parábola: "Observem a figueira e todas as árvores. ³⁰Quando começam a brotar, basta olhar para elas e vocês já sabem que o verão está próximo. ³¹Assim também vocês, quando virem essas coisas acontecendo, saibam que o

---

5-19: Essas palavras se referem à catástrofe que se abateu sobre Israel, com a tomada de Jerusalém pelos romanos e o incêndio do Templo, ocorridos em 70 (cf. 21,20), quarenta anos após a morte de Jesus e uns quinze anos antes de este Evangelho ser escrito. Quem o estiver lendo deverá ter o discernimento suficiente para compreender o que está acontecendo e não se esconder dos desafios: as perseguições, traições e ameaças farão parte da vida de quem quiser ser discípulo de Jesus.

20-28: O ataque romano a Jerusalém e a profanação do Templo mostram que os tempos são de crise. É necessário saber resistir aos temores e a tantos projetos enganadores, e manter o testemunho: os poderes hão de cair. Mas é preciso aprender das desgraças e descobrir o que se apresenta no horizonte: a expansão da boa notícia de Jesus aos pobres pode e deve alcançar todos os povos. É fundamental priorizar a missão, em lugar de ficar calculando sobre o fim dos tempos.

29-33: A observação da figueira e de outras árvores reforça a convicção de que as palavras de Jesus conduzirão a comunidade diante das tribulações e ameaças, na construção do Reino de Deus.

Reino de Deus está próximo. ³²Eu lhes garanto: Esta geração não passará antes que tudo isso aconteça. ³³O céu e a terra passarão, mas as minhas palavras não passarão".

Orar e vigiar – ³⁴"Cuidado para que os corações de vocês não fiquem insensíveis por causa dos excessos, da bebedeira e das preocupações da vida, e aquele dia caia sobre vocês de repente, ³⁵como armadilha. Porque ele virá sobre todos os habitantes da face de toda a terra. ³⁶Vigiem, portanto, rezando em todo momento, a fim de terem forças para escapar de tudo o que deve acontecer e para ficar de pé diante do Filho do Homem".

³⁷Durante o dia, Jesus ensinava no Templo. De noite, saía e ficava no monte das Oliveiras. ³⁸E todo o povo madrugava junto com ele no Templo, para ouvi-lo.

22 *Complô para matar Jesus* (Mt 26,1-5.14-16; Mc 14,1s.10s; Jo 11,45-57)
– ¹Estava próxima a festa dos Pães Sem Fermento, chamada Páscoa. ²Os chefes dos sacerdotes e os doutores da Lei procuravam uma maneira de eliminar Jesus, pois tinham medo do povo.

³Satanás então entrou em Judas, chamado Iscariotes, um dos Doze. ⁴Ele foi combinar com os chefes dos sacerdotes e os chefes da guarda a maneira de entregar Jesus. ⁵Eles ficaram contentes e combinaram dar-lhe dinheiro. ⁶Judas aceitou, e procurava o momento oportuno para entregar Jesus, sem que o povo percebesse.

Preparando a Páscoa (Mt 26,17-19; Mc 14,12-16) – ⁷Chegou o dia dos Pães Sem Fermento, quando devia ser sacrificado o cordeiro da Páscoa. ⁸Jesus então enviou Pedro e João, dizendo: "Vão e façam os preparativos para comermos a ceia de Páscoa". ⁹Eles lhe perguntaram: "Onde queres que a preparemos?" ¹⁰Jesus lhes disse: "Eis que, ao entrar na cidade, virá ao encontro de vocês um homem carregando uma vasilha de água. Sigam-no até a casa onde ele entrar. ¹¹E digam ao dono da casa: 'O Mestre lhe pergunta: Onde está a sala onde poderei comer a ceia de Páscoa com meus discípulos?' ¹²Ele vai lhes mostrar uma sala grande com almofadas, no andar de cima. Preparem aí". ¹³Eles foram, encontraram tudo como Jesus havia dito, e prepararam a ceia de Páscoa.

Ceia: solidariedade e aliança (Mt 26,20-30; Mc 14,17-26; Jo 13,21-30; 1Cor 11,23-25) – ¹⁴Quando chegou a hora, Jesus sentou-se à mesa com os apóstolos. ¹⁵Disse-lhes então: "Desejei ardentemente comer com vocês esta ceia de Páscoa, antes de sofrer. ¹⁶Porque eu lhes digo: Não voltarei a comê-la, até que ela se cumpra no Reino de Deus". ¹⁷E, recebendo um cálice, deu graças e disse: "Tomem isto e façam passar entre vocês. ¹⁸Porque eu lhes digo: De hoje em diante eu não beberei do fruto da videira, até que venha o Reino de Deus". ¹⁹E, tomando um pão, deu graças, partiu e deu a eles, dizendo: "Isto é o meu corpo, que é entregue por vocês. Façam isto em memória de mim". ²⁰Depois da ceia, fez o mesmo com o cálice e disse: "Este cálice é a Nova Aliança em meu sangue, que é derramado por vocês. ²¹Mas eis que a mão daquele que vai me trair está comigo, sobre a mesa. ²²Porque o Filho do Homem se vai, como foi determinado. Mas ai daquele homem pelo qual ele é entregue". ²³Eles começaram a perguntar entre si quem deles faria tal coisa.

Grande é quem está a serviço (Mt 20,24-28; Mc 10,41-45) – ²⁴Houve também uma discussão entre eles, sobre qual deles deveria ser considerado o maior. ²⁵Jesus lhes disse: "Os reis das nações dominam sobre elas, e os que têm poder sobre elas

---

34-38: Jesus lembra outra vez (cf. 8,14) que as preocupações da vida, como a riqueza e a busca do poder, podem distrair daquilo que é realmente essencial. A oração será poderosa aliada nessa vigilância permanente.

22,1-6: Os grupos que exercem o poder precisam eliminar Jesus, e procuram qualquer forma de realizar isso. O povo é o obstáculo! Mas o diabo, que havia deixado Jesus depois das tentações (4,13) até outro momento, manifesta-se agora: as autoridades encontram um colaborador para seus projetos de morte. O pior é que ele aparece dentro do próprio grupo de Jesus.

7-13: Cf. nota a Mc 14,12-16.

14-23: Em Lucas, destacam-se os fortes sentimentos de Jesus em relação à Páscoa que ele celebra com seus discípulos, pouco antes de sua morte. O anúncio de que no meio do grupo está um traidor é rápido, ao final e não no início, como em Mt e Mc. Cf. nota a Mc 14,17-26.

24-30: Em plena ceia de Páscoa, quando todos os discípulos são igualados pelo dom que Jesus lhes concede, a disputa sobre quem possa ser o maior põe em risco a unidade do grupo e revela incompreensão quanto ao que Jesus tem ensinado e vivido. É mais uma oportuni-

são chamados de benfeitores. ²⁶Mas entre vocês não deve ser assim. Pelo contrário, o maior dentre vocês seja como o mais jovem, e quem governa seja como alguém que está servindo. ²⁷Pois quem é maior: quem está sentado à mesa ou quem está servindo? Não é aquele que está sentado à mesa? Eu, porém, estou no meio de vocês como quem está servindo. ²⁸Foram vocês que ficaram comigo em minhas tentações. ²⁹Eu também confio a vocês o Reino, como meu Pai o confiou a mim. ³⁰E assim vocês haverão de comer e beber à minha mesa no meu Reino, e sentar-se em tronos para julgar as doze tribos de Israel".

***Jesus prediz a negação de Pedro** (Mt 26,31-35; Mc 14,27-31; Jo 13,36-38)* – ³¹"Simão, Simão, eis que Satanás pediu permissão para peneirar vocês, como trigo. ³²Mas eu rezei por você, para que a sua fé não enfraqueça. Quando, porém, você se converter, fortaleça seus irmãos". ³³Simão lhe disse: "Senhor, contigo estou pronto para ir até à prisão e à morte". ³⁴Mas Jesus lhe disse: "Eu lhe digo, Pedro: Hoje, antes que o galo cante, você por três vezes vai negar que me conhece".

Preparados para a luta – ³⁵E Jesus lhes disse: "Faltou para vocês alguma coisa, quando os enviei sem bolsa, sem sacola e sem sandálias?" Responderam: "Nada". ³⁶Jesus continuou: "Mas agora, quem tem bolsa leve-a consigo. Assim também quem tiver sacola. Quem não tem espada, venda o manto para comprar uma. ³⁷Pois eu lhes digo: É preciso que se cumpra em mim o que está escrito: 'Ele foi incluído entre os fora da lei'. E, de fato, o que foi dito a meu respeito está se realizando". ³⁸Eles disseram: "Senhor, aqui estão duas espadas". Ele respondeu: "É o suficiente".

***Jesus reza no monte das Oliveiras** (Mt 26,36-46; Mc 14,32-42)* – ³⁹Como de costume, Jesus saiu e foi ao monte das Oliveiras. E os discípulos também o seguiram. ⁴⁰Chegando ao lugar, disse-lhes: "Rezem para não caírem na tentação". ⁴¹Então afastou-se daí, à distância de um arremesso de pedra. Pôs-se de joelhos e rezava: ⁴²"Pai, se queres, afasta de mim este cálice. Mas não seja feita a minha vontade, e sim a tua". ⁴³Apareceu-lhe um anjo do céu, que lhe dava forças. ⁴⁴E, entrando em agonia, orava mais intensamente. Seu suor tornou-se como gotas de sangue, que caíam por terra. ⁴⁵Levantou-se depois da oração, foi para junto dos discípulos e os encontrou dormindo, por causa da tristeza. ⁴⁶Então lhes disse: "Por que estão dormindo? Levantem-se e rezem, para não caírem na tentação".

***Jesus é preso** (Mt 26,47-56; Mc 14,43-50; Jo 18,1-12)* – ⁴⁷Enquanto Jesus ainda falava, eis que chegou uma multidão. À frente estava o chamado Judas, um dos Doze, que se aproximou de Jesus para beijá-lo. ⁴⁸Jesus lhe disse: "Judas, com um beijo você entrega o Filho do Homem?" ⁴⁹Os que estavam com Jesus, vendo o que ia acontecer, disseram: "Senhor, e se atacarmos de espada?" ⁵⁰E um deles feriu o servo do sumo sacerdote, cortando-lhe a orelha direita. ⁵¹Mas Jesus tomou a palavra e disse: "Parem com isso!" E, tocando na orelha do servo, o curou. ⁵²Em seguida, Jesus disse aos chefes dos sacerdotes, aos chefes da guarda do Templo e aos anciãos que tinham ido contra ele: "Vocês saíram armados de espadas e paus, como se fosse contra um bandido? ⁵³Eu estava com vocês no Templo todos os dias, e vocês não me prenderam. Mas esta é a hora de vocês, o poder das trevas".

---

dade para ele esclarecer o sentido de sua presença no meio dos discípulos e deixar claro que a comunidade que ele veio formar não pode reproduzir os esquemas de violência e opressão utilizados pelos dominadores.

31-34: Satanás não apenas se apossou de Judas, como busca conseguir que os discípulos desistam de seguir Jesus, abandonando-o. A fragilidade de Pedro ficará clara em pouco tempo: as palavras de fidelidade que dirige a Jesus não resistirão à angústia dele e à chegada dos que vão prendê-lo (vv. 54-62). A oração de Jesus, porém, o confirmará no caminho e na missão.

35-38: Numa linguagem cheia de imagens e recordações, Jesus convoca os discípulos a estarem preparados para todos os obstáculos que a missão lhes reservará. O entendimento deles, porém, ainda está marcado pela ideia de um Messias triunfal, que faz uso da violência.

39-46: Os discípulos ficam alheios ao momento de sofrimento e agonia de Jesus. Ele, diante do conflito maior e da morte que se aproximam, sustenta-se na vontade do Pai, e por isso se manterá fiel até o fim. A firmeza de Jesus, alimentada pela oração, deverá guiar os discípulos para que resistam aos apelos que vão contra o projeto de Deus.

47-53: Diante do poder violento e repressor, que age com a ajuda de um traidor, Jesus se vê abandonado e preso como se fosse um bandido, por fidelidade a um

Negações de Pedro *(Mt 26,57s.69-75; Mc 14,53s.66-72; Jo 18,12-18.25-27)* – ⁵⁴Eles prenderam Jesus e o levaram, conduzindo-o até à casa do sumo sacerdote. Pedro seguia de longe. ⁵⁵Tinham acendido uma fogueira no meio do pátio, e estavam sentados ao redor. E Pedro sentou-se entre eles. ⁵⁶Uma criada viu Pedro sentado perto do fogo, o encarou bem e disse: "Este homem também estava com ele". ⁵⁷Mas ele negou, dizendo: "Mulher, eu nem o conheço". ⁵⁸Pouco depois, um outro viu Pedro e disse: "Você também é um deles". Pedro respondeu: "Homem, não sou não". ⁵⁹Cerca de uma hora depois, um outro insistia: "Este homem aqui certamente estava com Jesus, pois também é galileu". ⁶⁰Pedro respondeu: "Homem, não sei o que você está dizendo". E imediatamente, enquanto ele ainda falava, um galo cantou. ⁶¹Então o Senhor se voltou e olhou para Pedro. E Pedro se lembrou da palavra que o Senhor lhe havia dito: "Antes que o galo cante hoje, você me negará três vezes". ⁶²E, indo para fora, Pedro chorou amargamente.

Jesus é torturado e humilhado *(Mt 26,67s; Mc 14,65)* – ⁶³Os guardas caçoavam de Jesus e batiam nele. ⁶⁴Cobriam-lhe o rosto e perguntavam: "Profetiza: quem foi que te bateu?" ⁶⁵E blasfemando diziam muitas outras coisas contra ele.

Jesus diante das autoridades judaicas *(Mt 26,59-66; Mc 14,55-64; Jo 18,19-24)* – ⁶⁶Quando amanheceu, reuniu-se o conselho dos anciãos do povo, ou seja, os chefes dos sacerdotes e os doutores da Lei. E levaram Jesus diante do Sinédrio. ⁶⁷Disseram-lhe: "Se tu és o Messias, dize-nos". Ele respondeu: "Se eu lhes disser, vocês não irão acreditar. ⁶⁸E se eu lhes fizer perguntas, vocês não irão responder. ⁶⁹Mas, de agora em diante, o Filho do Homem estará sentado à direita do Poder de Deus". ⁷⁰E todos disseram: "Tu és então o Filho de Deus?" Ele lhes respondeu: "Vocês o estão dizendo: Eu sou". ⁷¹Disseram então: "Que necessidade ainda temos de testemunho? Pois nós o ouvimos de sua própria boca".

23 Acusações contra Jesus diante do poder romano *(Mt 27,1-2.11-14; Mc 15,1-5; Jo 18,28-38)* –
¹Toda a multidão então se levantou, e levaram Jesus até Pilatos. ²E começaram a acusá-lo, dizendo: "Encontramos esse homem fazendo subversão entre nosso povo, proibindo pagar os impostos a César e declarando ser ele mesmo o Messias, o Rei". ³Pilatos perguntou a Jesus: "És tu o rei dos judeus?" Ele respondeu: "Você o está dizendo". ⁴Então Pilatos disse aos chefes dos sacerdotes e às multidões: "Não encontro nenhuma culpa neste homem". ⁵Mas eles insistiam, dizendo: "Ele provoca revolta entre o povo, ensinando por toda a Judeia, desde a Galileia, onde começou, até aqui".

Os inimigos se juntam contra Jesus – ⁶Ao ouvir isso, Pilatos perguntou se Jesus era galileu. ⁷Quando soube que Jesus estava sob a autoridade de Herodes, Pilatos o enviou a Herodes, que nesses dias também estava em Jerusalém. ⁸Herodes ficou muito contente ao ver Jesus. Fazia muito tempo que queria vê-lo, por causa do que ouvia falar dele, e porque esperava vê-lo fazer algum milagre. ⁹Herodes fez muitas perguntas a Jesus, mas ele não lhe respondeu nada. ¹⁰Os chefes dos sacerdotes e doutores da Lei estavam aí, e não paravam de acusá-lo. ¹¹Herodes, com seus soldados, tratou Jesus com desprezo e caçoou

---

caminho cujo sentido não pode ser compreendido por quem atua nas trevas.

54-62: As negações de Pedro são coerentes com as dificuldades que os discípulos vêm apresentando diante daquilo que vinha sendo indicado por Jesus, especialmente as pretensões que tinham de grandeza e poder. Mas há sempre tempo de voltar atrás e se recolocar no caminho de libertação dos pobres que o Messias veio realizando.

63-65: Em poucos versículos se notam a extensão e a profundidade dos modos de exercer a dominação. A violência não é apenas física: o poder opressor não se satisfaz sem a humilhação de quem ele submete.

66-71: A meta dos que julgam Jesus não é exercer a justiça, mas garantir que ele seja condenado. Ele se recusa a responder quando interrogado. Mas, quando desafiado quanto à sua identidade, não se cala, e passa da condição de réu à de juiz: assim se apresenta o Filho do Homem em Dn 7,13, passagem que aqui é citada. E, com a autoridade de Filho de Deus, ele fala pela última vez contra o sistema religioso que colabora com a dominação e o está encaminhando para a morte.

23,1-5: Como subversivo que não aceita os impostos estabelecidos por César e pretende ser rei, Jesus é apresentado a Pilatos, governador estabelecido pelos romanos na região. A suposta sinceridade de Pilatos só vai reforçar sua leviandade, quando ele permitir que Jesus seja morto.

6-12: Diante do perigo representado por Jesus, até os inimigos se unem (cf. Sl 2,1s; At 4,25-28). O que im-

dele. Vestiu-o com uma roupa brilhante e o mandou de volta a Pilatos. ¹²E nesse mesmo dia Herodes e Pilatos ficaram amigos, pois até então eram inimigos.

Jesus precisa ser morto (Mt 27,15-26; Mc 15,6-15; Jo 18,39-19,16) – ¹³Pilatos convocou os chefes dos sacerdotes, as autoridades e o povo. ¹⁴E lhes disse: "Vocês me trouxeram este homem como agitador do povo. Pois bem, eu o interroguei diante de vocês e não encontrei neste homem nenhum dos crimes de que vocês o acusam. ¹⁵Nem Herodes encontrou, pois o mandou de volta para nós. Como podem ver, ele não fez nada que mereça a morte. ¹⁶Por isso, vou castigá-lo e depois o soltarei". [17] ¹⁸Começaram então a gritar todos juntos: "Morra esse homem! Solte para nós Barrabás!" ¹⁹Barrabás tinha sido preso por causa de uma rebelião na cidade e por um homicídio. ²⁰Querendo libertar Jesus, Pilatos falou de novo com eles. ²¹Mas eles gritavam: "Crucifique-o! Crucifique-o!" ²²Pela terceira vez, Pilatos lhes disse: "Mas que mal fez este homem? Não encontro nele nada que mereça a morte. Por isso vou castigá-lo e depois o soltarei". ²³Eles porém insistiam aos gritos, pedindo que fosse crucificado. E a gritaria deles aumentava sempre mais. ²⁴Então Pilatos decidiu que o pedido deles fosse atendido. ²⁵Libertou aquele que eles queriam, o que tinha sido posto na prisão por rebelião e homicídio. Quanto a Jesus, o entregou à vontade deles.

A caminho do Calvário (Mt 27,32; Mc 15,21; Jo 19,17) – ²⁶Enquanto levavam Jesus, pegaram um certo Simão de Cirene, que voltava do campo, e fizeram com que carregasse a cruz, atrás de Jesus. ²⁷Grande multidão do povo seguia a Jesus, e também mulheres, que batiam no peito e se lamentavam por causa dele. ²⁸Mas Jesus voltou-se para elas e disse: "Filhas de Jerusalém, não chorem por mim. Chorem por vocês mesmas e por seus filhos. ²⁹Porque eis que virão dias em que se dirá: 'Felizes as estéreis, os ventres que não deram à luz e os seios que não amamentaram'. ³⁰Então começarão a dizer às montanhas: 'Caiam sobre nós'. E às colinas: 'Cubram-nos'. ³¹Porque, se tratam assim a árvore verde, o que acontecerá com a árvore seca?" ³²Outros dois, que eram malfeitores, também estavam sendo levados para serem executados com Jesus.

A crucifixão (Mt 27,33-44; Mc 15,22-32; Jo 19,18-24) – ³³Quando chegaram ao lugar chamado Caveira, aí crucificaram Jesus e os malfeitores, um à direita e outro à esquerda. ³⁴Jesus dizia: "Pai, perdoa-lhes, porque eles não sabem o que estão fazendo". Repartiram então suas vestes, sorteando-as. ³⁵O povo ficava aí, olhando. Os chefes caçoavam de Jesus, dizendo: "Salvou os outros. Que salve então a si mesmo, se é o Messias, o Escolhido de Deus". ³⁶Os soldados também zombavam dele. Aproximando-se, davam-lhe vinagre ³⁷e diziam: "Se tu és o rei dos judeus, salva-te a ti mesmo". ³⁸Acima dele havia uma inscrição: "Este é o rei dos judeus".

Um rei que só faz o bem – ³⁹Um dos malfeitores crucificados o insultava, dizendo: "Tu não és o Messias? Salva-te a ti mesmo e a nós também". ⁴⁰Mas o outro o repreendia: "Você não teme a Deus, nem sofrendo a mesma condenação? ⁴¹Quanto a nós, é justo, pois estamos pagando por nossos atos. Mas ele não fez nada de mal". ⁴²E disse: "Jesus, lembra-te de mim, quando vieres com teu Reino". ⁴³Jesus respondeu: "Eu lhe garanto: Hoje você estará comigo no paraíso".

---

porta é eliminar aquele que tem uma boa notícia para os pobres e anuncia que a salvação provém de Deus, e não do império.

13-25: Cf. nota a Mc 15,1-15. V. 17: "Mas ele devia soltar-lhes alguém, por ocasião da festa".

26-32: Um outro Simão, que não é Pedro, ajuda Jesus a carregar a cruz (cf. 9,23). E se cabe chorar, não é por Jesus, mas pelas tantas vidas humanas golpeadas pela violência dos poderosos (o texto parece estar se referindo aos horrores da invasão romana sobre Jerusalém, no ano 70; cf. 21,5ss).

33-38: Finalmente Jesus é submetido à suprema humilhação e à mais terrível dor, ao ser crucificado.

Diante desse quadro, continuam as manifestações de zombaria, que buscam desqualificar as ações de Jesus, promotoras de vida concreta e libertação. A reação de Jesus é de compaixão e mesmo lamento, ao ver tanta gente a serviço do poder eliminador da vida. Sua palavra indica que, mesmo em meio às maiores brutalidades, é necessário apostar em relações renovadas, construídas com base no perdão. O Pai não falta com essa dádiva.

39-43: A inscrição no alto da cruz inspirou a atitude de um dos que com Jesus eram executados, e o reconhecimento de que Jesus passou a vida fazendo o bem, particularmente aos pobres. Seu pedido se justifica por

A morte do justo (Mt 27,45-56; Mc 15,33-41; Jo 19,25-30) – ⁴⁴Era já por volta do meio-dia, quando uma escuridão cobriu toda a terra até às três da tarde, ⁴⁵pois o sol parou de brilhar. O véu do Santuário se rasgou ao meio, ⁴⁶e Jesus deu um forte grito: "Pai, em tuas mãos entrego o meu espírito". Dizendo isso, expirou. ⁴⁷Vendo o que tinha acontecido, o centurião glorificou a Deus, dizendo: "Realmente este homem era justo". ⁴⁸E as multidões que aí tinham ido para assistir ao espetáculo, ao verem o que havia acontecido, voltavam batendo no peito. ⁴⁹Todos os amigos de Jesus, bem como as mulheres que o haviam acompanhado desde a Galileia, ficavam a distância, observando essas coisas.

O sepultamento (Mt 27,57-61; Mc 15,42-47; Jo 19,38-42) – ⁵⁰Eis que havia um homem chamado José, membro do Conselho, homem justo e bom. ⁵¹Ele não estava de acordo com a decisão nem com a ação dos outros membros. Era de Arimateia, cidade dos judeus, e esperava o Reino de Deus. ⁵²Ele foi até Pilatos e lhe pediu o corpo de Jesus. ⁵³Desceu o corpo da cruz, o envolveu num lençol e o colocou num túmulo escavado na rocha, onde ninguém ainda havia sido colocado. ⁵⁴Era o dia da Preparação da Páscoa, e o sábado começava a reluzir. ⁵⁵As mulheres que tinham vindo da Galileia com Jesus seguiram a José. Viram então o túmulo e como o corpo de Jesus tinha sido colocado aí. ⁵⁶Elas voltaram e prepararam aromas e perfumes. E repousaram no sábado, segundo o mandamento da Lei.

24

A ressurreição (Mt 28,1-10; Mc 16,1-8; Jo 20,1-10) – ¹No primeiro dia da semana, ainda de madrugada, as mulheres foram ao túmulo levando os aromas que tinham preparado. ²Encontraram removida a pedra do túmulo. ³Entraram, mas não encontraram o corpo do Senhor Jesus. ⁴E ficaram sem saber o que fazer. Eis que apareceram diante delas dois homens em roupas brilhantes. ⁵Cheias de medo, elas olhavam para o chão. Mas eles disseram a elas: "Por que vocês procuram entre os mortos aquele que está vivo? ⁶Ele não está aqui. Ressuscitou! Lembrem-se de como ele lhes falou, quando ainda estava na Galileia: ⁷'É preciso que o Filho do Homem seja entregue nas mãos dos pecadores, seja crucificado e ressuscite no terceiro dia'". ⁸Então elas se lembraram das palavras de Jesus.

⁹Voltando do túmulo, contaram tudo aos Onze e a todos os outros. ¹⁰Eram Maria Madalena, Joana e Maria, mãe de Tiago. Também as outras mulheres que estavam com elas contaram tudo isso aos apóstolos. ¹¹Mas eles acharam tudo um absurdo, e não acreditaram nelas. ¹²Pedro, no entanto, levantou-se e correu ao túmulo. Abaixou-se para olhar e viu apenas os lençóis. E voltou para casa admirado com o que tinha acontecido.

Os discípulos de Emaús (Mc 16,12-13) – ¹³Nesse mesmo dia, eis que dois discípulos viajavam para um vilarejo chamado Emaús, que ficava a uns dez quilômetros de Jerusalém. ¹⁴Eles iam conversando so-

---

ter reconhecido que a ação deste rei era de promover a vida num cenário de tanta morte. É o que ocorre nessa hora derradeira.

44-49: A escuridão expressa a força do momento: rasga-se o véu, que ocultava o lugar mais santo daquele Templo dominado por Jesus por ter suas bases na injustiça. Nada mais é obstáculo entre o povo e Deus. Por isso Jesus pode dirigir confiante ao Pai a prece do Sl 31,6: sua vida transcorreu de acordo com a missão para a qual ele foi ungido, a de Messias dos pobres. Diante desta cena ganham vigor a proclamação de que ele é justo e os sentimentos da multidão ao regressar.

50-56: Ficamos sabendo que houve vozes silenciadas em meio aos grupos poderosos que mataram Jesus. Correndo riscos, José de Arimateia dá um enterro digno a Jesus. No entanto, ao final, parece que está tudo acabado, que a ação libertadora de Jesus foi de fato eficazmente reprimida. Apenas as mulheres se atrevem a duvidar disso...

24,1-12: A intervenção divina para ressuscitar Jesus confronta o poder dos que o mataram. As mulheres essa manifestação é motivo de alegria e confiança: o Mestre que vinha ensinando a justiça de Deus está vivo. A morte e a violência não têm a última palavra, e Deus confirmou o caminho do Messias dos pobres. A incredulidade dos discípulos diante do anúncio das mulheres é a mostra de que eles estão ainda marcados pelo conformismo, produzido pela brutalidade do poder que recaiu sobre Jesus: como pensar na possibilidade de um crucificado estar vivo?

13-35: Jesus encaminha os dois discípulos (um casal?) a uma experiência profunda de sua presença como ressuscitado, vivo no meio da comunidade. O olhar para a realidade da violência precisa ser iluminado pela Escritura, relida justamente para abrir a compreensão sobre o destino do Messias dos pobres. Mas é fundamental notar que os discípulos só reconhecem Jesus quando ele repete o gesto que marcou toda a sua vida e deu sentido vivo à Eucaristia: ele partiu o pão para partilhá-lo.

bre todas essas coisas que tinham acontecido. ¹⁵Enquanto conversavam e discutiam, o próprio Jesus se aproximou e se pôs a caminhar com eles. ¹⁶Mas os olhos deles estavam como que embaçados e não o reconheceram. ¹⁷Jesus lhes disse: "Sobre o que vocês estão falando enquanto caminham?" E eles pararam, com o rosto triste.

¹⁸Um deles, chamado Cléofas, lhe disse: "Será você o único estrangeiro em Jerusalém que não sabe das coisas que aí aconteceram nesses dias?" ¹⁹Ele perguntou: "Que coisas?" Responderam-lhe: "O que aconteceu com Jesus, o Nazareno, que foi um profeta poderoso em ações e palavras, diante de Deus e diante de todo o povo. ²⁰Nossos chefes dos sacerdotes e nossas autoridades o entregaram para que fosse condenado à morte, e o crucificaram. ²¹Nós esperávamos que seria ele o libertador de Israel. Mas agora, além de tudo, já faz três dias que todas essas coisas aconteceram. ²²Algumas mulheres do nosso grupo, porém, nos deram um susto. Elas foram de madrugada ao túmulo ²³e não encontraram o corpo. Voltaram então dizendo que haviam tido uma visão de anjos, os quais diziam que Jesus está vivo. ²⁴Alguns dos nossos também foram ao túmulo e encontraram as coisas como as mulheres tinham dito. Mas não viram Jesus". ²⁵Então ele lhes disse: "Oh, insensatos e lentos de coração para acreditar em tudo o que os profetas anunciaram! ²⁶Será que não era preciso que o Messias sofresse tudo isso e entrasse na sua glória?" ²⁷E explicou-lhes o que dizia respeito a ele em todas as Escrituras, começando por Moisés e percorrendo todos os Profetas.

²⁸Quando estavam perto do vilarejo para onde iam, ele deu a entender que seguiria adiante. ²⁹Mas eles insistiam: "Fique conosco, pois já é tarde e o dia está terminando". Então ele entrou para ficar com eles. ³⁰E, estando com eles à mesa, tomou o pão, abençoou, partiu e deu a eles. ³¹Então os olhos deles se abriram e o reconheceram. Mas ele ficou invisível diante deles.

³²E disseram um ao outro: "Não é que o nosso coração ardia, enquanto ele nos falava pelo caminho e nos explicava as Escrituras?" ³³Na mesma hora se levantaram e voltaram a Jerusalém. E aí encontraram reunidos os Onze e seus companheiros, ³⁴que diziam: "Realmente o Senhor ressuscitou e apareceu a Simão!" ³⁵E eles, por sua vez, contaram o que tinha acontecido pelo caminho, e como o haviam reconhecido quando ele partiu o pão.

Jesus aparece aos Onze (Mt 28,16-20; Mc 16,14-18; Jo 20,19-23; At 1,6-8) – ³⁶Os dois discípulos ainda estavam falando, quando Jesus se apresentou no meio deles e lhes disse: "Paz para vocês!" ³⁷Eles ficaram espantados e cheios de medo, pensando estar vendo um espírito. ³⁸Jesus lhes perguntou: "Por que vocês estão perturbados? E por que surgem dúvidas no coração de vocês? ³⁹Vejam minhas mãos e meus pés: Sou eu mesmo! Toquem em mim e entendam que um espírito não tem carne nem ossos, como vocês estão vendo que eu tenho". ⁴⁰Dizendo isso, mostrou para eles as mãos e os pés. ⁴¹Mas eles ainda não acreditavam, por causa da alegria e porque estavam assustados. Então Jesus lhes disse: "Vocês têm alguma coisa para comer?" ⁴²Ofereceram-lhe um pedaço de peixe assado. ⁴³Ele o pegou e comeu diante deles. ⁴⁴E depois lhes disse: "São estas as palavras que eu lhes falei, quando ainda estava com vocês: Tinha de se cumprir tudo o que sobre mim está escrito na Lei de Moisés, nos Profetas e nos Salmos". ⁴⁵Então abriu a inteligência deles, para que compreendessem as Escrituras. ⁴⁶E lhes disse: "Assim está escrito, que o Messias tinha de sofrer e ressuscitar dos mortos no terceiro dia. ⁴⁷E que, em seu nome, fosse anunciado o arrependimento para o perdão dos pecados a todas as nações, começando por Jerusalém. ⁴⁸Vocês são testemunhas disso. ⁴⁹Eis que eu enviarei sobre vocês o que meu Pai prometeu. Portanto, fiquem na cidade, até serem revestidos da força do Alto".

36-49: Jesus come e faz questão de que os discípulos o toquem: a ressurreição não é algo que tenha ver apenas com a dimensão espiritual, nem resulta de um delírio do grupo. Ela alcança o ser humano em sua totalidade, e o reconstrói na dignidade. Por meio das Escrituras, os discípulos compreenderão a radicalidade do compromisso de Deus com a vida humana, manifestado na ressurreição de Jesus. A missão se desenvolverá a partir desta certeza, com a força do Espírito (a "força do Alto").

Ascensão *(Mt 16,19-20; At 1,9-11)* – ⁵⁰Então Jesus os levou para fora da cidade, até Betânia. E, erguendo as mãos, os abençoou. ⁵¹E, enquanto os abençoava, afastou-se deles e era elevado ao céu. ⁵²Eles ficaram ajoelhados diante dele, e depois voltaram a Jerusalém com grande alegria. ⁵³E estavam sempre no Templo, louvando a Deus.

50-53: A elevação de Jesus ao céu confirma definitivamente a fidelidade que ele manteve, ao longo de toda a sua trajetória, à unção recebida do Espírito para levar a Boa Notícia aos pobres (4,18). Os discípulos têm agora a missão de espalhá-la, começando por Jerusalém, a cidade cujos poderes Jesus enfrentou e venceu. Esse testemunho será descrito na continuação da obra, os Atos dos Apóstolos.

EVANGELHO SEGUNDO JOÃO

JESUS, O MESSIAS PARA A VIDA DO MUNDO

Introdução

O quarto evangelho é bem distinto dos anteriores, na linguagem e no conteúdo. Os poucos milagres nele narrados se qualificam como sinais, gestos reveladores do que Jesus é na sua relação com o Pai, e do que ele propõe a quem deseja tornar-se discípulo seu. Não aparecem parábolas. Em lugar do anúncio sobre o Reino de Deus, temos a certeza da vida para quem se compromete com o projeto anunciado nas palavras e ações de Jesus. Trata-se de um livro que pretende aprofundar a fé já conhecida, celebrada e vivenciada, com vistas no fortalecimento da comunidade, na certeza de que Jesus é o Messias, o Filho de Deus: dele provém a vida.

Foi escrito para um grupo seguidor de Jesus em conflito com as autoridades religiosas judaicas. Conflito que o excluiu da sinagoga e o levou à marginalização social e religiosa: a vida de seus membros corria perigo (16,2). A crise os atingia profundamente, já que os laços comunitários tradicionais tinham sido rompidos, e até mesmo a vivência religiosa parecia tornar-se impossível. É preciso levar em conta essa situação da comunidade, para compreender bem a riqueza, a profundidade e as características do quarto evangelho. Por exemplo, em muitas passagens se nota certa agressividade em relação aos judeus, o que se deve entender não como hostilidade ao povo de Israel, mas como expressão do conflito entre a comunidade cristã e as autoridades da sinagoga. Diante destas é preciso testemunhar Jesus e mostrar o compromisso com ele. Neste evangelho se expressam as convicções que a comunidade deve cultivar a respeito de Jesus, e o caminho que os seus membros hão de trilhar a cada dia. Não basta crer em Jesus; é necessário deixar clara essa adesão e assumir as consequências (15,18). A certeza é que nessa direção se encontra a vida, e vida sempre mais copiosa.

O evangelho se organiza em duas partes, após o Prólogo (1,1-18) sobre a Palavra de Deus tornada carne em Jesus de Nazaré. A primeira parte (1,19-12,50) narra sete sinais, com os quais Jesus mostra o sentido de sua obra, a mesma que ele viu o Pai fazer, para assim revelar à humanidade o ser e o agir de Deus. A segunda parte (13,1-20,31) é seguida de um apêndice (21,1-25): Jesus, com exemplos e palavras, estabelece com seus discípulos as bases que tornarão possível a continuação da obra que ele realiza mediante o testemunho da comunidade. Em ambos os momentos a presença de Jesus é provocadora: denuncia os caminhos da injustiça nas trevas e convida para a luz da verdade. A comunidade sente-se desafiada a decidir-se por Jesus e por sua obra, perante o "mundo", tomado como sociedade marcada pelos poderes injustos e interesses egoístas. É esse o mundo que crucificou Jesus e a todo tempo arma ciladas contra os discípulos.

PRÓLOGO

1 **Jesus, a Palavra feita carne, revela Deus à humanidade** – ¹No princípio existia a Palavra, e a Palavra estava junto de Deus, e Deus era a Palavra. ²No princípio ela estava junto de Deus. ³Tudo foi feito por meio dela, e sem ela nada foi feito. ⁴O que estava nela era vida, e a vida era a luz dos seres humanos. ⁵Essa luz brilha nas trevas, e as trevas não a venceram. ⁶Apareceu um homem enviado por Deus: seu nome era João. ⁷Ele veio como testemunha, para dar testemunho da luz, a fim de que todos acreditassem por meio dele. ⁸Não era ele a luz, mas veio para testemunhar a respeito da luz. ⁹Esta era a luz verdadeira que, vindo ao mundo, ilumina todos os seres humanos. ¹⁰Ela estava no mundo, e o mundo foi feito por meio dela, mas o mundo não a conheceu. ¹¹Ela veio para os que eram seus, mas os seus não a receberam. ¹²Ela, porém, deu o poder de se tornarem filhos de Deus a todos aqueles que a receberam, isto é, àqueles que acreditam no nome dela; ¹³pois ela não nasceu do sangue, nem da vontade da carne, nem da vontade de um homem, mas de Deus. ¹⁴E a Palavra se fez carne e armou sua tenda entre nós. E nós contemplamos a sua glória, glória que ela tem como Filho único do Pai, cheio de graça e verdade. ¹⁵João dá testemunho dele e tem levantado a voz, dizendo: "Este é aquele de quem eu falei: 'Aquele que veio depois de mim passou na minha frente, porque existia antes de mim' ". ¹⁶Porque da sua plenitude todos nós recebemos, e graça e mais graça. ¹⁷Pois a Lei foi dada por Moisés, mas a graça e a verdade vieram por meio de Jesus Cristo. ¹⁸Ninguém jamais viu a Deus; mas o Filho único, que está junto do Pai, o revelou a nós.

I. LIVRO DOS SINAIS: A OBRA DE JESUS PARA A VIDA DO MUNDO
Semana inaugural

João testemunha diante das autoridades (Mt 3,1-12; Mc 1,2-8; Lc 3,1-9.15-17) – ¹⁹O testemunho de João foi assim. Os judeus

---

1,1-18: O quarto evangelho começa apresentando Jesus de maneira semelhante e ao mesmo tempo diferente do que se pode ler em livros como Provérbios (8,12-21) e Eclesiástico (24,1-21): enquanto a Sabedoria de Deus existia antes de tudo e atuou de forma decisiva para que a criação surgisse, e depois se manifestou de maneira central na Lei de Moisés, aqui vemos que a Palavra divina, expressão da sua Sabedoria, existia junto de Deus, e tudo o que existe se deve à sua ação. Mas a maneira única pela qual ela se mostra visível aos seres humanos é tornando-se um deles, fazendo-se carne. Esta é a síntese do conteúdo desenvolvido ao longo do quarto evangelho: seu assunto é o Filho de Deus, atuante na criação do mundo, dando-lhe vida. Sua presença no meio do povo o fez sofrer a rejeição da parte de muitos. Mas a aceitação de Jesus de Nazaré (o lugar de onde não se esperaria nada de bom: v. 46) como encarnação desta Palavra oferece a oportunidade de que os membros da comunidade experimentem a certeza de serem filhos de Deus, já que o Filho "armou sua tenda entre nós" (v. 14) e revela à humanidade o mais profundo que se pode conhecer de Deus e experimentar dele. A comunidade vive um conflito com as autoridades da sinagoga, e tem a convicção de contar com a graça e a verdade comunicadas por Jesus, que ultrapassam o dom da Lei comunicada a Moisés. Ao mesmo tempo, o texto apresenta uma testemunha qualificada desta Luz que vem ao mundo: João. O batismo que este concede ao povo anuncia que chegou o tempo do Messias.

1,19-12,50: Esta sessão narra a atividade de Jesus junto do seu povo e é chamada de "Livro dos Sinais", por estar organizada em torno de sete gestos realizados por Jesus, que indicam quem ele é e qual o sentido de sua missão. Todas as atividades e proclamações de Jesus e sobre ele estão de alguma forma ligadas a estes sinais. Tornar-se discípulo de Jesus exige compreender o sentido destes sinais e comprometer-se com as exigências que eles vão indicando. A radicalidade do que vai sendo proposto por Jesus conduz a uma tensão crescente com as autoridades religiosas, que no fim decidirão que ele precisa ser morto.

1,19-51: Começa aqui o relato de uma semana que abre a atividade de Jesus. O ambiente é claro: a atividade de João é questionada pelas autoridades religiosas e políticas de Jerusalém. Mas é a ele que o povo procura, em busca de alternativas que atendam a suas expectativas de vida e liberdade. É nessa periferia que Jesus aparece, forma o primeiro grupo de discípulos e depois o amplia, com seu deslocamento até a Galileia. Isto é só o começo (vv. 50-51), mas já está preparado o cenário para que se realizem os sinais por parte de Jesus.

1,19-28: Tudo começa com João Batista: ele garante não ser nada daquilo que serão as características do Messias (cf. Is 40,3). Seu testemunho é dado diante

enviaram de Jerusalém sacerdotes e levitas para perguntarem a João: "Quem é você?" Foi quando ²⁰ele confessou e não negou. E confessou: "Eu não sou o Cristo". ²¹E lhe perguntaram: "Então, quem é você? Elias?" João disse: "Não sou". E perguntaram: "Você é o Profeta?" Respondeu: "Não". ²²Então lhe disseram: "Quem é você? Precisamos dar uma resposta para aqueles que nos enviaram. O que diz sobre você mesmo?" ²³João declarou: "Eu sou uma voz gritando no deserto: 'Aplanem o caminho do Senhor', como disse o profeta Isaías". ²⁴Os que tinham sido enviados eram da parte dos fariseus. ²⁵E eles continuaram perguntando: "Então, por que você batiza, se não é o Cristo, nem Elias, nem o Profeta?" ²⁶João lhes respondeu dizendo: "Eu batizo com água, mas no meio de vocês está alguém que vocês não conhecem. ²⁷Ele vem depois de mim. E eu não sou digno de lhe desamarrar a correia das sandálias". ²⁸Isso aconteceu em Betânia, do outro lado do rio Jordão, onde João estava batizando.

Testemunho de João sobre Jesus – ²⁹No dia seguinte, João vê Jesus vindo ao seu encontro, e diz: "Eis o Cordeiro de Deus, que tira o pecado do mundo. ³⁰Este é aquele de quem eu falei: 'Depois de mim, vem um homem que passou à minha frente, porque existia antes de mim'. ³¹Eu não o conhecia. Mas, para que ele fosse manifestado a Israel, eu vim batizar com água". ³²E João testemunhou, dizendo: "Eu vi o Espírito descer do céu, como uma pomba, e permanecer sobre ele. ³³Eu também não o conhecia, mas aquele que me enviou para batizar com água, ele me disse: 'Aquele sobre quem você vir o Espírito descer e permanecer, é ele quem batiza com o Espírito Santo'. ³⁴E eu vi, e dou testemunho de que este é o Filho de Deus".

Discípulos de João seguem a Jesus – ³⁵No dia seguinte, João estava lá de novo, com dois de seus discípulos. ³⁶Ao ver Jesus que ia passando, disse: "Eis o Cordeiro de Deus". ³⁷Os dois discípulos o ouviram falando assim e seguiram a Jesus. ³⁸Então Jesus voltou-se para trás e, vendo que o seguiam, lhes disse: "O que vocês estão procurando?" Disseram: "Rabi (que quer dizer Mestre), onde vives?" ³⁹Jesus lhes respondeu: "Venham, e vocês verão". Então foram e viram onde Jesus vivia. E ficaram com ele nesse dia. Era por volta da décima hora. ⁴⁰André, irmão de Simão Pedro, era um dos dois que ouviram as palavras de João e seguiram a Jesus. ⁴¹Ele logo encontrou seu irmão Simão e lhe disse: "Nós encontramos o Messias" (que quer dizer Cristo). ⁴²Então André conduziu Simão a Jesus. E Jesus o viu e disse: "Você é Simão, filho de João, e será chamado de Cefas" (que quer dizer Pedro).

O grupo de Jesus se amplia – ⁴³No dia seguinte, Jesus quis ir para a Galileia, e encontrou Filipe. E lhe disse: "Siga-me". ⁴⁴Filipe era de Betsaida, cidade de André e Pedro. ⁴⁵Filipe encontrou Natanael e lhe disse: "Encontramos aquele de quem Moisés escreveu na Lei, e também os profetas: é Jesus, o filho de José. Ele vem de Nazaré". ⁴⁶Natanael lhe disse: "De Nazaré pode vir

---

das autoridades, e indica claramente o ambiente das origens da ação de Jesus: é nas margens da sociedade e da religião instituída que João dá seu testemunho, aparece Jesus e seus primeiros discípulos são reunidos.

29-34: No segundo dia João dá testemunho direto sobre Jesus, apresentando-o como Filho de Deus, o Cordeiro que tira o pecado do mundo. João insiste na identidade diferenciada de Jesus, acentuando sua origem divina e a presença do Espírito Santo nele. Portanto, desde o início Jesus é proclamado como alternativa ao sistema religioso da época, pois ele é o Cordeiro de Deus, que está no lugar dos animais ofertados no Templo de Jerusalém para alcançar o perdão dos pecados.

35-42: No dia seguinte dois discípulos de João tornam-se agora seguidores de Jesus. Um deles é André, que vai tratar de apresentar seu irmão Pedro a Jesus. O evangelista quer manter desconhecido o nome do outro antigo discípulo de João. O que importa é que, a partir desse dia, alguns começam a partilhar a convivência com Jesus. Essa é a graça e o desafio do discipulado, mais do que qualquer título ou nome.

43-51: Mais um dia, e outros dois discípulos se juntam ao grupo de Jesus: inicialmente Filipe, que apresenta Jesus a Natanael. Este último manifesta preconceito por causa das origens de Jesus, que vem de Nazaré. Mas Filipe garante que é dele que falam as Escrituras judaicas. Assim, ao final desses quatro dias, Jesus já é visto como aquele que tem origem divina: é o Cordeiro de Deus, seu Filho, o Messias, e aquele a quem se referem os textos judaicos sagrados. Mas isso é só o começo: Jesus se refere ao sonho de Jacó (cf. Gn 28,10-22) para se apresentar como a ligação entre Deus e a humanidade. É nessa condição que ele passa a agir: o primeiro dos sinais que ele realiza acontecerá no casamento de Caná, no último e mais importante

algo de bom?" Filipe respondeu: "Venha, e então você verá". ⁴⁷Jesus viu Natanael aproximando-se e disse a respeito dele: "Eis aí um israelita verdadeiro, em quem não existe falsidade". ⁴⁸Natanael disse: "De onde me conheces?" Jesus respondeu-lhe dizendo: "Antes que Filipe chamasse você, eu o vi quando estava debaixo da figueira". ⁴⁹Natanael lhe respondeu: "Rabi, tu és o Filho de Deus, tu és o rei de Israel". ⁵⁰Jesus respondeu-lhe dizendo: "Você está acreditando, só porque eu disse que o vi debaixo da figueira? Você verá coisas maiores que essas". ⁵¹E Jesus disse: "Eu lhes garanto: Vocês verão o céu aberto, e os anjos de Deus subindo e descendo sobre o Filho do Homem".

Princípio dos sinais

2 *Casamento em Caná: o vinho novo da nova aliança* – ¹Três dias depois, houve um casamento em Caná da Galileia, e aí estava a mãe de Jesus. ²Também Jesus foi convidado para o casamento, junto com seus discípulos. ³Faltou vinho, e a mãe de Jesus lhe disse: "Eles não têm mais vinho!" ⁴Jesus respondeu: "Mulher, que temos a ver com isso? Minha hora ainda não chegou". ⁵A mãe de Jesus disse aos que estavam servindo: "Façam tudo o que ele disser". ⁶Tinham sido deixados aí seis jarros de pedra, com cerca de cem litros cada um, e que serviam para as purificações que os judeus costumavam fazer. ⁷Jesus disse aos que serviam: "Encham esses jarros com água". Eles os encheram até a borda. ⁸Depois, Jesus disse: "Agora tirem e levem ao chefe da cerimônia". Eles assim o fizeram. ⁹Quando o chefe provou da água transformada em vinho, sem saber de onde vinha (os serventes sabiam, pois foram eles que tiraram a água), chamou o noivo ¹⁰e disse: "Qualquer um serve primeiro o vinho bom e, quando os convidados já estão embriagados, aí serve o menos bom. Você, porém, guardou o vinho bom até agora". ¹¹Este foi o princípio dos sinais, e Jesus o fez em Caná da Galileia. Manifestou a sua glória, e seus discípulos acreditaram nele. ¹²Depois disso, Jesus desceu para Cafarnaum com sua mãe, seus irmãos e seus discípulos. E aí ficaram uns poucos dias.

O corpo de Jesus é o novo templo (Mt 21,12-17; Mc 11,15-19; Lc 19,45-48) – ¹³A Páscoa dos judeus estava próxima, e Jesus subiu para Jerusalém. ¹⁴No Templo, Jesus encontrou os vendedores de bois, ovelhas e pombas, e os cambistas sentados. ¹⁵Fez então um chicote de cordas e expulsou todos do Templo, e também as ovelhas e os bois; espalhou as moedas e virou as mesas dos cambistas. ¹⁶E disse aos que vendiam pombas: "Tirem isso daqui! Não façam da casa de meu Pai uma casa de negócios". ¹⁷Seus discípulos se lembraram do que está escrito: "O zelo pela tua casa me consumirá". ¹⁸Os judeus responderam, dizendo a Jesus: "Que sinal nos mostras para fazeres tais coisas?" ¹⁹Jesus respondeu dizendo-lhes: "Destruam esse santuário, e em três dias eu o levantarei". ²⁰Os judeus então disseram: "Há quarenta e seis anos vem sendo construído este santuário, e tu o levantarás em três dias?" ²¹Jesus porém falava do santuário do seu corpo. ²²Quando ele foi ressuscitado dentre os mortos, seus discípulos se lembraram do que ele havia dito, e creram na Escritura e na palavra que Jesus tinha dito.

---

dia da semana que inaugura a atividade de Jesus, de acordo com este evangelho.

2,1-4,45: O gesto que Jesus realiza é mais que um milagre: é um sinal, e seu sentido será revelado aos poucos nas cenas seguintes, até o episódio da samaritana e o reencontro com a gente da Galileia. Nelas mostram-se os efeitos da novidade trazida por Jesus, expressa no gesto de Caná.

2,1-12: Diante de uma situação de carência, apresentada pela mãe de Jesus, ele atua junto com aqueles que estavam servindo. Nisso está a novidade, e a partir daí ele se apresenta como referência definitiva nas relações do povo com Deus. Seu gesto ao mesmo tempo assume e ultrapassa as tradições da religião de Israel, oferecendo o vinho novo de novas relações com Deus e dos seres humanos entre si (cf. Is 55,1-3). E os discípulos começam a acreditar. Este sinal encerra a primeira semana descrita no evangelho. O v. 12 faz a ligação entre a cena de Caná e a próxima, em Jerusalém.

13-22: O agir severo de Jesus em sua primeira visita ao Templo de Jerusalém mostra sua consciência de como as atividades religiosas podem ser corrompidas pelos interesses econômicos e políticos do grupo dominante. Por outro lado, o texto agora mostra que o corpo ressuscitado de Jesus é o templo que efetivamente importa. Para uma comunidade que vive após a destruição de Jerusalém e do seu Templo pelos romanos, uma oportunidade para se convencer de que o culto que agrada a Deus não é aquele que se define por lugares e ritos, mas o que acontece na vida, "em espírito e verdade" (4,23).

Jesus rejeita uma adesão superficial – [23]Enquanto Jesus esteve em Jerusalém durante a festa da Páscoa, muitos acreditaram no nome dele, ao verem os sinais que fazia. [24]Jesus, porém, não confiava neles, porque os conhecia a todos. [25]Não precisava de ninguém para lhe testemunhar a respeito de nenhum ser humano, pois conhecia o ser humano por dentro.

3 *Jesus e Nicodemos: é preciso uma decisão radical*

– [1]Entre os fariseus havia um homem chamado Nicodemos. Era um líder dos judeus. [2]Ele foi procurar a Jesus de noite e lhe disse: "Rabi, sabemos que vieste de Deus como Mestre. Porque ninguém pode fazer os sinais que tu fazes, se Deus não está com ele". [3]Jesus respondeu dizendo-lhe: "Eu lhe garanto: Se alguém não nascer de novo, não poderá ver o Reino de Deus". [4]Nicodemos lhe disse: "Como pode uma pessoa nascer, se já é idosa? Será que poderá entrar outra vez no ventre de sua mãe e nascer?" [5]Jesus respondeu: "Eu lhe garanto: Se ela não nascer da água e do Espírito, não poderá entrar no Reino de Deus. [6]Quem nasceu da carne é carne, quem nasceu do Espírito é espírito. [7]Não se admire se eu lhe digo que é preciso que vocês nasçam de novo. [8]O vento sopra onde quer, você ouve o barulho, mas não sabe de onde ele vem, nem para onde vai. Acontece a mesma coisa com quem nasceu do Espírito". [9]Nicodemos perguntou: "Como tais coisas podem acontecer?" [10]Jesus respondeu: "Você é o mestre de Israel e não entende essas coisas? [11]Eu lhe garanto: Nós falamos aquilo que sabemos, e damos testemunho daquilo que vimos, mas vocês não acolhem o nosso testemunho. [12]Se vocês não acreditam quando eu falo sobre coisas da terra, como vão acreditar quando eu lhes falar das coisas do céu?"

Amor de Deus e prática da verdade – [13]"E ninguém subiu ao céu, a não ser aquele que desceu do céu: o Filho do Homem. [14]E da mesma forma que Moisés levantou a serpente no deserto, assim também é preciso que o Filho do Homem seja levantado, [15]para que todo aquele que nele acreditar tenha vida eterna. [16]Pois Deus amou tanto o mundo, que deu o seu Filho único, para que não morra quem nele acredita, mas tenha vida eterna. [17]Porque Deus não enviou o seu Filho ao mundo para condenar o mundo, mas para que o mundo seja salvo por meio dele. [18]Quem acredita nele, não é julgado; quem não acredita, já está julgado, porque não acreditou no nome do Filho único de Deus. [19]E este é o julgamento: A luz veio ao mundo, mas as pessoas preferiram as trevas em lugar da luz, porque suas ações eram más. [20]Pois quem pratica o mal odeia a luz e não se aproxima da luz, para que suas ações não sejam reprovadas. [21]Mas quem pratica a verdade vem na direção da luz, para que suas ações sejam vistas, porque são feitas em Deus".

João confirma seu testemunho sobre Jesus – [22]Depois disso, Jesus foi com seus discípulos para a região da Judeia. Ficou aí com eles e batizava. [23]João também estava batizando em Enon, perto de Salim, porque aí havia muita água: as pessoas iam e eram batizadas, [24]porque João ainda não tinha sido lançado na prisão. [25]Começou então uma discussão

---

2,23-3,21: A adesão a Jesus exige comprometimento, e não pode basear-se em palavras vazias. Trata-se de assumir a opção pela vida, a mesma opção de Deus ao enviar seu Filho ao mundo.

2,23-25: Muitos que veem os sinais realizados por Jesus o aceitam na base da euforia imediatista, sem uma real disposição de mudança radical do modo de ver e viver no mundo.

3,1-12: Nicodemos admira Jesus, mas não admite "nascer de novo", ou seja, não aceita rever seus esquemas mentais, não aceita abrir mão dos privilégios que sua condição de líder lhe proporciona. Não basta saber quem é Jesus, nem mesmo reconhecer que ele provém de Deus; o comprometimento explícito com a causa de Jesus e com a novidade trazida por ele deve ser expresso claramente, pelo batismo: é disso que Nicodemos foge.

13-21: Jesus continua falando com Nicodemos, mas este desaparece! Suas palavras então se dirigem a todas as pessoas; é a primeira proclamação que Jesus faz a seu próprio respeito no evangelho. Nelas se expressam as convicções da comunidade a respeito de Jesus, o Filho enviado por Deus para que todas as pessoas tenham vida. Mas essa vinda comporta o escândalo da cruz (cf. Nm 21,4-9), e traz o desafio da decisão: agir em favor da vida plena, fazendo a verdade; ou viver nas trevas, de acordo com os esquemas e interesses dos grupos dominantes da sociedade.

22-36: João Batista não quer concorrer com Jesus. Como vem fazendo desde o início do evangelho, ele se apresenta como quem prepara os caminhos de Jesus e se alegra com sua vinda e presença no meio da humanidade. Temos aqui o último testemunho de João a

entre os discípulos de João e um judeu a respeito da purificação. ²⁶Eles foram a João e disseram: "Rabi, aquele que estava junto com você na outra margem do Jordão, e do qual você tem dado testemunho, agora ele está batizando, e todos vão ao encontro dele!" ²⁷João respondeu dizendo-lhes: "Ninguém pode receber coisa alguma que não lhe seja dada do céu. ²⁸Vocês mesmos são testemunhas do que eu disse: 'Eu não sou o Cristo, mas fui enviado na frente dele'. ²⁹É o noivo que recebe a noiva, e o amigo do noivo, que está aí esperando, se enche de alegria quando ouve a voz do noivo. Portanto, esta é a minha grande alegria: ³⁰É preciso que ele cresça e eu diminua. ³¹Aquele que vem do alto está acima de todos. Quem é da terra, pertence à terra e fala como terreno. Mas aquele que vem do céu está acima de tudo, ³²dá testemunho do que viu e ouviu, e ninguém aceita o seu testemunho. ³³Quem aceita o testemunho dele comprova que Deus é verdadeiro. ³⁴Pois aquele que Deus enviou fala as palavras de Deus e doa o Espírito sem medida. ³⁵O Pai ama o Filho, e lhe entregou nas mãos todas as coisas. ³⁶Aquele que acredita no Filho, possui vida eterna. Quem rejeita o Filho não verá a vida; pelo contrário, a ira de Deus permanece sobre ele".

4
A missão de Jesus o leva à Samaria – ¹Os fariseus ouviram dizer que Jesus atraía discípulos e batizava mais do que João. ²(Na verdade, não era Jesus quem batizava, mas os seus discípulos.) ³Quando soube disso, Jesus deixou a Judeia e foi de novo para a Galileia. ⁴Era preciso passar pela Samaria. ⁵Chegou, então, a uma cidade da Samaria chamada Sicar, perto do campo que Jacó tinha dado ao seu filho José. ⁶Aí estava a fonte de Jacó. Cansado da caminhada, Jesus sentou-se junto à fonte. Era por volta da sexta hora.

Jesus e a samaritana: encontro decisivo – ⁷Chegou uma mulher da Samaria para tirar água. Jesus lhe disse: "Dê-me de beber". ⁸(Os discípulos tinham ido à cidade para comprar alimentos.) ⁹A mulher samaritana lhe disse: "Como é que tu, sendo judeu, pedes de beber a mim, que sou mulher samaritana?" (De fato, os judeus não se dão bem com os samaritanos.) ¹⁰Jesus respondeu dizendo-lhe: "Se você conhecesse o dom de Deus, e soubesse quem lhe está dizendo: 'Dê-me de beber', você é que lhe pediria. E ele daria água viva para você". ¹¹A mulher lhe disse: "Senhor, nem balde tens, e o poço é fundo. De onde vais trazer a água viva? ¹²Por acaso serias tu maior do que nosso pai Jacó, que nos deu este poço, e do qual ele mesmo bebeu junto com seus filhos e seus rebanhos?" ¹³Jesus respondeu dizendo-lhe: "Qualquer um que beba desta água vai ter sede novamente. ¹⁴Mas quem beber da água que eu vou dar, nunca mais terá sede. E a água que eu lhe darei vai se tornar nele uma fonte de água que jorra para uma vida eterna". ¹⁵A mulher lhe disse: "Senhor, dá-me dessa água, para que eu não tenha mais

---

respeito de Jesus, e junto vem o apelo ao compromisso com Jesus e com a vida que vem dele.

4,1-42: Este episódio encerra a sessão do evangelho que resulta do sinal realizado em Caná. A novidade trazida por Jesus o leva a estabelecer contato e diálogo com uma mulher samaritana e a revelar-se de forma surpreendente: à samaritana e a sua gente ele se mostra como messias que tem a água viva, que sacia os mais profundos anseios de quem vive o desprezo e a marginalização. Aos discípulos ele mostra o alimento que o sustenta na missão: realizar a obra do Pai.

4,1-6: O caminho mais comum entre a Judeia e a Galileia era feito passando pelo outro lado do rio Jordão, evitando com isso atravessar a Samaria. Mas a missão de Jesus não seria realizada plenamente se ele não percorresse esse território dos descendentes de José, indo ao encontro de gente desprezada, considerada impura, que luta pela vida, conserva suas tradições e anseia pelo Messias.

7-26: A conversa com a samaritana permite colocar em diálogo as tradições de dois grupos irmãos, mas que se hostilizam um ao outro. A discussão começa em torno da água, necessária para a vida, e se encaminha para o anúncio da água viva que Jesus é e que deve ser toda pessoa que se compromete com ele, para a vida do mundo. A recuperação das memórias da gente samaritana prossegue, agora que o assunto são os maridos da mulher (possível alusão às divindades que aí eram cultuadas em associação com Javé; cf. 1Rs 17,24ss). E tudo se encaminha para a superação dos preconceitos e das formas comuns de culto. Os judeus adoravam a Deus no Templo de Jerusalém, enquanto a gente samaritana fazia a mesma coisa no templo do monte Garizim. Mas a adoração que Deus deseja não é aquela feita em templos e lugares predeterminados, e sim a que surge da interioridade do ser humano e se dá no decorrer da vida, em todos os momentos e situações. Esse culto fará de irmãos divididos uma comunidade reconciliada.

sede, nem precise vir aqui tirá-la". ¹⁶Jesus lhe disse: "Vá chamar seu marido e volte aqui". ¹⁷A mulher respondeu dizendo-lhe: "Eu não tenho marido". Jesus lhe disse: "Você está certa quando diz: 'Não tenho marido'. ¹⁸Porque você teve cinco maridos. E aquele que você tem agora não é seu marido. Você falou de forma verdadeira". ¹⁹A mulher disse a Jesus: "Senhor, vejo que tu és profeta! ²⁰Nossos pais adoraram a Deus nesta montanha. E vocês dizem que está em Jerusalém o lugar onde é preciso adorar". ²¹Jesus lhe disse: "Acredite em mim, mulher. Vai chegar a hora em que vocês não adorarão o Pai nem neste monte nem lá em Jerusalém. ²²Vocês adoram o que não conhecem; nós adoramos o que conhecemos, porque a salvação vem dos judeus. ²³Mas vai chegar a hora, e é agora, em que os verdadeiros adoradores vão adorar o Pai em espírito e verdade. Porque são esses os adoradores que o Pai procura. ²⁴Deus é espírito, e é preciso que aqueles que o adoram o adorem em espírito e verdade". ²⁵A mulher lhe disse: "Eu sei que vai chegar um Messias (que se chama Cristo); quando ele vier, vai nos anunciar todas as coisas". ²⁶Jesus disse: "Eu sou esse Messias, eu que estou falando com você".

Superar preconceitos e continuar a missão – ²⁷Nesse momento, chegaram os discípulos de Jesus. E ficaram admirados ao verem Jesus conversando com uma mulher, mas ninguém perguntou: "O que estás procurando?" Ou: "Por que estás conversando com ela?" ²⁸Então a mulher deixou o jarro, foi para a cidade e disse às pessoas: ²⁹"Venham ver alguém que me disse tudo o que eu tenho feito. Será que ele não é o Cristo?" ³⁰Todos saíram da cidade e foram ao encontro de Jesus. ³¹Enquanto isso, os discípulos insistiam com Jesus: "Mestre, come". ³²Jesus disse: "Eu tenho para comer um alimento que vocês não conhecem". ³³Os discípulos diziam uns aos outros: "Será que alguém trouxe alguma coisa para ele comer?" ³⁴Jesus lhes disse: "Meu alimento é fazer a vontade daquele que me enviou e completar a sua obra. ³⁵Vocês não dizem que daqui a quatro meses vem a colheita? Pois eu digo a vocês: Levantem os olhos e vejam os campos; já estão brancos para a colheita. ³⁶Quem colhe, recebe desde já o salário, e ajunta fruto para uma vida eterna; assim, quem semeia se alegra junto com quem colhe. ³⁷Pois é verdade o que diz o provérbio: 'Um é quem semeia, e outro é quem colhe'. ³⁸Eu enviei vocês para colher o que vocês não trabalharam. Outros trabalharam, e vocês entraram no trabalho deles".

Jesus revela o alcance de sua missão – ³⁹Muitos samaritanos dessa cidade acreditaram em Jesus, por causa da palavra da mulher que testemunhava: "Ele me disse tudo o que eu tenho feito". ⁴⁰Quando os samaritanos se encontraram com Jesus, pediram-lhe que ficasse com eles. Então Jesus ficou aí dois dias. ⁴¹Muito mais pessoas acreditaram em Jesus por causa da palavra dele. ⁴²E diziam à mulher: "Não é mais por causa do que você falou que estamos acreditando. Porque nós mesmos ouvimos e sabemos que este é, de fato, o salvador do mundo".

O agir de Jesus produz efeito – ⁴³Dois dias após, Jesus saiu daí em direção à Galileia. ⁴⁴Ele mesmo havia testemunhado que um profeta não é respeitado em sua própria terra. ⁴⁵Então, quando chegou à Galileia, os galileus o receberam bem, porque tinham visto tudo o que ele havia feito em Jerusalém durante a festa. Pois eles também tinham ido à festa.

27-38: Enquanto a samaritana proclama à sua gente a descoberta que acaba de fazer, os discípulos se escandalizam com a atitude de Jesus. Mas eles devem aprender que nenhum preconceito pode servir de obstáculo à missão de "reunir os filhos de Deus que estavam dispersos" (11,52).

39-42: A passagem de Jesus, um judeu, pela Samaria, permite reconhecê-lo como "salvador do mundo". A comunidade que se forma em volta do Salvador será expressão da possibilidade de uma vida reconciliada, com a superação dos preconceitos e da inimizade entre os irmãos. A continuação do caminho mostrará outros grupos que Jesus encontra à margem da sociedade e dos esquemas religiosos, aos quais ele, com palavras e ações, apresentará sua proposta de vida plena.

43-45: Jesus volta à Galileia, onde já esteve uma vez. Mas agora ele chega após a frutuosa passagem pela Samaria, e depois de ter estado em Jerusalém e ter confrontado o Templo. Isso modifica o entendimento da gente da Galileia a respeito dele. E novos contatos ampliarão o alcance da sua ação.

Segundo sinal

Cura do filho do funcionário real – ⁴⁶Jesus foi novamente para Caná da Galileia, onde havia feito a água tornar-se vinho. Havia um funcionário do rei que estava com o filho doente em Cafarnaum. ⁴⁷Ele ouviu dizer que Jesus tinha ido da Judeia para a Galileia e saiu ao seu encontro, para lhe pedir que descesse e curasse seu filho que estava para morrer. ⁴⁸Jesus lhe disse: "Se vocês não veem sinais e prodígios, não acreditam de modo nenhum". ⁴⁹O funcionário do rei disse: "Senhor, desce, antes que meu filho morra!" ⁵⁰Jesus lhe disse: "Pode ir. Seu filho está vivo". O homem acreditou na palavra que Jesus lhe disse e foi embora. ⁵¹Já estava descendo para Cafarnaum quando seus empregados foram ao seu encontro e lhe disseram que o filho dele estava vivo. ⁵²Perguntou então a que horas o menino havia melhorado. Responderam: "A febre o deixou ontem, perto da sétima hora". ⁵³O pai percebeu que tinha sido exatamente nessa hora que Jesus lhe havia dito: "Seu filho está vivo". Então ele acreditou, juntamente com toda a sua família. ⁵⁴Também este segundo sinal, Jesus o fez quando foi da Judeia para a Galileia.

Terceiro sinal

Cura do enfermo na piscina – ¹Depois disso, houve uma festa judaica, e Jesus foi a Jerusalém. ²Em Jerusalém, perto da Porta das Ovelhas, existe uma piscina rodeada de cinco colunatas. Em hebraico, a piscina chamava-se Bethzata. ³Aí ficava uma multidão de doentes: cegos, coxos e aleijados, esperando que a água se movesse. ⁴Isso porque de vez em quando um anjo descia e movia a água da piscina. E a primeira pessoa que entrasse na piscina, depois que a água fosse movida, ficava curada de qualquer doença que tivesse. ⁵Estava aí um homem, cuja doença já durava trinta e oito anos. ⁶Jesus viu o homem deitado e ficou sabendo que aí estava fazia muito tempo. Então lhe disse: "Você quer ficar bom?" ⁷O doente lhe respondeu: "Senhor, não tenho uma pessoa que me atire na piscina quando a água começa a se mover. Quando eu vou, outro já desceu antes de mim". ⁸Jesus disse: "Levante-se, pegue sua maca e ande". ⁹ᵃImediatamente o homem ficou bom, pegou sua maca e começou a andar.

A vida está acima da lei – ⁹ᵇIsso aconteceu num sábado. ¹⁰Por isso, os judeus diziam ao homem que tinha sido curado: "Hoje é sábado. Não é permitido carregar a maca". ¹¹Ele respondeu: "Aquele homem que me curou disse: 'Pegue sua maca e ande' ". ¹²Então lhe perguntaram: "Quem é esse homem que lhe disse: 'Pegue e ande'?" ¹³O homem que tinha sido curado não sabia quem era, porque Jesus tinha desaparecido no meio da multidão reunida naquele lugar. ¹⁴Depois disso, Jesus encontrou aquele homem no Templo e lhe disse: "Você ficou bom. Não peque de novo, para que não lhe aconteça alguma coisa pior". ¹⁵Então o homem saiu e foi dizer aos judeus que tinha sido Jesus quem o havia curado. ¹⁶Então os judeus começaram a perseguir Jesus, porque fazia essas coisas em dia de sábado. ¹⁷Jesus, porém, lhes respondeu: "Meu Pai vem trabalhando até agora, e eu também trabalho". ¹⁸Por isso, os judeus, com mais esforço, procuravam matar Jesus, não somente porque violava o sábado, mas também porque dizia que Deus era seu próprio Pai, fazendo-se assim igual a Deus.

4,46-5,47: Jesus realizará dois sinais, que o mostrarão radicalmente comprometido com a vida. A atenção às pessoas à beira da morte e à margem da sociedade o colocará em conflito com as autoridades religiosas de Jerusalém, preocupadas unicamente com a doutrina e a obediência a regras estabelecidas.

4,46-54: Em Mt e Lc, é um estrangeiro que pede a cura de seu empregado. Em Jo, o pai que pede a cura do filho é um funcionário do governo da Galileia. Jesus exige que ele reconheça que a vida plena está em alguém que vem da periferia do sistema político e religioso. Será preciso compreender o alcance deste gesto de Jesus e comprometer-se com ele, e não apenas alegrar-se com o benefício conseguido.

5,1-9a: O gesto que Jesus realiza é seu terceiro sinal, e reflete o itinerário que ele veio trilhando, especialmente sua passagem pela Samaria. De fato, ao chegar a Jerusalém por causa de uma festa religiosa de seu povo, ele não vai diretamente ao Templo, mas a um santuário onde se realizavam práticas de cura e se reunia a multidão dos pobres e marginalizados. Sensível às crenças e às dores do povo, Jesus age nesse espaço de vida, e vai ao encontro dos mais abandonados dos abandonados, a fim de mostrar para que veio ao mundo.

9b-18: Os efeitos produzidos pelos gestos de Jesus continuam a ser destacados. Em primeiro lugar, fica esclarecido que a vida está acima das leis. A discussão que começa permite a Jesus afirmar que sua ação está

A missão de Jesus é trazer a vida

– ¹⁹Então Jesus respondeu-lhes dizendo: "Eu garanto a vocês: O Filho não pode fazer nada por sua própria conta; ele faz apenas o que vê o Pai fazendo. As coisas que o Pai faz, o Filho o faz da mesma forma. ²⁰E isso porque o Pai ama o Filho, e lhe mostra todas as coisas que ele mesmo faz. E lhe mostrará obras maiores do que estas, para que vocês fiquem admirados. ²¹Assim como o Pai levanta os mortos e lhes dá a vida, o Filho também dá a vida a quem ele quer dar. ²²O Pai não julga ninguém. Ele deu ao Filho toda a tarefa de julgar, ²³para que todos honrem o Filho da mesma forma que honram o Pai. Quem não honra o Filho, não honra o Pai que o enviou. ²⁴Eu garanto a vocês: Quem ouve a minha palavra e acredita naquele que me enviou, possui vida eterna, e não vai a julgamento, porque já passou da morte para a vida. ²⁵Eu lhes garanto: Vai chegar a hora, e é agora, quando os mortos ouvirão a voz do Filho de Deus: aqueles que a ouvirem terão a vida. ²⁶Porque, assim como o Pai tem a vida em si próprio, do mesmo modo concedeu ao Filho ter a vida em si próprio. ²⁷E deu ao Filho autoridade para julgar, porque é Filho do Homem. ²⁸Não fiquem admirados com isso, porque vai chegar a hora em que todos os que estão nos túmulos ouvirão a voz dele, ²⁹e sairão: aqueles que fizeram o bem, para uma ressurreição de vida; os que praticaram o mal, para uma ressurreição de condenação. ³⁰Eu não posso fazer nada por mim mesmo. Eu julgo conforme o que escuto, e o meu julgamento é justo, porque não procuro fazer a minha vontade, mas a vontade daquele que me enviou".

Testemunhos a favor de Jesus

– ³¹"Se eu dou testemunho de mim mesmo, o meu testemunho não é verdadeiro. ³²Mas é outro que dá testemunho de mim, e eu sei que é verdadeiro o testemunho que ele dá sobre mim. ³³Vocês mandaram mensageiros a João, e ele deu testemunho da verdade. ³⁴Eu não preciso de testemunho humano; porém, falo isso para que vocês sejam salvos. ³⁵João era a lâmpada que estava acesa e iluminava, e vocês quiseram alegrar-se, por um momento, com sua luz. ³⁶Mas eu tenho um testemunho maior que o de João: são as obras que o Pai me concedeu para realizar. São essas obras que dão testemunho de mim, mostrando que o Pai me enviou. ³⁷E o Pai que me enviou, ele é quem deu testemunho sobre mim. Vocês nunca ouviram a voz dele, nem lhe viram a face. ³⁸Desse modo, a palavra dele não permanece em vocês, porque vocês não acreditam naquele que ele enviou. ³⁹Vocês vivem investigando as Escrituras, pensando que vão encontrar nelas vida eterna. E são elas que dão testemunho de mim! ⁴⁰E vocês não querem vir a mim para terem vida. ⁴¹Eu não me importo com elogios humanos. ⁴²Quanto a vocês, porém, eu sei que o amor de Deus não está em vocês. ⁴³Eu vim em nome do meu Pai, e vocês não me receberam. Mas, se outro chegar em nome próprio, vocês o receberão. ⁴⁴Como podem vocês acreditar, se recebem elogios uns dos outros, e não buscam o elogio que vem do Deus único? ⁴⁵Não pensem que eu vou acusar vocês diante do Pai. Já existe alguém que os acusa: é Moisés, no qual vocês põem sua esperança. ⁴⁶Se vocês acreditassem em Moisés, também acreditariam em mim, porque ele escreveu a meu respeito. ⁴⁷Mas, se vocês não acreditam no que ele escreveu, como irão acreditar nas minhas palavras?"

---

em plena sintonia com a ação do Pai. As autoridades religiosas, preocupadas apenas com as afirmações doutrinárias, não são capazes de acolher o agir libertador de Jesus; pelo contrário, decidem que ele precisa ser morto.

19-30: Diante das autoridades, Jesus justifica seu modo de agir e insiste em sua sintonia com o Pai: ele só faz o que viu o Pai fazer. E o sentido de sua ação é proporcionar uma vida de qualidade, transformada, o que foi sinalizado na cura do paralítico. Apostar em Jesus é recusar-se a viver de forma mesquinha e resignada; pelo contrário, consiste em levantar-se e enfrentar as situações de morte que existem no mundo, espalhando a vida. Ao viver com esta certeza, os membros da comunidade estarão honrando de maneira adequada o Deus da vida e seu Filho, e terão a plena vida na ressurreição do último dia.

31-47: Jesus apresenta as testemunhas que confirmam a validade da missão por ele realizada. Lembra a figura de João, interrogada a mando das mesmas autoridades que agora questionam Jesus. Mas as obras dele, doando e espalhando a vida, são as principais testemunhas, porém as autoridades não têm olhos nem sensibilidade para perceber. Por isso não são capazes de compreender o sentido mais profundo das Escrituras, que são a última testemunha a respeito de Jesus.

Quarto sinal

***Pães e peixes, dom para a vida** (Mt 14,13-21; Mc 6,30-44; Lc 9,10-17)* – ¹Depois disso, Jesus foi para o outro lado do mar da Galileia, também chamado Tiberíades. ²Grande multidão seguia a Jesus, porque via os sinais que ele fazia em favor dos doentes. ³Jesus subiu a montanha e aí sentou-se com seus discípulos. ⁴Estava próxima a Páscoa, a festa dos judeus. ⁵Jesus ergueu os olhos e viu uma grande multidão que ia ao seu encontro. Então disse a Filipe: "Onde vamos comprar pão para que eles possam comer?" ⁶Jesus falou assim para testar Filipe, pois sabia muito bem o que ia fazer. ⁷Filipe respondeu: "Nem o dinheiro de duzentos dias de trabalho daria para comprar pão e cada um receber um pouco". ⁸Um dos discípulos de Jesus, André, irmão de Simão Pedro, disse: ⁹"Aqui há um rapaz que tem cinco pães de cevada e dois peixinhos. Mas, o que é isso para tanta gente?" ¹⁰Então Jesus disse: "Digam para o povo se sentar". Havia muita grama nesse lugar e as pessoas se sentaram; eram cerca de cinco mil. ¹¹Jesus tomou os pães, agradeceu e distribuiu aos que estavam sentados. Fez a mesma coisa com os pequenos peixes. E todos comeram o quanto queriam. ¹²Quando ficaram satisfeitos, Jesus disse aos discípulos: "Recolham os pedaços que sobraram, para que nada se desperdice". ¹³Eles recolheram e encheram doze cestos com os pedaços dos cinco pães que sobraram do que haviam comido. ¹⁴Quando as pessoas viram o sinal que Jesus tinha feito, disseram: "Este é realmente o Profeta que vem ao mundo!" ¹⁵Jesus, porém, percebeu que iam tomá-lo para fazer dele um rei. Então se retirou sozinho, de novo, para a montanha.

Quinto sinal

***Jesus caminha sobre o mar** (Mt 14,22-33; Mc 6,45-52)* – ¹⁶Ao entardecer, os discípulos de Jesus desceram ao mar. ¹⁷Entraram no barco e foram para o outro lado do mar, em direção a Cafarnaum. Já estava escuro, e Jesus ainda não tinha ido ao encontro deles. ¹⁸Soprava vento forte e o mar estava agitado. ¹⁹Os discípulos tinham remado uns cinco ou seis quilômetros, quando viram Jesus andando sobre o mar e chegando perto do barco. Ficaram com medo. ²⁰Jesus, porém, lhes disse: "Sou eu. Não tenham medo". ²¹Quiseram então receber Jesus no barco, mas o barco logo chegou à terra para onde estavam indo.

Discurso em Cafarnaum: as ações de Jesus são sinais – ²²No dia seguinte, a multidão, que tinha ficado do outro lado do mar, viu que aí havia só um barco. Viu também que Jesus não tinha subido no barco com os discípulos e que eles tinham ido sozinhos. ²³Então chegaram outros barcos de Tiberíades, perto do lugar onde eles tinham comido o pão, depois que o Senhor agradecera a Deus. ²⁴Ao verem que nem Jesus nem os discípulos estavam aí, as pessoas subiram nas barcas e foram procurar Jesus

---

6-8: O quarto e o quinto sinais, e a discussão sobre o pão da vida que vem logo depois, fazem lembrar a história do êxodo (Ex 12-18); não é à toa que para o quarto evangelho tudo isso ocorre na época da Páscoa. Jesus celebra a festa da libertação bem longe de Jerusalém, saciando a fome do povo; atravessa o mar e faz a promessa do pão da vida, que recorda o caminho dos hebreus pelo mar e o dom do maná. As discussões com o povo em geral e mesmo com alguns discípulos só fazem crescer, devido às exigências colocadas por Jesus a quem queira estar com ele (o compromisso "para que o mundo tenha a vida" de 6,51). De volta a Jerusalém, o conflito com as autoridades religiosas também fica mais grave, com acusações de ambos os lados, e é desse meio que vai sendo desenvolvida e confirmada a convicção a respeito de Jesus e de sua relação especial com o Pai.

6,1-15: A Páscoa que Jesus celebra com seus discípulos e com a multidão carente mostra-o como novo Moisés (cf. Ex 12), comprometido com a vida e a liberdade de seu povo. A fartura do momento leva ao reconhecimento dele como o Profeta esperado. Mas não se esperem soluções fáceis: não ajuda muito saber quem Jesus é, se se projetam nele expectativas que não são coerentes com o projeto que ele está apresentando. Por isso Jesus se retira. Esta Páscoa não é mais celebrada em Jerusalém, junto ao Templo: a nova comunidade congregada em torno de Jesus adora o Pai "em espírito e verdade".

16-21: A travessia do mar mantém o relato conectado ao momento da Páscoa do Egito, com a libertação que é conseguida pela passagem através do mar Vermelho (cf. Ex 14). O medo dos discípulos recorda o temor dos israelitas perseguidos pelo exército do faraó. A presença confortadora de Jesus assegura a solidariedade permanente de Deus diante dos temores, responsabilidades e desafios colocados pela liberdade e por uma vida comprometida com o evangelho.

22-34: A multidão ficou impressionada com o dom dos pães e peixes. Jesus a desafia a ver, no que ocorreu, um sinal: olhar para o passado, para a história de Moisés, o povo e o maná (cf. Ex 16), e entender que o que está em jogo vai além de soluções imediatistas: o acesso ao pão de cada dia deve levar ao compromisso com Jesus e com a vida em plenitude para o mundo todo.

em Cafarnaum. ²⁵Quando o encontraram no outro lado do lago, lhe disseram: "Rabi, quando chegaste aqui?" ²⁶Jesus respondeu-lhes dizendo: "Eu lhes garanto: Vocês estão me procurando, não porque viram sinais, mas porque comeram os pães e ficaram satisfeitos. ²⁷Não trabalhem pelo alimento que se estraga; trabalhem pelo alimento que dura para uma vida eterna, alimento que o Filho do Homem dará a vocês, porque Deus Pai o marcou com seu selo". ²⁸Então lhe disseram: "O que devemos fazer para realizar as obras de Deus?" ²⁹Jesus respondeu dizendo-lhes: "Esta é a obra de Deus: que vocês acreditem naquele que ele enviou". ³⁰Eles perguntaram: "Que sinal fazes, para que possamos ver e acreditar em ti? O que é que fazes? ³¹Nossos pais comeram o maná no deserto, como está escrito: 'Ele lhes deu para comer um pão que veio do céu' ". ³²Jesus lhes disse: "Eu lhes garanto: Não foi Moisés quem deu a vocês o pão que veio do céu. É o meu Pai quem dá para vocês o verdadeiro pão que vem do céu. ³³Porque o pão de Deus é o que desce do céu e dá vida ao mundo". ³⁴Então lhe disseram: "Senhor, dá-nos sempre desse pão".

Pão para a vida são as palavras de Jesus – ³⁵Então Jesus lhes disse: "Eu sou o pão da vida. Quem vem a mim nunca mais terá fome, e quem acredita em mim nunca mais terá sede. ³⁶Eu, porém, já disse: Vocês me viram e não acreditam. ³⁷Tudo o que o Pai me der, virá a mim. E quem vem a mim, eu nunca o rejeitarei. ³⁸Porque desci do céu, não para fazer a minha vontade, mas a vontade daquele que me enviou. ³⁹E a vontade daquele que me enviou é que eu não perca nenhum dos que ele me tem dado, mas que eu ressuscite a todos no último dia. ⁴⁰Porque esta é a vontade do meu Pai: Quem quer que veja o Filho e acredite nele tenha vida eterna, e eu o ressuscitarei no último dia". ⁴¹Os judeus começaram a murmurar, porque Jesus tinha dito: "Eu sou o pão que desceu do céu". ⁴²E diziam: "Esse aí não é Jesus, o filho de José? Nós conhecemos seu pai e sua mãe. Como é que ele vem dizer: 'Eu desci do céu?' " ⁴³Jesus respondeu e lhes disse: "Parem de murmurar. ⁴⁴Ninguém pode vir a mim, se o Pai que me enviou não o atrair, e eu o ressuscitarei no último dia. ⁴⁵Está escrito nos Profetas: 'Todos serão instruídos por Deus'. Todo aquele que escutou o Pai e aprendeu dele, vem a mim. ⁴⁶Não que alguém tenha visto o Pai. Só aquele que vem de Deus é que viu o Pai. ⁴⁷Eu garanto a vocês: Quem acredita possui vida eterna. ⁴⁸Eu sou o pão da vida. ⁴⁹Os pais de vocês comeram o maná no deserto, e morreram. ⁵⁰Este é o pão que desce do céu, para que não venha a morrer quem dele comer. ⁵¹Eu sou o pão vivo que desceu do céu. Quem comer deste pão viverá para sempre. E o pão que eu vou dar é a minha carne, para que o mundo tenha a vida".

Pão para a vida é o corpo de Jesus – ⁵²Os judeus começaram a discutir entre si: "Como pode ele dar-nos a sua carne para comer?" ⁵³Jesus lhes disse: "Eu lhes garanto: Se vocês não comem a carne do Filho do Homem e não bebem o seu sangue, não têm a vida em vocês. ⁵⁴Quem come a minha carne e bebe o meu sangue tem vida eterna, e eu o ressuscitarei no último dia. ⁵⁵Porque a minha carne é verdadeira comida e o meu sangue é verdadeira bebida. ⁵⁶Quem come a minha carne e bebe o meu sangue permanece em mim e eu permaneço nele. ⁵⁷E como o Pai, que vive, me enviou, e eu vivo pelo Pai, assim aquele que se alimentar de mim viverá por causa de mim. ⁵⁸Este é o pão que desceu do céu. Não é como o pão que os antepassados comeram e depois morreram. Quem come este pão viverá para sempre". ⁵⁹Jesus disse essas coisas quando ensinava na sinagoga de Cafarnaum.

Radicalidade das exigências de Jesus – ⁶⁰Quando ouviram isso, muitos discípulos

---

35-51: O pão oferecido por Jesus deve conduzir ao reconhecimento do pão que é ele próprio. Suas palavras precisam ser ouvidas, pois comunicam a vida que vem do Pai. A multidão resiste porque Jesus assumiu plenamente a condição humana: como seria possível que no encontro com ele a fome e a sede sejam vencidas?

52-59: O sinal dos pães e peixes partilhados vai alcançando sentidos cada vez mais profundos e desafiadores:

o próprio Jesus pode apresentar-se a si mesmo como alimento. É o compromisso dele com a vida concreta das pessoas que o leva a esse dom radical: a oferta de sua carne e sangue. Fortificada dessa maneira com Jesus, Palavra de Deus feita carne, a comunidade pode comprometer-se com a vida que ele veio trazer ao mundo.

60-71: O escândalo que as palavras de Jesus produziram coloca a multidão e os discípulos diante do

dele disseram: "Essas palavras são duras demais. Quem pode continuar ouvindo isso?" ⁶¹Jesus sabia que seus discípulos estavam murmurando a respeito do que ele tinha dito. E lhes disse: "Isso escandaliza vocês? ⁶²E se vocês virem o Filho do Homem subir para o lugar onde estava antes? ⁶³O Espírito é que dá a vida; a carne não serve para nada. As palavras que eu disse a vocês são espírito e vida. ⁶⁴Mas entre vocês há alguns que não acreditam". Jesus sabia desde o início quais eram os que não acreditavam e quem haveria de traí-lo. ⁶⁵E continuou: "É por isso que eu disse: 'Ninguém pode vir a mim, se isso não lhe for concedido pelo Pai' ". ⁶⁶Por esse motivo, muitos discípulos voltaram atrás, e já não andavam com Jesus. ⁶⁷Então Jesus disse aos Doze: "Será que vocês também não querem ir embora?" ⁶⁸Simão Pedro respondeu-lhe: "A quem iremos, Senhor? Tu tens palavras de vida eterna. ⁶⁹E nós acreditamos e sabemos que tu és o Santo de Deus". ⁷⁰Jesus disse aos Doze: "Eu não escolhi a vocês, os Doze? E mesmo assim, um de vocês é um diabo". ⁷¹Jesus estava falando de Judas, filho de Simão Iscariotes, porque Judas o iria trair, apesar de ser um dos Doze.

7 *Jesus sobe a Jerusalém* – ¹Depois disso, Jesus saiu andando pela Galileia. Ele não queria andar pela Judeia, porque os judeus pretendiam matá-lo. ²Mas estava próxima a festa judaica das Tendas. ³Então os irmãos de Jesus lhe disseram: "Parte daqui e vai para a Judeia, para que também teus discípulos vejam as obras que tu fazes. ⁴Quem quer ser conhecido não faz nada às escondidas. Se fazes essas coisas, mostra-te ao mundo". ⁵Na verdade, nem os irmãos de Jesus acreditavam nele. ⁶Jesus lhes disse: "O tempo certo ainda não chegou para mim. Para vocês, qualquer tempo é bom. ⁷O mundo não tem motivo para odiar vocês, mas odeia a mim, porque eu dou testemunho de que as obras dele são más. ⁸Subam vocês para a festa. Eu não vou para esta festa, porque o meu tempo ainda não chegou". ⁹Jesus disse isso e ficou na Galileia. ¹⁰Mas, depois que seus irmãos subiram para a festa, então ele também subiu; não publicamente, mas às escondidas. ¹¹Os judeus procuravam Jesus durante a festa, e diziam: "Onde estará ele?" ¹²Havia muitos comentários sobre Jesus. Alguns diziam: "É boa gente". Outros, porém, diziam: "De jeito nenhum: ele engana o povo". ¹³Mas ninguém falava abertamente a respeito de Jesus, com medo dos judeus.

O essencial na religião – ¹⁴Quando a festa já estava pela metade, Jesus subiu ao Templo e começou a ensinar. ¹⁵Os judeus ficaram admirados e diziam: "Como é que esse homem tem tanta instrução, se nunca estudou?" ¹⁶Então Jesus respondeu-lhes dizendo: "O meu ensinamento não é meu, mas daquele que me enviou. ¹⁷Se alguém está disposto a fazer a vontade dele, ficará sabendo se o meu ensino vem de Deus, ou se eu falo por mim mesmo. ¹⁸Quem fala por si mesmo, busca sua própria glória. Mas quem busca a glória daquele que o enviou, é verdadeiro, e nele não há injustiça. ¹⁹Moisés não deu a Lei a vocês? E nenhum de vocês obedece à Lei. Por que vocês procuram matar-me?" ²⁰A multidão respondeu: "Tu estás com um demônio: quem está querendo matar-te?" ²¹Jesus respondeu dizendo-lhes: "Eu fiz uma única obra, e todos vocês ficam admirados. ²²Moisés deu a vocês a circuncisão (que, aliás, não vem de Moisés, mas dos patriarcas), e vocês a fazem em dia de sábado. ²³Se alguém pode receber a circuncisão no sábado, sem que a Lei de

---

desafio: assumir o compromisso proposto, ou recuar. É difícil compreender a radicalidade do caminho de Jesus. Muitos desistem. Mas Pedro, respondendo em nome dos seus companheiros, reconhece que nele e em suas palavras está a vida. O reconhecimento de Jesus como o Santo de Deus expressa a disposição de comprometer-se com a obra que ele vem realizando, com todos os conflitos e hostilidades que vêm como consequência.

7,1-13: Jesus se torna indesejado pelas autoridades de Jerusalém, porque o agir dele denuncia as atividades delas em nome de Deus e da religião. Seus parentes também não o compreendem. O povo em geral pensa a partir do que ouve falar. As contradições vão se manifestando, e preparam a tensa discussão que está para começar.

14-24: Quando finalmente retorna a Jerusalém, Jesus encontra o ambiente tomado pela discussão realizada no cap. 5. As autoridades religiosas ficam desconcertadas porque Jesus não estudou! Por outro lado, Jesus questiona o entendimento da Lei que essas autoridades propõem: elas ordenam que uma circuncisão (cf. Gn 17) seja feita num sábado, mas não são capazes de se

Moisés seja quebrada, por que é que vocês ficam irritados comigo, porque curei um homem no sábado? ²⁴Não julguem pelas aparências; julguem com justiça".

Reconhecer o Messias e entender sua ação – ²⁵Algumas pessoas de Jerusalém diziam: "Não é esse que estão procurando para matar? ²⁶Ele está aí falando abertamente, e ninguém lhe diz nada! Será que as autoridades se convenceram de que ele é o Cristo? ²⁷Mas este, nós sabemos de onde vem; quando o Cristo vier, ninguém saberá de onde ele vem". ²⁸Jesus então falou bem alto, enquanto estava ensinando no Templo: "Será que vocês me conhecem e sabem mesmo de onde sou? Eu não vim por mim mesmo. Quem me enviou é verdadeiro, e vocês não o conhecem. ²⁹Eu o conheço, porque venho de junto dele, e foi ele quem me enviou". ³⁰Então trataram de prender Jesus. Mas ninguém lançou sobre ele as mãos, porque a hora dele ainda não tinha chegado. ³¹Muita gente da multidão acreditou nele e dizia: "O Cristo, quando vier, será que vai fazer sinais maiores do que esses que ele fez?" ³²Os fariseus ouviram a multidão murmurando a respeito dessas coisas. Então eles e os chefes dos sacerdotes mandaram guardas para prender Jesus. ³³E Jesus disse: "Vou ficar com vocês um pouco de tempo. ³⁴Vocês vão me procurar, mas não me encontrarão, porque onde eu estou, vocês até aí não podem ir". ³⁵Os judeus disseram uns aos outros: "Para onde será que ele vai, que nós não poderemos encontrá-lo? Será que vai encontrar os que estão espalhados entre os gregos? Será que vai ensinar aos gregos? ³⁶Que significa isso que ele falou: 'Vocês vão me procurar, mas não me encontrarão'. E também: 'Onde eu estou, vocês até aí não podem ir'?"

Jesus é a fonte da vida – ³⁷No último dia da festa, que é o mais solene, Jesus se colocou de pé e disse bem alto: "Se alguém tiver sede, venha a mim e beba. ³⁸É como diz a Escritura: aquele que acredita em mim, 'do seu seio vão jorrar rios de água viva' ". ³⁹Jesus falou isso, referindo-se ao Espírito que aqueles que acreditassem nele haveriam de receber. De fato, ainda não havia Espírito, porque Jesus ainda não tinha sido glorificado. ⁴⁰Tendo ouvido essas palavras, alguns da multidão diziam: "Ele é mesmo o Profeta!" ⁴¹Outros diziam: "Ele é o Cristo". Mas outros diziam: "Por acaso o Cristo vem da Galileia? ⁴²A Escritura não disse que o Cristo vem da descendência de Davi e de Belém, aldeia de onde era Davi?" ⁴³Então houve uma divisão no meio da multidão, por causa de Jesus. ⁴⁴Alguns queriam prendê-lo, mas ninguém lançou as mãos sobre ele.

As autoridades se recusam a crer – ⁴⁵Então os guardas foram até os chefes dos sacerdotes e fariseus, que lhes perguntaram: "Por que vocês não trouxeram Jesus?" ⁴⁶Os guardas responderam: "Jamais alguém falou assim". ⁴⁷Os fariseus perguntaram: "Será que vocês também foram enganados? ⁴⁸Vocês viram um só de nossos chefes ou fariseu que acreditasse nele? ⁴⁹Essa multidão, que não conhece a Lei, é feita de malditos". ⁵⁰No entanto, Nicodemos, um dos fariseus, aquele que antes tinha ido encontrar-se com Jesus, disse a eles: ⁵¹"Por acaso a nossa Lei julga alguém antes de ouvir e saber o que ele faz?" ⁵²Eles responderam: "Você também é da Galileia? Estude e verá que da Galileia não surge profeta nenhum".

A mulher adúltera – ⁵³E cada um voltou para sua casa.

---

sensibilizar e de se alegrar com a possibilidade de uma vida recuperada que foi oferecida a um paralítico!

25-36: Os ensinamentos e tradições religiosas oferecem segurança ao povo e às autoridades, mas não levam ao reconhecimento do Messias. É preciso ultrapassar as aparências e os preconceitos, para acolher Jesus que vem de Deus e a ele vai voltar. E ainda: os sinais, entendidos em sua profundidade, mostram o sentido da obra de Jesus e sua sintonia com o Pai.

37-44: Na festa das Tendas se recordavam milagres do passado, como o dom da água em pleno deserto, por meio de Moisés (Ex 17,1-7). Aqui é o próprio Jesus que se apresenta como a água que sacia plenamente as necessidades humanas. É preciso arriscar, ir além das aparências e das certezas estabelecidas, para encontrar o Messias e aderir a ele.

45-52: Para manter seus privilégios, as autoridades religiosas precisam desqualificar a fé do povo e o caminho que este faz para encontrar o Messias. E utilizam linguagem agressiva também contra os soldados e Nicodemos, mostrando que vale tudo para manter a religião sob controle.

7,53-8,11: A religião deve favorecer a convivência justa e respeitosa entre os seres humanos. Ninguém

8

¹Jesus foi para o monte das Oliveiras. ²Ao amanhecer, retornou ao Templo, e todo o povo ia ao seu encontro. Então Jesus sentou-se e ensinava. ³Logo chegaram os escribas e os fariseus, levando uma mulher que tinha sido pega cometendo adultério. Eles a colocaram no meio ⁴e disseram a Jesus: "Mestre, essa mulher foi pega cometendo adultério. ⁵A Lei de Moisés manda que mulheres assim sejam apedrejadas. E tu, o que dizes?" ⁶Eles diziam isso para testarem Jesus e terem motivo de o acusar. Então Jesus inclinou-se e começou a escrever no chão com o dedo. ⁷Os escribas e os fariseus continuaram fazendo a mesma pergunta. Então Jesus se levantou e lhes disse: "Quem de vocês não tiver pecado, atire nela a primeira pedra". ⁸E, agachando-se de novo, continuou a escrever no chão. ⁹Ouvindo isso, eles foram saindo um a um, a começar pelos mais velhos. E Jesus ficou sozinho, com a mulher ali no meio. ¹⁰Então se levantou e perguntou: "Mulher, onde estão eles? Ninguém condenou você?" ¹¹Ela respondeu: "Ninguém, Senhor". Então Jesus disse: "Eu também não a condeno. Vá, e não peque mais".

Jesus é luz para o mundo – ¹²Jesus voltou a falar: "Eu sou a luz do mundo. Quem me segue não andará na escuridão, mas terá a luz da vida". ¹³Então os fariseus lhe disseram: "Tu dás testemunho de ti mesmo. Teu testemunho não é válido". ¹⁴Jesus respondeu: "Ainda que eu dê testemunho de mim mesmo, o meu testemunho é válido, porque eu sei de onde venho e para onde vou. Vocês não sabem de onde venho ou para onde vou. ¹⁵Vocês julgam de modo humano; eu não julgo ninguém. ¹⁶E se eu julgo, meu julgamento é válido, porque não estou sozinho: somos eu e o Pai que me enviou. ¹⁷Na Lei de vocês está escrito que o testemunho de duas pessoas é válido. ¹⁸Eu dou testemunho de mim mesmo, e o Pai que me enviou dá testemunho de mim". ¹⁹Então lhe perguntavam: "Onde está o teu Pai?" Jesus respondeu: "Vocês não conhecem nem a mim nem a meu Pai. Se vocês me conhecessem, também conheceriam o meu Pai". ²⁰Jesus falou essas coisas enquanto estava ensinando no Templo, próximo à sala do Tesouro. E ninguém o prendeu, porque a hora dele ainda não havia chegado.

Superar mentalidades mesquinhas – ²¹Jesus disse novamente a eles: "Eu vou embora e vocês me procurarão, e vão morrer no seu pecado. Para onde eu vou, vocês não podem ir". ²²Os judeus então diziam: "Por acaso ele vai se matar? Por que está dizendo: 'Para onde eu vou, vocês não podem ir'?" ²³Jesus então lhes dizia: "Vocês são daqui de baixo, eu sou lá de cima. Vocês são deste mundo, mas eu não sou deste mundo. ²⁴Eu disse que vocês vão morrer nos seus pecados. Se vocês não acreditam que Eu Sou, vocês vão morrer nos seus pecados". ²⁵Então os judeus lhe diziam: "Quem és tu?" Jesus lhes disse: "O que é que eu venho falando desde o começo? ²⁶Eu tenho muitas coisas a dizer e julgar a respeito de vocês. Mas aquele que me enviou é verdadeiro, e as coisas que ouvi dele, eu as digo ao mundo". ²⁷Eles não entenderam que Jesus lhes falava a respeito do Pai. ²⁸Jesus então lhes disse: "Quando vocês levantarem o Filho do Homem, irão saber então que Eu Sou e que não faço nada por mim mesmo, mas falo estas coisas como o Pai me ensinou. ²⁹Aquele que me enviou está comigo. Ele não me deixou sozinho, porque faço sempre o que agrada a ele". ³⁰Enquanto Jesus dizia essas coisas, muitos acreditaram nele.

Jesus e Abraão: a verdade liberta das falsas seguranças – ³¹Jesus então falava com

---

tem o poder de julgar e condenar. A religião corre o risco de endurecer-se, colocando a lei e a norma acima do perdão, quando transforma as pessoas em objetos para a afirmação de seu poder.

8,12-20: A festa das Tendas era uma festa de muitas luzes. Esse detalhe serve para que se aprofunde o entendimento a respeito de Jesus: ele mesmo é a luz do mundo, que precisa ser vista e seguida. E sua união com o Pai dá crédito ao que ele diz a seu respeito.

21-30: A religião convencional não consegue compreender como alguém pode fazer o dom de sua própria vida. Mas é exatamente por esse caminho que Jesus volta para junto do Pai. Portanto, é preciso superar os esquemas mentais mesquinhos e as amarras que prendem aos esquemas deste mundo injusto: só assim se perceberá a Jesus como aquele que abre a todas as pessoas o acesso a Deus.

31-59: O conflito chega ao seu ponto máximo, e ao final querem matar Jesus, e a este só cabe ocultar-se. O reconhecimento profundo da identidade de Jesus e de sua relação com o Pai tem como resultado a rejeição por parte de quem julga ter a verdade, mas mantém as

os judeus que estavam acreditando nele: "Se vocês permanecem na minha palavra, são de fato meus discípulos; ³²e conhecerão a verdade, e a verdade libertará vocês". ³³Eles lhe responderam: "Nós somos descendentes de Abraão, e não temos sido escravos de ninguém; como é que tu dizes: 'Vocês serão livres'?" ³⁴Jesus lhes respondeu: "Eu garanto a vocês: Todo aquele que faz o pecado é escravo do pecado. ³⁵Mas o escravo não permanece na casa para sempre; o filho permanece para sempre. ³⁶Por isso, se o Filho os libertar, vocês serão realmente livres. ³⁷Eu sei que vocês são descendentes de Abraão; mas vocês me buscam para matar, porque a minha palavra não tem espaço entre vocês. ³⁸Eu estou falando das coisas que tenho visto junto do Pai, mas vocês fazem o que andaram ouvindo junto do pai de vocês". ³⁹Eles responderam dizendo-lhe: "Nosso pai é Abraão". Jesus lhes disse: "Se vocês fossem filhos de Abraão, fariam as obras de Abraão. ⁴⁰Mas agora vocês procuram matar-me, a mim, este humano, que tenho falado para vocês a verdade que ouvi de Deus. Isso Abraão não fez. ⁴¹Vocês fazem as obras do pai de vocês". Eles lhe disseram: "Nós não nascemos de nenhuma prostituição; temos um pai, que é Deus". ⁴²Jesus lhes disse: "Se Deus fosse mesmo o Pai de vocês, vocês me amariam, porque eu saí de Deus e estou aqui; não vim por mim mesmo, foi ele que me enviou. ⁴³Por que vocês não entendem a minha fala? Porque não podem ouvir a minha palavra. ⁴⁴O pai de vocês é o diabo, e vocês querem realizar os desejos do pai de vocês. Ele era assassino desde o princípio, e não esteve do lado da verdade, porque nele não existe verdade. Quando ele fala mentira, fala do que lhe é próprio, porque é mentiroso e pai da mentira. ⁴⁵Mas, porque eu digo a verdade, vocês não acreditam em mim. ⁴⁶Quem dentre vocês pode me acusar de algum pecado? Se lhes digo a verdade, por que não acreditam em mim? ⁴⁷Quem é de Deus ouve as palavras de Deus. Por isto é que vocês não as escutam: porque vocês não são de Deus". ⁴⁸Os judeus responderam, dizendo-lhe: "Não temos razão em dizer que tu és um samaritano e tens um demônio?" ⁴⁹Jesus respondeu: "Eu não tenho demônio. Antes, honro a meu Pai, e vocês me desonram. ⁵⁰Eu não busco a minha glória; há quem a busque e a julgue. ⁵¹Eu garanto a vocês: Se alguém guardar a minha palavra, nunca verá a morte". ⁵²Os judeus então lhe disseram: "Agora temos certeza de que tu tens um demônio. Abraão morreu, e os profetas também; e tu dizes: 'Se alguém guardar a minha palavra, nunca vai experimentar a morte'. ⁵³Tu não és maior que o nosso pai Abraão, que morreu. E os profetas morreram. Quem tu achas que és?" ⁵⁴Jesus respondeu: "Se eu me glorifico a mim mesmo, a minha glória não é nada; é meu Pai quem me glorifica, esse que vocês dizem: 'Ele é nosso Deus'. ⁵⁵E vocês não o conhecem, mas eu o conheço. E se eu dissesse que não o conheço, seria semelhante a vocês: um mentiroso. Mas eu o conheço e guardo a palavra dele. ⁵⁶Abraão, o pai de vocês, exultou esperando ver o meu dia. Ele viu e se alegrou". ⁵⁷Os judeus então lhe disseram: "Ainda não tens cinquenta anos, e viste Abraão?" ⁵⁸Disse-lhes Jesus: "Eu garanto a vocês: Antes que Abraão existisse, Eu Sou". ⁵⁹Então pegaram pedras para atirar em Jesus, mas ele se ocultou e saiu do Templo.

Sexto sinal

9

Cura do cego de nascimento – ¹Ao passar, Jesus viu um homem que era cego desde o nascimento. ²Seus discípulos

---

pessoas submetidas à mentira. Há quem acredite em Jesus, mas pretende ficar confortável apostando nos esquemas estabelecidos e nas falsas seguranças. A verdade trazida por Jesus liberta, mas exige compromisso e coragem, para descobrir a falsidade que se esconde sob belas aparências, e a novidade que chega com a revelação de Deus por meio dele.

9-10: O sinal realizado em favor do cego mostra que entramos em novo momento da narração. Mas ao mesmo tempo o clima de conflito continua, e junto vem o aprofundamento da compreensão sobre Jesus como luz do mundo. O caminho trilhado pelo cego é modelo para toda a comunidade: descobrir a luz e aproximar-se dela, sem temer os conflitos e hostilidades que virão daí. A experiência de sintonia com Jesus mostrará a cegueira da sociedade em redor e de sua religião, com dirigentes mais preocupados com seus próprios interesses do que com a comunhão entre o povo e Deus.

9,1-7: A intervenção em favor do cego esclarece mais uma vez que a ação de Jesus acontece em favor da gente mais necessitada, e isso define a missão que ele recebeu do Pai. Mas ao mesmo tempo esse gesto é sinal da própria luz que Jesus é para o mundo. Diante

perguntaram: "Rabi, quem foi que pecou, para ele nascer cego? Foi ele, ou foram seus pais?" ³Jesus respondeu: "Não foi ele que pecou, nem seus pais, mas isso aconteceu para que as obras de Deus se manifestem nele. ⁴Nós temos que realizar, enquanto é dia, as obras daquele que me enviou. Quando vier a noite, ninguém poderá trabalhar. ⁵Enquanto estou no mundo, eu sou a luz do mundo". ⁶Tendo dito isso, Jesus cuspiu no chão, fez barro com a saliva e passou o barro nos olhos do cego. ⁷E disse: "Vá lavar-se na piscina de Siloé" (palavra que significa "Enviado"). O cego foi, lavou-se, e voltou enxergando.

Aquele que enxerga é expulso – ⁸Os vizinhos e os que costumavam ver o cego, pois ele era mendigo, diziam: "Não é ele que ficava sentado mendigando?" ⁹Uns diziam: "É ele mesmo". Outros, porém, diziam: "Não é ele, é alguém parecido com ele". No entanto, ele dizia: "Sou eu mesmo". ¹⁰Então lhe perguntavam: "Como se abriram seus olhos?" ¹¹Ele respondeu: "O homem chamado Jesus fez barro, passou nos meus olhos e me disse: 'Vá lavar-se em Siloé'. Eu fui, me lavei, e comecei a enxergar". ¹²Perguntaram-lhe: "Onde ele está?" O homem disse: "Não sei".

¹³Então levaram aos fariseus aquele que antes era cego. ¹⁴Era sábado o dia em que Jesus fez barro e abriu os olhos do cego. ¹⁵Então os fariseus também lhe perguntaram como é que tinha começado a enxergar. Ele disse: "Colocou barro nos meus olhos, eu me lavei, e estou enxergando". ¹⁶Então alguns fariseus diziam: "Esse homem não pode vir de Deus; ele não guarda o sábado". Mas outros diziam: "Como pode um homem pecador realizar esses sinais?" ¹⁷E havia divisão entre eles. Disseram novamente a quem até então fora cego: "O que diz você desse homem que abriu seus olhos?" Ele respondeu: "É profeta".

¹⁸Os judeus não acreditaram que ele tinha sido cego e que havia conseguido enxergar. Então chamaram os pais dele ¹⁹e perguntaram dizendo-lhes: "Este é o filho de vocês, que vocês dizem ter nascido cego? Como é que ele agora está vendo?" ²⁰Os pais dele responderam dizendo: "Sabemos que ele é nosso filho e que nasceu cego. ²¹Mas como é que ele agora está vendo, ou quem abriu os olhos dele, isso não sabemos. Perguntem a ele. Já é maior de idade e pode falar sobre si mesmo". ²²Os pais do cego disseram isso porque tinham medo dos judeus, os quais já haviam decidido que deveria ser considerado excluído da sinagoga quem confessasse Jesus como o Cristo. ²³Foi por isso que os pais dele disseram: "Ele é maior de idade; perguntem a ele".

²⁴Então os judeus chamaram de novo o homem que tinha sido cego e lhe disseram: "Dê glória a Deus. Nós sabemos que esse homem é um pecador". ²⁵Ele respondeu: "Se ele é pecador, isso eu não sei; só sei de uma coisa: eu era cego e agora estou vendo". ²⁶Eles lhe disseram: "O que ele fez a você? Como foi que abriu seus olhos?" ²⁷Ele lhes respondeu: "Eu já lhes disse, e vocês não escutaram. Por que querem ouvir de novo? Será que vocês estão querendo tornar-se discípulos dele?" ²⁸Então o insultaram e disseram: "Você é que é discípulo dele. Nós somos discípulos de Moisés. ²⁹Sabemos que Deus falou a Moisés, mas quanto a esse homem, não sabemos de onde ele vem". ³⁰O homem respondeu: "Isso é de admirar! Vocês não sabem de onde ele vem. Justamente ele, que abriu meus olhos! ³¹Sabemos que Deus não ouve os pecadores, mas aquele que o respeita e faz a sua vontade, a este Deus ouve. ³²Nunca se ouviu falar de ninguém que tenha aberto os olhos de alguém que nasceu cego. ³³Se esse homem não

---

dele o cego viverá um processo que irá mais longe do que a cura que recebeu.

8-38: O caminho vivido por aquele que era cego o coloca em contato com muitos grupos da sociedade: os vizinhos ficam no plano da curiosidade; seus pais evitam tomar qualquer posição de que os coloque em risco. Mas o mais importante é a discussão com os fariseus, as autoridades religiosas nesse momento. O gesto de Jesus em favor do cego os deixa paralisados, pois notam que a possibilidade de uma vida plena está sendo oferecida às pessoas sem passar pelo controle deles. Suas ideias sobre Deus e sobre a Lei acabaram por criar um sistema fechado, e quem não se submete a ele é colocado para fora: impedindo o acesso a Deus, querem tornar impossível a convivência com os demais. No entanto, justamente quando lançado fora é que aquele que era cego faz o decisivo encontro com Jesus. Ou seja, encontra a luz! O episódio do cego ilustra o itinerário que o grupo cristão é desafiado a fazer, para que seja autêntico e pleno seu encontro com Jesus.

tivesse vindo de Deus, não poderia fazer nada". ³⁴Eles disseram: "Você nasceu todo em pecados e quer nos ensinar?" E o mandaram para fora.

³⁵Jesus ouviu falar que tinham expulsado aquele que fora cego. Quando o encontrou, disse-lhe: "Você acredita no Filho do Homem?" ³⁶Ele respondeu dizendo: "Mas quem é ele, Senhor, para que eu acredite nele?" ³⁷Jesus disse: "Você o está vendo; é este mesmo que está falando com você". ³⁸Ele disse: "Eu acredito, Senhor". E se prostrou diante de Jesus.

Jesus revela a cegueira dos líderes – ³⁹Então Jesus disse: "Eu vim a este mundo para realizar um julgamento, a fim de que vejam os que não estão vendo, e os que estão vendo se tornem cegos". ⁴⁰Alguns fariseus que estavam por ali ouviram isso e disseram: "Será que também nós somos cegos?" ⁴¹Jesus lhes disse: "Se vocês fossem cegos, não teriam pecado nenhum. Mas vocês dizem: 'Nós estamos vendo'. Então o pecado de vocês permanece".

10 *Ouvir a voz do pastor* – ¹"Eu garanto a vocês: Aquele que não entra pela porta no curral das ovelhas, mas sobe por outro lugar, é ladrão e assaltante. ²Mas aquele que entra pela porta é o pastor das ovelhas. ³Para ele o porteiro abre a porta, e as ovelhas ouvem a sua voz; ele chama cada uma de suas ovelhas pelo nome e as conduz para fora. ⁴Depois que levou todas as suas ovelhas para fora, ele caminha na frente delas; e as ovelhas o seguem, porque conhecem a sua voz. ⁵Elas nunca vão seguir um estranho; ao contrário, vão fugir dele, porque não conhecem a voz dos estranhos". ⁶Jesus lhes apresentou esse enigma, mas eles não entenderam o que Jesus estava querendo dizer.

Jesus é a porta das ovelhas e o bom pastor – ⁷Jesus continuou dizendo: "Eu garanto a vocês: Eu sou a porta das ovelhas. ⁸Todos os que vieram antes de mim são ladrões e assaltantes; porém as ovelhas não os ouviram. ⁹Eu sou a porta. Se alguém entrar por mim, será salvo. Entrará e sairá, e encontrará pastagem. ¹⁰O ladrão só vem para roubar, matar e destruir. Eu vim para que tenham vida, e a tenham em abundância.

¹¹Eu sou o bom pastor. O bom pastor expõe a sua vida pelas ovelhas. ¹²O mercenário, que não é pastor, a quem as ovelhas não pertencem, quando vê o lobo chegar, deixa as ovelhas e foge. Então o lobo ataca e dispersa as ovelhas. ¹³Isso porque se trata de um mercenário, que não se importa com as ovelhas. ¹⁴Eu sou o bom pastor: conheço as minhas ovelhas, e elas me conhecem, ¹⁵assim como o Pai me conhece e eu conheço o Pai, e exponho a minha vida pelas ovelhas. ¹⁶Eu tenho ainda outras ovelhas, que não são deste curral. Também a elas eu devo conduzir; elas ouvirão a minha voz, e se tornarão um só rebanho com um só pastor. ¹⁷É por isto que o Pai me ama: porque eu dou a minha vida para recebê-la de novo. ¹⁸Ninguém tira a minha vida; eu a dou livremente. Tenho poder de dar a vida e tenho poder de recebê-la. Esse é o mandamento que recebi do meu Pai".

9,39–10,21: O episódio da cura do cego e do caminho de conflito que ele fez até o encontro com Jesus é a oportunidade para que fique explícita a cegueira daqueles que se julgam donos da religião, das Escrituras e de Deus. Na comparação com o pastor, a porta e as ovelhas, eles são denunciados como ladrões, preocupados com seus próprios interesses e privilégios. Jesus, ao contrário, rompe com os esquemas estabelecidos e dá sua vida em favor da humanidade. Seu compromisso maior, o sentido mais profundo de sua missão e obra é a vida plena das pessoas. Isso não faz nenhum sentido para os dirigentes, que são declarados cegos. As palavras fortes de Jesus indicam uma nova consciência e uma nova prática por parte de quem, como o cego, se abriu para ouvir a voz do bom pastor e descobrir nele a luz. Quem prefere a comodidade das instituições e a segurança do poder não pode aceitar esse caminho: está cego.

9,39-41: A ação de Jesus deixa desconcertados os líderes religiosos, que pensam ter o verdadeiro conhecimento de Deus. Mas eles são insensíveis à novidade trazida por Jesus em favor da vida, a começar das situações de maior precariedade e carência. Acabam assim por se mostrar cegos.

10,1-6: A cena proposta por Jesus apresenta vários elementos: o pastor, as ovelhas, a porta, pessoas estranhas. A incompreensão dos fariseus só reforça a certeza de que eles estão cegos, e permitirá a Jesus radicalizar ainda mais seu julgamento.

7-18: As palavras de Jesus a respeito da cena apresentada aos fariseus reforçam as diferenças no modo de agir: enquanto estes se ocupam apenas com seus próprios interesses (e por isso são denunciados como ladrões e mercenários; cf. Ez 34), o sentido da missão e obra de Jesus é a vida plena da humanidade, e é para isso que ele forma em torno de si uma comunidade de

Jesus, sinal de contradição – ¹⁹Houve novamente divisão entre os judeus, por causa dessas palavras. ²⁰Muitos diziam: "Ele tem um demônio! Está louco! Por que vocês o escutam?" ²¹Mas outros diziam: "Essas palavras não são de um possesso; será que um demônio poderia abrir os olhos de cegos?"

As obras de Jesus o revelam – ²²Estava acontecendo em Jerusalém a festa da Dedicação. Era inverno. ²³Jesus caminhava pelo Templo, perto do pórtico de Salomão. ²⁴Então os judeus o rodearam e lhe diziam: "Até quando irás deixar-nos em dúvida? Se tu és o Cristo, dize-nos claramente". ²⁵Jesus lhes respondeu: "Eu já disse, mas vocês não acreditam. As obras que eu faço em nome do meu Pai, são elas que dão testemunho de mim. ²⁶Vocês, porém, não acreditam, porque não fazem parte das minhas ovelhas. ²⁷Minhas ovelhas ouvem a minha voz, eu as conheço, e elas me seguem. ²⁸Eu dou vida eterna para elas, e elas nunca morrerão. Ninguém vai tirá-las da minha mão. ²⁹O Pai, que as entregou a mim, é maior do que todos. Ninguém pode tirar nada da mão do Pai. ³⁰Eu e o Pai somos um". ³¹Os judeus pegaram pedras outra vez, para atirar em Jesus. ³²Então Jesus disse: "Eu mostrei a vocês muitas coisas boas que vêm do Pai. Por qual delas vocês estão para me apedrejar?" ³³Os judeus responderam: "Não vamos apedrejar-te por causa de boas obras, mas por causa de blasfêmia: tu, que és apenas um homem, te mostras como se fosses Deus". ³⁴Jesus disse: "Não está escrito na Lei de vocês: 'Eu disse: vocês são deuses'? ³⁵Se são chamadas deuses aquelas pessoas para quem veio a palavra de Deus, e a Escritura não pode ser anulada, ³⁶como é que vocês dizem que está blasfemando aquele que o Pai santificou e enviou ao mundo? Por eu ter dito que sou Filho de Deus? ³⁷Se não faço as obras do meu Pai, não acreditem em mim. ³⁸Mas, se eu as faço, ainda que vocês não acreditem em mim, acreditem pelo menos em minhas obras. Assim, saibam vocês e se convençam de que o Pai está presente em mim, e eu no Pai". ³⁹Tentaram outra vez prender Jesus, mas ele saiu do meio deles.

O testemunho de João merece crédito – ⁴⁰Jesus partiu de novo para o outro lado do rio Jordão, para o lugar onde antes João ficava batizando. E aí ficou. ⁴¹Muitos foram ao seu encontro. E diziam: "João não realizou nenhum sinal, mas tudo o que ele disse a respeito desse homem é verdadeiro". ⁴²E nesse lugar muitos acreditaram em Jesus.

Sétimo sinal

11

Ressurreição de Lázaro – ¹Havia um certo Lázaro, que estava doente. Era de Betânia, aldeia de Maria e de sua irmã Marta. ²Maria era aquela que tinha ungido o Senhor com perfume e com os cabelos lhe enxugara os pés. Lázaro, que estava doente, era irmão dela. ³Então as irmãs mandaram a Jesus um recado, no qual diziam: "Senhor, teu amigo está doente". ⁴Quando soube disso, Jesus disse: "Essa doença não é para a morte, e sim para a glória de Deus, para que o Filho de Deus seja glorificado por meio dela". ⁵Jesus amava Marta, a irmã dela e Lázaro.

---

pessoas que ouvem sua voz, têm certeza de que ele age como pastor que dá a própria vida, e se comprometem com seu projeto.

19-21: As palavras e a obra de Jesus causam divisão, porque são inovadoras ante os esquemas sociais e religiosos do momento. No episódio da cura do cego já estava anunciada a crise que a presença de Jesus haveria de instalar, e a ousadia envolvida no reconhecimento dele como luz do mundo.

22-39: Como foi dito no cap. 5, as obras que Jesus realiza o mostram unido ao Pai. Os adversários dele se fixam em doutrinas e fórmulas, mas o caminho para o reconhecimento de sua identidade é a consideração do conjunto dessas obras.

40-42. A memória do testemunho de João reforça a convicção de que o caminho está em apostar em Jesus, em vista dos sinais que veio realizando, e do sentido libertador de toda a sua obra.

11-12: Estes caps. são marcados pelo último dos sete sinais apresentados no evangelho. No entanto, ao mesmo tempo que alguém passa da morte à vida, expressando o caminho de tantas pessoas que ouviram, como Lázaro, a voz do Filho de Deus (cf. 5,25), para as autoridades Jesus passou dos limites: ele precisa ser morto. A última comunicação de Jesus ao mundo salienta sua fidelidade e união com o Pai, e convoca à acolhida de sua palavra e ao compromisso com uma vida de qualidade para o mundo.

11,1-16: O episódio que envolve Lázaro é a oportunidade de se mostrar o alcance da intervenção de Jesus em favor da vida: ele chegará a Betânia apenas depois que Lázaro morrer, sabendo que com isso ficará

⁶Quando ouviu que este se achava doente, ficou ainda mais dois dias no lugar onde estava. ⁷Depois disso, falou aos discípulos: "Vamos à Judeia outra vez". ⁸Os discípulos lhe disseram: "Mestre, faz pouco tempo que os judeus quiseram apedrejar-te, e vais de novo para lá?" ⁹Jesus respondeu: "Não são doze as horas do dia? Se alguém caminha de dia, não tropeça, porque vê a luz deste mundo. ¹⁰Mas, se caminha de noite, tropeça, porque a luz não está nele". ¹¹Depois de dizer isso, acrescentou-lhes: "Nosso amigo Lázaro está dormindo. Eu vou lá para acordá-lo". ¹²Os discípulos lhe disseram: "Senhor, se ele está dormindo, vai se salvar". ¹³Jesus estava falando da morte de Lázaro, mas eles pensaram que estivesse falando do sono comum. ¹⁴Então Jesus lhes falou claramente: "Lázaro está morto. ¹⁵E eu me alegro por não ter ido lá antes, para que vocês acreditem. Vamos agora ao encontro dele". ¹⁶Então Tomé, chamado Gêmeo, disse aos outros discípulos: "Vamos nós também, para morrermos com ele".

Em Jesus está a vida – ¹⁷Quando Jesus chegou, já fazia quatro dias que Lázaro estava no túmulo. ¹⁸Betânia ficava perto de Jerusalém cerca de três quilômetros. ¹⁹Muitos judeus tinham ido ao encontro de Marta e Maria para as consolar por causa do irmão. ²⁰Quando Marta ouviu que Jesus estava chegando, foi ao encontro dele. Maria, porém, ficou sentada em casa. ²¹Então Marta disse a Jesus: "Senhor, se estivesses aqui, meu irmão não teria morrido. ²²Mas eu sei que tudo o que pedires a Deus, ele te dará". ²³Jesus disse: "Seu irmão vai ressuscitar". ²⁴Marta disse: "Eu sei que ele vai ressuscitar na ressurreição, no último dia". ²⁵Jesus disse: "Eu sou a ressurreição. Quem acredita em mim, ainda que morra, viverá. ²⁶E todo aquele que vive e acredita em mim, não morrerá para sempre. Você acredita nisso?" ²⁷Ela respondeu: "Sim, Senhor. Eu acredito que tu és o Cristo, o Filho de Deus que devia vir ao mundo".

Em Lázaro se manifesta a glória de Deus – ²⁸Tendo dito isso, Marta saiu e foi discretamente chamar sua irmã Maria. E lhe disse: "O Mestre está aqui, e está chamando você". ²⁹Quando Maria ouviu isso, levantou-se depressa e foi ao encontro de Jesus. ³⁰Ele ainda não tinha chegado à aldeia; estava no lugar onde Marta o havia encontrado. ³¹Os judeus que estavam em casa com Maria, procurando consolá-la, quando a viram levantar-se depressa e sair, foram atrás dela, pensando que iria ao túmulo para aí chorar. ³²Quando chegou ao lugar onde estava Jesus e o viu, Maria caiu a seus pés e disse: "Senhor, se estivesses aqui, meu irmão não teria morrido". ³³Ao ver que Maria e os judeus que iam com ela estavam chorando, Jesus se comoveu interiormente e se perturbou. ³⁴E disse: "Onde vocês colocaram Lázaro?" Disseram-lhe: "Senhor, vem e vê". ³⁵E Jesus chorou. ³⁶Os judeus então diziam: "Vejam o quanto Jesus era amigo dele!" ³⁷Mas alguns disseram: "Ele que abriu os olhos do cego, não poderia ter evitado que esse homem morresse?" ³⁸Jesus, outra vez comovido, chegou ao túmulo. Era uma gruta, com uma pedra na entrada. ³⁹Jesus disse: "Tirem a pedra". Marta, irmã do falecido, disse: "Senhor, está cheirando mal. Já são quatro dias". ⁴⁰Jesus disse: "Eu não lhe disse que, se acreditar, você verá a glória de Deus?" ⁴¹Então tiraram a pedra. Jesus levantou os olhos ao alto e disse: "Pai, eu te agradeço porque me ouviste. ⁴²Eu sei que sempre me ouves. Mas falo assim por causa da multidão aqui presente, para que todos acreditem que tu me enviaste". ⁴³Tendo dito isso, gritou bem forte: "Lázaro, venha para fora!" ⁴⁴O morto saiu. Tinha os pés e as mãos envolvidos com ataduras e o rosto coberto com um sudário. Jesus disse aos presentes: "Soltem-no e deixem que ele ande".

---

exposto ao perigo. É no confronto com a morte para doar a vida que se dá a glorificação de Jesus comunicada no evangelho.

17-27: Marta acredita na ressurreição, mas a entende como algo que diz respeito apenas a um momento após a morte. Mas a obra de Jesus consiste em proporcionar vida plena, e desde já. A comunidade das pessoas que acreditam que em Jesus é oferecido o dom da vida assumirá o compromisso de enfrentar todas as situações de morte.

28-44: Na ressurreição de Lázaro se manifestam a glória de Deus e o sentido mais profundo da obra que Jesus veio realizando: passar da morte à vida (cf. 5,24). Aquilo que ocorreu a Lázaro se torna convite a todos,

As autoridades decidem matar o doador da vida (Mt 26,1-5; Mc 14,1-2; Lc 22,1s) – ⁴⁵Muitos dentre os judeus que tinham ido à casa de Maria e viram o que Jesus havia feito, acreditaram nele. ⁴⁶Mas alguns foram até os fariseus e contaram o que Jesus fizera. ⁴⁷Então os chefes dos sacerdotes e os fariseus reuniram o Conselho, e disseram: "O que vamos fazer? Esse homem está fazendo muitos sinais. ⁴⁸Se deixarmos que ele continue agindo, todos vão acreditar nele; virão os romanos e vão tirar de nós o nosso lugar santo e toda a nação". ⁴⁹Um deles, chamado Caifás, sumo sacerdote desse ano, falou: "Vocês não estão entendendo nada. ⁵⁰Não percebem que é melhor para vocês morrer um só homem pelo povo, do que perecer a nação inteira?" ⁵¹Caifás não falou isso por si mesmo. Sendo sumo sacerdote desse ano, profetizou que Jesus iria morrer pela nação. ⁵²E não só pela nação, mas também para reunir os filhos de Deus que estavam dispersos. ⁵³A partir desse dia, decidiram matar Jesus. ⁵⁴Por isso é que ele não andava mais em público entre os judeus. Retirou-se para uma região perto do deserto, a uma cidade chamada Efraim, onde permaneceu com seus discípulos. ⁵⁵A Páscoa dos judeus estava próxima, e muita gente do campo subiu para Jerusalém, a fim de se purificar antes da Páscoa. ⁵⁶Procuravam Jesus, e quando se encontraram no Templo diziam uns aos outros: "O que vocês acham? Será que ele não vem para a festa?" ⁵⁷Os chefes dos sacerdotes e os fariseus tinham dado ordens: quem soubesse onde Jesus estava, deveria informar, para que eles pudessem prendê-lo.

12 *Unção em Betânia e compromisso com os pobres (Mt 26,6-13; Mc 14,3-9)* – ¹Seis dias antes da Páscoa, Jesus foi para Betânia, onde morava Lázaro, a quem ele ressuscitara dos mortos. ²Aí ofereceram a Jesus um jantar. Marta servia e Lázaro era um dos que estavam à mesa com Jesus. ³Então Maria levou quase meio litro de perfume de nardo puro e muito precioso, ungiu os pés de Jesus e os enxugou com seus cabelos. A casa toda ficou tomada pelo perfume. ⁴Judas Iscariotes, porém, um dos discípulos de Jesus, aquele que iria traí-lo, disse: ⁵"Por que esse perfume não foi vendido por trezentas moedas de prata, para se dar aos pobres?" ⁶Judas disse isso, não porque se preocupava com os pobres, mas porque era ladrão. Ele cuidava da bolsa comum e tomava para si o que nela se depositava. ⁷Jesus então disse: "Não a censure. Deixe que ela guarde o perfume para o dia do meu sepultamento. ⁸Pois vocês sempre têm os pobres junto de vocês, mas a mim vocês não têm sempre".

Lázaro não deve continuar vivo – ⁹Muitos judeus ficaram sabendo que Jesus estava em Betânia. Então foram até aí, não só por causa de Jesus, mas também para verem Lázaro, a quem Jesus havia ressuscitado dentre os mortos. ¹⁰Então os chefes dos sacerdotes decidiram matar também Lázaro, ¹¹porque muitos judeus, por causa deste, se afastavam deles e acreditavam em Jesus.

A multidão aclama Jesus como rei (Mt 21,1-11; Mc 11,1-11; Lc 19,28-40) – ¹²No dia seguinte, a grande multidão que tinha chegado para a festa ouviu dizer que Jesus estava vindo para Jerusalém. ¹³Então apanharam ramos de palmeiras e saíram ao encontro de Jesus, gritando: "Hosana! Bendito aquele que vem em nome do Senhor, o rei de Israel!" ¹⁴Jesus, encontrando um jumentinho, montou nele, como está escrito: ¹⁵"Não tenha medo, filha de Sião.

---

para que ouçam as palavras de Jesus e apostem na vida e na liberdade, dons de Deus que chegam à humanidade por seu intermédio.

45-57: Uma expressão tão explícita como esta a respeito do sentido da obra de Jesus não pode ficar sem resposta. Alguém que não possui as credenciais reconhecidas pela sociedade e pelo poder estabelecido não pode aparecer como alternativa para uma vida de qualidade. Jesus se mostra claramente um perigo para a ordem estabelecida: a solução é eliminá-lo. Pela boca de Caifás, sem que ele mesmo perceba, se anuncia o desígnio maior de Deus por meio de Jesus: reunir a humanidade numa vida nova, superando todos os preconceitos e discriminações.

12,1-8: A generosidade em relação a Jesus não está em contradição com o compromisso com os pobres. Por outro lado, a solidariedade para com os pobres não pode ser apenas uma atitude de momento; deve ser a marca da comunidade seguidora de Jesus.

9-11: Para o sistema político e religioso dominante não basta matar Jesus; é preciso eliminar qualquer vestígio de sua obra libertadora.

12-19: Como no episódio inicial do Templo (2,13-22), os discípulos demorarão a compreender o que

Eis que o seu rei vem vindo, montado num jumentinho!" ¹⁶Inicialmente os discípulos não entenderam o que estava ocorrendo. Mas, quando Jesus foi glorificado, então se lembraram de que estas coisas estavam escritas a respeito dele, aquelas mesmas coisas que lhe haviam feito. ¹⁷A multidão que estivera com Jesus, quando ele chamou Lázaro do túmulo e o ressuscitou dentre os mortos, agora dava seu testemunho. ¹⁸Por isso, a multidão toda ia ao encontro de Jesus, ao ouvir que ele havia realizado esse sinal. ¹⁹Então os fariseus disseram uns aos outros: "Vocês não estão conseguindo nada. Vejam: todo mundo vai atrás de Jesus!"

Jesus anuncia sua morte e glorificação –

²⁰Entre os que tinham subido a Jerusalém para adorar a Deus durante a festa, havia alguns gregos. ²¹Eles se aproximaram de Filipe, aquele que era de Betsaida da Galileia, e lhe pediram, dizendo: "Senhor, queremos ver Jesus". ²²Filipe falou com André, e os dois foram falar com Jesus. ²³Então Jesus respondeu-lhes, dizendo: "Chegou a hora em que o Filho do Homem vai ser glorificado. ²⁴E eu garanto a vocês: Se o grão de trigo, ao cair na terra, não morrer, ficará sozinho. Mas, se morrer, produzirá muito fruto. ²⁵Quem tem apego à sua própria vida, vai perdê-la; quem despreza a própria vida neste mundo, vai guardá-la para a vida eterna. ²⁶Se alguém quer servir a mim, que me siga. E onde eu estiver, aí também estará o meu servo. Se alguém serve a mim, o Pai vai honrá-lo. ²⁷Agora estou interiormente perturbado. E o que vou dizer? Pai, salva-me desta hora? Mas foi por causa disso, para esta hora, que eu vim. ²⁸Pai, glorifica o teu nome!" Então veio do céu uma voz: "Eu o glorifiquei, e vou glorificá-lo novamente". ²⁹A multidão aí presente ouviu a voz, e achava que tinha sido um trovão. Outros diziam: "Foi um anjo que falou com ele". ³⁰Jesus disse: "Essa voz não se manifestou por causa de mim, mas por causa de vocês. ³¹Agora, é o julgamento deste mundo. Agora, o chefe deste mundo vai ser posto para fora. ³²E eu, quando for levantado da terra, atrairei todos a mim". ³³Jesus assim falava para indicar com que morte ia morrer. ³⁴A multidão lhe respondeu: "Nós ouvimos na Lei que o Cristo vai permanecer para sempre. Como então dizes que é preciso que o Filho do Homem seja elevado? Quem é esse Filho do Homem?" ³⁵Jesus respondeu: "A luz ainda estará no meio de vocês por um pouco de tempo. Caminhem enquanto têm a luz, para que as trevas não os vençam. Quem caminha nas trevas não sabe para onde está indo. ³⁶Enquanto vocês têm a luz, acreditem na luz, para que se tornem filhos da luz". Depois de dizer isso, Jesus saiu e se ocultou deles.

Escolher entre a glória humana e a que vem de Deus –

³⁷Embora Jesus tenha realizado na presença deles tantos sinais, não acreditaram nele. ³⁸E assim se cumpriu a palavra do profeta Isaías que disse: "Senhor, quem acreditou em nossa mensagem? O braço forte do Senhor, a quem foi revelado?" ³⁹É por isto que eles não podiam acreditar: porque Isaías disse também o seguinte: ⁴⁰"Cegou os olhos deles e endureceu-lhes o coração; assim, eles não veem com os olhos e não entendem com o coração, não se convertem, e eu não os curo". ⁴¹Isaías falou assim, porque viu a glória de Jesus e falou a respeito dele. ⁴²E até mesmo entre os chefes houve muitos que acreditaram em Jesus. Mas, por causa dos fariseus, não confessavam isso em público, para não serem excluídos da sinagoga. ⁴³Eles preferiram a glória humana em vez da glória que vem de Deus. ⁴⁴Então Jesus falou bem alto: "Quem acredita em

---

estão vendo e ouvindo. Mas a multidão reconhece em Jesus o rei que chega, não como conquistador militar, mas após ter realizado tantos sinais de vida. E tem a coragem de dar testemunho a seu respeito diante das autoridades hostis.

20-36: A presença de Jesus na capital de Israel é a oportunidade para que fique claro o sentido de sua missão: dar a própria vida para que todos tenham vida. A crucifixão não será motivo de derrota ou desânimo, mas o sinal de que o alcance de sua obra é o mundo todo.

37-50: A conclusão do "Livro dos Sinais" deixa claro que diante de Jesus e sua obra é necessário decidir, e assumir os riscos dessa opção: romper com o sistema político e religioso do momento, e enfrentar a marginalização e o desprezo de quem está situado no poder. Não é possível aderir a Jesus sem romper com os esquemas dominantes na sociedade.

mim, não é em mim que acredita, mas naquele que me enviou. ⁴⁵E quem me vê, está vendo aquele que me enviou. ⁴⁶Eu vim como luz para o mundo, para que não permaneça nas trevas todo aquele que acredita em mim. ⁴⁷E se alguém ouvir as minhas palavras e não as guardar, eu não o julgarei, porque não vim para condenar o mundo, mas para salvar o mundo. ⁴⁸Quem me rejeita e não acolhe as minhas palavras, já tem quem vai julgá-lo: a palavra que eu falei é que haverá de julgá-lo no último dia. ⁴⁹Porque eu não falei por mim mesmo. O Pai que me enviou, ele é quem deu o mandamento sobre o que eu devia dizer e falar. ⁵⁰E eu sei que o mandamento dele é vida eterna. Portanto, as coisas que digo, eu as digo conforme o Pai me disse".

II. LIVRO DA GLÓRIA:
OFERTA DA PRÓPRIA VIDA POR AMOR
Testamento para a comunidade

13 *O lava-pés* – ¹Antes da festa da Páscoa, Jesus sabia que tinha chegado a sua hora, a hora de passar deste mundo para o Pai. Ele, que tinha amado os seus que estavam no mundo, amou-os até o fim. ²Durante uma ceia, quando o diabo já tinha posto no coração de Judas, filho de Simão Iscariotes, a ideia de trair Jesus, ³sabendo Jesus que o Pai lhe colocara tudo nas mãos, e sabendo também que tinha vindo de junto de Deus e para Deus estava voltando, ⁴ele se levantou da mesa, tirou o manto, pegou uma toalha e amarrou-a na cintura. ⁵Colocou água na bacia e começou a lavar os pés dos discípulos, enxugando-os com a toalha que tinha na cintura. ⁶Chegou então a Simão Pedro, que lhe disse: "Senhor, tu vais lavar os meus pés?" ⁷Jesus respondeu: "Você agora não entende o que estou fazendo. Mais tarde você entenderá". ⁸Pedro disse: "Tu não vais lavar os meus pés, nunca!" Jesus respondeu: "Se eu não o lavar, você não terá parte comigo". ⁹Simão Pedro disse: "Senhor, então lava não só os meus pés, mas também as mãos e a cabeça". ¹⁰Jesus lhe disse: "Quem já tomou banho, só precisa lavar os pés, porque está todo limpo. Vocês estão limpos, mas nem todos". ¹¹Jesus sabia quem o iria trair; por isso é que disse: "Nem todos vocês estão limpos".

¹²Depois de lavar os pés dos discípulos, Jesus vestiu o manto, sentou-se de novo e lhes disse: "Vocês entendem o que lhes tenho feito? ¹³Vocês me chamam 'o Mestre' e 'o Senhor'. E vocês têm razão, porque eu sou mesmo. ¹⁴Pois bem, se eu lavei os pés de vocês, eu que sou o Senhor e o Mestre, vocês também devem lavar os pés uns dos outros. ¹⁵Eu lhes dei um exemplo, para que vocês façam do modo como eu fiz. ¹⁶Eu garanto a vocês: O servo não é maior do que o seu senhor, nem o apóstolo é maior do que aquele que o enviou. ¹⁷Se vocês entenderem isso, serão felizes se o praticarem. ¹⁸Eu não estou falando de todos vocês. Eu conheço aqueles que escolhi, mas é preciso que se cumpra o que está na Escritura: 'Aquele que come pão comigo, é o primeiro a me trair!' ¹⁹Desde agora estou dizendo isso a vocês, antes que aconteça, para que, quando acontecer, vocês acreditem que Eu Sou. ²⁰Eu lhes garanto: Quem receber aquele que eu enviar, estará recebendo a mim, e quem me receber, estará recebendo aquele que me enviou".

13,1-20,29: Estes caps. do quarto evangelho referem-se aos últimos dias da presença de Jesus na terra. Sua morte é entendida não como derrota, mas como ato de entrega amorosa que realiza seu retorno ao Pai, mostra a sua vitória sobre o mundo e estabelece a comunidade dos discípulos com a força do Espírito. Por isso esse conjunto é chamado "Livro da Glória".

13-17: No primeiro momento do "Livro da Glória" Jesus estabelece um contato mais próximo com os discípulos, quando se reúne com eles para uma refeição. Esta é a oportunidade para a comunicação dos ensinamentos mais preciosos, primeiramente por meio de um gesto (o lava-pés) e depois por palavras de conforto, esperança e encorajamento. Ao final, uma oração de Jesus mostra que sua obra está realizada, e a partir daí o desafio de enfrentar o mundo e denunciar sua injustiça cabe aos discípulos.

13,1-20: Em vez de narrar a ceia e os gestos e palavras de Jesus sobre o pão e o vinho, o quarto evangelho apresenta outra cena, que deverá ser assumida como exemplo deixado: o serviço aos irmãos não é algo que se possa escolher ou não; pelo contrário, é memorial daquilo que o Mestre e Senhor veio fazendo em favor dos discípulos. O gesto de Jesus não deve ser entendido como novo ritual que estaria sendo instituído por ele; este é exatamente o entendimento de Pedro, que precisa ser corrigido. Em seu último encontro com os discípulos, Jesus mostra que sua obra procurou instituir um novo modo de ser, junto aos irmãos e diante do mundo organizado em valores como a desigualdade e a dominação.

Anúncio da traição de Judas (Mt 26,17-25; Mc 14,12-21; Lc 22,7-14.21-23) – ²¹Depois de dizer essas coisas, Jesus ficou muito comovido e disse de maneira firme: "Eu lhes garanto: Um de vocês vai me trair". ²²Os discípulos olhavam uns para os outros, sem entender de quem Jesus estava falando. ²³Um deles, aquele que Jesus amava, estava à mesa bem ao lado de Jesus. ²⁴Simão Pedro lhe fez um sinal para que perguntasse a respeito de quem Jesus estava falando. ²⁵Então o discípulo se inclinou sobre o peito de Jesus e perguntou: "Senhor, de quem estás falando?" ²⁶Jesus respondeu: "É aquele a quem vou dar o pedaço de pão que estou molhando". Então Jesus pegou um pedaço de pão, o molhou e o deu a Judas, filho de Simão Iscariotes. ²⁷Nesse momento, logo que Judas recebeu o pão, Satanás entrou nele. Então Jesus lhe disse: "O que você está para fazer, faça-o logo". ²⁸Ninguém aí presente compreendeu por que Jesus disse isso a Judas. ²⁹Como ele era o responsável pela bolsa comum, alguns discípulos pensaram que Jesus lhe havia mandado comprar o necessário para a festa ou dar alguma coisa para os pobres. ³⁰Judas recebeu o pedaço de pão e saiu imediatamente. Era noite.

O mandamento novo: o amor – ³¹Quando Judas saiu, Jesus disse: "Agora o Filho do Homem foi glorificado, e Deus foi glorificado nele. ³²Se Deus foi nele glorificado, Deus o glorificará em si mesmo, e o glorificará logo. ³³Filhinhos, vou ficar com vocês ainda mais um pouco. Vocês vão me procurar, e agora eu digo a vocês o que já disse aos judeus: Para onde eu vou, vocês não podem ir. ³⁴Eu dou a vocês um mandamento novo: Amem-se uns aos outros. Assim como eu amei vocês, que vocês se amem uns aos outros. ³⁵Se vocês tiverem amor uns aos outros, todos vão reconhecer que vocês são meus discípulos".

Anúncio da traição de Pedro (Mt 26,31-35; Mc 14,27-31; Lc 22,31-34) – ³⁶Simão Pedro disse a Jesus: "Senhor, para onde vais?" Jesus respondeu: "Para onde eu vou, você não pode me seguir agora. Mais tarde você seguirá". ³⁷Pedro disse: "Senhor, por que não posso seguir-te agora? Eu darei a minha vida por ti!" ³⁸Jesus respondeu: "Você dará a sua vida por mim? Eu lhe garanto: O galo não cantará, sem que você tenha renegado a mim três vezes".

14 *Ninguém chega ao Pai, senão por meio de Jesus* – ¹"Que o coração de vocês não fique perturbado. Vocês acreditam em Deus; acreditem em mim também. ²Na casa de meu Pai há muitas moradas. Se assim não fosse, eu lhes teria dito; porque vou preparar um lugar para vocês. ³E quando eu for e tudo estiver preparado, voltarei e levarei vocês comigo, para que vocês também estejam onde eu estiver. ⁴E para onde eu vou, vocês conhecem o caminho". ⁵Tomé lhe disse então: "Senhor, nós não sabemos para onde vais; como podemos conhecer o caminho?" ⁶Jesus lhe disse: "Eu sou o Caminho, a Verdade e a Vida. Ninguém chega ao Pai, a não ser por mim. ⁷Se vocês chegaram a me conhecer, conhecerão também o meu Pai. Desde agora vocês o estão conhecendo e vendo". ⁸Filipe disse a Jesus: "Senhor, mostra-nos o Pai, e isso para nós é suficiente". ⁹Jesus respondeu: "Já faz tanto tempo que estou no meio de vocês, e você ainda não me conhece, Filipe? Quem me vê, está vendo o Pai. Como é que você pode dizer: 'Mostra-nos o Pai?' ¹⁰Você não acredita que eu estou no Pai, e que o Pai está em mim? As palavras que estou dizendo a vocês, não as digo por mim mesmo. É o Pai que permanece

---

21-30: A revelação de que Judas tem planos de entregar Jesus mostra como a falta de sintonia com os valores ensinados por Jesus é um risco permanente a qualquer um que componha a comunidade dos seus discípulos. É preciso alimentar continuamente a intimidade com ele.

31-38: A comunidade dos discípulos de Jesus tem uma marca, e essa é o amor. Não é por outro caminho que a mensagem cristã poderá ser propagada de maneira eficaz. Não basta a adesão individual a Jesus: ela precisa ser expressa no compromisso amoroso e solidário com os irmãos. No ensino de Jesus não há oposição entre o sagrado e o profano, entre o amor a Deus e o amor aos irmãos, entre a fé e o compromisso com a humanidade.

14,1-14: Jesus é ao mesmo tempo o caminho que conduz ao Pai e o meio pelo qual o Pai é conhecido. Isso se deve ao fato de que a obra que Jesus realiza é aquela que ele viu o Pai fazer (5,19). A prática de Jesus revela quem Jesus é, e junto com isso revela o ser do Pai: essa prática mostra como ambos são unidos. É pela contemplação e entendimento do sentido das obras de Jesus que se estabelece o compromisso com ele, e dessa maneira o acesso ao Pai.

em mim, ele é quem realiza as suas obras. ¹¹Acreditem em mim: Eu estou no Pai e o Pai está em mim. Se não for por outra razão, acreditem por causa destas obras. ¹²Eu garanto a vocês: Quem acredita em mim, fará as obras que eu faço, e fará obras maiores do que estas, porque eu vou para o Pai. ¹³E o que vocês pedirem em meu nome, eu vou fazer, para que o Pai seja glorificado no Filho. ¹⁴Se vocês pedirem alguma coisa em meu nome, eu vou fazer".

O outro Defensor da comunidade – ¹⁵"Se vocês me amam, obedecerão aos meus mandamentos. ¹⁶Então eu pedirei ao Pai, e ele dará a vocês outro Advogado, que esteja com vocês para sempre. ¹⁷É o Espírito da Verdade, que o mundo não pode acolher, porque não o vê, nem o conhece. Vocês o conhecem, porque ele permanece com vocês, e estará em vocês. ¹⁸Eu não os deixarei órfãos, mas voltarei para vocês. ¹⁹Mais um pouco, e o mundo não me verá, mas vocês me verão, porque eu vivo e vocês viverão. ²⁰Nesse dia, vocês conhecerão que eu estou em meu Pai, vocês em mim, e eu em vocês. ²¹Quem aceita os meus mandamentos e obedece a eles, esse é que me ama. E quem me ama, será amado por meu Pai. Eu também o amarei e me manifestarei a ele". ²²Judas, não o Iscariotes, lhe disse: "Senhor, o que aconteceu, que vais manifestar-te a nós e não ao mundo?" ²³Jesus respondeu dizendo-lhe: "Se alguém me ama, guardará a minha palavra, e meu Pai o amará. Eu e meu Pai viremos e faremos nele nossa morada. ²⁴Quem não me ama, não guarda as minhas palavras. E a palavra que vocês ouvem não é minha, é do Pai que me enviou.

²⁵São essas as coisas que tenho dito enquanto estou com vocês. ²⁶Mas o Advogado, o Espírito Santo, que o Pai vai enviar em meu nome, ele ensinará a vocês todas as coisas e lembrará a vocês tudo o que eu lhes tenho dito".

A verdadeira paz diante do conflito – ²⁷"Eu deixo para vocês a paz, eu lhes dou a minha paz. A paz que lhes dou não é como a paz que o mundo dá. Que o coração de vocês não fique perturbado, nem tenha medo. ²⁸Vocês ouviram o que eu disse: 'Eu vou e voltarei para vocês'. Se vocês me amassem, ficariam alegres porque eu vou para o Pai, pois o Pai é maior do que eu. ²⁹Agora eu lhes digo isso, antes que aconteça, para que, quando acontecer, vocês acreditem. ³⁰Já não vou falar muitas coisas a vocês. O chefe do mundo está chegando. Ele não tem nada a ver comigo, ³¹mas está vindo para que o mundo saiba que eu amo o Pai, e faço tudo conforme o Pai me mandou. Levantem-se. Vamos embora".

15 *A videira verdadeira: permanecer no amor* –
¹"Eu sou a videira verdadeira, e meu Pai é o agricultor. ²Todo ramo que não dá fruto em mim, o Pai o corta. Mas os ramos que dão fruto, ele os limpa, para que deem mais fruto ainda. ³Vocês já estão limpos por causa da palavra que eu lhes falei. ⁴Permaneçam em mim, e eu permanecerei em vocês. Da mesma forma que não pode dar fruto o ramo que não permanece na videira, também vocês não

---

15-26: O Espírito Santo mantém presente a memória da obra e do ensinamento de Jesus, e garante a certeza da união com o Pai por meio do Filho. Ele age como advogado, e é preciso viver o compromisso comunitário para poder identificá-lo. Quem vive de acordo com os esquemas dominantes da sociedade não o reconhece. Mas quem se deixa inspirar por ele pode fazer a experiência de ser a morada do Pai e do Filho.

27-31: A paz que Jesus oferece nada tem a ver com aquilo que o poder dominante propõe com esse nome. A comunidade poderá viver a paz de Jesus se não se comprometer com os valores e esquemas de violência e dominação que costumam marcar a convivência na sociedade. Jesus enfrenta as forças promotoras da morte para que a comunidade seja semente da paz que resulta da justiça.

15-17: Este segundo momento das palavras de Jesus diante de seus discípulos retoma assuntos já tratados e aprofunda o tema da qualidade do testemunho da comunidade. Ela está no mundo, mas não pertence a ele, isto é, não comunga com seus valores e ideais. Qualquer aliança com o poder estabelecido é suspeita. A comunidade deve alimentar-se da intimidade e do compromisso com Jesus, do amor profundo entre seus membros para dar conta das hostilidades e perseguições que virão da sociedade injusta ao redor, com seus poderes políticos e religiosos. Com essas exortações Jesus pode dar por encerrada sua obra e confrontar diretamente o poderio do mal, que mata e destrói.

15,1-17: A vivência cristã tem dois aspectos inseparáveis: permanecer em Jesus e comprometer-se amorosamente com os irmãos. É preciso sintonizar a mente e o coração com Jesus, de maneira que os frutos dessa união possam aparecer. E o mais importante deles é o amor entre os membros da comunidade. Comunhão com Jesus e entre os irmãos: a imagem da videira com os ramos cuidada pelo agricultor comunica o fundamento básico da experiência cristã no mundo.

poderão dar fruto, se não permanecerem em mim. ⁵Eu sou a videira, e vocês são os ramos. Quem permanece em mim, e eu nele, dará muito fruto, porque sem mim vocês não podem fazer nada. ⁶Quem não permanecer em mim será jogado fora como ramo, e vai secar. Esses ramos são recolhidos, atirados no fogo e queimados. ⁷Se vocês permanecerem em mim e minhas palavras permanecerem em vocês, peçam o que quiserem, e isso lhes será concedido. ⁸A glória de meu Pai se manifesta nisto: que vocês deem muitos frutos e se tornem meus discípulos.

⁹Da forma que meu Pai me amou, eu também amei a vocês: permaneçam no meu amor. ¹⁰Se vocês guardarem os meus mandamentos, permanecerão no meu amor, assim como eu tenho guardado os mandamentos do meu Pai e permaneço no amor dele. ¹¹Estou falando essas coisas a vocês para que a minha alegria esteja em vocês, e a alegria de vocês seja completa. ¹²Este é o meu mandamento: Amem-se uns aos outros, assim como eu amei a vocês. ¹³Ninguém tem amor maior do que alguém que dá a vida pelos amigos. ¹⁴Vocês são meus amigos, se fizerem o que estou mandando. ¹⁵Eu já não digo que vocês são servos, porque o servo não sabe o que seu senhor faz; eu chamei vocês de amigos, porque fiz vocês conhecerem tudo o que ouvi do meu Pai. ¹⁶Não foram vocês que me escolheram; fui eu que escolhi e orientei vocês, para que vão e deem fruto, e o fruto de vocês permaneça. Assim, qualquer coisa que vocês pedirem ao Pai em meu nome, ele lhes dará. ¹⁷É isto que eu ordeno a vocês: Amem-se uns aos outros".

Enfrentar o ódio que vem do mundo – ¹⁸"Se o mundo odeia vocês, saibam que primeiro odiou a mim. ¹⁹Se vocês fossem do mundo, o mundo amaria o que é dele. Mas, porque vocês não são do mundo, pois o fato de eu os ter escolhido é que separou vocês do mundo, por isso é que o mundo os odeia. ²⁰Lembrem-se do que eu lhes disse: Um servo não é maior do que seu senhor. Se perseguiram a mim, vão perseguir a vocês também; se guardaram a minha palavra, vão guardar também a palavra de vocês. ²¹Farão essas coisas a vocês por causa do meu nome, pois não reconhecem aquele que me enviou. ²²Se eu não tivesse vindo e falado com eles, não teriam nenhum pecado. Mas agora eles não têm desculpa para o seu pecado. ²³Quem me odeia, odeia também a meu Pai. ²⁴Se eu não tivesse feito no meio deles obras como ninguém antes fez, eles não teriam nenhum pecado. Mas eles viram tudo o que eu fiz, e mesmo assim odiaram a mim e a meu Pai. ²⁵Assim se cumpre o que está escrito na Lei deles: 'Odiaram-me sem motivo'. ²⁶Mas, quando vier o Advogado, que eu mandarei para vocês de junto do Pai, o Espírito da Verdade que procede do Pai, ele dará testemunho de mim. ²⁷Vocês também tratem de dar testemunho de mim, porque vocês estão comigo desde o começo".

16 ¹"Eu tenho falado todas essas coisas, para que vocês não fiquem escandalizados. ²Vão excluir vocês das sinagogas. E vai chegar a hora quando alguém, matando vocês, julgará estar prestando culto a Deus. ³Farão isso porque não conhecem nem ao Pai nem a mim. ⁴ªEu lhes tenho falado essas coisas para que, quando chegar a hora, vocês se lembrem do que eu disse".

Anúncio da vinda do Espírito – ⁴ᵇ"Eu não lhes disse tudo isso desde o começo, porque eu estava com vocês. ⁵Mas agora eu vou para junto daquele que me enviou. E ninguém de vocês pergunta: 'Para onde vais?' ⁶Mas, porque agora estou falando dessas coisas, a tristeza tomou conta do coração de vocês. ⁷No entanto, eu lhes digo a verdade: É melhor para vocês que eu vá, porque, se eu não for, o Advogado

---

15,18-16,4a: O amor entre os irmãos é necessário inclusive para que a comunidade possa enfrentar as hostilidades que vêm de fora. Os esquemas dominantes da sociedade e seus promotores não podem aceitar o testemunho da comunidade seguidora de Jesus. O que vai fortificá-la é a certeza de que o que ela estará sofrendo já aconteceu anteriormente ao mesmo Jesus.

O martírio é a expressão mais radical da fidelidade ao evangelho.
16,4b-15: A presença do Espírito na vida da comunidade não acontece apenas para consolação e conforto. É por meio dele que a comunidade terá o entendimento a respeito do mundo e das realidades de pecado e morte que existem nele. E o mais importante: a comunidade

não virá para vocês. Mas, se eu for, eu o enviarei para vocês. ⁸E quando ele vier, vai convencer o mundo a respeito do pecado, da justiça e do julgamento. ⁹A respeito do pecado, porque não acreditam em mim. ¹⁰A respeito da justiça, porque eu vou para junto do Pai e vocês não me verão mais. ¹¹A respeito do julgamento, porque o chefe deste mundo está condenado.
¹²Ainda tenho muitas coisas para lhes dizer, mas agora vocês não têm condição de suportar. ¹³Quando ele vier, o Espírito da Verdade, ele mesmo guiará vocês em toda a verdade, porque não falará em seu próprio nome, mas vai falar as coisas que tiver ouvido e anunciará a vocês as coisas que estão para vir. ¹⁴Ele me glorificará, porque vai receber do que é meu, e o anunciará a vocês. ¹⁵Todas as coisas que o Pai tem são minhas. Por isso é que eu disse: Ele vai receber do que é meu, e o anunciará a vocês".

A aflição não elimina a confiança – ¹⁶"Daqui a pouco vocês não me verão mais; porém, mais um pouco de tempo, e vocês tornarão a me ver". ¹⁷Os discípulos então disseram uns aos outros: "O que é isso que ele está dizendo: 'Daqui a pouco vocês não me verão mais; porém, mais um pouco de tempo, e vocês tornarão a me ver'? E ainda: 'Porque eu vou para o Pai'? " ¹⁸E diziam: "O que é esse 'um pouco'? Não entendemos o que ele está falando". ¹⁹Jesus percebeu que estavam querendo perguntar. E disse: "Vocês estão discutindo porque eu falei: 'Daqui a pouco vocês não me verão mais; porém, mais um pouco de tempo, e vocês tornarão a me ver'? ²⁰Eu lhes garanto: Vocês vão chorar e se lamentar, mas o mundo vai se alegrar. Vocês ficarão angustiados, mas a angústia de vocês se transformará em alegria. ²¹Quando a mulher está para dar à luz, fica angustiada, porque chegou a sua hora. Mas, quando a criança nasce, ela nem se lembra da aflição, por causa da alegria, pois um ser humano foi dado ao mundo. ²²Agora vocês também estão angustiados. Mas eu logo os verei, e seus corações se alegrarão, e essa alegria ninguém vai tirar de vocês. ²³Nesse dia, vocês não me farão mais perguntas. Eu lhes garanto: O que vocês pedirem a meu Pai em meu nome, ele vai lhes dar. ²⁴Até agora vocês não pediram nada em meu nome. Peçam e receberão, para que a alegria de vocês seja completa.

²⁵Até agora tenho falado com vocês através de enigmas. Está chegando a hora, em que já não falarei assim, mas falarei a vocês claramente a respeito do Pai. ²⁶Nesse dia, vocês pedirão em meu nome, e não será preciso que eu peça ao Pai em favor de vocês, ²⁷pois o próprio Pai os ama, porque vocês me amaram e acreditaram que eu saí de junto de Deus. ²⁸Eu saí de junto do Pai e vim ao mundo; agora estou deixando o mundo e voltando para o Pai". ²⁹Os seus discípulos lhe disseram: "Agora estás falando claramente, sem enigmas. ³⁰Agora sabemos que tu sabes todas as coisas, e que não tens necessidade de que alguém te faça perguntas. Nós acreditamos que tu saíste de junto de Deus". ³¹Jesus lhes respondeu: "Agora vocês acreditam? ³²Vem a hora, e já chegou, em que vocês serão espalhados, cada um para o seu lado, e me deixarão sozinho. Mas eu não estou sozinho, pois o Pai está comigo. ³³Eu estou falando essas coisas, para que vocês tenham paz em mim. Neste mundo vocês terão aflições, mas tenham coragem: Eu venci o mundo".

17 *A oração de Jesus* – ¹Depois de ter falado essas coisas, Jesus ergueu os olhos ao céu e disse: "Pai, chegou a hora. Glorifica o teu Filho, para que o teu Filho te glorifique, ²pois lhe deste poder

---

assumirá como tarefa de a denúncia dessas situações, indo até as raízes delas para desmascará-las.
16-33: A morte de Jesus e os conflitos com a sociedade ao redor são causas de aflição na comunidade. Mas isso não pode destruir a esperança, que se alimenta da presença permanente do Ressuscitado. Ela sabe em quem apostou: reconhece a origem divina de Jesus, seu retorno para junto do Pai, e está convencida de que a obra que ele realizou no mundo significa a vitória sobre os esquemas da sociedade que produzem dor e morte. Esta certeza lhe dá a confiança necessária para permanecer fiel e manter o testemunho que deve dar, mesmo diante das perseguições.
17,1-5: Nesta oração Jesus presta contas ao Pai a respeito da obra que realizou e deixa claro que formou um grupo para testemunhar a verdade no interior de uma sociedade em que imperam a mentira, a violência e a morte. Na fidelidade a essa missão será possível experimentar a vida eterna, a vida que deriva do compromisso com o Deus verdadeiro e seu Filho.

sobre todo ser humano, para que ele dê vida eterna a todos aqueles que lhe deste. ³Esta é a vida eterna: Que conheçam a ti, o único Deus verdadeiro, e aquele que tu enviaste, Jesus Cristo. ⁴Eu te glorifiquei na terra, completando a obra que me deste para fazer. ⁵E agora, Pai, glorifica-me em ti, com a glória que eu tinha junto de ti antes que o mundo existisse".

Os discípulos rompem com o mundo – ⁶"Eu manifestei o teu nome aos homens que me deste do meio do mundo. Eles eram teus e os deste a mim, e eles vêm guardando a tua palavra. ⁷Agora eles conhecem que todas as coisas que me deste provêm de ti, ⁸porque dei a eles as palavras que me deste. Eles as receberam, e conheceram verdadeiramente que eu saí de junto de ti, e acreditaram que tu me enviaste. ⁹Eu peço por eles; não peço pelo mundo, mas por aqueles que me deste, porque são teus. ¹⁰E tudo o que é meu é teu, e tudo o que é teu é meu, e eu tenho sido glorificado nisso. ¹¹Eu já não estou no mundo. Eles, porém, estão no mundo. E eu vou para junto de ti. Pai santo, guarda-os no teu nome, o nome que tu me deste, para que eles sejam um, assim como nós. ¹²Quando estava com eles, eu os guardava em teu nome, o nome que tu me deste. Eu os protegi, e nenhum deles se perdeu, a não ser o filho da perdição, para que se cumprisse a Escritura. ¹³E agora eu vou para junto de ti, e estas coisas eu digo enquanto estou no mundo, para que eles tenham dentro deles toda a minha alegria. ¹⁴Eu tenho dado a eles a tua palavra, mas o mundo os odiou, porque eles não são do mundo, como eu não sou do mundo. ¹⁵Não te peço que os tires do mundo, mas que os guardes do mal. ¹⁶Eles não são do mundo, como eu não sou do mundo. ¹⁷Santifica-os na verdade: a tua palavra é verdade. ¹⁸Assim como tu me enviaste ao mundo, eu também os enviei ao mundo. ¹⁹E eu me santifico em favor deles, a fim de que também eles sejam santificados na verdade".

Unidade e amor – ²⁰"Eu não te peço apenas em favor deles, mas em favor também daqueles que vão acreditar em mim por meio da palavra deles, ²¹para que todos sejam um, como tu, Pai, estás em mim e eu em ti; para que também eles estejam em nós, a fim de que o mundo acredite que tu me enviaste. ²²Eu lhes tenho dado a glória que tu me deste, para que eles sejam um, como nós somos um. ²³Eu neles e tu em mim, para que sejam aperfeiçoados na unidade, e para que o mundo reconheça que tu me enviaste e que amaste a eles como amaste a mim. ²⁴Pai, eu quero que aqueles que tu me deste estejam comigo onde eu estiver, para que vejam a minha glória, que tu me deste, pois me amaste antes da fundação do mundo. ²⁵Pai justo, o mundo não te conheceu, mas eu te conheci. E eles conheceram que tu me enviaste. ²⁶Eu os levei a conhecer o teu nome. E continuarei a fazê-lo, para que esteja neles o amor com que me amaste, e eu esteja neles".

Morte e ressurreição de Jesus

18 ***Jesus se entrega livremente*** (Mt 26,47-56; Mc 14,43-52; Lc 22,47-53) – ¹Depois de dizer essas coisas, Jesus saiu com seus discípulos e foi para o outro lado do riacho do Cedron, onde havia um jardim. Aí entrou, ele com seus discípulos.

6-19: O grupo que se formou em torno de Jesus precisa ter a consciência de que está no mundo, mas não comunga com os esquemas dominantes da sociedade, baseados no ódio e na mentira. Sua identidade vem do conhecimento do Pai por meio do Filho, e da prática da verdade. A experiência da ruptura com o mundo será constante, e será preciso resistir a suas ofertas e ameaças.

20-26: A união existente entre o Pai e o Filho deve ser o modelo que inspira a solidariedade entre os irmãos na comunidade, no presente e no futuro. Só assim o testemunho cristão terá credibilidade e poderá enfrentar as armadilhas que o mundo continuamente lhe preparará.

18-20: A narração da morte e ressurreição de Jesus constitui a segunda parte do "Livro da Glória". A maneira como Jesus enfrenta as forças que se opõem a ele, e as desmascara em suas intenções, ilustra sua afirmação de que o mundo está vencido por ele (16,33). O relato convida à confiança e à esperança: no alto da cruz Jesus deixa estabelecida a comunidade de seus seguidores, e pela ressurreição fortalece as certezas e o ânimo de quem se comprometer com ele.

18,1-14: Tudo começa num jardim, e faz lembrar aquele do Gênesis, onde o primeiro casal humano foi seduzido pelo poder do mal (cf. Gn 3). Jesus entra no jardim para enfrentar o mal, que vem na forma do poder militar romano em aliança com as lideranças religiosas. Estas forças julgam estar vencendo; o que não sabem é que este caminho é assumido livremente por Jesus, na entrega amorosa de sua vida, e desse modo ele retorna para junto do Pai.

²Judas, que o estava traindo, conhecia o lugar, porque muitas vezes Jesus se reunira aí com seus discípulos. ³Então Judas, conduzindo uma tropa de soldados romanos e alguns guardas dos chefes dos sacerdotes e dos fariseus, chegou ao jardim com lanternas, tochas e armas. ⁴Então Jesus, sabendo de tudo o que estava para lhe acontecer, saiu e lhes disse: "Quem vocês estão procurando?" ⁵Responderam: "Jesus Nazareno". Jesus lhes disse: "Sou eu". Judas, que estava traindo Jesus, também estava com eles. ⁶Quando Jesus disse: "Sou eu", eles recuaram e caíram no chão. ⁷Então Jesus lhes perguntou outra vez: "Quem vocês estão procurando?" Responderam: "Jesus Nazareno". ⁸Jesus respondeu: "Eu já lhes disse que sou eu. Se é a mim que vocês estão procurando, deixem que os outros vão embora". ⁹Era para se cumprir a palavra que ele havia dito: "Eu não perdi nenhum daqueles que me deste". ¹⁰Simão Pedro tinha uma espada. Ele a desembainhou e feriu o servo do sumo sacerdote, decepando-lhe a orelha direita. O nome do servo era Malco. ¹¹Jesus então disse a Pedro: "Guarde a espada na bainha. Por acaso vou deixar de beber o cálice que o Pai me deu?" ¹²Então a tropa, o comandante e os guardas dos judeus prenderam Jesus e o amarraram. ¹³E o levaram primeiramente até Anás, que era sogro de Caifás, sumo sacerdote nesse ano. ¹⁴Caifás era aquele que tinha aconselhado os judeus: "É conveniente que um só homem morra pelo povo".

Coragem de Jesus e covardia de Pedro (Mt 26,57-75; Mc 14,53-72; Lc 22,54-71) – ¹⁵Simão Pedro e o outro discípulo seguiam Jesus. Esse discípulo era conhecido do sumo sacerdote, e entrou com Jesus no pátio do sumo sacerdote. ¹⁶Pedro ficou do lado de fora, perto da porta. Então o outro discípulo, o conhecido do sumo sacerdote, saiu, falou com a porteira e fez Pedro entrar. ¹⁷A empregada, que tomava conta da porta, disse então a Pedro: "Será que você não é um dos discípulos desse homem?" Pedro disse: "Não sou". ¹⁸Os empregados e os guardas tinham feito uma fogueira, pois estava frio. Eles se aqueciam, e Pedro ficou aí se aquecendo com eles.

¹⁹Então o sumo sacerdote interrogou Jesus a respeito dos seus discípulos e do seu ensinamento. ²⁰Jesus lhe respondeu: "Eu tenho falado ao mundo claramente. Eu sempre ensinei na sinagoga e no Templo, onde todos os judeus se reúnem. Não falei nada em segredo. ²¹Por que está me interrogando? Pergunte aos que ouviram o que eu lhes falei. Eles sabem o que eu disse". ²²Quando falou isso, um dos guardas que aí estavam deu uma bofetada em Jesus e disse: "É assim que tu respondes ao sumo sacerdote?" ²³Jesus lhe respondeu: "Se falei mal, dê testemunho desse mal. Mas, se falei bem, por que você está me batendo?" ²⁴Então Anás mandou Jesus amarrado para Caifás, o sumo sacerdote.

²⁵Simão Pedro ainda estava lá fora aquecendo-se. Disseram-lhe: "Será que você também não é um dos discípulos dele?" Pedro negou dizendo: "Eu não". ²⁶Mas um dos servos do sumo sacerdote, parente daquele a quem Pedro tinha decepado a orelha, disse: "Por acaso eu não vi você no jardim junto com ele?" ²⁷Pedro negou mais uma vez. E, na mesma hora, um galo cantou.

Os poderosos se agrupam na cilada (Mt 27,1-2; Mc 15,1; Lc 23,1) – ²⁸De Caifás levaram Jesus para o palácio do governador. Era

---

15-27: Enquanto Jesus enfrenta corajosamente as interrogações feitas pelas autoridades religiosas, nada escondendo a respeito de sua atividade, Pedro nega ser seu discípulo, e isso por três vezes. O problema é o passado: Jesus o recupera e deixa claro o sentido de sua ação; Pedro o esconde, com medo das consequências que o compromisso com Jesus pode trazer.

18,28-19,16a: Jesus se confronta com o representante maior do poder do mal. Em Pilatos se faz presente a força imperial romana, com o que ela tem de cinismo e descaso para com os homens e mulheres dominados por sua violência brutal. A postura de Jesus é de desafio, e ao final tanto Pilatos quanto as autoridades religiosas se veem desmascarados, pois estão preocupados apenas com a manutenção de seus próprios privilégios. Ao mesmo tempo que a figura de Jesus vai crescendo em majestade, dignidade e liberdade, a de Pilatos se mostrará fraca, cínica, covarde, manipuladora e manipulável ao mesmo tempo.

18,28-32: Confirma-se que o poder religioso e o poder político atuam como parceiros. As autoridades judaicas aparecem obedientes às leis e normas rituais. Pilatos quer ver-se livre de um problema que inicialmente lhe parece não ter a ver com seus interesses. O que eles não sabem é que seus modos de ser e exercer o poder estão para ser desmascarados.

cedo, e eles não entraram no palácio, para não se contaminarem, e assim poderem comer a ceia pascal. ²⁹Então Pilatos saiu ao encontro deles e lhes disse: "Que acusação vocês trazem contra esse homem?" ³⁰Responderam dizendo: "Se ele não estivesse agindo mal, não o estaríamos entregando a você". ³¹Pilatos disse-lhes: "São vocês que devem tomá-lo e julgá-lo, conforme a lei de vocês". Os judeus lhe disseram: "Não temos permissão de matar ninguém". ³²Assim se cumpria a palavra que Jesus tinha dito, indicando o tipo de morte com que iria morrer.

Jesus é rei (Mt 27,11-18.20; Mc 15,2-11; Lc 23,3s.13-19) – ³³Então Pilatos entrou de novo no palácio. Chamou Jesus e lhe perguntou: "Tu és o rei dos judeus?" ³⁴Jesus respondeu: "Você diz isso por si mesmo, ou foram outros que lhe disseram isso a meu respeito?" ³⁵Pilatos falou: "Por acaso eu sou judeu? O teu povo e os chefes dos sacerdotes te entregaram a mim. O que foi que fizeste?" ³⁶Jesus respondeu: "O meu reino não é deste mundo. Se o meu reino fosse deste mundo, os meus servos teriam lutado para eu não ser entregue aos judeus. Mas agora o meu reino não é daqui". ³⁷Pilatos disse: "Então tu és rei?" Jesus respondeu: "Você está dizendo: eu sou rei. Para isso eu nasci e vim ao mundo, para dar testemunho da verdade. Quem é da verdade, ouve a minha voz". ³⁸Pilatos lhe disse: "O que é a verdade?"

Ao dizer isso, Pilatos saiu ao encontro dos judeus e lhes disse: "Eu não encontro nele nenhuma culpa. ³⁹Mas existe um costume entre vocês: que eu lhes solte alguém na época da Páscoa. Vocês querem que eu lhes solte o rei dos judeus?" ⁴⁰Então eles gritaram de novo: "Ele não! Solte Barrabás". Ora, Barrabás era um bandido!

19 *A realeza de Jesus desmascara os poderosos (Mt 27,21-31; Mc 15,12-20; Lc 23,20-25)* – ¹Então Pilatos tomou Jesus e o mandou flagelar. ²Os soldados trançaram uma coroa de espinhos e a puseram na cabeça de Jesus. Colocaram nele um manto vermelho, ³iam ao seu encontro e diziam: "Salve, rei dos judeus!" E lhe davam bofetadas.

⁴Pilatos saiu de novo e disse: "Vejam. Eu o estou trazendo para fora, a fim de que vocês saibam que não encontro nele culpa nenhuma". ⁵Então Jesus saiu, com a coroa de espinhos e o manto vermelho. Pilatos disse-lhes: "Eis o homem!" ⁶Vendo Jesus, os chefes dos sacerdotes e os guardas começaram a gritar: "Crucifique! Crucifique!" Pilatos disse-lhes: "Então tratem vocês de crucificá-lo, pois eu não encontro nele culpa nenhuma". ⁷Os judeus responderam: "Nós temos uma Lei, e segundo a Lei ele deve morrer, porque se fez Filho de Deus". ⁸Quando ouviu essas palavras, Pilatos ficou com mais medo ainda, ⁹entrou outra vez no palácio e perguntou a Jesus: "De onde és tu?" Jesus, porém, não lhe deu resposta. ¹⁰Então Pilatos lhe disse: "Não falas comigo? Não sabes que tenho autoridade para te soltar e autoridade para te crucificar?" ¹¹Jesus lhe respondeu: "Você não teria nenhuma autoridade sobre mim, se ela não lhe tivesse sido dada do alto. Por isso, quem me entregou a você tem pecado maior". ¹²Por causa disso, Pilatos procurava soltar Jesus. Mas os judeus gritaram: "Se o soltar, você não é amigo de César. Todo aquele que se diz rei, se opõe a César". ¹³Ouvindo essas palavras, Pilatos levou Jesus para fora e sentou-se no tribunal, no lugar chamado "Chão de Pedra", que em hebraico se diz "Gábata". ¹⁴Era o dia da preparação para a Páscoa,

---

33-40: No cap. 6 Jesus evitou ser aclamado rei pela multidão que fora alimentada de pães e peixes. Mas diante do representante do poder maior que existia então, ele confirma que é rei. Mas o seu modo de reinar não é o dos poderosos; não está baseado na força e na violência, mas na verdade, que é justiça e fidelidade. Com esse reinado Jesus confronta os poderes do mundo; consciente disso, a comunidade cristã não se sujeitará nem se aliará a qualquer procedimento que expresse os modos de ação dos poderes estabelecidos. A escolha de Barrabás só vem deixar mais clara a incompatibilidade entre o reinado de Jesus e a ação dos poderosos deste mundo.

19,1-16a: Enquanto vai se mostrando mais claramente que a realeza de Jesus nada tem a ver com privilégios, hierarquias e honras mundanas, vai também caindo a máscara daqueles que exercem o poder. Pilatos, mesmo impressionado com a postura de Jesus, mostra a leviandade do poder que representa ao mandar executar aquele que imaginava poder soltar. Os chefes religiosos judeus, para ficarem bem com o poder maior de Roma, traem a fidelidade devida a Deus e se entregam, declarando que seu único rei é César. O rei Jesus assiste à desmoralização do poder arrogante, que se desmancha diante dele, mostrando a própria falsidade e perversidade.

por volta do meio-dia. Pilatos disse aos judeus: "Aqui está o rei de vocês". ¹⁵Eles gritaram: "Fora! Fora! Crucifique-o!" Pilatos lhes disse: "Mas eu vou crucificar o rei de vocês?" Os chefes dos sacerdotes responderam: "Nós não temos outro rei, senão César". ¹⁶ªEntão Pilatos lhes entregou Jesus para ser crucificado.

A crucifixão: Jesus ama até o fim (Mt 27,32-38.45-50.55s; Mc 15,23-27.33-41; Lc 23,33.44-49) – ¹⁶ᵇEntão eles pegaram Jesus, ¹⁷que saiu carregando a cruz, rumo ao chamado "Lugar da Caveira", que em hebraico se diz "Gólgota". ¹⁸Foi aí que crucificaram Jesus, e com ele outros dois homens, um de cada lado, e Jesus no meio.

¹⁹Pilatos também mandou fazer uma inscrição e colocá-la no alto da cruz. Nela estava escrito: "Jesus Nazareno Rei dos Judeus". ²⁰Muitos judeus puderam ler a inscrição, porque o local onde Jesus foi crucificado ficava perto da cidade, e a escrita era em hebraico, latim e grego. ²¹Então os chefes dos sacerdotes dos judeus diziam a Pilatos: "Não escreva: 'O rei dos judeus', mas coloque: 'Ele disse: Eu sou rei dos judeus' ". ²²Pilatos respondeu: "O que escrevi, está escrito".

²³Quando crucificaram Jesus, os soldados repartiram as roupas dele em quatro partes, uma para cada soldado. Tomaram também a túnica. E a túnica não tinha costura; era feita de uma peça única, de cima até embaixo. ²⁴Então disseram uns aos outros: "Não vamos rasgá-la. Vamos tirar a sorte, para ver com quem vai ficar". Assim se cumpria a Escritura que diz: "Repartiram minhas roupas entre si e sortearam minha túnica". Foi o que os soldados fizeram.

²⁵Junto à cruz de Jesus estavam sua mãe, a irmã de sua mãe, Maria de Cléofas, e Maria Madalena. ²⁶Quando Jesus viu sua mãe e, ao lado dela, o discípulo que ele amava, disse à sua mãe: "Mulher, eis aí o seu filho". ²⁷Depois disse ao discípulo: "Eis aí a sua mãe". E desde essa hora o discípulo a recebeu em casa.

²⁸Depois disso, sabendo que tudo estava realizado, Jesus disse, para que se cumprisse a Escritura: "Tenho sede". ²⁹Havia por aí um jarro cheio de vinagre. Amarraram num ramo de hissopo uma esponja ensopada de vinagre, e a levaram até a boca de Jesus. ³⁰Quando ele tomou o vinagre, disse: "Tudo está consumado". E, inclinando a cabeça, entregou o Espírito.

Uma sepultura para o Rei (Mt 27,57-61; Mc 15,42-47; Lc 23,50-56) – ³¹Como era o tempo de preparação para a Páscoa, os judeus não queriam que os corpos ficassem na cruz durante o sábado. E esse sábado era muito importante para eles. Então pediram que Pilatos mandasse quebrar as pernas dos crucificados e que fossem retirados da cruz. ³²Os soldados foram e quebraram as pernas de um e também do outro que tinham sido crucificados com Jesus. ³³Quando se aproximaram de Jesus, viram que já estava morto; por isso, não lhe quebraram as pernas. ³⁴Mas um dos soldados lhe perfurou o lado com uma lança, e imediatamente saiu sangue e água. ³⁵E aquele que viu tem dado testemunho, e o testemunho dele é verdadeiro. Pois ele sabe que diz a verdade, para que

---

16b-30: Nas palavras de Jesus no alto da cruz se mostra o sentido que a sua morte tem para a comunidade de fé. Primeiramente ele faz de sua mãe a mãe do discípulo, e com isso indica que as expectativas de renovação cultivadas pelo povo de Israel são realizadas e podem ser vividas na nova comunidade de discípulos do Crucificado. Além disso, declara-se que se vê realizado aquilo que a Escritura dizia a respeito do Messias: a cruz não deve ser vista como fruto do acaso ou de um engano, mas como a expressão maior da entrega que Jesus faz de sua própria vida. Com a afirmação categórica de que tudo se cumpriu, e de que da obra que lhe cabia nada deixou de ser feito, Jesus comunica o Espírito, que deverá guiar a comunidade no caminho da verdade e da fidelidade. Em Jesus o mundo está vencido: esta mensagem tem alcance universal; por isso a realeza dele é comunicada de todas as maneiras, para que todas as pessoas tenham a possibilidade de conhecer e formar o novo povo de Deus, para além de todas as barreiras.

31-42: A morte de Jesus não é o fim. Mesmo depois de ocorrida, nela as palavras da Escritura se veem confirmadas. Do lado de Jesus saem água e sangue, para a vida de seus seguidores. Essa realidade, por mais estranha que pareça, é digna de crédito, e será testemunhada pelas diversas gerações da comunidade cristã. O sepultamento de Jesus acontece como convém a um rei: num túmulo novo. Mas o principal é que este túmulo se encontra no meio de um jardim. Jesus volta ao lugar onde tinha entrado para encarar diretamente o poder do mal. Ele venceu, deixando à comunidade de seus seguidores a mostra do amor até as últimas consequências e um novo caminho de vida, sem as seduções oferecidas pelo mundo.

também vocês acreditem. ³⁶Essas coisas aconteceram para se cumprir a Escritura: "Nenhum osso dele será quebrado". ³⁷E ainda outra passagem diz: "Olharão para aquele a quem transpassaram".

³⁸Depois dessas coisas, José de Arimateia, que era discípulo de Jesus, porém às escondidas porque tinha medo dos judeus, foi pedir a Pilatos permissão para retirar o corpo de Jesus. Pilatos permitiu. Então ele foi e retirou o corpo de Jesus. ³⁹Também Nicodemos, aquele que antes tinha ido de noite encontrar-se com Jesus, apareceu com mais de trinta quilos de uma mistura feita de mirra e aloés. ⁴⁰Pegaram então o corpo de Jesus e o enrolaram com lençóis junto com os perfumes, da maneira como os judeus costumam sepultar. ⁴¹No lugar onde Jesus fora crucificado havia um jardim, onde estava um túmulo no qual ninguém ainda tinha sido sepultado. ⁴²Então, por causa da preparação para a Páscoa e porque o túmulo estava perto, aí colocaram Jesus.

20 *O túmulo vazio (Mt 28,1-8; Mc 16,1-8; Lc 24,1-12)* – ¹No primeiro dia da semana, Maria Madalena foi bem cedo ao túmulo de Jesus, quando ainda estava escuro. E logo viu que a pedra tinha sido retirada do túmulo. ²Então saiu correndo e foi encontrar Simão Pedro e o outro discípulo, aquele a quem Jesus amava. E lhes disse: "Tiraram do túmulo o Senhor, e não sabemos onde o colocaram".

³Então Pedro e o outro discípulo saíram e foram ao túmulo. ⁴Os dois corriam juntos. Mas o outro discípulo passou adiante, correu mais depressa do que Pedro e chegou primeiro ao túmulo. ⁵Inclinando-se, viu os lençóis deixados no chão, mas não entrou. ⁶Então Pedro, que vinha correndo atrás, também chegou e entrou no túmulo. Viu os lençóis deixados no chão ⁷e o sudário que tinha sido colocado sobre a cabeça de Jesus. Mas o sudário não estava junto com os lençóis; estava enrolado em lugar à parte. ⁸Então o outro discípulo, que tinha chegado primeiro ao túmulo, entrou também. Ele viu e acreditou. ⁹De fato, ainda não tinham compreendido que ele devia ressuscitar dos mortos, de acordo com a Escritura. ¹⁰Os discípulos, então, retornaram para casa.

Aparição a Maria Madalena (Mt 28,9-10; Mc 16,9-11) – ¹¹Maria continuava ali, chorando junto ao túmulo. Enquanto chorava, inclinou-se na direção do túmulo. ¹²Viu então dois anjos em vestes brancas, sentados onde o corpo de Jesus tinha sido colocado, um na cabeceira e outro nos pés. ¹³E perguntaram a ela: "Mulher, por que você está chorando?" Ela respondeu: "Tiraram o meu Senhor daqui, e não sei onde o colocaram". ¹⁴Quando acabou de dizer isso, Maria voltou-se e viu Jesus de pé; mas não percebeu que era Jesus. ¹⁵E Jesus lhe perguntou: "Mulher, por que você está chorando? A quem está procurando?" Maria pensou que fosse o jardineiro, e disse: "Se foi você que o levou, diga-me onde o colocou, e eu vou buscá-lo". ¹⁶Então Jesus lhe disse: "Maria!" Ela voltou-se e exclamou em hebraico: "Rabuni!" (que quer dizer "Mestre"). ¹⁷Jesus disse: "Não me detenha, pois ainda não subi para junto do Pai. Mas vá encontrar os meus irmãos e diga a eles: 'Eu estou subindo para junto do meu Pai e Pai de vocês, do meu Deus e Deus de vocês' ". ¹⁸Então Maria Madalena foi anunciar aos discípulos: "Eu vi o Senhor". E contou a eles o que Jesus lhe dissera.

20,1-29: As cenas referentes à ressurreição de Jesus acentuam principalmente as diversas reações dos discípulos. Pedro se fixa nos panos vistos no sepulcro, enquanto o discípulo amado de Jesus dá o salto da fé. Ele é o primeiro a acreditar sem ver (cf. 20,29). Também Maria Madalena, confundida pelo olhar, reconhece Jesus ao ouvi-lo chamar seu nome (cf. 10,3). Já os discípulos restantes necessitam ver, e Tomé inclusive tocar; não estão dispostos a fazer a aposta que a fé exige. A ressurreição de Jesus exige o testemunho, e o testemunho se baseia na certeza da fé.

20,1-10: Diante do túmulo vazio, é possível tomar duas posições. Pedro se fixa nas evidências que seus olhos lhe apresentam, e não vai além disso. Mas a fé exige mais: o discípulo amado viu as mesmas coisas que Pedro havia visto, mas acreditou, para além do que viu. A aposta em Jesus exige o salto da fé: confiar que o evangelho tem lugar neste mundo, mesmo quando as evidências apontem na direção contrária.

11-18: A postura de Madalena recorda a atitude da amada em busca do amado (cf. Ct 3,1-4). Ela chora junto da sepultura, enquanto os demais discípulos se trancam por medo, o que lhe permite um encontro especial com o Ressuscitado, que a chama pelo nome. Na disposição de se comprometer com Jesus e com a continuação de sua obra é que surge a missão.

Aparição aos discípulos (Mt 28,16-20; Mc 16,14-18; Lc 24,36-49) – ¹⁹No fim desse dia, que era o primeiro da semana, estando trancadas as portas do lugar onde estavam os discípulos com medo dos judeus, chegou Jesus. Colocou-se no meio deles e disse: "A paz esteja com vocês". ²⁰Dizendo isso, mostrou-lhes as mãos e o lado. Então os discípulos ficaram contentes, porque viram o Senhor. ²¹Jesus lhes disse de novo: "A paz esteja com vocês. Assim como o Pai me enviou, eu também envio vocês". ²²Tendo falado isso, Jesus soprou sobre eles, dizendo: "Recebam o Espírito Santo. ²³Os pecados daqueles que vocês perdoarem, estarão perdoados. Os pecados daqueles que vocês não perdoarem, não serão perdoados".

Tomé acredita – ²⁴Mas Tomé, chamado Gêmeo, que era um dos Doze, não estava com eles quando veio Jesus. ²⁵Os outros discípulos então lhe disseram: "Nós vimos o Senhor". Tomé, porém, lhes disse: "Se eu não vir a marca dos pregos nas mãos dele, se eu não colocar o meu dedo na marca dos pregos, e se não colocar a minha mão no lado dele, eu não acreditarei". ²⁶Depois de oito dias, os discípulos de Jesus estavam reunidos de novo; dessa vez Tomé estava com eles. Estando trancadas as portas, chegou Jesus. Colocou-se no meio deles e disse: "A paz esteja com vocês". ²⁷Então disse a Tomé: "Estenda seu dedo até aqui e veja minhas mãos. Estenda sua mão e coloque-a no meu lado. Não seja incrédulo, mas tenha fé". ²⁸Tomé respondeu-lhe dizendo: "Meu Senhor e meu Deus!" ²⁹Jesus disse: "Você está acreditando porque viu? Felizes os que não viram e acreditaram".

Objetivo do livro – ³⁰Jesus realizou, diante dos seus discípulos, muitos outros sinais que não estão escritos neste livro. ³¹Estes sinais foram escritos para que vocês acreditem que Jesus é o Messias, o Filho de Deus. E para que, acreditando, vocês tenham vida no nome dele.

APÊNDICE

21 Pesca abundante, sinal do desafio
(Lc 5,1-11) – ¹Depois dessas coisas, Jesus apareceu aos discípulos junto ao mar de Tiberíades. Foi assim: ²Estavam juntos Simão Pedro, Tomé chamado Gêmeo, Natanael, aquele de Caná da Galileia, os filhos de Zebedeu e outros dois discípulos de Jesus. ³Simão Pedro disse: "Eu vou pescar". Eles disseram: "Nós também vamos". Saíram e subiram no barco. Mas, nessa noite não pescaram nada. ⁴Quando já ia amanhecendo, Jesus chegou até a margem, mas os discípulos não sabiam que era ele. ⁵Então Jesus disse: "Filhos, será que vocês têm alguma coisa para comer?" Eles responderam: "Não". ⁶Então Jesus lhes disse: "Joguem a rede no lado direito da barca, e vocês encontrarão peixe". Eles jogaram a rede e já não conseguiam puxá-la para fora, por causa do grande número de peixes que pegaram. ⁷Então aquele discípulo que Jesus amava disse a Pedro: "É o Senhor". Simão Pedro, quando ouviu dizer que era o Senhor, vestiu a roupa, pois estava nu, e

---

19-23: Apesar do temor e da descrença inicial, os discípulos recebem a confiança do Ressuscitado, que os dirige à missão no meio do mundo. O Espírito que eles recebem vai fazê-los ter consciência profunda do pecado do mundo (cf. 16,8-11), e atuar para estabelecer formas de vida e convivência em que as marcas sejam o perdão e o amor mútuo.

24-29: A proclamação de fé manifestada por Tomé é feita de palavras corretas, mas resulta de um coração mesquinho, que não admite fazer a aposta da fé, não acredita no testemunho da comunidade e exige uma manifestação especial, que lhe permita controlar, ter nas mãos o Ressuscitado. As palavras finais de Jesus já não se dirigem apenas a Tomé, mas a todas as gerações que vierem a ler e ouvir o evangelho, e a tomar contato com o testemunho cristão: por uma decisão pessoal é que a aposta será feita, as Escrituras serão lidas e revelarão Jesus e a obra que ele realizou a mando do Pai. E certamente todos poderão ouvir o Ressuscitado chamar a cada qual pelo nome.

30-31: Ao final do evangelho são apresentados o conteúdo e os objetivos para os quais este evangelho foi escrito. Essenciais para compreender Jesus são os sinais que ele realizou como marcas principais de sua obra, e que foram escolhidos pelo evangelista pensando nos desafios que a comunidade do seu tempo vivia. A leitura e a reflexão do evangelho fortalecerão a vivência da fé da comunidade e a certeza de que em Jesus está a vida com qualidade, apesar dos riscos e ameaças.

21: Este cap. foi escrito depois que o evangelho já tinha ficado pronto e circulava no meio da comunidade. Seu conteúdo insiste nos princípios que deverão orientar a missão e o testemunho cristãos no mundo.

21,1-14: A comunidade cristã tem como desafio dirigir seu testemunho aos seres humanos. Mas para isso não deve basear-se em qualquer critério ou apoio que não seja a confiança em Jesus e a escuta de sua palavra. A meta é criar uma experiência comunitária de fé, que pela partilha faz a memória da presença do Senhor

pulou na água. ⁸Os outros discípulos chegaram com o barco, que não estava longe da margem, uns cem metros apenas. Vinham trazendo a rede com os peixes. ⁹Assim que desceram em terra, viram um peixe na brasa e pão. ¹⁰Jesus lhes disse: "Tragam alguns peixes que vocês acabaram de pescar". ¹¹Simão Pedro subiu então no barco e arrastou a rede para a praia, cheia de cento e cinquenta e três peixes grandes. Apesar de tantos peixes, a rede não se rompeu. ¹²Jesus disse a eles: "Venham comer". Nenhum dos discípulos se atrevia a perguntar: "Quem és tu?" Pois todos sabiam que era o Senhor. ¹³Jesus se aproximou, tomou o pão e o deu a eles, e fez a mesma coisa com o peixe. ¹⁴Essa foi a terceira vez que Jesus se manifestou aos discípulos após ter ressuscitado dentre os mortos.

A liderança da comunidade se baseia no amor – ¹⁵Depois de terem comido, Jesus disse a Simão Pedro: "Simão, filho de João, você me ama mais do que estes outros?" Pedro respondeu: "Sim, Senhor, tu sabes que sou teu amigo". Jesus disse: "Alimente os meus cordeiros". ¹⁶De novo Jesus disse a Pedro: "Simão, filho de João, você me ama?" Pedro respondeu: "Sim, Senhor, tu sabes que sou teu amigo". Jesus disse: "Tome conta das minhas ovelhas". ¹⁷Pela terceira vez, disse Jesus a Pedro: "Simão, filho de João, você é meu amigo?" Então Pedro ficou triste, porque na terceira vez Jesus lhe havia perguntado se era seu amigo. E disse a Jesus: "Senhor, tu conheces tudo, e sabes que eu sou teu amigo". Jesus lhe disse: "Alimente as minhas ovelhas. ¹⁸Eu lhe garanto: Quando você era mais jovem, se preparava e ia para onde queria. Quando ficar velho, estenderá as mãos, e outro vai prepará-lo e levá-lo para onde você não quer ir". ¹⁹Jesus falou isso, indicando com que tipo de morte Pedro glorificaria a Deus. E completou: "Siga-me".

²⁰Pedro voltou-se e percebeu que vinha atrás o discípulo que Jesus amava. Era aquele discípulo que na ceia se inclinara sobre o peito de Jesus para lhe perguntar: "Senhor, quem é que te vai trair?" ²¹Quando Pedro o viu, disse a Jesus: "Senhor, e ele?" ²²Jesus lhe disse: "Se eu quero que ele permaneça até que eu venha, o que você tem a ver com isso? Trate de me seguir".

²³Então correu o boato entre os irmãos de que o tal discípulo não iria morrer. Porém Jesus não disse que ele não iria morrer, mas disse: "Se eu quero que ele permaneça até que eu venha, o que você tem a ver com isso?"

O evangelho, inspiração para o testemunho – ²⁴Este é o discípulo que dá testemunho dessas coisas e as escreveu. E nós sabemos que o testemunho dele é verdadeiro. ²⁵Jesus fez ainda muitas outras coisas. Se fossem escritas uma por uma, penso que o mundo inteiro não teria lugar para os livros que precisariam ser escritos.

---

e transmite ao mundo uma nova forma de pensar e organizar a vida.

15-23: Apesar de não corresponder plenamente à intensidade do amor pedida por Jesus, Pedro recebe dele a tarefa de cuidar das ovelhas, ou seja, dos membros da comunidade. Mas fica claro que as ovelhas não lhe pertencem; ele exercerá bem sua função se tiver plena consciência de que o pastor é o Ressuscitado (cf. 10,1-18): é a fidelidade a ele e à sua obra que tanto Pedro (e todos os que exercem na comunidade ministérios de liderança) quanto as ovelhas encontrarão a fonte e o sustento de seu testemunho. A figura do discípulo amado, que acompanha o diálogo entre Pedro e Jesus, está aí para deixar claro o que é o essencial: fazer parte da comunidade dos discípulos seguidores de Jesus.

24-25: Uma nova conclusão reforça mais uma vez a validade do testemunho que vem sendo comunicado e vivido pela comunidade, e que se encontra de alguma forma registrado na escrita do evangelho. Essas memórias e vivências serão a base para que a obra de Jesus seja apresentada ao mundo como proposta de vida, na fidelidade a Deus e na expansão da solidariedade entre os seres humanos.

ATOS DOS APÓSTOLOS

VIVER E CAMINHAR NO ESPÍRITO

Introdução

Atos dos Apóstolos é a segunda parte de uma obra literária. É continuação do Evangelho de Lucas. Ambos os livros são endereçados a Teófilo (Lc. 1,3; At 1,1), e surgiram entre os anos 80 e 90. O autor é provavelmente Lucas, médico pagão convertido por Paulo em suas viagens missionárias (cf. Cl 4,14; Fm 24). No evangelho, Lucas apresenta o caminho da Palavra, relatando as atividades de Jesus. Em Atos (do grego práxeis ou "prática"), narra o mesmo caminho, agora mediante o trabalho dos seguidores de Jesus, animados pela presença do Espírito Santo. Atos é pois o evangelho do Espírito e da Igreja.

O que une os dois livros é a ressurreição de Jesus. Para as comunidades, o que lhes dava força na caminhada era esta afirmação radical: "Jesus ressuscitou!" (cf. 1,3-4). Elas viam nesse fato a realização das promessas de Deus ao povo de Israel, ao longo do Antigo Testamento (cf. Lc 24,49-53). A ressurreição de Jesus, porém, não significa a instauração imediata e triunfante do Reino de Deus. Ao contrário, o Reino se constrói lentamente com o esforço e testemunho da Igreja, comunidade que reúne os seguidores do Ressuscitado (At 5,42), animados pelo Espírito Santo, que direciona a evangelizadora ação dos apóstolos. A presença do Espírito se celebra e se vive no cotidiano das comunidades. O Reino virá através do testemunho delas, e não através de acontecimentos extraordinários.

Atos parece um relato histórico da atividade dos apóstolos, empenhados em propagar os gestos e palavras de Jesus. Não se trata, porém, de historiografia da Igreja primitiva. Na verdade, é uma leitura teológica dos fatos ou "atos" ao longo dos primeiros 30 anos da Igreja, desde a ascensão de Jesus até a chegada de Paulo a Roma. Os passos de Pedro e Paulo são mais enfocados, até em detalhes. O livro fala pouco, ou simplesmente se cala, sobre os demais apóstolos.

Quando os dois livros de Lucas surgiram, as comunidades cristãs enfrentavam sérias dificuldades e desafios, além de tensões e conflitos internos. O entusiasmo inicial dava lugar a estruturas e cargos dentro da Igreja. As grandes lideranças da era apostólica tinham desaparecido. Começava a difícil separação entre igrejas cristãs e sinagogas judaicas. Os cristãos vindos do paganismo se tornavam maioria e questionavam a herança cultural recebida do judaísmo. Inclusive o império romano começava a sentir-se incomodado com as propostas cristãs de transformar pessoas e relações familiares, além de questionar as estruturas da sociedade. Por outro lado, as comunidades faziam memória dos fatos passados, tentando buscar, na atividade dos primeiros apóstolos, força e coragem para vencer tantos desafios.

É quando o livro de Atos apresenta, de maneira quase utópica, dois modelos a imitar: uma comunidade perfeita (1,12-15,35) e um autêntico apóstolo (15,36-28,31). Comunidades e agentes de pastoral que evangelizam com testemunho de vida continuam sendo modelo válido para os dias de hoje.

1

Início da caminhada – ¹No meu primeiro livro, prezado Teófilo, escrevi a respeito de tudo o que Jesus começou a fazer e ensinar, ²até o dia em que foi levado para o céu. Antes disso, por meio do Espírito Santo ele deu instruções aos apóstolos que tinha escolhido.

³Depois de sua paixão, com muitas provas convincentes, Jesus apresentou-se vivo a eles. Durante quarenta dias foi visto por eles e falou-lhes a respeito do Reino de Deus. ⁴E estando com eles numa refeição, deu-lhes esta instrução: "Não se afastem de Jerusalém, mas esperem aquele que foi prometido pelo Pai e que vocês ouvirão de mim; ⁵'João batizou com água. Mas vocês, dentro de não muitos dias, serão batizados com o Espírito Santo' ".

⁶Os que estavam reunidos perguntaram então a Jesus: "Senhor, é agora que vais restabelecer a realeza para Israel?" ⁷Jesus respondeu: "Não cabe a vocês conhecer os tempos e circunstâncias que o Pai definiu com sua própria autoridade. ⁸Mas vão receber a força do Espírito Santo que descerá sobre vocês. E serão minhas testemunhas em Jerusalém, em toda a Judeia e Samaria, e até os extremos da terra".

⁹Depois de dizer essas coisas, Jesus foi levado ao céu, diante dos olhos deles. Uma nuvem o encobriu, e não puderam mais vê-lo. ¹⁰Enquanto Jesus ia embora, os apóstolos tinham os olhos fixos no céu. Eis então que dois homens vestidos de branco se apresentaram a eles ¹¹e disseram: "Homens da Galileia, por que estão aí parados, olhando para o céu? Esse Jesus, que lhes foi arrebatado para o céu, virá da mesma forma como vocês o viram partir para o céu".

NOVO POVO DE DEUS

A nova comunidade – ¹²Então os apóstolos voltaram para Jerusalém, partindo do chamado monte das Oliveiras, que está perto de Jerusalém, à distância de uma caminhada de sábado. ¹³Quando chegaram, subiram para a sala superior, onde costumavam ficar. Eram Pedro e João, Tiago e André, Filipe e Tomé, Bartolomeu e Mateus; Tiago, filho de Alfeu, e Simão, o Zelota; e Judas, filho de Tiago. ¹⁴Todos tinham os mesmos sentimentos e perseveravam em oração, com algumas mulheres, entre as quais Maria, mãe de Jesus, e com os irmãos dele.

1,1-11: Lucas resume o conteúdo do primeiro volume, o evangelho, em três períodos desiguais (vv. 1-5): o que Jesus fez e ensinou; suas atividades durante os quarenta dias desde a ressurreição até a ascensão; e a promessa do Espírito Santo feita no último encontro com os discípulos. Em seguida (v. 6), faz a pergunta que deveria estar na mente de todos os cristãos em todos os tempos: "É agora que vem definitivamente o Reino?" Pois Jesus o prometeu para breve; no entanto, quando Lucas escreve, o Reino ainda não chegou. A resposta de Jesus está em suas últimas palavras aqui na terra: "Não cabe a vocês conhecer o tempo ou datas!" De fato, o Reino vem através do testemunho cotidiano dos que se deixam guiar pelo Espírito. Tudo o mais deixamos por conta do Pai, que tem a história nas mãos. Nessa resposta de Jesus (v. 8) se encontra todo o esquema literário de Atos: os discípulos darão testemunho em Jerusalém (caps. 2-7), em toda a Judeia e Samaria (caps. 8-15), e até os extremos da terra (caps. 16-28).

Com sua ascensão, "coberto por uma nuvem", Jesus ingressa no mundo de Deus. De junto de Deus, Jesus enviará o seu Espírito. Os mensageiros alertam que não devemos ficar "olhando para o céu", preocupados apenas com a vinda gloriosa de Jesus. Os discípulos começam a caminhada, prosseguindo o trabalho iniciado por ele.

12-14: Assim como o antigo povo de Deus começou com os doze patriarcas, também o novo povo de Deus, a Igreja, começa com seus doze apóstolos. Ao redor deles, a comunidade começa a se reunir e organizar. Do monte das Oliveiras, último lugar onde viram Jesus, voltam para a mesma "sala superior", onde ele celebrou sua última Ceia (cf. Lc 22,12). Ele agora estará visível na celebração da mesma Ceia, centro da comunidade. Esta reúne grupos diferentes, mas todos devem viver com os mesmos sentimentos e rezar juntos. A mãe de Jesus aparece aqui como símbolo e fator de unidade. O Espírito vem para a comunidade organizada e em oração.

A Igreja se organiza – ¹⁵Nesses dias, Pedro levantou-se no meio dos irmãos, em número de cento e vinte pessoas reunidas, e disse: ¹⁶"Irmãos, era preciso que se cumprisse a Escritura, que o Espírito Santo tinha anunciado por meio de Davi, a respeito de Judas, que se tornou guia daqueles que prenderam Jesus. ¹⁷Ora, Judas era um dos nossos e participava deste ministério. ¹⁸Com o dinheiro que recebeu pela sua iniquidade, ele comprou um terreno. Caiu de ponta-cabeça, arrebentou-se ao meio, e todas as suas entranhas se esparramaram. ¹⁹Todos os habitantes de Jerusalém souberam disso, de modo que esse terreno foi chamado Hacéldama, que na língua deles quer dizer Campo de Sangue. ²⁰Como está escrito no livro dos Salmos: 'Que sua morada fique deserta e ninguém habite nela'. E ainda: 'Que outro ocupe a função dele'. ²¹É preciso, portanto, dentre os homens que nos acompanharam durante todo o tempo em que o Senhor Jesus vivia entre nós, ²²a começar do batismo de João até o dia em que foi levado de nós ao céu, que um deles se torne conosco testemunha da ressurreição".

²³E indicaram dois: José, chamado Barsabás, cujo sobrenome era Justo, e Matias. ²⁴Então rezaram dizendo: "Senhor, tu que conheces os corações de todos, mostra-nos claramente qual destes dois escolheste ²⁵para ocupar, neste ministério e apostolado, o posto do qual Judas abriu mão para ir ao lugar que era seu". ²⁶E tiraram a sorte entre os dois. E a sorte caiu sobre Matias, que foi incluído entre os onze apóstolos.

2 *A Igreja nasce por ação do Espírito* – ¹Quando chegou o dia de Pentecostes, todos eles estavam reunidos no mesmo lugar. ²De repente veio do céu um barulho como de vento muito forte, e encheu a casa toda onde eles estavam. ³E apareceram línguas como de fogo repartindo-se, e foram pousar sobre cada um deles. ⁴Todos ficaram repletos do Espírito Santo e começaram a falar em outras línguas, conforme o Espírito lhes permitia expressar-se.

⁵Em Jerusalém moravam judeus piedosos, vindos de todas as nações do mundo. ⁶Quando se fez aquele barulho, reuniu-se uma multidão; e ficaram impressionados, pois cada um ouvia em sua própria língua os apóstolos falar. ⁷Confusos e maravilhados, diziam: "Esses homens que estão falando, não são todos galileus? ⁸Como é que cada um de nós os ouve em nossa língua materna? ⁹Partos, medos e elamitas; habitantes da Mesopotâmia, da Judeia e da Capadócia, do Ponto e da Ásia, ¹⁰da Frígia e da Panfília, do Egito e das regiões da Líbia próximas de Cirene; romanos que aqui residem; ¹¹judeus e prosélitos, cretenses e árabes: nós os ouvimos falar das maravilhas de Deus em nossas próprias línguas". ¹²Todos estavam confusos e perplexos, perguntando uns aos outros: "O que significa isso?" ¹³Outros diziam caçoando: "Eles estão embriagados com vinho doce".

A comunidade assume a sua missão – ¹⁴Então Pedro ficou de pé com os Onze; e, levantando a voz, assim se exprimiu: "Homens da Judeia e todos os que moram em Jerusalém, compreendam bem

---

15-26: A comunidade precisa se organizar. As 120 pessoas no cenáculo mostram que o novo povo começa mais numeroso que o antigo (cf. Ex 1,5). Mas falta um dos seus patriarcas, testemunhas da ressurreição, que devem ser Doze. É preciso escolher o substituto de Judas. Decisão difícil. Jesus subiu ao céu e não escolheu ninguém. Pedro toma a iniciativa. Em primeiro lugar, faz uma interpretação da morte trágica de Judas, aqui relatada por Lucas de maneira diferente da que se encontra em Mateus (cf. Mt 27,3-8). Em seguida, Pedro estabelece três critérios para que alguém possa integrar o grupo dos Doze: ser membro da comunidade formada ao redor de Jesus; ter andado com ele durante a vida pública, desde que foi batizado por João até a ascensão; e deverá caminhar com os Onze como testemunha da ressurreição. A comunidade indica dois nomes que respondem a esses critérios, rezam e tiram a sorte.

2,1-13: Pentecostes era uma festa muito popular. Celebrada cinquenta dias após a Páscoa, lembra a alegria da colheita e a conclusão da Aliança no monte Sinai. Lucas, com relato simbólico, transforma Pentecostes na festa do Espírito e da nova Aliança. São três aqui os símbolos do Espírito: vento forte, fogo dividido e língua materna. O vento e o fogo lembram as manifestações de Deus no êxodo (vento em Ex 14,21) e na conclusão da Aliança (fogo em Ex 19,18). A unidade de línguas desfaz a confusão gerada pelo incidente em Babel (Gn 11,9). Com a vinda do Espírito Santo, qualquer pessoa pode louvar a Deus na língua materna. Tudo acontece a partir de uma casa, onde a comunidade reza e confraterniza. Os cristãos é o novo templo de Deus. O primeiro resultado da vinda do Espírito é a comunidade ir para a rua, onde o testemunho cristão vai provocar os primeiros conflitos.

14-36: Em nome da comunidade, Pedro faz seu discurso profético. Interpreta para os curiosos o que está acontecendo. Com as manifestações de vento, fogo e línguas, chegaram os tempos messiânicos. Vivemos agora na plenitude do Espírito. Em seguida, corajosamente,

e prestem atenção às minhas palavras. ¹⁵Estes homens não estão embriagados, como vocês pensam, pois são apenas nove horas da manhã. ¹⁶Pelo contrário, trata-se do que foi dito pelo profeta Joel: ¹⁷'Nos últimos dias, derramarei do meu Espírito sobre toda carne, diz Deus. Os filhos e filhas de vocês profetizarão, seus jovens terão visões e seus anciãos terão sonhos. ¹⁸Sim, naqueles dias derramarei do meu Espírito também sobre meus servos e minhas servas, e eles profetizarão. ¹⁹Farei aparecer prodígios em cima no céu, e sinais embaixo na terra: sangue, fogo e nuvens de fumaça. ²⁰O sol se transformará em trevas, e a lua em sangue, antes que chegue o grande e esplêndido Dia do Senhor. ²¹E todo aquele que invocar o nome do Senhor será salvo'.

²²Homens de Israel, escutem estas palavras! Jesus, o Nazareno, foi entre vocês um homem aprovado por Deus, com os milagres, prodígios e sinais que Deus realizou por meio dele, como vocês bem o sabem. ²³Esse homem, segundo o plano previsto por Deus, foi entregue por mão de gente sem lei, e vocês o mataram, crucificando-o. ²⁴Mas Deus o ressuscitou, libertando-o das angústias da habitação dos mortos, em poder da qual não era possível que ele ficasse preso. ²⁵De fato, assim falou Davi a respeito dele: 'Eu via sempre o Senhor diante de mim. Ele está à minha direita, para que eu não vacile. ²⁶Por isso, meu coração se alegra e minha língua exulta, e até minha carne repousará na esperança. ²⁷Porque não abandonarás minha vida na habitação dos mortos, nem permitirás que teu Santo conheça a corrupção. ²⁸Tu me fizeste conhecer os caminhos da vida, e me encherás de alegria em tua presença'.

²⁹Irmãos, posso falar-lhes com toda a franqueza sobre o patriarca Davi: ele morreu, foi sepultado, e seu túmulo está entre nós até o dia de hoje. ³⁰Mas, sendo profeta, ele sabia que Deus com juramento lhe havia garantido que um descendente seu se assentaria em seu trono. ³¹É por isso que previu a ressurreição de Cristo e disse: 'Ele não foi abandonado na habitação dos mortos, nem sua carne conheceu a corrupção'.

³²Deus ressuscitou esse Jesus. E todos nós somos testemunhas disso. ³³Então, exaltado à direita de Deus, ele recebeu do Pai o Espírito prometido e o derramou. É isso que vocês estão vendo e ouvindo. ³⁴De fato, assim falou Davi, que não subiu ao céu: 'Disse o Senhor ao meu Senhor: Sente-se à minha direita, ³⁵até que eu faça de seus inimigos um estrado para seus pés'. ³⁶Portanto, que toda a Casa de Israel saiba com plena certeza: esse Jesus que vocês crucificaram, Deus o tornou Senhor e Cristo".

O anúncio gera vida nova – ³⁷Ao ouvir isso, sentiram-se apunhalados no coração, e perguntaram a Pedro e aos outros discípulos: "Irmãos, o que devemos fazer?" ³⁸Pedro respondeu: "Arrependam-se! E cada um de vocês seja batizado em nome de Jesus Cristo, para o perdão de seus próprios pecados. E vocês receberão o dom do Espírito Santo. ³⁹Pois a promessa é para vocês e para seus filhos, e para todos aqueles que estão longe, aqueles que o Senhor nosso Deus chamar". ⁴⁰E com muitas outras palavras Pedro testemunhava e os exortava, dizendo: "Salvem-se dessa geração perversa!" ⁴¹Os que acolheram a palavra de Pedro foram batizados. E nesse dia uniram-se a eles cerca de três mil pessoas.

A comunidade ideal – ⁴²Eram perseverantes em ouvir o ensinamento dos apóstolos, na comunhão, na partilha do pão e nas orações. ⁴³Eram tantos os prodígios e sinais

---

o apóstolo faz o anúncio que fundamenta a missão da comunidade: é a Boa-Nova do Ressuscitado. Utilizando passagens do Antigo Testamento, Pedro denuncia o crime cometido contra Jesus, cuja ressurreição o Espírito acaba de confirmar. Agora a comunidade dos seguidores anuncia o perdão e a misericórdia de Deus em favor de todos. Jesus é o Senhor da história, o Messias que veio cumprir as promessas.

37-41: O anúncio provoca respostas. Muita gente começa a crer e mudar de vida. Com o batismo, gesto concreto de aceitação da Boa-Nova, a pessoa recebe o dom do Espírito Santo. Mas esse gesto requer a ruptura com a "geração perversa". Na época de Lucas, tal ruptura tinha o mesmo valor tanto para os judeus que seguiam a Lei mosaica de maneira puramente legalista, quanto para os pagãos que aceitavam as estruturas assassinas do império romano. Foi animadora a resposta ao primeiro discurso: cerca de três mil pessoas se batizaram. Lucas gosta de aumentar os dados numéricos, para acentuar a vitória do Espírito sobre o mundo (cf. At 2,47; 4,4; 5,14 etc.).

42-47: Primeiro retrato de uma comunidade modelo. É aquela que deseja ser autêntico sinal da vida nova tra-

que os apóstolos realizavam, que todos eram tomados de sentimentos de reverência. ⁴⁴Todos os que acreditavam eram unidos e tinham tudo em comum. ⁴⁵Vendiam suas propriedades e bens, e os repartiam entre todos, conforme a necessidade de cada um. ⁴⁶E todos os dias perseveravam unânimes no Templo. E partiam o pão nas casas, tomando alimento com alegria e simplicidade de coração. ⁴⁷Louvavam a Deus e eram estimados por todo o povo. E a cada dia o Senhor acrescentava à comunidade aqueles que eram salvos.

O NOVO GERA CONFLITOS

3 *A verdadeira esmola –* ¹Pedro e João estavam subindo ao Templo para a oração das três horas da tarde. ²Um homem coxo de nascença era trazido todos os dias e colocado na porta do Templo chamada Formosa, a fim de pedir esmola aos que entravam no Templo. ³Quando viu Pedro e João, que estavam para entrar no Templo, pediu que lhe dessem alguma esmola. ⁴Pedro e João fixaram os olhos nele, e Pedro disse: "Olhe para nós". ⁵O homem olhava para eles atentamente, esperando receber deles alguma coisa. ⁶Então Pedro disse: "Não tenho ouro nem prata, mas o que tenho lhe dou: Em nome de Jesus Cristo, o Nazareno, caminhe!" ⁷E, pegando-o pela mão direita, Pedro o levantou. No mesmo instante, os pés e tornozelos do homem ficaram firmes. ⁸Com um salto, ficou de pé e começou a caminhar. E entrou com eles no Templo, caminhando, saltando e louvando a Deus. ⁹O povo todo o viu andando e louvando a Deus. ¹⁰E o reconheceram, pois era ele que ficava pedindo esmolas na porta Formosa do Templo. E ficaram cheios de admiração e de espanto com o que lhe havia acontecido.

A fé no nome de Jesus – ¹¹Como o homem curado não largava Pedro e João, todo o povo, assombrado, foi correndo até eles, ao chamado Pórtico de Salomão. ¹²Vendo isso, Pedro disse ao povo: "Israelitas, por que vocês estão espantados com o que aconteceu? E por que ficam olhando para nós tão atentamente, como se nós, com nosso próprio poder e piedade, tivéssemos feito esse homem caminhar? ¹³O Deus de Abraão, de Isaac e de Jacó, o Deus de nossos pais glorificou seu servo Jesus, que vocês entregaram e rejeitaram diante de Pilatos, quando Pilatos estava decidindo soltá-lo. ¹⁴Vocês acusaram o Santo, o Justo, e pediram que um assassino lhes fosse absolvido. ¹⁵Vocês mataram o Príncipe da Vida, que Deus ressuscitou dos mortos. E disso nós somos testemunhas. ¹⁶Pela fé no nome de Jesus, é pelo seu nome que foi fortalecido este homem que vocês estão vendo e reconhecendo. E a fé que vem por meio dele é que deu a este homem saúde perfeita diante de todos vocês.

¹⁷Pois bem, irmãos, eu sei que vocês agiram por ignorância, assim como também os chefes de vocês. ¹⁸Deus assim cumpriu o que já havia anunciado pela boca de todos os profetas, ou seja, que o seu Messias haveria de sofrer. ¹⁹Arrependam-se, portanto, e convertam-se, para que os pecados de vocês sejam perdoados. ²⁰Isso para que venham, da face do Senhor, tempos de alívio para vocês. E para que ele envie Jesus, o Messias que foi destinado para vocês. ²¹Por ora, o céu o deve acolher, até os tempos da restauração de todas as coisas. Foi desses tempos que Deus falou pela boca de seus santos profetas. ²²De fato, Moisés

---

zida por Jesus e que se apoia em quatro bases: catequese (ensinamento dos apóstolos), vida comunitária (união fraterna), eucaristia (fração do pão) e oração. Assim construída, a comunidade será modelo de fraternidade, partilha, acolhimento, alegria e devoção, irradiando a Boa-Nova e tornando-se missionária. Ela desperta a simpatia do povo, atrai novos participantes, realiza sinais e prodígios. Realmente, a melhor maneira de evangelizar é viver em comunidade.

3,1-10: Pedro e João simbolizam a Igreja nascente, que não rompe com a religião do povo, tanto que os apóstolos continuam a fazer oração no Templo. Pedro e João nada têm para dar ao enfermo (v. 6), pois a Igreja é pobre, e o grande tesouro que possui é sua missão. A comunidade há de continuar a prática libertadora de Jesus. Agindo em nome dele, a Igreja toda procura libertar os pobres e conduzi-los ao encontro com Deus. O povo admira e aprova a ação dos apóstolos.

11-26: Pedro desfaz o entendimento errado a respeito de uma cura. Não aconteceu por magia ou poder semelhante. O que restituiu a saúde do enfermo foi a fé no nome e na ressurreição de Jesus. Ao mesmo tempo, o prodígio era uma denúncia ao julgamento que condenou Jesus. Em seguida, Pedro insiste no convite ao arrependimento e à conversão, reforçando assim o testemunho da comunidade toda.

disse: 'O Senhor Deus fará surgir, entre os irmãos de vocês, um profeta como eu. Ouçam tudo o que ele lhes disser. ²³Quem não escutar esse profeta, será exterminado do meio do povo'. ²⁴Todos os profetas, desde Samuel, e todos os que falaram depois dele, também anunciaram estes dias.

²⁵São vocês os filhos dos profetas e da aliança que Deus fez com os pais de vocês, quando disse a Abraão: 'Na descendência sua serão abençoadas todas as famílias da terra'. ²⁶Tendo ressuscitado seu servo, Deus o enviou primeiro a vocês, para abençoá-los e para que cada um se afaste de suas maldades".

4 *A reação se intensifica* – ¹Pedro e João ainda estavam falando ao povo, quando apareceram os sacerdotes, o chefe da guarda do Templo e os saduceus, ²todos irritados, porque eles ensinavam o povo e anunciavam em Jesus a ressurreição dos mortos. ³Então os pegaram e colocaram na prisão até o dia seguinte, porque já estava anoitecendo. ⁴Muitos daqueles que tinham ouvido o discurso acreditaram. E o número dos homens chegou a cerca de cinco mil.

⁵No dia seguinte, reuniram-se em Jerusalém os chefes, os anciãos e os doutores da Lei, ⁶com o sumo sacerdote Anás, e também Caifás, João Alexandre e todos os que eram da linhagem do sumo sacerdote. ⁷E, fazendo-os ficar no meio deles, os interrogavam: "Com que poder, ou em nome de quem vocês fizeram isso?"

⁸Então Pedro, cheio do Espírito Santo, lhes respondeu: "Chefes do povo e anciãos! ⁹Já que hoje estamos sendo interrogados porque fizemos o bem a um enfermo e pelo modo como ele foi curado, ¹⁰fiquem sabendo todos vocês, e também todo o povo de Israel: É pelo nome de Jesus Cristo, o Nazareno, aquele que vocês crucificaram e que Deus ressuscitou dos mortos, é pelo nome dele que este homem está curado diante de vocês. ¹¹Jesus é 'a pedra rejeitada por vocês, construtores, e que se tornou a pedra angular'. ¹²Em nenhum outro existe salvação, pois debaixo do céu não existe outro nome dado aos homens, pelo qual possamos ser salvos".

¹³Vendo a franqueza com que Pedro e João falavam, e levando em conta que eram homens simples e sem instrução, ficavam admirados. Reconheceram que eles tinham estado com Jesus. ¹⁴Mas, ao ver em pé, junto a eles, o homem que tinha sido curado, não tinham como dizer alguma coisa em contrário.

¹⁵Mandaram que saíssem do Sinédrio, e eles se puseram a discutir entre si, ¹⁶dizendo: "O que vamos fazer com esses homens? Pois o milagre evidente que eles realizaram se tornou conhecido de todos os habitantes de Jerusalém, e nós não o podemos negar. ¹⁷Mas, para que o fato não se espalhe ainda mais entre o povo, vamos ameaçá-los, a fim de que não falem mais a ninguém a respeito desse nome".

¹⁸E, chamando-os, ordenaram-lhes que de modo algum falassem ou ensinassem a respeito do nome de Jesus. ¹⁹Pedro e João lhes responderam: "Julguem se é justo, aos olhos de Deus, obedecer mais a vocês do que a Deus! ²⁰Porque, de fato, nós não podemos nos calar sobre o que vimos e ouvimos".

²¹Então, repetindo as ameaças, eles os soltaram, porque não haviam encontrado maneira de puni-los, por causa do povo, pois todos glorificavam a Deus pelo que tinha acontecido. ²²Até porque o homem beneficiado com este sinal de cura tinha mais de quarenta anos.

Ação de graças pela libertação – ²³Postos em liberdade, Pedro e João voltaram para junto dos companheiros e contaram tudo o que os chefes dos sacerdotes e os anciãos lhes haviam dito. ²⁴Ouvindo isso, todos juntos elevaram a voz a Deus, dizendo:

4,1-22: Diante do milagre, muitas pessoas mudam de vida, o que leva as autoridades incomodadas a reagir com rigor. Tentam abafar a mensagem de Jesus, prendendo os apóstolos. Pedro faz então novo tipo de discurso: acusa diretamente as autoridades pela morte de Jesus. Pedro tem dupla defesa: o homem curado aos olhos de todos e o testemunho do Antigo Testamento, que confirmam o agir de Deus através do seu Filho. Não resta aos sacerdotes senão libertar os apóstolos, embora o façam com ameaça de novas represálias.

23-31: Pedro e João voltam para a comunidade, diante da qual prestam informações sobre o acontecido e as ameaças. Avaliando os fatos, a comunidade faz oração. Todos percebem que a perseguição lhes confirma que estão realmente no caminho de Jesus. Todos elevam a Deus preces de gratidão, a partir do Salmo 2: "O que

"Soberano Senhor, tu és o Criador do céu, da terra, do mar e de tudo o que neles existe. ²⁵Por meio do Espírito Santo, pela boca de teu servo Davi, nosso pai, tu disseste: 'Por que as nações ficaram agitadas e os povos fizeram planos em vão? ²⁶Os reis da terra se levantaram e os governantes se aliaram contra o Senhor e contra o seu Messias'. ²⁷Pois foi o que, de fato, aconteceu nesta cidade: Herodes e Pôncio Pilatos se aliaram, com as nações e os povos de Israel, contra Jesus, teu santo servo, a quem ungiste, ²⁸a fim de executarem tudo o que tua mão e tua vontade tinham predeterminado que acontecesse. ²⁹Agora, Senhor, olha para as ameaças deles e concede que teus servos anunciem com toda a franqueza a tua palavra, ³⁰enquanto estendes a mão para que se realizem curas, sinais e prodígios, por meio do nome do teu santo servo Jesus". ³¹Quando terminaram a oração, o lugar em que estavam reunidos estremeceu. Todos ficaram repletos do Espírito Santo e anunciavam a palavra de Deus com muita coragem.

A partilha comunitária – ³²A multidão dos que acreditavam era um só coração e uma só alma. Ninguém dizia que eram seus os bens que possuía, mas tudo entre eles era posto em comum. ³³Com grande poder, os apóstolos davam testemunho da ressurreição do Senhor Jesus. E todos eles eram muito estimados. ³⁴De fato, entre eles não havia nenhum necessitado, pois aqueles que possuíam terras ou casas as vendiam, levavam o valor das vendas ³⁵e o colocavam aos pés dos apóstolos. Então se distribuía a cada um segundo a própria necessidade. ³⁶José, a quem os apóstolos chamavam de Barnabé, que significa filho da exortação, levita nascido em Chipre, ³⁷sendo proprietário de um campo, o vendeu, levou o dinheiro e o colocou aos pés dos apóstolos.

5 *A ganância mata o batismo* – ¹Certo homem chamado Ananias, com sua esposa Safira, vendeu uma propriedade. ²Em acordo com sua mulher, ficou com uma parte do valor e levou à outra parte, colocando-a aos pés dos apóstolos. ³Pedro disse: "Ananias, como é que Satanás se apoderou assim de seu coração, para que você minta ao Espírito Santo, ficando com uma parte do preço do terreno? ⁴Você não podia conservá-lo para si sem vendê-lo? E ainda que o vendesse, não podia ficar com todo o dinheiro? Então, por que fez isso? Você não mentiu para os homens, mas para Deus". ⁵Ao ouvir essas palavras, Ananias caiu morto. E todos os que estavam ouvindo foram tomados de grande temor. ⁶Os mais jovens se levantaram, envolveram o corpo num lençol e, levando-o para fora, o sepultaram.

⁷Umas três horas mais tarde, sem saber o que havia acontecido, sua esposa entrou. ⁸Pedro lhe perguntou: "Diga-me: foi por esse valor que vocês venderam o terreno?" Ela respondeu: "Sim, foi por esse valor". ⁹Então Pedro lhe disse: "Por que vocês se colocaram de acordo para tentar o Espírito do Senhor? Eis aí, junto à porta, os pés dos que foram sepultar seu marido. Eles levarão você também!" ¹⁰No mesmo instante, ela caiu aos pés de Pedro e morreu. Ao entrar, os jovens a encontraram morta. E, levando-a para fora, a sepultaram junto ao marido. ¹¹E houve grande temor por toda a igreja e entre todos os que ouviram essas coisas.

A comunidade acolhe todos os excluídos – ¹²Pelas mãos dos apóstolos eram

---

conseguem os poderes terrenos contra a ação de Deus?" Não pedem que a perseguição termine, mas que possam continuar testemunhando a fé.

32-37: Segundo retrato de uma comunidade modelo. Agora o enfoque está na partilha radical como fruto da adesão a Jesus. Assim, ninguém passará necessidade. Surge aqui um modelo de discípulo autêntico: Barnabé. É pessoa exemplar na comunidade, exatamente o oposto de Judas, que comprou um campo com dinheiro da corrupção (cf. At 1,17-18). Barnabé, ao contrário, não reteve nada para si: vendeu o campo que possuía e pôs o dinheiro à disposição de todos. A partilha deve ser livre e consciente, cada um colocando a própria segurança na vida comunitária.

5,1-11: Ao contrário de Barnabé, Ananias e Safira não souberam confiar na partilha. Ambos são batizados, mas não conseguem viver a novidade trazida por Jesus; vendem a propriedade, mas entregam apenas parte do valor obtido, dizendo ser total. Ao questionar Ananias, Pedro aponta novamente os critérios para a vida em comunidade: a Igreja não obriga os fiéis a vender seus pertences; por isso, ninguém se sinta constrangido a fazer doações. Só não se admite a mentira. Quanto a Safira, o que se reprova é ser ela cúmplice na falsidade do marido. Quem se exclui da partilha morre para a vida comunitária.

12-16: Terceiro retrato de uma comunidade modelo. O texto aponta para a força da união. Uma proposta

realizados muitos sinais e prodígios entre o povo. E ficavam todos juntos no Pórtico de Salomão. ¹³Ninguém dos demais ousava juntar-se a eles, mas o povo os elogiava muito. ¹⁴E era cada vez maior o número dos que acreditavam no Senhor, juntando-se a eles homens e mulheres. ¹⁵Chegaram ao ponto de levar os doentes para as praças, em esteiras e macas, para que, quando Pedro passasse, ao menos sua sombra cobrisse alguns deles. ¹⁶Também das cidades vizinhas de Jerusalém chegava a multidão, levando os doentes e os atormentados por espíritos impuros. E todos eram curados.

As autoridades se desesperam – ¹⁷Levantou-se então o sumo sacerdote, com todos os seus companheiros, ou seja, o partido dos saduceus. Cheios de inveja, ¹⁸pegaram os apóstolos e os puseram na prisão pública.

¹⁹Mas à noite um anjo do Senhor, abrindo as portas da prisão, os levou para fora e disse: ²⁰"Vão e se apresentem no Templo, e anunciem ao povo todas as coisas desse modo de viver". ²¹Tendo ouvido isso, entraram no Templo ao amanhecer e começaram a ensinar.

Então o sumo sacerdote chegou com seus companheiros. Convocou o Sinédrio e todo o Senado dos filhos de Israel. E mandaram buscar os apóstolos na prisão. ²²Ao chegarem aí, os servos não os encontraram na prisão, e voltaram dizendo: ²³"Encontramos a prisão fechada com toda a segurança, e os guardas em pé junto às portas. Mas, quando abrimos, não encontramos ninguém dentro".

²⁴Ao ouvirem essas palavras, o oficial da guarda do Templo e os chefes dos sacerdotes não sabiam o que pensar a respeito deles e o que teria acontecido. ²⁵Nisso, alguém chegou e lhes disse: "Eis que os homens que vocês puseram na prisão estão no Templo, ensinando o povo". ²⁶Então o oficial da guarda do Templo foi com seus auxiliares e levaram os apóstolos, mas sem violência, pois tinham medo de ser apedrejados pelo povo.

²⁷Eles os conduziram e os apresentaram ao Sinédrio. O sumo sacerdote os interpelou, ²⁸dizendo: "Nós havíamos dado ordens expressas para vocês não ensinarem nesse Nome. E eis que vocês encheram Jerusalém com o ensinamento de vocês. E ainda querem fazer recair sobre nós o sangue desse homem". ²⁹Pedro e os apóstolos disseram: "É preciso obedecer antes a Deus que aos homens. ³⁰O Deus de nossos pais ressuscitou Jesus, que vocês mataram, suspendendo-o num madeiro. ³¹Mas Deus, com sua direita, o exaltou, fazendo-o Chefe e Salvador, para conceder a Israel o arrependimento e o perdão dos pecados. ³²E nós somos testemunhas de tudo isso, nós e o Espírito Santo que Deus concedeu àqueles que lhe obedecem". ³³Ouvindo isso, eles ficaram enfurecidos e queriam matá-los.

A intervenção de Gamaliel – ³⁴Levantou-se então, no Sinédrio, um fariseu chamado Gamaliel. Era doutor da Lei, respeitado por todo o povo. Ele ordenou que levassem os apóstolos para fora por um momento. ³⁵Então disse: "Homens de Israel, vejam bem o que estão para fazer a estes homens. ³⁶Pois algum tempo atrás apareceu Teudas, que se dizia pessoa importante, e a ele se juntaram cerca de quatrocentos homens.

---

clara e definida leva as pessoas a optar pelo caminho de Jesus. A comunidade cristã é espaço aberto que acolhe os excluídos e marginalizados em nome de Deus, pelas antigas leis da pureza. Agora, um nova experiência de Deus revelada por Jesus, a comunidade se torna um espaço de cura para os corpos oprimidos pela doença e pela religião excludente.

17-33: O sumo sacerdote e o partido dos saduceus, roídos de inveja, lançam os apóstolos na prisão, tentando impedir a ação de Deus. O anjo os liberta, ordenando que continuem anunciando a "vida", anúncio que nenhum poder consegue impedir. Os apóstolos voltam para o Templo, agora transformado em local de conflito religioso. Eles pregam no espaço sagrado e são novamente presos. As autoridades, porém, não usam de violência, só por medo do povo. A resposta corajosa de Pedro anima a comunidade a enfrentar qualquer resistência: "É preciso obedecer antes a Deus que aos homens".

34-42: Os chefes pretendem matar os apóstolos. Diante do impasse, ergue-se Gamaliel, fariseu de bom senso, escriba observante e respeitado. Com firme argumentação, toma a defesa dos acusados. Lembra episódios recentes na vida do povo e pondera diante do Conselho: assim como se deu com outras correntes de opinião, se a doutrina desses apóstolos for apenas ideia humana, irá desaparecer por si. Porém, se o ensinamento que eles transmitem vem de Deus, é inútil combatê-lo. O dilema acalma os saduceus, que no entanto castigam os apóstolos com flagelação e repetem a proibição de pregar em nome de Jesus. Felizes por terem sofrido por causa do Nome, estes conti-

Pois ele foi morto, e todos os que nele acreditaram se dispersaram, e tudo acabou em nada. ³⁷Depois dele, apareceu Judas, o Galileu, no tempo do recenseamento, e fez o povo segui-lo em sua revolta. Também ele foi morto, e todos os que nele acreditaram se dispersaram. ³⁸Agora, portanto, eu lhes digo: Não se preocupem com esses homens, e os deixem em paz. Porque, se o projeto ou trabalho deles provém dos homens, será destruído. ³⁹Mas, se provém de Deus, vocês não conseguirão destruí-lo. Não aconteça que vocês se encontrem lutando contra Deus!" E assim Gamaliel os convenceu.

⁴⁰Chamaram os apóstolos e os açoitaram com varas. Então lhes ordenaram que não falassem mais no nome de Jesus; e os soltaram. ⁴¹Eles então saíram do recinto do Sinédrio, muito contentes por terem sido considerados dignos de sofrer afrontas por causa do Nome. ⁴²E cada dia, no Templo e pelas casas, não paravam de ensinar e anunciar a Boa-Nova do Cristo Jesus.

PERSEGUIÇÃO PRODUZ MISSÃO

6 *Novos ministérios* – ¹Nesses dias, o número dos discípulos tinha aumentado, e os helenistas começaram a queixar-se contra os hebreus, porque as viúvas deles eram deixadas de lado no atendimento diário. ²Os Doze convocaram a multidão dos discípulos e disseram: "Não está certo que nós descuidemos da Palavra de Deus para servir às mesas. ³Procurem entre vocês, irmãos, sete homens de respeito, repletos do Espírito e de sabedoria, e nós os encarregaremos dessa tarefa. ⁴E nós assim nos ocuparemos com a oração e o serviço da Palavra". ⁵A proposta agradou a toda a multidão. Então escolheram Estêvão, homem cheio de fé e do Espírito Santo; e também Filipe, Prócoro, Nicanor, Timon, Pármenas e Nicolau, um gentio de Antioquia que se convertera para a religião judaica. ⁶Foram apresentados aos apóstolos, que rezaram e impuseram as mãos sobre eles.

⁷E a Palavra do Senhor crescia. O número dos discípulos aumentava bastante em Jerusalém, e grande número de sacerdotes obedecia à fé.

O testemunho de Estêvão – ⁸Repleto de graça e poder, Estêvão realizava grandes prodígios e sinais entre o povo. ⁹Apareceram então alguns da sinagoga chamada dos Libertos, junto com cireneus e alexandrinos, e alguns da Cilícia e da Ásia, e começaram a discutir com Estêvão. ¹⁰Mas não conseguiam fazer oposição à sabedoria e ao Espírito com que ele falava. ¹¹Então subornaram alguns homens para dizerem: "Nós o ouvimos blasfemar contra Moisés e contra Deus". ¹²E amotinaram o povo, os anciãos e os escribas. Chegaram, o prenderam com violência e o levaram ao Sinédrio. ¹³Apresentaram falsas testemunhas que diziam: "Este homem não para de falar contra este lugar santo e contra a Lei. ¹⁴Pois nós o ouvimos dizer que Jesus, o Nazareno, destruirá este lugar e modificará os costumes que Moisés nos transmitiu". ¹⁵Todos os que estavam sentados no Sinédrio tinham os olhos fixos sobre Estêvão, e viram que o rosto dele se parecia com o rosto de um anjo.

7 *Nova leitura da história* – ¹O sumo sacerdote perguntou a Estêvão: "É isso mesmo?" ²Ele respondeu: "Irmãos e pais, escutem! O Deus da glória apareceu a nosso pai Abraão quando ele estava na Mesopotâmia, antes de habitar em Harã. ³E lhe disse: 'Saia da sua terra e da sua família, e vá para a terra que eu lhe mos-

---

6,1-7: O crescimento da comunidade gera tensões e conflitos também internos. Muitos pobres não estão sendo bem atendidos. Então os Doze convocam a assembleia e apresentam uma proposta: descentralizar os serviços, escolhendo novos ministros. A comunidade toda participa, fazendo a eleição, que os Doze confirmam mediante a imposição das mãos. Surge assim, na organização, o grupo dos Sete Diáconos (cf. At 21,8). O caminho para uma comunidade resolver seus problemas é a comunhão e a participação.

8-15: Perante a corajosa atuação de Estêvão, aprofunda-se o conflito com a antiga religião. Os adversários agora são as sinagogas helenistas de Jerusalém que discutem com Estêvão, diante de cuja sabedoria lhes falta argumentação. Apelam então para falsas testemunhas e abrem processo contra Estêvão no Supremo Tribunal.

7,1-53: O discurso de Estêvão é um dos mais importantes em Atos, e indica a ruptura da comunidade cristã diante do Templo e com a Lei de Moisés. Mediante uma longa memória da caminhada histórica do povo, Estêvão recorda a fidelidade de Deus. E destaca alguns fatos: Abraão já adorava Deus fora da Terra Santa; Moisés

trarei'. ⁴Então Abraão saiu da terra dos caldeus e foi morar em Harã. Depois que o pai dele morreu, Deus o fez emigrar daí para esta terra, onde vocês agora moram. ⁵Deus não lhe deu nenhuma propriedade nesta terra, nem mesmo o espaço de um pé no chão. Mas prometeu dá-la como posse para ele e para sua descendência. Embora Abraão não tivesse filhos, ⁶Deus assim falou: 'A descendência dele será peregrina em terra estrangeira, será escravizada e maltratada durante quatrocentos anos. ⁷Mas eu julgarei a nação, da qual eles serão escravos. Depois disso, sairão daí e me prestarão culto neste lugar'. ⁸Deus em seguida lhe concedeu a aliança da circuncisão. E assim, ele gerou Isaac e o circuncidou no oitavo dia. Isaac gerou Jacó, e Jacó gerou os doze patriarcas.

⁹E os patriarcas, com inveja de José, o venderam para o Egito. Mas Deus estava com ele ¹⁰e o libertou de todas as suas tribulações, e lhe concedeu graça e sabedoria diante do faraó, rei do Egito. Este o nomeou administrador do Egito e de toda a sua casa. ¹¹Houve então uma carestia em todo o Egito e em Canaã. Era grande a miséria, e nossos pais não encontravam o que comer. ¹²Sabendo que no Egito havia mantimento, Jacó enviou para lá nossos pais uma primeira vez. ¹³Na segunda, José deu-se a conhecer a seus irmãos. E o faraó ficou sabendo da origem de José. ¹⁴Então José mandou chamar seu pai Jacó e toda a sua família, ao todo setenta e cinco pessoas. ¹⁵Jacó desceu para o Egito e aí morreu, como também nossos pais. ¹⁶Seus restos foram transportados para Siquém e colocados no sepulcro que Abraão, a dinheiro, comprara dos filhos de Hemor, pai de Siquém.

¹⁷Aproximava-se, porém, o tempo de se realizar a promessa que Deus tinha feito a Abraão. O povo foi crescendo e se multiplicando no Egito, ¹⁸até que no Egito surgiu outro rei que não tinha conhecido José. ¹⁹Esse rei, agindo com astúcia contra nossa estirpe, perseguiu nossos pais e os obrigou a abandonar os filhos recém-nascidos, para que não sobrevivessem. ²⁰Nesse tempo, nasceu Moisés, que era belo aos olhos de Deus. Durante três meses foi criado na casa de seu pai. ²¹Depois, quando foi abandonado, a filha do faraó o recolheu e o criou como seu próprio filho. ²²Assim, Moisés foi iniciado em toda a sabedoria dos egípcios, e tornou-se poderoso em palavras e obras.

²³Quando completou quarenta anos, veio-lhe ao coração o desejo de visitar seus irmãos, os israelitas. ²⁴Vendo que um deles era maltratado injustamente, tomou sua defesa e vingou o oprimido, matando o egípcio. ²⁵Ele pensava que seus irmãos iriam compreender que Deus ia salvá-los através de sua mão. Eles, porém, não o compreenderam. ²⁶No dia seguinte, apareceu quando alguns deles brigavam e tentou reconciliá-los, dizendo: 'Vocês são irmãos. Por que se maltratam um ao outro?' ²⁷E aquele que estava maltratando o companheiro rejeitou Moisés, dizendo: 'Quem o nomeou chefe e juiz sobre nós? ²⁸Por acaso você quer me matar, como fez ontem com o egípcio?' ²⁹Ao ouvir essas palavras, Moisés fugiu e foi viver como forasteiro na terra de Madiã, onde teve dois filhos.

³⁰Quarenta anos depois, um anjo apareceu-lhe no deserto do monte Sinai, na chama de uma sarça que ardia. ³¹Moisés ficou admirado ao ver a aparição. Quando se aproximou para ver melhor, a voz do Senhor se fez ouvir: ³²'Eu sou o Deus de seus pais, o Deus de Abraão, de Isaac e de Jacó'. Tremendo, Moisés não ousava levantar os olhos. ³³E o Senhor lhe disse: 'Tire as sandálias dos pés, porque o lugar onde você está é terra santa. ³⁴Eu vi muito bem a miséria do meu povo no Egito. Ouvi o gemido deles e desci para libertá-los. Agora venha, que eu vou enviar você ao Egito'. ³⁵A este mesmo Moisés eles tinham renegado, dizendo: 'Quem o no-

---

enfrentou a resistência do povo no processo de libertação; Aarão cedeu frente à desobediência e idolatria. Concluindo a história da travessia do deserto, faz uma citação do profeta Amós, que condena o comportamento do povo diante de Moisés. Em seguida, recorda que o Templo substituiu a Tenda do Testemunho. E confirma suas palavras citando Isaías, para quem o Templo não é garantia da presença de Deus no meio do povo. Estêvão mostra ainda que seus acusadores é que se colocam contra o Templo e contra a Lei. Termina fazendo acusação direta às autoridades religiosas (vv. 51-53). Estas é que dão origem aos conflitos diante da comunidade cristã.

meou chefe e juiz?' A ele Deus o enviou como chefe e libertador, por meio do anjo que lhe tinha aparecido na sarça. ³⁶Foi ele que os fez sair, realizando sinais e prodígios na terra do Egito, no mar Vermelho e no deserto, durante quarenta anos. ³⁷Esse Moisés foi quem disse aos israelitas: 'Deus lhes fará surgir, entre os irmãos de vocês, um profeta como eu'. ³⁸Foi ele, na assembleia do deserto, quem esteve com o anjo que lhe falava no monte Sinai, e também com nossos pais. Foi ele quem recebeu palavras de vida, para transmiti-las a nós. ³⁹Nossos pais, porém, não quiseram obedecer-lhe. Ao contrário, o rejeitaram e em seus corações voltaram ao Egito, ⁴⁰ao dizerem a Aarão: 'Faça para nós deuses que nos guiem, pois não sabemos o que aconteceu com esse Moisés que nos tirou do Egito'. ⁴¹E naqueles dias fizeram um bezerro, ofereceram um sacrifício ao ídolo e se alegraram com a obra de suas próprias mãos. ⁴²Então Deus se voltou, e os deixou adorando o exército do céu, como está escrito no livro dos Profetas: 'Por acaso vocês me ofereceram vítimas e sacrifícios durante quarenta anos no deserto, ó casa de Israel? ⁴³Pelo contrário, vocês carregaram a tenda de Moloc e a estrela do deus Refã, imagens que vocês mesmos fizeram para adorar. Por isso, eu os deportarei para além de Babilônia'.

⁴⁴A Tenda do Testemunho esteve com nossos pais no deserto, segundo as instruções daquele que tinha dito a Moisés, para fazê-la de acordo com o modelo que lhe havia mostrado. ⁴⁵Nossos pais receberam a Tenda e, guiados por Josué, a introduziram no país conquistado das nações que Deus expulsou diante de nossos pais. E aí ela ficou até o tempo de Davi. ⁴⁶E Davi encontrou graça diante de Deus e lhe pediu permissão para construir uma casa para o Deus de Jacó. ⁴⁷No entanto, foi Salomão quem lhe construiu uma casa. ⁴⁸O Altíssimo, porém, não mora em obras de mãos humanas, como diz o profeta: ⁴⁹'O céu é o meu trono, e a terra é o lugar onde apoio meus pés. Que casa vocês construirão para mim?, diz o Senhor. E qual será o lugar do meu descanso? ⁵⁰Não foi minha mão que fez todas essas coisas?'

⁵¹Homens de cabeça dura, incircuncisos de coração e de ouvidos! Vocês sempre se opõem ao Espírito Santo! Vocês são como foram seus pais! ⁵²A qual dos profetas os pais de vocês não perseguiram? Eles mataram os que prediziam a vinda do Justo, do qual agora vocês se tornaram traidores e assassinos. ⁵³Vocês receberam a Lei por meio de anjos, e não a observaram!"

O martírio de Estêvão – ⁵⁴Ao ouvir isso, ficaram enfurecidos em seus corações e rangiam os dentes contra Estêvão. ⁵⁵Repleto do Espírito Santo, Estêvão fixou os olhos no céu e viu a glória de Deus, e Jesus de pé à direita de Deus. ⁵⁶Então disse: "Estou vendo os céus abertos, e o Filho do Homem de pé à direita de Deus". ⁵⁷Eles deram fortes gritos, taparam os ouvidos e avançaram todos juntos contra Estêvão. ⁵⁸Arrastaram-no para fora da cidade e começaram a apedrejá-lo. As testemunhas deixaram seus mantos aos pés de um jovem chamado Saulo. ⁵⁹Enquanto o apedrejavam, Estêvão repetia esta invocação: "Senhor Jesus, recebe o meu espírito". ⁶⁰Depois, caiu de joelhos e gritou forte: "Senhor, não os condenes por este pecado". E, ao dizer isso, adormeceu.

8 *A perseguição gera a missão* – ¹Saulo estava de acordo com a execução de Estêvão. Nesse dia, houve grande perseguição contra a igreja de Jerusalém. E todos, fora os apóstolos, se espalharam pelas regiões da Judeia e da Samaria. ²Alguns homens piedosos sepultaram Estêvão e guardaram grande luto por ele. ³Saulo tentava destruir a igreja: entrando nas casas, arrastava para fora homens e mulheres, e os lançava na prisão. ⁴E os que tinham sido dispersados iam de um lugar para outro, anunciando a Boa-Nova.

54-60: Respondendo à fúria dos acusadores, Estêvão dá seu último testemunho: "Estou vendo Jesus ressuscitado à direita de Deus!" A reação é violenta: arrastado e apedrejado, Estêvão torna-se o primeiro mártir da caminhada cristã. Morre como Jesus: rezando salmos e perdoando os algozes.

8,1-4: Entre os carrascos de Estêvão, destaca-se um fariseu radical de nome Saulo, que irá liderar violentas perseguições contra as comunidades cristãs. Perseguição que acaba sendo positiva, ao gerar a dispersão que vai expandir a Boa-Nova. Os discípulos saem de Jerusalém e começam a evangelizar a Ju-

ATOS DOS APÓSTOLOS 8

A Palavra rompe fronteiras – ⁵Filipe desceu a uma cidade da Samaria e anunciava o Cristo a eles. ⁶As multidões eram unânimes em escutar com atenção tudo o que Filipe dizia, pois ouviam e viam os sinais que ele realizava. ⁷De fato, os espíritos impuros saíam de muitos possessos, dando grandes gritos. E foram curados muitos paralíticos e aleijados. ⁸E foi grande a alegria nessa cidade.

A tentação do mercado religioso – ⁹Havia nessa mesma cidade um homem chamado Simão, que há muito tempo praticava a magia e impressionava o povo da Samaria, fazendo-se passar por pessoa importante. ¹⁰Todos, pequenos e grandes, davam ouvidos a ele, dizendo: "Este homem é o poder de Deus, poder que se chama o Grande". ¹¹Eles lhe davam atenção, porque fazia muito tempo que Simão os impressionava com suas artes mágicas. ¹²Quando acreditaram em Filipe, que anunciava a Boa-Nova do Reino de Deus e do nome de Jesus Cristo, homens e mulheres se faziam batizar. ¹³O próprio Simão também acreditou e, depois de batizado, estava sempre com Filipe, admirando-se ao ver os sinais e grandes prodígios que se realizavam.

¹⁴Os apóstolos que estavam em Jerusalém, ao ouvir que a Samaria tinha acolhido a Palavra de Deus, enviaram para eles Pedro e João. ¹⁵Estes, descendo até aí, rezaram por eles, para que recebessem o Espírito Santo. ¹⁶Pois o Espírito ainda não tinha vindo sobre nenhum deles, mas tinham sido batizados apenas em nome do Senhor Jesus. ¹⁷Então impunham as mãos sobre eles, e recebiam o Espírito Santo.

¹⁸Quando Simão viu que o Espírito Santo era concedido pela imposição das mãos dos apóstolos, ofereceu-lhes dinheiro, ¹⁹dizendo: "Deem a mim também esse poder, para que receba o Espírito Santo todo aquele sobre quem eu impuser as mãos". ²⁰Mas Pedro lhe respondeu: "Pereça junto com seu dinheiro, porque você acreditou que podia comprar com dinheiro o dom de Deus. ²¹Não há para você parte ou lugar nisso tudo, porque sua consciência não é correta diante de Deus. ²²Arrependa-se dessa sua maldade e reze ao Senhor, para que lhe seja perdoado esse desejo do seu coração. ²³Pois eu vejo que você está no fel da amargura e nos laços da injustiça". ²⁴Simão respondeu: "Rezem por mim ao Senhor, para que não me aconteça nada do que vocês acabam de falar".

²⁵Depois de terem dado testemunho e terem anunciado a palavra do Senhor, eles voltaram a Jerusalém, anunciando a Boa-Nova a muitos vilarejos dos samaritanos.

Filipe e o eunuco etíope – ²⁶Um anjo do Senhor falou a Filipe, dizendo: "Levante-se e vá, por volta do meio-dia, pelo caminho que desce de Jerusalém a Gaza, o caminho que está no deserto". Filipe levantou-se e foi. ²⁷Eis que um etíope, eunuco e alto funcionário de Candace, rainha da Etiópia, que era administrador geral do tesouro dela, tinha ido a Jerusalém para prestar culto ²⁸e estava voltando. Sentado em sua carruagem, lia o profeta Isaías. ²⁹Então o Espírito disse a Filipe: "Aproxime-se e acompanhe aquela carruagem". ³⁰Filipe correu. E, ouvindo que ele lia o profeta Isaías, perguntou: "Você

---

deia e a Samaria, realizando assim o pedido de Jesus (At 1,8).

5-8: Com Filipe, a Palavra rompe as fronteiras geográficas e religiosas do judaísmo e se faz presente na região dos samaritanos, que os judeus consideram heréticos. Acontece na Samaria o mesmo que em Jerusalém e na Judeia: diante da Palavra, dos sinais e prodígios, os samaritanos acolhem com alegria a salvação em nome de Jesus.

9-25: Outro sério problema no seio da comunidade. Certo Simão é batizado e acompanha Filipe. Ao ver Pedro transmitindo o Espírito Santo, tenta comprar esse poder. A reação de Pedro é forte (v. 20). O que Deus distribui gratuitamente, não pode ser comercializado. Por outro lado, os apóstolos confirmam o trabalho de Filipe em Samaria, reconhecendo que em região diferente, com tradições próprias, judeus e samaritanos fazem parte da mesma Igreja.

26-40: Obediente às ordens do Espírito Santo, Filipe se dirige para Gaza, cidade além das fronteiras de Israel. Encontra um etíope que acolhe bem a proposta. O relato mostra que a Palavra vence todas as barreiras: de raça (o etíope é negro), sociais (é escravo), nacionais (é estrangeiro) e de religião (eunucos não poderiam pertencer à assembleia dos fiéis). Mas o Espírito acolhe todos os que buscam a Deus com sinceridade. Algumas traduções acrescentam o v. 37: "Filipe respondeu: 'Você acredita de todo o coração?' O eunuco respondeu: 'Creio que Jesus Cristo é o Filho de Deus' ". Trata-se de antiga fórmula batismal com que a pessoa manifestava o desejo de entrar na comunidade cristã. O esquema de acolhida continua igual: encontro, anúncio, catequese e batismo. Este último é o sinal de que Deus não faz acepção de pessoas. Com a conversão e a missão do etíope, a Palavra atinge novas culturas e raças. O evangelho chega primeiro à África negra.

entende o que está lendo?" ³¹Ele respondeu: "Como posso entender, se ninguém me explica?" Convidou então Filipe a subir e a sentar-se com ele.

³²A passagem da Escritura que o eunuco estava lendo era esta: "Ele foi levado como ovelha ao matadouro. E como um cordeiro perante seu tosquiador, ele ficava mudo e não abria a boca. ³³Eles o humilharam e lhe negaram a justiça. Quem falará de sua geração? Pois sua vida foi eliminada da terra".

³⁴O eunuco perguntou a Filipe: "Por favor, me diga: de quem o profeta está dizendo isso? Ele fala de si mesmo ou de outra pessoa?" ³⁵Abrindo a boca e partindo dessa passagem da Escritura, Filipe lhe anunciou a Boa-Nova de Jesus. ³⁶Prosseguindo pelo caminho, chegaram a um lugar onde havia água. O eunuco então disse: "Eis a água. O que impede que eu seja batizado?" [37] ³⁸E mandou parar a carruagem. Os dois desceram até a água, Filipe e o eunuco. E Filipe o batizou. ³⁹Quando saíram da água, o Espírito do Senhor arrebatou Filipe, e o eunuco não o viu mais, e continuou seu caminho com alegria. ⁴⁰Filipe apareceu em Azoto. E, partindo daí, anunciava a Boa-Nova em todas as cidades por onde passava, até chegar a Cesareia.

9 A conversão de Saulo –
¹Respirando ainda ameaças de morte contra os discípulos do Senhor, Saulo foi ao sumo sacerdote. ²Pediu-lhe cartas para as sinagogas de Damasco, a fim de levar presos para Jerusalém os que encontrasse seguindo o Caminho, homens e mulheres. ³Durante a viagem, estando já perto de Damasco, uma luz vinda do céu brilhou de repente em torno dele. ⁴E, caindo por terra, ouviu uma voz que lhe dizia: "Saul, Saul, por que você me persegue?" ⁵Ele perguntou: "Quem és tu, Senhor?" E a resposta: "Eu sou Jesus, a quem você persegue. ⁶Mas levante-se, entre na cidade, e aí lhe dirão o que você deve fazer". ⁷Os homens que viajavam com ele ficaram mudos de espanto, porque ouviam a voz, mas não viam ninguém. ⁸Saulo se levantou do chão. Abriu os olhos, mas não via nada. Então o conduziram pela mão e o fizeram entrar em Damasco. ⁹E por três dias ficou sem ver, e não comeu nem bebeu nada.

¹⁰Havia em Damasco um discípulo chamado Ananias. O Senhor lhe disse em visão: "Ananias!" Ele respondeu: "Eis-me aqui, Senhor!" ¹¹E o Senhor lhe disse: "Levante-se, vá pela rua que se chama Direita e procure, na casa de Judas, um homem de Tarso chamado Saulo. Ele está rezando ¹²e acaba de ter a visão de um homem chamado Ananias entrando e impondo-lhe as mãos, para que recupere a vista". ¹³Ananias respondeu: "Senhor, ouvi muita gente falar desse homem, e de quanto mal ele fez aos teus santos em Jerusalém. ¹⁴E aqui, ele tem a autorização dos chefes dos sacerdotes para prender todos os que invocam o teu nome". ¹⁵Mas o Senhor lhe disse: "Vá, porque esse homem é um instrumento que escolhi para levar o meu nome entre as nações, os reis e os filhos de Israel. ¹⁶Eu mesmo hei de mostrar a ele o quanto deverá sofrer por causa do meu nome". ¹⁷Então Ananias foi, entrou na casa e impôs as mãos sobre ele, dizendo: "Saulo, meu irmão, o Senhor Jesus, que lhe apareceu quando você vinha pelo caminho, me mandou aqui, para que você recupere a vista e fique cheio do Espírito Santo". ¹⁸Imediatamente lhe caíram dos olhos umas como escamas. E voltou a ver, levantou-se e foi batizado. ¹⁹ªDepois, comeu e recuperou as forças.

Um testemunho corajoso –
¹⁹ᵇSaulo ficou alguns dias com os discípulos em Damasco. ²⁰E logo começou a proclamar nas sinagogas que Jesus é o Filho de Deus. ²¹Todos os que ouviam ficavam confusos e diziam: "Não é este que devastava em Jerusalém os que invocavam este Nome? E não

---

9,1-19a: A conversão de Saulo é narrada três vezes em Atos (9,1 25; 22,1 6; 26,9-18). Trata-se de um fato importante no esquema do livro. No caminho, Saulo é chamado pelo próprio Jesus, cujo Espírito transforma o violento perseguidor em apóstolo corajoso. Esse processo de conversão coloca a Igreja toda, aqui representada por Ananias, diante de uma proposta: terá de viver o mandamento da reconciliação e do perdão, acolhendo o antigo perseguidor. Trata-se portanto de dupla conversão: de Saulo para a comunidade, e da comunidade para Saulo.

19b-25: O convertido começa imediatamente a evangelizar com determinação e coragem. Mas sua pregação gera confusão: entre os judeus que veem nele o defensor da fé cristã, e entre os cristãos que ainda o enxergam como perseguidor. Saulo fala com firmeza de

veio aqui justamente para prendê-los e levá-los aos chefes dos sacerdotes?" ²²Saulo, porém, ia ganhando forças e, afirmando que Jesus é o Messias, deixava confusos os judeus que moravam em Damasco.

²³Passados muitos dias, os judeus tomaram a decisão de matá-lo. ²⁴Mas o plano deles chegou ao conhecimento de Saulo. Vigiavam até as portas da cidade, dia e noite, para o matarem. ²⁵Por isso, uma noite os discípulos o fizeram descer pela muralha, dentro de um cesto.

A coragem de um amigo – ²⁶Chegando a Jerusalém, Saulo tentava juntar-se aos discípulos. Todos porém tinham medo dele, pois não acreditavam que fosse discípulo. ²⁷Então Barnabé o tomou consigo e o levou até os apóstolos. E lhes contou como Saulo no caminho tinha visto o Senhor, que falou com ele, e como em Damasco ele mesmo havia proclamado com franqueza o nome de Jesus.

²⁸Daí em diante, Saulo permaneceu com eles em Jerusalém, e proclamava com franqueza o nome do Senhor. ²⁹Falava também com os helenistas e discutia com eles, porém estes procuravam matá-lo. ³⁰Quando souberam disso, os irmãos o levaram a Cesareia, e daí o enviaram para Tarso.

³¹E as igrejas viviam em paz por toda a Judeia, Galileia e Samaria. Elas se edificavam e caminhavam no temor do Senhor, e cresciam encorajadas pelo Espírito Santo.

A Igreja se expande em paz – ³²Aconteceu que Pedro, passando por todos os lugares, desceu também para junto dos santos que moravam em Lida. ³³Aí encontrou um homem chamado Eneias, que há oito anos vivia na cama, pois era paralítico. ³⁴Pedro lhe disse: "Eneias, Jesus Cristo está curando você! Levante-se e arrume sua cama!" Ele imediatamente se levantou. ³⁵E todos os habitantes de Lida e do Saron, vendo isso, converteram-se ao Senhor.

³⁶Em Jope havia uma discípula chamada Tabita, nome que traduzido quer dizer Gazela. Praticava muitas boas obras e dava esmolas. ³⁷Nesses dias, aconteceu que ela ficou doente e morreu. Eles a lavaram e a colocaram no piso superior. ³⁸Como Lida ficava perto de Jope, os discípulos, ouvindo dizer que Pedro estava aí, enviaram a ele dois homens para lhe pedir: "Venha sem demora até nós!" ³⁹Pedro se levantou e foi com eles. Quando chegou, o levaram ao piso superior. Todas as viúvas se puseram em volta dele, chorando e mostrando as túnicas e mantos que Tabita havia feito quando vivia com elas. ⁴⁰Pedro mandou que todos saíssem. Então se pôs de joelhos e rezou. Em seguida, voltou-se para o corpo e disse: "Tabita, levante-se!" Ela abriu os olhos, viu Pedro e sentou-se. ⁴¹Ele deu-lhe a mão e a fez levantar-se. Depois, chamou os santos e as viúvas, e apresentou-a viva. ⁴²O fato se tornou conhecido em toda a cidade de Jope, e muitos acreditaram no Senhor. ⁴³E Pedro permaneceu muitos dias em Jope, na casa de um certo Simão, que era curtidor de peles.

A ABERTURA PARA OS GENTIOS CAUSA CONFLITOS

10 *Pedro na casa de Cornélio* – ¹Vivia em Cesareia um homem chamado Cornélio, centurião da coorte chamada Itálica. ²Era piedoso e temente a Deus, junto

---

sua nova opção. Mas os antigos companheiros agora o perseguem, e ele é constrangido a fugir.

26-30: Na comunidade, muitos duvidam da conversão de Saulo. Então Barnabé, que acredita nele, o apresenta aos apóstolos. Sentindo-se acolhido, Saulo retoma a pregação diante do seu antigo grupo que tinha apedrejado Estêvão. A comunidade agora o protege, facilitando-lhe a fuga.

31: Na caminhada não existe só perseguição. Em breve resumo, Lucas mostra as comunidades em paz e todas as regiões do Antigo Israel já alcançadas pela Palavra e pelo Espírito. A primeira etapa foi atingida; começa novo processo de expansão.

32-43: Os atos de Pedro (9,32-11,8). A partir de agora, o personagem central é Pedro, que abre as portas da comunidade para novas iniciativas, indicando outros rumos e frentes de trabalho. A evangelização precisa atender as populações do litoral, onde convivem numerosos judeus e pagãos. Pedro repete Jesus, curando enfermos e até restituindo a vida. Age sempre "em nome de Jesus". E as comunidades reúnem gente simples, homens e mulheres que testemunham sua fé através de trabalhos comunitários. Aqui, os episódios mostram o cotidiano de qualquer comunidade: oração, trabalho, conversa e preocupação em favor uns dos outros.

10,1-33: A comunidade judaica defendia-se das influências externas mediante duas proibições: de comer carne de animais considerados impuros pelo livro do Levítico; e de misturar-se com estrangeiros, também considerados impuros. O texto narra outras duas conversões: de Pedro e de Cornélio. Este quer abraçar

com todos os da sua família. Dava muitas esmolas ao povo e sempre rezava a Deus. ³Certo dia, pelas três horas da tarde, Cornélio teve uma visão. Viu claramente um anjo de Deus que entrava em sua casa e lhe dizia: "Cornélio!" ⁴Olhando bem para ele e cheio de medo, Cornélio perguntou: "O que é, Senhor?" O anjo respondeu: "Suas orações e esmolas subiram como memorial diante de Deus. ⁵Agora, mande alguns homens a Jope para buscar Simão, também chamado Pedro. ⁶Ele está junto a um certo Simão, curtidor de peles, que tem uma casa à beira-mar". ⁷Quando o anjo que lhe falava foi embora, Cornélio chamou dois de seus empregados e um soldado piedoso dos que estavam a seu serviço. ⁸Explicou-lhes tudo e os enviou a Jope.

⁹No dia seguinte, enquanto caminhavam e se aproximavam da cidade, por volta do meio-dia Pedro subiu ao terraço para rezar. ¹⁰Sentiu fome e quis comer. Enquanto lhe preparavam a comida, entrou em êxtase. ¹¹Viu o céu aberto e uma coisa parecida com grande toalha, presa pelas quatro pontas, que descia para a terra. ¹²Dentro havia todo tipo de quadrúpedes e répteis da terra e aves do céu. ¹³E uma voz lhe falou: "Levante-se, Pedro, imole e coma!" ¹⁴Mas Pedro respondeu: "De jeito nenhum, Senhor, porque eu jamais comi nada de profano e impuro!" ¹⁵A voz lhe falou de novo, pela segunda vez: "Não considere impuro o que Deus purificou". ¹⁶Isso repetiu-se por três vezes, e depois a coisa foi recolhida ao céu.

¹⁷Pedro ficou muito confuso e perguntava a si mesmo qual o significado da visão que tivera. Foi quando os homens enviados por Cornélio perguntaram pela casa de Simão e apareceram junto à porta. ¹⁸Chamaram e perguntaram se era aí que estava hospedado um certo Simão, chamado Pedro. ¹⁹Ora, Pedro ainda estava pensando sobre a visão, quando o Espírito lhe disse: "Aí estão três homens à sua procura. ²⁰Levante-se, desça e vá com eles sem duvidar, porque fui eu que os enviei". ²¹Pedro desceu ao encontro dos homens e disse: "Sou eu mesmo que vocês procuram. Qual é o motivo por que vocês estão aqui?" ²²Responderam: "O centurião Cornélio, homem justo e temente a Deus, estimado por todo o povo judeu, acabou de receber de um santo anjo um aviso para chamar você até a casa dele, a fim de ouvir o que você tem a dizer". ²³Então Pedro os convidou a entrar e lhes deu hospedagem.

No dia seguinte, levantou-se e partiu com eles. Alguns irmãos que eram de Jope o acompanharam. ²⁴No dia seguinte, entrou em Cesareia. Cornélio os aguardava, e tinha reunido seus parentes e amigos mais íntimos. ²⁵Quando Pedro estava para entrar, Cornélio saiu ao encontro dele, caiu a seus pés e se ajoelhou diante dele. ²⁶Pedro, porém, o levantou, dizendo: "Levante-se. Eu também sou apenas um homem". ²⁷E, conversando com ele, entrou e encontrou muitos reunidos. Disse-lhes então: ²⁸"Vocês sabem que é proibido para um judeu relacionar-se com estrangeiro ou entrar em casa dele. Mas Deus me mostrou que não se deve considerar a ninguém como profano ou impuro. ²⁹Por isso eu vim sem duvidar, logo que fui chamado. Então pergunto: Qual é o motivo para vocês me mandarem chamar?"

³⁰Cornélio então respondeu: "Há quatro dias, nesta mesma hora, eu estava em casa fazendo a oração das três da tarde, quando se apresentou diante de mim um homem com vestes resplandecentes. ³¹Ele me disse: 'Cornélio, sua oração foi ouvida e suas esmolas foram lembradas diante de Deus. ³²Por isso, mande alguém a Jope chamar Simão, também chamado Pedro. Ele está hospedado na casa de Simão, o curtidor de peles, à beira-mar!' ³³Imediatamente mandei chamá-lo, e você teve a bondade de vir. Agora, portanto, estamos todos aqui, na presença de Deus, para ouvir tudo o que o Senhor lhe mandou dizer-nos".

---

integralmente a fé em Jesus, porém sente-se impedido por ser estrangeiro. Pedro deve superar as barreiras legais e culturais que isolam a comunidade judaica frente aos povos pagãos. Ao descrever esta dupla conversão, Lucas mostra como a comunidade cristã teve de vencer fronteiras e preconceitos para acolher os pagãos. O livro destaca a maneira como o Espírito Santo provoca o encontro de Cornélio com Pedro.

Catequese de Pedro aos gentios – ³⁴Então Pedro tomou a palavra e falou: "Na verdade, eu me dou conta de que Deus não faz diferença entre as pessoas. ³⁵Pelo contrário, em qualquer nação, quem o teme e pratica a justiça é agradável a ele. ³⁶Deus enviou sua palavra aos filhos de Israel e lhes anunciou a Boa-Nova da paz, por meio de Jesus Cristo, que é o Senhor de todos. ³⁷Vocês sabem o que aconteceu por toda a Judeia, começando pela Galileia, depois do batismo pregado por João: ³⁸como Deus ungiu a Jesus de Nazaré com o Espírito Santo e com poder. E Jesus passou fazendo o bem e curando todos os que estavam dominados pelo diabo, porque Deus estava com Jesus. ³⁹E nós somos testemunhas de tudo o que ele fez na região dos judeus e em Jerusalém. Eles o mataram, suspendendo-o num madeiro. ⁴⁰Deus, porém, o ressuscitou no terceiro dia e fez com que ele aparecesse, ⁴¹não a todo o povo, mas para as testemunhas que Deus havia escolhido antes: para nós, que comemos e bebemos com ele, depois de sua ressurreição dentre os mortos. ⁴²Jesus nos mandou proclamar ao povo e testemunhar que ele foi constituído por Deus como juiz dos vivos e dos mortos. ⁴³Todos os profetas dão testemunho a respeito de Jesus, dizendo que todo aquele que acredita nele recebe, em seu nome, o perdão dos pecados".

O Espírito confirma as palavras de Pedro – ⁴⁴Pedro ainda estava falando essas coisas, quando o Espírito Santo desceu sobre todos os que ouviam a Palavra. ⁴⁵E os fiéis da circuncisão, que tinham ido com Pedro, ficaram admirados, pois o dom do Espírito Santo fora derramado também sobre os gentios. ⁴⁶De fato, eles os ouviam falar em línguas e exaltar a Deus. Então Pedro disse: ⁴⁷"Por acaso alguém pode impedir que sejam batizados com água estes que receberam como nós o Espírito Santo?" ⁴⁸E ordenou que fossem batizados em nome de Jesus Cristo. Então pediram que Pedro ficasse alguns dias com eles.

11 A Igreja confirma a ação de Pedro
– ¹Os apóstolos e os irmãos que estavam na Judeia souberam que também os gentios haviam acolhido a Palavra de Deus. ²Quando Pedro subiu a Jerusalém, os que eram da circuncisão começaram a discutir com ele, dizendo: ³"Você entrou na casa de incircuncisos e comeu com eles!" ⁴Então Pedro começou a contar-lhes detalhadamente o que havia acontecido: ⁵"Eu estava rezando na cidade de Jope, quando entrei em êxtase e tive uma visão: Vi uma coisa parecida com toalha grande que, presa pelas quatro pontas, descia do céu e chegava até mim. ⁶Olhei bem, examinei e vi dentro quadrúpedes da terra, animais selvagens e répteis e aves do céu. ⁷E ouvi uma voz que me dizia: 'Levante-se, Pedro, imole e coma'. ⁸Eu respondi: 'De jeito nenhum, Senhor, porque jamais entrou em minha boca nada de profano e impuro'. ⁹A voz vinda do céu me falou pela segunda vez: 'Não considere impuro o que Deus purificou'. ¹⁰Isso aconteceu por três vezes, e depois tudo foi levantado de volta para o céu. ¹¹Eis que imediatamente três homens se apresentaram na casa onde estávamos, enviados de Cesareia para me procurar. ¹²O Espírito me disse para ir com eles sem duvidar. Estes seis irmãos também foram comigo, e entramos na casa daquele homem. ¹³Ele nos contou como tinha visto um anjo apresentar-se em sua casa e dizer: 'Mande alguém a Jope para buscar Simão, também chamado Pedro. ¹⁴Ele lhe dirá palavras com as

---

34-43: O discurso catequético de Pedro parte de uma afirmação que dominará os debates até o Concílio em Jerusalém (At 15): "Deus não faz diferença entre as pessoas". Qualquer um, de qualquer raça ou nação, recebe de Deus a graça e a misericórdia. O evangelho de Jesus é "católico", ou seja, universal, e deve vencer todas as barreiras erguidas pelos limites ou preconceitos humanos.

44-48: Acontece o Pentecostes entre os pagãos. Assim como o Espírito Santo desceu sobre os fiéis que vieram do judaísmo (At 2,1-12), agora desce para os que chegam do paganismo. Todos passam pelo mesmo batismo, vivendo unidos na mesma comunidade, pela ação do mesmo Espírito que, através da Palavra, os faz reconhecer Cristo e receber o batismo.

11,1-18: A narrativa mostra que a entrada dos pagãos na comunidade nem sempre foi pacífica. Alguns criticam o agir de Pedro, que tem de prestar contas à Igreja de Jerusalém. O problema é se um pagão convertido a Jesus pode ou não entrar na casa de um judeu cristão e participar com ele da mesma refeição, e vice-versa. Deixando claro que a conversão dos pagãos é vontade de Deus, o texto começa a esboçar critérios de convivência: os cristãos provenientes do judaísmo precisam

quais você e toda a sua casa serão salvos'. ¹⁵Logo que comecei a falar, o Espírito Santo desceu sobre eles, da mesma forma que sobre nós no princípio. ¹⁶Então me lembrei da palavra que o Senhor havia dito: 'Na verdade, João batizou com água, mas vocês serão batizados com o Espírito Santo'. ¹⁷Portanto, se Deus concedeu a eles o mesmo dom que deu a nós que acreditamos no Senhor Jesus Cristo, quem seria eu para impedir Deus de agir?"

¹⁸Ao ouvir isso, eles se acalmaram e glorificaram a Deus, dizendo: "Realmente, também aos gentios Deus concedeu a conversão que leva para a vida!"

A Igreja de Antioquia – ¹⁹Aqueles que se espalharam, por causa da tribulação que começou com a morte de Estêvão, chegaram até a Fenícia, Chipre e Antioquia. E anunciavam a Palavra somente aos judeus. ²⁰Havia entre eles alguns cipriotas e cireneus, que chegando a Antioquia começaram a falar também aos gregos, anunciando-lhes a Boa-Nova do Senhor Jesus. ²¹A mão do Senhor estava com eles, e grande número acreditou e se converteu ao Senhor. ²²A notícia chegou aos ouvidos da igreja que está em Jerusalém, e esta enviou Barnabé para Antioquia.

²³Quando Barnabé chegou e viu a graça de Deus, ficou muito contente. Exortava todos a permanecerem unidos ao Senhor com o bom propósito do coração. ²⁴Barnabé, de fato, era homem bom, repleto do Espírito Santo e de fé. E muita gente se uniu ao Senhor.

²⁵Então Barnabé partiu para Tarso, em busca de Saulo. ²⁶E o encontrou e levou para Antioquia. Conviveram nessa igreja durante um ano inteiro, e ensinaram muita gente. Em Antioquia os discípulos receberam, pela primeira vez, o nome de cristãos.

Partilha entre as igrejas – ²⁷Nesses dias, alguns profetas desceram de Jerusalém para Antioquia. ²⁸Um deles, chamado Ágabo, levantou-se e, por meio do Espírito, começou a anunciar que uma grande fome estava para vir sobre toda a terra. Foi o que aconteceu no reinado de Cláudio. ²⁹Então os discípulos decidiram, cada um segundo suas possibilidades, mandar ajuda aos irmãos que viviam na Judeia. ³⁰E assim o fizeram, enviando aos anciãos essa ajuda, através de Barnabé e Saulo.

12 *Deus defende seus fiéis* – ¹Nesse tempo, o rei Herodes começou a perseguir alguns membros da Igreja, ²e mandou matar à espada Tiago, irmão de João. ³Vendo que isso agradava aos judeus, mandou prender também Pedro. Eram os dias da festa dos Pães Sem Fermento. ⁴Herodes o prendeu e o lançou na prisão, encarregando para guardá-lo dezesseis soldados, divididos em quatro grupos. A intenção de Herodes era apresentar Pedro ao povo, logo depois da festa da Páscoa. ⁵Enquanto Pedro era vigiado na prisão, a Igreja orava intensamente a Deus em favor dele.

⁶Estava próximo do momento de Herodes apresentar Pedro ao povo. Nessa mesma noite, Pedro dormia entre dois soldados. Estava preso com duas correntes, e os guardas vigiavam diante da porta. ⁷Eis que apareceu o anjo do Senhor, e uma luz brilhou na cela. O anjo tocou o lado de Pedro e o acordou, dizendo: "Levante-se depressa". E as correntes caíram das mãos dele. ⁸O anjo lhe disse: "Aperte o cinto e calce as sandálias". Ele assim o fez. E o anjo continuou: "Vista o manto e siga-me". ⁹Ele saiu e o seguia, sem saber se era real o que estava acontecendo por meio do anjo, pois pensava estar tendo uma visão. ¹⁰Passaram então pela primeira e segunda

---

ter a mesma coragem de Pedro; e os cristãos vindos do paganismo, ter a piedade e devoção de Cornélio ao acolher a palavra do Antigo Testamento.

19-26: A Igreja surge em Antioquia, que será um dos grandes centros de irradiação do cristianismo, caracterizado pela ampla abertura aos pagãos e pela mesa comum entre judeus cristãos e cristãos vindos do paganismo. Assustados com essa proposta radical, a Igreja-mãe de Jerusalém envia Barnabé como interventor. Ele não só acolhe a proposta como se torna seu defensor, convidando Saulo para trabalhar com ele. Esta proposta nova fez com que o povo da cidade passasse a identificar aquele grupo misturado como "cristãos".

27-30: Havia intensa comunicação entre as igrejas, inclusive com ajuda mútua. Essa comunhão gerava solidariedade e partilha, como relata o episódio da coleta em favor das comunidades carentes da Judeia.

12,1-25: Estamos pelo ano 44. A comunidade já caminha há uns dez anos. A perseguição em Jerusalém se reacende mais violenta. Tiago, um dos Doze, é decapitado, e Pedro está preso, sinal de que os cristãos já começam a incomodar. Herodes personifica os poderes

guarda, e chegaram ao portão de ferro que dava para a cidade. O portão abriu-se por si mesmo para eles. Saindo, seguiram por uma rua, e de repente o anjo desapareceu. ¹¹Então Pedro, voltando a si, disse: "Agora sei que de fato o Senhor enviou seu anjo e me libertou das mãos de Herodes e de tudo o que o povo judeu queria fazer comigo".

¹²E, tendo compreendido, foi para a casa de Maria, mãe de João, também chamado Marcos. Aí muitos estavam reunidos e oravam. ¹³Bateu à porta de entrada, e uma empregada chamada Rode foi abrir. ¹⁴Ao reconhecer a voz de Pedro, ficou tão contente que nem sequer abriu a porta. Em vez disso, entrou correndo para contar que Pedro estava aí diante da porta. ¹⁵Eles disseram: "Você ficou louca!" Mas ela insistia que era verdade. Então disseram: "Deve ser o anjo dele!" ¹⁶E Pedro continuava batendo. Quando finalmente abriram e o viram, ficaram espantados. ¹⁷Fazendo com a mão sinal para que ficassem calados, Pedro lhes contou como o Senhor o havia tirado da prisão. E disse ainda: "Contem isso a Tiago e aos irmãos". E, saindo daí, seguiu para outro lugar.

¹⁸Ao amanhecer, a confusão não foi pequena entre os soldados: o que teria acontecido com Pedro? ¹⁹Herodes mandou buscá-lo e, como não o encontrassem, interrogou os guardas e ordenou que fossem executados. A seguir, desceu da Judeia para Cesareia, onde permaneceu algum tempo.

²⁰Herodes estava muito irritado com os tírios e sidônios. Então eles de comum acordo se apresentaram diante de Herodes, após convencerem Blasto, o camareiro real. Pediam a paz, já que a região deles recebia mantimentos do território do rei. ²¹No dia marcado, Herodes vestiu-se com os trajes reais, tomou seu lugar na tribuna e fazia um discurso, ²²quando o povo começou a aclamar: "É a voz de um deus e não de um homem!" ²³No mesmo instante o anjo do Senhor feriu Herodes, porque ele não glorificou a Deus. E, comido por vermes, morreu.

²⁴E a Palavra de Deus crescia e se difundia. ²⁵Depois de realizar seu ministério em Jerusalém, Barnabé e Saulo voltaram, levando consigo João, também chamado Marcos.

13 *O envio missionário* – ¹Na igreja de Antioquia havia alguns profetas e doutores: Barnabé, Simeão o Negro, Lúcio o Cireneu, Manaém, companheiro de infância do tetrarca Herodes, e Saulo. ²Durante uma celebração em honra do Senhor, na qual jejuavam, o Espírito Santo disse: "Separem para mim Barnabé e Saulo, para o trabalho ao qual eu os chamei". ³Então jejuaram, rezaram e impuseram as mãos sobre eles, e os deixaram partir.

A primeira viagem missionária – ⁴Assim, enviados pelo Espírito Santo, Barnabé e Saulo desceram até Selêucia, e daí navegaram para Chipre. ⁵Quando chegaram a Salamina, começaram a anunciar a Palavra de Deus nas sinagogas dos judeus. Tinham também João como ajudante.

⁶Atravessaram toda a ilha até Pafos, onde encontraram um certo mago e falso profeta, que era judeu e se chamava Bar-Jesus. ⁷Estava este com o procônsul Sérgio Paulo, homem sábio, que mandou chamar Barnabé e Saulo, pois desejava escutar a Palavra de Deus. ⁸Mas o mago Elimas – assim se traduz o nome dele – se opôs, e procurava afastar da fé o procônsul. ⁹Então Saulo, também chamado Paulo, repleto do Espírito Santo, fixou os olhos em Elimas ¹⁰e disse: "Ó filho do diabo, cheio de toda falsidade e toda malícia, inimigo de toda justiça, você não vai parar

---

que tramam contra a comunidade. Mas a oração vence o tirano, alcançando de Deus a libertação de Pedro, que volta para a comunidade. Mas não há segurança, e ele precisa fugir. Aos poucos a figura de Pedro começa a desaparecer do livro dos Atos.

13,1-3: Breve retrato da comunidade cristã de Antioquia. Eles têm o seu Conselho e celebram a sua liturgia com oração e jejum. A comunidade não é fechada: nela surge logo uma equipe missionária, importante instrumento para a evangelização do imenso império romano. A comunidade envia em missão dois dos líderes do próprio Conselho. Uma igreja envia em missão o que ela tem de melhor.

4-12: A equipe missionária de Paulo e Barnabé tem roteiro e estratégia definidos. Para começar, vai unida rumo a regiões conhecidas principalmente por Barnabé, que era natural de Chipre. Sendo judeus, anunciam primeiro nas sinagogas. Só depois se dirigem aos pagãos simpatizantes, como o procônsul Paulo. Surgem logo obstáculos, como a magia de Elimas, para que o evangelho triunfe. Nesse episódio Saulo passa a chamar-se Paulo. Sinal de que Saulo encontrou sua verdadeira

de torcer os caminhos do Senhor, que são retos? ¹¹Eis que agora a mão do Senhor está sobre você. Vai ficar cego, e por algum tempo não verá mais o sol". No mesmo instante, escuridão e trevas caíram sobre Elimas. E ele começou a andar às cegas, procurando alguém que lhe desse a mão. ¹²Quando viu o que tinha acontecido, o procônsul acreditou, maravilhado com a doutrina do Senhor.

A pregação missionária – ¹³Paulo e seus companheiros embarcaram em Pafos e chegaram a Perge da Panfília. João se separou deles e voltou para Jerusalém. ¹⁴Eles continuaram a viagem, e partindo de Perge chegaram a Antioquia da Pisídia. Entraram na sinagoga em dia de sábado e sentaram-se. ¹⁵Depois da leitura da Lei e dos Profetas, os chefes da sinagoga mandaram dizer a eles: "Irmãos, se vocês têm alguma palavra de encorajamento para o povo, falem". ¹⁶Paulo se levantou, fez sinal com a mão e disse:

"Homens de Israel, e vocês que temem a Deus, escutem! ¹⁷O Deus deste povo, o Deus de Israel, escolheu nossos pais e multiplicou o povo em seu exílio na terra do Egito. Depois, com braço estendido, os tirou daí. ¹⁸E durante mais ou menos quarenta anos cercou-os de cuidados no deserto. ¹⁹Destruiu sete nações na terra de Canaã, e deu-lhes em herança a terra delas, ²⁰durante cerca de quatrocentos e cinquenta anos. Depois lhes concedeu juízes, até o profeta Samuel. ²¹Em seguida, pediram um rei, e Deus lhes concedeu Saul, filho de Cis, da tribo de Benjamim, por quarenta anos. ²²Depondo este, Deus suscitou para eles Davi como rei, a respeito do qual deu o seguinte testemunho: 'Encontrei Davi, filho de Jessé, homem segundo o meu coração. Ele cumprirá todas as minhas vontades'. ²³Conforme havia prometido, Deus fez surgir da descendência de Davi, para Israel, um Salvador que é Jesus. ²⁴Antes de sua chegada, João havia pregado a todo o povo de Israel um batismo de arrependimento. ²⁵E quando estava para terminar sua missão, João disse: 'Quem vocês supõem que eu seja? Não sou eu! Mas eis que, depois de mim, vem aquele do qual não sou digno de desamarrar as sandálias!'

²⁶Irmãos, descendentes de Abraão, e vocês que temem a Deus: A vocês foi enviada esta palavra de salvação. ²⁷Porque os habitantes de Jerusalém e seus chefes, sem saber, cumpriram as palavras dos profetas, que são lidas a cada sábado. ²⁸Mesmo sem ter encontrado nenhum motivo para condená-lo à morte, pediram que Pilatos o mandasse matar. ²⁹E depois de cumprirem tudo o que a respeito dele foi escrito, eles o tiraram da cruz e o colocaram no túmulo. ³⁰Mas Deus o ressuscitou dos mortos. ³¹E durante muitos dias apareceu aos que tinham subido com ele da Galileia para Jerusalém. E estes agora são suas testemunhas diante do povo. ³²Nós anunciamos a vocês esta Boa-Nova: A promessa que fez aos pais, ³³Deus a cumpriu plenamente para nós, filhos deles, ressuscitando Jesus, como está escrito nos Salmos: 'Você é o meu filho, eu hoje o gerei'. ³⁴E que o tenha ressuscitado dos mortos para nunca se submeter à corrupção, Deus assim havia declarado: 'Cumprirei para vocês as santas e fiéis promessas que fiz a Davi'. ³⁵Por isso, diz também noutra passagem: 'Não permitirás que teu santo sofra a corrupção'. ³⁶Ora, tendo cumprido a missão que Deus lhe havia dado em seu tempo, Davi morreu. Foi posto junto de seus pais e sofreu a corrupção. ³⁷Aquele, porém, que Deus ressuscitou, não sofreu a corrupção. ³⁸Portanto, irmãos, fiquem sabendo que é por meio dele que o perdão dos pecados é anunciado a vocês. E de todas as coisas de que vocês não puderam ser justificados pela Lei de Moisés, ³⁹por meio dele todo aquele que acredita é justificado. ⁴⁰Cuidado, portanto, para que não aconteça a

---

identidade ao entrar na equipe missionária. À medida que vai desaparecendo a figura de Pedro, cresce a de Paulo.

13-43: Primeiro discurso missionário de Paulo, síntese de uma catequese aos pagãos. Ele se dirige logo aos judeus e aos simpatizantes do judaísmo conhecidos como tementes a Deus. Faz um resumo da história do povo de Israel, destacando apenas três etapas: os quarenta anos no deserto, o conflito entre Saul e Davi, e a pregação do Batista. Depois fala de Jesus, passando diretamente a anunciar o evangelho da ressurreição. Desta, as Escrituras dão testemunho, agora reiterado pela equipe missionária. Como resultado desse anúncio, surge uma pequena comunidade.

vocês o que foi anunciado pelos Profetas: ⁴¹'Olhem, desprezadores, maravilhem-se e desapareçam! Porque nos dias de vocês vou realizar uma obra tal que vocês não acreditariam se lhes fosse contada'!"

⁴²Ao saírem, pediram que continuassem falando sobre o mesmo assunto no sábado seguinte. ⁴³Depois que terminou a reunião, muitos dentre os judeus e prosélitos praticantes seguiram Paulo e Barnabé. E os dois, conversando com eles, insistiam para que perseverassem na graça de Deus.

A missão gera conflitos – ⁴⁴No sábado seguinte, a cidade quase toda se reuniu para ouvir a Palavra de Deus. ⁴⁵Quando os judeus viram as multidões, encheram-se de inveja, e com blasfêmias falavam contra o que Paulo dizia. ⁴⁶Então Paulo e Barnabé falaram com toda a franqueza: "Era preciso que a palavra de Deus fosse anunciada a vocês em primeiro lugar. Mas, como vocês a rejeitam e não se julgam dignos da vida eterna, eis que nos dirigimos aos gentios. ⁴⁷Pois assim o Senhor nos ordenou: 'Eu coloquei você como luz para as nações, para que leve a salvação até aos confins da terra'".

⁴⁸Ao ouvir isso, os gentios se alegraram e glorificaram a palavra do Senhor. E todos os que estavam destinados à vida eterna acreditaram. ⁴⁹Assim, a palavra do Senhor se espalhava por toda a região. ⁵⁰Mas os judeus convenceram algumas senhoras ricas e piedosas, e também os líderes da cidade, e provocaram uma perseguição contra Paulo e Barnabé, até que os expulsaram do seu território. ⁵¹E os dois, sacudindo a poeira dos pés contra eles, foram para Icônio, ⁵²enquanto os discípulos estavam repletos de alegria e do Espírito Santo.

14

Momento de discernimento – ¹Em Icônio também, Paulo e Barnabé entraram na sinagoga dos judeus e falaram, de tal modo que grande multidão de judeus e gregos acreditaram. ²Entretanto, os judeus que não tinham acreditado atiçaram e indispuseram o ânimo dos gentios contra os irmãos. ³Paulo e Barnabé ficaram aí bastante tempo, e falavam a respeito do Senhor com toda a franqueza. E o Senhor confirmava o que eles diziam sobre a graça de Deus, permitindo que através deles se realizassem sinais e prodígios.

⁴A população da cidade se dividiu: uns estavam ao lado dos judeus, outros ao lado dos apóstolos. ⁵Entre os gentios e judeus, com seus chefes à frente, houve acordo para os maltratar e apedrejar. ⁶Ao saber disso, Paulo e Barnabé fugiram para Listra e Derbe, cidades da Licaônia, e para os arredores. ⁷E aí anunciavam a Boa-Nova.

A verdadeira religião – ⁸Havia em Listra um homem aleijado dos pés. Era coxo de nascença e nunca tinha andado. ⁹Enquanto Paulo falava, ele ouvia. Então Paulo olhou bem para ele, e vendo que tinha fé para ser salvo, ¹⁰disse em alta voz: "Levante-se direito sobre seus pés". Ele deu um salto e começou a andar.

¹¹Vendo o que Paulo tinha feito, as multidões levantaram a voz, em língua licaônica: "Os deuses desceram até nós em figura de homens!" ¹²E chamavam Barnabé de Zeus e Paulo de Hermes, porque era Paulo quem tinha a palavra. ¹³O sacerdote de Zeus, cujo templo ficava na entrada da cidade, levou até a porta touros ornados de grinaldas, e de acordo com as multidões queria oferecer um sacrifício. ¹⁴Quando os apóstolos Barnabé e Paulo ouviram isso, rasgaram os mantos e foram para o meio da multidão, gritando ¹⁵e repetindo: "Homens, o que vocês estão fazendo? Nós também somos homens, e sofremos como vocês. Anunciamos para vocês a Boa-Nova, para que deixem esses

---

44-52: Para Lucas, a Palavra de Deus não é apenas o que se encontra nas Escrituras, mas também a pregação missionária, o ensino vivo dos apóstolos (cf. 1Ts 2,13). Frente à recusa dos judeus na sinagoga, a equipe missionária se abre totalmente aos pagãos, que acolhem a Palavra e mudam de vida. As lideranças da sinagoga e os poderes políticos reagem, manipulando a opinião pública contra o evangelho anunciado pelos apóstolos, que se veem forçados a retirar-se para outra cidade. No entanto, a semente de uma nova comunidade permanece, frutificando, repleta do Espírito.

14,1-7: Os conflitos pedem discernimento. A Palavra provoca divisões, discussões e intrigas. Ninguém permanece indiferente diante da pregação. Assim como atraem simpatizantes, Barnabé e Paulo encontram forte resistência das lideranças adversárias e do poder político. Os missionários fogem para outra cidade, onde tudo recomeça.

8-18: Paulo cura um aleijado que soube acolher a Boa-Nova. O povo interpreta o fato à luz de sua própria religiosidade, achando que fosse manifestação de suas divindades. Os missionários protestam. Tão importante

ídolos vazios e se convertam ao Deus vivo, que fez o céu, a terra, o mar e tudo o que neles existe. ¹⁶Nas gerações passadas, Deus permitiu que todas as nações seguissem os próprios caminhos. ¹⁷Mas ele não deixou de manifestar-se como benfeitor, enviando-lhes chuvas do céu e colheitas no tempo próprio, saciando-os de alimento e alegrando os corações de vocês". ¹⁸E, assim falando, com muita dificuldade impediram a multidão de lhes oferecer um sacrifício.

Resistir e organizar – ¹⁹De Antioquia e Icônio chegaram alguns judeus que convenceram as multidões. Apedrejaram Paulo e o arrastaram para fora da cidade, pensando que estivesse morto. ²⁰Mas, quando os discípulos o rodearam, ele se levantou e entrou na cidade. No dia seguinte, partiu com Barnabé para Derbe.

²¹Depois de anunciar o evangelho nessa cidade e de ter feito aí muitos discípulos, voltaram para Listra, Icônio e Antioquia. ²²Fortaleciam o ânimo dos discípulos, exortando-os a perseverar na fé e dizendo-lhes: "É preciso passar por muitas tribulações para entrar no Reino de Deus". ²³Nomearam anciãos em cada igreja; rezaram, jejuaram e os confiaram ao Senhor, em quem haviam acreditado. ²⁴Em seguida, atravessaram a Pisídia e chegaram à Panfília. ²⁵Anunciaram a Palavra em Perge, e depois desceram para Atalia. ²⁶Daí embarcaram para Antioquia, seu ponto de partida, onde tinham sido confiados à graça de Deus para o trabalho que deviam cumprir. ²⁷Quando chegaram, reuniram a igreja e contaram tudo o que Deus tinha feito com eles e como tinha aberto a porta da fé para os gentios. ²⁸E permaneceram longo tempo com os discípulos.

15 *O Concílio de Jerusalém* – ¹Alguns que haviam descido da Judeia começaram a ensinar aos irmãos: "Se vocês não forem circuncidados segundo a Lei de Moisés, não poderão salvar-se". ²Paulo e Barnabé se opuseram a isso. Surgiu assim grande discussão entre eles. Ficou decidido então que Paulo, Barnabé e alguns outros dos seus subiriam a Jerusalém para tratar dessa questão com os apóstolos e anciãos. ³Com o apoio da igreja, eles atravessaram a Fenícia e a Samaria, narrando a todos os irmãos a conversão das nações, e dando a eles grande alegria. ⁴Quando chegaram a Jerusalém, foram acolhidos pela igreja, pelos apóstolos e anciãos, e contaram as maravilhas que Deus tinha feito por meio deles.

⁵Alguns dentre os que tinham pertencido à seita dos fariseus e que haviam acreditado, se levantaram e disseram: "É preciso circuncidá-los e ordenar que observem a Lei de Moisés". ⁶Então os apóstolos e os anciãos se reuniram para tratar do assunto. ⁷Como a discussão aumentasse, Pedro se levantou e lhes disse: "Irmãos, vocês sabem que, desde os primeiros dias, Deus me escolheu no meio de vocês, para que as nações ouvissem de minha boca a palavra da Boa-Nova e acreditassem. ⁸Ora, Deus, que conhece os corações, testemunhou em favor delas, dando-lhes o Espírito Santo, assim como deu a nós. ⁹Não fez nenhuma distinção entre nós e elas, purificando o coração delas pela fé. ¹⁰Então, por que vocês agora tentam a Deus, impondo ao pescoço dos discípulos uma canga que nem nossos pais nem nós mesmos tivemos força para suportar? ¹¹Ao contrário, é pela graça do Senhor Jesus que acreditamos ser salvos, do mesmo modo que eles".

---

quanto libertar um aleijado de seus limites, é revelar ao povo a verdadeira fé: que acolham os dons de Deus e aceitem a Boa-Nova de Jesus.

19-28: À medida que a equipe avança, a repressão se intensifica. Os adversários também vão de cidade em cidade, tentando desfazer o trabalho dos missionários. Barnabé e Paulo fazem o caminho de volta, visitando os mesmos lugares, organizando as comunidades, para que vençam qualquer obstáculo. Terminada a missão, voltam para Antioquia, onde receberam a delegação e envio. Aí chegando, apresentam o relatório dos trabalhos. A missão acontece por delegação da comunidade, e não por simples iniciativa pessoal.

15,1-12: O novo gera conflitos. Alguns da Igreja-mãe em Jerusalém não aceitam a abertura aos não judeus. Duas tendências se enfrentam: os que exigem dos pagãos a observância da Lei e da circuncisão, e os que defendem a gratuidade da ação libertadora de Deus para todos. No fundo, a pergunta fundamental é a seguinte: Para ser cristão, um pagão deve antes tornar-se judeu? As opiniões se dividem e a Igreja se vê mergulhada em grave conflito. A saída pedagógica foi reunir as tendências em busca de um acordo. Esta prática vale até hoje: o que atinge a todos precisa ser debatido por todos. Por isso é que as Igrejas fazem assembleias, sínodos e concílios, permitindo o debate aberto sobre as diversas

¹²Toda a comunidade ficou em silêncio. Ouviram então Barnabé e Paulo contar todos os sinais e prodígios que Deus tinha realizado entre as nações por meio deles.

Tiago acolhe a novidade – ¹³Quando terminaram de falar, Tiago tomou a palavra e disse: "Irmãos, ouçam-me. ¹⁴Simão mostrou como desde o início Deus cuidou de escolher dentre as nações um povo dedicado ao seu Nome. ¹⁵Isso está de acordo com as palavras dos profetas, tal como está escrito: ¹⁶'Depois disso, eu voltarei e reconstruirei a tenda caída de Davi. Reconstruirei suas ruínas e a reerguerei, ¹⁷para que o resto dos homens procure o Senhor, assim como todas as nações consagradas ao meu Nome, diz o Senhor que torna essas coisas ¹⁸conhecidas desde sempre'. ¹⁹Por isso, eu julgo que não se deve importunar aos gentios que se convertem a Deus. ²⁰Mas, escreva-se a eles para evitarem o que está contaminado pelos ídolos, as uniões ilegítimas, as carnes de animais sufocados e o sangue. ²¹De fato, desde os tempos antigos, em cada cidade Moisés tem seus pregadores que o leem nas sinagogas todos os sábados".

A Carta conciliar – ²²Então pareceu bem aos apóstolos e anciãos, de acordo com toda a assembleia, escolher alguns dentre os seus para enviá-los a Antioquia, junto com Paulo e Barnabé. Foram Judas, chamado Barsabás, e Silas, homens muito respeitados entre os irmãos. ²³Por meio deles, escreveram: "Os irmãos apóstolos e anciãos, aos irmãos dentre as nações que moram em Antioquia, na Síria e na Cilícia. Saudações. ²⁴Ficamos sabendo que alguns dentre os nossos, sem nossa autorização, foram com seus discursos perturbar e angustiar o espírito de vocês. ²⁵Pareceu-nos bem, de comum acordo, escolher alguns representantes e enviá-los até vocês, junto com nossos queridos Barnabé e Paulo, ²⁶homens que entregaram suas vidas pelo nome de nosso Senhor Jesus Cristo. ²⁷Estamos enviando, portanto, Judas e Silas, que também transmitirão a vocês, de viva voz, a mesma mensagem. ²⁸De fato, pareceu bem ao Espírito Santo e a nós, não impor a vocês nenhum outro peso, além destas coisas indispensáveis: ²⁹abster-se de carnes sacrificadas aos ídolos, do sangue, das carnes sufocadas e das uniões ilegítimas. Vocês farão bem, se evitarem essas coisas. Estejam todos bem".

Comunhão entre as igrejas – ³⁰Eles então se despediram e desceram para Antioquia. Aí reuniram a comunidade e entregaram a carta. ³¹Quando a leram, ficaram muito contentes pelo encorajamento que trazia. ³²Judas e Silas, que também eram profetas, com muitas palavras encorajaram e fortificaram os irmãos. ³³Depois de passar algum tempo aí, foram despedidos em paz pelos irmãos e voltaram para aqueles que os tinham enviado. [34] ³⁵Paulo e Barnabé permaneceram em Antioquia. E junto com muitos outros, ensinavam e anunciavam a Boa-Nova, a Palavra do Senhor.

---

opiniões. Assim aconteceu: Pedro falou claramente sobre sua experiência de abertura aos pagãos, e depois os delegados de Antioquia confirmaram o que estava acontecendo entre os pagãos. Vale notar que os cristãos vindos do farisaísmo é que defendiam a observância da Lei. Mas Paulo, mesmo tendo sido fariseu, defendia a total gratuidade e liberdade cristã diante dessa Lei.

13-21: Por fim, Tiago, autoridade maior na igreja em Jerusalém, faz uma proposta de conciliação entre as partes, destacando alguns pontos. Primeiro, acolhe a chegada dos pagãos, com fundamento na Escritura, que admite a presença destes no povo de Israel. Em seguida, facilitar a comunhão na mesa entre pagãos e judeus, com algumas normas de convivência, como a abstenção da carne e do sangue de animais oferecidos aos ídolos. Por último, insistir que os cristãos vindos do paganismo sejam instruídos na Escritura, ou seja, no Antigo Testamento. De fato, sem as Escrituras não é possível entender Jesus. A opinião de Tiago acabou se tornando, na prática, o pensamento da assembleia.

22-29: Para tranquilizar as comunidades surgidas entre os pagãos, decidiu-se pela redação de uma carta dos apóstolos e anciãos, que seria entregue por dois representantes da Igreja de Jerusalém, testemunhando a veracidade do acordo. A carta começa desautorizando os que partiram de Jerusalém para causar tumultos em Antioquia, prejudicando a igreja local. Também diz claramente que não se deve impor nenhum outro peso aos pagãos convertidos, a não ser as normas lembradas por Tiago, favorecendo a união entre todos. Antioquia vê assim confirmada sua proposta pastoral de abertura e comunhão.

30-35: Os delegados escolhidos pelo Concílio vão junto com Barnabé e Paulo para Antioquia. Entregam a carta e dão testemunho de tudo o que aconteceu em Jerusalém. Tanto a carta quanto o testemunho são motivos de consolação e alegria. Silas não volta a Jerusalém; permanece em Antioquia, de onde partirá em missão, acompanhando Paulo.

AS VIAGENS MISSIONÁRIAS

A segunda viagem missionária – ³⁶Depois de alguns dias, Paulo disse a Barnabé: "Vamos voltar a visitar todas as cidades onde anunciamos a Palavra do Senhor, para ver como estão". ³⁷Barnabé queria levar junto também João, chamado Marcos. ³⁸No entanto, Paulo exigia que não fosse levado alguém que os tinha abandonado na Panfília e não os havia acompanhado no trabalho. ³⁹Houve um tal desacordo entre eles, que se separaram um do outro. Levando Marcos consigo, Barnabé embarcou para Chipre. ⁴⁰Paulo, por sua vez, escolheu Silas, e partiu recomendado pelos irmãos à graça de Deus; ⁴¹e atravessou a Síria e a Cilícia, fortalecendo as igrejas.

16 *Engajar novos apóstolos* – ¹Paulo chegou então a Derbe e Listra. Havia aí um discípulo chamado Timóteo, filho de uma judia que havia acreditado e de pai grego. ²Os irmãos de Listra e Icônio o estimavam muito. ³Paulo queria levar Timóteo consigo. Então o tomou e circuncidou, por causa dos judeus que se encontravam nessas regiões, pois todos sabiam que o pai dele era grego. ⁴Passando pelas cidades, Paulo e Timóteo transmitiam as decisões tomadas pelos apóstolos e anciãos de Jerusalém, para que fossem observadas. ⁵E assim as igrejas se fortaleciam na fé, e cresciam em número a cada dia.

Resposta aos apelos – ⁶Paulo e Timóteo atravessaram a Frígia e a região da Galácia, uma vez que o Espírito Santo os tinha impedido de anunciar a Palavra de Deus na Ásia. ⁷Chegando aos confins da Mísia, tentaram entrar na Bitínia, mas o Espírito de Jesus não lhes permitiu. ⁸Atravessaram então a Mísia e desceram para Trôade. ⁹Durante a noite, Paulo teve uma visão: um macedônio, de pé na frente dele, suplicava-lhe: "Venha à Macedônia e ajude-nos!" ¹⁰Depois dessa visão, procuramos partir imediatamente para a Macedônia, pois estávamos convencidos de que Deus acabava de nos chamar para anunciar-lhes a Boa-Nova.

Surge nova comunidade – ¹¹Embarcamos em Trôade e navegamos diretamente para Samotrácia, e no dia seguinte para Neápolis. ¹²Daí fomos para Filipos, cidade principal dessa região da Macedônia e colônia romana. Passamos alguns dias nessa cidade. ¹³No sábado, saímos pela porta da cidade e fomos para a beira do rio, onde nos parecia haver um lugar de oração. Sentamo-nos e começamos a falar com as mulheres que aí estavam reunidas. ¹⁴Uma certa mulher, chamada Lídia, era comerciante de púrpura, da cidade de Tiatira, e adoradora de Deus. Ela escutava, e o Senhor tinha aberto seu coração para que prestasse atenção ao que Paulo dizia. ¹⁵Após ter sido batizada com os da sua casa, ela nos convidou: "Se vocês me consideram fiel ao Senhor, venham ficar em minha casa". E nos convenceu a aceitar.

A liberdade no Espírito – ¹⁶Enquanto íamos para o lugar de oração, aconteceu que veio ao nosso encontro uma jovem escrava, que tinha um espírito de adivinhação.

36-41: A equipe missionária retoma suas viagens. O objetivo agora é levar às comunidades as decisões conciliares. Mas, logo no início, Lucas relata um desentendimento que separou os dois velhos amigos Paulo e Barnabé. Como Lucas acompanha as viagens de Paulo, Barnabé também desaparece da história. Sua missão de fazer a transição entre Jerusalém e Antioquia estava terminada. A partir de agora, Paulo será a figura principal do livro.

16,1-5: É importante na missão saber engajar novas vocações. Com o testemunho positivo das comunidades, Paulo chama o jovem Timóteo para integrar a equipe missionária. Antes porém o faz circuncidar, o que irá facilitar a aceitação de Timóteo entre os judeus mais radicais, dado que a estratégia missionária consiste em começar pelas sinagogas.

6-10: Os missionários vão de cidade em cidade, confirmando as comunidades e transmitindo as decisões conciliares. De repente, parece que a equipe perde o rumo. Lucas deixa claro que o Espírito é quem a conduz. E o Espírito se manifesta no apelo de um macedônio. A Macedônia fica na Europa, em outro continente. Fazer missão é saber responder aos apelos que surgem ao longo do caminho. No v. 10, nota-se uma importante mudança gramatical: o pronome assume o plural "nós". Sinal de que, a partir daí, quem escreveu estava presente. Sendo assim, Lucas teria entrado na equipe missionária de Paulo em Trôade (cf. Cl 4,14; Fm 24; 2Tm 4,11).

11-15: A fundação da comunidade em Filipos se destaca por dois detalhes. É a primeira no continente europeu, e é formada por mulheres, lideradas por Lídia, que espontaneamente se reúnem à beira de um rio, fora da cidade. Certamente porque em Filipos não existe comunidade judaica. A residência de Lídia, transformada em igreja doméstica, logo se torna centro irradiador da missão.

16-40: A jovem escrava tinha um espírito de adivinhação. O povo recorria a ela para fazer consultas. Mas

Com seus oráculos, conseguia muito lucro para seus patrões. ¹⁷Ela começou a seguir Paulo e a nós, gritando: "Esses homens são servos do Deus Altíssimo e anunciam para vocês o caminho da salvação". ¹⁸E fez isso por muitos dias. Até que, incomodado, Paulo voltou-se e disse ao espírito: "Eu lhe ordeno em nome de Jesus Cristo: saia dela!" E na mesma hora o espírito saiu.

¹⁹Ao verem que havia escapado a esperança de seus lucros, os patrões dela agarraram Paulo e Silas, e os arrastaram até à praça principal, diante das autoridades. ²⁰Ao apresentá-los aos magistrados, disseram: "Estes homens estão perturbando nossa cidade. São judeus ²¹e pregam costumes que não nos é permitido aceitar nem praticar, pois somos romanos". ²²A multidão se amotinou contra Paulo e Silas. E os magistrados mandaram arrancar as vestes deles e açoitá-los com varas. ²³Depois de terem batido muito neles, os lançaram na prisão, ordenando ao carcereiro que os guardasse com toda a segurança. ²⁴Ao receber essa ordem, o carcereiro os levou à parte mais interna da prisão e prendeu os pés deles no tronco.

²⁵Por volta da meia-noite, Paulo e Silas, em oração, cantavam um hino a Deus, enquanto os outros presos os ouviam. ²⁶De repente, houve um terremoto tão forte que os alicerces da prisão foram abalados. No mesmo instante todas as portas se abriram e as correntes de todos se soltaram. ²⁷O carcereiro acordou e viu as portas da prisão abertas. Puxou da espada e estava para se matar, pois pensava que os prisioneiros tivessem fugido. ²⁸Paulo, porém, gritou com voz forte: "Não faça nenhum mal a si mesmo, porque todos nós estamos aqui". ²⁹O carcereiro pediu luz, correu para dentro e, tremendo, caiu aos pés de Paulo e Silas. ³⁰Levou-os para fora e disse: "Senhores, o que preciso fazer para ser salvo?" ³¹Eles responderam: "Acredite no Senhor Jesus, e será salvo, você e os da sua casa". ³²E anunciaram a Palavra do Senhor a ele e a todos os da sua casa. ³³Nessa mesma hora da noite, o carcereiro os levou consigo e lavou as feridas deles. E imediatamente foi batizado, junto com todos os seus. ³⁴Então fez Paulo e Silas subir até sua casa, preparou-lhes a mesa e alegrou-se com toda a sua família por ter acreditado em Deus.

³⁵Quando amanheceu, os magistrados enviaram os policiais à prisão com esta ordem: "Solte esses homens". ³⁶O carcereiro informou Paulo do assunto: "Os magistrados mandaram soltar vocês. Portanto, podem sair e ir embora". ³⁷Mas Paulo mandou dizer a eles: "Açoitaram-nos em público sem julgamento, a nós que somos cidadãos romanos, e nos lançaram na prisão. Agora nos mandam sair às escondidas? Isso não! Que eles mesmos venham para retirar-nos daqui". ³⁸Os policiais comunicaram as palavras de Paulo aos magistrados. Ao saber que eram cidadãos romanos, ficaram com medo ³⁹e foram pessoalmente insistir com eles para que se afastassem da cidade. ⁴⁰Ao sair da prisão, Paulo e Silas foram para a casa de Lídia. E, vendo os irmãos, os encorajaram e depois partiram.

17 Reações violentas em Tessalônica –

¹Tendo atravessado Anfípolis e Apolônia, Paulo e Silas chegaram a Tessalônica, onde havia uma sinagoga dos judeus. ²Conforme seu costume, Paulo entrou aí, e por três sábados conversou com eles a partir das Escrituras. ³Explicava e demonstrava para eles que o Cristo devia morrer e ressuscitar dos mortos. E dizia: "O Cristo é este Jesus que eu lhes anuncio". ⁴Alguns deles se convenceram e se uniram a Paulo e Silas, assim como grande

---

o dinheiro que ela recebia acabava nas mãos do seu dono. Dupla opressão: mulher escravizada e exploração da religiosidade popular. A verdadeira religião não pode ser fonte de lucro. Em nome de Jesus, Paulo liberta a moça, privando automaticamente o patrão de suas vantagens. Com facilidade, os ricos manipulam a opinião pública e controlam os poderes políticos. Paulo e Silas são flagelados e atirados na prisão. Mas a situação não os impede de evangelizar. Deus intervém mediante um terremoto, que liberta os apóstolos. O carcereiro se converte, transformando a própria casa em nova comunidade. Quando vai ser solto, Paulo protesta e se vale de seus direitos civis. Exige que se faça justiça, pois para isso é que existem as autoridades.

17,1-15: A equipe missionária chega a Tessalônica. Nessa capital da Macedônia, prossegue na mesma estratégia de iniciar sua evangelização a partir das sinagogas. Mas o conflito logo se instala, e cada vez mais violento. As comunidades judaicas temem perder seus privilégios legais, e as sinagogas não querem identificar-se com a novidade cristã, para não atraírem a oposição das autoridades imperiais. E acusam os missionários de

número de adoradores de Deus e gregos, e não poucas mulheres da alta sociedade. ⁵Com inveja, os judeus reuniram alguns indivíduos maus que frequentavam a praça e, provocando tumulto, alvoroçaram a cidade. Foram até a casa de Jasão em busca de Paulo e Silas, para levá-los à presença da assembleia do povo. ⁶Como não os encontraram, arrastaram Jasão e alguns irmãos diante das autoridades da cidade, gritando: "São estes que estão provocando desordens no mundo inteiro. Agora apareceram por aqui, ⁷e Jasão os está hospedando. Todos eles agem contra os decretos de César, afirmando que existe outro rei chamado Jesus". ⁸E assim agitaram a multidão e as autoridades da cidade, que ouviam essas coisas. ⁹As autoridades, porém, exigiram uma fiança de Jasão e dos outros irmãos; em seguida os soltaram.

¹⁰Os irmãos logo fizeram Paulo e Silas partir de noite para Bereia. Assim que chegaram aí, entraram na sinagoga dos judeus. ¹¹Estes eram mais abertos que os de Tessalônica. Acolheram a Palavra com muito boa vontade, e todos os dias examinavam as Escrituras para ver se tudo estava certo. ¹²De modo que muitos deles acreditaram, junto com mulheres gregas da alta sociedade, e não poucos homens.

¹³Mas quando os judeus de Tessalônica souberam que Paulo tinha anunciado a Palavra de Deus em Bereia também, foram até aí, a fim de agitar e revoltar as multidões. ¹⁴Imediatamente os irmãos fizeram Paulo partir em direção ao mar, enquanto Silas e Timóteo permaneceram no lugar. ¹⁵Os que acompanhavam Paulo o levaram para Atenas. Depois, voltaram com a ordem para Silas e Timóteo irem ao encontro dele o mais depressa possível.

Paulo no Areópago de Atenas – ¹⁶Enquanto Paulo os esperava em Atenas, seu espírito se revoltava ao ver a cidade cheia de ídolos. ¹⁷Por isso, debatia na sinagoga com os judeus e com os adoradores de Deus. E na praça pública falava a qualquer hora do dia com os que por aí apareciam. ¹⁸Também alguns filósofos epicureus e estoicos conversavam com ele. Uns diziam: "O que esse tagarela está querendo dizer?" Outros diziam: "Parece um pregador de divindades estrangeiras". Isso porque Paulo anunciava Jesus e a Ressurreição. ¹⁹Tomando Paulo consigo, eles o levaram ao Areópago, dizendo: "Podemos saber qual é essa nova doutrina que você está apresentando? ²⁰Pois as coisas que você diz soam estranhas para nós, e por isso queremos saber o que significam". ²¹Realmente, todos os atenienses e os estrangeiros aí residentes não passavam o tempo em outra coisa, senão em contar ou escutar as últimas novidades.

²²De pé, no meio do Areópago, Paulo disse: "Atenienses, em tudo vejo que vocês são extremamente religiosos. ²³De fato, passando e observando os seus lugares de culto, encontrei até um altar com a inscrição: 'Ao Deus Desconhecido'. Pois bem, aquele a quem vocês veneram sem conhecer, é esse que eu lhes anuncio. ²⁴O Deus que fez o mundo e tudo o que nele existe, o Senhor do céu e da terra não habita em templos feitos por mãos humanas. ²⁵Também não é servido por mãos humanas, como se precisasse de alguma coisa. Pois é ele quem a todos dá vida, respiração e tudo o mais. ²⁶De um só, ele fez toda a raça humana para habitar sobre toda a face da terra, fixando os tempos anteriormente estabelecidos e os limites da habitação nela. ²⁷E assim fez, para que buscassem a divindade e, ainda que fosse às apalpadelas, se esforçassem para encontrá-la. Pois Deus não está longe de cada um de nós, ²⁸já que nele vivemos, nos movemos e existimos, como alguns de seus poetas aliás já disseram: 'Pois também nós somos da estirpe dele'. ²⁹Portanto, se somos

---

subversão política. Dessa forma, autoridades e toda a sociedade se veem envolvidas. Diante de tanta oposição, Paulo e Silas demonstram prudência e coragem. Mesmo ameaçados, não desistem da missão e vão criando novas comunidades por onde passam.

16-34: Narrando a experiência de Paulo em Atenas, o texto nos coloca diante do grave problema. Como evangelizar uma cultura que tem discurso filosófico tão elaborado e refinado como a civilização grega? O discurso de Paulo no Areópago apresenta uma tentativa de inculturação da mensagem cristã. Ele parte do "ao Deus desconhecido" e cita poetas gregos, no esforço de levar os ouvintes ao Deus vivo e verdadeiro. Mas, há limites nesse processo. A cultura grega é incapaz de aceitar a cruz, considerada uma loucura, e a ressurreição, tida como retrocesso. Apesar de tudo, alguns se convertem.

da estirpe de Deus, não devemos pensar que a divindade seja semelhante ao ouro, à prata ou à pedra, modelados pela arte e imaginação humanas. ³⁰Deus, porém, não levando em conta os tempos da ignorância, agora convida todos os homens em toda parte para que se arrependam. ³¹Pois ele estabeleceu um dia em que irá julgar o mundo com justiça, por meio do homem que ele mesmo designou, e a quem deu crédito diante de todos, ressuscitando-o dos mortos".

³²Quando ouviram falar de ressurreição dos mortos, alguns começaram a zombar, enquanto outros diziam: "Em outra ocasião nós o escutaremos sobre este assunto". ³³E assim Paulo retirou-se do meio deles. ³⁴Alguns homens, porém, juntaram-se a ele e acreditaram. Entre esses estava também Dionísio, o Areopagita, uma mulher chamada Dâmaris, e ainda outros com estes.

18 Nova igreja em Corinto – ¹Depois disso, Paulo partiu de Atenas e foi para Corinto. ²Encontrou aí um judeu chamado Áquila, natural do Ponto, que tinha acabado de chegar da Itália com a esposa Priscila, pois Cláudio tinha decretado que todos os judeus saíssem de Roma. Paulo foi até eles, ³e como tinham a mesma profissão, ficou hospedado com eles, e aí trabalhava: eram fabricantes de tendas. ⁴Todos os sábados Paulo discutia na sinagoga, e convencia judeus e gregos.

⁵Quando Silas e Timóteo desceram da Macedônia, Paulo começou a dedicar-se inteiramente à Palavra, testemunhando aos judeus que Jesus é o Cristo. ⁶Os judeus, porém, se opunham a ele e o insultavam. Então Paulo sacudiu as vestes e lhes disse: "Vocês são responsáveis pelo sangue de vocês mesmos. Eu sou inocente. De agora em diante vou me dirigir às nações". ⁷E, saindo daí, foi para a casa de um certo Justo, adorador de Deus. A casa dele ficava ao lado da sinagoga. ⁸Crispo, o chefe da sinagoga, acreditou no Senhor com toda a sua casa. E também muitos coríntios, tendo escutado Paulo, acreditavam e eram batizados. ⁹Certa noite, o Senhor em visão disse a Paulo: "Não tenha medo. Continue a falar e não se cale, ¹⁰porque eu estou com você. Ninguém lhe poderá fazer mal, pois eu tenho nesta cidade um povo numeroso". ¹¹E Paulo ficou aí durante um ano e meio, ensinando entre eles a Palavra de Deus.

Diante do tribunal do império – ¹²Quando Galião era procônsul na Acaia, os judeus se levantaram de comum acordo contra Paulo e o levaram diante do tribunal, ¹³dizendo: "Este homem induz outros a adorar a Deus de modo contrário à Lei". ¹⁴Quando Paulo estava para falar, Galião disse aos judeus: "Se fosse o caso de um delito ou de ação criminosa, eu com razão os atenderia, ó judeus. ¹⁵Mas, como são questões de palavras, de nomes e da Lei de vocês, tratem disso vocês mesmos. Eu não quero ser juiz nessas coisas". ¹⁶E os mandou sair do tribunal. ¹⁷Então todos agarraram Sóstenes, o chefe da sinagoga, e o espancaram diante do tribunal. E Galião nem se importou com isso.

Fundação da igreja de Éfeso – ¹⁸Paulo permaneceu ainda vários dias em Corinto. Depois, despediu-se dos irmãos e embarcou para a Síria. Priscila e Áquila iam com ele. Em Cencreia, Paulo raspou

---

18,1-11: A equipe de Paulo está em Corinto. Esta comunidade será uma das mais importantes igrejas cristãs, centro de irradiação do evangelho para o Ocidente. Quando Paulo chega, já existe aí uma comunidade, coordenada pelo casal Priscila e Áquila. O apóstolo fica trabalhando até a chegada dos outros membros da equipe. Primeiro resultado da ação missionária: a oposição de algumas lideranças judaicas. Paulo então faz o gesto de ruptura e se dirige abertamente aos pagãos. Uma visão lhe confirma essa opção. Ele descobre também que o trabalho exige maior presença junto às comunidades.

12-17: A ruptura com a sinagoga é motivo de um processo contra Paulo no tribunal romano de Corinto. Processo que não deu em nada. Mas o pronunciamento de Galião é muito importante para os leitores de Lucas. Mostra que o império não quer intrometer-se em questões religiosas e que o cristianismo não representa nenhum perigo.

18-23: Narrando rapidamente o fim desta viagem missionária, Lucas relata um dos mais significativos feitos de Paulo: a escolha de Éfeso como novo polo irradiador da fé. De fato, a grande cidade asiática será uma das mais importantes igrejas cristãs como centro de reflexão teológica. Paulo convida o casal Priscila e Áquila a deixar Corinto e vir animar a comunidade nascente. Enquanto isso, ele segue adiante. Vai a Cesareia e daí sobe para saudar a igreja de Jerusalém. Em seguida, vai concluir a missão na igreja de Antioquia, de onde partiu no início e de onde segue agora para evangelizar outras regiões.

a cabeça, pois tinha feito uma promessa. ¹⁹Quando chegaram a Éfeso, Paulo deixou aí os companheiros e entrou sozinho na sinagoga, onde começou a debater com os judeus. ²⁰Estes pediam que ficasse mais algum tempo; mas Paulo não aceitou. ²¹No entanto, ao despedir-se, falou: "Voltarei de novo para junto de vocês, se Deus quiser". Zarpou de Éfeso ²²e desembarcou em Cesareia. Subiu para saudar a igreja, e depois desceu para Antioquia. ²³Passado algum tempo aí, partiu de novo, e foi atravessando as regiões da Galácia e da Frígia, fortalecendo todos os discípulos.

A verdadeira catequese – ²⁴Um judeu chamado Apolo, natural de Alexandria, tinha chegado a Éfeso. Era homem eloquente e dominava as Escrituras. ²⁵Fora instruído no Caminho do Senhor e, com fervor de espírito, falava e ensinava com exatidão a respeito de Jesus, embora só conhecesse o batismo de João. ²⁶Começou então a falar na sinagoga com toda a franqueza. Ao ouvi-lo, Priscila e Áquila o tomaram consigo e com mais precisão lhe explicaram o Caminho. ²⁷Como Apolo desejasse partir para a Acaia, os irmãos o encorajaram e escreveram aos discípulos, para que o acolhessem. Ao chegar, prestou um grande serviço aos que haviam recebido a graça da fé. ²⁸De fato, ele rebatia vigorosamente os judeus em público, demonstrando pelas Escrituras que Jesus é o Cristo.

19 *Acolhendo novos grupos* – ¹Enquanto Apolo estava em Corinto, Paulo atravessou o planalto e chegou a Éfeso. Aí encontrou alguns discípulos ²e lhes perguntou: "Vocês receberam o Espírito Santo quando abraçaram a fé?" Eles responderam: "Mas nós nem ouvimos falar que existe um Espírito Santo". ³Paulo perguntou: "Em que batismo então vocês foram batizados?" Responderam: "No batismo de João". ⁴Paulo disse: "João batizou com batismo de arrependimento, dizendo ao povo que acreditasse naquele que devia vir depois dele, quer dizer, em Jesus". ⁵Ao ouvir isso, foram batizados em nome do Senhor Jesus. ⁶E quando Paulo lhes impôs as mãos, o Espírito Santo desceu sobre eles, e começaram a falar em línguas e a profetizar. ⁷Ao todo, eram cerca de doze homens.

⁸Paulo foi à sinagoga e, durante três meses, falava com toda a franqueza, discutindo e procurando convencer a respeito do Reino de Deus. ⁹Mas alguns eram teimosos e não acreditavam, falando mal do Caminho diante da assembleia. Paulo se afastou deles, levou consigo os discípulos, e continuou debatendo diariamente na escola de Tiranos. ¹⁰Isso durou dois anos, de modo que todos os habitantes da Ásia, judeus e gregos, puderam ouvir a Palavra do Senhor.

Curas confirmam o evangelho – ¹¹Deus realizava milagres extraordinários pelas mãos de Paulo, ¹²a tal ponto que pegavam lenços e aventais usados por Paulo, a fim de colocá-los sobre os doentes, e estes eram libertados de suas doenças, e os espíritos maus saíam deles.

¹³Alguns judeus exorcistas itinerantes começaram a invocar o nome do Senhor Jesus sobre aqueles que tinham espíritos maus, e diziam: "Eu esconjuro vocês por este Jesus que Paulo está anunciando". ¹⁴Quem fazia isso eram os sete filhos de um certo Ceva, sumo sacerdote judeu. ¹⁵Mas o espírito mau respondeu-lhes: "Eu conheço Jesus e sei quem é Paulo. Mas vocês, quem são?" ¹⁶E o homem que estava posses-

---

24-28: Atos começa a transmitir a memória da igreja em Éfeso. Aí chega Apolo de Alexandria, estudioso das Escrituras e famoso por seus discursos envolventes. Fala de Jesus, mas só conhece o batismo de João Batista. Então o casal Áquila e Priscila se encarrega de lhe complementar a catequese sobre Jesus. As comunidades cristãs eram então conhecidas como seguidoras do "Caminho".

19,1-10: Em Éfeso, além dos cristãos, havia seguidores de João Batista. Alguns, como Apolo, não viam diferença entre o batismo de João e o de Jesus. Paulo começa logo a dar instruções claras a respeito. Ministra o batismo de Jesus e impõe as mãos, para que os novos cristãos recebam o Espírito Santo. E um pequeno Pentecostes acontece para eles. Paulo estende a permanência na comunidade (cf. 18,11 e 19,10). Os termos "Caminho", "Reino de Deus" e "Palavra de Deus" se identificam na pregação.

11-20: Lucas reafirma que Deus realiza prodígios através de Paulo, confirmando assim a sua pregação, como acontece com os demais apóstolos (cf. At 5,12). Está para estourar um conflito em Éfeso, centro de numerosas romarias ao templo da deusa Ártemis. Muita gente ganha dinheiro com exorcismos e rituais mágicos. A Palavra de Deus, anunciada por Paulo, irá esclarecer o povo mediante a fé em Jesus Cristo.

so do espírito mau lançou-se sobre eles com tanta violência, que tiveram de fugir daquela casa, sem roupas e feridos. ¹⁷E todos os que moravam em Éfeso, judeus e gregos, ficaram sabendo disso. Sobre todos eles caiu o temor, e o nome de Jesus era engrandecido.

¹⁸Muitos daqueles que haviam acreditado começaram a confessar e a declarar suas práticas. ¹⁹E dos que praticavam a magia, bom número juntou seus livros e os queimou diante de todos. O valor desses livros foi calculado em cinquenta mil moedas de prata. ²⁰Assim, com grande poder a Palavra do Senhor crescia e se firmava.

NENHUM PODER DETERÁ O EVANGELHO

O objetivo final – ²¹Depois desses acontecimentos, Paulo resolveu ir a Jerusalém, passando pela Macedônia e Acaia. Ele dizia: "Depois de ir até lá, devo ver também Roma". ²²Enviou então à Macedônia dois de seus ajudantes, Timóteo e Erasto, enquanto ele próprio permanecia algum tempo na Ásia.

Conflito com os comerciantes de Éfeso – ²³Nessa ocasião, houve grande tumulto a respeito do Caminho. ²⁴Pois um certo ourives, chamado Demétrio, fabricava em prata nichos de Ártemis, e isso dava muito lucro aos artesãos. ²⁵Ele reuniu esses artesãos, juntamente com outros que trabalhavam no mesmo ramo, e disse: "Amigos, vocês sabem que deste negócio depende a nossa prosperidade. ²⁶E vocês estão vendo e ouvindo por aí que esse Paulo, não só em Éfeso, mas em quase toda a Ásia, está convencendo e afastando muita gente. Ele diz que os deuses fabricados por mãos humanas não são deuses. ²⁷Com isso, não é só a nossa profissão que corre o perigo de cair em descrédito, mas também o templo da grande deusa Ártemis acabará perdendo toda a sua fama. E assim se destruirá a grandeza daquela que toda a Ásia e o mundo adoram". ²⁸Ao ouvir isso, ficaram furiosos e não paravam de gritar: "Grande é a Ártemis dos efésios!" ²⁹O tumulto se espalhou pela cidade toda. A multidão se dirigiu em massa ao teatro, arrastando os macedônios Gaio e Aristarco, companheiros de Paulo nas viagens. ³⁰Paulo queria enfrentar o povo, mas os discípulos não o deixaram. ³¹Alguns dos asiarcas, que eram seus amigos, também mandaram pedir que ele não se arriscasse indo ao teatro.

³²Uns gritavam uma coisa, outros gritavam o contrário, e a confusão era total na assembleia. A maioria nem mesmo sabia por que estavam reunidos. ³³Alguns da multidão explicaram o assunto a Alexandre, que os judeus tinham feito ir para a frente. Alexandre fez sinal com a mão, mostrando que queria dar explicações para o povo. ³⁴Mas, quando perceberam que ele era judeu, todos se puseram a gritar numa só voz, durante quase duas horas: "Grande é a Ártemis dos efésios!" ³⁵Por fim, o secretário da cidade conseguiu acalmar a multidão e disse: "Cidadãos de Éfeso, quem dentre os homens não sabe que a cidade de Éfeso é a guardiã do templo da grande Ártemis e de sua estátua caída do céu? ³⁶Já que isso é indiscutível, é preciso que vocês fiquem calmos e não cometam nenhuma loucura. ³⁷Ora, vocês trouxeram aqui estes homens, que não profanaram o templo nem blasfemaram contra nossa deusa. ³⁸Portanto, se Demétrio e os artesãos que estão com ele têm alguma coisa contra alguém, há para isso audiências e procônsules: que apresentem mutuamente suas acusações! ³⁹E se vocês tiverem outras questões além desta, serão resolvidas em assembleia legal. ⁴⁰De fato, corremos o ris-

---

21-22: O v. 21 é muito importante. Começa a última seção do livro. Em rápido sumário, Lucas introduz a última parte de seu livro com uma informação contraditória: com o desejo de ir a Roma, Paulo resolve voltar atrás rumo a Jerusalém. Esta sua última viagem, na verdade, é o "Caminho da Palavra". O apóstolo irá de Jerusalém a Roma, porém como prisioneiro. Começa aqui a paixão de Paulo, onde ele vai enfrentar os mais diferentes processos jurídicos. Estes processos amedrontavam os fiéis nos anos 80 a 90.

23-40: A pregação da Boa-Nova acaba provocando forte reação. Os comerciantes de imagens da deusa Ártemis percebem que o evangelho de Jesus lhes atrapalha os negócios. Com facilidade, criam tumulto contra a equipe de Paulo. A ira dos efésios acaba voltando-se também contra os judeus, impedindo-os de falar na assembleia. Por fim, uma autoridade apela para o bom senso da população, invoca as leis do império e absolve os missionários cristãos. Sinal de que os leitores de Lucas estão enfrentando grandes conflitos com os interesses

co de ser acusados de revolta por causa do que aconteceu hoje, pois não há nada que possamos apresentar como justificativa para esta reunião tumultuada". E, dizendo isso, dissolveu a assembleia.

20 *A equipe missionária* – ¹Quando acabou o tumulto, Paulo chamou os discípulos e os encorajou. Depois se despediu e partiu para a Macedônia. ²Atravessou essas regiões, encorajando a todos com muitas palavras, até que chegou à Grécia, ³onde ficou três meses. Houve uma conspiração dos judeus contra ele, quando estava para embarcar rumo à Síria, de modo que decidiu voltar pela Macedônia. ⁴E o acompanhavam Sópatros, filho de Pirro, de Bereia; Aristarco e Segundo, de Tessalônica; Gaio, de Derbe, e Timóteo; e também Tíquico e Trófimo, da Ásia. ⁵Esses foram à nossa frente e nos esperaram em Trôade. ⁶Nós zarpamos de Filipos, após os dias dos Pães Sem Fermento, e os alcançamos cinco dias depois em Trôade, onde permanecemos uma semana.

A celebração gera vida – ⁷No primeiro dia da semana, estávamos reunidos para a fração do pão. Paulo, que devia partir no dia seguinte, lhes dirigia a palavra e prolongou sua fala até a meia-noite. ⁸Havia muitas lâmpadas na sala superior, onde estávamos reunidos. ⁹Certo adolescente chamado Êutico, estando sentado no peitoril de uma janela, acabou adormecendo enquanto Paulo prolongava sua fala. Vencido finalmente pelo sono, caiu do terceiro andar. Quando o levantaram, estava morto. ¹⁰Paulo desceu, inclinou-se sobre ele, o abraçou e disse: "Não fiquem aflitos, porque sua alma está nele". ¹¹Então subiu, partiu o pão e comeu. E ficou conversando com eles por muito tempo ainda, até o amanhecer. Depois partiu. ¹²Quanto ao rapaz, eles o levaram vivo, e sentiram-se muito confortados.

Roteiro de viagem – ¹³Nós, porém, seguindo adiante, embarcamos de navio para Assos, onde iríamos acolher Paulo. Assim fora combinado, pois ele iria fazer a viagem por terra. ¹⁴Quando nos alcançou em Assos, nós o acolhemos no navio e nos dirigimos a Mitilene. ¹⁵Zarpamos daí no dia seguinte e chegamos à frente de Quio. Aportamos um dia depois em Samos. Mais um dia e chegamos a Mileto, depois de pararmos em Trogílio. ¹⁶É que Paulo tinha decidido não parar em Éfeso, para não gastar tempo na Ásia. Tinha realmente pressa, a fim de passar em Jerusalém o dia de Pentecostes, se lhe fosse possível.

O testamento pastoral de Paulo – ¹⁷De Mileto, Paulo enviou um recado a Éfeso para chamar os anciãos da igreja. ¹⁸Quando chegaram, Paulo lhes disse:

"Vocês bem sabem como eu me comportei em relação a vocês durante todo o tempo, desde o primeiro dia em que cheguei à Ásia. ¹⁹Servi ao Senhor com toda a humildade, com lágrimas e no meio das provações que passei, por causa das

---

comerciais das religiões e santuários pagãos. O texto deixa claro que outros tumultos surgirão, à medida que a Palavra avançar. Os argumentos da autoridade pagã aqui apresentados servirão de defesa para as comunidades cristãs ameaçadas.

20,1-6: Além do roteiro de viagem, o texto mostra amplo retrato das pessoas que compõem a equipe missionária. Paulo tem facilidade para engajar novos missionários de todas as comunidades, sempre dispostas a hospedar a equipe. Dois fatos parecem caracterizar as viagens de Paulo: a visita às comunidades e os constantes perigos.

7-12: Modelo de celebração nas primeiras comunidades. O local é a "sala superior" (cf. Lc 22,12; At 1,13). Ela é feita já no "primeiro dia da semana", dia em que celebravam a ressurreição de Jesus. A celebração começava quando caía a noite e prolongava-se noite adentro. Para os judeus o dia começava quando saía a primeira estrela no céu. Os "participantes" da celebração são os membros da comunidade com toda a equipe missionária. Esta celebração, com a Palavra e com a fração do pão, sustenta e mantém a "vida" da comunidade.

13-16: Mais um roteiro de viagem missionária. Pode-se perceber o esforço em planejar os detalhes, definir os que vão por mar ou por terra, as escalas, os locais de encontro ao longo do caminho. A missão não parte de espontaneidade irresponsável, e sim de trabalho organizado. Lucas nota que Paulo está com pressa de chegar a Jerusalém, onde terá seu Pentecostes diferente e definitivo: vai ocorrer sua prisão, que será motivo de ida para Roma, "nos confins do mundo".

17-38: Começa a etapa final da terceira viagem de Paulo. Como as anteriores, também esta se fecha com discurso. Na primeira viagem, o discurso foi aos judeus (13,16-41). Na segunda, aos pagãos (17,22-31). Nesta terceira, o discurso se dirige às lideranças, aqui representadas pelos anciãos da igreja de Éfeso. É uma despedida, que faz memória e apresenta um testemunho de vida. O apóstolo olha o momento presente, afirmando que não sabe o que espera por ele em Jerusalém, prepara sua substituição. Dá as últimas instruções e relembra aos anciãos que "eles foram colocados pelo Espírito Santo como guardiães do rebanho". Entre as recomendações, destaca-se: não cobiçar nada de nin-

conspirações de judeus. ²⁰Nunca deixei de ensinar o que pudesse ser útil para vocês, nem de anunciar publicamente e também de casa em casa. ²¹Exortei judeus e gregos ao arrependimento diante de Deus e à fé em nosso Senhor Jesus. ²²Eis que agora, acorrentado pelo Espírito, vou para Jerusalém, sem saber o que aí me acontecerá. ²³Só sei, de cidade em cidade, que o Espírito Santo me previne, dizendo que me aguardam cadeias e tribulações. ²⁴Mas, de forma alguma considero minha vida preciosa para mim mesmo, contanto que eu leve a bom termo a minha carreira e o ministério que recebi do Senhor Jesus, de testemunhar o evangelho da graça de Deus. ²⁵Agora, porém, tenho certeza de que vocês não verão mais a minha face, todos vocês entre os quais passei anunciando o Reino. ²⁶É por isso que no dia de hoje dou testemunho a vocês: Estou puro do sangue de todos, ²⁷pois não abri mão de lhes anunciar todo o projeto de Deus. ²⁸Cuidem de si mesmos e de todo o rebanho, do qual o Espírito Santo os constituiu como guardiães, para apascentar a igreja de Deus, que ele adquiriu para si com o sangue de seu próprio Filho. ²⁹Eu sei: depois da minha partida, lobos vorazes, que não terão pena do rebanho, se introduzirão no meio de vocês. ³⁰E do meio de vocês mesmos surgirão alguns falando coisas distorcidas, para arrastar os discípulos atrás de si. ³¹Por isso, fiquem vigiando, e lembrem-se de que por três anos, dia e noite, não parei de exortar com lágrimas a cada um de vocês. ³²Agora, eu os entrego ao Senhor e à palavra de sua graça, palavra que tem o poder de edificar e de lhes dar a herança entre todos os santificados. ³³Eu jamais cobicei de ninguém nem prata, nem ouro, nem vestes. ³⁴Vocês mesmos sabem que estas minhas mãos trabalharam para as necessidades minhas e dos que estavam comigo. ³⁵Em tudo lhes mostrei que, trabalhando assim, é preciso ajudar os fracos, recordando as palavras do Senhor Jesus que disse: 'Há mais felicidade em dar do que em receber'".

³⁶Tendo dito isso, Paulo ajoelhou-se com todos eles e rezou. ³⁷Todos então começaram a chorar muito. E, lançando-se ao pescoço de Paulo, o beijavam. ³⁸Estavam muito tristes, sobretudo porque lhes havia dito que nunca mais veriam sua face. E o acompanharam até o navio.

21 Discernir no Espírito –

¹Quando chegou a hora de partir, fomos como que arrancados dos braços deles e navegamos diretamente para a ilha de Cós. No dia seguinte, chegamos a Rodes, e daí fomos até Pátara, ²onde encontramos um navio que fazia a travessia para a Fenícia. Embarcamos e seguimos viagem. ³Avistamos Chipre e a deixamos à esquerda, continuando a navegar em direção à Síria. Desembarcamos em Tiro, pois aí o navio devia descarregar. ⁴Encontramos os discípulos, e aí ficamos sete dias. Movidos pelo Espírito, eles diziam a Paulo que não subisse a Jerusalém. ⁵Transcorridos aí esses dias, partimos. Todos quiseram acompanhar-nos, com suas mulheres e crianças, até fora da cidade. Na praia, nos ajoelhamos para rezar. ⁶Despedimo-nos uns dos outros e embarcamos. E eles voltaram para casa.

⁷Quanto a nós, continuando nossa viagem por mar, de Tiro chegamos a Ptolemaida. Aí cumprimentamos os irmãos e ficamos um dia com eles. ⁸No dia seguinte, partimos e chegamos a Cesareia, onde fomos à casa de Filipe, o Evangelista, que era um dos Sete; e ficamos com ele. ⁹Filipe tinha quatro filhas virgens, que profetizavam. ¹⁰Enquanto passávamos aí vários dias, um profeta chamado Ágabo desceu da Judeia. ¹¹Ele veio ao nosso encontro, pegou o cinto de Paulo e, amarrando os próprios pés e mãos, declarou: "Isto diz o Espírito Santo: Os judeus prenderão, em Jerusalém, o homem a quem pertence este cinto, e o entregarão às mãos dos gentios". ¹²Quando ouvimos isso, nós e os que

---

guém, dar testemunho verdadeiro e ajudar os fracos. Lucas relembra aos líderes cristãos das comunidades de sua época que eles são os sucessores de Paulo, e devem levar adiante a missão dos apóstolos.

21,1-14: Início da última viagem. Dois fatos chamam a atenção. A equipe segue por rotas comerciais, na dependência de navios que os levem ao destino; no entanto, quem conduz a viagem é o Espírito Santo. Nas escalas, são acolhidos com carinho e ternura pelas comunidades. Esta solidariedade contrasta com o clima de alerta, medo e perseguição, que agora acompanharão Paulo até o final do livro.

eram do lugar insistimos para que Paulo não subisse a Jerusalém. ¹³Mas Paulo respondeu: "O que estão fazendo vocês, chorando e afligindo meu coração? Pois eu estou pronto, não somente para ser preso, mas até para morrer em Jerusalém, pelo nome do Senhor Jesus". ¹⁴Como não conseguíamos convencê-lo, desistimos, dizendo: "Seja feita a vontade do Senhor".

Encontro entre Paulo e Tiago – ¹⁵Passados esses dias, terminamos os preparativos e subimos a Jerusalém. ¹⁶Alguns dentre os discípulos de Cesareia nos acompanharam e nos levaram à casa de certo Menásson, de Chipre, antigo discípulo, com quem deveríamos hospedar-nos.

¹⁷Quando chegamos a Jerusalém, os irmãos nos receberam com alegria. ¹⁸No dia seguinte, Paulo foi conosco à casa de Tiago, onde todos os anciãos se reuniram. ¹⁹Depois de cumprimentá-los, Paulo contou-lhes detalhadamente tudo o que Deus tinha feito entre os gentios por meio de seu ministério. ²⁰Ouvindo Paulo, glorificavam a Deus. E lhe disseram: "Como você vê, irmão, há milhares de judeus que acreditaram, e todos são fiéis observantes da Lei. ²¹Eles ficaram sabendo que você ensina todos os judeus que vivem no meio dos gentios a abandonarem Moisés, dizendo-lhes que não circuncidem mais seus filhos nem observem mais nossos costumes. ²²O que fazer então? A multidão certamente vai se aglomerar, quando souber que você chegou. ²³Faça, portanto, o que vamos lhe dizer. Estão aqui quatro homens que têm uma promessa para cumprir. ²⁴Leve-os com você, purifique-se com eles, e pague as despesas deles, para que possam mandar raspar a cabeça. Assim, todos saberão que não é verdade o que dizem de você, mas que você também continua firme na observância da Lei. ²⁵Quanto aos gentios que acreditaram, já escrevemos a eles sobre nossas decisões: Que se abstenham das carnes imoladas aos ídolos, do sangue, das carnes sufocadas e das uniões ilegítimas".

²⁶Então Paulo levou os homens consigo. No dia seguinte, purificou-se com eles e entrou no Templo, comunicando o prazo em que devia ser oferecido o sacrifício na intenção de cada um deles, logo após os dias da purificação.

Incidente e prisão de Paulo – ²⁷Quando estavam para se completar os sete dias, os judeus da Ásia, percebendo que Paulo estava no Templo, amotinaram toda a multidão e o agarraram, ²⁸gritando: "Israelitas, socorro! Este é o homem que ensina a todos e por toda a parte contra o nosso povo, contra a Lei e contra este lugar. E ele ainda trouxe gregos para dentro do Templo, profanando este lugar santo". ²⁹É que eles, antes, tinham visto Trófimo, o efésio, junto com Paulo na cidade, e pensavam que Paulo o tivesse introduzido no Templo.

³⁰A cidade toda se agitou e o povo se aglomerou. Apoderaram-se de Paulo e o arrastaram para fora do Templo, e imediatamente as portas foram fechadas. ³¹Eles já estavam a ponto de matá-lo, quando chegou ao tribuno da coorte a notícia de que Jerusalém inteira estava amotinada. ³²Ele imediatamente reuniu soldados e oficiais e correu para junto deles. Vendo o tribuno e os soldados, eles pararam de bater em Paulo. ³³Então o tribuno aproximou-se, deteve Paulo e mandou que o prendessem com duas correntes. Depois, perguntou quem era ele e o que havia feito. ³⁴Na multidão,

---

15-26: Chegando a Jerusalém, Paulo participa de importante reunião com a igreja de Tiago. É o primeiro encontro desta com a igreja de Antioquia, desde o Concílio de Jerusalém (cap. 15). Continua viva aquela tensão entre a proposta de Paulo que oferece abertura total para os pagãos, e a posição de Tiago que restringe tal abertura. Este ainda teme a reação dos fariseus convertidos. A pregação de Paulo aos gentios estava impedindo a entrada de judeus piedosos na comunidade em Jerusalém. Tiago pede então a Paulo uma demonstração pública de que ainda é judeu piedoso, no sentido de financiar as promessas de quatro peregrinos pobres durante sete dias. Este foi o destino do dinheiro que Paulo trazia, fruto da coleta feita entre os pobres da gentilidade.

27-40: Acatando a proposta de Tiago, Paulo frequenta o Templo durante sete dias. Mas é logo reconhecido por judeus helenistas, que chegam de Éfeso a Jerusalém e lhe conhecem as atividades. Suspeitando que Paulo tenha introduzido um efésio no Templo, fazem contra ele quatro acusações: por toda parte anda falando contra nosso povo; contra a Lei de Moisés; contra "este lugar", o Templo; e introduz pagãos dentro do lugar santo. A polícia romana salva o apóstolo, que o oficial confunde com certo judeu egípcio líder de revoltosos. Nota-se aí o medo que os romanos tinham de tumultos em Jerusalém.

cada um gritava uma coisa. Não podendo obter informação segura por causa do tumulto, o tribuno ordenou que conduzissem Paulo para a fortaleza. ³⁵Quando chegou junto aos degraus, Paulo teve de ser carregado pelos soldados, devido à violência da multidão. ³⁶De fato, o povo em massa o seguia, gritando: "Mate-o!"

³⁷Quando estava para ser recolhido à fortaleza, Paulo disse ao tribuno: "É permitido a mim que eu lhe diga uma palavra?" O tribuno perguntou: "Você sabe grego? ³⁸Você por acaso não é o egípcio que, dias atrás, subverteu e arrastou quatro mil sicários ao deserto?" ³⁹Paulo respondeu: "Eu sou judeu, cidadão de Tarso, uma cidade importante da Cilícia. Eu lhe peço que me deixe falar ao povo". ⁴⁰Obtida a permissão, Paulo, de pé sobre os degraus, fez ao povo sinal com a mão. Houve grande silêncio, e Paulo lhes falou em língua hebraica.

22 *A defesa da conversão* – ¹"Irmãos e pais, ouçam a defesa que eu agora apresento a vocês". ²Quando o ouviram falar em língua hebraica, fizeram mais silêncio ainda. E Paulo disse: ³"Eu sou judeu. Nasci em Tarso da Cilícia, mas fui criado nesta cidade, instruído aos pés de Gamaliel, segundo a rigorosa observância da lei de nossos pais, cheio de zelo por Deus, assim como todos vocês são hoje. ⁴Persegui mortalmente este Caminho, prendendo e lançando na prisão homens e mulheres, ⁵como o sumo sacerdote e todos os anciãos podem testemunhar. Deles até recebi cartas de recomendação para os irmãos de Damasco, e para lá eu estava indo, a fim de trazer algemados os que lá estivessem, para serem punidos aqui em Jerusalém.

⁶Aconteceu que, na viagem, estando já perto de Damasco, por volta do meio-dia, de repente uma grande luz vinda do céu brilhou ao redor de mim. ⁷Caí por terra e ouvi uma voz que me dizia: 'Saulo, Saulo, por que você me persegue?' ⁸Eu perguntei: 'Quem és tu, Senhor?' Ele me respondeu: 'Eu sou Jesus, o Nazareno, a quem você está perseguindo!' ⁹Os que estavam comigo viram a luz, mas não ouviram a voz de quem falava comigo. ¹⁰Então eu disse: 'Senhor, o que devo fazer?' E o Senhor me respondeu: 'Levante-se e vá para Damasco. Aí lhe será dito tudo o que está prescrito para você fazer'. ¹¹Como eu não enxergava por causa do brilho daquela luz, cheguei a Damasco guiado pela mão dos que estavam comigo. ¹²Um certo Ananias, homem piedoso e fiel à Lei, estimado por todos os judeus que aí moravam, ¹³veio até mim. Ele se apresentou e me disse: 'Saulo, meu irmão, recupere a vista!' E nessa mesma hora pude vê-lo. ¹⁴Então ele me disse: 'O Deus de nossos pais o escolheu para conhecer a vontade dele, para ver o Justo e para lhe ouvir a voz diretamente de sua própria boca. ¹⁵Porque você vai ser a testemunha dele, diante de todos os homens, a respeito de todas as coisas que viu e ouviu. ¹⁶Agora, o que você está esperando? Levante-se, receba o batismo e lave-se de seus pecados, invocando o nome dele'.

¹⁷E aconteceu que, quando voltei a Jerusalém e estava rezando no Templo, entrei em êxtase. ¹⁸E vi aquele que me dizia: 'Rápido, saia logo de Jerusalém, porque não aceitarão seu testemunho a respeito de mim'. ¹⁹Eu respondi: 'Senhor, eles sabem que era eu quem, nas sinagogas, prendia e açoitava os que acreditavam em ti. ²⁰E quando foi derramado o sangue de Estêvão, tua testemunha, eu também estava lá, apoiando aqueles que o matavam e guardando as roupas deles'. ²¹Então ele me disse: 'Vá! É para longe, para as nações, que eu enviarei você' ".

Paulo exige seus direitos – ²²Até esse ponto eles escutaram Paulo. Mas, quando

---

22,1-21: Apresentando sua defesa, Paulo narra diante da multidão seu processo de conversão, confirmada por uma visão que ele teve no recinto do Templo. Aliás, seguir a fé em Jesus nada mais é do que levar a religião judaica ao seu verdadeiro caminho; é sinal de que um judeu cristão continua sendo fiel seguidor da Lei de Moisés.

22-30: Quando Paulo confirma sua missão entre os gentios, a multidão se enfurece e quer de novo linchá-lo. Para preservar o prisioneiro, o oficial romano recolhe Paulo na fortaleza. Temos novamente um oficial romano que deve decidir diante de tumultos religiosos entre judeus. Não entendendo o que se passa, o oficial resolve torturar Paulo para saber o teor das acusações. Diante desta arbitrariedade, Paulo apela a seus direitos como cidadão romano, que recebeu de herança de seu pai. O oficial então recua, sabendo que o Estado romano era severo contra os que cometiam injustiças contra seus

ele disse tais palavras, começaram a gritar: "Tire da terra esse indivíduo, pois ele não pode continuar vivendo". ²³E gritavam, jogavam os mantos e lançavam poeira para o alto. ²⁴O tribuno mandou recolher Paulo na fortaleza, ordenando que o interrogassem com açoites, para saber por qual motivo gritavam tanto contra ele.

²⁵Enquanto estavam amarrando Paulo com correias, ele disse ao centurião aí presente: "É permitido a vocês açoitar um cidadão romano, sem que ele tenha sido julgado?" ²⁶Ao ouvir isso, o centurião foi avisar o tribuno: "O que você vai fazer? Esse homem é cidadão romano!" ²⁷O tribuno foi e perguntou a Paulo: "Diga-me, você é cidadão romano?" Ele respondeu: "Sim". ²⁸O tribuno disse: "Eu precisei de muito dinheiro para adquirir essa cidadania". E Paulo falou: "Eu a tenho desde o nascimento". ²⁹Imediatamente os que estavam aí para interrogá-lo se afastaram. Até o tribuno ficou com medo, ao saber que Paulo era cidadão romano, e que mesmo assim o havia acorrentado.

³⁰No dia seguinte, querendo saber com plena certeza por que Paulo estava sendo acusado pelos judeus, o tribuno o soltou e mandou reunir os chefes dos sacerdotes e todo o Sinédrio. Em seguida, fez Paulo descer e o apresentou diante deles.

23 A defesa perante o Sinédrio –

¹Paulo fixou os olhos no Sinédrio e disse: "Irmãos, até hoje me comportei diante de Deus com total boa consciência". ²E o sumo sacerdote Ananias ordenou aos seus assistentes que batessem na boca de Paulo. ³Então Paulo lhe disse: "Deus vai ferir você, parede caiada! Você está sentado para me julgar segundo a Lei e, violando a Lei, ordena que me batam?" ⁴Os que estavam a seu lado lhe disseram: "Você está insultando o sumo sacerdote de Deus!" ⁵Paulo respondeu: "Irmãos, eu não sabia que este é o sumo sacerdote. Pois está escrito: 'Não amaldiçoe o chefe do seu povo' ".

⁶A seguir, sabendo que uma parte dos presentes eram saduceus e a outra parte eram fariseus, Paulo exclamou no Sinédrio: "Irmãos, eu sou fariseu e filho de fariseus. É por nossa esperança, a ressurreição dos mortos, que estou sendo julgado". ⁷Ao dizer isso, armou-se um conflito entre fariseus e saduceus, e a assembleia se dividiu. ⁸Pois os saduceus dizem que não existe ressurreição, nem anjo, nem espírito, enquanto que os fariseus sustentam uma coisa e outra. ⁹Houve então muita gritaria. Alguns escribas do partido dos fariseus se levantaram e começaram a protestar, dizendo: "Não encontramos nenhum mal neste homem. E se um espírito ou anjo tivesse falado com ele?" ¹⁰E o conflito crescia cada vez mais. Temendo que Paulo fosse estraçalhado por eles, o tribuno ordenou que o destacamento descesse e o tirasse do meio deles, levando-o de novo para a fortaleza.

¹¹Na noite seguinte, o Senhor se aproximou de Paulo e lhe disse: "Tenha confiança. Assim como você deu testemunho de mim em Jerusalém, é preciso que dê testemunho em Roma também".

A conspiração contra Paulo – ¹²Quando amanheceu, os judeus se reuniram e se comprometeram, com juramento, a não comer nem beber enquanto não matassem Paulo. ¹³Os que fizeram essa conspiração eram mais de quarenta homens. ¹⁴Foram então procurar os chefes dos sacerdotes e os anciãos, e disseram: "Fizemos um juramento, sob pena de maldição, de não comer nada enquanto não matarmos Paulo.

¹⁵Portanto, compareçam agora com o Sinédrio perante o tribuno, para que ele

---

cidadãos. É importante aos cristãos conhecer as leis para vencer os arbítrios dos magistrados.

23,1-11: Paulo enfrenta o Sinédrio e o sumo sacerdote, como fez o próprio Jesus (Lc 22,66-71; Jo 18,22-23). Ora, o Sinédrio é composto de saduceus e fariseus. Paulo se vale da rivalidade entre os dois grupos, para provocar entre eles um conflito no tribunal. Os fariseus, que acreditam na ressurreição, tomam a defesa de Paulo. Novo tumulto, e o oficial torna a recolher Paulo no cárcere, onde o apóstolo tem outra visão: Jesus o reanima, apontando pela segunda vez que seu destino é mesmo a paixão em Roma (cf. 19,21), e garantindo-lhe que não se trata agora de simples acidente de percurso o que está acontecendo, mas o próprio caminho a ser percorrido por um missionário.

12-35: A tensão em Jerusalém chega a seu ponto máximo. Existe uma conspiração para assassinar Paulo de qualquer jeito. Então, o oficial romano providencia a transferência do prisioneiro para a sede da administração romana em Cesareia. O episódio mostra que o cristão precisa cuidar se, tanto do fanatismo quanto da desinformação.

traga Paulo até vocês, com o pretexto de vocês examinarem com mais cuidado o caso dele. Antes que ele chegue aqui, nós estaremos prontos para matá-lo". ¹⁶O filho da irmã de Paulo, porém, ficou sabendo da emboscada, foi à fortaleza, entrou e contou a Paulo. ¹⁷Então Paulo chamou um dos centuriões e disse: "Leve este rapaz ao tribuno, porque tem algo para informar a ele". ¹⁸O centurião o tomou consigo, o conduziu ao tribuno e disse: "O prisioneiro Paulo me chamou e pediu que lhe trouxesse este rapaz, que tem algo para lhe dizer". ¹⁹Tomando o rapaz pela mão, o tribuno o levou à parte e lhe perguntou: "O que você tem para me contar?" ²⁰O rapaz respondeu: "Os judeus combinaram pedir-lhe que faça Paulo descer amanhã ao Sinédrio, com o pretexto de examinarem o caso dele com mais cuidado. ²¹Não acredite neles, porque mais de quarenta homens dentre eles estão de emboscada contra Paulo. Eles fizeram um juramento, sob pena de maldição, de não comer nem beber enquanto não o matarem. Agora estão preparados, aguardando apenas o seu consentimento". ²²O tribuno despediu o rapaz, recomendando: "Não diga a ninguém que você me contou essas coisas".

²³O tribuno chamou dois dos centuriões e lhes disse: "Preparem para as nove horas da noite duzentos soldados, setenta cavaleiros e duzentos lanceiros, para irem até Cesareia. ²⁴Preparem também cavalos, para que Paulo possa viajar e ser conduzido são e salvo ao governador Félix".

²⁵E escreveu uma carta com este conteúdo: ²⁶"Cláudio Lísias, ao excelentíssimo governador Félix. Saudações! ²⁷Este homem caiu em poder dos judeus e estava para ser morto por eles. Quando eu soube que era cidadão romano, fui lá com a tropa e o arranquei das mãos deles. ²⁸E como eu queria entender o motivo por que o acusavam, mandei levá-lo ao Sinédrio deles. ²⁹Descobri que estava sendo acusado por questões referentes à Lei deles, e não havia nenhum crime que justificasse morte ou prisão. ³⁰Ao ser informado de uma cilada armada contra este homem, tratei de enviá-lo imediatamente ao senhor. E comuniquei aos acusadores que apresentem ao senhor aquilo que tiverem contra ele".

³¹Conforme lhes tinha sido ordenado, os soldados tomaram Paulo e o levaram de noite até Antipátrida. ³²No dia seguinte, deixaram os cavaleiros seguir viagem com Paulo e voltaram à fortaleza. ³³Chegando a Cesareia, os cavaleiros entregaram a carta ao governador e lhe apresentaram Paulo. ³⁴Depois de ler a carta, o governador quis saber de que província era Paulo. Ao saber que era da Cilícia, ³⁵disse-lhe: "Eu ouvirei você quando seus acusadores chegarem". E ordenou que Paulo ficasse detido no palácio de Herodes.

24 A defesa do Caminho – ¹Cinco dias depois, o sumo sacerdote Ananias desceu com alguns anciãos e um advogado chamado Tertulo. E se apresentaram ao governador como acusadores de Paulo. ²Quando Paulo foi chamado, Tertulo começou a acusação dizendo: "Graças ao senhor, alcançamos grande paz, e graças à sua providência reformas foram feitas em favor desta nação. ³Sempre e em toda parte, tudo isso reconhecemos, excelentíssimo Félix, com toda a gratidão. ⁴Mas, para não incomodá-lo muito tempo, peço que com sua generosidade nos escute por um instante. ⁵Verificamos, de fato, que este homem é uma peste: promove discórdias entre todos os judeus do mundo inteiro, e é um dos líderes da seita dos nazarenos. ⁶ᵃEle tentou inclusive profanar o Templo, e por isso o prendemos. [6b-7] ⁸O senhor mesmo, ao interrogá-lo, poderá comprovar todas as coisas de que

---

24,1-21: O processo continua em Cesareia, agora diante do governador. O sumo sacerdote vem com advogado, para defender a Lei judaica diante da autoridade romana, afirmando que a seita cristã é um perigo para a paz no império. Paulo faz então apaixonada defesa do Caminho, que é de paz e não de discórdia dentro do judaísmo, já que o próprio Paulo é fiel frequentador do Templo, e nunca provocou tumulto. Esse Caminho só pode ser entendido a partir da fé na ressurreição de Jesus e no triunfo da Vida, de acordo com a Lei e com o anúncio dos profetas. Muitos manuscritos de Atos trazem o acréscimo dos vv. 6b-7: "Queríamos julgá-lo segundo nossa Lei, mas o tribuno Lísias chegou e o arrancou de nossas mãos com muita violência, ordenando aos acusadores que comparecessem diante do senhor". Esse acréscimo mostra que as autoridades judaicas gostariam de julgar os cristãos sem a interferência do poder romano.

nós o estamos acusando". ⁹Os judeus também o apoiavam, dizendo que as coisas eram assim mesmo.

¹⁰Então o governador fez sinal para que Paulo falasse. E este falou: "Eu sei que há muitos anos Vossa Excelência é juiz desta nação, e por isso me sinto à vontade para defender minha causa. ¹¹Como Vossa Excelência mesmo pode comprovar, não se passaram mais que doze dias desde que subi a Jerusalém em peregrinação. ¹²E nem no Templo, nem nas sinagogas, nem pela cidade, ninguém me viu discutindo com outra pessoa ou provocando tumultos entre a multidão. ¹³Eles não lhe podem provar aquilo de que agora me acusam.

¹⁴Confesso-lhe o seguinte: É segundo o Caminho, que eles chamam de seita, que eu sirvo ao Deus de meus pais. Acredito em tudo o que está de acordo com a Lei e que se encontra escrito nos Profetas. ¹⁵Tenho em Deus a esperança, que eles também têm, de que acontecerá a ressurreição, tanto dos justos como dos injustos. ¹⁶E também me esforço igualmente para conservar em tudo a consciência irrepreensível diante de Deus e dos homens.

¹⁷Depois de muitos anos, vim trazer esmolas para meu povo e também apresentar oferendas. ¹⁸Foi quando eles me encontraram no Templo, já purificado, sem multidão nenhuma e sem nenhum tumulto. ¹⁹Mas alguns judeus da Ásia, eles é que deveriam apresentar-se à Vossa Excelência e acusar-me, se tivessem algo contra mim. ²⁰Ou então, que estes mesmos que estão aqui digam se encontraram em mim algum crime, quando compareci diante do Sinédrio. ²¹A não ser que se trate desta única frase, que eu disse em voz alta, quando estava em pé diante deles: 'É por causa da ressurreição dos mortos que estou sendo julgado hoje diante de vocês'."

Um tribunal corrupto - ²²Félix estava bem informado a respeito do Caminho e adiou o processo, dizendo: "Quando o tribuno Lísias descer, eu decidirei o caso de vocês". ²³E ordenou que o centurião mantivesse Paulo detido, mas que lhe desse bom tratamento e não impedisse nenhum dos seus de lhe prestar assistência.

²⁴Passados alguns dias, chegou Félix com a esposa Drusila, que era judia. Mandou chamar Paulo para ouvi-lo falar sobre a fé no Cristo Jesus. ²⁵Mas, quando Paulo começou a falar sobre a justiça, o autocontrole e o julgamento futuro, Félix ficou amedrontado e disse: "Pode retirar-se por ora. Assim que tiver ocasião, o chamarei". ²⁶Ao mesmo tempo, Félix esperava que Paulo lhe desse dinheiro, e por isso mandava chamá-lo com frequência para conversar com ele.

²⁷Dois anos depois, Pórcio Festo ocupou o lugar de Félix. Entretanto, querendo agradar aos judeus, Félix deixou Paulo na prisão.

25 Defesa perante o tribunal romano
- ¹Três dias depois de tomar posse do cargo, Festo subiu de Cesareia para Jerusalém. ²Os chefes dos sacerdotes e os líderes dos judeus se apresentaram para acusar Paulo. E pediram a Festo, ³contra Paulo, o favor de transferi-lo para Jerusalém, pois estavam preparando uma emboscada para matá-lo na viagem. ⁴Festo então respondeu que Paulo estava detido em Cesareia, e que ele mesmo partiria em breve para lá. ⁵E disse: "Desçam comigo até Cesareia aqueles dentre vocês que detêm o poder. E se existe algo de errado nesse homem, que ali apresentem acusação contra ele".

⁶Festo permaneceu com eles não mais que oito ou dez dias, e desceu para Cesareia. No dia seguinte, sentou-se no tribunal e mandou trazer Paulo. ⁷Quando Paulo chegou, os judeus que tinham descido de Jerusalém o rodearam, apresentando muitas e graves acusações, que no entanto não conseguiam provar. ⁸Paulo se defendeu, dizendo: "Eu não fiz nada de er-

---

22-27: Félix é exemplo de funcionário imperial corrupto, que não aplica a justiça; apenas aumenta o número de audiências, com promessas que não cumpre, tratando bem o preso e sempre adiando o julgamento. Félix quer duas coisas: politicamente, evita conflito com as autoridades judaicas; pessoalmente, espera arrancar dinheiro do réu. Devido a essa corrupção do magistrado, Paulo fica preso ilegalmente durante dois anos em Cesareia.

25,1-12: O novo governador resolve dar andamento ao processo, que as autoridades judaicas retomam do início (cf. 24,1). Na verdade, tentam novo atentado contra a vida de Paulo. Diante da possibilidade de ser transferido para Jerusalém, o apóstolo apela a César, no

rado contra a Lei dos judeus, nem contra o Templo, nem contra César". ⁹Querendo agradar aos judeus, Festo disse a Paulo: "Você quer subir a Jerusalém para ser julgado lá, na minha presença, a respeito dessas coisas?" ¹⁰Paulo respondeu: "Estou diante do tribunal de César, onde devo ser julgado. Não cometi nenhuma injustiça contra os judeus, como Vossa Excelência bem sabe. ¹¹Portanto, se cometi injustiça ou fiz algo que mereça a morte, não recuso morrer. Porém, se não há nada daquilo de que me acusam, ninguém pode me entregar a eles. Apelo para César". ¹²Então Festo consultou seus conselheiros e disse: "Você apelou para César. Para César irá".

Paulo no tribunal do rei – ¹³Passados alguns dias, o rei Agripa e Berenice chegaram a Cesareia e foram saudar Festo. ¹⁴Visto que ficaram aí vários dias, Festo expôs ao rei o caso de Paulo, dizendo: "Está aqui um homem que Félix deixou prisioneiro. ¹⁵Quando estive em Jerusalém, os chefes dos sacerdotes e os anciãos dos judeus apresentaram acusações contra ele e pediram sua condenação. ¹⁶Eu lhes respondi que não é costume dos romanos entregar um homem antes que o acusado se confronte com os acusadores e possa defender-se da acusação. ¹⁷Eles então se reuniram aqui e, no dia seguinte, sem demora, sentei-me no tribunal e mandei trazer o homem. ¹⁸Seus acusadores compareceram diante dele, mas não trouxeram nenhuma acusação para os crimes de que eu suspeitava. ¹⁹Tinham somente certas questões a respeito da religião deles, e a respeito de um certo Jesus que já morreu, mas que Paulo afirma estar vivo. ²⁰Como eu estava confuso diante de uma questão como esta, perguntei então a Paulo se ele preferia ir a Jerusalém, para ser julgado lá. ²¹Paulo fez uma apelação, para que sua causa fosse reservada ao juízo do imperador Augusto. Ordenei então que ficasse detido até que eu pudesse enviá-lo a César. ²²Agripa disse a Festo: "Eu também gostaria de ouvir esse homem". Festo respondeu: "Amanhã você o ouvirá".

²³No dia seguinte, Agripa e Berenice chegaram com grande pompa, e entraram na sala de audiências, junto com os tribunos e as pessoas importantes da cidade. Festo ordenou que Paulo fosse trazido. ²⁴Festo disse então: "Rei Agripa e todos aqui presentes conosco: Vejam este homem, por causa de quem toda a comunidade dos judeus recorreu a mim, tanto em Jerusalém como aqui, clamando que ele não deve continuar vivo. ²⁵Eu concluí que ele não fez nada que mereça a morte. E como ele apelou a Augusto, decidi enviá-lo. ²⁶Mas não tenho nada de concreto sobre ele para escrever ao Soberano. Por isso, fiz com que o trouxessem diante de vocês, principalmente diante de Vossa Excelência, rei Agripa, a fim de que, após o interrogatório, eu tenha o que escrever. ²⁷Pois me parece absurdo enviar um prisioneiro, sem informar também as acusações que existem contra ele".

26 Defesa no tribunal do rei –
¹Agripa disse a Paulo: "Você tem permissão para falar em seu favor". Então Paulo estendeu a mão e começou sua defesa: ²"Eu me considero feliz, ó rei Agripa, pois em sua presença posso me defender de tudo aquilo de que os judeus me acusam. ³Sobretudo porque o senhor está a par de todos os costumes e controvérsias dos judeus. Por isso, peço-lhe que me escute com paciência.

---

tribunal civil de Roma, onde teria melhor defesa na sua condição de cidadão romano. O governador é forçado a respeitar o apelo do prisioneiro. Realiza-se então a voz do Espírito: o apóstolo irá dar testemunho de Jesus em Roma (At 19,21; 23,11).

13-27: Da mesma forma que Jesus teve de enfrentar o tribunal real de Herodes Antipas (cf. Lc 23,7), Lucas coloca Paulo diante do tribunal real de Herodes Agripa II. Diante do rei, de sua irmã, dos notáveis e tribunos da cidade, o governador romano faz a acusação formal contra Paulo. Mais uma vez fica clara a dificuldade de as autoridades romanas entenderem os conflitos religiosos entre os judeus. O governador percebe que não há razões jurídicas para manter Paulo prisioneiro e apela para a ajuda do rei na elaboração de um relatório que introduza a questão no tribunal de Roma.

26,1-23: O rei permite que Paulo faça sua defesa. Com passagens da Escritura, o acusado se defende, provando ser judeu bom e fiel, de formação rígida e tradicional. A defesa de Paulo é importante, já que Agripa II conhece os costumes judaicos, tendo inclusive o poder de nomear o sumo sacerdote e demais membros do Sinédrio. Mais uma vez, Paulo narra sua conversão, mostrando que seus passos têm sido consequência do acontecido na estrada de Damasco. Sua missão como bom judeu nada mais é do que levar a todos os povos a salvação de Deus, realizada na ressurreição de Jesus.

⁴Todos os judeus de Jerusalém sabem como foi toda a minha vida, desde a adolescência, passada desde o início no meio do meu povo. ⁵Eles me conhecem há muito tempo e, se quiserem, podem testemunhar que vivi conforme a seita mais rígida de nossa religião, como fariseu. ⁶E agora estou sendo julgado por causa da esperança prometida por Deus a nossos pais, ⁷e que nossas doze tribos esperam conseguir, servindo a Deus noite e dia sem desanimar. É por causa dessa esperança, ó rei, que estou sendo acusado pelos judeus. ⁸Por que parece incrível para vocês que Deus ressuscite os mortos?

⁹Ora, eu também acreditava que devia combater com todos os meios o nome de Jesus, o Nazareno. ¹⁰E foi isso que fiz em Jerusalém: Eu mesmo pus na prisão muitos dos santos, com autorização dos chefes dos sacerdotes, e dei meu voto para que fossem condenados à morte. ¹¹Muitas vezes eu os maltratava em todas as sinagogas, para fazê-los blasfemar. E minha fúria cresceu a ponto de persegui-los até em cidades estrangeiras.

¹²Com essa intenção, eu estava indo a Damasco, com a autoridade e a permissão dos chefes dos sacerdotes. ¹³No caminho, por volta do meio-dia, ó rei, vi uma luz vinda do céu e que era mais brilhante do que o sol. Essa luz me envolveu, a mim e aos que estavam comigo. ¹⁴Todos nós caímos por terra. Ouvi então uma voz que me dizia em língua hebraica: 'Saulo, Saulo, por que você me persegue? É duro você se revoltar contra o ferrão.' ¹⁵Eu respondi: 'Quem és tu, Senhor?' E o Senhor me respondeu: 'Eu sou Jesus, aquele que você está perseguindo. ¹⁶Mas agora, levante-se e fique firme em pé. Foi para isso que apareci a você, a fim de constituí-lo servo e testemunha desta visão, na qual você me viu, e também de outras visões, nas quais aparecerei a você. ¹⁷Eu o livrarei do povo e das nações, às quais eu o envio, ¹⁸para que você lhes abra os olhos, e assim se convertam das trevas para a luz, da autoridade de Satanás para Deus. Desse modo, pela fé em mim, eles receberão o perdão dos pecados e a herança entre os santificados'.

¹⁹Desde então, rei Agripa, não fui desobediente à visão celeste. ²⁰Pelo contrário, primeiro aos habitantes de Damasco, depois aos de Jerusalém, em toda a região da Judeia e aos gentios, tenho anunciado o arrependimento e a conversão a Deus, com a prática de obras dignas desse arrependimento. ²¹É por isso que os judeus me agarraram no Templo e tentaram matar-me. ²²No entanto, protegido por Deus até o dia de hoje, continuo dando testemunho diante de pequenos e grandes. E não digo nada mais do que os Profetas e Moisés disseram que devia acontecer, ²³ou seja, que o Cristo devia sofrer, e que, sendo o primeiro a ressuscitar dentre os mortos, ele devia anunciar a luz ao povo e às nações".

Fim do processo: Paulo é inocente – ²⁴Paulo estava assim falando em sua própria defesa, quando Festo o interrompeu em alta voz: "Você está louco, Paulo! Todos os seus conhecimentos estão deixando você maluco!" ²⁵Paulo respondeu: "Não estou louco, excelentíssimo Festo, mas estou falando palavras verdadeiras e sensatas. ²⁶Pois o próprio rei, a quem estou me dirigindo com toda a franqueza, certamente está ao par dessas coisas. Acredito que nada disso lhe é desconhecido, já que essas coisas não aconteceram num lugar qualquer. ²⁷Rei Agripa, o senhor acredita nos Profetas? Eu sei que acredita". ²⁸E Agripa respondeu a Paulo: "Por pouco, e com seus raciocínios, você faz de mim um cristão!" ²⁹Paulo disse: "Por pouco ou por muito, queira Deus que não somente o senhor, mas todos os que me escutam, fossem hoje tais como eu. Mas sem essas correntes!"

³⁰O rei se levantou, assim como o governador, Berenice e todos os que estavam sentados com eles. ³¹Enquanto saíam, comentavam entre si: "Este homem não fez nada que mereça a morte ou a prisão".

24-32: Diante da defesa de Paulo, percebem-se duas atitudes. O governador romano continua não entendendo nada de questões religiosas entre judeus. Por outro lado, o rei conhece as Escrituras e nota coerência no discurso do apóstolo. E pronuncia a sentença: de fato Paulo é inocente e poderia ser solto. Mas agora o tribunal civil romano prevalece. Paulo apelou para César e terá de ir a Roma enfrentar mais um julgamento.

³²E Agripa disse a Festo: "Este homem poderia ser posto em liberdade, se não tivesse apelado para César".

27 A última viagem

¹Quando foi decidido nosso embarque para a Itália, entregaram Paulo e alguns outros prisioneiros a um centurião chamado Júlio, da coorte Augusta. ²Embarcamos num navio de Adramítio, que estava de saída para as costas da Ásia, e zarpamos, tendo conosco Aristarco, macedônio de Tessalônica. ³No dia seguinte, chegamos a Sidônia. Por consideração a Paulo, Júlio permitiu que ele fosse encontrar os amigos para receber assistência deles. ⁴Zarpamos daí e navegamos rente à ilha de Chipre, pois os ventos eram contrários. ⁵Atravessamos o mar ao longo da Cilícia e da Panfília, e então, depois de quinze dias, desembarcamos em Mira, na Lícia. ⁶Aí o centurião encontrou um navio de Alexandria que navegava para a Itália, e nos embarcou nele.

⁷Navegamos lentamente por vários dias, e chegamos com dificuldade à altura de Cnido. Como o vento não nos permitiu aportar, velejamos rente à ilha de Creta, junto ao cabo Salmone. ⁸Costeando a ilha com dificuldade, chegamos a um lugar chamado Bons Portos, perto da cidade de Lasaia.

⁹Passado muito tempo, quando a navegação já estava se tornando perigosa e até o Jejum havia terminado, Paulo os aconselhou, ¹⁰dizendo: "Amigos, vejo que a navegação será muito perigosa e trará muitas perdas, não só para a carga e o navio, mas também para nossas vidas". ¹¹No entanto, o centurião confiou mais no piloto e no armador do que em Paulo. ¹²E como o porto não era propício para passar o inverno, a maioria foi da opinião que se devia partir daí, para ver se conseguiam chegar a Fênix, que é um porto de Creta, ao abrigo dos ventos noroeste e sudoeste, e aí poderiam passar o inverno.

¹³Quando o vento sul começou a soprar levemente, eles pensaram que poderiam realizar o que haviam planejado. Levantaram âncoras e foram costeando Creta mais de perto. ¹⁴Pouco depois, desencadeou-se do lado da ilha um furacão chamado Euroaquilão. ¹⁵O barco foi arrastado, e como não podíamos navegar contra o vento, nos deixamos levar por ele. ¹⁶Passando rente a uma pequena ilha chamada Cauda, com dificuldade conseguimos recolher o bote. ¹⁷Após tê-lo içado, os tripulantes usaram os recursos de emergência, amarrando o navio com cordas de segurança. Porém, com medo de encalhar em Sirte, soltaram a âncora e continuaram sem direção. ¹⁸No dia seguinte, batidos furiosamente pela tempestade, começaram a jogar a carga ao mar. ¹⁹No terceiro dia, com as próprias mãos lançaram ao mar até o equipamento do navio. ²⁰Nem o sol nem as estrelas apareceram por vários dias, e a tempestade continuava a bater forte, de modo que estávamos perdendo toda a esperança de nos salvar.

²¹Fazia muito tempo que estávamos sem comer nada. Então Paulo se pôs de pé no meio deles e disse: "Amigos, vocês me deveriam ter escutado e não ter saído de Creta, evitando estes perigos e perdas. ²²Apesar disso, eu os aconselho a manter a coragem, pois ninguém de vocês vai morrer: só perderão o navio. ²³É que esta noite me apareceu um anjo do Deus ao qual pertenço e a quem adoro. ²⁴O anjo me disse: 'Não tenha medo, Paulo. Você deve comparecer diante de César. E Deus lhe concede a vida de todos os que navegam com você'. ²⁵Portanto, coragem, amigos! Confio em Deus que as coisas acontecerão como me foi dito. ²⁶Nós devemos encalhar em alguma ilha".

²⁷Já estávamos na décima quarta noite, sendo jogados de um lado para outro no mar Adriático, quando, por volta da meia-noite, os marinheiros pressentiram terra por perto. ²⁸Então lançaram a sonda e deu trinta e seis metros de profundidade. Um pouco mais adiante, lançaram de novo a sonda e deu vinte e sete metros. ²⁹Com medo de que fôssemos bater contra as

---

27,1-44: Narrativa detalhada sobre a última viagem de Paulo. Incluindo-se nela, o redator de Atos narra com vivacidade os acontecimentos que na sua época eram certamente bem conhecidos. A tropa de soldados leva os prisioneiros em navio comercial já carregado de trigo e com outros duzentos passageiros. A embarcação enfrenta forte tempestade. A vida de todos está em risco. Mas Paulo, testemunhando a presença de Deus em meio às tribulações, mantém a calma e consola tanto a tropa que o guarda quanto os tripulantes e passageiros.

rochas, desceram quatro âncoras do lado de trás do navio e esperavam que o dia surgisse. ³⁰Os marinheiros tentavam fugir do navio. Com o pretexto de jogar âncoras do lado dianteiro, já estavam descendo o bote ao mar, ³¹quando Paulo disse ao centurião e aos soldados: "Se eles não ficarem no navio, vocês não poderão salvar-se". ³²Então os soldados cortaram as cordas do bote e o deixaram cair no mar.

³³Enquanto esperavam o raiar do dia, Paulo convidava todos a comerem, dizendo: "Já faz hoje catorze dias que vocês estão esperando, em jejum, sem comer nada. ³⁴Por isso, aconselho que vocês se alimentem, porque é necessário para a saúde. Pois não se perderá sequer um fio de cabelo da cabeça de vocês". ³⁵Dizendo isso, Paulo tomou o pão, deu graças a Deus diante de todos, o partiu e começou a comer. ³⁶Todos então se reanimaram e também se alimentaram. ³⁷No navio, éramos ao todo duzentas e setenta e seis pessoas. ³⁸Depois de terem comido o suficiente, aliviaram o navio, jogando o trigo ao mar.

³⁹Quando amanheceu, os marinheiros não reconheceram a terra. Vendo uma enseada com praia, consultaram-se para ver se poderiam conduzir o navio até lá. ⁴⁰Soltaram as âncoras, deixando o navio ao movimento do mar. Ao mesmo tempo, desamarraram as cordas dos lemes, levantaram a vela da frente e dirigiram o navio em direção à praia. ⁴¹Mas o navio foi de encontro a um banco de areia e encalhou. A parte dianteira, atolada, ficou imóvel, enquanto a parte traseira começou a desconjuntar-se pela violência das ondas.

⁴²Veio aos soldados a ideia de matar os prisioneiros, para que nenhum deles escapasse a nado. ⁴³Mas o centurião, querendo salvar Paulo, impediu o plano deles. Ordenou aos que sabiam nadar que saltassem primeiro e alcançassem a terra. ⁴⁴Os demais deveriam seguir atrás, agarrados em pranchas ou em pedaços do navio. E assim todos chegaram à terra, sãos e salvos.

28 Ninguém aprisiona o evangelho

¹Quando já estávamos a salvo, soubemos que a ilha se chamava Malta. ²Os nativos nos trataram com extraordinária bondade. Eles acolheram a todos nós e acenderam uma fogueira, por causa da chuva que caía e do frio. ³Enquanto Paulo juntava uma braçada de gravetos e a jogava na fogueira, uma cobra, fugindo do calor, agarrou-se à mão dele. ⁴Ao ver o animal dependurado na mão dele, os nativos disseram: "Esse homem certamente é um assassino, pois escapou do naufrágio, mas a justiça divina não o deixa viver". ⁵Paulo, porém, sacudiu o animal para dentro do fogo e não sofreu nenhum mal. ⁶Eles esperavam que Paulo inchasse e de repente caísse morto. Mas, depois de muito esperar, vendo que não lhe acontecia nada de anormal, mudaram de opinião e começaram a dizer que ele era um deus.

⁷Nas proximidades desse lugar, ficava a propriedade do governador da ilha, que se chamava Públio. Ele nos recebeu e nos hospedou com gentileza por três dias. ⁸Aconteceu que o pai de Públio estava com febre e disenteria. Paulo foi até ele, rezou, impôs as mãos sobre ele e o curou. ⁹Diante disso, os demais doentes que estavam na ilha começaram a ir ao encontro de Paulo e eram curados. ¹⁰E os que foram curados também nos trataram com todas as honras. E, quando estávamos para partir, providenciaram tudo aquilo de que tínhamos necessidade.

Paulo chega a Roma – ¹¹Depois de três meses, zarpamos num navio alexandrino, que passara o inverno na ilha e tinha os Dióscuros como emblema. ¹²Aportamos em Siracusa, onde ficamos três dias. ¹³Daí, seguindo a costa, chegamos a Régio. No dia seguinte, soprou o vento sul, e em dois

---

A narrativa reforça o projeto do Espírito Santo: ninguém morrerá na viagem, porque Paulo deverá testemunhar o evangelho na capital.

28,1-10: Após duas semanas de tempestade, o navio naufraga na ilha de Malta. Embora sendo o prisioneiro principal, sob total vigilância da tropa, o apóstolo evangeliza o território desconhecido, fazendo milagres.

Os habitantes reconhecem que Paulo é um sinal da presença de Deus.

11-16: Lucas descreve a última etapa da viagem, de Malta a Roma, com várias escalas. Os irmãos da capital, já prevenidos, vão ao seu encontro, sinal da ótima comunicação entre as comunidades. O gesto foi de muito consolo, e Paulo pôde renovar as forças. Afinal

dias chegamos a Putéoli. ¹⁴Encontramos aí alguns irmãos, e fomos confortados, permanecendo com eles durante sete dias. E assim chegamos a Roma.

¹⁵Os irmãos de Roma tinham ouvido falar a nosso respeito e foram até o Foro de Ápio e as Três Tabernas para nos receber. Ao vê-los, Paulo deu graças a Deus e se reanimou. ¹⁶Quando entramos em Roma, foi permitido que Paulo morasse em casa particular, junto com o soldado que o vigiava.

A Palavra chega ao seu destino – ¹⁷Três dias depois, Paulo convocou as lideranças dos judeus. Quando estavam reunidos, disse-lhes: "Irmãos, embora eu não tenha feito nada contrário ao nosso povo, nem aos costumes de nossos antepassados, vim preso desde Jerusalém, entregue às mãos dos romanos. ¹⁸Eles me interrogaram e queriam me soltar, pois não havia nada em mim que merecesse a morte. ¹⁹Mas os judeus se opuseram, e fui obrigado a apelar para César, não porém como se tivesse algo de que acusar minha nação. ²⁰Por isso mesmo, pedi para ver vocês e lhes falar, já que é por causa da esperança de Israel que estou carregando esta corrente".

²¹Eles responderam a Paulo: "Nós não recebemos carta nenhuma da Judeia falando sobre você, nem chegou nenhum irmão contando ou falando algo de mau contra você. ²²No entanto, gostaríamos de ouvir de você mesmo o que pensa, pois sabemos que essa seita encontra oposição em toda parte".

²³Combinaram com Paulo um dia, quando apareceram com mais gente para encontrá-lo em seu alojamento. Paulo lhes fez uma exposição desde o amanhecer até à tarde, dando testemunho do Reino de Deus e procurando convencê-los a respeito de Jesus, baseando-se na Lei de Moisés e nos Profetas. ²⁴Alguns ficaram convencidos pelo que ele dizia, enquanto outros não acreditaram. ²⁵Enquanto iam embora sem entrar num acordo, Paulo lhes dizia uma só coisa: "Bem falou o Espírito Santo aos pais de vocês por meio do profeta Isaías, quando disse: ²⁶'Vá ter com esse povo e diga-lhe: Vocês ouvirão inutilmente, pois não compreenderão; olharão inutilmente, pois não enxergarão. ²⁷Porque o coração desse povo endureceu: Taparam os ouvidos e vendaram os olhos, para não verem com os olhos, nem ouvirem com os ouvidos, nem compreenderem com o coração, para que não se convertam, e eu não os cure'. ²⁸Saibam, portanto, que esta salvação de Deus é enviada às nações, e elas a ouvirão". [29]

³⁰Paulo viveu dois anos inteiros com seus próprios meios. Recebia todos os que iam até ele, ³¹proclamando-lhes o Reino de Deus e ensinando as coisas a respeito do Senhor Jesus Cristo, com toda a franqueza e sem impedimentos.

---

chega a Roma, algemado, para enfrentar mais um julgamento.

17-31: É o confronto final entre Paulo e a comunidade judaica de Roma. Na conversa, que durou vários dias, Paulo reafirma sua inocência, já garantida pelo tribunal romano (cf. 26,32). Só apelou a César devido à intransigência das autoridades judaicas de Jerusalém, porque ele mesmo não tem o mínimo interesse de acusar a sua nação judaica perante o império. Continua fiel às tradições do povo e carrega algemas pela causa da esperança de Israel, concretizada na vinda e ressurreição do Messias. A pregação de Paulo produz, como das outras vezes, divisão entre os judeus: "Depois de Paulo ter dito isso, os judeus foram embora discutindo muito entre si", como diz o v. 29 no texto ocidental, que ressalta mais uma vez o mistério da recusa dos judeus em acolher Jesus e o Reino.

Lucas termina dizendo que Paulo esperou dois anos, mas não informa se houve um julgamento final. O que importa para o autor de Atos é que Paulo "recebia todos os que iam até ele". Aqui se resume o objetivo central do livro: a Palavra, saindo de Jerusalém, passa pela Judeia e Samaria, até chegar ao centro do mundo. Paulo, agora algemado, continua evangelizando. Nenhum poder ou força consegue deter o caminho da Palavra.

CARTAS DO APÓSTOLO PAULO

Paulo apóstolo é personagem fascinante. Pode ser conhecido pelos Atos dos Apóstolos e, principalmente, pelas suas próprias cartas. Apresenta-se como hebreu, da tribo de Benjamim, do partido dos fariseus, cumpridor fiel da Lei (Fl 3,5-6). Nasceu pelo ano 10 em Tarso, capital da Cilícia (At 9,11), e aí passou a infância. Jovem ainda, estudou em Jerusalém, "aos pés de Gamaliel" (At 22,3), famoso mestre de tendência liberal na interpretação da Lei judaica. Discípulo muito aplicado, Paulo recorda que era o primeiro da classe (Gl 1,14). De volta à terra natal, deve ter exercido a função de rabino, enquanto trabalhava como fabricante de tendas. Muitas vezes poderá mostrar as mãos calejadas por esse trabalho manual de tecelão (At 20,33-35). Daí o seu método pastoral: evangelizar trabalhando e trabalhar evangelizando (At 18,3-4). Radical em suas opções, começou como perseguidor do cristianismo (Fl 3,6), até que Cristo, por revelação, entrou de maneira definitiva em sua vida, como por um choque espiritual (At 9,1-19). Morreu por volta do ano 67.

Preparação do Apóstolo

Paulo não conheceu Jesus pessoalmente, mas o viu ressuscitado. A partir daí, a cruz adquiriu novo sentido, a maldição transformou-se em bênção. Essa convicção foi sem dúvida fruto de muita crise pessoal e de longa preparação.

Paulo tinha personalidade firme e forte, resistência física, vontade férrea e inteligência aguda. Qualidades desenvolvidas pela educação familiar, pela religião judaica e pelo contexto de sua cidade natal e da escola de Gamaliel.

Do judaísmo, herdou o amor à Sagrada Escritura, o método rabínico de interpretação, o reconhecimento da presença de Deus na vida e na história, a crença no futuro da humanidade para além da vida presente. Da filosofia grega aproveitou, preferencialmente, a corrente do estoicismo, que via o universo como corpo e propunha a igualdade social de homens e mulheres. Serviu-se naturalmente da infraestrutura romana de ordem e disciplina, e até do privilégio de ser cidadão romano. Das religiões mistéricas, conheceu a oferta de "salvação", os ritos de iniciação, as refeições sacramentais. A partir da igreja de Antioquia da Síria, teve a porta aberta para o mundo de cultura helenista e de outras etnias.

Apóstolo inovador

Paulo foi tão radical no seguimento de Jesus Cristo, que levou o cristianismo a todo o mundo grego, a partir da cultura judaica. Enquanto Jesus permaneceu no contexto das ovelhas da casa de Israel, falando no contexto rural a linguagem agropastoril, Paulo se lançou para o ambiente do helenismo, desde a Ásia até a Europa, anunciando o evangelho nas grandes cidades e utilizando naturalmente exemplos do ambiente mais urbano de construções e de esporte. Jesus andou pelas aldeias próximas. Paulo foi missionário itinerante de grandes distâncias. Jesus era pregador oral. Paulo foi também escritor.

Paulo superou a proposta da família patriarcal greco-romana, propondo novo tipo de relações familiares na comunidade eclesial. Na sua visão, a sociedade escravagista da época dava lugar à liberdade total em Cristo. Tirou a mulher da marginalização, contando inclusive com a participação de muitas na evangelização, na profecia, na liderança e na diaconia das igrejas. Ele poderá proclamar que em Cristo "não há mais diferença entre judeu e grego, entre escravo e livre, entre homem e mulher" (Gl 3,28).

Preocupação pastoral

Tocado profundamente pela graça, Paulo se considera chamado por Deus desde o seio materno (Gl 1,15). Parte de uma convicção: "Ai de mim, se eu não anunciar o evangelho!" (1Cor 9,16). Segue o princípio pastoral de extrema sabedoria: "Tornar-se tudo para todos" (1Cor 9,22). Homem de atitudes decididas, sabe contudo adaptar-se a todas as pessoas e etnias, situações e dificuldades.

O Apóstolo reúne lideranças que colaborem na missão. A longa lista inclui os evangelistas Marcos e Lucas, os companheiros de viagem Silvano e Timóteo, o casal de trabalhadores Priscila e Áquila, as líderes de comunidades Lídia e Cloé, a diaconisa Febe, e tantas outras.

Algumas estruturas da sociedade lhe servem de exemplo. A sua primeira referência é a sinagoga judaica, que não apresentava organização tão rígida. Na sociedade greco-romana da época, eram comuns as associações de religiosos e profissionais. Exemplo desses colegiados eram os ourives de Éfeso. Paulo se associa, originalmente, com os fabricantes de tendas; a partir deles, aproveita para difundir a Boa-Nova. Outra estrutura importante da sociedade greco-romana eram as "eclesias", traduzidas como igrejas. Eram originalmente assembleias, em que as pessoas participavam trocando opiniões. Foi justamente o nome "igreja" que Paulo escolheu para suas comunidades.

Em Atos dos Apóstolos, Lucas apresenta as três grandes viagens de Paulo, estratégia mais eficaz do seu apostolado. A certa altura, o cronista esteve presente, ao falar em primeira pessoa. Viajar era a maneira de manter contato direto, acompanhar o crescimento das comunidades, ajudar nas dificuldades e oferecer orientações. As lideranças missionárias tinham naturalmente o apoio das casas de família. Aliás, todas as comunidades paulinas se reuniam em casas, pois os templos iriam surgir bem mais tarde.

As cartas de Paulo complementavam suas pregações. Eram o prolongamento de sua presença e ação nas comunidades, quando a presença física se tornava difícil ou até impossível.

Outro fator que reforçou os laços entre as comunidades foram as coletas em favor das igrejas irmãs mais pobres (2Cor 8-9; Gl 2,10). Cada comunidade era alimentada pelas celebrações, sobretudo da Palavra e da Ceia (1Cor 11,17-34).

Seguro de suas convicções, Paulo por vezes é severo e exigente. Mas, em geral, é meigo e carinhoso, qual mãe que sente dores de parto (Gl 4,19), acaricia os filhos pequenos (1Ts 2,7-8) e é capaz de sacrificar-se para dar vida (2Cor 12,15) e crescimento às comunidades. Ou como pai que dá vida e incentivo à família (1Cor 4,15; 1Ts 2,11). Como o próprio Deus, sente ciúme das comunidades que fundou, e teme que vacilem na fé (2Cor 11,2). Sabe também repreender com energia, quando necessário (1Cor 4,21).

Apóstolo escritor

Paulo foi quem começou a escrever o Novo Testamento. Os Evangelhos, na forma como são conhecidos hoje, vieram depois das cartas paulinas. O Apóstolo escreve, em geral, para orientar as comunidades em situações concretas. Parte da realidade e faz a reflexão teológica à luz da Palavra de Deus e do exemplo de Jesus. Além dessa visão prática e iluminadora, suas cartas são fontes de informação sobre os inícios do cristianismo. Paulo conhecia profundamente a Bíblia Hebraica na versão grega denominada "Septuaginta" ou "Bíblia dos Setenta". Ele a cita continuamente de memória. Mas a referência última é sempre a pessoa e a palavra de Jesus Cristo.

A tradição atribui a Paulo 14 cartas, mais tarde reunidas num corpo único, partindo da maior para a menor extensão (com exceção de Hebreus), e talvez levando em conta a importância das igrejas destinatárias. Algumas Paulo escreveu pessoalmente, outras ditou as escribas, outras ainda orientou alguém a escrevê-las. Nesse sentido, há quem distinga cartas autênticas de Paulo, e cartas escritas por discípulos seus. Seriam, no caso, autenticamente paulinas: Rm; 1 e 2Cor; Gl; Fl; 1Ts e Fm.

As subdivisões ajudam a compreender melhor o conjunto das cartas, como segue.

– 1 e 2Ts são os primeiros escritos do Novo Testamento, e por isso possuem interesse particular. Situam-se no contexto da segunda viagem missionária, pelos anos 51 e 52.

- *1 e 2Cor, Gl e Rm são as quatro grandes cartas, e trazem as linhas teológicas principais de Paulo. Datam provavelmente do período da terceira viagem missionária, em torno do ano 57.*
- *Ef, Fl, Cl e Fm são chamadas cartas do cativeiro, porque todas contextualizam Paulo na prisão. Foram escritas, provavelmente, no cativeiro de Éfeso, em torno dos anos 55 a 57.*
- *1 e 2Tm e Tt são conhecidas como cartas pastorais, porque dirigidas especificamente a pastores de comunidades. Possivelmente são posteriores ao cativeiro de 63.*
- *Hb é um escrito singular, que não é de Paulo, mas atribuído a ele, talvez devido aos dois temas que lhe são muito caros: a pessoa de Jesus e a fé. Data provável: após o ano 63.*

A importância do apóstolo Paulo supera as palavras introdutórias. Místico profundo, rezava e meditava sem parar. Missionário incansável, viajava continuamente para difundir a palavra do evangelho. Evangelizador das nações, dedicou-se sobretudo às diversas etnias do mundo helênico, denominado paganismo. Pastor dedicado, fundou inúmeras comunidades. Pregador convicto, não se cansou de proclamar a liberdade em Cristo. Escritor exímio, deixou-nos um tesouro inesgotável para inspirar a vida e a prática de nossas comunidades.

CARTA AOS ROMANOS

SALVAÇÃO PELA FÉ

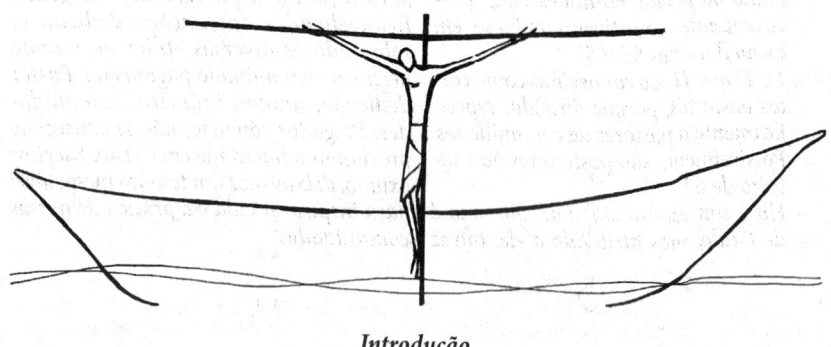

Introdução

Romanos é a primeira carta do cânon paulino. É também a mais longa e a mais teológica. Tema central é a gratuidade da salvação através da fé em Jesus Cristo. Endereçada à comunidade de Roma, foi provavelmente escrita em Corinto, por volta do ano 57 ou 58. A população da capital do império é calculada, para a época, em um milhão de habitantes, em sua maioria plebeus e libertos, com grande massa de escravos. Nero imperava.

Como o apóstolo não conhece pessoalmente essa comunidade, escreve para preparar uma visita. Em meio à reflexão teológica, mantém o objetivo pastoral de todas as suas cartas.

Pouco se sabe sobre os inícios da comunidade cristã em Roma. Talvez alguns "romanos de passagem" por Jerusalém no Pentecostes (At 2,10) tenham retornado e iniciado o primeiro núcleo. Teríamos assim assembleias judaicas, com reforma cristã, já uns dez anos após a ressurreição de Jesus.

As comunidades cristãs de Roma cresceram muito, graças ao ingresso de gentios (1,5-6.13; 11,13), nome dado a outras etnias ou nações, que foram acolhidas em igualdade de condições com os cristãos vindos do judaísmo. O fato, porém, gerou certa polêmica no interior da comunidade (16,17-18). Judeu-cristãos e étnico-cristãos, ou greco-cristãos, entraram em conflito. Talvez por essa razão, no ano 49 o imperador Cláudio expulsou os judeus de Roma, e com eles muitos cristãos, como o casal Priscila e Áquila, conhecidos por Paulo na comunidade de Corinto (At 18,1-3).

Paulo esteve certamente no centro do debate, acusado de revogar a Lei de Moisés, fato que a carta aos Gálatas parece comprovar.

Os étnico-cristãos em Roma, ao que parece, desprezavam os judeu-cristãos, não reconhecendo o valor real da antiga Lei e zombavam dos fracos que ainda se ligavam a ela. Contudo, a comunidade judaica era muito forte em Roma, com uma dezena de sinagogas e cerca de quarenta mil membros. Já os cristãos, que não tinham templo, se reuniam nas casas (16,5.10.11.14.15). Formavam comunidades dispersas pela periferia da capital, com serviços e ministérios distribuídos entre os membros da comunidade, homens e mulheres.

O Apóstolo escreve então para esclarecer suas posições, agora que o clima geral da comunidade é tranquilo e já não transparecem conflitos doutrinais nem divisões políticas.

A situação histórica na qual se encontra a comunidade de Roma fornece a Paulo ocasião para aplicar, de maneira concreta, a sua teologia da justificação. A relação entre a realidade social dos romanos e a teologia da carta é clara e imediata. Essa teologia garante que todos sem distinção se encontram na injustiça ou pecado; consequentemente, são todos objeto da ira de Deus. Por isso Deus, por sua graça, oferecida gratuitamente mediante Jesus Cristo, estabelece a justiça, realizando a justificação. E isso acontece pela adesão pessoal de fé.

A situação concreta de todos é deprimente. Os gentios se encontram sob a ideologia imperial da "paz romana", no sistema da escravidão, e sua lista de pecados é pavorosa (1,28-32). Por sua vez, os judeus estão sob a ideologia da Lei mosaica, no sistema da circuncisão, e sua lista de pecados não é menos assustadora (2,17-24). Para uns e outros, não há saída (3,9). A solução, impossível por méritos humanos, só pode ser resolvida pela graça, dom absolutamente gratuito de Deus (3,21-28).

1

Endereço e saudação – ¹Paulo, servo de Cristo Jesus, chamado para ser apóstolo, escolhido para o evangelho de Deus, ²evangelho que Deus já havia prometido por meio de seus profetas nas Sagradas Escrituras, ³a respeito de seu Filho, nascido da descendência de Davi segundo a carne, ⁴estabelecido Filho de Deus com poder, segundo o Espírito de santidade, mediante a ressurreição dos mortos, Jesus Cristo nosso Senhor. ⁵Por meio dele é que recebemos a graça e o apostolado, para conduzir, pelo seu nome, todas as nações à obediência da fé. ⁶Entre elas estão também vocês, chamados por Jesus Cristo. ⁷A todos vocês que se encontram em Roma, amados por Deus e santos por vocação: graça e paz da parte de Deus nosso Pai e do Senhor Jesus Cristo.

Ação de graças e desejo de visitar a comunidade – ⁸Primeiramente, dou graças ao meu Deus por meio de Jesus Cristo, por causa de todos vocês, porque a fé que vocês têm é proclamada em todo o mundo. ⁹Pois Deus, a quem presto culto em meu espírito, anunciando o evangelho de seu Filho, é testemunha de como eu me lembro de vocês. ¹⁰E em minhas orações sempre peço que, de algum modo, segundo a vontade de Deus, eu tenha a oportunidade de ir até aí junto de vocês. ¹¹Eu realmente desejo muito vê-los, para lhes comunicar algum dom espiritual que possa fortalecê-los, ¹²isto é, para que eu seja encorajado, junto com vocês, pela fé que é comum a vocês e a mim. ¹³Não quero que fiquem sem saber, irmãos, que muitas vezes planejei ir visitá-los, a fim de colher algum fruto entre vocês também, tal como entre as outras nações; mas até agora fui impedido. ¹⁴Sou devedor a gregos e bárbaros, a sábios e ignorantes. ¹⁵Daí o meu desejo de levar o evangelho também a vocês que estão em Roma.

Assunto da carta – ¹⁶Porque eu não me envergonho do evangelho, pois ele é força de Deus para a salvação de todo aquele que crê, em primeiro lugar o judeu, e depois o grego. ¹⁷De fato, no evangelho a justiça de Deus se revela através da fé e para a fé, conforme está escrito: "O justo viverá pela fé".

EVANGELHO, FORÇA SALVADORA DE DEUS

Situação dos gentios – ¹⁸Realmente, do alto do céu se manifesta a ira de Deus contra toda impiedade e injustiça da-

---

1,1-7: O endereço e a saudação são semelhantes às demais cartas paulinas. Nesta, Paulo sublinha sua apresentação como servo, apóstolo e escolhido. Como ele ainda não conhecia a comunidade cristã de Roma, precisava esclarecer bem suas credenciais.

8-15: O primeiro motivo de agradecimento é a fé que se vive em Roma e que já goza de fama universal. O Apóstolo deseja partilhar essa fé. Estabelece uma relação pessoal de afeto e simpatia ao afirmar, repetidas vezes, seu anseio de visitar a comunidade romana (15,24) e dela "colher algum fruto", que poderia significar uma coleta em favor dos cristãos de Jerusalém (15,26-27) ou de alguma outra comunidade necessitada.

16-17: O assunto geral da carta aqui apresentado será desenvolvido em toda a primeira parte, até 8,39, e representa o resumo de toda a pregação de Paulo: o evangelho é a força salvadora de Deus. Por outro lado, a fé é a condição para a salvação. Ora, segundo o contexto original de Hab 2,4, a fé consiste numa atitude ativa de resistência diante das dificuldades. Graças a essa atitude, quem é fiel está pronto a colaborar com o plano de Deus, em vista da salvação, ou seja, realizar a vida nova para toda a humanidade (Gl 3,11; Hb 10,38).

18-32: Apresenta-se a condição dos pagãos num quadro de julgamento implacável: no início a "ira de Deus" (v. 18; Sl 7,7-12), e no final "a sentença de Deus"

queles que com a injustiça sufocam a verdade. ¹⁹Porque eles conhecem o que se pode conhecer de Deus, pois Deus o revelou a eles. ²⁰De fato, desde a criação do mundo, a realidade invisível de Deus – seu eterno poder e divindade – pode ser compreendida por meio do que foi criado. De modo que eles não têm desculpa. ²¹Porque, tendo conhecido a Deus, não o glorificaram como Deus, nem lhe agradeceram. Ao invés disso, tornaram-se vazios em seus pensamentos, e seu coração insensato ficou na escuridão. ²²Vangloriando-se de ser sábios, tornaram-se tolos, ²³e trocaram a glória do Deus incorruptível por imagens de seres humanos corruptíveis, de aves, quadrúpedes e répteis.

²⁴Por isso Deus os entregou aos desejos de seus corações, à impureza com que eles desonram seus corpos entre si. ²⁵Trocaram a verdade de Deus pela mentira, e adoraram e serviram a criatura em lugar do Criador, que é bendito pelos séculos. Amém.

²⁶É por isso que Deus os entregou a paixões vergonhosas. Suas mulheres mudaram as relações naturais por relações contra a natureza. ²⁷Da mesma forma, os homens, deixando a relação natural com a mulher, arderam de desejo uns com os outros. Homens com homens praticaram coisas vergonhosas e receberam em si mesmos o pagamento por seu erro.

²⁸Como não valorizaram o fato de ter o conhecimento de Deus, então Deus entregou-os à mente sem valor de cada um, para fazerem o que não convém. ²⁹Encheram-se de todo o tipo de injustiça, maldade, cobiça e malícia, repletos de inveja, assassínios, brigas, fraudes e perversidades. São fofoqueiros, ³⁰caluniadores, inimigos de Deus, desaforados, arrogantes, fanfarrões, talentosos para o mal, desobedientes aos pais, ³¹insensatos, desleais, sem amor e sem piedade. ³²Eles conhecem a sentença de Deus, segundo a qual os que praticam tais ações são dignos de morte. Mesmo assim, eles não só as praticam, mas ainda aprovam os que fazem a mesma coisa.

2 Situação dos judeus

¹Portanto você não tem desculpa, você que julga, seja você quem for. Porque, ao julgar os outros, você se condena a si mesmo, já que julga mas pratica a mesma coisa. ²Sabemos que o julgamento de Deus se faz segundo a verdade contra aqueles que praticam tais ações. ³Ou você, julgando os que praticam essas ações, e no entanto fazendo a mesma coisa, pensa que vai escapar do julgamento de Deus? ⁴Ou você despreza a riqueza da bondade, paciência e generosidade de Deus, esquecendo-se de que a bondade dele conduz você à mudança de mentalidade? ⁵Com sua teimosia e com seu coração que não se arrepende, está acumulando ira para si mesmo, para o dia da ira e da revelação do justo julgamento de Deus. ⁶Ele recompensará segundo as obras de cada um: ⁷vida eterna para aqueles que, perseverando no bem, buscam a glória, a honra e a imortalidade; ⁸ira e cólera para aqueles que por egoísmo desobedecem à verdade e obedecem à injustiça. ⁹Tribulação e angústia para toda pessoa que pratica o mal, primeiro para o judeu, depois para o grego; ¹⁰ao contrário, glória, honra e paz para todo aquele que pratica o bem, primeiro para o judeu, depois para o grego. ¹¹Porque Deus não faz distinção de pessoas.

A Lei não traz privilégios

¹²Com efeito, todos os que pecaram sem a Lei, sem a Lei também perecerão. E todos os que

---

(v. 32) contra eles como "dignos de morte". Os motivos se resumem na impiedade contra Deus, e na injustiça contra os seres humanos. Como Deus é justo e ama a justiça, não pode suportar atitudes injustas. Ora, qualquer pessoa pode conhecer a Deus através de suas criaturas, e deve comportar-se de acordo com esse conhecimento. Nisso reside a ideia de que Deus pode ser conhecido pela razão humana. Mas, no caso concreto, as pessoas impiedosas e injustas "trocaram a verdade de Deus pela mentira" (v. 25), o que se torna a pior das idolatrias. A seguir se descrevem as consequências dessa atitude, para culminar no longo catálogo de vícios (vv. 29-31; 2Cor 12,20; Gl 5,19-21).

2,1-11: A condição dos judeus passa a ser apresentada de maneira ainda mais severa. Como eles conheciam a Deus através das Escrituras, era de esperar um comportamento mais justo. No entanto, eles vivem como os pagãos, e ainda por cima se consideram melhores. Por isso, passam de juízes a réus no julgamento (vv. 1-5), onde, de acordo com os critérios do comportamento, atraem "a ira e a cólera" (vv. 6.8). Para a justiça de Deus, não há privilégios na lei judaica, como não há na sabedoria grega (vv. 9-11).

12-24: Critica-se a atitude de judeus que se consideravam privilegiados perante os demais povos, por terem a Lei de Moisés, revelada pelo próprio Deus. Ora, o dom

pecaram com a Lei, pela Lei serão julgados. ¹³Porque não são os que ouvem a Lei que são justos diante de Deus, mas os que cumprem a Lei é que serão justificados. ¹⁴Assim, quando as nações, não tendo lei, fazem naturalmente o que a Lei manda, mesmo não tendo lei, são lei para si mesmas. ¹⁵Elas mostram a obra da lei gravada em seus corações, e sua consciência e seus pensamentos dão testemunho disso, acusando-as ou defendendo-as... ¹⁶no dia em que Deus, de acordo com o meu evangelho, julgará os segredos dos homens por meio de Cristo Jesus.

¹⁷Se você se declara judeu, conta com a Lei e se gloria em Deus; ¹⁸se você conhece a vontade dele, e instruído pela Lei sabe diferenciar o que é melhor; ¹⁹se você está convencido de ser guia de cegos, luz dos que se encontram nas trevas, ²⁰educador de ignorantes, mestre de imaturos, possuindo na Lei a fórmula clara da ciência e da verdade... ²¹Ora, você que ensina a outros, não ensina a si mesmo? Prega que não se deve roubar, e rouba? ²²Diz que não se deve praticar adultério, e comete adultério? Detesta os ídolos, e rouba seus templos? ²³Você que se vangloria da Lei, e ao transgredir a Lei desonra a Deus? ²⁴De fato, "por causa de vocês o nome de Deus é blasfemado entre as nações", como está escrito.

A circuncisão do coração – ²⁵Com efeito, a circuncisão é útil, se você observa a Lei. Mas, se você é transgressor da Lei, sua circuncisão se torna incircuncisão. ²⁶Ao contrário, se o incircunciso observa os preceitos da Lei, por acaso a incircuncisão dele não será considerada circuncisão? ²⁷E aquele que não foi circuncidado fisicamente, mas cumpre a Lei, ele mesmo julgará você que é transgressor da Lei, apesar da letra e da circuncisão. ²⁸Pois o judeu não é judeu pela aparência externa, nem a circuncisão consiste em sinal visível na carne. ²⁹Ao contrário, o judeu é judeu pelo seu interior, e a circuncisão é a do coração, segundo o Espírito e não segundo a letra. Este é que recebe aprovação, não dos homens, mas de Deus.

3 *Privilégios e responsabilidades dos judeus* –
¹Qual é então a vantagem de ser judeu, e para que serve a circuncisão? ²Grande, em todos os sentidos. Primeiro, porque os oráculos de Deus foram confiados a eles. ³Mas o que acontece, se alguns deles foram infiéis? Acaso a infidelidade deles anulará a fidelidade de Deus? ⁴De forma alguma. Pelo contrário, Deus permanece verdadeiro, ainda que todos sejam falsos, como está escrito: "Para que você seja reconhecido em suas palavras e vença quando for julgado."

⁵Então, se a nossa injustiça demonstra a justiça de Deus, o que diremos? Que Deus é injusto ao impor sua ira sobre nós? (Falo como homem.) ⁶De jeito nenhum. Se assim fosse, como poderia Deus julgar o mundo? ⁷Contudo se, com minha falsidade, a verdade de Deus resplandece para a sua glória, por que eu ainda devo ser julgado como pecador? ⁸É o caso de fazer o mal para que venha o bem, como alguns caluniosamente dizem que nós ensinamos? A condenação desses tais é justa.

---

da Lei ou o seu conhecimento não privilegia ninguém. Ao contrário, traz maior responsabilidade, porque a pessoa deve viver de acordo com a Lei. Nesse sentido, outras pessoas que não conhecem a Lei podem ter condição melhor diante de Deus, porque vivem de acordo com a própria consciência (vv. 12-16). No capítulo anterior, elencou-se um catálogo de vícios dos pagãos (1,29-31). Agora (vv. 17-24), segue-se o catálogo de vícios dos judeus, concentrado nos mandamentos não roubar e não cometer adultério (Ex 20,13-15); aqui se denuncia sobretudo a atitude hipócrita de ensinar e não praticar (Sl 50,16-21).

25-29: A circuncisão era uma espécie de operação de fimose, e introduzia o menino na comunidade judaica. Era, de fato, um sinal externo que marcava a pertença ao povo de Deus. Por isso, muitos se orgulhavam dessa marca, e desprezavam os demais, chamando-os de "incircuncisos". Paulo desfaz esse orgulho, que pode tornar-se desvantagem, pois a circuncisão traz compromisso diante da Lei. Embora aqui se toque numa prática importante para o homem judeu, o argumento é simples, e conclui que a marca externa, visível na carne, não é essencial. O que conta bem mais é a intenção do coração, transformada em prática da justiça, de acordo com a Lei (1Cor 7,19).

3,1-8: Apesar de todos se encontrarem sob o domínio do pecado, o povo judeu tem certo privilégio. A ele foi dada a Lei, e Deus estabeleceu com ele uma aliança. Em consequência, surgiu uma responsabilidade maior. Se alguns não foram fiéis, não quer dizer que Deus deixou de ser fiel. Ao contrário, comprova-se com maior razão ainda a fidelidade de Deus. O argumento é reforçado com a citação do Sl 51,6 (vv. 1-4). Além disso, quando a parte humana e pecadora reconhece a própria responsabilidade, torna-se mais evidente a fidelidade de Deus (vv. 5-7). Deus, justo que é, até do mal pode tirar o bem. No entanto, com esse pretexto, ninguém é autorizado a praticar o mal para tentar a bondade de Deus (v. 8).

Todos estão debaixo do pecado – ⁹E então? Temos alguma defesa? De modo algum. Com efeito, acabamos de demonstrar que tanto os judeus quanto os gregos, todos estão debaixo do pecado, ¹⁰como está escrito:

"Não há ninguém justo,
não há um sequer,
¹¹não há quem entenda,
não há quem busque a Deus.
¹²Todos se desviaram,
todos juntos se corromperam;
não há quem faça o bem,
não há um sequer.
¹³Sua garganta é sepulcro aberto:
com a língua planejam trapaças,
há veneno de serpente
debaixo de seus lábios;
¹⁴sua boca está cheia
de maldição e amargura.
¹⁵Seus pés são rápidos
para derramar sangue;
¹⁶há destruição e desgraça
em seus caminhos,
¹⁷e não conhecem o caminho da paz.
¹⁸Não há temor de Deus
diante de seus olhos".

¹⁹Sabemos que tudo o que a Lei diz, é para os que estão debaixo da Lei que ela o diz. Isso para que toda boca se cale e o mundo inteiro se reconheça culpado diante de Deus. ²⁰Porque diante dele ninguém será justificado pelas obras da Lei, pois pela Lei só vem o conhecimento do pecado.

Deus é justo e justificador – ²¹Agora, no entanto, independentemente da Lei, manifestou-se a justiça de Deus, testemunhada pela Lei e pelos Profetas, ²²a justiça de Deus que vem por meio da fé em Jesus Cristo, em favor de todos os que acreditam. Porque não há diferença, ²³visto que todos pecaram e estão privados da glória de Deus, ²⁴e são justificados gratuitamente pela sua graça, em virtude da redenção realizada em Cristo Jesus. ²⁵Deus o expôs publicamente como instrumento de expiação do pecado, por seu próprio sangue, para os que têm fé. Deus manifestava assim sua justiça, pelo fato de ter deixado sem punição os pecados cometidos no passado, ²⁶no tempo da paciência de Deus. E manifesta sua justiça no tempo presente, mostrando-se justo e justificando quem tem fé em Jesus.

A lei da fé inclui a todos – ²⁷Onde fica o orgulho, então? Fica eliminado. Por qual lei? A lei das obras? Não, mas pela lei da fé. ²⁸Com efeito, nós sustentamos que o homem é justificado pela fé, independentemente das obras da Lei. ²⁹Ou, por acaso, Deus é Deus só dos judeus? Não é também das nações? Sim, também das nações. ³⁰Pois há um só Deus, que justificará pela fé os circuncidados e pela fé também os não circuncidados. ³¹Anulamos então a Lei por causa da fé? De jeito nenhum. Pelo contrário, confirmamos a Lei.

4

Abraão, pai da humanidade que crê – ¹Então, o que diremos que Abraão, nosso antepassado segundo a carne, encontrou? ²Se Abraão de fato foi justificado

---

9-20: Para comprovar que todos, tanto judeus quanto gregos, estão debaixo do pecado, Paulo acrescenta longo argumento a partir especialmente do Sl 14,1-3. O teor geral das citações demonstra a corrupção do gênero humano, tão explícita nas Escrituras, que constituem argumento irrefutável. Por fim, aparece o conceito de que as obras da Lei não tornam justa pessoa nenhuma, apenas lhe permitem reconhecer a própria situação de pecado. Essa ideia retornará em 7,7 e outras passagens da carta.

21-26: Apresenta-se aqui a tese central da carta (Gl 2,16), tese que gerou tanta polêmica entre a Igreja católica e a Reforma. Até aqui, Paulo deixou claro que a humanidade toda está perdida no pecado. Agora, vai apontar a solução. Os judeus estavam sob o jugo da Lei mosaica, e os gentios sob a escravidão do império romano. A saída para ambos é o dom totalmente gratuito da graça que provém de Deus através da fé em Jesus Cristo. De fato, só Deus pode dar a "justificação", fazendo o ser humano tornar-se realmente justo (Sl 143,2). O argumento parte da constatação comum em toda a Escritura: só Deus é justo e capaz de tornar alguém justo. Ainda que a humanidade peque, Deus permanece fiel a si mesmo, e recupera a falha humana, pois ele quer salvar a todos. Com a "justificação", Deus eleva o ser humano, retirando-o de sua situação de pecado e conduzindo-o até as alturas da Divindade. Acontece uma espécie de empate entre a humanidade perdida e Deus em sua gratuidade. Naturalmente, isso acontece unicamente pela graça divina através de Jesus Cristo. Ao ser humano se pede a aceitação através da fé. Qualquer pessoa, assim justificada pela graça de Deus, recebe a santificação, que é a vida nova no Espírito Santo, vida essa que coloca a pessoa na mesma dinâmica da justiça divina e a faz produzir frutos para a glória de Deus.

27-31: Justificado pela fé, o ser humano já não tem motivos para orgulhar-se, pois essa "lei da fé" inclui todos igualmente. A Lei e a circuncisão diferenciavam as pessoas, enquanto a fé não faz distinção nenhuma. Já não há obras da Lei que privilegiem nem pessoa nem povo. Ninguém pode "privatizar" Deus. Ele é único para todas as nações. Esse fato não contradiz a Lei, porque esta, em si mesma, contém a proposta de salvação universal.

4,1-12: Para confirmar sua tese, Paulo apresenta o exemplo emblemático das Escrituras, a figura de Abraão,

pelas obras, ele tem do que se gloriar. Mas não diante de Deus. ³O que diz, pois, a Escritura? "Abraão acreditou em Deus, e isso lhe foi creditado como justiça". ⁴Ora, a quem faz um trabalho, o salário não é considerado como gratificação, mas como algo devido. ⁵Se alguém não trabalha, mas acredita naquele que justifica o ímpio, sua fé lhe é creditada como justiça. ⁶Como também Davi proclama feliz aquele a quem Deus credita a justiça, independentemente das obras: ⁷"Felizes aqueles cujas ofensas foram perdoadas e cujos pecados foram cobertos. ⁸Feliz o homem a quem o Senhor não leva em conta o pecado".

⁹Mas essa felicidade é somente para os circuncidados, ou também para os não circuncidados? Pois dizemos que "a fé foi creditada para Abraão como justiça". ¹⁰Mas como lhe foi creditada? Quando já estava circuncidado, ou quando ainda não era circuncidado? Não foi quando estava circuncidado, mas quando ainda não era circuncidado. ¹¹Ele recebeu o sinal da circuncisão como selo da justificação que vem da fé, que ele já possuía quando ainda não era circuncidado. Assim ele se tornou pai de todos aqueles que acreditam sem serem circuncidados, para que também a eles seja creditada a justiça. ¹²Tornou-se igualmente pai dos circuncidados, não somente daqueles que receberam a circuncisão, mas também dos que seguem as pegadas de nosso pai Abraão, que acreditou quando ainda não era circuncidado.

A herança de Abraão – ¹³De fato, a promessa feita a Abraão, ou à sua descendência, de receber o mundo como herança, não foi feita por causa da Lei, mas por causa da justificação que vem da fé. ¹⁴De fato, se os herdeiros tivessem direito à herança por causa da Lei, a fé ficaria esvaziada e a promessa seria anulada. ¹⁵A Lei de fato provoca a ira, ao passo que onde não existe lei, também não existe transgressão. ¹⁶Portanto, a promessa depende da fé, para que seja gratuita e válida para toda a descendência. E não só para a descendência segundo a Lei, mas também para a descendência segundo a fé de Abraão, que é o pai de todos nós. ¹⁷Como está escrito: "Eu fiz de você pai de muitas nações". Ele assim o é diante de Deus, no qual acreditou, e que dá vida aos mortos e chama à existência as coisas que ainda não existem.

Esperar contra toda esperança – ¹⁸Esperando contra toda esperança, ele acreditou. E assim se tornou pai de muitas nações, como lhe fora dito: "Assim será a sua descendência". ¹⁹Ele não fraquejou na fé, quando percebeu que seu corpo estava como morto, pois tinha cerca de cem anos, da mesma forma que estava como morto o ventre de Sara. ²⁰Diante da promessa de Deus, ele não duvidou com incredulidade. Pelo contrário, fortalecido na fé, deu glória a Deus, ²¹plenamente convencido de que Deus tinha o poder de cumprir o que havia prometido. ²²Eis por que isso lhe foi creditado como justiça. ²³E as palavras "lhe foi creditado" não foram escritas só para ele, ²⁴mas também para nós. Para nós que acreditamos naquele que ressuscitou dos mortos, Jesus, nosso Senhor, ²⁵que foi entregue pelos nossos pecados e foi ressuscitado para nossa justificação.

5 *A esperança não decepciona* – ¹Portanto, tendo sido justificados pela fé, estamos em paz com Deus por meio de

---

considerado o pai de todos os que creem. Abraão, de fato, acreditou em Deus ainda antes de ser circuncidado. E sua fé o levou a viver a Lei, muito antes que ela fosse promulgada por Moisés. Está claro que o patriarca foi justificado por causa de sua fé, e não pela circuncisão nem pelas obras da Lei (Gn 15,6; Sl 32,1-2). Com isso, ele passa a ser o pai de toda a humanidade que crê, tanto circuncidados como não circuncidados; em outras palavras, tanto as pessoas vindas do judaísmo, quanto as provenientes de outros povos.

13-17: Por causa da justificação que provém da fé, Abraão obteve a promessa de receber o mundo como herança. Por causa dessa justificação, quem partilha da mesma fé torna-se, por extensão, herdeiro da mesma promessa (Gn 17,5).

18-25: O texto aprofunda o paralelo entre Abraão e nós, na mesma fé que justifica e torna participantes da herança. O patriarca acreditou contra toda esperança. Por isso, teve assegurada a promessa de descendência (Gn 15,5) e recebeu também os créditos da justiça (Gn 15,6). Esperar contra toda esperança foi o desafio da fé abraâmica, quando "seu corpo estava como morto" (v. 19), era um ancião centenário, e sua esposa Sara, igualmente idosa e estéril, ultrapassara a idade de gerar filhos. Mas a fé do patriarca não se abalou. Ao contrário, "deu glória a Deus", isto é, declarou sua dependência total da vontade divina.

5,1-11: Diante da nova situação de pessoas justificadas pela fé, "estamos em paz com Deus"; quer dizer, temos a vida nova pela graça que nos permite viver, desde já,

nosso Senhor Jesus Cristo. ²Por meio dele, através da fé, tivemos acesso a esta graça, na qual estamos firmes e nos gloriamos, na esperança da glória de Deus. ³Mas não apenas isso. Nós nos gloriamos também nas tribulações, sabendo que a tribulação produz a perseverança, ⁴a perseverança produz a experiência comprovada, a experiência comprovada produz a esperança. ⁵E a esperança não decepciona, pois o amor de Deus foi derramado em nossos corações pelo Espírito Santo que nos foi dado. ⁶De fato, quando ainda éramos fracos, Cristo, no tempo marcado, morreu pelos ímpios. ⁷Ora, dificilmente se encontra quem esteja disposto a morrer em favor de um justo. Talvez alguém até se disponha a morrer em favor de uma pessoa de bem. ⁸No entanto, Deus demonstra seu amor por nós, pois Cristo morreu por nós quando ainda éramos pecadores. ⁹Quanto mais agora, então, justificados por seu sangue, seremos por ele salvos da ira. ¹⁰De fato, se quando éramos inimigos de Deus fomos reconciliados com ele por meio da morte do seu Filho, muito mais agora, reconciliados, seremos salvos por meio da sua vida. ¹¹Mas não apenas isso. Nós também nos gloriamos em Deus, por meio de nosso Senhor Jesus Cristo, através de quem recebemos agora a reconciliação.

Adão e Jesus – ¹²Portanto, como o pecado entrou no mundo por meio de um só homem, e pelo pecado veio a morte, assim a morte passou a todos os homens, porque todos pecaram. ¹³De fato, antes de chegar a Lei, o pecado já estava no mundo. Mas quando não existe lei, o pecado não é levado em conta. ¹⁴No entanto, a morte reinou desde Adão até Moisés, também sobre aqueles que não tinham pecado com alguma transgressão como a de Adão, o qual é figura daquele que devia vir.

¹⁵Mas o dom não é como a falta. Pois se todos morreram pela falta de um só, com muito maior abundância a graça de Deus e o dom gratuito de um só homem, Jesus Cristo, se derramaram sobre a multidão. ¹⁶Também não acontece com o dom o mesmo que aconteceu com a falta de um só; porque o julgamento de um só resultou em condenação, ao passo que a graça, a partir de muitas faltas, teve como resultado a justificação. ¹⁷De fato, se pela falta de um só a morte reinou por meio daquele único homem, muito mais reinarão na vida por meio de um só, Jesus Cristo, os que recebem a abundância da graça e do dom da justiça.

¹⁸Portanto, assim como pela falta de um só veio a condenação de todos, do mesmo modo, pela obra de justiça de um só veio para todos a justificação que traz a vida. ¹⁹Tal como, de fato, pela desobediência de um só homem todos se tornaram pecadores, assim, pela obediência de um só, todos se tornarão justos.

²⁰A Lei veio para que a falta crescesse. Mas onde cresceu o pecado, a graça cresceu muito mais. ²¹E assim, tal como o pecado tinha reinado na morte, também a graça reine por meio da justiça para a vida eterna, através de Jesus Cristo nosso Senhor.

6 **Morte e vida em Jesus Cristo** – ¹Então o que vamos dizer? Que devemos permanecer no pecado, para que a graça cresça ainda mais? ²De jeito nenhum. Nós, que morremos para o pecado, como haveríamos de continuar ainda vivendo nele? ³Ou vocês não sabem que todos os que fomos batizados em Cristo Jesus, fomos batizados na sua morte? ⁴Por meio do batismo na sua morte, fomos sepulta-

---

a esperança da salvação final. Nessa vida nova de paz e esperança, vencemos as tribulações ou situações de sofrimento e perseguição, a exemplo dos justos do AT e NT (8,35; 2Cor 12,9-10; Tg 1,2-4; 1Pd 1,6). No caso presente, era bem conhecido o sistema opressivo do império romano. Mas o tom positivo da graça traz a grande razão de sermos reconciliados com Deus através de Jesus Cristo. Se essa reconciliação se deu através da morte de Jesus, quando ainda éramos ímpios, muito mais se dá agora, pela vida dele, quando já estamos reconciliados.

12-21: A carta recorre a duas figuras-símbolo, como tipos ou modelos: Adão e Jesus. São protótipos ou antítipos em mútuo contraste entre lei e liberdade, pecado e graça, morte e vida. Adão prefigura o ser humano falido, e Cristo representa a humanidade agraciada por Deus (1Cor 15,21).

6,1-11: Continua a relação contrastante entre pecado e graça, morte e vida, sepultamento e ressurreição, mas agora em torno do batismo. Quem é batizado em Cristo, nele está inserido no mesmo destino de morte e ressurreição (v. 5). O "velho eu" com seu "corpo de pecado" (v. 6) dá lugar à vida nova na graça. A ressurreição de Jesus arrasou o sistema de morte que o crucificou; assim, também a nova vida cristã, inserida no Cristo ressuscitado, denuncia o sistema pecaminoso que gerou injustiça e morte (1Cor 15,26).

dos junto com ele, para que, assim como Cristo foi ressuscitado dos mortos pela glória do Pai, assim também nós vivamos uma vida nova.

⁵Porque, se nos tornamos totalmente unidos a ele por meio de uma morte semelhante à sua, também nos tornaremos totalmente unidos a ele por meio de sua ressurreição. ⁶Sabemos que nosso velho eu foi crucificado com ele, para que fosse destruído este corpo de pecado, e assim não mais sirvamos ao pecado. ⁷Pois quem morreu ficou livre do pecado. ⁸Mas se morrermos com Cristo, acreditamos que também viveremos com ele, ⁹cientes de que Cristo, ressuscitado dos mortos, não morre mais; a morte já não tem domínio sobre ele. ¹⁰De fato, morrendo, ele morreu para o pecado de uma vez por todas; e, vivendo, ele vive para Deus. ¹¹Assim também vocês se considerem mortos para o pecado e vivos para Deus, em Cristo Jesus.

Armas de justiça – ¹²Que o pecado não reine mais no corpo mortal de vocês, submetendo-os às paixões dele. ¹³E vocês, não ponham seus membros à disposição do pecado, como armas de injustiça. Ao contrário, apresentem-se à disposição de Deus, como pessoas vivas vindas da morte, e apresentem seus membros como armas de justiça. ¹⁴Pois o pecado não deve mais dominar sobre vocês, porque vocês já não estão debaixo da Lei, e sim sob a graça.

Servos da justiça – ¹⁵E então? Vamos pecar, porque não estamos mais debaixo da Lei, e sim sob a graça? De jeito nenhum. ¹⁶Vocês não sabem que, oferecendo-se a alguém como escravos para obedecer, vocês se tornam escravos daquele a quem obedecem? E isso, tanto ao pecado que leva para a morte, quanto à obediência que leva para a justiça. ¹⁷Mas, graças a Deus, vocês, que antes eram escravos do pecado,

obedeceram de coração ao ensinamento que lhes foi transmitido. ¹⁸E assim, livres do pecado, vocês se tornaram servos da justiça. ¹⁹Falo usando exemplos humanos, por causa da fraqueza da natureza humana de vocês. Como antes vocês apresentavam os próprios membros a serviço da impureza e da desordem para uma vida desregrada, assim agora apresentem os próprios membros a serviço da justiça para a santificação.

²⁰Quando vocês eram escravos do pecado, estavam livres do serviço à justiça. ²¹Mas que fruto vocês colhiam então? Coisas de que agora se envergonham, pois o resultado delas é a morte. ²²Mas agora, tendo sido libertados do pecado e tendo-se tornado escravos para Deus, vocês possuem o seu próprio fruto de santificação, a qual tem como resultado a vida eterna. ²³Pois o salário do pecado é a morte, mas a graça de Deus é a vida eterna em Cristo Jesus, nosso Senhor.

7 **Morrer para a Lei e produzir frutos para Deus** – ¹Eu lhes falo, irmãos, como a pessoas entendidas em lei: Vocês não sabem que a lei domina o homem só enquanto ele vive? ²De fato, por lei a mulher casada está ligada ao marido enquanto ele vive. Mas, se o marido morre, ela fica livre da lei que a ligava ao marido. ³De modo que ela será chamada de adúltera se viver com outro homem enquanto o marido ainda estiver vivo. Mas, se o marido morre, ela fica livre da lei e não se torna adúltera se viver com outro homem. ⁴Do mesmo modo, meus irmãos, também vocês. Pelo corpo de Cristo, vocês morreram para a Lei, a fim de pertencerem a outro, àquele que foi ressuscitado dos mortos, para produzirmos frutos para Deus. ⁵Quando vivíamos segundo a carne, as paixões pecaminosas,

---

12-14: A vida cristã, livre do pecado, é o grande tema paulino (Fl 3,12-15; Cl 3,3.5). Enquanto vive num corpo mortal, a pessoa está sujeita às paixões, até que este corpo mortal esteja "revestido da imortalidade" (1Cor 15,54). A vida nova em Cristo Jesus é graça, mas é também exigência. Portanto, os membros do corpo cristão devem tornar-se "armas de justiça" (v. 13).

15-23: Para concluir o raciocínio, Paulo recorre à imagem muito conhecida na cultura romana: escravidão e liberdade. O assunto era bem conhecido pela comunidade, pois o império romano se baseava no sistema escravagista. Ao usar essa linguagem, o Apóstolo propõe passar da escravidão do pecado para a liberdade cristã (Gl 5,1.13). Isso equivale a colocar-se a serviço de Deus e de sua justiça, para colher os frutos da santificação e objetivar a vida eterna.

7,1-6: Paulo expõe o tema da Lei, fundamental em seu pensamento e já presente em várias menções anteriores (3,20; 4,15; 5,20; 6,14). Começa provocando os romanos, famosos por sua ciência jurídica. E passa a uma comparação. Assim como a mulher fica livre da lei do matrimônio após a morte do marido, também a

estimuladas pela Lei, agiam em nossos membros para produzir frutos de morte. ⁶Mas agora fomos libertados da Lei, ao morrermos para aquilo que nos mantinha prisioneiros, de modo que podemos servir de maneira nova segundo o Espírito, e não segundo a velha maneira da letra.

O pecado arruína a Lei – ⁷Então o que vamos dizer? Que a Lei é pecado? De jeito nenhum. No entanto, se não fosse a Lei, eu não teria conhecido o pecado. De fato, eu não teria conhecido a cobiça, se a Lei não tivesse dito: "Não cobiçar". ⁸Então o pecado, aproveitando a oportunidade do mandamento, produziu em mim todo tipo de cobiça. Com efeito, sem a Lei o pecado está morto. ⁹Houve um tempo em que eu vivia sem a Lei. Mas, quando veio o mandamento, o pecado reviveu, ¹⁰e eu morri. O mandamento, que devia levar-me para a vida, acabou levando-me para a morte. ¹¹Pois o pecado, aproveitando a oportunidade do mandamento, me seduziu, e por meio dele me matou.

¹²De modo que a Lei é santa. E santo, justo e bom é o mandamento. ¹³Mas então, aquilo que é bom se tornou morte para mim? De jeito nenhum. Foi o pecado que, para se mostrar como pecado, produziu a morte em mim, servindo-se do que é bom. E isso para que, através do mandamento, o pecado aparecesse em toda a sua realidade.

"Não faço o bem que quero, mas o mal que não quero" – ¹⁴Sabemos que a Lei é espiritual. Mas eu sou de carne, vendido ao pecado. ¹⁵Com efeito, não consigo entender o que faço, pois não pratico o que quero, mas faço o que detesto. ¹⁶Ora, se faço o que não quero, reconheço que a Lei é boa. ¹⁷Na realidade, não sou mais eu que o faço, mas o pecado que mora em mim. ¹⁸De fato, eu sei que o bem não mora em mim, isto é, na minha carne. Pois há em mim o desejo do bem, mas não a capacidade de fazê-lo. ¹⁹Com efeito, eu não faço o bem que quero, mas pratico o mal que não quero. ²⁰E se eu faço o que não quero, já não sou eu que o faço, e sim o pecado que mora em mim. ²¹E assim encontro em mim esta lei: quando quero fazer o bem, acabo encontrando o mal. ²²Porque em meu íntimo a lei de Deus me agrada. ²³Mas em meus membros vejo outra lei, que está em guerra contra a lei da minha razão, e que me leva prisioneiro à lei do pecado que existe em meus membros.

²⁴Infeliz de mim! Quem me libertará deste corpo de morte? ²⁵Graças se deem a Deus por meio de Jesus Cristo Senhor nosso! Portanto, com a razão eu sirvo à lei de Deus, mas com a carne sirvo à lei do pecado.

8

A vida no Espírito – ¹Agora, porém, não existe mais nenhuma condenação para aqueles que estão em Cristo Jesus. ²Pois a lei do Espírito da vida em Cristo Jesus libertou você da lei do pecado e da morte. ³De fato, Deus fez o que a Lei não conseguia fazer, por causa da fraqueza da carne: enviando seu próprio Filho em forma semelhante àquela da carne do pecado e em vista do pecado, Deus

---

pessoa cristã, depois de morrer para o pecado através do batismo, passa a viver a vida nova no Cristo ressuscitado, tornando-se portanto livre da Lei.

7-13: Se não houvesse o mandamento "não cobiçar" (Ex 20,17; Dt 5,21), não conheceríamos a cobiça; consequentemente, não haveria esse pecado. A Lei é santa e o mandamento é justo e bom (v. 12). Então, por que se transformaram em instrumentos negativos? Por causa do pecado que seduz e mata, aproveitando-se precisamente do mandamento da Lei (v. 11). Ora, o pecado não pode operar por meio da graça; então age por meio da Lei e transforma a bondade em maldade.

14-25: O texto ilustra a realidade do ser humano contraditório, que vive na indecisão entre o querer e o agir, entre a vontade e a prática (Gl 5,17). Esse paradoxo resulta do pecado, esse mercador de escravos que compra e vende pessoas (v. 14), e domina suas ações (v. 17). O pecado passa a morar nelas (v. 20), provocando aí verdadeira guerra e tornando-as prisioneiras (v. 23).

Mas a graça de Deus é mais forte e provoca a libertação (vv. 24-25).

8,1-13: Este capítulo constitui o ponto alto da carta. Descreve a vida no Espírito, o qual faz a graça de Deus atuar na vida cristã mediante o Cristo ressuscitado. O termo Espírito domina o cap. 8, com 21 repetições. Contrasta com carne, isto é, com instintos humanos, que tendem ao egoísmo. Essa vida nova envolve a natureza toda, que participa da mesma libertação. Graças à vida no Espírito, transparece aqui uma visão otimista da pessoa, pois "não existe mais nenhuma condenação" (v. 1). É o Espírito quem provoca uma renovação interior, transformando radicalmente o coração (Jr 31,33). A lei do Espírito conduz à vida, porque liberta do pecado e da morte (v. 2). Como máxima prova de solidariedade com o gênero humano, Cristo assume a condição humana para libertar do pecado (v. 3; 2Cor 5,21; Gl 3,13). O texto continua distinguindo a vida segundo a carne (os instintos humanos) e a vida no Espírito (na graça divina) (vv. 4-13).

condenou o pecado na carne. ⁴Isso para que o mandamento da Lei se cumprisse em nós, que não vivemos segundo a carne, mas segundo o Espírito.

⁵Pois os que vivem segundo a carne se interessam pelas coisas da carne, enquanto os que vivem segundo o Espírito se interessam pelas coisas que são do Espírito. ⁶Ora, o desejo da carne leva para a morte, enquanto o desejo do Espírito leva para a vida e a paz. ⁷Isso porque o desejo da carne é inimigo de Deus, já que não se submete à lei de Deus. E nem o poderia fazer, ⁸pois os que estão na carne não podem agradar a Deus. ⁹Vocês, porém, não estão na carne, mas no Espírito, desde o momento em que o Espírito de Deus mora em vocês. Se alguém não tem o Espírito de Cristo, não pertence a ele. ¹⁰Mas se Cristo está em vocês, ainda que o corpo esteja morto pelo pecado, o Espírito tem a vida pela justificação. ¹¹E se o Espírito daquele que ressuscitou Jesus dos mortos mora em vocês, ele que ressuscitou Cristo dos mortos dará a vida também aos corpos mortais de vocês, por meio do Espírito dele que habita em vocês.

¹²Assim portanto, irmãos, não temos nenhuma dívida para com a carne, para vivermos segundo a carne. ¹³Porque, se vocês vivem segundo a carne, morrerão. Ao contrário, se por meio do Espírito vocês fazem morrer as obras do corpo, viverão.

Filhos e herdeiros – ¹⁴De fato, todos os que são guiados pelo Espírito de Deus são filhos de Deus. ¹⁵Porque vocês não receberam um espírito de escravos, para de novo estarem no medo, mas receberam um espírito de filhos adotivos, por meio do qual clamamos: "Abba! Pai!" ¹⁶É o próprio Espírito que se une ao nosso espírito para testemunhar que somos filhos de Deus. ¹⁷E, se somos filhos, somos também herdeiros: herdeiros de Deus e co-herdeiros de Cristo, uma vez que sofremos com ele, para também com ele sermos glorificados.

O gemido da criação – ¹⁸Penso, pois, que os sofrimentos do tempo presente não têm comparação com a glória que deverá revelar--se em nós. ¹⁹Porque a criação espera ansiosamente a revelação dos filhos de Deus. ²⁰Na verdade, a criação ficou sujeita ao fracasso, não porque quis, mas por vontade daquele que a sujeitou, na esperança ²¹de que também ela seja libertada da escravidão da corrupção para entrar na liberdade da glória dos filhos de Deus. ²²Pois bem, sabemos que a criação inteira geme e sofre até agora com dores de parto. ²³E não somente ela, mas também nós que temos os primeiros frutos do Espírito. Gememos interiormente, esperando ansiosos pela adoção filial, a redenção do nosso corpo. ²⁴Pois na esperança já fomos salvos. Uma esperança que se vê, não é mais esperança. Quem é que espera uma coisa que já está vendo? ²⁵Mas se esperamos o que não vemos, na perseverança que ansiosamente o aguardamos.

²⁶Desse modo, vem o Espírito em socorro de nossa fraqueza, pois nem sabemos o que convém pedir. É o próprio Espírito que intercede com insistência por nós, com gemidos que não se exprimem. ²⁷E aquele que sonda os corações sabe qual é o desejo do Espírito, pois é de acordo com Deus que o Espírito intercede em favor dos santos.

O projeto de Deus – ²⁸E nós sabemos que tudo contribui para o bem daqueles que amam a Deus, daqueles que são chamados

---

14-17: A vida no Espírito nos torna filhos e herdeiros de Deus. Por essa filiação divina, podemos chamar Deus de *Abba* (expressão aramaica com que as crianças carinhosamente se dirigiam aos pais, a mesma que Jesus usa para falar com seu Pai; Mc 14,36). Como filhos e herdeiros, participamos da família do Espírito e recompomos nossas relações com laços familiares.

18-27: Existe uma conaturalidade entre o universo, o ser humano e Deus. Assim como os cristãos participam da glória de filhos de Deus, a criação toda anseia participar do mesmo destino humano. Existe, portanto, uma dimensão cósmica e universal dessa revelação da glória de Deus. Mas a criação está submetida ao fracasso por estar sujeita aos humanos. Aliás, são bem conhecidas as ações do ser humano que degradam a natureza e arruínam o meio ambiente. A própria natureza, porém, não se cala. Ouve-se o gemido da criação (v. 22). Logo ressoam o gemido do cristão (v. 23) e o gemido do Espírito (v. 26). Este clama nem nosso favor, à medida que participamos dessa vida espiritual. E nós, homens e mulheres renovados, podemos libertar-nos da corrupção que escraviza a natureza inteira. Trata-se de um parto doloroso (v. 22), mas sem comparação com a glória futura (v. 18) que prepara o novo mundo (Is 66,6-8; Jr 13,21; Ap 21,1).

28-30: Ressalta-se a iniciativa de Deus com relação às pessoas que o amam. O projeto de Deus é construir uma humanidade nova, de acordo com o exemplo de Jesus. Esse projeto consiste em várias ações divinas,

segundo o projeto dele. ²⁹Pois aqueles que Deus antecipadamente conheceu, a esses também predestinou a terem a mesma imagem do seu Filho, de modo que o Filho seja o primogênito entre muitos irmãos. ³⁰E aqueles que Deus predestinou, também os chamou. E aqueles que ele chamou, também os justificou. E aqueles que ele justificou, também os glorificou.

Nada impede o projeto de Deus – ³¹Então o que diremos sobre isso? Se Deus é por nós, quem será contra nós? ³²Ele que não poupou seu próprio Filho, mas o entregou por todos nós, como não nos agraciará em tudo junto com ele? ³³Quem acusará os eleitos de Deus? O mesmo Deus que justifica? ³⁴Quem condenará? Cristo Jesus, ele que morreu, ou melhor, que ressuscitou, que está à direita de Deus e intercede por nós?

³⁵Quem nos separará do amor de Cristo? A tribulação, a angústia, a perseguição, a fome, a nudez, o perigo, a espada? ³⁶Assim está escrito: "Por tua causa somos postos à morte o dia todo. Somos considerados como ovelhas destinadas ao matadouro". ³⁷Mas em todas essas coisas somos bem mais que vencedores, graças àquele que nos amou. ³⁸Pois estou convencido de que nem a morte nem a vida, nem os anjos nem os principados, nem o presente nem o futuro, nem os poderes, ³⁹nem a altura nem a profundeza, nem qualquer outra criatura poderá separar-nos do amor de Deus, manifestado em Cristo Jesus, nosso Senhor.

FIDELIDADE DE DEUS A ISRAEL

9 **Situação de Israel** – ¹Em Cristo, eu digo a verdade, não minto, e disto minha consciência me dá testemunho no Espírito Santo: ²É grande a minha tristeza e contínua a dor em meu coração. ³Quisera eu mesmo ser amaldiçoado, separado de Cristo, em favor de meus irmãos, de meus parentes segundo a carne. ⁴Eles são os israelitas, e deles são a adoção filial, a glória, as alianças, a legislação, o culto, as promessas. ⁵São deles os patriarcas, e deles descende segundo a carne o Cristo, que é Deus acima de tudo, bendito pelos séculos. Amém.

A escolha de Deus – ⁶Não é que a palavra de Deus tenha falhado. De fato, nem todos os israelitas constituem os que são de Israel. ⁷Pelo fato de descenderem de Abraão, nem todos são seus filhos. Mas "ao nome dele será dada uma descendência em Isaac". ⁸Ou seja, os filhos de Deus não são os filhos da carne, mas os filhos da promessa é que são considerados descendência. ⁹De fato, as palavras da promessa são estas: "No tempo certo eu voltarei, e Sara terá um filho". ¹⁰E não só isso. Também Rebeca concebeu de um só homem, de Isaac, nosso pai. ¹¹Antes de terem nascido e terem feito algo de bem ou de mal (para que ficasse firme o projeto de Deus baseado na escolha ¹²e que não depende das obras, e sim daquele que chama), foi dito a ela: "O maior servirá ao menor", ¹³conforme está escrito: "Amei a Jacó e rejeitei a Esaú".

A misericórdia de Deus – ¹⁴Então o que vamos dizer? Que há injustiça da parte de Deus? De forma alguma. ¹⁵Com efeito, ele diz a Moisés: "Farei misericórdia a quem eu quiser fazer, e terei compaixão de quem eu quiser ter". ¹⁶Portanto, não depende nem de querer nem de correr, mas da misericórdia de Deus. ¹⁷De fato, a Escritura diz ao faraó: "Eu fiz você surgir para manifestar

---

como predestinar, chamar, tornar justo e glorificar a cada qual, conforme o modelo a ser imitado, o primogênito Jesus Cristo (Cl 3,10).

31-39: Como quem se defende de um processo de acusação, a pessoa justificada por Deus possui a certeza da vitória, pois tem como advogado de defesa o próprio Jesus ressuscitado, que intercede à direita de Deus (vv. 31-34). Numa espécie de hino de louvor, o texto canta a vitória total do projeto de Deus, que consiste em manifestar seu amor à humanidade, através das palavras e ações de Jesus Cristo (Ef 3,18-19).

9,1-5: Paulo levanta a grande questão que ocupará as próximas páginas (caps. 9-11). Como é que os seus irmãos, privilegiados por Deus, agora ficam fora da salvação? O Apóstolo busca argumentos da própria Bíblia Hebraica, e discute, em tom familiar, para convencer seus parentes de sangue. Após o desabafo pessoal, elenca as sete dádivas que Deus concedeu a Israel (vv. 4-5) e, acima de tudo, a dádiva máxima, o Cristo (Ef 2,12-13).

6-13: É feita uma distinção entre os filhos da promessa de Deus e os filhos da carne (v. 8). Ora, os filhos da promessa constituem a verdadeira descendência de Abraão. Para confirmar a fidelidade de Deus a suas promessas, cita a preferência por Jacó, entre os dois filhos de Rebeca e Isaac (Gn 25,23). Para confirmar a sua fidelidade, Deus escolhe quem ele quer. Isso não significa que ele é injusto, e sim misericordioso e sempre fiel ao seu projeto.

14-29: Em sua misericórdia, Deus escolhe normalmente o mais fraco. Foi assim com Moisés, a quem con-

em você o meu poder, e para que o meu nome seja proclamado em toda a terra". ¹⁸Ou seja, Deus faz misericórdia a quem ele quer e endurece a quem ele quer. ¹⁹Então você poderá me dizer: "Por que Deus ainda se queixa, se ninguém pode opor-se à sua decisão?" ²⁰Mas quem é você, ó homem, para discutir com Deus? Por acaso a obra moldada pode dizer a quem a moldou: "Por que você me fez assim?" ²¹Ou será que o oleiro não tem autoridade para fazer, com a mesma argila, tanto um vaso para uso nobre, quanto outro para uso comum? ²²O que dizer então se Deus, querendo manifestar sua ira e tornar conhecido seu poder, suportou com grande paciência os vasos de ira feitos para a destruição? ²³Isso ele fez para tornar conhecida a riqueza da sua glória para com os vasos de misericórdia, que ele já antes tinha preparado para a glória. ²⁴Nós somos aqueles que ele chamou, não somente dentre os judeus, mas também dentre as nações. ²⁵Assim ele também diz em Oseias: "Chamarei 'meu povo' àquele que não era meu povo, e 'amada' àquela que não era a amada". ²⁶E "no lugar onde foi dito a eles: 'Vocês não são meu povo', aí mesmo serão chamados 'filhos do Deus vivo'". ²⁷E Isaías proclama, a respeito de Israel: "Ainda que o número dos filhos de Israel fosse como a areia do mar, um resto será salvo. ²⁸Porque Deus cumprirá sua palavra sobre a terra, com rigor e rapidez". ²⁹E como Isaías havia predito: "Se o Senhor dos exércitos não nos tivesse preservado uma descendência, nos teríamos tornado como Sodoma, teríamos ficado como Gomorra".

Pedra angular ou pedra de tropeço –
³⁰Então o que vamos dizer? Que as nações, que não procuravam a justiça, alcançaram a justiça, isto é, a justiça baseada na fé, ³¹ao passo que Israel, que procurava uma lei de justiça, não a conseguiu. ³²E por que isso? Porque não a procurou através da fé, mas através das obras. Esbarraram na pedra de tropeço, ³³como está escrito: "Eis que ponho em Sião uma pedra de tropeço, uma rocha de escândalo. Mas quem crer nela não será confundido".

10 ***A finalidade da Lei é Cristo –*** ¹Irmãos, o desejo do meu coração e a minha oração a Deus por eles é que sejam salvos. ²De fato, em favor deles eu dou testemunho de que eles têm zelo por Deus, mas não é zelo esclarecido. ³É que, desconhecendo a justiça de Deus e buscando estabelecer a própria justiça, não se sujeitaram à justiça de Deus.

Não há distinção entre judeu e grego
⁴Porque a finalidade da Lei é Cristo, para a justificação de todo aquele que acredita. ⁵De fato, Moisés escreve a respeito da justiça que vem da Lei: "Quem cumpre essas coisas viverá por meio delas". ⁶Mas a justiça que vem da fé assim diz: "Não diga em seu coração: Quem subirá ao céu?" (ou seja, para fazer que o Messias desça). ⁷Ou: "Quem descerá ao abismo?" (ou seja, para fazer que o Messias suba dentre os mortos). ⁸Mas o que ela diz? "A palavra está perto de você, em sua boca e em seu coração", isto é, a palavra da fé que nós pregamos. ⁹Se você confessa com sua boca que Jesus é Senhor e acredita em seu coração que Deus o ressuscitou dentre os mortos, você será salvo. ¹⁰Pois é acreditando de coração que se obtém a justiça, e é confessando com a boca que se chega à salvação. ¹¹Pois a Escritura diz:

---

cedeu misericórdia (Ex 33,19), e contra o faraó, a quem "endureceu o coração" (Ex 4,21; expressão repetida nos capítulos seguintes). Tudo em favor da libertação do seu povo oprimido (Ex 9,16). Para provar que a misericórdia de Deus supera a justiça, Paulo apela para várias citações de Profetas. Primeiro usa a tradicional imagem da argila, a quem não cabe o direito de questionar o oleiro sobre o tipo de vaso que quer moldar (Jr 18,6 e outras passagens). Depois, a mesma escolha de Deus pelo critério da misericórdia faz lembrar um texto de Oseias e aplicá-lo à opção pelos pagãos (Os 2,1.25). E mais dois textos de Isaías (Is 10,22-23 e Is 1,9) ilustram muito bem a preferência de Deus pelo "resto".

30-33: A passagem para a ideia seguinte se faz com a imagem da pedra angular, o Cristo, transformado em pedra de tropeço para os judeus (com citação de Is 8,14 e 28,16).

10,1-4: Neste capítulo, Paulo carrega ainda mais na argumentação bíblica. O fio condutor continua sendo a fé, que leva à salvação por Jesus Cristo. Paulo faz elogio ao zelo dos judeus. Mas conclui que estavam equivocados, porque a salvação vem não da Lei, e sim de Jesus Cristo (Gl 3,24).

5-13: Com diversas citações bíblicas, Paulo continua argumentando sobre a importância da fé. Deve haver coerência entre a fé confessada com a boca e a vivida no coração. Como o coração é a sede das decisões, quer dizer que a fé exige uma adesão total da pessoa. Nesse projeto de vida, há igualdade entre todos os povos (Gl 3,28).

"Todo aquele que acredita nele, não será confundido". ¹²Portanto, não há distinção entre judeu e grego, porque Jesus é Senhor de todos, e concede suas riquezas a todos os que o invocam. ¹³"Pois todo aquele que invoca o nome do Senhor será salvo".

Os gentios ouvem a Palavra – ¹⁴Mas como poderão invocar aquele em quem não acreditaram? E como poderão acreditar naquele de quem não ouviram falar? E como poderão ouvir falar, se não houver alguém que o anuncie? ¹⁵E como o anunciarão, se não forem enviados? Como está escrito: "Como são belos os pés dos que anunciam boas notícias!" ¹⁶Mas nem todos obedeceram ao evangelho. De fato, Isaías diz: "Senhor, quem acreditou em nosso anúncio?" ¹⁷Portanto, a fé vem daquilo que ouvimos, e o que ouvimos vem por meio da palavra de Cristo. ¹⁸Mas eu pergunto: Será que eles não teriam ouvido? Claro que ouviram! "Pela terra inteira correu sua voz, e até os confins do mundo suas palavras".

¹⁹Mas eu pergunto: Será que Israel não teria entendido? Primeiro, Moisés diz: "Farei com que vocês tenham ciúmes de um povo que não é povo. Provocarei a ira de vocês contra uma nação insensata". ²⁰Depois, Isaías ousa dizer: "Fui encontrado por aqueles que não me procuravam. Manifestei-me para aqueles que não perguntavam por mim". ²¹Ao passo que, sobre Israel, ele diz: "O dia todo estendi as mãos a um povo desobediente e rebelde".

11

Deus não rejeitou o seu povo – ¹Então pergunto: Será que Deus rejeitou o seu povo? De jeito nenhum. Pois eu também sou israelita, da descendência de Abraão, da tribo de Benjamim. ²Deus não rejeitou o seu povo, que ele antecipadamente tinha escolhido. Ou vocês não sabem o que a Escritura diz, na passagem em que Elias recorre a Deus contra Israel? ³"Senhor, eles mataram teus profetas, arrasaram teus altares. Fiquei só eu, e querem tirar-me a vida". ⁴Mas o que diz a ele a resposta divina? "Reservei para mim sete mil homens, que não dobraram o joelho diante de Baal". ⁵Portanto, assim também, no tempo presente um resto ficou, segundo uma escolha feita por graça. ⁶E se é por graça, já não é por obras; do contrário, a graça já não seria graça.

⁷E então? Israel não alcançou o que tanto buscava, mas os escolhidos o alcançaram. E os demais ficaram endurecidos, ⁸como está escrito: "Deus deu a eles um espírito de torpor, olhos que não veem, ouvidos que não ouvem, até o dia de hoje". ⁹E Davi diz: "Que a mesa deles se transforme em cilada, em armadilha, em pedra de tropeço e em retribuição para eles. ¹⁰Que seus olhos fiquem escuros, de modo que não vejam. Faze que as costas deles fiquem continuamente encurvadas".

O sonho da adesão total – ¹¹Pergunto então: Será que eles teriam tropeçado para cair? De jeito nenhum. Mas pela queda deles a salvação chegou às nações, para que Israel ficasse com ciúme. ¹²E se a queda deles resultou em riqueza para o mundo, e a falha deles resultou em riqueza para as nações, o que não será a participação total deles! ¹³E a vocês, nações, eu digo: Dado que sou apóstolo das nações, eu honro meu ministério, ¹⁴na esperança de provocar o ciúme daqueles que são do meu sangue, e assim salvar alguns deles. ¹⁵Porque, se o fato de terem eles rejeitado resultou na reconciliação do mundo, o que será quando eles acolherem, senão a vida que provém dos mortos?

A raiz sustenta a árvore – ¹⁶Se os primeiros frutos são santos, toda a massa também

---

14-21: Com novas citações bíblicas, o texto mostra que Israel teve mais oportunidades de ouvir a Palavra, mas aproveitou menos, porque nem sempre foi fiel à proposta de Deus. Essa Palavra foi então dirigida aos pagãos, que se dispuseram melhor a ouvi-la.

11,1-10: A rejeição de Israel, contudo, não é total. Paulo parte de seu exemplo pessoal e depois recorda Elias (1Rs 19,10-18), para comprovar que Deus sempre escolhe um resto. As citações seguintes demonstram como, no passado, apesar de Israel ter rejeitado as intervenções divinas, a graça de Deus continuou atuando na história. Assim como sempre houve pessoas que aceitaram o projeto de Deus, assim também agora há israelitas que acreditam no evangelho, e asseguram a continuidade desse projeto na história.

11-15: O tropeço de Israel não é definitivo, e até provocou a adesão dos gentios, dos quais Paulo se orgulha de ser apóstolo. Além disso, a adesão das nações devia provocar ciúme nos próprios consanguíneos do Apóstolo, e despertar a atenção destes para Cristo (Mt 8,11).

16-24: Assim como Deus enxertou em seu tronco os pagãos, com mais razão poderá também reenxertar os judeus que aderirem à fé, para salvar a totalidade. Duas comparações paralelas ilustram essa ideia (v. 16). A

será santa. Se a raiz é santa, os ramos também serão santos. ¹⁷Mas se alguns dos ramos foram cortados, e você, oliveira selvagem, foi enxertada no lugar deles, ficando assim ligada à raiz para receber seiva da oliveira, ¹⁸não se considere superior àqueles ramos. Se você se considera superior, saiba que não é você que sustenta a raiz, mas é a raiz que sustenta você. ¹⁹Então você dirá: "Os ramos foram cortados para que eu fosse enxertada". ²⁰De acordo: eles foram cortados por causa da falta de fé, ao passo que você se mantém com a fé. Não se encha de soberba, mas de temor. ²¹Pois se Deus não poupou os ramos naturais, nem a você ele poupará. ²²Considere, portanto, a bondade e a severidade de Deus: a severidade para com os que caíram, e a bondade de Deus para com você, desde que você permaneça na bondade. Caso contrário, também você será cortada. ²³Quanto a eles, se não persistirem na falta de fé, serão enxertados. Pois Deus tem o poder de os enxertar de novo. ²⁴De fato, se você foi cortada de uma oliveira selvagem por natureza, e contra a natureza foi enxertada numa oliveira cultivada, quanto mais eles, que são os ramos naturais, serão enxertados na oliveira à qual pertencem.

A salvação de Israel todo – ²⁵Irmãos, não quero que vocês ignorem este mistério, para que não se considerem sábios: o endurecimento atinge uma parte de Israel, até que tenha entrado a plenitude das nações. ²⁶E assim Israel todo será salvo, como está escrito: "De Sião virá o libertador, e removerá as impiedades de Jacó. ²⁷Esta será a minha aliança com eles, quando eu tirar os pecados deles".

²⁸Quanto ao evangelho, eles são inimigos, para vantagem de vocês. Mas, quanto à eleição, eles são amados, por causa dos patriarcas. ²⁹Pois os dons e o chamado de Deus não se podem anular. ³⁰Assim como vocês um tempo foram desobedientes a Deus e agora alcançaram misericórdia por meio da desobediência deles, ³¹assim também eles agora se tornaram desobedientes, a fim de que também eles alcancem misericórdia por meio da misericórdia demonstrada para com vocês. ³²Deus encerrou todos na desobediência, para a todos fazer misericórdia.

Glória à sabedoria de Deus! – ³³Oh, profundidade da riqueza, da sabedoria e da ciência de Deus! Como são insondáveis suas decisões e misteriosos seus caminhos! ³⁴Pois quem chegou a conhecer o pensamento do Senhor? Ou quem se tornou seu conselheiro? ³⁵Ou quem lhe deu algo por primeiro, de modo a ter o que receber em troca? ³⁶Porque dele, por ele e para ele são todas as coisas. A ele a glória pelos séculos. Amém.

12 ***A oferenda do próprio corpo*** – ¹Portanto, irmãos, pela misericórdia de Deus, exorto que vocês ofereçam os próprios corpos como sacrifício vivo, santo e agradável a Deus: é este o culto racional de vocês. ²E não se conformem a este mundo, mas transformem-se renovando o próprio modo de pensar, para que vocês possam distinguir qual é a vontade de Deus: o que é bom, agradável e perfeito.

Um só corpo em Cristo – ³Pela graça que me foi concedida, eu digo a todos e a cada um de vocês: Não tenham de si mesmos

---

primeira é das primícias, quando uma pequena amostra oferecida consagrava toda a colheita (Nm 15,19-21). A segunda é da raiz saudável que faz crescer toda a árvore frondosa (Sl 92,13-14). Uma terceira comparação, desenvolvida alegoricamente, é a parábola da oliveira (vv. 17-24). Os pagãos são como ramos selvagens enxertados na oliveira, que representa o povo judeu. Assim como Deus enxertou pagãos na oliveira de Israel, poderá, com mais razão, reenxertar israelitas crentes na sua velha cepa natural.

25-32: Paulo revela o mistério da salvação futura de Israel todo, após a adesão completa dos pagãos. O sonho da total adesão à fé é confirmado pela promessa divina, que não volta atrás, ao propor o libertador definitivo, o Messias vindo de Sião (Is 59,20-21).

33-36: Para concluir a proposta de salvação universal do gênero humano, Paulo apresenta um hino de louvor,

que exalta a sábia e misteriosa misericórdia divina (Is 40,13.28).

12,1-2: Os capítulos finais se voltam para problemas práticos, naturalmente iluminados pelas reflexões teológicas desenvolvidas anteriormente. É a chamada parte exortativa, onde se esperam comportamentos cristãos condizentes com a graça recebida de Deus. A resposta humana se caracteriza, inicialmente, pela oferta dos próprios corpos. Essa oferta de si é o sacrifício que agrada a Deus e transforma a vida das comunidades. Pela renovação completa do modo de pensar, a pessoa assim renovada já não se conforma com a realidade do mundo presente, mas vive no século futuro, manifestado a partir da vinda de Jesus (Fl 1,10).

3-8: Vida cristã implica em ninguém se julgar superior a ninguém, mas colocar-se a serviço, cada qual na medida da própria fé. Nessa atitude, como membros

um conceito maior do que convém, mas um conceito justo, de acordo com a medida da fé que Deus concedeu a cada um. ⁴Pois assim como num só corpo temos muitos membros, e estes membros não têm todos a mesma função, ⁵assim também nós, embora sendo muitos, somos um só corpo em Cristo, e individualmente somos membros uns dos outros. ⁶Temos, portanto, dons diferentes, conforme a graça que nos foi dada. Quem tem o dom da profecia, que o exerça na justa relação com nossa fé. ⁷Quem tem o dom do serviço, que o exerça servindo. Quem o do ensino, ensinando. ⁸Quem o do encorajamento, encorajando. Quem reparte, que o faça com simplicidade. Quem preside, com zelo. Quem faz obras de misericórdia, com alegria.

O amor dentro e fora da comunidade – ⁹Que o amor seja sem fingimento. Detestem o mal e apeguem-se ao bem. ¹⁰Amem-se uns aos outros com carinho de irmãos, cada um considerando os outros como mais dignos de estima. ¹¹Sirvam ao Senhor, incansáveis no zelo, fervorosos no espírito, ¹²alegres na esperança, perseverantes na tribulação, constantes na oração, ¹³solidários com as necessidades dos santos, praticando a hospitalidade.

¹⁴Abençoem os que perseguem vocês. Abençoem, e não amaldiçoem. ¹⁵Alegrem-se com os que se alegram, chorem com os que choram. ¹⁶Tenham os mesmos sentimentos uns pelos outros, sem pretensões de grandeza, mas fazendo caminho com os oprimidos. Não se considerem sábios a si mesmos. ¹⁷Não retribuam a ninguém o mal com o mal. Procurem o que é nobre diante de todos. ¹⁸Se possível, no que depende de vocês, vivam em paz com todos. ¹⁹Não se vinguem, caríssimos, mas deem lugar à ira de Deus. Pois está escrito: "A mim pertence a vingança, eu é que retribuirei", diz o Senhor. ²⁰Ao contrário, "se o seu inimigo tiver fome, dê-lhe de comer; se tiver sede, dê-lhe de beber. Agindo assim, você estará acumulando brasas por sobre a cabeça dele". ²¹Não se deixe vencer pelo mal, mas vença o mal com o bem.

13 ***Autoridade a serviço de Deus –*** ¹Cada um se submeta às autoridades constituídas. Porque não existe autoridade que não venha de Deus, e as que existem foram estabelecidas por Deus. ²Portanto, quem se opõe à autoridade, opõe-se ao que Deus estabeleceu. E os que se opõem atrairão sobre si mesmos a condenação. ³De fato, os que governam não devem ser temidos quando se faz o bem, mas quando se faz o mal. Você não quer ter medo da autoridade? Então pratique o bem, e terá a aprovação dela. ⁴Pois ela está a serviço de Deus para o bem de você. Mas se você pratica o mal, então tema, porque não é à toa que ela carrega a espada; a autoridade está a serviço de Deus para punir com justiça quem pratica o mal. ⁵Portanto, é preciso submeter-se não só por medo do castigo, mas também por dever de consciência. ⁶É também por isso que vocês pagam impostos, pois as autoridades são funcionários de Deus, e se aplicam em desempenhar esta sua função. ⁷Deem a cada um o que lhe é devido: o imposto a quem devem imposto, a taxa a quem devem taxa, o temor a quem devem temor, a honra a quem devem honra.

---

uns dos outros, a comunidade forma um só corpo em Cristo (1Cor 12,12-31). Ao desenvolver a comparação da comunidade como corpo de Cristo, o texto elenca sete carismas, dons individuais a serviço do bem comum. A mesma comparação é mais desenvolvida em 1Cor 12,12-31. Essa lista provavelmente não pretende ser exaustiva, nem propõe uma hierarquia, mas destaca, sempre, a atitude de disponibilidade.

9-21: Em tom sapiencial, segue-se uma série de recomendações sobre a vida comunitária, a partir do critério do amor mútuo. Atitude cristã fundamental é sempre honrar, e jamais envergonhar a quem quer que seja. Há recomendações sobre o amor na comunidade cristã (vv. 9-13.15-16), e outras sobre o amor aos de fora (vv. 14.17-21). A exortação de amar o inimigo e vencer o mal pelo bem (vv. 20-21) estabelece a conexão, no texto seguinte, com a ordem de submeter-se às autoridades constituídas (Mt 5,38-48).

13,1-7: O famoso texto sobre a submissão às autoridades insiste, com diversas repetições, que o poder vem de Deus, foi estabelecido por Deus (vv. 1.2), está a serviço de Deus (vv. 4.5), destina-se a funcionários de Deus (v. 6). E insiste mais ainda na função das autoridades, que é a busca do bem comum. É de perguntar se as autoridades constituídas em Roma na época desta carta correspondiam a essas recomendações. Nero, ao que tudo indica, era o imperador de turno, cujo governo dispensa comentários. Não estaria Paulo endereçando uma crítica às autoridades romanas que ultrapassavam todo limite da exploração, chegando a usurpar o poder de Deus? Vale lembrar, como contraponto, a crítica de Jesus aos reis da terra que dominam e tiranizam (Lc 22,25).

O amor é o cumprimento total da Lei

⁸Não tenham nenhuma dívida com ninguém, a não ser a dívida do amor mútuo. Pois quem ama o outro cumpriu a Lei. ⁹De fato, os mandamentos: "não cometa adultério", "não mate", "não roube", "não cobice", e qualquer outro, todos eles se resumem nestas palavras: "Ame seu próximo como a si mesmo". ¹⁰O amor não faz nenhum mal ao próximo, pois o amor é o cumprimento total da Lei.

Aurora de um tempo novo

– ¹¹Comportem-se assim, sobretudo reconhecendo o tempo decisivo em que vivemos. Já é hora de acordarmos do sono, pois nossa salvação está mais próxima agora do que quando abraçamos a fé. ¹²A noite está para acabar, e o dia se aproxima. Portanto, joguemos fora as obras das trevas e vistamos as armas da luz. ¹³Vivamos decentemente, como convém durante o dia: não em orgias e bebedeiras, não em devassidão e libertinagem, não em brigas e invejas. ¹⁴Mas vistam-se do Senhor Jesus Cristo, e não busquem satisfazer os desejos da carne.

14 Fortes ou fracos, é para o Senhor que vivemos

– ¹Acolham entre vocês quem é fraco nas próprias convicções, sem discutir com ele sobre suas opiniões. ²Há quem esteja convencido de que pode comer de tudo, enquanto o fraco só come legumes. ³Aquele que come, não despreze quem não come. E aquele que não come, não condene aquele que come, porque Deus o acolheu. ⁴Quem é você para julgar o servo de um outro? Que ele fique em pé ou caia, isso é da conta do senhor dele. Mas em pé ele ficará, porque o Senhor tem o poder de mantê-lo em pé. ⁵Há quem considere um dia mais importante que outro, e há quem considere todos os dias iguais. Cada qual deveria estar bem convencido das próprias convicções. ⁶Aquele que observa um determinado dia, o observa para o Senhor. E aquele que come, come para o Senhor, pois agradece a Deus. Também aquele que não come, é para o Senhor que ele deixa de comer, e também agradece a Deus. ⁷Porque ninguém de nós vive para si mesmo e ninguém morre para si mesmo. ⁸Se vivemos, é para o Senhor que vivemos. Se morremos, é para o Senhor que morremos. E assim, quer vivamos, quer morramos, pertencemos ao Senhor. ⁹De fato, Cristo morreu e voltou a viver para ser o Senhor dos mortos e dos vivos. ¹⁰Então, por que você julga seu irmão? E você também, por que despreza seu irmão? Pois todos nós haveremos de nos apresentar diante do tribunal de Deus. ¹¹Com efeito, está escrito: "Por minha vida, diz o Senhor, todo joelho se dobrará diante de mim, e toda língua dará glória a Deus". ¹²Portanto, cada um de nós prestará contas de si mesmo a Deus.

O Reino de Deus é justiça, paz e alegria

– ¹³Portanto, de agora em diante, não julguemos mais uns aos outros. Em vez disso, tenhamos o propósito de não ser causa de tropeço ou escândalo para o irmão. ¹⁴Eu sei, e estou convencido no Senhor Jesus, que nada é impuro em si mesmo. Mas se alguém considera uma coisa como impura, esta coisa se torna impura para

---

8-10: O único dever que vale para a vida cristã é o amor, porque aí se resume a Lei toda, e também o espírito com que esta deve ser cumprida. O texto retoma mandamentos do decálogo (Ex 20,13-17; Dt 5,17-21), que se resumem no mandamento do amor (Lv 19,18). A afirmação coincide com as palavras retomadas por Jesus no Evangelho (Mt 22,34-40).

11-14: A vida nova em Cristo é como um alvorecer. Essa manhã radiosa que se aproxima convida a despertar, a libertar-se da noite do pecado e da injustiça, para revestir-se das armas da luz. É uma chamada para o dia radiante que desponta, inaugurado pela ressurreição de Jesus Cristo. Estes versículos são como janela aberta para vislumbrar o momento da salvação definitiva (1Ts 5,4-8).

14,1-12: Da madrugada da ressurreição, Paulo tira conclusões sobre problemas práticos do cotidiano, como tabus alimentares ou detalhes de calendário. Distingue os fortes na fé, pessoas mais liberais, e os fracos na fé, talvez mais escrupulosos. Os fracos, embora libertos em Cristo, ainda não conseguiram desapegar-se do legalismo. Dessa distinção, decorrem várias conclusões para a vida cristã. Recomenda-se acolher, nunca desprezar nem julgar. O critério que se impõe é viver para o Senhor, uma vez que todos devem prestar contas somente a Deus (2Cor 5,10).

13-23: Visto que só Deus é o juiz supremo, a nós não é dado julgar ninguém. Mas, se for para julgar, cada qual julgue a si mesmo, e veja se não está sendo causa de queda para o irmão. Para quem vive a fé cristã, as orientações éticas da vida prática contêm a motivação maior do amor, que preside a convivência fraterna. O texto relativiza a noção de puro ou impuro, como no caso das carnes imoladas aos ídolos (1Cor 8,7-13 e 10,14-33), ou como na recomendação de Jesus: o que sai da boca é que torna o ser humano impuro (Mt 15,11). Entretanto, como no caso da carne aos ídolos, Paulo recomenda o critério da caridade, isto é, não escandalizar as pessoas mais fracas.

ele. ¹⁵Porém, se você deixa seu irmão entristecido por questão de alimento, você já não está agindo por amor. Com o alimento que você come, não cause a perdição de alguém pelo qual Cristo morreu. ¹⁶Portanto, o que vocês consideram um bem, que não se torne motivo de ofensa a Deus. ¹⁷Pois o Reino de Deus não é comida nem bebida, e sim justiça, paz e alegria no Espírito Santo. ¹⁸Quem serve a Cristo nessas coisas, agrada a Deus e tem a estima das pessoas. ¹⁹Busquemos, assim, as coisas que trazem a paz e a edificação mútua. ²⁰Não destrua a obra de Deus por uma questão de comida. Tudo é puro, sim. Mas é mau para quem come provocando escândalo. ²¹É bom deixar de comer carne, beber vinho, e qualquer outra coisa que leve o irmão a tropeçar, escandalizar-se ou enfraquecer-se. ²²Guarde para você, diante de Deus, a convicção que você tem. Feliz quem não se condena na decisão que toma! ²³Mas está condenado aquele que tem dúvida e mesmo assim toma o alimento, porque não está agindo com convicção. De fato, tudo o que não vem da convicção é pecado.

15 *Ter os mesmos sentimentos de Jesus* –
¹Nós, que somos fortes, temos o dever de carregar as fraquezas dos fracos, em vez de pensar somente em satisfazer a nós mesmos. ²Cada um de nós procure agradar ao próximo em vista do bem, para edificá-lo. ³Pois também Cristo não buscou satisfazer a si mesmo; porém, assim está escrito: "Os insultos dos que te insultam caíram sobre mim". ⁴Tudo o que foi escrito no passado, foi escrito para nosso ensinamento. E isso para que tenhamos a esperança, mediante a perseverança e o encorajamento que nos vêm das Escrituras.

⁵O Deus da perseverança e do encorajamento conceda que vocês tenham os mesmos sentimentos uns para com os outros, a exemplo de Cristo Jesus, ⁶a fim de que vocês, com um só coração e uma só voz, glorifiquem o Deus e Pai de nosso Senhor Jesus Cristo.

Acolher as diferenças – ⁷Por isso, acolham-se uns aos outros, como Cristo acolheu vocês para a glória de Deus. ⁸Pois eu lhes digo que Cristo se fez servidor dos circuncisos para mostrar a fidelidade de Deus, a fim de confirmar as promessas feitas aos patriarcas. ⁹E também para que as nações glorifiquem a Deus por causa de sua misericórdia, como está escrito: "Por isso, eu te celebrarei entre as nações e cantarei hinos ao teu nome". ¹⁰E diz ainda: "Alegrem-se, nações, junto com o povo de Deus". ¹¹E ainda: "Nações todas, louvem o Senhor, e que todos os povos o celebrem". ¹²Isaías, por sua vez, diz: "Aparecerá o broto de Jessé, aquele que se levanta para governar as nações, e nele as nações esperarão". ¹³Que o Deus da esperança os encha de toda alegria e paz na fé, para que vocês transbordem de esperança pela ação do Espírito Santo.

CONCLUSÃO

O sacerdócio de Paulo – ¹⁴Irmãos, em relação a vocês, estou pessoalmente convencido de que vocês estão cheios de bondade, repletos de todo conhecimento, e são capazes de corrigir-se mutuamente. ¹⁵No entanto, eu lhes escrevi, e com certa ousadia, mais para lhes recordar o que vocês já sabem. E isso por causa da graça que me foi concedida por Deus, ¹⁶de ser ministro de Cristo Jesus entre as nações, exercendo o ofício sacerdotal de pregar o evangelho de Deus, a fim de que as nações se tornem oferenda agradável, santificada pelo Espírito Santo.

¹⁷Dessa forma, tenho motivo para me gloriar em Cristo Jesus, naquilo que se

---

15,1-6: O critério da opção pelos mais fracos é reafirmado, na procura de mais amar que ser amado. O exemplo para a vida cristã é o próprio Jesus, que veio para servir e dar a vida. Ter entre nós os mesmos sentimentos de Jesus Cristo é o ideal, para podermos glorificar a Deus unidos num só coração e numa só voz (Fl 2,2-4).

7-13: Prossegue a recomendação de acolher as pessoas diferentes, a exemplo de Jesus, que atuou junto ao seu povo judeu e acolheu os gentios. Isso demonstra a fidelidade de Deus para com os judeus e sua misericórdia para com as demais nações. Fidelidade, porque ele mantém a promessa aos patriarcas (v. 8). Misericórdia, porque ele inclui todos os povos no seu projeto de justiça (v. 9). A ideia de inclusão das nações é ilustrada com as quatro citações da Bíblia Hebraica (Ex 34,6; Sl 18,50; Dt 32,43; Sl 117,1).

14-21: A conclusão leva Paulo a justificar-se da ousadia em ter escrito a carta. Considera o seu ministério um

refere a Deus. ¹⁸Pois eu não ousaria falar de coisas que Cristo não tivesse realizado por meio de mim, para levar as nações à obediência, em palavras e ações, ¹⁹com a força de sinais e prodígios, com a força do Espírito de Deus. É assim que, desde Jerusalém e arredores até a Ilíria, eu completei o anúncio do evangelho de Cristo. ²⁰E assim tomei como questão de honra anunciar o evangelho onde o nome de Cristo ainda não era conhecido, para não construir sobre alicerces que algum outro houvesse colocado. ²¹Mas, como está escrito: "Aqueles a quem ele não tinha sido anunciado o verão, e aqueles que não tinham ouvido falar dele compreenderão".

Planos de Paulo – ²²Foi exatamente esse o motivo que tantas vezes me impediu de ir até vocês. ²³Mas agora não tenho mais tanto campo de ação nestas regiões. E como há muitos anos desejo visitá-los, ²⁴espero vê-los por ocasião de minha passagem, quando eu for para a Espanha. Espero também que vocês me ajudem a chegar lá, depois de ter desfrutado um pouco da companhia de vocês.

²⁵Por ora, vou a Jerusalém levar ajuda aos santos. ²⁶A Macedônia e a Acaia decidiram generosamente fazer uma coleta em favor dos santos de Jerusalém que estão na pobreza. ²⁷Assim decidiram, porque eram devedores a eles. De fato, se as nações participaram dos bens espirituais deles, têm a obrigação, por sua vez, de servi-los nas necessidades materiais. ²⁸Portanto, quando eu tiver concluído essa tarefa e tiver entregue oficialmente o fruto da coleta, irei à Espanha passando por vocês. ²⁹E sei que, indo até vocês, irei com a plenitude da bênção de Cristo.

³⁰Eu lhes peço, irmãos, por nosso Senhor Jesus Cristo e pelo amor do Espírito, que vocês se unam a mim na minha luta, rezando a Deus por mim. ³¹Rezem para que eu fique livre dos infiéis que estão na Judeia, e para que meu serviço em favor de Jerusalém seja bem-aceito pelos santos. ³²Rezem também para que eu possa, se Deus quiser, visitá-los na alegria e descansar no meio de vocês. ³³Que o Deus da paz esteja com todos vocês. Amém.

16

Saudações pessoais – ¹Recomendo a vocês nossa irmã Febe, diaconisa da igreja de Cencreia, ²para que a recebam no Senhor de modo digno, como convém a santos. Deem a ela toda a ajuda de que necessitar, porque também ela protegeu a muitos, inclusive a mim.

³Saúdem Priscila e Áquila, meus colaboradores em Cristo Jesus, ⁴que arriscaram a própria cabeça para salvar a minha vida. Não somente eu sou grato a eles, mas também todas as igrejas das nações. ⁵Saúdem também a igreja que se reúne na casa deles.

Saúdem meu querido Epêneto, o primeiro fruto da Ásia para Cristo. ⁶Saúdem Maria, que tanto trabalhou por vocês. ⁷Saúdem Andrônico e Júnia, meus parentes e companheiros de prisão, que são bem conhecidos entre os apóstolos e me precederam na fé em Cristo. ⁸Saúdem Amplíato, meu caríssimo amigo no Senhor. ⁹Saúdem Urbano, nosso colaborador em Cristo, e meu querido Estáquis. ¹⁰Saúdem Apeles, homem provado em Cristo. Saúdem os da casa de Aristóbulo. ¹¹Saúdem Herodião, meu parente. Saúdem os da casa de Narciso, que estão no Senhor. ¹²Saúdem Trifena e Trifosa, que labutaram pelo Senhor. Saúdem a querida Pérside, que tanto labutou

---

verdadeiro sacerdócio com a missão de levar o Evangelho a quem não o conhece, a fim de reunir na fé e na solidariedade o máximo possível de povos (Is 52,15).

22-33: Paulo expõe seus dois projetos: visitar a Espanha e realizar uma coleta em favor dos irmãos de Jerusalém. O primeiro, ele o repete (1,10; 15,24.28) como ocasião de passar por Roma e conhecer pessoalmente a comunidade à qual escreve. A coleta em favor dos judeus pobres de Jerusalém visa realizar o intercâmbio de dons (1Cor 16,1-4 e 2Cor 8-9). De fato, enquanto os pagãos têm uma dívida espiritual para com os judeus, podem compensar com uma ajuda material. Além disso, o gesto significa a inclusão das nações e sua comunhão com os judeus.

16,1-24: As saudações finais, com recomendações a várias pessoas, demonstram o carinho e a familiaridade de Paulo com cada qual, individualmente. A lista de pessoas saudadas chega a quase trinta, e inclui nomes gregos, romanos e judaicos. Inclui também pessoas de diversas condições sociais. A diversidade de pessoas forma uma comunidade unida pela fé. Das pessoas citadas, dez são mulheres que exercem ministérios e funções importantes: a diaconisa Febe; a colaboradora Prisca; a trabalhadora Maria; a parente e apóstola Júnia; as batalhadoras Trifena e Trifosa; a querida Pérside; a mãe de Rufo, à qual Paulo trata como sua própria mãe; Júlia e a irmã de Nereu, que fazem parte dos santos.

pelo Senhor. ¹³Saúdem Rufo, o eleito do Senhor, e sua mãe, que é minha também. ¹⁴Saúdem Asíncrito, Flegonte, Hermes, Pátrobas, Hermas e os irmãos que estão com eles. ¹⁵Saúdem Filólogo e Júlia, Nereu e sua irmã, bem como Olimpas, e todos os santos que estão com eles. ¹⁶Saúdem-se uns aos outros com beijo santo. Todas as igrejas de Cristo saúdam vocês.

¹⁷Eu lhes peço, irmãos: Tomem cuidado com aqueles que provocam discórdias e escândalos contra o ensinamento que vocês aprenderam. Fiquem longe deles. ¹⁸Porque essas pessoas não servem a Cristo, nosso Senhor, mas ao próprio estômago. E seduzem o coração dos inocentes com palavras doces e bajuladoras.

¹⁹A obediência de vocês se tornou conhecida por toda parte. E me alegro por causa de vocês, pois quero que sejam sábios para o bem, e não contaminados pelo mal. ²⁰O Deus da paz em breve esmagará Satanás debaixo dos pés de vocês. Que a graça de nosso Senhor Jesus Cristo esteja com vocês.

²¹Timóteo, meu colaborador, e também Lúcio, Jasão e Sosípatro, meus parentes, saúdam vocês. ²²Eu, Tércio, que escrevi esta carta, saúdo-os no Senhor. ²³Saúda-os Gaio, que hospeda a mim e a toda a igreja. Erasto, administrador da cidade, e o irmão Quarto também os saúdam. [24]

Glória a Deus por meio de Jesus! – ²⁵Àquele que tem o poder de fortalecer vocês segundo o meu evangelho e a mensagem de Jesus Cristo, conforme a revelação do mistério oculto desde os séculos eternos, ²⁶mas agora manifestado pelos escritos proféticos por ordem do Deus eterno, e dado a conhecer a todas as nações para levá-las à obediência da fé: ²⁷a Deus, o único sábio, por meio de Jesus Cristo, seja dada a glória pelos séculos dos séculos. Amém.

25-27: O Apóstolo conclui com uma oração de louvor, chamada glória ou doxologia, porque o mistério de Deus, antes oculto, foi agora manifestado e conhecido em todas as nações (Ef 3,9).

PRIMEIRA CARTA AOS CORÍNTIOS

SUPERAR OS CONFLITOS NA COMUNIDADE

Introdução

Esta carta mostra uma comunidade vigorosa e cheia de valores cristãos, composta de pessoas simples, marginalizadas e com inúmeros problemas. O próprio Paulo havia fundado a comunidade e com ela passou vários meses. Escreve agora de Éfeso, por volta do ano 56 ou 57, talvez depois de outra carta que se perdeu, conforme 1Cor 5,9. Esta segunda que se conserva seria, de acordo com estudiosos, a reunião de várias correspondências.

Paulo havia chegado a Corinto após o fracasso de seu discurso filosófico em Atenas. Em ano e meio (At 18,11) se convenceu de que a opção pelos marginalizados era a mensagem central da cruz de Cristo. Acolhido pelo casal Priscila e Áquila, o Apóstolo se inseriu na vida da cidade pelo trabalho manual como fabricante de tendas. Nesta espécie de cooperativa de artesanato, juntaram-se depois Silvano e Timóteo, quando Paulo se viu liberado para a Palavra. As associações, chamadas colégios, de fato eram comuns na cidade, com fins comerciais, religiosos ou sociais.

Corinto possuía dois portos marítimos, que faziam a ponte comercial entre Oriente e Ocidente. Com meio milhão de habitantes, era a cidade mais rica da Grécia, riqueza porém baseada no trabalho escravo, que abrangia cerca de dois terços da população.

A cidade reunia gente de todas as proveniências, com culturas e religiões diversificadas. A ganância e a imoralidade tomavam conta da população. Nesse meio social é que se inseria a comunidade cristã, formada de pessoas simples e pobres, entre as quais não havia "nem muitos sábios segundo a carne, nem muitos poderosos, nem muitos da alta sociedade" (1,26). No entanto, todos formavam um só corpo de Cristo, "judeus ou gregos, escravos ou livres" (12,13). Por isso, os escravos cristãos participavam normalmente (7,21). Acontecia porém que alguns passavam vergonha porque "nada tinham" para a ceia comum (11,22). A oferta era separada de acordo com "o que conseguiam poupar" na semana (16,2).

A novidade vinha de um estrangeiro, trabalhador identificado com os demais artesãos. Trazia, porém, uma mensagem explosiva. Abalava a estrutura hierárquica da cidade, modificava as relações sociais e invertia a dominação patriarcal sobre as mulheres.

Conflitos havia, e muitos. A carta os enfrenta e propõe soluções. Cristo, o único líder, não está dividido. Para crenças e filosofias humanas, a sabedoria da cruz de Cristo. Para imoralidades como incesto e prostituição, uma nova teologia do corpo e da sexualidade. Para julgamentos em tribunais pagãos, o juízo da própria comunidade. Para matrimônio, celibato, virgindade, separação, noivado, viuvez, novas propostas à luz da liberdade e responsabilidade em Cristo. Para as carnes sacrificadas aos ídolos, o critério do respeito às pessoas mais fracas. Para mulheres que falam em público nas celebrações, ordem e decoro. Para a ceia do Senhor, partilha com os mais pobres. Para os inúmeros carismas que fervilham na comunidade, serviço ao bem comum e subordinação ao dom maior, que é o amor. Para a falta de esperança, a certeza da ressurreição. E para demonstrar solidariedade, a coleta em favor das demais igrejas.

PRÓLOGO

Endereço e saudação – ¹Paulo, chamado a ser apóstolo de Cristo Jesus por vontade de Deus, e o irmão Sóstenes: ²à igreja de Deus que está em Corinto, aos que foram santificados em Cristo Jesus, chamados a ser santos, e a todos os que, em qualquer lugar, invocam o nome de nosso Senhor Jesus Cristo, Senhor deles e nosso. ³Graça e paz a vocês, da parte de Deus nosso Pai e do Senhor Jesus Cristo.

Agradecimento – ⁴Agradeço sempre a Deus por causa de vocês, pela graça de Deus que lhes foi dada em Cristo Jesus, ⁵no qual vocês se tornaram de fato ricos em tudo, em toda a palavra e em todo o conhecimento. ⁶O testemunho de Cristo tornou-se firme em vocês, ⁷a ponto de não lhes faltar nenhum dom, a vocês que esperam a revelação de nosso Senhor Jesus Cristo. ⁸É ele também que conservará vocês firmes até o fim, para que não tenham do que ser acusados no Dia de nosso Senhor Jesus Cristo. ⁹Fiel é Deus, pelo qual vocês foram chamados para a comunhão com seu Filho Jesus Cristo, Senhor nosso.

I. DIVISÕES NA COMUNIDADE

O perigo das divisões – ¹⁰Irmãos, eu lhes peço em nome de nosso Senhor Jesus Cristo: Vivam todos em harmonia, sem divisões entre vocês. Sejam unidos no mesmo modo de pensar e no mesmo propósito. ¹¹Pois eu fiquei sabendo, meus irmãos, através de pessoas da casa de Cloé, que existem brigas entre vocês. ¹²Estou me referindo ao que cada um de vocês anda dizendo: "Eu sou de Paulo"; ou: "Eu sou de Apolo"; ou: "Eu sou de Cefas"; ou: "Eu sou de Cristo". ¹³Será que Cristo está dividido? Ou será que Paulo foi crucificado em favor de vocês? Ou será que vocês foram batizados em nome de Paulo? ¹⁴Agradeço a Deus porque não batizei nenhum de vocês, a não ser Crispo e Caio. ¹⁵De modo que ninguém pode dizer que foi batizado em meu nome. ¹⁶Sim, batizei também a família de Estéfanas. E não me lembro de ter batizado mais ninguém, além desses.

Sabedoria divina e sabedoria humana – ¹⁷Pois Cristo me enviou, não para batizar, mas para anunciar o evangelho, sem usar a sabedoria da linguagem, para que a cruz de Cristo não se torne inútil. ¹⁸De fato, a linguagem da cruz é loucura para os que se perdem. Mas, para os que se salvam, para nós, é poder de Deus. ¹⁹Pois está escrito: "Destruirei a sabedoria dos sábios e rejeitarei a inteligência dos inteligentes". ²⁰Onde está o sábio? Onde está o doutor da Lei? Onde está o que investiga as coisas deste mundo? Por acaso Deus não mostrou que a sabedoria deste mundo é

1,1-3: Os grandes assuntos da carta já são formulados na vocação do Apóstolo, na fraternidade, na santidade da assembleia destinatária, na unidade de toda a igreja em Cristo e no augúrio de graça e paz (Rm 1,1).

4-9: A ação de graças anuncia a palavra e a sabedoria cristã, os dons ou carismas cristãos e a perseverança até o final no Dia do Senhor (2Cor 8,7.9).

10-16: Sem rodeios, a carta convida à unidade e denuncia as brigas que ameaçam dividir a comunidade. As informações chegaram através de pessoas da casa de Cloé, prováveis servidores dessa comerciante. As brigas se referem a grupos que tomam partido pelo apóstolo Paulo, ou pelo judeu de Alexandria chamado Apolo, ou pelo apóstolo Pedro, denominado Cefas, ou talvez pelo próprio Jesus Cristo (3,22-23).

17-31: Paulo havia partido de Atenas após uma experiência fracassada com os filósofos gregos (At 17,16-34). Agora, em Corinto, ele trabalha com uma comunidade pobre da periferia da cidade. Dessa dupla experiência, cresce a convicção de que Deus escolheu preferencialmente as pessoas pobres, simples e marginalizadas, pois é na fraqueza que se manifesta a força de Deus (2Cor

da sexualidade. Para julgamentos em tribunais pagãos, o juízo da própria comunidade. Para matrimônio, celibato, virgindade, separação, noivado, viuvez, novas propostas à luz da liberdade e responsabilidade em Cristo. Para as carnes sacrificadas aos ídolos, o critério do respeito às pessoas mais fracas. Para mulheres que falam em público nas celebrações, ordem e decoro. Para a ceia do Senhor, partilha com os mais pobres. Para os inúmeros carismas que fervilham na comunidade, serviço ao bem comum e subordinação ao dom maior, que é o amor. Para a falta de esperança, a certeza da ressurreição. E para demonstrar solidariedade, a coleta em favor das demais igrejas.

PRÓLOGO

Endereço e saudação – ¹Paulo, chamado a ser apóstolo de Cristo Jesus por vontade de Deus, e o irmão Sóstenes: ²à igreja de Deus que está em Corinto, aos que foram santificados em Cristo Jesus, chamados a ser santos, e a todos os que, em qualquer lugar, invocam o nome de nosso Senhor Jesus Cristo, Senhor deles e nosso. ³Graça e paz a vocês, da parte de Deus nosso Pai e do Senhor Jesus Cristo.

Agradecimento – ⁴Agradeço sempre a Deus por causa de vocês, pela graça de Deus que lhes foi dada em Cristo Jesus, ⁵no qual vocês se tornaram de fato ricos em tudo, em toda a palavra e em todo o conhecimento. ⁶O testemunho de Cristo tornou-se firme em vocês, ⁷a ponto de não lhes faltar nenhum dom, a vocês que esperam a revelação de nosso Senhor Jesus Cristo. ⁸É ele também que conservará vocês firmes até o fim, para que não tenham do que ser acusados no Dia de nosso Senhor Jesus Cristo. ⁹Fiel é Deus, pelo qual vocês foram chamados para a comunhão com seu Filho Jesus Cristo, Senhor nosso.

I. DIVISÕES NA COMUNIDADE

O perigo das divisões – ¹⁰Irmãos, eu lhes peço em nome de nosso Senhor Jesus Cristo: Vivam todos em harmonia, sem divisões entre vocês. Sejam unidos no mesmo modo de pensar e no mesmo propósito. ¹¹Pois eu fiquei sabendo, meus irmãos, através de pessoas da casa de Cloé, que existem brigas entre vocês. ¹²Estou me referindo ao que cada um de vocês anda dizendo: "Eu sou de Paulo"; ou: "Eu sou de Apolo"; ou: "Eu sou de Cefas"; ou: "Eu sou de Cristo". ¹³Será que Cristo está dividido? Ou será que Paulo foi crucificado em favor de vocês? Ou será que vocês foram batizados em nome de Paulo? ¹⁴Agradeço a Deus porque não batizei nenhum de vocês, a não ser Crispo e Caio. ¹⁵De modo que ninguém pode dizer que foi batizado em meu nome. ¹⁶Sim, batizei também a família de Estéfanas. E não me lembro de ter batizado mais ninguém, além desses.

Sabedoria divina e sabedoria humana – ¹⁷Pois Cristo me enviou, não para batizar, mas para anunciar o evangelho, sem usar a sabedoria da linguagem, para que a cruz de Cristo não se torne inútil. ¹⁸De fato, a linguagem da cruz é loucura para os que se perdem. Mas, para os que se salvam, para nós, é poder de Deus. ¹⁹Pois está escrito: "Destruirei a sabedoria dos sábios e rejeitarei a inteligência dos inteligentes". ²⁰Onde está o sábio? Onde está o doutor da Lei? Onde está o que investiga as coisas deste mundo? Por acaso Deus não mostrou que a sabedoria deste mundo é

1,1-3: Os grandes assuntos da carta já são formulados na vocação do Apóstolo, na fraternidade, na santidade da assembleia destinatária, na unidade de toda a igreja em Cristo e no augúrio de graça e paz (Rm 1,1).

4-9. A ação de graças anuncia a palavra e a sabedoria cristã, os dons ou carismas cristãos e a perseverança até o final no Dia do Senhor (2Cor 8,7.9).

10-16: Sem rodeios, a carta convida à unidade e denuncia as brigas que ameaçam dividir a comunidade. As informações chegaram através de pessoas da casa de Cloé, prováveis servidores dessa comerciante. As brigas se referem a grupos que tomam partido pelo apóstolo Paulo, ou pelo judeu de Alexandria chamado Apolo, ou pelo apóstolo Pedro, denominado Cefas, ou talvez pelo próprio Jesus Cristo (3,22-23).

17-31: Paulo havia partido de Atenas após uma experiência fracassada com os filósofos gregos (At 17,16-34). Agora, em Corinto, ele trabalha com uma comunidade pobre da periferia da cidade. Dessa dupla experiência, cresce a convicção de que Deus escolheu preferencialmente as pessoas pobres, simples e marginalizadas, pois é na fraqueza que se manifesta a força de Deus (2Cor

PRIMEIRA CARTA AOS CORÍNTIOS

SUPERAR OS CONFLITOS NA COMUNIDADE

Introdução

Esta carta mostra uma comunidade vigorosa e cheia de valores cristãos, composta de pessoas simples, marginalizadas e com inúmeros problemas. O próprio Paulo havia fundado a comunidade e com ela passou vários meses. Escreve agora de Éfeso, por volta do ano 56 ou 57, talvez depois de outra carta que se perdeu, conforme 1Cor 5,9. Esta segunda que se conserva seria, de acordo com estudiosos, a reunião de várias correspondências.

Paulo havia chegado a Corinto após o fracasso de seu discurso filosófico em Atenas. Em ano e meio (At 18,11) se convenceu de que a opção pelos marginalizados era a mensagem central da cruz de Cristo. Acolhido pelo casal Priscila e Áquila, o Apóstolo se inseriu na vida da cidade pelo trabalho manual como fabricante de tendas. Nesta espécie de cooperativa de artesanato, juntaram-se depois Silvano e Timóteo, quando Paulo se viu liberado para a Palavra. As associações, chamadas colégios, de fato eram comuns na cidade, com fins comerciais, religiosos ou sociais.

Corinto possuía dois portos marítimos, que faziam a ponte comercial entre Oriente e Ocidente. Com meio milhão de habitantes, era a cidade mais rica da Grécia, riqueza porém baseada no trabalho escravo, que abrangia cerca de dois terços da população.

A cidade reunia gente de todas as proveniências, com culturas e religiões diversificadas. A ganância e a imoralidade tomavam conta da população. Nesse meio social é que se inseria a comunidade cristã, formada de pessoas simples e pobres, entre as quais não havia "nem muitos sábios segundo a carne, nem muitos poderosos, nem muitos da alta sociedade" (1,26). No entanto, todos formavam um só corpo de Cristo, "judeus ou gregos, escravos ou livres" (12,13). Por isso, os escravos cristãos participavam normalmente (7,21). Acontecia porém que alguns passavam vergonha porque "nada tinham" para a ceia comum (11,22). A oferta era separada de acordo com "o que conseguiam poupar" na semana (16,2).

A novidade vinha de um estrangeiro, trabalhador identificado com os demais artesãos. Trazia, porém, uma mensagem explosiva. Abalava a estrutura hierárquica da cidade, modificava as relações sociais e invertia a dominação patriarcal sobre as mulheres.

Conflitos havia, e muitos. A carta os enfrenta e propõe soluções. Cristo, o único líder, não está dividido. Para crenças e filosofias humanas, a sabedoria da cruz de Cristo. Para imoralidades como incesto e prostituição, uma nova teologia do corpo e

loucura? ²¹De fato, por sábia disposição de Deus, o mundo com sua sabedoria não o reconheceu; por isso, Deus, pela loucura da pregação, quis salvar os que acreditam. ²²Os judeus pedem sinais e os gregos buscam sabedoria, ²³ao passo que nós anunciamos Cristo crucificado, escândalo para os judeus, loucura para as nações.²⁴No entanto, para os que são chamados, tanto judeus como gregos, Cristo é poder de Deus e sabedoria de Deus. ²⁵Pois a loucura de Deus é mais sábia que os homens, e a fraqueza de Deus é mais forte que os homens.

²⁶De fato, considerem este chamado de vocês: Não há entre vocês nem muitos sábios segundo a carne, nem muitos poderosos, nem muitos da alta sociedade. ²⁷Deus, no entanto, escolheu o que é loucura no mundo para desacreditar os sábios. E Deus escolheu o que é fraqueza no mundo para desacreditar os fortes. ²⁸E Deus escolheu o que é insignificante e sem valor no mundo, coisas que nada são, para reduzir a nada as coisas que são. ²⁹E isso para que nenhuma criatura se glorie diante de Deus. ³⁰Ora, é por Deus que vocês existem em Cristo Jesus. Pois Cristo Jesus se tornou para nós sabedoria que vem de Deus, justiça, santificação e redenção. ³¹E assim, "aquele que se gloria, que se glorie no Senhor", como diz a Escritura.

2 *A sabedoria de Deus* – ¹Quando fui ter com vocês, irmãos, não fui com a excelência da palavra ou da sabedoria para lhes anunciar o mistério de Deus. ²Pois entre vocês eu decidi não saber nada além de Jesus Cristo, e Jesus Cristo crucificado. ³Eu fui até vocês timidamente, com muito receio e tremor. ⁴Minha palavra e minha pregação não se apoiavam na sabedoria que quer convencer pela linguagem, mas eram demonstração de Espírito e poder. ⁵E isso para que a fé que vocês têm não se apoiasse na sabedoria humana, e sim no poder de Deus.

⁶Aos adultos na fé falamos de sabedoria, mas não da sabedoria deste mundo nem dos chefes passageiros deste mundo. ⁷Falamos, isto sim, da sabedoria de Deus, escondida em mistério, e que Deus, antes dos séculos, já havia destinado para nossa glória. ⁸Nenhum dos chefes deste mundo conheceu essa sabedoria. Porque, se a tivessem conhecido, não teriam crucificado o Senhor da Glória. ⁹Mas assim está escrito: "As coisas que os olhos não viram, os ouvidos não ouviram e o coração humano não alcançou, essas coisas Deus preparou para os que o amam". ¹⁰E Deus as revelou a nós, por meio do Espírito. Pois o Espírito examina todas as coisas, inclusive as profundidades de Deus. ¹¹De fato, quem dentre os homens conhece o que é próprio do homem, senão o espírito do homem que nele está? Assim também, ninguém além do Espírito de Deus conhece o que é próprio de Deus. ¹²E nós não recebemos o espírito do mundo, mas o Espírito que vem de Deus, para assim reconhecermos coisas que Deus gratuitamente nos concedeu. ¹³Dessas coisas não falamos usando a linguagem ensinada pela sabedoria humana, mas usando a linguagem que o Espírito ensina, e falando de realidades espirituais em termos espirituais. ¹⁴O homem psíquico não acolhe as coisas que vêm do Espírito de Deus. São loucura para ele, que não consegue compreendê-las, pois devem ser discernidas espiritualmente. ¹⁵Ao contrário, o homem espiritual sabe discernir tudo e não se submete ao discernimento de ninguém. ¹⁶Pois "quem conheceu a mente do Senhor, para lhe dar lições?" Nós, porém, temos a mentalidade de Cristo.

3 *Fé infantil* – ¹E eu, irmãos, não lhes pude falar como se fala a pessoas espirituais, mas como a seres de carne, como a

---

12,9). A partir daí, segue a argumentação através de um jogo de contrários ou antíteses. Significa que há uma contradição entre o projeto de Deus e o projeto humano. A cruz parece loucura, sinal de fraqueza e caminho de perdição. Mas Deus a transformou em sabedoria, sinal de força e caminho de salvação. No final, Paulo aplica suas considerações ao caso concreto da comunidade de Corinto, onde essa realidade pode ser constatada (2Cor 10,17).

2,1-16: O apóstolo continua a aplicação de seu exemplo pessoal, quando chegou a Corinto e anunciou a palavra com a expressão da fraqueza humana (At 18,1-17). O seu apoio não estava na linguagem teórica da sabedoria humana, mas sim na realidade do poder de Deus, que é o próprio Cristo crucificado (Gl 6,14). Esse mistério do poder de Deus não é nenhuma mensagem secreta, e sim o plano divino para salvar toda a humanidade, realizado agora através de Jesus Cristo, pela pregação do evangelho (1,1-5)

3,1-4: Com a terna imagem da ama de leite que amamenta as criancinhas, o Apóstolo explica a sua

crianças em Cristo. ²Eu lhes dei leite para beber, e não alimento sólido, porque vocês não eram capazes. E ainda agora não são capazes, ³visto que ainda são de carne. De fato, se há inveja e briga entre vocês, não é porventura porque são de carne e se comportam como simples seres humanos? ⁴Se alguém diz: "Eu sou de Paulo", e outro: "Eu sou de Apolo", não será porque vocês são simples seres humanos?

Servidores da Palavra – ⁵Mas quem é Apolo? Quem é Paulo? Servidores, por meio dos quais vocês acreditaram, de acordo com o que o Senhor confiou a cada um deles. ⁶Eu plantei, Apolo regou, mas é Deus quem fazia crescer. ⁷De modo que não importa aquele que planta, nem aquele que rega; importa somente Deus que faz crescer. ⁸Aquele que planta e aquele que rega trabalham para um único objetivo, e cada um receberá seu próprio salário, de acordo com o trabalho que tiver realizado. ⁹Portanto, nós somos colaboradores de Deus, e vocês o terreno onde Deus cultiva e constrói.

¹⁰Como sábio arquiteto, de acordo com a graça que Deus me deu, eu coloquei o fundamento. E vem outro para continuar a construção. Mas cada um preste atenção ao modo como constrói. ¹¹Porque ninguém pode pôr outro fundamento, diferente do que já foi posto: Jesus Cristo. ¹²Sobre esse fundamento, alguém pode construir com ouro, prata, pedras preciosas, madeira, feno ou palha. ¹³A obra de cada um ficará visível. De fato, o Dia a tornará conhecida, pois ela será revelada pelo fogo. E o fogo vai pôr à prova a qualidade da obra de cada um. ¹⁴Se a obra construída sobre o fundamento resistir, seu construtor receberá uma recompensa. ¹⁵Se a obra for queimada, seu construtor será castigado. Mas ele será salvo como que através do fogo.

¹⁶Vocês não sabem que são templo de Deus, e que o Espírito de Deus habita em vocês? ¹⁷Se alguém destrói o templo de Deus, Deus o destruirá. Pois o templo de Deus é santo, e esse templo são vocês.

Vocês pertencem a Cristo – ¹⁸Ninguém se engane: Se alguém dentre vocês se considera sábio neste mundo, torne-se louco para ser sábio. ¹⁹Pois a sabedoria deste mundo é loucura diante de Deus. De fato, está escrito: "Ele apanha os sábios na própria esperteza deles". ²⁰E ainda: "O Senhor sabe que os raciocínios dos sábios são vazios". ²¹Por isso, ninguém se vanglorie nos seres humanos, pois tudo pertence a vocês: ²²seja Paulo, Apolo ou Cefas, seja o mundo, seja a vida ou a morte, sejam as coisas presentes ou as futuras. Tudo é de vocês, ²³e vocês são de Cristo, e Cristo é de Deus.

4 ***Quem julga é o Senhor*** – ¹Portanto, que nos considerem como servidores de Cristo e administradores dos mistérios de Deus. ²Neste caso, aliás, o que se exige dos administradores é que cada um seja fiel. ³Para mim, pouco importa ser julgado por vocês ou por um tribunal humano. Nem eu julgo a mim mesmo. ⁴Mas o fato de minha consciência não me acusar de nada, não significa que eu esteja justifica-

---

compreensão para com esta comunidade. Inveja e briga demonstram atitude infantil e capacidade limitada para compreender a sabedoria de Deus. Por isso, ainda são pessoas de carne, isto é, seguem os instintos humanos e não o Espírito que vem de Deus (Hb 5,12-14).

5-17: Com duas novas metáforas, a plantação do jardim e a construção do edifício, é ilustrada a função dos apóstolos na comunidade eclesial. Agente de pastoral, ministro, evangelista, diácono e catequista são servidores na igreja, que é o campo a cultivar ou o prédio a construir. Tudo está em função de Deus, que faz a sua obra crescer sobre o verdadeiro fundamento que é Jesus Cristo. A obra de cada servidor passará pela prova do fogo no Dia do Senhor. Esse Dia indica um julgamento ou prestação de contas. Enfim, com nova metáfora, a comunidade cristã é comparada ao próprio templo de Deus. Como no antigo Templo de Jerusalém residia a glória de Deus (Ex 40,27), assim no corpo da pessoa revestida de Cristo habita o Espírito de Deus. A comparação será retomada adiante (6,19; 2Cor 6,16).

18-23: Retorna a alusão às divisões na comunidade em torno a Paulo apóstolo ou Cefas (1,12), e à discussão entre a sabedoria humana e a sabedoria divina (1,17-25). Conclui o capítulo uma visão global, chamada de cosmovisão, em que todos os reinos terrestres estão para o ser humano, o ser humano está para Jesus Cristo, e Cristo está para Deus Pai. Esse mistério único, formado por cabeça e membros, será retomado adiante (cap. 12).

4,1-5: Os apóstolos, como qualquer liderança cristã, são servidores e administradores que se colocam a serviço de Deus e dos seus mistérios. Mistério de Deus não é segredo oculto, mas sim o plano de salvação, ou seja, aquele projeto proposto por Deus e realizado por Jesus Cristo, agora divulgado por Paulo (2,1-16; Rm 16,25; Ef 3,5; Cl 2,2-3). Do apóstolo se exige fidelidade à vocação de serviço ao Senhor. A prestação de contas só se deve a Deus. Por isso, o julgamento cabe tão somente a Deus (Mt 7,1). A comunidade de Corinto, movida por interesses diversos, emitia opiniões, e talvez quisesse constituir um tribunal para julgar os apóstolos. Porém

do. Quem me julga é o Senhor. ⁵Portanto, não julguem antes do tempo, antes que venha o Senhor. Ele iluminará o que está escondido nas trevas e fará conhecer as intenções dos corações. Então sim, cada um receberá de Deus o reconhecimento que lhe corresponder.

Quem é forte e quem é fraco? – ⁶Foi por causa de vocês, irmãos, que eu disse essas coisas a respeito de mim e de Apolo. E isso para que vocês aprendam de nós a não ir além daquilo que está escrito. De modo que ninguém se inche de orgulho por estar a favor de um e contra outro. ⁷Pois, quem diz que você é superior? O que é que você possui, que não tenha recebido? E se recebeu, por que se vangloria como se não o tivesse recebido? ⁸Vocês já têm o bastante, já estao ricos! Sem nós, vocês se tornaram reis! Quem dera vocês já fossem mesmo reis, para que nós também pudéssemos reinar com vocês!

⁹Penso que Deus nos expôs em último lugar, a nós apóstolos, como se fôssemos condenados à morte, porque nos tornamos espetáculo para o mundo, para os anjos e para os homens. ¹⁰Somos loucos por causa de Cristo, e vocês são prudentes em Cristo. Nós somos fracos, e vocês são fortes. Vocês estimados, e nós desprezados. ¹¹Até o presente, passamos fome e sede, estamos malvestidos, somos maltratados, não temos morada certa, ¹²e nos cansamos trabalhando com as próprias mãos. Somos amaldiçoados, e bendizemos. Somos perseguidos, e suportamos. ¹³Somos caluniados, e encorajamos. Até agora, nos tornamos como o lixo do mundo, a escória de todos.

Pai que gera pelo evangelho – ¹⁴Não lhes escrevo essas coisas para envergonhá-los, mas para chamar a atenção de vocês, como filhos amados. ¹⁵Porque, ainda que vocês tivessem dez mil pedagogos em Cristo, não teriam muitos pais, pois fui eu que gerei vocês pelo evangelho em Cristo Jesus. ¹⁶Eu lhes peço, portanto: Sejam meus imitadores. ¹⁷Foi por isso que enviei até vocês Timóteo, que é meu filho amado e fiel no Senhor. Ele lhes recordará minhas normas de vida em Cristo Jesus, tal como eu as ensino em toda parte, em todas as igrejas.

¹⁸Alguns se incharam de orgulho, pensando que eu não iria mais visitá-los. ¹⁹Mas irei visitar vocês logo, se o Senhor quiser. Então hei de conhecer, não as palavras daqueles que se incharam de orgulho, mas o poder deles. ²⁰Porque o Reino de Deus não consiste em palavras, mas em poder. ²¹O que vocês preferem? Que eu os visite com vara, ou com amor e doçura de espírito?

II. ESCÂNDALOS CONTRA O TESTEMUNHO

5 *1. Incesto* – ¹Por todo lado se ouve falar de um caso de união ilegítima entre vocês, e uma tal união ilegítima que não se encontra nem mesmo entre as nações: um de vocês convive com a mulher de seu próprio pai.

---

o tribunal da consciência é maior, mas não supera o tribunal divino, que é absoluto e reconhece as intenções de cada pessoa.

6-13: Com linguagem irônica, o texto faz crítica aos que se julgavam ricos, reis, fortes, estimados, com alerta a não se incharem de orgulho. A realidade de Corinto já mostrou pessoas de classe marginalizada (1,26). Porém, de acordo com a mentalidade da época, ser discípulo de personagem famoso tornava importante a pessoa. Quem sabe, na comunidade, alguns se julgavam superiores por serem discípulos de Paulo, outros de Apolo, outros de Pedro, e assim por diante. Para desfazer essa mentalidade, a carta mostra a realidade desses personagens como estultos, fracos e desprezados. São como os condenados à morte, para serem entregues ao desprezo na arena do teatro. Vale lembrar que Corinto possuía um teatro para catorze mil espectadores. O "lixo do mundo" mostra justamente o paradoxo da cruz, que inverte o conceito de fortes e fracos (1,17-31).

14-21: Após a ironia, para não manter as pessoas envergonhadas, Paulo se dirige a elas como filhos amados. No início do capítulo anterior, ele se comparava a uma mãe que amamenta (3,2). Agora, ele é pai que educa e chama a atenção (1Ts 2,11). Diferente do pedagogo, que devia vigiar e punir, o apóstolo é pai que convida os filhos a imitá-lo. Nessa mesma condição, envia o filho Timóteo, para recordar as normas ensinadas pelo apóstolo e para acalmar o orgulho deles.

5,1-13: Em contraste com seu comportamento orgulhoso, a comunidade tolera graves problemas. Um deles é o caso de um incestuoso que "convive com a mulher de seu próprio pai". Supõe-se que se tratava da mulher desposada pelo pai em segundas núpcias, após a morte da mãe do jovem. Tratava-se, pois, da união de um enteado com sua madrasta. Essa união incestuosa era severamente proibida pela lei mosaica (Lv 18,8) e reprovada também pelo direito dos povos pagãos. Algumas escolas rabínicas eram mais tolerantes, sobretudo com relação a gentios convertidos, o que talvez explique a complacência dos coríntios. A solução proposta pelo Apóstolo é bastante radical, propondo que o jovem seja afastado da comunidade (vv. 2 e 12), seja entregue a Satanás como forma de expulsão terapêutica (v. 5), e isolado das refeições (v. 11). Para tanto, são apresentadas

²E vocês estão inchados de orgulho e nem lamentam o fato, de modo que seja tirado do meio de vocês aquele que pratica tal coisa. ³No entanto, ausente de corpo, mas presente em espírito, eu, como se estivesse presente, na verdade já julguei quem fez isso. ⁴Em nome do Senhor Jesus, estando reunidos vocês e o meu espírito com o poder de nosso Senhor Jesus, ⁵tal homem seja entregue a Satanás para a perda da carne, a fim de que o espírito seja salvo no Dia do Senhor.

⁶O orgulho de vocês não é bom. Vocês não sabem que um pouco de fermento leveda a massa toda? ⁷Purifiquem-se do velho fermento para serem massa nova, já que vocês são sem fermento. De fato, Cristo, o nosso cordeiro pascal, foi imolado. ⁸Portanto, celebremos a festa, não com o velho fermento, nem com o fermento da maldade e da perversidade, mas com os pães sem fermento da sinceridade e da verdade.

⁹Em minha carta, eu lhes escrevi para não se relacionarem com pessoas imorais. ¹⁰Eu não estava me referindo a todos os imorais deste mundo, ou aos avarentos, ou aos ladrões, ou aos idólatras. Se assim fosse, vocês teriam de sair do mundo. ¹¹Não. Eu lhes escrevi para não se relacionarem com quem traz o nome de irmão, e no entanto é imoral ou avarento ou idólatra ou caluniador ou beberrão ou ladrão. Vocês não devem nem tomar refeição com pessoa assim. ¹²Por acaso cabe a mim julgar os que estão fora? Não são os de dentro que cabe a vocês julgar? ¹³Deus julgará os de fora. "Afastem do meio de vocês quem é mau".

6
2. Tribunais pagãos – ¹Quando alguém de vocês tem alguma pendência com outro, como se atreve a levar o caso aos injustos para ser julgado, e não aos santos? ²Por acaso vocês não sabem que os santos julgarão o mundo? E se o mundo será julgado por vocês, não seriam vocês capazes de julgar casos de menor importância? ³Não sabem que julgaremos os anjos? Quanto mais as coisas da vida cotidiana. ⁴Ora, quando vocês têm processos desta vida para serem julgados, como é que tomam como juízes aqueles que a igreja não considera? ⁵Digo isso para que vocês se envergonhem. Será que não existe entre vocês alguém experiente, que consiga resolver uma questão entre irmãos? ⁶Ao contrário, um irmão é chamado ao tribunal contra seu próprio irmão, e isso diante de infiéis. ⁷Só o fato de haver pendências entre vocês já mostra que vocês falharam completamente. Não seria melhor sofrer uma injustiça? Não seria melhor ser roubado? ⁸Mas são vocês que cometem injustiça e roubam, e o fazem contra os próprios irmãos!

⁹Então vocês não sabem que os injustos não receberão em herança o Reino de Deus? Não se iludam: Nem os imorais, nem os idólatras, nem os adúlteros, nem os afeminados, nem os que praticam relações homossexuais, ¹⁰nem os ladrões, nem os avarentos, nem os que se entregam a bebedeiras, nem os caluniadores terão em herança o Reino de Deus. ¹¹E alguns de vocês eram semelhantes a esses. Ao contrário, vocês se lavaram, vocês foram santificados, foram justificados pelo nome do Senhor Jesus Cristo e pelo Espírito do nosso Deus.

3. Ultrajes ao corpo humano – ¹²"Tudo é permitido para mim", mas nem tudo me convém. "Tudo é permitido para mim", mas não deixarei que nada me domine.

---

argumentos da Escritura, como a reunião de um tribunal local em nome do Senhor Jesus (vv. 2-5), a separação do pão fermentado que estraga a massa inteira (vv. 6-8), e o afastamento do jovem para que se recupere (vv. 9-13).

6,1-11: A carta depara com novo problema e propõe uma solução prática. Com particular severidade, reprova o fato de os cristãos terem litígios entre si e, mais ainda, o fato de levarem tais contendas aos tribunais pagãos. Um contraste é estabelecido entre duas categorias: a dos cristãos, chamados santos porque batizados, e a dos gentios, chamados injustos por desconhecerem os critérios da verdadeira justiça. Vale informar que os tribunais, em Corinto, eram formados por magistrados honorários, nomeados entre os notáveis da cidade pelo período de um ano. Como os cristãos da mesma cidade, de *status* social inferior, levariam suas causas diante dos poderosos? O fato é tão absurdo para Paulo, que ele repete várias vezes "vocês não sabem?" (vv. 2.3.9). Dada sua união com Cristo, os fiéis são constituídos juízes do mundo e dos anjos. Ora, como é possível que os próprios juízes divinos levem causas mesquinhas aos juízes humanos? A solução seria constituir um pequeno tribunal, entre os próprios irmãos, como em Mt 18,15-17, ou até mesmo sofrer alguma injustiça, como propõe Mt 5,38-48; mas nunca levar casos de irmãos ao julgamento externo.

12-20: Os coríntios repetiam um refrão, ao que parece, para justificar a libertinagem: "tudo é permitido

¹³"Os alimentos são para o estômago e o estômago para os alimentos; ora, Deus eliminará tanto aquele quanto estes". Mas o corpo não é para a união ilegítima, e sim para o Senhor, e o Senhor é para o corpo. ¹⁴E Deus, que ressuscitou o Senhor, ressuscitará pelo seu poder também a nós.

¹⁵Vocês não sabem que seus corpos são membros de Cristo? Então, será que vou tomar os membros de Cristo para fazê-los membros de uma prostituta? De jeito nenhum. ¹⁶Ou vocês não sabem que o homem que se une a uma prostituta torna-se um só corpo com ela? Pois está dito: "Os dois serão uma só carne". ¹⁷Mas quem se une ao Senhor torna-se um só espírito com ele.

¹⁸Fujam da união ilegítima. Qualquer pecado que o homem comete, fica fora do seu corpo. Mas quem se entrega à prostituição peca contra o próprio corpo.

¹⁹Ou vocês não sabem que seu corpo é templo do Espírito Santo, que está em vocês e que vocês receberam de Deus? E que por isso vocês não pertencem a si mesmos? ²⁰Alguém pagou preço alto pelo resgate de vocês. Então, glorifiquem a Deus com o próprio corpo.

III. RESPOSTA A DIVERSOS PROBLEMAS

1. Estados de vida

7 *Pessoas casadas* – ¹A respeito do que vocês escreveram: "É bom que o homem se abstenha de mulher", ²para evitar uniões ilegítimas, cada homem tenha a sua mulher, e cada mulher o seu marido. ³O marido cumpra sua obrigação para com a esposa, e igualmente a esposa para com o marido. ⁴A mulher não é dona do próprio corpo, e sim o marido. Assim também, o marido não é dono do próprio corpo, e sim a mulher. ⁵Não se privem um do outro, a não ser de comum acordo e por algum tempo, para se dedicar à oração. Depois disso, voltem a unir-se, para que Satanás não os tente por não conseguirem dominar-se. ⁶Digo isso como permissão, e não como ordem. ⁷Eu gostaria que todos os homens fossem como eu. Mas cada um tem o seu dom particular recebido de Deus: um tem este dom, outro tem aquele.

⁸Aos não casados e às viúvas, digo que é bom ficarem como eu. ⁹Mas, se não conseguem dominar-se, que se casem, pois é melhor casar-se do que ficar ardendo de desejo.

¹⁰Aos que estão casados ordeno, não eu, mas o Senhor: A mulher não se separe do marido. ¹¹No entanto, caso venha a separar-se, que não se case de novo; ou então se reconcilie com o marido. E o marido não se divorcie de sua esposa.

Casamento entre cristãos e não cristãos – ¹²Aos demais eu digo, eu mesmo e não o Senhor: Se algum irmão tem uma esposa que não tem fé, e ela concorda em habitar com ele, não se divorcie dela. ¹³E se alguma mulher tem um marido que não tem fé, e ele concorda em habitar com ela, não

---

para mim". Ao concordar com o princípio, o Apóstolo estabelece um sábio limite: "mas nem tudo me convém". E prossegue com várias motivações sobre a beleza e importância do corpo humano. Nessa visão teológica, o corpo possui destino eterno. Diferente dos alimentos, todos perecíveis e que visam à subsistência física, o corpo humano possui dimensão transcendente, porque participa da ressurreição de Jesus (vv. 13-14). "Vocês não sabem?" Repetindo essa interrogação, Paulo argumenta que nossos corpos são membros de Cristo (v. 15), que formam um só espírito com o Senhor (v. 17) e que são templo do Espírito Santo e propriedade de Deus (v. 19; 3,16-17). A partir destes princípios teológicos de visão positiva sobre a beleza do corpo, ele tira conclusões sobre as várias formas de respeito ao corpo humano.

7,1¹·¹¹: A primeira frase indica que Paulo passa a responder às perguntas de uma carta escrita que os coríntios lhe dirigem. O primeiro assunto se refere ao matrimônio. Havia práticas imorais na comunidade, como incesto e prostituição, já tratados em capítulos anteriores (5,6; Ef 5). Alguém teria pregado contra o matrimônio e a sexualidade. O Apóstolo proclama sem rodeios a igualdade de direitos entre mulher e homem, com relação aos afetos. Essa visão subverte o patriarcalismo tradicional, pois declara que a mulher tem direitos sobre o corpo do marido, da mesma forma que ele sobre o corpo dela. Subverte igualmente a lei judaica, pois admite que a mulher também pode tomar a iniciativa no divórcio. E subverte a mentalidade comum, pois dá preferência ao carisma do celibato, como dom semelhante ao do matrimônio.

12-16: Novas situações permitem avaliar a abertura da visão paulina sobre o casamento igualitário e estável. Podia ocorrer, na época, a união entre esposo pagão e esposa cristã, ou vice-versa. Paulo prevê o caso em que apenas um dos cônjuges se converta, diferente da lei judaica e do costume greco-romano, onde se supunha que a casa ou a família tivesse religião única. Paulo declara que a esposa cristã santifica o cônjuge não cristão. A afirmação subverte, mais uma vez, a lei judaica, onde a impureza manchava as coisas puras. Aqui se propõe uma lógica contrária, onde a santidade purifica as impurezas. Mas, a novidade não para por aí, pois Paulo chega a admitir, como exceção ou privi-

se divorcie dele. ¹⁴Pois o marido que não tem fé é santificado pela esposa, e a esposa que não tem fé é santificada pelo marido que tem fé. Se assim não fosse, os filhos de vocês seriam impuros, quando na realidade são santos. ¹⁵Se aquele que não tem fé quer se separar, que se separe. Neste caso, o irmão ou a irmã não estão obrigados. É para viverem na paz que Deus chamou vocês. ¹⁶De fato, como é que você, mulher, pode ter certeza de que salvará seu marido? E você, marido, como pode ter certeza de que salvará sua mulher?

Circuncisão não faz diferença – ¹⁷Quanto ao mais, cada um continue vivendo na condição em que o Senhor o colocou, tal como vivia quando Deus o chamou. É o que eu ordeno em todas as igrejas. ¹⁸Alguém foi chamado quando já era circuncidado? Não tente esconder sua circuncisão. Alguém foi chamado, e não era circuncidado? Não se faça circuncidar. ¹⁹A circuncisão não é nada, e a incircuncisão não é nada. O que conta é a observância dos mandamentos de Deus. ²⁰Cada um permaneça na condição em que se encontrava quando foi chamado. ²¹Você era escravo quando foi chamado? Não se preocupe com isso. Mas, se você puder tornar-se livre, é melhor aproveitar. ²²Pois o escravo, chamado pelo Senhor, é liberto no Senhor. Assim também o livre, quando chamado, é escravo de Cristo. ²³Vocês foram adquiridos por preço alto. Não se tornem escravos dos homens. ²⁴Irmãos, cada um permaneça diante de Deus na condição em que se encontrava quando foi chamado.

Virgindade – ²⁵A respeito das pessoas virgens, não tenho nenhum mandamento do Senhor. Mas dou minha opinião, como alguém que é digno de confiança, graças à misericórdia do Senhor. ²⁶Considero que a condição das pessoas virgens é boa, por causa das angústias presentes, pois é bom para o homem ficar assim. ²⁷Você está ligado a uma mulher? Não procure separar-se. Não está ligado a uma mulher? Não procure mulher. ²⁸No entanto, se você se casa, não peca. E se a virgem se casa, não peca. Porém, essas pessoas terão tribulações na carne, e eu desejaria poupar vocês.

²⁹Isto eu digo a vocês, irmãos: O tempo se fez breve. De agora em diante, os que têm esposa, vivam como se não a tivessem. ³⁰Os que choram, como se não chorassem. Os que se alegram, como se não se alegrassem. Os que compram, como se não possuíssem. ³¹Os que usam deste mundo, como se de fato não usassem. Pois o esquema deste mundo passa.

³²Eu gostaria que vocês estivessem livres de preocupações. Quem está solteiro se preocupa com as coisas do Senhor e como agradar ao Senhor. ³³Quem está casado se preocupa com as coisas do mundo e como agradar à esposa, ³⁴e fica dividido. Também a mulher solteira e a virgem se preocupam com as coisas do Senhor, para serem santas de corpo e de espírito. Mas a que está casada se preocupa com as coisas do mundo e como agradar ao marido.

³⁵É para o bem de vocês que lhes digo isso. Não para lhes armar uma cilada, e sim para vocês fazerem o que é conveniente e serem dedicados ao Senhor sem distração.

Noivos – ³⁶Se alguém sente que está se portando de modo incorreto para com

---

légio, que o casal se separe, caso não consigam viver pacificamente sua diversidade religiosa.

17-24: A comunidade cristã de Corinto integrava pessoas de várias procedências religiosas e diferentes condições sociais e econômicas. A convivência nessa nova comunidade supunha a superação das divisões étnicas, sociais e sexuais (Gl 3,18). Por isso, Paulo insiste em não estabelecer novas divisões, mas cada qual permaneça na condição em que se encontrava quando de sua vocação cristã. Em meio a estas recomendações, aparece outra afirmação chocante: "A circuncisão não é nada, e a incircuncisão não é nada" (v. 19; Rm 2,25-29). Ora, a circuncisão era a marca física da pertença ao judaísmo. Era também marca visível da superioridade masculina. Ao declarar nulo o valor da circuncisão, Paulo aplica o golpe fatal contra o machismo e a discriminação do homem sobre a mulher.

25-35: A virgindade é proposta como livre escolha; aliás, a mesma motivação com que Jesus propôs o celibato (Mt 19,10-12). As motivações para essa escolha são três: as tribulações da carne (v. 28), a brevidade do tempo (v. 29) e a transitoriedade deste mundo (v. 31). Diante da expectativa do fim iminente, não valia a pena tomar novas iniciativas. As pessoas começavam a preparar-se para essa vinda do Senhor (2Cor 6,2).

36-38: Parece tratar-se aqui de noivos, diante de sua decisão de casar-se ou permanecer virgens. Embora

sua companheira virgem, que está em idade de se casar, já que é necessário fazer algo, faça o que deseja e não estará pecando. Portanto, que se casem. ³⁷Mas aquele que, sem constrangimento e no pleno uso da própria vontade, está firme em seu coração, e em seu coração decidiu conservar virgem a sua companheira, está agindo bem. ³⁸Portanto, quem se casa com sua companheira virgem faz bem. E quem não se casa, faz ainda melhor.

³⁹A mulher está ligada ao marido durante todo o tempo em que ele vive. Se o marido morrer, ela estará livre para casar-se com quem quiser, desde que seja no Senhor. ⁴⁰A meu ver, porém, ela será mais feliz se ficar como está. E penso que também eu tenho o Espírito de Deus.

2. Carnes sacrificadas aos ídolos

8 *Respeito aos mais fracos* – ¹Quanto às carnes sacrificadas aos ídolos, sabemos que "todos temos conhecimento". Mas o conhecimento incha, ao passo que o amor edifica. ²Se alguém pensa que conhece alguma coisa, ainda não conhece como deveria conhecer. ³Mas, se alguém ama a Deus, é conhecido por ele. ⁴Portanto, sobre comer carnes sacrificadas aos ídolos, sabemos que "o ídolo não é nada no mundo" e que "não há outro Deus senão um só". ⁵Pois, ainda que existam no céu e na terra os chamados deuses – e nesse sentido há muitos deuses e muitos senhores – ⁶para nós existe um único Deus, o Pai. É dele que tudo provém, e é para ele que caminhamos. E há um só Senhor, o Cristo Jesus. É por ele que tudo existe, e é para ele que caminhamos.

⁷Mas nem todos têm o conhecimento. Alguns, acostumados até agora à idolatria, comem carne como se fosse realmente sacrificada aos ídolos. E a consciência deles, que é fraca, fica manchada. ⁸Não é a comida que nos fará comparecer diante de Deus: Se não comemos, não perdemos nada; e se comemos, nada ganhamos. ⁹Mas tomem cuidado, para que a liberdade de vocês não se torne motivo de queda para os fracos. ¹⁰Porque, se alguém vê você, que tem conhecimento, sentado à mesa no templo de um ídolo, será que a consciência dele, sendo fraca, não será levada a comer carnes sacrificadas aos ídolos? ¹¹E assim, por causa do conhecimento que você tem, perde-se o fraco, o irmão pelo qual Cristo morreu. ¹²E pecando desse modo contra os irmãos e ferindo a consciência deles que é fraca, vocês estão pecando contra Cristo. ¹³Por isso mesmo, se algum alimento é motivo de queda para meu irmão, nunca mais vou comer carne, para não escandalizar meu irmão.

9 *Renúncia aos próprios direitos* – ¹Eu não sou livre? Não sou apóstolo? Não vi Jesus, nosso Senhor? Não são vocês minha obra no Senhor? ²Se para os outros não sou apóstolo, para vocês eu sou. Pois o selo do meu apostolado no Senhor são vocês. ³Minha defesa contra os que me acusam é esta: ⁴Não temos o direito de comer e beber? ⁵Não temos o direito de levar conosco, nas viagens, uma esposa cristã, como fazem os outros apóstolos, os irmãos do Senhor e Cefas? ⁶Ou será que somente eu e Barnabé não temos o direito de ser dispensados de trabalhar? ⁷Quem é que presta serviço militar com seus próprios recursos? Quem é que planta uma vinha e não come do seu fruto? Quem é que toma conta de um rebanho e não se alimenta do leite do rebanho?

---

manifeste sua preferência pela virgindade, Paulo dá plena liberdade para o casamento.

39-40: O apóstolo manifesta novamente a preferência pelo estado de viuvez, mas dá plena liberdade para a viúva casar-se com quem ela quiser (Rm 7,2). É outra grande novidade.

8,1-13: Outro problema é proposto pelos coríntios, e uma nova solução é apresentada pelo Apóstolo. A situação era a seguinte: havia na cidade muitos templos dedicados a divindades diversas, onde a oferenda de animais ocupava importante espaço nas manifestações religiosas e cívicas. Parte da carne era queimada em sacrifício à divindade, parte era consumida pelas pessoas que participavam do culto, e outra parte era vendida nos mercados. O cristão poderia comer dessas carnes? Alguns, aqui chamados fortes, achavam permitido comer. Os fracos interditavam tudo. Paulo então esclarece: essa carne, em si, é igual às demais, e comê-la ou não comê-la não faz diferença, porque foi oferecida a ídolos, que não representam nada para a fé cristã. Esse é o nível do conhecimento. Há, porém, o nível do amor, e é aí que Paulo estabelece um princípio importantíssimo. O problema não é comer ou deixar de comer de tais carnes, e sim respeitar a consciência do irmão mais fraco. Nisso reside o critério fundamental do amor cristão (Rm 14,1-15).

9,1-14: Com seu exemplo pessoal, Paulo ilustra o princípio do amor aos mais fracos. No tom retórico

⁸Por acaso eu digo essas coisas de um ponto de vista meramente humano? A Lei também não diz a mesma coisa? ⁹De fato, na Lei de Moisés está escrito: "Não amordace o boi que tritura o grão". Por acaso Deus se preocupa com os bois? ¹⁰Evidentemente, não é para nós que se diz isso? Claro que foi escrito para nós. Pois quem ara a terra, ara com esperança. E quem tritura o grão, tem a esperança de receber sua parte. ¹¹Se nós semeamos em vocês os bens espirituais, seria muito se colhêssemos de vocês bens materiais? ¹²Se outros desfrutam desse direito sobre vocês, por que não teríamos nós mais direito ainda? No entanto, não fazemos uso desse direito. Ao contrário, tudo suportamos para não pôr obstáculo ao evangelho de Cristo. ¹³Vocês não sabem que os ministros do culto vivem dos rendimentos do templo, e os que servem ao altar tomam a sua parte do que é oferecido sobre o altar? ¹⁴Assim também, o Senhor ordenou que vivam do evangelho aqueles que anunciam o evangelho.

Anunciar o evangelho gratuitamente – ¹⁵Mas eu não fiz uso de nenhum desses direitos. Nem escrevo essas coisas com a intenção de exigi-los para mim. Eu preferiria morrer! Esse meu motivo de glória, ninguém o tirará de mim. ¹⁶Anunciar o evangelho não é motivo de glória para mim. Pois esta é uma obrigação que me foi imposta. Ai de mim, se eu não anunciar o evangelho! ¹⁷Se eu o fizesse por iniciativa própria, teria direito a um salário. Mas se não o faço por iniciativa minha, é porque desempenho um encargo que me foi confiado. ¹⁸Qual é então o meu salário? Anunciar o evangelho, e anunciá-lo gratuitamente, sem fazer uso do direito que tenho por evangelizar.

¹⁹De fato, sendo livre em relação a todos, eu me fiz servo de todos, a fim de ganhar o maior número possível. ²⁰Para os judeus, eu me fiz judeu, a fim de ganhar os judeus. Para os que estão sujeitos à Lei, ainda que eu não esteja sujeito à Lei, eu me fiz como se estivesse sujeito à Lei, a fim de ganhar aqueles que estão sujeitos à Lei. ²¹Para os que vivem sem a Lei, ainda que eu não viva sem a lei de Deus, pois estou debaixo da lei de Cristo, eu me fiz como se vivesse sem a Lei, a fim de ganhar os que vivem sem a Lei. ²²Eu me fiz fraco para os fracos, a fim de ganhar os fracos. Tornei-me tudo para todos, a fim de salvar alguns a todo custo. ²³E tudo isso eu faço por causa do evangelho, para me tornar participante dele.

²⁴Vocês não sabem que aqueles que correm no estádio correm todos, mas um só conquista o prêmio? Corram, então, para conquistá-lo. ²⁵Todo lutador pratica o autodomínio em tudo. Eles o fazem para conquistar uma coroa perecível, e nós para conquistar uma coroa que dura para sempre. ²⁶É assim que eu corro, e não como quem não sabe para onde. É assim que eu pratico o pugilato, e não como quem dá socos no ar. ²⁷Trato duramente meu corpo e o submeto, para não acontecer que eu proclame a mensagem aos outros, e eu mesmo venha a ser desqualificado.

10 *A história como exemplo* – ¹Irmãos, não quero que vocês ignorem que nossos pais estavam todos debaixo da nuvem, e todos atravessaram o mar, ²e todos foram batizados em Moisés, na nuvem e no mar. ³Todos comeram o mesmo alimento espiritual, ⁴e todos beberam a mesma bebida espiritual. Pois eles bebiam de uma rocha espiritual que

---

deste texto, as interrogações superam em dobro as afirmações, de modo que leitores ou ouvintes sejam forçados a responder "sim", sem tempo para reagir. Com isso, o Apóstolo faz a defesa veemente do seu ministério, e proclama a sua honra por ter renunciado aos direitos básicos, tais como esposa e apoio material, tudo pelo bem da missão (Mt 10,10).

15-27: Paulo continua a defesa de sua liberdade por não depender de ninguém no seu apostolado. Dentre os vários argumentos, declara que sua missão é um encargo recebido de Deus. O salário de Deus é a gratuidade, e é com essa motivação que o apóstolo evangeliza. Ele cumpre um mandado divino, e por isso não está submisso a nenhum ser humano. Em seguida, proclama um princípio fundamental para a evangelização: tornar-se tudo para todos (2Cor 11,29). E conclui com dois exemplos da vida esportiva, a corrida e o pugilato, para aplicá-los à disciplina necessária ao cristão, tal como é indispensável a um atleta (Gl 5,7; 2Tm 4,7-8).

10,1-13: Com base na história de Israel, vários episódios do êxodo são relidos como exemplos, e atualizados para a situação da comunidade. Assim sendo, a nuvem e o mar prefiguram o batismo cristão, enquanto o maná e a água da rocha representam a eucaristia. A tradição da rocha que seguia os hebreus pelo deserto simboliza a presença constante de Cristo que acompanha as

os acompanhava, e essa rocha era Cristo. ⁵Mas a maioria deles não agradou a Deus, e por isso caíram mortos no deserto.

⁶Essas coisas aconteceram para servirem de exemplo para nós, a fim de que não desejemos coisas más, como eles desejaram. ⁷Não se tornem idólatras como alguns deles, tal como está escrito: "O povo sentou-se para comer e beber, e depois se levantou para se divertir". ⁸Não nos prostituamos, como alguns deles se prostituíram, e num só dia caíram vinte e três mil. ⁹Não tentemos o Senhor, como alguns deles o tentaram e foram mortos pelas serpentes. ¹⁰Não murmurem, como alguns deles murmuraram e foram mortos pelo Destruidor.

¹¹Essas coisas aconteceram a eles para servirem de exemplo, e foram escritas para nossa instrução, para nós que vivemos no fim dos tempos. ¹²Portanto, quem pensa estar firme em pé, tome cuidado para não cair. ¹³Vocês não passarão por nenhuma tentação que não fosse simplesmente humana. Deus é fiel. Ele não permitirá que vocês sejam tentados além de suas próprias forças. Mas, com a tentação, lhes dará os meios de sair dela e a força para suportá-la.

A comunhão com Cristo – ¹⁴Por isso mesmo, meus amados, fujam da idolatria. ¹⁵Falo a vocês como a pessoas sensatas: Julguem por vocês mesmos o que eu digo. ¹⁶O cálice da bênção que abençoamos, não é comunhão com o sangue de Cristo? O pão que partimos, não é comunhão com o corpo de Cristo? ¹⁷Somos um só pão e um só corpo, porque, mesmo sendo muitos, participamos todos do único pão. ¹⁸Considerem Israel segundo a carne. Os que comem as vítimas sacrificadas, por acaso não estão em comunhão com o altar? ¹⁹O que quero eu dizer com isso? Que a carne sacrificada aos ídolos seja alguma coisa? Ou que o ídolo seja alguma coisa? ²⁰Não! Mas aquilo que eles sacrificam, "sacrificam aos demônios, e não a Deus". E não quero que vocês entrem na comunhão com os demônios. ²¹Vocês não podem beber o cálice do Senhor e o cálice dos demônios. Não podem participar da mesa do Senhor e da mesa dos demônios. ²²Por acaso queremos provocar o ciúme do Senhor? Somos mais fortes do que ele?

²³"Tudo é permitido", mas nem tudo convém. "Tudo é permitido", mas nem tudo edifica. ²⁴Que ninguém busque seus próprios interesses, e sim os do próximo. ²⁵Comam de tudo o que se vende no açougue, sem levantar problemas de consciência. ²⁶Pois "do Senhor é a terra e tudo o que ela contém". ²⁷Se um dos que não acreditam os convidar, e vocês aceitarem o convite, comam de tudo o que lhes for servido, sem levantar problemas de consciência. ²⁸Mas alguém poderá dizer a vocês: "Isso foi sacrificado aos ídolos!" Então não comam, por respeito a quem os avisou e por respeito à consciência. ²⁹Refiro-me à consciência dele, não à de vocês. De fato, por que razão minha liberdade deveria ser julgada pela consciência de outra pessoa? ³⁰Se eu como alimento dando graças, por que seria eu criticado por causa de alguma coisa pela qual dou graças?

³¹Portanto, quer vocês comam, quer bebam, quer façam qualquer outra coisa, façam tudo para a glória de Deus. ³²Não se tornem motivo de escândalo, nem para os judeus, nem para os gregos, nem para a igreja de Deus. ³³Façam como eu, que procuro favorecer a todos em todas as coisas, não buscando vantagem para mim, mas para muitos, a fim de que sejam salvos.

11 ¹Sejam meus imitadores, como também eu o sou de Cristo.

3. Assembleias litúrgicas

Mulheres rezam e profetizam – ²Elogio vocês por se recordarem de mim em todas

---

comunidades. Na sequência das comparações, os fatos negativos do deserto são aplicados à realidade dos coríntios, como ameaça, para que não caiam na cobiça (v. 6), na idolatria (v. 7), na impureza (v. 8), na tentação a Deus (v. 9) e na murmuração (v. 10).

10,14-11,1: Depois dos vários exemplos da Escritura, segue-se a aplicação concreta aos problemas da comunidade. O primeiro é a participação nos banquetes oferecidos aos ídolos (10,14-22). O assunto já foi tratado (cap. 8), mas retorna agora com o argumento da eucaristia. O segundo problema se refere às refeições familiares junto aos pagãos (10,23-30), onde se recomenda, mais uma vez, o respeito à consciência das outras pessoas, para não escandalizá-las.

11,2-16: Costumes sociais de Corinto, como usar cabelo solto ou cabeça raspada, exercem influência na

as ocasiões e por manterem as tradições como eu as transmiti a vocês. ³Mas quero que saibam: A cabeça de todo homem é Cristo, a cabeça da mulher é o homem, a cabeça de Cristo é Deus. ⁴Todo homem que reza ou profetiza com a cabeça coberta, desonra sua própria cabeça. ⁵E toda mulher que reza ou profetiza com a cabeça descoberta, desonra sua própria cabeça. É como se ela estivesse com a cabeça raspada. ⁶Se a mulher não se cobre, que corte os cabelos. Mas se é vergonhoso para a mulher cortar ou raspar os cabelos, então cubra a cabeça.

⁷O homem não deve cobrir a cabeça, pois ele é imagem e glória de Deus, enquanto a mulher é glória do homem. ⁸Pois o homem não foi tirado da mulher, mas a mulher foi tirada do homem. ⁹E o homem não foi criado para a mulher, mas a mulher foi criada para o homem. ¹⁰Portanto, por causa dos anjos, a mulher deve ter sobre a cabeça o sinal da autoridade. ¹¹No entanto, diante do Senhor não existe mulher sem homem, nem homem sem mulher. ¹²Pois, se a mulher foi tirada do homem, também o homem nasce da mulher, e tudo vem de Deus.

¹³Julguem por vocês mesmos: É conveniente que a mulher reze a Deus com a cabeça descoberta? ¹⁴A própria natureza não ensina que é uma desonra para o homem usar cabelos compridos, ¹⁵enquanto, para a mulher, é uma honra ter cabelos longos? Pois os cabelos foram dados a ela para servirem de véu.

¹⁶E se alguém quiser pôr isso em discussão, nós não temos esse costume, nem as igrejas de Deus.

A partilha da ceia – ¹⁷Nas instruções que lhes dou, existe algo que eu não elogio: As reuniões de vocês produzem mais mal que bem. ¹⁸Em primeiro lugar, ouço dizer que há divisões entre vocês, quando reunidos em assembleia. E em parte eu acredito. ¹⁹É necessário que haja divisões entre vocês, para que se mostre quais dentre vocês são autênticos. ²⁰Então, quando vocês se reúnem, o que fazem não é comer a ceia do Senhor. ²¹Porque cada um se apressa em comer sua própria ceia. E assim, enquanto um passa fome, o outro fica embriagado. ²²Vocês não têm suas casas onde comer e beber? Ou desprezam a igreja de Deus e querem envergonhar aqueles que nada têm? O que lhes direi eu? Devo elogiá-los? Neste caso, não os elogio.

²³De fato, eu mesmo recebi do Senhor aquilo que lhes transmiti. A saber: Na noite em que foi entregue, o Senhor Jesus pegou o pão, ²⁴e dando graças o partiu e disse: "Isto é o meu corpo, que é para vocês. Façam isto em memória de mim". ²⁵Do mesmo modo, depois de cear, pegou também o cálice e disse: "Este cálice é a nova aliança no meu sangue. Todas as vezes que dele beberem, façam isto em memória de mim". ²⁶De fato, todas as vezes que vocês comem deste pão e bebem deste cálice, anunciam a morte do Senhor, até que ele venha. ²⁷Portanto, todo aquele que comer do pão ou beber do cálice do

---

comunidade cristã e nas celebrações litúrgicas. Paulo esclarece e orienta sobre a necessidade de manter penteados adequados às reuniões comunitárias. Para tanto, usa argumentos da natureza e da Escritura. Mas a temática central do texto não é a moda do cabelo, nem o uso do véu, e sim o fato de as mulheres rezarem e profetizarem ao lado dos homens. Quer dizer que na comunidade as mulheres podiam liderar as celebrações, dirigir as orações e proclamar a palavra (Rm 16,1). A prática parecia comum, pois Paulo começa elogiando Corinto por manter essas tradições (v. 2). Assim como Cristo se relaciona com Deus e o homem se relaciona com Cristo, também a mulher se relaciona com o homem (v. 3). Essa relação não é de hierarquia nem de superioridade, pois a palavra "cabeça" não significa nova chefia nem autoridade no contexto bíblico, mas apenas origem, começo ou pessoa em si. Paulo reconhece em ambos, homem e mulher, o direito de rezar e profetizar na assembleia (vv. 4-5). Acrescenta ainda: na ordem da criação, a mulher deu glória ao homem, porque, sem ela, ele seria um projeto incompleto (v. 7). Os cabelos da mulher manifestam sua autoridade, isto é, sua competência para rezar ou profetizar em público (v. 10). E conclui com argumento decisivo da natureza, que parece contradizer a própria Escritura (v. 8); de fato, é o homem que nasce da mulher (v. 12).

17-34: A ceia cristã compreendia uma refeição normal juntamente com a comunhão eucarística. Para as pessoas mais pobres, essa celebração era oportunidade para saciar a fome. Mas o que ocorre em Corinto é que alguns, sobretudo mais abastados, se reúnem no seu canto separado e comem sua refeição. Dessa forma, não sobra nada para quem chega mais tarde. Paulo reprova os dois comportamentos; um, de criar divisões na hora da partilha; outro, o fato de cada qual comer a própria ceia. Nesse contexto, relembra a instituição da eucaristia, que é a memória da morte de Jesus como dom de vida para a humanidade. Esse relato da ceia é o mais antigo testemunho sobre a eucaristia, escrito bem antes dos evangelhos (Mt 26,26-29 e paralelos).

Senhor indignamente, será réu do corpo e do sangue do Senhor. ²⁸Que cada um examine a si mesmo antes de comer do pão e beber do cálice. ²⁹Pois quem come e bebe sem reconhecer o Corpo, come e bebe a própria condenação. ³⁰Por isso mesmo é que entre vocês existem tantos fracos e doentes, e muitos morreram. ³¹Se nos examinássemos a nós mesmos, não seríamos julgados. ³²Mas, quando somos julgados, o Senhor nos corrige, para não sermos condenados com o mundo.

³³Portanto, meus irmãos, quando vocês se reunirem para comer, esperem uns aos outros. ³⁴Se alguém tem fome, coma em sua casa, para que a reunião de vocês não seja para a condenação. Quanto ao resto, darei instruções quando eu for até vocês.

12 *Os carismas* – ¹Irmãos, não quero que vocês fiquem na ignorância a respeito dos dons espirituais. ²Vocês sabem que estavam iludidos quando eram gentios, e eram levados para os ídolos mudos. ³Por isso, eu lhes faço saber que ninguém, falando pelo Espírito de Deus, jamais irá dizer: "Jesus é maldito!" E ninguém pode dizer: "Jesus é o Senhor!", a não ser pelo Espírito Santo.

Dons a serviço do bem comum – ⁴Existem diferentes dons, mas o Espírito é o mesmo. ⁵Existem diferentes ministérios, mas o Senhor é o mesmo. ⁶Existem diferentes atividades, mas o mesmo Deus que realiza tudo em todos. ⁷A cada um é concedida a manifestação do Espírito para o bem comum. ⁸Pois, por meio do Espírito, a um é dada uma palavra de sabedoria; e a outro uma palavra de ciência, segundo o mesmo Espírito. ⁹A outro ainda, no mesmo Espírito, é dada a fé; e a outro, os dons de cura no único Espírito. ¹⁰A outro, o poder de fazer milagres; a outro, a profecia; a outro, o discernimento dos espíritos; a outro, o dom de falar em línguas; a outro, o dom de interpretar as línguas. ¹¹Mas é o único e mesmo Espírito que realiza todas essas coisas, distribuindo seus dons a cada um, conforme ele quer.

Um só corpo em Cristo – ¹²De fato, assim como o corpo é um só e tem muitos membros, e todos os membros do corpo, apesar de serem muitos, são um só corpo, assim também Cristo. ¹³Todos nós, judeus ou gregos, escravos ou livres, fomos batizados num só Espírito para sermos um só corpo. E todos bebemos de um só Espírito.

¹⁴De fato, o corpo não se compõe de um só membro, mas de muitos. ¹⁵Se o pé disser: "Como eu não sou mão, então não pertenço ao corpo", nem por isso deixará de fazer parte do corpo. ¹⁶E se a orelha disser: "Como eu não sou olho, então não pertenço ao corpo", nem por isso deixará de fazer parte do corpo. ¹⁷Se o corpo todo fosse olho, onde estaria o ouvido? Se todo ele fosse ouvido, onde estaria o olfato?

¹⁸Deus é quem dispôs cada um dos membros no corpo, tal como ele quis. ¹⁹Se todos fossem um só membro, onde estaria o corpo? ²⁰Portanto, os membros são muitos, e o corpo é um só. ²¹O olho não pode dizer à mão: "Não preciso de você". Nem a cabeça, por sua vez, pode dizer aos pés: "Não preciso de vocês".

²²Pelo contrário, os membros do corpo que parecem mais fracos são os mais necessários. ²³E aqueles membros do corpo

---

12,1-3: Paulo retoma a agenda dos assuntos consultados, agora "a respeito dos dons espirituais", aqui compreendidos como carismas em si, ou como pessoas com carismas. O assunto é o mais desenvolvido na carta, ocupando três capítulos (12-14). Nessa comunidade, a efervescência dos carismas era muito forte. Como o fenômeno era comum nos cultos pagãos, adverte-se contra a ilusão dos ídolos mudos. Um primeiro critério para discernir os dons do Espírito é a proclamação do senhorio de Jesus.

4-11: No início há um esquema trinitário, para dizer que todos os dons ou ministérios provêm da comunidade divina, a serviço da fraternidade humana. Os carismas não têm sentido, a não ser pelo Espírito que tudo unifica e pelo serviço às pessoas. Segue-se um elenco, a título de ilustração, com dons ligados à palavra, como sabedoria e ciência (v. 8); outros ligados ao poder, como fé, cura e milagres (vv. 9-10); outros ligados à profecia e ao discernimento (v. 10); e outros, como falar em línguas e interpretá-las (v. 10). Nova lista de carismas encontra-se no v. 28, assim como em Rm 12,6-8 e Ef 4,11.

12-31: A metáfora ou comparação do corpo humano como imagem do corpo social era comum na literatura antiga. Mas era usada para manter a estrutura hierárquica e para justificar o poder de dominação. Paulo inverte o uso da comparação, para colocar o Cristo como cabeça, isto é, como origem da comunidade (Rm 12,4-5). Outra inversão é a diversidade entre as pessoas que compõem a fraternidade. E a inversão principal é o critério de atenção aos membros mais fracos. A comunidade cristã, já marginalizada, corria o perigo de marginalizar outras pessoas. Então o Apóstolo insiste: que haja unidade na

que parecem menos dignos de honra são os que cercamos de maior honra. E os membros menos decentes, nós os tratamos com mais decência, ²⁴pois os que são decentes não precisam disso. Deus, porém, compôs o corpo dando maior honra ao membro que tinha falta dela. ²⁵E isso para que não haja divisão no corpo, mas para que os membros tenham igual cuidado uns para com os outros. ²⁶Se um membro sofre, todos os membros sofrem com ele. Se um membro é glorificado, todos os membros se alegram com ele.

²⁷Vocês são corpo de Cristo, e cada um em seu lugar é membro e parte desse corpo. ²⁸Ora, Deus assim dispôs na igreja: Em primeiro lugar, os apóstolos; em segundo lugar, os profetas; em terceiro lugar, os mestres. A seguir, vêm os dons de milagres, de curas, de ajuda aos necessitados, de administração e de falar línguas diferentes. ²⁹Todos são apóstolos? Todos são profetas? Todos são mestres? Todos realizam milagres? ³⁰Todos têm o dom de curar? Todos falam línguas? Todos as interpretam?

³¹Desejem os dons maiores. E agora vou mostrar para vocês um caminho bem melhor.

13 *O amor acima de tudo*

¹ Ainda que eu fale as línguas
dos homens e dos anjos,
se eu não tenho o amor,
sou como sino ruidoso
ou como címbalo estridente.
²Ainda que eu tenha o dom da profecia,
o conhecimento de todos os mistérios
e de toda a ciência,
ainda que eu tenha toda a fé,
a ponto de mover montanhas,
se eu não tenho o amor,
eu nada sou.
³Ainda que eu reparta todos os meus bens,
ainda que eu entregue meu corpo
às chamas,
se eu não tenho o amor,
nada disso me adianta.
⁴O amor é paciente,
prestativo é o amor,
não é invejoso, não se vangloria,
não se incha de orgulho.
⁵Não falta com o respeito,
não é interesseiro,
não se irrita, não planeja o mal.
⁶Não se alegra com a injustiça,
se alegra com a verdade.
⁷Tudo desculpa, tudo crê,
tudo espera, tudo suporta.
⁸O amor nunca acabará.
As profecias desaparecerão,
as línguas cessarão,
o conhecimento desaparecerá.
⁹Pois conhecemos em parte
e profetizamos em parte.
¹⁰Mas, quando chegar a perfeição,
o que é parcial desaparecerá.
¹¹Quando eu era criança,
falava como criança,
pensava como criança,
raciocinava como criança.
Quando me tornei adulto,
abandonei as coisas de criança.
¹²Pois agora vemos por reflexo em espelho,
mas depois veremos face a face.
Agora conheço em parte,
mas depois conhecerei
tal como sou conhecido.
¹³Agora permanecem
a fé, a esperança e o amor,
essas três coisas.
A maior delas é o amor.

14 *Carismas para o bem comum* –

¹Busquem o amor e desejem os dons espirituais, principalmente a profecia. ²Pois

---

diversidade, o que implica maior atenção aos membros mais fracos. A nova lista de carismas (v. 28) estabelece uma espécie de prioridade entre apóstolos, profetas e doutores, mas não prioridade organizada nem exaustiva; o mesmo se nota na lista anterior (vv. 8-10) e nas demais (Rm 12,6-8 e Ef 4,11).

13,1-13: O elogio ao amor fala por si. Trata-se do "caminho bem melhor", anunciado em 12,31, com relação aos demais carismas. Compreende o amor cristão entre irmãos e irmãs, também traduzido como "caridade", em grego *ágape*. Proclama-se a superioridade do amor sobre os demais dons (vv. 1-3). Em seguida, quinze qualidades do amor (vv. 4-7), que é imperecível (vv. 8-13).

A centralidade do amor na vida cristã está expressa em diversos textos bíblicos, como Mc 12,28-34; Jo 3,16; Rm 13,8-10; 1Jo 4,8.

14,1-25: O assunto dos carismas era tão importante em Corinto, que a carta dedica longo espaço a esclarecê--los. Afirma que o dom da profecia é superior ao das línguas. A profecia é conhecidíssima do Antigo Testamento e se constitui na valiosa contribuição do judaísmo para com a humanidade. Profetizar é proclamar a palavra, anunciar boas-novas e denunciar injustiças; é falar em nome de Deus para edificação da comunidade. Falar em línguas é também dito "glossolalia", e consiste em pronunciar palavras ininteligíveis para dirigir-se a Deus.

quem fala em línguas não fala às pessoas, mas a Deus; e ninguém o entende, pois em espírito fala de coisas misteriosas. ³Mas quem profetiza fala às pessoas, para a edificação, a exortação e a consolação. ⁴Quem fala em línguas edifica a si mesmo, mas quem profetiza edifica a assembleia. ⁵Eu gostaria que vocês falassem todos em línguas, mas prefiro que vocês profetizem. Quem profetiza é maior do que aquele que fala em línguas, a menos que este mesmo as interprete, para que a assembleia seja edificada.

⁶Imaginem agora, irmãos, que eu vá até vocês falando em línguas. Em que coisa eu seria útil para vocês, se a minha palavra não lhes trouxesse nem revelação, nem conhecimento, nem profecia, nem ensinamento? ⁷É como acontece com os instrumentos musicais, como a flauta ou a cítara: se não produzem sons distintos, como é possível reconhecer o que se toca com a flauta ou com a cítara? ⁸E se a trombeta emitir um toque confuso, quem irá preparar-se para a guerra? ⁹Assim também vocês com as línguas: Se não pronunciam palavras inteligíveis, como se compreenderá o que estão dizendo? Vocês estariam falando ao vento. ¹⁰Existem no mundo não sei quantas línguas, e a nenhuma delas falta o significado. ¹¹Portanto, se não conheço o sentido do som, serei como estrangeiro para quem fala, e quem fala será como estrangeiro para mim. ¹²Assim também vocês: Visto que desejam os dons espirituais, busquem tê-los em abundância, para edificação da assembleia.

¹³Por isso, quem fala em línguas reze para poder interpretá-las. ¹⁴Se eu rezo em línguas, meu espírito está em oração, mas minha mente fica sem frutos. ¹⁵O que fazer então? Rezarei com o espírito, e rezarei também com a mente. Cantarei hinos com o espírito, e cantarei hinos também com a mente. ¹⁶Pois, se você bendiz apenas com o espírito, como é que o ouvinte não iniciado poderá responder "amém" à sua ação de graças, já que ele não sabe o que você está dizendo? ¹⁷Sua ação de graças é certamente valiosa, mas o outro não se edifica. ¹⁸Dou graças a Deus, porque falo em línguas mais do que todos vocês. ¹⁹Contudo, numa assembleia, prefiro dizer cinco palavras com minha mente, para instruir também os outros, a dizer dez mil palavras em línguas.

²⁰Irmãos, não sejam como crianças no modo de pensar. Sejam crianças quanto à malícia, porém adultos no modo de pensar. ²¹Está escrito na Lei: "Falarei a esse povo mediante homens de outra língua e por meio de lábios estrangeiros, e mesmo assim eles não me escutarão, diz o Senhor". ²²De modo que as línguas são sinal, não para os que acreditam, e sim para os que não acreditam. A profecia, ao invés, não é para os que não acreditam, e sim para os que acreditam. ²³Se a igreja inteira se reunir e todos começarem a falar em línguas, os ouvintes simples e os que não acreditam, quando entrarem, não irão dizer que vocês estão loucos? ²⁴Ao invés, se todos profetizarem, ao entrar aquele que não acredita ou o simples ouvinte, ele se sentirá interpelado por todos, julgado por todos. ²⁵Os segredos do coração dele serão desvendados. Ele se prostrará com o rosto por terra, adorará a Deus e proclamará que Deus realmente está no meio de vocês.

Ordem nas assembleias – ²⁶O que fazer então, irmãos? Quando vocês se reunirem, cada um de vocês pode entoar um cântico, dar um ensinamento ou revelação, falar em línguas ou interpretá-las. Porém, que tudo seja para edificação. ²⁷Se há quem

---

A preferência pelo dom da profecia segue o critério do serviço à comunidade.

26-40: A carta desce a detalhes para esclarecer alguns princípios de ordem nas reuniões litúrgicas. Daí se deduz que as assembleias eram bastante desordenadas, com várias pessoas falando ao mesmo tempo, com outras interferindo sem pedir a palavra e com a fala das mulheres sobressaindo. Entretanto, um fragmento torna-se incompreensível neste conjunto, pois parece recomendar às mulheres que permaneçam caladas (vv. 34-35). No próprio original grego, há leituras diversas, ditas "lições variantes". Algumas deslocam o texto para depois do v. 40, e por aí se deduz que pode tratar-se de inserção posterior, reflexo de mentalidade diferente. Também há quem interprete a frase como citação da prática de outras comunidades. Além disso, o conteúdo dos dois versículos devia estar entre aspas, para logo merecer o questionamento de Paulo no início do v. 36, pois no original grego não existe nenhuma pontuação. De fato, a ordem contradiz o pensamento de Paulo, que nesta mesma carta incentiva as mulheres a falarem nas assembleias (11,5).

fale em línguas, falem dois ou no máximo três, um após o outro. E que alguém as interprete. ²⁸Se não há intérprete, aquele permaneça calado na assembleia. Fale para si mesmo e para Deus. ²⁹Quanto aos profetas, dois ou três falem, e os outros façam suas considerações. ³⁰Se alguém que está sentado recebe uma revelação, aquele que está falando se cale. ³¹Pois todos vocês podem profetizar, mas um por vez, para que todos aprendam e sejam encorajados. ³²E a inspiração profética está submetida aos profetas, ³³pois Deus não é um Deus de desordem, mas de paz.

Como acontece em todas as igrejas dos santos, ³⁴as mulheres fiquem caladas nas assembleias. Pois não lhes é permitido falar, mas devem ficar submissas, como também a Lei o diz. ³⁵Se querem aprender alguma coisa, perguntem aos próprios maridos em casa. É vergonhoso que uma mulher fale na assembleia.

³⁶Por acaso a palavra de Deus partiu de vocês? Ou por acaso ela chegou somente a vocês? ³⁷Se alguém se considera profeta ou inspirado, reconheça que as coisas que escrevo a vocês são mandamento do Senhor. ³⁸E quem não reconhecer isso, também não será reconhecido.

³⁹Portanto, irmãos, desejem o dom da profecia, e não impeçam que alguém fale em línguas. ⁴⁰E que tudo se faça com dignidade e ordem.

4. A ressurreição

15 *Cristo ressuscitado, fundamento da nossa fé* – ¹Eu lhes recordo, irmãos, o evangelho que lhes anunciei, que vocês receberam, e no qual se mantêm firmes. ²É por meio dele que vocês são salvos, contanto que o conservem como eu lhes anunciei. Caso contrário, vocês teriam acreditado em vão.

³Antes de tudo, transmiti a vocês aquilo que eu mesmo recebi: Cristo morreu por nossos pecados, segundo as Escrituras. ⁴Foi sepultado e ressuscitou ao terceiro dia, segundo as Escrituras. ⁵Apareceu a Cefas, e depois aos Doze. ⁶Em seguida, apareceu a mais de quinhentos irmãos de uma vez. A maioria deles ainda vive, e alguns já adormeceram. ⁷Depois, apareceu a Tiago, e em seguida a todos os apóstolos. ⁸Em último lugar, apareceu também a mim, que sou como aborto. ⁹De fato, eu sou o menor dos apóstolos. Nem mereço ser chamado de apóstolo, porque persegui a igreja de Deus. ¹⁰Mas pela graça de Deus sou o que sou. E sua graça concedida a mim não se tornou estéril. Pelo contrário, trabalhei mais do que todos eles. Não eu, mas a graça de Deus que está comigo. ¹¹Portanto, seja eu, sejam eles, é isso que proclamamos, e é nisso que vocês também acreditaram.

Realidade da ressurreição – ¹²Ora, se proclamamos que Cristo ressuscitou dos mortos, como podem alguns de vocês dizer que não existe ressurreição dos mortos? ¹³Se não existe ressurreição dos mortos, então Cristo também não ressuscitou. ¹⁴E se Cristo não ressuscitou, vazia é nossa pregação, e vazia também é a fé que vocês têm. ¹⁵E acabamos sendo falsas testemunhas de Deus, porque testemunhamos contra Deus, dizendo que ele ressuscitou a Cristo, quando de fato não ressuscitou, se é que os mortos não ressuscitam. ¹⁶Porque, se os mortos não ressuscitam, Cristo também não ressuscitou. ¹⁷E se Cristo não ressuscitou, a fé que vocês têm não possui fundamento, e vocês ainda estão em seus pecados. ¹⁸E também os que adormeceram em Cristo estão perdidos. ¹⁹Se nossa esperança em Cristo é somente para esta vida, somos os mais miseráveis de todos os homens.

15,1-11: Paulo recorda o evangelho que ele anunciou de maneira íntegra, e no qual os coríntios creram integralmente; então, que assim o conservem. A recordação prepara o anúncio central da fé cristã, com esta afirmação fundamental: Cristo morreu e ressuscitou (At 2,23-24). O fato é afirmado (v. 3), as provas escrituristicas são apresentadas (v. 4) e os testemunhos históricos elencados (vv. 5-8). Neste relato das testemunhas das aparições de Jesus, que é o mais antigo, Paulo segue uma ordem própria, com precedência a Pedro sobre os doze apóstolos (v. 5). Segue-se a aparição a quinhentos irmãos (v. 6), a Tiago irmão do Senhor, a todos os apóstolos (v. 7) e ao próprio Paulo (v. 8) como argumento de sua condição de apóstolo (Gl 1,12).

12-19: Alguns coríntios, como se lê, negavam a ressurreição dos mortos. Uns pensavam que tudo terminava com a morte, outros que a alma se separava do corpo e continuava vivendo sozinha. A carta estabelece então o pressuposto central da fé, a ressurreição de Cristo, que dá sentido à nossa vida e morte, e motiva todos os nossos esforços (Rm 4,24-25).

Deus será tudo em todos – ²⁰Mas a verdade é que Cristo ressuscitou dos mortos, como primeiro fruto dos que adormeceram. ²¹De fato, já que a morte veio por um homem, também por um homem vem a ressurreição dos mortos. ²²Pois, assim como em Adão todos morrem, em Cristo todos receberão a vida. ²³Cada um na sua ordem: Cristo como primeiro fruto; depois, os que pertencem a Cristo por ocasião da sua vinda. ²⁴Em seguida, haverá o fim, quando ele entregar o Reino a Deus Pai, depois de ter destruído todo principado, toda autoridade, todo poder. ²⁵Pois é preciso que Cristo reine, "até que Deus tenha posto todos os seus inimigos debaixo dos pés dele". ²⁶O último inimigo a ser destruído é a morte, ²⁷pois "Deus pôs tudo debaixo dos pés dele". Mas quando se diz que "tudo está submetido" a Cristo, é evidente que se deve excluir aquele que tudo lhe submeteu. ²⁸E quando todas as coisas tiverem sido submetidas a Cristo, então o próprio Filho se submeterá àquele que tudo submeteu a ele, para que Deus seja tudo em todos.

Mais provas da ressurreição – ²⁹Se não fosse assim, o que ganhariam os que se batizam pelos mortos? Se os mortos realmente não ressuscitam, por que se batizam por eles? ³⁰E por que também nós estamos a toda hora em perigo? ³¹Dia a dia estou morrendo, irmãos, tão certo quanto são vocês a minha glória em Jesus Cristo nosso Senhor. ³²O que ganharia eu lutando contra os animais selvagens em Éfeso, se tivesse apenas interesses humanos? Se os mortos não ressuscitam, "comamos e bebamos, pois amanhã morreremos". ³³Não se iludam: "As más companhias corrompem os bons costumes". ³⁴Vivam na justiça com sobriedade, e não pequem. Pois alguns de vocês vivem na ignorância a respeito de Deus. E eu falo isso para que vocês se envergonhem.

Como os mortos ressuscitam – ³⁵Mas alguém dirá: "De que maneira os mortos ressuscitam? Com que corpo voltarão?" ³⁶Insensato! Aquilo que você semeia não volta a viver, se antes não morrer. ³⁷E aquilo que você semeia não é o corpo da futura planta que surgirá, mas um simples grão de trigo ou de qualquer outra semente. ³⁸E a esta Deus lhe dá corpo como quer: a cada uma das sementes ele dá o corpo que é próprio dela.

³⁹Nem toda carne é a mesma carne. Uma é a carne dos homens, outra a carne dos quadrúpedes, outra a dos pássaros, outra a dos peixes. ⁴⁰Há corpos celestes e corpos terrestres. Um é o brilho dos celestes, e outro o brilho dos terrestres. ⁴¹Um é o brilho do sol, outro o brilho da lua, e outro o brilho das estrelas. E até uma estrela é diferente da outra no brilho. ⁴²Assim também é a ressurreição dos mortos. O corpo é semeado na corrupção, e ressuscita incorruptível; ⁴³é semeado desprezível, e ressuscita glorioso; é semeado na fraqueza, e ressuscita cheio de força; ⁴⁴é semeado um corpo psíquico, e ressuscita um corpo espiritual.

Se existe um corpo psíquico, existe também um corpo espiritual. ⁴⁵Assim está escrito: Adão, o primeiro homem, tornou-se alma vivente, mas o último Adão tornou-se espírito que dá a vida. ⁴⁶Não é o espiritual primeiro, mas o psíquico; o espiritual vem depois. ⁴⁷O primeiro homem vem da terra e é terrestre. O segundo homem vem do céu. ⁴⁸Tal como foi o homem feito da terra, assim também são os terrestres. Tal como é o homem vindo do céu, assim serão os celestes. ⁴⁹E assim como levamos

---

20-28: A ressurreição de Cristo marca o início de uma nova história, com o surgimento de uma nova humanidade. Adão simbolizou o pecado e a morte, Cristo realizou a graça e a vida (Rm 5,17-21). A vitória final e definitiva de Deus já está assinada. Mas Paulo fala de três grandes atos. Primeiro, a ressurreição de Cristo. Em seguida, a dos crentes. Por último, a vinda de Jesus, que coincide com o fim glorioso da história, segundo a visão cristã (Fl 3,21).

29-34: Na sequência dos argumentos em favor da ressurreição, Paulo cita a prática popular de alguém se batizar pelos mortos. Ao lado dessa prática por nós ignorada, cita a sua bem conhecida força combativa, comparável à luta contra as feras (2Cor 11,23-26).

35-49: A carta passa a responder como serão os corpos ressuscitados. À semelhança do corpo de Cristo ressuscitado, as pessoas passarão por uma transformação total, conservando toda a sua diversidade individual (Rm 8,23). A realidade transcendente só se explica por meio de comparações. Por isso, a carta compara a morte e ressurreição à semente que morre para reviver de maneira diferente numa planta. A segunda comparação apela para a diversidade entre as carnes no reino animal. E a terceira, para a diversidade das estrelas e do seu brilho.

a forma do homem terrestre, levaremos também a forma do homem celeste.

Seremos transformados – ⁵⁰Eu lhes digo, irmãos, que a carne e o sangue não podem ter em herança o Reino de Deus, nem a corrupção ter como herança a incorruptibilidade. ⁵¹Eis que lhes comunico um mistério: Nem todos adormeceremos, mas todos seremos transformados; ⁵²num instante, num piscar de olhos, ao último toque da trombeta; pois a trombeta tocará, e os mortos ressuscitarão incorruptíveis, e nós seremos transformados. ⁵³De fato, é necessário que este ser corruptível se revista da incorruptibilidade, e que este ser mortal se revista da imortalidade.

O triunfo da vida – ⁵⁴E quando este ser corruptível se revestir da incorruptibilidade, e este ser mortal se revestir da imortalidade, então se cumprirá a palavra da Escritura: "A morte foi afogada na vitória. ⁵⁵Ó morte, onde está a sua vitória? Ó morte, onde está o seu ferrão?" ⁵⁶O ferrão da morte é o pecado, e a força do pecado é a Lei.

⁵⁷Graças sejam dadas a Deus, que nos concede a vitória por meio de nosso Senhor Jesus Cristo. ⁵⁸Por isso, meus amados irmãos, sejam firmes e inabaláveis. Continuem progredindo sempre na obra do Senhor, certos de que a fadiga de vocês no Senhor não é inútil.

CONCLUSÃO

16 Coleta solidária – ¹Quanto à coleta em favor dos santos, façam vocês também como eu ordenei às igrejas da Galácia. ²No primeiro dia da semana, cada um de vocês reserve o que conseguiu poupar. Assim, não será preciso esperar minha chegada para fazer as coletas. ³Quando eu for aí, enviarei com cartas aqueles que vocês tiverem escolhido para levar a doação de vocês a Jerusalém. ⁴E se for conveniente que eu mesmo vá, eles farão a viagem comigo.

Projetos e notícias – ⁵Irei até vocês quando passar pela Macedônia, pois terei de atravessar a Macedônia. ⁶É possível que eu fique algum tempo com vocês, ou inclusive passe o inverno, para que vocês me ajudem a continuar minha viagem. ⁷Nessa ocasião, não quero vê-los apenas de passagem. Espero ficar algum tempo com vocês, se o Senhor o permitir. ⁸Em todo caso, ficarei em Éfeso até Pentecostes, ⁹pois aqui se abriu para mim uma porta larga para um serviço efetivo, e os adversários são muitos.

¹⁰Se Timóteo for até vocês, cuidem que ele esteja sem receios no meio de vocês, pois ele trabalha como eu na obra do Senhor. ¹¹Portanto, que ninguém o despreze. E o ajudem a voltar em paz para junto de mim, pois eu com os irmãos o esperamos. ¹²Quanto ao irmão Apolo, eu pedi a ele com insistência que fosse com os irmãos visitar vocês. Mas ele não quis de jeito nenhum ir agora. Irá quando tiver oportunidade.

¹³Sejam vigilantes, permaneçam firmes na fé, ajam com coragem, sejam fortes. ¹⁴Façam tudo com amor. ¹⁵Eu lhes recomendo, irmãos: Vocês conhecem a família de Estéfanas, o primeiro fruto da Acaia, família dedicada ao serviço dos santos. ¹⁶Coloquem-se à disposição de pessoas como essas e de todos os que colaboram e se afadigam. ¹⁷Estou muito contente com a visita de Estéfanas, Fortunato e Acaico, pois eles supriram a ausência de vocês ¹⁸e

---

50-53: Paulo espera que a realização final do projeto de Deus esteja próxima, e que ele ainda em vida participará dele (1Ts 4,13-18). O toque da trombeta é, nos apocalipses, o anúncio típico de manifestações divinas (Mt 24,31).

54-58: Numa espécie de hino triunfal, o texto proclama a vitória final da vida. Para quem crê na ressurreição, a vida nova já começou. A morte já não tem força, porque foi destruído o pecado, arma da morte, e foi enfraquecido o apoio dela, que é a Lei (Rm 5-7).

16,1-4: Paulo valoriza muito a coleta como sinal visível da solidariedade entre as igrejas. Mais ainda no caso das comunidades provindas do paganismo que oferecem apoio às comunidades originadas do judaísmo. O assunto é retomado e desenvolvido em 2Cor 8-9. Aparece com a mesma motivação em Rm 15,26-28 e é testemunhado em At 24,17. A atenção preferencial aos pobres consta em Gl 2,10.

5-18: Os planos de viagem foram mencionados em 4,18-21 e constam em Rm 1,10; 15,24. Paulo precisava de tempo mais longo em Éfeso, onde se encontrava, porque uma porta se abrira para a sua missão, e a presença de adversários exigia sua vigilância. Enquanto isso, envia Timóteo, mas com preocupação, porque o colaborador era mais tímido e os problemas de Corinto mais graves (4,17; At 15,41-16,5; 19,21-22). Apolo havia rejeitado o convite insistente de Paulo, provavelmente para não acentuar as divisões do seu partido (1,12; 3,5-6; 4,6; At 18,24-19,1).

reconfortaram o espírito meu e de vocês. Saibam reconhecer pessoas como essas.

Saudações finais – ¹⁹As igrejas da Ásia enviam saudações a vocês. Áquila e Priscila, com a igreja que se reúne na casa deles, enviam a vocês muitas saudações no Senhor. ²⁰Todos os irmãos lhes enviam saudações. Saúdem-se uns aos outros com beijo santo.

²¹A saudação é de meu próprio punho: Paulo.
²²Se alguém não ama o Senhor, seja maldito.
"Marana-tá!"
²³Que a graça do Senhor Jesus esteja com vocês.
²⁴Que meu amor esteja com todos vocês em Cristo Jesus.

19-24: As saudações finais mostram a familiaridade do Apóstolo com esta comunidade. Áquila e Priscila eram de Corinto e haviam acolhido Paulo (At 18,2). Encontravam-se no momento junto com o Apóstolo em Éfeso, e partilhavam sua casa como local de reuniões.

Conforme o costume da época, Paulo assina pessoalmente a carta que um secretário, conhecido como "amanuense", havia escrito. Conclui com uma espécie de maldição sobre quem não ama ao Senhor, e com uma declaração de amor à comunidade.

SEGUNDA CARTA AOS CORÍNTIOS

A FORÇA SE MANIFESTA NA FRAQUEZA

Introdução

Na segunda carta aos Coríntios, os assuntos aparecem de maneira desordenada. Parece um monte de fotografias baralhadas fora do álbum. Mas pertencem todas à mesma família. Apostolado é o tema que dá unidade à carta. Na comunidade de Corinto, questiona-se a autoridade de Paulo, como já se percebe em 1Cor 4,3-5. Ele aqui defende sua missão de Apóstolo, apresentando como prova a comunidade mesma de Corinto, além de sua fraqueza pessoal, que realça a força do Cristo.

Paulo afirma sua opção de evangelizar, como trabalhador identificado com os pobres, e se gloria de sua própria fraqueza (2Cor 12,9-10), à semelhança de Cristo, que, "sendo rico, se fez pobre" (2Cor 8,9).

A carta oferece também algumas pistas sobre a relação do Apóstolo com a comunidade e sobre seu jeito de evangelizar. Deixa claro que essa relação sempre foi intensa, embora difícil. Provavelmente escreveu outras cartas, além das duas conhecidas. Um roteiro hipotético ajuda a compreender a ordem dos acontecimentos e dos escritos.

Paulo funda a comunidade de Corinto, e aí se demora por um ano e meio, segundo At 18,11. Hospeda-se em casa do casal Priscila e Áquila, com quem exerce seu trabalho manual de tecelão (At 18,1-3). Com a chegada de Silas e Timóteo, Paulo dedica-se mais à Palavra (At 18,5). Inquieto, porém, parte para Éfeso. Chega então Apolo, orador culto e brilhante, para continuar a obra do Apóstolo (At 18,24-25; 1Cor 3,6).

- Paulo endereça à comunidade sua primeira carta, que se perdeu.
- Em seguida, teria escrito de Éfeso a longa carta canônica conhecida como 1Cor, a qual faz aceno à anterior (1Cor 5,9).
- A segunda carta canônica (2Cor) é na realidade um conjunto de cartas e bilhetes. Depois da 1Cor, Paulo teria feito uma segunda visita à comunidade. Visita aliás bem tumultuada. Porque haviam passado por Corinto alguns cristãos de origem hebraica, que se apresentaram como apóstolos, e que com calúnias ameaçaram demolir o ensinamento de Paulo, exigindo de todos os cristãos o cumprimento da Lei de Moisés. Nessa segunda visita, alguém do referido grupo teria insultado o Apóstolo (2Cor 7,12). Foi quando ele se retirou, para não causar tristeza maior. No entanto, prometeu retornar. Antes, porém, escreveu a severa "carta com muitas lágrimas", que poderia ser o trecho da atual 2Cor 2,14-7,4 ou 2Cor 10-13. Tito foi o portador, como mediador do conflito, e retornou com boas notícias. Paulo então teria escrito uma carta de reconciliação, que talvez consista na reunião de 2Cor 1,1-2 com 2Cor 7,5-16.

Superados os conflitos, Paulo teria escrito novamente, recordando o compromisso da partilha com as igrejas mais pobres. Seria o texto de 2Cor 8. Além deste bilhete, Tito teria levado mais um sobre o mesmo assunto, e que corresponderia a 2Cor 9.

Todo esse roteiro é apenas uma hipótese, mas permite compreender como o Apóstolo lidou com os problemas de uma comunidade realmente difícil.

1

Endereço e saudação – ¹Paulo, apóstolo de Cristo Jesus pela vontade de Deus, e o irmão Timóteo: à igreja de Deus que está em Corinto, e a todos os santos que se encontram por toda a Acaia. ²A graça e a paz de Deus nosso Pai e do Senhor Jesus Cristo estejam com vocês.

Solidariedade na perseguição e na consolação – ³Bendito seja Deus e Pai de nosso Senhor Jesus Cristo, o Pai das misericórdias e Deus de toda consolação. ⁴Ele nos consola em todas as nossas tribulações, para que possamos consolar os que se acham em qualquer tribulação, por meio da consolação que nós mesmos recebemos de Deus. ⁵Na verdade, assim como os sofrimentos de Cristo são abundantes em nós, assim também por Cristo é abundante a nossa consolação. ⁶Se sofremos tribulações, é para a consolação e salvação de vocês. Se somos consolados, é para a consolação de vocês, para que sejam capazes de suportar os mesmos sofrimentos que nós também suportamos. ⁷E nossa esperança a respeito de vocês é firme: Sabemos que, compartilhando nossos sofrimentos, vocês compartilharão também nossa consolação.

⁸Não queremos que vocês ignorem isto, irmãos: A tribulação que sofremos na Ásia foi tão grande e além de nossas forças, que tínhamos perdido a esperança de sobreviver. ⁹Era como se já tivéssemos recebido nossa sentença de morte, para que não confiássemos em nós mesmos, mas em Deus que ressuscita os mortos. ¹⁰Foi ele que nos libertou de tão grande perigo de morte e que continuará nos libertando. E temos esperança de que ele ainda continuará nos libertando, ¹¹com a ajuda que vocês dão a nós, por meio da oração. Desse modo, a graça que alcançarmos pela intercessão de muitas pessoas resultará em ação de graças de muitos por causa de nós.

I. A VISITA ADIADA

Orgulho pelas comunidades – ¹²Nosso motivo de orgulho é este: o testemunho de nossa consciência, de que nos comportamos no mundo, sobretudo para com vocês, com a simplicidade e a pureza que vêm de Deus, não com sabedoria carnal, mas com a graça de Deus. ¹³De fato, não há nada em nossas cartas além daquilo que vocês leem e compreendem. E espero que vocês compreendam perfeitamente, ¹⁴assim como já nos compreenderam em parte: que nós somos para vocês motivo de glória, assim como vocês o serão para nós, no dia do Senhor Jesus.

Novos planos com a mesma fidelidade – ¹⁵Com tal certeza, eu desejava primeiramente ir visitá-los, para que vocês recebessem uma segunda graça. ¹⁶A seguir, passando por vocês, eu iria à Macedônia, e da Macedônia voltaria de novo até vocês, para que me preparassem a viagem até a Judeia. ¹⁷Será que fui leviano ao desejar isso? Ou será que, ao decidir isso, decidi segundo a carne, de tal modo que em mim existe "sim" e "não" ao mesmo tempo? ¹⁸Deus é testemunha fiel de que nossa palavra para com vocês não é "sim" e "não". ¹⁹Pois o Filho de Deus, Jesus Cristo, que eu, Silvano e Timóteo anunciamos a vocês, não foi "sim" e "não", mas somente "sim". ²⁰Porque todas as promessas de Deus cumpriram em Cristo o "sim". Por isso, é por ele que dizemos "amém" a Deus, para sua glória. ²¹É Deus quem nos fortalece juntamente com vocês em Cristo e nos dá a unção. ²²Deus nos marcou com um selo e pôs o penhor do Espírito em nossos corações.

1,1-2: Destinatárias são as comunidades da região da Acaia, e não apenas a capital Corinto. Inclui como remetente também o irmão Timóteo (1,19; At 18,5; 1Cor 4,17; 16,10-11).

3-11: Logo se reza um bendito de louvor a Deus, por que, em meio às tribulações, presos e perseguidos, os apóstolos receberam a "consolação", termo-guia deste trecho, com nove repetições (vv. 3-7). Indicava, nos profetas, o fim dos sofrimentos, como os do exílio (Is 40,1), e o início de uma nova era de paz e alegria. O Novo Testamento faz da consolação a fonte de esperança diante da proposta da Boa-Nova anunciada (Rm 15,4).

12-14: Paulo manifesta, com frequência, seu orgulho pelas comunidades cristãs, como se pode observar em Rm 4,2, em várias passagens desta carta, sobretudo nos caps. 10 e 12. Ele insiste que não haja mal-entendidos com relação ao que escreve.

15-22: Talvez um primeiro motivo de desconfiança, com relação ao Apóstolo, seja o fato de ele ter prometido visitar Corinto e não ter cumprido a promessa. Na realidade, teve de modificar o projeto original, confor-

Esperança de visitar com alegria – ²³Eu, porém, invoco a Deus como testemunha da minha vida: Se não fui a Corinto, foi para poupar vocês. ²⁴Não somos donos da fé que vocês têm, mas colaboradores da sua alegria, porque vocês estão firmes na fé.

2 ¹Por isso, resolvi por minha conta não ir visitá-los de novo na tristeza. ²Pois, se causo tristeza a vocês, quem me alegrará, a não ser aquele que ficou triste por minha causa? ³Eu lhes escrevi essas coisas para evitar que, chegando aí, eu ficasse triste por causa daqueles que deveriam dar-me alegria. Pois, a respeito de todos vocês, estou convencido de que a minha alegria é também a de vocês todos. ⁴De fato, foi em grande tribulação e com o coração angustiado que lhes escrevi em meio a muitas lágrimas, não para entristecê-los, mas para que conheçam o imenso amor que tenho por vocês.

⁵Se alguém causou tristeza, não foi a mim que causou tristeza, mas de certa maneira a todos vocês, sem exagero. ⁶Para tal pessoa, basta o castigo que a maioria da comunidade lhe impôs. ⁷De modo que agora é melhor perdoá-la e consolá-la, para que não seja devorada por tristeza grande demais. ⁸Peço-lhes, portanto, que reafirmem o amor para com ela. ⁹Por isso, eu lhes escrevi, também para pôr vocês à prova e ver se eram obedientes em tudo. ¹⁰Também eu perdoo aquele a quem vocês perdoarem. De fato, quando perdoei, se é que eu tinha algo a perdoar, foi diante de Cristo em favor de vocês. ¹¹E isso para não sermos enganados por Satanás, cujas intenções conhecemos muito bem.

¹²Quando cheguei a Trôade para pregar o evangelho de Cristo, uma porta se abriu para mim no Senhor. ¹³Mas não tive sossego de espírito, pois não encontrei meu irmão Tito. Por isso, me despedi deles e parti para a Macedônia.

II. GRANDEZA E FRAQUEZA DOS APÓSTOLOS

Ser perfume de vida – ¹⁴Graças sejam dadas a Deus, que em Cristo sempre nos guia ao triunfo, e por meio de nós espalha o perfume do seu conhecimento por toda parte. ¹⁵De fato, somos para Deus o bom perfume de Cristo, entre aqueles que se salvam e os que se perdem. ¹⁶Para uns, cheiro de morte que leva à morte; para outros, perfume de vida que conduz à vida. E quem estaria à altura de tal missão? ¹⁷Porque nós não somos como muitos que fazem comércio com a Palavra de Deus. Antes, é com sinceridade que da parte de Deus falamos em Cristo na presença de Deus.

3 ***Carta viva de recomendação*** – ¹Começaremos de novo a nos recomendar? Ou por acaso precisamos, como alguns, apresentar a vocês cartas de recomendação, ou então pedir que vocês apresentem cartas a nós? ²Nossa carta são vocês, escrita em seus corações, conhecida e lida por todos. ³Pois é claro que são vocês uma carta de Cristo, redigida por nós, escrita não com tinta, mas com o Espírito do Deus vivo; não em tábuas de pedra, mas em tábuas de carne, nos corações.

⁴É graças a Cristo que temos esta confiança em Deus. ⁵Não que nos julguemos

---

me 1Cor 16,5-6. Em lugar da visita pessoal, escreveu--lhes uma carta, para explicar os motivos.

1,23-2,13: O texto denota tensão e conflitos, mas também alegria e reconciliação. Na última visita à comunidade, ao que parece, ele foi insultado (7,12) por alguém não identificado que lhe teria questionado a função de apóstolo. A própria comunidade deve ter imposto uma punição ao agressor. Caso Paulo voltasse pessoalmente, teria acirrado ainda mais os ânimos e causado maior tensão. Por isso, escreveu a severa carta das "muitas lágrimas" (2,4), que pode ter-se perdido ou pode corresponder a 2Cor 10-13. Nela, oferece perdão ao ofensor, e solicita à comunidade uma assembleia, na qual suspendam a pena imposta a ele. A sequência desses acontecimentos será retomada em 7,5.

2,14-17: Começa a seção de alegria pelo triunfo do evangelho que se expande. A imagem aqui usada é a dos generais que entram triunfantes em Roma após a batalha, com prisioneiros que serão provavelmente mortos em seguida. Tais cortejos são aclamados com perfumes, que representavam vida para os vencedores e morte para os vencidos (1Cor 1,18). O Apóstolo sente o perfume da vida, pois não faz comércio com a Palavra de Deus.

3,1-6: Talvez alguém tenha questionado Paulo por não apresentar suas cartas de recomendação, costume aludido em At 18,27 e Cl 4,10. Ou talvez alguém o tenha acusado de se gloriar demais por ser apóstolo. Como resposta, ele apresenta argumento mais contundente. As próprias comunidades é que são para ele carta de recomendação, escrita nos corações com o Espírito do Deus vivo. Não é uma carta escrita em tábuas de pedra, como a antiga Lei de Moisés (Ex 24,12), mas impressa no coração, como fonte da própria vida (Jr 31,33).

capazes de pensar alguma coisa a respeito de nós mesmos, pois nossa capacidade provém de Deus. ⁶Foi ele quem nos tornou capazes de ser ministros de uma aliança nova, não da letra, mas do Espírito. Com efeito, a letra mata, mas o Espírito é que dá vida.

Ministério do Espírito – ⁷O ministério da morte, gravado com letras sobre pedra, foi realizado com glória, a ponto de os filhos de Israel não poderem fixar os olhos no rosto de Moisés, por causa da glória passageira que havia em seu rosto. ⁸Como não será ainda mais glorioso o ministério do Espírito? ⁹Pois, se o ministério da condenação foi glorioso, muito mais glorioso será o ministério da justiça. ¹⁰De fato, o que era então glorioso perde sua glória, comparado com a glória atual, que é muito maior. ¹¹Pois, se o que é passageiro foi glorioso, muito mais glorioso é o que permanece.

¹²Animados por essa tão grande esperança, usamos de muita franqueza: ¹³Não fazemos como Moisés, que cobria o rosto com véu, para que os filhos de Israel não percebessem o fim daquilo que era passageiro. ¹⁴Contudo, obscureceu-se o entendimento deles. Pois até hoje, quando eles leem o Antigo Testamento, esse mesmo véu permanece sem ser retirado, véu que só em Cristo desaparece. ¹⁵Até hoje, quando leem Moisés, um véu cobre o coração deles. ¹⁶Somente pela conversão ao Senhor é que o véu será retirado. ¹⁷O Senhor é o Espírito, e onde está o Espírito do Senhor, aí existe liberdade. ¹⁸E todos nós, com o rosto descoberto, contemplando como num espelho a glória do Senhor, vamos sendo transformados nessa mesma imagem, de glória em glória, pela ação do Espírito do Senhor.

4 **Ministério a serviço** – ¹Por isso, tendo recebido esse ministério segundo a misericórdia que foi usada para conosco, não perdemos a coragem. ²Rejeitamos as coisas escondidas que envergonham. Não nos comportamos com artimanhas, nem falsificamos a Palavra de Deus. Pelo contrário, anunciando a verdade, nos encomendamos diante de Deus à consciência de quem quer que seja. ³E se o nosso evangelho continua obscuro, está obscuro para aqueles que se perdem. ⁴Estes não acreditam, porque o deus deste mundo cegou a mente deles, para que não vejam brilhar a luz do evangelho da glória de Cristo, o qual é a imagem de Deus. ⁵Pois não proclamamos a nós mesmos, mas a Cristo Jesus, o Senhor. Quanto a nós mesmos, somos servos de vocês por causa de Jesus. ⁶Porque o Deus que disse: "Do meio das trevas brilhe a luz!", foi ele mesmo que brilhou em nossos corações, para trazer à luz o conhecimento da glória de Deus no rosto de Cristo.

A força de Deus na fraqueza – ⁷E temos esse tesouro em vasos de barro, para que se veja que esse incomparável poder é de Deus, e não vem de nós. ⁸Somos atribulados em toda parte, mas não esmagados; estamos em tremenda dificuldade, mas não desesperados; ⁹somos perseguidos, mas não desamparados; derrubados, mas não destruídos. ¹⁰Trazemos sempre em nosso corpo a agonia de Jesus, para que em nosso corpo também se manifeste a vida de Jesus. ¹¹De fato, nós que vivemos estamos sempre expostos à morte por causa de Jesus, para que também a vida de Jesus se manifeste em nossa carne mortal. ¹²De modo que em nós trabalha a morte, e em vocês a vida.

¹³E tendo o mesmo espírito de fé, conforme está escrito: "Acreditei e por isso falei", nós também acreditamos e por isso falamos. ¹⁴Pois sabemos que aquele que ressuscitou o Senhor Jesus ressuscitará também a nós com Jesus, e nos levará junto com vocês à presença dele mesmo.

7-18: A Lei antiga era um ministério de morte, porque comportava penas para quem não a cumprisse. A nova lei, vinda do Espírito do Senhor, é uma lei de justiça para a liberdade. Alude, em seguida, ao véu que Moisés usava para cobrir o rosto, porque sua glória era transitória, símbolo da antiga Lei, que era passageira (Ex 34,29-35). A glória do cristão, ao contrário, é universal e definitiva.

4,1-6: Continua a defesa do ministério de apóstolo, que é dom e responsabilidade. Tal ministério constitui-se num serviço às comunidades, por causa de Jesus. Não serve para glória pessoal. Os que se opõem à missão servem às forças contrárias, foram cegados pelo deus ou "príncipe deste mundo" do pecado (1Cor 2,6; Jo 12,31), príncipe normalmente denominado Satanás, que perverte a vida humana.

7-15: Na lógica da cruz de Cristo, a vida de apóstolo parece frustração e fracasso, porém manifesta o poder de Deus. O mistério da força divina que atua na fragilidade

¹⁵E tudo isso para o bem de vocês, para que a graça, multiplicada por meio de muitos, faça transbordar a ação de graças para a glória de Deus.

Do velho ao novo ser humano – ¹⁶Por isso, não perdemos a coragem. Pelo contrário, ainda que nosso exterior vá se desfazendo, nosso interior vai se renovando dia a dia. ¹⁷Pois nossas tribulações momentâneas são leves, em comparação com o peso eterno de glória que elas preparam para nós. ¹⁸Não olhamos para as coisas que se veem, mas para as que não se veem. Pois as que se veem são passageiras, e as que não se veem são eternas.

5 ¹De fato, sabemos que se for desfeita a nossa morada terrestre, esta tenda, temos de Deus um edifício, uma eterna morada nos céus, não feita por mãos humanas. ²E então suspiramos nesta tenda, com o desejo de nos revestirmos de nossa habitação celeste, ³o que será possível se formos encontrados vestidos, e não nus. ⁴Pois nós, que estamos nesta tenda, suspiramos como debaixo de um peso, porque não queremos desvestir-nos dela, mas apenas revestir a outra habitação por cima, para que o mortal seja absorvido pela vida. ⁵É Deus quem nos preparou exatamente para isso, ele que nos deu a garantia do Espírito.

⁶De modo que estamos sempre confiantes, e sabemos, enquanto habitamos o corpo, que estamos fora de casa, longe do Senhor. ⁷Pois caminhamos pela fé e não pela visão. ⁸Cheios de confiança, preferimos deixar a habitação deste corpo, para irmos habitar junto do Senhor. ⁹E por isso também nos esforçamos para ser agradáveis a ele, quer fiquemos em nossa morada, quer a deixemos. ¹⁰Pois todos nós teremos de comparecer diante do tribunal de Cristo, para que cada um receba segundo o bem ou o mal que tiver feito com o corpo.

Não julgar pelas aparências – ¹¹Conscientes, portanto, do temor do Senhor, procuramos convencer as pessoas. Somos conhecidos por Deus, e espero que também sejamos conhecidos pela consciência de vocês. ¹²Não nos recomendamos de novo a vocês, mas queremos dar-lhes a oportunidade de se orgulharem de nós. E isso para que vocês tenham uma resposta para os que se gloriam somente pelas aparências, e não pelo que está no coração. ¹³Se de fato fomos além do bom senso, é por causa de Deus; se somos sensatos, é por causa de vocês.

Reconciliação em Cristo – ¹⁴Pois o amor de Cristo nos impulsiona, quando consideramos que um só morreu por todos, e assim todos morreram. ¹⁵Ele morreu por todos, para que aqueles que vivem não vivam mais para si mesmos, mas para aquele que por eles morreu e ressuscitou.

¹⁶Portanto, de agora em diante, não conhecemos mais ninguém segundo a carne. E ainda que tivéssemos conhecido Cristo segundo a carne, agora já não o conhecemos assim. ¹⁷Se alguém está em Cristo, é nova criatura. As coisas antigas passaram, e eis que surgiram coisas novas. ¹⁸E tudo isso vem de Deus, que nos reconciliou consigo por meio de Cristo e nos confiou o ministério da reconciliação. ¹⁹Pois, em Cristo, Deus estava reconciliando o mundo consigo, não levando em conta as faltas das pessoas, e pondo em nós a palavra da reconciliação. ²⁰Somos então embaixadores de Cristo, e é como se Deus exortasse por meio de nós. Em nome de

---

humana é comparado a um tesouro em vasos de barro, expressão cara a Paulo e comum desde o AT (Jr 18,4; Rm 9,23). As diversas imagens da perseguição comparam-se a um combate de gladiadores (1Cor 9,24-27).

4,16–5,10: À medida que desaparece o ser humano exterior, vai nascendo a nova humanidade interior. O homem velho dá lugar ao novo homem (Rm 7,22; Cl 3,9-10). Esse processo de renovação equivale à passagem do sofrimento presente para a glória futura. A exemplificação dessa mudança é feita por meio de três figuras. É como a tenda do deserto, que se arma e desarma a cada acampamento, ao contrário do edifício fixo da morada nos céus. É também como o peregrino que caminha longe de casa, preocupado em chegar. É finalmente como quem está sem veste, pronto para revestir-se de uma roupa nova.

5,11-13: A defesa do ministério é necessária, porque uns acusam Paulo de ser exagerado, outros de ser prudente demais. Em resposta, solicita um julgamento não pelas aparências, mas pelo que está no coração (Jo 7,24).

5,14–6,2: Prossegue o assunto da renovação das pessoas, impulsionadas pela morte e ressurreição de Cristo (Rm 8,3; Gl 3,13). Se até então se julgava pela carne, doravante os critérios são outros, pois quem está em Cristo é nova criatura. Pela graça dele chegou a reconciliação ou anistia do nosso passado (Rm 5,10).

Cristo, pedimos: Reconciliem-se com Deus. ²¹Aquele que não tinha conhecido o pecado, Deus o fez pecado, para que nós, por meio dele, nos tornássemos justiça de Deus.

6 ¹Como colaboradores, também exortamos vocês a não receberem a graça de Deus em vão. ²Pois ele diz: "Eu escutei você no tempo favorável, e no dia da salvação vim em seu auxílio". Eis agora o tempo favorável por excelência. Eis agora o dia da salvação.

A força divina – ³Não damos a ninguém motivo nenhum de escândalo, para que nosso ministério não seja desacreditado. ⁴Pelo contrário, em tudo nos recomendamos como ministros de Deus: na grande perseverança, nas tribulações, nas necessidades, nas angústias, ⁵nos açoites, nas prisões, nos tumultos, nas fadigas, nas vigílias, nos jejuns, ⁶na sinceridade, no conhecimento, na paciência, na bondade, por um espírito de santidade; no amor sem fingimento, ⁷na palavra da verdade e no poder de Deus; com as armas da justiça à direita e à esquerda, ⁸com a glória e o desprezo, com a boa e a má fama; como enganadores, porém verdadeiros; ⁹como desconhecidos, mas bem conhecidos; como agonizantes, e eis que vivemos; como punidos, mas não postos à morte; ¹⁰como tristes, porém sempre alegres; como pobres, mas enriquecendo a muitos; como nada tendo, e tudo possuindo.

III. RESTABELECIMENTO DAS RELAÇÕES

De coração aberto – ¹¹Para vocês, coríntios, nossa boca se abre com franqueza e nosso coração está dilatado. ¹²Vocês não estão oprimidos dentro de nós. Estão oprimidos em seus próprios corações. ¹³Então nos paguem com a mesma medida. Eu lhes falo como a filhos: Vocês também, que se dilatem os seus corações!

Não voltar atrás – ¹⁴Não se submetam ao mesmo jugo com os que não creem. Pois o que a justiça tem a ver com a injustiça? O que a luz tem a ver com as trevas? ¹⁵Que acordo pode haver entre Cristo e Beliar? Ou o que existe de comum entre aquele que crê e aquele que não crê? ¹⁶O que o templo de Deus tem a ver com os ídolos? Pois nós somos o templo do Deus vivo, como disse o próprio Deus: "No meio deles habitarei e caminharei. Serei o seu Deus, e eles serão o meu povo. ¹⁷Por isso, saiam do meio deles e fiquem separados, diz o Senhor. Não toquem no que é impuro, e eu acolherei vocês. ¹⁸Serei pai para vocês, e vocês serão para mim filhos e filhas, diz o Senhor Todo-poderoso".

7 ¹Tendo então essas promessas, caríssimos, vamos purificar-nos de toda mancha da carne e do espírito, completando assim a nossa santificação no temor de Deus.

Reconstruir na alegria – ²Abram lugar para nós em seus corações. Não prejudicamos ninguém, não corrompemos ninguém, não exploramos ninguém. ³Não digo isso para condenar. Pois eu já lhes disse que vocês estão em nossos corações, para viver com vocês e para morrer com vocês. ⁴Posso falar-lhes com toda a franqueza, e meu orgulho por vocês é enorme. Estou cheio de coragem, e transbordo de alegria em toda a nossa tribulação.

⁵De fato, quando chegamos à Macedônia, nossa carne não teve nenhum repouso. Pelo contrário, sofremos todo tipo de tribulação: por fora, lutas; por dentro, temores. ⁶Mas Deus, que dá coragem aos que estão abatidos, encorajou-nos com a chegada de Tito. ⁷E não somente com a

---

"Deus o fez pecado" (5,21) quer significar "sacrifício pelo pecado".

6,3-10: Com vários recursos retóricos, apresenta-se uma lista de sinais de contradição que caracterizam a missão de quem se coloca a serviço do ministério da Palavra de Deus (4,8-10).

11-13: O Apóstolo começa a tratar das relações diretas com a comunidade. Ele abre a boca para dilatar o coração, provocando os coríntios a se expressarem com a mesma franqueza (7,3).

6,14-7,1: Chama à fidelidade e ao não envolvimento com ídolos. Recomendações que se assemelham ao contexto de purificação de um grupo separado. As promessas antigas se dirigem agora aos cristãos. (Talvez este trecho constitua a carta mencionada em 1Cor 5,9.)

7,2-16: Paulo alude aos fatos anteriores, superados agora pelo clima de alegria e confiança mútua (2,1-11). Lembra que alguém o insultou e ele reagiu com a severa carta "das muitas lágrimas" (2,4). A visita de Tito à comunidade recuperou o ânimo e a coragem. Com tudo isso, demonstra como os fatos negativos podem ser

chegada dele, mas também com o encorajamento que ele recebeu de vocês. Ele nos falou das saudades que vocês têm, da dor e do afeto de vocês por mim. E isso me alegrou ainda mais.

⁸Se lhes causei tristeza com minha carta, não me arrependo. E se a princípio me arrependi, ao ver que naquele momento aquela carta os entristeceu, ⁹agora eu me alegro. Não porque vocês ficaram tristes, mas porque a tristeza de vocês os levou a mudar de mentalidade. Pois vocês ficaram tristes segundo Deus, para em nada serem punidos por nós. ¹⁰De fato, a tristeza segundo Deus produz mudança de mentalidade que leva à salvação e que não volta atrás. A tristeza segundo o mundo produz a morte. ¹¹Vejam, de fato, o que essa tristeza segundo Deus produziu em vocês: quanta dedicação, quantas desculpas, quanta indignação, quanta veneração, quantas saudades, quanto afeto, quanta punição! Vocês demonstraram, de todos os modos, que eram inocentes naquela questão. ¹²Assim, se eu lhes escrevi, não foi por causa de quem insultou, nem por causa de quem foi insultado. Foi sim para que ficasse claro para vocês, diante de Deus, o quanto vocês se sentem preocupados por nós. ¹³E portanto nos sentimos encorajados.

Contudo, para além desse encorajamento que recebemos, o que mais nos alegrou foi ver a alegria de Tito, pois o espírito dele foi reconfortado por todos vocês. ¹⁴Se diante dele eu me havia gabado um pouco de vocês, não tive do que me envergonhar. Assim como sempre dissemos para vocês a verdade, ficou igualmente comprovado que era verdadeiro o elogio que fizemos de vocês para Tito. ¹⁵O afeto dele por vocês cresceu ainda mais, ao lembrar-se da obediência de vocês, e de como o acolheram com temor e tremor. ¹⁶Eu me alegro de poder contar com vocês para tudo.

IV. COLETA PARA OS CRISTÃOS DE JERUSALÉM

8 *Partilhar para que haja igualdade* – ¹Irmãos, queremos que vocês conheçam a graça que Deus concedeu às igrejas da Macedônia. ²Em meio à grande prova da tribulação, a copiosa alegria e extrema pobreza deles transbordaram em riquezas de generosidade. ³Eu sou testemunha de que eles, de acordo com seus meios e para além de seus meios, com toda a espontaneidade ⁴e com muita insistência, nos vieram pedir a graça de participar nesse serviço em favor dos santos. ⁵Indo além do que poderíamos esperar, eles se ofereceram, primeiramente ao Senhor e depois a nós, pela vontade de Deus. ⁶Por isso, pedimos a Tito que complete entre vocês essa obra de generosidade, já que foi ele mesmo quem a começou.

⁷E assim como vocês sobressaem em tudo: na fé, no dom da palavra, no conhecimento, no fervor em tudo e no amor para conosco, procurem também sobressair nesta obra de generosidade. ⁸Não digo isso como ordem, mas, vendo o entusiasmo dos outros, quero comprovar se o amor de vocês é genuíno. ⁹Pois vocês conhecem a generosidade de nosso Senhor Jesus Cristo: sendo rico, ele se fez pobre por causa de vocês, para com sua pobreza enriquecer a vocês. ¹⁰E a respeito disso dou minha opinião: É o que convém a vocês, já que, desde o ano passado, foram vocês os primeiros não somente a realizar, mas também a querer essa obra. ¹¹Agora, portanto, completem a obra, de modo que assim como vocês a quiseram de boa vontade, possam também completá-la, segundo suas possibilidades. ¹²Pois, quando existe boa vontade, somos aceitos com os recursos que temos, e não importa o que não temos. ¹³Não se trata de dar alívio a outros e vocês passarem dificuldade, mas de haver igualdade. ¹⁴Neste momento, o que está sobrando para vocês suprirá a

---

superados positivamente, em vista de novas relações, e graças à força cristã do perdão mútuo e da reconciliação.

8,1-24: Estes dois caps. (8 e 9) abordam duas vezes o tema da coleta. Sobre a partilha entre as igrejas, já se tratou em Rm 15,25-32 e 1Cor 16,1-4. A prática oferece ocasião para expor uma eclesiologia ou teologia da igreja. Para dizer coleta, Paulo emprega justamente os termos *koinonia* ("comunidade"; 8,4; 9,13; Rm 15,26) e *diaconia* ("serviço"). Este segundo ocorre doze vezes, sendo 2Cor o escrito do Novo Testamento que mais o emprega, talvez por causa da fome lembrada em At 11,28. Motivo da carestia foi a colheita fraca após o ano sabático, quando a terra devia descansar. Era então necessário apelar para a solidariedade das igrejas da Grécia em favor das comunidades de Jerusalém. A pobreza de algumas pessoas generosas pode ser fonte

carência deles, a fim de que um dia o que sobra para eles venha suprir a carência de vocês. E assim haverá igualdade, ¹⁵como está escrito: "A quem recolheu muito, nada sobrou; a quem recolheu pouco, nada faltou".

¹⁶Graças se deem a Deus, que pôs no coração de Tito o mesmo zelo por vocês. ¹⁷Ele acolheu o meu pedido e, com maior entusiasmo ainda, partiu espontaneamente ao encontro de vocês. ¹⁸Enviamos com ele o irmão que é elogiado em todas as igrejas, por causa da pregação do evangelho. ¹⁹E não somente isso, mas também porque foi escolhido pelas igrejas para ser nosso companheiro de viagem nesta obra de generosidade, obra de nossa boa vontade, um serviço nosso para a glória do Senhor. ²⁰Queremos evitar que alguém nos critique quanto à grande quantia que está sob nossos cuidados. ²¹Pois nós nos preocupamos com o bem, não só aos olhos de Deus, mas também aos olhos dos homens. ²²Com aqueles, nós enviamos também o nosso irmão, cujo zelo comprovamos muitas vezes, e que agora se mostra mais disposto ainda, pois confia plenamente em vocês. ²³Quanto a Tito, ele é meu companheiro e colaborador junto a vocês. Quanto aos nossos irmãos, são mensageiros das igrejas, a glória de Cristo. ²⁴Portanto, diante das igrejas, deem a eles provas do amor de vocês. E façam que eles vejam como é justo o orgulho que temos de vocês.

9 "Deus ama quem doa com alegria"

– ¹A respeito do serviço em favor dos santos, não preciso escrever-lhes mais nada. ²Pois eu conheço a boa vontade de vocês, e por causa dela me orgulho de vocês diante dos macedônios, a quem digo: "A Acaia está preparada desde o ano passado". E o entusiasmo de vocês animou a muitos. ³Envio até vocês estes irmãos, para que nosso orgulho por vocês não seja desmentido neste ponto. E para que vocês, como eu dizia, estejam realmente preparados. ⁴Se alguns macedônios fossem comigo e não encontrassem vocês preparados, ficaríamos envergonhados nesse projeto, para não dizer que vocês é que ficariam envergonhados. ⁵Julguei, então, necessário pedir aos irmãos que fossem antes de nós até vocês, e organizassem as ofertas que vocês já haviam prometido. E elas, assim preparadas, sejam sinal de autêntica generosidade, e não de avareza.

⁶O fato é este: quem semeia com mesquinhez, também colherá com mesquinhez; quem semeia com generosidade, também colherá com generosidade. ⁷Cada um dê como decidir em seu coração, não com desgosto ou por pressão, pois Deus ama quem doa com alegria. ⁸Deus pode enriquecer vocês com todas as graças, para que tenham sempre e em tudo o necessário, e ainda tenham de sobra para fazer todo tipo de boa obra. ⁹Tal como está escrito: "Ele distribuiu, deu aos pobres. Sua justiça permanece para sempre".

¹⁰Aquele que providencia semente ao semeador e pão para alimento, também lhes providenciará a semente e a multiplicará, e fará crescer os frutos da justiça de vocês, ¹¹que ficarão enriquecidos em tudo, sem nenhuma reserva, e isso provocará a ação de graças a Deus por meio de nós. ¹²Pois o serviço dessa coleta não apenas socorre às necessidades dos santos, mas também transborda em muitas ações de graças a Deus. ¹³Com a bela prova desse serviço, eles darão glória a Deus, porque vocês obedecem e professam o evangelho de Cristo, e porque realizam com eles e com todos uma comunhão sem reservas. ¹⁴E, rezando por vocês, eles mostrarão

---

de riqueza para outras bem mais pobres. O exemplo maior é de Jesus Cristo, que sendo rico se fez pobre. Na partilha manifesta-se o dom de Deus que distribui tudo generosamente. Assim, a coleta cristã se faz para "haver igualdade" (8,13.14).

9,1-15: A repetição do assunto leva a pensar que se trate de outro bilhete, endereçado talvez por ocasião da coleta, quem sabe para todas as igrejas da Acaia. Mas também se pode concluir que Paulo queira reforçar a motivação e os argumentos bíblicos em prol da coleta. O dom de repartir os bens provém do próprio Deus, que coloca tudo à nossa disposição e que "ama quem doa com alegria" (v. 7). Quem reconhece ter recebido de Deus sente-se na obrigação de ajudar os mais necessitados, como o próprio Deus nos enriquece com todas as graças (v. 8). A oferta em favor das outras comunidades é a razão de darmos graças a Deus, por ser o modelo de justiça (v. 9). Para além de toda a motivação teológica, o texto apresenta orientações concretas para realizar a partilha. Uma comitiva é enviada para organizar a coleta, desde a preparação da comunidade até a entrega às outras

o próprio afeto, por causa da extraordinária graça que Deus concedeu a vocês. ¹⁵Graças sejam dadas a Deus por seu dom indescritível.

V. DEFESA DE PAULO

10 *Quem se orgulha, que se orgulhe no Senhor* – ¹Eu mesmo, Paulo, os exorto pela bondade e clemência de Cristo. Eu, tão humilde quando estou na presença de vocês, mas tão ousado quando estou longe. ²Peço que vocês não me obriguem a mostrar-me ousado quando estiver aí presente, no sentido de agir com audácia contra os que nos julgam como se vivêssemos segundo a carne. ³Ainda que vivamos na carne, não combatemos segundo a carne. ⁴Pois as armas de nossa campanha de combate não são carnais, mas no serviço de Deus elas têm o poder de destruir fortalezas, destruindo os raciocínios ilusórios ⁵e toda arrogância que se levanta contra o conhecimento de Deus. Fazemos prisioneiro todo pensamento, para que obedeça a Cristo. ⁶E estamos prontos a punir toda desobediência, até que seja completa a obediência de vocês.

⁷Vocês olham segundo as aparências. Se alguém está convencido de pertencer a Cristo, tome por sua vez consciência de que, assim como ele pertence a Cristo, nós também pertencemos. ⁸E ainda que eu me orgulhasse um pouco mais do poder que Deus nos deu para edificar vocês, e não para destruí-los, eu não me envergonharia disso. ⁹Não quero dar a impressão de intimidá-los com cartas. ¹⁰"Pois, como dizem, as cartas são pesadas e fortes, mas a presença física dele é fraca e sua linguagem é desprezível". ¹¹Quem assim diz, fique sabendo que nós, tal como somos pela linguagem e por cartas quando estamos ausentes, assim também agiremos quando estivermos presentes.

¹²De fato, não nos atrevemos a igualar-nos ou comparar-nos com alguns que fazem recomendação de si mesmos. São insensatos, porque se medem com sua própria medida e se comparam consigo mesmos. ¹³Nós, ao invés, não nos orgulharemos desmedidamente, mas usaremos como medida a regra que Deus nos assinalou: a de termos chegado até vocês. ¹⁴Nossa medida não vai além disso, como seria o caso se não tivéssemos chegado até vocês. De fato, fomos os primeiros a ir até vocês, anunciando-lhes o evangelho de Cristo. ¹⁵Não nos orgulhamos desmedidamente, apoiados em trabalhos de outros. E temos a esperança de que aumente a fé que vocês têm, e assim cresçamos mais e mais, conforme a nossa regra. ¹⁶Então levaremos o evangelho para além dos limites da região de vocês, mas sem entrar em campo alheio, para não nos orgulharmos de trabalhos aí realizados por outros. ¹⁷Quem se orgulha, que se orgulhe no Senhor. ¹⁸Pois é aprovado não quem faz recomendação de si próprio, e sim aquele que o Senhor recomenda.

11 *Ser fiel a Cristo* – ¹Quem dera vocês pudessem suportar um pouco da minha insensatez. Mas eu sei que me

---

igrejas, para que todo o processo seja realizado sem nenhuma suspeita.

10-13: Nestes quatro caps. finais, o texto muda de tom. Isso leva a supor que se trate de uma carta independente, talvez até da "carta das muitas lágrimas" (2,4). De maneira apaixonada, e quase agressiva, Paulo completa sua apologia ou defesa do seu apostolado. Enquanto alguns reclamavam para si exclusividade na missão recebida diretamente de Jesus Cristo, Paulo toma o argumento dos acusadores para fundamentar-se na realidade do mesmo Jesus ressuscitado que o convocou pessoalmente para a missão, e que se fez fraco na cruz, sendo forte em Deus (13,4). Mediante essa lógica, contesta as acusações contra sua própria fraqueza, porém suficientemente fortalecida pela graça (12,9). Em contraste com os direitos de honra que os outros se arrogam, Paulo afirma seus motivos de glória, a saber, sua loucura ou insensatez, sua fraqueza e sua prática de trabalhar com as próprias mãos.

10,1-18: Ao que parece, Paulo se defende de outra acusação. Os adversários diziam que ele é muito valente quando longe, mas humilde na presença das pessoas (cf. v. 10). Talvez estejam eles jogando com o nome Paulo, que significa "pequeno". O Apóstolo assume atitude humilde, pois o que conta não é dominar as pessoas, mas conquistá-las para Cristo, através da força da Palavra, que é capaz de destruir fortalezas. Toma da linguagem militar a imagem, associada também à vocação de Jeremias, que era "destruir e edificar" (Jr 1,10), aqui só aplicada de forma positiva, para edificar e não para destruir os coríntios (v. 8). Segue-se outra argumentação: não invadir o campo alheio (v. 16). Paulo só prega o evangelho onde este ainda não foi anunciado (Rm 15,20). Os adversários, ao contrário, se aproveitam da evangelização que Paulo já realizou em Corinto, para colherem o que ele plantou.

11,1-6: Continua a defesa do apostolado e a dedicação afetiva de Paulo pelos coríntios. Utiliza a linguagem

suportam. ²Pois sinto por vocês um ciúme, como ciúme de Deus. Eu os entreguei a um único esposo, o Cristo, a quem devo apresentar vocês como virgem pura. ³Mas eu temo que os pensamentos de vocês se corrompam e se desviem da sinceridade e da pureza para com Cristo, tal como a serpente com sua artimanha seduziu Eva. ⁴De fato, se vem alguém e proclama a vocês um Jesus diferente daquele que lhes proclamamos, ou se vocês acolhem um outro espírito, diferente daquele que receberam, ou um evangelho diferente daquele que abraçaram, vocês o suportam muito bem. ⁵Ora, eu não me considero em nada inferior a esses superapóstolos. ⁶E ainda que eu não seja hábil no falar, eu o sou no saber, como já demonstramos a vocês, em tudo e de todos os modos.

Evangelizar na gratuidade – ⁷Será que cometi alguma falta ao humilhar-me para que vocês fossem exaltados, porque lhes anunciei de graça o evangelho de Deus? ⁸Despojei outras igrejas, delas recebendo salário, a fim de servir a vocês. ⁹E quando passei necessidade entre vocês, não fui pesado para ninguém, pois os irmãos que vieram da Macedônia supriram às minhas necessidades. Em tudo evitei ser pesado para vocês, e continuarei a evitá-lo. ¹⁰Pela verdade de Cristo, a qual está em mim, eu asseguro que este título de glória não me será tirado nas regiões da Acaia. ¹¹E por quê? Porque não amo vocês? Deus o sabe!

¹²Continuarei fazendo o que faço, para não dar nenhum pretexto àqueles que buscam pretexto para se orgulharem de serem como nós. ¹³Pois esses tais são falsos apóstolos, operários enganadores, disfarçados de apóstolos de Cristo. ¹⁴E não é de admirar. Pois o próprio Satanás se disfarça de anjo de luz. ¹⁵Então, é natural que os servos dele também se disfarcem de servos da justiça. Mas o fim deles corresponderá às suas obras.

Orgulhar-se no sofrimento – ¹⁶Volto a dizer: Ninguém pense que eu seja insensato. Mas, se pensam que eu seja, então me suportem como insensato, para que eu também possa me orgulhar um pouco. ¹⁷O que vou dizer, não o direi segundo o Senhor, mas como se eu fosse mesmo insensato, nesta confiança de me orgulhar. ¹⁸E já que muitos se orgulham segundo a carne, eu também me orgulharei. ¹⁹Pois com satisfação vocês suportam os insensatos, vocês que são tão sensatos! ²⁰Suportam que os escravizem, que os devorem, que os despojem, que os tratem com arrogância, que os esbofeteiem. ²¹E envergonhado eu digo: nós é que fomos fracos!

Aquilo que os outros se atrevem a apresentar – falo como insensato – eu também me atrevo. ²²São hebreus? Eu também. São israelitas? Eu também. São descendentes de Abraão? Eu também. ²³São ministros de Cristo? Como em delírio eu digo: muito mais eu. Muito mais pelas fadigas, muito mais pelas prisões, infinitamente mais pelos açoites e pelos frequentes perigos de morte. ²⁴Dos judeus recebi cinco vezes os quarenta golpes menos um. ²⁵Fui flagelado três vezes. Fui apedrejado uma vez. Naufraguei três vezes. Passei um dia e uma noite em alto-mar. ²⁶Quantas viagens com perigos em rios, perigos de ladrões, perigos por parte de compatriotas meus, perigos por parte das nações, perigos na cidade, perigos no deserto, perigos no mar, perigos por estar entre falsos irmãos! ²⁷Com fadigas e duros trabalhos, quantas noites sem dormir, com fome e sede!

---

matrimonial, comum em toda a Bíblia. Como amigo que apresenta a esposa ao esposo, Paulo oferece a Cristo a comunidade de Corinto, qual esposa entregue virgem ao esposo. O ciúme do esposo pela esposa reflete o ciúme de Deus pelo seu povo (Dt 4,24). Assim, Paulo sente ciúme dos coríntios.

7-15: Novo argumento em defesa do apostolado: a gratuidade na pregação do evangelho. As palavras são realmente duras. Os adversários já foram chamados de superapóstolos (v. 5); agora são falsos apóstolos, operários enganadores, apóstolos disfarçados (v. 13) e associados a Satanás (v. 14); por fim, recebem forte ameaça (v. 15). Enquanto os demais recebiam salários pelo apostolado, Paulo trabalha com total gratuidade.

Se algo ele aceita, é somente em favor das comunidades, nunca em proveito pessoal. De resto, ele sempre trabalha com as próprias mãos, para não ser pesado às comunidades. Corinto confirma esta regra (At 18,3).

16-33: Paulo retoma o jogo entre "sabedoria" e "loucura", para dizer que sente orgulho de ser tratado como insensato. Se os adversários apelam para o argumento étnico do judaísmo, Paulo também apela para seu passado enquanto judeu. Mas o motivo de sua glória está nas fadigas e sofrimentos (1Cor 9,19-27). O elenco de suas lutas, sofrimentos, preocupações e perseguições fornece-nos importantes informações. A legislação previa, em caso de flagelação, quarenta chicotadas menos uma, para não correr o risco de ultrapassar o

Quantos jejuns, com frio e sem roupa! ²⁸E, além de tudo, minha preocupação cotidiana, o cuidado que tenho por todas as igrejas! ²⁹Quem fraqueja, sem que eu também me sinta fraquejar? Quem tropeça, sem que eu também me sinta arder?

³⁰Se é preciso orgulhar-se, é de minha fraqueza que me orgulharei. ³¹O Deus e Pai do Senhor Jesus, que é bendito pelos séculos, sabe que não estou mentindo. ³²Em Damasco, o etnarca do rei Aretas guardava a cidade dos damascenos com a intenção de me prender. ³³Mas fizeram-me descer de uma janela pela muralha, dentro de um cesto, e escapei das mãos dele.

12 *Experiências místicas* – ¹Se é preciso orgulhar-se, ainda que isso não sirva para nada, vou mencionar as visões e revelações do Senhor. ²Conheço um homem em Cristo que, há quatorze anos, foi arrebatado ao terceiro céu. Se estava em seu corpo, não sei; se fora do corpo, não sei; Deus o sabe. ³Sei apenas que esse homem – se no corpo ou fora do corpo, não sei; Deus o sabe – ⁴foi arrebatado ao paraíso e ouviu palavras indescritíveis, que não é permitido a um ser humano pronunciar. ⁵Quanto a esse homem, eu me orgulharei. Quanto a mim, porém, só me orgulharei de minhas fraquezas. ⁶Se bem que eu, ainda que me gloriasse, não seria insensato, pois estaria dizendo a verdade. Mas não o faço, para que ninguém tenha a meu respeito algum conceito superior ao que vê em mim ou que escuta falar de mim.

"A força se cumpre na fraqueza" – ⁷Para que eu não me enchesse de orgulho por causa dessas revelações extraordinárias, foi-me dado um espinho na carne, um anjo de Satanás para me bater, a fim de que eu não me enchesse de orgulho. ⁸Por causa disso, três vezes pedi ao Senhor que o afastasse de mim. ⁹Mas o Senhor me respondeu: "Para você, é suficiente a minha graça, pois a força se cumpre na fraqueza". Com satisfação, portanto, prefiro orgulhar-me das minhas fraquezas, para que a força de Cristo venha morar em mim. ¹⁰Por isso, eu me alegro nas fraquezas, nas humilhações, nas necessidades, nas perseguições, nas angústias, por causa de Cristo. Pois quando sou fraco, então é que sou forte.

O evangelho não tem preço – ¹¹Fui insensato ao falar assim, mas vocês me forçaram a isso. Eram vocês que deviam recomendar-me. Porque, ainda que eu não seja ninguém, em nada sou inferior a esses superapóstolos. ¹²No meio de vocês se realizaram os sinais do apóstolo: perseverança em tudo, com sinais, prodígios e milagres. ¹³O que vocês tiveram a menos do que as outras igrejas, senão o fato de que eu não fui pesado para vocês? Perdoem-me essa "injustiça"! ¹⁴Eis que estou pronto para ir ao encontro de vocês pela terceira vez. E a vocês não serei pesado, pois o que busco são vocês, e não os seus bens. Não são os filhos que devem acumular bens para os pais, e sim os pais para os filhos. ¹⁵Com satisfação me gastarei livremente, e me desgastarei completamente por vocês. Será que, amando-os mais, eu serei menos amado?

¹⁶Até dirão: "Que seja!" Eu não fui pesado para vocês. Mas, esperto como sou, eu os peguei com uma armadilha. ¹⁷Por acaso explorei vocês por meio de algum daqueles que lhes enviei? ¹⁸Pedi que Tito

---

máximo permitido (v. 24). As dificuldades em viagens e transportes eram enormes, com frequentes naufrágios por falta de pontes, e com navios à deriva (v. 25), sem contar os assaltos de ladrões (v. 26).

12,1-6: O Apóstolo faz alusão à sua mística experiência de visões e revelações. Refere-se, possivelmente, aos fatos ocorridos pelo ano 42, "há quatorze anos", na Síria ou na Cilícia. Essas manifestações, porém, foram constantes, como revela a queda no caminho de Damasco e outros fatos subsequentes. Demonstram uma espécie de choque espiritual, uma invasão do Ressuscitado em sua vida pessoal, para transformá-lo completamente. Seria o que normalmente se chama de êxtase. Com discrição, ele fala de si mesmo em terceira pessoa, como se se tratasse de outro alguém. Apresenta o conceito dos três céus em camadas superpostas. A sua experiência de Deus o levou ao terceiro céu, isto é, até o nível da transcendência.

7-10: Após discreta menção a suas experiências místicas, Paulo retorna aos argumentos da graça divina que age na fraqueza humana (1Cor 1,17-31). Para comprová-lo, expõe um problema pessoal, chamado de "espinho na carne" (v. 7). Não se sabe exatamente do que se trata, e as interpretações vão em três direções: tentações pessoais, doença física ou mental, perseguições na vida missionária.

11-18: Diante dos chamados superapóstolos, Paulo continua defendendo sua opção livre e gratuita pela evangelização. Repete sempre a mesma certeza, pois a pregação do evangelho não tem preço. Por sua origem e formação, o Apóstolo poderia levar vida cômoda e tranquila; mas, por amor ao evangelho, e tal-

fosse até vocês, e com ele enviei o irmão. Por acaso Tito explorou vocês? Não caminhamos no mesmo espírito, seguindo as mesmas pegadas?

Os temores continuam – ¹⁹Faz tempo que vocês pensam que estamos querendo defender-nos diante de vocês. É diante de Deus, em Cristo, que falamos. E tudo, caríssimos, para a edificação de vocês. ²⁰Pois eu temo que, ao chegar aí, não os encontre como gostaria, nem vocês me encontrem como gostariam. Temo encontrar discórdia, inveja, raiva, rivalidades, difamações, calúnias, arrogância, desordens. ²¹Temo que, ao voltar aí, o meu Deus me humilhe em relação a vocês, e eu tenha de chorar por muitos que antes pecaram e ainda não se converteram da impureza, da prostituição e da libertinagem em que viviam.

13 ¹Esta será a terceira vez que vou visitá-los. "Toda questão seja decidida pela palavra de duas ou três testemunhas". ²Eu já disse isso antes, e volto a dizer agora estando ausente, como por ocasião da minha segunda visita, àqueles que antes pecaram e a todos os outros: se eu voltar, não serei tolerante. ³E isso porque vocês buscam uma prova de que é Cristo que fala em mim. Ele não é fraco em relação a vocês. Pelo contrário, mostra o seu poder em vocês. ⁴Pois, ainda que tenha sido crucificado pela fraqueza, ele está vivo pelo poder de Deus. Assim também nós: somos fracos nele, mas com ele viveremos pelo poder de Deus em relação a vocês.

Chegar à maturidade – ⁵Examinem a si mesmos se estão na fé e provem-se a si mesmos. Ou não reconhecem que Jesus Cristo está em vocês? A não ser que não tenham passado na prova... ⁶Espero que vocês reconheçam que nós não fomos reprovados. ⁷Pedimos a Deus que vocês não cometam nenhum mal. Não para aparecermos como aprovados, e sim para que vocês pratiquem o bem, ainda que devamos passar por reprovados. ⁸Nada podemos contra a verdade, mas sim em favor da verdade. ⁹De fato, nos alegramos quando nós somos fracos e vocês fortes. E o que pedimos em nossas orações é que vocês cheguem à maturidade. ¹⁰Por isso, escrevo essas coisas estando ausente, para que eu não tenha de recorrer à severidade quando aí chegar, conforme o poder que o Senhor me deu para construir, e não para destruir.

Saudações finais – ¹¹De resto, irmãos, alegrem-se, busquem a maturidade, encorajem-se, sejam unidos, vivam em paz, e o Deus do amor e da paz estará com vocês.

¹²Saúdem-se uns aos outros com o beijo santo. Todos os santos lhes enviam saudações.

¹³A graça do Senhor Jesus Cristo, o amor de Deus e a comunhão do Espírito Santo estejam com todos vocês.

---

vez até com algum exagero, quis seguir o Cristo pobre (Gl 2,10).

12,19-13,4: O tom entusiasmado, até cheio de certo orgulho pela evangelização de Corinto, não esconde algumas notas de preocupação. Em seu temor, Paulo elenca oito perigos que ameaçam a comunidade (12,20; Rm 1,29-31; Gl 5,19-21). E propõe: qualquer discórdia seja decidida na presença de duas ou três testemunhas, conforme Dt 19,15, e aplicação em Mt 18,16.

13,5-10: A visita de Paulo aos coríntios será uma prova. Ele esteve presente na fundação da comunidade. Depois, fez uma segunda visita, quando foi insultado; logo a seguir, escreveu "a carta das muitas lágrimas" (2,4). Agora promete uma terceira visita, como para verificar a situação. Caso haja problemas, terá de agir com firmeza. Caso esteja tudo bem, cai seu argumento e os adversários continuarão afirmando que Paulo é fraco. Mas ele prefere essa fraqueza, contanto que os coríntios sejam fortes e cheguem à maturidade (12,10).

11-13: A saudação é breve e não nomeia ninguém. A última frase é a fórmula trinitária mais clara do Novo Testamento, nascida provavelmente de alguma fórmula litúrgica, como é rezada também hoje no início da eucaristia.

CARTA AOS GÁLATAS
DA ESCRAVIDÃO PARA A LIBERDADE

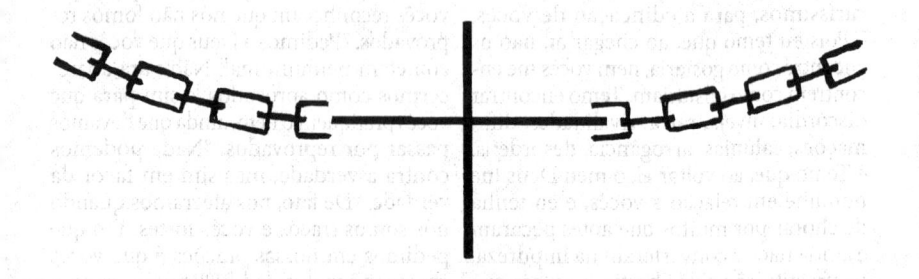

Introdução

A carta aos Gálatas é uma espécie de circular para as igrejas da Galácia. Foi escrita provavelmente de Éfeso, em data posterior ao ano 53 e próxima a 57. Trata dois grandes temas: a justificação pela fé e a liberdade em Cristo. Discorre de maneira espontânea e animada. A carta aos Romanos irá retomá-los de maneira mais calma e refletida. Por essa mesma razão, Gálatas desperta maior interesse, porque mostra o caráter forte e apaixonado de Paulo, além de suas profundas convicções teológicas.

Ele havia passado pessoalmente pela Galácia, em sua segunda viagem missionária (At 16,6), quando aí fundou comunidades que voltaria a visitar em sua terceira viagem (At 18,23). Éfeso representou uma espécie de posto missionário, a partir do qual o Apóstolo mantinha contato com as comunidades. Foi aí que lhe chegaram notícias da Galácia. Algumas pessoas de tendência judaizante, isto é, judeu-cristãos ligados a círculos de Jerusalém, atacavam a doutrina de Paulo e tentavam impor aos gálatas a circuncisão e outras práticas da Lei mosaica. E ainda acusavam Paulo de não ser apóstolo e de não pertencer aos Doze. A carta é a resposta clara e inequívoca.

Em sentido estrito e etnográfico, Gálatas compreende o povo que formava o antigo reino da Galácia, localizado no centro da Ásia Menor, numa região em torno à atual Ancara, capital da Turquia. Em sentido amplo e político, Gálatas abrange uma população mais vasta, que inclui outras localidades, incorporadas à província da Galácia pelo império romano. Embora haja dúvidas, a tendência dos estudiosos é julgar que destinatária da carta é a comunidade específica da Galácia, visto que Paulo fala de maneira direta e personalizada.

Seja como for, os povos da Galácia viviam numa realidade rural, mais para o interior que para a cidade. A região era distante e quase esquecida pelas autoridades romanas. Na condição de estrangeiros desde a origem, tinham direitos limitados. Não podiam, por exemplo, adquirir propriedades. Sem cidadania plena, viviam como "peregrinos e viajantes", como diz a primeira carta de Pedro (2,11), que se dirige a uma população semelhante à dos Gálatas.

Esta de Paulo pode-se dizer a carta da liberdade. De fato, escravidão e liberdade são conceitos que percorrem todo o texto. Há notícias de mercados de escravos na região. Daí se pode imaginar a insegurança da população, que falava língua estranha na convivência com pessoas de origens diferentes.

No entanto, era população receptiva e hospitaleira. Prova é a forma como acolheram Paulo fraco e doente (Gl 4,13-15).

Em sua cultura diversificada, os gálatas não formavam etnia única nem viviam uma só religião. Não vivenciavam o judaísmo, portanto não conheciam a Escritura, nem cumpriam a Lei mosaica, nem eram circuncidados. Paulo lhes anunciou um cristianismo livre, baseado no Cristo crucificado, portador de salvação para todas as pessoas e povos. Mas alguns grupos radicais, conhecidos como judaizantes, devem ter pregado que a circuncisão e outras práticas da Lei mosaica eram necessárias para a salvação. Seria um retrocesso para um povo que não praticava as tradições judaicas. Sem contar que tais práticas invalidariam a cruz de Cristo, que Paulo apresenta como único meio de salvação. Em tal situação, o Apóstolo expõe, com veemência, o seu evangelho.

1

Endereço e saudação – ¹Paulo, apóstolo, não da parte dos homens, nem por meio de um homem, mas da parte de Jesus Cristo e de Deus Pai que o ressuscitou dentre os mortos. ²Eu e todos os irmãos que estão comigo, às igrejas da Galácia. ³Graça e paz a vocês, da parte de Deus nosso Pai e do Senhor Jesus Cristo, ⁴que se entregou a si mesmo pelos nossos pecados, para nos livrar do mundo mau em que estamos, conforme a vontade de Deus e nosso Pai. ⁵A ele seja a glória pelos séculos dos séculos. Amém.

Não existe outro evangelho – ⁶Fico admirado de que vocês, para seguirem outro evangelho, tenham abandonado tão depressa aquele que os chamou mediante a graça de Cristo. ⁷Não existe outro evangelho. No entanto, alguns estão deixando vocês confusos, querendo distorcer o evangelho de Cristo. ⁸Maldito seja aquele que anunciar a vocês outro evangelho, ainda que sejamos nós mesmos ou algum anjo do céu. ⁹Como já disse antes, repito agora: Maldito seja quem lhes anunciar um evangelho diferente daquele que vocês receberam. ¹⁰Por acaso é aprovação de homens que estou buscando agora, ou aprovação de Deus? Ou será que estou procurando agradar aos homens? Se eu quisesse agradar aos homens, não seria servo de Cristo.

O chamado de Deus – ¹¹De fato, eu lhes faço saber, irmãos: O evangelho por mim anunciado não é algo segundo o homem. ¹²Porque não foi de um homem que o recebi ou aprendi, mas por revelação de Jesus Cristo. ¹³Vocês já ouviram falar de como eu antes me comportava no judaísmo, de como perseguia com veemência a igreja de Deus e a devastava. ¹⁴E também de como eu superava muitos compatriotas da minha idade no judaísmo, por causa do meu extremo zelo pelas tradições dos meus antepassados.

¹⁵Deus, porém, me separou desde quando eu estava no ventre de minha mãe e me chamou pela sua graça. Quando ele quis ¹⁶revelar em mim o seu Filho, para que eu anunciasse a Boa Notícia entre

---

1,1-5: Paulo se equipara aos demais apóstolos, defendendo a vocação e a missão que recebeu diretamente de Jesus, a quem Deus Pai ressuscitou dos mortos (Rm 1,1; 1Cor 15,8). Inclui, como remetentes, também os irmãos que o rodeiam, caso único em suas cartas. Destinatárias são as comunidades da Galácia, sem nenhum adjetivo ou elogio, como seria costumeiro. A saudação propõe uma espécie de novo êxodo ao mundo mau, do qual o Ressuscitado quer libertar os gálatas.

6-10: Começa com uma exortação, e não com uma ação de graças, como era de esperar. O ataque se deve ao fato de os gálatas estarem se desviando para outro evangelho, que os levaria à escravidão. Ora, essa população tinha origem diversificada, e não conhecia a religião judaica. Alguns pregadores, denominados judaizantes, ensinavam que era necessário observar a Lei de Moisés, como a circuncisão, mesmo depois de aderir a Cristo. Paulo lança dupla maldição (vv. 8.9) sobre quem anunciar esse evangelho diferente (2Cor 11,4).

11-24: Para explicar o que é o seu evangelho, Paulo começa pela sua experiência pessoal, testemunhando o que causou essa invasão do Cristo ressuscitado em sua vida. Apela para seu passado: a vivência zelosa no judaísmo e a perseguição à igreja de Deus. Destaca sua vocação: separado desde o seio materno e chamado a evangelizar os gentios, na esteira dos profetas Isaías e Jeremias (v. 15; Jr 1,5). Em toda essa autodefesa inicial, o destaque é dado à revelação divina, frisando sempre que não foi por influência humana, nem a mando dos apóstolos, que começou a atuar. Sua vocação e missão dependem exclusivamente de Deus. Os dados que recordam sua vocação podem ser confrontados com as narrativas de Lucas, em At 9,1-18; 22,5-16; 26,9-18.

as nações, imediatamente, em vez de consultar carne ou sangue, ¹⁷ou de subir a Jerusalém para encontrar os que eram apóstolos antes de mim, fui para a Arábia, e depois voltei a Damasco. ¹⁸Então, após três anos, subi a Jerusalém para visitar Cefas, e com ele permaneci quinze dias. ¹⁹E não vi nenhum dos outros apóstolos, a não ser Tiago, irmão do Senhor. ²⁰A respeito dessas coisas que lhes escrevo, garanto diante de Deus que não estou mentindo. ²¹Depois disso, fui às regiões da Síria e da Cilícia. ²²As igrejas da Judeia que estão em Cristo não me conheciam pessoalmente. ²³Elas apenas ouviam dizer: "Aquele que antes nos perseguia, agora está anunciando a Boa Notícia da fé que antes devastava". ²⁴E por minha causa davam glória a Deus.

2 *Unidade e liberdade* – ¹Catorze anos mais tarde, subi de novo a Jerusalém com Barnabé, levando comigo também Tito. ²E subi por causa de uma revelação. Em reunião particular com os notáveis, apresentei-lhes o evangelho que anuncio entre as nações, para não correr ou ter corrido inutilmente. ³Mas nem Tito, que estava comigo e que era grego, foi obrigado a circuncidar-se. ⁴Isso por causa dos falsos irmãos, esses intrusos que se infiltraram para espionar a nossa liberdade que temos em Cristo Jesus, a fim de nos reduzir à escravidão. ⁵Não nos submetemos a eles por obediência, nem sequer por um instante, para que permanecesse entre vocês a verdade do evangelho.

⁶Quanto aos que eram considerados notáveis, o que na realidade eram não me interessa, pois Deus não faz distinção de pessoas. O fato é que os notáveis não me disseram nada a mais. ⁷Muito pelo contrário. Viram que o evangelho dos não circuncidados tinha sido confiado a mim, tal como tinha sido confiado a Pedro o evangelho dos circuncidados. ⁸Pois aquele que agiu em Pedro para o apostolado entre os circuncidados, em mim também agiu em favor das nações. ⁹E reconhecendo a graça que me fora concedida, Tiago, Cefas e João, os notáveis considerados como colunas, estenderam a mão para mim e para Barnabé, em sinal de comunhão. Assim, nós nos dirigiríamos às nações, e eles aos circuncidados. ¹⁰Apenas recomendaram que nos lembrássemos dos pobres, o que aliás eu mesmo propusera fazer com todo o cuidado.

O perigo do fingimento – ¹¹Entretanto, quando Cefas chegou a Antioquia, eu o enfrentei abertamente, porque ele merecia repreensão. ¹²De fato, antes de chegarem alguns da parte de Tiago, ele comia com os gentios. Porém, depois que chegaram aqueles de Tiago, ele evitava os gentios e se afastava, com medo dos circuncidados. ¹³E outros judeus caíram no mesmo fingimento de Cefas, a tal ponto que até mesmo Barnabé se deixou levar pelo fingimento deles. ¹⁴Quando, porém, vi que não agiam corretamente segundo a verdade do evangelho, então eu disse a Cefas diante de todos: "Se você é judeu e vive como os gentios, e não como os judeus, como pode obrigar os gentios a viver como os judeus?"

2,1-10: Continua o tom duro de denúncia aos falsos irmãos que querem reconduzir a população da Galácia à escravidão. Para assegurar o valor de sua prática missionária, Paulo conta como selou acordo com os apóstolos de Jerusalém, que ele chama de notáveis e colunas da igreja. Esse aperto de mão foi o sinal da unidade com a igreja mãe. Mesmo assim, Paulo frisa que não foi a Jerusalém por convocação humana, mas por revelação. Além do sinal de unidade, o acordo teve outro aspecto importante, para o reconhecimento da missão de Paulo e, consequentemente, para a universalidade. A tarefa de evangelizar os incircuncisos, por parte de Paulo, foi reconhecida pelos notáveis, da mesma forma como a evangelização dos circuncisos, por parte de Pedro. O cuidado com os pobres foi o sinal visível desse acordo (v. 10; 2Cor 8-9). Esses fatos refletem, possivelmente, o que está narrado na assembleia conhecida como Concílio de Jerusalém, em At 15.

11-14: A polêmica com Pedro é exposta de maneira muito clara e revela o caráter sincero de Paulo (At 15,1-2). O problema é a hipocrisia, ou seja, pregar uma coisa e fazer outra. Pedro comia com os cristãos provindos de outras etnias, conhecidos como gentios, também chamados helenistas, porque de cultura helênica ou grega, portanto não judeus. Mas, quando chegavam judeus, Pedro se afastava e já não comia com os gentios. Ora, pela Lei antiga, um judeu não podia comer com um gentio, porque se tornava impuro. Porém, pela assembleia de Jerusalém, a decisão era que os não judeus não precisavam observar a Lei mosaica. Paulo repreende Pedro em público, porque este, diante dos judeus, cumpre a Lei antiga, e diante dos não judeus segue a lei nova do evangelho. O fato se passa justamente em Antioquia da Síria, localidade-chave para a difusão do cristianismo. Era cidade grande, uma espécie de porta aberta, pois aí começa a evangelização dos gregos, e

É a fé que salva – ¹⁵Nós somos judeus de nascimento, e não gentios pecadores. ¹⁶No entanto, sabemos que o homem não é justificado pelas obras da Lei, mas pela fé em Jesus Cristo. E nós cremos em Cristo Jesus, para sermos justificados pela fé em Cristo, e não pelas obras da Lei. Porque, pelas obras da Lei, ninguém será justificado. ¹⁷E buscando ser justificados em Cristo, se descobrimos que também nós somos pecadores, não seria então Cristo um ministro do pecado? De jeito nenhum. ¹⁸De fato, se eu volto a construir as coisas que havia destruído, aí sim eu me mostro um transgressor. ¹⁹Com efeito, pela Lei eu morri para a Lei, a fim de viver para Deus. Estou crucificado com Cristo. ²⁰E já não sou eu que vivo; é Cristo que vive em mim. E a vida que vivo agora na carne, eu a vivo pela fé no Filho de Deus, que me amou e se entregou a si mesmo por mim. ²¹Não torno inútil a graça de Deus. Porque, se a justiça vem através da Lei, então Cristo morreu inutilmente.

3 *Não retroceder!* – ¹Ó gálatas sem juízo! Quem foi que os enfeitiçou, a vocês que tinham diante dos olhos os traços bem claros de Jesus Cristo crucificado? ²Quero saber somente isto de vocês: foi pelas obras da Lei que vocês receberam o Espírito, ou foi pela aceitação da fé? ³São vocês tão sem juízo, que começaram com o Espírito e terminam agora na carne? ⁴Foi em vão que vocês experimentaram coisas tão grandes? Se é que foi em vão! ⁵Ora, aquele que lhes dá o Espírito e opera prodígios em vocês, é pelas obras da Lei que o faz, ou pela aceitação da fé?

Filhos de Abraão pela fé – ⁶Foi assim que aconteceu com Abraão. Ele acreditou em Deus, e isso lhe foi posto na conta como justiça. ⁷Saibam, portanto, que os filhos de Abraão são aqueles que têm fé. ⁸A Escritura tinha previsto que Deus justificaria as nações através da fé. Por isso, tinha anunciado antes a Boa Notícia a Abraão: "Em você, todas as nações serão abençoadas". ⁹Assim, aqueles que têm fé são abençoados junto com Abraão, que teve fé.

¹⁰De fato, todos aqueles que são pelas obras da Lei estão debaixo de uma maldição. Pois está escrito: "Maldito seja quem não persevera no cumprimento de tudo o que está escrito no livro da Lei!" ¹¹Ora, é evidente que mediante a Lei ninguém é justificado diante de Deus, porque o justo viverá pela fé. ¹²E a Lei não depende da fé, mas quem cumpre essas coisas viverá por meio delas. ¹³Cristo nos resgatou da maldição da Lei, tornando-se ele próprio maldição em favor de nós. Pois está escrito: "Maldito seja quem for pendurado num madeiro!" ¹⁴E isso para que a bênção de Abraão em Cristo Jesus chegasse às nações, a fim de que recebêssemos, por meio da fé, a promessa do Espírito.

Herdeiros da promessa – ¹⁵Irmãos, falo com um exemplo da vida humana: ninguém anula ou altera um testamento feito legitimamente. ¹⁶Ora, as promessas foram feitas a Abraão e à sua descendência. Não se diz:

---

aí, pela primeira vez, os cristãos recebem o nome de "cristãos" (At 11,19-26).

15-21: Reprovando o gesto de Pedro, Paulo expõe o cerne de sua proposta, aqui apresentada de forma impulsiva, e que será retomada, de modo mais refletido, em Rm 3,21-31. A salvação é realizada pela graça de Deus através da fé em Jesus Cristo, e não pelas obras da Lei. O cristão passa do pecado para a amizade com Deus, que ele chama de "justificação". Isso corresponde a uma passagem da morte para a vida, ou do regime da Lei para a fé na graça de Deus (Rm 8,2.10).

3,1-5: O mesmo argumento da justificação pela fé é retomado com linguagem veemente e passará a ser explicado, na sequência, com argumentos da Escritura. "Gálatas sem juízo" poderia traduzir-se como insensatos, estúpidos ou idiotas. As perguntas comprovam essa falta de juízo. Se antes não cumpriam a Lei, por não seguirem o judaísmo, por que teriam de cumprir agora? A atitude é comparada a uma sedução de feitiçaria.

6-14: Embora as comunidades da Galácia não fossem compostas de judeus, Paulo argumenta com fatos da Escritura judaica. Esta primeira aplicação mostra que Abraão foi justificado através da fé, e não da Lei, pois ele é anterior à Lei mosaica. As pessoas se tornam filhas de Abraão, portanto, não pelo cumprimento da Lei, mas pela partilha da fé. Para alguém ser justificado através da Lei, teria de praticá-la integralmente, o que é humanamente impossível. Portanto, a Lei só pode trazer a maldição do seu não cumprimento. Jesus Cristo, porém, assumiu essa maldição para transformá-la em bênção para quem crê (Rm 8,3; 2Cor 5,21). Jesus se torna "maldição" segundo a lei de Dt 27,26. A citação de Hab 2,4, "o justo viverá pela fé" (v. 11), favorita para Paulo, passa a ser um resumo do seu evangelho (Rm 1,17; Hb 10,38).

15-18: A promessa feita ao patriarca Abraão e à sua descendência encontra-se no testamento ou aliança de Deus. Ora, um testamento não pode ser anulado por

"e aos descendentes", como se fosse a muitos; e sim a um só: "e à sua descendência", que é Cristo. ¹⁷E digo mais: Deus firmou um testamento de modo legítimo. A Lei, que veio quatrocentos e trinta anos depois, não pode invalidar esse testamento, a ponto de anular a promessa. ¹⁸De fato, se a herança vem através da Lei, já não viria através da promessa. No entanto, foi pela promessa que Deus concedeu a graça a Abraão.

Função da Lei – ¹⁹Então, para que a Lei? Ela veio depois, por causa das transgressões, até que viesse aquela descendência a quem tinha sido feita a promessa. E a Lei foi promulgada por anjos, pela mão de um mediador. ²⁰Mas não existe mediador quando se trata de um só, e Deus é um só. ²¹Então, será que a Lei é contra as promessas de Deus? De forma alguma. De fato, se fosse dada uma lei capaz de dar a vida, então sim a justiça viria através da Lei. ²²Mas a Escritura encerrou todas as coisas sob o jugo do pecado, a fim de que a promessa, através da fé em Jesus Cristo, fosse dada aos que acreditam.

²³Antes que chegasse a fé, a Lei nos guardava como prisioneiros, até que a fé fosse revelada. ²⁴De modo que a Lei se tornou nosso pedagogo em direção a Cristo, para que fôssemos justificados pela fé. ²⁵Mas, agora que veio a fé, já não estamos sob os cuidados do pedagogo.

Ser um só em Cristo – ²⁶De fato, todos vocês são filhos de Deus, por meio da fé em Cristo Jesus. ²⁷Pois todos vocês, que foram batizados em Cristo, se revestiram de Cristo. ²⁸Não há judeu nem grego, não há escravo nem livre, não há homem nem mulher, pois todos vocês são um só em Cristo Jesus. ²⁹E se vocês são de Cristo, são descendência de Abraão, herdeiros conforme a promessa.

4 *Maioridade em Cristo* – ¹Digo mais: durante o tempo em que o herdeiro é menor, ainda que seja dono de tudo, em nada é diferente de um escravo. ²Até que chegue a data fixada pelo pai, o herdeiro permanece sujeito a tutores e administradores. ³Assim também nós, quando éramos menores, estávamos reduzidos à escravidão, debaixo dos elementos do mundo. ⁴E quando chegou a plenitude do tempo, Deus enviou o seu Filho, nascido de uma mulher, nascido debaixo da Lei, ⁵a fim de resgatar os que estavam debaixo da Lei, de modo que recebêssemos a adoção de filhos. ⁶E porque vocês são filhos, Deus enviou aos nossos corações o Espírito do seu Filho, que clama: "Abba! Pai!" ⁷Portanto, você já não é escravo, mas filho. E se você é filho, é também herdeiro por causa de Deus.

⁸Antes, quando vocês não conheciam a Deus, eram escravos de deuses que na realidade não eram deuses. ⁹Mas agora que vocês conhecem a Deus, ou melhor, que são conhecidos por Deus, como podem vocês voltar a esses elementos fracos e miseráveis? Como podem querer tornar-se novamente escravos deles? ¹⁰Vocês observam religiosamente dias, meses, estações e anos... ¹¹Receio que me cansei inutilmente em favor de vocês.

---

uma Lei que vem depois. A descendência de Abraão é única e se realiza na pessoa de Jesus Cristo. Assim sendo, em Cristo somos herdeiros através da promessa feita diretamente a Abraão, e não através da Lei promulgada posteriormente (Rm 4,13).

19-25: É preciso reconhecer a importância da Lei, que foi concedida pela mediação de Moisés. Paulo recorda a tradição, segundo a qual a Lei foi dada pelos anjos. A função da Lei é pedagógica, pois educa a humanidade e permite às pessoas reconhecer os próprios pecados (1Cor 4,15). Com duas novas imagens, a Lei é comparada à prisão e ao pedagogo. A prisão tira a liberdade, mas protege a vida. O pedagogo pune a criança, porém faz que ela amadureça.

26-29: Este é o texto central da carta. Nele está a convicção básica de Paulo, segundo a qual não há mais barreiras entre as pessoas e os povos. Paulo se aproveita de um antigo hino batismal para dizer que Jesus decretou a unidade dos filhos de Deus. Através do batismo, as pessoas se revestem de Cristo, como quem passa a usar uma nova vestimenta. Em Cristo, todas as barreiras são superadas. Caem os limites étnicos que separavam os povos, pois agora não há mais judeu nem grego. Rompem-se as divisões sociais discriminatórias, pois não há mais escravo nem livre. Acaba o machismo que subjugava a mulher, pois não há mais homem nem mulher. Realiza-se o sonho de uma nova humanidade (Cl 3,11).

4,1-11: Quem crê em Cristo é filho, e por isso herdeiro. Com a chegada de Cristo, os gálatas atingiram a maioridade. Mas devem se cuidar para não retornarem à menoridade, à condição de "escravos", termo repetido com insistência, pois reflete a realidade vivida pela população. Com a chegada de Jesus Cristo, a escravidão termina, a maioridade é atingida e o direito de filhos e herdeiros se realiza. Com isso, o Espírito do Filho Jesus clama em nós, com a linguagem carinhosa de criança: "Abba! Pai!" (Rm 8,15).

Afeição do Apóstolo – ¹²Eu lhes peço, irmãos: tornem-se como eu, porque também eu me tornei como vocês. A mim, vocês não me fizeram nada de errado. ¹³E vocês sabem que foi por causa de uma doença física que lhes anunciei o evangelho pela primeira vez. ¹⁴E apesar de minha carne ter sido para vocês uma provação, vocês não me desprezaram nem rejeitaram. Pelo contrário, me receberam como a um anjo de Deus, como a Cristo Jesus. ¹⁵Onde foi parar a alegria que tinham? Pois eu sou testemunha disto: se fosse possível, vocês arrancariam os próprios olhos e os dariam a mim. ¹⁶Será que me tornei inimigo de vocês, por lhes dizer a verdade?

¹⁷Aqueles demonstram interesse por vocês, mas a intenção deles não é boa. Querem separá-los de mim, para que vocês se interessem por eles. ¹⁸É bom interessar-se sempre pelo bem, e não somente quando estou aí com vocês. ¹⁹Meus filhos, por vocês eu sofro de novo as dores de parto, até que Cristo se forme em vocês. ²⁰Eu gostaria de estar aí com vocês agora, e mudar o meu tom de voz, porque não sei o que fazer em relação a vocês.

Filhos da mulher livre, não da escrava – ²¹Digam-me: vocês querem estar debaixo da Lei, e não escutam a Lei? ²²Pois está escrito: Abraão teve dois filhos, um da escrava e outro da mulher livre. ²³Mas o filho da escrava nasceu segundo a carne, enquanto o filho da mulher livre nasceu em força da promessa. ²⁴Essas coisas têm sentido simbólico. De fato, as duas mulheres são as duas alianças. Uma é a do monte Sinai, que gera filhos para a escravidão e que é representada em Agar. ²⁵De fato, o Sinai está na Arábia, que corresponde à Jerusalém de agora e que é escrava junto com seus filhos. ²⁶Mas a Jerusalém do alto é livre, e esta sim é a nossa mãe. ²⁷Porque está escrito: "Alegre-se, estéril, você que não dava à luz. Grite de alegria, você que não conheceu as dores do parto. Pois a mulher abandonada terá mais filhos que a mulher que tem marido".

²⁸Vocês, irmãos, são filhos da promessa, assim como Isaac. ²⁹Mas como naquele tempo o que nasceu segundo a carne perseguia o que nasceu segundo o Espírito, do mesmo modo acontece agora. ³⁰No entanto, o que diz a Escritura? "Expulse a escrava e o filho dela. Pois o filho da escrava não receberá a herança junto com o filho da mulher livre". ³¹Portanto, irmãos, não somos filhos da escrava, mas da mulher livre.

5 *Liberdade em Cristo* – ¹É para a liberdade que Cristo nos libertou. Fiquem firmes, portanto, e não se deixem prender de novo ao jugo da escravidão. ²Eis que eu, Paulo, lhes digo: Se vocês se fazem circuncidar, Cristo de nada lhes adiantará. ³Insisto de novo a todo homem que se faz circuncidar: Ele é obrigado a observar a Lei toda. ⁴Vocês que buscam a justiça na Lei romperam com Cristo e caíram para fora da graça. ⁵Nós, com efeito, aguardamos ansiosamente no Espírito a esperança daquela justiça que vem da fé. ⁶Pois, em Cristo Jesus, nem a circuncisão nem a incircuncisão têm valor algum, e sim a fé que age através do amor. ⁷Vocês corriam bem. Quem foi que pôs obstáculo, impedindo-os de obedecer à verdade? ⁸Quem os convenceu a mudar de atitude não foi aquele que chama vocês. ⁹Um pouco de fermento faz fermentar a massa toda. ¹⁰Eu confio no Senhor que vocês não pensarão diferente de mim. Mas quem os perturba sofrerá a condenação, seja quem for. ¹¹Quanto a mim, irmãos, se eu ainda

---

12-20: A mudança do assunto e do tom mostra a afeição e ternura do Apóstolo, que se faz tudo para todos. Em situação de total fragilidade, ele chegou à Galácia doente e, na enfermidade, anunciou o evangelho. Vencendo o preconceito de que a doença era castigo divino, os gálatas receberam Paulo como a um anjo. Teriam arrancado os próprios olhos, comparação que expressa dedicação sem limites. A partir daí, Paulo se compara a uma mãe em dores de parto para de novo gerar essa comunidade (1Cor 4,15; 2Ts 2,7; Fm 10).

21-31: Com nova aplicação, lembra os dois filhos de Abraão. Como o próprio texto afirma, essa história tem sentido simbólico, a partir dos fatos narrados em Gn 16 e 21. Os gálatas representam o filho da livre, herdeiro da promessa. Assim como o filho da livre foi perseguido pela escrava, assim também os gálatas são ameaçados pelos falsos irmãos (v. 31; 5,1; 1Ts 2,14).

5,1-12: Os termos "escravidão" e "liberdade" continuam conduzindo todo o assunto do próximo capítulo. A vida em Cristo torna as pessoas livres (Rm 6,15-23). Mas é preciso manter-se vigilantes para não voltarem à escravidão. No caso concreto, se os gálatas cederem à Lei da circuncisão, voltarão a ser escravos. A consequência lógica é que invalidariam a graça. Nos vv. 5-6

pregasse a circuncisão, por que sou ainda perseguido? Nesse caso, o escândalo da cruz estaria eliminado. ¹²Que se mutilem de uma vez aqueles que estão perturbando vocês!

Viver segundo o Espírito – ¹³De fato, irmãos, vocês foram chamados para a liberdade. Mas que a liberdade não sirva de pretexto para a carne. Ao contrário, por meio do amor, ponham-se a serviço uns dos outros. ¹⁴Pois a Lei toda está completa num só mandamento: "Amar o próximo como a si mesmo". ¹⁵Se vocês se mordem e se devoram uns aos outros, tomem cuidado: irão acabar destruindo-se mutuamente.

¹⁶Eu lhes digo: vivam segundo o Espírito, e não satisfaçam os desejos da carne. ¹⁷Pois a carne tem desejos contrários ao Espírito, e o Espírito tem desejos contrários à carne. Ambos de fato se opõem um ao outro, de modo que vocês não fazem o que querem. ¹⁸Porém, se vocês são guiados pelo Espírito, não estão debaixo da Lei.

Obras da carne e frutos do Espírito – ¹⁹E as obras da carne são bem conhecidas: união ilegítima, impureza, libertinagem, ²⁰idolatria, feitiçaria, inimizades, briga, ciúme, raiva, discussões, discórdias, sectarismos, ²¹invejas, bebedeiras, farras e coisas semelhantes a essas. A respeito delas eu já lhes falei, e volto a preveni-los: os que praticam tais coisas não terão como herança o Reino de Deus. ²²O fruto do Espírito é amor, alegria, paz, paciência, bondade, generosidade, fé, ²³humildade e domínio de si mesmo. Contra essas coisas não existe lei. ²⁴E os que são de Cristo Jesus crucificaram a carne junto com suas paixões e desejos. ²⁵Se vivemos pelo Espírito, sigamos o Espírito. ²⁶Não nos tornemos arrogantes, provocando uns aos outros e invejando-nos mutuamente.

6 **Carregar o peso uns dos outros** – ¹Irmãos, se alguém for apanhado em alguma falta, vocês, que são espirituais, devem corrigir essa pessoa com espírito de humildade. E você, cuide de si mesmo, para também não ser tentado. ²Carreguem o peso uns dos outros, e assim vocês cumprirão a lei de Cristo. ³Pois se alguém não é nada e pensa ser alguma coisa, está enganando a si mesmo. ⁴Cada um examine a própria conduta, e então terá motivo de se gloriar em si mesmo, e não comparando-se a outras pessoas. ⁵Pois cada um terá o seu próprio fardo para carregar.

⁶Quem é instruído na Palavra reparta todos os seus bens com aquele que o ensina.

⁷Não se iludam: com Deus não se brinca. Pois cada um colherá o que tiver semeado. ⁸Quem semeia na própria carne, da carne colherá destruição. Quem semeia no Espírito, do Espírito colherá vida eterna. ⁹Não nos cansemos de fazer o bem. Se não desanimarmos, no tempo devido colheremos. ¹⁰Portanto, enquanto temos tempo, façamos o bem a todos, principalmente aos familiares na fé.

Gloriar-se na cruz de Cristo – ¹¹Vejam com que letras grandes eu lhes escrevo

---

encontra-se a base da vida cristã (Cl 1,4-5; 1Ts 1,3; 5,8). Consiste em viver a esperança da justiça que vem da fé, vivendo a fé que age através do amor. Essa dinâmica move a nova vida em Cristo Jesus. Ao relativizar o valor da circuncisão, Paulo elimina o argumento básico do machismo da época, pois, caindo essa prática, tem fim a discriminação do homem para com a mulher. Uma expressão forte conclui o raciocínio: quem insiste na circuncisão, que se mutile de uma vez.

13-15: O chamado à liberdade em Cristo não se confunde com a libertinagem de fazer qualquer coisa. Liberdade, em primeiro lugar frente às cadeias da carne, isto é, dos instintos egoístas. A realização da liberdade cristã está no amor, que consiste em servir uns aos outros. Esta é a lógica: deixar de ser escravo dos instintos, para tornar-se servo dos irmãos (Rm 13,8-10).

16-18: Continua o jogo entre carne e Espírito, isto é, entre egoísmo e fraternidade. Com carne e Espírito, Paulo designa duas tendências do ser humano, uma voltada para si mesmo, outra voltada para os irmãos. A exposição dessa dupla tendência humana será retomada em Rm 7,15-23.

19-26: Seguem-se duas listas. A primeira é um catálogo de vícios, semelhantes aos que se encontram em Rm 1,29-31; 1Cor 6,9-10 e 2Cor 12,20. A segunda lista elenca diversas virtudes, a partir da vivência do amor (1Cor 13,4-7; 2Cor 6,6; Ef 5,9). Esses catálogos não pretendem ser sistemáticos nem completos, mas ilustrativos da dupla realidade que envolve os seres humanos.

6,1-10: Recomendações práticas e apelos pessoais do Apóstolo concluem logicamente o assunto. Como fala a pessoas familiarizadas com a realidade da escravidão, Paulo recomenda carregar os fardos uns dos outros, além de carregar cada qual o próprio peso. Como insistiu o tempo todo sobre a liberdade da Lei, recomenda finalmente seguir a lei de Cristo, que se resume no amor (5,14).

11-18: Os adversários pertencem ao mundo antigo, do apego à Lei. Paulo segue a nova lei do amor e se orgulha da cruz de Cristo. A acusação contra os adversários é dupla. Por um lado, não conseguem cumprir a totali-

de próprio punho. ¹²Aqueles que querem aparecer na carne são os que forçam vocês a circuncidar-se. E o fazem só mesmo para não serem perseguidos por causa da cruz de Cristo. ¹³Porque nem mesmo aqueles que se fazem circuncidar observam a Lei. No entanto, eles querem que vocês se façam circuncidar, para assim se vangloriarem da carne de vocês. ¹⁴Quanto a mim, que eu nunca me vanglorie, a não ser na cruz de nosso Senhor Jesus Cristo. Por meio dele, o mundo está crucificado para mim, e eu para o mundo. ¹⁵Pois nem a circuncisão nem a incircuncisão valem nada, e sim a nova criatura. ¹⁶E a todos os que seguem esta regra, que a paz e a misericórdia estejam sobre eles e sobre o Israel de Deus.

¹⁷De agora em diante, ninguém mais me crie dificuldades. Porque trago em meu corpo as marcas de Jesus.

¹⁸Que a graça de nosso Senhor Jesus Cristo esteja com o espírito de vocês, irmãos. Amém.

---

dade da Lei; por outro lado, buscam a própria glória no proselitismo, à custa da liberdade alheia. Enquanto os adversários carregam o sinal da circuncisão, Paulo traz no corpo as marcas de Jesus (2Cor 4,10).

CARTA AOS EFÉSIOS

VIDA PLENA EM CRISTO

Introdução

Com diversas menções à prisão de Paulo (3,1; 4,1; 6,20), Efésios é uma das cartas do cativeiro, juntamente com Filipenses, Colossenses e Filêmon. Difícil é saber de qual prisão o Apóstolo as teria escrito, visto que esteve encarcerado em Éfeso, Cesareia, Filipos e Roma.

Entre as quatro cartas existe certa semelhança doutrinal, sendo Efésios e Colossenses as mais parecidas, tanto na forma quanto no conteúdo, visto que a primeira, de certa forma, retoma e amplia a segunda. Tíquico é o portador de ambas (Ef 6,21; Cl 4,7).

Do ponto de vista doutrinário e teológico, Efésios é a mais significativa. Reapresenta para a nova geração cristã toda a mensagem do Apóstolo. Escrita por volta do ano 90, é por isso uma das deuteropaulinas (ou pós-paulinas). Seu autor seria um discípulo de Paulo, muito ligado à herança do mestre e que vivia no vale do rio Lico, região de Éfeso.

A carta apresenta uma visão do projeto de Deus para a salvação da humanidade, a partir de Jesus Cristo glorioso, projeto que englobava a criação toda, e com ela a humanidade. Essa globalização forma o Corpo de Cristo, ou igreja, na qual se revela aqui e agora o projeto de Deus: reunir em Cristo a humanidade inteira (4,4-16). Portanto, a igreja terrestre em busca dessa nova humanidade é reflexo da igreja do céu (4,22-24). Nesta visão da igreja universal que está acima das comunidades particulares, a unidade é mais importante que a diversidade (2,14-22).

Já não se trata do único povo de Israel (2,14-18). A igreja inclui pacificamente judeus e todas as outras etnias. Está construída sobre o fundamento dos apóstolos e dos profetas, pois os cristãos vivem a herança de ambos (2,20). Talvez possua liturgia organizada, onde o Espírito se manifesta e tem forte atuação (5,18-20).

Em Efésios, os problemas são gerais, e recomenda-se cuidado com as falsas doutrinas. Porém não aponta nenhum erro específico a combater (4,14). Procura expor com clareza o comportamento que distingue os cristãos. Destinatária já não é nenhuma comunidade sofrida da primeira geração, e sim famílias estabilizadas. Seriam talvez cristãos de Éfeso? A questão é discutida, porque o tom genérico da carta não combina com os três anos de convivência de Paulo com essa população. Trata-se talvez de uma circular dirigida às comunidades de Laodiceia, ou mais provavelmente a várias comunidades da Ásia, próximas a Éfeso.

As prescrições dadas às famílias não são estranhas, se considerarmos o modelo da família patriarcal típica da época (6,1-9). As relações familiares, bem como as sociais, são motivadas pelo amor que Jesus Cristo tem pela sua igreja (5,21-27).

1

Endereço e saudação – ¹Paulo, apóstolo de Cristo Jesus por vontade de Deus, aos santos e fiéis em Cristo Jesus. ²A vocês, graça e paz da parte de Deus nosso Pai e do Senhor Jesus Cristo.

Bendito seja Deus
³Bendito seja o Deus e Pai
de nosso Senhor Jesus Cristo,
que nos abençoou
com toda bênção espiritual
nos céus, em Cristo.
⁴Pois, antes do início do mundo,
ele nos escolheu em Cristo,
para sermos santos e irrepreensíveis
diante dele no amor.
⁵Ele decidiu de antemão
que seríamos seus filhos adotivos
por meio de Jesus Cristo,
segundo a benevolência de sua vontade,
⁶para louvor da glória de sua graça,
com a qual ele nos agraciou no Amado,
⁷no qual temos a redenção
por meio do seu sangue,
o perdão dos pecados,
segundo a riqueza da sua graça,
⁸que o Pai fez transbordar sobre nós,
com toda sabedoria e inteligência.
⁹Ele nos revelou assim
o mistério de sua vontade,
segundo sua benevolência,
que por si mesmo havia planejado.
¹⁰Plano de levar à plenitude os tempos,
reunindo todas as coisas
sob uma cabeça, Cristo,
tanto as coisas celestes
quanto as terrestres.
¹¹Em Cristo, também nós
fomos feitos herança de Deus,
conforme o projeto
desse Deus que tudo realiza
segundo o propósito de sua vontade.
¹²Isso para que nós,
os primeiros a esperar em Cristo,
fôssemos o louvor da sua glória.
¹³Em Cristo, também vocês
ouviram a Palavra da verdade,
o evangelho da salvação de vocês,
que, tendo acreditado nele,
foram marcados com o selo
do Espírito prometido,
o Espírito Santo,
¹⁴que é a garantia da nossa herança,
para a redenção do povo
que o Pai adquiriu
para o louvor da sua glória.

Cristo Cabeça – ¹⁵Por isso, eu também, quando ouvi falar da fé que vocês têm no Senhor Jesus e do amor de vocês por todos os santos, ¹⁶não cesso de dar graças a Deus por vocês e recordá-los em minhas orações. ¹⁷Que o Deus de nosso Senhor Jesus Cristo, o Pai da glória, conceda a vocês um espírito de sabedoria e revelação, para que o reconheçam. ¹⁸Que ele lhes ilumine os olhos do coração, para que saibam qual é a esperança do chamado que ele faz, qual é a riqueza da glória da sua herança entre os santos, ¹⁹e qual é a extraordinária grandeza do seu poder em favor de nós, os que acreditamos, conforme a ação do seu poder eficaz.

²⁰Poder que ele fez agir em Cristo,
ressuscitando-o dentre os mortos
e fazendo-o assentar-se à sua direita
nos céus,
²¹acima de todo principado,
autoridade, poder, soberania

1,1-2: O remetente se identifica como Paulo, com o título de apóstolo e com a vocação divina (Rm 1,1). Os destinatários, "santos e fiéis", não incluem nenhum nome específico. A tradição acrescentou: "que estão em Éfeso", lugar que provavelmente não era mencionado nos manuscritos originais. Isso leva a supor que se trate de uma circular dirigida a várias igrejas da região.

3-14: Começa com um hino de rara beleza e grande profundidade. No original grego, trata-se de um período só, com altos conceitos para a vida cristã (Cl 1,15-20). Apresenta uma espécie de síntese da história da salvação. A terminologia é da aliança, com palavras e conteúdos do Antigo Testamento. Pertence ao gênero bênção, também chamado "bendito". O Pai é a fonte de tudo, o Filho é o redentor, e o Espírito é quem confirma a obra da salvação. A igreja é projetada para o ideal do Reino, como sonho de salvação para a humanidade toda. Começa por um bendito ao Pai por ter chamado os cristãos a participarem de sua santidade, no amor (vv. 3-4), e por tê-los adotado como filhos através de Jesus (v. 5). Segue-se o louvor pela graça da redenção (vv. 6-8), e por ter dado a conhecer o mistério de sua vontade, que é o seu plano de amor (vv. 9-10). Acrescenta mais um louvor por ter feito o povo de Israel sua herança (vv. 11-12), e também por ter levado o evangelho da salvação às nações (v. 13). O último louvor se dirige ao Pai, pelos dons do Espírito Santo (v. 14).

15-23: Continua a ação de graças pela fé em Jesus Cristo e pelo amor fraterno da comunidade dos santos (vv. 15-16). E acrescenta três pedidos para essa comunidade. Primeiro, a sabedoria para reconhecer a Deus (v. 17); segundo, a iluminação dos olhos do coração para conhecer a sua herança (v. 18); terceiro, a compreensão do poder de Deus agindo em Jesus Cristo (vv. 19-21).

e qualquer outro nome
que se possa nomear,
não só neste mundo,
mas também no mundo que há de vir.
²²Ele colocou tudo debaixo
dos pés de Cristo
e o constituiu acima de tudo,
como Cabeça da igreja,
²³que é o seu Corpo,
a plenitude daquele que completa tudo
em todas as coisas.

2 Judeus e gentios, todos salvos pela graça –

¹Vocês estavam mortos por causa das faltas e pecados que cometiam. ²No passado, vocês viviam nessas faltas e pecados, seguindo o modo de pensar deste mundo, seguindo o príncipe do poder dos ares, o espírito que agora age nos filhos da desobediência. ³Entre eles, todos nós também andávamos outrora nos desejos de nossa carne, fazendo as vontades da carne e seus impulsos. E, como os demais, éramos por natureza filhos da ira. ⁴Deus, porém, sendo rico em misericórdia, pelo grande amor com que nos amou ⁵deu-nos a vida juntamente com Cristo, quando estávamos mortos em nossas faltas. Vocês foram salvos pela graça! ⁶E com Cristo ele nos ressuscitou e nos fez sentar nos céus com Cristo Jesus, ⁷a fim de mostrar, nos tempos que virão, a extraordinária riqueza da sua graça, pela sua bondade para conosco em Cristo Jesus.

⁸De fato, é pela graça que vocês foram salvos por meio da fé. E isso não provém de vocês, mas é dom de Deus. ⁹Não vem das obras, para que ninguém se encha de orgulho. ¹⁰Porque somos obra de Deus, criados em Cristo Jesus para as boas ações que Deus já havia preparado, para que nos conduzíssemos por elas.

Um só povo em Cristo – ¹¹Portanto, lembrem-se de que vocês no passado eram os gentios segundo a carne, chamados incircuncisos por aqueles que se chamam circuncidados por causa de uma operação feita manualmente na carne. ¹²Lembrem-se: naquele tempo, vocês estavam sem Cristo, excluídos da cidadania de Israel e alheios às alianças da Promessa, sem esperança e sem Deus no mundo. ¹³Mas agora, em Cristo Jesus, vocês, que antes estavam longe, foram trazidos para perto mediante o sangue de Cristo.

¹⁴De fato, Cristo é a nossa paz! Ele que de dois povos fez um só, destruindo em sua própria carne o muro de separação, a inimizade, ¹⁵a Lei dos mandamentos expressa em preceitos. Isso ele fez para criar em si mesmo, de dois povos, um só Homem Novo, estabelecendo a paz. ¹⁶E para reconciliar os dois com Deus num só Corpo, por meio da cruz, destruindo nela a inimizade. ¹⁷E tendo vindo, ele anunciou paz para vocês que estavam longe, e paz para os que estavam perto. ¹⁸De fato, por meio dele, ambos temos acesso ao Pai, num só Espírito.

¹⁹Portanto, vocês dessa forma já não são estrangeiros e forasteiros, mas concidadãos dos santos e membros da família de Deus. ²⁰Vocês estão edificados sobre o fundamento dos apóstolos e profetas, do qual Cristo Jesus é a pedra angular. ²¹Nele, o edifício inteiro se ergue em harmonia, como templo santo no Senhor. ²²E nele, também vocês são incorporados na construção, como habitação de Deus no Espírito.

Nesses pedidos, interpela a igreja real, que vive na história, a espelhar-se no modelo da igreja ideal que vive no céu (4,7-10).

2,1-10: Expõe a situação das nações, antes submissas às forças negativas (vv. 1-2), e a situação de Israel, antes entregue aos instintos egoístas (v. 3). Ambos, judeus e helenistas, viviam em estado lastimável e sem esperança (Rm 3,9.23). Mas Deus, pela sua graça em Jesus, fez de todos um só povo, para conduzir todos à salvação (Rm 9,23-24). Os atributos de Deus, provindos do Antigo Testamento, o descrevem como rico em misericórdia, amor, favor e bondade. Por sua iniciativa e por causa de sua misericórdia, Deus fez todos passarem da morte para a vida, do pecado para a graça, e permitiu que todos participem, antecipadamente, da vida divina, através da ressurreição de Jesus (vv. 4-7). Tudo isso é dom maravilhoso da graça de Deus, em vista das boas ações a serem praticadas (vv. 8-10).

11-22: Continua comparando o antes e o depois, o modo de viver sem Cristo e o modo cristão de viver. Se antes os povos das nações viviam distantes, agora são aproximados pelo sangue de Cristo. A igreja não é mais exclusivamente o povo de Israel, mas forma agora um só povo que reúne gentios e judeus (Cl 1,21-22). Cristo rompeu o muro de separação (v. 14), provável alusão à barreira que separava os gentios dos judeus no Templo de Jerusalém. O foco se volta aqui para comunidades cristãs independentes da sinagoga, e supõe historicamente a ruptura com a tradição de Israel. A igreja é a nova construção, baseada no fundamento dos apóstolos e profetas, tendo Cristo como pedra angular (v. 20; Rm 15,20).

3 Conhecimento do mistério

¹É por isso que eu, Paulo, sou prisioneiro de Cristo em favor de vocês, as nações. ²Certamente vocês ouviram falar do projeto salvador da graça de Deus que me foi concedida em favor de vocês. ³Por revelação, tornou-se conhecido a mim o mistério, como antes escrevi brevemente. ⁴Lendo o que escrevi, vocês poderão entender a compreensão que tenho do mistério de Cristo. ⁵Nas gerações passadas, esse mistério não se tornou conhecido das pessoas, como agora foi revelado no Espírito aos seus santos apóstolos e profetas. ⁶E o mistério é que as nações participam da mesma herança, formam o mesmo corpo e compartilham a mesma promessa em Cristo Jesus, por meio do evangelho. ⁷Desse evangelho eu me tornei ministro, pelo dom da graça de Deus, que me foi concedida pela ação do seu poder. ⁸A mim, o menor de todos os santos, foi dada esta graça de anunciar às nações o evangelho da inesgotável riqueza de Cristo ⁹e esclarecer qual é o projeto salvador do mistério escondido desde os séculos em Deus, criador de todas as coisas. ¹⁰Isso para que agora, por meio da igreja, a multiforme sabedoria de Deus se dê a conhecer aos principados e autoridades nos céus, ¹¹segundo o propósito que ele teve desde sempre e que realizou em Cristo Jesus nosso Senhor. ¹²Em Cristo, temos a ousadia e o acesso confiante, por meio da fé nele. ¹³Assim, eu lhes peço: não desanimem por causa das minhas tribulações por vocês, pois isso representa a glória de vocês.

O amor supera o conhecimento

¹⁴Por esse motivo, eu dobro os joelhos diante do Pai, ¹⁵de quem toda família recebe o nome nos céus e na terra. ¹⁶E peço que ele lhes conceda, segundo a riqueza da sua glória, o poder de serem fortalecidos no homem interior, por meio do seu Espírito. ¹⁷E que, pela fé, Cristo habite no coração de vocês, enraizados e alicerçados no amor. ¹⁸Isso para que vocês sejam capazes de compreender, junto com todos os santos, qual é a largura e o comprimento, a altura e a profundidade, ¹⁹e conhecer o amor de Cristo, que supera todo conhecimento, para que vocês fiquem repletos de toda a plenitude de Deus.

²⁰Àquele que, pela força que age em nós, é capaz de fazer mais, muito mais do que tudo o que podemos pedir ou imaginar, ²¹a ele a glória na igreja e em Cristo Jesus, por todas as gerações dos séculos dos séculos. Amém.

4 Unidade da igreja

¹Por isso é que eu, o prisioneiro no Senhor, peço que vocês se comportem segundo a dignidade da vocação para a qual foram chamados: ²com toda humildade e bondade, com paciência, suportando uns aos outros no amor ³e procurando manter a unidade do Espírito pelo laço da paz. ⁴Há um só corpo e um só Espírito, como também uma só é a esperança da vocação com que vocês foram chamados. ⁵Há um só Senhor, uma só fé, um só batismo. ⁶Há um só Deus e Pai de todos, que está acima de todos, que age por meio de todos e em todos.

⁷Cada um de nós recebeu a graça segundo a medida do dom de Cristo. ⁸Por isso se diz: "Subindo às alturas, levou presos os prisioneiros e concedeu dons aos homens". ⁹O que quer dizer "subiu", senão que ele antes tinha descido aos lugares

---

3,1-13: É dado a conhecer o mistério da salvação (Rm 16,25). Mistério não tem o sentido esotérico de coisas incompreensíveis. Aqui significa o projeto de Deus que visa a salvar toda a humanidade, através de Jesus Cristo, e se manifesta na igreja pelo ministério de Paulo. Pela revelação desse mistério, os gentios são chamados a participar do povo de Deus (Cl 2,2-3). Está claro que o Messias não é monopólio de Israel, mas veio para todas as nações.

14-21: Em tom de súplica, pede ao Pai (v. 14) que o amor de Cristo habite os corações (vv. 17.19), para serem fortalecidos pelo Espírito, na interioridade do ser humano (v. 16). A importância de ser nova criatura consiste em viver de amor segundo o modelo do próprio Cristo (Rm 8,39). Amor que vai muito além do conhecimento e tem dimensão universal. A totalidade desse amor está expressa nas quatro dimensões, de acordo com o pensamento grego da filosofia estoica (v. 18). A interpretação posterior aplicou essas quatro dimensões à própria cruz de Cristo, como vértice de todo o universo.

4,1-6: O capítulo todo desenvolve a importância da unidade da igreja, comparada a um corpo único, tendo Cristo como cabeça para formar a nova humanidade (1Cor 12,12; Cl 2,19). Começa com uma menção à prisão de Paulo (v. 1), como fizera no início do cap. anterior (3,1), e voltará a aludir no v. 8 e em 6,20. O capítulo parte da vocação, que é o ponto de arranque. Para evitar o perigo da discórdia, a unidade é afirmada em todas as suas dimensões (Cl 3,12-15).

7-13: Mesmo privilegiando a unidade, não pode ser esquecida a diversidade. Retoma-se a imagem da igreja como corpo, mas sem o rigor e a coerência de 1Cor

mais baixos da terra? ¹⁰Aquele que desceu é o mesmo que subiu acima de todos os céus, a fim de plenificar todas as coisas. ¹¹E foi ele quem para alguns concedeu serem apóstolos, outros serem profetas, outros evangelistas, outros pastores e mestres. ¹²Ele assim fez para preparar os santos na obra do ministério, para edificação do Corpo de Cristo, ¹³até que todos nós cheguemos à unidade da fé e conhecimento do Filho de Deus, ao estado de Homem Perfeito, na medida e estatura da plenitude de Cristo.

¹⁴Assim, já não seremos crianças, jogados pelas ondas, carregados para cá e para lá por todo vento de doutrina e pela artimanha das pessoas que com astúcia levam ao erro. ¹⁵Antes, sendo verdadeiros no amor, cresçamos em todos os sentidos naquele que é a Cabeça, o Cristo. ¹⁶Graças a ele, o Corpo todo vai crescendo e se edificando no amor, bem ajustado e unido pelas articulações que alimentam cada membro segundo sua própria função.

Nova humanidade em Cristo – ¹⁷Portanto, digo e afirmo no Senhor: Não se comportem mais como os gentios, que vão atrás de seus pensamentos vazios. ¹⁸A mente deles ficou cega, e estão longe da vida de Deus, por causa da ignorância que há neles e pela dureza de seus corações. ¹⁹Eles se tornaram insensíveis e se entregaram à libertinagem e à prática insaciável de todo tipo de impureza.

²⁰Mas não foi isso que vocês aprenderam sobre Cristo, ²¹se é que de fato vocês o ouviram e foram instruídos segundo a verdade que há em Jesus. ²²Abandonem o modo como viviam antes, o homem velho que se corrompe com paixões enganadoras. ²³Que a mentalidade de vocês se renove espiritualmente. ²⁴Revistam-se do homem novo, criado segundo Deus, na justiça e santidade da verdade.

²⁵Abandonem portanto a mentira. Cada um diga a verdade a seu próximo, porque somos membros uns dos outros. ²⁶Se ficarem irados, não pequem. Que o sol não se ponha sobre a ira de vocês. ²⁷E não deem oportunidade ao diabo. ²⁸Quem roubava, não roube mais; antes, trabalhe com as próprias mãos, fazendo o que é bom, para assim terem o que repartir com o necessitado. ²⁹Que da boca de vocês não saia nenhuma palavra que prejudique, mas palavras boas para edificação no momento oportuno, a fim de que façam bem para aqueles que as ouvem. ³⁰E não entristeçam o Espírito Santo de Deus, com o qual vocês estão marcados para o dia da redenção. ³¹Afastem de vocês toda amargura, ira, cólera, gritaria, difamação e todo tipo de maldade. ³²Sejam bons e misericordiosos uns com os outros, como também Deus perdoou a vocês em Cristo.

5 ***Caminhar como filhos da luz*** – ¹Portanto, tornem-se imitadores de Deus, como filhos amados. ²E caminhem no amor, como também Cristo amou vocês e se entregou por nós a Deus, como oferta e sacrifício de suave perfume. ³Relações ilegítimas e qualquer impureza ou avareza não sejam nem sequer pronunciadas entre vocês, como convém a santos. ⁴Nem conversa indecente e estúpida ou piada grosseira, que são inconvenientes; e sim ação de graças. ⁵Pois saibam que todo aquele que mantém relações ilegítimas, aquele

---

12,12-26. Cristo é a cabeça desse corpo universal, no qual os membros se diluem. Cinco carismas são elencados, mas todos se referem ao governo e ao ensino. A lista não contempla a diversidade de carismas como em Rm 12,6-8; 1Cor 12,8-10 ou 1Cor 12,28.

14-16: Alerta contra o perigo das falsas doutrinas ou heresias. As ameaças agora vêm de fora da igreja. Daí se pode deduzir que a igreja está se estabilizando, definindo sua doutrina e organizando sua hierarquia (Cl 2,4-8).

17-32: A proposta da catequese primitiva se baseia na passagem de um caminho para outro; neste caso, acentua a realidade da mudança da antiga criatura para a pessoa renovada em Cristo. O batismo leva a pessoa a revestir-se do "homem novo", como quem troca de vestimenta (Rm 6,4). Alguns exemplos concretos ilustram a realidade dessa passagem, da mentira para a verdade, do roubo para o trabalho manual, da palavra prejudicial à palavra edificante, do comportamento egoísta para a generosidade recíproca (Cl 3,8-10).

5,1-20: Segue-se a catequese sobre o comportamento cristão. A motivação é profunda: tornar-se imitadores de Deus, imitando o Cristo em seu amor por nós (vv. 1-2). Imitar a Deus é mais comum no Antigo Testamento, sendo que o Novo normalmente, e as cartas paulinas em particular, propõem a imitação de Jesus Cristo (1Cor 11,1). A partir dessa motivação, vem a proposta de caminhar no amor (v. 2) e caminhar como filhos da luz (v. 8). Caminhar é o modo de expressar a conduta moral cristã. Não raro, o cristianismo é descrito como caminho ou caminhada. Através do contraste entre treva e luz, recomenda não esconder-se nas trevas, mas produzir os

que é impuro e aquele que é avarento, isto é, idólatra, esses não têm herança no Reino de Cristo e de Deus. ⁶Que ninguém, com palavras vazias, engane a vocês, pois devido a essas coisas é que vem sobre os desobedientes a ira de Deus. ⁷Não se tornem cúmplices deles. ⁸De fato, antes vocês eram trevas; agora, porém, são luz no Senhor. Caminhem como filhos da luz. ⁹Pois o fruto da luz está em toda bondade, justiça e verdade. ¹⁰Procurem descobrir o que é agradável ao Senhor. ¹¹E não participem das obras estéreis das trevas; ao contrário, denunciem tais obras. ¹²Porque é até vergonhoso dizer o que eles fazem às escondidas. ¹³Mas tudo o que é denunciado, torna-se manifesto pela luz. ¹⁴De fato, tudo o que se torna manifesto é luz. E por isso se diz: "Acorde, você que dorme, e levante-se dentre os mortos, e Cristo o iluminará".

¹⁵Prestem muita atenção à maneira como vocês vivem: Não vivam como tolos, mas como sábios, ¹⁶tirando o máximo proveito do tempo, já que os dias são maus. ¹⁷Por isso, não sejam insensatos, mas compreendam a vontade do Senhor. ¹⁸E não fiquem bêbados com vinho, que leva à libertinagem; ao contrário, busquem tornar-se repletos do Espírito. ¹⁹Entre vocês, entoem salmos, hinos e cânticos espirituais, cantando e salmodiando de coração ao Senhor. ²⁰Sempre e por tudo deem graças a Deus, o Pai, em nome de nosso Senhor Jesus Cristo.

Amor e respeito entre marido e esposa – ²¹Sejam submissos uns aos outros no temor de Cristo. ²²As mulheres sejam submissas a seus maridos como ao Senhor, ²³pois o homem é cabeça da mulher, como também Cristo é cabeça da igreja, ele que é o salvador do Corpo. ²⁴E como a igreja está submissa a Cristo, assim também as mulheres sejam submissas em tudo aos maridos. ²⁵Maridos, tenham amor a suas esposas, como Cristo amou a igreja e se entregou por ela, ²⁶a fim de santificá-la e purificá-la com o banho da água pela Palavra, ²⁷e para apresentar a si mesmo a igreja, gloriosa, sem mancha nem ruga ou coisa semelhante, mas santa e irrepreensível. ²⁸Portanto, os maridos devem amar suas esposas como a seus próprios corpos. Quem ama a própria mulher, ama a si mesmo. ²⁹Porque ninguém jamais quis mal à sua própria carne; pelo contrário, lhe dá alimento e cuida dela, assim como Cristo faz com a igreja, ³⁰porque somos membros do seu Corpo. ³¹Por isso, o homem deixará pai e mãe e se unirá à sua mulher, e os dois serão uma só carne. ³²É grande esse mistério! Eu o digo, referindo-me a Cristo e à igreja. ³³Em qualquer caso, cada um de vocês ame sua mulher como a si mesmo, e a mulher respeite o marido.

6 *Reciprocidade entre pais e filhos, entre patrões e escravos* – ¹Filhos, obedeçam a seus pais no Senhor, pois isso é justo. ²"Honre seu pai e sua mãe" é o primeiro mandamento, que inclui uma promessa; ³"para que você seja feliz e tenha vida longa sobre a terra".

⁴Pais, não deixem seus filhos irritados, mas os eduquem na disciplina e com a correção do Senhor.

⁵Escravos, obedeçam a seus senhores segundo a carne, com temor e tremor, com simplicidade de coração, como a Cristo. ⁶Obedeçam, não somente quando vigiados, para agradar aos homens, mas como

---

frutos da luz, culminando em Cristo, luz do amanhecer (1Ts 5,4-5). Por fim, encontram-se indícios de uma liturgia mais organizada (vv. 19-20).

21-33: Trata das relações entre marido e mulher, a partir do modelo da família típica da sociedade romana patriarcal. As afirmações contrastam com outros textos paulinos, como Gl 3,28, que propõe anular as divisões entre judeu e grego, escravo e livre, homem e mulher. Mesmo assim, uma leitura atenta do texto permite perceber as motivações profundas para o relacionamento familiar. A comparação usa como imagem a relação de Cristo com a igreja, comum na Bíblia, como convivência de esposo e esposa (2Cor 11,2). A relação de amor entre Cristo e a igreja é o modelo de todas as demais relações conjugais. O outro lado da comparação é a convivência entre as pessoas. O texto começa justamente recomendando a submissão de uns aos outros em Cristo (v. 21). Trata-se, portanto, do comprometimento cristão de serviço e amor. A partir dessas motivações, traça algumas recomendações às esposas, e muitas outras aos maridos (Rm 7,1-11).

6,1-9: O texto anterior tratou das relações entre mulher e marido. O texto presente analisa a convivência entre filhos e pais, e entre escravos e patrões. Também aqui a partir do modelo de sociedade patriarcal e escravista. Mesmo assim, frisa o respeito mútuo, com a motivação de que o único Senhor é Cristo, que não distingue senhores e escravos. Recomenda que os filhos obedeçam aos pais (Ex 20,12), porém supera o decálogo, pois, na reciprocidade, pede que os pais respeitem os filhos. E a

servos de Cristo, que se aplicam de alma em cumprir a vontade de Deus. ⁷Sirvam de boa vontade, como se fosse ao Senhor, e não a homens, ⁸sabendo que cada um que tiver feito o bem, receberá do Senhor o bem, seja ele escravo ou livre.

⁹Senhores, tratem da mesma forma seus escravos, deixando de fazer ameaças, sabendo que o Senhor deles e de vocês está nos céus, e não faz distinção de pessoas.

A luta cristã – ¹⁰Quanto ao mais, fortaleçam-se no Senhor e na força de seu poder. ¹¹Vistam a armadura de Deus, para conseguirem resistir às manobras do diabo. ¹²Pois a nossa luta não é contra o sangue e a carne, mas contra os principados, contra as autoridades, contra os dominadores deste mundo, contra os espíritos do mal que se acham nas regiões celestes. ¹³Por isso, vistam a armadura de Deus, para conseguirem resistir no dia mau e permanecerem firmes depois de superar tudo.

¹⁴Fiquem firmes, portanto. Usem na cintura o cinturão da verdade. Vistam a couraça da justiça. ¹⁵Calcem os pés com a prontidão para o evangelho da paz. ¹⁶Estejam sempre com o escudo da fé, pois com ele vocês conseguirão apagar as flechas inflamadas do Maligno. ¹⁷E peguem o capacete da salvação e a espada do Espírito, que é a Palavra de Deus.

¹⁸Rezem no Espírito em todo tempo, com orações e súplicas de todo tipo. Para isso, vigiem com toda a perseverança, rezando por todos os santos. ¹⁹Rezem também por mim, para que eu, quando abrir a boca, me seja concedida a Palavra e eu revele com ousadia o mistério do evangelho, ²⁰do qual sou embaixador na prisão. Que eu fale dele com ousadia, como é meu dever.

Saudações finais – ²¹Para que também vocês saibam o que se passa comigo e o que tenho feito, tudo será narrado a vocês por Tíquico, irmão amado e servo fiel no Senhor. ²²Eu o enviei exatamente para isso, a fim de que vocês saibam o que se passa conosco e encoraje o coração de vocês.

²³Paz aos irmãos, e amor com fé que provém de Deus Pai e do Senhor Jesus Cristo. ²⁴A graça esteja com todos os que amam com amor eterno a nosso Senhor Jesus Cristo.

---

mesma reciprocidade de obediência é recomendada aos escravos e aos patrões, superando os costumes sociais da época (Cl 3,18-25).

10-20: Compara a vida cristã a um combate, no qual a pessoa deve armar-se como soldado, para defender-se dos inimigos. Já no Antigo Testamento, Deus é comparado a um guerreiro que empunha armas (Sl 7 e 18).

21-24: As saudações finais remetem a Tíquico, portador da carta e das notícias. Esse "irmão amado e servo fiel" parece exercer a mesma função em Cl 4,7.

CARTA AOS FILIPENSES

O VERDADEIRO EVANGELHO

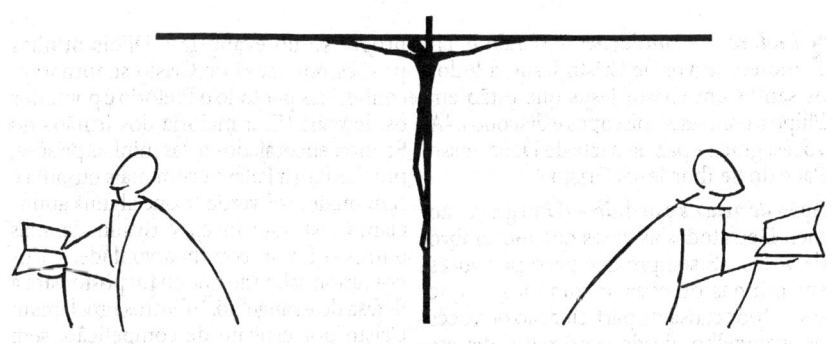

Introdução

Filipenses é uma das cartas do cativeiro, ao lado de Efésios, Colossenses e Filêmon. As várias menções às prisões de Paulo (1,7.13.14.17) levam a supor que tenha sido escrita de Éfeso, entre os anos 54 e 57. Poderia ser a composição de duas ou três cartas de momentos diferentes, mas é difícil confirmar essa possibilidade. O que temos é uma carta com temática unitária e bem definida.

Filipenses é perpassada pela palavra "evangelho", e toda inundada de afeto e alegria. Nesse sentido, distingue-se de todas as demais. Filipos, a comunidade destinatária, ficará no coração de Paulo como sua igreja primogênita na Europa. Também como a igreja que começou com pequeno grupo de mulheres, à beira de um rio. Ainda mais, porque ele aceitou hospedar-se na casa de Lídia, e finalmente (outra exceção em sua vida) por ter aceito donativos da comunidade para suprir suas privações.

Lucas fornece diversas informações sobre a evangelização de Filipos, e começa descrevendo-a como "cidade principal dessa região da Macedônia e colônia romana" (At 16,12). A cidade gozava de privilégios políticos, era protegida por acrópole fortificada, estava circundada por fértil região agrícola, e tinha um porto marítimo bem próximo.

Em Filipos não havia sinagoga, mas Paulo encontra um grupo de mulheres reunidas em assembleia de culto judaico. Com o Apóstolo viajavam Silas e Timóteo, além do próprio Lucas, pelo que se deduz do seu estilo "nós" em At 16. Esse grupo de mulheres era liderado por Lídia, negociante de púrpura, estrangeira de Tiatira e adoradora de Deus.

O sistema de escravidão em Filipos é ilustrado pela jovem adivinha, que dava muito lucro aos patrões. Com efeito, a expulsão do espírito de adivinhação da jovem provoca protestos e a prisão de Paulo e Silas, que são açoitados. Tais sofrimentos e injúrias não são recordados na carta. As poucas polêmicas se dirigem a inimigos reais, tachados como "cães, maus operários e mutilados" (3,2), ou como "inimigos da cruz de Cristo" (3,18). São pessoas de tendência judaizante, que pregam um evangelho sem cruz, e uma salvação baseada na Lei de Moisés.

Apesar dos sofrimentos, a carta demonstra que o evangelho é a boa notícia. Embora escreva da prisão, Paulo transmite alegria completa. Enquanto prisioneiro, não sabe se vai ser condenado à morte, mas tem uma certeza: para ele, "o viver é Cristo e o morrer é lucro" (1,21). O Apóstolo agradece, porque os pobres e humildes da comunidade foram em seu auxílio (2,25;

4,10-20), e serviram de modelo a outras comunidades na partilha generosa (2Cor 8,1-6; 9,2-4).

A carta oferece critérios para reconhecer o verdadeiro evangelho. Relembra que a autenticidade do anúncio está na cruz. Insiste que a salvação depende de Jesus Cristo, e não da Lei. Lembra que a essência do evangelho pode ser desviada por pessoas sem coerência de vida. Alerta para que todos vivam em harmonia, sem espírito de competição.

1

Endereço e saudações – ¹Paulo e Timóteo, servos de Cristo Jesus, a todos os santos em Cristo Jesus que estão em Filipos, com seus epíscopos e diáconos. ²A vocês, graça e paz da parte de Deus nosso Pai e do Senhor Jesus Cristo.

Ação de graças e pedido – ³Dou graças ao meu Deus todas as vezes que me lembro de vocês. ⁴E sempre que peço por vocês em minhas orações, é com alegria que peço, ⁵por causa da participação de vocês no evangelho, desde o primeiro dia até agora. ⁶E estou convencido: aquele que começou em vocês a boa obra a completará até o dia de Cristo Jesus. ⁷É justo que eu assim pense de todos vocês, porque os tenho em meu coração, a todos vocês que comigo se tornaram participantes da graça, em minhas prisões e na defesa e confirmação do evangelho. ⁸De fato, Deus é testemunha de quanto amo a todos vocês com a ternura de Cristo Jesus. ⁹E é isto que peço: que o amor de vocês cresça mais e mais, em conhecimento e em todo tipo de discernimento, ¹⁰para que vocês saibam escolher o que é mais importante. Assim, vocês estarão puros e sem reprovação para o dia de Cristo, ¹¹repletos do fruto da justiça obtido através de Jesus Cristo, para glória e louvor de Deus.

Anúncio na prisão – ¹²Quero que vocês saibam, irmãos, que as coisas que me aconteceram contribuíram para o progresso do evangelho. ¹³Pois minhas prisões por causa de Cristo se tornaram conhecidas por todo o Pretório e por todos os demais. ¹⁴E a maioria dos irmãos no Senhor, encorajados pelas minhas prisões, proclamam a Palavra com mais ousadia e sem medo. ¹⁵É verdade que alguns anunciam Cristo por inveja e rivalidade, mas outros o fazem com boa vontade. ¹⁶Uns por amor, sabendo que eu fui posto para a defesa do evangelho. ¹⁷Outros proclamam Cristo por espírito de competição, sem sinceridade, pensando que vão aumentar o sofrimento das minhas prisões. ¹⁸O que importa? De qualquer modo, com segundas intenções ou com sinceridade, Cristo é proclamado, e com isso eu me alegro. Mas também me alegrarei ¹⁹por saber que isso me levará à salvação, pelas orações de vocês e pela ajuda do Espírito de Jesus Cristo. ²⁰Minha ansiosa expectativa e esperança é de que por nada ficarei envergonhado, mas com toda a ousadia, agora como sempre, Cristo será engrandecido em meu corpo, seja pela vida, seja pela morte. ²¹Pois para mim o viver é Cristo e o morrer é lucro. ²²No entanto, se o viver na carne me leva a produzir fruto, não sei o que escolher. ²³Sinto-me num dilema: tenho o desejo de partir e estar com Cristo, porque isso é muito melhor. ²⁴Mas o permanecer na carne é mais necessário por causa de vocês. ²⁵E convencido disso, sei que vou ficar e continuar com todos vocês, para

---

1,1-2: Provavelmente porque em Filipos sua autoridade de apóstolo não era contestada, Paulo se apresenta como servo ao lado de Timóteo, seu grande colaborador (2,19; At 16,1). A saudação de graça e paz remete à rica tradição bíblica.

3-11: A ação de graças, viva e calorosa, é entremeada com o pedido para que o amor cresça até a perfeição (Rm 12,2). Alegria e ternura marcam o início e percorrem toda a carta. Não há marcas de tristeza, mesmo estando no ambiente da prisão. Paulo sente saudades e lembra a ternura de Jesus. Agradece a comunidade, não só porque acatou o evangelho, mas também porque colaborou na evangelização desde o primeiro dia (At 16,12-40).

12-26: Paulo se manifesta feliz por estar preso por causa de Jesus Cristo. Mais ainda. É um presente que lhe permite tornar Jesus Cristo ainda mais conhecido. É tática sua aproveitar qualquer situação e auditório para difundir o evangelho, que se afirma nas prisões (v. 7). De fato, devido a elas, Jesus tornou-se conhecido no pretório (v. 13) e elas encorajaram outros irmãos a proclamarem a palavra com liberdade (v. 14). Apesar das prisões (v. 17), Paulo se alegra, pois o que importa é que Cristo seja proclamado (Ef 3,1). Esse júbilo permite ao Apóstolo até certa ironia diante do sofrimento e ameaça de morte, quando conclui: "Para mim o viver é Cristo e o morrer é lucro" (v. 21). Contudo, o dilema

que progridam e se alegrem na fé. ²⁶Assim, quando eu voltar para junto de vocês, por minha causa vocês se orgulhem ainda mais em Cristo Jesus.

Comportar-se de maneira digna – ²⁷Só uma coisa: comportem-se de maneira digna do evangelho de Cristo. Assim, indo vê-los ou continuando longe, eu ouça dizer que vocês estão firmes num só espírito, lutando juntos com uma só alma pela fé do evangelho, ²⁸e que vocês não têm medo dos adversários. O que para eles é sinal de perdição, para vocês é de salvação, e isso provém de Deus. ²⁹Pois Deus concedeu a vocês a graça, em relação a Cristo, não somente de acreditar nele, mas também de sofrer por ele, ³⁰enfrentando o mesmo combate que viram em mim e que agora ouvem de mim.

2 **Viver em harmonia** – ¹Portanto, se algum apelo existe em Cristo, se existe alguma consolação de amor, se existe alguma comunhão de espírito, se existe alguma ternura e compaixão, ²completem a minha alegria: tenham o mesmo sentimento e o mesmo amor, em harmonia, com um só pensamento. ³Não façam nada por competição ou pelo desejo de receber elogios, mas com humildade, cada um considerando os outros superiores a si mesmo. ⁴Que ninguém busque apenas seu próprio interesse, mas também o interesse dos outros.

Da humilhação à exaltação – ⁵Tenham em vocês os mesmos sentimentos que havia em Cristo Jesus:

⁶Ele estava na forma de Deus,
mas renunciou ao direito
de ser tratado como Deus.
⁷Pelo contrário, esvaziou-se a si mesmo
e tomou a forma de servo,
tornando-se semelhante aos homens.
E encontrado na figura de homem,
⁸rebaixou-se a si mesmo,
fazendo-se obediente até à morte,
e morte de cruz.
⁹Por isso, Deus o elevou
ao posto mais alto
e lhe deu o nome
que está acima de todo nome,
¹⁰para que ao nome de Jesus
todo joelho se dobre
nos céus, na terra e sob a terra,
¹¹e toda língua confesse
que Jesus Cristo é o Senhor,
para a glória de Deus Pai.

Humilhação e exaltação da comunidade – ¹²Portanto, meus amados, assim como vocês sempre obedeceram, não só na minha presença, mas ainda mais agora na minha ausência, trabalhem com temor e tremor na salvação de vocês. ¹³Pois é Deus quem produz em vocês o desejo e a realização, segundo a vontade dele. ¹⁴Façam tudo sem reclamar nem discutir, ¹⁵para se

---

é real: entre o interesse da comunidade e a morte "para estar com Cristo", o Apóstolo prefere o primeiro, por ser mais importante que o seu interesse pessoal (2Cor 5,6-9).

27-30: O convite a viver de maneira digna do evangelho corresponde a comportar-se de maneira cidadã. Paulo faz um jogo sobre o conceito de cidadania, visto que Filipos gozava de privilégios no âmbito político do império romano. Aqui se trata de proposta de cidadania nos critérios do evangelho, o que supõe luta e sofrimento. Paulo quer esvaziar-se dos privilégios políticos e sociais, para viver segundo os critérios do evangelho (Ef 2,19). É preciso enfrentar adversários, talvez judaizantes que propunham os privilégios de um evangelho sem cruz e sem a graça de Deus. Os filipenses conhecem bem as perseguições que Paulo sofreu ao chegar à cidade (At 16,19-20; 1Ts 2,2).

2,1-4: Conhecedor das possíveis rixas e conflitos na comunidade, Paulo apela para a harmonia. Com uma série de motivações, chama para a humildade e o amor. Cada qual deve valorizar o outro. Com esse convite a esvaziar-se de si mesmos, Paulo prepara o hino sobre o exemplo de Jesus Cristo (Rm 15,1-6).

5-11: A inserção deste hino aqui está coerente com o pensamento geral da carta. Canta, em síntese, toda a trajetória de Jesus Cristo. Apresenta uma resposta ao escândalo da cruz de Jesus, e consequentemente à humilhação e sofrimento dos cristãos (Cl 1,15-20; 1Tm 3,16; 2Tm 2,11-13). Essa teologia é conhecida como "esvaziamento", termo que traduz o grego *kénosis*, para expressar o movimento de Jesus que parte de Deus, desce até à morte na cruz, e volta para Deus como Senhor. É o modelo bíblico da humilhação e exaltação. Aplica-se também no batismo, enquanto mergulho no pecado e subida na graça. É o movimento da humilhação de Jesus a partir da sua condição divina ou "forma de Deus" (v. 6): ele se esvazia, tomando "a forma de servo" (v. 7), para assemelhar-se aos homens (v. 7), e obedecer até à morte (v. 8), chegando à mais baixa humilhação na cruz (v. 8). No movimento de exaltação, Jesus parte da cruz, é elevado (v. 9), recebe um nome acima de todo nome (v. 9), é adorado (v. 10) e proclamado Senhor na glória de Deus (v. 11).

12-18: Após ter apresentado o esvaziamento de Jesus Cristo, convida a comunidade a fazer o mesmo. Mas, para isso, é preciso comportar-se de maneira condizente, tornando-se íntegros e puros, sem defeito algum. É uma alusão ao sacrifício do cordeiro, que devia ser puro e sem mancha. A mesma metáfora do sacrifício é mantida na comparação sobre a possível condenação de Paulo

tornarem íntegros e puros, filhos de Deus sem defeito, no meio de uma geração má e pervertida, onde vocês brilham como estrelas no mundo, ¹⁶chamando a atenção para a Palavra da vida. Desse modo, no Dia de Cristo, eu poderei orgulhar-me de não ter corrido nem ter feito esforço em vão. ¹⁷Mas, se meu sangue for derramado em sacrifício sobre a oferta e a liturgia da fé que vocês têm, fico bem contente e me alegro com todos vocês. ¹⁸E vocês também: estejam contentes e se alegrem comigo.

Timóteo e Epafrodito – ¹⁹Espero no Senhor Jesus enviar-lhes logo Timóteo, para que eu tenha também a alegria de receber notícias de vocês. ²⁰Pois não tenho ninguém com os mesmos sentimentos dele, e que realmente se preocupe com vocês. ²¹De fato, todos buscam o próprio interesse, e não de Jesus Cristo. ²²Mas vocês bem sabem como Timóteo deu provas de seu valor: como filho ao lado do pai, ele serviu comigo ao evangelho. ²³É ele, portanto, que espero enviar, assim que eu consiga ver como ficará a minha situação. ²⁴E confio no Senhor que eu mesmo possa ir vê-los logo.

²⁵Considerei necessário enviar-lhes meu irmão Epafrodito, colaborador e companheiro de luta, que vocês enviaram para atender às minhas necessidades. ²⁶Ele estava com saudades de todos vocês, e ficou preocupado, porque vocês souberam que ele estava doente. ²⁷De fato, esteve doente, à beira da morte, mas Deus teve compaixão dele. E não somente dele, mas também de mim, para que eu não ficasse numa tristeza ainda maior. ²⁸Assim, apressei-me em enviá-lo, para que vocês o vejam de novo e se alegrem, e eu também fique menos triste. ²⁹Portanto, vocês o recebam no Senhor, com toda a alegria. E tenham grande estima por pessoas como ele, ³⁰pois quase morreu pela obra de Cristo, arriscando a vida para completar, em nome de vocês, o serviço às minhas necessidades.

3

Humilhação e exaltação de Paulo – ¹Quanto ao resto, meus irmãos, alegrem-se no Senhor. Não é inutilmente que lhes escrevo as mesmas coisas, mas é para dar segurança a vocês. ²Cuidado com os cães, cuidado com os maus operários, cuidado com os mutilados! ³Pois nós é que somos a circuncisão, nós é que prestamos culto pelo Espírito de Deus, nós é que nos gloriamos em Cristo Jesus e não confiamos na carne. ⁴Se bem que eu até poderia confiar na carne. E se alguém pensa que pode confiar na carne, eu ainda mais: ⁵circuncidado no oitavo dia, da raça de Israel, da tribo de Benjamim, hebreu filho de hebreus. Quanto à Lei, fariseu; ⁶quanto ao zelo, perseguidor da Igreja; quanto à justiça que há na Lei, sem reprovação.

⁷Mas tudo o que para mim era lucro, agora considero como perda, por causa de Cristo. ⁸Mais que isso. Considero tudo como perda, diante do bem superior que é o conhecimento de Cristo Jesus, meu Senhor. Por causa dele perdi tudo, e considero tudo como lixo, a fim de ganhar Cristo ⁹e ser encontrado nele. E isso, não tendo mais como justiça minha aquela que vem da Lei, mas aquela que vem de Deus e se baseia na fé. ¹⁰Quero assim conhecer a Cristo, o poder da sua ressurreição e a comunhão nos seus sofrimentos, assumindo a mesma forma da sua morte, ¹¹para ver se de alguma forma alcanço a

---

que está preso e encara a morte como gesto litúrgico de participação na oferta do próprio Cristo (4,18; Rm 1,9).

19-30: Texto maravilhoso que ilustra as relações de Paulo com a comunidade toda, em particular com os amigos. Demonstra sua sensibilidade, que se manifesta em amizade, carinho, afeto e gratidão. Envia de volta Epafrodito, que foi visitar Paulo com doações da comunidade, e que ao chegar caiu doente. Resolve mandar também Timóteo, que está com ele ao escrever a carta (1,1). Epafrodito (4,18) não é conhecido em outras passagens, enquanto Timóteo aparece 24 vezes no NT (At 16,1). Em clima de confiança e amizade, o Apóstolo não esconde um desabafo pessoal, por causa do egoísmo de alguns (v. 21). E não deixa de expressar, mais uma vez, o dilema que acompanha o prisioneiro: a condenação ou a liberdade.

3,1-14: Paulo comenta agora o seu próprio esvaziamento. Segue o fio condutor da carta, que apresentou o esvaziamento de Jesus (2,5-11) e da comunidade (2,12-18). São fortes suas expressões contra os judaizantes que propõem confiança na carne: cães, maus operários e mutilados (v. 2). Diante desses pregadores que lhe tentam desfazer a pregação, Paulo apresenta suas credenciais como judeu autêntico. Concentra aqui as maiores informações sobre seu passado, que por sinal ele jamais nega. E demonstra que a graça de Deus atua e completa nele os valores humanos. Para corresponder à graça, deve manter o próprio esforço, buscando o prêmio como atleta de olimpíadas. É sempre cara a Paulo a imagem da vida cristã como corrida num campeonato (2,16; 1Cor 9,24).

ressurreição dentre os mortos. ¹²Não que eu já o tenha conseguido, ou que eu já seja perfeito, mas corro para ver se o alcanço, visto que eu também já fui alcançado por Cristo Jesus. ¹³Irmãos, não penso que eu mesmo já tenha conseguido isso, mas uma coisa eu faço: esquecendo-me do que fica para trás e avançando para o que está adiante, ¹⁴corro em direção à meta, em vista do prêmio ao chamado do alto, prêmio que vem de Deus em Cristo Jesus.

Maturidade cristã – ¹⁵Portanto, todos nós que somos "perfeitos", tenhamos este pensamento. E, se em alguma coisa vocês pensam de modo diferente, também nisso Deus os esclarecerá. ¹⁶Em todo caso, aonde quer que cheguemos, mantenhamos o rumo.

¹⁷Irmãos, sejam meus coimitadores e observem os que vivem de acordo com o modelo que em nós vocês têm. ¹⁸Porque eu já lhes disse muitas vezes, e agora repito chorando: há muitos que vivem como inimigos da cruz de Cristo. ¹⁹O fim deles é a destruição, o deus deles é o ventre, a glória deles está no que é vergonhoso, os pensamentos deles estão nas coisas terrenas.

²⁰Ao contrário, a nossa cidade está nos céus, de onde também esperamos ansiosamente o Salvador, o Senhor Jesus Cristo. ²¹Ele há de transformar o nosso corpo miserável, dando-lhe a forma do seu corpo glorioso, graças ao poder eficaz que ele tem de submeter a si todas as coisas.

4 **Recomendações** – ¹Assim, meus queridos e saudosos irmãos, minha alegria e coroa, meus amados, continuem firmes no Senhor.

²Peço a Evódia e suplico a Síntique: façam as pazes no Senhor. ³Peço também a você, fiel companheiro Sízigo, que as ajude, pois elas lutaram comigo pelo evangelho, junto com Clemente e os demais colaboradores meus. Os nomes deles estão no livro da vida.

⁴Alegrem-se sempre no Senhor. Repito: alegrem-se! ⁵Que a bondade de vocês se torne conhecida por todos. O Senhor está próximo. ⁶Não se aflijam por nada. Que as necessidades de vocês sejam conhecidas diante de Deus, por meio da oração e da súplica, com ação de graças. ⁷E a paz de Deus, que supera toda compreensão, guardará os corações e pensamentos de vocês em Cristo Jesus.

⁸Por fim, irmãos, ocupem-se em tudo o que é verdadeiro, tudo o que é nobre, tudo o que é justo, tudo o que é puro, tudo o que é amável, tudo o que é louvável, que tenha virtude e seja digno de reconhecimento. ⁹Pratiquem o que aprenderam, receberam, ouviram e viram em mim. E o Deus da paz estará com vocês.

Alegria e gratidão – ¹⁰Eu muito me alegrei no Senhor, pois finalmente vi de novo crescer o interesse de vocês por mim. Vocês tinham já esse interesse, porém lhes faltava oportunidade para demonstrá-lo. ¹¹Não digo isso por estar passando necessidade, pois aprendi a me manter com o que tenho. ¹²Sei disciplinar-me na penúria e na abundância. Estou acostumado com toda e qualquer situação: satisfação ou fome, abundância ou penúria. ¹³Tudo posso naquele que me fortalece. ¹⁴No entanto, vocês fizeram bem, tomando parte na minha tribulação.

¹⁵Filipenses, vocês mesmos sabem que no início da pregação do evangelho, quando parti da Macedônia, nenhuma igreja, além de vocês, compartilhou comigo as

---

15-21: O Apóstolo convida a comunidade a lhe seguir o exemplo, no esforço rumo à perfeição, com os olhos fitos na meta final (Rm 6,12-14). Sua emoção o leva às lágrimas para recriminar de novo os inimigos da cruz salvadora, que não aceitam o esvaziamento de Cristo (v. 18), ao afirmarem a necessidade da circuncisão e das práticas da Lei mosaica.

4,1-9: O último capítulo é só alegria, com o repetido refrão: "Alegrem-se!" Mas, em sua sensibilidade pastoral, Paulo dá atenção particular a diversas pessoas da comunidade. Primeiramente às lideranças femininas de Evódia e Síntique, ambas lutadoras ao lado dele na evangelização, das quais não temos outras notícias, nem de Sízigo e Clemente. Curiosamente, os nomes têm sentido associado à missão. Evódia significa "bom caminho". Síntique é "encontro". Sízigo quer dizer "junto na canga", portanto companheiro ou colega. Clemente significa "misericórdia". Pela certeza da ressurreição, seus nomes estão escritos no livro da vida (Ap 3,5).

10-20: No mesmo clima de alegria, o Apóstolo agradece aos filipenses o auxílio recebido em Tessalônica, e agora trazido por Epafrodito (2,25-30). Em toda a vida de Paulo, por conta, essa ajuda foi caso único. No mais, ele sempre fez questão de pregar na gratuidade e trabalhar para a própria manutenção, o que aliás ele defende até de maneira polêmica. E o Apóstolo faz questão de frisar que tal subvenção não lhe tira a liberdade, pois sua riqueza está em Deus.

questões de dar e receber. ¹⁶E quando eu estava em Tessalônica, vocês mais de uma vez me enviaram ajuda para minhas necessidades. ¹⁷Não que eu busque presentes; busco sim que o fruto aumente na conta de vocês. ¹⁸Recebo tudo e estou na abundância. Tenho de sobra, ao receber de Epafrodito o que veio de vocês. É como perfume de suave aroma, um sacrifício aceito e agradável a Deus. ¹⁹O meu Deus, segundo a sua riqueza, vai em Cristo Jesus satisfazer completamente toda e qualquer necessidade de vocês. ²⁰Ao nosso Deus e Pai seja a glória pelos séculos dos séculos. Amém.

Saudações finais – ²¹Enviem saudações a todos os santos em Cristo Jesus. Os irmãos que estão comigo saúdam a vocês. ²²Todos os santos, especialmente os da casa do imperador, saúdam a vocês. ²³Esteja com vocês a graça do Senhor Jesus Cristo.

21-23: As saudações finais englobam os cristãos todos que estão com Paulo, sem nomear especificamente ninguém. "Os da casa do imperador" são os que trabalham para o imperador César. Conclui com uma doxologia ou hino de louvor a Cristo.

CARTA AOS COLOSSENSES

CRISTO, IMAGEM DO DEUS INVISÍVEL

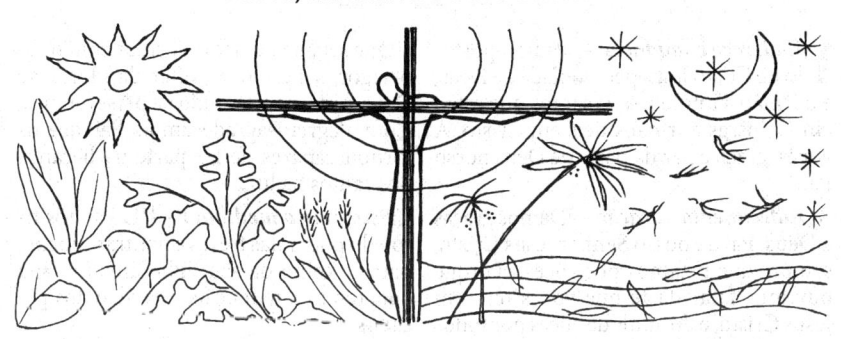

Introdução

Colossenses é uma das quatro cartas do cativeiro, juntamente com Ef, Fl e Fm. As referências à prisão de Paulo (4,3.10.18) levam a supor que foi escrita de Éfeso (At 19), entre os anos 55 e 57.

Colossas, colônia romana da Ásia Menor, no vale do rio Lico, cerca de 200 km de Éfeso, vivia da indústria têxtil e era menos desenvolvida que as vizinhas Hierápolis e Laodiceia. A evangelização de Colossas fora confiada a Epafras, companheiro de Paulo e ministro fiel de Cristo (1,7; 4,12-13). O cristianismo floresceu rapidamente na região (1,6; Ap 3,14-22).

Mas agora o próprio Epafras, natural de Colossas (4,12), traz novas informações (1,8). Ideias diferentes se infiltravam na comunidade e já ameaçavam a fé cristã. A mistura de elementos pagãos, judaicos e cristãos criava confusão.

A carta não menciona a presença de judeu-cristãos na comunidade, mas confirma o predomínio de cristãos gentios, isto é, vindos do paganismo (1,21.27; 2,13). As reuniões de comunidade se faziam em casas de família, como de Ninfas (4,15) e de Arquipo (4,17; Fm 2).

Os pagãos convertidos ao judaísmo, chamados "prosélitos" ou "tementes a Deus", agora se convertiam ao cristianismo. Daí trazerem, de seu passado, práticas pagãs e judaicas, que dificultavam a clara aceitação de Cristo como Salvador. Por isso, multiplicavam práticas para garantir a salvação, e buscavam intermediários entre Deus e a humanidade, como anjos, autoridades e potências. Para conseguir os favores desses poderes superiores, apelavam para a observância de festas anuais, mensais e sábados, leis alimentares (2,16.21), ascese corporal (2,23), culto aos anjos (2,18), confiança nas forças cósmicas (2,8).

Segundo essas práticas, Jesus Cristo não passava de uma entre outras manifestações de Deus. Além disso, como podia um crucificado, o mais esmagado dos homens, dar sentido à vida e ao mundo? A carta reage com vigor: "Foi do agrado de Deus que em Cristo habitasse a Plenitude total" (1,19), pois "em Cristo habita corporalmente toda a plenitude da divindade" (2,9). Se em Cristo o universo todo foi reconciliado com Deus, é preciso libertar-se das falsas práticas e voltar-se para os verdadeiros problemas, como a vida familiar, a convivência fraterna e as relações sociais. É no âmbito da vida concreta que se deve criar a nova postura em Cristo. É nele que se realizam a nova criação e a restauração de todo o universo. Ele é Senhor do universo e Cabeça da igreja, que é seu corpo, no qual os cristãos participam da morte e ressurreição *do próprio Jesus Cristo, através das quais ele é vencedor sobre todos os poderes. Participantes dessa vitória, os cristãos não se deixam escravizar por nenhuma força, nem da terra, nem do céu. Devem crescer, isto sim, no conhecimento do mistério, que é o projeto de Deus para o mundo. Projeto que renova as pessoas interiormente, rompendo inclusive as barreiras sociais, em vista de uma nova sociedade.*

1

Endereço e saudação – ¹Paulo, apóstolo de Cristo Jesus pela vontade de Deus, e o irmão Timóteo: ²aos santos que estão em Colossas e irmãos fiéis em Cristo. A vocês, graça e paz da parte de Deus nosso Pai.

Agradecimento e oração – ³Damos graças a Deus, Pai de nosso Senhor Jesus Cristo, sempre que rezamos por vocês. ⁴Porque ouvimos falar da fé que vocês têm em Jesus Cristo, e do amor de vocês por todos os santos, ⁵fruto da esperança que está reservada para vocês nos céus. ⁶Vocês já ouviram o anúncio desta esperança, por meio da Palavra da Verdade, o Evangelho que chegou até vocês. E como em todo o mundo está produzindo frutos e crescendo, entre vocês também, desde o dia em que vocês ouviram e compreenderam de verdade a graça de Deus. ⁷Assim vocês aprenderam de Epafras, nosso amado companheiro de serviço, que nos ajuda como fiel ministro de Cristo. ⁸Foi ele quem nos informou a respeito do amor que vocês têm no Espírito.

Pedindo o conhecimento de Deus – ⁹Por isso, nós também, desde o dia em que fomos informados, não deixamos de rezar por vocês e pedir que estejam repletos do conhecimento da vontade de Deus, com toda a sabedoria e discernimento espiritual. ¹⁰Desse modo, vocês levarão vida digna do Senhor, agradando a ele em tudo, dando fruto em toda boa obra e crescendo no conhecimento de Deus.

¹¹Que sejam vocês fortalecidos com todo o vigor, segundo o poder da glória de Deus, para suportar tudo na perseverança. Com alegria ¹²agradeçam ao Pai, que os tornou capazes de ter parte na herança dos santos na luz.

Cristo, único mediador – ¹³O Pai nos tirou do poder das trevas e nos transportou para o Reino de seu Filho amado, ¹⁴no qual temos a redenção, o perdão dos pecados.

¹⁵Ele é a imagem do Deus invisível,
 o Primogênito de toda criatura,
¹⁶porque nele foram criadas
 todas as coisas
 nos céus e na terra,
 as visíveis e as invisíveis:
 tronos, soberanias,
 principados e autoridades.
 Tudo foi criado por meio dele
 e para ele.
¹⁷Ele existe antes de todas as coisas,
 e tudo nele subsiste.
¹⁸Ele é a Cabeça do corpo da igreja.
 Ele é o Princípio,
 o Primogênito dentre os mortos,
 para ser o primeiro em tudo.
¹⁹Porque foi do agrado de Deus
 que nele habitasse
 a Plenitude total,
²⁰e que, por meio dele e para ele,
 todos os seres se reconciliassem,
 tanto os da terra quanto os dos céus,
 estabelecendo a paz
 mediante o sangue de sua cruz.

1,1-2: O cabeçalho da carta transmite um clima de comunidade, como uma família de irmãos reunidos em torno do pai (Rm 1,1).

3-8: O assunto começa com uma ação de graças, que dá o tom a toda a carta. A Trindade se faz presente em Deus Pai, no Senhor Jesus Cristo e no Espírito que alimenta o amor mútuo (v. 8). O fundamento da vida cristã se define mediante a fé, o amor e a esperança (Gl 5,5; 1Ts 1,3). A fé em Jesus Cristo determina o compromisso cristão de aceitação e seguimento. O amor realiza esse testemunho na partilha concreta com os irmãos. A esperança é a força que nasce do amor e se projeta na realização da vida plena (1Cor 13,13).

9-12: Em clima de agradecimento e oração, vem o pedido dos dons de sabedoria, discernimento espiritual, vigor, perseverança e sobretudo conhecimento de Deus e de sua vontade (Ef 1,15). Tudo necessário, de modo particular agora que os colossenses se veem ameaçados por doutrinas que propõem outros tipos de conhecimento (2,8; Ef 5,6).

13-20: O hino a Jesus Cristo é introduzido com um agradecimento a Deus Pai, que nos tirou das trevas

Fidelidade ao evangelho – ²¹Outrora, vocês também eram estrangeiros e inimigos na atitude, por causa das obras más. ²²Agora, porém, vocês foram reconciliados no seu corpo de carne, por meio da morte, para se apresentarem santos, íntegros e irrepreensíveis diante dele. ²³Mas é preciso que vocês permaneçam firmes e alicerçados na fé, e não se afastem da esperança do evangelho que ouviram e que foi anunciado a toda criatura que vive debaixo do céu, e do qual eu, Paulo, me tornei ministro.

O mistério do projeto de Deus – ²⁴Agora, eu me alegro de sofrer por vocês, e completo em minha carne o que falta nas tribulações de Cristo em favor do seu Corpo, que é a igreja. ²⁵Em favor de vocês, eu me tornei ministro da igreja por determinação de Deus, para levar a cumprimento a Palavra de Deus, ²⁶o mistério escondido desde os séculos e as gerações, e que agora é revelado aos seus santos. ²⁷Deus quis que estes conhecessem a riqueza gloriosa que esse mistério representa para as nações, ou seja, o fato de Cristo estar em vocês, ele, a esperança da glória. ²⁸É esse Cristo que anunciamos, instruindo a todos, e a todos ensinando em toda sabedoria, para apresentar todos íntegros em Cristo. ²⁹Para isso é que eu trabalho e luto, sustentado pela energia de Cristo que age poderosamente em mim.

2 *Firmeza na fé* – ¹Quero que vocês saibam da difícil luta na qual me empenho por vocês, pelos de Laodiceia e por todos os que nunca me viram pessoalmente. ²Luto para que os corações deles sejam encorajados e, unidos no amor, sejam enriquecidos pela plenitude do entendimento e compreensão do mistério de Deus. ³Neste mistério estão escondidos todos os tesouros da sabedoria e do conhecimento. ⁴Digo isso, para que ninguém os engane com belos discursos. ⁵Porque, ainda que no corpo eu esteja ausente, no espírito estou com vocês, alegrando-me de vê-los vivendo na ordem e firmes na fé que vocês têm no Cristo.

⁶Portanto, já que vocês receberam Jesus Cristo, o Senhor, caminhem unidos a ele, ⁷enraizados e edificados nele, firmes na fé, como vocês foram instruídos, repletos de gratidão. ⁸Tomem cuidado para que ninguém os escravize com filosofias enganosas e vazias, baseadas em tradições humanas e elementos do mundo, e não em Cristo.

Cristo, vida plena – ⁹Pois em Cristo habita corporalmente toda a plenitude da divindade. ¹⁰E nele vocês foram levados à plenitude. Ele é a Cabeça de todo

---

e levou para o Reino, numa espécie de novo êxodo, libertando da escravidão e conduzindo à libertação definitiva (Ef 1,3-14). Trata-se de primitivo hino cristão, provavelmente utilizado na cerimônia batismal. Exalta a grandeza de Cristo na criação, na reconciliação do universo e na própria igreja. Cristo é o Primogênito de todas as criaturas, pois estava com Deus desde o princípio. É o único mediador, e além dele não existe outro que seja intermediário da salvação. Portanto, Cristo é o centro do cosmo; está acima dos tronos, dominações e poderes. Ele é a Cabeça da igreja, e esta é o corpo com dimensão universal, que abrange bem mais que a simples reunião de diversos membros de uma comunidade local (Ef 1,20-23). O sinal de reconciliação é a cruz, para além do conflito e radicalismo, como em Corinto.

21-23: Aplicação do hino cristológico à realidade dos colossenses. De sua condição pagã, eles foram resgatados por Cristo e passaram a ser novas criaturas (Ef 5,27). Agora é necessário que permaneçam fiéis ao evangelho recebido através do ministério de Paulo (Ef 3,7).

24-29: Alegria de sofrer pela comunidade é sentimento cristão comum, sobretudo para pessoas dedicadas como Paulo aos ministérios da igreja. Tal sofrimento é o prêmio pelo autêntico anúncio do evangelho, e se espelha nas tribulações do próprio Cristo (Mc 13,5 10). O ministério consiste em anunciar o mistério ou projeto de Deus: estender a salvação a todos os povos (Ef 3,4-7).

2,1-8: A vida cristã é luta constante para manter a firmeza na fé. Aqui, para os colossenses, o incentivo é que conheçam plenamente o mistério de Deus. A comunidade estava ameaçada por belos discursos (v. 4) e por filosofias enganosas e vazias (v. 8). Aderir a tais propostas seria um retorno ao regime da escravidão. As filosofias enganosas e vazias provavelmente se referem a especulações religiosas (Ef 5,6). Porém a carta insiste no conhecimento do mistério de Deus através de Jesus Cristo, talvez esteja prevenindo contra a teoria das religiões gnósticas, que propunham o conhecimento da divindade através apenas de esforços humanos, com raciocínios filosóficos. Para resistir a esses discursos, é indispensável a firmeza na fé, conforme o evangelho de Jesus Cristo.

9-15: Prossegue a aplicação do hino cristológico de 1,15-20. Quem deseja conhecer a Deus precisa olhar para Jesus Cristo, no qual está corporalmente a transcendência total (Ef 1,23; 4,12-13). Não existe categoria nenhuma de anjos, quer principado quer autoridade, que possa mediar a relação das criaturas com Deus. Pelo batismo, que substitui a circuncisão, os cristãos participam da morte e ressurreição de Cristo, isto é, morrem para o pecado e vivem para a plenitude da vida. Os vv. 13-15 retomam outro hino que celebra a vitória. O perdão dos pecados é comparado à anistia, pela qual o Cristo anulou o documento da dívida, pregando-o no madeiro da execução (Ef 2,15-16).

Principado e de toda Autoridade. ¹¹Nele vocês foram circuncidados, não com a circuncisão feita por mãos humanas, que tira um pedaço de carne do corpo, mas com a circuncisão de Cristo. ¹²Vocês no batismo foram sepultados com Cristo, e ressuscitaram também com ele através da fé no poder de Deus, que o ressuscitou dos mortos. ¹³Vocês estavam mortos pelos pecados cometidos e porque não eram circuncidados na carne. Mas Deus os vivificou juntamente com Cristo. Ele perdoou todos os nossos pecados. ¹⁴Anulou o documento de dívida que havia contra nós, deixando de lado as exigências legais, e fez o documento desaparecer, pregando-o na cruz. ¹⁵Despojou os Principados e as Autoridades, e os fez desfilar publicamente, triunfando sobre eles em Cristo.

Liberdade em Cristo – ¹⁶Portanto, que ninguém julgue vocês pelo que comem e pelo que bebem, ou por causa de festas anuais ou de lua nova ou de sábados. ¹⁷Tais coisas são apenas sombra daquilo que devia vir, mas a realidade é o corpo de Cristo. ¹⁸Que ninguém, com falsa humildade ou culto aos anjos, roube de vocês o prêmio da vitória. Essas pessoas se fecham em suas visões e se incham de orgulho vazio em sua mentalidade carnal. ¹⁹Não estão ligadas à Cabeça, pela qual todo o Corpo, alimentado e unido pelas juntas e ligamentos, vai crescendo como Deus quer.

²⁰Se vocês morreram com Cristo para os elementos do mundo, por que se submetem a normas, como se ainda estivessem sujeitos ao mundo? A normas como: ²¹"Não pegue, não prove, não toque"? ²²Todas essas coisas estão destinadas a desaparecer com o uso, e não passam de preceitos e ensinamentos humanos. ²³Tais regras de piedade, humildade e severidade com o corpo têm aparência de sabedoria, mas na verdade não têm nenhum valor, a não ser a satisfação da carne.

3 Procurar as coisas do alto – ¹Portanto, se vocês ressuscitaram com Cristo, procurem as coisas do alto, onde Cristo está sentado à direita de Deus. ²Pensem nas coisas do alto, e não da terra. ³Porque vocês morreram, e a vida de vocês está escondida com Cristo em Deus. ⁴Quando Cristo se manifestar, ele que é a vida de vocês, então vocês também se manifestarão com ele na glória.

Vida nova em Cristo – ⁵Façam, portanto, morrer o que em vocês pertence à terra: uniões ilegítimas, impureza, paixão, desejos maus e a cobiça de ter, que é uma idolatria. ⁶Essas coisas fazem vir a ira de Deus sobre os desobedientes. ⁷Vocês também andavam assim, quando viviam entre eles. ⁸Agora, porém, tirem da boca de vocês tudo isto: ira, raiva, maldade, maledicência e palavras obscenas. ⁹Não mintam uns aos outros, porque vocês já se desvestiram do homem velho e de suas ações, ¹⁰e se revestiram do novo, que pelo conhecimento vai se renovando à imagem do seu Criador. ¹¹Aí não há mais grego nem judeu, circunciso ou incircunciso, bárbaro, cita, escravo ou livre, mas Cristo, em tudo e em todos.

16-23: Aparecem algumas consequências práticas sobre a liberdade de quem pertence totalmente ao corpo de Cristo. Visto que a salvação já foi realizada em Cristo, não há práticas alimentares nem formalidades litúrgicas que possam conceder a salvação. As normas quanto ao comer e ao beber, as festas que dependem dos astros, os cultos angelicais ou as penitências corporais, são tudo apenas sombra da libertação total realizada em Cristo Cabeça. As práticas alimentares, assim como outras normas externas, podem ser simples tabus a serem vencidos. O mesmo tema foi amplamente abordado em Rm 14 e 1Cor 8. O que conta é o crescimento enquanto membros do corpo de Cristo Cabeça, e não as práticas externas relativas ao nosso próprio corpo.

3,1-4: Quem foi batizado em Cristo está morto para o pecado e participa da ressurreição. Esse modo de viver a vida se define como a busca das coisas do alto (Ef 2,6). Não se trata de desprezar a realidade do mundo em que vivemos; ao contrário, trata-se de valorizar este mundo e iluminá-lo com os olhos do futuro que já está presente em Deus (1Cor 15).

5-17: Embora pelo batismo os cristãos já sejam transformados em novas criaturas, na sua realidade terrena ainda devem superar a situação de velhas criaturas. Esse despir-se do homem velho para revestir-se do homem novo é um processo real do ponto de vista da salvação, mas lento do nosso ponto de vista da realidade humana (Ef 4,22-24). Para expressar as duas situações, o texto apresenta listas de vícios e virtudes, que caracterizam o contraste entre a velha criatura corrompida e a nova humanidade renovada em Cristo. As listas de vícios e virtudes seguem o antigo costume, tanto de escritores judeus quanto gregos. Temos, curiosamente, uma lista de cinco vícios no v. 5 (Ef 2,2-3), outra também de cinco no v. 8 (Ef 4,22-24), e uma lista de cinco virtudes no v. 12 (Ef 4,1-2). A chamada a constituir um só corpo de Cristo, no amor, tem consequências enormes na vida social e política. As barreiras de etnia,

¹²Como escolhidos de Deus, santos e amados, revistam-se portanto de sentimentos de compaixão, bondade, humildade, mansidão, paciência. ¹³Suportem-se uns aos outros e perdoem-se mutuamente, se alguém tem motivo de queixa contra outro. Assim como o Senhor os perdoou, façam vocês o mesmo. ¹⁴E, acima de tudo, revistam-se do amor, que é o laço da perfeição. ¹⁵E no coração de vocês reine a paz de Cristo, para a qual foram chamados em um só corpo. E sejam agradecidos. ¹⁶A Palavra de Cristo habite em vocês abundantemente. Com toda a sabedoria se instruam e se aconselhem uns aos outros. Que o coração de vocês entoe salmos, hinos e cânticos inspirados, como ação de graças a Deus. ¹⁷E tudo o que fizerem por palavra e ação, o façam em nome do Senhor Jesus, dando graças a Deus Pai por meio dele.

Novas relações em Cristo – ¹⁸Mulheres, sejam submissas a seus maridos, como convém no Senhor. ¹⁹Maridos, tenham amor a suas esposas, e não sejam grosseiros com elas. ²⁰Filhos, obedeçam aos pais em tudo, pois isso é agradável ao Senhor. ²¹Pais, não irritem seus filhos, para que eles não desanimem. ²²Escravos, obedeçam em tudo aos senhores humanos, não somente quando eles vigiam e para agradar, mas na simplicidade de coração, temendo ao Senhor. ²³Ponham alma em tudo o que fizerem, como quem obedece ao Senhor, e não aos homens. ²⁴Estejam certos de que o Senhor recompensará vocês como seus herdeiros. É a Cristo, o Senhor, que vocês servem. ²⁵Quem comete injustiça receberá de volta a injustiça, e isso sem distinção de pessoas.

4 ¹Senhores, tratem os escravos com justiça e igualdade, sabendo que vocês também têm no céu um Senhor.

Vigilância na oração – ²Perseverem na oração e fiquem vigilantes nela, em ação de graças. ³Ao mesmo tempo, rezem também por nós, para que Deus nos abra uma porta à Palavra, para falarmos do mistério de Cristo, por quem estou preso. ⁴Rezem para que eu o torne conhecido, como é meu dever. ⁵Tratem com sabedoria os de fora, aproveitando as ocasiões. ⁶Que a palavra de vocês seja sempre agradável, temperada com sal, de tal modo que saibam responder a cada um como convém.

Tíquico e Onésimo, irmãos amados – ⁷Tíquico, irmão amado e fiel ministro e companheiro de serviço no Senhor, dará a vocês todas as informações a meu respeito. ⁸Por isso mesmo, eu o enviei até vocês, para informá-los da nossa situação e para encorajar o coração de vocês. ⁹Junto vai Onésimo, irmão fiel e amado, conterrâneo de vocês. Eles contarão a vocês tudo o que se passa por aqui.

Saudações finais – ¹⁰Aristarco, meu companheiro de prisão, manda saudações a

---

religião e situação social são superadas totalmente, como em Gl 3,28.

3,18-4,1: A carta desce a aplicações concretas na vida prática para a família e para a sociedade. Cabe lembrar que o contexto é da família patriarcal e da sociedade escravista (Ef 5,21-32; Tt 2,1-10). Imaginar outra estrutura familiar e política, simplesmente, não era fácil para a época. Mas, ao interno dessas estruturas, a proposta de relações é bem diferenciada. A subversão nas relações se dá primeiramente pelo senhorio de Jesus Cristo. Já não há senhores e escravos na sociedade, quando todos têm um só Senhor no céu. Outro elemento que subverte as relações é que se estabelece a reciprocidade total. Se alguma prioridade existe, é justamente em prol dos mais fracos. Daí porque, na ordem das recomendações, o texto privilegia as mulheres, os filhos e os escravos. Um terceiro elemento muito forte de subversão é o caso do escravo que se torna herdeiro (v. 24).

4,2-6: O texto é perpassado por um clima de oração. Os motivos para rezar são diversos: para permanecer vigilantes com relação às doutrinas estranhas, para render graças pela salvação alcançada, para que a palavra continue seu caminho missionário, para que o projeto de Cristo seja conhecido (Rm 6,12-14; Ef 6,18-20). Por causa desse projeto, Paulo está preso (vv. 3.10.18). Palavra "temperada com sal" é o modo como os antigos se referiam à palavra sábia e oportuna.

7-9: A carta chega aos contatos pessoais, através do envio de Tíquico e Onésimo, "irmãos amados". O primeiro é também "ministro fiel e companheiro de serviço" (v. 7) nas viagens de Paulo (At 20,4), e nas cartas nomeado diversas vezes (Ef 6,21). Onésimo é o conhecido escravo fugitivo, convertido por Paulo e devolvido em liberdade a Filêmon, conforme a carta homônima (Fm 10).

10-18: Aristarco é o companheiro de Paulo na prisão e viagem (At 19,29; 20,4). Marcos, o primo de Barnabé, é identificado como João Marcos (At 12,12). Sobre Jesus, o Justo, não temos outras informações. Epafras é o discípulo conterrâneo (1,7; Fm 23). Lucas, identificado como o médico amado, é o autor do terceiro Evangelho e dos Atos dos Apóstolos. Demas acompanhou Paulo na prisão (Fm 24) e depois o abandonou (2Tm 4,10). Ninfas é a mulher que lidera uma igreja na própria casa. Arquipo é o filho de Filêmon (Fm 2). No final se faz alusão ao costume de ler as cartas nas comunidades vizinhas.

vocês. Assim também Marcos, primo de Barnabé. Sobre Marcos, vocês já receberam instruções; se ele for visitá-los, o acolham bem. ¹¹Jesus, chamado Justo, também manda saudações. São os únicos que vieram da Circuncisão e trabalham comigo pelo Reino de Deus. Eles têm sido uma consolação para mim. ¹²Epafras, conterrâneo de vocês e servo de Cristo Jesus, manda saudações. Ele luta continuamente por vocês em suas orações, para que vocês se mantenham perfeitos, cumprindo plenamente a vontade de Deus. ¹³Eu sou testemunha do quanto ele se empenha por vocês e pelos de Laodiceia e Hierápolis. ¹⁴Lucas, o médico amado, e Demas enviam saudações.

¹⁵Saúdem os irmãos de Laodiceia, e também Ninfas, bem como a igreja que se reúne na casa dela. ¹⁶Depois que vocês tiverem lido esta carta, façam que seja lida também na igreja de Laodiceia. E vocês também leiam a carta que escrevi aos de Laodiceia. ¹⁷E digam a Arquipo: "Esteja atento ao ministério que recebeu do Senhor, para o cumprir bem".

¹⁸A saudação é de minha própria mão: Paulo. Lembrem-se das minhas prisões. A graça esteja com vocês.

Sendo poucas as cópias, era necessário que o manuscrito circulasse entre diversas igrejas. Esse intercâmbio revela o espírito de comunhão que animava a partilha entre as comunidades. A carta escrita à igreja de Laodiceia se perdeu ou, segundo alguns, é identificada com a carta aos Efésios.

PRIMEIRA CARTA AOS TESSALONICENSES

FÉ, AMOR E ESPERANÇA

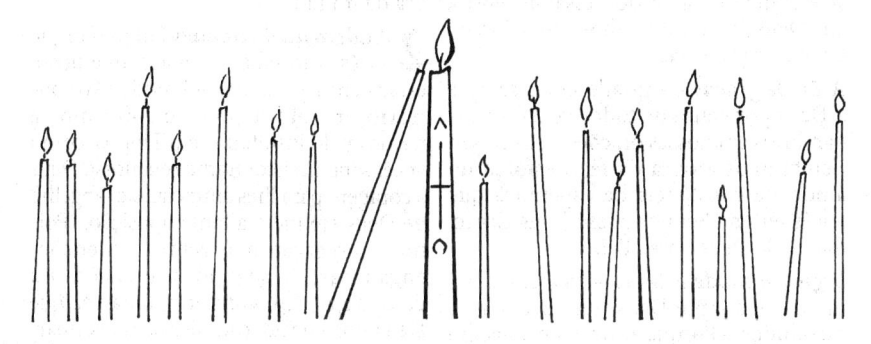

Introdução

Esta carta aos Tessalonicenses é o primeiro texto do Novo Testamento e, portanto, do cristianismo. Escrita por volta do ano 51 ou 52, antes até dos Evangelhos, abre a nova coleção de textos aceitos como a Bíblia Cristã. O toque de originalidade lhe dá importância especial, como fruto das preocupações pastorais de Paulo.

Paulo e Silvano haviam pregado o evangelho em Tessalônica, por breve tempo, no curso da segunda viagem missionária. A pregação começou na sinagoga dos judeus e, por forte polêmica, após três semanas transferiu-se para a casa de Jasão. O conflito se acirrou a tal ponto, que as lideranças incitaram homens perversos a tumultuarem a população e a buscarem os missionários para entregá-los ao senado da cidade. Finalmente, no meio da madrugada, os apóstolos, acusados de revolução, se viram forçados a fugir (At 17,1-10).

Revolucionária havia sido a mensagem deles. Anunciava que Jesus, morto na cruz, era o Cristo ressuscitado portador de salvação. Realmente, para uma população de periferia, acostumada ao sofrimento do trabalho escravo, era mesmo difícil aceitar a nova proposta de ver o trabalho braçal como honra. Entretanto, essa proposta ameaçava o próprio sistema escravocrata. Daí a forte perseguição dos poderosos contra Paulo e seus seguidores. Por consequência, os grupos cristãos ansiavam pela vinda de Jesus ressuscitado, que viria livrá-los de todo sofrimento presente.

Tessalônica era cidade bem situada, cortada pela via que ligava o Oriente a Roma, e servida por um dos melhores portos do mar Egeu. Com os privilégios de colônia romana, atraía comerciantes ricos, latifundiários gananciosos e militares aposentados.

Típica cidade escravista, reunia uma população majoritária de escravos, talvez dois terços. Ser escravo significava pertencer a um patrão e, portanto, não possuir direitos de cidadania. O anseio por liberdade e o desejo de participar das decisões em assembleia estavam vivos na memória da população. A pregação cristã oferecia elementos que correspondiam a esses anseios, como a possibilidade de reunir-se como igreja ou assembleia de irmãos, para reivindicar direitos e aprofundar a fé.

Contudo, várias dúvidas permaneceram após a partida forçada dos missionários. Paulo também continua preocupado e, "não podendo mais suportar" (3,1), de Atenas envia Timóteo para verificar a situação da comunidade. No retorno, encontra Paulo em Corinto e lhe dá boas notícias (3,6-10). Mantinha-se a firmeza da fé, apesar das perseguições. O afeto pelo Apóstolo e o desejo de revê-lo continuavam bem vivos. Porém as calúnias e perseguições não cessam (2,14-15). Então, temendo que seu trabalho caísse no vazio (3,5), Paulo escreve imediatamente esta carta.

1 **Endereço e saudação** – ¹Paulo, Silvano e Timóteo à igreja dos tessalonicenses, em Deus Pai e no Senhor Jesus Cristo. Graça e paz a vocês.

Ação de graças – ²Agradecemos sempre a Deus por causa de todos vocês, recordando-os em nossas orações. Sem cessar, ³lembramos a obra da fé, o esforço do amor e a constância da esperança que vocês têm no Senhor nosso Jesus Cristo, diante de Deus nosso Pai.

Seguir o modelo Jesus – ⁴Sabemos, irmãos amados por Deus, que vocês foram escolhidos. ⁵Porque o nosso evangelho não chegou a vocês apenas com palavras, mas também com poder, com o Espírito Santo, e com toda a convicção. Vocês sabem como nos comportamos entre vocês para o bem de vocês mesmos. ⁶É que vocês se tornaram imitadores nossos e do Senhor, acolhendo a Palavra com a alegria do Espírito Santo, apesar de tantas tribulações. ⁷Tanto que vocês se tornaram modelo para todos os fiéis da Macedônia e da Acaia. ⁸De fato, partindo de vocês, a Palavra do Senhor ecoou não somente pela Macedônia e Acaia, mas a fé que vocês têm em Deus espalhou-se por toda parte. De modo que sobre isso nem é preciso falar. ⁹Porque eles mesmos contam como nos acolheram, e como se converteram dos ídolos a Deus, para servir ao Deus vivo e verdadeiro, ¹⁰e para esperar dos céus o seu Filho, que ele ressuscitou dos mortos: Jesus, que nos livra da ira futura.

2 **A liderança da comunidade** – ¹Porque vocês bem sabem, irmãos, que nossa estada entre vocês não foi inútil. ²Ao contrário, mesmo depois de sofrermos e termos sido insultados em Filipos, como vocês sabem, encontramos em nosso Deus a coragem para lhes anunciar o evangelho de Deus em meio a tanta oposição. ³Pois nossa pregação não vem de intenções enganosas, de segundas intenções ou de trapaças. ⁴Ao contrário, uma vez que Deus nos considerou dignos de confiar-nos o evangelho, nós então falamos, não para agradar às pessoas, mas a Deus que prova nossos corações. ⁵Pois nunca usamos palavras de bajulação, como vocês sabem, nem recorremos a pretextos para ganhar dinheiro. Deus é testemunha. ⁶Nem ficamos procurando elogio das pessoas, nem de vocês nem de outros, ⁷ainda que pudéssemos insistir em nossa importância como apóstolos de Cristo. Ao contrário, nós nos comportamos entre vocês com toda a bondade, qual mãe acariciando os filhos. ⁸Tínhamos tanto carinho por vocês, que estávamos dispostos a dar-lhes não somente o evangelho de Deus, mas até a nossa própria vida, tão amados vocês se tornaram para nós. ⁹Pois vocês ainda se lembram, irmãos, de nosso trabalho e fadiga. Noite e dia trabalhando para não sermos de peso para nenhum de vocês,

---

1,1: Os três remetentes são bem conhecidos da comunidade pela atuação que tiveram na sua evangelização (2Ts 1,1-2).

2-3: Na saudação há recordação da fé, do amor e da esperança, as três virtudes que estão juntas em Cl 1,4-5 e em outras passagens. A fé há de ser ativa e traduzir-se em obras, o amor implica no esforço em formar fraternidade, e a esperança é perseverante, para assegurar a caminhada rumo ao futuro. A carta propõe de fato uma transformação pessoal e de toda a sociedade.

4-10: A certeza do chamado divino é a escolha ou vocação para a acolhida da palavra e para a sua multiplicação. Tribulações, opressão e repressão constituem elementos constantes na vida dos apóstolos (Rm 5,1-11), particularmente na evangelização de Tessalônica (2Ts 1,6). A carta passa para o tema do modelo ou imitação (2Ts 3,7). O Pai transmite seu projeto a Jesus, que ensina aos apóstolos, os quais, por sua vez, são imitados pela comunidade, que serve de modelo para as outras da Macedônia e Acaia, e a partir destas a palavra ecoa por toda parte (2Cor 9,2).

2,1-12: É fundamental a coragem para anunciar o evangelho, mesmo enfrentando oposição (At 17,1-10). O objetivo da pregação não é agradar nem conseguir elogios ou ganhar dinheiro. A própria comunidade há de ser testemunho vivo dos frutos, mediante o crescimento nos valores do Reino de Deus. Para expressar a dedicação com que transmite a palavra, num trecho de raro afeto, Paulo se compara à mãe que acaricia os filhos e ao pai que exorta e encoraja. As duas imagens servem de modelo para todo agente de pastoral (1Cor 4,15; Gl 4,19; Fm 10).

nós assim lhes proclamamos o evangelho de Deus. ¹⁰Vocês são testemunhas, e Deus também, de como foi santo, justo e irrepreensível nosso comportamento para com vocês que acreditam. ¹¹Da mesma forma, sabem que tratamos cada um de vocês como um pai trata seus filhos. ¹²Nós exortamos e encorajamos vocês, e testemunhamos para que levassem vida digna de Deus, que os chama para seu Reino e glória.

Receber e acolher a Palavra – ¹³Por isso também, sem cessar agradecemos a Deus, porque ao receber pela nossa voz a Palavra de Deus, vocês a acolheram não como palavra humana, mas como ela realmente é: Palavra de Deus que age eficazmente em vocês que acreditam. ¹⁴De fato, irmãos, vocês se tornaram imitadores das igrejas de Deus que na Judeia estão em Cristo Jesus. Porque vocês tiveram de sofrer da parte de seus conterrâneos o mesmo que aquelas igrejas sofreram da parte daqueles judeus ¹⁵que mataram o Senhor Jesus e os profetas, e nos perseguiram. Não agradam a Deus e estão contra todas as pessoas. ¹⁶Querem impedir-nos de pregar às nações para que se salvem. E assim vão enchendo a medida dos seus próprios pecados, até que a ira acabe por cair sobre eles.

Saudades da comunidade – ¹⁷Quanto a nós, irmãos, por algum tempo estivemos de vista separados de vocês, mas não de coração, e redobramos nossos esforços pelo ardente desejo de vê-los novamente. ¹⁸Quisemos ir visitá-los. Eu mesmo, Paulo, quis visitá-los várias vezes, mas Satanás nos impediu. ¹⁹Pois quem é nossa esperança, nossa alegria, a coroa de glória, senão vocês diante de Jesus nosso Senhor no dia de sua vinda? ²⁰Sim, são vocês a nossa glória e alegria.

3 ¹Por isso, não podendo mais suportar, resolvemos ficar sozinhos em Atenas ²e enviamos Timóteo, nosso irmão e colaborador de Deus no evangelho de Cristo, para fortalecê-los e encorajá-los na fé que vocês têm, ³e para que ninguém fique perturbado nessas tribulações. Porque vocês sabem que para isso é que fomos destinados. ⁴De fato, quando estávamos entre vocês, nós já lhes dizíamos que devíamos sofrer tribulações, e assim aconteceu, como vocês sabem. ⁵Por isso, também eu, não podendo mais suportar, mandei pedir informações a respeito da fé que vocês têm. Eu temia que o tentador os tivesse seduzido e nosso trabalho tivesse sido inútil.

⁶Mas agora, Timóteo voltou daí para junto de nós, trazendo boas notícias sobre a fé e o amor de vocês. Ele disse que vocês guardam sempre uma boa lembrança de nós e que desejam rever-nos, assim como nós desejamos rever vocês. ⁷E então, irmãos, por causa da fé que vocês têm, ficamos encorajados em meio a todas as nossas necessidades e tribulações. ⁸Agora estamos reanimados, porque vocês estão firmes no Senhor. ⁹Pois como poderíamos agradecer a Deus por causa de vocês, pela alegria que nos dão diante de nosso Deus? ¹⁰Noite e dia pedimos com insistência que pudéssemos revê-los, e assim completarmos o que ainda falta na fé que vocês têm.

A vivência do amor – ¹¹Que o próprio Deus, nosso Pai, e nosso Senhor Jesus guiem nosso caminho até vocês. ¹²E quanto a vocês, que o Senhor os faça crescer e ser ricos no amor mútuo e para com todos, tal como o amor que temos por vocês. ¹³E que ele fortaleça o coração de vocês numa santidade sem falhas diante

---

13-16: Retorna a ação de graças e o elogio à comunidade. O elogio é digno de nota, porque a comunidade se tornou imitadora das igrejas da Judeia, onde os cristãos sofreram sob os poderosos que se sentiram ameaçados. O exemplo primeiro vem do próprio Jesus, perseguido por causa de sua proposta salvadora (Jo 15,20). Embora normalmente o Apóstolo trate com orgulho e carinho seus compatriotas judeus (Rm 9,3), aqui se dirige com dureza aos conterrâneos que recusaram aceitar o evangelho e que tentam impedir sua difusão.

2,17-3,10: Transparece o vivo desejo de Paulo de estar com a comunidade, rever as pessoas e encontrar a cada qual, pessoalmente. Paulo está em Corinto, levando a palavra a outras localidades, e permanece ligado, com ansiedade, às comunidades que havia fundado. Não basta iniciar a missão; é preciso dar continuidade ao trabalho, em vista do crescimento no testemunho cristão (Cl 2,5). Impedido de visitar pessoalmente a comunidade, Paulo envia o irmão e colaborador Timóteo, que os encoraja na fé e traz boas notícias sobre a fé e o amor que estão testemunhando (2Ts 2,15).

3,11-13: Após ter insistido sobre o crescimento da fé da comunidade, concentra-se agora sobre o amor, que é o critério do julgamento de Deus. O amor deve ser vivido ao interno da comunidade, para fazê-la crescer por dentro e, ao mesmo tempo, deve estender-se para fora, a fim de testemunhar o evangelho a toda criatura (Rm 12,17-18).

de Deus, nosso Pai, na vinda de nosso Senhor Jesus com todos os seus santos.

4 *Santificar o corpo* – ¹Enfim, irmãos, nós lhes pedimos e encorajamos no Senhor Jesus: Vocês aprenderam de nós como devem viver para agradar a Deus. Vocês já vivem assim, mas devem continuar progredindo. ²Porque vocês já conhecem as instruções que lhes demos da parte do Senhor Jesus.

³Esta é, pois, a vontade de Deus: a santificação de vocês. Que vocês se afastem das uniões ilegítimas; ⁴que cada um saiba usar o próprio corpo com santidade e respeito, ⁵e não se deixem levar pelas paixões, como as nações que não conhecem a Deus. ⁶E, nesse assunto, que ninguém ofenda ou prejudique seu irmão, porque o Senhor se vinga de todas essas coisas, como já lhes dissemos e asseguramos. ⁷Pois Deus não nos chamou para a impureza, e sim para a santidade. ⁸Portanto, quem despreza essas instruções, não despreza a um homem, mas a Deus, que dá a vocês o Espírito Santo.

A honra de trabalhar – ⁹Quanto ao amor fraterno, não precisamos escrever-lhes, porque vocês mesmos aprenderam de Deus a se amarem uns aos outros. ¹⁰De fato, é assim que vocês estão agindo com todos os irmãos em toda a Macedônia. Porém, nós os encorajamos, irmãos, a continuar progredindo. ¹¹Que seja para vocês uma questão de honra levar vida tranquila, ocupando-se com as próprias coisas e trabalhando com as próprias mãos, conforme os instruímos. ¹²Desse modo, vocês levarão vida honrada aos olhos de fora, e vocês não precisarão de ninguém.

Viver com Deus e com o Senhor Jesus – ¹³Irmãos, não queremos deixá-los sem saber das coisas que se referem aos que adormeceram, para que vocês não fiquem tristes como os outros que não têm esperança. ¹⁴De fato, se acreditamos que Jesus morreu e ressuscitou, assim também Deus levará consigo aqueles que adormeceram em Jesus. ¹⁵Por isso é que lhes dizemos, segundo a palavra do Senhor: Nós, os viventes, os que ainda estivermos aqui por ocasião da vinda do Senhor, não passaremos à frente dos que adormeceram. ¹⁶Porque o próprio Senhor, ao soar uma ordem, descerá do céu à voz do arcanjo e ao toque da trombeta. Então, os mortos em Cristo ressuscitarão primeiro. ¹⁷Depois nós, os viventes que estivermos lá, seremos levados nas nuvens junto com eles, para o encontro com o Senhor nos ares. E assim estaremos para sempre com o Senhor. ¹⁸Encorajem-se uns aos outros, portanto, com estas palavras.

5 *O Dia do Senhor* – ¹Quanto a datas e momentos, irmãos, não é necessário escrever-lhes. ²Pois vocês sabem muito bem que o Dia do Senhor virá como

---

4,1-8: A carta faz um chamado à santificação, que é o objetivo da vida cristã. Viver na santidade é viver de modo a agradar a Deus. Isso significa romper com práticas impuras e seguir novas práticas, que valorizem o próprio corpo e dos outros. Vale lembrar que Tessalônica é uma cidade portuária, aberta para povos e culturas diversos, com costumes relaxados, do ponto de vista moral, especialmente no que se refere à vida sexual. Daí a chamada para que a vida cristã assuma nova visão e nova prática sobre o corpo e a sexualidade, em vista da santificação (Rm 6,19; 2Ts 2,13).

9-12: O amor cristão se traduz em nova maneira concreta de viver. Aqui se trata de trabalhar com as próprias mãos. É questão de honra para os cristãos (At 18,3; 20,34; Ef 4,28). Na sociedade helenista, o trabalho era essencialmente manual, e geralmente função de escravos, por isso desonroso para os homens livres. Daí se compreende a transformação que Paulo causava nas cidades gregas. Por um lado, ele nos informa sobre a origem social dos cristãos de Tessalônica, em grande parte escravos. Por outro lado, deixa clara sua visão sobre a dignidade do trabalho manual (2Ts 3,6-12).

13-18: Os tessalonicenses haviam entendido que a volta de Cristo e a união final com ele seriam para breve (Mc 14,62). Ficaram em dúvida se os parentes e amigos já falecidos ficariam fora desse encontro ou chegariam num segundo momento. Era oportunidade para o Apóstolo explicar melhor o destino final do ser humano, e do universo, questão que denominamos "escatologia". Paulo esclarece sobre o contraste entre a alegria da fé cristã na ressurreição, e a tristeza daqueles que não têm a mesma esperança. A linguagem utilizada é apocalíptica, com mistura de elementos judaicos e cristãos, como sinal divino, voz de arcanjo, toque de trombeta e encontro nas nuvens. Se a linguagem é difícil, as ideias são claras. A ressurreição de Cristo assegura também a nossa ressurreição. Quem morrer antes da vinda de Jesus estará também unido no momento dessa sua chegada, a denominada "parusia" (5,1-11; 2Ts 2,1-12).

5,1-3: A grande curiosidade é saber quando acontecerão os eventos finais da manifestação definitiva de Deus na história humana, conhecido na tradição bíblica como Dia do Senhor. De acordo com Mc 13,32, ninguém conhece a data. Em Mt 24,42-44, Jesus lembra que o Dia virá como ladrão. É necessário, portanto, vigilância. As comunidades cristãs, enquanto vivem a mensagem do evangelho, preparam essa atuação completa de Deus no mundo.

ladrão à noite. ³Quando as pessoas estiverem dizendo: "Que paz e segurança!", então virá de repente sobre elas a destruição. Será como as dores do parto que vêm para a mulher grávida, e não poderão escapar.

Lutar em favor da vida – ⁴Vocês, porém, irmãos, já que não vivem nas trevas, esse Dia não os pegará de surpresa como ladrão. ⁵Pois todos vocês são filhos da luz e filhos do dia. Não somos da noite nem das trevas. ⁶Portanto, não fiquemos dormindo como os demais. Fiquemos acordados e sóbrios. ⁷De fato, aqueles que dormem, dormem de noite. E aqueles que ficam bêbados, ficam bêbados de noite. ⁸Mas nós, que somos do dia, fiquemos sóbrios, revestindo a armadura da fé e do amor, e o capacete da esperança da salvação. ⁹Pois Deus não nos destinou para a ira, e sim para possuirmos a salvação por meio de nosso Senhor Jesus Cristo. ¹⁰Ele morreu por nós, para que, acordados ou dormindo, vivamos com ele. ¹¹Portanto, encorajem-se uns aos outros e se edifiquem mutuamente, como aliás vocês já estão fazendo.

Recomendações diversas – ¹²Nós lhes pedimos, irmãos, que tenham consideração por aqueles que se afadigam entre vocês, aqueles que os dirigem no Senhor e os aconselham. ¹³Tenham por eles toda estima e amor, por causa do trabalho que eles realizam. Vivam em paz uns com os outros. ¹⁴Nós também os exortamos, irmãos: repreendam os que não fazem nada, animem os desencorajados, ajudem os fracos e sejam pacientes para com todos. ¹⁵Tomem cuidado para que ninguém retribua o mal com o mal. Ao invés, procurem sempre o bem uns dos outros e de todos.

¹⁶Estejam sempre alegres. ¹⁷Rezem sem cessar. ¹⁸Deem graças por tudo. Porque esta é a vontade de Deus para vocês em Cristo Jesus. ¹⁹Não apaguem o Espírito. ²⁰Não desprezem as profecias. ²¹Examinem tudo e fiquem com o que é bom. ²²Estejam longe de qualquer tipo de mal.

Saudações finais – ²³Que o mesmo Deus da paz santifique vocês completamente. Que o espírito, a alma e o corpo de vocês se conservem íntegros e irrepreensíveis para a vinda de nosso Senhor Jesus Cristo. ²⁴Quem chama vocês é fiel, e é ele quem agirá.

²⁵Irmãos, rezem por nós. ²⁶Saúdem todos os irmãos com o beijo santo. ²⁷Peço-lhes encarecidamente que esta carta seja lida a todos os irmãos.

²⁸Que a graça de nosso Senhor Jesus Cristo esteja com vocês.

4-11: Vida cristã é luta contínua em favor da vida, contra as forças que produzem a morte. Vários símbolos expressam esse contraste entre vida e morte, dia e noite, luz e trevas, acordado e dormindo, sóbrio e bêbado (Rm 13,11-14). Retornam a fé, o amor e a esperança (v. 8), como em 1,3 e Cl 1,3-8, virtudes cristãs vistas como armadura na luta em favor da vida, contra as estruturas que causam a morte.

12-22: Diversas recomendações. Primeira palavra: consideração e amor para com as lideranças da comunidade na difícil tarefa de animação. Em seguida: viver em paz e ordem, trabalhando com as próprias mãos (4,11). Depois, lembrando o que dizia Jesus: não pagar o mal com o mal (Mt 5,38-42; Rm 12,17). E mais: que o cristão seja sempre alegre, e que a oração seja atitude constante na vida pessoal e comunitária. Conclui com três alertas: não apagar o Espírito, não desprezar as profecias, examinar tudo e ficar com o que é bom.

23-28: A saudação final invoca o compromisso cristão para a santidade. Lembra a integridade do ser humano: espírito, alma e corpo. Trilogia que significa a pessoa concreta e plena do Espírito de Deus.

SEGUNDA CARTA AOS TESSALONICENSES

PREPARAR A VINDA DO REINO

Introdução

A primeira carta aos Tessalonicenses clareou, mas não suficientemente, a proposta cristã. Era inovadora demais a alternativa de uma comunidade trabalhando com as próprias mãos, sob o senhorio único de Jesus Cristo. A proposta contrariava a estrutura social de senhores e escravos, ameaçava o senhorio do imperador, e provocava os cidadãos livres que não queriam trabalhar. Por isso, as perseguições e opressões logo se fizeram sentir. Diante do sofrimento, o anúncio da segunda vinda de Cristo foi visto como solução. Daí o desejo de que ele chegasse logo para o julgamento final, a fim de aliviar a opressão e acabar com a vida tão difícil dos trabalhadores escravos.

Com esclarecimentos e novas motivações, Paulo envia logo a seguir esta segunda carta. Antes de tudo, quer agradecer a Deus e encorajar os irmãos de uma comunidade gerada em meio ao sofrimento, mas que era motivo de orgulho para os evangelizadores (1,3-4). A carta afirma o valor do trabalho, contra a mentalidade escravista que levava os cidadãos livres ao ócio, à exploração e ao desemprego (3,6-12). Com isso se explicita o conflito entre a igreja de Tessalônica e o sistema escravizador designado como "mistério da impiedade" (2,5-12). Diante do conflito, a carta quer estimular a perseverança, para resistir diante da perseguição (1,4-6). Quer também reafirmar o senhorio de Cristo contra a ideologia de César (1,12). Desperta inclusive o senso crítico e previne enganos (2,2-3). Por fim, alerta contra o perigo de alienação que se refugia na apocalíptica (2,5-7).

Não importa a preocupação quanto ao fim do mundo e, menos ainda, quando irá acontecer. O que vale é a comunidade cristã comportar-se de tal modo que impeça a manifestação do "mistério da impiedade" e prepare a manifestação plena do Reino de Deus, cuja construção implica luta e conflito. Quem tem fé não fica à espera, mas deve agir para acelerar essa vinda de Cristo.

O tempo não é urgente (2,2) mas pede vigilância. Exige fé ativa (1,11), perseverança (1,4; 3,5), firmeza no testemunho (2,15), ânimo e coragem (2,17). Diante da perseguição, que a comunidade não perca o impulso para transformar a sociedade. O cristianismo é dinâmico e precisa causar transformações sociais, políticas e econômicas. Não pode reduzir-se a uma religião parada e estática; antes, propõe fé ativa que transforma o mundo e provoca a instauração definitiva do Reino de Deus.

---

1 **Endereço e saudação** – ¹Paulo, Silvano e Timóteo à igreja dos tessalonicenses, em Deus nosso Pai e no Senhor Jesus Cristo. ²A vocês, graça e paz da parte de Deus Pai e do Senhor Jesus Cristo.

Ação de graças pela perseverança – ³Sentimo-nos obrigados a agradecer sempre a Deus por causa de vocês, irmãos. E é justo que o façamos, porque a fé que vocês têm cresce admiravelmente, e aumenta o amor de cada um de vocês por todos os outros. ⁴A ponto de serem vocês o nosso orgulho entre as igrejas de Deus, por causa da perseverança e da fé que têm diante de

---

1,1-2: A paternidade de Deus e o senhorio de Jesus Cristo (que são a marca da vida cristã) perpassarão toda a carta (1Ts 1,1).

3-5: A ação de graças acentua o crescimento da comunidade na fé, no amor e na perseverança (1Ts 1,3). A fé cresce admiravelmente, em meio às perseguições,

todas as perseguições e tribulações que suportam. ⁵São elas o sinal claro do justo julgamento de Deus, para que vocês sejam considerados dignos do Reino de Deus, pelo qual vocês estão sofrendo.

Julgamento contra os opressores – ⁶De fato, é justo que Deus pague com tribulação àqueles que oprimem vocês, ⁷e pague com alívio a vocês, os oprimidos, e também a nós, quando o Senhor Jesus se revelar. Ele virá do céu com os anjos do seu poder, ⁸em meio a fogo ardente, trazendo vingança para os que não reconhecem a Deus e não obedecem ao evangelho de nosso Senhor Jesus. ⁹O castigo desses há de ser a destruição eterna, longe da face do Senhor e do brilho do seu poder. ¹⁰Naquele dia, ele virá para ser glorificado nos seus santos, e para ser admirado em todos os que acreditaram. Pois vocês acreditaram por meio do nosso testemunho.

¹¹Por isso, rezamos sempre por vocês, para que o nosso Deus os torne dignos do chamado que ele lhes fez. E que ele, com seu poder, lhes permita cumprir todo bom propósito e torne ativa a fé que vocês têm. ¹²Desse modo, o nome de nosso Senhor Jesus será glorificado em vocês, e vocês nele, pela graça de nosso Deus e Senhor Jesus Cristo.

2 *A manifestação de Cristo e do adversário* – ¹A respeito da vinda de nosso Senhor Jesus Cristo e da nossa reunião com ele, nós lhes pedimos, irmãos: ²Não se deixem agitar tão facilmente, nem fiquem assustados com profecias, discursos ou cartas falsamente atribuídas a nós, como se o Dia do Senhor já estivesse próximo. ³Não se deixem iludir de modo nenhum por ninguém. Porque primeiro deve acontecer o abandono da fé e aparecer o homem ímpio, o filho da perdição, ⁴o adversário que se levanta contra tudo o que leva o nome de Deus ou recebe culto. Ele chegará ao ponto de assentar-se no templo de Deus e apresentar-se como se fosse Deus.

⁵Vocês não lembram que eu lhes dizia essas coisas quando ainda estava com vocês?

O mistério da iniquidade – ⁶E agora, vocês sabem o que detém o adversário, para que não se manifeste antes do tempo. ⁷Pois o mistério da iniquidade já está agindo, e é necessário que seja afastado aquele que o detém.

A destruição do ímpio – ⁸Então se revelará o ímpio, aquele que o Senhor destruirá com o sopro de sua boca e o reduzirá a nada com a manifestação da sua Vinda. ⁹A chegada do ímpio será marcada pelo poder de Satanás, com todo tipo de milagres, sinais e falsos prodígios, ¹⁰e com toda a sedução que a injustiça exerce sobre os que se perdem, por não terem aceito o amor à verdade que os teria salvo. ¹¹Eis por que Deus manda a esses um poder enganador, para que acreditem na mentira ¹²e sejam julgados todos os que não acreditaram na verdade, mas preferiram a injustiça.

---

como fundamento que dá sustentação à luta. O amor se manifesta abertamente a todos. A perseverança substitui a esperança, porque o contexto é de sofrimento e tribulação.

6-12: Apelo dos oprimidos à justiça divina contra os opressores. Justiça aqui é vista como mudança de situação, reviravolta final ou inversão escatológica. A linguagem é dura, no estilo apocalíptico, em cena de julgamento, com prêmio e castigo. Por isso, tem como critério do julgamento a fé ativa, manifestada na prática da justiça. Quem viveu, lutou e sofreu pela justiça, receberá alívio. Quem perseguiu Jesus e suas testemunhas, receberá tribulação (Fl 1,28).

2,1-5: Talvez a primeira carta aos Tessalonicenses tenha causado a impressão de que a vinda de Cristo aconteceria em breve (1Ts 4,13-18). Essa impressão foi ampliada pelo aumento de dificuldades e perseguições. Uma onda de boatos deve ter se espalhado, anunciando que estava próxima a vinda gloriosa de Jesus, a chamada "parusia". Isso causou confusão e espanto, como as notícias que volta e meia anunciam o fim do mundo. Paulo desmente tais boatos e, com a linguagem dos profetas e apocalipses, apresenta sinais claros que permitem reconhecer o anúncio do julgamento final da história (1Cor 15,23-24). Primeiramente, deve acontecer a apostasia, isto é, a crise geral causada pelas perseguições e tribulações que levam muitos a abandonarem a fé (Mt 24,12-13). Em seguida, deve manifestar-se o "homem ímpio", o grande adversário de Deus e do povo fiel. A tríplice designação de homem ímpio, filho da perdição e adversário, se refere provavelmente a todo o sistema opressor do Império Romano.

6-7: A força ou pessoa que detinha a atuação livre da maldade era bem conhecida pelos cristãos de Tessalônica. Para nós não é tão clara, mas parece referir-se à resistência dos cristãos. Enquanto houver pessoas e comunidades organizadas que lutam pela justiça, as organizações malvadas não conseguem manifestar toda a sua força. É a luta dos cristãos, em favor do Reino de Deus, que impede a absolutização e divinização de pessoas, coisas e estruturas (Ap 19,11-21).

8-12: O assunto é a manifestação do ímpio e seu desastroso fracasso. A linguagem é apocalíptica, contrapondo a vinda do Senhor e a vinda do ímpio. A manifestação do Senhor é rápida e definitiva. A manifestação do ímpio é sustentada pela ideologia satânica

Encorajamento aos irmãos – ¹³Nós, porém, temos de agradecer sempre a Deus por causa de vocês, irmãos amados do Senhor. Porque Deus os escolheu desde o princípio para a salvação, pela santificação do Espírito e pela fé na verdade. ¹⁴E por meio de nossa pregação do evangelho, ele chamou vocês a conquistarem a glória de nosso Senhor Jesus Cristo. ¹⁵Portanto, irmãos, permaneçam firmes e guardem as tradições que lhes ensinamos a viva voz ou por meio da nossa carta. ¹⁶Que nosso Senhor Jesus Cristo e Deus nosso Pai, que nos amou e por sua graça nos deu coragem sem fim e esperança sem igual, ¹⁷encham de coragem o coração de vocês e os fortaleçam em tudo o que fazem e dizem tendo em vista o bem.

3 **Confiança e solidariedade** – ¹De resto, irmãos, rezem a Deus por nós, para que a palavra do Senhor se espalhe rapidamente e seja glorificada, como aconteceu entre vocês. ²Rezem também para que sejamos livres dos malvados e perversos, pois nem todos têm a fé. ³Mas o Senhor é fiel, e vai fortalecer vocês e protegê-los do Maligno. ⁴E temos no Senhor confiança de que vocês estão seguindo e continuarão a seguir nossas instruções. ⁵Que o Senhor dirija o coração de vocês para o amor de Deus e para a perseverança de Cristo.

Proposta de trabalhar – ⁶Nós lhes recomendamos, irmãos, em nome de nosso Senhor Jesus Cristo, que vocês fiquem longe de todo irmão que vive sem fazer nada e que não segue a tradição que recebeu de nós. ⁷Vocês sabem como devem imitar-nos, porque nós não ficamos sem fazer nada enquanto estivemos entre vocês, ⁸nem recebemos de graça o pão que comemos. Ao contrário, com esforço e cansaço, trabalhamos dia e noite para não sermos de peso para nenhum de vocês. ⁹E não porque não tivéssemos direito a isso, mas porque quisemos dar-lhes o exemplo a ser imitado.

¹⁰De fato, quando ainda estávamos com vocês, nós lhes demos esta norma: Quem não quiser trabalhar, também não coma. ¹¹Pois ouvimos dizer que alguns dentre vocês vivem à toa: não fazem nada, mas se metem em tudo. ¹²A essas pessoas recomendamos e pedimos, no Senhor Jesus Cristo, que trabalhem tranquilamente para ganhar o próprio pão.

¹³Quanto a vocês, irmãos, nunca se cansem de fazer o bem. ¹⁴E se alguém desobedecer ao que dizemos nesta carta, tomem nota e não se relacionem mais com ele, para que se envergonhe. ¹⁵No entanto, não o tratem como inimigo, mas procurem corrigi-lo como irmão.

Saudações finais – ¹⁶Que o Senhor da paz lhes dê a paz, sempre e em todo lugar. O Senhor esteja com todos vocês. ¹⁷A saudação é de meu próprio punho: Paulo. É este o sinal que distingue todas as minhas cartas. Assim é a minha letra. ¹⁸A graça de nosso Senhor Jesus Cristo esteja com todos vocês.

---

através de sinais, milagres e prodígios como os realizados pelos profetas; tudo porém enganador e mentiroso. Bastará o sopro da boca do Senhor, a palavra do seu evangelho, para destruir todo esse poder malvado, que só engana quem está fora do evangelho e prefere a injustiça (Ap 13,13-17).

13-17: Após deixar os injustos e mentirosos entregues à própria condenação, a carta se volta aos irmãos amados do Senhor (vv. 13.15), em tom de orações e ações de graças (1Ts 1,4-5; 3,11-13). Modelo da comunidade é a Trindade, presente em Deus nosso Pai (v. 16), em nosso Senhor Jesus Cristo (vv. 14.16) e no Espírito de santidade (v. 13). Também estão presentes as virtudes da fé na verdade (v. 13), da esperança pela graça (v. 16) e de tudo o que se faz e se diz em vista do bem (v. 17). Nesse clima de evangelho, a comunidade não precisa temer o julgamento de Deus, mas sim agradecer e confiar, porque está no caminho da salvação.

3,1-5: A confiança e a solidariedade se aprofundam entre todos, em vista da difusão da palavra, que percorre sua caminhada como numa corrida (Sl 147,15). Retornam a fé, o amor e a perseverança, como no início da carta (1,3-4).

6-15: Trabalhar evangelizando e evangelizar trabalhando: era a prática missionária de Paulo, que apresenta essa opção radical como exemplo para as comunidades, ao exigir que trabalhem (At 18,3; 20,34; Ef 4,28). Dirige-se a uma comunidade de pessoas marginalizadas, em meio a uma sociedade escravista. Como o trabalho era considerado atividade de escravos, Paulo apresenta aqui diversas motivações, ampliando o texto de 1Ts 4,11-12. Não se trata de uma novidade para os tessalonicenses, pois o Apóstolo ensina isso como tradição (v. 6), portanto, como ponto de partida para a vida cristã. Trabalhar é também um exemplo a ser imitado (vv. 7.9), é condição para assegurar o sustento da vida (vv. 8.10), é garantia de nova ordem social (vv. 6.7.11) e certeza de paz social (v. 12). Em consequência, trabalhar é condição para pertencer à comunidade (vv. 6.8.14). O contrário é a desordem (vv. 6.7.11). Quer dizer, quem como cidadão livre defende o ócio contraria a ordem de trabalhar e vive sem honra.

16-18: A saudação invoca o nome do Senhor três vezes (vv. 16.18), pois no contexto era importante frisar o senhorio de Jesus. Ele é o Senhor da paz, que concede a paz (v. 6) e a graça (v. 18).

PRIMEIRA CARTA A TIMÓTEO

TESTEMUNHAR A FÉ CRISTÃ

Introdução

Na literatura paulina, duas cartas a Timóteo e uma a Tito se denominam, a partir do séc. XVIII, cartas pastorais, porque dirigem orientações a pastores ou líderes de comunidades.

Vale lembrar que todas as cartas de Paulo têm caráter pastoral, porque procuram apoiar a caminhada cristã das comunidades. Contudo, estas três se diferenciam em alguns aspectos. São abundantes em notícias pessoais, usam linguagem mais formal, apresentam plano menos organizado e mais livre, são ricas em repetições, e transmitem visão teológica diferente. Nessa visão, a igreja é uma comunidade mais estável, a organização interna é mais importante que a missão, as lideranças devem ter qualidades especiais, a fé está definida como sã doutrina, a piedade é expressão da fé, o culto é mais regulado, as falsas doutrinas devem ser combatidas.

Timóteo, destinatário de duas cartas, foi discípulo e colaborador direto de Paulo, chamado irmão (1Ts 3,2), colaborador (Rm 16,21), filho caríssimo (1Cor 4,17), e o acompanhou desde a segunda viagem até o cativeiro em Roma. Em seguida, parece ter fixado suas atividades em Éfeso (1Tm 1,3). Seis cartas de Paulo trazem também a assinatura de Timóteo.

Nascido em Listra, de pai grego e mãe judeu-cristã, parece ter sido convertido pelo próprio Paulo, que lhe permitiu receber a circuncisão (At 16,1-3). Passa a acompanhar Paulo a partir da segunda viagem missionária. Timóteo ficou em Bereia, quando Paulo teve de fugir (At 17,14-15), mas logo em seguida foi encontrar-se com ele em Corinto. Antes da terceira viagem de Paulo, foi mandado à frente para a Macedônia (At 19,22) e já estava no grupo do Apóstolo no fim dessa mesma viagem (At 20,4).

A primeira carta a Timóteo deve ter sido escrita da Macedônia, pelos anos 64-65. Visa a prevenir o líder da comunidade de Éfeso contra falsos doutores (1Tm 1,3-20; 4,1-11; 6,3-10). O ambiente cosmopolita favorecia a introdução de novas ideias e concepções religiosas. A carta insiste na defesa da sã doutrina (1,10) e adverte para a disciplina interna da comunidade (2,1-15), além de instruir sobre os deveres de quem nela possui encargos diretivos (3,1-13), principalmente do próprio Timóteo (4,12-6,2).

Nesta carta, temos importante testemunho histórico sobre ministérios e organização da igreja. Timóteo recebeu a imposição das mãos, o que aponta para a ordenação (4,14). Recebe a função de anunciar e defender a verdade (1,3-20), organizar o culto (2,1-15) e ser pastor, dirigindo a comunidade na diversidade dos grupos (3,1-6,2).

1

Endereço e saudação – ¹Paulo, apóstolo de Jesus Cristo por ordem de Deus, nosso Salvador, e de Jesus Cristo, nossa esperança. ²A Timóteo, meu verdadeiro filho na fé, graça, misericórdia e paz da parte de Deus Pai e de nosso Senhor Jesus Cristo.

Fé sem fingimento – ³Quando eu estava de partida para a Macedônia, pedi que você ficasse em Éfeso, a fim de impedir alguns de ensinar outra doutrina, ⁴e para não se ocuparem com fábulas e genealogias sem fim. Coisas que servem mais para provocar discussões inúteis do que para realizar o projeto de Deus que se baseia na fé. ⁵A finalidade desta exortação é o amor, que brota de um coração puro, de uma boa consciência e de uma fé sem fingimento. ⁶Alguns se desviaram dessas coisas e se perderam em palavreados vazios. ⁷Querem ser mestres da lei, mas não sabem nem o que dizem nem o que afirmam com tanta convicção.

Função da lei – ⁸Sabemos que a lei é boa, contanto que seja usada de acordo com as normas. ⁹Ela não é feita para o justo, mas para os iníquos e rebeldes, ímpios e pecadores, sacrílegos e profanadores, parricidas e matricidas, homicidas, ¹⁰fornicadores, pederastas, mercadores de escravos, mentirosos, para os que juram falso e para tudo o que se oponha à sã doutrina, ¹¹segundo o evangelho da glória do Deus bendito, evangelho este que me foi confiado.

Função da graça – ¹²Dou graças àquele que me fortaleceu, Jesus Cristo nosso Senhor, que me considerou digno de confiança e me tomou para o seu serviço, ¹³eu que antes era blasfemador, perseguidor e insolente. Mas encontrei misericórdia, porque sem fé eu não sabia o que estava fazendo. ¹⁴E a graça de nosso Senhor veio em grande abundância para mim, com a fé e o amor que há em Cristo Jesus.

¹⁵Esta palavra é fiel e digna de toda aceitação: Cristo Jesus veio ao mundo para salvar os pecadores, dos quais eu sou o primeiro. ¹⁶Mas por isso mesmo é que encontrei misericórdia, para que Cristo Jesus pudesse mostrar, começando por mim, toda a sua generosidade. E isso como exemplo para os que depois iriam acreditar nele, a fim de terem a vida eterna.

¹⁷Ao Rei dos séculos, ao Deus imortal, invisível e único, honra e glória pelos séculos dos séculos. Amém!

Herança do Apóstolo – ¹⁸Esta é a instrução que lhe deixo, meu filho Timóteo, de acordo com as profecias que antes foram pronunciadas a respeito de você. Esteja firme nelas e combata o bom combate, ¹⁹com fé e boa consciência. Alguns rejeitaram a boa consciência e naufragaram na fé. ²⁰Entre eles estão Himeneu e Alexandre, os quais eu entreguei a Satanás, para que aprendam a nunca mais blasfemar.

2

Rezar para que todos sejam salvos – ¹Antes de tudo, peço que se façam pedidos, orações, súplicas e ações de graças em favor de todas as pessoas, ²pelos reis e por todos os que têm autoridade, para que possamos viver tranquilos e se-

---

1,1-2: O destinatário Timóteo é o mais íntimo colaborador de Paulo e seu discípulo fiel (At 16,1-5); é por isso legítimo chamá-lo de "filho na fé".

3-7: Começa criticando falsas doutrinas e desvios da fé. A ocupação com fábulas e genealogias provavelmente se refere a especulações de grupos judaicos com tendência gnóstica. A doutrina da gnose propunha chegar a Deus através do simples conhecimento humano. Diante disso, a carta insiste: A vida cristã não se baseia em teorias especulativas para deleitar o pensamento, mas sim numa fé genuína que leva à vivência do amor (2Tm 2,14.16.23).

8-11: A importância da Lei é tratada em outras passagens de Paulo. Em Rm 7,7.12-14, é boa porque desmascara o pecado. Em Gl 3,24-25, porque prepara a vinda de Cristo. Aqui, a Lei é boa porque ajuda a corrigir. A lista com catorze categorias de pecadores segue o modelo das listas de vícios, típicas dos ensinamentos da filosofia estoica. Tudo isso contradiz a sã doutrina, que consiste na tradição apostólica, ou seja, no testemunho dos apóstolos, de acordo com o evangelho de Jesus Cristo. Para o cristão que vive o amor evangélico, a Lei não tem mais sentido, porque o amor é muito mais exigente que a Lei.

12-17: O exemplo de Paulo, por sua conversão e vocação, ilustra a transformação cristã. Nele, com efeito, a graça atuou de maneira efetiva, e o transformou de perseguidor insolente em apóstolo e servidor de confiança. Nisso, ele experimentou a paciência, a misericórdia e a graça divina (Gl 1,13).

18-20: Como grande convertido, Paulo passa a sua herança espiritual ao filho Timóteo (4,14). Recomenda firmeza na caminhada, como num combate, e recorda Himeneu e Alexandre (2Tm 2,17; 4,14), que naufragaram na fé, e por isso foram "entregues a Satanás", o que significa exclusão da comunidade, para se emendarem da má conduta (1Cor 5,5).

2,1-8: Deve-se rezar por todas as pessoas, pois Deus quer a salvação de todos (4,10). Essa mensagem de

renos, com toda a piedade e dignidade. ³Isso é bom e agradável diante de Deus, nosso Salvador. ⁴Ele quer que todos sejam salvos e cheguem a conhecer a verdade. ⁵Pois há um só Deus e um só mediador entre Deus e os humanos: Jesus Cristo, o homem ⁶que se doou para resgate de todos. Esse é o testemunho que foi dado nos tempos estabelecidos, ⁷e para o qual eu fui constituído pregador e apóstolo, – digo a verdade, não minto – doutor das nações na fé e na verdade. ⁸Quero, portanto, que os homens rezem em todo lugar, erguendo mãos santas, sem ira e sem discussões.

Comportamento das mulheres – ⁹Igualmente as mulheres, que se vistam decentemente, com respeito e modéstia. Não usem tranças, objetos de ouro, pérolas ou vestidos luxuosos, ¹⁰mas enfeitem-se com boas obras, como convém a mulheres que professam piedade. ¹¹Que a mulher aprenda em silêncio e com toda a submissão. ¹²Não permito que a mulher ensine ou tenha autoridade sobre o homem. Que ela, portanto, conserve o silêncio. ¹³Pois Adão foi formado por primeiro, e depois Eva. ¹⁴E não foi Adão que foi seduzido, mas a mulher é que, seduzida, caiu na transgressão. ¹⁵No entanto, ela será salva pela maternidade, se permanecer com modéstia na fé, no amor e na santidade.

3 Lideranças de comunidades –
¹Isto é digno de fé: se alguém deseja o episcopado, deseja uma boa obra. ²É preciso, portanto, que o epíscopo seja irrepreensível, marido de uma única mulher, sóbrio, equilibrado, educado, hospitaleiro, capaz de ensinar, ³não dado à bebida nem briguento, mas bondoso, pacífico e sem interesse por dinheiro. ⁴Que governe bem a própria casa, mantendo os filhos obedientes, com toda a dignidade. ⁵Pois, se alguém não sabe governar a própria casa, como poderá cuidar da igreja de Deus? ⁶Que não seja recém-convertido, para não ficar cheio de soberba e cair na mesma condenação que o diabo. ⁷É preciso também que os de fora deem bom testemunho dele, para que não caia em descrédito e na armadilha do diabo.

⁸Do mesmo modo, os diáconos sejam dignos de respeito e pessoas de palavra, não inclinados ao vinho em excesso nem cobiçosos de lucros desonestos. ⁹Que conservem o mistério da fé numa consciência pura. ¹⁰Também eles sejam provados primeiro, e só depois, se forem irrepreensíveis, exerçam a função de diáconos. ¹¹Assim também as mulheres: Sejam dignas de respeito, não caluniadoras, mas sóbrias e fiéis em tudo. ¹²Os diáconos devem ser cada um marido de uma única mulher, governando bem os filhos e a própria casa. ¹³De fato, os que exercem bem o diaconato alcançam lugar de honra para si, e muita coragem na fé em Cristo Jesus.

¹⁴Eu lhe escrevo essas coisas esperando encontrá-lo em breve. ¹⁵E assim, caso eu demore, você saiba comportar-se na casa de Deus, que é a igreja do Deus vivo, coluna e sustentação da verdade. ¹⁶Sem dúvida, é grande o mistério da piedade:

Ele se manifestou na carne,
foi justificado no Espírito,
apareceu aos anjos,
foi proclamado às nações,
acreditado no mundo
e exaltado na glória.

---

salvação universal, com base na Boa-Nova de Jesus, será retomada de maneira concreta na atividade missionária de Paulo, que vai levá-la a todas as nações. Objeto especial da oração cristã são os reis e as autoridades locais. Vale lembrar que, naquele momento, quem imperava em Roma era Nero ou um de seus sucessores.

9-15: Estas recomendações com relação às mulheres devem significar, na comunidade, reação a excessos de liderança feminina. Refletem contextos culturais da época, e soam estranhas aos ouvidos de hoje, quando as mulheres possuem tanta liderança nas igrejas. O próprio Paulo contou com a colaboração feminina constante em seu apostolado. Em suas comunidades, as mulheres oravam e pregavam em igualdade com os homens (1Cor 11,4-5). Veja como Tt 2,3 recomenda que as mulheres idosas sejam boas mestras. A atitude de Jesus é exemplar, nesse sentido, pois acolheu, promoveu e valorizou sobremaneira as mulheres. O presente texto afirma que a mulher será salva pela maternidade (v. 15), provavelmente para reagir contra falsos doutores que eram contrários ao matrimônio e à sexualidade (4,3).

3,1-16: As primeiras comunidades fundadas por Paulo não seguiam esquemas de organização. Traziam das sinagogas judaicas algumas referências, porém mais espontâneas, inspiradas nos carismas do Espírito. Aqui já se observam os esboços de uma organização eclesial (Fl 1,1). A presença de epíscopos ou dirigentes e de diáconos ou servidores, não corresponde exatamente à função dos bispos e diáconos atuais, porém já aponta para o exercício da liderança nas comunidades. É provável que houvesse mulheres no cargo de diaconisas, como o v. 11 indica e Rm 16,1 explicita. O texto

4 Cuidado diante das falsas doutrinas

¹O Espírito diz claramente que, nos últimos tempos, alguns renegarão a fé e darão atenção a espíritos sedutores e doutrinas demoníacas, ²por causa da hipocrisia dos mentirosos, que têm a consciência como que marcada a ferro em brasa. ³Eles proíbem o casamento e exigem abstinência dos alimentos que Deus criou para serem tomados com ação de graças por aqueles que têm fé e conhecem a verdade. ⁴Pois tudo o que Deus criou é bom, e nada é desprezível, se tomado com ação de graças, ⁵porque é santificado pela Palavra de Deus e pela oração.

⁶Ensinando essas coisas aos irmãos, você será bom servidor de Cristo Jesus, você que é alimentado com as palavras da fé e da boa doutrina que tem seguido. ⁷Rejeite as fábulas de gente supersticiosa e caduca. Exercite-se na piedade. ⁸Porque o exercício físico para pouco serve, mas a piedade é útil para tudo, pois traz consigo a promessa da vida presente e futura. ⁹Tudo isso é digno de fé e tem toda aceitação. ¹⁰De fato, para isso nós trabalhamos e lutamos, por termos depositado a esperança no Deus vivente, que é o Salvador de todos, sobretudo dos que têm fé. ¹¹Recomende e ensine essas coisas.

¹²Que ninguém o despreze por ser jovem. Procure ser modelo dos que creem na palavra, na conduta, no amor, na fé, na pureza. ¹³Até que eu chegue aí, dedique-se a ler, encorajar e ensinar. ¹⁴Não se descuide do dom da graça que está em você, e que lhe foi dado por indicação profética, com a imposição das mãos do presbitério. ¹⁵Cuide bem dessas coisas e dedique-se a elas, para que seu progresso seja visível a todos. ¹⁶Vigie sobre si mesmo e sobre a doutrina. Persevere nessas coisas, porque, fazendo assim, você salvará a si mesmo e a seus ouvintes.

5 Respeito para evitar choque de gerações

¹Não repreenda com dureza um ancião, mas exorte-o como se fosse seu pai; aos jovens como irmãos; ²às idosas como mães; às jovens como irmãs, com toda a pureza.

As viúvas – ³Cuide das viúvas que são verdadeiramente viúvas. ⁴Porém, se uma viúva tem filhos ou netos, que estes aprendam antes a exercer a piedade para com a própria família e a retribuir aos pais os favores recebidos, pois isso é agradável diante de Deus. ⁵Aquela que é verdadeiramente viúva e ficou sozinha, deposita sua confiança em Deus e persevera nas súplicas e orações, dia e noite. ⁶Mas aquela que só busca prazeres, mesmo se vive, já está morta. ⁷Recomende tudo isso, para que elas sejam irrepreensíveis. ⁸Se alguém não cuida dos seus, sobretudo dos que são de sua própria casa, renegou a fé e é pior que um incrédulo.

⁹Para que seja inscrita no grupo das viúvas, a mulher deve ter pelo menos sessenta anos e ter sido esposa de um só marido. ¹⁰Deve ser conhecida por suas belas obras: se criou bem os filhos, se foi hospitaleira, se lavou os pés dos santos, se socorreu os aflitos, se foi dedicada na prática de todo tipo de boas obras. ¹¹Não aceite as viúvas mais jovens, pois, quando seus desejos se afastam de Cristo, querem casar-se, ¹²tornando-se assim culpadas de terem faltado a um compromisso anteriormente

---

não menciona o celibato, mas traça orientações para que os candidatos a cargos eclesiais tenham sólidas qualidades humanas.

4,1-16: Refere-se aos últimos tempos, isto é, ao período de espera da segunda vinda de Jesus. Nesse período surgem falsas doutrinas, qualificadas aqui com palavras muito fortes (2Tm 3,1). Seus mestres têm a consciência marcada a ferro em brasa, comparação que lembra como eram marcados os delinquentes e escravos fugitivos. A proibição do casamento era uma característica do gnosticismo. Os tabus alimentares são mais típicos de grupos judaizantes (Cl 2,16-23). Ora, o cristianismo se caracteriza justamente pela valorização do corpo humano e pela liberdade de consciência. As recomendações aqui se referem sobretudo ao líder Timóteo, que deve tornar-se modelo para a comunidade, pelo dom da graça recebida pela imposição das mãos (2Tm 1,6).

5,1-2: São de fina delicadeza as recomendações sobre o trato filial e fraterno com os idosos e jovens. As relações familiares servem de modelo para o tratamento na comunidade, onde qualquer cargo ou função é sempre exercício de respeito e solidariedade.

3-16: As viúvas recebem especial atenção na carta. Essa atitude faz parte da tradição bíblica (Jt 8,4-5). Ao longo do Antigo Testamento, há uma clara opção preferencial pelas viúvas, ao lado dos órfãos, categorias sociais mais desprotegidas e marginalizadas. Aqui se distinguem várias espécies de viúvas. As que têm família e não carecem da assistência da igreja (v. 4); as "verdadeiras viúvas", que ficaram sozinhas e necessitam da assistência da igreja (vv. 3.5); as viúvas mais idosas, que são chamadas a exercer funções na igreja (vv. 9-10); e as viúvas jovens, a quem o autor recomenda que se casem (vv. 6.11-15).

assumido. ¹³Além disso, como vivem sem fazer nada, vão de casa em casa; e não são apenas desocupadas, mas também fofoqueiras e intrometidas, falando o que não devem. ¹⁴Portanto, quero que as viúvas jovens se casem, tenham filhos e governem a casa, e não deem ao adversário nenhum motivo de maledicência. ¹⁵Pois algumas já se desviaram, seguindo a Satanás. ¹⁶Se uma fiel tem viúvas em sua casa, cuide delas e não sobrecarregue a igreja, para que a igreja socorra as que são verdadeiramente viúvas.

Os presbíteros – ¹⁷Os presbíteros que exercem bem a presidência merecem dupla remuneração, sobretudo os que trabalham de verdade em favor da Palavra e do ensino. ¹⁸De fato, a Escritura diz: "Não amordace o boi que debulha". E ainda: "O trabalhador é digno do seu salário". ¹⁹Não aceite acusação contra um presbítero, a não ser com o testemunho de duas ou três pessoas. ²⁰Aos presbíteros que pecam, repreenda-os diante de todos, para que também os demais sintam temor. ²¹Diante de Deus, de Cristo Jesus e dos anjos eleitos, peço encarecidamente que você observe estas regras sem preconceito, nada fazendo por favoritismo. ²²Não se apresse em impor as mãos sobre ninguém, nem seja cúmplice de pecados alheios. Conserve-se puro. ²³Deixe de beber somente água; tome também um pouco de vinho, por causa do seu estômago e de suas frequentes enfermidades. ²⁴Os pecados de alguns já são conhecidos por todos, antes mesmo de serem levados a julgamento; os de outros são conhecidos só depois. ²⁵Assim também, as boas obras já são conhecidas por todos; as outras, que ainda não são conhecidas, não poderão ficar ocultas.

6 **Os escravos** – ¹Aqueles que se encontram sob o jugo da escravidão devem considerar os próprios senhores como dignos de todo o respeito, para que o nome de Deus e a doutrina não sejam blasfemados. ²ᵃOs que têm senhores fiéis não os desrespeitem pelo fato de serem irmãos; ao contrário, sirvam a eles melhor ainda, porque são fiéis e irmãos amados que se beneficiam dos serviços de vocês.

A piedade – ²ᵇTudo isso é o que você deve ensinar e recomendar. ³Se alguém ensinar outra coisa, e não estiver de acordo com as sãs palavras de nosso Senhor Jesus Cristo e com a doutrina segundo a piedade, ⁴é um orgulhoso que não entende nada, um doente atrás de controvérsias e disputas de palavras. Surgem daí inveja, briga, blasfêmia, suspeitas maldosas, ⁵polêmicas sem fim entre pessoas que têm mente corrompida e estão longe da verdade, que julgam a piedade como fonte de lucro. ⁶De fato, a piedade que basta a si mesma é grande fonte de lucro. ⁷Pois nada trouxemos ao mundo e nada poderemos levar dele. ⁸Se tivermos o que comer e com que nos vestir, que nos contentemos com isso. ⁹Os que desejam enriquecer caem na tentação, na armadilha e em muitos desejos insensatos e prejudiciais que afogam as pessoas na ruína e destruição. ¹⁰Porque a raiz de todos os males é o apego ao dinheiro. Pela ânsia de dinheiro, alguns se afastaram da fé e se torturaram com muitos sofrimentos.

Testemunhar a fé – ¹¹Você, porém, homem de Deus, fuja dessas coisas. Procure a justiça, a piedade, a fé, o amor, a perseverança, a bondade. ¹²Combata o bom combate da fé, conquiste a vida eterna,

---

17-25: Presbítero é palavra grega que se traduz por "ancião". Os anciãos formavam, já no Antigo Testamento, a categoria colegiada que administrava as comunidades. Presidiam as assembleias e ajudavam na tomada de decisões. Nas comunidades cristãs, assumem funções de animação nas celebrações litúrgicas. Eram encarregados também de pregar e ensinar (v. 17). Não é qualquer um que pode ser escolhido, e a comunidade tem direito de exigir que seus dirigentes sejam fiéis aos compromissos assumidos (3,1-7; Tt 1,5-6).

6,1-2a: O cristianismo propunha novas relações entre senhores e escravos, com igualdade de direitos (Gl 3,28). Essa prática podia gerar abusos por parte de servos que viessem a desrespeitar os patrões. Aqui, a carta frisa as relações cristãs de respeito e amor, pois se trata de senhores fiéis e de servos fiéis e amados. Quer dizer que as relações cristãs superam as estruturas sociais, tais como a escravidão (cf. Fm).

2b-10: O critério decisivo para viver o cristianismo é o evangelho de Jesus Cristo. A resposta cristã a essa proposta é aqui chamada "piedade", termo preferido nas cartas pastorais que basicamente significa o que outros textos designam como "fé". A piedade define a atitude de devoção a Deus e de respeito às pessoas.

11-16: Chamado "homem de Deus", como alguns profetas no Antigo Testamento, Timóteo recebe aqui as instruções finais (2Tm 2,22; 4,1-2). Em sua função de liderança, deve fugir da ambição e viver com sobriedade.

para a qual você foi chamado e da qual você fez tão bela profissão de fé na presença de tantas testemunhas. ¹³Diante de Deus, que dá a vida a todas as coisas, e de Cristo Jesus, que deu testemunho diante de Pôncio Pilatos com bela profissão de fé, eu lhe ordeno: ¹⁴Conserve o mandamento sem mancha e irrepreensível, até a Aparição de nosso Senhor Jesus Cristo. ¹⁵Esta Aparição mostrará, nos tempos estabelecidos, o bendito e único Soberano, o Rei dos reis e Senhor dos senhores, ¹⁶o único que possui a imortalidade, que habita em luz inacessível, que ninguém viu nem pode ver. A ele honra e poder eterno. Amém.

Partilha das riquezas – ¹⁷Instrua os ricos deste mundo, para que não sejam orgulhosos nem coloquem a esperança na incerteza da riqueza, mas em Deus, que nos dá tudo com abundância, para que nos alegremos. ¹⁸Que os ricos pratiquem o bem, se enriqueçam com belas obras, sejam generosos, capazes de partilhar. ¹⁹Estarão assim ajuntando para si um belo tesouro para o futuro, a fim de alcançar a verdadeira vida.

Saudações finais – ²⁰Timóteo, guarde o depósito. Evite o palavreado vazio e ímpio, e as contradições de uma falsa ciência, ²¹pois alguns a professaram e se afastaram da fé. A graça esteja com vocês.

Comportar-se como bom lutador em defesa da fé. Seu compromisso é com a verdade, conforme manifestou em sua profissão de fé (v. 12), a exemplo do testemunho dado por Jesus diante de Pilatos (v. 13).

17-19: Exigência fundamental para o seguimento de Cristo é a opção preferencial pelos pobres (Lc 12,17-21). O cristão não deposita sua confiança na riqueza. Os bens materiais só têm sentido se forem partilhados. Do contrário, tornam-se ídolos rivais do Deus vivo, que cria os bens para todos. Os ricos são chamados à vivência do evangelho na partilha, a fim de estabelecer a justiça social. E assim estarão acumulando seu tesouro no céu (Mt 6,20).

20-21: Uma insistência em guardar o "depósito da fé", como nas outras cartas pastorais (2Tm 1,12-14). Trata-se de todo o conjunto da Boa-Nova, objeto da fé, como tesouro a ser transmitido de geração em geração. Esse "depósito" ou núcleo da fé constitui a Tradição, que prescreve o compromisso cristão fundamental. Tradição que se encarna em doutrinas e vivências históricas e se mantém viva e ativa nos diversos tempos e lugares.

SEGUNDA CARTA A TIMÓTEO

COMBATER O BOM COMBATE

Introdução

Esta carta a Timóteo é mais pessoal e afetuosa que a primeira. Paulo se dirige ao seu discípulo, para exortá-lo a perseverar firme no difícil ministério.

A carta assume o gênero de testamento espiritual. Diante de sua provável condenação ao martírio (4,6), o Apóstolo recomenda a Timóteo dedicar-se ao serviço do Evangelho, ao cuidado da reta doutrina e à luta contra os falsos doutores. Além disso, informa sobre sua situação como prisioneiro e pede uma visita urgente do amigo (4,9).

Afirma-se claramente que Paulo está encarcerado (1,8.16; 2,9) em Roma (1,16-17), tanto que no final são citados personagens romanos (4,21). Sobre o assunto, só temos informações nesta carta. Aliás, o motivo também não é claro; supõe-se algum abandono ou traição (1,15; 4,14). E as condições devem ter sido bem mais duras que na prisão domiciliar, quando o Apóstolo podia pregar livremente (At 28,16). Agora, sente-se abandonado e sem ninguém para o defender no tribunal; seus dias estão contados e ele já espera o martírio. O fato lhe reforça a fé e provoca ações de graças. Contudo, deseja rever seu "amado filho Timóteo" e confirmá-lo na missão. Estamos provavelmente por volta do ano 67.

A carta se concentra em considerações sobre os "últimos dias", associando os de Paulo com os da igreja. No desejo de rever Timóteo, lhe traça diversas recomendações. Há problemas reais, como ameaça de novas doutrinas (2,18), deserção de alguns líderes (4,10), defesa de doutrinas que outros líderes recusam (2,23; 3,6), arrefecimento do amor (4,16), dispersão de lideranças (4,9-12). Por isso a recomendação de empenho ao serviço do evangelho sem poupar energias (1,6-2,13; 4,1-8), ao cuidado da reta doutrina (3,10-17) e à luta contra os falsos doutores (2,14-18).

1 **Endereço e saudações** – ¹Paulo, apóstolo de Cristo Jesus por vontade de Deus, segundo a promessa de vida que está em Cristo Jesus, ²ao amado filho Timóteo: graça, misericórdia e paz da parte de Deus Pai e de Cristo Jesus nosso Senhor.

Agradecimento – ³Dou graças a Deus, a quem sirvo de consciência limpa, tal como os antepassados, sempre que me lembro de você em minhas orações, noite e dia. ⁴Lembro-me de suas lágrimas e tenho muita vontade de revê-lo, para que minha alegria seja completa. ⁵Recordo a fé sem fingimento que há em você, a mesma que antes havia em sua avó Loide, em sua mãe Eunice e que agora existe em você também, tenho certeza.

Não se envergonhar do evangelho – ⁶Por isso mesmo, eu lhe recordo, reacenda o dom de Deus, que está em você pela imposição de minhas mãos. ⁷Pois Deus não nos deu um espírito de covardia, mas

---

1,1-2: O remetente dá um tom de testamento à carta; por isso contempla a promessa de vida definitiva e se emociona (1Tm 1,1 2).

3-5: O autor agradece a Deus a continuidade da sua própria fé pessoal, que provém dos antepassados do judaísmo e continua no cristianismo. Faz emocionada referência à despedida de Timóteo, quando Paulo o deixou em Éfeso (1Tm 1,3). E apresenta um belo exemplo de transmissão da fé numa família cristã, da avó para a filha, e desta para o neto missionário (At 16,1).

6-14: Que Timóteo reacenda o dom de Deus, como quem sopra o fogo. O carisma lhe foi conferido na consagração, pela imposição das mãos (1Tm 4,14). O Apóstolo convida o discípulo a sofrer com ele, como ele mesmo

de força, amor e sobriedade. ⁸Portanto, não se envergonhe de dar testemunho de nosso Senhor, nem de mim, prisioneiro dele. Ao contrário, com a força de Deus, sofra comigo pelo evangelho. ⁹Deus nos salvou e nos chamou com vocação santa, não por causa de nossas obras, mas por causa de seu próprio plano e graça. Essa graça nos foi concedida em Cristo desde os tempos eternos; ¹⁰agora, porém, tornou-se conhecida por meio da Aparição de Cristo Jesus, nosso Salvador. Ele destruiu a morte e fez brilhar a vida e a imortalidade por meio do evangelho, ¹¹para o qual eu fui constituído pregador, apóstolo e mestre. ¹²É esse o motivo pelo qual sofro tais coisas. Mas não me envergonho, porque sei em quem acreditei, e estou certo de que ele tem poder para guardar o meu depósito até aquele Dia. ¹³Tome por modelo as palavras sadias que ouviu de mim, com a fé e o amor que há em Cristo Jesus. ¹⁴Guarde o bom depósito, por meio do Espírito Santo que habita em nós.

¹⁵Você sabe que todos os da Ásia me abandonaram, entre eles Fígelo e Hermógenes. ¹⁶Que o Senhor tenha misericórdia da família de Onesíforo, pois ele muitas vezes me confortou e não se envergonhou por eu estar preso. ¹⁷Pelo contrário, assim que chegou a Roma me procurou e encontrou. ¹⁸Que o Senhor lhe conceda encontrar misericórdia junto ao Senhor naquele Dia. Melhor que qualquer outro, você conhece todos os serviços que ele me prestou em Éfeso.

2 *Participar da luta com Cristo* – ¹Quanto a você, meu filho, fortifique-se na graça que há em Cristo Jesus. ²O que você ouviu de mim na presença de tantas testemunhas, transmita-o a pessoas de confiança, que por sua vez sejam capazes de ensiná-lo a outros.

³Participe dos sofrimentos como bom soldado de Cristo Jesus. ⁴Nenhum soldado que vai para a guerra se deixa envolver por assuntos da vida civil, se quer agradar a quem o alistou no regimento. ⁵Assim também o atleta, que não ganha a coroa se não tiver lutado segundo as regras. ⁶O agricultor que trabalha deve ser o primeiro a participar dos frutos. ⁷Reflita sobre o que lhe estou dizendo, pois o Senhor lhe dará inteligência em todas as coisas.

A Palavra de Deus não está algemada – ⁸Lembre-se de Jesus Cristo, ressuscitado dentre os mortos, da descendência de Davi, segundo o meu evangelho. ⁹É pelo evangelho que eu sofro, a ponto de estar preso como malfeitor. Mas a Palavra de Deus não está algemada. ¹⁰Por isso é que sofro todas as coisas em favor dos eleitos, para que também eles alcancem a salvação que está em Cristo Jesus, com a glória eterna. ¹¹Esta palavra é digna de fé:

Se com ele morremos,
   com ele viveremos.
¹²Se com ele sofremos,
   com ele reinaremos.
Se o renegamos,
   também ele nos renegará.
¹³Se lhe somos infiéis,
   ele se mantém fiel,
pois não pode renegar a si mesmo.

Conduzir a palavra da verdade – ¹⁴Recorde essas coisas, testemunhando diante de Deus que é preciso evitar discussões sobre palavras. Discussões que não servem pa-

---

sofre segundo o exemplo de Jesus Cristo. E se refere à sua prisão (vv. 8.16; 2,9) em Roma (v. 17). Recomenda que guarde "o depósito da fé" (1Tm 6,20). Faz referência ao testemunho que deverá dar, ao enfrentar o martírio que se aproxima; por isso, a carta soa como testamento.

15-18: Os personagens aqui citados, bem como o contexto dos episódios, não são conhecidos, a não ser por estas referências. Apenas a família de Onesíforo volta a ser mencionada em 4,19. O texto mostra a decisão das pessoas frente às perseguições, de acordo com o testemunho vivo do evangelho. Com Jesus não foi diferente. Uns se envergonham diante da vítima que sofre, outros se aproximam ainda mais, e confirmam o próprio testemunho.

2,1-7: Compreende-se aqui o processo de tradição viva, que transmite o depósito da fé (1,12-14; 1Tm 6,20), mediante o ensinamento de pessoa para pessoa, assegurado pelas testemunhas. Seguem-se três comparações sobre a participação no sofrimento e na ressurreição de Cristo. O cristão é como soldado que não foge da guerra, como atleta que luta segundo as regras, e como agricultor que trabalha para colher os frutos.

8-13: Mesmo que a testemunha do evangelho esteja presa, ninguém consegue acorrentar a Palavra de Deus (2Ts 3,1). Ao contrário, o sofrimento de quem está preso é um sinal ainda mais eloquente da força que tem a palavra digna de fé. O hino citado enfatiza a participação do cristão nos destinos do próprio Cristo, de acordo com a opção pessoal de cada um (1Tm 1,15).

14-26: Nas palavras vazias está a ideia errônea de que a ressurreição já aconteceu no batismo, e que no futuro acontecerá apenas uma ressurreição espiritual.

ra nada, a não ser para a perdição dos que as ouvem. ¹⁵Procure apresentar-se a Deus como homem digno de aprovação, como trabalhador que não tem de que se envergonhar ao conduzir pelo caminho reto a palavra da verdade. ¹⁶Evite palavreado vazio e ímpio, pois aqueles que o praticam avançarão na impiedade. ¹⁷A palavra deles é como gangrena que se espalha. Entre eles estão Himeneu e Fileto, ¹⁸que se desviaram da verdade, dizendo que a ressurreição já aconteceu, e assim estão pervertendo a fé em várias pessoas.

¹⁹Apesar disso, o sólido fundamento colocado por Deus resiste firme, e traz a seguinte inscrição: "O Senhor conhece os que são seus". E ainda: "Afaste-se da injustiça todo aquele que pronuncia o nome do Senhor". ²⁰Numa casa grande, não há somente vasos de ouro e prata, mas também de madeira e barro. Alguns para uso nobre, outros para uso comum. ²¹Portanto, quem se purificar dessas coisas será vaso para uso nobre, santificado, útil para seu dono, preparado para toda boa obra.

²²Fuja das paixões da juventude. Siga a justiça, a fé, o amor, a paz com aqueles que invocam de coração puro o nome do Senhor. ²³Evite questões tolas e não educativas, sabendo que elas produzem brigas. ²⁴E um servo do Senhor não deve ser briguento, mas gentil para com todos, hábil no ensino, paciente na tribulação. ²⁵Deve ser capaz de educar com bondade os opositores, na esperança de que Deus dará a estes não somente a conversão para conhecerem a verdade, ²⁶mas também o retorno ao bom senso, libertando-os da armadilha do diabo, que os conservava presos para lhe fazerem a vontade.

3 Tempo de decisão

¹Fique sabendo, porém, que nos últimos dias haverá momentos difíceis. ²Os homens serão egoístas, gananciosos, soberbos, blasfemadores, rebeldes com os pais, ingratos, iníquos, ³sem afeto, incapazes de perdoar, mentirosos, sem controle, cruéis, inimigos do bem, ⁴traidores, impulsivos, arrogantes, mais amigos dos prazeres do que de Deus. ⁵Eles mantêm a aparência da piedade, mas negam o poder que ela tem. Afaste-se de tais pessoas.

⁶Entre elas, estão os que se introduzem nas casas e acabam cativando mulherzinhas carregadas de pecados, levadas por todo tipo de desejos, ⁷sempre experimentando, mas nunca conseguindo chegar ao conhecimento da verdade. ⁸E assim como Janes e Jambres se opuseram a Moisés, também esses tais se opõem à verdade. São homens de mentalidade corrompida, reprovados na fé. ⁹Mas eles não irão longe, pois a loucura deles ficará evidente para todos, como no caso dos opositores de Moisés.

¹⁰Você, porém, sempre me seguiu de perto no ensino, na conduta, nos projetos, na fé, na paciência, no amor, na perseverança, ¹¹nas perseguições e sofrimentos, como os que me aconteceram em Antioquia, em Icônio, em Listra. E que perseguições tive de aguentar! Mas de todas elas o Senhor me livrou. ¹²Todos os que quiserem viver com piedade em Cristo Jesus serão perseguidos. ¹³Quanto aos homens maus e impostores, eles progredirão no mal, enganando e sendo enganados.

¹⁴Quanto a você, fique firme naquilo que aprendeu e aceitou como certo. Você sabe de quem o aprendeu. ¹⁵Desde a infância, você conhece as Sagradas Letras, que podem dar-lhe a sabedoria que leva à salvação pela fé em Cristo Jesus. ¹⁶Toda Escritura é inspirada por Deus e útil para ensinar, refutar, corrigir, educar na justiça, ¹⁷a fim de que o homem de Deus seja perfeito, preparado para toda boa obra.

Dentre os defensores da proposta, cita Himeneu, já mencionado em 1Tm 1,20, e o desconhecido Fileto. A solidez da palavra de Deus é ilustrada com duas citações. A primeira insiste na iniciativa de Deus, que conhece os seus, conforme Nm 16,5. A segunda acentua a resposta humana, com citação livre de Nm 16,26 e Is 26,13.

3,1-17: Os últimos tempos são descritos com perspectivas sombrias, a partir da tradição judaica, sobretudo na visão apocalíptica. Alguns discursos de Jesus acentuaram os perigos futuros (Mt 24; Mc 13). Paulo também recorda que no fim da história haverá um aumento do mal (2Ts 2,3-12), e será mais forte a sedução dos espíritos maus que levam à negação da fé (1Tm 4,1). Aqui se prevê uma longa lista de defeitos, com forte carga negativa, talvez inspirados em listas estoicas de vícios. Esses pecados se comparam com a tão negativa atitude de Janes e Jambres, nomes que a tradição judaica atribui aos chefes dos magos que no Egito procuraram contestar os prodígios de Moisés (Ex 7,8-12). Mas, em contraste, apresenta-se o exemplo de Timóteo, com uma lista positiva de atitudes de apoio a Paulo. Por fim, quem anuncia a Palavra deve contar

4 Proclamar a Palavra

¹Eu lhe peço encarecidamente, diante de Deus e de Cristo Jesus, que há de vir para julgar os vivos e os mortos, pela sua Aparição e pelo seu Reino: ²Proclame a Palavra, insista em tempo oportuno e inoportuno, convença, repreenda, encoraje com toda paciência e doutrina. ³Porque virá tempo em que não suportarão a sã doutrina. Pelo contrário, seguindo seus próprios desejos, se rodearão de mestres que lhes afaguem o ouvido. ⁴Não darão ouvidos à verdade e se voltarão para as fábulas. ⁵Quanto a você, seja sóbrio em tudo. Suporte os sofrimentos com paciência, faça o trabalho de anunciador do evangelho e realize plenamente seu ministério.

"Combati o bom combate"

⁶Quanto a mim, eu já fui oferecido em libação, e chegou o tempo de minha partida. ⁷Combati o bom combate, terminei a corrida, conservei a fé. ⁸E agora, já está reservada para mim a coroa da justiça, que o Senhor, o justo Juiz, me dará naquele Dia. E não somente para mim, mas para todos os que tiverem esperado com amor a sua Aparição.

"O Senhor me deu forças"

⁹Procure vir ao meu encontro o mais depressa possível, ¹⁰pois Demas me abandonou, apaixonado que está pelo mundo presente. Ele foi para Tessalônica, Crescente para a Galácia, Tito para a Dalmácia. ¹¹Somente Lucas está comigo. Busque Marcos e traga-o com você, pois para mim ele é muito útil no ministério. ¹²Enviei Tíquico a Éfeso. ¹³Quando você vier, traga-me a capa que deixei em Trôade, na casa de Carpo, e também os livros, especialmente os pergaminhos. ¹⁴Alexandre, o ferreiro, me causou muitos males. O Senhor lhe retribuirá de acordo com as obras que fez. ¹⁵Você também tome cuidado com ele, porque se opôs fortemente às nossas palavras.

¹⁶Na minha primeira defesa perante o tribunal, ninguém ficou do meu lado, mas todos me abandonaram. Que isso não seja posto na conta deles. ¹⁷O Senhor, sim, esteve ao meu lado e me deu forças, para que através de mim a mensagem fosse plenamente proclamada e ouvida por todas as nações. E eu fui libertado da boca do leão. ¹⁸O Senhor me livrará de toda obra maligna e me guardará para seu Reino celeste. A ele a glória pelos séculos dos séculos. Amém.

Saudações finais

¹⁹Transmita saudações a Prisca e Áquila, e à família de Onesíforo. ²⁰Erasto ficou em Corinto. Deixei Trófimo doente em Mileto. ²¹Procure vir antes do inverno. Êubulo, Prudente, Lino, Cláudia e todos os irmãos mandam saudações a você. ²²O Senhor esteja com seu espírito. A graça esteja com vocês.

---

com perseguições. Timóteo está firme na fé que desde a infância aprendeu da mãe e da avó (1,5). O aprendizado da Sagrada Escritura oferece segurança, porque ela é inspirada por Deus e prepara a pessoa para toda boa obra, pois transmite a sabedoria (2Pd 1,21).

4,1-5: No contexto da Aparição de Jesus, em sua vinda para o julgamento, são feitas recomendações importantes, como ordens repassadas ao ministro. O tempo será de discernimento, entre as Palavras do evangelho que salvam, e as palavras vãs que só servem para afagar os ouvidos (1Tm 6,11-14).

6-8: O apóstolo missionário, prisioneiro por causa da Palavra, prevê a morte como mártir, e faz um balanço de sua carreira. Avalia que seu sangue derramado terá um sentido de oferta litúrgica, como nas libações, em que se derramava vinho, água ou azeite sobre as vítimas (Fl 2,17). Será também como a partida dos navios que soltam as amarras para lançar-se ao mar, ou como os soldados que dobram as tendas para levantar acampamento, ou como o atleta que terminou uma corrida e está pronto para receber a coroa da vitória (1Cor 9,24-27).

9-18: No abandono da prisão, o Apóstolo apela para as pessoas mais próximas, e recorda também as que se afastaram. Demas estava presente em Cl 4,14 e Fm 24. Crescente não é nomeado em nenhum outro lugar. Tito é destinatário de uma carta. Lucas é o evangelista (Cl 4,14). Marcos, outro evangelista (At 12,12). Tíquico é mencionado em 2Tm 4,12; At 20,4; Ef 6,21; Tt 3,12. Alexandre consta em 1Tm 1,20, e talvez tenha sido testemunha de acusação contra Paulo.

19-22: As saudações finais são personalizadas e carinhosas. Com o casal Prisca (ou Priscila) e Áquila, Paulo partilhou casa e missão (At 18,2.18.26; Rm 16,3; 1Cor 16,19). Onesíforo é bem lembrado já em 1,16. Erasto é mencionado em At 19,22 e Rm 16,23. Trófimo era originário de Éfeso (At 20,4; 21,29). Os quatro membros da igreja romana, Êubulo, Prudente, Lino e Cláudia, conheceram Timóteo por ocasião do primeiro cativeiro de Paulo em Roma.

CARTA A TITO

A VIDA EXPRESSANDO A FÉ

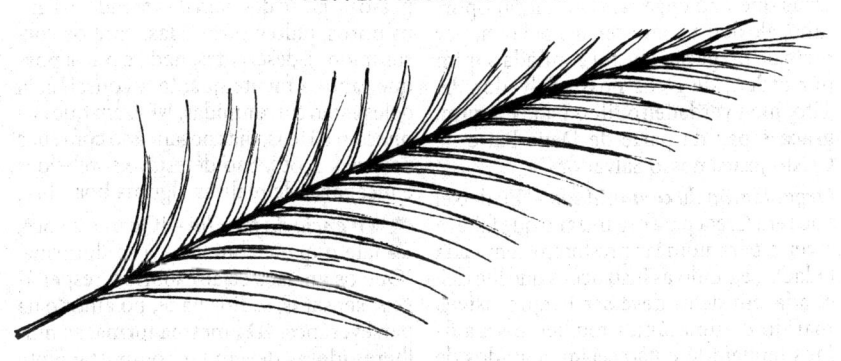

Introdução

A carta a Tito é uma das três pastorais, datada, ao que parece, entre 1Tm e 2Tm. De fato, os problemas de Tt se assemelham mais a 1Tm do que a 2Tm. Retrata uma comunidade já bem estabelecida. Tanto que não se encontra nesta carta a Tito o vigor missionário de Tessalonicenses, nem a espontaneidade de Coríntios, ou a liberdade cristã proclamada em Gálatas. Aqui, a comunidade de Tito se preocupa com a organização dos ministérios, o modelo da família patriarcal e a instituição das autoridades romanas. Passada a novidade inicial da pregação cristã, surgem agora os problemas. Antigas heranças judaicas tentam impor-se. Ideias comuns do paganismo também se infiltram. É preciso recordar a salvação trazida por Cristo, bem como as consequências para a vida particular e social.

É difícil estabelecer data e local em que a carta foi escrita, porque as únicas informações provêm da própria carta. Supõe-se que tenha sido pelos anos 64-65.

O destinatário Tito está na ilha de Creta como delegado de Paulo, junto a quem havia cumprido diversas missões. Filho de gregos, convertido provavelmente pelo próprio Paulo (1,4), não foi circuncidado, para demonstrar a liberdade evangélica perante a Lei (Gl 2,3). Tito acompanhou Paulo e Barnabé em Antioquia e no chamado Concílio de Jerusalém (Gl 2,1). No curso da terceira viagem missionária de Paulo, esteve em Éfeso, de onde visitou Corinto duas vezes. Agora se encontra em Creta (1,5), para organizar a comunidade e preservar a saúde da fé cristã.

A carta dá instruções para estabelecer as lideranças de cada igreja (1,5-9), desarraigar as falsas doutrinas (1,10-16), admoestar sobre os deveres dos fiéis (2,2-10) e transmitir alguns formulários de ética cristã (1,6-9; 2,2-10; 3,1-3).

TITO 1-2

1 ***Endereço e saudação*** – ¹Paulo, servo de Deus e apóstolo de Jesus Cristo para levar os escolhidos de Deus à fé e ao conhecimento da verdade que conduz à piedade, ²na esperança da vida eterna, prometida antes dos tempos eternos pelo Deus que não engana. ³No tempo oportuno, ele deu a conhecer sua palavra, por meio da pregação que foi confiada a mim por ordem de Deus nosso Salvador. ⁴A Tito, meu verdadeiro filho na fé comum, graça e paz da parte de Deus Pai e de Cristo Jesus, nosso Salvador.

Organização da comunidade – ⁵Eu deixei você em Creta para organizar o que faltava fazer e para nomear presbíteros em cada cidade, segundo as instruções que lhe dei. ⁶Cada um deles deve ser irrepreensível, marido de uma única mulher, e seus filhos tenham fé e não sejam acusados de mau comportamento ou desobediência. ⁷De fato, é preciso que o epíscopo seja irrepreensível, como administrador que é das coisas de Deus. Não seja arrogante, não se irrite com facilidade, não seja beberrão, nem violento, nem desejoso de lucro desonesto. ⁸Ao contrário, deve ser hospitaleiro, amante do bem, prudente, justo, piedoso e disciplinado. ⁹Seja fiel na exposição da palavra, para que consiga encorajar com a sã doutrina e contestar os que a rejeitam.

"Para os puros, tudo é puro" – ¹⁰Porque há muitos rebeldes, faladores e enganadores, principalmente entre os que vieram da circuncisão. ¹¹É preciso fazê-los calar, pois destroem famílias inteiras, ensinando o que não devem, com o objetivo vergonhoso de ganhar dinheiro. ¹²Um de seus próprios profetas disse: "Os cretenses são sempre mentirosos, animais perigosos, comilões preguiçosos". ¹³Essa descrição é verdadeira. Por isso, repreenda-os severamente, para que sejam sadios na fé ¹⁴e já não deem ouvidos, nem a histórias inventadas por judeus, nem a mandamentos de pessoas que se desviam da verdade. ¹⁵Para os puros, tudo é puro. Mas, para os corrompidos e descrentes, nada é puro, porque tanto a mente quanto a consciência deles estão corrompidas. ¹⁶Dizem que conhecem a Deus, mas negam isso com suas próprias ações. São detestáveis, rebeldes e incapazes de realizar alguma boa obra.

2 ***Vivência da família*** – ¹Quanto a você, fale o que é conforme à sã doutrina. ²Que os anciãos sejam sóbrios, respeitáveis, sensatos, sadios na fé, no amor e na perseverança. ³Da mesma forma, as mulheres idosas devem ter comportamento digno de pessoas religiosas: não sejam caluniadoras nem escravas de vinho em excesso, e sim mestras do que é bom, ⁴a fim de encorajar as mais novas a terem amor aos maridos e aos filhos, ⁵a serem prudentes, castas, boas donas de casa e obedientes a seus maridos, de modo que a Palavra de Deus não seja difamada. ⁶Encoraje também os jovens a serem ajuizados ⁷em tudo. E você, apresente-se qual modelo de boas obras, firme na doutrina, íntegro, ⁸propondo a mensagem sadia e irrepreensível, para que o adversário fique envergonhado por não ter nada de mal a dizer contra nós. ⁹Os servos sejam obedientes em tudo a seus senhores, sendo agradáveis a eles. Não sejam teimosos ¹⁰nem roubem; ao contrário, mostrem-se leais e bons em tudo e sempre, para honrarem a doutrina de Deus, nosso Salvador.

1,1-4: A saudação condensa a teologia da salvação e do apostolado, expondo o projeto de Deus para conduzir a humanidade à vida eterna.

5-9: O apóstolo dá instruções a Tito para organizar a comunidade em Creta. Como ainda não há um modelo hierárquico definido, as funções e lideranças vão se formando aos poucos. A organização inicial se baseia na tradição judaica, tendo um corpo de "anciãos", em grego "presbíteros", com a função de presidir a comunidade. Os "epíscopos" ou "supervisores" são os que dirigem, lado a lado com os "diáconos" (1Tm 3,1-13). É importante que os ministérios sejam exercidos sempre como serviço, a exemplo do Mestre Jesus.

10-16: Repreende duramente os grupos que corrompem o caminho cristão, com atitudes reprováveis que destroem as famílias e têm como objetivo ganhar dinheiro. Cita para tanto a frase do poeta cretense Epimênides de Cnossos. A nova postura é apresentada como pureza verdadeira, que está na consciência e não nos rituais, segundo as palavras do próprio Jesus em Mc 7,1-23.

2,1-10: A família constitui, desde sempre, a base da sociedade. A referência segue o modelo patriarcal romano, aqui revisado pela novidade do amor cristão. Aos anciãos, recomenda saúde na fé, no amor e na perseverança (2Ts 1,3-4; 1Tm 5,1-2; 6,11). Às anciãs, que sejam mestras do bem. Às jovens, que amem aos maridos. Aos jovens, que tenham juízo. Por fim, uma recomendação especial aos servos, sem a correspondente aos patrões, como em Ef 6,5.

Aguardando a realização da esperança – ¹¹Porque a graça de Deus já se manifestou para a salvação de todas as pessoas. ¹²Essa graça nos ensina a abandonar a impiedade e as paixões mundanas, para vivermos no tempo presente com moderação, justiça e piedade, ¹³aguardando a esperança bendita e a manifestação da glória de nosso grande Deus e Salvador Jesus Cristo. ¹⁴Ele se entregou em nosso favor, para nos resgatar de toda iniquidade e purificar um povo que lhe pertence, dedicado às belas obras. ¹⁵Fale dessas coisas, encoraje e repreenda com toda a autoridade. E que ninguém despreze a você.

3 *O mistério cristão* – ¹Lembre a eles que devem ser submissos aos magistrados e autoridades, e que devem obedecer e estar prontos para toda boa obra. ²Que não difamem a ninguém, não sejam briguentos, e sim pacíficos, mostrando-se bondosos para com todos. ³Porque também nós antigamente éramos insensatos, desobedientes, extraviados, escravos de paixões e prazeres de todo tipo, vivendo na malícia e na inveja, odiosos e odiando-nos uns aos outros. ⁴Mas, quando se manifestaram a bondade de Deus, nosso Salvador, e seu amor pela humanidade, ⁵não por causa de obras de justiça que tivéssemos realizado, mas por sua misericórdia, ele nos salvou com um banho de renascimento e renovação do Espírito Santo. ⁶Ele derramou abundantemente sobre nós o Espírito Santo, por meio de Jesus Cristo, nosso Salvador. ⁷Isso para que nós, sendo justificados pela sua graça, nos tornássemos herdeiros da esperança da vida eterna.

Viver a fé – ⁸Esta palavra é digna de fé. Por isso, quero que você insista nela, e assim os que acreditaram em Deus se dediquem à prática de belas obras. Essas coisas são boas e úteis para todos.

⁹Evite porém controvérsias tolas, genealogias, discussões e debates a respeito da Lei, porque são coisas inúteis e vazias. ¹⁰Quanto ao herege, depois de uma ou duas advertências, evite-o. ¹¹Pois sabemos que uma pessoa assim se perverteu e se entregou ao pecado, condenando-se a si mesma.

Saudações finais – ¹²Quando eu enviar Ártemas ou Tíquico ao seu encontro, venha logo me encontrar em Nicópolis, pois resolvi passar aí o inverno. ¹³E se esforce para ajudar Zenas, o jurista, e Apolo, de modo que nada lhes falte. ¹⁴Os da nossa gente devem aprender a dedicar-se às boas obras, segundo as necessidades urgentes, para que não fiquem sem frutos.

¹⁵Todos os que estão comigo enviam saudações a você. Transmita saudações a todos os que nos amam na fé. Que a graça esteja com todos vocês.

11-15: A obra da salvação é exposta, em síntese. A graça oferecida por Deus se realizou em Jesus Cristo, a quem os primeiros cristãos já reconhecem como Deus e Salvador (v. 13). Ao aceitar a graça, o cristão passa a viver os valores condizentes, o abandono da impiedade e a vivência da justiça. A vida cristã se volta, então, para a realização do projeto de Deus na terra, aguardando, na esperança, sua manifestação definitiva na glória.

3,1-7: Ao dirigir a recomendação aos cretenses, o autor pede submissão às autoridades romanas (Rm 13,1-7), que impunham violenta repressão. O Apóstolo apresenta aqui os próprios pecados antes da manifestação da graça que o conduziu à conversão. Essa explicação oferece oportunidade para uma síntese da revelação do amor de Deus, com traços que lembram as cartas aos Romanos e aos Gálatas: o amor de Deus, a salvação pela graça, o batismo, o dom do Espírito, a esperança da realização final.

8-11: Aceitar a fé implica, como consequência, viver de acordo com o projeto de Deus, para praticar belas obras, que a carta nomeia quatro vezes (2,7.14; 3,8.14), jogando com o rico termo grego *kalós*, traduzível como "bom" ou "belo". A atitude contrária ao projeto de Deus é a do herege, que escolhe na fé, apenas a parte que lhe convém, esquecendo o essencial e dividindo a comunidade.

12-15: Conclui recomendando apoio à comunidade aos missionários itinerantes. Ártemas só é nomeado aqui. Tíquico encontra-se em At 20,4; Ef 6,21; Cl 4,7; 2Tm 4,12. Zenas é desconhecido por outras referências. Apolo está em At 18,24; 1Cor 1,12; 3,4-6 etc. Despede-se com a regra máxima da fé: auxílio aos mais necessitados.

CARTA A FILÊMON

NÃO ESCRAVO, MAS IRMÃO

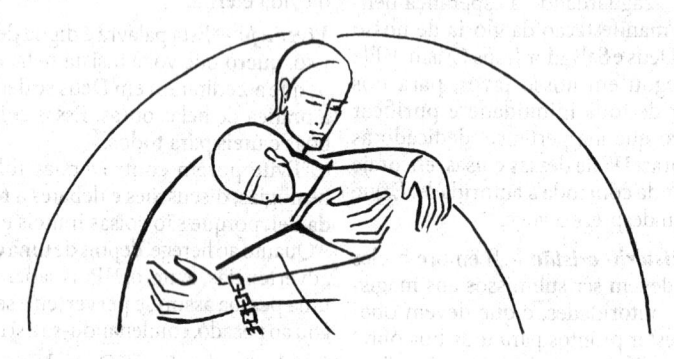

Introdução

Esta carta de Paulo é a mais breve e personalizada. Um bilhete apenas, escrito de próprio punho como carta de recomendação em favor de um escravo fugitivo. O assunto é da maior gravidade: o direito de todas as pessoas à sua plena liberdade. Percebe-se logo uma crítica à estrutura escravista do império romano. Ao afirmar a igualdade de todos em Cristo, o Apóstolo propõe novas relações fraternas, a começar pela convivência entre patrão e escravo.

Como várias vezes a carta menciona (vv. 1.9.10.13), Paulo está preso, talvez em Éfeso, quando chega o escravo fugitivo Onésimo, provavelmente após ter cometido algum roubo (v. 18). Adere então ao cristianismo e é batizado pelo Apóstolo. A lei romana prevê penas severas para o delito de fuga de escravo, mas Paulo não a leva em conta e envia Onésimo de volta ao patrão Filêmon, com a recomendação de recebê-lo como irmão, e não mais como escravo (v. 16).

Filêmon, destinatário da carta, devia ser personagem importante em Colossas (Cl 4,9.17), a ponto de reunir uma igreja em sua casa (vv. 1-2).

O estilo é tão afetuoso quanto persuasivo, juntando vários argumentos para ir convencendo aos poucos, sem dar ordens autoritárias. É Paulo escrevendo com o coração.

Endereço e saudações – ¹Paulo, prisioneiro de Jesus Cristo, e o irmão Timóteo, ao nosso querido colaborador Filêmon, ²à irmã Ápia, ao companheiro de luta Arquipo e à igreja que se reúne na casa de Filêmon. ³Que estejam com vocês a graça e a paz da parte de Deus nosso Pai e do Senhor Jesus Cristo.

Agradecendo a fé e o amor – ⁴Agradeço sempre ao meu Deus, lembrando-me de você em minhas orações, ⁵pois ouço falar do amor e da fé que você tem para com o Senhor Jesus e para com todos os santos. ⁶Que a partilha de sua fé seja eficaz para reconhecer todos os bens que temos em Cristo. ⁷De fato, o amor que você tem me trouxe grande alegria e encorajamento, pois graças a você, irmão, os corações dos santos foram reconfortados.

1-3: O tom comunitário da carta mostra ser endereçada à família de Filêmon e à igreja que se reúne na casa dele.

4-7: Em seu estilo persuasivo, Paulo começa por elogiar em Filêmon a fé que se expressa em atitudes con-

Pedido com amor – ⁸Por isso, ainda que eu tenha em Cristo total liberdade para lhe ordenar o que você deve fazer, ⁹prefiro pedir por amor. Sou eu, Paulo, velho e agora prisioneiro, ¹⁰que lhe peço em favor de Onésimo, meu filho que gerei nas prisões. ¹¹Antes, ele era inútil para você, mas agora é útil tanto para você quanto para mim. ¹²Eu o mando de volta a você. Ele é como se fosse o meu próprio coração. ¹³Eu gostaria que ele ficasse comigo, para que, em teu nome, prestasse serviço a mim nas prisões por causa do evangelho. ¹⁴Mas eu não quis fazer nada sem que você concordasse, para que sua boa ação não seja forçada, mas de livre vontade.

Não mais escravo – ¹⁵Quem sabe ele não tenha sido afastado de você por um tempo, para que você o tivesse de volta para sempre. ¹⁶Não mais como escravo, e sim muito mais do que escravo, como irmão amado, especialmente por mim e tanto mais por você, segundo a carne e segundo o Senhor. ¹⁷Portanto, se você me considera amigo, receba-o como a mim mesmo. ¹⁸E se lhe causou algum prejuízo ou lhe deve alguma coisa, coloque tudo na minha conta. ¹⁹Eu, Paulo, escrevo de próprio punho: eu pagarei. Para não lhe dizer que você é que deve a sua própria vida a mim... ²⁰Sim, irmão, que eu consiga este favor seu no Senhor. Reconforte meu coração em Cristo. ²¹Eu lhe escrevo certo de sua obediência, e sei que você fará bem mais do que lhe peço.

Saudações – ²²Outra coisa: Prepare também um quarto para mim, porque, graças às orações que vocês estão fazendo, espero ser devolvido para vocês. ²³Receba as saudações de Epafras, meu companheiro de prisão em Cristo Jesus, ²⁴e de meus colaboradores Marcos, Aristarco, Demas e Lucas. ²⁵Que a graça de nosso Senhor Jesus Cristo esteja com vocês.

---

cretas de amor, causando alegria a toda a comunidade (Gl 5,6)

8-14: Com diversos argumentos, a carta convence que o amor cristão supera as diferenças entre escravos e livres. O Apóstolo apela para sua condição de velho prisioneiro, de pai espiritual de Onésimo, e para a utilidade que o escravo poderia representar para ele. De fato, Onésimo quer dizer "útil". Daí o jogo entre o antigo escravo inútil, e agora liberto e útil (v. 11).

15-21: Os argumentos se tornam mais decisivos com o apelo para a dívida de amigo, para a obediência e para a generosidade. Mas o argumento central é que o ser humano já não seja tratado como escravo, e sim como irmão, tanto diante da lei, quanto na realidade nova do cristianismo. Uma vez que alguém se torna irmão, não pode mais ser tratado como escravo. Enfim, o evangelho derruba as diferenças e esvazia o estatuto da escravidão (1Cor 12,13; Gl 3,28; Cl 3,11).

22-25: Paulo solicita a preparação de um quarto, para visitar o irmão e conferir o pedido feito. Os companheiros de prisão, citados na saudação final, constam em Cl 4,10-14.

CARTA AOS HEBREUS

JESUS, O SACERDOTE FIEL PARA O POVO A CAMINHO

Introdução

Este escrito todo especial do Novo Testamento chama-se carta só porque, no final, apresenta algumas recomendações e uma despedida (13,22-25). No entanto, seu conteúdo é de homilia ou "palavra de exortação" (13,22). Imaginou-se que seria endereçado a hebreus, por conta do abundante uso da Escritura. Mas ele não apresenta nenhuma diferença em relação aos outros escritos do Novo Testamento. E ainda: a tradicional atribuição a Paulo não se justifica, pois faltam as indicações de autor e a saudação inicial comum a todas as cartas do Apóstolo.

Nada se sabe sobre o autor, que parece escrever no final do séc. I (2,3), talvez na Itália (13,24). Também é desconhecida a comunidade a quem se dirige. Contudo, principalmente em 10,32-39 se pode conhecer um pouco do que estava acontecendo: uma experiência de sofrimento fez alguns abandonarem o grupo, enquanto outros foram encarcerados e outros ainda humilhados publicamente. Daí o ponto mais intrigante deste escrito: a qualificação de Jesus como sacerdote, certeza que alimenta uma comunidade cansada e enfraquecida. Jesus não é um sacerdote comum: é o sacerdote da ordem de Melquisedec, o mediador definitivo entre Deus e a humanidade. As instituições e outros eventuais mediadores ficam definitivamente relativizados.

Por outro lado, a linguagem sofisticada de Hebreus e o seu parentesco com outros escritos da época poderiam passar a falsa impressão de que o autor estaria querendo que sua comunidade se despreocupasse da realidade presente, da luta cotidiana. Ao contrário, o que ele pede é que ninguém se acomode nem abandone o testemunho e os valores do seguimento de Jesus, só para estar bem com a sociedade. O povo de Deus é sempre peregrino, refazendo o caminho do êxodo (3,7-4,10). Portanto, a apresentação de Jesus como sumo sacerdote não pode isolar-se da condição em que vive a comunidade, povo de Deus, convocada a não se sujeitar a valores estabelecidos e a viver com os olhos voltados para a "cidade construída sobre alicerces, cujo arquiteto e construtor é o próprio Deus" (11,10). Jesus atravessou os céus: a comunicação do povo com seu Deus está definitivamente aberta. Por fim, é preciso considerar a mentalidade apocalíptica do autor, para quem estamos no final dos tempos.

I. DEUS FALA HOJE POR MEIO DO SEU FILHO

1 *Contínua comunicação de Deus* – ¹Muitas vezes e de muitos modos, Deus falou no passado aos nossos pais através dos profetas. ²Nesta etapa final, ele nos falou por meio de um Filho. Deus fez dele o herdeiro de tudo, e por meio dele também criou o universo. ³Ele é o reflexo de sua glória, a expressão do seu ser. O Filho tudo sustenta com sua palavra poderosa. Depois de ter realizado a purificação dos pecados, sentou-se nas alturas à direita da Majestade. ⁴O Filho está acima dos anjos, do mesmo modo como recebeu em herança um nome muito superior ao deles.

Jesus, acima dos anjos – ⁵De fato, a qual dos anjos Deus disse alguma vez: "Tu és o meu filho, eu hoje te gerei"? Ou ainda: "Eu serei para ele um pai, ele será para mim um filho"? ⁶Da mesma forma, quando introduz o primogênito no mundo, ele diz: "Que todos os anjos o adorem". ⁷Sobre os anjos, diz: "Ele faz seus anjos como vento, e seus ministros como chamas de fogo". ⁸Sobre o Filho, ao contrário, ele diz: "Teu trono, ó Deus, permanece para sempre. Cetro de retidão é teu cetro real. ⁹Amaste a justiça, odiaste a iniquidade; por isso Deus, o teu Deus, te ungiu com óleo de festa entre todos os teus companheiros". ¹⁰E ainda: "No princípio, Senhor, tu fundaste a terra, e os céus são obras de tuas mãos; ¹¹eles perecerão, mas tu permanecerás; todos se gastarão como roupa, ¹²mas tu os enrolarás como manto, e serão trocados como veste. Tu, ao contrário, és o mesmo, e teus anos não se acabam". ¹³A qual dos anjos Deus disse alguma vez: "Senta-te à minha direita, até que eu faça de teus inimigos estrado para teus pés"? ¹⁴Não são todos eles espíritos servidores, enviados a serviço daqueles que vão receber a salvação como herança?

2 *Não desprezar a Palavra* – ¹Portanto, para não perdermos o rumo, devemos prestar mais atenção ao que ouvimos. ²Porque, se uma palavra pronunciada por anjos começou a valer, de modo que qualquer transgressão ou desobediência recebeu o castigo merecido, ³como nos livraremos, se não dermos atenção a uma salvação tão grande? Esta salvação foi anunciada primeiro pelo Senhor, foi confirmada pelos que a ouviram. ⁴E então Deus acrescentou seu testemunho com sinais, prodígios, vários milagres e dons do Espírito Santo, repartidos de acordo com sua vontade.

Jesus, solidário com a humanidade – ⁵Deus não submeteu a anjos o mundo futuro de que falamos, ⁶como alguém testemunha quando diz: "O que é o homem, para dele te lembrares? Ou o ser humano, para dele cuidares? ⁷Tu o fizeste pouco menor que os anjos, o coroaste de glória e honra, ⁸e lhe colocaste tudo debaixo dos pés". Ao submeter tudo ao ser humano, Deus não deixou nada sem lhe submeter. Agora, porém, ainda não vemos que tudo esteja submetido ao ser humano. ⁹Mas vemos Jesus, coroado de glória e honra, aquele que pela paixão e morte foi feito pouco menor que os anjos. Assim, pela graça de Deus ele sofreu a morte em favor de todos.

1,1-4,13: A primeira parte do escrito é um convite a ouvir a Palavra de Deus, revelada pelo seu Filho nestes tempos finais. No começo, vemos por meio de quem Deus vem falando; no final, se reconhece a força dessa Palavra e a necessidade de acolhê-la sempre. A escuta da Palavra é o início de tudo.

1,1-4: A comunicação de Deus com a humanidade chega a seu ponto alto com a presença de Jesus, que aparece na sequência dos profetas, mas é pela ação dele que o mundo foi feito. Por isso, agora Jesus, em sua glória, encontra-se junto a Deus. A vinda do Filho de Deus ao mundo indica que os dias dele eram os últimos: o fim dos tempos está próximo.

5-14: Havia muita preocupação com anjos, figuras sobrenaturais. O autor vê nisso um risco de que seja esquecido aquele que trouxe a Palavra definitiva de Deus, justamente por conta de sua humanidade e pelo sofrimento que passou. Daí o desafio: haveria por acaso algum texto da Escritura que afirme sobre os anjos o que ela revela sobre Jesus? As passagens citadas em geral se referiam aos reis de Jerusalém; mas o autor de Hebreus, atualizando o sentido de tais passagens, pensa em Jesus como esse rei. Não cabe colocar anjos em lugar de Jesus: eles estão apenas a serviço da comunidade herdeira da salvação.

2,1-4: Retoma-se o tema da Palavra, que foi proclamada no passado, mas de forma mais intensa e decisiva no presente. É preciso escutá-la.

5-9: De novo a comparação entre Jesus e os anjos. Se antes a superioridade de Jesus era afirmada pelo fato de ser ele filho de Deus, agora ela se afirma por ser ele humano como nós. Inferior aos anjos porque tornado gente, Jesus se torna superior aos anjos devido à morte que sofreu em favor de todos, e tem lugar especial junto de Deus. Solidário com a condição humana, é para Jesus que a comunidade deve olhar.

Jesus vence a morte – ¹⁰De fato, Deus queria conduzir para a glória muitos filhos. Por isso, convinha que ele, por meio do sofrimento, levasse à perfeição o Iniciador da salvação deles. ¹¹Tanto o Santificador quanto os santificados têm a mesma origem. E por isso, ele não se envergonha de chamá-los irmãos, ¹²dizendo: "Vou anunciar teu nome a meus irmãos, e no meio da assembleia vou te louvar". ¹³E também: "Vou pôr nele minha confiança". E ainda: "Eis-me aqui, com os filhos que Deus me deu".

¹⁴Como os filhos têm a carne e o sangue em comum, da mesma forma Jesus participou de igual condição, a fim de destruir, pela sua morte, aquele que controlava a morte, isto é, o diabo. ¹⁵Jesus libertou, assim, os que passam a vida como escravos, por medo da morte. ¹⁶Está claro que ele não veio para ajudar anjos, e sim para ajudar a descendência de Abraão. ¹⁷Por isso, devia ser em tudo semelhante a seus irmãos, para que pudesse ser sumo sacerdote misericordioso e fiel diante de Deus, para expiar os pecados do povo. ¹⁸Como ele sofreu a provação pessoalmente, é capaz de socorrer aqueles que estão sendo provados.

3 **Jesus e Moisés** – ¹Portanto, irmãos consagrados, vocês que participam de um chamado que vem do céu, fixem bem a mente em Jesus, o apóstolo e sumo sacerdote da fé que nós professamos. ²Ele foi fiel a quem assim o constituiu, como também Moisés foi fiel entre todos os de sua casa. ³Jesus, porém, foi considerado digno de glória maior que a de Moisés, assim como o construtor da casa é mais estimado que a própria casa. ⁴Toda casa é construída por alguém, mas é Deus o construtor de tudo. ⁵Entre todos os de sua casa, Moisés era um servidor fiel para garantir o que Deus iria dizer. ⁶Cristo, ao contrário, como Filho, é o chefe da casa. E essa casa somos nós, se mantivermos a confiança e nos gloriarmos da esperança.

Ouvir hoje a Palavra proclamada no passado – ⁷É por isso que o Espírito Santo diz: "Se hoje vocês ouvem a voz dele, ⁸não endureçam o coração, como quando o irritaram no dia da prova no deserto, ⁹quando os pais de vocês me puseram à prova e me tentaram, embora tivessem visto minhas ações ¹⁰durante quarenta anos. Por isso, eu me indignei contra aquela geração, e disse: 'Sua mente sempre se extravia e não reconhecem meus caminhos'. ¹¹Então, irado, jurei: 'Não vão entrar no meu descanso'". ¹²Cuidado, irmãos: nenhum de vocês tenha coração malvado e incrédulo, que se afaste do Deus vivo. ¹³Ao contrário, animem-se uns aos outros cada dia, enquanto dura a proclamação desse "hoje", para que ninguém se endureça, seduzido pelo pecado. ¹⁴Porque, se mantemos firme até o fim a confiança que temos desde o início, somos companheiros de Cristo. ¹⁵Quando se diz: "Se hoje vocês ouvem a voz dele, não endureçam o coração, como quando o irritaram", ¹⁶quem, apesar de tê-lo ouvido, o irritou? Claro, todos os que saíram do Egito guiados por Moisés. ¹⁷Contra quem ele se indignou durante quarenta anos? Claro, contra os pecadores, cujos cadáveres caíram no deserto. ¹⁸A quem ele jurou que não iriam entrar no descanso dele? Aos rebeldes; ¹⁹e assim vemos que não puderam entrar porque não tinham fé.

4 **Promessa em aberto** – ¹Enquanto ainda continua a promessa de entrar no seu descanso, tenhamos cuidado para

---

10-18: Com sua morte, Jesus derrotou o poder do mal. Morte que não foi algo inevitável ordenado de antemão por Deus. Mas, com sua identificação com a humanidade em tudo, até na morte, Jesus tornou possível a reconciliação definitiva com Deus. O autor está pensando na grande festa do perdão narrada em Lv 16, festa que precisava ser renovada a cada ano. A obra de Jesus, ao derrotar o mal em favor da humanidade, faz dele o sumo sacerdote definitivo.

3,1-6: Começa aqui o desenvolvimento do tema "povo a caminho". O autor não está pensando no fato de ser mera passagem a vida aqui na terra; insiste primordialmente em que a comunidade não deve estar amarrada aos esquemas e valores da sociedade e do poder dominante. Tem os olhos voltados para o futuro. A comparação entre Jesus e Moisés evidencia que o povo de hoje se encontra em condição privilegiada em relação ao antigo Israel.

7-19: O comentário ao Salmo 95 se justifica: de acordo com a história bíblica, as pessoas a quem Deus prometeu a terra morreram antes de chegar a ela, com poucas exceções. E isso por conta da dureza do coração.

4,1-11: A promessa de Deus ainda está aberta. A comunidade hoje está recebendo a mesma possibilidade que teve o povo do passado: entrar no descanso de Deus, representado pela terra prometida a Israel. Esse

que ninguém de vocês chegue atrasado. ²Pois também nós recebemos, como eles, uma boa notícia. Mas a mensagem que eles ouviram de nada lhes adiantou, porque não se uniram pela fé com aqueles que a tinham ouvido. ³Nós, porém, que acreditamos, entramos no descanso, como foi dito: "Irado, jurei que não vão entrar no meu descanso". As obras, sem dúvida, foram concluídas com a criação do mundo, ⁴como diz um texto sobre o sétimo dia: "No sétimo dia Deus descansou de todas as suas obras". ⁵E ainda nesta passagem: "Não vão entrar no meu descanso". ⁶Sendo assim, outros vão entrar no descanso, pois aqueles que receberam por primeiro a boa notícia não entraram, devido à sua desobediência. ⁷Por isso, Deus fixou outro dia, outro "hoje", pronunciando muito depois, por meio de Davi, o texto anteriormente citado: "Se hoje vocês ouvem a voz dele, não endureçam o coração". ⁸Se Josué os tivesse conduzido ao descanso, não se falaria mais de outro dia. ⁹Portanto, ainda está reservado para o povo de Deus um descanso de sábado. ¹⁰Quem já entrou no descanso de Deus, descansa das próprias obras, do mesmo modo que Deus descansa das suas. ¹¹Portanto, esforcemo-nos para entrar nesse descanso, para que ninguém caia, seguindo aquele exemplo de desobediência.

A força da Palavra – ¹²Pois a Palavra de Deus é viva e eficaz, mais cortante que qualquer espada de dois gumes. Ela penetra até o ponto em que a alma e o espírito se encontram, até onde as juntas e medulas se tocam. Ela sonda os sentimentos e pensamentos mais íntimos. ¹³Não há criatura que possa esconder-se dela. Diante dela tudo fica nu e descoberto, e a ela deveremos prestar contas.

II. A OBRA DO NOSSO SUMO SACERDOTE

Jesus, sumo sacerdote misericordioso – ¹⁴Visto que temos um sumo sacerdote excelente que atravessou os céus, Jesus, o Filho de Deus, mantenhamos firme a fé que professamos. ¹⁵O sumo sacerdote que temos não é insensível à nossa fraqueza, já que foi provado como nós em tudo, menos no pecado. ¹⁶Portanto, compareçamos confiantes diante do tribunal da graça, para obtermos misericórdia e alcançarmos a graça de um auxílio oportuno.

5 *Modo de ser dos sacerdotes* – ¹Todo sumo sacerdote é escolhido entre os homens e nomeado representante deles diante de Deus, para oferecer dons e sacrifícios pelos pecados. ²Assim, ele é capaz de ser compassivo com os ignorantes e com os que erram, porque ele também está sujeito à fraqueza. ³Por isso, deve oferecer sacrifícios, tanto pelos próprios pecados como pelos pecados do povo. ⁴E ninguém pode atribuir a si mesmo essa dignidade, senão quem foi chamado por Deus, como Aarão.

Acima dos sacerdotes – ⁵Do mesmo modo, Cristo não atribuiu a si mesmo a honra de ser sumo sacerdote, mas a recebeu daquele que lhe disse: "Tu és o meu filho, eu hoje te gerei". ⁶E, em outra passagem: "Tu és sacerdote para sempre, segundo a ordem do sacerdócio de Melquisedec". ⁷Foi ele quem, durante sua vida mortal,

---

descanso deve ser entendido na perspectiva apocalíptica: para o autor, estamos na etapa final da história; por isso, os olhos devem mirar a "nova cidade", no "descanso" que Deus prometeu: a renovação da vida e da história humana em outro mundo. Essa promessa não se alcança de forma individualista, nem se dirige apenas à alma. A confiança no futuro prometido por Deus congrega a comunidade; o descanso aguarda o povo em sua peregrinação na história.

12-13: Aqui se conclui a primeira parte do escrito. Ouvir e acolher a Palavra, que é profunda, eficaz e sempre atual, significa apresentar-se diante de Deus, e assumir o compromisso de viver de acordo com essa Palavra.

4,14-10,31: Nesta segunda parte se desenvolve mais profundamente aquilo que para o autor é a razão maior da esperança: Jesus como sumo sacerdote. Reflete-se até o capítulo 7 sobre o que isso significa. A obra sacerdotal de Jesus é completamente nova, distinta dos sacerdócios existentes, e tal novidade se expõe a partir do capítulo 8.

4,14-16: O sumo sacerdote Jesus enfrentou todos os desafios que os seres humanos têm de encarar. Atravessou os céus e está junto de Deus por ter sido nosso companheiro de caminhada.

5,1-4: Descrevem-se algumas funções dos sacerdotes. O autor não deixa de se referir à fragilidade dessa instituição, que existe por conta do pecado. Por outro lado, ao dizer que o sacerdote deve ser escolhido por Deus, o autor parece estar lembrando quanta corrupção tinha marcado a escolha do sumo sacerdote em várias ocasiões, também no tempo de Jesus.

5-10: Só Jesus pode ser chamado ao mesmo tempo de filho de Deus e sacerdote da ordem de Melquisedec, por ter sido solidário com a humanidade ao enfrentar a morte. Assim ele supera, em muito, a condição dos sacerdotes de que se falou antes. Por outro

apresentou pedidos e súplicas, com clamores e lágrimas, àquele que podia livrá-lo da morte. E foi atendido, porque era submisso. ⁸Embora sendo Filho, sofrendo aprendeu o que é obedecer. ⁹Levado à perfeição, tornou-se a fonte da salvação eterna para todos os que lhe obedecem. ¹⁰E, assim, Deus o proclamou sumo sacerdote, segundo a ordem do sacerdócio de Melquisedec.

Ir além da superfície – ¹¹Temos muito a dizer sobre este tema, mas sua explicação é difícil, porque vocês se tornaram lentos para compreender. ¹²Depois de tanto tempo, vocês já deveriam ser mestres. No entanto, estão precisando novamente de alguém que lhes ensine as coisas mais elementares das palavras de Deus. Vocês estão precisando de leite, e não de alimento sólido. ¹³Quem vive de leite é criança, e ainda não cresceu para experimentar a palavra da justiça. ¹⁴O alimento sólido é para os adultos, que com a prática e treinando os sentidos sabem distinguir o que é bom e o que é mau.

6 ¹Por isso, deixemos de lado o ensinamento elementar sobre Cristo, e nos ocupemos dos assuntos de adultos. Não vamos tratar de coisas elementares, como a conversão das obras mortas, a fé em Deus, ²a doutrina sobre os batismos, a imposição das mãos, a ressurreição dos mortos e o julgamento eterno. ³Faremos isso, se Deus nos permitir.

⁴Consideremos aqueles que foram iluminados uma vez, saborearam o dom do céu, participaram do Espírito Santo, ⁵experimentaram a boa palavra de Deus e o dinamismo do mundo futuro. ⁶Depois disso tudo, se eles renegam a fé, já não podem contar com outra renovação, porque, para seu arrependimento, crucificaram de novo o Filho de Deus, expondo-o a injúrias. ⁷Um terreno que recebe com frequência a chuva e produz plantas úteis para os que o cultivam, recebe uma bênção de Deus. ⁸Mas, se produz espinhos e ervas daninhas, não tem valor nenhum, está a um passo da maldição e acabará sendo queimado.

⁹Embora falando assim, estamos convencidos de que vocês, queridos, estão do lado bom, o lado da salvação. ¹⁰Porque Deus não é injusto. Ele não se esquece das obras nem do amor que vocês mostraram pelo nome dele, vocês que já serviram e ainda agora servem aos santos. ¹¹Desejamos apenas que cada um mostre o mesmo ardor até o fim, até que se cumpra completamente a esperança que vocês têm. ¹²De modo que, assim, vocês não sejam lentos para compreender, mas imitadores daqueles que, com fé e perseverança, recebem como herança o que foi prometido.

Não perder a esperança – ¹³Quando Deus fez a promessa a Abraão, como não tivesse ninguém maior por quem jurar, jurou por si mesmo, ¹⁴dizendo: "Eu vou conceder a você muitas bênçãos, multiplicarei sua descendência". ¹⁵Abraão foi perseverante e viu a promessa realizar-se. ¹⁶Os homens juram por alguém maior, e o juramento confirma e resolve qualquer discussão. ¹⁷Da mesma forma, Deus quis com insistência mostrar aos herdeiros da promessa que nunca voltaria atrás em sua decisão. E assim Deus interveio com um juramento. ¹⁸Desse modo, com dois atos que não se podem anular – porque Deus não pode mentir – temos um encorajamento seguro, nós que buscamos refúgio apegando-nos à esperança que nos foi oferecida.

¹⁹A esperança é como âncora firme e segura de nossa vida. Ela penetra até o outro lado da cortina do Santuário, ²⁰onde Jesus entrou por nós, como precursor, nomeado sumo sacerdote para sempre, segundo a ordem do sacerdócio de Melquisedec.

---

lado, está sendo preparada a reflexão fundamental do capítulo 7.

5,11-6,12: O autor faz uma pausa na reflexão, para dirigir à comunidade uma crítica cheia de provocações. É preciso ir além da superficialidade e superar o desânimo. Não basta contentar-se em ser religioso, pois foram pessoas religiosas que crucificaram uma vez mais a Jesus! O autor volta a um dos seus temas preferidos: a esperança.

13-20: Esta passagem retoma a anterior e prepara a seguinte. Abraão apostou nas promessas de Deus; esperou, certo de que Deus não volta atrás. Tal esperança permite à comunidade o que no templo de Jerusalém cabia apenas ao sumo sacerdote, e somente uma vez ao ano: romper o véu, entrar no Santuário e experimentar, desde já, a proximidade com o sumo sacerdote Jesus, solidário com a humanidade até a morte. Essa particularíssima experiência espiritual deve ser a base da esperança e do testemunho cristão em vista da "cidade que há de vir", e não de acordo com os esquemas injustos e egoístas da sociedade.

7 Jesus e Melquisedec

¹Este Melquisedec é o rei de Salém, sacerdote do Deus Altíssimo, aquele que saiu ao encontro de Abraão quando este voltava após a derrota dos reis, e o abençoou. ²Abraão lhe deu um décimo de todos os despojos. Seu nome significa, em primeiro lugar, "Rei da Justiça", e depois "Rei de Salém", que quer dizer "Rei da Paz". ³Sem pai, sem mãe, sem genealogia, sem princípio nem fim de vida. Tal como o Filho de Deus, ele continua sendo sacerdote para sempre.

Melquisedec, Abraão e Levi

⁴Vejam a grandeza desse homem, a quem o patriarca Abraão deu um décimo dos despojos. ⁵Os descendentes de Levi, que recebem o sacerdócio, têm ordem de cobrar legalmente dízimos do povo, isto é, de seus irmãos, que também são descendentes de Abraão. ⁶Ao contrário, Melquisedec, que não era descendente de Levi, cobrou de Abraão o dízimo, abençoando-o como a alguém que havia recebido as promessas de Deus. ⁷Sem dúvida, o menor é abençoado pelo maior. ⁸E os que recebem aqui o dízimo são mortais, ao passo que ali se trata de uma pessoa, da qual se diz que está viva. ⁹Por assim dizer, Levi, aquele que cobra dízimos, também ele, na pessoa de Abraão, pagou a décima parte. ¹⁰De fato, Levi ainda estava nas entranhas do seu antepassado, quando Melquisedec foi ao encontro deste.

Um sacerdócio definitivo

¹¹Ora, se pelo sacerdócio dos filhos de Levi fosse possível chegar à perfeição (já que por meio desse sacerdócio o povo recebia a Lei), que necessidade haveria de nomear outro sacerdote na linha de Melquisedec e não na linha de Aarão? ¹²Pois a mudança de sacerdócio significa necessariamente mudança de Lei. ¹³Este de quem se fala aqui pertence a outra tribo, da qual nenhum membro se ocupou no serviço do altar. ¹⁴Sabe-se que nosso Senhor, de fato, é descendente de Judá, uma tribo da qual Moisés não diz nada quando fala de sacerdotes.

¹⁵E isso fica ainda mais claro quando outro sacerdote, à semelhança de Melquisedec, ¹⁶recebe o título, não por causa de uma lei de sucessão carnal, mas pela força de uma vida indestrutível. ¹⁷Porque a Escritura testemunha sobre ele: "Tu és sacerdote para sempre, segundo a ordem do sacerdócio de Melquisedec". ¹⁸O preceito anterior, portanto, fica abolido por ser fraco e inútil, ¹⁹pois a Lei não levou nada à perfeição. Agora se introduz uma esperança mais valiosa, pela qual nos aproximamos de Deus.

O sumo sacerdote de quem precisamos

²⁰E isso tudo não aconteceu sem juramento. No entanto, os outros receberam o sacerdócio sem juramento. ²¹Para ele, porém, houve o juramento daquele que disse a respeito dele: "O Senhor jurou e não volta atrás: Tu és sacerdote para sempre..." ²²Assim é que Jesus se tornou a garantia de uma aliança mais valiosa. ²³Aqueles sacerdotes eram numerosos, porque a morte os impedia de continuar. ²⁴Este, ao contrário, visto que permanece sempre, tem um sacerdócio que não passa. ²⁵Jesus pode assim salvar plenamente os que, por meio dele, se dirigem a Deus. Porque ele, de fato, está sempre vivo para interceder por eles.

²⁶Tal é o sumo sacerdote de quem tínhamos necessidade: santo, inocente e

---

7,1-3: O autor começa a explicar com mais detalhes a relação estabelecida entre Jesus e Melquisedec. Neste primeiro momento se faz a apresentação dessa personagem misteriosa, com base no texto do Gênesis. Vários sentidos se extraem do nome Melquisedec e da cidade onde é rei, mas principalmente do fato de, sendo sacerdote, não haver na Escritura o nome do seu pai nem algo sobre o seu nascimento, dados fundamentais para afirmar que um sacerdote era legítimo. Justamente essa forma especial de Melquisedec aparecer, um sacerdote sem família sacerdotal, oferece as bases para sua comparação com Jesus.

4-10: Agora, a comparação é entre Melquisedec e Levi. Da tribo deste provêm sacerdotes de Israel. De forma quase irônica, o autor vai afirmar a superioridade de Melquisedec: conforme o livro do Gênesis, Abraão pagou a Melquisedec o dízimo. Então, Levi, por ser descendente de Abraão, fez a mesma coisa! Há um sacerdócio que não deriva de Levi, nem se prende a genealogias, e a própria Escritura garante isto: é apenas nessa perspectiva que Jesus pode e deve ser chamado de sacerdote.

11-19: Aqui se fala da imperfeição do sacerdócio de Levi, e com ele dos sacerdócios organizados da mesma forma. O texto do Salmo 110,4, que ao falar de Melquisedec aponta para Jesus, sugere um sacerdócio eterno que alcança o mundo divino. Este novo e único sacerdote dá razões à esperança da comunidade, que assim pode aproximar-se de Deus.

20-28: Encerra-se a reflexão que explica o sentido da aproximação entre Melquisedec e Jesus. O sacerdócio

sem mancha, separado dos pecadores e elevado acima do céu. ²⁷Ele não precisa, como os outros sumos sacerdotes, oferecer sacrifícios a cada dia, primeiro por seus pecados e depois pelos pecados do povo. Porque isso ele já o fez de uma vez para sempre, oferecendo-se a si mesmo. ²⁸A Lei nomeia sumos sacerdotes homens fracos, mas a palavra do juramento, que substitui a Lei, nomeia para sempre um Filho perfeito.

8 Jesus, o único e verdadeiro sacerdote

– ¹Chegamos ao ponto central da nossa exposição. Temos um Sumo Sacerdote que sentou no céu à direita do trono da Majestade. ²Ele é o ministro do santuário e da tenda autêntica, armada pelo Senhor, e não por homens. ³Todo sumo sacerdote é nomeado para oferecer dons e sacrifícios; portanto, também este necessitava de algo para oferecer. ⁴Se estivesse na terra, não seria sacerdote, pois há outros que oferecem dons de acordo com a Lei. ⁵Estes realizam um culto que é cópia e sombra das realidades celestes, como diz a palavra que Moisés recebeu de Deus para fabricar a tenda: "Atenção, faça tudo de acordo com o modelo que lhe mostraram neste monte".

A certeza de uma nova aliança – ⁶Agora, porém, Jesus foi encarregado para um serviço sacerdotal superior, já que é mediador de uma aliança mais valiosa, feita com a promessa de melhores benefícios. ⁷Pois, se a primeira aliança tivesse sido sem defeito, não haveria lugar para a segunda. ⁸Mas Deus repreende: "Eis que virão dias, assim diz o Senhor, em que farei uma aliança nova com Israel e com Judá. ⁹Não será como a aliança que fiz com os pais deles, quando os tomei pela mão para tirá-los do Egito. Porque eles não perseveraram na minha aliança, e eu não me interessei por eles, diz o Senhor. ¹⁰A aliança que farei com a Casa de Israel no futuro vai ser assim, fala o Senhor: colocarei minhas leis em seu peito, vou escrevê-las em seu coração. Eu serei o Deus deles, e eles serão o meu povo. ¹¹Ninguém mais precisará ensinar seu próximo, ou seu irmão, dizendo: 'Você precisa conhecer o Senhor'. Porque todos, grandes e pequenos, vão me conhecer. ¹²Pois eu vou perdoar as culpas deles e esquecer os seus pecados".

¹³Ao dizer "aliança nova", Deus declara que a primeira ficou velha. E o que envelhece e fica antiquado está a ponto de desaparecer.

9 A insuficiência do culto antigo

– ¹A primeira aliança tinha normas para o culto e um santuário terrestre. ²Foi instalada uma primeira tenda, chamada "O Santo". Nela estavam o candelabro e a mesa dos pães apresentados em oferta. ³Atrás da segunda cortina estava a tenda chamada "O Santo dos Santos". ⁴Aí estavam o altar de ouro e a arca da aliança, toda revestida de ouro, que guardava uma jarra de ouro com maná, a vara de Aarão que tinha brotado e as tábuas da aliança. ⁵Sobre a arca estavam os querubins da Glória, fazendo sombra para a placa do perdão. Mas agora não é o momento de falar disso em detalhes.

⁶Uma vez tudo instalado, os sacerdotes entram a todo momento na primeira tenda para aí realizar o culto. ⁷Na segunda entra somente o sumo sacerdote, uma vez por ano, com o sangue que oferece por si

---

levítico se baseava na necessidade da sucessão, porque seus sacerdotes eram mortais. O sacerdote Jesus dispensa tais exigências, pois é eterno. Além disso, possui todas as qualidades necessárias para nos conduzir a Deus.

8,1-5: É o ponto fundamental da reflexão. Não se trata apenas de proclamar Jesus como o sacerdote único e verdadeiro, mas de perceber sua obra sacerdotal de alcance tão elevado. As comparações com o passado de Israel chamam a atenção para a novidade representada por Jesus, e ao mesmo tempo destacam que essa novidade já vinha preanunciada na Escritura. Nesta passagem fica claro por que Jesus é sacerdote: porque nada tem a ver com as práticas e instituições sacerdotais, que são apenas sombra, imagem apagada do autêntico sacerdócio e do verdadeiro culto.

6-13: O sacerdote Jesus é mediador de uma nova aliança, a mesma que se lê em Jr 31,31-34. Esse texto deixa claro em que pontos a nova aliança se distingue da anterior: traz nova forma de relação do povo com Deus; as leis são escritas no coração das pessoas; todos conhecem o Senhor, mesmo os pequeninos; e os pecados são perdoados. É uma nova forma de viver, sem culpas nem dominações.

9,1-10: Finalmente, o autor passa a mostrar como Jesus realizou sua obra sacerdotal. Ainda uma vez acentua a insuficiência e a imperfeição do sacerdócio e culto antigos, já que o povo precisava da mediação dos sacerdotes e devia contentar-se com ofertas e purificações. O momento agora é outro: estamos nos dias finais. Não se perca de vista que este escrito tem forte

e pelos pecados que o povo cometeu por ignorância. ⁸Com isso, o Espírito Santo quis mostrar que o caminho do santuário ainda não estaria aberto, enquanto a primeira tenda existisse. ⁹Estes são símbolos do tempo presente. Nessa tenda são oferecidos dons e sacrifícios que não podem tornar perfeita a consciência de quem os oferece. ¹⁰Porque tais alimentos, bebidas e diferentes tipos de purificação com água são apenas normas humanas, válidas até o tempo em que seriam corrigidas.

O culto definitivo – ¹¹Cristo, porém, veio como Sumo Sacerdote dos bens futuros. Veio por uma tenda melhor e mais perfeita, não fabricada por mãos humanas, ou seja, que não é criação deste mundo. ¹²Ele entrou uma vez para sempre no santuário e obteve para nós a libertação definitiva, não levando sangue de bodes e bezerros, mas seu próprio sangue. ¹³Porque, se o sangue de bodes e de touros, e a cinza de novilha aspergida sobre os impuros, os santificam com uma pureza corporal, ¹⁴quanto mais o sangue de Cristo, que pelo Espírito eterno se ofereceu sem mancha a Deus. O sangue de Cristo vai purificar de obras mortas as nossas consciências, para que possamos prestar culto ao Deus vivo.

Sacerdote de uma aliança nova – ¹⁵Por isso, Cristo é mediador de uma aliança nova. Sua morte aconteceu para livrar das faltas cometidas durante a primeira aliança. Assim, aqueles que são chamados podem receber a herança eterna que foi prometida. ¹⁶Um testamento só tem validade após a morte de quem fez o testamento, ¹⁷já que o testamento entra em vigor somente com a morte, e não tem efeito enquanto vive quem fez o testamento. ¹⁸Por isso, tampouco a primeira aliança foi inaugurada sem sangue. ¹⁹Quando Moisés terminou de proclamar diante do povo todos os mandamentos da Lei, pegou sangue de bezerros e bodes junto com água, lã vermelha e hissopo. Então aspergiu o livro e todo o povo, ²⁰dizendo: "Este é o sangue da aliança que Deus faz com vocês". ²¹Com o mesmo sangue aspergiu a tenda e todos os objetos que serviam para celebrar o culto. ²²Segundo a Lei, quase tudo é purificado com sangue, e sem derramamento de sangue não há perdão.

Eliminando o pecado – ²³Portanto, se as cópias das realidades celestes são purificadas com tais ritos, é preciso que as próprias realidades celestes sejam purificadas com sacrifícios bem superiores a esses ritos. ²⁴Pois bem, Cristo não entrou num santuário feito por mãos humanas, cópia do verdadeiro, mas entrou no próprio céu. E agora ele se apresenta diante de Deus em nosso favor. ²⁵E não foi para se oferecer muitas vezes, como o sumo sacerdote que entra todos os anos no santuário com sangue que não é próprio. ²⁶Se assim fosse, ele deveria ter sofrido muitas vezes desde a criação do mundo. Mas agora, no final dos tempos, foi de uma vez por todas que ele apareceu para destruir o pecado através do seu próprio sacrifício. ²⁷E visto que os seres humanos morrem uma só vez e depois disso vem o julgamento, ²⁸assim Cristo se ofereceu uma vez por todas, para tirar o pecado de muitos. Ele vai aparecer uma segunda vez, sem nenhuma relação com o pecado, para salvar os que o esperam.

---

marca apocalíptica, ou seja, aponta para o fim próximo do tempo e mundo presentes.

11-14: Neste contexto apocalíptico, faz sentido falar de Jesus como "sacerdote dos bens futuros". Se o sangue de animais dava a possibilidade às pessoas de participarem do culto, o que não se dirá do sangue de Jesus! De uma vez por todas, ele possibilitará à comunidade servir a Deus da forma mais adequada, pois está mais próxima dele do que estavam os sumos sacerdotes ao entrarem no santuário apenas uma vez por ano. O autor não entende a morte de Jesus em termos fatalistas, mas por solidariedade, e associa essa morte com a festa israelita do perdão apresentada em Lv 16.

15-22: Continua a reflexão sobre o alcance da obra sacerdotal de Jesus. A aliança selada com Moisés aponta para a de Jesus. A palavra grega que significa "aliança" também significa "testamento". Assim, se o sangue aspergido por Moisés serviu para o culto, um sacrifício melhor e mais nobre, o de Jesus, abriu as portas para aquilo que há de vir. Por isso, a comunidade tem todas as razões de viver na esperança.

23-28: As realidades celestes, purificadas pelo sangue da nova aliança, dizem respeito ao santuário celestial, inaugurado e consagrado com o sangue de Jesus. Ao agir dessa forma, Jesus se apresenta a Deus em favor da humanidade. Na antiga aliança, o fato de o sumo sacerdote todo ano entrar uma vez no santuário com sangue que não é seu evidencia que não foi alcançado o objetivo do culto, ou seja, conseguir o perdão: o pecado continua a fazer parte do dia a dia do povo. Cristo, ao contrário, se ofereceu uma única vez, eliminando definitivamente o pecado.

10 **O que importa a Deus** – ¹A Lei é apenas sombra dos bens futuros, não a cópia da realidade. Apesar dos mesmos sacrifícios sempre repetidos, a cada ano, oferecidos sem fim, a Lei nunca pode tornar perfeitos aqueles que se aproximam de Deus. ²Porque, se a Lei os tivesse purificado definitivamente, os que prestam culto teriam parado de oferecer os sacrifícios, já que não teriam mais nenhuma consciência dos pecados. ³Ao contrário, por meio desses sacrifícios se renova a cada ano a lembrança dos pecados. ⁴Pois, de fato, é impossível que o sangue de touros e bodes elimine os pecados.

⁵Por isso, ao entrar no mundo Cristo disse: "Tu não quiseste sacrifícios nem oferendas, mas me formaste um corpo. ⁶Não te agradaram holocaustos nem sacrifícios pelo pecado. ⁷Então eu disse: Aqui estou, vim para cumprir, ó Deus, a tua vontade – como está escrito de mim no livro". ⁸Primeiro ele diz: "Não quiseste nem te agradaram oferendas, sacrifícios, holocaustos, nem sacrifícios pelo pecado". E se trata de coisas oferecidas segundo a Lei! ⁹Depois ele acrescenta: "Aqui estou para cumprir a tua vontade". Desse modo, Cristo exclui o primeiro culto, para estabelecer o segundo. ¹⁰E graças a essa vontade é que fomos santificados pela oferta do corpo de Jesus Cristo, feita uma vez por todas.

Uma vida na aliança – ¹¹Todo sacerdote se apresenta diariamente para celebrar o culto e oferecer muitas vezes os mesmos sacrifícios, que são incapazes de eliminar os pecados. ¹²Jesus, ao contrário, depois de oferecer um único sacrifício pelos pecados, sentou-se para sempre à direita de Deus. ¹³Ele espera apenas que seus inimigos sejam colocados debaixo de seus pés. ¹⁴Pois, de fato, com uma única oferta levou à perfeição definitiva os que ele santifica. ¹⁵Também o Espírito Santo dá testemunho disso, dizendo: ¹⁶"Esta é a aliança que farei com eles no futuro – assim diz o Senhor: Eu vou colocar minhas leis nos corações deles e vou escrevê-las em suas mentes. ¹⁷Esquecerei seus pecados e suas faltas". ¹⁸Portanto, se os pecados são perdoados, a oferta pelo pecado já não é necessária.

As certezas da comunidade – ¹⁹Pelo sangue de Jesus, irmãos, temos toda a liberdade para entrar no santuário, ²⁰pelo caminho novo e vivo que ele inaugurou para nós através da cortina, ou seja, através do seu corpo. ²¹Temos um sacerdote ilustre encarregado da casa de Deus. ²²Portanto, aproximemo-nos de coração sincero e cheios de fé, purificados da má consciência por dentro e lavados por fora com água pura. ²³Mantenhamos sem desvios a confissão de nossa esperança, pois aquele que fez a promessa é fiel. ²⁴Cuidemos uns dos outros, para nos estimular no amor e nas boas obras. ²⁵Não faltemos às reuniões, como fazem alguns. Pelo contrário, procuremos animar-nos sempre mais, à medida que vocês vão vendo o Dia do Senhor se aproximar.

²⁶De fato, se resolvermos continuar pecando, depois de termos recebido o conhecimento da verdade, já não há sacrifícios que possam tirar nossos pecados. ²⁷Restam apenas a espera angustiante de um julgamento e o fogo devorador que vai consumir os rebeldes. ²⁸Quem desobedece à Lei de Moisés é condenado à morte sem compaixão, tendo como base o testemunho de duas ou três testemunhas. ²⁹Vocês podem então imaginar que castigo bem mais severo merecerá quem pisotear o Filho de Deus, profanar o sangue da aliança que o santifica e ultrajar o Espírito da graça! ³⁰Conhecemos aquele que disse: "Minha é a vingança, eu é que vou retribuir". E também: "O Senhor julgará o seu povo". ³¹Quão terrível é cair nas mãos do Deus vivo!

10,1-10: O autor continua a tratar do culto antigo e é marcado pela insuficiência dos sacrifícios. Por outro lado, aquilo que Jesus fez é visto como cumprimento da vontade do Pai: a fidelidade a Deus é que o levou à crucificação e à morte.

11-18: Por conta da obra que Jesus realizou, a comunidade não deverá viver em função do pecado ou da culpa, mas em função da esperança, e por esta razão não temerá a desonra e vergonha que a sociedade lhe impõe.

19-31: Encerrando a segunda parte do texto, o autor insiste na total garantia que a comunidade tem de entrar no santuário, por conta da obra sacerdotal de Jesus: o futuro está aberto. Importa não perder a esperança e não abrir mão dos laços comunitários.

III. RUMO À CIDADE QUE VIRÁ

Não perder a coragem – ³²Lembrem-se dos primeiros dias, logo depois que vocês foram iluminados. Vocês tiveram de suportar uma grande luta, cheia de sofrimentos: ³³ora sendo expostos publicamente a insultos e maus-tratos, ora sendo solidários com os que assim eram tratados. ³⁴Com efeito, vocês participaram do sofrimento dos prisioneiros. E aceitaram com alegria que lhes roubassem os próprios bens, certos de possuir bens que são melhores e que duram sempre. ³⁵Portanto, não percam agora a coragem, para a qual está reservada uma grande recompensa.

³⁶De fato, vocês precisam apenas de perseverança para cumprir a vontade de Deus e alcançar o que ele prometeu. ³⁷Porque, ainda um pouco, muito pouco, e aquele que deve vir chegará, e não vai demorar. ³⁸O meu justo vive pela fé; mas, se ele volta atrás, já não encontrarei nele nenhuma satisfação. ³⁹Nós, porém, não somos daqueles que voltam atrás para se perder. Somos aqueles que têm fé para salvar a vida.

11 *O que é a fé* – ¹A fé é a firme garantia do que se espera, a prova do que não se vê.

Aprendendo da história do povo – ²Por causa da fé, os antigos foram aprovados por Deus. ³Pela fé, compreendemos que o mundo foi formado pela Palavra de Deus. Foi assim que de coisas invisíveis se originou o que vemos.

⁴Pela fé, Abel ofereceu a Deus um sacrifício melhor que o de Caim. E por causa da fé, foi declarado justo, e o próprio Deus afirmou que aceitava seus dons. Pela fé, embora esteja morto, Abel continua falando.

⁵Pela fé, Henoc foi arrebatado sem passar pela morte, e não o encontraram, porque Deus o havia levado. Mas antes de ser levado, declararam que ele havia agradado a Deus. ⁶Sem fé, é impossível agradar a Deus. Quem se aproxima de Deus deve acreditar que ele existe e recompensa aqueles que o procuram.

⁷Pela fé, Noé foi avisado por Deus sobre coisas que ainda não via. Ele levou tudo a sério e construiu uma arca, para que sua família se salvasse. Pela fé, condenou o mundo e se tornou o herdeiro da justiça que se obtém pela fé.

Os pais e mães de Israel – ⁸Pela fé, Abraão obedeceu ao chamado de partir para o país que haveria de receber como herança. E partiu sem saber para onde ia. ⁹Pela fé, ele foi morar como estrangeiro na terra que lhe haviam prometido. E habitou em tendas com Isaac e Jacó, herdeiros da mesma promessa. ¹⁰Pois Abraão esperava a cidade construída sobre alicerces, cujo arquiteto e construtor é o próprio Deus.

10,32-13,16: A terceira parte de Hebreus inicia como terminou a segunda: em tom de exortação. E assim continua, mostrando exemplos do passado para animar a comunidade e falando dos sofrimentos que esperam por ela. Justamente por isso, apela à solidariedade, não se conformando com a situação presente nem se acomodando ao consolo trazido pela experiência religiosa: é necessário ir ao encontro de Jesus, fora do acampamento, isto é, fora do espaço sagrado!

10,32-39: Quem segue verdadeiramente a Jesus experimenta a rejeição da sociedade e de seus poderes: não é diferente o caso da comunidade a quem o autor de Hebreus se dirige. A tentação de abandonar a comunidade é real. Mas, aqui se destaca a coragem de quem resistiu até o presente, na esperança da vinda do Senhor. Os que resistiram até o presente têm em quem se espelhar.

11,1-12,17: O autor propõe um olhar sobre o passado de Israel, não para destacar guerras, conquistas ou triunfos de elites, mas para salientar as experiências de fé vividas pelo povo, com sua capacidade de resistir e perseverar, na certeza de que acomodação e conformismo não é o caminho. Em 12,1-17, a atenção se volta para o momento presente da comunidade, que tem em Jesus a razão maior da fé. Trata-se de uma releitura da história: seus sujeitos tinham os olhos voltados para o futuro, fizeram de suas vidas uma aposta de que é possível outro mundo novo, onde se rejeitam as formas com que a sociedade organiza a convivência entre seus membros.

11,1: Fé não é simples repetição de uma doutrina, mas construção do presente, na certeza do que se espera. Fé indica a disposição de ir além daquilo que se vê e se toca. O que virá a seguir são exemplos de pessoas que agiram pela fé, lutaram pela justiça, não se acomodaram ao presente, certas de que a realidade podia ser mudada, e até passaram pela perda de honras e privilégios, prisões e martírio. Essas manifestações apontam para Jesus, que "iniciou e realizou a fé" (12,2).

2-7: A lista dos exemplos de fé começa com os "antigos", que os primeiros capítulos do Gênesis relembram. Cada personagem, por sua vida e destino, mostrou que a humanidade de seu tempo estava assumindo caminhos ilusórios e sem futuro. De alguma forma, todos andaram na contramão.

8-22: O Gênesis agora volta a atenção para Abraão e Sara, Isaac, Jacó e José, os pais e mães de Israel. Chama a atenção a vida itinerante dessas pessoas. Tal condição, com as dificuldades e conflitos que traz, possibilitou a elas servirem de exemplo: estavam em busca de uma pátria. A gente estrangeira e maltratada de Hebreus

¹¹Pela fé, também Sara, embora de idade avançada, recebeu vigor para conceber, porque acreditou na fidelidade de Deus, que lhe havia prometido isso. ¹²Assim, de um só, que estava praticamente morto, foi gerada uma multidão como as estrelas do céu e como a areia incontável das praias. ¹³Com essa fé, todos eles morreram sem conseguir a realização das promessas. Eles apenas de longe as viram e saudaram, e se confessaram estrangeiros e peregrinos na terra. ¹⁴Falando assim, demonstraram que estavam procurando uma pátria. ¹⁵Porque, se tivessem sentido saudade da terra que abandonaram, poderiam ter voltado para ela. ¹⁶Pelo contrário, desejavam uma pátria melhor, ou seja, a pátria celeste. Por isso, Deus não se acanha de ser chamado Deus deles, porque de fato Deus preparou para eles uma cidade.

¹⁷Pela fé, Abraão, tendo sido provado, ofereceu Isaac, seu filho único. ¹⁸Justamente aquele do qual lhe haviam feito esta promessa: "Isaac vai continuar a descendência de você". ¹⁹Porque Abraão considerou que Deus tinha poder também para ressuscitar os mortos. E assim Abraão recuperou o filho. E isso se tornou um símbolo.

²⁰Pela fé, Isaac abençoou o futuro de Jacó e Esaú. ²¹Pela fé, Jacó agonizante abençoou os filhos de José e se prostrou, apoiando-se na ponta do bastão. ²²Pela fé, José, no fim da vida, se recordou do êxodo dos filhos de Israel e deu instruções a respeito de seus próprios restos mortais.

A libertação do povo – ²³Pela fé, quando nasceu Moisés, seus pais o esconderam por três meses, vendo que era um menino bonito. E não tiveram medo do decreto do rei. ²⁴Pela fé, Moisés, já crescido, renunciou ao título de filho da filha do faraó. ²⁵Preferiu ser maltratado com o povo de Deus, a gozar por pouco tempo os prazeres do pecado. ²⁶Ele considerou a humilhação de Cristo uma riqueza maior que os tesouros do Egito, porque tinha os olhos fixos na recompensa.

²⁷Pela fé, Moisés abandonou o Egito sem temer a ira do rei, pois se agarrava ao invisível como se fosse visível. ²⁸Pela fé, celebrou a Páscoa e aspergiu com sangue, para que o exterminador não matasse os primogênitos de Israel. ²⁹Pela fé, atravessaram o mar Vermelho como se fosse terra seca, enquanto os egípcios, tentando fazer o mesmo, se afogaram.

³⁰Pela fé, os muros de Jericó caíram, depois de serem rodeados por sete dias. ³¹Pela fé, a prostituta Raab acolheu pacificamente os espiões, e não morreu com os rebeldes.

A vida na fé e na esperança – ³²O que mais posso dizer? Eu não teria tempo para contar a história de Gedeão, Barac, Sansão, Jefté, Davi, Samuel e os profetas. ³³Pela fé, eles conquistaram reinos, estabeleceram a justiça, viram cumpridas as promessas, fecharam a boca de leões, ³⁴apagaram a violência do fogo, escaparam do fio da espada, recuperaram a saúde na doença, foram valentes na guerra e expulsaram exércitos estrangeiros. ³⁵Algumas mulheres recuperaram os próprios mortos, através da ressurreição. Outros foram torturados, recusando a libertação que lhes era oferecida, a fim de alcançarem uma ressurreição mais valiosa. ³⁶Outros ainda sofreram humilhações e surras, foram acorrentados e jogados na prisão. ³⁷Foram

---

deverá compreender o que significa viver a fé em situações assim adversas. Seu testemunho é tão especial que, segundo o autor, o próprio Deus não se acanha de ser chamado Deus dessa gente maltrapilha mas não acomodada, o Deus de Abraão, de Isaac e de Jacó!

23-31: Agora, os exemplos derivam do momento central da história de Israel: o êxodo e o caminho rumo à terra prometida. O autor recupera o passado, com os olhos bem fixos no presente do grupo a quem se dirige. Por isso, destaca a fé mostrada pelos pais de Moisés, pelo próprio Moisés, a quem ele dá a maior atenção, pelo povo no caminho da escravidão rumo à liberdade, e pela prostituta Raab. Em Moisés, acentuam-se a solidariedade com seu povo e o desprezo das riquezas, que o levaram a viver humilhação semelhante àquela que Cristo tanto tempo depois enfrentaria.

32-40: A partir daqui, relembra-se mais rapidamente a história. O autor não parece muito preocupado com a narração das conquistas militares dos juízes, e muito menos dos reis (só Davi é citado). Também os profetas são mencionados apenas em suas ações a favor da vida. Nenhuma palavra sobre o templo construído por Salomão. A preocupação maior é destacar o testemunho de gente martirizada por causa da fé, gente anônima que em nome da fidelidade a Deus e à sua lei foi marginalizada e colocada fora da vida na sociedade. Com certeza porque o mundo, organizado a partir de critérios injustos e conformistas, não era digno dela (11,38)! Contudo, apesar de todo esse reconhecimento, uma coisa distingue essas pessoas: nenhuma alcançou a promessa. Como fora dito no início do cap. 4, a promessa está aberta, ao alcance da comunidade.

apedrejados, serrados, e morreram assassinados com golpes de espada. Andavam errantes, cobertos com peles de cabras e ovelhas, necessitados, atribulados, maltratados. ³⁸O mundo não era digno deles, que tinham de vagar por desertos, montanhas, grutas e cavernas. ³⁹Todos foram aprovados por Deus por causa da fé que tinham. Mas, apesar disso, nenhum deles alcançou a promessa. ⁴⁰Porque Deus reservava para nós um plano melhor, para que, sem nós, eles não chegassem à plena realização.

12 *Olhos fixos em Jesus e perseverança* – ¹Portanto, rodeados como estamos por uma nuvem tão grande de testemunhas, livremo-nos de todo o peso e do pecado que nos envolve. Corramos com perseverança a corrida que nos espera, ²com os olhos fixos em Jesus, que iniciou e realizou a fé. Jesus, em vez da alegria que lhe foi proposta, sofreu a cruz, desprezou a humilhação e sentou-se à direita do trono de Deus. ³Reflitam, portanto, sobre Jesus, que suportou tal oposição dos pecadores, e vocês não serão vencidos pelo desânimo.

Resistir perante o sofrimento – ⁴Porque vocês ainda não resistiram até o derramamento do sangue na luta contra o pecado. ⁵Vocês se esqueceram da exortação que foi feita a vocês, como a filhos? "Meu filho, não despreze a correção do Senhor, nem desanime quando ele o repreende. ⁶Porque o Senhor educa quem ele ama e corrige quem ele acolhe como filho". ⁷É para serem educados que vocês sofrem, porque Deus os trata como filhos. Qual é o filho que não é corrigido pelo pai? ⁸Se vocês não são corrigidos como acontece com todos, então vocês são bastardos, e não filhos. ⁹Ainda mais: Nós respeitávamos nossos pais corporais que nos corrigiam. Não devemos submeter-nos muito mais ao Pai dos espíritos, para termos a vida? ¹⁰Nossos pais corporais nos corrigiam, por breve tempo, como melhor lhes parecia. Deus, porém, nos corrige para o nosso bem, para que participemos da santidade dele. ¹¹Nenhuma correção, quando aplicada, é agradável, porque dói. Porém, mais tarde, produz fruto de paz e de justiça para os que foram corrigidos. ¹²Portanto, fortaleçam as mãos cansadas e os joelhos enfraquecidos. ¹³Endireitem os caminhos para seus pés, a fim de que a perna coxa não se desconjunte, mas fique curada.

Em favor da comunidade – ¹⁴Procurem a paz com todos e a santificação, sem a qual ninguém pode ver o Senhor. ¹⁵Vigiem, para que ninguém abandone a graça de Deus. Que nenhuma raiz amarga cresça entre vocês, prejudicando-os e contagiando outros. ¹⁶Não haja devassos e profanadores como Esaú, que por um prato de comida vendeu seus direitos de primogênito. ¹⁷Vocês bem sabem que, mais tarde, quando tentou recuperar a bênção como herança, foi rejeitado e não conseguiu mudar a decisão, embora o pedisse com lágrimas.

A identidade comunitária – ¹⁸Vocês não se aproximaram de um fogo ardente e palpável, nem da escuridão, trevas e tempestade, ¹⁹nem do toque de trombetas e de uma voz falando que, ao ouvi-la, eles pediam que não continuasse. ²⁰Não podiam suportar esta ordem: "Aquele que tocar o monte, ainda que seja um animal,

---

12,1-3: A revisão da história do povo não foi feita para simples informação. A comunidade hoje é desafiada a prolongar a caminhada da fé, com esta motivação toda especial: manter os olhos fixos em Jesus. Destaca-se a fé que Jesus viveu: foi fiel a Deus (3,2), colocou nele sua confiança (2,13), e isso de forma muito prática, rompendo com os esquemas de honras e valores da sociedade e enfrentando a cruz. A comunidade tem fé em Jesus, deverá traduzi-la na fidelidade à fé que ele viveu. Se a perseguição e marginalização desanimam a comunidade, ela deve olhar para Jesus e ver que ele sofreu terríveis hostilidades em nome daquilo em que se apoiava. Do mesmo modo que Jesus não se submeteu aos esquemas e valores da sociedade do seu tempo, assim também deverá agir a comunidade que tem os olhos fixos nele.

4-13: Depois de tantos exemplos, o autor adota o tom de aconselhamento, mostrando que o sofrimento da comunidade é fruto do testemunho dado por quem se dispõe a seguir o mesmo caminho trilhado por Jesus até a cruz. O texto insiste na dimensão educativa: se cada qual respeita os pais pelas lições que recebeu, tanto mais a comunidade haverá de reconhecer as possibilidades que Deus lhe abre: participar da santidade dele! O autor acentua que a vivência desse caminho de fé deve acontecer em comunidade, para que ninguém fique de lado.

14-17: Esaú é o exemplo bíblico que não deve ser imitado. Enfatizam-se os valores que devem orientar a vida diária da comunidade, e que a manterão unida e firme.

18-24: A descrição da cena onde Deus se revela no monte Sinai ressalta que a comunidade tem outros alicerces. Ao contrário do povo que no passado

será apedrejado". ²¹Tão terrível era o espetáculo, que Moisés disse: "Estou tremendo de medo".

²²Pelo contrário, vocês se aproximaram do monte Sião e da cidade do Deus vivo, a Jerusalém celeste. Vocês se aproximaram de milhares de anjos reunidos em festa, ²³e da assembleia dos primogênitos que têm seus nomes inscritos no céu. Vocês se aproximaram de Deus, que é juiz de todos. Vocês se aproximaram dos espíritos dos justos que chegaram à perfeição, ²⁴e de Jesus, o mediador da nova aliança. Vocês se aproximaram de um sangue aspergido que grita mais forte que o sangue de Abel.

Ouvir a palavra nos tempos finais – ²⁵Atenção: não deixem de ouvir aquele que fala para vocês. As pessoas que não quiseram escutar quem as advertia na terra, não escaparam. Muito menos nós escaparemos, se nos afastarmos daquele que fala a partir do céu. ²⁶Se naquela ocasião sua voz fez tremer a terra, agora ele proclama o seguinte: "Outra vez vou fazer tremer não apenas a terra, mas também o céu". ²⁷Ao dizer "outra vez", mostra que se mudará aquele que treme como criatura, para que permaneça aquele que é inabalável. ²⁸Assim, ao receber um reino inabalável, sejamos agradecidos, servindo a Deus como lhe agrada, com respeito e temor. ²⁹Porque nosso Deus é um fogo devorador.

13

Conselhos para a vida cotidiana – ¹Que o amor fraterno seja duradouro. ²Não se esqueçam da hospitalidade, porque graças a ela alguns, sem saber, acolheram anjos. ³Lembrem-se dos presos, como se vocês estivessem presos com eles. Lembrem-se dos maltratados, porque vocês também têm um corpo. ⁴Que todos respeitem o matrimônio, e o leito matrimonial esteja sem mancha, porque Deus vai julgar os libertinos e adúlteros. ⁵Que a conduta de vocês não se baseie no amor ao dinheiro. Fiquem satisfeitos com o que vocês têm, pois Deus disse: "Nunca vou deixar ou abandonar você". ⁶Por isso, podemos dizer confiantes: "O Senhor está comigo e não temo. O que é que um homem poderá me fazer?"

⁷Lembrem-se dos dirigentes, que anunciaram a vocês a Palavra de Deus. Imitem a fé que eles tinham, considerando como terminou a vida deles. ⁸Jesus Cristo é o mesmo ontem, hoje e sempre.

A esperança da comunidade – ⁹Não se deixem levar por doutrinas diferentes e estranhas. É bom que o coração seja fortalecido com a graça, e não com dietas de alimentos, que de nada serviam para quem as observava. ¹⁰Nós temos um altar, do qual não têm direito de comer aqueles que ainda oficiam na Tenda. ¹¹De fato, depois que o sumo sacerdote oferece o sangue no santuário pelos pecados do povo, os corpos dos animais oferecidos em sacrifício são queimados fora do acampamento. ¹²Por isso, também Jesus, para santificar o povo com seu próprio sangue, padeceu fora das portas de Jerusalém. ¹³Portanto, saiamos ao encontro dele, fora do acampamento, carregando a sua humilhação. ¹⁴Porque nós não temos aqui a nossa pátria definitiva, mas buscamos a pátria futura.

---

experimentou Deus em situação de medo e terror, a comunidade agora se aproxima do Deus vivo, dos anjos e dos mártires. Em Deus, o futuro se torna presente, e tal experiência deve fortalecer a comunidade em seus desafios cotidianos.

25-29: O autor reitera sua expectativa pelo fim próximo dos tempos. Trata-se de ouvir a Palavra, e não se iludir com a experiência de aproximação ao próprio Deus, proporcionada pelo culto apenas. Importa manter a firmeza e a vigilância.

13,1-8: Alguns conselhos para reforçar o sentido comunitário: amor fraterno, hospitalidade, cuidado com os presos, respeito ao casamento. E que os negócios não sejam conduzidos pelo amor ao dinheiro! Nada de autoajuda, cada qual voltado para si mesmo: esses conselhos fortalecerão a comunidade que vive tempos de hostilidade e perseguição.

9-14: Esta passagem aparece como síntese de todas as comparações entre o culto antigo e a oferta que Jesus faz de si mesmo. Mas aqui há uma novidade fundamental: a comunidade deve sair do acampamento, isto é, do lugar sagrado, e ir ao encontro da humilhação de Jesus, na certeza de estar a caminho, em busca de um mundo novo. A espiritualidade proposta não é para ser vivida no recinto sagrado, mas fora, ou seja, no mundo, encarando conflitos, e tornando-se sinal de contradição. Qualquer fuga é traição ao que Jesus espera de sua gente. Quem se contenta com a satisfação dos cultos e com experiências vividas em celebrações comunitárias perde de vista o que está por vir.

Louvor solidário – ¹⁵Assim, por meio de Jesus, ofereçamos continuamente a Deus um sacrifício de louvor, isto é, o fruto de lábios que confessam o seu nome. ¹⁶Não se esqueçam de ser generosos e saibam ser solidários, porque são estes os sacrifícios que agradam a Deus.

Recomendações finais e saudação – ¹⁷Obedeçam aos dirigentes e sejam dóceis a eles. Porque se dedicam pelo bem de vocês e terão de prestar contas disso. Assim, eles poderão fazê-lo com alegria, e não se lamentando, o que não seria vantajoso para vocês. ¹⁸Rezem por nós. Acreditamos ter a consciência limpa, desejando agir bem sempre em cada ocasião. ¹⁹Mas insisto em pedir que rezem, para que eu possa o quanto antes voltar até vocês. ²⁰O Deus da paz, que tirou da morte o Pastor supremo do rebanho, o Senhor nosso Jesus, pelo sangue de uma aliança eterna, ²¹torne vocês perfeitos em todo o bem para fazer a vontade dele. Que Deus realize em vocês aquilo que lhe agrada, por meio de Jesus Cristo. A ele a glória para sempre. Amém.

Bilhete anexo ao texto – ²²Irmãos, peço que vocês acolham esta palavra de exortação. Foi por isso que lhes escrevi poucas palavras. ²³Saibam que nosso irmão Timóteo foi libertado. Se ele chegar logo, o levarei comigo quando eu for aí para visitar vocês. ²⁴Saúdem por mim todos os dirigentes e todos os santos.

Os da Itália mandam saudações para vocês.

²⁵Que a graça esteja com todos vocês.

15-16: Encerra-se a terceira parte do escrito. Recomenda-se uma vida comprometida com a obra realizada por Jesus. Não bastam rituais e celebrações.

17-21: Alguns pedidos, com o desejo de que a comunidade se abra para a ação de Deus.

22-25: Estes versículos constituem breve bilhete enviado junto com a reflexão desta "carta aos hebreus". Mostra como o escrito todo deve ser acolhido: como "palavra de exortação".

CARTA DE TIAGO

A VERDADEIRA RELIGIÃO

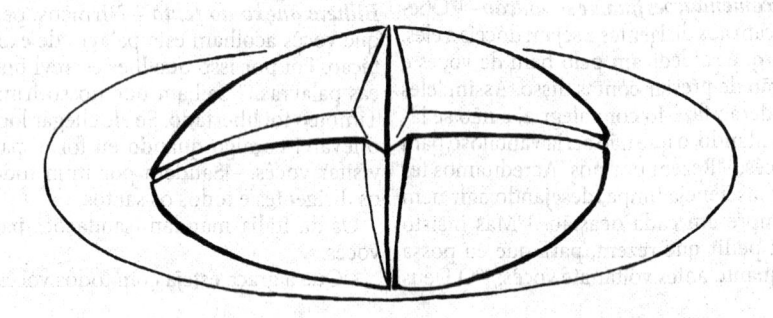

Introdução

A carta de Tiago é surpreendente em vários aspectos. O estilo e conteúdo nos remetem para o mundo da sabedoria judaica, que ensina como viver adequadamente diante dos desafios da sociedade. Nesse sentido nos faz lembrar inúmeras passagens dos evangelhos, particularmente o Sermão da Montanha. É por essa razão que não se devem buscar nesta carta reflexões de ordem doutrinária: sua preocupação com a vivência prática denuncia qualquer tipo de religião que seja indiferente ao sofrimento e à necessidade dos pobres. É um dos textos do Novo Testamento onde aparece mais clara a opção de Deus pelos pobres (2,5), opção a ser assumida radicalmente pela comunidade que professa a fé em Jesus Cristo.

Nada sabemos a respeito de quem escreveu esta preciosa carta. Leva o nome de Tiago, que se apresenta como "servo de Deus e do Senhor Jesus Cristo". Trata-se do líder da comunidade de Jerusalém, o "irmão do Senhor", de acordo com Paulo (Gl 1,19; cf. Mc 6,3). Sabemos que morreu martirizado no ano 62. No entanto, a carta tem todas as indicações de ter surgido em época posterior. Quanto aos destinatários, também pouco se sabe: são judeus da dispersão, ou seja, os que vivem fora de Israel e se reúnem na sinagoga (2,2).

Na carta de Tiago, os assuntos mais importantes formam uma coleção desordenada de conselhos e exortações soltas. Mas o capítulo primeiro apresenta algumas preocupações especiais, que reaparecerão na continuação do escrito: a perseverança, a sabedoria, o falar e agir corretamente, e o conflito entre pobres e ricos. No posicionamento diante dessas questões é que se define a "verdadeira religião".

1 **Abertura** – ¹Tiago, servo de Deus e do Senhor Jesus Cristo, às doze tribos espalhadas pelo mundo: Saudações!

I. TEMAS PRINCIPAIS

As provações levam à perseverança – ²Meus irmãos, fiquem muito alegres por

---

1,1: A carta se dirige a uma comunidade em particular, mas o autor considera que pode ser acolhida por todas as pessoas que queiram estar a serviço de Deus e do Senhor Jesus Cristo. Ele pensa principalmente em comunidades onde há numerosos judeus, que aliás se encontram espalhados em diversas cidades e regiões do império romano.
2-4: A carta começa com a apresentação dos temas principais. O primeiro é a perseverança nas provações. O

terem de passar por tantas provações, ³pois vocês sabem que a fé, ao ser provada, leva à perseverança. ⁴Mas é preciso que a perseverança torne a obra perfeita, e assim vocês serão perfeitos e íntegros, sem nenhuma deficiência.

Buscar sempre a sabedoria – ⁵Se alguém de vocês não tem sabedoria, peça a Deus, que a concede a todos generosamente, sem recriminação, e lhe será concedida. ⁶Mas peça com fé, sem duvidar. Quem duvida é como as ondas do mar sacudidas pelo vento. ⁷Não espere que alguém assim possa conseguir alguma coisa do Senhor, ⁸sendo indeciso e inconstante em tudo o que faz.

Rico e pobre, destinos invertidos – ⁹O irmão pobre se glorie por ser exaltado, ¹⁰e o rico se glorie por perder sua alta posição, já que vai desaparecer como a flor do campo. ¹¹Quando o sol surge com seu calor, a relva seca, a flor murcha e a beleza de sua aparência morre. É assim que o rico murchará em seus negócios.

O que Deus faz e o que não faz – ¹²Feliz aquele que permanece firme na provação, porque, ao superar a provação, receberá a coroa da vida que o Senhor prometeu aos que o amam. ¹³Ninguém na tentação diga que Deus o tenta, pois Deus não é tentado pelo mal, e não tenta a ninguém. ¹⁴Cada um é tentado pelo seu próprio desejo, que o arrasta e seduz. ¹⁵Depois, o desejo concebe e dá à luz um pecado, o pecado se completa e gera a morte. ¹⁶Não se enganem, meus queridos irmãos: ¹⁷Toda dádiva boa e todo dom perfeito descem do céu, do Pai das luzes, em quem não existe mudança nem sombra de variação. ¹⁸Por sua própria vontade, ele nos gerou mediante a Palavra da verdade, para que fôssemos as primeiras de suas criaturas.

A verdadeira religião, no falar e no fazer – ¹⁹Isso vocês podem saber com certeza, meus queridos irmãos. Contudo, cada um seja rápido para escutar, mas lento para falar e vagaroso para ficar com raiva. ²⁰Pois a raiva das pessoas não é capaz de cumprir a justiça de Deus. ²¹Portanto, deixem de lado toda imundície e todos os sinais de maldade, e recebam com docilidade a Palavra que foi plantada no coração de vocês e é capaz de salvá-los.

²²Sejam praticantes da Palavra, e não somente ouvintes, enganando a si mesmos. ²³Pois quem ouve a Palavra e não a pratica é como quem olha o próprio rosto no espelho: ²⁴observa, vai embora, e logo esquece como era. ²⁵Mas quem considera atentamente a lei perfeita, a lei da liberdade, e nela persevera, não ouvindo e esquecendo, mas praticando o que a lei ordena, esse será feliz no que faz.

²⁶Se alguém se considera religioso, mas não controla a língua, engana a si mesmo, e sua religiosidade é vazia. ²⁷A religião pura e sem mancha diante de Deus, nosso Pai, consiste em socorrer os órfãos e viúvas em seu sofrimento e não se deixar corromper pelo mundo.

II. APROFUNDAMENTO DOS TEMAS

2 **Ricos e pobres na comunidade** – ¹Meus irmãos, a fé que vocês têm em nosso Senhor Jesus Cristo glorificado não admita favoritismos. ²Suponhamos que entre na sinagoga de vocês alguém com anéis de ouro e roupas elegantes, e entre também um pobre todo esfarrapado. ³Então vocês

---

momento é de desafios, que podem servir de fortalecimento para a fé e ser motivo de alegria.

5-8: A sabedoria, dom de Deus, há de ser buscada constantemente, pois é indispensável para o posicionamento mais adequado diante dos desafios da vida e da fé.

9-11: Quem terá motivos para se orgulhar? Ao contrário do que a sociedade pensa, os negócios do rico não são modelo para ninguém, por serem transitórios; logo desaparecem. Já os pobres da comunidade têm motivo de sobra para se orgulharem, pois sua dignidade é percebida por Deus. Tanto naquela época como hoje, as palavras de Tiago parecem absurdas. Quem as levará a sério?

12-18: Volta o tema das provações, mas agora o autor salienta que não faz sentido responsabilizar Deus por elas; por outro lado, uma sociedade que vive a partir de valores egoístas busca o tempo todo provações desnecessárias. Por outro lado, há o convite a não perder de vista que Deus é o doador da vida e de tudo o que a torna possível.

19-27: Tema fundamental da carta é a coerência entre o falar e o fazer. Para isso, importa ouvir a Palavra e agir de acordo (o que faz lembrar o Sermão da Montanha: Mt 7,24-27). A fala que não se traduz em ação é puro engano. Chega-se então a um dos pontos altos da carta, que define a única verdadeira religião desejada por Deus: a solidariedade para com os pobres associada ao compromisso de não se deixar corromper pelas estruturas e esquemas injustos da sociedade.

2,1-13: O desenvolvimento dos temas começa com a pobreza e a riqueza, agora considerando uma possível situação de discriminação no interior da comunidade. Não fazer distinção de pessoas é exigência da fé, que

dão atenção a quem está com roupas elegantes, e lhe dizem: "Sente-se aqui neste lugar confortável"; e ao pobre vocês dizem: "Fique de pé", ou: "Sente-se aí no chão, abaixo do estrado de meus pés". ⁴Nesse caso, não estariam vocês fazendo diferença entre vocês mesmos e julgando com critérios perversos?

⁵Escutem, meus queridos irmãos: Não foi Deus quem escolheu os pobres de bens neste mundo para que fossem ricos na fé e herdeiros do Reino que prometeu aos que o amam? ⁶No entanto, vocês desprezaram o pobre. Não são os ricos que oprimem vocês e os arrastam aos tribunais? ⁷Não são eles que blasfemam contra o Nome sublime que foi invocado sobre vocês? ⁸Se vocês, ao contrário, observarem a lei do Reino, segundo está escrito: "Ame seu próximo como a si mesmo", estarão agindo bem. ⁹Mas, se fizerem discriminação entre as pessoas, estarão cometendo pecado, e serão condenados pela Lei como transgressores.

¹⁰De fato, quem no cumprimento de toda a Lei desobedece a um só ponto, torna-se culpado de violar a Lei inteira. ¹¹Aquele que disse: "Não cometa adultério", disse também: "Não mate". Portanto, se você não comete adultério, porém mata, torna-se violador da Lei. ¹²Falem e ajam como quem vai ser julgado pela lei da liberdade. ¹³O julgamento será sem misericórdia para quem tiver agido sem misericórdia. A misericórdia triunfa sobre o julgamento.

Agir e falar de forma coerente – ¹⁴Meus irmãos, se alguém diz que tem fé mas não tem obras, do que lhe adianta isso? Por acaso a fé poderá salvá-lo? ¹⁵Suponhamos que um irmão ou irmã não têm o que vestir e lhes falta o pão de cada dia, ¹⁶e um de vocês diz a eles: "Vão em paz, aqueçam-se e comam até ficar saciados", mas não lhes dá o necessário para o corpo, de que adianta isso? ¹⁷Assim também é a fé: se não tem as obras, está morta em si mesma.

¹⁸De fato, alguém poderá dizer-lhe: "Você tem a fé e eu tenho as obras. Mostre-me sua fé sem as obras, e eu lhe mostrarei pelas minhas obras a fé. ¹⁹Você acredita que existe um só Deus? Ótimo! Os demônios também acreditam, e tremem de medo. ²⁰Homem insensato, quer compreender como a fé sem as obras é estéril? ²¹Abraão nosso pai não foi justificado pelas obras, oferecendo seu filho Isaac sobre o altar? ²²Veja que a fé agia com as obras, e pelas obras é que a fé se realizou completamente. ²³E assim se cumpriu o que diz a Escritura: 'Abraão acreditou em Deus, e isso lhe foi creditado como justiça. E Abraão foi chamado amigo de Deus'".

²⁴Vejam, portanto, que a pessoa é justificada pelas obras, e não simplesmente pela fé. ²⁵Do mesmo modo, Raab, a prostituta, não foi justificada pelas obras, dando acolhida aos mensageiros e fazendo-os voltar por outro caminho? ²⁶De fato, como o corpo sem o sopro da vida é morto, assim também a fé sem as obras é morta.

3 ¹Meus irmãos, não queiram todos ser mestres. Vocês bem sabem que seremos julgados com mais severidade, ²porque todos falhamos muitas vezes.

Quem não peca ao falar é pessoa íntegra, capaz de frear o corpo inteiro. ³Colocamos freio nos cavalos para que nos obedeçam, e assim conseguimos guiar todo o seu corpo. ⁴Observem os navios, tão grandes e arrastados por ventos fortes: com um leme minúsculo, no entanto, o piloto os guia para onde quer. ⁵Assim também a língua: é um membro pequeno e se gaba de grandes ações. Observem como uma faísca incendeia uma floresta inteira. ⁶A língua

---

não admite agir como em geral age a sociedade, que privilegia os ricos e os detentores do poder. Pode parecer absurdo, mas é o que diz o texto: não fazer distinção de pessoas é optar pelos pobres, a quem Deus prepara o Reino. Os pobres são o próximo, que a Escritura pede que seja amado. Daí o princípio fundamental que orienta a observância da Lei: a misericórdia. Que esse testemunho seja sinal para uma sociedade (aqui representada pelos tribunais), que oprime e discrimina os pobres.

2,14-3,12: Retoma-se, de forma muito imediata e concreta, a relação entre o fazer e o falar adequados. Inicialmente, a questão do fazer: De que adianta a fé desprovida de solidariedade perante a carência dos pobres?

Também os demônios creem! Tiago cita exemplos da Escritura para confirmar o que está dizendo: a prostituta Raab é modelo de ação; Abraão, que Paulo apresentará em Gálatas e Romanos como modelo de fé, aqui é exemplo de alguém que mostrou sua fé por meio de obras. Tiago e Paulo não estão se contradizendo; estão, isto sim, enfatizando aspectos distintos da vivência da fé: Paulo, que a salvação é dom de Deus; Tiago, que nada vale uma fé que não se expressa de forma concreta. A seguir, vem a reflexão sobre o falar adequado. Salienta-se o poder da língua, ao mesmo tempo construtivo e destruidor. Contudo, o mais importante é justamente a associação com o fazer que manifesta a fé: assim, que a boca fale

também é um fogo, é como um mundo de injustiças. Disposta entre nossos membros, a língua contamina o corpo inteiro e, alimentada pelo fogo do inferno, põe em chamas o curso da nossa vida. ⁷A raça humana é capaz de domar e domesticar todo tipo de feras: aves, répteis e peixes. ⁸A língua, porém, ninguém consegue domar: é um mal incontrolável, cheio de veneno mortal. ⁹Com ela bendizemos o Senhor, nosso Pai, e com ela amaldiçoamos as pessoas, criadas à imagem de Deus. ¹⁰Da mesma boca saem bênção e maldição. Meus irmãos, não deve ser assim. ¹¹Por acaso uma fonte pode fazer brotar, de uma só mina, água doce e salgada? ¹²Ou então, meus irmãos, a figueira pode dar azeitonas e a videira dar figos? De igual modo, uma fonte salgada não pode dar água doce.

Choque de sabedorias – ¹³Há entre vocês alguém sábio e prudente? Demonstre então, com sua boa conduta, que age guiado por uma sabedoria humilde. ¹⁴Mas, se vocês têm inveja ressentida e espírito de rivalidade, não fiquem se gabando, enganando-se contra a verdade. ¹⁵Porque esse tipo de sabedoria não vem do alto, mas é terrena, psíquica e demoníaca. ¹⁶Onde há inveja e rivalidade, aí também estão a desordem e toda espécie de maldade. ¹⁷Por outro lado, a sabedoria que vem do alto é antes de tudo limpa; além disso, é pacífica, compreensiva, dócil, cheia de misericórdia e bons frutos, sem discriminação nem fingimento. ¹⁸De fato, para os que trabalham pela paz, um fruto de justiça é semeado pacificamente.

4 Amizade com o mundo é inimizade com Deus – ¹De onde nascem as brigas e competições que há entre vocês? Acaso elas não vêm dos prazeres que guerreiam nos seus membros? ²Vocês cobiçam e não possuem; então matam. Têm inveja e não conseguem nada; então brigam e fazem guerra. Vocês não têm porque não pedem. ³Ou, se pedem mas não recebem, é porque pedem mal, para gastar em seus prazeres. ⁴Adúlteros! Vocês não sabem que a amizade com o mundo é inimizade com Deus? Assim, todo aquele que quer ser amigo do mundo torna-se inimigo de Deus. ⁵Ou vocês pensam que é à toa que a Escritura diz: "Deus reclama com ciúme o espírito que colocou em nós"? ⁶Mas Deus nos dá uma graça maior, como diz a Escritura: "Deus resiste aos soberbos, mas dá sua graça aos humildes". ⁷Sejam, portanto, submissos a Deus. Resistam ao diabo, e ele fugirá de vocês. ⁸Aproximem-se de Deus, e ele se aproximará de vocês. Pecadores, lavem as mãos. Indecisos, purifiquem as consciências. ⁹Reconheçam a própria miséria, façam luto e chorem. Que o riso de vocês se transforme em luto, e a alegria em tristeza. ¹⁰Humilhem-se diante do Senhor, e ele os elevará.

¹¹Irmãos, não falem mal uns dos outros. Quem fala mal de um irmão ou julga seu irmão, fala mal de uma lei e julga essa lei. E se você julga a lei, não é praticante da lei, mas juiz dela. ¹²Um só é o legislador e juiz, com autoridade para salvar e condenar. Mas quem é você para julgar o próximo?

Ricos e pobres nas relações de trabalho – ¹³Vamos agora aos que dizem assim: "Amanhã ou depois iremos a tal cidade, passaremos aí um ano, faremos negócios e ganharemos dinheiro". ¹⁴Mas o que vocês sabem do amanhã? O que é a vida de vocês? Uma névoa que aparece por um instante e logo desaparece. ¹⁵Vocês deveriam dizer: "Se o Senhor quiser, nós viveremos e faremos isto ou aquilo". ¹⁶Em vez disso, vocês ficam se gabando da própria arrogância. E todo orgulho desse tipo

---

daquilo que preenche o coração, como diz o Evangelho (Mt 12,34), e que o coração seja repleto de misericórdia.

3,13-18: O tema da sabedoria reaparece na contraposição entre dois modos de agir, reveladores de "sabedorias" diferentes. Como "pelos frutos se conhece a árvore" (Mt 12,33), pode-se bem perceber qual é a sabedoria de Deus, e principalmente quais os frutos que dela não brotam: não por acaso, os frutos que regem a sociedade tanto no tempo de Tiago como – por que não dizer? – em nosso tempo.

4,1-12: Denunciam-se os resultados de uma vida pautada exclusivamente por desejos egoístas e consumistas, em oposição à amizade com Deus. Esse agir de acordo com os esquemas da sociedade acaba por contaminar as relações entre as pessoas na comunidade: a Escritura ensina a agir a partir de outras referências, particularmente a lei do amor ao próximo (2,8).

4,13-5,6: Mais uma vez encontramos os pobres e os ricos, agora no mundo dos negócios (os ricos em 4,13-17) e da produção (os pobres em 5,1-6). No entendimento do autor, quem passa o tempo perguntando apenas sobre as formas de ganhar mais dinheiro, não terá sensibilidade para com as dores do pobre e os direitos da gente trabalhadora. Inicialmente se critica a atitude

é mau. ¹⁷Portanto, quem sabe fazer o bem e não o faz, comete pecado.

5 ¹E agora vocês, ricos, chorem e gemam por causa das desgraças que estão para cair sobre vocês. ²As riquezas de vocês estão podres, e suas roupas estão roídas pelas traças. ³O ouro e a prata de vocês estão enferrujados, e a ferrugem deles vai testemunhar contra vocês, e como fogo lhes devorará a carne. Vocês amontoaram tesouros para o final do mundo. ⁴O salário dos trabalhadores que fizeram a colheita nos campos de vocês, que vocês não pagaram, está clamando; o clamor dos ceifadores chegou aos ouvidos do Senhor dos exércitos. ⁵Vocês viveram na terra com luxo refinado; engordaram seus corpos para o dia da matança. ⁶Oprimiram e mataram o inocente, sem que ele pudesse defender-se.

Perseverança até a vinda do Senhor – ⁷Irmãos, sejam pacientes até que venha o Senhor. Reparem o agricultor, como espera com paciência até receber as primeiras chuvas e as tardias, com a esperança do valioso fruto da terra. ⁸Vocês também, tenham paciência e fortaleçam o ânimo, pois a chegada do Senhor está próxima. ⁹Irmãos, não se queixem uns dos outros, e vocês não serão julgados. Vejam: o Juiz está à porta. ¹⁰Tomem os profetas que falaram em nome do Senhor, como exemplo de sofrimentos suportados com paciência. ¹¹Nós consideramos felizes os que perseveraram pacientemente. Vocês ouviram falar como Jó foi perseverante, e conhecem o fim que Deus lhe reservou, pois o Senhor é misericordioso e cheio de compaixão.

III. CONSELHOS FINAIS

"Sim, sim. Não, não." – ¹²Sobretudo, irmãos, não jurem: nem pelo céu, nem pela terra, nem por qualquer outra coisa. Que o "sim" de vocês seja "sim", e o "não" seja "não", para não caírem em condenação.

A eficácia da oração – ¹³Alguém de vocês está sofrendo? Reze. Alguém está feliz? Cante. ¹⁴Alguém de vocês está doente? Chame os presbíteros da comunidade, para que rezem por ele e o unjam com óleo, invocando o nome do Senhor. ¹⁵A oração feita com fé salvará o doente, e o Senhor o fará levantar-se. E se cometeu pecados, lhe serão perdoados. ¹⁶Confessem pois uns aos outros mutuamente os próprios pecados, e rezem uns pelos outros, para serem curados.

A oração fervorosa do justo tem grande poder. ¹⁷Elias, que era homem fraco como nós, rezou pedindo que não chovesse, e na terra não choveu por três anos e seis meses. ¹⁸Rezou novamente, e o céu mandou a chuva e a terra deu seus frutos.

Buscar quem se afastou – ¹⁹Meus irmãos, se alguém de vocês se afasta da verdade e outro o faz voltar, ²⁰saiba de uma coisa: aquele que converte o pecador do mau caminho salvará sua vida da morte e cobrirá uma multidão de pecados.

---

da gente rica que deposita sua segurança nos sucessos financeiros, crítica que faz lembrar outra passagem do Evangelho (Lc 12,13-21). A arrogância cega dos ricos, aqui denunciada, é o que faz entender a insensibilidade diante do clamor do salário roubado aos pobres. Diante de tal situação, Tiago pronuncia uma das mais duras palavras da Bíblia contra os ricos e contra a riqueza. A denúncia tem duas frentes: a podridão da riqueza acumulada à custa da exploração dos pobres, e a perspectiva do julgamento de Deus. Tiago tem a expectativa do fim próximo do mundo (veja a passagem seguinte). Nesse horizonte, são ainda mais escandalosas as injustiças praticadas pelos ricos, que ficam planejando como ganhar mais dinheiro enquanto retêm o salário de seus trabalhadores e os deixam completamente reféns e indefesos.

5,7-11: A perseverança mencionada no início da carta se apresenta aqui à luz da grande esperança que anima o autor e a comunidade: a vinda próxima do Senhor. Apostar nessa vinda não é acomodar-se, mas agir como o agricultor que, mesmo sem os sinais de vida da semente que lançou no solo, sabe que o resultado de seu trabalho virá. Também figuras da Escritura, como Jó e os profetas, servem de exemplo.

12: O autor se encaminha para os conselhos finais. O primeiro, mais uma vez, faz lembrar uma passagem do Sermão da Montanha (Mt 5,33-37). Se acontecem juramentos, é porque a palavra das pessoas não é digna de crédito. Ora, já que se deve falar e fazer de forma coerente (como proposto em 1,19-27 e 2,14-3,12), o juramento não tem razão de existir.

13-18: O tema agora é a força da oração. Primeiramente ela se refere a uma situação de doença na comunidade. Os presbíteros oram e ungem a pessoa doente, com intuito da sua recuperação plena, tanto física como espiritual. Depois, a oração se refere especificamente ao perdão dos pecados que se experimenta em comunidade. É a partir da experiência do perdão que a oração ganha força; por isso, aqui se fala da "oração do justo". E o exemplo da Escritura é Elias, que mostra a força de alguém que é frágil como todos nós.

19-20: A carta parece terminar de forma inesperada, lembrando que é tarefa da comunidade manter a todo custo a união e a solidariedade diante das provações.

PRIMEIRA CARTA DE PEDRO

DA GENTE MARGINALIZADA DEUS FAZ O SEU POVO

Introdução

Esta carta surge em circunstâncias muito especiais. Embora leve o nome de Pedro, tudo indica que tenha sido escrita no final do séc. I, quando o evangelho já se havia espalhado pelas províncias do centro e norte da Ásia Menor, algumas décadas após a morte de Paulo. Mas o que chama a atenção é o autor se dirigir a estrangeiros, que vivem nas regiões mencionadas em 1,1 como migrantes. Gente que sofre o preconceito dos nativos, e tem de ouvir maledicências e sofrer maus tratos. Daí deriva um tema importante da carta: o significado do sofrimento, que não deve simplesmente ser aceito com resignação, mas associar-se aos sofrimentos de Cristo. É um apelo à resistência diante das hostilidades, não ao conformismo. É nesse espírito que devem ser lidas também as exortações ao comportamento adequado diante do poder político, e ainda as exortações dirigidas aos escravos e às mulheres. O autor compartilha a situação de sofrimento e opressão que a comunidade experimenta: ele escreve estando na "Babilônia" (5,13), um nome de cidade opressora que fala por si só (ver Ap 18).

Contudo, a tônica principal da carta está em outro lugar. Como existe forte esperança no iminente fim do mundo, o que mais o autor espera é que os membros da comunidade não esmoreçam; é por pouco tempo! Importa agora fortalecer-se mutuamente, alicerçados na pedra que é Cristo. Uma gente desprezada na sociedade não pode perder de vista que ela é povo de Deus, e compartilha com Cristo a rejeição dos "homens" e a eleição de Deus. Como pedras vivas, essas pessoas construirão a comunidade, lugar de acolhida e vivência da misericórdia: eis a esperança do autor. Essa fé, que congrega gente simples e desprezada em "povo adquirido por Deus", os membros da comunidade devem estar em condições de testemunhá-la em qualquer condição (3,15). Inverter a forma de assumir a própria situação e vivê-la com coragem, na certeza da escolha de Deus, é o ponto alto da carta. A série de exortações, em número de quatro, decorre dessa convicção que as comunidades são chamadas a cultivar.

1

Destinatários e saudação – ¹De Pedro, apóstolo de Jesus Cristo, aos que vivem espalhados como estrangeiros no Ponto, Galácia, Capadócia, Ásia e Bitínia. Vocês foram escolhidos ²pelo desígnio de Deus Pai, pela santificação do Espírito, para obedecerem a Jesus Cristo e serem aspergidos com seu sangue. Que a graça e a paz sejam concedidas a vocês em abundância.

Uma esperança viva – ³Bendito seja Deus, Pai de nosso Senhor Jesus Cristo. Por sua grande misericórdia, ressuscitando Jesus Cristo dentre os mortos, Deus nos fez renascer para uma esperança viva, ⁴para uma herança que não se corrompe, não se contamina e não murcha. Essa esperança está reservada no céu para vocês ⁵que, por meio da fé, foram protegidos pelo poder de Deus em vista da salvação que está prestes a se revelar no fim dos tempos. ⁶Por isso, fiquem alegres, ainda que agora, por pouco tempo, vocês precisem suportar, a duras penas, diversas provações. ⁷Isso para que a autenticidade da fé que vocês têm receba louvor, honra e glória, quando Jesus Cristo se revelar. Porque a fé que vocês têm é muito mais preciosa do que o ouro que desaparece e é provado pelo fogo. ⁸Vocês nunca viram Jesus, mas o amam; não o veem, mas creem nele e exultam com alegria gloriosa, que não se pode explicar. ⁹Vocês alcançam, assim, a meta da fé, que é a salvação de suas vidas.

As profecias apontam para Cristo e para a salvação – ¹⁰Os profetas que profetizaram a graça que vocês iriam receber, pesquisaram e estudaram a respeito dessa salvação. ¹¹Eles procuravam saber o tempo e as circunstâncias que o Espírito de Cristo que habitava neles indicava, quando predizia a paixão de Cristo e a glorificação que viria depois. ¹²Foi-lhes revelado que não era para eles, mas para vocês, esta mensagem que agora os pregadores do evangelho anunciam, inspirados pelo Espírito Santo enviado do céu. São coisas que os anjos desejariam presenciar.

I. EXORTAÇÕES: IDENTIDADE DAS COMUNIDADES E SUA NOVA PRÁTICA

Libertação para uma vida nova – ¹³Por isso, com prontidão de espírito e sóbrios, coloquem toda a esperança de vocês nessa graça que lhes será concedida quando Jesus Cristo se revelar. ¹⁴Como filhos obedientes, não se conformem mais aos desejos de antes, quando vocês eram ignorantes. ¹⁵Pelo contrário, visto que é santo aquele que os chamou, tornem-se vocês também santos em todo o modo de viver. ¹⁶Porque assim está escrito: "Sejam santos, porque eu sou santo". ¹⁷E se vocês chamam de Pai aquele que julga imparcialmente as ações de cada um, comportem-se com temor durante o tempo em que vocês estão fora da sua terra. ¹⁸Saibam que não foi mediante coisas perecíveis, com prata e ouro, que vocês foram resgatados do modo vazio de viver que herdaram de seus antepassados. ¹⁹Vocês foram resgatados pelo precioso sangue de Cristo, como o sangue de um cordeiro sem mancha nem defeito. ²⁰Ele era conhecido antes da criação do mundo, mas foi revelado em favor de vocês no final dos tempos. ²¹Por meio dele vocês creem em Deus, que o ressuscitou da morte e o glorificou, a fim de que a fé e a esperança de vocês pudessem estar em Deus.

1,1-2: Já de início o autor qualifica as comunidades: são feitas de gente que vive marginalizada em terra estranha. Ele espera que elas se vejam como eleitas de Deus. Essa escolha não deve levá-las a se isolarem da sociedade ou a se julgarem superiores. A carta vai mostrar os desafios que a escolha de Deus traz consigo.

3-9: Mesmo discriminadas, as comunidades são chamadas a viver na alegria. São feitas de pessoas a quem se reserva uma herança no céu. Não se trata apenas da vida após a morte; muito menos é expressão de uma postura fatalista ou acomodista. Pelo contrário, é afirmação de que uma gente deserdada é assumida pelo poder de Deus. O sofrimento de agora é purificador. Tudo é motivo para bendizer a Deus. Destaca-se o horizonte da vinda próxima do Senhor. Daí o forte acento na esperança, algo aliás que confere tom especial à carta.

10-12: A eleição das comunidades e seu lugar especial no coração de Deus são confirmados pela leitura das profecias. Elas não se referem somente a Jesus, mas também a todos os que assumem o projeto dele. Não se trata de uma leitura mecânica das profecias, mas de discernir nelas o projeto de Deus plenamente realizado em Jesus Cristo, e o desafio para quem segue o mesmo Jesus.

13-21: Começam as exortações, que vão até o fim da carta. Nesse primeiro momento, é a santidade de Deus que convoca à santificação. Um novo estilo de vida deve ser a marca de quem sabe que foi resgatado por Jesus Cristo. A condição de gente marginalizada fora da própria terra não é empecilho para viver de acordo com os desígnios divinos. Muito pelo contrário. O autor acentua a diferença entre a condição de vida que sua gente levava

Da acolhida da Palavra ao amor fraterno – ²²Vocês purificaram a própria consciência, obedecendo à verdade, para sem hipocrisia amar os irmãos. Amem-se intensamente uns aos outros, de coração sincero. ²³Porque vocês foram regenerados, não de uma semente mortal, mas imortal, por meio da Palavra de Deus, que é viva e permanece para sempre. ²⁴De fato, toda carne é como erva e toda a sua beleza como flor do campo. A erva seca, a flor cai, ²⁵mas a Palavra do Senhor permanece para sempre. E essa Palavra é a boa notícia anunciada a vocês.

2 *Dignidade do povo de Deus* – ¹Portanto, rejeitem toda maldade, toda mentira, todas as formas de hipocrisia e inveja e toda difamação. ²Como crianças recém-nascidas, desejem o leite puro da Palavra, para crescerem com esse leite para a salvação, ³se é que vocês já provaram como o Senhor é bom. ⁴Aproximem-se do Senhor, a pedra viva, rejeitada pelos homens, mas escolhida e preciosa diante de Deus. ⁵Do mesmo modo, vocês também entram como pedras vivas na construção de uma casa espiritual e formam um sacerdócio santo, que oferece sacrifícios espirituais, agradáveis a Deus por meio de Jesus Cristo. ⁶Pois na Escritura se lê: "Eis que ponho em Sião uma pedra angular, escolhida e preciosa. Quem se apoiar nela não vai fracassar". ⁷Para vocês que acreditam, ela será preciosa. Mas, para os que não acreditam, a pedra que os construtores rejeitaram tornou-se agora a pedra angular, ⁸uma pedra de tropeço, uma rocha de precipício. Eles tropeçam porque não acreditam na Palavra: esse era o destino deles. ⁹Mas, vocês são geração escolhida, sacerdócio real, nação santa e povo adquirido por Deus, para proclamar as maravilhas daquele que os chamou das trevas para a sua luz maravilhosa. ¹⁰Vocês que antes não eram povo, agora são povo de Deus. Vocês não tinham alcançado misericórdia, mas agora alcançaram misericórdia.

II. EXORTAÇÕES: VIDA EM SOCIEDADE

Testemunho em meio às adversidades – ¹¹Queridos, vocês são estrangeiros e viajantes. Recomendo que fiquem longe dos desejos sensuais, que fazem guerra contra o espírito. ¹²Comportem-se honradamente entre os pagãos, para que, mesmo falando eles mal de vocês como se fossem malfeitores, ao verem as boas obras de vocês, glorifiquem a Deus no dia da sua Visita.

Diante dos poderes – ¹³Em atenção ao Senhor, submetam-se a toda instituição humana: seja ao rei como soberano, ¹⁴seja aos governadores como enviados dele para punir os malfeitores e premiar os que fazem o bem. ¹⁵Porque a vontade

---

antes de se integrar às comunidades e a condição após. Nisso vai insistir diversas vezes. Por outro lado, a nova prática que as comunidades assumem vai colocá-las sob suspeita e desconfiança diante das pessoas de fora.

22-25: A Palavra de Deus é viva, e os frutos mais importantes que produz são as comunidades. À medida que o testemunho do amor vai fortalecendo os vínculos entre os membros, se perceberá o quanto efetivamente a Palavra foi acolhida.

2,1-10: Aqui se encontra o ponto alto desta primeira série de exortações, e provavelmente da carta inteira. Os membros de cada comunidade, marginalizados em terra estranha, são convocados a se aproximarem de Jesus e, ao mesmo tempo, uns dos outros. Devem perceber que sua situação é semelhante à de Jesus: rejeitados pela sociedade, escolhidos de Deus. O autor serve-se de várias passagens da Escritura, em especial dos Salmos e Profetas, para refletir sobre a contradição que a pedra Jesus representa para uma sociedade que se alimenta de contravalores, como o individualismo e a injustiça. Mas o texto recorre principalmente a trechos que se referem aos dois êxodos, do Egito e da Babilônia, para salientar a nova identidade de uma gente migrante marginalizada, da qual Deus fez o seu povo. Essas pessoas não devem conformar-se com a humilhação e o desprezo que a sociedade lhes impõe. O desafio apresentado é, mais uma vez, não permitir que a hostilidade e pressão externas impeçam que se construa a comunidade, a "casa espiritual" das pessoas sem teto e sem direitos, a quem a carta se dirige.

11-12: Começa uma nova série de exortações, que agora têm que ver com as formas da presença e testemunho da comunidade no meio onde se encontra. A vida cristã acontece na sociedade, não fora dela. Será o comportamento adequado de seus membros que falará mais alto em favor do evangelho. No entanto, uma sociedade que marginaliza pessoas tende a rejeitá-lo. Por isso, não se deve esperar sucesso fácil.

13-17: A submissão aos poderes constituídos não é decreto, é apelo que tem o propósito claro que lhe dá sentido: tornar evidente a vontade de Deus. As autoridades são vistas como responsáveis pelo bem-estar da população e por coibir a corrupção e as práticas prejudiciais ao todo da sociedade. O texto pede o discernimento da comunidade: a partir da liberdade fundamental deverão fazer-se as opções políticas, que não devem ser guiadas por interesses pessoais. Só Deus é absoluto, e como tal há de ser buscado.

de Deus é que, fazendo o bem, vocês fechem a boca dos insensatos e ignorantes. ¹⁶Comportem-se como pessoas livres, não usando a liberdade para encobrir o mal, mas como servos de Deus. ¹⁷Respeitem a todos, amem aos irmãos, temam a Deus e respeitem o rei.

Dor dos escravos, dor de Cristo – ¹⁸Servos, submetam-se com todo o respeito aos seus patrões, não só aos bondosos e compreensivos, mas também aos perversos. ¹⁹É uma graça que, por consciência diante de Deus, alguém suporte penas e sofra injustamente. ²⁰Mas que mérito haveria em suportar com paciência, se vocês fossem esbofeteados por terem agido errado? Se vocês, porém, são pacientes no sofrimento quando fazem o bem, isto sim é ação louvável diante de Deus.

²¹De fato, para isso é que vocês
foram chamados,
porque também Cristo sofreu por vocês,
deixando-lhes um exemplo
para que vocês sigam os passos dele.
²²Pois ele não cometeu nenhum pecado,
e mentira nenhuma
foi encontrada em sua boca.
²³Quando insultado, não revidava;
ao sofrer, não ameaçava.
Antes, submetia-se àquele
que julga com justiça.
²⁴Ele carregou nossos pecados
em seu corpo, no madeiro,
a fim de que, mortos para os pecados,
vivamos para a justiça.
Por suas feridas vocês foram curados,
²⁵pois eram como ovelhas desgarradas,
mas agora voltaram
ao Pastor e Guardião de suas vidas.

3 *Mulheres e maridos na família cristã* – ¹Da mesma forma vocês, mulheres, submetam-se a seus maridos. Assim, embora alguns não creiam na Palavra, acabam conquistados pela conduta de suas mulheres, mesmo sem palavras, ²ao notarem o modo casto e respeitoso de vocês se comportarem. ³Que o enfeite de vocês não seja exterior: cabelos trançados, joias de ouro, trajes elegantes; ⁴mas esteja no íntimo e oculto: na modéstia e serenidade de ânimo que não se corrompe e é precioso diante de Deus. ⁵Assim se enfeitavam no passado as santas mulheres, que depositavam sua esperança em Deus e se submetiam a seus maridos. ⁶Como Sara, que obedecia a Abraão, chamando-o de senhor. Praticando o bem e não se deixando dominar pelo medo, vocês se tornarão filhas de Sara. ⁷Igualmente vocês, maridos, que convivem com elas, sejam compreensivos na vida conjugal. Considerem a condição mais delicada das mulheres, respeitando-as, porque elas também são herdeiras do dom da vida, juntamente com vocês. Assim, as orações de vocês não ficarão sem resposta.

Uma nova prática – ⁸Finalmente, vivam todos na concórdia, sejam compassivos, cheios de amor fraterno, misericordiosos e humildes. ⁹Não paguem mal com mal, nem ofensa com ofensa. Ao contrário, abençoem, porque para isto vocês foram chamados: para serem herdeiros da bênção.

¹⁰Se alguém ama a vida
e deseja ver dias felizes,
guarde sua língua do mal
e seus lábios da falsidade;
¹¹afaste-se do mal e faça o bem,
procure a paz e corra em direção a ela.

18-25: Em geral, a leitura desta passagem salientou o conformismo diante da injustiça que é a escravidão. Mas o que o autor destaca é outra coisa: a identificação dos sofrimentos injustos vividos pelos escravos com aqueles experimentados por Jesus, o servo de Deus. O texto não tem no horizonte a libertação dos escravos, certamente porque isso não lhe parecia possível no momento, e tendo em vista as expectativas do iminente fim do mundo; por isso, o autor insiste na prática do bem, qualquer que seja a situação. A retidão no comportamento em qualquer circunstância é também uma forma de resistência às injustiças sofridas: foi assim que Cristo viveu, e ele é o modelo. A carta não se dirige a senhores de escravos, que provavelmente não participavam das comunidades, mas as olhavam com suspeita.

3,1-7: O domínio patriarcal se supera de forma sutil. Ensaiam-se formas para as mulheres alcançarem de seus maridos atitudes mais adequadas à vida de um verdadeiro casal, e não de um proprietário e sua posse, como era vista na época a relação marido-mulher. Ele e ela são herdeiros do mesmo dom da vida, e esse destino igual para ambos é muito mais decisivo que as hierarquias sociais que subordinam a mulher ao homem.

8-12: O autor volta a dirigir-se a todas as comunidades, afirmando em poucas palavras o essencial: em qualquer momento a compaixão, o amor fraterno, a misericórdia e a humildade concretizam no dia a dia a vida comunitária. Diante das ameaças e hostilidades de fora, é fundamental manter o compromisso da prática correta. A vivência do cristianismo não se faz de

¹²Porque os olhos do Senhor
estão sobre os justos,
e seus ouvidos estão atentos
à prece deles;
porém o rosto do Senhor se volta
contra os que fazem o mal.

III. EXORTAÇÕES: VIVER NA ESPERANÇA

Esperança apesar do mal – ¹³Quem lhes poderá fazer o mal, se vocês se aplicam em fazer o bem? ¹⁴Ao contrário, felizes de vocês, se sofrem pela justiça! Não tenham medo deles, nem fiquem perturbados. ¹⁵Antes, reconheçam interiormente a santidade de Cristo, o Senhor. Se alguém lhes pede, estejam sempre dispostos a dar explicações sobre a esperança que vocês têm, ¹⁶mas com modéstia e respeito, conservando a consciência limpa. Desse modo, aqueles que difamam o bom comportamento de vocês em Cristo, ficarão confundidos por tê-los difamado. ¹⁷Se for vontade de Deus, é melhor sofrer por fazer o bem do que sofrer por fazer o mal.

Batismo, compromisso com Deus – ¹⁸Porque Cristo morreu uma vez por todas pelos pecados, o justo pelos injustos, para conduzir vocês a Deus. Ele sofreu a morte no corpo, mas foi vivificado pelo Espírito. ¹⁹E assim foi proclamar também para os espíritos aprisionados, ou seja, ²⁰para aqueles que outrora não acreditavam, nos tempos de Noé, quando a paciência de Deus se prolongava e Noé fabricava a arca, na qual apenas oito pessoas se salvaram através da água. ²¹Essa água representava o batismo, que agora salva vocês, e que não consiste em lavar a sujeira do corpo, mas em comprometer-se solenemente diante de Deus com a consciência limpa, em vista da ressurreição de Jesus Cristo. ²²Ele subiu ao céu e está sentado à direita de Deus, e a ele foram submetidos os anjos, os poderes e as dominações.

4 *Ruptura com o pecado e hostilidades* – ¹Dado que Cristo sofreu na carne, vocês também devem armar-se com esta convicção: quem sofreu na carne rompeu com o pecado ²e, no que lhe resta de vida corporal, já não segue as paixões humanas, mas a vontade de Deus. ³Já chega do tempo passado, quando vocês viviam fazendo a vontade dos pagãos, praticando libertinagem, vícios, bebedeiras, orgias, comilanças e idolatrias abomináveis. ⁴Agora que vocês não se entregam com eles à mesma torrente de perdição, eles os insultam. ⁵Mas vão ter de prestar contas àquele que em breve vai julgar os vivos e os mortos. ⁶Eis por que a Boa Notícia foi levada também aos mortos: para que eles, condenados como homens a morrer corporalmente, vivessem espiritualmente segundo Deus.

Comunidade da esperança – ⁷O fim de todas as coisas está perto. Sejam, portanto, sóbrios, moderados e dedicados à oração. ⁸Acima de tudo, conservem vivo o amor mútuo, pois o amor cobre uma multidão de pecados. ⁹Sejam acolhedores uns com os outros, sem reclamar. ¹⁰Cada um de vocês coloque a serviço dos outros o dom que tiver recebido, sendo assim bons administradores das muitas formas da graça que Deus concedeu a vocês. ¹¹Quem fala, fale como se pronunciasse palavras de Deus. Quem serve, sirva com a força que Deus lhe dá, para que em tudo Deus seja glorificado por

---

forma intimista ou isolada, mas exige compromisso na sociedade.

13-17: A nova série de exortações que se inicia tem a esperança como base. Justamente por causa das dificuldades e sofrimentos que as comunidades passam. O desafio a enfrentar é de não imitarem o comportamento injusto dos que as criticam e hostilizam, e também apresentaram corajosamente as razões pelas quais cultivam a esperança e lutam por um mundo diferente.

18-22: O apelo a uma prática correta se enraíza na morte de Jesus: foi ele quem abriu o caminho para Deus. O autor vê na história do dilúvio, na qual apenas oito pessoas aparecem salvas das águas, uma indicação do batismo salvador. Mas aqui se acentua que o batismo estabelece compromisso concreto, a ser vivido diante de Deus, em meio à sociedade.

4,1-6: O autor acentua a diferença entre a vida prática das comunidades seguidoras de Jesus, feitas de gente marginalizada e tida como suspeita, e o viver da sociedade que as circunda. Hão de compreender que os insultos sofridos se devem à opção que fizeram: por Deus, pelo bem, pela justiça.

7-11: Diante da expectativa do fim iminente dos tempos, o apelo é que se mantenha a serenidade; nada deve conduzir à passividade ou ansiedade. Fundamental é que se reforcem os laços comunitários; nem a expectativa da salvação próxima pode conduzir a uma postura religiosa individualista. O contexto em que vivem as comunidades a quem a carta se dirige, leva o autor a enfatizar a prática da hospitalidade. Na liturgia, é Deus quem fala através de quem conduz a celebração.

meio de Jesus Cristo. A ele pertencem a glória e o poder para sempre. Amém.

IV. EXORTAÇÕES: RESISTIR SEMPRE

Enfrentar o sofrimento – [12]Queridos, não se assustem com o incêndio que começou contra vocês para prová-los, como se fosse algo estranho. [13]Ao contrário, fiquem alegres de participar dos sofrimentos de Cristo. Assim, quando a glória dele se revelar, a alegria de vocês será completa. [14]Se os insultam por causa do nome de Cristo, felizes de vocês, porque em vocês repousam o Espírito de Deus e sua glória. [15]Que nenhum de vocês tenha de sofrer por ser ladrão, assassino ou criminoso, ou por intrometer-se em assuntos alheios. [16]Mas, se sofre por ser cristão, não se envergonhe; ao contrário, dê glória a Deus por levar o nome de cristão. [17]Pois chegou a hora do julgamento, que vai começar pela casa de Deus. E, se começa por nós, qual vai ser o fim daqueles que rejeitam a boa notícia de Deus? [18]Se o justo é salvo com dificuldade, o que vai ser do ímpio e pecador? [19]Portanto, aqueles que sofrem segundo a vontade de Deus, continuem fazendo o bem e confiem suas vidas ao Criador: ele é fiel.

5 ***Ministério dos anciãos*** – [1]Exorto os anciãos que estão entre vocês, eu que também sou ancião como eles, testemunha dos sofrimentos de Cristo e participante da glória que vai ser revelada: [2]Tomem conta do rebanho de Deus que lhes foi confiado, cuidando dele, não por obrigação, mas de livre e boa vontade, como Deus quer; não por lucro vergonhoso, mas com generosidade; [3]não como donos daqueles que lhes foram confiados, mas como modelos para o rebanho. [4]Assim, quando o supremo Pastor aparecer, vocês vão receber a gloriosa coroa que não murcha.

Fé e esperança – [5]Da mesma forma vocês, jovens, obedeçam aos anciãos. E, no relacionamento mútuo, revistam-se todos de humildade, porque Deus se opõe aos arrogantes, mas concede seu favor aos humildes. [6]Abaixem-se, então, debaixo da poderosa mão de Deus, para que no momento certo ele os levante. [7]Confiem a Deus toda a sua preocupação, pois é ele quem cuida de vocês. [8]Sejam sóbrios, vigiem! Porque o inimigo de vocês, o diabo, está rodeando, rugindo como leão, buscando a quem devorar. [9]Resistam ao diabo, firmes na fé, sabendo que os irmãos de vocês pelo mundo afora sofrem as mesmas aflições. [10]Depois de vocês terem sofrido um pouco, o Deus de toda graça, que por Cristo os chamou à sua glória eterna, ele os restabelecerá, firmará, fortalecerá e tornará vocês inabaláveis. [11]A Deus pertence o poder para sempre! Amém.

Conclusão e saudações – [12]Escrevi a vocês essas poucas palavras por meio de Silvano, a quem considero irmão fiel, para exortá-los, e para lhes assegurar que esta é a verdadeira graça de Deus. Permaneçam firmes nela. [13]A comunidade que vive na Babilônia, escolhida como vocês, manda saudações, e também meu filho Marcos. [14]Saúdem-se uns aos outros com o beijo fraterno. Que a paz esteja com todos vocês que estão unidos em Cristo.

12-19: Nesta última série de exortações, retorna o tema do sofrimento. De novo não se convida à resignação nem ao conformismo, mas a que as comunidades saibam aproximar os sofrimentos que enfrentam com aqueles vividos por Jesus. A ênfase principal está na vida correta, coerente com o modo de ser cristão, na prática da justiça, o que pode acarretar perseguição e dor. Por outro lado, fica evidente que, para dar testemunho cristão em contexto adverso, onde os valores do Evangelho se confrontam com os da sociedade, a comunidade não pode fechar-se em si mesma. É claro o tom de espera pelo fim próximo do mundo.

5,1-4: Agora as exortações se dirigem aos líderes de comunidades. Não são pastores, nem muito menos donos do rebanho, já que este pertence a Deus. São guardas do rebanho que Deus lhes confiou. Portanto, a atitude fundamental deles há de ser o serviço. Por outro lado, quem assume a liderança tem como desafio maior servir de modelo: com sua vida e testemunho, tornam visível o Cristo sofredor.

5-11: Espera-se para breve a salvação. Essa expectativa dá sentido ao sofrimento injustamente sofrido. É preciso resistir, e não ceder às ciladas com que o tempo presente coloca em risco a vivência autêntica da fé. A certeza da salvação não deve fazer que se perca a humildade, atitude básica dos membros da comunidade.

12-14: Na despedida, o autor recorre à memória de Marcos, companheiro de Pedro e Paulo; lembra também Silvano, ou Silas, que acompanhou Paulo em algumas viagens e lhe assinou algumas cartas. É a forma de reforçar os laços com líderes importantes da primeira geração cristã e mantê-los presentes na memória. A referência à Babilônia mostra o autor compartilhando com os destinatários o viver em condição adversa de opressão social e idolatria religiosa (ver Ap 18). A saudação final, mais uma vez, apela para a fraternidade e o senso comunitário.

SEGUNDA CARTA DE PEDRO

NOVO CÉU E NOVA TERRA COM JUSTIÇA

Introdução

Este é provavelmente o escrito mais recente do Novo Testamento. O autor se apresenta como o apóstolo Pedro. Conhece os escritos de Paulo (3,15-16), e parece conhecer também a primeira carta de Pedro (3,1). No capítulo segundo retoma quase por inteiro a carta de Judas.

A presente a carta quer ser "o testamento" do grande apóstolo Pedro, que aparece próximo da morte (1,14). As recomendações se referem aos inícios do séc. II, quando efetivamente a carta foi escrita.

Nesse tempo se acentuam as controvérsias em torno dos ensinamentos cristãos. As cartas de Paulo são objeto de discussões quanto ao conteúdo. Por outro lado, ao retomar a carta de Judas, o autor pretende mostrar um fato: se as Escrituras oferecem exemplos da punição de Deus aos ímpios, também o mostram agindo de forma libertadora em favor dos que agem de acordo com a justiça. Também se dirige aos cristãos decepcionados com a demora da vinda do Senhor, algo que tanto animou algumas comunidades do início. O fato de Deus não agir de acordo com os calendários humanos não deve conduzir à acomodação nem à autossuficiência: o sonho e a espera por um novo céu e uma nova terra já devem ser ensaiados aqui, numa vida pautada pela justiça. O autor tem como alvo um grupo de mestres cristãos que julgavam superado o culto aos anjos e tinham comportamento reprovável, tanto no âmbito da sexualidade como em relação com a sociedade. Este é, ao que parece, o sentido do difícil capítulo 2.

A segunda carta de Pedro mostra, de diversas formas, que o passar do tempo vai apresentando desafios novos para a vida cristã. Nos primeiros tempos, a força da novidade e a espera pela volta do Senhor davam sentido à vida. No momento em que a carta está sendo escrita, a época de Jesus e de seus primeiros seguidores já vai distante, e se apresenta o perigo da rotina e do desânimo. A resposta do autor não é nova, mas nesse momento de incertezas tem significado especial: não deixar de lado o alicerce e a luz que as palavras dos profetas oferecem (1,19).

1 **Destinatários e saudação** – ¹Simão Pedro, servo e apóstolo de Jesus Cristo, aos que receberam uma fé preciosa como a nossa, mediante a justiça de nosso Deus e Salvador Jesus Cristo. ²Que a graça e a paz sejam abundantes em vocês pelo conhecimento de Deus e de Jesus nosso Senhor.

Da fé ao amor – ³Com seu poder divino, Deus nos deu tudo o que leva à vida e à piedade, por meio do conhecimento de Jesus, o qual nos chamou por sua própria glória e mérito. ⁴Com isso ele nos deu as maiores e mais valiosas promessas, para que vocês possam participar da natureza divina, depois de escaparem da

---

1,1-2: De início, o autor apresenta o que para ele é mais importante e que justifica sua carta: o conhecimento de Deus e de Jesus Cristo, conhecimento que se traduz numa vida coerente. O autor pensa nos cristãos que se apresentam como mestres e, por conta da vida que levam, acabam por negar o que eventualmente proclamam.

3-11: Deus nos faz participantes da sua própria natureza divina ao nos proporcionar o conhecimento de Jesus Cristo. Isso de um lado implica o abandono da corrupção e das atitudes egoístas, e de outro o contínuo incentivo às virtudes; são elas fruto do conhecimento de Jesus Cristo, e são condições indispensáveis para a vida e a piedade.

corrupção que o egoísmo provoca neste mundo.

⁵Portanto, façam esforço para terem mais virtude na fé, mais conhecimento na virtude, ⁶mais autodomínio no conhecimento, mais perseverança no autodomínio, mais piedade na perseverança, ⁷mais afeto fraterno na piedade e mais amor no afeto fraterno. ⁸Se vocês tiverem esses dons em abundância, eles não permitirão que vocês se tornem inúteis ou estéreis no conhecimento de nosso Senhor Jesus Cristo. ⁹Mas quem não possui esses dons é cego e míope, pois esqueceu que eles é que o purificaram de seus velhos pecados. ¹⁰Por isso, irmãos, esforcem-se para firmar o chamado pelo qual vocês foram escolhidos. Se agirem assim, não tropeçarão. ¹¹Pelo contrário, é desse modo que generosamente esses dons farão vocês entrarem no reino eterno do Senhor e Salvador nosso Jesus Cristo.

A força do que foi testemunhado – ¹²Por isso, ainda que vocês já saibam essas coisas e estejam firmes na verdade que alcançaram, eu vou sempre recordá-las para vocês. ¹³Enquanto vivo nesta tenda, penso que é justo mantê-los vigilantes com minhas recomendações. ¹⁴Pois sei que logo haverá a remoção da minha tenda, como nosso Senhor Jesus Cristo me informou. ¹⁵E vou me esforçar para que vocês se lembrem sempre delas, após o meu êxodo.

¹⁶De fato, quando ensinamos a vocês sobre o poder e a vinda de nosso Senhor Jesus Cristo, não tiramos isso de fábulas artificiais. Nós ensinamos porque fomos testemunhas oculares da grandeza deles. ¹⁷Pois ele recebeu honra e glória de Deus Pai, quando uma voz vinda da sua Majestade lhe disse: "Este é o meu Filho amado, no qual encontro o meu agrado". ¹⁸Essa voz, vinda do céu, nós a ouvimos quando estávamos com ele no monte santo.

A profecia é luz – ¹⁹Com isso, a mensagem profética se confirma em nós. E vocês farão bem recorrendo a ela como lâmpada que brilha na escuridão, até que amanheça o dia, e brilhe em suas mentes a estrela da manhã. ²⁰Mas saibam, acima de tudo, que nenhuma profecia da Escritura surge de alguma interpretação particular. ²¹Porque a profecia nunca aconteceu por iniciativa humana; ao contrário, os homens movidos pelo Espírito Santo falaram como porta-vozes de Deus.

2 ***Falsos mestres*** – ¹Houve também falsos profetas no meio do povo. Assim também entre vocês vão aparecer falsos mestres, introduzindo seitas maléficas. Renegando o Senhor que os resgatou, trarão rápida destruição para si mesmos. ²Muitos vão seguir suas doutrinas dissolutas, e por causa deles o caminho da verdade será difamado. ³Por cobiça de dinheiro, com discursos enganadores, vão procurar que vocês se tornem objeto de negócios. Mas o julgamento deles já começou faz tempo, e a sua destruição não demorará.

Exemplos do passado, práticas do presente – ⁴Deus não poupou os anjos que pecaram, mas os sepultou nos abismos

---

12-18: Escrevendo em tom de despedida, o autor reforça sua identificação com Pedro, recordando momentos de sua estada com Jesus, e de modo particular a transfiguração (Mt 17,1-9). Esta lhe aparece como antecipação da vinda futura de Jesus. Tal convicção lhe dá autoridade para contestar o que chama de "fábulas artificiais", ensinadas por mestres sem credibilidade. No cap. 2 e começo do cap. 3, saberemos um pouco do que eles ensinam e praticam.

19-21: Antes de passar à discussão, o autor insiste na força da tradição, particularmente na luz que as profecias projetam para os dias atuais. Contudo, essas palavras não se devem compreender de acordo com o interesse de cada um: é preciso ver nelas Deus falando na voz dos profetas.

2,1-3: Escrevendo como se fosse Pedro, o autor anuncia que virão tempos em que aparecerão mestres no interior da comunidade, que procurarão desviá-la, da mesma forma como no passado aconteceu em Israel. Embora se apresentando como cristãos, negam que Jesus lhes tenha trazido a salvação. Pede-se particular atenção ao fato de que esses mestres ensinam de acordo com seus próprios interesses, particularmente por amor ao dinheiro.

4-22: O autor segue de perto a carta de Judas, afastando-se dela, porém, em alguns momentos. Primeiramente se recuperam passagens da Escritura e da tradição judaica, para mostrar que é uma constante a presença de pessoas ímpias no meio do povo, tentando desacreditar a fidelidade de Deus. No entanto, Deus está vigilante para intervir, seja punindo os que agem de maneira inadequada, seja principalmente libertando os que se colocam a serviço dele. Em seguida se apresentam exemplos de como agem os ímpios no momento em que a carta é escrita: no âmbito religioso, desprezam os anjos (v. 10); quanto ao comportamento,

escuros do inferno, onde estão presos à espera do julgamento. ⁵Não poupou o mundo antigo, mas, salvando Noé, pregador da justiça, com outros sete, enviou o dilúvio para o mundo dos malvados. ⁶Também condenou Sodoma e Gomorra, reduzindo-as a cinzas, como exemplo do que havia de acontecer aos malvados. ⁷Livrou porém o justo Ló, que sofria diante do comportamento dos libertinos, ⁸porque esse justo, que morava entre eles, torturava cada dia seu próprio espírito, ao ver e ouvir as iniquidades deles. ⁹Tudo isso porque o Senhor sabe libertar da provação os que são piedosos, reservando os malvados para o castigo no dia do julgamento, ¹⁰especialmente os que se entregam ao próprio instinto e seus imundos apetites, e desprezam a autoridade do Senhor.

Atrevidos e arrogantes, eles não têm receio de blasfemar contra os seres gloriosos, ¹¹ao passo que os anjos, embora sendo superiores em força e poder, não os acusam com insultos diante de Deus. ¹²Essas pessoas, porém, como animais irracionais destinados por natureza a ser caçados e consumidos, insultam o que não entendem. Mas perecerão como eles, ¹³recebendo assim o pagamento para a sua injustiça. Sua ideia de prazer é a orgia em pleno dia. Sujos e nojentos, deliciam-se nos próprios enganos quando fazem banquete com vocês. ¹⁴Têm os olhos cheios de adultérios, e nunca se cansam de pecar. Seduzem quem está inseguro, e a mente deles está treinada para a ambição. São uns malditos! ¹⁵Deixando o caminho reto, eles se desviaram. Seguiram o caminho de Balaão, filho de Bosor, que se deixou levar por uma recompensa injusta, ¹⁶mas foi repreendido por sua própria maldade. De fato, uma besta muda, falando com voz humana, freou a loucura do profeta.

¹⁷Essas pessoas são como fontes sem água, nuvens arrastadas pela tempestade; para elas está reservada a escuridão das trevas. ¹⁸Com discursos pomposos e vazios, e com a isca sensual da libertinagem, seduzem aqueles que acabaram de se afastar dos que vivem no erro. ¹⁹Prometem a eles liberdade, mas são escravos da corrupção, pois cada um se torna escravo daquele a quem se rende. ²⁰Portanto, se pelo conhecimento de nosso Senhor e Salvador Jesus Cristo alguém se afastou das imundícies do mundo, e novamente se deixa seduzir e se rende a elas, seu último estado torna-se pior que o primeiro. ²¹Assim, seria melhor para eles não terem conhecido o caminho da justiça do que, depois de tê-lo conhecido, afastarem-se do santo mandamento que lhes fora confiado. ²²Acontece com eles o que diz o provérbio: "O cão volta ao próprio vômito", ou: "A porca lavada volta a se sujar na lama".

3 O Senhor demora a vir? – ¹Queridos, esta já é a segunda carta que lhes escrevo. Nas duas procurei despertar o pensamento sadio de vocês com algumas recomendações. ²Lembrem-se do que os santos profetas anunciaram e do mandamento que o Senhor e Salvador confiou aos apóstolos de vocês.

³Antes de tudo, vocês precisam saber que no fim dos tempos vão aparecer cínicos e zombadores, entregues a seus próprios desejos. ⁴Eles dirão: "O que aconteceu com a vinda dele que estava prometida? Desde que morreram nossos pais, tudo continua o mesmo desde o início do mundo". ⁵Na verdade, eles fingem não perceber que em outros tempos existiram um céu e uma terra, a terra tirada da água, e que no meio da água ela estava firme, em força da Palavra de Deus. ⁶Então, o mundo de antes pereceu, inundado pela água. ⁷Pela mesma Palavra, o céu e a terra de agora estão reservados para o fogo, aguardando o dia do julgamento e da condenação dos malvados.

⁸Contudo, queridos, há uma coisa que vocês não deveriam esquecer: para o Se-

---

merecem palavras duras (vv. 13-15); por fim, uma avaliação a respeito dessas pessoas incoerentes e enganadoras. Propósito do autor é principalmente advertir os membros da comunidade a que não separem fé e vida, como parece que tais ímpios faziam. Com linguagem bastante severa, permanece o alerta: a fé se expressa na maneira de viver em relação às demais pessoas,

mediante práticas novas, em que a imoralidade e a ambição não têm lugar.

3,1-10: O autor discute um problema que deve ter afetado muitas comunidades do seu tempo. A demora na vinda do Senhor certamente foi motivo de decepção para quem o estava aguardando, e de zombaria para quem não apostava nela. Não se pode condicionar a

nhor, um dia é como mil anos, e mil anos como um dia. ⁹O Senhor não demora em cumprir o que prometeu, como alguns pensam. É que ele tem paciência com vocês, pois não quer que ninguém se perca, mas que todos se arrependam. ¹⁰O Dia do Senhor chegará como um ladrão. O céu vai então desaparecer com estrondo, os elementos se desfarão em chamas, e a terra com suas obras vai ficar evidente.

Novo céu e nova terra – ¹¹E se tudo assim vai se desfazer, como deve ser então o modo de viver de vocês? Comportando-se como santos e piedosos, ¹²esperando e apressando a vinda do Dia de Deus. Nesse dia, o céu vai se desfazer em fogo e os elementos vão se derreter em brasas. ¹³O que nós esperamos, segundo a promessa dele, é um novo céu e uma nova terra, onde morará a justiça.

Alimentar a esperança – ¹⁴Por isso, queridos, já que vocês têm essa esperança, esforcem-se com ardor para que ele os encontre em paz, sem mancha nem defeito. ¹⁵Considerem que a paciência de Deus para conosco tem por fim a nossa salvação, como escreveu a vocês nosso querido irmão Paulo, com a sabedoria que lhe foi concedida. ¹⁶Em todas as suas cartas, ele trata desses temas, se bem que nelas há coisas difíceis de entender, que os ignorantes e vacilantes distorcem, como fazem com o resto da Escritura, para sua própria perdição.

Conclusão – ¹⁷Portanto, quanto a vocês, queridos, fiquem prevenidos e tomem cuidado para não perderem a firmeza e caírem, arrastados pelo erro desses ímpios. ¹⁸Cresçam na graça e no conhecimento de nosso Senhor e Salvador Jesus Cristo. A ele pertence a glória, agora e até a eternidade. Amém.

---

ação de Deus àquilo que nós julgamos que deva ser ou acontecer. É preciso descobrir o sentido mais profundo do que parece ser o não-agir de Deus: tempo mais longo é oportunidade para a conversão de todos. Não é o caso de fazer cálculos quanto ao fim dos tempos.

11-13: Já que havia pessoas especulando sobre quando se daria a vinda do Senhor, o autor propõe um desafio: que tal nos aplicarmos a uma vida santa e à piedade? Que tal fixar o olhar e o agir no novo céu e na nova terra, habitação da justiça? Quem sabe assim chegue logo o dia da vinda de Deus!

14-16: O autor conhece um conjunto de cartas de Paulo e reconhece nelas o mesmo valor que as Escrituras judaicas. Embora alguns conteúdos sejam difíceis de compreender, a mensagem que delas decorre é a salvação que Deus deseja para todos.

17-18: Na despedida, o autor insiste naquilo que foi o objetivo principal de sua carta: alertar a comunidade diante da presença de mestres que podem comprometer o constante e crescente conhecimento de Jesus Cristo.

PRIMEIRA CARTA DE JOÃO

QUEM AMA PERMANECE EM DEUS-AMOR

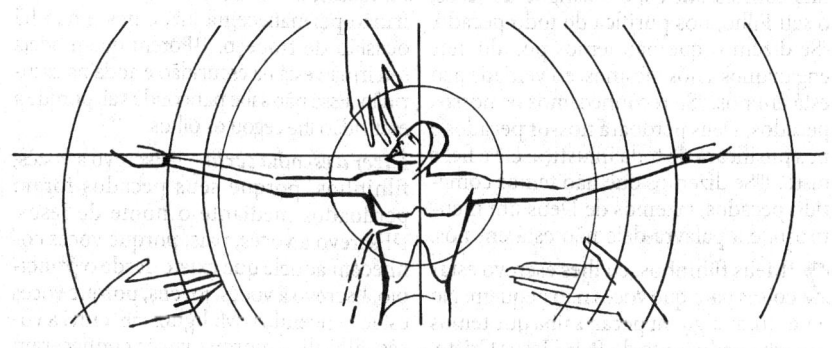

Introdução

Esta carta, da mesma forma que as duas seguintes, foi escrita para a mesma comunidade que já havia recebido o Evangelho segundo João. Ao que parece, havia desentendimentos e conflitos na comunidade, alguns deles tendo a ver com o entendimento do referido Evangelho. Uma leitura atenta da primeira carta permite notar esse doloroso processo de divisão. Um grupo entendia que o batismo produzia a união com Deus, e isso deixava a pessoa livre do pecado, pois a salvação era fruto simplesmente do conhecimento de Deus e de si mesma. Entendia também que a condição humana é totalmente negativa; por consequência, Jesus não podia ser verdadeiramente humano. Em termos práticos, o amor ao próximo não tem valor nenhum; o que conta é somente a união com Deus e o conhecimento que a pessoa tem sobre sua origem e destino.

Especialmente a primeira carta acentua o grande desafio: Como unir o amor a Deus com o amor ao próximo? Insiste que é necessária a vivência da fé em comunidade, o que exige o atendimento aos irmãos necessitados. Essa experiência do amor ao próximo nos aproxima de Deus. Porque Deus é amor.

1 *Prólogo: Viver em comunhão* – ¹O que existia desde o princípio, o que temos ouvido, o que temos visto com nossos olhos, o que temos contemplado e nossas mãos têm apalpado: a Palavra da Vida ²(porque a Vida foi manifestada, nós a temos visto, e estamos dando testemunho e anunciando a vocês a vida eterna, que estava junto do Pai e foi manifestada a nós); ³isso que temos visto e ouvido, estamos anunciando a vocês, para que vocês estejam em comunhão conosco. E nossa comunhão é com o Pai e com seu filho Jesus Cristo. ⁴Estamos escrevendo essas coisas a vocês, para que nossa alegria seja completa.

I. A VERDADEIRA COMUNHÃO COM DEUS E COM SEU FILHO

Deus é luz e perdão – ⁵Esta é a mensagem que dele ouvimos e que lhes anunciamos:

1,1-4: Nesta abertura, o autor insiste no que foi anunciado à comunidade: a vida, manifestada na Palavra de Deus feita carne em Jesus de Nazaré (cf. Jo 1,1-18). Vida eterna é acolhê-la (cf. Jo 17,3), não de forma individualista, mas comunitária. Só por esse caminho se vive a comunhão com o Pai e o Filho, isto é, mergulha-se no mais profundo de Deus.

1,5-2,2: A busca da comunhão com Deus não pode criar arrogância. Tem de se mostrar concreta mediante o testemunho cotidiano e o reconhecimento da própria

Deus é luz, e nele não há trevas. ⁶Se dizemos que estamos em comunhão com Deus, e no entanto andamos nas trevas, somos mentirosos e não praticamos a verdade. ⁷Mas, se caminhamos na luz, como Deus está na luz, então estamos em comunhão uns com os outros, e o sangue de Jesus, o seu Filho, nos purifica de todo pecado. ⁸Se dizemos que não temos pecado, nos enganamos a nós mesmos, e a verdade não está em nós. ⁹Se reconhecemos os nossos pecados, Deus perdoará nossos pecados e nos purificará de toda injustiça: ele é fiel e justo. ¹⁰Se dizemos que não temos cometido pecados, fazemos de Deus um mentiroso, e a palavra dele não está em nós.

2 ¹Meus filhinhos, eu lhes escrevo estas coisas para que vocês não pequem. No entanto, se alguém pecar, saiba que temos um advogado junto do Pai: é Jesus Cristo, o Justo. ²Ele é a vítima de expiação pelos nossos pecados; e não só pelos nossos, mas também pelos pecados do mundo inteiro.

Conhecer a Deus é guardar seus mandamentos –
³É assim que sabemos se conhecemos a Deus: se guardamos seus mandamentos. ⁴Quem diz que conhece a Deus, mas não trata de guardar os mandamentos dele, é mentiroso; nesse não está a verdade. ⁵Ao contrário, o amor de Deus se realiza plenamente em quem guarda sua palavra. É assim que reconhecemos que estamos nele: ⁶quem diz que permanece em Deus deve caminhar como Jesus caminhou. ⁷Amados, este mandamento que estou escrevendo não é novo. É o mandamento antigo, aquele que vocês receberam desde o princípio. Este mandamento antigo é a palavra que vocês ouviram. ⁸Mas o mandamento que agora lhes escrevo é novo, e é verdadeiro em Jesus e em vocês. Porque a escuridão está passando, e a luz verdadeira já está brilhando. ⁹Quem diz que está na luz, mas odeia seu irmão, está na escuridão até agora. ¹⁰Quem ama seu irmão permanece na luz, e nesse não há ocasião de tropeço. ¹¹Porém quem odeia seu irmão está na escuridão e anda na escuridão. Esse não sabe para onde vai, porque a escuridão lhe cegou os olhos.

Fazer a escolha certa –
¹²Escrevo a vocês, filhinhos, porque seus pecados foram perdoados mediante o nome de Jesus. ¹³Escrevo a vocês, pais, porque vocês conhecem aquele que existe desde o princípio. Escrevo a vocês, jovens, porque vocês estão vencendo o Maligno. ¹⁴Escrevi a vocês, filhinhos, porque vocês conheceram o Pai. Escrevi a vocês, pais, porque vocês conheceram aquele que existe desde o princípio. Escrevi a vocês, jovens, porque são fortes, e a palavra de Deus permanece em vocês, e vocês estão vencendo o Maligno. ¹⁵Não amem o mundo, nem o que há no mundo. Se alguém ama o mundo, o amor do Pai não está nele. ¹⁶Pois tudo o que há no mundo – os maus desejos vindos da carne e dos olhos, a arrogância provocada pelo dinheiro – são coisas que não vêm do Pai, mas do mundo. ¹⁷No entanto, o mundo e os desejos que vêm dele passam. Por outro lado, quem faz a vontade de Deus permanece para sempre.

Atenção e confiança diante dos anticristos –
¹⁸Filhinhos, estamos na última hora. Vocês ouviram dizer que o Anticristo está vindo. Mas são muitos os anticristos que

---

fragilidade. Além disso, é uma busca que não pode produzir isolamento frente às pessoas e suas necessidades. Não existe comunhão com Deus sem comunhão com os irmãos. A experiência de fé se sustenta na certeza do perdão que provém de Deus e se espalha na convivência com os outros.

2,3-11: No ambiente em que a carta foi escrita, havia uma busca ansiosa por conhecer a Deus e mergulhar nele. Ora, o fundamental nessa busca é a observância dos mandamentos, sendo o mais importante deles o expresso em Jo 13,34-35: o amor entre os membros da comunidade. A vida de fé acontece quando não produz egoísmo e isolamento, e sim quando espalha solidariedade.

12-17: O que deve orientar a vida de cada membro da comunidade cristã é a certeza do perdão, o reconhecimento de Jesus como Palavra de Deus feita carne humana e caminho que leva ao Pai, e por fim a consciência sempre atenta para identificar e combater o poder e obras do mal. Tais obras estão no "mundo" onde se encontra a comunidade, e esta só tem razão de existir quando se deixa guiar pela vontade de Deus.

18-28: Alguns membros se afastaram da comunidade porque pretendiam viver de maneira isolada e individualista a experiência de fé. Consideravam a vida comunitária algo de menor importância, e chegavam a entender a vida de Jesus como algo secundário. O autor não teme chamá-los de anticristos, como falsos profetas em meio aos seguidores de Jesus. Por outro lado, a comunidade não precisa alarmar-se, pois conta com a unção do Espírito Santo garantido por Jesus. Espírito que faz memória do próprio Jesus e ajuda os

têm aparecido! Por isso, sabemos que estamos na última hora. [19]Eles saíram do meio de nós, mas não eram dos nossos. Se tivessem sido dos nossos, teriam permanecido conosco. Mas eles nos deixaram, para que ficasse claro que nem todos eram dos nossos. [20]Vocês todos, porém, possuem a unção que vem do Santo, e têm a sabedoria. [21]Não lhes escrevi porque vocês não conhecem a verdade, mas justamente porque a conhecem e sabem que qualquer mentira não vem da verdade. [22]Quem é o mentiroso, senão quem nega que Jesus é o Messias? Esse tal é o Anticristo, aquele que nega o Pai e o Filho. [23]Todo aquele que nega o Filho, também não tem o Pai. Quem reconhece o Filho, também tem o Pai. [24]Tudo o que vocês ouviram desde o princípio, que permaneça em vocês. Se permanecer em vocês tudo o que ouviram desde o princípio, também vocês permanecerão no Filho e no Pai. [25]Esta é a promessa que ele nos fez: a vida eterna. [26]Eu lhes escrevi essas coisas, porque há gente querendo enganar vocês. [27]Mas a unção que vocês receberam dele permanece em vocês, e por isso não há necessidade de que alguém os ensine. Todavia, como a unção dele, que é verdadeira e não mentirosa, ensina vocês a respeito de tudo, permaneçam com ela em tudo o que lhes foi ensinado. [28]E agora, filhinhos, permaneçam com Jesus, para que tenhamos confiança quando ele se manifestar, e não passemos vergonha diante dele, quando ele vier.

II. VIVER COMO FILHO DE DEUS É PRATICAR A JUSTIÇA

Filhos de Deus praticam a justiça – [29]Se vocês sabem que Jesus é justo, saibam que todo aquele que pratica a justiça nasceu dele.

3 [1]Vejam que mostra de amor o Pai nos tem dado: sermos chamados filhos de Deus. E nós o somos! Por causa disso, o mundo não nos conhece, porque também não conheceu a Deus. [2]Amados, agora já somos filhos de Deus, mas ainda não se manifestou o que haveremos de ser. Sabemos que quando Jesus se manifestar, seremos semelhantes a ele, porque nós o veremos assim como ele é. [3]E todo aquele que tem nele essa esperança se purifica, como ele é puro. [4]Todo aquele que pratica o pecado, também pratica a iniquidade: o pecado é a iniquidade. [5]No entanto, vocês sabem que Jesus se manifestou para tirar os pecados; nele não existe pecado. [6]Todo aquele que permanece nele, não peca. Todo aquele que peca, não o viu nem o conheceu. [7]Filhinhos, que ninguém os engane. Quem pratica a justiça é justo, assim como Jesus é justo. [8]Quem pratica o pecado pertence ao diabo, porque o diabo peca desde o princípio. Foi para isto que o Filho de Deus se manifestou: para destruir as obras do diabo. [9]Todo aquele que nasceu de Deus não pratica o pecado, porque a semente de Deus permanece nele: não pode pecar, porque nasceu de Deus. [10]É assim que se manifesta quem são os filhos de Deus e quem são os filhos do diabo: Todo aquele que não pratica a justiça, quem não ama seu irmão, não é de Deus.

A prática do amor não é opcional – [11]Porque esta é a mensagem que vocês ouviram desde o princípio: que nos amemos uns aos outros. [12]Não façam como Caim, que pertencia ao Maligno e assassinou seu irmão. E por que o assassinou? Porque suas obras eram más, e as do seu irmão eram justas. [13]E não fiquem espantados, irmãos, se o mundo odeia vocês. [14]Nós sabemos que passamos da morte para a vida, porque amamos aos irmãos. Quem não ama permanece na morte. [15]Todo aquele que odeia seu irmão é homicida, e vocês sabem que nenhum homicida tem a vida eterna dentro de si. [16]É nisto que conhecemos o que é o amor: Porque Jesus

---

discípulos a discernir entre o que vem de Deus e o que vem do mundo (Jo 14,16s.26; 15,26s; 16,8-15).

2,29-3,10: Por meio de Jesus podemos ser chamados filhos de Deus, porque de fato o somos (cf. Jo 1,12). Quem tem essa certeza não é arrogante, mas aprofunda o discernimento e se dedica à prática da justiça.

3,11-17: Vida de fato religiosa se baseia na solidariedade concreta, especialmente com o irmão necessitado.

O exemplo de Caim (Gn 4) salienta que homicida não é apenas o causador de morte física, mas toda pessoa que impede que a vida do irmão se desenvolva de forma digna e plena, ou que pela omissão não contribui para tanto. Por outro lado, com a entrega da própria vida, Jesus é o exemplo maior de que nenhum limite se pode colocar diante da exigência de viver a fé na prática do amor e da solidariedade.

entregou sua vida por nós; portanto, também nós devemos entregar a vida pelos irmãos. ¹⁷Como pode o amor de Deus permanecer em quem possui os bens deste mundo, se esse tal vê seu irmão passando necessidade e lhe fecha o coração?

Coração confiante – ¹⁸Filhinhos, não amemos com palavras nem com a língua, mas com obras e na verdade. ¹⁹Nisso sabemos que somos da verdade, e podemos tranquilizar nosso coração diante de Deus. ²⁰Porque, se nosso coração nos condenar, Deus é maior que nosso coração e conhece todas as coisas. ²¹Amados, se nosso coração não nos condena, temos confiança diante de Deus, ²²e recebemos tudo o que lhe pedimos, porque guardamos seus mandamentos e fazemos o que lhe agrada. ²³E o seu mandamento é este: Que acreditemos no nome do seu Filho Jesus Cristo, e nos amemos uns aos outros, conforme o mandamento que ele nos deu. ²⁴Quem guarda os mandamentos dele permanece em Deus, e Deus nele. Nisso percebemos que Deus permanece em nós: pelo Espírito que ele nos deu.

4 **Discernir o que vem de Deus** – ¹Amados, não acreditem em todos os que dizem ter o Espírito. Ao contrário, examinem os espíritos, para ver se vêm de Deus, porque muitos falsos profetas têm saído pelo mundo afora. ²É assim que vocês saberão se alguém tem o Espírito de Deus: Quem reconhece que Jesus Cristo veio na carne, esse vem da parte de Deus. ³E todo aquele que não reconhece a Jesus, não vem de Deus. Esse é o espírito do Anticristo. Vocês têm ouvido dizer que o Anticristo está para vir; no entanto, ele já está no mundo. ⁴Filhinhos, vocês são de Deus e estão vencendo os falsos profetas, pois aquele que está em vocês é maior do que aquele que está no mundo. ⁵Eles são do mundo, e por isso falam a linguagem do mundo, e o mundo os ouve. ⁶Mas nós somos de Deus. Quem conhece a Deus nos ouve; quem não é de Deus, não nos ouve. É assim que podemos separar o espírito da verdade do espírito do erro.

III. AMAR E CRER

Amar o irmão é condição para amar a Deus – ⁷Amados, amemo-nos uns aos outros, porque o amor vem de Deus. E todo aquele que ama, nasceu de Deus e conhece a Deus. ⁸Quem não ama não conhece a Deus, porque Deus é amor. ⁹Nisto se tornou visível o amor de Deus entre nós: Deus enviou seu Filho único ao mundo, para podermos viver por meio dele. ¹⁰É nisto que está o amor: Não é que nós tenhamos amado a Deus, mas foi ele que nos amou e enviou seu Filho para expiação de nossos pecados. ¹¹Amados, se Deus nos amou dessa forma, também nós devemos amar-nos uns aos outros. ¹²Ninguém jamais viu a Deus. Se nos amarmos uns aos outros, Deus permanece conosco, e seu amor acontece em nós de forma perfeita. ¹³Nisto sabemos que permanecemos nele, e ele conosco: ele nos tem dado o seu Espírito. ¹⁴E nós temos visto e testemunhamos que o Pai enviou o Filho como salvador do mundo. ¹⁵Quem confessar que Jesus é o Filho de Deus, Deus permanece nele, e ele em Deus. ¹⁶E nós temos conhecido e temos acreditado no amor que Deus tem por nós. Deus é amor: quem permanece no amor permanece em Deus, e Deus permanece nele. ¹⁷É nisso que se dá a perfeição do amor entre nós, para que tenhamos confiança no dia

---

18-24: A vida cristã não acontece em base ao medo dos castigos de Deus. Antes, sustenta-se no discernimento sobre as ações realizadas e na absoluta confiança em Deus. Assim, não será necessária a vergonha paralisante por conta dos pecados, nem fará sentido a arrogância por causa da fidelidade experimentada. O amor aos irmãos é fruto da vida cristã, e se justifica no fato de que Deus assumiu realmente a condição humana em Jesus.

4,1-6: Os membros da comunidade que se afastaram, chamados em 2,18 de anticristos, negam a verdadeira humanidade de Jesus, e assim se consideram mais religiosos do que os outros que a reconhecem. Aqui vem o grande desafio: nem tudo o que se apresenta como religioso corresponde à vontade de Deus. O critério de avaliação é o próprio Jesus: nele, Deus se fez carne e tornou conhecida sua obra. Ignorar essa realidade significa deixar a prática religiosa sem base segura, possível de ser manipulada por interesses mesquinhos, tanto individuais como dos poderes do mundo.

7-21: O amor está no coração da vida cristã. Não se trata de palavras apenas. Não é que Deus *tem* amor. Ele *é* amor. Tudo tem início no seu ser-amor: ele por primeiro nos amou. Ele não pede nada em troca: só espera que os membros da comunidade tenham amor uns pelos outros. Amor que precisa espalhar-se, como que "contaminando" todas as relações da comunidade para com os demais seres humanos. O amor a Deus só tem consistência quando acompanhado de práticas

do julgamento, porque assim como Jesus é, também nós somos neste mundo. ¹⁸No amor não existe medo. Pelo contrário, o amor perfeito lança fora o medo, porque o medo supõe punição; e quem sente medo, ainda não se encontra perfeito no amor. ¹⁹Nós amamos, porque ele nos amou por primeiro. ²⁰Se alguém disser: "Eu amo a Deus", mas odeia seu irmão, esse tal é um mentiroso. Pois quem não ama seu irmão, a quem vê, não pode amar a Deus a quem não vê. ²¹E este mandamento nós o recebemos dele: Quem ama a Deus, ame também o seu irmão.

5 *Quem tem o Filho nasceu de Deus e vence o mundo* – ¹Quem acredita que Jesus é o Messias, nasceu de Deus. E quem ama aquele que gerou, ama também aquele que foi gerado por ele. ²E nisto sabemos que amamos os filhos de Deus: quando amamos a Deus e praticamos seus mandamentos. ³Porque este é o amor a Deus: guardar seus mandamentos. E seus mandamentos não são pesados. ⁴Porque todo aquele que nasceu de Deus vence o mundo. E esta é a vitória que vence o mundo: a nossa fé. ⁵Quem é que pode vencer o mundo, a não ser quem acredita que Jesus é o Filho de Deus? ⁶Este é aquele que veio através da água e do sangue: Jesus Cristo (que não veio só através da água, mas da água e do sangue). E o Espírito é quem dá testemunho, pois o Espírito é a verdade. ⁷Porque são três os que dão testemunho: ⁸o Espírito, a água e o sangue; e os três estão de acordo entre si. ⁹Se aceitamos o testemunho humano, sabemos que o testemunho de Deus é maior. E este é o testemunho de Deus: ele deu testemunho a respeito do seu Filho. ¹⁰Quem acredita no Filho de Deus tem o testemunho dentro de si mesmo. Quem não acredita em Deus faz dele um mentiroso, porque não acredita no testemunho que ele deu em relação a seu Filho. ¹¹E o testemunho é este: Deus nos deu a vida eterna, e esta vida está em seu Filho. ¹²Quem tem o Filho tem a vida; quem não tem o Filho de Deus, não tem a vida.

A certeza principal – ¹³Escrevo essas coisas para vocês saberem que têm a vida eterna, vocês que acreditam no nome do Filho de Deus. ¹⁴Esta é a confiança que temos junto a Deus: se pedimos algo que está de acordo com sua vontade, ele nos ouve. ¹⁵E se sabemos que ele nos ouve naquilo que lhe pedimos, sabemos que já possuímos o que lhe havíamos pedido. ¹⁶Se alguém vê seu irmão cometendo um pecado que não leva à morte, peça, e Deus dará vida a esse irmão. Isso vale para aqueles que cometem pecado que não leva para a morte. Existe um pecado que leva para a morte; mas não é a respeito desse pecado que eu disse para pedir. ¹⁷Toda injustiça é pecado, mas existe pecado que não leva para a morte. ¹⁸Nós sabemos que todo aquele que nasceu de Deus não peca. Quem o protege é aquele que por primeiro foi gerado por Deus; e por isso o Maligno não pode tocar nele. ¹⁹Nós sabemos que somos de Deus, mas o mundo inteiro está sob o poder do Maligno. ²⁰Sabemos que o Filho de Deus veio e nos tem dado entendimento para conhecermos o Deus verdadeiro. E nós estamos no Verdadeiro, no Filho dele, Jesus Cristo. Este é o Deus verdadeiro e a vida eterna. ²¹Filhinhos, fiquem longe dos ídolos!

---

concretas em favor dos irmãos. Portanto, cabe o máximo cuidado contra as expressões religiosas que não levam em conta tal solidariedade.
5,1-12: Resumo dos pontos principais da reflexão. A comunidade está no mundo, mas vive em conflito com ele, e por isso não pode perder de vista os mandamentos que orientam seu estar no mundo. Jesus é o Deus que se fez carne e assumiu a trajetória humana. Nele está a vida, e só no compromisso com ele é possível viver vida plena, que se prolonga na eternidade, com a vitória sobre a morte.

13-21: Jesus é o Filho de Deus. Essa fé não justifica exigir que Deus atenda a tudo o que a ele se pede. É preciso ajustar o nosso querer à vontade de Deus: aí está o sentido profundo da oração, em favor tanto de quem a faz, como dos irmãos. A verdadeira oração nos deixa sempre atentos, frente ao pecado existente no mundo, frente à ação do mal e frente às propostas, mesmo religiosas, que nos possam afastar da sintonia com a vontade de Deus. Daí o aviso final de atenção diante dos ídolos.

SEGUNDA CARTA DE JOÃO

JESUS CRISTO VEIO NA CARNE

Introdução

Esta carta de João foi escrita num tempo muito próximo ao do surgimento das outras duas cartas de João. O autor se apresenta como "o Ancião", e sua preocupação maior é a divisão vivida na comunidade, aqui denominada "senhora eleita e seus filhos".

Alguns membros não reconhecem que o Filho de Deus tenha assumido de fato a condição humana (cf. 1Jo 4). Daí a orientação para que não se mantenha contato nenhum com tais pessoas, que colocam em risco o elemento central da proclamação cristã (cf. Jo 1,14). Por outro lado, que se aprofunde e se fortaleça a vivência do amor entre os membros da comunidade (cf. Jo 13,34s).

Destinatário e saudação – ¹Eu, o Ancião, escrevo à senhora eleita e a seus filhos, a quem amo de verdade. E não apenas eu, mas todos os que conheceram a verdade amam a vocês, ²por causa da verdade que em nós permanece e conosco estará para sempre. ³Estejam conosco a graça, a misericórdia e a paz que vêm de Deus Pai e de Jesus Cristo, o Filho do Pai, na verdade e no amor.

O essencial é caminhar no amor – ⁴Fiquei muito alegre por ter encontrado alguns de seus filhos caminhando na verdade, segundo o mandamento que recebemos do Pai. ⁵E agora lhe peço, senhora, não como se lhe estivesse escrevendo sobre algum mandamento novo, mas sobre aquele que temos desde o início: que nos amemos uns aos outros. ⁶E o amor é isto: caminhar conforme os mandamentos dele. Este é o mandamento, como vocês ouviram desde o começo: que vocês caminhem no amor.

Atenção diante dos anticristos – ⁷Porque muitos enganadores saíram pelo mundo afora. Eles não reconhecem que Jesus Cristo veio na carne. Quem age assim é o enganador, o Anticristo. ⁸Tomem cuidado, para que vocês não percam tudo o que realizamos aí; pelo contrário, recebam plena recompensa. ⁹Todo aquele que avança e não permanece no ensinamento de Cristo, não possui a Deus. Mas quem permanece no ensinamento, possui o Pai e o Filho. ¹⁰Se alguém chega até vocês e não traz este ensinamento, não o recebam em casa, nem o cumprimentem. ¹¹Quem o cumprimenta está participando de suas obras más.

Despedida – ¹²Eu teria ainda muitas coisas para lhes escrever, mas não quis fazê-lo com papel e tinta. No entanto, espero estar com vocês; então conversaremos pessoalmente, para que a nossa alegria seja completa. ¹³Os filhos de sua irmã eleita enviam saudações.

1-3: Verdade é a revelação de Deus comunicada por Jesus Cristo, e é a base que garante o caminho da comunidade.

4-6: Apesar das dificuldades apresentadas logo a seguir, a comunidade não abandonou a prática do mandamento novo apresentado no quarto evangelho (Jo 13,34-35).

7-11: Aqui está o motivo principal desta carta: a presença dos anticristos mencionados em 1Jo 2,18-19. São pessoas que, em nome de uma concepção religiosa supostamente mais profunda a respeito da condição humana, negam que Jesus seja verdadeiro homem e que a prática dele revele o ser e o agir de Deus.

12-13: A conclusão mostra o frequente contato entre o Ancião e a comunidade. Nesse envolvimento está a verdadeira alegria.

TERCEIRA CARTA DE JOÃO

NADA PODE ROMPER A COMUNHÃO

Introdução

Esta carta foi escrita no mesmo ambiente das duas anteriores. São profundas as divisões internas, a ponto de comprometerem as práticas mais elementares que formam a comunidade. Fraternidade rompida e ambições de poder tomam o lugar da acolhida e do entendimento. Em tal cenário, a carta, dirigida a um dos líderes, lamenta a situação e prepara uma visita, a fim de refazer a concórdia e a boa convivência. Apesar dos conflitos internos, a comunidade deu apoio ao grupo de missionários que com ela estiveram.

Destinatário e saudação – ¹Eu, o Ancião, escrevo ao caríssimo Gaio, a quem amo de verdade. ²Amado, desejo que em tudo você esteja bem e tenha saúde, da mesma forma como está indo bem o seu ânimo.

Viver na verdade – ³Fiquei muito alegre com a chegada dos irmãos e com o testemunho que trouxeram sobre a sua verdade, isto é, como você caminha na verdade. ⁴Não tenho maior alegria que esta: ficar sabendo que meus filhos caminham na verdade. ⁵Amado, você tem agido de maneira fiel em tudo o que vem fazendo em favor de seus irmãos, ainda que sejam estrangeiros. ⁶Eles deram testemunho diante da igreja, a respeito do amor que você tem. E você fará bem se os encaminhar para a missão de modo digno de Deus. ⁷É em favor do Nome que eles se colocaram a caminho, sem nada receber dos gentios. ⁸Por isso, devemos acolher a eles, para nos tornarmos cooperadores na verdade.

Não imitar o mal – ⁹Andei escrevendo algumas palavras à igreja. Mas Diótrefes, que gosta de ser o mais importante, não nos recebe. ¹⁰Por isso, se eu for aí, vou tratar de lembrar a ele as obras más que ele realiza, difamando-nos com palavras maldosas. E ele não se contenta com isso, pois não recebe os irmãos e impede aqueles que gostariam de fazer isso, expulsando-os da igreja. ¹¹Amado, não imite o que é mau, mas o que é bom. Quem faz o bem é de Deus. Quem faz o mal não viu a Deus.

Elogio a Demétrio – ¹²Já em relação a Demétrio, todos dão testemunho dele, inclusive a própria verdade. Nós também testemunhamos em favor dele, e você sabe que o nosso testemunho é verdadeiro.

Despedida – ¹³Tenho muitas coisas para lhe escrever, mas não quero fazê-lo com tinta e pena. ¹⁴Espero em breve ir para encontrar você, e então conversaremos pessoalmente. ¹⁵Paz para você. Os amigos daqui lhe mandam saudações. Transmita nossas saudações aos amigos, um por um.

1-2: Diferente das duas anteriores, esta carta é endereçada a uma pessoa, e não à comunidade toda.

3-8: A alegria do autor vem de uma constatação: parte da comunidade tem vivido a solidariedade com os irmãos, inclusive apoiando alguns até então desconhecidos, que estavam apenas de passagem.

9-11: A crítica a Diótrefes mostra como o espírito comunitário estava correndo risco por conta da ambição de alguns líderes, preocupados com o próprio poder e honra, e desatentos ao bem do grupo.

12: O elogio a Demétrio não vem de uma preferência individual: é geral o reconhecimento da sua liderança.

13-15: As últimas palavras mostram como o autor se sente envolvido com a vida da comunidade.

CARTA DE JUDAS

LUTAR PELA FÉ

Introdução

Esta pequena carta surpreende por várias razões. Seu autor, que aparece como Judas, irmão de Tiago, o "irmão do Senhor" (Gl 1,19), escreve provavelmente no fim do séc. I, quando os ensinamentos dos apóstolos precisavam ser recordados. Ele parece surpreendido pela chegada de alguns mestres, que se apresentavam trazendo uma espiritualidade individualista que poderia, no final das contas, justificar práticas imorais. Por outro lado, parece que esses mestres não levavam a sério que Jesus Cristo é o único mestre e senhor da comunidade. O agir deles chegava a interferir até nas celebrações comunitárias. O apelo da carta, portanto, é que a comunidade lute pela fé e não se deixe enganar por essa gente que, em nome de pretensa piedade, não se deixa guiar pelo Espírito.

Para assim alertar a comunidade diante do risco que está correndo, o autor mais censura os adversários do que descreve os erros a serem combatidos. É por isso que são citados tantos exemplos da Escritura judaica e ainda outros tirados de livros que circulavam na época, hoje conhecidos como apócrifos. Tudo leva ao forte apelo em favor dos valores da vida comunitária.

O resultado é este escrito, pequeno mas agressivo, de alguém entusiasmado pela causa de Jesus Cristo e que não tolera desvios ou concessões. Pode até parecer intolerante. Mas é de admirar aqui o esforço em discernir e evitar os modismos: nem tudo o que parece espiritual ou religioso é adequado ou tem valor. A força desta carta encontrou eco na segunda carta de Pedro, que a retoma praticamente por inteiro, porém com enfoque diferente sobre os mesmos problemas.

Destinatários e saudação – ¹De Judas, servo de Jesus Cristo, irmão de Tiago, aos eleitos que Deus Pai ama e Jesus Cristo protege: ²misericórdia, paz e amor sejam abundantes para vocês.

Apelo em favor da fé autêntica – ³Amados, quando eu me achava empenhado em escrever para vocês a respeito de nossa salvação comum, tive de escrever exortando-os a lutar pela fé que os

---

1-2: As pessoas da comunidade que recebe a carta são consideradas escolhidas e amadas pelo Pai, e protegidas por Jesus Cristo: essa convicção é a base da exortação ao longo deste breve escrito.

3-4: Ao que parece, o autor teve de mudar o assunto e escrever a respeito de algumas pessoas que se infiltraram na comunidade para divulgar ensinamentos perigosos, em nome de uma espiritualidade que negava

santos receberam de uma vez para sempre. ⁴Porque se infiltraram entre vocês alguns indivíduos há tempo marcados para esta sentença: homens sem piedade, que transformam a graça de nosso Deus em pretexto para a indecência e renegam o único mestre e Senhor, Jesus Cristo.

O passado corrige o presente – ⁵Quero que vocês se lembrem do que aprenderam de uma vez para sempre: o Salvador, depois de ter tirado seu povo do Egito, acabou com os incrédulos. ⁶E os anjos que não conservaram seu principado e abandonaram sua morada, ele os prendeu nas trevas, com cadeias perpétuas, para o julgamento do grande Dia. ⁷Da mesma forma, também Sodoma e Gomorra e as cidades vizinhas se prostituíram, unindo-se a seres de natureza diferente, e foram postas como exemplo, estando agora sujeitas ao castigo de um fogo eterno. ⁸E assim também estes, que agem de maneira igual: perdidos em seus sonhos, desonram a carne, desprezam a Autoridade, insultam os seres gloriosos. ⁹Quando disputava com o diabo o corpo de Moisés, o arcanjo Miguel não se atreveu a condená-lo com insultos, mas disse: "Que o Senhor repreenda você". ¹⁰Esses indivíduos, ao contrário, blasfemam tudo o que não conhecem, e as coisas que conhecem fisicamente, como animais irracionais, os levam à perdição. ¹¹Ai deles! Seguiram o caminho de Caim, por causa do lucro se entregaram às aberrações de Balaão e foram destruídos na rebelião de Coré. ¹²São eles que contaminam as refeições fraternas de vocês, regalando-se com irreverência e apascentando a si mesmos. São como nuvens arrastadas por ventos que não trazem água, como árvores que no fim do outono não dão fruto, duas vezes mortas e arrancadas pela raiz. ¹³São como ondas revoltosas do mar, espumando a própria indecência. São como astros errantes, para os quais o destino eterno é a escuridão das trevas. ¹⁴Deles profetizou Henoc, o sétimo descendente de Adão: "Eis que está chegando o Senhor com suas miríades de santos, ¹⁵para julgar a todos: para provar a culpa de todos os ímpios, por todas as impiedades que cometeram, por todas as palavras duras que os ímpios pecadores pronunciaram contra ele". ¹⁶São uns murmuradores, revoltados contra o destino, que se deixam levar pelas próprias paixões. Sua boca profere palavras arrogantes e, se louvam as pessoas, é por interesse.

Alerta à comunidade – ¹⁷Vocês, porém, amados, lembrem-se do que os apóstolos de nosso Senhor Jesus Cristo disseram: ¹⁸"Nos últimos tempos aparecerão homens cínicos, que seguirão suas paixões ímpias". ¹⁹São eles que provocam divisões, são psíquicos e não possuem o Espírito.

Apelo à vida comunitária – ²⁰Vocês porém, amados, edifiquem a si mesmos sobre o alicerce da santíssima fé, rezem movidos pelo Espírito Santo, ²¹mantenham-se no amor de Deus, colocando na misericórdia de nosso Senhor Jesus Cristo a esperança da vida eterna. ²²Procurem convencer os vacilantes; ²³salvem a outros, arrancando-os do fogo; tenham compaixão de outros ainda, mas com cautela. Detestem até a roupa contaminada pela carne dos ímpios.

---

o valor do corpo, e com isso se despreocupava da moral e do compromisso fraterno.

5-16: Para o autor da carta, a presença de pessoas ímpias no meio do povo de Deus, ameaçando sua fidelidade, é uma constante. Por isso as citações da Escritura e de livros apócrifos, mostrando em todos os casos a intervenção de Deus, no momento ou no futuro próximo. Aquelas pessoas que estão tumultuando a vida da comunidade são comparadas aos habitantes de Sodoma e Gomorra, entre outros, e mesmo aos anjos, que segundo a tradição judaica se haviam revoltado contra Deus. Em todos os casos o alerta é o mesmo: Deus intervém, mais cedo ou mais tarde.

17-19: Os líderes, contra quem a carta é escrita, julgavam-se portadores do Espírito. Diante deles, as demais pessoas seriam "psíquicas" (pouco desenvolvidas na vida de fé) ou "físicas" (materialistas). Para Judas, é exatamente o contrário: quem provoca divisões e compromete o evangelho de Jesus, não possui o Espírito. Por outro lado, a comunidade não deve ficar surpresa diante desses riscos para a fé; pelo contrário, há de recordar os ensinamentos que vieram dos apóstolos a esse respeito.

20-23: O verdadeiro remédio diante das ameaças à fé são as práticas que reforçam a vida comunitária: oração, amor, confiança, compaixão, distância

Hino de louvor como despedida – ²⁴Àquele que pode preservar vocês dos tropeços e fazer que vocês se apresentem diante de sua glória sem defeito e alegres, ²⁵ao Deus único, que nos salvou por meio de nosso Senhor Jesus Cristo, glória, majestade, poder e autoridade desde a eternidade, agora e para sempre! Amém.

---

dos que ameaçam a integridade da comunidade. Esses, embora se julguem espirituais, na verdade são carnais.

24-25: O louvor a Deus em sua glória, majestade, poder e autoridade encerra a carta, substituindo as normais saudações conclusivas.

APOCALIPSE

ESPERANÇA E RESISTÊNCIA

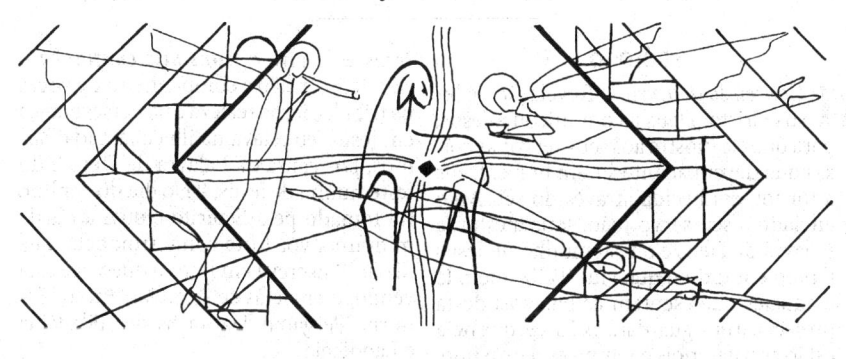

Introdução

"Apocalipse" quer dizer "revelação". É o sentido principal deste livro: uma grande revelação, principalmente através de visões, comunicada a um profeta de nome João, e por ele transmitida a sete comunidades da Ásia Menor, região anteriormente evangelizada pelo apóstolo Paulo. O profeta se encontra numa ilha, talvez aprisionado, no fim do séc. I. Com seu escrito, busca animar essas comunidades, que provavelmente viviam algum tipo de perseguição, insistindo por isso na esperança que devem cultivar e na resistência que precisam manter.

Esperança em quê? Na vitória de Jesus, que está presente em meio aos seus: é a garantia de que os poderes do mal e da injustiça não terão a última palavra. *Resistência a quê?* A todas as propostas que fragilizem a fé no Ressuscitado, a quem Deus confiou a revelação sobre o sentido da história. Na época do livro, tais propostas se mostravam principalmente através da propaganda imperial, que levava os povos dominados por Roma a se submeterem, reconhecendo o imperador romano como deus. Ao contrário de outros grupos, que viam como possível uma composição entre fidelidade a Jesus e lealdade ao império, a mensagem de João é radical: aderir à religião do imperador implica aceitar o sistema político e econômico perverso, que transforma gente em mercadoria, como se lê no cap. 18. Trata-se do mesmo sistema que crucificou Jesus. Consequência: não é possível servir a dois senhores.

Para animar as comunidades na esperança e na resistência, a mensagem comunicada através de João lhes oferece riquezas de variada ordem: apresenta-lhes a visão do céu e do trono de Deus, com a liturgia que aí se celebra ao Juiz três vezes Justo e Santo. Ao mesmo tempo, expõe critérios, através de imagens, figuras, sinais, a maioria deles já conhecida dos livros da Escritura judaica. Isso para que as comunidades possam captar a dinâmica da história, convencer-se de que ela está nas mãos de Deus e de seu Messias, e de que o domínio arrogante do império e das forças do mal não deve iludir a ninguém. A posição radical do Apocalipse é uma chave de leitura importante, para guiar as comunidades cristãs de todos os tempos desafiadas pelas seduções e armadilhas dos impérios que teimam em se reproduzir na história.

Esquema do livro. Cap. 1: Prólogo, que indica o conteúdo e traz a saudação geral às comunidades, apresenta a missão do profeta animada com a certeza da vitória de Jesus Ressuscitado. Caps. 2-3: Primeira parte, com mensagens às sete comunidades, cujas virtudes e limitações são apontadas, para chamá-las ao compromisso. Caps. 4-11 e 12,1-22,5: Segunda parte, com revelações sobre o poder e o julgamento de Deus, de compreensão mais difícil; as notas indicam uma forma de ler estes textos dividindo-os basicamente em dois blocos. Cap. 22,6-21: Conclusão, que insiste na confiança quanto ao retorno de Jesus e no compromisso de adesão à fé: seguir a Jesus é testemunhá-lo no cotidiano, sem temer as hostilidades que possam acontecer.

PRÓLOGO

1 *Conteúdo do livro* – ¹Revelação de Jesus Cristo: Deus a comunicou a Jesus, para que ele mostre aos seus servos as coisas que devem acontecer em breve. Deus a tornou conhecida através do seu Anjo enviado a seu servo João, ²que atestou a Palavra de Deus e o testemunho de Jesus Cristo em tudo o que viu. ³Feliz quem lê e aqueles que escutam as palavras desta profecia, e que guardam as coisas que nela estão escritas, pois o tempo está próximo.

Saudação às comunidades – ⁴João escreve às sete igrejas que estão na Ásia: Que vocês tenham graça e paz, da parte dAquele--que-é, que-era e que-vem; da parte dos sete espíritos que estão diante do trono dele; ⁵e da parte de Jesus Cristo, a testemunha fiel, o primeiro a ressuscitar dos mortos, o chefe dos reis da terra. A ele que nos ama e com seu sangue nos libertou de nossos pecados, ⁶e que fez de nós um reino, sacerdotes para Deus seu Pai – a ele a glória e o poder para sempre. Amém!

⁷Ele vem com as nuvens,
   e todos os olhos o verão,
até mesmo aqueles que
   o transpassaram.
E todas as tribos do mundo
   se lamentarão por causa dele.
Sim, amém!

⁸Eu sou o Alfa e o Ômega, diz o Senhor Deus, Aquele-que-é, que-era e que-vem, o Deus todo-poderoso.

Jesus está vivo e transmite confiança – ⁹Eu, João, irmão e companheiro de vocês na tribulação, na realeza e na perseverança em Jesus, eu estava na ilha chamada Patmos, por causa da Palavra de Deus e do testemunho de Jesus. ¹⁰No dia do Senhor, fui tomado pelo Espírito e ouvi atrás de mim uma voz forte como trombeta, que dizia: ¹¹"Escreva em livro o que você está vendo, e envie às sete igrejas: Éfeso, Esmirna, Pérgamo, Tiatira, Sardes, Filadélfia e Laodiceia".

¹²Voltei-me para ver a voz que falava comigo. Vi então sete candelabros de ouro. ¹³No meio deles estava alguém semelhante a um Filho de Homem, vestido com uma túnica. Trazia no peito um cinto de ouro. ¹⁴Seus cabelos eram brancos como lã, como neve; seus olhos eram como chamas de fogo; ¹⁵seus pés eram como bronze no forno, cor de brasa; sua voz era como o barulho de águas torrenciais. ¹⁶Tinha na mão direita sete estrelas. De sua boca saía uma espada afiada dos dois gumes; seu rosto era como o sol mais brilhante. ¹⁷Quando o vi, caí junto a seus pés, como morto. Ele colocou a mão direita sobre mim e disse: "Não tenha medo. Eu sou o Primeiro e o Último, ¹⁸o Vivente. Estive morto, mas estou vivo para sempre. Tenho as chaves da Morte e da Morada dos Mortos. ¹⁹Então escreva o que você viu: tanto as coisas presentes como as que vão acontecer depois delas. ²⁰Eis aqui o mistério das sete estrelas que você viu na minha mão direita, e dos sete

---

1,1-3: Cf. primeiro parágrafo da Introdução. Este livro era lido e refletido nas comunidades, que precisavam estar convencidas de que a vitória de Jesus sobre a morte iniciava o fim da história humana.

4-8: A saudação de João às comunidades não vem dele, mas parte do Senhor de todos os tempos da história: passado, presente e futuro. É saudação do Espírito de Deus e de Jesus Cristo, aqui apresentado a partir de sua morte e ressurreição. Jesus transformou a vida dos que o aceitam, fazendo deles um povo sacerdotal e libertando-os das amarras que os prendiam a uma sociedade excludente. Esta ação qualifica Jesus para vir como juiz no final da história.

9-20: Esta visão é fundamental para tudo o que no livro está por vir; notem-se as referências a ela nas cartas dos caps. 2 e 3. É a partir daí que João se põe a escrever e estabelecer o contato com as comunidades. O cenário é de uma possível perseguição que tenha levado João à ilha de Patmos: a visão acontece no momento do culto, quando as comunidades celebram a ressurreição de Jesus. O conteúdo é decisivo para o entendimento do livro todo: Jesus é o vencedor da morte e o juiz

candelabros de ouro: as sete estrelas são os Anjos das sete igrejas, e os sete candelabros são as sete igrejas".

I. MENSAGEM ÀS SETE COMUNIDADES

À igreja de Éfeso: converter-se – ²¹Escreva ao Anjo da igreja de Éfeso: "Assim diz aquele que tem as sete estrelas na mão direita, aquele que caminha no meio dos sete candelabros de ouro: ²Conheço as obras que você realiza, seu esforço e sua perseverança. Sei que você não pode suportar os maus. Você pôs à prova alguns que diziam ser apóstolos, e não eram: você descobriu que eram mentirosos. ³Você tem perseverança; sofreu por causa do meu nome, e não desanimou. ⁴Mas há uma coisa que eu reprovo: você abandonou seu primeiro amor. ⁵Lembre-se então de onde você caiu, converta-se e volte a fazer suas primeiras obras. Caso contrário, eu virei e tirarei do lugar o candelabro que você tem. ⁶Mas você ainda tem outra coisa boa: detestar as obras dos nicolaítas. Também eu as detesto. ⁷Quem tem ouvidos, ouça o que o Espírito diz às igrejas: Ao vencedor eu farei comer da árvore da vida que está no paraíso de Deus".

À igreja de Esmirna: não ter medo – ⁸Escreva ao Anjo da igreja de Esmirna: "Assim diz o Primeiro e o Último, aquele que esteve morto e voltou a viver: ⁹Conheço sua tribulação e sua pobreza. Mas você é rico. Sei das blasfêmias de alguns que se dizem judeus, mas não são; pelo contrário, são uma sinagoga de Satanás. ¹⁰Não tenha medo daquilo que você vai sofrer. O diabo vai colocar alguns de vocês na cadeia. Isso vai ser para vocês uma provação. Vocês vão passar por uma tribulação de dez dias. Seja fiel até à morte, e eu lhe darei a coroa da vida. ¹¹Quem tem ouvidos, ouça o que o Espírito diz às igrejas: O vencedor não será atingido pela segunda morte".

À igreja de Pérgamo: arrepender-se – ¹²Escreva ao Anjo da igreja de Pérgamo: "Assim diz aquele que tem a espada afiada de dois cortes: ¹³Conheço o lugar onde você mora: é onde fica o trono de Satanás. Você conserva o meu nome e não renegou a fé, nem mesmo no tempo de Antipas. Ele era minha testemunha fiel, e foi morto no meio de vocês, aí onde mora Satanás. ¹⁴Algumas coisas, porém, eu reprovo em você: Há por aí gente que segue a doutrina de Balaão, aquele que ensinava Balac a preparar ciladas diante dos filhos de Israel, para que estes comessem carnes oferecidas aos ídolos e se prostituíssem. ¹⁵Outros seguem a doutrina dos nicolaítas. ¹⁶Arrependa-se! Caso contrário, virei logo para combater contra eles com a espada da minha boca. ¹⁷Quem tem ouvidos, ouça o que o Espírito diz às igrejas: Ao vencedor darei do maná escondido. Darei também uma pedrinha branca; nela está escrito um nome novo que ninguém conhece; só quem o recebeu".

---

que virá no fim dos tempos, e que em Dn 7,13 aparece como o Filho do Homem. Jesus está nas comunidades, sustentando-as em meio aos desafios a enfrentar, para darem conta do testemunho. A reação de João mostra claramente as condições de medo e insegurança em que elas se encontram. Mas o Ressuscitado é o Senhor da vida e da história. Esta é a certeza que João deve comunicar às comunidades, falando-lhes tanto das coisas presentes (as cartas dos caps. 2 e 3) como das coisas que ainda estão para vir (o restante do livro).

2-3: As sete cartas apresentam situações diferentes que as comunidades enfrentam, no desafio de se manterem fiéis à palavra de Jesus, não cederem aos apelos da sociedade e depositarem sua esperança apenas em Deus, e não nos poderes que governam o mundo. São cartas que têm basicamente o mesmo esquema: uma saudação (com algum elemento extraído da visão do cap. 1), elogios e críticas a diversos aspectos da comunidade, um apelo e uma promessa. Que todas sejam sensíveis ao que lhes pede o Espírito de Deus: não conduzir a própria vida seguindo os esquemas e valores da sociedade.

2,1-7: No caso de Éfeso, a visão destaca um conjunto de ações positivas e critica o desânimo que parece ter invadido seu interior; a comunidade perdeu a intensidade e o vigor dos primeiros tempos, provavelmente pela ação dos pregadores que são denunciados na carta, e também por causa do ambiente geral de uma cidade com templos dedicados a tantas práticas religiosas, inclusive o culto ao imperador. Ao final, como vai aparecer em todas as cartas, a ordem para que o Espírito seja ouvido na condução do dia a dia das comunidades.

8-11: A elite de Esmirna tinha feito muitos esforços para construir na cidade um templo em honra do imperador. Ora, João se dirige a uma comunidade de gente pobre, que está em conflito com judeus que vivem na cidade, e ainda experimenta o risco do martírio por causa da adesão a Jesus. A carta só reserva elogios à comunidade: sua riqueza é sua perseverança.

12-17: Muito cedo a cidade de Pérgamo estabeleceu o culto ao imperador romano (que o Apocalipse chama de "trono de Satanás"). A comunidade experimenta tanto a violência que vem dessa situação (a morte de Antipas) quanto a divisão em seu interior, por conta

À igreja de Tiatira: guardar o que tem – ¹⁸Escreva ao Anjo da igreja de Tiatira: "Assim diz o Filho de Deus, que tem os olhos como chamas de fogo e os pés como bronze: ¹⁹Conheço suas obras, o amor, a fé, o serviço e a sua perseverança, e ainda suas últimas obras, mais numerosas que as primeiras. ²⁰Mas há uma coisa que eu reprovo: Você deixa Jezabel agir, uma mulher que se diz profetisa. Ela ensina e seduz meus servos a se prostituírem e a comerem carne oferecida aos ídolos. ²¹Já dei um prazo para ela se arrepender, mas ela não quer deixar sua prostituição. ²²Eu vou lançá-la numa cama, e vou deixar em grande tribulação os que cometem adultério com ela, a não ser que se arrependam das obras que com ela praticam. ²³Vou matar os filhos dela, e todas as igrejas ficarão sabendo que eu sou aquele que sonda mentes e corações, e a cada um de vocês darei de acordo com as obras que fazem. ²⁴Mas eu digo aos demais, que vivem em Tiatira e não seguem essa doutrina, os que não conhecem as 'profundezas de Satanás', como dizem eles: 'Sobre vocês eu não coloco outro peso. ²⁵Mas guardem aquilo que vocês têm, até que eu venha'. ²⁶Ao vencedor, a quem observar as minhas obras até o fim, eu lhe darei autoridade sobre as nações; ²⁷ele vai governá-las com cetro de ferro, e elas serão quebradas como vasos de barro, ²⁸da mesma forma que eu recebi do Pai esse poder. Vou dar ao vencedor a Estrela da manhã. ²⁹Quem tem ouvidos, ouça o que o Espírito diz às igrejas".

3 **À igreja de Sardes: vigiar** – ¹Escreva ao Anjo da igreja de Sardes: "Assim diz aquele que tem os sete espíritos de Deus e as sete estrelas: Conheço as suas obras: você tem fama de estar vivo, mas está morto. ²Seja vigilante e fortaleça o que ainda não morreu, porque suas obras não têm sido bem feitas diante do meu Deus. ³Lembre-se do que você recebeu e ouviu. Guarde-o e arrependa-se! Caso você não esteja vigilante, eu virei como ladrão, e você não vai saber a hora em que vou chegar. ⁴Mas em Sardes algumas poucas pessoas não sujaram as suas roupas. Elas caminharão comigo, vestidas de branco, porque são dignas. ⁵O vencedor se vestirá assim, de branco. E eu não apagarei o nome dele do livro da vida. Pelo contrário: eu proclamarei o nome dele diante de meu Pai e dos seus Anjos. ⁶Quem tem ouvidos, ouça o que o Espírito diz às igrejas".

À igreja de Filadélfia: perseverar – ⁷Escreva ao Anjo da igreja de Filadélfia: "Assim diz o Santo, o Verdadeiro, aquele que tem a chave de Davi, aquele que abre e ninguém poderá fechar, aquele que fecha e ninguém mais abre: ⁸Conheço as suas obras; coloquei diante de você uma porta aberta, que ninguém pode fechar. Pois você tem pouca força, mas guardou minha palavra e não renegou meu nome. ⁹Vou deixar aí no seu meio alguns da sinagoga de Satanás: eles se dizem judeus, mas não são; eles são mentirosos. Acabarão ajoelhando-se a seus pés e reconhecendo que eu amo você. ¹⁰Uma vez que você guardou a minha palavra que diz para perseverar, eu também guardarei você na hora da tentação. Essa hora virá sobre todo o mundo, para pôr à prova os habitantes da terra. ¹¹Eu venho logo! Segure firme o que você tem, para que ninguém lhe tome a sua coroa. ¹²Eu farei do vencedor uma coluna no santuário; ele não sairá mais, e eu gravarei nele o nome do meu Deus e o nome da cidade do meu Deus, a nova Jerusalém, que desce do céu, de junto do meu Deus. Eu ainda gravarei nele o meu

---

de crenças e práticas diversas, que João considera prejudiciais, porque representam envolvimento com o mundo e a religião dos romanos. O apelo é para que a comunidade esteja unida e fiel ao nome de Jesus, sem qualquer concessão.

18-29: A carta a Tiatira denuncia algumas práticas sociais e religiosas, que ela denomina "prostituição". Entre elas, a participação em rituais de honra aos ídolos. A comunidade é chamada insistentemente a se convencer de que é Jesus, e ninguém mais, aquele que conhece em profundidade mentes e corações. Esse é o tesouro que ela deve guardar e conservar, para resistir às investidas que vêm de fora.

3,1-6: A cidade de Sardes rivalizava com Esmirna e Pérgamo quanto ao culto ao imperador romano. A carta é bastante crítica, pois a comunidade consistia de pessoas que mancharam suas vestes, ou seja, não mantiveram a fidelidade a Jesus e estão como mortas, porque desenvolvem práticas contrárias ao que afirmam ser a sua fé. No final, o apelo à vigilância e ao arrependimento.

7-13: Nenhuma crítica se faz à comunidade de Filadélfia, que é feita de gente sem poder na sociedade, mas que experimentou o amor de Jesus e se tornou firme e resistente. Enfrenta problemas com alguns judeus que estariam comprometidos com interesses imperiais. A

nome novo. ¹³Quem tem ouvidos, ouça o que o Espírito diz às igrejas".

À igreja de Laodiceia: saber o que comprar – ¹⁴Escreva ao Anjo da igreja de Laodiceia: "Assim diz o Amém, a Testemunha fiel e verdadeira, o Princípio da criação de Deus: ¹⁵Conheço as suas obras: você nem é frio, nem é quente. Quem dera que você fosse frio ou quente! ¹⁶Mas, já que você é morno, nem frio nem quente, vou vomitá--lo da minha boca. ¹⁷Você diz: Sou rico, e agora que fiquei rico não preciso mais de nada! E assim você não sabe que é um infeliz, miserável, pobre, cego e nu! ¹⁸Eu lhe dou um conselho, se você quer mesmo ficar rico: Compre meu ouro puro, que passou pelo fogo. Compre minhas roupas brancas, para cobrir a vergonha da sua nudez. Compre meu colírio para seus olhos; assim você enxergará. ¹⁹Eu repreendo e educo todos aqueles que amo. Portanto, seja zeloso e arrependa-se! ²⁰Estou diante da porta e batendo. Se alguém ouvir minha voz e abrir a porta, eu entrarei em sua casa para comer junto com ele, e ele comigo. ²¹Ao vencedor darei um prêmio: Irá sentar--se comigo no meu trono, assim como eu venci e me sentei com meu Pai no trono dele. ²²Quem tem ouvidos, ouça o que o Espírito diz às igrejas".

II. REVELAÇÕES SOBRE O PODER DE DEUS E O DESTINO DA HISTÓRIA HUMANA

1. A história nas mãos de Deus

4 *O culto ao Deus criador de tudo –* ¹Depois disso, eu, João, tive uma visão. Havia uma porta aberta no céu, e a primeira voz, que parecia uma trombeta quando falava comigo, disse: "Suba até aqui, e eu vou lhe mostrar as coisas que devem acontecer depois destas". ²Imediatamente fui tomado pelo Espírito, e vi no céu um trono, e no trono alguém sentado. ³Aquele que estava sentado parecia uma pedra de jaspe e cornalina. Um arco-íris semelhante a uma esmeralda envolvia o trono. ⁴Ao redor desse trono havia outros vinte e quatro; e neles estavam sentados vinte e quatro Anciãos, vestidos com roupas brancas e coroas de ouro na cabeça. ⁵E do trono saíam relâmpagos, vozes e trovões. E sete tochas de fogo, que são os sete Espíritos de Deus, queimavam diante do trono. ⁶Havia diante do trono algo como mar de vidro, semelhante a um cristal. No meio do trono e ao redor estavam quatro Viventes, cheios de olhos na frente e atrás. ⁷O primeiro Vivente parece um leão; o segundo parece um touro; o terceiro tem rosto como se fosse humano; o quarto parece uma águia voando. ⁸Cada um dos quatro Viventes tem seis asas e são cheios de olhos ao redor e por dentro. E sem parar, dia e noite, eles proclamam:

"Santo! Santo! Santo!
Senhor, o Deus todo-poderoso!
Aquele-que-era, Aquele-que-é e
Aquele-que-vem!"

⁹E enquanto os Viventes rendem glória, honra e ação de graças Àquele que está sentado no trono e que vive para sempre, ¹⁰os vinte e quatro Anciãos caem diante dAquele que está sentado no trono, e adoram Aquele que vive para sempre. Cada um deles tira a coroa da cabeça e a coloca diante do trono, dizendo:

¹¹"Senhor, nosso Deus,
tu és digno de receber a glória,
a honra e o poder.
Porque tu criaste todas as coisas.
Foi pela tua vontade que elas vieram
a existir e foram criadas".

---

comunidade há de perseverar no caminho que já vem trilhando.

14-22: A comunidade de Laodiceia recebe as críticas mais duras por conta da autossuficiência trazida pela riqueza de seus membros. São acusados de não se decidirem, querem afirmar sua adesão a Jesus e ao mesmo tempo viver despreocupados no conforto e no bem-estar que as riquezas lhes proporcionam. Precisam saber que Jesus não admite meias palavras ou compromissos pela metade, e são chamados a se comprometer efetivamente com ele.

4-11: Começam as revelações sobre o que deve ocorrer, e que vão praticamente até o fim do livro. Este bloco se divide em dois momentos. Entre os caps. 4 e 11 lemos uma primeira sequência que remete ao passado, para mostrar o momento presente em que se encontram as comunidades, a fim de alimentar nelas a esperança da vitória e o desejo de se manterem fiéis. Afinal, tudo acontece sob o domínio de Deus.

4,1-11. Em lugar do culto ao imperador, o que se apresenta é um culto ao Deus criador de tudo, o único que merece reverência e adoração. João é conduzido à presença da assembleia litúrgica no céu, a fim de olhar a terra e os conflitos que nela ocorrem sob o ponto de vista do céu, ou seja, do Deus que está sentado em seu trono. Assim, ele se faz profeta (cf. 1,3), e verifica que

5 Jesus pode revelar o sentido da história

¹Depois vi, na mão direita dAquele que estava sentado no trono, um livro escrito por dentro e por fora, e lacrado com sete selos. ²Vi então um Anjo forte proclamando em alta voz: "Quem será digno de abrir o livro e romper os selos?" ³Ninguém, nem no céu, nem na terra, nem debaixo da terra, era capaz de abrir o livro, nem mesmo de olhar para ele. ⁴Eu chorava muito, porque ninguém foi considerado digno de abrir ou de olhar para ele. ⁵Mas um dos Anciãos me disse: "Não chore! O Leão da tribo de Judá, o Ramo de Davi venceu! Ele é digno de abrir o livro e os seus selos". ⁶E eu vi, no meio do trono com os quatro Viventes e os Anciãos, um Cordeiro. Ele estava de pé, como se tivesse sido imolado. E tinha sete chifres e sete olhos, que são os sete espíritos de Deus enviados por toda a terra. ⁷Então, o Cordeiro veio receber o livro da mão direita dAquele que está sentado no trono. ⁸Quando ele recebeu o livro, os quatro Viventes e os vinte e quatro Anciãos ajoelharam-se diante do Cordeiro. Cada um estava com uma harpa e taças de ouro cheias de incenso, que são as orações dos santos. ⁹E entoavam um cântico novo:

"Tu és digno de receber o livro
 e abrir seus selos,
porque foste imolado,
 e com teu sangue resgataste para Deus
 gentes de toda tribo, língua, povo
 e nação.
¹⁰Delas fizeste para o nosso Deus
 um reino e sacerdotes que reinarão
 sobre a terra".

¹¹E na visão ouvi a voz da multidão de anjos em volta do trono, os Viventes e os Anciãos. Eram milhões e milhões, milhares e milhares, ¹²que diziam em alta voz:

"O Cordeiro imolado é digno
de receber poder, riqueza, sabedoria,
 força, honra, glória e louvor".

¹³E eu ouvi todas as criaturas do céu, da terra, de debaixo da terra, e do mar, todas dizendo:

"O louvor, a honra, a glória e o poder
pertencem Àquele que está sentado no
 trono e ao Cordeiro, para sempre".

¹⁴Os quatro Viventes diziam: "Amém!" E os Anciãos se ajoelharam e adoraram.

2. Revelação do sentido da história

6 A vida humana sob a marca da violência

¹Vi quando o Cordeiro abriu o primeiro dos sete selos. E ouvi o primeiro dos quatro Viventes dizendo, como se fosse estrondo de trovão: "Venha!" ²E eu vi aparecer um cavalo branco. Quem estava montado nele tinha um arco e recebeu uma coroa. Saiu vencendo, e para vencer ainda mais. ³Quando o Cordeiro abriu o segundo selo, ouvi o segundo Vivente que dizia: "Venha!" ⁴E saiu outro cavalo, este de cor vermelha. Quem estava montado nele recebeu o poder de tirar da terra a paz, para que as pessoas se matassem umas às outras. E lhe deram uma grande espada. ⁵Quando o Cordeiro abriu o terceiro selo, ouvi o terceiro Vivente que dizia: "Venha!" E eu vi aparecer um cavalo negro. Quem estava montado nele tinha uma balança na mão. ⁶Ouvi então algo que parecia uma voz vinda do meio dos quatro

---

nesse culto tomam parte as orações dos santos (5,8) e os gritos por justiça (6,9). A partir daí, João poderá perceber em maior profundidade o que ocorre na terra, seus muitos tronos e os poderes que pretendem colocar-se no lugar e acima do único que merece adoração. Só Deus é santo e doador da vida (cf. Is 6). As comunidades não deverão apartar-se dessa certeza, mesmo diante das hostilidades e perseguições.

5,1-14: A cena agora foca um livro na mão do Deus, Criador e Senhor, que revela o sentido e o destino da história humana. O fato de estar fechado explica a insegurança das comunidades em relação ao momento presente de suas vidas, seu passado e seu futuro. Apresentado ao mesmo tempo como leão (o Messias; cf. Gn 49,8-12) e cordeiro (recordando a Páscoa libertadora), o Cristo tem a plenitude do poder (sete chifres) e do

Espírito de Deus, pode receber o livro e revelar seu conteúdo, pois realizou a obra libertadora que lhe fora confiada: retirou homens e mulheres da escravidão, para fazer deles sacerdotes e reis.

6,1-7,17: Nos caps. 6 e 7, o livro que o Cordeiro recebe de Deus começa a ser aberto. A apresentação dessa abertura é demorada, revelando ao mesmo tempo as estruturas mais profundas que fazem compreender os conflitos da vida humana e manifestando a esperança intensa daqueles que resistem, apostando em outro futuro possível, à luz da vitória do Cordeiro.

6,1-8: Os quatro primeiros selos ou travas são abertos, e o que se manifesta são cavalos de diferentes cores e cavaleiros com diversos aspectos. No conjunto, retratam uma realidade de guerra, com suas consequências terríveis e inevitáveis: violência, fome, morte, peste.

Viventes, dizendo: "Um quilo de trigo por um dia de trabalho! Três quilos de cevada por um dia de trabalho! Não danifiquem o óleo e o vinho". ⁷E quando o Cordeiro abriu o quarto selo, ouvi o quarto Vivente dizer: "Venha!" ⁸E eu vi aparecer um cavalo esverdeado. Quem estava montado nele tinha o nome de Morte, e a Morada dos Mortos o acompanhava. Eles receberam autoridade sobre a quarta parte da terra, para poderem matar pela espada, pela fome, pela peste e pelas feras da terra.

Anseio pela justiça – ⁹E quando o Cordeiro abriu o quinto selo, eu vi debaixo do altar as vidas daquelas pessoas que tinham sido imoladas por causa da Palavra de Deus e por causa do testemunho que tinham dado. ¹⁰Elas bradaram em alta voz:

"Senhor santo e verdadeiro,
até quando ficarás sem julgar?
Não vais vingar o nosso sangue
contra os habitantes da terra?"

¹¹Então foi dada a cada uma delas uma veste branca. E foi dito a elas que descansassem mais um pouco de tempo, até se completar o número de seus companheiros e irmãos, que iriam ser mortos como foram elas.

O julgamento de Deus se manifesta – ¹²Eu vi quando o Cordeiro abriu o sexto selo. Aconteceu um grande terremoto, o sol ficou negro como saco de cinza, a lua inteira ficou como sangue, ¹³as estrelas do céu caíram na direção da terra, como a figueira que deixa cair figos verdes quando atingida por vento forte. ¹⁴O céu se afastou, como folha de papiro que se enrola. Todas as montanhas e ilhas foram tiradas de seu lugar. ¹⁵E os reis da terra, os magnatas, os comandantes, os ricos e os poderosos, todos os escravos e homens livres esconderam-se nas cavernas e entre as pedras das montanhas, ¹⁶dizendo às montanhas e pedras: "Caiam sobre nós, e nos escondam da face dAquele que está no trono, e da ira do Cordeiro. ¹⁷Porque chegou o Grande Dia da ira deles. E quem pode ficar de pé?"

7 *O julgamento de Deus traz salvação* –
¹Depois disso, vi quatro Anjos, um em cada canto da terra. Estavam segurando os quatro ventos da terra, para que não soprasse vento nem na terra, nem no mar, nem nas árvores. ²Vi também outro Anjo que vinha do lado onde o sol nasce, trazendo o selo do Deus vivo. Ele gritou em alta voz aos quatro Anjos, que deviam fazer mal à terra e ao mar: ³"Não prejudiquem a terra, nem o mar, nem as árvores! Vamos antes marcar a fronte dos servos do nosso Deus". ⁴Ouvi então o número dos que receberam a marca: cento e quarenta e quatro mil, de todas as tribos do povo de Israel. ⁵Foram marcados: doze mil da tribo de Judá; doze mil da tribo de Rúben; doze mil da tribo de Gad; ⁶doze mil da tribo de Aser; doze mil da tribo de Neftali; doze mil da tribo de Manassés; ⁷doze mil da tribo de Simeão; doze mil da tribo de Levi; doze mil da tribo de Issacar; ⁸doze mil da tribo de Zabulon; doze mil da tribo de José; doze mil da tribo de Benjamim. ⁹Depois disso, vi uma enorme multidão, que ninguém podia contar: gente de todas as nações, tribos, povos e línguas. Estavam todos de pé diante do trono e diante do Cordeiro. Estavam com vestes brancas e tinham palmas nas mãos. ¹⁰Em alta voz, diziam:

"A salvação pertence ao nosso Deus,
que está sentado no trono,
e ao Cordeiro".

¹¹E todos os Anjos, que estavam ao redor do trono, dos Anciãos e dos quatro Viventes, caíram com o rosto em terra

---

A comunidade é encaminhada a compreender que o mundo onde ela vive está estruturado em bases truculentas, o que ela enfrenta são as dificuldades de todos os grupos humanos submetidos ao ímpeto do poder conquistador. João vê em profundidade a verdadeira natureza da dominação romana.

9-11: O quinto sinal apresenta a consequência concreta que atinge as comunidades seguidoras de Jesus: a violência que produz mártires. Estes por si são uma denúncia clara, que mostra o desejo de justiça e de superação da tirania que tem derramado tanto sangue.

12-17: Com a abertura do sexto selo, realiza-se o grande julgamento. Este é apresentado por meio de espantosos fenômenos naturais em todos os lugares, e manifesta a primeira resposta ao clamor expresso quando o quinto selo foi aberto: a ira de Deus diante de tanta violência e desprezo contra vidas humanas. O julgamento de Deus é sua intervenção no sentido de restabelecer a justiça.

7,1-17: Este capítulo interrompe a sequência dos selos que vão sendo abertos, para indicar que vale a pena resistir e manter a fidelidade. O povo fiel, que vem de

diante do trono, e adoraram a Deus, ¹²dizendo:

"Amém! O louvor, a glória,
a sabedoria, a ação de graças, a honra,
o poder e a força
pertencem ao nosso Deus para sempre.
Amém!"

¹³Um dos Anciãos tomou a palavra e me perguntou: "Esses que estão com vestes brancas, quem são? De onde vêm?" ¹⁴Eu respondi: "Meu senhor, o senhor é quem sabe!" E ele me disse: "São os que vêm chegando da grande tribulação. Lavaram suas vestes e as deixaram brancas no sangue do Cordeiro. ¹⁵Por isso, estão diante do trono de Deus e o servem dia e noite no templo dele. Aquele que está sentado no trono estenderá sua tenda sobre eles. ¹⁶Nunca mais terão fome nem sede; nunca mais serão castigados pelo sol ou pelo calor. ¹⁷Porque o Cordeiro que está no meio do trono será o pastor deles; vai guiá-los até às fontes de água da vida. E Deus enxugará toda lágrima de seus olhos".

3. Destino da história

8 *O julgamento é a resposta de Deus* – ¹E quando o Cordeiro abriu o sétimo selo, houve silêncio no céu durante cerca de meia hora. ²Vi então os sete Anjos que estão diante de Deus. A eles foram dadas sete trombetas. ³Veio outro Anjo e parou junto do altar: estava com um turíbulo de ouro. A ele foi dada grande quantidade de incenso para ser oferecido, junto com as orações de todos os santos, sobre o altar de ouro que está diante do trono. ⁴A fumaça do incenso subiu da mão do Anjo até Deus, junto com as orações dos santos. ⁵O Anjo tomou o turíbulo e o encheu com o fogo do altar; e lançou o turíbulo na direção da terra. Houve então trovões, clamores, relâmpagos e ainda um terremoto. ⁶E os sete Anjos se prepararam para tocar suas trombetas.

O julgamento vai em todas as direções – ⁷O primeiro Anjo tocou sua trombeta. Então veio sobre a terra uma chuva de granizo e fogo, misturados com sangue. A terça parte da terra se queimou. A terça parte das árvores foi queimada. Tudo o que havia de verde ficou queimado. ⁸E o segundo Anjo tocou sua trombeta. Algo como grande montanha de fogo ardente foi atirado ao mar. A terça parte do mar se transformou em sangue. ⁹A terça parte das criaturas vivas do mar morreu. A terça parte dos navios foi destruída. ¹⁰E o terceiro Anjo tocou sua trombeta. Caiu do céu uma grande estrela, ardendo como tocha. Ela caiu sobre a terça parte dos rios e sobre as fontes de água. ¹¹O nome dessa estrela é Absinto. A terça parte da água se transformou em absinto, e muita gente morreu por causa da água, porque ficou amarga. ¹²E o quarto Anjo tocou sua trombeta. Uma terça parte do sol foi ferida, e da mesma forma aconteceu com a terça parte da lua e das estrelas. Desse modo se escureceu a terça parte deles. O dia perdeu a terça parte de seu brilho. Aconteceu a mesma coisa com a noite. ¹³Então vi e ouvi uma águia voando no meio do céu, gritando em alta voz: "Ai! Ai! Ai dos que habitam a terra! Ainda faltam três toques de trombeta. E os Anjos já vão tocar!"

---

todos os cantos, é aquele que faz o caminho trilhado pelo Cordeiro. Os primeiros versículos respondem à pergunta feita em 6,17, sobre quem pode escapar da ira de Deus e do Cordeiro. A segunda parte (vv. 9-17) insiste na resistência diante das perseguições; assim acontece a identificação com o Cordeiro. A salvação é apresentada através daquilo que mais importa: a morada de Deus entre os seres humanos que lhe são fiéis, e a superação da dor e do sofrimento.

8,1-11,19: Quando vem o sétimo selo, seria possível esperar que a descrição estivesse chegando ao fim. Mas apenas agora o livro está totalmente aberto; por isso, vem uma nova sequência, as sete trombetas, que vai mostrar o encaminhamento da história humana a seu destino adequado: a superação do domínio violento e opressor, e o triunfo do reinado de Deus e de seu Messias (11,15). As trombetas não apontam para acontecimentos sucessivos, mas para um só e grande evento: a vitória tão esperada pelo povo fiel.

8,1-6: O silêncio sugere a gravidade do que está para acontecer. As orações dos santos fazem recordar o clamor por justiça em 6,9-10: chegam a Deus em meio a esse silêncio, e por conta disso os Anjos se preparam para manifestar a indignação de Deus e sua intervenção sobre a terra.

7-13: Tal como os quatro primeiros selos (6,1-8) formavam um conjunto, assim também acontece com os quatro primeiros Anjos com suas trombetas. O julgamento de Deus é amplo: atinge a terra, o mar, as fontes e os astros, e é apresentado fazendo lembrar as pragas no Egito (cf. Ex 7-10). O alcance das trombetas é ainda limitado, o que serve de apelo à conversão e ao comprometimento com Jesus. Uma águia anuncia que as três trombetas restantes trarão im-

9 O julgamento destrói o mal

– ¹O quinto Anjo tocou sua trombeta. Vi então uma estrela que tinha caído do céu na direção da terra. A ela foi dada a chave do poço do abismo. ²Ela abriu então o poço do abismo. E do poço subiu uma fumaça, como se fosse fumaça de uma grande fornalha. O sol e o ar ficaram escuros por causa da fumaça do poço. ³E da fumaça saíram gafanhotos que vieram para a terra. A eles foi dado poder, assim como têm poder os escorpiões. ⁴Foi dito a eles que não fizessem estragos na vegetação da terra, nem no verde, nem nas árvores. Só deveriam atingir os homens que não tivessem na fronte a marca de Deus. ⁵Os gafanhotos não podiam matar, mas podiam atormentar os homens durante cinco meses, com dores semelhantes àquela produzida por picadas de escorpião. ⁶Nesses dias, os homens irão buscar a morte, mas não a encontrarão. Desejarão a morte, mas a morte fugirá deles. ⁷A aparência dos gafanhotos era de cavalos preparados para a batalha; na cabeça tinham coroas de algo parecido com ouro, e o rosto deles parecia rosto humano. ⁸Tinham cabelos como das mulheres, e seus dentes eram como de leão. ⁹Tinham couraças que pareciam de ferro, e o barulho de suas asas parecia o barulho de carros com muitos cavalos correndo para a batalha. ¹⁰Tinham caudas semelhantes à dos escorpiões, com ferrões. Nas caudas estava o poder de atormentar os homens durante cinco meses. ¹¹O rei deles era o Anjo do Abismo, cujo nome é Abadon em hebraico e Apolion em grego. ¹²O primeiro "ai" passou. Depois dessas coisas virão ainda outros dois "ais".

No julgamento, um apelo à conversão

– ¹³O sexto Anjo tocou sua trombeta. Então ouvi uma voz que vinha dos quatro chifres do altar de ouro que estava diante de Deus. ¹⁴Essa voz dizia ao sexto Anjo que estava com a trombeta: "Solte os quatro Anjos que estão presos no grande rio Eufrates". ¹⁵E foram soltos os quatro Anjos que estavam prontos para a hora, o dia, o mês e o ano, preparados para matar a terça parte dos homens. ¹⁶O número dos cavaleiros do exército dos quatro Anjos era de duzentos milhões. Ouvi bem o número. ¹⁷Na minha visão vi os cavalos, e os que estavam montados neles tinham couraças cor de fogo, jacinto e enxofre. As cabeças dos cavalos eram como cabeças de leão, e das suas bocas saíam fogo, fumaça e enxofre. ¹⁸A terça parte dos homens morreu por causa destas três pragas: o fogo, a fumaça e o enxofre que saíam da boca dos cavalos. ¹⁹Pois a força desses cavalos está na sua boca e na sua cauda. Essas caudas parecem cobras: têm cabeças com as quais fazem estragos. ²⁰Os outros homens, que não foram mortos por essas pragas, mesmo assim não se arrependeram das obras de suas mãos. Não deixaram de adorar os demônios, os ídolos de ouro, de prata, de bronze, de pedra e de madeira, que não podem ver, nem ouvir, nem andar. ²¹E não se arrependeram de seus homicídios, feitiçarias, prostituições e roubos.

10 É preciso continuar profetizando

– ¹Então vi outro Anjo. Era forte e estava descendo do céu. Sua roupa era uma nuvem, e o arco-íris estava sobre sua cabeça. Seu rosto era como o sol, e suas pernas pareciam colunas de fogo. ²Tinha na mão um livrinho aberto, e colocou o

---

pacto ainda maior: daí os "ais" que acompanharão cada uma delas.

9,1-12: Os gafanhotos fazem pensar em uma das pragas no Egito (Ex 10,4-15), mas a apresentação deles mostra que estamos diante de uma imagem militar (cf. Jl 1-2), de um forte exército que se prepara para atacar o poder dominante. Os perseguidores do povo de Deus sofrem a mesma violência que estão acostumados a impor sobre os povos que caem sob seu controle. O ambiente militar continua com o próximo toque da trombeta. Abadon e Apolion significam, respectivamente, "destruição" e "destruidor".

13-21: O que vem agora faz pensar nas ameaças que o império romano vinha sofrendo na sua fronteira oriental; daí a referência ao rio Eufrates, que também podia lembrar as diversas invasões assíria e babilônica contra a terra de Israel. Mas o texto pretende ser um chamado à conversão: da mesma forma que o faraó na época do êxodo (cf. Ex 7,22-23), também aqui a maioria das pessoas não se converteu; preferiu manter suas práticas religiosas idolátricas, que correspondiam a suas ações na sociedade, marcadas pelo roubo e pela violência. A comunidade é convidada a ficar alenta e alerta.

10,1-11: Da mesma forma que no caso dos selos, antes da última trombeta o texto foca sua atenção nas comunidades, agora para refletir sobre a missão delas no tempo que separa o momento presente do fim da

pé direito no mar e o esquerdo na terra. ³Então gritou com voz forte, como o leão quando ruge. Quando gritou, os sete trovões produziram seus estrondos. ⁴E quando os sete trovões assim fizeram, eu ia escrever. Mas ouvi uma voz do céu que me dizia: "Deixe guardado o que os sete trovões falaram. Não escreva". ⁵Então o Anjo, aquele que eu vi de pé sobre o mar e a terra, levantou a mão direita para o céu. ⁶E jurou por Aquele que vive para sempre, que criou o céu e tudo o que nele existe, a terra e tudo o que nela existe, o mar e tudo o que nele existe: "Falta muito pouco tempo. ⁷No dia em que for ouvida a voz do sétimo Anjo, quando ele tocar a trombeta, então o mistério de Deus será cumprido, conforme ele anunciou aos seus servos os profetas!" ⁸E de novo aquela voz do céu falou comigo: "Vá e pegue o livrinho aberto da mão do Anjo que está em pé sobre o mar e sobre a terra". ⁹Fui até o Anjo e lhe pedi que me entregasse o livrinho. Ele me disse: "Pegue e coma. Ele deixará amargo o seu estômago, mas na boca será doce como mel". ¹⁰Então peguei o livrinho da mão do Anjo e o comi. Na boca era doce como mel, mas quando o engoli, meu estômago ficou todo amargo. ¹¹Então me disseram: "É preciso que você profetize contra muitos povos, nações, línguas e reis".

11 **Aprender com a profecia das testemunhas** – ¹Depois disso, deram-me um bastão parecido com vara, e me disseram: "Levante-se e tome as medidas do Templo de Deus, do altar e dos que aí estão em adoração. ²Deixe de lado o pátio externo do Templo; não é necessário medi-lo, porque foi entregue ao poder das nações; elas vão pisar a cidade santa durante quarenta e dois meses. ³Vou fazer com que as minhas duas testemunhas profetizem, vestidas com pano de saco, durante mil, duzentos e sessenta dias. ⁴Essas testemunhas são as duas oliveiras e os dois candelabros que estão de pé diante do Senhor da terra. ⁵Se alguém quiser prejudicá-las, um fogo lhes sairá da boca e devorará seus inimigos. Sim, se alguém quiser prejudicá-las, vai acabar morrendo dessa forma. ⁶Elas têm o poder de fechar o céu, para que a chuva não caia em todo o tempo de sua ação profética. Elas têm o poder sobre as águas, para transformá-las em sangue. E podem ferir a terra com todo tipo de praga, sempre que quiserem. ⁷Quando elas completarem seu testemunho, a Besta que sobe do Abismo vai fazer guerra contra elas, vai vencê-las e matá-las. ⁸E os cadáveres dessas testemunhas ficarão expostos na praça da grande cidade, que se chama simbolicamente Sodoma e Egito, onde também o Senhor delas foi crucificado. ⁹Gente de todos os povos, raças, línguas e nações vê os cadáveres delas durante três dias e meio, e não permite que esses cadáveres sejam sepultados. ¹⁰Os habitantes da terra fazem festa por causa da morte das testemunhas, comemoram, e trocarão presentes, porque esses dois profetas haviam incomodado os habitantes da terra". ¹¹Entretanto, após os três dias e meio, um sopro de vida veio de Deus e entrou neles, e eles ficaram de pé. E grande medo tomou conta daqueles que estavam vendo. ¹²Então os profetas ouviram uma voz forte vinda do céu que lhes dizia: "Subam até aqui!" Eles subiram ao céu na nuvem, e seus inimigos viram tudo isso. ¹³Nessa hora, aconteceu um grande terremoto: a décima parte da cidade desmoronou, e morreram sete mil pessoas nessa ocasião. As outras ficaram com muito medo e deram glória ao Deus do céu. ¹⁴Com isso se passou o segundo "ai". E o terceiro já vem chegando bem rápido.

O Reino volta a ser de Deus e do Messias – ¹⁵O sétimo Anjo tocou a trombeta. E

---

história. O livrinho que João recebe é imagem da tarefa a ele confiada, e por meio dele a toda a comunidade (cf. Ez 3,1-3): a profecia, cujo conteúdo é de salvação e justiça (sabor doce), mas anunciado num contexto de oposição (sabor amargo).

11,1-14: A profecia se proclama em ambiente hostil: quarenta e dois meses (ou mil, duzentos e sessenta dias) foi quanto durou a dominação de Antíoco sobre Jerusalém na época dos Macabeus – três anos e meio.

Como metade de sete, esse número passou a indicar a vida curta dos poderes dominadores e opressores. São até capazes de matar as testemunhas de Deus, que pela descrição do texto fazem pensar em Moisés e Elias. A crucifixão de Jesus é a maior mostra do que podem fazer a ambição e arrogância dos que detêm o poder, cuja duração no entanto é rápida.

15-19: Finalmente toca a sétima trombeta, e com ela se concretiza o destino final da história humana: o reina-

vozes bem fortes no céu começaram a dizer:

"A realeza do mundo pertence agora ao Senhor nosso e ao seu Cristo.
E ele vai reinar para sempre".

¹⁶Os vinte e quatro Anciãos que estão sentados em seus tronos diante de Deus caíram com o rosto por terra e adoraram a Deus, dizendo:

¹⁷"Nós te damos graças,
Senhor Deus todo-poderoso,
Aquele-que-é e Aquele-que-era.
Porque tens mostrado teu grande poder e passaste a reinar.
¹⁸As nações tinham ficado iradas, mas veio a tua ira
e o tempo de serem julgados os mortos, o tempo de dar recompensa aos teus servos os profetas,
aos santos e aos que temem o teu nome, os pequenos e os grandes,
e o tempo de destruir os que destroem a terra".

¹⁹Então o templo de Deus que está no céu se abriu, e a arca da sua aliança apareceu no templo. Houve relâmpagos, vozes, trovões, terremoto e muito granizo.

III. REVELAÇÕES SOBRE O JULGAMENTO DE DEUS E A NECESSIDADE DE RESISTIR

1. Luta permanente entre o bem e o mal

12 *O bem e o mal na história da humanidade* – ¹Um grande sinal apareceu no céu: uma Mulher vestida com o sol, tendo a lua debaixo dos pés, e sobre a cabeça uma coroa de doze estrelas. ²Estava grávida e gritava, sentindo as dores do parto, sofrendo muito na hora de dar à luz. ³Então apareceu no céu outro sinal: um grande Dragão, da cor do fogo, com sete cabeças e dez chifres, e sobre as cabeças sete diademas. ⁴Sua cauda arrastava a terça parte das estrelas do céu, jogando-as na direção da terra. O Dragão parou diante da Mulher que estava para dar à luz, preparado para devorar o filho dela, assim que nascesse. ⁵Nasceu o filho da Mulher: era um homem, que nasceu para governar todas as nações com cetro de ferro. Mas o filho foi levado para junto de Deus e do seu trono. ⁶E a Mulher fugiu para o deserto, onde encontrou um lugar preparado por Deus. Aí ela será alimentada por mil, duzentos e sessenta dias. ⁷Aconteceu então um combate no céu: Miguel e seus Anjos combateram contra o Dragão. ⁸Também o Dragão combateu junto com seus Anjos, mas não venceu, e não houve mais lugar para eles no céu. ⁹Então foi expulso o grande Dragão, que é a antiga Serpente, o chamado Diabo e Satanás. É ele que engana todos os habitantes da terra: foi expulso para a terra, e os seus Anjos foram expulsos junto com ele. ¹⁰Então ouvi uma voz forte no céu que dizia:

"Agora aconteceu a salvação,
o poder e o reinado do nosso Deus
e a autoridade do seu Cristo.
Porque foi expulso o acusador dos nossos irmãos,
aquele que os acusava dia e noite diante do nosso Deus.

¹¹Mas estes o venceram,
por causa do sangue do Cordeiro
e por causa da palavra do testemunho que deram;
porque, mesmo diante da morte, não se apegaram à própria vida.

¹²Por isso, alegrem-se, ó céus,
e todos os que habitam aí.

---

do deixa de ser dos poderes opressores e passa a Deus e ao seu Messias. No início desta parte do livro, Deus era apresentado como Aquele-que-era, Aquele-que-é e Aquele-que-vem (4,8). Agora ele se mostra como presença permanente, e a arca é disso uma viva expressão.

12,1-22,5: Segunda sequência de revelações, marcada pela cena inicial, que mostra a presença do conflito entre o bem e o mal no interior da história. É preciso discernir a respeito, e descobrir o sentido profundo da aposta no Cordeiro e na resistência às forças do mal que parecem vencer e dominar. As revelações desmascaram os poderes estabelecidos em sua violência, injustiça e tirania, e proclamam a certeza da nova criação, na qual a sintonia entre Deus e seu povo é completa e definitiva.

12,1-18: Fazendo pensar na cena de Gn 3, este capítulo inicia mostrando a luta permanente entre as forças do bem e do mal: a humanidade se defronta a todo tempo com as ameaças de violência das estruturas de poder. O Messias que surge do povo vem como esperança e confirma a certeza da vitória: Miguel vence o opositor. Os efeitos dessa batalha, porém, deixam marcas na história humana. Por isso, representado nos descendentes da Mulher que está no deserto, o povo de Deus vive entre a confiança na proteção divina e as hostilidades provocadas por forças contrárias ao bem e à justiça. Assim, esse povo vai fazendo sua trajetória, inspirado no Israel libertado da dominação do Egito (cf. Ex 19,4; Nm 16,30-34).

Mas ai da terra e do mar, porque o Diabo desceu para o meio de vocês, com grande furor, sabendo que tem pouco tempo". ¹³Quando o Dragão viu que tinha sido expulso para a terra, tratou de perseguir a Mulher, aquela que tinha dado à luz um filho homem. ¹⁴Mas a Mulher recebeu as duas asas da grande águia, para que pudesse voar até o deserto, ao seu lugar. Aí é alimentada por um tempo, dois tempos e meio tempo. ¹⁵Então a Serpente lançou da boca um rio de água atrás da Mulher, para arrastá-la. ¹⁶Mas a terra ajudou a Mulher: abriu a boca e engoliu o rio que o Dragão tinha lançado da boca. ¹⁷Então o Dragão se irritou ainda mais contra a Mulher e decidiu fazer guerra contra o restante dos filhos dela, os que guardam os mandamentos de Deus e mantêm o testemunho de Jesus. ¹⁸Para isso, o Dragão se colocou de pé na praia do mar.

2. Confronto na experiência das comunidades

13 *A sedução religiosa do poder político* – ¹E vi uma Besta subindo do mar, com dez chifres e sete cabeças. Havia nos chifres dez diademas, e nomes blasfemos nas cabeças. ²A Besta que vi parecia uma pantera. Os pés eram como de urso, e a boca era como de leão. O Dragão entregou para ela seu poder, seu trono e grande autoridade. ³Uma das cabeças da Besta parecia estar com uma ferida mortal, mas essa ferida foi curada. A terra inteira ficou maravilhada e foi atrás da Besta, ⁴e todos adoraram o Dragão por ter dado autoridade à Besta. E adoraram a Besta, dizendo: "Quem é como a Besta? E quem pode fazer guerra contra ela?" ⁵A Besta recebeu uma boca para dizer coisas arrogantes e blasfêmias, e autoridade para agir durante quarenta e dois meses. ⁶Então a Besta abriu a boca em blasfêmias contra Deus. Eram blasfêmias contra o nome e a morada de Deus, e contra os habitantes do céu. ⁷Ela teve a permissão de fazer guerra contra os santos e vencê-los. Recebeu também autoridade sobre toda tribo, povo, língua e nação. ⁸Então os habitantes todos da terra, aqueles que não têm o próprio nome escrito desde a criação do mundo no livro da vida, adoraram a Besta.

⁹Se alguém tem ouvidos, ouça:

¹⁰Se alguém deve ir para a prisão,
vai mesmo para a prisão.
Se alguém está para ser morto pela espada,
será morto pela espada.

Aqui se fundamentam a perseverança e a fé dos santos.

¹¹Então vi outra Besta que vinha da terra. Tinha dois chifres como cordeiro, e falava como dragão. ¹²Esta Besta exerce toda a autoridade diante da primeira Besta. É ela que faz com que a terra e seus habitantes adorem a primeira Besta, aquela de quem a ferida mortal foi curada. ¹³A segunda Besta realiza grandes sinais, até de fazer cair fogo do céu sobre a terra, diante das pessoas. ¹⁴Por causa desses sinais que tem a permissão de fazer diante da primeira Besta, ela engana os habitantes da terra. E os convence a fazer uma imagem da Besta que tinha sido ferida pela espada, mas sobreviveu. ¹⁵Ela recebeu a permissão de infundir espírito na imagem da primeira

---

13,1-14,5: Num cenário de profundo conflito se situam as comunidades, que se definem por terem a marca do Cordeiro (14,1-5). Elas têm a consciência de que sua vida e missão acontecem em meio a um ambiente onde se faz necessário resistir à sedução dos poderes que encarnam o mal. Não é possível concessão alguma nem acordo, mesmo diante das ameaças.

13,1-18: João tem e comunica uma percepção religiosa sobre a maldade profunda do poder tirânico do império romano. Poder que tomou o lugar de Deus e encarna plenamente as forças que espalham o mal pelo mundo. A Besta tem todos os poderes de impérios antigos: ela assume a forma dos animais de Dn 7,1-8. Viver sob o domínio dessa potência exige, ou a submissão a ela e a suas manifestações maravilhosas, ou o risco da prisão e da morte (vv. 9-10). Mas o poder dessa Besta não seria efetivo, sem a força da outra Besta a seu serviço, que em 16,13 será chamada de falso profeta. A segunda é menos poderosa, porém mais penetrante, e convence as pessoas a se submeterem ao poderio da primeira, adorando-a como divina. Sem dúvida, João tem aqui em mente as diversas práticas do culto ao imperador e dos seus efeitos na vida cotidiana: quem não afirmar adesão à Besta não tem como sobreviver. O número dela parece aludir a uma combinação de letras em hebraico ou em grego, que aponta para o imperador romano. Contudo, ao se fixar no número seis (e não sete, indicativo de plenitude), João garante: esse poder, apesar de sua arrogância, não é definitivo e tem vida curta.

Besta, para que esta imagem pudesse falar. E ainda: podia fazer com que todos os que não adorassem a imagem da primeira Besta fossem mortos. ¹⁶Ela também faz com que todos, os pequenos e os grandes, os ricos e os pobres, os livres e os escravos, recebam uma marca na mão direita ou na fronte. ¹⁷Assim, ninguém pode comprar nem vender, a não ser que tenha a marca, o nome da Besta ou o número do seu nome. ¹⁸Aqui está a sabedoria: quem for atento calcule o número da Besta; é número de um ser humano; este número é seiscentos e sessenta e seis.

14 *O povo do Cordeiro* – ¹Depois, tive esta visão: o Cordeiro estava de pé sobre o monte Sião. Com ele estavam cento e quarenta e quatro mil, que tinham escritos na fronte o nome dele e o nome de seu Pai. ²Então ouvi uma voz que vinha do céu; parecia o barulho de águas torrenciais e o estrondo de forte trovão. O som que ouvi era como de músicos tocando harpa. ³Estavam cantando um cântico novo diante do trono, dos quatro Viventes e dos Anciãos. Ninguém podia aprender o cântico, a não ser aqueles cento e quarenta e quatro mil marcados, que foram resgatados da terra. ⁴São os que não se contaminaram com mulheres; são virgens. São eles que seguem o Cordeiro por onde quer que este vá. Foram resgatados do meio dos homens e foram as primeiras ofertas apresentadas a Deus e ao Cordeiro. ⁵Em sua boca não se encontrou mentira alguma. São íntegros!

3. O julgamento de Deus mostra a vitória do bem

Os passos da vitória – ⁶Então vi outro Anjo voando no meio do céu, com um evangelho eterno para anunciar aos que estão vivendo na terra, a toda nação, tribo, língua e povo. ⁷Ele dizia com voz forte:

"Temam a Deus e deem glória a ele,
porque chegou a hora
do seu julgamento.
Adorem Aquele que fez o céu e a terra,
o mar e as fontes de água".

⁸Logo depois apareceu outro Anjo, o segundo, e disse:

"Caiu, caiu Babilônia, a Grande!
Aquela que tem dado de beber a todas
as nações o vinho do furor
da sua prostituição".

⁹E logo apareceu outro Anjo, o terceiro, dizendo com voz forte: "Se alguém adora a Besta e a imagem dela, e recebe sua marca na fronte ou na mão, ¹⁰esse também vai beber o vinho do furor de Deus. É um vinho sem mistura, preparado na taça da sua ira. Será atormentado com fogo e enxofre diante dos santos Anjos e diante do Cordeiro. ¹¹A fumaça do tormento deles subirá para sempre: seja dia ou seja noite, nunca têm descanso os que adoram a Besta e a sua imagem, e quem tiver a marca do nome dela".

¹²Aqui está a perseverança dos santos, daqueles que guardam os mandamentos de Deus e a fé em Jesus. ¹³E ouvi uma voz que vinha do céu, dizendo: "Escreva: Felizes os mortos, aqueles que desde agora morrem no Senhor. Sim, diz o Espírito, que descansem de seus esforços, porque suas obras os acompanham".

O julgamento – ¹⁴Então vi: Havia uma nuvem branca, e sobre a nuvem estava sentado alguém parecido com um Filho de Homem. Em sua cabeça havia uma coroa de ouro, e nas mãos uma foice afiada. ¹⁵E outro Anjo saiu do Templo, gritando

---

14,1-5: Diante das duas Bestas em ação, cabe ao povo das comunidades não se submeter aos poderes tirânicos e resistir, mantendo a própria identidade, expressa na marca do Cordeiro. A liturgia, que nesse contexto se celebra, reforçará a certeza da vitória. O cântico aí entoado se relaciona com o de Moisés (cf. nota a 15,1-8).

14,6-20,15: As manifestações dos Anjos em 14,6-13 indicam, de forma resumida, o enredo dos próximos capítulos, onde se descreverá a vitória de Deus e do bem: a proximidade do julgamento divino (14,14-16,20), a queda da Babilônia (17,1 19,10) e a destruição definitiva dos poderes que promovem o mal (19,11-20,15). Na certeza da vitória do bem está a força das comunidades para resistir a tudo o que impede seu testemunho sobre a Palavra de Deus.

6-13: Embora prevejam destruição, as proclamações dos Anjos são ótima notícia para o povo das comunidades: as forças contrárias à justiça e ao bem serão eliminadas. Resulta do conjunto de anúncios um apelo à resistência e à não-submissão ante o poder da Besta, mesmo que isso signifique o martírio.

14,14-16,21: A manifestação do julgamento de Deus se expressa inicialmente com a imagem da colheita, e depois com o derramamento das sete taças e suas pragas. Mas o povo das comunidades, que tem a marca do Cordeiro, canta ao Deus libertador por suas obras de salvação.

14-20: São duas colheitas: a primeira, provavelmente do trigo; a segunda é da uva. Expressam o duplo alcance

com voz forte para aquele que estava sentado na nuvem: "Lance sua foice e colha, porque chegou a hora. A plantação da terra está pronta para ser colhida". ¹⁶Aquele que estava sentado na nuvem lançou a foice na terra e fez a colheita. ¹⁷E outro Anjo saiu do templo do céu, também com uma foice afiada. ¹⁸E outro Anjo, que tem autoridade sobre o fogo, saiu do altar. E disse com voz forte para aquele que estava com a foice afiada: "Lance a foice afiada e junte os cachos da videira da terra, porque as uvas estão maduras". ¹⁹O Anjo lançou sua foice na direção da terra e fez a colheita da videira da terra. Depois, despejou os cachos no grande lagar do furor de Deus. ²⁰O lagar foi pisado fora da cidade, e dele saiu sangue até os freios dos cavalos, numa extensão de trezentos quilômetros.

15 Canto da libertação –
¹Vi no céu outro sinal grande e maravilhoso: sete Anjos prontos com as sete últimas pragas, pois com elas o furor de Deus chegará ao fim. ²E vi algo como mar de vidro misturado com fogo. Sobre ele estavam de pé todos aqueles que venceram a Besta, a imagem dela e o número do nome da Besta. Eles seguravam as harpas de Deus ³e entoavam o cântico de Moisés, o servo de Deus, e o cântico do Cordeiro:

"Grandes e maravilhosas
    são as tuas obras,
Senhor Deus todo-poderoso!
Teus caminhos são justos
    e verdadeiros, Rei das nações!
⁴Quem não temeria, Senhor,
e quem deixaria de glorificar o teu
        nome? Porque só tu és o Santo!
Todas as nações virão ajoelhar-se
        diante de ti,
porque os teus atos de justiça
    se tornaram conhecidos!"

⁵Depois disso, vi abrir-se o templo da Tenda do Testemunho que está no céu. ⁶E do templo saíram os sete Anjos com as sete pragas. Estavam vestidos de linho puro e brilhante, e na altura do peito traziam cintos de ouro. ⁷Um dos quatro Viventes deu aos sete Anjos sete taças douradas, cheias do furor do Deus que vive para sempre. ⁸O templo se encheu com a fumaça da glória e do poder de Deus. E ninguém podia entrar no templo, enquanto não fossem realizadas as sete pragas dos sete Anjos.

16 Ação libertadora de Deus –
¹E ouvi uma voz forte que vinha do templo, dizendo aos sete Anjos: "Vão e derramem sobre a terra as sete taças do furor de Deus!" ²O primeiro Anjo foi e derramou sua taça na terra. E as pessoas que tinham a marca da Besta e as que adoravam a imagem dela foram tomadas de uma úlcera maligna e penosa. ³O segundo Anjo derramou sua taça no mar. E o mar se tornou sangue, como o sangue de um morto. E morreram todos os seres vivos do mar. ⁴O terceiro Anjo derramou sua taça nos rios e nas fontes de água. E se tornaram sangue. ⁵Ouvi então o Anjo das águas dizer:

"Tu, Aquele-que-é e Aquele-que-era,
        o Santo,
tu és justo, porque julgaste essas coisas.
⁶Porque eles derramaram muito sangue
        de santos e profetas,
e tu lhes deste sangue para beber!
Eles merecem isso!"

⁷Então ouvi a voz do altar:
"Sim, Senhor Deus todo-poderoso,
teus julgamentos são verdadeiros
        e justos".

⁸O quarto Anjo derramou sua taça no sol. E o sol teve a permissão de queimar

---

do julgamento comandado por Jesus, que se parece com o Filho do Homem de Dn 7. A primeira foice é lançada à terra para reunir o povo dos justos; a segunda age para a condenação dos maus.

15,1-8: O texto se encaminha para apresentar, de maneira mais evidente, as pragas com que se manifestará o julgamento de Deus. No entanto, mostra antes o povo das comunidades, que resistiu à Besta e se manteve fiel a Deus, e que agora canta louvores ao Cordeiro. Recorda-se aqui o cântico de Moisés com o povo de Israel, em agradecimento a Javé pela libertação frente ao poder do faraó (cf. Ex 15).

16,1-21: Estas sete pragas relembram as que caíram sobre o Egito, quando da libertação do povo de Deus (cf. Ex 7-10). O alcance é amplo: a terra, as águas e o ar são atingidos. Algumas se dirigem especificamente contra o império da Besta, atual expressão do mal. Império que teima em resistir ao poder de Deus: é o que indica o nome Harmagedon, que significa "monte de Meguido", onde ocorreram desastres militares, de acordo com

as pessoas com fogo. ⁹E elas ficaram queimadas com esse forte calor. Então blasfemaram contra o nome do Deus que tem autoridade sobre essas pragas. Mas não se arrependeram para dar glória a ele. ¹⁰O quinto Anjo derramou sua taça sobre o trono da Besta, e o reino dela ficou em trevas. Todos mordiam a língua de tanta dor ¹¹e blasfemaram contra o Deus do céu por causa das dores e das úlceras. Mas não se arrependeram das obras que tinham praticado. ¹²O sexto Anjo derramou sua taça sobre o grande rio, o Eufrates. Sua água secou, e com isso o caminho dos reis do oriente ficou livre. ¹³E vi saindo da boca do Dragão, da boca da Besta e da boca do falso profeta, três espíritos impuros que pareciam rãs. ¹⁴São espíritos de demônios que realizam sinais e vão ao encontro dos reis do mundo todo, a fim de reuni-los para a guerra do Grande Dia do Deus todo-poderoso. ¹⁵(Eis que venho como ladrão: feliz aquele que vigia e guarda suas vestes, para não andar nu e não deixar que vejam sua vergonha!) ¹⁶Então os espíritos reuniram os reis no lugar que, em hebraico, se chama Harmagedon. ¹⁷E o sétimo Anjo derramou sua taça no ar. Então veio do templo uma voz forte, dizendo: "Está feito!" ¹⁸Houve então relâmpagos, vozes, trovões e forte terremoto. Era um terremoto violento, como nunca havia acontecido depois que os seres humanos apareceram na face da terra. ¹⁹A Grande Cidade se partiu em três pedaços, e as cidades das nações caíram. E Babilônia, a Grande, foi lembrada diante de Deus, para que o cálice do vinho do furor da ira de Deus fosse dado a ela. ²⁰As ilhas fugiram, as montanhas não foram encontradas. ²¹Caiu do céu sobre as pessoas uma grande chuva de granizo, com pedras de mais de trinta quilos. Elas blasfemaram contra Deus, por causa dessa praga de granizo, pois realmente a praga era muito grande.

17 *A prostituta Babilônia* – ¹Um dos Anjos, dentre aqueles que têm as sete taças, veio falar comigo. E me disse: "Venha, que vou lhe mostrar o julgamento da grande Prostituta, aquela que está sentada à beira de muitas águas. ²Os reis da terra se prostituíram com ela. Os habitantes da terra ficaram embriagados com o vinho da sua prostituição. ³E o Anjo me levou em espírito até o deserto. Então vi uma mulher sentada sobre uma Besta de cor escarlate cheia de nomes blasfemos e com sete cabeças e dez chifres. ⁴A mulher usava vestido cor de púrpura e escarlate. Estava toda enfeitada de ouro, pedras preciosas e pérolas. E tinha na mão um cálice dourado cheio de abominações e das impurezas de sua prostituição. ⁵Em sua fronte estava escrito um nome, um mistério: "Babilônia, a Grande, a mãe das prostitutas e das abominações da terra". ⁶ªVi que a mulher estava embriagada com o sangue dos santos e com o sangue das testemunhas de Jesus.

Quem é a Babilônia? – ⁶ᵇE quando a vi, fiquei muito admirado. ⁷E o Anjo me dis-

---

as Escrituras (cf. Jz 4,12-16; Zc 12,11). Da mesma forma que o faraó no passado, a opção da maioria, no momento presente, continua no mesmo caminho destrutivo, feito de obras injustas em apoio à Besta. Com a última taça se anuncia a destruição da Babilônia, nome com que são identificados o império romano e seu poder central.

17,1-19,10: A exposição sobre o julgamento de Deus prossegue identificando Babilônia como capital do mundo. A destruição dela produz o lamento dos setores da sociedade que se enriqueceram com ela e foram seduzidos pelo seu esplendor. Enquanto isso, no céu, a queda da Babilônia é motivo de alegre liturgia, que celebra a justiça estabelecida por Deus. O julgamento de Deus, portanto, é ao mesmo tempo o desvendar do poder do mal e a destruição de suas expressões atuais, além de mostrar que a história humana caminha rumo à vitória da vida sobre a morte, o que já foi indicado na trajetória do Cristo ressuscitado.

17,1-6a: A prostituta se apresenta com as características da primeira Besta do cap. 13: sete cabeças e dez chifres. Prostituta que no momento encarna o poder dessa mesma Besta. O sentido da imagem se explicará nos versículos seguintes. Na descrição se destaca o nome Babilônia, que para os judeus faz recordar a terrível experiência da destruição de Jerusalém e do exílio. João certamente quer que as comunidades reflitam sobre a nova destruição a que Jerusalém acaba de ser submetida sob o poderio romano, pouco antes de ser escrito este livro de revelações. Não há dúvida nenhuma de que a tal prostituta Babilônia é inimiga mortal do povo das comunidades: está embriagada com o sangue das testemunhas de Jesus, que lhe resistem, não aceitando sua tirania.

6b-18: Para identificar essa prostituta Babilônia, é decisivo o v. 9: Roma era conhecida como a cidade das sete colinas. A partir daí se faz uma referência simbólica à história dos imperadores romanos e dos reis do mundo

se: "Por que você ficou admirado? Vou explicar-lhe o mistério da mulher e da Besta com sete cabeças e dez chifres, a Besta que carrega a mulher. ⁸A Besta que você viu existia, mas não existe mais e está para subir do Abismo, porém caminha para a destruição. Os habitantes da terra, aqueles que não têm os nomes escritos no livro da vida desde a fundação do mundo, vão ficar admirados ao verem a Besta, que existia, não existe mais, e no entanto vai aparecer. ⁹Aqui é preciso uma cabeça com sabedoria para que possa entender. As sete cabeças são sete montes, e sobre eles a mulher está sentada; são também sete reis. ¹⁰Cinco já caíram, um existe, e o outro ainda não veio; mas, quando vier, ficará por pouco tempo. ¹¹A Besta que existia e não existe mais, ela mesma é o oitavo rei, mas é também um dos sete, e caminha para a destruição. ¹²Os dez chifres que você viu são dez reis, que ainda não receberam o reino. Mas eles terão autoridade de rei por uma hora apenas, junto com a Besta. ¹³Esses reis têm o mesmo pensamento e entregam o poder e autoridade deles para a Besta. ¹⁴Todos farão guerra contra o Cordeiro. Mas o Cordeiro os vencerá, porque ele é Senhor dos senhores e Rei dos reis. E também os chamados, os escolhidos e os fiéis vencerão com ele". ¹⁵O Anjo continuou dizendo: "Você viu as águas no lugar onde a Prostituta está sentada? Aquelas águas são povos, multidões, nações e línguas. ¹⁶Os dez chifres que você viu e a Besta vão odiar a Prostituta, vão devastá-la e a deixarão nua; vão lhe comer as carnes e atearão fogo nela. ¹⁷Pois Deus colocou em seus corações o desejo de realizarem o plano dele: ter o mesmo pensamento e entregar o reinado deles à Besta, até que as palavras de Deus estejam cumpridas. ¹⁸Essa mulher que você viu é a Grande Cidade que está reinando sobre os reis da terra".

18 Queda da cidade opressora

– ¹Após essas coisas, vi outro Anjo que descia do céu com grande autoridade; e a terra ficou iluminada por causa de sua glória. ²Ele gritou com voz forte:

"Caiu! Caiu Babilônia, a Grande!
Tornou-se morada de demônios,
   abrigo de todos os espíritos impuros,
   e abrigo de todas as aves impuras,
   e abrigo de todas as bestas impuras
   e nojentas.
³Porque todas as nações têm bebido
   do vinho do furor da sua prostituição.
Os reis da terra se prostituíram com ela.
Os mercadores da terra se enriqueceram
   com o poder de sua sensualidade".

O povo de Deus não se alia à cidade injusta – ⁴Ouvi outra voz que vinha do céu e dizia:

"Saia dela, meu povo.
Não seja cúmplice dos pecados dela,
   para não ser atingido pelas pragas
   que contra ela virão.
⁵Porque os pecados dela
   se acumularam até o céu,
e Deus se lembrou das injustiças
   que ela tem praticado.
⁶Devolvam a ela com a mesma moeda.
Deem a ela em dobro, de acordo com
   as obras que ela fez.
No cálice em que ela misturou,
   misturem para ela o dobro.
⁷O tanto que se encheu de glória
   e de sensualidade,
   deem a ela agora em dor e aflição.
Porque ela pensava em seu coração:
'Estou sentada como rainha.
Não sou viúva e nunca verei a
   aflição'.
⁸Por isso, as pragas contra ela virão
   num só dia:
   morte, aflição e fome.

---

que se aliam a esse poder central, e ainda à situação geral de opressão e sedução provocada pela grande cidade. Tal situação resulta de muitas práticas de violência entre os setores envolvidos, que se combatem e se destroem uns aos outros. O povo das comunidades não deve fazer aliança com nenhuma dessas forças.

18,1-3: O cap. 18 é um poema sobre a queda da Babilônia opressora (cf. Is 47), mas em especial exorta fortemente os membros das comunidades a não manterem vínculo nenhum com esse império construído sobre a injustiça, império que tratou de seduzir os povos com seu luxo e arrogância, construindo sua riqueza e poder com o sangue de tanta gente.

4-8: Do ponto de vista do céu, ou seja, de Deus, o poderio da Babilônia/Roma se revela ilusório, porque baseado no pecado e na injustiça. Sua autossuficiência só faz aumentar a força destruidora que deverá atingi-la.

Ela será queimada no fogo,
porque o Senhor Deus que a julgou
é forte".

Os colaboradores lamentam o destino de Babilônia – ⁹Quando virem a fumaça do incêndio dela, os reis da terra, que com ela se prostituíram e se entregaram à luxúria, vão chorar com ela e se lamentar. ¹⁰Ficarão de longe, com medo dos sofrimentos, dizendo:

"Ai! Ai da grande cidade de Babilônia,
a cidade poderosa,
porque em uma hora apenas
veio o seu julgamento!"

¹¹E os mercadores da terra choram e ficam aflitos diante dela, porque ninguém mais compra as mercadorias deles: ¹²carregamentos de ouro e prata, de pedras preciosas e pérolas, de linho e púrpura, de seda e escarlate, de todo tipo de madeira perfumada, de objetos de marfim e de madeira preciosa, de bronze, de ferro e de mármore; ¹³cravo e especiarias, incensos, mirra e perfume, vinho e azeite, flor de farinha e trigo, bois e ovelhas, cavalos e carros, escravos e vidas humanas.

¹⁴"As riquezas que você desejava
se afastaram de você!
Todas as coisas luxuosas e elegantes
desapareceram de você,
e nunca mais serão encontradas!"

¹⁵Os mercadores que vendiam essas coisas e se enriqueceram às custas dela, vão ficar olhando de longe, com medo dos sofrimentos, chorando cheios de aflição. ¹⁶E vão dizer:

"Ai! Ai da grande cidade
vestida de linho puro, púrpura
e escarlate,
enfeitada com ouro, pedras preciosas
e pérolas,
¹⁷porque em uma hora apenas
tanta riqueza ficou abandonada!"

E todos os pilotos e navegadores, marinheiros e demais pessoas que trabalham no mar ficaram olhando de longe. ¹⁸Ao verem a fumaça do incêndio gritavam: "Que cidade havia igual à grande cidade?" ¹⁹E jogavam pó na cabeça, chorando cheios de aflição e dizendo: "Ai! Ai da grande cidade de muita riqueza, com que se enriqueceram todos os que tinham navios no mar, porque em uma hora ela ficou abandonada!"

A destruição de Babilônia é definitiva – ²⁰"Alegre-se, ó céu, por causa dela,
e vocês também, santos, apóstolos e
profetas,
pois Deus a julgou em favor de vocês!"

²¹Então, um Anjo forte levantou uma pedra, do tamanho de uma grande pedra de moinho, e atirou-a no mar, dizendo:

"Com esta força será lançada Babilônia,
a grande cidade.
E que nunca mais seja encontrada.
²²Nunca mais se escute em você
a melodia de harpistas e músicos,
de flautistas e tocadores de trombeta.
Que não se encontre em você nenhum
artista de qualquer tipo
de arte que seja.
E nunca mais se escute em você o som
do moinho.
²³Nunca mais brilhe em você a luz
da lâmpada.
Que nunca mais se ouça em você
a voz do esposo e da esposa.
Porque os seus mercadores eram
os grandes da terra,
e com a sua magia todas as nações
foram enganadas.
²⁴Nela foi encontrado o sangue
de profetas e santos,
e de todos os que foram imolados
sobre a terra".

9-19: A ruína de Roma não é somente sua; leva à falência também os setores sociais que tiraram proveito, contribuindo para o luxo e extravagâncias dela. Os reis da terra mantiveram o próprio poder ao se submeterem à capital do império; os mercadores se enriqueceram ao fazer negócios com ela, transformando tudo em mercadorias, inclusive vidas humanas feitas escravas; os navegadores não têm mais razão para alimentar o consumismo da grande cidade que não existe mais.

20-24: A alegria do povo de Deus se justifica, porque a derrota de Babilônia é definitiva. Ela construiu seu poder na concentração das riquezas, seduzindo tantas nações que se colocaram a seu serviço, e através da violência extrema sobre os povos dominados. Por isso, não escapa do julgamento de Deus.

19 Celebração pela vitória –

¹Depois disso, ouvi algo como voz forte de grande multidão no céu, aclamando:

"Aleluia!
A salvação, a glória e o poder
  são do nosso Deus,
²porque seus julgamentos
  são verdadeiros e justos.
Porque ele julgou a grande Prostituta
  que corrompeu a terra
  com sua prostituição.
Ele vingou o sangue dos seus servos,
  que as mãos dela derramaram".

³Na segunda vez disseram:
"Aleluia!
A fumaça dela sobe para sempre!"

⁴Os vinte e quatro Anciãos e os quatro Viventes se jogaram ao chão para adorar o Deus que está sentado no trono, e disseram: "Amém! Aleluia!" ⁵Então, uma voz que vinha do trono dizia: "Louvem o nosso Deus todos os seus servos, os que o temem, os pequenos e os grandes!"

⁶Depois, ouvi algo como a voz de grande multidão. Parecia o estrondo de águas torrenciais e o barulho de fortes trovões, que dizia:

"Aleluia!
Porque reina o Senhor, o nosso Deus
  todo-poderoso.
⁷Vamos ficar alegres e contentes,
vamos dar glória a Deus,
porque está na hora do casamento
  do Cordeiro,
e sua esposa já está pronta.
⁸A ele foi dada uma veste de linho fino,
  brilhante e puro"
– pois o linho fino são as ações justas
  dos santos.

⁹O Anjo me disse: "Escreva: 'Felizes os convidados para o banquete do casamento do Cordeiro' ". E disse ainda: "São estas as verdadeiras palavras de Deus". ¹⁰Eu me atirei aos pés do Anjo para adorá-lo, mas ele me disse: "Não faça isso! Veja só: Eu sou servo junto com você e com seus irmãos que mantêm o testemunho de Jesus. Adore apenas a Deus". Com efeito, o espírito da profecia é o testemunho de Jesus.

O Ressuscitado vence os poderes que encarnam o mal –

¹¹Então vi o céu aberto: Apareceu um cavalo branco, e o seu cavaleiro se chama "Fiel e Verdadeiro". Ele julga e combate com justiça. ¹²Seus olhos são como chamas de fogo, e sobre sua cabeça há muitos diademas. Traz escrito um nome que ninguém conhece, a não ser ele mesmo. ¹³Está vestido com roupa encharcada de sangue, e "Palavra de Deus" é o nome com que é chamado. ¹⁴Os exércitos do céu o acompanham em cavalos brancos, com roupas de linho branco e puro. ¹⁵De sua boca sai uma espada afiada, para com ela ferir as nações. Ele é quem apascentará as nações com cetro de ferro. É ele quem pisa o lagar do vinho da fúria da ira de Deus, o todo-poderoso. ¹⁶Em sua roupa e em sua coxa há um nome escrito: "Rei dos reis e Senhor dos senhores". ¹⁷Então vi no sol um Anjo em pé. Ele gritou com voz forte, dizendo a todas as aves que voavam no meio do céu: "Venham! Reúnam-se para a grande ceia de Deus, ¹⁸para comer carnes de reis, carnes de comandantes, carnes de poderosos, carnes de cavalos e cavaleiros, carnes de todos, tanto de livres como de escravos, de pequenos e de grandes". ¹⁹Então vi a Besta junto com os reis da terra e seus exércitos, reunidos

---

19,1-10: Deus merece o hino de louvor que lhe é dirigido, porque fez justiça, destruindo aquela que marcou a terra com a corrupção e a violência. A eliminação de Babilônia torna possível, uma vez mais, firmar a aliança aqui expressa no casamento do Cordeiro com a humanidade libertada: é a vida em plenitude na comunhão com o Deus libertador. A dor de todos os que apostaram na Babilônia contrasta com o louvor festivo que se ouve no céu. Louvor que se expressará aqui na terra mediante a fidelidade ao testemunho de Jesus.

19,11-20,15: Nos caps. 12-13, lemos como o Dragão, expressão maior do mal, comunicou seu poder à Besta imperial, que tinha a seu serviço o falso profeta. Serviço deste era fazer com que a Besta fosse adorada por todos. Agora, realizada a destruição da Babilônia, o texto apresenta Jesus, aquele que recebeu de Deus o senhorio da história e venceu a Besta com todos os que a seguiram. No cap. 20, o derrotado é o Dragão, através do qual veio o mal que impera no mundo. Para o povo das comunidades, mais do que a alegria pela violência que finalmente atinge os opressores, vem a certeza de que a história humana se encaminha para a vitória do bem e da justiça. Por isso, cabe agora a postura de resistir na esperança.

19,11-21: Senhor da história não é o imperador, e sim Cristo, que vem como cavaleiro para derrotar os poderes que se consideram absolutos. Cristo é a palavra libertadora de Deus, palavra que age como espada. Com

para fazer guerra contra o cavaleiro e seu exército. ²⁰Mas a Besta foi apanhada, e junto com ela o falso profeta, aquele que fazia sinais na presença da Besta: aqueles sinais que serviram para enganar quem havia recebido a marca da Besta e tinha adorado a imagem dela. Os dois foram lançados vivos no lago de fogo, que arde com enxofre. ²¹Os outros foram mortos pela espada que saía da boca do cavaleiro. E as aves ficaram saciadas com tanta carne que comeram.

20 Os mártires reinam com Cristo –
¹Então vi um Anjo descendo do céu. Estava com a chave do Abismo e uma grande corrente na mão. ²Agarrou o Dragão, a antiga Serpente, que é o Diabo, Satanás. Prendeu-o por mil anos ³e o atirou dentro do Abismo. Depois disso, trancou e lacrou o Abismo, para que o Dragão não enganasse mais as nações da terra, até que se completassem os mil anos. Depois disso, o Dragão acabará sendo solto, mas por pouco tempo. ⁴Então vi tronos, e os que se sentaram neles receberam autoridade para julgar. Vi também as vidas daqueles que tinham sido decapitados por causa do testemunho de Jesus e por causa da Palavra de Deus, e daqueles que não tinham adorado a Besta nem a imagem dela, nem tinham recebido na fronte ou na mão a marca da Besta. Eles voltaram a viver e reinaram com Cristo durante mil anos. ⁵Os outros mortos, porém, não voltaram a viver enquanto os mil anos não passaram. Essa é a primeira ressurreição. ⁶Feliz e santo aquele que participa da primeira ressurreição: a segunda morte não tem autoridade sobre eles. Serão sacerdotes de Deus e de Cristo, e reinarão com Cristo durante mil anos.

⁷Quando os mil anos tiverem passado, Satanás será solto de sua prisão. ⁸Então, ele vai sair para enganar as nações nos quatro cantos da terra, Gog e Magog, reunindo todos para a guerra. O número deles é como a areia do mar. ⁹Espalharam-se por toda a terra e cercaram o acampamento dos santos e a Cidade amada. Mas desceu fogo do céu e os devorou. ¹⁰O Diabo, aquele que os estava enganando, foi jogado no lago de fogo e enxofre, onde já estavam a Besta e o falso profeta. Aí serão atormentados dia e noite, para sempre.

O último julgamento – ¹¹Então vi um grande trono branco, e alguém sentado nele. A terra e o céu fugiram de sua presença e não houve lugar para eles. ¹²Então vi os mortos, grandes e pequenos, em pé diante do trono. E foram abertos alguns livros, e ainda outro livro foi aberto: era o livro da vida. Então os mortos foram julgados de acordo com as suas obras, a partir daquilo que se encontrava escrito nos livros. ¹³O mar devolveu os mortos que nele estavam. A Morte e a Morada dos Mortos fizeram a mesma coisa. E todos foram julgados conforme as obras que haviam realizado. ¹⁴Então a Morte e a Morada dos Mortos foram jogados no lago de fogo. Esta é a segunda morte. ¹⁵E quem não tinha o nome escrito no livro da vida também foi jogado no lago de fogo.

4. Uma nova criação

21 Uma aliança definitiva –
¹Então vi um novo céu e uma nova terra. Porque o primeiro céu e a primeira terra pas-

---

a presença dele, os adversários se veem derrotados: a Besta e o falso profeta, com o castigo eterno; os que seguiam a Besta, com a morte imediata. A força das imagens reafirma ao povo das comunidades a radicalidade da justiça de Deus e a necessidade de manter-se fiel ao testemunho de Jesus, o Vencedor.

20,1-10: No encaminhamento da história humana a seu destino esperado, ou seja, ao bem e à justiça de Deus, cabe lugar especial àquelas pessoas que em vida assumiram de forma decidida a resistência aos poderes do mal, a observância dos mandamentos de Deus e o testemunho de Jesus: são os mártires. Eles se apresentam partilhando a realeza de Jesus por tempo indeterminado (mil anos), e servem de estímulo ao povo das comunidades, para que experimente, em seu testemunho, a ressurreição que efetivamente importa: a vida comprometida com Cristo. O aprisionamento do Dragão, e sua posterior destruição junto com a Besta e o falso profeta, reforçam uma esperança e certeza: vale a pena resistir frente ao culto idolátrico ao imperador, e não se comprometer com o sistema social e econômico ligado a tal idolatria.

11-15: No fim do processo, temos o último julgamento, quando cada pessoa é julgada por aquilo que viveu, pelas opções que fez. A morte e a injustiça são destruídas até a raiz, e o mundo velho, terra e céu, se renova diante do grande juiz, indicado pelo trono, com o desaparecimento do mal, para dar lugar ao mundo da plena presença de Deus em meio à humanidade.

21,1–22,5: A série de visões tem seu ponto de chegada na apresentação de outro mundo, novo e diferente. Nele se realiza em plenitude a aliança entre Deus e a humanidade libertada.

21,1-8: João é encaminhado a contemplar uma nova cidade que vem ao mundo e se apresenta em ambiente

saram, e o mar já não existe. ²E eu vi que descia do céu, de junto de Deus, a Cidade santa, uma Jerusalém nova, pronta como esposa enfeitada para o seu marido. ³E ouvi uma voz forte que vinha do trono. Ela dizia:

"Esta é a tenda de Deus
com os seres humanos.
Deus vai morar com eles.
Serão eles os seus povos,
e ele, o Deus-com-eles,
será o seu Deus.

⁴E Deus vai enxugar toda lágrima dos olhos deles,
e não existirá mais morte, nem aflição,
nem choro, nem dor.
Porque as coisas antigas já foram embora".

⁵Aquele que está sentado no trono disse: "Eis que eu estou fazendo novas todas as coisas". E me disse: "Escreva isso, porque essas palavras são fiéis e verdadeiras". ⁶E me disse ainda:

"Tudo está feito.
Eu sou o Alfa e o Ômega,
o Princípio e o Fim.
Eu darei de graça da fonte de água viva
a quem tiver sede.

⁷O vencedor receberá esta herança:
eu serei Deus para ele,
e ele será um filho para mim.

⁸Mas, para os covardes, infiéis, corruptos, assassinos, imorais, feiticeiros, idólatras, e todos os mentirosos, a parte deles está no lago ardente de fogo e enxofre, que é a segunda morte".

Uma nova cidade – ⁹Em seguida, um dos sete Anjos das sete taças cheias com as últimas pragas veio falar comigo: "Venha, que eu vou lhe mostrar a Esposa, a mulher do Cordeiro". ¹⁰Então me levou em espírito até uma grande e elevada montanha, e me mostrou a Cidade santa, Jerusalém, que descia do céu, de junto de Deus, ¹¹com a glória de Deus. Seu brilho é semelhante ao de uma pedra preciosíssima, como pedra de jaspe cristalino. ¹²Ela tem uma grande e elevada muralha, com doze portas. Sobre estas portas há doze Anjos. Em cada porta há um nome escrito: são os nomes das doze tribos dos filhos de Israel. ¹³São três portas no lado do oriente, três portas ao norte, três portas ao sul e três portas no lado oeste. ¹⁴A muralha da cidade tem doze pilares; neles está escrito o nome dos doze Apóstolos do Cordeiro. ¹⁵Aquele que estava falando comigo usava uma vara de ouro para medir a cidade, suas portas e a muralha. ¹⁶A cidade é quadrada: o comprimento é igual à largura. O Anjo mediu a cidade com a vara: dois mil, duzentos e sessenta quilômetros. O comprimento, largura e altura são iguais. ¹⁷O Anjo mediu a muralha: sessenta e quatro metros. Eram medidas humanas que o Anjo utilizava. ¹⁸A muralha é feita de jaspe. A cidade é de ouro puro, parecido com vidro puro. ¹⁹Os pilares da muralha da cidade são enfeitados com todo tipo de pedras preciosas: o primeiro pilar é de jaspe; o segundo de safira, o terceiro de calcedônia, o quarto de esmeralda, ²⁰o quinto de sardônica, o sexto de cornalina, o sétimo de crisólito, o oitavo de berilo, o nono de topázio, o décimo de crisópraso, o décimo primeiro de jacinto e o décimo segundo de ametista. ²¹As doze portas são doze pérolas. Cada uma das portas é feita de uma única pérola. A praça da cidade é de ouro puro, como vidro transparente. ²²Não vi na cidade nenhum templo, pois o seu templo é o Senhor, o Deus todo-poderoso, e o Cordeiro. ²³A cidade não precisa que o sol e a lua brilhem sobre ela, pois a glória de Deus a ilumina, e o Cordeiro é sua lâmpada.

²⁴As nações caminharão sob a luz dela,
e os reis da terra trarão a sua própria
glória para ela.

²⁵Suas portas nunca se fecharão de dia
– pois aí jamais haverá noite –

²⁶e a glória e o tesouro das nações serão
trazidos para ela.

---

todo diverso, o novo céu e a nova terra (cf. Is 65,17-25). Este cenário, livre da dominação e da violência, proclama a presença eterna de Deus no meio da humanidade. O povo das comunidades é chamado a experimentar desde já a esperança e a certeza dessa aliança, na fidelidade ao testemunho de Jesus, e a não ceder diante da covardia e da mentira.

21,9-22,5: Agora, João contempla os detalhes da nova cidade. Sua forma é de um quadrado, o modelo de perfeição segundo os esquemas da época. Suas medidas

²⁷Nela jamais entrará qualquer impureza, nem os que praticam abominação e mentira. Só entrarão aqueles que têm o nome escrito no livro da vida do Cordeiro.

22

¹O Anjo me mostrou um rio de água viva, brilhante como cristal, que saía do trono de Deus e do Cordeiro. ²No meio da praça da cidade, e de um lado e do outro do rio, estão plantadas árvores da vida, que dão fruto doze vezes por ano; todo mês elas frutificam. E as folhas da árvore servem para curar as nações.

³Nunca mais haverá qualquer tipo de maldição.
O trono de Deus e do Cordeiro estará na cidade, e seus servos lhe prestarão culto.
⁴Verão sua face, e seu nome estará nas frontes deles.
⁵Não haverá mais noite: ninguém mais terá necessidade da luz da lâmpada, nem da luz do sol.
Porque o Senhor Deus vai brilhar sobre eles, e eles reinarão para sempre.

CONCLUSÃO

Jesus vem logo – ⁶Então o Anjo me disse: "Estas palavras são fiéis e verdadeiras. O Senhor, o Deus que inspira os profetas, enviou o seu Anjo para mostrar aos seus servos o que muito em breve deve acontecer. ⁷Eis que eu venho em breve. Feliz aquele que guarda as palavras da profecia deste livro". ⁸Eu, João, sou aquele que ouviu e viu essas coisas. E quando ouvi e vi tudo isso, caí com o rosto aos pés do Anjo, aquele que estava mostrando essas coisas para mim. ⁹Mas ele me disse: "Olhe, não faça isso! Eu sou servo junto com você, com os seus irmãos os profetas, e com aquelas pessoas que guardam as palavras deste livro. Adore apenas a Deus". ¹⁰O Anjo ainda falou: "Não guarde para você as palavras da profecia deste livro, pois o tempo está próximo. ¹¹O injusto, que ele continue cometendo injustiça; o imundo, que continue com suas imundícies. Que o justo pratique ainda a justiça, e o santo continue a se santificar. ¹²Eis que venho em breve, e comigo trago recompensa, para dar a cada um conforme as suas obras. ¹³Eu sou o Alfa e o Ômega, o Primeiro e o Último, o Princípio e o Fim. ¹⁴Felizes aqueles que lavam suas roupas para terem autoridade sobre a árvore da Vida, e para entrarem na Cidade pelas portas. ¹⁵Vão ficar de fora os cães, os feiticeiros, os imorais, os assassinos, os idólatras, e todos os que amam e praticam a mentira". ¹⁶Eu, Jesus, enviei o meu Anjo para testemunhar a vocês essas coisas a respeito das igrejas. Eu sou a raiz e a descendência da família de Davi, sou a brilhante Estrela da manhã. ¹⁷O Espírito e também a Esposa dizem: "Venha!" E quem escuta também diga: "Venha!" Quem estiver com sede, venha! E quem quiser, receba de graça a água da vida.

¹⁸A quem está ouvindo as palavras da profecia deste livro, eu garanto: "Se alguém acrescentar qualquer coisa a este livro, Deus vai acrescentar a essa pessoa as pragas que aqui estão descritas. ¹⁹E se alguém tirar alguma coisa das palavras do livro desta profecia, Deus vai tirar dessa pessoa a sua parte da árvore da Vida e da Cidade santa, das coisas que estão descritas neste livro".

²⁰Aquele que dá testemunho dessas coisas diz: "Sim! Venho em breve". Amém! Vem, Senhor Jesus!

²¹A graça do Senhor Jesus esteja com todos.

---

e preciosidades indicam que ela reflete o brilho de Deus. Nela, a presença divina se mostra imediata. Por isso, não é necessário nenhum templo, nem outro tipo qualquer de intermediário entre Deus e a humanidade. Suas portas se abrem para todos. Nela não existe lugar para a mentira e a injustiça. A vida nessa cidade mostra que o paraíso do Gênesis (cap. 2) voltou a ser realidade: a total comunhão com Deus e entre os seres humanos é a esperança maior que alimenta a fidelidade do povo das comunidades.

22,6-21: O livro se encerra recordando seus temas principais: Jesus virá em breve, e as pessoas serão julgadas e recompensadas pelas obras que tiverem praticado. O povo das comunidades se alimenta de tudo o que foi comunicado no conjunto de visões recebidas por João. Por fim, reunido em assembleia, esse povo recebe a proclamação da mensagem e reafirma suas opções e decisões, na esperança da vinda do Senhor Jesus.

DATAS IMPORTANTES

1. Os patriarcas (1850-1250)

1850	Chegada de Abraão a Canaã.
1700	Os patriarcas no Egito.

2. O êxodo (1250-1200)

1250	O êxodo. Moisés. A Lei no Sinai.
1220-1200	Conquista e ocupação de Canaã. Josué.

3. Dos juízes a Salomão (1200-931)

1200-1030	Período dos juízes.
1040	Samuel.
1030-1010	Início da monarquia com Saul.
1010-970	Davi. Tomada de Jerusalém.
970-931	Salomão. Construção do Templo de Jerusalém.

4. O Reino dividido (931-722)

931	Assembleia de Siquém e divisão do reino: Reinos de Israel e de Judá.
874-853	Acab. Profetas Elias e Eliseu.
782-753	Jeroboão II. Profetas Amós e Oseias.
740	Vocação de Isaías e pregação de Miqueias.
722 ou 721	Queda da Samaria. Fim do Reino de Israel. Deportação dos hebreus à Assíria.

5. Continuação do Reino de Judá (722-587)

716-687	Ezequias. Atividade profética de Isaías até 701.
640-609	Josias. Reforma em 622. Profetas Jeremias, Naum e Sofonias.
609-598	Joaquim. Profeta Habacuc.
597	Primeira conquista de Jerusalém e primeira deportação. Rei e lideranças exilados na Babilônia.
593	Início da atividade profética de Ezequiel na Babilônia.
587/586	Queda de Jerusalém e segunda deportação dos hebreus à Babilônia. Fim do Reino de Judá.
586-538	Exílio na Babilônia.

6. A reconstrução durante o período persa (538-333)

538	Edito de libertação de Ciro. Fim do exílio. Início do retorno dos exilados a Jerusalém, em vários grupos.
520-515	Reconstrução do Templo de Jerusalém. Profetas Ageu e Zacarias.
458-425	Missão de Esdras e Neemias.
336-323	Alexandre Magno. Conquista da Palestina em 332.

7. A época helenística (333-63)

300-200	A Judeia sob o domínio dos lágidas. Penetração da língua e cultura helenista na Palestina. Em Alexandria, tradução da Bíblia ao grego pelos Setenta.

DATAS IMPORTANTES

198-142	Judeia sob o domínio dos selêucidas.
167	Antíoco IV Epífanes dedica o templo a Zeus Olímpico. Início da revolta judaica, com Matatias.
166-160	Judas Macabeu.
164	Reconsagração do Templo.
160-142	Jônatas é nomeado sumo sacerdote em 152.
142-134	Simão sucede seu irmão Jônatas como sumo sacerdote. Surgem os grupos dos fariseus, saduceus e essênios de Qumrã.
134-104	João Hircano.
104-76	Alexandre Janeu.

8. A época romana (a partir de 63)

63	Pompeu conquista Jerusalém.
37-4	Herodes o Grande, rei da Judeia.
20/19	Início da restauração do Templo em Jerusalém.
7/6	Nascimento de Jesus.
5/10 d.C.	Nascimento de Paulo.
6-15	Anás, sumo sacerdote.
18-37	Caifás, sumo sacerdote.
26-36	Pôncio Pilatos, procurador.
27	Atividade de João Batista.
28-30	Ministério público de Jesus.
30	Paixão, morte e ressurreição de Jesus nos dias da Páscoa hebraica. Pentecostes.
35	Martírio de Estêvão. Conversão de Paulo.
39	Visita de Paulo a Jerusalém.
43	Paulo e Barnabé em Antioquia da Síria.
43-44	Perseguição de Herodes Agripa I. Martírio de Tiago Maior. Prisão e libertação de Pedro.
45-49	Primeira viagem missionária de Paulo e Barnabé. Fundação de comunidades em Chipre, Antioquia da Pisídia, Icônio, Listra e Derbe.
49	Concílio de Jerusalém.
50-53	Segunda viagem missionária de Paulo. Fundação de comunidades em Trôade, Filipos, Tessalônica, Bereia e Corinto. Cartas aos Tessalonicenses.
53-58	Terceira viagem missionária de Paulo. Fundação de comunidades em Éfeso e Colossas. Cartas aos Coríntios e Gálatas.
58-60	Prisão de Paulo em Jerusalém. Levado prisioneiro a Cesareia.
62/63	Martírio de Tiago Menor.
61-63	Primeiro cativeiro de Paulo em Roma. Cartas aos Efésios, Colossenses e Filêmon.
64-67	Segundo cativeiro de Paulo em Roma e martírio em 67. Martírio de Pedro em Roma.
66-70	Revolta dos zelotes.
70	Destruição de Jerusalém e do Templo pelo imperador Tito.
95	João exilado em Patmos.
100	Morte de João em Éfeso.

TEXTOS BÍBLICOS PARA O ANO LITÚRGICO
(**Ano A:** 2023, 2026, 2029... **Ano B:** 2024, 2027, 2030... **Ano C:** 2022, 2025, 2028...)

ADVENTO

1º domingo
Ano A: Is 2,1-5; Sl 122; Rm 13,11-14; Mt 24,37-44.
Ano B: Is 63,16-17; 64,2b-7; Sl 80; 1Cor 1,3-9; Mc 13,33-37.
Ano C: Jr 33,14-16; Sl 25; 1Ts 3,12-4,2; Lc 21,25-28. 34-36.

2º domingo
Ano A: Is 11,1-10; Sl 72; Rm 15,4-9; Mt 3,1-12.
Ano B: Is 40,1-5.9-11; Sl 85; 2Pd 3,8-14; Mc 1,1-8.
Ano C: Br 5,1-9; Sl 126; Fl 1,4-6.8-11; Lc 3,1-6.

3º domingo
Ano A: Is 35,1-6a.10; Sl 146; Tg 5,7-10; Mt 11,2-11.
Ano B: Is 61,1-2a.10-11; Sl (Lc 1,46-54); 1Ts 5,16-24; Jo 1,6-8.19-28.
Ano C: Sf 3,14-18a; Sl (Is 12,2-6); Fl 4,4-7; Lc 3,10-18.

4º domingo
Ano A: Is 7,10-14; Sl 24; Rm 1,1-7; Mt 1,18-24.
Ano B: 2Sm 7,1-5.8b-12.14a,16; Sl 89; Rm 16,25-27; Lc 1,26-38.
Ano C: Mq 5,1-4a; Sl 80; Hb 10,5-10; Lc 1,39-45.

NATAL

Vigília: Is 62,1-5; Sl 89; At 13,16-17.22-25; Mt 1,1-25.
Noite: Is 9,1-6; Sl 96; Tt 2,11-14; Lc 2,1-14.
Aurora: Is 62,11-12; Sl 97; Tt 3,4-7; Lc 2,15-20.
Dia: Is 52,7-10; Sl 98; Hb 1,1-6; Jo 1,1-18.
Sagrada Família: Eclo 3,2-6.12-14; Sl 128; Cl 3,12-21; Evangelho: *Ano A:* Mt 2,13-15.19-23; *Ano B:* Lc 2,22-40; *Ano C:* 2,41-52.
2º domingo do Natal: Eclo 24,1-2.8-12; Sl 147; Ef 1,3-6.15-18; Jo 1,1-18.
Epifania: Is 60,1-6; Sl 72; Ef 3,2-3a.5-6; Mt 2,1-12.

Batismo de Jesus: Is 42,1-4.6-7; Sl 29; At 10,34-38; Evangelho: *Ano A:* Mt 3,13-17; *Ano B:* Mc 1,7-11; *Ano C:* Lc 3,15-16.21-22.

QUARESMA

1º domingo
Ano A: Gn 2,7-9; 3,1-7; Sl 51; Rm 5,12-19; Mt 4,1-11.
Ano B: Gn 9,8-15; Sl 25; 1Pd 3,18-22; Mc 1,12-15.
Ano C: Dt 26,4-10; Sl 91; Rm 10,8-13; Lc 4,1-13.

2º domingo
Ano A: Gn 12,1-4a; Sl 33; 2Tm 1,8b-10; Mt 17,1-9.
Ano B: Gn 22,1-2.9a.10-13.15-18; Sl 116; Rm 8,31b-34; Mc 9,2-10.
Ano C: Gn 15,5-12.17-18; Sl 27; Fl 3,17-4,1; Lc 9,28b-36.

3º domingo
Ano A: Ex 17,3-7; Sl 95; Rm 5,1-2.5-8; Jo 4,5-42.
Ano B: Ex 20,1-17; Sl 19; 1Cor 1,22-25; Jo 2,13-25.
Ano C: Ex 3,1-8a.13-15; Sl 103; 1Cor 10,1-6.10-12; Lc 13,1-9.

4º domingo
Ano A: 1Sm 16,1b.6-7.10-13a; Sl 23; Ef 5,8-14; Jo 9,1-41.
Ano B: 2Cr 36,14-16.19-23; Sl 137; Ef 2,4-10; Jo 3,14-21.
Ano C: Js 5,9a.10-12; Sl 34; 2Cor 5,17-21; Lc 15,1-3.11-32.

5º domingo
Ano A: Ez 37,12-14; Sl 130; Rm 8,8-11; Jo 11,1-45.
Ano B: Jr 31,31-34; Sl 51; Hb 5,7-9; Jo 12,20-33.
Ano C: Is 43,16-21; Sl 126; Fl 3,8-14; Jo 8,1-11.

Domingo de Ramos: Is 50,4-7; Sl 22; Fl 2,6-11; Evangelho: *Ano A:* Mt 26,14-27,66; *Ano B:* Mc 14,1-15,47; *Ano C:* Lc 22,14-23,56.
5ª feira santa: Ex 12,1-8.11-14; Sl 116; 1Cor 11,23-26; Jo 13,1-15.

TEXTOS BÍBLICOS PARA O ANO LITÚRGICO

6ª feira santa: Is 52,13-53,12; Sl 31; Hb 4,14-16; 5,7-9; Jo 18,1-19,42.

Vigília pascal: Gn 1,1-2,2; Sl 104; Gn 22, 1-18; Sl 16; Ex 14,15-15,1; Sl (Ex 15,1-18); Is 54,5-14; Sl 30; Is 55,1-11; Sl (Is 12,2-6); Br 3,9-15.32-4,4; Sl 19; Ez 36,16-17a.18-28; Sl 42; Rm 6,3-11; Sl 118; Evangelho: *Ano A:* Mt 28,1-10; *Ano B:* Mc 16,1-7; *Ano C:* Lc 24,1-12.

PÁSCOA

At 10,34a.37-43; Sl 118; Cl 3,1-4; Jo 20,1-9.

2º domingo
Ano A: At 2,42-47; Sl 118; 1Pd 1,3-9; Jo 20,19-31.
Ano B: At 4,32-35; Sl 118; 1Jo 5,1-6; Jo 20,19-31.
Ano C: At 5,12-16; Sl 118; Ap 1,9-11a.12-13.17-19; Jo 20,19-31.

3º domingo
Ano A: At 2,14.22-33; Sl 16; 1Pd 1,17-21; Lc 24,13-35.
Ano B: At 3,13-15.17-19; Sl 4; 1Jo 2,1-5a; Lc 24,35-48.
Ano C: At 5,27b-32.40b-41; Sl 30; Ap 5,11-14; Jo 21,1-19.

4º domingo
Ano A: At 2,14a.36-41; Sl 23; 1Pd 2,20b-25; Jo 10,1-10.
Ano B: At 4,8-12; Sl 118; 1Jo 3,1-2; Jo 10,11-18.
Ano C: At 13,14.43-52; Sl 100; Ap 7,9.14b-17; Jo 10,27-30.

5º domingo
Ano A: At 6,1-7; Sl 33; 1Pd 2,4-9; Jo 14,1-12.
Ano B: At 9,26-31; Sl 22; 1Jo 3,18-24; Jo 15,1-8.
Ano C: At 14,21b-27; Sl 145; Ap 21,1-5a; Jo 13,31-33a.34-35.

6º domingo
Ano A: At 8,5-8.14-17; Sl 66; 1Pd 3,15-18; Jo 14,15-21.
Ano B: At 10,25-26.34-35.44-48; Sl 98; 1Jo 4,7-10; Jo 15,9-17.
Ano C: At 15,1-2.22-29; Sl 67; Ap 21,10-14.22-23; Jo 14,23-29.

Ascensão: At 1,1-11; Sl 47; Ef 1,17-23; Evangelho: *Ano A:* Mt 28,16-20; *Ano B:* Mc 16,15-20; *Ano C:* Lc 24,46-53.

7º domingo
Ano A: At 1,12-14; Sl 27; 1Pd 4,13-16; Jo 17,1-11.
Ano B: At 1,15-17.20-26; Sl 103; 1Jo 4,11-16; Jo 17,11b-19.
Ano C: At 7,55-60; Sl 97; Ap 22,12-14.16-17.20; Jo 17,20-26.

PENTECOSTES

Vigília: Gn 11,1-9; Sl 104; Rm 8,22-27; Jo 7,37-39.
Dia: At 2,1-11; Sl 104; 1Cor 12,3-7.12-13; Jo 20,19-23.

SSMA. TRINDADE

Ano A: Ex 34,4b-6.8-9; Sl (Dn 3,52-56); 2Cor 13,11-13; Jo 3,16-18.
Ano B: Dt 4,32-34.39-40; Sl 33; Rm 8,14-17; Mt 28,16-20.
Ano C: Pr 8,22-31; Sl 8; Rm 5,1-5; Jo 16,12-15.

TEMPO COMUM

2º domingo
Ano A: Is 49,3.5-6; Sl 40; 1Cor 1,1-3; Jo 1,29-34.
Ano B: 1Sm 3,3b-10.19; Sl 40; 1Cor 6,13c-15a.17-20; Jo 1,35-42.
Ano C: Is 62,1-5; Sl 96; 1Cor 12,4-11; Jo 2,1-11.

3º domingo
Ano A: Is 8,23b-9,3; Sl 27; 1Cor 1,10-13.17; Mt 4,12-23.
Ano B: Jn 3,1-5.10; Sl 25; 1Cor 7,29-31; Mc 1,14-20.
Ano C: Ne 8,2-4a.5-6.8-10; Sl 19; 1Cor 12,12-30; Lc 1,1-4; 4,14-21.

4º domingo
Ano A: Sf 2,3; 3,12-13; Sl 146; 1Cor 1,26-31; Mt 5,1-12a.
Ano B: Dt 18,15-20; Sl 95; 1Cor 7,32-35; Mc 1,21-28.
Ano C: Jr 1,4-5.17-19; Sl 71; 1Cor 12,31-13,13; Lc 4,21-30.

5º domingo
Ano A: Is 58,7-10; Sl 112; 1Cor 2,1-5; Mt 5,13-16.
Ano B: Jó 7,1-4.6-7; Sl 147; 1Cor 9,16-19.22-23; Mc 1,29-39.
Ano C: Is 6,1-8; Sl 138; 1Cor 15,1-11; Lc 5,1-11.

6º domingo
Ano A: Eclo 15,15-20; Sl 119,1-34; 1Cor 2,6-10; Mt 5,17-37.
Ano B: Lv 13,1-2.44-46; Sl 32; 1Cor 10,31-11,1; Mc 1,40-45.
Ano C: Jr 17,5-8; Sl 1; 1Cor 15,12.16-20; Lc 6,17.20-26.

7º domingo
Ano A: Lv 19,1-2.17 18; Sl 103; 1Cor 3,16-23; Mt 5,38-48.

TEXTOS BÍBLICOS PARA O ANO LITÚRGICO

Ano B: Is 43,18-19.21-22.24b-25; Sl 41; 2Cor 1,18-22; Mc 2,1-12.
Ano C: 1Sm 26,2.7-9.12-13.22-23; Sl 103; 1Cor 15,45-49; Lc 6,27-38.

8º domingo
Ano A: Is 49,14-15; Sl 62; 1Cor 4,1-5; Mt 6,24-34.
Ano B: Os 2,16b.17b..21-22; Sl 103; 2Cor 3,1b-6; Mc 2,18-22.
Ano C: Eclo 27,4-7; Sl 92; 1Cor 15,54-58; Lc 6,39-45.

9º domingo
Ano A: Dt 11,18.26-28.32; Sl 31; Rm 3,21-25a.28; Mt 7,21-27.
Ano B: Dt 5,12-15; Sl 81; 2Cor 4,6-11; Mc 2,23-3,6.
Ano C: 1Rs 8,41-43; Sl 117; Gl 1,1-2.6-10; Lc 7,1-10.

10º domingo
Ano A: Os 6,3-6; Sl 50; Rm 4,18-25; Mt 9,9-13.
Ano B: Gn 3,9-15; Sl 130; 2Cor 4,13-5,1; Mc 3,20-35.
Ano C: 1Rs 17,17-24; Sl 30; Gl 1,11-19; Lc 7,11-17.

11º domingo
Ano A: Ex 19,2-6a; Sl 100; Rm 5,6-11; Mt 9,36-10,8.
Ano B: Ez 17,22-24; Sl 92; 2Cor 5,6-10; Mc 4,26-34.
Ano C: 2Sm 12,7-10.13; Sl 32; Gl 2,16.19-21; Lc 7,36-8,3.

12º domingo
Ano A: Jr 20,10-13; Sl 69; Rm 5,12-15; Mt 10,26-33.
Ano B: Jó 38,1.8-11; Sl 107; 2Cor 5,14-17; Mc 4,35-41.
Ano C: Zc 12,10-11; 13,1; Sl 63; Gl 3,26-29; Lc 9,18-24.

13º domingo
Ano A: 2Rs 4,8-11.14-16a; Sl 89; Rm 6,3-4.8-11; Mt 10,37-42.
Ano B: Sb 1,13-15; 2,23-24; Sl 30; 2Cor 8,7.9.13-15; Mc 5,21-43.
Ano C: 1Rs 19,16b.19-21; Sl 16; Gl 5,1.13-18; Lc 9,51-62.

14º domingo
Ano A: Zc 9,9-10; Sl 145; Rm 8,9.11-13; Mt 11,25-30.
Ano B: Ez 2,2-5; Sl 123; 2Cor 12,7-10; Mc 6,1-6.
Ano C: Is 66,10-14; Sl 66; Gl 6,14-18; Lc 10,1-12.17-20.

15º domingo
Ano A: Is 55,10-11; Sl 65; Rm 8,18-23; Mt 13,1-23.

Ano B: Am 7,12-15; Sl 85; Ef 1,3-14; Mc 6,7-13.
Ano C: Dt 30,10-14; Sl 69; Cl 1,15-20; Lc 10,25-37.

16º domingo
Ano A: Sb 12,13.16-19; Sl 86; Rm 8,26-27; Mt 13,24-43.
Ano B: Jr 23,1-6; Sl 23; Ef 2,13-18; Mc 6,30-34.
Ano C: Gn 18,1-10a; Sl 15; Cl 1,24-28; Lc 10,38-42.

17º domingo
Ano A: 1Rs 3,5.7-12; Sl 119,72-77.127-130; Rm 8,28-30; Mt 13,44-52.
Ano B: 2Rs 4,42-44; Sl 145; Ef 4,1-6; Jo 6,1-15.
Ano C: Gn 18,20-32; Sl 138; Cl 2,12-14; Lc 11,1-13.

18º domingo
Ano A: Is 55,1-3; Sl 145; Rm 8,35.37-39; Mt 14,13-21.
Ano B: Ex 16,2-4.12-15; Sl 78; Ef 4,17.20-24; Jo 6,24-35.
Ano C: Ecl 1,2; 2,21-23; Sl 90; Cl 3,1-5.9-11; Lc 12,13-21.

19º domingo
Ano A: 1Rs 19,9a.11-13; Sl 85; Rm 9,1-5; Mt 14,22-31.
Ano B: 1Rs 19,4-8; Sl 34; Ef 4,30-5,2; Jo 6,41-51.
Ano C: Sb 18,6-9; Sl 33; Hb 11,1-2.8-19; Lc 12,32-48.

20º domingo
Ano A: Is 56,1.6-7; Sl 67; Rm 11,13-15.29-32; Mt 15,21-28.
Ano B: Pr 9,1-6; Sl 34; Ef 5,15-20; Jo 6,51-58.
Ano C: Jr 38,4-6.8-10; Sl 40; Hb 12,1-4; Lc 12,49-53.

21º domingo
Ano A: Is 22,19-23; Sl 138; Rm 11,33-36; Mt 16,13-20.
Ano B: Js 24,1-2a.15-17.18b; Sl 34; Ef 5,21-32; Jo 6,60-69.
Ano C: Is 66,18-21; Sl 117; Hb 12,5-7.11-13; Lc 13,22-30.

22º domingo
Ano A: Jr 20,7-9; Sl 63; Rm 12,1-2; Mt 16,21-27.
Ano B: Dt 4,1-2.6-8; Sl 15; Tg 1,17-18.21b-22.27; Mc 7,1-8.14-15.21-23.
Ano C: Eclo 3,17-20.27-28; Sl 68; Hb 12,18-19.22-24a; Lc 14,1.7-14.

23º domingo
Ano A: Ez 33,7-9; Sl 95; Rm 13,8-10; Mt 18,15-20.

Ano B: Is 35,4-7a; Sl 146; Tg 2,1-5; Mc 7,31-37.
Ano C: Sb 9,13-18; Sl 90; Fm 9b-10.12-17; Lc 14,25-33.

24º domingo
Ano A: Eclo 27,30-28,7; Sl 103; Rm 14,7-9; Mt 18,21-35.
Ano B: Is 50,5-9a; Sl 116; Tg 2,14-18; Mc 8,27-35.
Ano C: Ex 32,7-11.13-14; Sl 51; 1Tm 1,12-17; Lc 15,1-32.

25º domingo
Ano A: Is 55,6-9; Sl 145; Fl 1,20c-24.27a; Mt 20,1-16a.
Ano B: Sb 2,12a.17-20; Sl 54; Tg 3,16-4,3; Mc 9,30-37.
Ano C: Am 8,4-7; Sl 113; 1Tm 2,1-8; Lc 16,1-13.

26º domingo
Ano A: Ez 18,25-28; Sl 25; Fl 2,1-11; Mt 21,28-32.
Ano B: Nm 11,25-29; Sl 19; Tg 5,1-6; Mc 9,38-43.45.47-48.
Ano C: Am 6,1a.4-7; Sl 146; 1Tm 6,11-16; Lc 16,19-31.

27º domingo
Ano A: Is 5,1-7; Sl 80; Fl 4,6-9; Mt 21,33-43.
Ano B: Gn 2,18-24; Sl 128; Hb 2,9-11; Mc 10,2-16.
Ano C: Hab 1,2-3; 2,2-4; Sl 95; 2Tm 1,6-8.13-14; Lc 17,5-10.

28º domingo
Ano A: Is 25,6-10a; Sl 23; Fl 4,12-14.19-20; Mt 22,1-14.
Ano B: Sb 7,7-11; Sl 90; Hb 4,12-13; Mc 10,17-30.
Ano C: 2Rs 5,14-17; Sl 98; 2Tm 2,8-13; Lc 17,11-19.

29º domingo
Ano A: Is 45,1.4-6; Sl 96; 1Ts 1,1-5b; Mt 22,15-21.
Ano B: Is 53,10-11; Sl 33; Hb 4,14-16; Mc 10,35-45.
Ano C: Ex 17,8-13; Sl 121; 2Tm 3,14-4,2; Lc 18,1-8.

30º domingo
Ano A: Ex 22,20-26; Sl 18; 1Ts 1,5c-10; Mt 22,34-40.
Ano B: Jr 31,7-9; Sl 126; Hb 5,1-6; Mc 10,46-52.
Ano C: Eclo 35,12-14.16-18; Sl 34; 2Tm 4,6-8.16-18; Lc 18,9-14.

31º domingo
Ano A: Ml 1,14b-2,2b.8-10; Sl 131; 1Ts 2,7b-9.13; Mt 23,1-12.
Ano B: Dt 6,2-6; Sl 18; Hb 7,23-28; Mc 12,28b-34.
Ano C: Sb 11,22-12,2; Sl 145; 2Ts 1,11-2,2; Lc 19,1-10.

32º domingo
Ano A: Sb 6,12-16; Sl 63; 1Ts 4,13-18; Mt 25,1-13.
Ano B: 1Rs 17,10-16; Sl 146; Hb 9,24-28; Mc 12,38-44.
Ano C: 2Mc 7,1-2.9-14; Sl 17; 2Ts 2,16-3,5; Lc 20,27-38.

33º domingo
Ano A: Pr 31,10-13.19-20.30-31; Sl 128; 1Ts 5,1-6; Mt 25,14-30.
Ano B: Dn 12,1-3; Sl 16; Hb 10,11-14.18; Mc 13,24-32.
Ano C: Ml 3,19-20a; Sl 98; 2Ts 3,7-12; Lc 21,5-19.

34º domingo: Cristo Rei
Ano A: Ez 34,11-12.15-17; Sl 23; 1Cor 15,20-26.28; Mt 25,31-46.
Ano B: Dn 7,13-14; Sl 93; Ap 1,5-8; Jo 18,33b-37.
Ano C: 2Sm 5,1-3; Sl 122; Cl 1,12-20; Lc 23,35-43.

LEITURAS DURANTE A SEMANA

1ª semana do Advento
2ª feira: Is 2,1-5; Sl 122; Mt 8,5-11;
3ª feira: Is 11,1-10; Sl 72; Lc 10,21-24;
4ª feira: Is 25,6-10a; Sl 23; Mt 15,29-37;
5ª feira: Is 26,1-6; Sl 118; Mt 7,21.24-27;
6ª feira: Is 29,17-24; Sl 27; Mt 9,27-31;
Sábado: Is 30,19-21.23-26; Sl 147; Mt 9,35-10,1.6-8.

2ª semana do Advento
2ª feira: Is 35,1-10; Sl 85; Lc 5,17-26;
3ª feira: Is 40,1-11; Sl 96; Mt 18, 12-14;
4ª feira: Is 40,25-31; Sl 103; Mt 11,28-30;
5ª feira: Is 41,13-20; Sl 145; Mt 11,11-15;
6ª feira: Is 48,17-19; Sl 1; Mt 11,16-19;
Sábado: Eclo 48,1-4.9-11; Sl 80; Mt 17,10-13.

3ª semana do Advento
2ª feira: Nm 24,2-7.15-17a; Sl 25; Mt 21,23-27;
3ª feira: Sf 3,1-2.9-13; Sl 34; Mt 21,28-32;
4ª feira: Is 45,6b-8.18.21b-25; Sl 85; Lc 7,19-23;
5ª feira: Is 54,1-10; Sl 30; Lc 7,24-30;
6ª feira: Is 56,1-3a.6-8; Sl 67; Jo 5,33-36.
17 de dezembro: Gn 49,2.8-10; Sl 72; Mt 1,1-17.
18 de dezembro: Jr 23,5-8; Sl 72; Mt 1,18-25.
19 de dezembro: Jz 13,2-7.24-25a; Sl 71; Lc 1,5-25.

20 de dezembro: Is 7,10-14; Sl 24; Lc 1,26-38.
21 de dezembro: Ct 2,8-14; Sl 33; Lc 1,39-45.
22 de dezembro: 1Sm 1,24-28; Sl (1Sm 2,1.4-8); Lc 1,46-56.
23 de dezembro: Ml 3,1-4.23-24; Sl 25; Lc 1,57-66.
24 de dezembro: 2Sm 7,1-5.8b-12.14a.-16; Sl 89; Lc 1,67-79.
29 de dezembro: 1Jo 2,3-11; Sl 96; Lc 2,22-35.
30 de dezembro: 1Jo 2,12-17; Sl 96; Lc 2,36-40.
31 de dezembro: 1Jo 2,18-21; Sl 96; Jo 1,1-18.
2 de janeiro (antes da Epifania): 1Jo 2,22-28; Sl 98; Jo 1,19-28.
3 de janeiro (antes da Epifania): 1Jo 2,29-3,6; Sl 98; Jo 1,29-34.
4 de janeiro (antes da Epifania): 1Jo 3,7-10; Sl 98; Jo 1,35-42.
5 de janeiro (antes da Epifania): 1Jo 3,11-21; Sl 100; Jo 1,43-51.
6 de janeiro (antes da Epifania): 1Jo 5,5-13; Sl 147; Mc 1,7-11.
7 de janeiro (antes da Epifania): 1Jo 5,14-21; Sl 149; Jo 2,1-11.

Segunda-feira depois da Epifania: 1Jo 3,22-4,6; Sl 2; Mt 4,12-17.23-25.
Terça-feira depois da Epifania: 1Jo 4,7-10; Sl 72; Mc 6,34-44.
Quarta-feira depois da Epifania: 1Jo 4,11-18; Sl 72; Mc 6,45-52.
Quinta-feira depois da Epifania: 1Jo 4,19-5,4; Sl 72; Lc 4,14-22a.
Sexta-feira depois da Epifania: 1Jo 5,5-13; Sl 147; Lc 5,12-16.
Sábado depois da Epifania: 1Jo 5,14-21; Sl 149; Jo 3,22-30.

Quarta-feira de Cinzas: Jl 2,12-18; Sl 51; 2Cor 5,20-6,2; Mt 6,1-6.16-18.
5ª feira depois das Cinzas: Dt 30,15-20; Sl 1; Lc 9,22-25.
6ª feira depois das Cinzas: Is 58,1-9a; Sl 51; Mt 9,14-15.
Sábado depois das Cinzas: Is 58,9b-14; Sl 86; Lc 5,27-32.

1ª semana da Quaresma
2ª feira: Lv 19,1-2.11-18; Sl 19; Mt 25,31-46;
3ª feira: Is 55,10-11; Sl 34; Mt 6,7-15;
4ª feira: Jn 3,1-10; Sl 51; Lc 11,29-32;
5ª feira: Est 4,17j-l.r,s,t,u; Sl 138; Mt 7,7-12;
6ª feira: Ez 18,21-28; Sl 130; Mt 5,20-26;
Sábado: Dt 26,16-19; Sl 119,1-8; Mt 5,43-48.

2ª semana da Quaresma
2ª feira: Dn 9,4b-10; Sl 79; Lc 6,36-38;
3ª feira: Is 1,10.16-20; Sl 50; Mt 23,1-12;
4ª feira: Jr 18,18-20; Sl 31; Mt 20,17-28;
5ª feira: Jr 17,5-10; Sl 1; Lc 16,19-31;
6ª feira: Gn 37,3-4.12-13a.17b-28; Sl 105,16-21; Mt 21,33-43.45-46;
Sábado: Mq 7,14-15.18-20; Sl 103; Lc 15,1-3.11-32.

3ª semana da Quaresma
2ª feira: 2Rs 5,1-15a; Sls 42-43; Lc 4,24-30;
3ª feira: Dn 3,25.34-43; Sl 25; Mt 18,21-35;
4ª feira: Dt 4,1.5-9; Sl 147; Mt 5,17-19;
5ª feira: Jr 7,23-28; Sl 95; Lc 11,14-23;
6ª feira: Os 14,2-10; Sl 81; Mc 12,28b-34;
Sábado: Os 6,1-6; Sl 51; Lc 18,9-14.

4ª semana da Quaresma
2ª feira: Is 65,17-21; Sl 30; Jo 4,43-54;
3ª feira: Ez 47,1-9.12; Sl 46; Jo 5,1-16;
4ª feira: Is 49,8-15; Sl 145; Jo 5,17-30;
5ª feira: Ex 32,7-14; Sl 106; Jo 5,31-47;
6ª feira: Sb 2,1a.12-22; Sl 34; Jo 7,1-2.10.25-30;
Sábado: Jr 11,18-20; Sl 7; Jo 7,40-53.

5ª semana da Quaresma
2ª feira: Dn 13,1-9.15-17.19-30.33-62; Sl 23; Jo 8,1-11;
3ª feira: Nm 21,4-9; Sl 102; Jo 8,21-30;
4ª feira: Dn 3,14-20.24.49a.91-92.95; Sl (Dn 3,52-57); Jo 8,31-42;
5ª feira: Gn 17,3-9; Sl 105,1-9; Jo 8,51-59;
6ª feira: Jr 20,10-13; Sl 18,1-7; Jo 10,31-42;
Sábado: Ez 37,21-28; Sl (Jr 31,10-13); Jo 11,45-56.

Semana Santa
2ª feira: Is 42,1-7; Sl 27; Jo 12,1-11;
3ª feira: Is 49,1-6; Sl 71; Jo 13,21-33.36-38;
4ª feira: Is 50,4-9a; Sl 69; Mt 26,14-25.

1ª semana da Páscoa (oitava da Páscoa)
2ª feira: At 2,14.22-33; Sl 16; Mt 28,8-15;
3ª feira: At 2,36-41; Sl 33; Jo 20,11-18;
4ª feira: At 3,1-10; Sl 105; 1-11; Lc 24,13-35;
5ª feira: At 3,11-26; Sl 8; Lc 24,35-48;
6ª feira: At 4,1-12; Sl 118; Jo 21,1-14;
Sábado: At 4,13-21; Sl 118; Mc 16,9-15.

2ª semana da Páscoa
2ª feira: At 4,23-31; Sl 2; Jo 3,1-8;
3ª feira: At 4,32-37; Sl 93; Jo 3,7b-15;
4ª feira: At 5,17-26; Sl 34; Jo 3,16-21;
5ª feira: At 5,27-33; Sl 34; Jo 3,31-36;
6ª feira: At 5,34-42; Sl 27; Jo 6,1-15;
Sábado: At 6,1-7; Sl 33; Jo 6,16-21.

3ª semana da Páscoa
2ª feira: At 6,8-15; Sl 119; 23-30; Jo 6,22-29;
3ª feira: At 7,51-8,1a; Sl 31; Jo 6,30-35;
4ª feira: At 8,1b-8; Sl 66; Jo 6,35-40;
5ª feira: At 8,26-40; Sl 66; Jo 6,44-51;

6ª feira: At 9,1-20; Sl 117; Jo 6,52-59;
Sábado: At 9,31-42; Sl 116,10-19; Jo 6,60-69.

4ª semana da Páscoa
2ª feira: At 11,1-18; Sls 42-43; Jo 10,1-10 (*Ano A:* 10,11-18);
3ª feira: At 11,19-26; Sl 87; Jo 10,22-30;
4ª feira: At 12,24-13,5a; Sl 67; Jo 12,44-50;
5ª feira: At 13,13-25; Sl 89,1-27; Jo 13,16-20;
6ª feira: At 13,26-33; Sl 2; Jo 14,1-6;
Sábado: At 13,44-52; Sl 98; Jo 14,7-14.

5ª semana da Páscoa
2ª feira: At 14,5-18; Sl 115; Jo 14,21-26;
3ª feira: At 14,19-28; Sl 145; Jo 14,27-31a;
4ª feira: At 15,1-6; Sl 122; Jo 15,1-8;
5ª feira: At 15,7-21; Sl 96; Jo 15,9-11;
6ª feira: At 15,22-31; Sl 57; Jo 15,12-17;
Sábado: At 16,1-10; Sl 100; Jo 15,18-21.

6ª semana da Páscoa
2ª feira: At 16,11-15; Sl 149; Jo 15,26-16,4a;
3ª feira: At 16,22-34; Sl 138; Jo 16,5-11;
4ª feira: At 17,15.22-18,1; Sl 148; Jo 16,12-15;
5ª feira: At 18,1-8; Sl 98; Jo 16,16-20;
6ª feira: At 18,9-18; Sl 47; Jo 16,20-23a;
Sábado: At 18,23-28; Sl 47; Jo 16,23b-28.

7ª semana da Páscoa
2ª feira: At 19,1-8; Sl 68,1-7; Jo 16,29-33;
3ª feira: At 20,17-27; Sl 68,10-22; Jo 17,1-11a;
4ª feira: At 20,28-38; Sl 68,29-36; Jo 17,11b-19;
5ª feira: At 22,30; 23,6-11; Sl 16; Jo 17,20-26;
6ª feira: At 25,13b-21; Sl 103; Jo 21,15-19;
Sábado: At 28,16-20.30-31; Sl 11; Jo 21,20-25.

1ª semana comum
2ª feira: Ano ímpar: Hb 1,1-6; Sl 97; Ano par: 1Sm 1,1-8; Sl 116,10-19; Mc 1,14-20;
3ª feira: Ano ímpar: Hb 2,5-12; Sl 8; Ano par: 1Sm 1,9-20; Sl (1Sm 2,1-8); Mc 1,21b-28;
4ª feira: Ano ímpar: Hb 2,14-18; Sl 105,1-9; Ano par: 1Sm 3,1-10.19-20; Sl 40; Mc 1,29-39;
5ª feira: Ano ímpar: Hb 3,7-14; Sl 95; Ano par: 1Sm 4,1-11; Sl 44; Mc 1,40-45;
6ª feira: Ano ímpar: Hb 4,1-5.11; Sl 78; Ano par: 1Sm 8,4-7.10-22a; Sl 89,1-19; Mc 2,1-12;
Sábado: Ano ímpar: Hb 4,12-16; Sl 19; Ano par: 1Sm 9,1-4.17-19; 10,1a; Sl 21; Mc 2,13-17.

2ª semana comum
2ª feira: Ano ímpar: Hb 5,1-10; Sl 110; Ano par: 1Sm 15,16-23; Sl 50; Mc 2,18-22;
3ª feira: Ano ímpar: Hb 6,10-20; Sl 111; Ano par: 1Sm 16,1-13; Sl 89, 20-28; Mc 2,23-28;
4ª feira: Ano ímpar: Hb 7,1-3.15-17; Sl 110; Ano par: 1Sm 17,32-33.37.40-51; Sl 144; Mc 3,1-6;
5ª feira: Ano ímpar: Hb 7,25-8,6; Sl 40; Ano par: 1Sm 18,6-9; 19,1-7; Sl 56; Mc 3,7-12;
6ª feira: Ano ímpar: Hb 8,6-13; Sl 85; Ano par: 1Sm 24,3-21; Sl 57; Mc 3,13-19;
Sábado: Ano ímpar: Hb 9,2-3.11-14; Sl 47; Ano par: 2Sm 1,1-4.11-12.19.23-27; Sl 80; Mc 3,20-21.

3ª semana comum
2ª feira: Ano ímpar: Hb 9,15.24-28; Sl 98; Ano par: 2Sm 5,1-7.10; Sl 89,20-26; Mc 3,22-30;
3ª feira: Ano ímpar: Hb 10,1-10; Sl 40; Ano par: 2Sm 6,12b-15.17-19; Sl 24; Mc 3,31-35;
4ª feira: Ano ímpar: Hb 10,11-18; Sl 110; Ano par: 2Sm 7,4-17; Sl 89; Mc 4,1-20;
5ª feira: Ano ímpar: Hb 10,19-25; Sl 24; Ano par: 2Sm 7,18-19.24-29; Sl 132; Mc 4,21-25;
6ª feira: Ano ímpar: Hb 10,32-39; Sl 37; Ano par: 2Sm 11,1-4a.5-10a.13-17; Sl 51; Mc 4,26-34;
Sábado: Ano ímpar: Hb 11,1-2.8-19; Sl (Lc 1,69-75); Ano par: 2Sm 12,1-7a.10-17; Sl 51; Mc 4,35-41.

4ª semana comum
2ª feira: Ano ímpar: Hb 11,32-40; Sl 31; Ano par: 2Sm 15,13-14.30; 16,5-13a; Sl 3; Mc 5,1-20;
3ª feira: Ano ímpar: Hb 12,1-4; Sl 22; Ano par: 2Sm 18,9-10.14b.24-25a.30-19,3; Sl 86; Mc 5,21-43;
4ª feira: Ano ímpar: Hb 12,4-7.11-15; Sl 103; Ano par: 2Sm 24,2.9-17; Sl 32; Mc 6,1-6;
5ª feira: Ano ímpar: Hb 12,18-19.21-24; Sl 48; Ano par: 1Rs 2,1-4.10-12; Sl (1Cr 29,10-12); Mc 6,7-13;
6ª feira: Ano ímpar: Hb 13,1-8; Sl 27; Ano par: Eclo 47,2-11; Sl 18,31-51; Mc 6,14-29;
Sábado: Ano ímpar: Hb 13,15-17.20-21; Sl 23; Ano par: 1Rs 3,4-13; Sl 119,9-14; Mc 6,30 34.

5ª semana comum
2ª feira: Ano ímpar: Gn 1,1-19; Sl 104; Ano par: 1Rs 8,1-7.9-13; Sl 132; Mc 6,53-56;
3ª feira: Ano ímpar: Gn 1,20-2,4a; Sl 8; Ano par: 1Rs 8,22-23.27-30; Sl 84; Mc 7,1-13;
4ª feira: Ano ímpar: Gn 2,4b-9.15-17; Sl 104; Ano par: 1Rs 10,1-10; Sl 37; Mc 7,14-23;
5ª feira: Ano ímpar: Gn 2,18-25; Sl 128; Ano par: 1Rs 11,4-13; Sl 106,1-40; Mc 7,24-30;
6ª feira: Ano ímpar: Gn 3,1-8; Sl 32; Ano par: 1Rs 11,29-32; 12,19; Sl 81; Mc 7,31-37;
Sábado: Ano ímpar: Gn 3,9-24; Sl 90; Ano par: 1Rs 12,26-32; 13,33-34; Sl 106,1-22; Mc 8,1-10.

6ª semana comum
2ª feira: Ano ímpar: Gn 4,1-15.25; Sl 50; Ano par: Tg 1,1-11; Sl 119,67-76; Mc 8,11-13;
3ª feira: Ano ímpar: Gn 6,5-8; 7,1 5.10; Sl 29; Ano par: Tg 1,12-18; Sl 94; Mc 8,14-21;

4ª feira: Ano ímpar: Gn 8,6-13.20-22; Sl 116,10-19; Ano par: Tg 1,19-27; Sl 15; Mc 8,22-26;
5ª feira: Ano ímpar: Gn 9,1-13; Sl 102; Ano par: Tg 2,1-9; Sl 34; Mc 8,27-33;
6ª feira: Ano ímpar: Gn 11,1-9; Sl 33; Ano par: Tg 2,14-24.26; Sl 112; Mc 8,34-9,1;
Sábado: Ano ímpar: Hb 11,1-7; Sl 145; Ano par: Tg 3,1-10; Sl 12; Mc 9,2-13.

7ª semana comum
2ª feira: Ano ímpar: Eclo 1,1-8; Sl 93; Ano par: Tg 3,13-18; Sl 19; Mc 9,14-29;
3ª feira: Ano ímpar: Eclo 2,1-11; Sl 37; Ano par: Tg 4,1-10; Sl 55; Mc 9,30-37;
4ª feira: Ano ímpar: Eclo 4,11-19; Sl 119,165-175; Ano par: Tg 4,13-17; Sl 49; Mc 9,38-40;
5ª feira: Ano ímpar: Eclo 5,1-8; Sl 1; Ano par: Tg 5,1-6; Sl 49; Mc 9,41-50;
6ª feira: Ano ímpar: Eclo 6,5-17; Sl 119,12-35; Ano par: Tg 5,9-12; Sl 103; Mc 10,1-12;
Sábado: Ano ímpar: Eclo 17,1-13; Sl 103; Ano par: Tg 5,13-20; Sl 141; Mc 10,13-16.

8ª semana comum
2ª feira: Ano ímpar: Eclo 17,19-27; Sl 32; Ano par: 1Pd 1,3-9; Sl 111; Mc 10,17-27;
3ª feira: Ano ímpar: Eclo 35,1-12; Sl 50; Ano par: 1Pd 1,10-16; Sl 98; Mc 10,28-31;
4ª feira: Ano ímpar: Eclo 36,1.4-5a. 10-17; Sl 79; Ano par: 1Pd 1,18-25; Sl 147,12-20; Mc 10,32-45;
5ª feira: Ano ímpar: Eclo 42,15-25; Sl 33; Ano par: 1Pd 2,2-5.9-12; Sl 100; Mc 10,46-52;
6ª feira: Ano ímpar: Eclo 44,1.9-13; Sl 149; Ano par: 1Pd 4,7-13; Sl 96; Mc 11,11-26;
Sábado: Ano ímpar: Eclo 51,12-20; Sl 19; Ano par: Jd 17.20-25; Sl 63; Mc 11,27-33.

9ª semana comum
2ª feira: Ano ímpar: Tb 1,3; 2,1a-8; Sl 112; Ano par: 2Pd 1,2-7; Sl 91; Mc 12,1-12;
3ª feira: Ano ímpar: Tb 2,9-14; Sl 112; Ano par: 2Pd 3,12-15a.17-18; Sl 90; Mc 12,13-17;
4ª feira: Ano ímpar: Tb 3,1-11a.16-17a; Sl 25; Ano par: 2Tm 1,1-3.6-12; Sl 123; Mc 12,18-27;
5ª feira: Ano ímpar: Tb 6,10-11; 7,1.9-17; 8,4-9a; Sl 128; Ano par: 2Tm 2,8-15; Sl 25; Mc 12,28b-34;
6ª feira: Ano ímpar: Tb 11,5-17; Sl 146; Ano par: 2Tm 3,10-17; Sl 119,157-168; Mc 12,35-37;
Sábado: Ano ímpar: Tb 12,1.5-15.20; Sl (Tb 13,1-9); Ano par: 2Tm 4,1-8; Sl 71; Mc 12,38-44.

10ª semana comum
2ª feira: Ano ímpar: 2Cor 1,1-7; Sl 34; Ano par: 1Rs 17,1-6; Sl 121; Mt 5,1-12;
3ª feira: Ano ímpar: 2Cor 1,18-22; Sl 119,129-135; Ano par: 1Rs 17,7-16; Sl 4; Mt 5,13-16;
4ª feira: Ano ímpar: 2Cor 3,4-11; Sl 99; Ano par: 1Rs 18,20-39; Sl 16; Mt 5,17-19;
5ª feira: Ano ímpar: 2Cor 3,15-4,1.3-6; Sl 85; Ano par: 1Rs 18,41-46; Sl 65; Mt 5,20-26;
6ª feira: Ano ímpar: 2Cor 4,7-15; Sl 116,10-19; Ano par: 1Rs 19,9a.11-16; Sl 27; Mt 5,27-32;
Sábado: Ano ímpar: 2Cor 5,14-21; Sl 103; Ano par: 1Rs 19,19-21; Sl 16; Mt 5,33-37.

11ª semana comum
2ª feira: Ano ímpar: 2Cor 6,1-10; Sl 98; Ano par: 1Rs 21,1-16; Sl 5; Mt 5,38-42;
3ª feira: Ano ímpar: 2Cor 8,1-9; Sl 146; Ano par: 1Rs 21,17-29; Sl 51; Mt 5,43-48;
4ª feira: Ano ímpar: 2Cor 9,6-11; Sl 112; Ano par: 2Rs 2,1.6-14; Sl 31; Mt 6,1-6.16-18;
5ª feira: Ano ímpar: 2Cor 11,1-11; Sl 111; Ano par: Eclo 48,1-14; Sl 97; Mt 6,7-15;
6ª feira: Ano ímpar: 2Cor 11,18.21b-30; Sl 34; Ano par: 2Rs 11,1-4.9-18.20; Sl 132; Mt 6,19-23;
Sábado: Ano ímpar: 2Cor 12,1-10; Sl 34; Ano par: 2Cr 24,17-25; Sl 89; Mt 6,24-34.

12ª semana comum
2ª feira: Ano ímpar: Gn 12,1-9; Sl 33; Ano par: 2Rs 17,5-8.13-15a.18; Sl 60; Mt 7,1-5;
3ª feira: Ano ímpar: Gn 13,2.5-18; Sl 15; Ano par: 2Rs 19,9b-11.14-21.31-35a.36; Sl 48; Mt 7,6.12-14;
4ª feira: Ano ímpar: Gn 15,1-12.17-18; Sl 105,1-9; Ano par: 2Rs 22,8-13; 23,1-3; Sl 118; Mt 7,15-20;
5ª feira: Ano ímpar: Gn 16,1-12.15-16; Sl 106,1-5; Ano par: 2Rs 24,8-17; Sl 79; Mt 7,21-29;
6ª feira: Ano ímpar: Gn 17,1.9-10.15-22; Sl 128; Ano par: 2Rs 25,1-12; Sl 137; Mt 8,1-4;
Sábado: Ano ímpar: Gn 18,1-15; Sl (Lc 1,46-55); Ano par: Lm 2,2.10-14.18-19; Sl 74; Mt 8,5-17.

13ª semana comum
2ª feira: Ano ímpar: Gn 18,16-33; Sl 103; Ano par: Am 2,6-10.13-16; Sl 50; Mt 8,18-22;
3ª feira: Ano ímpar: Gn 19,15-29; Sl 26; Ano par: Am 3,1-8; 4,11-12; Sl 5; Mt 8,23-27;
4ª feira: Ano ímpar: Gn 21,5.8-20; Sl 34; Ano par: Am 5,14-15.21-24; Sl 50; Mt 8,28-34;
5ª feira: Ano ímpar: Gn 22,1-19; Sl 116,1-9; Ano par: Am 7,10-17; Sl 19; Mt 9,1-8;

6ª feira: Ano ímpar: Gn 23,1-4.19; 24,1-8.62-67; Sl 106,1-5; Ano par: Am 8,4-6.9-12; Sl 119,1-47; Mt 9,9-13;
Sábado: Ano ímpar: Gn 27,1-5.15-29; Sl 135; Ano par: Am 9,11-15; Sl 85; Mt 9,14-17.

14ª semana comum
2ª feira: Ano ímpar: Gn 28,10-22a; Sl 91; Ano par: Os 2,16.17b-18.21-22; Sl 145; Mt 9,18-26;
3ª feira: Ano ímpar: Gn 32,23-33; Sl 17; Ano par: Os 8,4-7.11-13; Sl 115; Mt 9,32-38;
4ª feira: Ano ímpar: Gn 41,55-57; 42,5-7a. 17-24a; Sl 33; Ano par: Os 10,1-3.7-8.12; Sl 105,1-7; Mt 10,1-7;
5ª feira: Ano ímpar: Gn 44,18-21.23b-29; 45,1-5; Sl 105,16-21; Ano par: Os 11,1-4.8c-9; Sl 80; Mt 10,7-15;
6ª feira: Ano ímpar: Gn 46,1-7.28-30; Sl 37; Ano par: Os 14,2-10; Sl 51; Mt 10,16-23;
Sábado: Ano ímpar: Gn 49,29-32; 50,15-26a; Sl 105,1-7; Ano par: Is 6,1-8; Sl 93; Mt 10,24-33.

15ª semana comum
2ª feira: Ano ímpar: Ex 1,8-14.22; Sl 124; Ano par: Is 1,10-17; Sl 50; Mt 10,34-11,1;
3ª feira: Ano ímpar: Ex 2,1-15a; Sl 69; Ano par: Is 7,1-9; Sl 48; Mt 11,20-24;
4ª feira: Ano ímpar: Ex 3,1-6.9-12; Sl 103; Ano par: Is 10,5-7.13-16; Sl 94; Mt 11,25-27;
5ª feira: Ano ímpar: Ex 3,13-20; Sl 105,1-27; Ano par: Is 26,7-9.12.16-19; Sl 102; Mt 11,28-30;
6ª feira: Ano ímpar: Ex 11,10-12,14; Sl 116,10-19; Ano par: Is 38,1-6.21-22.7-8; Sl (Is 38,10-17); Mt 12,1-8;

16ª semana comum
2ª feira: Ano ímpar: Ex 14,5-18; Sl (Ex 15,1-6); Ano par: Mq 6,1-4.6-8; Sl 50; Mt 12,38-42;
3ª feira: Ano ímpar: Ex 14,21-15,1; Sl (Ex 15,8-17); Ano par: Mq 7,14-15.18-20; Sl 85; Mt 12,46-50;
4ª feira: Ano ímpar: Ex 16,1-5.9-15; Sl 78,18-28; Ano par: Jr 1,1.4-10; Sl 71; Mt 13,1-9;
5ª feira: Ano ímpar: Ex 19,1-2.9-11.16-20b; Sl (Dn 3,52-56); Ano par: Jr 2,1-3.7-8.12-13; Sl 36; Mt 13,10-17;
6ª feira: Ano ímpar: Ex 20,1-17; Sl 19; Ano par: Jr 3,14-17; Sl (Jr 31,10-13); Mt 13,18-23;
Sábado: Ano ímpar: Ex 24,3-8; Sl 50; Ano par: Jr 7,1-11; Sl 84; Mt 13,24-30.

17ª semana comum
2ª feira: Ano ímpar: Ex 32,15-24.30-34; Sl 106,19-23; Ano par: Jr 13,1-11; Sl (Dt 32,18-21), Mt 13,31-35;
3ª feira: Ano ímpar: Ex 33,7-11; 34,5b-9.28; Sl 103; Ano par: Jr 14,17-22; Sl 79; Mt 13,36-43;
4ª feira: Ano ímpar: Ex 34,29-35; Sl 99; Ano par: Jr 15,10.16-21; Sl 59; Mt 13,44-46;
5ª feira: Ano ímpar: Ex 40,16-21.34-38; Sl 84; Ano par: Jr 18,1-6; Sl 146; Mt 13,47-53;
6ª feira: Ano ímpar: Lv 23,1.4-11.15-16.27.34b-37; Sl 81; Ano par: Jr 26,1-9; Sl 69,1-17; Mt 13,54-58;
Sábado: Ano ímpar: Lv 25,1.8-17; Sl 67; Ano par: Jr 26,11-16.24; Sl 69,15-34; Mt 14,1-12.

18ª semana comum
2ª feira: Ano ímpar: Nm 11,4b-15; Sl 81; Ano par: Jr 28,1-17; Sl 119,29-102; Mt 14,22-36 (Ano A); Mt 14,13-21 (Anos B e C);
3ª feira: Ano ímpar: Nm 12,1-13; Sl 51; Ano par: Jr 30,1-2.12-15.18-22; Sl 102; Mt 15,1-2.10-14 (Ano A); Mt 14,22-36 (Anos B e C);
4ª feira: Ano ímpar: Nm 13,1-2.25-14, 1.26-30.34-35; Sl 106,6-23; Ano par: Jr 31,1-7; Sl (Jr 31,10-13); Mt 15,21 28;
5ª feira: Ano ímpar: Nm 20,1-13; Sl 95; Ano par: Jr 31,31-34; Sl 51; Mt 16,13-23;
6ª feira: Ano ímpar: Dt 4,32-40; Sl 77; Ano par: Na 2,1.3; 3,1-3.6-7; Sl (Dt 32,35-41); Mt 16,24-28;
Sábado: Ano ímpar: Dt 6,4-13; Sl 18; Ano par: Hab 1,12-2,4; Sl 9; Mt 17,14-20.

19ª semana comum
2ª feira: Ano ímpar: Dt 10,12-22; Sl 147,12-20; Ano par: Ez 1,2-5.24-28c; Sl 148; Mt 17,22-27;
3ª feira: Ano ímpar: Dt 31,1-8; Sl (Dt 32,3-12); Ano par: Ez 2,8-3,4; Sl 119,14-131; Mt 18,1-5.10.12-14;
4ª feira: Ano ímpar: Dt 34,1-12; Sl 66; Ano par: Ez 9,1-7; 10,18-22; Sl 113; Mt 18,15-20;
5ª feira: Ano ímpar: Js 3,7-10a.11.13-17; Sl 114; Ano par: Ez 12,1-12; Sl 78,56-62; Mt 18,21-19,1;
6ª feira: Ano ímpar: Js 24,1-13; Sl 136; Ano par: Ez 16,1-15.60.63; Sl (Is 12,2-6); Mt 19,3-12;
Sábado: Ano ímpar: Js 24,14-29; Sl 16; Ano par: Ez 18,1-10.13b.30-32; Sl 51; Mt 19,13-15.

20ª semana comum
2ª feira: Ano ímpar: Jz 2,11-19; Sl 106,34-44; Ano par: Ez 24,15-24; Sl (Dt 32,18-21); Mt 19,16-22;
3ª feira: Ano ímpar: Jz 6,11-24a; Sl 85; Ano par: Ez 28,1-10; Sl (Dt 32,26-36); Mt 19,23-30;
4ª feira: Ano ímpar: Jz 9,6-15; Sl 21; Ano par: Ez 34,1-11; Sl 23; Mt 20,1-16a;
5ª feira: Ano ímpar: Jz 11,29-39a; Sl 40; Ano par: Ez 36,23-28; Sl 51; Mt 22,1 14;
6ª feira: Ano ímpar: Rt 1,1.3-6.14b-16.22;

Sl 146; Ano par: Ez 37,1-14; Sl 107,1-9; Mt 22,34-40;
Sábado: Ano ímpar: Rt 2,1-3.8-11; 4,13-17; Sl 128; Ano par: Ez 43,1-7a; Sl 85; Mt 23,1-12.

21ª semana comum
2ª feira: Ano ímpar: 1Ts 1,1-5.8b-10; Sl 149; Ano par: 2Ts 1,1-5.11b-12; Sl 96; Mt 23,13-22;
3ª feira: Ano ímpar: 1Ts 2,1-8; Sl 139; Ano par: 2Ts 2,1-3a.14-17; Sl 96; Mt 23,23-26;
4ª feira: Ano ímpar: 1Ts 2,9-13; Sl 139; Ano par: 2Ts 3,6-10.16-18; Sl 128; Mt 23,27-32;
5ª feira: Ano ímpar: 1Ts 3,7-13; Sl 90; Ano par: 1Cor 1,1-9; Sl 145; Mt 24,42-51;
6ª feira: Ano ímpar: 1Ts 4,1-8; Sl 97; Ano par: 1Cor 1,17-25; Sl 33; Mt 25,1-13;
Sábado: Ano ímpar: 1Ts 4,9-11; Sl 98; Ano par: 1Cor 1,26-31; Sl 33; Mt 25,14-30.

22ª semana comum
2ª feira: Ano ímpar: 1Ts 4,13-18; Sl 96; Ano par: 1Cor 2,1-5; Sl 119,97-102; Lc 4,16-30;
3ª feira: Ano ímpar: 1Ts 5,1-6. 9-11; Sl 27; Ano par: 1Cor 2,10b-16; Sl 145; Lc 4,31-37;
4ª feira: Ano ímpar: Cl 1,1-8; Sl 52; Ano par: 1Cor 3,1-9; Sl 33; Lc 4,38-44;
5ª feira: Ano ímpar: Cl 1,9-14; Sl 98; Ano par: 1Cor 3,18-23; Sl 24; Lc 5,1-11;
6ª feira: Ano ímpar: Cl 1,15-20; Sl 100; Ano par: 1Cor 4,1-5; Sl 37; Lc 5,33-39;
Sábado: Ano ímpar: Cl 1,21-23; Sl 54; Ano par: 1Cor 4,6b-15; Sl 145; Lc 6,1-5.

23ª semana comum
2ª feira: Ano ímpar: Cl 1,24-2,3; Sl 62; Ano par: 1Cor 5,1-8; Sl 5; Lc 6,6-11;
3ª feira: Ano ímpar: Cl 2,6-15; Sl 145; Ano par: 1Cor 6,1-11; Sl 149; Lc 6,12-19;
4ª feira: Ano ímpar: Cl 3,1-11; Sl 145; Ano par: 1Cor 7,25-31; Sl 45; Lc 6,20-26;
5ª feira: Ano ímpar: Cl 3,12-17; Sl 150; Ano par: 1Cor 8,1b-7.11-13; Sl 139; Lc 6,27-38;
6ª feira: Ano ímpar: 1Tm 1,1-2.12-14; Sl 16; Ano par: 1Cor 9,16-19.22b-27; Sl 84; Lc 6,39-42;
Sábado: Ano ímpar: 1Tm 1,15-17; Sl 113; Ano par: 1Cor 10,14-22; Sl 116,10-19; Lc 6,43-49.

24ª semana comum
2ª feira: Ano ímpar: 1Tm 2,1-8; Sl 28; Ano par: 1Cor 11,17-26.33; Sl 40; Lc 7,1-10;
3ª feira: Ano ímpar: 1Tm 3,1-13; Sl 101; Ano par: 1Cor 12,12-14.27-31a; Sl 100; Lc 7,11-17;
4ª feira: Ano ímpar: 1Tm 3,14-16; Sl 111; Ano par: 1Cor 12,31-13,13; Sl 33; Lc 7,31-35;
5ª feira: Ano ímpar: 1Tm 4,12-16; Sl 111; Ano par: 1Cor 15,1-11; Sl 118; Lc 7,36-50;
6ª feira: Ano ímpar: 1Tm 6,2c-12; Sl 49; Ano par: 1Cor 15,12-20; Sl 17; Lc 8,1-3;
Sábado: Ano ímpar: 1Tm 6,13-16; Sl 100; Ano par: 1Cor 15,35-37.42-49; Sl 56; Lc 8,4-15.

25ª semana comum
2ª feira: Ano ímpar: Esd 1,1-6; Sl 126; Ano par: Pr 3,27-34; Sl 15; Lc 8,16-18;
3ª feira: Ano ímpar: Esd 6,7-8.12b.14-20; Sl 122; Ano par: Pr 21,1-6.10-13; Sl 119,1-44; Lc 8,19-21;
4ª feira: Ano ímpar: Esd 9,5-9; Sl (Tb 13,1-8); Ano par: Pr 30,5-9; Sl 119,29-163; Lc 9,1-6;
5ª feira: Ano ímpar: Ag 1,1-8; Sl 149; Ano par: Ecl 1,2-11; Sl 90; Lc 9,7-9;
6ª feira: Ano ímpar: Ag 1,15b-2,9; Sl 43; Ano par: Ecl 3,1-11; Sl 144; Lc 9,18-22;
Sábado: Ano ímpar: Zc 2,5-9.14-15a; Sl (Jr 31,10-13); Ano par: Ecl 11,9-12,8; Sl 90; Lc 9,43b-45.

26ª semana comum
2ª feira: Ano ímpar: Zc 8,1-8; Sl 102; Ano par: Jó 1,6-22; Sl 17; Lc 9,46-50;
3ª feira: Ano ímpar: Zc 8,20-23; Sl 87; Ano par: Jó 3,1-3.11-17.20-23; Sl 88; Lc 9,51-56;
4ª feira: Ano ímpar: Ne 2,1-8; Sl 137; Ano par: Jó 9,1-12.14-16; Sl 88; Lc 9,57-62;
5ª feira: Ano ímpar: Ne 8,1-4a.5-6.7b-12; Sl 19; Ano par: Jó 19,21-27; Sl 27; Lc 10,1-12;
6ª feira: Ano ímpar: Br 1,15-22; Sl 79; Ano par: Jó 38,1.12-21; 40,3-5; Sl 139; Lc 10,13-16;
Sábado: Ano ímpar: Br 4,5-12.27-29; Sl 69; Ano par: Jó 42,1-3.5-6.12-17; Sl 119,66-130; Lc 10,17-24.

27ª semana comum
2ª feira: Ano ímpar: Jn 1,1-2,1.11; Sl (Jn 2,2-8); Ano par: Gl 1,6-12; Sl 111; Lc 10,25-37;
3ª feira: Ano ímpar: Jn 3,1-10; Sl 130; Ano par: Gl 1,13-24; Sl 139; Lc 10,38-42;
4ª feira: Ano ímpar: Jn 4,1-11; Sl 86; Ano par: Gl 2,1-2.7-14; Sl 117; Lc 11,1-4;
5ª feira: Ano ímpar: Ml 3,13-20a; Sl 1; Ano par: Gl 3,1-5; Sl (Lc 1,69-75); Lc 11,5-13;
6ª feira: Ano ímpar: Jl 1,13-15; 2,1-2; Sl 9; Ano par: Gl 3,7-14; Sl 111; Lc 11,15-26;
Sábado: Ano ímpar: Jl 4,12-21; Sl 97; Ano par: Gl 3,22-29; Sl 105,1-7; Lc 11,27-28.

28ª semana comum
2ª feira: Ano ímpar: Rm 1,1-7; Sl 98; Ano par: Gl 4,22-24.26-27.31-5,1; Sl 113; Lc 11,29-32;
3ª feira: Ano ímpar: Rm 1,16-25; Sl 19; Ano par: Gl 5,1-6; Sl 119, 41-48; Lc 11,37-41;
4ª feira: Ano ímpar: Rm 2,1-11; Sl 62; Ano par: Gl 5,18-25; Sl 1; Lc 11,42-46;

5ª feira: Ano ímpar: Rm 3,21-30a; Sl 130; Ano par: Ef 1,1-10; Sl 98; Lc 11,47-54;
6ª feira: Ano ímpar: Rm 4,1-8; Sl 32; Ano par: Ef 1,11-14, Sl 33; Lc 12,1-7;
Sábado: Ano ímpar: Rm 4,13.16-18; Sl 105,6-43; Ano par: Ef 1,15-23; Sl 8; Lc 12,8-12.

29ª semana comum
2ª feira: Ano ímpar: Rm 4,20-25; Sl (Lc 1,69-75); Ano par: Ef 2,1-10; Sl 100; Lc 12,13-21;
3ª feira: Ano ímpar: Rm 5,12.15b. 17-19.20b-21; Sl 40; Ano par: Ef 2,12-22; Sl 85; Lc 12,35-38;
4ª feira: Ano ímpar: Rm 6,12-18; Sl 124; Ano par: Ef 3,2-12; Sl (Is 12,2-6); Lc 12,39-48;
5ª feira: Ano ímpar: Rm 6,19-23; Sl 1; Ano par: Ef 3,14-21; Sl 33; Lc 12,49-53;
6ª feira: Ano ímpar: Rm 7,18-25a; Sl 119,66-94; Ano par: Ef 4,1-6; Sl 24; Lc 12,54-59;
Sábado: Ano ímpar: Rm 8,1-11; Sl 24; Ano par: Ef 4,7-16; Sl 122; Lc 13,1-9.

30ª semana comum
2ª feira: Ano ímpar: Rm 8,12-17; Sl 68; Ano par: Ef 4,32-5,8; Sl 1; Lc 13,10-17;
3ª feira: Ano ímpar: Rm 8,18-25; Sl 126; Ano par: Ef 5,21-33; Sl 128; Lc 13,18-21;
4ª feira: Ano ímpar: Rm 8,26-30; Sl 13; Ano par: Ef 6,1-9; Sl 145; Lc 13,22-30;
5ª feira: Ano ímpar: Rm 8,31b-39; Sl 109, 21-31; Ano par: Ef 6,10-20; Sl 144; Lc 13, 31-35;
6ª feira: Ano ímpar: Rm 9,1-5; Sl 147,12-20; Ano par: Fl 1,1-11; Sl 111; Lc 14,1-6;
Sábado: Ano ímpar: Rm 11,1-2a.11-12.25-29; Sl 94; Ano par: Fl 1,18b-26; Sl 42; Lc 14,1.7-11.

31ª semana comum
2ª feira: Ano ímpar: Rm 11,29-36; Sl 69; Ano par: Fl 2,1-4; Sl 131; Lc 14,12-14;
3ª feira: Ano ímpar: Rm 12,5-16a; Sl 131; Ano par: Fl 2,5-11; Sl 22; Lc 14,15-24;
4ª feira: Ano ímpar: Rm 13,8-10; Sl 112; Ano par: Fl 2,12-18; Sl 27; Lc 14,25-33;
5ª feira: Ano ímpar: Rm 14,7-12; Sl 27; Ano par: Fl 3,3-8a; Sl 105,1-7; Lc 15,1-10;
6ª feira: Ano ímpar: Rm 15,14-21; Sl 98; Ano par: Fl 3,17-4,1; Sl 122; Lc 16,1-8;
Sábado: Ano ímpar: Rm 16,3-9.16.22-27; Sl 145; Ano par: Fl 4,10-19; Sl 112; Lc 16,9-15.

32ª semana comum
2ª feira: Ano ímpar: Sb 1,1-7; Sl 139; Ano par: Tt 1,1-9; Sl 24; Lc 17,1-6;
3ª feira: Ano ímpar: Sb 2,23-3,9; Sl 34; Ano par: Tt 2,1-8.11-14; Sl 37; Lc 17,7-10;

4ª feira: Ano ímpar: Sb 6,1-11; Sl 82; Ano par: Tt 3,1-7; Sl 23; Lc 17,11-19;
5ª feira: Ano ímpar: Sb 7,22-8,1; Sl 119,89-91.130-135; Ano par: Fm 7-20; Sl 146; Lc 17,20-25;
6ª feira: Ano ímpar: Sb 13,1-9; Sl 19; Ano par: 2Jo 4-9; Sl 119,1-18; Lc 17,26-37;
Sábado: Ano ímpar: Sb 18,14-16; 19,6-9; Sl 105,1-43; Ano par: 3Jo 5-8; Sl 112; Lc 18,1-8.

33ª semana comum
2ª feira: Ano ímpar: 1Mc 1,10-15.41-43.54-57.62-64; Sl 119,53-61.150-158; Ano par: Ap 1,1-4; 2,1-5a; Sl 1; Lc 18,35-43;
3ª feira: Ano ímpar: 2Mc 6,18-31; Sl 3; Ano par: Ap 3,1-6.14-22; Sl 15; Lc 19,1-10;
4ª feira: Ano ímpar: 2Mc 7,1.20-31; Sl 17; Ano par: Ap 4,1-11; Sl 150; Lc 19,11-28;
5ª feira: Ano ímpar: 1Mc 2,15-29; Sl 50; Ano par: Ap 5,1-10; Sl 149; Lc 19,41-44;
6ª feira: Ano ímpar: 1Mc 4,36-37.52-59; Sl (1Cr 29,10-12); Ano par: Ap 10,8-11; Sl 119,14-131; Lc 19,45-48;
Sábado: Ano ímpar: 1Mc 6,1-13; Sl 9; Ano par: Ap 11,4-12; Sl 144; Lc 20,27-40.

34ª semana comum
2ª feira: Ano ímpar: Dn 1,1-6.8-20; Sl (Dn 3,52-56); Ano par: Ap 14,1-3.4b-5; Sl 24; Lc 21,1-4;
3ª feira: Ano ímpar: Dn 2,31-45; Sl (Dn 3,57-61); Ano par: Ap 14,14-19; Sl 96; Lc 21,5-11;
4ª feira: Ano ímpar: Dn 5,1-6.13-14.16-17.23-28; Sl (Dn 3,62-67); Ano par: Ap 15,1-4; Sl 98; Lc 21,12-19;
5ª feira: Ano ímpar: Dn 6,12-28; Sl (Dn 3,68-74); Ano par: Ap 18,1-2.21-23; 19,1-3.9a; Sl 100; Lc 21,20-28;
6ª feira: Ano ímpar: Dn 7,2-14; Sl (Dn 3,57-81); Ano par: Ap 20,1-4.11-21,2; Sl 84; Lc 21,29-33;
Sábado: Ano ímpar: Dn 7,15-27; Sl (Dn 3,82-88); Ano par: Ap 22,1-7; Sl 95; Lc 21,34-36.

FESTAS E SOLENIDADES
Janeiro
1º dia: Santa Mãe de Deus, Maria
Nm 6,22-27; Sl 67; Gl 4,4-7; Lc 2,16-21
Dia 25: Conversão de São Paulo
At 22,3-16 (ou 9,1-22); Sl 117; Mc 16,15-18

Fevereiro
Dia 2: Apresentação do Senhor
Ml 3,1-4 (ou Hb 2,14-18); Sl 24; Lc 2,22-40
Dia 22: Cátedra de São Pedro
1Pd 5,1-4; Sl 23; Mt 16,13-19

Março
Dia 19: São José
2Sm 7,4-5a.12-14a.16; Sl 89; Rm 4,13.16-18.22; Mt 1,16.18-21.24a (ou Lc 2,41-51a)

TEXTOS BÍBLICOS PARA O ANO LITÚRGICO

Dia 25: Anunciação do Senhor
Is 7,10-14; Sl 40; Hb 10,4-10; Lc 1,26-38

Abril
Dia 25: São Marcos, Evangelista
1Pd 5,5b-14; Sl 89,2-17; Mc 16,15-20

Maio
Dia 3: São Filipe e São Tiago, Apóstolos
1Cor 15,1-8; Sl 19; Jo 14,6-14
Dia 14: São Matias, Apóstolo
At 1,15-17.20-26; Sl 113; Jo 15,9-17
Dia 31: Visitação de Nossa Senhora
Sf 3,14-18a (ou Rm 12,9-16); Sl (Is 12,2-6); Lc 1,39-56

Santíssimo Corpo e Sangue de Cristo (Corpus Christi)
Ano A: Dt 8,2-3.14b-16a; Sl 147; 1Cor 10,16-17; Jo 6,51-58. Ano B: Ex 24,3-8; Sl 116; Hb 9,11-15; Mc 14,12-16.22-26. Ano C: Gn 14,18-20; Sl 110; 1Cor 11,23-26; Lc 9,11b-17

Junho
Sagrado Coração de Jesus
Ano A: Dt 7,6-11; Sl 103; 1Jo 4,7-16; Mt 11,25-30. Ano B: Os 11,1.3-4.8c-9; Sl (Is 12); Ef 3,8-12.14-19; Jo 19,31-37. Ano C: Ez 34,11-16; Sl 23; Rm 5,5b-11; Lc 15,3-7.
Dia 11: São Barnabé
At 11,21b-26; 13,1-3; Sl 98; Mt 10,7-13
Dia 24: Natividade de São João Batista
Is 49,1-6; Sl 139; At 13,22-26; Lc 1,57-66.80
Dia 29 (ou domingo seguinte): São Pedro e São Paulo, Apóstolos
At 12,1-11; Sl 34; 2Tm 4,6-8.17-18; Mt 16,13-19

Julho
Dia 3: São Tomé, Apóstolo
Ef 2,19-22; Sl 117; Jo 20,24-29
Dia 22: Santa Maria Madalena
Ct 3,1-4a ou 2Cor 5,14-17; Sl 63; Jo 20,1-2.11-18
Dia 25: São Tiago, Apóstolo
2Cor 4,7-15; Sl 126; Mt 20, 20-28

Agosto
Dia 6: Transfiguração do Senhor
Dn 7,9-10.13-14 (ou 2Pd 1,16-19); Sl 97; Ano A: Mt 17,1-9; Ano B: Mc 9,2-10; Ano C: Lc 9,28b-36
Dia 10: São Lourenço
2Cor 9,6-10; Sl 112; Jo 12,24-26
3º domingo: Assunção de Nossa Senhora
Ap 11,19a; 12,1-6a.10ab; Sl 45; 1Cor 15,20-27; Lc 1,39-56

Dia 23: Santa Rosa de Lima
2Cor 10,17-11,2; Sl 148; Mt 13,44-46
Dia 24: São Bartolomeu, Apóstolo
Ap 21,9b-14; Sl 145; Jo 1,45-51
Dia 29: Martírio de São João Batista
Jr 1,17-19; Sl 71; Mc 6,17-29

Setembro
Dia 8: Natividade de Nossa Senhora
Mq 5,1-4a (ou Rm 8,28-30); Sl 70,6; Sl 12,6; Mt 1,1-16.18-23
Dia 14: Exaltação da Santa Cruz
Nm 21,4b-9 (ou Fl 2,6-11); Sl 78,1-8.34-38; Jo 3,13-17
Dia 21: São Mateus, Apóstolo e Evangelista
Ef 4,1-7.11-13; Sl 19; Mt 9,9-13
Dia 29: Santos Miguel, Gabriel e Rafael, Arcanjos
Dn 7,9-10.13-14 (ou Ap 12,7-12a); Sl 138; Jo 1,47-51

Outubro
Dia 2: Santos Anjos da Guarda
Ex 23,20-23a; Sl 91,1-11; Mt 18,1-5.10
Dia 12: Nossa Senhora Aparecida
Est 5,1b-2; 7,2b-3; Sl 45; Ap 12,1.5.13a.15-16; Jo 2,1-11
Dia 18: São Lucas, Evangelista
2Tm 4,10-17a; Sl 145; Lc 10,1-9
Dia 28: São Simão e São Judas Tadeu, Apóstolos
Ef 2,19-22; Sl 19; Lc 6,12-19

Novembro
1º domingo: Todos os Santos
Ap 7,2-4.9-14; Sl 24; 1Jo 3,1-3; Mt 5,1-12a
Dia 2: Finados
Jó 19,1.23-27a; Sl 27; Rm 5,5-11; Jo 6,37-40
Dia 9: Dedicação da Basílica do Latrão
Ez 47,1-2.8-9.12 (ou 1Cor 3,9-17); Sl 46; Jo 2,13-22
Dia 30: Santo André, Apóstolo
Rm 10,9-18; Sl 19; Mt 4,18-22

Dezembro
Dia 8: Imaculada Conceição
Gn 3,9-15.20; Sl 98; Ef 1,3-6.11-12; Lc 1,26-38
Dia 12: Nossa Senhora de Guadalupe
Gl 4,4-7; Sl 96; Lc 1,39-47
Dia 26: Santo Estêvão
Atos 6,8-10; 7,54-59; Sl 31,1-9; Mt 10,17-22
Dia 27: São João, Apóstolo e Evangelista
1Jo 1,1-4; Sl 97; Jo 20,2-8
Dia 28: Santos Inocentes
1Jo 1,5-2,2; Sl 124; Mt 2,13-18

OS SALMOS EM NOSSA ORAÇÃO

Ação de graças a Deus: *por ter feito justiça* 9, 34, 40, 52, 54, 56, 65, 66, 76, 92, 97, 98, 107, 118, 138, 144; *por suas maravilhas e façanhas* 9, 40, 66, 68, 75, 76, 98, 106, 107, 114, 118, 126; *por ter sido libertado de um perigo mortal* 9, 28, 30, 34, 40, 41, 54, 56, 66, 86, 92, 103, 107, 114, 116, 118, 124, 129, 138, 139, 144; *por ter perdoado os pecados* 32, 65, 85, 103, 107; *pelos frutos da terra* 65, 67, 107, 144; *por caminhar com seu povo* 68, 76, 103, 105, 107, 114, 118, 124

Acusações injustas 5, 7, 17, 26, 30, 31, 34, 35, 52, 54, 55, 56, 57, 59, 62, 64, 69, 91, 109, 116, 139, 140

Ancião 71, 90, 103, 128

Aprender com os próprios erros 39, 40, 41, 51, 78, 80, 95, 106, 130, 143

Ateísmo prático 30, 36, 39, 53, 55, 59, 62, 64, 70, 73, 75, 86, 94

Autodeterminação dos povos 2, 18, 20, 21, 44, 45, 46, 47, 53, 60, 66, 67, 72, 74, 76, 79, 80, 83, 89, 93, 106, 107, 108, 110, 115, 118, 126, 129, 136, 137, 144, 147, 149

Autoridade política 2, 18, 20, 21, 44, 45, 72, 78, 89, 97, 99, 101, 110, 132, 144, 146

Busca da felicidade 1, 4, 32, 37, 40, 41, 49, 73, 78, 84, 90, 112, 119, 127, 128, 133, 139

Busca da justiça 1, 2, 3, 5, 7, 10, 11, 12, 13, 14, 15, 22, 25, 26, 27, 31, 34, 35, 36, 40, 43, 45, 52, 54, 55, 56, 57, 59, 62, 64, 69, 70, 71, 72, 75, 76, 79, 80, 82, 86, 91, 92, 94, 101, 107, 109, 110, 112, 119, 122, 123, 125, 129, 137, 139, 140, 142, 143, 144, 145, 149

Catástrofe nacional 44, 46, 48, 53, 60, 66, 74, 77, 79, 80, 83, 85, 89, 102, 106, 107, 108, 115, 123, 129, 137, 144

Choro (lágrimas) 42, 56, 80, 102, 116, 119, 137

Chuva 65, 68, 84, 85, 104, 126, 135, 147

Cidadania 21, 72, 87, 89, 98, 101, 110, 113, 132, 144, 146

Cidade 46, 48, 55, 59, 60, 74, 76, 79, 84, 87, 93, 97, 102, 107, 110, 122, 125, 126, 127, 128, 129, 132, 133, 134, 135, 137, 144, 147, 149

Clamor 12, 13, 17, 22, 26, 28, 30, 31, 34, 35, 39, 40, 41, 43, 44, 54, 55, 56, 57, 60, 61, 70, 77, 79, 86, 88, 90, 102, 106, 107, 108, 109, 118, 119, 120, 123, 126, 130, 137, 140, 143, 144

Colheitas abundantes 65, 67, 72, 85, 107, 126, 138, 142, 144, 147

Confiança em Deus 3, 4, 11, 12, 13, 16, 21, 23, 25, 27, 31, 32, 37, 40, 42, 43, 44, 46, 48, 52, 54, 55, 56, 57, 59, 60, 61, 62, 69, 70, 71, 79, 80, 86, 91, 108, 115, 119, 121, 125, 131, 143, 144

Confiança em Deus juiz 7, 10, 11, 17, 26, 27, 35, 43, 46, 52, 54, 59, 62, 69, 70, 75, 76, 82, 94, 97, 109, 130, 139, 140, 143

Conflitos internacionais 2, 18, 20, 21, 33, 44, 45, 46, 47, 48, 53, 60, 61, 65, 66, 68, 72, 74, 76, 77, 78, 79, 80, 81, 83, 85, 89, 93, 95, 96, 97, 98, 99, 102, 106, 107, 108, 110, 111, 118, 123, 125, 126, 129, 135, 136, 137, 144, 149

Conflitos pessoais 30, 39, 51, 55, 61, 65, 66, 69, 73, 102, 116, 130, 131, 141, 143

Conhecer o projeto de Deus 47, 50, 83, 86, 92, 94, 95, 146

Consciência dos pecados 25, 32, 36, 39, 40, 41, 51, 65, 69, 78, 79, 86, 90, 106, 123, 130, 143

Consciência ecológica 8, 19, 29, 84, 85, 90, 104

Consciência política 2, 12, 18, 20, 21, 45, 47, 72, 89, 93, 97, 98, 101, 110, 132, 144

Corpo das pessoas 48, 63, 69, 71, 84, 102, 109, 114, 126, 127, 128, 129, 131, 135, 137, 138, 139, 141, 143

Desigualdades sociais 49, 50, 52, 69, 70, 72, 73, 74, 82, 86, 107, 109, 112, 123, 138, 140, 141, 146, 149

Deus abrigo dos pobres 14, 23, 25, 31, 34, 35, 36, 37, 40, 49, 52, 57, 59, 61, 63, 64,

68, 69, 70, 72, 82, 84, 86, 90, 91, 94, 107, 109, 113, 116, 118, 126, 138, 139, 140, 141, 142, 145, 146, 147, 149

Deus companheiro na luta pela justiça 1, 2, 3, 4, 5, 10, 11, 12, 13, 14, 17, 25, 26, 27, 30, 33, 34, 35, 36, 37, 40, 41, 43, 45, 46, 48, 50, 52, 53, 54, 55, 56, 57, 59, 62, 64, 69, 70, 71, 73, 75, 78, 79, 80, 82, 85, 86, 89, 92, 94, 97, 98, 99, 101, 107, 108, 109, 110, 125, 129, 136, 137, 138, 139, 140, 141, 142, 144, 145, 146, 147, 149

Deus criador 8, 19, 24, 33, 65, 74, 75, 84, 90, 95, 96, 100, 102, 111, 112, 115, 116, 119, 121, 124, 134, 136, 139, 145, 146, 147, 148, 149

Deus parece estar ausente, indiferente ou dormindo 7, 10, 12, 13, 14, 22, 28, 35, 36, 39, 42, 43, 44, 55, 59, 64, 73, 74, 75, 77, 80, 83, 85, 88, 89, 94, 108

Deus que resgata a fama das pessoas 62, 66, 69, 91, 113, 139

Deus, senhor do cosmo 65, 74, 75, 89, 93, 96, 97, 98, 103, 104, 113, 124, 135, 136, 144, 147, 148, 150; *da história* 65, 67, 68, 72, 74, 76, 78, 82, 83, 89, 92, 93, 96, 97, 98, 104, 105, 106, 107, 108, 113, 114, 115, 134, 136, 144, 147, 149; *da natureza* 65, 74, 84, 85, 90, 95, 96, 97, 98, 104, 114, 135, 136, 144, 147, 148, 150; *mãe* 131, 139

Diversidade de culturas 87, 114, 133, 137, 148; *de raças* 87, 114, 133, 148

Doença/doentes 30, 31, 35, 41, 88, 102, 116, 130, 143

Ecumenismo 87, 100, 117, 133, 148, 150

Esposa 128

Exclusão 113, 141

Exilados 43, 44, 53, 61, 63, 66, 74, 77, 79, 85, 89, 106, 107, 115, 118, 120, 126, 137, 139, 147

Exploração no mundo do trabalho 81, 90, 113, 120, 125, 128, 129, 137, 140, 146

Expressar com o corpo o prazer de crer em Javé 16, 28, 40, 63, 71, 84, 87, 118, 131, 134, 135, 137, 138, 141, 149, 150

Falsidade 12, 31, 34, 35, 41, 54, 55, 62, 64, 109, 144

Família 127, 128

Felicidade 1, 32, 33, 40, 41, 49, 73, 78, 84, 94, 112, 119, 127, 128, 133, 139, 146

Filhos 127, 128, 144, 147

Fome e sede de Deus 42, 43, 61, 63, 81, 143

Fragilidade da vida 39, 41, 49, 71, 88, 90, 102, 103, 109, 142, 144

Fraternidade universal 67, 72, 76, 87, 96, 98, 99, 100, 104, 117, 133, 137, 148, 150

Função da autoridade política 2, 18, 20, 21, 45, 61, 72, 78, 84, 89, 93, 94, 97, 99, 101, 110, 132, 144, 149

Ganhar o pão 127, 128, 146

Glória de Deus 29, 57, 63, 85, 104, 138

História 78, 89, 97, 105, 106, 107, 115, 135, 136

Idolatria e ídolos 16, 24, 29, 31, 33, 44, 50, 53, 54, 59, 64, 73, 79, 81, 95, 97, 101, 106, 115, 135, 148, 150

Ilusão dos falsos valores 49, 52, 62, 73, 90, 97, 127, 128, 131, 135

Imagem e semelhança de Deus (o homem) 8, 29, 115, 120, 128, 139

Imperialismos 2, 18, 20, 21, 44, 45, 46, 47, 53, 60, 65, 67, 72, 74, 76, 77, 79, 80, 83, 85, 89, 93, 106, 110, 114, 115, 126, 129, 134, 137, 147, 149

Impunidade 11, 12, 14, 17, 36, 50, 52, 58, 64, 70, 75, 82, 86, 94, 109, 123, 140, 141, 142

Infidelidade 12, 78, 81, 89, 106, 141, 143, 145, 146

Injustiças 5, 7, 9, 10, 12, 14, 17, 23, 26, 27, 31, 34, 35, 36, 37, 50, 52, 54, 55, 56, 57, 59, 62, 64, 69, 70, 75, 82, 86, 92, 94, 101, 107, 109, 140, 141, 142, 146

Inocentes condenados 23, 26, 35, 37, 52, 54, 57, 59, 64, 69, 86, 91, 109, 139, 140, 142

Louvor 8, 19, 29, 30, 33, 57, 63, 65, 66, 95, 96, 100, 103, 104, 105, 111, 113, 114, 117, 134, 135, 136, 145, 146, 147, 148, 149, 150

Luta pela terra 1, 4, 16, 22, 25, 35, 36, 37, 44, 45, 47, 49, 58, 65, 66, 67, 68, 74, 78, 79, 80, 83, 85, 92, 95, 105, 106, 107, 108, 111, 115, 125, 127, 135, 136, 137, 140, 142, 147

Luta pelos direitos humanos 10, 17, 18, 35, 83, 113, 137, 146

Mediações/mediadores 99, 101, 105, 106, 132, 133, 134, 135

Medo de enfrentar as injustiças 5, 11, 13, 14, 25, 35, 52, 55, 64, 94, 140, 141, 142

Memória do justo 112, 127

Mentira 5, 7, 10, 12, 17, 27, 31, 34, 35, 52, 57, 59, 62, 63, 64, 69, 101, 109, 119, 120, 140, 144

Migrantes 43, 56, 68, 74, 78, 105, 120, 126, 136, 137, 146

Natureza 8, 19, 29, 42, 50, 65, 67, 72, 74, 84, 90, 95, 96, 97, 98, 135, 136, 144, 147, 148

Necessitados que gemem 12, 30, 34, 35, 72, 82, 137, 142, 143, 145

O que é o ser humano? 8, 39, 49, 73, 139, 144

Opressão 12, 13, 14, 17, 22, 31, 34, 35, 36, 42, 43, 44, 46, 52, 60, 61, 62, 64, 69, 70, 72, 81, 82, 85, 91, 94, 105, 106, 108, 115, 119, 129, 136, 137, 140, 142, 146

Palavra de Deus 33, 81, 107, 119, 130, 147

Paz internacional 46, 48, 53, 60, 65, 67, 68, 72, 76, 83, 87, 93, 96, 97, 98, 110, 144, 147

Perseguição 3, 5, 7, 11, 13, 16, 17, 22, 23, 25, 26, 27, 34, 35, 36, 49, 52, 54, 55, 56, 57, 59, 62, 63, 64, 69, 70, 86, 91, 92, 94, 112, 140, 142, 143

Pessoas marcadas para morrer 13, 17, 22, 23, 25, 26, 27, 31, 35, 37, 44, 52, 54, 57, 59, 62, 63, 64, 69, 70, 71, 79, 80, 86, 91, 92, 94, 102, 109, 124, 139, 142

Pobres oprimidos 12, 14, 25, 34, 35, 37, 44, 52, 69, 70, 72, 73, 74, 76, 82, 86, 94, 107, 109, 113, 119, 123, 137, 140, 145, 146, 147

Poderosos no lugar de Deus 12, 14, 36, 52, 53, 54, 55, 59, 62, 64, 70, 71, 75, 86, 94, 123, 131, 138, 140

Presença de Deus na caminhada 48, 65, 66, 68, 74, 76, 80, 85, 89, 91, 97, 98, 99, 103, 105, 106, 107, 111, 114, 115, 124, 134, 136

Presença libertadora de Deus 30, 32, 35, 36, 41, 43, 46, 52, 54, 56, 57, 59, 70, 75, 76, 78, 85, 86, 91, 92, 94, 98, 102, 103, 105, 106, 107, 108, 109, 111, 113, 114, 115, 118, 124, 126, 135, 136, 138, 140, 142, 143, 144, 145, 146, 149, 150

Reinado/realeza de Deus 47, 93, 96, 97, 98, 99, 101, 110, 145, 146, 149

Risco de vida 16, 17, 22, 23, 25, 26, 27, 28, 30, 31, 34, 35, 41, 44, 52, 54, 55, 56, 57, 59, 62, 63, 64, 69, 70, 79, 80, 86, 88, 91, 92, 94, 102, 109, 116, 124, 136, 139, 140, 142, 143

Romaria 48, 65, 68, 84, 100, 120, 134, 135

Sabedoria da vida 1, 19, 49, 71, 73, 78, 90, 91, 107, 111, 112, 119, 127, 128, 131, 133, 139

Salário 127, 128

Santidade de Deus 97, 99, 111

Santuário de Deus (povo) 114

Saudades de Deus 42, 61, 63, 77, 137, 143

Sem advogado de defesa 5, 7, 17, 31, 35, 52, 54, 57, 59, 69, 71, 72, 91, 94, 109, 139, 140, 142

Sentido da vida 1, 19, 37, 49, 73, 78, 111, 112, 128

Sintonia com o cosmo 8, 19, 65, 85, 90, 96, 97, 98, 100, 104, 148, 150

Sociedade corrompida 11, 12, 14, 16, 17, 26, 31, 34, 36, 50, 53, 55, 57, 62, 64, 69, 72, 75, 82, 92, 94, 107, 116, 140, 141, 142, 146

Tentação da corrupção 1, 7, 11, 12, 14, 26, 36, 52, 62, 84, 94, 101, 125, 141

Tentação de abandonar a fé 16, 26, 77, 141

Terceira idade 71, 88, 90, 103, 128

Trabalho 127, 128, 129, 137, 144

Traição de amigos/irmãos 55, 69, 109

Vale a pena lutar pela justiça? 11, 52, 73, 94

Ver Deus face a face 11, 16, 17, 27, 42, 43, 61, 63, 84

Violência 5, 7, 11, 12, 13, 14, 17, 22, 23, 25, 27, 31, 34, 35, 37, 44, 52, 54, 55, 56, 57, 58, 59, 64, 69, 70, 71, 76, 79, 80, 86, 91, 92, 94, 120, 124, 127, 137, 140, 142

Visão mercantilista de Deus 30, 44

Vitória da justiça 9, 11, 17, 35, 40, 52, 56, 76, 82, 94, 97, 98, 101, 109, 112, 142, 146

Vontade de fugir do mundo 11, 55

Vontade de viver 30, 43, 90, 92, 116, 143

Zombaria dos poderosos 1, 3, 4, 10, 30, 42, 44, 52, 73, 74, 79, 137

A LEITURA ORANTE DA BÍBLIA

A Bíblia não é um conjunto de doutrinas e regras caído do céu. É resultado da caminhada de um povo que ouviu a voz de Deus nos acontecimentos do dia a dia. Rezando, pedindo, agradecendo e celebrando, esse povo foi crescendo na escuta da Palavra de Deus, até que o próprio Deus se fez Palavra no Filho Jesus. Hoje, a Sagrada Escritura continua orientando nossos passos e fortalecendo nossa missão de seguidores de Jesus, iluminados pelo Espírito de Deus. A Bíblia, portanto, sendo resultado do modo como o povo ouviu a voz de Deus, continua a ser luz hoje, pois é o próprio Deus que continua a nos falar por meio dela.

A Bíblia não é luz à medida que simplesmente a estudamos para entender como ela surgiu e o que ela quis dizer quando foi escrita. Ela é luz quando ilumina nossa vida, permitindo-nos compreender o modo de viver segundo o projeto de Jesus. Assim, não se trata tanto de entender a Bíblia, mas de entender a vida à luz da Bíblia.

Entre os diversos modos de ler a Bíblia, para que ela ilumine nossa vida, está a chamada *Leitura Orante*. E entre os métodos de leitura orante, o mais difundido é a *Lectio Divina* ("Lição Divina" ou "Leitura Divina"), que apresentamos a seguir. Chama-se "Lectio" porque, a partir da leitura do texto, conversamos com Deus, que nos transmite uma lição ou ensinamento. Permitimos que ele nos fale, respondemos e agradecemos a ele, e comprometemo-nos com as atitudes do Reino de Deus reveladas por Jesus.

Os passos aqui apresentados são para a leitura orante pessoal, mas também podem ser feitos em grupo. O importante é criar o hábito do encontro com Deus por meio de sua Palavra transformadora, pessoal ou comunitariamente.

Como cristãos, é particularmente frutuoso o hábito de fazer a leitura orante do Evangelho da liturgia do dia. Seguindo o percurso da liturgia, podemos crescer na caminhada de fé em sintonia com a comunidade eclesial.

OS PASSOS DA LEITURA ORANTE (*LECTIO DIVINA*)		
1º passo	Ler a Palavra	O que o texto diz?
2º passo	Meditar a Palavra	O que o texto diz a mim/nós?
3º passo	Rezar com a Palavra	O que o texto me/nos leva a rezar?
4º passo	Contemplar a Palavra	O que o texto me/nos leva a viver?

1. LEITURA

No primeiro passo entramos em contato com o texto bíblico perguntando: *o que o texto diz em si mesmo?*

Inicie a leitura orante escolhendo uma posição confortável, em ambiente que permita ficar livre da agitação e de distrações. Dirija seu pensamento e sentimento a Deus, preste atenção à respiração. O Espírito Santo, sopro divino, é como o ar que respiramos e nos mantém vivos. É o Espírito Santo que nos permite ouvir a Palavra e acolhê-la no coração. Faça uma oração ao Espírito Santo ou invoque a luz do Espírito com algum refrão conhecido ou uma oração espontânea.

Leia então, com calma e mais de uma vez, o texto bíblico escolhido. Leia sempre como se fosse a primeira vez, sobretudo textos já conhecidos, como os dos Evangelhos, prestando atenção às palavras: personagens, verbos, lugares, sentimentos, ações e reações, perguntas e respostas...

Podem-se sublinhar palavras e expressões que chamaram a atenção. É preferível ler o texto na própria Bíblia. Assim nos habituamos a frequentar o Livro Sagrado, a tê-lo nas mãos para que chegue ao coração. Assim também podemos verificar o texto que vem antes e depois daquele que acabamos de ler, de modo a situar o texto no conjunto maior.

2. MEDITAÇÃO

No segundo passo procuramos descobrir *o que Deus, por meio do texto, está dizendo para mim/nós.*

Para isso, é importante confrontar nossa vida com a mensagem do texto. Para meditar, pode-se repetir alguma expressão do texto que chamou a atenção e pensar sobre o que essa expressão tem a ver com a nossa vida. Relacione as ações e atitudes do texto com suas ações e atitudes. Tenha em mente mais que você e sua comunidade: pense na realidade do povo e não exclua ninguém.

Meditando, procure imaginar como o texto lido iluminou a vida das pessoas daquele tempo, e como ele pode iluminar a sua vida e a vida do povo hoje. Imagine somo seria sua vida e o mundo se a mensagem do texto bíblico fosse realidade.

3. ORAÇÃO

Apesar de todos os passos serem uma única oração a Deus, o terceiro passo é aquele em que rezamos diretamente a Deus, dirigindo a ele nossos pedidos e agradecimentos. Este é o momento de respondermos ao Deus que nos falou nos passos anteriores. E nós respondemos a Deus expressando-nos na oração com sinceridade e intimidade, de coração aberto.

O que o texto lido e meditado nos leva a rezar? Nossa resposta ao texto lido pode ter várias formas: podemos pedir perdão pelo que em nós não está de acordo com o Reino de Deus; podemos expressar nossa indignação diante das injustiças no mundo, muitas das quais não compreendemos; podemos agradecer ou suplicar com algum canto ou salmo.

Transformamos o texto lido em oração, como filhos necessitados e agradecidos que desejam estar com Deus e fazer a sua vontade.

4. CONTEMPLAÇÃO

Depois de rezar a partir do texto lido e meditado, chegamos ao último passo, quando contemplamos.

O que o texto nos leva a contemplar?
Contemplar é fixar-se com admiração e um novo olhar. Não tanto com os olhos físicos, mas com o olhar da fé. Trata-se de voltar o olhar para Deus, de contemplá-lo em seu amor. E também, olhar para o mundo, pedindo que Deus nos conceda o seu olhar, pois na contemplação procuramos olhar o mundo com o olhar de Deus.

Na contemplação, é importante que estejamos diante de Deus em silêncio, permitindo que ele nos guie: pode ser que ele nada nos fale, e nós também não precisamos dizer-lhe nada. A relação de amor e intimidade não necessita sempre de palavras, e muitas vezes estar juntos no silêncio é suficiente e nos transforma.

Tendo dedicado este tempo para contemplar Deus e o mundo, voltamos a nós mesmos e, lançando um novo olhar para a própria vida, assumimos um compromisso concreto de alcance pessoal e comunitário, a partir da experiência do encontro com a Palavra de Deus.

Encerre a leitura orante com uma breve oração, canto ou salmo de agradecimento a Deus por tê-lo encontrado na sua Palavra viva e transformadora. Pode-se também encerrar com o Pai-nosso, a oração que nos compromete com a fraternidade do Reino de Deus.

ORAÇÃO ANTES DE LER A BÍBLIA

Jesus Mestre, ficai conosco,
para que possamos
meditar a vossa Palavra.
Sois o Mestre e a Verdade:
iluminai-nos, para que
melhor compreendamos
a vida à luz das Sagradas Escrituras.
Sois o Guia e o Caminho:
tornai-nos verdadeiros discípulos.
Sois a Vida:
transformai nosso coração
em terra boa,
onde a Palavra de Deus
produza frutos abundantes
de vida.

ORAÇÃO DEPOIS DE LER A BÍBLIA

Jesus Mestre, vós dissestes
que a vida eterna
consiste em conhecer a vós e ao Pai.
Derramai sobre nós a abundância
do Espírito Santo!
Que ele nos ilumine, guie e fortaleça
no vosso seguimento,
porque sois o Caminho para o Pai.
Fazei-nos crescer no vosso amor,
para que sejamos testemunhas vivas
do vosso Evangelho,
animados pela vossa Palavra,
meditando-a em nosso coração.
Jesus Mestre, Caminho,
Verdade e Vida,
tende piedade de nós.

ORAÇÕES DO CRISTÃO

SINAL DA CRUZ

Pelo sinal da santa cruz, livrai-nos, Deus, Nosso Senhor, dos nossos inimigos. Em nome do Pai, do Filho e do Espírito Santo. Amém.

OFERECIMENTO DO DIA

Adoro-vos, meu Deus, amo-vos de todo o meu coração. Agradeço-vos porque me criastes, me fizestes cristão, me conservastes a vida e a saúde.
Ofereço-vos o meu dia: que todas as minhas ações correspondam à vossa vontade. E que eu faça tudo para a vossa glória e a paz dos homens. Livrai-me do pecado, do perigo e de todo mal. Que a vossa graça, bênção, luz e presença permaneçam sempre comigo e com todos aqueles que eu amo. Amém.

PAI-NOSSO

Pai nosso, que estais no céu, santificado seja o vosso nome, venha a nós o vosso Reino, seja feita a vossa vontade, assim na terra como no céu. O pão nosso de cada dia nos dai hoje. Perdoai-nos as nossas ofensas, assim como nós perdoamos a quem nos tem ofendido. E não nos deixeis cair em tentação, mas livrai-nos do mal. Amém.

AVE-MARIA

Ave, Maria, cheia de graça, o Senhor é convosco, bendita sois vós entre as mulheres e bendito é o fruto do vosso ventre, Jesus. Santa Maria, Mãe de Deus, rogai por nós, pecadores, agora e na hora de nossa morte. Amém.

GLÓRIA AO PAI

Glória ao Pai, ao Filho e ao Espírito Santo, como era no princípio, agora e sempre. Amém.

RESPONSO PELOS AGONIZANTES

São José, pai adotivo de Jesus Cristo e verdadeiro esposo da Virgem Maria. Rogai a Deus por nós e pelos que hoje passam à eternidade.

SALVE-RAINHA

Salve, Rainha, Mãe de misericórdia, vida, doçura, esperança nossa, salve! A vós bradamos, os degredados filhos de Eva. A vós suspiramos, gemendo e chorando neste vale de lágrimas. Eia, pois, advogada nossa, esses vossos olhos misericordiosos a nós volvei! E depois deste desterro, mostrai-nos Jesus, bendito fruto do vosso ventre, ó clemente, ó piedosa, ó doce sempre virgem Maria!
– Rogai por nós, Santa Mãe de Deus!
– Para que sejamos dignos das promessas de Cristo!

CREIO

Creio em Deus Pai todo-poderoso, Criador do céu e da terra. E em Jesus Cristo, seu único Filho, nosso Senhor, que foi concebido pelo poder do Espírito Santo; nasceu da Virgem Maria, padeceu sob Pôncio Pilatos, foi crucificado, morto e sepultado; desceu à mansão dos mortos; ressuscitou ao terceiro dia; subiu aos céus, está sentado à direita de Deus Pai, todo-poderoso, de onde há de vir a julgar os vivos e os mortos. Creio no Espírito Santo, na santa Igreja católica, na comunhão dos santos, na remissão dos pecados, na ressurreição da carne, na vida eterna. Amém.

ANJO DE DEUS

Anjo de Deus, que sois a minha guarda, e a quem fui confiado por celestial piedade, iluminai-me, guardai-me, protegei-me, governai-me. Amém.

ANJO DA GUARDA

Santo Anjo do Senhor, meu zeloso guardador, já que a ti me confiou a piedade divina, sempre me rege, guarda, governa e ilumina. Amém.

Ó MEU JESUS

Ó meu Jesus! Perdoai-nos e livrai-nos do fogo do inferno. Levai as almas todas para o céu e socorrei principalmente as que mais precisarem.

RESPONSO PELOS FALECIDOS

Dai-lhes, Senhor, o descanso eterno. Brilhe para eles a luz perpétua. Descansem em paz. Amém.

EU, PECADOR

Eu, pecador, me confesso a Deus todo-poderoso e a vós, irmãos e irmãs, que pequei muitas vezes por pensamentos e palavras, atos e omissões, por minha culpa, minha tão grande culpa. E peço à Virgem Maria, aos anjos e santos e a vós, irmãos e irmãs, que rogueis por mim a Deus, nosso Senhor.

CREIO, MEU DEUS

Creio, meu Deus, que estou na vossa presença, que me amais e atendeis às minhas orações. Sois infinitamente grande e santo: eu vos adoro! Vós me destes tudo: eu vos agradeço! Fostes ofendido por mim: eu vos peço perdão, de todo o coração! Sois bom e misericordioso: eu vos peço todas as graças que sabeis serem necessárias para mim. (Pe. Tiago Alberione)

PARA PASSAR BEM O DIA

Maria, minha querida e terna Mãe, colocai vossa mão sobre minha cabeça. Guardai minha mente, coração e sentidos, para que eu não cometa o pecado. Santificai meus pensamentos, sentimentos, palavras e ações, para que eu possa agradar a vós e ao vosso Filho Jesus e meu Deus. E assim, possa partilhar da vossa felicidade no céu. Jesus e Maria, dai-me vossa bênção: em nome do Pai, do Filho e do Espírito Santo. Amém.

SAUDAÇÃO A NOSSA SENHORA

(Tempo Comum)

– O Anjo do Senhor anunciou a Maria.
– E ela concebeu do Espírito Santo.
– Eis aqui a serva do Senhor.
– Faça-se em mim segundo a vossa palavra.
– E o Verbo divino se fez homem.
– E habitou entre nós.
– Ave-Maria...
– Rogai por nós, Santa Mãe de Deus.
– Para que sejamos dignos das promessas de Cristo.

OREMOS: Infundi, Senhor, em nossos corações a vossa graça, a fim de que, conhecendo pela anunciação do Anjo a encarnação de Jesus Cristo, vosso Filho, cheguemos pela sua paixão e morte à glória da ressurreição. Pelo mesmo Cristo, nosso Senhor. Amém.

Glória ao Pai...

(Tempo Pascal)

– Rainha do céu, alegrai-vos, aleluia!
– Porque quem merecestes trazer em vosso puríssimo seio, aleluia!
– Ressuscitou como disse, aleluia!
– Rogai a Deus por nós, aleluia!
– Exultai e alegrai-vos, ó Virgem Maria, aleluia!
– Porque o Senhor ressuscitou verdadeiramente, aleluia!
– Ave, Maria...
– Rogai por nós, Santa Mãe de Deus.
– Para que sejamos dignos das promessas de Cristo.

OREMOS: Ó Deus, que alegrastes o mundo com a ressurreição de vosso Filho, Jesus Cristo, Senhor nosso, concedei-nos, vo-lo suplicamos, que por sua Mãe, a Virgem Maria, alcancemos as alegrias da vida eterna. Pelo mesmo Cristo, nosso Senhor. Amém.

Glória ao Pai...

ÍNDICE ALFABÉTICO DOS LIVROS BÍBLICOS

1134	Abdias	1504	Judas
1159	Ageu	539	Judite
1125	Amós	268	Juízes
1507	Apocalipse	1017	Lamentações
1325	Atos dos Apóstolos	120	Levítico
1025	Baruc	1250	Lucas (Evangelho segundo)
826	Cântico dos Cânticos	567	Macabeus (Primeiro livro dos)
1439	Colossenses	601	Macabeus (Segundo livro dos)
1387	Coríntios (Primeira carta aos)	1173	Malaquias
1406	Coríntios (Segunda carta aos)	1224	Marcos (Evangelho segundo)
433	Crônicas (Primeiro livro das)	1186	Mateus (Evangelho segundo)
460	Crônicas (Segundo livro das)	1139	Miqueias
1088	Daniel	1146	Naum
197	Deuteronômio	508	Neemias
816	Eclesiastes	152	Números
855	Eclesiástico	1111	Oseias
1426	Efésios	1487	Pedro (Primeira carta de)
497	Esdras	1493	Pedro (Segunda carta de)
555	Ester	791	Provérbios
74	Êxodo	367	Reis (Primeiro livro dos)
1035	Ezequiel	399	Reis (Segundo livro dos)
1466	Filêmon	1368	Romanos
1433	Filipenses	297	Rute
1418	Gálatas	838	Sabedoria
21	Gênesis	658	Salmos
1150	Habacuc	303	Samuel (Primeiro livro de)
1468	Hebreus	337	Samuel (Segundo livro de)
898	Isaías	1154	Sofonias
959	Jeremias	1445	Tessalonicenses (Primeira carta aos)
628	Jó	1450	Tessalonicenses (Segunda carta aos)
1292	João (Evangelho segundo)	1482	Tiago
1497	João (Primeira carta de)	1453	Timóteo (Primeira carta a)
1502	João (Segunda carta de)	1459	Timóteo (Segunda carta a)
1503	João (Terceira carta de)	1463	Tito
1121	Joel	524	Tobias
1136	Jonas	1162	Zacarias
241	Josué		

ÍNDICE GERAL

- 5 *Apresentação*
- 6 *Abreviaturas*

- 9 **ANTIGO TESTAMENTO**
- 19 *Pentateuco*
- 21 Gênesis
- 74 Êxodo
- 120 Levítico
- 152 Números
- 197 Deuteronômio

- 239 *Livros históricos*
- 241 Josué
- 268 Juízes
- 297 Rute
- 303 Primeiro Samuel
- 337 Segundo Samuel
- 367 Primeiro Reis
- 399 Segundo Reis
- 433 Primeiro livro das Crônicas
- 460 Segundo livro das Crônicas
- 497 Esdras
- 508 Neemias
- 524 Tobias
- 539 Judite
- 555 Ester
- 567 Primeiro livro dos Macabeus
- 601 Segundo livro dos Macabeus

- 627 *Livros sapienciais*
- 628 Jó
- 658 Salmos
- 791 Provérbios
- 816 Eclesiastes
- 826 Cântico dos Cânticos
- 838 Sabedoria
- 855 Eclesiástico

- 897 *Livros proféticos*
- 898 Isaías
- 959 Jeremias
- 1017 Lamentações
- 1025 Baruc
- 1035 Ezequiel
- 1088 Daniel
- 1111 Oseias
- 1121 Joel
- 1125 Amós
- 1134 Abdias
- 1136 Jonas
- 1139 Miqueias
- 1146 Naum
- 1150 Habacuc
- 1154 Sofonias
- 1159 Ageu
- 1162 Zacarias
- 1173 Malaquias

- 1177 **NOVO TESTAMENTO**
- 1186 Evangelho segundo Mateus
- 1224 Evangelho segundo Marcos
- 1250 Evangelho segundo Lucas
- 1292 Evangelho segundo João
- 1325 Atos dos Apóstolos

- 1365 *Cartas do apóstolo Paulo*
- 1368 Carta aos Romanos
- 1387 Primeira carta aos Coríntios
- 1406 Segunda carta aos Coríntios
- 1418 Carta aos Gálatas
- 1426 Carta aos Efésios
- 1433 Carta aos Filipenses
- 1439 Carta aos Colossenses
- 1445 Primeira carta aos Tessalonicenses
- 1450 Segunda carta aos Tessalonicenses
- 1453 Primeira carta a Timóteo
- 1459 Segunda carta a Timóteo
- 1463 Carta a Tito
- 1466 Carta a Filêmon
- 1468 Carta aos Hebreus
- 1482 Carta de Tiago
- 1487 Primeira carta de Pedro
- 1493 Segunda carta de Pedro
- 1497 Primeira carta de João
- 1502 Segunda carta de João
- 1503 Terceira carta de João
- 1504 Carta de Judas
- 1507 Apocalipse

- 1528 *Datas importantes*
- 1530 *Textos bíblicos para o ano litúrgico*
- 1541 *Os salmos em nossa oração*

ISBN 978-85-349-4671-1

EDIÇÃO ESPECIAL

Impressão e acabamento: Paulus Gráfica

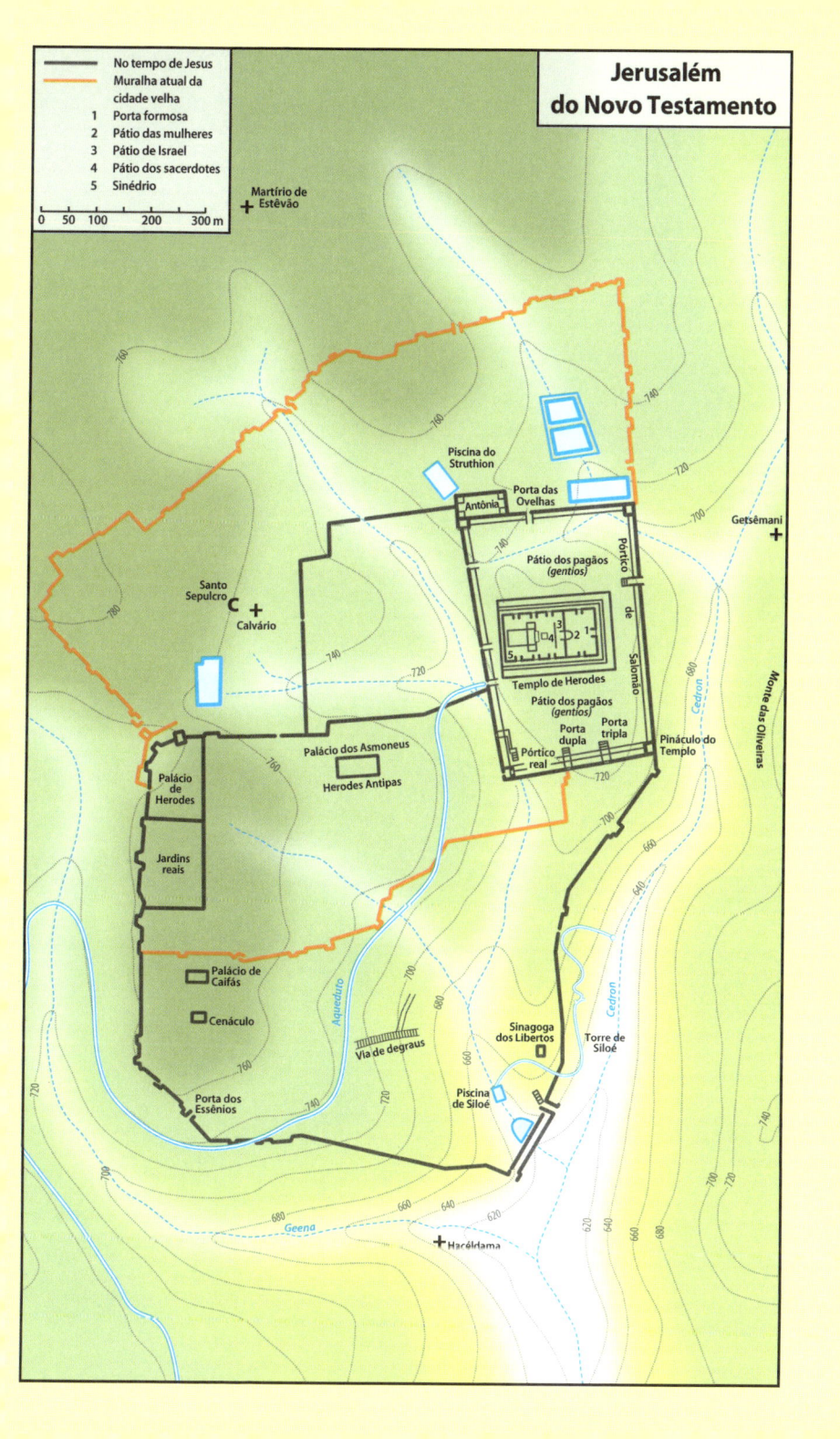

Jerusalém do Novo Testamento

Legenda:
- No tempo de Jesus
- Muralha atual da cidade velha
1. Porta formosa
2. Pátio das mulheres
3. Pátio de Israel
4. Pátio dos sacerdotes
5. Sinédrio

Escala: 0 – 50 – 100 – 200 – 300 m

Locais identificados:
- Martírio de Estêvão
- Piscina do Struthion
- Antônia
- Porta das Ovelhas
- Pátio dos pagãos (gentios)
- Pórtico de Salomão
- Templo de Herodes
- Getsêmani
- Monte das Oliveiras
- Santo Sepulcro
- Calvário
- Palácio dos Asmoneus
- Herodes Antipas
- Pórtico real
- Porta dupla
- Porta tripla
- Pináculo do Templo
- Palácio de Herodes
- Jardins reais
- Palácio de Caifás
- Cenáculo
- Aqueduto
- Via de degraus
- Sinagoga dos Libertos
- Torre de Siloé
- Piscina de Siloé
- Porta dos Essênios
- Cedron
- Geena
- Haceldama

TEMPLO DE JERUSALÉM

- Santo dos Santos
- Lugar santo
- Pátio dos sacerdotes
- Altar
- Pátio dos israelitas

Fortaleza Antônia

Pátio dos gentios

Pátio das mulheres

Pátio dos gentios

Balaustrada

Pórtico de Salomão

Pórtico Real

Pináculo do Templo

CEDRON

© PAULUS

O PENTECOSTES
Atos 2,8-11

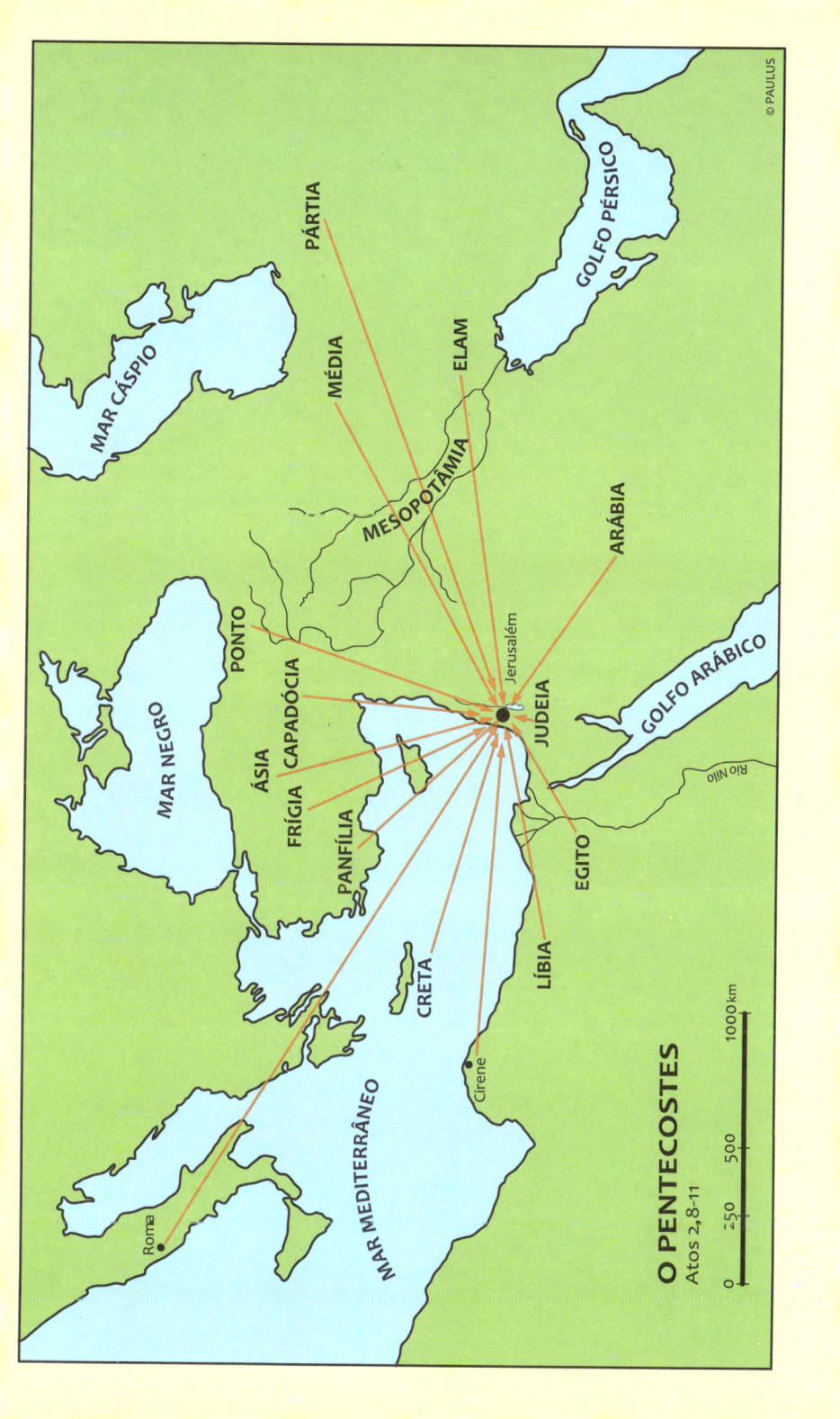

PRIMEIRA VIAGEM DE PAULO
(46-48 d.C.) Atos 13–14

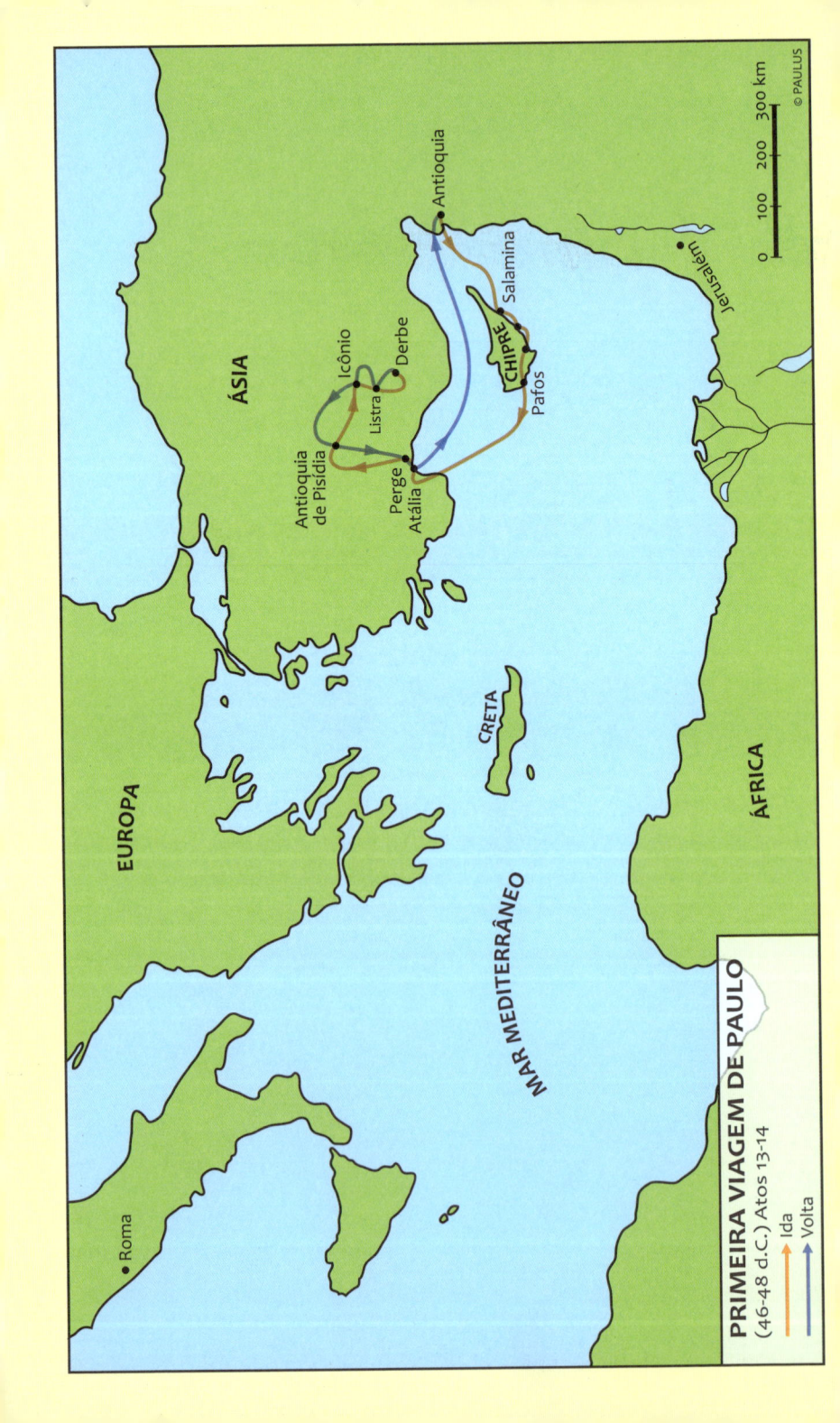

Ida
Volta